DIE GESCHICHTE DES CHRISTENTUMS

RELIGION · POLITIK · KULTUR

Band 5

MACHTFÜLLE DES PAPSTTUMS
(1054–1274)

DIE GESCHICHTE DES CHRISTENTUMS
RELIGION · POLITIK · KULTUR

Herausgegeben von
Jean-Marie Mayeur, Charles (†) und Luce Pietri,
André Vauchez, Marc Venard

Deutsche Ausgabe herausgegeben von
Norbert Brox, Odilo Engels, Georg Kretschmar,
Kurt Meier, Heribert Smolinsky

Band 5

MACHTFÜLLE DES PAPSTTUMS
(1054–1274)

HERDER
FREIBURG · BASEL · WIEN

MACHTFÜLLE DES PAPSTTUMS

(1054–1274)

Herausgegeben von
André Vauchez

Deutsche Ausgabe
bearbeitet und herausgegeben von
Odilo Engels
unter Mitarbeit von
Georgios Makris und Ludwig Vones

HERDER
FREIBURG · BASEL · WIEN

Titel der französischen Originalausgabe:
Histoire du christianisme des origines à nos jours
Tome V: Apologée de la papauté et expansion de la chrétienté (1054–1274)
sous la responsabilité de
André Vauchez
© Desclée, Paris 1993

Die deutsche Ausgabe wurde gefördert durch das französische Kultusministerium.

Übersetzung aus dem Französischen:

Gabriele Barner (Dormagen): I. Teil, Kap. 3; V. Teil, Kap. 4
Dorothee Becker (Bonn): IV. Teil, Kap. 6
Christine Boesten-Stengel (Stuttgart): Einleitung, I. Teil, Kap. 1; II. Teil, Kap. 4–6; III. Teil, Kap. 2 u. 4a; IV. Teil, Kap. 4 u. 5
Wolfgang Friedrichs (Heidelberg): I. Teil, Kap. 4; II. Teil, Kap. 2
Wolfgang Häussermann (Müllheim): II. Teil, Kap. 3
Arthur Himmelsbach (Paris): IV Teil, Kap. 1; V. Teil, Kap. 1 u. 5
Margret Klösges (Aachen): I. Teil, Kap 2; III. Teil, Kap. 4b; IV. Teil, Kap. 2
Elisabeth Mainberger-Ruh (Zürich): III. Teil, Kap. 1 u. 5; V. Teil, Kap. 2 u. 3
Marianne Mühlenberg (Göttingen): II. Teil, Kap. 1; III. Teil, Kap. 3; IV. Teil, Kap. 3

Wissenschaftliche Redaktion:
Georgios Makris (Köln): sämtliche Kapitel zum Byzantinischen Reich;
Ludwig Vones (Köln): II. Teil, Kap. 2 sowie Kap. 3, 1. u. 2.; III. Teil, Kap. 1 sowie Kap. 4, 2.; IV. Teil, Kap. 1, Kap. 2, Kap. 4; V. Teil, Kap. 2–5;
Georg Gresser (Köln): III. Teil, Kap. 3;
Wolfgang Georgi (Köln): III. Teil, Kap. 5, 2.

Bildredaktion: Wolf Stadler (Freiburg)
Register: Alfons Brüning (Freiburg)

Die Deutsche Bibliothek – CIP-Einheitsaufnahme
Die Geschichte des Christentums: Religion, Politik, Kultur / dt. Ausg. hrsg. von Norbert Brox ... – Freiburg im Breisgau; Basel; Wien: Herder.
Einheitssacht.: Histoire du christianisme des origins à nos jours ‹dt.›
NE: Brox, Norbert ... [Hrsg.]; EST
Band 5, Machtfülle des Papsttums: (1054–1274) / dt. Ausg. bearb. und hrsg. von Odilo Engels unter Mitarb. von Georgios Makris und Ludwig Vones. [Übers. aus dem Franz.: Gabriele Barner ...] – 1994
ISBN 3-451-22255-8
NE: Engels, Odilo [Bearb.]

Herstellung: Freiburger Graphische Betriebe 1994
ISBN 3-451-22255-8

VORWORT

von André Vauchez

Der vorliegende fünfte Band der „Geschichte des Christentums“ ist dem Zeitabschnitt 1054–1274 gewidmet. Aufgrund der Editionsfolge erscheint er zwar erst nach dem sechsten Band, der das ausgehende Mittelalter behandelt (1274–1449), doch versteht es sich von selbst, daß er mit diesem eng verknüpft ist: Beide Bände wurden aus dem gleichen Geist heraus konzipiert und mit der gleichen Intention erarbeitet. Auch der vorliegende Band möchte, ohne freilich erschöpfend sein zu können, einen möglichst vollständigen Überblick der Geschichte jener Kirchen und religiösen Gemeinschaften bieten, die sich zu einer gegebenen Zeit auf das Christentum berufen haben. Er ist in erster Linie von wissenschaftlichen Maximen geleitet, also nicht konfessionell bestimmt, was nicht ausschließt, daß auf seiten der Verfasser eine gewisse Sympathie für den je eigenen Stoff mitwirkt. Die zahlreichen Hinweise in Anmerkungen und Bibliographie sind jenen Lesern eine Hilfe, die in der einen oder anderen Frage weiterforschen möchten. Da in der „Geschichte des Christentums“ geographische Weite den Gegenstand charakterisiert und das Werk ferner zugleich in verschiedenen europäischen Sprachen erscheint, kam es darauf an, dieser Bibliographie internationales Gepräge zu verleihen, die jüngeren Arbeiten unter Berücksichtigung ihres wissenschaftlichen Wertes und ihrer Sachdienlichkeit einzubeziehen, ohne jedoch – das braucht nicht eigens betont zu werden – die klassischen Werke auszuschließen. Doch ist nicht zu verhindern, daß das eine oder andere Werk, der eine oder andere Beitrag fehlt, die hätten angeführt werden müssen; niemand ist allwissend, und Historiker sind zu einem großen Teil von den ihnen zur Verfügung stehenden Bibliotheken abhängig. Die Autoren solcher fehlenden Titel wie auch die Leser mögen diesen unvermeidlichen Mangel nicht irgendwelcher Parteilichkeit zuschreiben, sondern allein der Tatsache, daß selbst die Fachleute heutzutage die sich in zahlreichen Ländern in geradezu schwindelerregendem Rhythmus entwickelnde historiographische Produktion nicht mehr vollständig im Auge zu behalten vermögen.

Wie in den bereits erschienenen Bänden wird auch im vorliegenden das Christentum in seiner ganzen Vielfalt dargelegt, einschließlich der orientalischen und slawischen Kirchen. Aber das Ausmaß der Ausführungen über die byzantinische Christenheit im vierten und sechsten Band sowie der den orientalischen Kirchen im vierten Band gewidmete Raum haben uns bewogen, den fünften Band in der Hauptsache auf das christliche Abendland zu konzentrieren. Gerechtfertigt wird dieses Vorgehen keineswegs allein durch Umfangsbegrenzungen, vielmehr durch die geschichtliche Wirklichkeit selber. Denn die hier behandelte Epoche war geprägt vom machtvollen Aufstieg einer bisher im Vergleich zu ihrem östlichen Gegenpart nur schwach entwickelten lateinischen Christenheit. Offensichtlich hat das Abendland vom 13. Jh. an sein jahrhundertealtes Verhältnis zum Morgenland zum eigenen Vorteil umgepolt, während das byzantinische Kaiserreich seinerseits territorial zusammenschrumpfte. Es schien daher angemessen, der Geschichte der römischen Kirche, ihren Strukturen und ihrer Entwicklung, den sie belebenden geistlichen Strömungen und ihren missionarischen Initiativen besondere Aufmerksamkeit zu schenken, allerdings ohne die Strahlkraft der anderen, insbesondere orientalischen christlichen Gemeinschaften aus den Augen zu verlieren. Auch geht es keineswegs darum, die Geschichte des Christentums auf die des Papsttums zu reduzieren. Aber daß die Zeit von der Mitte des 11. Jh. bis zum Ende des 13. Jh. wesentlich gekennzeichnet war durch die – zweifellos nur teilweise und vorläufige – Stärkung des Papsttums und gleichsam die Krönung seiner Bemühungen, die mittelalterliche Gesellschaft zu einer unter seinem Antrieb und seiner Leitung geeinten Christenheit zu formieren, wird man schwerlich bestreiten können.

Zum Schluß möchte ich noch betonen, daß dieser Band Ergebnis wirklicher Gemeinschaftsarbeit ist. Ich erwähne das gewiß nicht, um mich als Herausgeber der schuldigen Verantwortung zu entziehen, vielmehr um die Mühe meiner Mitarbeiter zu würdigen: Sie haben sich als wahre Freunde erwiesen; zwar hat jeder von ihnen seinen Beitrag in voller Freiheit und Unabhängigkeit verfaßt, wir haben aber von Anfang an gemeinsam darüber nachgedacht, wie das Ganze zu gestalten ist und seine verschiedenen Teile aufeinander abgestimmt werden können. Jetzt, da das Projekt abgeschlossen ist samt den Mißlichkeiten, die das Entstehen eines Werkes von solchem Umfang unweigerlich mit sich bringt, möchte ich meinen Mitarbeitern öffentlich danken für die Qualität ihrer Arbeit und die mir immer gern gewährte Hilfe.

VORWORT ZUR DEUTSCHEN AUSGABE

Der Reiz, an einer umfassenden Geschichte des Christentums mitzuarbeiten, die das Bild nicht ausschließlich von einer „Zentrale" her konzipierte, sondern auch das eigene Gesicht der Landeskirchen zu Wort kommen läßt und dem Gewicht neuer Denkweisen Aufmerksamkeit schenkt, ließen Bedenken zurückstehen, die Bearbeitung der deutschsprachigen Ausgabe dieses fünften Bandes zu übernehmen. Die Bedenken haben sich im Laufe der Beschäftigung mit diesem Band nicht verflüchtigt. Eines von ihnen war der Zeitdruck, unter dem das Vorhaben fertiggestellt werden sollte. Ein anderes ist die Unfähigkeit des heutigen Historikers, das gleiche Thema in verschiedenen Räumen und verschiedene Themen der großen, zur Diskussion stehenden Epoche gleichermaßen gut zu beherrschen. Damit hängt ein drittes Problem zusammen. Einen für interessierte Franzosen geschriebenen Band für den deutschen Leser zu bearbeiten, heißt nicht nur, bibliographische Angaben zu ergänzen oder – da jede Geschichtsdarstellung zwangsläufig eine Auswahl ist – Lücken im deutschen Anteil am Geschichtsbild zu füllen, sondern auch Rücksicht auf einen gewachsenen Kanon, wie er jeder Nation eigen ist, zu nehmen, ohne diesem Kanon wider besseres Wissen oder gar sklavisch zu folgen. Bekanntlich läßt sich der Titel eines nachgetragenen Buches oder Beitrages nicht einfach einpassen, sondern hat mehr oder weniger Auswirkungen auf das umfassendere Bild. Andererseits haben die Herausgeber der französischen Originalausgabe einen Anspruch darauf, ihre Konzeption und ihre veritable Leistung respektiert zu sehen. Wir haben uns redlich bemüht, diesem Anspruch bis in die Abfolge von Einzelaspekten hinein gerecht zu werden. Dennoch war eine ungleiche Gewichtung in der Überarbeitung der übersetzten Beiträge unvermeidlich.

Für die bereitwillige Übernahme der von mir nicht selbst überarbeiteten Kapitel habe ich an erster Stelle den Herren Priv. Doz. Dr. Georgios Makris und Priv. Doz. Dr. Ludwig Vones, aber auch den Herren Dr. Wolfgang Georgi und Dr. Georg Gresser sowie für Überprüfungen jeglicher Art Frau Barbara Wessler und Herrn Gerhard Lubich herzlich zu danken.

Köln, im Juli 1994 *Odilo Engels*

INHALT

ZWEITER TEIL

DIE AUSBREITUNG UND FESTIGUNG DER RÖMISCHEN STRUKTUREN

VIERTER TEIL

RÖMISCHER ZENTRALISMUS UND EINIGUNG DER CHRISTENHEIT

Einleitung
Der Osten und der Westen im Jahre 1054

Von Michel Parisse und Evelyne Patlagean

Aus der Sicht des Historikers sind zwei Ereignisse des Jahres 1054 hervorzuheben: der Tod Leos IX. am 13. April und die Exkommunikation des Patriarchen von Konstantinopel am 16. Juli. Beide Daten hatten unterschiedliche Konsequenzen. Das erste erschütterte die Zeitgenossen, denn der so frühzeitig beendete Pontifikat hatte zu einer Ausweitung und Intensivierung des päpstlichen Einflusses in der westlichen Christenheit geführt; aus der Distanz betrachtet, steht das Werk des früh verstorbenen Papstes allerdings schon in einer bis in das Jahr 1046 zurückreichenden Kontinuität. Das zweite Datum hatte eine entgegengesetzte Wirkung. Es hinterließ zum konkreten Zeitpunkt weder im Bewußtsein des Westens noch des Ostens eine ungewöhnliche Spur, und doch gehen die Historiker in der Regel davon aus, daß es den Beginn des Schismas einleitete, jenen bis heute nicht wieder geheilten Bruch zwischen den christlichen Kirchen von Rom und Byzanz, wobei das Wort „Schisma" hier ausschließlich und ohne weitere Präzisierung gerade für diese Spaltung verwendet wird. In einem Werk, das die Geschichte des westlichen wie des östlichen Christentums darstellt, hat das Jahr 1054 daher einen besonderen Stellenwert.

Ein Datum oder Ereignis so hoch zu bewerten, birgt die Gefahr, einen künstlichen Bruch zu sehen, wo in Wirklichkeit Kontinuität belegt ist. Das Wirken Leos IX. war ein Ausschnitt, der Moment eines Reformprozesses, der schon vor ihm begonnen hatte und über den Pontifikat Gregors VII. hinaus fortlebte. Einige Historiker möchten der Reform Leos IX. eine gewisse Sonderexistenz zusprechen, ohne jedoch ihre Einbindung in den umfassenden Rahmen der Gregorianischen Reform leugnen zu können. Und dieselben Historiker schließen sich gerne der These an, daß der mißliche Ausgang der Legation des Kardinals Humbert von Silva Candida in Konstantinopel nur ein Glied in der Kette häufiger Mißverständnisse und traditionsbedingter Differenzen sei. Ist damit das Jahr 1054 als Beginn eines neuen Bandes noch gerechtfertigt? Eindeutige, aus verschiedenen Perspektiven einleuchtende Zäsuren sind in der Geschichte ohnehin selten. Aus heutiger Sicht ist der Anfang der zur Zeit rechtlich und theologisch geltenden Trennung zwischen der östlichen und westlichen Kirche 1054 zu suchen. Das ist auch der Grund, warum der Westen und Osten im folgenden getrennt dargestellt werden.

I. Die westliche Christenheit auf dem Wege zur Mitte des 11. Jahrhunderts

Von Michel Parisse

Das 11. Jh. wird von den Historikern der meisten westlichen Länder als eine Zeit des Umbruchs gesehen. Das fränkische Erbe war nur noch Erinnerung, und die Feudalität, wie man sie gemeinhin so unpräzise nennt, trat als praktikable Herrschaftsform ihren Siegeszug an, wozu Abstriche hinsichtlich Deutschlands und besonders Spaniens erlaubt sind. Das Zentrum des christlichen Westens bildeten die aus dem Karolingerreich hervorgegangenen Königreiche. Die Herrschaft der Karolinger reichte von Friesland bis zum Herzogtum Benevent, von der Grenze des spanischen Islam bis zur slawischen Elbegrenze und im Südosten bis zur Leitha. In den Teilreichen des fränkischen Großreiches (seit 843) – Westreich, Ostreich, das dazwischen liegende Lotharingien, Italien – lebten die Nachfolgereiche fort, bis zum Ende des 10. Jh. mit einer noch sehr lebendigen Erinnerung an die frühere Gemeinsamkeit. Die politische Geographie ihres Gesamtbildes erlaubt eine Sicht von verschiedenen Standpunkten aus.

Der erste bezieht sich auf die Gestalt und das Selbstverständnis der Reiche. Die Vorhand hatte das Imperium, eine Fortsetzung des ostfränkischen Reiches und zu Beginn des 11. Jh. von Kaiser Heinrich II. noch als „regnum Francorum" bezeichnet, obwohl die Dynastie der Karolinger hier schon 911 ausgestorben war. Seine Integrität war bis kurz nach 950 durch die wachsende Potenz der Stammesherzöge gefährdet. Lotharingien, seit den Verträgen von Meerssen (870) und Ribemont (880) dem Ostreich zugehörig, schwankte in Erinnerung an seine frühere Eigenständigkeit bis in das späte 10. Jh. zwischen Ost- und Westreich. Die Eroberung des slawischen Siedlungsraumes zwischen Elbe und Oder und dessen oberflächliche Christianisierung wurde 983 durch den großen Slawenaufstand wieder zunichte gemacht. Das zentrale Ereignis der Herrschaft Ottos I. war die Schlacht von 955 auf dem Lechfeld, die eine drohende Vorherrschaft der Ungarn und damit eine heidnische Oberherrschaft, die dem Christentum des Westens wahrscheinlich eine andere Zukunft beschieden hätte, auf immer verhinderte.

Italien hatte schon im Karolingerreich einen besonderen Platz eingenommen und beanspruchte ihn im Sinne einer eigenständigen Größe bis in das 11. Jh. hinein. Der Begriff und mit ihm der Anspruch bezog sich auf die ganze Halbinsel, obwohl der byzantinische Süden seit 976 zum Teil von Kräften des fatimidischen Kalifats in Kairo besetzt und der Norden in Parteiungen zerrissen war, die teilweise Herrscher von auswärts einluden, sich ihre Anerkennung als Könige mit Gewalt zu verschaffen. Auch Otto I. folgte 951 einer solchen Einladung, ebenfalls 961 zur Kaiserkrönung. In der Geschichte des westlichen Kaisertums brach damit eine neue Phase an, weil sie die Kaiserkrone für immer dem zum deutschen König Gewählten vorbehielt. Das bis zum römischen Dukat reichende Reichsitalien blieb in den Augen der Kaiser ein fester Bestandteil des Imperiums, auch wenn sich seine Kräfte mangels ausreichender Präsenz ziemlich frei entfalten konnten.

War Karl der Große das Leitbild Ottos des Großen? Eher kommt Arnulf von Kärnten – sieht man vom unmündigen Ludwig IV., dem letzten Karolinger im Ostreich, ab – als Vorbild in Frage. Bereits er hätte das Westreich seiner Herrschaft einordnen können, zumal ihn die Großen des Westens dazu einluden, beschränkte sich aber auf eine lockere Vorherrschaft, während er Italien als Erbe, das an den ostfränkischen Zweig der Karolingerdynastie gefallen war, ohne Einschränkung in Anspruch nahm. Ähnlich beschränkte sich Otto I. auf gezielte Eingriffe in das Innere des Westreiches, die auf ein Gleichgewicht der miteinander rivalisierenden Kräfte der Karolinger und Kapetinger achteten. Es geschah nicht um einer Vorherrschaft an sich wegen, die der Kaiserwürde vielleicht einen sachlichen Inhalt gegeben hätte, sondern um dem Westen die Möglichkeit zu nehmen, das von der Burgundischen Pforte bis nach Friesland reichende Lotharingien zu sich herüberzuziehen, weil es dessen Zugehörigkeit zum Ostreich bis zur Mitte des 11. Jh. nicht anerkennen wollte.

Obwohl im Westreich die Karolingerdynastie bis 987 herrschte, hatte dieses Nachfolgereich noch größere Schwierigkeiten, seine Einheit zu bewahren. Die Bretagne war schon im 9. Jh. nicht zu integrieren. Ähnlich schwierig wurde es mit der Normandie, seit im frühen 10. Jh. dort die Normannen eine eigene Herrschaft aufrichteten. Zur selben Zeit zeigte sich der Graf von Flandern bereits in einer königsähnlichen Selbständigkeit. Der Süden des westfränkischen Reiches (besonders an Katalonien zu sehen) sagte sich im Laufe des 10. Jh. von der Königsgewalt nicht los, sondern profitierte vom Schwund der königlichen Durchsetzungskraft, so daß seine Adelsgewalten formal im Auftrag des Königs, in Wirklichkeit jedoch völlig eigenständig handelten. Allerdings blieb auch deren Autorität vom allgemeinen Verfall nicht unberührt, bis durch den Gottesfrieden seit dem ausgehenden 10. Jh. eine Umkehr der Tendenz erfolgte.

Das Königshaus der Rudolfinger in Burgund starb 1036 aus; und der Rest des ehemaligen karolingischen Zwischenreiches mit der Saône und Rhône als Westgrenze fiel durch das Übergewicht des westlichen Kaisertums an das Imperium. Burgund bildete fortan wie Reichsitalien als formal eigenes Königreich einen Bestandteil des Imperiums; dessen Herrscher war gleichzeitig auch König von Burgund, ohne daß dafür ein gesonderter Einsetzungsakt zwingend erforderlich gewesen wäre.

Die christliche Welt umfaßte auch kleinere Reiche am Rande der beiden großen. Ein Saum im Norden Spaniens hatte dem muslimischen Vormarsch endgültig Grenzen gesetzt. In Katalonien waren die Adelskräfte seit 1010 aus der Defensive im Rahmen der Reconquista zu einer vorerst zähflüssigen Expansion nach Süden übergegangen. Währenddessen zeichnete sich Navarra unter König Sancho el Mayor († 1035) vorübergehend als ein Schwerpunkt aus, dessen Einfluß bis nach León und Galicien reichte, und der französischem Einfluß einen ersten Zugang verschaffte. Die Länder des Papstes waren den langobardischen Herzogtümern Spoleto und Benevent sowie einem Süditalien benachbart, das ständigen Veränderungen ausgesetzt war. Das Papsttum handelte hier gewissermaßen im Auftrag des Kaisers mit weitgehender Handlungsfreiheit, nachdem Kaiser Heinrich II. normannische Ritter zum Schutz des Südens gegen Byzanz und die Sarazenen gerufen hatte. Ihre wachsende Präsenz nutzten die Normannen im Laufe des 11. Jh. zum Ausbau eigener Herrschaften, der auch zu einer umfassenden, obgleich langsamen Latinisierung der Kirche führte. Am östlichen Rand des Imperiums hatten sich von der Ostsee bis zum Balkan mehrere Reiche herausgebildet. Böhmen war schon in der ersten Hälfte des 10. Jh. vom Reich aus christianisiert worden (der Prozeß erstreckte sich bis in das 11. Jh.); es blieb dem Imperium als Herzogtum locker verbunden, Prag war ein Suffraganbistum der Mainzer Kirchenprovinz. Noch im Laufe des 10. Jh. führten die Böhmen das Christentum in Polen ein, suchten es politisch aber auch zu annektieren. Die Eigenständigkeit Polens rettete Kaiser Otto III., indem er im Jahre 1000 nach dem ostkirchlichen Vorbild der Autokephalie die für Polen zuständige Kirchenprovinz Gnesen schuf. Durch ihn erlangten zur selben Zeit die seßhaft gewordenen Ungarn mit der Königskrönung Stephans I. und der Einrichtung der Kirchenprovinz Gran ebenfalls ihre politische Eigenständigkeit.

In den skandinavischen Ländern, unter König Knut eine Zeitlang geeint, hatte die karolingische Mission erste Ansätze der Christianisierung geschaffen. Die eigentliche Christianisierung erfolgte erst im Laufe des 11. Jh., und zwar von England aus. Es war eine Folge der dänischen Invasionen an der britischen Ostküste. England selbst war schon lange christianisiert, und die römische Kirchenordnung hatte längst auch die Oberhand über die irisch-schottische Kirchenordnung gewonnen; das benediktinische Mönchtum hatte sich allerdings erst durch die Reformen des Dunstan von Canterbury im späteren 10. Jh. durchgesetzt.

Die zweite Blickrichtung deckt sich nur teilweise mit der ersten; sie gilt der Geographie und Tradition der römischen Antike. Hier kann man in einem dreifachen Sinne von Europa sprechen: Das mediterrane Europa umfaßte die italienische und die iberische Halbinsel sowie den südlichen Teil Frankreichs. Es war zwar dem Mittelmeer zugeordnet, konnte es aber nicht als sein Binnenmeer betrachten, da die Seetüchtigkeit der Sarazenen der abendländischen Schiffahrt überlegen war. Das Fortleben der Antike drückte sich auf verschiedenen Ebenen aus, allerdings gebrochen durch die Überlagerung germanischer Invasoren. Entscheidend war hier, daß sich die Zugewanderten (Westgoten, Langobarden) den Einheimischen angepaßt hatten. Am stärksten ist das Fortleben in der Kunst zu beobachten oder am Festhalten (zumindest ideell) alter Institutionen, so in der engen Verzahnung von Stadt (mit Umland), Bistum und Grafschaft oder in Restbeständen munizipaler Verwaltung, die im Norden völlig zusammengebrochen war. Auf dem literarischen Gebiet hingegen hatten die Mittelmeeranrainer dem Verfall der auslaufenden Antike nicht entgehen können. Allerdings hielt sich eine gewisse Anzahl schriftkundiger Laien.

Der Raum zwischen Loire und Elbe hatte in der Kirchenstruktur nur westlich des Rheins und südlich der Donau an antike Vorgegebenheiten anknüpfen können. Die Zahl der Bistümer namentlich in Deutschland war merklich geringer, ihre Fläche entsprechend größer. Infolge der späten Sachsenbekehrung war der Norden Deutschlands mit Klöstern auch schwächer durchsetzt. Insgesamt herrschte im Gerichts- und Vertragswesen die Mündlichkeit der Verhandlung, während im Süden die Schriftlichkeit von Abschlüssen bevorzugt wurde. Ob es mit einer größeren Empfänglichkeit für das mündlich überlieferte Recht beziehungsweise des Gewohnheitsrechts zusammenhängt, ist seit kurzem sehr umstritten.

Ein dritter Aspekt bezieht sich auf das West-Ost-Gefälle in der Verfassungsentwicklung. Das Karolingerreich war keine in sich homogene Großherrschaft, schon weil die germanischen Stammesgebiete östlich des Rheins erst nach und nach dem Reich angegliedert wurden, von Italien ganz zu schweigen. Dieses Gefälle wirkte in den nächsten Jahrhunderten nach. Eine greifbare Veränderung der Gesellschaftsstruktur begann 843 im Westreich, abzulesen am Vertrag von Coulaines. Der Adel des Westreiches trat König Karl dem Kahlen als gleichberechtigter Verhandlungspartner gegenüber und trotzte ihm das Versprechen ab, künftig nicht mehr Adelsgeschlechter gegeneinander ausspielen zu wollen. Das Lehnswesen war damit keineswegs etwa aufgehoben, aber es begann sich in seinem Wesen zu ändern. Hatte es den Karolingern bisher dazu gedient, die Gesellschaft hierarchisch auf den Herrscher auszurichten, so nahm es nunmehr vorwiegend die Funktion einer Rechtsgrundlage aller Zwischenbeziehungen der politischen Kräfte ein. War es vorher eine Auszeichnung gewesen, möglichst direkter Vasall des Kaisers zu sein, konkurrierte jetzt damit ein

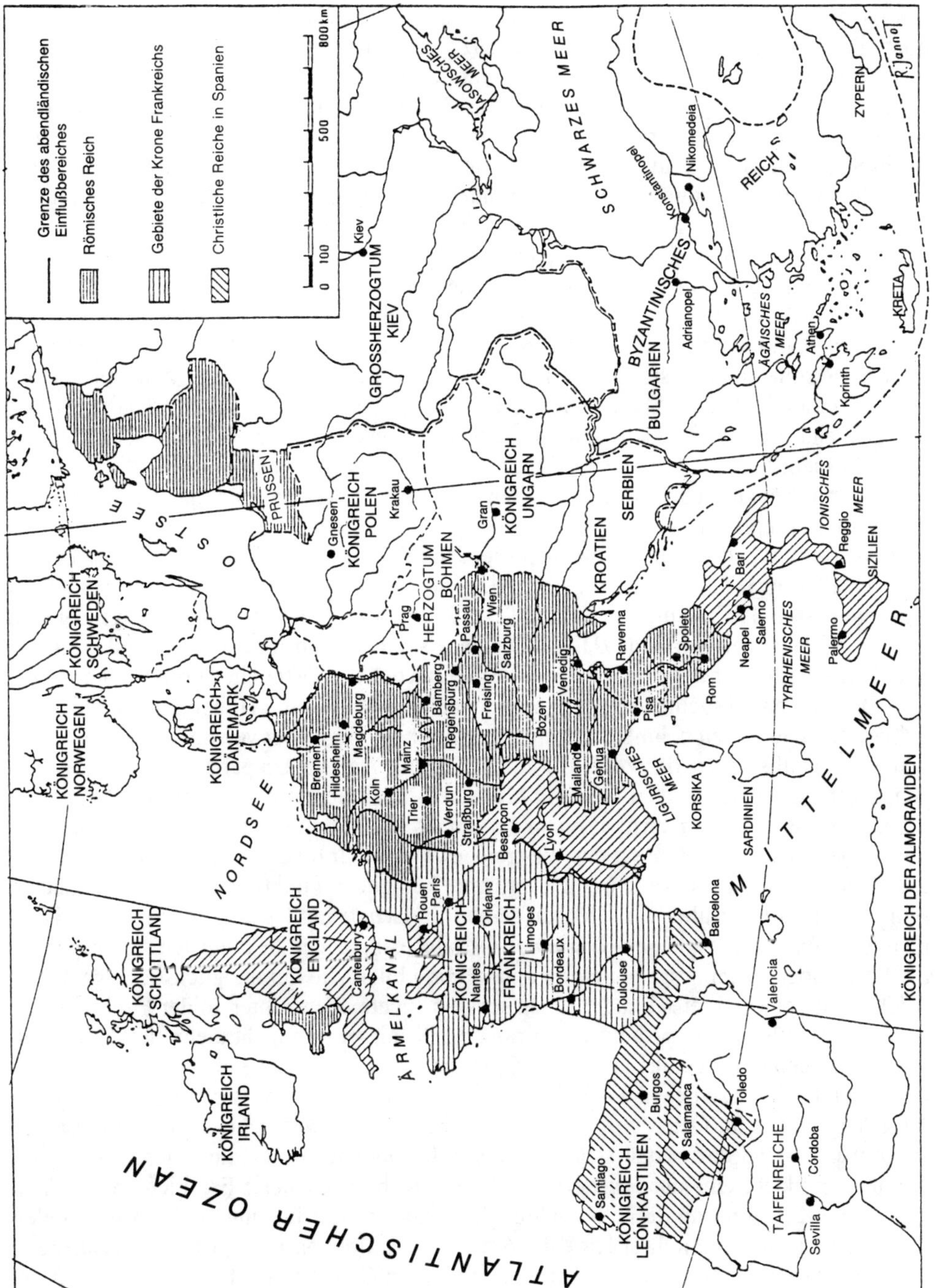

Die politischen Grenzen Europas am Ende des 11. Jh.

genossenschaftlicher Zusammenschluß des Adels, der dahin tendierte, dem König nur noch die Stellung eines *primus inter pares* zuzugestehen. Damit hängt ein verstärktes Verlangen zusammen, den König zu wählen, zumindest überhaupt mitzusprechen. Von dieser Schwächung der königlichen Autorität war auch der Episkopat des Westreiches betroffen, weil Karls Vater Ludwig der Fromme die Kirchen gegen Übergriffe des Adels in den besonderen Schutz des Königs aufgenommen hatte. Die Bischöfe suchten die Autoritätsminderung durch Sakralisierung des Herrscheramtes (Betonung der Krönung und Salbung) zu kompensieren, entwickelten mithin ein besonderes Verhältnis zur Königsgewalt.

In Italien folgte die Zäsur etwas später mit dem Tod Kaiser Ludwigs II. im Jahre 875. Während Ludwig der Deutsche die Thronfolge noch durch eine Designation in der gewohnten Rechtsordnung karolingischer Samtherrschaft zugunsten seines Sohnes Karlmann regeln zu können glaubte, besorgte sich Karl der Kahle am Weihnachtstag in Rom die Kaiserkrone und ließ sich 876 in Pavia von den italienischen Großen zum „protector" und „defensor" ausrufen. Die Bischöfe erklärte er zu „missi" ihrer Bischofsstädte, gab ihnen also eine Rechtsgrundlage, um mit dem Adel konkurrieren zu können. Und was das dritte Element betrifft, Karl der Kahle konnte sich aus den Reihen der Adligen seinen „consiliarius" nicht mehr selbst aussuchen, sondern mußte den mächtigsten Adligen für dieses Amt akzeptieren.

Im ostfränkischen Reich machte sich die Veränderung seit 878 bemerkbar, der Prozeß zog sich allerdings länger hin. Von Karl III. dem „Dicken" fiel der ostfränkische Adel aus eigenem Entschluß ab, schloß sich Arnulf von Kärnten aber mehr oder weniger gezwungen an. Das Moment der Wahl trat 911 klar zutage, als mit Konrad I. der erste Nichtkarolinger den Thron bestieg und sich auch als erster Herrscher des Ostreiches krönen und salben ließ. Diesen Konrad suchte 916 der Episkopat auf der Synode von Hohenaltheim durch die Erklärung in Schutz zu nehmen, wer sich am gesalbten Herrscher versündige, ziehe dieselben Strafen auf sich wie der Verfolger eines Bischofs. Anlaß dazu gaben die Stammesadligen, gegen die sich Konrad teils nur mit Mühe, teils überhaupt nicht durchsetzen konnte.

Im Osten setzte die Emanzipation später ein als im Westen; sie zeigt überdies auch andere Züge. Ein potenter Großer des Westreiches wie der Graf von Flandern trieb im späten 9. Jh. bereits eine eigene Außenpolitik und übte königliche Funktionen aus, aber er suchte seine Autorität nicht über die Grenzen seiner Grafschaft hinaus auszudehnen. Die kommenden stammesherzoglichen Kräfte des Ostreiches hingegen bekämpften sich gegenseitig, bis in jedem Stammesgebiet eine Familie übrig blieb, die nun möglichst den gesamten Adel des Stammesgebietes hinter sich zu scharen suchte. Sie strebten in der Funktion eine vizekönigliche Stellung an, die dem Vorrang der Königsgewalt nicht mehr viel Platz gelassen hätte, wenn es ihr gelungen wäre, sich überall wie eine Zwischeninstanz zwischen Königtum und Adel zu schieben. Daß hier eine Ausweitung der Kompetenzen geschah, mußte die Königsgewalt im Osten und Westen hinnehmen. Der Unterschied zwischen Ost und West aber bestand darin, daß sich im Westen der potente Adlige auf einer relativ überschaubaren Fläche eine nur begrenzte Zahl wesentlich schwächerer Familien unterordnen mußte, die Königsgewalt deshalb auch ungleich länger brauchte, um an die Aftervasallen heranzukommen und mit ihrer Hilfe die Autorität der direkten Kronvasallen auszuhebeln. Im Osten dagegen erwuchs den stammesherzoglichen Gewalten noch im Laufe des 10. Jh. eine nachrückende Schicht potenter Adliger, die ebenfalls nach königsähnlicher Repräsentation drängte und auf der herzoglichen Ebene eine Mitsprache beanspruchte. Das gab der Königsgewalt, besonders den Saliern, die Gelegenheit, eine Adelsschicht gegen die andere auszuspielen und eine machtvolle Königsherrschaft zu entfalten. Deren Rechtsgrundlage war nicht so sehr das Lehnsrecht, wenn auch lehnsrechtliche Symbole wie im Westreich als Ausdrucksform der Anerkennung dienten, sondern stärker das Amtsrecht.

Bereits Otto der Große betrieb eine Sakralisierung seiner Würde zur Steigerung der königlichen Autorität. Nachdem Konrad I. die Inschutznahme des Königtums durch die Bischöfe der Synode von Hohenaltheim ignoriert und dessen Nachfolger Heinrich I. die Salbung demonstrativ abgelehnt hatte, konnte es sich nicht um eine Umarmung seitens der Kirche handeln. Im Gegenteil, auf den Schutz der Königsgewalt war das Reichsmönchtum (im Unterschied zu Cluny) schon seit Heinrich I. angewiesen, und Hoheitsrechte gräflicher Art besaßen die Kirchen des Westens und Italiens längst. Wenn Otto III. um die Jahrtausendwende und sein Nachfolger Heinrich II. verschiedenen Kirchen vollständige Grafschaften übertrugen, dann war das eine Mobilisierung neuer Kräfte gegen einen auf breiter werdender Grundlage nach oben drängenden Adel. Mit dem Titel eines „vicarius Dei" trieben Heinrich II. und sein übernächster Nachfolger Heinrich III. die eigene Sakralisierung und entsprechend gesteigerte Kirchenherrschaft auf die Spitze.

Heinrich IV. trat 1056 als unmündiges Kind ein äußerlich glänzendes Erbe an, aber Vorzeichen eines gewaltigen Einbruchs waren schon erkennbar. Heinrich III. hatte 1046 durch die Befreiung der Papstwahl von Einflußnahmen römischer Ortskräfte und durch seine Unterstützung des Kampfes gegen die Simonie selbst die ersten Schritte getan. Die Reform des Priesterbildes führte zur Besinnung auf das Wesentliche priesterlicher Funktionen und damit zur Kritik an der Kirchenherrschaft von Laien, wobei man von einer Radikallösung, den Kaiser als Laien einzustufen, noch weit entfernt war. Mindestens ebenso wichtig war für Deutschland – so muß man seit der Mitte des 11. Jh. sagen – der Aufbruch des sogenannten Dynastenadels, das Bestreben des Adels nunmehr auf der ganzen Breite, königsähnlich zu werden, was die mächtigeren Geschlechter schon vorweggenommen hatten. Man verließ seinen Hof inmitten der von den Hintersassen bewirtschafteten abhängigen Höfe und errichtete auf der Höhe eine Burg. Nicht ihre Befestigung war das wesentliche, sondern die königsgleiche Repräsentation, wozu auch eine Kapelle oder nach weiterem Ausbau nicht weit von der Burg entfernt ein kleines Kloster gehörte, dessen Konvent für das Seelenheil der dort Beigesetzten zu beten hatte. Dort bestattet wurden nur die Mitglieder des Adelshauses. Ein Adelshaus war mehr als die biologische Generationenfolge eines Geschlechts, weil es ein Amt oder einen Besitz als dazugehörigen Bezugspunkt einbezog. Ob man eine Burg unter mehreren zufällig besaß, oder ob man sich nach ihr benannte, weil sie die Funktion eines Stammsitzes ausübte, war für die Ausbildung einer eigenen unverwechselbaren Identität gegenüber dem übrigen Adel entscheidend. Bislang hatte nur ein königliches Geschlecht den Vorzug gehabt, als ein „Haus" in Erscheinung zu treten. Daß es nun in zunehmendem Umfang auch dem Hochadel gelang, deutet das Ende der Periode an, in der es einem Herrscher erlaubt gewesen war, Adelsschichten gegeneinander auszuspielen und souveräner Herr der Reichskirche zu sein. Heinrich IV. faßte den neuen Weg, als mächtigster Territorialherr mit den adligen Territorialherren zu konkurrieren und auf dieser Basis die Superiorität der Königsgewalt zu sichern, ins Auge, vermochte aber angesichts des Investiturstreites nicht mehr, als den neuen Ansatz auf den Weg zu bringen.

Bibliographie

F. BARLOW, The English Church, 1000–1066. A. Constitutional History, London ²1979.
E. BOSHOF, Königtum und Königsherrschaft im 10. und 11. Jahrhundert, München 1903.
C. BRÜHL, Deutschland – Frankreich. Die Geburt zweier Völker, Köln – Wien 1990.
H. E. COWDREY, The Cluniacs and the Gregorian Reform, Oxford 1970.
G. DUBY, Les trois ordres ou l'imaginaire du Féodalisme, Paris 1978.
J. FRIED, Der Weg in die Geschichte, die Ursprünge Deutschlands bis 1024, Berlin 1934.
I. GILCHRIST, Simoniaca Haeresis and the Problem of Orders from Leo IX to Gratian, Vatikanstadt 1965.
E. HLAWITSCHKA, Vom Frankreich zur Formierung der europäischen Staaten- und Völkergemeinschaft 840–1046, Darmstadt 1986.
H. HOFFMANN, Gottesfriede und Treuga Dei, Stuttgart 1964.
H. JAKOBS, Kirchenreform und Hochmittelalter, 1046–1215, München ²1994.
R. KAISER, Bischofsherrschaft zwischen Königtum und Fürstenmacht. Studien zur bischöflichen Stadtherrschaft im westfränkisch-französischen Reich im frühen und hohen Mittelalter, Bonn 1981.
J. LAUDAGE, Priesterbild und Reformpapsttum im 11. Jahrhundert, Köln – Wien 1984.
J. P. POLY – E. BOURNAZEL, La mutation Féodale, X³ siècle, Paris ²1991.
K. SCHMID, Gebetsgedenken und adliges Selbstverständnis im Mittelalter, Sigmaringen 1983.
B. SZABO-BECHSTEIN, „Libertas ecclesiae“ (Studi Gregoriani 12), Rom 1985.
G. TELLENBACH, Die westliche Kirche vom 10. bis zum frühen 12. Jahrhundert: Die Kirche in ihrer Gesellschaft 2, F 1, Göttingen 1988.
S. WEINFURTER (Hrsg.), Die Salier und das Reich, 3 Bde., Sigmaringen 1991.
J. WOLLASCH, Mönchtum des Mittelalters zwischen Kirche und Welt, München 1973.
H. WOLTER, Die Synoden im Reichsgebiet und in Reichsitalien von 916 bis 1056, Paderborn 1988.

II. Die östliche Christenheit in der Mitte des 11. Jahrhunderts

VON EVELYNE PATLAGEAN

Das Jahr 1054 markiert in der Gesamtgeschichte der Kirche von Byzanz keineswegs einen Einbruch. Die Mitte des 11. Jh. kann jedoch als eine akzeptable Zäsur für die politische, gesellschaftliche und kulturelle Geschichte der griechischen Christenheit dienen und vermag daher hier jene Epoche einzuleiten, welche der 4. Kreuzzug 1204 beschließen sollte [1].

---

[1] Darstellungen zur allgemeinen Geschichte von Byzanz: L. BRÉHIER, Le monde byzantin, 3 Bde., Sammlung „Evolution de l'Humanité“, Paris 1947–1950, Ndr. Paris 1969–1970, mit bibliographischer Ergänzung von J. Gouillard; G. OSTROGORSKY, Geschichte des byzantinischen Staates, München ³1963; Cambridge Medieval History, ²IV. The Byzantine Empire, hrsg. von J. HUSSEY, 1. Byzantium and its neighbours. 2. Government, Church and Civilization, Cambridge ²1966–1967; D. OBOLENSKY, The Byzantine Commonwealth: Eastern Europe 500–1500, London – New York 1971; D. A. ZAKYTHINOS, Byzantinische Geschichte (324–1071), Wien – Köln – Graz 1979; H.-G. BECK, Das byzantinische Jahrtausend, München 1978; P. WIRTH, Grundzüge der byzantinischen Geschichte, Darmstadt ²1989 (mit Bibliographie); A. DUCELLIER, Byzanz. Das Reich und die Stadt, Frankfurt/Main 1990; P. SCHREINER, Byzanz, München 1994 (mit Bibliographie). – Zu Persönlichkeiten, Quellen und Institutionen der griech. Kirche bleibt H.-G. BECK, Kirche und theologische Literatur im byzantinischen Reich, München 1959, unverzichtbar; s. auch DERS., Geschichte der orthodoxen Kirche im byzantinischen Reich, Göttingen 1980. Zur Hagiographie siehe Bibliotheca Hagiographica Graeca (im folgenden zit. als BHG³), hrsg. von F. HALKIN, 3 Bde., Brüssel 1957, gefolgt von einem Novum Auctarium (1984); J. KARAYANNOPULOS – G. WEISS, Quellenkunde zur Geschichte von Byzanz (324–1435), Wiesbaden 1982.

Politisch befand sich das Kaiserreich im Übergang zwischen zwei großen Dynastien. Die der Makedonen, die 867 mit Basileios I. begonnen hatte, konnte sich bis 1056 über weibliche Erfolge mit Kaiserinnen fortsetzen, da die Legitimität durch kaiserliche Geburt in der Praxis und in der allgemeinen Überzeugung inzwischen tief verwurzelt war. Sie erlosch schließlich mit der Gestalt Theodoras, der Tochter Konstantins VIII., dessen Schwester Zoe wie sie selbst die kaiserliche Gewalt geerbt hatte. Andererseits waren die Komnenen auf dem Weg zum Thron. Sie errangen ihn ein erstes Mal mit Isaak I. (1057–1059), auf den Konstantin X. aus der konkurrierenden wie verschwägerten Familie der Dukai folgte.

Das Ende des 9. Jh. hatte die Grundlagen der laikalen Gesellschaft geschaffen, die wir um die Mitte des 11. Jh. antreffen. Ihre Führungspositionen blieben denen erreichbar, die das Kriegsglück noch im 10. Jh. vorangebracht hatte. Manche Familien stiegen hoch genug auf, um selbst nach der tausendjährigen Würde kaiserlicher Macht zu greifen und sie für sich anzustreben. Sie stützten sich dabei auf Kräfte in der Provinz, die wir noch kaum kennen. Die bekanntesten Familien hatten ihren Ursprung im Osten Anatoliens an der Grenze zu Armenien, im 11. und 12. Jh. stößt man auf sie schließlich in allen Provinzen bis hin nach Süditalien. Noch im 11. Jh. bezeugen die Versuche großer Generäle aus älteren wie jüngst aufgestiegenen Familien die Vitalität dieses Systems.

Der Reichtum des Staates und der einzelnen beruhte vor allem auf dem Eigentum an Grund und Boden sowie dem Ertrag, den die Bauern erwirtschafteten, deren überwiegende Mehrheit in Dörfern lebte. Am Vorabend des arabischen Vorstoßes machte sich der städtische Aufschwung in Byzanz bemerkbar und ließ in der Epoche Leons VI. (886–912) die von Rom ererbte antike städtische Organisation hinfällig werden. Das Zusammentreffen hätte nicht zufälliger sein können. Zu den Laien der städtischen Gesellschaft zählten die Vertreter der öffentlichen Macht, ebenso Handwerker, Kaufleute und Grundbesitzer. Sie waren nicht mehr „Bürger“, sondern „Einwohner“ *(oiketores).* Thessalonike blieb die erste unter den Provinzstädten und die zweite Stadt im Reich. Ephesos und Trapezunt, Korinth und Athen, Ochrid und Bari sind einige der Namen, denen man auf den folgenden Seiten begegnen wird. Der Zufall dokumentiert ebenso Orte wie Attaleia an der Küste Kleinasiens oder Tyana im Herzen Anatoliens.

Konstantinopel weist Charakteristika auf, die es einzigartig machen würden, wenn es dies nicht schon wäre dank seiner kaiserlichen Würde als Residenz des Souveräns, dank der Aktivität des Palastes, der Zentralverwaltung des Kaiserreichs und seiner Kirche. Hinzu kam der intellektuelle Aufschwung des 11. Jh. 1045 hatte Konstantin Monomachos eine höhere Lehranstalt des Rechts gegründet, deren Leitung Johannes Xiphilinos übertragen wurde, und eine der Philosophie, an deren Spitze man Michael Psellos stellte. Philosophie, die Krone der *septem artes liberales*, der sieben Freien Künste, meint hier im eigentlichen Sinne die Platons und Aristoteles', aber vorwiegend den Neuplatonismus [2].

Das Haupt der griechischen Kirche bildete der Patriarch von Konstantinopel, der auch den Titel eines ökumenischen Patriarchen trug [3]. Die Zuständigkeit der beiden Vertreter der höchsten Gewalt in Byzanz, Kaiser und Patriarch, unterlag um die Mitte des 11. Jh. rechtlich

[2] J. M. Hussey, Church and learning in the Byzantine Empire 867–1185, Oxford – London 1937; W. Wolska-Conus, Les écoles de Psellos et de Xiphilin sous Constantin IX Monomaque, in: Travaux et mémoires 6(1976) 223–243; P. Lemerle, Cinq études sur le XIe siècle, Paris 1977, 193–248 („Le ‚gouvernement des philosophes‘: l'enseignement, les écoles, la culture“).

[3] J. Darrouzès, Rercherches sur les offikia de l'Eglise byzantine, Paris 1970.

weiterhin der bekannten Formel der *Epanagoge* Basileios' I.[4]: Für den Kaiser galten „die Gesetze der Alten" (II, 6); für den Patriarchen „die Entscheidungen der Alten, der Väter und der Konzilien" (III, 5); für das Gemeinwesen galt: „Der Friede und das Wohlergehen der Untertanen an Leib und Seele wohnen im guten Einverständnis und in der völligen Übereinstimmung von Kaiser und Patriarch" (III, 8). Tatsächlich war, entsprechend der implizit universellen Herrschaft, das Patriarchat der Hauptstadt ökumenisch. Dem Sinne nach begriff es auch die entstehenden Christenheiten ein, wie es ebenso eine Zentralgewalt darstellte, die sich auf einen entsprechenden Verwaltungsapparat und ein Entscheidungsorgan stützte, die Synode, der zu präsidieren der Kaiser das Recht hatte. In ihr hatten die Bischöfe sowie gegebenenfalls hohe Amtsträger des Staates Sitz. Die strukturelle Ähnlichkeit beider Körperschaften erhellt aus der Tatsache, daß der Begriff des *archon* zugleich die Delegierten der öffentlichen Gewalt wie die der patriarchalen Gewalt bezeichnete. Doch herrschte zwischen Patriarch und politischer Macht nur scheinbar Symmetrie. Nicht die patriarchale Verwaltung Konstantinopels war das Zentrum der kirchlichen Verwaltung des Kaiserreichs, sondern die Großkirche der Hagia Sophia. Die Metropolien der Provinz bewahrten, wie übrigens auch ein Teil der Kirchen und Klöster, einen weiteren Spielraum der Selbstverwaltung. Und der Patriarch fand sich gegenüber dem Kaiser in einem im Verlauf der Geschichte wechselnden Kräfteverhältnis, wobei jedoch die kaiserliche Gewalt trotz allem das letzte Wort behielt. Die Archive des Patriarchats dieses Zeitraums sind weitgehend verloren. Etliche Protokolle und zahlreiche Entscheidungen der Synode haben sich jedoch in Sammelwerken zum Gebrauch durch weltliche und kirchliche Richter und in Kommentaren der Kanonisten des 13. Jh., vor allem Theodoros' Balsamons, erhalten[5]. Die Beziehungen zum Kaiser bedingen, daß auch die kaiserliche Historiographie und Gesetzgebung zu unseren Quellen zählen[6]. Eine Vielzahl von Siegeln belegt Personen, Ämter und Chronologie[7]. Die kirchliche Geographie schließlich wird durch die „Notitiae episcopatuum" *(taxeis)* dokumentiert, die die Einordnung der Metropoliten, Suffragane und Erzbistümer des Patriarchats verzeichnen. Diese Informationen sind leider in literarischer Textform überliefert und wurden nicht regelmäßig von der Verwaltung aktualisiert, so als ob man ihnen memorialen Charakter und nicht die Verbindlichkeit eines praktischen Hilfsmittels hätte verleihen wollen. Gleichwohl gestatten sie einen historischen Abriß der Entwicklung der Bistümer[8].

Die Kirche der Mönche übte seit der endgültigen Wiederzulassung der Bilderverehrung im Jahre 843 unbestritten die spirituelle Vorherrschaft aus. Ihr Status hatte auf dem Zweiten Konzil von Nikaia im Jahre 787 seine Festlegung erfahren[9]. Die Einrichtung eines Klosters blieb von der Zustimmung durch den Bischof und der Anwesenheit wenigstens dreier

---

[4] Epanagoge, in: Jus Graeco-Romanum, hrsg. von P. u. I. Zepos, Athen 1931, Bd. 2, 241–243.

[5] Siehe in Regestes des actes du patriarcat de Constantinople Bd. I. Les actes des patriarches. Fasz. 2 und 3, hrsg. von V. Grumel, durchges. u. erg. Ausg. hrsg. von J. Darrouzès: Les Regestes de 715 à 1206, Paris 1989; (im folgenden zit. als Regestes mit jeweiliger Nr.; im abweichenden Fall wird die Nr. der 1. Ausg. in eckiger Klammer angegeben); Fasz. 4, hrsg. von V. Laurent: Les Regestes de 1208–1309, Paris 1971.

[6] Vgl. H. Hunger, Die hochsprachliche profane Literatur der Byzantiner, 2 Bde., München 1978, hier bes. I 372 ff und II 445 ff (von P. Pieler).

[7] Siehe besonders V. Laurent, Le corpus des sceaux de l'Empire byzantin, Bd. 5: L'Eglise, 1–3, Paris 1963–1972.

[8] J. Darrouzès (Hrsg.), Notitiae episcopatuum Ecclesiae Constantinopolitanae, Paris 1981.

[9] Die meistverwendete Ausgabe ist K. Rhalles – M. Potles (Hrsg.), Syntagma ton theion kai hieron kanonon, 6 Bde., Athen 1852–1859; hier Bd. 2, 555–646 der erlassenen einschlägigen Kanones (mittelalterl. Kommentar). S. auch P. de Meester, De monachico statu juxta disciplinam byzantinam, Vatikanstadt 1942.

Mönche abhängig; es konnte selbständig sein (dann waren seine eventuellen Ansprüche präzisiert) oder bischöflich, kaiserlich oder auch Eigentum einer Privatperson oder eines anderen Klosters. Es besaß seine eigene Regel *(Typikon)* insoweit, als es in Byzanz keine Orden bzw. Ordensregeln gab [10]. Es kam jedoch vor, daß sich benachbarte Klöster zu einer Gemeinschaft zusammenschlossen, die sich ein und derselben Regel unterwarf, so auf dem Berg Athos, dessen Typika des 10. Jh. für die Gesamtheit des Heiligen Berges galten [11]. Ein solches Typikon konnte so erfolgreich sein, daß es später zum Vorbild für andere Einrichtungen wurde, so das des Theotokos-Evergetis-Klosters von Konstantinopel, das gegen 1054 verfaßt wurde [12]. Ein Typikon konnte nur die Regel oder aber auch liturgische Vorschriften enthalten; beides konnte Nachahmung finden. So wurde das nach dem Sabas-Kloster (Palästina) benannte liturgische Typikon, das studitischen Ursprungs zu sein scheint, zu einer Grundlage der byzantinischen Klosterliturgie [13].

Das 9. Jh. war von der Erneuerung des Studiu-Klosters in der Hauptstadt, einer Initiative seines Abtes Theodoros Studites († 826), geprägt. Theodoros hinterließ Konstitutionen und Katechesen, die sich auf die verehrte Tradition des Basileios von Kaisareia beriefen, in Wirklichkeit jedoch ein eigenes Modell vorschlugen, dessen langanhaltende und weite Verbreitung sogar über die politischen Grenzen hinaus, z. B. bis in das Gebiet der Kiewer Rus', durch Textüberlieferung und die Typika anderer Klöster bezeugt wird. Regel und Geschichte des Studiu-Klosters illustrieren die Entwicklung des städtischen Mönchtums. Vor allem bekräftigte das Studiu-Kloster innerhalb und außerhalb der Städte den Rückzug der Askese hinter die Mauern des Klosters, in die Mitte einer Gemeinschaft und unter die absolute Disziplinar- und Strafgewalt des geistlichen Vaters, normalerweise des Abtes. Die Studiten waren hierin sicherlich in ihrer Epoche wegweisend, da sie deren innere Tendenzen übersetzten [14]; wir werden ihnen im 11. Jh. wiederbegegnen. Die halbgemeinschaftliche Form der Laura bestand fort: Die Große Laura, die 963 auf dem Berg Athos geweiht wurde, ist ein berühmtes, wenn auch seltenes Beispiel [15]. Weiterhin finden sich ausgefallene Gestalten wie Eremiten, Reklusen und Styliten, die in der Hagiographie oft nachträglich wieder mit den koinobitischen Normen in Einklang gebracht werden. Schließlich gab es die vagabundierenden Mönche, die zu verurteilen die Konzilien nicht müde wurden.

Die Karte des griechischen Mönchtums war um die Mitte des 11. Jh., von Ausnahmen

---

[10] E. Herman, Ricerche sulle istituzioni monastiche bizantine. Typika, ktetorika, caristicari e monasteri ‚liberi', in: OrChrP 6 (1940) 293–375, gibt zu diesem Punkt eine immer noch grundlegende Darstellung.

[11] Die klassische Ausgabe ist Ph. Meyer (Hrsg.), Die Haupturkunden für die Geschichte der Athosklöster, Leipzig 1894. Heute wird allgemein die Ausgabe von D. Papachryssanthou (Hrsg.), Achtes du Protaton, Paris 1875, zitiert.

[12] P. Gautier (Hrsg.), Le typikon de la Théotokos Evergétis, in: REByz 40 (1982) 5–101. S. jetzt auch den Sammelband M. Mullett – A. Kirby (Hrsg.), The Theotokos Evergetis and eleventh-century monasticism, Belfast 1994.

[13] A. Dimitrijevskij (Hrsg.), Opisanie liturgičeskich rukopisej ..., Bd. 3, Petrograd 1917 (Ndr. Hildesheim 1965), 1–508; vgl. Beck, Kirche und theologische Literatur 253.

[14] E. Patlagean, Les Stoudites, l'empereur et Rome; figure byzantine d'un monachisme réformateur, in: Bisanzio, Roma e l'Italia nell'Alto Medio Evo (Settimane di studio ... 34/1–2) Spoleto 1988, hier 1, 429–460. Zur Geschichte dieses Klosters allgemein vgl. R. Janin, La géographie ecclésiastique de l'Empire byzantin, 1. Le siège de Constantinople et le patriarcat oecuménique, Bd. 3: Les églises et les monastères, Paris 1969, 430–440.

[15] Siehe die Einführung zu den Actes de Lavra I, hrsg. von P. Lemerle – A. Guillou – N. Svoronos – D. Papachryssanthou, Paris 1970, 13ff.

abgesehen, koinobitisch. Man muß jedoch differenzieren zwischen den Klöstern in den Städten, in der Provinz und in Regionen, wo wenigstens der Form nach das antike Vorbild der „Wüste“ neu belebt wurde, denn die religiöse und gesellschaftliche Bedeutung war offensichtlich jeweils eine andere. In Kleinasien war das große Zentrum des 8. bis 9. Jh. der Olymp von Bithynien gewesen, von dem auch weiterhin Impulse ausgingen. Der Berg Galesios bei Ephesos wurde durch die Person des Styliten Lazaros († 1053) zu einem berühmten Mönchszentrum[16]. Und auf dem Berg Athos, der sporadisch seit der Mitte des 9. Jh. von Einsiedlern und kleinen Gruppen von Asketen bewohnt war, erlebte das Koinobitentum gegen Ende des Jahrhunderts einen Aufschwung: Der Mönch Euthymios der Jüngere, vom bithynischen Olymp hierher gekommen, übte zu dieser Zeit wesentlichen Einfluß aus[17]; das erste kaiserliche Privileg zugunsten der Halbinsel geht auf das Jahr 883[18], ihre Grenzziehung auf einen kaiserlichen Akt des Jahres 943 zurück[19]; das 10. Jh. aber brachte die entscheidende Entwicklung, die Einrichtung des Rats der Klostergemeinschaft des Berges Athos, welcher der Protos vorstand; 972 erhielt der Heilige Berg von Joannes I. Tzimiskes ein Typikon studitischer Herkunft[20]; obwohl dieser Text die verschiedenen Formen des Mönchwesens würdigte, behauptete sich doch in den folgenden Generationen das Koinobitentum; um die Mitte des 11. Jh. existierten bereits die meisten Athos-Klöster, darunter das der Amalfitaner[21], der Georgier[22] und der Russen[23]; 1045 bezeugt das Typikon Konstantins VIII. Monomachos den wirtschaftlichen Wohlstand der Halbinsel, seine Wälder, Schiffe und seine Handelsaktivitäten[24]. Eine andere Klostergemeinschaft befand sich auf dem Berg Latmos (oder Latros) im Hinterland von Miletos. Der Abt des Kellibaron- und des Stylos-Klosters war ihr Archimandrit (*mandra* bedeutet eigentlich Stall, Pferch) oder Protos[25]. Wir begegnen diesen Mönchen bei der Gründung des Joannes-Klosters auf Patmos wieder. Die Nea Mone (Neues Kloster) von Chios wurde durch Konstantin VIII. ausgezeichnet[26]. Auf Sizilien und in Süditalien schließlich, wo die Klosterbewegung auch im 8. und 9. Jh. einen Aufschwung genommen hatte, verlagerte sie sich mit der byzantinischen Wiedereroberung und unter dem Druck der Araber von Sizilien nach Kalabrien und Apulien und bis vor die Tore Roms, wo die griechische Abtei von Grottaferrata von Neilos von Rossano († 1004) gegründet worden war[27].

---

[16] Leben des Lazaros Galesiotes, in: Acta Sanctorum, 3. Nov., 508–588; vgl. auch BHG³, 979–980e.

[17] Zur Geschichte des athonitischen Mönchtums siehe die gute Zusammenstellung von D. PAPACHRYSANTHOU (Hrsg.), Actes du Protaton 3–164; BECK, Kirche und theologische Literatur 218–222; C. KOROLEVSKIJ, Athos, in: DHGE, Bd. 1, Paris 1931, 54–124.

[18] Actes du Protaton, Nr. 1.

[19] Ebd., Nr. 6.

[20] Ebd., Nr. 7.

[21] P. LEMERLE, Les archives du monastère des Amalfitains au Mont Athos, in: Epeteris Hetaireias Byzantinon Spudon 23 (1953) 566; A. PERTUSI, Monasteri e monaci italiani all'Athos nell'Alto Medio Evo, in: Le millénaire du Mont Athos, 963–1963. Etudes et mélanges, 2 Bde., Chèvetogne 1963–1964, Bd. 1, 217–251.

[22] Vgl. Actes d'Iviron I, hrsg. von J. LEFORT – N. OIKONOMIDES – D. PAPACHRYSSANTHOU, Paris 1985, 3–91.

[23] Vgl. Actes de Saint-Pantéléèmôn, hrsg. von P. LEMERLE – G. DAGRON – S. CIRCOVIĆ, Paris 1982, 3–19.

[24] Actes du Protaton, Nr. 8.

[25] TH. WIEGAND, Der Latmos (MILET III/1), Berlin 1913.

[26] Zeugnisse in Acta et diplomata graeca Medii Aevi sacra et profana collecta, hrsg. von F. MIKLOSISCH – I. MÜLLER, 6 Bde., Wien 1860–1890, hier Bd. 5, 1887, 1–8; vgl. E. VRANOUSSI, Les archives de Néa Moni de Chio. Essai de reconstitution d'un dossier perdu, in: Byzantinisch-Neugriechische Jahrbücher 22 (1976) 267–284.

[27] Aus einer umfangreichen Bibliographie seien genannt: S. BORSARI, Il monachesimo bizantino nella Sicilia

Bezüglich der territorialen Grenzen der griechischen Christenheit an der Schwelle zu unserer Epoche muß man davon ausgehen, daß ein Gebiet in jener Zeit nicht allein durch eine Linie von Festungen und Zollstationen begrenzt war. Das hier zu behandelnde Territorium definierte sich durch Credo und Ritus, durch religiöse Obödienz und politische Unterordnung. Deren verschiedene Konturen deckten sich in der Realität nicht so, wie sie es eigentlich sollten. Unser Ausgangspunkt für die Geographie des Patriarchats ist eine „Notitia" *(taxis)* des 10. Jh., die dazu bestimmt war, den westlichen Metropolien nach der byzantinischen Rückeroberung einen Platz einzuräumen. Sie begründete jene Gliederung, die sich am Ende des 12. Jh. einbürgerte (was man in der Fassung des Cod. Paris. Coislin 209 nachlesen kann); sie muß nach 1054 überarbeitet worden sein, insofern Rom hier den letzten, Konstantinopel den ersten Rang der Patriarchate einnimmt, jedoch kaum später, insofern der ursprüngliche Text in einem Manuskript aus dem 10. bis 11. Jh. datiert[28]. Man zählt 31 alte Metropolien, 13 neue Metropolien für den Westen und 7 für den Osten, schließlich Erzbistümer, die bulgarische Provinz, Zypern und in Süditalien Rossano und Otranto. Süditalien kannte traditionell zwei Metropolien, Reggio di Calabria und Santa Severina. In Apulien, wo die griechische Prägung weniger deutlich war, errichtete Byzanz in der ersten Hälfte des 11. Jh. Siponto, Trani, Bari, Brindisi und Tarent als Erzbistümer. Diese Entscheidungen waren von der Zustimmung des Papstes abhängig, die für Lucera wurde verweigert. Der Episkopat blieb mit Ausnahmen lateinischer Herkunft[29].

Das Kaiserreich erlebte seine größte Ausdehnung unter Basileios II. († 1025). Drei strategisch bedeutsame Gebietsgewinne kamen jedoch nach seiner Herrschaft hinzu: die Ostküste Siziliens (1038–1043), das Grenzgebiet von Ani und das Tal des Araxes (1045), Edessa und Samosata (1052). Andererseits besaß Byzanz an seinen Flanken dauerhaft gefährdete Landstriche: Süditalien mit Sizilien, die Gebiete auf dem Balkan und an der Donau, das ausgedehnte Hochland zwischen Kaukasus und Taurus. Auf dem Balkan war es Byzanz in seiner bulgarischen Provinz gelungen, die Erhebung Peter Deljans (1014) niederzuschlagen, doch mußte es wiederholte Übertritte der Petschenegen, eines türkisch-heidnischen Reitervolkes, über die Donau hinnehmen. Die christlichen Staates dieser Region manövrierten diplomatisch zwischen der Kirche Konstantinopels und der Roms. Das magyarische Ungarn blieb ein Vorposten des Einflusses des griechischen Christentums, obwohl sich König Stephan I. (1000–1038) für Rom entschieden hatte. Der Kaukasus kam im 11. Jh. in Form zweier christlicher Länder hinzu, Armeniens und Georgiens, die gleiche Feudalstruktur, untereinander verwandte Dynastien und unabhängige, schon mehrere Jahrhunderte zählende Kirchen besaßen: die monophysitische Kirche Armeniens und die mit Konstantinopel verbundene Kirche Georgiens. Nach der Annexion Anis durch Byzanz im Jahre 1045 war der König Armeniens zur Abdankung gezwungen, und das Land zerfiel.

---

e nell'Italia meridionale prenormanne, Neapel 1963; M. Scaduto, Il monachesimo basiliano, nella Sicilia meridionale. Rinascita e decadenza sec. XI–XIV, Rom 1947 und [2]1982. Zum aktuellen Forschungsstand siehe E. Patlagean, Recherches récentes et perspectives sur l'histoire du monachisme grec, in: Rivista di storia della Chiesa in Italia 22 (1968) 146–166; P. Corsi, Studi recenti sul monachesimo italo-greco, in: Quaderni medievali 8 (1979) 244–261; S. Borsari, Il monachesimo bizantino nell'Italia meridionale e insulare, in: Bisanzio, Roma e l'Italia nell'Alto Medioevo (s. Anm. 14), Bd. 2, 675–700; s. auch G. Giovanelli, S. Nilo di Rossano, fondatore di Grottaferrata, Rom 1966.

[28] Notitia Nr. 9, in: Darrouzès, Notitiae 88 ff.

[29] D. Girgensohn, Dall'episcopato greco all'episcopato latino nell'Italia meridionale, in: La Chiesa greca in Italia dal VIII al XVI secolo, 3 Bde., Padua 1972–1973, Bd. 1, 25–43.

Im Gegensatz dazu fand Georgien seit 1027 unter der Herrschaft Bagrats IV. zu politischer Kohärenz. Das Vorrücken der türkischen Seldschuken, die 1048 in Armenien eindrangen, stellte ein wesentliches politisches Element der zweiten Hälfte des Jahrhunderts dar[30]. In Süditalien und schließlich Sizilien hingegen traf Byzanz auf die Araber, den nun schon gewohnten Feind. Es nahm 1037 Messina, 1040 Syrakus und 1051 noch einmal Bari ein[31]. Dann trat der normannische Gegner auf den Plan: Zwischen 1040 und 1050 gelangen den Normannen entscheidende politische und territoriale Vorstöße.

Die Karte der griechischen Christenheit und die des östlichen Kaiserreichs waren also nicht deckungsgleich. Einerseits blieb die junge russische Christenheit von Kiew Kirchenprovinz des Patriarchats von Konstantinopel[32]. Dies gilt auch für die chalkedonischen Patriarchate von Alexandreia, Antiocheia und Jerusalem, deren Amtsträger aufgrund dogmatischer Union von der Synode in Konstantinopel, wo sie übrigens einen Teil oder sogar ihre gesamte Amtszeit verbrachten[33], ernannt wurden, sowie ebenso für die griechischen Mönche vom Sinai und die alten Klöster im Heiligen Land (wie S. Sabas), die bis heute bestehen. Andererseits schloß das Kaiserreich nichtgriechische Bevölkerungen ein, die von der Orthodoxie des Zentrums abwichen, unter Umständen sogar in strategisch wichtigen Regionen, man denke an die Armenier von Sebaste bis Kaisareia in Kappadokien[34] und die Syrer Melitenes und seiner Umgebung[35]; die Existenz deren Parallelkirche wurde im Mai 1030 in einem Synodalprozeß beklagt[36]. Dieses Problem wie auch das der Lateiner - Söldner oder Kaufleute –, das in der Mitte des Jahrhunderts erstmals auftrat, verschärfte sich zunehmend.

Das Leben der Juden innerhalb des byzantinischen Einflußbereichs wurde in dem Maße schwieriger, wie sich seit dem 7. und vor allem im 9. Jh. die Gleichung (griechisches) Römertum = (griechische) Christenheit festigte. Das 10. Jh. erneuerte jedoch die eingeschränkte Legitimität des Judentums, die ihren traditionellen Status begründete und die Möglichkeit zu individueller Konversion offenhielt. Juden lebten in Konstantinopel[37], Attaleia, auf Chios und andernorts, wie Zeugnisse belegen[38]. Süditalien (Oria vor allem, aber auch Bari, Otranto und Tarent) war seit Jahrhunderten ein Zentrum ihrer Gemeinden; der *Rotulus des Achima'az*, eine genealogische Chronik, die gegen 1054 entstand, erhellt die Kultur und die regionalen und internationalen Beziehungen eines Geschlechts von No-

---

[30] C. Cahen, La première pénétration turque en Asie Mineure, in: Byzantion 18 (1948) 5–68.

[31] J. Gay, L'Italie méridionale et l'Empire byzantin depuis l'avènement de Basile I^e jusqu'à la prise de Bari par les Normands (867–1071), Paris 1904, ist immer noch nützlich. Siehe auch V. von Falkenhausen, Untersuchungen über die byzantinische Herrschaft in Süditalien vom 9. bis ins 11. Jh., Wiesbaden 1967.

[32] Außer Darrouzès, Notitiae, siehe auch A. Poppe, The original status of the Old-Russian Church, in: Acta Poloniae Historica 39 (1979) 5–45.

[33] Zuletzt G. Fedalto, Le liste patriarcali delle sedi orientali fino al 1453, in: Rivista di studi bizantini e slavi 1 (1981) 167–203 (mit Ausnahme der lateinischen Patriarchen).

[34] G. Dedeyan, L'immigration arménienne en Cappadoce au XIe siècle, in: Byzantion 45 (1975) 41–117.

[35] G. Dagron, Minorités ethniques et religieuses dans l'Orient byzantin à la fin du Xe et au XIe sieècles: l'immigration syrienne, in: Travaux et mémoire 6 (1976) 177–216.

[36] Regestes Nr. 839.

[37] D. Jacoby, Les quartiers juifs à Constantinople à l'époque byzantine, in: Byzantion 37 (1967) 167–227.

[38] Zeugnisse zitiert und übersetzt in J. Starr, The Jews in the Byzantine Empire (641–1204), Athen 1939, der nach wie vor den besten Überblick bietet. S. jetzt auch D. Jacoby, Les Juifs de Byzance. Une communauté marginalisée, in: Chr. Maltezu (Hrsg.), Hoi perithoriakoi sto Byzantio, Athen 1993 (auch separat erschienen).

tablen aus Oria[39]. Diese Gemeinden, die sich in griechischer und hebräischer Sprache verständigten, folgten auch unter byzantinischer Herrschaft in ihrer religiösen Ausrichtung den rabbinischen Akademien in Jerusalem und Bagdad[40] und unterhielten kommerzielle und kulturelle Kontakte zum gesamten christlichen und muslimischen Mittelmeerraum und den von hier aus erreichbaren Ländern[41]. Die Religionspolitik des Kalifen al-Hakim löste zu Beginn des Jahrhunderts eine Einwanderungswelle von Ägypten her aus. Vor allem die erste Hälfte des Jahrhunderts brachte für das Judentum in Byzanz eine zahlenmäßig bedeutende Zuwanderung von Karaiten aus Ägypten und Palästina mit sich, deren Präsenz fortan einen besonderen Zug seiner Erscheinung ausmachte[42].

Bibliographie

Wichtige Quellensammlungen und Repertoiren:

Archives de l'Athos (Bd. 1, Paris ^{2}1970. Bisher sind 18 Bde. erschienen), Paris 1946–1993.

J. Darrouzès (Hrsg.), Notitiae episcopatuum Ecclesiae Constantinopolitanae, Paris 1981.

A. Dimitrievskij, Opisanie liturgičeskich rukopisej chranjaščichsja v bibliotekach pravoslavnago Vostoka, I–II Kiev 1895–1901, III S. Petersburg 1917 (liturgische Handschriften der Bibliotheken des orthodoxen Ostens).

F. Dölger, Regesten der Kaiserurkunden des oströmischen Reiches, Bd. 2 (1025–1204), Bd. 3 (1204–1282), München 1924–1925 (zit. als *Regesten* mit jeweiliger Nr.).

J. Goar, Euchologion sive Rituale Graecorum, Paris 1647, Venedig ^{2}1730 (Ndr. Graz 1960).

J. Gouillard, Le Synodikon de l'Orthodoxie: édition et commentaires, in: Travaux et mémoires 2 (1967) 1–316.

A. Guillou (Hrsg.), Corpus des actes grecs d'Italie du sud et de Sicile. Recherches d'histoire et de géographie. 6 Bde., Vatikanstadt 1967–1980.

E. Halkin (Hrsg.), Bibliotheca Hagiographica Graeca, Brüssel 1957; Novum Auctarium, 1984.

V. Laurant, Le corpus des sceaux de l'Empire byzantin, Bd. 5, L'Eglise, 2 Bde., ein Supplementband, Paris 1963–1972.

J. Mateos, Le typikon de la Grande Eglise. MS Ste-Croix no. 40, Xe siècle. 1. Le cycle des douze mois. 2. Le cycle des fêtes mobiles, Rom 1962–1963.

Ph. Meyer, Die Haupturkunden für die Geschichte der Athosklöster, Leipzig 1894.

F. Miklosisch – I. Müller (Hrsg.), Acta et diplomata graeca Medii Aevi sacra et profana collecta, 6 Bde., Wien 1860–1890.

Les *Regestes* des actes du patriarcat du Constantinople. Bd. 1. Les actes des patriarches. Fasz. 2 u. 3, hrsg. von V. Grumel, durchges. u. erg. Ausg. hrsg. von J. Darrouzès: Les Regestes de 715 à 1206, hrsg. von V. Grumel, 2. Aufl. hrsg. von J. Darrouzès, Paris 1989; Fasz. 4, hrsg. von V. Laurent. Les Regestes de 1208 à 1309, Paris 1971 (zit. als *Regestes* mit jeweiliger Nr.).

Synaxarium Ecclesiae Constantinopolitana, hrsg. von H. Delehaye, Brüssel 1902 (Propylaeum ad Acta Sanctorum Novembris).

K. Rhalles – M. Potles (Hrsg.), Syntagma ton theion kai hieron kanonon, 6 Bde., Athen 1852–1859.

P. u. I. Zepos (Hrsg.), Jus Graeco-Romanum, Athen 1931, 8 Bde., Athen 1931.

---

[39] The Chronicle of Ahima'az, übers. und eingel. von M. Salzmann, New York 1924.

[40] Zum Überschneidungsgebiet Süditalien siehe R. Bonfil, Tra due mondi: prospettive di ricerca sulla storia culturale degli Ebrei nell'Italia meridionale nell'alto Medioevo, in: Italia Judaica, Rom 1983, 135–158.

[41] Siehe in Gli Ebrei nell'Alto Medioevo. (Settimane di Studio ... 26), Spoleto 1980, die Ausführungen von T. Lewicki, Les commerçants juifs dans l'Orient islamique non-méditerranéen aux IXe– XIe siècles, 375–399; E. Ashtor, Gli Ebrei nel commercio mediterraneo nell'alto medioevo (sec. X–XI), 401–464; A. Gieysztor, Les Juifs et leurs activités économiques en Europe orientale, 489–522.

[42] Z. Ankori, Karaïtes in Byzantium. The formative years, 970–1100, New York – Jerusalem 1959.

Untersuchungen:

H.-G. Beck, Kirche und theologische Literatur im byzantinischen Reich, München 1959.

–, Geschichte der orthodoxen Kirche im byzantinischen Reich, Göttingen 1980.

La Chiesa greca in Italia dall'VIII al XVI secolo. Atti del convegno storico interecclesiale, 3 Bde., Padua 1972–1973.

J. Darrouzès, Recherches sur les offikia de l'Eglise byzantine, Paris 1970.

V. Grumel, La chronologie (Traité d'études byzantines, I), Paris 1958.

H. Hunger, Die hochsprachliche profane Literatur der Byzantiner, 2 Bde., München 1978.

R. Janin, Le siège de Constantinople et le patriarcat oecuménique. 3. Les églises et les monastères, Paris 1969.

R. Janin, Les églises et les monastères des grands centres byzantins (Bithynie, Hellespont, Latros, Galèsios, Trébizonde, Athènes, Thessalonique), Paris 1975.

S. N. Troianos, He ekklesiastike diadikasia metaxy 565 kai 1204, in: Epet. tu kentru ereunes tes historias tu hellen. dikaiu tes Akademias Athenon 13 (1966) 1–146.

ERSTER TEIL

DAS VERHÄLTNIS ZWISCHEN GEISTLICHER UND WELTLICHER MACHT – ENTWICKLUNG UND INFRAGESTELLUNG (1054–1122)

Erstes Kapitel

Das byzantinische Kaiserreich von 1054 bis 1122

von Evelyne Patlagean

I. Chronologischer Abriß

Nach dem ersten Versuch eines Komnenen, Isaaks I. (1057–1059), war der Thron in der Hand der Dukai: erst Konstantin X. (1059–1067), dann Michael VII. (1071–1078). Dazwischen sicherte sich Romanos IV. Diogenes (1068–1071) durch Heirat der Witwe Konstantins X. die Legitimität. Entsprechend heiratete Nikephoros III. Botaneiates (1078–1081) die Witwe Michaels VII. Diese adoptierte Alexios Komnenos, den Gatten der Irene Dukas, der als Alexios I. 1081 den Thron bestieg. Er regierte bis zu seinem Tode im Jahre 1118, sein Nachfolger war sein Sohn Joannes II. Komnenos (1118–1143). Der Kampf um den Thron spielte sich vor dem Hintergrund militärischer Bedrohung ab. Mit dem Vorrücken der seldschukischen Türken in der zweiten Hälfte des 11. Jh. erlebte der Osten des Reichs eine Verschiebung des nationalen, politischen und also auch religiösen Gleichgewichts. Der georgischen Krone gelang es, sich zu behaupten und sogar um sich herum Satellitenfürstentümer zu errichten. Erst die Invasion der Mongolen sollte sie bezwingen[1]. In Armenien dagegen nahmen 1064 die Seldschuken Ani ein. Zwischen 1060 und 1070 zogen sie durch Kleinasien und brachten Byzanz 1071 die Niederlage von Mantzikert bei, die ihnen Armenien ausliefern und Anatolien öffnen sollte. 1074 fiel ihnen Kappadokien in die Hände, der traditionelle Weg der Armenier in die Emigration oder ins Exil war nun abgeschnitten. Der armenische Feldzug der Seldschuken richtete sich danach auf Syrien und Mesopotamien. Der byzantinische Gouverneur von Melitene und Germanikeia war 1071 ein Armenier, Philaretos Vahram. Nach der Niederlage von Mantzikert sagte er sich von Byzanz los. Einwanderungen aus Armenien stärkten schließlich dieses ständig gefährdete Gebiet gegenüber dem Islam. Philaretos Vahram dehnte seine Herrschaft über Edessa (1077), dann über Antiocheia (1078) und schließlich über Kilikien aus. Erinnert sei an die Bedeutung der armenischen Diaspora in Melitene und Edessa nach der Wiedereroberung im 10. Jh. 1080

Namen von Personen und Orten werden gemäß der in der deutschsprachigen Byzantinistik üblichen Form wiedergegeben. Bibliographische Kurzangaben verweisen auf die Erstnennung des Titels oder auf das Literaturverzeichnis am Ende des Kapitels (siehe Seite 32).

[1] Über die Cambridge Medieval History², Bd. 1 (Byzantium and its neighbours), Cambridge 1966, hinaus siehe C. Toumanoff, The Background to Mantzikert, in: Proceedings XIII internat. congr. Byzant. studies, Oxford 1967, 411–426; Sp. Vryonis, Jr., The decline of medieval Hellenism in Asia Minor and the process of Islamization from the eleventh through the fifteenth century, Berkeley 1971; J. Gay, L'Italie méridionale et l'empire byzantin depuis l'avènement de Basile Iᵉʳ jusqu'à la prise de Bari par les Normands (867–1071), Paris 1904.

nahmen die Seldschuken die armenische Küste und 1085 Antiocheia ein. Weitere armenische Vorherrschaft konnte sich jedoch 1080 im Taurus-Gebirge etablieren, im sogenannten Klein-Armenien. Eine armenische Dimension sollte die traditionelle Besonderheit der christlichen Front des Monophysitismus Syriens und des Zweistromlandes verstärken[2]. In den Kampf zwischen Michael VII. und Nikephoros III. griffen die Türken ein; mit deren kurzfristigen Eroberungen Kyzikos' und Nikaias (1081) mußte man sich abfinden. Als dann die Einheit der Türken zerbrach (1086), sah sich Byzanz bald mit zwei Gegnern konfrontiert, Malik Danischmend in Sebaste (Sebasteia) und Quilij Arslan in Konia (Ikonion), die sich damals gegenseitig Melitene streitig machten.

Der 1. Kreuzzug, von dessen Auswirkungen auf Byzanz noch im Zusammenhang der Beziehungen Konstantinopels zur lateinischen Kirche die Rede sein wird, veränderte seinerseits die konfessionelle Landkarte des Ostens. Der Zug der Kreuzfahrer durchquerte Kleinasien, um zusammen mit Byzanz wieder den Westen Anatoliens einzunehmen. Nikaia wurde 1097 von den Türken zurückerobert, ebenso Antiocheia und Edessa, diese beiden allerdings zugunsten lateinischer Heeresführer, die sich 1098 zu ihren Fürsten erhoben. Antiocheia hatte seitdem einen lateinischen Patriarchen, Byzanz konnte dennoch das dortige griechische Patriarchat aufrechterhalten[3]. Der Vertrag von 1108 sicherte ihm übrigens Rechte über die Stadt zu. Mit anderen Worten, der Kreuzzug führte nicht lediglich zur Änderung von Grenzverläufen, sondern darüber hinaus zu neuen verwickelten Abhängigkeiten, bei denen das Gewicht der Konfessionen und ihrer Hierarchie nur um so größer wurde.

In Ungarn blickte König Salomon (1063) auf das Reich im Westen und wandte sich seinem Schwager Heinrich IV. zu. Sein Nachfolger Geza wurde im Gegensatz zu ihm von Byzanz gestützt, dem er wiederum auf dem Balkan Hilfe leistete. Der Kreuzzug, dessen Weg durch Ungarn führte, ließ das hungarische Königreich noch wichtiger werden und kündigte bereits seine spätere Schlüsselstellung im 12. Jh. an. Alexios I. verheiratete seinen Sohn Joannes mit der Tochter des verstorbenen Königs Ladislaus, die den griechischen Namen Irene annahm (1104). Weiter westlich schwankte die Suche nach unabhängigen staatlichen Formen zwischen Rom und Konstantinopel. Nachdem Zeta (das spätere Montenegro) seine Grenzen hatte absichern können, wurde es von Mihailo (gegen 1050–1081) regiert, der den Titel eines Königs sicherlich von Gregor VII. erhalten hatte. Nach ihm eroberte Konstantin Bodin (1081–gegen 1101) Raszien und Bosnien und ernannte ihre Fürsten. Dieses politische Gebilde sollte keinen Bestand haben und bedurfte der Unterstützung durch Byzanz. Von 1100 an stürzte sich Raszien bei seinem Bestreben nach Loslösung auf Ungarn. 1071 nahmen die Normannen Bari ein. 1081 bemächtigte sich Robert Guiscard, der Herrscher Apuliens und Kalabriens, erst Korfus, dann Durazzos (Dyrrhachions), das Alexios I. 1083 zurückeroberte. Der 1. Kreuzzug verlockte die Normannen zu weiteren Angriffen; 1107 landete Bohemund in Griechenland.

Andererseits hatten die Umstände Alexios I. dazu geführt, den Seerepubliken, Venedig

---

[2] Mit Gewinn lesen wird man nach wie vor H. F. Tournebize, Histoire politique et religieuse de l'Arménie depuis les origines des Arméniens jusqu'à la mort de leur dernier roi (l'an 1393), in: Revue de l'Orient chrétien 7–10 (1902–1905), veröffentlicht in einem Band, Paris 1910.

[3] V. Grumel, La chronologie (Traité d'études byzantines, I), Paris 1958, 446–450, zuletzt aktualisiert von G. Fedalto. Hierarchia Ecclesiastica Orientalis, II, Padua 1988, 687ff.

1082 und Pisa 1111, Privilegien einzuräumen[4]. Dies hatte die Einrichtung hier und da lateinischer Gemeinden, in Konstantinopel sogar die Entstehung richtiger Kolonien zur Folge[5]. Wahrscheinlich kam auch Amalfi im 11. Jh. in den Genuß solcher Zugeständnisse[6]. Die folgende Rekrutierung westlicher Söldner, vor allem Angelsachsen, führte ebenfalls zur Niederlassung lateinischer Gemeinden[7]. Joannes II. Komnenos verfolgte im Osten und auf dem Balkan eine Politik der Besitzstandswahrung und Rückeroberung. 1122 trug er den endgültigen Sieg über die heidnischen Petschenegen davon, was seinem Vater nicht gelungen war. Sein Sieg stand im Zeichen einer berühmten Ikone, der Gottesmutter Hodegetria (der dem Evangelisten Lukas zugeschriebenen Ikone aus dem Hodegon-Kloster in Konstantinopel)[8]. Joannes II. Komnenos schlug 1123 die Serben, 1124 die Ungarn. Voraussetzungen dafür mußte er sich allerdings bei den Seerepubliken erkaufen, daher die den Genuesen 1117 und 1120 gewährten Privilegien und die Zulassung von Handelsstationen der Venezianer in der Ägäis 1124/25 und in Modon 1125[9].

Soweit der chronologische Verlauf der Regierungsperiode zwischen 1054 und 1123. Das östliche Kaiserreich gründete auf der seinem Souverän traditionell nach dem Vorbild Konstantins zuerkannten Machtfülle, aber auch und vor allem auf dem Bewußtsein, daß das universelle und ewige römische Reich untrennbar mit der Konstantinopolitaner Orthodoxie verbunden sei. Die Geschichte der griechischen Christenheit erschöpfte sich jedoch keineswegs in einem derartigen Bekenntnis zur Kontinuität, auch wenn dieses ein wesentlicher Bestandteil blieb. Die Theologie bildete zwar eine eigenständige Disziplin, doch waren ihre Lehrsätze geeignet, in Abgrenzung von den Lateinern im Westen und den Armeniern und Syrern im Osten so etwas wie eine nationale Identität zu definieren.

Die griechische Christenheit wurde vom Kaiser und seinem Patriarchen geführt, gestützt auf die ständige Synode der Großen Kirche. Sie gliederte sich in drei Stände: Mönche, Kleriker und Laien, von denen im folgenden zu reden ist.

II. Mönche, Kleriker und Laien

1. Der Vorrang der klösterlichen Lebensform

Einen ersten Einblick in diese gesellschaftliche Gruppe gewährt die Hagiographie, die reich an Beispielen ist. Ein gutes Dutzend *Viten*, darüber hinaus eine von Michael Psellos verfaßte Lobrede auf Nikolaos, den Abt des Klosters von der Schönen Quelle auf dem bi-

---

[4] R. J. Lilie, Handel und Politik zwischen dem byzantinischen Reich und den italienischen Kommunen Venedig, Pisa und Genua in der Epoche der Komnenen und der Angeloi (1081–1202), Amsterdam 1984.

[5] Vgl. R. Janin, La géographie ecclésiastique de l'Empire byzantin. 1. Le siège de Constantinople. III. Les églises et les monastères, Paris 1969, 569–593 und passim.

[6] M. Balard, Amalfi et Byzance (X[e]–XIIe siècles), in: Travaux et mémoires 6 (1976) 85–95.

[7] Vgl. z. B. J. Shepard, The English and Byzantium. A study of their role in the Byzantine army in the later eleventh century, in: Traditio 29 (1973) 53–92.

[8] Niketas Choniates, Historia, hrsg. von J. A. Van Dieten, Berlin 1975, 15/88 und 19/90; vgl. Janin, Géographie ecclésiastique 203.

[9] Immer noch nützlich sind F. Chalandon, Essai sur le règne d'Alexis I[e] Comnène (1081–1118), und ders., Les Comnènes. Études sur l'Empire byzantin au XIe et au XIIe siècle, II[1–2]. Jean II Comnène (1118–1143) et Manuel I[e] Comnène (1143–1180), Paris 1912.

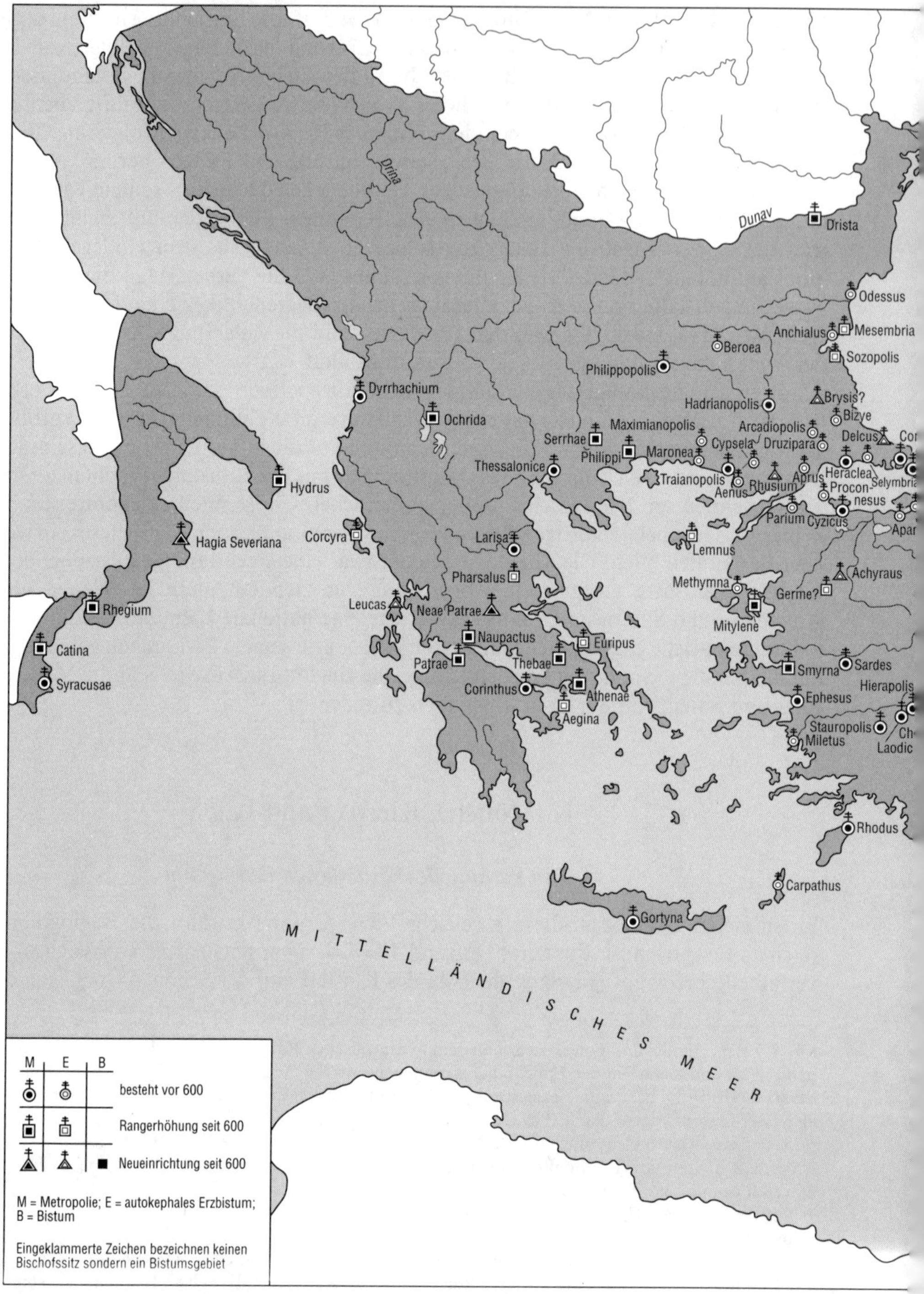

Die byzantinische Kirche um 1200 (Ortsnamen gemäß Vorlage im Atlas zur Kirchengeschichte in latinisierter Form).

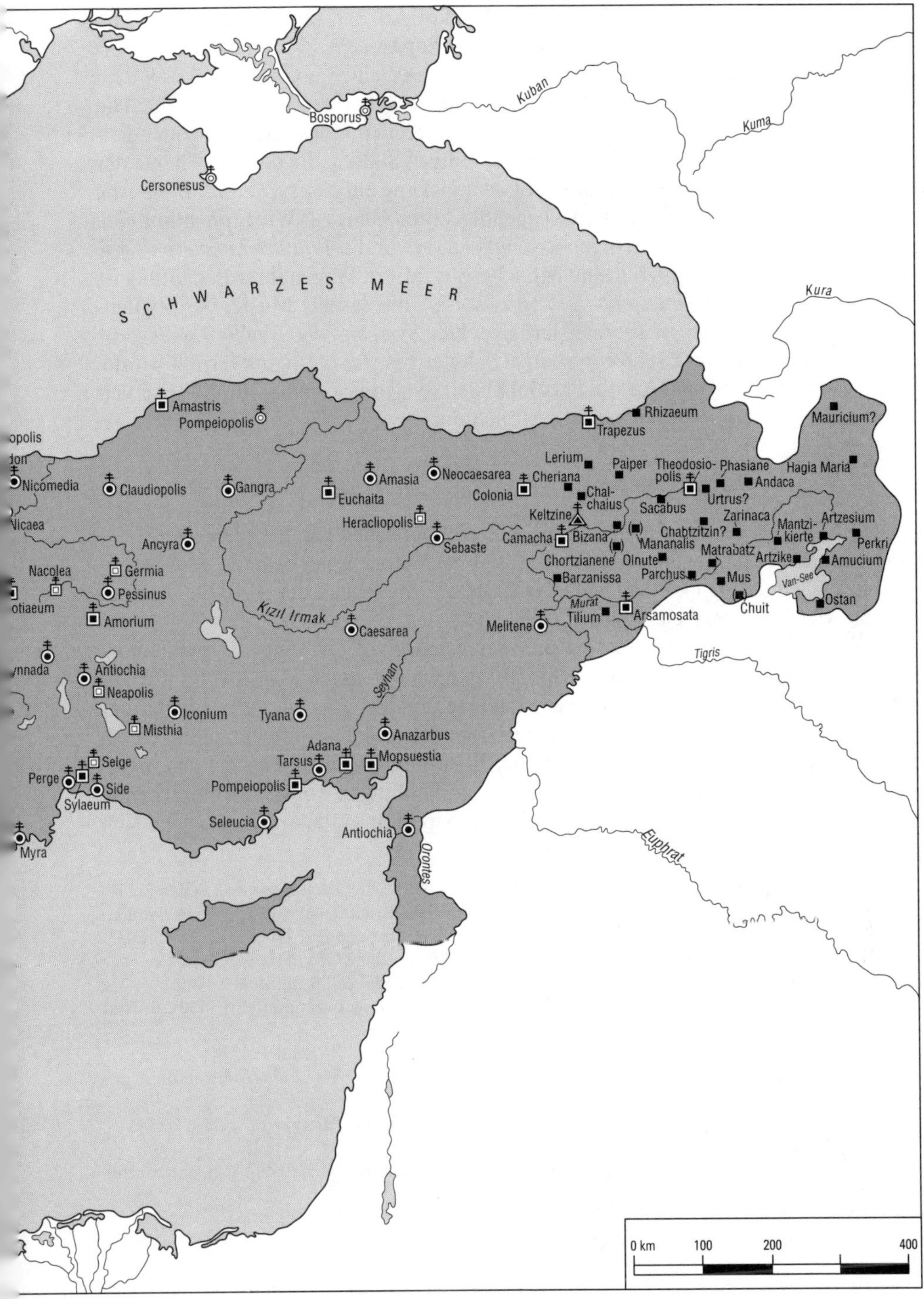
Kuban
Kuma
Bosporus
Cersonesus
SCHWARZES MEER
Kura
Amastris
Pompeiopolis
Rhizaeum
Trapezus
Mauricium?
opolis
don
Nicomedia
Claudiopolis
Gangra
Amasia
Neocaesarea
Euchaita
Cheriana
Colonia
Lerium
Paiper
Theodosio-
polis
Phasiane
Hagia Maria
Andaca
Urtrus?
Chal-
chaius
Sacabus
Keltzine
Zarinaca
Mantzi-
kierte
Artzesium
Perkri
Nicaea
Heracliopolis
Ancyra
Sebaste
Camacha
Bizana
Mananalis
Chabtzitzin?
Matrabatz
Artzike
Amucium
Chortzianene
Olnute
Parchus
Mus
Van-See
Ostan
Barzanissa
Chuit
Nacolea
Germia
Pessinus
otiaeum
Amorium
Kizil Irmak
Caesarea
Murat
Tilium
Arsamosata
Melitene
Tigris
ynnada
Antiochia
Neapolis
Seyhan
Iconium
Tyana
Misthia
Anazarbus
Adana
Tarsus
Mopsuestia
Selge
Perge
Side
Sylaeum
Pompeiopolis
Seleucia
Antiochia
Orontes
Euphrat
Myra
0 km
100
200
400

thynischen Olymp, repräsentieren diese Periode[10]. Ihre Art der Darstellung zeigt, daß, auch wenn die Autoren nicht alle Mönche waren, das monastische Modell absoluten Vorrang behielt. Doch widmet die *Vita des Kyrillos von Philea*[11] einen langen ersten Teil dem Thema der Heiligkeit von Laien. Heiligkeit von Frauen ist nicht wirklich dargestellt: Die *Vita der heiligen Marina von Skanion*[12] auf Sizilien berichtet in ihrem ersten Teil von individueller Askese, unter anderem einer Reise zu den Heiligen Stätten, die das alte Thema der als Mönch verkleideten Frau in romanhafter Ausschmückung aufgreift. *Die Vita Irenes von Chrysobalanton*[13] schreibt der Äbtissin alle Tugenden eines Abtes zu. Wir kennen nur eine einzige Lebensbeschreibung eines heiligen Bischofs, und zwar die *Vita des Lukas von Capo Rizzuto*[14] aus Süditalien. Alle übrigen sind Mönchen gewidmet. Wegen ihrer Bedeutung ist auf die *Vita des Lazaros vom Galesionberg*[15] hinzuweisen, die das alte Muster des Stylitentums thematisiert. Schließlich ist die meisterhafte *Vita Symeons des Neuen Theologen*[16] (gest. 1022) zu nennen, die nach 1054 von seinem Schüler Niketas Stethatos verfaßt wurde, ein einzigartiges Zeugnis sowohl für die Persönlichkeit Symeons als auch für die spirituellen Strömungen innerhalb des griechischen Mönchtums.

2. Die Disziplin der Laien: Norm und Praxis

Bereits in der Mitte des 11. Jh. war das religiöse Leben der Laien geregelt: Die Taufe, die schon länger an den Lebensbeginn gestellt war, fiel nach einer Entscheidung des Patriarchen (von etwa 1094) auf den 40. Tag nach der Geburt[17]. Sie regelte die Wahl der Taufpaten (Mönche wurden ausgeschlossen)[18]; bezüglich der Ehe wurden die Grade der Blutsverwandtschaft, der Verschwägerung und der Patenschaft, die einer Eheschließung entgegenstanden, festgelegt; die Wiederverheiratung nach der ersten Verwitwung war auf zwei begrenzt, die Verlobung besaß einen eheähnlichen Status, Trennung der Ehepartner und Scheidungen waren zugelassen[19]. Synodalgerichte hatten über die Rechtmäßigkeit beabsichtigter, liturgisch gefeierter oder vollzogener Eheschließungen zu entscheiden, wenn der Verwandtschaftsgrad entgegenstand. Solche Entscheidungen konnten weitreichende Folgen haben. Unter dem Patriarchat Joannes' VIII. Xiphilinos (1064–1075) standen sich

---

[10] P. Gautier (Hrsg.), Éloge funèbre de Nicolas de la Belle Source par Michel Psellos moine à l'Olympe, in: Byzantina (griech.) 6 (1974) 9–69; deutsche Übersetzung und wichtiger Kommentar von G. Weiss, Die Leichenrede des Michael Psellos auf den Abt Nikolaos vom Kloster von der Schönene Quelle, in: Byzantina 9 (1977) 221-322. – Nikolaos, Mönch des Studiu-Klosters unter Basilios II., dann Gründer des Klosters von der Schönen Quelle, starb kurz vor 1055, dem Datum des Aufenthalts von M. Psellos auf dem Olymp.

[11] E. Sargologos (Hrsg. u. Übers.), La Vie de Saint Cyrille le Philéote moine byzantin (mort 1110), Brüssel 1964.

[12] G. Rossi Taibbi (Hrsg. u. Übers.), Martirio di S. Lucia. Vita di S. Marina, Palermo 1962.

[13] J. O. Rosenqvist (Hrsg., Übers. u. Kommentator), The Life of St. Irene abbess of Chrysobalanton, Uppsala 1986.

[14] G. Schirò (Hrsg. u. Übers.), Vita di Luca Vescovo di Isola Capo Rizzuto, Palermo 1954 (gest. 1114).

[15] ActaSS, Nov. III (zum 7. Nov.) 508–608 (gest. 1053).

[16] I. Hausherr – G. Horn (Hrsg. u. Übers.), Vie de Siméon le Nouveau Théologien (949–1022), par Nicétas Stéthatos, Rom 1928.

[17] Regestes Nr. 990 [972]/1.

[18] Vgl. R. Macrides, The Byzantine godfather, in: Byzantine and Modern Greek Studies 11 (1987) 139–162 (hier 144).

[19] Vgl. allgemein J. Dauvillier – C. De Clercq, Le mariage en droit canonique oriental, Paris 1936. S. jetzt A. E. Laiou, Mariage, amour et parenté à Byzance au XIe–XIIIe siècles, Paris 1992.

so zwei Parteien wegen eines Heiratsvorhabens gegenüber, das die einen verwirklichen, die anderen verhindern wollten[20]. Aus dem 1066 gefällten Urteil des Gerichts, das eine Heirat wegen des siebten Verwandtschaftsgrades ausschloß, geht hervor, daß Maria bereits bei Michael lebte, was durchaus nicht unüblich war. Die Tendenz der Verlöbnisse zu eheähnlicher Geltung entsprach also nicht nur der kirchlichen Ehelehre, sondern manifestierte sich in der verbreiteten Praxis. 1066 wurden die Ausschließungsgründe der Verlobung für identisch erklärt mit denen, die für die Eheschließung galten[21], und von da an neigte man dazu, beide zugleich zu zelebrieren[22]. 1081 rekapitulierte ein Tomos des Patriarchen die Verfügungen in bezug auf die Grenze des siebten Grades der Verwandtschaft oder Verschwägerung auch für dauernde eheähnliche Verbindungen, Entführung und Vergewaltigung[23]. 1084 erklärte Alexios I. das Verlobungsalter für identisch mit dem Heiratsalter, vierzehn Jahre für männliche und zwölf Jahre für weibliche Jugendliche, was das heiratsfähige Alter des Römischen Rechts war, während das Alter von sieben Jahren nur noch einfache Absprachen gestattete, denn es bezeichnete für die Kirche den Eintritt in die Fähigkeit, Verantwortung zu tragen[24].

Betrachtet man nach den Normen die Praxis, so zeigen die Tatsachen eine deutliche Tendenz, Verbindungen innerhalb der weiteren Verwandtschaft zu schließen, Jugendliche, vor allem Mädchen, vor der Geschlechtsreife fest zu binden und so früh wie möglich das Zusammenleben des Paares einzurichten. Das Konkubinat im engeren Sinn blieb offenbar, wie im Justinianischen Recht, eine Folge sozialer Ungleichheit. Die Praxis der freiwilligen Verschwisterung war, obwohl von der Kirche verboten, weiterhin verbreitet, so daß zahlreiche Gebetbücher der Zeit entsprechende Riten durch Verbindung der Hände in der Kirche kennen. Das Beispiel ist bezeichnend für die Widersprüche, die aus der griechischen Christenheit eine sich entwickelnde, d. h. lebendige Gesellschaft machten. Das Netz der Verwandtschaft blieb ihre Keimzelle, und zwar in allen gesellschaftlichen Schichten.

3. Unterschiede in der Stellung der Kleriker

Eine adäquate Ehe war Bedingung für den Eintritt des Laien in den Stand des Klerikers. Subdiakone, Diakone und Priester mußten in erster Ehe – dies galt für beide Ehegatten – verheiratet sein und durften nicht erneut heiraten, wenn sie Witwer waren (oder es in der Folge wurden). Der Priester, dessen Frau Ehebruch beging, hatte sie zu verstoßen[25]. Eunuchen andererseits war das Priesteramt keineswegs versagt[26]. Untersuchungen zu den Pfarrern (griech. *papas,* Pl. *papades*) wurden für diese Epoche bisher kaum durchgeführt. Synodalentscheidungen betreffen nicht allein die Disziplin ihres Sexual- und Ehelebens,

[20] Regestes Nr. 903.
[21] Regestes Nr. 896, bestätigt im Jahr 1067 (Regestes 897).
[22] Regestes Nr. *996 [995]/9, der dies vorschreibt (Nikolaos III., 1084–1111, zugeschrieben).
[23] Regestes Nr. 919.
[24] Vgl. E. Patlagean, L'enfant et son avenir dans la famille byzantine (IVe–XIIe siècles), in: Annales de demographie historique 1973 (Enfant et sociétés), 85–93.
[25] Regestes Nr. 883 (zwischen 1043 und 1058), 990 [972]/7 (gegen 1094), 977 [982]/25 (gegen 1105).
[26] Z. B. in einem Frauenkloster wie dem der Theotokos Kecharitomene, vgl. P. Gautier (Hrsg.), Le typikon de la Theotokos Kecharitomene, in: REByz 43 (1985) 708 und passim. Siehe auch die Lobrede auf den Stand des Eunuchen von Theophylaktes von Ochrid, in: P. Gautier (Hrsg.), Theophylacti Achridensis, orationes, tractatus, carmina, Thessalonike 1980, vor allem 296 und 318.

sondern auch ihre gesellschaftlichen Beziehungen, ihre Auseinandersetzungen mit Bischöfen oder nichtkanonische Eheschließungen aus Gefälligkeit. Archivdokumente belegen übrigens ihre bescheidenen Einkünfte und ihre dörflichen und familiären Lebensbedingungen[27]. Das Reformedikt, das Alexios I. 1107 an den Patriarchen und die Synode richtete, ist ein kaum ausgewertetes Zeugnis bezüglich der Pfarrer von Stadt- und Landgemeinden, deren ungenügende Moral und Bildung der Kaiser verurteilte[28]. Dieselbe Tendenz klingt in den Mönchsviten an, so in dem Dialog zwischen Kyrillos von Philea und einem Gemeindepfarrer[29]; es handelt sich dabei um mehr als einen Topos. Die Kleriker großer Kirchen wie der Hagia Sophia dagegen waren seit Jahrhunderten von den Einkünften her privilegiert. Die Entwicklung der Verwaltung des Patriarchats verlieh ihnen gut ausgestattete Ämter, die sich durch Häufung von Stellen aus dem zivilen Bereich, der Justiz oder dem Gesundheitsamt, und durch Bestechlichkeit für sie noch einträglicher gestalteten[30]. Eben diese Entwicklung brachte den hauptstädtischen Klerus in eine Nähe zur Macht, die ihn zu einem politischen Akteur werden ließ[31].

Folge war, daß die Bischöfe nicht unter den Popen ausgewählt wurden, sondern unter den Mönchen oder den Amtsträgern des Kaiserreichs und im 12. Jh. auch immer häufiger unter denen des ökumenischen Patriarchats. Die Erlangung der Bischofswürde bedeutete von jeher die Trennung von der Ehefrau, die in ein Kloster eintreten mußte. Ein großer Teil der Bischöfe nahm tatsächlich den Weg über das Kloster. Ihre familiären Bindungen werden nicht immer deutlich, denn sie werden nach ihrem Sitz, nicht jedoch durch ihren Familiennamen bezeichnet. Auffällig ist nur die Häufigkeit der Verwandtschaft Onkel/Neffe zwischen ihnen. Theophylaktos, Erzbischof von Bulgarien seit 1088/89 (nachdem er „Meister der Rhetorik" am Kaiserlichen Hof war), ist Beispiel für eine Laufbahn, wie man sie im 12. Jh. häufig antreffen dürfte[32].

III. Das ökumenische Patriarchat

1. Amtsträger und Funktionen

Die Karte des Patriarchats von Konstantinopel verzeichnet im 11. und 12. Jh. Veränderungen. Bistümer wurden in den Rang von Metropolien erhoben, siebzehn insgesamt zwischen 1066 und 1082[33]. Eine solche Erhebung war Synodalentscheidung, manchmal allerdings auch eine Maßnahme des Kaisers, die Verärgerung hervorrief. Der Patriarch Nikolaos III.

---

[27] Ein Beispiel: P. Lemerle – N. Svoronos – A. Guillou – D. Papachryssanthou (Hrsg.), Actes de Lavra I, Paris 1970, Nr. 53 (1097).

[28] P. Gautier, L'édit d'Alexis Ie Comnène sur la réforme du clergé, in: REByz 31 (1973) 166–201 (hier 186 und 198).

[29] Vie de Saint Cyrille le Philéote (wie Anm. 11) Kap. 37 (154–155).

[30] J. Darrouzès, Recherches sur les offikia de l'Eglise byzantine, Paris 1970, 79–86.

[31] Siehe die hervorragende Studie von V. Tiftixoglu, Gruppenbildungen innerhalb des konstantinopolitanischen Klerus während der Komnenenzeit, in: Byzantinische Zeitschrift 62 (1969) 25–72, in der Folge von H.-G. Beck, Kirche und Klerus im staatlichen Leben von Byzanz, in: REByz 24 (1966) 1–24.

[32] Vgl. P. Gautier, L'épiscopat de Théophylacte Héphaistos archevèque de Bulgarie. Notes chronologiques et biographiques, in: REByz 21 (1963) 159–178.

[33] Vgl. J. Darrouzès (Hrsg.), Notitiae episcopatuum Ecclesiae Constantinopolitanae, Paris 1981, 122–123.

(1084–1111) machte sich zum Sprachrohr der Metropoliten, die sich ihrer Suffragane beraubt sahen[34]. Diese Entwicklung verlangsamte sich zu Beginn der Regierungszeit Alexios' I. merklich. Der Fall Siziliens und Süditaliens ist gesondert zu betrachten[35]. Sizilien besaß unter den Arabern kein Episkopat. Als jedoch die Normannen 1072 Palermo einnahmen, präsentierte sich ihnen ein Mann als „der Erzbischof" der existierenden örtlichen Christenheit. Die Erfolge der Normannen veränderten die Lage im Süden der italienischen Halbinsel Sitz um Sitz. Zu unterscheiden sind dabei einerseits der politische Anspruch der Normannen, andererseits die Ziele des Papsttums, die damals in der römischen Obödienz des südlichen Episkopats bestanden und keine Zwangslatinisierung des griechischen Ritus mit einschlossen, und schließlich und vor allem das Gewicht der Bevölkerungsteile griechischer Sprache und Kultur. Man weiß, wie lange dieser letztgenannte Faktor wirksam war. Nichtsdestoweniger begann die griechische Kirche Italiens, sich unwiderruflich von Konstantinopel zu lösen, während sie sich in der Region bereits in der Minderheit befand.

Die Hauptstadt

Der Verwaltungsaufbau der bischöflichen Kirche ist in Konstantinopel und den Provinzbezirken identisch, doch kennen wir das Patriarchat der Hauptstadt am besten, dessen hoher Rang und Nähe zu Kaiser und Palast es allerdings auch in gewissem Maße unterscheiden[36]. Die Amtsträger des Patriarchats *(archontes)* übten ihre Funktion unabhängig von ihrem klerikalen Rang aus. Die Kaiser ernannten die wichtigsten von ihnen im allgemeinen selbst, was auch Zivilpersonen in diese Dienste gelangen ließ. Das kaiserliche Dekret von 1094 restrukturierte die Verwaltung[37]. Es stellte den *Chartophylax* (Archivar) als Sprecher des Patriarchen, Schriftführer seiner Akten, Siegelbewahrer und offiziellen Mittler zwischen ihm und seinem Klerus an die Spitze der Verwaltung. Aufgrund ihrer kanonischen Bescheide kennen wir die Amtsinhaber dieser Periode. Es folgen die „Lehrer" *(didaskaloi),* die allein ermächtigt waren, den christlichen Glauben zu lehren. Sie werden erstmals in der zweiten Hälfte des 11. Jh. als ein hierarchisches Lehrercorpus in Verbindung mit dem Patriarchat erwähnt. Das Dekret von 1094 bestimmte ihren Platz in der Patriarchatsverwaltung. Das Edikt von 1107 bezeugt (oder entscheidet vielleicht über) eine neue Entwicklung der Institution, indem es ihnen einen offiziellen Status verleiht[38]. Es handelt sich um das erste Gesetz, das Archonten im Dienst *(diakonia)* der Lehre erwähnt. Man unterschied „Lehrer des Psalters" und „Lehrer des Evangeliums". Dieses Amt gab es nur in der Hauptstadt, wo ein höherer weltlicher Unterricht in der Mitte des 11. Jh., wie wir gesehen haben, offiziell eingerichtet worden war.

Der *Großoikonomos,* der Verwalter der weltlichen Güter, war traditionell ein Priester. Vor den Komnenen wurde er vom Kaiser ernannt und konnte dem Laienstand angehören. In jedem Fall handelte es sich um einen Berufsjuristen, der hier die höchste Stufe seiner Laufbahn erreichte. Die religiösen Einrichtungen gehörten übrigens nicht in seine Zustän-

---

[34] Regestes Nr. 938 (1084).

[35] D. GIRGENSOHN, Dall'episcopato greco all'episcopato latino nell'Italia meridionale, in: La Chiesa greca nell'Italia meridionale, Bd. 1, Padua 1972, 25–43.

[36] Dies folgt daraus nach DARROUZÈS, Recherches sur les offikia (wie Anm. 30) 44–107.

[37] P. GAUTIER, Le synode des Blachernes (fin 1094). Étude prosopographique, in: REByz 29 (1971) 213–284.

[38] GAUTIER, Edit d'Alexis I[e] (wie Anm. 28) 193.

digkeit, denn sie wurden von einem anderen *Oikonomos* geführt, der kaiserlicher Beamter war. Außerdem hatten Metropolien, ja selbst Pfarreien und Klöster durch bischöfliche Ermächtigung ihre eigenen *Oikonomoi,* so daß der *Großoikonomos* wesentlich mit dem Besitz der Hagia Sophia befaßt war, der sich allerdings über das gesamte Kaiserreich verstreute. Der *Sakellarios,* der Finanzverwalter (griech. *sakelle,* dt. Börse), findet sich erstmals unter dem Patriarchen Nikolaos III. (1084–1111), er war, gestützt auf den *Archon* der Klöster, Verwalter der Klöster der Hauptstadt. In die Provinz schickte der Patriarch im allgemeinen *Exarchen,* die diese Funktion wahrnahmen. Der *Skeuophylax* (Sakristan, zuständig vor allem für die liturgischen Gefäße) wurde vom Kaiser ernannt. Doch sind keine Laien bekannt, die das Amt versehen hätten. Dem *Sakelliu,* dem Schatzmeister im eigentlichen Sinne, wurde Ende des 11. Jh. ein ehemaliger Titel der öffentlichen Verwaltung verliehen.

2. Die Synode und der Kaiser

Das ökumenische Patriarchat erfüllte Justizfunktionen und fällte kanonische Entscheidungen. Der *Chartophylax* war ermächtigt, Urkunden auszustellen. Der *Protekdikos,* eine Art „erster Ankläger", saß einem kirchlichen Gericht vor, das seinen Sitz in der Hagia Sophia hatte und traditionell für Innere Angelegenheiten, Asylfragen und die Befreiung von Sklaven zuständig war. Die ständige Synode, *Endemusa Synodos,* war dagegen eine Besonderheit des Bischofssitzes von Konstantinopel und entscheidendes Instrument seiner Machtausübung gegenüber den Provinzen, dem Ausland und sogar dem Kaiser, der ihr zwar von Rechts wegen vorstand, aber seinerseits gehalten war, die geistliche Autorität anzuerkennen, die dem Patriarchen durch Ordination zukam. Die Zusammensetzung der Synode variierte je nach Sitzung. In der Regel umfaßte sie *Archonten* der Großkirche und Metropoliten der Provinzen, Vertreter der öffentlichen Gewalt und, bei Häresieprozessen, den Kaiser in Person. Diese Versammlung wurde erst im Verlauf des 10. und 11. Jh. permanent, die früheste Erwähnung von Protokollen täglicher Sitzungen geht auf das Jahr 1071 zurück. Der von den Provinzbischöfen bevorzugte Aufenthalt in der Hauptstadt, der für die Zeit der Komnenen belegt ist, und der wachsende Druck durch die Türken in Kleinasien bestärkten offenbar die Mitglieder der Synode in ihrer Emsigkeit. In jedem Fall schränkte die dogmatische, disziplinarische und administrative Kompetenz der Synode das Aktionsfeld der Verwaltung des Patriarchats, in erster Linie das des *Chartophylax,* zunehmend ein.

Die Aufgaben der Synode

Die Synode trat zusammen als Gericht, zu schiedsgerichtlicher Rechtsprechung und als Konzilsversammlung und war ebenso mit eherechtlichen Angelegenheiten, die wegen eines Verwandtschaftsgrades verhandelt werden mußten, wie mit Fragen der Dogmatik befaßt. Sie wählte die Hierarchie der Bischöfe. Das Wahlmännergremium, dem der Patriarch nicht selbst angehörte, schlug unter den Kandidaten drei Namen vor, unter denen der Patriarch oder, wenn es um dessen Wahl ging, der Kaiser die Entscheidung zu treffen hatte. Die Wahl wurde dem Gewählten bekanntgegeben, es folgte, zugleich mit der Verlesung eines Glaubensbekenntnisses, die Weihe. Im Falle der Vakanz des Patriarchensitzes lag das Recht, die Synode einzuberufen, beim Kaiser. Diese Organisationsform findet sich auch bei den Metropolien der Provinz, deren Amtsträger ebenfalls in kanonischen Konsultationen Entscheidungen fällten, wie z. B. der Metropolit von Kreta, Elias, zwischen 1120 und 1130[39]. Diese Entscheidungen erweiterten mit der Zeit das Corpus des griechischen Kanonischen Rechts.

Zu fragen ist, ob das Patriarchat von Konstantinopel eine zentrale Kontrolle ausübte. Zunächst einmal war ihm im allgemeinen das Recht vorbehalten, in Fragen der Glaubenslehre zu entscheiden, worin seine führende Rolle bei der Anklage gegen Häresien begründet war. Außerdem verfügte das Patriarchat über eine Bibliothek, die man in Streitfällen konsultierte, sowie über ein Archiv. Es bewahrte z. B. die Glaubensbekenntnisse auf, die man dem Kaiser wie den Patriarchen, Bischöfen und allgemein den Klerikern anstelle eines Eides, der untersagt war, abverlangte. Häretische Bekenntnisse waren hier gleichermaßen hinterlegt – unter der Bedingung, daß sie entweder unterzeichnet oder wenigstens von eigener Hand waren, denn sie sollten die Irrtümer dokumentieren, zu denen sich reuige Angeklagte bekannt hatten. Die Großkirche verbreitete ihre Richtlinien durch das *Synodikon der Orthodoxie,* durch ihr *Synaxarion* und ihre Gebetssammlung. Diese historischen Denkmäler lassen sehr wohl Varianten in der Provinz zu, wie die Vielfalt der Textüberlieferung bezeugt.

Die Rolle des Kaisers

Die herausragende Besonderheit der griechischen Kirche blieb die führende Rolle des Kaisers. Konstantin galt als der dreizehnte Apostel, beauftragt, durch seine Siege die heidnischen Völker zu bekehren. Noch Alexios I. begegnet in einer ihm gewidmeten Eloge in dieser Eigenschaft[40]. Die persönliche dogmatische Zuständigkeit des Souveräns hatte im Laufe der Jahre zugenommen und war im 8. Jh. mit dem großen Ikonoklasten Konstantin V. besonders hervorgetreten. Besonders scharfe Konturen gewann sie unter den Komnenen, vor allem Alexios I. und Manuel I. War der Kaiser nicht ohnehin – und dies eindeutig seit dem 10. Jh. – der „Lehrer allen Wissens"?[41] Auch war es seine Aufgabe, die rechte Lehre zu vermitteln und zunächst zu versuchen, die Häretiker zu überzeugen, bevor sie dem Gericht der Synode überantwortet wurden. Er eröffnete überdies das Verfahren, er berief die Synode ein und traf die Entscheidung über Strafen. Der familiäre Charakter der kaiserlichen Herrschaft der Komnenen manifestierte sich auch auf diesem Gebiet. Der Bruder Alexios' I., Isaak, war sein unverzichtbarer und zugleich kundiger Helfer in allen Angelegenheiten von Häresien. Anna Komnene schildert, wie das kaiserliche Paar Tag und Nacht das Wort Gottes studierte[42]. Die Kaiserin hatte, so schreibt sie, eine Vorliebe für Maximus Confessor, für den sich, wie auch für den (Pseudo-)Dionysios, gleichermaßen Isaak Komnenos interessierte[43]. Auf beide Autoren berief sich im übrigen die aktuelle mystische Strömung, die von Symeon dem Theologen ausging, allerdings auch mit Mißtrauen

---

[39] Elias von Kreta, PG 119, 985–997.

[40] P. GAUTIER (Hrsg.), Le dossier d'un haut fonctionnaire d'Alexis I^e^ Comnène, Manuel Straboromanos, in: REByz 23 (1965) 168–204.

[41] Vgl. E. PATLAGEAN, La civilisation en la personne du souverain. Byzance, Xe siècle, in: Le Temps de la Réflexion 4 (1983) 181–194. Vgl. jetzt auch J.-CL. CHEYNET, Pouvoir et contestations à Byzance (963–1210), Paris 1990.

[42] Anna Komnene, Alexias, 5, 9, 3 (B. LEIB [Hrsg.], Anne Comnène, Alexiade, II, Paris ²1967, S. 37f).

[43] Vgl. C. STEEL, Un admirateur de S. Maxime à la cour des Comnènes: Isaac le Sébastocrator, in: F. HEINZER – C. SCHÖNBORN (Hrsg.), Maximus Confessor, Freiburg 1982, 365–373.

betrachtet wurde. Die Geschichte der Doktrin des Jahrhunderts bedarf sicherlich weiterer Klärung, die hier nicht in Angriff genommen werden kann. Hinzuzufügen ist jedoch, daß der Kaiser das Gewicht seiner dogmatischen Autorität politisch ummünzen konnte. Auf diese Weise überwand er die Opposition, die er durch die Beschlagnahmung wertvollen Ikonenschmucks zur Begleichung seiner Kriegsausgaben zwischen 1082 und 1087 im Klerus hervorgerufen hatte[44].

Unsere Kenntnis der Episkopate in der Provinz ist für diese Epoche geringer als für die zweite Hälfte des 12. Jh. Was das Netz der Pfarreien betrifft, war es in Konstantinopel und Thessalonike an die alte Gliederung der Stadtviertel gebunden, wie das Reformedikt von 1107 bezeugt[45]. Untersuchungen für die Städte wie für den ländlichen Bereich stehen noch aus, sie müßten auch die Frage nach der Rolle der Mönche bei der Seelsorge berühren.

IV. Das Mönchswesen

1. Formen des Mönchtums und der Eintritt ins Kloster

Das seit dem 9. Jh. vorherrschende Mönchswesen blieb das Koinobitentum. Das Eremitenwesen war jedoch keineswegs verschwunden und vermag wenigstens teilweise die Felsbehausungen Süditaliens[46] und Kappadokiens[47] zu erklären, ebenso gab es immer noch Wandermönche, auch wenn die Kirche sie verurteilte. Das Kloster blieb der allgegenwärtige Bezugsrahmen für Leben und Tod der Laien wie der Kleriker. Die Quellen handeln nicht mehr vom Eintritt ins Kloster im Kindesalter, der traditionell ab dem 10. Lebensjahr möglich war und in den Texten der Spätantike als der geeignete Zeitpunkt angesehen wurde. Dies überrascht nicht, wenn man bedenkt, daß man allgemein auch eine möglichst frühzeitige eheliche Verbindung in Aussicht nahm. Tonsur und Habit erst auf dem Sterbebett zu empfangen, war allerdings verbreitete Praxis[48]. Viele zogen sich auch schon vorher aus dem weltlichen Leben zurück. Manche suchten für sich ein Kloster, gegebenenfalls mit einer besonderen Ordnung und Regel, das sie aufnahm[49]. Andere schufen sich ihr eigenes Haus in Form eines privaten Klosters oder gründeten eines als ihre Begräbnisstätte und Ort familiären Gedenkens[50]. Michael Attaleiates und Kaiserin Irene Dukas[51] sahen vor, daß

---

[44] Vgl. P. Gautier, Diatribes de Jean l'Oxite, in: REByz 28 (1970) 5–55.

[45] Gautier, Edit d'Alexis I^{e} (wie Anm. 28) 193/228.

[46] Vgl. A. Prandi, Elementi bizantini e non bizantini nei santuari rupestri della Puglia e della Basilicata, in: La Chiesa greca in Italia, Bd. 3, Padua 1973, 1363–1375.

[47] Beispiel bei L. Rodley, Cave monasteries of Byzantine Cappadocia, Cambridge 1985, 184/185.

[48] Ein Beispiel: Die Gemahlin Eustathios' Boilas war Witwe, als sie das Testament erstellte; vgl. P. Lemerle, Le testament d'Eustathios Boilas (Avril 1059), in: Cinq études sur le XIe siècle byzantin, Paris 1977, 21/40.

[49] Z. B. Actes de Lavra (wie Anm. 27) Nr. 34, Jahr 1065: Der Priestermönch Jakob von Kalaphatu machte aus seinem Vermögen eine Schenkung an den Abt von Lavra als Gegenleistung dafür, daß er zwei Männer und drei Mönche unterhalten dürfe. Er wendete so das Eigentumsverbot ab, insofern die Anwesenheit dreier Mönche ein privates Kloster innerhalb der Laura schuf.

[50] Vgl. J. Ph. Thomas, Private religious foundations in the Byzantine Empire, Washington D. C. 1987; Gesamtdarstellung bei C. Galatariotu, Byzantine ktetorika typika: a comparative study, in: REByz 45 (1987) 77–138.

[51] P. Gautier (Hrsg.), La Diataxis de Michel Attaliate, in: Revue des études byzantines 39 (1981) 5–143; ders., Typikon de la Théotokos Kécharitôménè (wie Anm. 26).

ihre Verwandten in ein solches Kloster einträten. Der Großdomestikos Gregorios Pakurianos, ein georgischer Kondottiere in Diensten Alexios' I., gründete 1083 das Kloster von Petritza Bačkovo, in Thrakien, zum Gedächtnis seiner selbst und der Seinen, in das seine Landsleute und Kampfgefährten in festgesetzter Zahl eintreten sollten [52]. Bischöfe und Patriarchen waren oft einem bestimmten Kloster besonders verbunden, das sie zu ihrem Refugium und ihrer späteren Begräbnisstätte machten. Michael IX. Kerullarios errichtete zu demselben Zweck das Neun Engelchören-Kloster [53], Nikolaos III. Grammatikos das Prodromos-Kloster [54]. Klöster waren auch Orte befristeter oder lebenslanger Verbannung oder Inhaftierung abgesetzter Kaiser, wie Michaels VI. 1057 und Michaels VII. 1078, oder wegen ihres Ehrgeizes Gestürzter [55], verwitweter Ehefrauen, Ehebrecherinnen oder Ehebruchsgefärdeter [56] und der Häretiker.

All dies gibt sicher nicht erschöpfend über die Eintritte ins Kloster Auskunft. Außerdem können wir, wie auch in anderen Epochen, nicht entscheiden, ob der überwiegend männliche Charakter, den das Mönchtum in unseren Quellen aufweist, der Wirklichkeit entpricht, was demograhpisch durchaus mögich wäre, oder eher der Quellenlage zuzuschreiben ist [57]. Die starke Präsenz der gesellschaftlichen Eliten in den Gründungs- und Schenkungsdokumenten ist Ausdruck der Tatsache, daß sie in kultureller, finanzieller und auch steuerlicher Hinsicht über die entscheidenden Mittel verfügten, wie wir noch sehen werden. Eine Mustersammlung der Siegel dieses Zeitraums aus der Hauptstadt [58] erschließt auch Namen von Nonnen, die Familien der Aristokratie angehörten, ohne daß wir darüber hinaus wüßten, zu welchem Zeitpunkt in ihrem Leben sie den Schleier nahmen; Komnene (Nr. 1475–1476), Dalassene (Nr. 1472), Choirosfaktria (Nr. 1473) oder Senacherina (Nr. 1477). Die Form des klösterlichen Lebens folgt in ihren Motiven und Ausprägungen der christlichen Kultur im allgemeinen. Die Mönche stellten einen eigenen Stand *(taxis)*, eine eigene soziale Gruppe dar in dem Maße, wie sie für ihre vermittelnde Rolle als Gegenleistung mit Privilegien ausgestattet wurden. Sie bildeten schließlich in wirtschaftlicher, gesellschaftlicher und kultureller Hinsicht ein eigenes Milieu aus. Im letzten Viertel des 11. Jh. starb Niketas Stethatos, ein begeisterter Schüler des Neuen Theologen, als Abt des Studiu-Klosters; der Patriarch Joannes von Antiocheia beklagte den Verfall des klösterlichen Lebens, das, z. B. mit der Wirtschaftsführung durch Laien, weltlichen Einfluß zuließ [59]; die Klöster des Athos gerieten in einen schlimmen Skandal, der sich bis 1105 hinzog: Verwickelt waren Mönche des Heiligen Berges und in deren Diensten stehende

[52] Ders. (Hrsg.), Le typikon du sébaste Grégoire Pakourianos, in: REByz 42 (1984) 5–145; vgl. P. Lemerle, Cing études sur le XIe siècle (wie Anm. 48) 113–191.
[53] Janin, Géographie ecclésiastique (wie Anm. 5) 111.
[54] Ebd. 418.
[55] Z. B. Ioannis Scylitzae Synopsis Historiarum, hrsg. von I. Thurn, Berlin 1978, 384/420.
[56] Vgl. die Aufzeichnung der Urteile *(Peira)* des Richters Eustathios (Mitte 11. Jh.) bei P. und I. Zepos (Hrsg.), Jus Graeco-Romanum, Bd. 4, Athen 1931, XXV 32 bzw. 4. Diese Verordnungen gehen auf das justinianische Recht zurück.
[57] Vgl. D. De F. Abrahamse, Women's monasticism in the Middle Byzantine period: problems and prospects, in: Byzantinische Forschungen 9 (1985) 35–58.
[58] V. Laurent, Le corpus des sceaux de l'Empire byzantin, Bd. 5: L'Eglise, 1. Teil. 1. L'Eglise de Constantinople. A. La hiérarchie, Paris 1963.
[59] P. Gautier (Hrsg.), Réquisitoire du patriarche Jean d'Antioche contre le charisticariat, in: REByz 33 (1975) 77–132.

vlachische Wanderhirten, die beschuldigt wurden, diesen ihre eigenen Frauen zugeführt zu haben – als junge Männer verkleidet, damit das Eintrittsverbot für Frauen unterlaufen wird[60].

2. Neugründungen und Wiederherstellungen

Für den Balkan sind zwei Neugründungen zu verzeichnen, die bereits genannte in Thrakien, das Bačkovo-Kloster, gegründet 1083 von dem georgischen Kondottiere Gregorios Pakurianos[61], die andere in Makedonien, das Gottesmutter Eleusa-Kloster in Strumitsa, gegründet 1080 von dem örtlichen Bischof[62]. In Sizilien war die normannische Eroberung, folgen wir dem Zeugnis des Testaments (1096/97) des Abtes Gregorios aus dem Kloster San Filippo di Fragalà in der sizilianischen Provinz Val Demone, Ausgangspunkt der Restauration der Klöster[63]. S. Nicola di Casole bei Otranto wurde 1098/99 gegründet beziehungsweise zum Zweck genealogischen Gedenkens von Bohemund I., dem Herzog von Tarent und Antiocheia, wiedereingerichtet[64], die Nea Hodegetria (d. h. das Patir-Kloster) von Rossano zwischen 1101 und 1105 von dem Mönch Bartholomaios (Bartolomeo) von Simeri[65]. Die normannische Herrschaft erlaubte die Wiederbelebung koinobitischer und studitischer Werte. Der Einfluß des Studiu-Klosters prägte das griechische Mönchtum des Mezzogiorno[66], wie die in der Regon kopierten Texte und die Gestaltung der Manuskripte selbst belegen. Daneben breitete sich das lateinische Mönchtum aus. Santa Maria in Messina, eine benediktinische Gründung Rogers I., war eine wiedereingerichtete, ursprünglich griechische Stiftung[67]. Vergleichbar ist das Trinitäts-Kloster von Mileto in Kalabrien, das in den ersten hundert Jahren seines Bestehens fast ausschließlich über Besitzungen ver-

---

[60] Brief Alexios' I. an die Mönche des Athos, in: Ph. Meyer (Hrsg.), Die Haupturkunden für die Geschichte der Athosklöster, Leipzig 1894, 163–168. Zu den Vlachen vgl. M. Gyoni, La transhumance de Vlaques balkaniques au Moyen Age, in: Byzantinoslavica 12 (1951) 29–42.

[61] Siehe oben Anm. 52.

[62] Typikon und Dokumente hrsg. von L. Petit, Le monastère de Notre-Dame de Pitié en Macédoine, in: Izvestija Russkago Archeol. Inst. v. Konstantinopol 6, 1–153, und gesondert Sofia 1900. Siehe V. Laurent, Recherches sur l'histoire et la cartulaire de Notre-Dame de Pitié à Stroumitsa. A propos d'un acte patriarcal inédit, in: Échos d'Orient 33 (1934) 5–26.

[63] V. von Falkenhausen (Hrsg.), Die Testamente des Abtes Gregor von S. Filippo di Fragalà, in: Okeanos, essays presented to I. Ševčenko, hrsg. von C. Mango u. O. Pritsak, Cambrigde/Mass. 1983, 174–195. Die Jahreszahl 1105 nennt A. Pertusi, Rapporti tra il monachesimo italo-greco e il monachesimo bizantino nell'alto Medio Evo, in: La Chiesa greca in Italia (wie Anm. 35) Bd. 2, 473–520. Siehe ders., Aspetti organizzativi e culturali dell'ambiente monacale greco dell'Italia meridionale, in: L'eremitismo in Occidente nei secoli XI e XII, Mailand 1965, 382–434; L. R. Ménager, La ‚byzantinisation' religieuse de l'Italie méridionale (IXe–XIIe siècles) et la politique monastique des Normands d'Italie, in: Revue d'Histoire Ecclésiastique 53 (1958) 742–774; 54 (1959) 5–40.

[64] Vgl. T. Kölzer, Zur Geschichte des Klosters S. Nicola di Casole, in: Quellen und Forschungen aus italienischen Archiven und Bibliotheken 65 (1985) 418–426.

[65] Ergänzend zur Bibliographie W. Holtzmann, Die ältesten Urkunden des Klosters S. Maria del Patir, in: ByZ 26 (1926) 328–351.

[66] J. Leroy, La réforme studite, in: Il monachesimo orientale, Rom 1958, 181–214; T. Minisci, Riflessi studitanti nel monachesimo italo-greco, ebd., 215–233.

[67] Vgl. A. Guillou (Hrsg.), Les actes grecs de S. Maria di Messina. Enquête sur les populations grecques d'Italie du sud et de Sicile (XIe–XIVe s.), und L. R. Ménager (Hrsg.), Les actes latins de S. Maria di Messina (1103–1250), beide Bände Palermo 1963.

Die Bergstadt Patmos wird beherrscht vom Johanneskloster, das 1088 von dem Mönch Christodulos gegründet wurde. Das Kloster, eine Schatzkammer byzantinischer Kunst, hält die Erinnerung an den Evangelisten Johannes wach, der hier auf der Insel in der Verbannung auch die Apokalypse geschrieben haben soll und dessen in den Fels gehauene Schlafstelle Besuchern des Klosters gezeigt wird. Patriarch Athenagoras erhob Patmos zur „Heiligen Insel der Christenheit".

fügte, die früher byzantinischen Einrichtung gehört hatten[68]. Es ließen sich weitere Beispiele nennen[69].

Das bedeutendste Ereignis dieser Periode war die Gründung des Johannes-Klosters auf Patmos im Jahre 1088 durch den Mönch Christodulos[70]. Geboren in Bithynien, war er zunächst Mönch auf dem dortigen Olymp, dann auf dem Berg Latmos (oder Latros) im Hinterland von Milet in Kleinasien. Die Klöster dort hatten sich in einem Verbund zusammengeschlossen, dem ein Abt des Kellibaron- oder des Stylos-Klosters vorstand. Christodulos hatte dieses Amt inne. Später sollte er infolge von Auseinandersetzungen mit dem Patriarchat und zwischen koinobitisch und eremitisch lebenden Mönchen diese Gegend verlassen, in der im übrigen der Druck durch die Türken allmählich spürbar wurde. Er ließ sich zunächst auf den Inseln Kos und Leros, schließlich auf Patmos nieder. Seine Regel weist reformerische Züge auf. Die ersten Dokumente zum weltlichen Besitz der

[68] L. R. Ménager, L'abbaye bénédictine de la Trinité de Mileto en Calabre à l'époque normande, in: Bollettino dell'Archivio paleografico italiano, N. S. 4–5 (1958–59) 1–94.

[69] Vgl. L. R. Ménager, La 'byzantinisation' religieuse de l'Italie méridionale, (wie Anm. 63).

[70] Siehe aktuell Engrapha Patmu, 1. E. Branouse (Hrsg.), Autokratorika (Überblick der Jahre 1088 bis 1093, siehe S. *3–*58); 2. M. Nystazopulu-Pelekidu (Hrsg.), Demosion leiturgon, beide Bände Athen 1980.

neuen Einrichtung zeugen für den Eifer, den er bei Kaiser Alexios I.[71] und dessen Mutter, Anna Dalassene, zu wecken wußte[72]. Im allgemeinen waren die Kloster-Gründer entweder Laien oder Bischöfe, die selbst die Mönche der neuen Klostergemeinschaft versammelten, oder es waren Mönche, die zunächst das Problem der materiellen Einkünfte zu lösen hatten. Es bleibt zu ergänzen, daß Klosterkirchen unter Umständen, wie offensichtlich im Fall des Bačkovo-Klosters, die Aufgabe einer Pfarrkirche erfüllten.

Der weltliche Besitz der Klöster

Der Aufschwung der Klostergründungen nach 1050, der auf den ersten Blick durch die besondere Stellung der Mönche in der griechischen Gesellschaft zu erklären wäre, resultierte aus einer Vielzahl zugleich wirtschaftlicher und gesellschaftlicher Motivationen innerhalb der Gesellschaft[73]. Das „kaiserliche Haus" *(basilikos oikos)* des Mangana-Klosters (Hagios Georgios) in Konstantinopel, das gegen 1050 von Konstantin IX. vollständig erneuert wurde, bot der Untersuchung von Paul Lemerle ein perfektes Gesamtbild der für die Epoche charakteristischen „neuen wirtschaftlichen Einheiten", für die in diesem Fall der Kaiser zuständig war[74]. Ebenso zeigt Lemerle die wirtschaftlichen Voraussetzungen der privaten Gründung, die der Richter Michael Attaleiates für die Ruhe seiner Seele und zum Gedenken an sich und die Seinen unter dem Namen Christi des Allerbarmers (Panoiktirmon) errichten ließ, und die ein Hospiz unterhielt, das über zwei Niederlassungen, eine in der Hauptstadt, die andere in Rhaidestos, dem Getreidemarkt Thrakiens, verfügte[75].

Die Besitztümer der Klöster sind nicht nur in den Gründungsurkunden und deren Anhang, Inventaren des Besitzes *(brebion)* und gewährter Privilegien, dokumentiert, sondern auch in Schenkungs- und Kaufurkunden und den Akten zu Grenz- und Steuerstreitigkeiten[76]. Schenkungen wurden besonders in Testamenten mit dem erstrebten Seelenheil und der Buße der Sünden gerechtfertigt. Gelegentlich kamen sie von Menschen, die sich selbst darauf vorbereiteten, ins Kloster einzutreten, so im Fall eines gewissen Genesios, der 1076 seine letztwillige Verfügung in dem Augenblick traf, als er Mönch im Bartholomaios-Kloster in Tarent werden wollte, und dabei einen Teil seinen Eltern, den anderen Teil seinem Kloster vermachte[77]. Doch gab es auch Mönche, die ihre Immobilien dem Kloster, in das sie eintraten, mit der Bestimmung übereigneten, daß dieses ihnen die Lebensführung si-

---

[71] Engrapha Patmu, (a.a.O.) Nr. 6 (Jahr 1088).

[72] Ebd., Nr. 52 (Jahr 1089).

[73] Siehe die Liste bei J. Darrouzès, Le mouvement des fondations monastiques au XIe siècle, in: Travaux et mémoires 6 (1976) 159–176; die Liste der Dokumente bei R. Janin, Le monachisme byzantin au Moyen Âge, commende et typika (X[e]–XIVe s.), in: REByz 22 (1964) 5–44; C. Galatariotou, Byzantine ktetorika typika 45 (wie Anm. 50).

[74] P. Lemerle, Cinq études (wie Anm. 48) 272–278.

[75] Vgl. P. Lemerle, ebd. 99–112. Das Dokument wurde später veröffentlicht bei P. Gautier, Diataxis de Michal Attaliate (wie Anm. 51).

[76] Vgl. z. B. J. Lefort, Une grande fortune foncière aux Xe–XIIIe siècles: les biens du monastère d'Iviron, in: Structures féodales et féodalisme dans l'Occident méditerranéen (X[e]–XIIIe siècles). Bilan et perspectives de recherche Ecole française de Rome 1980, 727–742; J. Lefort – N. Oikonomides – D. Papachryssanthou haben inzwischen die Actes d'Iviron, Bd. 1 (1985), 2 (1990) und 3 (1993) herausgegeben.

[77] G. Robinson (Hrsg.), History and cartulary of the Greek monastery of S. Elias and S. Anastasius of Carbone, Rom 1928–1930, Cartulary Nr. 58–59.

cherte[78]. Das Gelübde der Besitzlosigkeit war, wie es scheint, noch unklarer, wenn ein Eigentümer seinen Besitz zum Kloster erhob[79]. Schließlich zogen große Klöster wie die Große Laura aus ihrem Besitz durch effiziente Verwaltung mit ausgeprägt kommerziellen Aspekten vielfachen Gewinn[80]. Die kaiserlichen Abgabenbefreiungen trugen *ex negativo* zu den klösterlichen Finanzen bei – und dies, mit Ausnahmen in den Städten, ohne die Gegenleistung sozialer Dienste, die solche Privilegien in der Blütezeit rechtfertigten. Bezeichnend sind die Privilegien, die den Schiffen der Laura gewährt wurden. Darüber hinaus wurde es unter den Komnenen üblich, Klöstern neben anderen Privilegien die Konzession unmittelbarer Steuereinkünfte zu erteilen[81].

Der geistliche Vorrang der Mönche schuf so die Grundlagen einer durch sichere Einnahmen und steuerlichen Vergünstigungen privilegierten Wirtschaftstätigkeit. Es bedarf keiner weiteren Erklärung und bedeutete auch keineswegs einen Widerspruch, daß dieselben Christen, die auf ihr Seelenheil bedacht waren, sich auch um Privilegien für die klösterlichen Güter bemühten. Kommen wir noch einmal auf das Beispiel der Gründung des Attaleiates zurück[82]. Frei von jeder kirchlichen oder laikalen Einflußnahme, blieb sie ein unveräußerlicher Teil des Familienbesitzes für den Sohn und die direkte Nachkommenschaft des Gründers. Im Falle des Erlöschens der Familie bliebe das Kloster Herr seiner selbst. Die „Ausgaben für die Seele" *(psychika)* konnten entsprechend dem Zuwachs der Klostergüter steigen. Waren diese Aufwendungen gesichert, sollten die Mönche ein Drittel, der Erbe zwei Drittel der Erträge erhalten. Ein Güterinventar weist Ländereien, städtische Immobilien und Pachteinnahmen aus. Dem Gründer waren Immunitäten gewährt worden.

Die Charistikarioi

Die Ambivalenz des Aufschwungs bestimmter klösterlicher Unternehmungen machte sich zu der Zeit bemerkbar, als sich eine laikale Verwaltung der weltlichen Besitztümer der Klöster entwickelte. Diese erhielt die Rechtsform der „Schenkung aus Gnade" *(charistike dorea)*, die durch staatliche Verfügung einem Laien auf Lebenszeit übertragen wurde, der von da an als *Charistikarios* bezeichnet wurde[83]. Michael Psellos z. B. häufte derartige Konzessionen in der Gegend des Olymp, wo er Mönch werden sollte[84], und vielleicht auch am

---

[78] Siehe z. B. Actes de Lavra I (wie Anm. 27) 34 (Jahr 1065), woraus hervorgeht, daß der schenkende Mönch das Recht hatte, seine Schenkung rückgängig zu machen.

[79] Beispiele für Süditalien sind gesammelt bei A. Guillou, La classe dei monaci-proprietari nell'Italia bizantina (sec. X–XI). Economia e diritto canonico, in: Bollettino dell'Istituto storico italiano per il Medio Evo/Archivio Muratoriano 82 (1970) 159–172.

[80] Zu diesem Zeitraum: Actes de Lavra I, Nr. 55 (Jahr 1102).

[81] Vgl. H. Glykatzi-Ahrweiler, La concession des droits incorporels. Donations conditionnelles (exemples de donation d'un revenu fiscal ou non sous les Comnènes et les Paléologues), in: Actes du 12e congrès internat. d'études byzantines, Belgrad 1964, Bd. 2, 103–114.

[82] Siehe unten Anm. 133.

[83] Vgl. P. Lemerle, Un aspect du rôle des monastères à Byzance: les monastères donnés à des laïcs, les charisticaires, in: Académie des Inscriptions et Belles-Lettres. Comptes rendus 1967, 9–28; H. Ahrweiler, Le charisticariat et les autres formes d'attributions de couvents aux Xe et XIe siècles, in: Zbornik radova Vizant. Instit. 10 (1967) 1–27. Siehe auch J. Darrouzès, Dossier sur le charisticariat, in: Polychronion (Festschrift F. Dölger), Heidelberg 1966, 150–165.

[84] M. Psellos, Brief 29, hrsg. von K. Sathas, Mesaionike Bibliotheke 5, Venedig/Paris 1876, 263–265; Briefe 38, 125, 140, 202, hrsg. von E. Kurt – F. Drexl, Michaelis Pselli scripta minora II, Mailand 1941.

Hellespont[85] an. Eine solche Verantwortung konnte einem Paar anvertraut werden, d. h. auch einer Frau. Das Siegel der Nonne Maria Glabaina[86] weist sie in dieser Position – für das Kloster, in dem sie lebte? – aus. Die rechtliche Institution des Charistikariats konnte für die Mönche selbst profitabel sein und, worauf Paul Lemerle hinwies, brachte einen Teil des Reichtums, der sich aus den obengenannten kulturellen Gründen mehr bei den Klöstern als bei den Kirchen anhäufte, wieder in Umlauf. Doch war sie durchaus problematisch. Vor allem trug sie dazu bei, die Trennung zwischen laikaler und klösterlicher Welt zu verwischen. Dies provozierte schließlich das Eingreifen des schon erwähnten Patriarchen Joannes von Antiocheia. Seine Anklageschrift in dieser Sache, die zwischen 1085 und 1092 verfaßt wurde[87], ist vom selben Geist der Reform getragen wie sein Protest gegen die Konfiszierung der Kirchenschätze durch Alexios I., von dem oben die Rede war. Der *Charistikarios* war ja gehalten, den Überschuß der Erträge, den er bei guter Verwaltung erzielte, abzuschöpfen, war erst das Funktionieren, wie es die Gründungsregelung vorsah, gesichert. Man kann sich leicht den Mißbrauch vorstellen, der daraus folgen konnte. Darüber hinaus brachten die *Charistikarioi* selbst wie auch der Kaiser bei Gelegenheit in den Klöstern, die ihnen anvertraut waren, „Laienbrüder" unter, die einseitig Bezieher von Leistungen waren. Die Institution verschlimmerte so die Neigung der Mönche begüterter Klöster vor allem in der Hauptstadt, als privilegierte Rentiers zu leben.

Wohltätigkeit in Form von Liturgie

Eine Gruppe von Dokumenten, in denen der Einfluß des Typikons des Euergetis-Klosters bis zu wörtlichen Übernahmen reicht, zeigt, wie sehr das Gebet der Mönche und das Gedenken der Verstorbenen die Wohltätigkeit in den Hintergrund drängten[88]. Die Zahl der Personen, denen die Fürsorge gelten sollte, Armen, Alten und Kranken, ist in den erhaltenen Typika meistens festgesetzt, jedoch keineswegs in Abhängigkeit von den zugewiesenen Mitteln, vielmehr mit Bezug auf die Heilige Schrift; so erklären sich die Zahl zwölf der armen Alten des Hospizes des Attaleiates in Rhaidestos und sogar die vierundzwanzig Nonnen des Kecharitomene-(Maria voll der Gnaden-)Klosters. Wohl war vorgesehen, die Reste vom Tisch der Mönche über die festgesetzten Mengen hinaus an der Klosterpforte zu verteilen, auch verfügten die Klöster über Hilfsdienste *(diakonia)*. Zu den beiden kaiserlichen Gründungen mit caritativer Bestimmung fehlen dokumentarische Quellen: ein allgemeines Hospital unter dem Namen des hl. Paulus, das von Alexios I. Komnenos wiedereingerichtet und erweitert worden war[89], und vorher die Gründung Michaels IV. (1034–1041) zum Zweck, Armen und Prostituierten zu helfen[90]. Insgesamt jedoch scheinen

---

[85] M. Psellos, Briefe, hrsg. von K. Sathas, (wie Anm. 84), 265 u. 456–457.

[86] Laurent, Corpus des sceaux (wie Anm. 58) Nr. 1336.

[87] Gautier, Réquisitoire du patriarche Jean d'Antioche (wie Anm. 59).

[88] Vgl. E. Patlagean, Les donateurs, les moines et les pauvres. Horizons marins, itinéraires spirituels (V–XVIIIe siècles) (Mélanges M. Mollat), Paris 1987, 223–231. Die Dokumente werden vorgestellt bei R. Volk, Gesundheitswesen und Wohltätigkeit im Spiegel der byzantinischen Klostertypika, München 1983, 58–270.

[89] Anna Komnene, Alexias 15, 7, 4–9 (B. Leib [Hrsg.], Anne Comnène, Alexiade, III, Paris 1945, 214–218). Kommentar von Lemerle, Cinq études (wie Anm. 42) 283–284.

[90] M. Psellos, Chronographie, hrsg. von E. Renauld, Paris 1926, IV, 36.

die klösterlichen Einkünfte durch Ausgaben dieser Art nicht besonders belastet worden zu sein.

3. Der Besitz der Kirchen und die Einkünfte der Kleriker

Ein Überblick über den Besitz der Bischofssitze stellt sich aus verschiedenen Gründen anders dar. Hauptgrund ist die Quellenlage. Während für diesen Zeitraum Synodalentscheidungen und Gesetze zu Fragen des Kirchenbesitzes überliefert sind, müssen wir auf entsprechendes Archivmaterial, wie es für den zeitgenössischen Besitz der Klöster verfügbar ist, hier leider verzichten. Das Inventar *(brebion)* des Besitzes der Metropolie von Reggio di Calabria, das gegen 1050 erstellt wurde [91], die Dokumente der Theotokos-Kirche von Oppido, die diesem zeitlich nahe kommen [92], stellen bis heute Ausnahmen dar. Für die Kirche Athens, deren Zinsen die Synode in ihrer Sitzung vom 20. April 1089 [93] untersuchte, steht uns nichts Vergleichbares zur Verfügung, ebensowenig für Thessalonike. Andererseits unterschieden sich die Einkünfte der Kleriker von denen der Klöster schon ihrem Prinzip nach. Die Ämter waren käuflich. Die Amtskleriker *(embathmoi)* hatten Anrecht, entsprechend ihrem Rang *(bathmos)* bezahlt zu werden im Unterschied zu den überzähligen *(perissoi)* [94]. Die Bischöfe erhielten ein *Kanonikon* vom Klerus und den Laien ihrer Diözese, aber auch von den Klerikern für ihre Ordination, was der Simonie, dem Ämterkauf, Tür und Tor öffnete. Isaak I. und später Alexios I. präzisierten die zulässigen Beträge [95]. Die unterschiedlichen Bedeutungen des Begriffs *Kanonikon* wurden in einer Synodalerklärung von 1086 [96] festgesetzt. Kleriker waren im übrigen Empfänger von Renten ihrer Kirche und fühlten sich trotz offizieller Mißbilligung von reichen Kirchen besonders angezogen. Die konstantinische Tradition gewährte ohnehin den Klerikern und den Kirchen Privilegien wie jene, die Theophylaktos für sein Erzbistum Bulgarien verteidigen sollte [97]. Schließlich gab es zwischen beiden Patrimonien Gemeinsamkeiten. Bistümer konnten als Benefizien verliehen werden [98]. Sie konnten, sei es als natürliche, sei es als juristische Person, Klöster besitzen. Häufig kam es zu Grundstücksstreitigkeiten zwischen Bistümern und Klöstern, zwischen Klöstern untereinander oder zwischen den einen wie den anderen und Laien. Als Beispiel sei eine kaiserliche Entscheidung von 1060 genannt, die die Andreas-Kirche, eine Besitzung *(metochion)* der Großen Laura in Thessalonike, vor dem Zugriff des Metropoliten schützte [99]. Insgesamt ließ die griechische Frömmigkeit der Zeit ihre Schenkungen offensichtlich eher Klöstern als Kirchen zukommen, sosehr die einseitige Quellenlage dazu verleiten könnte, diese sicher den Tatsachen entsprechende Präferenz überzubetonen. Das

---

[91] A. Guillou (Hrsg.), Le brébion de la métropole byzantine de egion (vers 1050), Rom – Vatikan 1974.
[92] Ders. (Hrsg.), La Théotokos de Hagia-Agathè (Oppido) (1050–1064/65), Rom – Vatikan 1972.
[93] Regestes Nr. *952 [955].
[94] Darrouzès, Recherches sur les Offikia (wie Anm. 31) 83–84.
[95] Zepos, Jus Graeco-Romanum (wie Anm. 59) I, IV, 1 und 27.
[96] Regestes Nr. 970 [942].
[97] Siehe z. B. seinen Brief an Nikephoros Bryennios, den Schwiegersohn Alexios' I. (Theophylactus Achridensis, Epistulae, hrsg. von P. Gautier, Thessalonike 1986, Nr. 96, 482–493).
[98] So wurde z. B. das Bistum von Maroneia dem Erzbischof von Lemnos unterstellt (Regestes Nr. 992 [991], zwischen 1084 und 1111), dann dem Patriarchen von Jerusalem, der nach Konstantinopel gekommen war (ebd., Nr. **1004, 1117/1118).
[99] Actes de Lavra I (wie Anm. 27) Nr. 33.

Vorrücken der Türken in Kleinasien nach 1071 berührte – über seine Auswirkung für die Klöster, wie dies die Gründung von Patmos zeigt, hinaus – vor allem die Lage und die Einkünfte der Bistümer und versetzte die christliche Bevölkerung, besonders die griechischen Christen, in Unruhe[100]. Die syrische Christenheit hingegen fand, wenn sie auch zu leiden hatte, einen dauerhafteren *modus vivendi* mit den Eroberern.

Die Pfarrkirchen

Die Pfarrkirchen hatten im Prinzip das Recht, frei über ihre Einkünfte zu verfügen, die das *Kanonikon* des Vikars, einmalige oder laufende Zuwendungen, gegebenenfalls auch Renten umfaßten. Daneben gab es private Kirchen. Das Gebäude mit seinen Wertgegenständen, Ikonen und Büchern, gehörte zum jeweiligen Gesamtbesitz. Man sieht dies am Inventar der kaiserlichen Schenkung, die Andronikos Dukas von seinem Verwandten Michael VII. im Jahre 1073 entgegennahm[101]. Paul Lemerle hat das Statut zweier Kirchen aus dem Eigentum des Eustathios Boilas in dessen Testament von 1059 untersucht[102]: Nur die eine diente der Familie als Grablege; sie verfügte über eine eigene Stiftung. Die zweite war mit Büchern und kostbaren Gegenständen ausgestattet, und ihr Klerus erhielt eine Versorgung. Der Priester dieser Kirche war der Sohn einer Dienerin Boilas', der ihm eine Ehefrau gegeben und das Priesteramt übertragen hatte. Lemerle betont die Doppeldeutigkeit des Statuts, das den Erben Boilas' das Eigentumsrecht an diesen beiden Kirchen zuerkennt, diese zugleich aber verpflichtet, nichts ohne Zustimmung der jeweiligen Priesterschaft zu veräußern. Unabhängige Kirchen waren Versuchen privater Aneignung ausgesetzt. Das Verbot der Veräußerung, das das Zweite Konzil von Nikaia den Bischöfen und Äbten erteilt hatte, veranlaßte die Kanonisten zu langen Kommentaren[103]. Zu nennen wäre in diesem Zusammenhang ein Prozeß, von dem gegen die Mitte des 11. Jh. in den Aufzeichnungen des Richters Eustathios Rhomaios die Rede ist[104]: Eine ländliche Gemeinde führte Klage um die Dorfkirche, die sich Privatleute samt ihrer Einkünfte angeeignet hatten. Der Richter entschied, daß Schenkungen von Wertgegenständen und Kollekten im Besitz der begünstigten Kirche bleiben mußten. Vom übrigen stand ein Viertel der Kirche, d. h. ihren Priestern, zu und drei Viertel denjenigen Dorfbewohnern, die traditionell dieses Privileg besaßen und den Gewinn wie bisher unter sich verteilten. Wurde der *Protopapas* bei einer Unterschlagung ertappt, mußte er die Verwaltung der Güter abgeben, ohne jedoch sein Priesteramt zu verlieren.

V. Sind Tendenzen zu einer Reform erkennbar?

Verheiratete Priester, private Kirchen, Klosterbesitz, der Laien, Klerikern und Mönchen zur Nutznießung überlassen wurde, ein allmächtiger Kaiser als Vorsitzender der Synode

---

[100] VRYONIS, Decline of medieval Hellenism (wie Anm. 1).
[101] Engrapha Patmu (wie Anm. 70) I, Nr. 1.
[102] LEMERLE, Cinq études (wie Anm. 48) 61–63.
[103] II. Nicaenum, Kan. 12–13, K. RHALLES – M. POTLES, Syntagma ton theion kai hieron kanonon, 6 Bde., Athen 1852–1859, hier Bd. 2, 592–615.
[104] *Peira* (wie Anm. 56) XV 8.

und andererseits der Vorrang der Mönche in der griechischen Christenheit – all dies sind Elemente, die eine Reformbewegung hätten auslösen können. Eine solche blieb jedoch aus und war vielleicht sogar unmöglich, wenigstens wenn man sie, ausgehend von der Geschichte des lateinischen Westens, in gregorianischen Begriffen fassen wollte. Dennoch lohnt eine genauere Betrachtung.

1. Der Anspruch der Klöster

Die Situation in den beiden Reichen war besonders im 9. Jh. vergleichbar. Byzanz stand damals unbestritten für ein Mönchtum, das von der Lektüre des Pseudo-Dionysios ausging, reformorientiert war und gegenüber seinem Kaiser und seinem Patriarchen nicht allein Freiheit, sondern den Primat beanspruchte und zu diesem Zweck die Unterstützung des Papstes suchte. Diese Bewegung hatte ihr Zentrum im Herzen des griechischen Kaiserreichs, im Studiu-Kloster von Konstantinopel[105]. In der Mitte des 11. Jh. dagegen spielte das Studiu-Kloster als Mittler zwischen Rom und Konstantinopel keine Rolle mehr. Geblieben war jedoch der Anspruch einer Vorrangstellung des Mönchtums, die eben jener Niketas Stethatos vertrat, dem Kardinal Humbert von Silva Candida in schneidenden Worten vorwarf, in dieser Hinsicht der *coenobitalis disciplina* zuwiderzuhandeln. Kaiser Konstantin IX. verteidigte Niketas übrigens keineswegs, als die Gesandten Roms forderten, seine antilateinischen Schriften verbrennen zu lassen. Die schon genannte *Vita Symeons des Neuen Theologen* behält dieselbe Lehre bei, überträgt sie jedoch in die Sprache der Mystik, die der kaiserlichen und patriarchalen Gewalt entzogen war. Sie berief sich auf die Autorität unmittelbarer Inspiration des Heiligen Geistes, ohne Auftrag oder Kontrolle der Hierarchie. Diese spirituelle Haltung des griechischen Mönchtums hatte sicher alte Wurzeln. Die Autoren, auf die sie sich stützte, Pseudo-Dionysios und Maximus Confessor, wurden im Kreise der Familie Alexios' I. Komnenos gelesen. Bedeutet aber diese studitische Evasion zu dem Zeitpunkt nicht das Eingeständnis einer Wende, wenn nicht gar einer Niederlage der Vertreter des klösterlichen Primats? Indem sie darauf verzichteten, ihn zu verwirklichen, verlor der Anspruch des spirituellen Mönchtums allerdings nicht an Kraft, er wurde im Gegenteil unangreifbar, völlig frei und also subversiv. Seine Befürworter, die man hinfort in eine vorbelastete Randstellung abdrängen und danach auch verfolgen würde, vermochten jedoch nicht mehr, wie im 9. Jh. eine reformerische Rolle zu spielen.

2. Patriarchen und Kaiser

Die Beziehungen zwischen Kaiser und Patriarch begründeten die Besonderheit der griechischen Kirche im Mittelalter und stellen einen Schlüssel zu ihrer Geschichte dar. Seit Beginn des 9. Jh. waren die Patriarchen zum Teil hochgestellte Diener des Staates, die eine zivile Karriere hinter sich hatten, zum Teil aber auch Wortführer der klösterlichen Unbeugsamkeit. Konstantin III. Leichudes (1059–1063), zuvor erster Minister Kontantins IX., und Joannes VIII. Xiphilinos (1064–1075), zuvor *Nomophylax* („Hüter des Gesetzes") und Leiter der Rechtsschule, die 1045 eröffnet worden war, gehören zum erstgenannten Typus[106].

[105] E. Patlagean, Les Stoudites, l'empereur et Rome, in: Bisanzio, Roma e l'Italia nell'alto medioevo, I, Spoleto 1988, 429–460.
[106] Vgl. Lemerle, Cinq études (wie Anm. 48) 202–206.

Der Patriarch Kosmas I. (1075–1081) könnte zum zweiten Typus gerechnet werden: 1078 setzte er den Priester ab, der des Kaisers Nikephoros Botaneiates Hochzeit in dritter Ehe mit Maria, der Ehefrau des entthronten Michael VII. Dukas, gesegnet hatte[107], dann forderte er die Krönung von Irene Dukas, der Frau Alexios' I. Komnenos[108], nach dessen Thronbesteigung er sich zurückzog[109]. Vielleicht handelte es sich hierbei auch um Treue gegenüber den Dukai. Sein Nachfolger, Eustratios Garidas (1081–1084), war der einzige in dieser Epoche, der, soweit wir wissen, in Übereinstimmung mit dem politischen Geist der Zeit einen bereits im 10. Jh. renommierten Namen trug[110].

Michael I. Kerullarios (1043–1058) war dagegen die einzigartige Gestalt einer nur kurz währenden Zukunft. Er nahm an einem Komplott gegen Michael IV., der 1042 starb, teil, in dessen Folge er verbannt wurde[111]. Er kehrte aus dem Kloster, in das er eingetreten war, zurück, um den Patriarchenthron zu besteigen, und der Ruhm seiner Familie scheint nicht älter zu sein als diese Thronbesteigung. Konstantin X. Dukas war mit seiner Nichte verheiratet, er selbst ein Vertrauter Isaaks Komnenos[112]. Er spielte eine entscheidende Rolle beim Aufstieg zur Macht des Letztgenannten im Jahre 1057, denn er hatte die Bevölkerung Konstantinopels auf seiner Seite. Isaak verschaffte seinen Neffen bedeutende Positionen, von denen sie bei seinem Sturz vertrieben werden sollten[113]. Gestützt auf Klerus und Gemeinde der Hagia Sophia, erhob der Patriarch gegenüber dem Kaiser einen Anspruch auf Teilhabe an der kaiserlichen Macht, die mit seinem Exil (1058) und der Vorbereitung eines Prozesses gegen ihn, der sich mit seinem Tode (1059) erübrigte, ihr Ende fand. Daß er gegenüber dem Kaiser die *Konstantinische Schenkung,* wenigstens nach dem Zeugnis Theodoros Balsamons, geltend gemacht habe, könnte auch den Bruch mit Rom 1054 in gewisser Hinsicht verständlicher erscheinen lassen[114]. Kerullarios soll andererseits den Namen des Theodoros Studites von den Diptychen zur liturgischen Erinnerung haben tilgen lassen, und der Abt des Studiu-Klosters soll deshalb den Kaiser angerufen haben, der ihn wieder eintragen ließ[115]. Vielleicht muß man in dieser wenig bekannten Episode den gleichen pontifikalen Anspruch des Vorrangs des Patriarchats erblicken. Als Isaak I. Kerullarios absetzen ließ, gewann die kaiserliche Gewalt wieder klar die Oberhand. Doch mit dieser Stärkung des Kaisertums endete keineswegs der Widerstand der Kirche.

---

107 Regestes Nr. 910.

108 Anna Komnene, Alexias (vgl. Anm. 42) III, II, 6–7.

109 Regestes Nr. 920.

110 Ein Joannes Garidas erhielt 913, als der kleine Konstantin VII. zum Kaiser proklamiert wurde, das Amt des „Domestikos ton Scholon" (Oberbefehlshaber des Heeres) (Theophanes Continatus, hrsg. von I. Bekker, Bonn 1838, 392).

111 Skylitzes, Synopsis Historiarum (wie Anm. 55) 412 und 77/78.

112 Michael Attaleiates, Historia, hrsg. von I. Bekker, Bonn 1853, 56.

113 Man findet jedoch unter Alexios I. einen Konstantin Kerullarios (Dölger, Regesten Nr. 1054) und seinen älteren Sohn Michael, der 1082 den hohen militärischen Rang eines *Großen Drongarios* einnahm (ebd. Nr. 1082).

114 Vgl. F. Tinnefeld, Michael I. Kerullarios, Patriarch von Konstantinopel (1043–1058), in: Jb. d. Österreich. Byzantinistik 39 (1989) 95–127, hier 107.

115 Skylitzes, Synopsis Historiarum, (wie Anm. 55) 412 und 77/78.

Auch wenn der Text der sog. Konstantinischen Schenkung, in der Kaiser Konstantin den Papst praktisch zum Herrscher des Weströmischen Reiches erklärt, sich als Fälschung des 8./9. Jh. erwiesen hat, war der daraus abgeleitete Anspruch im Gewaltenverständnis für die Päpste des 12. und 13. Jh. eine Rechtsgrundlage in den Auseinandersetzungen mit den deutschen Kaisern. Die Fresken (1246) in der Silvesterkapelle von SS. Quattro Coronati in Rom zeigen, wie Konstantin dem Papst Silvester I. kaiserliche Insignien übergibt und ihm den Stratordienst (Stallmeisterdienst) leistet.

Papst Innozenz III. (1198–1216) führte die päpstliche Gewaltenfülle zu einem ersten Höhepunkt und gab dem Kirchenstaat eine vom Kaisertum unabhängige Grundlage. – Fresko (13. Jh.) im Kloster Sacro Speco in Subiaco.

Das Mosaik in der Apsis von S. Maria in Trastevere, das die Krönung Marias durch Christus zeigt, entstand 1140/43 unter Papst Innozenz II. (1130–43). Daß sich dieser Papst (links außen) dem Kreis der Apostel und Heiligen anschließt, die der Marienkrönung beiwohnen, spiegelt die besonders von Bernhard von Clairvaux fortentwickelte Lehre von der Mittlerschaft des Papstes zwischen Gott und den Menschen wider.

3. Die Beschlagnahmungen Alexios' I.

Erstmals 1081, und wieder 1087 ließ Alexios I. Komnenos Wertgegenstände aus dem Eigentum der Kirche zur Finanzierung seiner Kriegsführung beschlagnahmen. Zwei Bischöfe erhoben ihre Stimme, um dagegen zu opponieren. Der erste kam zwar aus dem Mönchtum, aber als er das Wort ergriff, war er bereits Patriarch Joannes von Antiocheia und keineswegs mehr ein einfacher „Privatmann“ *(idiotes),* wie die bemerkenswerte Bezeichnung seines früheren Standes lautet [116]. Vor dem September 1089 zum Patriarchen von Antiocheia gewählt – damit er auf Abstand gehalten werde? –, fand sich Joannes in der von den Petschenegen 1091 belagerten Hauptstadt festgesetzt, wo er an der wegen der drohenden Gefahr vom Kaiser einberufenen Dringlichkeitssitzung teilnahm. Er erinnerte an die Plünderung, die die Machtergreifung Alexios' I. begleitet hatte, und den Schaden, den dieser und seine Familie dem Eigentum der Kirche unter Mißachtung der Verfügungen früherer Kaiser zugefügt hatten, und stellte eine deutliche Verbindung zu den durch Alexios I. nach seiner Thronbesteigung erlittenen Verlusten her. Im selben Kontext hatte er sich einst mit der bereits zitierten Rede über die *charistikai doreai* an denselben Alexios gewandt, deren Mißbrauch er dem Kaiser anlastete, insofern dieser solche Schenkungen vornahm [117]. Nach seiner Abdankung vom Patriarchensitz von Antiocheia 1100 mußte Joannes nach Konstantinopel in ein Kloster, wahrscheinlich das Hodegon-Kloster, zurückkehren, das dem Patriarchen von Antiocheia gehörte. Bald darauf floh er jedoch, und eine heftige Attacke gegen seine Mitbrüder zeugte erneut von seinem Überdruß [118]. Er scheint jedoch nicht in Ungnade gefallen zu sein, denn 1112 nahm er vermutlich an den Begegnungen mit Petrus Grossolano teil.

Auch der Metropolit von Chalkedon, Leon, erhob sich gegen die Requirierung von Kultgegenständen 1082. Er berief sich auf die Lehre vom Bild, um zu verurteilen, daß aus der kostbaren Ausschmückung von Ikonen Münzen geprägt wurden, und klagte deshalb besonders den Patriarchen Eustratios Garidas an. Die kaiserliche Partei erwiderte, indem sie zwischen dem allein verehrungswürdigen Bild und dem Material, aus dem dieses hergestellt war, unterschied. Seit 1086 verurteite Alexios I. Leons Haltung gegenüber dem Patriarchen und bestrafte seine Kritik schließlich mit der Absetzung [119] und, um 1089, mit der Verbannung [120]. 1092 erschien Leon vor der Synode, der der Kaiser mit seinem Bruder Isaak neben ihm vorstand [121]. Alexios legte, unter Berufung auf die Quellen, die Lehre von der Unterscheidung zwischen Bild, Materie und Urbild dar. Das Konzil stimmte zu: Leon unterwarf sich und verdammte gemeinsam mit dem Kaiser die irrigen Abschnitte seiner eigenen Schriften. Kurz darauf wurde er wieder in sein Amt eingesetzt [122].

---

116 Gautier, Diatribes de Jean L'Oxite (wie Anm. 44) 19/27.

117 Ders., Requisitoire du patriarche Jean d'Antioche, (wie Anm. 59).

118 Ders., Jean V l'Oxite patriarche d'Antioche, in: REByz 22 (1964) 147/148.

119 Regestes Nr. 939, 940, 943 [941].

120 Regestes Nr. *952 [955].

121 Regestes Nr. 965 [967].

122 Regestes Nr. 966 [968]; vgl. P. Stephanou, La doctrine de Léon de Chalcédoine et de ses adversaires sur les images, in: Orientalia Christiana Periodica 12 (1946) 177–199.

Kaiser Alexios I. Komnenos ist auf dieser nach der Währungsreform von 1092 geprägten Münze (Hyperpyron) ganzfigurig dargestellt. Von rechts erscheint die Manus Dei aus einer Wolke und berührt die Krone des Herrschers, der Zepter und Reichsapfel in Händen hält und einen mit Edelsteinen besetzten Mantel trägt.

4. Der Souverän als Erneuerer

Einen Reformversuch im eigentlichen Sinn des Wortes unternahm eben der Souverän, der im Namen des öffentlichen Interesses der Kirche ihre Schätze geraubt hatte. Dies ist keineswegs ein Widerspruch, es handelt sich vielmehr um zwei unterschiedliche Anwendungen der kaiserlichen Gewalt in der griechischen Kirche. Alexios hatte sich mit der Vlachen-Affäre, dem Sittenskandal auf dem Athos, zu befassen, die gegen 1105 zu Ende ging. Wir sprachen bereits von seinem Vorhaben eines „Wiederaufrichtens" der Kirche, das er 1107 verkündete[123]. Fassen wir zusammen: Der Kaiser plante damals eine eingehende Prüfung des amtierenden Klerus. Die übliche Unterscheidung zwischen „etatsmäßigen", d. h. dotierten, und „überzähligen", seien sie Priester oder nicht, sollte in Zukunft nicht mehr ausschlaggebend sein, ginge es doch vor allem darum, all jene zu berufen, die *logos* und *bios*, „das erhellende Wort und den unbescholtenen Lebenswandel", auf sich vereinten. Diejenigen, die diese beiden Anforderungen nicht erfüllten, dürften weder zu den Ämtern im Dienste des Patriarchen noch zum Bischofsamt Zugang haben und sollten mit Ausnahme betagter Leute aus dem Verzeichnis der Kleriker des Patriarchats gestrichen werden. Außerdem sollten nach den genannten Kriterien ein geistliches Lehramt mit ausgewählten „Lehrmeistern" *(didaskaloi)* geschaffen werden. Das Vorhaben betraute sie mit Nachforschungen in den „Quartieren" *(geitoniai)* der Hauptstadt, mit dem Recht, auch die Laien und sogar die Mönche zu überwachen. Sie sollten zu öffentlicher Belehrung verpflichtet sein und diejenigen aufspüren, die im Irrtum lebten, um sie auf den rechten Weg zurückzuführen. In bestimmten Fällen sollten sie die patriarchale oder sogar kaiserliche Autorität darüber in Kenntnis setzen. Schließlich hatten sie die Beichtväter zu überwachen, damit die Beichte von „Hirten" und nicht etwa von „Wölfen", d. h. Häretikern, abgenom-

[123] Gautier, Edit d'Alexis I^e (wie Anm. 28).

men würde. Diese Gruppe der „Lehrmeister“ sollte eine Wiege des Priesteramtes sein, eines, wie der Kaiser bemerkte, zu Unrecht in Verruf geratenen Amtes. Außerdem kümmerte er sich um die ländlichen Pfarreien, wo die Priester wieder „das Volk erleuchten und allen die orthodoxe Botschaft“ bringen sollten. Solche Priester zu rekrutieren würde zu Beginn keine leichte Aufgabe sein. Alexios forderte daher die Bischöfe auf, die Pastoralvisiten nach dem Vorbild der Apostel wieder aufzunehmen, und erinnerte sie daran, daß das *Kanonikon* ihnen zu diesem Zweck zugeteilt worden sei.

Die praktischen Folgen dieses außerordentlichen Dokuments können wir nicht abschätzen, doch wirft es ein deutliches Licht auf den Zustand der Kirche zu diesem Zeitpunkt und auf die Vorstellung, die sich dieser Komnene von ihrem guten Funktionieren und seiner eigenen reformerischen Autorität machte. Die Responsen seines Zeitgenossen, des alten *Chartophylax* Nikephoros, handeln sowohl von der erforderlichen priesterlichen Eignung der Beichtväter als auch von Fällen der Amtsenthebung von Priestern aufgrund mangelnder Qualifikation[124]. Alexios wandte seine Aufmerksamkeit auch der Reform der Klöster zu, beispielsweise durch seine Unterstützung des Joannes-Theologos-Klosters auf Patmos und durch einen Reformentwurf[125].

VI. Die kaiserliche Orthodoxie und die Minderheiten

Christentum, Orthodoxie und Römertum waren seit dem 7. Jh., eigentlich sogar seit dem 4. Jh., ein und derselbe Ausdruck des untrennbaren religiösen und politischen Selbstverständnisses Konstantinopels. Im Kaiserreich wie im Westen lebten dennoch auch Juden und „Ketzer“, wovon noch die Rede sein wird, und mit beiden war zu rechnen. Byzanz unterschied sich dagegen von der lateinischen Christenheit darin, daß es ebenfalls christliche und doch in ihrer Sprache und Konfession heterogene Bevölkerungsgruppen einschloß, Armenier und jakobitische Syrer, zu denen an manchen Orten, vor allem in Konstantinopel, eine wachsende Zahl von Lateinern hinzukam. Darüber hinaus, und dies ist ein weiterer Unterschied, öffnete der türkische Vormarsch in Kleinasien zwischen den christlichen Minderheiten hindurch dem Islam einen Weg, der damals in dieser Region bekanntlich seinen epochalen Aufstieg begann. Das *Euchologion* der Großkirche, wie es 1027 kopiert wurde (Cod. Paris Coisl. 213), entwirft mit seiner Zusammenstellung von Abschwörformeln, die für die verschiedenen Häretiker, darunter Abweichler wie die Armenier, aber auch für Juden und Muslime vorgesehen waren, bereits ein umfassendes Bild der Haltung der zentralen Orthodoxie gegenüber ihren Minderheiten. Diese Zusammenstellung wurde lange verbreitet und findet sich noch in kanonischen Sammlungen des 12. Jh.[126]

---

124 Ders. (Hrsg.), Le chartophylax Nicéphore.Œuvre canonique et notice biographique, in: REByz 27 (1969) 159–195.

125 Dölger, Regesten Nr. 1076 (1081 oder 1096 oder 1111), vgl. Balsamon, in: Rhalles – Potles, Syntagma (wie Anm. 103) Bd. 2, 634–636.

126 Zu diesem Manuskript und seinen Folgen vgl. J. Gouillard, Les formules d’abjuration, in: Ch. Astruc u. a., Les sources grecques pour l’histoire des Pauliciens d’Asie Mineure, in: Travaux et mémoires 4 (1970) 187/188.

1. Armenier und Syrer

Örtlich hatten die Wiedereroberung des 10. Jh. und der türkische Vormarsch im 11. Jh. die armenische Einwanderung beträchtlich anschwellen lassen [127] und den jakobitischen Syrern zunehmende Bedeutung verliehen [128]. Für Konstantinopel errang das Gebiet von Melitene in dieser heterogenen religiösen Situation mehr als je zuvor einen besonders strategischen Wert. Das Vorrücken der Türken ließ Feindseligkeiten seitens christlicher Minoritäten gegen das Kaiserreich ausbrechen [129]. Die Armenier wüteten gegen die Griechen, z. B. anläßlich der Plünderung von Sebaste (Sivas, Sebasteia) durch die Türken 1059. Mit Mantzikert kam die Stunde der lokalen armenischen Fürstentümer auf Kosten der griechischen Verwaltung und der griechischen Aristokratie. Deutlich zeigt dies der Staat, den der Armenier Philaretos in Kilikien gründete, wobei er geschickt die regionalen Besonderheiten nutzte. Von Konstantinopel aus gesehen, erforderte die geopolitische Lage autoritäre konfessionelle Lösungen, die Konstantin X. Dukas in Angriff nahm. Die nicht Chalkedon folgenden Christen in Melitene traf 1063 die Ausweisung. Im selben Jahr befahl eine Synode die Verbrennung der Bücher der Syrer und Armenier [130]. Der Metropolit der jakobitischen Syrer in Melitene wurde zusammen mit seinem Klerus in die Hauptstadt befohlen, dort 1064 verurteilt und verbannt [131]. Um 1066 wirkte ein Armenier, der allerdings nicht von seiner Kirche beauftragt war, trotzdem an der Ausarbeitung einer Unionsformel mit, die je nach Gelegenheit für individuelle oder kollektive Übertritte Anwendung finden sollte [132]. Überzeugungsarbeit war die andere Achse der byzantinischen Politik gegenüber religiöser Abweichung. Alexios I. nahm seine Rolle als Kaiser wahr, wenn er eine Schrift gegen die Armenier verfaßte [133]. Sein Beauftragter für Fragen der Häresie, Euthymios Zigabenos, widmete dem ein Kapitel seiner größtenteils florilegistischen *Dogmatischen Panoplie,* eines der Kapitel, die er selbst verfaßt und nicht nur kompiliert haben dürfte [134]. Um 1114 schrieb auch Niketas Stethatos, zwischen 1075 und 1092 Abt des Studiu-Klosters, eine Schrift gegen die Armenier [135]. Das Kloster stand damals trotz der Schwierigkeiten, die durch die mystische Bewegung hervorgerufen worden waren, der kaiserlichen Gewalt nahe. Gegen 1114 wurde die Affäre des Eustratios von Nikaia durch dessen Abhandlungen über die zwei Naturen Christi, ausgelöst; deren Tenor erschien suspekt, weil sie letztendlich eher zugunsten der Armenier ausfielen [136]. Das Bild ist zu ergänzen mit dem Hinweis, daß Armenier, wenn sie in die herrschende griechische Klasse aufstiegen, ihren Nationalglauben aufgaben [137]. Auch ist daran zu erinnern, daß die Georgier, auch sie

---

[127] G. Dedeyan, L'immigration arménienne en Cappadoce au XIe siècle, in: Byzantion 45 (1975) 41–117.

[128] G. Dragon, Minorités ethniques et religieuses dans l'orient byzantin à la fin du Xe et au XIe siècle: l'immigration syrienne, in: Travaux et mémoires 6 (1976) 177–216.

[129] Dies folgt aus Vryonis, Decline of medieval Hellenism (wie Anm. 1) 925.

[130] Regestes Nr. 891.

[131] Ebd., Nr. 893.

[132] Ebd., Nr. 895.

[133] A. Papadopulos-Kerameus (Hrsg.), Analekta Hierosolumitikes Stachyologias, I, S. Petersburg 1891, 116–123.

[134] Vgl. G. Podskalsky, Euthymios Zigabenos, in: Theologische Realenzyklopädie X, 3/4 (1982) 557–558.

[135] Nicétas Stethatos, Opuscules et Lettres, hrsg. von J. Darrouzès (= Sources Chrétiennes 81), Paris 1961, 11–12.

[136] Regestes Nr. 1003: das Synodalurteil vom 27. April 1117, vgl. Dölger, Regesten, Nr. 1273.

[137] Vgl. die wichtige prosopographische und historische Studie von A. P. Kazhdan, Armjane v sostave go-

Kriegsleute in Diensten Konstantinopels, dagegen ohne weiteres in seine Orthodoxie, zumal selbst orthodox, eingebunden wurden, wie die Existenz ihres Klosters auf dem Athos [138] und das Typikon des Gregorios Pakurianos (1083) belegen, der gleichwohl das Recht erhielt, sein Erbe seinen Verwandten und Klienten, auch Armeniern, zu hinterlassen [139].

2. Das Vorrücken des Islam

Bleiben wir im Osten, nun aber mit dem Blick auf den Islam gerichtet. Die nichtgriechischen Christen fügten sich leichter in die Ordnung, die den religiösen Minderheiten in muslimischen Ländern auferlegt wurde. Die griechische Christenheit stellte einen anderen Fall dar, zeigte andere Reaktionen; wir erwähnten bereits den Zerfall der kirchlichen Verwaltung, den Exodus der Mönche und Bischöfe. Wie es sich mit den gewöhnlichen Einwohnern verhielt, wissen wir kaum. Speros Vryonis Jr. nimmt an, daß die Verschiebung des gesamten gesellschaftlichen Gefüges gerade die Griechen Kleinasiens schutzlos ließ gegenüber der Religion der Eroberer. Der weitere geschichtliche Verlauf liefert sicher Belege, jedoch erst auf lange Sicht. Immerhin läßt sich feststellen, daß die Gestalt des „Neu-Märtyrers", die dem Griechentum unter türkischer Herrschaft so teuer war, in der Person des Theodoros Gabras (1098) im 11. Jh. erstmals auftritt [140]. Was die Zentralmacht betrifft, so scheint sie zu diesem Zeitpunkt den Islam in ihr traditionelles Schema eines kaiserlichen Apostolats eingefügt zu haben. Eine am Epiphaniefest 1088 an Alexios I. gerichtete Lobrede erwähnt durch diesen bewirkte Bekehrungen in muslimischen Randgebieten Kleinasiens [141]. Der Redner, der „Meister der Rhetorik" und spätere Erzbischof von Bulgarien (mit Sitz in Ochrid), Theophylaktos, hob in diesem Zusammenhang den Souverän in seiner Eigenschaft als „Apostel" hervor. Euthymios Zigabenos, der Beauftragte für Fragen der Häresie, verfaßte einen Dialog mit einem Muslim aus der Gegend von Melitene [142].

3. Inseln der Häresie

Die subversiven Abweichungen ihrerseits, von denen in einem anderen Kapitel gehandelt wird, stellten sich manchmal auf den ersten Blick als verstreute Inseln dar, so im Fall der „Manichäer" von Philippupolis (Plovdiv), folgen wir Anna Komnene [143]. Sie berichtet, daß sie fast die gesamte Stadt eingenommen hätten zum großen Schaden einiger ausharrender Christen; daß die Häresie sich in der Umgebung ausbreitete und daß ihre Basis durch

---

spodstvujuščego klassa Vizantijskoj imperii v XI–XVV vv., Eriwan 1975; DERS., The Armenians in the Byzantine ruling class predominantly in the ninth through twelfth centuries (mit Bibliographie), in: T. SAMUELIAN – M. STONE (Hrsg.), Medieval Armenian Culture, Chico, CA 1983, 439–451.

138 Actes d'Iviron I (wie Anm. 76) Nr. 3 und 5.

139 GAUTIER, Typikon du sébaste Grégoire Pakourianos (wie Anm. 52); vgl. auch LEMERLE, Cinq études (wie Anm. 48) 158/159.

140 Vgl. A. BRYER, A Byzantine family: The Gabrades, ca. 979–ca. 1653, in: University of Birmingham Historical Journal 12 (1970) 164–187, hier 175 und Anm.; DERS., A Byzantine family: The Gabrades, an additional note (with St. Fassoulakis u. D. M. Nicol), in: Byzantinoslavica 36 (1975) 38–45, hier 39.

141 P. GAUTIER (Hrsg.), Le discours de Théophylacte de Bulgarie à l'autocrator Alexis Iᵉ Comnène (6. Jan. 1088), in: REByz 20 (1962) 93–120, hier 114.

142 PG 131, 20–38.

143 Anna Komnene, Alexias, 14, 8, 7 (LEIB [wie Anm. 89], 180f).

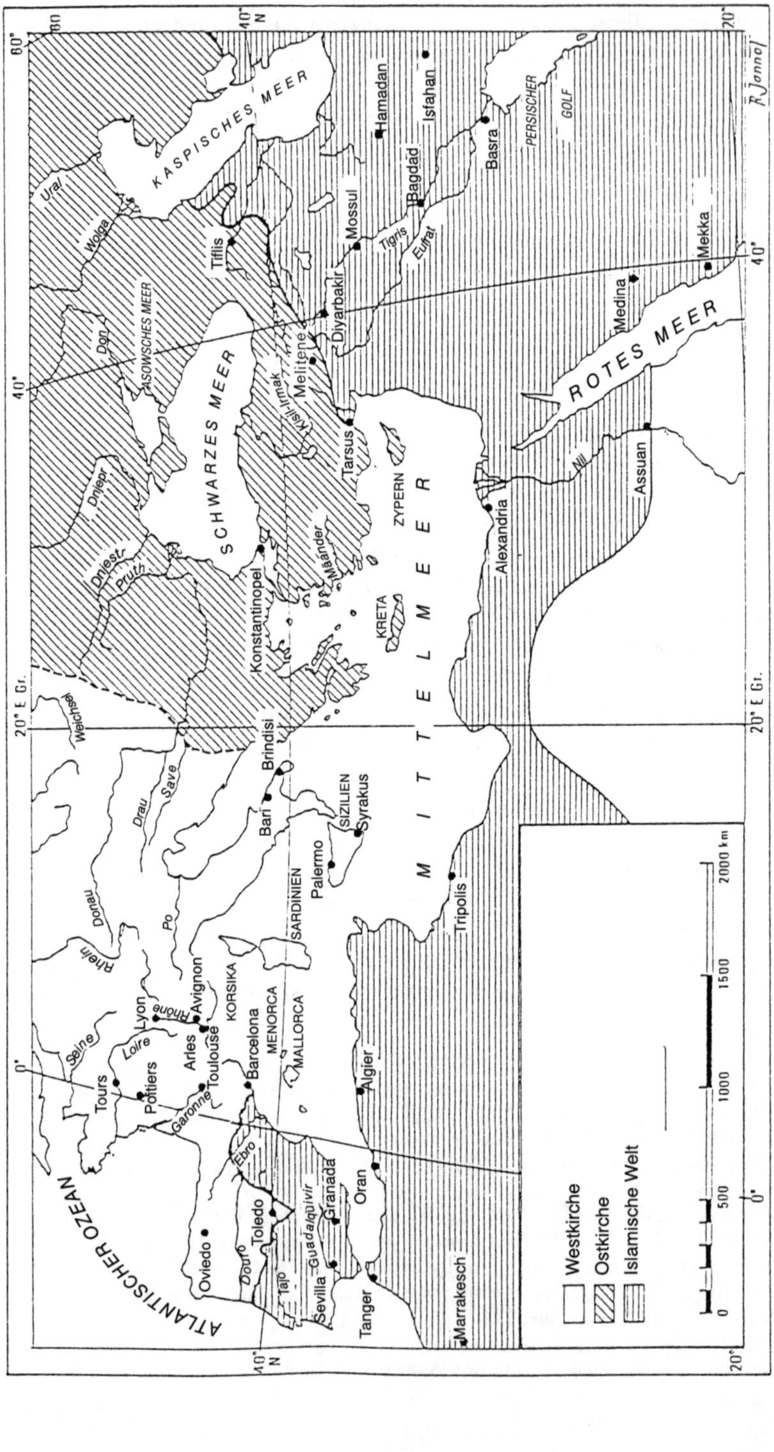

Die Ostkirche am Vorabend des ersten Kreuzzuges.

„einen anderen Strom", die Armenier, und des weiteren durch die jakobitischen Syrer, verstärkt würde. Doch hatten diese „Manichäer" tatsächlich ihren Ursprung in einer zugleich ethnischen und sektiererischen Insel, denn sie stammten von den Paulikianern Kleinasiens ab, die Joannes I. Tzimiskes (969–976) nach Thrakien umgesiedelt hatte, um ihr armenisches Rückzugsgebiet auszuräumen und zugleich an einer gefährdeten Grenze von ihren militärischen Fähigkeiten zu profitieren. Alexios' I. Unternehmungen zugunsten der Orthodoxie hatten vielleicht ebenfalls eine strategische Bedeutung. Er verwendete sich persönlich dafür, die „Manichäer" durch Überzeugung oder Gewalt zu gewinnen. Die darauf folgende Erhebung (1084) erwies einmal mehr ihre Fähigkeit, sich mit den feindlichen Nachbarn gegen die Zentralgewalt zu verständigen. Das Zeugnis Annas, dem wir gefolgt sind, scheint also die Beziehungen zwischen Konfession und Nation zu erhellen. Mag es richtig sein, „Christen" und „Manichäer" einander gegenüberzustellen, so scheint es doch nicht angebracht, in bezug auf letztere von der Verbreitung einer Häresie zu sprechen, die von Armeniern und jakobitischen Syrern unterstützt würde. Der Widerspruch verschwindet, wenn man weiß, daß diese „Manichäer" Paulikianer waren, die nach dem Brauch der gelehrten Literatur mit diesem allgemeinen und traditionellen Begriff belegt wurden.

4. Die Juden

Die Bekehrung der Juden zum rechten Glauben, d. h. zum griechischen Christentum Konstantinopels, war ein ebenso altes wie spezifisches Ziel[144]. Die Abschwörformel von 1027, die im schon genannten Cod. Paris Coisl. 213 überliefert ist, dokumentiert die Bräuche der Juden und zugleich das, was die Kleriker davon, vielleicht durch zum Christentum Konvertierte, wußten[145]. Die Verfasser scheinen vor allem auf die Tatsache der Spaltung zwischen Rabbaniten und Karaiten, Anhängern und Gegnern der rabbinischen Tradition, zu achten, die damals das byzantinische Judentum spaltete. Die Hagiographie zog mit. Ein westlicher Pilger hörte in Konstantinopel die Geschichte vom guten Juden Abraham, der zu tugendhaft gewesen sei, um nicht schließlich die Taufe zu empfangen, ein übrigens traditionelles Motiv[146]. Die tatsächliche Bedeutung der Übertritte zum Christentum können wir nicht abschätzen. Die Genisa von Kairo, das Handschriftenmagazin der dortigen Synagoge, bewahrt übrigens Zeugnisse für Übertritte in entgegengesetzter Richtung. Die berühmte Autobiographie des Proselyten normannischer Herkunft Obadjah enthält den Bericht der Konversion des Erzbischofs von Bari, Andreas, zum Judentum gegen 1070. Er vollendete sie in Konstantinopel, bevor er nach Ägypten floh[147]. S. D. Goitein erklärt diese Bewe-

[144] Zu den Juden im byzantinischen Kaiserreich im 11. Jh. siehe zuletzt D. Jacoby, Les Juifs de Byzance: une communauté marginalisée, in: Chr. Maltezu (Hrsg.), Hoi perithoriakoi sto Byzantio, Athen 1993, 103–154 (auch als Separat).

[145] Texte veröffentlicht von F. Cumont, Une formule grecque de renonciation au judaisme, in: Wiener Studien 24 (1902) 462–472, sowie S. Krauss, Eine byzantinische Abschwörungsformel, in: Festschrift D. Simonsen, Kopenhagen 1923, 134–157. Die Frage wurde wieder aufgegriffen von G. Dagron, Le traité de Grégoire de Nicée sur le baptême des Juifs, in: Travaux et mémoires 11 (1991) 313–357, hier 335 und Anm. 211.

[146] S. G. Mercati, Santuari e reliquie Constantinopolitane, secondo il codice Ottoboniano latino 169 prima della conquista latina (1204), in: Rendiconti della Pontif. Accad. Romana di Archeol. 12 (1936) 133–156 (= ders., Collectanea byzantina, II, Bari 1970, 464–489), hier 145–149 (477–483). Die überlieferte Textfassung stammt aus dem 12. Jh.

[147] Stand der Textkritik bei N. Golb, Notes on the Conversion of European Christians to Judaism in the eleventh century, in: Journal of Jewish studies 16 (1965) 69–74.

gung, die in den Dokumenten der Genisa greifbar wird, mit eschatologischen Erwartungen, d. h. als eine letztendlich innerchristliche Angelegenheit[148]. Das Nebeneinander von christlicher Mehrheit und jüdischer Minderheit, zweier sehr unterschiedlicher, doch nicht hermetisch abgeschlossener Gemeinschaften, scheint in einem anderen Dokument der Genisa auf, einem nach Fustat (Kairo) adressierten Brief einer Gemeinde im Kaiserreich vom Herbst 1096[149]. Die eschatologische Erschütterung des ersten Kreuzzugs schlug sich in einer unmittelbaren messianischen Hoffnung nieder, die durch den Zustrom von Juden aus den Rheinlanden[150] verstärkt wurde und sich im Rückzug aus dem aktiven Leben, in Fasten, Buße und Aufbruchserwartung manifestierte. Der Brief zeigt überdeutlich, daß Juden und Christen in dieser Hinsicht in ein und derselben Welt lebten.

Bibliographie

1. Quellen:

Engrapha Patmu. 1. Autokratorika, hrsg. von E. Branuse; 2. Demosion leiturgon, hrsg. von M. Nystazopulou-Pelekidu, beide Bde. Athen 1980.

G. Robinson, History and cartulary of the Greek monastery of St. Elias and St. Anastasius of Carbone, 2 Bde., Rom 1928–30.

P. u. J. Zepos (Hrsg.), Jus Graeco-Romanum, Bd. 4 (Peira Eustathiu tu Rhomaiu), Athen 1931.

2. Untersuchungen:

F. Chalandon, Essai sur le règne d'Alexis Ie Comnène (1081–1118), Paris 1900.

J. Gay, L'Italie méridionale et l'Empire byzantin depuis l'avènement de Basile Ie jusqu'à la prise de Bari par les Normands (867–1971), Paris 1904.

P. Lemerle, Cinq études sur le XIe siècle, Paris 1977.

L. R. Ménager, La ‚byzantinisation' religieuse de l'Italie méridionale (XIe–XIIe s.) et la politique monastique des Normands d'Italie, in: Revue d'histoire ecclésiastique 53 (1958) 742–774; 54 (1959) 5–40.

N. Oikonomides (Hrsg.), To Byzantio kata ton 12o aiona. Kanoniko dikaio, kratos kai koinonia, Athen 1991.

–, Recherches sur le XIe siècle, Travaux et mémoires 6 (1976).

---

[148] S. D. Goitein, A Mediterranean society. The Jewish communities in the Arab world as portrayed in the documents of the Cairo Geniza. 2. The community, Berkeley – Los Angeles – London 1971, 308/309.

[149] Hrsg. von A. Neubauer, in: Jewish Quarterly Review 9 (1897) 26–29, vgl. D. Kaufmann, A hitherto unknown Messianic movement among the Jews, particularly those of Germany and the Byzantine Empire, ebd. 10 (1898) 139–151.

[150] Zur Vertreibung der Juden aus den Rheinlanden infolge der Propaganda des ersten Kreuzzugs siehe F. Battenberg, Das europäische Zeitalter der Juden. Teilband I: Von den Anfängen bis 1650, Darmstadt 1990, 58–65; A. Neubauer – M. Stern (Hrsg.), Hebräische Berichte über die Judenverfolgungen während der Kreuzzüge, Berlin 1892.

Zweites Kapitel

Die römische Kirche 1054–1124
Reform und Erstarken des Papsttums

VON AGOSTINO PARAVICINI BAGLIANI

I. Die Päpste

In den 70 Jahren vom Tod Leos IX. (1054) bis zum Tod Calixts II. (1124) regierten zehn Päpste; einige von ihnen (Nikolaus II., Alexander II., Gregor VII. und Paschalis II.) sahen sich insgesamt sieben Gegenpäpsten[1] gegenüber.

	Datum der Wahl	Ende des Pontifikats
Leo IX. (Bruno von Egisheim und Dagsburg)	12.02.1049	19.04.1054
Viktor II. (Gebhard von Eichstätt)	Nov. 1054/März 1055	28.07.1057
Stephan IX. (Friedrich von Lothringen)	03.08.1057	29.03.1058
Benedikt X. *(Johann von Velletri)*	05.04.1058	24.01.1059
Nikolaus II. (Gerhard von Florenz)	06.12.1058	27.07.1061
Alexander II. (Anselm von Baggio bzw. von Lucca)	01.10.1061	21.04.1073
Honorius II. *(Cadalus von Parma)*	28.10.1061	1066 bzw. 1071/1072
Gregor VII. (Hildebrand)	22.04.1073	25.05.1085
Clemens III. *(Wibert von Ravenna)*	25.06.1080	08.09.1100
Viktor III. (Desiderius von Montecassino)	24.05.1086	16.09.1087
Urban II. (Odo von Ostia)	12.03.1088	29.07.1099

Bibliographische Kurzangaben verweisen auf das Literaturverzeichnis am Ende des Kapitels (Seite 86).

[1] In der Tabelle *kursiv*.

	Datum der Wahl	Ende des Pontifikats
Paschalis II. (Rainer von Bieda)	13.08.1099	21.01.1118
Theoderich	Sept. 1100	1102
Albert	Febr. 1102	März 1102
Silvester IV. *(Maginulf von S. Angelo)*	18.11.1105	12.04.1111
Gelasius II. (Johannes von Gaëta)	24.01.1118	29.01.1119
Gregor VIII. *(Mauritius von Braga, gen. Burdinus)*	08.03.1118	April 1121
Calixtus II. (Guido von Vienne)	02.02.1119	13.12.1124

Stephan IX. (1057–1058)

Als Papst Viktor II. am 28. Juli 1057 in Arezzo starb, war der römische Subdiakon Hildebrand bereits an die päpstliche Kurie zurückgekehrt. Nach Auskunft Leos von Ostia[2] suchte sich Friedrich von Lothringen, Abt von Montecassino und Kardinalpriester von S. Crisogono, der Wahl zu entziehen, indem er andere Kandidaten, darunter Hildebrand, vorschlug. Gegen seinen Willen wurde Friedrich schließlich am 2. August 1057 in S. Pietro in Vincoli unter dem Namen Stephan IX. zum Papst gewählt und am folgenden Tag im Petersdom zum Bischof geweiht. Diese Wahl war in mehr als einer Hinsicht bedeutsam. Schon die Tatsache, daß der Kandidat ein Bruder Gottfrieds II. (des Bärtigen) von Lothringen und dieser durch Heirat Markgraf von Tuszien war, demonstrierte das Streben nach Eigenständigkeit gegenüber dem deutschen Königshof. Gegen das Herkommen hatte die Wahl ohne die Zustimmung des deutschen Königs stattgefunden; Heinrich IV. war noch ein Kind, und die Bestätigung einer Frau – der Kaiserin Agnes – erschien unzureichend (Petrus Damiani), aber das kann nicht darüber hinwegtäuschen, daß hier auf faktischem Wege ein Schritt zur Herausnahme der Papstwahl aus der Kontrolle durch den Kaiser unternommen wurde. Die Altaicher Annalen[3] berichten, nach der Wahl sei die königliche Zustimmung erteilt worden, obwohl sie *rege ignorante* stattgefunden habe. Wahrscheinlich war die Gesandtschaft, die der neue Papst wenige Monate nach seiner Wahl unter der Leitung Hildebrands[4] nach Deutschland schickte, auch Ausdruck seines Wunsches, einen Bruch mit dem Reich zu vermeiden[5]. Daß die heikle Mission Hildebrand anvertraut

---

[2] Chronica monasterii Casinensis, hrsg. von H. Hoffmann, MGH.SS XXXIV, 353. Über die Herkunft des Papstes G. Despy, La carrière lotharingienne du pape Etienne IX, in: Revue belge de phil. et d'hist. 31 (1953) 955–972.

[3] Annales Altahenses ad a. 1057, MGH.SRG [4] 54.

[4] „Apostolica legatione functus" (MGH.SS VII, 246).

[5] Das Ziel der Legation wird in den Quellen nur sehr undeutlich umschrieben; moderne Historiker haben unterschiedliche Vermutungen darüber angestellt. G. B. Borino (L'arcidiaconato di Ildebrando, in: Studi Gregoriani 3 [1948] 494ff) bringt die Reise mit der Vakanz des Herzogtums Spoleto sowie mit der Mark Camerino in Verbindung, die der König im nächsten Jahr an Gottfried von Lothringen vergab.

wurde, zeigt deutlich, wie sehr der Papst ihn schätzte. Humbert von Silva Candida wurde Kanzler, Petrus Damiani Kardinalbischof von Ostia. Der Zusammenhalt dieser Reformer untereinander ermöglichte die bedeutenden Fortschritte des Papsttums auf dem Weg zur umfassenden Reform. Das Programm der moralischen Erneuerung (Kampf gegen Simonie und Priesterehe) wurde mit Entschiedenheit fortgeführt und enge Verbindungen zu Anselm von Lucca (später Alexander II.) geknüpft, dem Protektor der Mailänder Pataria. Schon 1057 hatten die Anführer der Pataria, Ariald und Landulf, die volle Unterstützung des Papstes erhalten, der zudem Hildebrand und Anselm von Lucca als Legaten in die Lombardei entsandt hatte (November–Dezember 1057).

Im Frühjahr 1058, als er sein Ende nahen fühlte, soll Stephan IX. den (Kardinal-)Bischöfen, dem Klerus und dem römischen Volk den feierlichen Eid abgenommen haben, im Falle der Sedisvakanz mit der Wahl des neuen Papstes die Rückkehr Hildebrands abzuwarten[6].

Der Gegenpapst Benedikt X. (1058–1059)

Gleich nach dem Tod Stephans IX. (am 29. März 1058 in Florenz) wählte ein großer Teil des römischen Adels den Kardinalbischof von Velletri und Neffen des Papstes Benedikt IX., Johann, zum Papst. Er wurde am 5. April 1058 eingesetzt und nahm den Namen Benedikt X.[7] an. Das Ziel war klar: Die römischen Adelsfamilien unter Führung Graf Gregors von Tusculum, Gerhards von Galeria und einiger Crescentier wollten die Kontrolle über die Besetzung des päpstlichen Stuhls wiedergewinnen, von der sie seit der Wahl Leos IX. ausgeschlossen waren.

Nikolaus II. (1058–1061)

Hildebrand befand sich auf dem Heimweg, als er von den Ereignissen erfuhr. Mit Sicherheit war er führend an der Wahl des Bischofs Gerhard von Florenz in Siena durch die in der römischen Wahl fehlenden Kardinalbischöfe beteiligt, aber es ist auch wahrscheinlich, daß Gottfried von Lothringen als Schutzherr rechtzeitig hinzugezogen wurde. Letztlich läßt sich auch nicht entscheiden, ob die Wahl Nikolaus' II. vor der Benedikts X. stattfand oder nicht und wann man sich der Zustimmung des Kaiserhofes versicherte[8].

Die Inthronisation Nikolaus' II. konnte nach schweren Kämpfen erst am 24. Januar 1059 stattfinden. Benedikt X. flüchtete zunächst in die Burg Passarano bei Tivoli, dann zum Grafen Gerhard von Galeria, einem seiner wichtigsten Anhänger. Mai–Juni 1059 wurde er gefangengenommen. Nach Auskunft der *Annales Romani* wurde ihm der Prozeß gemacht. Er mußte die päpstlichen Insignien ablegen, verlor seine kirchlichen Würden und habe in S. Agnes in Rom bis zum Pontifikat Gregors VII. gelebt, also mindestens bis 1073. Leo von Ostia dagegen berichtet, er sei exkommuniziert und gezwungen worden, bei Santa

---

[6] Borino (s. Anm. 5) 488, Anm. 64. Vgl. Ep. III, 4, in: Die Briefe des Petrus Damiani II, hrsg. von K. Reindel, München 1988, 193 (Nr. 58), auch PL 144, 292A.

[7] Dieser Name knüpfte an die (gegenpäpstliche) Tradition an; eine neuere Biographie von O. Capitani, Benedetto X, papa, in: DBI VIII, Rom 1966, 366–370.

[8] Über die kontroverse Quelleninterpretation J. Haller, Das Papsttum. Idee und Wirklichkeit II, Stuttgart 1951, 586–588.

Maria Maggiore zu wohnen. Laut Bonizo von Sutri schließlich habe Benedikt seine Verfehlungen *ex propria confessione* gestanden und sei seines Bischofsamtes enthoben worden[9]. Die Eroberung der Burg Galeria hatte Hildebrand selbst angeführt. Unterstützt wurde er vor allem von 300 normannischen Rittern, die er persönlich vom neuen Fürsten von Capua, dem Normannen Richard von Aversa, erbeten hatte. An den Verhandlungen mit ihm nahm sehr wahrscheinlich auch der neue Abt Desiderius von Montecassino (der spätere Papst Viktor III.) teil, der zu den Normannen ausgezeichnete Beziehungen unterhielt[10] und den Nikolaus II. im März 1059 zum Kardinalbischof von S. Cecilia sowie zu seinem Vikar für die süditalienischen Klöster ernannt hatte.

Die Lateransynode von 1059 und das Papstwahldekret

Die in den Wochen nach Ostern 1159 im Lateran zusammengetretene Synode[11] war von den Bemühungen bestimmt, die unter ungewöhnlichen Umständen erfolgte Papstwahl Nikolaus'II. nachträglich zu rechtfertigen und gleichzeitig eine Norm für künftige Wahlen zu schaffen. Das von ihr ausgegangene Papstwahldekret[12] steht deshalb in der Forschung gewöhnlich auch im Vordergrund[13]. Doch sollte man nicht übersehen, daß gleichzeitig das Synodalschreiben „Vigilantia universalis“ in alle Welt erging[14], das die Absender als eine reformbewußte und in der Durchsetzung der Reform auch rücksichtslose Gruppe ausweist[15]. Es kommt schon im Rückgriff auf die Tradition des Frühmittelalters zum Ausdruck, wo bei der Wahl eines Suffraganbischofs dem Metropoliten die wichtigste Stimme zustand oder bei der Wahl des Metropoliten den Suffraganbischöfen. Nach der Papstwahlordnung von 1059 blieb den Kardinalbischöfen in der Wahl ein Vorrang vor den Kardinalpriestern vorbehalten (die Kardinaldiakone wurden erst viel später berücksichtigt), dem Klerus und Volk war lediglich die Akklamation zugedacht. Petrus Damiani begründet diese Abstufung damit, daß die sieben suburbikarischen Bischöfe als Kardinalbischöfe die Funktion von Metropoliten einnähmen. Daß der Papst unfreiwillig die Stadt verlassen müsse, finde ein Vorbild in der Flucht der Apostel vor der Verfolgung in Jerusalem; wo sich die Apostel befanden, dort war auch die Urkirche[16]. Um der Freiheit der Wahl willen, so konnte man folgern, müsse es auch gestattet sein, eine Papstwahl außerhalb der *urbs* vorzunehmen.

---

[9] Capitani (s. Anm. 7) 369.

[10] Über die wechselnden Beziehungen Montecassinos zu den Normannen s. C. Erdmann, Die Entstehung des Kreuzzugsgedankens, Stuttgart ²1955, 114–117.

[11] Das oft genannte Datum des 13. April 1059 ist unsicher, vgl. R. Schieffer, Die Entstehung des päpstlichen Investiturverbots für den deutschen König (MGH Schriften 28), Stuttgart 1981, 48 Anm. 1.

[12] MGH. Const I 538–546, Nr. 382f; neu D. Jasper, Das Papstwahldekret von 1059. Überlieferung und Textgestalt, Sigmaringen 1986, 98–119 (in beiden Fällen die echte und verfälschte Fassung).

[13] Grundlegend für die weitere Diskussion H.-G. Krause, Das Papstwahldekret von 1059 und seine Rolle im Investiturstreit (Studi Gregoriani 7), Rom 1960; Forschungsübersicht bei J. Laudage, Priesterbild und Reformpapsttum im 11. Jahrhundert (Beihefte zum AKG 22), Köln/Wien 1984, 12–17 u. 207; vgl. ferner Schieffer, passim; W. Stürner, Das Papstwahldekret von 1059 und seine Verfälschung. Gedanken zu einem neuen Buch, in: Fälschungen im Mittelalter II, Hannover 1988, 157–190.

[14] Edition bei Schieffer, Die Entstehung (s. Anm. 11) 208–225, dazu 61–74.

[15] Vgl. Laudage (s. Anm. 13) 210–234.

[16] Vgl. F. Kempf, Pier Damiani und das Papstwahldekret von 1059, in: AHP 2 (1964) 73–89. Da Petrus Damiani seine Gedanken vor 1059 äußerte, kommt dem Reformaspekt ein besonderes Gewicht zu.

Das Papstwahldekret von 1059 richtete sich nicht gegen das Reich; das kaiserliche Zustimmungsrecht blieb voll erhalten. Es ging vielmehr um kirchenrechtliche und ekklesiologische Ziele. Die Schaffung einer „obersten hierarchischen Instanz“ [17] sollte es im Notfall einem reduzierten Kreis von Wählern ermöglichen, sogar außerhalb Roms einen Kandidaten zu wählen - der auch ein nichtrömischer Geistlicher sein konnte - und dadurch dem Gewählten die Amtsgewalt zu übertragen, selbst wenn er noch nicht in Rom inthronisiert war.

Die Probleme der Textüberlieferung sind komplex und noch lange nicht gelöst. Erhalten sind zwei Fassungen des Papstwahldekrets, deren eine man früher als die „päpstliche“ und die andere als die „kaiserliche“ bezeichnete; richtiger müßte man von der „echten“ und der „verfälschten“ Version sprechen. Beides sind Synodalkonstitutionen, die sich im Eingangs- und Schlußprotokoll, der *narratio* und der Pönformel nicht wesentlich unterscheiden. Die Divergenzen betreffen lediglich die Bestimmungen über die Wahlberechtigten.

In der echten Version steht die Wahl den Kardinalbischöfen zu, während die anderen Kardinäle sowie der Klerus und das Volk von Rom nicht mehr als eine ergänzende Rolle spielen. Diese Fassung enthält auch den berühmten „Königsparagraphen“, der Heinrich IV. ein Bestätigungsrecht bei der Papstwahl einräumt, das, die jeweilige Zustimmung des Heiligen Stuhles vorausgesetzt, auch für seine Nachfolger gelten soll. Die Verunechtung zählt hingegen alle Kardinäle als Wähler auf ohne Unterschied der Ordines; Klerus und Volk haben hier überhaupt keine Rechte mehr. Dem deutschen König kommen die gleichen Wahlrechte wie den Kardinälen zu, auch bei einer Wahl außerhalb Roms. Diese Version nennt die Kardinäle aller drei Ordines namentlich, dazu den Subdiakon Hildebrand, den nachmaligen Gregor VII. In der echten Version werden nur die Namen der Kardinalbischöfe genannt; Hildebrand taucht hier nicht auf.

Was die Datierung des unechten Dokumentes angeht, so schwanken die Angaben zwischen Januar 1076, als die deutschen Bischöfe auf der Wormser Reichssynode dem Papst den Gehorsam aufkündigten, und den Jahren um 1090, als die Unterschiede zwischen den Kardinalbischöfen und anderen Kardinalsrängen allmählich verschwanden. Die Manipulation könnte anläßlich der Wahl (1080) oder der Einsetzung (1084) des Gegenpapstes Clemens III. (Wibert von Ravenna) entstanden sein; ihre Verfasser wären demnach unter den „wibertinischen“ Kardinälen zu suchen [18]. Andere datieren sie auf die Zeit zwischen dem Tod Gregors VII. (Mai 1085) und der Wahl Viktors III. (Mai 1086) und schreiben sie Kardinalpriestern und -diakonen zu, die der königlichen Partei nahestanden. D. Jasper zufolge, der unter anderem beweisen konnte, daß Hildebrand nicht zu den Unterzeichnern des echten Papstwahldekrets von 1059 gehört, ist die verfälschte Fassung höchstwahrscheinlich im Frühjahr 1076 entstanden, zu Beginn der großen Auseinandersetzung zwischen Heinrich IV. und Gregor VII. Sie hatte demnach nicht zum Ziel, die Unterschiede zwischen den Kardinalsordines zu nivellieren (dieses Problem interessierte den Fälscher

---

[17] Vgl. die zusammenfassende Diskussion bei Jasper, Papstwahldekrete (s. Anm. 12) 3–18. Auch in der Investiturfrage ist trotz der Betonung in „Vigilantia universalis“, Kaiser Ludwig der Fromme habe als Laie nicht das Recht gehabt, eine Chorherrenregel vorzuschreiben, von einer namentlich genannten Einbeziehung Heinrichs IV. in das Investiturverbot noch keine Rede; vgl. die Intention der Monographie von Schieffer (s. Anm. 11) und - abweichend - Laudage (s. Anm. 13) 229–234.

[18] Zu diesem Ergebnis gelangt Stürner, Das Papstwahldekret (s. Anm. 13) 189, nach eingehender Beschäftigung mit Jasper, Das Papstwahldekret (s. Anm. 12).

ebensowenig wie die Bischöfe auf der Wormser Synode), sondern sollte nur dazu dienen, dem König eine wirkungsvolle Mitsprache bei der Papstwahl zu sichern und somit die Abwahl Gregors VII. vorzubereiten: „Offensichtlich war dem Autor der Verunechtung im echten Dekret, in dem die Königsklausel an entlegener Stelle steht, das königliche Recht nicht klar genug ausgedrückt und gewährleistet.“ [19]

Die Verurteilung von Simonie und Nikolaitismus wurde wiederholt, erstmals aber griff sie auch die Aachener Kanonikerregel an, von der man nicht weiß, in welchem Grade sie überhaupt noch befolgt wurde. Sie gestatte dem Kommunitätsmitglied persönlichen Besitz, und das stehe im Widerspruch zur „institutio apostolica“, behauptete Petrus Damiani. Insbesondere er und Hildebrand hatten die völlig neuen Ansätze kanonikalen Gemeinschaftslebens im Auge, die sich in Cesena, Fano oder St-Ruf (Avignon) abzeichneten. Die Mißbilligung der Aachener Regel bedeutete nicht schon ein Verbot, aber sie leitete ihr Ende ein. Mit ihr griff die Synode einen schon längst in Gang befindlichen Wandel des Priesterbildes auf, der von einem tieferen Verständnis der sakramentalen Heilsvermittlung gekennzeichnet war [20].

Das Papsttum, Mailand und die Normannen

Schon länger steigerten sich in der Einwohnerschaft Mailands die sozialen Spannungen zwischen der adligen Oberschicht, der sich auch der führende Stadtklerus verbunden fühlte, und der Unterschicht, die sich zur Bewegung der Pataria (= Lumpenpack) formierte [21]. Die Angriffe der kirchlichen Reformer auf die verbotene und dennoch praktizierte Priesterehe wirkte auf diese Bewegung wie eine Losung, die zur physischen Verfolgung des hohen Klerus führte. Der deutsche Hof konnte nicht eingreifen, die noch von Stephan IX. eingesetzte Synode in Mailand konnte sich nicht durchsetzen, Nikolaus II. mußte auf die Klagen Arialds und Landulfs, der Anführer der Pataria, reagieren. Dieser nahm die Bewegung und ihr Anliegen ernst, verstand es aber auch, sie und den Mailänder Erzbischof Wido enger an den Willen der römischen Kurie zu binden. Der Vorgang ist kennzeichnend für die Praxis des Reformpapsttums, örtliche Reformimpulse aufzugreifen, sie dadurch zugleich aber auch in ihrer Ausbreitung zu kontrollieren.

In Süditalien hatte sich durch weitere normannische Eroberungen das Kräftegewicht entscheidend verändert. Da vom östlichen und westlichen Kaiserhof keine Hilfe zu erwarten war, konnte Nikolaus die seit Leo IX. feindselige Haltung nicht mehr fortsetzen. Er belehnte Robert Guiscard mit den Herzogtümern Apulien, Kalabrien und (dem noch zu erobernden) Sizilien sowie Richard von Aversa mit dem Fürstentum Capua wahrscheinlich in Melfi, als er seit Juni 1059 in Begleitung von Hildebrand und mehreren Kardinälen durch Süditalien reiste. Unterwegs hielt er in Benevent und in Melfi (23. August) je eine

---

[19] Jasper, (s. Anm. 12) 88; überdies weist die Analyse der Textüberlieferung auf eine Abfassung in Italien hin.

[20] Laudage (s. Anm. 13) 210f u. 235–250; C. D. Fonseca, Gregorio VII e il movimento canonicale: un caso di sensibilità gregoriana, in: Benedictina 33 (1986) 11–23; G. Picasso, Gregorio VII e la vita canonica: clero e vita monastica, in: La Riforma Gregoriana e l'Europa, in: Studi Gregoriani 13 (1989) 151–166.

[21] Vgl. H. Keller, Pataria und Stadtverfassung, Stadtgemeinde und Reform, Mailand im „Investiturstreit“, in: Investiturstreit und Reichsverfassung, hrsg. von J. Fleckenstein (Vorträge u. Forsch. 17), Sigmaringen 1973, 321–350; P. Golinelli, La Pataria, Novara – Mailand 1984; G. Fornasari, La Riforma Gregoriana nel „Regnum Italiae“, in: La Riforma Gregoriana (s. Anm. 20) 286–296.

Reformsynode ab, wo auch erneut Simonie und Priesterkonkubinat verurteilt wurden. Den Normannen bedeutete die Lehnsabhängigkeit eine Legitimation ihrer noch jungen Herrschaft, dem Papsttum konnten die Normannen wertvolle Bundesgenossen gegen alle Kräfte sein, die sich der Reform im Bereich der Kurie entgegenstellen würden[22].

Alexander II. (1061–1073) und der Gegenpapst Honorius II. (Cadalus von Parma)

Das Bündnis mit den Normannen wurde für die Reformpartei sehr bald von größter Wichtigkeit. Nach dem Tod Nikolaus' II. (27. Juli 1061 in Florenz) versammelten sich die Kardinalbischöfe zur Papstwahl, zu der nach dem Dekret von 1059 nur sie allein berechtigt waren. Alle gehörten der Reformgruppe an[23], die vom mächtigen Archidiakon Hildebrand zusammengehalten und entscheidend beeinflußt wurde. Hildebrand schlug auch den Bischof Anselm von Lucca als Nachfolger Nikolaus' II. vor, einen Reformer, der gleichzeitig für den kaiserlichen Hof akzeptabel sei und die Interessen Gottfrieds von Lothringen berücksichtigen konnte. Während der Wahl außerhalb Roms verhandelte Abt Desiderius von Montecassino mit den Normannen. Mit ihrer bewaffneten Hilfe zog der neue Papst am 30. September 1061 in Rom ein, wo er in der nächsten Nacht inthronisiert wurde und den Namen Alexander II. annahm. Am 7. Oktober verpflichtete sich Richard von Capua zur Respektierung des Papstwahldekretes; das bereits zeigt an, wie wenig reibungslos auch dieser Pontifikatsantritt verlaufen ist.

Der Werdegang Alexanders II.

Anselm von Baggio, Sproß einer Mailänder Adelsfamilie[24], war eine Persönlichkeit mit reichhaltigen politischen Erfahrungen. Als junger Mann besuchte er vielleicht die von Lanfranc gegründete Klosterschule von Bec in der Normandie; mit Sicherheit muß seine Zeit als Hofkaplan bei Kaiser Heinrich III. als eine von Petrus Damiani erfundene Fiktion, um die Übereinstimmung der Papstwahl mit dem Dekret von 1059 darzutun, ausscheiden.

Schon lange Priester, gehörte er zum Gefolge des Mailänder Erzbischofs Wido von Velate, der ihn im September 1056 nach Goslar mitnahm, wo er den Kaiser und Papst Viktor II. antraf. Der Zweck dieser Reise ist unbekannt, jedenfalls bestimmte Heinrich III. den jungen Priester zum Bischof des im Mai 1056 vakant gewordenen Stuhles von Lucca. Mit diesem Akt wurde nicht etwa ein in Mailand unbequem gewordener Reformer in das wichtigste Bistum der Markgrafschaft Tuszien abgeschoben, sondern im Machtzentrum Gottfrieds von Lothringen – der zwar der kirchlichen Reform gegenüber sehr wohlwollend, aber mit Heinrich III. völlig zerfallen war – ein zuverlässiger Kirchenmann eingesetzt.

---

22 K. Verhein, Lehen und Feudalemphyteuse. Eine Untersuchung über die Abhängigkeitsformen weltlicher Staaten vom Hl. Stuhle von der Mitte des 11. bis zur Mitte des 14. Jh., Diss. masch. Hamburg 1951; J. Deér, Das Papsttum und die süditalienischen Normannenstaaten (1053–1212), Göttingen 1969; ders., Papsttum und Normannen. Untersuchungen zu ihren lehnsrechtlichen und kirchenpolitischen Beziehungen, Köln – Wien 1972.

23 Vgl. die Biographie von T. Schmidt, Alexander II. (1061–1073) und die römische Reformgruppe seiner Zeit, Stuttgart 1977; mit einer kritischen Würdigung dieses Pontifikats. C. Violante, Alessandro II, papa, in: DBI II, Rom 1960, 176–183.

24 Schmidt (s. Anm. 23) 1–34.

In seiner Bischofszeit wurde Anselm zweimal als päpstlicher Legat nach Mailand geschickt, Ende 1057 zusammen mit Hildebrand, 1060–61 in Begleitung des Kardinalbischofs Petrus Damiani von Ostia; beide Male ging es um einen Ausgleich zwischen dem Mailänder hohen Klerus und der Pataria. Auch das kennzeichnet die überdurchschnittliche Befähigung des künftigen Papstes.

Der Ausbruch des Schismas

Hatten schon die Reformer ungewöhnlich lange bis zur Wahl Alexanders II. gebraucht, weil Hildebrand vergeblich einen Konsens mit dem römischen Stadtadel herzustellen suchte, die Gegenpartei wurde erst tätig, und das auch nur auffallend halbherzig, als die Wahl Anselms von Lucca abzusehen war. Sie griff den schwachen Punkt im Vorgang der Papsterhebung auf; man hatte nämlich versäumt, die Bestätigung des Kaisers einzuholen. Der römische Adel, angeführt vom Grafen von Galeria, dem alten Gegner der Reformer, schickte eine Gesandtschaft nach Deutschland, die dem elfjährigen Heinrich IV. die Insignien der Patriciuswürde überreichte, die als Legitimation der Römer zur Beteiligung an der Papstwahl galt[25]. Die Kaiserin Agnes berief eine Synode nach Basel ein, in deren Verlauf der kaiserliche Kanzler Wibert mit nachdrücklicher Unterstützung des lombardischen Klerus und trotz des Widerstandes aus den Reihen der anderen Bischöfe Cadalus von Parma zum Papst wählen ließ. Cadalus nannte sich Honorius II. (28. Oktober 1061)[26].

Die Partei des Gegenpapstes war alles andere als eine konstante Gruppe. So kam es, daß Honorius II., als er im April 1062 in Rom einzog, sich in St. Peter festsetzen und Alexander in die Engelsburg abdrängen konnte, sich aber wenig später nach Tusculum zurückziehen und im Mai dem Vorschlag Gottfrieds von Lothringen zustimmen mußte, die Doppelwahl in Deutschland entscheiden zu lassen. Dort hatte schon im April der Kölner Erzbischof Anno II. in geheimem Einverständnis mit Gottfried in der Pfalz zu Kaiserswerth den jungen Heinrich IV. der Obhut seiner Mutter Agnes entrissen[27]. Während die beiden Papstprätendenten wieder in ihren Heimatbistümern weilten, tagte im Oktober ein Hoftag in Augsburg. Petrus Damiani hatte für ihn die *Disceptatio synodalis* verfaßt[28], eine Gegenüberstellung der Argumente, die beide Seiten vorbringen könnten. Obwohl Anno und wohl auch Gottfried mitwirkten, blieb eine Entscheidung aus; Bischof Burchard von Halberstadt sollte in Italien Informationen über den Wahlvorgang – und das konnte nur heißen Alexanders – einziehen.

Alexander II. kehrte im April 1063 nach Rom zurück und verurteilte in der Lateranbasilika auf der Ostersynode feierlich den schismatischen Papst und bekräftigte die Dekrete Nikolaus' II. gegen Simonie und Disziplinlosigkeit des Klerus[29]. Diese erste offizielle Stel-

---

[25] Vgl. zu diesem Problem H. Vollrath, Kaisertum und Patriziat in den Anfängen des Investiturstreits, in: ZKG 85 (1974) 11–44.

[26] Schmidt (s. Anm. 23) 104–114.

[27] Über seine Aktivitäten in diesem Schisma vgl. G. Jenal, Erzbischof Anno II. von Köln (1056–75) und sein politisches Wirken, 2 Teile, Stuttgart 1974–75, 175ff; vgl. auch S. Weinfurter in: Series episcoporum ecclesiae catholicae occidentalis V/I, hrsg. von S. Weinfurter – O. Engels, Stuttgart 1982, 25–27.

[28] Petrus Damiani, Disceptatio synodalis, hrsg. von L. von Heinemann, MGH.LL I, 1891, 76–94.

[29] U. a. das Verbot für Geistliche, Benefizien zu kumulieren und sich von einem Laien ohne Zustimmung des Ortsbischofs oder des Metropoliten investieren zu lassen, sowie das Verbot, der Messe verheirateter Priester beizuwohnen.

Erzbischof Anno von Köln (1010–75), hier umgeben von durch ihn gegründeten Klöstern und Stiften, ist ein typischer Vertreter des machtvollen deutschen Episkopats. – Miniatur, 12. Jh., Landesbibliothek Darmstadt.

lungnahme macht deutlich, wie entschieden er am Reformkurs seines Vorgängers festzuhalten gedachte.

Cadalus berief in Parma eine Gegensynode ein, um Alexander II. zu exkommunizieren. Kurz darauf, im Mai 1063, besetzte er an der Spitze eines lombardischen Heeres wiederum in Rom die Leostadt und die Engelsburg. Aber sein Triumph war von kurzer Dauer; mit einer hohen Geldsumme befreite er sich aus der faktischen Gefangenschaft des Stadtpräfekten Cencius und floh zu Anfang 1064 vor den normannischen Truppen, die Herzog Gottfried heranführte, nach Parma.

Das war der Anlaß für Anno von Köln, das Schisma 1064 auf der Pfingstsynode in Mantua zu beenden, einer Stadt, die im Territorium der Gräfin von Canossa lag. Alexander II. nahm zwar daran teil, weigerte sich aber von vornherein, eine Entscheidung der Synode über die Rechtmäßigkeit seiner Wahl anzuerkennen; diese stünde allein den Kardinälen zu, die ihn gewählt hätten. Die Frage der Nichtjudizierbarkeit des Papstes begann wieder eine Rolle zu spielen. Dagegen war er von sich aus bereit, mit Hilfe eines Reinigungseides dem Vorwurf zu begegnen, daß seine Wahl ohne jegliche Simonie stattgefunden habe und er sogar gegen seinen Willen von den allein dazu Berechtigten nach altem römischem Brauch gewählt worden sei. Mit dieser Argumentation berief sich Alexander auf das Papstwahldekret Nikolaus' II., ohne der Forderung nach Anerkennung durch den König ein Gewicht beizumessen. Die Synode von Mantua erklärte den Papst Honorius II. als irregulär und exkommunizierte Cadalus[30]. Natürlich erkannte der Gegenpapst diesen Schritt nicht an, insofern dauerte das Schisma bis zu seinem Tod im Jahre 1072 fort, aber anerkannt wurde er nur noch in seinem Bistum Parma.

Die Kaiserinwitwe Agnes verließ Deutschland erst im Sommer 1065 und gelangte nach kurzem Aufenthalt in der Reichsabtei Fruttuaria nach Rom, wo sie durch Vermittlung des Petrus Damiani die Verzeihung Alexanders für die Wahl des Gegenpapstes in Basel erhielt[31].

Das Reformprogramm

Alexander II., der selbst wiederholte Demütigungen überstanden hatte, erwies sich bei vielen Gelegenheiten als Mann von festen Grundsätzen, der sich auch geschickt juristischer Argumente zu bedienen wußte[32]. Schon die Art, in der er in Mantua die Anerkennung des Papstwahldekretes durchgesetzt hatte, kennzeichnete ihn als entschlossenen Verfechter des päpstlichen Reformprogramms. Zu keinem Zeitpunkt versuchte er, Mitglieder der Reformgruppe durch Kleriker aus seiner Diözese oder durch sonstige Protegés zu ersetzen. Das Gedankengut und die Politik dieses Papstes wurzelten ausschließlich in der römischen Reformpartei, deren außergewöhnlicher Zusammenhalt vor allem Hildebrand zu verdanken war. Ganz allgemein scheint Alexander vom Leitgedanken der unbedingten päpstlichen Autorität durchdrungen gewesen zu sein und von dem Wunsch, um jeden Preis eine enge Bindung zwischen Rom und den Bischöfen zu schaffen und zu erhalten. Von daher verstehen sich seine Entscheidung, das Pallium nur noch dazu persönlich angereisten Prälaten zu

---

[30] H. Zimmermann, Papstabsetzungen des Mittelalters, Graz 1968, 151ff; Jenal (s. Anm. 27) 243–274; Schmidt (s. Anm. 23) 121–133.

[31] Zur Chronologie s. T. Struve, Die Romreise der Kaiserin Agnes, in: HJ 105 (1985) 1–29, bes. 18–21.

[32] H. Fuhrmann, Papst Gregor VII. und das Kirchenrecht, in: Studi Gregoriani 13 (1989) 134f.

vergeben[33], und die gegenüber Leo IX. wesentlich verstärkte Entsendung von Legaten in fast alle westeuropäischen Länder.

Hugo Candidus, der Kardinalpriester von S. Clemente und bis zur Synode von Mantua ein Anhänger des Gegenpapstes, besuchte als Legat Alexanders II. zweimal die Iberische Halbinsel und leitete die Synoden von Nájera (1065) sowie Plantadilla (1067) und Gerona (1068)[34]. Seine Hauptaufgabe war wie auch 1068 in Avignon die Bekämpfung der Simonie. Er löste damit den von den Regionalgewalten betriebenen Anschluß ihrer Klöster an Reformzentren in Südfrankreich und den Wechsel des Königreichs Aragón von der mozarabischen zur römischen Liturgie aus[35], während er diesem Wechsel in Kastilien höchstens den ersten Anstoß geben konnte[36]. Dieser Umbruch kam den Königs- und Grafengewalten entgegen, weil er dem nachgeordneten Adel die Grundlage für den bedrohlich werdenden Aufstieg nahm. Der Kampf gegen die Simonie galt auch der deutschen Reichskirche und der Kirche in Frankreich. Die vielen Einzelentscheidungen hier lassen erkennen, daß es dem Papst darauf ankam, die Bindungen einzelner Kirchen an den Herrscher, an übermächtige Adelskräfte, Metropoliten oder Bischöfe aufzubrechen und dem Papsttum bis zur unteren Klosterebene ein größeres Eingriffsrecht zu verschaffen[37].

Herzog Wilhelm von der Normandie – „der Bastard" und später „der Eroberer" – war von Anfang an ein entschiedener Parteigänger der Kirchenreform. Er konnte sich deshalb ungestraft über päpstliche Mandate hinwegsetzen. Im Gegenteil, als sich nach dem Tod des angelsächsischen Königs Eduard des Bekenners drei Bewerber um die Thronfolge stritten, versprach Wilhelm dem Papst die Reformierung der englischen Kirche nach römischen Grundsätzen, und Alexander II. erklärte den Eroberungszug Wilhelms von 1066 zum heiligen Krieg, indem er eine Fahne des hl. Petrus schickte, die dem Heer vorangetragen werden sollte. Eine Fahne hatte Alexander schon 1063 den Normannen zugesandt, als sie im Begriff waren, die Insel Sizilien zu erobern. Dennoch ist es nicht erlaubt, daraus den Schluß zu ziehen, Alexander habe auch über das anglonormannische Reich eine päpstliche Lehnshoheit aufrichten wollen; wie zunächst über Aragón oder auch über Dänemark han-

---

[33] JL 4507. 4529; vgl. O. Engels, Der Pontifikatsantritt und seine Zeichen, in: Segni e riti nella Chiesa altomedievale occidentale (Settimane di studio del Centro Italiano di studi sull'alto medioevo XXXIII/II) Spoleto 1987, 739f.

[34] G. Säbekow, Die päpstlichen Legationen nach Spanien und Portugal bis zum Ausgang des 12. Jahrhunderts, Berlin 1931, 13ff; über die Synoden in Gerona und Avignon vgl. J. J. Bauer, Rechtsverhältnisse der katalanischen Klöster in ihren Klosterverbänden (9.–12. Jahrhundert), in: Span. Forsch. 1. R., 23 (1967) 69.72.114f.

[35] A. Ubieto Arteta, La introducción del rito romano en Aragón y Navarra, in: Hispania Sacra 1 (1948) 299–324; zur Traditio (keine Lehnsnahme) König Sanchos II. Ramírez 1068 in Rom und den davon zu trennenden späteren Akten s. J. Fried, Der päpstliche Schutz für Laienfürsten, Heidelberg 1980, 63–71 (die Legation von 1063 ist irrig).

[36] Vgl. P. Segl, Königtum und Klosterreform in Spanien. Untersuchungen über die Cluniazenserklöster in Kastilien-León vom Beginn des 11. bis zur Mitte des 12. Jahrhunderts, Kallmünz 1974, 46 u. 198 Anm. 1119; J. Janini in: Dicc. de Hist. eclesiástica de España II, Madrid 1972, 1321f.

[37] Vgl. Haller (s. Anm. 8) 344–348; R. Schieffer, Die Romreise deutscher Bischöfe im Frühjahr 1070. Anno von Köln, Siegfried von Mainz und Hermann von Bamberg bis Alexander II., in: RhV 35 (1971) 152–174; ders., Spirituales latrones. Zu den Hintergründen der Simonieprozesse in Deutschland zwischen 1069 und 1075, in: HJ 92 (1972) 19–60; Th. Schieffer, Die päpstlichen Legaten in Frankreich vom Vertrage von Meerssen (870) bis zum Schisma von 1130, Berlin 1935, 66–80.

delte es sich um einen *dominatus*, um eine rechtlich noch nicht ausgeformte Überordnung des Papstes auch in weltlichen Dingen[38].

Die Reconquista in Spanien war ein staatlich gelenktes und deshalb nur kreuzzugsähnliches Unternehmen. So war auch die Eroberung der aragonischen Stadt Barbastro (1064) kein vom Papst initiierter Waffengang. Dennoch versuchte Alexander II. kurz vor seinem Tode die Reconquista der päpstlichen Führung unterzuordnen, indem er mit dem kampfbereiten Grafen Ebolus von Roucy, dem Bruder der aragonischen Königin, einen Vertrag schloß, der ihm alle eroberten Gebiete als Lehen des hl. Petrus zugestand. Gregor VII. lieferte bald nach seiner Wahl einen Kommentar nach, da er die christlichen Herrscher der Halbinsel darüber mit der zusätzlichen Bemerkung verständigte, Spanien gehöre seit alters her dem hl. Petrus und sei gegenwärtig nur von den islamischen Invasoren besetzt[39]. Erreicht hat das Reformpapsttum diese Zielsetzung nicht.

Obwohl Alexander II. unbeugsam an den Prinzipien seiner Vorgänger festhielt, erließ er kein vollständiges Verbot der Investitur mit kirchlichen Benefizien aus Laienhand. Bedingung war die Erlaubnis des Ortsbischofs oder des Metropoliten; daher rührte auch das besondere Interesse Roms an den Beziehungen zu den Metropoliten vom Rang eines Anno von Köln und eines Gervasius von Reims, des Primas von Frankreich. Das politische Handeln Alexanders II. verfolgte faktisch das Ziel einer engen und effektiven Zusammenarbeit zwischen weltlicher und geistlicher Autorität. So billigte er die von Wilhelm dem Eroberer vorgenommenen Bischofsernennungen, und Wilhelm tat das Seine für die gute Verständigung mit Rom, indem er um die Entsendung von drei Legaten bat. Diese vollzogen seine Königskrönung (4. April 1070) und verfügten auf der Ostersynode zu Winchester die Absetzung des Erzbischofs Stigand von Canterbury, dessen Nachfolger der Abt Lanfranc von Bec wurde.

Erst gegen Ende seines Pontifikats ließ die Rücksichtnahme Alexanders auf einen Ausgleich mit weltlichen Herrschern nach. Zum Teil zeigen sich hier die Grenzen der Konzessionsbereitschaft dieses Reformpapstes, zum Teil kündigt sich auch schon der schärfere Wind unter dem Pontifikat seines Nachfolgers an. Bereits 1068 hatte König Philipp I. von Frankreich ohne Rücksicht auf Wünsche der Ortskirche einen Rudolf von Langeais zum Erzbischof von Tours bestimmt und war nicht bereit, diese „Wahl“ rückgängig zu machen, obwohl Alexander dem offenbar schon investierten Elekten die Anerkennung und das Pallium verweigerte. Der Streit zog sich über Alexanders Tod bis 1073 hin[40].

Ähnlich, wenn auch etwas dramatischer, gestaltete sich die Wahl des neuen Erzbischofs von Mailand. Alexander II. hatte Erlembald, dem neuen Anführer der Pataria, ein *vexillum s. Petri* zugesandt, um die Bewegung seiner fortgesetzten Sympathie zu versichern, aber er hatte Mühe, sie, die auf andere Städte wie Cremona, Piacenza, Turin und Alba übergriff,

---

[38] Mit reicher Bibliographie K. Schnith in: Handbuch der europäischen Geschichte II, hrsg. von Th. Schieder, Stuttgart 1987, 791 Anm. 1; Fried (s. Anm. 35) 46.76.86.102.128; D. Berg, England und der Kontinent. Studien zur auswärtigen Politik der anglo-normannischen Könige im 11. und 12. Jahrhundert, Bochum 1987, Index s. v. Wilhelm I.

[39] Das Register Gregors VII., hrsg. von E. Caspar, MGH.ES. II/1 (1920) 6f; zur Eroberung von Barbastro s. A. Noth, Heiliger Krieg und Heiliger Kampf im Islam und Christentum. Beiträge zur Vorgeschichte und Geschichte der Kreuzzüge, Bonn 1966, 109–120; vgl. zum Ganzen O. Engels, Die Reconquista, in: ders., Reconquista und Landesherrschaft. Studien zur Rechts- und Verfassungsgeschichte Spaniens im Mittelalter, Paderborn 1989, 283f.

[40] Vgl. A. Becker, Studien zum Investiturproblem in Frankreich, Saarbrücken 1955, 49.

im Zaum zu halten. Der Mailänder Erzbischof Wido trug sich angesichts der Ausschreitungen mit dem Gedanken, auf sein Amt zu verzichten. Für Alexander war es selbstverständlich, eine kanonische Wahl des Nachfolgers zuzusichern, die von Rom bestätigt werden müsse. König Heinrich IV. konnte seine Position nur verschlimmern, wenn er eine Wahl durch das Volk zulassen würde, und einigte sich mit Wido auf dessen Vertrauten, den Subdiakon Gottfried. Während Wido im August 1071 starb, hinderten die Mailänder den Gottfried an jedem weiteren Schritt, waren aber nicht in der Lage, sich auf einen anderen Bischofskandidaten zu einigen. Den Kleriker Atto, den die Pataria am 6. Januar 1072 wählte, mißhandelten deren Gegner in der Bürgerstadt derart, daß dieser resignieren wollte, aber der Papst nahm den Verzicht nicht an und exkommunizierte Gottfried. Heinrich IV. seinerseits bestand auf der Bischofsweihe Gottfrieds, welche die lombardischen Bischöfe auch vornahmen. Der Konflikt trieb seinem Höhepunkt zu, indem Alexander auf der Fastensynode von 1073 über die Räte des Königs – um Heinrich persönlich zu schonen – den Bann verhängte[41].

Heinrich IV. scheint die Verhärtung selbst ausgelöst zu haben, denn bis dahin zeigte sich Alexander II. gegenüber den vielen aufgedeckten Fällen von Simonie und Berufung offenkundig unfähiger Kirchenvorsteher auf einen Ausgleich bedacht. Es war das Begehren des Königs auf dem Wormser Hoftag von 1069, die Ehe mit seiner Gattin Bertha von Turin bzw. Savoyen, die 1055 versprochen und bei Großjährigkeit der Braut im Juli 1066 geschlossen worden war, wieder zu lösen. Legal wäre dies möglich gewesen, wenn eine zu nahe Verwandtschaft des Paares vorgelegen hätte, die als Ehehindernis aber nicht geltend gemacht wurde, oder der Gattin ein Ehebruch nachgewiesen werden konnte. Weil der Schwabenherzog Rudolf von Rheinfelden um diese Zeit seiner Ehefrau Adelheid, der Schwester Berthas, mit Erfolg diesen Vorwurf machte (als er sich als unhaltbar herausstellte, zwang Alexander II. den Herzog wieder in die alte Ehe zurück), erklärte der König, er habe seiner Gattin die Jungfräulichkeit bewahrt; das erste Kind wurde ihm erst 1074 im Thronfolger Konrad geboren. Glaubwürdig war die Begründung bei der bekannten Lebensweise des Herrschers wenig. Die Materie gehörte ohnehin vor eine Synode, für die Erzbischof Siegfried von Mainz den Rücktritt Alexanders II. suchte und um Entsendung eines Legaten bat. An der Frankfurter Synode vom Oktober 1069 nahm Petrus Damiani teil und führte aus, was der König vorhabe, sei mit seiner Würde unvereinbar; wenn Heinrich davon nicht Abstand nehme, sehe sich der Papst zur Anwendung kirchlicher Strafmittel gezwungen und nicht in der Lage, ihn, der den christlichen Glauben verrate, zum Kaiser zu krönen. Es blieb Heinrich IV. nichts anderes übrig, als die Königin als Gattin wieder anzunehmen[42].

Trotz des Schismas konnte die Reform während des Pontifikats Alexanders II. in vielen Bereichen des kirchlichen Lebens Fortschritte machen. Das Papsttum war zu neuem Selbstbewußtsein gelangt und konnte sich mit Hilfe von Legaten mehr und mehr in die Be-

---

[41] A. Hauck, Kirchengeschichte Deutschlands III, Berlin – Leipzig ^{8}1954, 748–751; Schieffer, Investiturverbot (s. Anm. 11) 105f; Keller, Pataria (s. Anm. 21) 347ff.

[42] Vgl. E. Boshof, Heinrich IV. Herrscher an einer Zeitenwende, Göttingen 1979, 51f; M. Kirchner, Die deutschen Kaiserinnen in der Zeit von Konrad I. bis zum Tode Lothars von Supplinburg, Berlin 1910, 137ff; H. Lorenz, Bertha und Praxedis, die beiden Gemahlinnen Heinrichs IV., Diss. Halle 1911, 27–43; E. Hlawitschka, Zur Herkunft und zu den Seitenverwandten des Gegenkönigs Rudolf von Rheinfelden, in: Die Salier und das Reich I, hrsg. von St. Weinfurter, Sigmaringen 1991, 192 und 216.

lange der Ortskirchen einschalten. Klöster und Bischöfe, selbst ein Siegfried von Mainz oder Anno von Köln, baten bei lokalen Streitigkeiten um päpstliche Vermittlung, wovon man sich eine unparteiische Entscheidung erhoffte. Die Inhalte der Kirchenreform hatten, man denke etwa an Spanien, größere Verbreitung gefunden und waren bis in entlegene, bislang noch nicht erreichte Gebiete getragen worden, so nach Dänemark, Böhmen und Polen. Von einer grundsätzlich gegen die politischen Kräfte gerichteten Stoßrichtung kann keine Rede sein, im Gegenteil, man suchte mit ihnen die Kooperation. Oberste Richtschnur in dieser Politik war der Wille nach einem reinen Priestertum und nach Respekt vor dem Sakrament.

Gregor VII. (1073–1085)[43]

1. Hildebrand vor dem Pontifikat

Über die Herkunft, das Geburtsdatum und die Jugend des späteren Papstes Gregor VII. ist viel gerätselt worden; alle Angaben dazu stammen entweder aus polemischen oder apologetischen Quellen, deren Auswertung trotz vielfacher Diskussionen keine eindeutigen Schlüsse erbracht hat. Nur einige wenige Daten können als gesichert gelten[44].

Hildebrand stammte nicht aus Rom; nach eigenen Angaben wurde er dort lediglich erzogen. Seine Familie – nur der Name des Vaters, Bonizo, ist bekannt – war in der Toskana beheimatet und lebte wahrscheinlich in bescheidenen Verhältnissen[45]. Selbst der im *Liber pontificalis*[46] genannte Herkunftsort kann nicht identifiziert werden; Soana in der südlichen Toskana wird erst im 12. Jh. in der von Kardinal Boso verfaßten Vita[47] erwähnt.

Geboren wurde Hildebrand wahrscheinlich vor 1029, wenn man zugrunde legt, daß die Ordination zum Subdiakon in der Regel vor dem 20. Lebensjahr stattfand. Er muß sehr jung nach Rom gekommen sein[48]. Laut Paul von Bernried[49], dessen Angaben allerdings nirgendwo bestätigt werden, haben ihn seine Eltern *in pueritia* seinem Onkel mütterlicherseits anvertraut, dem Abt des Klosters S. Maria auf dem Aventin; seine Lehrmeister seien

---

[43] Literaturübersichten bei G. Miccoli, Gregorio VII papa, in: Bibl. Sanctorum VII, Rom 1966, 293–378; I. S. Robinson, Pope Gregory VII (1073–1085), in: JEH 36 (1985) 439–483; U.-R. Blumenthal in: TRE 14 (1985) 145–152.

[44] Untersuchungen seiner Skelettreste lassen auf eine alpin-mediterrane (und nicht lombardische) Konstitution schließen; in seiner Jugend muß er hart gearbeitet haben (Überlastung durch Gewichte), dürfte aber mehr mit Pflanzenkost als fleischlicher Speise gut genährt gewesen sein. Vgl. G. Fornasari – F. Mallegni, Il regime di vita, e il quadro fisico-clinico di Gregorio VII, in: Rassegni Storica Salernitana NF 2 (1985) 31 ff; dies., La ricognizione dei resti scheletrici di S. Gregorio VII, risultati antropologici, paleopatologici e paleonutriziali, in: La Riforma Gregoriana I (s. Anm. 20) 399–416.

[45] Walo von Metz nennt ihn in einem an den Papst gerichteten Brief einen „virum de plebe" (J. M. Watterich, Pontificorum Romanorum Vitae I, Leipzig 1862, 470); ähnlich, obwohl etwas später, spricht Wilhelm von Malmesbury von Gregor VII. als „despícabilis parentelae" (MGH.SS X, 474).

[46] „De opido Raovaco" (Liber pontificalis II, hrsg. von L. Duchesne, Paris 1892, 282).

[47] Ebd. 360.

[48] Register Gregors VII. (s. Anm. 39) I, 39 und III, 10a.

[49] „ad instructionem liberalis scientiae et compositionem moralis disciplinae" (Paul von Bernried, Gregorii papae VII vita, in: Watterich, Vitae [s. Anm. 45] I, 477; zur Vita vgl. W. Wattenbach – F. J. Schmale, Deutschlands Geschichtsquellen im Mittelalter vom Tode Kaiser Heinrichs V. bis zum Ende des Interregnum, Darmstadt 1976, 245–247).

Erzbischof Laurentius von Amalfi und der Archipresbyter Johannes Gratian, der spätere Gregor VI., gewesen. Jedenfalls setzte er seine Ausbildung im Lateran in Rom fort[50].

Lebhafte Kontroversen hat es um die Frage gegeben, ob Hildebrand mit der ursprünglich jüdischen Familie der Pierleoni in Rom verwandt war[51]; dies gilt heute als sehr unwahrscheinlich. Hildebrand erhielt die Niederen Weihen *non libenter*[52], doch diese Formulierung entspricht einer alten rhetorischen Tradition. Als päpstlicher Hofkaplan folgte er Gregor VI. nach dessen Absetzung durch Kaiser Heinrich III. ins Exil nach Köln[53].

Schon seit seiner Jugend wollte Hildebrand Mönch werden[54], aber erst nach dem Tod Gregors VI. (20. Dezember 1046) trat er in das Kloster Cluny ein, wenn man der Nachricht Bonizos von Sutri[55] und Brunos von Segni[56] Glauben schenken kann. Auch dieser Punkt war lange umstritten[57]. Bonizo zufolge traf Hildebrand zum ersten Mal im Januar 1049 in Besançon mit Papst Leo IX. zusammen, als dieser auf dem Weg nach Rom zu seiner Inthronisation war[58]. Jedenfalls berief Leo IX. Hildebrand in den Kreis seiner Mitarbeiter, zu dem bereits Humbert von Silva Candida und Friedrich von Lothringen gehörten. Kurz nach seiner Ankunft in Rom wurde er zum *oeconomus* und Subdiakon der römischen Kirche ernannt; zwischen Mai und November 1050 war er *rector* der Abtei St. Paul[59]. Wahrscheinlich hat er sich in diesem Kloster, das er sehr liebte[60] und dessen Leitung er vielleicht nach dem Tod des Abtes Airaldus, der zum Bischof von Nantes nominiert worden war, wieder übernahm, bis zu seiner Erhebung zum Papst aufgehalten. Hildebrand fühlte sich dem monastischen Leben sehr verbunden; in einem Privileg vom 10. März 1078 nennt er den hl. Benedikt *pater noster*[61]. Diese Affinität „zeigt sich von Zeit zu Zeit in seinen Briefen", aber es wäre verfehlt, Gregor VII. „ausschließlich als Mönch", geschweige denn als Cluniazenser vorzustellen[62].

---

[50] Register Gregors VII. (s. Anm. 39) III, 21.

[51] Annales Pegavienses, MGH.SS VI, 238. Die einzelnen Hypothesen über Gregors Verwandtschaftsbeziehungen diskutiert G. Marchetti-Longhi, Ricerche sulla famiglia di Gregorio VII, in: Studi Gregoriani 2 (1947) 287–333; vgl. auch Miccoli, Gregorio VII (s. Anm. 43) 294f.

[52] Register Gregors VII. MGH.ES II/2, 1923 VII, 12a.

[53] Ebd. I, (s. Anm. 39) 79.

[54] Ebd. III, (s. Anm. 39) 10a.

[55] „Cluniacum tendens, ibi monachus effectus est" (Bonizo ep. Sutrinus, Liber ad amicum V, hrsg. von E. Dümmler, MGH.LL I, 1891, 587).

[56] „Illis autem diebus erat ibi monachus quidam Romanus, Ildeprandus nomine, nobilis adolescens, clari ingenii sanctaeque religionis" (Bruno ep. Signinus, Libellus de symoniacis c. 2, hrsg. von E. Sackur, MGH.LL II, 1892, 547).

[57] G. B. Borino, Quando e dove si fece monaco Ildebrando, in: Miscellanea Giovanni Mercati V, Città del Vaticano 1946, Anm. 76.

[58] „non secundum canonicam institutionem, sed per secularem et regiam potestatem Romanam aecclesiam arripere vadis" (MGH.LL II, 548).

[59] G. Spinelli, Ildebrando „Archidiaconus ac Sancti Pauli Rector", in: Benedictina 33 (1986) 61–78; als Abt hat er sich nie bezeichnet. Zum Archidiakon stieg er 1059 auf und fungierte in Rom als Vikar Alexanders II., wenn sich dieser auswärts aufhielt. Vgl. T. Schmidt, Alexander II. (s. Anm. 23) 83. 195.197 u. 200; R. Hüls, Kardinäle, Klerus und Kirchen Roms, 1049–1130, Tübingen 1977, 250 u. 268f.

[60] Register Gregors VII. (s. Anm. 39) I, 52.

[61] L. Santifaller, Quellen und Forschungen zum Urkunden- und Kanzleiwesen Gregors VII (Studi e testi 190), Città del Vaticano 1957, I, 167–170 (Nr. 150).

[62] G. Fornasari, Del nuovo su Gregorio VII? Riflessioni su un problemo storiografico „non esaurito", in: Studi Medievali, Serie 3, 24 (1983), revidiert ältere Meinungen, die Gregors „Mönchtum" betonen (I. Schu-

Vor dem Tod Leos IX. (19. April 1054) wurde Hildebrand als Legat nach Frankreich geschickt. Er führte den Vorsitz auf der Synode von Tours, die den Streit zwischen dem Grafen Gottfried von Anjou und Bischof Gervasius von Le Mans schlichten sowie über die Abendmahlslehre Berengars von Tours befinden sollte. Dieser war auf den Synoden von Rom, Vercelli (1050) und Paris (1051) verurteilt worden. Hildebrand beschränkte sich darauf, dem Archidiakon von Angers ein relativ einfaches Glaubensbekenntnis vorzulegen und verlangte von ihm Zurückhaltung bei Äußerungen zur Realpräsenz in der Eucharistie[63]. Faktisch war das Problem damit vertagt.

Hildebrand hielt sich in Frankreich auf, als Leo IX. starb. Einige Geschichtsschreiber berichten, daß er von Klerus und Volk dazu gedrängt wurde, die Verhandlungen mit Kaiser Heinrich III. über die Wahl des neuen Papstes zu führen[64]. Jedenfalls wurde im September 1054 Bischof Gebhard von Eichstätt (Viktor II.) gewählt, der seine Wahl aber erst im März des folgenden Jahres annahm. Unter Stephan IX. war Hildebrand erneut päpstlicher Legat in Frankreich. Die Synoden von Chalon-sur-Saône und Lyon unter seinem Vorsitz waren ausschließlich der Bekämpfung der Simonie gewidmet. Sechs überführte Bischöfe wurden abgesetzt. So etwa ließ er in Lyon den wegen Simonie angeklagten Bischof von Embrun das *Gloria Patri et Filio et Spiritui Sancto* rezitieren; als dieser bei den letzten beiden Worten stockte, wurde das als Eingeständnis seiner Schuld vor dem Heiligen Geist gewertet[65].

2. *Die Wahl Gregors VII.*

Wir besitzen zwei Quellen über die Wahl Gregors VII.: das Wahlprotokoll, das den Anfang seines Registers bildet, und die ersten vier Briefe aus dem Register, die der Papst selbst am Tag nach seiner Wahl (22. April 1073) verfaßte. Das Protokoll erwähnt mit keinem Wort die tumultartigen Unruhen, die während der Beerdigung Alexanders II. unter der Menge der Gläubigen entstanden sein sollen. Man drängte auf die sofortige Papsterhebung Hildebrands durch Akklamation, der als Archidiakon während der Sedisvakanz mit der Leitung der römischen Kirche betraut war und ein dreitägiges Fasten angeordnet hatte (21. April). Offen unterstützt worden sei die Wahl vom Kardinalpresbyter Hugo Candidus und approbiert durch den römischen Klerus im Beisein der Kardinalbischöfe und Äbte; den neuen Papst habe man in S. Pietro in Vincoli inthronisiert[66]. Die unterschiedliche Art der Quellen bedingt ihre widersprüchliche Berichterstattung: Da die Tumulte keine juristische Bedeutung besaßen, blieben sie im Protokoll unerwähnt. Weil die Wahl so schnell vonstatten ging, waren Vorverhandlungen der Kardinalbischöfe überflüssig. Selbst auf dem Höhepunkt des Konflikts mit dem deutschen Episkopat, auf den Synoden von Worms und Brixen, wurde die Rechtmäßigkeit der Erhebung Gregors VII. nicht in Zweifel gezo-

---

STER, Dove Ildebrando, il futuro Gregorio VII, professò la vita monastica, in: La Scuola Cattolica 78 [1950] 52–57; G. B. BORINO, Note Gregoriane 1: Ildebrando non si fece monaco a Roma, in: Studi Gregoriani 4 [1952] 440–452). Jetzt auch G. PICASSO, Gregorio VII e la vita canonica (s. Anm. 20) 151–154.

[63] CAPITANI, Per la storia dei rapporti 114ff.

[64] Es handelt sich um Bonizo von Sutri und Leo von Ostia. Die spätere Geschichtsschreibung hat Hildebrands Rolle sicher übertrieben. Zudem wissen wir von Benzo von Alba, daß auch Humbert von Silva Candida und Kardinalbischof Bonifatius von Albano an der Mission teilnahmen, die schon wegen ihres höheren Alters die Legation angeführt haben dürften.

[65] BORINO, Quando e dove (s. Anm. 57), Anm. 26.

[66] Register Gregors VII. (s. Anm. 39) I, 1.

gen; man insistierte lediglich auf dem Umstand, daß keine Bestätigung des deutschen Königs eingeholt worden sei. Gregor hatte in der Tat seine Wahl nur den Bischöfen, Äbten, Königen und Fürsten angezeigt, nicht jedoch Heinrich IV.[67]

Zu Beginn seines Pontifikats, in den ersten Monaten des Jahres 1073, blieben die Beziehungen zu den Normannen gespannt, besonders zu Robert Guiscard. Dessen Neffe Robert von Loritello war häufig an Übergriffen auf römisches Kirchengut beteiligt und schon bis Ortona vorgedrungen. Zu einer Verständigung mit Robert kam es nicht[68]. Aber Gregor konnte auf die Fidelität anderer Normannenfürsten zählen, vor allem Landolfs von Benevent und Richards von Capua. Beide erneuerten ihren Treueid am 12. August und am 14. September. Der Papst hoffte das Normannenproblem dadurch in den Griff zu bekommen, daß er zu einem Kreuzzug aufrief. Mit einem Schlag hätte die römische Kirche sich so ihrer Feinde entledigt und gleichzeitig dem Byzantinischen Reich beigestanden, das von den seldschukischen Türken bedroht war (1071 Niederlage von Mantzikert) und im Westen um Hilfe gerufen hatte. Trotz mehrmaliger Aufforderung[69] leisteten jedoch die Grafen Wilhelm von Burgund, Raimund von Saint-Gilles, Amadeus II. von Savoyen[70] und Herzog Gottfried der Bucklige[71] dem Kreuzzugsaufruf keine Folge. Der Papst mußte sich damit begnügen, Robert Guiscard auf dem Laterankonzil im März 1074[72] zu exkommunizieren. Die Exkommunikation wurde auf der römischen Synode von 1075 erneuert und dort auch über Robert von Loritello verhängt[73]. Paradoxerweise sah sich Gregor VII. später wieder zur Annäherung an das Haus Hauteville gezwungen[74], um den Kampf mit Heinrich IV. aufnehmen zu können.

Die Fastensynode von 1074

Von Anfang an strebte Gregor VII. eine wirkungsvolle Zusammenarbeit der Bischöfe untereinander an, welche die Grundlage für ein breitangelegtes und gründliches Reformwerk bilden sollte. Die erste Reformsynode trat vom 9. bis 17. März 1074 im Lateran zusammen. Hier sollten allgemeine Reformbeschlüsse, vor allem gegen die Simonisten, gefaßt werden[75]. Priestern, die im Konkubinat lebten, wurde jeder kirchliche Dienst untersagt. Die Synode äußerte sich aber noch nicht über die Gültigkeit der von ihnen gespendeten Sakramente – ein Beweis für die anfangs noch recht moderate Haltung Gregors VII. Sein

---

67 Register Gregors VII. (s. Anm. 39) I, 1–4. – Vgl. W. Goez, Zur Erhebung und Absetzung Papst Gregors VII., in: RQ 63 (1968) 117–144. Der Episkopat warf Gregor 1076 in Worms nur unlauteren Lebenswandel und einen Meineid vor, weil er sich eidlich verpflichtet habe, niemanden ohne Zustimmung des Kaisers (wie die Papstwahlordnung von 1059 sie vorsehe) Papst werden zu lassen und selbst die Papstwürde auf keinen Fall anzunehmen.

68 Vgl. K. Ganzer, Die Entwicklung des auswärtigen Kardinalats im hohen Mittelalter, Tübingen 1963, 20f.

69 Register Gregors VII. (s. Anm. 39) II, 37.

70 Ebd. I, 46.

71 Ebd. I, 72. Vgl. Erdmann (s. Anm. 10) 198–208.

72 Register Gregors VII. (s. Anm. 39) I, 85a.

73 Ebd. II, 52a.

74 Gregor VII. erklärt sich in einem Brief an den Bischof von Acerenza zur Aussöhnung bereit (Register Gregors VII. [s. Anm. 39] III, 11).

75 Die Kontroverse um das genaue Datum beendete G. B. Borino, I decreti di Gregorio VII contro i simoniaci e i nicolaiti sono del sinodo quaresimale del 1074, in: Studi Gregoriani 6 (1959–61) 277ff; allgemein s. R. Somerville, The councils of Gregory VII, in: La Riforma Gregoriana (s. Anm. 20) 33–53.

Wunsch nach einer engeren Zusammenarbeit mit dem Episkopat scheint zunächst nicht in Erfüllung gegangen zu sein. Trotz der spärlichen Quellen sind starke Widerstände gegen die Durchsetzung der Synodenbeschlüsse zu erkennen. In der Hoffnung, die Bischöfe im königlichen Frankreich ließen sich für eine Übernahme der Reformprinzipien leicht gewinnen, wenn er einen Keil zwischen sie und den König triebe, drohte er im zweiten Jahr seines Pontifikats in seinem Schreiben an sie dem König das Interdikt an; Philipp I. sei kein König, sondern ein Tyrann, er fordere eine Reichssynode, und sollte er sich weiterhin ihres Vertrauens erfreuen, werde er sie wie Komplizen eines Verbrechens behandeln[76]. Wie wenig dieses Kalkül aufging, zeigt sich am Beschluß der römischen Fastensynode von 1075, die einer Legation an den französischen König aufgab, von Philipp die erwartete Genugtuung entgegenzunehmen oder ihn zu exkommunizieren[77]. Im anglonormannischen Bereich hingegen arbeiteten Episkopat und Königsgewalt in der Bekämpfung von Simonie und Nikolaitismus einträchtig zusammen, weswegen die nicht weniger gebräuchliche Investiturpraxis des Königs ungeschoren blieb. Dem deutschen Episkopat mißtraute Gregor und bekämpfte ihn vorrangig, solange er den Eindruck hatte, Heinrich IV. werde ihn im Kampf um die Beseitigung von Simonie und Nikolaitismus notfalls auch gegen die Reichsbischöfe unterstützen. Der deutsche König empfing im April 1074 in Nürnberg eine päpstliche Legation, die eine Zusicherung Heinrichs in der Bekämpfung der Simonie erwirkten und auch die Bannung der königlichen Räte wegen der Besetzung des Mailänder Erzstuhls bereinigten; kurz vorher hatte der Papst den Salier schon als wichtigen Gehilfen für sein Kreuzzugsvorhaben ausersehen[78]. Doch der Reichsepiskopat, voran die Erzbischöfe Siegfried I. von Mainz und Liemar von Bremen, weigerte sich, der Forderung einer von römischen Legaten geleiteten Reichssynode zu entsprechen[79].

Die Fastensynode von 1075

Unbekümmert um die starken Widerstände, welche die Beschlüsse des Vorjahres hervorgerufen hatten, erneuerte die römische Synode vom 24. bis 28. Februar 1075 die scharfen Simonie- und Zölibatsbestimmungen und bedrohte zuwiderhandelnde Priester mit der Exkommunikation. Die Synode nahm zeitweise den Charakter eines Tribunals an; sie verurteilte eine Reihe von Bischöfen[80] und bestätigte die Exkommunikation Robert Guiscards und seines Neffen Robert von Loritello.

Das folgenschwerste Dekret dieser Synode betraf jedoch die Laieninvestitur[81]. Wir können es nur rekonstruieren aus einem Brief des Papstes vom 12. Mai 1077 an seinen Legaten

[76] Register Gregors VII. (s. Anm. 39) II, 5; auch schon I, 35 und II, 18 u. 32.

[77] Ebd. II, 52a.

[78] Ebd. II, 30 u. 31.

[79] Vgl. G. Meyer v. Knonau, Jahrbücher des Deutschen Reiches unter Heinrich IV. und Heinrich V. II, Leipzig 1894, Berlin ²1964, 341–343 u. 377–381. Vgl. ebd. 592f über die während seiner letzten Krankheit vor dem Tode (1075) gemachten Äußerungen Erzbischof Annos II. von Köln über die Verworfenheit verschiedener Mitbischöfe, die der Autor der Vita Annonis (hrsg. von R. Koepke, MGH.SS XI, 496) freilich erst zu einem wesentlich späteren Zeitpunkt niederschrieb. Vgl. auch R. Schieffer, Spirituales latrones. (s. Anm. 37).

[80] In Italien Wilhelm von Pavia, Kunibert von Turin und Dionysius von Piacenza, in Deutschland Liemar von Bremen, Werner von Straßburg, Heinrich von Speyer und Hermann von Bamberg.

[81] Über die Frage, ob das Investiturdekret wirklich auf dieser Synode verkündet wurde: G. B. Borino, Il decreto di Gregorio VII contro le investiture, in: Studi Gregoriani 6 (1959–61) 329ff.

in Frankreich, Hugo von Die[82]. Darin wird Hugo befohlen, eine Synode einzuberufen. Jeder weltlichen Autorität sollte es bei Strafe der Exkommunikation untersagt sein, Bistümer zu „verschenken"; die Metropoliten dürften einen auf diese Weise zu seinem Amt gelangten Kandidaten nicht konsekrieren, andernfalls drohe ihnen selbst die Absetzung. Das war das erste Mal, daß die römische Kirche auf allerhöchster Ebene in der Frage der Laieninvestitur eingriff; das Nikolaus II. zugeschriebene Dekret hatte in der Praxis nur die Niederkirchen betroffen[83].

Der Konflikt mit dem Reich

Der Brief an Hugo von Die ist die älteste, unmittelbar von Gregor VII. erhaltene Formulierung des Investiturverbots für Laien. Arnulf berichtet in seiner *Gesta archiepiscoporum Mediolanensium* mit Bezug auf die Fastensynode von 1075 ähnliches; der Papst habe Heinrich IV. öffentlich untersagt, fortan irgendein Mitwirkungs- und Ernennungsrecht bei der Vergabe von Bistümern zu besitzen, und habe alle Laienpersonen von den Investituren der Kirche ausgeschlossen[84]. Da in diesem Zusammenhang ebenfalls berichtet wird, der Papst habe über alle Räte des Königs das Anathem ausgesprochen und Heinrich dieselbe Strafe angedroht, wenn er sein Verbot nicht respektiere, kann sich das auf der Fastensynode ausgesprochene Investiturverbot nur auf das Schisma der Mailänder Kirche beziehen. Gregor hatte schon als Archidiakon die Wahl des von der Pataria gewünschten Atto favorisiert; im September 1073 hatte er noch auf die Anerkennung Attos durch Heinrich IV. gehofft, obwohl dieser den anderen Prätendenten Gottfried unrechtmäßigerweise bereits investiert habe. Es war eine noch von seinem Vorgänger stammende Erblast, mit der Gregor fertig werden mußte.

Vor diesem Hintergrund ist der Schluß verständlich, es handle sich um einen Einzelfall, der mehr die „Rechtsfolgen einer Mißachtung der Strafmaßnahmen gegen die simonistischen Räte" aufzeigen als einen prinzipiellen Angriff auf die Investitur- und Besetzungspraxis des deutschen Herrschers auslösen wollte. Zumal Gregor in den Monaten nach der Fastensynode eine solche scharfe Gangart seiner Forderungen nicht mehr erkennen ließ, füge sich der feste Wille, die Laieninvestitur gleich welchen Herrschers zu beseitigen, in einen Kontext erst der Jahre 1078–1080f. Wahrscheinlich erst im November 1078 brach das Investiturverbot wie ein plötzliches Ereignis in das Beziehungsfeld zwischen Kaisertum und Papsttum ein, das aus anderen Gründen schon höchst spannungsgeladen war[85].

Es kommt wesentlich auf die Beurteilung der Nachricht des Mailänder Historiographen Arnulf an, und sie ist nicht einhellig[86]. Zur Diskussion steht noch eine andere Sicht der

---

[82] Register Gregors VII. (s. Anm. 39) IV, 22, S. 333ff.

[83] G. B. Borino, L'investitura laica dal decreto di Nicolo II al decreto di Gregorio VII, in: Studi Gregoriani 5 (1958) 345; der von H. E. Hilpert, Zum ersten Investiturverbot nach Arnulf von Mailand, in: DA 43 (1987) 185–193, unternommene Versuch, die Nachricht vom Investiturverbot auf die Fastensynode von 1076 zu beziehen, ist verfehlt.

[84] Arnulfi Gesta lib. IV, 7 (hrsg. von L. Bethmann – W. Wattenbach, MGH.SS VIII, 27). Arnulf war Zeitgenosse, und seine Darstellung gilt als zuverlässig.

[85] Vgl. R. Schieffer, Die Entstehung des päpstlichen Investiturverbots (s. Anm. 11) 114ff.

[86] Vgl. H. Jakobs in: RhV 46 (1982) 328, und F. Kempf in: AHP 20 (1982) 409–415, vor allem letzterer mit Hinweisen auf zeitnahe Beispiele, die die Mailänder Angelegenheit nicht mehr als einen Sonderfall zwingend

Entwicklung, die die Beseitigung der Laieninvestitur bereits 1059 grundgelegt sieht. Sie konnte sich vorerst nur auf die Besetzung von Niederkirchen auswirken, weil es sowohl Alexander II. wie auch Gregor VII. vornehmlich auf eine kanonische Wahl ankam, die eine formale Investiturzeremonie des Fürsten durchaus dulden konnte, wenn die Kräfte der Ortskirche am Besetzungsvorgang angemessen beteiligt wurden [87]. Unter diesen Umständen kommt dem Investiturverbot von 1075 auch hier etwas von einem Ausnahmecharakter zu, insofern die Mailänder Situation eine einvernehmliche Besetzung des Bischofsstuhles offenkundig nicht mehr zuließ. Blitzartig wurde damit deutlich, daß Gregor dem Herrscher das Mitwirkungrecht an der Ämterbesetzung streitig zu machen entschlossen war, wenn dieser die Maßstäbe der kanonischen Wahl allen Mahnungen zum Trotz ignorieren sollte.

Das erklärt, warum im Anschluß an die Fastensynode von 1075 noch keine heftige Reaktion von seiten Heinrichs IV. erfolgte. Der König erklärte seine Bereitschaft, die Ziele der Reform zu unterstützen, und stimmte der Aufnahme inoffizieller Verhandlungen zu [88]. Der Papst lobte sogar am 20. Juli 1075 [89] Heinrichs Eifer bei der Bekämpfung von Simonie und Konkubinat. Dieser schickte zweimal Gesandte nach Rom, die über die offenstehenden Fragen verhandelten und seinen guten Willen und Respekt gegenüber dem hl. Petrus und seinem Nachfolger bekunden sollten [90]. Da es unter dem Vorwand geschah, Heinrich habe Mühe, sich gegen die Großen des Reiches durchzusetzen, und müsse deshalb ohne deren Wissen handeln, fühlte sich der Papst düpiert [91], als ihm über die Markgräfinnen von Tuszien, Beatrix und Mathilde, im September mitgeteilt wurde, der König wolle nunmehr im Beisein seiner Fürsten mit ihm verhandeln. Gregor mußte erkennen, daß Heinrich von ihm auf verschlagene Weise anscheinend die Kaiserkrone zu erlangen suchte, ohne seine alten Rechte an der Ämterbesetzung aufgeben zu müssen.

Ausgerechnet Graf Eberhard, einer der gebannten Räte des Saliers, ließ im Herbst auf einer Reichsversammlung zu Roncaglia den Mailänder Subdiakon und königlichen Hofkaplan Tedald zum neuen Erzbischof von Mailand wählen, obwohl Atto und Gottfried noch lebten. Die vakanten Bistümer von Fermo (Mark Ancona) und Spoleto gingen an zwei Gefolgsleute des Königs, die Gregor völlig unbekannt waren. Eberhard suchte auch den ebenfalls gebannten Robert Guiscard als Stütze für die Romfahrt seines Herrn zu gewinnen und forderte ihn auf, dessen erobertes Land von Heinrich zu Lehen zu nehmen [92]. Der Papst sah sich deshalb veranlaßt, am 8. Dezember außer einem Brief an den Mailänder Elekten Tedald, der sich der nächsten Fastensynode stellen solle [93], Heinrich ein ausführliches Schrei-

---

in Erscheinung treten lassen. Demgegenüber jedoch T. Struve, Gregor VII. und Heinrich IV., Stationen einer Auseinandersetzung, in: Studi Gregoriani 14 (1991) 33.

[87] Vgl. Laudage, Priesterbild (s. Anm. 13) 207 ff; nochmals präzisierend und auf die Entgegnung von R. Schieffer, „Priesterbild", Reformpapsttum und Investiturstreit, in: AKG 68 (1986) 479–494, eingehend J. Laudage, Gregorianische Reform und Investiturstreit (Erträge der Forschung 282), Darmstadt 1993, Kap. I, 4. Die pauschale Abwertung durch W. Hartmann, Der Investiturstreit (Enzyklopädie deutscher Geschichte 21), München 1993, 79, ist wenig hilfreich.

[88] Register Gregors VII. (s. Anm. 39) III, 3, 5, S. 251.

[89] Ebd. III, 3.

[90] Ebd. III, 5, S. 252 u. 257.

[91] Ebd. III, 5.

[92] Vgl. Meyer v. Knonau, Jahrbücher II (s. Anm. 79) 558–576; Schieffer, Investiturverbot (s. Anm. 11) 132 ff.

[93] Register Gregors VII. (s. Anm. 39) III, 8.9.

ben zukommen zu lassen. Was den Umgang mit Gebannten angehe, befinde sich der König in seiner Schuld und solle wegen der Absolution einen Bischof aufsuchen. Abgesetzt davon erinnert er den Adressaten an die Korrespondenz und den mündlichen, durch Gesandte übermittelten Verkehr, dessen Ton in Kontrast zum Verhalten in der Sache stehe. Offensichtlich war den Sommer über vom Investiturverbot die Rede, denn Gregor bezieht sich auf das decretum der letzten Fastensynode (ohne es näher zu kennzeichnen), dem einige ein immenses Gewicht beimessen würden, das aber keine Neuerung oder gar seine eigene Erfindung sei, sondern altes Recht der Kirche darstelle und im übrigen für alle Herrscher und ihre Völker gelte. Schon ein Jahr zuvor hatte der Papst den deutschen König aufgefordert, wegen der Mailänder Angelegenheit gelehrte Männer zur Fastensynode (von 1075) zu schicken, deren kundiger Rat vielleicht die geplante Sentenz abmildern könne[94]. Im anstehenden Schreiben vom 8. Dezember forderte Gregor wiederum zur Entsendung von Kundigen auf, deren Rat zu einer Milderung der „erfolgten Sentenz der heiligen Väter" führen könne[95]. Bezog sich diese Einladung auf die künftige Behandlung der gebannten Räte oder nicht doch eher auf die Investitur des Mailänder Oberhirten, die mit allen Implikationen auf der nächsten Fastensynode zur Entscheidung anstand? Der Ton beider Seiten war noch relativ verbindlich, aber in der Sache blieben sie unnachgiebig, und das steigerte die Spannung.

Ein erstes Wetterleuchten zeigte sich am Heiligen Abend des Jahres 1075. Während der Messe in der Basilika Santa Maria Maggiore bemächtigte sich Cencius, der für seine Gewalttaten bekannte Sohn des Stadtpräfekten Stephan, des Papstes, ließ ihn mißhandeln und einkerkern. Am nächsten Tag gelang es dem Volk, Gregor wieder zu befreien. Zwar nur die Tat eines einzelnen, warf sie doch ein Licht auf die gereizte Stimmung, die mit den gespannten Beziehungen zum deutschen Hof zusammenhing.

Zu Beginn des Jahres 1076 traf der Brief Gregors in Goslar ein. Der König mußte erkennen, daß von diesem Papst die Kaiserkrone nicht zu erlangen war, und berief deshalb auf den 24. Januar einen Hoftag nach Worms ein; er mußte der Fastensynode zuvorkommen. Außer den zwei Erzbischöfen und 24 Bischöfen war auch der Kardinalpresbyter Hugo Candidus anwesend, den die Lateransynode von 1075 wegen abermaligen Dissenses mit der Reformpartei exkommuniziert hatte. Nachdem man sich schlüssig geworden war, daß nur eine Absetzung des Papstes erfolgversprechend sei, war es Hugo, der die Versammlung beriet, wie man das Prinzip der Nichtjudizierbarkeit des Papstes umgehen könne. Wie es auch im Schreiben der Wormser Versammlung an den Papst und in den Briefen Heinrichs IV. an Gregor und an die Römer zum Ausdruck kommt[96], argumentierte man mit zwei Vorwürfen. Seine Papstwahl sei ungültig, weil das Papstwahldekret von 1059 mißachtet worden sei und er durch seinen früheren Eid, niemals die Papstwürde anzunehmen, die Kardinalbischöfe in falsche Sicherheit versetzt habe; und der zweite Punkt zielte auf den Vorwurf unfähiger Leitung sowie unsittlicher Lebensweise, wobei man – pikanterweise wegen der unermüdlichen Forderungen des Reformpapsttums nach Einhaltung des Zölibates – den allzu vertraulichen Umgang mit der Markgräfin von Tuszien beanstandete. Gregor VII. sei von Anfang an kein Papst gewesen; Heinrich IV. sprach ihm als Patricius von

[94] Ebd. III, 10.
[95] Ebd. II, 30.
[96] MGH.Const I, 106f; vgl. Goez (s. Anm. 67).

Rom die Aufkündigung des Gehorsams aus und forderte die Römer zur Wahl eines neuen Papstes auf[97].

Man kann darüber spekulieren, ob es klug war, einem Papst die Obödienz aufzukündigen, ohne ihn in Rom selbst auch tatsächlich zu entmachten. So jedenfalls geschah das Unerhörte: den Papst hatte schon öfters ein Kaiser abgesetzt, aber noch nie ein Papst „den Gesalbten des Herrn"; die Verschiebung der Gewichte zeichnete sich ab. Kaum hatte ein Bote des Königs auf der Fastensynode vom 14. Februar 1076 den Brief Heinrichs IV. verlesen, erklärte Gregor mit Billigung der Konzilsversammlung die deutschen – allen voran den Mainzer Erzbischof Siegfried –, die lombardischen und burgundischen Bischöfe, soweit sie sich der Wormser Erklärung angeschlossen hatten, als suspendiert und exkommuniziert, ebenso in Form eines Gebetes an den Apostelfürsten den König; alle ihm geleisteten Eide seien nichtig, keiner dürfe ihm als dem König fortan dienen[98].

Obwohl in seinen Prinzipien unbeugsam, war Gregor zur Vergebung und zur Aussöhnung mit dem König bereit, zumal die von Heinrich zum 29. Juni nach Mainz einberufene Versammlung erkennen ließ, wie wankend die Reihen der Anhänger des Königs zu werden begannen. Gregors Brief vom 25. August 1076 an Bischof Hermann von Metz[99] ist nach dem „Dictatus papae" das wichtigste erhaltene Zeugnis über seine Auffassung vom Gewaltenverhältnis. Die *principaliter* Petrus übertragene Binde- und Lösegewalt schließe die Könige ein, sonst wären sie nicht Glieder der Kirche und damit des Leibes Christi. Wenn dem Heiligen Stuhl nach göttlichem Willen die Macht verliehen sei, über die geistlichen Dinge zu richten, um wieviel mehr dann über die weltlichen! Die Königswürde stehe nicht über der des Bischofs, da erstere aus der menschlichen *superbia* hervorgehe, letztere jedoch aus der göttlichen *pietas.* Der Papst habe das Recht zur Bestrafung der *membra Antichristi,* derjenigen, die ihr eigenes Interesse über das göttliche stellen – im Unterschied zu den *membra Christi,* die dem Willen Gottes und seinen Geboten gehorchten. Wie ausdrücklich vermerkt, war Gregor überzeugt, durch ihn spreche Petrus. Die Zahl der hier herangezogenen Autoritäten erscheint allerdings dürftig. Ein ausgeprägter Theoretiker war dieser Papst ohnehin nicht, sondern er ist in dieser Hinsicht eher nur als ein Glied in der Reihe aller Reformpäpste zu sehen[100].

Im Laufe des Jahres 1076 sah sich Heinrich IV. einer wachsenden Opposition in Deutschland gegenüber. Im Norden flackerte die überwunden geglaubte Aufstandsbewegung der Sachsen unter der Führung Ottos von Northeim wieder auf. Sie schickte sich an, aus taktischen Gründen mit den süddeutschen Herzögen Welf von Bayern, Rudolf von (Rheinfelden) Schwaben und Berthold von (Zähringen) Kärnten ein Bündnis einzugehen,

---

[97] Von den beiden Briefen Heinrichs IV. (Briefsammlungen der Zeit Heinrichs IV., hrsg. von C. Erdmann, MGH.B V, 1950) ist die kürzere Fassung (Nr. 11, darin auch Heinrichs Manifest an die Römer, Nr. 10, aufgenommen) die ältere und die längere Fassung (Nr. 12) eine nachträgliche, für deutsche Leser bestimmte Umarbeitung. Zum Patriciustitel vgl. H. Vollrath, Kaisertum und Patriziat in den Anfängen des Investiturstreits, in: ZKG 85 (1974) 11–44.

[98] Register Gregors VII. (s. Anm. 39) III, 6.10a.

[99] Ebd. IV, 2. Vgl. F. R. Erkens, Die Trierer Kirchenprovinz im Investiturstreit, Köln/Wien 1987, 16–18, bezeichnet Hermann von Metz als den einzigen Bischof Oberlothringens, der mit Gregor VII. niemals in Konflikt geriet und dessen Reformvorstellungen vorbehaltlos akzeptierte, ohne mit Heinrich IV. zu brechen.

[100] Vgl. L. F. J. Meulenberg, Der Primat der römischen Kirche im Denken und Handeln Gregors VII., Den Haag 1965; R. Schieffer, Gregor VII. – Ein Versuch über die historische Größe, in: HJ 97/98 (1978) 87–107; M. Maccarrone, I fondamenti „petrini" del primato romano in Gregorio VII, in: Studi Gregoriani 13 (1989) 55–122.

denen – den klösterlichen Reformkreisen zum Teil verwandtschaftlich eng verbunden[101] – die mangelnde Reformbereitschaft des Königs mißfiel[102]. Sich nun auch mit dem Papst zu verbünden und damit den König zu isolieren, lag im Bereich des Möglichen. Die innerdeutsche Opposition liebäugelte mit der Absetzung Heinrichs IV., während Gregor VII. an dessen Absolution nach geleisteter Buße dachte, so daß der König in den Verhandlungen zu Tribur im Oktober 1076 zu Zugeständnissen bereit war, um Zeit zu gewinnen[103]. Er trennte sich von seinen gebannten Räten, versprach dem Papst Genugtuung und Buße, forderte von ihm aber auch, sich gegen die Vorwürfe zu rechtfertigen, mit denen die Aberkennung des Papats begründet worden war. Untereinander verabredeten die deutschen Opponenten darüber hinaus, Heinrich nicht mehr als König anzuerkennen, wenn er sich bis zum Jahrestag der Exkommunikation nicht vom Bann gelöst habe; und sie vereinbarten ein Treffen mit dem Papst für den Februar 1077 in Augsburg, wo dieser ihren Streit mit dem König schlichten sollte.

Weil das den Handlungsspielraum des Königs zu sehr eingeengt hätte, zog Heinrich mit seiner Familie dem Papst, der sich nach Deutschland schon auf den Weg gemacht hatte, entgegen. Über dessen Absicht noch im unklaren, fand er Zuflucht in Canossa, eine den Apenninübergang beherrschende Burg bei Reggio Emilia im Besitz der Markgräfin Mathilde von Tuszien. Dort fand der dreimalige Bußgang Heinrichs IV. statt und sein schriftliches Versprechen, den Schiedsspruch des Papstes zu akzeptieren und alles zu tun, den Konflikt des Papstes mit den deutschen Bischöfen zu schlichten, was den Papst nötigte, Heinrich wieder vom Bann freizusprechen. Weniger bekannt sind die intensiven Beratungen, die dem Bußakt unmittelbar vorausgegangen sein müssen; schon die Anwesenheit namentlich bekannter Großer deutet darauf hin. Es ist die Rede von der Markgräfin Mathilde von Tuszien und der Markgräfin Adelheid von Turin, der Schwiegermutter des Königs, sowie von Markgraf Albert Azzo II. von Este und von Abt Hugo von Cluny, dem Taufpaten Heinrichs, ferner von den Bischöfen Liemar von Hamburg-Bremen, Benno von Osnabrück, Eberhard von Naumburg, Werner von Straßburg, Burchard von Basel und Burchard von Lausanne sowie Gregor von Vercelli, dem Kanzler Heinrichs IV.

War Canossa eine Wende? Im 19. Jh. stellte der Name der Burg ein Reizwort dar; er symbolisierte den Sieg des Papsttums über das Reich und das deutsche Kaisertum. Heute beurteilt man den Vorgang gelassener[104]. Gregor konnte als Priester dem Bußfertigen die Absolution nicht verweigern. Heinrichs Bußfertigkeit aber war schon ein Verhandlungsergebnis, in das auch die Absolution anwesender Reichsbischöfe einbezogen wurde. Als weiteren Erfolg konnte der König ebenfalls für sich in Anspruch nehmen, daß Gregor seine Reise zum Fürstentag in Deutschland nicht fortsetzte, also ein Gericht des Papstes im Kreis

---

[101] Vgl. H. Jakobs, Der Adel in der Klosterreform von St. Blasien, Köln/Graz 1968, 275ff.

[102] Vgl. L. Fenske, Adelsopposition und kirchliche Reformbewegung im östlichen Sachsen, Göttingen 1977; W. Giese, Reichsstrukturprobleme unter den Saliern – der Adel in Ostsachsen, in: Die Salier und das Reich I (s. Anm. 42) 286–296.

[103] Zum Forschungsstand der Ereignisfolge und ihrer Bewertung vgl. Canossa als Wende, hrsg. von H. Kämpf (Wege der Forschung 12), Darmstadt 1969; Investiturstreit und Reichsverfassung, hrsg. von J. Fleckenstein (Vorträge und Forschungen 17), Sigmaringen 1973; H. Jakobs, Kirchenreform und Hochmittelalter, 1046–1215 (Oldenbourg, Grundriß der Geschichte 7), München 1984, 130; Hartmann (s. Anm. 87) 88f.

[104] Vgl. H. Zimmermann, Der Canossagang von 1077. Wirkungen und Wirklichkeit (Abh. d. Akademie der Wiss. u. der Lit. zu Mainz 1975, 5), Wiesbaden 1975.

der Fürsten vorerst nicht zu befürchten war. Anstelle des Fürstengeleits begnügte sich der Papst mit dem Sicherheitseid, den der König in Canossa leistete; außer sicherem Geleit in seinem Herrschafts- und Einflußbereich anläßlich des Papstbesuches zu einem noch zu bestimmenden Zeitpunkt versprach Heinrich, die Gerechtigkeit nach dem Urteil oder die Eintracht nach dem Rat des Papstes in Deutschland wiederherzustellen[105]. Im Eidestext war ihm nicht verwehrt, sich als *rex* zu bezeichnen; auch in der Sache scheint ihm Gregor die Königswürde nicht bestritten zu haben, bis er 1080 aus einer veränderten Situation heraus erklärte, die Absolution in Canossa habe die Wiedereinsetzung in das Königsamt nicht eingeschlossen[106].

Im Rechtfertigungsschreiben, das Gregor an die Großen des Reiches von Canossa aus richtete[107], aber auch im Text des Sicherheitseides ist die Rede von den *principes regni Teutonicorum*, und das verweist auf den Beginn einer langfristigen Entwicklung[108]. Deutschland war bislang das *regnum* schlechthin oder der Kern des Imperiums gewesen. Indem es nun nach dem Willen des Reformpapstes mit dem Volksnamen gezeichnet wurde, holte es in der Theorie nach, was anderen Reichen längst geläufig war; es diente aber auch einer Absonderung von Italien, einer Relativierung der kaiserlichen Anspruchsfülle. In dieselbe Richtung weist das Zugeständnis der Gerichtsbefugnis des Papstes in Streitfällen zwischen Herrscher und Fürsten, auch wenn diese im konkreten Fall nicht realisiert werden konnte. Die Zuordnung von *regnum* und *sacerdotium* war davon zutiefst betroffen, schon weil dem Reichsbischof nicht mehr selbstverständlich sein durfte, den Herrscher als oberste Richtschnur und den Papst lediglich als Legitimationsinstanz zu betrachten, weit mehr aber auch, weil der König ungeachtet seiner Salbung nicht mehr unantastbar war und das, wenn auch notgedrungen, zugegeben wurde. Dennoch – Canossa war ein Markstein und nicht eine epochale Zäsur, weil der Kampf des Reformpapsttums noch nicht entschieden war.

Verschärfung des Kurses

Ungeachtet der Lösung Heinrichs IV. vom Bann wählte die deutsche Fürstenopposition am 15. März 1077 zu Forchheim im Schwabenherzog Rudolf von Rheinfelden einen Gegenkönig[109]. Die beiden dort anwesenden Legaten Gregors VII. hatten wohl keine andere Aufgabe, als auf das Versprechen Rudolfs zu achten, er werde Bischofsämter nicht verkaufen oder nach eigener Gunst vergeben, sondern jeder Kirche die Wahl gestatten, wie es die Canones vorschreiben[110]. Jedenfalls weigerte sich der Papst vorerst, Rudolf trotz seiner Reformfreundlichkeit als König anzuerkennen.

Während Heinrich IV. noch im Spätjahr 1077 für die Bischofssitze Augsburg und Aqui-

---

105 Register Gregors VII. (s. Anm. 39) IV, 12a.
106 Ebd. (s. Anm. 52) VII, 14a, S. 484.
107 Ebd. VII, 12.
108 Vgl. E. Müller-Mertens, Regnum Teutonicum. Aufkommen und Verbreitung der deutschen Reichs- und Königsauffassung im frühen Mittelalter, Berlin u. Wien 1970; H. Beumann, Regnum Teutonicum und rex Teutonicorum in ottonischer und salischer Zeit, in: AKG 55 (1973) 215–223; ders., Die Bedeutung des Kaisertums für die Entstehung der deutschen Nation im Spiegel der Bezeichnungen von Reich und Herrscher, in: Nationes 1, Sigmaringen 1978, 324–328.
109 Vgl. die beiden Beiträge von W. Schlesinger und H. Jakobs in: Investiturstreit und Reichsverfassung (s. Anm. 103).
110 Brunos Buch vom Sachsenkrieg c. 91 (hrsg. von H. E. Lohmann, MGH.DMA 2, 1937, S. 85).

Das religiöse Leben des Hochmittelalters ist auch geprägt durch ein vielfältiges Wallfahrtswesen. Die Benediktinerabtei von Conques war seit dem 11. Jh. ein besuchter Wallfahrtsort zu den Reliquien der Märtyrin Fides (4. Jh.), die in der mit Edelsteinen und Filigran förmlich überschütteten Goldstatue (9./10. Jh.) aufbewahrt sind. Die Abtei von Conques, deren Kirche ein Musterbau südfranzösischer Romanik ist, war auch eine wichtige Station am Pilgerweg nach Santiago de Compostela.

Wallfahrten waren für das religiöse Leben im Hochmittelalter ein wichtiges Element. Im Abendland zog die Wallfahrt zum Grab des Apostels Jakobus im spanischen Santiago Pilger aus ganz Europa an. Das Gnadenbild, ursprünglich eine romanische Holzplastik, präsentiert sich heute barock und goldüberladen (oben links). Die Statue der Madonna von Montserrat (12. Jh., oben rechts) bildete den Keim einer sich im Spätmittelalter entfaltenden regional gebundenen Wallfahrt. Die Wallfahrt zum Grab des hl. Nikolaus in Bari, dessen Gebeine 1087 aus Myra überführt und in der Krypta der eigens erbauten Nikolauskirche (1087 bis 1197) im Beisein Papst Urbans II. und der Normannenfürsten feierlich beigesetzt wurden, bildete ein Zentrum der nun auch im Westen aufblühenden Nikolausverehrung.

leja eigene Kandidaten gegen die bereits von der Ortskirche gewählten Elekten durchsetzte, schlug Gregor VII. eine härtere Gangart schon im März des Jahres ein. In seinem Schreiben an Erzbischof Rudolf von Tours beschwerte er sich über die Fürsten der Bretagne, die, um eine eigene Kirchenprovinz zu erlangen, zugesichert hätten, künftig bei der Einsetzung von Bischöfen auf die Investitur und die Forderung von Geldzahlungen zu verzichten; beides sei in seinen Augen eine alte und überaus schlechte Gewohnheit[111]. Im Mai erhielt von ihm sein Legat Hugo von Die die Weisung, auf einer Synode in Frankreich feststellen zu lassen, daß keiner mehr die Weihe erhalten dürfe, der sein Bischofsamt aus Laienhand empfangen habe. Die Einsetzung des Bischofs Gerhard von Cambrai durch Heinrich IV. sei wegen des *decretum de prohibitione huiuscemodi investiendi et accipiendi ecclesias* unzulässig gewesen[112]. Angespielt ist hier sicherlich auf die Fastensynode von 1075, jetzt aber nicht mehr auf den Mailänder Fall bezogen. Ob es sich nur um eine Präzisierung handelte oder um eine leicht veränderte Interpretation (vielleicht analog zur Frage, ob Heinrich seit Canossa schon vom Papst wieder als gültiger König anerkannt wurde oder nicht), läßt sich nicht beantworten. Jedenfalls erkannte Gregor, wie sehr die Investitur durch den Herrscher die ihm so wichtige kanonische Wahl behinderte, und wollte sie unmißverständlich nachgeordnet sehen; es ging noch nicht um eine Beseitigung der Investitur überhaupt, sondern um ihre Bedeutungslosigkeit für die Besetzung kirchlicher Ämter. Sonst hätte nicht die Investitur des Augsburger Bischofs zu Ostern 1078 durch König Rudolf von Rheinfelden lange nach den kirchlichen Ordinationsakten im Hinblick auf das Verbot der Fastensynode kurz zuvor, Kirchen wie ihr Eigentum zu vergeben, gutheißen können[113]. Obwohl sich prinzipiell noch nichts geändert hatte, fürchtete die weltliche Gewalt um ihre Position; der französische König ließ seine Bischöfe wissen, sie sollten sich von den Synoden des Legaten Hugo von Die fernhalten und alle Regelungen meiden, durch die der Glanz der Krone und der Fürsten des Reiches gemindert werde[114].

Möglicherweise trieb dieser hinhaltende Widerstand den Papst weiter und veranlaßte ihn zu einer erneuten Synode im Lateran am 19. November 1078. Diese verbot jegliche Investitur durch Laien; sie sei *contra statuta sanctorum patrum*, in ihrer Rechtswirkung ungültig und ziehe die Exkommunikation nach sich[115]. Damit war der entscheidende Schritt getan und der „Investiturstreit“ im engeren Sinne eröffnet.

Gregor VII. intensivierte seine Kontakte in diesen Jahren zu verschiedenen Herrschern und richtete seinen Blick auch auf Osteuropa, Skandinavien und die Iberische Halbinsel. Es war natürlich, daß er auf der Fastensynode von 1080 das Dekret von 1078 erneuerte, die Niederkirchen ausdrücklich in das Besetzungsverbot durch Laien einbezog und jetzt nicht nur den Investierten, sondern auch den Investierenden mit dem Bann bedrohte[116]. Heinrich IV. war darin wie selbstverständlich einbezogen. Dennoch wurde er auf dieser Synode erneut mit dem Bann belegt und als Herrscher durch Rudolf für abgelöst erklärt, weil er das Gespräch zur Überwindung seines Konfliktes mit den Großen des Reiches verhindert und sich damit als ungehorsam erwiesen habe; die Absolution in Canossa habe ohnehin seine

---

111 Register Gregors VII. (s. Anm. 39) IV, 13.
112 Ebd. IV, 22.
113 Bertholdi Annales ad a. 1078 (hrsg. von G. H. Pertz, MGH.SS V, 308 u. 310).
114 Vgl. Becker, Studien zum Investiturproblem (s. Anm. 40) 64.
115 Register Gregors VII. (s. Anm. 52) VI, 5b c. 3, S. 403.
116 Ebd. VII, 14a.

Wiedereinsetzung in das Königsamt nicht eingeschlossen. Nur der unzuverlässige Bonizo von Sutri berichtet, der Synode von 1080 hätten Gesandte Heinrichs und des Gegenkönigs beigewohnt, von denen der Vertreter des Saliers verlangt habe, Rudolf von Rheinfelden ohne das immer noch ausstehende Schiedsgericht des Papstes zu exkommunizieren, andernfalls werde er sich einen Papst verschaffen, der ihm zu Willen sei [117]. Will man diesen Quellenbeleg nicht akzeptieren, bleibt die plötzliche Härte Gregors rätselhaft; so jedenfalls sieht es aus, daß Heinrich ein zeitlebens Gebannter blieb, weil er den päpstlichen Anspruch, über Königsherrschaften richten zu können, nicht akzeptieren wollte [118].

Gregor VII. als Kanonist

Gregor VII. war sicherlich kein Kanonist, sei es als Dekretist oder Dekretalist, wie die Päpste des 12. und 13. Jh. Diese waren selbstverständlich in den neuen Argumentationsweisen erfahren, die die Lehre und Praxis des kanonischen wie des weltlichen Rechts revolutioniert hatten [119]. Es wäre absurd, von einem Papst zur Zeit der allerersten Anfänge scholastischen Denkens zu erwarten, daß er den Maßstäben bereits ausgereifter scholastischer Argumentation habe entsprechen können. Der historiographische Streit um die juristischen Kenntnisse Gregors VII. ist heute in seiner Fragestellung überholt [120]; er zeigt nur, wie grundlegend die klassische Periode des kanonischen Rechts für die Entwicklung von Kriterien zur Beurteilung juristischer Fähigkeiten wurde [121]. Eine neuere Untersuchung beurteilt Gregor VII. als für seine Zeit durchaus beachtlichen Kanonisten [122]. Es gibt keinen Hinweis darauf, daß Hildebrand eine juristische Ausbildung genossen hat; in seinen Briefen argumentierte er in der Regel nicht streng juristisch, die rechtliche Argumentationsweise als solche hatte für ihn nur untergeordnete Bedeutung; zwar verwarf er die kanonische Tradition nicht, begründete aber auch, ohne zu zögern, neues Recht oder gab „zuweilen den Texten, manchmal durch erhebliche Veränderungen, einen neuen, zugespitzten und mit seinen Anschauungen übereinstimmenden Sinn“ [123].

---

117 Meyer v. Knonau, Jahrbücher III (s. Anm. 79) 242 mit Anm. 15.

118 Zum Ganzen vgl. Schieffer, Investiturverbot (s. Anm. 11) 153–176; E. Boshof, Die Salier (Urban-Taschenbücher 387), Stuttgart 1987, 233–244.

119 Vgl. die divergierenden Ansichten: J. Haller, Das Papsttum. Idee und Wirklichkeit II, Stuttgart 1951, 368, ging von vertieften juristischen Studien des Papstes aus; P. S. Leicht, Il pontifice Gregorio VII ed il diritto romano, in: Studi Gregoriani 1 (1947) 93–110, aber konnte zeigen, daß Gregor VII. nicht über Kenntnisse im römischen Recht verfügte. Der wiederum gegenteiligen Ansicht von W. Ullmann, Die Machtstellung des Papsttums im Mittelalter. Idee und Geschichte, Köln 1960, antwortete sehr differenziert J. Gaudemet, Regards sur l'histoire du droit canonique antérieur au décret de Gratien, in: Studia et Documenta Historiae et Iuris 51 (1985) 88 ff. Vgl. außerdem Fornasari, Del nuovo (s. Anm. 62) 331 ff; ders., Pier Damiani e Gregorio VII: dall'ecclesiologia „monastica“ all'ecclesiologia „politica“?, in: Atti del V Convegno del Centro di Studi Avellaniti, Urbino 1981, 151 ff, sowie ders., „Iuxta patrum decreta et auctoritatem canonum“. Alla ricerca delle fonti della dottrina teologica e canonica di Gregorio VII, in: Chiesa, diritto e ordinamento della „Societas christiana“ nei secoli XII e XIII, Atti della IX Settimana della Mendola 28 agosto – 2 settembre 1983, Mailand 1986, 445 f.

120 H.-X. Arquillière, Grégoire VII à Canossa, a-t-il réintégrée Henri IV dans sa fonction royale?, in: Studi Gregoriani 4 (1952) 19–26.

121 K. F. Morrison, Canossa. A Revision, in: Traditio 18 (1962) 19.

122 J. T. Gilchrist, Gregory VII and the Juristic Sources of his Ideology, in: StGra 12 (1967) 3–37.

123 Fuhrmann, Papst Gregor VII. (s. Anm. 32) 136 f u. 140 f.

Der „Dictatus papae"

Im Register der Briefe Gregors VII. sind unter dem Titel „Dictatus papae" 27 Leitsätze zu den Vorrechten und Funktionen der römischen Kirche enthalten[124]. Der Text ist zwischen die Briefe vom 3. und 4. März 1075 eingeordnet, datiert aber wahrscheinlich schon vom Anfang seines Pontifikats. Noch als Archidiakon hatte Hildebrand Petrus Damiani um die Zusammenstellung einer kanonistischen Sammlung von Privilegien der römischen Kirche und ihres Bischofs gebeten[125]. Da einige Sätze auch die Funktion der Legaten und das Recht des Papstes zur Bischofsabsetzung behandeln, kann man an eine Abfassungszeit nach der Fastensynode von 1074 denken[126].

Über das Genus und die Funktion des „Dictatus papae" hat es ausgiebige Kontroversen in der Forschung zur Gregorianischen Reform gegeben. Nach der von E. Sackur[127] aufgestellten und später von G. B. Borino[128] wieder aufgenommenen These handle es sich weder um eine Sammlung von Leitsätzen noch um die Niederschrift eines Pontifikatsprogramms, sondern einfach um den Index einer kleinen Kanonessammlung, die nicht beendet worden oder später verlorengegangen sei. Sie habe Texte aus der kirchenrechtlichen Tradition vereinigen wollen, die sich auf die Rechte des Papstes, vor allem auf seinen Primat gegenüber den Kirchen der lateinischen Christenheit bezogen. Die 27 Sätze des „Dictatus papae" entsprechen in der Tat verschiedenen *capitula* der wichtigsten Sammlung kanonistischer Texte aus der Zeit der Gregorianischen Reform, der sogenannten 74-Titel-Sammlung, die in den Jahren 1051–1073 kompiliert wurde[129].

Trotz ausgedehnter Recherchen[130] hat man für keinen der Sätze des „Dictatus papae" genaue Quellen und Entsprechungen in der kanonistischen Tradition gefunden. Seine Ideen waren schon in der Frühphase der Reform verbreitet[131], aber in dieser Zusammenstellung bedeuten sie eine „neue, ungewöhnliche und sehr effektive Plattform für die päpstliche Aktion und Intervention"[132]. Das Dokument war wohl nie zur Veröffentlichung bestimmt und hat keine wie auch immer geartete Verbreitung gefunden. Man stößt zwar in späteren Texten auf Parallelen zu Passagen des „Dictatus papae", aber es handelt sich nie

---

[124] Kritische Ausgabe des „Dictatus papae" in: Register Gregors VII. II, 55a, S. 202–208. Wichtige Studien: E. Sackur, Der „Dictatus papae" und die Canonessammlung des Deusdedit, in: NA 18 (1893) 135–153; G. B. Borino, Un'ipotesi sul „Dictatus papae" di Gregorio VII, in: Archivio della r. Deputazione Romana di storia patria 67 (1946) 237–252; K. Hofmann, Der Dictatus papae Gregors VII. Eine rechtsgeschichtliche Erklärung, Paderborn 1933; ders., Der „Dictatus papae" Gregors VII. als Index einer Kanonessammlung?, in: Studi Gregoriani 1 (1947) 531–537; S. Kuttner, Liber canonicus. A note on „Dictatus papae" c. 17, in: Studi Gregoriani 2 (1947) 400ff; W. Ullmann, Romanus Pontifex indubitanter efficitur sanctus: Dictatus papae 23 in Retrospect and Prospect, in: Studi Gregoriani 6 (1959–61) 229–264; P. E. Schramm, Kaiser, Könige und Päpste IV, 1, Stuttgart 1970, 58; J. T. Gilchrist, Canon Law Aspects of the Eleventh Century Gregorian Reform Programme, in: JEH 13 (1962) 21–38; ders., Juristic Sources (s. Anm. 122); H. Mordek in: LexMA III (1985) 978–981 (Lit.); Fuhrmann, Papst Gregor VII. (s. Anm. 32) 140ff.

[125] Opusculum V, in: PL 145, 89ff.

[126] Miccoli, Gregorio VII papa (s. Anm. 43) 329.

[127] Sackur, Der „Dictatus papae" (s. Anm. 124).

[128] Borino, Un'ipotesi; Hofmann, Der „Dictatus papae" als Index (beide s. Anm. 122).

[129] Gilchrist, Canon Law Aspects (s. Anm. 124).

[130] Hofmann, Der Dictatus papae Gregors VII. Eine rechtsgeschichtliche Erklärung (s. Anm. 124); vgl. H. Fuhrmann, „Quod catholicus non habeatur...", in: FS H. Beumann, hrsg. von K. U. Jäschke – R. Wenskus, Sigmaringen 1977, 265ff.

[131] Gilchrist, Canon Law Aspects (s. Anm. 124); ders., Gregory VII (s. Anm. 124).

[132] Miccoli, Gregorio VII, papa (s. Anm. 43) 338.

um wörtliche Zitate, und es fehlt auffallend jegliche Kritik seitens der Zeitgenossen[133]. Dagegen findet man in den Briefen Gregors VII. reichlich Interdependenzen mit dem Text des „Dictatus papae" – ein deutlicher Hinweis darauf, daß letzterer die persönliche Handschrift des Papstes trägt[134]. Die scharfe und bestimmte Art der Formulierung und die Tatsache, daß der „Dictatus" ins Register Gregors VII. aufgenommen wurde (dessen Charakter als Originalregister der päpstlichen Kanzlei heute unbestritten ist[135], beweisen einmal mehr das ausgeprägte Bewußtsein dieses Papstes von der Komplexität und Reichweite der Aufgaben, die dem Bischof von Rom zukamen.

Die Sätze des „Dictatus papae" scheinen keiner systematischen Ordnung zu folgen; allerdings begründet gleich der erste den Anspruch der Päpste auf ihre besondere Jurisdiktion: Die Gründung der römischen Kirche leitet sich unmittelbar (im Unterschied von den anderen Apostelgründungen) von Christus ab; diese kann deshalb nicht irren (XXII), sondern diejenigen befinden sich im Irrtum, die nicht mit ihr übereinstimmen (XXVI). Der Papst selbst ist keinem irdischen Gericht unterworfen (XIX), und seine Entscheidungen sind unwiderruflich (XVIII). Er besitzt als einziger die universale Jurisdiktion (II), nur er kann neues Recht schaffen (VII); selbst abwesende Bischöfe kann er ab- oder wieder einsetzen (III), er kann Legaten für den Vorsitz eines Konzils bestimmen, auch wenn dort ranghöhere Bischöfe anwesend sind (IV), und er verfügt über eine ganze Reihe von (zum Teil kaiserlichen) Ehrenrechten (II, VIII, IX, X, XI, XXIII). Der universale Aktionsradius des Papstes bleibt nicht auf den kirchlichen Bereich beschränkt: Sätze, die das Recht zur Absetzung des Kaisers (XII) sowie zur Entbindung der Gefolgsleute von ihrem Treueid (XXVII) enthalten, sollten noch Konsequenzen von politischer Tragweite haben[136].

Eine erstaunliche Ähnlichkeit besteht zwischen dem „Dictatus papae" und einer Sammlung von Leitsätzen unter dem Titel „Hec sunt proprie auctoritates Apostolice Sedis"[137]. Dank der Entdeckung weiterer Manuskripte[138] weiß man, daß dieser Text vor 1123/1124, wahrscheinlich in Mittelitalien, entstanden sein muß. Daß sein Verfasser ebenfalls Gregor VII. sei, wird allerdings von vielen bestritten[139]. Dieser sogenannte „Dictatus papae von Avranches" läßt die Artikel V, VIII, IX und XXIII aus, die das Verhältnis von Papst

---

[133] R. Schieffer, Rechtstexte des Reformpapsttums und ihre zeitgenössische Resonanz, in: H. Mordek (Hrsg.), Überlieferung und Geltung normativer Texte des frühen und hohen Mittelalters, Sigmaringen 1986, 56ff; Fuhrmann, Papst Gregor VII. (s. Anm. 32) 149.

[134] Fuhrmann, Papst Gregor VII. (s. Anm. 32) 146.

[135] Diese Frage ist ausgiebig diskutiert worden; vgl. zusammenfassend Miccoli, Gregorio VII papa (s. Anm. 43), und H. Hoffmann, Zum Register und zu den Briefen Papst Gregors VII., in: DA 32 (1976) 86–130.

[136] Kuttner, Liber canonicus; Ullmann, Romanus Pontifex; Schramm, Kaiser, Könige und Päpste 58 (alle s. Anm. 124); L. Meulenberg, Une question toujours ouverte: Grégoire VII et l'infaillibilité du pape, in: Aus Kirche und Reich. FS F. Kempf, Sigmaringen 1983, 159–171.

[137] Von S. Löwenfeld auf der Grundlage eines Manuskripts aus Avranches (Nordfrankreich) 1891 veröffentlicht; vgl. J. Jacqueline, A propos des „Dictatus papae": les „Auctoritates Apostolice Sedis" d'Avranches, in: RHDF, Ser. 4, 34 (1956) 573ff.

[138] H. Mordek, Proprie auctoritates Apostolice Sedis. Ein zweiter Dictatus papae Gregors VII., in: DA 28 (1972) 105–132; M. Wojtowytsch, „Proprie auctoritates Apostolice Sedis". Bemerkungen zu einer bisher unbeachteten Überlieferung, in: DA 40 (1984) 612–621. Jetzt auch Fuhrmann, Papst Gregor VII. (s. Anm. 32) 147f (als zweiter Dictatus papae Gregors VII. abgelehnt).

[139] Dieser These, die neuerdings H. Mordek wieder aufnahm, widerspricht F. Kempf, „Ein zweiter Dictatus Papae?" Ein Beitrag zum Depositionsanspruch Gregors VII., in: AHP 13 (1975) 119ff; vgl. auch Fuhrmann u. Wojtowytsch (beide s. Anm. 138).

und Kaiser berühren. Ansonsten sind die Sätze weitschweifiger formuliert und unterscheiden sich auch in der Wortwahl deutlich vom „Dictatus“ Gregors VII., was vermuten läßt, daß sie nicht der päpstlichen Kanzlei entstammen[140].

Der Wortlaut des „Dictatus papae“[141]

I. Daß die römische Kirche vom Herrn allein gegründet worden ist.
II. Daß allein der römische Bischof mit Recht „universal“ genannt wird.
III. Daß er allein Bischöfe absetzen und wieder einsetzen kann.
IV. Daß sein Legat den Vorrang vor allen Bischöfen hat auf einem Konzil, auch wenn er einen niedrigeren Weihegrad hat, und daß er gegen sie ein Absetzungsurteil fällen kann.
V. Daß wir mit von ihm Exkommunizierten unter anderem nicht in demselben Haus bleiben dürfen.
VI. Daß der Papst Abwesende absetzen kann.
VII. Daß es ihm allein erlaubt ist, entsprechend den Erfordernissen der Zeit, neue Gesetze aufzustellen, neue Gemeinden zu bilden, ein Kanonikerstift zur Abtei zu machen und umgekehrt, ein reiches Bistum zu teilen und arme zu vereinen.
VIII. Daß er allein die kaiserlichen Herrschaftszeichen verwenden kann.
IX. Daß alle Fürsten allein des Papstes Füße küssen.
X. Daß allein sein Name in den Kirchen genannt wird.
XI. Daß dieser Name einzigartig ist auf der Welt.
XII. Daß es ihm erlaubt ist, Kaiser abzusetzen.
XIII. Daß es ihm erlaubt ist, bei dringender Notwendigkeit Bischöfe von einem Sitz zum anderen zu versetzen.
XIV. Daß er jeden beliebigen Kleriker aus allen Diözesen weihen kann.
XV. Daß ein von ihm Geweihter einer anderen Kirche vorstehen, aber nicht dienen kann; und daß er von einem anderen Bischof keinen höheren Weihegrad annehmen darf.
XVI. Daß keine Synode ohne sein Geheiß universal genannt werden darf.
XVII. Daß kein Rechtssatz und kein Buch ohne seine Autorisation für kanonisch gilt.
XVIII. Daß sein Urteilsspruch von niemandem widerrufen werden darf und er selbst als einziger die Urteile aller widerrufen kann.
XIX. Daß er von niemandem gerichtet werden darf.
XX. Daß niemand es wage, denjenigen zu verurteilen, der an den Apostolischen Stuhl appelliert.
XXI. Daß die wichtigen Streitfragen jeder Kirche an ihn übertragen werden müssen.
XXII. Daß die römische Kirche niemals in Irrtum verfallen ist und nach dem Zeugnis der Schrift niemals irren wird.
XXIII. Daß der römische Bischof, falls er kanonisch eingesetzt ist, durch die Verdienste des heiligen Petrus unzweifelhaft heilig wird, nach dem Zeugnis des heiligen Bi-

---

140 Fuhrmann, Papst Gregor VII. (s. Anm. 32) 147.

141 Register Gregors VII.(s. Anm. 39) II, 55a, S. 202–207; deutsch in: Quellen zum Investiturstreit I, übers. von F.-J. Schmale, Darmstadt 1978, 148–151 (Nr. 47).

schofs Ennodius von Pavia, dem viele heilige Väter beistimmen, wie aus den Dekreten des heiligen Papstes Symmachus hervorgeht.

XXIV. Daß es auf sein Geheiß und mit seiner Erlaubnis Untergebenen erlaubt ist anzuklagen.

XXV. Daß er ohne Synode Bischöfe absetzen und wieder einsetzen kann.

XXVI. Daß nicht für katholisch gilt, wer sich nicht in Übereinstimmung mit der römischen Kirche befindet.

XXVII. Daß er Untergebene von dem Treueid gegenüber Sündern lösen kann.

Der Gegenpapst Clemens III. (Wibert von Ravenna) (1080–1100)[142]

Wibert, zwischen 1020 und 1030 geboren, stammte aus der adligen Familie der Correggio, die mit dem Haus Canossa verwandt und dem Kaiserhof sehr verbunden war. Zunächst in Diensten des Bischofs Cadalus von Parma, fungierte er als Günstling der Kaiserin Agnes, die für ihren unmündigen Sohn Heinrich die Regentschaft ausübte, 1058–63 als Kanzler für Italien, später Erzbischof von Ravenna (1073–1100). Während der Synode von Sutri (1059), auf der die Absetzung Benedikts X. bestätigt wurde, unterstützte er im Namen der kaiserlichen Partei die Wahl Nikolaus' II., den er auch mit Gottfried von Lothringen, dem Markgrafen von Tuszien, nach Rom begleitete. Durch seine Vermittlung kam die Anerkennung des *ius et honor imperii* bei der Papstwahl zustande, die sich in der „gefälschten" Version des Dekrets von 1059 findet[143]. Wiberts Position an der Nahtstelle der konfliktreichen Beziehungen zwischen Rom und dem Reich führte ihn dazu, als kaiserlicher Kanzler nach dem Tod Nikolaus' II., wenn auch nicht mit Nachdruck, Bischof Cadalus von Parma zu unterstützen, der auf der Basler Synode zum (Gegen-)Papst Honorius II. gewählt wurde. Wiberts Verhältnis zu Gregor VII. ist zu Anfang unklar; ob er sich 1076 an der Versammlung der lombardischen Bischöfe zu Piacenza beteiligt hat, die Gregor ihre Treue aufsagten, muß offenbleiben, jedenfalls betrachtete ihn der Papst auf der Fastensynode von 1078 als bereits exkommuniziert und erneuerte die Sentenz, auf der Herbstsynode 1078 erklärte er ihn unwiderruflich seines Amtes enthoben.

Unter den Gebannten der Fastensynode von 1080 findet sich auch Wibert wieder genannt; die Absetzung Heinrichs IV. schuf indessen eine neue Situation, denn jetzt trat die Drohung des Königs, er werde sich einen neuen Papst nach seinem Willen schaffen, in ein konkretes Stadium. Zu Ostern versammelten sich die dem König ergebenen Reichsbischöfe in Bamberg, auf der Pfingstsynode zu Mainz beschloß der Episkopat, an eine Papstwahl zu denken, und teilte dies auch den oberitalienischen Bischöfen mit. Im Beisein Heinrichs IV. trat am 25. Juni in Brixen eine Synode zusammen, die zum Teil die Vorwürfe von 1076 gegen Gregor wiederholte und ihm die Verantwortung für die vielen Schismen in

---

[142] O. Capitani, Per un riesame dei „falsi ravennati", in: Atti e Memorie della Deputazione di storia patria per le province di Romagna, NF 22 (1971) 21–41; L. Schmugge, Codicis Iustiniani et Institutionum baiulus. Eine neue Quelle zu Magister Pepo von Bologna, in: Ius Commune 6 (1977) 1–9; P. Fiorelli, Clarum Bononiensium Lumen, in: Per Francesco Calasso, Rom 1978, 413–459; I. St. Robinson, Authority and Resistance in the Investiture Context, Manchester 1978; C. Dolcini, Clemente III, in: DBI XXVI, Rom 1982, 181–189; J. Ziese, Wibert von Ravenna, der Gegenpapst Clemens III. (Päpste u. Papsttum 20), Stuttgart 1982; I. Heidrich, Ravenna unter Erzbischof Wibert (1073–1100). Untersuchungen zur Stellung des Erzbischofs und Gegenpapstes Clemens III., Sigmaringen 1984.

[143] Krause, Das Papstwahldekret (s. Anm. 13) 88; Capitani, Per un riesame (s. Anm. 142).

den Ortskirchen anlastete; er solle anerkennen, daß er kein Papst mehr sei. Zugleich wurde Wibert von Ravenna als Kandidat der noch vorzunehmenden Papstwahl nominiert. Bis dahin betitelte er sich nur als Erzbischof von Ravenna, was er übrigens auch während seines ganzen Pontifikats blieb. Kaum war der Gegenkönig Rudolf von Rheinfelden an seiner in der Schlacht erlittenen Verwundung gestorben, machte sich Heinrich im Frühjahr 1081 nach Italien auf den Weg. Dreimal versuchte er, die Stadt Rom einzunehmen; ihm ging es dabei um die Kaiserkrönung. Wibert war noch nicht zum Papst gewählt, Gregor noch nicht förmlich des Amtes enthoben; insofern erscheint es nicht so absurd, daß Heinrich und Gregor seit 1082 über den Abt Desiderius von Montecassino miteinander über die Bedingungen der Kaiserkrönung verhandelten. Die Kurie, von der Außenwelt zunehmend abgeschlossen, war kaum noch funktionsfähig; der römische Stadtadel, der Klerus und am Ende sogar das Kardinalskolleg wurden wankend. Heinrich forderte eine Synode, die alle Differenzen untersuchen sollte, aber die von Gregor gestellten Bedingungen machten auf der im November 1083 in der Stadt tagenden Synode den allgemeinen Unmut über die Unbeugsamkeit des Papstes offenkundig. Der König und sein Papstkandidat brauchten diese Situation, um die Zustimmung vor allem der Kardinäle für die Wahl eines neuen Papstes zu erlangen. Die Stadt kapitulierte faktisch kampflos; am 21. März 1084 zog Wibert von Ravenna in Rom ein, Gregor VII. hielt sich in der Engelsburg verschanzt. Auf der zum Palmsonntag angesetzten Synode erschien Gregor nicht, das förderte das Absetzungsverfahren, dem die Wahl Wiberts zum Papst unter dem Namen Clemens III. unter maßgeblicher Beteiligung Heinrichs IV. als Patricius der Römer gleich folgen konnte. Clemens krönte am Osterfest den Kaiser und seine Gemahlin mit der Kaiserkrone.

Aber schon am 21. Mai zog Heinrich IV. nach Deutschland ab und ließ Clemens III. im festen Tivoli zurück. Robert Guiscard und seine Normannen, die im Salier einen Verbündeten des ihnen feindlichen Byzantiners sahen, näherten sich Rom, nahmen die Stadt am 28. Mai ein und richteten Verwüstungen an. Gregor VII. mußte sich ihrem Schutz anvertrauen; sie wiesen ihm ein Exil in Salerno an.

Der Pontifikat Clemens' III. war nicht so bedeutungslos, wie man seiner Kennzeichnung als Gegenpast von Gnaden des Kaisers entnehmen könnte. Seine tatsächliche Jurisdiktion erstreckte sich in erster Linie zwar auf die von Heinrich IV. beherrschten Räume bis nach Polen und Böhmen hinein, fand aber auch seitens der Könige von England und Ungarn und sogar durch den byzantinischen Kaiser Unterstützung. Obwohl er sich in Rom äußerst selten aufhielt, behielt er Teile der Stadt stets in der Hand, schon weil er auf einen Ausgleich der Kardinalsränge bedacht war, ohne an der Verfasserschaft der „kaiserlichen" Version des Papstwahldekretes selbst beteiligt gewesen sein zu müssen[144]. Persönlich war er keineswegs reformfeindlich, doch fehlte ihm bei seiner Neigung zum Ausgleich die dynamische Konsequenz seiner Rivalen. Bis 1093 schien es, als würde sich durch ihn die Kette der Nachfolger auf dem Stuhl Petri fortsetzen; seitdem jedoch verdunkelte Urban II. sein Ansehen, verhalf der von Gregor VII. behaupteten Linie zum Durchbruch und verurteilte aus der Sicht der weiteren Entwicklung den Papst Clemens III. zu einem absterbenden Seitenzweig. Die Papstwahl des Anführers der Reformpartei, Paschalis'II., konnte Wibert 1099 nicht verhindern; er starb am 8. September 1100 in Civita Castellana.

Clemens III. war kein schlechthin willenloses Werkzeug in den Händen Heinrichs IV.

[144] KRAUSE, Papstwahldekret (s. Anm. 13) 98 u. 272.

Es handelte sich um einen gebildeten Mann, der vor allem versuchte, eine vermittelnde Position gegenüber dem Reich einzunehmen, um Reformideen zu verwirklichen, denen er nicht weniger anhing als die päpstliche Partei. Bezeichnend in dieser Hinsicht ist sein nachdrücklicher Einsatz für die *vita communis* der Domherren in Ravenna[145]. Sein schlechter Ruf rührt vor allem daher, daß man ihm lange eine Vielzahl von polemischen, antigregorianischen Texten zuschrieb[146]. Heute neigt man zu der Auffassung, daß das *privilegium minus* aus der Umgebung Heinrichs IV. stammt[147] und der Ursprung der *Defensio Henrici IV Regis* in der Nähe des Kaisers, wenn auch nicht in seiner Kanzlei, zu suchen ist[148]. Dasselbe gilt auch für das sog. Hadrianum, in dem der Papst aufgrund der *lex regia de imperio* in Übereinstimmung mit dem Klerus und dem römischen Volk dem Kaiser das Recht zur Papstwahl und zur Bischofsinvestitur zuspricht[149].

Der Tod Gregors VII.[150]

Von Robert Guiscard aus der Engelsburg befreit, konnte Gregor VII. am 27. Mai 1084 noch feierlich im Lateran einziehen, aber die Wut der Bevölkerung über Zerstörungen und Plünderungen seitens der Normannen zwangen ihn, die Stadt bald zu verlassen. Über Montecassino floh er nach Salerno, wo ihm die Normannen eine Bleibe gewährten. Von Abt Desiderius von Montecassino betreut, hielt er gegen Ende des Jahres dort noch eine Synode ab, auf der die Exkommunikation Heinrichs IV. und Clemens' III. erneuert wurde (der Gegenpapst konnte die Weihnachtsmesse 1084 in St. Peter feiern). Dann starb er in Salerno am 25. Mai 1085. Auf seinem Totenbett soll er die berühmt gewordenen Worte gesprochen haben: „Ich habe die Gerechtigkeit geliebt und das Unrecht gehaßt, deshalb sterbe ich in der Verbannung.“[151] So sehr sie das Leben dieses markanten Papstes zu charakterisieren scheinen, sie selbst können heute auf eine eigene Deutungsgeschichte zurückblicken[152].

Gregors „Testament“ wurde vermutlich nach seinem Tod von einem Kleriker aus der

---

[145] Heidrich, Ravenna unter Erzbischof Wibert (s. Anm. 142) 90–106.

[146] Zusammenfassend Dolcini, Clemente III (s. Anm. 142) 183ff.

[147] Capitani, Per un riesame (s. Anm. 142) 42; allerdings war das *privilegium minus* in „wibertinischen“ Kreisen bekannt und fand in der Polemik gegen Gregor VII. Verwendung. Vgl. auch Dolcini, Clemente III (s. Anm. 142) 183ff, und vor allem: Die falschen Investiturprivilegien, hrsg. von C. Märtl (MGH.F XIII, 1986) Einleitung 7ff u. 90.

[148] Robinson, Authority (s. Anm. 142) 75–83. Zuletzt H. H. Anton, Beobachtungen zur heinrizianischen Publizistik, die Defensio Heinrici IV regis, in: Historiographia mediaevalis, FS F.-J. Schmale, Darmstadt 1988, 149–167; T. Struve, Die Stellung des Königtums in der politischen Theorie der Salierzeit, in: Die Salier und das Reich, hrsg. von St. Weinfurter, III, Sigmaringen 1991, 234f.

[149] Vgl. Struve, Die Stellung des Königtums (s. Anm. 148) 236f; die falschen Investiturprivilegien (s. Anm. 147).

[150] M. Bloch, Monte Cassino in the Middle Ages, 3 Bde., Rom 1986; H. E. J. Cowdrey, The Age of Abbot Desiderius. Montecassino, the Papacy and the Normans in the Eleventh and Early Twelfth Centuries, Oxford 1983; gut informierter, kritischer Bericht von I. St. Robinson, Monte Cassino in the Central Middle Ages, in: JEH 42 (1991) 259–282.

[151] Vita Anselmi ep. Lucensis, 38, hrsg. von R. Wilmans, MGH.SS XII, 24; Paul von Bernried, Gregorii papae VII vita (s. Anm. 49), Kap. 110, S. 540; Codex Udalrici 71, hrsg. von Ph. Jaffé, Bibliotheca rerum Germanicarum V, Berlin 1869, 144.

[152] Vgl. P. E. Hübinger, Die letzten Worte Papst Gregors VII. (Vorträge der Rhein.-Westfäl. Akad. d. Wiss., G 185), Opladen 1973.

Umgebung des Papstes niedergeschrieben; es ist in zwei Fassungen überliefert[153]. Danach hat Gregor, auf dem Totenbett von den anwesenden Kardinälen und Bischöfen befragt, wen er sich als seinen Nachfolger wünsche, in der Reihenfolge Anselm von Lucca, Odo, den Kardinalbischof von Ostia, und Hugo, den Erzbischof von Lyon, genannt. Auf die Frage, wie man sich gegenüber den Exkommunizierten verhalten solle, habe er unzweideutig geantwortet, Heinrich *dictus rex* und Erzbischof Wibert sowie ihre Ratgeber müßten den Bischöfen und Kardinälen volle kanonische Satisfaktion geben und überzeugend darlegen, daß sie wieder in die Gemeinschaft der Kirche aufgenommen zu werden wünschten; alle anderen jedoch wolle er vom Bann lossprechen und segnen, sofern sie die geistliche Oberhoheit des Papstes als Statthalter des hl. Petrus anerkennten.

Zur Persönlichkeit und Bedeutung Gregors VII.

Gregors Persönlichkeit ist wahrlich nicht leicht zu fassen. Auch in Rom bekannte er sich zu seiner persönlichen Entscheidung für das Mönchtum und trug stets das Mönchshabit, aber er wehrte sich gegen eine Monachisierung der Kirche. Er kritisierte das ausgeprägt mönchische Denken des Petrus Damiani und machte aus seiner Abneigung ausgerechnet gegen die Cluniazenser kein Hehl. An Stelle meditativer Zurückgezogenheit fühlte er sich zum unerbittlichen Kampf mit den Mächten des Bösen in der breiten Öffentlichkeit verpflichtet, weil die Kirche gefährdet sei.

Dem Hirsauer Reformmönchtum verbot er, bei der Einweisung des neuen Abtes nach cluniazensischem Vorbild den zuständigen Ortsbischof aus Angst vor dessen erfahrungsgemäß eigenklösterlichen Ambitionen zu umgehen[154]. Gregor schwebte nämlich das Ideal einer streng hierarchisch gegliederten Kirche vor, deren Ämter in ihren Zuständigkeiten respektiert werden. Das Eigenkirchenwesen war ihm ein einziger Verstoß gegen die Zuständigkeiten, nicht nur wenn es von Laien praktiziert wurde, sondern auch von kirchlichen Würdenträgern. In seiner Zählebigkeit unterschätzte er es; Exemtionen als Schutzmaßnahmen für Klöster hatten für ihn nur eine Existenzberechtigung, solange der Diözesanbischof nicht in der Lage war, die vom eigenen Amt gezogenen Grenzen einzuhalten[155].

Vor diesem Hintergrund wird verständlich, warum der päpstliche Primat unter Gregor einen so ungewöhnlich hohen Stellenwert einnahm. Es war keine Rückbesinnung auf kanonistische Normen, sondern eine Ausdeutung von Mt 16,18 durch Petrus Damiani, wonach allein die römische Kirche von Christus begründet worden sei[156]. Daraus leitete Gregor die These ab, alle Bischöfe in ihren verschiedenen Rängen verdankten ihre Einsetzung dem päpstlichen Stuhl[157]. Die Besinnung auf die dem Apostel Petrus übertragene Binde- und Lösegewalt führte auch zum Anspruch, der eigentliche Deuter des göttlichen

[153] Die Briefsammlung aus Hannover, in: Briefsammlungen der Zeit Heinrichs IV., MGH.B V (hrsg. von C. Erdmann – N. Fickermann) 75–76, Nr. 35, und (nur der Anfang) in der Chronik Hugos von Flavigny (MGH.SS VIII, 466); der dortige Text stammt von der Hand desselben Autors und ist auf einem Stück Pergament in das ursprüngliche Manuskript eingefügt.

[154] Vgl. H. Jakobs, Die Hirsauer, Köln/Graz 1961, 99ff, 109f u. 225f.

[155] Vgl. O. Engels, Schutzgedanke und Landesherrschaft im östlichen Pyrenäenraum (9.–13. Jahrhundert), Münster 1970, 244–251; O. Capitani, Episcopato ed ecclesiologia nell'età gregoriana, in: Atti della settimana di studio, Mandola, Misc. del Centro di Studi Medioevali VII, Mailand 1974, 316–373.

[156] Die Briefe des Petrus Damiani (s. Anm. 6) II, Nr. 65, S. 233.

[157] Register Gregors VII. (s. Anm. 52) VI, 35.

Willens zu sein, denn der Herr habe gebetet, daß der Glaube des Petrus nicht wanke. Gregor glaubte an eine Art personale Erbheiligkeit, die von Petrus auf jeden seiner Nachfolger übergehe; in ihm lebe der Apostelfürst nicht nur in einem übertragenen Sinne fort. Diese Petrusmystik war ein Teil seiner religiösen Erfahrung und beruhte weniger auf Schlußfolgerungen theoretischer Erörterung[158].

Deuter des göttlichen Willens zu sein hatte die Konsequenz, Richtschnur schlechthin alles Rechtgläubigen zu sein und einen Gehorsam bis zu jenem Punkt verlangen zu können, da ein Verstoß gegen ihn einer Abweichung vom rechten Glauben gleichkomme[159]. Nicht nur die Bischöfe, erst recht der Papst trage die Verantwortung für das Seelenheil aller Christen und habe damit zu entscheiden, was Gottes und des Teufels sei, und kraft Amtsrecht sei der Papst dann befugt, den Herrscher absetzen und von jeder ihm gegenüber eingegangenen Verpflichtung entbinden zu können[160]. Das war keine Degradierung des Laien; in der geistlichen Perspektive besaß er auf der unteren Stufe der hierarchischen Leiter ohnehin ein geringeres Maß an Verantwortung. Aber es traf den Herrscher als Gesalbten, insbesondere den Kaiser als den vom Papst gesalbten „christus Domini". Wie ein Wetterleuchten hatte sich die Minderbewertung der Herrschersalbung schon seit der Mitte des 11. Jh. angekündigt, während sich die Salbung des Bischofs auf den Weg machte, zum vorrangigen Zeichen der Bischofsweihe aufzusteigen. Dennoch wirkte das dynamische, direkte und nach einer Phase der Kompromißbereitschaft rücksichtslos unnachgiebige Vorgehen dieses Papstes auf die Zeitgenossen wie ein revolutionärer Umbruch. Es lief nicht nur auf eine Entsakralisierung des Königtums hinaus, sondern nahm den verschiedenen Landeskirchen auch im Herrscher die normative Mitte, um den Stuhl Petri weit fühlbarer, als es vorher der Fall gewesen war, zum Mittelpunkt der Gesamtkirche zu machen[161].

Nach Gregor VII. hat man die Gregorianische Reform benannt, obwohl er nur einer von mehreren Reformpäpsten dieser Zeit war und sein Pontifikat am Ende als gescheitert zu

---

[158] Vgl. R. Morghen, Ideali religiosi ed azione politica nell'opera di Gregorio VII, in: Studi Gregoriani 3 (1948) 163–172; G. Hofmann, La vie de prière dans les lettres de Grégoire VII, in: Revue d'Ascétique et de Mystique 25 (1949) 225–233; A. Nitschke, Die Wirksamkeit Gottes in der Welt Gregors VII., in: Studi Gregoriani 5 (1956) 115–219; W. Ullmann, Romanus Pontifex indubitanter efficitur sanctus. Dictatus Papae 23 in retrospect and prospect, in: ebd. 6 (1959–61) 229–264; L. F. J. Meulenberg, Der Primat der römischen Kirche im Denken und Handeln Gregors VII., Den Haag 1965; K. Ganzer, Das Kirchenverständnis Gregors VII., in: Trierer Theol. Zeitschr. 78 (1969) 95–109; C. Schneider, Prophetisches Sacerdotium und heilsgeschichtliches Regnum im Dialog 1073–1077, München 1972; L. F. J. Meulenberg, Une question toujours ouverte – Grégoire VII et l'infaillibilité du pape, in: FS F. Kempf, hrsg. von H. Mordek, Sigmaringen 1983, 159–171; Maccarrone, I fondamenti „petrini" (s. Anm. 100); K. J. Benz, Eschatologie und Politik bei Gregor VII., in: Studi Gregoriani 14 (1991) 1–20.

[159] O. Hageneder, Die Häresie des Ungehorsams und das Entstehen des hierokratischen Papsttums, in: Röm. Hist. Mitteilungen 20 (1978) 29–47; I. S. Robinson, Periculosus homo. Gregory VII and Episcopal Authority, in: Viator 9 (1978) 103–131.

[160] Register Gregors VII. (s. Anm. 39) IV, 2, S. 295; R. Schieffer, Gregor VII. und die Könige Europas, in: Studi Gregoriani 13 (1989) 189–211; W. Stürner, Gregors VII. Sicht vom Ursprung der herrscherlichen Gewalt, in: ebd. 14 (1991) 61–68.

[161] G. Tellenbach, Die Bedeutung des Reformpapsttums für die Einigung des Abendlandes, in: Studi Gregoriani 2 (1947) 125–149; vgl. W. Goez, Zur Persönlichkeit Gregors VII., in: RQ 73 (1978) 193–216; W. Ullmann, Kurze Geschichte des Papsttums im Mittelalter, Berlin 1978, 141 u. 151f; Blumenthal in: TRE 14 (1985) 149f; Laudage, Gregorianische Reform (s. Anm. 87) 97–101; die beiden Gregor VII. gewidmeten Bände Studi Gregoriani 13 (1989) und 14 (1991).

gelten hat[162]. Trotzdem eignet sich sein Name schon wegen seines ungeheuren Durchsetzungswillens im Kampf gegen die Bevormundung der Kirche (so wie er sie verstand) durch Laienkräfte als ein Symbol für eine ganze Epoche, nicht zuletzt aber auch wegen seiner Fernwirkung. Was zunächst nach einem unbändigen Machtwillen des Papsttums aussehen mußte, erweist sich aus der Rückschau als eine notwendige Vorstufe für die weltimmanente Selbstbegründung der staatlichen Ordnung, die freilich erst viel später gelang.

Viktor III. (1086–87)

In einer der beiden Überlieferungen des „Testaments" Gregors VII. (der Hannoverschen Sammlung) wird ausgeführt, daß die Wahl des Nachfolgers nach den kanonischen Vorschriften vorzunehmen sei. Verständlicherweise erscheint in der Chronik von Montecassino, dessen Abt Desiderius[163] schließlich neuer Papst wurde, der Name des Desiderius anstelle eines der drei ursprünglich im „Testament" Genannten, und der Schreiber gibt vor, Gregor habe seinen Nachfolger drei Tage vor seinem Tod designiert. Weiter heißt es, wenn die Wahl des Desiderius sich als undurchführbar erweise, solle einer der anderen anwesenden Bischöfe gewählt werden. Der Wahrheitsgehalt dieser Erzählung ist schon lange bezweifelt worden[164]; sie hat sich als eine Kompilation verschiedener Vorlagen herausgestellt, vermutlich nach 1086, also nach dem Tod Anselms von Lucca, verfaßt[165].

Anscheinend war Desiderius zunächst nicht als Kandidat im Gespräch, obwohl er an den vorbereitenden Beratungen zur Papstwahl teilnahm. Am Pfingstfest 1085 (6. Juni) begegnete er dem Kardinalbischof Hubald von Sabina und einem gewissen Gratian, die in Begleitung der Normannenfürsten Jordan von Capua und Rainulf von Caiazzo von Rom kamen. Diese erklärten sich bereit, der römischen Kirche zu dienen, und Desiderius unterrichtete sie über seine letzten Gespräche mit Gregor VII. hinsichtlich der Papstnachfolge[166]. Der Abt von Montecassino und Dekan der Kardinalpriester erscheint hier eher als Testamentsvollstrecker Gregors denn als dessen Amtsnachfolger[167].

Von Rom, wo sich immer noch Clemens III. behauptete, ging schließlich um Ostern 1086 (5. April) die Initiative zur Regelung der Papstnachfolge aus.

Die genaue Rekonstruktion dieser Papstwahl ist schwierig, denn die Chronik von Montecassino ist in der Darstellung oft dunkel[168]. Desiderius scheint seine Wahl zunächst abgelehnt zu haben, weil er völlige Unabhängigkeit für die römische Kirche und ein einziges Wahlgremium wünschte. Beide Bedingungen waren nicht erfüllt. Das lag vor allem an der Pression des kaiserlichen Präfekten Wezilo, der von Herzog Roger von Apulien und seiner Mutter Sichelgaita nach Rom geschickt worden war, um die Zustimmung zur Konsekration

---

162 Vgl. auch die Einwände von O. Capitani, Esiste un „età gregoriana"? Considerazioni sulle tendenze di una storiografia medievistica, in: Rivista di storia e letteratura religiosa 1 (1965) 454–481.

163 H. E. J. Cowdrey, The Age of Abbot Desiderius. Montecassino, the Papacy, and the Normans in the Eleventh and Early Twelfth Centuries, Oxford 1983, 56–106; über ihn als Kardinalpriester von S. Cecilia vgl. Ganzer, Auswärtiges Kardinalat (s. Anm. 68) 17–23.

164 A. Fliche, La Réforme Grégorienne II, London – Paris 1925, 164f.

165 Cowdrey, Abbot Desiderius (s. Anm. 150) Appendix VII, 251–256.

166 Deusdedit, De ecclesie ordinatione, in: Collectio canonica, hrsg. von V. Wulf von Glanvell, Die Kanonessammlung des Kardinals Deusdedit I, Paris 1905, III, 288–289.395f.

167 Cowdrey, Abbot Desiderius (s. Anm. 150) 186.

168 Detaillierte Untersuchung ebd., Appendix VII.

des von Rom abgelehnten Erzbischofs Alfanus II. von Salerno zu erzwingen. Als Wezilo auf dem Kapitol eine Militärmacht zusammenzog, kehrte Viktor nur vier Tage nach seiner Wahl (27. Mai 1806) nach Montecassino zurück. In Terracina legte er die päpstlichen Insignien ab, wie er glaubte, für immer. Im Kloster Montecassino setzte man ihm heftig zu; Bischöfe und Kardinäle sollen sogar Jordan von Capua überredet haben, eine starke Armee aufzustellen, wovon ihn Desiderius wieder abbrachte. Während Viktor unnachgiebig darauf beharrte, ohne Zwang Papst zu sein, entwickelte er fieberhafte Aktivitäten, um die Normannen, die Lombarden, die gregorianische Partei und Mathilde von Canossa zu einheitlichem Vorgehen zu bewegen. Mit Mathilde stand er über verschiedene Kardinäle in regem Briefwechsel. Im Gegensatz zu älteren Auffassungen betrachtet man Viktor III. heute allgemein als überzeugten Reformer, der im Interesse der römischen Kirche und nicht nur seines Klosters Montecassino handelte, dessen hohes Ansehen gerade ihm zu verdanken war.

Die Papstnachfolge wurde endlich zu Mittfasten 1087 (etwa 7. März) in Capua geregelt, in Anwesenheit des Fürsten Jordan, der auch Roger von Apulien eingeladen hatte. So schien die Eintracht unter den Normannen wiederhergestellt. Desiderius trat in Capua als „designierter" Papst *(electus)* auf. Das gemeinsame Drängen der normannischen Fürsten und der Reformpartei veranlaßte ihn dann am Palmsonntag 1087 (21. März), seine Wahl zu akzeptieren und die Abzeichen der päpstlichen Würde wieder anzulegen.

Hugo von Lyon indessen schildert die Ereignisse anders. Ihm zufolge trat die Versammlung in Capua mit der Absicht einer Neuwahl zusammen und nicht, um eine frühere Designation zu bestätigen. In seinem ersten Brief an die Markgräfin Mathilde, Ende März 1087 in Capua verfaßt, als Viktor die Wahl endgültig angenommen hatte, erhob Hugo gegen den neuen Papst die Anschuldigung, dieser habe dem abgesetzten Heinrich IV. seine Hilfe zur Erlangung der Kaiserkrone versprochen, außerdem die Gültigkeit der Wahl Gregors VII. in Zweifel gezogen, die in einem Tumult und nicht durch Gottes Gnade erfolgt sei. Hugo behauptet, dies in Montecassino von Vertrauten des Desiderius und schließlich von ihm selbst gehört zu haben. Desiderius sei mithin „eine Person, deren Infamie es hätte verbieten müssen, ihn zum römischen Bischof zu wählen", dies um so mehr, als er von Gregor VII. exkommuniziert und für mehr als ein Jahr gebannt worden sei[169].

Diese Anschuldigung könnte man als Verleumdungsversuch eines enttäuschten Mitanwärters auf den päpstlichen Stuhl abtun, aber sie enthält etwas Wahres, zumindest die Exkommunikation des Desiderius erscheint plausibel. Als Abt von Montecassino war er wahrscheinlich zu Ostern 1082 mit Heinrich IV. zusammengetroffen. Damals hätte er gute Gründe gehabt, dem König seine Hilfe anzubieten, dessen Feindschaft auf die Dauer zur Bedrohung für den umfangreichen Grundbesitz seines Klosters hätte werden können. Doch ist es auch wahrscheinlich, daß Desiderius sich schon ein Jahr später mit Gregor VII. ausgesöhnt hat, und zwar anläßlich einer Begegnung in einem Tochterkloster von Montecassino in Rom, S. Maria in Pallara. Hierüber berichtet die kaiserliche Propagandaschrift *Iudicium de regno et sacerdotio*[170].

Der Pontifikat Viktors III. dauerte nur vier Monate, von seiner Weihe am 9. Mai 1087 bis zu seinem Tod am 16. September. Viktor III. war keineswegs der untätige Papst, ohne besonderen Reformeifer, als den man ihn lange sah, sondern förderte in seiner kurzen Amts-

[169] Ebd.

[170] G. A. Loud, Abbot Desiderius of Montecassino and the Gregorian Papacy, in: JEH 30 (1979) 321.

zeit nach Kräften das Werk seiner Vorgänger. Er dürfte wohl seine wichtigste Aufgabe darin gesehen haben, den letzten Willen Gregors VII. zu erfüllen[171]. Kardinal Deusdedit widmete ihm seine Sammlung von Kanones[172].

Urban II. (1088–99)

Johannes Haller zählte Urban II. zu den Epigonen Gregors VII.[173], was heute nicht mehr vertretbar ist, seit man erkannt hat, daß dieser Papst dem Reformwerk, das er vollenden wollte, eine eigene Prägung gab. Seine Herkunft ist nicht befriedigend geklärt. Alle Nachrichten weisen auf das Bistum Soissons hin. Odo, wie Urban vor seinem Papat hieß, war der Sohn eines von den Grafen der Champagne (aus dem Hause Blois-Chartres) lehnsabhängigen Adligen, der in Binson und Châtillon an der Marne sowie in Lagery höchstwahrscheinlich begütert war. Wohl für den geistlichen Stand bestimmt, war er an der Reimser Domschule Schüler Brunos, des Gründers der Kartäuser. Als Kanoniker der dortigen Kathedrale stieg er bereits im Lebensalter von 20–25 zum Archidiakon auf, bat aber nach dem Tod des Erzbischofs Gervasius (4. Juli 1067) in Cluny um Aufnahme als Mönch, wo er spätestens seit 1074 als 39jähriger das Amt des Großpriors versah. Gregor VII. ernannte ihn um 1079/80 zum Kardinalbischof von Ostia[174].

Odos erstes Zusammentreffen mit Heinrich IV. zu Ostern 1080 in Albano muß auf Geheiß des Papstes stattgefunden haben, der sondieren wollte, ob der König bereit war, den Gegenpapst Clemens III. fallenzulassen und die Absolution zu empfangen[175]. Nach der Synode von Salerno Ende 1084 ging Odo als Legat nach Deutschland, nahm also wohl nicht an der ersten Wahl des Desiderius zum Papst teil (24. Mai 1086). Er stand dem Abt von Montecassino zunächst skeptisch gegenüber und unterstützte ihn erst nach der endgültigen Wahl am 21. März 1087 in Capua. Viktor III. dankte ihm drei Tage vor seinem Tod öffentlich dafür und empfahl ihn den an seinem Totenbett versammelten Bischöfen und Kardinälen als Nachfolger (16. September 1087)[176].

Odo wurde tatsächlich in der dritten Sitzung des Wahlkollegiums – nach Vorverhandlung vermutlich über den Wahlmodus, aber ohne Einflußnahme der Normannen – einmütig zum Papst gewählt (Terracina, 12. März 1088). Erstmals waren auch die Kardinaldiakone am Akt beteiligt[177]. Die Wahl des Namens Urban steht vielleicht im Zusammenhang mit dem Todestag Gregors VII., der auf den Festtag des hl. Urban fiel (25. Mai), hatte Gregor doch den Kardinalbischof von Ostia als einen seiner möglichen Nachfolger genannt. Noch am Tag der Wahl fand die Konsekration statt.

Der Gewählte erhielt den Papstnamen zu dieser Zeit von den Wählern. War es eine Erinnerung an Gregor VII., der schon auf den Kardinalbischof als möglichen Nachfolger hingewiesen hatte und am 25. Mai, dem Festtag des heiligen Papstes Urban I. (222–230),

[171] Cowdrey, Abbot Desiderius (s. Anm. 150) 213.
[172] Siehe Anm. 166.
[173] J. Haller, Das Papsttum. Idee und Wirklichkeit II, Stuttgart 1951, 430, überschreibt das Kapitel über die ersten Nachfolger Gregors VII. mit „Der Sieg der Epigonen“.
[174] Die auf ihre Zuverlässigkeit sorgsam abgewogenen Nachrichten s. bei A. Becker, Papst Urban II. (1088–1099) I, Stuttgart 1964, 24ff.
[175] Ebd. 57f.
[176] Ebd. 78–90.
[177] Ebd. 91–96.

gestorben war?[178] Denkbar ist auch eine andere Erklärung. Bischof Urban von Langres († 576) wurde als Patron der Winzer in Frankreich verehrt; in Deutschland verwechselte man ihn mit Papst Urban I. Dieser galt gleichzeitig als der Gründer des Chorherrenwesens. War damit dem neuen Papst ein Programm auferlegt? Urban II. zeigte sich auch als Papst seiner Herkunftsabtei Cluny sehr gewogen; und Abt Hugo von Cluny führte 1095 ein jährliches Gedächtnis für diesen Papst in seinem Kloster ein, „wie für einen Abt dieser Abtei“[179]. Urban ist zwar in Reims Kanoniker gewesen, aber es gibt keine Anzeichen dafür, daß er diese Lebensphase höher eingeschätzt hätte als seine Zeit in Cluny. Dennoch gab er die ersten kräftigen Anstöße für das regulierte Kanonikerwesen, das sich im frühen 12. Jh. zu einer breiten Bewegung entfaltete. In seinem Privileg von 1092 für das Stift Rottenbuch (heute Raitenbuch, Oberbayern) erklärte Urban, die Kanoniker würden die Vorschriften der apostolischen Lehre durch die Eingebung des Heiligen Geistes zu neuem Leben erwekken. Schon Urban I., Augustinus, Hieronymus und Gregor der Große hätten sich für die ohne eigenen Besitz in „vita communis“ lebenden Kleriker eingesetzt. Mönchtum und Kanonikerwesen wurden hier erstmals auf eine Stufe gestellt; es seien seit den Anfängen der Kirche die beiden einzigen Lebensformen, die die irdischen Güter verachten und nach den ewigen Verdiensten streben würden. Der Papst ahnte wohl kaum, welche Bewegung er damit auslöste. Ihm ging es um Vorbilder für eine Klerusreform[180]. Das Mönchtum bisheriger Prägung fühlte sich schon im beginnenden 12. Jh. in die Defensive gedrängt[181].

Ebensowenig dürfte Urban geahnt haben, daß er 1095 auf dem Konzil von Clermont die das Hochmittelalter prägende Kreuzzugsbewegung auslösen würde. Sein hauptsächliches Motiv war die Bereitschaft, dem Hilferuf des byzantinischen Kaisers zu entsprechen und militärische Kräfte zur Befreiung der Christen in Kleinasien zu schicken. Islamische Turkvölker waren bis in den Westen Kleinasiens vorgedrungen, ihre unwiderstehliche Stoßkraft schien seit 1092 gebrochen. Schon im ersten Pontifikatsjahr hatte der Papst Kontakte mit Ostrom aufgenommen; das Schisma seit 1054 schien noch nicht verhärtet, es besaß noch nicht seinen erst aus der späteren Rückschau gewonnenen definitiven Charakter. Für Urban war der Hilferuf eine willkommene Gelegenheit, den universalkirchlichen Anspruch des Papstprimates mit Aussicht auf eine Realisierung bestätigt zu sehen[182].

Beide Gesichtspunkte, die Anerkennung des päpstlichen Primates und das seelsorgeri-

---

[178] P. Sander, Der Kampf Heinrichs IV. und Gregors VII. von der zweiten Exkommunikation des Königs bis zu seiner Kaiserkrönung (März 1080 – März 1084), Berlin 1893, 96.

[179] Vgl. A. Kohnle, Abt Hugo von Cluny (1049–1109) (Beihefte der Francia 32), Sigmaringen 1993, 53 u. 119–134. In enger Beziehung stand Hugo auch zu Bernhard, dem Erzbischof des wieder christlich gewordenen Toledo (ebd. 228 f). Diesen begünstigte auch Urban, während sein Kanzler Johannes von Gaëta (bezeichnenderweise ein ehemaliger Mönch aus Montecassino) die Auswirkungen des cluniazensischen Einflusses zu beschneiden suchte (vgl. O. Engels, Reconquista und Landesherrschaft, Paderborn 1989, 341–349).

[180] Vgl. H. Fuhrmann, Papst Urban II. und der Stand der Regularkanoniker (Sitzungsberichte der Bayer. Akad. d. Wiss., phil.-hist. Kl., 1984, H. 2), München 1984; J. Laudage, Ad exemplar primitivae ecclesiae. Kurie, Reich und Klerusreform von Urban II. bis Calixt II., in: Reformidee und Reformpolitik im spätsalisch-frühstaufischen Reich, hrsg. von St. Weinfurter (Quellen u. Abh. zur mittelrhein. Kirchengeschichte 68), Mainz 1992, 47–71, bes. 51–58.71–73 (Privileg von 1092). Zur Verwendung dieses Privilegs auch für französische Kanonikerstifte vgl. J. Mois, Das Stift Rottenbuch in der Kirchenreform des XI.–XII. Jahrhunderts, München 1953, 76–91. – Zum Namen auch J. H. Claxton in: Traditio 23 (1967) 489–495.

[181] Deutlich in der Schrift „De vita vere apostolica“ (PL 170, 609 ff) und etwas später in „Roberti abbatis epistola qua ratione monachorum ordo praecellit ordinem clericorum ad Liezelinum canonicum“ (ebd. 663 ff).

[182] Vgl. A. Becker, Papst Urban II., Stuttgart 1988, der gesamte Bd. II.

sche Moment, waren in der nicht leicht zu verstehenden Politik Urbans die leitenden Motive[183]. In der festen Überzeugung, in der rechtmäßigen Nachfolge Gregors VII. zu stehen, blieb er auf eine Überwindung des päpstlichen Schismas unerschütterlich festgelegt. Da er der Primatsidee Gregors, auch Herr über die weltlichen Reiche zu sein, nicht folgte, sondern den Primat unter dem universalpastoralen Aspekt auf die Stellung eines „summus sacerdos" einschränkte, verhielt er sich gegenüber Heinrich IV. durchweg defensiv. Die spektakulären Einzelfälle, wie die 1089 von ihm gestiftete Ehe zwischen dem Bayernherzog Welf IV. mit Mathilde von Tuszien (die wegen zu hohen Altersunterschieds 1095 wieder auseinanderbrach) oder die Krönung des von seinem Vater abgefallenen Kaisersohnes Konrad zum König von Italien (1093), waren eher marginal und letztlich ohne Erfolg. Charakteristischer ist für ihn, daß er das Investiturverbot zwar nicht aufhob, aber die Frage vertagte, weil ihre Behandlung im Augenblick nur hinderlich sei. Er unternahm auch nichts gegen Bischöfe, die nach 1095 in seine Obödienz übertraten, ohne ihren Verkehr mit dem gebannten Kaiser abzubrechen. Auf dem Konzil von Piacenza (1095) wurden Ordinationen auf simonistischer Basis verworfen, aber nicht die von Simonisten erteilten Weihen, sofern diese von Simonie frei waren; wer sich allerdings von nun an von Schismatikern und Feinden der römischen Kirche ordinieren lasse, werde keine Gnade finden. Äußerlich betrachtet, könnte man dies als opportunistisch bezeichnen; unter Berücksichtigung seiner Leitmotive jedoch arbeitete er auf eine behutsame Stabilisierung seiner Obödienz hin; und das hieß: bei aller Festigkeit im Grundsätzlichen Rücknahme extrem radikaler Forderungen, um die Funktionsfähigkeit der Seelsorge zu erhalten und die Bereitschaft, sich dem rechtmäßigen Papst anzuschließen, nicht zu ersticken. Der Papstprimat in seiner innerkirchlichen Dimension wurde von Urban II. unspektakulär und doch mit nachhaltiger Wirkung ausgebaut[184].

Paschalis II. (1099–1118)

Über die Abstammung Rainers ist außer dem Geburtsort Bieda wenig bekannt[185]; die Namen seiner Eltern werden mit Crescentius und Alfatia angegeben. Er trat früh in ein Benediktinerkloster ein, vielleicht Vallombrosa[186]. Guibert von Nogent wirft ihm eine lückenhafte Bildung vor[187]. Dagegen fiel er schon bald durch seine politisch-administrativen Fähigkeiten auf und mußte mit 19 Jahren die Interessen seines Klosters in Rom vertreten[188]. Gregor VII. ernannte ihn zum Abt von S. Lorenzo fuori le mura, später – vielleicht nach der Fastensynode von 1078 – zum Kardinalpriester von S. Clemente. Alles spricht da-

---

[183] Vgl. DERS., Urban II. und die deutsche Kirche, in: Investiturstreit und Reichsverfassung, hrsg. von J. FLECKENSTEIN, Sigmaringen 1973, 241–275.

[184] Vgl. LAUDAGE, Gregorianische Reform (s. Anm. 87) 102–104.

[185] Ob es sich um Bleda in der Romagna handelt, steht nicht mit letzter Sicherheit fest; vgl. C. SERVATIUS, Paschalis II. (1099–1118). Studien zu seiner Person und Politik, Stuttgart 1979, 1–6 (beste wissenschaftliche Biographie); vgl. zu Paschalis II. auch die wichtigen Studien von G. M. CANTARELLA, La costruzione della verità. Pasquale II, un papa alle strette, Rom 1987.

[186] Ordericus Vitalis, Historia ecclesiastica X, 1, hrsg. von M. CHIBNALL, Oxford 1969/75, IV, 3, spricht von „vallis Brutiorum monachus", was Vallombrosa bedeuten könnte.

[187] „Erat enim minus quam suo competeret officio litteratus" (Guibert von Nogent, De vita sua III 4, hrsg. von E.-R. LABANDE, Paris 1981, 288.)

[188] Liber pontificalis (s. Anm. 46) III, 143.

für, daß Rainer ein Anhänger der Reformbewegung war. Sein Kloster in Rom war einst von Cluny aus reformiert worden. Wahrscheinlich stand es dem monastischen Reformzentrum immer noch nahe, Rainer selbst jedenfalls war kein Cluniazenser[189].

Über seine Tätigkeit unter Gregor VII. und Viktor III. ist weiter nichts überliefert. Erst wieder 1088 anläßlich der Wahl Urbans II. in Terracina erscheint er als „Repräsentant der aufstrebenden Fraktion der Kardinalpresbyter“[190]. Unter Urban II., dem er sich sehr verbunden fühlte, hatte Rainer als Legat in Spanien (Ende 1089–1090) den Fall des Bischofs von Iria (Compostela) in Übereinstimmung mit König Alfons VI. von Kastilien-León zu klären sowie Kirche und Herrschaft von Tarragona zu ordnen[191].

Urban II. starb am 29. Juli 1099 in der römischen Festung der Pierleoni. Wie stark muß der Einfluß der kaiserlichen Partei und der Anhänger Clemens' III. noch gewesen sein, daß sich selbst ein so mächtiger Papst wie Urban II. in Rom nicht sicher fühlen konnte! Sein Leichnam mußte auf Umwegen nach St. Peter gebracht werden, weil sich die Engelsburg noch in den Händen der Gegner befand. Die Wahl des Nachfolgers fand am 13. August 1099 in S. Clemente, der Titelkirche Rainers, statt. Über den Wahlvorgang ist wenig bekannt; höchstwahrscheinlich wurde der neue Papst einstimmig gewählt[192]. Der Papstname Paschalis sollte wohl an Paschalis I. (817–824) anknüpfen, der 817 das Pactum Ludovicianum ausgehandelt hatte, das „dem Papsttum die Souveränität im Kirchenstaat unter kaiserlichem Schutz zusicherte“[193]. Am selben Tag, einem Samstag, hielt Paschalis II. seinen Einzug in den Lateranpalast.

Um den Anhängern Clemens' III. gegenüber zu unterstreichen, daß der neue Papst ordnungsgemäß in sein Amt eingeführt worden ist, geht der *Liber pontificalis* präzise auf die einzelnen Akte der Zeremonie ein. Erstmals erfährt man im *Liber pontificalis* überhaupt genau, wo der Gewählte Platz zu nehmen hatte (vor dem Portikus, in der Apsis der Basilika und vor dem Palasteingang) und welche rituellen Handlungen dabei geschahen (Übergabe der *ferula* usw.).

Die Lage des neuen Papstes in Rom blieb zunächst schwierig, zumindest bis zum Tod Wiberts von Ravenna (Sept. 1100), des Gegenpapstes Clemens III. Dessen Nachfolger Theoderich von Albano (1100–1102), Albert von Silva Candida (1102) und Silvester IV. (Maginulf), der im Schutz des Markgrafen von Ancona lebte, bis ihn König Heinrich V. 1111 zur Abdankung zwang, waren so bedeutungslos, daß man von etwaigen Aktivitäten ihrerseits so gut wie nichts weiß. In Rom selbst stützte sich Paschalis auf die Pierleoni, deren Sohn Pietro (später Anaklet II.) er zum Kardinal ernannte. Als er 1116 einem Pierleoni das Amt des Stadtpräfekten auftragen wollte, trieb er dessen Rivalen, die Frangipani, in das kaiserliche Lager.

Der Bruch des Reformpapsttums mit dem Kaiser setzte sich unter Paschalis II. fort. Auf der Fastensynode von 1102 erneuerte er über Heinrich IV. den Bann. Da sich der Kaiser hinter die Nachfolger Clemens'III. überhaupt nicht schützend stellen konnte, verschob

---

189 Servatius, Paschalis II. (s. Anm. 185) 13; Kohnle, Hugo von Cluny (s. Anm. 179) 130.

190 Servatius (s. Anm. 185) 15.

191 Vgl. L. Vones, Die „Historia Compostellana“ und die Kirchenpolitik des nordwestspanischen Raumes 1070–1130, Köln 1980, 111.116 u. 124f; Engels, Schutzgedanke (s. Anm. 155) 237f.

192 Das versichert der Papst selbst in seiner Wahlanzeige (JL 5807); vgl. auch Liber pontificalis (s. Anm. 46) III, 143.

193 Servatius, Paschalis II. (s. Anm. 185) 37.

sich die Perspektive der reformpäpstlichen Ziele; um der Beseitigung des Gegenpapsttums willen hatte Urban II. alle anderen Reformziele hintenangestellt, nunmehr rückte das Verbot der Laieninvestitur wieder in den Vordergrund, von dem jetzt auch der englische König nicht ausgenommen sein sollte, wie es unter Gregor VII. noch den Anschein hatte[194].

Der Wechsel von Heinrich IV. zu Heinrich V. schien dem Papst und seinem Reformanliegen eine hoffnungsvolle Zukunft zu bringen. Denn die Rebellion des schon zum Nachfolger gewählten und gekrönten Sohnes und die Absetzung des Vaters als Herrscher in den Jahren 1104–1106 fand erst, wie man seit kurzem weiß[195], aus der Rückschau ein mißbilligendes, negatives Echo. Heinrich V. fürchtete zwar um den Bestand seiner Dynastie, aber er schien den reformbegeisterten Zeitgenossen auch als ein Hoffnungsträger. In Anlehnung an das Buch der Sprüche 21,1 propagierte die königliche Kanzlei, das für Gott geöffnete Herz mache den Herrscher zum Werkzeug des göttlichen Willens; das sei wahre Königsherrschaft. Und die süddeutschen Adligen, die den Kaisersohn zum Griff nach der Herrschaft drängten – Freunde der Reformklöster Hirsau und Kastl sowie der Stifte Baumburg und Berchtesgaden –, argumentierten, niemand sei außerhalb der Arche, welche die Kirche symbolisierte, vor der Sintflut gerettet worden. Die salische Herrscheridee zeigt sich so in einer reformreligiös orientierten Heilsgemeinschaft überhöht.

Man muß diese Voraussetzung sehen, um zu begreifen, daß die Investiturfrage allein nicht die Ursache für das Zerwürfnis zwischen Paschalis II. und Heinrich V. gewesen ist. Ebensowenig auf die Investitur verzichten wollten der französische und der englische König, und doch kam es 1104 im Bereich der französischen Krone sowie 1106/07 in England zu Kompromißlösungen, die der Forderung des Reformpapsttums Rechnung trugen, ohne den Einfluß des Herrschers auf die Hochkirchen völlig auszuschalten. Im Falle des Imperiums allerdings erforderten die auszuhandelnden Vorbedingungen für die Kaiserkrönung und die gegenüber anderen Ländern ungleich stärkere Stellung des Reichsbischofs als fürstlicher Territorialherr präzisere Abmachungen. Unter dem Eindruck, daß sich der Bischof im Laufe der zweiten Hälfte des 11. Jh. entschieden stärker den *exteriora* seines Amtes zuwandte und auch an der Schwelle zum 12. Jh. seinem Repräsentationsbedürfnis als Territorialherr gesteigerten Ausdruck zu geben suchte[196], suchte der Papst in erster Linie die Verweltlichung des Reichsepiskopats zu treffen; zumal dieser in steter Eintracht mit dem Herrscher auftrat, eignete sich das Investiturverbot als Waffe. Es war Paschalis, der eine Rückgabe aller Regalien (vom Königtum vergabte weltliche Hoheitsrechte) in kirchlicher Hand gegen den Verzicht des Königs auf die Investitur vorschlug. Heinrich hatte zwar Bedenken, was die Durchführbarkeit anging, dennoch auf den Vorschlag einzugehen war im Sinne der Reformer. Der Vorvertrag in S. Maria in Turri (vor St. Peter) am 4. Februar 1111 wurde in Anwesenheit nur der reformfreundlichen Empörer von 1104 aus dem Laienadel geschlossen. Vor Beginn der Kaiserkrönung am nächsten Tag sollten die Verzichterklärungen beider Seiten in Form von Privilegien verlesen und damit rechtskräftig werden. Die Verkündung des päpstlichen Privilegs jedoch kam nicht zustande, weil die Reichsbi-

---

194 C. Servatius, Zur Englandpolitik der Kurie unter Paschalis II., in: „Deus qui mutat tempora". FS Alfons Becker, hrsg. von E. D. Hehl u. a., Sigmaringen 1987, 173–190.

195 Zum ganzen Komplex s. St. Weinfurter, Reformidee und Königtum im spätsalischen Reich. Überlegungen zu einer Neubewertung Kaiser Heinrichs V., in: ders., Reformidee und Reformpolitik im spätsalisch-frühstaufischen Reich, Mainz 1992, 1–45.

196 Ebd. 34f.

schöfe, empört darüber, daß sie ahnungslos entmachtet werden sollten, einen Tumult vom Zaun brachen und den rechtskräftigen Vertragsabschluß verhinderten. Heinrich V., ziemlich kopflos über die unerwartete Wendung, nahm den Papst gefangen mit der Absicht, sein Investiturrecht und die Krönung nun zu erzwingen[197].

Das Zugeständnis wurde dem Papst abgepreßt. In der Nähe des Ponte Mamolo wurde am 11. April mit Zustimmung der Kardinäle ein Privileg aufgesetzt, das die Wahl eines Bischofs durch Klerus und Volk mit Genehmigung des Königs ohne simonistische Mittel vorsah, sodann die Investitur des Gewählten durch den König in jedem Falle vor der Weihe, für die wiederum der König ausdrücklich die Genehmigung erteilen müsse[198]. Über den Urkundentext hinaus mußten die Kardinäle im Namen des Papstes schwören, dieser werde sich für das ihm angetane Unrecht nicht rächen und über Heinrich jemals die Exkommunikation aussprechen, außerdem werde er ihn zum Kaiser krönen[199]. Dafür verpflichtete sich der Salier zur Freilassung der Gefangenen Einhaltung des Friedens und der Restitution des Patrimonium Petri[200]. Die Kaiserkrönung erfolgte am 13. April 1111 im Petersdom.

Die Folgen des Vorgangs waren weitreichend. Das Vertrauen des Reichsepiskopats zum Kaiser war mit einem Schlage zerstört; er war bereit gewesen, zur Erlangung der Kaiserkrone die Kirchen der Vernichtung des Reiches preiszugeben[201]. Heinrich V. hatte sich selbst aus der kirchlichen Heilsgemeinschaft ausgeschlossen. Der Stimmungsumschwung führte zur breiten Opposition von 1115. Heinrich schien den Zeitgenossen ein Meister der Verstellung von ungewöhnlicher Rücksichtslosigkeit zu sein.

In den aufregenden Stunden, als die deutsche Seite den Rechtsinhalt des Privilegs von 1111 diktierte, verstand es die päpstliche Kanzlei, ungewöhnliche Formulierungen einzubringen, die den Kaisertitel als ein Gnadengeschenk Gottes durch Vermittlung der Päpste in Erscheinung treten und das Recht der Investitur als ein Vorrecht des Kaisers deuten ließen. Zu gegebener Zeit hoffte man wohl, daraus ableiten zu können, Heinrich sei kein Kaiser, da die Krönung erzwungen wurde, und besitze folglich auch nicht das Recht der Investitur. Den Kardinälen indessen war das zuwenig; eine Opposition an der Kurie wollte das Privileg – das man ironischerweise „Pravileg" nannte – offen verworfen sehen. Vielleicht ist es kennzeichnend für Paschalis, daß er am Ende nicht nur den Pressionen des Kaisers nachgab, sondern auch der römischen Opposition, die immerhin die Entscheidungsbefugnis des Papstes in diesem Punkt in Frage zu stellen suchte. Daß vom 18. bis 23. März 1112 im Lateran eine Synode stattfand, war nicht ungewöhnlich; aber daß der Papst ein öffentliches Glaubensbekenntnis ablegen mußte, „ne quis de fide ipsius dubitaret"[202], zeigt das Maß seiner Bedrängnis an. Dahinter stand die Frage, ob die Investitur ein Akt der Häresie sei. Die hauptsächlich französischen Teilnehmer der Synode von Vienne unter dem

---

[197] Das päpstliche Privileg MGH.Const I, 141, Nr. 90. Die Begründung lautet, göttliches und kanonisches Recht untersage den Priestern die Teilnahme an weltlichen Geschäften, dem aber widerspreche diametral die Situation in Deutschland. Regalien in der Hand von Geistlichen mache aus den Dienern des Altares zwangsläufig Diener des Königshofes. – Über den Vorgang in der Peterskirche s. die Enzyklika Heinrichs V.: MGH.Const I, 151, Nr. 100.

[198] MGH.Const I, 142, Nr. 91.

[199] Ebd. Nr. 92.

[200] Ebd. Nr. 94. Heinrich gelobte Treue und Gehorsam „salvo honore regni et imperii".

[201] Vgl. J. W. Busch, Der Liber de honore ecclesiae des Placidus von Nonantula. Eine kanonistische Problemerörterung aus dem Jahre 1111, Sigmaringen 1990.

[202] MGH.Const I, 571, Nr. 399.

Vorsitz des dortigen Erzbischofs Guido (später Papst Calixt II.) exkommunizierten den Kaiser jedenfalls am 16. September 1112[203], was die römische Synode unterlassen hatte; sie hatte lediglich das anstößige Privileg widerrufen[204]. Paschalis ignorierte in seiner Bestätigung der Vienner Synodenbeschlüsse die Exkommunikation.

In den folgenden Jahren unternahm der Papst ohnehin keinen Vorstoß in der Investiturfrage. Selbst auf der Lateransynode von 1116 (6.–11. März) exkommunizierte er den Kaiser nicht, nahm aber auch die von seinen Legaten ausgesprochene Exkommunikation nicht zurück. Als Heinrich V. 1116 nach Italien zog, um das Erbe der am 24. Juli 1115 verstorbenen Markgräfin Mathilde von Canossa anzutreten, brachten Verhandlungen mit dem Papst keinen Erfolg. Ein Aufstand der Römer zwang Paschalis, im März 1116 Rom zu verlassen. Der Kaiser konnte im Frühjahr 1117 in die Stadt einziehen und seine Gattin Mathilde von Erzbischof Mauritius von Braga, dem späteren Gegenpapst Gregor VIII. (1118–21), zur Kaiserin krönen lassen. Von Benevent aus mußte Paschalis II. Rom tatenlos Heinrich V. überlassen und konnte erst am 14. Januar 1118 mit Hilfe der Normannen zurückkehren. Schon eine Woche später starb er und wurde in der Lateranbasilika beigesetzt. Sein Grab ist heute verschollen[205].

Gelasius II. (1118–19)

Johannes Coniolo wurde als Sohn eines gleichnamigen Vaters[206] zwischen 1060 und 1064 in Gaëta geboren. Früher rechnete man ihn fälschlicherweise den Caetani zu. Der Kardinalbischof Johannes von Tusculum könnte sein Onkel gewesen sein; das würde seinen raschen Aufstieg in Rom erklären. Im Kloster Montecassino war er Schüler des Abtes Desiderius und des Mönches Alberich; er verfaßte dort mehrere Heiligenviten von außergewöhnlicher literarischer Qualität[207]. In Rom 1088 als Subdiakon erwähnt, wurde er noch im selben Jahr Diakon. Als Kardinaldiakon von S. Maria in Cosmedin ebenfalls im Jahre 1088[208] leitete er die päpstliche Kanzlei, die durch ihn eine grundlegende Umorganisation erfuhr. Im Gefolge der Ereignisse des Jahres 1116 zog sich Johannes nach Montecassino zurück. Zum Nachfolger Paschalis' II. mit dem Namen Gelasius II. wurde er am 24. Januar 1118 in S. Maria in Pallara gewählt[209].

---

203 U.-R. Blumenthal, The Correspondence of Pope Paschal II and Guido of Vienne, 1112–1116, in: Supplementum Festivum. Studies in Honor of Paul Oskar Kristeller, hrsg. von J. Henkins, J. Monfasani u. F. Purnell, New York 1987, 1–11.

204 MGH.Const I, 572, Nr. 399.

205 I. Herklotz, „Sepulcra" e „Monumenta" del Medioevo, Rom 1985, 91f.

206 Annales Romani, in: Liber pontificalis (s. Anm. 46) II, 347; vgl. P. Fedele, Le famiglie di Anacleto II e di Gelasio II, in: Archivio della Società Romana di storia patria 27 (1904) 399ff.

207 O. Engels, Papst Gelasius II. als Hagiograph, in: QFIAB 35 (1955) 1–45; ders., Alberich von Montecassino u. sein Schüler Johannes von Gaëta, in: Studien und Mitteilungen aus der Geschichte des Benediktinerordens 66 (1955) 35–50; D. Lohrmann, Die Jugendwerke des Johannes von Gaëta, in: QFIAB 47 (1967) 355–455; H. Bloch, Monte Cassino's teachers and library in the high middle ages, in: Settimane di studio di Spoleto XXI, Spoleto 1972, 600ff; F. Dolbeau, Recherches sur les œuvres littéraires du pape Gélase II, in: Analecta Bollandiana 107 (1989) 65–127 u. 347–383.

208 R. Hüls, Kardinäle, Klerus und Kirchen Roms (1049–1139), Rom 1977, 231f. Von seiner Diakoniekirche ist vor dem 30.11.1101 nichts bekannt, aber er datiert die Urkunden Urbans II. bereits als *diaconus cardinalis.*

209 C. G. Fürst, Kennen wir die Wähler Gelasius'II.? Zur Glaubwürdigkeit des Kardinalsverzeichnisses in Pandulfs „Vita Gelasii", in: FS Karl Pivec, Innsbruck 1966, 69–80.

Die Bleibulle Paschalis' II. trägt auf der Vorderseite die Köpfe der Apostel Petrus und Paulus, auf der Rückseite in drei Zeilen den Papstnamen. Diese Gestaltung der Bulle durch Paschalis II. blieb vorbildlich für die päpstlichen Bleibullen der Folgezeit.

Gleich nach der Wahl drangen kaiserliche Soldaten unter der Führung des Cencius Frangipani in die Kirche ein und verschleppten den neuen Papst in einen Turm unweit des Titusbogens. Dort hätte er bis zum Eintreffen Heinrichs V., der gerade Verona belagerte, gefangen bleiben sollen, weil Heinrich V. die Papstnachfolge selbst regeln wollte. Gelasius konnte allerdings schon am nächsten Tag vom Volk befreit und in den Lateran gebracht werden. Bei der Ankunft des Kaisers (1. März) floh er auf dem Seeweg nach Gaëta. Da er sich weigerte, das „Pravileg" Paschalis' II. anzuerkennen, ließ Heinrich V. am 8. März statt seiner den Kardinal Mauritius von Braga, vom Volk spöttisch „Burdinus" (Esel) genannt, zum Gegenpapst Gregor VIII. wählen[210].

Gelasius wurde am 9. März 1118 in Gaëta zum Bischof geweiht. Eine am 7. April in Capua tagende Synode exkommunizierte den Kaiser erneut und seinen Gegenpapst. Im Gegenzug ließ sich Heinrich V. von Gregor VIII. am 2. Juni in St. Peter nochmals zum Kaiser krönen, mußte aber wenig später die Stadt wegen aufkommender Unruhen verlassen. Am 5. Juli gelang es Gelasius II., heimlich nach Rom zurückzukehren, aber der heftige Widerstand der Frangipani zwang ihn, sich über Pisa und Genua nach Marseille (Ende Oktober) einzuschiffen. In Maguelonne fand ein Treffen mit Ludwig VI. von Frankreich statt. Die Dekrete der vom Papst in Vienne geleiteten Synode (Januar 1119) sind leider verlorengegangen. Eine weitere Synode, die sich mit den Streitpunkten zwischen Kirche und Reich und mit der Reform befassen sollte, war nach Reims anberaumt, doch auf dem Weg dorthin, in Mâcon, erkrankte Gelasius plötzlich und starb in Cluny am 28. Januar 1119. Vor seinem Tod noch hatte er den Kardinalbischof Kuno von Praeneste (Palestrina)[211] und, als

[210] Über ihn als Kardinal s. Servatius, Paschalis II. (s. Anm. 185) 128–131, u. als Erzbischof L. Vones, Die „Historia Compostellana" (s. Anm. 191), Index.

[211] Er hatte als Legat 1115 in Köln Heinrich V. exkommuniziert, vgl. Servatius (s. Anm. 185) 331–333. Zur Designation s. Vones (s. Anm. 191) 361 Anm. 43.

dieser ablehnte, Guido von Vienne zu seinem Nachfolger designiert, der als Calixt II. den Stuhl Petri auch bestieg.

Calixtus II. (1119–24)[212]

Erzbischof Guido von Vienne wurde vermutlich um die Mitte des 11. Jh. geboren[213]. Sein Vater war Graf von Burgund, seine Mutter stammte von den Herzögen der Normandie ab, er war also mit den Saliern und den Kapetingern verwandt. Als junger Mann wurde er 1088 Erzbischof von Vienne[214]. Vor 1100 scheint er sich im politischen und kirchlichen Leben nicht besonders hervorgetan zu haben. Als Legat Paschalis' II. mußte er sich 1100 in England mit Heinrich I. Beauclerc und Anselm von Canterbury auseinandersetzen. Erst um 1111/12 im Zusammenhang mit dem „Pravileg" trat er ins Rampenlicht. Aus dieser Zeit sind zwei Briefe Paschalis' II. an Guido erhalten (März und Juni 1112)[215]. Im ersten redet er ihn mit *apostolicae sedis vicarius* an, was vielleicht nur ein Ehrentitel ist, und fordert ihn auf, die Synode einzuberufen, die dann im September in Vienne stattfand. Gesandte Heinrichs V. präsentierten dort zwar sehr konziliante Schreiben ihres Herrn, konnten die Versammlung aber nicht davon abhalten, die Laieninvestitur als Häresie zu verurteilen, das Investiturprivileg für null und nichtig zu erklären und Heinrich V. schließlich zu exkommunizieren. In einem formal respektvollen, inhaltlich aber bestimmten Brief[216] bat Guido den Papst um Ratifizierung der Synodenbeschlüsse; Paschalis erteilte die Bestätigung am 20. Oktober 1112[217].

In den Jahren 1115–17 erscheint Guido wieder als päpstlicher Legat, der genaue Inhalt seiner Missionen ist uns allerdings nicht bekannt. Nach dem Tod Gelasius' II. wählten ihn die Kardinalbischöfe von Ostia und Praeneste, die zusammen mit dem Papst ins Exil gegangen waren, in Cluny zum Papst (2. Februar 1119)[218]; Abt Pontius von Cluny, der Patensohn Paschalis' II., ging leer aus, wurde aber zum Kardinal ernannt[219]. Guido ließ sich schon am 9. Februar in Vienne als Calixt II. krönen. Das läßt den Bericht seines Biographen Pandulf[220] unglaubwürdig erscheinen, wonach Guido sich lange gegen die Wahl sträubte und das Amt auf keinen Fall ohne die Zustimmung der Römer habe annehmen wollen. Erst in den folgenden Wochen trafen aus Rom insgesamt sechs Briefe mit Anerkennungsbezeugungen ein. Die Absender waren Kardinalbischof Peter von Porto (er wandte sich in seinem Brief „an die Kardinäle und anderen Kleriker oder Laien, die Papst Gelasius

---

[212] Vgl. jeweils mit Bibliographie E. Jordan, Calliste II, in: DHGE XVI (1942) 424–438; G. Miccoli, Callisto II., in: DBI XVI (1973) 761–768; W. Maleczek in: LexMA II (1983) 1397f.

[213] B. Bligny, L'Eglise et les ordres religieux dans le royaume de Bourgogne aux XIe et XIIe siècles, Grenoble 1960, 71f.

[214] R. Lauxerois, Guy de Bourgogne, un archevêque de Vienne devenu le pape Calixte II, in: Evocations 5 (1988) 1–10.

[215] Blumenthal, The Correspondence (s. Anm. 203) 1–11; auch Servatius (s. Anm. 185) 320–324.

[216] PL 163, 465.

[217] JL 6330.

[218] S. A. Chodorow, Ecclesiastical politics and the ending of the Investiture Contest: The papal election of 1119 and the negotiations of Mouzon, in: Speculum 46 (1971) 613–640; M. Stroll, Calixtus II: A Reinterpretation of his Election and the End of the Investiture Contest, in: Studies in Medieval and Renaissance History 3 (1980) 3–53.

[219] Stroll (s. Anm. 218) 19ff; Kohnle, Abt Hugo von Cluny (s. Anm. 179) 247 u. 251.

[220] Watterich, Vitae (s. Anm. 45) II, 115.

ins Exil gefolgt sind", und versicherte ihnen die Zustimmung der übrigen römischen Kardinäle zur Wahl), die Kardinalpriester und Kardinaldiakone nach Ordines getrennt, noch einmal gemeinsam „alle römischen Kardinäle an alle Bischöfe, Äbte und anderen Gläubigen", die Kardinalbischöfe von Sabina und Albano und schließlich „alle römischen Kardinäle an alle Kardinäle in Cluny" mit der offiziellen Bestätigung, daß sie am 1. März gemeinsam mit der gesamten Bevölkerung Roms, Klerikern und Laien, die Wahl Calixts II. gebilligt hätten.

Das bedeutete freilich keine uneingeschränkte Zustimmung. Die Kardinalpriester betonten nämlich in ihrem Schreiben, die Wahl habe sich nicht in kanonischen Formen vollzogen[221], und die Kardinäle Crescentius von Sabina und Vitalis von Albano baten um baldige Einberufung eines Konzils, das über Fragen von Frieden und Freiheit der Kirche verhandeln solle. Trotzdem wollte niemand die Papstwahl ernsthaft anzweifeln, denn selbst den politisch gemäßigten Kurialen war klar, daß man einen Papst brauchte, der dauerhafte Unterstützung vom französischen König erreichen und sich Heinrich V. sowie den mächtigen römischen Adelsfamilien entgegenstellen konnte. Guidos Verhalten auf der Synode von Vienne und seine verwandtschaftlichen Beziehungen zu beiden Königshäusern schienen eine gute Gewähr für den Erfolg dieser Politik zu bieten. Nicht umsonst betonen auch die zeitgenössischen Quellen, die Guidos Wahl erwähnen, den weitreichenden Einfluß seiner Familie und vor allem die Nähe zu den Saliern[222]. Bemerkenswert ist ebenfalls, daß es sich seit fast einem halben Jahrhundert um die Wahl eines Papstes wieder aus dem Weltklerus gehandelt hat.

Calixt II. folgte dem Rat der Kardinäle und berief für den Herbst 1119 ein großes Konzil nach Reims ein, auf dem der Investiturstreit einer Lösung näher gebracht werden sollte. In der Zwischenzeit unternahm er eine Reise durch Südwestfrankreich und leitete in Toulouse eine Synode, die sich gegen Simonie und Verlust von Kirchengut richtete. Außerdem wurden alle exkommuniziert, die „das Sakrament von Leib und Blut des Herrn, die Kindertaufe, das Priestertum und die anderen kirchlichen Weihen sowie die gesetzmäßige Ehe nicht anerkennen"[223].

Diese Liste von Irrtümern zielte auf Erscheinungsformen der Armutsbewegung, die sich aus dem Bedürfnis nach Lesung der Heiligen Schrift in der Volkssprache und ihrer Auslegung in der Wanderpredigt, ohne dafür auch nur im Ansatz ausgebildet zu sein, ergaben. Calixt war nicht etwa ein prinzipieller Gegner der „Vita apostolica", sonst hätte er nicht 1119 die Befolgung der Augustinusregel in ihrer strengeren Fassung gestattet[224]. Im Unterschied zu Urban II. machte sich hier aber schon ein Mißtrauen gegen eruptive Frömmigkeitsäußerungen breit, die in traditionelle Rechtsformen nur noch schwer einzubinden waren, zum Teil auch nicht eingebunden werden wollten, und deshalb im Laufe des 12. Jh. auf eine wachsende Abwehr nicht nur der kirchlichen Hierarchie stießen. So auch nur ist es zu erklären, warum der Papst Norbert von Xanten die Erneuerung der *licentia praedicandi ubique in forma apostolorum* verweigerte[225].

---

[221] Jaffé, Bibliotheca (s. Anm. 151) V, 349.
[222] Stroll (s. Anm. 218) 19–24.
[223] Mansi XXI, c. 225.
[224] JL 6778.
[225] C. G. Meersseman, Eremitismo e predicazione itinerante dei secoli XI e XII, in: L'eremitismo in Occidente nei secoli XI e XII, Mailand 1965, 177 ff; P. Classen, Eschatologische Ideen und Armutsbewegungen

Auf seiner Rundreise begegnete Calixt im Oktober 1119 König Ludwig VI. in Étampes[226]. Einige Tage später stießen in Paris seine Legaten Wilhelm von Champeaux, Bischof von Châlons-sur-Marne, und Abt Pontius von Cluny wieder zu ihm, die in seinem Auftrag Heinrich V. die Voraussetzungen für einen Kompromiß unterbreitet hatten: Verbot der Investitur mit Ring und Stab, aber Beibehaltung eines Treueids der Bischöfe an den König einschließlich der traditionellen Leistungen der Reichskirche. Beide Legaten, nunmehr verstärkt durch Kardinalbischof Lambert von Ostia und Kardinaldiakon Gregor von S. Angelo, trafen den Kaiser erneut in Metz und Verdun. Ihre Vereinbarungen sahen den Investiturverzicht des Kaisers und ein gegenseitiges Friedensversprechen vor. Unterdessen unterrichtete Calixt II. bei der Eröffnungsrede des Reimser Konzils die zahlreich erschienenen Bischöfe von seinem festen Willen, die Häresie der Simonie auszurotten, und vom Stand der Verhandlungen mit dem Kaiser[227]. Es kam dabei offensichtlich zu einer Präzisierung der Interpretation; der Kaiser solle auf die Investitur nicht nur mit geistlichen Symbolen, sondern auch auf eine weltliche Handlung dieser Art verzichten, wovon die *servitia* der Reichskirchen an den Herrscher unberührt blieben. Das aber war Heinrich V. eine zu unsichere Grundlage; er habe es in Metz und Verdun nicht zugesagt, erklärte er am 22. Oktober in Mouzon, wo der Papst mit ihm die Vereinbarungen in Metz und Verdun rechtskräftig abschließen wollte[228]. Daß der Kaiser mit einem mächtigen Heer erschienen sei und die Gefahr einer erneuten Festnahme des Papstes bestand, ist ein unglaubwürdiger Erklärungsversuch des geraume Zeit später schreibenden Ordericus Vitalis. Die Synode in Reims bekräftigte deshalb die Exkommunikation des Kaisers. Jede Annäherung erschien vergeblich, als der Papst in Reims auch noch ein Verbot jeglicher Investitur beschließen lassen wollte; aber er wurde daran von den Konzilsteilnehmern gehindert. Es blieb beim Verbot der Laieninvestitur für Hochkirchen, die Frage der Verfügung über Kirchengüter wurde nicht berührt.

Zu Anfang 1120 konnte Calixt II. Rom betreten und in der Peterskirche inthronisiert werden. Nachdem er sich der Unterstützung durch die Normannen vergewissert hatte, nahm er im April 1121 den Gegenpapst Gregor VIII. in Sutri gefangen, entkleidete ihn der Bischofswürde und setzte ihn, der bis zuletzt auf seinen Anspruch nicht verzichtete, in einem süditalienischen Kloster gefangen. Selbst in Deutschland wuchsen dem Papst Bundesgenossen zu. Da Bischöfe und Fürsten den Frieden zwischen Papst und Kaiser wollten, stellte man noch 1119 Heinrich V. vor die Alternative, sich auf einem in Würzburg vorgesehenen Hoftag den Fragen der Fürsten zu stellen oder seine Absetzung als Herrscher hinzunehmen. Im Oktober 1121 kam es in Würzburg zu einer Entscheidung durch Vertreter der Fürsten – je zwölf aus dem Lager des Kaisers und der Gegner – über den Streit zwischen „imperatorem et regnum"; der Papst solle eine Synode einberufen, auf der der Heilige

im 11. und 12. Jahrhundert, in: Povertà e ricchezza nella spiritualità dei secoli XI e XII. Convegni del Centro di Studi sulla spiritualità medievale 8, 1969, 127–162; O. Engels, Die Zeit der hl. Hildegard, in: Hildegard von Bingen. FS 1179–1979, hrsg. von A. Ph. Brück, Mainz 1979, 8ff.

226 JL 786.

227 R. Somerville, The Councils of Pope Calixt II: Reims 1119, in: Proceedings of the Fifth International Congress of Medieval Canon Law, hrsg. von S. Kuttner – K. Pennington, Salamanca 1980, 35–50. Zur Kompromißbereitschaft des Papstes aus der Sicht burgundischer Politik vgl. M. Stroll, The Struggle between Guy of Vienne and Henry V, in: AHP 18 (1980) 97–115.

228 Th. Schieffer, Nochmals die Verhandlungen von Mouzon 1119, in: FS E. E. Stengel, Münster – Köln 1952, 324–341.

Geist die Entscheidung bringen möge[229]. Fast schon verstanden sich die Fürsten als eine Verkörperung des Reiches; sie waren es, die den Ausgleich zwischen Kaiser und Papst herbeiführten.

Der Ausgleich wurde am 23. September 1122 im sog. Wormser Konkordat gefunden[230]. Auf den Wunsch des Kaisers war der Tagungsort von Mainz nach Worms verlegt worden. Der Papst hatte die Kardinäle Lambert von Ostia, Saxo von S. Stefano Rotondo und Gregor von S. Angelo als bevollmächtigte Verhandlungspartner geschickt. Vom 8. September an wurde verhandelt. Erreicht wurde ein Kompromiß, der vorsah, daß Heinrich V. auf die Investitur mit Ring und Stab bei der Ämterbestellung von Reichskirchen verzichtete sowie kanonische Wahlen und freie Weihe gewährte. Der Wahl durfte der Kaiser in Deutschland beiwohnen bei Vermeidung von Simonie und Zwang; im Falle einer zwiespältigen Wahl solle er nach Rat oder Urteil des Metropoliten und seiner Suffraganbischöfe der *sanior pars* (dem vernünftigeren Teil) zum Erfolg verhelfen. In Deutschland vor, in Burgund und Italien jedoch erst nach der Weihe dürfe er den Kandidaten mit dem weltlichen Zepter investieren und erwarten, daß dieser leiste, „quae ex his iure tibi debet". Der Kirchenstaat wurde von dieser Regelung ausgenommen[231].

So manche Ungereimtheit des nur vordergründig präzisen Vertragstextes erschwerte von Anfang an die Interpretation. Er wurde in zwei Urkunden niedergelegt; jeder formulierte nur das, was er dem Kontrahenten konzedierte. Dabei konnte päpstlicherseits bei Vertragsabschluß noch gar keine Urkunde ausgehändigt werden, weil nicht vorauszusehen war, was die Kardinallegaten aushandeln würden. In der Tat ist denn auch das „Calixtinum" nichts anderes als das Protokoll einer beeideten mündlichen Zusicherung (was im germanisch-rechtlich orientierten Vertragsgebaren üblich war), das später um der Symmetrie willen in Urkundenform eingekleidet wurde. Calixt II. persönlich erklärte am 13. Dezember brieflich sein Einverständnis mit dem Ergebnis, das Allgemeine Laterankonzil vom März 1123 aber, das zum Abschluß Stellung nahm, begrüßte nur die Verzichterklärung des Kaisers, aber nicht das Gegenstück; man fand am Ende den Ausweg, nicht zu billigen, was man um des Friedens willen lediglich dulde. Damit hängt auch die Frage der Vertragsdauer zusammen. Das Konkordat galt nur bis zum Tode Heinrichs V.; diese Befristung war zu dieser Zeit üblich. Heinrichs Nachfolger Lothar III. setzte diese Regelung allerdings unbekümmert fort, so daß man um die Mitte des 12. Jh. von ihrer Gültigkeit strenggenommen nur bis 1125 nichts mehr wußte.

Folgenreich war gerade dies auch für den Inhalt. Es verwundert nicht, daß in hohem Maße das englische Vorbild für den Inhalt der neuen Regelung eine Rolle gespielt hat; war doch Heinrichs Gattin Mathilde eine englische Königstochter. Die Investitur bildete nach wie vor die unumgängliche Schleuse, die jeder in Deutschland passieren mußte, um das kirchliche Amt zu erlangen. Durch die Symbolik war lediglich gewährleistet, daß der Herrscher keinen Anspruch mehr auf die geistliche Seite des Amtes besaß, und damit war auch die sakrale Grundlage des Königtums selbst unausweichlich einer Auflösung preisgege-

---

[229] MGH.Const I, 158, Nr. 106.

[230] Sehr ausführlich zuletzt P. Classen, Das Wormser Konkordat in der deutschen Verfassungsgeschichte, in: Investiturstreit und Reichsverfassung, hrsg. von J. Fleckenstein (Vorträge u. Forschungen 17), Sigmaringen 1973, 411–460.

[231] MGH.Const I, 159 ff, Nr. 107 f; für die päpstliche Urkunde besser A. Hofmeister, Das Wormser Konkordat, in: FS D. Schäfer, Jena 1915, 146–148.

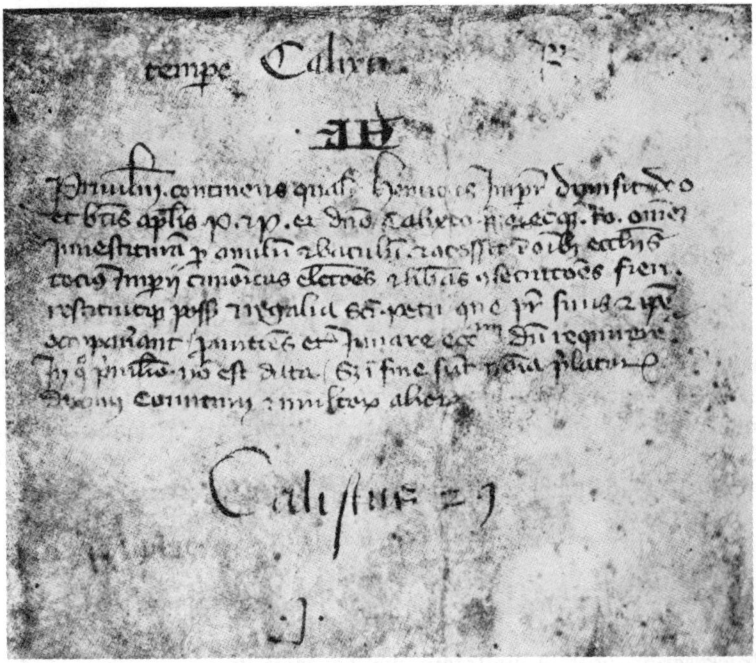

Unterschrift von Calixtus II. auf der letzten Seite des Wormser Konkordats von 1122 (Kopie), mit dem der Investiturstreit beendet werden sollte.

ben. Aber war die Trennung von *spiritualia* und *temporalia* in der Praxis überhaupt durchführbar? Einem Wahlvorgang beiwohnen zu dürfen bot einer starken Herrscherpersönlichkeit viele Möglichkeiten effektiver Einflußnahme. Ein Hindernis bildeten allenfalls die wachsenden Eigeninteressen des Adels, die sich seit einiger Zeit schon um Zugriffsmöglichkeiten bemühten, indem sie ihre Söhne in die Kapitel einschleusten. Wenn der Herrscher gehalten war, im Bischof oder Abt nur den weltlichen Herrn zu sehen, mußte er auf andere Weise versuchen, die an ihn ausgegebenen *temporalia,* darunter vor allem die Regalien, an sich zu binden. Auch in dieser Hinsicht war es Lothar III., der den Fidelitätseid um das *hominium* ergänzte; d. h., Bischöfe und Äbte wurden zu Vasallen des Herrschers, die Reichskirche wurde feudalisiert. Rechtfertigen ließ sich diese Entwicklung aus der Zusage des Wormser Vertragstextes, daß der Investierte Leistungen zu erbringen hat, die dem König von der Natur der übertragenen *temporalia* her zustehen.

Vor diesem Hintergrund vermindert sich die Berechtigung, vom Wormser Konkordat als einer tiefen Zäsur zu sprechen. Gewiß, die Ansprüche des Königtums waren in nun allen drei großen Reichen der lateinischen Welt in der Theorie eingegrenzt. Damit war eine Seite der „Gregorianischen Reform" erfüllt. Ihre andere Seite, der von weltlichen Verpflichtungen freie, an der Urkirche als Vorbild orientierte Geistliche, wie ihn Paschalis II. möglichst kirchenweit in die Wege zu leiten versucht hatte, blieb endgültig auf die Existenz von wenn auch sehr wirksamen – Sondergruppen begrenzt. Es ist eine Frage, ob Calixt II. das Laterankonzil als einen Triumph gefeiert hat. Es war ungewöhnlich gut besucht. Daß es sich nach langer Zeit wieder um ein Allgemeines Konzil handelte, entstammt einer wesentlich späteren, allerdings nicht unberechtigten Klassifizierung. Das Papsttum hatte seinen Standpunkt behauptet, aber nur einen Teilerfolg errungen. Ob Calixt sich darüber im klaren war, als er am 13./14. Dezember 1124 starb?

II. Die Entstehung der römischen Kurie im 11. Jahrhundert

Der päpstliche Hofstaat, der die alten stadtrömischen Einrichtungen ablöste, war eine Schöpfung des 11./12. Jh. Was sich unter dem Einfluß des Reiches seit der Jahrtausendwende ankündigte, nahm unter den Reformpäpsten deutliche Konturen an. Einzelämter wurden nach und nach durch *ordines palatii* zurückgedrängt. Das Laienelement verschwand nicht, verlor aber stark an Bedeutung. Als wichtigstes Gremium der Kurie schälte sich das Kardinalskolleg heraus. Das Konsistorium, die Kapelle, die Kammer, die Kanzlei und das päpstliche Gericht mit geistlichen und weltlichen Beisitzern waren um 1100 schon funktionsfähig[232].

Die Kardinäle

Der Ausdruck *cardinalis* stellt die Interpreten vor viele Probleme. Nach M. Andrieu und S. Kuttner ist *cardinalis* ein Attribut für Bischöfe, Priester und Diakone, die ihren Dienst an einer Kirche leisten, an der sie angestellt *(incardinati)*, auf deren Titel sie aber nicht geweiht sind. G. Fürst ist dagegen der Ansicht, der Titel bezeichne alle, die Dienst an einer Bischofskirche tun. Diese Interpretation erscheint plausibler, denn alle die nachgewiesenen Kardinalkleriker in Italien, Frankreich, Deutschland und England sind solche, die an der Seite des Bischofs die Liturgie feiern. Der Titel *cardinalis* scheint also tatsächlich auf die Zugehörigkeit zum Kathedralklerus hinzuweisen[233]. Jedenfalls wurde *cardinalis* ab dem 11. Jh. in diesem Sinne gebraucht. Das Kennzeichen des Kardinals aus der Zeit des Reformpapsttums bestand nicht mehr vorrangig im liturgischen Dienst, sondern im Dienst des Papstes, des *cardo et caput* der katholischen, universalen Kirche. In der Zeit Leos IX. bis Paschalis II. wurden die drei Kardinalsordines als Repräsentanten des römischen Klerus zum wichtigsten Instrument des Papstes bei der Führung der Kirche, und ihre Körperschaft (rechtlich seit 1100) galt als der sichtbare Beweis für die ekklesiologische These, daß

---

[232] K. Jordan, Die päpstliche Verwaltung im Zeitalter Gregors VII., in: Studi Gregoriani 1 (1947) 111–135; D. B. Zema, Economic Reorganization of the Roman See during the Gregorian Reform, in: Studi Gregoriani 1 (1947) 155–175; J. Sydow, Cluny und die Anfänge der apostolischen Kammer. Studien zur Geschichte der päpstlichen Finanzverwaltung im 11. und 12. Jahrhundert, in: Studien und Mitteilungen aus der Geschichte des Benediktinerordens 63 (1951) 45–66; ders., Untersuchungen zur kurialen Verwaltungsgeschichte im Zeitalter des Reformpapsttums, in: DA 11 (1954/55) 18–73; R. Elze, Das „Sacrum palatium Lateranense" im 10. und 11. Jahrhundert, in: Studi Gregoriani 4 (1952) 27–54; Jakobs, Kirchenreform (s. Anm. 103) 150–152 (mit kommentierter Bibliographie).

[233] M. Andrieu, L'origine du titre cardinal dans l'Eglise Romaine, in: Studi e testi 125, Città del Vaticano 1946, 113–144; S. Kuttner, Cardinalis: the history of a canonical concept, in: Traditio 3 (1945) 129 ff; C. G. Fürst, Cardinalis: Prolegomena zu einer Rechtsgeschichte des römischen Kardinalskollegiums, München 1967; ders., Kardinal, in: LexMA V (1990) 950–952 (Lit.).

das Papsttum nichts anderes als ein allumfassender Episkopat sei[234]. Der Prozeß der Erneuerung des Kardinaliziates war unter Alexander II. in Umrissen abgeschlossen. Die völlige Gleichstellung der drei *ordines* (Kardinalbischöfe, -priester und -diakone) wurde spätestens unter Urban II. erreicht. Die nur gelegentlich bezeugten Kardinalsubdiakone finden sich seitdem nicht mehr[235].

Die Kardinalbischöfe *(episcopi cardinales),* schon vor der Mitte des 11. Jh. auf den römischen Provinzialsynoden zugegen, waren Inhaber der sieben (später sechs) alten (suburbikarischen) Bistümer in der unmittelbaren Umgebung Roms: Ostia, Albano, Praeneste (Palestrina), Porto, Silva Candida, Gabii (später Labicum, dann Tusculum) und Velletri (später Sabina). Ihre Hauptaufgabe bestand in der wöchentlichen Meßfeier im Lateran. Die Kardinalpriester *(presbyteri cardinales)* waren für die seit dem 4. Jh. in Rom bezeugten Titelkirchen verantwortlich. Ihr Name rührt von ihrem priesterlichen Dienst an den vier römischen Patriarchalbasiliken her: St. Peter, S. Lorenzo fuori le mura, S. Paolo fuori le mura und S. Maria Maggiore. Um 1100[236] betrug ihre Zahl 28, sieben an jeder Basilika. Die Kardinaldiakone *(diaconi cardinales)* schließlich hatten in der Lateranbasilika und beim Stationsgottesdienst das Evangelium vorzutragen. Man unterschied sieben Pfalzdiakone und zwölf Regionardiakone. Die sieben Pfalzdiakone leiten sich von den sieben Urdiakonen ab, die schon in frühester Zeit für karitative Aufgaben in den sieben (Armen-)Regionen Roms zuständig waren. Seit der Mitte des 10. Jh., infolge der Neueinteilung Roms in zwölf Regionen, sind die zwölf Regionardiakone nachzuweisen. Die Gesamtzahl der Kardinaldiakone wurde um 1100 auf 18 festgesetzt.

Papst Leo IX. berief erstmals, ohne die bestehende Ordnung umzustoßen, auswärtige Personen seines Vertrauens an die Spitze der suburbikarischen Bistümer (Johannes von Porto, Humbert von Moyenmoûtier); Viktor II., Stephan IX. und Nikolaus II. verfuhren ähnlich (so Petrus Damiani und Bonifatius von Albano). Zuweilen auch „Lateranbischöfe" genannt[237], bildeten die Kardinalbischöfe die unbestreitbar wichtigste Gruppe in der unmittelbaren Umgebung des Papstes. Sie alle waren Anhänger der von Papst Leo IX. in die Wege geleiteten Kirchenreform und stammten zum guten Teil nicht mehr aus Rom oder dem römischen Dukat. An Stelle ihrer ursprünglichen Aufgabe, des wöchentlichen Gottesdienstes in der Lateranbasilika, waren sie Ratgeber des Papstes und wesentlich an der Leitung und Verwaltung der Gesamtkirche beteiligt. Ein sicheres Indiz für ihre Vorrangstellung hat man auch in der Papstwahlordnung von 1059 zu sehen, wonach ihnen die eigentliche Wahl des Papstes als quasi-metropolitane Instanz zustehen sollte. Da man das altkirchlich-hierarchische Prinzip erneuern wollte, lag auch die Erinnerung an die Mitwirkung bei der Wahl ihres neuen Metropoliten an der Schwelle zum Frühmittelalter nahe. Sie handelten gleichsam als Suffragane der römischen Provinz; Petrus Damiani bezeichnet sie als „die sieben Augen des Felsens" (abgewandelt von Sach 4,10) oder die „sieben Sterne" (Offb 1,16)[238].

---

[234] L. Pellegrini, „Cardinali e curia sotto Calisto II", in: Raccolta di studi in memoria di S. Mochi Onory II, Mailand 1972, 507–549.

[235] C. G. Fürst, „Gregorio VII, cardinali e amministrazione pontificia", in: La Riforma Gregoriana (s. Anm. 20) 17–31.

[236] Johannes Diaconus, Descriptio Lateranensis Ecclesiae, hrsg. von R. Valentini – G. Zucchetti, Codice topografico della città di Roma III, Rom 1946, 345.

[237] Hüls, Kardinäle (s. Anm. 208).

[238] Zur Politik der Reformpäpste bei der Rekrutierung der Kardinalbischöfe s. Kuttner, Cardinalis 173, und

Die Kardinalpriester indessen besaßen nach dem Willen der Papstwahlordnung von 1059 nur das Recht der Akklamation; selbst das Recht der Anwesenheit während der Vorentscheidung durch die Kardinalbischöfe war ihnen verwehrt. Ihre nachgeordnete Stellung konnten die Kardinalpriester vor allem im wibertinischen Schisma aufwerten. An der Wahl Urbans II. nahm nur einer aus diesem ordo teil, an der Wahl Paschalis' II. hingegen schon alle [239]. Man darf darüber aber nicht vergessen, daß die Kardinalpriester schon vorher als Legaten und Leiter von kurialen Ämtern nicht weniger als die Kardinalbischöfe eingesetzt worden waren. Ihnen gehörten, wenigstens unter Paschalis' II., mehr Italiener an, und vielleicht ist auch die bessere Streuung nach den Regionen Italiens kein Zufall. Aber bereits seit 1095 gehörten auch die Kardinaldiakone zu den Zeugen eines Papstprivilegs; folglich waren auch sie in das Gremium der Kardinäle integriert, zumal um diese Zeit der Unterschied zwischen Pfalzdiakonen und Regionardiakonen zu bestehen aufhörte. Dennoch blieb vorerst ein gewisses Gefälle zwischen den drei Kardinalsordines bestehen; andernfalls wären die vereinzelt zu beobachtenden Promotionen von einem niederen zu einem höheren ordo wenig sinnvoll gewesen [240].

Das Konsistorium war ein Ergebnis der Gleichstellung aller drei Kardinalsordines und ihrer engen Zusammenarbeit mit dem Papst, ein Eckstein der nachgregorianischen römischen Kurie. Hier besprach der Papst mit den Kardinälen die wichtigeren Fragen zur Regierung der Kirche. Der Begriff meinte ursprünglich den Ort, an dem die Räte des spätrömischen Kaisers sich trafen, dann den kaiserlichen Rat selbst; für das päpstliche Beratungsorgan kam er erst längere Zeit nach dessen Entstehen in Gebrauch. Schon Papst Johannes VIII. hatte im späten 9. Jh. das römische Presbyterium zur Beratung und Beschlußfassung stadtrömischer Angelegenheiten versammelt. Durch die Umstellung der Kurie von einer stadtrömischen Behörde zur zentralen Behörde der Gesamtkirche besonders unter Urban II. erfuhr auch das Konsistorium eine Aufwertung. Was unter Gregor VII. noch eine Angelegenheit der jährlich zweimal stattfindenden römischen Provinzialsynode war, wurde unter dem Druck des wachsenden Anfalls von Klagen aus allen Teilen der Gesamtkirche – was ohnehin den Rahmen einer Provinzialsynode sprengte – der Beratung mit den Kardinälen vorbehalten. Wenn man so will, bildete das Konsistorium seit Urban II. so etwas wie eine regelmäßig tagende kleine Synode oder ein Gericht – da die meisten Synoden nichts anderes als Gerichtsverhandlungen waren –, während Fragen von entscheidender Tragweite einem Konzil vorbehalten blieben. Es ist kein Zufall, daß Kardinal Bellarmin im 16./17. Jh. nach Vorgaben bei Gratian mit dem Laterankonzil von 1123 in der Zählung die Reihe der Allgemeinen Konzilien wiederaufleben ließ. Sein Ansehen erhielt das Konsistorium von der Materie, mit der es beschäftigt wurde, und das wiederum steigerte auch das ohnehin schon hohe Ansehen der Kardinäle. Die Satire des sog. García von Toledo spielt darauf an [241].

Fürst, Cardinalis (beide s. Anm. 233) 102. Umgekehrt sind nicht alle Reformer Kardinalbischöfe gewesen (Hildebrand, Friedrich von Lothringen); vgl. Hüls, Kardinäle (s. Anm. 208) 3–5; für die Amtszeit Paschalis' II. s. Servatius, Paschalis II. (s. Anm. 185) 42–45; allgemein auch K. Ganzer, Das römische Kardinalkollegium, in: Miscellanea del Centro di Studi Medioevali VII, Mailand 1974, 153–189; J. F. Broderick, The Sacred College of Cardinals: Size and Geographical Composition (1099–1986); in: AHP 25 (1987) 7–71.

[239] Zu den Kardinalpriestern im allgemeinen siehe z. B. Hüls (s. Anm. 208) 5–14.

[240] Servatius, Paschalis II. (s. Anm. 185) 52f u. 55–57, auch Hüls, Kardinäle (s. Anm. 208) 14–44.

[241] J. Sydow, Il „consistorium“ dopo lo Scisma del 1130, in: RSCI 9 (1955) 165–176. Zu García von Toledo s. M. Díaz y Díaz in: Dicc. de Hist. eclesiástica de España II, Madrid 1972, 971.

Die römische Kurie als Zentralverwaltung

Die Mißstände, gegen welche die Reformer zu Felde zogen, waren zu einem beträchtlichen Teil auch wirtschaftlicher Natur. Vor allem die Entfremdung von Kirchengut und -einkünften durch weltliche Territorialherren wurde als Grund für die Verarmung der kirchlichen Einrichtungen und für den Niedergang von Disziplin und Moral angesehen. Nicht weniger brachte aber auch der weit intensivere Ausgriff auf die Gesamtkirche ein höheres Maß an materieller Belastung mit sich. Dem nach außen hin so entschlossenen Reformwillen mußten im Zentrum eine Reform und ein Ausbau der Verwaltung entsprechen. Sie war seit langem überfällig, zum einen, weil die Einkünfte der noch stadtrömisch orientierten Verwaltung im Verlauf des 10. und 11. Jh. in die Hände des römischen Adels, allen voran der Grafen von Tusculum, geraten waren, zum anderen, was vielleicht noch entscheidender war, weil die römischen Adelsfamilien, die sich der Kirchenreform gegenüber ablehnend verhielten, weiterhin die Schlüsselpositionen der Verwaltung besetzt hielten, deren Sitz und Herzstück das *sacrum palatium Lateranense* bildete. Sämtliche *iudices palatini de clero* – der *arcarius*, der *sacellarius*, der *primus defensor*, der *adminiculator*, der *vestiarius* und der *vicedominus* – waren Mitglieder oder Vertraute der gräflichen Familie von Tusculum, die bis vor kurzem das Papsttum weitgehend unter Kontrolle gehabt hatte. Kaiser Heinrich II. hatte die Päpste zwar von der Herrschaft der Tusculaner befreit, diesen aber nicht die lukrativen Ämter beim Heiligen Stuhl entzogen[242].

Die Entscheidung Leos IX., Hildebrand, den späteren Gregor VII., zum *oeconomus* zu ernennen[243], bedeutete einen Bruch mit den faktisch erblichen Rechten des römischen Adels. Auch der Titel stellte ein Novum dar[244]. Daß die päpstlichen Einkünfte unter der neuen Aufsicht tatsächlich beträchtlich angestiegen sein müssen, könnte man aus der Ernennung Hildebrands zum Archidiakon der römischen Kirche durch Nikolaus II. schon kurz nach seinem Amtsantritt schließen. In diesem Amt, bislang ebenfalls von römischen Adelsfamilien besetzt, war er für die weltlichen Güter der gesamten stadtrömischen Kirche zuständig. Nicht zufällig geht die erste Liste von Einkünften und Besitztümern der römischen Kirche auf Gregor VII. zurück.

Unter diesem Papst vollzogen sich wichtige Änderungen innerhalb der kirchlichen Verwaltung. Die Aufsicht über die weltlichen Belange wurde zentralisiert und eine Buchhaltung eingeführt. Ansätze einer Strafgesetzgebung sollten den kirchlichen Besitz schützen[245]. Das bedeutete noch keine grundlegende Umorganisation, denn die Oberaufsicht der Verwaltung durch einen Archidiakon blieb.

Erst Urban II. setzte eine solche Umstrukturierung der päpstlichen Verwaltung ins Werk, indem er in Nachahmung weltlicher Vorbilder, vor allem aber auch von Cluny, die Grundlagen für jene kuriale Organisation schuf, die sich in der Folgezeit durchsetzen sollte. Unter seinem Pontifikat taucht der Begriff *curia* zum ersten Mal auf, und *camera* sowie *capella* wurden zu wirklichen Verwaltungsbehörden. Als früherer Cluniazenser brachte dieser Papst nicht nur einen neuen Namen für die Finanzverwaltung der Kurie mit, son-

---

242 ELZE, Das „Sacrum palatium Lateranense" (s. Anm. 232).

243 Paul von Bernried, Vita Gregorii VII (s. Anm. 49).

244 Der Titel *oeconomus* wurde möglicherweise von der Abtei S. Paolo fuori le mura übernommen, deren *rector* Hildebrand damals war.

245 Ein Beschluß der römischen Synode von 1078 (Register Gregors VII. (s. Anm. 52) VI, 5b) richtete sich gegen die Entfremdung von Besitz der Kirche St. Peter.

dern er übertrug sogar der *camera* von Cluny zunächst anscheinend die Einziehung und Weiterleitung von Pachtgeldern und sonstigen Einkünften und Schenkungen. Der erste von Urban II. bestellte *camerarius*, Petrus, kam aus Cluny. Noch unter Paschalis II. war die Zusammenarbeit zwischen der cluniazensischen Kammer und der päpstlichen Finanzverwaltung sehr eng [246]. In der ersten Zeit Calixts II. unterhielt die römische *camera* eine regelrechte Filiale in Cluny. Erst als dieser Papst nach Italien abreiste, lockerten sich die Bindungen, und die päpstliche *camera* erscheint zunehmend als ein autonomes Organ.

Der Ausbau der Kurie war nicht die einzige Anleihe, die die Päpste beim Kaisertum machten, allerdings ohne damit einen Bruch mit der eigenen gewachsenen Tradition herbeizuführen. Eher könnte man von einer Verschmelzung neuer Organisationsformen mit alten römischen Einrichtungen sprechen. Eine originelle Wiederaufnahme älterer Modelle zeigt sich z. B. bei der Eingliederung der römischen Subdiakone in die päpstliche Kapelle, eine Einrichtung, die zweifellos karolingisch-deutschen Ursprungs war [247]. Wichtigere Veränderungen vollzogen sich stufenweise und über längere Zeitabschnitte; so ist ein Kaplanskollegium nicht vor Urban II. bezeugt [248]. Unter Paschalis II. nahm die Kapelle erheblich an Bedeutung zu, erhob er doch viele Kapelläne, die sich als Pfalzkleriker (*scriptores* oder *notarii*) ausgezeichnet hatten, zu Kardinälen [249].

Urban II. beschäftigte sich auch mit der Kanzlei, deren Leitung er dem gelehrten Diakon Johannes von Gaëta (später Gelasius II.) anvertraute. Neuerungen in dieser jahrhundertealten Institution [250] bestanden in der Einführung der *rota* und des Monogramms *(Benevalete),* deren Gebrauch sich endgültig durchsetzte. Das gleiche gilt für die Bleibullen selbst. Unter Benedikt III. (855–858) war es Brauch gewesen, den Namenszug des Papstes auf die Bullen zu prägen. Zweihundert Jahre später, unter Viktor II. (1055–57) erscheint auf der Vorderseite erstmals Petrus, dem die Hand Christi aus dem Himmel den Schlüssel reicht, auf der Rückseite die Roma *(Aurea Roma),* umrahmt vom Namen des Papstes im Genitiv *(Victoris papae II).* Die letzte Stufe fand unter Paschalis II. statt; die Abbilder der Apostel finden sich zwischen einem Kreuz und den Buchstaben SPA *(Sanctus Paulus)* und SPE *(Sanctus Petrus)* eingraviert, und die Rückseite ziert der Papstname im Nominativ mit seiner Ordnungszahl. Der Bullenstempel wurde, um den weiteren Gebrauch zu verhindern, dem verstorbenen Papst mit ins Grab gegeben. In dieser Form hat sich die päpstliche Bulle im wesentlichen unverändert bis in die heutige Zeit erhalten [251].

Bibliographie

Quellen:

G. Alberigo u. a. (Hrsg.), Conciliorum oecumenicorum decreta, Freiburg i. Br. 1962.
Investiturprivilegien, hrsg. von C. Märtl, MGH.F 13, 1986.
Libelli de lite imperatorum et pontificum saec. XI et XII coinscripti, 3 Bde., MGH.LL 1891–97.
Liber pontificalis, hrsg. von L. Duchesne, 3 Bde., Paris 1886–92.
S. Löwenfeld, Epistolae pontificum Romanorum ineditae, Leipzig 1885.

---

[246] Vgl. JL 5351. – Kohnle, Abt Hugo von Cluny (s. Anm. 179) 168f.

[247] J. Fleckenstein, Die Hofkapelle der deutschen Könige, 2 Bde., Stuttgart 1959–66, bes. Bd. 2.

[248] R. Elze, Die päpstliche Kapelle im 12. und 13. Jahrhundert, in: Zeitschrift der Savigny-Stiftung für Rechtsgeschichte, kan. Abt., 36 (1950) 145-204.

[249] Servatius, Paschalis II. (s. Anm. 185) 63.

[250] Vgl. P. Rabikauskas, Die römische Kuriale in der päpstlichen Kanzlei, Rom 1958.

[251] Ebd. 122; Servatius, Paschalis II.(s. Anm. 185) 62.

J. Pflugk-Harttung, Acta pontificum Romanorum inedita, 3 Bde., Tübingen – Stuttgart 1880–96.
Das Register Gregors VII., hrsg. von E. Caspar, MGH.ES II, 1/2, Berlin 1920–23.
L. Santifaller, Quellen und Forschungen zum Urkunden- und Kanzleiwesen Gregors VII., I: Quellen, Urkunden, Regesten, in: Studi e testi 190, Città del Vaticano 1957.
J. M. Watterich, Pontificum Romanorum Vitae, 2 Bde., Leipzig 1862.

Literatur:
A. Becker, Papst Urban II., 2 Bde., Stuttgart 1964–88.
U.-R. Blumenthal, Der Investiturstreit, Stuttgart 1982.
E. Boshof, Die Salier, Stuttgart 1987.
G. M. Cantarella, La costruzione della verità. Pasquale II, un papa alle strette, Rom 1987.
–, Ecclesiologia e politica nel papato di Pasquale II. Linee di una interpretazione, Rom 1982.
O. Capitani, Gregorio VII, papa, santo, in: Bibliotheca Sanctorum VII, Rom 1966, 294–379.
H. E. J. Cowdrey, The Age of Abbot Desiderius. Montecassino, the Papacy and the Normans in the Eleventh and Early Twelfth Centuries, Oxford 1983.
J. Haller, Das Papsttum. Idee und Wirklichkeit II, Stuttgart 1951.
W. Hartmann, Der Investiturstreit, München 1993.
R. Hüls, Kardinäle, Klerus und Kirchen Roms (1049–1139), Rom 1977.
Investiturstreit und Reichsverfassung, hrsg. von J. Fleckenstein (Vorträge u. Forsch. 17), Sigmaringen 1973.
H. Jakobs, Kirchenreform und Hochmittelalter, 1046–1215, München 1984.
D. Jasper, Das Papstwahldekret von 1059. Überlieferung und Textgestalt, Sigmaringen 1986.
H.-G. Krause, Das Papstwahldekret von 1059 und seine Rolle im Investiturstreit, in: Studi Gregoriani 7 (1960).
J. Laudage, Priesterbild und Reformpapsttum im 11. Jahrhundert, Köln/Wien 1984.
–, Gregorianische Reform und Investiturstreit, Darmstadt 1993.
Reformidee und Reformpolitik im spätsalisch-frühstaufischen Reich, hrsg. von St. Weinfurter, Mainz 1992.
La Riforma Gregoriana e l'Europa. Congresso Internazionale, Salerno, 20.–25. Mai 1985, I, in: Studi Gregoriani 13 (1989).
I. St. Robinson, Authority and Resistance in the Investiture Contest, Manchester 1978.
Die Salier und das Reich, 3 Bde., hrsg. von St. Weinfurter, Sigmaringen 1991.
R. Schieffer, Die Entstehung des päpstlichen Investiturverbots für den deutschen König, Stuttgart 1981.
T. Schmidt, Alexander II. (1061–1073) und die römische Reformgruppe seiner Zeit, Stuttgart 1977.
F. X. Seppelt – G. Schwaiger, Geschichte der Päpste von den Anfängen bis zur Mitte des 20. Jahrhunderts, Bd. III, München 1956.
L. Servatius, Paschalis II. (1099–1118). Studien zu seiner Person und Politik, Stuttgart 1979.
B. Szabo-Bechstein, Libertas ecclesie. Ein Schlüsselbegriff des Investiturstreits und seine Vorgeschichte (4.–11. Jh.), Rom 1985.
G. Tellenbach, Die westliche Kirche vom 10. zum frühen 12. Jahrhundert (Die Kirche in ihrer Geschichte II), Göttingen 1988.
H. Toubert, Un art dirigé, Paris 1989.
J. Vogel, Gregor VII. und Heinrich IV. nach Canossa. Zeugnisse ihres Selbstverständnisses, Berlin – New York 1983.
J. Ziese, Wibert von Ravenna. Der Gegenpapst Clemens III. (1084–1100), Stuttgart 1982.

Drittes Kapitel

Die christlichen Reiche in Auseinandersetzung mit der Kirche: Der Investiturstreit und sein Ergebnis

Von Michel Parisse und Jerzy Kłoczowski

Das dem 1. Lateranum (1123) vorausgehende halbe Jahrhundert war in ganz Europa von der intensiven Reflexion über die Frage nach dem Verhältnis von Kirche und weltlicher Gewalt bestimmt. Da die Lösungsvorschläge und Theorien weit verbreitet waren, teils durch die unermüdlich wiederholten Forderungen der päpstlichen Legaten, teils aber auch durch die weit verzweigten verwandtschaftlichen Kontakte der Herrscher würde sich eine die ganze Christenheit umfassende Darstellung der Personen und Ereignisse dieser Epoche anbieten. Die unterschiedlichen Ausgangspositionen in den betroffenen Reichen jedoch und die schon aus taktischen Gründen nicht überall gleiche Behandlung der Herrscher durch die Reformpäpste legt eine für jedes Reich gesonderte Darstellung nahe, zumal sie auch besser geeignet ist, das jeweils Individuelle nicht nur des Vorganges, sondern auch der Struktur des Reiches zur Anschauung kommen zu lassen. Deshalb sollen zunächst Frankreich, das anglo-normannische Königreich, die deutschen Teile des Imperiums und Italien betrachtet werden. Spanien (außer Katalonien), dessen Politik im 11. Jh. zum Teil von der Reconquista bestimmt war, und die jungen christlichen Länder Nordeuropas, die infolge des zwangsläufig noch unscharfen Bildes ihrer Geschichte für unser Thema eine untergeordnete Rolle spielen, kommen in einem späteren Kapitel zur Sprache.

I. Frankreich: anpassungsfähiges Königtum, rege Legationstätigkeit, vermittelnde Theorien

Viele Historiker legen besonderen Nachdruck darauf, wie klein das zwischen Senlis und Bourges gelegene Herrschaftsgebiet der Kapetinger und wie gering ihre politische Macht gewesen sei. Infolgedessen sei der französische König im eigenen Reich mehr geduldet als wirklicher Herrscher gewesen[1]. Dies ist eine simplifizierte Betrachtungsweise, die der Kirchengeschichte des 11. Jh. nicht entspricht und langsam auch korrigiert wird. Der Kapetinger war in seinem faktischen Herrschaftsbereich König, gesalbt und respektiert, der sich der Hochachtung des Klerus und der Fürsten erfreute. Die Krondomäne machte ihn zu

---

Bibliographische Kurzangaben verweisen auf das Literaturverzeichnis am Ende des Kapitels (siehe Seite 134).

[1] Vgl. A. Luchaire, Les premiers Capétiens, in: E. Lavisse (Hrsg.), Histoire de France II/2, Paris 1901, 200–210. Eine ausgewogenere Darstellung der königlichen Gewalt dagegen bei G. Duby, Histoire de France, I, Paris 1970, 198, und R. Fossier, Le Moyen Age, II (Paris 1982) 140.

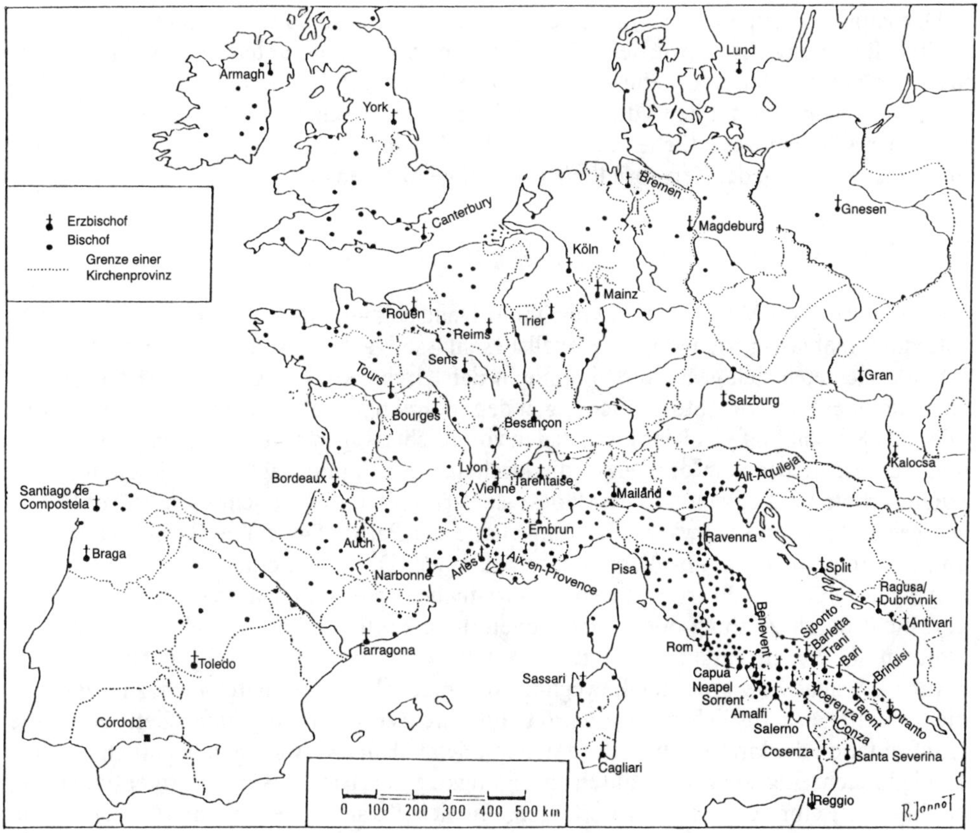

Die westliche Kirche um 1120.

einem der reichsten Fürsten Frankreichs, dem mehr Bistümer und Abteien verpflichtet waren als jedem anderen[2]. Gleichwohl war Frankreich in seinem Gesamtumfang kein gleichmäßig beherrschtes Reich. Verhaltensweisen, Institutionen und Gesellschaft im Norden unterschieden sich vom Süden. Von der römischen Tradition stark geprägt waren Aquitanien, die Auvergne und das Languedoc, deren politische Kräfte dem König gegenüber autonom waren. Burgund, die Champagne und die Picardie hatten vieles gemeinsam mit der Ile de France, dem Herrschaftszentrum des Königs, was u. a. eine Karte der von Heinrich I. abhängigen Bistümer und eine Betrachtung ihrer Bischofsherrschaften zeigen kann[3]. Die starke Selbständigkeit der Normandie, erst recht seit 1066, und Flanderns sowie der Bretagne, wie abgeschnitten vom Kontinent, bedingten eine historisch eigenständige Entwicklung auch dieser Regionen.

---

[2] Ein Verzeichnis der Bistümer und Abteien, die der Kontrolle des Königs unterlagen, s. F. Lot, Etudes sur le règne de Hugues Capet et la fin du Xe siècle, Paris 1903, 222–232. – Vgl. zu dieser Frage auch J. Ehlers, Geschichte Frankreichs im Mittelalter, Stuttgart 1987, 51 f u. 63–68.

[3] Vgl. R. Kaiser, Bischofsherrschaft zwischen Königtum und Fürstenmacht (Pariser Hist. Studien 17), Bonn 1981.

Der Papst war ein Kenner Frankreichs, nicht zuletzt deshalb trug er seiner politischen Vielfalt Rechnung. Er pflegte seine Beziehungen zum König, unterhielt aber auch Kontakte mit den Fürsten und Lehnsherren; aufmerksam verfolgte er die Absichten des Königs, um gleichzeitig mit den Fürsten zahlreiche Rechtsgeschäfte auszuhandeln. Dennoch besaß der König in wesentlichen Fragen der Kirche ein besonderes Gewicht, schon weil er mächtiger war als jeder Territorialherr für sich genommen.

1. Die notwendige Reform der Moral

Leo IX. reiste zwei Mal nach Frankreich und Deutschland, um der Durchführung in ihrer Intention unablässig wiederholter Konzilsbeschlüsse Nachdruck zu verleihen[4]. Diese Beschlüsse richteten sich gegen die Simonie in der Kirche, konkret gegen den Kauf kirchlicher Ämter auf jeglicher Stufe, auch gegen den indirekten; sie richteten sich gegen die Ehe oder den Konkubinat von Klerikern, denen von Rechts wegen bis dahin noch nicht der Zölibat vorgeschrieben war, und gegen die kirchenrechtlich untersagte Eheschließung unter Laien verbotenen Verwandtschaftsgrades; sie verurteilten die Ausschreitungen von Adeligen gegen Arme und Schwache. In Reims hatte der Papst 1049 einige Bischöfe abgesetzt und andere gezwungen, ihre Vergehen zu bekennen. Der Leiter einer Kirche sollte in der Regel gewählt und nicht ernannt werden; kirchliche Ämter sollten auf Grund von Eignung und nicht durch Zahlung oder andere unerlaubte Einflußnahme vergeben werden. Die Normen des Neuen Testamentes und die Konzilskanones wurden nachdrücklich in Erinnerung gebracht. So wurde eine Bewegung von langer Hand eingeleitet, nicht zuletzt durch die Tatkraft der päpstlichen Legaten, die auf eine Zentralisierung hinauslief. Durch die Konfrontation der kirchlichen Autoritäten mit den laikalen Gewalten, namentlich mit dem König, gleichzeitig aber auch durch die Fähigkeit der Theoretiker, die Intentionen der kirchlichen Reformer adäquat zu erfassen, entwickelte sich eine Abkehr von der Gesellschaft, der man bislang völlig verhaftet war.

Leo IX. war nach Reims gekommen, um zu überprüfen, ob die Bischofserhebungen den kirchlichen Kanones entsprechend durchgeführt worden waren, um so das Ausmaß der simonistischen Praxis beurteilen zu können. Pfarrkirchen waren zum Teil schon Kanonikerstiften oder Mönchsklöstern restituiert oder übertragen worden, aber die Bistümer und Abteien befanden sich oft noch in der Hand von Laien. Deren Prälaten waren vielfach eigenmächtig ernannt worden oder gelangten auf Grund verwandtschaftlicher Beziehungen, um den politischen Einfluß zu sichern oder mittels Zahlung, in ihr Amt. Manchmal fand auch die vorgeschriebene Wahl statt, allerdings unter der Aufsicht angeblicher Protektoren. Der König kontrollierte ein Drittel der französischen Bischofssitze, was allein ihn in die Lage versetzte, dem Tun und Wollen der Fürsten im Kerngebiet Frankreichs entgegenzuwirken[5]. So verfügte er dort über eine stattliche Anzahl von Abteien, unter ihnen die älte-

---

[4] Histoire des Conciles, hrsg. von Ch. J. Hefele – H. Leclercq, IV/2, Paris 1911, 1011–1036 (Reims 1049, Mainz 1049, Deutschland 1052); H. Wolter, Die Synoden im Reichsgebiet und in Reichsitalien von 916 bis 1056, Paderborn1988, 409–424.

[5] J. F. Lemarignier, Le gouvernement royal aux premiers temps capétiens (987–1108), Paris 1955. Über das 11. Jh. siehe A. Becker, Studien zum Investiturproblem in Frankreich. Papsttum, Königtum und Episkopat im Zeitalter der gregorianischen Kirchenreform (1049–1119), Saarbrücken 1955.

Die Bleibulle (6.11.1052) Leos IX. trägt auf der Vorderseite die durch Lilien getrennten Buchstaben des Namens und in der Mitte das Ordnungszeichen 9 (IIIIV). Auf der Rückseite gruppieren sich die wieder durch Lilien getrennten Buchstaben PAPAE um einen Stern.

sten und reichsten des Reiches. Außerhalb des königlichen Einflußbereichs - besonders in Südfrankreich - betrachtete der Territorialherr die Ämterbesetzung als sein Recht, das er rücksichtslos in Anspruch nahm. Formal handelte er im Auftrag des Königs, da jedoch die königliche Gewalt nicht präsent war, vererbte er sein Recht der Ämterbesetzung testamentarisch wie seinen eigenen Besitz. Doch gerade hier verbuchten die Reformer erste Erfolge, und hier zeigte sich eine Reformbereitschaft auch am stärksten[6].

Die Zahl der päpstlichen Gesandten in Frankreich war besonders groß. Sie hatten den Auftrag, die Reformpolitik Roms durchzusetzen und dem königs- und fürstentreuen französischen Klerus seine Abhängigkeit vom Nachfolger Petri in Erinnerung zu rufen.

Als beispielhaft für die Hauptanliegen der Päpste in dieser Zeit dienen drei Synoden auf französischem Boden allein im Todesjahr Leos IX. 1054[7]. Nach Tours berief Hildebrand (der spätere Papst Gregor VII.) persönlich eine Synode: Die Lehren Berengars von Tours wurden erneut verurteilt und u. a. zwei Streitfälle beigelegt. In einem Falle stritten sich die Abteien St. Aubin in Angers und La Trinité de Vendôme um den Besitz einer Kirche, im anderen Fall der Graf von Anjou mit dem Kloster Marmoutier um einen Wald. Die zweite Synode fand in Lisieux statt; der Bischof von Sitten, Ermenfried, enthob in Gegenwart des normannischen Herzogs Wilhelm den wegen seiner ausschweifenden Lebensführung bekannten Erzbischof Mauger von Rouen seines Amtes und ersetzte ihn durch den Mönch Maurille; der priesterliche Zölibat wurde nachdrücklich eingeschärft. In Narbonne berief der Erzbischof eine Diözesansynode ein, wo der Gottesfrieden (pax et treuga) behandelt

[6] A. Fliche, La réforme grégorienne et la Reconquête chrétienne (1057-1123), in: Histoire de l'Eglise, hrsg. von Fliche - Martin, VIII, Paris 1940; F. Kempf, Die gregorianische Reform (1056-1124), in: Handbuch der Kirchengeschichte, III/1, hrsg. von H. Jedin, Freiburg i. Br. 1966, 401-461; O. Engels, Schutzgedanke und Landesherrschaft im östlichen Pyrenäenraum, Münster/W. 1970, 234ff.

[7] Histoire des Conciles (s. Anm. 4) IV/2, 1108-1112.

wurde. Die Erzbischöfe von Narbonne und Arles beschäftigten sich im November 1054 auf einer Synode in Barcelona ebenfalls mit dieser Angelegenheit.

2. Legationen und Synoden

Um ihre Politik durchzusetzen und ihre Ziele verständlich zu machen, reisten die Päpste selbst nach Frankreich, Leo IX. zweimal nacheinander (1049–1050), Urban II. auf einer längeren Rundreise (1095–1096), Paschalis II. mehrmals im Laufe seiner Amtszeit. Trotz ihrer Bedeutung schmälerten diese Reisen eines Papstes nicht im geringsten die Arbeit der päpstlichen Legaten, deren Aufgabe es war, für eine bestimmte Zeit den Papst zu vertreten, in seinem Namen Maßnahmen zu ergreifen und die Umsetzung seiner Beschlüsse in die Praxis zu bewirken[8]. So erlangte das Legationswesen eine wichtige Rolle in der Ausbildung der kirchlichen Zentralgewalt. Frankreich ist ein gutes Beispiel, um die Funktion des Legationswesens genauer zu untersuchen und an Hand der zahlreichen Synoden die Sorgen der Zeitgenossen kennenzulernen. Es gab zwei Kategorien von Legaten: Einmal waren es Kardinäle oder andere Prälaten, die von Rom in einer bestimmten Angelegenheit und für Reisen von mittlerer Dauer (ein bis zwei Jahre) entsandt wurden; andererseits fungierten französische Bischöfe als päpstliche Legaten über einen langen Zeitraum in einem klar abgegrenzten Raum, um einen bestimmten Fall bis zu seiner endgültigen Lösung zu verfolgen. Letztere mußten alle Streitfälle und *causae maiores* der Kurie mitteilen, die Berufungen an die Kurie gewährleisten und gegebenenfalls neue Weisungen abwarten; ihre Entscheidungen konnten vom Papst angefochten bzw. aufgehoben werden.

Aufgabe der Legaten war die Einberufung und Durchführung von Synoden. Bei den Synoden gab es sehr unterschiedliche Teilnehmerzahlen; eine rege Teilnahme, besonders von Erzbischöfen und Bischöfen, wurde eigens erwähnt; andere zeichneten sich eher durch die Verkündigung von Kanones und die Entscheidung wichtiger Einzelfälle aus[9]. Eine genaue Aufschlüsselung ihrer Themen und Beschlüsse ergibt ein ziemlich repräsentatives Bild ihrer Arbeit. So finden sich Urkunden und Chroniken, die von Auseinandersetzungen zwischen Klerikern, Mönchen und weltlichen Autoritäten um Besitz-, Hoheits- und Ernennungsrechte berichten. Man hat den Eindruck, daß diese Konflikte im Süden Frankreichs häufiger auftraten. Ein besonders heißes Eisen faßten die Legaten immer dann an, wenn sie die Bischofsinvestitur einschließlich der konkreten Umstände untersuchten, um gegebenenfalls den Vorwurf der Simonie erheben zu können. In dieser Zeit wurden viele Bischöfe exkommuniziert, abgesetzt, suspendiert, einige unterwarfen sich, andere leisteten Widerstand, manchmal sogar mit Erfolg. Äbte wurden seltener wegen ihrer Wahl einer Untersuchung unterworfen; in den meisten Fällen mußten sie sich für Besitzungen ihres Klosters rechtfertigen. Das eigentliche Anliegen der Synoden war letztlich die Propagierung und Durchsetzung der neuen päpstlichen Anordnungen durch die Legaten und deren Übernahme in die Konzilsbeschlüsse.

Frankreich kann man in drei Legationszonen unterteilen: Die südlichen Provinzen (Aquitanien im weitesten Sinne) bildeten eine Einheit: ein Gebiet, das von Poitiers bis Ka-

---

[8] Th. Schieffer, Die päpstlichen Legaten in Frankreich vom Vertrage von Meersen (870) bis zum Schisma von 1130, Berlin 1935.

[9] So die Synoden von Autun 1077 und 1094, die von Bordeaux 1079 und 1080, von Saintes 1097 und von Poitiers 1100. (Histoire des Conciles [s. Anm. 4], V/1, Paris 1912, passim).

talonien, nach Norden manchmal sogar bis Tours und in die Bretagne hinein reichte. Hier lag das Wirkungsfeld des Amatus von Oloron und des späteren Gerhard von Angoulême. Synoden fanden oft in Saintes, Poitiers und Bordeaux statt. Die zweite Zone umfaßte Burgund und das kapetingische Frankreich, das vom König direkt beherrschte Gebiet. Hier war Hugo von Die hauptsächlich der Legat, der besonders das Rhône- und Saônetal sowie die Reimser Kirchenprovinz besuchte. Einige der wichtigsten Synoden fanden in Autun statt. Die dritte Zone war sehr uneinheitlich. Hierzu zählten die Normandie, die wegen ihrer gemeinsamen Herrschaft mit England (seit 1066) einen Sonderstatus einnahm, und der Norden Frankreichs, dessen Angelegenheiten von Reims aus geregelt wurden, weshalb er kaum das Ziel päpstlicher Legationen war. Die Päpste stellten unterschiedlich hohe Anforderungen an ihre Legaten. Gregor VII. zählte sehr auf Amatus von Oloron und Hugo von Die, Urban II. arbeitete mit einer größeren Zahl von Legaten, und Paschalis II. setzte sein Vertrauen über lange Zeit nur in einen einzigen, so 1101–1111 in Richard von Albano und 1107–1118 in Gerhard von Angoulême.

3. Amatus von Oloron und Hugo von Die: Der Kampf gegen die Simonie

1073 wurde Amatus, zuvor sehr wahrscheinlich Mönch in Cluny, Bischof von Oloron[10]. Schon im nächsten Jahr vertraute ihm Gregor VII. eine Legation in Aquitanien an, wo ihm wenig später die Anhänger des Grafen von Poitiers, dessen Ehe als fragwürdig angefochten wurde, hart zusetzten (Saint-Maixent, Juni 1075). 1077 wurde er mit Aufgaben im Erzbistum Narbonne, der Gascogne und Katalonien betraut. Danach begegnet man ihm im Béarn (1078) und der Bretagne (1079–1080). Auf einer großen Provinzialsynode in Bordeaux (Oktober 1080) schlichtete er zahlreiche Streitigkeiten um Abteien und erkannte die Gründung der Abtei Sauve-Majeure an. Im Anschluß an die Synode von Saintes (Januar 1081) wurde Amatus seiner Legation enthoben (Issoudun, März 1081) und zog sich in seine Diözese zurück, bis ihn Urban II. erneut in päpstliche Dienste berief. Auf einer weiteren Synode in Saintes (November 1089) wurde er zum Erzbischof von Bordeaux gewählt. Als solcher leitete er noch Kirchenversammlungen in Toulouse (1097) und Bordeaux (1093 und 1098), im Limousin (1096) und Spanien (1097), wo er in Huesca eine Moschee dem christlichen Kult zurückgab und weihte. 1095–96 begleitete er Urban II. auf dessen Reise durch Frankreich und erwies sich bis zu seinem Tod (22. 5. 1101) als ein gemäßigter und standhafter Gesetzgeber sowie treuer Vertreter des Papsttums.

Hugo von Die bietet ein anderes Bild[11]. Der ehemalige Kanoniker von Romans-sur-Isère und Kämmerer des Kapitels von Lyon wurde Bischof, nachdem der Kardinallegat Gerald von Ostia den Amtsinhaber von Die der Simonie überführt und abgesetzt hatte (Februar 1073). Als Hugo in Rom geweiht wurde, beeindruckte er Gregor VII. durch seine Un-

---

[10] A. Degert, Amat d'Oloron, in: Revue quest. hist. 84 (1908) 33–84; M. Fazy, Amat d'Oloron, archevêque de Bordeaux et légat du Saint-Siège, in: Cinquièmes mélanges d'histoire du Moyen Age, hrsg. von A. Luchaire, Bibl. fac. Lettres Paris 24 (1908) 77–140; R. Biron, Amat, in: DHGE II, 973–977; Ch. Higounet, Amatus, in: Lexikon des Mittelalters I, München 1980, 512f.

[11] W. Lühe, Hugo von Die und Lyon, Legat von Gallien, Diss. Straßburg 1898; A. Rony, La légation d'Hugues archevêque de Lyon sous le pontificat d'Urbain II, in: RQH 112 (1930) 124–147; Schieffer, Päpstliche Legaten (s. Anm. 8) passim; Neue Forschungen über Cluny und die Cluniacenser, hrsg. von G. Tellenbach, Freiburg 1959, Index; A. Kohnle, Abt Hugo von Cluny 1049–1109, Sigmaringen 1993, Index; P. R. Gaussin, Hugues de Die et l'épiscopat francobourguignon (1075–1085), in: CHM 13 (1968) 77–98.

nachgiebigkeit, eine Eigenart, die beide Männer auszeichnete. Schon 1075 trat Hugo seine erste Legationsreise an, auf der er von Anfang an großen Eifer zeigte und oftmals seine Amtsgewalt rücksichtslos auszuschöpfen wußte. Er fungierte – mit einigen Unterbrechungen – über mehr als zwanzig Jahre als päpstlicher Legat. Seiner Tatkraft verdankte die Kirche Frankreichs die Suspension zahlreicher Bischöfe im Jahre 1077, darunter auch solcher Männer, deren Reformeifer unbestritten war, wie Richard II. von Bourges[12], dem allerdings mit Recht zur Last gelegt wurde, einer Synode ohne Begründung ferngeblieben zu sein. Hugo von Die ließ alle Bischofserhebungen überprüfen und jede Spielart von Simonie verfolgen. Gregor VII. unterstützte nicht immer seine Maßnahmen und zeigte mehr Verständnis für diejenigen, die in Rom zu ihrer Rechtfertigung erschienen. Dank seiner langen Legationstätigkeit verlor Hugo von Die die einmal Beschuldigten nicht aus den Augen, weswegen es ihm auch gelang, den Erzbischof Manasses von Reims, dessen simonistische Praktiken zu Recht verurteilt wurden, seines Amtes zu entheben (1080)[13]. Auch gegenüber dem König bewies Hugo Entschlossenheit. Um beispielsweise den Bischofsstuhl von Soissons zu besetzen, zog er den Abt von Saint-Médard dem schon gewählten Kandidaten Philipps I., Bruder des königlichen Seneschalls, vor; in diesem Falle allerdings blieb ihm der Erfolg versagt[14].

1082 wurde Hugo seines Amtes enthoben; man schlug ihm vor, sich noch in diesem Jahr oder wenig später zum Erzbischof von Lyon wählen zu lassen. Als Erzbischof hatte er dort eine bedeutende Stellung inne, denn seit 1079 war Lyon, nominell dem Imperium zugehörig, vorübergehend Sens locker unterstellt[15]. Dann aber machte sich Hugo Papst Viktor III. zum Feind, weil er dessen Ansichten nicht teilte, was ihm die Exkommunikation eintrug. Urban II. betraute ihn 1093–1094 erneut mit einer Legation. Der Legat mußte sich dieses Mal auf der Synode von Autun (Oktober 1094) mit der Ehe des Königs beschäftigen und verhängte über Philipp I. ein strenges Urteil wegen Ehebruchs[16]. Die guten Beziehungen zwischen Papst und Legat trübten sich ein; seit 1096 benutzte ihn Urban II. nicht mehr als Legat. Hugo war ein Radikalreformer, Urban jedoch wünschte eine moderate Gangart, um zu einer allgemeinen Lösung der Investiturfrage zu kommen. Darüber hinaus erwies sich der Erzbischof auch als ein rachsüchtiger Eiferer; er behinderte die Arbeit der neuen Legaten, so 1100 rhôneabwärts in Valence.

---

[12] Vgl. G. Devailly, Le Berry du Xe siècle au milieu du XIIIe, Paris – La Haye 1973, 250–256 (Erzbischof Richard 1077–1092).

[13] H. Gaul, Manasses I., Erzbischof von Reims, ein Lebensbild aus der Zeit der gregorianischen Reformbestrebungen in Frankreich, Diss. theol. Bonn 1940, I: Der unbekannte Manasses der ersten Jahre (1069 bis Frühjahr 1077); M. Wiedemann, Gregor VII. und Erzbischof Manasses I. von Reims. Ein Beitrag zur Geschichte der französischen Kirchenpolitik des Papstes Gregor VII., Leipzig 1884; O. Meyer, Reims und Rom unter Gregor VII., in: ZSRG.K 28 (1939) 418–452; J. R. Williams, Archbishop Manasses I of Reims and Pope Gregory VII, in: AHR 54 (1949) 804–824; M. Bur, Manasses I., in: LexMa VI, München 1993, 184.

[14] M. Bur, La formation du comté de Champagne, Nancy 1977, 223.

[15] Der Titel eines Primas von Gallien, der dem Lyoner Erzbischof zustand, war auf Sens übergegangen und berechtigte in jenen Jahren zur Kontrolle der Kirchenprovinzen Lyon, Sens, Tours und Reims.

[16] Vgl. Histoire des Conciles (s. Anm. 4) V/1, 387. A. Fliche, Le règne de Philippe Ier, roi de France (1069–1108), Paris 1912. – Er hatte 1092 seine Gattin Berta verstoßen und hielt bis 1004 trotz wiederholter Exkommunikation an seiner Verbindung mit Bertrada von Montfort fest.

4. Ivo von Chartres und die Beilegung des Investiturstreits

Der erste Kanon der von Hugo von Die anberaumten Synode in Poitiers (Januar 1078) besagt: „Kein Bischof, Abt, Priester oder Kleriker darf aus der Hand eines Königs, Grafen oder eines anderen Laien ein Bistum, eine Abtei, eine Kirche oder ein Kirchenamt erhalten."[17] Die Bestimmung war eindeutig, und man kann an ihr den Stand der Entwicklung ablesen: Nach dem Ämterkauf und der Priesterehe sagte man jetzt der Laieninvestitur den Kampf an: Gregor VII. bestritt entschieden, daß ein Laie zu einem Kleriker „accipe ecclesiam" sagen und ihn damit in ein Kirchenamt einweisen könne[18]. Ohne über die Folgen ihres Verbotes für die kirchliche Praxis länger nachzudenken, ging es für die Anhänger der Gregorianischen Reform um die Unantastbarkeit eines Kirchenamtes gegenüber jenen Laien, die über das Amt zu Recht oder Unrecht verfügen wollten. Zunächst betraf das Verbot nur Hochkirchen, doch bald sollte es auch auf die Niederkirchen ausgedehnt werden, wobei man besonders an die Pfarrkirchen dachte.

Was die Person aus dem Laienstand betraf, drohte man nicht als erstem dem König, dessen Zugehörigkeit zum Laienstand infolge seiner Salbung ja keineswegs evident war, sondern zunächst kleineren Herren, und das auch vorerst punktuell, d. h. in Fällen jüngster Zeit, die auch wegen Verstoßes gegen das Simonieverbot in frischer Erinnerung waren. Den König in das Investiturverbot einzubeziehen, war eine grundsätzliche Kampfansage auf breitester Front, eine Abrundung der verschiedenen Seiten des Reformanliegens. Dahinter stand eine länger angebahnte, schrittweise Vertiefung des Sakramentenverständnisses. Wer zur Verwaltung der Sakramente bestimmt sei, dürfe dieses Amt nicht kaufen und habe unbefleckt zu leben[19]. Das Investiturverbot war in diesem Rahmen ein Mittel, um auch den Anreiz zur Simonie zu beseitigen[20].

Das Bild hatte auch eine wichtige Kehrseite. Mit der Investitur wurde man in das Amt eingewiesen, und das besaß einen materiellen Aspekt. Kein Bistum konnte existieren ohne dauerhaft gesicherte Einkünfte, kein Landpfarrer konnte ohne Anrecht auf die Pfründe leben. Die materielle Ausstattung einer kirchlichen Institution stammte gewöhnlich von demjenigen bzw. seinen Rechtsvorgängern, der sich zur Investitur befugt glaubte. Gleichzeitig stellten Bischofssitze und Klöster politische Kristallisationspunkte dar, auf deren zumindest indirekte Beherrschung der Investiturberechtigte nicht ohne weiteres verzichten konnte und wollte. Der Investiturberechtigte hatte also etwas von seiner Stellung und ihrem Selbstverständnis zu verlieren, aber auch der Investierte, da es nicht nur um die Einkünfte ging, sondern im Laufe des 11. Jh. auch um Herrschaftsrechte, die abgelöst vom Besitz nur auf bestimmten Funktionen beruhten. Es ist leicht einzusehen, daß sich eine Lösung nicht gleich anbot.

Es heißt gewöhnlich, Ivo von Chartres habe als erster in den Begriff „Investitur" eine Differenzierung gebracht, indem er die geistliche Seite des Amtes von ihrer weltlich-herr-

---

[17] Histoire des Conciles (s. Anm. 4) V/1, 231.

[18] Zur umstrittenen Frage, ab wann für den Herrscher grundsätzlich ein Investiturverbot bestand, s. R. Schieffer, Die Entstehung des päpstlichen Investiturverbots für den deutschen König (Schr. der MGH 28), Stuttgart 1981, bes. 164–167; J. Laudage, Gregorianische Reform und Investiturstreit, Darmstadt 1993, 36–44.

[19] J. Laudage, Priesterbild und Reformpapsttum im 11. Jahrhundert, Köln 1984, 123ff.

[20] A. Fliche, Y a-t-il en France et en Angleterre une querelle des investitures? in: RBen 46 (1934) 283–295.

schaftlichen trennte[21]. Aber die Unterscheidung war schon vorher möglich[22]. Doch Ivo war eine Autorität als Kanonist; ohne seine Argumentation gegenüber Hugo von Die wäre die weitere Entwicklung wohl nicht in Gang gekommen.

Im Leben Ivos von Chartres gab es zwei fast gleichlange Abschnitte: sein Leben als Kanoniker und Abt und schließlich sein Episkopat[23]. Um 1040 in der Gegend von Beauvais geboren, erhielt er seine Ausbildung in Beauvais und dann in Paris. In der normannischen Abtei Bec wurde er Schüler von Lanfranc an der Seite Anselms, dann Kanoniker in Nesle (Picardie) und 1078 Vorsteher der Regularkanoniker im Stift Saint-Quentin in Beauvais. 1090 wählte man ihn gegen den Willen des Metropoliten Richer von Sens zum Nachfolger des von Urban II. abgesetzten Bischofs Gottfried von Chartres. König Philipp I. investierte ihn, aber der Erzbischof von Reims verweigerte die Weihe, weil er die Absetzung Gottfrieds nicht anerkannte. Deshalb erteilte ihm in Rom Papst Urban II. im November 1090 die Weihe[24]. Zumal Ivo freimütig gegen den Ehebruch des Königs Stellung bezog, obwohl er ihm die Bischofserhebung zum Teil verdankte, schien er für einen Ausgleich der Interessen prädestiniert.

Der neue Bischof erwies sich der langen Bildungstradition von Chartres würdig. Er besaß eine umfassende Ausbildung, war ein ausgezeichneter Kenner der Hl. Schrift und ihrer zeitgenössischen Kommentatoren und verfügte daneben über eine breite Kenntnis der *artes liberales*. Größte Bekanntheit erwarb er sich als Kanonist, der besonders heikle Punkte der herrschenden Lehre analysieren und Antworten anbieten konnte. Zwei Bereiche beschäftigten ihn besonders: die Ehe und die Investitur. Prozesse um Ehefragen kamen häufig vor, denn obwohl die Lehre hier ziemlich eindeutig war, bot sie in zahlreichen Einzelfällen keine Lösung. Nicht wenige Synoden mußten Fälle von Eheschließungen untersuchen, die kirchlich wegen zu engen Verwandtschaftsgrades der Partner verboten waren; auch Wiederverheiratungen oder der Umstand, daß man im Nachhinein ein Ehehindernis feststellte, war Prozeßgegenstand[25]. Ivo studierte jeden Fall mit Eifer. So mußte er sich dann auch um eine Angelegenheit kümmern, welche die Beziehungen zwischen dem französischen König und dem Papsttum stark belastete, die unrechtmäßige Ehe Philipps I.[26] Der Fall war deshalb nicht eindeutig, weil Philipp nach dem Tod der Königin Bertrada von Montfort heiraten wollte, die er schon zu sich genommen hatte, als er um ihretwillen seine legitime Ehefrau Bertha verstieß. Hugo von Die verurteilte diese Verbindung 1094[27]. Von dieser Art waren die Fragen, zu denen Ivo um eine Stellungnahme gebeten wurde[28]. Im genannten Fall versuchte Papst Urban II. alles in seiner Macht stehende, um die Trennung der zweiten Ehe herbeizuführen; Philipp beugte sich schließlich 1098 dem päpstlichen Willen, aber Bertrada weigerte sich, ihn zu verlassen[29]. Erst 1104

[21] R. Sprandel, Ivo von Chartres und seine Stellung in der Kirchengeschichte, Stuttgart 1962.
[22] H. Hoffmann, Ivo von Chartres und die Lösung des Investiturproblems, in: DA 15 (1959) 393–440.
[23] Ivo von Chartres, Correspondance, hrsg. von Jean Leclercq, Paris 1949, Einleitung VII-XVII; L. Schmidt, Der heilige Ivo, Bischof von Chartres, Wien 1911; Sprandel, Ivo (s. Anm. 21).
[24] Zur Wahl Ivos vgl. Becker, Studien (s. Anm. 5) 85.
[25] G. Duby, Le chevalier, la femme et le prêtre. Le mariage dans la France féodale, Paris 1981.
[26] Fliche, Philippe Ier (s. Anm. 16).
[27] Diese Verurteilung erfolgte auf der Synode von Autun am 16. Oktober 1094 (Histoire des Conciles [s. Anm. 4] V/1, 387).
[28] Ivo von Chartres, Correspondance (s. Anm. 23) Brief 16, 65–67.
[29] Becker, Studien (s. Anm. 5) 86–87.

trennte sich das Paar wirklich. Während dieser Jahre mußte Ivo häufig zwischen König, Legaten und Papst vermitteln, den Fall untersuchen und Lösungsvorschläge unterbreiten.

Größte Berühmtheit erlangte der Rechtsgelehrte durch seinen Beitrag zur Investiturfrage. Ivo von Chartres gelang es, seine Vorstellungen einer ohnehin ausgereiften, besseren Unterscheidung durchzusetzen. Hinsichtlich der Wahl Daimberts von Sens und in der sich anschließenden Diskussion vertrat er die Ansicht, da die Investitur kein Sakrament sei, könne sie von einem Laien vollzogen werden, ohne daß dieser deshalb der Häresie verfallen sei[30]. Er verhalf der Auffassung zur Anerkennung, daß dem König keinerlei Funktion im geistlichen Bereich zustehe, seine Investitur auch nicht die Bedeutung eines Sakramentes besitze und die höher gestellten Prälaten vom Herrscher den zum Amt gehörenden Besitz erhalten müßten[31]. Hierfür mußte Ivo Monat für Monat in jedem Brief aufs neue gegen die Starrheit Hugos, aber auch um die Zustimmung des kompromißbereiten Urban II. kämpfen. Seine Vorstellungen fanden bei Zeitgenossen Akzeptanz; im letzten Jahrzehnt des 11. Jh. wurden wiederholt Bischöfe ohne Beteiligung des Königs gewählt, der sich darauf beschränkte, vor der Weihe dem Elekten die Investitur zu erteilen. Urban II. aber blieb unbeugsam und schloß sich Ivos Lösung nicht an. Auf der Synode von Clermont 1095 verschärfte der Papst sogar die Situation, indem er jedes „homagium" eines Kirchenmannes gegenüber einem Laien verbot[32]. Das „homagium", eine über den Treueid hinausgehende symbolische Unterwerfung, war Teil einer Lehnsnahme; das Lehnsverhältnis, sieht man von Frankreich ab, war nicht schlechthin identisch mit einer Investitur. Vielleicht trieben die französischen Verhältnisse Urban dazu, ausgerechnet in Clermont neue Hürden gegen eine Verständigung aufzurichten. Daher entwickelte Ivo seine Lehre weiter, bis sie die endgültige Form annahm: die Unterscheidung zwischen der Bischofsweihe mit der Übertragung der *cura animarum* einerseits und der Investitur in das „temporale" (die materielle Ausstattung) andererseits, wobei das „homagium" durch den bloßen Treueid ersetzt wurde, der dieselbe Wirkung hatte, aber keine Lehnsabhängigkeit schuf. Hugo von Fleury formulierte die neue Lösung unmißverständlich: Ring und Stab sollten bei der Weihe durch den Konsekrator überreicht werden, der König sollte sich bei der Investitur in die weltlichen Güter eines anderen Symbols bedienen[33]. Diese Lösung setzte sich auch durch.

Ivo von Chartres trug nicht nur zur Beilegung der Streitigkeiten um die Eheangelegenheit des Königs bei, sondern auch im Falle der Bischofswahl von Beauvais (1104) fand er eine Lösung, die es dem Papst wie dem König erlaubte, das Gesicht zu wahren. Nunmehr durfte er erleben, daß auch die Frage der Investitur dank des verständnisvollen Papstes Paschalis II. im oben umrissenen Sinne gelöst wurde. 1107 empfing Ivo den Papst in Chartres, höchstwahrscheinlich um ihm letzte Ratschläge für sein Zusammentreffen mit den Königen Philipp I. und Ludwig zu geben. Vier Jahre später verteidigte er Paschalis vor den

---

30 In seinen Untersuchungen zu den verschiedensten Themenbereichen bezog er sich natürlich auf die alten Texte und allgemein anerkannte Beispiele, betonte aber stets, daß diese den jeweils aktuellen Zeitumständen angepaßt werden müßten (J. LECLERCQ, Correspondance [s. Anm. 23] Einleitung, XVI–XVII).

31 Vgl. den sehr deutlichen Brief zu diesem Thema an den Erzbischof Hugo von Lyon (früher von Diè) von 1097 (ebd. 246f); SPRANDEL, Ivo von Chartres (s. Anm. 21) 164–169; vgl. die Bemerkung von O. GUILLOT, Le comte d'Anjou et son entourage au XIe siècle, Paris 1972, 186, Anm. 231.

32 Vgl. Histoire des Conciles (s. Anm. 4), V/1, 402; BECKER, Studien (s. Anm. 5) 88; G. D. MANSI, Sacrorum Conciliorum nova et amplissima collectio, Bd. 20, 817.

33 BECKER, Studien (s. Anm. 5) 151–153. HUGO DE FLEURY, Tractatus de regia potestate et sacerdotali dignitate, in: MGH.LL II, 465–494.

Standesgenossen, als dieser wegen seiner Nachgiebigkeit gegenüber Heinrich V. kritisiert wurde. Als Bischof seiner Diözese legte er noch vor seinem Tode die Differenzen mit den Kanonikern seines Kapitels bei (23. Dezember 1116).

5. Die Situationen zu Beginn des 12. Jahrhunderts

Es mag überraschen, daß unter dem Pontifikat Paschalis' II. dieselben Anordnungen wiederholt wurden, die schon von den Synoden unter Leo IX. mit aller Härte vertreten worden waren. Die Gründe dafür liegen in der Schwierigkeit, nicht alle Probleme dieser Epoche in gleicher Weise lösen zu können. In der zweiten Hälfte des 11. Jh. mußten der apostolische Stuhl, seine Legaten und die Prälaten zunächst Streitigkeiten schlichten, Grenzen wie Zuständigkeitsverhältnisse festlegen und einzelne Amtsträger zur Ordnung rufen. Dieser Umstand bereitete zwar den Legaten Sorge und Ärger, hatte aber keinen Einfluß auf die Entwicklung des kirchlichen Lebens. Ferner erlebte die Kirche die Ausformulierung einer Lehre zur Investitur, die erst nach langem Ringen treibender, bremsender und gegenläufiger Kräfte schließlich ihre endgültige Gestalt erlangte. Und nicht zuletzt war es Aufgabe der kirchlichen Autoritäten, die Lebensführung von Klerikern, Mönchen und regellos zurückgezogen lebenden Frommen zu überwachen sowie auf Glaube und Sitte zu achten. Es gab beachtliche Erfolge; man braucht nur an die Regularkanoniker-Kongregationen von Arrouaise, von Saint Ruf in Avignon oder die Prämonstratenser zu erinnern, deren Entstehen ohne Erneuerung im breiteren kirchlichen Umfeld schlecht denkbar ist. Ihre Wurzeln reichen (so bei St. Ruf) in die vorgregorianische Zeit zurück, aber die entscheidenden Anstöße zur räumlichen Verbreitung hat die Erneuerung priesterlichen Lebens der Gregorianischen Reform zu verdanken. Man wird für das 12. Jh. zwischen zwei Ebenen unterscheiden müssen, den rigoroser Armut verpflichteten und zum großen Teil ordensmäßig organisierten Klerikern und den Klerikern alten Stils, die gewöhnlich auch mit den alten Kräften der Gesellschaft verwoben blieben.

Haben also die seit einem Jahrhundert unternommenen Reformen in Frankreich etwas bewirkt? Die Antwort kann ohne weiteres positiv ausfallen, wenn man auch einräumen muß, daß die Reform in so mancher Region noch weit von den selbst gesteckten Zielen entfernt war. Überall in Frankreich hatte die Zahl der Eigenkirchen im Besitz von Laien abgenommen, war ein Anstieg der mit der Seelsorge beauftragten und von Bischöfen, Stiften und Abteien kontrollierten Priester zu verzeichnen. Dies war bereits ein beachtlicher Erfolg, der sich fortsetzen sollte; auch konnten die mit dem Gottesdienst betrauten Kleriker nicht mehr ungestraft Frau und Kinder haben und wie Laien leben.

Das Problem der Bischofserhebung wurde, soweit es die Fürsten, die Territorialherren und auch den König anging, teils auf Reichsebene, teils von Territorium zu Territorium (besonders im Süden) gelöst. Der neue Modus begann sich ohne schriftliche Grundlage einzuspielen; Kleriker und Laien wußten, worauf er beruhte: Zuerst wählten Klerus und Volk den Bischof; das bedeutete in der Praxis, daß erst das Kathedralkapitel wählte und sich dann weitere Prälaten und bedeutende Laien (gewöhnlich König oder Territorialherr) der Wahl anschließen konnten. Erst später legte man fest, wer dem Kapitel die *licentia eligendi* erteilen sollte. Die Mitglieder des Kapitels waren in ihrer Wahl frei, aber die Wünsche der weltlichen Gewalt ließen sich nicht einfach ignorieren. Das IV. Laterankonzil legte endgültig den rechtlichen Rahmen der Wahl fest; die päpstliche Bestätigung des Wahlergebnisses war nunmehr unerläßlich. Im Anschluß an die Wahl erfolgte die Investitur, nicht mittels bestimmter Symbole, sondern durch Treueid des Elekten. Der Territorialherr bzw. der König in den Kronbistümern kontrollierte während der Vakanz den weltlichen Besitz, ein sicheres Indiz, daß er auf diese Seite der Kirchenhoheit nicht verzichtete. Erst dann erfolgte die eigentliche Zeremonie, und zwar die Bischofsweihe durch den Metropoliten zusammen mit den Suffraganbischöfen der Kirchenprovinz und die Beauftragung mit der *cura animarum* durch Übergabe von Stab und Ring.

Diese Stufen des Erhebungsvorganges garantierten nicht die völlige Unabhängigkeit der Besetzung kirchlicher Ämter vom Willen weltlicher Gewaltenträger, aber dem Willen der Reformer war insofern Rechnung getragen, als sichergestellt war, daß der weltliche Gewalteninhaber nicht mehr über die Sakramentenvermittlung verfügte und anerkannte, selbst ein Laie zu sein. Daß er weiterhin Einfluß auf die Auswahl des Weihekandidaten nehmen konnte, mußte nicht immer gegen den Willen der Ortskirche geschehen. War er als Protektor erwünscht, konnte ein Kandidat aus seinem Hause die beste Garantie gegen gewaltsame Entfremdung von Kirchengut sein. Zu beachten ist ferner, daß man in der Verwaltung erfahrene Kandidaten brauchte. Im 12. Jh. trat der Stand des Berufsjuristen in das Licht der Geschichte, ein Indiz für die komplexer gewordene Verwaltung, die eine frühzeitige und wegen der Kosten nicht jedermann zugängliche Ausbildung erforderte. Zu beobachten ist weiterhin, daß man einen Vertrauensmann des Königs wollte, weil man nur so der Bevormundung durch den eigenen Territorialherren entrinnen zu können glaubte. Das wiederum war ein Weg, der der französischen Königsmacht nach und nach die Wiederherstellung ihrer Autorität in den verlorenen Regionen erlaubte. Und das Papsttum stand diesem Prozeß mit Wohlwollen gegenüber, weil es für seine eigene Autorität davon zu profitieren hoffte. Natürlich nahm diese Entwicklung nicht ihren reibungslosen Gang, aber sie lief auf ein homogeneres Bild als noch an der Wende zum 12. Jh. zu.

II. Das anglo-normannische Königreich und seine insulare Politik

Mit dem Segen des Papstes brach Wilhelm, Herzog der Normandie, zur Eroberung Englands auf; sein Ziel war es, nach dem Tode Eduards des Bekenners (Ende 1065) seine umstrittenen Erbrechte gegenüber dem angelsächsischen König Harold II. geltend zu machen. Wenig später konnte Wilhelm der Eroberer die englische Königs- und die normannische Herzogswürde auf sich vereinen. Von diesem Zeitpunkt an unterlag die Politik, besonders im religiösen Bereich, in England wie der Normandie denselben Grundsätzen, und zwar reformfreundlich, wie es Papst Alexander II. von ihm erwartet hatte.

1. Wilhelm der Eroberer und die Kirche

Nach seinem Sieg in der Schlacht bei Hastings zog Wilhelm mit seinen Truppen nur langsam nach London, wo er sich Weihnachten 1066 durch den Erzbischof von York zum König krönen ließ[34]; darin schon äußerte sich Wilhelms tiefes Mißtrauen gegenüber Erzbischof Stigand von Canterbury, der gleich für mehrere Schwächen steht, an denen die

[34] M. de Boüard, Guillaume le Conquérant, Paris 1986; K. U. Jäschke, Die Anglonormannen, Stuttgart 1981; K. Schnith, in: Handbuch der europäischen Geschichte, II, Stuttgart 1987, 778ff (reiche Lit.).

angelsächsische Kirche krankte: Ämterkauf und -kumulation[35]. Wilhelms kirchenpolitische Vorstellungen waren klar umrissen; er forderte Reformen für eine im Niedergang befindliche Kirche und die Aufrichtung einer uneingeschränkten Autorität im kirchlichen Bereich.

Die Reform war notwendig. Der fromme König Eduard, Oberhaupt und zugleich demütiges Mitglied seiner Kirche, hatte es nicht verstanden, Kleriker und Mönche zu seiner vorbildlichen Lebensführung zu bewegen. Die monastische Erneuerungsbewegung des 10. Jh. war vergessen, wie überall grassierte auch hier die Simonie; besonders verbreitet war die Ablehnung des Priesterzölibats, mithin ging in der Regel das Amt wie ein Erbe vom Vater auf den Sohn. Die Normandie befand sich in einer wesentlich besseren Lage, was sie dem Wirken so hervorragender Prälaten wie Mauritius von Fécamp oder Johann von Avranches, beide Erzbischöfe von Rouen, und den Bischöfen Hugo von Lisieux oder Yvo von Séez zu verdanken hatte. Die alten Abteien von Jumièges, Saint-Wandrille, Fécamp, Le Bec und andere waren pulsierende Stätten monastischen Lebens. Der britischen Insel galt das besondere Interesse des apostolischen Stuhles; der Papst entsandte eigens Bischof Ermenfried von Sitten als seinen Legaten in die Normandie, berief in Winchester und Windsor Synoden ein.

Wilhelm wollte einen Episkopat nach seinem Willen: Stigand und die Bischöfe, die dieser geweiht hatte, wurden durch Normannen ausgewechselt. Es fällt um so mehr auf, als Wilhelm in anderen Bereichen mit Eingriffen auffallend zurückhaltend war. Was er wollte, war nämlich eine auf seine königliche Stellung zugeschnittene Kirchenreform. Lanfranc aus dem normannischen Kloster Bec, von Hause aus Lombarde, wurde 1070 zum Erzbischof von Canterbury bestimmt. Dieser verpflichtete sich, die königliche Kirchenhoheit zu respektieren; unter dieser Voraussetzung durfte er die hierarchische Gliederung der englischen Kirche festigen, die nunmehr auch eine Unterordnung des Metropoliten von York einschloß[36]. Die auf dem Lande befindlichen Bischofssitze wurden in Städte verlegt, und die seit dem 10. Jh. übliche Verhandlung kirchlicher Rechtsfälle unter Beteiligung des Bischofs vor dem weltlichen Gericht des Sheriffs durfte nur noch vor ein kirchliches Gericht gebracht werden. Seit 1072 fanden Reformsynoden statt, die sich auch der Forderung des Priesterzölibats annahmen und die Mönchsklöster dem Einfluß Clunys öffneten. Aber der König war es, der die Synoden einberief und deren Beschlüsse beaufsichtigte. Wilhelm dachte auch nicht daran, auf das Recht des Herrschers, Bischöfe und Äbte zu investieren, zu verzichten; er führte sogar die Investitur mit Ring und Stab ein. In seinem Handeln gegenüber dem Papst achtete er auf Unabhängigkeit und weigerte sich, Gregor VII. irgendeinen Treueid zu leisten, den der Papst wiederholt von ihm verlangte. Den Bischöfen untersagte Wilhelm regelmäßige Rombesuche, ja sie bedurften sogar seiner Erlaubnis, wenn sie beim Papst vorstellig werden wollten. Jegliche Korrespondenz zwischen Rom und

---

[35] Für die Kirchengeschichte dieser Zeit siehe: F. Barlow, The English Church 1066–1154, London – New York 1979; M. T. Clanchy, England and its Rulers 1066–1272. Foreign Lordship and National Identity, Worcester 1983. Eine umfassende Darstellung findet sich in: H. Boehmer, Kirche und Staat in England und in der Normandie im XI. und XII. Jahrhundert. Eine historische Studie, Leipzig 1899 (Ndr. 1968), 42–79; N. Cantor, Church, Kingship and Lay Investiture in England 1089–1135, Princeton 1958. Im Unterschied zu Boehmer beschäftigt sich Cantor speziell mit dem Problem der Investitur.

[36] Zur Auseinandersetzung um den Primat des Erzbischofs von Canterbury vgl. M. Dueball, Der Suprematsstreit zwischen den Erzdiözesen Canterbury und York, 1070–1126, Berlin 1929; D. Bethell, William of Corbeil and the Canterbury York Dispute, in: Journal of Ecclesiastical History 19 (1968) 145–159.

der englischen Kirche wurde vom König kontrolliert, und päpstliche Legaten durften erst in das Königreich reisen, wenn sie vorab dem König das Ziel ihrer Mission dargelegt hatten.

2. *Lanfranc*

Wilhelm von Dijon hatte zu Beginn des 11. Jh. die normannischen Klöster reformiert[37]. Er bildete eine Brücke zwischen Italien und dem monastischen Zentrum Cluny, die auch die Ankunft des Italieners Lanfranc in der Abtei Bec erklären könnte. Dieser gebildete Mann machte das Kloster zu einem der bedeutendsten Zentren der Frühscholastik[38]. Weil Lanfranc neben seinen Fähigkeiten als Lehrer und Autor auch Führungsqualitäten als Abt besaß, fiel die Wahl zum Erzbischof von Canterbury durch Wilhelm I. auf ihn. Die erneute englische Klosterreform ist sein Werk; die Cluniazenser konnten seit 1077 mit der Gründung von Lewes eine Rolle spielen, andere Klöster würden mit Entschiedenheit der benediktinischen Ordnung unterworfen (Gloucester, Saint-Albans, Evesham, Ely). Es bedurfte geraumer Zeit, auch den kirchlichen Zölibat durchzusetzen; in der Normandie hatte Erzbischof Johann große Schwierigkeiten mit den verheirateten Priestern, als er sie zwingen wollte, ihre Frauen zu entlassen[39]. Erst über die Synodengesetzgebung konnte sich die aus der Normandie übernommene Rechtspraxis langsam gegen die angelsächsischen Gepflogenheiten durchsetzen; die Synoden in Winchester (1072, 1076), London (1075), Westminster (1077) und Gloucester (1080, 1085) befaßten sich damit[40]. Trotz der für die Normannen typischen, straff geführten Kirchenhoheit der Königsgewalt erwies sich die Zusammenarbeit Wilhelms und Lanfrancs als fruchtbar; so zum Beispiel, als sie 1082 Bischof Odo von Bayeux seiner Besitzungen und Rechte in England enthoben[41].

Der Tod Wilhelms des Eroberers (9. Dezember 1087) bedeutete für die Kirche Englands einen großen Verlust, denn anders als sein Vater erwies sich Wilhelm II. Rufus schnell als wenig konziliant. Man darf nicht vergessen, daß sich England und die Normandie nicht mehr in einer Hand befanden; der Vater hatte auf dem Sterbebett die Thronfolge unter beide Söhne aufgeteilt. Infolgedessen sahen sich die normannischen Barone, beiderseits des Kanals begütert, hin- und hergerissen und wagten 1088 den ersten Aufstand. Der äußere Druck verführte den König zu einer halsbrecherischen Politik, die man nicht einfach auf das Konto einer mißratenen Persönlichkeit buchen kann, auch wenn die Politik geradezu in eine Reformfeindlichkeit umschlug. Im Prozeß gegen den Bischof von Durham, angeklagt wegen Verweigerung der Heerfolge, hatte der neue König das Urteil noch im Einvernehmen mit Lanfranc und seinen auch kirchlichen Beratern gefällt[42]. Aber nach dem Tod Lanfrancs (24. Mai 1089) weigerte er sich, einen Nachfolger für den Erzstuhl zu finden, um sein Recht der Zwischennutzung (alle Einkünfte des Bistums fielen während

[37] N. Bulst, Studien zu den Klosterreformen Wilhelms von Dijon (962–1031), Bonn 1973.

[38] M. Gibson, Lanfranc of Bec, Oxford 1978 (mit reicher Lit.).

[39] Zur Synode von Rouen 1074 vgl. Histoire des conciles (s. Anm. 4), V/1, 112f.

[40] G. B. Adams, Council and Courts in Anglo-Norman England, New Haven 1926.

[41] D. R. Bates, The Character and Career of Odo, bishop of Bayeux (1049/50–1097), in: Speculum 50 (1975) 1–20.

[42] Zum Prozeß des Wilhelm de Saint-Calais, Bischof von Durham, vgl. Barlow, English Church (s. Anm. 35) 281–286.

der Vakanz an ihn) und das Spolienrecht (Nachlaß des verstorbenen Amtsinhabers) über Gebühr ausschöpfen zu können. Wilhelm II. steigerte ohnehin seine finanziellen Ansprüche gegenüber der Reichskirche bis zum Eindruck der Erpressung. Und damit er seitens des Papsttums unbehelligt blieb, erklärte er sich im Schisma zwischen Urban II. und Clemens III. für indifferent. Er brauchte das Geld, um damit die Barone der Normandie zu bestechen; nur eine erneute Vereinigung beider Länder verhieß eine innere Ruhe in England.

3. Anselm von Canterbury

Der im Aosta-Tal 1033 geborene Anselm verließ früh seine Heimat, zog ebenfalls über Cluny in die Normandie, trat in das Kloster Bec ein und wurde Lanfrancs Schüler[43]. Mit 26 Jahren entschied er sich 1060 endgültig für das Mönchsleben; nicht zuletzt seiner intellektuellen Fähigkeiten wegen wählte man ihn 1079 in Bec zum Abt. Die Klosterleitung war nicht seine Passion, auch wenn er dazu sicherlich besser geeignet war, als es sein Biograph Eadmer glauben machen will[44]. Viel lieber lehrte und schrieb er schon zu dieser Zeit sehr viel. Auch als Abt widmete er sich der Predigt und Seelsorge und besuchte regelmäßig in England die Besitzungen seines Klosters und der anderen normannischen Abteien[45] und unterstützte dort die Mönchsreform seines Vorgängers Lanfranc im Abbatiat. Anläßlich eines solchen Besuches trugen ihm die englischen Bischöfe 1093 mit Zustimmung Wilhelms II. den Erzstuhl Lanfrancs an und erklärten ihn, noch bevor er ablehnen konnte, für gewählt, indem sie ihm gegen seinen Willen Bischofsstab und -ring in die Hand drückten. Um seine ablehnende Haltung zu rechtfertigen, soll Anselm die englische Kirche mit einem Karren verglichen haben, vor den man nun neben einen ungebärdigen Stier (den König) ein schwaches Lamm (Anselm selbst) gespannt habe; dieses Unternehmen sei zum Scheitern verurteilt. Da nach mittelalterlicher Vorstellung nur ein würdiger Kandidat Widerstand leistet, gab er nach und leistete dem König den üblichen Lehnseid. Die Konfrontation zwischen König und Erzbischof schien dennoch unvermeidlich.

Anselm forderte solange hartnäckig die Rückkehr der vom König entfremdeten Kirchengüter des Erzbistums Canterbury, bis Wilhelm II. Rufus der Restitution stattgab. Auf der Synode von Rockingham 1095 vertrat er eine vom Episkopat bisher abweichende Haltung; dem Gehorsam eines Bischofs gegenüber dem Papst räumte er Priorität vor der Gehorsamspflicht gegen den König ein, ohne auf die Warnungen seiner Amtsbrüder zu achten. Als Abt hatte Anselm Urban II. als legitimen Papst anerkannt, es gelang ihm, Wilhelm II. für dieselbe Obödienz zu gewinnen. Eine Gesandtschaft des Abtes Jarento (Jerunta) von St. Bénigne in Dijon hielt weitere Reformen für dringlich, stieß aber auf die feindselige Haltung des Königs, der die englischen Klöster ausbeutete. Anselm wollte deshalb zum

---

[43] P. Richard, Anselm, in: DHGE III, 464–485; L. Hödl, in: TRE II, 759–778; R. W. Southern, Saint Anselm and his Biographer, Cambridge 1963; Untersuchungen über Person und Werk Anselms von Canterbury, hrsg. von H. K. Kohlenberger, Frankfurt/M. 1969; S. N. Vaughan, Anselm of Bec and Robert of Meulan: The innocence of the dove and the wisdom of the serpent, Berkeley 1988.

[44] M. Rule (Hrsg.), Eadmeri Historia Novorum in Anglia, London 1894, Rolls Series 1884; J. P. Migne, PL 158, 49–118.

[45] M. Morgan, The English Lands of the Abbey of Bec, Oxford 1946; D. Matthew, The Norman Monasteries and their english Possessions, Oxford 1962.

Anselm von Canterbury (um 1033–1109), der 1720 zum Kirchenlehrer ernannte Benediktiner, war schon zu Lebzeiten berühmt wegen seiner theologischen Schriften. Das Widmungsbild seiner Schrift „Orationes sive Meditationes" (12. Jh., Admont, Stiftsbibliothek) zeigt Anselm als Erzbischof, der der Markgräfin Mathilde von Tuszien sein Werk überreicht. Das Titelbild seiner Schrift „Cur Deus homo?" zeigt Anselm, auf den die Gotteshand aus den Wolken weist, im Dialog mit seinem Schüler Boso. (Miniatur 12. Jh., Köln, Wallraf Richarz Museum).

Papst nach Rom reisen, erhielt die Erlaubnis dazu aber erst nach hartnäckigem Insistieren. In Rom bot er Urban seinen Amtsverzicht an, doch dieser forderte ihn auf, standhaft zu bleiben. An eine Rückkehr Anselms nach England war nicht zu denken – der König sandte Kleriker mit dem Auftrag nach Rom, gegen den Erzbischof zu agitieren –, bis Wilhelm II. am 2. 8. 1100 unerwartet einem Jagdunfall zum Opfer fiel. Der Bruder und Nachfolger des Verstorbenen, Heinrich I. Beauclerc, rief Anselm, dessen Bitte um Amtsenthebung auch Paschalis II. nicht entsprochen hatte, wieder nach England. Anselm stand nun einem ebenso energischen wie anpassungsfähigen Herrscher gegenüber, der einen Ausgleich mit dem apostolischen Stuhl anstrebte. Die Lösung der Investiturfrage in England konnte nun beginnen.

4. Das Londoner Konkordat (1107)

Überall dort, wo die Reformbewegung kritische Anfragen stellte, boten Engländer und vor allem Normannen Definitionen an, bemühten sich um Abwägung der unterschiedlichen Standpunkte. Die Priesterehe fand hier Sympathie, während die Simonie häufig kritisiert und verurteilt wurde[46]. Zum Verhältnis von Kirche und weltlicher Gewalt liegen uns zahlreiche Quellen vor; die Briefe Anselms geben Aufschluß zu geistlichen Fragen und Informationen über den Fortgang der Reform[47]. Der wichtigste Beitrag zu diesem Thema stammt indes von einem Autor, der gemeinhin als Anonymus von York bezeichnet wird, aber wohl normannischer Herkunft ist[48]. Das ihm zugeschriebene Werk ist eine umfangreiche Sammlung unterschiedlicher kirchenpolitischer Texte aus der Zeit um 1100. Der oder die Autoren verteidigen die Vorstellung eines Königs, der kraft Salbung an den beiden Naturen Christi teilhabe und deshalb über dem Priestertum stehe, folglich auch die Laieninvestitur und die Priesterehe, und kämpfen ebenso konsequent gegen die päpstliche Autorität und den Reformgeist.

1102 verurteilte eine Synode in London erneut – wie andernorts auch – Simonie und Priesterehe. Heinrich I. erklärte sich zwar mit diesen Beschlüssen einverstanden, beharrte aber weiterhin auf sein Vorrecht bei Bischofswahl und -investitur. Der in Anlehnung an Ivo von Chartres verfaßte Traktat *De regia potestate et sacerdotali dignitate* des Hugo von Fleury brachte die Diskussion ein Stück weiter, weil hier vorgeschlagen wurde, daß der Gewählte vom König nur in die weltlichen Güter seines Amtes eingewiesen werde[49]. Demgegenüber blieb Anselm unnachgiebig und lehnte jede Form von Subordination des Prälaten von einem weltlichen Herrscher ab. Im April 1103 reiste er erneut nach Rom, wo er sich mit Paschalis II. darauf verständigte, der Krone keine großen Konzessionen zu machen. Er kehrte dann nicht nach England zurück, sondern blieb gegen seine sonstige Gewohnheit in Lyon. Von dort aus setzte er die Verhandlungen mit dem König fort[50]. Dank Vermittlung der Adela von Blois konnte der Erzbischof am 4.6.1105 in Laigle mit dem König zusammentreffen; Heinrich verzichtete hier auf die Investitur mit Ring und Stab, verlangte aber die Leistung des „hominium", der uneingeschränkten Form des Lehnseides als Bedingung für die Übergabe des mit dem Amt verbundenen Patrimonium. Paschalis II. lenkte ein und drängte Anselm, von einer Bestrafung der Prälaten, die das „hominium" geleistet hätten, abzusehen; dieser Modus der Investitur wurde toleriert, ohne ihn formal anzuerkennen. Am 15.8.1106 traf sich Anselm in Bec erneut mit dem König; der Kompromiß wurde von beiden Seiten akzeptiert. Anselm kehrte nach England zurück, und Erzbischof wie König bereiteten eine endgültige Einigung vor, die man heute nicht ganz adäquat als das Londoner Konkordat bezeichnet (August 1107). Eadmer berichtet:

---

[46] Zur Priesterehe siehe weiter unten. Zur Simonie vgl. den Traktat des Abtes von Westminster, Gilbert Crispin, hrsg. von W. Holtzmann, Zur Geschichte des Investiturstreits. 1: Der Traktat *de simoniacis* des Abtes Gilbert von Westminster, in: Neues Archiv 50 (1935) 246–270. Die von Holtzmann vorgeschlagene Datierung muß revidiert und vor 1102 angesetzt werden (Cantor, Church [s. Anm. 35] 170).

[47] F. S. Schmitt, Sancti Anselmi opera omnia, 5 Bde., London 1946–1951; ders., Die unter Anselm veranstaltete Ausgabe seiner Werke und Briefe, in: Scriptorum 9 (1956) 64–75 (Bestand der Handschriften). Alte Ausgabe der Briefe bei Migne, PL 158, 1059–1208 (für seinen Abbatiat) und ebd. 159, 9–270 (für seine Bischofszeit).

[48] Text im Manuskript 415 des Corpus Christi College in Cambridge (CCC 415), eine zwischen 1550 und 1575 zusammengestellte Sammlung von Texten in Abschrift, hrsg. von H. Boehmer in MGH.LL III, 645–687, neuere Edition von K. Pellens, Die Texte des Normannischen Anonymus, Wiesbaden 1965 (dazu W. Ullmann, in: HZ 206 (1968) 696–703). – Über den Autor vgl. E. Kantorowicz, Die zwei Körper des Königs, München 1990, Index s.v. Normann. Anonymus; W. Baer, Studien zum sog. A. v. York, München 1966; K. Pellens, Das Kirchendenken des Normannischen Anonymus, Wiesbaden 1973.

[49] Hugo von Fleury, De regia potestate (s. Anm. 33).

[50] The life of Gundulf, Bishop of Rochester, hrsg. von R. Thompson, Toronto 1977, 54–59.

Der Chor der Kathedrale von Canterbury, 1174–1185 entstanden als krönender Abschluß des normannisch-romanischen Baus, erinnert mit seinem Namen „Becket's Crown" an den Erzbischof Thomas Becket, der ähnlich wie Anselm ein Gegner königlicher Ansprüche gegenüber der Kirche war und hier in seiner Kathedrale erschlagen wurde.

„In den Kalenden des August fand eine Versammlung der Bischöfe, Äbte und Großen des Königreiches in der Pfalz zu London statt; drei Tage hindurch diskutierten der König und die anwesenden Bischöfe ohne Anselm über die kirchliche Investitur. Einige versuchten hier vom König die Zusage zu erlangen, daß er die Investitur wie sein Vater und sein Bruder handhaben und nicht dem Gebot des Papstes folgen und gehorchen solle. Denn der Papst war bei der von ihm verbreiteten Meinung geblieben und hatte die mit der Investitur verbundenen Lehnseide, die Urban II. noch verboten hatte, zugelassen; dadurch hatte er das Einverständnis des Königs zur neuen Form der Investitur erlangt ... In Gegenwart Anselms bezeugte der König dann vor der Menge seine Zustimmung und legte fest, daß von nun an für immer kein Bischof oder Abt in England vom König oder einem anderen Laien mit Stab und Ring investiert werden solle. Anselm konzedierte seinerseits, daß keinem gewählten Prälaten die Weihe für das ihm verliehene Amt vorenthalten werde, weil er dem König ein hominium geleistet habe.“ [51]

Wie Eadmer bemerkt, widersprach das „hominium“, aber nicht ein Treueschwur dem Verbot Urbans II. von 1095. Anselm hatte also nicht auf der ganzen Linie gesiegt, doch war sein Kampf nicht vergeblich. Als er 1109 starb, war die Situation geklärt und die Reform konnte Erfolge verzeichnen: Die Zahl der Mönche hatte sich in den Jahren zwischen 1066 und 1085 vervierfacht; mit Beharrlichkeit wurden die Kleriker aufgerufen, ihre Frauen zu entlassen bzw. nicht zu heiraten, und den Laien wurde die Teilnahme an Messen untersagt, die von verheirateten Priestern zelebriert wurden; der Klerus hatte nun vorbildliche Bischöfe und Priester in seinen Reihen, wenn sich auch unter den Mönchen noch Priestersöhne befanden (Ordericus Vitalis, Aelred von Rièvaulx). Aber das war nur ein Anfang. Der Erzstuhl von Canterbury blieb fünf Jahre hindurch vakant, weil der König sich mit seinen guten Beziehungen zum Erzbischof Thomas II. von York zufriedengab. Der familiäre Hintergrund dieses Verhältnisses verdeutlicht exemplarisch, daß Simonie und Nepotismus nicht von einem Tag auf den anderen zu beseitigen waren: Der Erzbischof nämlich war ein Sohn des Bischofs Samson von Worcester, Bruder des Bischofs Richard von Bayeux und Neffe seines Vorgängers und Namensvetters auf dem Erzstuhl von York. Hervorragende Kleriker im Dienst des Königs hatten kaum Aussichten auf einen Bischofsstuhl, solange immer noch verwandtschaftliche und freundschaftliche Beziehungen die ausschlaggebende Rolle spielten. Der Reformgeist, den Anselm entfacht hatte, erlahmte nach seinem Tode wieder. In der Normandie wie in England, wo Heinrich I. dieselben Rechte ausübte wie sein Vater zu Lebzeiten Lanfrancs, blieben die Bischöfe weiterhin treue Gehilfen des Königs. Zwar hatten sich die Beziehungen zwischen englischer Kirche und Papsttum verbessert, Besuche englischer Bischöfe in Rom und der Empfang päpstlicher Privilegien und Mandate konnten im Grunde aber nichts an der autoritären Machtausübung des Königs gegenüber der englischen Kirche ändern. Die Klöster der neuen Orden besaßen mehr Unabhängigkeit von der königlichen Gewalt, weil diese in Kongregationen mit einem auswärtigen Zentrum organisiert waren. Zudem strebten zahlreiche in Frankreich ausgebildete Prälaten nach Lockerung der Abhängigkeit vom Königtum. Dennoch lenkte der englische König seine Kirche unbeirrt weiter wie eh' und je; die Erfolge der Gregorianischen Reform, was die *libertas ecclesiae* anbelangt, schienen zu verblassen.

---

[51] Hrsg. von M. Rule, Eadmeri (s. Anm. 44) 646.

III. Der Streit zwischen Sacerdotium und Imperium: das Investiturproblem

Als am 28. Juli 1057 Papst Viktor II. starb, wurde zugleich der Bischofsstuhl von Eichstätt frei, den er seit 1042 inne- und trotz seiner Wahl zum Papst 1054 behalten hatte[52]. Kaiserin Agnes erfuhr von der Vakanz des Stuhles und sann sofort darauf, ihn wieder zu besetzen. Sie hatte in ihrer unmittelbaren Umgebung einen Kleriker, Gundekar, seit mehr als zehn Jahren ihr Kaplan und Eichstätt sehr verbunden. Ihm wollte sie im Beisein des Erzbischofs von Mainz und Metropoliten von Eichstätt das frei gewordene Bistum anvertrauen. Vorsichtshalber informierte sich Agnes vorab über die Aufnahme, die Gundekar in Eichstätt finden würde. Durch die erhaltenen Auskünfte in ihrer Wahl bestärkt, investierte sie ihn am 20. August mit dem Ring in Tribur, am 5. Oktober in Speyer mit dem Stab. Am 17.10. wurde Gundekar in Eichstätt inthronisiert und am 27.12. in der Pfalz Pöhlde (bei Duderstadt) in Anwesenheit der Kaiserin und ihres unmündigen Sohnes, des Kardinals Hildebrand (später Gregor VII.) und von insgesamt 14 Reichsbischöfen zum Bischof geweiht[53]. Dieses Prozedere bei der Wahl und Investitur eines Bischofs war damals im Reich nicht ungewöhnlich und sollte so auch noch eine ganze Weile andauern. Aber am Ende des 12. Jh. schrieb der Salzburger Domherr Heinrich, der Autor der Vita des Erzbischofs Konrad von Salzburg, indem er sich auf eine Wahl des Jahres 1106 bezog, folgende Zeilen:

> „Die Bischöfe und Äbte des Königs wurden wie folgt gewählt: Nach dem Tod des Bischofs oder Abtes versammelten sich wenig später der Propst, der Dekan, der Magister und der Prior des Klosters und mit ihnen die Ratsherren der Stadt in der Pfalz. Sie führten Bischofsstab und -ring mit sich. Nachdem sie sich dann mit den in der Pfalz anwesenden Männern aus der Umgebung des Kaisers, Bischofs, Kanzlers und Kaplans beraten hatten, wurde der neue Bischof gemäß dem Willen des Kaisers gewählt."[54]

1. Die Reichskirche unter Heinrich III.

Während des 11. Jh. soll in Deutschland das salische Reichskirchensystem geherrscht haben. Mittlerweile findet die Kennzeichnung „System" kaum noch Zustimmung[55]. Was

---

[52] Die deutschen Päpste des 11. Jh. haben im allgemeinen ihre Bischofssitze beibehalten, wenigstens für die Zeit unmittelbar nach ihrer Wahl, vgl. G. Frech, Die deutschen Päpste – Kontinuität und Wandel, in: Die Salier und das Reich, hrsg. von St. Weinfurter, Sigmaringen 1991, II, 303–332; dazu S. Scholz, Transmigration und Translation. Studien zum Bistumswechsel der Bischöfe, Köln 1992, 245–255.

[53] MGH.SS VII 245; neue Edition, Übersetzung u. Kommentar von St. Weinfurter, Die Geschichte der Eichstätter Bischöfe des Anonymus Haserensis, Regensburg 1987, 41 f, 71 f.

[54] MGH.SS XI, 65. Zur Abfassungszeit vgl. W. Wattenbach – F. J. Schmale, Deutschlands Geschichtsquellen im Mittelalter vom Tode Kaiser Heinrichs V. bis zum Ende des Interregnum, I, Darmstadt 1976, 164f.

[55] Dieses Thema wird ausführlich im 4. Band des vorliegenden Werks behandelt. Für diese Zeit vgl. besonders J. Fleckenstein, Die Hofkapelle der deutschen Könige, Teil 2: Die Hofkapelle im Rahmen der ottonisch-salischen Reichskirche, Stuttgart 1966; T. Reuter, The „Imperial Church System" of the Ottonian and Salian Rulers, a Reconsideration, in: Journal of Ecclesiastical History 33 (1982) 347–374; dazu J. Fleckenstein, Problematik und Gestalt der ottonisch-salischen Reichskirche, in: K. Schmid, Reich und Kirche vor dem Investiturstreit, Sigmaringen 1985, 83–98; ausgleichend R. Schieffer, Der ottonische Reichsepiskopat zwischen Königtum und Adel, in: Frühmittelalterliche Studien 23 (1989) 291–301; einen Einblick in einen Einzelfall liefert J.-L. Kupper, Liège et l'Eglise impériale XIe–XIIe siècles, Paris – Lüttich 1981. Unter Be-

bleibt, ist der Bezug der Reichskirche zum Kaiser, nicht nur faktisch, sondern auch juristisch dadurch, daß die Investitur des Elekten durch den Kaiser unerläßlich war. Heinrich III. betrachtete sich aufgrund seiner sakralen Stellung als Herr auch der Kirche und drückte das darin aus, daß er im Unterschied zu seinen Vorgängern zusätzlich zum Stab auch noch den Ring in der Investitur überreichte (während der Weihe fand diese Übergabe nochmals durch den Metropliten statt). Davon ist die Wahl zu trennen. Die Domkapitel waren ihrem Entwicklungsstand entsprechend als Wahlgremium noch gar nicht überall funktionsfähig. An manchen Bischofssitzen war der lokale Adel so stark, daß er oft genug seinen Kandidaten durchsetzte. Wo der Kaiser aus politischen Gründen einen Vertrauensmann brauchte, mischte er sich in die Wahl ein, oder zufällig bei Hof anwesende Bischöfe schlugen dem Herrscher auf die Todesnachricht hin einen geeigneten Nachfolger vor. Bei der Auswahl spielten häufig Kontakte mit dem Kandidaten aus früherer Zeit eine Rolle. Das erklärt die hohe Zahl von Bischöfen, die vorher der Hofkapelle angehört haben; ein Prinzip, den Nachwuchs aus der Hofkapelle zu nehmen, hat es nicht gegeben[56]. Diese Praxis galt weitgehend auch für die Reichsklöster[57]. Letztlich natürlich wirkte sich der Zwang, die Investitur vom Herrscher entgegenzunehmen, auch auf die Wahl aus.

Kaiser Heinrich III. wird als Höhepunkt der sakralen Komponente im herrscherlichen Selbstverständnis gesehen. Wie man der von ihm konzipierten, nach damaligem Verständnis in unglaublichen Maßen, Erweiterung des Domes und der Kaisergruft in Speyer entnehmen kann, steigerte er als erster deutscher Herrscher sein Haus zur Dynastie[58]. Neben seiner Repräsentation stand sein Machtanspruch, wie er in den Ereignissen vor seiner Kaiserkrönung (Weihnachten 1046) zum Ausdruck kommt. Die Absetzung der ersten beiden Päpste von den drei Depositionen war überflüssig, da sie schon keine Päpste mehr waren; sie verfolgte offenbar nur den Zweck, vor den Römern zu demonstrieren, wer dafür zuständig sei. Damit hängt die Frage seiner Frömmigkeit zusammen. Natürlich war er fromm, ob er aber auch schon ein Reformer war, ist nicht so sicher. Zumindest legte er der aufkommenden Bekämpfung der Simonie nichts in den Weg[59].

Gerade deshalb kommt der Haltung des Reichsepiskopats eine besondere Bedeutung zu. Sieht man die zahlreichen Lebensbilder der Reichsbischöfe des 10. und 11. Jh. in chronologischer Folge, dann bestand das Vorbildliche des heiligmäßigen Bischofs in seinen monastischen Tugenden. Demut, intensives Gebet, Bußfertigkeit, Zurückgezogenheit, ausgedehntes Studium der hl. Schriften werden hervorgehoben; Seelsorge, Sorge um die Verwaltung des Kirchenvermögens oder gar Dienst für das Reich werden nicht geleugnet, aber auch nur am Rande erwähnt. Die Bewunderung für diese angebliche Lebensweise nimmt ab, je näher die Viten auf die Mitte des 11. Jh. zugehen, entsprechend nimmt das spezifisch Priesterliche, wie die Sakramentenvermittlung, zu. Das heißt, die eine Entwick-

---

rücksichtigung der Spiritualität der Bischöfe O. Engels, Der Reichsbischof (10.–11. Jh.), in: Der Bischof in seiner Zeit. Festgabe für Kardinal Höffner, hrsg. von P. Berglar – O. Engels, Köln 1986, 41–94.

56 Vgl. die tabellarischen Übersichten bei H. Zielinski, Der Reichsepiskopat in spätottonischer und salischer Zeit (1002–1125), I, Stuttgart 1984.

57 H. Reise, Die Besetzung der Reichsabteien in den Jahren 1056–1137, Diss. Greifswald 1911; A. Hauck, Kirchengeschichte Deutschlands, Leipzig [8]1954, III, 572–581.

58 Vgl. St. Weinfurter, Herrschaftslegitimation und Königsautorität im Wandel: Die Salier und ihr Dom zu Speyer, in: ders., Die Salier und das Reich, I (s. Anm. 52) 70–85.

59 Vgl. G. Tellenbach, „Gregorianische Reform", kritische Besinnungen, in: K. Schmid, Reich und Kirche (s. Anm. 55) 108.

lungsrichtung dehnte sich auf Kosten der anderen aus, bis um 1075 die Bewertungsmaßstäbe umschlugen: Von nun an mühte sich der vorbildliche Bischof um die Seelsorge und um das Gedeihen seiner Ortskirche. Ohne Scheu wurde nun auch zugegeben, daß man schon lange im Dienst des Kaisers die Interessen des Reiches, auch mit der Waffe, tatkräftig wahrgenommen habe[60].

Wenn man sieht, daß der Bischof in den westlichen Königreichen vor der Mitte des 11. Jh. nicht in dieser extrem monastischen Lebensweise gezeichnet wurde und der deutsche Reichsbischof sich wegen seines Einsatzes für den Kaiser als Stütze des Reiches fühlte, dann haben wir in den Bischofsviten den Versuch einer Kompensation vor uns. Dem in der Wirklichkeit mit weltlichen Aufgaben überlasteten Bischof wurde an Hand eines heiligmäßigen Lebensbildes ähnlich übertrieben die Norm geistlicher Lebensweise ins Gedächtnis gerufen. Änderte sich die Norm zugunsten des Priesterlichen, dann mußte das auch Auswirkungen auf das Verhältnis zum Kaiser haben. Unter Heinrich III. war es so weit, daß sich erste Vorbehalte an der Kirchenherrschaft des Kaisers bemerkbar machten. Noch waren es Einzelerscheinungen, die sich jedoch nicht als eine gelegentliche, immer einmal vorkommende Kritik abtun lassen. Bischof Wazo von Lüttich ist eine solche Stimme. Erzbischof Widger von Ravenna war 1044 von Heinrich III. investiert worden und hatte in vollem episkopalen Ornat die Liturgie gefeiert, ohne schon zum Bischof geweiht worden zu sein. Der Kaiser zog ihn 1046 deswegen zur Rechenschaft, und Wazo verweigerte dazu sein Urteil mit der Begründung, ein italienischer Bischof dürfe vom Amtsbruder eines anderen Königreiches nicht verurteilt werden. Und auf den erbosten Einwand Heinrichs antwortete Wazo:

> „Dem Papst schulden wir Gehorsam und Euch Treue; Euch sind wir in weltlichen und dem Papst in geistlichen Belangen Rechenschaft schuldig. Folglich bin ich der Meinung, daß der Verstoß Widgers gegen die Ordnung der Kirche nur vom Papst gerichtet werden kann. Falls Widger Euch gegenüber seine Treuepflicht verletzt hat, steht es Euch zu, hierüber eine gerichtliche Untersuchung anzuordnen"[61].

Ebenfalls in den *Gesta episcoporum Leodiensium* findet sich die Antwort Wazos an Bischof Roger II. von Châlons, der angefragt hatte, ob man gegen manichäische Ketzer mit dem Schwert der weltlichen Gewalt vorgehen dürfe, die Irrlehre nämlich sei eine Sünde wider den Hl. Geist, die nicht vergeben werden könne. Wazo meinte dazu, es sei besser, die Sünder zur Buße zu führen als sie zu töten; die Bischöfe seien nicht geweiht zum Töten wie die weltliche Gewalt, sondern zum Lebendigmachen[62]. Diese Gegenüberstellung – die Salbung des Herrschers, um mit dem Schwert sein Amt auszuüben, und auf der anderen Seite die Salbung des Priesters, um das Heil zu vermitteln – wendet Anselm von Lüttich, 1048–1056 im Auftrag seiner Verwandten, der Äbtissin Ida von St. Cäcilien in Köln, der Autor der *Gesta,* nochmals in einem Disput Wazos mit dem Kaiser an[63]. Auch wenn der Ausspruch beide Male fingiert sein sollte, er sagt doch etwas über die erreichte Reflexionsstufe aus; der Kaiser hat kein Richter in innerkirchlichen Angelegenheiten zu sein, und die

[60] O. Engels, Der Reichsbischof in ottonischer und frühsalischer Zeit, in: Beiträge zu Geschichte und Struktur der mittelalterlichen Germania Sacra, hrsg. von I. Crusius, Göttingen 1989, 135–175.
[61] MGH.SS VII, 224. Zu Wazo vgl. J. L. Kupper, in: Series episcoporum, V/I (1982) 71f.
[62] MGH.SS VII, 226f.
[63] Ebd. 228.

sakrale Basis seines Amtes reiche nicht an die Qualität eines zum Priester oder Bischof Geweihten heran.

Eine weitere Einzelstimme stellt der anonyme Verfasser des Traktates „De ordinando pontifice" dar[64]. Er entstammte wahrscheinlich dem lothringischen Raum und gab ausführliche Antwort auf eine Anfrage wegen der Synode von Sutri schon bald nach diesem Ereignis. Er gestand Heinrich III. keine Befugnis zu, sich durch Absetzungen in die Fragen der päpstlichen Legitimität einzumischen. Und nicht nur die Verurteilung der Simonie, sondern auch, wenn auch erst beiläufig, die Investitur- und Nominationspraxis Heinrichs III. als unzulässige Einflußnahme eines Laien klingt an[65].

Man sieht es schon, die Grenzzone Deutschlands und Frankreichs, vor allem Lothringen, war die Wiege der Reform. Von hier kamen zum guten Teil die an der päpstlichen Kurie bestimmenden Reformkräfte, an der Spitze Papst Leo IX., der zuvor Bischof von Toul war. Zum Erfolg der Reform hat auch beigetragen, daß Heinrich III. bei seinem Tod 1056 als Thronfolger seinen gleichnamigen, noch unmündigen Sohn hinterließ, für den dessen Mutter Agnes die Regentschaft führte. Sie war nicht so schwach, wie man lange glaubte, aber in die italienischen Verhältnisse nachhaltig eingreifen konnte sie nicht. Es war Herzog Gottfried der Bärtige von Lothringen, der als Ehemann der Markgräfin Beatrix von Tuszien die Gruppe der kirchlichen Reformer in Rom beschützte und ihr überhaupt ermöglichte, sich in Rom vollends durchzusetzen. Dabei war Gottfried über fünf Jahre (1044–1049) der große Rebell gegen den Kaiser gewesen[66]; wegen seiner Hochzeit mit der Markgräfin von Tuszien setzte ihn Heinrich III. 1055 gefangen, für einen unbehinderten Weg von Verona nach Rom schien er ihm zu gefährlich.

2. Canossa

Ungeachtet einer merklichen Verhärtung der Standpunkte durch die Lateransynode von 1059, vermied es Papst Alexander II. bis in die letzten 60er Jahre des 11. Jh., gegen Bischofserhebungen vorzugehen, an denen der Herrscher mitgewirkt hatte; ihm kam es darauf an, daß im Erhebungsverfahren neben dem König auch noch andere Stimmen, die nach den Vorstellungen der Kanonistik zuständig waren, zu Wort kamen. Als König Philipp I. von Frankreich jedoch in Tours ohne Rücksicht auf den Willen der Ortskirche in Rudolf von Langeais einen neuen Erzbischof bestimmte, verweigerte Alexander II. diesem die Anerkennung. Noch deutlicher werden die Vorstellungen des Reformpapsttums im Mailänder Fall von 1071/72. Heinrich IV. hatte zum Nachfolger des bisherigen Erzbischofs Wido den Subdiakon Gottfried investiert, aber die starke Pataria in der Stadt wählte in Anwesenheit des päpstlichen Legaten einen Kleriker namens Atto. Durchsetzen konnte sich keiner von beiden, aber Alexander II. erkannte Atto auf der Fastensynode von 1072 als rechtmäßig gewählt an[67]. Auch hier ging es nicht darum, die Mitwirkung des Herr-

---

[64] Edition: H. H. ANTON, Der sogenannte Traktat „De ordinando pontifice. Ein Rechtsgutachten in Zusammenhang mit der Synode von Sutri (1046), Bonn 1982, 73–83.

[65] Vgl. LAUDAGE, Priesterbild (s. Anm. 19) 134–151.

[66] E. BOSHOF, Lothringen, Frankreich und das Reich in der Regierungszeit Heinrichs III., in: RhV 42 (1978) 63–127.

[67] R. SCHIEFFER, Investiturverbot (s. Anm. 18) 105f. – Zum Hintergrund vgl. H. KELLER, Pataria und Stadtverfassung, Stadtgemeinde und Reform, Mailand im „Investiturstreit", in: Investiturstreit und Reichsverfassung, hrsg. von J. FLECKENSTEIN (VuF XVII), Sigmaringen 1973, 321–350.

schers durch die Investitur zu untersagen, sondern eine kanonische Wahl durch Berücksichtigung des Willens der Ortskirche zu fordern.

Gregor VII., seit 1073 Papst, änderte die Politik seines Vorgängers vorerst nicht, ließ aber den Mailänder Fall nicht auf sich beruhen, indem die Fastensynode von 1074 den Bann Alexanders über Gottfried erneuerte. Auf der Fastensynode von 1075 wurde Gregor schärfer. Er

> „untersagte dem König öffentlich, fortan irgendein Recht bei der Vergabe von Bistümern zu haben, und er schloß alle Laien von den Investituren der Kirchen aus. Ferner verkündete er über sämtliche Ratgeber des Königs das Anathem, nachdem er dem König dasselbe angedroht hatte, falls er diesem Beschluß in nächster Zukunft nicht gehorche.“ [68]

Man kann darüber streiten, ob hier schon ein grundsätzliches Investiturverbot für den Herrscher vorlag [69], aber die Gangart verschärfte sich in dieser Richtung unübersehbar. Im Dezember 1075 kam der Papst nochmals auf die „prava consuetudo“ der Investiturpraxis zu sprechen und erinnerte an das Rechtsgutachten, das er vom Salier erwarte, wenn der Synodalbeschluß von 1074 aufgehoben zu werden überhaupt Aussichten habe [70]. Heinrich IV. befand sich nach seinem Sieg über die Sachsen (Juni 1075) in Hochstimmung und hatte mit der Besetzung vakanter Bischofs- und Abtsämter (Speyer, Lüttich, Bamberg, Fulda, Lorsch) in gewohnter Weise fortgefahren. Der drohende Brief vom Dezember nun brachte das Faß zum Überlaufen.

Der Bruch zwischen König und Papst folgte schnell. Im Januar 1076 leistete eine dem König ergebene Bischofssynode in Worms dem Drängen des Herrschers Folge und erklärte den Papst für abgesetzt. Dieser, schriftlich mit barschen Worten zum Rücktritt aufgefordert, reagierte seinerseits auf der Fastensynode 1076 mit der Absetzung Heinrichs IV.; der Papst entband von allen dem König geleisteten Eiden und erklärte ihn für exkommuniziert, die in Worms beteiligten Bischöfe wurden suspendiert und erhielten eine Frist, innerhalb derer sie sich rechtfertigen konnten. Jetzt begann der eigentliche „Investiturstreit“ im Reich. Noch wie war es vorgekommen, daß der Papst einen „Gesalbten des Herrn“ gebannt hatte. Insofern ging es auch nicht primär um die Bischofs- oder Abtsinvestitur, sondern um den Kampf zwischen „geistlicher und weltlicher Macht“. Die Autoren des 12. Jh. täuschten sich nicht über den wahren Charakter dieses Streits, denn sie nannten ihn *discidium inter sacerdotium et regnum*, eine Bezeichnung, die von Historikern gerne aufgegriffen wird, weil sie treffener ist als die des Investiturstreites [71]. Ob es nun zutreffend ist oder nicht, die Epoche von der Absetzung Gregors VII. in Worms 1076 bis zum Konkordat von 1122 wird gemeinhin als Investiturstreit bezeichnet. Zeitgenössische wie heutige Historiker haben immer wieder die beiden Hauptaspekte des Konfliktes untersucht: die Konfrontation zwischen Heinrich IV. und Gregor VII. zu Beginn und die zwischen Heinrich V. und Paschalis II. sowie Calixt II. am Ausgang der Epoche. Beide Auseinandersetzungen nehmen über die Hälfte der Gesamtdauer des Konfliktes in Anspruch. Fast fünfzig Jahre hin-

---

[68] Arnulfi Gesta archiepiscoporum Mediolanensium, MGH.SS VIII, 27.

[69] Vgl. die kontroversen Meinungen von Schieffer, Investiturverbot (s. Anm. 18), und Laudage, Gregorianische Reform (s. Anm. 18) 37–41.

[70] Das Register Gregors VII., MGH.ES II, III 263–267. Vgl. Ch. Schneider, Prophetisches Sacerdotium und heilsgeschichtliches Regnum im Dialog 1073–1077. Zur Geschichte Gregors VII. und Heinrichs IV., München 1972, 139–145.

[71] Man denke an die *Dicta cujusdem de discordia papae et regis* von 1084, in: MGH.LL I, 454–460.

Der Streit zwischen Kaiser und Papst erreichte unter Kaiser Heinrich IV. und Papst Gregor VII. einen dramatischen Höhepunkt. Gregor gelang zwar 1077 in Canossa die Unterwerfung des Kaisers, doch schon 1084 setzte Heinrich einen Gegenpapst durch und zwang Gregor zur Flucht nach Salerno, wo er 1085 starb. Die Miniatur (12. Jh.) in der Chronik des Bischofs Otto von Freising illustriert vor allem die Niederlage des Papstes (Jena, Universitätsbibliothek).

durch wurde dadurch die deutsche Kirche erschüttert und zwischen den streitenden Parteien hin- und hergerissen, die sie stetig aufforderten, für oder gegen den König oder den Gegenkönig, den Papst oder den Gegenpapst Stellung zu beziehen; sie mußte – unter dem Druck der Ereignisse, aber auch angesichts der Fülle von Streitschriften – lernen, ihre überlieferten Vorstellungen zu modifizieren.

Die Geschichte des Investiturstreits hat für das Imperium (einschließlich des sog. Reichsitalien) eine ganz andere Bedeutung als für die Nachbarländer. Es ging hier nicht nur um den Anteil des Königs an der Besetzung kirchlicher Ämter, sondern um die Grundlagen herrscherlicher Superiorität des Königs überhaupt. Der Adel in größerer Breite und nicht mehr nur die Spitzen der Adelsgesellschaft war im Begriff, den königlichen Auftrag seiner Herrschaftsausübung abzustreifen und die herrschaftlichen Funktionen in eigener Vollmacht auszuüben. Heinrich IV. reagierte darauf, indem er den adligen Territorialherren als ein möglichst überall im Reich präsenter Territorialherr entgegentreten wollte, um den Adel so im Zaum zu halten. Seine Politik den Sachsen gegenüber war ein Ansatz in dieser Richtung[72].

Angesichts dessen brauchte er die Reichskirche mehr als seine Vorgänger; sie war ihm zu den dringend benötigten Dienstleistungen verpflichtet, an ihrer Spitze brauchte er Männer seines Vertrauens.

Es war nicht mangelnde Flexibilität Heinrichs IV., daß er mit diesem Umbruch nicht fertig wurde. Daß er ein waches Gespür für neue und zukunftsträchtige politische Kräfte besaß, zeigt seine Aufmerksamkeit, die er den Ministerialen als den vom Adel unabhängigen Dienstkräften und den Städten als einer in allerersten Anfängen stehenden neuen Kraft schenkte. Und so aussichtslos, wie man in heutiger Kenntnis des Konfliktausganges meinen könnte, war seine Position nicht. Er war eben nicht schlechthin reformfeindlich, so daß die Fronten unüberbrückbar schienen; und das gegnerische Lager war auch nicht homogen, da die Sachsen mit den südwestdeutschen Reformanhängern hauptsächlich aus taktischen Gründen gemeinsame Sache machten.

Prinzipielle Grundhaltungen waren durchsetzt mit taktischen Winkelzügen. Im Gegenzug zu seiner Absetzung durch Gregor VII. ließ er in Utrecht zu Ostern 1076 den „falschen Mönch Hildebrand" exkommunizieren, aber zu dieser Zeit distanzierten sich schon mehrere Bischöfe von ihm. Sie waren es gewohnt, mehr dem Kaiser als dem Papst zu folgen, aber die Taktik Gregors, Heinrich zu bannen, den Bischöfen aber eine Frist einzuräumen, innerhalb derer sie den auch ihnen drohenden Bann abwehren konnten, tat ihre Wirkung: Sie unterstellten sich Gregor VII. In dieser Situation gingen auch die Herzöge von Schwaben, Bayern und Kärnten (der in Schwaben ansässige Zähringer) in Opposition zum König; der Aufstand der Sachsen flackerte wieder auf und verband sich mit der kirchlichen Opposition in Schwaben. Ohne Erfolg lud der König zu Pfingsten die Fürsten nach Worms und ein weiteres Mal am 29. Juni nach Mainz. Die Opposition trat in ihrer ganzen Breite in Erscheinung auf dem Fürstentag in Tribur; er beschloß, Heinrich IV. nicht mehr als König anzuerkennen, wenn er nicht binnen eines Jahres durch die Buße und Wiedergutmachung vom Bann gelöst sein sollte. Die Opposition sperrte die Alpenpässe, um einen Besuch Heinrichs beim Papst zu verhindern; statt dessen lud sie den Papst ein, im Februar 1077 in Augsburg den Streit zwischen König und Opposition zu schlichten. Um das zu verhindern, da auf diese Weise seine Stellung noch stärker gefährdet schien als in Tribur, zog Heinrich mit seiner Familie bei eisiger Kälte über den Mont Cenis, um den bereits nach Augsburg aufgebrochenen Papst im Januar 1077 in der Burg Canossa am Nordhang des Appenin zu treffen. Durch Vermittlung seiner Kusine, der Markgräfin Mathilde von Tuszien/Canossa, und seines Paten, Abt Hugos von Cluny[73], erteilte Gregor VII. nach drei Tagen demütigender Buße Heinrich die Absolution[74]. Papst und König mußten sich Sieg und Niederlage

---

72 Vgl. L. Fenske, Adelsopposition und kirchliche Reformbewegung im östlichen Sachsen, Göttingen 1977; W. Giese, Der Stamm der Sachsen und das Reich in ottonischer und salischer Zeit, Wiesbaden 1979, 148–195.

73 Eine entscheidende Rolle scheint er dort nicht gespielt zu haben, s. *Kohnle*, Hugo von Cluny (s. Anm. 11) 110f.

74 Die ausführliche Darstellung der Jahre 1075–1076 bei Hauck, Kirchengeschichte Deutschlands (s. Anm. 57) III, 772–809, und Fliche, La réforme grégorienne (s. Anm. 6) II. Die Zahl der Aufsätze zum Fürstentag in Tribur und der Begegnung von Canossa ist kaum noch überschaubar. Erwähnt seien: H. Kämpf (Hrsg.), Canossa und die Wende. Ausgewählte Aufsätze zur neueren Forschung (WdF 12), Darmstadt 1963; H. Beumann, Tribur, Rom und Canossa, in: Investiturstreit und Reichsverfassung (s. Anm. 67) 33–60.

teilen[75]. Denn die Lossprechung Heinrichs hielt die deutschen Fürsten nicht davon ab, mit Rudolf von Rheinfelden einen Gegenkönig zu wählen[76], und Gregors Politik gegenüber dem neuen König blieb in den Jahren 1078 bis 1079 noch unentschieden, obwohl immer deutlicher wurde, daß Heinrich seine Haltung im politischen wie geistlichen Bereich nicht zu ändern gedachte.

Im Sommer 1077 kam Gregor VII., einen Fall in der Bretagne vor Augen, auf das Investiturverbot zurück; im November 1078 war auf einer römischen Synode wiederum die Rede davon, im Sinne eines grundsätzlichen Verbotes jedoch mit Strafandrohung für den investierenden Herrscher erst auf der römischen Fastensynode von 1080. Bei dieser Gelegenheit erkannte er auch Rudolf von Rheinfelden als gültigen König an, bannte Heinrich IV. erneut und erklärte, Heinrich sei nicht wieder in seine königlichen Funktionen eingesetzt worden[77].

Dieses Mal stellte sich der deutsche Episkopat auf die Seite Heinrichs. Ostern wurde der Papst kritistiert; Pfingsten verlangten neunzehn deutsche Bischöfe seine Absetzung; im Juni wurde in Brixen Erzbischof Wibert von Ravenna zum Gegenpapst (Clemens III.) gewählt[78], mehr aber noch nicht, und zwecks Absetzung Gregors VII. die Einleitung eines kanonischen Verfahrens gefordert. Nun begann der Krieg, in dem Heinrich mit einem deutschen Heer nach Italien zog und Gregor zwang, Rom zu verlassen. Er starb im Exil 1085.

3. Die politische Erschütterung und ihre Auswirkung auf die Parteiungen im Reich

Im Reich war die Situation verworren. Seit Beginn der Auseinandersetzung zwischen Gregor und Heinrich hatten viele Bischöfe ihren Standpunkt geprüft, waren zur Entscheidung gezwungen worden, hatten Bedenken gehabt. Als in Utrecht 1076 der Bannspruch gegen Gregor VII. verkündet werden sollte, entfernten sich in der Nacht zuvor die Bischöfe von Toul und Verdun, Wilhelm von Utrecht mußte allein den Auftrag ausführen[79]. Ähnlich handelte später Benno II. von Osnabrück, ein treuer Anhänger des Königs, der sich 1080 in Brixen, um die Wahl des Gegenpapstes nicht mittragen zu müssen, im Hohlraum eines Altars versteckte, und erst wieder erschien, als die von ihm mißbilligte Entscheidung getroffen worden war[80]. Dietrich von Verdun, als Anhänger Heinrichs bekannt und von den Bewachern der Alpenpässe 1077 gefangen genommen, zeigte sich in seinem Verhalten oft

---

[75] Für beide Sichtweisen gibt es unter Historikern wie damaligen Zeitgenossen genügend Vertreter: J. VOGEL, Gregor VII. und Heinrich IV. nach Canossa, Zeugnisse ihres Selbstverständnisses, Berlin 1983; K. F. MORRISON, Canossa, a revision, in: Traditio 18 (1962) 121–148.

[76] W. SCHLESINGER, Die Wahl Rudolfs von Schwaben zum Gegenkönig 1077 in Forchheim, in: Investiturstreit und Reichsverfassung (s. Anm. 67) 61–86, vgl. auch H. JAKOBS, Rudolf von Rheinfelden und die Kirchenreform, in: ebd. 87–115.

[77] SCHIEFFER, Investiturverbot (s. Anm. 18) 159–175.

[78] J. ZIESE, Wibert von Ravenna. Der Gegenpapst Clemens III. (1084–1100), Stuttgart 1982, 54–61.

[79] HAUCK, Kirchengeschichte Deutschlands (s. Anm. 57) III, 797; J. CHOUX, Pibon de Toul, évêque et la Querelle des Investitures (1069–1107), in: AEst (1952) 77–104; über das Verhalten der oberlothringischen Bischöfe vgl. F.-R. ERKENS, Die Trierer Kirchenprovinz im Investiturstreit (Passauer Hist. Forsch. 4), Köln 1987.

[80] W. GOEZ, Gestalten des Hochmittelalters, Darmstadt 1983 (Bischof Benno II. von Osnabrück 1068–1088) 160f; E. MEYER-MARTHALER, Bischof Wido von Chur im Kampf zwischen Kaiser und Papst, in: Aus Verfassung und Geschichte. Festschrift für Theodor Mayer I, Lindau – Konstanz 1954, 183–204.

unentschlossen. Dieses sind nur zwei Beispiele unter vielen für die allgemeine politische Verwirrung.

Die Verwirrung erfaßte in großer Breite auch die Diözesanebene, zumal 1085 von päpstlicher und kaiserlicher Seite Bischöfe ausgewechselt wurden. Die meisten Bischöfe Norditaliens enthob Gregor VII. ihres Amtes oder exkommunizierte sie gar. Heinrich IV. jagte alle 15 Anhänger Gregors davon und hielt an den Metropoliten Liemar von Hamburg, Werner von Mainz, Egilbert von Trier und Sigewin von Köln sowie den anderen Bischöfen fest. Unbeugsame Anhänger des Papstes waren Gebhard von Salzburg, Altmann von Passau, Adalbert von Worms, Hermann von Metz und Adalbero von Würzburg[81]; letzterer hatte seit 55 Jahren seinen Bischofsstuhl von Würzburg inne, ein achtbarer Mann, der dennoch seine Stadt verlassen mußte; zuvor erklärte er, daß man ihn zwar töten, aber nicht unterwerfen könne.

In vielen Diözesen standen sich nun zwei Bischöfe gegenüber. Für Minden hatte Heinrich einen gewissen Folkmar vorgesehen, aber der Erzbischof Hartwig von Magdeburg weihte den Gregorianer Reinhard; keiner von beiden konnte seinen Pontifikat ungestört in der Stadt verbringen[82]. In Paderborn rivalisierten zwei Kontrahenten, beide namens Heinrich, miteinander. In Osnabrück konnte sich 1088 nach dem Tod Bennos die gregorianische Partei durchsetzen und den Abt Markward von Corvey zum Nachfolger wählen; da ihn der kaiserlich gesinnte Metropolit Hermann von Köln nicht weihte, blieb Markward gleichzeitig Abt[83]. In Metz ersetzte Heinrich den Bischof Hermann zunächst durch den Abt Walo von Saint-Arnould, der den Stuhl jedoch bald für den Straßburger Kanoniker Bruno von Calw räumte; dieser wiederum trieb an den Besitzungen des Bistums Raubbau[84]. In Metz bezogen die Bürger offen Stellung für den Kaiser und verwehrten bis 1122 den papsttreuen Bischöfen den Zutritt zur Stadt[85]. Dasselbe widerfuhr in Würzburg Bischof Adalbero, obgleich er vor 1076 noch die Position Heinrichs IV. vertreten hatte. Das sich in ersten Anfängen zur politischen Gemeinde formierende Bürgertum in den rheinischen Städten konnte in diesem Konflikt nicht neutral bleiben, es stellte sich meist nach lokalpolitischer Opportunität auf die eine oder andere Seite[86]. Man muß sich ohnehin vor der Gefahr hüten, in

---

[81] Ihre Namen in den *Annales Ratisponenses*, ad a. 1084, MGH.SS XIII, 49. Siehe auch W. Steinboeck, Erzbischof Gebhard von Salzburg (1060–1088). Ein Beitrag zur Geschichte Salzburgs im Investiturstreit, Wien 1972; Der Heilige Altmann, Bischof von Passau. Sein Leben und Werk. Festschrift zur 900. Jahrfeier, Göttweig 1965; E. Boshof, Bischof Altmann, St. Nikola und die Kanonikerreform, in: Gedenkschrift J. Riederer, Passau 1981, 317–345; Adalbero von Würzburg, in: Goez, Gestalten (s. Anm. 80) 164–174; A. Wendehorst, Bischof Adalbero von Würzburg (1045–1090) zwischen Papst und Kaiser, in: SGSG 6 (1959–1961) 147–164; S. Salloch, Hermann von Metz. Ein Beitrag zur Geschichte des deutschen Episkopats im Investiturstreit, o.O. 1931.

[82] W. Herpich – H. Kluger, in: Series episcoporum V/I, 100f.

[83] H. H. Kaminsky, Studien zur Reichsabtei Corvey in der Salierzeit, Köln – Graz 1972, 94; A. Spicker-Wendt – H. Kluger, Series episcoporum V/I, 156f.

[84] Salloch, Hermann von Metz (s. Anm. 81); F. Ruperti – G. Hocquard, Hériman, évêque de Metz (1073–1090), in: ASHL 39 (1930) 503–578; vgl. auch Erkens, Trierer Kirchenprovinz (s. Anm. 79).

[85] J. Schneider, La ville de Metz aux XIIIe et XIVe siècles, Paris 1952; *Satira in Mettenses*, in: MGH.LL III, 619–621.

[86] H. Maurer, Die Konstanzer Bürgerschaft im Investiturstreit, in: Investiturstreit und Reichsverfassung (s. Anm. 67) 363–372. Während Mainz den gregorianischen Erzbischof Adalbert unterstützte, stand die Bürgerschaft von Konstanz dem König nahe. Die Bürger Kölns verschlossen sich den Gregorianern (s. U. Lewald, Köln im Investiturstreit, in: Investiturstreit und Reichsverfassung [s. Anm. 67] 390). Vgl. die widersprüchliche Quellenaussage über das Verhältnis der Kölner Bürger zu Erzbischof Hildolf bei H. Voll-

den kaiserlichen Bischöfen nur Reformgegner und nichtsnutzige Amtsinhaber zu sehen; die Parteinahmen hatten oft sehr verschiedene und individuelle Gründe. In Paderborn wurde Heinrich von Werl 1084 vom Kaiser auf den Bischofsstuhl berufen; als er sich 1090 dort durchsetzen konnte, wandte er sich der päpstlichen Seite zu, weil der Paderborner Vogt aus seinem Elternhaus ein engagierter Anhänger des Kaisers war; die Parteinahme war nur noch ein Instrument der lokalen Politik[87]. Auch die Klöster im Reich waren durch den Konflikt stark betroffen, in erster Linie natürlich die Reichsabteien, die sich zum Teil auch nach lokalpolitischen Gesichtspunkten festlegten[88]. Am Beispiel des Klosters Corvey, noch nicht im königsfreundlichen Westfalen, sondern im aufsässigen Ostsachsen gelegen, läßt sich das Problem am besten erläutern[89]. Die deutschen Könige besuchten die große Abtei, wo der Hellweg die Weser überquerte, häufig und bedachten sie reichlich mit Schenkungen. Auf Betreiben Erzbischof Adalberts jedoch übertrug der junge Heinrich IV. das Kloster der Bremer Kirche, für den Konvent schon deswegen ein Fauxpas, weil Adalbert von Heinrich III. zum Aufpasser über die Sachsen eingesetzt worden war. Das Maß schien voll, als Heinrich IV. um 1077 den Zehntforderungen Bischof Bennos von Osnabrück an Corvey und das Damenstift Herford nachgab[90]. Beide Konvente gingen daraufhin zu den sächsischen Rebellen und damit zur gregorianischen Seite über. Als 1081 der energische Abt Markward das Schicksal Corveys in die Hände nahm, sorgte er für die Annahme der Hirsauer *Consuetudines*, und die Zahl der Mönche vervierfachte sich. Dieser Abt, der später zum Bischof von Osnabrück gewählt wurde, sein Amt aber nie antreten konnte, legte das Zeremoniell der Abtswahl wie folgt fest[91]: Nach der Wahl des Abtes durch die Mönche ergreift der Gewählte in Form einer Selbstinvestitur den auf dem Altar liegenden Hirtenstab; er nimmt sodann die Gehorsamsbekundungen und Eide entgegen, zuletzt erfolgt die Abtsweihe. Dies wich insofern von den Hirsauer *Consuetudines* ab, als Gregor VII. den Hirsauern und ihrem Abt Wilhelm die Selbstinvestitur untersagt hatten; die Übergabe des Stabes sei Sache des Diözesanbischofs.

Im Bistum Lüttich wirkte sich der Streit zwischen Sacerdotium und Imperium auf die größten Klöster der Diözese – Saint-Trond und Saint-Hubert – in seltener Härte aus[92]. Mönche, Äbte, Bischöfe, Grafen, Vögte und Ritter standen sich hier gegenüber, verursachten Blutvergießen und plünderten die klösterlichen Einrichtungen. Nicht erst der Investiturstreit löste diese Konflikte aus, sondern, wie es scheint, schon vorher bestehende

---

RATH, Erzbischof Hildolf von Köln (1075–1078), „häßlich anzusehen und von erbärmlicher Gestalt", in: Köln. Stadt und Bistum in Kirche und Reich im Mittelalter, hrsg. von H. VOLLRATH – ST. WEINFURTER, (FS O. Engels), Köln 1993, 259–281.

[87] Vgl. G. MEIER, Die Bischöfe von Paderborn und ihr Bistum im Hochmittelalter, Paderborn 1987, 138–141.

[88] Vgl. das schon vor dem Investiturstreit wechselnde Verhältnis zur Königsgewalt bei TH. VOGTHERR, Die Reichsklöster Corvey, Fulda und Hersfeld, in: Die Salier und das Reich (s. Anm. 52) II, 429–464.

[89] H. H. KAMINSKY, Corvey (s. Anm. 83) 75–107.

[90] K. U. JÄSCHKE, Studien zu Quellen und Geschichte des Osnabrücker Zehntstreits unter Heinrich IV., in: ADipl 9/10 (1963/1964) 112–285; 11/12 (1965–1966) 280–402. (Die von Benno vorgelegten Urkunden waren nicht gefälscht).

[91] *Caeremoniale monasticum antiquum Corbiense*, in: K. HONSELMANN, Studien zu Papsturkunden für Klöster des Bistums Paderborn, in: WestfZs 90/2 (1934) 199. KAMINSKY, Corvey (s. Anm. 83) 95f. K. HONSELMANN, Corvey als Ausgangspunkt der Hirsauer Reform in Sachsen, in: Westfalen 58 (1980) 70–81.

[92] A. CAUCHIE, La querelle des investitures dans les diocèses de Liège et de Cambrai, 2 Bde., Löwen 1890–1891.

Spannungen wurden aufgeheizt, sie scheinen auch die Parteinahme für die eine oder andere Seite wesentlich mitbestimmt zu haben.

Damit nicht die Meinung aufkommt, die Ziele der kirchlichen Reform seien überall nur Instrumente für eigene Machtpolitik gewesen, muß auf die Mönchsreform der Hirsauer verwiesen werden[93]. Wie die Cluniazenser, die nicht das Eigenkirchenwesen als solches ablehnten, wohl aber die eigenen Klöster von jeder Abhängigkeit gegenüber Instanzen außerhalb der Kongregation zu bewahren suchten, orientierte sich auch die Hirsauer Mönchsbewegung am Ideal der „Libertas ecclesiae". Das freilich entsprach nicht ganz, wie am Beispiel Corvey schon angedeutet, dem Reformideal Gregors VII. Der Papst wollte die vom Kirchenrecht vorgesehene hierarchische Zuständigkeit wiederhergestellt sehen; nur wenn ein Diözesanbischof in Ausübung seiner Amtspflichten sich mißbräuchliche Übergriffe erlauben sollte, wurde dem Kloster eine Ausnahme von der Zuständigkeit gestattet. Hier sind auch die Maßstäbe für eine Gewährung der Exemtion im späten 11. Jh. zu sehen. Hirsau zusammen mit Siegburg bei Köln und St. Blasien im südlichen Schwarzwald waren die Reformzentren, die cluniazensische Gewohnheiten annahmen, und deren Konventuale auf den je eigenen blutsverwandten Adel wirksamen Einfluß im Sinne der Kirchenreform ausübten. In ersten Ansätzen gilt dies auch für die Kanonikerreform mit dem Stift Rottenbuch in Oberschwaben[94].

4. Streitschriften und Diskussionen

In diesem Konflikt lieferten sich die Gegner, fast möchte man sagen, auch verbale Schlachten. Waren es in den Jahren 1073 bis 1078 nur acht Streitschriften, so zählt man für die Zeit zwischen 1080 und 1085 bereits 24, und ihre Flut nahm in der Folgezeit nicht ab. Zu den im Reich selbst entstandenen Traktaten kamen solche aus Frankreich und Italien hinzu, die abgeschrieben und weitergereicht wurden. Beide Lager waren darauf bedacht, den eigenen Standpunkt zu verteidigen und den Gegner zu verleumden. Die heftigen Attacken aus dem Umkreis Heinrichs IV. und die langen Sendschreiben Gregors VII. an Bischöfe oder Fürsten, die besonders weit verbreitet wurden, gaben zuweilen den Ton an. Das Verbot von Simonie und Priesterehe (Nikolaitismus) löste Diskussionen über die Gültigkeit der von simonistischen oder verheirateten Priestern gespendeten Sakramente aus. In solchen Diskussionen bewiesen die einen Härte, während die anderen angesichts der politisch verworrenen Verhältnisse Verständigungsbereitschaft zeigten[95]. Augustin Fliche beschreibt Lothringen als einen Hauptschauplatz der Auseinandersetzungen in dieser Zeit; sein Urteil stützt sich auf den Traktat *De ordinando pontifice,* von dem er annimmt, daß sein unbekannter Autor aus der Umgebung Wazos von Lüttich stammt[96]; auf die Äußerungen Wazos, wie sie in den *Gesta* der Lütticher Bischöfe niedergelegt sind[97]; auf den *Libri tres*

---

[93] H. Jakobs, Die Hirsauer. Ihre Ausbreitung und Rechtsstellung im Zeitalter des Investiturstreites, Köln – Graz 1961.

[94] Vgl. Jakobs, Rudolf v. Rheinfelden (s. Anm. 76) 97–115; St. Weinfurter, Reformkanoniker und Reichsepiskopat im Hochmittelalter, in: HJ 97/98 (1978) 158–193.

[95] Vgl. die Edition einiger Texte in MGH.LI. I u. III. Dazu R. Schieffer, Spirituales latrones. Zu den Hintergründen der Simonieprozesse in Deutschland zwischen 1069 und 1075, in: HJ 92 (1972) 19–60.

[96] H. H. Anton, *De ordinando pontifice* (s. Anm. 64) sucht dagegen den Autor im Umkreis von Anjou.

[97] S. oben Anm. 61 u. 62.

adversus simoniacos des Humbert von Silva Candida[98] und auf Schriften aus der Umgebung Leos XI., der als erster Papst ernsthaft versuchte, den Synodalbeschlüssen Geltung zu verschaffen[99]. Lothringen als Bindeglied zwischen Frankreich und den Rheinlanden war eine Region, in der Treue zum Kaiser und Gehorsam gegenüber dem Papst nicht unbedingt einen Widerspruch darstellten und wo die Reformbewegungen von Dijon, Gorze/St. Maximin (Trier) und Verdun ein Pendant zu der von Cluny bildeten. Dennoch brachte es Anhänger beider Lager hervor, einen Hermann von Metz ebenso wie einen Otbert von Lüttich, einen Wazo, aber auch einen Dietrich von Verdun und neben Humbert von Silva Candida auch Sigebert von Gembloux.

Die Texte der *Libelli de lite*[100] vermitteln einen Eindruck vom Umfang dieser Streitschriftenliteratur, innerhalb derer der Traktat des Humbert den wichtigsten Platz einnimmt. Diese Briefe und Traktate drehten sich alle um das Gewaltenverhältnis zwischen Kaiser und Papst. Das Verbot, an einer von einem verheirateten oder nachweislich unkeuschen Priester gefeierten Messe teilzunehmen, wurde kritisiert und davor gewarnt, unschuldigen Laien Gottesdienst und Sakramente vorzuenthalten. Beim Thema Simonie schien oberflächlich die zentrale Frage zu sein, welche Kompetenz dem König blieb und welches Recht der Papst hatte, die seit der Spätantike bestehende Zuordnung von Sacerdotium und Imperium zu zerstören. In der Diskussion wurden verschiedene Auffassungen von Simonie entwickelt; für Humbert war sie eine Häresie, die schon Besetzungen einschloß, die nur aus Dankbarkeit für geleistete Dienste geschahen. Wer sollte als Simonist bezeichnet werden? War er als solcher zwingend schuldig? Sollte man alle, die in irgendeiner Form vom Gegenpapst, vom kaiserlich gesinnten Prälaten oder gar von ihren Eltern abhingen, aus dem Klerus ausschließen? Hoher und niederer Klerus sind gesondert zu beurteilen: Für den ersten stand die Simonie einschließlich der Elemente wie Wahl, Investitur, Regalien an erster Stelle; bei letzterem waren die Priesterehen das größere Problem.

In den Jahren zwischen Leo IX. und Gregor VII. stand die Reform des Klerus im Mittelpunkt der Bemühungen. Erst die kompromißlose Haltung Gregors VII. und sein Angriff auf die Laieninvestitur löste die Diskussion um das Verhältnis von weltlicher und geistlicher Gewalt aus. Trotz der deutlichen Unterscheidung beider Gewalten, wie sie Anselm von Lüttich schon vor Augen hatte, konnte sie sich im Reich nur langsam durchsetzen. Ganz gleich von welcher Seite sie ausgingen, der eigentliche Gegenstand aller Schriften war die herrscherliche Zuständigkeit und die sie einschränkenden päpstlichen Vorrechte. In seinem langen Brief, den der Trierer Scholaster Wenrich für Bischof Dietrich von Verdun nach den Normen der Schulrhetorik verfaßte, erneuerte er raffiniert die königlichen Rechte, obwohl er vorgab, die Rechte des Papstes zu verteidigen[101]. Die Anhänger des Papstes dachten nicht daran, dem König in irgendeiner Form das Recht auf Investitur einzu-

---

[98] Vgl. E. G. Robison, Humberti Cardinali libri tres adversus Simoniacos, Diss. Princeton 1971.

[99] Vgl. die Übersicht bei W. Hartmann, Der Investiturstreit (Enzyklopädie deutscher Geschichte 21), München 1993, 65–68 u. 117–120.

[100] Die drei Bände der MGH erfassen die Streitschriftenliteratur dieser Epoche. Autoren wie Adressaten aus dem lothringischen Raum bilden ein deutliches Übergewicht: Humbert von Silva Candida, Hermann von Metz, Manegold von Lautenbach, Dietrich von Verdun und Wenrich von Trier, Sigebert von Gembloux, Hugo von Fleury, Männer aus Lüttich und Metz und im Süden die Bischöfe von Lucca, Ferrara, Sutri und Segni.

[101] MGH.LL I, 20–299; vgl. Hartmann, Investiturstreit (s. Anm. 99) 61 f.

räumen. Die Diskussion trat auf der Stelle, bis sie durch die in Frankreich und England angebahnten Lösungen wieder in Fluß kam.

5. Auf dem Weg zum Wormser Konkordat (1122)

Die ungefähr zwei Jahrzehnte zwischen dem Tod Gregors VII. und dem Ableben Heinrichs IV. bestimmten vor allem militärische Ereignisse. Den anfänglichen Erfolgen Heinrichs folgten seine Niederlagen in Italien; sein schon zum Nachfolger gewählter Sohn Konrad ging zu Papst Urban II. über und wurde seiner Rechte 1093 entkleidet. Schon 1089 hatte Urban die Markgräfin von Tuszien/Canossa mit Welf V. vermählt, um dem Kaiser den Brenner, den wichtigsten Übergang von Süddeutschland nach Oberitalien, zu sperren; aber schon im nächsten Jahr scheiterte die Ehe des jungen Herzogs am zu großen Altersunterschied. Die Fronten waren verhärtet.

In dieser Situation mußte die Rebellion Heinrichs V., der 1098 anstelle seines abtrünnigen Bruders zum Nachfolger des Vaters gewählt und 1099 in Aachen zum König gekrönt worden war, wie eine Befreiung wirken. Was heute leicht Abscheu und Verachtung hervorruft – sich zum Schein dem Vater zu unterwerfen und dann den ihm vertrauenden Vater festzunehmen und in der Ingelheimer Pfalz an der Jahreswende von 1105/06 zum Verzicht auf die Krone zu zwingen –, sahen die Zeitgenossen anders. Heinrich V. habe sich auf dem Reichstag in Mainz seines Betruges am Vater gebrüstet und die Versammelten jubelten ihm zu. Es war nicht Herrschsucht, die den jungen Salier veranlaßte, sich den Aufständischen anzuschließen. Man sieht es an den jungen Adligen in Bayern mit engen Kontakten zum schwäbischen und sächsischen Adel, die schon 1102 mit der Rebellion begannen. Als sich die Sachsen ihr anschlossen, schrieben sie an Graf Berengar von Sulzbach, „niemand ist in der Sintflut gerettet worden außerhalb der Arche, welche die Gestalt der Kirche trug“ [102]. Der Sulzbacher und seine bayerischen Bundesgenossen gehörten den Freunden der Klosterreform an, näherhin noch junger Gründungen wie Kaste, Berchtesgaden, Baumburg und Weyarn. Der mächtig angewachsene Kreis beobachtete die Absetzung des alten Kaisers als eine Großtat zum Nutzen der Einheit im Glauben und der Einheit des Reiches; als Werkzeug Gottes habe er dessen Strafe abgewandt und das Reich in das Recht gerettet.

Wenn man überlegt, daß die Schwester Heinrichs V., Agnes, die Witwe des schwabischen Stauferherzogs, 1106 in zweiter Ehe den Markgrafen Leopold III. von Österreich, einen überzeugten Reformer, heiratete, dann kann Heinrich V. selbst dem Reformerkreis nicht sehr fern gestanden haben. Gerade um 1106 wurde am Hof das Bild vom „Herzen des Königs in der Hand Gottes“ aufgegriffen; der König sei dann ein Werkzeug des göttlichen Willens [103]. Der König im Kreis der Reformanhänger schien in besonderer Weise zur Herrschaft legitimiert; er brauchte dazu auch den Ausgleich mit dem Papst aus der Reihe der Reformer.

Als 1109 der Wunsch nach der Kaiserkrönung konkreter wurde, gab es keinen Zweifel, daß die Frage der Investitur geklärt werden müsse. Obwohl sich auch Paschalis II. gegen die Laieninvestitur schon ausgesprochen hatte, glaubte man von seiten des Hofes an er-

---

[102] Ph. Jaffé, Monumenta Bambergensia (Bibl. rer. Germ. 5), Berlin 1869, Nr. 116.

[103] Nach dem Buch der Sprüche 21, 1 ff. Vgl. P. Millotat, Transpersonale Staatsvorstellungen in den Beziehungen zwischen Kirchen und Königtum der ausgehenden Salierzeit (Hist. Forsch. 26), Rheinfelden 1989, 120 ff.

reichbare Kompromisse, und es gab kaum einen Reformanhänger auf deutscher Seite, der bereit war, gegen Heinrich V., den Freund der Reform, zu opponieren. Sigebert von Gembloux, vermutlich der Verfasser des Traktates „De investitura episcoporum“ [104], argumentierte dann auch im Sinne der neuen Reform in Deutschland eher pragmatisch. Königliches Schwert und „stola Petri“ kämen sich gegenseitig zu Hilfe wie zwei Cherubine, die ihre Gesichter einander zukehren und auf die Bundeslade blicken; eine Abkehr von dieser Zuordnung würde das Heil der Seele gefährden. Mit „stola Petri“ war auch der Bischof im Reich gemeint; er brauche die königliche Investitur, denn sie bedeute materielles Auskommen und Schutz. Eingriffe in das geistliche Amt oder andere Übergriffe durch den Herrscher seien nicht intendiert, aber einen zuverlässigen Hüter in seiner Stadt wissen zu können, müsse dem König doch erlaubt sein.

Völlig überraschend ließ der Papst einer deutschen Delegation in der Kirche von S. Maria in Turri am 4. Februar 1111 vorschlagen, auf Anordnung des Papstes würden die Kirchen des Reiches auf alle Regalien, also auf alle vom Reich kommenden Rechte und Einkünfte verzichten und sich selbst nur noch von den Zehnten und Opfergaben unterhalten; dafür verzichte der Kaiser auf jegliche Investitur. Diese Radikallösung hatte auf ihrer Seite den Anschein der Logik, aber selbst Heinrich V. deutete später an, daß er sie für kaum durchführbar gehalten habe. Hat das Paschalis II. nicht gesehen? Mehrere Motive dürften ihn geleitet haben. Angesichts der geschlossenen Haltung des Episkopats hinter dem Monarchen war eine für ihn tragbare Investiturlösung nicht zu erreichen. Zugleich war das veränderte Amtsverständnis der Bischöfe bereits abzusehen; deren Zuwendung zur Ortskirche barg die Gefahr einer Konzentration auf den territorialen Herrschaftsausbau (nicht zufällig vermied Heinrich V. jede Schenkung an Reichskirchen). Eine Radikallösung bot überdies die seltene Chance, den Episkopat dem Armutsideal des Reformklerus zuzuführen. Es fällt auf, daß Heinrich V. zum Vorvertrag von S. Maria in Turri nur Laienadlige hinzuzog, und darunter besonders die reformfreudigen Empörer von 1104. Folglich dürften auch auf seiner Seite Reformgesichtspunkte eine Rolle gespielt haben.

Die für den 12. Februar 1111 geplante Kaiserkrönung im Petersdom endete jedoch in einem Desaster. Als der Papst den Verzicht auf alle Regalien verkündete, begehrten die bis dahin ahnungslosen Bischöfe auf; Paschalis II. hätte seine Urkunde nicht zu Ende lesen können, so daß dem Abkommen seine abschließende Gültigkeit fehlte. In kopfloser Kurzschlußreaktion – die Bedingungen für die Kaiserkrönung waren nicht erfüllt – nahm Heinrich V. den Papst und die Kardinäle kurzerhand gefangen. So konnte er Paschalis II. am 11./12. April das privilegierte Zugeständnis, weiterhin investieren zu dürfen, das sog. „Pravileg“ von Ponte Mammolo, abpressen und seine Kaiserkrönung durchsetzen.

Die Folgen waren verheerend, nicht nur weil das Verhältnis zwischen Papst und Kaiser wieder gründlich gestört war, sondern vor allem weil sich der deutsche Episkopat hintergangen fühlte; er hatte hinter Heinrich gestanden, und dieser war bereit gewesen, ihn um der Kaiserkrone willen zu verraten. Die von den Reformern als Heilsgemeinschaft verstandene Zuordnung von Herrscher und Bischöfen fiel auseinander; in Mainz formierten sich viele Bischöfe als Bundesgenossen des Sachsenherzogs Lothar von Supplinburg, der die

---

[104] Editionen von J. Krimm-Beumann, Der Traktat „De investitura episcoporum“ von 1109, in: DA 33 (1977) 37–83, dazu dies., Sigebert von Gembloux und der Traktat de investitura episcoporum (VuF, Sonderbd. 20), Sigmaringen 1976.

von Heinrich V. wiederaufgenommene Politik seines Vaters gegen die Sachsen endgültig mit Waffengewalt beendete[105].

Die Investiturfrage stagnierte, bis Calixt II. 1119 die cathedra Petri bestieg. In Mouzon fanden Verhandlungen mit Heinrich V. statt, die jedoch scheiterten, weil keine Einigkeit über die dem Kaiser zu leistenden Dienste der Reichskirche erzielt werden konnte. Heinrich V. hielt weiterhin an der Investitur fest und wurde erneut exkommuniziert[106]. Nun waren es die deutschen Fürsten, die auf eine schnelle Lösung drängten. An ihrer Spitze setzte sich Erzbischof Adalbert I. von Mainz, päpstlicher Legat, für eine Friedensversammlung ein, die dringend zur Verständigung riet (Würzburg, 29. September 1121)[107]. Das führte dann zu abschließenden Verhandlungen mit drei Kardinallegaten, an deren Ende das Wormser Konkordat stand.

Wie das Londoner Konkordat von 1107, das in mancher Hinsicht als Vorbild diente, war auch das Wormser Konkordat ein nach zähem Ringen gefundener Kompromiß. Obwohl das Ereignis oft genug behandelt worden ist, steht ein abschließendes Urteil der Forschung noch aus; selbst auf eine befriedigende Edition des Textes kann noch nicht zurückgegriffen werden[108]. Mindestens zwei Wochen verhandelten die Kardinallegaten, darunter Lambert von Ostia, der spätere Honorius II., bis die Übereinkunft am 23. September 1122 auf der Ebene Lobwisen vor den Mauern von Worms verkündet werden konnte. Schon deshalb konnten die Legaten kein fertiges Privileg des Papstes mitbringen, sondern nur in seinem Namen die Vereinbarung beeiden; aus dem Protokoll ihrer Zusicherung ist später eine Urkunde rekonstruiert worden. Nach damaliger Gewohnheit der Vertragstechnik war dem Kaiserhof eine eidliche Zusicherung vor Zeugen wichtiger, während das romanische Denken der Kurie ein besiegeltes Pergament vorzog und aufbewahrte[109]. Das erklärt auch, warum das I. Laterankonzil 1123 den gefundenen Kompromiß nicht billigte, aber dulden mußte, um den Papst nicht dem Vorwurf des Eidbruchs auszusetzen. Im übrigen entsprach es damaliger Vertragspraxis, das dem Kaiser gemachte Zugeständnis auf Lebenszeit zu befristen; daß Heinrich V. schon 1125 sterben würde, war noch nicht abzusehen.

Das schriftlich ausgefertigte Zugeständnis des Kaisers lautete:

„Ich Heinrich, durch die Gnade Gottes Kaiser der Römer, verzichte aus Liebe zu Gott, der Heiligen römischen Kirche und dem Herrn Papst Calixt und zu meinem Seelenheil auf jede Investitur mit Ring und Stab zugunsten Gottes, der Hl. Apostel Petrus und Paulus sowie der Hl. Katholischen Kirche. Und ich gestatte kanonische Wahl und freie Weihe in allen Kirchen meines Königreiches und Imperiums. Die Besitzungen und Regalien des hl. Petrus, die seit Beginn dieses Streites bis zum heutigen Tag, sei es zur Zeit meines Vaters oder meiner Zeit, entfremdet wurden, soweit sie sich in meinem Be-

---

105 Zur neuen Bewertung Heinrichs V. s. S. Weinfurter, Reformidee und Königtum im spätsalischen Reich, in: Reformidee und Reformpolitik im spätsalisch-frühstaufischen Reich, hrsg. von St. Weinfurter, Mainz 1992, 1–41. Zu den Vorgängen um die Kaiserkrönung vgl. C. Servatius, Paschalis II. (1099–1118). Stuttgart 1979, 214–252.

106 Th. Schieffer, Nochmals die Verhandlungen von Mouzon (1119), in: Festschrift für E. E. Stengel, München/Köln 1952, 324–341; W. Holtzmann, Eine Bannsentenz des Konzils von Reims 1119, in: Neues Archiv 50 (1933) 301–319.

107 H. Büttner, Erzbischof Adalbert von Mainz, die Kurie und das Reich in den Jahren 1118 bis 1122, in: Investiturstreit und Reichsverfassung (s. Anm. 67) 395–410.

108 MGH.Const. I Nr. 107f; die bessere Version der „Papsturkunde" bei A. Hofmeister, Das Wormser Konkordat, in: FS f. D. Schäfer, Jena 1915, 146ff (Ndr. Darmstadt 1962).

109 Vgl. O. Engels, Zum Konstanzer Vertrag von 1153, in: Deus qui mutat tempora, FS f. A. Becker, Sigmaringen 1987, 238ff.

sitz befinden, erstatte ich zurück; sofern sie sich nicht in meinem Besitz befinden, bemühe ich mich um ihre Rückgabe an die hl. römische Kirche. Die Besitzungen aller anderen Kirchen, auch der Fürsten und weiteren Personen, ob Kleriker oder Laien, die in diesem Krieg entfremdet wurden, werde ich zurückgeben nach Rat der Fürsten oder der Gerechtigkeit, soweit ich sie habe, und mich um die Rückgabe der anderen bemühen. Ich gebe dem Herrn Papst Calixt, der Hl. Römischen Kirche und allen, die an ihr Teil hatten und haben, wahren Frieden. Immer, wenn die Hl. Römische Kirche um Hilfe bittet, werde ich helfen und ihr in allen Angelegenheiten, über die sie bei mir eine Klage anstrengt, das ihr gebührende Recht verschaffen."

Die päpstliche Seite gestand dem Kaiser zu, bei allen Bischofs- und Abtswahlen anwesend sein zu dürfen, ohne Simonie oder Gewalt auszuüben; und wenn die Wahl zwiespältig ausgehen sollte, werde der Kaiser mit Rat und Urteil des Metropoliten und seiner Suffraganbischöfe der „sanior pars" Zustimmung und Hilfe geben. Der Gewählte erhalte von ihm durch das Zepter die Regalien und leiste ihm dafür, was dem Herrscher nach Recht zukomme. Was in Deutschland vor der Weihe geschehe, erfolge in den anderen Teilen des Imperiums nach der Weihe innerhalb von sechs Monaten.

Gemeinsam ist beiden Erklärungen, daß sie den seit 40 Jahren andauernden Streit als eine einheitliche Epoche sehen und durch förmlichen Friedensschluß beenden wollen. Der große Unterschied zwischen beiden besteht darin, daß der Kaiser nur auf die Symbole Ring und Stab bei der Investitur verzichtet, während die päpstliche Seite aufzählt, was alles dem Kaiser an Mitwirkung beim Erhebungsvorgang eines Bischofs oder Abtes zugestanden wird. Vergleicht man dies mit der Synode von Reims (1119), die den Vorvertrag von Mouzon scheitern ließ, weil sie dem Kaiser überhaupt keine Einweisung in die Temporalien gestatten wollte, dann wird deutlich, wie weit die päpstliche Seite nachgegeben hat. Sie erreichte nur, daß der Kaiser nicht mehr in das geistliche Amt einwies, sondern nur noch in dessen materielle Ausstattung, womit indirekt ausgedrückt war, daß der Kaiser ein Laie sei. Offensichtlich kein Konsens scheint in der Frage erreicht worden zu sein, was konkret dem Herrscher für die Regalienübertragung zu leisten sei. Den Lehnseid nach englischem Vorbild zu nennen, scheute man sich wohl, denn Urban II. hatte ihn noch grundsätzlich verboten; im 12. Jh. führte die abstrakte, mehrere Möglichkeiten offen lassende Formulierung doch zu einer Gleichsetzung aller Güter und Regalien in der Hand von Kirchen mit Reichslehen. Ähnlich vage ist der Passus über Doppelwahlen; der „gesündere Teil" der Wahlversammlung war nicht notwendig die Mehrheit, und Qualität ist bekanntlich unterschiedlich interpretierbar[110]. Die Investiturfrage blieb im Grunde ungelöst.

IV. Italien im Herzen der Reform

Nur wenige Ereignisse aus der Geschichte Unteritaliens in der hier behandelten Epoche sind über Rom hinaus bekannt geworden. Der normannische Staat unterhielt enge Beziehungen mit dem Apostolischen Stuhl, gleich ob sie von Opposition oder Unterordnung geprägt waren; Leo IX. mußte hier eine militärische Niederlage einstecken, während Gregor VII. in Süditalien Zuflucht fand. Im äußersten Süden des Festlandes war noch der

---

[110] Zum Konkordat selbst Büttner, Erzbischof Adalbert (s. Anm. 107) 406–410; zur Interpretation und seinen Auswirkungen P. Classen, Das Wormser Konkordat in der deutschen Verfassungsgeschichte, in: Investiturstreit und Reichsverfassung (s. Anm. 67) 411–460.

byzantinische Einfluß bestimmend, und die Probleme der Epoche hatten hier ein anderes Gewicht als in der Toskana oder der Lombardei. Anders das kaiserlich beherrschte und vom Papst scharf beobachtete Reichsitalien: Es wurde zum Hauptschauplatz des Konfliktes zwischen Imperium und Sacerdotium; seine Abhängigkeit vom Kaiser ließ es zum Spielball der unterschiedlichen politischen Interessen werden, der päpstliche Einfluß machte es aber auch empfänglich für eine kirchliche Erneuerung. War seine Geschichte auch eng mit der des Papsttums wie des Kaisertums verbunden, so weist Reichsitalien doch eigene Charakteristika auf, die nicht übersehen werden dürfen. Eine Bewegung und eine Persönlichkeit waren es, die die Kirchengeschichte dieser Region ein halbes Jahrhundert hindurch geprägt haben: die Mailänder Pataria und die Markgräfin Mathilde von Tuszien mit ihrem Gatten Gottfried von Lothringen.

1. Die Pataria

Schon im 10. Jh. hatte Bischof Rather von Verona, den der Kölner Erzbischof Brun vorübergehend auf den Bischofsstuhl von Lüttich berufen hatte, Eingriffe des Herrschers in die Ämterbesetzung und alle Kleriker, die gegen den Zölibat verstießen, in seinen Schriften und Briefen angeprangert [111]. Priesterehe und -konkubinat lösten in Mailand eine Volksbewegung aus, die in ihrem Kampf gegen Simonie und Nikolaitismus von einer bis dahin in Europa unbekannten Gewalttätigkeit war [112]. 1045 ermöglichte die Ablösung Erzbischof Ariberts durch Wido von Velate, dessen Familie aus den Reihen der weniger angesehenen *valvassores* (Inhaber von Afterlehen) stammte [113], eine soziale Umschichtung innerhalb der politischen und kirchlichen Führungsgruppen der Mailänder Stadtgemeinde; sie betraf die reichen Kleriker, die adeligen Grundherren, die sogenannten *capitanei*, und einen gewissen Prozentsatz der *mercatores*, im Geld- und Handelsgeschäft reich gewordene Bürger. Das Volk, das die Hauptlast der Abgaben trug, nämlich das mittlere Bürgertum, das Handwerk oder der dem nichtadeligen Landvolk nahestehende *populus*, profitierte nicht von dieser Umverteilung.

Die Volksmasse unterlag dem Einfluß zweier Kleriker, die sich für den Zölibat und eine tiefgreifende Reform der Lebensführung des Weltklerus einsetzten und die Rückkehr zum Armutsideal der Apostelgeschichte (4,32) forderten, wobei sich ihre Standpunkte der damals im Entstehen begriffenen Armutsbewegung näherten [114]. Ariald von Varese war Diakon, der adelige Landulf Cotta Subdiakon. Beide verurteilten öffentlich das weltliche Leben verheirateter und im Konkubinat lebender Priester, deren Zahl beträchtlich gewesen sein muß [115]. Die Ideen Arialds und Landulfs gewannen zunehmend Einfluß auf den „po-

---

[111] Vgl. P. Réka Máthé, Studien zum früh- und hochmittelalterlichen Königtum, Diss. Bern 1978, 251–267; J. L. Kupper, in: Series episcoporum V/I 64f.

[112] C. Violante, La Pataria milanese e la riforma ecclesiastica I. Le premesse 1045–1057, Rom 1955.

[113] H. Keller, Die soziale und politische Verfassung Mailands in den Anfängen des kommunalen Lebens. Zu einem neuen Buch über die Entstehung der lombardischen Stadtkommune, in: HZ 211 (1970) 34–36; vor allem ders., Pataria und Stadtverfassung, Stadtgemeinde und Reform, Mailand im „Investiturstreit", in: Investiturstreit und Reichsverfassung (s. Anm. 67) 321–350.

[114] Vgl. L'eremitismo in Occidente nei secoli XI e XII (Atti della 2ª settimana internaz. di studio di Mendola), 1965; H. Grundmann, Religiöse Bewegungen im Mittelalter, Darmstadt 1970.

[115] C. Violante, I laici nel movimento patarino, in: I laici nella „societas christiana" dei secoli XI e XII, Mailand 1968, 517–597.

pulus", später die *Patarier* (benannt nach dem Platz des Trödelmarktes) genannt, bis es am 10. Mai 1057 anläßlich einer Prozession zu Ehren des hl. Lazarus nicht nur zu Beschimpfungen, sondern auch zu Handgreiflichkeiten zwischen Gegnern und Anhängern der Pataria kam. Von diesem Moment an kannte das aufgebrachte Volk keine Zurückhaltung mehr, und die Patariaführer kämpften mit der Aristokratie um die Führung der Mailänder Stadtgemeinde. Nach und nach wurden die Forderungen der Reformbewegung maßloser. Anfangs hatte man von den Klerikern unter Androhung schwerer Strafen Eide gefordert, den Zölibat zu respektieren [116], dann ging man über zur Provokation, um die Zahl der Schuldigen zu erhöhen. Bald gesellte sich zum Vorwurf des Nikolaitismus jener der Simonie. Der Handel mit kirchlichen Funktionen betraf die gesamte kirchliche Hierarchie, vom Erzbischof abwärts über die Domherren bis zum Seelsorgspriester. Die Simonie hatte bekanntlich schwerwiegende Konsequenzen: Von einem simonistischen Bischof ordinierte Kleriker galten als illegitim, die von ihnen gespendeten Sakramente als ungültig. Die ganze Gesellschaft stand in Gefahr, von Simonie „verseucht" zu sein bzw. zu werden. Die römische Kurie war alarmiert, teilte sie doch die Ziele der Pataria. Die politische Agitation erhielt im Alltag schließlich ein solches Gewicht mit ihren blutigen Auseinandersetzungen, daß sie sich auf die Beherrschung der Stadt konzentrierte.

Noch stand in den Jahren 1057 bis 1059 das moralische Anliegen im Vordergrund. Zwei päpstliche Legaten, Hildebrand (der spätere Gregor VII.) und Bischof Anselm I. von Lucca (später Alexander II.), der aus Mailand stammte (Familie der Baggio) und lange Zeit als einer der Wegbereiter der Pataria betrachtet wurde, versicherten die Pataria der offiziellen Unterstützung Roms und billigten ihr nur unter dieser Voraussetzung Anerkennung zu. Nach einem Attentat erkrankte Landulf schwer und starb an den Folgen. Seinen Platz nahm dessen Bruder, der Ritter Erlembald ein, ein Vertreter der Laien in der Bewegung. Anselm förderte als Papst Alexander II. sowohl die klerikale Richtung unter Ariald als auch die von Erlembald geführte Laienbewegung.

Erzbischof Wido von Mailand war sehr voreingenommen gewesen. Nach seiner Exkommunikation unterwarf er sich zwar dem Papst, änderte aber nichts an seiner Parteinahme. 1066 gelang es ihm sogar, seine Umgebung nahezu einmütig gegen die Patariaführung einzunehmen, indem er darauf hinwies, daß die Stadt durch die Pataria ihre auf das Ansehen des hl. Ambrosius gestützte Autonomie an Rom verliere. Die Folge waren blutige Auseinandersetzungen, in denen sich Erlembald auszeichnete, Ariald aber am 28. Juni 1067 getötet und zum ersten Martyrer der Bewegung wurde. Zur gleichen Zeit griff die Bewegung auf Cremona und Piacenza über [117].

Alt und von Erlembald praktisch aus seiner Bischofsstadt ausgeschlossen, fühlte sich Wido dem Kampf nicht mehr gewachsen, verzichtete 1070 auf sein Amt und ließ König Heinrich IV. die Bischofsinsignien überbringen; seine Freunde nominierten den Adeligen und Subdiakon Gottfried von Castiglione zu seinem Nachfolger, den der König investierte. Alexander II. hatte schon in einem anderen Fall betont, daß er nur eine kanonische Wahl anerkennen werde. Im Vertrauen darauf verweigerten die Patarener dem Investierten den

---

[116] G. Rossetti, Il matrimonio del clero nella società altomedievale, in: Il matrimonio nella società altomedievale, 22–28 aprile 1976 (Settimane di studio, XXIV), Spoleto 1977, 473–513 (behandelt Texte bis zum 11. Jh.); P. Golinelli (Hrsg.), La Pataria. Lotte religiose e sociali nella Milano dell'XI secolo, Mailand 1984, 49–51.

[117] Art. Arialdo, in: Dizionario biografico degli Italiani, Rom 1962, 135–139.

Zutritt in seine Bischofsstadt. Während dieser in seiner Burg Castiglione belagert wurde und Erzbischof Wido starb, wählten die Patarener den Kleriker Atto zu ihrem neuen Bischof; ihn aber überfielen die Gegner der Pataria und zwangen ihn zur Resignation, die der Papst nicht akzeptierte. Da Gottfried Konsekratoren in der Lombardei fand, die ihn zum Bischof weihten, gab es in Mailand ein Schisma, das – obgleich es noch nicht abzusehen war – zum Zerwürfnis Heinrichs IV. mit Gregor VII. führte [118]. Als ob die Pataria ihre Mission in der Geschichte erfüllt habe; die Bewegung verlor sichtlich an Kraft, als Erlembald am 28. Juni 1075 ermordet wurde. Heinrich IV. wollte einen Schlußstrich ziehen, ließ Gottfried fallen und ersetzte ihn durch den Kleriker Tedald, den die Mailänder gewählt hatten. Gregor VII. jedoch hielt an Atto fest.

2. Mathilde von Tuszien/Canossa und die Verteidigung des Apostolischen Stuhles

In Italien sollte eine Frau eine bedeutende Rolle im Konflikt zwischen Kaisertum und Papsttum übernehmen, die Gräfin Mathilde. Bewundert und umstritten bei Zeitgenossen wie heutigen Historikern, bestimmte die Markgräfin von Tuszien, die sich bescheiden „Gräfin" nannte, zwanzig Jahre hindurch die politischen Geschicke Ober- und Mittelitaliens [119]. Sie war die Tochter des Markgrafen Bonifaz von Tuszien aus dem Hause der Herren von Canossa und der Beatrix, Tochter Herzog Friedrichs III. von Oberlothringen, die zeitweise von der Kaiserin Gisela erzogen wurde. 1046 geboren, erlebte sie zunächst als Kind die Auseinandersetzung zwischen Kaiser Heinrich III. und ihrem Vater Bonifaz, die ihr Stiefvater, der abgesetzte lothringische Herzog Gottfried II. der Bärtige, fortsetzte [120]. Diese zweite Heirat der Beatrix hatte den Kaiser so erzürnt, daß sich die Herzogin gezwungen sah, mit ihren Kindern nach Deutschland ins Exil zu gehen; hier lernte Mathilde ihren Vetter, den späteren Heinrich IV., kennen. Der Tod Heinrichs III. (1056) ermöglichte es Gottfried und Beatrix, sich politisch im Territorium des Hauses Canossa zwischen Pisa und Mantua, aber auch im übrigen Tuszien (Gottfried residierte häufig in Lucca) zu engagieren. Mathilde erlernte das politische Geschäft auf Reisen und Gerichtssitzungen, bei denen sie ihre Mutter begleitete. Als sie zu Beginn des Jahres 1076 binnen weniger Monate ihren Gatten und ihre Mutter verlor, fiel ihr das beträchtliche Erbe zu, und dies zu einer Zeit, als das Papsttum auf ihre diplomatische, militärische wie finanzielle Unterstützung nach wie vor angewiesen war.

In Canossa finden sich alle Kräfte vertreten, die im Leben Mathildes eine Rolle spielten: das Papsttum, dem sie sich so sehr verschrieben hatte, daß sie von einigen Laien und Bischöfen *miles Christi* genannt wurde; das Kaisertum, aus dessen Hand sie Lehen entgegengenommen und das sie bekämpft hatte; der Abt von Cluny, dessen monastischer Bewegung

---

[118] Hauck, Kirchengeschichte (s. Anm. 57) 748–751.

[119] Über sie gibt es noch keine größere Biographie. Vgl. jedoch G. Nencioni, Matilde di Canossa, Mailand 1950; A. Pannenborg, Studien zur Geschichte der Herzogin Mathilde von Canossa, Göttingen 1972; Markgräfin Mathilde von Canossa (geb. 1046, gest. 1115), in: W. Goez, Gestalten des Hochmittelalters, Darmstadt 1983, 175–201. Am häufigsten zitiert ist A. Overmann, Gräfin Matilde von Tuscien. Ihre Besitzungen, Geschichte ihres Gutes von 1115–1230 und ihre Regesten, Innsbruck 1895. Die Ergebnisse mehrere Kolloquien sind veröffentlicht unter dem Titel Studi Maltidici, 3 Bde., zuletzt L. L. Ghirardini, Storia critica di Matilde di Canossa, Problemi (e misteri) della più grande donna della storia d'Italia, Modena 1989.

[120] Über sie H. H. Anton, Bonifaz von Canossa, Markgraf von Tuszien, und die Italienpolitik der frühen Salier, in: HZ 214 (1972) 529–556; Boshof, Lothringen (s. Anm. 66); ders., Die Salier, Stuttgart 1987, Index.

Mathilde nahe gestanden hatte. Die Begegnung zwischen Papst und Kaiser fand in einer Burg statt, die als uneinnehmbar galt und zu den vielen Befestigungsanlagen gehörte, über die Mathilde verfügte. In ihrer Umgebung befanden sich Ritter und Heerführer, die in großer Zahl in ihren Diensten standen, und Bischöfe, an deren Einsetzung Mathilde mitgewirkt hatte.

Zwanzig von Verhandlungen und Kämpfen bestimmte Jahre liegen zwischen Canossa und der letzten unmittelbaren Auseinandersetzung zwischen Mathilde und Heinrich IV. In diesen Jahren unterstützte die Markgräfin besonders deutlich die Kirchenreform[121]. Nikolaitismus und Simonie duldete sie an ihrem Hof nicht. Die Bischöfe, mit denen sie umging, die sie förderte und bei denen sie selbst Ermutigung fand, waren von gregorianischen Reformgedanken erfüllt: Anselm von Lucca, Hermann von Metz, Anselm von Canterbury. Ihr Briefwechsel mit diesen Männern und Berichte anderer bezeugen das fromme Leben der Gräfin, ihre Schriftkenntnis und ihre Teilnahme am Gottesdienst, ihr Glaubenszeugnis und ihren Eifer für die priesterliche Berufung, ihre Aufmerksamkeit für das Wort Gottes und ihr Bedürfnis nach Trost und Stärkung. Sie schätzte die Gegenwart von Mönchen und gründete Klöster, die sie dem cluniazensischen Einfluß unterstellte. Am Fuß ihrer Stammburg in Sant'Apollonio di Canossa oder in der Gegend von San Benedetto di Polirone und Nonantola, wo sie vor ihrem Tod lebte, wollte sie im Sinne der Reform eine vorbildliche Liturgie entstehen sehen. Zugleich förderte sie den Unterricht und die Schreibschulen, erkannte die Bedeutung des Rechts und unterstützte die Rechtsschulen in Bologna[122]. Noch zu ihren Lebzeiten dehnte die Abtei Chaise-Dieu ihren Aktionsradius bis Frassinoro aus.

Dennoch war es unbestritten das Papsttum, dem Mathildes größte Sorge galt. Ohne Zögern stellte sie Gregor VII. ihre Krieger und die finanziellen Mittel zur Verfügung, öffnete ihm ihre Burgen und befestigten Orte. Auf ihr allein lastete das Gewicht des Krieges, der Widerstand gegen die Heere ihres Vetters. Aus Gehorsam gegenüber Urban II. willigte sie 1089 im Alter von 43 Jahren in die Heirat mit dem 17jährigen Welf V. von Bayern ein, um so die militärischen Kräfte und topographischen Vorteile zu bündeln. Ihre Stadt Mantua, am Zugang zum Brenner gelegen, wurde von Heinrich IV. 1090–1091 lange belagert. Aber erst die Belagerung Canossas im nächsten Jahr schwächte dieses Heer so entscheidend, daß Mathilde im Oktober 1092, trotz Kapitulationsbereitschaft der Heerführer, den Kampf fortzusetzen wagte. Binnen kurzer Zeit konnte sie die Lage zu ihren Gunsten wenden und so die Voraussetzungen für die Rückeroberung Italiens schaffen. Das von Urban II. 1095 in Piacenza abgehaltene Konzil bezeugt den Sieg des Papstes. 1102, als Heinrich V. sie aus der Reichsacht löste und zu seiner Statthalterin in Oberitalien ernannte, erneuerte sie die Schenkung all ihrer Besitzungen an die römische Kirche von ca. 1079. Durch die Umstände des Jahres 1111 bedingt, erklärte sie allerdings Heinrich V. zum Erben ihres Hausgutes, Quelle bis ins 13. Jh. dauernder Streitigkeiten zwischen Papst und Kaiser um die „Mathildischen Güter".

Sodann zog sie sich nach San Benedetto di Polirone zurück, wo sie 1115 starb; im 17. Jh. wurden ihre Gebeine auf Geheiß Urbans VIII. nach St. Peter in Rom überführt.

---

[121] L. Simeoni, Il contributo della contessa Matilde al Papato nella lotta per le investiture, in: SGSG I (1947) 353–372.

[122] J. Fried, Die Entstehung des Jesuitenstandes im 12. Jh. Zur sozialen Stellung und politischen Bedeutung gelehrter Juristen in Bologna und Modena, Köln – Wien 1974.

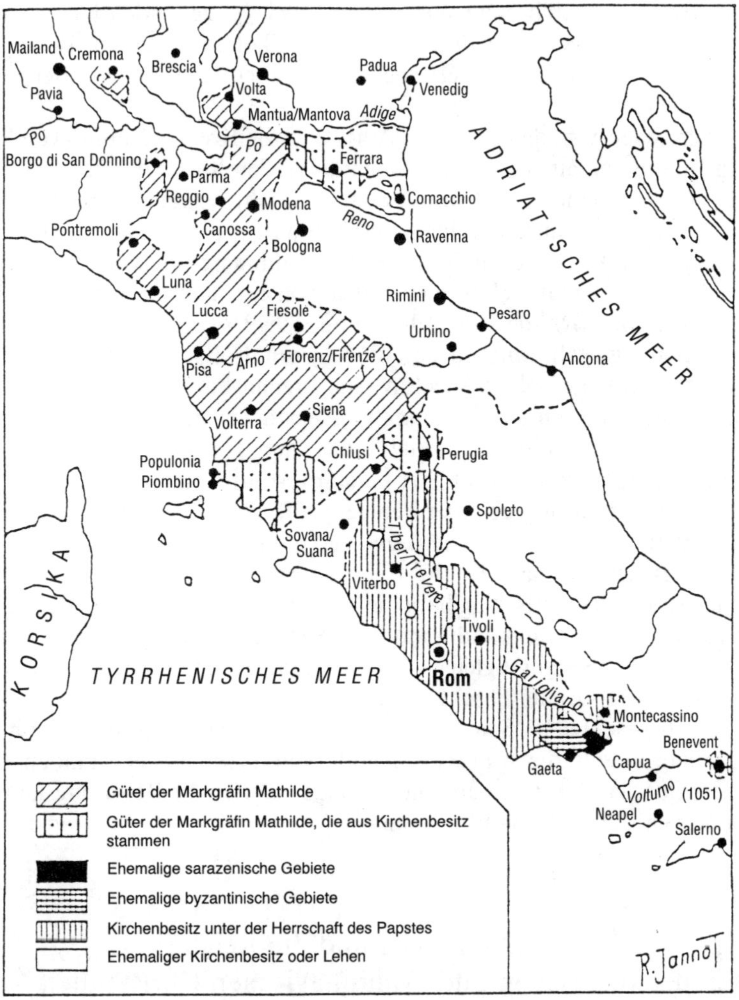

Die politischen Grenzen in Mittelitalien zu Beginn der Erbfolge der Gräfin Mathilde (1115).

3. Die Gregorianische Reform und die italienische Kirche

Die italienischen Bischöfe verfolgten den Konflikt zwischen Kaiser und Papst, unter dessen Auswirkungen sie, wenn auch nicht immer direkt, zu leiden hatten, mit großer Aufmerksamkeit. Wie andernorts in Europa, so äußerten sich auch in Italien Mönche wie Kleriker in ihren Schriften zu den jeweiligen Rechten von Papst und Kaiser. Das Studium des kanonischen Rechts nahm einen Aufschwung, besonders in Bologna, und schon auf dem Konzil von Piacenza im März 1095 war sein Einfluß deutlich zu spüren. Kardinal Deusdedit befürwortete die Reordination simonistisch geweihter Kleriker; ebenso erklärte sich Bischof Bonizo von Sutri radikal gegen Simonisten und Schismatiker. Das Konzil beschloß, diejenigen, die nach bestem Wissen und Gewissen gehandelt hätten, schonend zu behandeln, und zeigte Verständnis für Simonie und Nikolaitismus im niederen Klerus, verlangten doch die gregorianischen Reformgedanken auch vom niederen Klerus eine sehr strenge Lebensführung.

Auf einer römischen Synode wurden im April 1099 die Konzilskanones von Piacenza zurückgenommen; die Laieninvestitur, vor allem durch den Kaiser, war Zielscheibe heftiger Angriffe. Zuwiderhandelnde liefen grundsätzlich Gefahr, exkommuniziert zu werden, ja, man dehnte den Bann nun auch auf den Konsekrator des vom Kaiser Investierten aus. Das Strafmaß bei einer Anklage wegen Simonie blieb dahinter zurück. Erneut bekräftigte die Synode, daß Kleriker nicht in Lehnsabhängigkeit von einem weltlichen Herrn stehen dürften. Auf der römischen Synode von 1102 schloß sich Paschalis II. den Forderungen Urbans II. an, und in Guastalla wurden sie 1106 wiederholt. Bischof Guido von Ferrara, ein Reformer aus dem Anhang Wiberts von Ravenna, brachte kurz nach dem Tod Gregors VII. in Italien die Diskussion um die Trennung von geistlicher und weltlicher Gewalt im Zusammenhang mit der Investiturfrage auf[123], die dann 1110 von Bischof Rangerius von Lucca im Sinne eines strikten Verbots der Laieninvestitur fortgesetzt wurde[124]. Die Italiener zeigten sich diesen Ideen gegenüber weniger geöffnet als Franzosen und Engländer, sie nahmen eher die Haltung der Deutschen ein. Die Verhandlungen von 1111 und die Auseinandersetzung zwischen Paschalis II. und Heinrich V. erschwerten die Annahme neuer Lösungsvorschläge, da der politische Charakter angesichts der vorausgegangenen religiösen Bereitschaft beider Seiten offenkundig war. Diese Tatsache führte zu harschen Reaktionen bei Bischof Bruno von Segni (zugleich Abt von Montecassino) und Placidus von Nonantola, die in ihrem Rigorismus Paschalis II. wegen seiner Zugeständnisse an den Kaiser schwere Vorwürfe machten[125]. Seit 1112 setzte sich der gregorianische Reformgeist erneut durch, bestimmte bereits die römische Synode von 1116 und gewann unter Calixt II. schließlich die Oberhand. Das I. Lateranense (1123) schrieb die Reform fest, und ganz Italien unterwarf sich diesen Reformforderungen.

V. Die Kirche und die Reiche der slawischen und skandinavischen Christenheit

Von Jerzy Kłoczowski

Die Reformpäpste, vor allem Gregor VII., zeigten weit mehr Interesse als ihre Vorgänger für die noch jungen christlichen Reiche im slawischen und skandinavischen Siedlungsraum. Die Konsolidierung ihrer Herrschaft vollzog sich langsam, größtes Hindernis war die Thronfolge; das Primogeniturprinzip rivalisierte mit dem Senioratsprinzip (der Bruder des Verstorbenen folgt vor dessen ältestem Sohn), oder mehrere Wahlkörper konkurrierten

[123] MGH.LL I, 529ff; vgl. Ziese, Wibert von Ravenna (s. Anm. 78) 127–130.
[124] Vgl. Servatius, Paschalis II. (s. Anm. 105) 219f.
[125] Vgl. ebd. 282–289. – Wichtigste Quelle für die Argumentationsweise des Placidus ist dessen Liber de honore ecclesia (MGH.LL II 566–639).

miteinander für dasselbe Amt, so daß Bürgerkriege nichts Ungewöhnliches waren. Häufig unterstützte das Papsttum die Ausbildung einer stabilen zentralen Spitze, schon weil das ihrem monarchistischen Eigenverständnis entgegenkam, aber auch weil sich so die erforderliche Nachmission (Intensivierung des christlichen Bekenntnisses) besser realisieren ließ. Neu war die Absicht der Päpste seit Leo IX., den jungen Reichen, sobald sie einen bestimmten Christianisierungsgrad erreicht hatten, eine eigene Kirchenorganisation zu geben, die von einem Metropoliten des Imperiums unabhängig und dem Hl. Stuhl direkt unterstellt war[126].

Diese Maxime der päpstlichen Politik war für die Nachbarstaaten des Imperiums - Polen, Böhmen, Ungarn und Dänemark - aber auch für die Südslawen, die dem im 11. und frühen 12. Jh. stetig wachsenden Druck von byzantinischer Seite standzuhalten hatten, von großer Wichtigkeit. Es trug zur Konsolidierung der Reiche selbst bei, zumal Gregor VII. mit Lehns- oder Schutzhoheiten über diese Reiche nachhalf; ihre Autonomie wurde durch den Papst gleichsam legitimiert, symbolisch noch zusätzlich ausgedrückt durch Übersenden einer Krone an den Herrscher[127].

1. Böhmen und Mähren

Die Tschechen, die unter der Führung Herzog Bretislavs (1035–1055) für ihre politische wie kirchliche Unabhängigkeit kämpften, aber auch in Richtung Polen zu expandieren versuchten, wurden von Kaiser Heinrich III. geschlagen und wieder in Lehnsabhängigkeit vom Imperium gehalten. So kam es, daß Vratislav II. (1061–1091) trotz aller Bemühungen Gregors VII. um Unterstützung des böhmischen Fürsten Kaiser Heinrich IV. in der entscheidenden Phase dessen Kampfes mit dem Papst die Treue hielt[128]. Böhmische Truppen verhalfen dem Kaiser zum Sieg über den deutschen Gegenkönig Rudolf von Rheinfelden, und böhmische Krieger kämpften im kaiserlichen Heer, als Heinrich IV. 1083 Rom einnahm. Die direkten, aber erfolglosen Eingriffe Gregors VII. in die böhmische Politik 1084–1085 standen in Zusammenhang mit dem harten Konkurrenzkampf zwischen Herzog Vratislav und seinem Bruder, dem Bischof Gebhard bzw. Jaromir von Prag. Um seinen Bruder zu schwächen, hatte Vratislav 1063 das mährische Bistum Olmütz gegründet bzw. wiederbegründet; Gebhard wollte die Abtrennung von seinem Bistumsgebiet wieder rückgängig machen und scheute vor kriminellen Handlungen nicht zurück. Der Fall wurde zur Entscheidung Alexander II. vorgetragen; dessen Legaten suspendierten Gebhard, und Gregor VII. hielt sich an diese Maßnahme, obwohl ihm eine Aufhebung des Sitzes von Ol-

---

[126] Gregor VII. programmatisch in einem Brief an den Herzog von Ungarn vom 23. März 1075: „Notum autem tibi esse credimus, regnum Ungariae, sicut et alia nobilissima regna, in proprie libertatis statu debere esse, et nulli regi alterius regni subici nisi sanctae et universali matri Romanae ecclesiae; quae subiectos non habet ut servos, sed ut filios suscipit universos", in: MGH.ES II.1, Berlin 1920, II, 63, S. 218. Brief an den Herzog (dux) Geisa v. Ungarn.

[127] Siehe F. Dvornik, Les Slaves, Paris 1970, 242–259; T. Gridzinski, Polityka papieza Grzegorza VII wobec panstw Europy srodkowej i wschodniej 1073–1080 (Die Politik Gregors VII. gegenüber den Staaten Zentral- und Osteuropas 1073–1080), Thorn 1959; H. Hirsch, Das Recht der Königserhebung durch Kaiser und Papst im hohen Mittelalter, in: FS E. Heymann, I, Weimar 1940, 209–241; O. Engels, Schutzgedanke und Landesherrschaft im östlichen Pyrenäenraum, Münster 1970, 234ff; J. Fried, Der päpstliche Schutz für Laienfürsten, Heidelberg 1980.

[128] Dvornik, Slaves 253ff; P. David, Bohême, in: DHGE IX, 432ff.

mütz politisch genützt hätte. So kommt es, daß beide verfeindeten Brüder Bundesgenossen Heinrichs IV. im Kampf gegen das Reformpapsttum waren. Gebhard fungierte deshalb von 1077–1084 als Kanzler Heinrichs IV. und erreichte auf der Mainzer Synode von 1085 die Aufhebung des Bistums Olmütz, deren Bestätigung durch Clemens III. (Wibert von Ravenna) jedoch ausblieb und durch den Tod Gebhards (26.6.1089) auch gegenstandslos wurde. Vratislav erhielt von Heinrich IV. die Königswürde von Böhmen zuerkannt, die Königsweihe erfolgte erst am 15.6.1086 in Prag durch den Erzbischof von Trier. Auch hier hielt sich Wibert zurück; bereits Nikolaus II. hatte dem Böhmenherzog das Tragen der Mitra gegen einen Rekognitionszins erlaubt, der nun gefährdet war, da nicht der Papst die Standeserhöhung verfügt hatte[129].

2. Polen

Unter Boleslaw II. dem Kühnen (auch dem Freigebigen) (1058–1079) hatte Polen eine Periode des Chaos schon wieder überwunden[130]. Seinen Beinamen verdankt er einem nicht zu entmutigenden Expansionismus, dem allerdings die Fähigkeit fehlte, seine Erfolge zu konsolidieren. Dreimal – 1060, 1063 und 1077 – mischte er sich in die Auseinandersetzungen um die ungarische Thronfolge ein. Ähnlich fühlte er sich berufen, 1073 und nochmals 1077 auf Wunsch Papst Gregors VII. in die umstrittene Thronfolge der Kiewer Rus einzugreifen[131]. Seine Gegnerschaft gegen Herzog Vratislav II. von Böhmen hatte er von seinen Vorgängern geerbt. Schon 1072 weigerte er sich, von einem Kampf gegen ihn abzulassen, wozu Heinrich IV. als Lehnsherr ihn aufgefordert hatte. Infolgedessen mit diesem zerfallen, stellte er sich spätestens 1075 auf die Seite Gregors VII., griff Vratislav 1076 in der Lausitz und Mark Meißen (von Heinrich IV. dem Böhmenherzog verlehnt) an und ließ sich Weihnachten 1076 (kurz nach Canossa) in Gnesen zum König krönen. Sein gutes Verhältnis zu Gregor VII. zerschlug er selbst; den Krakauer Bischof Stanislaus, mit dem er verfeindet war, ließ er angeblich als Verräter durch Abhacken der Glieder 1079 hinrichten. Das intensivierte die Adelsopposition gegen ihn schlagartig; er mußte nach Ungarn fliehen und starb 1180, wie es heißt, im kärntischen Ossiach[132]. Boleslaws Bruder und Nachfolger Ladislaus-Hermann kehrte in die Botmäßigkeit eines Lehnsmannes Kaiser Heinrichs IV. zurück; Polen war für das Reformpapsttum vorerst verloren.

Es hängt mit den immer wiederkehrenden Herrschaftsteilungen Polens zusammen, daß Gnesen in Krakau ein zweiter Mittelpunkt erwuchs. Kultzentrum in Gnesen war das Grab des hl. Adalbert, der als Patron ganz Polen repräsentierte. Um der Gleichrangigkeit willen griff Krakau die Erinnerung an seinen Bischof Stanislaus auf und stellte ihn nach seiner

---

[129] G. Meyer v. Knonau, Jahrbücher des Deutschen Reichs unter Heinrich IV. und Heinrich V., Leipzig 1894, II, 190–194, 273f, 302–304, 356–363, 427f u. 458f, III, 42 u. 576f, IV, 25, 207 u. 298; Hauck, Kirchengeschichte (s. Anm. 57) III, 741; Ziese, Wibert (s. Anm. 78) 114–117.

[130] U. Borkowska, in: J. Kłoczowski (Hrsg.), Histoire religieuse de la Pologne, Paris 1987, 53ff.

[131] A. W. Ziegler, Gregor VII. und der Kijower Großfürst Izjaslav, in: SGSG 1 (1947) 387–411; V. Meysztowicz, L'union de Kiev avec Rome sous Grégoire VII. Avec notes sur les précedents et le rôle de la Pologne pour cette union, in: ebd. 5 (1956) 83–108. – Boleslaws Tante Gertrud war die Gattin des Großfürsten Izjaslaw von Kiew (1054–1073, 1077–1078); von ihr stammt wohl in Teilen ein von ihr selbst verfaßtes Gebetbuch; vgl. V. Meysztowicz, Manuscriptum Gertrudae filiae Mesconis II regis Poloniae, in: Antemurale, Rom 1955, 105–157.

[132] Vgl. G. Rohde, Kleine Geschichte Polens, Darmstadt 1965, 23–26.

Kanonisation von 1253 in Rom als Patron Polens dem hl. Adalbert an die Seite. Die gleich nach der Heiligsprechuang verfaßte *Vita maior* enthält die Legende, daß die von vier Adlern bewachten, zerstückelten Gliedmaßen des hl. Märtyrers wieder zusammengewachsen seien; darin sei eine Verheißung zu sehen, daß die Teile der geteilten *corona regni Poloniae* dank der Verdienste und Fürbitten des hl. Stanislaus gleichfalls zusammenwachsen würden (cap. 26)[133]. Hier war ebenfalls die unklare Thronfolgeordnung eine entscheidende Ursache für die Behinderung der von König Andreas I. (1046–1060) eingeleitete Konsolidierungspolitik. Darüber hinaus rivalisierte nicht nur das Primogenitur- mit dem Senioratsprinzip, sondern neben dem einen König standen dessen Brüder im Herzogsrang, die ein Drittel des Reiches mit nahezu königlichen Befugnissen regierten. Vom Thron gestürzte Herrscher – auch das war nicht selten – suchten beim Kaiser im Westen oder beim Basileus in Byzanz Unterstützung mit den unvermeidlichen Einflußnahmen von auswärts. Durch die Verschärfung des Investiturstreits mußte Heinrich IV. allerdings die Unterstützung seines Schwagers Salomo in Ungarn (1063–1074) aufgeben. Der kommende Herrscher in Ungarn war König Ladislaus I. der Heilige (1077–1095), ein Vetter Salomos, der als erfolgreicher Verteidiger der Ostkarpaten die anstürmenden Türkvölker abwehrte. Unter ihm trat auch im Innern eine Beruhigung ein. Es war gar nicht einmal so sehr sein Verdienst, denn der Adel wehrte sich gegen den Plan, einen Teil des Königreiches wieder an Salomo abzutreten, den Ladislaus gewaltsam entmachtet hatte. Als Versuch, den Drang des Adels nach verstärkter Mitsprache einzudämmen, hat man die Ereignisse des Jahres 1083 zu sehen: Am 16. und 17. Juli wurden die sterblichen Überreste der beiden Eremiten Zoerard-Andreas und Benedikt aus der Zeit Stefans I. in ein neues Grab überführt. Am 25. Juli wurde der Märtyrer einer heidnischen Reaktion und erste Bischof des Csanád, der aus Venedig stammende und von Stefan I. zur Missionierung gerufene Gerhard, heiliggesprochen. Der Leichnam König Stefans selbst wurde am 15. August anläßlich einer Reichsversammlung an seinem Grab in Stuhlweißenburg (Székesfehérvár) erhoben; und am 4. November kanonisierte eine Synode den König Emerich, Sohn Stefans und Schüler Gerhards. Am 30. Mai des nächsten Jahres entdeckte man in Bihar die rechte Hand König Stefans; Ladislaus erbaute ihr zu Ehren die Kathedrale von Großwardein (Oradea), wo auch er selbst später bestattet wurde. Alle diese Maßnahmen sollten das ungarische Königtum und die Dynastie der Arpaden als durch Gott zur Herrschaft legitimiert erweisen; es war eine Stabilisierung der politischen Eigenständigkeit auf sakraler Basis[134].

Zumal Salomo ein Lehnsmann Heinrichs IV. gewesen war und Ladislaus seinen Schwiegervater, den deutschen Gegenkönig Rudolf von Rheinfelden, anerkannte, wäre Ladislaus ein Monarch nach dem Herzen Gregors VII. gewesen. Aber er söhnte sich um 1089 mit Heinrich IV. aus und erkannte sogar Wibert von Ravenna als Papst an. Es kann nicht daran gelegen haben, daß die gregorianischen Reformideen wenig Aussichten hatten, in Ungarn realisiert zu werden. Über die Besetzung der Bistümer durch den Herrscher wurde nicht disputiert, und die Frage des Zölibats war kaum schon ein Thema; die Synode von 1092 in Szabolcs richtete sich in mancher Hinsicht an ostkirchlichen Normen. Der eigentliche Grund ist in Kroatien zu suchen.

---

133 J. Kłoczowski, Stanislas de Cracovie, in: Histoire des saints et de la sainteté chrétienne 6 (1986) 235–240.

134 B. Homan, Geschichte des ungarischen Mittelalters I, Berlin 1940, 243 ff; Z. J. Kosztolnyik, Five Eleventh Century Hungarian Kings: their Policies and their Relations with Rome, New York 1981.

3. Ungarn und Kroatien

In Kroatien und Dalmatien verschärfte das Reformpapsttum die – besonders in den Adriadörfern spürbare – friedliche Grundhaltung gegenüber der slawischen Liturgie, die hier seit dem 9. und 10. Jh. Fuß gefaßt hatte [135]. Die Latinisierung spielte als Instrument der Kircheneinheit eine wichtige Rolle im päpstlichen Reformkonzept, aber unter den lateinischen Ländern war es gerade Kroatien, das diesem Programm den stärkesten Widerstand entgegenbrachte. Nach politischen und militärischen Auseinandersetzungen gelang es Fürst Demetrius Zvonimir, Kroatien zu einigen und sich 1076 von einem Legaten Gregors VII. zum König krönen zu lassen. Gregor VII. verband eine solche Rangerhöhung gerne mit dem Lehnseid, den der Gekrönte dem Papst zu leisten hatte mit einem jährlich zu entrichtenden Rekognitionszins. Das Lehnsverhältnis war nicht als Abhängigkeit gedacht und wurde so auch nicht vom Lehnsmann gedeutet; in bewußter Rivalität zum kaiserlichen Recht der Königserhebung verstand das Reformpapsttum darunter eine päpstliche Garantie für politische Eigenständigkeit. Hier lag offenbar die Wurzel für das Zerwürfnis Gregors VII. mit Ladislaus von Ungarn. Als Zvonimir 1089 starb, erhob sein Schwager Ladislaus als „Verwandter ersten Grades des Verstorbenen" Anspruch auf das herrschaftliche Erbe, besetzte mit Gewald die Ebene Slawonien zwischen dem altkroatischen Bergland und Ungarn, teilte sie nach ungarischem Vorbild in Komitate ein und inkorporierte sie der ungarischen Kirchenorganisation. Vermutlich unter Mitwirkung des Kardinallegaten Teuzo aus der wibertinischen Obedienz wurde 1094 das Bistum Agram (Zagreb) gegründet und der unagrischen Metropole Gran als Suffraganbistum unterstellt. Begründet wurde der Vorgang mit dem Erfordernis nachhaltiger Mission in einem bis dahin bevölkerungsarmen Raum. Es blieb dem Ungarnkönig Koloman (dem „Bücherfreund") (1095–1114) vorbehalten, die Zustimmung der Kroaten zur Einverleibung in das Ungarnreich zu erhalten; im Gegenzug nämlich sicherte er führenden kroatischen Sippen traditionelle Vorrechte zu und schloß auch mit mehreren Kommunen in Dalmatien formelle Herrschaftsverträge.

Mit dieser Expansion begann Ungarn, sich aus der alternierenden Abhängigkeit von Byzanz oder vom westlichen Imperium zu befreien. Kolomans Heirat im Jahre 1097 mit Busilla, der Tochter Rogers von Sizilien, ist ein Indiz für die neue Bündnisorientierung. Sie brachte Ungarn auch in die Nähe des Reformpapsttums; dessen Reformanliegen fand ohne spektakuläre Auseinandersetzungen Eingang [136].

4. Serbien

Die Serben hatten im Laufe des 11. Jh. nach der endgültigen Vernichtung Bulgariens die Führungsrolle im Kampf gegen das Byzantinische Reich übernommen. Das Fürstentum Zeta (ein Gebiet im Inneren Montenegros) nutzte diese Lage um die Mitte des 11. Jh., um unter dem Fürsten Michael (um 1050–1082) eine relativ starke und unabhängige Position zu gewinnen. Michael wie sein Nachfolger Konstantin Bodin (um 1081/2–1101) versuchten, in Rom und bei den Anhängern des Papsttums Unterstützung für den Kampf gegen

---

[135] Vita religiosa morale e sociale ed i concilii di Split – Spalato dei seccoli X–XI, in: Atti del Symposium Internazionale di storia ecclesiastica (Split, 26–30 settembre 1978), Padua 1982.

[136] Vgl. Th. v. Bogay, Grundzüge der Geschichte Ungarns, Darmstadt 1973, 41–45; Ziese, Wibert von Ravenna (s. Anm. 78) 161–163.

Byzanz zu finden. Daß Gregor VII. 1076/77 Michael den Königstitel zuerkannte, den ersten in der Geschichte Serbiens, stärkte dessen Herrschaft. Doch er weigerte sich 1078, Michaels Bitte um Erhebung des Bischofssitzes Ragusa (Dubrovnik) zum Erzbistum eines noch auszubauenden Serbien zu erheben. Es war Rücksichtnahme auf das 1076 in päpstliche Lehnshoheit genommene Kroatien und dessen kirchlichen Mittelpunkt Spalato (Split). Bei der Angliederung von Suffraganbistümern für die neue Kirchenprovinz hätte Spalato geschädigt werden müssen, wenn man nicht auf die südlich von Ragusa gelegenen Küstenstädte greifen wollte. Aber sie gehörten zum Bistum Durazzo (Durres) in einem lateinisch-griechischen Mischgebiet, rechtlich abhängig vom Patriarchat Konstantinopel. Bis zumindest 1078 hatte Gregor VII. gute Beziehungen zu Byzanz; sie wären zerstört worden, da die Formierung der neuen Kirchenprovinz zugleich eine räumliche Vorgabe für den Umfang des serbischen Reiches darstellte. Clemens III. (Wibert von Ravenna) hingegen brauchte darauf keine Rücksicht zu nehmen. Er gründete mit Privileg vom 8. Januar 1089 das Erzbistum Antivari (Bar), 1020 noch als Suffragan von Durazzo belegt. Nach damaligem serbischen Selbstverständnis war Antivari mit dem römischen Doclea identisch, Wibert sprach deshalb auch vom neuen „regnum Diocliae“, zu dem die Suffraganbistümer Ulcinj, Svac, Drivast und Pilot gehören sollten[137].

5. *Skandinavien*

Ganz Skandinavien unterstand noch bis zur Mitte des 11. Jh. der Jurisdiktion des Erzbischofs von Hamburg-Bremen. 1052/53 äußerte der Dänen-König Sven Estridsen den Wunsch nach einer eigenen Kirchenprovinz für sein Königreich. Die Christianisierung Dänemarks war so weit abgeschlossen, daß dieser Schritt nahelag; die dänisch-norwegischen Auseinandersetzungen ließen ihn auch geraten erscheinen. Erzbischof Adalbert I. (1043–1072) erkannte die Brisanz dieser Perspektive für seinen Erzstuhl sofort. Rechtlich war gegen den Plan nur schwer anzukommen, weil die Jurisdiktion nur jedem Bremer Metropoliten persönlich aufgetragen war; so ließ es auch das Bestätigungsprivileg Leos IX. von 1053 durchblicken, das übrigens außer Dänemark und Schweden auch Norwegen, Island und Grönland als Länder seiner Jurisdiktion aufführte[138]. Da Hamburg-Bremen so gut wie keine eigenen Suffraganbistümer hatte, sah er seine Stellung als Erzstuhl überhaupt gefährdet, so daß Adalbert sich bereit erklärte, auf Dänemark zu verzichten, wenn seiner Kirche die Patriarchatswürde zugestanden werde[139], die sich in der Regel über mehrere Kirchenprovinzen und Königreiche erstreckte. Doch weder das eine noch das andere wurde realisiert.

Der nächste Vorstoß von dänischer Seite erfolgte während des Schismas Clemens' III. (Wibert von Ravenna) gegen Gregor VII. Erzbischof Liemar von Hamburg-Bremen war treuester Anhänger Kaiser Heinrichs IV. und hatte wenig Zeit, sich um die Anerkennung

---

137 Dvornik, Slaves 249–252; J. Dujcev u. a., Histoire de la Bulgarie des origines à nos jours, III, Roanne 1971, 175 ff; M. Spinka, A history of Christianity in the Balkans, Chicago 1933, 73 ff; Ziese, Wibert von Ravenna (s. Anm. 78) 153–158.

138 Germania Pontificia, VI, Prov. Hamburgo-Bremensis, cong. W. Seegrün – Th. Schieffer, Göttingen 1981, Nr. 81.

139 Ebd. Nr. 80. Vgl. H. Fuhrmann, Studien zur Geschichte mittelalterlicher Patriarchate, III, in: ZSRG.K 41 (1955) 166 ff; ders., in: Studia Gratiana 11 (Collectanea Stephan Kuttner) (1967) 389–404; K. Reinecke, in: Series episcoporum V/II, 30–33 (Lit.).

des kaiserlichen Papstes in Skandinavien zu sorgen. Als der Dänenkönig Erich Ejegod wegen der Kanonisation der 1086 ermordeten Brüder König Knut des Heiligen und Benedikts an Papst Urban II. herantrat, kam die Frage einer dänischen Kirchenprovinz erneut zur Sprache. Im April 1101 fand die Kanonisation Knuts auf Veranlassung Paschalis' II. statt, einen Monat später starb Erzbischof Liemar. Im Winter 1102/3 hielt sich der Kardinallegat Alberich in Dänemark auf und bestimmte Bischof Asker von Lund zum ersten Metropoliten; am 8. Mai 1104 umschrieb Paschalis II. in einer (heute im Text unbekannten) Urkunde die Jurisdiktion des Metropoliten[140].

Da der Text verloren ist, blieb in der Forschung umstritten, ob der Metropolit von Lund eine Jurisdiktion über ganz Skandinavien besaß, oder nur Dänemark aus der Jurisdiktion Hamburg-Bremens ausgesondert war. Erzbischof Adalbero von Hamburg-Bremen strengte 1123 auf dem I. Laterankonzil einen Prozeß wegen Schädigung seiner Metropolitanrechte an und Calixt II. bestätigte ihm auf Bitten Heinrichs V. die Jurisdiktion in Norwegen und Schweden[141]. Kaiser Lothar III. erwirkte sogar eine Aufhebung der Kirchenprovinzen Lund und Gnesen bei Papst Innozenz II. Aber die Entwicklung war nicht aufzuhalten; kaum war König Konrad III. 1152 gestorben, entsandte Eugen III. den Kardinallegaten Nikolaus Breakspear (später Papst Hadrian IV.) nach Norwegen und Schweden, um die dortigen Kirchen zu einer je eigenen Provinz zu organisieren[142].

Bibliographie

Traktate und Streitschriften:

MGH, Libelli de lite imperatorum et pontificum saeculis XI. et XII. Conscripti, hrsg. von E. Dümmler u. a., 3 Bde. Hannover 1891–1897 (abgekürzt: MGH.LL).

C. Mirbt, Die Publizistik im Zeitalter Gregors VII., Leipzig 1894.

I. S. Robinson, Authority and Resistance in the Investiture Contest. The Polemical Literature of the Late Eleventh Century, Manchester 1978.

Untersuchungen:

F. Barlow, The English Church, 1066–1154, London – New York 1979.

A. Becker, Studien zum Investiturproblem in Frankreich. Papsttum, Königtum und Episkopat im Zeitalter der gregorianischen Kirchenreform (1049–1119), Saarbrücken 1955.

–, Papst Urban II. (1088–1099), 2 Bde., Stuttgart 1964–1989.

R. L. Benson, The Bishop Elect. A Study in Medieval Ecclesiastical Office, Princeton 1968.

U. R. Blumenthal, Der Investiturstreit, Stuttgart 1982.

E. Boshof, Die Salier, Stuttgart 1987.

N. Cantor, Church, Kingship and Lay Investiture in England, 1089–1135, Princeton 1958.

J. Fleckenstein (Hrsg.), Investiturstreit und Reichsverfassung (VuF XVII), Sigmaringen 1973.

P. Golinelli, Mitilde da Canossa nel cuore del Medio Evo, Mailand 1991.

H. Jakobs, Kirchenreform und Hochmittelalter 1046–1215, München 1984.

H. Kämpf (Hrsg.), Canossa als Wende (WdF 12), Darmstadt 1963.

---

[140] W. Seegrün, Das Papsttum und Skandinavien bis zur Vollendung der nordischen Kirchenorganisation 1164, Neumünster 1967, 16–121; A. E. Christensen, Archbishop of Lund and his struggle for the independence of the Nordic Church, in: Scand. Journ. Hist. 1 (1976) 25–42; ders., Denmark between the Viking Age and the Time of the Valdeman. An Essay at New Syntheses, ebd. 36ff; E. Hoffmann, Königserhebung und Thronfolgeordnung in Dänemark bis zum Ausgang des Mittelalters, Neumünster 1976; Reinecke, Series episcoporum V/II, 34–37; K. R. Jörgensen, ebd. VI/II, 16–19 (Lit.).

[141] Germania Pontificia VI (s. Anm. 138) Nr. 106, 107 und 109.

[142] Vgl. O. Engels, Friedrich Barbarossa und Dänemark, in: Friedrich Barbarossa, hrsg. von A. Haverkamp (VuF XL), Sigmaringen 1992, 356–365.

J. LAUDAGE, Gregorianische Reform und Investiturstreit (Erträge der Forschung 282), Darmstadt 1993.
R. SCHIEFFER, Die Entstehung des päpstlichen Investiturverbots für den deutschen König (SMGH 28) Stuttgart 1981.
TH. SCHIEFFER, Die päpstlichen Legaten in Frankreich vom Vertrag von Meersen (870) bis zum Schisma von 1130, Berlin 1935.
C. SERVATIUS, Paschalis II. (1099–1118) (PuP 14), Stuttgart 1979.
G. TELLENBACH, Die westliche Kirche vom 10. bis zum frühen 12. Jahrhundert, Göttingen 1988.
P. TOUBERT, Église et État, la signification du moment grégorien pour la genèse de l'État moderne, in: J.-PH. GENET – B. VINCENT (Hrsg.), État et Église dans la genèse de l'État moderne, Madrid 1986, 9–22.
C. VIOLANTE, Studi sulla Cristianità medioevale, Mailand 1975.
S. WEINFURTER (Hrsg.), Die Salier und das Reich, 3 Bde., Sigmaringen 1991.
–, Reformidee und Reformpolitik im spätsalisch-frühstaufischen Reich, Mainz 1992.
J. ZIESE, Wibert von Ravenna, der Gegenpapst Clemens III. (1084–1100), Stuttgart 1982.

Viertes Kapitel

Innerhalb und außerhalb der Klostermauern – die Erneuerung des Ordenslebens (1050–1120)

Von Michel Parisse

Charakteristisch für die Bewegung, aus der heraus die neuen religiösen Orden entstanden [1], ist eine veränderte, nun tiefergreifende Auffassung von Wiederherstellung, Reform oder Erneuerung [2]. Das Eremitentum, das regulierte Chorherrenwesen und die vermeintliche Rückkehr zur reinen Benediktregel sind die hervorstechenden Merkmale einer Bewegung, an der über die Kleriker und Mönche hinaus auch die Laien Anteil hatten, war diese doch ein Teil des Umbruchs, der die gesamte Gesellschaft des Hochmittelalters erfaßte.

Kennzeichnend für das 11. und 12. Jh. sind die Zunahme des Fernhandels, die Bildung von Städten und Ortschaften im Sinne politischer Gemeinden, die neue Bedeutung der Geldwirtschaft, der völlige Umbau der Adelsherrschaft, das zunehmende Gewicht des Rechts und der Umbau des Villikationssystems sowie ungewöhnlicher Bevölkerungszuwachs mit Außen- und Binnenkolonisation [3]. Von all diesen Phänomenen hat zweifelsohne die aus der Geldwirtschaft erwachsende Problematik starke Auswirkungen auf die christliche Glaubenspraxis gehabt. Die Tatsache, daß es nun möglich wurde, die erwirtschafteten Einkünfte in größerem Umfang in Stücke aus Edelmetall umzumünzen, die gegen andere Produkte eingetauscht werden konnten, förderten die Arbeitsteilung und entfremdeten von der persönlich zu leistenden Handarbeit. Der ökonomische Aufschwung vertiefte den Graben zwischen Arm und Reich. Angesichts dessen führte die Lektüre der Kirchenväter und der Apostelgeschichte (besonders 2,42–47) den Abstand zwischen dem frühchristlichen Ideal und dem eigenen täglichen Leben vor Augen. Die Hl. Schrift veranlaßte zum Nachdenken über die wirtschaftliche und soziale Entwicklung. Die Evangelien preisen den Wert

Bibliographische Kurzangaben verweisen auf das Literaturverzeichnis am Ende des Kapitels (siehe Seite 178).

[1] Die Bezeichnung „neues Mönchtum" wird benutzt von H. Leyser, Hermits and the New Monasticism. A Study of Religious Communities in Western Europe, 1000–1150, London 1984. Leider verschweigt sie die Erneuerungsbewegung, von der die Chorherren erfaßt wurden.

[2] In den Urkunden des 11.Jh. ist gemeinhin von *restauratio* die Rede, was soviel wie Reform im Sinne von Wiederherstellung, Erstarken, Bereicherung bedeutet. Das Wort „Erneuerung" oder *renovatio* ist nicht fehl am Platz, wenn die Bewohner eines Klosters einem völlig neuen Konvent weichen müßten oder eine verlassene Abtei wieder bezogen würde.

[3] In allen Überblicksdarstellungen zur Geschichte Westeuropas ist von dieser Entwicklung die Rede. Vgl. R. S. Lopez, Naissance de l'Europe, Paris 1962; R. Fossier, Le Moyen Age, II, Paris 1982, 19–87; A. d'Haenens, Évolution économique et sociale de l'Europe occidentale, in: L'Eurasie, XIe–XIIIe siècles, hrsg. von G. Duby – R. Matran, Paris 1982, 11–96. Vor allem die Forschungsübersicht von H. Jakobs, Kirchenreform und Hochmittelalter 1046–1215, München 1984; auch A. Haverkamp, Aufbruch und Gestaltung, Deutschland 1056–1273, München [2]1993.

einer vollständigen Armut mit Argumenten, die in Heiligenviten und Urkunden häufig aufgegriffen wurden[4]. Die wahre Armut bestehe darin, keinerlei Eigentum zu besitzen und von den Früchten der Erde zu leben, die diese bereitwillig demjenigen hergebe, der sie zur Befriedigung seiner Bedürfnisse bearbeitet, ohne sich dazu anderer zu bedienen[5]. Entsagung war dem einzelnen wie auch der Gemeinschaft geboten. Ein vorbildliches Gemeinschaftsleben konnte nur demjenigen folgen, das die in Geist und Herz geeinten Apostel in Jerusalem geführt hätten. Außerdem sollte jeder Christ seinen Glauben weitertragen und ihn in Wort und Tat bezeugen[6].

Diese Tendenz zur Armut, aber auch der jederzeit spontane Aufbruch zur Wanderpredigt unterschied sich grundlegend von monastischen Reformen der vorausgegangenen Jahrzehnte. Man war Mönch in erster Linie um der Selbstheiligung willen; intendiert war nur eine indirekte Wirkung nach außen durch Buße für die Sünden der Welt, wie es die Spiritualität Clunys im 10. Jh. ausweist[7]. Das tägliche feierliche Gotteslob erforderte eine gesicherte Existenz des Klosters, der gegenüber die persönliche Besitzlosigkeit des Mönches nicht sonderlich ins Auge fiel. Es wäre auch falsch, den Zustand des Chorherrenwesens vor Beginn der Armutsbewegung als schlecht zu bezeichnen. Ob die *vita communis* auf der Grundlage der Aachener Kanonikerregel von 816, die allein noch maßgebend war, überall beachtet wurde, ist nicht auszumachen. Jedenfalls gab es um die Jahrhundertwende in Hildesheim noch eine Spätblüte (Bußfertigkeit, Strenge der Ausbildung), an die der neue Bischofssitz Bamberg bewußt anknüpfen konnte[8].

Der neue Ansatz, der sich nicht mehr auf die Regel von 816 bezog, ist erstmals in der Provence und dann in Italien zu beobachten. In Avignon scheiterte der Versuch einer Selbstreform der Kathedralkanoniker, die reformwilligen Mitglieder zogen aus und ließen sich 1039 in Saint Ruf vor der Stadt nieder[9]; aus der anfänglichen Abgeschiedenheit entwikkelte sich später eine der bedeutendsten regulierten Chorherrenkongregationen, deren Bemühen um eine Reform auch des Diözesanklerus über die Grenzen Frankreichs hinausreichte. In Italien leitete Bischof Johannes von Cesena 1042 in Verbindung mit seinem Metropoliten Gebhard von Ravenna (vorher Bischof von Eichstätt, später Papst Viktor II.) eine Erneuerung des Klerus auf der Basis einer neuen ekklesiologischen

---

[4] Vgl. H. Fichtenau, Arenga. Spätantike und Mittelalter im Spiegel von Urkundenformeln, Graz – Köln 1957; und zum Heiligenleben D. von der Nahmer, Die lateinische Heiligenvita, Darmstadt 1994.

[5] Armut und Eremitentum deckten sich in vielen Punkten. M. Mollat, Die Armen im Mittelalter, München 1984, 100–104; vgl. schon H. Grundmann, Religiöse Bewegungen im Mittelalter, Darmstadt 1970.

[6] Ch. Dereine, La vita apostolica, dans l'ordre canonial du IXe au XIe siècle, in: Revue Mabillon 51 (1951) 47–53; G. Olsen, The idea of the ecclesia primitiva in the writings of the twelfth century canonists, in: Traditio 25 (1969) 51–86; L'eremitismo in Occidente nei secoli XIe XII, in: Atti della 2er settimana internaz. di studio di Mendola, Mailand 1965; S. Weinfurter, Neuere Forschung zu den Regularkanonikern im deutschen Reich des 11. und 12. Jh., in: HZ 224 (1977) 379–397; ders., Reformkanoniker und Reichsepiskopat im Hochmittelalter, in: HJ 97/98 (1978) 158–193.

[7] Vgl. H. Talbot, Die cluniazensische Spiritualität, in: Cluny, hrsg. von H. Richter (Wege d. Forsch. 241), Darmstadt 1975, 43–49.

[8] J. Siegwart, Die Chorherren- und Chorfrauengemeinschaften in der deutschsprachigen Schweiz vom 6. Jahrhundert bis 1160, Fribourg/Schw. 1962, 95ff; J. Laudage, Priesterbild und Reformpapsttum im 11. Jahrhundert, Köln – Wien 1984, 90–104.

[9] U. Vones-Liebenstein, Les débuts de l'abbaye de Saint-Ruf, contexte politique et religieux à Avignon au XIe siècle, in: Crises et Réformes dans l'Église de la Réforme grégorienne à la préréforme, Paris 1991, 9–25.

Grundanschauung ein[10]. Sie wiederum wirkte auf Petrus Damiani ein und von ihm auf das Laterankonzil von 1059[11].

Die Reformansätze zielten zunächst vornehmlich auf den Kathedralklerus, um über ihn den Seelsorgsklerus zu erreichen. Deshalb bestand die Forderung, die *vita communis* einzuhalten bzw. wiederherzustellen und in Armut zu leben, wenn man schon dem Vorbild der Apostel folge; infolgedessen sollte Armut nicht gelebt werden als Buße, sondern als Charakteristikum des Priestertums. Erst Petrus Damiani, von mehr monastischen Traditionen kommend, hat hier umformend im Sinne einer Monachisierung des Kanonikerwesens gewirkt[12].

1059 wetterte Hildebrand, der spätere Papst Gregor VII., auf dem römischen Konzil gegen die Erleichterungen, die im Kanon 115 der Aachener Regel Ludwigs des Frommen vorgesehen waren. Sie gestatte dem Chorherren persönlichen Besitz, und ihr Urheber sei zudem ein Laie[13]. Die neuen Chorherrengemeinschaften behaupteten zwar, „secundum regulam beati Augustini vivere", aber sie erkannten damit keinen Regeltext als verbindlich an; die Verpflichtung, nach der Regel des hl. Augustinus zu leben, besagte vielmehr, die nach dem Vorbild der Jerusalemer Urgemeinde von Augustinus ins Leben gerufenen Klerikergemeinschaften wiedererstehen zu lassen[14]. Die Frage des konkreten Regeltextes wurde erst im frühen 12. Jh. akut. Schon daran ist zu sehen, daß die Frühphase noch einem unzureichend organisierten Tasten gleicht, in der das eremitische Element eine starke Rolle spielte.

I. Das Eremitentum

Ausgangspunkt der Eremitenbewegung war Italien. In Kalabrien hatte sich Nilus der Jüngere noch vor der Jahrtausendwende einer strengen Form des Eremitentums nach Art der Wüstenväter zugewandt und damit eine seit der Frühzeit vertraute, in der byzantinischen Tradition noch lebendige Praxis aufgegriffen, in der sich der feste Wille, Gott in der Einsamkeit zu begegnen, mit einer rigorosen Lebensführung verband[15]. Er sammelte Schüler um sich und gründete ein Kloster in der Nähe Roms. Romuald von Camaldoli beschritt etwa zur gleichen Zeit denselben Weg, widmete sich ebenfalls dem Studium der Kirchenväter und der Heiligen Schrift und gründete in Camaldoli eine Gemeinschaft, die auch nach ihm noch Bestand hatte und sich ausbreiten konnte. Beide Beispiele zeigen sehr deutlich die neuen christlichen Tendenzen in einem Land, das früher als andere den Aufschwung

---

[10] A. Samaritani, Gebeardo di Eichstätt, arcivescovo di Ravenna (1027–1044) e la riforma imperiale della Chiesa in Romagna, in: Analecta Pomposiana 3 (1967) 109–140.

[11] H. P. Laqua, Traditionen und Leitbilder bei dem Ravennaer Reformer Petrus Damiani 1042–1052, München 1976; Laudage (s. Anm. 8) 115–122.

[12] J. Leclercq, Saint Pierre Damien, eremite et homme d'église, Rom 1960; R. Bultot, Christianisme et valeurs humaines. La doctrine du mépris du monde, IV, Le XIe siècle, 1, Pierre Damien, Löwen – Paris 1953; F. Dressler, Petrus Damiani. Leben und Werk, Rom 1954; Laudage (s. Anm. 8) 185–206 (mit reicher Lit.).

[13] Vgl. A. Werminghoff, in: Neues Archiv 27 (1902) 669–675. J. Semmler, Die Beschlüsse des Aachener Konzils im Jahre 816, in: ZKG 74 (1963) 15–82.

[14] Vgl. A. Zumkeller, Das Mönchtum des hl. Augustinus, Würzburg 1950; J. Mois, Das Stift Rottenbuch in der Kirchenreform des XI.–XII. Jahrhunderts, München 1953, 246–256.

[15] Vgl. E. Eickhoff, Basilianer und Ottonen, in: HJ 114 (1994) 10–46.

Romuald, der 998 Abt des Benediktinerklosters San Apollinare in Classe in Ravenna war, ist ein typischer Vertreter der Eremitenbewegung. Er verließ Ravenna und gründete in der Toscana die Eremiten-Gemeinschaft von Camaldoli, aus der der Orden der Kamaldulenser hervorging. Der Titelholzschnitt seiner in Florenz 1513 erschienenen Lebensbeschreibung zeigt den Ordensgründer im Eremitengewand mit Antoniterstab.

des Fernhandels, der Städte und der Landwirtschaft erlebte. Wenig später, gegen 1030, folgte Johannes Gualbertus mit seiner Gründung Vallombrosa den oben genannten Beispielen.

Auf zwei Wegen, die zuvor schon Kaufleute und Mönche genommen hatten, gelangte das Eremitentum nach Westen bis ins Limousin und in die Bretagne und nach Norden bis Oberlothringen und Flandern. Wilhelm, der Abt von Saint-Bénigne in Dijon, hatte, bevor er nach Metz, Toul und dann in die Normandie ging, durch seine Brüder Fruttuaria gründen lassen. Der von Italien ausgehende Ruf nach Erneuerung wurde zuerst in der Auvergne, und zwar in Chaise-Dieu (1043), Bénévent und Saint-Flour (1066) und Chalard (1089) vernommen und gelangte dann weiter nach Grandmont (1078), Sauve Majeure (1080), Fontevraud (1100) und in den Forst von Craon. Die Saône entlang nach Norden verlief eine weitere Ausstrahlung, von der in den letzten zwei Jahrzehnten des 11. Jh. Robert von Molesme, Anthenor von Saint-Mont, Engilbald von Hérival, Seher von Chaumousey sowie Leubricus und Wazelin von Saint-Pierremont erfaßt wurden[16]. Die Markgräfin Mathilde von Tuszien hatte dort dotiert und soll schon 1070 kalabresische Eremiten nach Orval ge-

[16] J. Choux, Recherches sur les diocèses de Toul au temps de la réforme grégorienne. L'épiscopat de Pibon (1069–1107), Nancy 1952, 153–157; M. Parisse, Les chanoines réguliers en Lorraine. Fondations. Expansion, in: Annales de l'Est (1968) 347–350, F. R. Erkens, Die Kanonikerreform in Oberlothringen, in: HJ 107 (1987) 1–43.

schickt haben. Auch aus der Diözese Trier wird zur Gründung von Springiersbach von ihnen berichtet[17]. Weiter westlich finden wir Prediger, wandernde Kleriker und Eremiten in Anchin, Flone, Tournai, Arrouaise (1079) und Klosterrath (Rolduc)[18].

Die ständig wiederholten Namen der Großen haben die weniger bedeutenden Persönlichkeiten in Vergessenheit geraten lassen; hier und da in den Quellen erwähnt, bilden diese eine Gruppe, die nun wieder in das Licht der Geschichte tritt, doch war ihr Einfluß nicht so groß, daß sich eine ausführlichere Beschäftigung mit ihnen lohnte. Aus dem Berry wird in Zusammenhang mit Fontgombault von Peter von Etoile (um 1080–1090) berichtet, doch gab es Eremiten auch in Achères (um 1050–1077) und Chalivoy[19]. Im Limousin wirkte der aus der Normandie stammende Gaucher (Galchetus) von Aureil, aber auch venezianische Pilger haben dort durch die Gründung von Artige (um 1106)[20] ihre Spuren hinterlassen. Bruno aus Köln, dem 1084 die Leitung der Chartreuse angetragen wurde, Stephan Muret, der Grandmont, und Robert von Arbrissel, der Fontevraud gründete, hatten in den Augen der Zeitgenossen nicht sehr viel mehr Bedeutung als Gottfried von Chalard, Stephan von Obazine, Gerald von Salles, Vitalis von Savigny, Bernhard von Tiron, Christian von Aumône, Hugo Lacerta. Ein Italiener gründete eine *cella* am Oberlauf der Maas, während der Priester Anthenor das zu gute Leben der Stiftsdamen von Remiremont floh, um sich in das benachbarte Waldgebiet zurückzuziehen. Sie alle sind exemplarische Vertreter eines damals weit verbreiteten Typus[21]. Neben so herausragenden Gestalten wie Ailbert von Klosterrath und Norbert von Xanten haben in Niederlothringen Ramirdus von Douai[22], Otfried von Watten, Wery von Gent, Tanchelm von Antwerpen und Léger des Dumes gewirkt[23]. Ein und dasselbe Ideal beflügelte den um 1076–1078 in Yorkshire lebenden Reinfried und zwanzig Jahre später jene Priester und Mönche, die sich in dem seit altersher vom monastischen Leben geprägten Gebiet zwischen Ostengland und Schottland aufhielten[24].

1. Die Eremiten

Warum wird man Eremit? Weil man es sich durch ein langwährendes monastisches Leben verdient hat, weil man einen Mißerfolg in der offiziellen Kirche hinnehmen mußte, weil man sich durch einen anderen Eremiten dazu bewogen fühlte oder von Armut, Buße und

---

[17] Vgl. O. Engels, Die Kirchenreform im Bistum Trier, in: S. Weinfurter, Reformidee und Reformpolitik im spätsalisch-frühstaufischen Reich, Mainz 1992, 78 ff.

[18] Ch. Dereine, Odon de Tournai et la crise du cénobitisme au XIe siècle, in: Revue du Moyen Age latin 4 (1948) 137–154; L. Milis, L'Ordre des chanoines réguliers d'Arronaise, Brügge 1969; W. Gärtner, Das Chorherrenstift Klosterrath in der Kanonikerreform des 12. Jh., in: ZAGV 97 (1991) 33 ff.

[19] G. Devailly, Le Berry du Xe siècle au mileu du XIIIe, Paris 1973, 275–280.

[20] Vgl. J. Bequet, Vie canoniale en France aux Xe et XIIe siècles, Variorum reprints, London 1985; dort erwähnt das Artigue (Bull. Soc. Arch. Hist. Limousin 90 [1963] 85–100) und Benevent (ebd. 99 [1972] 100–106).

[21] Vgl. Choux, Recherches (s. Anm. 16).

[22] Vgl. Grundmann, Bewegungen (s. Anm. 5) 514 Anm. 47.

[23] Ch. Dereine, Les prédicateurs „apostoliques" dans les diocèses de Thérouanne, Tournai et Cambrai, Arras durant les années 1070–1125, in: Analecta Praemonstratensia 59 (1983) 171–189.

[24] Leyser, Hermits (s. Anm. 1) 113–118 u. Karte S. IX; J. C. Dickinson, I Canonici regulari e la reforma ecclesiastica in Inghilterra nei secoli XI e XII, in: La vita commune del clero I, Mailand 1962, 274–296; R. M. Clay, The Hermits and Anchorites of England, London 1914.

der im Gebet erreichten Zwiesprache mit Gott stark angesprochen war[25]. Alle diese Motive überlagern sich, sie beeinflussen den Laien wie den Kirchenmann, den zeitweise isoliert lebenden Mönch wie den Chorherren, der sich enttäuscht von allen ihm zur Verfügung stehenden Bequemlichkeiten abwendet. Der Begriff „Eremit“ ist dehnbar; er reicht vom Leben in völliger Einsamkeit über losen und nur sporadischen Kontakt untereinander bis zur Eremitenkolonie mit gemeinsamem Gottesdienst.

Dank zahlreicher *vitae*, läßt sich in Frankreich vor allem für das Limousin und das Gebiet des heutigen Département Bas-Maine das Einsiedlerleben gut beschreiben. Der Eremit, den es nach mehr Einsamkeit und Selbstkasteiung verlangte, baute sich eine Hütte aus Zweigen, hauste in einem Erdloch oder in einer Kate, vorzugsweise in unzugänglichem Gelände. Was er brauchte, war in jedem Falle Wasser, meist auch ein Gehölz, das ihm Holz lieferte, Schutz bot und von Tieren bevölkert war. Für seinen Lebensunterhalt sorgte er selbst durch Gartenbau, Viehzucht und Handarbeit (Flechten von Körben wie im Altertum die ägyptischen Wüstenväter, gedacht demnach als Beschäftigung des Körpers, damit dieser den Geist nicht verwirre). Er ernährte sich von Getreide, Gemüse, Eiern und Milchprodukten. Wie entbehrungsreich er lebte, zeigte sich an seinem absichtsvoll ungepflegten, sogar abstoßenden Äußeren, an seinem Unterkleid aus ungebleichter, rauher Wolle und an seinem ungekämmten Bart. Es war ein Ausdruck feindlicher Gesinnung gegenüber der Zivilisation, mit der man nicht mehr in Berührung kommen wollte. Je einsamer der Einsiedler war, einen um so höheren Grad an Vollkommenheit hatte er erreicht; doch gelang ihm das niemals ganz, denn Schüler schlossen sich an, Bewohner der Umgebung wurden auf ihn aufmerksam und suchten seinen Rat. So sehr er auch die Isolation suchte, er konnte auch Neid und Mißgunst nicht meiden, sei es, daß die im Kloster zurückgebliebenen Mönche seine Lebensweise verurteilten, sei es, daß Kleriker sein Ansehen bei den Gläubigen neideten, sei es, daß er Laien durch Nutzung von Niemandsland in die Quere kam[26].

Zunächst aber und vor allem anderen stellte das Eremitentum eine Suche nach dem Heil dar, das durch Buße und Absonderung von der „Welt“ zu erlangen sei. Der Eremit strebte nach seinem persönlichen Heil, kämpfte aber auch für das der anderen. Nur selten verfügte er über keinerlei Bildung, und sein Gebet war eine rein spontane Äußerung. Ständige Lektüre und Rezitation der Psalmen gehörte ebenso zu seiner Alltagsbeschäftigung wie die kontemplative Versenkung in biblischen Stoff oder das Feiern der Messe[27]. Auch das Pre-

---

[25] E. Werner, Pauperes Christi. Studien zu sozial-religiösen Bewegungen im Zeitalter des Reformpapsttums, Leipzig 1956, 25–52; J. Becquet, L'érémitisme clérical et laique dans l'Ouest de la France, in: L'eremitismo in occidente nei secoli XI et XII, La Mendola, Mailand 1965, 182–203; Leyser, Hermits (s. Anm. 1) 52–68; L. Milis, Ermites et chanoines réguliers au XIIe siècle, in: CCM 22 (1979) 46–57; J. Leclercq, „Eremus“ et „ermita“. Zur Begriffsgeschichte des Einsiedlerlebens, in: COCR 25 (1963) 8–30; Ch. Dereine, Ermites, reclus et recluses dans l'ancien diocèse de Cambrai entre Scarpe et Haine (1075–1125), in: RBen 97 (1987) 289–313 (Auswahlbibliographie).

[26] Vgl. in den Viten, aufgelistet in: Becquet, L'érémitisme (s. Anm. 25) 182. Hier findet man mit Gewinn La vie d'Etienne d'Obazine, hrsg. von M. Aubrun (Public. Et. du Massif Central VI) Clermont-Ferrand 1970, vor allem S. 53. Zu Bernhard von Tiron: ActaSS, April II, 220; Gerald von Salles: AASS, April I, 412–421; Vitalis von Savigny: AnBoll 1 (1882) 357–390; Christian von Aumone: ebd. 52 (1934) 5–20; Gottfried von Charlard (s. Anm. 29).

[27] Was das Schuhwerk betrifft, ist in diesem Zusammenhang die Bemerkung aufschlußreich in der Vita des Stephan von Obazine (s. Anm. 26): „Nach der Prim warfen sie sich zu Boden und beteten die sieben Psalmen nebst den Litaneien. Sogleich darauf folgte – es sei denn, daß es an Schuhwerk fehlte, was häufig vorkam –

digen konnte er kaum vermeiden, da es von ihm auch gegen seinen Willen erwartet wurde, denn geistlichen Rat mußte er ohnehin erteilen und das immer zahlreicher herbeiströmende Volk zur Buße aufrufen. Der Eremit schonte sich nicht, er fastete eher aus freiem Willen denn aus Notwendigkeit, schlief auf harter Unterlage, wusch sich mit eiskaltem Wasser und verweigerte den Schlaf[28].

Über das Einsiedlerleben der berühmten Ordensgründer sind wir keineswegs am besten unterrichtet. Mehr Information bietet hier beispielsweise eine Skizze des Lebensweges Gottfrieds von Chalard[29]. In Boscavillot (Diözese Limoges) als Kind einer mittellosen Familie geboren, mußte er seine Ausbildung wegen der Armut seiner Eltern zunächst abbrechen, konnte sie dann aber bei seinem Onkel mit dem Studium der Freien Künste in Tours fortsetzen. Der Tod des Onkels zwang ihn zur Rückkehr nach Limoges, wo ihn ein Freund von der Richtigkeit überzeugte, Priester zu werden. Nach der Priesterweihe durch den Bischof von Périgueux (der Bischofssitz von Limoges war damals vakant) zelebrierte er in der Kirche Saint-Martial in Limoges seine erste hl. Messe, während der er einer Prüfung durch Gott unterzogen wurde[30]. Er floh die Welt, gelangte bis zur Isle, machte auf einem von der Flußschleife gebildeten Hügel Rast, wanderte dort mit zwei Gefährten ziellos umher und fand nach mehreren Angeboten, sich niederzulassen, in der Nähe einer verfallenen Kirche Ruhe[31]. Dort führte er das Leben eines Einsiedlers, ließ sich dann zum Chorherren ernennen und kasteite sich, indem er seinen Körper mit Eisenketten beschwerte. Mit Hilfe einiger Laien baute er der Jungfrau Maria eine Kirche. Von Adeligen, Rittern und Priestern mit allem Lebensnotwendigen versorgt, arbeitete er tagsüber am Bau der Kirche und feierte nachts die hl. Messe, wozu er Psalmen, Hymnen und Kirchenlieder sang.

Eifersucht und Neid verfolgten ihn, ein Archidiakon von Limoges wollte ihn verfolgen lassen, doch fand er Unterstützung durch den Bischof von Pérgigueux. Am 18. Oktober 1100 schließlich wurde die Kirche geweiht. Gottfried kämpfte für diese seine Gründung, bat um finanzielle Unterstützung und bekehrte seine Zuhörer: „Er entriß den Herzen der Menschen die Laster, lehrte sie den Tod und die Höllenqualen fürchten, hielt sie an, irdische Güter zu verdienen, und machte es ihnen zur Pflicht, Gott zu lieben und zu fürchten, seine Gebote zu befolgen und die Tugenden wachsen und gedeihen zu lassen“[32]. Gegen Ende seines Lebens wurde er noch strenger mit sich selbst: Mit wenig zufrieden, bleich und ausgezehrt, die Augen zum Himmel gewandt, der Welt abgestorben, wollte er stets sauber gekleidet sein und erklärte, daß Unsauberkeit ein Zeichen nicht von Tugendhaftigkeit, son-

---

die Messe ...“ Desgleichen S. 51: „Nachdem einer sich Schuhwerk ausgeliehen hatte, sang er die Messe und der andere kommunizierte. Nach Beendigung des Gottesdienstes gab er die Schuhe wieder zurück.“

[28] Vita des Gaucher von Aureil, Kap. XI, hrsg. von J. Becquet, RMab 54 (1964) 51: „De lecto resiliens in cuppam aqua frigida plenam intrabat, que lectulo eius quasi comes individua semper adherebat. De qua multociens fratres nimia frigoris in clementia congelatum et semimortuum eum extraxisse referunt“; vgl. auch Vita des Stephan von Obazine, Aubrun (s. Anm. 26). Manche Eremiten gingen sogar noch weiter, so in D. Iogna-Prat, La femme dans la perspective pénitentielle des ermites du Bas-Maine (fin XIe–début XIIe siècles), in: RHSp 53 (1977) 47–64.

[29] Vita ediert von A. Bosvieux, in: MSSNC III (1862) 75–160; zu Person und Werk vgl. J. Becquet, Les chanoines réguliers du Charlard (Haute-Vienne) in: BSAHL 98 (1971) 154–172.

[30] Bosvieux (s. Anm. 29) 77: Ein Erdbeben erschütterte die Kirche und versetzte die Anwesenden in Angst und Schrecken, nur der zelebrierende Priester nahm davon als einziger keine Notiz.

[31] Er war dort der Nachfolger eines halbprophetischen flämischen Eremiten. J. Becquet, Robert, ermite ou pélerin flamend en Limousin à la fin du XIe siècle, in: BSAM 20 (1963) 46.

[32] Bosvieux (s. Anm. 29) 105, Kap. IX.

dern von Nachlässigkeit sei. Er starb am 6. Dezember 1125, einem Sonntag, nachdem er 37 Jahre und 9 Monate fern der Welt gelebt hatte. Gaucher von Aureil, ein in der Nachbarschaft lebender Eremit, hielt die Grabpredigt, und zwar in der Volkssprache, denn er wollte von jedermann verstanden werden [33]. Adeliger Herkunft, hatte Gaucher eine solide literarische Bildung genossen, sich dennoch seit dem 18. Lebensjahr einer strengen Askese unterworfen, indem er auf einem Sattel schlief, fastete und sich der Kälte aussetzte. Als 22jähriger zog er sich in den Forst von Aureil zurück. Dort gründete er ein Stift für regulierte Chorherren, ließ Kirchen und eigens für Frauen gedachte Gebäude errichten und hinterließ nach seinem Tod ein reiches und blühendes Priorat.

Die Welt der Eremiten war sehr unterschiedlich. Die Historiker haben noch bei weitem nicht alle Nachrichten über die Eremiten des ausgehenden 11. Jh. zusammengetragen, weshalb unsere Kenntnis über sie noch unzureichend ist. Ihr Echo seitens der Gesamtkirche war zwiespältig. Auf der einen Seite war dieses Eremitenideal nicht neu; man denke nur an die Lebensbilder vorbildlicher Bischöfe seit dem 10. Jh., deren angebliche Vorliebe für Zurückgezogenheit, Bußfertigkeit und Bedürfnislosigkeit hervorgehoben wird [34]. Auf der anderen Seite blieb die kirchliche Hierarchie das ganze 12. Jh. hindurch mißtrauisch, sofern sich die Anhänger solcher Anachoreten nicht irgendeiner kirchlich approbierten Regel anschließen wollten, wie es Bernhard von Clairvaux im 66. *Sermo in cantica canticorum* forderte. Daher kommt es, daß die lebendigsten Erinnerungen Gründer von Abteien und Orden hinterlassen haben. Trotz mancher Verstiegenheiten und vorübergehender Extravaganzen bewegten sie sich noch immer im Rahmen der etablierten Kirche. Ihre Kritik an Schwächen und Mißständen war gar nicht einmal der Anstoß, sondern die Predigttätigkeit. Der Appell an die Armut der Apostel verwies auf ein wörtliches Verständnis der Bibel. Von ihr gab es so gut wie keine volkssprachlichen Übersetzungen; sie waren in der erforderlichen Anzahl durch Abschriften auch nicht so schnell zu besorgen. Ein weiteres Problem war die Frage, wer sich zur Predigt autorisiert fühlen konnte [35]. Hier stieß eine Laienbewegung mit Zügen „emanzipatorischer" Frömmigkeit auf eine nur schlecht darauf vorbereitete Hierarchie. Zuweilen waren die Eremiten gebildete Kleriker. Robert von Arbrissel und Norbert von Xanten etwa fanden als Wanderprediger die Unterstützung des Papstes. Die meisten verstanden es, bei ihren Zuhörern Begeisterung zu wecken; allzu leicht konnten dabei die Grenzen zur Häresie überschritten werden. Wir wissen nicht, ob dies erst im 12. Jh. und nicht schon im 11. Jh. der Fall war, weil die kirchliche Hierarchie so schnell noch nicht wußte, wie und wo diese Grenze zu ziehen war [36]. Mit der wachsenden Zahl von Anhängern der Armutsbewegung wurde die Ausbildung fester Strukturen unausweich-

---

[33] Die Gaucher betreffenden Texte siehe BECQUET, Vie canoniale (s. Anm. 20).

[34] O. ENGELS, Der Reichsbischof in ottonischer und frühsalischer Zeit, in: Beiträge zu Geschichte und Struktur der mittelalterlichen Germania Sacra, hrsg. von I. CRUSIUS, Göttingen 1989, 135–175.

[35] G. LE BRAS, Institutions ecclesiastiques de la chrétienté médiévale, 1ère partie (Histoire de l'Eglise, Bd. 12), Tournai 1964, 366-367.

[36] Volkstümliche Häresiebewegungen sind nachgewiesen für den Beginn des 11. und dann für das 12. Jh. von I. DA MILANO, Le eresie popolari del secolo XI nell'Europa occidentale, in: SGSG 2 (1947) 43–89. Einen Sonderfall stellt der Laie Ramirdus dar, um den sich eine Sekte bildete und der sich um 1076/1077 auf Vorladung Bischof Gerhards II. von Cambrai einer Untersuchung stellen mußte. Er wurde nur deshalb der Häresie bezichtigt, weil er sich weigerte, aus der Hand von Äbten, Priestern und selbst des Bischofs die Kommunion zu empfangen mit der Begründung, daß sie der Simonie verdächtig seien. Auf Geheiß des Bischofs kam er auf den Scheiterhaufen. Gregor VII. verlangte vom Pariser Bischof eine Untersuchung dieses Falles voreiliger Justiz (MGH.SS VII, 540).

lich[37]. Immer größere Scharen von Predigern, wackere Gottesmänner ebenso wie Obskuranten, zogen durchs Abendland und erschütterten die Herzen ihrer Zuhörer. Der spektakuläre Erfolg einiger herausragender Gestalten ist dabei nur ein Indiz für die Aktivität all derer, die im Dunkel geblieben sind.

2. Bruno von Köln und Robert von Abrissel

Bruno, der Vater des Kartäuserordens, und Robert von Arbrissel, der Gründer von Fontevraud, sind zwei Beispiele, die in jeder Hinsicht Aufmerksamkeit verdienen. Ersterer 1030/35 in Köln geboren, dort zum Priester geweiht und Chorherr an St. Kunibert, wurde sodann Scholaster in Reims, wo er auch studiert hatte. Erzbischof Manasses ernannte ihn 1075 zu seinem Kanzler, fand aber bald dessen Mißfallen wegen der von ihm vertretenen simonistischen Linie. 1089 wurde Bruno an Stelle des abgesetzten Manasses sogar zum Erzbischof gewählt, konnte sich aber gegen den Bischofskandidaten des Königs nicht durchsetzen. So beschloß er im Alter von etwa 50 Jahren, seinem Leben eine neue Richtung zu geben und sich in ein Kloster zurückzuziehen[38]. Mehrere Jahre hielt er sich als Eremit in einem zu Molesme gehörenden Priorat in Sèche-Fontaine auf, verließ aber 1084 diesen zu belebten Ort und erhielt durch Vermittlung des päpstlichen Legaten Hugo von Die und mit Unterstützung des Abtes Seguin von Chaise-Dieu durch den Bischof Hugo von Grenoble ein Stück Ödland in den Alpen, die spätere Chartreuse, zugewiesen[39]. Rasch entwickelte Bruno dort die für die Kartäuser typische Lebensweise. Die Priester trugen ungefärbte Gewänder und lebten jeder für sich in einer Zelle, bestehend aus Schlafkammer, Arbeitsraum und Garten. Von den Horen wurden die Matutin und Vesper, an Sonn- und Feiertagen die Messe gemeinsam gefeiert. Auch die Mahlzeiten wurden an diesen besonderen Tagen gemeinsam eingenommen mit der Erlaubnis, einige Worte zu wechseln. Allein in ihren Zellen, waren die Mönche mit Gebet, Lektüre, Meditation und Abschreiben von Büchern beschäftigt. Ein Prior überwachte die Verwaltung des Klosters, an der auch Laienbrüder beteiligt waren, die separat für sich lebten, täglich die hl. Messe besuchen mußten und Handarbeit zu verrichten hatten[40]. Der vollständige Bruch mit der Welt, völlige Einsamkeit, ständiges Schweigen, andauernde Kontemplation und persönliche Armut sind die Hauptcharakteristika der die Kartäuser prägenden Spiritualität, die den Willen zur Vereinzelung klug mit den Zwängen des Gemeinschaftslebens verbindet. Bruno indessen schien damit nicht zufrieden. Schon 1090 zog er durch Italien bis Kalabrien, wo er sich 1091 in Santa Maria delle Torre (Diözese Squillace) niederließ, um auf unwirtlichem Land die Einsamkeit wiederzufinden und am 6. Oktober 1101 dort zu sterben.

---

[37] Milis, Ermites (s. Anm. 25) 59.

[38] Über das Leben Brunos ist nur wenig bekannt. Vgl. B. Bligny, Saint Bruno, le premier Chatreux, Paris 1984. Grundlegend immer noch H. Löbbel, Der Stifter des Karthäuser-Ordens, der hl. Bruno aus Köln, Münster 1899.

[39] Über die Anfänge des Klosters vgl. B. Bligny, L'Eglise et les ordres religieux dans le royaume de Bourgogne aux XIe et XIIe siècles, Paris 1960; ders., L'érémitisme et les chartreux, in: Becquet, L'eremitismo (s. Anm. 25) 248–263.

[40] J. Dubois, L'institution des convers au XIIe siècle, forme de vie monastique propre aux laïcs, in: I laici nella „societas christiana" dei secoli XI–XII, La Mendola, Mailand 1965, 204–210; vgl. auch K. Hallinger, Woher kommen die Laienbrüder?, in: AnOCist 12 (1956) 1–104; ders., Zu den geistlichen Grundlagen und den Entwicklungsformen der Instituta Conversorum, in: SMGB 70 (1959) 169–181.

In dem Geschichtswerk, das der Dominikaner Vinzens von Beauvais (13. Jh.) für König Ludwig IX. verfaßte, wird die Gründung des Kartäuserordens durch Bruno von Köln genau beschrieben. Die Miniatur (15. Jh.) zeigt die Ankunft Brunos und seiner sechs ersten Gefährten beim Bischof Hugo von Grenoble, der ihnen Gelände zur Gründung der noch heute bestehenden Kartause (Chartreuse) zuweist (Chantilly, Musée Condé). Das Schweigegebot, das Bruno seinem Orden auferlegt hatte, kommt besonders eindringlich im Gemälde (16. Jh.) Franciscos de Ribalta zum Ausdruck (Valencia, Museo S. Carlos).

Aus der Flut von Neugründungen der neuen Orden ragt Fontevrault zunächst durch die Persönlichkeit seines Gründers heraus. Um die Mitte des 11. Jh. als Sohn eines Priesters geboren, studierte Robert von Arbrissel (Arbresec) zunächst in seiner bretonischen Heimat und später in Paris[41]. Über sein Leben zwischen den beiden Studienaufenthalten sind wir schlecht unterrichtet; so weiß man nicht genau, ob er seinen Vater als Priester ablöste und ob er, wie zuweilen behauptet, verheiratet war. Von Paris zurück, war er vier Jahre lang als Erzpriester in der Diözese Rennes aktiv, wo er sich unter Bischof Silvester ganz in den Dienst der Reform stellte. Der Tod des Bischofs veranlaßte Robert zum Wechsel nach Angers, wo er bei Marbod, dem künftigen Bischof von Rennes, eine weitere Ausbildung erhielt. Danach beschloß er, als Einsiedler zu leben, und gründete schließlich 1092 das Stift Santa Maria de Rota (La Roë) für regulierte Chorherren. Ab 1096 zog er mit Ermächtigung Urbans II. von Angers aus für längere Zeit predigend durch ganz Frankreich. Wortgewaltig, glaubensstark und überzeugungsmächtig, konnte er in allen sozialen Schichten scharenweise Anhänger gewinnen. An einem Tag des Jahres 1101 machte er in Fontevrault halt

[41] Anstelle der inzwischen überholten Arbeit von R. Niderst, Robert d'Arbrissel et les origines de l'ordre de Fontevrault, Rodez 1952, vgl. J. M. Bienvenu, L'étonnant fondateur de Fontevraud, Robert d'Arbrissel, Paris 1981; J. Dalarun, L'impossible sainteté. La vie retrouvée de Robert d'Arbrissel (1045–1116), fondateur de Fontevraud, Paris 1985, und: Robert d'Arbrissel, fondateur de Fontevraud, Paris 1986. Ferner J. Smith, Robert of Arbrissel, Procurator Mulierum, in: Medieval Women, hrsg. von D. Baker, Oxford 1978, 175–184.

und ließ sich auf einem Stück Land nieder, das ihm ein Grundherr angeboten hatte. Nach einem Jahr beschwerlichen Lebens in Hütten teilte Robert die ihn umgebende Schar in Gruppen auf. Die Frauen und die von diesen wiederum abgesonderten Jungfrauen, für die man die Kirche Unsere Liebe Frau baute, wurden von den Männern getrennt, die ihrerseits zwei Gruppen bildeten, deren eine aus Priestern und Laien bestand, während in der anderen die Kranken zusammengefaßt wurden. Auf dem weiten, von einem Mauerring eingefaßten Areal errichtete man mehrere Siedlungseinheiten. Das wichtigste Gebäudeensemble entstand um die Kirche Unsere Liebe Frau mit Kloster und Wohngebäuden. Eine weitere kleinere Gebäudegruppe wurde um die Kirche St. Johann errichtet; sie war den Brüdern, bestehend aus Priestern und Laien, vorbehalten. Zentrum von drei weiteren Gebäudeeinheiten bildeten die Kirchen St. Magdalena für die verheirateten Frauen und Prostituierten, St. Lazarus für die Leprakranken und St. Benedikt für die anderen Kranken. Robert wollte weder Abt noch weltlicher Herr sein sondern einfach „magister“, das heißt der spirituelle Meister der Gemeinschaft. Ihm zur Seite stand als Priorin Hersinde und ihr nachgeordnet ein Prior Johannes. Sogar die Aristokratie schickte ihre Töchter dorthin und bedachte Fontevrault mit Schenkungen.

Robert wartete bis zuletzt, um seine Nachfolge zu regeln. Gegen Ende des Jahres 1115 schlug er vor, daß an der Spitze der Gemeinschaft eine Äbtissin stehen solle, und zwar keine der Jungfräulichkeit und Beschaulichkeit verpflichtete Nonne, sondern eine Witwe, die, eher Martha als Maria gleichend, ihre Erfahrungen in der Welt gesammelt habe. So ernannte er nach einigen Monaten die Priorin Petronilla von Chemille zur Äbtissin, die dieses Amt bis zu ihrem Tod im Jahre 1149 ausübte [42]. Robert hatte ohne Zweifel einige Statuten festgelegt, mehr aber auch nicht. Sein geistliches Testament faßte er in zwei Formeln zusammen; die Brüder forderte er auf, sich immer in den Dienst der Dienerinnen Christi zu stellen, die Schwestern sollten ohne Einverständnis der Brüder keinerlei Veränderungen vornehmen. Er wollte, daß die Gemeinschaft am Gleichheitsprinzip festhielt, formiert in zwei voneinander unabhängigen Gruppen. Demütig unter Demütigen hatte er sich seines Seelenheils dadurch versichern wollen, daß er sich durch die Anwesenheit von Frauen einer ständigen Versuchung ausgesetzt sah [43]; die Brüder sollten ihm auf diesem Weg folgen. Nach seinem Tod wollte er auf dem gemeinsamen Friedhof, eingehüllt in ein Leichentuch, im bloßen Erdreich begraben werden.

Als er am 9. März 1116 starb, nahmen die Dinge jedoch einen anderen Verlauf. Auf Verlangen der Äbtissin Petronilla wurde sein Leichnam feierlich in der Kirche Unsere Liebe Frau beigesetzt, und die aus der Aristokratie stammenden Nonnen übernahmen die klösterliche Führung. Die Statuten wurden weiterentwickelt, bis sie gegen Ende des 12. Jh. ihre endgültige, uns bekannte Form annahmen [44]. Das duale Gemeinschaftssystem blieb unangetastet und wiederholte sich in jedem Priorat der Kongregation, von denen es um 1200 über achtzig gab. Allerdings kann man sich des Eindrucks nicht erwehren, daß sich Fontevrault nach Roberts Tod zu einem Kloster für junge adelige Frauen entwickelte. Alle Macht lag in den Händen der Äbtissin. Sämtliche Priorate unterstanden ihrer Befehlsge-

---

[42] Über die letzten Lebensjahre Roberts vgl. Dalarun, L'impossible (s. Anm. 41), und vor allem in dessen Edition die Ergänzungen des Kaplans Andreas zur Vita Roberts (ebd. 284–300).

[43] Vgl. Iogna-Prat (s. Anm. 28).

[44] M. de Fontette, Les religieuses à l'age classique du droit canon, Paris 1967, 65–80; P. Sh. Gold, The Lady and the Virgin, Chicago – London 1985, 93–113.

Die heutige Anlage der Grande Chartreuse bei Grenoble. Deutlich sind die einzelnen Mönchshäuschen zu erkennen.

walt, sie wählte die Priorinnen und Prioren aus und kontrollierte sie in ihren Verwaltungsaufgaben. Natürlich unterstanden die Nonnen ihrer Leitung, doch übte sie auch über die Brüder eine strenge Kontrolle aus, entschied darüber, wer von ihnen Priester werden durfte, nahm den Eintrittswilligen den Eid ab und bestrafte die Fehltritte. Die Brüder, gewöhnlich in den Prioraten den Frauen zahlenmäßig unterlegen, artikulierten häufig ihre Unzufriedenheit, und ihre Mitwirkung im Kapitel gab ihnen nicht das Gefühl, wirklich jenen Platz einzunehmen, der ihnen vom Gründer zugedacht war.

II. Die Entstehung der regulierten Chorherren

Die Bewegung, die am Übergang vom 11. zum 12. Jh. dort zur Ausbildung des regulierten Chorherrenwesens führte, gab der Kirche dieser Zeit ein zentrales Gepräge[45]. Das Laterankonzil von 1059 hatte unter dem Einfluß des Petrus Damiani für eine Annäherung des vorbildlichen Priesterlebens an das Mönchtum gesorgt; *vita communis* und persönliche Armut galten als eine Grundforderung. Damit war der Appell zur Priesterreform nicht mehr für alle akzeptabel. Ein Gemeinschaftsleben war dem Landpfarrer schon aus technischen Gründen nicht möglich. Die Mitglieder der Domkapitel und älteren Stifte stammmten vielfach aus dem Adel der Region und erwarteten im Interesse ihrer elterlichen Familie den Aufstieg in ein Prälatenamt – dem König drohte bei dem in dieser Zeit deutlich zunehmenden Selbstbewußtsein des Adels die alleinige Nominierung des Amtsnachfolgers ohnehin zu entgleiten. Für sie kam der Anschluß an eine strenge Regel nicht mehr in Frage. Und die alte Aachener Regel schien, da sie vom Laterankonzil von 1059 als kaum noch tolerierbar erklärt war, nicht mehr erneuerungsfähig. Sie versandete im 12. Jh. vollends. Weil man einer patenten Adelsfamilie über das Kapitelsmitglied aus ihren Reihen den Zugriff auf das Kapitelvermögen verwehren wollte, teilte man das Gemeinschaftsvermögen in Einzelpfründen auf; damit war jeder Rest an *vita communis* endgültig beseitigt, und das empfand man sogar als eine Reform[46].

Dennoch war der Chorherr in seinem Selbstverständnis noch lange nicht identisch mit einem Mönch. Der Mönchsstand bezweckte in erster Linie die Selbstheiligung seiner Mitglieder; daß der Mönch auch noch Priester war, resultierte aus den nach und nach gewachsenen Erfordernissen des Totengedächtnisses. Der Kanoniker alten Typs gehörte grundsätzlich dem Klerikerstand an; dem Gemeinschaftsleben war er nur insoweit verpflichtet, als es für die Durchführung der feierlichen Liturgie zweckmäßig schien. Auch der Seelsorge war er zugänglich; und das blieb im Bereich des regulierten Chorherrenwesens so, wenn auch in Deutschland weit mehr als in Frankreich. Der hohe Stellenwert der Selbstheiligung gab dem Mönchsstand ein höheres Ansehen. Hier nun rückten die Chorherren nach, und die Erwartung der Laien nach seelsorglicher Zuwendung wuchs seit geraumer Zeit, so daß eine Rivalität zwischen Mönchen und Chorherren entstand. Papst Urban II. entschied 1092 im Privileg für das oberschwäbische Stift Rottenbuch zugunsten einer Gleichwertigkeit; der Weg des Mönchs und der des Chorherren führten gleich sicher zum ewigen Heil[47]. Die Schrift „De vita vere apostolica“ wollte zu Anfang des 12. Jh. zwischen beiden Richtungen versöhnen und warf doch den Chorherren die Anmaßung vor, das „wahre apostolische Leben“ zu verkörpern[48]. Das Mönchtum traditioneller Prägung

---

[45] Ausgangspunkt der neueren Forschung über die regulierten Chorherren ist der Art. Chanoines von Ch. Dereine, DHGE XII 353–405, und ders., Les chanoines réguliers au diocèse de Liège avant saint Norbert, Brüssel 1952. Ferner: La vita comune del clero nei secoli XI e XII, Mailand 1962; Weinfurter, Neuere Forschung (s. Anm. 6).

[46] Vgl. am Kölner Beispiel M. Groten, Priorenkolleg und Domkapitel von Köln im Hohen Mittelalter, Bonn 1980, 216–219.

[47] Ch. Dereine, L'élaboration du statut canonique des chanoines réguliers, spécialement sous Urbain II, in: RHE 46 (1951) 534–565; Mois, Rottenbuch (s. Anm. 14) 68–80.

[48] Migne PL 170, 609–663; vgl. auch Abt Rupert von Deutz in seiner Schrift „Super quaedam capitula regulae Divi Benedicti abbatis“ lib. IV, Migne PL 170, 525–538, und „Roberti abbatis epistola, qua ratione monachorum ordo praecellit ordinem clericorum, ad Liezelinum canonicum“, Migne PL 170, 663–668.

fühlte sich in die Enge gedrängt. Nicht zufällig kam es in Spanien seit der Wende zum 12. und in Deutschland seit der Mitte des 12. Jh. zu keiner Gründung eines Benediktinerklosters mehr. Arno von Reichersberg bemühte sich in seinem 1146/47 abgefaßten „Scutum canonicorum regularium" um eine Verteidigung der Gleichwertigkeit beider Stände, und doch konnte er seine Überzeugung, den besseren Weg gewählt zu haben, kaum unterdrükken[49].

Die äußere Verfassung der regulierten Chorherren war zeitgemäß. Noch kannte man ausschließlich das autonome Kloster unter der Leitung eines Abtes oder, vornehmlich in Deutschland, eines Propstes; unangefochten galt auch noch für den einzelnen Konventualen das Prinzip der *stabilitas loci.* Allen gemeinsam war die Regel des hl. Augustinus; unterhalb dieser Ebene spielten sich sehr schnell jedoch Differenzierungen ein. Je nach Annahme der strengen oder weniger strengen Regelfassung bildeten sich unterschiedliche *Consuetudines* heraus, und sie wieder bestimmten das Gesicht der Kongregationen, deren Struktur – wie unter den auf der Benediktregel fußenden Kongregationen auch – höchst unterschiedlich sein konnte. Die im Mittelalter gebräuchlichen Begriffe suchten der Differenzierung nur sehr unzureichend gerecht zu werden. Häufig werden die Häuser der Chorherren, wie die Behausungen der Mönche, *monasterium* oder *coenobium* genannt; seit dem 11. Jh. sind dafür aber auch die Bezeichnungen *canonica* und *capitulam* belegt, die damit eine Wohnung von Klerikern, ob reguliert oder nicht, keinesfalls jedoch von Mönchen kennzeichnen[50]. In der deutschen Volkssprache unterscheidet man in diesem Sinne zwischen Kloster und Stift. Analog dazu wird im Lateinischen und in den romanischen Ländern *canonicus* (Kanoniker) für den regulierten oder nicht regulierten, zumindest aber einem *collegium* bzw. *capitulum*-angehörenden Kleriker gebraucht. Vor dem 11. Jh. taucht er in den Quellen gewöhnlich undifferenziert als *clericus* auf. Das deutsche Wort „Chorherr" bezeichnet in der Regel den nach einer Regel lebenden Kleriker alten und neuen Typs.

1. Die Augustinusregel

Die Forschung der letzten vierzig Jahre hat neues Licht auf den kanonikalen Bereich geworfen. Die Entdeckung und Veröffentlichung von neuem Quellenmaterial, das andere Fassungen derselben Referenztexte enthält, war für das Verständnis und die Deutung bekannter, oft jedoch ungenau datierter und mangelhaft miteinander verbundener Fakten sehr hilfreich. Über die Elemente, aus denen sich die sogenannte Augustinusregel zusammensetzt, besteht mittlerweile Einvernehmen[51].

Die häufig abgeschriebene und zitierte Regel des Bischofs von Hippo war ein *praeceptum,* das er 397 für eine Gruppe von Laien verfaßte hatte. „Haec sunt quae ut observetis praecipimus"; schon mit dem zweiten Satz wird die Bezugnahme auf die *vita apostolica* ganz deutlich: *anima una, cor unum.* Es werden darin Ratschläge erteilt, die Denken und

---

[49] Migne PL 194, 1489–1528. Vgl. auch Mois, Rottenbuch (s. Anm. 14) 87–91, über Papst Urban als den entscheidenden Wendepunkt in den Augen Arnos.

[50] Bernold von Konstanz schrieb hinsichtlich St. Leo in Toul: „Liutolfus ... sanctae Tullensis ecclesiae decanus monasterium clericorum, quod canonicam Romani cognominant ... construxit" (MGH.SS V, 463).

[51] Heute ausschlaggebend L. Verheijen, La règle de saint Augustin, I. Tradition manuscrite, II. Recherches historiques, 2. Bde., Paris 1967.

Im 1168 gegründeten regulierten Chorherrenstift Santa Maria de Liusa (Spanien) zeigen jüngst freigelegte Fresken (14. Jh.) Kanoniker beim Bau eines Stifts in Anwesenheit des hl. Augustinus.

Tun regeln sollen; sie betreffen Kleidung, Nahrung und Krankenpflege, Gehorsam gegenüber dem Vorgesetzten, Beziehungen zur Außenwelt, vor allem zu den Frauen[52]. Neben diesem wichtigsten Text kennen wir einen ungefähr zwischen 411 und 414 verfaßten Brief desselben Autors (Brief Nr. 211) an eine Gemeinschaft aufsässiger Ordensschwestern[53]. Es würde genügen, das praeceptum in Femininformen zu setzen, um eine augustinische Regel für Jungfrauen zu erhalten[54]. Umgekehrt, in Maskulinform, ließe sich der Brief, was auch gemacht wurde, auf männliche Adressaten zuschneiden[55]. Jeden dieser beiden Texte hat L. Verheijen wieder in seine ursprüngliche Gestalt gebracht.

Ein dritter, zumeist mit den anderen in Zusammenhang gebrachter und deshalb eben-

---

[52] Verheijen, La règle, I, (s. Anm. 51) 417–437. Das ist die alte *regula prima.*

[53] Verheijen, nennt ihn *obiurgatio* (ebd. 105–107).

[54] Das ist die *regularis informatio* nach Verheijen, ebd. 53–66.

[55] *Regula tertia* genannt, griff den zweiten Teil des Briefes Nr. 211 wieder auf.

falls Augustinus zugeschriebener Text mit dem Titel *ordo monasterii* warf jedoch Probleme auf. Aus zehn Artikeln bestehend, teilte er das Kirchenjahr in drei Abschnitte ein und empfahl Handarbeit, Schweigen, dauernde Abstinenz, Besitzlosigkeit und Gehorsam. Diese recht harten Vorschriften entsprachen nicht den römischen Gewohnheiten; der Text soll denn auch im Jahre 388 aus dem Orient nach Thagaste gekommen sein[56]. Schließlich gab es noch zwei für Geistliche bestimmte Predigten des Augustinus, die unabhängig voneinander verbreitet und rezipiert wurden. Fast sieben Jahrhunderte liegen zwischen diesen Vorschriften und einer Gregor VII. zugeschriebenen Satzung, wohl zwischen 1074 und 1078 ausgearbeitet[57], die für manche ebenfalls verbindlich war.

Diese Texte bildeten zusammen für all jene eine Bezugsbasis, die sich von den bisherigen Vorschriften ihrer Oboedienz lossagen wollten. Sie wurden, zumindest die beiden ersten Texte, in immer größerem Umfang angenommen, während der *ordo monasterii* Schwierigkeiten bereitete.

2. *Gemeinschaftsleben und Besitzlosigkeit*

Als erste besannen sich die Kathedralkapitel auf die Rückkehr zur *vita communis,* sei es, daß sie sich spontan dazu entschlossen, sei es, daß ihre Bischöfe sie dazu verpflichteten[58]. Die Provence, die Toskana, die Lombardei und Latium spielten hier eine Vorreiterrolle[59]. Am 1. Januar 1039 gestattete Bischof Benedikt von Avignon vier Klerikern seiner Kathedrale, sich in die verfallene Kirche des hl. Rufus zurückzuziehen, nachdem eine Reform des Kathedralklerus an dessen Widerstand gescheitert war[60]. Unter anderem hielt sich dort Gaucher von Aureil auf, um neue geistige Kraft zu schöpfen[61]. Die Abtei entwickelte eigene, bis heute noch unedierte *Consuetudines,* die auf das 1089 gegründete Reformstift Marbach im Oberelsaß einwirkten und von dort aus auch die *Consuetudines* von Klosterrath/Springiersbach beeinflußten[62], welche die Ende des 11. Jh. begründeten Stifte im Bistum Toul prägten und im Süden über Katalonien hinaus ihren Einfluß bis Santa Cruz in Coimbra ausdehnten[63].

---

[56] VERHEIJEN, ebd. 148–152. Auch dieser Text wurde an Frauen adressiert, in der Tradition als *regula secunda* bezeichnet.

[57] Dieser Text soll nur teilweise auf den Papst zurückgehen. Vgl. hierzu G. MORIN, in: RBen 18 (1901) 177–183, und über die Zuschreibung CH. DEREINE, in: RBen 71 (1961) 108–118, sowie C. D. FONSECA, Medioevo canonicale, Mailand 1970, 101.

[58] Vgl. J. BECQUET, La réforme des chapitres cathédraux en France aux XIe et XIIe siècles, in: BPH 1975, Paris 1977, 31–41.

[59] MOIS, Rottenbuch (s. Anm. 14) 240–246; La vita commune del clero II (s. Anm. 45); P. TOUBERT, Les structures du Latium médiéval, II, Rom 1973, 840–854.

[60] CH. DEREINE, Saint-Ruf et ses coutumes aux XIe et XIIe siècles, in: RBen 59 (1949) 161–182; D. MISONNE, La législation canoniale de Saint-Ruf d'Avignon à ses origines, in: Annales du Midi 75 (1963) 471–489; vor allem VONES-LIEBENSTEIN, Les débuts (s. Anm. 9).

[61] Der Zeitpunkt (DEREINE schlägt 1070 vor) läßt sich laut BEQUET, Gaucher (s. Anm. 28) 36 unmöglich genau bestimmen.

[62] Vgl. S. WEINFURTER, Consuetudines canonicorum regularium Springiersbacenses-Rodenses (CCM 48), Turnholt 1978, VI.; J. SIEGWART, Die Consuetudines des Augustiner-Chorherrenstiftes Marbach im Elsaß (12. Jahrhundert), Fribourg/Schw. 1965.

[63] Vgl. A. CARRIER DE BELLEUSE, Coutumier du XIe siècle de l'ordre de Saint-Ruf en usage de Cathédrale de Maguelone, Sherbrooke/Québec 1950; U. VONES-LIEBENSTEIN, Saint Ruf und Spanien, Diss. masch. Köln 1992.

Vor allem seit der Mitte des 11. Jh. wird die Liste der reformierten Kathedralkapitel länger, wobei man in Rechnung stellen muß, daß Annahme von Teilen fremder *Consuetudines* noch lange nicht eine juristische Abhängigkeit vom Reformzentrum bedeutete. Für Italien ließen sich, um nur einige wenige zu nennen, der Lateran, Cesena, Florenz, Pistoia und Lucca, für Frankreich Avignon, Nîmes, Pamiers, Carcassonne, Maguelone und Toulouse anführen. Von der Südhälfte Frankreichs strahlte die Reform nach Spanien aus, wo sie Barcelona, Vich, Osma, Toledo, Tarragona, Tortosa und Saragossa erreichte[64]. In Angers kehrte man zum Gemeinschaftsleben zurück, doch ohne, wie Mitglieder des dortigen Kapitels zu bezeugen scheinen, das Gebot der Besitzlosigkeit zu befolgen[65]. Auf Betreiben des Bischofs Guido von Beauvais ließ sich 1070 eine Gruppe von Klerikern außerhalb der Stadt in der Kirche Saint-Quentin nieder. Ihr Leiter war Ivo, ein glänzender Kanonist, der spätere Bischof von Chartres[66]. Unter Bischof Odo konnte die Reform auch in Tournai Fuß fassen[67]. Auf den britischen Inseln waren Huntington und Colchester Pioniere auf diesem Gebiet[68], im Reich waren es Passau, Salzburg und Gurk. In Sachsen erschienen die ersten regulierten Chorherren zu Ende des 11. Jh., in größerem Umfang aber konnte sich die Reformbewegung im Reich erst im frühen 12. Jh. ausbreiten[69], ohne sogleich überall Erfolge zu zeitigen. So blieb etwa den Anstrengungen der Bischöfe Altmann von Passau[70] (1065–1091) und Anselm II. von Lucca[71] (1073–1086) der Erfolg versagt. Die Erneuerung des Gemeinschaftslebens fand nicht nur in Kathedralkapiteln statt[72], doch war ihm nicht immer eine lange Dauer beschieden. Mitunter ließ der anfängliche Elan nach, bis er im Laufe des 12. Jh. sogar dem alten Zustand weichen mußte[73].

---

[64] Vgl. T. Schmidt, Die Kanonikerreform in Rom und Papst Alexander II. (1061–1073) in: SGSG 9 (1972) 201–221.

[65] G. Robin, Le problème de la vie commune au chapitre de la chatédrale Saint-Maurice d'Angers du IXe au XIIe siècle, in: CCM 13 (1970) 305–322, vor allem 317f. Ein anderes Beispiel J. Richard, L'évêque Aganon d'Autun, la congrégation de Saint-Germain en Brionnais et le renouveau de la vie commune au XIe siècle in: Mém. Soc. Hist. Droit B. 24 (1963) 289–298.

[66] Ch. Dereine, Les coutumiers de Saint-Quentin de Beauvais et de Springiersbach, in: RHE 43 (1948) 417–421; L. Milis, Le coutumier de Saint-Quentin de Beauvais, in: Sacris erudiri 21 (1972/73) 435–481.

[67] Ch. Dereine, Odon de Tournai et la crise du cénobitisme au XIe siècle, in: RMAL 4 (1948) 137–154.

[68] J. C. Dickinson, I canoni regulari, in: La vita commune, I, (s. Anm. 45) 303.

[69] Mois, Rottenbuch (s. Anm. 14) 148; S. Weinfurter, Salzburger Bistumsreform und Bischofspolitik im 12. Jh., Köln – Wien 1975, 12–21, 26–30, 42f; K. Bogumil, Das Bistum Halberstadt im 12. Jahrhundert, Studien zur Reichs- und Reformpolitik des Bischofs Reinhard und zum Wirken der Augustiner-Chorherren, Köln – Wien 1972.

[70] E. Boshof, Bischof Altmann, St. Nikola und die Kanonikerreform, in: Tradition u. Entwicklung. Gedenkschr. J. Riederer, Passau 1981, 317–345.

[71] M. Giusti, Le canoniche della città e diocesi di Lucca al tempo della riforma gregoriana, in: SGSG 3 (1948) 321–367, und ders., in: La vita comune (s. Anm. 45) 434–454. Vgl. auch K. Egger, Die lateranensische Chorherrenkongregation, in: In unum congregati 3 (1956) 59–63.

[72] Beispielsweise J. Becquet, Chanoines régulieres en Limousin au XIIe siècle, santuaires régularisés et dépendances étrangères, in: BSAHL 101 (1974) 67–111.

[73] Man denke an den Utrechter Kanoniker Ellenhard, der nach vorübergehendem Aufenthalt in Springiersbach wieder zu seinen ehemaligen Mitkanonikern zurückkehrte, vgl. Ph. Jaffé, in: Bibl. rerum germ. 5, Monumenta Bambergensia 1869, 368–382.

Mönche und Klöster, denen Benedikt von Nursia, der „Vater des abendländischen Mönchtums", in seiner „Regel" klare Aufgaben und Verhaltensweisen gegeben hatte, waren die wesentlichen Träger und Vermittler von Kultur und Wissen im hohen Mittelalter. In den klösterlichen Schreibstuben wurden ebenso die oft kostbar illuminierten Evangelienbücher vervielfältigt wie auch theologische Schriften konzipiert. Die Initialminiatur in einer Kopie (13. Jh.) der „Sentenzen" des Petrus Lombardus zeigt den Mönch bei der Niederschrift (um 1150) seiner Sammlung der theologischen Erkenntnisse seiner Zeit, zu der die Hand Gottes den Segen gibt.

Der Abt sollte nach der Regel Benedikts als Vorsteher des Klosters seinen Mönchen ein ebenso strenger wie gütiger und gerechter Vater sein. Die Miniatur (unten) von Jean Fouquet im Stundenbuch des Étienne Chevalier (1450) zeigt Bernhard von Clairvaux bei der Leitung einer Kapitelsitzung in einem der von ihm gegründeten Zisterzienserklöster.

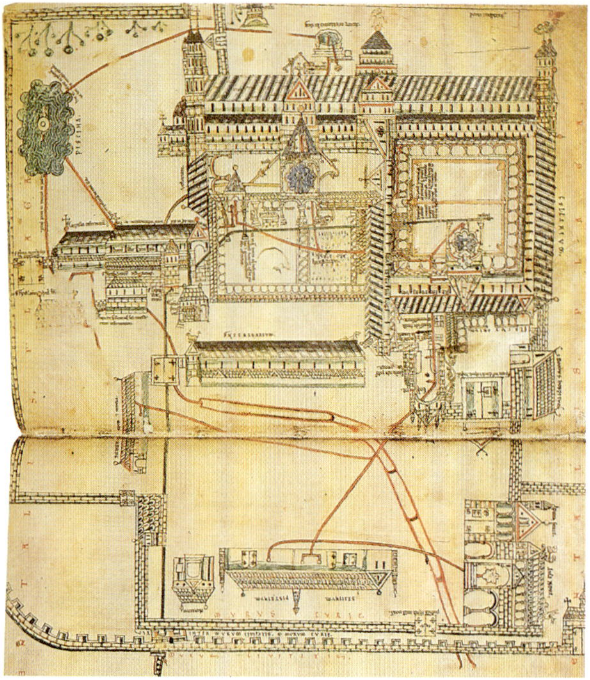

Weil eine neue Wasserleitung gelegt werden sollte, fertigten die Mönche des Klosters in Canterbury eine Werkzeichnung (12. Jh.) der Klosteranlage (Cambridge, Trinity College Library) an.
Die Bauten des Klosters Fontenay, einer der ersten Gründungen Bernhards von Clairvaux (1119), sind in unverändertem Zustand geblieben und vermitteln einen Eindruck von der Würde westlicher Romanik (Kapitelsaal mit dem angrenzenden Kreuzgang) und zugleich von der Schlichtheit zisterziensischer Architektur (Chorseite der Kirche), die in bewußtem Gegensatz zur aufwendigeren Architektur der Benediktiner steht, wie sie der Bau von Cluny zeigt.

3. Die Spiritualität der Chorherren

Der Chorherr ist ein Kleriker, der den täglichen Gottesdienst versieht, er ist an einen Altar gebunden im Unterschied zum Mönch, der in der Regel nur Priester wird, wenn ihn der Abt und das Konventskapitel für die Weihe vorsehen[74]. Der regulierte Chorherr entscheidet sich für den Zölibat und ein Gemeinschaftsleben in Armut. Anders als beim Mönch stehen bei ihm die priesterlichen und liturgischen Funktionen im Vordergrund, im übrigen lebt er aber wie ein Mönch. Die Vorstellungen, die man sich von Aufgaben und Eigenschaften eines regulierten Chorherren machte, wurden vom 11. zum 12. Jh. differenzierter. Alle Chorherren, gleich welcher Richtung, stellten in den Augen der Öffentlichkeit zunächst eine homogene Ganzheit dar; sie warfen untereinander das Problem des Privateigentums und eines Lebens in der Welt auf, und zwar im Rahmen der allgemeinen Reform des Klerus, die von den Anhängern Gregors im Kampf gegen Simonie und Nikolaitismus ersehnt wurde. Diese Entwicklung beschleunigte sich durch Angleichung des regulierten Chorherrenwesens an das Mönchtum, auch in der Art und Weise, wie sie ihr Gemeinschaftsleben organisierten. Daraus entstand ein das ganze 12. Jh. hindurch währender Streit, der dazu führte, daß sich die klaustrierten Geistlichen, um ihr eigenes Profil zu unterstreichen, als „regulierte Chorherren" bezeichneten. Die Mönche freilich spotteten über sie, die „der Welt entsagen und gleichzeitig weiter in ihr leben" wollten. Für das Papsttum blieb der Unterschied zwischen *ordo canonicus* und *ordo monasticus* immer bestehen. Auf der einen Seite die Nähe zum Mönchtum, auf der anderen Seite vom Papsttum, insbesondere in den Urkunden, stets vom *ordo monasticus* abgesetzt zu werden, erlaubte eine fortdauernde Unterscheidung zwischen den regulierten und übrigen Kanonikern[75].

Das oberste Ziel des regulierten Chorherrn bestand darin, das Haus Gottes als die Gemeinschaft der Gläubigen aufzubauen. Sein Augenmerk galt dem Mitmenschen, für dessen Seelenheil er sich einsetzte, weshalb er sich auch in der Fähigkeit zu predigen schulte. Diese nach außen gerichtete Aktivität kontrastierte mit der Innerlichkeit der benediktinischen *vita contemplativa:* Mönche und Nonnen dienten Gott, indem sie für das Seelenheil der Verstorbenen und der Lebenden – der anderen Mönche, der eigenen Verwandten, der Klostergründer oder Wohltäter – beteten, dabei aber am Leben der anderen nicht teilnahmen; ihr Denken und Trachten war auf die eigene geistliche Vervollkommnung gerichtet. Der Wunsch, das Himmelreich zu erlangen, verpflichtete sie zur *conversio,* also zu Weltverzicht und Demut, zur Aufgabe des eigenen Willens, zum Gebet und zum Psalmieren. Der Mönch konnte, wenn er es wollte, im Laienstand verbleiben. Der Chorherr hingegen hatte als Geistlicher, der er immer war, eine Aufgabe unter den Menschen zu erfüllen, zu deren Gelingen er ebenfalls einer *conversio* bedurfte, die für ihn darin bestand, daß er enthaltsam und mäßig lebte und Nächstenliebe übte. Zur Organisation dieses Gemeinschaftslebens wurden, wie früher schon durch Chrodegang[76], einige Prinzipien aus der benediktinischen Regel übernommen. Die regulierten Chorherren des 11. und 12. Jh. waren in der Tat gehalten, in Gemeinschaft zu leben. So galt es die Beziehungen zwischen Oberem und Brüdern zu regeln, die Schweige- und Ausgangszeiten festzulegen, die einzelnen Aufgaben zu vertei-

---

[74] J. Leclercq, La spiritualité des chanoines réguliers, in: La vita comune, I, (s. Anm. 45) 117–135.

[75] J. Dubois, Les ordres religieux au XIIe siècle selon la curie romaine, in: RBen 78 (1968) 285, 299–304.

[76] Vgl. Die Geschichte des Christentums, Bd. IV, Freiburg i. Br. 1994; G. Hocquard, La règle de Saint-Chrodegang, Metz 1967.

len und das reibungslose Funktionieren des Tagesablaufes zu gewährleisten. Dafür war die *consuetudo* zuständig, die im praktischen, oft weitgehenden Detail bestimmte, was die Augustinusregel nur in abstrakten Normen festgelegt hatte.

Es ist lohnenswert, diese Regel, die bei weitem nicht den Weitblick und die Detailgenauigkeit der benediktinischen Regel kennt, näher zu erläutern. Schon bald wurde sie auch Gegenstand eines Kommentars, der *Expositio in regulam sancti Augustini,* häufig Hugo von Saint-Victor zugeschrieben, wohl eher aber von einem Chorherren aus Saint-Ruf, wenn nicht gar von Abt Lietbert selbst um 1110 verfaßt[77]. In diesem Text erscheint die augustinische Regel geradezu als Abhandlung über die Nächstenliebe, die im Lichte einer Theologie des Gemeinschaftslebens, der zwischenmenschlichen Beziehungen und der Armut gesehen wird. Mehr als alle anderen sollten demzufolge die Chorherren die Lebensweise der Apostel erneuern, eine Forderung, die in den konziliaren Richtlinien und päpstlichen Verlautbarungen aufgegriffen war und die die Pflicht zur Predigt als seelsorgerische Aufgabe einschließt.

Der für die Chorherrenbewegung bezeichnende pastorale, pädagogische und karitative Aspekt macht die Abgrenzung vom Mönchtum leichter. Die Mönche hatten in den ihnen gehörenden Kirchen keine pastoralen Aufgaben zu erfüllen; sie waren ihnen sogar ausdrücklich verboten und wurden an Weltkleriker delegiert. Umgekehrt hatten die Chorherren per definitionem den Auftrag, nicht nur in ihren Kirchen, sondern auch in den ihnen zugewiesenen Pfarreien Gottesdienst zu halten; zusätzlich mußten sie predigen und unterrichten, was ein Minimum an intellektueller Bildung voraussetzt. Auch hatten sie dafür zu sorgen, daß die Kinder unterrichtet und Schulen eröffnet wurden. Diese Tätigkeit fiel einem Chorherrn in der Stadt, auch wenn er in einer Gemeinschaft lebte, leicht, bereitete aber einem Konvent auf dem Lande Schwierigkeiten. Diese Situation spiegelt etwas vom Bevölkerungszuwachs und vom Aufbruch zu intensiverer Seelsorge wider. Es ist nicht zufällig, daß beispielsweise die Kölner Erzbischöfe in Südwestfalen, das schon seit der Karolingerzeit zu ihrem Bistum gehörte, erst im frühen 12. Jh. mit Hilfe regulierter Kanonikerpriorate Seelsorgezentren schufen[78].

Aus der Aufmerksamkeit für den Mitmenschen erklärt sich auch der Stellenwert, den Frauen und Schwache für die regulierten Chorherren hatten. Den Eremiten wie auch den in Gemeinschaft lebenden Chorherren schlossen sich viele Frauen an, darunter solche, deren Männer in ein Kloster eingetreten waren, aber auch Witwen und junge Mädchen. Kleine Gruppen bildend, verrichteten sie Dienste für ihre Mitbrüder und besuchten gemeinsam mit diesen die Gottesdienste, sie trugen ein wenig zu ihrem Lebensunterhalt bei, aßen dann auch mit ihnen am selben Tisch und führten, indem sie zum Beispiel die Kleidung in Ordnung hielten, kleinere Handarbeiten aus. Jeder, der in einem solchen Kloster die Verantwortung innehatte, sah sich verpflichtet, das Leben dieser sogenannten Konversen zu organisieren und für deren Unterbringung und Verpflegung zu sorgen. So kam er früher oder später in die Lage, ihre Zahl zu begrenzen oder sie fortzuschicken. Neben den Frauen waren es vor allem Kranke, Pilger und Reisende, derer sich die Chorherren annahmen. Zu diesem Zweck errichteten sie Hospize und Krankenhäuser und übernahmen so im Verein mit den Mönchsorden soziale und karitative Aufgaben, die seither in immer stärke-

---

[77] Dereine, Saint-Ruf (s. Anm. 60); J. Chatillon, Un commentaire anonyme de la Règle de saint Augustin, in: Le codex Guta-Sintram, hrsg. von B. Weis, Luzern 1988, 180–191; vgl. Mois, Rottenbuch (s. Anm. 14) 153.
[78] Groten, Priorenkolleg (s. Anm. 46) 106.

rem Maße der Kirche zufielen. Diese Entwicklung führte zur Gründung der ersten Pflegeorden, die ebenfalls die Augustinusregel befolgten.

4. Für und wider den „ordo monasterii“

Die Augustinusregel lieferte den Chorherren eine geistige Orientierung. War erst einmal die Entscheidung für diese Norm des geistlichen Lebens gefallen, dann galt es, detaillierte Bestimmungen für den Alltag auszuarbeiten und einen für deren Einhaltung verantwortlichen Mitbruder einzusetzen oder ihn aus einem anderen Kloster kommen zu lassen. Chamousey ist dafür ein Beispiel. Anthenor, ein Priester, der für die Stiftsdamen von Remiremont den Gottesdienst als Hebdomadar hielt, hatte sich als Eremit mit einigen Anhängern auf den benachbarten Saint-Mont zurückgezogen. Einer von ihnen, Seher, wurde nach seinem Tod zum Oberen gewählt. Er mußte die Gemeinschaft organisieren und entschied sich zusammen mit seinen Gefährten für die augustinische Richtung. Der Dekan des Touler Kapitels, Luctulf, bot ihm die vor den Toren der Stadt gelegene Kirche St. Leo an, damit er einen Teil der Gruppe dort unterbringen konnte. Eine andere Gruppe ging nach Chamousey, das ihm eine Adelige überlassen hatte. Als Abt beider Gründungen suchte Seher ein Vorbild und entschloß sich, zwei seiner Geistlichen nach Saint-Ruf zu schicken, damit sie sich mit den *Consuetudines* dieser berühmten Abtei vertraut machten. Später schrieben ihm Ponce, der Abt von Saint-Ruf, und der Bischof Walter von Maguelonne, jeder einen Brief mit zusätzlichen Informationen über die von den dortigen Chorherren eingeführten *Consuetudines*[79].

Unter Abt Lietbert, einem ehemaligen Chorherren des nicht regulierten Stiftes Saint-Pierre in Lille, der die Reformansätze der Chorherrenbewegung unterstützte, wurde die Augustinusregel mit eigens verfaßten *Consuetudines* eingeführt und alsbald mit einem Kommentar, der bereits erwähnten *expositio,* versehen. Die *Consuetudines* schrieben vor „den eingeschränkten Genuß von Fleisch und Wein, ausgedehntes Fasten, auf bestimmte Stunden des Tages beschränktes Schweigen und das Tragen eines Habits aus Leinen (Dereine)“ (das Superpellicium). Lietbert begründete das Gewand aus Leinen, das weniger aszetisch als die wollene Kleidung des Mönches war, in seinem Brief an den Propst Otger von Ferrain bei Lille mit den makellosen Linnengewändern Aarons und der Priester des Alten Bundes sowie Samuels und jenes Engels bei Ezechiel 9,3–7, der die Begnadeten mit dem T bezeichnet hatte[80]. Anlaß für die oben genannten Briefe, die man von Avignon nach Chaumousey schickte, war die Sorge, andere Gemeinschaften könnten sich dem *ordo monasterii* anschließen. Walter von Maguelonne führte seinen Angriff gegen Norbert von Xanten sehr konkret; mehr als ihm müsse man den heiligen Vätern glauben. Daß die von ihm propagierte Regelfassung nicht augustinisch sein könne, beweise schon ihre unkanonische Ordnung des Stundengebetes; strenges Fasten, Stillschweigen und Handarbeit komme in den anderen Anweisungen des hl. Augustinus für Kleriker nicht vor[81].

Man weiß heute, daß die Forderungen im sog. *ordo monasterii* weiter gingen als die von Augustinus und Gregor VII. entwickelten Vorschriften. Konnten sie von Geistlichen, die in

---

[79] Choux, Recherches (s. Anm. 16) 165–168. Beide Briefe publiziert von Dereine, Saint-Ruf (s. Anm. 60) 167–174; vgl. auch Erkens, Kanonikerreform (s. Anm. 16) 7–26.

[80] Mois, Rottenbuch (s. Anm. 14) 84.

[81] Ebd. 258.

Kontakt mit der Welt blieben und nicht wie Asketen abgeschlossen in einem Kloster leben wollten, überhaupt akzeptiert werden? Springiersbach, unweit der unteren Mosel, eine Gründung von Ministerialen des rheinischen Pfalzgrafen im Jahre 1107, war im Zweifel, ob es den in Abfassung begriffenen *Consuetudines* den, wie der Konvent noch glaubte, strengeren Text des hl. Augustinus zugrunde legen dürfe, und richteten an Gelasius II. eine Anfrage. Der Papst gestattete - ebenfalls in der Meinung, es handle sich um eine augustinische Weisung - am 11. August 1118 die Lebensweise nach dem *ordo monasterii*, untersagte aber den Gebrauch der dort verfügten, andersartigen liturgischen Ordnung[82].

Das war ein Schritt von folgenreicher Bedeutung. Norbert von Xanten, der Gründer der Prämonstratenser, folgte uneingeschränkt dem *ordo monasterii*. Das war gegenüber dem, was Saint-Ruf propagierte, ein neuer Weg. Folglich vertrat in der damaligen allgemeinen Anschauung die Kongregation von Saint-Ruf den *ordo antiquus*, die Prämonstratenser hingegen den *ordo novus*. Man differenzierte hier nicht weiter, denn auch Springiersbach und Klosterrath wurden dem *ordo novus* zugerechnet, obwohl sie in ihren gemeinsamen *Consuetudines* von der extremen Strenge schon Abstriche machten. Das gilt erst recht für die Stifte der Salzburger Kirchenprovinz, die Erzbischof Konrad I. (1105–1147) auf Grund seiner engen Beziehungen zu Klosterrath nach diesem Vorbild reformiert hatte[83]. Rottenbuch ist in dieser Hinsicht schwer einzuordnen. Gerhoh von Reichersberg, noch Chorherr von Rottenbuch, lernte auf seiner Romreise Norbert von Xanten kennen, der 1126 für seine Prämonstratenser von Papst Honorius II. eine Bestätigung erwirkte, und suchte nach seiner Rückkehr den *ordo monasterii* in Rottenbuch einzuführen, stieß aber auf den unnachgiebigen Widerstand des Propstes Udalrich. Es war ein Grund für Gerhoh, sein Profeßstift zu verlassen und später eines der Salzburger Reformstifte zu übernehmen[84]. Rottenbuch folgte offensichtlich dem *ordo antiquus*, und seine Blütezeit als Reformzentrum war im 2. Viertel des 12. Jh. auch schon beendet[85]. Stellt man noch in Rechnung, daß der sächsische Reformkreis der Chorherren dem *ordo novus* zumindest zuneigte, dann zeichnet sich insgesamt ein weiterer Aspekt ab: Alle dem *ordo novus* angehörenden Reformzentren hatten das Bestreben, durch Einführung eines Generalkapitels oder einer ähnlichen Einrichtung eine straffe Organisation aufzubauen, was allen Reformstiften des *ordo antiquus* bezeichnenderweise fehlte[86].

III. Die Benediktiner

Die beständige Zunahme von Klöstern für regulierte Chorherren markiert das Ende einer ausschließlich vom benediktinischen Mönchtum dominierten Epoche, deren Erscheinungsbild von den schwarzen Mönchen, wie man sie später im Gegensatz zu anderen Reli-

---

82 J-L Nr. 6648; VERHEIJEN, La règle (s. Anm. 52) II 121; WEINFURTER, Consuetudines (s. Anm. 62) Xff.

83 Vgl. WEINFURTER, Salzburger Bistumsreform (s. Anm. 69); nur H. DEUTZ, Geistliches und geistiges Leben im Regularkanonikerstift Klosterrath im 12. und 13. Jh., Siegburg 1990, 29–36, folgt noch der alten Ansicht, daß die *Consuetudines* allein in Klosterrath entstanden sind.

84 Vgl. P. CLASSEN, Gerhoch von Reichersberg und die Regularkanoniker in Bayern und Österreich, in: La vita comune (s. Anm. 45) I, 304–340.

85 MOIS, Rottenbuch (s. Anm. 14) 260f überschätzte die Bedeutung, weil er die Mönche und Kanoniker umfassende Generalreform der Salzburger Kirchenprovinz noch nicht kennen konnte.

86 Vgl. WEINFURTER, Salzburger Bistumsreform (s. Anm. 69) 177f.

giosen nannte, geprägt wurde. Das abendländische Mönchtum konnte damals bereits auf eine mehr als 600jährige komplexe Entwicklung zurückblicken, beginnend bei der Christianisierung der Völker und der Entstehung großer und reicher Klosteranlagen, mit Zeiten, in denen Laien als Äbte fungieren konnten, mit Reform- und Erneuerungsphasen bis hin zu einer Periode, in der sich überall einzelne Abteien ein weitgespanntes Netz von Prioraten schufen[87]. Die Zeit der benediktinischen Klostergründungen neigte sich im Laufe des 11. Jh. dem Ende zu. Auch darin schlug sich der tiefgreifende gesellschaftliche Umbruch nieder. Das benediktinische Mönchtum war zutiefst der Welt des sog. Feudalismus verhaftet und wies Charakteristika auf, von denen sich die neuen Orden entschieden absetzen wollten; doch gelegentlich konnte es immer noch eigenständige, schöpferische Kräfte reaktivieren[88].

1. Klosterherren und Klosterherrschaften

Im Laufe der Jahrhunderte waren Wellen von Klostergründungen über das christliche Abendland hinweggegangen und hatten weitläufige Anlagen hinterlassen. Gemessen am berühmten St. Gallener Plan aus dem 9. Jh. hatten gewiß nicht alle die Ausdehnung dieses Klosters, doch bot sich dem Besucher zumeist der Anblick eines großen, nach einem System angeordneten und organisierten, von einer Umfassungsmauer umgebenen Gebäudekomplexes, der an eine Wehranlage oder eine befestigte Ortschaft denken ließ. Im Zentrum stand die Kirche, die nach heutigem Verständnis in ihrer Größe überdimensioniert erscheint. An sie schloß sich der Kreuzgang mit dem Klausurbereich an, gefolgt von weiteren Gebäuden für Vorratshaltung und Dienstpersonal. Ferner wurden, gleichsam als Miniaturklöster, Priorate gegründet mit kleinen einschiffigen Kirchen, häufig ohne Kreuzgang, aber mit einem oder zwei Annexgebäuden für maximal 12 Mönche und einige Bedienstete. Doch gibt es auch hier nicht wenige Sonderfälle, wie vor allem die cluniazensischen Priorate, die der Größenordnung nach einer Großabtei entsprachen, aber rechtlich nicht eigenständig waren[89].

Bislang liegen keine Untersuchungen über die etwaige Zahl dieser Klöster am Vorabend des Investiturstreites vor. Für Frankreich allein können sie auf etwa sechshundert beziffert werden[90], wobei es jedoch nicht immer leicht fällt herauszufinden, ob und zu welchem Zeitpunkt dieses oder jenes Kloster noch genutzt, und wenn ja, ob es von Mönchen oder Chorherren, von Männern oder Frauen bewohnt wurde. Die Verteilungsdichte war nicht überall gleich, und auch die Zahl der Männer- und Frauenklöster war regionalen Schwankungen unterworfen. England und Spanien, Süditalien und Franken waren mit Klöstern weniger dicht besiedelt als Zentral- und Nordfrankreich, Norditalien und das übrige

[87] J. Dubois, Les moines dans la société du moyen age (950–1350), in: RHEF 60 (1974) 37; M. Pacaut, Les ordres monastiques et religieux au Moyen Age, Paris 1970; Ph. Schmitz, Geschichte des Benediktinerordens, 4 Bde., Einsiedeln – Zürich 1947–1960.

[88] J. van Engen, The „Crisis of Cenobitism" Reconsidered: Benedictine Monasticism in the Years 1050–1150, in: Speculum 61/2 (1986) 269–304. Diesem Nachweis, daß die Benediktiner in dieser Periode auf allen Gebieten eine Glanzzeit und keine Krise erlebten, widerspricht J. M. Resnick, Odo of Tournai and Peter Damian. Poverty and crisis in the eleventh century, in: RBen 98 (1988) 114–140.

[89] J. Dubois, La vie des moines dans les prieurés du moyen age, in: Lettre de Ligugé 133 (1969) 10–33.

[90] Eine Liste wurde von F. Lot, Etudes sur le règne de Hugues Capet, Nancy 1902, 427–442 vorgeschlagen, in der allerdings zwischen Abteien und Stiften nicht unterschieden wird.

Deutschland[91]. Südfrankreich besaß im Unterschied zur alten „Francia" zwischen Loire und Rhein weniger Frauenklöster, und deren Zahl war gegenüber Sachsen vergleichsweise gering. Um die Mitte des 11. Jh. konnten sich Adelige und Äbte zurecht darüber beklagen, daß es für Frauen, die sich zum Klosterleben berufen fühlten, nicht genügend Möglichkeiten gebe[92].

Klöster gab es auf dem Lande, in Tälern und auf Anhöhen, wie auch im engeren Stadtbereich. Alle Bischofsstädte waren stolz, mehrere Klöster zu beherbergen, oft sogar der Kern einer neuen Vorstadt. Viele an großen Handelswegen gelegene Klöster kontrollierten den örtlichen Markt oder die alljährlich stattfindende Messe. Sie überwachten den Fährbetrieb an Flüssen, erhoben Brückenzoll und unterhielten Xenodochien für Einzelreisende, mußten aber auch für die Gastung des Königs und seiner Beauftragten aufkommen[93].

Ein Benediktinerkloster verfügte über großen Grundbesitz, war also Herr über Land und Hintersassen. Mit Schenkungen ausgestattet, die eine Vielzahl von Höfen umfassen konnten, besaß es die grundherrschaftliche Gewalt gewöhnlich mit der niederen Gerichtsbarkeit. Mit Königsschutz ausgestattete Klöster – und das waren nicht wenige – hatten bessere Aussichten im Reich, sich gegenüber dem zuständigen Grafen einen größeren Freiraum zu verschaffen, zumal die Vogtei sich erst in der zweiten Hälfte des 11. Jh. zur Herrenvogtei entwickelte. Dafür mußte der Abt oder die Äbtissin Hofdienst leisten und ein Heereskontingent wie ein Hochadeliger stellen. Weil in weiten Teilen Frankreichs der Königsschutz spätestens im 10. Jh. unwirksam wurde, blieben die Klosterherrschaften dort auf einem niedrigen Stand, der später auch den Aufstieg in die höhere Gerichtsbarkeit verwehrte[94].

So gab es im monastischen Bereich einerseits den äußeren Reichtum und die weltlichen Verpflichtungen, andererseits aber auch das religiöse Ideal und die klösterliche Lebensweise der Mönche. Es gab den Abt, der für das Ganze die Verantwortung trug, sowie den Prior und die Mönche, deren Leben sich in einem durch Kirche, Kreuzgang, Dormitorium und Refektorium abgesteckten Rahmen bewegte. Eine solche Unterscheidung erfaßt aller-

---

[91] Vgl. zu den britischen Inseln: Medieval Religious Houses. England and Wales, hrsg. von D. Knowles – R. N. Hadcock, London 1961; Scotland, hrsg. von I. B. Cowan – D. E. Easson, London – New York ²1976. Zu Italien: Monasteri in alta Italia dopo le invasioni sarcene e magiare (secc. X–XII), Atti del XXXII Congresso Storico, Pinerolo 1964 – Turin 1966; Monasticon Italiae, a cura del Centro storico Benedettino Italiano, Cesena 1981–86 (bisher 3 Bde.). Zu Deutschland: O. Grote, Lexikon deutscher Stifte, Klöster und Ordenshäuser, Osterwiek 1880/84; H. Hoogeweg, Verzeichnis der Stifte und Klöster Niedersachsens vor der Reformation, Hannover – Leipzig 1908; P. Lindner, Monasticon episcopatus Augustani antiqui, Bregenz 1913; L. Schmitz-Kallenberg, Monasticon Westfaliae, Münster 1909; Bavaria Sancta, 3 Bde., Regensburg 1970–73. Ferner: Helvetica Sacra, hrsg. von A. Bruckner, Bern 1972; E. Michel, Abbayes et monastères de Belgique, Brüssel 1923; U. Berlière, Monasticon Belge, 7 Bde., Brügge – Lüttich 1890–1989; M. Schoengen, Monasticon Batavum, 3 Bde., Amsterdam 1941–42. Zu Frankreich: Abbayes et prieurés de (l'ancienne) France, hrsg. von J. M. Besse, fortg. v. Beauniers, Ligugé 1905 ff.

[92] Vgl. Anm. 90.

[93] Vgl. W. Störmer, Fernstraße und Kloster. Zur Verkehrs- und Herrschaftsstruktur des westlichen Altbayern im frühen Mittelalter, in: ZBLG 29 (1966) 299–343; auch Dubois, Les moines (s. Anm. 87) 15–29 (Stiftung von Klöstern).

[94] An Monographien über einzelne Klöster besteht kein Mangel; Cluny ist das für Frankreich bekannteste Beispiel, vgl. G. de Valous, Le monachisme clunisien des origines au XVe siècle, 2 Bde., Paris 1935, und ders., Le temporel et la situation financière des établissements de l'ordre de Cluny du XIIe au XIVe siècle particulièrement dans les provinces françaises, Paris 1935. Wie ein Priorat funktionierte, verdeutlicht anhand eines gut gewählten Beispiels Ph. Racinet, Un prieuré clunisien au Moyen Age (XIe–XVes), Saint-Pierre d'Abbeville, Abbeville 1979.

dings nicht das Leben. Im 10. Jh. trug der Abt als Mönch unter seinesgleichen die Hauptverantwortung für die Wahrung der monastischen Disziplin. Mit ihm zusammen trug Verantwortung aber auch das Kapitel, die Versammlung des Konventes, an dessen Beschlüsse in allen Fragen der Haus- und Güterverwaltung, der Hintersassen, der Aufnahme in den Konvent, der Gottesdienstgestaltung usw. der Abt gebunden war[95]. Der Abt war nach außen hin der Repräsentant, im Grunde jedoch trat das Kloster als Ganzes sowohl im kirchlichen Bereich als auch den Laienfürsten gegenüber in Erscheinung. Cluny zum Beispiel mit seiner Vielzahl rechtlich abhängiger, teilweise dicht bevölkerter Priorate mußte der Gesellschaft des 11. Jh. wie ein Aristokrat unter Aristokraten erscheinen[96].

Nach der Verwilderung klösterlichen Lebens im fortschreitenden 9. Jh., vor allem durch die Übergriffe des Laienadels, der als Eigenklosterherr die Abtei als unerschöpfliche Einkunftsquelle betrachtete bis hin zur persönlichen Übernahme der Abtswürde, ohne dem Konvent beizutreten, nur um sich des Klosters als eines wichtigen politischen Stützpunktes (bei den weitgehend noch fehlenden Städten) zu bedienen[97], kam es seit dem frühen 10. Jh. zu vielfältigen Erneuerungsversuchen monastischen Lebens. Sie alle zielten auf eine Wiederherstellung der benediktinischen Ordnung in einem Geist, wie ihn Benedikt von Aniane in der karolingischen Blütezeit etabliert hatte. Nicht nur die Benediktregel sollte wieder Richtschnur sein, sondern auch die auf der Aachener Synode von 816 für alle Reichsklöster des fränkischen Großreiches verordneten *Consuetudines.* Der Rückgriff erfolgte nicht überall so zielbewußt wie in Cluny; aber auch andere Reformzentren wie St. Maximin bei Trier, Brogne bei Namur, Fleury, Saint-Èvre in Toul oder Gorze im Bistum Metz knüpften zumindest indirekt an den alten Ausgangspunkt an. Das schon brachte ein Gefälle in der Fortschreibung der *Consuetudines* mit sich, aber der Wille zur stets wieder aufgreifenden Erneuerung erlahmte bis weit in das 11. Jh. hinein insgesamt nicht[98]. Die Abtei Cluny im burgundischen Bistum Mâcon, die viele Klöster inkorporierte (indem der Abt von Cluny auch dort als Abt fungierte), die weiteren Klöstern gegenüber nur ein Aufsichtsrecht bei der dortigen Bestellung des Abtes durchsetzte oder auf Klöster einer dritten Gruppe nur einen unbestimmten Einfluß ausübte (so überall in Kastilien), erscheint wie ein riesiger Block, der vom französischen König keinerlei Schutz zu erwarten hatte und sich gegen fremde Übergriffe dadurch behauptete, daß man das Eigenkirchenwesen für sich selbst (aber nicht grundsätzlich) strikt ablehnte. Die benediktinischen Reformkreise im Reich, in die cluniazensisches Reformgut in größerem Umfang erst im späteren 11. Jh. eindrang, konnten sich demgegenüber an das Kaisertum anlehnen, freilich um den Preis einer fühlbaren Abhängigkeit vom Herrscher. Sie waren geprägt durch vorwiegend spirituelle und nicht rechtliche Beziehungen untereinander; sie waren nach außen hin offen, auch Cluny gegenüber nicht abgeschlossen, und das reformerische Zentrum wechselte häufig, so daß der Eindruck entsteht, die Reformkreise seien in Gestalt und Umfang in dauernder Bewegung gewesen.

---

95 J. Dubois, Sous la règle de saint Benoît, Paris 1982, 94; F. J. Felten, Herrschaft des Abtes, in: F. Prinz, Herrschaft und Kirche, Stuttgart 1988, 147–296.

96 Vgl. J. Fechter, Cluny, Adel und Volk. Studien über das Verhältnis des Klosters zu den Ständen (910–1165), Diss. Tübingen 1966.

97 Vgl. F. J. Felten, Äbte und Laienäbte im Frankenreich. Studie zum Verhältnis von Staat und Kirche im früheren Mittelalter, Stuttgart 1980.

98 Vgl. Monastische Reformen im 9. und 10. Jahrhundert, hrsg. von R. Kottje – H. Maurer (VuF 38), Sigmaringen 1989.

Die abhängigen bzw. beeinflußten Klöster von Cluny.

2. Cluny: Ein Netz von Abteien

Im ausgehenden 11. Jh. war Cluny nicht nur eine große Abtei, die ihren Ruf der Zahl ihrer Mönche und ihren weltlichen Gütern verdankte, in ihr prägte sich nicht nur eine bestimmte Form benediktinischer Observanz, der *ordo cluniacensis,* aus, sie herrschte auch über ein weitgespanntes Netz von Abteien, die alle der Autorität eines Mannes unterstanden, weshalb einige Forscher nicht zögerten, aufgrund der außergewöhnlich großen Einfluß- und Handlungsmöglichkeiten, die dem Abt Hugo von Semur zur Verfügung standen, von einem monastischen Reich zu sprechen[99]. Was mit Abt Berno begonnen hatte und unter seinen Nachfolgern Odo, Maiolus und Odilo verstärkt fortgesetzt worden war, die Tatsache nämlich, daß mehrere Klöster sich zusammenschlossen und sich der Autorität des Abtes von Cluny unterstellten, hatte seit der Mitte des 11. Jh. ein beispielloses Ausmaß angenommen. Lag die Zahl der Klöster bei Odilos Tod bei ungefähr siebzig, so belief sie sich um 1100 auf über tausend. Diese Entwicklung verlief in zwei unterschiedlichen Bahnen: Zum einen fuhr Cluny fort, bereits bestehende, zum Teil alte Klöster, deren Konvente ihre *Consuetudo* anpassen mußten, rechtlich zu inkorporieren, zum anderen kamen überall neue Priorate hinzu, entweder Eigengründungen und mit Mönchen cluniazensicher Observanz besetzt oder Schenkungen durch Eigenklosterherren an die große burgundische Abtei[100]. Letzteres wurde schon seit etwa 1030 praktiziert und trug dazu bei, die Cluniazenser immer enger in die feudale Welt einzubinden[101].

Im Laufe zweier Jahrhunderte breitete sich das Netz der cluniazensischen Klöster erheblich aus. Hatte sich die Abtei bis ins frühe 11. Jh. innerhalb Burgunds und Arelats ausgedehnt, so wurden in den folgenden fünfzig Jahren diese Grenzen überschritten. In den Stammlanden kamen Neuerwerbungen hinzu, die wie La Charité-sur-Loire, Chaudesaigues oder Mozac eine vielversprechende Zukunft vor sich hatten. Mit Saint-Jean d'Angely (1063) und Saint-Martin auf der Insel Aix wurde der Atlantik erreicht. Zwischen Loire und Garonne rundeten Montierneuf und Saint-Eutrope in Saintes den cluniazensischen Besitz

---

[99] Die Erforschung Clunys hat bereits eine eigene Geschichte. Ein erstes Gesamtwerk, das freilich nur bis 1049 reicht, gelang E. Sackur. Die Cluniacenser in ihrer kirchlichen und allgemeingeschichtlichen Wirksamkeit, 2 Bde., Halle 1892–94 (Ndr. Darmstadt 1965). Manche seiner sorglosen Zusammenfassungen führten zur irrigen Auffassung, als hätten alle benediktinischen Reformkreise zum cluniazensischen Verband gehört. G. de Valous, Le monachisme clunisien des origines au XVe siècle, 2 Bde., Ligugé – Paris 1935, ²1970, suchte dies zu korrigieren, tendierte aber zur voreiligen Übertragung von Beobachtungen aus spätmittelalterlichen Quellen auf das Hochmittelalter. Nach dem letzten Weltkrieg intensivierte sich die Erforschung Clunys. Den Blick für das soziale Umfeld öffnete G. Duby, La société au XIe et XIIe siècles dans la région mâconnaise, Paris 1953. K. Hallinger, Gorze – Kluny, Studien zu den monastischen Lebensformen und Gegensätzen im Hochmittelalter, 2 Bde., Rom 1950–51, leitete die Consuetudines-Forschung ein, auf deren Basis er die Lebensformen der Cluniazenser scharf von Reichsmönchen trennen zu können glaubte. Ihm widersprachen J. Leclercq, in: RHE 57 (1962) 385–408, 783–812 (auch H. Richter, Cluny [Wege d. Forsch. 241], Darmstadt 1975, 254–318), und G. Tellenbach (Hrsg.), Neue Forschungen über Cluny und die Cluniacenser, Freiburg i. Br. 1959, und seine Schule, die ausgehend von Gedenkbucheinträgen die krasse Scheidewand zwischen Cluny und dem Reichsmönchtum auflockerten. Hier wurde auch das Verhältnis Clunys zum Episkopat, zum Adel und zum Eigenkirchenwesen einer Korrektur unterzogen; vgl. die Zusammenfassung von H. E. J. Cowdrey, The Cluniacs and the Gregorian Reform, Oxford 1970. Seitdem kann man von den Cluniazensern als den entscheidenden Vorreitern der gregorianischen Kirchenreform nicht mehr sprechen.

[100] M. Pacaut, L'ordre de Cluny (909–1789), Paris 1986, 143–187.

[101] C. Violante, Il monachesimo cluniacense de fronte al mondo politico ed ecclesiastico (secoli X e XI), in: Spiritualità cluniacense, Todi 1960, 155–242.

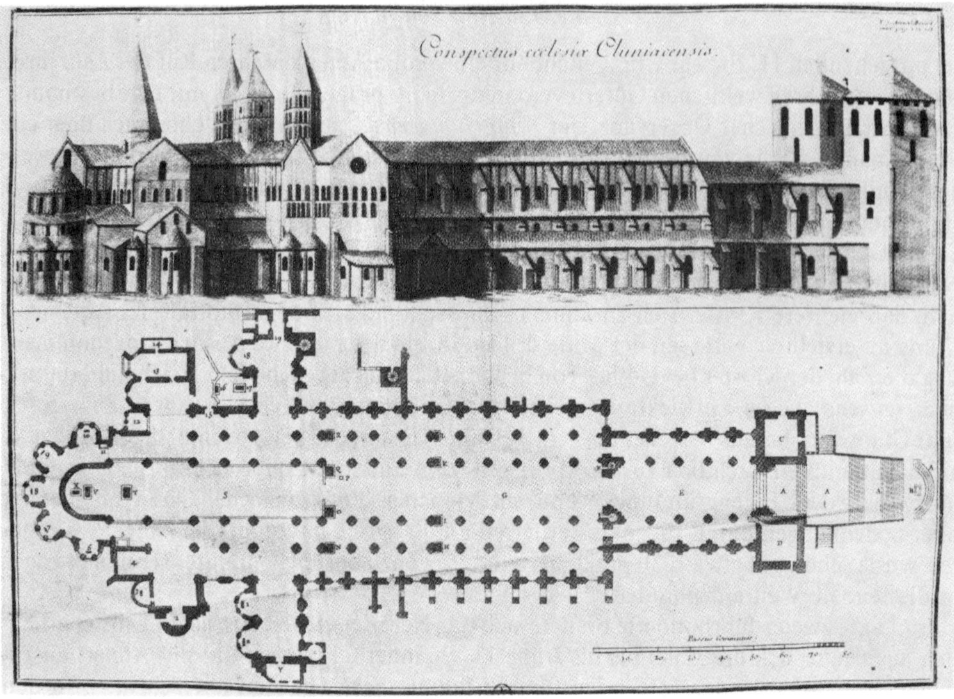

Grundriß und Rekonstruktion der Klosterkirche Cluny III.

ab. Im Süden kam Moissac hinzu, das sich jedoch eine gewisse Unabhängigkeit bewahrte. Cluny konnte seinen Einfluß noch weiter nach Süden (Lezat), vereinzelt bis nach Katalonien ausdehnen[102]. Daß auch Kastilien in dieses Netz einbezogen wurde, hat vielerlei Gründe, die mit der Reconquista und der von Alfons VI. betriebenen Politik zusammenhängen. Bekanntlich hat dieser Herrscher Abt Hugues, dem er sehr nahe stand, im Jahre 1077 die stattliche Rente von 100000 Denaren angeboten[103]. Doch die Iberische Halbinsel blieb für Cluny im wesentlichen nur eine Einflußzone. Italien blieb hinter dieser Entwicklung nicht zurück. Gregor VII. und die Gräfin Mathilde von Tuszien unterstützten Abt Hugo vorbehaltlos. So entwickelte sich San Benedetto in Polirone, das 1077 als Schenkung an die Abtei gefallen war, zu einem bedeutenden cluniazensischen Zentrum[104].

---

102 A. Mundò, Moissac, Cluny et les mouvements monastiques de l'Est des Pyrenées du Xe au XIIe siècle, in: AMidi 75 (1963) 551–573; J. J. Bauer, Rechtsverhältnisse der katalanischen Klöster in ihren Klosterverbänden (9.–12. Jahrhundert), in: Gesammelte Aufsätze z. Kulturgesch. Spaniens 23 (1967) 1–130. Der Einfluß Clunys in Katalonien war eher indirekt und insgesamt spärlich; er kam gegen das Reformzentrum von St. Victor de Marseille kaum an.

103 M. Cocheril, Etudes sur le monachisme en Espagne et au Portugal, Lissabon 1966; J. Mattoso, Le monachisme ibérique et Cluny, Löwen 1968; P. Segl, Königtum und Klosterreform in Spanien. Untersuchungen über die Cluniazenserklöster in Kastilien – León vom Beginn des 11. bis zur Mitte des 12. Jh., Kallmünz 1974.

104 Italia Benedettina. I. Cluny in Lombardia, Atti del convegno di Pontida, April 1977, Cesena 1979, 2 Bde., 504–520.

Eine längere Zeit verstrich, bis Cluny über die Loire hinaus nach Norden griff, wo es mit Longpont (1061) und Saint-Martin des Champs (1077) zwei wichtige Klöster erwerben konnte. Letzteres, ein ehemaliges Chorherrenstift, entwickelte sich zu einem Ausstrahlungszentrum der cluniazensischen *Consuetudo*. Weiter wären zu nennen Esserent (Saint-Leu), Crepy (Saint-Arnoul), Abbeville (Saint-Pierre)[105], Valenciennes (Saint-Saulve) und weiter nördlich in der Diözese Lüttich Saint-Severin im Condroz[106]. Auch in England konnte Cluny schließlich Fuß fassen; das Chartular Clunys enthält eine ausführliche Urkunde, die von der Gründung des Priorates Lewes (St. Pankraz) und den dabei überwundenen Schwierigkeiten berichtet[107]. Damit war ein Anfang gemacht, bei Hugos Tod gab es auf den britischen Inseln zehn cluniazensische Häuser[108].

Nun blieb nur noch das Reich. Saint-Trond nördlich von Lüttich und Saint-Airy in Verdun propagierten die cluniazensischen Gewohnheiten, von denen sich auch Hirsau im nördlichen Schwarzwald anregen ließ. Desgleichen wurden nach dem erprobten Muster aus geschenkten Besitzkomplexen Priorate gebildet, wie zum Beispiel Froville und Vandoeuvre bei Nancy und Froidefontaine im Elsaß[109].

Im Grunde ist es unmöglich, das Netz der cluniazensischen Klöster zahlenmäßig genau zu erfassen. Es bestand aus einer einzigen großen Abtei mit über tausend Tochterklöstern oder, wenn man so will, aus Cluny und seinen direkt abhängigen Prioraten sowie den angeschlossenen Abteien mit ihren wiederum eigenen Tochterklöstern. Was hatten Saint-Martin des Champs bei Paris, rechtlich nur ein Priorat, in Wirklichkeit aber ein großes Kloster, und Relanges, ebenfalls ein Priorat mit einem nur kleinen Areal, miteinander gemeinsam? Unterschiede bestanden auch hinsichtlich der Zahl der Mönche. Nach neueren Berechnungen zählten im 12. Jh. wahrscheinlich nur sechs cluniazensische Konvente mehr als fünfzig Mönche, während in 700 Klöstern jeweils weniger als sechs Mönche lebten[110]. Welchen Sinn hat es folglich, das ganze cluniazensische System auf über 1000 Häuser zu beziffern, wenn zwei Drittel davon lediglich kleine Priorate oder Pfarreien waren? Das Netz der cluniazensischen Klöster ist ohne Zweifel von beeindruckender Dimension, doch ist es angebracht, Übertreibungen mit einem nuancierteren Urteil zu begegnen.

3. Cluny: Eine „Kirche“

Was bedeutet die cluniazensische Observanz, die mit dem Begriff *ordo cluniacensis* gemeint ist?[111] Seit Ernst Sackur, Kassius Hallinger und Guy de Valous hat es an Definitionsversuchen nicht gefehlt[112]. Treffen sie auf den Abbatiat des Abtes Maiolus ebenso zu wie auf

105 Ph. Racinet, Implantation et expansion clunisienne dans le nord-est de Paris (XIe–XIIe siècles), in: Le Moyen Age 90 1984, 5–38.

106 J. Halkin, Les prieurés clunisiens dans l'ancien diocèse de Liège, in: Société d'art et d'Hist. du dioc. de Liège 10 (1881) 155–293.

107 Recueil des chartes de l'abbaye de Cluny, hrsg. von A. Bernard – A. Bruel, IV, Paris 1888, Nr. 3561.

108 R. Graham, The Cluniac Order and its English Province, in: Journal of British Archeological 28 (1982) 169–173; F. Barlow, The English Church, 1066–1154, London – New York 1979, 184–186.

109 M. Parisse, La noblesse lorraine, XIe–XIIIe siècle, Lille – Paris 1976, 150.

110 J. Dubois, Les ordres monastiques, Paris 1985, 41; M. Pacaut, Naissance et fonctionnement des réseaux monastiques et canoniaux, Saint-Etienne 1991, 43–52.

111 Spricht man vom *ordo cluniacensis*, so ist für das 11. Jh. eine spezifische Observanz und für das 12. Jh. eine Gruppierung von Abteien gemeint, vgl. Dubois, Les moines (s. Anm. 87) 8–10.

112 Vgl. Sackur, Die Cluniacenser (s. Anm. 99), sowie de Valous, Le monachisme (s. Anm. 99); K. Hallin-

den Odilos oder Hugos? Man sah sich in Cluny vor der Notwendigkeit, *Consuetudines* aufzuzeichnen, die uns heute bekannt sind, wenn auch nicht alle in einer kritischen Edition. Zwei Fassungen sind unter Abt Hugo von den Mönchen Bernhard und Ulrich verfaßt worden. Ihnen vorangestellt ist der aus der Zeit Odilos stammende *liber tramitis,* die *consuetudo* der Abtei Farfa[113]. Cluny hat sich lange Zeit an die von Benedikt von Aniane eingeführte *consuetudo* gehalten, begann dann aber schrittweise neue Vorschriften auszubilden, die später auch schriftlich festgehalten wurden.

Der von Petrus Damiani anläßlich seines Besuches in Cluny geschriebene Bericht[114] dient häufig als Ausgangspunkt von Beschreibungen des cluniazensischen Alltags, dessen Besonderheit besonders ins Auge fiel, nachdem Cîteaux eine von Cluny bewußt abweichende Haltung entgegengestellt hatte. Der Rhythmus des monastischen Lebens war geprägt durch ein maßloses Übergewicht der Liturgie[115]. Ohne Rücksicht auf die Benediktregel wurden die Mönche im Sinne eines überzogenen Totengedächtnisses zu mehreren Messen am Tag verpflichtet, ferner zu Prozessionen, den ganzen Psalter zu singen und zusätzliche Gebete zu sprechen. Wäre dieses System ohne Abstriche praktiziert worden, hätten die Mönche täglich gut fünfzehn bis achtzehn Stunden in der Kirche zubringen müssen. Dieses Übermaß rechtfertigte auch die in Cluny reichhaltige Kost, die dem italienischen Reformer und früheren Eremiten ein Dorn im Auge war. Doch hier sollte man nuancieren: Eine solch ausgedehnte Liturgie war nur mit einer großen Zahl von Mönchen möglich; viele konnten nur zeitweise den liturgischen Zeremonien beiwohnen und in der übrigen Zeit eigenen Angelegenheiten nachgehen[116]. Gleichwohl hinterließ die Überbewertung des liturgischen Elements bei den Zeitgenossen einen nachhaltigen Eindruck. Die Handarbeit hatte darunter sicherlich stark zu leiden. Infolgedessen nahmen die Konversen, die als Laien oder Halbmönche die körperlichen Tätigkeiten verrichteten, einen immer wichtigeren und notwendigeren Platz ein, ein neuer Sachverhalt, der besondere Beachtung verdient[117]. Natürlich mangelte es nicht an geistigen Aktivitäten; so wurde der Beschäftigung mit den heiligen Schriften, dem Unterricht und dem Abschreiben von Büchern großes Gewicht eingeräumt[118]. Die Konzentration des gesamten Lebens auf das *opus Dei,* also auf Gottesdienst, Totengedächtnis sowie Marien- und Heiligenverehrung, war für

---

GER, Clunys Bräuche zur Zeit Hugos des Großen. Prolegomena zur Neuherausgabe des Bernhard und Udalrik von Kluny, in: ZSRG.K 45 (1959) 99–140; DERS., Consuetudo. Begriff, Formen, Forschungsgeschichte, Inhalt, in: Untersuchungen zu Kloster und Stift (Studien zur Germania Sacra 14), Göttingen 1980, 140–166.

113 Der Text des Liber tramitis wurde von P. DINTER ediert in: Corpus consuetudinum monasticarum, Bd. X, Siegburg 1980. Die Vorschriften Ulrichs in: PL 159, 635–778; über deren Entstehen vgl. M. FISCHER, Studien zur Entstehung der Hirsauer Konstitutionen, Stuttgart 1910.

114 De adventu Petri Damiani, Ostiensis episcopi, ad Cluniacum, PL 145, 857–860; Epistolae VI, 3 u. 4, PL 145, 373.

115 K. HALLINGER, Überlieferung und Steigerung im Mönchtum des 8. bis 12. Jahrhunderts, in: StAns 68 (1979) 125–187; PH. SCHMITZ, La liturgie de Cluny, in: Spiritualità cluniacense, Todi 1960, 83–99.

116 J. LECLERCQ, Pour une histoire de la vie à Cluny, in: RHE 57 (1962) 385–408, 783–812; J. EVANS, Monastic Life at Cluny 910–1157, Oxford 1931; B. ROSSENWEIN, Feudal war and monastic peace: cluniac liturgy as ritual aggression, in: Viator 2 (1971) 129–157.

117 K. HALLINGER, Woher kommen die Laienbrüder?, in: ASOC 12 (1956) 1–104; W. TESKE, Laien, Laienmönche und Laienbrüder von der Abtei Cluny. Ein Beitrag zum „Konversenproblem“, in: FMSt 10 (1976) 248–322; 11 (1977) 288–339.

118 LECLERCQ, Pour une histoire (s. Anm. 116); DERS., Spiritualité et culture à Cluny, in: Spiritualità cluniacense, Todi 1960, 103–151.

die damalige Zeit allerdings bemerkenswert, und der Anteil Abt Hugos an dieser Entwicklung war nicht gering.

Wie die von Joachim Wollasch und seiner Schule untersuchten Nekrologien (Gedenkeinträge zur Kommemoration während des Kanons in der hl. Messe) beweisen, bildete Cluny nicht nur eine weit verzweigte, sondern auch eine einzige Kommunität[119]. Gedenkeinträge dieser Art lassen auf alte Gebetsverbrüderungen zwischen einzelnen Klöstern schließen, die sich mit der Zeit auf ein Totengedächtnis beschränkten[120]. Von der Hauptabtei selbst ist zwar kein Nekrolog mehr erhalten, doch wird dieser Verlust durch vergleichbare Handschriften ausgeglichen, die für das 10. und 11. Jh. dieselben Mönchsnamen verzeichnen und damit beweisen, daß für mehrere Klöster eine einheitliche Intention vorlag. Es handelt sich dabei um die Klöster Marcigny[121], Saint-Martial in Limoges (I und II), Moissac, Montierneuf, Saint-Martin des Champs, Beaumont-sur-Oise, Longpont und Saint-Saulve in Valenciennes. Für das 10. Jh. und vor allem für die von Gorze angestoßene Bewegung konnten aus den Einträgen verschiedener Nekrologien wertvolle Rückschlüsse gezogen werden[122]. Indem man Mönche und Äbte anderer Klöster kommemorierte, blieb ein geistliches Netz von Verbindungen präsent. Im Falle Clunys ist dies um so bemerkenswerter, als anstelle eines lokal begrenzten Netzwerkes ein einheitliches großes Ganzes entstand, das die einzelnen Klöster zu einem einzigen Organismus, eben der „Kirche" von Cluny, verschmolz, wie dies in kleinerem Maßstab ja auch für die Gemeinschaft von Fulda zutraf[123].

Wichtig für die Geschichte Clunys war die Exemtion, ein Privileg, durch das ein Kloster der direkten Kontrolle des Ortsbischofs entzogen war (Wahl und Weihe des Abtes, die Verwaltung von Pfarrgemeinden, die Weihe von Altären und von Chrisma). Lange hatte man irrtümlicherweise gemeint, bereits in der Gründungsurkunde von Cluny Spuren dieser Exemtion finden zu können. Was der Gründer jedoch nur hatte erreichen wollen, war der direkte Schutz durch den Hl. Stuhl. Erst sehr viel später und wahrscheinlich nicht vor Beginn des 11. Jh. kann im Hinblick auf den Bischof von Mâcon tatsächlich von einer Exemtion die Rede sein. Tatsache ist, daß Cluny unter Abt Hugo, dem dies auch von Leo IX. bestätigt wurde, das Exemtionsprivileg genoß. Der Versuch hingegen, die Exemtion auf alle von Cluny abhängigen Klöster auszudehnen, gelang nur teilweise[124].

---

119 J. Wollasch, Les obituaires, témoins de la vie clunisienne, in: CCM 14 (1973) 149–159; Synopse der cluniacensischen Nekrologien, hrsg. von J. Wollasch, 2 Bde., München 1982. Um den Ausgangspunkt verstehen und die Synopse benützen zu können, vgl. die Erläuterungen von D. Poeck, in: FMSt 16 (1982) 193–207, sowie in: RMab 60 (1983) 319–329, und von F. Neiske in: RHEF 68 (1982) 257–267.

120 Vgl. die Beiträge in: Memoria. Der geschichtliche Zeugniswert des liturgischen Gedenkens im Mittelalter, hrsg. von K. Schmid – J. Wollasch, MMS 48, München 1984.

121 Dieser Nekrolog wurde von G. Schnürer Mönchenwiler (Das Necrologium des Clunicenser-Priorats Mönchenwiler [Villars-les-Moines], Fribourg/Schw. 1909), dann aber von J. Wollasch Marcigny (Ein cluniacensisches Totenbuch aus der Zeit Hugos von Cluny, in: FMSt 1 [1967] 406–443) zugeschrieben.

122 K. Hallinger, Gorze – Kluny (s. Anm. 99); M. Parisse, Le nécrologe de Gorze. Contribution à l'histoire monastique, Nancy 1971; J. Wollasch, Mönchtum des Mittelalters zwischen Kirche und Welt, München 1973; ders., Les obituaires, témoins de la vie clunisienne, in: CCM 22 (1979) 139–171; O. G. Oexle, Forschungen zu monastischen und geistlichen Gemeinschaften im westfränkischen Bereich, München 1978.

123 Die Klostergemeinschaft von Fulda im frühen Mittelalter, hrsg. von K. Schmid, München 1978.

124 G. Letonnelier, L'abbaye exempte de Cluny et le Saint Siège. Etude sur le développement de l'exemption clunisienne, des origines jusqu'a la fin du XIIIe siècle, Paris 1923.

Abt Hugo von Cluny (1049–1109)

Hugo von Semur, der fünfte Abt von Cluny, hatte eine ungewöhnlich lange und erfolgreiche Laufbahn durchschritten[125]. Als Sohn des Herren von Semur-en-Brionnais hätte er sich für den Waffendienst entscheiden sollen, doch zog er es unter dem Einfluß seines Großonkels, des Bischofs Hugo von Auxerre, vor, mit dreizehn Jahren (1037) in das Kloster Saint-Marcel in Chalon einzutreten. Etwa zwei Jahre später wechselte er nach Cluny über, wo er die Profeß ablegte und zum Priester geweiht wurde. Um 1048 muß ihn Abt Odilo zum Großprior von Cluny ernannt haben, denn er sandte ihn 1048 zu Heinrich III., um die Differenzen der Mönche von Peterlingen (Payerne) mit dem Kaiser auszuräumen. Der junge Prior muß dabei einen solch starken Eindruck hinterlassen haben, daß ihm zwei Jahre später die Patenschaft für den Sohn und Erben des Kaisers, den künftigen Heinrich IV., angetragen wurde. Dadurch wurde das gute Einvernehmen zwischen Cluny und dem Kaiserhof zu einem Zeitpunkt bekräftigt, als der *ordo cluniacensis* außer in Oberlothringen noch fast nirgends im Reich Fuß gefaßt hatte. Zu diesem Zeitpunkt war Hugo bereits Abt; nach Odilos Tod (1049) war seine Wahl ohne Einflußnahme von außen vonstatten gegangen, obwohl ihn sein Vorgänger nur indirekt dafür vorgeschlagen hatte. Er wurde am 22. Februar 1049, erst 24 Jahre alt, vom Erzbischof Hugo von Besançon geweiht.

Durch seine Herkunft hatte Abt Hugo Beziehungen zum Hochadel. Seine Mutter Aremburgis war eine Tochter der Mathilde von Chalon aus ihrer ersten Ehe mit Herzog Odo-Heinrich von Burgund, sein Vater Dalmatius stammte aus der ersten Ehe Gottfrieds I. von Semur mit einer Tochter des Dalmatius von Brieude[126]. Die Familie zählte mindestens neun Kinder, die zumeist ansehnliche Verbindungen eingingen. Eine Schwester hatte Herzog Robert I. von Burgund geheiratet, wurde allerdings von ihm wieder verstoßen. Saint-Marcel, wo der künftige Abt wohl sein Noviziat absolvierte, war durch seinen Großonkel, den Bischof von Auxerre, Cluny unterstellt worden. Für seine Mutter und seine Schwestern gründete der Abt zusammen mit Gaufred II. von Semur das Kloster Marcigny-sur-Loire, und auch andere Familienmitglieder, Männer wie Frauen, traten in die cluniazensische Kongregation ein[127]. Das traditionell enge Band zwischen Adel und Kirche war für den großen Abt etwas Vertrautes. Mit seinen Standesgenossen teilte er den Unternehmungsgeist und den Sinn für Rang, Namen und Beziehungen. Sein Wissen und seine Intelligenz befähigten ihn, eine Mönchsgemeinschaft im praktischen wie im geistlichen Leben zu lenken und zu leiten. Wie kaum ein anderer wußte er seine adlige Verwandtschaft in den Dienst für Clunys Interessen zu stellen. Der gewaltige Ausbau des Verbandes durch Gründung und Anschluß neuer Mönchsgemeinschaften war zum Teil sein Werk. Und die Neuerungen im klösterlichen Alltag – die Ausdehnung des Totengedächtnisses sowie der Liturgie – sollten den *ordo cluniacensis* anziehender machen. Dabei von tiefer Frömmigkeit beseelt und nach Vollkommenheit strebend, liebte er das Gebet, die Demut und die Kasteiung[128].

Die Geschichte Hugos ist während eines Zeitraums von sechzig Jahren mit der des Verbandes und der Abtei von Cluny identisch. Das beschleunigte Wachstum des Verbandes

---

[125] Heute maßgebende Biographie von A. Kohnle, Abt Hugo von Cluny (1049–1109), Sigmaringen 1993.
[126] Siehe ebd. 21 und 390f.
[127] J. Wollasch, Parenté noble et monachisme réformateur, in: RH 104 (1980) 3–24.
[128] N. Hunt, Cluny and Saint Hugh, 1049–1109, Notre Dame/Indiana 1968.

erforderte ausgedehnte Reisen, auf denen er Beweise seiner Integrationsfähigkeit liefern mußte und letzten Endes doch nicht verhindern konnte, daß so manches Kloster oder Priorat in der Alltagspraxis eigene Wege ging [129]. Reisen unternahm er nicht nur von Frankreich nach Italien, von Deutschland nach Spanien in Angelegenheiten seines Verbandes, sondern auch im Dienst der Gesamtkirche. Allerdings ließ diese Tätigkeit seit Gregor VII. nach. Man darf nicht übersehen, daß Hugo in erster Linie Cluniazenser war; daß der Kampf des Investiturstreites auf seinem Höhepunkt nicht seine Sache war. Das trifft sich mit der neueren Forschungsmeinung, wonach Clunys Anteil an der Propagierung des Kreuzzugsgedankens eher bescheiden war und Hugo mit Kreuzzugsrittern erst nach 1095 in Kontakt kam [130]. Die Historiker fragen sich, wie groß der Anteil Clunys an der Gregorianischen Reform überhaupt gewesen ist. Hat Hugo, der Pate Heinrichs IV. und Freund Gregors VII., seinen Gesprächs- und Verhandlungspartnern Positionen diktiert? War die Politik Gregors VII., der höchstens kurze Zeit Mönch in Cluny gewesen war und der Abtei bei weitem nicht in allem gewogen blieb, und die Urbans II., der dort ehedem als Großprior fungiert hatte, von burgundischen Interessen gefärbt [131], so wie bei Leo IX. lothringische Interessen im Spiel gewesen sein sollen? Extrempositionen sollten in dieser Frage besser gemieden werden. In einigen Positionsbestimmungen war Cluny sicher tonangebend, es hatte ein für die Reform des Klerus günstiges Klima geschaffen und in einem gewissen Rahmen der Kirche gezeigt, wie frei sie gegenüber weltlichen Gewaltenträgern sein konnte. Die damit einhergehende Bereitschaft, sich auch für weltliche Belange zu öffnen, gab den Zeitgenossen Anlaß zu Staunen und Bewunderung. Mit Sicherheit jedoch ging von Cluny kein Diktat aus; Hugo wies einem Gregor VII., einem Urban II. oder einem Paschalis II. nicht die Richtung. Cluny hatte wenig Veranlassung, sich in den Investiturstreit einzumischen; in der Auseinandersetzung zwischen Papsttum und Kaisertum hat Hugos Zurückhaltung der Kirche eher genützt. Eine dem päpstlichen Zentralismus analoge Richtung verfolgend, hatte Cluny andere Probleme zu lösen und sich mit anderen Angelegenheiten zu beschäftigen. Beide erweisen sich in dieser Tendenz als ein Kind ihrer Zeit.

Ein nicht geringes Verdienst Abt Hugos war auch der Bau von Cluny III [132]. Dieses riesige Bauwerk, begonnen nicht vor 1088, war Ausdruck eines maßlosen Repräsentationsbedürfnisses, das mit der um 1080 begonnenen Umgestaltung des kaiserlichen Domes in Speyer konkurrieren zu wollen schien [133]. Die Längsausdehnung der Kirche übertraf die von St. Peter in Rom, doch entsprach dies der stetig wachsenden Größe des Konventes. Damit war ein Gipfel erreicht, auf den notwendigerweise eine Phase der Stagnation, der wirtschaftlichen Sorgen durch Verschuldung und schließlich zusammen mit den von anderen Anhängern der Benediktregel gemachten Reformanstrengungen der Niedergang folgte.

---

[129] Vgl. H. Diener, Das Itinerar des Abtes Hugo von Cluny, in: Neue Forschungen (s. Anm. 99) 353–426, und Kohnle, Abt Hugo (s. Anm. 125) 288–336.

[130] E. Delaruelle, L'idée de croisade dans la littérature clunisienne du XIe siècle et l'abbaye de Moissac, in: L'idee de croisade en Moyen Age, Turin 1980, 129–152; aber auch Kohnle, Abt Hugo (s. Anm. 125) 123–125.

[131] Th. Schieffer, Cluny et la querelle des Investitures, in: RH 225 (1961) 47–72; Cowdrey, The Cluniacs (s. Anm. 99).

[132] K. J. Conant, Cluny. Les églises et la maison du chef d'ordre, Macon 1968.

[133] Vgl. G. Bandmann, Mittelalterliche Architektur als Bedeutungsträger, Berlin [8]1985, 237.

4. Von Molesme nach Cîteaux

Das ausgehende 11. Jh. erlebte sowohl innerhalb des traditionellen Mönchtums als auch im Bereich des Kanonikerwesens verschiedene Neuansätze. Zu einer Zeit, als man in Saint-Ruf auf eine neue Form des Ordenslebens hinarbeitete und Odilo in Cluny das Wirkungsfeld seiner Abtei stark ausweitete, wurde in der Auvergne eine Abtei geschaffen, der eine große Ausstrahlung beschieden sein sollte: Chaise-Dieu, das der Initiative Roberts von Turlande zu verdanken ist. Dieser kurz nach der Jahrtausendwende geborene Abkömmling aus auvergnatischem Niederadel wurde nach seiner Erziehung durch die Chorherren von Brioude selbst Kanoniker, gründete ein Hospital und wollte dann Mönch werden[134]. Einem häufig wiederholten literarischen Allgemeinplatz entsprechend, fand er nirgends eine ihm zusagende Zufluchtsstätte und ließ sich schließlich, nachdem er von einer Pilgerfahrt aus Rom zurückgekehrt war, zusammen mit zwei Gefährten in der Nähe einer verfallenen Kapelle nieder. Er hatte damals das vierzigste Lebensjahr überschritten und somit ein Alter erreicht, das im Leben vieler Klostergründer einen einschneidenden Einbruch mit sich brachte. Er entschloß sich für Armut und Eremitentum und wanderte predigend umher. Obwohl er Chorherr war, hielt er sich an das benediktinische Vorbild.

Im Jahre 1050 war das Kloster Chaise-Dieu, das Haus Gottes (Casa Dei), vollendet. Die Gründung erhielt zahlreiche Schenkungen und fand die Unterstützung durch den Bischof von Clermont, den Papst und den König. Robert wollte sich um die Seelsorge bemühen, Kirchen wiederaufbauen und sie für Frauen öffnen. Bei seinem Tod gebot Chaise-Dieu über sieben Priorate. Damit war ein vielversprechender Anfang gemacht; seit 1078 erhielt es bis nach Italien (Frassinero) mehrere Abteien zugesprochen mit der Auflage, sie wiederaufzubauen; die eigene Kirche wurde von Grund auf in größerem Umfang errichtet und die Leitung anderer Abteien an Mönche aus Chaise-Dieu delegiert. Unter Abt Stephan von Mercour (1111–1146) gab sich die Kongregation von Chaise-Dieu eine dauerhafte Verfassung.

Ein anderer Mönch, ebenfalls Robert mit Namen und 1028 geboren, entschloß sich, nachdem er zunächst als einfacher Mönch in Montier-la-Celle gelebt hatte und anschließend Abt in Tonnerre geworden war (1068), Eremit zu werden und sich mit ein paar Gefährten nach Colan zurückzuziehen (1071). 1075 überließ ihm der Herr von Marigny Molesme als Schenkung[135]. Auch als Eremit konnte der ehemalige Abt aufgrund seiner adeligen Herkunft und seiner mächtigen Verwandtschaft gar nicht anders, als dem traditionellen Mönchtum verhaftet zu bleiben. Wenigstens wollte er die Benediktregel dem Geist und dem Buchstaben nach angewandt wissen. Abermals zog er sich in die Einöde zurück (Aulps 1090), mußte nach Molesme zurückkehren, von wo aus er 1098 von neuem aufbrach, um sich mit der Einwilligung des Vizegrafen von Beaune in das Waldgebiet von Dijon an einen „Cîteaux" genannten Ort zurückzuziehen. Dieser Wechsel stand zwar in

---

[134] P. R. Gaussin, L'abbaye de la Chaise-Dieu (1043–1518), Paris 1962; Ch. Lamesh, Ombre et Lumière de la Chaise-Dieu, 1986.

[135] K. Spahr, Das Leben des hl. Robert von Molesme. Eine Quelle zur Vorgeschichte von Cîteaux, Fribourg/Schw. 1944; A. Lefèvre, Saint Robert de Molesme dans l'opinion monastique du XIIe et du XIIIe siècle, in: AnBoll 74 (1956) 50–83; J. Laurent, Cartulaires de l'abbaye de Molesme, ancien diocèse de Langres, 916–1250, Bd. 1, Paris 1907, 111–278: L'abbaye et l'ordre de Molesme; J. Laurent – F. Claudon, Diocèses de Langres et de Dijon, coll. Abbayes et prieurés de l'ancienne France, Bd. 12, Province ecclésiastique de Dijon, Ligugé – Paris 1941, 290–305.

Die besondere Spiritualität Bernhards von Clairvaux, des bedeutendsten Zisterziensers und glühenden Verehrers der Gottesmutter, ist in diesem Gemälde (18. Jh.) der Zisterzienserinnenabtei Lichtenthal bei Baden-Baden besonders gut getroffen.

Widerspruch zu seinem Gelübde, die *stabilitas loci* (Bindung an den einmal gewählten Ort) zu beachten, doch wollte Robert jenen Laien, die allzu häufig die Klöster frequentierten, aus dem Wege gehen. Die Mönche von Molesme erreichten beim Papst jedoch die Rückberufung ihres Abtes, der im August 1099 in sein Amt zurückkehren mußte. Dieser (definitive) Schritt[136] verhinderte allerdings nicht den Aufschwung des „neuen Klosters“, das Roberts Gefährten nun in Cîteaux bewohnten und das im Jahre 1100 von Paschalis II. offiziell anerkannt wurde.

Mit 74 Prioraten in achtzehn Diözesen und ansehnlichen Schenkungen war Molesme ein beträchtlicher Erfolg beschieden, auch wenn die Kongregation durch den anwachsenden Grundbesitz zunehmend traditionellen Charakter annahm. Für Nonnen wurde in Jully (les-Nonnains) im Gebiet von Tonnerre ein eigenes Kloster errichtet, um das sich mit der Zeit acht Priorate gruppierten[137]. In Cîteaux beaufsichtigte Aubri, der Prior von Molesme, ungefähr zwanzig Mönche, die im Bemühen, völlig anders zu leben, einfache Hütten bewohnten, inmitten der Einöde mit großer Glaubensinbrunst ein strenges Zönobitentum praktizierten und mit eigener Arbeit ihren Unterhalt bestritten[138]. 1109 hatte der Engländer

[136] Robert starb 1111.

[137] Vgl. J. Marilier, Chartes et documents concernant l'abbaye de Cîteaux, 1098–1182, Rom 1961; Chr. Waddell, Praelude to a Fest of Freedom. Notes on the Roman Privilege Desiderium quod of October 19, 1100, in: Cîteaux, Commentarii Cistercienses 33 (1982) 247–303; J.-B. Auberger, L'unanimité cistercienne primitive: mythe ou réalité?, Achel 1986.

[138] Über die Anfänge von Cîteaux liegen unzählige Arbeiten vor. Man vergleiche hierzu: Les plus anciens textes de Cîteaux. Sources, textes et notes historiques, hrsg. von J. de la Croix – J. B. van Damme, Achel

Stephan Harding auf der Durchreise in Molesme Station gemacht und war auch nach Cîteaux gelangt, dem er einen neuen Impuls gab[139]. Zunächst trat das Kloster unter seiner Leitung in seine schwierigste Phase ein. Da er mit großer Entschiedenheit die Abkehr von der Welt, Armut nicht nur in der Kleidung, sondern im ganzen äußeren Lebensvollzug und eine Neuordnung der Liturgie verfocht[140], nahm die Zahl seiner Mönche bedrohlich ab bis zu jenem Tag im Jahre 1112, als ungefähr 30 Männer, angeführt von dem jungen Adeligen Bernhard von Fontaine (der spätere Bernhard von Clairvaux), um Aufnahme ins Kloster baten. Von nun an ging es aufwärts. Der Funke hatte gezündet und konnte zu einem Feuer anwachsen, das sich von Cîteaux aus 1113 nach La Ferté, 1114 nach Pontigny ausbreitete und, der Überlieferung zufolge, 1115 an ein und demselben Tag Morimond und Clairvaux erreichte. 1119 beriefen sich bereits zehn Abteien auf die von Cîteaux ausgegangene Bewegung, und Abt Stephan machte sich daran, eine *Charta Caritatis* auszuarbeiten mit dem Ziel, die Beziehungen der Abteien untereinander zu regeln, wobei er das Vorbild der zentralistischen Verfassung Clunys durch den genossenschaftlichen Ansatz in Form von fünf gleichberechtigten Mitarbeitern auflockerte[141]. Zu eben diesem Zeitpunkt aber erlebte die noch im Entstehen begriffene Kongregation eine schwere Krise, da Morimond in wirtschaftliche Schwierigkeiten geriet und obendrein seinen Abt verlor. Abt Bernhard von Clairvaux schuf jedoch Abhilfe und ließ so bereits erkennen, in welch glänzende Zukunft seine starke Persönlichkeit den neuen Orden führen sollte, der sich als eine Rückkehr zum ursprünglichen Mönchtum begriff[142].

5. Das Reichsmönchtum

Das Bemühen um eine monastische Reform war seit 934 in Lotharingien konstant, doch blieb es nicht auf die Klöster in diesem ehemaligen karolingischen Königreich beschränkt, sondern wirkte von dort aus auch auf Frankreich und vor allem auf das Reich ein. In der ersten Hälfte des 11. Jh. brachten die von Saint-Vanne in Verdun, von Stablo-Malmedy und St. Maximin bei Trier, Tegernsee, St. Emmeram in Regensburg, Niederaltaich, Lorsch und Fulda getragenen Anstrengungen Früchte. Nach 1050 trug Gorze in seiner letzten Ausstrahlungsphase sein monastisches Ideal weit nach Osten bis Halberstadt unter dem dortigen Bischof Herrand. Von Verdun aus schickte die Abtei Saint-Airy im Verein mit Saint-Vanne ein Dutzend Mönche nach Flandern und in die Picardie[143]. Besonders Schwa-

---

1974, und neuerdings E. Mikkers, Die Charta Caritatis und die Gründung von Cîteaux, in: Rottenburger Jb. für Kirchengeschichte 4 (1985) 11–22; O. Ducourneau, Les origines cisterciennes, in: RMab 22 (1932) und 23 (1933); R. Folz, Le problème des origines de Cîteaux, in: Mélanges Saint Bernard, Dijon 1954, 284–294; J. A. Lefevre, Les débuts de Cîteaux, in: Le Moyen Age 61 (1955) 79–120, 329–361; ders., Que savons-nous de Cîteaux primitif? in: RHE 51 (1956) 5–41.

[139] A. Presse, Saint Etienne Harding, in: Collectanea O. C. R. 1 (1934) 21–30, 85–94.

[140] A. M. Altermatt, Die erste Liturgiereform in Cîteaux (ca. 1099–1133), in: Rottenburger Jb. für Kirchengeschichte 4 (1985) 119–148 (mit Lit.).

[141] Mikkers, Die Charta (s. Anm. 138), verdeutlicht, worin sich diese erste Charta caritatis von der zweiten unterscheidet (das *Novum monasterium* hatte zu jenem Zeitpunkt Vorrang; das Generalkapitel setzte sich nur aus den wichtigsten Äbten zusammen; ein Abt wurde von seinen Mönchen und dem Abt des Mutterklosters gewählt; in Zeiten, in denen Cîteaux ohne Abt war, fiel die Leitung der Kongregation an den Abt von La Ferté).

[142] A. Bredero, Etudes sur la vita prima de Saint-Bernard, Rom 1960.

[143] Zu den letzten Zeugnissen über Mönche, die von Gorze aus als Äbte in andere Klöster geschickt wurden,

ben ist für die Klosterreform des 11. Jh. im Reich bedeutsam. Die Abtei Einsiedeln, die bis nach Bayern ausstrahlte, folgte bis ins 11. Jh. noch dem gorzischen oder besser dem trierischen (St. Maximin) Vorbild[144]. Siegburg, eine Gründung Erzbischof Annos II. von Köln (ca. 1064), wurde noch von St. Maximin aus besiedelt, aber 1068/70 ließ Anno den Konvent durch Mönche aus dem piemontesischen Fruttuaria auswechseln[145]. Damit hielten auch die dortigen *Consuetudines,* ein Gemisch der von Cluny und Wilhelm von Dijon entwickelten monastischen Lebensformen, in Deutschland Einzug. 1072 erfaßten diese *Consuetudines* auch die Abtei St. Blasien im Einflußbereich des Herzogs Rudolf von Rheinfelden[146]. Beide Klöster entwickelten sich zu monastischen Reformzentren, Siegburg mit Ausgriffen bis nach Thüringen und Sachsen, St. Blasien mit über vierzig zumindest ideell abhängigen Klöstern vornehmlich im Bistum Konstanz. Muri, um 1027 als Eigenkloster der Habsburger gegründet, unterstand zunächst Einsiedeln wie ursprünglich auch St. Blasien, kam aber 1082 an St. Blasien und wurde nach dessen Vorbild in ein Doppelkloster umgewandelt. Zu dieser Zeit allerdings (seit 1070) folgte St. Blasien bereits der Hirsauer Ordnung, der 1080 auch die Abtei Allerheiligen in Schaffhausen, wie ebenfalls Petershausen bei Konstanz, angeschlossen wurde[147].

Hirsau im Nordschwarzwald und schon im Bistum Speyer gelegen entwickelte sich zum Reformzentrum ersten Ranges, das seinen Einfluß auf das ganze Reich ausdehnte, nach Norden bis Lüneburg und Berge bei Magdeburg[148]. Es erscheint auch als eine neue Stufe in der Reformentwicklung des Reichsmönchtums. Muri, Allerheiligen, selbst Hirsau (ähnlich wie die welfischen Klöster Altomünster in Oberbayern und Weingarten in Oberschwaben) waren Gründungen des neuen Dynastenadels gewesen. Die Stifterfamilie benutzte sie als ihre Grablege und als Mittelpunkt königsähnlicher Herrschaft. Sie betrachtete ihre Stiftung rechtlich als Eigenkloster und wandelte die Amtsvogtei in eine erbliche Herrenvogtei in eigener Hand um. Das heißt dann auch, die Eigenklosterherren betrieben den Anschluß ihrer Gründung an ein Reformzentrum mit dem Ziel, sich politisch vom Königtum zu emanzipieren, das viele Abteien traditioneller Prägung seit langem in seiner Hand hatte. Dieses Aktionsfeld bot umgekehrt aber auch die Möglichkeit, von seiten der Reformkreise im Konflikt mit Kaiser Heinrich IV. auf die Eigenklosterherren einzuwirken[149]. Hier ist

---

vgl. M. Parisse, Le nécrologe de Gorze. Contribution à l'histoire monastique, Nancy 1971. Die mittlerweile klassischen Ausführungen von K. Hallinger, Gorze - Kluny, Rom 1950/51, sind für das spätere 11. Jh. korrigiert durch K. U. Jäschke, Zur Eigenständigkeit der Junggorzer Reformbewegung, in: ZKG 71 (1970) 17–43.

144 H. Keller, Kloster Einsiedeln im ottonischen Schwaben, Freiburg/Br. 1964; E. Gilomen-Schenkel, Frühes Mönchtum und benediktinische Klöster des Mittelalters in der Schweiz, in: Helvetica Sacra, Abt. III, Bd. I/1, Bern 1986, 57–60.

145 J. Semmler, Die Klosterreform von Siegburg. Ihre Ausbreitung und ihr Reformprogramm im 11. und 12. Jahrhundert, Bonn 1959.

146 H. Jakobs, Der Adel in der Klosterreform von St. Blasien, Köln - Graz 1968; K. Schreiner, Benediktinisches Mönchtum in der Geschichte Südwestdeutschlands, in: Die Benediktinerklöster in Baden-Württemberg, Augsburg 1975, 33–48.

147 J. Wollasch, Muri und St. Blasien, Perspektiven schwäbischen Mönchtums in der Reform, in: DA 17 (1961) 420–446; K. Schmid, Kloster Hirsau und seine Stifter, Freiburg/Br. 1959; J. Miscoll, Reckert, Kloster Petershausen als bischöflich-konstanzisches Eigenkloster, München 1973.

148 Über Hirsau und seine Klöster ausführlich H. Jakobs, Die Hirsauer, Köln - Graz 1961.

149 Vgl. Jakobs, Der Adel (s. Anm. 146); K. Schmid, Adel und Reform in Schwaben, in: Investiturstreit und Reichsverfassung, hrsg. von J. Fleckenstein (VuF 17), Sigmaringen 1973, 295–319.

eine der Ursachen für die Opposition besonders des schwäbischen Adels gegen Heinrich IV. zu suchen. Das Verdienst, die enge Verzahnung mit der regionalen Politik schließlich aufgelockert zu haben, kommt der Reformerpersönlichkeit Wilhelms von Hirsau zu. Es ist kein Zufall, daß die Grafen von Nellenburg auf ihre Anrechte an der Abtei Allerheiligen verzichteten, als diese 1080 dem Zentrum Hirsau angeschlossen wurde.

Wer war Wilhelm von Hirsau? Er wurde um 1030 in Regensburg in bescheidenen Verhältnissen geboren und trat in das dortige Kloster Sankt Emmeram ein, wo er auch seine Ausbildung erhielt. Dort schon verfaßte er je eine Schrift über Astronomie und Musik[150]. 1059 traten die Hirsauer Mönche an den Grafen von Calw mit der Bitte heran, er möge Wilhelm an die Stelle ihres Abtes Friedrich setzen, der vier Jahre zuvor aus Einsiedeln gekommen war, sich aber mehr um die Beachtung asketischer Vorschriften als um das zeitliche Wohl seiner Abtei kümmere. Um die Form zu wahren, wartete Wilhelm den Tod seines Vorgängers ab, bis er sich am 2. Juni 1071 zum Abt weihen ließ. 1075 erhielt das Kloster auf sein Betreiben hin vom Grafen in dessen Eigenschaft als Eigenklosterherr das sog. Hirsauer Formular, ein entscheidender Schritt, den sich später andere Klöster zum Vorbild nahmen[151]: Graf Adalbert unterstellte den gesamten Besitz des Klosters dessen Schutzheiligen und verzichtete auf sein laikales Eigenkirchenrecht, das auf den Abt überging, der Konvent erhielt die Freiheit der Wahl und Einweisung des Abtes. Sich selbst und seinen Nachfolgern behielt er die (noch erbliche) Vogtei vor, die er jedoch vom König auf Vorschlag des Abtes erhalten sollte. Der anschließende Papstschutz sollte die neue Verfassung garantieren. Sodann ließ Wilhelm die *consuetudines* Clunys abschreiben.

Dieser Text wurde nicht einfach übernommen, aber die Nähe zu Cluny, wie schon in der mit der Gründerfamilie ausgehandelten Verfassung, ist unübersehbar. Vor allem flossen Gewohnheiten ein, die in Cluny über einen schriftlichen Text hinaus praktiziert wurden. Abt Hugo von Cluny empfahl darüber hinaus eine Anpassung an die örtlichen Gegebenheiten[152]. Der Cluniazensermönch Ulrich, ein Freund Wilhelms noch aus St. Emmeram, erstellte eine Schrift, die in drei Teilen zunächst die Liturgie, dann die Ausbildung der Novizen und schließlich die Verwaltung des Klosters behandelte. Die Hirsauer Mönche entschieden sich für ein anderes Habit, eine größere Tonsur und strengeres Schweigen. Hirsau, dessen Abt einen ausgezeichneten Ruf genoß, zog zahlreiche Novizen an. Man richtete das Institut der Konversenbrüder ein; diese nahmen als Mitglieder des Konventes an den Gottesdiensten teil, betätigten sich als Handarbeiter und betreuten die Gäste[153]. Wie bei allen neuen Orden dieser Zeit, spielten Abkömmlinge des Adels eine weit geringere Rolle im Konvent als in den traditionellen Klöstern; eine Öffnung für breitere Bevölkerungsschichten lag auch hier vor.

Hirsau entwickelte sich schnell zu einem der Stützpunkte der Politik Gregors VII. und zu einem Zufluchtsort für all jene, die der Verfolgung durch den Kaiser entgehen wollten. Ein Schüler Wilhelms, Gebhard, wurde Bischof von Konstanz und Legat Urbans II. Die

---

150 H. Büttner, Abt Wilhelm von Hirsau und die Entwicklung der Rechtsstellung der Reformklöster im 11. Jahrhundert, in: ZWLG 25 (1966) 321–338; Jakobs, Der Adel (s. Anm. 146) 8–13.

151 Ebd. 13–20; Text in MGH.DH IV, 280.

152 Constitutiones Hirsaugienses, PL 150, 923–926, neue Edition ist in Arbeit. Vgl. M. Fischer, Studien zur Entstehung der Hirsauer Konstitutionen, Diss. Tübingen 1910.

153 Jakobs, Die Hirsauer (s. Anm. 148) 23–26; A. Mettler, Laienmönche, Laienbrüder, Conversen, besonders bei den Hirsauern, in: WVLG 41 (1935) 201–253.

schwäbische Abtei gab den Anstoß zu zahlreichen Gründungen, die als Priorate oder Abteien selbständig bleiben konnten, und reformierte ältere Klöster. St. Georgen im Schwarzwald, dessen Leitung 1088 Abt Theoger übernommen hatte, wurde seinerseits ein Zentrum der Reform und Ausgangspunkt einer weiteren Erneuerungswelle. Sein Einfluß war bis in das Elsaß und nach Lothringen zu spüren. Theoger wurde 1118 zum Bischof von Metz ernannt, starb aber, noch bevor er dort einziehen konnte, 1120 in Cluny [154]. Der Schwerpunkt der Hirsauer Reform lag in Schwaben, erstreckte sich insgesamt aber auf das ganze Reich.

Zwei Besonderheiten charakterisieren das benediktinische Reformmönchtum in Schwaben: die hohe Wertschätzung der erworbenen Freiheit und die Öffnung der Klöster für Frauen, ohne jedoch, wie das in der Reform von St. Blasien noch der Fall war, am Prinzip des Doppelklosters festzuhalten. Was den ersten Punkt angeht, ist Hirsau ein Musterbeispiel der *libertas*[155] hinsichtlich der Abtswahl, der Übernahme von Regeln und der Organisation aller das geistige Leben des Klosters betreffenden Angelegenheiten. Die Befreiung von weltlicher Bevormundung macht sich also vor allem auf jenem Gebiet geltend, auf dem die Kirche die alleinige Entscheidungsgewalt beansprucht, d. h. dort, wo es um das Heil der Seele und den Dienst an Gott geht. Der schwäbische Hochadel war zu diesem Zugeständnis bereit, legte aber Wert darauf, daß die von ihren Familien gegründeten Klöster innerhalb ihrer Vogteigewalt blieben. Die Vogtei war eine heikle Angelegenheit, weil ein Kloster nun einmal des weltlichen Schutzes bedurfte und kirchliche Gewaltenträger zur Ausübung der Blutgerichtsbarkeit nicht befugt waren (*ecclesia non sitit sanguinem*; fraglich ist allerdings, ob die Blutgerichtsbarkeit in Deutschland vor dem Beginn des 12. Jh. wieder in Gebrauch war). Um dem bisherigen Klosterherren den Zugriff auf den klösterlichen Besitz zu erschweren, wurde die Vogteitätigkeit an den König angebunden. Die Zisterzienser gingen etwa später noch einen Schritt weiter, indem sie nur noch den König als ihren Vogt duldeten. Wahrscheinlich ahnte man noch nicht, daß dadurch der Trennung von Besitz und Herrschaftsfunktion Vorschub geleistet wurde; und die Vogteigewalt schälte sich sehr schnell als eine der wichtigsten Herrschaftsfunktionen heraus. Sich mit ihr auseinanderzusetzen, war aber nun eine Angelegenheit der Königsgewalt, und sie konnte schon im 12. Jh. die Banngewalt über die Vogteigerichtsbarkeit dem Hochadel gegenüber nicht mehr behaupten. Die Freiheit der Hirsauer Klöster war infolgedessen nur eine partielle und für die Zukunft sogar mit einem ziemlichen Risiko belastet. Das allerdings brauchte die Hirsauer nicht mehr zu bekümmern, da ihre Reformbewegung seit etwa 1120 schnell an Attraktion verlor.

Der zweite Punkt betrifft den starken Andrang der Frauen [156]. Er manifestierte sich in ganz Europa und fand bei den schwäbischen Benediktinern dasselbe Entgegenkommen wie bei den französischen Eremiten und den regulierten Chorherren allgemein. Viele Gründungen waren Doppelklöster, von denen jedoch in Hirsau der Frauenkonvent schon in den Anfängen angesiedelt wurde. So sind drei Neuerungen für das schwäbische Mönchtum charakteristisch: die breitere Aufnahme von Novizen einfacher Herkunft, die Zulassung

[154] H. J. Wollasch, Die Anfänge des Klosters St. Georgen im Schwarzwald. Zur Ausbildung der geschichtlichen Eigenart eines Klosters innerhalb der Hirsauer Reform, Freiburg/Br. 1964. Die Vita Theogers, hrsg. von Ph. Jaffe, MGH.SS XII 449–479.

[155] Die von Tellenbach vorgenommene Definition des Begriffs bewahrt dessen Gesamtbedeutung: G. Tellenbach, Libertas. Kirche und Weltordnung im Zeitalter des Investiturstreites, Stuttgart 1936.

[156] Auf diesen Aspekt macht Gilomen-Schenkel, Frühes Mönchtum (s. Anm. 144) 71–81, aufmerksam.

Schon im Jahre 1110 besaß der Orden der Zisterzienser in Südengland mehrere Klöster. Besonders eindrucksvoll in der klaren baulichen Gliederung sind die Ruinen von Fountains Abbey (12./13. Jh.). Unter Heinrich VIII. wurde dieses Kloster säkularisiert.

von Frauen und die Abwehr störender Eingriffe durch Laien. Daran zeigt sich, daß nicht nur die neuen Orden Bannerträger des reformfreudigen Geistes waren.

6. Die schwarzen Mönche auf den britischen Inseln und in Italien

Das ausgehende 11. und das beginnende 12. Jh. waren für das Mönchtum in England und der Normandie eine fruchtbare Periode. Bedeutende Äbte sind in diesem Zusammenhang zu nennen, so etwa Lanfrank, Anselm von Bec, Wilhelm von Durham, Gilbert Crispin von Westminster, Paul von Saint Alban, Herbert Losing von Ramsey und Lanzon von Lewes. Im Unterrichtswesen wie in der Literatur, in Kunst und Architektur und als Verfechter

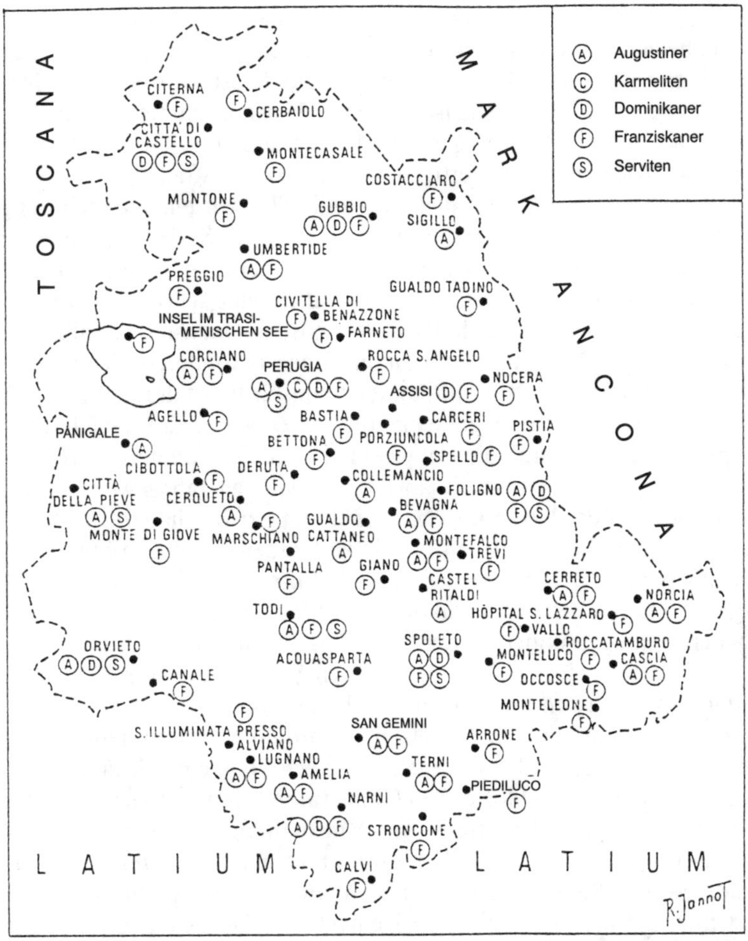

Die Bettelorden in Umbrien am Ende des 13. Jahrhunderts.

eines religiösen Lebensideals waren die Klöster damals führend. Die anglo-normannische Kunst brachte in den Zentren der Buchmalerei und beim Bau der großen Abteien Meisterwerke hervor.

1066 zählte England 44 Abteien, davon 35 für Männer und neun für Frauen. Sie alle folgten der Benediktregel sowie der *regularis concordia* und waren im allgemeinen vom jeweiligen Ortsbischof abhängig, da der Mönchskonvent häufig auch das Domkapitel bildete und der Bischof gleichzeitig der Abt des Konventes war[157]. Im Gefolge der normannischen Eroberung nahm der Benediktinerorden einen großen Aufschwung, der in den folgenden fünfzig Jahren zu einer materiellen und kulturellen Blüte führte. Zwischen der Normandie mit ihren 26 Männer- und sieben Frauenabteien und England entstanden

[157] F. Barlow, The English Church 1066–1154, London - New York 1979, 117–217.

enge Verbindungen. Die Benediktiner auf dem Kontinent wurden mit reichen Schenkungen in England bedacht, so daß sie häufige Reisen unternahmen, um ihre Besitzungen jenseits des Kanals zu besuchen und zu verwalten. Zu den Klöstern, die in den Genuß solcher Schenkungen kamen, zählten beispielsweise Bec, Fécamp, Jumièges und Saint-Evroul. Wilhelm von Saint-Calais (1080–1096), Abt und gleichzeitig Bischof von Durham, ließ vierzehn Konfraternitätsurkunden ausfertigen. Zunächst in Battle, dann in Hastings und schließlich in Chester, Shrewsbury, Colchester und Silby wurden neue Klöster gegründet. Im Norden dominierte das Eremitentum, während sich im Süden, beginnend mit Lewes (1077), die Cluniazenser niederließen, die 1110 schon elf Häuser besaßen. Obwohl Mönche zunächst die Domkapitel stellten, verhinderte dies nicht eine schrittweise Zunahme der regulierten Chorherren und später auch der Zisterzienser, wobei sich vor allem die Kongregationen von Savigny, Tiron und Grandmont eines besonderen Zuspruchs erfreuten. Weitaus weniger Klöster gab es in Schottland; erst im 12. Jh. ist dort bei Benediktinern, regulierten Chorherren und Nonnen zahlenmäßig ein Zuwachs zu verzeichnen[158].

Auf der Apenninhalbinsel muß die Entwicklung im Süden von der des Nordens klar unterschieden werden. Auf Sizilien, in Kalabrien und Apulien gab es wenige große Klöster, vorherrschend war dort das bzyantinische Mönchtum der Basilianer. In Mittelitalien waren die mit dem Namen Benedikts von Nursia verbundenen Abteien Subiaco und Monte Cassino zusammen mit Farfa, San Vincenzo in Volturno und St. Paul vor den Mauern in Rom Vertreter des traditionellen benediktinischen Mönchtums. Zur Zeit der Langobarden- und Frankenherrschaft gegründet, hatten sie großen Reichtum angesammelt und auf politischem wie religiösem Gebiet dieser Gegend ihren Stempel aufgedrückt. Zwei Äbte von Monte Cassino, Friedrich von Lothringen (Stephan IX.) und Desiderius (Viktor III.), stiegen im 11. Jh. zu Päpsten auf. Für Mittel- und Norditalien wären neben vielen anderen noch Bobbio, auf Kolumban d.J. zurückgehend, Nonantola, eine Gründung des Benedikt von Polirone, sowie das Frauenkloster San Giulia in Brescia zu nennen[159]. In der Toskana entstanden zu der Zeit, als die Chartreuse und Hirsau ihren Einfluß geltend machten, zwei dynamische Bewegungen, die von Vallombrosa und Camaldoli ihren Ausgang nahmen.

Der Gründer von Vallombrosa, Johannes Gualbertus, ein Adeliger aus Florenz, war nach einem Unfall in San Miniato als Mönch eingetreten. Dort nahm er alsbald den Kampf gegen die Simonie auf, die, wie überall in Italien, auch in seinem Kloster ihr Unwesen trieb. Da er in Florenz öffentlich die Verirrungen seiner Zeit anprangerte, mußte er fliehen, konnte jedoch aus Treue gegenüber der Benediktregel nicht in Camaldoli bleiben. In Vallombrosa gründete er deshalb ein Kloster, dessen Exemtion er gegenüber dem Diözesanbischof von Fiesole durchsetzen konnte. Seine großen Erfolge als Prediger gegen die Simonie schlugen sich in der Gründung zahlreicher gleichgesinnter Klöster im weiteren Umkreis von Florenz nieder. Ungeachtet seines Todes am 12. 7. 1073 hielt diese Entwicklung an. Camaldoli, um 1012 vom hl. Romuald gegründet, bedurfte dagegen eines längeren Anlaufs. Erst der vierte Nachfolger des Gründers präzisierte die für das Kloster geltenden Bestimmungen. Im gleichen Geist entstand 1100 in Florenz ein zweites Kloster, dem bald weitere Gründungen folgten. Anders als die Mönche in Vallombrosa, einem klassischen Benediktinerkloster, versammelte der Kamaldulenserorden Eremiten, die innerhalb ihres großen

[158] Vgl. Anm. 91.

[159] G. Penco, Storia del monachesimo in Italia, Rom 1961; ders., Italia Benedittina. I. Cluny in Lombardia, in: Atti del convegno del Pontida (22.–25. April 1977), Cesena 1979.

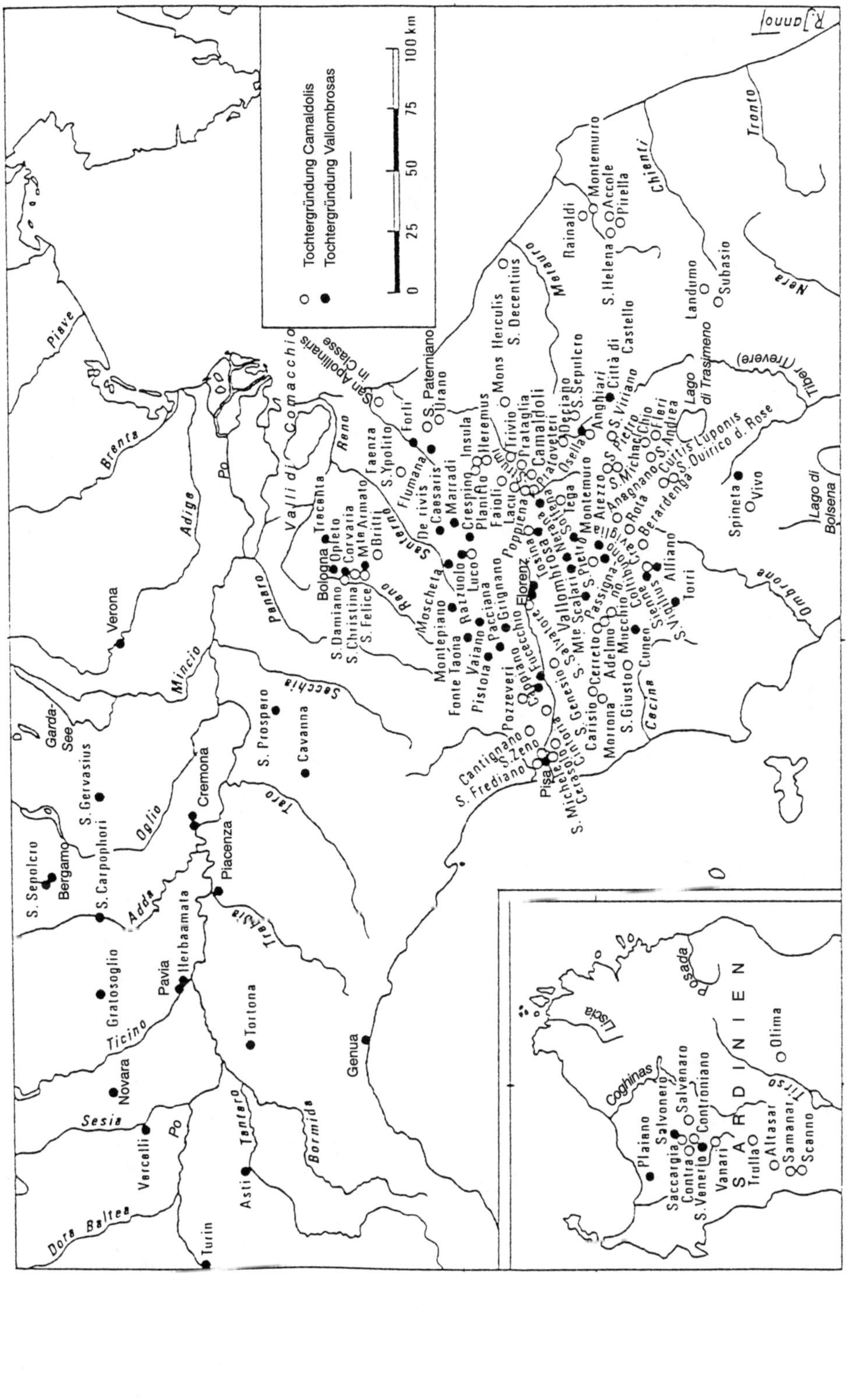

Die Klöster von Camaldoli und Vallombrosa im Italien des 12. Jahrhunderts.

Klosterareals kleine Häuser bewohnten und damit dieselbe Linie wie Fontavellana, Grandmont und die Chartreuse verfolgten.

Bibliographie

J. B. Auberger, L'unanimité cistercienne primitive: mythe ou réalité?, Achel 1986.

H. E. J. Cowdrey, The Cluniacs and the Gregorian Reform, Oxford 1970.

F. Dressler, Petrus Damiani. Leben und Werk, Rom 1954.

J. Dubois, Les ordres monastiques, Paris 1985.

H. Grundmann, Religiöse Bewegungen im Mittelalter, Darmstadt 1970.

A. Kohnle, Abt Hugo von Cluny (1049–1109), Sigmaringen 1993.

I laici nella „societas christiana" dei secoli XI–XII, La Mendola, Mailand 1965.

La vita comune del clero nei secoli XI e XII, Mailand 1962.

H. Leyser, Hermits and the New Monasticism. A Study of Religious Communities in Western Europe, 1000–1150, London 1984.

L'eremitismo in Occidente nei secoli XI e XII, Atti della 2ª settimana internazionale di studio di Mendola, Mailand 1965.

P. R. Gaussin, L'abbaye de la Chaise-Dieu (1043–1518), Paris 1962.

K. Hallinger, Gorze – Kluny. Studien zu den monastischen Lebensformen und Gegensätzen im Hochmittelalter, 2 Bde., Rom 1950–51.

H. Jakobs, Die Hirsauer, Köln – Graz 1961.

Memoria. Der geschichtliche Zeugniswert des liturgischen Gedenkens im Mittelalter, hrsg. von K. Schmid – J. Wollasch, MMS 48, München 1984.

L. Milis, Angelic Monks and Earthly Men. Monasticism and its meaning to medieval Society, Woodbridge 1992.

G. Penco, Storia del monachesimo in Italia dalle origini alle fine del Medio Evo, Mailand 1983.

Spiritualità cluniacense, Todi 1960.

W. Schäfke (Hrsg.), Die Kölner Kartause um 1500, Köln 1991.

G. Tellenbach, Libertas. Kirche und Weltordnung im Zeitalter des Investiturstreites, Stuttgart 1936.

S. Weinfurter, Neuere Forschung zu den Regularkanonikern im deutschen Reich des 11. und 12. Jahrhunderts, in: HZ 224 (1977) 379–397.

– (Hrsg.), Reformidee und Reformpolitik im spätsalisch-frühstaufischen Reich, Mainz 1992.

ZWEITER TEIL

DIE AUSBREITUNG UND FESTIGUNG DER RÖMISCHEN STRUKTUREN

Erstes Kapitel

Die römische Kirche vom ersten Laterankonzil bis zum Ende des 12. Jahrhunderts

Von Agostino Paravicini Bagliani

I. Die Sukzession der Päpste im 12. Jahrhundert

Zwischen der Wahl Calixts II. (1119) und der Wahl Innozenz' III. (1198), das heißt also in 79 Jahren, gab es im 12. Jh. dreizehn Päpste und außerdem sechs Gegenpäpste[1]; zu den Doppelwahlen kam es im Verlauf zweier sich lang hinziehender Schismen, die sich zusammengenommen über fast dreißig Jahre, das heißt also mehr als ein Drittel des hier betrachteten Zeitraums, genauer von 1130–1138 und 1159–1180, erstreckten.

	Wahl	Ende des Pontifikats
Calixt II. (Guido von Vienne)	2. Februar 1119	13./14. Dezember 1124
Honorius II. (Lambert von Fagnano)	16. Dezember 1124	13. Februar 1130
Innozenz II. (Gregor Papareschi)	14. Februar 1130	24. September 1143
Anaklet II. (Petrus Pierleone)	*14. Februar 1130*	*25. Januar 1138*
Viktor IV. (Gregor)	*15. März 1138*	*29. Mai 1138*
Coelestin II. (Guido von Castello)	26. September 1143	8. März 1144
Lucius II. (Gerhard Caccianemici)	12. März 1144	15. Februar 1145
Eugen III. (Bernhard aus Pisa)	15. Februar 1145	8. Juli 1153
Anastasius IV. (Konrad von Suburra)	12. Juli 1153	3. Dezember 1154
Hadrian IV. (Nikolaus Breakspear)	4. Dezember 1154	1. September 1159

Bibliographische Kurzangaben verweisen auf die Erstnennung oder das Literaturverzeichnis am Ende des Kapitels (siehe S. 252).

[1] In der Tabelle kursiv.

	Wahl	Ende des Pontifikats
Alexander III. (Roland Bandinelli)	7. September 1159	30. August 1181
Viktor IV. *(Oktavian von Montecello)*	*7. September 1159*	*20. April 1164*
Paschalis III. *(Guido von Crema)*	*22. April 1164*	*20. September 1168*
Calixt III. *(Johannes von Struma)*	*September 1168*	*29. August 1178*
Innozenz III. *(Lando von Sezze)*	*29. September 1179*	*Januar 1180*
Lucius III. (Hubald Allucingoli)	1. September 1181	25. November 1185
Urban III. (Hubert Crivelli)	25. November 1185	20. Oktober 1187
Gregor VIII. (Albert von Morra)	21. Oktober 1187	17. Dezember 1187
Clemens III. (Paul Scolari)	19. Dezember 1187	28. März(?) 1191
Coelestin III. (Hyazinth Bobo)	30. März 1191	8. Januar 1198

II. Die römische Kirche nach dem Wormser Konkordat (1122)

Im Wormser Konkordat war es der römischen Kirche gelungen, einige der von der Gregorianischen Reform gesteckten Ziele zu erreichen. Die Unabhängigkeit des Papsttums war vor dem Zugriff der Laien zumindest theoretisch und dessen Jurisdiktion über die Gesamtkirche gesichert. Durch den Frieden mit dem Kaiser wurden Kräfte freigesetzt, die zu neuen Reformansätzen und Impulsen im Bereich des kirchlichen Regiments führten, die Stellung der römischen Kurie wurde international gestärkt.

1. Die Verfassung der Kirche in neuem Licht: Das Erste Laterankonzil (1123)

Die Zeit der Ökumenischen Konzilien war im 9. Jh. ausgelaufen. Eine adäquate Institution als Ersatz trat nicht in Sicht, sondern das konziliare Leben beschränkte sich auf Provinzialsynoden oder mehrere Provinzen zusammenfassende Reichssynoden, wobei diese Bezeichnung schon ein wissenschaftlicher Notbehelf ist. Von ihnen ging die römische Provinzialsynode noch im 10. Jh. zuweilen über den regional begrenzten Raum hinaus. Im Zuge der Gregorianischen Reform wurde dies durch den internationalen Teilnehmerkreis und die aus aller Welt herangetragenen Fälle zur Regel, weshalb man es sich angewöhnt hat, von diesen Synoden als päpstlichen Generalkonzilien zu sprechen. Sie waren eine Vorstufe der 1123 beginnenden Reihe der Allgemeinen Konzilien, jene aber nicht einfach eine Fortsetzung der päpstlichen Generalkonzilien. Fungierten die päpstlichen Generalkonzilien vornehmlich als päpstlicher Gerichtshof, so traten die anschließenden Allgemeinen Konzilien stärker als gesetzgebende Versammlung in Erscheinung; ihnen blieb das verwehrt, was von nun an der Papst hinsichtlich der weniger bedeutenden Fälle nach Beratung mit den Kardinälen im Konsistorium entschied [2].

Die universale Stellung des römischen Bischofsstuhls wurde durch die Versammlung eines Konzils in der Lateranbasilika deutlich vor Augen geführt [3]. Seine Ergebnisse markierten in gewisser Weise das Ende der Reformkämpfe der gregorianischen Epoche. Das Konzil wurde, wie vorgesehen, in der dritten Fastenwoche (am 18. oder 19. März 1123) eröffnet; die Schlußsitzung fand am 27. März statt [4]. In den Quellen differiert die Zahl der Teilnehmer stark: So berichtet der päpstliche Biograph Pandulf, der wohl die Universalität der Versammlung hervorheben wollte, von 997 Bischöfen und Äbten [5], während sich in der Chronik von Fossanova [6] die bescheidenere Zahl von fünfhundert Teilnehmern findet. Der auf dem Konzil anwesende Abt Suger von Saint-Denis, wiederholt die Zahl dreihundert, die auch für die römische Synode Paschalis' II. von 1112 [7] genannt wird. Einer anderen zuverlässigen Quelle zufolge überstieg die Zahl der Konzilsväter nicht mehr als zweihundert [8].

Laut Gerhoh von Reichersberg [9] erfolgte die feierliche Ratifikation des königlichen Verzichts auf die Investitur der Bischöfe mit Ring und Stab einstimmig. Bei der Verlesung der dem Kaiser gemachten Konzessionen, „daß die deutschen Bischöfe in Gegenwart des Königs zu wählen sind und die *regalia* durch sein Zepter erhalten" sollen, erhob sich jedoch großer Tumult. Zahlreiche Konzilsväter, zweifellos die intransigenten Gregorianer, riefen: „Non placet, non placet." Dem Papst war offensichtlich an einer konzilianten Antwort gelegen, er versicherte, „(daß) man solchen Dekreten nicht zustimmen, sie aber tolerieren müsse, damit der Friede wieder hergestellt wird". Wurden hier auch die Prinzipien des Wormser Konkordats vorgelegt und beraten, ja selbst vom Papst verteidigt, so heißt das noch lange nicht, sie würden von der römischen Kirche auch völlig akzeptiert.

Konzilsdekrete

Der Konzilsbeschluß, mit dem den alten Dekreten zum Gottesfrieden universale Geltung verschafft wurde (can. 15), zielte verstärkt auf eine Lösung des Konflikts mit dem Kaiser durch eine allgemeine Gesetzgebung. Mit dem Kanon 8, der die Rechte des Bischofs in der Verwaltung des kirchlichen Besitzes sanktionierte, wurden ältere Bestimmungen erneuert. Der Wille, die bischöfliche Autorität zu festigen, tritt in anderen Kanones deutlich zutage (can. 2: die Absolution der Exkommunikation bleibt dem Diözesanbischof vorbehalten;

---

[2] Vgl. W. Ullmann, Kurze Geschichte des Papsttums im Mittelalter, Berlin 1978, 225.

[3] F. J. Schmale, Papst und Kurie zwischen Gregor VII. und Innocenz II., in: Probleme des 12. Jahrhunderts (VuF XII), Konstanz 1968, 23.

[4] Vgl. die Zusammenfassung von R. Foreville, Latran I, Paris 1967, 44–72; wichtig C. Leonardi, Per la tradizione dei concili di Ardara, Lateranensi I–II e Tolosa, in: Bulletino dell'Istituto Storico Italiano per il Medio Evo 75 (1963) 57–70.

[5] J. M. Watterich, Pontificium Romanorum ... vitae II, Leipzig 1862, 116.

[6] MGH.SS XIX, 282.

[7] Suger, Vita Ludovici, MGH.SS XXVI, 51; Vita Ludovici Grossi, hrsg. von Lecoy de la Marche, 114; vgl. Foreville, Latran I (s. Anm. 4) 159, Anm. 35.

[8] Leonardi, Per la tradizione (s. Anm. 4) 60.

[9] Libellus de ordine donorum S. Spiritus, MGH.LL III 28.

can. 16: die Mönche sind zur Verwaltung der Sakramente und zur Zelebration feierlicher Messen an die Erlaubnis des Bischofs gebunden) und zeigt sich auch in der Kanonisation des früheren Bischofs Konrad von Konstanz († 975). Der Kanon 10 gab dem Kreuzfahrerwesen einen neuen Impuls mit der dreifachen Zielsetzung: die Indulgenz für den Kreuzfahrer bekannt zu machen; dessen Haus, Familie und Besitz unter den Schutz der römischen Kirche zu stellen; das Kreuzzugsgelübde zu disziplinieren.

Außerdem mußte sich die Versammlung mit mehreren Fällen umstrittener Jurisdiktionen befassen. Der vom Papst während des Konzils geweihte Erzbischof Adalbero von Hamburg-Bremen wurde als Metropolit für ganz Skandinavien auf Betreiben des Kaisers bestätigt, obwohl schon 1104 durch Einrichtung der Metropole Lund die dänische Kirchenprovinz von der Hamburger Jurisdiktion abgetrennt worden war[10]. Wegen Korsika, das 1092 durch Urban II. der Metropole Pisa unterstellt worden war, kam es zu stürmischen Debatten, weil die korsischen Bischöfe Widerstand leisteten und Genua die Jurisdiktion Pisas streitig machte; im Privileg Calixts II. für die Bischöfe von Korsika (6. April 1123) blieb der Anschluß an Genua unerwähnt. Das Problem wurde auf später vertagt.

Die Kanones des Ersten Laterankonzils fanden außerhalb der eigentlichen Kanonessammlungen eine nur dürftige Verbreitung. In England findet sich beispielsweise keine einzige Handschrift mit allen 17 Kanones[11].

2. *Zum Kräftespiel in Rom*

Calixt II. traf noch weitere Entscheidungen. So betraute er die Frangipani mit der Palastwache, eine relativ spektakuläre Maßnahme, um den Einfluß der Pierleoni einzuschränken und ein Gleichgewicht in der Stadt Rom zwischen den beiden großen Familien herzustellen.

a) Die römischen Familien der Pierleoni und Frangipani

Die Pierleoni gingen auf jüdische Ursprünge zurück; allem Anschein nach hatten sie ihr Vermögen als Geldverleiher erworben. Zu Beginn des 11. Jh. trat ihr Oberhaupt, Baruch, zum christlichen Glauben über. In der unmittelbaren Folge wurden die Pierleoni eine der einflußreichsten Familien der Stadt[12]. Im Konflikt zwischen Papsttum und Imperium sah sich die römische Kirche vom Beginn der Reform an gezwungen, sich der Unterstützung durch die Pierleoni zu versichern. Und diese konnten sich ihren Einfluß auch so lange erhalten, bis es 1121/22 zum Frieden zwischen Papst und Kaiser kam. Durch das Wormser Konkordat (1122) und die daraus resultierenden Umbesetzungen an der römischen Kurie,

---

[10] Vgl. Series episcoporum V/II, 39; O. Engels, Friedrich Barbarossa und Dänemark, in: Friedrich Barbarossa, hrsg. von A. Haverkamp (VuF XL), Sigmaringen 1992, 357f.

[11] M. Brett, The Canons of the First Lateran Council in English Manuscripts, in: Proceedings of the Sixth International Congress of Medieval Canon Law, Vatikanstadt 1985, 13–28. Zu den Reformkonzilien des 12. Jh. allgemein F.-J. Schmale, Systematisches zu den Konzilien des Reformpapsttums im 12. Jahrhundert, in: Archivum Historiae Conciliorum 6 (1974) 31 ff.

[12] F.-J. Schmale, Studien zum Schisma des Jahres 1130, Köln 1961, 15–28; P. Fedele, Le famiglie de Anacleto II e di Gelasio II, in: Archivio della r. Società Romana di storia patria 27 (1904) 399–403; D. Zema, The House of Tuscany and of Pierleoni in the Crisis of Rome in the Eleventh Century, in: Traditio 2 (1944) 155–175; M. Stroll, The Jewish Pope. Ideology and Politics in the Papal Schism of 1130, Leiden – New York 1987.

Das Widmungsbild eines Lektionars (um 1170, Rom, Vatikan. Bibliothek) zeigt den Abt Desiderius von Montecassino (1086 Papst Viktor III.), der dem Mönchsvater Benedikt ein Buch dediziert. Die Gebäude auf der unteren Bildhälfte symbolisieren den ausgedehnten Besitz des Benediktiner-Stammklosters. Der Vers „Mit den Häusern nimm hin, Vater, viele wunderbare Bücher“ nimmt auf diesen Grundbesitz ebenso Bezug wie auf die im 11./12. Jh. berühmte Schreibschule von Montecassino.

Die Sitte, der Verstorbenen des eigenen und des befreundeten Konvents jährlich am Todestag zu gedenken (Gebetsverbrüderung), war vornehmlich in den Klöstern Deutschlands und Frankreichs verbreitet. Ein „Liber memoriae“ (Nekrolog) wurde nicht nur deswegen angelegt, sondern auch weil so viele Essen an Arme ausgegeben werden mußten, wie am betreffenden Tag Verstorbener zu gedenken war. – Rotulus mortuorum (13. Jh.), Gent, St-Bavo.

In den Manuskripten der Klosterschreibstuben finden sich immer wieder Illustrationen, die das tätige Leben der Mönche und ihrer Hintersassen zeigen. Eine Handschrift (11. Jh.) aus Montecassino beschreibt die Arbeit der vier Jahreszeiten, hier die Weinlese. – Die Miniatur in dem Werk *De origine rerum* des Rhabanus Maurus zeigt in einer Abschrift des 11. Jh. aus Montecassino Arbeiter bei der Errichtung eines Turms, die dem heutigen Betrachter verdeutlicht, mit welch einfachen Hilfsmitteln die Baumeister des Hochmittelalters die Gotteshäuser der Romanik errichtet haben, bevor im Spätmittelalter beispielsweise mechanische Aufzüge eingesetzt werden konnten. – Ein wichtiges Thema mönchischen Zusammenlebens in der Benediktregel war die Einhaltung von Zucht und Ordnung. Die Miniatur in einer Abschrift der *Dialoge* Gregors d. Gr. (12. Jh., Brüssel, Königl. Bibliothek) zeigt Benedikt, der einen Mönch rügt, weil er von Nonnen Geschenke annahm. – Singende und musizierende Mönche sowie ein Mönch an der Orgel, deren Blasebälge von einem zweiten Mönch bewegt werden. Miniaturen auf der Seite einer Handschrift aus Peterborough (um 1300). – Brüssel, Königliche Bibliothek.

besonders durch die Ernennung Haimerichs an die Spitze der Kanzlei, mußten sie dann eine erhebliche Machteinbuße hinnehmen.

Auch die Frangipani werden erstmals zu Beginn des 11. Jh. in den Quellen erwähnt[13]: Der gesellschaftliche Aufstieg dieser zum niederen Adel gehörenden Familie zeichnete sich schon 1014 ab, als ein Leo *qui dicitur Fragapane* als Zeuge eines Schiedsspruches auftrat, in dem es um die mächtige Abtei Farfa ging. Das Gebiet der Frangipani in der Stadt Rom erstreckte sich zwischen dem Circus Maximus, der Kirche Santa Maria Nuova und dem Kolosseum. Bald mit der römischen Kirche, bald mit dem Kaiser verbündet, in der Stadtpolitik in Rivalität zu anderen Adelsgeschlechtern, erst gegen die Pierleoni und dann gegen die Annibaldi, beherrschten sie die Wechselfälle des römischen politischen Alltags über mehrere Generationen hinweg. Den Gipfel ihrer Macht erreichten sie mit der Wahl Honorius' II. (1124); ihr politischer Niedergang dagegen zeichnete sich seit der Mitte des 12. Jh. ab.

b) Entscheidungen an der Kurie

Als nächstes beschloß Calixt II., das Kardinalkollegium in seiner Zusammensetzung zu erweitern, was er durch die Berufung von zehn neuen Kardinälen in die Wege leitete. Die Ereignisse im Zusammenhang mit dem Schisma von 1130 sollten zeigen, welch weitreichende Konsequenzen die Wahl dieser neuen Kardinäle nach sich zog. Durch die Ernennung von Männern aus Norditalien und Südfrankreich brach Calixt II. mit der Vergangenheit. Mit dem Franzosen Haimerich, den er zum Kardinal von Santa Maria Nuova ernannte und dem er die Leitung der Kanzlei anvertraute, setzte der Papst eine Persönlichkeit mit außerordentlichen Qualitäten an die Spitze des zentralen Organs der Kurie, der die päpstliche Politik für die nächsten zwanzig Jahre mit fester Hand leiten sollte.

c) Der starke Mann: Kanzler Haimerich

Historisch bezeugt ist Haimerich erst vom Moment seiner Ernennung zum Kanzler an. Aus Burgund, dem Mutterland der Gregorianischen Reform[14] gebürtig und mit der Familie von Châtre verbunden, unterhielt er enge Beziehungen zu den Zisterziensern von Noirlac. Darum hat man auch immer wieder angenommen, daß er Bernhard von Clairvaux schon aus seiner Jugendzeit her gekannt habe. Haimerich scheint mit der Bewegung der Regularkanoniker in Verbindung gestanden zu haben; jedenfalls sind Schenkungen seinerseits an die Kanoniker von Santa Maria in Rheno in Bologna und von Sankt Viktor in Paris bekannt[15]. Während seines Kardinalats – er rekognoszierte über einen Zeitraum von fast achtzehn Jahren alle päpstlichen Privilegien – verstand er es, ein Netz von Beziehungen (zu Bernhard von Clairvaux, Petrus Venerabilis, Norbert von Xanten) zu knüpfen im Interesse der Kirchenpolitik Calixts II. und Honorius' II. und dann auch der Kandidatur Inno-

[13] P. Fedele, Sull'origine dei Frangipane, in: ASRSP 33 (1910) 493–506; ders., Pierleoni e Frangipane nella storia medievale di Roma, in: Roma 15 (1937) 1–12.

[14] Zu Kanzler Haimerich s. bes. Schmale, Studien (s. Anm. 12) 91–191; vgl. R. Hüls, Kardinale, Klerus und Kirchen Roms 1049–1130, Tübingen 1977, 236.

[15] Zweifel hinsichtlich der Brauchbarkeit des Nekrologs von S. Maria in Rheno s. J. Fried, Die römische Kurie und die Anfänge der Prozessliteratur, in: ZSRG.K 59 (1973) 151–174.

zenz' II. Bernhard von Clairvaux sah in ihm die einflußreichste Kraft an der römischen Kurie[16]. Seine Ideale einer rigorosen Lebensführung und seine hohe Meinung von Amt und Aufgabe des Priesters sind ohne Zweifel auf die reformerischen Prinzipien der *vita apostolica* zurückzuführen. Er war sich durchaus bewußt, daß die Differenzen mit den Pierleoni vor allem auf diese seine Prinzipientreue zurückzuführen waren[17]. Nach dem Ende des langen Schismas von 1130 starb er am 28. Mai 1141.

3. Ikonographische Selbstdarstellung

Die von der Reform angestrebten Ziele fanden gegen Ende des 11. Jh. unter dem Einfluß der Reformkardinäle Oderisius von Montecassino, Leo von Ostia und Johannes von Gaëta in der römischen Kirche von San Clemente einen starken künstlerischen Ausdruck. Die ersten Päpste wurden hier ikonographisch hervorgehoben; die antikisierende Form der Fresken „offenbart deutlich ihren Wunsch, die reformierte und erneuerte Kirche im Gewand der Urkirche, die ihr Vorbild war, darzustellen"; man ersetzte das deutsche Vorbild durch Orientierung am byzantinischen Stil[18].

Nach dem *Liber Pontificalis*[19] war es Papst Calixt II., der im Lateran eine dem hl. Nikolaus geweihte Kapelle errichten ließ und bildliche Darstellungen in Auftrag gab. Der Abschluß der Bemalung erfolgte, wie aus einer Inschrift hervorgeht, unter Anaklet II. In der oberen Zone erkennt man die gekrönte Jungfrau, zu ihren Füßen die knienden Stifter Calixt II. (rechts) und Anaklet II. (links). Im Zentrum der unteren Zone befindet sich der hl. Nikolaus, von den Reformpäpsten (Gelasius II., Paschalis II., Urban II., Alexander II., Gregor VII. und Viktor III.) sowie von Leo I. und Gregor I. umgeben. Alle Päpste, auch die zeitgenössischen, hatten Nimbus und Attribut eines *sanctus.* Es handelt sich um eine wirkliche „Apotheose der Päpste der Gregorianischen Reform"[20].

Neben dieser Nikolauskapelle ließ Calixt II. noch weitere Gemälde ausführen, deren politische Implikationen keinem seiner Zeitgenossen entgehen konnten[21]. Dort waren alle Schismen, die die römische Kirche seit Alexander II. belastet hatten (Alexander II. – Honorius II.; Gregor VII., Viktor III., Urban II. – Clemens III.; Paschalis II. und seine drei unbedeutenden Gegenpäpste), dargestellt. Der „wahre" Papst saß, von seinen Bischöfen umgeben, mit Pallium und Tiara angetan, auf einem Thron; der Gegenpapst kauerte als Besiegter zu seinen Füßen[22]. Dieses Fresko stellte den Triumph Calixts II. nach dem Worm-

---

[16] Er richtete 15 Briefe an ihn, vgl. Schmale, Studien (s. Anm. 12) 101.

[17] Gerhoh, Epistola ad Innocentium papam, in: MGH.LL III, 227; vgl. Schmale, Studien (s. Anm. 12) 184ff.

[18] Vgl. H. Toubert, Rome et le Mont-Cassin: Nouvelles remarques sur les fresques de l'Église inférieure de Saint-Clément de Rome, in: ders., Un art dirigé: Réforme grégorienne et iconographie, Paris 1990, 193–238.

[19] Liber Pontificalis II, 323.

[20] G. B. Ladner, Die Papstbildnisse des Altertums und des Mittelalters, I, Vatikan 1970, 202–212, zufolge zeigt sich an dieser vollständigen Reihe der Päpste von 1061 bis 1124, an welchem Punkt den Auftraggebern bewußt geworden war, daß eine neue Seite in der Geschichte aufgeschlagen war; vgl. H. Bloch, The Schism of Analectus II and the Glaufeuil Forgeries of Peter the Diacon, in: Traditio 8 (1952) 178–180.

[21] Diese Gemälde sind nicht erhalten, aber durch Abbildungen in einer Handschrift der Bibliotheca Vaticana (Vat.lat. 5407) bekannt, die die Werke Onofrios Panvinio enthält; s. Ladner, Die Papstbildnisse (s. Anm. 20) 202ff, 254, und I. Herklotz, Der mittelalterliche Fassadenportikus der Lateranbasilika und seine Mosaike. Kunst und Propaganda am Ende des 12. Jahrhunderts, in: Röm. Jb. für Kunstgesch. 25 (1989) 87ff.

[22] Die Bezeichnung Antipapa, die hier nicht auftaucht, war im übrigen nicht alt. Sie kommt zum ersten Mal

Von den die päpstliche Vormachtstellung betonenden Fresken Calixts II. in der Nikolauskapelle im Lateran geben die barocken Nachzeichnungen von Rasponi nur eine ungefähre Vorstellung. Gegen die Beischrift des Bildes, das den Empfang eines Kaisers durch den Papst zeigt, welcher als oberster Lehnsherr bezeichnet wird, erhob Kaiser Barbarossa scharfen Protest.

ser Konkordat dar, letzteres zu sehen in Gestalt eines auseinandergefalteten Dokuments, das Papst und Kaiser (Heinrich V.) zusammen vorzeigten, wodurch sein Vertragscharakter unterstrichen wurde. Allerdings kommt darin, daß nur der Papst sitzt, der Vorrang der geistlichen Gewalt gegenüber der weltlichen zum Ausdruck.

4. Honorius II.

Lambert stammte aus Fagnano (unweit von Imola) aus bescheidenen Verhältnissen[23]. Über seinen Werdegang vor der Erhebung zum Kardinal wissen wir nichts außer der Tatsache, daß er Archidiakon an der Kathedrale von Bologna war. Sein Name taucht unter den

nach dem Wormser Konkordat in der ‚Geschichte der Kirche von York' des Kantors Hugo von York um 1127 vor. Dabei war die Assoziation zwischen „Antipapa" und „Antichrist" – so bezeichnete Bernhard von Clairvaux den Petrus Pierleone – ausschlaggebend; vgl. M. E. Stoller, The Emergence of the Term Antipapa in medieval usage, in: AHP 23 (1985) 43–61.

[23] LP, II, 227.

Wählern Gelasius' II. auf; zweifellos war er einer seiner einflußreicheren Ratgeber. In seiner Eigenschaft als Kardinalbischof von Ostia kam Lambert nach Cluny, um Calixt II. zu weihen. Bei den Verhandlungen um das Wormser Konkordat zur Beendigung des Investiturstreites (8.–19. September 1122) spielte er als einer der Kardinallegaten eine entscheidende Rolle. Im Frühjahr 1124 tauchte er wieder in Rom auf. Am 13. oder 14. Dezember 1124 starb Calixt II., und es gelang den Pierleoni, ihren Kandidaten, Theobald (Buccapecus), Kardinalpriester von Santa Anastasia, zum Papst zu erklären; er nannte sich Coelestin II., Robert Frangipani jedoch verordnete Stillschweigen über diese Wahl und ließ Lambert von Ostia durch Akklamation zum Papst ausrufen, der von den meisten der anwesenden Kardinäle anerkannt wurde. Lambert bestieg den päpstlichen Stuhl unter dem Namen Honorius II. Um seine Wahl als rechtmäßig anerkennen zu lassen, unterzog er sich jedoch einer Neuwahl und legte am 21. Dezember vor den versammelten Kardinälen die Zeichen der päpstlichen Würde ab. Als die Kardinäle „seine Demut sahen" und im übrigen sehr daran interessiert waren, „für die Zukunft keine Neuerung in der römischen Kirche einzuführen, stimmten sie für Honorius, huldigten ihm und versprachen ihm den gewohnten Gehorsam als ihrem Hirten und dem universalen Papst"[24].

5. Ekklesiologische Auswirkungen: das Decretum Gratiani

Kann man sagen, daß die große kirchliche und politische Neuorientierung der römischen Kirche vor und nach dem Wormser Konkordat unmittelbare Auswirkungen auf die Entstehung der Kirchenrechtssammlung Gratians, dieses „Vaters der kanonischen Rechtswissenschaft"[25], gehabt hat, wie behauptet worden ist?

Mit diesem Werk[26], dessen vollständiger Titel *Concordantia discordantium canonum* lautet, bald allgemein als *Decretum Gratiani* bekannt, gelang es, durch Anwendung einer neuen Methode, wie sie zuerst in der frühscholastischen Theologie zum Studium patristischer Texte verwendet worden war, auch im kanonischen Recht über die bis dahin benutzten Sammlungen hinauszugelangen. Gratian gab den Kanonisten die Mittel an die Hand, die Widersprüche zwischen einzelnen Kanones aufzulösen und unterschiedliche Lehren miteinander in Einklang zu bringen. So war das Dekret Gratians eine sowohl methodische als auch umfassende Sammlung der vielfältigen und breiten Rechtstradition der Kirche.

a) Kontroversen

Viel Tinte ist geflossen zum Beweis einer These[27], nach der Gratian das römische Recht ausnahmslos verworfen habe im Bemühen, die politischen Absichten Paschalis' II. zu unterstützen, nämlich das Problem des Investiturstreites durch die völlige Trennung der *spiritualia* und *temporalia* zu lösen; erst nach dem Wormser Konkordat habe die junge Rechtsschule von Bologna Gratians Werk durch Übernahmen aus dem Codex Iustinianus und den Digesten vervollständigt. Auf der anderen Seite zeigt sich nach systematischem

---

[24] Ebd.; zu Kardinal Theobald s. Hüls, Kardinäle (s. Anm. 14) 149.
[25] S. Kuttner, The Father of the Science of Canon Law, in: The Jurist 1 (1940) 1–19.
[26] Corpus Iuris Canonici, hrsg. von E. Friedberg, Leipzig 1879 (Ndr. Graz 1955–59).
[27] A. Vetulani, Le Décret et les premiers Décrétistes à la lumière d'une source nouvelle, in: Studia Gratiana 7 (1959) 273–353.

Im „Dictatus papae“ und im „Decretum Gratiani“ sind die Ansprüche und Vorrechte des Papsttums, um die es im Investiturstreit ging, eindeutig formuliert. Die Machtstellung des Papstes unterstreicht auch diese Miniatur (14. Jh.) in einer Kopie des Gratiantextes (Paris, Nationalbibliothek).

Studium des Dekretes in ekklesiologischer Hinsicht[28] eine grundlegende Übereinstimmung zwischen dem Denken des großen Kanonisten und den ekklesiologischen Vorstellungen, wie sie Haimerich vertrat, der seine Machtstellung bald nach dem Wormser Konkordat antrat. So kann man die Kompilation des Dekretes auch in einem direkten Zusammenhang mit dem Programm des Kanzlers Haimerich sehen.

Diese Thesen mögen „ziemlich radikal“ erscheinen[29], obwohl systematische Untersuchungen über die Struktur des Dekretes die Hypothese, wonach Texte des römischen Rechts aller Wahrscheinlichkeit nach im Original nicht vorhanden waren, bestätigt haben. Sie sind wohl erst nachträglich in das Dekret eingefügt worden, nicht um Lücken zu füllen, sondern um das kanonische Recht römischen Prinzipien anzupassen[30]; folglich muß man vom „Eindringen des römischen Rechts in das kanonische Recht“ sprechen[31]. Zweifel ergaben sich in ähnlicher Weise auch in chronologischer und biographischer Hinsicht. Frühestens fand das Dekret zu Beginn der vierziger Jahre des 12. Jh. Verbreitung[32]. Gratian dürfte den größten Teil der dreißiger Jahre hindurch mit der Redaktion beschäftigt gewesen sein. Dies würde zeitlich zusammenpassen mit der besonderen Stellung, die die Kanones des Zweiten Laterankonzils (1139) im Dekret einnehmen, da sie später eingefügt worden sein können[33].

---

[28] S. Chodorow, Christian Political Theory and Church Politics in the Mid-Twelfth Century: The Ecclesiology of Gratian Decretum, Berkeley 1972; vgl. die kritische Auswertung bei R. L. Benson, in: Speculum 50 (1975) 97–106.

[29] S. Kuttner, Research on Gratian: Acta and agenda, in: Proceedings of the Seventh International Congress of Medieval Canon Law, Vatikanstadt 1988, 20f.

[30] J. Rambaud-Buhot, Le legs de l'ancien droit: Gratien, in: G. le Bras – C. Lefebvre – J. Rambaud, L'Age Classique 1140–1378, I: Sources et théories du droit, Paris 1976, 125–128.

[31] P. Legendre, La pénétration du droit romain dans le droit canonique classique de Gratien à Innocent IV, Paris 1964; vgl. auch V. Piergiovanni, Il primo secolo della scuola canonistica di Bologna: Un ventennio di studi, in: Proceedings (s. Anm. 11) 241–256.

[32] „... as early as the early 1140's“, vgl. Kuttner, Research (s. Anm. 29) 6.

[33] Kuttner, Research (s. Anm. 29) 19; die These von J. T. Noonan Jr., Was Gratian approved at Ferentino,

b) Gratians Biographie

Die Biographie Gratians ist bis heute unsicher[34]. Wahrscheinlich war er Mönch[35], aber was seine, vor dem 18. Jh. nicht erwähnte, Zugehörigkeit zum Orden der Kamaldulenser betrifft, so ist Vorsicht geboten[36]. Das Kloster St. Felix und Nabor in Bologna, wo Gratian gelebt und unterrichtet haben soll, wird in den Privilegien Honorius' II. (1125), Innozenz' II. (1136) und Eugens III. (1147) für diesen Orden nicht erwähnt[37]. Der Titel eines *magister* wird ihm allerdings von Anfang an zugeschrieben. Die ältesten Glossen in den Handschriften des Dekretes stammen aus einer Schule. Um 1170 spricht Simon von Bisignano von Gratian als *magister noster*[38].

c) Aufbau des Dekretes

Das Dekret ist in den meisten Handschriften und modernen Editionen in drei Teile unterteilt *(Distinctiones, Causae, Tractatus de consecratione)*. Diese „relativ merkwürdige" Unterteilung[39] ist möglicherweise nicht ursprünglich; vielleicht geht sie auf Revisionen durch die Dekretisten zurück. Ursprünglich enthielt das Werk Gratians nichts über die *rescripta*, das Delegieren von Autorität, das gerichtliche Verfahren, das Ergebnis von Urteilssprüchen in der Berufung, die Benefizien, die Straf- und Ehegerichtsbarkeit. Erst Dekretisten haben diese Lücken durch Hinzufügen von *paleae* geschlossen[40].

III. Das Schisma von 1130

Nach dem Tod Honorius' II. (13. Februar 1130) ließ Haimerich sogleich eine Kommission von acht Kardinälen benennen mit der Aufgabe, den neuen Papst zu wählen. Zwei ihrer Mitglieder traten jedoch zurück, von denen einer als Anaklet II. dann wieder auftauchte. Währenddessen wurde Gregor von S. Angelo von zwanzig Kardinälen, darunter die sechs

---

in: BMCL NS 6 (1976) 15–27, wonach das Decretum Gratiani von Eugen III. 1150–51 in Ferentino genehmigt worden sein soll, ist nicht haltbar, vgl. P. Classen, Das Decretum Gratiani wurde nicht in Ferentino approbiert, in: ebd., 8 (1978) 38–41.

[34] Die Problematik der Biographie Gratians untersucht kritisch erneut Kuttner, Research (s. Anm. 29) 3–26; vgl. schon die kritische Untersuchung von R. Metz, Regard critique sur la personne de Gratien, auteur du Décret 1130–1140, d'après les résultats des dernières recherches, in: Revue des sciences religieuses 58 (1984) 64–76.

[35] Der einzige Beleg aus dem 12. Jh. findet sich in der Summa Parisiensis, redigiert vor 1170, also 30 Jahre nach dem Dekret und weit von Bologna entfernt: „quia ipse monachus erat"; vgl. Kuttner, Research (s. Anm. 29) 6.

[36] J. T. Noonan Jr., Gratian slept here. The Changing Identity of the Father of the Systematic Study of Canon Law, in: Traditio 34 (1978) 145–172; C. Mesini, Postille sulla biografia del ‚Magister Gratianus', in: Apollinaris 54 (1981) 509–534.

[37] Kuttner, Research (s. Anm. 29) 6.

[38] Die These von P. Classen, Studium und Gesellschaft im Mittelalter (hrsg. von J. Fried), Stuttgart 1983, 32, wonach die Lehrtätigkeit Gratians sehr unsicher sei, ist zu radikal, vgl. Kuttner, Research (s. Anm. 29) 9f, vgl. aber auch M. Groten, Der Magistertitel im Deutschen Reich des 12. Jahrhunderts, in: HJ 113 (1993) 21–40, wonach der Magistertitel schon nicht mehr eine Lehrtätigkeit zwingend voraussetzte.

[39] Kuttner, Research (s. Anm. 29) 10.

[40] Es bezeichnet *auctoritates*, Texte, die Gratian nicht selbst in sein Dekret eingefügt hatte; vgl. DDC IV, 614f.

verbliebenen Kommissionsmitglieder, gewählt. Der neue Papst, der den Namen Innozenz II. erhielt, wurde mit dem Purpurmantel im Lateran investiert, wohin er sich im Schutz der Frangipani hatte begeben können. Petrus von Pisa, der versierteste Kanonist im Kardinalkollegium, protestierte vergeblich gegen das unkanonische Wahlverfahren. Zur selben Zeit hatte sich die Mehrheit der Kardinäle (21) in der Kirche San Marco versammelt. Als Petrus von Pisa sie von der Wahl Kardinal Gregors informierte, schritten sie ohne weitere Formalitäten zur einstimmigen Wahl des Kardinalpriesters von Santa Maria in Trastevere, Petrus Pierleone, der den Namen Anaklet II. annahm. Diese Wahl war sicher nicht weniger problematisch als die andere, aber Anaklet II. war, wie Bischof Eberhard II. von Bamberg diese Ereignisse dreißig Jahre später beschrieb, von der Mehrheit der Kardinäle gewählt worden und dazu von Männern, die sich einer großen Autorität erfreuten. Trotz der Papstwahlordnung von 1059 war eine Wahlversammlung immer noch nicht vor Turbulenzen geschützt, zumal sich eine Abstimmung nach Köpfen in allen Wahlgremien noch nicht durchgesetzt hatte. Der Fehler dieser Wahl ist in der Uneinigkeit des Kardinalkollegs zu suchen, das nicht zu einer einheitlichen Wahlstätte fand, weil es in Parteigänger der Frangipani und Pierleoni gespalten war[41].

1. Gregor Papareschi, Innozenz II.

Die Familie Gregors – die Papareschi oder de Paparone[42] – stammte aus dem römischen Trastevere. Sein Aufstieg in die römische Kurie vollzog sich sehr rasch[43]. 1116 wurde er zum Kardinal von S. Angelo in Pescheria erhoben[44] und im gleichen Jahr zum Legaten nach Pavia ernannt; 1118 nahm er an der Wahl Gelasius' II. teil, den er dann von Rom nach Pisa begleitete. Außerdem gehörte er zur unmittelbaren Umgebung Calixts II. auf dessen Reisen durch Frankreich und Norditalien. Auf einer wichtigen Legation nach Frankreich begleitete er seinen späteren Rivalen Petrus Pierleone. Im Frühjahr 1122 nach Rom zurückgekehrt, brach er im Herbst nach Deutschland auf: In Worms führte er zusammen mit den Kardinallegaten Lambert von Ostia und Saxo von S. Stefano die schwierigen Verhandlungen mit Kaiser Heinrich V. um die Beendigung des Investiturstreits. Auf dem Ersten Laterankonzil war er mit den heiklen Untersuchungen zum Konflikt zwischen Pisa und Genua beauftragt. Im folgenden Jahr bereiste er Frankreich (Sées, Limoges, Chartres, Morigny, Châlons, Reims, Noyon, Beauvais und Saint-Denis), um die Konzilsbeschlüsse dort bekannt zu machen. Nach Rom zurückgekehrt, übernahm er dann anscheinend das wichtige Amt des Archidiakons.

2. Petrus Pierleone, Anaklet II.

Petrus aus der Familie der Pierleoni studierte in Paris und trat vor 1116 als Mönch in Cluny ein; zu diesem Datum wurde er von Paschalis II. nach Rom berufen und zum Kardinaldia-

---

41 Vgl. J. Haller, Das Papsttum, Idee und Wirklichkeit, Stuttgart 1952, III 34f; Schmale, Studien (s. Anm. 12) 145ff; Ullmann, Kurze Geschichte (s. Anm. 2) 163–165; Stroll, The Jewish Pope (s. Anm. 12) 82ff.

42 Hüls, Kardinäle (s. Anm. 14) 224, Anm. 2.

43 Vollständige Rekonstruktion seiner Biographie: H.-W. Klewitz, Reformpapsttum und Kardinalkolleg, Darmstadt 1957, 133; Hüls, Kardinäle (s. Anm. 14) 223.

44 Erste Unterschrift: 24. Mai 1116.

kon von SS. Cosmas und Damian ernannt[45]. 1118 spielte er bei der Wahl Gelasius' II. eine wichtige Rolle und mußte dann, infolge von Tumulten, die die Frangipani, die Gegner dieser Wahl, geschürt hatten, nach Cluny flüchten. Dort befand er sich noch, als der Papst starb. Petrus gehörte zu den Kardinälen, die die Nachfolge Erzbischof Guidos von Vienne (Calixt II.) auf den päpstlichen Stuhl unterstützten; mit ihm hatte er einige Monate gemeinsam in Frankreich verbracht, wohin er 1120 im Zuge einer Legation zurückkehrte, die ihn dann weiter nach England, Schottland, Irland und bis zu den Orkney-Inseln führte. Eine zweite Legation nach Frankreich (1123–24) gestattete ihm eine Unterstützung der neuen Orden: Petrus besuchte Stephan von Muret in Grandmont und überbrachte Norbert von Magdeburg, dem Gründer des Prämonstratenserordens, die Approbation seiner Consuetudines. Bei seiner Rückkehr nach Rom im Frühjahr 1125 fand er dort einen neuen Papst vor, Honorius II., der ihm mit großer Zurückhaltung begegnete.

3. Erklärungsversuche des Schismas von 1130

Trotz langer Diskussionen in einer reichhaltigen Literatur ist es bisher nicht gelungen, die Ursachen für die Doppelwahl von 1130 vollständig zu erhellen. Oft wurde das Schisma als Ergebnis der Konflikte zwischen den Frangipani und den Pierleoni erklärt. Eine komplexere Interpretation hat in den letzten Jahrzehnten dagegen zu einem weitgehenden Konsens unter Historikern geführt. Hans-Walter Klewitz, Herman Bloch und Franz-Josef Schmale suchen die Ursache des Schismas in den beiden Gruppen miteinander rivalisierender Kardinäle, die unterschiedliche Vorstellungen über die Rolle des Papsttums und der römischen Kurie vertraten. Es handelte sich bei den Parteigängern Anaklets II. um ältere, aus Rom oder Süditalien stammende Kirchenmänner, die nach der Tradition des benediktinischen Mönchtums verhaftet gewesen waren; von Paschalis II. in den Kardinalat aufgenommen und in der Mehrzahl Kurialisten mit einer entsprechenden Karriere, repräsentierten sie noch das Reformpapsttum aus der Zeit vor dem Wormser Konkordat. Auf der Gegenseite ständen die von Calixt II. und Honorius II. eingesetzten „Novizenkardinäle", wie man sie nennen möchte. Sie stammten aus den umtriebigen norditalienischen Städten und aus Frankreich und hatten vor ihrem Eintritt in den Kardinalat keine nennenswerte Verbindung zur römischen Kurie gehabt; sie, die jetzt Innozenz II. gewählt hatten, standen den neuen monastischen Kongregationen und den Regularkanonikern näher und waren selbst für die neuen spirituellen und intellektuellen Strömungen ihrer Zeit aufgeschlossen. Ihr Bild von der Kirche war von den Schatten des Konflikts mit dem Imperium weitgehend frei. So gesehen markierte die Doppelwahl von 1130 das „Ende des Reformpapsttums"[46] aus der Zeit vor dem Wormser Konkordat[47]. Gleichzeitig träte in ihr eine entscheidende Divergenz ekklesiologischer und ideologischer Natur zu Tage. Demgegenüber wären dann die Rivalität zwischen den Frangipani und Pierleoni, die politischen Probleme der Stadt

---

[45] Erste Unterschrift: 24. März 1116, vgl. dazu bes. Schmale, Studien (s. Anm. 12) 65. Zu den Quellen siehe auch P. F. Palumbo, Lo scisma del MCXXX, Rom 1942, 3–50. Vgl. Stroll, The Jewish Pope (s. Anm. 12) 144.

[46] So der Titel des grundlegenden Aufsatzes von H.-W. Klewitz, in: DA 3 (1939) 371–412.

[47] Bloch, The Schism (s. Anm. 20) 164, möchte die Definition von Klewitz in diesem Sinne konkretisieren, indem er berechtigterweise darauf hinweist, daß die Bezeichnung „Reformpapsttum" nicht eindeutig sei, da auch die Nachfolger Calixts II. Reformpläne hatten.

Rom, die Rangfragen im Kardinalkollegium (Kardinalbischöfe gegen Kardinalpriester) kaum mehr als nur Scheinprobleme gewesen.

Diese so evident scheinende historiographische Position muß teilweise korrigiert werden. Die Bemerkung des Petrus von Porto[48], Gregor von S. Angelo sei 1130 von den *cardinales novitii* gewählt worden, scheint korrekt zu sein: Zehn der Kardinäle, die Innozenz II. gewählt hatten, waren erst nach dem Wormser Konkordat in den Kardinalat erhoben worden, entweder durch Calixt II. oder durch Honorius II.[49] Eine genaue Untersuchung der Zusammensetzung des Kardinalkollegiums zu dieser Zeit[50] zeigt aber auch, daß es in beiden Gruppen Kardinäle römischer Herkunft gab[51], und ferner, daß die Verbindungen, die einige der Kardinäle Innozenz' II. zu den Regularkanonikern gehabt haben sollen, auf irrigen Informationen beruhen[52]. Andererseits bestätigt sich hier, daß die meisten Wähler Innozenz' II. aus Städten in Mittelitalien und Frankreich stammten.

Von den 21 Kardinälen, die für Anaklet II. stimmten, gehörte allerdings die Hälfte einer älteren Generation an; neun waren immerhin noch von Paschalis II., dem „Papst ihres Herzens"[53], ernannt worden und hatten die letzte Phase des Investiturstreites miterlebt. Was ihre geographische Herkunft betrifft, so ist Vorsicht am Platze, da nur fragmentarische Informationen darüber bestehen. Zwei von ihnen stammten jedenfalls aus Pisa und aus Frankreich. Auch die These, Haimerich habe die vor 1123 erhobenen Kardinäle entmachtet, muß revidiert werden, da die Hälfte der Wähler Anaklets ausgerechnet unter Calixt II. und Honorius II. in das Kardinalkollegium aufgenommen worden ist[54]. Vielmehr hat es eine Partei Haimerichs mit einem klar umrissenen und von vornherein festgelegten Programm unter den Kardinälen nicht gegeben. Im Gegenteil scheint es, daß sich – über alle Unterschiede des Alters, der Herkunft und des Ranges hinweg – um die starke Persönlichkeit des Kanzlers Haimerich eine Gruppe von Kardinälen scharte, der es vor allem um die kirchlichen und politischen Probleme zu tun war, die sich der römischen Kirche nach dem Wormser Konkordat stellten. Es war beinahe unvermeidlich, daß in einer solchen Situation über dieselben Fragen Uneinigkeit ausbrach, deretwegen es schon bei der Verlesung der Zugeständnisse von Worms auf dem Ersten Laterankonzil zum Streit gekommen war.

In einer jüngeren Veröffentlichung versucht Mary Stroll[55] an die Geschichtsschreibung vor Klewitz und Schmale anzuknüpfen. Das Schisma von 1130 sei nicht durch ideologische Meinungsverschiedenheiten im Kardinalkollegium entstanden, sondern habe sich aus lo-

---

[48] MGH.SS X 485; die Stellung, die Petrus Senex, Bischof von Porto seit 1102, bezog, war im übrigen sehr nuanciert: Im Unterschied zu dem von den Wählern Innozenz' II. praktizierten Wahlverfahren sei die Wahl Anaklets II. durchaus rechtmäßig gewesen, er enthielt sich aber jeglicher persönlicher Angriffe auf Innozenz II. und forderte seine Mitbischöfe im Kardinalat brieflich auf, die Einheit der Kirche wiederherzustellen.

[49] W. Maleczek, Das Kardinalkollegium unter Innocenz II. und Anaklet II, in: AHP 19 (1981) 33.

[50] L. Pellegrini, La duplice elezione papale del 1130. I precendenti immediati e i protagonisti, in: Contributi dell'Istituto di storia medioevale, I, Mailand 1969, 265–302; ders., Osservazioni sulle fonti per la duplice elezione papale del 1130, in: Aevum 39 (1965) 45–65; Hüls, Kardinäle (s. Anm. 14) 88–254.

[51] H. Tillmann, Ricerche sull'origine dei membri del collegio cardinalizio nel XII secolo, in: RSCI 24 (1970) 441–464; 26 (1972) 313–353; 29 (1975) 363–402.

[52] P. Classen, Zur Geschichte des Papstes Anastasius IV., in: QFIAB 48 (1968) 36–63. Nur ein Kardinal, Gerhard von S. Croce (später Lucius II.), war mit Sicherheit Regularkanoniker.

[53] Bloch, The Schism (s. Anm. 20) 164.

[54] Maleczek, Das Kardinalkollegium (s. Anm. 49) 31.

[55] M. Stroll, The Jewish Pope (s. Anm. 12).

kalen Konflikten und Machtkämpfen innerhalb der Kurie ergeben; insbesondere habe sich die jüdische Herkunft Anaklets zu seinen Ungunsten ausgewirkt. Selbst wenn man annimmt, daß es in den ersten Jahrzehnten des 12. Jh. eine intensive judenfeindliche Polemik, namentlich in Frankreich[56], gegeben hat, so sind doch die Argumente für jene These, nach der die Judenfeindlichkeit eine vorrangige Rolle bei der Entstehung des Schismas gespielt habe, etwas weit hergeholt. Wir wissen nur, daß Gratian, der Bruder des späteren Papstes Anaklet II., auf dem Konzil von Reims (1119) Zielscheibe spöttischer Bemerkungen seitens der dort versammelten Prälaten war. Ordericus Vitalis zufolge wurde dort getuschelt, daß der Sohn des Pier Leone „mehr einem Juden oder Sarazenen glich als einem Christen ... sehr gut gekleidet, aber von Mißgestalt“[57].

4. Die Obödienzen

Im August 1130 war die Lage bereits für Innozenz II. politisch gewonnen. Der französische König Ludwig VI. rief in Etampes eine Synode zusammen, wo er darauf bestand, die persönliche „Würdigkeit“ der beiden Prätendenten zu prüfen. Bernhard von Clairvaux brachte noch einmal mit Überzeugungskraft seine uneingeschränkte Unterstützung für Innozenz II. zum Ausdruck; er sei von der *pars sanior* gewählt und *ordinabiliter* geweiht worden. Der deutsche König Lothar III. schloß sich den Argumenten des Legaten (des Erzbischofs von Ravenna) und insbesondere dem Urteil der Erzbischöfe Norbert von Magdeburg[58] und Konrad I. von Salzburg an. Auch Erzbischof Adalbero von Hamburg-Bremen wechselte von Anaklet zu Innozenz über[59]. Auf dem im Oktober 1130 von Lothar in Würzburg zusammengerufene Hoftag wurde Innozenz II. von seiten des Reiches offiziell anerkannt. Am 11. September 1130 ging der Papst in Saint-Gilles an Land. In Cluny teilte ihm Abt Suger von Saint-Denis die zu seinen Gunsten ausgefallene Entscheidung des französischen Königs mit.

5. Die Synode von Clermont (18. November 1130)

Der Beitritt Deutschlands wurde Innozenz II. offiziell in Clermont erklärt, wo die Bischöfe der Kirchenprovinzen von Lyon, Bourges, Vienne, Arles, Aix, Tarentaise, Narbonne, Auch und Tarragona, also des faktisch königsfreien Frankreichs bzw. Burgunds, zusammengekommen waren, um auf Betreiben des Papstes wichtige Reformdekrete zu beschließen. Inhaltlich waren sie keineswegs neu, doch wurden die in Clermont gefaßten Beschlüsse wegen der Entschiedenheit, mit der Innozenz sie in der Folge bestätigte, als sein regelrechtes „Regierungsprogramm“ bezeichnet[60].

Kanon 5 enthält einen wichtigen und neuen Beschluß. Er untersagt den Benediktinern und Regularkanonikern, nach Ablegung ihrer Profeß Medizin oder Jura zu studieren, bei-

---

[56] A. Grabois, Le Schisme de 1130 et la France, in: RHE 76 (1981) 593–612.

[57] Ordericus Vitalis, Historia Ecclesiastica, hrsg. von M. Chibnall, VI, Oxford 1978, 266–268, vgl. auch Stroll, The Jewish Pope (s. Anm. 12) 167, Anm. 44.

[58] Vgl. W. M. Grauwen, Norbert, Erzbischof von Magdeburg (1126–1134), Duisburg ²1986, 266ff.

[59] Es war für ihn eine günstige Gelegenheit, seine Metropolitanrechte über Dänemark durch Papstprivileg vom 27. Mai 1133 zurückzugewinnen, s. K. Reinecke, in: Series episcoporum V/II (1984) 40.

[60] Dazu jedoch Maleczek, Das Kardinalkollegium (s. Anm. 49) 35ff.

Die Abtei von Saint Gilles, deren dreitorige Fassade an ein römisches Triumphtor erinnert, war die erste Station auf der Reise zur Synode von Clermont, auf der 1130 Innozenz sich gegen den Gegenpapst Anaklet mit Unterstützung der Könige von Frankreich und Deutschland durchsetzen konnte.

des sehr lukrative Disziplinen. Clermont setzte hier eine Entwicklung in Gang, die von allen weiteren Synoden Innozenz' II. (Reims 1131, can. 6; Pisa 1135, can. 2; Lateran II, can. 9) und Alexanders III. (Tours 1153, can. 8) und vor allem mit der Bulle *Super Speculam* Honorius' III. (1219) fortgeführt werden sollte[61]. Das Dekret von Clermont spiegelt den Wunsch Innozenz' II., die monastische Disziplin zu stärken und den Reformforderungen der Regularkanoniker auf spirituellem Gebiet Nachdruck zu verleihen: Betont werden liturgisches Gebet, *cura animarum* und Armutsgelübde. Dies ist weniger ein Indiz für eine Abneigung der römischen Kurie gegenüber dem römischen Recht[62] als vielmehr Ausdruck des durchaus begründeten Verdachts seitens des traditionellen Mönchtums gegenüber

[61] Cartularium Universitatis Parisiensis, I, n° 32; PRESSUTTI 2267; vgl. S. KUTTNER, Papst Honorius III. und das Studium des Zivilrechts, in: Festschrift für Martin Wolf, Tübingen 1952, 79–101.

[62] Das *ius civile* fand seit Ende des 11. Jh. in den Gerichtsverfahren der römischen Kurie Aufnahme, vgl. FRIED, Die römische Kurie (s. Anm. 15) 151–174. Radulphus Niger führte um 1179/80 diese Aufnahme auf den Einfluß des Irnerius zurück, eine Legende, die verdeutlicht, welche Hochschätzung das römische Recht an der Kurie besaß, vgl. dazu auch H. KANTOROWICZ – B. SMALLEY, An English Theologian's Views of Roman Law. Peppo, Irnerius and Ralph Niger, in: Medieval and Renaissance Studies 1 (1941) 250.

einer außerhalb des Klosters erworbenen intellektuellen Bildung und den neuen Methoden der Scholastik, die nur im Bereich der freien Künste und der Theologie akzeptiert worden waren[63].

Auch der Kanon 9 enthielt Neues: Das Verbot von Ritterturnieren, die als „abscheuliche Volksbelustigungen“ *(detestabiles nundinae vel feriae)* bezeichnet wurden. Dieser Entscheidung, die auch von den anderen Synoden Innozenz' II., der Reimser Synode Eugens III. und dem Dritten Laterankonzil[64] wieder aufgegriffen wurde, lagen ursprünglich ebenfalls monastische Bedenken zugrunde[65], daß nämlich solche Turniere eine Perversion ritterlicher Werte darstellten. So rügte Jakob von Vitry noch ein Jahrhundert später in einer berühmten Predigt, daß im Turnier der Mut sich in *superbia* und die Freigebigkeit in *luxuria* verkehre[66].

6. Die Synode von Reims (18.–26. Oktober 1131)

Eine Reihe offizieller Zusammenkünfte besiegelte schließlich die Unterstützung Innozenz' II. durch die wichtigsten Herrscher der Christenheit. In Saint-Benoît-sur-Loire traf dieser mit Ludwig VI., in Chartres mit dem englischen König Heinrich I. und in Lüttich mit dem deutschen König Lothar III. zusammen. Erneut versammelte sich in Reims eine Synode. Die Reformkanones von Clermont wurden hier erneuert, dieses Mal in Anwesenheit einer größeren Zahl von Bischöfen aus Frankreich, Deutschland, England, Kastilien und Aragón. Noch kein Konzil war von so vielen englischen Bischöfen besucht worden. So kann man sagen, daß Reims in gewisser Hinsicht einen „Triumph Innozenz' II.“ bedeutete[67].

7. Italienische Synoden und die Beendigung des Schismas

Da nun der Norden Europas gewonnen war, konnte sich Innozenz II. wieder Italien zuwenden. Auf einer ersten Synode am 13. Juni 1132 in Piacenza wurden die Dekrete von Clermont und Reims auch in Italien verkündet. Einen längeren Aufenthalt in Pisa nutzte Innozenz II. 1132/33 in Zusammenwirken mit Lothar III., um diese Stadt mit Genua zu versöhnen. Die Provinzzugehörigkeit der Bischöfe Korsikas teilte er zwischen Pisa und Genua auf und erhob Genua in den Rang eines Erzstuhles. Am 30. April 1133 konnte Innozenz II. schließlich in den Lateran unter dem Schutz des deutschen Königs einziehen, den er am 8. Juni zum Kaiser krönte. Geregelt werden mußte nun auch das sich einander ausschließende Anrecht des Papstes und des Kaisers an den Mathildischen Gütern. Der Papst gab sie dem Schwiegersohn Lothars, dem Welfen Heinrich dem Stolzen, den der Kaiser

---

[63] S. KUTTNER, Dat Galenius opes et sanctio Justiniana, in: Linguistic and Literary Studies in Honour of Helmut A. Hatzfeld, Washington 1964, 237–246.

[64] S. KRÜGER, Das kirchliche Turnierverbot im Mittelalter, in: J. FLECKENSTEIN (Hrsg.), Das ritterliche Turnier im Mittelalter. Beiträge zu einer vergleichenden Formen- und Verhaltensgeschichte des Rittertums, Göttingen 1985, 401–422.

[65] Hier machte sich wahrscheinlich der Einfluß Bernhards von Clairvaux bemerkbar, vgl. ebd. 402.

[66] IACOBUS DE VITRIACO, Sermones vulgares, sermo LII, ad potentes et milites, in: J. B. PITRA (Hrsg.), Analecta Spoicilegii Solesmenis altera continuatio, II, Paris 1888, 430ff; TH. F. CRANE, The Exempla of Jacques de Vitry, Neudeln ^{2}1967, Nr. 161.

[67] FOREVILLE, Latran I (s. Anm. 4) 75.

auch als seinen Amtsnachfolger erwartete, zu Lehen. Auf diese Weise sah der in der Verfassungspolitik pragmatisch denkende Lothar den Anteil des Reiches anerkannt, zugleich aber auch vermieden, daß der Kaiser in irgendeiner Hinsicht als ein Lehnsmann des Papstes in Erscheinung treten mußte. Wenn bei dieser Gelegenheit auch das Wormser Konkordat bestätigt wurde, beweist es die Überlegenheit Lothars, der die kaiserlichen Rechte bei der Bischofseinsetzung so behandelt hatte, als ob sie mit dem Tode Heinrichs V. nicht erloschen wären[68].

Im Mai 1135 versammelten sich 113 Bischöfe und Äbte aus Italien, Deutschland, Frankreich, Ungarn, aber auch aus dem anglonormannischen und aus den iberischen Königreichen zu einem großen Konzil in Pisa, wo noch einmal die Reformkanones verkündet und Maßnahmen gegen die Schismatiker beschlossen wurden. Anaklet II. und seine Anhänger (die Bischöfe von Acera, Arezzo, Halberstadt, Lüttich, Mailand, Modena und Valence) wurden exkommuniziert oder abgesetzt.

Ebenfalls über König Roger II. von Sizilien wurde die Exkommunikation verhängt. Mit einem Schachzug ohnegleichen hatte Roger 1130 das päpstliche Schisma zu nutzen verstanden. Die normannischen Fürstentümer Unteritaliens, die je für sich ein Lehen des Papstes waren, wurden von Roger zu einem Einheitsreich „Sizilien" zusammengeführt und das Ganze am 27. September 1130 von Anaklet II. – der sich um der Anerkennung seiner Obödienz willen dazu hergab – zu Lehen genommen. Dadurch war nicht nur eine militärische Großmacht im Süden durch das Papsttum legitimiert, sondern auch ein neues Königtum zum Schaden des Imperiums, das sich auf einmal wieder seiner Lehnsrechte in Unteritalien aus der Zeit vor dem Investiturstreit entsann[69]. Bernhard von Clairvaux wußte die politische Erregung über den „Parvenu" von Sizilien zu einem militärischen Unternehmen gegen Roger zu nutzen, um Anaklet die wichtigste Stütze zu nehmen und so das Schisma zu überwinden. Während Lothar sich 1135 in Deutschland mit der staufischen Opposition aussöhnte, tagte das Konzil von Pisa gewissermaßen als Auftakt zur Vernichtung des sizilischen Reiches. Die Heerfahrt Lothars 1136/37 erreichte Eroberungen bis Bari; Apulien wurde als eigenständiges Herzogtum wiederhergestellt. Und die Frage der Lehnshoheit mündete in einen für Lothar typischen Kompromiß; Papst und Kaiser überreichten zusammen Rainulf von Alife die Lehnsfahne. Doch schon auf seiner Rückkehr von Bologna erreichte den Kaiser die Nachricht, daß Roger alles wieder zurückzuerobern im Begriff war. Innozenz ließ sich jetzt überreden, Bernhard von Clairvaux und Petrus von Pisa zum sizilischen König zu schicken. Der jedoch, wenig beeindruckt von Bernhards Beredsamkeit auf der einen und von der juristischen Spitzfindigkeit des Petrus von Pisa auf der Gegenseite, versuchte erst einmal Zeit zu gewinnen und forderte, die Frage müsse von Repräsentanten der beiden Parteien in Sizilien diskutiert werden. Diese Forderung nahmen Anaklet II. und Innozenz II. an. Vier Tage lang disputierten die Kardinäle Haimerich, Gerhard und Guido in Begleitung Bernhards von Clairvaux als Vertreter Innozenz' II. und die Kardinäle Matthäus und Gregor als Vertreter Anaklets II. Dann beschloß der König von Sizilien, seine Entscheidung auf einer Synode in Palermo bekannt zu geben. Doch der unerwartete Tod Anaklets II. (25. Januar 1138) machte den Schiedspruch und den eventuel-

[68] W. Bernhardi, Lothar von Supplinburg (Jahrbücher der Deutschen Geschichte), Leipzig 1879, 477–484.

[69] Vgl. umfassend J. Deér, Papsttum und Normannen, Untersuchungen zu ihren lehnsrechtlichen und kirchenpolitischen Beziehungen, Köln – Wien 1972.

len Obödienzwechsel Rogers II. überflüssig[70]. Daß dessen Anhänger in Viktor IV. einen neuen Papst wählten, blieb ohne jegliche Konsequenz. Er legte die päpstlichen Insignien schon am Pfingstfest (29. Mai) 1138 wieder ab.

8. Allgemeine Folgen

Das Schisma war zum guten Teil schon entschieden, als die großen Herrscher der Christenheit (die Könige von Frankreich und England sowie der Kaiser) sich auf die Seite Innozenz' II. gestellt hatten. Dieser verdankte den schließlichen Sieg seiner ungewöhnlichen Hartnäckigkeit und der wirkungsvollen Hilfe des Kanzlers Haimerich, der zu seiner Unterstützung ein Netz von internationalen Ausmaßen unter Einbeziehung des Abtes Petrus Venerabilis von Cluny, des Erzbischofs Norbert von Magdeburg, Gründer des Prämonstratenserordens, und vor allem Bernhards von Clairvaux geknüpft hatte. Der Sieg Innozenz' II. über Anaklet II. war auch ein Sieg der Reformparteien auf den Synoden von Clermont, Reims, Piacenza und Pisa sowie der Sieg einer jetzt universaler ausgerichteten Kirche, die sich der gesellschaftlichen Entwicklungen bewußt und gegenüber angestammten diplomatischen Bindungen freier geworden war. Die Anerkennung Rogers II. allerdings wurde mit folgenreichen Zugeständnissen erkauft. Innozenz II. hatte geglaubt, an Stelle des 1138 gestorbenen Rainulf von Alife den sizilischen König mit einem päpstlichen Heer in die Knie zwingen zu können; die Heerfahrt endete mit seiner Gefangennahme. Im Frieden von Mignano (Juli 1138) kam ein Kompromiß zustande. Roger erklärte sich zum Lehnsmann des Papstes, zwar getrennt für die drei Fürstentümer, aber für jedes Fürstentum seine Person; und auch sein Königstitel – fiktiv von Honorius II. schon erworben – blieb anerkannt. Was an kirchlichen, von Anaklet gewährten Privilegien fortbestehen sollte, blieb einfach ausgeklammert. Die Probleme wurden somit in eine ungewisse Zukunft verschoben, während Roger alle Rebellen seines Reiches ungehindert bestrafen konnte.

Paradoxerweise ging das Papsttum aus dem Schisma mit gestärktem Ansehen hervor. Die Betonung von *cura animarum*, Bildung des Klerus und Spiritualität der Regularkanoniker in den Reformplänen Innozenz' II. zeigt, daß die Bindung zwischen einem sich seiner wiedergewonnenen Autorität bewußten Papsttum und einer im Wandel befindlichen christlichen Gesellschaft mit inneren Spannungen stärker geworden war. Um sein Reformwerk durchzuführen, galt es für Innozenz II. ferner, sich auf eine zentralisierte, international und nicht so sehr römisch geprägte Kurie zu stützen.

IV. Das Zweite Laterankonzil (1139)

Ähnlich wie im Jahr 1123 trat auch jetzt wieder ein Allgemeines Konzil im Lateran zusammen, um die wiedererlangte Einheit der Kirche zu besiegeln. Das Konzil fand wahrscheinlich zwischen dem 3. März und dem 8. April 1139 statt[71]. Wie schon für das Erste

---

[70] Vgl. E. Caspar, Roger II. (1101–1154) und die Gründung der normannisch-sicilischen Monarchie, Innsbruck ²1904, 137–220.

[71] Zum Problem der genauen Datierung vgl. Foreville, Latran I (s. Anm. 4) 78.

Laterankonzil, scheinen auch hier einige Quellen die Teilnehmerzahl zu hoch anzusetzen[72]. Einem vertrauenswürdigen Zeugen zufolge[73] sollen mehr als hundert Bischöfe teilgenommen haben. Durch die Anwesenheit von Patriarchen und Bischöfen aus dem östlichen Mittelmeerraum erhielt das Konzil einen weit universaleren Charakter als das Erste Lateranense.

1. Sanktionen

Innozenz II., als Sieger aus dem Schisma hervorgegangen, zeigte sich unversöhnlich. Die in der Chronik von Marigny überlieferte Eröffnungsrede[74] stellt den Papst als den Ursprung dar, in dem alle kirchlichen Würden gründen[75], was schlimme Sanktionen auf der persönlichen Ebene vorausahnen ließ. Sein Rivale, den er nicht einmal mit seinem Papstnamen nannte, wurde konsequent als „invasor" (Eindringling) betrachtet: „Pierleoni hat sich dem Stellvertreter des Apostels Petrus gleichgesetzt, nicht durch den Konsens der anderen, sondern durch sein eigenes Eindrängen."[76]

Die verbale Intransigenz war von hartem und entschlossenem Durchgreifen begleitet. Alle Dekrete Anaklets II. wurden als nichtig erklärt. Die Bischöfe, die sich auf seine Seite gestellt hatten, wurden namentlich zum Fußfall vor dem Papst aufgerufen und ihrer bischöflichen Insignien (Kreuz, Ring, unter Umständen auch Pallium) entkleidet. Dieselbe Härte bekam auch der bedeutende Kanonist Kardinal Petrus von Pisa zu spüren, obwohl er sich 1137 von Anaklet getrennt und durch Vermittlung Bernhards von Clairvaux mit Innozenz II. ausgesöhnt hatte; ungeachtet der eindringlichen Fürsprache Bernhards[77] mußte er ins Exil. Erst unter dem Pontifikat Coelestins II. (1143–1144) tauchte Petrus von Pisa wieder an der Kurie auf.

2. Konzilsdekrete

Unter den Beschlüssen des Konzils nahmen die disziplinarischen Maßnahmen eine Vorrangstellung ein. Von 30 Kanones befaßten sich nur zwei (can. 23 und 30) mit Glaubensfragen; in den anderen wurden Dekrete des Ersten Laterankonzils wiederholt und weiter ausgeführt; dabei ging es um solche Fragen wie das Verbot der Eheschließung zwischen Blutsverwandten (17), Verurteilung von Wucher (13), von Mordwaffen (29), Turnieren (30), Brandstiftung (18, 19, 20), Anschlägen auf Geistliche und Mönche (15) und über den Gottesfrieden. In Kanon 25 wurde mit großer Entschiedenheit der Beschluß des Ersten Laterankonzils (can. 8) zur Laieninvestitur wieder aufgegriffen, die jetzt auf allen Ebenen kategorisch verurteilt wurde. Besonders insistiert wurde auf den Verboten der Simonie und

---

[72] 50 bis 100 in den Annalen von Gottweig, MHG.SS IX 602 u. 775; siehe auch G. Tangl, Die Teilnehmer an den allgemeinen Konzilien des Mittelalters, Weimar 1922; R. L. Poole, The English Bishops at the Lateran Council of 1139, in: EHR 38 (1923) 61–63.

[73] Annalen Ruperts von Salzburg; vgl. Leonardi, Per la tradizione (s. Anm. 4) 57–70.

[74] Hrsg. von L. Mirot, Paris 1912, 72ff; Watterich, Pontificium (s. Anm. 5) II, 250–252.

[75] In der franz. Übers. von Foreville, Latran I (s. Anm. 4) 180: „Seul l'agrément du pontife romain procure aux honneurs ecclésiastiques leur grandeur."

[76] Foreville, Latran I (s. Anm. 4) 182.

[77] Ebd., 182–183: Ep. 213, PL 182, 378.

des Verkaufs von Pfründen oder kirchlichen Ämtern (can. 1 und 2), ebenso auf dem Verbot von Ehe oder Konkubinat der höheren Geistlichen (6), der Regularkanoniker und der Vollmitglieder des Mönchsstandes (7). Die Priestersöhne wurden nicht nur von der Amtsnachfolge ihrer Väter ausgeschlossen (16), sondern überhaupt vom Priesteramt, es sei denn, sie hätten die geistlichen Gelübde abgelegt (21). Zum ersten Mal wurde hier „eine feierlich verkündete und allgemein gültige Gesetzgebung" formuliert, die der „von römischen und Provinzialsynoden schon vorgezeichneten Richtung folgte"[78].

V. Die römische Kirche zwischen 1143 und 1153

1. Coelestin II. (1143–1144)

Kardinal Guido stammte aus einer vornehmen Familie in Città di Castello (Prov. Perugia). Wahrscheinlich war er Regularkanoniker, da das Domkapitel seiner Vaterstadt 1105 durch den Prior von San Frediano in Lucca reformiert worden war. Den Titel eines *magister*[79] führte er als Schüler Abaelards. Zu seiner schönen und reichhaltigen Bibliothek mit 56 Handschriften gehörten auch zwei Werke dieses Philosophen *(Sic et Non* und die *Theologia)*[80]. Zum Kardinaldiakon von Santa Maria in via Lata erhoben wurde er von Honorius II., das Datum (1128) läßt sich nicht genau feststellen[81]. Hatte er davor schon eine Laufbahn an der römischen Kurie begonnen? Jedenfalls ist seine Identität mit dem römischen Kämmerer gleichen Namens, seit dem 6. April 1123 belegt, nicht nachweisbar[82]. Im Schisma von 1130 fand er sich auf der Seite Innozenz' II.[83], den er ins Exil nach Frankreich begleitete. Er gehörte bald dem engeren Ratgeberkreis des Papstes an und hatte von hier aus verschiedentlich Kontakt zu Abaelard, Gerhoh von Reichersberg und Bernhard von Clairvaux. Die großen Phasen des Schismas erlebte Guido an der Seite des Papstes[84], der ihn 1133 zum Kardinalpriester von San Marco ernannte und 1143 als einen unter den fünf Kandidaten für seine Nachfolge vorschlug[85]. Die Kardinäle einigten sich nach dem Tod Innozenz' II. sehr schnell auf seine Person. Am 26. September wurde Guido gewählt und am 3. Oktober 1143 gekrönt[86]. Als Coelestin II. verfolgte er nicht mehr die Politik seines Vorgängers, zumal durch die Erhebung der römischen Kommunalbewegung, die seine Wahl zum Papst mitbestimmt hatte, eine neue Situation entstanden war. Er war nicht bereit, das Lehnsverhältnis mit Roger II. zu erneuern; diese Belehnung sei erfolgt, als Innozenz II. dessen Gefangener war. Wenige Monate nach seiner Wahl, im Dezember 1143, ernannte er neun neue Kardinäle; den greisen Petrus von Pisa, den Innozenz II. seines Amtes enthoben hatte, setzte er wieder als Kardinalpriester von Santa Susanna ein. Nach kur-

---

[78] Foreville, Latran I (s. Anm. 4) 91.
[79] Chronicon Mauriniacense, *Recueil des historiens de la France*, XII, 87.
[80] A. Wilmart, Les livres légués par Célestin II à Città di Castello, in: Revue Bénédictine 35 (1923) 98–102, bes. 100.
[81] Hüls, Kardinäle (s. Anm. 14) 87.
[82] PL 163, 1290; JL 7056; Kehr, Italia pontificia VI/2, 324 ff.
[83] Lebensbeschreibung Innozenz' II. von Kardinal Boso, vgl. Watterich, II, Pontificium (s. Anm. 5) 174.
[84] Für eine detaillierte Beschreibung der Ereignisse vgl. D. Girgensohn, Art. „Celestino II", in: DBI 23, 388–392; auch W. Maleczek, in: LexMA III, 4.
[85] Zu den Quellen vgl. DHGE XII (1950) 60.
[86] G. Mercati, Quando fu consacrato papa Celestino II, in: QFIAB 13 (1910) 377 ff.

zem Pontifikat starb er im Kloster Santa Maria in Pallara und wurde am 8. März 1143 im Lateran beigesetzt[87].

2. *Lucius II. (1144–1145)*

Gerhard Caccianemici aus Bologna[88], wo er vielleicht Gelegenheit zum Studium gehabt hatte[89], gehörte zur Gruppe der Kanoniker San Frediano in Lucca, die durch Calixt II. im Lateran eingeführt worden war. Ab 1123 ist er in Rom, in der unmittelbaren Umgebung dieses Papstes, bezeugt, zugleich Kardinalpriester von S. Croce in Gerusalemme. Er wurde mit zahlreichen diplomatischen Missionen betreut, so an den normannischen Königshof (1123, Benevent) und an den deutschen Hof; 1125 begab er sich zusammen mit Kardinal Romanus von Santa Maria in Portico nach Deutschland zur Königswahl, 1126 wiederum zu Verhandlungen mit König Lothar III. in Speyer und Straßburg. Während des Schismas von 1130 war er einer der Hauptvertreter der Reformkanoniker, die auf der Seite Innozenz' II. standen. Seine Wahl zum Nachfolger Coelestins II. erfolgte am 12. März 1144. Als erfahrener Diplomat nahm er die Verhandlungen mit Roger von Sizilien wieder auf. So wurde im Juni 1144 in Ceprano ein entscheidender Waffenstillstand unterzeichnet. Hatte Lucius sich um diese Einigung mit den Normannen bemüht, um sie zur Hilfe im Konflikt mit der römischen Kommune, die ihm die Stadtherrschaft streitig machte, zu gewinnen? Der kurze Pontifikat dieses Papstes war von unablässigen politischen Spannungen in der Stadt Rom überschattet. Der Papst mußte sich auf die Frangipani stützen, denen er die Wache des Circus Maximus überließ; auf dem Kapitol verlieh die Stadt Rom ihren Forderungen Nachdruck, indem sie einem Pierleoni, dem Bruder des verstorbenen Anaklet II., den Titel eines Patricius verlieh. Die Nachricht Gottfrieds von Viterbo, er sei bei einem Aufruhr in der Stadt Rom von einem Stein getroffen, wenig später an den Folgen dieser Verletzung (15. Februar 1145) gestorben, ist unhistorisch. Dagegen liest man bei Boso, es sei dem Papst gelungen, „die Senatoren … vom Capitol" zu vertreiben[90].

3. *Eugen III. (1145–1153)*

Eugen III., der erste Zisterzienserpapst, stammte aus relativ bescheidenen Verhältnissen; seine Familie aus dem Raum von Pisa ist unbekannt[91]. Zunächst war er Kamaldulensermönch, 1128 Prior des Klosters San Zeno, dann Vicedominus des Bistums Pisa. Vielleicht war es eine Begegnung mit Bernhard von Clairvaux anläßlich eines Aufenthalts Innozenz' II. in Pisa (1134), die ihn bewog, in Clairvaux Mönch zu werden (1138). 1141 übertrug

---

[87] Über sein Grabmal ist nichts bekannt, vgl. I. Herklotz, ‚Sepulcra' e ‚Monumenta', 97.

[88] Roberti de Monte Chronica, MGH.SS VI 496. – Zu seiner Biographie vor Pontifikatsantritt s. Hüls, Kardinäle (s. Anm. 14) 164.

[89] Zu seiner Bildung s. in der Chronik von Montecassino, MGH.SS VII, 822; vgl. Fried, Die römische Kurie (s. Anm. 15) 170, Anm. 53.

[90] LP II 385.449.

[91] G. Del Guerra, Il beato Eugenio III, Pisa 1954; vgl. auch H. Gleber, Papst Eugen III. unter besonderer Berücksichtigung seiner politischen Tätigkeit, Jena 1936, und K. Haid, Das Bild Eugens III. auf Grund neuester Forschung, in: CistC 40 (1937) 129–139, sowie A. Dimier, Eugène III, in: DHGE XV, 1963, 1349–55, und W. Maleczek, in: LexMA IV 78–80.

ihm Bernhard die Leitung der Abtei von Saint-Sauveur, einer Gründung Farfas. Danach bestimmte er ihn zum Abt der Zisterzienserabtei Tre Fontane bei Rom.

Eugen III., obgleich kein Kardinal, wurde noch am Todestag seines Vorgängers (15. Februar 1145) in einer heiklen Situation der Stadt Rom zum Papst gewählt. Durch Bernhard von Clairvaux sind wir von seiner Überraschung und seinen Befürchtungen hinsichtlich des bevorstehenden Pontifikats unterrichtet. Die Römer hatten das Kapitol erstürmt; die Herrschaft des Papstes über die Stadt erklärten sie als illegitim. Nur kurz, im Dezember 1145 und im November 1149, war es Eugen möglich, sich kurzfristig in Rom aufzuhalten. Es war eine Zeit, wo sich die auswärtigen Beziehungen der wichtigsten politischen Kräfte verdichteten. Die Gefahr, daß sich die Stadtrömer als ärgste Gegner des Papstes mit dem Normannenkönig verbünden könnten, war stets präsent. Der erste Stauferkönig Konrad III. hatte konkrete Schritte eingeleitet, um die Politik seines Vorgängers Lothars III. gegen das Normannenreich fortzusetzen; überdies war er Vogt der römischen Kirche, mithin verpflichtet, dem Papst zur Wiederinbesitznahme der Stadt Rom zu verhelfen. Konrad hatte aber auch Abmachungen mit dem Basileus Manuel I. getroffen, wonach er ihm nach gemeinsamer, geglückter Eroberung des Königreichs Sizilien als Mitgift seiner Schwägerin, die er mit Manuel verheiratet hatte, Byzanz überlassen werde. Hier wiederum fürchtete Eugen, das von den Normannen latinisierte Sizilien werde dann wieder dem Patriarchat von Konstantinopel zugeschlagen und gräzisiert werden. Konrad war auf diesen Handel eingegangen, um seine welfischen Gegner in Schach zu halten, die mit Roger zu paktieren bereit waren, gleichzeitig aber auch um die von Welf VI. attackierten Babenberger in Österreich von der unablässig aus Ungarn drohenden Gefahr zu entlasten. Konrad III. benötigte vor seiner Eroberung Siziliens die Kaiserkrönung, weswegen er als Vorbereitung der Krönung zu längeren Verhandlungen mit Eugen III. kam, die die Politik des künftigen Kaisers festlegen sollten; Konrad sollte die Stadtrömer unterwerfen und sich verpflichten, den Byzantiner keinerlei Konzessionen im Königreich Siziliens zu machen. Bevor der Vertrag förmlich abgeschlossen werden konnte, starb Konrad III. am 15. Februar 1152.

Die Kurie rechnete mit einer längeren Thronvakanz in Deutschland, und Eugen willigte in einen Kompromiß mit den Stadtrömern ein, der ihm bis zu seinem Tode am 8. Juli 1153 einen Daueraufenthalt verschaffte, das Problem der Stadtherrschaft aber ungelöst ließ. Friedrich I. Barbarossa, der unerwartet schnell die Nachfolge Konrads III. antrat, drang auf den baldigen Abschluß der Verhandlungen, die zum guten Teil schon im Auftrag seines Vorgängers getätigt waren. Ihr Ergebnis beeidete er am 23. März 1153 (deshalb heute Konstanzer Vertrag genannt); es handelt sich nicht um ein Dokument, das dem Kaiser die Gleichrangigkeit gegenüber dem Papst verbürgte, sondern dem künftigen Kaiser die Linie seiner Italienpolitik vorschrieb [92].

Die bedeutendsten Abschnitte des Wirkens Eugens III. sind in Frankreich und in Deutschland lokalisiert. Zu Beginn des Jahres 1147 hatte er sich zur Vorbereitung des Kreuzzuges nach Frankreich begeben. Zugleich begann er auf einer in Paris zusammengetretenen Synode und im Beisein Bernhards von Clairvaux die Lehren des Gilbert de la Porrée zu untersuchen. In Trier bestätigte er nach dem Rat des Abtes von Clairvaux [93] die

---

[92] Vgl. mit neuer Interpretation O. Engels, Zum Konstanzer Vertrag von 1152, in: Deus qui mutat tempora, FS A. Becker, hrsg. von E. D. Hehl u. a., Sigmaringen 1987, 235–258.

[93] Bernhard bat den Papst, er solle „nicht zulassen, daß ein solches Licht unter dem Mantel des Schweigens verhüllt werde", PL 197, 94–95.

Offenbarungen der hl. Hildegard von Bingen[94], welche die Erlaubnis zu predigen und zu schreiben erhielt. Auf einer in Reims zusammengetretenen Synode am 21. März 1148 knüpfte Eugen III. an die Tradition der Reformkonzilien Innozenz' II. an, verurteilte Eudo della Stella und schloß die Debatte über die Lehren des Gilbert de la Porrée ab[95].

4. Bernhard von Clairvaux und das Papsttum

Wahrscheinlich unter dem Eindruck des sehr langen Schismas von 1130 stellte Bernhard die Einheit der Kirche in das Zentrum seiner Ekklesiologie[96]. Die Kirche sei eine sichtbare Stadt mit verschiedenen Ständen, „von denen jeder seine eigenen Gesetze hat", die jedoch danach trachten sollen, allen „ein einziges gemeinsames Gewand zu geben"[97]; Schutz und Erhaltung der Kirche seien Aufgabe des Papstes, des alleinigen Garanten der Einheit der Kirche. Alles müsse daran gesetzt werden, die Einheit zu wahren. Die beiden Gewalten – symbolisiert durch die beiden Schwerter – müßten im Einverständnis miteinander und in Eintracht zusammenarbeiten.

Bernhard greift dieses Bild dreimal wieder auf[98]. In seinem Sendbrief an Eugen III. werden diese beiden Schwerter von Petrus hergeleitet: „Wer sollte diese Schwerter führen wenn nicht der Papst? Denn beide Schwerter gehören Petrus und müssen aus seiner Scheide gezogen werden, das eine durch seine eigene Hand, das andere auf sein Zeichen hin; denn als zu Petrus gesagt wurde: ‚Stecke dein Schwert in die Scheide', so deshalb, weil es ihm zwar gehörte, aber nicht von ihm selbst aus der Scheide gezogen werden sollte." Bernhard ging es nicht um eine Lehre, nach der die beiden Mächte in eine einzige Hand, die des Papstes, gelegt sind. Er blieb der gelasianischen Vorstellung von der Teilung der beiden Gewalten treu[99], behauptete aber, daß die weltliche Gewalt durch die päpstliche Autorität „gezwungen" werde; sie „muß" ihr Schwert in den Dienst der Kirche stellen, ein Schwert, das nicht die absolut verstandene weltliche Gewalt symbolisiert, sondern Zuchtmittel sei[100].

Im Laufe der Jahre nahm Bernhards Ekklesiologie im Hinblick auf den Primat Petri verschärfte Konturen an. So war der Papst nicht nur Stellvertreter Petri, sondern auch

---

[94] Johannes von Salisbury zufolge machte der *Liber Scivias* einen starken Eindruck auf Eugen III: Ep. 199, PL 199, 220.

[95] Hefele-Leclercq, V/1, 823–832; N. M. Häring, Die spanischen Teilnehmer am Konzil von Reims im März 1148, in: MS 32 (1970) 159–171; vgl. auch S. Gammersbach, Gilbert de la Porrée und seine Prozesse, Köln – Graz 1959, und H. C. van Elswijk, Gilbert Porreta. Sa vie, son œuvre, sa pensée, Louvain 1966, 75–124; G. Wendelborn, Bernhard von Clairvaux, Frankfurt/M. 1993, 87–89.

[96] B. Jacqueline, Episcopat et papauté chez Saint Bernard de Clairvaux, Saint-Lô 1975. Zu Bernhards Ausführungen über das Papsttum vgl. auch den neueren Überblick bei W. H. Principe, Monastic, Episcopal, and Apologetic Theology of the Papacy, 1150–1250, in: The Religious Roles of the Papacy, hrsg. von Ch. Ryan, Toronto 1989, 118ff.

[97] Ebd. 91, Anm. 41. Zum organologischen Bild vgl. auch T. Struve, Die Entwicklung der organologischen Staatsauffassung im Mittelalter, Stuttgart 1978, 98–122.

[98] Liber ad milites Templi de laude novae militiae 1128–1139, in: S. Bernardi Opera, III, Rom 1963, 217f; Ep. 256 an Papst Eugen III. 1146 (Bernhard v. Clairvaux, Sämtliche Werke, hrsg. von G. Winkler, Innsbruck 1992) und De consideratione, IV, 4.

[99] R. L. Benson, The Gelasian Doctrine: Uses and Transformations, in: La notion d'autorite au Moyen Age, Paris 1982, 13–44.

[100] A. Stickler, Il ‚gladius' negli atti dei concilii dei Romani pontifici sino a Graziano e Bernardo di Clairvaux, in: Salesianum 13 (1951) 414–445.

Christi[101]. Einem gegen die Mitte des 12. Jh. stärker verbreiteten Brauch folgend, nannte er den Papst zuweilen *vicarius Christi* – ein Titel, der traditionell auch für andere kirchliche Würdenträger verwendet wurde[102]. Zwar hatte Bernhard in seinen Briefen vor 1147 den Papst als *vicarius Petri* definiert, doch seit dem Pontifikat Eugens III. verwendete er nur noch die Bezeichnung *vicarius Christi*[103]. Diese Entwicklung entspricht durchaus der Vorstellung, daß die Einheit der Christen „der Leib Christi selbst" sei[104]. Durch die Formulierung, daß die Einheit der Christen auch das eine Haupt voraussetze[105], das im Besitz der *plenitudo potestatis* sei, trug Bernhard zur Vorstellung vom Papsttum als der kirchlichen Gewalt schlechthin bei.

Die Marienverehrung Bernhards von Clairvaux hat deutliche Spuren im Mosaik der Kirche Santa Maria Trastevere hinterlassen, dem ältesten römischen Beispiel eines himmlischen Triumphes (bzw. einer Thronsetzung) der gekrönten Jungfrau an der Seite ihres göttlichen Sohnes[106]. Innozenz II. hatte kurz nach 1140 beschlossen, die Apsis der Kirche in Trastevere mit einem Mosaik ausschmücken zu lassen, auf dem zur Rechten Christi unter anderen der hl. Papst Calixt I., der hl. Laurentius und er selbst zu sehen waren, Innozenz mit einem Abbild der Kirche Santa Maria in Trastevere in der opfernden Hand; zur Linken Christi waren die hl. Päpste Julius und Cornelius sowie der Märtyrer Calepodius plaziert. Hier war erstmals in der Ikonographie des Mittelalters ein Papst in gleicher Größe abgebildet wie die Heiligen des Himmels der himmlischen Herrlichkeit, und das in einer Marienkirche[107].

„De Consideratione"

In seiner Schrift *De Consideratione*[108] (begonnen, als er von der Wahl Eugens III. erfuhr und an den Gewählten gerichtet) finden sich Bernhards ekklesiologische Vorstellungen über das Papsttum am vollständigsten[109]. Man kann sie bereits am äußeren Aufbau erkennen, und zwar in der Vierteilung nach der Formel „te, sub te, circa te, supra te".

Das zweite Buch, nach dem gescheiterten Zweiten Kreuzzug (Juli 1148) verfaßt, ist besonders der Frage, was der Papst ist, wer er sein soll und wie er sich verhalten soll, gewidmet. Bernhard, der Eugen III. auf seinen Reisen nach Paris, Cîteaux, Verdun und Trier begleitet hatte, adaptierte nicht die Tradition der gregorianischen Epoche mit ihrer Betonung der „Heiligkeit" des Papstes[110], vielmehr pochte er auf die Demut des Papstes: Er kri-

---

[101] W. ULLMANN, The Growth of Papal government, London 1955, 426–437; DERS., Kurze Geschichte (s. Anm. 2) 170f.

[102] So Bernhard selbst in einem Brief an Bischöfe, PL 182, 832.

[103] Ep. 251; De consid. II, 8, IV, 7.

[104] De consid. III, 1: „corpus ipsum Christi" (Mittler zwischen Gott und Mensch); De moribus III, 10: der Papst ist „Fleisch vom Fleisch Christi" (Ep. 226).

[105] De consid. III,8.

[106] JACQUELINE, Episcopat (s. Anm. 96) 295ff. Bernhard pries die enge Beziehung zwischen Kirche und Himmelskönigin. In Maria krönt Christus die Kirche. Maria ist die Mittlerin zwischen Christus, dem König, und der Kirche, vgl. LADNER, Die Papstbildnisse (s. Anm. 20) II, 13.

[107] LADNER, Die Papstbildnisse (s. Anm. 20) II, 9–16.

[108] Hrsg. von J. LECLERCQ – H. M. ROCHAIS, in: S. Bernardi Opera III, Rom 1963.

[109] Der Begriff „consideratione" stammt möglicherweise aus dem Kommentar des Abtes Hildemar von Civate zur Benediktregel; vgl. J. LECLERCQ, Receuil d'études sur Saint Bernard, III, Rom 1969, 131f.

[110] Vgl. hierzu vor allem H. FUHRMANN, Über die Heiligkeit des Papstes, in: JAWG (1981) 28–43.

tisierte den Prunk der Gewänder und des päpstlichen Zeremoniells, der in der ersten Hälfte des 12. Jh. zugenommen hatte – eine Entwicklung, die geistliche und weltliche Macht zu vermischen drohten. Doch das war auch eine Art, Funktion und Gewaltenfülle des Papstes in einer Perspektive institutioneller Kontinuität zu unterstreichen, nämlich die Fortdauer der römischen Kirche[111].

5. Gerhoh von Reichersberg

Mit einer Kritik an der Kirche befaßte sich ein anderes, ebenfalls an Eugen III. gerichtetes Werk. In seinem *Tractatus in psalmum LXIV*[112], bei seinem letzten Romaufenthalt verfaßt, nahm der regulierte Chorherr Gerhoh von Reichersberg die schon in seinem ersten Werk *(Opusculum de aedificio Dei)* behandelten Themen wieder auf und verfolgte sie weiter: Sion und Babel vermischten sich auf dieser Erde. Durch Habgier, Begehrlichkeit und Lüsternheit würden Christen zu Bürgern von Babel. Gerade in Rom, dem Fundament der Kirche, spiele sich dieser Kampf zwischen Babylon und Sion ab. Seine Ursache sei in der mangelnden Scheidung zwischen *spiritualia* und *temporalia* zu suchen. Die Konstantinische Schenkung sei gültig[113], aber die Kirche könne und dürfe nicht alle Schenkungen annehmen. Die Gerichtsbarkeit (als wesentliches Element der Herrschaft) müsse in der Hand von Laien liegen, damit „die Hände derer, die das Sakrament feiern, und ihre Lippen rein bleiben".

Zwar gestand Gerhoh dem Papst durchaus den Titel eines *vicarius Christi* und Nachfolgers Petri zu, er rügte aber die uneingeschränkte Machtfülle, die Petrus selbst nie inne gehabt hätte[114]. Die „Römer nehmen für sich in Anspruch, über alles und jeden zu richten, ohne sich jedoch von irgendjemand richten zu lassen"; „es ist ein lächerliches Schauspiel *(iocundum spectaculum)*, wenn man den Papst an Festtagen hoch zu Roß in kaiserlicher Manier in der Prozession reiten und die Päpste die Rolle der Caesaren spielen sieht"; „das Übel begann mit Gregor VII., und seither haben die Päpste nichts getan, als Gold und Silber anzuhäufen".

6. Johannes von Salisbury

Johannes von Salisbury ging es weniger um ekklesiologische Einlassungen; seine Kritik richtete sich vor allem gegen die in der römischen Kirche herrschenden Sitten[115]: „Wäh-

---

[111] In seiner Schrift „De moribus episcoporum" hatte Bernhard mit scharfen Worten die Kleidung der Bischöfe, ihren Goldschmuck, die Edelsteine, Ringe, Ketten und Glöckchen kritisiert, vgl. J. Traeger, Der reitende Papst, München 1970, 110, Anm. 11.

[112] PL 193, 621–988; vgl. P. Classen, Gerhoch von Reichersberg. Eine Biographie, Wiesbaden 1960, 412–416. Zu Gerhohs Ausführungen über das Papsttum vgl. auch Principe, Monastic (s. Anm. 96) 137–143; ebenfalls E. Meuthen, Der Geschichtssymbolismus Gerhohs von Reichersberg, in: Geschichtsdenken und Geschichtsbild im Mittelalter, hrsg. von W. Lammers (WdF 21), Darmstadt 1965, 200–246.

[113] Die römische Kommunalbewegung bestritt dem Papst die Stadtherrschaft mit dem Argument, das Constitutum Constantini, worauf sich der päpstliche Anspruch stützte, besitze keine Gültigkeit (Wibald von Stablo/Corvey, Brief Nr. 404, in: Bibliotheca rer. Germanum I, hrsg. von Ph. Jaffé, Berlin 1864). Darauf bezog sich offenkundig Gerhoh.

[114] De investigatione Antichristi, MGH.LL III, 183, 355, 372 (De quarta vigilia noctis, 509, 511).

[115] G. Miczka, Das Bild der Kirche bei Johannes von Salisbury, Bonn 1970, 204ff; R. L. Poole, John of Salisbury at the Papal Court, in: EHR 38 (1923) 321–330; W. J. Miller – C. N. L. Brooke, The Letters of John of Salisbury, I, Oxford 1986, XIII–XXIV, und M. Chibnall, The Historia pontificalis of John of Salisbury,

rend Kirchen verfallen und Altäre vernachlässigt werden, läßt er (der Papst) Paläste bauen und schreitet nicht nur in Purpur, sondern sogar mit Gold geschmückt einher." [116] Worum es Johannes von Salisbury, einem vertrauten Kenner der römischen Hofhaltung, in seinen dem Staat und der Staatskunst gewidmeten Werken ging, war ein starkes Kirchenregiment, das mit Autorität und Entschiedenheit in die geistlichen Angelegenheiten der weltlichen Königreiche (insbesondere Englands) eingreifen konnte.

VI. Entwicklung der römischen Kurie (1123–1153)

1. Neue Vorrechte der Kardinäle

Die alte Frage nach der Rangstellung innerhalb des Kardinalkollegs hatte sich im Zusammenhang mit der Doppelwahl von 1130 nicht gestellt. Die Rechtsgleichheit unter den verschiedenen Kardinalsrängen während der Papstwahl war respektiert worden. Das Amt des Kardinals ging mit gestärktem Ansehen daraus hervor. Im übrigen ist nicht von der Hand zu weisen, daß einige Kardinäle im Zusammenhang mit dem Schisma von 1130 zur Überzeugung gelangten, daß die Verantwortung in Glaubensdingen bei ihnen läge [117], wodurch sich erklären ließe, daß unter dem Pontifikat Eugens III. der Papst und das Konsistorium die Rolle eines Schiedsgerichts auch in Lehrfragen übernahmen [118].

Seit 1059 hatte die Autorität der Kardinäle stetig zugenommen; diese Entwicklung beschleunigte sich nach dem Wormser Konkordat, besonders zwischen 1123 und 1153. Schon unter Calixt II. waren die Kardinäle bevorzugt als Mitarbeiter des Papstes im Bereich der Rechtsprechung herangezogen worden [119]. Ganz allgemein mußte die Mittlerrolle der Kardinäle bei wachsender Zentralisierung der Kirche stärker werden [120]. Daß päpstliche Privilegien, die ursprünglich nur die Unterschrift des Papstes verzeichnet hatten, nun auch von Kardinälen mitsigniert wurden, wurde seit Honorius II. und Innozenz II. zur Regel; darin schlug sich die aktive Beteiligung der Kardinäle an der Leitung der universalen Kirche nieder. Das Konsistorium, schon unter Urban II. bezeugt [121], trat seit Innozenz II. regelmäßig zusammen. Es ersetzte die frühere Synode des Klerus von Rom, zum Teil aber auch die päpstlichen Generalkonzilien der gregorianischen Zeit.

Reaktionen auf diese Entwicklung ließen nicht lange auf sich warten. Auf der Synode von Reims (1131) verhehlten die französischen Bischöfe und Bernhard von Clairvaux nicht ihre ernste Besorgnis [122]. Sie war nicht unbegründet, denn schon im Verlauf weniger Jahre

---

Oxford 1985, XIX–XXIV. Johannes übte aber auch Kritik an der Lebensweise weltlicher Fürsten, M. Kerner, Johannes von Salisbury und die logische Struktur sowie Policraticus, Wiesbaden 1977, 158ff.

[116] Policraticus 6, 24; II, 68, 8–13.

[117] F.-J. Schmale, Papsttum und Kurie zwischen Gregor VII. und Innocenz II., in: HZ 193 (1961) 289.

[118] V. J. Miethke, Theologenprozesse in der ersten Phase ihrer institutionellen Ausbildung: die Verfahren gegen Peter Abaelard und Gilbert von Poitiers, in: Viator 6 (1975) 111.

[119] Calixt II. beauftragte einen Kardinal mit der Untersuchung von Fragen, die dem Papst unterbreitet worden waren, vgl. U. Robert, Histoire du pape Calixte II, Paris 1891, 67f.

[120] Zur Praxis der immer häufiger an Kardinäle gerichteten Bittschriften vgl. Schmale, Studien (s. Anm. 12) 29.

[121] J. Sydow, Il ‚concistorium' dopo lo scisma del 1130, in: RSCI 9 (1955) 165–176.

[122] J. Sydow, Bernhard von Clairvaux und die römische Kurie, in: CitN 6 (1955) 5–11; vgl. Jacqueline, Episcopat (s. Anm. 96) 249f.

traten die Kardinäle mit einem solchen Selbstbewußtsein auf, daß sie auf eben dieser Synode Eugen III., als er sich anschickte, die Lehren des Gilbert de la Porrée einer Prüfung zu unterziehen, und dabei der Meinung des Abtes von Clairvaux zuneigte, daran erinnerten, daß kein *negotium* abschließend ohne ihre Autorität verhandelt werden könne[123]: Sie nämlich seien die *cardines*, die Zapfen, um die die Achse der Universalkirche sich drehe, und erst durch sie sei er, eine Privatperson, zum Vater der Gesamtkirche geworden[124].

2. *Appellationen in Lehrfragen*

Nach dem Sieg der Gregorianischen Reform und dem Ende des Schismas von 1130 hatte sich die römische Kirche zu einem wirklich hohen Gerichtshof entwickelt, an den zunehmend alle möglichen Arten von Berufungen gerichtet wurden. Die Prärogative Roms im Bereich der Rechtsprechung griff in natürlicher Konsequenz auch auf die Lehre über. Die Initiative dazu ging nicht von Rom aus; de facto aber wurde die römische Kurie durch die Appellationen, denen sie sich bereitwillig öffnete, in die Rolle einer Schiedsgerichtsinstanz gedrängt. Die weitere Entwicklung führte im 13. Jh. dazu, daß das Papsttum nicht mehr nur als Schiedsinstanz fungierte, sondern die unbedingte Anerkennung seiner Entscheidungen beanspruchte[125].

3. *Abaelard und die römische Kurie*

Die auf der Synode von Soissons (März 1121) – nach Verurteilung seiner ersten *Theologia* – gegen Abaelard beschlossenen Disziplinarmaßnahmen[126] wurden schon vom Legaten selbst gemildert. Wilhelm von Saint-Thierry, ein Freund Bernhards von Clairvaux, mochte sich beklagen, daß Abaelard an der römischen Kurie zu viel Einfluß besitze[127]; doch läßt sich nicht bestreiten, daß sowohl Person und Lehre Abaelards schon sehr früh an der Kurie Interesse geweckt haben. Zwei Kardinäle waren Freunde und Beschützer Abaelards: Guido aus Città di Castello, der spätere Coelestin II., einer der gebildetsten Männer im Rom seiner Zeit[128], und Hyazinth, der spätere Coelestin III.

Daß die römische Kurie in Lehrfragen als Schiedsgerichtsinstanz fungieren konnte, hatte Abaelard zum Zeitpunkt der Synode von Sens (1140) klar erkannt. Sobald Bernhard von Clairvaux die Liste mit den Thesen, die verurteilt werden sollten, öffentlich verlesen hatte[129], legte Abaelard Berufung nach Rom ein und begab sich auch sogleich dorthin;

---

[123] Otto von Freising (fortg. von Rahewin), Gesta Frederici imperatoris (AugQ ed. F.-J. Schmale), Darmstadt 1965, 61; vgl. Schmale, Studien (s. Anm. 12) 289.

[124] Otto von Freising, ebd.

[125] Miethke, Theologenprozesse (s. Anm. 118) 111.

[126] Diese erste Verurteilung Abaelards ist nur in dieser Historia calamitatum (hrsg. von J. Monfrin, Paris 1962, 82–89) belegt, die zehn Jahre nach den Ereignissen anzusetzen und weshalb Vorsicht geboten ist; vgl. Miethke, Theologenprozesse (s. Anm. 118) 91.

[127] Ep. 326, an den päpstlichen Legaten in Frankreich, Bischof Gottfried von Chartres, und auch an Bernhard von Clairvaux, vgl. J. Leclercq (Hrsg.), Les lettres de Guillaume de Saint-Thierry à Saint Bernard, in: RBen 79 (1969) 375–391; vgl. auch J. Jolivet, Sur quelques critiques de la théologie d'Abélard, in: AHDL 38 (1964) 22–33.

[128] Er wird häufig mit dem Titel *magister* genannt, was sonst in der ersten Hälfte des 12. Jh. noch nicht oft vorkommt, vgl. Schmale, Studien (s. Anm. 12) 129.

[129] Bernhard war nach anfänglichem Zögern zum Angriff übergegangen, wie die ausführliche Diskussion der

Grabplatte des Theologen Abaelard und der Heloise auf dem Friedhof Père Lachaise in Paris.

auch die Bischöfe der Kirchenprovinzen Reims und Sens wandten sich mit einem Verhandlungsbericht an Innozenz II.[130] Bernhard seinerseits ermahnte ihn umgehend, sich in seiner Entscheidung nicht beirren zu lassen[131]. Sechs Wochen nach der Synode von Sens verurteilte Innozenz[132] alle inkriminierten Thesen Abaelards, verpflichtete ihn zu dauerndem Schweigen sowie zu Klosterhaft und ließ seine Bücher verbrennen. Bemerkenswert ist hierbei, daß der Papst sich ausschließlich auf den Bericht der Bischöfe stützte und die Eingaben Bernhards samt Liste der „Irrtümer" Abaelards unberücksichtigt ließ[133].

Thesen Abaelards im Brief an Papst Innozenz II. (Ep. 190, Sämtliche Werke, s. Anm. 98) und seine flammenden Briefe an verschiedene Mitglieder der römischen Kurie, mit denen er sie zum Handeln aufruft (Ep. 188, 192, 193, 331, 332, 336), zeigen.

[130] Siehe Ep. 191 und 337 Bernhards (ebd.); Bernhard ist vielleicht nicht alleiniger Verfasser dieser Briefe, vgl. J. Leclercq, Recherches sur la collection des épîtres de Saint Bernard, in: CCM 14 (1971) 205–219.

[131] Ep. 189 (Sämtliche Werke, s. Anm. 98).

[132] JL 8148 und 8149; Neue Edition des letzten Briefes, vgl. Leclercq, Les lettres (s. Anm. 127) 379.

[133] Miethke, Theologenprozesse (s. Anm. 118) 102.

4. Gilbert de la Porrée

Auch im Fall der gegen Gilbert de la Porrée erhobenen Vorwürfe spielte die römische Kurie eine zentrale Rolle. Die beiden Archidiakone von Poitiers, Arnald „Qui-non-ridet“ und Kalo, die mit den schleppend gefaßten Beschlüssen der Diözesansynode von 1146 nicht einverstanden waren, appellierten an Rom. In Siena oder in Viterbo trafen sie mit Eugen III. zusammen, der sich auf dem Weg nach Frankreich befand. Die Erhebung einer Anklage lag nun in der Hand des Papstes, der Gilbert im Verlauf der Synode von Paris (21.–22. April 1147) anhörte, bevor er die Debatte auf der Synode von Reims (21. März 1148) zum Abschluß brachte[134].

5. Die Ausbildung der Kurialen und die internationale Zusammensetzung der Kurie

Die zu Fragen der Lehre an Rom gerichteten Appellationen machen deutlich, daß um die Mitte des 12. Jh. die höchsten Autoritäten in der römischen Kirche selbst die großen intellektuellen Umwälzungen ihrer Zeit verarbeiteten, die ihren Ursprung in den neuen Methoden der Theologie und Jurisprudenz (der frühen Scholastik) hatten[135]. Dies war das Ergebnis einer allmählichen Evolution. Seit den ersten Jahrzehnten des 12. Jh. war die *litteratura*[136], das heißt das in einem der großen Bildungszentren des Abendlandes (Cluny, Paris und Bologna) erworbene Wissen und methodische Denken, zu einer der wichtigsten Voraussetzungen bei der Rekrutierung von Kurialen und Kardinälen geworden[137].

Das Wachstum der an Rom gerichteten juristischen Eingaben auf den verschiedensten Gebieten erforderte neue Fähigkeiten. Das zeigte sich bei der Ernennung neuer Kardinäle. Die erste Hälfte des 12. Jh. ist gekennzeichnet durch eine zunehmende Zahl von *magistri* unter den Kardinälen, darunter hervorragende Juristen (Petrus von Pisa) und Theologen (Robert Pullus). Letzterer ist nur der erste in einer langen Reihe von großen englischen Gelehrten: Hilarius, Johannes von Salisbury, Nikolaus Breakspear, der spätere Hadrian IV., der unter Eugen III. in den Dienst der Kurie berufen wurde[138].

Der Schutz, den Abaelard durch bedeutende Prälaten der römischen Kurie erfuhr, steht in Zusammenhang mit einem anderen Phänomen von weitreichenden Auswirkungen sowohl auf die personelle Zusammensetzung der römischen Kurie als auch auf die Bildung der Kreise, die in der Leitung der Kirche Schlüsselpositionen einnahmen oder ihnen nahe-

---

[134] N. M. Häring, Das Pariser Konsistorium Eugens III. vom April 1147, in: SGR 11 (1967) 91–117; zu Reims vgl. N. M. Häring, Das sogenannte Glaubensbekenntnis des Reimser Konsistoriums von 1148, in: Scholastik 40 (1965) 55–90. Das Treffen fand nach dem Konzil, und zwar in der erzbischöflichen Pfalz und nicht in der Kathedrale statt, vgl. Miethke, Theologenprozesse (s. Anm. 118) 102–110; hier schloß der Papst die Debatte nicht mit einer Verurteilung seiner Irrtümer, sondern mit der Ermahnung, sie zu berichtigen, vgl. N. M. Häring, Notes on the Council and the Consistory of Reims, 1148, in: MS 28 (1966) 39–59; ders., Texts concerning Gilbert of Poitiers, in: AHDL 45 (1970) 169–203.

[135] Classen, Gerhoch (s. Anm. 112) 130.

[136] V. Peri, ‚Correctores immo corruptores‘. Un saggio di critica testuale nella Roma del XII secolo, in: IMU 20 (1977) 47ff.

[137] P. Classen, La Curia romana e le scuole di Francia nel secolo XII, in: Le istituzioni ecclesiastiche della „Societas christiana“ dei secoli XI–XII, Mailand 1974, 432–436. Zu den Quellen vgl. D. Lohrmann, Urkunden und Briefsammlungen der Abteien Sainte-Geneviève und Saint-Victor, Göttingen 1989.

[138] Die englische Herkunft Kardinal Bosos wird neuerdings bestritten, vgl. W. Maleczek, Art. „Boso“, in: LexMA II 478f.

standen. Seit Beginn des 12. Jh. nämlich waren auf der Basis persönlicher Kontakte unzählige Verbindungen zwischen den wichtigsten monastischen und kanonikalen Einrichtungen Frankreichs und der römischen Kurie geknüpft worden[139]. Wenn auch beide Prätendenten um den Stuhl Petri im Jahr 1130 gebürtige Römer waren, so hatte doch Anaklet II. seine Laufbahn in Cluny begonnen; auch auf der Seite Innozenz' II. war die wichtigste Persönlichkeit ein Franzose, nämlich Haimerich[140]. Fast ein Jahrhundert lang, von Urban II. bis zu Alexander III., suchten die Päpste in Frankreich Zuflucht vor Anfechtungen ihrer päpstlichen Legitimität. Eugen III. war kurzfristig Mönch in Clairvaux gewesen. Hadrian IV. hatte das Reformzentrum der Regularkanoniker von St. Ruf in Avignon geleitet, bevor er Mitglied im Kardinalkollegium wurde. Seit dem Pontifikat Eugens III., sicher auch auf Betreiben des Kanzlers Roland, des späteren Alexanders III., zogen Studenten aus Rom in zunehmender Zahl nach Paris, wo sie ihre literarische und theologische Bildung vervollständigten. Bei den bekannten römischen Adelsgeschlechtern (Sasso, Pierleoni, Boboni, Capocci und Frangipani) war es schon lange üblich, die Söhne erst nach Cluny und dann nach Saint Victor in Paris zu schicken[141]. Es war bekannt, daß ein Aufenthalt an den damals noch jungen Schulen des lateinischen Abendlandes die beste Garantie für eine Karriere in den oberen Rängen der Kurie bot.

VII. Die römische Kirche von 1153 bis 1181

1. Anastasius IV. (1153–1154)

Entgegen der lange gültigen Auffassung, nach der Konrad ein Regularkanoniker mit engen Beziehungen zu Frankreich gewesen sein soll, haben neuere Untersuchungen[142] ein anderes und zugleich viel schärfer umrissenes Bild des Papstes Anastasius IV. ergeben. Gesellschaftlich nicht sehr hochstehend, entstammte er einer Familie aus dem Stadtteil Roms mit dem Namen „Suburra“[143], etwa der Gesellschaftsschicht, aus der der römische Senat von 1144 hervorgegangen war.

Doch bleibt Konrads Leben vor seiner Erhebung zum Kardinal[144] vollkommen im Dunkeln. Erst 1130 tritt er als Kardinalbischof von Sabina einigermaßen deutlich in Erscheinung. Er gehörte dem Wahlausschuß Innozenz' II. an, wo er neben Haimerich, aus unbekannten Gründen, als einer seiner entschiedensten Anhänger auftrat. Bekannt ist aber, daß er sehr bald der einzige Kardinal war, der Rom in Abwesenheit des Papstes halten konnte. Konrad residierte mit dem Titel eines *Vicarius urbis* (eine bis dahin selten benutzte Bezeichnung) von 1130 an bis zur Übernahme seines Pontifikats in Rom[145]. Zwanzig

---

[139] Diese Zusammenhänge werden deutlich erkannt bei P. Classen, Rom und Paris: Kurie und Universität im 12. und 13. Jahrhundert, in: ders., Studium und Gesellschaft im Mittelalter (hrsg. von J. Fried), Stuttgart 1983, 127–169.

[140] Classen, Gerhoch (s. Anm. 112) 128.

[141] Lohrmann, Urkunden (s. Anm. 137).

[142] Classen, Zur Geschichte (s. Anm. 52) 36–63.

[143] Zwischen Esquilin und Viminal gelegen.

[144] Paschalis II. erhob ihn zwischen 1111 und 1114 zum Kardinal der Titelkirche Santa Pudentiana in der Nähe der Suburra.

[145] Er verließ die Stadt zwecks Reisen innerhalb Italiens nur selten, außerhalb Italiens scheint er nie gewesen

Jahre lang war er der Kardinal mit dem größten Einblick in die komplexe Lage der Stadt Rom und der einzige, der zwischen den Senatoren und der Kurie Kompromisse aushandeln konnte um einem Papst wie Eugen III. den Zugang zur ewigen Stadt zu verschaffen (1145, 1149 und 1152).

Die Wahl der Kardinäle nach dem Tod Eugens III. vollzog sich rasch; die Inthronisation des neuen Papstes fand am 12. Juli 1153 in Rom, wohl im Lateran, statt. Konrad war mit achtzig Jahren der älteste unter den Kardinälen. Dennoch handelte es sich nicht um einen Übergangspapst, sondern um den für diesen Zeitpunkt geeigneten Mann[146], der einen Kompromiß zwischen der römischen Kurie und dem Senat der Stadt auszuhandeln verstand – einem Senat, der gerade Arnold von Brescia Asyl gewährt hatte. Doch konnten auch damit die Konflikte zwischen der Stadt und dem Papsttum in der ohnehin kurzen Pontifikatszeit (17 Monate) nicht im Sinne einer dauerhaften Lösung bereinigt werden. Es gelang dem neuen Papst nicht, Arnold aus der ewigen Stadt zu vertreiben. Doch wenigstens kam es zu einer beachtlichen Beruhigung der Beziehungen mit dem Senat. Er starb am 3. Dezember 1154. Sein Werdegang und seine politische Laufbahn waren untypisch. Alle seine Vorgänger, mit Ausnahme des Zisterziensers Eugen III., waren Regularkanoniker gewesen[147]. Nur zwei Päpste zwischen 1124 und 1159 kamen aus dem Weltklerus: Coelestin II. (1143–1144) und Anastasius IV.[148]

2. Hadrian IV.

Der in Abbot's Langley zwischen 1110 und 1120 geborene Nikolaus Breakspear trat nach verschiedenen Wechselfällen des Schicksals[149], die ihn auch nach Paris verschlugen (wo er Johannes von Salisbury kennenlernte), schließlich dem angesehenen Reformzentrum der Regularkanoniker von St. Ruf in Avignon bei, deren Abt er 1135 wurde. Seine spätere politische Linie als Papst ist jetzt schon zu erkennen, da er, von den nordspanischen Fürsten wegen Reform der dortigen Chorherrenstifte angegangen, maßgeblich an der Vereinigung des Königreiches Aragón mit Katalonien zur Krone Aragón beteiligt war[150]. Wegen Differenzen mit seinen Kanonikern mußte er sich nach Rom begeben; beim zweiten Besuch ernannte ihn Eugen III. zum Kardinalbischof von Albano (vor 1150). 1152, gleich nach dem Tod Konrads III., reiste er als Legat nach Norwegen, wo er die Diozesen zum Schaden der alten Metropole Hamburg-Bremen zu einer neuen Kirchenprovinz mit Nidaros (Trondheim) als neuer Metropole zusammenfaßte und die Errichtung einer Kirchenprovinz auch für Schweden in die Wege leitete[151]. Die Maßnahme war folgenreich und verschärfte auch

---

zu sein, womit er unter den Kardinälen dieser Zeit eine Ausnahme darstellt; vgl. Classen, Zur Geschichte (s. Anm. 52) 51 ff.

[146] Ebd. 36 ff.

[147] Honorius II. an Santa Maria del Reno in Bologna; Innozenz II. an San Giovanni im Lateran; Lucius II. an San Frediano in Lucca; Hadrian IV. an St. Ruf in Avignon; Gregor VIII. an Saint-Martin in Laon.

[148] Classen, Geschichte (s. Anm. 52) 36 ff, zeigt, daß Anastasius IV. weder in St. Ruf in Avignogn noch in S. Rufo bei Velletri Abt gewesen war. Diese Behauptungen basieren auf dem Irrtum eines Interpolators der Martinianen des 15. Jh.

[149] Einigen Quellen zufolge soll sein Vater im St.-Albans-Kloster Mönch geworden sein und sich nicht mehr um seinen Sohn gekümmert haben.

[150] Vgl. U. Vones-Liebenstein, Saint Ruf und Spanien, (Diss. masch.) Köln 1992.

[151] Vgl. W. Seegrün, Das Papsttum und Skandinavien bis zur Vollendung der nordischen Kirchenorganisation (1164), Neumünster 1967, 146–170; Engels, Friedrich Barbarossa (s. Anm. 10) 360–365.

schnell die Spannungen des Papsttums mit Friedrich Barbarossa, weil damit dem Imperium ein Ausgriff nach Norden erheblich erschwert wurde.

Einen Tag nach dem Tod seines Vorgängers (4. Dezember 1154) zum Papst gewählt, war er der erste Engländer auf dem Stuhl Petri. Mit unbestrittenen intellektuellen Fähigkeiten, persönlichen Verbindungen zu den großen Gestalten seiner Zeit (Hildegard von Bingen, Gerhoh von Reichersberg[152], ohne Scheu, sich an den großen theologischen Diskussionen zu beteiligen, beeindruckte Hadrian durch seine starke Persönlichkeit, die auch Kritik akzeptieren konnte[153]. In seiner Politik beschritt er oft unerwartete Wege, wobei er mit großer Entschiedenheit seine oft durchaus traditionell geprägten Ziele verfolgte: politische Unabhängigkeit für das römische Papsttum; Verteidigung der Autonomie der großen Orden gegenüber den Bischöfen; gute Beziehungen zwischen den verschiedenen Königreichen des lateinischen Abendlandes; Schutz politischer Rechte der Klöster gegenüber Ansprüchen weltlicher Kommunen.

Im Konstanzer Vertrag (März 1153) war vorgesehen, daß Friedrich I. in Rom zum Kaiser gekrönt werde und dafür dem Papsttum die römische Stadtherrschaft wiederherstelle. Die Situation gegenüber dem normannischen Königreich sollte sich allerdings verschärfen, da nach dem Tod Rogers II. dessen schon gekrönter Sohn Wilhelm I. am 5. April 1154 ohne Zustimmung des Papstes zum König gewählt wurde. Entsprechend den Bestimmungen des Vertrages, die den Nachfolgern Eugens III. freistellten, in den Vertrag einzutreten oder nicht, bestätigte Hadrian ihn im Unterschied zu Anastasius IV. sogleich, schon um in Rom den aufrührerischen Arnold von Brescia und seine agitierenden Predigten loszuwerden. Noch ging die Politik Hadrians IV. von der traditionellen Zusammenarbeit von Imperium und Sacerdotium aus, die im Denken Barbarossas eine Leitlinie seines politischen Handelns darstellte.

Für die weitere Entwicklung ist das erste Zusammentreffen von Papst und Kaiser zu Sutri am 11. Juni 1155 wenig entscheidend, zumal Boso in seinem Anteil am Liber Pontificalis den Vorgang unzulässig dramatisiert hat[154]. Allerdings deutet die Weigerung Barbarossas, dem Papst den üblichen Stratordienst zu leisten, bereits auf eine übertrieben bedachte Wahrung von Reichsrechten hin. Gerade in dieser Hinsicht ist das Treffen von Papst und Kaiserkandidat mit einer Abordnung der römischen Kommunalbewegung aufschlußreich. Die von Otto von Freising aufgezeichnete Rede und Gegenrede[155] ist sicherlich eine Fiktion, aber der Historiograph umschreibt damit das entscheidende Problem, das den Kern des Zwistes zwischen dem Kaiser und den beiden Päpsten Hadrian und Alexander III. ausmachte. Die Abordnung des römischen Senats verlangte von Barbarossa, sich vom Senat zum Kaiser krönen zu lassen, da er die alte „urbs" und Hauptstadt des Imperium Romanum verkörpere. Dieser berief sich demgegenüber auf das Eroberungsrecht des Siegers; seine Vorgänger Karl d.Gr. und Otto d.Gr. hätten die Stadt erobert, die Rechte des Senats seien auf die deutschen Fürsten übergegangen, die mit ihrer Königswahl eine irreversible Vorentscheidung auch für die Kaiserkrönung getroffen hätten. Später wird es vom

---

[152] Diese widmete ihm seinen „Liber de novitatibus huius temporis", mit der Aufforderung, die Kirche zu reformieren und die Beziehungen zwischen *imperium* und *sacerdotium* zu regeln.

[153] Johannes von Salisbury, Policraticus, 1, VI, c.XXIV, hrsg. von C. C. I. Webb, II, Oxford 1909, 622ff.

[154] Vgl. O. Engels, Kardinal Boso als Geschichtsschreiber, in: Konzil und Papst, FS H. Tüchle, hrsg. von G. Schwaiger, München 1975, 157f.

[155] Otto von Freising, Gesta (s. Anm. 123) II 31f.

Kaiser noch deutlicher gesagt, daß Rom die Quelle der Kaiserwürde sei, infolgedessen der Kaiser die Herrschaft über die Stadt besitzen müsse, wenn er seinen Titel ohne Einschränkung innehaben wolle [156]. Dieser Anspruch stützte sich auf ein zunehmend wieder zu Bewußtsein gekommenes Prinzip des römischen Rechts, wonach selbst der Kaiser wesentliche Rechte des Imperiums nicht definitiv aus der Hand geben dürfe. Daraus folgerte bereits der römische Senat, daß Konstantin d.Gr. der römischen Kirche durchaus die bekannte Schenkung gemacht haben könne, dazu aber nicht berechtigt gewesen sei. Friedrich Barbarossa zog daraus die Konsequenzen, indem er alle „regalia sancti Petri", alle päpstlichen Hoheitsrechte weltlicher Art, als Lehen des Imperiums betrachtete, da sein Reich die legitime Fortsetzung des antiken Imperiums darstelle [157]. Mit anderen Worten, alles, was zum Kirchenstaat gehörte, sollte dem Kaiser lehnspflichtig und damit auch abgabenpflichtig sein; selbst der Papst konnte in diesem Gefüge nicht mehr als der vornehmste Reichsbischof sein. Es war ein Angriff auf die kirchliche Libertas aus einer neuen Perspektive, den Hadrian IV. in seinem ganzen Gewicht erst nach dem Reichstag von Roncaglia (1158) erkannte. Die vom Kaiser so verstandene Zusammenarbeit von Imperium und Sacerdotium war für den Papst nicht akzeptabel.

Demgegenüber war der politische Kurswechsel, den Hadrian IV. mit dem Vertrag von Benevent 1156 vornahm, eine vergleichsweise nur vordergründige Folie. Der am 18. Juni 1155 im Petersdom zum Kaiser gekrönte Barbarossa war nicht in der Lage, wie im Konstanzer Vertrag versprochen, dem Papst die Stadtrömer zu unterwerfen. Auch die Absicht, das Königreich Sizilien zu erobern, scheiterte in den Verhandlungen zu Ancona an der Frage, ob und wie viel dem byzantinischen Verbündeten vom Normannenreich abgetreten werden müsse. Zumal sich der Kaiser im Winter 1155/56 politisch neu orientierte, wurde die politische Zielsetzung des Konstanzer Vertrages gegenstandslos. Hadrian IV. zog daraus die Konsequenzen und erkannte das Normannenreich am 18. Juni 1156 im Vertrag von Benevent an [158]. Die Vereinbarungen gingen, der Situation entsprechend, weitgehend zu Lasten des Papsttums, banden dieses aber auch rechtzeitig in eine europaweite Koalition, die es zur Selbstbehauptung gegen kaiserliche Ansprüche nötig hatte. Gleichzeitig allerdings stellte sich bei dieser Gelegenheit eine erneute Spaltung des Kardinalkollegs heraus, eine deutschfreundliche und sizilienfreundliche Partei, die nach dem Tod Hadrians IV. (1. September 1159) zur tiefgreifenden Auswirkung kommen sollte.

3. Alexander III. (1159–1181)

Über seine Jugend und Ausbildung haben wir keine Belege. Sein erster Biograph, Kardinal Boso [159], berichtet nur, daß Roland, zu Beginn des 12. Jh. geboren [160], der Sohn eines Bürgers von Siena mit Namen Ranutius war. 1160 erwähnt Bischof Arnulf von Lisieux die adlige Herkunft als ein Argument, das seine englischen Amtsbrüder überzeugen sollte,

---

156 Rahewin, Gesta (s. Anm. 123) IV 35.

157 Vgl. J. Fried, Der Regalienbegriff im 11. und 12. Jh., in: DA 29 (1973) 453–462; D. von der Nahmer, Zur Herrschaft Friedrich Barbarossas in Italien, in: Studie medievali, ser. 3a, 15/2 (1974) 594–612; J. Laudage, Alexander III. und Friedrich Barbarossa, (Habil. masch.) Köln 1990.

158 Vgl. Deér, Papsttum (s. Anm. 69) 247ff.

159 LP II 377.

160 Seine Zeitgenossen, wie Benedikt von Peterborough, bezeichnen ihn anläßlich seines Todes als Greis, vgl. Watterich, Pontificium (s. Anm. 5) II, 648–659.

Alexander III. als Papst anzuerkennen [161]. Erst im 14. Jh. finden sich in den Chroniken Sienas genauere Angaben über seine Abstammung [162]; er wird mit der Sieneser Familie Bandinelli in Verbindung gebracht, die als eine der alten und angesehenen Familien schon länger vor Rolands Pontifikat urkundlich bezeugt ist [163].

a) Roland, der Jurist

Gemäß einer alten Überlieferung soll Alexander III. an der Universität von Bologna kanonisches Recht gelehrt haben; als Zeitgenosse Gratians soll er einer seiner frühesten Kommentatoren gewesen sein. Aus jüngeren Forschungen scheint sich aber zweifelsfrei zu ergeben [164], daß die *Summa* des „magister Rolandus" [165], 1154–1159 in Bologna bezeugt, nicht das Werk des späteren Papstes sein kann; es gab offenbar zwei „magistri" mit dem Namen Roland, von denen Roland Bandinelli in Bologna lehrte, bevor er 1150 die Würde eines Kardinaldiakons von SS. Cosma e Damiano übernahm. Die fünf aufeinander folgenden Versionen dieser *Summa* setzen im übrigen voraus, daß ihr Verfasser über einen längeren Zeitraum als Lehrer tätig war, was seine Identifizierung mit Alexander III. ebenfalls unwahrscheinlich macht. Dasselbe gilt auch für die *Sententiae* des „magister Rolandus" [166] aus der Zeit um 1155. Ferner weiß der große Kanonist Huguccio [167] nur von einer theologischen Unterrichtstätigkeit *(in divina pagina)* des späteren Alexander III.; andernfalls wäre eine Lehrtätigkeit in Kanonistik unter den bologneser Kanonisten gegen Ende des 12. Jh. noch lebendig gewesen. Davon ist erst später in anglonormannischen Kreisen die Rede [168].

Da Alexander III. als Verfasser eines kanonischen Werkes nicht in Frage kommt, reduziert sich seine Bedeutung als Jurist auf die Ausgabe von Dekretalen.

b) Seine Laufbahn an der Kurie

Boso zufolge [169] wurde Roland von Eugen III. aus Pisa, wo er Kanoniker an der Kathedralkirche gewesen war, nach Rom berufen. Ein Kanoniker mit Namen Roland ist in Pisa zwischen 1142 und 1147 mehrfach belegt [170]. Möglicherweise hatte Eugen III. Roland während seines Aufenthaltes in Pisa am 18. September 1148 kennengelernt. Sicher ist jedenfalls, daß Roland vor dem 21. November 1150 zum Kardinaldiakon und 1151 zum Kar-

---

[161] „Nobilitatis generis", s. F. Barlow, The Letters of Arnolf of Lisieux, II, London 1939, Ep. 28, 39.

[162] Angefangen mit der Chronik des Angelo von Tura um 1340, vgl. M. Pacaut, Alexandre III, Paris 1956, 52.

[163] Ebd. 57.

[164] R. Weigand, Bemerkungen über die Schriften und Lehren des Magister Honorius, in: Proceedings of the Fifth International Congress of Medieval Canon Law, Vatikanstadt 1980, 197–212.

[165] Hrsg. von F. Thaner, Summa Magistri Rolandi, Innsbruck 1874.

[166] Hrsg. von A. M. Gietl, Die Sentenzen Rolands nachmals Papstes Alexander III., Freiburg 1891.

[167] ... „et Alexandro tertio Bononia residente in cathedra magistrali in divina pagina", Huguccio, Summa, c.XXXI, caus.XXIX, 6.

[168] Die älteste Identifizierung des späteren Papstes mit einem Lehrer in Bologna findet sich erst in der Summa eines anglo-normannischen Kanonisten Honorius zwischen 1188 und 1199. Vgl. R. Weigand, Bemerkungen über die Schriften und Lehren des Magister Honorius, in: Proceedings of the Fifth International Congress of Medieval Canon Law, Vatikanstadt 1980, 197–212: „Rollandus vero, quem Alexandrum III aiunt fuisse, distinguit ..." Ders., Magister Rolandus und Papst Alexander III., in: AKathKR 139 (1980) 3–44.

[169] LP II 377.

[170] Pacaut, Alexandre III (s. Anm. 162) 63.

dinalpriester von San Marco ernannt wurde. Aber erst gegen Ende dieses Pontifikats sah er sich mit Aufgaben von größerer Bedeutung betraut: Im Dezember 1152/Januar 1153 gehörte er den sieben Kardinälen an, die mit Gesandten Barbarossas die Bedingungen des Konstanzer Vertrags aushandeln sollten[171]; am 16. Mai 1153 ernannte ihn der Papst zum Kanzler der römischen Kirche, der einzigen Position an der Kurie von politischer Bedeutung.

Unter Hadrian IV. und Anastasius IV. fand sich Roland zweimal im Zentrum entscheidender Verhandlungen im Rahmen päpstlicher Politik. Im Juli 1156 besorgte er als führender Vertreter der sizilienfreundlichen Partei im Kardinalkolleg die Verhandlungen mit König Wilhelm I., die zum Beneventer Vertrag führten. Barbarossa betrachtete diesen Vertrag als einen Bruch des Konstanzer Vertrages[172], wohl mehr aus propagandistischen Gründen, um seine eigene vorangegangene Kursänderung zu verschleiern.

c) Der Reichstag von Besançon (1157)

Ende Oktober 1157 wurden Roland zusammen mit Kardinal Bernhard von S. Clemente als päpstliche Legaten zum Reichstag nach Besançon geschickt. Es war eine außergewöhnliche Mission für den Kanzler, der normalerweise an der Kurie unabkömmlich war. Die Legaten hatten einen Brief Hadrians IV. dem Kaiser zu überbringen, dessen Absicht eine offizielle Beschwerde des Papstes über die Gefangennahme des Erzbischofs Eskil von Lund war. Um das Gesicht zu wahren, ist im Brief von einem räuberischen Überfall auf den Erzbischof die Rede, den zu ahnden der Kaiser nichts unternehme. In Wirklichkeit wußte auch der Absender, daß die Gefangennahme im Januar 1157 geschehen war, weil Eskil zum Primas für Schweden ernannt worden war und die Ernennungsurkunde nach Skandinavien überbringen sollte, die nun aber dort nicht ankam, weil sie ihm von den Deutschen abgenommen worden war. Die Urkunde an Ort und Stelle nicht verkünden zu können, hieß, der Entscheidung die vollständige Gültigkeit vorzuenthalten, in diesem Falle zu verhindern, daß der Metropole Hamburg-Bremen auch noch der letzte Rest an Jurisdiktion in Skandinavien genommen werde[173]. Im weiteren Verlauf des Briefes, den der Reichskanzler Rainald von Dassel gleich ins Deutsche übersetzen mußte, versicherte Hadrian IV., er bereue sein Wohlwollen nicht, das er dem Kaiser durch Übertragung der begehrten Kaiserkrone samt der damit einhergehenden Machtfülle und Würde erwiesen habe. Auch fernerhin, fügte der Papst hinzu, sei er bereit, in Anbetracht des Nutzens und Vorteils für Kirche und Papst durch den Kaiser noch größere „Benefizien“ zu vergeben[174]. Nun aber, da das begangene Verbrechen – nämlich die Gefangennahme Eskils – nicht verfolgt werde, sei das Schlimmste zu befürchten. Gerade durch diesen Satz besitzt die Deutung der Kaiserkrone als „beneficium“ im Ganzen des Briefes einen nur peripheren Stellenwert. Entscheidend jedoch war, daß Rainald von Dassel „beneficium“ mit Lehen übersetzte.

---

[171] MGH DF I. Nr. 51f.

[172] P. Rassow, Honor imperii. Die neue Politik Friedrich Barbarossas 1152–1159, Darmstadt ^{2}1961, 78ff.

[173] Vgl. Engels, Friedrich Barbarossa (s. Anm. 10) 353–355.

[174] Dt. Übers. bei Otto v. Freising (fortg. von Rahewin), Gesta (s. Anm. 123) 413: „... wenn deine Hoheit auch noch größere Wohltaten *(maiora beneficia)* aus unserer Hand empfangen hätte – wenn das möglich wäre –, würden wir uns mit Recht darüber freuen in dem Gedanken daran, welch großen Nutzen und welch große Vorteile der Kirche Gottes und uns durch dich zuteil werden können.“

Das Wort *beneficium* war durchaus zweideutig: Der ältere und immer noch gebräuchliche Sinn meinte eine erwiesene bzw. empfangene „Wohltat"; inzwischen hatte das Wort in Deutschland auch die Bedeutung von „Lehen" angenommen. Angesichts des Tumultes unter den Teilnehmern des Reichstages warf einer der beiden päpstlichen Legaten, der in den Gesta Friedrichs I. namentlich nicht genannt ist, in der Geschichtsschreibung aber allgemein mit Roland identifiziert wird [175], die Bemerkung entgegen: „Und von wem sollte der Kaiser denn das Reich haben, wenn nicht von dem Herrn Papst?" [176]

Die Reaktion seitens der Fürsten ließ nichts an Heftigkeit zu wünschen übrig. Der Pfalzgraf Otto von Wittelsbach bedrohte den Kardinal sogar mit seinem Schwert. Mit seiner Autorität beruhigte der Kaiser den Aufruhr, ließ die Legaten unter bewaffnetem Schutz in ihre Unterkunft bringen und gebot ihnen, nach Rom zurückzukehren, wobei er ihnen jeglichen Kontakt mit Reichsbischöfen auf ihrem Rückweg untersagte. Merkwürdigerweise spielte der eigentliche Gegenstand des Briefes, die Gefangennahme Eskils von Lund, in der Reaktion überhaupt keine Rolle mehr. Es kann natürlich sein, daß Rainald von Dassel durch seine geschickte Übersetzung von der peinlichen Angelegenheit ablenken wollte. Aber es ist auch sicher, daß die Formulierung „beneficium" im Brief nicht unbedacht gewählt worden ist. Denn im Gepäck der Legaten, das kontrolliert wurde, fand man sogenannte Blankette (schon gesiegelte, aber noch zu beschriftende Urkunden), die dazu gedient haben können, die von Rom aus erwartete Empörung über die Gefangennahme des Erzbischofs zu einer dauerhaften kirchlichen Opposition gegen den Kaiser auszubauen. Das würde auch den Rundbrief Barbarossas erklären, der noch von Besançon aus abgeschickt wurde und eine solche Reaktion unterbinden sollte [177]. Beneficium im Sinne von Lehen stellte die kaiserliche Argumentation auf den Kopf; wenn die Stadt Rom und das „patrimonium s. Petri" Pertinenzen des Reiches sein mußten und der Papst beides nur zu Lehen vom Kaiser haben konnte, blieb der römischen Kurie nichts anderes übrig als konsequent umgekehrt zu argumentieren, wollte sie die Unabhängigkeit des Papsttums retten. Hier nur Machtfragen zu sehen, ist zu kurz gegriffen; das 12. Jh. war auch eine Zeit der theoretischen Selbstbegründung. Hadrian IV. zog in einem späteren Brief an den Kaiser die harte Deutung des Begriffes „beneficium" zurück und erklärte alles um des kurzfristigen Friedens willen als ein Mißverständnis [178]. Genützt hat es nicht, denn sein Nachfolger Alexander III. bekam die Wucht der kaiserlichen Argumentation zu spüren.

d) Ikonographischer Niederschlag

Anläßlich seines Zusammentreffens mit Papst Hadrian 1155 in Sutri kurz vor der Kaiserkrönung zeigte sich Friedrich I. mißtrauisch gegenüber ähnlichen protokollarischen Vorstößen seitens der römischen Kurie. Zu einem ernsten Zwischenfall kam es, als der Kaiser sich zwar zum Fußkuß vor Hadrian verneigte, aber den Stratordienst (Führen des päpstlichen Pferdes am Zügel und Halten des Steigbügels) verweigerte. Barbarossa fürchtete

---

[175] Einwände bei M. Maccarrone, Papato e impero dalla elezione di Federico I alla morte di Adriano IV (1152–1159), Rom 1959.

[176] Rahewin, Gesta (s. Anm. 123) III, c.12.

[177] Ebd. III c.13. Der Papst richtete auf den Bericht der Legaten hin sofort ein Rundschreiben an die Reichsbischöfe, ebd. III c.19 (= IL 10321).

[178] Ebd. III c.21 u. 24–27 (= IL 10386).

darin eine stillschweigende Anerkennung seiner vasallitischen Abhängigkeit vom Papsttum. Er verstand sich erst dazu, nachdem ihm versichert worden war, daß mit diesem Zeremoniell keine Vasallenverpflichtung verbunden sei[179].

Das Mißtrauen war nicht unbegründet, denn was Rom hier auf ritueller Ebene für sich in Anspruch nahm, fand in zumindest mißverständlicher Form einen Niederschlag in Gemälden und Inschriften des Lateranpalastes. Laut Rahewin zeigten sie, daß der Kaiser durch Empfang der Krone zum „Lehnsmann des Papstes" wurde[180]. Das Gemälde, auf das Rahewin sich bezog, schmückte sehr wahrscheinlich einen der beiden Säle, die im Lateran zur Erinnerung an die Krönung Lothars III. errichtet worden waren. Es ist nicht mehr vorhanden, wird aber allgemein mit einer von Onofrio Panvinio (1529–1568) gefertigten Zeichnung gleichgesetzt; dargestellt waren hier drei sukzessive Szenen, die erste vor einer Kirche (der Lateranbasilika), die beiden anderen innerhalb dieser Kirche[181]. In der ersten Szene (links) legte der König mit entblößtem Haupt vor der Kirche seinen Eid gegenüber den Römern ab. Die mittlere Szene zeigte den Papst, sitzend, mit der Tiara bedeckt, was der Tradition des 12. Jh. entsprach, und den König, immer noch mit entblößtem Haupt und noch ohne Krönungsgewänder, in leichter Verbeugung vor dem Papst. Auf der dritten Abbildung war der Papst mit entblößtem Haupt zu sehen, hinter dem Altar sitzend, wie er den König krönte. Der Papst besaß dadurch, daß er saß, eine dem Kaiser überlegene Stellung, doch das Gemälde als Ganzes enthielt kein einziges Element, das zum Zeremoniell einer *commendatio* gehört hätte, wodurch eine Abhängigkeit des Kaisers im Sinne eines Vasallenverhältnisses gegenüber dem Papst unterstrichen worden wäre. Es läßt sich aber nicht ausschließen, daß das Bild in seiner ursprünglichen Form zeigte, wie der Kaiser gerade seine gefalteten Hände in die des Papstes legte[182].

Höchstwahrscheinlich wäre es ohne die Inschrift, mit der der König als „Mann des Papstes" bezeichnet wurde[183], zu keinen größeren Mißhelligkeiten gekommen, was seine Bestätigung findet durch deutsche Bischöfe, die den Zwischenfall von Sutri mit den Worten kennzeichneten: „A pictura cepit, ad scripturam pictura processit scriptura in auctoritatem prodire conatur."[184] Der Kaiser scheint sich durchgesetzt zu haben: Die Inschrift – das eigentliche Objekt des Streites – wurde offensichtlich entfernt. Zur Zeit Panvinios (16. Jh.), der die Inschrift durch Rahewin kannte, befand sie sich jedenfalls nicht mehr unter dem Gemälde im Lateran.

e) Die Wahl

Nach dem Tod Hadrians IV. am 1. September 1159 in Anagni traten die Kardinäle am 7. September in Rom zusammen. Es herrschte eine gespannte Atmosphäre, da von Barbarossas Seite alle möglichen Mittel, einschließlich Geld, eingesetzt worden waren, um Volk

---

179 Boso, Vita Adriani IV, LP II, 391.

180 Ladner, Die Papstbildnisse (s. Anm. 20) 281.

181 G. B. Ladner, I mosaici e gli affreschi ecclesiastico-politici nell' antico palazzo Lateranense, in: RivAC 12 (1935) 277–292; vgl. Chr. Walter, Papal Political Imagery in the Medieval Lateran Palace, in: CAr 21 (1971) 155ff.

182 So berichtet in der Kölner Königschronik, vgl. MGH.SRG XVIII, 93f; vgl. W. Heinemeyer, ‚Beneficium – non feudum sed bonum factum'. Der Streit auf dem Reichstag zu Besançon 1157, in: ADipl 15 (1969) 184.

183 Kölner Königschronik, ebd.

184 Ebd. – Man sollte beachten, daß diese Chronik erst nach dem Tod Barbarossas abgefaßt wurde.

und Senat von Rom für einen Papst zu gewinnen, der die vom Kaiser gewünschte Zusammenarbeit von Imperium und Sacerdotium bejahte. Laut Gerhoh von Reichersberg [185] soll Hadrian IV. auf seinem Sterbebett Kardinal Bernhard von Porto als seinen Nachfolger empfohlen haben, der zwar anti-kaiserlich war, aber nicht so belastet wie Roland Bandinelli und vielleicht auch besser geeignet, die Einheit des Kardinalkollegs zu wahren.

Ungeachtet der Vorverhandlungen wählte die Mehrheit im Wahlkollegium den Kanzler Roland. Dies lieferte einer kleineren Zahl von Kardinälen den Vorwand zur Wahl des Kardinals Oktavian Monticelli. Als Roland im Begriff war, sich den päpstlichen Mantel umzulegen, riß ihn Oktavian von seiner Schulter, um ihn sich selbst umzulegen; und in diesem Moment strömten die Stadtrömer, von Otto von Wittelsbach dazu angestiftet, in die Kirche, um den neuen Papst zu akklamieren. Formal war Oktavian rechtmäßig zum Papst erhoben, aber jeder wußte, daß dies dem Willen des Kardinalkollegs nicht entsprach. Es ist fast schon symbolisch, daß Oktavian nach dem (zumindest angeblich) deutschfreundlichen Viktor III. den Namen Viktor IV. führte und Roland nach dem gleichnamigen Vorgänger Alexander III. Die Anhänger Alexanders suchten in der von den Frangipani und anderen römischen Gegnern des Kaisers verteidigten Peterskirche Zuflucht und hielten an ihrer Entscheidung fest. Nachdem sie bis zum 15. September eingeschlossen gewesen waren, gelang es ihnen mit Hilfe der Frangipani, sich in einen befestigten Turm in Trastevere zu flüchten und dann Rom zu verlassen. Die Konsekration Rolands fand schließlich am 20. September in Ninfa durch den Bischof von Ostia kanonischer Tradition entsprechend statt; sein Rivale wurde in Farfa am 4. Oktober von zwei Bischöfen konsekriert.

Die Zahl (und sonstige Einzelheiten) der Kardinäle, die an dieser Doppelwahl teilgenommen hatten, durch die ein Schisma von beinahe zwanzig Jahren Dauer begann, läßt sich nicht genau feststellen. Die Quellen widersprechen sich hier, und einige Kardinäle scheinen auch die Seite gewechselt zu haben. Folgender Schluß dürfte aber zwingend sein: Wie schon Gerhoh von Reichersberg behauptete [186], der sich um genaue Kenntnis der Tatsachen bemühte, hatte wohl die Mehrheit der Kardinäle für Alexander gestimmt; nur wenige entschieden sich für Oktavian. Und er selber behauptete ebenfalls nie, die Mehrheit der Stimmen erhalten zu haben, sondern versicherte stets, von der *sanior et melior pars* gewählt worden zu sein [187]. Hingegen konnte sich Alexander III., der von mindestens vier der sechs Kardinalbischöfen gewählt worden war, aus juristischer Sicht durchaus als legitimer Papst betrachten.

In der Geschichtsschreibung ist die Doppelwahl von 1159 meist durch das Vorhandensein zweier Parteien im Kardinalkollegium, nämlich einer „kaiserlichen" und einer „sizilianischen" erklärt worden. Von diesen beiden Parteien habe sich die eine, die zahlenmäßig überlegene, auf die Normannen und auf die römische Familie der Frangipani gestützt. Ihr hätten jene Kardinäle angehört, die wie Roland selbst schon lange in Opposition zur kaiserlichen Politik standen. Die andere, die kaiserfreundliche Partei, habe die Unterstützung des römischen Adels besessen.

Die Quellen erlauben jedoch keine solche Schematisierung a posteriori. Mehrere der Kardinäle, die dem Kanzler Roland zuneigten, waren vor der Wahl Barbarossa verbunden;

---

[185] Gerhoch von Reichersberg, De investigatione Antichristi, hrsg. von F. Scheibelberger, Gerhohi Reichersbergensis praepositi opera hactenus inedita, I, Linz 1875, 360ff.

[186] Ebd.

[187] Pacaut Alexandre III (s. Anm. 162) 103.

außerdem scheinen einige Kardinäle während des Ereignisses ihre Position geändert zu haben. Daneben hatte die Spaltung des Kardinalkollegiums, die sich im September 1159 in dieser extremen Form manifestierte, auch gesellschaftlich geprägte Hintergründe: Kardinal Oktavian Monticelli und sein entschiedenster Befürworter, der mit ihm verwandte Kardinal Guido von Crema, gehörten Familien des Hochadels an. Eine nicht unerhebliche Zahl der italienischen Kardinäle stammte dagegen aus den mittelitalienischen Städten.

f) Das Schisma (1159–1177)

Zum zweiten Mal innerhalb von drei Jahrzehnten wurde die römische Kirche durch ein Schisma geteilt; dieses sollte 18 Jahre dauern (September 1159 bis September 1177). Das offizielle Anfangsdatum des Schismas ist der 5. Februar 1160, zu dem der Kaiser in Pavia ein Konzil einberufen hatte, das die Rechtmäßigkeit Viktors IV. erweisen sollte [188]. Zu dieser Versammlung waren vor allem Prälaten aus den Ländern des Reiches (Deutschland, Norditalien) gekommen. Dagegen erklärte Alexander III. am Gründonnerstag (24. März) 1160 in Anagni die Exkommunikation über seinen Rivalen und entband das Gefolge des Kaisers von seinem Treueid. Er erklärte, als gültiger Papst auch nicht von einem Konzil gerichtet werden zu können, es sei denn, er habe die Synode einberufen und selbst geleitet. Im übrigen ließ die Versammlung in Pavia auch keinen alexandrinischen Vertreter zum Zeugenverhör zu. Demgegenüber argumentierte der Kaiser, nach dem Vorbild seiner Vorgänger aus der Spätantike und dem Frühmittelalter zur Einberufung einer Synode berechtigt zu sein, die den Wahlvorgang zu prüfen habe. Für ihn fehlte zum Nachteil Alexanders die Zustimmung von Klerus und Volk der Stadt Rom, ein Argument, das selbst in der Versammlung von Pavia nicht ungeteilte Zustimmung fand. Schon im September 1159 hatte er geäußert, nur einen Papst anerkennen zu wollen, der zur Zusammenarbeit mit dem Imperium bereit sei, und diese bestritt er Alexander in seinem Brief vom Februar 1160 an Erzbischof Eberhard I. von Salzburg; Roland sei infolge seines Bündnisses mit Wilhelm von Sizilien und mit Mailand sowie den anderen oberitalienischen Städten ein Verschwörer [189]. Alexander mußte aus Rom fliehen, aber seine Obödienz war damit nicht erledigt; im Gegenteil, der Kaiser mußte stets besorgt sein, daß Viktor nicht einfach als „sein“ Papst angesehen wurde.

Unter dem Druck von kaiserlicher Seite trafen sich Heinrich II. von England und Ludwig VII. von Frankreich im Juni oder Anfang Juli in London, wo es allerdings zu keinem formellen oder schriftlich niedergelegten Beschluß kam. Am 22. Juli dann trafen sie sich in Beauvais zu einer gemeinsamen Synode, auf der drei Legaten Alexanders III. und einige Kardinäle von Viktors Seite wie auch Abgesandte des Kaisers anwesend waren. Der Bischof am Ort war ein Bruder des französischen Königs. Die Geistlichen wurden aufgerufen, sich mit dem Problem des Schismas zu befassen, „da die Angelegenheit nicht von Laien diskutiert werden“ könne. Die Synode kam zu dem Schluß, daß die Wahl Alexanders als gültig anzuerkennen sei; Viktor IV. und alle seine Anhänger wurden erneut exkommuniziert. Der englische König handelte für seine Anerkennung Alexanders von den päpstli-

---

[188] Vgl. H. Wolter, Friedrich Barbarossa und die Synode zu Pavia im Jahre 1160, in: Köln. Stadt und Bistum in Kirche und Reich des Mittelalters, hrsg. von H. Vollrath – S. Weinfurter, Köln 1993, 415–453.

[189] Die Admonter Briefsammlung, hrsg. von G. Höde u. P. Classen, MGH, Briefe der deutschen Kaiserzeit, VI, München 1983, Ep. 39 u. 49.

chen Legaten das Versprechen ein, daß die geplante Eheschließung zwischen seinem Sohn und der Tochter Ludwigs VII. – die von den beiden Königen im Mai abgesprochen worden war – trotz des noch zu jungen Alters der beiden Kinder durch päpstliche Dispens stattfinden könne; weil es um das normannische Vexin ging, glaubte man, nicht bis zum Mündigkeitsalter warten zu können.

Es kam nun darauf an, das sich abzeichnende Patt durch Ausweitung der eigenen Obödienz zu überwinden; durch Austrocknung des Gegners hoffte man das Schisma zu beseitigen. England, Frankreich, die Iberische Halbinsel, seit 1161 auch das Hl. Land und 1162 das Königreich Sizilien standen auf der Seite Alexanders. Offiziell stand das Reich hinter Viktor und wußte auch Dänemark sowie Ungarn in die Obödienz hineinzuzwingen. Erzbischof Eberhard von Salzburg unterhielt vorerst nur heimlich Kontakte mit Alexander. In Burgund schloß sich nur der Erzbischof von Tarentaise der alexandrinischen Obödienz an. Buntscheckig war das Bild in Reichsitalien. Die Seestädte Genua und Pisa erkannten Alexander an, Mailand schwankte, und in den anderen Städten kam es darauf an, inwieweit sich die Bischöfe den kaiserlichen Anforderungen entziehen konnten. Auch das Verhalten der Orden war nicht einheitlich; Cluny folgte Viktor, die Zisterzienser überall Alexander, ebenfalls die Prämonstratenser in Frankreich, während die deutschen Prämonstratenser aus Abneigung gegen das vom französischen Ordenszweig favorisierte Generalkapitel mit seinen Zentralisierungstendenzen bereitwillig dem Kaiser folgten [190].

g) Die Synode von Montpellier und das Treffen von Saint-Jean-de-Losne

Im März 1162 eroberte der Kaiser Mailand; es war, wie sich im nachhinein herausstellte, sein höchster Triumph. Die anderen oberitalienischen Kommunen, soweit sie nicht auf seiner Seite standen, sahen sich zu einem Arrangement mit ihm genötigt. Und Barbarossa brauchte sie, weil die Aufstände sizilischer und apulischer Barone gegen Wilhelm I. die nicht aufgegebene Eroberung des Normannenreiches in greifbare Nähe rückte. Alexander III. hatte sich rechtzeitig nach Genua geflüchtet und setzte nun im April seine Flucht nach Frankreich fort.

Kurz nach seiner Ankunft fand in Montpellier unter Teilnahme einiger Bischöfe eine Synode statt (17.–20. Mai) [191]. Der französische und der englische König hatten Repräsentanten geschickt (Peter, einen Bruder Ludwigs VII.). Die Synode jedoch kann nur als ein mäßiger Erfolg gewertet werden, die Zahl der anwesenden Prälaten war nicht bedeutend. In jeder Hinsicht willkommen war Alexander seitens des französischen Königshofes nicht. Er hatte dem englischen Königssohn Heinrich (III.) und Ludwigs VII. Tochter Margarete die Ehedispens erteilt, so daß das Vexin beim englischen Kontinentalbesitz bleiben konnte. Ludwig selbst hatte Adela aus dem Haus Blois-Champagne geheiratet, das mit Viktor IV. verwandt war. Das gab dem Kaiser begründete Hoffnung, Frankreich für Viktor gewinnen

[190] Vgl. M. Preiss, Die politische Tätigkeit und Stellung der Cisterzienser im Schisma von 1159–1177, Berlin 1934; S. Weinfurter, Norbert von Xanten und die Entstehung des Prämonstratenserordens, in: Barbarossa und die Prämonstratenser, hrsg. von der Gesellschaft für staufische Geschichte, Göppinen 1989, 67–100.

[191] Zu den Konzilien im Zusammenhang mit dem Schisma von 1159 allgemein vgl. F. Barlow, The English, Norman and French Councils Called to Deal with the Papal Schism of 1159, in: ders., The Norman Conquest and Beyond, London 1983, 297–301.

zu können; er brach seine Vorbereitungen zur Expedition gegen Sizilien ab und vereinbarte, während Alexander seine Synode in Montpellier abhielt, mit dem französischen König ein Treffen an der Saônebrücke (Reichsgrenze) bei St. Jean-de-Losne, um über die Behebung des Schismas zu sprechen. In Vorwegnahme des geplanten Konzils verkündete er bereits, Frankreich werde zur Obödienz Viktors übertreten. Der ganze Plan scheiterte an der Unnachgiebigkeit Alexanders; er weigerte sich, an dem auf den 29. August terminierten Treffen teilzunehmen, weil man über ihn als rechtmäßigen Papst nicht richten könne. Dabei war von den beiden Monarchen vereinbart worden, jeder bringe seinen Papst mit, Barbarossa ließ deshalb während der nur unterbrochenen Verhandlungen an der Saône in St. Jean-de-Losne eine Synode zusammentreten, die Viktor IV. erwartungsgemäß bestätigte; und Rainald von Dassel gab die entlarvende Begründung, da Rom eine Stadt des Imperiums sei, falle die Besetzung des dortigen Bischofsstuhles in die Kompetenz des Kaisers, schließlich kümmere man sich ja auch nicht um die Bischofserhebungen in anderen Reichen. Alexander III. befand sich währenddessen schon in Déols im englischen Machtbereich. Ludwig VII. wäre um ein Haar zwischen die Fronten geraten; er mußte sich wieder zu Alexander bekennen, der ihm eine Versöhnung mit dem englischen König vermittelte[192].

h) Das Konzil von Tours

Ein Punkt, den es mit dem französischen und dem englischen König zu verhandeln galt, war Alexanders III. Wunsch, in Tours ein „großes Konzil" abzuhalten. Es erwies sich als wünschenswert, weil der Kaiser mit Graf Raimund Berengar IV. von Barcelona und seinem Neffen Raimund III. von der Provence Verträge abgeschlossen hatte und das königsferne Südfrankreich aufzurollen drohte. Der Papst scheint die Zustimmung dazu gegen Ende des Jahres 1162 erhalten zu haben; das geht jedenfalls aus einer Bemerkung in einem Brief an Alfons II. von Aragón vom 7. Dezember hervor[193]. Die Stadt Tours gehörte zum englischen Festlandsbesitz; Heinrich II. von England hatte mit dem Grafenhaus von Barcelona eine Allianz gegen die Grafen von Toulouse geschlossen. Die Zustimmung des englischen Königs war also unerläßlich. Und Alexander erreichte sein Ziel; mehr als einhundert Bischöfe kamen nach Tours[194].

Für die Konzils- und für die päpstliche Gesetzgebung des 12. Jh. ist dieses Konzil von Bedeutung. Der größte Teil seiner Dekrete (7 von insgesamt 9) sollte im *Liber Extra* aufgenommen werden.

Von einigen dieser Dekrete kann man sagen, daß hier neue Wege beschritten wurden. So untersagte Kanon 3 den „kirchlichen Wucher", und Kanon 2 verurteilte Geistliche, die Einkünfte aus verpfändetem Gut (vor allem Grundbesitz) für sich behalten hatten, obwohl sie die Darlehenssumme längst überschritten hatten. Kanon 4 untersagte jeglichen Kontakt

---

192 Vgl. zuletzt W. Georgi, Friedrich Barbarossa und die auswärtigen Mächte. Studien zur Außenpolitik 1159–1180, Frankfurt/M. 1990, 61–77.

193 E. Martin-Chabot, Deux bulles closes originales d'Alexandre III, in: MAH 24 (1904) 65–74.

194 Das letzte Blatt der HS. Cotton Vitellius A XVII in der British Library enthält eine Namensliste von 116 Bischöfen, die in Tours anwesend gewesen sein können; vgl. R. Somerville, Pope Alexander III and the Council of Tours 1163: A Study of Ecclesiastical Politics and Institutions in the Twelfth Century, Berkeley 1977, 27ff.

mit Ketzern und machte es den weltlichen Herren zur Pflicht, sich im Kampf gegen die Ketzer zur Verfügung zu stellen – eine wichtige gesetzliche Vorgabe.

Die letzte Sitzung des Konzils gipfelte in der Exkommunikation Viktors IV. Dem Konzil von Tours gelang es nicht, das Schisma zu beenden, obwohl durchaus fundierte Aussichten einer definitiven Lösung bestanden hatten. Eine zeitgenössische Quelle – der *Draco Normannicus*[195] – weiß sogar zu berichten, Alexander III. habe seine Bereitschaft bekundet, „den Kaiser (aus den Verurteilungen) auszunehmen, da er sich mit ihm in diesen Angelegenheiten versöhnen wolle“[196].

i) Die Fortführung des Schismas

Viktor IV. starb am 20. April 1164. Das Schisma, nur als Ausfluß einer Uneinigkeit im Kardinalkolleg gesehen, hätte sich damit von selbst erledigt. Da es jedoch um grundsätzlich unterschiedliche Meinungen über das Verhältnis von Imperium und Sacerdotium ging, sorgte Rainald von Dassel, ein ungewöhnlicher Scharfmacher, der auch in der theoretischen Begründung keinerlei Abstriche von überkommenen Reichsrechten duldete, ohne Wissen des Kaisers für einen Nachfolger des Gegenpapstes in Paschalis III., dem vormaligen Bischof Guido von Crema. Rainald war es auch, der 1164 die ihm von Barbarossa als Beute des eroberten Mailand geschenkten Gebeine der Heiligen Drei Könige in demonstrativem Zug über Burgund in seine Bischofsstadt Köln überführte[197]. Daß Alexander III. dem Erzbischof von Reims befahl, den Kölner mitsamt seinen Reliquien gefangen zu nehmen, zeigt die Bedeutung, die der kaiserliche Hof diesen Gebeinen als „Reichsheiligen“ beimaß. Als Überbleibsel eines von Gott unmittelbar sanktionierten Königtums durch das Geschehen in Bethlehem dienten sie als Unterpfand der Gottunmittelbarkeit auch des Kaisertums im 12. Jh.

Die Praxis freilich deckte sich damit nicht. Friedrich Barbarossa dachte tatsächlich an einen Ausgleich mit Alexander III. und schickte deshalb Rainald von Dassel zu Verhandlungen an den englischen Hof in Rouen und an den französischen Hof. Zum Pfingstfest 1165 sollte ein Reichstag in Würzburg die Anerkennung Alexanders konkret in die Wege leiten. Rainald kehrte einen Tag zu spät von seiner Gesandtschaftsreise zurück und stieß das ganze Konzept um. Wegen seiner Konstitutionen von Clarendon hatte sich der englische König mit seinem ehemaligen Kanzler Thomas Becket überworfen, der ins französische Exil geflohen war; mit dem französischen König wollte Heinrich II. deshalb keine gemeinsame Sache machen. Statt dessen schlug er vor, zusammen mit dem Kaiser einen Kreuzzug zu unternehmen; habe man mit entsprechenden Eheabreden ein Bündnis besiegelt, werde er Viktor IV. anerkennen und auch seinen Klerus dazu bringen. Die Empörung im Reichsepiskopat zu Würzburg muß ungewöhnlich gewesen sein. Der Mainzer Erzbischof Konrad von Wittelsbach ging zu Alexander über und wurde durch Christian von Buch ersetzt; die Salzburger Kirchenprovinz gab unverhüllt zu verstehen, daß sie zu Alexander stehe, und wurde bald schon vom Kaiser mit Strafaktionen überzogen; Erzbischof Wichmann von Magdeburg verlangte von Rainald, sich erst zum Bischof weihen zu lassen,

---

[195] Ebd. – Es handelt sich um ein Reimepos, von dem man nicht weiß, inwieweit der Autor seiner Neigung zur Übertreibung nachgegeben hat.

[196] Siehe die Predigt Arnulfs von Lisieux, zit. bei SOMERVILLE, Pope Alexander III (s. Anm. 194) 64.

[197] Vgl. H. HOFMANN, Die Heiligen Drei Könige, Bonn 1975.

bevor man an einen Eid zugunsten Paschalis III. denken könne. Der Eid, der von allen, auch von den nachgeordneten Amtsinhabern gefordert wurde, verpflichtete auf die Anerkennung nicht nur des gegenwärtigen kaiserlichen Papstes, sondern auch auf dessen Nachfolger, die nicht aus der Partei Alexanders genommen werden dürften. Damit sie nicht am Ende zwischen allen Stühlen saßen, verlangten die Bischöfe vom Kaiser, daß er als erster persönlich schwören müsse und sich nicht, wie sonst üblich, durch Eideshelfer vertreten lassen dürfe[198].

Die Kanonisation Karls des Großen am Ende des Jahres 1165 in Aachen diente demselben Zweck; Karl sollte zum ersten kaiserlichen Kreuzritter herausgestellt werden, und Barbarossa erklärte ihn zu seinem Vorbild[199]. Doch weder wurde der Kreuzzug vorerst realisiert, noch trat Heinrich II. tatsächlich zur Obödienz des kaiserlichen Papstes über. Alle Aktionen brachten Alexander III. in Frankreich nur Schwierigkeiten; er kehrte mit seinen Kardinälen im September 1165 nach Rom zurück, das sich im Jahr zuvor für ihn erklärt hatte. Das wiederum veranlaßte den Kaiser zu seinem vierten Italienzug. Die Aufstände normannischer Barone im Hebst 1166 beeinflußten auch das Programm: Mit der Eroberung Roms sollte möglichst auch Alexander III. gefangen genommen werden, um so das Schisma zu beenden, sodann sollte die Eroberung des unteritalienischen Normannenreiches in Angriff genommen werden. Das von der Stadt Rom aufgestellte Heer wurde am 29. Mai 1167 auf dem Monte Mario, wo sich das Heerlager von Kaiser und Gegenpast befand, geschlagen. In der Peterskirche, die den Kaiserlichen in die Hände gefallen war, ließ Barbarossa die feierliche Inthronisation seines Papstes durchführen.

Alexander III. residierte bereits seit dem 23. November 1165 in der Stadt Rom. Nach seiner Rückkehr aus Frankreich war er vom römischen Volk und den Adligen mit großen Ehren empfangen worden, der Bitte des Senats folgend, nach Rom zurückzukehren „zum Wohl der Kirche von Rom und aller Menschen in Italien". Jetzt fand er im Stadtteil der Frangipani, der einzigen römischen Familie von Bedeutung, die ihm ergeben geblieben war, Zuflucht; von hier leistete er noch einige Zeit Widerstand, bevor er heimlich als Fischer verkleidet mit einem Boot entkam und zu den Normannen nach Benevent flüchtete, wo auch die Kardinäle sukzessive wieder zu ihm stießen. Friedrich Barbarossa[200] hatte sich der Stadt bemächtigen können, da die „Straße", verunsichert durch die Erfolge des kaiserlichen Heeres, wieder einmal die Seite gewechselt hatte. Das Heer jedoch mußte alsbald, völlig dezimiert durch eine plötzlich ausbrechende Epidemie, Rom Hals über Kopf verlassen.

k) Das Ende des Schismas

Die Katastrophe des kaiserlichen Heeres vor Rom bewirkte eine einschneidende Wende. Barbarossa war überzeugt, die bisherigen Ziele seiner Italienpolitik nicht mehr realisieren zu können, und suchte nun nach der günstigen Gelegenheit, einen erträglichen Frieden zu

---

[198] Vgl. Georgi, Friedrich (s. Anm. 192) 117–129.

[199] O. Engels, Die Kanonisation Karls des Großen und ihre Beweggründe, in: Karl d. Gr. und sein Schrein in Aachen, hrsg. von H. Müllejans, Aachen 1988, 37–55.

[200] Zu Friedrich I. und dem Schisma vgl. O. Capitani, Federico Barbarossa davanti allo scisma: problemi e orientamenti, in: Federico Barbarossa nel dibattito storiografico in Italia e Germania, hrsg. von R. Manselli u. J. Riedmann, Bologna 1982, 83–130.

schließen. So ergab sich eine ziemlich lange Zeit der Entspannung[201]. Bei seinem nächsten Italienzug 1168 kam es von seiten Barbarossas zu Versuchen der Annäherung an den Papst, so daß sich schon in den lombardischen Städten die Sorge ausbreitete, der Papst werde allzu schnell auf die Friedensfühler des Kaisers eingehen. Erste Vorgespräche fanden in Veroli statt, aber Alexander III. betrachtete die Vorschläge Barbarossas als unannehmbar. Nach der Niederlage von Legnano (1176), die deutlich machte, daß die Auseinandersetzung mit dem Lombardenbund militärisch nicht zu gewinnen war, wurden die Verhandlungen wieder aufgenommen. Der Vorfriede von Anagni am 4. November 1176 schien dem Standpunkt Alexanders, vor allem was die päpstlichen Besitzungen anging, sehr entgegen zu kommen; aber der Lombardenbund glaubte sich vom Papst nicht ausreichend vertreten, so daß erneute Verhandlungen mit dem Kaiser in Venedig unvermeidlich waren. Und sie nutzte Barbarossa mit unglaublichem Geschick zu seinem Vorteil. Aus dem Frieden von Venedig im Juli 1177 wurden der Lombardenbund und der byzantinische Kaiser ausgeschlossen, aber auch mit König Wilhelm II. von Sizilien wurde nur ein Waffenstillstand vereinbart. Die Frage, was mit den von schismatischen Bischöfen Ordinierten geschehen solle, wurde großzügig geregelt, womit man den politischen Druck, der ausgeübt worden war, zugab. Die Frage der Petrusregalien hingegen, also die territoriale Abgrenzung der kaiserlichen und päpstlichen Ansprüche, blieb aufgeschoben, obgleich man hier auf vielversprechende Ansätze aus dem Vorfrieden aus Anagni hätte zurückgreifen können[202].

Der Friede von Venedig bedeutete in einer Hinsicht einen unzweifelbaren Erfolg für Alexander III.; das Schisma war endgültig beendet. Der Kaiser erkannte Alexander ohne Rücksicht auf den einmal in Würzburg geleisteten Eid als rechtmäßigen Papst an. Man muß sich fragen, ob der Friede von Venedig nicht mehr war als eine „concordia" zwischen Papst und Kaiser, zumindest in den Augen der Beteiligten sein sollte. Die umfangreiche Teilnehmerliste deutet darauf hin, daß an eine Art europäischen Friedenskongreß gedacht war. Um sich einen möglichst großen Handlungsspielraum zu bewahren, unterband der Kaiser jedoch die Teilnahme der Herrscher von Byzanz, Sizilien, England und Frankreich. In der Nachgeschichte galt der Friede von Venedig als der eigentliche Einbruch in die Kirchenherrschaft des Kaisers, zumal es künftig keinen Gegenpapst infolge kaiserlicher Einflußnahme mehr gab, bis das 19. Jh. diese Zäsur durch das symbolisch verwertbare Stichwort „Canossa" ersetzte[203].

Von Venedig kehrte der Papst, auf einer langen Reise über Siponte, Troja, Benevent und San Germano nach Anagni zurück. Der mit dem Kaiser geschlossene Friede hatte unmittelbare Auswirkungen auf die Beziehungen zwischen Papst und ewiger Stadt. Der Senat begab sich nun zum Papst mit der Bitte, nach Rom zurückzukehren. Die Verhandlungen gestalteten sich schwierig und zogen sich bis in den März 1178 hin; erst dann konnte der Papst feierlich in Rom einziehen, vor den Mauern von Magistrat, Heer, Adligen und einer großen Menge Volkes empfangen. Der letzte Gegenpapst, der dritte im Pontifikat Alexan-

---

201 Über die Italienzüge vgl. F. Opll, Friedrich Barbarossa, Darmstadt 1990.

202 Vgl. Georgi, Friedrich (s. Anm. 192) 310–321.

203 Vgl. H. Zimmermann, Der Canossagang von 1077. Wirkungen und Wirklichkeit, Mainz 1975; K. Schreiner, Vom geschichtlichen Ereignis zum historischen Exempel. Eine denkwürdige Begegnung zwischen Kaiser Friedrich Barbarossa und Papst Alexander III. in Venedig 1177 und ihre Folgen in Geschichtsschreibung, Literatur und Kunst, in: Mittelalterrezeption, hrsg. von P. Wapnewski, Stuttgart 1986.

ders, Calixt III., gab schließlich dem Druck des kaiserlichen Hofes nach und unterwarf sich Alexander III. am 29. August 1178 in Tusculum.

Ein Jahr nach der triumphalen Heimkehr in seine Bischofsstadt eröffnete Alexander III. in der Lateranbasilika eines der bedeutendsten Konzilien des Mittelalters. Doch das Problem der Stadtherrschaft und ihrer theoretischen Rechtsgrundlage war offen geblieben; dem Papst blieb nur ein erneutes Exil. Im Sommer 1179 verließ er Rom, nachdem die Bürger der Stadt wieder einen Gegenpapst ausgerufen hatten, der sich allerdings nur wenige Monate halten konnte (Landus Stinus als Innozenz III., 29. September 1179 - Gefangennahme im Januar 1180). „Alt und krank" starb Alexander III. am 30. August 1181 in Cività Castellana. Während der Überführung seiner sterblichen Hülle in den Lateran, wo er beigesetzt wurde, wurden Steine geworfen. Das ursprüngliche Grab existiert nicht mehr, nur sein Epitaph ist noch vorhanden[204]; das heute im Lateran zu sehende Grabmal ist ein Werk Borrominis, im Auftrag eines anderen Sieneser Papstes, Alexanders VII. Chigi, errichtet.

VIII. Das Dritte Laterankonzil (1179)

Wie schon 1123 und 1139, so mußte auch jetzt ein Konzil wiederum in der Kirche San Giovanni in Laterano die wiedergewonnene Einheit der Kirche klar und deutlich vor Augen führen unter der vollen Autorität des Bischofs von Rom, der sich nach Überwindung der schweren internen Krise als unangefochtenes Haupt der Gemeinschaft aller Christen erwies. Die gesamte Zeit von 1159 bis 1178 hindurch war die Kirche durch drei Gegenpäpste - Viktor IV., Paschalis III. und Calixt III. - belastet gewesen. Das Dritte Laterankonzil[205] fand am 5., 7. (oder 14.) und 19. (oder 22.) März 1179 in Anwesenheit von ungefähr dreihundert Bischöfen[206] und einer nicht näher bekannten Zahl von Äbten und Fürsten statt; auch ein Prälat der Ostkirche zählte zu den Teilnehmern.

Trotz annähernd zwanzig Jahren Zerrissenheit brauchte das Konzil keine personellen Fragen zu behandeln; um deren Lösung hatte sich der Friede von Venedig bereits selbst gekümmert. Doch waren die Probleme, denen sich die Konzilsväter gegenübergestellt sahen, nicht weniger schwerwiegend. Die Situation der Lateiner im Orient hatte sich bedrohlich verschlechtert; im Kampf gegen die Ketzer mußten neue Wege gefunden werden; die zahlreichen päpstlichen Entscheidungen galt es durch Konzilsbeschluß zu bestätigen ...[207] So wurde das Dritte Laterankonzil ein Kollektivwerk, aber auch unübersehbar durch Alex-

---

204 F. Gregorovius, Le tombe dei papi, Rom 1931, 50, Anm. 57.

205 Ausgabe der Konzilsakten: COD, Basel 1952, 205–225. Wichtiges Sammelwerk zu diesem Konzil: J. Longere (Hrsg.), Le Troisième concile de Latran, Paris 1982; vgl. auch die Zusammenfassung von A. García y García, Lateranense III, Concilio 1179, in: Dizionario degli Istituti di perfezione, V, 471–474.

206 Wilhelm von Tyrus spricht von 300 Bischöfen; die Annalen von Monte Cassino (MGH.SS, XIX 312) von 301. Die Liste der anwesenden Bischöfe laut Wilhelm von Tyrus und verstreuten Fragmenten ergibt 287 Namen (Mansi, XXII, 213–217, 239f, 458–468, und Foreville, Latran I (s. Anm. 4) 387–390), denen noch 21 Kardinäle, außer den dreien, die schon unter den Bischöfen angeführt sind, hinzuzufügen sind. Mehrere Bischöfe der neuen Diözesen im lateinischen Orient waren anwesend, J. Richard, Latran II et l'Orient, in: Longere, Le Troisième (s. Anm. 205) 41–44.

207 J. Avril, Le IIIe concile de Latran et les lépreux, in: RMab 50 (1981) 21–76; G. Fransen, Les canonistes et Latran III, in: Longere, Le Troisième (s. Anm. 205) 33–40.

ander III. geprägt[208], der in den zwanzig vorangegangenen Jahren seines Pontifikats eine außerordentlich reiche und fruchtbare gesetzgeberische Tätigkeit entfaltet hatte.

1. Konzilsdekrete

Die Frage der Erhebung von Bischöfen, die schon während der gesamten Pontifikatszeit Alexanders mit Interesse verfolgt worden war, rückte nun in den Mittelpunkt. Seit 1175 ist in den päpstlichen Entscheidungen die Tendenz festzustellen, das Wahlrecht auf eine einzige Körperschaft, nämlich die Kanoniker an der Kathedrale, einzuschränken. Das Dritte Laterankonzil spricht sich jedenfalls in diesem Sinne aus (can. 16). Was das Lebensalter als Voraussetzung für die Bischofserhebung betrifft (can. 3), folgte das Konzil den Urkunden Alexanders III.[209] Auch der Kanon 6 (Appellationen an Rom) übernahm die von Alexander getroffenen Entscheidungen. 35 seiner Dekretalen[210] suchten etwas Kohärenz in diesen neuen sensiblen Bereich zu bringen; die wichtige Rolle der Kurie als höchstrichterliche Instanz wurde sanktioniert (aber auch die Wurzeln des Mißbrauchs waren hier schon angelegt, Bernhard von Clairvaux hatte verschiedentlich darüber geklagt). Einer der berühmtesten Konzilskanones (can. 1)[211] regelte die Papstwahlordnung in einem wichtigen Punkt; für die Gültigkeit einer Wahl war von nun an ein Votum von zwei Dritteln der Wähler erforderlich. Offensichtlich sollte mit dieser Entscheidung die Gefahr eines künftigen Schismas eingeschränkt werden; das Ereignis von 1159 durfte sich nicht wiederholen.

2. Rezeption der Dekrete

Von allen römischen Konzilien des 12. Jh. erfuhren die Dekrete des Dritten Laterankonzils die größte Verbreitung. Ihr Text findet sich in zwanzig Kanonessammlungen[212]. Zeitlich fällt dieses Phänomen mit der Vermehrung der Dekretalensammlungen zusammen, die besonders seit dem Pontifikatsbeginn Lucius' III. sichtbar wird[213]. 14 von den 27 Kanones des III. Lateranense, d. h. faktisch alle mit pastoraler Auswirkung, haben ihre Spuren in den zahlreichen *summae pastorales*, die zwischen dem Dritten und Vierten Laterankonzil entstanden sind, hinterlassen, so in der *Summa* des Petrus Cantor, der zu den Konzilsteilnehmern gehörte, im *Liber poenitentialis* des Alanus von Lille und des Robert von Flamborough; in der *Summa de confessione* des Peter von Poitiers und in der *Summa de poenitentia* des Thomas von Chobham ...[214]

[208] M. Pacaut, Alexandre III et le concile oecuménique de 1179, in: Longere, Le Troisième (s. Anm. 205) 19–22.
[209] Decr. Greg. IX, l.III, VIII, 3 und L. III, XXXVII.
[210] Pacaut, Alexandre III (s. Anm. 162) 21.
[211] „Licet de evitanda"; COD, 211.
[212] Compilatio prima, Liber Extra, etc.
[213] Fransen, Les canonistes et Latran III, in: Longere, Le Troisième (s. Anm. 205), 37.
[214] Longere, L'influence de Latran sur quelques ouvrages de théologie morale, in: ebd. 91–110.

IX. Die letzten Päpste des 12. Jahrhunderts

1. Lucius III. (1181–1185)

Schon drei Tage nach dem Tod Alexanders III. hatten die Kardinäle in der Person des Kardinalbischofs von Ostia, des aus Lucca stammenden Hubald, einen Nachfolger gefunden (1. September 1181). Im Kreis der Kardinäle war er der Älteste; vor vierzig Jahren (1141) hatte ihn Innozenz II. zum Kardinal und Hadrian IV. 1159 zum Bischof von Ostia ernannt. In dieser Eigenschaft hatte er am 20. September 1159 Alexander III. in Ninfa geweiht. Im Kampf um dessen Anerkennung hatte er eine entscheidende Rolle gespielt. In den Orden der Zisterzienser scheint er noch vom hl. Bernhard selbst aufgenommen worden zu sein. Anders als viele seiner Mitkardinäle scheint er keine Universitätsausbildung erhalten zu haben. Dagegen zeichnete ihn aus, daß Thomas Becket, der im allgemeinen den hohen römischen Prälaten sehr kritisch gegenüberstand, seine diplomatischen Fähigkeiten und seine Rechtschaffenheit sehr schätzte. Natürlich hatte er unter den Päpsten Hadrian IV. und Alexander III. aus nächster Nähe Anteil an den großen Ereignissen, die die römische Kirche bewegten. An den Verhandlungen, die zum Frieden von Venedig führten, war er aktiv beteiligt gewesen.

Der schon hoch betagte Lucius III. bedurfte der Unterstützung Kaiser Friedrichs I. Zwar in Rom gewählt (1. September 1181), erfolgte seine Inthronisation jedoch (am 6. September) wegen der von den Römern provozierten Unruhen in Velletri. Erst am 2. November gelang es ihm wieder, seinen Sitz in Rom aufzunehmen, sicher nicht ohne den Preis von Zugeständnissen an die Repräsentanten der Stadt. Doch schon am 13. März des folgenden Jahres fand sich der Papst wieder in Velletri und sollte die ewige Stadt nicht mehr betreten. Darüber hinaus kam es zu starken Spannungen mit den Römern, als sie sich 1183 Tusculums zu bemächtigen versuchten.

Obwohl der Kaiser am gespannten Verhältnis des Papstes zur Stadt Rom infolge der bewußt unklaren Rechtsverhältnisse nicht ganz unschuldig war[215], ließ sich ein einvernehmliches Verhältnis mit Barbarossa nicht umgehen. Bekannt ist die Begegnung der beiden in Verona im Herbst 1184[216]. Die dort gefaßten Beschlüsse waren wichtig. In Verona nämlich erließ Lucius III. zusammen mit Friedrich I. die berühmte Konstitution *Ad abolendam*[217], durch die der Ausbreitung der bedrohlicher werdenden neo-manichäischen Häresien Einhalt geboten werden sollte. Zum ersten Mal wurde hier in einem päpstlichen Schriftstück die weltliche Obrigkeit feierlich dazu verpflichtet, sich dem bischöflichen Gericht zur Ausführung sowohl kirchlicher als auch kaiserlicher Gerichtsbeschlüsse für die Ketzerbekämpfung zur Verfügung zu stellen. Die weltlichen Autoritäten, die sich nicht dazu bereitfänden, sollten ihre Rechte verlieren und exkommuniziert, ihre Territorien mit dem Interdikt belegt werden. Städte, die sich widerspenstig zeigten, sollten mit dem Bann belegt werden und ih-

---

[215] Vgl. J. Petersohn, Kaiser, Papst und Praefectura Urbis zwischen Alexander III. und Innozenz III., in: QFIAB 60 (1980) 157–188.

[216] V. Pfaff, Sieben Jahre päpstlicher Politik. Die Wirksamkeit der Päpste Lucius III., Urban III., Gregor VIII., in: ZSRG.K 98 (1981) 148–212.

[217] Mansi, XXII, c.471; der Text wurde in den Liber extra aufgenommen, Buch V, tit.VII, c.IX, hrsg. von Friedberg, II, c.780–782; G. Gonnet, Sul Concilio di Verona, in: Bolletino di Studi Valdesi 140 (1976) 21–30.

ren Bischofssitz verlieren. Dieses Dokument ist in gewisser Weise als Ausgangspunkt der Inquisitionsgerichtsbarkeit anzusehen[218].

Für einen Augenblick hatte hier in Verona die Christenheit ihre volle Einheit wiedererlangt; Papst und Kaiser hatten das Fundament zu einer engen Kooperation gelegt[219]. Auf einer tieferen Ebene jedoch schlummerten die Wurzeln künftiger Konflikte. Lucius war nach Verona gekommen in der Absicht, der Bitte des Kaisers, dessen Sohn Heinrich (VI.) jetzt schon zum Kaiser zu krönen, zu entsprechen. Ob er auch von der bevorstehenden Verlobung Heinrichs mit Konstanze, der Tochter Rogers II. und Erbin der sizilischen Krone, wenn nicht Wilhelm II. doch noch Kinder geschenkt werden würden, Kenntnis hatte, ist unbekannt. Auffällig ist jedenfalls die Bekanntmachung der Verlobung in Augsburg auf ein Zeichen aus Verona hin und nach entsprechender Zeit die Reaktion in Verona: Lucius verweigerte die Kaiserkrönung Heinrichs mit dem fadenscheinigen Argument, es sei nicht zulässig, daß zwei Kaiser an der Spitze des Reiches stünden. Wenn der Papst erst jetzt von der Verlobung erfuhr, mußte er den Sinn der vorzeitigen Kaiserkrönung erkennen; als Kaiser konnte Heinrich in eigenem Namen und nicht nur als Ehemann der Erbin das sizilische Reich übernehmen, und das im plötzlichen Todesfall Wilhelms II. sofort[220]. Vieles ist noch rätselhaft, aber es läßt sich nicht bestreiten, daß hier eine Koalition zweier ganz verschiedener Interessen begann: auf der einen Seite der in Verona praktisch gefangene, aber nachhaltig Widerstand leistende Papst bis hin zu Urban III., der alle Geistlichen sofort suspendierte, die an der Krönung des Kaisersohnes (eine Ersatzkrönung für die fehlende Kaiserkrone, da er ab jetzt „caesar" genannt wurde) anläßlich der Hochzeit Heinrichs Ende Januar 1186 in Mailand mitgewirkt hatten; anschließend die Weigerung Urbans, den vom Kaiser bereits investierten Trierer Elekten zu weihen, statt dessen die Bischofsweihe des anderen aus der Doppelwahl hervorgegangenen Elekten; auf der anderen Seite der Kölner Erzbischof Philipp von Heinsberg, der den Dissens in der Trierer Doppelwahl zu einer antikaiserlichen Opposition aufzubauen suchte, und dem Barbarossa vorwarf, die Sache des Papstes zu Schaden des Reiches zu vertreten[221].

Lucius III. starb am 25. November 1185 in Verona, das er nicht mehr verlassen hatte.

2. *Urban III. (1185–1187)*

Noch am Todestag seines Vorgängers wurde der Mailänder Hubert Crivelli, zunächst Archidiakon von Bourges und dann von Mailand, 1182 Kardinal und seit 9. Januar 1185 Erzbischof von Mailand, zum Papst gewählt; sein Bistum behielt er auch als Papst bei und residierte wie sein Vorgänger in Verona, da Rom nach wie vor zu unruhig war. Als ob er die Linie seines Vorgängers nicht ändern wolle, versicherte er dem Kaiser, daß er die versöhnli-

---

218 DDC, VII, c. 2016 („Inquisition").

219 M. Pacaut, Le traité de Constance et la papauté (Ndr.) in: ders., Doctrines politiques et structures ecclésiastiques dans l'Occident médiéval, London 1985, 165–184.

220 G. Baaken, Unio regni ad imperium. Die Verhandlungen von Verona und die Eheabredung zwischen König Heinrich VI. und Konstanze von Sizilien, in: QFIAB 52 (1972) 219–297; O. Engels, Stauferstudien. Beiträge zur Geschichte der Staufer im 12. Jahrhundert, Sigmaringen 1988, 124–128, 194f; Ch. Reisinger, Tankred von Lecce, Köln 1992, 42–52.

221 Vgl. zum gesamten Komplex O. Engels, Stauferzeit, in: Rheinische Geschichte I/3, Düsseldorf 1983, 231–235.

che Politik Lucius' III. fortsetzen werde[222]. In diesem Sinne ließ er sich auf der in Mailand Ende Januar 1186 gefeierten Hochzeit des Kaisersohnes Heinrich mit Konstanze von Hauteville, der Erbin des Königreiches Sizilien, durch zwei Kardinäle vertreten. Die Ersatzkrönung jedoch, die das päpstliche Recht der Kaiserkrönung umgehen sollte, brachte, wie schon erwähnt, die Wende. Urban machte den vom Kaiser abgelehnten Elekten von Trier ohne vorausgegangene Nachricht zum Erzbischof (1. Juni 1186), und termingerecht traf im Juli die Ernennung des Kölner Erzbischofs zum päpstlichen Legat ein. Gleichzeitig reklamierte der Papst die „regalia sancti Petri" mit den zugehörigen päpstlichen Besitzungen und verlangte vom Kaiser die Preisgabe der Zwischennutzung und des Spolienrechts (Einzug der kirchlichen Einkünfte während der Vakanz des Amtes und des Fahrnisnachlasses des verstorbenen Amtsinhabers), ein Rest noch des alten Eigenkirchenwesens. Darüber hinaus unterstützte er den Aufstand Cremonas gegen den Kaiser, was nicht anders als eine Provokation zu verstehen war. Es wirkte wie ein Generalangriff. Heinrich VI. wurde nach Italien beordert und mußte alle päpstlichen Städte besetzen und auf den Kaiser vereidigen. Barbarossa begab sich nun nach Deutschland, um den Reichsepiskopat hinter sich zu scharen; er befürchtete eine ähnliche Situation, wie sie unter Heinrich IV. geherrscht hatte und 1157 erneut versucht worden war. Die zum 28. November 1186 in Gelnhausen zusammengerufenen deutschen Bischöfe wandten sich mit schweren Vorwürfen an den Papst und machten ihn, wie der Kaiser es wollte, für den Bruch verantwortlich. Arnold von Lübeck berichtet[223], der Papst sei sogar fest entschlossen gewesen, den Kaiser zu exkommunizieren. Auf Drängen der Veroneser verließ Urban die Stadt und zog sich auf venezianisches Territorium zurück, das nicht im Bereich der kaiserlichen Jurisdiktion lag, allerdings nicht nach Venedig selbst, um die dort versammelten Kreuzfahrer zu segnen, sondern in das kaiserfeindliche Ferrara. Hier starb er am 20. Oktober 1187, ohne seine schon in Gang gesetzten Verhandlungen mit dem Kaiser zu Ende führen zu können.

Nicht lange vor dem Tod Urbans III. war es zu schweren Niederlagen der Barone im Hl. Land gekommen. Nach und nach hatte Saladin die an Ägypten grenzenden Länder unter seine Herrschaft gebracht. Nach der Eroberung von Damaskus und Mossul schloß er das Königreich von Jerusalem, vom Norden her vorstoßend, ein. In der Schlacht bei Hattin in Galilaea am 4. Juli 1187 wurde König Lusignan gefangengenommen, am 2. Oktober Jerusalem besetzt[224].

3. Gregor VIII. (1187)

Albert von Morra aus Benevent, Sohn des Sartorius von Morra, genannt Spanaccione, war in seiner Jugend den Regularkanonikern beigetreten, denen er sich sein Leben lang verbunden fühlte[225]; um 1124 war er in das Stift St. Martin von Laon eingetreten, das sich wenig später den Prämonstratensern anschloß. Dank seiner Ausbildung in Recht und *artes dictandi*, die er aller Wahrscheinlichkeit nach in Bologna erhalten hatte, wo er später auch

[222] Zum Pontifikat vgl. Pfaff, Sieben Jahre (s. Anm. 216) 148–212.
[223] Watterich, Ponficium (s. Anm. 5) 681.
[224] B. Z. Kedar, Ein Hilferuf aus Jerusalem vom September 1187, in: DA 38 (1982) 112–122.
[225] In Benevent gründete er 1170 eine Kongregation für Regularkanoniker mit sehr strengen Statuten, vgl. DHGE XXI 1437.

lehrte, war sein Weg in die Kanzlei der römischen Kirche (1178) vorgezeichnet[226]. Seit 1155/6 Kardinal wurde er am 21. Oktober 1187 zum Papst gewählt. Den scharfen Kurs seines Vorgängers gab er auf, zumal sich die Rückeroberung Jerusalems als ein vordringliches Anliegen herausstellte. Eingeleitete Reformen an der Kurie blieben in ersten Ansätzen stekken, da er schon am 17. Dezember 1187 starb[227].

4. Clemens III. (1187–1191)

Der aus der wenig bekannten römischen Familie der Scolari[228] stammende junge Paul wurde bei den Kanonikern von Santa Maria Maggiore erzogen und hatte dort auch später das Amt eines Archipresbyters inne. 1179 wurde er Mitglied des Kardinalkollegiums[229]; an der römischen Kurie scheint er keine wichtigen Aufgaben wahrgenommen zu haben. Schon nach dem Tod Urbans III. (20. Oktober 1187) hatte man ihn ein erstes Mal zum Papstkandidaten bestimmt doch wurde dieser Vorschlag von Heinrich von Albano durchkreuzt. Zwei Monate später wurde er am 19. Dezember 1187 in Abwesenheit des Kardinalbischofs von Albano, der sich als Legat in Frankreich und Deutschland aufhielt, und nach Ablehnung des zunächst gewählten Bischofs Theobald von Ostia (vorher Abt von Cluny) von den Kardinälen zum Papst gewählt unter dem Einfluß des römischen Adligen Leo de Monumento, eines „Vertrauten“ Kaiser Friedrichs I.[230] Er selbst hatte, da erkrankt, nicht an der Wahl teilgenommen. Dank der Unterstützung durch Leo de Monumento und infolge sehr detaillierter Abmachungen mit dem Senat, der nun definitiv als politischer Repräsentant des römischen Volkes anerkannt wurde[231], konnte Clemens III. zwei Monate nach seiner Wahl, im Februar 1188, in Rom einziehen.

Die Rückkehr des Papstes nach Rom war eines der großen Ziele dieses römischen Papsttums. Darum war er auch zu einem politischen Abkommen mit dem Kaiser bereit, das praktisch einem Kompromiß gleichkam. Die Straßburger Urkunde vom 3. April 1189[232] restituierte der römischen Kirche, was den Kirchenstaat ausmachte, allerdings unter Vorbehalt der Reichsrechte; dafür mußte Clemens die vorzeitige Kaiserkrönung Heinrichs VI. zugestehen (die dann doch noch nicht stattfand) und den kaiserlichen Elekten in Trier als Erzbischof anerkennen.

Der Pontifikat Clemens' III. mag wenig spektakulär erscheinen, aber er leitete eine Entwicklung in die Wege, die unter den Nachfolgern das Feld der Politik beherrschen sollte.

---

[226] Er ist Verfasser einer *Forma dicendi*, die den *stilus Curiae* beeinflußt hat; N. VALOIS, Etude sur le rythme des bulles pontificales, in: BECh 42 (1881) 161 ff.

[227] PFAFF, Sieben Jahre (s. Anm. 216) 68.148–212.

[228] Neuere biographische Rekonstruktionen bei R. FOREVILLE, in: DHGE XII (1953) 1096–1109; J. PETERSON, in: DBI XXVI (1982) 188–191; P. ZERBI, Papato Impero e ‚respublica christiana' dal 1187 al 1198, Mailand 1980, 15–20. Vgl. immer auch Y. GEYER, Papst Klemens III. 1187–1191, (Diss.) Bonn 1914, und V. PFAFF, Papst Clemens III. (1187–1191), mit einer Liste der Kardinalsunterschriften, in: ZSRG.K 97 (1980) 261–316.

[229] Erste Unterschrift am 2. Januar 1181.

[230] ZERBI, Papato (s. Anm. 228) 20f.

[231] Mit der fast vollständigen Restitution der Regalienrechte und der päpstlichen Besitzungen und mit der Verpflichtung des jährlich zu leistenden Treueids erkannte der Senat von Rom die Herrschaftsrechte des Papstes über die Stadt an; demgegenüber garantierte der Papst den Römern ihre kommunale Selbstverwaltung. Vgl. hierzu J. PETERSOHN, Kaiser, Papst und praefectura Urbis zwischen Alexander III. und Innocenz III., in: QFIAB 82 (1974) 289–327.

[232] MGH.Const I, 460f n° 322.

Ob sich Clemens mit der Übernahme Siziliens durch die Staufer abfand, ist schwer zu sagen. Jedenfalls ließ er im Sommer 1188 Wilhelm II. von Sizilien vor zwei Kardinallegaten den Treueid als Lehnsmann leisten. Anschließend erläuterte der Papst, es sei nicht erforderlich, den Treueid bei jedem Herrenfall zu wiederholen (wie das schon unter Wilhelm I. der Fall war), aber sich des Treueverhältnisses stets zu erinnern. Wilhelm II. sei der Handgang *(hominium)* ausdrücklich erlassen worden. Dieser Akt, erst nach über zehnjähriger Alleinherrschaft Wilhelms bei anhaltender Kinderlosigkeit und im Jahr vor seinem plötzlichen Tod, konnte nur den Sinn einer vorsorglichen Maßnahme angesichts der zu erwartenden Übernahme der sizilischen Krone durch den Staufer Heinrich VI. haben, mit dessen Lehnseid keinesfalls zu rechnen war. Mit der Königswahl Tankreds von Lecce rechneten offenbar weder Wilhelm noch der Papst. Sie schuf eine neue Situation; Heinrich VI. waren die Hände in Deutschland gebunden, erst recht seit der Nachricht über den Tod seines Vaters auf dem Kreuzzug, Tankreds Königtum war durch die Aufstände der festländischen Barone gefährdet. Um ihm indirekt zu helfen, befahl Clemens dem Erzbischof von Palermo die Krönung Tankreds zum 1. Januar 1190. Dessen offizielle Anerkennung jedoch erfolgte durch Coelestin III. im Juni 1192 mit dem Abschluß des Konkordates von Gravina[233].

Unter Clemens III. kam es zu einer entscheidenden Phase der Entwicklung im Zuge der stetig zunehmenden Zentralisierung der Kurie. Die Kanonisation, ursprünglich eine Angelegenheit der Ortskirche, seit dem späten 10. Jh. aber auch schon – wenn auch nicht verpflichtend – vom Papsttum wahrgenommen, entwickelte sich faktisch (formal erst im frühen 13. Jh.) zu einem Reservat des Papstes[234]. Unter Clemens begann man auch, das Dekret Gratians als Begründung für die von der römischen Kurie ausgehenden Entscheidungen zu benutzen[235]. Clemens vergrößerte die Zahl der von ihm eingesetzten Richter, griff eine auf Innozenz II. zurückgehende Tradition wieder auf, nach der bei Lehrstreitigkeiten die Entscheidung beim Papst lag, und verlangte neuerdings, daß theologische Schriften ihm zur Beurteilung vorzulegen seien. So forderte er 1188 Joachim von Fiore, noch Zisterzienserabt von Corazzo, auf, ihm seine *Expositio in Apocalypsim* und seine *Concordia Novi et Veteris Testamenti* vorzulegen[236]; 1191 beauftragte er den Erzbischof von Sens, die Schriften des englischen Zisterziensers *magister* Radulf Niger prüfen zu lassen[237]. Auch die Politik der Exemtion und der päpstlichen Eigenkirchen mit dem jährlichen Rekognitionszins, eine schon recht alte Einrichtung, weckte wieder größere Aufmerksamkeit, nicht so sehr wegen der niedrigen Zinshöhe, sondern um sich einen vollständigen Überblick zu verschaffen, wo überall päpstliche Rechte geltend gemacht werden können; die Eintreibung des Zinses sollte diese Rechte nicht in Vergessenheit ge-

233 Vgl. Deér, Papsttum (s. Anm. 69) 93 u. 272–275; Reisinger, Tankred (s. Anm. 220) 71 f, 76 u. 246 f.

234 J. Petersohn, Die päpstliche Kanonisationsdelegation des 11. und 12. Jahrhunderts, in: Proceedings of the Fourth International Congress of Medieval Canon Law, Vatikanstadt 1976, 172 ff.

235 W. Holtzmann, Die Benutzung Gratians in der päpstlichen Kanzlei im 12. Jahrhundert, in: Studia Gratiana 1 (1953) 323–349.

236 AA SS, Mai VII, 99 f; vgl. Zerbi, Papato (s. Anm. 228) 18, Anm. 37. Schon Lucius III. hatte sich an Joachim gewandt mit der Bitte, ihm eine unverständliche Prophetie, die sich in den hinterlassenen Aufzeichnungen eines verstorbenen Kardinals fand, zu erklären; vgl. R. E. Lerner, Antichrists and Antichrist in Joachim of Fiore, in: Speculum 60 (1985) 553–570.

237 Radulphus Niger, De re militari et triplici via peregrinationis Jerosolimitanae, hrsg. von L. Schmugge, Berlin 1977.

raten lassen. Der *Liber censuum Romanae Ecclesiae*[238], die Aufzeichnung dieser Rechte mit jeweiliger Einkunftshöhe, muß durch Cencio Savelli, den späteren Papst Honorius III., schon in Arbeit gewesen sein.

In einem englischen Bericht[239] werden einige persönliche Züge Clemens' III., die sonst weitgehend im Dunkeln bleiben, enthüllt: „Obwohl ein Römer, ist er unbestechlich. Die Sorge um Gerechtigkeit liegt ihm sehr am Herzen; er fällt keine voreiligen Entscheidungen und entscheidet ohnehin nur, nachdem er die Sache im Lichte der Vernunft geprüft und ihre Vorzüge entsprechend der Rechtsordnung und dem Maßstab der Billigkeit untersucht hat." Mit anderen Worten, Paul Scolari, vorsichtig und klug in seinen Entscheidungen, ein Experte in Prozedurfragen und hervorragender Kenner des Verwaltungsapparates der römischen Kurie, scheint der Prototyp des „leitenden Beamten"[240] gewesen zu sein, dem vor allem daran gelegen war, die traditionelle Politik des Papsttums in ihren großen Linien fortzuführen.

Durch die Berufung von zwanzig Kardinälen in weniger als vier Jahren erneuerte er das Kardinalkolleg, das sich seit dem Tod Alexanders III. dezimiert hatte. Daß er dem römischen Adel, namentlich der Familie der Bobo und dem Zweig der Orsini, deren Aufstieg in dieser Zeit begann und nun nicht mehr aufzuhalten war, besondere Erweise seiner Gunst zukommen ließ, ist nicht zu bestreiten.

Das Datum seines Todes läßt sich nicht genau feststellen; es ist zwischen dem 20. März und dem 10. April 1191 anzusetzen, wahrscheinlich laut Eintrag im Nekrolog von Montecassino am 28. März. Der Papst starb, ohne Kaiser Heinrich VI. und seine Gattin Konstanze, die seit Ende März vor den Toren Roms lagerten, gekrönt zu haben. Er wurde in der Lateranbasilika beigesetzt, in einem Marmorgrab, gegenüber dem Chor der Kanoniker, das nicht mehr erhalten ist[241].

5. Coelestin III. (1191–1198)

Als Nachfolger Clemens' III. wurde am 10. April 1191[242] wieder ein Römer gewählt, der Kardinaldiakon Hyazinth von Santa Maria in Cosmedin. Er gehörte der bedeutenden römischen Adelsfamilie Bobo an und erhielt den Namen Coelestin III., vielleicht im Gedenken an Papst Coelestin II., der ihn zum Kardinal erhoben hatte. Zum Zeitpunkt seiner Wahl war er schon ein fast Neunzigjähriger, das Datum seiner Geburt muß in die allerersten Jahre des 12. Jh. fallen. 1126 bereits taucht er unter den Subdiakonen im Lateran auf[243], damals gehörte er der Reformbewegung von San Frediano in Lucca an. Seine Spur verliert sich, bis er überraschend 1140 auf dem Konzil von Sens in Begleitung Arnolds von

---

238 Hrsg. von P. Fabre – L. Duchesne, 2 Bde., Paris 1889–1910; dazu Register-Bd., hrsg. von G. Mollat, Paris 1952.

239 Epistolae Cantuarienses, hrsg. von W. Stubbs, London 1865, 178.

240 Zerbi, Papato (s. Anm. 228) 19.

241 H. Houben, Philipp von Heinsberg, Heinrich VI. und Montecassino. Mit einem Exkurs zum Todesdatum Papst Clemens' III., in: QFIAB 68 (1988) 52–73.

242 K. Baaken, Zur Wahl, Weihe und Krönung Papst Coelestins III., in: DA 41 (1985) 203–211; dazu L. Vones, Coelestin III., in: LexMA III (1986) 4ff, der darauf aufmerksam macht, daß Coelestin erst am 13.4. zum Priester geweiht worden sein dürfte, so daß der Krönungstag am 30. 3. nicht in Frage kommen kann.

243 Dieses Datum basiert auf einer Konjektur: Nach seiner Wahl zum Papst erklärte Coelestin III., er habe das Amt eines „Leviten" 65 Jahre lang ausgeübt, s. Peter von Blois, Epistola n° 123: PL 207, 366f.

Brescia[244] wieder auftaucht, wo er Abaelard gegen die Vorwürfe Bernhards von Clairvaux verteidigte; darüber nämlich beklagte sich dieser in einem Brief an Papst Innozenz II.[245] Hyazinth tritt uns hier als Wortführer einer Gruppe von Kardinälen und Kurienangehörigen entgegen, die sich für die neuesten intellektuellen Strömungen der Zeit[246] interessierten, von der Person und Lehre Abaelards fasziniert waren und auch bereit, sich für ihn einzusetzen. Wir wissen allerdings nicht, ob er in Paris oder anderswo sein Schüler gewesen ist[247]. Seine Beziehungen zu Abaelard und Arnold von Brescia, dem unermüdlichen Anreger religiöser Reform mit revolutionärem Einschlag, wirkten sich nicht nachteilig auf seine Karriere an der Kurie aus: 1144 erhob ihn Coelestin II. zum Kardinaldiakon von Santa Maria in Cosmedin. Etwa zehn Jahre später (1153) wurde Hyazinth mit einer Legation auf die Iberische Halbinsel betraut. Auf der Synode von Valladolid (1155) nahm er als Legat das Kreuz und übernahm persönlich im Rahmen der Reconquista den Befehl über ein Ritterheer. Nach dem Zwischenfall von Besançon (1157) schickte ihn Papst Hadrian IV. zwecks Vermittlung zum Kaiser. Seine Beziehungen zu Rahewin, dem Fortsetzer Ottos von Freising, und Gerhoh von Reichersberg wurden anschließend enger. Im Schisma von 1159 stellte er sich mit Entschiedenheit auf die Seite Alexanders III., dem er auch ins französische Exil folgte. Eine nicht unbeachtliche Rolle spielte er auch im Konflikt um Thomas Becket. Dem Erzbischof von Canterbury riet er zur Mäßigung und konnte trotzdem seine guten Beziehungen zu König Heinrich II. von England aufrechterhalten. 1172 führte ihn eine zweite, noch wichtigere als die erste, Gesandtschaft nach Spanien[248]. Auf dem Frieden von Venedig 1177 finden wir ihn in vorderster Reihe. Inzwischen ziemlich alt geworden, blieb er seitdem an der Kurie in einer unvermindert angesehenen Stellung.

Arnold von Lübeck berichtet[249], Coelestin III. habe seine eigene Inthronisation verschoben wegen der Verhandlungen um die Kaiserkrönung Heinrichs VI., der vor den Toren Roms lagerte. Die Frage, warum er den Kaiser so lange warten ließ, bis er an direkt aufeinanderfolgenden Tagen sich zum Priester und zum Bischof weihen ließ und am Ostermontag (15. April 1191) die Kaiserkrönung vollzog, ist in der Forschung immer noch umstritten; die Antworten reichen von innerrömischen Schwierigkeiten bis hin zur Vermutung, daß Coelestin dem sizilischen König einen Vorsprung zur Aufrüstung zu verschaffen suchte, weil Heinrich die Kaiserkrone als Rechtstitel brauchte, um Sizilien zu erobern[250]. Mit den Beziehungen zwischen der Stadt Rom und dem Imperium stand es nicht zum besten. In Rom war es infolge eines für das Papsttum einigermaßen vorteilhaften Abkommens (31. Mai 1191) im Gegenzug zur Übergabe Tusculums an die Stadt Rom und ihrer Zerstörung durch die Römer zu einer gewissen Beruhigung gekommen; erneuter Konflikt

[244] Johannes von Salisbury, Historia pontificalis, c.31, hrsg. von R. L. Poole, Oxford 1927, 63f. Erstmals mit Hyazinth identifiziert von A. Frugoni, Arnaldo da Brescia nelle fonti del secolo XII, Rom 1954, 18, 126.

[245] Bernhard v. Clairvaux, Sämtliche Werke (s. Anm. 98) III Ep. 181.

[246] Zu den Werken Abaelards im Besitz Coelestins III., des späteren Gönners von Kardinal Hyazinth an der Kurie vgl. Zerbi, Papato (s. Anm. 228) 66.

[247] D. Girgensohn schließt in seinem biographischen Abriß (DBI XXIII [1979] 392) wohl zu voreilig (vgl. schon P. Zerbi, in: LThK^2 II, 1255) auf ein Lehrer-Schüler-Verhältnis zwischen Abaelard und Coelestin III. Zerbi, Papato (s. Anm. 28) 67, korrigiert sich selbst; es bleibe ebenfalls nur eine Hypothese.

[248] Vgl. O. Engels, Reconquista und Landesherrschaft. Studien zur Rechts- und Verfassungsgeschichte Spaniens im Mittelalter, Paderborn 1989, Index.

[249] MGH.SS XXI 181.

[250] Vgl. Zerbi, Papato (s. Anm. 228) 83–142, wo die Fragestellung nochmals neu aufgerollt ist; aber auch Reisinger, Tankred (s. Anm. 220) 146–148. Vgl. oben Anm. 242.

brach jedoch aus, als der Anführer der „popolani“, Benedikt Carushomo, die Macht in der Stadt an sich riß (Ende 1191) und einen Teil des Kirchenstaates (Maritima und Sabina) okkupierte.

Zweifellos war Coelestin III. ein religiös geprägter Mensch, „mit einem moralischen Gewissen begabt“[251], von Thomas Becket als „besonders guter Freund“ und als, außer einem anderen noch, einziger integrer Angehöriger der Kurie geschätzt[252]; gleichzeitig war Coelestin das Haupt einer Kurie, die unter seinem Pontifikat zum Gegenstand heftiger Kritik wurde, besonders von seiten Joachims von Fiore, der in seinem *Tractatus super Quattuor Evangelia* eine mehr und mehr bürokratisierte sowie verweltlichte römische Kirche brandmarkte. So hatte die lange Erfahrung in diversen Funktionen aus Hyazinth Bobo den Hauptprotagonisten in einer immer selbstbewußter gewordenen römischen Kirche mit zentralisierter Verwaltung gemacht und dabei Züge seiner Persönlichkeit, die ihn in seiner Jugend noch mit Arnold von Brescia verbunden hatten, zum Verschwinden gebracht.

Unter den fünf von Coelestin ernannten Kardinälen war zumindest einer (Bobo von S. Theodoro) ein Verwandter des Papstes. Der Vorwurf des Nepotismus wurde sogar vom Biographen Innozenz' III. erhoben, der kurz und bündig feststellt, daß „die Neffen des Papstes sich an den Gütern der römischen Kirche bereicherten“[253]. Sein hohes Alter, das sowohl Besucher als auch manche Kardinäle zu spöttischen Bemerkungen verleitete[254], und seine schwache Gesundheit machten ihn zunehmend von seiner nächsten Umgebung abhängig. Aristokrat von Geburt und dem römischen Adel nahestehend[255], scheint er kein besonderes Gespür für neue religiöse Erwartungen gehabt zu haben, die vor allem von den aktiveren Kreisen der Gesellschaft geäußert wurden; darin war er kein Vorläufer Innozenz' III.

Seinem Nachfolger den Weg gewiesen hat er jedoch mit dem Konkordat von Gravina, das er im Juni 1192 abschloß, nachdem seine Versuche, zwischen Tankred von Lecce und Heinrich VI. zu vermitteln, gescheitert waren. Der Vertrag regelte die Beziehungen zwischen der römischen Kurie und dem süditalienischen Normannenreich, die über das reine Lehnsverhältnis hinausgingen; es war weitgehend eine Korrektur älterer Vereinbarungen zugunsten des Papsttums. Nunmehr sollte kein Teil des Königreiches von Appellationen an den Papst, vom Besuch päpstlicher Legaten oder von Synoden ausgenommen sein. Der König sollte künftig seine Zustimmung zur Ernennung von Prälaten nur verweigern können, wenn es sich um einen erklärten Feind handle. Bevor man daraus schließt, Coelestin habe die Zwangslage Tankreds schamlos ausgenutzt, sollte man auch die Vorteile Tankreds sehen. Mit dem Konkordat erkannte der Papst das Königtum Tankreds, dessen Rechtsgrundlage nicht unbestritten war, staatsrechtlich an. Ebenfalls scheint zur Vereinbarung gehört zu haben, daß beide Seiten die innersizilischen Kräfte in einer verblüffend koordinierten Zusammenarbeit behandelten. Papst und König privilegierten oder bestraften Adlige, Städte und Kirchen, je nachdem ob sie potente Kräfte waren und ob sie gegen

---

[251] Zerbi, Papato (s. Anm. 228) 78.

[252] J. C. Robertson, Materials for the History of Thomas Becket, ed. VI, London 1882, 213, 475; zit. bei R. Mols, DHGE XII (1950) 66.

[253] PL 214, 183.

[254] Girgensohn, DBI (s. Anm. 247) 394.

[255] Zerbi, Papato (s. Anm. 228) 65 ff.

Tankred opponierten oder seine Parteigänger waren[256]. Man wird an das Vertragsverhältnis Innozenz' III. mit Kaiser Otto IV. erinnert. Coelestin bezahlte das Entgegenkommen Tankreds in Gravina mit wesentlichen Hilfen, die der praktischen Durchsetzung der neuen Königsherrschaft dienten. Und in der Tat, alle Unruheherde im Innern, die Heinrich VI. als Ansatzpunkt hätten dienen können, waren in relativ kurzer Zeit beseitigt. Von Dauer war dieser Erfolg nicht, weil Tankred am 20. Februar 1194 starb und in Wilhelm III. nur einen minderjährigen Sohn hinterließ. So konnte sich Heinrich VI. am Weihnachtsfest 1194 in Palermo krönen lassen.

Heinrich VI. stützte seinen Anspruch auf das „regnum Siciliae" einmal auf den Erbvertrag, den er 1184 anläßlich seiner Verlobung mit Konstanze eingegangen war; er sah bei erbenlosem Tod Wilhelms II. die gemeinsame Thronfolge Heinrichs und Konstanzes vor. Wichtiger war dem Kaiser die zweite Rechtsgrundlage, das *antiquum ius imperii*, das alte Recht des Imperiums auf Süditalien, das auch Konstanze über den Tod ihres Gatten hinaus für sich in Anspruch nahm, da sie ebenfalls zu Ostern 1191 in Rom zur Kaiserin gekrönt worden war. Dieses Recht der Erbfolge stimmte durchaus mit den Abmachungen von Benevent (1156) überein; aber von einem Lehnsverhältnis wollte Heinrich in den vielen Verhandlungen mit Coelestin nichts wissen, und auf diesen Standpunkt stellte sich auch Konstanze als Witwe. Ebensowenig fand das Konkordat von Gravina die Anerkennung beider; es war mit einem König ausgehandelt worden, den sie ohnehin als illegitim betrachteten[257]. Zu irgendeinem Ergebnis kamen auch nicht die Verhandlungen Heinrichs VI. mit Coelestin III. über den sogenannten Erbreichsplan. Das Wahlkönigtum in Deutschland durch ein Erbkönigtum abzulösen, war im Kreis der deutschen Fürsten teils auf Bedenken, teils auf Ablehnung gestoßen. Der Plan tangierte auch das päpstliche Recht der Kaiserkrönung, weshalb Heinrich an der Kurie 1196 verhandelte; er soll dem Papst ein unglaublich hohes Angebot gemacht haben, aber keiner kennt ungeachtet vielfältiger Spekulationen auch nur in Umrissen Genaueres. Dennoch lehnte es Coelestin ab, ohne das Kreuzzugsvorhaben den Kaiser zu gefährden[258].

Ohne seinen Kreuzzug persönlich angetreten zu haben – eine Vorausabteilung war schon unterwegs – wurde Heinrich VI. plötzlich am 28. September 1197 in Messina vom Fieber dahingerafft. In seinem Testament, das in der Forschung lange Zeit umstritten war, aber wohl als authentisch angesehen werden muß, erkannte der Kaiser die Rechte der Kirche auf die umstrittenen Territorien an. Dennoch weigerte sich Coelestin auch Konstanze gegenüber, sie (wie zuvor ihren Gatten) als *regina Siciliae* anzuerkennen; er blieb auf seine Weise konsequent.

Gleich hatte er in Rom den kaiserlichen „praefectus urbis" durch einen eigenen Vertrauensmann ersetzt, damit also schon seinem Nachfolger die Richtung gewiesen, da fühlte er am Weihnachtstag 1197 seine Kräfte schwinden und bot den Kardinälen seine Resignation an unter der Bedingung, daß Kardinal Johannes von S. Prisca, vormals Mönch in San Paolo fuori le mura, zu seinem Nachfolger wählen würden (so Roger von Hoveden[259]). Die

---

256 Vgl. Reisinger, Tankred (s. Anm. 220) 247–255.

257 Vgl. G. Baaken, Ius imperii ad regnum, Köln 1993, 27–29.

258 Vgl. V. Pfaff, Kaiser Heinrichs VI. höchstes Angebot an die römische Kurie, Heidelberg 1927; C. E. Perrin, Les négociations de 1196 entre l'empereur Henri VI et le pape Célestin, in: Mélanges L. Halphen, Paris 1951, 565–572.

259 MGH.SS XXVII, 176, dazu W. Maleczek, Papst und Kardinalkolleg von 1191 bis 1216, Wien 1984, 115.

Kardinäle sollen diesen Vorschlag jedoch mit Entschiedenheit abgelehnt haben. Coelestin III. starb wenig später am 8. Januar 1198 in Rom und wurde in der Basilika San Giovanni in Laterano „iuxta S. Mariam de Reposo“ beigesetzt. Noch am selben Tag wählten die Kardinäle den Kardinaldiakon von SS. Sergii e Bacchi, Lothar von Segni, zum Nachfolger mit dem Papstnamen Innozenz III.

X. Ekklesiologische Entwicklungen: Der Pontifikat Alexanders III.

Die Ereignisse von 1159 mit dem anschließenden langen Schisma hatten Alexander III. veranlaßt, sich mit besonderem Nachdruck um die kirchliche Lehre von der Ausübung der päpstlichen Autorität zu bemühen [260]. Darüber hinaus begleiten und stützen die Lehraussagen Alexanders ein gesetzgeberisches Werk von außerordentlicher Breite. Die Klarheit des Ausdrucks und die Stärke der Argumentation verstärken den didaktischen Charakter mancher Stellungsnahme Alexanders und sichern ihnen einen dauerhaften Erfolg. Im *Corpus iuris canonici* finden sich neben neun Dekretalen, die auf die Päpste zwischen 1143 und 1159 zurückgehen, allein 470 Dekretalen Alexanders III., 215 seiner unmittelbaren Nachfolger (1181–1198) und 596 von Innozenz III. [261]

1. Der Primat des Papstes

Der Papst nimmt in der Kirche den ersten Rang ein; er „besitzt den Primat über die anderen Kirchen der Welt“ [262]. Die Suprematie der römischen Kirche leitet sich vom ausdrücklichen Willen Christi ab. Mit anderen Worten, die Autorität des Papstes ist die höchste, weil „durch den ewigen und unveränderlichen Willen des Schöpfers vorausbestimmt ist, daß von Anbeginn ihrer Gründung die heilige und unbefleckte Kirche in der Art und Weise regiert werden soll, daß sie einen einzigen Hirten und Gründer hat, dem die Glieder anhängen wie ihrem Haupt ... und von dem sie sich in keiner Weise trennen sollen“ [263]. Die Einheit der Kirche soll nach dem Willen Christi dadurch sichergestellt werden, daß „die heilige und apostolische römische Kirche vor allen Kirchen des gesamten Erdkreises Vorrang haben soll dergestalt, daß sie durch göttliche Gewalt richten und verfügen soll nicht nur über das, was auf Erden ist, sondern auch, was im Himmel ist“ [264].

Der Papst hat den Primat als Nachfolger Petri inne. Und gerade weil er sich an der Stelle des seligen Petrus befindet, steht der „erhabene apostolische Stuhl“, auf dem er sitzt, „über den Nationen und Königreichen“ [265]. Als „der Vikar des heiligen Petrus“ [266] hat er die

[260] Das Kirchenverständnis Alexanders III. muß revidiert werden, da sich die Identifizierung Alexanders mit dem „magister Rolandus“, dem Verfasser einer *Summa*, in jüngster Zeit als ein Irrtum herausgestellt hat und die Summa in diesem falle als Quelle ausscheidet.

[261] Mehr als die Hälfte der 713 Dekretalen wurden von Alexander III. promulgiert laut W. Holtzmann, Über eine Ausgabe der päpstlichen Dekretalen des 12. Jahrhunderts, in: NAWG.PH (1945) 34.

[262] An die Kanoniker von Siponto, 25. September 1176 (JL 14233, ed. IP I, 359).

[263] An den Erzbischof von Genua, JL 10854; vgl. G. Lesage, L'autorité ecclésiale d'après Alexandre III, in: Studia canonica 7 (1973) 6.

[264] An die Kirche Sainte-Geneviève in Paris (JL 10855).

[265] An den Erzbischof von Uppsala, 10. September 1171 (JL 12177).

[266] Zum Gebrauch dieser Formel bei Alexander III. s. Pacaut, Alexandre III (s. Anm. 162) 189.

Macht zu binden und zu lösen und übt die höchste Autorität über die Seelen zu ihrem Heil aus.

Um die Prärogativen der Vorrangstellung päpstlicher Gewalt zu definieren, gebraucht Alexander III. die Formel *vicarius Christi* nicht direkt; doch sollte sie sich in der zweiten Hälfte des 12. Jh. mit Erfolg durchsetzen. Vor Eugen III. kommt der Titel *vicarius Christi* in der Terminologie der päpstlichen Kanzlei noch nicht vor; während des Schismas taucht er dann in offiziellen Schreiben beider Parteien oft genug auf[267], ähnlich in polemischen Schriften[268] und bei Autoren wie Gerhoh von Reichersberg, Thomas Becket und Johannes von Salisbury[269]. Abgesehen von einem Brief Clemens' III.[270] gehört dieser Titel erst seit dem Pontifikat Innozenz' III. wirklich zum Sprachgebrauch der Kanzlei.

Warum hält sich Alexander III., der sonst auf Lehräußerungen über den päpstlichen Primat so sehr achtete, damit zurück? Wollte er auf diese Weise „das priesterliche und geistliche Wesen seiner Gewalt zur Geltung bringen" und „zeigen, daß er nicht eine wirkliche Gewalt über den Leib besitze, sondern nur ein Recht der Fürsorge zur Rettung der Seelen"?[271] Es wäre übertrieben, wollte man von einer regelrechten Ablehnung dieses Titels durch Alexander sprechen, um so mehr, als er in einem Brief an das Kapitel von Cîteaux eine sprachlich sehr ähnliche Formulierung gebraucht: „So würde es doch den Anschein haben, daß wir die Nachfolge *(vicissitudinem)* des göttlichen Ackermanns nur unnütz erfüllten, wenn wir nachließen, das Feld, das er gepflanzt hat, zur rechten Zeit mit Tau zu tränken"[272]. Hängen die Berufung auf Petrus und die Betonung der Tatsache, daß der Papst sein „Vikar" ist, nicht viel mehr mit der Notwendigkeit zusammen, daß Alexander III. seine Legitimität verteidigen mußte? Jedenfalls ist es bemerkenswert, daß all diese Aussagen aus der Zeit des Schismas stammen.

2. Das Verhältnis zu den Bischöfen

Die Konsequenzen einer solchen Lehre im Bereich der Ekklesiologie waren vielfältig. Wenn die römische Kirche „Fundament der universalen Kirche"[273] ist, dann umfaßt ihre Aufgabe natürlich auch viel mehr als das, was Christus den einzelnen Kirchen anvertraut hat. Unter Berufung darauf, daß Petrus den Auftrag erhalten habe, die Schafe und nicht nur die Lämmer zu weiden, präzisiert Alexander III.: „Diese Aufgabe, auch wenn sie allen anderen Kirchenvorstehern ebenfalls obliegt, ist dem Bischof der Stadt Rom jedoch ganz besonders auferlegt, weil er sie in der Person des Petrus vom Herrn Jesus Christus empfangen hat, und dieser hat, wie bekannt, den besonderen und ausdrücklichen Auftrag, die Schafe des Herrn zu weiden und seine Brüder zu stärken"[274]. Der Primat über alle anderen

---

[267] Brief der Kardinäle auf seiten Alexanders III. an Kaiser Friedrich I. im Dezember 1159; Brief des Kaisers an den englischen König am 28. Oktober 1159, vgl. M. MACCARRONE, Vicarius Christi, storia del titolo papale, Rom 1952, 102.

[268] Ebd. 102f.

[269] Ebd.

[270] An das Kapitel von Sankt Peter im Vatikan 1188; vgl. MACCARRONE, Vicarius Christi (s. Anm. 267) 103.

[271] PACAUT, Alexandre III (s. Anm. 162) 192f.

[272] JL 11633; vgl. LESAGE, L'autorité (s. Anm. 263) 11. Natürlich muß zugegeben werden, daß *vicissitudo* auch als Synonym für *vices* gebraucht sein kann.

[273] An Abt Gislebert von Cîteaux (JL 11226).

[274] An den Erzbischof von Salzburg, 30. Mai 1178 (JL 13070), vgl. PACAUT, Alexandre III (s. Anm. 162) 257.

Kirchen schließt eine besondere Fürsorge seitens des Bischofs von Rom ein[275]. Darum also „sind wir gezwungen, mit unermüdlicher Aufmerksamkeit über die ganze große Herde, die uns anvertraut ist, zu wachen“[276].

Mehrmals bestand Alexander III. auf dem ausschließlichen Recht des Papstes zur Einberufung von Konzilien. Als Kaiser Barbarossa sich dieses Recht unter Hinweis auf die Praxis der Spätantike durch Konvokation des Konzils nach Pavia anmaßte, wurde er von Alexander verurteilt[277]. Alexander allein berief die beiden Konzilien seines Pontifikats ein – Tours (1163) und das Dritte Laterankonzil (1179)[278]. Auf rein kirchlicher Ebene verband sich der Primat Petri allerdings mit einer Vorstellung, bei der ausdrücklich eine Aufteilung der Verantwortung und Jurisdiktion vorgesehen war. Die Autorität des Papstes, obwohl die höchste, schloß „einen Unterschied der Würden in der Kirche“ aus. Neben, oder besser gesagt unter der höchsten Autorität des Bischofs von Rom gab es noch eine andere allgemeine, kirchliche Autorität oder Jurisdiktion: diejenige der Bischöfe[279]. Die Metapher vom Körper diente Alexander III. zur Veranschaulichung: „Ebenso wie im menschlichen Körper die verschiedenen Glieder mit verschiedenen Aufgaben ausgestattet sind, so sind auch in dem Organismus der Kirche verschiedene Personen an verschiedenen Stellen gemäß der verschiedenen Ämter, die zu erfüllen sind, eingesetzt.“[280]

Alexander III. griff häufig in das Leben einzelner Diözesen ein, besonders richtete er sein Augenmerk auf die Schaffung neuer kirchlicher Strukturen. 1161 wurde Korsika der Kirchenprovinz Genua zugeschlagen, die beiden Diözesen Sardiniens wurden wieder der Kirchenprovinz von Pisa zugeordnet. 1164 schuf er die schwedische Kirchenprovinz von Uppsala, der er vier Suffraganbistümer zuordnete; 1175 errichtete er dank der fortschreitenden spanischen Reconquista die Diözese Ciudad Rodrigo; 1179 teilte er die Diözese Sisteron in zwei Bischofssitze auf (Sisteron und Forcalquier)[281].

3. *Kanonisationen*

Im Zusammenhang mit seinem Kirchenverständnis waren die Entscheidungen Alexanders III. von einer Reihe konkreter Interventionen begleitet, von denen einige zu bestimmten Neuerungen führten. Seit längerem war es üblich gewesen, wenn sich eine Ortskirche nicht traute, allein die offizielle Verehrung eines Heiligen zu gestatten, sich an den Papst um Bestätigung zu wenden. Seit dem 12. Jh. leitete die Kurie in solchen Fällen ein Prüfungsverfahren ein (Prüfung von Lebensbericht und Wunderberichten); Eugen III. verschärfte dieses Verfahren anläßlich der Kanonisation Kaiser Heinrichs II. (1146) zu einem Informativprozeß (Prüfung am Heimatort des Heiligen), aber der Kanonisationsakt selbst wurde dem Ortsbischof aufgetragen. Bei einer der zwölf Kanonisationen, die von ihm autorisiert wurden, bezog Alexander III. eine schon entschiedenere Position zugunsten der

---

[275] Der Papst muß „den Kult der heiligen Religion in allen Kirchen dergestalt fördern, daß die Religion von ihr wie von einer Quelle auf alle Söhne der Kirche übergeht“. An Abt Gislebert von Cîteaux (JL 11226).

[276] An den Erzbischof von Uppsala, 10. September 1172 (JL 12177), vgl. Pacaut, Alexandre III (s. Anm. 162) 257.

[277] Boso, Vita Alexandri III, LP II, 383.

[278] Quellen bei Pacaut, Alexandre III (s. Anm. 162) 263, Anm. 4.

[279] Verschiedene Belege hierzu bei Lesage, L'autorité ecclésiale (s. Anm. 263) 4f.

[280] Ebd.

[281] Vgl. Pacaut, Alexandre III (s. Anm. 162) 263.

Rechte der römischen Kirche. In seinem 1171 oder 1172 an den schwedischen König gerichteten Brief *Aeterna et incommutabilis* untersagte er die Einführung des Heiligenkultes für einen im Zustand der Trunkenheit Gestorbenen (es handelte sich um König Erich, der vom Adressaten des Briefes getötet worden war), „denn selbst wenn sich Wunder dank seiner Fürbitten ereignen, ist es euch doch nicht erlaubt, ihn ohne die Autorisation der römischen Kirche als Heiligen öffentlich zu verehren“ [282]. Offiziell wurde das exklusive Recht des Papstes zur Kanonisation erst mit der Aufnahme des Abschnittes *Audivimus* in den *Liber Extra*[283] 1234 kirchenrechtlich festgeschrieben[284]. Doch markiert die von Alexander III. bezogene Stellung bereits einen entscheidenden Schritt in diese Richtung, da sie faktisch in Recht umwandelte, was zuvor nicht mehr gewesen war als ein noch nicht verbindlicher Brauch[285].

In der Kanonisationsbulle der hl. Kunigunde (1200) ist dann das Prinzip des päpstlichen Reservats von Kanonisationen unmittelbar mit dem Primat Petri und der päpstlichen *plenitudo potestatis* in Verbindung gebracht[286].

4. Höchste richterliche Gewalt

In gleicher Weise bediente sich Alexander III. auch der Mutter-Metapher, um die Legitimität des päpstlichen Richteramtes zu begründen: „Die kirchliche Autorität hat festgesetzt, daß man sich in schweren Fällen an den apostolischen Stuhl zu wenden habe als dem Haupt und der Mutter aller. Jene nämlich versteht es, mit ihrem liebevollen, mütterlichen Herzen ihre bedrängten Söhne aufzurichten und ihre Rechte so zu verteidigen, daß auch die jeweiligen Rechte der anderen gesichert sind.“ [287] Die an Alexander gerichteten Appellationen führten zu einer Reihe von Stellungnahmen, die wiederum zur Grundlage seines legislativen Werkes wurden. Die Hälfte der 73 Dekretalen des Titels XXVIII *(De appellationibus)* im Buch III des *Corpus iuris canonici* nämlich stammen von Alexander III.[288]

In der Theologie vom Primat des Papstes rückte bei Alexander III. die Rechtsprechung besonders in den Vordergrund. Wie Petrus „unter allen Aposteln den Fürstentitel erhalten hat und dazu den besonderen Befehl des Herrn, seine Brüder zu stärken“, „so muß die Nachwelt im besonderen verstehen, daß, obwohl mitunter viele zur Leitung der Kirche eingesetzt sind, nur einer allein den Platz und Gipfel der höchsten Würde innehat und ihn einnimmt durch seine richterliche Gewalt und die Ehre des Regierens.“ Von diesem ersten Platz aus „richtet und ordnet er die Angelegenheiten aller Menschen, und er hört nicht auf, im gesamten Erdkreis die Söhne der Kirche in der Erhaltung des christlichen Glaubens zu

---

282 PL 200, c.1259–61.

283 L. III, t.XLV, c.1, de reliquiis et veneratione sanctorum.

284 S. KUTTNER, La réserve papale du droit de canonisation, in: RHDF 4. S., 18 (1938) 172–228; A. VAUCHEZ, La sainteté en Occident aux derniers siècles du Moyen Age, Rom ^{2}1988, 28–31, vgl. auch PETERSOHN, Kanonisationsdelegation (s. Anm. 234).

285 PACAUT, Alexandre III (s. Anm. 162) 262; grundlegend E. W. KEMP, Pope Alexander III and the Canonization of the Saints, in: THS 4. S., 27 (1945) 13–28.

286 Edition der Bulle von J. PETERSOHN, Die Litterae Papst Innocenz III. Zur Heiligsprechung der Kaiserin Kunegunde 1200, in: JFLF 37 (1977) 1–25; zu all den Fragen vgl. auch VAUCHEZ, La sainteté en Occident (s. Anm. 284) 28–31.

287 An den Bischof von León (JL 10859).

288 PACAUT, Alexandre III (s. Anm. 162) 264f; vgl. auch den Artikel „Appel“, DDC I 764ff.

stärken."[289] Die jurisdiktionelle Tätigkeit des Papstes ist für Alexander jedoch eng mit der Verantwortung, die sich aus seinem Auftrag ergibt, verbunden: „Die Ordnung der Vernunft verlangt und die sorgfältige Erfüllung dieses uns anvertrauten Dienstes setzt voraus, daß wir, die wir beim Jüngsten Gericht für alle Rechenschaft ablegen müssen, das Heil aller im Sinn haben und darauf achten, durch uns selbst und durch andere alles zu tun, was dem Weg der Gläubigen förderlich ist."[290]

5. Geistliche und weltliche Gewalt

Der Konflikt zwischen Friedrich I. und dem Papsttum spitzte sich gegen Ende des Pontifikats Hadrians IV. zu und erreichte seinen Höhepunkt im Schisma der Jahre 1159–1177. Er sollte beträchtliche Auswirkungen im Bereich der politischen Doktrin haben. In den sechziger Jahren des 12. Jh. begannen die Dekretisten darüber zu diskutieren, ob der Kaiser seine Gewalt unmittelbar von Gott oder durch Vermittlung des Papstes habe und welche der beiden universalen Autoritäten den höchsten Platz in der Leitung der *societas christiana* einnehme[291].

Zwei Vorstellungen standen einander gegenüber: Die dualistische behauptete, die Autorität des Kaisers sei ebenfalls göttlichen Ursprungs; die hierokratische bestand auf der religiösen Wurzel des *regnum* bzw. *imperium*. Aufgrund der berühmten, von Gratian bestätigten Unterscheidung[292] konnten die Hierokraten nicht behaupten, daß der Papst seine Gewalt anstelle des Kaisers ausüben könne; keinesfalls konnte die päpstliche Gewalt diejenige des Kaisers oder der Könige ersetzen. Der Papst hatte zwar beide Gewalten inne, konnte selbst aber nur das geistliche Schwert führen: Das weltliche Schwert gehörte dem Kaiser. Der Papst konnte sich konsequenterweise nicht in weltliche Angelegenheiten einmischen, es sei denn in einem äußersten Notfall. Die Kirche hatte allerdings ein Aufsichts- und Bestätigungsrecht. Da der Papst als einziger dem Kaiser die diesem zukommende Gewalt übertrug, konnte er ihm diesen Auftrag auch wieder entziehen und einem anderen übertragen. Konnte der Papst einen Herrscher absetzen? Erst gegen Ende des 12. Jh. kam es unter den Kanonisten zu einem Konsens darüber, daß der Papst tatsächlich das Recht der Herrscherabsetzung habe[293]. Doch Alexander III. hatte Friedrich Barbarossa nie abgesetzt. Seine Entscheidung vom 24. März 1160, den Kaiser wegen dessen Konvokation des Konzils nach Pavia (5. Februar 1160) zu exkommunizieren, konnte als kirchliche Angele-

---

[289] Pacaut, Alexandre III (s. Anm. 162) 264f.

[290] An den Bischof von Chartres (JL 10762), Lesage, L'autorité chrétienne (s. Anm. 263) 13.

[291] F. Kempf, Papsttum und Kaisertum bei Innocenz III. Die geistigen und rechtlichen Grundlagen seiner Thronstreitpolitik, Rom 1954, 199–252; Pacaut, Alexandre III (s. Anm. 162) 163–253; A. M. Stickler, Sacerdozio e Regno nelle nuove ricerche attorno ai secoli XII e XIII nei Decretisti e Decretalisti fino alle Decretali di Gregorio IX, in: Sacerdozio e Regno da Gregorio VII a Bonifacio VIII, Rom 1954, 1–26; F. Kempf, Kanonistik und kuriale Politik im 12. Jahrhundert, in: AHP 1 (1963) 11–52.

[292] Decretum Gratiani, C. II q.7 dict. Grat. post. c.41: „Duae sunt personae, quibus mundus iste regitur, regalis videlicet et sacertodalis. Sicut reges praesunt in causis saeculi, ita sacerdotes in causis Dei." – Zur Entwicklung der gelasianischen Lehre von den zwei Gewalten, bis zu Gratian vgl. R. L. Benson, The Gelasian Doctrine: Uses and Transformations, in: La notion d'autorité au Moyen Age, Islam, Byzance, Occident. Colloques internationaux de la Napoule, Paris 1982, 13–44. Vgl. G. Koch, Auf dem Wege zum Sacrum Imperium, Wien – Köln 1972; W. Kölmel, Regimen christianum, Berlin 1970.

[293] O. Hageneder, Das päpstliche Recht der Fürstenabsetzung: seine kanonistische Grundlegung 1150–1259, in: AHP 1 (1963) 53–95.

genheit gelten, wie ebenfalls die Doppelwahl des Papstes dem heiligen Bereich zuzuordnen war. Es scheint, als habe sich Alexander III. an die Grenzen, die durch die Thesen Gratians gesteckt waren [294], gehalten: Ihm, der sich fast gar nicht zur weltlichen Gewalt äußerte, war mehr an einem Zusammenwirken der beiden Gewalten als an einem strikten Supremat der geistlichen über die weltliche Gewalt gelegen [295].

6. Alexander III. und der Priesterkönig Johannes

Einige Monate nach dem Frieden von Venedig, am 27. September 1177, entschloß sich Alexander III., seinen Leibarzt Philipp zum sogenannten Priesterkönig Johannes zu schikken, den er anschrieb als „carissimo in Christo filio Iohanni, illustri et magnifico Indorum regi". In seinem an ihn gerichteten Brief [296] stellte der Papst gleich fest: „Der apostolische Stuhl, dem wir vorstehen, ohne seiner würdig zu sein, ist das Haupt und der Lehrer aller, die an Christus glauben gemäß dem Zeugnis des Herrn, der zum seligen Petrus, in dessen Nachfolge wir, trotz unserer Unwürdigkeit, stehen, gesprochen hat: ‚Du bist Petrus, und auf diesen Fels will ich meine Kirche bauen.' So ist es wahrhaftig der Wille Christi, daß dieser Fels als Fundament seiner Kirche diene, die, wie er verheißen hat, von keinem Sturm und keinem Unwetter zerstört werden kann. Aus diesem Grunde hat auch der selige Petrus, auf den die Kirche gegründet ist, zu Recht unter allen Aposteln in besonderer Weise und vor allen anderen die Vollmacht erhalten zu binden und zu lösen ..." [297] Auch wenn Alexander sich nicht ausdrücklich darauf bezieht, scheint er mit seinem Brief auf den berühmten, angeblichen „Brief des Priesterkönigs Johannes" eingegangen zu sein, der zur damaligen Zeit in Umlauf war, sofern wir den Behauptungen des Chronisten Alberich de Trois-Fontaines Glauben schenken können, der ihn auf 1165 datiert [298].

Einem anonymen Bericht zufolge [299], bestätigt in einem Brief des Abtes Odo von Saint-Rémy in Reims (1118–1151) [300], soll Papst Calixt II. im Lateran am 5. Mai 1122 einen Patriarchen der Inder mit Namen Johannes empfangen haben. Kuriale Kreise, die sich zunächst sehr zurückhaltend verhielten [301], sollen dabei von der Existenz einer „Stadt ... Hauptstadt ... eines Königreichs der Inder ..." mit dem Grab des Apostels Thomas erfahren haben, dessen Balsam – einmal im Jahr, am Jahrestag des Heiligen – jeden Kranken, der zum Grab habe kommen können, heile.

Außerdem berichtet Otto von Freising [302] von seiner Zusammenkunft am 18. November 1145 mit dem Bischof von Djebel in Syrien (Gabala, südlich von Laodicaea), der gerade in

---

294 KEMPF, Kanonistik (s. Anm. 291) 51.

295 Die in dem Stroma ex decretorum corpore captum vorliegenden Widersprüche sind nicht mehr von Belang, da das Werk des „Magister Rolandus" nichts mit Alexander III. zu tun hat, wie R. WEIGAND gezeigt hat.

296 Die ältesten Belege reichen bis ins 12. Jh. zurück: Cambridge, Trinity Colege, MS.R.9.17: Chronik des Benedikt von Peterborough, zwischen 1170 und 1192 verfaßt, ad a. 1178. Über den Priesterkönig vgl. A. D. v. D. BRINCKEN, Die „Nationes Christianorum orientalium" im Verständnis der lateinischen Historiographie, Köln – Wien 1973, 382–412 und Index.

297 Bei PACAUT, Alexandre III (s. Anm. 162) 191.

298 MGH.SS XXIII, 848. Alberichs Chronik stammt aus dem 13. Jh. (vor 1241), also ein reichlich später Beleg.

299 Hrsg. von F. ZARNCKE, Der Priester Johannes, in: ASGW.PH 6 (1879) 837–843.

300 ZARNCKE, Der Priester Johannes 845f.

301 Odo von Reims, vgl. ZARNCKE, ebd.

302 M. GOSMAN, Otton de Freising et le Prêtre Jean, in: RBPH 61 (1983) 270–285. – Otto Frisingensis episc, Historia de duabus civitatibus, lib. VII c.33.

Viterbo von Papst Eugen III. zu einer Audienz empfangen worden war. Er habe ihm erzählt, daß ein gewisser Johannes, ein Nestorianer, König und Priester, im fernen Orient, jenseits von Persien und Armenien ansässig, einige Jahre zuvor, wahrscheinlich 1141, die *Samiardi* besiegt habe, womit er der Kirche von Jerusalem habe zu Hilfe kommen wollen. Am Tigris angekommen, habe er diesen Fluß jedoch nicht überqueren können und wieder umkehren müssen. Dieser älteste Bericht, in dem die Gestalt des Priesterkönigs Johannes auftaucht, bezieht sich auf eine tatsächliche Schlacht, die der muslimische Sultan Sandjar und sein Neffe um 1141 gegen einen mächtigen asiatischen Stamm, die Khara-Khitai, verloren hatten; gleichzeitig spiegelt sich darin aber auch die große Angst, die im Abendland nach der Niederlage von Edessa um sich griff.

Es ist möglich, daß die Legende vom Priesterkönig Johannes auf die tatsächliche Gestalt des Siegers der Schlacht von 1141 gegen die *Samiardi*, den sogenannten Gor-Khan, zurückgeht; aber auch andere Elemente mögen hineingespiegelt haben, besonders die schon existierenden apokryphen Legenden über den hl. Thomas, in denen sich ein Bericht über einen König und Priester Vizan, Sohn des Königs der Inder, findet, der vom Apostel Thomas zum Diakon geweiht worden sein soll. Ebenso deutlich sind aber auch utopische Züge[303] erkennbar. Im Reich des Priesterkönigs Johannes waren alle weltlichen Gewalten einem Priester untergeben, und so gab es weder Bürgerkriege noch Machtkämpfe. Das Reich des Priesterkönigs Johannes ist das utopische Gegenstück – und konnte darum auch als beispielhaftes Vorbild dienen – zum mittelalterlichen Abendland, das durch immer wieder aufflammende Kämpfe um die *plenitudo potestatis*, in denen sich *Sacerdotium* und *Imperium* gegenüberstanden, zerrissen war. So kann der *Brief des Priesters Johannes* als mythischer Ausdruck eines unerfüllten Traums gesehen werden, des Traums von einem Abendland, in dem nur ein König und ein Priester herrschen und die Einheit der Christenheit sichern[304].

XI. Die römische Kurie (1154–1198)

1. Das Kardinalkolleg

Zwischen dem Schisma von 1159 und dem Ende des Pontifikats Innozenz' III. schwankte die Zahl der Kardinäle zwischen 19 (zu Beginn des Pontifikats Clemens' III.) und 35 (bei der Wahl Coelestins III.). Alle Päpste der zweiten Hälfte des 12. Jh. waren Italiener, und auch fast alle Kardinäle stammten von der Halbinsel, in erster Linie aus Rom und Latium. Die Zahl der Kardinäle, die aus Rom oder den angrenzenden Gebieten kamen (17), erhöhte sich unter Clemens III.[305] Auch die meisten anderen italienischen Kardinäle stamm-

---

303 Dies besonders bei L. Olschki, Der Brief des Presbyters Johannes, in: HZ 144 (1931) 1–14.

304 Gosman, Otton de Freising (s. Anm. 302) 270–285; A. D. von den Brincken, Presbyter Iohannes, Dominus Dominantium – ein Wunsch-Weltbild des 12. Jahrhunderts, in: A. Legner (Hrsg.), Ornamenta Ecclesiae. Kunst und Künstler der Romanik, I, Köln 1985, 83–97. – Die Menschen des Mittelalters jedenfalls verstanden ihn so; gegen Ende des 13. Jh. verwendete der deutsche Dichter Albert von Scharfenberg den Brief des Priesters Johannes zu seiner Beschreibung einer geeinten Gesellschaft ohne Konflikte zwischen weltlicher und geistlicher Gewalt, in der alle Autorität von der göttlichen Macht, repräsentiert durch den Priester, den Vikar Gottes, d. h. *rex et sacerdos*, ausgeht.

305 Maleczek, Papst und Kardinalkolleg (s. Anm. 259) 241.

ten aus dem Norden oder dem Zentrum Italiens (Pisa). Städte wie Genua und Venedig oder das Königreich Sizilien waren stark unterrepräsentiert. Die Zahl der Mönche und Äbte aus Montecassino sank schon unter Calixt II. und Honorius II. im Kardinalkolleg; nichtitalienische Kardinäle waren zahlenmäßig gering vertreten. Alexander III. ließ sich deshalb ausdrücklich von seinem Legaten in Frankreich, Kardinal Peter von San-Chrysogono, jene Kleriker nennen, die sich besonders in der *scientia litterarum* ausgewiesen hätten, um des Kardinalpurpurs würdig zu sein. Allerdings ernannte er am Ende nicht die vom Legaten benannten Kandidaten (Pierre le Mangeur, Gerhard Pucelle, Peter von Celle u. a.), sondern berief einen Mönch aus Clairvaux (Heinrich) und Äbte von Saint-Crépin-le-Grand (Soissons) und Ourscamp sowie einen Doktor der Jurisprudenz (Matthäus von Angers)[306].

Generell kann man sagen, daß die Päpste in der zweiten Hälfte des 12. Jh., die nahezu alle dem Weltklerus angehört hatten, immer seltener Kardinäle aus den Reihen der Orden beriefen. Dagegen nahm die Zahl der Kardinäle mit höherem Bildungsstand (in Theologie und Jura) beachtlich zu. Von den zwanzig durch Eugen III. kreierten Kardinälen führten drei den Magistertitel. Alexander III. ernannte 34 Kardinäle: Davon waren zehn *magister* oder hatten ein *studium* absolviert[307]. Einige von ihnen erfreuten sich eines großen Ansehens als Vorsteher (Robert Pullus, Odo von Ourscamp, Heinrich von Marcy, Nikolaus Breakspear – der spätere Papst Hadrian IV. –, Albert von Morra und Konrad von Wittelsbach)[308]. Dabei scheinen die Juristen in der Überzahl gewesen zu sein. Dieses Verhältnis nahm unter Lucius III. noch zu (unter 15 Kardinälen 9 *magistri*). Dagegen ist abgesehen von Lothar von Segni, dem späteren Innozenz III., die Zahl der von Clemens III. ernannten Kardinäle mit eindeutig bezeugter höherer Bildung sehr gering. Auch in dieser Hinsicht stellt der Pontifikat Clemens' III. eine Ausnahme dar.

In der zweiten Hälfte des 12. Jh. gab es noch andere Aufstiegsmöglichkeiten zum Kardinalat: Die römischen Subdiakone, die vom Papst selbst geweiht wurden, stellten eine kleine Gruppe dar (ihre höchste Zahl im Pontifikat Alexanders III.: fünf); aber sie bildeten stets einen nicht zu unterschätzenden Kern im Kardinalkolleg, durch den das Funktionieren des in voller Entwicklung befindlichen Verwaltungsapparates gewährleistet war.

Seit dem Pontifikat Alexanders III. behielten immer mehr Bischöfe, die zu Kardinälen erhoben worden waren, ihren Bischofssitz bei, entweder an der Kurie oder in ihrer eigenen Diözese[309]. Diese „Residenzkardinäle" förderten das einheitliche Handeln zwischen der römischen Kirchenleitung und den Oberhirten der großen Kirchenprovinzen; so konnten eine bessere Kontrolle über den Klerus und effektivere Richtlinien im pastoralen Bereich gewährleistet werden[310]. Dieser neue Kardinalstyp, eine der bedeutenden kirchlichen Neuerungen unter Alexander III., fand sich im Einklang mit dem wachsenden Prestige der Kardinalswürde als solcher. Die Verbindung dieser „Residenzkardinäle" zu ihrer Titelkirche in Rom war von sekundärer Bedeutung: In den Dokumenten erscheint ihr Titel jetzt allgemein als *S. R. E. cardinalis*, ohne Angabe ihrer Kardinalskirche[311].

---

306 P. Glorieux, Candidats à la pourpre en 1178, in: MSR 11 (1954) 5–30.

307 Maleczek, Papst und Kardinalkolleg (s. Anm. 259) 247 A.272.

308 Ebd. 251.

309 K. Ganzer, Die Entwicklung des auswärtigen Kardinalats im hohen Mittelalter, Tübingen 1963, 194ff.

310 Dies findet im übrigen auch dadurch seine Bestätigung, daß in manchen Fällen geweihte Bischöfe nur den Titel eines Kardinalpriesters oder -diakons erhielten.

311 Pacaut, Alexandre III (s. Anm. 162) 269.

2. Die Kardinäle und die Papstwahl

Die Doppelwahl von 1159 und das lange Schisma, das die Kirche zwanzig Jahre lang spaltete (1159–1179), hatten erhebliche Auswirkungen auf das Verfahren der Papstwahl. 1159, hundert Jahre nach der Papstwahlordnung Nikolaus' II., die übrigens in den Quellen, die sich mit dem Alexanderschisma befassen, nirgends erwähnt wird[312], wuchsen die Zweifel am Verfahren, zum Teil berechtigt, da rechtlich nicht festgelegt war, ob und eine wie hohe Mehrheit für einen eindeutigen Wahlausgang erforderlich war. Die Kardinäle Alexanders III. betonten, daß die Wahl des Papstes das ausschließliche Recht der Kardinäle sei, während die Partei Viktors IV. in ihren Streitschriften erklärte, nicht nur die Kardinäle, sondern auch das Volk und der Klerus von Rom und im besonderen das Kapitel von St. Peter hätten das Recht, an der Papstwahl teilzunehmen[313]. Der Mangel einer präzisen Regelung und das Nebeneinander rechtlich ungeschriebener Verfahrenselemente und Traditionen, die sich einander sogar widersprachen, gefährdeten nicht nur dieses eine Mal die kirchliche Einheit.

Auf dem Dritten Laterankonzil (1179) wurden mit dem Dekret *Licet de vitanda*[314] zwei Grundsatzbeschlüsse gefaßt, durch die jene im Zusammenhang mit der Doppelwahl von 1159 aufgetauchten Schwierigkeiten gelöst werden sollten: Mit der Festlegung einer Zweidrittelmehrheit sollten Zweifel ausgeräumt werden, die sich geradezu unvermeidlich durch Diskussionen um die *maior* bzw. *sanior pars* ergaben. Ebenfalls wurde den Kardinälen ohne Rücksicht auf Rangunterschiede das ausschließliche Recht der Papstwahl zugesprochen, womit das Konzil ältere Rechtsgewohnheiten, die 1159 an der annullierten Spaltung beteiligt waren, definitiv beendete. Dieser Beschluß blieb ungeachtet politischer Pressionen über ein Jahrhundert lang (1159–1274) in Kraft und wurde auch während der langen päpstlichen Vakanzen im 13. Jh. nicht angefochten[315].

3. Kanonistische Festlegung über die Stellung der Kardinäle

Abgesehen von dem Konzilsdekret *Licet de vitanda* hat sich Alexander III. nicht über die kirchlichen und juristischen Vorrechte der Kardinäle geäußert. Die Formel *de fratrum nostrorum consilio* taucht nur in einer sehr begrenzten Zahl seiner vielen Dekretalen auf[316]. Das Problem der finanziellen Einkünfte der Kardinäle erhielt keine abschließende Lösung. Die Kanonisten machten, Gratian folgend, keinen Unterschied mehr zwischen den *ordines*: Die Rangunterschiede (Bischöfe, Priester, Diakone) hatten, abgesehen vom Ritual der Wahl, praktisch keine Bedeutung mehr für die Prärogativen der Kardinäle. Die Diskussion der Kanonisten drehte sich im wesentlichen um die tatsächlichen Rechte der Kardinäle während einer Sedisvakanz des päpstlichen Stuhles und bei der Papstwahl. Der Rahmen wurde durch das Dekret von 1059 und die Konstitution des Dritten Laterankonzils, *Licet de vitanda*, abgesteckt. Dabei blieb die Lehre von der *plenitudo potestatis* des Papstes von den Dekretisten unangetastet: Das den Kardinälen zustehende Wahlrecht erlaubte es nicht, den Papst auch zu richten. Huguccio trug entscheidend zur Klärung bei; die Kardi-

---

[312] Maleczek, Papst und Kardinalkolleg (s. Anm. 259) 234.
[313] Ebd. 235, Anm. 178 u. 179 (zu den Quellen).
[314] COD 211.
[315] Maleczek, Papst und Kardinalkolleg (s. Anm. 259) 237.
[316] Ebd. 238.

näle sind während einer Vakanz nicht das *caput* der Kirche, da mehrere Personen nicht gleichzeitig *ein* Haupt ausmachen können; sie fungieren lediglich *vice capitis*, ohne das Haupt selbst zu sein[317]. Diese von Johannes Teutonicus in seiner *Glossa ordinaria* (1210–ca. 1216) aufgegriffene These hatte eine grundlegende Auswirkung auf das Kirchenverständnis des 13. Jh.[318]

Aus dem Prestige der Kardinalsfunktion leiteten die Kanonisten nicht den Grundsatz ab, der neue Papst könne nur aus dem Kreis der Kardinäle gewählt werden; so versichert es Huguccio ausdrücklich[319]. Im übrigen gesteht er zu, daß, theoretisch jedenfalls, das Kardinalkolleg während einer päpstlichen Sedisvakanz Kardinäle ernennen könne. Doch diese Möglichkeit sollte reine Theorie bleiben.

4. Die Kardinäle und die Leitung der römischen Kirche

Die weite Spanne der gemeinsam von Papst und Kardinälen im Verlauf des 12. Jh. behandelten Fragen – Konflikte zwischen kirchlichen Instanzen und Laienfürsten, Streitigkeiten bei der Wahl von Erzbischöfen, Bischöfen, Äbten usw., Primatsrechte, Gründungen und Umstrukturierungen von Diözesen – macht deutlich, daß die Beteiligung von Kardinälen letzten Endes vom Papst selbst abhing; durch seine Person übte er einen beachtlichen Einfluß darauf aus, wie die Vorrechte der Kardinäle, deren Beschreibung in den ekklesiologischen und kanonischen Texten doch recht vage ausgefallen war, in der Praxis tatsächlich umgesetzt wurden.

a) Die Formel „de fratrum nostrorum consilio“

Dies ist sicher auch der Grund, warum die Verwendung der Formel *de fratrum nostrorum consilio* von einem Pontifikat zum anderen, ja sogar innerhalb eines Pontifikats so starken Fluktuationen unterworfen war. Gregor VII. schenkte der Beteiligung der Kardinäle an der Leitung der römischen Kirche keine besondere Beachtung und benutzte eine solche Formel nie. Urban II. betonte vor allem ihre Beteiligung an Synodalbeschlüssen. Erst unter Paschalis II. signalisierte die Formel *de fratrum nostrorum consilio*, worunter bisher noch herangezogene Personen unterschiedlicher Stellung zusammengefaßt worden waren, in den meisten Fällen eine Beteiligung der Kardinäle an päpstlichen Entscheidungen. Seit 1133, unter Innozenz II., sind mit dieser Formel nur noch die Kardinäle gemeint[320]. Bei Coelestin III. findet sich *de fratrum nostrorum consilio* nur in dreißig seiner insgesamt 1800 Briefe, obwohl er wegen seines hohen Alters doch auf den Kreis seiner Ratgeber angewiesen gewesen sein dürfte[321]. Dagegen taucht sie in mindestens 12% (mit Spitzenwerten

---

[317] Summa Decretorum ad D.79 c.7, zit. bei M. Rios Fernández, El primado del Romano pontefice en el pensamiento de Huguccio de Pisa decretista, in: Comp. 6 (1961) 36.

[318] Die zu Beginn des 13. Jh. entstandene Glosse *Ecce vicit leo* ist einer der wenigen Dekretistentexte dieser Zeit, in denen während einer Vakanz die Kardinäle als Haupt der Kirche bezeichnet werden, vgl. B. Tierney, The Foundations of the Conciliar Theory, Cambridge 1955, 73ff.

[319] Rios Fernández, El primado (s. Anm. 317) 38.

[320] Explizit nur in der Exkommunikation Viktors IV. von 1159, im Dekret gegen die Ketzer *Ad abolendam* von 1184 und in dem Dekret von 1184 über das allgemeine Fasten nach dem Fall von Jerusalem, vgl. Maleczek, Papst und Kardinalkolleg (s. Anm. 259) 308f.

[321] V. Pfaff, Die Kardinäle unter Papst Coelestin III. 1191–1198. II., in: ZSRG.K 52 (1966) 332–369.

von über 15%) der Briefe aus den ersten Pontifikatsjahren Innozenz' III. auf. Mit Beginn seines fünften Pontifikatsjahres jedoch fällt dieser Anteil auf 6,5%, was vielleicht als Zeichen einer „Tendenz zur Autokratie" gewertet werden kann[322].

b) Das Konsistorium

Die Formel *de fratrum nostrorum consilio* bezieht sich im Prinzip nur auf Entscheidungen, die von einem nur aus Papst und Kardinälen bestehenden Gremium getroffen wurden. Dieses kleine Gremium ist zu unterscheiden[323] vom Konsistorium, einer öffentlichen[324] und feierlichen[325] Gerichtsversammlung, an der nicht nur Kardinäle, sondern auch andere Prälaten und Kurienangehörige teilnahmen, Juristen also, wie es der anonyme Biograph Innozenz' III. ausdrücklich beschreibt, die ein besonderes Interesse an der gesetzgeberischen Entwicklung der römischen Kirche hatten. Das von Innozenz III. mit Nachdruck geförderte Konsistorium, das im allgemeinen in einem Saal des Lateranpalastes tagte, ist schon während des gesamten 12. Jh. gut bezeugt[326].

c) Die Unterschriften der Kardinäle

Seit Beginn des 12. Jh. wurde es üblich, daß die Kardinäle wichtige päpstliche Dokumente (die feierlichen Privilegien) mit ihrer Unterschrift versahen. Die im allgemeinen eigenhändigen Unterschriften finden sich auf drei Spalten verteilt: in der Mitte die Kardinalbischöfe, links die Kardinalpriester und rechts die Kardinaldiakone. Ursprünglich war der Kreis der Zeugen nicht auf die Kardinäle beschränkt; ähnlich wie hinsichtlich der Formel *de fratrum nostrorum consilio* fällt auch hier eine weiterführende Stufe in den Pontifikat Innozenz' II. Seit 1139 nämlich finden sich nur noch Kardinäle und keine anderen Zeugen mehr unter den Unterzeichnern päpstlicher Privilegien[327]. Das hat natürlich symbolische Bedeutung für die Beteiligung der Kardinäle an der Verwaltung der römischen Kirche.

5. Kardinäle als Beisitzer im Gericht

Die Entwicklung hin zu einer mehr kollegialen Beteiligung an der Verwaltung der römischen Kirche zeigte sich vor allem in der Gerichtspflege. Vor Eugen III. wurden Kardinälen oder anderen Kurienangehörigen nur sehr wenige Prozesse anvertraut. Dann jedoch wurde es üblich, daß der Papst eine Kommission von Kardinälen mit der Instruktion des

322 MALECZEK, Papst und Kardinalkolleg (s. Anm. 259) 316f. Zur Geschichte dieser Formel und ihrer weiteren Verwendung im 14. Jh. s. N. ZACOUR, The Cardinal's View of the Papacy, 1150–1300, in: The Religious Roles of the Papacy, 421–427.

323 Im Widerspruch zur bisherigen Geschichtsschreibung, SYDOW, Il ‚concistorium' (s. Anm. 121) 165–176.

324 Im 12. Jh. oft als *auditorium publicum, audientia publica* bezeichnet: MALECZEK, Papst und Kardinalkolleg (s. Anm. 259) 300.

325 1178 nahm Alexander III. im Rahmen eines Konsistoriums die Huldigung der Römer entgegen. An der hier betreffenden Stelle in der Biographie Alexanders III. von Kardinal Boso wird deutlich unterschieden zwischen dem auf die Kardinäle beschränkten Gremium und dem Konsistorium, LP II, 443.

326 Mehr in Chroniken als in den päpstlichen Dokumenten selbst, zum ersten Mal bei Coelestin III, vgl. MALECZEK, Papst und Kardinalkolleg (s. Anm. 259) 301, Anm. 20; 300, Anm. 19.

327 MALECZEK, Das Kardinalkollegium (s. Anm. 49) 77ff; V. PFAFF, Nachträge zu den Papstprivilegien 1181 mit Kardinalsunterschriften, in: ZSRG.K 100 (1983) 341–345.

vor die römische Kurie gebrachten Falles beauftragte, sich selbst aber das Recht der Urteilsverkündung vorbehielt. Die Tatsache, daß dem Kardinalkolleg seit Alexander III. eine gleichberechtigte Zahl von Kanonisten angehörte, zeigt gut die wachsende Aufmerksamkeit der römischen Kirche für die Gerichtsverfahren. Bis zu Innozenz' III. beteiligten sich die meisten der Kardinäle an der Rechtsprechung: Von den 34 Kardinälen, die der Kurie zwischen 1191 und 1198 angehörten, untersuchten 21 anstehende Fälle, 13 von ihnen mehr als dreimal.

Als sich im Laufe des 12. Jh. der Übergang vom *Patrimonium Petri* zu einem wirklichen Kirchenstaat vollzog, kam den Kardinälen eine immer aktivere Rolle an der Seite des Papstes zu, vor allem im Zusammenhang mit Vasalleneiden und Verträgen öffentlicher Natur[328].

6. Legaten

Alexander III. nutzte die Einrichtung der Legationen systematisch: In 22 Pontifikatsjahren entsandte er nahezu 150 Legaten *a latere*. Mehr als sechzig Legationen bereisten fast alle Gebiete der lateinischen Christenheit[329]. Alexander bestimmte vor allem Mitglieder der römischen Kurie zu Legaten. Zwischen 1159 und 1169 gehörten (abgesehen von den mit der Angelegenheit um Thomas Becket befaßten) von siebzig Legaten nur 13 nicht dem Klerus der römischen Kirche an[330].

Die meisten waren Kardinäle. Bis 1167 fanden sich nur zwei Subdiakone unter den Legaten; ihre Zahl erhöhte sich erst nach 1177. Die Subdiakone Theodin, Vitellius, Vivian und Gratian wurden kurz nach Rückkehr von ihrer Legation zu Kardinälen ernannt[331], was in gewisser Weise bestätigt, daß eine Legation als wichtiger Schritt in der Laufbahn eines Kurienangehörigen zu sehen war. Zweifellos erforderten die immer universaler werdenden Probleme, mit denen sich die römische Kurie auseinandersetzen mußte, eine breite praktische Erfahrung, die an Ort und Stelle erworben werden mußte.

In den Ländern des Imperiums, in Frankreich, in den skandinavischen Ländern und auf der Iberischen Halbinsel provozierte die Entsendung von Legaten keine besonders ausgeprägten Reaktionen[332]. Dagegen war das Recht des Papstes auf Entsendung von Legaten in andere Länder, besonders im Königreich Sizilien, in Ungarn und in England, umstritten. Der normannische König Roger II. hatte 1098 von Urban II. unter dem Druck der Ereignisse die Rechte eines Vizelegaten erhalten und dazu das Versprechen, daß das Papsttum auf sein Recht zur Entsendung apostolischer Legaten nach Sizilien verzichten werde. Diese

---

328 P. Toubert, Les structures du Latium médiéval, II, Rom 1973, 1051 ff, 1083 ff. Unter Alexander III. nahm ein Kardinal mit dem Titel eines *vicarius papae* während der Abwesenheit des Papstes die Regierungsgeschäfte in Rom wahr.

329 W. Ohnsorge, Die Legaten Alexanders III. im ersten Jahrzehnt seines Pontifikats 1159–1169, Berlin 1928; M. Pacaut, Les légats d'Alexandre III, 1159–1181, in: RHE 50 (1955) 821–838; W. Janssen, Die päpstlichen Legaten in Frankreich vom Schisma Anaklets II. bis zum Tode Coelestins III. (1130–1198), Köln 1961. Vgl. auch I. Friedländer, Die päpstlichen Legaten in Deutschland und Italien am Ende des XII. Jahrhunderts, Berlin 1928.

330 Ohnsorge, Die Legaten (s. Anm. 329) 161–166.

331 Pacaut, Les légats (s. Anm. 329) 829.

332 J. Deér, Der Anspruch der Herrscher des 12. Jahrhunderts auf die Apostolische Legation, in: AHP 2 (1964) 117–186.

Rechte bestätigte Hadrian IV. 1156 im Konkordat von Benevent, obwohl König Wilhelm I. nicht grundsätzlich gegen eine Entsendung von Legaten nach Süditalien opponierte. Um die Mitte des 12. Jh. wehrte sich der ungarische König gegen die Entsendung päpstlicher Legaten und bemühte sich um ein ähnliches Privileg wie das dem normannischen König verliehene. In einer Übereinkunft mit König Geza II. verzichtete Alexander III. 1161 schließlich auf das Recht von Legationen in das Königreich Ungarn. König Stephan III. mußte jedoch 1169 alle Forderungen seines Vaters wieder zurücknehmen; auch in Ungarn war nun, wie im übrigen christlichen Europa, der Weg frei für die Repräsentanten des römischen Stuhles, die überall die Entscheidungen der römischen Kirche und neue Bestimmungen des kanonischen Rechts bekanntzumachen hatten[333]. Von Legatenbesuchen grundsätzlich ausgenommen zu sein, galt als ein Bestandteil der Kirchenherrschaft des Königs, und sie wiederum war ein Kriterium der königlichen Legitimität[334].

Auch in England fand das Beispiel Siziliens Anklang. König Heinrich II. behauptete 1168, sein Großvater Heinrich I. habe das Privileg des unbefristeten Vikariats in seinem Königreich erhalten. Erklärtes Ziel einer solchen Behauptung, die von seinen Vorgängern niemals erhoben worden war[335] und die als solche auch niemals vom Papsttum anerkannt wurde, war eindeutig die Verhinderung jeglicher römischer Legation im Königreich. Und so war es denn tatsächlich auch während des gesamten 12. Jh. für Legaten *a latere* schwierig, nach England Zutritt zu erhalten. Seit Honorius II. gewährte das Papsttum den Erzbischöfen von Canterbury den Titel eines ständigen Legaten *(legatus natus)*, jedoch nur *ad personam*, so daß im Prinzip die Entsendung von Legaten *a latere* nicht ausgeschlossen war[336].

Ein halbes Jahr, nachdem Coelestin III. seinen Pontifikat angetreten hatte, befanden sich sechs Kardinäle gleichzeitig auf Legationsreisen; zwei Drittel seiner Kardinäle übernahmen mindestens einmal eine Legation[337]. Innozenz III. setzte die Politik seiner Vorgänger fort und betraute vor allem die dienstältesten unter seinen Kardinälen mit Legationen. Allerdings änderte er nach 1203 auch hier seine Politik. Da er sich gegenüber seinen Wählern nun stärker fühlte[338], behielt er Legationen nur einer relativ begrenzten Zahl von Kardinälen vor. Außerdem wurden nun wichtige Legationen auch einem Kurienangehörigen niederen Ranges oder anderen Klerikern anvertraut.

---

333 W. Holtzmann, Papst Alexander III. und Ungarn, in: ders., Beiträge zur Reichs- und Papstgeschichte des hohen Mittelalters, Bonn 1957, 139–167.

334 Vgl. R. Elze, Zum Königtum Rogers II. von Sizilien; in: FS P. E. Schramm, I, Wiesbaden 1964, 102–116.

335 Deér, Der Anspruch (s. Anm. 332) 168ff.

336 Ebd. 181.

337 Maleczek, Papst und Kardinalkolleg (s. Anm. 259) 337.

338 Ebd. 339.

XII. Zeremoniell und Symbolik päpstlicher Gewalt

1. Die Krönung des Papstes

Das Reformpapsttum griff alte liturgische Riten wieder auf. Seit der Mitte des 12. Jh. setzte sich, beeinflußt durch die am deutschen Hof gebräuchliche Festkrönung (es ist nicht die Erstkrönung), der Brauch durch, den Papst an bestimmten kirchlichen Festen mit der Tiara zu krönen[339]. Auf das Ritual der Erstkrönung wurde dann häufiger zurückgegriffen. Das päpstliche Zeremoniell sah eine solche Feierlichkeit in Verbindung mit achtzehn verschiedenen, feierlichen Prozessionen vor[340], die ihren Ausgang vom Portico des Lateran nahmen. Dort erhielt der Papst, mit dem purpurnen Mantel bekleidet, das weiße Zepter. Bevor er sein Pferd bestieg, setzte der Archidiakon ihm das *regnum* (die Tiara) aufs Haupt. Pferd, *cappa rubea* und Tiara waren die drei Hauptsymbole der weltlichen Gewalt des Papstes, die ihm durch die „Schenkung" Konstantins zustand[341]. Das prächtig geschmückte Pferd war nach der Tradition byzantinischer Kaiser ein Schimmel[342], die auch für den roten Mantel Pate stand, dessen Anlegen in der zweiten Hälfte des 12. Jh. zum wichtigsten symbolischen Akt päpstlicher Autorität wurde[343].

2. Die Tiara

Im Laufe des 12. Jh. nahm auch die Bedeutung der Tiara als Symbol für die weltliche Souveränität des Papstes zu. Nur wenige Jahre nach der Redaktion der Zeremonienbücher durch Albinus und Cencius sollte Innozenz III. die später als klassisch akzeptierte Definition formulieren: Die Mitra ist das Symbol des geistlichen Amtes; die Tiara dagegen wird vom Papst getragen *in signum imperii*[344]. Schon Suger hatte die Tiara als *ornamentum imperiale* definiert[345]; Petrus von Montecassino nannte sie[346] *Romani orbis diadema.* Die Tiara stand demnach auf derselben Ebene wie das kaiserliche Diadem, es gab keine andere Kopfbedeckung, die ihr an Würde überlegen gewesen wäre.

---

[339] H. W. KLEWITZ, Die Krönung des Papstes, in: ZSRG.K 30 (1941) 96–130; Ndr. in: DERS., Ausgewählte Aufsätze zur Kirchen- und Geistesgeschichte des Mittelalters, Aalen 1971, 263–297.

[340] Eine Beschreibung dieser Zeremonien findet sich in den drei Zeremonienbüchern des 13. Jh.: *Liber politicus* des Benedikt von St. Peter, zusammengestellt um 1140: *Liber Censuum*, II, 141 ff; *Gesta pauperis scolaris* des Albinus, redigiert um 1189: ebd., 87 ff; *Liber censuum* des Cencius, dessen Redaktion bis in die 1190er Jahre zurückreicht: ebd., I, 290 ff; vgl. B. SCHIMMELPFENNIG, Die Zeremonienbücher der römischen Kurie im Mittelalter, Tübingen 1973, 6 ff; U.-R. BLUMENTHAL, Cardinal Albinus von Albano and the ‚Digesta pauperis scolaris Albini'. MS. Ottob. lat. 3057, in: AHP 20 (1982) 7–49.

[341] Hrsg. von H. FUHRMANN, Das Constitutum Constantini, MGH, Fontes iuris Germ. ant. 10 (1968) 87, Kap. 14; vgl. DERS., Einfluß und Verbreitung der pseudoisidorischen Fälschungen, II, Stuttgart 1974, 3376 f.

[342] E. H. KANTOROWICZ, Constantinus Strator. Marginalien zum ‚Constitutum Constantini', in: JAM, Ergbd. 1, Münster 1964, 181–189.

[343] E. KANTOROWICZ, Laudes regiae. A study in liturgical acclamations and medieval ruler worship, Berkeley – Los Angeles 1946, 138.

[344] Innozenz III., Sermones de sanctis, 7: PL 217, c. 481; zur Geschichte der Tiara s. vor allem G. B. LADNER, Der Ursprung und die mittelalterliche Entwicklung der päpstlichen Tiara, in: Tainia. R. Hampe zum 70. Geburtstag, Mainz 1979, 449–481, wo die Forschungsergebnisse mehrerer Jahrzehnte zusammengefaßt sind.

[345] SUGER, Vita Ludovici, MGH.SS XXVI, 58.

[346] Chronica monasterii Casinensis, MGH.SS XXXIV, 526.

Symbol der weltlichen Souveränität des Papstes war seit dem 12. Jh. die Tiara.

3. Prozessionen und Thronsetzung

An den Prozessionen nahmen der Klerus des Lateranpalastes, der Präfekt und die Richter der Stadt, Vertreter des Senats und die Fahnenträger der zwölf römischen Bezirke als Zeichen ihrer politischen Unterordnung teil. Dieser Brauch ging auf einen profanen Ursprung zurück, der seinerseits die weltliche Gewalt des Bischofs von Rom symbolisch zum Ausdruck brachte[347].

War die Prozession in die Mitte des Platzes vor dem Lateranpalast zurückgekehrt, stiegen die Kardinäle als erste von ihren Pferden und brachten dem Papst, der noch auf seinem Schimmel saß, die *laudes* dar. Text und Ritual der *laudes* waren ebenso wie auch die anderen Elemente, die der symbolischen Darstellung der weltlichen Gewalt dienten, aus dem kaiserlich-byzantinischen Zeremoniell abgeleitet. Am Ende des 12. Jh. wußte man das in der römischen Kurie noch sehr genau[348].

---

[347] E. Erdmann, Kaiserliche und päpstliche Fahnen im hohen Mittelalter, in: QFIAB 25 (1933–34) 1f; vgl. Fuhrmann, Constitutum Constantini (s. Anm. 341) 14, 88.

[348] B. Schimmelpfennig, Ein bisher unbekannter Text zur Wahl, Konsekration und Krönung des Papstes im 12. Jahrhundert, in: AHP 6 (1968) 42–70.

Die Richter huldigten dem Papst vor dem Portico des Palastes, vor der *rota* aus Porphyrgestein, wo ihm auch die Priester von San Laurenzo fuori le mura die *laudes* sangen. Der Porphyr nahm immer mehr die Bedeutung eines imperialen Steines an – auch das in Anlehnung an kaiserliche Vorbilder; man denke nur an die purpurne Einfärbung der Steine des Speyerer Domes durch Kaiser Heinrich III. Beginnend mit der Krönung Paschalis' II. (1099) wurden zwei Sitze aus „rosso antico", was die Zeitgenossen für Porphyr hielten, zu wichtigen Bestandteilen im Inthronisationszeremoniell eines soeben gewählten Papstes.

Diese Sitze befanden sich vor der Kapelle des hl. Silvester im Inneren des Lateranpalastes. Auf einem dieser beiden Sitze, zuerst von Albinus als *sedes porphyretice* bezeichnet, nahm der Papst Platz[349].

4. Kritik

Der zeremonielle Ritt des Papstes[350], mit der Pracht der Gewänder und den Insignien weltlicher Gewalt, entsprach letzten Endes dem Programm, das im Text der Konstantinischen Schenkung angelegt war, aber erst durch das politische Programm und den Erfolg des Reformpapsttums verwirklicht wurde. Dieser Repräsentation entsprach durchaus höfischem Leben der Zeit. Es hieße, die römische Kurie des Hochmittelalters zu überfordern, wollte man ihr nach dem Maßstab heutigen Empfindens nicht gestatten, dem Bedürfnis nach angemessener Selbstdarstellung nachzugeben, zumal die Legalität des Constitutum Constantini als Rechtsgrundlage der weltlichen Herrschaft des Papstes behauptet werden mußte. Andererseits wußte man auch im Zeitalter der „Vita apostolica", daß das Papsttum als Verkörperung des Sacerdotium anderen Normen verpflichtet war. Daraus erwuchs scharfe Kritik, wie etwa in der Schrift *De consideratione*, die Bernhard von Clairvaux an Papst Eugen III. (1145–1153) richtete. Berühmt wurde der Passus: Mit seinem Ritual und seiner weltlichen Politik ahme der Papst Konstantin nach und nicht den hl. Petrus[351].

Auch Johannes von Salisbury warf dem Papst seine „kaiserlichen" Gewänder vor, „non modo purpuratus sed deauratus"[352] – nicht nur in Purpur gekleidet, sondern auch mit Gold besteckt. Die Kritik an jenem Papst hoch zu Roß wurde zu einem der ausdrucksvollsten Motive in der antikurialen und antipäpstlichen Polemik. So ziehen bei Dante, der seine Anklage dem Petrus Damiani in den Mund legte, Petrus und Paulus „unbeschuht" ihres Weges; dagegen die Nachfolger der Apostel: „Mit ihrem Mantel decken sie ihr Pferd, / so daß zwei Bestien hält *ein* Fell zusammen! / Geduld, was ist zu tragen dir beschert!"[353]

---

[349] A. Boureau, La papesse Jeanne, Paris 1988.

[350] J. Traeger, Der reitende Papst, München 1970.

[351] Bernhard von Clairvaux, De consideratione IV, 3,6.

[352] Johannes von Salisbury, Polycraticus VI, 24 (hrsg. von C. C. I. Webb, Oxford 1909, 68). Weitere Kritik bei C. Erdmann, Die Entstehung des Kreuzzugsgedankens, Stuttgart 1935, 112f, 131f; J. Benzinger, Invectiva in Romam. Romkritik im Mittelalter vom 9. bis zum 12. Jahrhundert, Lübeck – Hamburg 1968, 57f; P. Partner, The Lands of St. Peter, London 1972, 184f; Traeger, Der reitende Papst (s. Anm. 350), 109f; I. Herklotz, Der Campus Lateranensis im Mittelalter, in: Röm. Jb. f. Kunstgesch. 22 (1985) 11, Anm. 41.

[353] Dante, Par., c.21, v.133–135; dt. von W. G. Hertz, München 1989; vgl. Herklotz, Der Campus Lateranensis (s. Anm. 352) 11.

Bibliographie

Quellen

Conciliorum oecumenicorum decreta, hrsg. von J. Alberigo u. a., Bologna 1973.
Councils and Synods. With Other Documents Relating to the English Church, hrsg. von D. W. Whitelock – M. Brett – C. N. L. Brooke, II, Oxford 1981.
Decretales ineditae saeculi XII. From the Papers of the Late Walter Holtzmann, hrsg. von. S. Chodorow – C. Duggan, Vatikanstadt 1982.
Liber Pontificalis, hrsg. von L. Duchesne, 3 Bde., Paris 1886–1892.
S. Löwenfeld, Epistolae pontificum Romanorum ineditae, Leipzig 1885.
J. Pflugk-Harttung, Acta pontificum Romanorum ineditae, 3 Bde., Tübingen – Stuttgart 1880–1896.
J. M. Watterich, Pontificum Romanorum ... vitae, II, Leipzig 1862.

Literatur

M. W. Baldwin, Alexander III and the Twelfth Century, New York 1968.
R. Benson, The Bishop-Elect: A Study in Medieval Ecclesiastical Office, Princeton 1968.
S. Chodorow, Christian Political Theory and Church Politics in the Mid-Twelfth Century: The Ecclesiology of Gratian's Decretum, Berkeley 1972.
O. Engels, Die Staufer, Stuttgart ^{6}1994.
H.-W. Klewitz, Das Ende des Reformpapsttums, in: Deutsches Archiv 3 (1939) 371–412.
–, Reformpapsttum und Kardinalkolleg, Darmstadt 1957.
B. Jacqueline, Episcopat und papauté chez saint Bernard de Clairvaux, Saint-Lô 1975.
B. H. Jakobs, Kirchenreform und Hochmittelalter, 1046–1215, München – Wien ^{3}1994 (Forschungsberichte).
G. Ladner, Die Papstbildnisse des Altertums und des Mittelalters, II, Vatikanstadt 1970.
J. Longere (Hrsg.), Le Troisième concile de Latran 1179. Sa place dans l'histoire, Paris 1982.
M. Maccarrone, Papato e impero dalla elezione di Federico I alla morte di Adriano IV (1152–1159), Rom 1959.
W. Maleczek, Das Kardinalkollegium unter Innocenz II. und Anaklet II., in: Archivum Historiae Pontificiae 19 (1981) 27–78.
P. F. Palumbo, Lo scisma del MCXXX, Rom 1942.
M. Pacaut, Alexandre III, Paris 1956.
The Religious Roles of the Papacy: Ideals and Realities, 1150, hrsg. von Chr. Ryan, Toronto 1989.
Rolando Bandinelli papa Alessandro III, hrsg. von F. Liotta, Siena 1986.
F.-J. Schmale, Studien zum Schisma des Jahres 1130, Köln 1961.
M. Stroll, The Jewish Pope. Ideology and Politics in the Papal Schism of 1130, Leiden 1987.
H. Toubert, Un art dirigé. Réforme grégorienne et Iconographie, Paris 1990.
P. Zerbi, Papato, impero e ‚respublica christiana' dal 1187 al 1198, Mailand 1980.

Zweites Kapitel

Die Neuordnung des Weltklerus

Von Michel Parisse

Für die Zeit seit dem 11. Jh. verändert sich die Quellenlage in Richtung einer größeren Vielfalt, dank derer wir nun besser und genauer über die soziale Zusammensetzung des Klerus, sein Alltagsleben, sein pastorales Wirken und seine Kontakte mit der Hierarchie informiert sind. Ergänzend zu den Konzilskanones und Synodalakten, die sich in ihren Aussagen häufig wiederholen und bei deren Auswertung erhebliche Vorsicht angeraten scheint, tritt im 12. Jh. das *Decretum Gratiani,* in dem die durch das Kirchenrecht aufgeworfenen Probleme zusammengestellt und im Anschluß daran unter systematischer Aufarbeitung verschiedenen Lösungsvorschlägen zugeführt werden. Neben die *Gesta* und die Viten heiliggesprochener Bischöfe treten nun Zeugnisse aus dem alltäglichen Glaubensleben. Die Zahl der päpstlichen Privilegien nimmt in beeindruckender Weise zu; in der Korrespondenz zwischen Päpsten und kirchlichen Würdenträgern werden Einzelfälle beschrieben, die Licht auf den Glaubensalltag von Laien und Geistlichen werfen; die in den Truhen der Kapitel und Klöster sich häufenden Urkunden und die zahlenmäßig spürbar zunehmenden Diplome der Bischöfe erlauben Einblick in die Funktionsweise der kirchlichen Organisation[1]. Theologische Abhandlungen, die *Summae confessorum,* Traktate über Homiletik und liturgische Bücher sind ebenfalls wertvolle Informationsquellen. Im Vergleich zu den vorangehenden Jahrhunderten verfügen Gläubige wie Geistliche nun über ein reicheres und solideres Wissen, ein Sachverhalt, der freilich nicht für die gesamte Christenheit in gleichem Maße zutrifft. Die seit alters christlichen Gebiete an Nordsee und Mittelmeer sind den erst gegen Ende der Karolingerzeit oder noch später christianisierten Ländern um vieles voraus: Zwischen der Île de France und Polen klafft ein deutlicher Abstand, und in Schottland oder Kalabrien, Katalonien oder Schweden äußert sich die christliche Mentalität in jeweils ganz verschiedener Weise.

---

[1] An dieser Stelle ist es unnötig, auf das von K. Baaken in bezug auf die Privilegien genannte Zahlenmaterial einzugehen. Hinsichtlich der Bischofsurkunden ist festzuhalten, daß sie in zwar zahlreichen, aber unzureichenden Editionen vorliegen. In Deutschland sind bereits zahlreiche Urkunden und Regesten aus einzelnen Regionen, Städten und Abteien ediert; vor allem das Rheinland und Norddeutschland sind hier gut vertreten, wobei an erster Stelle die von M. Stimming und P. Acht besorgte Edition der Urkunden des Mainzer Erzbischofs zu nennen wäre: Mainzer Urkundenbuch, Bd. I, bearb. von M. Stimming, Darmstadt 1932; Bd. II, bearb. von P. Acht, Darmstadt 1968–1971. Auch in England, Spanien und Frankreich sind vergleichbare Publikationen im Gange; zu nennen wäre hier etwa: English Episcopal Acta, I: Lincoln, 1067–1185, Oxford 1980; II: Canterbury, 1162–1190, Oxford 1986; III: Canterbury, 1193–1205, Oxford 1986; IV: Lincoln, 1186–1206, Oxford 1986; V: York, 1070–1154, Oxford 1988; VI: Norwich, 1070–1214, Oxford 1990.

I. Die Bischöfe

Es bedurfte des Geistes und der Methode eines Kirchenrechtlers wie Gratian, um die drei bischöflichen Funktionen - Priester-, Lehr- und Hirtenamt[2] - genau zuzuordnen. Diese drei Aufgaben umfassen fast die gesamte Amtsgewalt, die den geistlichen Würdenträgern als hierarchischen Bindegliedern zwischen Papst und Gemeindepfarrern zugewiesen ist. Sie sind die eigentlichen Vorsteher der Ortskirche, der ursprünglich als Pfarrgemeinde konzipierten Diözese. Ihnen sind die Sakramente der Weihe, der Firmung[3] und teilweise auch der Beichte vorbehalten[4]. Sie besitzen die eigentliche Vollmacht zu binden und zu lösen, die sie durch das Weihesakrament auf andere übertragen, sie sind die Garanten des Glaubens, in welchem sie die getauften Christen durch das Sakrament der Firmung bestärken. In feierlichen Zeremonien weihen sie Subdiakone, Diakone und Priester, die den aktiven Teil des Diözesanklerus bilden, sie weihen die Äbte und Äbtissinnen und nehmen den Nonnen das Gelübde ab. Doch dehnen sie diese sakramentalen Funktionen zusehends auch auf andere Bereiche aus, so etwa auf die Weihe oder Neuweihe von Kirchen, die Einsegnung von Friedhöfen und die Erhebung von Reliquien (und damit die Erhöhung der betreffenden Person zum Heiligen)[5].

Wie in den karolingischen Kapitularien häufig erwähnt, gehörte es zu den Pflichten eines Bischofs, Keuschheit, Nächstenliebe und Demut zu üben[6]. Diese Aspekte, die im 10. und 11. Jh. allzu häufig in Vergessenheit geraten waren, traten nun im Zuge der Reformbemühungen wieder in den Vordergrund. Die Angriffe gegen Simonie und Nikolaitismus trugen merklich dazu bei, daß die Prälaten ihr Verhalten änderten und die Gesellschaft eine andere Vorstellung von ihren Aufgaben erhielt. Es bildete sich unter den Klerikern mit Führungsfunktionen ein neuer Typus aus: Die Bischöfe treten nun in engeren Kontakt mit den Gläubigen; sie sind gehalten zweimal im Jahr eine Synode einzuberufen, um die päpstlichen Beschlüsse zu verkünden, Exkommunikationen öffentlich auszusprechen, Aufrufe zur Einhaltung der geistlichen Ordnung zu erlassen und Streitigkeiten in der Diözese beizulegen. Bei dieser Gelegenheit treffen sie mit Äbten und Pröpsten der Klöster und

---

[2] G. Le Bras, Institutions ecclésiastiques de la Chrétienté médiévale, 1. Teil, HE 12, Paris 1964, 365–376; B. Guillemain, L'action pastorale des évêques en France aux XIe et XIIe siècles, in: Le istituzioni ecclesiastiche della „societas christiana“ dei secoli XI e XII: diocesi, pievi e parrochie. Atti della settimana di studio (Mendola 1974), Mailand 1977, 117–135.

[3] Die Firmung wird in den Texten nur beiläufig erwähnt. Dieses Sakrament wird bei der Bischofsvisitation auf ausdrücklichen Wunsch hin gespendet, manchmal auch gleich nach der Taufe. In den Synodalstatuten ist wenig von ihm die Rede. Zahl und Umfang der von den Bischöfen auferlegten Bußleistungen waren ständigen Schwankungen unterworfen. Hinsichtlich der bischöflichen Rechte vgl. K. B. Sägmüller, Lehrbuch des katholischen Kirchenrechts, I, ^{3}1912; J. Grisar, Die Reform der Reservatio casuum, Rom 1959.

[4] Viele Bischofspredigten haben sich bis heute erhalten. Besonders hinzuweisen wäre in diesem Zusammenhang auf Geoffroy du Loroux, der zunächst Scholaster in Angers und später von 1136 bis 1158 Erzbischof von Bordeaux war. Vgl. J.-P. Bonnes, Un des plus grands prédicateurs du XIIe siècle, Geoffroy du Loroux, dit Geoffroy Babion, in: RBen 56 (1945/46) 174–215.

[5] Um eine Vorstellung von Umfang und Anzahl der in einer Diözese vorgenommenen Weihen zu erhalten, vgl. H. Tüchle, Dedicationes Constantienses. Kirch- und Altarweihen im Bistum Konstanz 1250, Freiburg 1949.

[6] Mit Nachdruck fordert zum Beispiel der heilige Bernhard zur Übung dieser Tugenden auf, vgl. B. Jacqueline, Episcopat et Papauté chez saint Bernard de Clairvaux, Saint-Lo 1975.

Stifte zusammen[7]. In mehreren Texten des ausgehenden Jahrhunderts sind die in Form von Synodalstatuten niedergelegten Entscheidungen festgehalten[8]. In einem der ältesten dieser Dokumente, das 1192 durch den Bischof von Toul, Odo von Vaudémont, veranlaßt wurde, ist von der Bekämpfung der Übeltäter und der möglichen Gültigkeit unerlaubter Meßfeiern oder Sakramentsspenden die Rede; daß Unschuldige durch ein Interdikt der Wohltaten der Religion beraubt werden, erscheint dem Bischof als nicht wünschenswert. Sorgen bereiten ihm vor allem auch die exkommunizierten Christen, weshalb er seine Statuten auch mit einer Anspielung auf die zu diesem Zeitpunkt in Lothringen verfolgten Waldenser abschließt[9]. Diese Statuten vermitteln eine recht gute Vorstellung von den zeitgenössischen Problemen, sie unterscheiden sich allerdings nicht merklich von dem, was ein Jahrhundert zuvor bereits auf Konzilien und Synoden verhandelt wurde. Unzweifelhaft aber tritt in diesen Texten, die sich seit jener Zeit in immer größerer Zahl erhalten haben, die Beschäftigung mit pastoralen Fragen deutlicher hervor, denn zusätzlich zu den üblichen Ausführungen hinsichtlich der innerkirchlichen Disziplin werden nun immer häufiger auch detaillierte Überlegungen über das Leben der Pfarrgemeinden angestellt.

Den Bischöfen obliegt die Aufsicht über den Ordensklerus, was in Anbetracht der ständig wachsenden Zahl von Neugründungen keine leichte Aufgabe ist; im 12. Jh. jedenfalls betreffen die Bischofsurkunden in den meisten Fällen Mönchs- und Chorherrenorden. Des weiteren geben diese Dokumente Aufschluß über Gründungen, Dotierungen und die zwischen Klöstern, Prioraten, Kommenden und Kapiteln bestehenden Konflikte. Ständig ist der Bischof als Inhaber der Jurisdiktionsgewalt präsent, um einen Rechtstitel oder einen Besitzanspruch zu beurkunden oder zu bestätigen, eine Schenkung zu beglaubigen oder die Beziehungen von Ordensgeistlichkeit und Pfarrklerus in Fragen, die die Kirchen, die Zehnten oder die Gläubigen betreffen, auf eine solide und sichere Grundlage zu stellen. Der Bischof selbst steht im Rahmen der neu entstandenen Orden als Initiator oder Mäzen von Klostergründungen an vorderster Stelle. Dank seinen verwandtschaftlichen Beziehungen mit dem regionalen Adel ist er ein wichtiges Bindeglied in der Kette, die zur Gründung immer neuer Häuser eines Ordens führt. Zwar hatten ehemals manche Benediktinerabteien und sogar Chorherrenstifte um Exemtion ersucht, um sich der Kontrolle durch den Diözesanbischof zu entziehen[10]; die Gründungen des 12. Jh. jedoch versuchten sich eng an die Bischöfe anzulehnen, da sie sich davon einen Zuwachs an Autorität versprachen. Die reichen und mächtigen Benediktineräbte, die einen über mehrere Diözesen und Regionen verstreuten Besitz zu verwalten hatten, waren häufig die wertvollsten Helfer wie auch die am meisten gefürchteten Konkurrenten der Bischöfe. Schließlich machten die großen klösterlichen Grundherrschaften einen Teil des Reichtums der Bistümer aus.

[7] O. Pontal, Les statuts synodaux français du XIIIe siècle, précédés de l'historique du synode diocésan depuis ses origines, I, Les statuts de Paris et le synodal de l'Ouest (XIIIe siècle), Paris 1971.
[8] Die unveröffentlichten Statuten aus Avranches datieren von 1173, die aus Rouen von 1189 (Mansi XXII [1778] 582–584). Vgl. auch J. Avril, Naissance et évolution des législations synodales dans les diocèses du Nord et de l'Ouest de la France (1200–1250), in: ZRG.KA 72 (1986) 152–249.
[9] Dokument vom 8. Mai 1192, in der Ausgabe von A. Calmet, Histoire de la Lorraine, 1. Teil, Bd. II, Materialien, 404; 2. Teil, Band VI, Materialien, 62 (Original im Archiv des Departements Meurthe-et-Moselle, H 335); ders., Histoire religieuse de la Lorraine, Nancy 1988, 36.
[10] V. Pfaff, Die päpstlichen Klosterexemptionen in Italien bis zum Ende des zwölften Jahrhunderts, in: ZGR. KA 72 (1986) 76–114.

1. Diözesen und Bistümer

Fast überall im christlichen Europa ist der Bischof nicht nur geistlicher, sondern auch weltlicher Herr, der als solcher eine Grundherrschaft beherrscht und verwaltet, mit Fürsten verhandelt und im Kriegsfall eigene Truppen anführt. Als geistliches Oberhaupt leitet er seine Diözese, daneben hat er auch einen weltlichen Besitz (Patrimonium) zu verwalten, der das Hochstift seiner Kirche umfaßt. Nicht selten kann deshalb der Fall eintreten, daß der Bischof Herr über Ländereien oder Burgen ist, die auf dem Gebiet einer anderen Diözese liegen und deshalb der geistlichen Amtsgewalt eines Mitbischofs unterstehen[11]. Burgen, Wälder, Dörfer, Zölle und Abteien machen zusammen den Wohlstand und die Macht einer Kathedralkirche und ihres Schutzheiligen aus und statten den Bischof mit einer doppelten Funktion aus, denn einerseits erlaubt ihm seine Stellung als Grundherr die Präsenz oder Repräsentanz auch außerhalb seiner Diözese, innerhalb derer er andererseits dank seiner geistlichen Obergewalt auch auf dem Herrschaftsgebiet eines anderen Herrschaftsträgers oder Grundherrn seinen Einfluß geltend machen kann. Diese Doppelfunktion sichert ihm eine gewisse Überlegenheit und erklärt das Interesse von Laien an der Bischofswahl.

Auf diese Weise zeichnet sich eine zweifache Geographie des kirchlichen Raums ab, jene der Diözesen und jene der bischöflichen Grundherrschaften; beides verdient kommentiert zu werden. Die Größe der Diözesen ist je nach Region ganz verschieden. In den erst später bekehrten Gebieten, so in Nordfrankreich, Schottland oder im Reich, erreichen sie eine größere Ausdehnung als etwa in der Provence, in England oder Frankreich[12]. Allein um den Golf von Neapel reihen sich sechs Diözesen aneinander, das Gebiet der Diözesen Langres und Bourges ist jeweils ebenso groß wie das von zehn Diözesen in der Provence oder in Italien[13], Rochester und Canterbury sind gegenüber York und Chester relativ klein[14]. In Frankreich gibt es unter Ludwig VII. 77 Diözesen, in Italien zur selben Zeit

---

[11] Monographische Darstellungen zu einzelnen Diözesen liegen nur in recht kleiner Zahl vor. Heranzuziehen wäre in diesem Zusammenhang etwa Beaunier – Besse (= Archives de la France Monastique), Abbayes et prieurés de l'ancienne France Bd. I ff., Paris 1905 ff., veröffentlicht in Gemeinschaft mit der RMab. Weiterhin wären zu nennen W. Schöntag, Untersuchungen zur Geschichte des Erzbistums Mainz unter den Erzbischöfen Arnold und Christian I. (1153–1183), Darmstadt – Marburg 1973, 84–186; J. Avril, Le gouvernement des évêques et la vie religieuse dans le diocèse d'Angers (1148–1240), 2 Bde., Paris – Lille 1984; R. Locatelli, De la réforme grégorienne à la monarchie pontificale. Le diocèse de Besançon (1060–1220), Diss., Besançon 1984; B. Delmaire, Le diocèse d'Arras du XIe au XIVe siècle, Diss., Paris 1988; P. Michaud-Quantin, Les évêques de Paris dans la seconde moitié du XIIe siècle, in: Huitième centenaire de Notre-Dame de Paris, Recueil de Travaux, Paris 1967, 23–33.

[12] Eine Karte der Diözesen und Kirchenprovinzen in Europa findet sich in: Westermanns Großer Atlas zur Weltgeschichte, Teil II: Mittelalter, Braunschweig 1956, 88–89. G. Droysen, Allgemeiner Historischer Handatlas, Bielefeld 1886, zeigt auf S. 33 eine Übersichtskarte der mitteleuropäischen Kirchenprovinzen um 1500. R. Foreville hat ihrer Dissertation (L'Eglise et la Royauté en Angleterre sous Henri II Plantagenet [1154–1189], Diss., Paris 1942) eine Karte mit den Diözesen auf den Britischen Inseln beigefügt (s. Anm. 14). Detailkarten finden sich zum Beispiel für die Diözese Mainz in: F. Jürgensmeier, Das Bistum Mainz, Frankfurt/Main 1988, und für die lothringischen Diözesen in: G. Bourgeat – N. Dorvaux, Atlas historique du diocèse de Metz, Metz 1907.

[13] Die Diözese Konstanz ist fast siebenmal größer als die von Worms, vgl. C. Brühl, Die Sozialstruktur des deutschen Episkopats im 11. und 12. Jahrhundert, in: Le istituzioni (s. Anm. 2) 45. Ein detailliertes Beispiel aus Italien bringt anhand einer Karte Latiums P. Toubert in: Les structures du Latium médiéval, Bd. II, Rom 1973, 794 ff (Die Diözese von Veroli mit 12 Pfarreien).

[14] Die entsprechende Karte ist zu finden in F. Barlow, The English Church, 1066–1154, London – New York 1979, 46 und 322; R. Foreville, Royaumes, métropolitains et conciles provinciaux, in: Le istituzioni eccle-

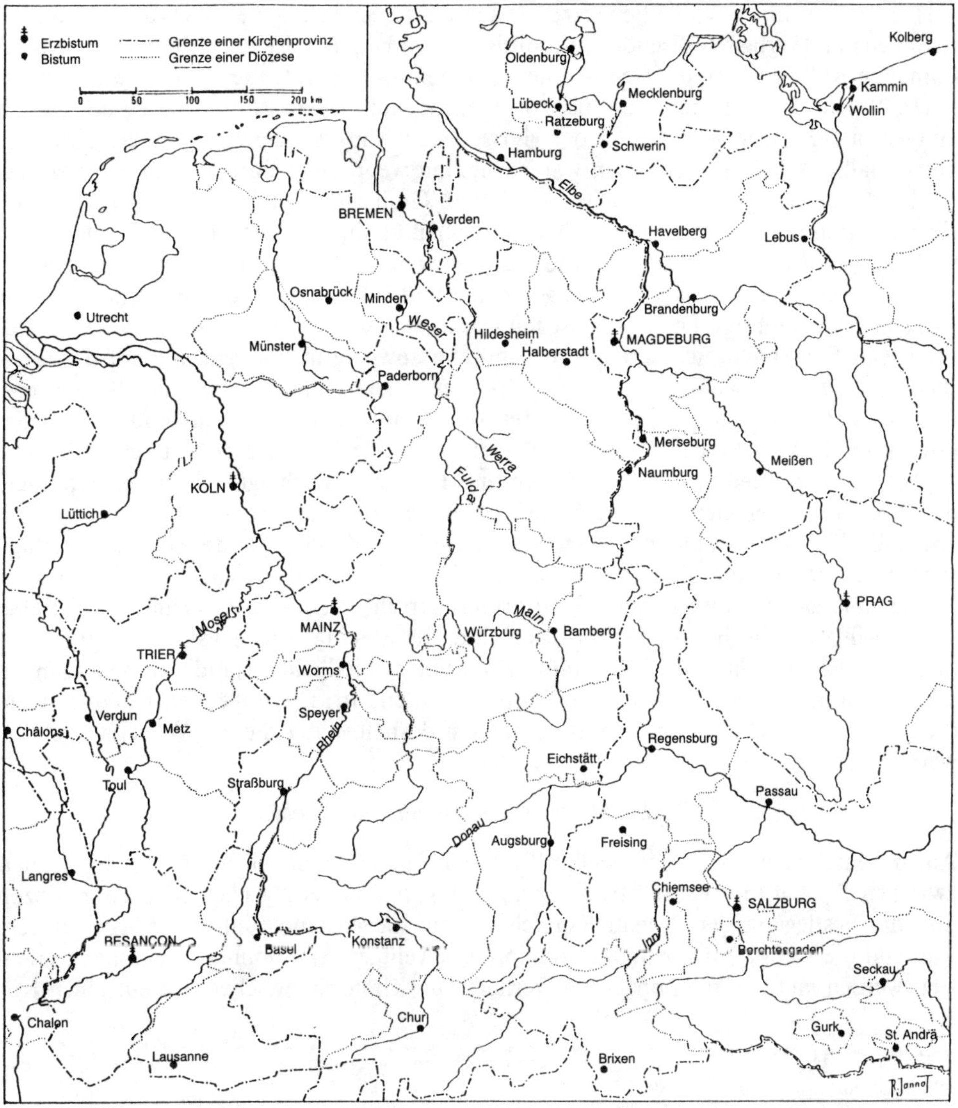

Diözesangrenzen im 12. Jh. in Mitteleuropa.

mehr als 200 und in Deutschland etwa 40. Doch verändert sich diese geographische Verteilung fortwährend. So werden, wie das Beispiel Ely in Nordengland zeigt, durch Teilung neue Diözesen geschaffen. Aufblühende Städte erhalten einen eigenen Bischofssitz und werden deshalb wie Arras, das zu Cambrai (1093), oder Tournai, das zu Noyon (1146) gehörte, von ihrer früheren Diözese abgetrennt.

---

siastiche della „Societas christiana“ dei secoli XI e XII. Papato, cardinalato ed episcopato (Atti della settimana di studio, 26–31 agosto 1971), Mailand 1974, 338–349.

Heinrich der Löwe schließlich setzt in Sachsen die Schaffung neuer Diözesen durch[15]. In Südengland verlassen Bischöfe aus politischen und ökonomischen Gründen ihren angestammten Kathedralsitz, um sich in einer größeren und bedeutenderen Stadt niederzulassen[16]. Nur im Reich bleiben die Bistumsgrenzen stabil, da dort durch Immunitätsverleihungen und großzügige Dotation der Herrscher im Umkreis der Bischofsstädte richtige Territorialherrschaften entstanden waren, die, mit wehrhaften Burganlagen geradezu gespickt, durch klar gezogene, wachsam gehütete Grenzen von den Territorien weltlicher Herren getrennt waren. Die Erzbischöfe von Köln und Mainz und die Bischöfe von Lüttich und Metz traten dadurch über Jahrhunderte hinweg auch als bedeutende Reichsfürsten auf[17]. Dieses für Deutschland im allgemeinen und für einige norditalienische Bistümer (Brixen, Trient) gültige Phänomen ist mit Ausnahme der sechs Bischofsstädte im Nordosten[18] in Frankreich nicht anzutreffen und ebensowenig in England und auf der Iberischen Halbinsel, obwohl es auch dort vorkommen kann, daß Bischöfe mit Burgen und Grundbesitz ebenso großzügig ausgestattet sind wie ihre deutschen Amtsbrüder, doch manifestiert sich dieses Machtvolumen dort nie in Form eines klar umgrenzten Territoriums.

Dieser Unterschied zwischen Diözesen und Hochstiften schlägt sich in der Typologie der Bischöfe nieder, denn es gibt keinen gemeinsamen Nenner zwischen einem italienischen Bischof, der einem schmalen Dutzend kleiner Pfarrkirchen vorsteht und über geringe Einkünfte verfügt, und einem deutschen Bischof mit Hunderten von Pfarreien, der als Reichsfürst über ein ausgedehntes Territorium herrscht[19]. Die einzige Gemeinsamkeit besteht darin, daß alle Bischöfe verpflichtet sind, die jeweiligen Konzilskanones anzuwenden, obgleich auch hier die Praxis infolge der unterschiedlichen Handlungsbedingungen und Machtmittel alle nur möglichen Abstufungen erfährt. Die folgenden Überlegungen, die den gesamten Episkopat betreffen, müssen deshalb unter diesem Vorbehalt gelesen werden.

2. Die kirchliche Hierarchie und ihre Probleme

Auf der kirchlichen Amtsleiter stellen Erzbischof und manchmal Primas das Bindeglied zwischen Bischof und Papst dar. Die geographische Gliederung nach Kirchenprovinzen und die Festlegung der Primatialbereiche waren Gegenstand zahlreicher Korrekturen, während die Definition der daran geknüpften jeweiligen Amtsvollmacht erst noch präzisiert werden mußte. Traditionsgemäß verliefen die Grenzen zwischen den einzelnen Kir-

---

[15] K. Jordan, Die Bistumsgründungen Heinrichs des Löwen. Untersuchungen zur Geschichte der ostdeutschen Kolonisation, Stuttgart 1939.

[16] Barlow, The English Church (s. Anm. 14) 47–48.

[17] J.-L. Kupper, Liège et l'église impériale, XIe et XIIe siècles, Paris 1981, 421–470.

[18] Beauvais, Noyon, Reims, Chalons, Langres. R. Kaiser, Bischofsherrschaft zwischen Königtum und Fürstenmacht. Studien zur bischöflichen Stadtherrschaft im westfränkisch-französischen Reich im frühen und hohen Mittelalter, Bonn 1981; O. Guyotjeannin, Episcopus et comes. Affirmation et déclin de la seigneurie épiscopale au nord du royaume de France (Beauvais – Noyon, Xe-début XIIIe siècle), Genf – Paris 1987.

[19] M. Parisse, L'évêque d'Empire au XIe siècle. L'exemple lorrain, in: CCM 26 (1984) 95–105; O. Engels, Der Reichsbischof (10. und 11. Jahrhundert), in: Der Bischof in seiner Zeit. Bischofstypus und Bischofsideal im Spiegel der Kölner Kirche, Festschrift für Kardinal Höffner, hrsg. von P. Berglar – O. Engels, Köln 1986, 41–94; H. Stehkämpfer, Der Reichsbischof und Territorialfürst (12. und 13. Jahrhundert), in: ebd. 95–184. Vgl. die zahlreichen Beispiele dazu in: Die Salier und das Reich, Bd. 2: Die Reichskirche in der Salierzeit, hrsg. von S. Weinfurter, Sigmaringen 1991 (Köln, Mainz, Hamburg, Passau, Regensburg, Konstanz, Speyer, Würzburg, Eichstätt, Bamberg, Augsburg).

chenprovinzen nach dem Muster der Provinzialgliederung des römischen Reiches; anhand alter Listen konnte ermittelt werden, daß in karolingischer Zeit der geographische Zuschnitt dieser Provinzen nicht immer ideal war. Während die Provinz Trier (Belgien I) einen recht homogenen Diözesanverbund darstellte, wies die Provinz Reims (Belgien II) eine starke Längsausdehnung auf und umfaßte sogar eine Diözese des Reiches (Cambrai). Andere Kirchenprovinzen wie Embrun und Aix in der Provence waren wiederum sehr klein. Bedingt durch die Schaffung neuer Bistümer, erstreckte sich die Mainzer Kirchenprovinz mit ihren vierzehn Suffraganbischöfen vom Rhein bis nach Prag und von Paderborn bis nach Chur, während die Grenzen der Provinz Köln mit dem Nordrand des Reiches zusammenfielen. Die Entscheidung für einen Erzbischofssitz war unabänderlich. Erst mit der Verleihung des Palliums durch den Papst erhielt der Amtsinhaber ein höheres Maß an jurisdiktioneller Vollmacht. Der Ehrgeiz von kirchlichen Würdenträgern und weltlichen Fürsten führte zu Konflikten und Streitigkeiten, die jahrzehntelang die Kurie beschäftigten, so etwa als Dol den Anspruch erhob, auf Kosten von Tours Sitz einer selbständigen Provinz zu werden, oder als Toledo versuchte, seinen angestammten, lange verlorenen Platz zurückzuerhalten, oder sich Genua und Pisa[20] gegenseitig die Kontrolle über Korsika streitig machten. Die neuen Reiche in Osteuropa strebten ebenfalls nach eigenen Kirchenprovinzen mit Amtsträgern, die den Herzögen und Königen gefügig waren.

Der Erzbischof wird direkt auf seinen Sitz gewählt. Nur in seltenen Fällen hat er zuvor als Bischof amtiert. Wilhelm von Champagne, der zunächst in Chartres (1162), dann in Sens (1168) Bischof wurde, bevor er 1176 an die Spitze des Erzbistums Reims trat, stellt eine Ausnahme dar. Die Funktion eines Erzbischofs ist nicht klar definiert, die Persönlichkeit des Amtsinhabers spielt deshalb eine wichtige Rolle. Eine Reihe von Aufgaben war ihm vorbehalten; dazu gehörte die Überprüfung und Kontrolle der Suffraganbischöfe, die er im Beisein von mindestens zwei weiteren Bischöfen aus derselben Provinz in ihrer Kathedralkirche konsekrierte; er stand auf einer höheren Rangstufe als sie und hatte in allen ihm unterstellten Diözesen das Visitationsrecht; mit weitreichenden rechtlichen Vollmachten ausgestattet, konnte er gelegentlich sogar als letzte jurisdiktionelle Berufungsinstanz fungieren; an seinen Entscheidungen waren die Suffraganbischöfe durch aktives Stimmrecht oder in beratender Funktion beteiligt; ferner war er verpflichtet, in regelmäßigen Abständen Provinzialkonzilien einzuberufen. Die wirksame Ausübung dieser Amtsvollmachten läßt sich anhand schriftlicher Quellen erst ab dem 13. Jh. nachweisen. Eine Analyse des Wirkens der Erzbischöfe im Rahmen ihrer Kirchenprovinzen auf Provinzialsynoden bereitet somit noch Schwierigkeiten, um so mehr, als im Zeitraum zwischen 1050 und 1120 auf Konzilien und Synoden nicht die spezifischen Angelegenheiten einer Provinz verhandelt wurden. Häufig wurden sie auf Betreiben von Herrschern oder päpstlichen Legaten einberufen, die dabei ganz präzise mit dem Investiturstreit oder kirchlichen Reformbestrebungen zusammenhängende Fragen behandelt wissen wollten und nur wenig Interesse für die besonderen Angelegenheiten einzelner Kirchenprovinzen aufbrachten.

Über die aus der Provinzialstruktur erwachsenden Probleme hinaus entstanden zusätzliche Konflikte um die Position des Primas. Als herausgehobener und einziger Repräsentant des Heiligen Stuhls für ein Reich besaß der Träger dieses Titels eine Machtposition, die ihn auf eine Stufe mit dem Herrscher seines Landes stellte. Der Primat von Lyon, den, obgleich

---

[20] Foreville, Royaumes (s. Anm. 14); J.-M. Poisson, Église et État à la conquête de la Sardaigne, in: CCM 26 (1984) 119–128.

über Frankreich ausgeübt, ursprünglich ein Reichsbischof innehatte, war vergleichsweise unbedeutend gegenüber dem von Canterbury, das nach Rivalitätsstreitigkeiten mit York zur Zeit Lanfrancs seinen Anspruch auf den Primat hatte festigen können und so den englischen Erzbischof zu einem anerkannten und bevorzugten Partner des Königs machte[21]. Toledo wurde die von Papst Urban II. im Jahre 1088 bestätigte Primatialwürde über lange Zeit unter anderem von Narbonne streitig gemacht[22]. Zu erinnern wäre auch daran, daß die hohen Dignitäten und wichtigen Funktionen eines Bischofs oder Erzbischofs diesen aufgrund seines Amtes oder seiner Persönlichkeit für kurze Zeit oder lebenslang weit über andere Würdenträger stellten; so verfügten jene Bischöfe und Erzbischöfe, die als Kanzler oder Erzkanzler bei Königen und Kaisern in Dienst standen, in Deutschland, Burgund oder Italien über ein großes Machtpotential, oder sie wurden als Legaten und Abgesandte des Heiligen Stuhls vom Papst manchmal mit richterlichen Machtbefugnissen ausgestattet. Legaten haben im 12. Jh. überall und häufig auch auf Kosten der Bischöfe eine beachtliche Aktivität entfaltet.

3. Die Persönlichkeiten der Amtsträger

Über die Bischöfe und Erzbischöfe des 11. und 12. Jh. wissen wir mehr als über ihre Vorgänger, so daß es möglich ist, ihr soziales Umfeld und ihre Herkunft, ihren Bildungsweg und ihre Tätigkeit besser zu erfassen. Hinsichtlich ihrer sozialen Stellung ließe sich schematisch sagen, daß der Bischof des 12. Jh. ein aus dem Adel stammender, über ein gutes Bildungsniveau verfügender Kleriker ist. Das Bischofsamt ist aufgrund seiner Machtausstattung einer winzigen sozialen und geistigen Elite vorbehalten, die sich aus dem höheren Adel rekrutiert. Durch Änderungen des Wahlmodus zugunsten der Kathedralkapitel stieg der Anteil der aus der betreffenden Diözese oder Kirchenprovinz stammenden Adligen merklich[23]. Das gilt für alle untersuchten Gebiete, so daß etwa in den Diözesen Chalons, Troyes und Meaux Kleriker aus der Champagne oder in Clermont solche aus der Auvergne öfter als zuvor anzutreffen sind. Nur Paris macht hier eine Ausnahme, da es dank seiner Universität auf hervorragende Gelehrte aus anderen Regionen zurückgreifen konnte.

---

[21] Zu den Konflikten um die Primatialgewalt vgl. außer den grundlegenden Ausführungen von H. Fuhrmann, Studien zur Geschichte mittelalterlicher Patriarchate, I–III, in: ZRG.KA 39, 1953, 112–176; 40, 1954, 1–84; 41, 1955, 95–183, Barlow, The English Church (s. Anm. 14) 40–46; Foreville, L'Eglise et la Royauté (s. Anm. 14) 40–58. Der Streit geht Mitte des 12. Jahrhunderts weiter.

[22] In Braga und später in Nordwestspanien kam es zu ähnlichen Konflikten, vgl.: L. Vones, Die „Historia Compostellana" und die Kirchenpolitik des nordwestspanischen Raumes 1070–1140. Ein Beitrag zur Geschichte der Beziehungen zwischen Spanien und dem Papsttum zu Beginn des 12. Jahrhunderts, Köln – Wien 1980; G. Kampers, Zum Ursprung der Metropolitanstellung Toledos, in: HJ 99 (1979) 1–27.

[23] Guillemain, L'action pastorale (s. Anm. 2), und Brühl, Sozialstruktur (s. Anm. 13), geben eine Übersicht über den französischen und deutschen Episkopat im 12. Jh. Die vollständigste Darstellung wird vorliegen nach Abschluß der Publikationen des neuen Gams; veröffentlicht wurden bislang Bände über die Provinzen Köln und Hamburg: Series episcoporum ecclesiae catholicae occidentalis. Series V. Germania, Bd. I, Archiepiscopatus Coloniensis, Stuttgart 1982; Bd. II, Archiepiscopatus Hammaburgensis sive Bremensis, Stuttgart 1984, sowie über die Kirchen Schottlands und Skandinaviens: ... Series VI. Britannia, Scotia et Hibernia, Scandinavia, Bd. I, Ecclesia Scoticana, Stuttgart 1991; Bd. II, Archiepiscopatus Lundensis, Stuttgart 1992; vgl. hierzu einige Detailuntersuchungen: R. Locatelli, Les élections épiscopales à Besançon (XIe--XIIIe siècles), in: Études en souvenir de Roland Fiétier = MSHD (1981/82) 93–108; M. Laharie, Évêques et sociétés en Périgord du Xe au milieu du XIIe siècle, in: AMidi 94 (1982) 343–368; C. B. Bouchard, The Geographical, Social and Ecclesiastical Origins of the Bishops of Auxerre and Sens in the Central Middle Ages, in: ChH 46 (1977) 277–295.

Selbst im Reich nahm die ehedem dort geübte Praxis, Bischofssitze mit auswärtigen Kandidaten zu besetzen, stark ab. Der ortsansässige niedere Adel dringt nun in die Kapitel ein, erhält aber noch keinen Zugriff auf die Bischofswürde, außer in Italien, das über zahlreiche Bistümer verfügt und in manchen Gegenden fast gänzlich ohne hochadlige Schicht ist. Eine Sonderstellung nehmen die deutschen Ministerialen ein; da sie ursprünglich Unfreie waren, könnte man vorschnell zu der Auffassung gelangen, daß ein aus dieser Schicht stammender Bischof ein Höriger wäre, doch hieße das, die spezifische Problematik der deutschen Gesellschaft zu verkennen und zu übersehen, daß die als Ministerialen fungierenden Ritter und Burgherren ihrer politischen Bedeutung und sozialen Stellung nach auf derselben Stufe wie die mittlere Adelsschicht der Nachbarländer stehen. Was die einfachen, weder zum Adel noch zur Ritterschaft gehörenden Laien angeht, so gelingt es ihnen nur höchst selten, innerhalb der Gruppe der Bischöfe Fuß zu fassen[24].

Der Bischof des 12. Jh. geht zumeist aus einem Kathedralkapitel hervor, eine Aussage, die im Hinblick auf einige Regionen erheblich abzuschwächen wäre, wo, so etwa in Südfrankreich, auch Mönche zum Bischofsamt gelangen. Bedeutende Benediktineräbte wurden zu allen Zeiten an die Spitze einer Diözese gestellt. Dies galt recht bald auch für regulierte Chorherren, die ja ihrer Berufung nach Priester waren. In dieser Hinsicht bietet der Prämonstratenserorden das beste Beispiel. Auf die Zisterzienser, die überall hoch angesehen waren, sich aber zu anderen Aufgaben berufen fühlten, trifft dies weit weniger zu[25]. Einen Sonderfall stellt England dar, wo die Hälfte der Kathedralkapitel reguliert war. Überall, wo es einen starken Kathedralklerus gab, lieferte er hervorragende Kandidaten für den Episkopat, wobei vor allem bereits amtierende Würdenträger wie etwa Pröpste, Primicerii, Archidiakone, Kantore und Domscholaster zum Zuge kamen[26].

Der Bischof ist gemeinhin ein gebildeter, seinem Amt vollauf gewachsener Mann. Zu einer Zeit, als die Klosterschulen stagnierten oder an Qualität einbüßten, aktivierten die Kapitel, unabhängig davon, ob sie zu einer Kathedrale gehörten oder nicht, den Unterricht an ihren Schulen. Einige Zentren wie Laon, Chartres, Reims, Orléans und vor allem Paris, Oxford, Cambridge oder Bologna mit ihren bereits bestehenden oder in der Folgezeit gegründeten Universitäten zogen die brillantesten Köpfe an. Ungefähr fünfzehn Reichsbischöfe absolvierten in Frankreich ihre Studien, und viele andere besuchten Schulen außerhalb ihrer Diözese[27]. Der Erfolg eines namhaften Gelehrten konnte ihm die Wahl auf einen angesehenen Bischofssitz einbringen. Von einfacher Herkunft, war Johannes von Salisbury zunächst Schatzmeister des Kapitels von Exeter, bevor er zwölf Jahre lang in Chartres und Paris bei den damals angesehensten Lehrern der Dialektik und Theologie

---

[24] A. Werminghoff, Verfassungsgeschichte der deutschen Kirche im Mittelalter, Leipzig – Berlin 1913. In den Provinzen Köln und Mainz kommen vom 11. bis zum 15. Jh. auf 1027 Prälaten 125, die aus Ministerialenfamilien stammen. Erzbischof Willigis von Mainz (975–1011) kam sogar aus einer Bauernfamilie.

[25] Für die von ihm untersuchten Provinzen im Süden konnte B. Guillemain ermitteln, daß auf 283 regulierte 181 Weltgeistliche kamen, daß also ein Verhältnis von drei zu zwei bestand, vgl. ders., L'action pastorale (s. Anm. 2) 386; P. R. Oliger, Les évêques réguliers, Paris – Löwen 1958. Auch aus Cluny kamen Bischöfe, vgl. J. Mehne, Cluniacenserbischöfe, in: FMSt 11 (1971) 241–287. In Mittelitalien sind es die großen Klosterzentren, aus denen sich die Bischöfe rekrutieren, vgl. Toubert, Les structures (s. Anm. 13) 829–830.

[26] Vgl. W. M. Newman, Les seigneurs de Nesles en Picardie (XIIe–XIIIe siècles, leurs chartes, leur histoire), Paris 1971; M. Parisse, Noblesse et chevalerie en Lorraine médiévale, Nancy 1982, 246–250.

[27] J. Ehlers, Deutsche Scholaren in Frankreich während des 12. Jahrhunderts, in: Schulen und Studium im sozialen Wandel des hohen und späten Mittelalters (Vorträge und Forschungen XXX), Sigmaringen 1986, 97–120.

studierte. Anschließend war er wieder zwölf Jahre lang in der kirchlichen Verwaltung tätig und hielt sich verschiedene Male an der römischen Kurie auf. Zuletzt wurde er zum Bischof von Chartres gewählt, wo er dann bis zu seinem Tode blieb[28]. Wilhelm von Champeaux hatte lange Zeit in Paris gelehrt, bevor er zum Bischof von Chalons-sur-Marne gewählt wurde[29]. Mitunter finden sich gelehrte Kanoniker und Mönche an der Spitze weit von ihrer Heimatregion entfernter Diözesen. So kamen die Bischöfe in Süditalien, wo es an Schulen fehlte, häufig aus dem Norden, wo an gut ausgebildeten Kandidaten kein Mangel war. Rangier, ein ehemaliger Mönch des Klosters Marmoutier, übernahm beispielsweise, nachdem er Kardinal geworden war, die Leitung der Kirchenprovinz Reggio in Kalabrien[30].

Eine weitere Kategorie bilden jene Bischöfe, die vor ihrer Wahl als Geistliche oder Ratgeber an Fürstenhöfen gelebt hatten[31]. In Deutschland und England blieb man in dieser Hinsicht trotz deutlicher Wandlungen einer bereits lange bestehenden Tradition verhaftet. Unter geographischem Gesichtspunkt haben auch die Konkordate von London und Worms nichts an der bis dahin bei Bischofswahlen üblichen Praxis geändert. Daß Vertraute des Königs die Bischofswürde erhielten, erklärt sich einerseits aus ihrer Eignung für dieses Amt, andererseits aber aus dem Interesse des Herrschers, solche Schlüsselpositionen mit Anwärtern aus seiner persönlichen Umgebung zu besetzen. Daraus ergeben sich für das Verhältnis von Kirche und Staat sowie für die nach der Reform bei Bischofswahlen übliche Praxis wiederum neue Probleme.

4. Die Bischofswahl

Das Vorgehen bei Bischofswahlen war theoretisch klar festgelegt. Bei einer Sedisvakanz wurde das Kathedralkapitel zur Wahl eines Nachfolgers einberufen. Wahrscheinlich erfolgte nach vorausgehenden Verhandlungen und Absprachen ein Vorschlag, der dann von den Kanonikern durch ein formal korrektes Votum bestätigt wurde. Das Wahlergebnis wurde dem Erzbischof und gegebenenfalls dem Herrscher mitgeteilt. Sodann wurde ein Datum bestimmt, das immer auf einen Sonntag fiel, an dem der Metropolit im Beisein von zwei weiteren Bischöfen die Weihe vornehmen sollte. Hatte diese stattgefunden, so konnte nun die Investitur mit den Temporalien stattfinden[32]. Dieser dem Anschein nach so unkomplizierte Ablauf war de facto jedoch bei jedem einzelnen Schritt ein Gang durch unsicheres Gelände. War die Wahl spontan zustande gekommen, mußte sie von höherer Stelle autorisiert werden? War es dem König gelungen, einen Aufschub zu erreichen, dann

---

[28] D. Luscombe, Jean de Salisbury, in: DSp 8, 716–721; C. C. J. Webb, John of Salisbury, London 1932; M. Wilks (Hrsg.), The World of John of Salisbury, Oxford 1984.

[29] Vgl. Artikel ‚Guillaume de Champeaux' in: DThC, VI, Paris 1920, 1976f und Cath, V, 391–393.

[30] D. Stiernon, Le cardinal-diacre Roger et les archevêques Rangier et Roger de Reggio Calabria, in: RSCI 19 (1965) 1–20.

[31] F. Hausmann, Reichskanzlei und Hofkapelle unter Heinrich V. und Konrad III., Stuttgart 1956; R. M. Hekrenrath, Reinald von Dassel als Verfasser und Schreiber von Kaiserurkunden, in: MIÖG 72 (1964) 34–62; O. Wurst, Bischof Hermann von Verden, 1148–1167. Eine Persönlichkeit aus dem Kreise um Kaiser Friedrich I. Barbarossa, Hildesheim 1972; C. Kirchner-Feyerabend, Otto von Freising als Diözesan- und Reichsbischof, Frankfurt/Main – Bern – New York – Paris 1990.

[32] M. Pacaut, Louis VII et les élections, épiscopales dans le royaume de France (1137–1180), Paris 1957; K. Ganzer, Zur Beschränkung der Bischofswahl auf die Domkapitel in Theorie und Praxis des 12. und 13. Jahrhunderts, in: ZRG.KA 57 (1971) 22–82.

konnte er einen eigenen Wunschkandidaten vorschlagen oder zumindest seinen Widerstand bekunden. Die Wähler konnten selbständig und frei entscheiden, doch war es auch möglich, daß sie dabei von Äbten und einigen hochrangigen Laien aus der jeweiligen Bischofsstadt beeinflußt oder sogar überwacht wurden. Sie konnten Pressionen durch die Mitglieder des bischöflichen Lehnshofes und Fürsten aus der unmittelbaren Umgebung des Bischofssitzes ausgesetzt sein. Wenn es zwei Bewerber gab, mußte der durch die *sanior pars* gewiesene Weg beschritten werden, dann aber erhob sich die Frage, wie diese bestimmt sein sollte. Wer konnte im Zweifelsfall intervenieren? Der Erzbischof, der König oder der Papst? Sollte, wenn Einstimmigkeit oder ein Mehrheitsbeschluß erreicht waren, die Investitur mit den Temporalien, d. h. die Anerkennung durch den dem Laienstand zugerechneten Herrscher, der Weihe vorausgehen, damit für die weltliche Macht wenigstens eine Interventionsmöglichkeit gewährleistet war? Wenn sich die Weihe aus verschiedenen Gründen zeitlich sehr verzögerte, hatte dann der neu gewählte, aber noch nicht konsekrierte Bischof bereits das Recht zur Leitung seiner Diözese? Hatte das Bischofsamt ein solches Gewicht, daß die Entscheidung für den einen oder den anderen Interventionsweg von bestimmendem Einfluß auf den Grad der Beziehungen zwischen Kirche und Staat war? Jedenfalls wurde das Verhältnis zwischen Papsttum und weltlicher Macht durch die Bischofswahlen belastet. Das Problem des zwar gewählten, aber noch nicht konsekrierten Bischofs (der sich deshalb auch *electus* und nicht *episcopus* nennt) stellte sich permanent und nahm im 12. Jh. noch an Schärfe zu, weil zu dieser Zeit die Bedingungen für die Erhebung neuer Bischöfe noch nicht eindeutig fixiert waren [33]. Da der Elekt anerkanntermaßen noch nicht zur Verwaltung seiner Diözese berechtigt war, solange der weltliche Herrscher die Wahl nicht bestätigt hatte, konnte das Ausbleiben der Investitur die Vakanz bedrohlich lange hinauszögern. Es konnte vorkommen, daß ein gewählter Bewerber davon absah, sich von seinem Metropoliten weihen zu lassen, wenn sich beide politisch uneins waren. So regierten zwischen 1163 und 1179, das heißt während des Alexandrinischen Schismas, in den Städten Metz und Verdun nur *electi.* Das III. Laterankonzil entschärfte die Situation dahingehend, daß dem nur gewählten Bischof die Spende des Weihesakraments untersagt war. Die Investitur, durch welche die Regalien, das heißt vor allem reiche Steuererträge garantierende königliche Hoheitsrechte übertragen wurden, war wesentliches Element einer Bischofswahl. Von Kirchenrechtlern ausführlich und intensiv diskutiert, erwuchs aus den mit ihr verbundenen Schwierigkeiten ein im Deutschen Reich und in Frankreich ständig schwelendes, hochbrisantes Problem, das mehr als jedes andere die entscheidende Frage nach dem Verhältnis von Kirche und Staat aufwarf.

5. Die Folgen des Investiturstreits

In Frankreich war die Situation vergleichsweise klar [34]. Der König besaß die Kontrolle über etwa dreißig Bistümer, die etwas weniger als die Hälfte seines Reiches ausmachten.

---

[33] R. L. Benson, The Bishop Elect. A study in medieval ecclesiastical office, Princeton 1968; B. Schimmelpfennig, Papst- und Bischofswahlen seit dem 12. Jahrhundert, in: Wahlen und Wählen im Mittelalter, hrsg. von R. Schneider – H. Zimmermann (= Vorträge und Forschungen XXXVII), Sigmaringen 1990, 173–195.

[34] Pacaut, Louis VII (s. Anm. 32); P. Imbart de la Tour, Les élections épiscopales dans l'église de France du IXe au XIIe siècle. Étude sur la décadence du pouvoir électif, 814–1150, Paris 1890; P. G. Caron, Les élections épiscopales dans la doctrine et la pratique, in: CCM 11 (1968) 573–585.

Die Dauer einer Sedisvakanz, die normalerweise drei Monate nicht überschreiten sollte, konnte ihm nicht gleichgültig sein. Da er in diesem Zeitraum die Hoheitsrechte wahrnahm, konnte er, indem er die Zustimmung zur Wahl oder die Anerkennung des Gewählten verzögerte, seine eigenen Einkünfte auf Kosten der betroffenen Diözese steigern. Die Unterstützung von Kandidaten durch den König konnte auch Widerstand von außen hervorrufen. Bernhard von Clairvaux setzte sich sein Leben lang und manchmal mit größter Entschiedenheit für oder gegen bestimmte Kandidaten ein, vor allem, wenn es sich um direkt dem König unterstellte Bistümer handelte [35]. Er ging sogar noch weiter und bestimmte zum Beispiel höchst eigenmächtig den Abt von Saint-Medard für Chalons, wo er selbst einmal zum Bischof gewählt worden war. Für Langres schlug er auf Bitten des Kapitels einen ihm genehmen Kandidaten vor, ebenso wie er Fulco für Lyon oder Samson für Reims empfahl und an einer Wahlentscheidung in Rodez heftige Kritik übte. Der Abt von Clairvaux machte sich für die päpstlichen Eingriffsmöglichkeiten stark, unterzog die Persönlichkeit des Gewählten einer sorgfältigen Prüfung, achtete genau auf einen geregelten Ablauf der Wahl, zögerte andererseits aber auch nicht, einen Kandidaten zu unterstützen, weil dieser Zisterzienser war, oder die Regeln umzustoßen, wenn ihm dies nützlich erschien. Im Laufe des 12. Jh. nahm die Zahl der vom König kontrollierten Bistümer langsam zu, gemeinhin wurden die Wahlentscheidungen jedoch respektiert, und insgesamt kam es nicht allzu häufig zu Konflikten. Im Deutschen Reich wurde die Kompromißlösung des Wormser Konkordats (1122) bereits unter der Regierung König Lothars III. (1125–1137), des Nachfolgers Heinrichs V., intensiv in Frage gestellt, so daß hier ein ständiger Reibungspunkt zwischen Königtum, Episkopat und Papsttum entstand und daraus die Schwierigkeiten zu erklären sind, seine Anwendung und Fernwirkung genauer zu fassen [36]. Unter Konrad III. und mehr noch unter Friedrich I. Barbarossa nahmen diese Schwierigkeiten weiter zu. Unter dem kaiserlichen Hofklerus waren immer ausgezeichnete Kandidaten zu finden. Dem Herrscher konnte es ferner sehr lästig werden, wenn eine wichtige Diözese oder ein mächtiges Bistum in die Hände eines politischen Gegners geriet. Das Amt des Erzkanzlers für Italien, das traditionell der Erzbischof von Köln als eine Art außenpolitischer Berater des Königs innehatte, besaß größte Bedeutung, weshalb der Kaiser den diesbezüglichen Wahlvorgang äußerst aufmerksam verfolgte [37]. Das Schisma von 1159 brachte erneut tiefe Unruhe in einen seinem König seit jeher eng verbundenen Episkopat [38]. Friedrich I. griff die in Vergessenheit geratene Gewohnheit der direkten Einflußnahme wieder auf. In der Folge kam es bei der Besetzung mehrerer Bistümer zu Konflikten. Die Niederlage von Legnano und danach der Friedensschluß von Venedig erlaubten es dem Papst, auf dem Laterankon-

---

[35] Jacqueline, Episcopat et papauté (s. Anm. 6).

[36] Vgl. dazu v. a. P. Classen, Das Wormser Konkordat in der deutschen Verfassungsgeschichte, in: Investiturstreit und Reichsverfassung, hrsg. von J. Fleckenstein (Vorträge und Forschungen XVII), Sigmaringen 1973, 411–460, und R. Schieffer, Rechtstexte des Reformpapsttums und ihre zeitgenössische Resonanz, in: Überlieferung und Geltung normativer Texte des frühen und hohen Mittelalters, hrsg. von H. Mordek, Sigmaringen 1986, 51–69. Allgemein zur königlichen Kirchenpolitik s. M. L. Crone, Untersuchungen zur Reichskirchenpolitik Lothars III., 1125–1137. Zwischen reichskirchlicher Tradition und Reformkurie, Frankfurt a. M. 1982.

[37] Ein Beispiel dafür ist der Streit mit Philipp von Heinsberg. Vgl. dazu F. Opll, Friedrich Barbarossa, Darmstadt 1990, 212 ff.

[38] R. Jordan, Die Stellung des Deutschen Episkopates im Kampf um die Universalmacht unter Friedrich I. bis zum Frieden von Venedig (1177), Würzburg 1939; W. Georgi, Friedrich Barbarossa und die auswärtigen Mächte. Studien zur Außenpolitik 1159–1180, Frankfurt a. M. u. a. 1990.

zil (1179) die Absetzung mehrerer nicht ordnungsgemäß nach kanonischem Recht gewählter Bischöfe zu fordern, zu denen auch der Neffe des Kaisers gehörte [39]. Einige Jahre später kam es anläßlich der Besetzung des Bistums Trier zu neuen Zwistigkeiten [40], die durch die Frage, ob der Kaiser Anspruch auf die Ausübung des Spolienrechts erheben dürfe, verstärkt wurden. Insgesamt kann man sagen, daß sich die Situation im Laufe eines Jahrhunderts erheblich gewandelt hatte, und zwar auf Kosten der kaiserlichen Gewalt, denn innerhalb des Reichsfürstenstandes, der sich nach Friedrich Barbarossas Regierungszeit langsam herausgebildet hatte, waren Bischöfe und Erzbischöfe gegenüber den weltlichen Fürsten in der Mehrheit.

6. England und Thomas Becket

Auch in England wollte sich das Königtum standhaft zeigen. Heinrich I. hatte im Jahre 1107 teilweise eine nachgiebige Haltung gezeigt, doch war er in der Praxis darum bemüht, ein Stück des verlorenen Bodens zurückzugewinnen. Während der Regierungszeit Stephens von Blois herrschte in den Beziehungen zwischen König und Kirche große Verwirrung, doch steht außer Zweifel, daß die Reform insofern Früchte zu tragen begann, als niemand mehr glauben konnte, daß sich die Praktiken des 11. Jh. ohne Abstriche aufrechterhalten ließen. Heinrich II. Plantagenet versuchte, das Rad zurückzudrehen und den auf Wilhelm den Eroberer und Heinrich I. zurückgehenden Gepflogenheiten neue Geltung zu verschaffen. Er glaubte, dies erreichen zu können, indem er seinen Kanzler Thomas Becket zum Erzbischof von Canterbury machte. Dieser hatte als Sohn eines von Rouen nach London emigrierten Kaufmanns zunächst bei regulierten Chorherren in England, dann in Paris und schließlich in Bologna eine vorzügliche Ausbildung erhalten. Dank seiner aus neuesten Quellen schöpfenden Kenntnissen erreichte er denselben hohen Wissensstand wie Johannes von Salisbury, dem er freundschaftlich verbunden war und der ihm seinen *Polycraticus* widmete. Wie sein Freund, so hielt sich auch Thomas im Dienst Theobalds, des Erzbischofs von Canterbury, häufig an der Kurie in Rom auf. 1154 wurde er Kanzler des jungen Königs Heinrich II. und begann mit einer aufsehenerregenden Politik, die darauf abzielte, die unter Stephen geschwächte Macht und Autorität des Königs wiederherzustellen. So kann es nicht verwundern, daß der König ihn am 21. Mai 1162 zum Primas von England erheben ließ [41].

Dieser Wechsel löste beim neuen Erzbischof eine radikale Kehrtwendung aus; mit der-

---

[39] R. Foreville, Latran I, II et III et Latran IV, Paris 1967 (dt.: Lateran I–IV, Mainz 1970). Der Neffe des Kaisers und von 1173 bis 1179 gewählter Bischof von Metz war Dietrich, der Sohn von Berta, der Schwester Friedrich Barbarossas und Herzogin von Lothringen. Die anderen abgesetzten Prälaten waren Rudolf von Straßburg, Ludwig von Basel und Berthold von Bremen, der 1180 unter dem Namen Bertram Bischof von Metz wurde.

[40] F. J. Heyen, Über die Trierer Doppelwahlen von 1183 und 1242, in: AMRhKG 21 (1969) 21–34. Trier und Köln werden für die Zeit nach 1122 als Beispielfälle untersucht von Ganzer, Zur Beschränkung (s. Anm. 32) 169–197.

[41] Barlow, The English Church (s. Anm. 14); Foreville, L'Eglise et la Royaute (s. Anm. 12); dies., Thomas Becket dans la tradition historique et hagiographique, London 1981; dies. (Hrsg.), Thomas Becket. Actes du Colloque international de Sédières (19–24 Août 1973), Paris 1975; A. Duggan, Thomas Becket. A Textual History of his Letters, Oxford 1980; M. G. Cheney, Roger Bishop of Worcester. An English Bishop of the Age of Becket, Oxford 1980; D. Knowles, The Episcopal Colleagues of Archbishop Thomas Becket, Cambridge 1951.

selben Durchsetzungskraft, die er als Kanzler bewiesen hatte, machte er sich nun zum Verteidiger der Kirche im allgemeinen und der englischen Kirche im besonderen. Alsbald kam es zwischen ihm und seinen Vasallen, die zugleich im Dienst des Königs standen, insbesondere hinsichtlich Fragen der Blutgerichtsbarkeit, zu Auseinandersetzungen. Die Versammlungen von Westminster (Oktober 1163), Clarendon (Januar 1164) und Northampton (Oktober 1164) markierten einen immer tiefer werdenden Bruch. In Clarendon ließ sich Thomas zwar zu dem mündlichen Versprechen an den König bewegen, das Gewohnheitsrecht zu respektieren, weigerte sich zuletzt aber doch, die ihm vorgelegte schriftliche Fassung zu besiegeln. Diese enthielt unter anderen folgende Artikel:

„I. Wenn hinsichtlich des Patronatsrechts für eine Kirche, sei es zwischen Laien, sei es zwischen Geistlichen oder zwischen Geistlichen und Laien eine Meinungsverschiedenheit auftritt, dann soll sie am Hof des Königs verhandelt und beendet werden …

XII. Solange Erzbistümer, Bistümer, Abteien und Priorate, die auf Königsgut liegen, vakant sind, hält sie der König in der Hand und zieht alle grundherrlichen Einkünfte ein. Und wenn eine vakante Kirche neu zu besetzen ist, wird der König die wichtigsten dazu geeigneten Personen zu sich bestellen; sodann wird man mit seiner Zustimmung und auf Rat der von ihm hinzugezogenen Berater in seiner Hofkapelle zur Wahl schreiten. Dortselbst wird der Gewinner der Wahl dem König das ligische Homagium leisten und, noch bevor er geweiht wird, das Versprechen ablegen, daß er, sein geistliches Amt ausgenommen, Leib, Leben und weltliche Würden in den Dienst des Königs stellt."

Der Vorschlag des Königs verursachte den Bruch zwischen Thomas und den Bischöfen, die es für selbstverständlich erachteten, daß nach dem einmal gegebenen Versprechen die vom König vorgelegten Konstitutionen auch besiegelt wurden. Der Erzbischof sah durch die Niederschrift von Gewohnheitsrechten, deren schrittweise Abschaffung von der Kirche gewünscht wurde, die Freiheit seiner Nachfolger bedroht. Geächtet und seines Lebens nicht mehr sicher, rettete sich Thomas unbemerkt auf das Festland, wo er Ende 1164 bei den Zisterziensern von Savigny Zuflucht fand. Während seines langen sechsjährigen Exils festigte er in Gebet und innerer Versenkung seine Überzeugung, in der ihn auch seine engen Kontakte zu Alexander III. bestärkten. Heinrich II. rächte sich an den Gefolgsleuten des Erzbischofs und ließ sich sogar auf eine Versöhnung mit König Ludwig VII. ein. Wie früher Anselm von Canterbury, dem er sich geistig verwandt fühlte, wurde auch Thomas nicht müde, an die Überlegenheit der geistlichen Gewalt der Kirche über die weltliche Macht des Königs zu erinnern. Schließlich kam es dann am 22. Juli 1170 in Freteval zur Versöhnung, die allerdings nur vorgetäuscht war. Die Ratgeber des Königs sowie viele Bischöfe und Geistliche waren über die Unnachgiebigkeit des Erzbischofs erbost, weil sie dadurch ihr bequemes Leben und ihre vorteilhaften Beziehungen zum Hof gefährdet sahen. Als er nach Canterbury zurückkehrte, wurde er teils mit großer Begeisterung, teils voller Feindseligkeit empfangen. Auf ein Machtwort Heinrichs II. hin, der sich dieses „unverschämten Geistlichen" entledigen wollte, wurde Thomas am 29. Dezember 1170 von vier normannischen Rittern ermordet. Die Erschütterung über diesen „Mord im Dom" war so groß, daß Heinrich II., der sich von allen Seiten verurteilt sah, schließlich klein beigeben mußte. Im Konkordat von Avranches (1172) zeigte er sich zum Einlenken bereit, und als er in der Folge von überzogenen königlichen Rechtsansprüchen Abstand nahm, gelang dem Märtyrer von Canterbury doch noch ein, wenn auch nur posthumer Triumph.

II. Die Kanoniker

In der kirchlichen Begriffssprache des Hochmittelalters werden die Mönchs- den Kanonikerorden gegenübergestellt. Es handelt sich dabei sowohl auf religiösem wie auf sozialem Gebiet um zwei grundverschiedene Gruppen, die deshalb auch getrennt untersucht werden müssen. Die Welt des bischöflichen Klerus ist bis zum Ende des 11. Jh., als sich die großen Ordensfamilien aufzuspalten begannen, in sich weniger kohärent als die der Mönche und Nonnen. Da sind zunächst die unterschiedlichen Weihegrade: angefangen bei Geistlichen, die sich mit niederen Weihen zufriedengeben, bis zu jenen, welche die Diakon- oder Priesterweihe erhalten haben. Auch wenn eine genaue Zahlenangabe unmöglich ist, läßt sich doch sagen, daß die Priester vorerst noch einen recht geringen Teil des Gesamtklerus ausmachten. Nur ein Drittel oder ein Viertel der Mitglieder eines Kapitels brachten es bis zur Priesterweihe und viele von ihnen auch erst gegen Ende ihres Lebens. Innerhalb des Klerus, den man im hier interessierenden Zeitraum keineswegs, wie vielerorts üblich, als Weltklerus bezeichnen sollte, nur weil man glaubt, ihn dadurch besser von den Mönchen abgrenzen zu können, muß unterschieden werden zwischen *canonici*, also den Kanonikern oder Chorherren, die in der Theorie, nicht aber immer in der Praxis ein von Regeln oder Satzungen bestimmtes Gemeinschaftsleben führten, und den anderen Geistlichen, die, von verschiedenster Herkunft, in Stadt und Land als Gemeindepfarrer, Vikar, Kapellan oder auf noch niederer Weihestufe allein und jeder für sich lebten.

Bereits in der Frühzeit des Christentums läßt sich eine langsame Entwicklung hin zu einfachen Gemeinschaften von Geistlichen und, im Umkreis der Bischöfe, die schrittweise Bildung von Kapiteln feststellen. Noch bis weit ins Mittelalter haben viele Kapitel die Aufgabe, in neu christianisierten Gegenden das Glaubensleben zu überwachen und zu organisieren. Neben den Gruppen von Klerikern, die, einem Bischof zugeordnet, an der Mutterkirche ihrer Diözese mit einem eigenen Patrimonium ausgestattet sind und sich als Kapitel konstituieren, bilden sich nach und nach andere Kapitel heraus, deren erstes vermutlich an der Aachener Königspfalz zu finden war. Es folgten auf Betreiben von Königen, Bischöfen und weltlichen Fürsten eine Vielzahl weiterer Gründungen. Hieraus erklärt sich, warum für den Zeitraum des 11. und 12. Jh. die beiden großen Gruppen: Kathedralkapitel einerseits und Kollegiatsstifte andererseits sowie die, wenigstens partiell, verschiedenen Aktivitäten der Kanoniker, getrennt voneinander untersucht werden müssen.

1. Die Kathedralkapitel[42]

Chrodegang von Metz spielte für die Definition des kanonikalen Status von Geistlichen, die in der Umgebung eines Bischofs lebten, eine wichtige Rolle. Er präzisierte die Art und Weise ihres Gemeinschaftslebens, dessen Grundlagen in vielem der benediktinischen Re-

---

[42] Der neueste brauchbare Überblick zu diesem Thema ist der von G. Marchal in der Einleitung zu: Helvetica Sacra, Bd. II/2: Die weltlichen Kollegiatsstifte der deutsch-französischen Schweiz, Bern 1977. Vgl. besonders: K. Edwards, The English Secular Cathedrals in the Middle Ages. A Constitutional Study with special reference to the fourteenth century, New York 1949, ²1967, 1–14. Zur Herausbildung der Kathedralkapitel vgl. R. Schieffer, Die Entstehung von Domkapiteln in Deutschland, Bonn 1976; vgl. auch J. Gaudemet, Le gouvernement de l'Église à l'époque classique, in: HDIEO, Bd. VIII/2, 2. Teil: Le gouvernement local, Paris 1979, 183–202.

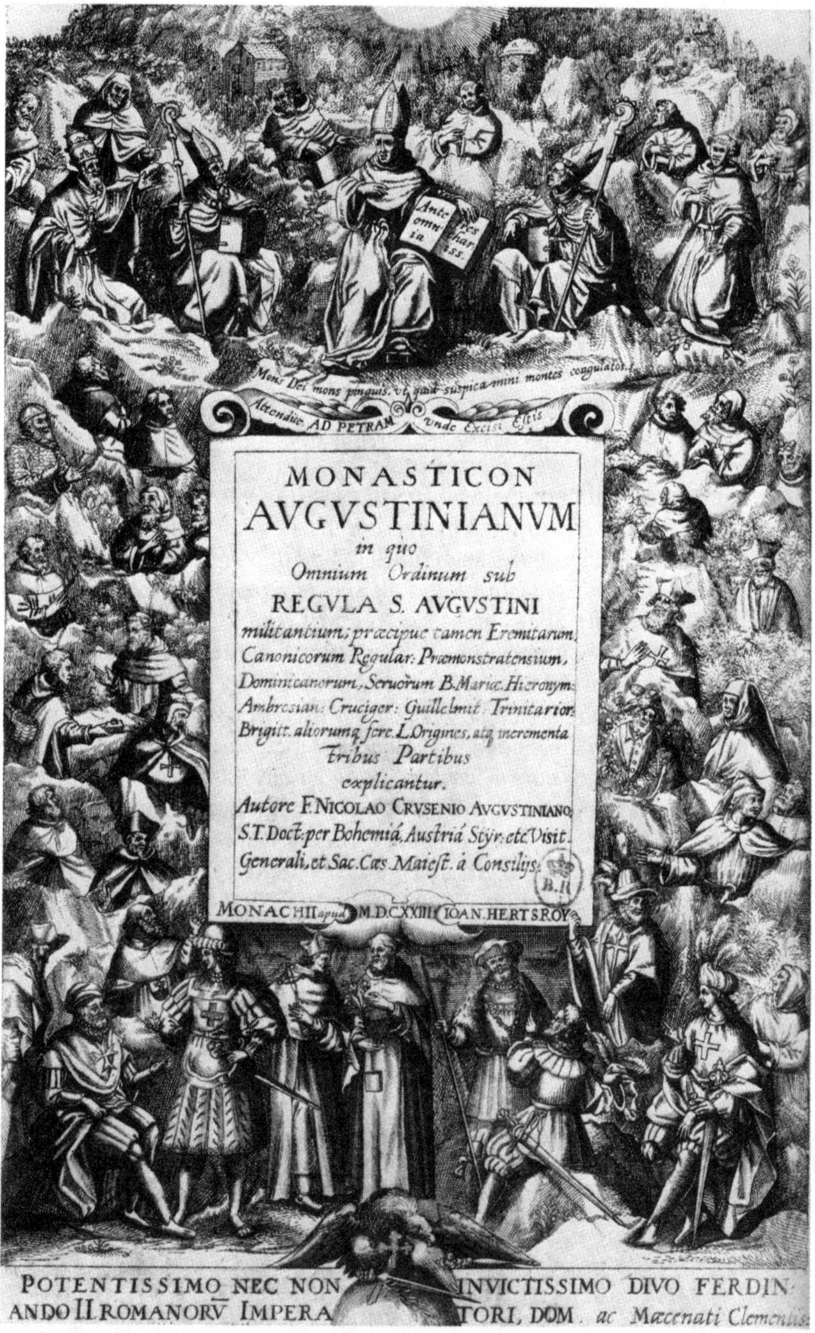

Die Bedeutung der Kanoniker und die breite Ausfächerung dieser der Augustinusregel folgenden Geistlichen zeigt dieser Stich auf dem Frontispiz des „Monasticum Augustinianum“ des Nicolas Crusenius, das 1625 in München erschien.

gel entlehnt waren[43]. Seine Anweisungen wurden in der Aachener Regel von 816 aufgegriffen. Eines der wichtigsten Zugeständnisse, die darin den Kanonikern gemacht wurden, war das Recht auf persönlichen Besitz (Kap. 116). Zusammen mit dem Bischof, der für sie dasselbe sein sollte wie der Abt für seine Mönche, hätten sie eigentlich eine homogene Gruppe bilden müssen. Tatsächlich führte eine anfangs rein besitzrechtliche, sich später mehr und mehr auffächernde, langandauernde Entwicklung zu ihrer Aufspaltung. Die Schaffung einer eigenen *mensa* machte aus dem Kapitel eine eigenständige Rechtsperson, und zwar in Form einer Gruppe von Geistlichen, die sich auf ihre rechtliche Unabhängigkeit beriefen und sich zusehends der unmittelbaren Kontrolle durch ihren Bischof entzogen[44]. Die Abschichtung eines Sondervermögens erlaubte es den Kanonikern, in den Genuß der daraus fließenden Einkünfte zu kommen – eine Konsequenz, die verbunden war mit dem Verzicht auf das Gemeinschaftsleben[45]. Das Gemeinschaftsleben aber war nicht in Vergessenheit geraten, als die große Bewegung der Rückkehr zur *vita apostolica* einsetzte, die in vielen Fällen von Mitgliedern weltlicher Kapitel eingeleitet wurde. Die Erneuerung und Wiederaufnahme des Gemeinschaftslebens und damit die Neubelebung von Dormitorium und Refektorium sowie der Verzicht auf persönliche Einkünfte fand bei vielen Kathedralkapiteln Anklang[46]. Ingesamt aber fielen die Reaktionen sehr verschieden aus: Auf unmittelbare Ablehnung stießen die Erneuerungsbestrebungen in Tournai, Xanten und generell auch in Nordfrankreich und Lothringen, sofern das Problem dort überhaupt angegangen wurde[47]. Erfolgreichere und zahlreichere Versuche wurden in Mittel- und Südfrankreich unternommen. In England breitete sich diese Bewegung zur *vita apostolica* aus, als im ausgehenden 10. Jh. Ethelwold die Kanoniker von Winchester vertrieb und durch Mönche ersetzte. Diese Strategie konnte auch nach der normannischen Eroberung dank des Einsatzes Lanfrancs aufrechterhalten werden, so daß neun, also die Hälfte der englischen Kathedralkapitel, weiterhin mit Mönchen besetzt blieben[48]. Im Deutschen Reich dagegen wurde ab

---

[43] G. Hocquard, La règle de saint Chrodegang. État de quelques questions, in: Saint Chrodegang, Metz 1967, 55–90.

[44] Die Aufsplitterung der Kollegiatsgüter erstreckt sich über den Zeitraum vom 9. bis zum 12. Jh. Am frühesten findet sie im fränkischen Königreich, recht spät dagegen, nämlich erst 1125, in Angers statt, vgl. J. Avril, Le gouvernement des évêques et la vie religieuse dans le diocèse d'Angers (1148–1240), Lille 1982, 104. Ende des 12. Jh. beginnt man in Italien, im 11. Jh., zur Zeit der Salier, im Reich mit der Aufteilung des Kollegiatsbesitzes, von dem aber auch keiner Kathedrale angehörende Kapitel, zum Beispiel das in Goslar, betroffen sein konnten, vgl. Toubert, Les structures (s. Anm. 13) 849–851; B. Schneidmüller, Verfassung und Güterordnung weltlicher Kollegiatsstifte im Hochmittelalter, in: ZRG.KA 57 (1986) 132–151; R. Meier, Die Domkapitel zu Goslar und Halberstadt in ihrer persönlichen Zusammensetzung im Mittelalter, Göttingen 1957.

[45] Die Aufteilung in Pfründen ist erst ein zweiter Schritt, der zu einem Zeitpunkt eintritt, als das Gemeinschaftsleben aufgegeben wird, vgl. G. Robin, Le problème de la vie communautaire au chapitre de la cathédrale Saint-Maurice d'Angers, in: CCM 13 (1970) 305–322.

[46] J. Becquet, La Réforme de chapitres cathédraux en France aux XIe et XIIe siècles, in: BPH, année 1975 (ersch. Paris 1977), 31–41; Robin, Le problème, (s. Anm. 45). Die Idee der *vita communis* erfuhr seit 1050 eine starke Wiederbelebung in England (Exeter, Wells, Hereford).

[47] J. Pycke, Le chapitre cathédral Notre-Dame de Tournai de la fin du XIe à la fin du XIIIe siècle. Son organisation, sa vie, ses membres, Löwen – Brüssel 1986, 109–113.

[48] Edwards, The English Secular Cathedrals (s. Anm. 42) 10. Die Kathedralen, denen statt eines Kapitels ein Kloster angegliedert war, sind Canterbury, Winchester, Worcester, Rochester, Durham, Ely, Elmham, Lichfield, Wells. Die Ankunft der Normannen begünstigte aber das Entstehen von weltlichen Kapiteln, gegen den Widerstand Lanfrancs, der an der früheren Praxis festzuhalten versuchte. In Italien wäre die Abtei von Monreale zu nennen, die Sitz eines Bistums wurde.

dieser Zeit das Gemeinschaftsleben wieder aufgegeben[49], und auch in einigen südfranzösischen und italienischen Kapiteln gerieten die Erneuerungsbestrebungen mit der Zeit wieder in Vergessenheit[50].

Die Kathedralkapitel besaßen im christlichen Abendland des 11. und 12. Jh. eine erhebliche Bedeutung: Die Kanoniker sind reich, sie verfügen über Einfluß und machen die gesellschaftliche Elite aus, ihre Häuser und Kirchen füllen einen ansehnlichen Teil der Stadtzentren aus. Zunächst stellen sie eine kirchliche Einheit dar, also eine fest an eine Kirche gebundene Gruppe von Geistlichen, die fast überall als *canonici* bezeichnet werden[51], sodann aber auch eine juristische Einheit, das *capitulum*, an das sich die Schreiben der Päpste und die Urkunden der Bischöfe richten[52]. Diese Gemeinschaft, die sich ab dem 11. Jh. vom Bischof zusehends unabhängiger macht, ist gehalten, sich eigene Statuten zu geben und wie eine Korporation zu leben. Die Texte mit genauen Normen für die Bestimmung der Anzahl der Pfründen, der Residenzpflicht, des Bezugs oder Entzugs zusätzlicher Einkünfte und der Beziehungen mit anderen Kirchen werden allmählich immer zahlreicher[53]. Da dem Kapitel die Wahl des Bischofs zusteht, erhält es eine ganz entscheidende Funktion. Im 12. Jh. wählen die Chorherren immer häufiger einen Kandidaten aus den eigenen Reihen, auf den sie dann Druck ausüben können. Durch die Männer, die der Bischof unter den Chorherren auswählt, damit sie ihn bei der Leitung der Diözese unterstützen, gewinnt das Kapitel Einfluß auf Pfarreien und Klöster. Diese Kathedralkleriker genießen ein beträchtliches Ansehen, das ihnen auch Neider einbringt und recht häufig zur Gründung von Kollegiatsstiften führt. Die Zahl der Mitglieder eines Kapitels ist manchmal sehr hoch; es kann zwischen zwanzig und achtzig, sogar bis zu hundert Kanoniker umfassen. In England sind es zwischen zwanzig und fünfundzwanzig, das gleiche gilt für Italien und Südfrankreich, vor allem wenn die Diözesen klein sind[54]. In der früheren Francia zwischen Loire und Rhein und jenseits davon sind die Zahlen höher; so finden wir um 1100 beispielsweise in Chartres siebzig, in Toul fünfzig Chorherren. Tournai bringt es im Jahr 1170 dank zehn zusätzlichen Pfründen auf vierzig Chorherren, bevor sich deren Zahl bei dreiundvierzig einpendelt[55]. In Besançon wollte Hugo I. von Salins der Kirche Saint-Étienne, die als die älteste der Diözese galt, neuen Glanz verleihen und installierte dort ein fünfzigköpfiges

[49] Dies ist ab dem 11. Jh. in Niederlothringen der Fall, vgl. G. Despy, Notes d'histoire canoniale, in: RBPH 32 (1954) 984–986, und J. L. Kupper, Liège et l'église impériale, Paris 1981, 312–314.

[50] Zu Italien vgl. La vita commune del clero nei secoli XI e XII (Atti della Settimane di studio, Mendola 1959), II, Mailand 1962. Dort finden sich knappe Darstellungen zu Padua (S. 138), Lodi (S. 150), Mantua (S. 163), Modena (S. 181), Bologna (S. 192) und Ravenna (S. 199).

[51] Die Erwähnung von *canonici* bedeutet, daß das Gemeinschaftsleben aufgegeben wurde. Die Rede von *fratres* oder *confratres* läßt jedoch noch nicht den Schluß auf das Gegenteil zu.

[52] Dies beginnt im 11. und wird geläufige Praxis im 12. Jh., als die Päpste ihre Schreiben entweder namentlich an den Kapitelvorsteher, an die Chorherren oder direkt an das Kapitel richten. Die Bischöfe verwenden den Begriff *capitulum* oder *canonica*. Das Kapitel macht Statuten, führt Prozesse und fertigt mit seinem Siegel versehene Urkunden aus, vgl. Avril, Le gouvernement (s. Anm. 44) 105.

[53] Diese Texte sind vor allem im 13. Jh. zahlreich, doch schon im 12. Jh. griff der Papst ein, besonders, um den „numerus clausus" festzusetzen oder interne Konflikte zu regeln. Die Kanoniker bearbeiteten ihre Statuten, die ihnen der Bischof auferlegt hatte. Die Statuten von Maguelone stammen aus dem Jahre 1095.

[54] Zu England vgl. Edwards, The English Secular Cathedrals (s. Anm. 42). In Italien gibt es 10 Chorherren in Mantua (vgl. La vita commune [s. Anm. 50] Bd. 2, 179), vierzehn in Modena (ebd. 185), aber fünfzig in Bologna (ebd. 195). In Südfrankreich hatten Maguelone achtzig, Agde, Béziers, Lodève, Tarbes dagegen nur ein Dutzend, vgl. Gaudemet, Le gouvernement (s. Anm. 42) 185.

[55] Pycke, Le chapitre (s. Anm. 47) 98–100.

Kapitel, das zu dem der offiziellen Kathedralkirche Saint-Jean in Konkurrenz trat. Es war jedoch ein Ausnahmefall, daß eine einzige Stadt zwei Kathedralkapitel besaß. Die Initiative des Bischofs rief übrigens einen lang anhaltenden Konflikt hervor, den Calixt II., als er Papst wurde, schlichtete, nachdem er noch als Legat bereits vor Ort der Sache auf den Grund gegangen war[56].

Die Kanoniker leben normalerweise im Bereich der Domimmunität; ein Kreuzgang steht zu ihrer Verfügung. Andere Kirchen oder nahegelegene Kapellen bilden damit den Kathedralbezirk, der anläßlich der Osterliturgie eine wichtige Rolle spielt[57]. So stehen in Lyon die drei Kirchen Saint-Jean, Saint-Étienne und Sainte-Croix eine neben der anderen, eine Anordnung, die sich ähnlich auch in zahlreichen anderen Städten findet[58]. Die Häuser der Chorherren sind über die unmittelbare Umgebung verteilt und bilden zusammen einen wichtigen Stadtteil, der auf alten Plänen getreulich wiedergegeben und heute noch in den Namen von Straßen und Plätzen gegenwärtig ist. Namen wie „rue du Four du chaptire", „rue du Doyen", „place du chapitre" oder „place des chanoines" sind immer noch geläufige Bezeichnungen. Die Kathedrale ist die Hauptkirche des Kapitels, das aus seinen Einkünften die Mittel schöpft, diese mit Hilfe des Bischofs oder auf seine Initiative hin zu vergrößern oder neu zu errichten.

2. Die Kollegiatsstifte[59]

Normalerweise ziehen die Kathedralkapitel das meiste Interesse auf sich, doch sollten darüber die vielen anderen Kirchen, die Sitz eines Kapitels waren, nicht vergessen werden. Nur wenige Studien haben sich mit Entwicklung und Ausbreitung solcher Gründungen beschäftigt, obwohl diese doch das Gegenstück zu den Klöstern darstellten. Ihre Zahl hat im Lauf der Zeiten und vor allem seit dem 11. Jh. parallel zum Anwachsen der Städte und der Bevölkerung sowie zum Bau von Burgen und Herrensitzen ständig zugenommen. Diese Kollegiatsstifte sind sehr verschiedenen Ursprungs. So kommt es vor, daß Kanoniker ein durch kriegerische Überfälle zerstörtes und dann aufgegebenes Kloster beziehen oder daß sie von einem Grundherren in Klöster gerufen wurden, deren frühere Bewohner er aus Unzufriedenheit über ihr Verhalten oder einfach, weil er eine Veränderung wünschte, vertrie-

---

[56] R. Locatelli, De la réforme grégorienne à la monarchie pontificale: le diocèse de Besançon (1060–1210), Diss., Besançon 1984, 106–108 und 156–170. In England gibt es mehrmals den Fall, daß zu einer Kathedrale sowohl ein Chorherrenkapitel als auch ein Kloster gehören, die also beide einem Bischof unterstehen, oder daß ein Bischof gleichzeitig zwei Kathedralen unter sich hat, wie in Bath, Wells, Coventry oder Lichfield, vgl. Edwards, The English Secular Cathedrals (s. Anm. 42).

[57] C. Heitz, L'architecture religieuse carolingienne. Les formes et leurs fonctions, Paris 1980 (zu Metz vgl. z. B. 18–20).

[58] Einige Beispiele hierzu bei J. Hubert, La vie commune des clercs et l'archéologie, in: La vita commune (s. Anm. 50) Bd. I, 112f.

[59] Hierzu vgl. zunächst P. Moraw, Über Typographie, Chronologie und Geographie der Stiftskirche im deutschen Mittelalter, in: Untersuchungen zu Kloster und Stift, Göttingen 1980, 9–37; ferner die in Anm. 42 genannte Arbeit von Marchal sowie die unveröffentlichte Dissertation von H.-J. Légiers, Les églises collégiales en France des origines au XVe siècle, Paris 1955; das von L. Musset in seinem Artikel: Recherches sur les communautés de clercs séculiers en Normandie au XIe siècle in: BSAN 55 (1959/60) 5–38, genannte Beispiel und einige Angaben bei J. Lestocquoy, Les origines des églises collégiales, in: Mélanges E. R. Labande, Poitiers 1974, 497–500. Generell ist zu sagen, daß eine Gesamtstudie über Chorherren und ihre Kapitel nach wie vor ein entschiedenes Desiderat ist.

ben hatte. In Niederlothringen finden sich viele Beispiele dafür[60]. Kirchen, deren Kleriker sich zu einem Kapitel zusammengeschlossen haben, können den Bischöfen als Ausgangsbasis für die Organisation des Glaubenslebens in einer neu christianisierten Gegend dienen, was im Spanien des 11. Jh. noch der Fall war, sie können ihnen aber auch, wie etwa in Trier und Mainz, eine bessere Kontrolle über weit entfernte Teilgebiete ihrer Diözese gewährleisten[61]. Mitunter wird auch am Hauptort eines Archidiakons ein Kollegiatsstift eingerichtet, häufig ist der Propst dann zugleich auch Archidiakon[62].

Kathedralkapitel und Benediktinerklöster gründeten oder inkorporierten zuweilen auch kleine Kapitel mit weniger als zehn Chorherren, die mit erzieherischen, pastoralen oder karitativen Aufgaben betraut waren[63]. Andere wiederum waren von Frauenklöstern abhängig, in denen die Chorherren den Gottesdienst versahen und als Vermittler zur Außenwelt fungierten[64]. Am bedeutendsten aber waren die nach dem Vorbild der großen Abteien auf Betreiben von Königen, Fürsten und Bischöfen erfolgten Gründungen. Dazu zählten die mächtigen Stifte in Xanten, Köln, Bonn, Fritzlar, Erfurt oder auch in anderen Städten wie Köln und Lüttich, wo jeweils sieben existierten[65]. Könige und Fürsten orientierten sich bei ihren Gründungen am Aachener Marienstift, das von allen das höchste Ansehen genoß und vielerlei Nachahmer fand, und zwar zunächst unter den Nachfolgern Karls des Großen und Ludwigs des Frommen, die in ihren bevorzugten Aufenthaltsorten ebenfalls Stifte haben wollten, und später unter den großen Dynasten, die ihren Kollegiatsstiften repräsentative und administrative Aufgaben übertrugen[66]. In dieser Hinsicht exemplarisch war die von den Konradinern im Lahntal verfolgte Politik, wo sie zwischen 841 und 940 neun solcher Gründungen veranlaßten[67].

Zwei weitere erhellende Beispiele bieten Flandern und Zentralfrankreich. Flandern war eine ökonomisch sehr aktive Region, die von einem mächtigen Grafen und einem tatkräfti-

---

[60] J. NAZET, La transformation d'abbayes en chapitres à la fin de l'époque carolingienne: le cas de Saint-Vincent de Soignies, in: RNord 49 (1967) 257–280. Dieselbe Maßnahme wurde auf Veranlassung von Herzog Friedrich I. von Oberlothringen und nach Maßgabe der Reform von Gorze um 970/75 für Saint-Dié in Lothringen vorgenommen, vgl. K. HALLINGER, Gorze-Kluny, Bd. I, Rom 1950/51.

[61] MORAW, Typographie (s. Anm. 59) 20; F. W. OEDIGER, Beiträge zur Frühgeschichte des Xantener Viktorstiftes, in: Rheinische Ausgrabungen 6 (1969) 207–267.

[62] F. PAULY, Das Stift St. Kastor in Karden an der Mosel, Studien zur Germania Sacra, Erzbistum Trier 3, Berlin - New York 1986, 116.

[63] D. MISONNE, Chapitres séculiers dépendant d'abbayes au moyen âge dans l'ancien diocèse de Liège, in: La vita commune (s. Anm. 50) Bd. I, 412–432; MEIER, Domkapitel zu Goslar (s. Anm. 44) 102–104; K. LUEBECK, Das Kloster Fulda und seine Kollegiatsstifte, in: AKathKR 125 (1951/52) 301–309.

[64] Die meisten Kanonissenstifte und Nonnenklöster geben Pfründen an einige Chorherren oder Priester, die jedoch kein organisiertes Kapitel bilden. Der Bischof von Verdun unterstellt der von ihm um 1010 gegründeten Abtei von Saint-Maur das zuvor unabhängige Kapitel von Sainte-Croix. Mehr Bedeutung haben die Kapitel, die beispielsweise in Deutschland und Belgien an die großen, von Adelsangehörigen dominierten Frauenabteien angeschlossen sind.

[65] MORAW, Typographie (s. Anm. 59) 22.

[66] Vgl. die Studie von K. HEINEMEYER über die Pfalzstifte der Karolingerzeit (die erscheinen wird in „Studien zur Germania Sacra"); U. LEWALD, Burg, Kloster und Stift, in: Die Burgen im deutschen Sprachraum (Vorträge und Forschungen XIX), Sigmaringen 1976, 175–218; J. H. DENTON, English Royal Free Chapels 1110–1300, 1970. Das 1172 gegründete Kapitel von Dijon sollte nach dem Willen von Graf Hugo II. ein religiöses Zentrum der Grafschaft sein (vgl. J. BART, in: MSHD 34 [1977] 209–233), übernahm aber keine Pfarreiaufgaben. In Italien ließ das System der „pievi" eine Sonderform von Klerikergemeinschaften entstehen.

[67] W. H. STRUCK, Die Stiftsgründungen der Konradiner im Gebiet der mittleren Lahn, in: RhV 36 (1972) 28–52.

gen Adel beherrscht wurde. Im 11. Jh. entstanden dort in der Nähe von Burgen und Stiften Kapitel, die zum unverzichtbaren religiösen Katalysator des urbanen Aufschwungs wurden[68]. Die Chorherren, für jedes Stift etwa zwölf an der Zahl, betätigten sich dort nicht nur in geistlicher, sondern auch in notarieller Funktion und brachten so ihre intellektuellen und administrativen Fähigkeiten zum Einsatz[69]. Zur selben Zeit entstanden im Kernland des französischen Königreichs in Senlis und Bourges Kollegiatsgründungen unter überwiegend politischem Aspekt; man könnte geradezu von einer sprunghaften Zunahme sprechen, da den einzelnen Stiften, deren Zahl ständig wuchs, auch noch Priorate angeschlossen waren. Die Anfänge dieses Phänomens fallen in die Regierungszeit Roberts des Frommen, der die von Burgherren vorgenommenen Gründungen (Graçay, Bourges) unterstützte und selbst als Gründer (Poissy, Étampes, Melun) in Erscheinung trat. Diese Entwicklung setzte sich während eines halben Jahrhunderts fort, wobei zusätzlich zu den städtischen Stiften auf Anregung kleinerer Landadliger nun auch im ländlichen Bereich Gründungen, allerdings in bescheidenerem Umfang, erfolgten[70]. Einige dieser kleinen Stifte wurden danach Klöstern angegliedert, gleichwohl aber bringen sie es noch immer auf eine stattliche Anzahl, so daß sie im 12. Jh., etwa in der Grafschaft Champagne, eine führende Stellung einnahmen[71]. Festzuhalten ist jedenfalls, daß anders als bei Klöstern, selbst wenn deren Gründung einem politischen Kalkül untergeordnet war, die Berufung von Chorherren in erster Linie aus politischen und danach erst aus religiösen Gründen erfolgte[72].

Im 11. Jh. wurden auch durch die Bischöfe selbst oder zumindest doch mit ihrer Unterstützung Stifte geschaffen, eine Entwicklung, die sich im 12. Jh. fortsetzte und weitere Stifte in der jeweiligen Bischofsstadt oder in anderen Städten der Diözese entstehen ließ. Dieses Phänomen als solches ist bislang wenig erforscht, meist beschränkte man sich auf Einzeluntersuchungen zu den bedeutendsten Kollegiatsstiften oder auf Darstellungen lediglich der Kathedralkapitel, wobei die vielen „kleinen" Gründungen vernachlässigt wurden. Es kam aber über die Jahrhunderte hinweg und unter verschiedenen Rahmenbedingungen fortwährend zu neuen Gründungen. In den französischen Burgstiften und deutschen städtischen Machtzentren lagen ihnen eindeutig politische und administrative Motive zugrunde; eine nur sekundäre Rolle spielt die Religion aber vermutlich auch überall dort, wo das Bedürfnis der Adelsfamilien, ihren Söhnen neue Kanonikate zu verschaffen, zur Gründung von Kollegiatsstiften führt; in vielen Fällen bleibt unklar, warum in dieser oder jener Stadt ein oder zwei weitere Kollegiatsstifte entstanden. Ihre karitative und erzieherische Aufgabe war wohl erst das Resultat ihres faktischen Vorhandenseins, nicht aber der Impuls zu ihrer Gründung. So besteht auf diesem Sektor eine außerordentlich große Bandbreite, und zwar sowohl was die Anzahl der Kanoniker als auch die Macht des Gründers und die mehr oder weniger reiche Ausstattung betraf; dafür mag der Hinweis auf Saint-Martin in

---

68 Die Städte des 11. Jh. verdanken ihre Entstehung häufig drei Faktoren, nämlich einem politischen (Burg, Pfalz, Verwaltungssitz), einem wirtschaftlichen (Messe, Markt, Brücke, Verkehrsknotenpunkt) und einem religiösen (Adel, Priorat, Kapitel, Stift).

69 J. Dhont, Développement urbain et initiative comtale en Flandre au XIe siècle, in: RNord 30 (1948) 133–156. Der Autor spricht vorschnell von „collégiales comtales", also von gräflichen Kollegiatsstiften.

70 J.-F. Lemarignier, Aspectes politiques et fondations de collégiales dans le royaume de France au XIe siècle, in: La Vita commune (s. Anm. 50) Bd. I, 19–40.

71 P. Corbet, Les collégiales comtales de Champagne (v. 1150–v. 1230), in: AEst (1977) 195–241.

72 Vgl. H. J. Legier, Discussione, in: La vita commune I (s. Anm. 50) 41 f.

Tours genügen: Mit elf Würdenträgern, fünfzehn Pröpsten und 56 Chorherren hob sich das dortige Kollegiatsstift deutlich von den mit weniger als zehn Klerikern besetzten Burgstiften der Île-de-France ab[73].

Die regulierten Chorherren traten im 12. Jh. in ernsthafte Konkurrenz zu den nicht-regulierten Kanonikern, die jedoch zahlenmäßig noch zunahmen. Zwischen Loire und Rhein war ihre Anzahl größer als im Reich, wo sie, je weiter man nach Nordosten kam, immer kleiner wurde. Ein Gründer hatte durchaus triftige Motive, wenn er Chorherren den Mönchen vorzog. So mochte es ihm ein Bedürfnis sein, daß der Gottesdienst auch Laien zugänglich wurde, denn Chorherren waren nicht zu strenger Klausur verpflichtet; auch waren ihre intellektuellen Fähigkeiten gefragt, die sich weltliche und kirchliche Machtträger nutzbar zu machen wußten. Ein weiterer ganz banaler Grund lag darin, daß die Säkularkanoniker über private Einkünfte verfügten und das Vermögen des Gründers deshalb weniger stark belasteten als die ganz auf Kosten der Gemeinschaft lebenden Mönche. Durch ihre Kirchen, ihr Patrimonium und die Zahl ihrer Mitglieder stellten also die Kollegiatsstifte, und insbesondere die größten unter ihnen, einen Machtfaktor dar, mit dem man rechnen mußte.

3. Die Chorherren

Folgende Charakteristika unterscheiden den Säkularkanoniker vom Mönch: Er legt kein Gelübde ab, er darf über Privatbesitz verfügen, eine eigene Unterkunft beziehen und seine Güter weitergeben oder vererben. Vor allen Dingen aber ist er zum Priesteramt und das heißt zur Feier der Messe sowie zum Dienst an den Gläubigen berufen. Jedoch kommt es häufig vor, daß er die Priesterweihe nicht erstrebt und damit diesen Pflichten nicht nachkommen kann! Die Aufgaben und Pflichten der Kanoniker lassen sich nach drei Hauptgesichtspunkten einteilen, und zwar nach ihrer liturgischen, geistigen und karitativen Funktion, die jedoch, insgesamt oder jede für sich, von den einzelnen Stiften in unterschiedlichem Grade wahrgenommen werden. Von den liturgischen Aufgaben der Chorherren wird weiter unten noch die Rede sein. Die Stiftskirche steht den Gläubigen offen, was aber nicht mit der Verpflichtung zur *cura animarum* gleichzusetzen ist. Mitunter übernehmen Chorherren die Leitung in städtischen Pfarrgemeinden oder den Patronat über zahlreiche Kirchen, wo sie die Vikare ernennen, predigen und die Messe lesen. In manchen Fällen, wie zum Beispiel im Rheinland, spielen sie, vor allem wenn ein Archidiakon ihnen vorsteht, eine Rolle bei der Christianisierung des Landes und der Aufrechterhaltung von Glauben und Dogma.

Ihre geistige Leistungsfähigkeit ist größer als der Standard in den meisten Klöstern. Normalerweise ist ein Lehrer unter ihnen, Bücher nehmen in ihrem Leben breiten Raum ein und damit auch Studium und Unterricht, der nicht nur auf sie selbst und Kandidaten, die in das Kapitel aufgenommen werden wollen, beschränkt ist, sondern auch anderen Geistlichen und allen interessierten städtischen Einwohnern erteilt wird. So unterstehen die Schulen ihrer Aufsicht. Ebenso aber nehmen sie häufig auch karitative Funktionen wahr: Beispielsweise wurden viele Krankenhäuser und Spitäler von Kathedralkapiteln gegründet, ausgestattet und geleitet.

---

[73] R. VAUCELLE, La collégiale de Saint-Martin de Tours, Paris 1912.

Die Aufnahme von Kanonikern erfolgt durch die Entscheidung einer außenstehenden Autorität oder durch ein gemeinsames Votum[74]. Häufig gibt es mehr Kandidaten, als Plätze zur Verfügung stehen. Die Sicherheiten eines angenehmen, bequemen Lebens in einem eigenen Haus und die dem Klosterleben entgegenstehende Möglichkeit des täglichen Kontakts zur Außenwelt übte trotz mancher Zwänge, die überdies vermindert werden konnten, eine große Anziehungskraft vor allem auf die Söhne des grundbesitzenden Adels und der Ritterschaft aus, zumal dann, wenn die Familienmitglieder zu zahlreich waren, um sich ein zufriedenstellendes Erbe und eine ansehnliche Herrschaft erhoffen zu können. Die Eltern setzten deshalb alles daran, ihrem gerade geborenen Sohn eine Pfründe zu verschaffen, und ließen ihn in jungen Jahren bereits in die Domschule eintreten, damit er dort in den Genuß eines Unterrichts kam, auf den seine Brüder auf der väterlichen Burg verzichten mußten. Die Zugehörigkeit zu einem Kathedralkapitel stellte die Erlangung einer Würde oder eines Amtes in Aussicht, das seinem Inhaber zu einem Bischofssitz verhelfen konnte. Bekanntlich waren im 12. Jh. die hohen Würdenträger größtenteils ehemalige Kanoniker, die in ihrem früheren Kathedralkapitel immer noch einen Ehrensitz innehatten. Es ist für diesen Zeitraum unmöglich, die soziale Herkunft der Kanoniker zufriedenstellend zu analysieren[75]. Nicht einmal ihre Zahl läßt sich genau ermitteln, denn nur die Tatkräftigsten unter ihnen oder diejenigen, die am meisten Verantwortung trugen, erscheinen namentlich in den Urkunden. Mit Ausnahme Italiens wurden noch keine Listen gefunden, in denen die Häuser der Chorherren samt den Namen ihrer Besitzer verzeichnet wären, und Wahlprotokolle mit den Namen der Stimmberechtigten liegen erst ab dem 13. Jh. vor. Man weiß lediglich, daß die Würdenträger und Amtsinhaber Söhne oder Brüder von Grafen, Grundherren oder auch nur einfachen Rittern sind, was die Vermutung nahelegt, daß auch die anderen Chorherren aus der gleichen sozialen Schicht stammen.

Der Hochadel behielt sich diejenigen Kanonikerstellen vor, die einen Bischofssitz oder ein anderes einflußreiches Amt in Aussicht stellten. Das gilt grundsätzlich für alle Kapitel. In den kleinsten Stiften gingen die einfachen Pfründen gemeinhin an Kanoniker, die aus der Umgebung von Grafen oder aus Familien von Ministerialen und Grundherren stammten, also eher bescheidener Herkunft waren. Im Reich wie auch in Italien hatte es die aufstrebende Schicht der Ritter nicht leicht, Aufnahme in ein Kapitel zu finden. Doch konnte der Hochadel nicht in allen Fällen seinen Anspruch auf Exklusivität durchsetzen[76]. Im

---

[74] Als Konsequenz der Pfründenverteilung wandelt sich die Zusammensetzung der Kollegien. In manchen Fällen behält der Bischof lediglich die Kontrolle über die Propstei, vgl. Meier, Domkapitel zu Goslar (s. Anm. 44) 114. Zur Rolle des Bischofs vgl. L. Santifaller, Das Brixener Domkapitel in seiner persönlichen Zusammensetzung im Mittelalter, Innsbruck 1925, 205–211. Hinsichtlich der Ernennung durch den Bischof oder durch ein Gemeinschaftsvotum besteht je nach Ort und Zeit eine außerordentlich große Variationsbreite, vgl. Gaudemet, Le gouvernement (s. Anm. 42) 186.

[75] Sofern hierzu schon Analysen vorliegen, erfassen sie einen längeren Zeitraum, das 13. Jh. eingeschlossen, und nur mit Blick auf Kathedralkapitel. Einen Versuch in dieser Richtung bilden die Studien von Pycke zu Tournai im 13. Jh. (s. Anm. 47, Tafel Nr. 10, S. 88) und von Meier zu den Kapiteln in Goslar, Halberstadt und Hildesheim (s. Anm. 44). Einige Angaben bezüglich Norditaliens machen H. Keller, Origine sociale et formazione del clero cattedrale dei secoli XI e XII nelle Germania e nell'Italia settentrionale, in: Le istituzioni (s. Anm. 2) 136–186; Newman, Les seigneurs de Nesles (s. Anm. 26) 231 f.

[76] Vgl. die in Anm. 26 genannten Titel. Für die Ministerialen ist die Aufnahme in ein Kapitel ein Mittel des sozialen Aufstiegs. Dieselbe Feststellung in bezug auf Angers trifft J. Avril, Le gouvernement (s. Anm. 44) 105. Keller, Le istituzioni (s. Anm. 2) 177–183, führt als Beispiel die Familie de Baggio an; eine klassische, aber auch problematische Studie ist A. Schulte, Der Adel und die deutsche Kirche im Mittelalter, Stuttgart

Laufe des 12. Jh. erhalten so etwa in Metz und Tournai[77] zunehmend auch Patriziersöhne einen Sitz im Chorgestühl der Kathedrale.

Die Gruppe der Kanoniker gewann schnell an Zusammenhalt. Die direkte Einflußnahme der Bischöfe auf die Nominierung eines Kandidaten ging überall zurück, und bis zu dem Zeitraum, da der Papst begann, durch die Unterstützung einer Kandidatur oder die Plazierung seines eigenen Kandidaten direkt einzugreifen, lag die Initiative allein bei den Kapiteln. In dieser Hinsicht war das 12. Jh. ein goldenes Zeitalter für sie. Die verwandtschaftlichen Beziehungen waren allmächtig, der Nepotismus blühte, und in jedem Kapitel gibt es Beispiele dafür, daß während fast eines ganzen Jahrhunderts Pfründen und selbst Ämter vom Onkel auf den Neffen übergingen[78]. Bestimmend ist die regionale Herkunft; die Kanoniker rekrutierten sich zu drei Vierteln oder zur Hälfte aus ihrer Diözese oder sogar aus der Gruppe der bischöflichen Gefolgs- und Dienstmannen. Dies wird erst im ausgehenden 12. Jh. anders. Das Gesetz von Angebot und Nachfrage spielte kaum eine Rolle; generell bestand ein Numerus clausus, der sogar noch enger gezogen wurde, wenn es galt, die aus den Pfründen fließenden Einnahmen auf einem stabilen Niveau zu halten.

4. Ämter und Würden

Die Kanoniker sind entsprechend einer genauen hierarchischen Struktur organisiert. Wichtiger als in den Klöstern das Eintrittsalter ist in den Kapiteln der Weihegrad. Die Priester stehen höher als Diakone, Subdiakone und Akolyten, aber noch vor den Priestern kommen jene, die einen verantwortlichen Posten bekleiden, auch wenn sie keine Priesterweihe erhalten haben. Wie schon in karolingischer Zeit kann der Vorsteher des Kapitels ein Propst sein, der manchmal, wie beispielsweise in Saint-Lambert in Lüttich oder auch in Lothringen, noch die altertümliche Bezeichnung Primicerius oder einen ähnlichen Titel trägt: Er ist das Haupt des Kapitels, jedoch ohne wirkliche Verantwortung[79]. Seit dem 10. und

---

1922. Einige europäische Kapitel, zum Beispiel in Straßburg oder Köln, nehmen schon recht früh keine Ministerialen sondern nur alteingesessene Adlige auf. Andernorts, etwa in Augsburg, Münster oder Brixen, verfährt man weniger streng, vgl. Keller, a.a.O. 152; K. Zuhorn, Untersuchungen zur münsterischen Domherrenliste des Mittelalters, in: WestfZs 90–I (1934) 304–354. Vgl. für Lüttich Kupper, Liège (s. Anm. 49) 319–325; für Metz, Toul und Verdun Parisse, Noblesse (s. Anm. 26) 251–263.

[77] Dieses Phänomen macht sich nicht vor den letzten beiden Dekaden des 12. Jh. bemerkbar. In den Kapiteln Norditaliens werden die Konsularfamilien durch die Familien der *capitanei* abgelöst. Daß sich das Kapitel von Mailand den neuen Führungsschichten verschloß, hat den Protest der Pataria ausgelöst.

[78] Vgl. Pycke, Tournai (s. Anm. 47) 89. Alle Kapitel liefern solche Beispiele. In Toul ist der Thesaurariat von 1161 bis 1260 in Händen der Söhne der Grafen von Vaudemont, Odo, Gerhard und Thibald, vgl. Parisse, Noblesse (s. Anm. 26) 240f; in Metz liegt er von 1136 bis 1200 bei der Familie von Bar, vgl. M. Parisse, Les princiers messins au XIIe siècle, in: ASHL (1976) 23–28.

[79] Vgl. Edwards, The English Secular Cathedrals (s. Anm. 42); Marchal, Die weltlichen Kollegiatsstifte (s. Anm. 42) 57–62; Pycke, Tournai (s. Anm. 47) 127–177; Locatelli, De la réforme (s. Anm. 56) 117–125. Zahlreiche Studien behandeln die Pröpste in den Kapiteln des Reichs, vgl. Keller, Origine sociale (s. Anm. 75), Meier, Die Domkapitel zu Goslar (s. Anm. 44), und E. Meuthen, Die Aachener Pröpste bis zum Ende der Stauferzeit, in: ZAGV 78, [1966–67], 5–95 sowie M. Groten, Priorenkolleg und Domkapitel von Köln im Hohen Mittelalter, Bonn 1980. Es gibt auch Fälle, in denen Chorherren sich mit dem Kardinalstitel schmücken, vgl. St. Kuttner, Cardinalis: the History of a canonical concept, in: Traditio 3 (1945) 154f; G. C. Fürst, I cardinalati non romani, in: Le istituzioni I (s. Anm. 2) 181–198; K. Ganzer, Die Entwicklung des auswärtigen Kardinalats im hohen Mittelalter, Tübingen 1963.

11. Jh. setzt sich langsam der Dekan, dessen Titel der Regel des hl. Benedikt entnommen ist, durch und tritt zuletzt an die Stelle des Propstes.

Der Dekan ist eine wichtige Persönlichkeit. Er verfügt zumeist über eine doppelte Pfründe und hat die geistlichen Aufgaben des Propstes übernommen. Auch verwaltet er die weltlichen Angelegenheiten des Kapitels, er führt den Vorsitz bei Geschäfts- und Vertragsabschlüssen und wacht über die Einhaltung des Chorgebets und der Disziplin. Seine lange Lebensdauer kann für die Kontinuität der von ihm verfolgten Politik ein Glücksfall sein. Der Dekan Goter in Tournai hatte mehr als 35 Jahre lang sein Amt inne und spielte eine wichtige Rolle bei den Verhandlungen, die zur Trennung der Bischofssitze von Arras und Tournai führten[80]. Als Priester muß der Dekan mehr als seine Mitbrüder die Residenzpflicht respektieren. Nach ihm lockert sich die hierarchische Ordnung, die den Kantor, den Kanzler, den Thesaurar, den Scholaster und die Archidiakone umfaßt.

Aus der Sicht derer, die dem Gottesdienst den obersten Rang einräumen, steht der Kantor an erster Stelle. De facto ist das aber nicht oft der Fall, selbst wenn ein Kanoniker den Ehrentitel eines Präcentors erhält, weil andere Chorherren ihm als Subkantore zu Diensten stehen. Die Bezeichnung sagt bereits alles über die Funktion: Dieser Kanoniker leitet den Chorgesang, darüber hinaus muß er aber auch die Liturgie organisieren, die Lektüren für das Refektorium auswählen und sich um Instandhaltung, Ersetzung, Ergänzung, Abschrift und Ankauf der für den Gottesdienst notwendigen Bücher kümmern. Der Thesaurar oder Kustos verwaltet die Finanzen des Kapitels, er sorgt für die Aufteilung von Pfründen und zusätzlichen Einnahmen, für den Unterhalt der Gebäude, der Kathedrale und der verschiedenen beweglichen Güter, also der Meßgewänder, des Meßgeschirrs, der Leuchter und der Glocken. Ihm zur Seite stehen die Sakristane. In kleinen Kapiteln kann er den Dekan bei dessen Abwesenheit ersetzen.

Die Domherren sind an der Leitung der Diözese beteiligt und unterstützen den Bischof bei der Bewältigung seiner Aufgaben. Das Amt des Kanzlers und das des Scholasters sind manchmal getrennt, manchmal in einer Person vereinigt[81]. Ersteres erscheint recht spät, nimmt aber ab dem 11. Jh., als die Bischöfe die Abfassung von immer mehr Urkunden zu bewältigen haben, an Bedeutung zu[82]. Der Kanzler verwahrt die Siegel von Bischof und Kapitel, er beeinflußt, überwacht und überprüft die Ausfertigung der Urkunden, deren Abfassung in Händen von Schreibern oder Notaren liegt, und er kann auch selbst zur Feder greifen[83]. Die Ernsthaftigkeit, mit der er seine Aufgabe erfüllt, und seine persönlichen Fähigkeiten lassen sich ablesen an der Qualität von Diktat und Schrift, an der Stetigkeit der Urkundenproduktion und an der Weigerung, den Empfängern die Ausfertigung zu über-

---

[80] Pycke, Tournai (s. Anm. 47) 140. Unter nordfranzösischem Einfluß wurde in England der Dekan gegenüber dem Propst bevorzugt.

[81] In Reims ist wie in Angers der Scholaster ein Archidiakon. In Chartres wie auch in Paris (Abaelard) ist es der Kanzler.

[82] Die meisten Editionen von Bischofsurkunden enthalten auch Studien über den Kanzleibetrieb. Darin werden neben Diktatanalysen auch Namenslisten von Titelträgern und Schreibern aufgeführt, doch geben sie wenig Aufschluß über die Funktion der Kanzlei innerhalb der Kapitel. Als Beispiele seien zumindest genannt Avril, Le gouvernement (s. Anm. 44) 109f., und Pycke, Tournai (s. Anm. 47) 16–175.

[83] Man weiß, daß mit der Formel *per manum cancellarii* nicht die schriftliche Intervention des Kanzlers persönlich gemeint ist, vgl. A. Giry, Manuel de diplomatique, Paris 1894.

lassen[84]. Zum Bischof steht er in enger Beziehung. Der *scolasticus,* also der Leiter der zum Kapitel gehörenden Schulen, spielte vormals eine eher untergeordnete Rolle, als die Klöster noch im Besitz des Bildungsmonopols waren[85]. Das ändert sich jedoch im 11. und 12. Jh., als die Kathedralschulen ihre Hochblüte erleben. Die Zahl der angesehenen, einem Kapitel angehörenden Lehrer ist Legion. Um sich eine Vorstellung davon zu machen, seien nur Chartres (wo Yvo unterrichtet), Laon (Anselm), Reims (Bruno), Tournai (Odo von Orléans), Besançon (Gerland), Trier (ebenfalls Gerland) und Paris (Abaelard) erwähnt. Der Scholaster lehrt selbst an der Domschule und überwacht den Unterricht an den anderen städtischen Schulen. Die kleineren Stifte haben nicht alle ein solches Amt vorzuweisen, doch fordert man es von den Chorherren, wann immer es im Rahmen ihrer Möglichkeiten liegt.

In den großen Kollegiatsstiften gibt es noch viele kleinere Ämter, etwa den Almosenier, den Infirmarius oder den Cellerarius, die aber nur eine zweitrangige Rolle spielen[86]. Ganz anders ist das bei den Archidiakonen, ohne die der Bischof nicht auskommen kann. Sie sind die Nachfolger des Chorbischofs, also jenes Kanonikers, der den Bischof auf dem Lande vertrat und dessen Funktion dem Ersten unter den Diakonen übertragen wurde[87]. Anfangs gab es in jeder Diözese nur einen Archidiakon. In den sehr kleinen Diözesen Italiens und des Mittelmeerraums ist das auch weiter so geblieben. Anderwärts aber hat der Umfang seiner Verwaltungsaufgaben überall um das Doppelte oder ein Vielfaches zugenommen. Es gibt Diözesen mit zwei, drei, vier oder sogar noch mehr Archidiakonen. Weit über dem Durchschnitt lag ihre Zahl beispielsweise in der Diözese Besançon mit fünf im 11., 15 im 12. Jh. und hernach wieder fünf, ein Zahlenstand, den beinahe auch Mâcon, Verdun oder Metz mit jeweils vier Archidiakonen erreichten, während es in Toul wiederum bis zu zwölf gab[88]. Aus der Analyse einiger Fälle ergibt sich ein Zusammenhang zwischen manchen Archidiakonaten und Landdekanaten[89]. Wichtiger ist aber der Hinweis auf die Vielfalt der wahrgenommenen Aufgaben; dazu gehört die Überwachung des Lebenswandels von Pfarrern und Gläubigen, die Einberufung von Synoden, die Umsetzung der auf Konzilien oder Synoden auf Diözesanebene beschlossenen Maßnahmen, die Einleitung von Reformen, die Besetzung der Kirchen und eine wichtige Vermittlerrolle bei der Restitution der Kirchen aus Laienhand (wir kommen darauf zurück).

Würden und Ämter verschafften ihren Titelträgern nicht immer ein ausreichendes Einkommen. Wie sonst ließen sich die zahlreichen Fälle von Ämterhäufung erklären? Mit

---

[84] P. Acht, Die cancellaria in Metz. Eine Kanzlei und Schreibschule um die Wende des XII. Jahrhunderts, Frankfurt 1940.

[85] Ph. Delhaye, L'organisation scolaire au XIIe siècle, in: Tr. 5 (1947) 211–268.

[86] Hinzuzufügen wären noch die Kapelläne, die in den Kapiteln die Messe lesen, vgl. Avril, Le gouvernement (s. Anm. 44) 106.

[87] DDC I, 948–1044; Lexikon des Mittelalters, Bd. I, 1980, 896f; Le Bras, Institutions ecclésiastiques (s. Anm. 2) 391–394.

[88] R. Locatelli – R. Fiétier, Les archidiacres dans le diocèse de Besançon, in: MSHD 34 (1977) 51–81; J. Choux, Recherches sur le diocèse de Toul au temps de la réforme grégorienne. L'épiscopat de Pibon (1069–1107), Nancy 1952; für Bordeaux vgl. Ch. Higounet, Bordeaux pendant le haut Moyen Age, in: Histoire de Bordeaux, 2 Bde., Bordeaux 1963, 102f. Die Archidiakone bekommen dort zu Beginn des 12. Jh. einen ganz bestimmten Funktionsbereich zugewiesen, durch den sie auch um 1150 näher definiert werden.

[89] Locatelli, De la réforme (s. Anm. 11) 120–126. Vgl. zu deutschen Beispielen F.-R. Erkens, Die Bistumsorganisation in den Diözesen Trier und Köln – ein Vergleich, in: Die Salier und das Reich, Bd. 2, Sigmaringen 1991, 267–302.

Ausnahme des Dekans erhält jeder Chorherr eines Kapitels nur eine Pfründe, und zwar in Form von Getreide und Wein, hinzu kommen die aus Sonderstiftungen und Seelenmessen immer üppiger fließenden Ausnahmezuteilungen [90]. Diese Pfründe kann mit einem Teil des Grundbesitzes aus der Kapitelmensa kombiniert sein. Um eine gerechte Verteilung der Einkünfte zu gewährleisten, nehmen manche Kapitel (Chartres, Laon, Saint-Sauveur in Metz, Remiremont) in regelmäßigen Abständen eine Wiedervergabe der Pfründen vor [91]. Wer die Möglichkeit dazu hat, bezieht zwei oder mehrere Pfründen, indem er nicht nur in der Bischofsstadt, sondern auch an einem anderen Ort der Diözese oder der weiteren Umgebung einem Stift angehört und dort ebenfalls ein Amt oder eine Würde innehat. Wie aber sollte in einem solchen Fall ein Archidiakon in zwei benachbarten Diözesen gleichzeitig seinen Dienst versehen? Pröpste und Dekane kleinerer Stifte besaßen zuweilen eine Pfründe am Kathedralkapitel [92]. Nach einiger Zeit wußte niemand mehr, ob die Chorherren solcher kleinen Kollegiatsstifte ihren Dekan oder Propst noch frei wählen konnten, wenn dieser dadurch automatisch Mitglied eines Kathedralkapitels wurde, oder wenn ihre Wahl zwangsläufig an die Vergabe einer Pfründe des Kathedralkapitels geknüpft war. Da es dabei um Unabhängigkeit und Ansehen jedes einzelnen ging, konnten Konflikte nicht ausbleiben, die letztlich nur durch das Eingreifen des Heiligen Stuhls zu entscheiden waren. Schließlich bestand die Möglichkeit, daß im selben Kapitel sich jeder der hohen Würdenträger ein Archidiakonat oder zwei Ämter gleichzeitig reservierte. Diese Ämterhäufung war in Wirklichkeit jedoch Ausdruck von Mißständen, denn nicht immer erfüllten die Chorherren ihre gottesdienstlichen Pflichten mit gebührendem Eifer, und nicht immer respektierten sie das Zölibatsgebot und die Verpflichtung, auf weltliche Geschäfte zu verzichten und schlechten Umgang zu meiden [93].

III. Kleriker und Pfarrgemeinden

Seit der Christianisierung wuchs die Zahl der Kultstätten ständig, doch war auch im 12. Jh., beispielsweise in gebirgigen, stark bewaldeten oder erst jüngst trockengelegten Gebieten, noch immer ein erheblicher Mangel zu verzeichnen. Andernorts aber wurden zu

---

[90] Pycke, Tournai (s. Anm. 47) 199–222; B. Schneidmüller, Verfassung und Güterordnung weltlicher Kollegiatsstifte im Hochmittelalter, in: ZRG.KA 52 (1986) 115–151.

[91] Das gilt nachweislich für Chartres im Jahr 1171 (vgl. Marchal, Die weltlichen Kollegiatsstifte [s. Anm. 42] 51), wie auch für Laon, Saint-Sauveur in Metz im 13. Jh. und ebenfalls für die Stiftsdamen von Remiremont, vgl. H. Millet, Les partitions des prébendes au chapitre de Laon: fonctionnement d'un système égalitaire (XIIIe–XVe siècles), in: BECh 140 (1982) 163–188.

[92] Die Pfründenhäufung ist weit verbreitet und wird von überallher berichtet. Die Verbindung großer und kleiner Kapitel mittels eines zu beiden gehörenden Kanonikers ist das wichtigste daraus resultierende Phänomen, das wohl auch am wenigsten angefochten wurde, weil es eine alte Abhängigkeitssituation ausdrückt.

[93] Avril, Le gouvernement (s. Anm. 44) 106. So nennt zum Beispiel das Schreiben Alexanders III. von 1164 an das Kathedralkapitel von Chalons-sur-Marne zahlreiche Beispiele verurteilenswerter Verfehlungen und entsprechender Strafen (zu lange Abwesenheit, unerlaubter Ausgang, Vernachlässigung des Amtes), vgl. H. Meinert, Papsturkunden in Frankreich, Bd. 1, Göttingen ²1972, Nr. 94, 285. Gegen das Fernbleiben der Kanoniker hat das Dritte Laterankonzil 1179 ein Dekret erlassen, vgl. Foreville, Lateran I–IV (s. Anm. 39) 193ff.

sätzlich zu den Pfarrkirchen, Burgkapellen, Priorats- und Klosterkirchen Bethäuser und Kapellen errichtet[94]. Ihr Klerus stellte eine religiös und sozial stark differenzierte Welt für sich dar.

1. Die Einrichtung der Pfarrgemeinden

Bis zum 11. Jh. fehlt es an Quellenmaterial, das Aufschluß über die Pfarrgemeinden geben könnte. Der Begriff selbst, der noch im 12. Jh., zum Beispiel bei Gratian, synonym mit „Diözese" gebraucht wird, erhält langsam eine eingeschränktere Bedeutung und bezeichnet dann die kleinste Einheit von Gläubigen, die, nahe beieinander lebend, vom selben mit der *cura animarum* betrauten Pfarrer versorgt werden. Ebenso wie von nun an klare Grenzen zwischen den Diözesen gezogen werden, erfährt auch die gebietsmäßige Ausdehnung der Pfarreien eine immer genauere Bestimmung. Natürlich gibt es deutliche Unterschiede zwischen den schon sehr früh christianisierten und den erst jüngst von den Heiden eroberten Landschaften, desgleichen auch zwischen den bereits seit längerem erschlossenen Flußtälern und unwegsamen Gebirgsregionen, nicht zu vergessen auch der große Unterschied zwischen Nord- und Südeuropa. Nichtsdestoweniger festigt sich aber überall die Kontrolle der Bischöfe über das Diözesangebiet und ihr Einfluß auf dessen Aufteilung in Pfarreien. Im Vergleich zum vorausgehenden Zeitraum und in Verbindung mit demographischen Verschiebungen wie auch mit neuen politischen Machtstrukturen setzt im Umkreis mancher Kirchen ein Verdichtungsprozeß ein. Neue Kirchengebäude werden aber auch errichtet, weil man eine Zunahme der Bevölkerungszahl erreichen möchte oder weil weltliche wie kirchliche Autoritäten es wünschen (im 12. und 13. Jh. sind das beispielsweise in der Diözese Arras 20% der zusätzlich geschaffenen Pfarreien). Auf dem Land üben Kirchen – weil sie Taufsteine besitzen und einen Immunitätsbezirk, der zum einen als Asyl, zum anderen auch zum Begräbnis Verstorbener dient – eine wichtige Mittelpunktsfunktion aus. Dieser unterschiedlich große Bereich, der in manchen Gebieten wie im Elsaß auch durch eine Wehranlage befestigt ist, dient als Ort geselliger Zusammenkünfte, an dem Märkte abgehalten werden und Gerichtsverhandlungen stattfinden. Selbst Häuser werden dort errichtet, den Schwachen gewährt er ebenso Schutz wie den Rechtsbrechern, die sich, um der Rache ihrer Feinde wie auch der amtlichen Strafverfolgung zu entziehen, dorthin flüchten. In Italien und Südfrankreich gibt es ausgedehnte Bezirke, die durch Bezeichnungen wie *pieve, plebania* oder *plebs* als christlich bewohnter Bereich ausgewiesen sind, der sich nach und nach in einzelne Pfarrgemeinden aufteilt. In der Bretagne steht die Bezeichnung „minihy" für ähnlich große Einheiten[95].

Der Pfarreistatus geht häufig zu Ungunsten alter, verlassener Kirchen auf Neugründungen in besserer Lage über. Dieses Phänomen macht sich vor allem in Italien zur Zeit des „incastellamento" bemerkbar, als sich auch kleinere Ortschaften und selbst Dörfer durch eine Wehranlage schützen. Doch entstehen auch andernorts, nur unauffälliger, ständig

---

[94] I. DE LA TOUR, Les paroisses rurales du IVe au XIe siècle, Paris 1900 (Ndr. 1979); M. AUBRUN, La paroisse en France des origines au XVe siècle, Paris 1986.

[95] C. VIOLANTE, Pieve e parrochie dalla fine del X all'inizio del XIII secolo, in: Le istituzioni (s. Anm. 2) 643–799; G. ROSSETTI, Motivi economico-sociali e religiosi in atti di cessione di beni a chiese del territorio milanese nei secoli XI e XII, in: Contributi dell'Istituto di storia medievale, Bd. 1: Raccolta di studi in memoria di Giovanni Soranzo, Mailand 1968. Für die Bretagne vgl. La Bretagne féodale, XIe–XIIIe siècle, Rennes 1987, 285–287.

Die Benediktinerabtei von Cluny in Südburgund, 910 von Herzog Wilhelm von Aquitanien gegründet, war ein besonderes Zentrum monastischen Lebens. Von Cluny ging die auf eine Vertiefung des Ordenslebens und Verchristlichung der Welt zielende Cluniazensische Reform aus. Der Kirchenbau erreichte 1089 mit Cluny III die größte Kirche der Zeit mit fünf Schiffen, zwei Querhäusern mit Vierungstürmen und mächtigem Staffelchor mit Kapellenkranz. Vom Eindruck dieses die burgundische Romanik prägenden Riesenbaus, der 1809–15 zerstört wurde, vermag der Rest eines Querhauses mit Vierungsturm nur eine schwache Ahnung zu geben.

Papst Urban II. weihte 1095 als ehemaliger Prior der Abtei den Hauptaltar der Klosterkirche. Die Bedeutung der in einer Miniatur festgehaltenen Szene ist noch gesteigert, weil Urban II. hier zum ersten Mal den Gedanken an einen Kreuzzug anklingen ließ, zu dem er wenig später auf dem Konzil von Clermont die Christenheit aufrief.

Bernhard von Clairvaux war als treibende Kraft des Zisterzienserordens, als Kirchenpolitiker, Theologe und Mystiker eine Persönlichkeit, die das Gesicht des 12. Jh. entscheidend prägte. In Vézelay, dessen Kirche Ste-Madeleine die wohl großartigste Ausprägung burgundischer romanischer Architektur und Bauplastik verkörpert, rief Bernhard in einer flammenden Predigt im Beisein König Ludwigs VII. (1146) zur Befreiung des Heiligen Landes und der Gedenkstätten in Jerusalem auf. Sein Appell „Gott will es" (Deus lo vult) führt zum zweiten Kreuzzug (1147–49). – Miniatur (um 1490) von Jean Colombe in einem Werk des Sébastien Mammerot. Paris, Bibliothèque Nationale.

neue Zentren, häufig in Zusammenhang mit Burganlagen, die nun ebenfalls in wachsender Zahl von den Adligen errichtet werden[96]. Diese haben begriffen, daß dem einfachen Volk, das sie zur Besiedlung ihrer Wehranlagen brauchen, dort oder zumindest ganz in der Nähe eine Kirche zur Verfügung gestellt werden muß. Solche Gründungen sind nur mit Einwilligung des Bischofs möglich, häufig genug gehen sie auf Kosten einer anderen Kirche, deren Pfarrer dann den Verlust seiner Gläubigen wie seiner Einkünfte zu beklagen hat. Im Anjou etwa bleiben zu jener Zeit die Pfarreien flächenmäßig auf das Territorium der einzelnen Burgen beschränkt[97]. Nicht immer finden diese Fluktuationsbewegungen die Billigung der hohen Geistlichkeit, die manchmal ihren Widerstand nur aufgibt, wenn Grundherren und Fürsten einen besonders starken Druck auf sie ausüben. Gründungen erfolgen häufig auf dringlichen Wunsch der Bevölkerung, die im Einklang mit den Absichten des Adels in unmittelbarer Nähe einen Taufstein und einen Friedhof haben und ihren Pfarrer ständig präsent wissen möchte.

Ihren stärksten Zuwachs verdanken die Pfarrgemeinden aber wohl dem Aufblühen der Städte. Lange Zeit gab es kaum eine urbane Struktur, ausgenommen die Bischofsstädte mit ihren immer schon recht zahlreichen Kirchen, Kapellen und Oratorien. Dort mußten die einzelnen Pfarrgemeinden auf eine bestimmte Fläche begrenzt werden, entsprechend der natürlichen Lage der Stadtteile, etwa auf beiden Seiten eines Flusses oder auf dem von einer Institution beanspruchten Besitz. Anfangs gab es, wie zum Beispiel in Arras oder den Städten des Südens, neben der Dompfarrei nur eine weitere Pfarrgemeinde. Doch konnte auch, etwa in Städten wie Löwen mit 32 oder Köln mit 13 Pfarreien das genaue Gegenteil der Fall sein[98]. Im Laufe des 12. Jh. wurden dank des Anstiegs der Einwohnerzahl und der Erweiterung der Stadtbefestigung viele neue Pfarreien in den Städten gegründet (in Arras wachsen sie bis auf neun im 14. Jh. an). Zahlreich waren die kleineren Zentren, die später zu Städten anwachsen sollten und bereits über zwei, mitunter sogar drei Pfarreien verfügten. Jede Benediktinerabtei hatte für die von ihr abhängige Bevölkerung eine Kirche errichten lassen, die zum Mittelpunkt eines Weilers oder Marktfleckens und schließlich einer eigenen Pfarrei wurde[99]. Beispiele dafür sind im alten Stadtzentrum von Paris die Kirchen Saint-Sulpice für die Pfarrei von Saint-Germain und Saint-Étienne du Mont für die Gemeinde von Saint-Geneviève, doch gibt es kaum eine Stadt, die nicht ähnliche Beispiele bieten könnte. Die Hauptkirche einer Pfarrei wird zur Mutterkirche *(matrix* oder *mater ec-*

---

[96] Ch.-L. Salch – D. Fevre, Réseau paroissial et implantations castrales du IXe au XIIe siècle en Vivarais, in: L'encadrement religieux des fidèles au Moyen Age et jusqu'au Concile de Trente. 109e Congrès des Soc. Sav., I, 47–66; J.-Cl. Poteur, Réseau paroissial et implantations castrales du Xe au XIIe siècle: L'exemple de l'évêché de Grasse-Antibes, ebd. 67–92; A. Dupont, Création et organisation d'une paroisse rurale au milieu du XIIe s. (La Roche-Aunier), in: Études offertes à Augustin Fliche 1952; Ch.-L. Salch – J.-Cl. Poteur, Kirche und Burg zur Zeit der Gregorianischen Reform in der östlichen Provence (vom 11. bis Mitte des 12. Jahrhunderts), in: ZKG 95 (1984) 180–214.

[97] E. Zadora-Rio, Construction de châteaux-forts et fondations de paroisses en Anjou, Xe–XIIe s., in: Archéologie médiévale 9 (1979) 115–125.

[98] P. Strait, Cologne in the Twelfth Century, Gainesville 1974, 49; H. Jakobs, Stadtgemeinde und Bürgertum um 1100, in: Beiträge zum hochmittelalterlichen Städtewesen, Köln – Wien 1982, 14–54; ders., Bruderschaft und Gemeinde: Köln im 12. Jahrhundert, in: Gilden und Zünfte, hrsg. von B. Schwineköper (Vorträge und Forschungen XXIX), Sigmaringen 1985, 281–309; J. Marillier, La formation des paroisses de Dijon et de sa banlieue, in: L'encadrement (s. Anm. 96) 213–228.

[99] A. Girardot, Un bourg abbatial en Lorraine: Saint Mihiel avant 1300, in: Saint-Mihiel. Journées d'études Meusiennes, 6–7 octobre 1974, Nancy 1974, 35–55.

clesia), die auch noch als Taufkirche bezeichnet wird, im Unterschied zu den anderen Kirchen, die nicht über Taufsteine verfügen. Dort findet sich auch der Friedhof, und dorthin kommen die Gläubigen zumindest dreimal im Jahr zur Feier der Hochfeste, bei welcher Gelegenheit sie auch ihren Obulus und ihre Meßspende als Gegengabe für Brot und Wein entrichten[100]. Fast überall lassen sich zwei Haupttendenzen beobachten: Einerseits gründeten die Klöster in den von den Laien restituierten Kirchen Priorate für einige Mönche, andererseits wurden diese neuen Kultstätten von allen sehr großzügig bedacht.

2. Die Übergabe von Kirchen an den Klerus

Durch sein Recht, Umfang und Grenzen der Pfarreien zu bestimmen, Dekane und Archipresbyter zu ernennen und den Archidiakonen genau definierte Aufgaben zuzuteilen, wurde die Macht des Bischofs unzweifelhaft weiter gestärkt. Hinzu kommt, daß ihm auch innerhalb der Pfarrgemeinden zusehends mehr Rechte zuwuchsen[101]. Wenn Laien in großem Umfang ihre Kirchen an Welt- und Ordensgeistlichkeit abtraten, profitierte er jedoch nur in seltenen Fällen als erster davon. Man liest gemeinhin, daß Kirchen, die als Präkarie, als Lehen oder einfach aufgrund unrechtmäßiger Aneignung in Laienhand waren, dank der gregorianischen Reform wieder an den Klerus zurückfielen. Doch sollte hier nicht vorschnell verallgemeinert werden, denn viele von Laien errichtete Eigenkirchen, die später Mittelpunkt einer Pfarrei wurden, waren von Anfang an im Besitz ihrer Gründer, die in solchen Fällen eben nicht Empfänger, sondern Geber waren. Überdies neigt man dazu, die nur schwer zu bestimmende Zahl der in Laienhand befindlichen Pfarreien zu hoch anzusetzen.

Ende des 10. Jh. breitete sich die Vorstellung aus, daß es widerrechtlich sei, wenn sich Kirchen im Besitz von Laien befänden. Die Gregorianer verfochten mit Eifer diese Behauptung, so daß sich mehrere Konzile hintereinander um eine neue Gesetzgebung bemühten. Dem Bischof allein fiel nun das Recht zu, die *cura animarum* der Pfarrgemeinden Priestern aus seiner Diözese zu übertragen, und zwar unabhängig davon, ob er Einfluß auf ihre Wahl genommen hatte oder nicht. Die Auffassung, daß zwischen der Kirche einerseits und dem Altar andererseits eine strikte Gütertrennung vorgenommen werden müsse, hatte sich, wie aus den Urkunden erhellt, bereits um 1025 durchgesetzt. In Westfrankreich setzte die sogenannte Restitution der Kirchen Mitte des 11. Jh. ein, und zwar zunächst zum Vorteil der Benediktiner, den einzigen Mönchen, die sich sowohl auf dem Lande als auch in der Stadt niedergelassen hatten. 1089 wurde in Melfi ein Dekret erlassen, demzufolge solche Schenkungen der obligatorischen Vermittlung durch den Bischof bedurften. Doch blieb diese Kontrollmöglichkeit nur auf dem Papier bestehen. Es dauerte nicht lange, bis überall eine stattliche Zahl von Kirchen als Schenkungen zunächst an die Schwarzen Mönche, dann an den Bischof und seine Kanoniker und schließlich an regulierte Chorherren

---

[100] Auch nach dem Entstehen neuer und wichtiger Siedlungszentren wahrt die Mutterkirche eifersüchtig ihre Vorrechte. Daraus entstehen zahllose Konflikte zwischen den Pfarrern der Mutterkirche und denen der Tochterkirchen, die ohne Einkünfte sind.

[101] R. Fiétier – P. Gresser – R. Locatelli – P. Monat, Recherches sur les droits paroissiaux en Franche-Comté au Moyen Age, Paris 1976; H. Platelle, La paroisse et son curé jusqu'à la fin du XIIe siècle. Orientations de la recherche actuelle, in: L'encadrement (s. Anm. 96) 11–26.

abgetreten wurden[102]. In Arras und Cambrai soll es zwischen dem Jahr 1000 und 1200 annähernd 160 solcher Besitzwechsel gegeben haben[103]. Solch exakte Zahlenangaben sind allerdings nur in seltenen Fällen möglich. Die Übergabe vollzog sich durch die Vermittlung des Bischofs, denn die Vorstellung, daß ein Laie Besitzer einer Kirche gewesen wäre, die er deshalb auch hätte weiterschenken können, war zu der Zeit unannehmbar geworden. Diese Restitutionspraxis hat in Nordfrankreich dazu geführt, daß zahlreiche Pfarrkirchen in den Besitz von Kapiteln oder Klöstern gelangten. Diesseits des Rheins verbreitete sie sich erst erheblich später. Sie setzte sich bis weit ins 12. Jh. und noch darüber hinaus fort, so daß die Auswirkungen der gregorianischen Reform auch noch lange nach dem Wormser Konkordat spürbar blieben. Ihren Niederschlag fanden die Restitutionen in den Privilegien, die sich die verschiedenen religiösen Institutionen in Rom zur Bestätigung ihres Besitzes ausstellen ließen. Neben den von einer Bestätigung zur nächsten immer länger werdenden Listen der zurückerstatteten „Altäre" finden dort auch das Patronatsrecht sowie das Recht Erwähnung, dem Diözesanbischof einen Vikar vorzuschlagen. Zusammengenommen stellen die Privilegien Alexanders III. und Lucius' III. damit eine Untersuchungsbasis dar, von der aus es zumindest im Hinblick auf einzelne Regionen möglich ist, fast den gesamten Eigentumsbestand einer Diözese zu ermitteln[104].

Auf der Grundlage des in einigen Fällen ermittelten Zahlenmaterials lassen sich recht verschiedene Auswirkungen erkennen. Während beispielsweise der Erzbischof von Tours über fast ein Drittel der Pfarreien verfügt, sind den Bischöfen andernorts lediglich ein Zehntel, in Lothringen gar nur einige wenige Pfarrgemeinden unterstellt. Die Zisterzienser weigerten sich, Kirchen als Schenkung anzunehmen, doch ließen sie es zu, daß der Zehnte an sie abgeführt wurde. Die regulierten Chorherren waren zum Priesteramt berufen und konnten somit notfalls den Pfarrer ersetzen. Dies war aber, wie durch das Konzil von Clermont 1095 bestätigt wurde, den Mönchen untersagt, die deshalb auf Vikare zurückgreifen mußten.

3. Priester und andere Kleriker

Der Klerus setzte sich aus Geistlichen der verschiedensten Weihegrade zusammen. Für die niederen Weihen begnügte man sich mit relativ schlichten Zeremonien. Zu diesem Anlaß wurden dem Kandidaten symbolische Gegenstände ausgehändigt, und man ermahnte ihn zur pflichtgetreuen Erfüllung der Aufgaben, die ihm als Pförtner, Lektor, Exorzist oder

---

[102] A. Chedeville, Les restitutions d'églises en faveur de Saint-Vincent du Mans, in: CCM 3 (1960) 209–217; G. Devailly, Les restitutions de paroisses au temps de la réforme grégorienne. Bretagne et Berry. Étude comparée, in: BPh (1968) 583–597; J.-M. Bienvenu, in: ebd. 345–360; B. Chevalier, Les restitutions d'église dans le diocèse de Tours du Xe au XIIe siècle, in: Mélanges E. R. Labande, Poitiers 1974, 129–144; G. Constable, Monasteries, Rural Churches and the *cura animarum* in the Early Middle Ages, in: Cristianizzazione et organizzazione ecclesiastica delle campagne nell'alto medioevo: espansione e resistenze, Settimane di Studio 28, Spoleto 1980, 349–389.

[103] In Nordfrankreich stellt sich das Sonderproblem von *persona* und *personatus,* hinsichtlich dessen noch keine Übereinkunft erzielt werden konnte. Vgl. J.-M. Duvosquel, Les chartes de donation d'autels émanant des évêques de Cambrai aux XIe–XIIe siécles éclairées par les obituaires. A propos d'un usage grégorien de la chancellerie épiscopale, in: Hommage à la Wallonie. Mélanges offerts à Maurice Arnould et Pierre Ruelle, Brüssel 1981, 147–163.

[104] Beispiele finden sich bei Meinert, Papsturkunden (s. Anm. 93). Vgl. auch D. Lohrmann, Kirchengut im nördlichen Frankreich, Bonn 1983.

Akolyt zugewiesen waren. Der Pförtner mußte die Türen von Kirche und Sakristei öffnen und schließen und die Glocken läuten; der Lektor war mit den gesprochenen oder gesungenen Lesungen und der Segnung von Brot und neuen Früchten betraut; dem Exorzisten oblag es, die Dämonen zu vertreiben, die Exkommunizierten von Gottesdienst und Kirche fernzuhalten und bei der Messe das Reinigungswasser bereitzuhalten; die Akolyten trugen die Kerzen, entzündeten sie auf dem Altar und brachten Wasser und Wein für das Meßopfer. Der Subdiakon war zwar nach demselben Prinzip wie die vorher erwähnten Geistlichen in sein Amt eingesetzt, besaß jedoch bereits den untersten der höheren Weihegrade. Er assistierte dem zelebrierenden Priester, reichte diesem Wasser und Wein, Tücher und Meßgefäße, Kelch und Patene. Der Diakon durfte predigen und als einziges der Sakramente die Taufe spenden. Der Priester brachte das Meßopfer dar, segnete und spendete die Sakramente.

Zusammengehörigkeitsgefühl und brüderliches Einvernehmen führten dazu, daß sich Priester und Kleriker in Gruppen zusammenschlossen. Viele dieser zahlreichen und gut bekannten Gruppierungen sind während des 12. Jh. oder gegen dessen Ende entstanden[105]. Häufig waren in den Pfarreien auch „kleine" oder „niedere" Kleriker anzutreffen, die keine Weihen erhalten hatten, oft verheiratet waren und von Spenden lebten. In den großen Kirchen organisierten sie sich mitunter in Bruderschaften[106].

In den Säkularstiften waren die Priester, Diakone und Subdiakone zahlenmäßig gleich stark vertreten. Die jüngsten Bezieher von Pfründen waren die Akolyten. Bei der Meßfeier waren neben dem Priester in der Regel auch ein Diakon, ein Subdiakon und ein Akolyt zugegen. Genauere Bestimmungen hierzu finden sich mitunter in den Regeln der Frauenklöster, wo der Zutritt von Männern möglichst auf ein Mindestmaß beschränkt bleiben sollte. Die zu Priestern geweihten Stelleninhaber werden durch eine Fülle verschiedener Begriffe bezeichnet. Der *capellanus*, d. h. der Kapellan, übt mehrere Funktionen aus. Zumeist bezeichnet dieses Wort einen Geistlichen aus der engeren Umgebung von Königen, Herzögen oder Bischöfen. In den großen Kirchen ist er auch Altarist an Seitenaltären, an denen eigene Kapellanien gegründet wurden, schließlich fungiert er auch als Vikar einer Kirche. Der Gemeindepfarrer kann ebenfalls *capellanus*, daneben aber auch *presbyter, presbyter parrochialis, pastor, proprius pastor, sacerdos* oder manchmal *rector* genannt werden[107]. Der Begriff *clericus* wird sehr verallgemeinernd verwendet. Im engeren Sinn bezeichnet er die Nichtpriester und insbesondere diejenigen, die sich noch im Studium befinden.

Wahl und Investitur des Vikars einer Kirche liegen beim Inhaber des Patronatsrechtes. Der Begriff „patronatus" ist in seinem heutigen Gebrauch nicht unbedingt mit dem des 12. Jh. identisch. Als Bezeichnung für das Recht, den zur Leitung einer Pfarrei vorgesehenen Priester zu benennen, ist er gleichwohl sehr geläufig. Zunächst aber ist der Patron der Schutzheilige einer Kirche und als solcher ihr eigentlicher Herr, dem die Spenden dargebracht werden und dem die höchste Verehrung gilt. Des weiteren steht der Begriff für die

---

[105] Ein gutes Beispiel dafür bietet eine italienische Klerikergemeinschaft, vgl. J.-L. Lemaitre, La consorce du clergé de Lodi et son missel, XIIe–XIVe siècle, in: Le mouvement confraternel au Moyen Age. France, Italie, Suisse, Rom 1987, 185–220.

[106] Catherine Vincent hat die im 12. Jh. einsetzende Bildung zweier solcher Bruderschaften von niederen Geistlichen an der Kathedralschule Saint-Julien und der Kirche Saint-Pierre de la Couture in Le Mans untersucht, vgl. C. Vincent, in: Le clergé séculier au Moyen Age, Colloque d'Amiens, Juin 1991.

[107] J. Becquet, La paroisse en France aux XIe et XIIe siècles, in: Le istituzioni (s. Anm. 2) 208.

Person oder Institution, der die Wahl des Pfarrers anheimgestellt ist. In der Praxis sieht das so aus, daß der Patron mit dem von ihm für eine vakante Pfarrstelle vorgeschlagenen Kandidaten vor den Bischof oder den Archidiakon tritt, damit er von diesem die *cura animarum* erhält. Erst danach erfolgt die Einsetzung in Amt und Würden[108]. Das Eingreifen des Bischofs ist durch die Notwendigkeit gerechtfertigt, den angehenden Pfarrer, der einen guten Leumund haben, fähig und seinem Amt gewachsen sein soll, einer sorgfältigen Prüfung zu unterziehen[109]. In Fällen, wo eine Exemtion vorliegt, erteilt ein Benediktinerabt anstelle des Bischofs die *cura animarum*[110], die er manchmal freilich auch verweigert, so daß dann die Gläubigen ohne Pfarrer bleiben. In vielen Urkunden wird mitunter recht weitschweifig beschrieben, wie dieses System funktioniert, wenn das Patronatsrecht von einer Abtei oder einem Stift ausgeübt wird. Wenn ein Mitglied dieser Institutionen neben einer Kirche auch noch deren Einkünfte erhält, er also Nutznießer ihres weltlichen Besitzes ist, dann gilt manchmal das Kollegium, dem das Mitglied angehört, als eigentlicher Pfarrherr. Dieses Phänomen verbreitet sich seit dem ausgehenden 11. Jh. in Nordfrankreich und Lothringen (und damit ein ganzes Jahrhundert früher als im Deutschen Reich). Mönche, deren Klöster sich auf diese Weise Kirchen gleichsam einverleibt haben, dürfen allerdings weder taufen noch Kranke und Sterbende besuchen; ganz anders ist das bei den regulierten Chorherren, die von ihrer Gemeinschaft mit der Übernahme einer vakanten Pfarrei beauftragt werden können. Dies geschieht auch manchmal, ist aber nicht die Regel. In der Tat kann es vorkommen, daß Stifte und Abteien das Patronatsrecht über mehrere dutzend Kirchen ausüben, deren Vikare sie dann, wie andere Patrone auch, außerhalb ihrer Gemeinschaft suchen[111]. Hierzu und zum Verhältnis von Priester und Patron werden im vorhandenen Urkundenmaterial teilweise sehr präzise Aussagen gemacht.

Über die Bildungsvoraussetzungen beim Klerus ist noch immer wenig bekannt. Die Tatsache, daß die Kandidaten einer eingehenden Prüfung unterzogen wurden, mag als Garantie dafür genommen werden, daß sie in der Lage waren, Predigten zu halten und die Glaubenslehre zu erläutern. Auch kann man, ohne unhaltbare Vermutungen zu äußern, annehmen, daß sie während ihres Noviziates von einem Priester Lateinunterricht erhielten und mit der Heiligen Schrift vertraut gemacht wurden. Da der Nepotismus nicht selten ist, werden einzelne Würdenträger wohl auch ihre als Nachfolger ausersehenen Neffen mit entsprechenden Instruktionen auf ihr Amt vorbereitet haben[112]. Dank der vom Heiligen

---

[108] M. Parisse, Recherches sur les paroisses du diocèse de Toul au XIIe siècle: l'église paroissiale et son desservant, ebd. 559–570. In den italienischen „pievi" hat der Archipresbyter das Recht, die Pfarrer der auf seinem Gebiet entstehenden Pfarrgemeinden zu wählen, vgl. C. Violante, Pieve e parrochie (s. Anm. 95) Anm. 15, 749; D. Kurze, Pfarrerwahlen im Mittelalter (Forschungen zur kirchlichen Rechtsgeschichte 6), Köln – Graz 1966. Zum rechtlichen Aspekt des Patronats vgl. v.a. P. Landau, Ius Patronatus. Studien zur Entwicklung des Patronats im Dekretalenrecht und der Kanonistik des 12. und 13. Jahrhunderts, Köln – Wien 1975.

[109] Zu den bei einem Pfarrer als notwendig erachteten Kenntnissen vgl. A. Vernet, Un manuscrit autographe de Bernard Itier (1202) et le „Liber de sacramentis" de Jean Maréchal, in: BSNAF (1963) 162f.

[110] L. Morelle, Formation et développement d'une juridiction ecclésiastique d'abbaye: les paroisses exemptes de Saint-Pierre de Corbie (XIe–XIIe siècle), in: L'encadrement (s. Anm. 96) 597–620. In bezug auf die exemten Abteien im Vogesenvorland vgl. Parisse (s. Anm. 108) 564.

[111] An Beispielen von Männer- und Frauenabteien, die zahlreiche Kirchen unter ihrem Patronat hatten, ist kein Mangel. Für die Diözese Reims vgl. F. Poirier-Louthansis, Les abbayes bénédictines du diocèse de Reims, Gallia monastica, 1, Paris 1974.

[112] J. Becquet, Le clergé limousin au XIIe siècle, in: L'encadrement (s. Anm. 96) 311–316.

Stuhl unterstützten Aktivitäten der regulierten Chorherren nahm die Zahl der Vikare und Kapelläne, die ihre Klausur verließen, um Gottesdienst zu halten und zu predigen, erheblich zu, so daß umgekehrt die Zahl der vakanten Pfarrstellen spürbar sank.

4. Ämter und Einkünfte

Die Aufgaben in der Seelsorge werden durch die Definition des priesterlichen Amtes näher bestimmt. Zunächst muß der Priester den Gläubigen durch die Taufe auf den christlichen Lebensweg geleiten und ihm an dessen Ende durch letzte Ölung und Bestattung einen würdigen Heimgang verschaffen. Doch ist er auch auf allen dazwischen liegenden Lebensstationen als Begleiter präsent. In der Kirche, die er als Geistlicher betreut und für deren materielle Ausstattung der Patron sorgt, muß er sich um die von diesem gelieferten Bücher, Meßgewänder und Sakralgefäße kümmern, zudem darauf achten, daß für die Erhaltung des Kerzenbestandes genügend Wachs vorhanden ist und daß die Gläubigen für die heilige Messe an Sonn- und Feiertagen ausreichend Brot und Wein zur Verfügung stellen. Ferner nimmt er die Beichte ab und teilt die Kommunion aus. Er empfängt die Pilger und segnet ihren Proviant, ebenso wie er vor Antritt einer Reise, nach einer Niederkunft, bei Verlobungen seinen Segen erteilt, Eheschließungen vornimmt und Krankenbesuche macht[113]. Im Rahmen seiner Fähigkeiten erläutert er Credo und Sonntagsgebet sowie die Synodalbeschlüsse, doch erreicht seine Unterrichtung im Glauben bei weitem nicht das Niveau der Predigten von Bischöfen, Äbten oder Universitätslehrern. Der aus Friesland berichtete Fall eines Priesters mit Namen Friedrich, der als Prediger in seiner Gemeinde so erfolgreich war, daß er zum Predigen auch in andere Pfarreien berufen wurde, darf wohl eher als Ausnahme gelten[114]. Der Priester ist verantwortlich für das moralische und religiöse Niveau in seiner Gemeinde. Auf Pfarr- oder Dekanatszusammenkünften können er wie auch seine Gläubigen in Abwesenheit von Dekan und Archidiakon, die das Bindeglied zwischen ihm und dem Bischof bilden, Anliegen oder auch eventuelle Beschwerden vortragen[115]. Der Dekan oder der Archipresbyter sind verantwortlich für einen mehrere Pfarreien umfassenden Bezirk, der in diesem Zeitraum eine fest vorgeschriebene Größe erhält. Die Pflicht zum regelmäßigen Besuch der Pfarrgemeinden, die früher dem Bischof selbst oblag, hat dieser nun ganz an den Archidiakon delegiert. Wird der Priester eines Vergehens angeklagt, muß er sich vor dem bischöflichen Gericht rechtfertigen und nachweisen, daß er als Geistlicher Recht und Sitte immer respektiert hat; wenn er jedoch für schuldig befunden wird, kann es sein, daß er sein Amt verliert und einem Nachfolger Platz machen muß.

Mehr als der spirituelle wird der materielle Aspekt des Lebens von Pfarrer und Gemeinde in den Urkunden als Gegenstand strittiger und klärungsbedürftiger Fragen behandelt. Der Priester bezieht ganz unterschiedliche Einkünfte. Üblicherweise verfügt er über das Kirchengut oder ein Kirchenlehen in Form von Ackerland, einen Weinberg oder eine

---

[113] J. Avril, La pastorale des malades et des mourants aux XIIe et XIIIe siècles, in: H. Braet – W. Verbeke, Death in the Middle Ages, Löwen 1983, 88–106; Fiétier u. a., Recherches (s. Anm. 101) 1976; Delmaire, Le diocèse d'Arras (s. Anm. 11) 243–283.

[114] Friedrich, der Pfarrer der Gemeinde Hallum, wurde heiliggesprochen; seine von seinem Nachfolger verfaßte Lebensbeschreibung ist nur teilweise veröffentlicht worden, vgl. H. Platelle, Le clergé séculier au Moyen Age, in: Colloque d'Amiens de juin 1991.

[115] J. Schneider, Le synode paroissial en Lorraine à la fin du Moyen Age, in: L'encadrement (s. Anm. 96) 177–180.

Weide. Er hätte auch das Recht, den Zehnten einzuziehen, doch ist dessen Ertrag so hoch, daß ihn sich der Patron ganz oder teilweise vorbehält. Die Pfarrkinder zeigen ihre Großzügigkeit durch Almosen, durch Gaben, die sie an Festtagen, oder wenn ein Sakrament gefeiert wird, zum Altar bringen, oder durch die Zahlung von Meßstipendien für 30 Messen für die Seele eines Verstorbenen. Kleinere Zuwendungen in Form von Geld oder Naturalien erhält er bei Taufen, Beerdigungen, Hochzeiten oder Hausbesuchen. Die Verteilung der Einkünfte wird zuweilen minutiös bis ins letzte Detail geregelt. Manchmal gelingt es dem Priester nur mit Mühe, den gesamten Spendenertrag zu erhalten, oder aber die ihm zustehende sogenannte *portio congrua* macht nurmehr die Hälfte oder ein Drittel der größeren Einkünfte aus. Darüber hinaus müssen dem Bischof ein Jahreszins, eine Synodalsteuer und eine Abgabe für die Gastung entrichtet werden[116].

5. Zölibat und Priesterehe

Die Ausdehnung der Zölibatsverpflichtung auf den gesamten niederen Klerus war eine im 11. und 12. Jh. vieldiskutierte Maßnahme. Schon seit längerem waren diese Frage und die Argumente für und wider den Zölibat Gegenstand zäher Debatten[117]. Der Nikolaitismus, das heißt die bei Priestern bestehende Bereitschaft zu Heirat oder Konkubinat, wurde zusammen mit der Simonie seit Mitte des 11. Jh. heftigst attackiert. Die Vorwürfe richteten sich in erster Linie gegen den hohen Klerus, also gegen Bischöfe und Kanoniker, denn für jeden Geistlichen, der vom Subdiakonat aufwärts die höheren Weihen empfangen hatte, war die Wahrung des Keuschheitsgebots eine allgemein anerkannte und verbindliche Verpflichtung. Freilich wurde diese Vorschrift mißachtet, ihre rigorose Durchsetzung war deshalb schon schwierig genug; ihre Geltung aber auf alle Geistlichen ausdehnen zu wollen, rief Protest und Empörung hervor. Das vertraute Zusammenleben von Geistlichen mit einer Frau hatte über kurz oder lang die Geburt von Kindern zur Folge und in weiterer Konsequenz auch die Verlockung, ein Amt vom Vater auf den Sohn zu vererben, was nachweislich auch während des 11. Jh. im gesamten Abendland praktiziert wurde. Allen Reformwilligen schien das mit der Würde eines Geistlichen unvereinbar zu sein. Umgekehrt aber fehlte es auch nicht an denjenigen, die ein Verbot, das die frühen Texte keineswegs mit Absolutheit forderten, in Zweifel zogen, denn für sie war die Heirat unverzichtbarer Bestandteil eines geregelten Lebens. Wie schon in der Simoniedebatte, so hatten auch hier die Verfechter einer Extremposition ihren Forderungen dadurch Nachdruck verliehen, daß sie Sakramenten, die ein verheirateter Priester gespendet hatte, die Gültigkeit absprachen. Dieser Auffassung wurde entgegengehalten, daß durch das Verbot, an Meßfeiern von Priestern, die im Stand der Sünde lebten, teilzunehmen, Gläubige, die doch der Sakramente bedurften, selbst zu Sündern gemacht würden. Wenn ferner Söhne von Priestern unter das auf

---

[116] Fiétier u. a., Recherches (s. Anm. 101) Anm. 110.

[117] C. N. L. Brooke, Gregorian Reform in Action: Clerical Marriage in England, 1050–1200, in: The Cambridge Historical Journal, 13 (1956) 1–21; A. Esmein, Le mariage en droit canonique, I/2, Paris 1929, 313–341; J. Dauvillier, Le mariage dans le droit classique de l'église, Paris 1933; G. Fornasari, Celibato sacerdote e „autocoscienza" ecclesiale. Per la storia della „nicolaitica haeresis" nell'Occidentale medievale, Undine 1981; Stichwort „mariage" in: DCC III, Paris 1942, 132; G. Denzler, Das Papsttum und der Amtszölibat I, Stuttgart 1973.

ihren Vätern lastende Verdikt fielen, dann würden unschuldige Kinder mit dem Makel der Sünde behaftet.

Die Diskussion wurde sehr lebhaft und heftig geführt. Kaum jemandem kam es in den Sinn, die Simonie verteidigen zu wollen, da es bei diesem Konflikt um die Frage der Machtausübung ging; um so zahlreicher waren dagegen die Stimmen derer, die sich für die Priesterehe einsetzten[118]. Besonders in der Normandie und in England, wo die Praxis des Nikolaitismus durchaus geläufig war, stießen die neuen Maßnahmen auf entschiedene Ablehnung. Zwischen 1060 und 1070 traten dort zwei anonyme Autoren als Verteidiger der Priesterehe auf, während Serlo, ein Chorherr aus Bayeux und selbst Sohn eines Priesters, die Heirat von Priestern zwar als illegitim ansah, ihre Söhne aber von Sanktionen ausnehmen wollte. In einem Brief an Roscelin von Compiègne schloß sich Thiebaud von Étampes dieser Auffassung an. Erzbischof Anselm von Canterbury riet den Gläubigen, auf die Dienste von Priestern, die im Konkubinat lebten, zu verzichten, die Gültigkeit der von ihnen gespendeten Sakramente wollte er aber nicht anfechten. Darin unterschied er sich von den Anhängern der Pataria wie auch vom Anonymus von York, der eine Gegenposition zu ihm bezog. Zu Beginn des 12. Jh. schien die Priesterehe in England noch ganz selbstverständlich zu sein, und die Bischöfe verzichteten darauf, dagegen einzuschreiten. Noch 1120 rief das Dekret, das die Ehen höherer Geistlicher für ungültig erklärte, entschiedenen Widerspruch hervor. Auch in Spanien versuchten die Legaten ohne Erfolg, den Geistlichen den Zölibat aufzuzwingen.

So wich man auf Zwischenlösungen aus. Verheiratete Priester wurden aufgefordert, ihre Frauen fortzuschicken oder wenigstens wie Bruder und Schwester mit ihnen zu leben. Ein Geistlicher, der die höheren Weihen anstrebte, mußte sich von seiner Frau oder Konkubine trennen. Des weiteren bestand die Auffassung, daß neu geweihte Geistliche das Verbot zu respektieren hatten, während die vorerst noch bestehenden Problemfälle sich mit der Zeit von selbst lösen würden. Der Nikolaitismus stellte also noch immer eine offene Wunde dar, die in den einzelnen Ländern und Diözesen wie auch in jedem Einzelfall verschieden schnell heilte. Im 12. Jh. war von Italien bis England eine zunächst nur langsam, dann aber unaufhaltsam voranschreitende Besserung zu konstatieren. Das Erste Laterankonzil 1123 wollte der Priesterehe endgültig einen Riegel vorschieben; später untersagte Alexander III. verheirateten Priestern die höheren Weihen; die Reform ließ sich also nicht aufhalten.

Im Zusammenhang mit dem Problem der Priesterehe ist daran zu erinnern, daß der niedere Klerus in enger Symbiose mit den Gläubigen lebte, Freude wie Leid mit ihnen teilte. Seine höhere soziale Stellung brachte den Priester dazu, in vielerlei Rollen zu schlüpfen und unmittelbar am Leben der Landbevölkerung teilzunehmen. Er mußte seinen Flecken Land bestellen, er ging in die Wirtschaft, verlieh Geld und beteiligte sich am Würfelspiel. Beim städtischen Klerus war der Kontakt zum Volk noch enger. Synoden und Konzilien mußten ein solches Verhalten natürlich untersagen, sie waren aber nicht in der Lage, der ökonomischen Mangelsituation abzuhelfen, die darauf zurückzuführen war, daß die Pfarrgeistlichen zu geringe Einkünfte bezogen.

Abschließend ist also festzuhalten, daß sich während des 11. Jh. eine zunehmende Klerikalisierung, wie wir heute sagen würden, jener Geistlichen beobachten läßt, die in und mit der Welt lebten. Die im Laufe des 12. Jh. aufkommende Bezeichnung „Weltklerus" bestä-

---

[118] H. Boehmer, Kirche und Staat in England und in der Normandie im XI. und XII. Jahrhundert, Leipzig 1899 (Ndr. 1968), 168; MGH, Libelli de lite, III, 582–596.

tigt eine damals zweifelsohne bereits feststehende Tatsache. Das Aufkommen des Begriffs „Regularkanoniker“ hatte zur Folge, daß im Gegenzug nun auch von „Säkularkanonikern“ und analog von „Weltklerus“ gesprochen wurde. Die Bischöfe, die sich in ihrer Rolle als Fürsten behaupten mußten und deren religiöses Lebensideal im 10. Jh. dem Vorbild der Mönche verpflichtet gewesen war, wurden sich nun ihrer Führungsaufgabe bewußt und begannen, assistiert von Chorherren und Offizialen, die Leitung der zu ihrer Diözese gehörenden Pfarreien und religiösen Gemeinschaften fest in die Hand zu nehmen. Auch die Rolle des Pfarrers konsolidierte sich, so wie das Band zwischen den Gläubigen und ihrer Kirche enger wurde. Diese im 11. Jh. einsetzende Entwicklung wurde im 12. Jh. nachhaltig verstärkt.

Drittes Kapitel

Die Ausbreitung der römischen Kirchenverfassung

VON MICHEL PARISSE (TEILE I UND III) UND JEAN-MARIE MARTIN (TEIL II)

Auf allen Gebieten war das 12. Jh. für das Abendland eine Zeit der dynamischen Expansion, die einerseits durch einen klaren wirtschaftlichen und demographischen Aufschwung gekennzeichnet war und sich andererseits ihrer eigenen religiösen und kulturellen Identität gerade gegenüber der glänzenden byzantinischen und islamischen Kultur bewußt wurde – beide Kulturkreise waren ihr bis dahin in jeder Hinsicht überlegen gewesen. In diesem Prozeß der beginnenden Identitätsfindung spielte die römische Kirche eine entscheidende Rolle, indem sie Völkern und Kirchen, die bisher eigenständige Traditionen bewahrt hatten, ihre Verfassungsstruktur und ihre Liturgie nahebrachte und oft aufzwang. Die Zurücknahme und häufig auch der Verlust dieser Eigenständigkeit waren gewissermaßen der Preis, um voll in die abendländische Christenheit integriert zu werden, die sich von nun an als Gemeinschaft jener Christen definierte, die die Vorrangstellung des römischen Papstes anerkannten und das Latein als Sprache von Liturgie, Kultur und Wissenschaft benutzten. Das Papsttum begnügte sich jedoch nicht damit, römische Gebräuche in den christlichen Königreichen auf der Iberischen Halbinsel und in geringerem Maße ebenfalls in Süditalien einzuführen, sondern es bemühte sich zudem um ihre Verbreitung im Orient, vor allem innerhalb der fränkisch-lateinischen Reiche, die während der Kreuzzüge entstanden waren.

I. Die Iberische Halbinsel

VON MICHEL PARISSE

Auf der Iberischen Halbinsel bildeten sich im Laufe des 11. und 12. Jh. in den christlich beherrschten Regionen, die durch die Eroberungen im Zuge der *Reconquista* kontinuierlich erweitert wurden, die ‚Fünf Königreiche‘, die *Cinco Reinos*, heraus, deren politisches Zusammenwirken, aber auch deren Rivalität das historische Geschehen in der *Hispania* bis ins Spätmittelalter prägen sollten. León und Kastilien wuchsen für eine lange Zeit zu einem einheitlichen Reichsverband zusammen, fielen aufgrund einer dynastischen Teilung wieder in zwei Königreiche auseinander, um erst im 13. Jh. wieder zur nun untrennbaren Krone Kastilien zusammengeschmiedet zu werden. Navarra sollte nach dem Aussterben des Königshauses seine Eigenständigkeit für mehr als ein halbes Jahrhundert verlieren, um schließlich durch die Wahl des Adels eine neue, aus einer Seitenlinie hervorgegangene Dynastie zu erhalten. Aragón stieg von der Grafschaft zum Königreich auf, um seit 1137 durch die Vereinigung mit der Grafschaft Barcelona bzw. dem Prinzipat von Katalonien die Krone Aragón zu bilden, zu deren Ländern außer einer Reihe von Grafschaften und Herrschaften im 13. Jh. das zurückeroberte Königreich Valencia hinzutreten sollte. Gleichfalls zum eigenständigen Königreich stieg die Grafschaft Portugal im 12. Jh. auf, als es dem *princeps* Alfons Enriques allmählich gelang, seinen Herrschaftsbereich aus der ursprünglichen rechtlichen und machtpolitischen Abhängigkeit vom Königreich Kastilien-León auszugliedern und nach langwierigen Verhandlungen 1179 als König Alfons I. von Portugal durch das Papsttum anerkannt zu werden. Allen diesen Reichsbildungen, die bis auf die Grafschaft Barcelona ihre Entstehung nach der arabischen Eroberung von 711 den Anfängen der *Reconquista* in Asturien-León zu verdanken hatten, war gemein, daß der Aufbau ihrer Kirche spätestens seit der Regierung Alfons' III. von Asturien (866–910) im Rahmen des *Neogoticismus* durch den Rückgriff auf die einstigen westgotischen Verhältnisse, soweit diese noch bekannt waren, oder durch neue Strukturen, die später in vermeintlicher Anlehnung an die westgotische Kirche gewachsen waren, bestimmt wurde. Als das Papsttum deshalb seit der Mitte des 11. Jh. daranging, diese überkommene westgotische Kirchenstruktur und die damit verbundene westgotisch-mozarabische Liturgie durch die fränkisch-römische Kirchenverfassung zu ersetzen, da nur diese die überragende Stellung des römischen Sitzes garantierte und den vollständigen Anschluß der spanischen Kirche an den Heiligen Stuhl ermöglichte, mußte es auf die innerspanischen Verhältnisse Rücksicht nehmen und die Neuordnung der Kirchenorganisation auf der Iberischen Halbinsel als Rückbesinnung auf die westgotischen Gegebenheiten durchführen [1].

Die wichtigste Entscheidung, die in diesem Zusammenhang gefällt werden mußte, betraf nach der endgültigen Rückeroberung von Toledo (1085) die Wiedererrichtung des dortigen Metropolitansitzes, dessen Bischöfe in vermeintlicher Erinnerung an die herausgehobene Stellung ihrer Vorgänger als höchste geistliche Würdenträger des westgotischen Königshofes die Primatialgewalt über alle Kirchen der *Hispania* beanspruchten. Eine Ausnahme bildete nur Katalonien, wo sich seit dem Ende des 10. Jh. die Grafschaft Barcelona als beherrschende politische Kraft herauskristallisiert hatte. Da diese Region, die sog. ‚Spanische Mark', bereits in der Karolingerzeit dem fränkischen Reichsverband angehört hatte, war ihre Kirchenorganisation bereits sehr früh Rom angeschlossen worden, ohne daß die Bande nach dem Niedergang des karolingischen Königshauses jemals völlig abgerissen wären. Als Bestandteil der Kirchenprovinz Narbonne hatten die katalanischen Suffraganbistümer die weitere Entwicklung der fränkisch-römischen Kirchenverfassung mitgemacht, aber ebenso wie die anderen Diözesen an der Peripherie des fränkischen Reiches unter dem Versagen der karolingischen Zentralgewalt und den schwierigen kirchenpolitischen Verhältnissen nach der Ablösung der Karolinger durch die kapetingische Königsdynastie zu leiden gehabt. Erst die Beteiligung der katalanischen Bistümer an der seit dem Ende des 10. Jh. aus der Auvergne, Burgund und Aquitanien in die Gebiete des nordostpyrenäischen Raumes eindringenden Gottesfriedensbewegung, die die nicht mehr intakten, einst von der Königs- und Grafengewalt getragenen Schutzleistungen durch eine von den Bischöfen im Verein mit dem Adel geschlossene und allgemein beschworene Friedensei-

[1] Eine ausführlichere Darstellung der Entstehung der spanischen Reiche bietet L. Vones, Geschichte der Iberischen Halbinsel im Mittelalter 711–1480. Reiche – Kronen – Regionen, Sigmaringen 1993, wo sich auch ein gründlicher Überblick über die einschlägige Literatur findet.

nung *(pax, constitutio pacis)* auf Diözesanebene ersetzten, sollte vor allem in der weiter entwickelten Form der *Treuga Dei* mit ihrem Verbot der Fehdeführung während vieler Zeiträume eine weitreichende Rechtssicherheit bringen, deren Garant die Kirche war. Als die Bischöfe Wifred von Barcelona und Berengar von Gerona sowie ein Legat des Bischofs von Urgel am 25. August 1054 an der Synode von Narbonne unter Vorsitz des Erzbischofs Guifred teilnahmen und die dort beschlossenen *Capitula de treuga* sowie die *Capitula de pace* mittrugen, ging es nicht mehr nur um die Festigung und Aufrechterhaltung der Gottesfriedensbewegung in diesen Diözesen, sondern im Grunde auch um die Bestimmung des kirchenpolitischen Verhältnisses zur wiedererstarkten Grafengewalt, für die die *Pax-et-treuga*-Konstitutionen mit ihrer flächendeckenden Regelung der inneren Ordnung schon bald ein geeignetes Machtinstrument werden sollten[2]. Die *Pax* von Narbonne, „Höhepunkt der Friedensbewegung im 11. Jahrhundert“[3], wurde zehn Jahre später unter Erweiterung der *Treuga*-Bestimmungen durch ein weiteres Konzil in Toulouges im Roussillon bestätigt[4], bevor Graf Raimund Berengar I. von Barcelona und seine Gattin Almodis 1064 auf einer Friedensversammlung in Barcelona unter Mitwirkung der Bischöfe und des Klerus von Barcelona, Vic und Gerona eine *Pax-et-Treuga* verabschieden ließen und so die führende Rolle der Grafengewalt endgültig sicherzustellen versuchten[5]. Als der päpstliche Gesandte Hugo Candidus dann 1068 auf einer Legatensynode in Gerona in Anwesenheit des Erzbischofs Guifred von Narbonne *Pax-et-Treuga*-Konstitutionen für die Grafschaften Gerona, Besalú, Barcelona, Ampurias und Perelada sanktionierte, trug er diesem Umstand Rechnung, indem er Raimund Berengar I. und Almodis nicht nur als Teilnehmer duldete, sondern es ihnen sogar überließ, die Synode einzuberufen[6]. Im katalanischen Raum sollte fortan zwischen Kirchenverfassung und Grafengewalt eine enge Beziehung bestehen, die durch das gemeinsame Interesse an der Reconquista und die daraus folgenden Probleme um die Wiedererrichtung der Metropole Tarragona als Kern einer eigenständigen Kirchenorganisation noch vertieft wurde.

Andere Sorgen standen bei der kirchlichen Neuordnung in den Königreichen Kastilien und León im Vordergrund, wo das Konzil von Coyanza im Jahr 1055 und in geringerem Maße für Galicien und Portugal die Synode von Santiago de Compostela am 15. Januar 1056 eine große Bedeutung erhalten sollten[7]. Unter dem Vorsitz König Ferdinands I. von

---

[2] Die Akten der Synode von Narbonne finden sich gedruckt bei Mansi XIX, col. 827–832. Zur Entwicklung der Gottesfriedensbewegung ist noch immer grundlegend H. Hoffmann, Gottesfriede und Treuga Dei, Stuttgart 1964; zu den katalanischen Verhältnissen sollte ergänzend herangezogen werden G. Gonzalvo i Bou, La Pau i Treva a Catalunya. Origen de les Cortes Catalanes, Barcelona 1986. Die Verhältnisse innerhalb der sog. ‚Spanischen Mark‘ untersuchte O. Engels, Schutzgedanke und Landesherrschaft im östlichen Pyrenäenraum (9.–13. Jahrhundert), Münster i.W. 1970, sowie ders., Reconquista und Landesherrschaft. Studien zur Rechts- und Verfassungsgeschichte Spaniens im Mittelalter, Paderborn u. a. 1989.

[3] Hoffmann, Gottesfriede und Treuga Dei 97.

[4] Hrsg. von F. Miquel Rosell, Liber Feudorum Maior, Bd. II, Barcelona 1945, 223–225, Nr. 708. Vgl. Hoffmann, Gottesfriede und Treuga Dei 98–102.

[5] Hrsg. von F. Fita, Cortes y Usajes de Barcelona en 1064. Textos inéditos, in: Boletín de la Real Academia de la Historia 16–17 (1890) 389–393.

[6] Hrsg. von J. Villanueva, Viaje literario a las iglesias de España, Bd. XIII, Madrid 1850, Ap. XXV, 261–264.

[7] Zum Konzil von Coyanza bleibt grundlegend A. García-Gallo, El concilio de Coyanza. Contribución al estudio del Derecho canónico español en la Alta Edad Media, in: Anuario de Historia del Derecho Español 20 (1950) 275–633, der auf S. 286–302 eine kritische Edition der Konzilsakten und ihrer verschiede-

León (1038–1065) und seiner Gemahlin Sancha versammelten sich die Bischöfe von Lugo, Oviedo, Iria-Compostela, León, Astorga, Palencia, Calahorra, Pamplona, Osma und Porto in Coyanza (Valencia de Don Juan), um eine umfassende Reform der leonesischen Kirche, eine *restauratio nostre christianitatis* einzuleiten und durch ein königliches Edikt, das der *Lex in confirmatione concilii* der westgotischen Zeit entsprach, zu promulgieren. Das Ergebnis dieser Bemühungen war eine genaue Regelung der Disziplin des Klerus und des religiösen Lebens bis ins kleinste Detail. Für die Bischöfe wurde die Verbindlichkeit des kanonischen Rechts unterstrichen, für die Mönche die Benedikt- und Isidorregel als Norm festgelegt. Die Bischöfe erhielten Autorität über die Äbte und über die einfachen Pfarrkirchen, die allerdings nicht aufgeteilt werden durften. Für die Priester und Diakone wurde eine genaue Kleiderordnung vorgeschrieben, zudem das Meßritual festgelegt. Der Altar mußte aus Stein sein, die Hostie aus reinem Weizen; der einfache Holzkelch war verboten, der Kelch mußte auf die Patene gestellt und mit einem Korporale aus Leinen bedeckt werden. Die Tonsur mußte regelmäßig erneuert, der Bart geschnitten werden. Die Gläubigen sollten das Apostolische Glaubensbekenntnis (Credo) und das Sonntagsgebet (Vaterunser) kennen, die Mönche den Psalter, die Hymnen und die Kirchengesänge in geziemender Weise beherrschen. Die Taufe sollte am Abend vor Ostern und zu Pfingsten gespendet werden. Die Christen mußten am Samstagabend zur Vesper in der Kirche erscheinen und am Sonntag an der Matutin, der Messe und an den verschiedenen kanonischen Stundengebeten teilnehmen, ohne an diesen Tagen arbeiten oder verreisen zu dürfen. Am Freitag hatte man zu fasten. Das Zusammenleben mit Juden oder Konkubinen wurde strengstens verboten.

Dieses Konzil, die Voraussetzungen für seine Einberufung und seine Beschlüsse vermitteln uns eine genaue Kenntnis der kirchenpolitischen und geistlichen Verhältnisse innerhalb des Königreichs León und der mit diesem vereinten Grafschaft Kastilien, die bald ebenfalls ein eigenes Königreich werden sollte. In der Grafschaft Barcelona lagen die Dinge, wie bereits ausgeführt, indes anders. Zwar gehörte die Grafschaft rein rechtlich betrachtet noch zum fränkischen Reich, doch hatte sie bereits anläßlich des Dynastiewechsels von 987 faktisch ihre Eigenständigkeit erlangt. Die Grafengewalt weigerte sich, die karolingische Legitimität und die daraus fließenden Pflichten den Kapetingern zuzugestehen, und betrachtete diese Könige als Usurpatoren, wenn auch in der gräflichen Kanzlei nach wie vor nach den Regierungsjahren der westfränkischen Herrscher datiert wurde. Kirchenrechtlich unterstanden das Bistum Barcelona wie auch die anderen katalanischen Diözesen (Gerona, Vic, Urgel, Elne) dem Metropoliten von Narbonne als Suffragane.

1. Cluny und die Iberische Halbinsel

Während des gesamten 11. Jh. hatte der Name der bedeutenden burgundischen Abtei auf der Iberischen Halbinsel einen besonderen Klang. Ohne Zweifel sorgte die Präsenz der burgundischen Kongregation in den Königreichen für einen unübersehbaren Aufschwung

---

nen Fassungen bietet. Zur Synode von Santiago de Compostela s. G. Martínez Díez, El concilio compostelano del reinado de Fernando I, in: Anuario de Estudios Medievales I (1964) 121–138. Den besten neueren Überblick über die Konzilstätigkeit im Königreich León bietet nun A. García y García, Concilios y sinodos en el ordenamiento jurídico del Reino de León, in: El Reino de León en la Alta Edad Media. I: Cortes, Concilios y Fueros, León 1988, 353–494.

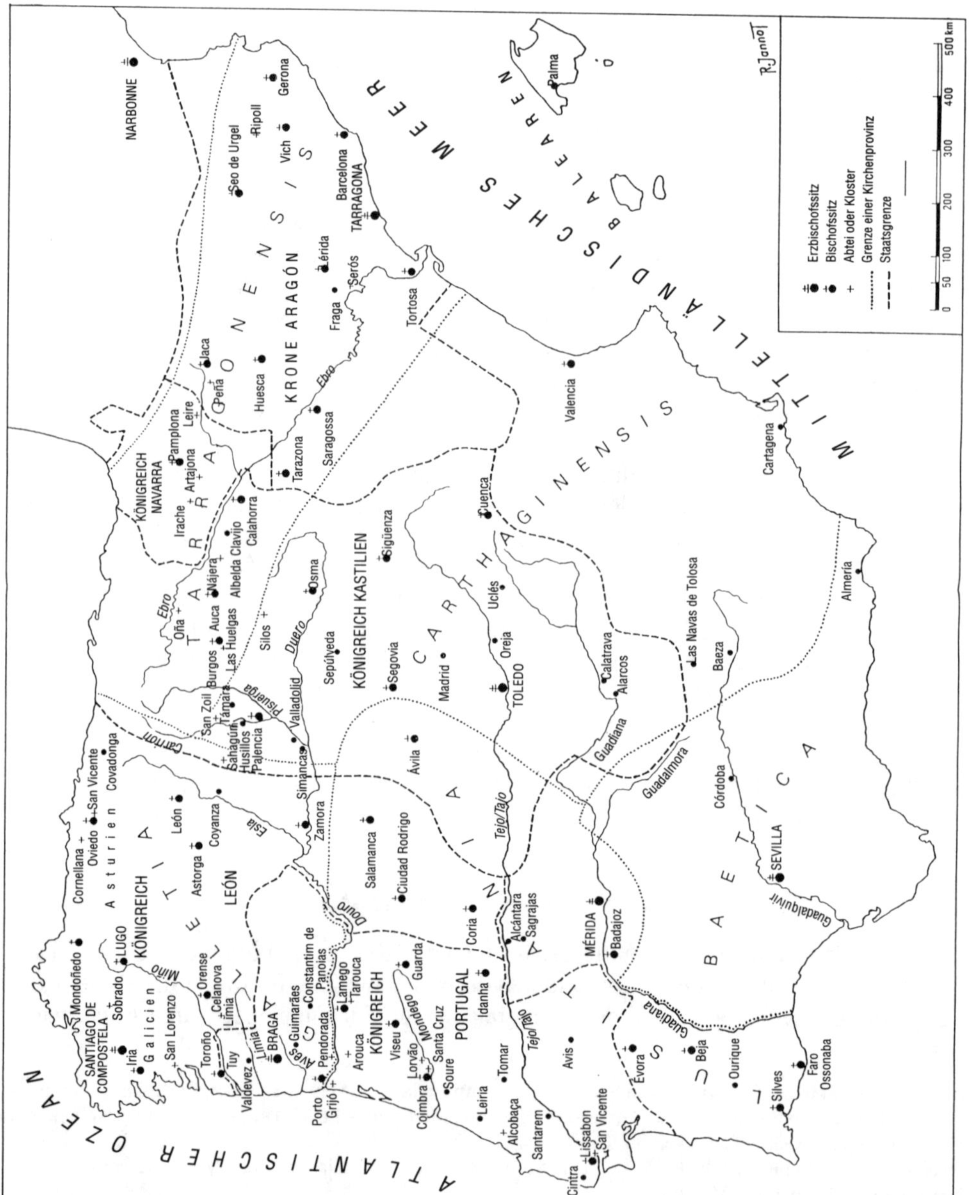

Die kirchliche Organisation auf der Iberischen Halbinsel zu Beginn des 12. Jahrhunderts.

des Mönchtums; schließlich sollte ihre Ausstrahlungskraft auch bei der Ausbreitung der römischen Kirchenverfassung und des römischen Ritus im Gottesdienst eine wichtige Rolle spielen, ohne daß ihr Einfluß auf die kirchenpolitischen Entscheidungen, wie früher häufig geschehen, überzubewerten wäre[8]. Obwohl König Sancho III. *el Mayor* von Navarra zu den Förderern der cluniazensischen Ideen gehört hatte und noch sein Sohn Ferdinand I. von León gegen Zahlung eines jährlichen Zinses in das Gebetsgedächtnis der burgundischen Abtei aufgenommen wurde, gliederte keiner von beiden ein Kloster rechtlich der Reformkongregation an, und selbst die Beschlüsse von Coyanza oder die *Canones* von Santiago de Compostela weisen keine direkte Bezugnahme auf das cluniazensische Reformprogramm auf. Andererseits hatte Sancho III., dessen Verhalten merklich von Oliba, dem katalanischen Abt von Ripoll und Cuixà aus dem Grafenhaus von Cerdagne-Besalú, Propagator der monastischen Bewegung in Katalonien und nachmaligen Bischof von Vic[9], beeinflußt war, einige Mönche nach Cluny entsandt, um dort die erneuerten benediktinischen *Consuetudines* kennenzulernen. Nach ihrer Rückkehr sollte er einem von ihnen, Paterno, die Leitung des Konvents von San Juan de la Peña (1028) und fünf Jahre später die von San Salvador de Oña (1033) anvertrauen, so daß cluniazensisches Gedankengut bis nach Kastilien (San Pedro de Cardeña) Verbreitung finden konnte. Beim Tod Sanchos III. (1035) war somit die erwähnte Reformbewegung in Gang gesetzt, die man aber nicht als cluniazensisch bezeichnen kann und deren Vertreter im Gegensatz zu den Gepflogenheiten der burgundischen Abtei nicht daran rüttelten, daß die Klöster in Abhängigkeit von der Königsgewalt bleiben sollten. Die Einführung der cluniazensischen *Consuetudines* bedingte keineswegs eine Unterstellung unter den Orden oder eine jurisdiktionelle Zuordnung zum Abt des Mutterklosters, Vorstellungen, die sowieso noch nicht sehr aktuell waren. Selbst Verbände um monastische Zentren wie Ripoll wiesen höchstens sehr lose Bindungen der einzelnen Priorate auf.

In der zweiten Hälfte des 11. Jh. ist eine Beschleunigung dieser Entwicklung zu beobachten. Es waren vor allem die großen Abteien in der Provence, im Languedoc und in Aquitanien, die zunehmend Einfluß innerhalb der spanischen Reiche gewannen und Klöster ihren Kongregationen anschließen konnten[10]. So wurden die Klöster Saint-Victor in Marseille, Moissac, Lézat, Saint-Pons de Thomières aufgefordert, Mönche in ihre abhängigen spanischen Tochtergründungen zu entsenden, die dort die Abtswürde ausüben sollten. Besonders häufig waren die Vertreter dieser Kongregationen in Katalonien zu finden, wo Cluny selbst nur zögernd Fuß fassen konnte und Moissac gewissermaßen eine Vertreterrolle übernahm, während sich mittlerweile die burgundische Kongregation im Königreich

[8] Vgl. P. Segl, Königtum und Klosterreform in Spanien. Untersuchungen über die Cluniacenserklöster in Kastilien-León vom Beginn des 11. bis zur Mitte des 12. Jahrhunderts, Kallmünz 1974; ders., Cluny in Spanien, in: DA 33 (1977) 560–569; Ch. J. Bishko, Studies in Medieval Spanish Frontier History, London 1980.

[9] Vgl. zu seinem Wirken nun außer R. d'Abadal i de Vinyals, L'abat Oliba, bisbe de Vic, i la seva època, Barcelona 1948, v.a. E. Junyent i Subirà, Diplomatari i escrits literaris de l'abat i bisbe Oliba, Barcelona 1992.

[10] Vgl. dazu A. Mundó, Moissac, Cluny et les mouvements monastiques de l'Est des Pyrénées du XIe au XIIe siècle, in: Annales du Midi 75 (1963) 551–570; J. J. Bauer, Rechtsverhältnisse der katalanischen Klöster in ihren Klosterverbänden (9.–12. Jh.), in: Spanische Forschungen der Görresgesellschaft. Gesammelte Aufsätze zur Kulturgeschichte Spaniens 23 (1967) 1–130, P. David, Études historiques sur la Galice et le Portugal du VIe au XII siècle, Lissabon – Paris 1947 („Grégoire VII, Cluny et Alphonse VI", 341–439; „Les livres liturgiques romano-francs dans le diocèse de Braga au XII siècle", 503–561); J. Mattoso, Le monachisme ibérique et Cluny. Les monastères du diocèse de Porto de l'an mille à 1200, Lüttich 1968.

Die Kapitelle im Kreuzgang des Klosters San Juan de la Peña (Mitte 12. Jh.), die Christus und die Samariterin am Jakobsbrunnen und Christus und die blutflüssige Frau zeigen, lassen den Einfluß von Cluny auch in der Steinmetzarbeit erkennen.

Kastilien-León stark ausbreitete, das nun der Herrschaft König Alfons' VI., des Enkels Sanchos III., unterstand. Mit dem Kloster Sahagún, wo der cluniazensische Mönch Robert mit königlicher Unterstützung den bisherigen Abt verjagte, entstand dort ein bedeutendes monastisches Zentrum, das schließlich mit dem Cluniazenser Bernhard de la Sauvetat, dem späteren Erzbischof von Toledo, eine überragende Persönlichkeit als Abt erhielt. Von nun an waren der Wirksamkeit Clunys in diesem Reich, die sich auch auf die Besetzung der Bischofsstühle erstreckte, kaum noch Grenzen gesetzt. Alfons VI. selbst knüpfte enge Familienbande mit Burgund: Seine Heirat mit Konstanze, der Tochter Herzog Roberts I. von Burgund, zugleich Nichte König Roberts des Frommen und Abt Hugos von Cluny, diente ebenso einer Festigung seiner Beziehungen zum burgundischen Raum wie wenig später die Eheschließungen seiner Töchter Urraca und Teresa mit den Vettern Raimund und Heinrich von Burgund als Vertretern des dortigen Grafenhauses. Raimund sollte schließlich die Grafschaft Galicien erhalten und Vater des Thronerben Alfons (VII.) werden, Heinrich als Graf von Portugal und Coïmbra Vater des späteren portugiesischen Königs Alfons I. Insgesamt verdient der Einfluß ehelicher Bindungen der spanischen Herrscher mit den berühmten Familien Aquitaniens und Burgunds nachdrückliche Erwähnung, ist er doch untrennbar mit der Gründung und der Reform der Klöster verknüpft. Die so geschlossenen verwandtschaftlichen Beziehungen fanden ihre Ergänzung in einer Bindung an eine Kirche, die eine große Ausstrahlungskraft im religiösen Bereich besaß. Als Alfons VI. in die Gebetsgemeinschaft von Cluny aufgenommen werden wollte, bot er dafür einen beträchtlichen Jahreszins in Silber an, der 100000 cluniazensischen Denarii entsprach (1077), was den Baubeginn von Cluny III ermöglichte. Dieser bemerkenswerte Aufschwung des Benediktinerordens in den wichtigsten spanischen Reichen ging mit der zunehmenden Einflußnahme Roms auf der Iberischen Halbinsel einher.

2. Die Einführung der römischen Liturgie

Während in Katalonien, der sog. ‚Spanischen Mark', die fränkisch-römische Liturgie schon seit der Karolingerzeit befolgt wurde, waren die übrigen christlichen Herrschaften auf der Iberischen Halbinsel noch immer den alten Riten aus der westgotischen Zeit zugetan. Sowohl die Liturgie der Mozaraber als auch jene liturgischen, hispano-gotischen Gebräuche, wie sie im Norden und Nordwesten der Halbinsel aufgrund ihrer Festlegung durch die Konzile von Toledo ausgeübt worden waren, waren als westgotische Liturgie oder Liturgie von Toledo erhalten geblieben. Um unabhängig vom Wirken Clunys den Anschluß dieser Gebiete an die römische Kirchenverfassung zu erreichen, entsandten die Päpste immer wieder Legaten, die durch politische Einflußnahme und die Abhaltung von Synoden den Rituswechsel herbeiführen sollten. Der einflußreichste Gesandte der ersten Stunde war zweifellos der Kardinal Hugo Candidus, der seit dem Jahr 1063 im Auftrag Papst Alexanders II. die Reiche der Iberischen Halbinsel bereiste und eindrucksvolle Erfolge vor allem im Königreich Aragón erzielen konnte. Dort soll gemäß einer allerdings unsicheren Überlieferung im Kloster San Juan de la Peña am Dienstag, den 22. März 1071, die Sext noch nach dem alten Ritus gefeiert, die None jedoch schon nach der neuen Liturgie gesungen worden sein. Dem Beispiel von San Juan de la Peña folgten kurz danach San Victoriano de Asán, San Andrés de Fanlo und San Pedro de Loarre. Navarra, das in dieser Epoche nach dem Aussterben des Königshauses mit dem Königreich Aragón verbunden wurde, schloß sich dann 1076 an. Dennoch sollte es trotz eines drängenden Mahnschreibens Gregors VII. (1074) noch bis zum Jahr 1078 dauern, bevor die Chronisten für das Königreich Kastilien-León berichten konnten: *Intravit Romana lex in Hispania.* Ausgerechnet der cluniazensische Abt Robert von Sahagún, ursprünglich von Hugo von Cluny zur Durchsetzung der römischen Liturgie entsandt, hatte sich im Rahmen interner Machtkämpfe innerhalb des Konvents auf die Seite jener Mönche geschlagen, die am mozarabisch-westgotischen Ritus festhalten wollten, und mußte ersetzt werden, bevor die Entwicklung im Sinne von Kurie und Königsgewalt vorangetrieben werden konnte. Erst auf dem Konzil von Burgos 1080 konnte der päpstliche Kardinallegat Richard von Saint-Victor im Auftrag Papst Gregors VII. die offizielle Annahme der römischen Liturgie sowie der Kirchenreform durch die führenden Vertreter der kastilisch-leonesischen Kirche erlangen [11]. Brachte die Übernahme der römischen Kirchenverfassung für das Papsttum den Vorteil, die spanische Kirche endgültig an Rom anschließen zu können, so eröffnete die gleichzeitige Durchsetzung der Liturgie- und Kirchenreform dem Königtum die verlockende Aussicht, über die Verwirklichung der neuen Normen den ortsansässigen Adel als Träger mancher oppositionel-

---

[11] Vgl. A. Ubieto Arteta, La introducción del rito romano en Aragón y Navarra, in: Hispania Sacra 1 (1948) 299–324; O. Engels, Papsttum, Reconquista und spanisches Landeskonzil im Hochmittelalter, in: Annuarium Historiae Conciliorum 1 (1969) 37–49, 241–287.

ler Strömung aus seinen Machtpositionen zu verdrängen, deren Kern häufig das Patrimonium der reichen Klöster war. Deshalb ist es nicht verwunderlich, in Kastilien-León König Alfons VI. und einige Zeit später in den Grafschaften Galicien, Portugal und Coïmbra seine burgundischen Schwiegersöhne als treibende Kraft beim Rituswechsel auszumachen, denn vor allem in den soeben zurückeroberten Gebieten konnte der alteingesessene mozarabische Adel so am wirkungsvollsten aus seinen traditionellen, im klösterlichen Grundbesitz verwurzelten Machtstellungen verdrängt werden[12]. Das Papsttum wiederum, das die Königsgewalt sowohl bei der Durchführung des kirchlichen Neuaufbaus als auch bei der Propagation der Reconquista als ‚Heiligen Kampf', schließlich als Kreuzzugsunternehmen, benötigte, stärkte solche Tendenzen und fand bei der Umstrukturierung der Konvente eine willkommene Gelegenheit, dort den Geist der Kirchenreform durch das Mittel personeller Veränderungen an der Spitze, manchmal sogar durch den fast vollständigen Austausch ganzer Gemeinschaften, einzupflanzen.

3. Reconquista und Kirchenorganisation

Spätestens seit der Regierungszeit König Alfons' III. von Asturien war die Idee der *Reconquista*, der Rückeroberung des einstmals christlichen Herrschaftsbereichs aus der Gewalt der Mauren, politisch untrennbar mit der Vorstellung von der Wiederherstellung des alten Westgotenreiches und seines früheren Mittelpunkts Toledo verknüpft, um auf diese Weise der Königsgewalt einen unanfechtbaren Rechtstitel für ihre Handlungen zu verschaffen und gleichzeitig eine Propagandawirkung auf die im al-Andalus verbliebenen mozarabischen Christen auszuüben. Erst in der zweiten Hälfte des 11. Jh. fand die Idee des gleichermaßen im muslimischen Bereich angesiedelten ‚Heiligen Kriegs', des Heidenkampfes, Eingang in diese ursprünglich von politischen Erfordernissen dominierte Vorstellungswelt, um dann der Kreuzzugsbewegung auch auf der Iberischen Halbinsel Ziel und Plattform zu bieten. Das lange Zeit als ‚Barbastro-Kreuzzug' bezeichnete kriegerische Unternehmen von 1064 gegen die gleichnamige Festung ist trotz der Beteiligung außeriberischer Streitkräfte noch nicht diesen geänderten Zielvorstellungen zuzurechnen, doch wurden die aufkeimenden neuen Ansichten schon bald durch die gegen die Muslime ziehenden französischen Ritter wie Eblo de Roucy aus der Champagne verbreitet. Ihre erste Vollendung fand die *Reconquista*, als Alfons VI. von Kastilien-León 1085 Toledo, die alte Hauptstadt des Westgotenreiches, einnehmen, den traditionellen hispanischen, aus eigenen westgotischen Wurzeln hergeleiteten Kaisertitel eines *Imperator Hispaniae* wiederbeleben und folgerichtig eine politische Oberhoheit über die gesamte Iberische Halbinsel sowie über alle dort existierenden Religionen fordern konnte[13].

---

[12] Vgl. außer M. Defourneaux, Les Français en Espagne aux XIe et XIIe siècles, Paris 1949, 27–32, dessen Darstellung allerdings weitgehend überholt ist, und J. Orlandis, Los laicos y las iglesias rurales en la España de los siglos XI y XII, in: I laici nella „Societas Christiana" dei secoli XI e XII, Mailand 1968, 261–290, nun L. Vones, *Reconquista* und *Convivencia.* Die Könige von Kastilien-León und die mozarabischen Organisationsstrukturen in den südlichen Grenzzonen im Umkreis der Eroberungen von Coïmbra (1064) und Toledo (1085), in: Die Begegnung des Westens mit dem Osten, hrsg. von O. Engels – P. Schreiner, Sigmaringen 1993, 221–242.

[13] J. Calmette, La formation de l'unité espagnole, Paris 1946; D. W. Lomax, The Reconquest of Spain, London – New York 1978 (dt. München 1980); O. Engels, Die Reconquista, in: ders., Reconquista und Landesherrschaft (s. Anm. 2), 279–300; J. M. Mínguez, La Reconquista, Madrid 1989.

Die offensichtlichen Fortschritte der *Reconquista* veranlaßten das Papsttum, einen eigenen Anspruch auf die Iberische Halbinsel zu stellen. Am prononciertesten ging Gregor VII. vor, der 1077 gar gegenüber den spanischen Herrschern *(principibus Hispaniae)* angebliche alte Rechtstitel *(ex antiquis constitutionibus)* – vielleicht das *Constitutum Constantini* – geltend machte, durch die alle Reiche auf der Iberischen Halbinsel dem Heiligen Petrus *in ius et proprietatem* unterworfen gewesen sein sollen, zudem Homagium und Rekognitionszins forderte, wobei er bereits 1073 gestellte Ansprüche erneuerte[14]. Auf jeden Fall sollten sich in dieser Epoche schon das Königreich Aragón unter Sancho Ramírez und die Grafschaft Besalú unter Graf Bernhard II. in den Schutz des Heiligen Stuhls begeben, denen bald die Grafschaft Barcelona, schließlich Navarra und Portugal nachfolgten. Außer religiösen Gründen waren dafür politische Motive maßgeblich, da man sich durch diesen Schritt vor der übermächtigen Stellung Kastilien-Leóns mit ihrer unvermeidlichen Sogwirkung absichern und so die eigene Selbständigkeit, aber auch die Legitimation der Herrschaftsgrundlagen gewährleisten wollte[15]. Folgerichtig begaben sich Kastilien und León trotz ihrer überaus engen Beziehungen zur römischen Kurie niemals in diesen Schutz.

Die Übernahme der römischen Liturgie und damit einer romorientierten Kirchenverfassung verbreitete natürlich die Vorstellungen der kirchlichen Reformbewegung in allen christlichen Reichen auf der Halbinsel und führte unweigerlich zu einem Kampf gegen das die adligen Machtgrundlagen absichernde Eigenkirchen- und Eigenklosterwesen. Eigenkirchen, die durch Laienhand dem Kirchenbesitz entfremdet, Eigenklöster und Pfarrkirchen, die als kleine Priorate von drei oder vier Mönchen verwaltet wurden und denen dort auch die Ausübung der Seelsorge oblag, wurden nun den großen monastischen und kanonikalen Gemeinschaften übertragen. Häufig wurde die Auflage gemacht, sie in Zukunft weder aufzuteilen noch sie jemals wieder wie Eigenkirchen zu behandeln. Diese Tendenz wurde auf den Synoden, die wie Coyanza eine kirchliche Restauration und eine Aufsicht der Bischöfe über die Kirchen und Klöster ihrer Diözesen anstrebten, durch entsprechende Beschlüsse verstärkt. Der Einfluß der römischen Kurie wurde dabei durch die päpstlichen Legaten vermittelt. Hatte bereits Hugo Candidus eine entscheidende Rolle gespielt, ohne in jeder Hinsicht erfolgreich zu sein, so sollten Amatus von Oloron und erst recht der Abt Richard von Saint-Victor in Marseille, der durchaus auch die Interessen seiner Kongregation im Auge behielt und der großes Durchsetzungsvermögen besaß, eine weitreichende Wirksamkeit entfalten[16]. Das drängendste Problem bestand in der Wiederherstellung der

---

[14] Zu den Vorstellungen Gregors VII. in dieser Hinsicht vgl. I. de la Calzada, La proyección del pensamiento de Gregorio VII en los reinos de Castilla y León, in: Studi Gregoriani 3 (1948) 1–87; B. Llorca, Derechos de la Santa Sede sobre España. El pensamiento de Gregorio VII, in: Sacerdozio e regno da Gregorio VII a Bonifacio VIII, Rom 1954, 79–105; A. García y García, Reforma gregoriana e idea de la „Militia Sancti Petri" en los reinos ibéricos, in: Studi Gregoriani 13 (1989) 241–262; ders., Iglesia, Sociedad y Derecho, Bd. 2, Salamanca 1987, 369–389.

[15] Vgl. dazu außer Engels, Schutzgedanke und Landesherrschaft (s. Anm. 2), und ders., Reconquista und Landesherrschaft (s. Anm. 2), die klassischen Studien von P. Kehr (Das Papsttum und der katalanische Prinzipat bis zur Vereinigung mit Aragon, APAW.PH., 1926/1, Berlin 1926; Das Papsttum und die Königreiche Navarra und Aragon bis zur Mitte des XII. Jahrhunderts, APAW.PH, 1928/4, Berlin 1928; Wie und wann wurde das Reich Aragon ein Lehen der römischen Kirche?, SPAW.PH, 1928/18, Berlin 1928, 196–223) und C. Erdmann (Das Papsttum und Portugal im ersten Jahrhundert der portugiesischen Geschichte, APAW.PH, 1928/5, Berlin 1928) v.a. J. Fried, Der päpstliche Schutz für Laienfürsten. Die politische Geschichte des päpstlichen Schutzprivilegs für Laien (11.–13. Jh.), Heidelberg 1980.

[16] Zu den päpstlichen Legationen auf der Iberischen Halbinsel, die dringend einer neuen Aufarbeitung be-

durch die maurische Eroberung weitgehend zerstörten Bistumsorganisation, für die die einstigen westgotischen Verhältnisse verbindliches Vorbild sein sollten. Da die Kenntnisse dieser Verhältnisse jedoch kaum noch vorhanden waren und sich in den vergangenen Jahrhunderten mit der zwangsläufigen Umsiedlung alter und der Entstehung neuer Bischofssitze kirchenpolitische Gegebenheiten herausgebildet hatten, die nicht mit der Struktur der westgotischen Kirche zu vereinbaren waren, versuchte man dieselbe aus alten Dokumenten, Urkunden, Konzilsakten und Listen zu rekonstruieren, was zwangsläufig Verunechtungen durch Interpolationen und völlige Fälschungen begünstigte. Die bedeutendsten Fälscherwerkstätten entstanden in Oviedo und Santiago de Compostela – beide Bischofssitze fürchteten ebenso wie León und Burgos um ihre besondere Stellung in der kirchlichen Hierarchie; die Fälschung mit der größten Fernwirkung sollte die sog. *Divisio Wambae* sein, eine angeblich auf westgotische Verhältnisse zurückgehende Auflistung der Metropolen und Kirchenprovinzen mit den zugehörigen Suffraganen sowie den Grenzen der jeweiligen Sprengel, die als verbindlich betrachtet und immer wieder bei Streitigkeiten vorgelegt wurde[17]. Die wichtigste Grundsatzentscheidung fiel 1088, als die Metropole Toledo wiedererrichtet und dem neuen Erzbischof, dem bisherigen Abt Bernhard von Sahagún, die Primatialgewalt über die spanische Kirche übertragen wurde. Da sich jedoch die einstigen toledanischen Suffraganbistümer noch in der Hand der Mauren befanden, erhielt Bernhard von Toledo die Verwaltung aller Diözesen auf der Iberischen Halbinsel übertragen, deren eigene Metropolen noch nicht wiederhergestellt waren. Diese Regelung mußte zwangsläufig zu Konflikten führen, da manche Bistümer wie Oviedo, León und Burgos aus ihrer ehemaligen Hauptstadtfunktion für die Königreiche Asturien, León und Kastilien, deren Hirten wie einst der Metropolit von Toledo sich gewissermaßen als Hofbischöfe etabliert hatten, eine Minderung ihres unabhängigen Status nicht hinnehmen wollten, andere Bistümer wie Braga wiederum im Zuge der Reconquista darum kämpften, ihre alte Stellung als Metropole wiederzugewinnen. Unter Ausschöpfung aller kirchenpolitischen Möglichkeiten, deren erfolgversprechendste der unmittelbare Kontakt zum Papsttum war, erreichten diese Diözesen, oft gegen den Widerstand Bernhards von Toledo, entweder die kirchenrechtliche Exemtion und damit einen autonomen rechtlichen Status, der durch keine Primatsgewalt mehr beeinträchtigt werden konnte, oder wie im Falle Bragas und Tarragonas die Wiedererrichtung der alten Metropolitangewalt. Unter der Leitung des ehemaligen galicischen Metropolitansitzes Braga sollte im 12. Jh. eine portugiesische Landeskirche entstehen, die Grundlage und Rahmen für die Ausbildung des Königreichs Portugal wurde. Die endgültige Wiedererrichtung der Kirchenprovinz Tarragona erfolgte im Jahr 1091 zugunsten von Erzbischof Berengar Seniofred von Vic, so daß von da an die Bistümer Gerona, Urgel, Vic und Barcelona nicht länger der Metropole Narbonne unterstellt waren, selbst wenn der Erzbischofssitz Tarragona erst Mitte des 12. Jh. auf Dauer eingerichtet werden konnte[18]. Einen Sonderfall stellte die Kirche von Santiago de Compostela dar, die

---

dürften, vgl. nach wie vor die dürftige und völlig veraltete Untersuchung von G. Säbekow, Die päpstlichen Legationen nach Spanien und Portugal bis zum Ausgang des 12. Jahrhunderts, Diss. Berlin 1931.

[17] Hrsg. von L. Vázquez de Parga, La división de Wamba. Contribución al estudio de la historia y geografía eclesiásticas de la edad media española, Madrid 1943.

[18] Zu den komplizierten Vorgängen um die ersten Versuche zur Wiedererrichtung Tarragonas vgl. L. J. McCrank, Restauración canónica e intento de Reconquista de la sede Tarraconense, 1076–1108, in: Cuadernos de Historia de España 61–62 (1977) 145–245.

INCIPIT LIBER. IIII. SCI. JACOBI. Aptli

Argumentum beati calixti pp.

Si ueritas apud lectore nris uoluminib; reqratur: in hui codicis serie. amputato estimacionis scrupulo secure intelligatur; Que enim in eo scribuntur: multi ad huc uiuentes uera esse testantur;

Capitulum. I. De uiis. s. iacobi;
Capitulum. II. De dietis aplici itineris;
Capitulum. III. De nominib; uillarum itineris ei;
Capitulum. IIII. De trib; bonis edib; mundi;
Capitulum. V. De nominib' uiatorum sci iacobi;
Capitulum. VI. De amaris et dulcib' aqs itineris ei;
Capitulum. VII. De qualitatib; terrarum et gencium itineris eius;
Capitulum. VIII. De scorum corporib' reqrendis i itinere ei. et de passi;
Capitulum. IX. De qlitate ciuitatis et eccle. s. iacobi; fone. s. eutropii;
Capitulum. X. De discrecione oblacionu altaris. s. iacobi;
Capitulum. XI. De peregrinis. s. iacobi digne recipiendis;

QUATUOR uie sunt que ad scm iacobu tendentes in unu ad ponte regine. in horis yspanie coadunantur; Alia per scm egidiu. et monte pessulanu. et tholosam. et portus aspi tendit: alia p scam mariam podii. et scam fidem de conquis. et scm petrum de moyssaco incedit: alia p scam mariam magdalenam viziliaci. et scm leonardu lemouicensem. et urbe petragoricensem pgit: alia p scm martinum turonensem. et scm ylarium pictauensem. et scm iohem angliacensem. et scm eutropiu sconensem. et urbe burdegalensem uadit; Illa que p scam

Die Wallfahrt zum Grabe des Apostels Jakobus in Compostela war im Mittelalter neben dem Besuch von Rom die wichtigste Pilgerreise für ganz Europa. Im „Liber Sancti Jacobi", der 1139 wohl von Papst Calixtus II. verfaßt oder zumindest angeregt wurde, sind in fünf Büchern die Geschichten und Legenden um den spanischen Nationalheiligen gesammelt, eine Beschreibung der Pilgerwege durch Frankreich und Spanien dient als „Pilgerführer" (Compostela, Archiv der Kathedrale).

durch das Grab des Apostels Jakobus, die dortige, langsam zunehmende Verehrung seiner Reliquien und die seit der Mitte des 11. Jh. stark ansteigende Zahl der Pilger aus dem spanischen, aquitanischen und französischen Herrschaftsbereich kirchenpolitische Autorität und Reichtum gewann. Da es in Santiago de Compostela in westgotischer Zeit natürlich keinen Bischofssitz gegeben hatte, hatte man sich die Bischofswürde der benachbarten Diözese Iria zu eigen gemacht, ohne daß dies jemals kirchenrechtlich abgesichert worden wäre. Dennoch gelang es der Jakobuskirche unter ihrem überragenden, aber vor Urkundenfälschungen nicht zurückschreckenden Bischof Diego Gelmírez in den ersten Jahrzehnten des 12. Jh., sich nicht nur die Stellung eines Bistums endgültig bestätigen zu lassen, sondern auch den Status eines Erzbistums unter Translation der Metropolitanwürde des noch nicht wiedererrichteten lusitanischen Mérida zu erlangen. Erst der Plan, den Rang eines Patriarchats für die Apostelkirche als Gegengewicht zur Primatialwürde von Toledo zu erhalten, sollte scheitern[19]. Erwähnt sei darüber hinaus der kulturgeschichtliche Aspekt, der in enger Verbindung mit dem Ausbau des gegen muslimische Einfälle gesicherten Pilgerweges und den Pilgerströmen als treibendem Faktor des Kulturaustauschs steht. Als herausragende literarische Leistungen sind der *Liber Sancti Jacobi* und der darin eingebettete Pilgerführer zu betrachten[20], zudem architektonisch-kunstgeschichtlich der Bau der Compostellaner Kathedrale und die oft apostrophierte ‚Kulturlandschaft' der Kirchen, die alle an den Straßen zu diesem Wallfahrtsort lagen, kirchenrechtlich die Kanonessammlung *Polycarpus* des Kardinals Gregor von San Grisogono, die dieser dem Compostellaner Bischof Diego Gelmírez widmete[21]. Um die Mitte des 12. Jh. hatte die Wallfahrtskathedrale von Santiago de Compostela ein solches religiöses Gewicht erhalten, daß sie hinter der Peterskirche in Rom als Wallfahrtsziel an zweiter Stelle stand und ihre Ausstrahlungskraft somit gar zu einer Herausforderung für das Papsttum wurde.

4. Die neuen Orden

Die neuen Mönchsorden faßten nur mit geringer Zeitverzögerung auch auf der Iberischen Halbinsel Fuß. Die Prämonstratenser erschienen zuerst in Katalonien, ab 1143 in der Kirchenprovinz Toledo. Die Regularkanonikerkongregation von Saint-Ruf in Avignon, die mit Bertrand (1085–1095) und Abt Ollegar (1115–1137) Bischöfe von Barcelona und mit Ollegar dann auch den Erzbischof von Tarragona (1118–1137) stellte, konnte in Katalonien durch ihre guten Beziehungen zum Barceloneser Grafenhaus und zu aufsteigenden Adelsschichten großen Einfluß gewinnen, was seinen klarsten Ausdruck in der Errichtung der Konvente von Besalú, Terrassa und Lérida fand[22]. Eremitengruppen und kleinere Klöster bildeten die Keimzellen vieler bedeutender Abteien des 12. Jh.

---

[19] Vgl. dazu ausführlich L. Vones, Die ‚Historia Compostellana' und die Kirchenpolitik des nordwestspanischen Raumes 1070–1130, Köln – Wien 1980. Einen kritischen Überblick über die neueren Forschungen bietet K. Herbers, Santiago de Compostela zur Zeit von Bischof und Erzbischof Diego Gelmírez (1098/99–1140), in: ZKG 98 (1987) 89–102.

[20] Guide du pèlerin de Saint-Jacques de Compostelle, hrsg. und übers. von J. Vielliard, Mâcon [3]1963. Grundlegend: K. Herbers, Der Jakobuskult des 12. Jahrhunderts und der „Liber Sancti Jacobi", Wiesbaden 1984.

[21] U. Horst, Die Kanonessammlung Polycarpus des Gregor von San Grisogono. Quellen und Tendenzen, München 1980.

[22] Vgl. dazu außer J. J. Bauer, Die vita canonica der katalanischen Kathedralkapitel vom 9. bis 11. Jahrhundert, in: Homenaje a Johannes Vincke, Bd. 1, Madrid 1962–63, 81–112, ders., Die vita canonica an den katalanischen Kollegiatkirchen im 10. und 11. Jahrhundert, in: Spanische Forschungen der Görresgesellschaft. Gesammelte Aufsätze zur Kulturgeschichte Spaniens 21 (1963) 54–82, und O. Engels, Episkopat und Kanonie im mittelalterlichen Katalonien, ebd. 83–136, zukünftig U. Vones-Liebenstein, Saint-Ruf und Spanien. Studien zum Wirken und zur Verbreitung der Regularkanoniker von Saint-Ruf auf der Iberischen Halbinsel (Bibliotheca Victorina), Turnhout 1994.

Die Zisterzienserkirche von Alcobaça (ab 1178), die größte Kirche Portugals, dokumentiert die Strenge und meisterliche Steinbehandlung, die für die Architektur der Zisterzienser typisch ist.

Der Zisterzienserorden, der ursprünglich nördlich der Pyrenäen seinen Schwerpunkt hatte, verbreitete sich auch auf der Iberischen Halbinsel, als Alfons VII. von Kastilien-León im Jahr 1140 dem Kloster Escaladei ein Grundstück in Yerga anbot, von wo aus 1152 die Translation nach Fitero stattfand[23]. Mit Clairvaux selbst wurden auch Affiliationen geschlossen: in Galicien zuerst mit Osera (1141), Sobrado, Melón (1142), dann in Portugal mit Tarouca (1142). Schließlich beschleunigte sich die Entwicklung. Maur Cocheril hat den Versuch unternommen, das zisterziensische Beziehungsgeflecht zu entwirren, die Gründungsdaten und die Abhängigkeiten der Klöster zu rekonstruieren[24]. Er hatte dabei mit un-

---

[23] M. Cocheril, Études sur le monachisme en Espagne et au Portugal, Lissabon 1966 (der eine Karte der Zisterzen auf der Iberischen Halbinsel bietet); D. W. Lomax, Las milicias cistercienses en el Reino de León, in: Hispania 23 (1963) 29–42, und v.a. J. Pérez - Embid Wamba, El Cister en Castilla y León. Monacato y dominios rurales (s. XII–XV), Valladolid 1986.

[24] Cocheril, Études sur le monachisme, passim.

geheuren Schwierigkeiten zu kämpfen, doch dürften seine Ergebnisse im großen ganzen Bestand haben: Morimond und Clairvaux teilten sich die Halbinsel in Einflußzonen auf. Morimond hielt seine Hand über seine Tochtergründungen in Zentralspanien, in Navarra und in Kastilien; Clairvaux bediente sich des Instruments der Affiliationen und dominierte hauptsächlich im Westen der Halbinsel. Auf dieser Basis kam eine weitgehend gleichmäßige Aufteilung zustande. Im Jahr 1157 hatte Morimond neun Abteien, Clairvaux sieben; im Endergebnis sollte das Zahlenverhältnis 17 zu 19 sein. In Portugal übernahmen die Zisterzienser mehr noch als in den anderen spanischen Reichen die Tätigkeit von Kolonisatoren, Bauern, Viehzüchtern und Handwerkern, ohne davon zu reden, daß sie im Endeffekt Rittergruppen Unterstützung bei der institutionellen Aufgliederung gewährten. Nach Tarouca wurde 1153 Alcobaça gegründet, wo seit 1178 nach dem Vorbild von Clairvaux III die gewaltigste Kirche Portugals erbaut wurde, mit 100 m Länge und 20 m Innenhöhe eine der größten des Zisterzienserordens. Verbreitete Cluny seine Regeln und Gebräuche vornehmlich, ohne die beeinflußten Klöster im rechtlichen Sinn fest anzugliedern und dem Mutterkloster zu unterstellen, so verfuhr Cîteaux anders: Durch das Mittel der Filiationen gelang es ihm, einen auf das monastische Zentrum hin orientierten Klosterverband einzurichten.

Es steht außer Frage, daß in christlichen Reichen, die durch die Reconquista den Mauren entrissen worden waren, im Zeitalter der Kreuzzüge auch Ritterorden ihren Platz fanden. Hatten die Templer und Johanniter zu Beginn ihrer Ausbreitung schon viele Schenkungen erhalten, so sollte ihnen und den Chorherren vom Heiligen Grab 1134 König Alfons I. *el Batallador* von Aragón bei seinem Tod ohne direkte Leibeserben sein Reich und seine Eroberungen vermachen. Da der aragonesische Adel indes nicht gewillt war, das Testament des toten Königs zu erfüllen, wurde sein für die geistliche Laufbahn bestimmter Bruder als Ramiro II. für kurze Zeit zum König erhoben, um nach einer kurzfristig geschlossenen Ehe eine Tochter, Petronilla, zu zeugen, die man wiederum sofort mit dem Grafen Raimund Berengar IV. von Barcelona vermählte, um so das Fortbestehen des Königshauses zumindest über die weibliche Linie zu sichern[25]. Die dynastische Vereinigung des Königreichs Aragón mit der Grafschaft Barcelona war die Geburtsstunde der Krone Aragón. Da die Ritterorden ihrerseits natürlich auf ihrem Recht bestanden und dafür Unterstützung beim Papsttum finden konnten, sollte sich hier ein lange Zeit virulentes Konfliktpotential ansammeln, das erst durch die angemessene Entschädigung der Orden entschärft wurde.

Ihrer Aufgabe der Grenzverteidigung gegen die muslimischen Angreifer kamen die Templer auch in der umkämpften Grenzfestigung Calatrava nach, doch mußten sie sich von dort im Jahr 1158 zurückziehen, da der Druck durch die Almohaden, die den fanatisch-religiösen Almoraviden des 11. Jh. nachgefolgt waren, übermächtig wurde. In der Folge sollte sich die mit Unterstützung des kastilischen Königs hartnäckig zurückeroberte und verteidigte Festung Calatrava zum Kern eines eigenständigen Ritterordens entwickeln, der von Abt Raimund von Fitero gefördert wurde, später die Zisterzienserregel annahm, sich 1164 dem Zisterzienserorden unter der Ägide von Morimond anschloß und zum Ritterorden von Calatrava wurde. Unter Übernahme der Regel von Cîteaux und unter Affiliation an Mori-

---

[25] Vgl. dazu P. Schickl, Die Entstehung und Entwicklung des Templerordens in Katalonien und Aragon, in: Spanische Forschungen der Görresgesellschaft. Gesammelte Aufsätze zur Kulturgeschichte Spaniens 28 (1975) 91–228, und A. J. Forey, The Templars in the Corona de Aragón, London 1973.

mond wurden noch weitere Ritterorden gegründet: 1176 der Orden von Évora in Portugal, der sich später zum Ritterorden von Avís ausbildete; in León die Bruderschaft von San Julián de Pereiro, die 1187 Calatrava affiliiert und 1218 als Ritterorden von Alcántara wieder ausgegliedert wurde. Die Bruderschaft von San Marcos in León hingegen bildete die Keimzelle des Ritterordens von Uclés, der 1170 als Orden von Santiago begründet und 1175 offiziell von Papst Alexander III. bestätigt wurde, aber die Augustinusregel übernahm[26].

5. Die Kirche auf der Iberischen Halbinsel im 12. Jahrhundert

Als die bis auf León vereinigten spanischen Königreiche 1212 den entscheidenden Sieg von Las Navas de Tolosa über die Almohaden errangen, befand sich die Iberische Halbinsel schon zu einem großen Teil in den Händen der Christen, und die Reorganisation der Kirche war weit fortgeschritten. Mehr als hundert Jahre lang, seit etwa 1060, war praktisch kein Jahrzehnt vergangen, ohne daß man um Grenzprobleme zwischen den Diözesen oder um Rangstreitigkeiten zwischen den Metropolitansitzen gerungen hätte. Schließlich existierten auf der Iberischen Halbinsel zu diesem Zeitpunkt vier Kirchenprovinzen: Toledo und Santiago de Compostela für Kastilien und León, Braga für Portugal und Tarragona für die Krone Aragón[27]. Einzig das Königreich Navarra hatte keine eigene Metropole erhalten, doch übernahm die Diözese Pamplona die Funktion eines geistigen und religiösen Zentrums. Die Grenzen der Kirchenprovinzen hatten für die Ausdehnung der Reiche oft einen vorgegebenen Rahmen abgegeben und waren im Zweifelsfall sogar der politischen Gliederung angepaßt worden.

---

[26] Zur Geschichte der Ritterorden auf der Iberischen Halbinsel vgl. die Überblicke von D. W. Lomax, Las órdenes militares en la Península Ibérica durante la Edad Media, in: Repertorio de Historia de las Ciencias Eclesiásticas en España 6 (1976) 9–110; B. Schwenk, Aus der Frühzeit der geistlichen Ritterorden Spaniens, in: J. Fleckenstein – M. Hellmann (Hrsg.), Die geistlichen Ritterorden Europas (= VuF XXVI), Sigmaringen 1980, 109–140, und A. J. Forey, The Military Orders and the Spanish Reconquest in the Twelfth and Thirteenth Centuries, in: Traditio 40 (1984) 197–234. Speziell zu einzelnen Ritterorden s. D. W. Lomax, La orden de Santiago (1170–1295), Madrid 1965; E. Gallego Blanco, The Rule of the Spanish Military Order of St. James (1170–1493), Leiden 1971; J. L. Martín, Orígenes de la orden militar de Santiago (1170–1195), Barcelona 1974; ders., La orden militar de San Marcos de León, in: León y su Historia IV (1977) 19–102; M. de Oliveira, A milícia de Évora e a Ordem de Calatrava, in: Lusitania Sacra 1 (1956) 51–64; J. F. O'Callaghan, The Spanish Military Order of Calatrava and its Affiliates, London 1975; B. Schwenk, Calatrava. Entstehung und Frühgeschichte eines spanischen Ritterordens zisterziensischer Observanz im 12. Jahrhundert, Münster i.W. 1992. Ein wichtiger Sammelband: Las órdenes militares en la Península Ibérica durante la Edad Media = Anuario de Estudios Medievales 12 (1982); neuere Forschungsberichte: E. Rodríguez-Picavea Matilla, Catorce años de historiografía sobre la Orden de Calatrava en la Edad Media (1976–1989), in: Hispania 50 (1990) 941–964; J. V. Matellanes Merchán, Historiografía medieval de la Orden de Santiago en los últimos años (1974–1989), ebd. 965–985.

[27] Zur Entwicklung der Kirchenorganisation vgl. außer der in Anm. 19 genannten Literatur noch R. A. Fletcher, The episcopate in the Kingdom of León in the Twelfth Century, Oxford 1978; ders., Saint James's Catapult. The Life and Times of Diego Gelmírez of Santiago de Compostela, Oxford 1984; D. Mansilla, Disputas diocesanas entre Toledo, Braga y Compostela en los siglos XII al XV, in: Anthologica Annua 3 (1955) 89–143; ders., Orígenes de la organización metropolitana en la iglesia española, in: Hispania Sacra 12 (1959) 255–290; P. Feige, Die Anfänge des portugiesischen Königtums und seiner Landeskirche, in: Spanische Forschungen der Görresgesellschaft. Gesammelte Aufsätze zur Kulturgeschichte Spaniens 29 (1978) 85–436; P. L. Panera Burón, Diez siglos de exención de la iglesia legionense, in: León y su Historia III (1975) 359–425; G. Martínez Díez, Los obispados de la Castilla condal hasta la consolidación del obispado de Oca en Burgos en el concilio de Husillos (1088), in: Burgense 25 (1984) 437–514.

Das politische und religiöse Leben dieser Reiche war trotz aller Gegensätze eng miteinander verbunden geblieben. Wenn es der Kirchenreformbewegung auch gelungen war, Kirchen und Klöster aus Laienhand in die Obhut der Bischöfe zu überführen, so hatte doch selbst das Papsttum in den spanischen Reichen weniger als in den anderen europäischen Ländern die Zügelung des bestimmenden königlichen Einflusses bei der Besetzung der Bistümer und Klöster bewirken können. Macht und Reichtum der Benediktiner- und Zisterzienserklöster waren für die Könige als Herrschaftsgrundlage unentbehrlich; auf die Ritterorden, die den Königen unterstanden, konnte bei der Verteidigung der in einem dauernden Alarmzustand befindlichen Reiche gegen die maurischen Angriffe nicht verzichtet werden; Kathedralkapitel, Klosterverbände und Kollegiatsstifte waren Zentren der Kultur, des Geistes- und Gemeindelebens. Ohne hier ausführlicher darauf eingehen zu können, ist zudem auf den entscheidenden Beitrag des spanischen Klerus und der spanischen Mönche zur Übersetzung, Verbreitung und Rezeption griechischer, arabischer und hebräischer Texte seit der Einnahme von Toledo durch die Toledaner Übersetzerschule zu verweisen, was sich natürlich auch in der Wiederherstellung und im Aufbau der Bibliotheken niederschlug.

Insgesamt betrachtet, zeigt die religiöse Geschichte der Iberischen Halbinsel in unserem Zeitraum zwei markante Merkmale: zum einen die unübersehbare Ähnlichkeit der spanischen Orden mit ihren französischen Vorbildern, mit denen sie häufig in enger Verbindung, manchmal sogar in einer gewissen Abhängigkeit standen; zum anderen die spezifische Entwicklung der Kirchenorganisation, die nicht nur wie anderswo ein Reformprogramm durchzusetzen hatte, sondern auch den besonderen Bedingungen auf der Iberischen Halbinsel - der Vereinheitlichung der Liturgie, der Übernahme der römischen Kirchenverfassung und dem Aufbau einer kirchlichen Hierarchie - Rechnung tragen mußte. Die römische Kirchenverfassung konnte sich zwar letztlich durchsetzen, aber eine Kluft zwischen den Königen und dem Papsttum blieb ebenso unübersehbar wie die Ablehnung direkter Eingriffe von außen in die innerspanischen Verhältnisse.

Bibliographie

R. García de Villoslada (Hrsg.), Historia de la Iglesia en España, 7 Bde., Madrid 1979-1982.

O. Engels, Die Iberische Halbinsel von der Auflösung des Kalifats bis zur politischen Einigung, in: Handbuch der europäischen Geschichte, Bd. II, Stuttgart 1987, 918-988.

L. Vones, Geschichte der Iberischen Halbinsel im Mittelalter 711-1480. Reiche - Kronen - Regionen, Sigmaringen 1993.

II. Süditalien und Sizilien

von Jean-Marie Martin

1. Die politische Entwicklung und ihre religiösen Folgen

Der Teil des südlichen Italiens, der außerhalb des karolingischen und ottonischen Reiches geblieben war, befand sich bis in die Mitte des 11. Jh. in einer schwierigen politischen Lage: Er war aufgeteilt in langobardische Fürstentümer, in tyrrhenische Herzogtümer, die den Langobarden widerstanden hatten, und schließlich in die byzantinischen Themen der langobardischen Siedlungsgebiete (Apulien, das hauptsächlich von Langobarden des lateinischen Ritus bevölkert war) und Kalabriens (das zum großen Teil hellenisiert war). Sizilien war seit dem 9. Jh. muslimisch.

Normannische Söldnerheere, die die Neapolitaner um 1030 nach Aversa und die Byzantiner 1041 nach Melfi gerufen hatten, begannen bald, auf eigene Rechnung zu handeln: Die von Aversa bemächtigten sich des Prinzipats von Capua, und die von Melfi eroberten Apulien (Bari 1071), Kalabrien und schließlich Sizilien (Palermo 1072). In Apulien gründeten sie ein Herzogtum, dessen berühmtester Herzog Robert Guiscard war (1059–1085). Von diesem hing wiederum die Grafschaft Sizilien ab, die von seinem Bruder Roger I. (1061–1101) geführt wurde. Im Jahre 1130 erhielt der Sohn des letzteren, Roger II., von Papst Anaklet II. die Königswürde. In den folgenden zehn Jahren zwang er dem ganzen Süden seine Herrschaft auf. Nur die Stadt Benevent bildete eine päpstliche Enklave[1].

In diesem neuen Königreich lebten Menschen verschiedener Glaubensrichtungen: Neben einer Mehrheit von römischen Katholiken beherbergte es griechisch-orthodoxe Christen (bis dahin vom Patriarchat in Konstantinopel abhängig) im östlichen Teil Siziliens, im südlichen Kalabrien und im südlichen Apulien sowie Muslime auf Sizilien.

Die normannische Eroberung ereignete sich zur Zeit der Kirchenreformbewegung und der Konsolidierung des Kirchenstaates. Nach der Eroberung der Abruzzen, die vorher zum unabhängigen, fränkischen Herzogtum Spoleto gehört hatten, war das Normannenreich einziger Nachbar des Kirchenstaates im Süden geworden. Anfangs betrachtete der Papst die Normannen als gefährliche Abenteurer. Leo IX. unternahm sogar eine militärische Aktion gegen sie; er wurde 1053 in Civitate geschlagen. Danach übernahmen die Päpste die Haltung der deutschen Kaiser gegenüber den italienischen Fürsten und betrachteten die Normannen als ihre Vasallen, woraus sich sowohl recht enge als auch wechselvolle Beziehungen zwischen Rom und dem Süden entwickelten. Die Normannen unterstützten den Papst mehrfach militärisch gegen kaiserliche Übergriffe sowie gegen die kaiserlichen (Gegen)Päpste; während des römischen Schismas im Jahre 1130 stellte sich Roger II. jedoch auf die Seite Anaklets II. Gegen Ende des 11. Jh. hielten sich mehrere Päpste (Gregor VII., Urban II.) im Süden auf und riefen dort zahlreiche Konzilien zusammen (besonders in Melfi).

Mit Roger II. änderten sich diese Beziehungen. Der König wollte Bischöfe einsetzen, der

[1] F. Chalandon, Histoire de la domination normande en Italie et en Sicile, Paris 1907, Ndr. New York 1960 und 1969, 2 Bde.

Papst verweigerte ihre Weihe. Nachdem 1156 König Wilhelm I. eine byzantinisch-päpstliche Koalition besiegt hatte, zwang er Hadrian IV. das „Konkordat von Benevent" auf: Darin gestand zwar der König dem Papst Appellationen nach Rom und im festländischen Teil seines Reiches das Recht zu, Bischöfe zu transferieren; aber in der Stadt, in der der König residierte, durften keine Konzilien mehr abgehalten werden (in der Praxis wurden keine abgehalten, und der Papst entsandte auch keine Legaten mehr), und die Bischofswahlen wurden von der Zustimmung des Königs abhängig gemacht, der sie einfach annullieren konnte, wenn ihm der Elekt nicht genehm war. Das „Konkordat von Gravina", das 1192 zwischen Coelestin III. und dem angefochtenen König Tankred abgeschlossen worden war, milderte zwar einige dieser Klauseln ab, wurde aber nicht mehr angewandt. Sizilien war sowieso ein Sonderfall. Auf diesem muslimischen Gebiet hatten erst die Normannen ein Netz römisch-katholischer Bistümer errichtet. In sehr großzügiger Auslegung eines Privilegs Urbans II. gaben die Grafen und später die Könige vor, daß ihnen die Vollmacht eines Legaten dauerhaft übertragen worden sei und daß der Vollzug jeder päpstlichen Entscheidung von ihnen genehmigt werden müßte[2].

Die normannischen Eroberungen hatten zur Folge, daß griechische und muslimische Bevölkerungsteile unter westlichen Einfluß gerieten und die Integration Süditaliens in die westliche Kirchenreform begünstigt wurde, aber das tyrannische Regiment der Normannenkönige[3] lastete noch schwerer auf den Kirchen Siziliens als zur gleichen Zeit auf der englischen Kirche.

2. Die Bistümer

Während der langobardischen Eroberungen hatte Süditalien den größten Teil der alten Bistumsstruktur verloren. Am Ende des 10. Jh. begannen die Päpste, die bis dahin alleinige Metropoliten der Region gewesen waren, wieder ein Netz von Bistümern aufzubauen. Sie übertrugen zu diesem Zweck den Bischöfen aller großen Städte des Südens die Würde eines Metropoliten und beauftragten sie, Suffragane einzusetzen. Dieser Ausbau der Bistümer setzte sich bis ins 12. Jh. fort und führte zu einer extremen Vervielfachung der Bischofssitze: Im ganzen Königreich waren es etwa 150. Auch die Anzahl der Suffragane eines Metropoliten war sehr unterschiedlich: Bestimmte Erzbistümer zählten nur einen oder zwei Suffragane. Die Kirchenprovinz Amalfi hatte die Ausdehnung einer kleinen Diözese. Diese Ausuferung wurde in der zweiten Hälfte des 12. Jh. gestoppt.

In Gegenden mit griechischem Ritus trachtete Rom danach, die griechischen Bischöfe durch lateinische zu ersetzen, wobei man den niederen griechischen Klerus, der verheiratet war, auf seinen Stellen beließ (in manchen Gegenden überlebte der griechische Ritus bis in die heutige Zeit, wenn auch unter römischer Autorität). Doch mußte man in mehreren Diözesen des südlichen Kalabriens und in Gallipoli in Apulien griechische Bischöfe belassen. Einige griechische Kirchen existierten auch weiterhin in Diözesen mit lateinischer Mehr-

---

[2] S. Fodale, Comes et legatus Siciliae. Sul privilegio di Urbano II e la pretesa Apostolica Legazia dei Normanni di Sicilia, Palermo 1970. Vgl. auch H. Hoffmann, Langobarden, Normannen, Päpste. Zum Legitimitätsproblem in Unteritalien, in: QFIAB 58, 1978, 137–180; Ch. Reisinger, Tankred von Lecce. Normannischer König von Sizilien 1190–1194, Köln – Weimar – Wien 1992.

[3] H. Wieruszowski, Roger II of Sicily, Rex-Tyrannus in twelfth-century political thought, in: Speculum 38 (1963) 46–78.

heit (zum Beispiel in Bari). Sizilien wurde, wie schon gesagt, mit lateinischen Diözesen überzogen.

Die Ernennung der Bischöfe war vom Wechselspiel zwischen lokalen Machthabern, den normannischen Herrschern und der Autorität des Papstes bestimmt. Während der Jahre 1050 bis 1070 setzte der Papst einige Bischöfe ab, meistens wegen Simonie, doch blieb ihre Zahl gering. In den kleineren Bistümern und vor allem in den langobardischen Gebieten griff man auf ortsansässige Persönlichkeiten zurück. In den griechischen Gegenden, in angrenzenden Gebieten wie auch in Sizilien berief man gegen Ende des 11. Jh. vor allem normannische und französische Würdenträger. Noch im 12. Jh. hatten Franzosen und Anglo-Normannen derartige Bischofssitze inne, besonders in Sizilien. Abgesehen von einigen größeren Klöstern, die aber nur wenige Kirchenmänner hervorbrachten, gab es im ganzen Königreich kein wirkliches Ausbildungszentrum. Allein Salerno zeichnete sich durch einige bedeutende Erzbischöfe wie Alfan im 11. Jh. oder Romuald im 12. Jh. aus. Es gibt hier nur wenige Bischofsviten aus der gregorianischen Zeit.

Im letzten Drittel des 11. Jh. wurden im Normannenreich die Bischofssitze auch mit weltlichem Besitz (Temporalien) ausgestattet. Abgesehen von den Bistümern der Abruzzen hatten sie nur selten alle Herrschaftsrechte in einem bestimmten Territorium inne. Häufig erst neu errichtet und dementsprechend keineswegs reich, spielten sie nicht die politische und soziale Rolle, die mit der in anderen Gegenden Italiens vergleichbar gewesen wäre. Andererseits verliehen die weltlichen Machthaber vielen Bischofskirchen das Recht zur Einziehung des Zehnten, der öffentlichen Abgaben in den Städten, manchmal auch in der ganzen Diözese, und gaben ihnen auch den Judenbann. So waren die Bistümer eng mit der weltlichen Gewalt verbunden. Zahlreiche romanische Kathedralen, die heute noch stehen, gehen auf diese Zeit zurück.

3. Die Niederkirchen

Während des Hochmittelalters gab es nur in manchen Gegenden der Campagna *plebes* (Taufkirchen), aus denen später Kirchengemeinden hervorgingen. Im 8. und 9. Jh. begünstigten besonders in den langobardischen Gebieten der Mangel an Bistümern und die Rolle der herzoglichen und später königlichen Pfalz als religiöses Zentrum die Entstehung von Eigenkirchen, die in diesen Regionen eine weitgehende Unabhängigkeit erreichen sollten: Die Bischöfe gewährten (noch im 10. und 11. Jh.) den Eigenkirchen „Freistellungsurkunden", wodurch sie zum großen Teil exemt wurden, unter Vorbehalt gewisser Rechte[4]. Wenn auch manche dieser Kirchen Klöstern gehörten, waren viele doch in der Hand von Laien. In griechischen Gegenden waren Eigenkirchen ebenfalls in der Überzahl.

Diese rechtliche Situation begünstigte den Bau einer großen Anzahl von Kirchen in den neuen Siedlungen. Sie waren so fest in der Tradition verwurzelt, daß die Reform des 11. Jh. keine Änderung wagte. Die normannischen Fürsten betrachteten aber einige wichtige Kirchen als „öffentlich", d. h. ihrer Herrschaft unterstellt; andere Kirchen schenkten sie an Klöster.

Das Phänomen der Eigenkirchen dauerte bis ins 12. Jh., verlor dann aber an Bedeutung: Auf der einen Seite entstanden am Ende des 11. Jh. die archipresbyterialen Kirchen, durch-

[4] H. E. Feine, Studien zum langobardisch-italienischen Eigenkirchenrecht II, in: Zeitschrift der Savigny-Stiftung für Rechtsgeschichte 62, kan. Abt., 31 (1942) 1–105.

Mit der Entführung der Gebeine des hl. Nikolaus aus seinem Grab in Myra durch baresische Kaufleute 1087 nach Bari stieg die apulische Hafenstadt zum wichtigsten Wallfahrtsort des Westens neben Rom und Santiago auf. Die Basilika über dem neuen Grab des Heiligen in der Krypta, die schon 1089 geweiht werden konnte, wurde 1197 vollendet. Sie ist ein Meisterwerk der Romanik, in der normannisch-staufische und lombardische Formen zusammentreffen.

aus öffentliche Kirchengemeinden. Andererseits lehnten im 12. Jh. reformfreundliche Kreise die Eigenkirchen ab; das Besitzrecht an Kirchen wurde zunehmend durch das Patronatsrecht abgelöst.

Die von den Niederkirchen betriebene Seelsorge wies keine Besonderheit auf. Erwähnenswert ist, daß nach einer gesetzlichen Verordnung Rogers II. die kirchliche Trauung obligatorisch wurde und sich danach schnell durchsetzte. An liturgischen Handschriften sind uns einige Exemplare des *Exultet* erhalten, vor allem in Bari. Schließlich gab es in dieser Gegend, die auch von zahlreichen Kreuzfahrern durchzogen wurde, viele Wallfahrtsorte sowie eine Anzahl von im 12. Jh. errichteten Hl.-Land-Kirchen: Monte S. Angelo, dessen Grotte am Ende des 5. Jh. vom Erzengel Michael geweiht worden sein soll; Sankt Nicolas von Bari mit den Reliquien des Bischofs Nikolaus, die im Jahre 1087 aus Kleinasien herbeigebracht worden waren; die Kathedrale von Salerno, die sich der Reliquien des Evangelisten Matthäus rühmt, sowie die von Amalfi mit den Reliquien des hl. Andreas.

Die Grotte der Michaelskapelle in Monte S. Angelo war ein vielbesuchter Wallfahrtsort für Pilger aus Apulien.

4. Das Mönchtum

Das Mönchtum Süditaliens wies innerhalb des Okzidents eine gewisse Eigentümlichkeit auf. Der langobardische Süden beherbergte im 8. und 9. Jh. große und wichtige Klöster, wie Montecassino und San Vicente am Volturno. Diese beiden großen Abteien, die in den Jahren um 880 von den Sarazenen zerstört worden waren, erwachten erst in der Mitte des 10. Jh. wieder zum Leben. Das goldene Zeitalter von Montecassino fällt in das Ende des 11. Jh. mit den Äbten Desiderius (1058–1087), dem späteren Papst Viktor III., und Oderisius (1087–1105)[5]. Mit ihren engen Beziehungen zum Reformpapsttum, umgeben von einem großen Herrschaftsgebiet und mit vielen Besitzungen im ganzen Süden, wurde diese Abtei zum brillantesten künstlerischen und intellektuellen Mittelpunkt der ganzen Region.

Die großen Benediktinerkongregationen, die vom 10. bis zum 12. Jh. in Frankreich entstanden, beeinflußten das südliche Italien nicht direkt, auch wenn Robert Guiscard seine

[5] H. E. J. Cowdrey, The age of Abbot Desiderius, Montecassino, the papacy and the Normans in the Eleventh and Early Twelfth Centuries, Oxford 1983.

Klostergründungen von S. Eufemia in Kalabrien und von Venosa in der Basilicata[6] mit normannischen Mönchen beschickte und Roger II. später das Kloster von Montepeloso (Irsina) dem Kloster La Chaise-Dieu unterstellte. Repräsentant cluniazensischer Spiritualitiät war die Abtei SS. Trinità di Cava bei Salerno, die 1011 von Adelferius, der seine Ausbildung in Cluny erhalten hatte, gegründet worden war. Im 11. und 12. Jh. wurden von hier aus zahlreiche Priorate in ganz Süditalien gegründet. Dort entstanden unter dem Einfluß der normannischen Herren auch kleinere und mittlere traditionelle Benediktinerklöster.

Bruno, der Gründer der Grande Chartreuse, vollendete sein Eremitenleben in Kalabrien, wo er Santa Maria della Torre und San Stefano del Bosco gründete; aber die von ihm ins Leben gerufene Bewegung beschränkte sich auf diese beiden Einrichtungen. Besonders bemerkenswert ist die fast vollständige Abwesenheit der Zisterzienser im Süden Italiens während des 12. Jh., die sich wahrscheinlich aus der Gegnerschaft des hl. Bernhard gegenüber Roger II., einem Anhänger Anaklets II., erklärt. Sie siedelten sich nur in Kalabrien an (S. Maria della Sambucina) und Ende des 12. Jh. in S. Giovanni in Fiore, einer Gründung des Joachim von Fiore. So wurde das Reformmönchtum des 12. Jh. vor allem von kleineren Klosterverbänden repräsentiert, z. B. von einem Verband, der sich um S. Maria de Pulsano formierte, ein Kloster, das vom hl. Johannes von Matera († 1139) in La Gargano gegründet worden war, oder auch vom Verband von Montevergine, der im 8. Jh. im Umkreis einer Gründung des hl. Wilhelm von Vercelli († 1142) entstanden war. Auch kleinere Klosterverbände wie die von S. Maria del Gualdo, die auf Johannes von Tufara († 1170) zurückgingen, sind zu nennen. Manche Regionen des Königreiches blieben den damals modernen Formen der monastischen Frömmigkeit (Asketentum und Eremitentum) verschlossen.

Natürlich wurde das griechische Mönchswesen, das sich seit dem 10. Jh. entwickelt hatte, nicht gänzlich ausgelöscht. Viele Klostergründungen aus byzantinischer Zeit wurden der Aufsicht lateinischer Abteien unterstellt (San Pietro in Tarent wurde Montecassino angeschlossen). Aber die normannischen Herrscher begünstigten auch die Gründung neuer und großer griechischer Klöster, die man zu Kongregationen zusammenzufassen suchte. So wurde San Nicola di Casole bei Otranto im Jahre 1099 gegründet. Zur selben Zeit gründete Bartholomäus von Simeri Santa Maria di Patirion in Kalabrien sowie gegen 1130, mit Unterstützung von Roger II., San Salvatore von Messina, dessen Abt Archimandrit der griechischen Klöster von Sizilien wurde, wo die normannischen Machthaber das griechisch-orthodoxe Element als Gegengewicht gegen den Islam begünstigten.

Allgemein betrachtet kann man festhalten, daß Süditalien anfangs in zweifacher Hinsicht eine Besonderheit aufwies: Präsenz von Bevölkerungsschichten, denen die lateinische Welt fremd war, sowie Besonderheiten kirchlicher Strukturen in einem lateinischen Land, das von der karolingischen Reform nicht berührt worden war. Wenn sich auch diese Strukturen allmählich normalisierten (Abschluß der Errichtung fast ausschließlich lateinischer Bistümer, Ende der Eigenkirchen und Entstehung eines Netzes von Pfarreien), so blieb der Süden Italiens doch für die neueren geistlichen Tendenzen nur teilweise zugänglich, und diese relative Isolation wurde vom normannischen Königtum noch begünstigt.

---

[6] L.-R. Menager, Les fondations monastiques de Robert Guiscard, duc de Pouille et de Calabre, in: Quellen und Forschungen aus italienischen Archiven und Bibliotheken 39 (1959) 1–116.

Der vom hl. Bernhard propagierte zweite Kreuzzug Konrads III. und Ludwigs VII. (1147–49) erwies sich als völliger Fehlschlag (oben links: Miniatur, 13. Jh., in einer Kreuzzugsgeschichte. Genf, Universitätsbibliothek). – Jerusalem, das die Miniatur wie ein „himmlisches Jerusalem" zeigt (oben rechts: aus der weitverbreiteten Beschreibung des Hl. Landes von Burchardus de Monte Sion [wahrsch. aus Barby bei Magdeburg], 14. Jh., Padua, Biblioteca del Seminario), wurde 1099 von Kreuzfahrern erobert, ging schon 1187 wieder an die Araber verloren. – Philipp II. August von Frankreich und Richard Löwenherz von England wählten für den dritten Kreuzzug den Seeweg auf venezianischen Schiffen. Doch nach Rückeroberung der Küstenstadt Akkon 1191 verlief sich das Heer (Mitte: Miniatur, 15. Jh., in einer Handschrift des Sébastien Mammerot. Paris, Bibliothèque Nationale). – Der Kreuzzug Ludwigs IX. von Frankreich endete 1249/50 mit der Gefangennahme des Königs (unten links: Miniatur, um 1330, in einer Vita des 1297 heiliggesprochenen Königs. Paris, Bibliothèque Nationale), und mit dem endgültigen Verlust Akkons 1291 hörte die militärische Präsenz der Christen im Hl. Land auf. Der Deutsche Orden wandte sich vollends dem Land der Preußen zu, der mächtige Templerorden wurde 1312 aufgelöst, die Johanniter (Malteser) verteidigten fortan auf den Inseln (Zypern, seit 1310 Rhodos) letzte Bastionen.

Ziel aller Pilgerfahrten und Kreuzzüge ins Hl. Land war es, dort zu sein und die Orte zu sehen, „wo Seine Füße gestanden sind“. Die Geburtskirche in Betlehem zeigte sich den Pilgern des Hochmittelalters ähnlich wie dem Besucher von heute: eine von 44 Säulen getragene Basilika, die schon von Konstantin errichtet und von Justinian im 6. Jh. erneuert wurde. In dieser Säulenhalle wurde 1100 Balduin I. zum König von Jerusalem gekrönt. Die Geburtsbasilika entging der 1009 ergangenen Anweisung zur Zerstörung aller christlichen Gotteshäuser ebenso wie später die Annenkirche in Jerusalem, die von den Kreuzfahrern 1140 über dem Haus der Marien-Eltern Joachim und Anna in der Nähe des Betesda-Teichs in Jerusalem vollendet wurde. Der seit dem 19. Jh. wieder als Kirche dienende Bau ist ein Musterbeispiel für die Bauten zwischen Romanik und Gotik, die von den Kreuzfahrern überall an den Gedenkstätten in Jerusalem errichtet wurden und die sich – etwa der Abendmahlssaal – bis heute erhalten haben.

Bibliographie

H. W. Klewitz, Zur Geschichte der Bistumsorganisation Campaniens und Apuliens im 10. und 11. Jh., in: Quellen und Forschungen aus italienischen Archiven und Bibliotheken 24 (1932–33) 1–61.
–, Studien über die Wiederherstellung der römischen Kirche in Süditalien durch das Reformpapsttum, ebd. 25 (1933–34) 105–157.
N. Kamp, Kirche und Monarchie im staufischen Königreich Sizilien I: Prosopographische Grundlegung. Bistümer und Bischöfe des Königreichs 1194–1266, 4 Bde., München 1973–1982.
–, Soziale Herkunft und geistlicher Bildungsweg der unteritalienischen Bischöfe in normannisch-staufischer Zeit, in: Le istituzioni ecclesiastiche della „Societas Christiana" dei Secoli XI–XII. Diocesi, pieve e parrochie. Atti della sesti Settimana internazionale di studio (Milano 1974), Mailand 1977, 89–116.
–, Der unteritalienische Episkopat im Spannungsfeld zwischen monarchischer Kontrolle und römischer „libertas" von der Reichsgründung Rogers II. bis zum Konkordat von Benevent, in: Società, potere e popolo nell'età di Ruggero II. Atti delle terze Giornate normanno-sveve (Bari 1977), Bari 1979, 99–132.
L'esperienza monastica benedettina e la Puglia, hrsg. von C. D. Fonseca, 2 Bde., Galatina 1983–84.
G. Penco, Storia del monachesimo in Italia: Dalle origini alla fine del Medioevo, Mailand 1983 (Ndr. 1988).
Zur griechisch-orthodoxen Kirche vgl. das Literaturverzeichnis des Kapitels „Die griechisch-orthodoxe Kirche in Italien" im vorliegenden Band.

III. Pilger und Kreuzfahrer im Heiligen Land während des 12. Jahrhunderts

von Michel Parisse

1. Die Wallfahrt in das Heilige Land

Schon seit etwa 1030 hatte die Pilgerfahrt zum Heiligen Grab auf Kosten der Romwallfahrt merklich zugenommen; sie erfuhr durch die Wiedereroberung des Heiligen Grabes und die Entstehung der Kreuzfahrerstaaten im Vorderen Orient einen gewaltigen Auftrieb. Der Historiker ist geneigt, zwischen friedlichen Pilgern und bewaffneten Kreuzfahrern zu unterscheiden, in der Terminologie und in der Grundauffassung des 12. Jh. jedoch waren sie unterschiedslos Pilger[1]. Wie wenig noch zwischen beiden Gruppen unterschieden wurde, zeigt sich am Volksprediger Peter dem Einsiedler, einem Vertreter der Armutsbewegung, der 1096 in Frankreich und am Rhein im Waffengebrauch völlig ungeübte Volksmassen hinter sich scharte, um das Heilige Grab aufzusuchen. Ohne Geld und ausreichenden Proviant war man gezwungen, den Landweg über Konstantinopel zu benutzen, geriet schon auf dem Hinweg in militärische Scharmützel, erst recht in Kleinasien, wo die Türken den Scharen gutwilliger und naiv begeisterter Pilger/Kreuzfahrer ein katastrophales Ende bereiteten[2]. Seitdem bevorzugte man den Seeweg auf italienischen Schiffen mit hauptsäch-

Bibliographische Kurzangaben verweisen auf das Literaturverzeichnis am Ende des Kapitels (Seite 325).

[1] E. R. Labande, Recherches sur les pèlerins dans l'Europe des XIe et XIIe siècles, in: CCM 1 (1958) 159–169, 339–347;
ders., Pellegrini o crociati? Mentalità e comportamenti a Gerusalemme nel sec. XII, in: Aevum 54 (1980) 217–230.

[2] Runciman, Geschichte der Kreuzzüge I, München 1957, s. Index; J. L. Cate, The Crusade of 1101, in:

Pilger nach Jerusalem und zu den Gedenkstätten im Heiligen Land wurden, wie die Miniatur (15. Jh.) zeigt, von den Kreuzrittern häufig mit einem Wegzoll belegt.

lich Akkon oder Jaffa als Ziel. Die meisten Pilger kehrten in ihre Heimat zurück, nicht wenige allerdings suchten im Hl. Land eine neue Lebensaufgabe; beliebt war auch die Wallfahrt als letzte Reise, um im Land des Herrengrabes beigesetzt zu werden.

Berichte selbst erlebter Pilgerschaft nach Jerusalem oder Beschreibungen des Reiseweges und der Heiligen Stätten gab es schon seit der Antike[3]. Sie nahmen im 12. Jh. beträchtlich zu und brachten im Zuge der Schilderung von Ort zu Ort die im Alten und Neuen Testament aufgezeichneten Personen und Ereignisse in Erinnerung: östlich von Akkon die Attraktion des Ortes Kafarnaum, wo die Silberlinge geprägt worden sein sollen, mit denen der Verrat des Judas bezahlt wurde. Über Cäsarea und Arsuf führte der Weg nach Jaffa, wo Gaza nicht mehr fern war und an Simson erinnerte, der die Stadttore hatte forttragen und den Tempel der Philister zum Einsturz hatte bringen können. Die zwei Routen zur Hl. Stadt wurden seit 1119 von den Templern beschützt. Sie benutzten die Pilger auf dem direkten Weg nach Jerusalem, um als erstes die Stätten des Leidens Christi zu besuchen.

K. M. Setton, A History of the Crusades I, Philadelphia ^{2}1969, 343–367; H. E. Mayer, Bibliographie zur Geschichte der Kreuzzüge, Hannover ^{2}1965, 41–43; ders., Geschichte der Kreuzzüge, Stuttgart ^{6}1985.

[3] Itinera Hierosolymitana et descriptiones Terrae Sanctae bellis sacris anteriora et latina lingua exarata, hrsg. von T. Tobler – A. Molinier, I, Genf 1879; H. Michelant – G. Raynaud, Itinéraires à Jérusalem, Genf 1882; R. Röhricht – H. Meissner, Deutsche Pilgerreisen nach dem Heiligen Lande, Berlin ^{2}1900 (Edition und wertvolle Einleitung); A. Baumstark, Abendländische Palästinapilger des ersten Jahrtausends, Paderborn 1906; E. L. D., Les Pèlerins français au temps des croisades, in: Jérusalem 3 (1909); B. Kötting, Peregrinatio religiosa, Münster 1950.

Der Tempel war unter Kaiser Titus zerstört worden, an seiner Stelle befand sich der Felsendom mit der El-Aksa-Moschee. 300 Meter davon entfernt stand die Grabeskirche, der Mittelpunkt der Wallfahrt. Im Süden der Stadt lag der Berg Zion, in dessen früherem Stadtviertel die Jungfrau Maria gestorben war. Die ganze Stadt war voll von biblischen Bezügen[4]: der Golgota-Hügel in der Grabeskirche, wo das Kreuz aufgerichtet worden war (nach schriftlicher Überlieferung sollen sogar noch die Fußspuren Jesu zu sehen gewesen sein), der Garten Getsemani, das Tal Josafat mit dem Grab der Gottesmutter, das Tor, vor dem der Erzmärtyrer Stephanus gesteinigt worden war, der Altar, auf dem Abraham seinen Sohn Isaak hatte opfern wollen, und das Grab des hl. Simeon. An allen diesen Stellen befanden sich Kapellen, Kirchen oder Klöster bzw. wurden dort errichtet.

Außerhalb Jerusalems wurde in der Regel der Jordan aufgesucht, um in Erinnerung an die Taufe Jesu in ihm ein Bad zu nehmen, ferner Jericho, Betanien, Emmaus, Hebron mit den Gräbern der Patriarchen, Betlehem und seine Geburtskirche; ähnlich besuchte man in Samaria und Galiläa Sichem mit dem Jakobsbrunnen, Sebaste in Erinnerung an Johannes den Täufer, Nain, den Berg Tabor als Ort der Verklärung Jesu und den See Gennesaret, Kana sowie Nazaret. Man könnte die Aufzählung der Orte noch vervielfachen.

Die Pilger kamen aus allen christlichen Ländern. Um die Weite des Einzugsgebiets zu umreißen, sei an den russischen Hegumenos (Klostervorsteher) Daniel Palomnik erinnert, der seine Reise von 1113–15 in einer Niederschrift festhielt[5]. Die Norweger durchschwammen mit Hilfe eines Weidenstrunks den Jordan[6], eine Verpflichtung, die erfüllt zu haben in der Heimatkirche die von allen Jerusalempilgern mitgebrachte metallene Imitation eines Palmzweiges bezeugte. Die Konzentration von Pilgern im Hl. Land erforderte auch ein höheres Maß an Betreuung. Schon seit langem unterhielten in Europa die Klöster Xenodochien für die durchreisenden Pilger. Die Sitte, solche Unterkünfte zu unterhalten, dehnte sich auch auf das Hl. Land aus und erwies sich als unerläßlich, je dichter der Wallfahrtsstrom wurde.

2. *Die lateinische Hierarchie*

Seit der Einnahme Jerusalems führte die lateinische Kirche ihre westliche Organisationsform auch im Hl. Land ein. Neben die einheimischen Kirchen traten neue Diözesen mit Kirchenprovinzen sowie Klöster und Ordenshäuser westlicher Prägung[7]. Was auf eine Konkurrenz hin angelegt war, führte jedoch schon bald zu einem Modus vivendi des Nebeneinanders, zuweilen sogar zu einer Beeinflussung durch einheimische Kräfte der Chri-

---

[4] J. Richard, Le royaume de Jérusalem, Paris 1953; Ch. Coüasnon, The Church of the Holy Sepulchre of Jerusalem, London 1974; Das Heilige Land im Mittelalter. Begegnungsraum zwischen Orient und Okzident, hrsg. von W. D. Fischer – J. Schneider, Neustadt 1982; V. C. Corbo, Il Santo Sepolcro di Gerusalemme, 3 Bde., Jerusalem 1981.

[5] Daniel, Pèlerinage en Terre-sainte au commencement du XIIe siècle (vers 1106), übers. von A. S. Norov, St. Petersburg 1864; The Pilgrimage of the Russian Abbot Daniel in the Holy Land 1106–1107, annotated by C. W. Wilson: Pilgrims Text Society (London 1895); J. Papin, Daniel Palomnik, in: LThK^{2} III, 155.

[6] P. Rousset, Histoire des Croisades, Paris 1857, 25.

[7] W. Hotzelt, Kirchengeschichte Palästinas im Zeitalter der Kreuzzüge, 1090–1291, Köln 1940; H. E. Mayer, Bistümer, Klöster und Stifte im Königreich Jerusalem, Stuttgart 1977; G. Fedalto, La Chiesa latina in Oriente, 3 Bde., Mazziana 1977/78; B. Hamilton, The Latin Church in the Crusader States. The Secular Church, London 1980; R. Hiestand, Vorarbeiten zum Oriens pontificus, 2 Bde., Göttingen 1972–1984.

sten und Muslime. Als erstes entstanden das Patriarchat und die Chorherren vom Heiligen Grab. Beide besaßen den größten Einfluß nicht nur wegen ihres Reichtums, sondern vor allem wegen ihres politischen Gewichts. Eine eigene weltliche Herrschaft in Jerusalem besaß der Patriarch im Unterschied zum Erzbistum Nazaret und Bistum Lydda nicht, sondern eher eine Grundherrschaft in seinem Viertel, dafür aber größere Güter auch in Europa. Die Kanoniker vom Heiligen Grab, die als Domkapitel fungierten und das Recht besaßen, den Patriarchen zu wählen, mußten in der Praxis eine Zweierliste vorlegen, aus der der König einen auswählen oder beide verwerfen konnte. Die Patriarchen waren im allgemeinen fromme Persönlichkeiten, aber nicht immer der Bedeutung des Amtes gewachsen. Auf Warmund von Picquigny (1118–28) folgten Stephan von Chartres (1128–30), Wilhelm von Messina (1130–45), Foucher von Angoulême (1146–57), Amalrich von Nesle (1157–80). Die Patriarchenwahl von 1180 war umstritten; obwohl Wilhelm von Tyrus ein angesehener Geschichtsschreiber und Kanzler des Reiches war, zog ihm der König Heraklius einen Kleriker der Diözese Mende und Erzbischof von Cäsarea vor. Dieser war auf Druck der übel beleumundeten Mutter Balduins IV., Agnes von Courtenay, Gräfin von Jaffa und Askalon, auf den Patriarchenstuhl gelangt; er blieb besonders in Europa, wenn auch nicht in allen Punkten zu Recht, in unrühmlicher Erinnerung hinsichtlich seines Lebenswandels[8].

Neben den Patriarchen spielten als Interessenvertreter der römischen Kurie auch die päpstlichen Legaten eine einflußreiche Rolle[9]. Ihre Aufenthalte im Hl. Land waren zu kurz, um sich von Sonderinteressen der dortigen Kräfte vereinnahmen zu lassen. So blieb ihre Autorität unbeschadet, sie konnten öfters in die innere Organisation der dortigen Kirche eingreifen. Mit Mühe waren die Jurisdiktionsgrenzen der Patriarchate von Jerusalem sowie von Antiochia und ganz Syrien abgesteckt worden; sie folgten den politischen Grenzen. Zum Patriarchat Jerusalem zählten die nach und nach gegründeten Erzbistümer Cäsarea, Tyrus, Nazaret und Petra (Krak de Moab) sowie die Suffraganbistümer Ramla-Lydda, Betlehem, Sebaste, Tiberias, Beirut, Akkon, Sidon, Baniyas und Hebron (St. Abraham); die Bistümer Haifa, Jaffa und Nablus besaßen keinen eigenen Bischof, sondern wurden vom Erzbischof von Cäsarea sowie von den Prioren der Stifte „Templum Dei“ und Heiliges Grab verwaltet. Angesichts des relativ geringen Bevölkerungspotentials der Lateiner war dieses Organisationsnetz viel zu dicht. Konflikte waren denn auch weniger in der Sache als in persönlichem Ehrgeiz begründet. Über 25 Jahre zog sich der Streit hin, ob der Berg Tabor der Jurisdiktion Nazarets zugeordnet werde. Die Bischofssitze von Hebron und Petra entstanden 1168; Patriarch Amalrich hatte eine ganze Reihe alter Sitze wiederherstellen und als Suffraganbistümer seinem Sitz unterordnen wollen, er stimmte in der Expansion nach Süden mit den Zielen König Amalrichs überein. Doch Jaffa und Nablus erreichten nur einen unvollständigen Status, Daron gelang noch nicht einmal der Ansatz einer Gründung.

Die anderen christlichen Kirchen waren im Bereich des spätantiken Patriarchats Jerusalem kaum vertreten, wohl jedoch in den durch die Kreuzfahrer hinzugekommenen Anteilen im Norden (hauptsächlich dem heutigen Libanon) und erst recht im Patriarchat

---

[8] Richard, Le royaume (s. Anm. 4) 92–98; Mayer, Geschichte der Kreuzzüge (s. Anm. 2) 144, 154f.

[9] R. Hiestand, Die päpstlichen Legaten auf den Kreuzzügen und in den Kreuzfahrerstaaten vom Konzil von Clermont bis zum vierten Kreuzzug (maschr. Habilitationsschrift), Kiel 1972; Mayer, Bistümer, Klöster und Stifte (s. Anm. 7) 197–214; W. Antweiler, Das Bistum Tripolis im 12. und 13. Jahrhundert, Düsseldorf 1991.

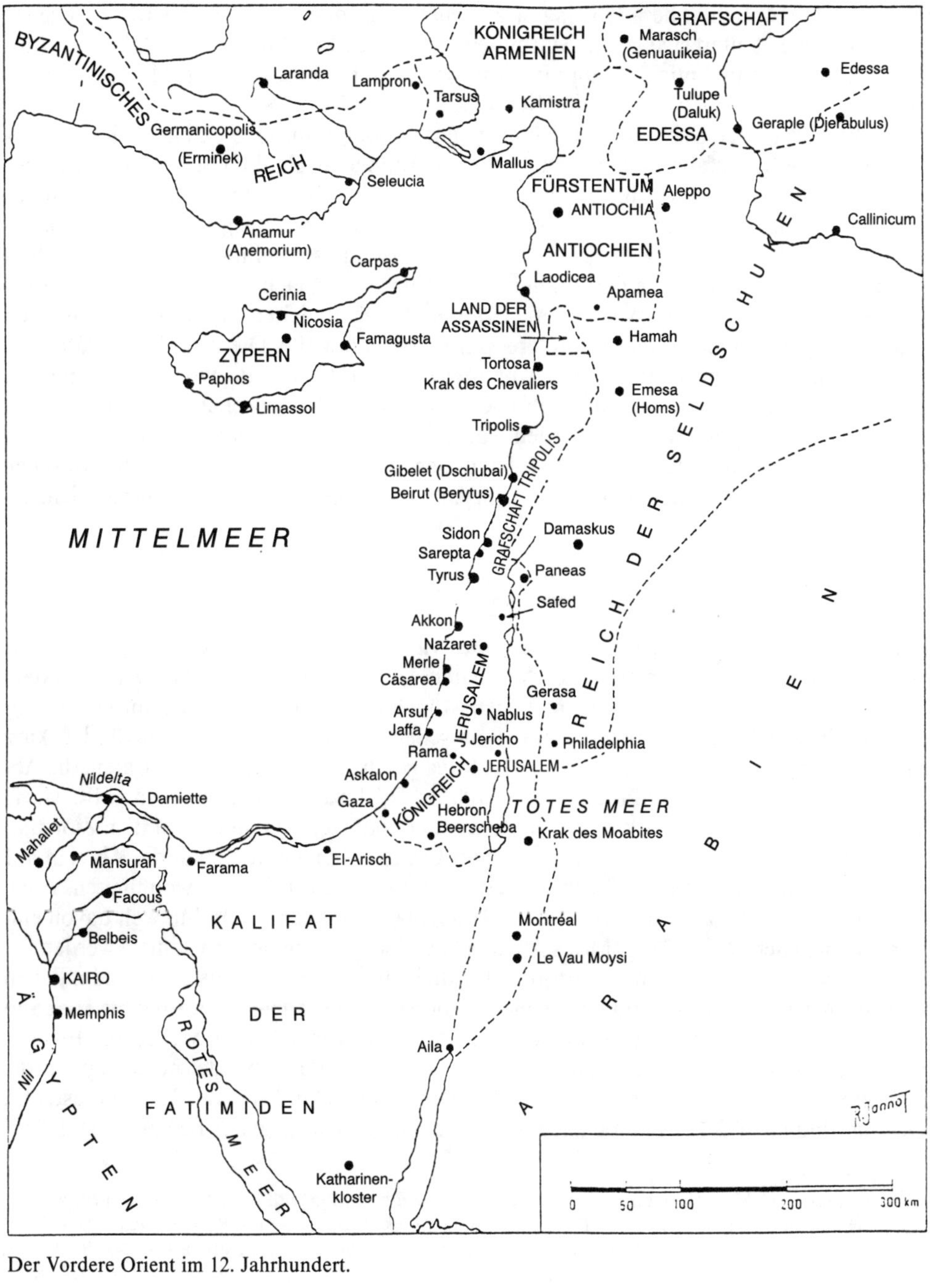

Der Vordere Orient im 12. Jahrhundert.

Antiochia. Die Armenier besaßen ein gutes Verhältnis zu den lateinischen Kirchen. Die syrischen Christen teilten sich auf in Maroniten (vorwiegend im Libanon), in Jakobiten (mit einem Patriarchen in Antiochia) und in Nestorianer (mit Schwerpunkt in Mesopotamien). Sie alle besaßen eine jeweils eigene Hierarchie[10].

Das Verhältnis der Christen zum Islam steuerte anfangs auf eine extensive Konfrontation zu, als die Kreuzfahrer nach der Belagerung Antiochias glaubten, eine Zwangsbekehrung der einheimischen Muslime in großem Stil vornehmen zu können. Doch der im Hl. Land notorische Mangel christlicher Arbeitskräfte und die Erfolglosigkeit der Zwangskonversionen, die sich wenig später durch die Rückkehr zum Islam herausstellte, führten schon bald zu einer Koexistenz, die den Einheimischen ein Leben nach ihrem eigenen Recht gestattete. Freiwillige Religionswechsel in beiden Richtungen hielten sich künftig in Grenzen und waren gewöhnlich durch besondere Umstände veranlaßt. Die räumliche Nähe förderte ohnehin eine Übernahme von Gewohnheiten der anderen Seite, wobei die islamische Welt häufiger dominierte als umgekehrt. Obwohl die große Moschee in Akkon in eine christliche Kirche umgewandelt worden war, blieb eine ihrer Kapellen dem islamischen Kult vorbehalten; im Osten dieser Stadt benutzten wiederum die Christen in der Moschee einen Altar, errichtet an der „Quelle des Ochsen". Die Regel dürfte das allerdings nicht gewesen sein[11].

3. Mönchtum und Ritterorden

Mönche führten häufig Pilgergruppen an; die Wallfahrt war ohnehin ein Element des zur monastischen Lebensführung bereiten Menschen. Dunkel herrscht über das, was nach dem Klostersturm im frühen 11. Jh. vom östlichen Mönchtum im Hl. Land noch übriggeblieben ist. Von Ungarn aus wurde um 1022 ein lateinisches Kloster in Jerusalem gegründet; kurz darauf besiedelten vom süditalienischen La Cava geschickte Mönche in Jerusalem die Abtei St. Maria Latina. Sie und die erst um 1100 im Tal Josafat gegründete Abtei St. Maria besaßen in Sizilien mehrere Priorate. Weitere Mönchsklöster entstanden auf dem Zion und dem Tabor. Rechtlich waren sie nirgends von Cluny abhängig, lediglich die Abteien auf dem Tabor und Palmarea bei Tiberias (seit 1170) befolgten dessen Gewohnheiten. Auch die Mönchsklöster im Norden, St. Paul in Antiochia (Zisterzienser) und unweit davon entfernt auf dem Schwarzen Berg (Mons Amanus) St. Georg, verdienen erwähnt zu werden.

In der westlichen Armutsbewegung des 12. Jh. lebte die Sitte des aus einem männlichen und einem weiblichen Konvent bestehenden Doppelklosters wieder auf. Auch im Hl. Land fand sie einen Niederschlag, so in Betanien, das 1168 von Königin Melisendis für ihre Schwester Judith-Yvette (die zweite Äbtissin) gegründet und vom Adel bevorzugt wurde, oder in St. Simeon im Fürstentum Antiochia. Dort auch befand sich das Frauenkloster St. Lazarus, und im Süden lagen die zwar weniger bekannten, aber in der Bewohnerzahl wohl

---

[10] K. S. Salibi, The Maronite Church in the Middle Ages and its Union with Rom, in: Oriens christianus 42 (1958) 92–104; ders., The Maronites of Lebanon under Frankish and Mamluk Rule, in: Arabica 4 (1957) 288–303; H. Musset, Histoire du Christianisme spécialement en Orient, 3 Bde., Harissa 1948–49; B. Spuler, Die morgenländischen Kirchen, in: Handbuch der Orientalistik I. Abt, VIII/2, Leiden 1964, 120–324; A. D. v. d. Brincken, Die „nationes Christianorum orientalium" im Verständnis der lateinischen Historiographie von der Mitte des 12. Jh. bis in die 2. Hälfte des 14. Jh., Köln 1973.

[11] Waas, Geschichte der Kreuzzüge I, Freiburg i. Br. 1956, 368–389; II, 208–222; vgl. auch Mayer, Geschichte der Kreuzzüge (s. Anm. 2).

größeren Klöster St. Maria und St. Anna. Auf dem Zion befand sich auch ein bedeutendes armenisches Frauenkloster.

Die Chorherren vom Heiligen Grab besaßen 1144 bereits sieben Kanonikate im Hl. Land. Die Prämonstratenser waren nicht so stark vertreten; außer St. Joseph von Arimatäa und St. Stephan vor den Mauern besaßen sie auf dem Mons Gaudii bei Jerusalem in St. Samuel ein kleines Zentrum. Die Eremiten, in der Spätantike ein Charakteristikum des Hl. Landes, sind für das 12. Jh. in den Schwarzen Bergen und in der Judäischen Wüste, aber auch an den Mauern Jerusalems bezeugt; sie der Kontrolle der Hierarchie zu unterwerfen, gelang erst im 13. Jh., als die Einsiedler des Berges Karmel nach Europa ausweichen mußten [12].

Da fast jedes Kloster seit langem schon ein Xenodochium für die Armen der Umgebung und für durchreisende Pilger unterhielt, ist die Wurzel der Idee der im Zuge der Kreuzzugsbewegung aufkommenden Ritterorden hier zu suchen. Die Funktion der Xenodochien war vielfältig: Verpflegung von Bettlern, Unterkunft für Pilger, Zuflucht für Kranke und Pflegeheim [13].

Seit der Mitte des 11. Jh. unterhielt das Jerusalemer Kloster St. Maria Latina ein solches Hospiz unter dem Patrozinium des hl. Johannes des Täufers. Nach der Eroberung Jerusalems war es nicht mehr in der Lage, im alten Rahmen weiterzuarbeiten, verselbständigte sich unter der Leitung eines Gerhard von Amalfi und konzentrierte sich ganz auf die Pilgerbetreuung. Um diese Zeit wurde auch ein Hospiz für weibliche Pilger abgezweigt, das später in Antiochia ein zweites Haus errichtete. Es war die Geburtsstunde der Johanniter (Hospitaliter) und Johanniterinnen. Die neue religiöse Gemeinschaft diente zunächst ausschließlich karitativen Zwecken, beteiligte sich seit 1136 aber auch am Landesausbau und an der Grenzverteidigung und gab sich vor 1153 eine an der Augustinusregel orientierte Satzung. Offenkundig waren sie durch die Templer in Zugzwang geraten, die durch die Initiative des nordfranzösischen Ritters Hugo von Payens von Anfang an (1119) den Heidenkampf mit Grundelementen monastischer Lebensweise zu einer Einheit zu verschmelzen suchten. Der Jerusalemer Patriarch befürwortete ihre Absicht, den militärischen Schutz der Pilgerstraße von Jaffa nach Jerusalem zu übernehmen; König Balduin II. wies ihnen auf dem Tempelplatz ein Quartier an (daher der Name „militia Templi"). Unter maßgeblicher Beteiligung Bernhards von Clairvaux genehmigte 1128 das Konzil von Troyes ihnen eine eigene Regel; 1139 war die Ordensbildung praktisch abgeschlossen [14].

Mehr noch als die Johanniter waren die Templer auf dem besten Weg, eine unabhängige Kraft im Hl. Land zu bilden, da sie sich von der Vorherrschaft des Patriarchen zu befreien wußten, durch päpstliches Privileg der Strafgewalt des Diözesanbischofs entzogen waren

---

[12] U. Berlière, Les anciens monastères bénédictins de Terre-Sainte, in: Rev. Bénéd. 5 (1888) 437–446, 502–512; Ph. Schmitz, Geschichte des Benediktinerordens I, Einsiedeln 1947, 172, 234–236; Mayer, Geschichte der Kreuzzüge (s. Anm. 2) 155; ders., Bistümer, Klöster und Stifte (s. Anm. 7).

[13] E. Boshof, Untersuchungen zur Armenfürsorge im fränkischen Reich des 9. Jahrhunderts, in: Archiv für Kulturgeschichte 58 (1976) 265–339.

[14] Allgemein über die Ritterorden: H. Prutz, Die geistlichen Ritterorden, Berlin 1908; Waas, Geschichte der Kreuzzüge II, 4–56; Die geistlichen Ritterorden Europas, hrsg. von J. Fleckenstein – M. Hellmann, Sigmaringen 1980. Über die Templer: M. Melville, La vie des Templiers, Paris [2]1974; A. Demurger, Vie et mort de l'ordre du Temple, Paris 1985; A. Beck, Der Untergang der Templer, Freiburg i. Br. 1992; M. L. Bulst-Thiele, Sacrae domus militiae Templi Hierosolymitani magistri, Göttingen 1974 (Biographien der Ordensmeister).

und von jedem Bischof die Ordenskapläne weihen lassen konnten, wenn sich der Diözesanbischof weigern sollte. Seit 1139 war es den Templern, seit 1186 auch den Johannitern und seit 1220 schließlich dem Deutschen Orden laut Papstprivileg untersagt, von irgend jemandem etwas zu Lehen zu nehmen; damit war auch der Königsgewalt die Grundlage genommen, sich diese militärischen Kräfte unterzuordnen[15]. Man könnte sie als Staat im Staate bezeichnen. Die engen Beziehungen der Templer zu den Chorherren vom Heiligen Grab, der Bruch mit dem Patriarchen, der im Papstschisma zu Anaklet II. hielt, die Reisen Hugos von Payens nach Frankreich und England, ein ständiger Vertreter des Ordens seit 1130 in Frankreich und die Protektion durch Bernhard von Clairvaux, der die Idee des Ritterordens mit seiner Schrift „De laude novae militiae" propagierte, gaben der „militia Templi" einen stark französisch orientierten Akzent und den Anschein besonderer Treue zum Papsttum[16].

Das abendländische Mönchtum verstand sich vereinzelt schon im 11. Jh. als eine geistliche „militia". Damit war der Boden bereitet, diesen Kampf gegen den Teufel auch auf den äußeren Feind der Christenheit auszudehnen und das in Frankreich bereits verchristlichte Ethos des Kriegers um Normen der monastischen Lebensweise zu bereichern[17]. Es handelte sich nicht um eine Addition von Mönchtum und Rittertum, sondern um eine neue Ordensstruktur sui generis. Die Patronage der Zisterzienser nicht nur gegenüber den Templern kennzeichnet die Nähe zum strengen Reformmönchtum, aber affiliiert wurden sie alle dem Zisterzienserorden nicht. Diese Nähe erklärt auch den von dort übernommenen Grundstock der Regel, allerdings modifiziert, um den besonderen Aufgaben eines Ritterordens gerecht zu werden. Den drei Mönchsgelübden wurde die Verpflichtung zum Heidenkampf hinzugefügt. Schon in der Regelfassung von 1128, bestehend aus 76 Artikeln, finden sich, abgesehen von den Gastrittern, die Ritter von den Waffenbrüdern (servientes) unterschieden; die Ordenskapläne kamen als weiterer Stand erst nach 1136 hinzu. Die Ritter bildeten den ersten und wichtigsten Stand; von adliger Herkunft mußten sie erst gemäß der überarbeiteten Regel von 1180 sein. Die religiösen Anforderungen und Fastenvorschriften waren reduziert. Dafür wurden der Gehorsam gegenüber dem Meister, das militärische Training und der Kampfesmut bis zur Selbstaufgabe betont, aber auch Verbote gegen Überspannungen des ritterlichen Ehrbegriffs. Weil das monastische Prinzip der lebenszeitlichen Bindung an ein und dasselbe Haus dem Erfordernis wechselnder Kampfplätze und die Autonomie eines Hauses der Aufgabe, vor allem der Niederlassungen in Westeuropa, für den lebensnotwendigen Nachschub zu sorgen, hinderlich gewesen wären, war der Rechtsträger aller Besitzungen – sie waren über ganz Westeuropa, insbesondere in Frankreich, verstreut – erstmals in der Ordensgeschichte die Personengemeinschaft des Gesamtordens. Auf dieser Grundlage organisierten sich die Häuser zu größeren Verwaltungsbezirken mit einer Komturei im Zentrum, eine neue Organisationsform, die etwas später beispielsweise die Prämonstratenser und schließlich die Mendikanten übernehmen

[15] G. Schnürer, Die ursprüngliche Templerregel. Studien und Darstellungen aus dem Gebiet der Geschichte III, 1–2, Freiburg i. Br. 1903, 136–151; K. Elm in: Die geistlichen Ritterorden Europas 141–169; Mayer, Geschichte der Kreuzzüge (s. Anm. 2) 76–78.

[16] J. Leclerq – H. M. Rochais, Liber ad milites Templi de laude novae militiae (Sancti Bernardi opera III), Rom 1963, 229–237; J. Fleckenstein, Die Rechtfertigung der geistlichen Ritterorden nach der Schrift „De laude novae militiae" Bernhards von Clairvaux, in: Die geistlichen Ritterorden Europas 9–22.

[17] C. Erdmann, Die Entstehung des Kreuzzugsgedankens, Stuttgart ²1955, 10f, 62f u. passim.

sollten. Um so mehr Gewicht erlangte das Jerusalemer Haupthaus, wo der Großmeister und die anderen Amtsinhaber, wie Marschall und Seneschall usw., ihren Sitz hatten und das Kapitel tagte. Alle Ritter verband als äußeres Zeichen der weiße Mantel mit dem roten Kreuz, das sich auch die Teilnehmer des ersten Kreuzzuges schon angeheftet hatten[18].

Weniger dynamisch und dennoch den Templern ähnlich verlief die Entwicklung des Johanniterordens. Was bei den Templern keine Rolle spielte, blieb für die Johanniter allerdings ein Charakteristikum: das karitative Element mit dem Hospital im Zentrum. Die gut ausgestattete Laienbruderschaft, 1112 von Paschalis II. bestätigt, erhielt erst um die Mitte des 11. Jh. eine Regel. Sie schweigt über die militärische Tätigkeit des Ordens, ebenso das Privileg Innozenz' II. von 1137, obwohl die Brüder an der Grenzverteidigung bereits beteiligt waren. Erst Alexander III. ermahnte 1178/80 den Ordensmeister Roger von Moulin, sich auf die gute Tradition des Ordens seit dem Ordensmeister Raimund von Puy (1120–58) zu besinnen und die Pflege der Pilger als eigentliche Aufgabe zu betrachten, um derentwillen der Orden gegründet worden sei. Zu den Waffen sollten die Brüder nur greifen, wenn zur Verteidigung des Hl. Landes oder zur Belagerung einer Burg der Ungläubigen unter dem Zeichen des Kreuzes aufgerufen werde. Offenkundig wünschte das Papsttum die Johanniter als ausgesprochenen Hospitaliterorden und nur in Ausnahmefällen als Ritterorden. In Wirklichkeit besaß der Orden im 12. Jh. vier geschlossene Gebiete im Hl. Land, deren Verteidigung mit einem stehenden Heer ausschließlich ihm oblag: Gibelinum (Beit-Dschibrin) an der Südgrenze, Belvoir auf dem rechten Jordanufer, reiche Besitzungen im Fürstentum Tripolis und nördlich angrenzend Margat sowie Apamea (Fürstentum Antiochia). Verständlicherweise entwickelten sich dadurch im Orden krisenhafte interne Spannungen. Die wenig erbauliche Rivalität mit den Templern, in die sich die Johanniter ziehen ließen, förderte den Ritterstand als Kern, während die „servientes" die immer noch wichtigen karitativen Aufgaben zu versehen hatten.

Ebenfalls zählten sie reichen Besitz in Europa, kaum in Frankreich, um so mehr in der Krone Aragón und in Deutschland; die dortigen Komtureien wurden zu Großprioraten zusammengefaßt[19]. Welches Ansehen der Orden dort schon sehr früh besaß, geht aus dem Testament König Alfons' I. von Aragón von 1131 hervor, das die Chorherren vom Heiligen Grab, die Johanniter und die Templer als gemeinsame Erben des Königreiches Aragón vorsah[20].

Ungleich weniger bedeutend war das Leprahospital des hl. Lazarus in Jerusalem, das – seit 1142 nachweisbar – nach dem Vorbild der Johanniter auch Kriegsdienste übernahm (vielleicht erst im 13. Jh.), ausgeführt allerdings von leprosen Rittern, was sich auf die Dauer nicht durchhalten ließ. Dem Vorbild der Templer folgte der Orden von Montjoie, benannt nach der Marienkirche auf dem Mons Gaudii bei Jerusalem, die König Balduin IV. um 1180 dem spanischen Adligen Rodrigo schenkte, um einen Ersatz für die ihm nicht mehr botmäßigen großen Ritterorden zu finden. 1187 bereits zog sich Rodrigo in die

---

[18] H. de Curzon, La Règle du Temple, Paris 1886; L. Dalliez, Les Templiers et les Règles de l'ordre du Temple, Paris 1972.

[19] J. Delaville le Roulx, Les Hospitaliers en Terre-Sainte et a Chypre, 1100–1310, Paris 1904; J. Riley-Smith, The Knights of St. John in Jerusalem and Cyprus, c. 1050–1310, London 1967; R. Hiestand, Die Anfänge der Johanniter, in: Die geistlichen Ritterorden Europas 31–80; J. Delaville le Roulx, Cartulaire général de l'ordre des Hospitaliers de Saint-Jean de Jérusalem, 4 Bde., Paris 1894–1906, München [2]1980; The Rule, Statutes and Customs of the Hospitallers, 1089–1310, hrsg. von E. J. King, London 1934.

[20] Liber Feudorum Maior, hrsg. von F. Miquel Rosell, Barcelona 1945, I, Nr. 6.

Die Ritterorden spielten bei den Kreuzzügen und bei der Verteidigung des eroberten Landes eine entscheidende Rolle. Die Festung Krak des Chevalliers des Johanniterordens repräsentiert neben der militärischen auch die wirtschaftliche Macht und Bedeutung der Ritterorden.

Ordensbesitzungen im südlichen Aragón zurück. Wenig später ging der Orden auch dort unter, Reste in Kastilien wurden 1221 dem Orden von Calatrava einverleibt[21].

Als dritter großer Ritterorden im Hl. Land ist der Deutsche Orden zu nennen[22]. Seine Entstehung verdankt er dem dritten Kreuzzug, der das verlorengegangene Jerusalem zurückerobern sollte, aber durch den unerwarteten Tod Kaiser Friedrich Barbarossas und die Uneinigkeit zwischen der englischen und französischen Heerführung scheiterte. Das Jerusalemer Hospiz als Vorstufe ist heute als eine spätere Legende erkannt. Die Anfänge gehen vielmehr auf ein von Bremer und Lübecker Bürgern 1189/90 vor Akkon ins Leben gerufenes Feldspital zurück, das durch Verfügung Cölestins III. 1196 zum Hospitalorden erhoben und 1198 durch eine Versammlung deutscher und palästinensischer Großer im Gefolge des durch den Tod Kaiser Heinrichs VI. ebenfalls gescheiterten Kreuzzuges zu einem Ritterorden erweitert wurde[23]. Das eigentliche Vorbild war in der Frühphase der

---

21 P. Bertrand de la Grassière, L'ordre militaire et hospitalier de St. Lazare de Jérusalem, Paris 1960; A. J. Forey, The Order of Mountjoy, in: Speculum 46 (1971) 250–266.

22 M. Tumler, Der Deutsche Orden im Werden, Wachsen und Wirken bis 1400, Montreal – Wien 1955; H. Boockmann, Der Deutsche Orden. Zwölf Kapitel aus seiner Geschichte, München ³1989; Acht Jahrhunderte Deutscher Orden, hrsg. von K. Wieser, Bad Godesberg 1967.

23 M. L. Favreau, Studien zur Frühgeschichte des Deutschen Ordens, Stuttgart 1977; G. Müller, Jerusalem oder Akkon? Über den Anfang des Deutschen Ordens nach dem gegenwärtigen Stand der Forschung, Bad Münstereifel 1984; U. Arnold, Entstehung und Frühzeit des Deutschen Ordens, in: Die geistlichen Ritterorden Europas 81–107.

Johanniterorden; der von ihm übernommenen Regel aber wurden im Zuge der schrittweisen Militarisierung reiche Elemente aus der Templerregel hinzugefügt. Auch die Privilegierung, um die sich der Orden bemühte, orientierte sich am Rechtsstand der beiden anderen großen Ritterorden. Obwohl man sich offiziell als „Ordo hospitalis St. Mariae Theutonicorum Ierosolimitanorum" betrachtete, erfolgte eine nationale Verengung auf das Deutsche erst im Laufe des 13. Jh. Anders wäre die Bildung von Balleien in Italien sowie je einer Ballei in Griechenland (Romania) und Spanien auch nicht zu verstehen. Überdies blieb das Hauptinteresse des Ordens bis zum Ende des 13. Jh. trotz des Engagements von 1211–25 im Burzenland (Siebenbürgen)[24] und der durch die von Kaiser Friedrich II. verliehenen Goldbulle von Rimini (März 1226) auf das Siedlungsgebiet der Pruzzen gelenkten Pläne[25] auf den Vorderen Orient gerichtet[26]. Ähnlich spät verengte sich die Mitgliedschaft der Ritterbrüder auf die Herkunft aus ritterlichem Geschlecht. Was den Deutschen Orden frühzeitig von den beiden anderen Ritterorden unterschied, war seine Ausrichtung auf den Kaiser; offensichtlich folgte er noch dem Ideal der Zuordnung von Imperium und Sacerdotium, dem die beiden anderen Orden längst entfremdet waren. Alle Zeichen deuten darauf hin, daß die Großen des Jahres 1198 im neuen Orden eine dauernde Präsenz des Kaisers im Hl. Land wünschten. Noch war dieser nicht auf die Staufer festgelegt; das erfolgte erst durch den vierten Hochmeister Hermann von Salza (1209/10–1239), der ein enger Vertrauter Friedrichs II. war und den Orden weit mehr als seine Amtsvorgänger nachhaltig geprägt hat[27].

Genaue Zahlen über den Mitgliederbestand der Ritterorden sind unbekannt, aber es gibt Schätzungen. Wilhelm von Tyrus spricht kurz nach 1144 von etwa 300 Rittern der Templer im Hl. Land und Benjamin von Tudela 1165/66 von ungefähr 400 Rittern.

Zusammenstellungen über Verluste der Templer in Schlachten bestätigen, daß der Bestand von 400 Rittern nicht überschritten wurde. Hinzuzurechnen sind davon gesondert die „servientes", deren Zahl um ein Mehrfaches höher anzusetzen ist. Die Relationen dürften im Johanniterorden ähnlich ausgesehen haben, nur muß man hier mit einer ungleich größeren Zahl von Ordenspriestern rechnen. Wie in den europäischen Besitzungen beider Orden wurde auch im Orient bei weitem nicht alles von den Ordensmitgliedern selbst bewirtschaftet. Über die Güterverwaltung der Johanniter sind wir besser unterrichtet als über die Templergüter. Nicht jeder Pächter war ein affiliierter Arbeitsbruder des Ordens, sondern oft genug auch Laienchristen oder sogar Muslime. Diese besaßen persönliche Freiheit und hatten eine ertragsabhängige Naturaliensteuer an die Burg abzuliefern, in deren Einzugsbereich die Siedlung lag. Allenthalben gab es eine graduell unterschiedliche lokale Selbst-

---

24 E. Caspar, Hermann von Salza und die Gründung des Deutschordensstaates in Preußen, Tübingen 1924; Ungarn-Jahrbuch 3 (1971) (verschiedene Beiträge); H. Zimmermann, Der Deutsche Ritterorden in Siebenbürgen, in: Die geistlichen Ritterorden Europas (s. Anm. 14) 267–298; ders., Die Ungarnpolitik der Kurie und Kardinal Konrad von Urach, in: Zeitschrift für Württemberg. LG 41 (1982) 308–323.

25 Preußisches Urkundenbuch, hrsg. von R. Philippi – P. K. Woelky, I, 1, Königsberg 1882, Nr. 108; W. Hubatsch, Quellen zur Geschichte des Deutschen Ordens, Göttingen 1954, 72, Nr. 8.

26 K. Forstreuter, Der Deutsche Orden am Mittelmeer, Bad Godesberg 1961. Zur Verengung E. Maschke, Die inneren Wandlungen des Deutschen Ritterordens, in: Geschichte und Gegenwartsbewußtsein (FS H. Rothfels), Göttingen 1963, 249–277.

27 W. Cohn, Hermann von Salza, Breslau 1930; E. Maschke in: ders., Der Deutsche Ordensstaat. Gestalten seiner großen Meister, Hamburg [3]1943, 23–47; H. Heimpel, Hermann von Salza, Gründer eines Staates, in: ders., Der Mensch in seiner Gegenwart (Göttingen [2]1957); H. Kluger, Hochmeister Hermann von Salza und Kaiser Friedrich II., Marburg 1987.

verwaltung bis hin zu einem eigenen Gerichtshof. Die Siedler, gemeinhin Franken genannt (das Französische war überhaupt die lingua franca), dürften überwiegend Pilger aus Westeuropa gewesen sein, die um persönlicher Vorteile willen oder weil ihnen für eine Heimreise die Mittel fehlten, sich im Hl. Land niederließen. Auch von Sklaven ist die Rede, in der Regel islamische Kriegsgefangene, so wie auch jeder im Kampf gefangene Christ in sarazenische Sklaverei geschickt wurde[28].

Die Verbindungswege nach Europa über See lagen fast ausschließlich in italienischer Hand. Bis zum ersten Kreuzzug unterhielten Genua und Amalfi den Kontakt hauptsächlich mit Alexandrien; von dort wurde der Handel mit der Levante durch Juden, Griechen und Syrer bestritten. Im 12. Jh. beherrschte Pisa die Verbindungswege, die nun vorwiegend nach Akkon führten, im 13. Jh. dann Venedig, das Tyrus als Anlaufhafen bevorzugte. Die Ritterorden besaßen keine eigene Flotte, bis sie sich seit dem frühen 13. Jh. am Pilgertransport beteiligten[29]. Der Zeitpunkt scheint nicht zufällig, denn seitdem erscheint das jeweilige Ordensbild auch in schärferen Konturen. Es kennzeichnet die Johanniter, die sich der Pilgerfürsorge verschrieben hatten, daß sie ihr Vermögenswachstum in Grundbesitz anlegten, nicht nur im Vorderen Orient, sondern auch in Europa, wo Pilger zu betreuen waren. Freilich waren auch sie an Geldgeschäften beteiligt, und der Landbesitz trug erheblich auch zum Unterhalt von militärischen Verteidigungswerken bei, aber im Vergleich zu den Templern erscheint diese Vermögensanlage wenig flexibel, wenn sie vorwiegend dem Nachschub für die eigenen Kräfte im Hl. Land gedient haben sollte.

Gerade darin zeichneten sich die Templer aus; bei ihnen stand der Transfer in den Vorderen Orient im Vordergrund, und dazu eignete sich die Umsetzung in Geld, die entsprechend der Natur der Sache auch zu finanziellen Gewinnen führte. In Anbetracht der weltweiten Verbindungen dominierte das wirtschaftliche Übergewicht der Templer relativ schnell und weckte den Mißmut der nicht so potenten gerade im Hl. Land ansässigen Kirchen; überdies förderte die gelegentliche Option für den aussichtsreichen Gewinn zum Nachteil des Heidenkampfes die Kritik. Der Deutsche Orden profilierte sich demgegenüber durch seinen Drang nach möglichst autonomer Territorialherrschaft. Dieses Ziel hatte den ungarischen König veranlaßt, dem Orden die zugewiesene Aufgabe im Burzenland wieder zu entziehen. Es kommt ferner in der Goldbulle von Rimini zum Ausdruck, wo dem Orden eine Herrschaft zugestanden wurde, wie sie ein Fürst des Reiches nicht besser besitzen konnte. Und sie zeigt sich ebenfalls im Landesausbau rund um die Burg Montfort (Südlibanon), der in Verbindung mit der Reichslehenschaft über Zypern zu sehen ist[30].

Motiviert dürften diese Bestrebungen gewesen sein aus dem Bedürfnis, möglichst schnell die exklusive Stellung der beiden anderen großen Ritterorden (Staat im Staate zu sein) zu erreichen, und aus der Kenntnis der starken Rechtsstellung eines Reichsfürsten im deutschen Reich.

---

[28] Waas, Geschichte der Kreuzzüge II, (s. Anm. 11) 15f; Mayer, Geschichte der Kreuzzüge, Kap. 8.

[29] M. L. Favreau-Lilie, Die Italiener im Heiligen Land vom ersten Kreuzzug bis zum Tode Heinrichs von Champagne (1098–1197), Amsterdam 1989; Mayer, Geschichte der Kreuzzüge (s. Anm. 2) 158–166.

[30] Waas, Geschichte der Kreuzzüge II, 14–54; W. Hubatsch, Die Staatsbildung des Deutschen Ordens, in: Preußenland und Deutscher Orden (FS K. Forstreuter), Würzburg 1958, 127–152; ders., Montfort und die Bildung des Deutschordensstaates im Heiligen Lande (Nachrichten der Akad. d. Wiss. Göttingen 5), 1966, 161–199; Arnold in: Die geistlichen Ritterorden Europas 81–107; R. Röhricht, Die Besitzungen des Deutschen Ordens im Hl. Lande, in: Zeitschr. des Deutschen Palästina-Vereins 10 (1887) 267–278.

Bibliographie

Die geistlichen Ritterorden Europas, hrsg. von J. Fleckenstein – M. Hellmann (Vorträge und Forschungen XXVI), Sigmaringen 1980.
P. M. Holst, The Eastern Mediterranean Lands in the Period of the Crusades, Warminster 1977.
K. H. Lampe, Bibliographie des Deutschen Ordens bis 1959, Bonn 1975.
H. E. Mayer, Bibliographie zur Geschichte der Kreuzzüge, Hannover [2]1965.
–, Geschichte der Kreuzzüge, Stuttgart [6]1985.
–, Kreuzzüge und lateinischer Osten, London 1983.
–, Probleme des lateinischen Königreichs Jerusalem, London 1983.
J. Prawer, Histoire du Royaume latin de Jérusalem, 2 Bde., Paris 1969–70.
–, The Latin Kingdom of Jerusalem, London 1972.
H. Prutz, Die Geistlichen Ritterorden. Ihre Stellung zur kirchlichen, politischen, gesellschaftlichen und wirtschaftlichen Entwicklung des Mittelalters, Berlin 1908.
J. Richard, Le royaume latin de Jérusalem, Paris 1953.
J. Riley-Smith, The Crusades. A Short History, London 1987.
–, Großer Bildatlas der Kreuzzüge, Freiburg i. Br. 1992.
R. Röhricht, Geschichte des Königreichs Jerusalem 1100–1291, Innsbruck 1898, Amsterdam [2]1967.
St. Runciman, Geschichte der Kreuzzüge, 3 Bde., München 1957–60.
K. M. Setton, A History of the Crusades, 6 Bde., Philadelphia 1969–89.
A. Waas, Geschichte der Kreuzzüge, 2 Bde., Freiburg i. Br. 1956.

Viertes Kapitel

Die „neue Christenheit" im 12. Jahrhundert: von Skandinavien bis zum Balkan

von Jerzy Kłoczowski

1. Monarchie und Landeskirche

Schon bekannt sind die Zusammenhänge, die im Zeitalter der Missionierung zwischen Christianisierung und Staatenbildung bestanden. Die Kirche hatte ein offenkundiges Interesse daran, die Zentralgewalt des Fürsten oder Königs zu stärken bzw. einzubinden, sie sogar durch die kirchliche Zeremonie der Krönung zu sakralisieren. Allerdings wäre es gewagt zu behaupten, dieses Bemühen sei im 12. Jh. für alle Reiche Nord- und Osteuropas das vorrangige Kennzeichen gewesen. Zwischen dem Papst von Rom und dem Patriarchen von Konstantinopel ist hier kein Unterschied festzustellen, wenn letzterer einen Erzbischof seiner Wahl in Kiev ernannte. Wir sahen, wie in der Epoche des Reformpapsttums wiederholt Staaten die Unterstützung Roms gegen den Anspruch nicht nur der deutschen oder byzantinischen Kaiser suchten. Dieses Streben blieb bis zum Ende des 12. Jh. virulent. So sollte während des ganzen 12. Jh. für Bulgaren und Serben die Ausbildung eigener Fürstentümer gegen den wachsenden Druck aus Byzanz eine kennzeichnende Aufgabe sein, was auch für Polen bis um 1150 gilt. Nicht nur in diesen Ländern blieb die Kirchenprovinz, war sie erst gegründet, ein grundlegender Faktor der Einheit[1].

Stephan I., der Begründer der Arpaden-Dynastie, hatte in Ungarn auf der Basis einer noch aus der heidnischen Zeit stammenden Geblütsheiligkeit eine autokratische Königsgewalt geschaffen, die sich in einer Mißachtung aus eigener Wurzel gewachsener lokaler Kräfte, in uneingeschränkter Kirchenherrschaft und in der Nutznießung eines riesigen Kronbesitzes äußerte. Die Verwalter der über das ganze Reich verstreuten Komitate waren vollkommen von ihm abhängig. Am Komitatsystem orientierte sich auch die Bistümereinteilung, zusammengefaßt in zwei Kirchenprovinzen (Gran/Esztergom nach 1000, Kalocsa um 1009). Da es die Primogenitur in der Thronfolge noch nicht gab und das gesamte königliche Geschlecht als erbberechtigt galt, geriet die Autorität der Königsgewalt in der zweiten Hälfte des 11. Jh. in eine Krise.

Ladislaus I., dessen Legitimität selbst sehr umstritten war, beendete die Reihe gewaltsamer Thronwechsel und die sich häufenden Eingriffe auswärtiger Mächte in die inneren Angelegenheiten. Er besorgte 1083 die Kanonisation des ersten ungarischen Königs Stephan sowie dessen Sohnes und Nachfolgers Emmerich, dessen Erziehers, des Märtyrer-Bischofs

---

Bibliographische Kurzangaben verweisen auf das Literaturverzeichnis am Ende des Kapitels (siehe Seite 347).

[1] Zwei wichtige Nachschlagewerke sind: Kulturhistorisk leksikon for nordisk meddelalder; Słownik Starożytności Słowiańskich. Zu den Quelleneditionen: Kirkehistorisk Bibliografi; Cambridge Medieval History; Halecki, Borderlands; Dvornik, Les Slaves; Gravier, Les Scandinaves; Musset, Les peuples scandinaves.

Gerhard von Czanád, sowie der beiden Eremiten Zoerard-Andreas und Benedikt aus der Zeit Stephans. Die Anregungen bezog Ladislaus aus Böhmen, Polen und Kiev; die eigens verfaßte *Legenda maior* bereitete die ungewöhnliche Aktion vor, die den Spitzenahn des königlichen Geschlechtes und sein Gefolge als Herrscher und Missionar seines Volkes in Erscheinung treten lassen wollte. Einem heiligen Königsgeschlecht anzugehören und dadurch die eigene schwache Legitimität aufzuwerten war der Sinn der von Ladislaus betriebenen massierten Kanonisation. Mit der *Legenda maior* verschmolz im frühen 12. Jh. die etwas später entstandene *Legenda minor*, die die Bekämpfung der aufständischen Heiden durch die Ungarnkönige betonte; wie Vladímir von Kiev, Olaf von Norwegen oder Knut von Dänemark wandelte sich nun auch Stephan zum „athleta patriae“. Seine Reliquien traten mit dem Krönungszeremoniell in Verbindung. Zu dieser Zeit – um die Mitte des 12. Jh. – war die Sakralität aber auch schon abhängig von der moralischen Vorbildhaftigkeit des heiligen Herrschers; wollte der Nachfolger an der Sakralität teilhaben, mußte er nunmehr die Ausübung seiner Funktionen der Überwachung durch kirchliche Instanzen anheimstellen.

Dieser Vorgang erstreckte sich vor einem Hintergrund, der die königliche Machtfülle durch Vergesellschaftung des Herrschaftskörpers einschränkte. Die Regierungszeit König Kolomans (1095–1114) markiert in dieser Hinsicht eine Wende. Der ungarische Expansionismus hatte sich Slowenien und Kroatien unterworfen, seit 1100 gab es wegen der dalmatinischen Küste Spannungen mit Venedig, und seit dem ausgehenden 11. Jh. wurde Siebenbürgen herrschaftlich durchdrungen, wo seit dem frühen 12. Jh. auch Deutsche angesiedelt wurden. Obwohl diese Gebiete zumindest eine Teilautonomie behielten, veranlaßten sie das ganze Jahrhundert hindurch Auseinandersetzungen mit dem byzantinischen Kaiserhof. Erzbischof Lukas von Gran (1158–81) setzte um 1180 schließlich die Freiheit der ungarischen Kirche durch, die das Reformpapsttum andernorts weit früher zum Erfolg hatte führen können. Von Byzanz ließ sich König Bela III. (1173–96) inspirieren. Er intensivierte die Beziehungen zur Kirche; es war ein starker Herrscher in einer kurzen Periode der politischen und kulturellen Blüte, aber auch er konnte die Entwicklung nicht aufhalten, die auf eine Gewichtsverlagerung zugunsten der Aristokratie hinauslief[2].

Weitaus stärker als auf Ungarn wirkte der Einfluß des Deutschen Reiches auf Böhmen. Ob es zum Reich gehörte oder dem Reich durch immer wieder erneuerte Lehnsbindung nur angegliedert war, ist schwer zu entscheiden. Die Bistümer Prag und Olmütz (seit 1063) blieben der Metropole Mainz als Suffraganbistümer verbunden. Die beiden Bischofskirchen

---

[2] B. Homan, Geschichte des ungarischen Mittelalters I, Berlin 1940; Ch. d'Eszlary, Histoire des institutions publiques hongroises I, Paris 1959; Th. v. Bogyay, Grundzüge der Geschichte Ungarns, Darmstadt ^{4}1990; Pamlényi (Hrsg.), Histoire de la Hongrie; S. Guldescou, History of Medieval Croatia, Den Haag 1964; H. Helbig in: Handbuch der Europäischen Geschichte II, 266 Anm. 1 (reiche Bibliographie); zu Siebenbürgen: L. Makkai, Histoire de la Transsylvanie, Paris 1946; Brève histoire de la Transsylvanie, hrsg. von C. Daicoviciu, Bukarest 1965; J. Deér, Die heilige Krone Ungarns, Wien 1966; A. Vauchez, La Sainteté en Occident aux derniers siècles du Moyen Age, Rom 1981, 194f, 212f; R. Folz, Les saints rois du Moyen Age en Occident, Brüssel 1984, Index; G. Klaniczay, From sacral kingship to self-representation. Hungarian and European Royal Saints in the 11th-13th centuries, in: Continuity and Chance. Political institutions and literary monuments in the Middle Ages, hrsg. von E. Vestergaard, Odense 1986, 61–83; E. Boshof, Das Reich und Ungarn in der Zeit der Salier, in: Baier, Grenzmarken. Passauer Jb. für Geschichte, Kunst und Volkskunde 28 (1986); Z. J. Kostolnyk, From Coloman the Learned to Béla III (1095–1196), New York 1987; F. Makk, The Arpáds and the Comneni. Political Relations between Hungary and Byzantium in the 12th Century, Budapest 1989; Coronations. Medieval and Early Modern Monarchic Ritual, hrsg. von J. M. Bak, Berkeley 1991.

mit Besitz auszustatten war Sache des Herzogs; er bestimmte auch den Nachfolger bei Stuhlwechsel, aber die Investitur war ein Recht des deutschen Herrschers. Anscheinend von der Konzeption her kümmerte sich dieser um die inneren Angelegenheiten Böhmens nicht; aber er fühlte sich berufen, auf die Außenbeziehungen Einfluß zu nehmen, und das betraf das böhmische Verhältnis zu Polen, das infolge gegenseitiger Expansionsabsichten durchgehend gespannt war. Sie und vor allem die häufigen Thronstreitigkeiten, an denen sich der Adel seit dem frühen 12. Jh. beteiligte, intensivierten zeitweise die Abhängigkeit Böhmens vom Reich. Kaiser Friedrich Barbarossa erhob 1158 in Regensburg den Böhmenherzog Władisław zum König, weigerte sich aber in den folgenden Jahren, ihm die entsprechende Unabhängigkeit zuzubilligen, förderte seit 1176 sogar Mähren zum Nachteil Böhmens und erklärte es 1182 unter der Leitung einer přemyslidischen Seitenlinie zur Markgrafschaft; der Prager Bischof wurde 1187 einem Reichsfürsten gleichgestellt. Auch hier machte sich auf die Wende zum 13. Jh. zu ein wachsender Mitwirkungswille des Adels bemerkbar. Dennoch gelang es König Ottokar I. (1198/1205–30) während des Thronstreites in Deutschland, Einwirkungsmöglichkeiten von deutscher Seite für lange Zeit zu unterbinden und Mähren wieder eng an Böhmen anzuschließen[3].

Länger als Ungarn und Böhmen hatte Polen unter der ungeregelten Thronfolge zu leiden, weil sich unter dem Einfluß des Gedankens, daß das Herzogtum wie ein privates Eigentum der Dynastie der Piasten anzusehen sei, das Prinzip der Alleinherrschaft eines einzigen Herrschers nicht durchsetzen konnte. Besonders in der zweiten Hälfte des 11. Jh. führten innere Unruhen eine Lähmung herbei, die Kaiser Heinrich IV. zur Erneuerung der Lehnsabhängigkeit Polens vom Deutschen Reich nutzte, dafür aber auch das böhmische Übergewicht in Schlesien beseitigte. Wenig später gelang es sogar, auf Pommern Einfluß zu nehmen und es durch Bischof Otto von Bamberg missionieren zu lassen. Die Bischöfe in den polnischen Bistümern stammten ohnehin vorwiegend aus dem westlichen Ausland. Die Bistümer Kolberg und Breslau waren längst wieder untergegangen, doch gegen Ende des 11. Jh. wurden Płock und 1123 Leslau (Włocławek) sowie Lebus als neue Diözesen gegründet. Herzog Bolesław III. (1102–38) glaubte, mit der in seinem Testament verfügten Teilung Polens den wechselvollen Streitigkeiten ein Ende zu bereiten, erreichte aber das Gegenteil. In Übereinstimmung mit alten Stammesgrenzen fielen Schlesien, Masowien und Kujawien, Großpolen (Posen), Kleinpolen (Sandomir) an seine vier Söhne; der „Senior“ von ihnen sollte zusätzlich das westliche Kleinpolen (Krakau), den alten Hauptort Gnesen und Pommern erhalten und Polen als Gesamtheit nach außen vertreten. Doch der Kampf, wem das Seniorat jeweils zustehe, dauerte bis 1202 und eröffnete dem westlichen Kaiser reiche Einwirkungsmöglichkeiten. Im 13. Jh. war auch der Anspruch auf das Seniorat verschwunden, jedes Teilreich fühlte sich grundsätzlich selbständig und splitterte sich durch weitere Teilungen auf, bis am Ende sogar der Name „Polonia“ in Fortfall geriet. Was zu

---

[3] David, Bohême; Seibt, Das Christentum in Böhmen; J. Maček, Histoire de la Bohême des origines à 1918, Paris 1984; V. Novotny, České dejiny (Böhmische Geschichte) I, 2–4, Prag 1913–37; K. Richter in: Handbuch der Geschichte der böhmischen Länder I, 207–272; F. Graus, Adel, Land und Herrscher in Böhmen vom 10. bis zum 13. Jh., in: Nachrichten der Gießener Hochschul-Gesellschaft 35 (1966); H. Appelt, Böhmische Königswürde und staufisches Kaisertum, in: Aus Reichsgeschichte und Nordischer Geschichte (Kieler Histor. Studien 16), Stuttgart 1972, 161–181; B. Krzemienska, Wann erfolgte der Anschluß Mährens an den böhmischen Staat?, in: Historica 19 (1979) 195–243; W. H. Fritze, Frühzeit zwischen Ostsee und Donau (Berliner Histor. Studien 6), Berlin 1982, 167–296.

Polen gehörte, war nur noch durch die Zugehörigkeit zur Kirchenprovinz Gnesen gekennzeichnet[4].

Die mächtige Rus von Kiev mit ihren vielleicht sechs Millionen Einwohnern entwickelte sich im 12. Jh. zu einem Bund weitgehend unabhängiger Fürstentümer, die eine Oberhoheit des Fürsten von Kiev praktisch nicht anerkennen wollten. Vladímir Monomach (1113–25) gelang es als letztem, seine Herrschaft fast dem ganzen Land aufzuzwingen. Unter den zahlreichen Fürstentümern sahen Novgorod im Norden, Rostov-Susdal im Nordosten und Halitsch-Wolhynien im Südwesten ihre Bedeutung allmählich wachsen. Die Metropoliten hatten ihren Sitz in Kiev und übten ihre Herrschaft über das ganze Land aus, da sich Konstantinopel energisch allen Versuchen einer Umwandlung in eine Autokephalie, an denen das Papsttum zeitweilig beteiligt war, widersetzt hatte[5].

Dänemark erlebte in der zweiten Hälfte des 12. Jh. nicht nur eine rasante Steigerung der königlichen Autorität, sondern schickte sich auch an, zur Vormacht im Ostseeraum aufzusteigen. Von Haus aus war das dänische Königtum ein Wahlkönigtum; die Thinggemeinschaften von Jütland, Schonen und Seeland wählten unabhängig voneinander den Nachfolger aus dem königlichen Geschlecht, oft genug mit einem Ergebnis, das am Ende nur durch einen Waffengang entschieden werden konnte. Die Kontakte zum deutschen Hof waren vor Kaiser Lothar III. allenfalls punktuell; die größere Gefahr drohte von norwegischer und schwedischer Seite, weil die miteinander verwandten skandinavischen Königshäuser ebenfalls Ansprüche an eine Kandidatur für die dänische Thronfolge stellen konnten. Einen Ausweg suchte die Königsgewalt schon seit der Mitte des 11. Jh. in der Einschränkung des Anrechts auf die Thronfolge von der Königssippe auf das Königshaus, ein Prozeß, der bis in die zweite Hälfte des 12. Jh. dauern sollte.

Gegen seine nordischen Nachbarn richtete sich der Wunsch des Königs Sven Estridsson von 1052/53 nach Errichtung einer dänischen Kirchenprovinz. Ungewollt drohte er die Jurisdiktion des Erzbischofs von Hamburg-Bremen über ganz Skandinavien zu beeinträchtigen, da dieser sie nur als jeweils persönliche Missionslegation innehatte und sie ihm genommen werden konnte, sobald das Missionsfeld für die Errichtung einer endgültigen Hierarchie reif schien. 1104 wurde Lund von Papst Paschalis II. zur dänischen Metropole erhoben; der Hamburg-Bremer Erzbischof Liemar hatte auf der Seite des Gegenpapstes gestanden, war deshalb nicht gefragt worden, und das bot die Handhabe, diesen Schritt von Bremer Seite fortan gerichtlich anzufechten. Ein zweites Mittel zur Stärkung der königli-

[4] P. David, La Pologne et l'évangélisation de la Poméranie aux XIe et XIIe siècles, Paris 1928; Kłoczowski, Histoire religieuse; G. Rhode, Kleine Geschichte Polens, Darmstadt 1965; J. Petersohn, Apostolus Pomeranorum. Studien zur Geschichte und Bedeutung des Apostelepithetons Bischof Ottos I. von Bamberg, in: Histor. Jb. 86 (1966) 257–294; ders., Der südliche Ostseeraum im kirchlich-politischen Kräftespiel des Reichs, Polens und Dänemarks vom 10. bis 13. Jahrhundert, Köln – Wien 1979, 41–46, 211–483; A. Gieysztor, History of Poland (Warschau [2]1979) (vgl. Bibliographie unter Polen); Histoire de la Pologne, hrsg. von S. Kieniewicz, Warschau 1971; F. Seibt in: Handbuch der europäischen Geschichte II, 1042–1067.

[5] Dvornik, Les Slaves; H. V. Rimscha, Geschichte Rußlands, Darmstadt [2]1967, 39–85; A. Soloviev, Byzanz et la formation de l'état russe, London 1979; N. L. Fr. Chirovsky, An Introduction to Ukrainian History I, New York 1981; G. Stökl, Der russische Staat in Mittelalter und früher Neuzeit, Wiesbaden 1981; ders. in: Handbuch der europäischen Geschichte II, 999–1025; Hellmann, Hdb. der Geschichte Rußlands; M. Laran – J. Saussay, La Russie ancienne, IXe-XVIIe s., Paris 1975; A. Poppe, Le prince et l'église en Russie de Kiev depuis la fin du Xe siècle et jusqu'au début de XIIe siécle, in: Acta Poloniae Historica, Breslau – Warschau – Krakau 1969, 95–119; ders., The Rise of Christian Russia, London 1982; E. Winter, Rußland und das Papsttum I, Berlin 1960, 34–68.

Eine der ältesten Kirchen im Fürstentum Vladimir-Susdal ist die Mariä-Schutz-Kirche am Ufer des Nerl bei Bogoljubovo, die 1165 von Fürst Andrej Bogoljubskij errichtet wurde.

chen Autorität waren die Bemühungen seit der zweiten Hälfte des 11. Jh., dem Königtum wie zur selben Zeit in Ungarn sakrale Stützen an die Hand zu geben. Das wiederum stieß auf den Widerstand des Volksadels, der um sein Wahlrecht fürchtete.

Beide Problemkreise waren noch ungelöst, als Lothar III. 1133 – jetzt seinerseits ein Papstschisma nutzend – von Innozenz II. die Erhebung der Metropolitansitze Hamburg und Gnesen rückgängig machen und die Bistümer den Kirchenprovinzen Hamburg und Magdeburg zuweisen ließ. Diese Maßnahme war nur von kurzer Dauer, dennoch bleibt es bemerkenswert, daß Lothar der erste Kaiser war, der die über die Reichsgrenze hinwegreichende kirchliche Jurisdiktion zu nutzen suchte, um eine Vormachtstellung im Ostseeraum zu erreichen. Er war es auch, der 1134 in Halberstadt den Lehnseid des dänischen Thronfolgers Magnus mit der Bedingung verknüpfte, jede künftige Königserhebung in Dänemark bedürfe der Zustimmung des Kaisers. Friedrich Barbarossa setzte die Politik seines vorletzten Amtsvorgängers fort, allerdings unter erschwerten Umständen, da Kardinal Nikolaus Breakspear, der nachmalige Papst Hadrian IV., 1152 durch die Errichtung der norwegischen Kirchenprovinz Nidaros (Drontheim) die Hamburger Metropole um weitere Rechte beschnitten hatte. Um dieses Problem endgültig aus dem Weg zu räumen, ernannte Hadrian IV. den Lunder Erzbischof Eskil und seine Nachfolger zum Primas über Schweden, auch über den Zeitpunkt der Errichtung einer schwedischen Kirchenprovinz (die Metropole Uppsala wurde 1164 gegründet) hinaus. Es mag zum Teil das Werk Eskils gewesen sein, der als Kirchenreformer gilt, aber als Angehöriger eines mächtigen Adelsgeschlechtes die Sakralisierung des dänischen Königtums um jeden Preis zu unterbinden versuchte. König Waldemar I. (1157–82) nutzte deshalb seine Abhängigkeit vom Kaiser, schloß sich dem Gegenpapst an, schickte Eskil ins Exil, der von Alexander III. nicht lassen wollte, und trat 1163/64 selbst auf die Seite des Papstes Alexander, aber Eskil gestattete er die Rückkehr erst, nachdem sich dieser bereit erklärt hatte, 1170 Waldemars Sohn Knut VI. zu krönen und zu salben und die Heiligkeit Knut Lawards, des Stammvaters der neuen Dynastie, offiziell festzustellen. Schon 1165 hatte Waldemar seinen Sohn unter Umgehung der Thingversammlungen zum neuen König ausrufen lassen; die extreme Anwendung des Wahlrechts war damit überwunden, Knut VI. nutzte die Entmachtung Heinrichs des Löwen und die anschließend nicht sonderlich starke Stellung des Kaisers im Norden des Reiches, um seinen Einfluß südwärts von Schleswig vorzuschieben[6].

Die Staatwerdung der erst im Hochmittelalter christlich gewordenen Völker übte gewissermaßen auf die noch heidnisch gebliebenen Völker der Süd- und Nordküste der Ostsee einen Druck aus. Kaiser Otto I. hatte im 10. Jh. mit einer planmäßigen Missionierung der Slawen zwischen Elbe und Oder begonnen; aber ihre Erfolge waren im Slawenaufstand von 983 wieder untergegangen. Versuche des Erzbischofs Adalbert I. von Hamburg-Bremen in der zweiten Hälfte des 11. Jh., durch Gründung der Bischofssitze Ratzeburg und Mecklenburg (Megapolis; später nach Schwerin verlegt) die Missionierung wieder in Gang zu bringen, scheiterten an erneuten Aufständen. Die zum Teil noch in Zusammenarbeit mit dem Pommernmissionar Otto von Bamberg von Kaiser Lothar III. in Ostholstein geförderte Missionsarbeit kam über Ansätze nicht hinaus. Einen Durchbruch brachte erst der sog. Wendenkreuzzug von 1147, der von Bernhard von Clairvaux initiiert worden war, um die Sachsen, die nicht am Orientkreuzzug König Konrads III. teilnehmen wollten, vom

---

[6] Ch. Joys, Biskop i Konge. Bispelvag i Norge 1000–1350, Aschehoug 1948; L. Weibull, Nordisk Historia II, Stockholm 1948; K. Helle, Nor blige en stat, in: Handbok i Norges historie I/3, Oslo 1964; Seegrün, Das Papsttum; E. Hoffmann, Die heiligen Könige bei den Angelsachsen und den skandinavischen Völkern, Neumünster 1975; ders., Königserhebung und Thronfolgeordnung in Dänemark bis zum Ausgang des Mittelalters, Neumünster 1976; Th. Riis, Les institutions politiques centrales du Danemark 1100–1332, Odense 1977; I. Skovgaard-Petersen u. a., Danmarks historie I (Tiden indtil 1340), Kopenhagen 1977; T. K. Derry, A History of Scandinavia, Minneapolis 1979; C. Breengard, Muren om Israels Hus. Regnum og sacerdotium i Danmark 1050–1170, Kopenhagen 1982; T. S. Nyberg, Die Kirche in Skandinavien, mitteleuropäischer und englischer Einfluß im 11. und 12. Jahrhundert, Sigmaringen 1986; Series episcoporum, ser. VI, tom. II (1992); O. Engels, Friedrich Barbarossa und Dänemark, in: Friedrich Barbarossa, hrsg. von A. Haverkamp (Vorträge und Forschungen 40), Sigmaringen 1992. – Einzelfragen: A. O. Johnsen, Studier vedrøvende kardinal Nicolaus Brakespears legasjon til Norden, Oslo 1945; I. Andersson, Uppsalas ärkestifts tillkomst. Till 800-årsjubileet av ärkebiskop Stefans invigning, in: Historisk Tidskrift(s) 84 (1964) 389–410; K. Kumlien, Mission und Kirchenorganisation zur Zeit der Christianisierung Schwedens, in: Probleme des 12. Jahrhunderts (Vorträge und Forschungen 12), Konstanz – Stuttgart 1968, 291–307; N. Skyum-Nielsen, Das dänische Erzbistum vor 1250, in: Kirche und Gesellschaft im Ostseeraum und im Norden vor der Mitte des 13. Jahrhunderts, hrsg. von S. Ekdal, Visby – Göteborg 1969, 113–138; T. S. Nyberg, Eskil av Lund och Erik den helige, in: Historia och samhälle, Studier tillägnade Jerker Rosén, Lund 1975, 5–21; H. Beumann, Das päpstliche Schisma von 1130, Lothar III. und die Metropolitanrechte von Magdeburg und Hamburg-Bremen in Polen und Dänemark, in: Deutsche Ostsiedlung in Mittelalter und Neuzeit, Köln – Wien 1971, 20–43; K. Gorski, Lund et Gniezno dans les années 1130–1139. Suppression et restitution de deux provinces ecclésiastiques, in: Cahiers de civilisation médiévale, XIe-XIIe siècles 19 (1976) 47–52; H. Stoob, Gedanken zur Ostseepolitik Lothars III., in: FS F. Hausmann, hrsg. von H. Ebner, Graz 1977, 531–551; B. Sawyer, Valdemar, Absalon and Saxo, historiography and politics in medieval Denmark, in: Revue Belge de Philos. et d'Hist. 63 (1985) 685–705 (auch in: Scandia 51 [1985] 33–60).

Die Domkirche zu Lund, um 1110–45 erbaut, gehört zu den ältesten Kirchenbauten Schwedens.

Heidenkampf nicht auszuschließen. In seinem Gefolge eroberte der Sachsenherzog Heinrich der Löwe das Siedlungsgebiet der Obodriten bis zur Peene, während der Dänenkönig Waldemar I. Rügen mit dem heidnischen Kultzentrum Arkona besetzte. Der Askanier Albrecht der Bär erwarb, teils mit Gewalt und teils durch Vertrag, unterdessen den Siedlungsraum der Liutizen, so daß an eine Wiedererrichtung der Bischofssitze Brandenburg und Havelberg zu denken war[7].

Hinter der hier noch vorliegenden Gewaltmission verbarg sich eine Auffassung, der die Vorstellung eines mit den Heiden gemeinsamen Naturrechts abhanden gekommen war, die in der Spätantike noch geherrscht hatte. Eine Sicherung der eigenen Grenze schien nur möglich, indem man den heidnischen Nachbarn, weil er einer völlig anderen Gottesvorstellung folge, in wie auch immer gearteter Abhängigkeit hielt; war dies nicht mehr durchsetzbar, glaubte man ihn zum Christentum zwingen zu müssen. Und da seine eigene politische Ordnung mit dem heidnischen Kult innigst verwoben war, wurde der Nachbar in die politische Ordnung desjenigen einbezogen, der ihm den christlichen Glauben gebracht hatte.

---

[7] Dvornik, Les Slaves; Petersohn, Der südliche Ostseeraum; Słownik; G. Labuda in: Słownik III (1967), 528–636; H. D. Kahl, Slawen und Deutsche in der brandenburgischen Geschichte des 12. Jahrhunderts, 2 Bde., Köln – Graz 1964; W. Schlesinger, Kirchengeschichte Sachsens, 2 Bde., Köln – Graz 1962; G. Stone, The Smallest Slavonic Nation. The Sorbs of Lusatia, London 1972; Higounet, Die deutsche Ostsiedlung 63–95, 118–146; Series episcoporum, ser. V, tom. II, archiepiscopatus Hammaburgensis sive Bremensis, cur. St. Weinfurter et O. Engels, Stuttgart 1984, 70–83; K. Jordan, Heinrich der Löwe, München [2]1980.

Die Aristoteles-Rezeption nicht lange nach der Mitte des 12. Jh. führte zur Anschauung zurück, daß alle Menschen aufgrund ihrer gemeinsamen Natur gleiche Grundbedürfnisse haben, und gab der individuellen Überzeugungsmission mehr und mehr Raum. Von diesem Anschauungswandel sind zum Teil schon die kritischen Stimmen des 12. Jh. über den Wendenkreuzzug betroffen[8].

Weiter nordwärts drängte Schweden auf die finnische Küste. König Erich IX. Jevardsson soll in den fünfziger Jahren des 12. Jh. in Begleitung des Bischofs Heinrich von Uppsala eine Expedition unternommen haben, die in den recht späten Quellen über den hl. Erich als Kreuzzug deklariert ist; ein Erfolg war der Expansion erst im frühen 13. Jh. beschieden, als der Bischofssitz Turku (Abo) gegründet wurde. Dänemark baute seine Vorherrschaft in der Ostsee nahezu systematisch aus. König Knut VI. erzwang – stets beraten vom staatsmännisch versierten Erzbischof Absalon von Lund – 1184 die Lehnsabhängigkeit des Pommernherzogs, der sich 1180 dem Kaiser angeschlossen hatte, und bedrängte 1196 selbst sowie 1206 sein Sohn Waldemar II. –, die estnische Küste mit den vorgelagerten Inseln, eine wichtige Station auf dem Handelsweg nach Novgorod; 1219 konnte Reval (Tallinn) gegründet werden, dessen Bischof bis zur Reformation ein Suffragan von Lund blieb. Etwas früher, bereits 1184, hatten deutsche Fernhandelskaufleute aus dem Umkreis von Lübeck in Livland an der unteren Düna den Bischofssitz Üxküll gegründet, der sich allein auf die dortigen Handelsniederlassungen stützte, im frühen 13. Jh. jedoch aus der Abhängigkeit des Bremer Erzbischofs entlassen und nach Riga verlegt wurde. Auch Bischof Christian von Preußen, ein Zisterzienser, missionierte im Siedlungsgebiet der Prußen ohne Rückhalt bewaffneter Kräfte, bis er 1228 die „Ritterbrüder Christi von Dobrin“ gründete. Vom Rücken her drängte die Stadtrepublik Novgorod expansiv in Richtung Karelien und Estland, während Wolhynien sich gegen Ende des 12. Jh. mit dem südlich davon gelegenen Halitsch (Galizien: Galič = Halitsch) vereinigte und sein Fürst Daniel 1253 zum König gekrönt wurde. Innozenz IV. hatte die Krone geschickt unter der Voraussetzung, daß Daniel trotz Verbleibens im östlichen Ritus den päpstlichen Primat anerkennen werde; sie sollte sich nicht erfüllen. Im übrigen nahm der Kampf der Rus von Kiev mit den nomadisierenden Tataren die Züge eines Heidenkrieges an[9].

---

8 O. Engels, Mission und Friede an der Reichsgrenze im Hochmittelalter, in: Aus Kirche und Reich (FS F. Kempf), hrsg. von H. Mordek, Sigmaringen 1983, 201–224.

9 G. Kerkkonen, Västnyländsk kustbebyggelse under meddeltiden, Helsingfors 1945; Johansen, Nordische Mission; Hellmann, Das Lettenland im Mittelalter 112ff; Erik den helige, Historia, Kult. reliker, hrsg. von B. Thordeman, Stockholm 1954; Wittram (Hrsg.), Baltische Kirchengeschichte; I. Arens, Zur Frage der ältesten Berührung mit dem Christentum, in: Estonia Christiana, Holme 1965, 25–43; K. Pirinen, Den kyrkliga organiseringen av det finska missionsområdet, in: Kring korstågen till Finland, FS Jarl Gallén, hrsg. von K. Mikander, o.O. 1968, 173–211; Kirche und Gesellschaft im Ostseeraum und im Norden von der Mitte des 13. Jahrhunderts, hrsg. von S. Ekdahl, Visby – Göteborg 1969; K. Onasch, Großnovgorod und das Reich der heiligen Sophia. Kirchen- und Kulturgeschichte einer alten russischen Stadt und ihres Hinterlandes, Leipzig 1969; C. Goerke, Groß-Novgorod und Pskov/Pleskau, in: Hellmann (Hrsg.), Hdb. der Geschichte Rußlands I, 431–483; G. Stökl, Das Fürstentum Galizien-Wolhynien, in: ebd. 484–533; ders., Der russische Staat, Wiesbaden 1981, 89–97 (über Andrej Bogoljubskij von Susdal-Vladímir); J. L. I. Fennell, The Crisis of Medieval Russia, 1200–1304, London – New York 1983, 63–96; H. Kluger in: Series episcoporum, ser. V, tom. II, 84–90 (Diözese Üxküll).

Die Kirchenprovinzen Nord- und Mittelosteuropas am Ende des 12. Jahrhunderts.

Die Kirchenprovinzen Nord- und Mittelosteuropas am Ende des 12. Jahrhunderts, südlicher Teil.

2. Ausbau und Festigung der kirchlichen Strukturen

In den neuen Ländern der Christenheit fällt im Zuge des Verstaatungsprozesses vor allem eine Stärkung der Position des Episkopates ins Auge. Es wurden Bistümer gegründet, um das Netz der Kirchenorganisation engmaschiger zu gestalten oder, wie Dalby im dänischen Schonen, das der Metropole Lund direkt benachbart war, wieder aufgehoben[10], doch blieben die Diözesen nach wie vor recht großflächig. Um 1200 verfestigten sich die Grenzen der Kirchenprovinzen innerhalb dieser christlichen Länder und sollten für Jahrhunderte weitgehend Gültigkeit besitzen[11].

Die Zahl der aus dem Ausland stammenden Bischöfe nahm rapide ab. Der Episkopat spiegelt in gewisser Weise die Kräfteverhältnisse im eigenen Land wider. Er gehörte der Königsfamilie oder dem Adel an und nahm dementsprechend auch im politischen Leben eine führende Funktion wahr. Überdies handelte es sich, was keineswegs eine selbstverständliche Konsequenz ist, um meist überdurchschnittlich ausgebildete Persönlichkeiten.

---

[10] K. R. Jörgensen in: Series episcoporum, ser. VI, tom. II, 34–37.

[11] Siehe eine Reihe von Beiträgen und Karten in: Słownik III (1967), 494–540; Kirkehistorisk Bibliografi; Atlas zur Kirchengeschichte; A. Poppe, L'organisation diocésaine de la Russie aux XIe-XIIe siècles, in: Byzantion 40 (1970) 165–217.

Die Metropoliten von Kiev bildeten in diesem Kontext eine Ausnahme, insofern sie nahezu ausschließlich aus dem griechischsprachigen Raum stammten und vom Patriarchen oder vom Kaiser als gewissermaßen ständige Gesandte Konstantinopels nach Kiev geschickt wurden [12]. Infolgedessen waren sie den Fürsten gegenüber in der Kiever Rus weitgehend unabhängig, ermöglichten andererseits dem Patriarchen eine fortdauernde Kontrolle. Die Erhebung eines Metropoliten in den lateinischen Landeskirchen, gleich auf welcher Rechtsgrundlage sie angebahnt worden war, dagegen machte der Papst von seiner Zustimmung abhängig.

Die innere Struktur der Diözese ist das Ergebnis eines langwierigen Prozesses. Etwas später als in der westlichen Nachbarschaft scheint hier das 12. Jh. die entscheidende Phase gewesen zu sein. In ihr formierten sich die Domkapitel – in Schweden etwas später –, und es vervollständigte sich die materielle Ausstattung des Bistums. Vor allem wurde die Zehntabgabe aller Gläubigen eingeführt [13], die seinerzeit von Karl dem Großen für die Kirche des fränkischen Großreiches geschaffene Steuer, die in der Praxis der Folgezeit vielfach in Vergessenheit geraten war und im Westen ebenfalls im 12. Jh. unter vielen Querelen als ein altes Recht wiederbelebt wurde [14]. Wie im Westen wurde auch hier die Diözesanfläche in Archidiakonate oder in Stifte – so in Skandinavien – unter der Leitung eines Propstes unterteilt; der Archidiakon in Polen beispielsweise besaß dem Bischof gegenüber eine geringere Machtvollkommenheit als in Deutschland [15]. Die Diözesen im Gebiet der Rus von Kiev scheinen über Strukturen verfügt zu haben, die denen der lateinischen Christenheit ähnlicher waren als denen des mediterranen Byzanz. Sie wurden in Bezirke mit Verantwortlichen, den sog. *Namestniks,* gegliedert, die Archidiakonen oder Pröpsten entsprachen, oder wurden von einem Bischof geleitet, dessen Befugnisse weiter gingen als die seiner byzantinischen Amtsbrüder.

Die Errichtung eines Netzes von Pfarreien war die Basis der Christianisierung der Bevölkerung. Hier wurden im 12. Jh. überall beachtliche Fortschritte erzielt. In Dänemark gab es um 1100 etwa 1000 Pfarreien, hundert Jahre später hatte sich die Zahl bereits verdoppelt. Übrigens blieb das Pfarreinetz, das zu Beginn des 13. Jh. existierte, bis ins 20. Jh. stabil – 90 Prozent der in Stein gebauten Kirchen, die noch heute in Gebrauch sind, datieren aus der Zeit zwischen 1100 und 1200. In Norwegen wurden fast alle im Laufe der Geschichte belegten Holzkirchen – insgesamt etwa 800–900 – ebenfalls im 12. Jh. errichtet, nur wenige gehen auf das 11. oder 13. Jh. zurück [16]. Das Beispiel Island, obwohl am äußersten Rand der Christenheit gelegen, ist besonders einprägsam. Dort ist zu Beginn des 13. Jh. von 330 Kirchen, etwa 700 Kapellen und 450 Priestern die Rede bei einer Bevölkerung, die im Mittelalter niemals 100000 Personen überstieg [17]. In Polen, Böhmen und Ungarn war das Netz der Pfarreien im 13. Jh., zum Teil noch im 14. und 15. Jh., entsprechend dem Wachstum der

---

[12] Eine Aufstellung mit Kurzbiographien von A. Poppe bei Podskalsky, Christentum 280–301.

[13] Eine ausführliche Bibliographie enthalten z. B. L. Kulczycki, L'organisation de l'Eglise en Pologne avant le XIIIe siècle, Grenoble 1928; I. Nylander, Das kirchliche Benefizialwesen Schwedens während des Mittelalters, Stockholm 1953; G. Inger, Das kirchliche Visitationsinstitut im mittelalterlichen Schweden, Uppsala 1961.

[14] Vgl. G. Constable, Monastic tithes from their Origins to the Twelfth Century, Cambridge 1964.

[15] Vgl. A. Franzen, Archidiakon, in: LThK[2] I (1957) 824f.

[16] Raulin, Danemark 60; E. Eydoux, Les grandes heures du Danemark, Paris 1975, 104; P. Anker, L'art scandinave I, Paris 1969, 398f; G. Smodberg, Nordens första Kyrkor, Lund 1973.

[17] Boyer, Vie religieuse en Islande 79ff.

Gesamtbevölkerung und dem Zuzug deutscher Siedler, in Entwicklung begriffen, doch der bis 1200 erreichte Stand dürfte wegweisender gewesen sein, als man bisher annahm. In Polen gab es um diese Zeit möglicherweise 1000 Pfarreien, die sich auf die dichtbesiedelten Gebiete konzentrierten [18]. Vereinzelt wird heute die Zahl der Pfarreien der Rus von Kiev vor der mongolischen Invasion des 13. Jh. auf beeindruckende 5000 bis 7000 geschätzt [19].

In der Klosterwelt ging die Blütezeit der Benediktiner um 1100 ihrem Ende entgegen. Das 12. Jh. gehörte den Reformorden. Es ist kennzeichnend, daß Hermann, ein Ministerialensohn aus dem Umkreis des Gründers von Klosterrath (Rolduc), wohl wegen zu krasser Reformforderungen mit dem an sich schon strengen Konvent reformierter Chorherren überworfen, offenbar durch Vermittlung des Kölner Erzbischofs Friedrich I. gegen Ende 1135 in der Umgebung Eskils, damals noch Bischof von Roskilde, auftauchte und 1138/39 als schon gewählter, aber noch nicht geweihter Bischof in Schleswig endete. Um diese Zeit waren in Lund „Consuetudines" in Gebrauch, die sich am Konventsleben des Chorherrenreformzentrums Marbach (Elsaß) orientierten [20]. Bei weitem nicht alle nach der Augustinusregel lebenden reformierten Chorherrenstifte hatten sich zu einer Kongregation zusammengeschlossen; die Prämonstratenser, ein strenger Zweig der Chorherren, bildeten hier eine Ausnahme, nicht zuletzt weil sie in dichter Streulage durch Gründung nach dem Filiationsprinzip von West nach Ost auftraten. Vor der Mitte des 12. Jh. finden sie sich vereinzelt nur in Böhmen und sehr früh in Breslau; von Böhmen aus breiteten sie sich in der zweiten Hälfte des 12. Jh. nach Ungarn und von Deutschland nach Dänemark aus. Der deutsche Zweig der Prämonstratenser bevorzugte die Seelsorgstätigkeit und wehrte sich gegen die Zentralisationsbestrebungen des französischen Zweiges; ihm kam das Papstschisma von 1159 zurecht, um die Verbindungen mit dem französischen Zweig auf der Seite Alexanders III. abzubauen [21]. Das erklärt, warum die Prämonstratenser von Deutschland aus dort stärkeren Zugang fanden, wo wegen des Schismas engere Beziehungen zum Kaiser bestanden. In Dänemark existierte aber auch das ca. 1145 von Erzbischof Eskil noch als Benediktinerkloster gegründete Esrom, das jedoch 1153/54 von Clairvaux besiedelt wurde und mit seinen Tochtergründungen auf das übrige Dänemark und die Südküste der Ostsee einwirkte. Eskil war ein Freund Bernhards von Clairvaux, an den Zisterziensern fand er eine Stütze im Kampf gegen Friedrich Barbarossa [22]. Demgegenüber beherrschten die Zi-

---

[18] J. Kłoczowski, Les paroisses en Bohême, en Hongrie et en Pologne (Xe-XIIIe siècles), in: Atti della sesta settimana internazionale di studio, Mailand 1974, 187–198; A. Gieysztor, Le fonctionnement des institutions ecclésiastiques ruraux en Bohême, en Pologne et en Hongrie aux xe-XIe siècles, in: Settimana di studi del Centro italiano di studi nell'Alto Medio Evo II, Spoleto 1982, 925–954; Higounet, Die deutsche Ostsiedlung 159–214; vgl. auch Wiśniowski, Rozwój sieci parafialnei w prepozyturze wiślickiej w średniowiczu, Warschau 1965.

[19] So A. Poppe in: Słownik V (1975).

[20] W. Gärtner, Das Chorherrenstift Klosterrath in der Kanonikerreform des 12. Jahrhunderts, in: Zeitschr. des Aachener Geschichtsvereins 97 (1991) 147–149; K. R. Jörgensen – M. H. Gelting in: Series episcoporum, ser. VI, tom. II, 8f. 110f; Consuetudines canonicorum regularium Rodenses. Die Lebensordnung des Regularkanonikerstiftes Klosterrath, übersetzt und eingeleitet von H. Deutz (Fontes Christiani 11/1 und 11/2), Freiburg i. Br. 1993.

[21] St. Weinfurter, Norbert von Xanten und die Entstehung des Prämonstratenserordens, in: Barbarossa und die Prämonstratenser, hrsg. von Gesellschaft für staufische Geschichte Göppingen (Schriften zur staufischen Geschichte und Kunst 10), Göppingen 1989, 78–86.

[22] S. E. Green-Pedersen, De danske cistercienserklostres grundlaeggelse og dem politiske magtkamp i det 12. årh., in: Middelalder, metode og medier. FS N. Skyum-Nielsen, hrsg. von K. Fledelius u. a., Kopenha-

sterzienser in Schweden allein das Feld; Alvastra, eine königliche Gründung von 1143, bildete das Zentrum. In Polen und Ungarn sind sie nicht vor der zweiten Hälfte des 12. Jh. zu finden, in Böhmen mit wenigen Ausnahmen, nicht vor dem 13. Jh. Die Johanniter waren nur in Pommern, Schlesien, Böhmen und Westungarn vertreten, ganz schwach in Dänemark und Schweden[23].

Die zahlreichen großen und kleinen, oft begüterten Klöster waren für die Öffnung der Kultur und des religiösen Lebens aus dem Westen außerordentlich wichtig. An die Stelle des Herrschers traten als Stifter im Laufe des 12. Jh. meist Bischöfe und Adlige. In Polen hatte dies seine Ursache in der zunehmenden Aufsplitterung der Herrschaftsordnung, aber auch, wie es in Ungarn besser zu beobachten ist, in einer neuen Stufe des Totengedächtnisses. Dort gründeten adlige Geschlechter in großer Zahl Benediktinerpriorate, die zugleich die Grablege des Adelshauses beherbergten, damit der Konvent für die Vorfahren der Stifterfamilie täglich den Gottesdienst feierte. Darin äußerte sich ein gesteigertes Selbstbewußtsein des Adels, der sich nicht mehr nur als ein Geschlecht sah, sondern jetzt auch als ein geschlossenes Adelshaus, eine Entwicklung, die in Deutschland schon etwas früher eingesetzt hatte[24]. Wenn manche Familien in Polen die Prämonstratenser verpflichteten, für ihre Töchter Stifte einzurichten und diesen Chorfrauen pastoralen Beistand zu gewähren, dann kommt darin der Wunsch zum Ausdruck, an einer weiteren Bewegung ebenfalls Anteil zu haben. Das Armutsideal der reformierten Chorherren, ihr Drang zur „vita apostolica“ (so zu leben wie die Apostel laut Apg 4,32ff), löste in breiten Schichten der Bevölkerung ein ungeheures Echo aus. Es entstanden verschiedentlich Doppelklöster, die schon bald zu Unzuträglichkeiten führten; seit 1137 verbot das Generalkapitel der Prämonstratenser solche Doppelklöster, und es entstanden eigenständige Stifte für Chorfrauen. Der Episkopat war zugunsten einer Förderung der Seelsorge an der Chorherrenbewegung interessiert; das Domkapitel auf die Augustinusregel zu verpflichten, wie in Börglum und Viborg[25], ist als ein Versuch zu bewerten, von dort aus den Diözesanklerus zu reformieren.

Auch im Land der Rus von Kiev gewannen während des 11. und 12. Jh. die Klöster an Bedeutung[26]. Das Höhlenkloster bei Kiev, das seit der Mitte des 11. Jh. existierte, sollte bald spiritueller und intellektueller Mittelpunkt werden und zahlreiche Bischöfe hervorbringen – allein 50 gingen bis zur Mitte des 13. Jh. aus ihm hervor. Die etwa 200 Klöster der

---

gen 1981, 45–65; B. P. McGuire, The Cistercians in Denmark. Their Attitudes, Roles and Functions in Medieval Society, in: Cistercian Studies 35 (Kalamazoo 1982) 44–74.

[23] N. Backmund, Monasticon Praemonstratense I-III, Straubing 1949–56; F. Winter, Die Cistercienser des nordöstlichen Deutschland I-III, Gotha 1868–71; J. Kłoczowski, La vie monastique en Pologne et en Bohême aux XIe-XIIe siècles (bis zur Mitte des 12. Jh.), in: Atti della quarta Settimana internazionale di studio Mendola 1968, Mailand 1971, 151–169; ders., Les cisterciens en Pologne du XIIe siècle, in: Cîteaux (1971) 111–134; F. L. Hervay, Repertorium historicum Ordinis Cisterciensis in Hungaria, Rom 1984; T. Nyberg, Lists of monasteries in some thirteenth-century wills. Monastic history and historical method, a contribution, in: Medieval Scandinavia 5 (1971) 49–74; Großer Historischer Weltatlas II, red. von J. Engel, München 1970, 82; Atlas zur Kirchengeschichte 50, 52–54.

[24] Vgl. K. Schmid, Gebetsgedenken und adliges Selbstverständnis im Mittelalter, Sigmaringen 1983, Beiträge II/1 und IIIff.

[25] M. H. Gelting in: Series episcoporum, ser. VI, tom. II, 47, 118.

[26] M. J. Rouët de Journel, Monachisme et monastères russes, Paris 1952; I. Smolitsch, Russisches Mönchtum, Würzburg 1953; Podskalsky, Christentum 50–56.

Kiever Rus lagen hauptsächlich in Städten, je 17 in Kiev und Novgorod. Alle folgten der Regel des Theodoros Studites aus Konstantinopel und hielten engen Kontakt zum Berg Athos.

3. Die Probleme der Reform in den lateinischen Landeskirchen

Die Aufgabe, die sich auch den lokalen Kirchen des Nordens und Ostens stellte, war die Übernahme der von Rom propagierten Forderungen der sogenannten Gregorianischen Reform des 11. Jh. Die Ziele der „kirchlichen Freiheit“ jedoch, nämlich die Eigenständigkeit der kirchlichen Institutionen bis hinab zur Pfarrei, unter Berücksichtigung der jeweils dafür vorgesehenen Zuständigkeit des kirchlichen Vorgesetzten, der priesterliche Zölibat und die starke Begrenzung der Mitwirkung von Laien, widersprachen so sehr den Gewohnheiten, die sich in der christianisierten Gesellschaft eingespielt hatten, daß ihre Durchsetzung schwierig war und Zeit erforderte. Die Herrscher, welche noch die Hilfe des Papsttums gegen den Kaiser gesucht hatten, zogen es vor, in ihren Ländern die Struktur der traditionellen, von den Missionaren eingeführten bzw. entwickelten Kirche weiterhin zu verfolgen. Man muß sich fragen, ob eine lokale Kirche überhaupt in der Lage gewesen ist, gegen die herrschende Ordnung anzugehen, auch wenn sie es gewollt hätte. Und warum sollte der Erbauer der Kirche – der Mächtigste am Ort oder die Gemeinde selbst – auf überkommene Rechte wie Einkünfte oder Wahl des Pfarrers verzichten? Jede Einmischung des Bischofs oder seines Beauftragten mußte wie ein Angriff auf legitime Rechte und eingebürgerte Gewohnheiten wirken[27]. Die Forderungen des Zölibats waren ebensowenig populär, und das nicht nur beim Klerus. Als beispielsweise der päpstliche Legat Kardinal Petrus von Capua ihn 1197 einzuführen versuchte, kam es vor der Priesterweihe in der Kathedrale zu Prag zu einem Aufruhr, und man mußte Bewaffnete rufen, um Ruhe und Ordnung wiederherzustellen[28].

Die Situation in Island könnte man als extrem bezeichnen, sie weist aber mit der übrigen Kirche, und das nicht nur in den skandinavischen Ländern, gemeinsame Züge auf[29]. In der überkommenen Gesellschaft Islands hatten in vorchristlicher Zeit örtliche Herrscher, sogenannte *godhars*, die Stellung nicht nur des politischen, sondern auch des priesterlichen Oberhaupts inne. Im Zuge der Christianisierung ließen sie Kirchen errichten und bestimmten Leute aus ihrer näheren Umgebung zu Priestern, wenn sie nicht selbst dieses Amt unter nunmehr christlichem Vorzeichen fortführten. Die Versammlung der *godhars* wiederum, das *althing*, die das Land traditionell regierte, wählte aus den Reihen der mächtigsten Familien den Bischof. Der erste bekannte Bischof Isleifr Gizurarson (+ 1080) wurde 1056 auf diese Weise gewählt und von Erzbischof Adalbert in Bremen oder Hamburg geweiht. Dessen Sohn und Amtsnachfolger Gizurr (1082–1106) errichtete die erste Bischofskirche mit dem Petruspatrozinium in Skálholt und dotierte sie aus eigenem Familienbesitz, 1106 kam es zur Errichtung einer zweiten Bischofskirche in Hólar. Formalrechtlich handelte es sich um eine Fortsetzung der Eigentempel einer Familie und der Tempelverbände mit stark ge-

---

[27] Ausführlich H. F. Schmid, Die rechtlichen Grundlagen der Pfarrorganisation auf westslawischem Boden und ihre Entwicklung während des Mittelalters, Weimar 1938. Die Weihe einer Kirche durch den Bischof – ein wichtiges Zeichen ihrer Zugehörigkeit – scheint in Skandinavien erst vom 14. Jh. an üblich gewesen zu sein; S. G. Smodberg, Nordens första Kyrkor, Lund 1973, 211.

[28] David, Bohême 435.

[29] Boyer, Vie religieuse en Islande; W. Göbell in: LThK² V (1960) 799–801.

nossenschaftlichen Zügen. Daß der Zölibat im 12. Jh. kein Gegenstand von Diskussionen war, ist im sozialen Gefüge der Insel zu suchen. Erst 1190 untersagte der Erzbischof von Nidaros (Drontheim) mit einigen Bischöfen seiner Provinz, in Island einen *godhar* zu ordinieren. Der Kampf gegen das Eigenkirchenwesen setzte hier also ungewöhnlich spät ein.

Die Forderung nach radikaleren Reformen, einschließlich des kirchlichen Zölibats, wurde in den Ländern des Nordens und Ostens im Laufe des 12. Jh. vor allem von päpstlichen Legaten vorgebracht, die die fernen Provinzen regelmäßiger visitierten. So sind in Polen mehrfach Legationen zu verzeichnen, die einschneidende Veränderungen in der polnischen Kirche nach sich zogen. Kardinal Petrus von Capua thematisierte 1197 in Polen und Böhmen das Problem der Ehelosigkeit der Priester und der Heirat der Laien[30]. Die Entsendung des Kardinals Nikolaus Brakespear nach Norwegen im Jahr 1152/53 war von entscheidender Tragweite. Sie führte zur Errichtung der norwegischen Kirchenprovinz Nidaros (Drontheim) am Grab des hl. Olaf[31] mit Maßnahmen, die nicht nur die innerkirchliche kanonische Ordnung betrafen, sondern auch in Belange der weltlichen Ordnung eingriffen. So erhielten in Norwegen die Domkapitel das Recht, ihre Bischöfe selbst zu wählen, während das Kapitel von Nidaros auch die der Inseln bestimmte. Man bestand auf dem Zölibat der Priester und auf dem Recht des Bischofs, den Pfarrer zu bestimmen, auf der rechtlichen Immunität des Klerus und dem Privileg der kirchlichen Gerichte, in religiösen und kirchlichen Angelegenheiten auch über Laien Recht zu sprechen. Dies war ein ehrgeiziges und dem Stand der Reformfähigkeit weit vorauseilendes Programm; doch taten die drei Erzbischöfe von Nidaros zwischen 1161 und 1214, Augustin, Heinrich und Theoderich, alles zu seiner Durchsetzung. Das Übergewicht der Kirche sollte am Ende des Jahrhunderts jedoch eine heftige Reaktion seitens der Bevölkerung auslösen[32].

Gelegentlich beriefen die Legaten eine Synode der visitierten Provinz ein. Entsprechend fanden auch Versammlungen der Suffraganbischöfe einer Kirchenprovinz statt, in denen gegebenenfalls der Herrscher den Vorsitz führte, genannt werden sie in den Quellen ebenfalls als eine Synode, obwohl sie keinen im engeren Sinne kirchlichen Charakter besaßen. Das Beispiel Ungarns ist dafür bezeichnend. Seine Könige beanspruchten sehr früh das Herrschaftsrecht (ius supremi patronatus) über die Kirchen ihres Landes. Es leitete sich aus dem autokratischen Regiment Stephans I. her, aus seinem Ruf als „Bekehrer des Volkes“ zum Christentum, erst recht seit seiner Kanonisation von 1083. Eine konstituierende Rolle dürfte auch die Begründung des ungarischen Königtums durch Kaiser Otto III. und Papst Silvester II. gespielt haben; Otto III. überreichte Stephan als dessen Taufpate die Heilige Lanze, die 1001 vom Papst und Kaiser geleitete Synode in Ravenna beschloß die Errichtung der Kirchenprovinz Gran, ihr erster Metropolit Ascherius hatte Stephan zu krönen mit einer Krone, die ihm der Kaiser mitgegeben hatte. „Rex et sacerdos“ oder „vicarius Christi“ waren Epitheta, die zur Zeit Stephans I. auch dem Kaiser im Westen geläufig wa-

---

30 U. Borkowska in: Kłoczowski, Histoire religieuse de la Pologne 80f.

31 Außer Norwegen wurden der Kirchenprovinz auch die Inseln Orkney, Sodor, Hebriden und Man zugeordnet; Island, Grönland und die Färöer scheinen erst im Laufe der nächsten Jahrzehnte (möglicherweise erst 1201) hinzugekommen zu sein. Vgl. K. R. Jörgensen in: Series episcoporum, ser. VI, tom. II, 4f.

32 Willson, History ... in Norway; A. O. Johnsen, On the Background for the Establishment of the Norwegian Church Province. Some new Viewpoints, in: Avhandlinger Utgitt av det Norske Videnskaps-Akademie i Oslo 2, Hist. Filosof. Klasse, N. S. Nr. 11, Oslo 1967, 3–19; ders., The Earliest Provincial Statutes of the Norwegian Church, in: Medieval Scandinavia (1970) 172–197; Seegrün, Das Papsttum und Skandinavien 146–164 (die Legation des Kardinals Nikolaus Breakspear).

König Olaf der Heilige (995–1030), dessen Grab im Dom von Drontheim, Norwegens bedeutendstem Kirchenbau (ab 1075), liegt, ist Schutzpatron des Landes, dessen Christianisierung er entscheidend förderte. Die Altartafel (14. Jh.) im Dom zeigt Szenen aus Olafs Leben.

ren. Synodale Versammlungen, denen die Könige Ladislaus und Koloman vorstanden, erließen zahlreiche Vorschriften, die die früheren Weisungen Stephans ergänzten und in gewissem Umfang an die Erfordernisse eines veränderten Standes des kirchlichen Lebens im eigenen Land anpaßten[33]. Ladislaus gestattete 1092 unter anderem den Priestern eine erste Ehe, untersagte ihnen aber eine zweite Heirat. Auf dem Konzil von Gran forderte Koloman 1113 bereits den Zölibat – allerdings ohne großen Erfolg.

[33] B. Homann, Geschichte des ungarischen Mittelalters I, Berlin 1940, 290ff; Ch. d'Eszlary, Histoire des institutions publiques hongroises I, Paris 1959, 137–144; Z. J. Kosztolnyik, Five Eleventh Century Hungarian Kings: Their Policies and their Relations with Rome, New York 1981, 105–109.

4. Die slawisch-byzantinische Christenheit

Die Lage der Südslawen, der Bulgaren und der Serben, unter byzantinischer Herrschaft wurde im Verlauf des 11. Jh. zunehmend schwieriger[34]. Beide suchten im späten 11. Jh. die byzantinische Oberhoheit abzuschütteln, wozu Papst Gregor VII. durch Krönung des zum König ausgerufenen kroatischen Fürsten (1076) und durch Übernahme der Lehnshoheit (1077 auch über den Fürsten von Zeta), was einer Autorisierung der Eigenständigkeit gleichkam, Hilfen bot[35]. Die byzantinische Dynastie der Komnenen, der, besonders unter Joannes II. (1118–43), eine Restauration und Stabilisierung der Oberhoheit auf dem Balkan gelang, betrieb in Reaktion darauf eine systematische Politik der Unterdrückung der slawischen Sprache und Liturgie, manchmal bis hin zur Vernichtung ihrer Handschriften. Das Erzbistum von Ochrid, das um die Mitte des 12. Jh. bis zu 30 Bistümer auf slawischem Boden umfaßte, wurde von einem Griechen geleitet, der für die gründliche Hellenisierung die Verantwortung trug. Der wachsende Einfluß der Bogomilen gerade im 11. und 12. Jh. bei Bulgaren und Serben könnte wenigstens teilweise mit dem Klima des Widerstands zusammenhängen. Nach 1180, als ein Machtverfall der byzantinischen Herrschaft auf dem Balkan einsetzte, gelang den Serben und Bulgaren wieder eine Phase politischer Eigenständigkeit. Der serbische Großžupan Stephan Nemanja (1166–96) – zuerst nach lateinischem, dann nach griechischem Ritus getauft – hatte die beiden Herrschaftsteile Zeta und Raszien zusammenführen können und gilt deshalb als Schöpfer des Serbischen Reiches. Seine Eigenständigkeit suchte er 1189 durch Lehnsnahme von Kaiser Friedrich I. abzusichern, der auf seiner Kreuzfahrt zum Hl. Grab diese Bitte in Niš abschlug, um den Übergang über den Bosporus nicht zu gefährden[36]. Der Basileus strafte Stephan denn auch 1190 mit einer Niederlage an der Morava, konnte aber den Verlust von Skopje an die Serben nicht verhindern. Die Bulgaren hatten unterdessen 1187 ein unabhängiges Reich zwischen Donau und Balkangebirge mit der Hauptstadt Tărnovo errichten können. Zar Joannitza bat Innozenz III. um die Kaiserkrone, und der Papst ließ ihn durch einen Kardinallegaten zum König krönen und ernannte den Erzbischof von Tărnovo zum Primas von Bulgarien[37]. Am Ende trat auch der bosnische Herrscher, der Ban Kulin, zur lateinischen Kirche über. Damit hatten sich alle Völker auf dem Balkan der byzantinischen Herrschaft entzogen und der westlich-lateinischen Orientierung Ungarns angeschlossen, ohne freilich den Ritus zu wechseln.

In den christlichen Ländern war im 11. Jh. einzig im Reich der Rus von Kiev das Slawische offizielle Kirchensprache geblieben. Auch die lateinische Kirche stand dem Gebrauch der Volkssprache ablehnend gegenüber, so daß sie jede Entwicklung der Liturgie in Rich-

---

[34] D. Angelov, Der Bogomilismus auf dem Gebiet des byzantinischen Reiches I/2, Sofia 1948/50; I. Dujčev, Medioevo Bizantino-Slavo, 3 Bde., Rom 1965; J. V. A. Fine Jr., The Early medieval Balkans. A Critical Survey from the Sixth to the Late twelfth Century, Ann Arbor/Mich. 1983, 219ff; Spinka, A History 73–90.

[35] H. Hirsch, Das Recht der Königserhebung durch Kaiser und Papst im hohen Mittelalter, in: FS E. Heymann I, Weimar 1940, 219; Hauptmann, Die Rolle des Bündnisses mit Ungarn.

[36] E. Eickhoff, Friedrich Barbarossa im Orient. Kreuzzug und Tod Friedrichs I., Tübingen 1977, 64f; J. Kalič – O. Engels in: 800 Jahre deutsch-serbische Beziehungen 1189–1989, hrsg. von D. Müller, Belgrad 1989.

[37] J. Fried, Der päpstliche Schutz für Laienfürsten. Die politische Geschichte des päpstlichen Schutzprivilegs für Laien (11.–13. Jh.), Heidelberg 1980, 215f.

tung einer Landessprache wirksam verhinderte oder, wenn die Umstände es nicht anders zuließen, den bestehenden Zustand allenfalls duldete.

Die Erzbischöfe von Kiev, die bis kurz vor 1250 mit wenigen Ausnahmen Griechen waren, hatten in dem Raum, der sich seit der Mitte des 11. Jh. unter den Zweigen der Familie der Rjúrik zu einem Bund von Fürstentümern entwickelte, eine Schlüsselstellung inne; dennoch mußten sie sich in ihrem politischen Agieren vorsichtig verhalten[38]. Die Byzantinisierung der Rus von Kiev war ein langer, religiöser und kultureller, nicht so sehr jedoch, wie bei den Südslawen im 11. und 12. Jh., ein politischer Prozeß. Das ost-westliche Schisma von 1054, dessen Dauerhaftigkeit auf beiden Seiten ohnehin nicht so bald erkannt wurde, scheint bei den Slawen nicht den entsprechenden Widerhall gefunden zu haben[39]. Ohne die engen Beziehungen zwischen Byzanz und der Kiever Rus in Abrede stellen zu wollen, muß man auch die von Byzanz abweichende Eigenart der Gesellschaft und Herrschaftsordnung der Rus sehen, die während des 10., 11. und 12. Jh. intensive Beziehungen zur lateinischen Welt des Westens unterhielt. Obwohl der Missionsversuch Adalberts von Weißenburg, von Kaiser Otto I. nach Kiev gesandt, gescheitert war, hielten es dessen Enkel Otto III. und Papst Silvester II. im Zusammenhang mit der Gründung der Kirchenprovinz Gnesen für angebracht, sich durch eine Gesandtschaft mit Vladímir dem Heiligen abzustimmen. Und obgleich sich dieser nur als „kagan" bzw. „kniaz" bezeichnete, billigte ihm der Bischof Thietmar von Merseburg den Titel „Ruscenorum rex" zu[40]. Auch vielfältige Heiratsverbindungen sind zu beobachten[41]. So wurde Anna, eine Tochter Jaroslávs des Weisen, die Gemahlin Heinrichs I. von Frankreich (1031–60), eine gegen Kaiser Heinrich III. gerichtete Verbindung; oder Praxedis (im Westen mit dem Namen Adelheid), eine Tochter Vsevolods I. und Witwe des Markgrafen Heinrich von der Nordmark, heiratete 1088 Kaiser Heinrich IV.[42] Die ersten polnischen Piasten gingen ein Drittel aller ehelichen Verbindungen – insgesamt 13 – mit den Rjúriks ein. Über eine gesonderte Haltung im Kirchenschisma sagen diese Beispiele wenig aus, denn es sind reichlich Heiratsverbindungen auch des Kaiserhofes am Bosporus mit westlichen Dynasten bekannt. Aber sie belegen, welche eigenständige politische Potenz der Westen der Kiever Rus beimaß. Daß im 12. Jh. für den Bau des Schlosses Bogoljubovo des Fürsten von Susdal-Vladímir nur Stauferpfalzen als Vorbild in Frage kommen[43], sagt dann schon mehr aus.

Dennoch gelang es Byzanz, die Kirchen und die christliche Spiritualität der von ihnen missionierten Slawen, z. B. im 9. und 10. Jh. in Mähren oder Bulgarien, unmittelbar oder mit Hilfe übersetzter Werke zu prägen[44]. Fast 90 Prozent der Manuskripte slawischer Über-

---

[38] A. Poppe, Die Metropoliten und Fürsten der Kiever Rus, in: Podskalsky, Christentum 279–321. Zur Episode der Wahl Klemens' von Smolensk zum Metropoliten von 1147 siehe N. de Baumgarten, Chronologie ecclésiastique des terres russes du Xe au XIIIe siècles, in: Orientalia Christiana XVII, Rom 1930, 72–75.

[39] Dvornik, Les Slaves 218 ff; J. Ledit, Russie (pensée religieuse), in: Dictionnaire de Théologie catholique XIV/1, Paris 1939, 207 ff.

[40] J. Fried, Otto III. und Boleslaw Chrobry (Frankfurter Histor. Abhandlungen 30), Stuttgart 1989, 13 f, 121 f.

[41] N. de Baumgarten, Généalogies et mariages occidentaux des Rurikides Russes du Xe au XIIIe siècles, Rom 1937.

[42] Vgl. dazu S. Stökl, Das Bild des Abendlandes in den altrussischen Chroniken (Arbeitsgemeinschaft für Forschung des Landes NRW, Geisteswiss. 124), Köln-Opladen 1965, 9 f.

[43] Ders. in: Handbuch der europäischen Geschichte II, 1015 f mit Anm. 4.

[44] Obolensky, The Byzantine Commonwealth; ders., Byzantium and the Slavs, Collected Studies, London 1971; ders., The Byzantine Inheritance of Eastern Europe, London 1982.

setzungen aus der Zeit der Kiever Rus sind byzantinischen Ursprungs; auf ihnen basieren auch die im Land selbst verfaßten Texte[45]. Grundlegend für die Kirchenordnung war der im 9. und 10. Jh. in Byzanz gebräuchliche Codex des Kirchenrechts, der *Nomokanon* (slaw. *kormczaja* = Führer, Leitfaden). Erste slawische Übersetzungen stammen aus dem 9. Jh.; im 11. Jh. wurde in Kiev eine weitere angefertigt[46]. Von besonderem Interesse sind die Bemühungen der Rus, ein kirchliches Statut *(ustáv)* zu erarbeiten, das den Bedürfnissen des Landes entgegenkam. Über die Ursprünge jenes Textes, den man „Statut des hl. Vladímir des Großen oder Jarosláv des Weisen“ nennt, wird immer noch diskutiert. Wahrscheinlich wurde er zwischen dem 12. und 13. Jh. verfaßt, doch Teile dürften bereits lange vor ihrer Niederschrift in Kraft gewesen sein[47]. Jedenfalls scheint die kirchliche Rechtsprechung im Laufe des 11. und 12. Jh. bei der Rus, verglichen mit Byzanz, offener geworden zu sein. Das Statut Jaroslávs bezieht sich unter anderem auf Eheschließungen, auf die gesellschaftlichen Kontakte und geschlechtlichen Beziehungen zwischen Christen und Ungläubigen, die unter Strafe gestellt wurden. Untersuchungen, welche diese Bestimmungen nicht nur mit Byzanz vergleichen, stehen allerdings noch aus.

Eine Analyse der volkstümlich religiösen und theologischen Schriften der Rus von Kiev gibt Einblick in die Unterschiede zwischen westlichem Denken, dem logischen Diskurs, und byzantinischem Denken, das sich eher als Spiritualität und Weisheit darbietet. Im Mittelpunkt des religiösen und kirchlichen Lebens der Ostkirche stehen das Gebet, das Fasten, die Liturgie und die Ikonen[48]. Dennoch treten Unterschiede zwischen der Rus und der byzantinischen Mutterkirche zutage; man ist geneigt, Gemeinsamkeiten eher mit der Christenheit in der westlichen Nachbarschaft zu sehen. Die Autoren der Rus verfügten nicht über die philosophische Bildung der Griechen, sie interessierten sich nicht für Fragen der Häresie, die in ihrem Reich auch praktisch nicht existierte, und vor allem waren sie nicht an den theologischen Diskussionen des 12. Jh. mit Vertretern des Westens beteiligt, die zwecks Wiederherstellung der Kirchenunion geführt wurden. Ihre bevorzugten Gattungen waren die Predigt, die Erzählung (Heiligenviten, Chroniken) und der Hirtenbrief; es waren die Bereiche, die in Byzanz während des 10. Jh., und das auf einem höheren Niveau, in Blüte gestanden hatten. Existenzprobleme des Landes, seine ständigen Kämpfe gegen heidnische Feinde und der Wunsch, im Zuge der Herrschaftsteilungen den Anschluß an den gemeinsamen Ursprung nicht zu verlieren, legten in Susdal-Vladímir den Grund zu einem religiös fundierten eigenen Landesbewußtsein, das im Gedenken an die Schutzpatrone Boris und Gleb[49], die schon im 11. Jh. als Heilige verehrt wurden, wie an ihren Vater Vladímir, der erst gegen 1200 heiliggesprochen werden sollte, vor allem aber in der Verehrung der Ikone der „dormitio“ Mariens von Vladímir, der Landespatronin, Ausdruck fand.

Die Eigenarten des Kiever Christentums sind noch keineswegs erforscht. Bischof Matthäus von Krakau, der der Elite der westlichen Kultur zuzurechnen ist und ein Nachbar der

---

[45] Podskalsky, Christentum 273.
[46] w. Swoboda in: Słownik III (1967), 408–409.
[47] J. Bardach in: Słownik V (1975), 400–403, bietet eine vorzügliche Einführung mit umfangreicher Bibliographie.
[48] Podskalsky, Christentum, hier vor allem seine Schlußfolgerungen, 273–278; Fedotov, The Russian Religious Mind.
[49] Vgl. Lilienfeld, Der Himmel im Herzen.

Rus war, zeigte sich um 1150 in einem Brief an Bernhard von Clairvaux äußerst kritisch gegenüber der „slawischen Finsternis“ und beklagte, daß die Einwohner der Rus *(„gens autem illa Ruthenica“)* „sich weder der lateinischen noch der griechischen Kirche fügen wollen“[50]. Möglicherweise beschreibt diese Beobachtung ein reales Phänomen, wenn auch nicht zwingend in dem Sinne, wie dies Matthäus gemeint haben dürfte.

5. Die Christianisierung, ein langwieriger Prozeß?

Bis zu welchem Grad hatte der christliche Glaube im Laufe des 11. und 12. Jh. tatsächlich die Bevölkerung im Norden und Osten durchdrungen? Aus den Quellen, vor allem für das 12. Jh., geht die Formierung einer vorwiegend kirchlichen, aber auch laikalen Bildungsschicht relativ deutlich hervor. Städte, wie überall die Kristallisationspunkte auch dieser Länder, die mehrere Kirchen, Kapellen und Klöster besaßen (die ihrerseits wieder Verbindungen zu ihren Mutterklöstern im Westen hatten), waren in der religiösen und kulturellen Landschaft bereits fest verankert. Was den ländlichen Raum mit seiner Bevölkerungsmehrheit betrifft, so gab es zwischen dem städtischen Umland und weiter entfernten Gebieten erhebliche Unterschiede. Dies erklärt, warum die einen die Hartnäckigkeit des Heidentums und seine Relikte im Alltag betonen, die anderen hingegen die Christianisierung am Ende des 12. Jh. - wenn auch mit Einschränkungen - als abgeschlossen betrachten. Ein Kenner der Geschichte Skandinaviens spricht im Widerspruch zur weitverbreiteten Meinung vom tiefen Eindringen des Christentums in Island bereits gegen Ende des 11. und 12. Jh.[51] Eine vergleichende Studie zur Aufnahme des Christentums bei den Slawen gelangt zur Ansicht, daß dieser Prozeß gegen Ende des 12. Jh. in fast allen slawischen Reichen zu einer vollständigen Christianisierung des Adels, der städtischen Bevölkerung und wahrscheinlich weitgehend auch der bäuerlichen geführt habe[52].

Es läßt sich nicht bestreiten, daß die Christianisierung auch von dem Moment ab, da sich der Herrscher taufen ließ, ein langwieriger Prozeß war. In der Rus von Kiev spiegelt das Tempo der Gründung von Bischofssitzen die tatsächliche Ausbreitung des neuen Glaubens wider[53], gleich ob die Gründung eine Anfangsphase der Mission abschloß oder erst eröffnete.

Insgesamt stammen drei oder vielleicht sogar fünf Bistümer aus dem 10., vier oder sechs aus dem 11., drei aus dem 12. und sechs aus dem 13. Jh. (vor 1261). Das Bistum von Rostov im Nordosten (Susdal-Vladímir) festigte sich erst um die Mitte des 12. Jh.; die eigentliche Missionsarbeit setzte dort erst in der zweiten Hälfte des Jahrhunderts ein. Der Stamm der Vjatiči an der oberen und mittleren Oka zeigte sich noch im 12. Jh. dem Christentum gegen-

---

[50] M. Plezia, List biskupa Mateusca do św. Bernarda, in: Prace z dziejów Polski feudalnej ofiarowane R. Grodeckiemu, Warschau 1960, 123–140, über die Authentizität des Briefes dieser 124–128, hier vor allem 126: „... Necque enim vel Latinae vel Graecae / vult esse conformis ecclesiae / sed seorsum ab utraque divisa / neutri gens praefata / sacramentorum participatione communicat ...“

[51] Boyer, Vie religieuse en Islande; eine traditionelle Sichtweise vertritt E. O. Sveinsson, The Age of the Sturlungs Icelandic Civilization in the Thirteenth Century, Ithaca/NY 1953; zu den isländischen Mönchen 113: „Perhaps these were the only 'Catholic' men in the contry; I do not know.“

[52] Łowmiański, Religia Słowian 282.

[53] Die Liste der Bischöfe mit entsprechenden Daten nach A. Poppe bei Podskalsky, Christentum 280f; die Etappen der Christianisierung bei Klimenko, Ausbreitung des Christentums 41ff, und Łowmiański, Religia Słowian 287–296.

über feindlich gesinnt, ein missionierender Mönch wurde sogar erschlagen. So zog sich im Inneren der Kiever Rus die Bekehrung zum Christentum über mehr als zwei Jahrhunderte hin. Die Weite des Raumes erleichterte die Aufgabe natürlich nicht. Die Fürsten zeigten überdies, wenn es politisch nicht opportun schien, wenig Neigung, sich für die Mission einzusetzen, und überließen sie der Kirche [54]. In allen russischen Quellen stoßen wir im Laufe des 11. bis 13. Jh. auf Spuren eines synkretistischen, christlich-heidnischen Glaubens mit einflußreichen Hexen und Zauberern und Ahnenkult samt Opferhandlungen [55]. Erst auf lange Sicht sollte dieses Phänomen zurücktreten.

In den durch lateinische Missionare christianisierten Ländern findet man im 11. und 12. Jh. gleichfalls noch Züge lebendigen Heidentums. In Böhmen beispielsweise befahl zu Ende des 11. Jh. Herzog Bretislav II., Wälder niederzubrennen, in denen heidnische Kulte gefeiert worden waren [56]. In Schweden waren heidnische Bräuche noch im 12. Jh. üblich, was nach einer ohnehin später begonnenen Missionierung auf eine verzögerte Entwicklung gegenüber Dänemark und Norwegen schließen läßt [57]. Die Änderung des Bestattungsritus – das Begräbnis trat an die Stelle der Einäscherung – bedeutete einen weiteren Schritt in der Übernahme der neuen Religion. In Polen und in der Rus verschwanden die alten Bräuche mit Ausnahmen endgültig erst im 12. Jh. [58]

Es wäre einseitig und kurzschlüssig, die Ausbreitung des Christentums nur als das Ergebnis politischer Maßnahmen und Zwänge zu sehen. Eine Heilsreligion, die sich mit ihrer Botschaft der Hoffnung an jeden einzelnen wandte, besaß nämlich von daher Anziehungskraft [59]. Es handelte sich dabei um eine vollständige Weltsicht und Eschatologie, die Regeln des Zusammenlebens, Wertvorstellungen und Kategorien der Verantwortung wie Sünde und Buße vermittelte [60]. Jedem Christen erlegte sie auf, bestimmte Verpflichtungen – im lateinischen Bereich wenigstens die Teilnahme an der sonntäglichen Messe – einzuhalten. Entlegene Ortschaften waren gehalten, mindestens einen Vertreter zu entsenden, der im Namen aller die vorgesehenen Opfergaben in der Messe darbrachte [61]. Die individuelle Beichte scheint im 12. Jh. in der Rus und in anderen Ländern jedenfalls für die Angehörigen der höheren Stände üblich gewesen zu sein. Jeder Grundherr unterhielt für sich und seine Grundholden einen Eigenpriester. Die kollektive Beichte existierte ebenfalls, wahrscheinlich in solchen Pfarreien, wo die Priester nicht auf einen individuellen Kontakt mit den Gläubigen vorbereitet waren [62]. Die Buße geschah in verschiedener Form, privat und gelegentlich öffentlich. Sehr verbreitet war das Fasten, ebenso karitative Zuwendungen

---

[54] Łowmiański, Religia Słowian 291 ff; Klimenko, Ausbreitung des Christentums.
[55] Fedotov, The Russian Religious Mind 344–362.
[56] Łowmiański, Religia Słowian 300.
[57] C. J. A. Oppermann, The English Missionaries in Sweden and Finland, London 1937, 34 ff, verweist auf die lange Dauer des Christianisierungsprozesses im Norden.
[58] Łowmiański, Religia Słowian 317 f.
[59] Ebd. wird zwischen der irdischen und jenseitsbezogenen Funktion der neuen Religion des Christentums unterschieden.
[60] Fedotov, The Russian Religious Mind 158–175, zur „russischen Eschatologie“; Łowmiański, Religia Słowian 361 ff.
[61] So die Forderungen in Ungarn auf der Synode von 1092, vgl. Z. J. Kosztolnyik, Five Eleventh Century Hungarian Kings, New York 1981, 105; Boyer, Vie religieuse en Islande 270.
[62] Boyer, Vie religieuse en Islande 271 zur Bedeutung der Beichte in Island; Łowmiański, Religia Słowian 376 ff bei den West- und Ostslawen.

oder Stiftungen für die Kirche[63]; in zahlreichen Quellen wird dafür die Sorge um das Seelenheil als Motiv genannt.

Insgesamt fehlt es also nicht an Zeichen einer Verchristlichung, die das Volk tief erfaßte und die Gewohnheiten und Anschauungen veränderte, obgleich die Grenzen des Umwandlungsprozesses nicht zu übersehen sind.

Bibliographie

Allgemein

Atlas zur Kirchengeschichte, hrsg. von H. Jedin - K. S. Latourette - J. Martin, Freiburg i. Br. ³1988.
Cambridge Medieval History VII, hrsg. von J. B. Bury - J. R. Tanner - C. W. Previte-Orton - Z. N. Brooke, Cambridge 1957.
F. Conte, Les Slaves. Aux origines des civilisations de l'Europe centrale et orientale, Paris 1986.
W. Conze, Ostmitteleuropa. Von der Spätantike bis zum 18. Jahrhundert, München 1992.
F. Dvornik, Les Slaves, Byzance et Rome au IX siècle, Paris ¹1926, ²1970.
M. Gravier, Les Scandinaves, Paris 1984.
O. Halecki, Borderlands of Western Civilisation, New York 1952; dt. Übersetzung: Grenzraum des Abendlandes. Eine Geschichte Ostmitteleuropas, Salzburg 1956.
Handbuch der europäischen Geschichte II, hrsg. von Th. Schieder, Stuttgart 1987.
Ch. Higounet, Die deutsche Ostsiedlung im Mittelalter, Berlin 1986.
A History of East Central Europe, hrsg. von P. F. Sugar - D. W. Treadgold, Seattle - London 1974ff.
Kirkehistorisk Bibliografi, hrsg. von T. Christensen - J. H. Gronboek - E. Norr - J. Stenboek, Kopenhagen 1979.
Kulturhistorisk leksikon for nordisk meddelalder. Fre vikingedit til reformationsdit, 22 Bde., hrsg. von J. Danstrup - A. Kaskar, Kopenhagen 1956–78.
L. Musset, Les peuples scandinaves au Moyen Age, Paris 1951.
H. Łowmiański, Religia Słowian i jej upadek (wieku XI-XII) Warschau 1986 (= Die Religion der Slawen und ihr Niedergang. 6.–12. Jh.).
D. Obolensky, The Byzantine Commonwealth. Eastern Europe 500–1453, London 1971.
J. Petersohn, Der südliche Ostseeraum im kirchlich-politischen Kräftespiel des Reichs, Polens und Dänemarks vom 10. bis 13. Jh., Köln - Wien 1979.
W. Seegrün, Das Papsttum und Skandinavien bis zur Vollendung der nordischen Kirchenorganisation, Neumünster 1967.
Słownik Starozytności Słowiańskich, 7 Bde., Breslau 1967–82 (= Wörterbuch der slawischen Altertümer; behandelt den Zeitraum bis zum Ende des 12. Jh.).

Böhmen

P. David, Bohême, in: Dictionnaire d'Histoire et de Géographie Ecclésiastique IX, Paris 1937.
Handbuch der Geschichte der böhmischen Länder I, hrsg. von K. Bosl, Stuttgart 1967.
F. Seibt, Das Christentum in Böhmen 973–1973, Düsseldorf 1974.

Dänemark

L. Krabbe, Histoire du Danemark, Paris - Kopenhagen 1950.
M. S. Lausten, Danmarks Kirkehistorie, Kopenhagen 1983.
A. Raulin, Danemark, in: Dictionnaire d'Histoire et de Géographie Ecclésiastique XIV, Paris 1960.
Series episcoporum ecclesiae catholicae occidentalis ab initio ad annum MCXCVIII, ser. VI, tom. II, archiepiscopatus Lundensis, curavit H. Kluger, Stuttgart 1992.

Finnland

J. Gallén, Finlande, in: Dictionnaire d'Histoire et de Géographie Ecclésiastique XVII, Paris 1971.
A. Sauvageot, Histoire de la Finlande I, Paris 1968.

[63] Boyer, Vie religieuse en Islande 277ff; Łowmiański, Religia Słowian 382ff.

Ungarn und Kroatien-Dalmatien

L. Feketekúty, Ungarn vom heiligen Stephan bis Kardinal Mindszenty, Zürich 1950.

E. Horn, Le christianisme en Hongrie, Paris 1906.

E. Pamlenyi (Hrsg.), Histoire de la Hongrie des origines à nos jours, Budapest 1974.

L. Steindorff, Die dalmatinischen Städte im 12. Jahrhundert (Städteforschung A/20), Köln - Wien 1984.

Island

R. Boyer, La vie religieuse en Islande, Paris 1979.

Norwegen

K. Larsen, History of Norway, New York 1950.

T. B. Willson, History of the Church and State in Norway from the Tenth to the Sixteenth Century, Westminster 1903.

C. W. Wisloff, Norsk Kirkehistorie I, Oslo 1966.

Bulgarien und Serbien

I. Dujčev u. a., Histoire de la Bulgarie des origines à nos jours, Roanne 1977.

F. Hauptmann, Die Rolle des Bündnisses mit Ungarn in der außenpolitischen Orientierung Rasziens im 12. Jahrhundert, in: FS F. Hausmann, Graz 1977, 207–215.

R. Janin, Bulgarie, in: Dictionnaire d'Histoire et de Géographie Ecclésiastique X, Paris 1938.

M. Spinka, A History of Christianity in the Balkans, Illinois ^{1}1933, ^{2}1968.

Baltische Länder

A. M. Amann, Kirchenpolitische Wandlungen im Ostbaltikum bis zum Tode Alexander Nevskijs, Rom 1936.

E. Christensen, The Northern Crusades. The Baltic and the Catholic Frontier 1100–1215, Minneapolis 1980.

Colloquio internazionale di storia ecclesiastica in occasione del 8° Centenario della Chiesa in Livonia (1186–1986), Rom - Vatikanstadt 1989.

M. Hellmann, Das Lettenland im Mittelalter, Münster - Köln 1954.

– (Hrsg.), Studien über die Anfänge der Mission in Livland, Sigmaringen 1989.

P. Johansen, Nordische Mission. Revals Gründung und die Schwedensiedlung in Estland, Stockholm 1951.

A. Schwabe, Histoire du peuple letton, Stockholm 1953.

W. Urban, The Baltic Crusade, De Kalb/Ill. 1975.

R. Wittram (Hrsg.), Baltische Kirchengeschichte, Göttingen 1956.

Polen

N. Davies, God's Playground. A History of Poland, I: The Origins to 1795, Oxford 1981.

A. Gieysztor, La Pologne Médiévale, in: A. Gieysztor - S. Kieniewicz (Hrsg.), Histoire de la Pologne, Warschau 1971.

J. Kłoczowski (Hrsg.), Histoire religieuse de la Pologne, Paris 1987.

F. Manthey, Polnische Kirchengeschiche, Hildesheim 1965.

M. Rechowicz (Hrsg.), Dzieje teologii katolickiej w Polsce I, Lublin 1975 (= Die Geschichte der katholischen Theologie in Polen).

– (Hrsg.), Le Millénaire du catholicisme en Pologne, Lublin 1969.

Die Kiever Rus

A. M. Amann, Abriß der ostslawischen Kirchengeschichte, Wien 1950.

G. P. Fedotov, The Russian Religious Mind I, New York 1946.

M. Hellmann (Hrsg.), Handbuch der Geschichte Rußlands I, Stuttgart 1981.

M. Klimenko, Ausbreitung des Christentums in Rußland seit Vladimir dem Heiligen bis zum 17. Jh. Versuch einer Übersicht nach russischen Quellen, Berlin - Hamburg 1969.

F. von Lilienfeld, Der Himmel im Herzen. Altrussische Heiligenlegenden, Freiburg i. Br. 1990.

G. Podskalsky, Christentum und theologische Literatur in der Kiever Rus (988–1237), München 1982.

G. Stökl, Der russische Staat in Mittelalter und früher Neuzeit, Wiesbaden 1991.

V. Vodoff, Naissance de la Chrétienté russe, Paris 1988.

Schweden

I. Andersson, Histoire de la Suède des origines à nos jours, Paris 1973.

Fünftes Kapitel

Die griechische Kirche zwischen 1123 und 1204: Öffnung und Abschließung

VON EVELYNE PATLAGEAN

I. Das byzantinische Kaiserreich von 1123 bis 1204 – ein politischer Überblick

Nach Alexios I. (gest. 1118) regierten sein Sohn Joannes II. (gest. 1143), dann sein Enkel Manuel I. (gest. 1180), unter deren Herrschaft sich die politische und kulturelle Sphäre gewaltig ausweitete[1]. Eheschließungen des Souveräns aus Gründen der Diplomatie lösten die Endogamie der Aristokratie ab, doch hatten sich die jeweiligen Ehepartner zur griechischen Orthodoxie zu bekennen und machten dies gegebenenfalls durch Namensänderung deutlich. Joannes II. heiratete eine Tochter des Königs von Ungarn, die den Namen Irene annahm. Manuel I. hatte nacheinander Bertha von Sulzbach, eine Schwägerin Kaiser Konrads III., und Maria von Antiochien zur Frau. Beim Tode Manuels war sein erst zwölfjähriger Sohn, Alexios II., bereits mit Agnes, der noch jüngeren Tochter des Königs von Frankreich, Ludwigs VII., verlobt. Intrigen der kaiserlichen Verwandtschaft und die Feindschaft der Hauptstadt gegenüber den Lateinern spielten eine Rolle, als Andronikos I. Komnenos, ein Vetter ersten Grades Manuels, die Macht ergriff, Alexios II. und dessen Mutter Maria von Antiocheia umbringen ließ und selbst Agnes zur Frau nahm[2]. Seine Machtergreifung war begleitet von einem gnadenlosen Massaker an den Lateinern Konstantinopels (1182). Andronikos I., der gegenüber der Aristokratie unerbittlich wütete, wurde seinerseits 1185 gestürzt, die Kaiserwürde fiel an Isaak II. Angelos („der Engel"), den Enkel einer Tochter (Theodora) Alexios' I. Isaak wiederum wurde von seinem älteren Bruder, Alexios III. 1195 abgesetzt, geblendet und zusammen mit seinem Sohn Alexios IV. eingekerkert. Dessen Versuch, nach seinem Entkommen aus dem Kerker in Konstantinopel wieder Fuß zu fassen, gehört zur Geschichte des 4. Kreuzzugs. 1203 wurde er wiedereingesetzt, verlor jedoch sein Leben bei einer Revolte im Januar 1204. Während der Belagerung Konstantinopels durch die Kreuzfahrer des 4. Kreuzzuges war Alexios V. Murtzuphlos, Schwiegersohn Alexios' III., Kaiser.

Joannes II. Komnenos verfolgte eine Politik der Rückeroberung, die von Erfolgen gegen

---

Namen von Personen und Orten werden gemäß der in der deutschsprachigen Byzantinistik üblichen Form wiedergegeben. Bibliographische Kurzangaben verweisen auf das Literaturverzeichnis am Ende des Kapitels (siehe Seite 371).

[1] Siehe allgemein: The Cambridge Medieval History, Bd. IV. The Byzantine Empire. 1. Byzantium and its neighbours, Cambridge 1966; weiterhin wichtig: F. CHALANDON, Les Comnènes. Etudes sur l'Empire byzantin au XIe et au XIIe siècle. II/1-2. Jean II Comnène (1118–1143) et Manuel I[e] Comnène (1143–1180), Paris 1921 (Nachdr.); P. MAGDALINO, The empire of Manuel I Komnenos, 1143–1180, Cambridge 1993.

[2] Vgl. O. JUREWICZ, Andronikos I. Komnenos, Amsterdam 1970.

die orthodoxen Serben (1123), die katholischen Ungarn (1124), Antiochien und das armenische Kilikien (1137) gekrönt war. Er erkaufte seine Siege mit den Privilegien, die er den Lateinern, den Genuesen (1120), den Venezianern (1126) und den Pisanern (1136) gewähren mußte[3]. Mit der Thronbesteigung König Rogers II. in Sizilien (1130), der Erlangung der Kaiserwürde durch Konrad III. von Hohenstaufen im Westen (1138) und Manuels I. Komnenos in Konstantinopel (1143) wurde die Lage zunehmend komplexer: Im Osten und im Westen forderten zwei „klassische" politische Mächte ihr Recht, wobei sie sich auf dieselbe universale Legitimation beriefen – oder besser gesagt sogar drei, denn das Papsttum machte ebenfalls seinen Anspruch geltend. Manuel I. schwankte zwischen der byzantinischen Tradition der Rückeroberung, die ihn bis nach Süditalien führte, und dem aktuellen Plan eines Kreuzzuges gegen die Türken, der jedoch schließlich die Lateiner auf einem Weg, auf dem Ungarn eine Schlüsselstellung einnahm, an die jahrhundertealte östliche Grenze von Byzanz gelangen ließ. Nach dem Tod Joannes' II. gewann das armenische Kilikien seine Unabhängigkeit zurück (1145), während die Frage Antiochiens offen blieb. Der gesamte Kaukasus bildete das georgische Reich, das sein großes Jahrhundert erlebte. Die armenischen Fürsten spielten die Lateiner gegen Konstantinopel aus. Das türkische Kleinasien umfaßte damals zwei Gebiete: das um Konia und das um Sivas (Sebaste). Ersteres, das Sultanat von Rum, befand sich in der Umklammerung durch christliche Staaten. 1144 fiel Edessa an den Islam zurück, was den 2. Kreuzzug auslöste (1147). Unter dem Vorwand des Kreuzzugs eroberte Roger II. Korfu und Korinth. Korfu konnte mit Hilfe der Venezianer wiedergewonnen werden, was diese sich mit einer Erweiterung ihres Quartiers in Konstantinopel (1148) honorieren ließen. 1158 wurde mit Wilhelm I., dem Sohn Rogers II., ein dreißigjähriger Friede geschlossen; er setzte der politischen Präsenz der Byzantiner in Süditalien ein Ende, ließ aber Manuel I. freie Hand, sich nach Osten zu wenden. 1158 nahm dieser das kilikische Klein-Armenien wieder ein, 1159 hielt er Einzug in Antiochien, wo er die Unterwerfung Renauds von Châtillon entgegennahm. Doch die Beziehungen zwischen Byzanz und den Kreuzfahrern werden uns an anderer Stelle weiter beschäftigen. 1176 mußte Manuel in Myriokephalon eine schwere Niederlage hinnehmen im Verlauf eines Feldzugs, dessen Ziel es war, der Expansion des Sultanats von Rum, das von da an Melitene einschloß, Einhalt zu gebieten. Im Gegenzug gelang ihm 1173, Stephan Nemanja, den orthodoxen Herrscher Serbiens, für sich zu gewinnen. Doch handelte es sich um ein persönliches Bündnis, das mit dem Tod Manuels 1180 enden sollte.

Bis 1204 sollten sich nun die Ereignisse überstürzen. Das Jahrhundert war nicht allein von territorialen Gewinnen der Lateiner und Türken gekennzeichnet, sondern durch eine innere Tendenz zum Zerfall[4]. Schon Joannes II. sah für Manuel, seinen vierten Sohn, ein Erbteil vor, das Zypern, Kilikien und Antiochien einschließen sollte. 1184 erhoben sich die Städte Kleinasiens. 1185 vollzog der Statthalter Zyperns, Isaak Komnenos, die Abspaltung, heiratete eine Tochter des Königs von Ungarn und versuchte, auf dem Balkan Fuß zu fassen. Die Gabrades in Trapezunt[5], die Sguroi in Mittelgriechenland[6] und andere Familien

---

[3] R. J. Lilie, Handel und Politik zwischen dem byzantinischen Reich und den italienischen Kommunen Venedig, Pisa und Genua in der Epoche der Komnenen und der Angeloi (1081–1204), Amsterdam 1984.

[4] Vgl. J. Hoffmann, Rudimente von Territorialstaaten im byzantinischen Reich 1071–1210, München 1974.

[5] Vgl. A. Bryer, A Byzantine family: the Gabrades, c. 979–c. 1653, in: University of Birmingham historical journal 12 (1970) 164–187; ders., An additional note, in: Byzantinoslavica 36 (1975) 39.

[6] Vgl. J. Hoffmann, Rudimente von Territorialstaaten, 56–59 und passim.

Das Herrscherhaus der Nemanjiden prägte im 12. und 13. Jh. entscheidend die Geschicke der orthodoxen Kirche in Serbien. Zahlreiche Kirchen und Klostergründungen gehen auf die Nemanjiden zurück, so auch das Kloster Decani, in dem um 1350 dieser Stammbaum der Nemanjiden freskiert wurde.

errichteten ebenfalls lokale Herrschaften. Ohne die Folgen des Jahres 1204 zu gering zu veranschlagen, ist doch das 13. Jh. nur mit Blick auf das voraufgegangene Jahrhundert zu verstehen. In dieser Zeit vertiefte sich der Haß der Griechen auf die Lateiner – aus nationalen oder konfessionellen Gründen? –, das Massaker von Konstantinopel 1182 bezeugt dies. 1185 nahmen die Normannen Thessalonike ein, außerdem Zante (= Zakynthos) und Kephalonia, die sie behalten sollten. Der Erzbischof von Thessalonike, Eustathios, erblickte in dieser Prüfung die Strafe für das Verbrechen von 1182[7]. Die drei Brüder Asen schließlich führten das byzantinische Bulgarien, das von Bulgaren, Walachen und Kumanen besiedelt war, in den Aufstand. Ein bulgarisches Königreich entstand wieder mit Tirnovo (Tarnovo) als Hauptstadt, wo der Jüngste der Asen, Kalojan, 1204 durch einen Gesandten des Papstes gekrönt wurde. Zu Beginn des 13. Jh. griffen somit die Bulgaren in ihrem Streben nach Unabhängigkeit erneut auf die Lösung zurück, die man im 9. Jh. bei der Taufe beiseitegeschoben hatte: Die politischen Gegebenheiten waren vergleichbar.

Manuel schwebte zunächst vor, Ungarn und das Kaiserreich durch eine Ehe zwischen dem jüngsten Sohn Gezas II. und seiner eigenen Tochter zu verbinden. Die Geburt seines Sohnes vereitelte dieses Projekt, doch Isaak II. Angelos sollte die Tochter dieses Jüngsten heiraten, der als Béla III. König von Ungarn wurde. Die Route des 3. Kreuzzugs führte noch einmal durch Ungarn (1189). Klein-Armenien suchte ein westliches Gegengewicht, das es ihm erlaubte, Antiocheia zurückzuerobern. 1191 bemächtigte sich Richard Löwenherz Zyperns, das er 1192 an die Lusignan weitergab. Pisaner, Venezianer und Genuesen machten sich weiterhin breit. Man wird die Versuche einer Wiederannäherung der Kirchen in diesem Zusammenhang westlicher Expansion, aber auch gespaltener Ideologie sehen müssen, während die häretischen Strömungen und ihre Unterdrückung auf ihre Weise die Einheit der Christenheit des 12. Jh. bezeugen. Eine Religionsgeschichte dieser Region dürfte sich schwerlich ohne eine Einführung in die Militär- und Diplomatiegeschichte schreiben lassen.

In der Sozialgeschichte der griechischen Kirche und der griechischen Christenheit setzte sich zwischen 1123 und 1204 die Entwicklung der voraufgegangenen Epoche fort. Doch die Gleichgewichte verschoben sich. Dieses veränderte Bild verdankt sich einem Themenwechsel im Quellenmaterial, in welchem die kanonischen Kommentare einerseits, die durch Bischöfe verfaßten Werke andererseits eine nie gekannte Bedeutung erlangten. Inwieweit das eine das andere bedingt, ist ein Problem aller Geschichtsschreibung. Wie auch immer, die Quellenlage ist das Bestimmende.

II. Reichhaltige Quellen

1. Die drei großen Kanonisten

Die zweite Hälfte des Jahrhunderts zeichnet sich durch die Arbeit dreier Kanonisten – Joannes Zonaras, Alexios Aristenos und Theodoros Balsamon – am systematischen Kommentar aus. Nicht nur bieten ihre Schriften Material allerhöchsten Interesses, sondern sie sind darüber hinaus Ausdruck einer Epoche und deren Denkens. Eingehende historische

[7] Eustazio di Tessalonica, La espugnazione di Tessalonica, hrsg. von S. Kyriakidis, Palermo 1961.

und philologische Studien stehen noch aus[8]. Joannes Zonaras, der sich auch auf anderen Gebieten – der Historiographie, der Hagiographie, der Homiletik – betätigte, vollendete sein Werk vor 1159; nach einer Laufbahn in öffentlichen Ämtern wurde er Mönch. Alexios Aristenos absolvierte eine zivile Laufbahn – er war *Nomophylax* und *Orphanotrophos* – sowie eine Laufbahn in Diensten des Patriarchen – er ist 1156 und zuletzt 1166 als *Großoikonomos* bezeugt[9]. Die Frage der seit 1157 durch kaiserliches Dekret verbotenen Ämterhäufung klingt in seiner Biographie wie in seinem Werk an. Theodoros Balsamon schließlich, der Bedeutendste der drei, hatte zunächst das Amt eines *Chartophylax* des Patriarchats inne und war dann (1185–1191) gewählter Patriarch von Antiocheia. Trotzdem residierte er weiterhin in Konstantinopel, wo er nach 1195 starb. Manuel I. und der Patriarch Michael III. (1170–1178) beauftragten ihn mit der Kommentierung des *Nomokanon* (der Konkordanz beider Rechte), der *XIV Titel,* bei der er sich an die Arbeiten des Zonaras anlehnte. Eigentlich kommentierte er das gesamte existierende kanonische Corpus und redigierte darüber hinaus Responsen und Monographien. Balsamon gibt Zeugnis von den zeitgenössischen Tendenzen, die er bekämpfte. Er lehnte sich gegen die zunehmende Aktivität der Synode auf, die die Arbeit der Kanzlei des Patriarchen, besonders die des *Chartophylax,* einschränkte und auf bloß vorbereitende Aufgaben reduzierte[10]. Er verurteilte die Neigung der Kleriker zu Ämterhäufung mit zivilen, rechtlichen und medizinischen Aufgaben vor allem, wenn daraus eine Verwirrung der Rechtssprechung resultierte. Sein Vorschlag bestand im Gegenzug bezeichnenderweise darin, die Amtsträger des Patriarchats *(Archonten)* in die Hierarchie der sakralen Ränge einzubinden. Zu diesem Zweck berief er sich auf die Konstantinische Schenkung und zog eine Parallele zwischen den zivilen Würden und den kirchlichen Rängen in ihrer wechselseitigen Zuordnung der Aufgaben. Seine Schriften bezeugen die Käuflichkeit der Ämter, die den Apparat des Patriarchats bildeten. Sein Werk ist in zweifacher Hinsicht von Bedeutung: einmal, insofern es auf Dokumenten beruht, zu denen er Zugang hatte und die wir vor allem durch ihn kennen, zum anderen, insofern es eine bestimmte Auffassung von der Verbindung beider Verwaltungsbereiche, beider Rechte bzw. beider Gewalten vermittelt. Hinzuzufügen ist, daß Balsamon eine Generation nach Gratian wirkte, eine Tatsache, die mehr als der bloßen Feststellung wert ist[11].

2. Die Bischöfe als Autoren

Das 12. Jh. ist andererseits reich an einer gelehrten Literatur, deren Verfasser Bischöfe waren. Der Episkopat dieser Zeit bildete eine kohärente soziokulturelle Gruppe, die durch

---

[8] Verfügbare Ausgabe: K. Rhalles – M. Potles (Hrsg.), Syntagma ton theion kai hieron kanonon, 6 Bde., Athen 1852–1859; vgl. H.-G. Beck, Kirche und theologische Literatur im byzantinischen Reich, München 1959, 655–658; zahlreiche wichtige Bemerkungen bei J. Darrouzès, Recherches sur les offikia de l'Eglise byzantine, Paris 1970, passim.

[9] Vgl. Georges et Démétrios Tornikès, Lettres et discours, hrsg. von J. Darrouzès, Paris 1970, 53–57.

[10] Zu Balsamon vgl. G. P. Stevens, De Theodoro Balsamon, Rom 1969; wesentliche Hinweise bei Darrouzès, Recherches sur les offikia, passim.

[11] siehe jetzt die Untersuchungen von C. Gallagher, Gratian and Theodore Balsamon: two Twelfth-Century Canonistic Methods Compared, und V. Tiftixoglu, Zur Genese der Kommentare des Theodoros Balsamon. Mit einem Exkurs über die unbekannten Kommentare des Sinaiticus gr. 1117, beide in: N. Oikonomides (Hrsg.), To Byzantio kata ton 12o aiona. Kanoniko dikaio, kratos kai koinonia, Athen 1991, 61–89 bzw. 483–532.

verwandtschaftliche und freundschaftliche Beziehungen zusammengehalten wurde [12]. Ihre gemeinsame Herkunft war die patriarchalische *Schole,* der Mittelpunkt der offiziellen Kultur des 12. Jh. Hier erhielten die Autoren der Werke, die uns überliefert sind, ihre Ausbildung, bevor sie ihren Weg in den Lehrberuf, in den Dienst des Palastes, der Zentralgewalt oder des Patriarchats nahmen. Ihre Lebensläufe gipfelten im Erreichen eines Bischofsstuhls in unterschiedlicher Entfernung zur Hauptstadt und von variierender Bedeutung [13]. Als Hirten und Prediger, aber auch als Verfasser von Streitschriften, als Philosophen oder Philologen und als unermüdliche Briefschreiber hinterließen sie eine Vielzahl von Manuskripten, von denen ein Teil inzwischen Herausgeber findet. Die herausragendsten unter ihnen waren Georgios Tornikes, von 1155 bis zu seinem Tod kurz nach 1156 Metropolit von Ephesos [14], Nikolaos, von etwa 1147 an Bischof von Modon, gestorben zwischen 1160 und 1166 [15], der große Eustathios von Thessalonike, Metropolit von 1174/77, bis zu seinem Tod zwischen 1195 und 1198/99 [16], und Michael Choniates, der Bruder des Historikers, Metropolit von Athen von 1182 bis zu seinem Exodus von 1204 [17]. Man könnte weitere nennen. Ihre Schriften beleuchten die klassische Bildung ihres eigenen Umfeldes. Zugleich zeugen sie von der Unterstützung, die der Zentralgewalt des Kaisers und des Patriarchen entgegengebracht wurde, aber auch von den zentrifugalen Tendenzen und der religiösen und sozialen Lage der Provinzen aus der Sicht der Bischöfe. Hier ist nicht nur Eustathios von Thessalonike ein schon wegen der Größe seiner Residenzstadt interessantes Forschungsgebiet, sondern alle: Unter dem dicken Blumenteppich ihres hochrhetorischen Stils verbirgt sich noch einiges an Informationen.

III. Die Lage des Klerus

1. Familie und Verwandtschaftsbeziehungen

Die Schicht der Kleriker pflegte offen Verbindungen zu den Laien. Zwischen 1111 und 1198 lösten achtzehn Patriarchen einander ab, was bedeutet, daß etliche dieses Amt nur für kurze Zeit innehatten. Zwei Herkunftslinien sind klar zu unterscheiden. Michael II. Kurkuas (1143–1146) war zunächst Mönch, dann Abt des Klosters von Oxia, einer der Prinzen-

---

[12] Zahlreiche Beispiele in G. et D. Tornikès, Lettres (s. Anm. 9), Einführung, 5–69, sowie bei R. Browning, The patriarchal school at Constantinople in the 12th century, in: Byzantion 32 (1962) 167–202; 33 (1963) 11–40.

[13] R. Browning, The patriarchal school, ist die grundlegende Studie zu diesen Fragen.

[14] G. et D. Tornikès, (s. Anm. 9).

[15] A. Angelou, Nicholas of Methone: the life and works of a twelfth-century bishop, in: M. Mulett – R. Scott (Hrsg.), Byzantium and the classical tradition, Birmingham 1981, 143–148; Nicholas of Methone, Refutation of Proclus' elements of theology. A critical edition with an introduction on Nicholas' life and works, hrsg. von A. Angelou, Leiden 1984, IX–XLIV.

[16] P. Wirth, Gesammelte Aufsätze zu Leben und Werk des Metropoliten Eustathios von Thessalonike, Amsterdam 1980; A. Kazhdan, Eustathios of Thessalonica: the life and opinions of a twelfth-century rhetor, in: ders., Studies on Byzantine literature of the eleventh and twelfth centuries (in Zusammenarbeit mit S. Franklin), Cambridge/Paris 1984, 115–195.

[17] G. Stadtmüller, Michael Choniates, Metropolit von Athen, Rom 1934; vgl. J.-L. van Dieten, Niketas Choniates. Erläuterungen zu den Reden und Briefen nebst einer Biographie, Berlin/New York 1971.

inseln im Marmara-Meer[18]; er trug den Namen einer Familie, die sich seit der Regierungszeit Basileios' I. (867–886) in militärischen Ämtern ausgezeichnet hatte[19] und im 10. Jh. im Umfeld der kaiserlichen Gewalt vertreten war[20]. Die Kurkuai konnten diese Stellung auch unter Basileios II. halten[21].

Mit den Kurkuai lassen sich die Kamateroi vergleichen. Aus dieser Familie gingen zwei Patriarchen hervor, Basileios II. (1183–1186) und Joannes X. (1198–1206). Der Name ist seit dem 10. Jh., bei einem Kommandanten der Palastgarde, belegt[22], der eigentliche Aufstieg der Familie begann jedoch in der Umgebung der Komnenen des 12. Jh.[23] Andronikos und Joannes Kamateros waren über Irene Dukas mütterlicherseits mit Manuel I. verwandt. Andronikos ist 1157 als Präfekt der Hauptstadt, 1176 als Vorsitzender des kaiserlichen Gerichts *(megas drungarios)* bezeugt. Für Manuel I. verfaßte er die *Hiera Hoplotheke,* die der Auseinandersetzung mit den Lateinern und Armeniern dienen sollte. Seine Söhne machten glänzende Karrieren, seine Tochter sollte Alexios III. Angelos heiraten. Von Joannes hören wir 1155 im Amt des Logotheten. 1166 sollten ihn die verwandtschaftlichen Beziehungen noch weiter bringen, war er doch vorgeschlagen für das Amt des „Vorstehers der kaiserlichen Kanzlei" *(ho epi tu kanikleiu),* später wurde er Erzbischof von Bulgarien und einer der Präfekten der Hauptstadt. Insgesamt wird deutlich, wie diese bedeutende Familie ihre Mitglieder ins Spiel zu bringen wußte. Hinzuzufügen wäre, daß die Verbindungen des Patriarchen zur Bevölkerung der Hauptstadt, die bereits unter Michael Kerullarios Mitte des 11. Jh. ausgeprägt waren, sich mit Basileios II. behaupteten, der so Andronikos Komnenos empfindlich Konkurrenz machte.

Andere Patriarchen kamen aus Familien, die um die Mitte des 11. Jh. aufgrund der politischen und öffentlichen Wertschätzung, die die höhere Bildung genoß, aufgestiegen waren. Georgios II. Xiphilinos (1191–1198) gehörte derjenigen Joannes' VIII. (1064–1075) an; unter der Regierung Alexios' I. war dessen Neffe Verfasser von Homilien und Heiligenviten. Dem Patriarchen Michael III. Anchialu gab man den Beinamen nach der Stadt Anchialos, dem Bischofssitz seines Onkels – entsprechend einem gängigen und bezeichnenden Brauch. Der Name seines Bruders, Samuel Mauropus, belegt hingegen die Verwandtschaft mit Joannes Mauropus, dem Neffen des Bischofs, der erst Professor in der Hauptstadt, dann 1048/1053 Metropolit von Euchaita war[24].

Die gesellschaftliche und familiäre Herkunft der Bischöfe dieser Epoche ließe sich auch anhand der überlieferten Siegel und Texte erforschen. Die Familie der Komnenen spielte hier keine Rolle: Zu nennen wäre allerdings Adrianos, der Sohn des Bruders von Ale-

---

[18] Zu diesem Kloster im 12. Jh. vgl. P. Gautier, Les lettres de Grégoire higoumène d'Oxia, in: REByz 31 (1973) 203–227.

[19] Theophanes Continuatus, hrsg. v. I. Bekkerus (CSHB), Bonn 1838, 277.

[20] Joannes Kurkuas, Domestikos der Scholen, verwandt mit Joannes I. Tzimiskes, vgl. Ioanni Scylitzae Synopsis Historiarum, hrsg. von I. Thurn, Berlin 1973, 230/27–30.

[21] Romanos Kurkuas, dessen Schwester den Sohn des Zars von Bulgarien, Johannes Vladislav, geheiratet hatte, wurde wegen Verschwörung 1025 geblendet (siehe Skylitzes, [wie Anm. 20], 372), der Stammbaum wurde aufgestellt von J. Cl. Cheynet, Pouvoir et contestations à Byzance (963–1210), Paris 1990, 270, und endet mit dieser Generation.

[22] Leo Grammaticus, hrsg. v. I. Bekkerus (CSHB), Bonn 1842, 278.

[23] G. et D. Tornikès (s. Anm. 9) 43–49.

[24] Zu Mauropus vgl. Hinweise und Bibliographie bei A. Karpozilos, The Letters of Ioannes Mauropous, Metropolitan of Euchaita, Thessalonike 1990, 9–27.

xios I., Isaaks, der unter dem Namen Joannes Erzbischof von Bulgarien werden sollte[25]. Die uns bekannten Beispiele lassen auf Verhältnisse schließen, die denen des Patriarchats vergleichbar sind. Wieder begegnen uns die laikale Aristokratie des 9. und 10. Jh., deren Verbindungen mit den Komnenen und den Dukai sich im 12. Jh. mehrten, sodann die Familien, die im 11. Jh. durch hohe kaiserliche oder patriarchale Verwaltungspositionen aufgefallen waren, schließlich die neuen Familien, deren Standortbestimmung manchmal dadurch erschwert wird, daß die Bischöfe allein anhand des Namens ihres Bischofssitzes bzw. desjenigen ihres Onkels identifizierbar sind: Dieser Brauch zeigt immerhin, welcher Verwandtschaftsgrad bei der Bischofsauswahl vorherrschend war. Zu nennen sind hier zwei Beispiele, zunächst das der Familie Tornikes (oder Tornikios). Sie entstammten dem georgischen Militär und tauchten im 10. Jh. erstmals in der nächsten Umgebung Konstantins VII. und seines Sohnes Romanos II. auf[26]. Euthymios Tornikes war zwischen 972 und 979 Mitbegründer des Iviron-Klosters auf dem Berg Athos. Im 11. Jh. stammte die Mutter Leon Tornikes' aus einer Seitenlinie Konstantins IX. Monomachos, eines Adligen der Hauptstadt[27]. Ein Mitglied der Familie heiratete die Nichte Theophylaktos', eines Meisters der Rhetorik und späteren Erzbischofs von Bulgarien[28]. Georgios und Demetrios Tornikès schließlich, die der Epoche Manuels I. angehörten, waren wahrscheinlich Brüder[29]: Georgios machte Karriere in Diensten des Patriarchats und wurde 1155 Metropolit von Ephesos (sein Cousin Euthymios war Notar des Patriarchen); Demetrios (gest. gegen 1200) absolvierte hingegen eine zivile Laufbahn, die schließlich vom Amt des Logotheten gekrönt war, in dem ihn später sein Sohn Konstantin ablöste, der seinerseits eine Komnene heiratete. Michael Choniates – was soviel bedeutet wie aus Chonai in Phrygien – wurde 1138 in eine Familie lokaler Notablen geboren, die sich des Wohlwollens des Metropoliten erfreute, welcher Michael förderte und Taufpate seines Bruders Niketas, des späteren Historikers, war[30]. Michael studierte in Konstantinopel bei Eustathios Kataphloros, dem späteren Metropoliten von Thessalonike. Er trat in die Kanzlei des Patriarchats ein und erhielt schließlich den Bischofsstuhl von Athen. Ein Neffe, Niketas, sollte Metropolit von Naupaktos werden[31].

2. Die Abwanderung der Bischöfe

Wie schon zuvor findet sich die bischöfliche Hierarchie durch Verzeichnisse der Metropolitansitze mit ihren Suffraganbistümern *(Notitiae episcopatuum)* wie auch durch Unterschriftslisten der Sitzungen von Synoden dokumentiert. Die Verzeichnisse nehmen nun die Form von gelehrten Werken an, wobei jenes des sizilianischen Mönches Neilos Doxapatres aus dem Jahr 1142/1143 deswegen einen Sonderfall darstellt, weil er keinen Zugang zum Archiv des Patriarchats hatte[32]. Die Welle der Gründung von Metropolien, die nach Alexios I. auf den Protest der Metropoliten hin aufgehalten werden sollte, da diese an ih-

---

[25] Vgl. L. Stiernon, Adrien (Jean) Comnène archevêque de Bulgarie, in: REByz 21 (1963) 179–192.
[26] Leo Diaconus III 7, hrsg. v. C. B. Hase (CSHB), Bonn 1828, 45.
[27] M. Psellos, Chronographie VI 99, hrsg. u. übers. von E. Renauld, Bd. 2, Paris 1928, 14.
[28] Théophylacte d'Achrida, Lettres, hrsg. von P. Gautier, Thessalonike 1986, Brief 109/11.
[29] G. et D. Tornikès (s. Anm. 9) 25–28.
[30] Siehe oben Anm. 17.
[31] Grumel – Darrouzès, Régestes Nr. 1263.
[32] J. Darrouzès (Hrsg.), Notitiae episcopatuum Ecclesiae Constantinopolitanae, Paris 1981, 154–158.

ren Suffraganbistümern festhielten, setzte sich erst unter Isaak II. fort. Die Epoche der Komnenen beschränkte sich auf vier Erhebungen für die Gebiete, die im Kaiserreich verblieben waren: Mesembria, Miletos, Selymbria und Apros[33]. Der Episkopat zeigte Abwanderungstendenzen, die sich entgegen den kanonischen Regeln entwickelten[34]. So ersuchte am 11. Juli 1173 der Bischof von Ankyra (Ankara), Michael, die Synode um seine Versetzung: Er sei auf diesen Bischofsstuhl berufen worden, was eine Auszeichnung sei, doch sei inzwischen die Stadt von den Türken eingenommen worden, kein Christ befände sich mehr in ihren Mauern und der Bischof könne dort nicht mehr existieren. Die Synode wies ihm einen anderen Sitz zu[35]. Umstände dieser Art bedingten auch die Anwesenheit anderer Provinzbischöfe, vor allem aus Kleinasien, in Konstantinopel[36]. Vielleicht jedoch beleuchtet dies eine Tendenz der Bischofskarrieren: 1174 ermächtigte die Synode auf kaiserlichen Befehl den Diakon der Großkirche, Eustathios Kataphloron, auf den Sitz von Smyrna zu verzichten, wohin man ihn gewählt hatte, und erhob ihn auf den Bischofsstuhl von Thessalonike, wo er, wie man weiß, zu Ruhm gelangte[37]. Andernorts, in Antiocheia oder in Süditalien, sah sich der griechische Episkopat mit fremden Mächten konfrontiert. Im Prinzip trug das griechische Patriarchat weiterhin Sorge für die mit ihm verbundenen Patriarchate des Ostens. Beispielsweise beantworteten 1195 Georgios II. Xiphilinos und die Synode eine Liste von kanonischen Fragen des Patriarchen Markos III. von Alexandria, die sich auf Christen im „sarazenischen“ Herrschaftsbereich bezog[38]. Titularbischöfe dieses Bereichs residierten freilich nicht immer in ihren Diözesen.

3. Die Einkünfte der Kleriker und der weltliche Besitz der Kirche

Unter Manuel I. zielten eine Reihe von Maßnahmen darauf, die Privilegien und Einschränkungen der Kleriker in Übereinstimmung mit der Tradition zu präzisieren und bestimmten Entwicklungen der sozialen Stellung der Kleriker vorzubeugen. 1144 erklärte der Kaiser die „dem Staat untertanen Kleriker“ *(demosiakoi)* um den Preis einer Erfassung, die die Zahl dieser Privilegierten festsetzte, für steuerlich immun[39]. Auch wenn diese Entscheidung den aktuellen Throninhaber als Wohltäter erscheinen ließ, so handelte es sich doch um ein klassisches Prinzip. Im Gegenzug verbot eine Synodalentscheidung von 1157 den Klerikern, entgegen einer verbreiteten Praxis und unter Androhung der Strafe der Exkommunikation die Häufung weltlicher Ämter wie auch die Verwaltung nichtkirchlicher Häuser und Güter oder die Erhebung von Steuern[40]. 1171 wurde die Geltung dieses Verbots auf die Lektoren ausgeweitet[41]. Eine weitere Maßnahme der Synode zwischen 1157 und 1169/70 verwehrte Diakonen und Priestern die Ausübung des Heilberufs[42]. Ferner bemühte sich die Synode darum, der ungebührend hohen Zahl von Klerikern entgegenzuwir-

---

33 Ebd., 134/135.
34 Balsamon, in: Rhalles – Potles (s. Anm. 8) Bd. 4, 391–394.
35 Grumel – Darrouzès, Regestes Nr. 1126.
36 Dölger, Regesten Nr. 1485 mit der Datierung 1169–1177.
37 Laurent, Regestes Nr. 1128.
38 Grumel – Darrouzès, Regestes Nr. 1184.
39 Dölger, Regesten Nr. 1334 (Jus Graeco-Romanum I, IV, 52); vgl. den Kommentar zu Regestes Nr. 1082.
40 Grumel – Darrouzès, Regestes Nr. 1048.
41 Ebd., Nr. 1119.
42 Ebd., Nr. 1092.

ken, die durch die Einkünfte der Kirchen angezogen wurden. 1170 bezeugt ein Verbot des Patriarchen Michael III., daß sich Einwohner der Hauptstadt in nahegelegenen Diözesen zu Priestern weihen ließen und dann zurückkehrten, um so die Vorprüfung durch den Patriarchen zu umgehen; da als Vorwand für diesen Umweg der Betrag genannt wurde, der dafür zu entrichten war, befahl der Patriarch zugleich, zur alten Quote zurückzukehren[43]. Derselbe Michael III. (1170–1178) schaffte die alte Gewohnheit der Mönch gewordenen Priester ab, weiterhin als in kirchlichen Diensten tätig registriert zu bleiben, obwohl sie inzwischen im Kloster lebten. Der Patriarch erklärte, diese Dienste seien den hauptamtlichen Kirchenbediensteten vorbehalten, die betreffenden Mönchspriester hätten sich in ihren Klöstern aufzuhalten[44]. Um 1169 befaßte der Metropolit von Thessalonike die Synode mit einem Fall von Klerikern seiner Kirche, die sich am Eigentum der Metropolie und seines Vorgängers bereichert hatten[45], ein extremes Beispiel derselben Tendenz.

Nikolaos Svoronos widmete den Maßnahmen Manuels I. zugunsten der kirchlichen und, wie wir noch sehen werden, klösterlichen Besitztümer eine wichtige Studie[46]. Nach einer Thronbesteigung, die nicht ohne Hindernisse verlaufen war, zeigte sich der Kaiser den wichtigen gesellschaftlichen Gruppen gegenüber großzügig. Über eine Jahreszahlung, die er dem Klerus der Hagia Sophia gewährte, eine Schenkung von hundert Pfund Gold bei seiner Krönung (1143) und über die schon erwähnte Steuerimmunität des Klerus (1144) hinaus erließ Manuel I. zwischen 1146 und 1158 eine Reihe von Bestätigungen, die die Hagia Sophia, Konstantinopel und dessen Umgebung privilegierten und sich auf zu diesem Zeitpunkt in Kirchenbesitz befindliche Güter bezogen, auch wenn dies unpassend oder zu Ungunsten des Fiskus war. Svoronos weist nach, daß der Kaiser auf diese Weise Bereicherungen sanktionierte, die in von den Invasionen des letzten Viertels des 11. Jh. betroffenen Gebieten häufig gewesen sein dürften. Nach 1158 jedoch erzwangen die Vorwürfe derer, die nicht in den Genuß solcher Privilegien gekommen waren, und die so hervorgerufene Verwirrung in den öffentlichen Finanzen eine Wende.

Die Synode ihrerseits griff bestimmte Praktiken im Umgang mit dem Eigentum der Bistümer und den Rechten der Bischöfe auf. So wurde 1164 einer 27 Jahre überschreitenden oder „auf den Inhaber" des jeweiligen Vertrags bezogene Verpachtung kirchlicher Güter ein Ende gesetzt[47]. Zur selben Zeit, d. h. um 1166, wurden die Schenkungen bischöflicher Immobilien in gutem Zustand für null und nichtig erklärt; statthaft blieben allein auf ein Jahr befristete Schenkungen unter der Bedingung, daß ihr Wert angemessen und die Begünstigten nach Bedürftigkeit oder geleisteten Diensten berechtigt seien[48].

Im Gegenzug wurden die Rechte der Bischöfe über die Kirchen ihrer Diözese gegenüber Privatpersonen wie gegenüber dem Recht des Patriarchats selbst bestätigt, ob es sich nun um die Nennung ihres Namens im Gottesdienst oder um das ihnen zustehende *Kanonikon* handelte[49].

---

[43] Ebd., Nr. 1118.
[44] Ebd., Nr. 1141.
[45] Ebd., Nr. 1085.
[46] N. G. Svoronos, Les privilèges de l'Eglise à l'époque des Comnènes: un rescrit inédit de Manuel I[e] Comnène, in: Travaux et mémoires 1 (1966) 325–391.
[47] Grumel – Darrouzès, Regestes Nr. 1055.
[48] Ebd., Nr. *1058.
[49] Ebd., Nr. 1131 (Jahr 1176); 1179 (Jahr 1191); 1180 (Jahr 1192).

IV. Das Klosterwesen

1. Neugründung und Wiederherstellung

Die Geschichte der griechischen Klöster zwischen 1123 und 1204 ist zunächst eine Geschichte von Neugründungen. Vier sind für die Hauptstadt zu nennen. Den ersten Rang nimmt der große Hospitalskomplex des Pantokrator-Klosters ein, der 1136 von Joannes II. Komnenos gestiftet wurde[50]; seine Gemahlin Irene, Tochter des Königs von Ungarn, die im Synaxarium der Großkirche eingeschrieben war, wirkte daran mit ; sodann das Hagios-Demetrios-Kloster der Palaiologen, das in der Mitte des Jahrhunderts von Georgios Palaiologos gegründet worden war, dessen Familie seit der Generation Alexios' I. mit den Komnenen in weiblicher Linie verschwägert war[51]. Das Pantanassa-Kloster wurde nach 1161 durch die zweite Frau Manuels I., Maria von Antiochien[52], das Christos-Euergetes-Kloster vor 1176 durch Joannes Komnenos, den Neffen Joannes' II., gestiftet[53]. In der Provinz gründete der Bischof von Nauplion und Argos, Leon, 1143 das Kloster der Theotokos *tes Areias* bei Nauplion[54], und Isaak Komnenos, der Bruder Manuels I., errichtete nahe eines Dorfes in Thrakien, das ihm gehörte, 1152 das Kloster der Theotokos Kosmosoteira, wo Arme und Kranke für sein Seelenheil beten sollten und er seine Grabstätte wünschte[55]. In Thessalonike widmete ein gewisser Mastunes (gest. vor 1185) der Jungfrau ein Kloster, wo er selbst Abt und einer seiner Söhne Mönch war[56]. Auf Zypern gründete Neophytos Enkleistos ein Kloster, dem er gegen 1178 ein Typikon gab[57], während Sabas (Sava), der Sohn des serbischen Königs Stephan Nemanja, das Typikon seines athonitischen *Kellion* von Karyai gegen 1195 verfaßte[58].

Ebenso wurden Klöster wiederhergestellt. So dürfte der schon genannte Georgios Palaiologos Komnenos Dukas die Wiederherstellung des Hodegon-Klosters bewirkt haben, das die berühmte Ikone in seinen Mauern barg, die man der Hand des hl. Lukas zuschrieb und der größte Bedeutung für die kaiserliche und öffentliche Frömmigkeit zukam[59]. Der kaiserliche Sekretär *(mystikos)* Georgios Kappadokes richtete das Mamas-Kloster in Kon-

---

[50] Vgl. P. Gautier (Hrsg.), Le typikon du Christ Sauveur Pantocrator, in: REByz 32 (1074) 1–145.

[51] R. Janin, Le siège de Constantinople et le patriarcat œcuménique. Les églises et les monastères, Paris 1969, 92–94. Ein Georgios Palaiologos heiratete Anna Dukas, die Schwester Irenes, der Gemahlin Alexios' I., vgl. La Vie de Cyrille le Philéote, hrsg. von E. Sargologos, Brüssel 1964, Kap. 48,3.

[52] Janin, ebd. 215/216.

[53] Ebd., 508–510.

[54] F. Miklosich – I. Müller, Acta et diplomata graeca Medii Aevi, Bd. 5, Wien 1887, 178–190; G. A. Choras (Hrsg.), He hagia mone Areias Naupliu, Athen 1975, 239–252.

[55] L. Petit (Hrsg.), Typikon du monastère de la Kosmosotira près d'Aenos (1152), in: Izvestija Russk. Archeol. Instituta v Konstantinopol 13 (1908), 17–77.

[56] R. Janin, Les églises et les monastères des grands centres byzantins (Bithynie, Hellespont, Latros, Galèsios, Trébizonde, Athènes, Thessalonique), Paris 1975, 396.

[57] F. E. Warren (Hrsg.), The ritual ordonance of Neophytus, in: Archaeologia 47 (1882) 1–36; neuerdings auch I. P. Tsiknopoullos, Kypriaka Typika, Nikosia 1969, 71–104, und C. Galatariotou, The making of a Saint. The life, times and sanctification of Neophytos the Recluse, Cambridge u. a. 1991. Zur Datierung der ersten Fassung vgl. Beck, Kirche und theologische Literatur (s. Anm. 8) 634.

[58] Ph. Meyer (Hrsg.), Die Haupturkunden für die Geschichte der Athosklöster, Leipzig 1894, 184–187.

[59] Janin, Siège de Constantinople (s. Anm. 51) 200.

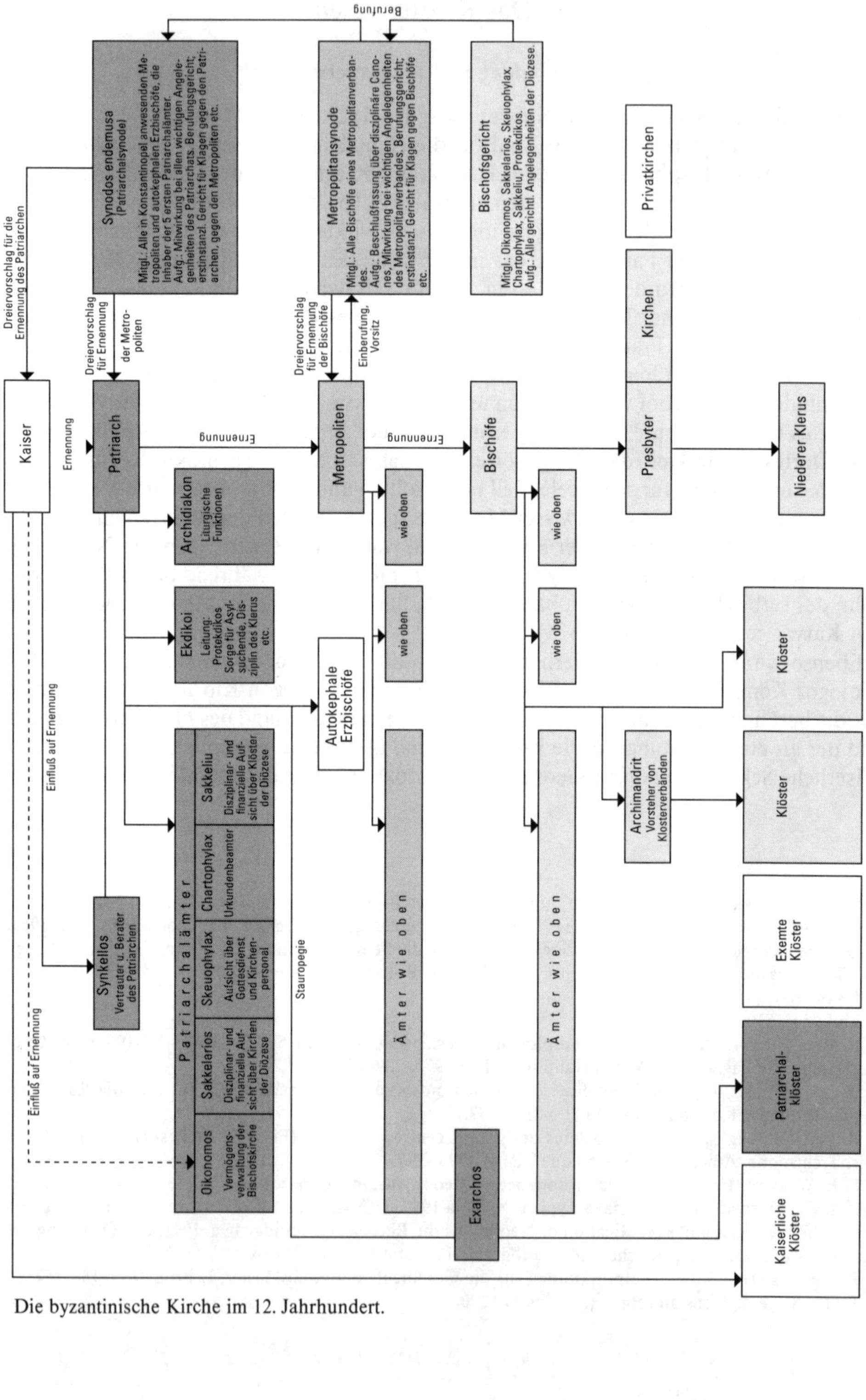

Die byzantinische Kirche im 12. Jahrhundert.

Das Pantokrator-Kloster mit seinen zwei Kreuzkuppelkirchen wurde 1118–1124 von Kaiserin Irene erbaut. Ihr Gemahl, Joannes II. Komnenos, fügte 1136 eine als kaiserliches Mausoleum bestimmte Kapelle hinzu.

stantinopel wieder ein[60], das im voraufgegangenen Jahrhundert durch Symeon den Neuen Theologen berühmt geworden war. Dessen weltliche Führung vertraute er seinem Bruder an, dem Gatten einer Dalassene, der also mit der Mutter Alexios' I. verwandt war. Das Typikon (1159) war inspiriert von den großen Vorbildern, dem Studiu- und dem Theotokos-Euergetis-Kloster[61]. Zu ergänzen ist, daß Sabas dem Chilandar-Kloster auf dem Berg Athos gegen 1198 seine endgültige Orientierung gab[62]. Auch in Jerusalem wurde ein griechisches Kloster gegründet und 1145/46 mit einem Typikon ausgestattet[63]. Der Name des Gründungsabtes, Gerasimos, und der Name des Klosters selbst, Hagios Euthymios, verweisen auf weit zurückliegenden Ruhm des griechischen Mönchtums in Palästina. Im selben Zeitraum entstand auch das Vazelon-Kloster, dessen Aufstieg nach 1204 an das Kaiserreich von Trapezunt gebunden sein sollte[64].

Bei alldem handelt es sich um eine unvollständige Aufzählung auf der Grundlage einer

---

60 Ebd., 314–319.

61 S. Eustratiades (Hrsg.), in: Hellenika 1 (1928) 256–314; vgl. V. Laurent, in: Echos d'Orient 30 (1931) 233–242.

62 Beck, Kirche und theologische Literatur (s. Anm. 8) 219; Actes de Chilandar, publ. von L. Petit (1. Actes grecs) u. B. Korablev (2. Actes slaves), St. Petersburg 1911–1912 (= Vizantijskij Vremennik. Supplementbde. 17/1 u. 19/1).

63 A. Papadopulos-Kerameus (Hrsg.), Analekta Hierosolymitikes Stachyologias, Bd. 2, St. Petersburg 1894, 255–257.

64 Janin, Eglises et monastères des grands centres (s. Anm. 56) 283–286.

Die Kirche des serbischen Klosters Chilandari auf dem Berg Athos.

Auswahl von Dokumenten, und, mit Ausnahme von Mastunes, einer Reihe von Persönlichkeiten hohen sozialen Rangs. Dabei treten in diesen Texten allgemeine Motive in den Vordergrund, die wir bereits kennen, die Buße der Sünden und der göttliche Schutz, die Bestattung und das Andenken der verstorbenen Familienangehörigen, die Altersruhe. Der von Joannes II. Komnenos für seine Sünden und zum Andenken an die Seinen dem Pantokrator Christus geweihte Klosterkomplex, der in der Folgezeit auch mit einem Hospital sowie ungewöhnlichem weltlichen Besitz ausgestattet wurde, ist allerdings herauszuheben. Man war zu Recht beeindruckt von der einzigartigen Sorgfalt, mit der hier Vorsorge getroffen wurde. Doch die außergewöhnliche Qualität des betreffenden Dokuments, das mit seinem Inventar der Güter und Einkünfte vollständig erhalten ist, und die besondere Anstrengung, die der kaiserliche Gründer für den Weltenherrscher unternahm, lassen das Pantokrator-Kloster weniger als Sonderfall denn als Überbietung, insofern ein solcher Ausdruck zulässig ist, der seinerzeitigen frommen Praxis erscheinen[65].

---

[65] Erörterung bei E. Kislinger, Der Pantokrator-Xenon, ein trügerisches Ideal? In: JÖB 37 (1987) 173–179; zur Teilnahme Irenes, der Gemahlin Joannes II., vgl. G. Moravcsik, Die Tochter Ladislaus' des Heiligen und das Pantokrator-Kloster in Konstantinopel, in: Mitteilungen des ungarischen Wissenschaftlichen Institutes in Konstantinopel 7–8 (1923) 41/42, mit griechischem Textbeleg (für diesen Hinweis danke ich Gábor Klaniczay).

Die Klöster in Italien

Die regionale Besonderheit Süditaliens und Siziliens resultierte auch aus seiner politischen Situation unter der Herrschaft der Normannen[66]. Von der Geschichte der griechischen Klöster zeugen Quellen[67], Kunstdenkmäler und Bauwerke, griechisch- und lateinischsprachige Archivdokumente und Handschriften sowie hagiographische Literatur, etwa die *Vita* des Bartholomaios von Simeri (gest. gegen 1130)[68] und die Kyprianos', des Abtes von Calamizzi in Kalabrien (gest. gegen 1190)[69]. Die Politik der Normannen in Süditalien und Sizilien war ambivalent. Einerseits setzten sie die Plünderung griechischer Klöster zugunsten lateinischer Mönche fort. Andererseits integrierte die normannische Monarchie die griechischen Mönche ihres Königreiches in sprachlicher und kultureller Hinsicht. Das griechische Klosterwesen organisierte sich im Umfeld dreier Zentren: S. Nicola di Casole, einer normannischen Gründung oder Wiederherstellung vom Ende des 11. Jh., die sich auch weiterhin dem athonitischen Einfluß öffnete und den Konventen der Terra d'Otranto zum Vorbild wurde; des Patir-Klosters von Rossano, das zu Beginn des 12. Jh. von Bartholomaios von Simeri gegründet wurde; schließlich des Klosters San Salvatore in Messina, das unter seiner Mitwirkung entstand und 1131 das Typikon des Patir-Klosters übernahm[70]. Die Äbte des Patir- und des Salvator-Klosters wurden zu Archimandriten erhoben, d. h. sie übernahmen die Führung der Klöster ihres Gebietes, und Roger II. behielt sich das Recht vor, ihre Wahl zu bestätigen. A. Pertusi konnte zeigen, daß sich im normannischen Königreich drei Gruppen von Typika herausbildeten[71] und daß der Zweig des Patir-Klosters und des S. Salvatore studitischen Klang bewahrte. Erinnert sei an die Bedeutung Süditaliens als einzigartige Region kultureller Überschneidung von griechischer und lateinischer Welt; das Studium griechischer Manuskripte belegt hier die hervorragende Rolle der griechischen Klöster[72].

---

[66] L. R. Ménager, La ‚byzantinisation' religieuse de l'Italie méridionale (IXe–XIIe siècles) et la politique monastique des Normands d'Italie, in: Revue d'histoire ecclésiastique 53 (1958) 742–774; 54 (1959) 5–40; ein meisterhaft gezeichneter Abriß, dessen düstere Züge jedoch sicher aufzuhellen sind; vgl. die Bibliographie der folgenden Anmerkung.

[67] A. Pertusi, Aspetti organizzativi e culturali dell'ambiente monacale greco dell'Italia meridionale, in: L'eremitismo in Occidente nei secoli XI e XII, Mailand 1965, 382–434; ders., Rapporti tra il monachesimo italo-greco e il monachesimo bizantino nell'alto Medio Evo, in: La Chiesa greca in Italia, Bd. 2, Padua 1972, 473–520. Zum gegenwärtigen Stand der Frage: E. Patlagean, Recherches récentes et perspectives sur l'histoire du monachisme italo-grec, in: Rivista di storia della Chiesa in Italia 22 (1968) 146–166; P. Corsi, Studi recenti sul monachesimo italo-greco, in: Quaderni Medievali 8 (1979) 244–261.

[68] Acta Sanctorum Sept. VIII (1762) 810–826.

[69] G. Schirò (Hrsg.), in: Bollettino della Badia Greca di Grottaferrata, N. S. 4 (1950) 88–96.

[70] M. Arranz (Hrsg.), Le typikon du monastère du S. Sauveur à Messine. Codex Messanensis gr. 115, A. D. 1131, Rom 1969.

[71] A. Pertusi, Monaci e monasteri della Calabria bizantina, in: Calabria bizantina. Vita religiosa e strutture amministrative, Reggio Calabria 1974, 17–46.

[72] Vgl. G. Cavallo, La trasmissione scritta della cultura greca antica in Calabria e in Sicilia tra i secoli X–XV. Consistenza, tipologia, fruizione, in: Scrittura e civiltà 4 (1980) 157–245.

2. *Aspekte klösterlichen Lebens*

Die Geschichte der Klöster des Kaiserreichs von 1123 bis 1204 ist in günstigen Fällen durch ihre Archive[73], die Werkstätten der Kopisten[74] und die Inventare ihrer Bibliotheken überliefert[75]. Die hagiographische Literatur ist weniger reich: Zu nennen sind die *Vita* Meletios' des Jüngeren von Kithairon (gest. 1105) aus der Hand Nikolaos' von Modon[76], die Schriften zu Christodulos von Patmos[77] sowie die *Vita* Leontios', des Patriarchen von Jerusalem (gegen 1174/75–1184/85); letztere wurde um die Jahrhundertwende von dem Mönch Theodosios Gudeles – dem Namen nach ein Aristokrat – verfaßt; der Verfasser wie der Protagonist der Vita waren zeitweilig Äbte auf Patmos[78]. Dagegen ist eine Fülle von Klagen über unwürdige Mönche überliefert, beispielsweise aus der Feder von Kanonisten wie Theodoros Balsamon, von Bischöfen wie Eustathios von Thessalonike, von Laien wie Joannes Tzetzes, einem Beamten und Philologen – mit einem Wort, von den *uomini di cultura*, wie wir sie bereits ansprachen[79]. Zu ihnen muß man wahrscheinlich auch den rätselhaften Ptochoprodromos zählen, ungeachtet der volkstümlichen Sprache seiner satirischen Dichtungen, zumal diese Volkstümlichkeit sogar gekünstelt und Ausdruck literarischer Virtuosität ist[80].

Sowohl als Stand, der sich durch die Nutznießung einer speziellen Immobilie definierte, wie auch in soziologischer und kultureller Hinsicht blieb das Mönchtum weiterhin vielschichtig. Der Ptochoprodromos in Konstantinopel[81] und Eustathios von Thessalonike[82] gewähren reichlich Einblicke in das städtische Klosterleben, sie schildern die Gelage bei Tisch, die Badevergnügen, die Pferde, die Frauen. Ersterer berichtet, daß alle diese Vergnügungen den Äbten vorbehalten waren, während der gemeine Mönch sich zu bescheiden hatte. Eustathios malt die Unbildung der Mönche, die ihre Bücher verkauften, statt sie zu lesen, und ihre einträglichen Nebentätigkeiten in schwärzesten Farben. Alle Autoren stimmen in der lebhaften Schilderung falscher frommer Männer, die in den Straßen der Hauptstadt ein Schauspiel vorgetäuschter Askese boten[83], überein. Die Zeichnung solch

---

[73] Archives de l'Athos II²–XVI, Paris 1946–1990, wird fortgesetzt; Corpus des actes grecs d'Italie du sud et de Sicile, Bd. 1–5, Vatikanstadt 1967–1980; Engrapha Patmu, Bd. 1–2, Athen 1980.

[74] Vgl. J. Irigoin, Centres de copie et bibliothèques, in: Byzantine books and bookmen, Washington D. C. 1975, 17–27.

[75] Vgl. J. Bompaire, Les catalogues de livres-manuscrits d'époque byzantine (XIe-XVe s.), in: Byzance et les slaves: Mélanges Ivan Dujčev, Paris 1979, 59–81. Siehe auch Ch. Astruc, L'inventaire dressé en Septembre 1200 du trésor et de la bibliothèque de Patmos. Edition diplomatique, in: Travaux et mémoires 8 (1981) Mél. P. Lemerle, 15–30.

[76] Vgl. BHG, 1247; eine andere Vita von Theodoros Prodromos ebd., 1248.

[77] E. L. Vranousi, Ta hagiologika keimena tu hosiu Christodulu, hidrytu tes en Patmo mones, Athen 1966.

[78] BHG 985, Cod. Patmensis 187 (eine moderne Ausgabe ist nicht verfügbar); vgl. Beck, Kirche und theologische Literatur, 698 (zum Werk) und 628/629 (zu Leontios).

[79] Eine Auswahl von Belegen bei P. Magdalino, The Byzantine Holy Man in the twelfth century, in: S. Hakkel (Hrsg.), The Byzantine saint, London 1981, 51–66.

[80] Vgl. H.-G. Beck, Geschichte der byzantinischen Volksliteratur, München 1971, 101–105; H. Eideneier (Hrsg. u. Übers.), Ptochoprodromos, Köln 1991, 139–171 (gr. Text) u. 177–217 (dt. Übers.).

[81] E. Jeanselme – L. Œconomos, La satire contre les higoumènes. Poème attribué à Théodore Prodrome. Essai de traduction française, in: Byzantion 1 (1924) 317–339, mit Textstellen des griechischen Textes.

[82] Die beiden Streitschriften Eustathios' finden sich in PG 135, 729–909.

[83] Magdalino, The Byzantine Holy Man (s. Anm. 79).

beispielloser Entwicklungen besonders bei Joannes von Antiocheia[84] dürfte bestimmte Aspekte des zeitgenössischen Mönchwesens treffen, mehr aber noch spiegelt sie den Willen des Episkopats, das Mönchtum zu reformieren, und eine kritische Distanz sowohl der Bischöfe, deren Herkunft wir bereits charakterisierten, als auch gebildeter Laien gegenüber den Mönchen. Trotzdem scheint Eustathios das Übertragen von Klöstern an Laien in der Rechtsform der *charistike* aus denselben Gründen zu befürworten, aus denen Joannes von Antiocheia sie verwarf[85].

Wie verhielt es sich wirklich? Erinnert sei an die Episode des Mönchs Leon Muzakes, der in Waffen vor der Synode erschien und sich weigerte, seine Lebensgefährtin zu verlassen, woraufhin er zwangsweise mit dem Mönchshabit eingekleidet und eingekerkert wurde[86]. Man denke an die Vielzahl von Archivdokumenten, die die wirtschaftliche Aktivität der Mönche und Klöster zeigen. Als Manuel I. 1158 das Eigentum der Klöster Konstantinopels und seiner Umgebung rechtlich bestätigte, machte dieses Gesetz eine bezeichnende Aufzählung: „abhängige Bauern, bäuerliche Nutzungsrechte, Märkte, Steuereinnahmen, Wegezölle, Fischteiche, Flüsse, Seerechte sowie allgemein jede Art von Rechten an Immobilien", schließlich Ländereien aller Art[87]. Das Anwachsen des weltlichen Eigentums wurde durch Gewohnheitsrecht begünstigt. Mit anderer Intention gründete derselbe Manuel I. als Mustereinrichtung das Kataskepe-Kloster am Eingang des Schwarzen Meeres[88]. Er versammelte dort, wie Niketas Choniates berichtet, die Elite der Mönche seiner Zeit und wies ihnen außer einer Einkunft in Gold aus öffentlichen Mitteln keinen weiteren weltlichen Besitz zu: So sicherte er ihnen, bemerkt der Historiker, die für die Askese notwendige Ruhe, unterdrückte jedoch die Begehrlichkeit, die sonst bei der Mehrzahl der Klostergründungen im Spiel war[89]. Verwaltung der Kloster-Güter durch Laien kam regelmäßig vor. 1169 unterbreitete der Metropolit von Nikomedeia der Synode einen bezeichnenden Fall[90]: Ein Bischof hatte zwei Privatleuten ein Männerkloster, das zu seiner Metropolie gehörte, übereignet; einer der beiden ließ es als Mitgift seiner Tochter eintragen. Die Synode verurteilte den Vorgang nicht an sich, sondern einzig, weil ein solches Kloster nicht einer Frau übertragen werden und noch weniger als Mitgift fungieren konnte.

Doch die wirtschaftlichen Aktivitäten und die Gewinnorientierung der Mönche sind nicht der einzige Grund für die Angriffe der Literaten, Kleriker oder Laien. Diese belegen vielmehr auch, daß das klassische Koinobitentum von Formen individueller Askese überboten wurde, die an die Stadt gebunden waren. Ihre betrügerischen Nachahmer bezeugen auf ihre Weise den öffentlichen Zuspruch für diese Art der Frömmigkeit. Man lese den Brief Joannes' Tzetzes an den Chartophylax Konstantin[91]. Mit Blick auf einen „Mönch – ich weiß nicht, wie ich den Mann sonst nennen soll", der sich in der Apostel-Kirche ein-

---

[84] Gautier, Jean V l'Oxite patriarche d'Antioche. Notice biographique, in: REByz 22 (1964) 147–157 (Brief zu seiner Flucht).

[85] Eine Beobachtung von Kazhdan, Eustathios of Thessalonica (s. Anm. 16) 150f.

[86] Grumel – Darrouzès, Regestes Nr. 1102 (zwischen 1157 und 1169/70); Kommentar Balsamons zum Kanon 44 der Trullanischen Synode zu dem Mönch, der bei Unzucht oder ehelichem Leben ertappt wird (Rhalles – Potles, Syntagma ton theion [wie Anm. 8] Bd. 2, 410).

[87] J. u. P. Zepos (Hrsg.), Jus Graeco-Romanum, Bd. 1, Athen 1931, 382.

[88] Janin, Siège de Constantinople (s. Anm. 51), 342.

[89] Nicetae Choniatae Historia, hrsg. von J. A. Van Dieten, Berlin 1975, 206/71–207/84.

[90] Grumel – Darrouzès, Regestes Nr. 1086.

[91] Ioannis Tzetzae Epistulae, hrsg. von P. A. N. Leone, Leipzig 1972, Brief 14, 25–27.

schloß, bat er ihn inständig, solche Einsiedeleien in der Hauptstadt schließen zu lassen und ihre Bewohner der Obhut von klösterlichen Einrichtungen, von Koinobia, zu unterstellen; die Reklusen stellten allgemein eine Gefahr für die Orthodoxie dar. Neophytos Enkleistos auf Zypern löste das Problem, indem er die Reklusion in eine Klosterregel integrierte, in der sie freilich eher einem Rückzug aufs Land gleichkam. Von der Invektive gegen die vagabundierenden Mönche in der *Vita* des Kyrillos von Philea, eines Zeitgenossen Alexios' I. Komnenos, war bereits die Rede. Ihr Verfasser, Nikolaos, war ein Mönch eben des Kataskepe-Klosters, der Mustergründung Manuels I. Umherziehende und sich einschließende Mönche erregten bei den Machthabern und ihren Beamten die gleiche Unruhe wie nicht befugte Beichtväter. Letztlich stand dahinter die Furcht vor Häresie, zunächst jedoch beargwöhnte man individuelle Abweichung, die den Statuten zuwiderlief, gleichsam als Keim der Häresie.

V. Die Laien

Die Ehe war der Eckstein der Disziplin der Laien. Das bloße Zusammenleben war ausgeschlossen[92], auch für die Sklaven[93]. Verwandtschaft und eheliche Verbindung nahmen deshalb eine zentrale Stellung in den kanonischen Vorschriften wie in der gesellschaftlichen Praxis selbst ein[94]. 1166 untersagte die Synode formal die Ehe bis zum siebten Grad der Blutsverwandtschaft, der heiklen Grenze des Verbots in der Theorie und der in der Praxis ermittelten Verbindungen[95]. 1175 nahm der Patriarch auf Drängen des Kaisers eine Modifizierung des Tomos von 997 vor, der Grundlage der geltenden Restriktionen[96]. Den Herrschenden wurden Abweichungen davon erlaubt. 1185/86 billigte die Synode die Heirat zwischen der Schwester Isaaks II. Angelos und Joannes Kantakuzenos[97], ungeachtet ihrer Blutsverwandtschaft siebten Grades. 1183 erhielten die Tochter Andronikos' I. Komnenos und der Sohn seines Cousins Manuel I. die Heiratserlaubnis aufgrund der Tatsache, daß beide nichtehelicher Abstammung waren[98]. Die gesellschaftliche Dialektik von ehelicher Verbindung und Verbot scheint in einer Antwort Lukas' Chrysoberges (1157–1169/70) auf, die untersagte, daß zwei befreundete homosexuelle Männer jeweils die Schwester des anderen heirateten[99]. Die angestrebte Verbindung hätte eine Adoption an Bruders Statt sein können, an deren absolutes Verbot eine Nikolaos IV. Muzalon (1147–1151) zugeschriebene Stellungnahme erinnerte[100]. Die Problematik der Ehe, die die Synode in den Jahren 1123 bis 1204 behandelte, kann hier nicht erschöpfend dargelegt werden. Doch sollte die Affäre

[92] Grumel – Darrouzès, Regestes Nr. 1034/4.
[93] Ebd., Nr. 1087 [1107]/19, erinnert an eine Verfügung Alexios' I. Komnenos (Jus Graeco-Romanum, Bd. 1, IV, 35).
[94] Vgl. J. Darrouzès, Questions de droit matrimonial: 1172–1175, in: REByz 35 (1977) 107–157.
[95] Grumel – Darrouzès, Regestes Nr. 1068.
[96] Ebd., Nr. 1130 (Dölger, Regesten Nr. 1341).
[97] Ebd., Nr. 1167.
[98] Ebd., Nr. 1162.
[99] Ebd., Nr. *1087 [u. 1107]/9.
[100] Ebd., Nr. *1034/8; vgl. E. Patlagean, Christianisation et parentés rituelles: le domaine de Byzance, in: Annales. Economies, sociétés, civilisations (1978) 625–636.

Alexios' Kapandrites (1199) nicht übergangen werden[101], die sich in der Gegend von Koloneia in Kleinasien abspielte. Kapandrites wandte sich an die Synode, um ihr auseinanderzusetzen, daß er eine Witwe namens Eudokia geheiratet hätte, daß sieben Monate später deren Bruder sie zu einem Essen eingeladen, ihn gefesselt und gefangen gehalten hätte, während Eudokia einem anderen zur Frau gegeben wurde. Kapandrites legte ein Zeugnis vor; es bestätigte, daß seine Hochzeit ohne Zwang gegen Eudokia stattgefunden hatte; daher sei die Ehe gültig. Woraufhin die Gegenpartei behauptete, Kapandrites hätte, begleitet von Bewaffneten, Eudokia entführt, die sich, nachdem sie Witwe geworden war, zu Verwandten geflüchtet hatte; und diese hätte niemals der Hochzeit zugestimmt, erstens aus besagtem Grund, zweitens weil sie Cousine zweiten Grades der verstorbenen Gattin Kapandrites' war. Der Patriarch erkannte an, daß es hier einen doppelten Grund für die Auflösung dieser Ehe gäbe, und forderte eine ergänzende Untersuchung, deren Ausgang wir nicht kennen.

VI. Kaisertum und Orthodoxie

1. Der Kaiser als Verkünder der Orthodoxie

Das Imperium unterschied sich nicht von der Orthodoxie, und der Kaiser hatte das Amt, sie zu verkünden und zu verteidigen. Dieses klassische Bild des Kaisers ist im 12. Jh. dasjenige Manuels I.: Choniates präsentiert ihn als täglich mit katechetischen und dogmatischen Aktivitäten befaßt[102]. Die Laien in seiner Umgebung wirkten dabei mit. Der schon erwähnte Andronikos Kamateros, der über seine Mutter, eine Dukas, mit Manuel verwandt war, verfaßte im Laufe seiner großen politischen Karriere für ihn eine *Hiera Hoplotheke*[103] gegen die Lateiner und Armenier. Niketas Choniates, kaiserlicher Sekretär und Historiograph, unternahm eine Aktualisierung der *Dogmatischen Panoplie* des Euthymios Zigabenos, in die er zeitgenössische Dokumente einbezog; er verfaßte sie wohl nicht vor 1204. Zum engeren Kreis um Manuel scheint auch Nikolaos, der Bischof von Modon, zu gehören, der den Patriarchen Muzalon unterstützte und eine Zurückweisung der neoplatonischen Philosophie des Proklos verfaßte[104].

Die Fakten jedoch bestätigen nicht immer die kaiserliche Autorität in religiösen Angelegenheiten. 1172 verfaßte der Patriarch im Namen der Synode einen Brief der Bestätigung und des Glückwunschs an den Souverän, der einen theoretischen Fall der Zulässigkeit von Ehen und seine eigene Lösung vorgeschlagen hatte[105]. Zwar präsidierte Manuel im Palast der Synode, die Kosmas II. Attikos 1147 absetzte; dieser wurde verdächtigt, Sympathien für die Bogomilen zu hegen. Nachdem jedoch die Wahl Manuels auf Nikolaos Muzalon gefallen war, sah er sich 1151 gezwungen, ihn angesichts der Feindseligkeit eines Teils des Episkopats abzusetzen[106]. Mit einem Wort, die Synode ist in dieser Epoche immer ein Ge-

[101] Ebd., Nr. 1192 und 1193.
[102] Choniatae Historia, 209/210.
[103] Beck, Kirche und theologische Literatur (s. Anm. 8) 626/627.
[104] Siehe oben Anm. 15.
[105] Grumel – Darrouzès, Regestes Nr. 1125; A. Schminck, Kritik am Tomos des Sisinnios in: Fontes minores 2 (1977) 215–254.
[106] Vgl. Angelou (Hrsg.), Nicholas of Methone, Refutation (s. Anm. 14), Einleitung.

sprächspartner, manchmal allerdings auch ein Gegenspieler. Denn das Jahrhundert Manuels I. ist nicht mehr das Alexios' I.: Die Weite und Komplexität der internationalen politischen und zugleich kulturellen Öffnung schufen einen ganz anderen Horizont. In einer so entwickelten Welt konnten Kaiser und Synode nicht mehr dieselben Ziele haben und auch nicht in gleicher Weise reagieren.

Zur Christologie

Die Reihe der christologischen Debatten mit ihrem philosophischen Substrat wurde im Anschluß an jene der Regierungszeit Alexios' I. fortgesetzt. Die erste Debatte galt dem eucharistischen Opfer Christi mit Blick auf die Frage, ob es dem Vater oder der Trinität dargebracht wird[107]. Im Januar 1156 kam die Synode zu dem Schluß, daß die Trinität unteilbar sei, und konnte dadurch sogar zwei Dissidenten zurückgewinnen. Im Mai 1157 hatte die Synode über Soterichos Panteugenos, den gewählten Patriarchen von Antiocheia, zu urteilen. Sie versammelte sich dieses Mal im Blachernen-Palast unter dem Vorsitz des Kaisers selbst, der von Verwandten, weiteren Laien und dem Senat umgeben war. Nikephoros Basilakes unterwarf sich[108]. Mit Panteugenos mußte jedoch der Kaiser selbst diskutieren, damit dieser seinen Irrtum einsähe: Er blieb dennoch abgesetzt.

Die zweite Kontroverse hatte Jahrzehnte später den Vers des Evangeliums „Mein Vater ist größer als ich" (Joh 14,28) zum Anlaß[109]. Tatsächlich griff sie dieselbe christologische Frage auf. Sie ist darüber hinaus bezeichnend für die Beziehungen zwischen lateinischer und griechischer Christenheit in eben dem Augenblick, da Manuel sich mit weitreichenden Plänen im Westen trug. Dort war die Debatte bereits im Gange; nach dem Geschichtsschreiber Joannes Kinnamos soll sie dann durch einen byzantinischen Gesandten, Demetrios von Lampe, bei dessen Rückkehr aus Italien und Deutschland in Konstantinopel eingeleitet worden sein. Er soll Manuel berichtet haben, daß der zitierte Evangelienvers für die Lateiner den Sohn in seiner menschlichen Natur bezeichne. In dieser Deutung war man sich im Westen jedoch keineswegs einig, denn sie ging aus einer noch neuen, philosophischen Analyse hervor. In Konstantinopel besaß sie die Zustimmung Manuels, der übrigens Lateiner, vor allem Italiener, in seinen Diensten hatte, darunter den Pisaner Hugo Eteriano[110], der in dieser Angelegenheit, auch wenn die griechischen Quellen dazu schweigen, eine wesentliche Rolle gespielt haben dürfte[111]. Als die Frage akut wurde, berief Manuel 1166 eine Synode ein, auf der er von dem Patriarchen Lukas Chrysoberges und anderen unterstützt wurde, andererseits eine Mehrheit gegen sich hatte, die von der Treue zur Tradition und der Feindseligkeit gegen die Lateiner beseelt war. Erst als Manuel seine ganze kaiserliche Autorität in die Waagschale warf, gelang es ihm, eine vermittelnde Formel über die Gleichheit zur Ehre beider Naturen Christi beschließen zu lassen, nach der jede ihre Eigenart bewahrte. Ein an der Hagia Sophia öffentlich angeschlagener Erlaß

---

[107] Vgl. J. Gouillard, Le Synodikon de l'Orthodoxie, in: Travaux et mémoires 2 (1967) 1–316, hier 210–215.

[108] Vgl. A. Garzya, Precisazioni sul processo di Niceforo Basilace, in: Byzantion 40 (1970) 309–316.

[109] Zum griechischen Text vgl. Gouillard, Synodikon, 216–226; P. Classen, Das Konzil von Konstantinopel 1166 und die Lateiner, in: Byzantinische Zeitschrift 48 (1955) 339–368.

[110] Über die Person und ihre Aktivitäten vgl. A. Dondaine, Hugues Ethérien et Léon Toscan, in: Archives d'histoire doctrinale et littéraire du Moyen Age 19 (1952) 67–134.

[111] A. Dondaine, Huges Ethérien et le concile de Constantinople de 1166, in: Historisches Jahrbuch 77 (1958) 473–483.

verlieh dieser Definition Gesetzeskraft[112]. Gegner sollten konsequenterweise verurteilt werden, so 1168 der Diakon und Lehrmeister Basileios[113], 1170 Konstantin von Korfu, langjähriger Leiter der Schule des Patriarchats, und Joannes Eirenikos, Abt des Klosters von Batala[114].

2. Minderheiten im Kaiserreich

Wie schon in der voraufgegangenen Epoche lebten im griechischen Kaiserreich Minderheiten, die sich zuallererst durch ihre konfessionelle Andersheit beziehungsweise die Nichtzugehörigkeit zu einer anerkannten Konfession unterschieden, beispielsweise die Zigeuner, denen man magische Kräfte, besonders über wilde Tiere, zuschrieb und die Balsamon als erster, in bezeichnender Verwechslung, mit dem Namen einer erloschenen häretischen Sekte, den Athinganoi, belegte[115]. Alle konfessionellen Minderheiten standen aus Sicht der Zentralgewalt vor derselben Alternative: Anpassung oder Diskriminierung. Die internationale Gesamtlage bedingte jedoch wichtige Unterschiede, die bis in die jeweilige Lebenssituation hineinwirkten. So besaßen die Juden keinen politischen Rückhalt außerhalb der Grenzen des Kaiserreichs. Trotzdem hatten die Gemeinden von Byzanz, Rabbaniten oder Karaiten, ihren Platz in einem von vielen Völkern besiedelten politischen Raum, der von Süditalien über Ägypten, Palästina, Mesopotamien bis zur Rus von Kiew reichte und in dem berühmten *Itinerarium* des Benjamin von Tudela entworfen wird, der, aus Spanien kommend, sich 1168 in Konstantinopel aufhielt[116]. Die Situation der Muslime war vergleichbar. Anatolien war in der Zwischenzeit über weite Bereiche von rivalisierenden türkischen Herrschern, den Emiren Danischmend im Osten und den Sultanen von Konia im Zentrum und im Westen, aufgeteilt worden. Der Grenzverlauf blieb trotz allem im 12. Jh. relativ stabil. Hinter der Grenze siedelten sich weitere Türken an; doch erfaßte die rasche Islamisierung vor allem die einheimische griechische Bevölkerung, die aus der Sicht Konstantinopels weiterhin dem ökumenischen Patriarchat unterstand[117]. Im Kaiserreich selbst gab es eine armenische Diaspora, darüber hinaus das armenische Königreich in Kilikien, das nach dem Tod Joannes' II. Komnenos aufblühte, bestärkt durch die Anwesenheit des *Katholikos*, des Haupts der nationalen Kirche. Zwischen Konstantinopel, den lateinischen Staaten und Rom sollte dieser Staat eine strategische und diplomatische Rolle spielen[118]. Die Lage der Lateiner schließlich war eine völlig andere. Auf internationaler Ebene

---

112 C. Mango, The conciliar edict of 1166, in: Dumbarton Oaks Papers 17 (1963) 315–330.

113 Grumel – Darrouzès, Regestes Nr. 1077.

114 Ebd., Nr. 1109 und 1111–1112, beziehungsweise Nr. 1110 und 1115.

115 G. C. Soulis, The Gypsies in the Byzantine Empire and the Balkans in the Late Middle Ages, in: Dumbarton Oaks Papers 15 (1961) 143–165.

116 The Itinerary of Benjamin of Tudela, hrsg., übers. u. komm. von M. N. Adler, London 1907, Nachdr.: Z. Ankori, Karaites in the Byzantine Empire. The Formative Years 970–1100, New York – Jerusalem 1959, 141–161.

117 Sp. Vryonis Jr., The decline of medieval Hellenism in Asia Minor and the process of Islamization from the eleventh through the fifteenth century, Berkeley 1971, 176f; zum Ende des Zeitraums vgl. A. G. C. Savvides, Byzantium in the Near East: its relations with the Seljuk sultanate of Rum in Asia Minor, the Armenians of Cilicia and the Mongoles A. D. c. 1192–1237, Thessalonike 1981.

118 H. F. Tournebize, Histoire politique et religieuse de l'Armenie depuis les origines des Arméniens jusqu'à la mort de leur dernier roi (1393), in: Revue de l'Orient chrétien hier 8 (1903) sowie 9 (1904); J. Mecerian, Histoire et institutions de l'Eglise arménienne, Beirut 1965, Kap. 7.

kam hier einmal die religiöse Autorität des Papstes ins Spiel, zum anderen die Vielzahl der politischen Schutzmächte der Gläubigen der römischen Kirche, die sich auf dem Gebiet des griechischen Kaiserreiches angesiedelt hatten[119].

In der Textüberlieferung der Abschwörungsformeln und dogmatischen Sammlungen werden Juden, Armenier und Muslime weiterhin einander an die Seite gestellt und als Häretiker behandelt. Ein Fall, den ein konvertierter Jude, der mit der örtlichen Gemeinde in Streit lag, der gerichtlichen Autorität von Attaleia vorlegte, warf die Frage nach einer besonderen Eidesformel für die Juden auf. Die Antwort des Kaisers mit dem Datum 1148 bezeugt einerseits die Gebräuchlichkeit einer Formel, die von jüdischer Seite zurückgewiesen wurde, da sie den Eid mit einer Selbstbezichtigung verknüpfte, die die Juden gegen sich selbst aussprechen sollten. Andererseits zeigt sie das Entgegenkommen des Kaisers, der eine angemessene und einfache Eidesformel nach dem Buch des Präfekten der Hauptstadt vorschlug[120].

Die Bekehrung der Muslime war Gegenstand eines Synodalbeschlusses der Jahre 1157 bis 1169/70[121]. Konvertiten, so berichtet Balsamon, unterbreiteten der Synode, daß sie einem Brauch entsprechend bereits als muslimische Kinder doch nach christlichem Ritus getauft worden seien, in dem Aberglauben, ihr Körper würde sonst einen üblen Geruch ausstoßen, und daß sogar einige von ihnen, Kinder christlicher Mütter, die Taufe von der Hand orthodoxer Priester erhalten hätten. Die Synode erklärte diese Taufen für nichtig. Hier werden, wie bereits erwähnt, Sitten der Grenzregionen deutlich. 1180 unternahm es Manuel selbst, die für die Muslime bestimmte Abschwörungsformel zu reformieren, die manche von ihnen in ihrem Monotheismus verunsicherte. Er verfaßte einen neuen Text, der die Synode, nicht jedoch den Patriarchen überzeugte und ihm einen Verweis von seiten Eustathios' von Thessalonike einbrachte. Schließlich wurde eine Kompromißformel gefunden, doch einmal mehr zügelte die Synode diese politische und kulturelle Initiative des Kaisers[122].

Die Armenier im Inneren des Reiches wurden weiterhin strikt als Häretiker behandelt. Darüber hinaus erklärte Eustathios von Thessalonike nach der Belagerung der Stadt durch die Normannen, daß die Armenier Partei für den Feind ergriffen hätten; er fügte hinzu, daß es sogar Gerüchte gebe, sie hätten das Brot vergiftet[123]. Die gegenseitige Feindseligkeit erinnert an die Ereignisse des vorausgegangenen Jahrhunderts. Andererseits übermittelte Konstantinopel dem *Katholikos* Vorschläge für eine Union, offenbar bedingt durch die internationale Lage, die hier nicht im einzelnen dargestellt werden kann. 1171 wurden diese mit der Forderung einer bedingungslosen dogmatischen und liturgischen Vereinigung beider Kirchen versehen[124]. 1177 erklärte sich der Patriarch im Gegenzug durch Unterzeichnung eines beigefügten Glaubensbekenntnisses für überzeugt von der Rechtgläubigkeit der

---

[119] Lilie, Handel und Politik (s. Anm. 3), ders., Byzanz und die Kreuzfahrerstaaten. Studien zur Politik des byzantinischen Reiches gegenüber den Staaten der Kreuzfahrer in Syrien und Palästina bis zum Vierten Kreuzzug (1096–1204), München 1981.

[120] Vgl. E. Patlagean, Contribution juridique à l'histoire des Juifs dans la Méditerranée médiévale; les formules grecques de serment, in: Revue des études juives 124 (1965) 137–156.

[121] Grumel – Darrouzès, Regestes Nr. 1088.

[122] Ebd., Nr. 1153; J. Darrouzès, Tomos inédit de 1180 contre Mahomet, in: REByz 30 (1972) 187–197.

[123] Eustazio di Tessalonica, Espugnazione di Tessalonica (s. Anm. 7) 124 und 126.

[124] Grumel – Darrouzès, Regestes Nr. 1123–1124.

Armenier[125]. Entscheidend waren aber, wie der Leser bereits weiß, die Verhandlungen zwischen Konstantinopel und Rom einschließlich aller Entwicklungen, die diese begleiteten und unterstützten.

Bibliographie

H.-G. Beck, Geschichte der orthodoxen Kirche im byzantinischen Reich, Göttingen 1980, 147–183.

R. Browning, The patriarchal school at Constantinople in the twelfth century, in: Byzantion 32 (1962) 167–202; 33 (1963) 11–40.

F. Chalandon, Les Comnènes. Etudes sur l'Empire byzantin au XIe et au XIIe siècle. II, 1–2. Jean II Comnène (1118–1143) et Manuel I^e Comnène (1143–1180), Paris 1912 (Nachdruck 1971).

A. Dondaine, Hugues Ethérien et Léon Toscan, in: Archives d'histoire doctrinale et littéraire du Moyen Age 19 (1952) 67–134.

A. Kazhdan, Studies on Byzantine literature of the eleventh and twelfth centuries (in Zusammenarbeit mit S. Franklin), Cambridge/Paris 1984.

P. Lamma, Comneni e Staufer. Ricerche sui rapporti fra Bisanzio e l'Occidente nel secolo XII, 2 Bde., Rom 1955 und 1957.

P. Magdalino, The empire of Manuel I Komnenos, 1143–1180, Cambridge 1993.

N. Oikonomides (Hrsg.), To Byzantio kata ton 12o aiona. Kanoniko dikaio, kratos kai koinonia, Athen 1991.

Regesten der Kaiserurkunden des oströmischen Reiches (565–1453), bearb. von Fr. Dölger, 5 Teile, München 1925–1965 (Teil 5 unter Mitarb. von P. Wirth; Teil 3. [J. 1204–1282] neubearb. von dems.)

Les Regestes des Actes du patriarcate de Constantinople I, Fasc. II und III (J. 715–1206), von V. Grumel, 2. Aufl. revid. von J. Darrouzès, Paris 1989; Fasz. IV (J. 1208–1309) von V. Laurent, Paris 1971.

N. G. Svoronos, Les privilèges de l'Eglise à l'Epoque des Comnènes: un rescrit inédit de Manuel I^e Comnène, in: Travaux et mémoires 1 (1966) 325–391.

Georges et Démétrios Tornikès, Lettres et discours, hrsg. von J. Darrouzès, Paris 1970.

[125] Ebd., Nr. 1132, P. P. Tekeyan, Controverses christologiques en Arméno-Cilicie dans la seconde moitié du XIIe siècle (1165–1198), in: Orientalia Christiana Analecta 124, Rom 1939, zeigt die Komplexität einer Situation, in der die Armenier mit der syrischen und der griechischen Kirche sowie mit Rom zu tun hatten.

Sechstes Kapitel

Die Beziehungen zwischen Konstantinopel und Rom von der Mitte des 11. bis zum Ende des 12. Jahrhunderts

von Evelyne Patlagean

I. Konstantinopel und Rom zwischen 1054 und 1122

1. *Die Ausgangslage*

Der vorliegende Band setzt mit dem Tag nach dem Bruch zwischen Rom und Konstantinopel 1054 ein, nach welchem, wie es in den Briefen des Patriarchen heißt, der Rock Christi zerrissen war[1]. Er wird die Leser bis zum Vorabend des 2. Konzils von Lyon im Jahr 1274 führen, auf dem ein griechischer Kaiser, Michael VIII. Palaiologos, seine Zustimmung zu einer Union geben sollte, die in der öffentlichen Meinung und bis in die Umgebung des Hofes tiefgreifende und schwerwiegende Widerstände auslöste. Der Ursprung der Streitpunkte liegt vor 1054, doch sie sollten auch nach 1274 aktuell bleiben: der Ausgang des Heiligen Geistes, d. h. die Frage, ob er allein aus dem Vater oder aus Vater und Sohn *(filioque)* ausgehe; der Gebrauch ungesäuerten Brotes in der Eucharistiefeier bei den Lateinern; voneinander abweichende Lehrmeinungen zu Taufritus und Fasten, zur Disziplin der Kleriker, seit die gregorianische Reform sie von der Ehe ausschloß; vor allem jedoch der Primat Petri. Die Liste der Streitpunkte blieb insgesamt bemerkenswert stabil, sie ist gut erforscht. Das Nachdenken über Wege und Hindernisse einer Rückkehr der Orthodoxen inspirierte für Jahrhunderte die katholische Forschung über die griechische Kirche, der wir direkt oder indirekt wesentliche Repertorien und Quelleneditionen verdanken. Das Interesse der protestantischen Forschung zielte dagegen von Anfang an in die entgegengesetzte Richtung. Die Orthodoxie schließlich ist vertreten durch Arbeiten auf russischer Seite, die in der zweiten Hälfte des 19. Jh. wissenschaftliche Form annahmen. Auch wenn sie von der Oktoberrevolution unterbrochen und seitdem nur sporadisch weiterverfolgt wurden, vermitteln sie für ihren Teil eine reflektierte Innenansicht des griechischen Erbes, welches damals bei den Erben Fragen aufgeworfen hatte[2]. Doch darf diese thematische Kontinuität

---

Namen von Personen und Orten werden gemäß der in der deutschsprachigen Byzantinistik üblichen Form wiedergegeben. Bibliographische Kurzangaben verweisen auf das Literaturverzeichnis am Ende des Kapitels (siehe Seite 387).

[1] In jedem Falle nützlich sind C. Will, Acta et scripta quae de controversiis Ecclesiae Graecae et Latinae saeculo undecimo composita exstant, Leipzig/Marburg 1861; A. Michel, Humbert und Kerullarios. 1. Studien. 2. Quellen und Studien zum Schisma des 11. Jahrhunderts, Paderborn 1924–1930; W. Norden, Das Papsttum und Byzanz. Die Trennung der beiden Mächte und das Problem ihrer Wiedervereinigung bis zum Untergang des byzantinischen Reichs (1453), Berlin 1903, bleibt ein nützliches Arbeitsinstrument.

[2] Vgl. die historiographische Einführung von H.-G. Beck, Kirche und theologische Literatur im byzantinischen Reich, München 1959, 7–23 („Entwicklung der theologischen Byzantinistik").

nicht zu einem Irrtum verleiten. Im historischen Zeitraum zwischen 1054 und 1274 änderten sich die Handelnden und ihr Einsatz. Wiederaufnahme und Unterbrechung der Verhandlungen zwischen päpstlich-römischer Kirche und kaiserlich-griechischer Kirche sind nicht zu lösen von den Kontakten, die zu allen Zeiten Kriege und Diplomatie, Gelehrsamkeit und Handel herstellten zwischen einem von seiner ungebrochenen und nicht endenden Rechtmäßigkeit überzeugten griechischen Kaiserreich und einem Westen, der vom unbezwingbaren Expansionsdrang seiner Krieger, Kaufleute und Kleriker getragen wurde. Der Leser wird, seinen Interessen folgend, bei seiner Lektüre sein Augenmerk auf die noch heute unabgeschlossene Suche nach Einheit oder das immer deutlichere Hervortreten zweier Christenheiten lenken können, einer lateinischen (römischen) und einer griechisch-slawischen. Die damals geformten Konturen lassen sich noch heute abtasten.

Die Jahrzehnte nach 1054 schufen Muster der Auseinandersetzung, denen man in der Folge immer wieder begegnen wird: die theologischen Debatten mit römischen Gesandten unter der Schirmherrschaft des Kaisers und auch des Patriarchen, die Vermittlung der Griechen Süditaliens, das vertiefte Studium der Schrift wie der Väter, des Aristoteles, der Konstantinischen Schenkung, schließlich der Streit um die Stellung der Griechen als Christen und Schismatiker in den Kreuzzugsplänen. *Summa summarum* bestand das Ereignis in der Niederlegung der Exkommunikationsbulle Roms auf dem Altar der Hagia Sophia und der Antwort, nämlich dem Bannfluch, den die Griechen gegen diese Bulle schleuderten, und der Tilgung des päpstlichen Namens aus den liturgischen Diptychen der Großkirche. Dahinter stand der pontifikale Anspruch des Patriarchen Michael I. Kerullarios selbst in Konstantinopel[3], unterschiedliche theologische Lehrmeinungen und die Streitigkeiten um Süditalien. Zu all dem kam seit dem Ende des 11. Jh. die unbedingte, entscheidende und zukunftsweisende Neuheit des Kreuzzugs hinzu, der sich zwar ausdrücklich gegen den Islam richtete, aber auf seiner Route und bei seinem Vorhaben selbst die Kirchen des Ostens, in erster Linie das ökumenische Patriarchat, beträchtlich tangierte.

2. Die Quellen

Was die Fakten betrifft, ob es sich nun um den Kreuzzug oder die Verhandlungen zwischen Rom und Konstantinopel handelt, verfügen wir über griechische und lateinische Quellen, deren Lücken nicht immer dieselben sind[4]. Auf griechischer Seite entwickelte sich darüber hinaus eine Streitschriftenliteratur, deren Grundlage Texte der Krise von 1054 wie z. B. der Brief des Patriarchen Michael Kerullarios an Petrus von Antiocheia bilden[5]. In ihrer Folge wurden Streitschriften „gegen die Lateiner“ zu einer Gattung der griechischen kirchlichen und ekklesiologischen Literatur, zu der die Hierarchie der Peripherie damals in entscheidender Weise beitrug. Für diese erste Periode wären der *Brief* des Metropoliten Joannes von Kiev zu nennen, den dieser gegen 1085 dem Gegenpapst Clemens III. sandte[6]; ferner

[3] Siehe oben, erster Teil, erstes Kapitel.

[4] Vgl. Regestes des actes du patriarcat de Constantinople, Bd. 1. Les actes des patriarches. Fasz. 3, Regestes des 1043 à 1206, hrsg. v. V. GRUMEL, Paris [1]1947; 2. Aufl., durchges. u. verb. von J. DARROUZÈS, Paris 1989; F. DÖLGER, Regesten der Kaiserurkunden des oströmischen Reiches von 565 bis 1453, Bd. 2, München 1925. Die eine oder andere Bibliographie berücksichtigt die lateinischen Quellen.

[5] PG 120, 781–796 (Regestes Nr. 866).

[6] BECK, Kirche und theologische Literatur, 610/611; siehe auch die folgende Anm.

Unter Michael I. Kerullarios, dessen Berufung zum Patriarchen von Konstantinopel die Miniatur (14. Jh.) einer griechischen Handschrift zeigt, erfolgte 1054 die Trennung der griechischen Ostkirche von der lateinischen Westkirche.

der wenig frühere *Traktat über die ungesäuerten Brote* (und weitere Fragen) des Metropoliten Leon von Preslava [7]; die Schriften des Patriarchen Symeon von Jerusalem aus der Zeit des 1. Kreuzzugs [8]; der *Diskurs gegen die Lateiner* (1088/89) des Rhetoriklehrers und späteren Erzbischofs von Bulgarien Theophylaktos [9]. Neben diesen gelehrten Texten entstanden Schriften gegen die Lateiner, in denen wirkliche Beobachtungen in feindliche Stereotypen abgleiten oder von solchen erstickt und überformt wurden; so in einer anonymen Streitschrift *Gegen die Franken und andere Lateiner*, die unter dem Namen Photios' verbreitet wurde, jedoch nicht vor dem Kreuzzug und der Gregorianischen Reform entstanden sein kann [10]. Ihr Autor erweitert die übliche Aufzählung der Irrtümer der Lateiner um die Teilnahme der Bischöfe an Feldzügen und die Verpflichtung der Priester zum Zölibat, die überdies nicht beachtet würde, um liturgische Bräuche, die ihn schockierten, oder um die Zurschaustellung der Skulptur des Kruzifixus in den Kirchen; außerdem hält er den Lateinern den Verzehr Abscheu erregenden Fleisches vor. Anna Komnene entwirft im selben Geiste das Porträt eines lateinischen Priesters und Kriegers [11]. Die unbeholfene *Vita* des Bi-

---

[7] Zu diesem und dem vorhergehenden Text vgl. A. Poppe, Le traité des azymes (Leontos metropolitu tes en Rosia Presthlabas): quand, où et par qui a-t-il été écrit?, in: Byzantion 35 (1965) 504–527.

[8] Vgl. A. Michel, Amalfi und Jerusalem im griechischen Kirchenstreit (1054–1090): Kardinal Humbert, Laycus von Amalfi, Niketas Stethatos, Symeon II. von Jerusalem und Bruno von Segni über die Azymen, Rom 1939.

[9] PG 126, 221–249.

[10] Opusculum contra Francos, hrsg. von J. Hergenröther, Monumenta graeca ad Photium eiusque historiam pertinentia, Regensburg 1860, 62–71; vgl. J. Darrouzès, Le mémoire de Constantin Stilbès contre les Latins, in: REByz 21 (1963) 50–100.

[11] Anna Komnene, Alexias, 10, 8, 8, (Bd. 2, 218f, hrsg. B. Leib, Paris ^{2}1967).

schofs Lukas von Isola Capo Rizzuto (gest. 1114) zeigt ihren Protagonisten – wir befinden uns in Kalabrien – im Disput mit den Lateinern über deren Gebrauch ungesäuerten Brotes bei der Kommunion und über deren Sitte, an jedem beliebigen Tag zu taufen. Seine Gesprächsgegner sperren ihn schließlich in einer Hütte ein, in der sie ihn verbrennen wollen [12].

Aus anderen Quellen geht hervor, daß die Beziehungen zwischen den beiden Christenheiten nicht immer so konfliktreich verliefen. Der Anonymus Mercati [13] übte seinen Glauben in einer offiziell schismatischen Hauptstadt ohne jede Einschränkung aus, während andererseits die griechischen Pilger sich weiterhin an die Gräber der Apostel Petrus und Paulus in Rom begaben [14]. Lateinische Mönche hielten sich auf dem Athos auf [15], griechische Mönche entfalteten über Süditalien ihren Einfluß auf den Westen [16]. Schließlich sah sich Rom nicht allein der Kirche von Konstantinopel im engeren Sinne, sondern zugleich den anderen Patriarchaten des Ostens gegenüber. Die Griechen Süditaliens fanden sich zunehmend zwischen beiden Kirchen. Die Beziehungen zwischen Rom und Konstantinopel sind also differenziert zu behandeln und zwei von nun an wesentliche und untrennbare Aspekte hervorzuheben: die Befürwortung einer Union der Kirchen wie der Kreuzzugsbewegung [17].

3. Byzanz, das Papsttum und der Kreuzzug

Carl Erdmann weist auf den Zusammenhang zwischen der wachsenden Wertschätzung eines Krieges gegen die Ungläubigen und der Entstehung des Kreuzzugsgedankens hin [18]. Das Problem sollte dabei von Anfang an das Fehlen eines eindeutigen Ziels sein: Jerusalem und seine Heiligen Stätten oder aber die östliche Christenheit, die zwar von den Türken angegriffen wurde, aber schismatisch war, und ihre Hauptstadt, eine mittlerweile unumgängliche Zwischenstation auf dem Landweg der Pilgerreise nach Palästina und der Glücksritter nach dem Orient. Auf diesen Nenner gebracht, bleibt die Frage dennoch komplex, denn sie resultiert aus einer politischen Konstellation im Westen, deren Protagonisten der Papst, der deutsche Kaiser und die Normannen Italiens waren, und von der wir im griechischen Kaiserreich allein die fernen Auswirkungen wahrnehmen. Was Byzanz betrifft, bleibt die Haltung gegenüber dem ersten Kreuzzug entsprechend den schon älteren Beob-

---

12 Vita di Luca vescovo di Isola Capo Rizzuto, hrsg. u. übers. von G. Schirò, Palermo 1954, Kap. 11.

13 Vgl. zuletzt K. N. Ciggaar, Une description de Constantinople traduite par un pèlerin anglais, in: REByz 34 (1976) 211–267, der auf der Grundlage einer älteren Fassung als derjenigen S. G. Mercatis, Santuari e reliquie constantinopolitane secondo il cod. Ottob. lat. 169 prima della conquista latina (1204), in: Rendiconti Pont. Accademia Romana di archeologia 12 (1936) 133–156, den Zeitraum 1089 bis 1096 vorschlägt.

14 Vgl. V. von Falkenhausen, S. Pietro nella religiosità bizantina, in: Bisanzio, Roma e l'Italia nell'alto Medioevo, Spoleto 1988, 644/645 (Settimane di studio ... 34).

15 A. Pertusi, Monasteri e monaci italiani all'Athos nell'alto medioevo, in: Le millénaire du Mont-Athos, 963–1963. Études et mélanges, Bd. 1, Chevetogne 1963, 217–251.

16 P. McNulty – B. Hamilton, „Orientale lumen et magistra Latinitas": Greek influences on Western monasticism (900–1100), ebd., 181–216.

17 Siehe allgemein Norden, Das Papsttum und Byzanz (s. Anm. 1); W. Holtzmann, Studien zur Orientpolitik des Reformpapsttums und zur Entstehung des ersten Kreuzzuges, in: Historische Vierteljahresschrift 22 (1924–25) 167–199.

18 C. Erdmann, Die Entstehung des Kreuzzugsgedankens, Stuttgart 1935; Nachdruck Darmstadt 1980.

achtungen Paul Lemerles zu ergänzen[19]. Betont werden muß, daß Krieg zu führen damals in hohem Ansehen stand und das Heilige Land und die Pilgerfahrt durchaus im Bewußtsein der Menschen gegenwärtig waren, auch wenn die betreffenden Texte im wesentlichen der Hagiographie angehören[20]. Andererseits ergaben sich Unvereinbarkeiten mit dem Kreuzzugsgedanken, wie er im Westen entstanden war, aus folgenden Positionen: der impliziten Universalität des Kaiserreichs samt dessen Selbstverständnis seiner konstantinischen Kontinuität; dem apostolischen Charakter des Kaisers im Kampf gegen die Ungläubigen, Türken und Petschenegen; dessen Autorität über die Kirche; schließlich der traditionellen Identifikation Konstantinopels als Neues Zion. Wenn sich der Kreis der einschlägigen Texte auch nicht auf die offenkundig verächtlichen Stellen bei Anna Komnene beschränkt, ist es doch nicht weniger richtig, daß in der zweiten Hälfte des 11. Jh. Byzanz die Unterstützungsbereitschaft für eine Union der Kirchen und den Krieg gegen die Ungläubigen für seine eigenen militärischen Bedürfnisse mehr oder weniger ausnutzte. Die griechischen Hilfsersuchen werden im übrigen meist durch lateinische Quellen bezeugt, was verständlich ist, der Quellenkritik jedoch Schwierigkeiten bereitet.

So berichtet Benzo von Alba von einem Hilfsersuchen, das Konstantin X. Dukas 1063 an den Papst und, über diesen, an Kaiser Heinrich IV. sandte[21]. Michael VII. Dukas (1071-1078) stellte 1073 die Union in Aussicht[22], und Gregor VII. entwarf von da an einen Plan zur Unterstützung der byzantinischen Christenheit gegen die Türken und zur Herbeiführung der Union. Seine Beziehungen zu den Dukai waren so gut, daß er Nikephoros III. Botaneiates (1078–1081) wegen seiner Usurpation exkommunizierte. Die griechische Dokumentation bezeugt ebenfalls wichtige Verhandlungen zwischen Kaiser Alexios I. Komnenos (1081–1118) und Papst Urban II. für die Jahre 1088 und 1089. Eine Gruppe von drei Dokumenten[23] erhellt die Rolle des griechischen Metropoliten von Reggio di Calabria, Basileios, für die Diplomatie; er war 1079 ernannt worden, wurde aber sofort von den Normannen, den Herren der Stadt, von seinem Sitz vertrieben und fristete von da an sein Leben in Durazzo als Schützling Adrianos' Komnenos[24]. Das ursprüngliche Schriftstück dürfte im Besitz Basileios' gewesen sein. Indem er für sich selbst Gerechtigkeit forderte, machte er sich zugleich zum Anwalt der Rechte des ökumenischen Patriarchen in Süditalien. Aus den Dokumenten geht hervor, daß die Synode im September 1089 Vorschläge diskutierte, die eine römische Gesandtschaft übermittelt hatte[25]: die Aufhebung der Exkommunikation des griechischen Kaisers, die Wiederaufnahme des päpstlichen Namens in die liturgischen Diptychen der Großkirche und die Aussetzung des Verbots ungesäuerten Brotes für die

---

[19] P. Lemerle, Bycance et la Croisade, in: X Congresso internazionale di scienze storiche, Rom 1955, Relazioni III, 595–620.

[20] Zum Beispiel Lazaros Galesiotes (gest. 1053), Acta Sanctorum 3. Nov., 508–588 und öfter; Marina von Scanion auf Sizilien (geb. 1062), vgl. G. Rossi Taibbi, Martirio di S. Lucia, Vita di S. Marina, Palermo 1959, 80–106.

[21] Dölger, Regesten, Nr. 952–953.

[22] Ebd., Nr. 988; vgl. G. Hofmann, Papst Gregor VII. und der christliche Osten, in: Studi Gregoriani 1 (1947) 169–181 hier 170–173.

[23] Vgl. W. Holtzmann, Die Unionsverhandlung zwischen Kaiser Alexios I. und Papst Urban II. im Jahre 1089, in: Byzantinische Zeitschrift 28 (1928) 38–67; Erdmann, Die Entstehung des Kreuzzugsgedankens.

[24] Vgl. D. Stiernon, Basile de Reggio, le dernier métropolite grec di Calabre, in: Rivista di storia della Chiesa in Italia 18 (1964) 189–226.

[25] Regestes Nr. 950 [953].

Die Normannen, Nachfahren nordischer Wikinger, die sich im 10. Jh. in der heutigen Normandie angesiedelt hatten, spielen in der Geschichte Europas bis ins 13. Jh. eine wichtige Rolle. Der im 11. Jh. entstandene, 70 m lange Teppich von Bayeux (Bayeux, Museum) schildert in Wollstickerei die Geschichte der Eroberung Englands durch Wilhelm den Eroberer im Jahre 1066. Die Normannen prägten fortan die Geschichte Englands und die englische Architektur, deren Kirchen und Kathedralen vielfach von normannischer Romanik und Frühgotik zeugen.
Vereinzelte Normannen ließen sich im frühen 11. Jh. in Süditalien nieder, wo sie sich, ursprünglich Gehilfen der Einheimischen, eigene Herrschaften schufen und von Papst Nikolaus II. mit Apulien, Kalabrien und dem noch nicht eroberten Sizilien belehnt wurden. Bis 1091 verdrängte Roger I., Graf von Sizilien, die arabischen Herren von der Insel. Seine Politik zwischen Papsttum, Islam und den Ansprüchen von Byzanz sowie des westlichen Imperiums kennzeichnet die Herrschaft auch seines Sohnes Roger II., der 1130 von Anaklet II. unter dem Zwang des päpstlichen Schismas als König nun des Großreiches Sizilien anerkannt wurde. Roger bedrängte mit seiner Expansion vor allem das Byzantinische Reich, übernahm zugleich kulturell aber auch viel von seinen Gegnern. So steht das Mosaik der Krönung Rogers durch Christus (um 1150, Palermo, Martorana) ganz in der byzantinischen Tradition, mit der die von Gott verliehene Würde des Herrschers betont wird.

In Palermo, der Hauptstadt des normannischen Königreichs (seit 1130) Sizilien, das formal ein Lehen des Papstes war, entwickelte sich eine hochstehende, vom Arabisch-Sarazenischen wie von Byzanz beeinflußte Kultur und Kunst. Byzantinische Meister schufen den Schmuck von Goldmosaiken in der Martorana, von deren Kuppelwölbung das Bild des thronenden Christus zwischen Engeln den Betrachter in Bann zieht. Auch der Kreuzgang und die Architektur als Kuppelkirche sind von byzantinisch-ostkirchlicher Kunst geprägt. Der 1143 von Georg von Antiochien, dem Admiral König Rogers II., gestiftete Bau dokumentiert den Wunsch des mittelalterlichen Hochadels nach Stiftung von Eigen- bzw. Hauskirchen.

Kommunion, das Alexios I. über die Lateiner im Kaiserreich verhängt hatte[26]. Die Synode wies diesen letzten Punkt zurück, erklärte sich jedoch bereit, den Namen des Papstes unter der Bedingung seines Bekenntnisses zum apostolischen Glauben erneut einzutragen und lud ihn zu einer Synode ein, wo man über die Union verhandeln würde. Kaiser Alexios I. bestätigte umgehend diese Einladung[27]. Die Akten der Synode wurden, zusammen mit einem Brief des Patriarchen, Basileios von Reggio und Romanos von Rossano anvertraut. Basileios mußte jedoch erleben, daß sein eigener Fall durch Urban II. auf der Synode von Melfi abgewiesen wurde[28]. Er bezichtigte den Papst beim Patriarchen der Simonie wie auch, daß er sich auf die Normannen stützte. Die Vorschläge der Synode scheint er gar nicht an den Papst weitergeleitet zu haben. Statt dessen wandte er sich im Frühjahr desselben Jahres an den Gegenpapst Clemens III., Wibert von Ravenna, dem er die laufenden Verhandlungen aufdeckte. Bezeichnenderweise nahm dieser seinerseits eine Einigungspolitik in Angriff, sowohl in seiner Antwort an Basileios als auch in einem Briefwechsel mit dem Metropoliten Joannes II. von Kiev[29]. Letzterer gehörte, wie der Patriarch Symeon II. von Jerusalem[30], zu den Unterstützern des ökumenischen Patriarchen bei seinen Kontakten zu Rom. Alexios I. schickte 1091 eine weitere Gesandtschaft zum Papst, um das Vorhaben wieder aufzugreifen[31]. Doch die militärische Krise wurde diesmal von seinem Sieg über die Petschenegen im Jahre 1091 überdeckt. Vor allem der Aufruf zum eigentlichen Kreuzzug 1095 änderte den Lauf der Dinge.

Die Rede Urbans II. mit dem Kreuzzugsaufruf schwankte allem Anschein nach zwischen der Verteidigung der griechischen Christenheit, deren Rückkehr er erwartete, und der Rückeroberung Jerusalems; vielleicht sah er darin gar keine Alternative, sondern vielmehr ein einziges Ziel. Wie dem auch sei, hier ist auf den vermeintlichen Brief hinzuweisen, den Kaiser Alexios I. kurz zuvor dem Grafen von Flandern und dem gesamten Westen mit der Bitte um Hilfe geschickt haben soll[32]. Dieser lateinische Text ist unbestritten eine Fälschung, ein *excitatorium* (d. h. eine nochmalige Aufforderung). Er ist auf die allerersten Jahre des 12. Jh. zu datieren und dürfte im Interesse Bohemunds von Antiocheia verfaßt sein; wenn er auf einem authentischen Dokument beruhen sollte, dann kennen wir es nicht, und das hinzugefügte Vorwort würde in diesem Fall seinen Sinn ins Gegenteil verkehren[33]. Der Redaktor brachte das Kunststück fertig, Gründe für die weiterhin existierende Notwendigkeit eines Kreuzzuges gegen die ungläubigen Türken mit Konstantinopel als Ziel anzuführen. Der Brief schildert Übergriffe, Folterungen und die zwangsweise Islamisierung der Christen aller sozialen Schichten durch die türkischen Eindringlinge und sieht keinen anderen Ausweg als die bewaffnete Hilfe der lateinischen Christen in Form eines allgemeinen Kreuzzugs. Es sei vorteilhafter, fährt der Autor fort, Untertan der Lateiner zu sein als willfähriges Werkzeug der heidnischen Türken, und auch Konstantinopel selbst

---

[26] Vgl. Dölger, Regesten, Nr. 1146.
[27] Ebd.
[28] Regestes Nr. 951 [954].
[29] Beck, Kirche und theologische Literatur, 610.
[30] Vgl. oben Anm. 8.
[31] Dölger, Regesten Nr. 1156.
[32] Text bei P. E. Riant, Exuviae sacrae Constantinopolitanae, Bd. 2, Genf 1878, 203–210 (als Sonderdruck auch Genf/Paris/Leipzig 1879).
[33] Stand der Frage und Hypothese bei E. Joranson, The problem of the spurious letter of the emperor Alexius to the count of Flanders, in: American Historical Review 55 (1950) 811–832.

mit seinem Reichtum an Reliquien, darunter die der Passion, erginge es unter lateinischer Herrschaft besser. Der Autor unterstreicht die Würdelosigkeit Alexios' I., den er als Eidbrüchigen darstellt, und wird nicht müde, die Reichtümer der Hauptstadt zu schildern.

Auf die Beziehungen Alexios' I. zu den militärischen Führern des 1. Kreuzzugs und zu Petrus Eremita soll hier nicht eingegangen werden. Die Einnahme Antiocheias und Edessas durch die Kreuzfahrer (1098) rief zwei lateinische Staaten ins Leben, die ihre kirchliche Hierarchie dem bestehenden Mosaik hinzufügten[34]. In Antiocheia sah sich der Patriach Joannes genötigt, zurückzutreten (1100), obwohl er von den Kreuzfahrern mit der Amtsgewalt über den orthodoxen und den lateinischen Klerus ausgestattet worden war[35]. Bohemund versprach zwar im September 1108 dem Kaiser, ihm die Wahl des griechischen Patriarchen zu überlassen, doch wurde das Versprechen keineswegs immer respektiert. Darüber hinaus behauptete sich das monophysitische Patriarchat, das ganz offensichtlich die Mehrheit der lokalen Christenheit repräsentierte. In Palästina, wo die religiösen Gegebenheiten kleinteiliger waren, wurde die Reihe der griechischen Patriarchen durch die lateinische Eroberung von 1099, die ihrerseits ein lateinisches Patriarchat mit eigenem Episkopat errichtete, nicht unterbrochen. Auch die Geschichte der altehrwürdigen Niederlassungen der Griechen in Palästina und auf dem Sinai setzte sich ungestört fort.

a) Der Konflikt um Süditalien

Die Situation in Süditalien, das Zug um Zug von den Normannen eingenommen wurde, war subtiler[36]. 1059 legte Robert Guiskard vor dem Papst einen Eid ab, den er 1080 erneuerte, der die Unterordnung der Kirchen des Gebiets normannischer Herrschaft unter Rom versicherte. Der Papst strebte mit einer Rückkehr der einst durch das ikonoklastische Kaiserreich konfiszierten Besitzungen zum römischen Stuhl die römische Obödienz und seine eigene *potestas consecrandi* an – keineswegs eine Latinisierung, deren weder er noch die Normannen damals bedurften. Auf dieser Grundlage gab es keine Schwierigkeiten, einen griechischen Bischof zu halten bzw. zu wählen, soweit dieser sich als solcher lediglich durch seinen Ritus unterschied. Die Aufteilung der Bischofssitze des Gebiets unter Lateinern und Griechen folgte also nicht einem Gesamtplan, wie wenige Fälle vor Augen führen können. Nach 1059 setzte der Papst Joannes von Trani, der an der Auseinandersetzung über das ungesäuerte Brot aktiv teilgenommen hatte, ab. Andererseits stellte sich den Normannen 1071 beim Einzug in Palermo ein Mann als „der Erzbischof" der Stadt vor. Man beließ ihn im Amt; er wurde vom Papst bestätigt. Reggio wurde von Anfang an lateinischer Bischofssitz. Santa Severina behielt seine griechischen Amtsträger noch auf der römischen Synode von 1112, obwohl seit der Synode von 1089 zur römischen Obödienz gehörig. In Rossano ließ der Herzog nach dem Tod des Erzbischofs Romanos einen Lateiner wählen, gab aber dann angesichts der Reaktion der griechischen Mehrheit nach und stimmte der Wahl Nikolaos' Maleinos zu, der an seinem Namen als Angehöriger einer der allerersten Familien des 10. Jh. erkennbar ist. In Skylakion (Squillace-Scylacium) ist mindestens bis 1094 ein griechischer Erzbischof bezeugt, ein Dokument von 1096 nennt jedoch einen latei-

---

[34] Vgl. G. Fedalto, La Chiesa latina in Oriente, Bd. 1, Verona 1973.

[35] Vgl. P. Gautier, Jean V l'Oxite patriarche d'Antioche. Notice biographique, in: REByz 22 (1964) 128–137.

[36] Vgl. D. Girgensohn, Dall'episcopato greco all'episcopato latino nell'Italia meridionale, in: La Chiesa greca in Italia dall'VIII al XVI secolo, Bd. 1, Padua 1972, 25–43.

nischen Erzbischof, dessen Wahl mit dem Verfall des Sitzes und der Bedeutung des normannischen Elements gerechtfertigt wurde.

b) Vorstöße Alexios' I. Komnenos

Das Interesse Kaiser Alexios' an der Union und dem Papsttum läßt sich nicht leugnen. Er unterhielt Beziehungen zu den mächtigen Äbten des Monte Cassino, wie seine Gesandtschaften von 1097, 1098 und 1112 bezeugen[37]. Zu Beginn des Jahres 1112 berichtete er den Römern über die Gefangennahme Papst Paschalis' II. durch Kaiser Heinrich V.[38], und im Juni wandte er sich in Troia mit Vorschlägen für eine Union an den Papst[39]. Daraufhin begab sich eine römische Gesandtschaft nach Konstantinopel. Petrus Grossolano, der Erzbischof von Mailand, der sich zu diesem Zeitpunkt dort aufhielt, debattierte vor dem Kaiser[40] mit einer Gruppe von sieben griechischen Theologen[41], hauptsächlich zur Frage des Heiligen Geistes. Die Beteiligten waren der Rhetor Niketas Seides (oder Seidos) aus der Hauptstadt; Eustratios von Nikaia, Auxiliar der kaiserlichen Theologie bei der Requirierung der Kirchenschätze und Aristoteliker; Euthymios Zigabenos, der offizielle Häresiologe; sein Mitarbeiter Joannes Phurnes, der „Erste" des Klosters auf dem Berge Ganos; der spätere Patriarch Nikolaos Muzalon, der 1110 als Abt des Kosmidion-Klosters in der Hauptstadt bezeugt ist, und die Gelehrten Theodoros Prodromos und Theodoros Smyrnaios. Die Szene sollte sich in Zukunt öfter wiederholen. Doch wäre eine ausschließlich politische Erklärung ebenso verkürzend wie ein ausschließlich theologisches Interesse, das zu oft in die Geschichte der Beziehungen zwischen Rom und Konstantinopel auf ihrem Höhepunkt hineingelesen wird. Für beide Seiten ging es ohne Zweifel um die Wiederherstellung der konstantinischen Einheit, doch hatten sie davon eine unterschiedliche Auffassung.

II. Konstantinopel und Rom zwischen 1123 und 1204

1. Das internationale Gefüge

Die Jahre 1123 bis 1204 integrierten Byzanz in eine internationale politische, diplomatische und kulturelle Bewegung, die sich durch ihren weitreichenden Charakter und eine Renaissance der Kaiseridee auf beiden Seiten auszeichnete. Ausdruck dafür war im Westen der Kreuzzug gegen die Türken. Das Papsttum fühlte sich seinem Selbstverständnis nach den lateinischen Staaten des Ostens und, wenigstens dem Prinzip nach, dem Unternehmen der Kreuzzüge verbunden. Der griechische Kaiser seinerseits hielt sich für den rechtmäßigen Souverän oder hielt zumindest an einem Anspruch auf Oberhoheit über die einst durch die Ungläubigen entrissenen Gebiete fest. Die Errichtung und Unterhaltung einer lateinischen

---

[37] DÖLGER, Regesten, Nr. 1207, 1208, 1262, 1264.
[38] Ebd., Nr. 1261.
[39] Ebd., Nr. 1263.
[40] Vgl. V. GRUMEL, Autour du voyage de Pierre Grossolanus archevêque de Milan à Constantinople en 1112, in: Échos d'Orient 32 (1933) 22–33.
[41] Zu diesen Personen vgl. BECK, Kirche und theologische Literatur, 616–619.

Kirchenhierarchie oder die Wiedererrichtung einer griechischen Kirchenhierarchie begleiteten jeden militärischen Fortschritt. Das normannische Süditalien als Grenzgebiet zwischen zwei Welten blieb für beide Seiten ein mögliches Unterpfand[42].

Die Typologie der griechischen Quellen änderte sich nicht: Choniates und Kinnamos vertreten die offizielle Historiographie[43]; es begegnen kleinere Streitschriften und das Werk des Kanonisten Balsamon; Patriarchats-[44] und Kaiserurkunden[45] sind entweder überliefert oder indirekt bezeugt. Mit den Ereignissen vermehrten sich die lateinischen Quellen um die Geschichtsschreibung der Kreuzzüge, um Streitschriften und offizielle Briefe nach Konstantinopel. Wie in der voraufgegangenen Epoche kommt es vor, daß lateinische und griechische Quellen zu je unterschiedlichen Ereignissen schweigen, was zu weiteren Deutungen Anlaß gibt; und leider auch, daß von bestimmten, durch Begleitbriefe bezeugten Verhandlungen keine schriftliche Spur geblieben ist.

Auf dem insgesamt gut erforschten Gebiet der internationalen Beziehungen der Epoche bleibt die Union der Kirchen ein nicht zu vernachlässigendes Element einer Konstellation, die sich wie folgt darstellte: Byzanz sah sich vom Druck der Türken, dem Vorstoß des Westens und im Donauraum vor allem durch die Ungarn bedrängt; der Westen sah sich in Kreuzzüge und Schutz der Lateiner im Osten, in die Interessen der Handelsrepubliken, vor allem Venedigs, in die normannischen Unternehmungen und schließlich in die Konfrontation zwischen Papsttum und deutschem Reich involviert. Die lange Herrschaft Manuels I. Komnenos (1143–1180), Friedrich Barbarossas (1152–1190), darüber hinaus Rogers II., des Königs von Sizilien (1130–1154), scheint sie alle drei in der führenden politischen Rolle, die sie für sich beanspruchten, zu bestätigen. Doch sollte man nicht bei dieser vorschnellen Interpretation stehenbleiben. Das griechische 12. Jh., das mit dem 1. Kreuzzug eingeleitet wurde und mit dem 4. Kreuzzug und der Einnahme Konstantinopels 1204 seinen Abschluß fand, war von ideologischen und kulturellen Anstrengungen geprägt; man hat sich letztendlich mit dem zeitgenössischen Westen gemessen. Drängend und unabwendbar zeichneten sich bereits die antagonistischen Positionen ab, denen man nach der Restauration von 1261 bis zum politischen Ende des Kaiserreichs des Ostens begegnen wird. Die kulturelle Erneuerung ging einher, dies muß hier betont werden, mit einem großartigen Entwurf der Wiederherstellung der universalen kaiserlichen Macht des Neuen Rom. In Wirklichkeit war dies mit Konzessionen an die italienischen Kaufleute verbunden und vom Anwachsen kollektiver Feindseligkeit begleitet, die in den Massakern von 1182 in Konstantinopel zum

---

[42] Dazu allgemein unter zahlreichen Titeln: Cambridge Medieval History Bd. 4. The Byzantine Empire², hrsg. von J. N. Hussey, 1. Byzantium and its neighbours, Cambridge 1966; P. Lamma, Comneni e Staufer. Ricerche sui rapporti fra Bisanzio e l'Occidente nel secolo XII, 2 Bde., Rom 1955–57; R. J. Lilie, Byzanz und die Kreuzfahrerstaaten. Studien zur Politik des byzantinischen Reiches gegenüber den Staaten der Kreuzfahrer in Syrien und Palästina bis zum Vierten Kreuzzug (1096–1204), München 1981, und jetzt ders., Manuel I. Komnenos und Friedrich I. Barbarossa, in: JÖB 42 (1992) 157–170 (kritischer Forschungsbericht zur Italienpolitik beider Kaiser). Immer noch brauchbar ist Norden, Das Papsttum und Byzanz (s. Anm. 1), sowie F. Chalandon, Les Comnène. Etudes sur l'Empire byzantin au XIe et au XIIe siècles, 2. Jean II Comnène (1118–1143) et Manuel Ie Comnène (1143–1180), 2 Bde., Paris 1912 (Nachdruck 1971). Jetzt vor allem P. Magdalino, The empire of Manuel I Komnenos, 1143–1180, Cambridge 1993.

[43] Niketas Choniates, Historia, hrsg. von J. A. Van Dieten, Berlin 1975; Joannes Kinnamos, Epitome rerum ab Joanne et Alexio Comnenis gestarum, hrsg. von A. Meineke, Bonn 1836.

[44] Regestes des actes du patriarcat de Constantinople, 1. Les actes des patriarches, Fasz. 3 (1043–1206) (s. Anm. 4).

[45] Vgl. Dölger, Regesten (s. Anm. 4).

Ausbruch kam. Von diesem breiten Ereignisstrang, den wir als bekannt voraussetzen, sollen hier nur die Fäden verfolgt werden, die mit der Union der Kirchen, dem Kaisergedanken und dem Kreuzzug verknüpft sind.

2. Der griechische Kaiser, der Kreuzzug und der Westen

Der Kreuzzugsgedanke fand in der Politik Alexios' I. kaum Platz, obwohl er diesem vielleicht das Argument einer Unterstützung gegen die Türken hätte abgewinnen können. Eine solche politische Enthaltung läßt sich im 12. Jh. nicht mehr beobachten, als die Idee des Kreuzzugs sich im Westen in ganz anderem Maße ausbreitete und festigte und längst als Mission der Verteidigung der singulären Christenheit gegen einen Islam begriffen wurde, dessen Schwert zu dieser Zeit die Türken führten. Übrigens war der historische Primat Jerusalems zum ersten Mal von Niketas Seides in der Debatte mit Petrus Grossolano von 1112 als Antwort auf den Anspruch Roms vorgebracht worden und blieb ein beständiges Argument in den byzantinischen Streitschriften des 12. Jh.[46] Joannes II. Komnenos hatte eine eigene Position zur Verteidigung der Christenheit, wie Niketas Choniates bezeugt[47] und wie aus einem Brief hervorgeht, den Petrus Venerabilis ihm wegen des Civitot-Klosters sandte, das Alexios I. der Charité-sur-Loire geschenkt hatte[48]. 1138 indessen befahl der Papst den lateinischen Söldnern in Diensten der griechischen Armee, dem Kaiser nicht Folge zu leisten, wenn dieser Antiocheia angriffe[49].

Der Regierungsbeginn Manuels I. Komnenos fiel zeitlich mit den Vorbereitungen zum 2. Kreuzzug zusammen, dessen Landweg die Durchquerung zunächst ungarischen, dann byzantinischen Gebiets nötig machte[50]. Der französische König Ludwig VII. und der Papst ersuchten Manuel um Erlaubnis, wie dies Briefe an den Papst belegen[51]. Auch von Bernhard von Clairvaux liegen Briefe an Manuel vor[52]. Ludwig VII. traf 1147 in Konstantinopel ein. Die Franzosen feierten dort, wie Eudes von Deuil bezeugt, zusammen mit den Griechen, diese nach ihrem eigenen Ritus, das Fest des hl. Dionysios[53]. Eine solch liturgische Gemeinsamkeit verwundert nicht, wenn man bedenkt, daß der Märtyrer von Paris mit dem legendären Dionysius Areopagita identifiziert wurde[54], dieser für Saint-Denis[55] und

---

[46] Vgl. G. et D. Tornikès, Lettres et discours, hrsg. von J. Darrouzès, Paris 1970, 348, Anm.

[47] Choniates, Historia 42/26–31.

[48] The Letters of Peter the Venerable, hrsg. von G. Constable, 2 Bde., Cambridge/Mass., 1967, Bd. 1, 208/209, Nr. 75; vgl. Bd. 2, 292; der Brief Nr. 76 (Bd. 1, 209/210) ist zugleich an den Patriarchen adressiert. Der Ort dieses Klosters ist unbekannt.

[49] Zitiert bei Chalandon, Les Comnène (s. Anm. 42) Bd. 2, 164, Anm. 1.

[50] Vgl. J. Rowe, The papacy and the Greeks (1122–1153), in: Church History 28 (1959) 115–130 und 310–327.

[51] V. Grumel, Au seuil de la IIe croisade. Deux lettres de Manuel Comnène au pape, in: Études Byzantines 3 (1945), 143–167: Der erste Brief (Dölger, Regesten, Nr. 1348) ist als griechisches Original und als lateinische Übersetzung erhalten; er ist auf August 1146, der zweite (Dölger, ebd., Nr. 1533, allein in lateinischer Sprache) auf März 1147 zu datieren.

[52] Bernhard von Clairvaux, Brief Nr. 468 (1146 oder 1147), in: PL 182, 612.

[53] Eudes de Deuil, La croisade de Louis VII, roi de France, hrsg. von H. Waquet, Paris 1949, 46.

[54] R. J. Loenertz, La légende parisienne de S. Denys l'Aréopagite. Sa genèse et son premier témoin, in: Analecta Bollandiana 69 (1951) 217–237: Die Verschmelzung beider geht auf das 1. Drittel des 9. Jh. zurück.

[55] D. Nebbiai-Della Guarda, La bibliothèque de l'abbaye de Saint-Denis en France du IXe au XVIIIe siècle, Paris 1985, verweist auf das erneuerte Interesse für den Pseudo-Dionysius im 12. Jh.: Johannes Saracenus reiste auf der Suche nach neuen Handschriften in den Orient und übersetzte für Odo von Deuil, der als Nachfolger Sugers Abt von St. Denis geworden war, die Schriften des Aeropagiten (30–32). Es gab eine Tradition

Cluny[56] wie für Konstantinopel[57] von gleich grundlegender Bedeutung war und gegebenenfalls von beiden Seiten für sich reklamiert wurde. Wir wollen hier nicht der Entwicklung der justinianischen Restauration nachgehen, wie sie Manuel I. um die Mitte des Jahrhunderts bekanntlich plante. In welcher Gestalt sonst hätte ein griechischer Kaiser sein Reich in das Jahrhundert integrieren sollen? Die Vision eines zuletzt siegreichen Konstantinopel wurde durch die Öffnung gegenüber der Modernität des Westens keineswegs gemindert. So erklären sich das Wirken der Italiener in der Umgebung Manuels, besonders die Dienste des Pisaners Hugo Eteriano, wie auch die Erwartung des Kaisers, der Papst müßte ihm die universale Krone verleihen. Man möge sich allerdings nicht über den Sinn der ersten Schritte Manuels gegenüber Rom täuschen! Wir werden noch sehen, mit welcher Deutlichkeit so hochrangige Autoren wie der Geschichtsschreiber Joannes Kinnamos oder der Kanonist Theodoros Balsamon den konstantinischen Anspruch gegenüber Papst und deutschem Kaiser vorbringen sollten.

In dem weltanschaulichen und politischen Dreieck, das die beiden Kaiserreiche und das Papsttum bildeten, gingen Verlautbarungen zur Union der Kirchen, zum Kreuzzug und den im Orient entstandenen lateinischen Staaten hin und her. Wir wollen sie hier nur in Auswahl vorstellen. Der Brief Manuels an den Papst aus dem Jahre 1147[58] entwickelt von seinem Standpunkt aus die Perspektive einer Rückeroberung der von den Türken besetzten Gebiete zugunsten Konstantinopels. Auch wenn der große Plan Manuels am Ende scheitern sollte, geriet der Gedanke an einen Kreuzzug bei seinen Nachfolgern in ihren Beziehungen zu Rom keineswegs in Vergessenheit. 1193 verfaßte Demetrios Tornikes im Namen Isaaks II. Angelos ein kaiserliches Schreiben an den Papst[59]. Der Souverän versichert darin zunächst, daß die Differenzen zwischen den Kirchen nicht unlösbar seien und er eine Union erhoffe. Er beteuert dann den unendlichen Schmerz, den er darüber empfinde, Jerusalem nach der Einnahme durch Saladin 1187 in den Händen „gottloser Ungläubiger" zu wissen; auch das gemeinsame Bemühen „unzähliger lateinischer Völker" hätte Jerusalem nicht zurückzugewinnen vermocht, worin er eine Niederlage erblickt, die die Strafe Gottes für die Zwietracht unter den Kreuzfahrern sei. Die Wahl Innozenz' III. 1198 gab Anlaß zu einem Briefwechsel mit dem griechischen Kaiser und seinem Patriarchen[60]. Auch Alexios III. Angelos schrieb 1202 anläßlich des bevorstehenden Kreuzzugs an den Papst[61]. Aber selbst in der Epoche seines Niedergangs blieb Byzanz dem griechischen Kaisergedanken treu, wie eine Rede zeigt, die der offizielle Rhetor Nikephoros Chrysoberges 1204 für

---

griechischer Liturgie in der Abtei; in der 2. Hälfte des 12. Jh. wurde für den achten Tag nach dem Fest des Heiligen eine griechische Messe eingeführt (34). Zur Ausrichtung Sugers selbst an Dionysius vgl. E. Panofsky, Gothic Architecture and Scholasticism, Latrobe 1951. Siehe auch M. Grabmann, Die mittelalterlichen Übersetzungen der Schriften des Pseudo-Dionysius Areopagita, in: Mittelalterliches Geistesleben, Bd. 1, München 1926.

[56] G. Duby, Les trois ordres ou l'imaginaire du féodalisme, Paris 1978, 247/248; dt. Übersetzung: G. Duby, Die drei Ordnungen: Das Weltbild des Feudalismus. Frankfurt/Main 1981.

[57] Die Studie sollte mit dem 12. Jh. einsetzen; Hinweise auf das 9.–11. Jh. bei E. Patlagean, Les Stoudites, l'empereur et Rome: figure byzantine d'un monachisme réformateur, in: Bisanzio, Roma e l'Italia nell'alto Medioevo (s. Anm. 14) 429–460.

[58] Siehe oben Anm. 50.

[59] G. et D. Tornikès, Lettres et discours (s. Anm. 46) 336–345.

[60] A. M. Maffry Talbot – A. Papadakis, John X Camaterus confronts Innocent III: an unpublished correspondence, in: Byzantinoslavica 33 (1972) 26–41.

[61] Dölger, Regesten, Nr. 1662: PL 214, 1123 B–C.

die traditionelle Ansprache zu Epiphanias vorbereitete und die wahrscheinlich niemals gehalten wurde: Chrysoberges stellte den Kaiser, in diesem Fall den blassen Alexios IV., in den Mittelpunkt der Weltereignisse; dank seiner sei die Überfahrt der Kreuzfahrer glücklich verlaufen, nun müßten sie in seine Dienste treten, und er würde als der Neue Salomon die Alte und die Neue Mutter, Rom und Konstantinopel, wiedervereinen[62].

3. Begegnungen zur Vorbereitung der Kirchenunion

Wie war es wirklich um die Union der Kirchen bestellt? Ein Inventar des Briefwechsels, der im Laufe des Jahrhunderts auf Initiative des Papstes, des griechischen Kaisers und, seltener, des Patriarchen stattfand, kann hier nicht aufgestellt werden: Es gehört zur allgemeinen politischen Geschichte und würde unser Thema überschreiten, für das hingegen Zusammenkünfte, Unterhändler und Ideen relevant sind[63]. Wir beginnen mit Anselm, dem Bischof von Havelberg in Brandenburg (gest. um 1100)[64]. Er begab sich nach Konstantinopel, als es zwischen Lothar II. und Joannes II. Komnenos zu einer Annäherung kam, die gegen König Roger II. von Sizilien gerichtet war. In Konstantinopel hatte Anselm Gelegenheit, die griechische Patristik kennenzulernen. Am 10. und 15. April 1136 fand auf Veranlassung des Kaisers und des Patriarchen eine öffentliche Diskussion statt, in der man sich von dem Gesandten und der lateinischen Lehre vom Heiligen Geist ein Bild machen wollte. Doch auch der Primat Roms kam zur Sprache. Drei Italiener, die des Griechischen mächtig waren, assistierten bei den Sitzungen. Alle drei spielten eine führende Rolle bei der Vermittlung griechischer Kultur in den Westen[65]: Mosè del Brolo aus Bergamo war einer der Dolmetscher des Palastes[66], während Anselm von dem Übersetzer des Aristoteles[67], Giacomo Veneto, und dem Juristen Burgundio von Pisa, dem Übersetzer der griechischen Passagen der *Digesten*, der Homelien des Chrysostomos und, im Auftrag Papst Eugens III., des dritten Teils der *Pege Gnoseos* des Joannes von Damaskus[68], begleitet wurde. Eine griechische Gesandtschaft zu Lothar II. im Jahre 1137 erwiderte die des Vorjahres, sofern man Petrus Diaconus glauben will. Der Kaiser selbst betrat die Szene und diskutierte mit einem Griechen, dessen Namen wir nicht kennen, „über die römische Kirche"[69]. Anselm verfaßte seine *Dialoge* wahrscheinlich 1149 auf Veranlassung und entspre-

---

[62] Ch. Brand, A Byzantine plan for the Fourth Crusade, in: Speculum 43 (1968) 465–472.

[63] Zwei Studien sind hier maßgeblich: ein erstes Inventar von J. Darrouzès, Les documents byzantins du XIIe siècle sur la primauté romaine, in: REByz 23 (1965) 42–88, sowie das schöne Buch von J. Spiteris, La critica bizantina del primato romano nel secolo XII, Rom 1979.

[64] Aktualisierung und Bibliographie in: Anselme de Havelberg, Dialogues. 1. Buch (bisher erschienen), hrsg. von G. Salet, Paris 1966 (Sources chrétiennes 118), 7–24. Der vollständige Text in: PL 188, 1139–1248; N. Russell, Anselm of Havelberg and the Union of the Churches, in: Sobornost 1 (1979) 19–41; 2 (1980) 29–41 gibt eine Analyse des Werks.

[65] Siehe allg. M. Th. d'Alverny, Translations and translators, in: R. L. Benson – G. Constable (Hrsg.), Renaissance and renewal in the twelfth century, Oxford 1982, 421–462.

[66] Vgl. G. Cremaschi, Mosè del Brolo e la cultura a Bergamo nei secoli XI–XII, Bergamo 1945.

[67] Vgl. L. Minio Paluello, Iacobus Veneticus Graecus canonist and translator of Aristotle, in: Traditio 8 (1952) 265–304; ders., Giacomo Veneto e l'aristotelismo latino, in: A. Pertusi (Hrsg.), Venezia e l'Oriente fra tardo Medioevo e Rinascimento, Florenz 1966, 53–74.

[68] Vgl. Burgundio(ne) da Pisa, in: Dizionario biografico degli Italiani 15, Rom 1972, 423–428; P. Classen, Burgundio von Pisa. Richter, Gesandter, Übersetzer, Heidelberg 1974.

[69] Zu diesem Text siehe Spiteris, Critica bizantina, 112.

chend den Absichten Papst Eugens III., der kurz zuvor mit einem griechischen Bischof Gespräche geführt hatte. Um 1154/55 führte ihn eine offizielle Konferenz in Thessalonike mit dem Metropoliten Basileios von Ochrid zusammen[70]. 1155 suchte der Papst die Unterstützung des einen wie des anderen Kaisers gegen den König von Sizilien, Wilhelm I. Sein Briefwechsel mit dem genannten Basileios, dem er zwei Notare, die von Rom zum Kaiser geschickt wurden, empfahl, bestätigt, daß Verhandlungen für eine Union im Gange waren[71]. Ein anderer Mittler der theologischen Beziehungen zwischen Griechen und Lateinern war der Pisaner Hugo Eteriano, der mit seinem Bruder Leone Toscano zusammenarbeitete[72], auf dessen *Libellus de Filii minoritate ad Patrem Deum*[73] sich Manuel auf der Synode von 1166 gestützt hatte. Hugo Eteriano verfaßte noch in Konstantinopel ein *De sancto et immortali Deo*[74], in dem er die Vorwürfe der Häresie, die von den Griechen gegen die Lateiner in der Frage des Heiligen Geistes erhoben wurden, zurückweist. Er begründete seine Beweisführung mit Auszügen aus den griechischen Vätern, die bis dahin im Westen unbekannt waren und von ihm selbst wie seinem Bruder Leone ins Lateinische übersetzt wurden[75]. Schließlich gehört auch Manuel I. Komnenos hierher. Die Komponenten seiner Haltung gegenüber dem Westen sind noch keineswegs hinreichend geklärt. Es ist offensichtlich eine Verkürzung, bei ihm nur politische Strategie am Werke zu sehen, und stünde sie im Dienste eines großen kaiserlichen Entwurfs, worauf zurückzukommen ist. Hier ist vor allem daran zu erinnern, daß das Konzil von 1166 sich in die Perspektive einfügte, die Manuel dem Westen gegenüber eröffnete. Andronikos Kamateros stellt in seiner *Geistlichen Rüstkammer* gegen die Lateiner und Armenier, die er auf Weisung des Kaisers zwischen 1166 und 1170 schrieb, einen Dialog Manuels mit Kardinälen dar[76]. Der Kaiser und der Patriarch Michael III. Anchialu seien allerdings auf der Synode 1171 und 1176 über die Unionspolitik uneinig geworden[77]. Tatsächlich wurde der uns überlieferte Text am Vorabend des 2. Konzils von Lyon als Entgegnung auf die öffentlich verkündeten Unionsbestrebungen Michaels VIII. geschrieben; trotzdem könnte er einen authentischen Hintergrund haben[78].

---

[70] Des Basilius von Achrida, Erzbischofs von Thessalonich bisher unedierte Dialoge, hrsg. von J. Schmidt, München 1901. Zu Zeitpunkt und Umständen dieser Reise Anselms siehe J. Darrouzès, Documents, 65–67.

[71] PL 119, 928–933.

[72] A. Dondaine, Hugues Ethérien et Léon Toscan, in: Archives d'histoire doctrinale et littéraire du Moyen Age 19 (1952) 67–134.

[73] Zu diesem nicht wiedergefundenen Werk vgl. Dondaine, Hugues Ethérien, 123/124.

[74] PL 202, 227–396.

[75] Vgl. R. Lechat, La patristique grècque chez un théologien latin du XII^{e}siècle, Hugues Ethérien, in: Mélanges d'histoire ... Ch. Moeller, Löwen/Paris 1914, Bd. 1, 484–507.

[76] Ein nicht edierter Text, der laut Darrouzès auf einem authentischen Bericht beruht, vgl. Documents byzantins, 72–78; vgl. auch Spiteris, Critica bizantina, 186–190.

[77] Regestes Nr. **1121–**1122.

[78] Vgl. V. Laurent – J. Darrouzès, Dossier grec de l'Union de Lyon (1273–1277), Paris 1976, 45–52 (Text: 346–375).

Unter Kaiser Joannes II. Komnenos fanden 1136 Diskussionen zwischen griechischen und lateinischen Theologen über die zwischen den Kirchen strittige Lehre vom Heiligen Geist statt. Das Mosaik (um 1118) in der Hagia Sophia zeigt Joannes II. und Kaiserin Irene, die Tochter König Ladislavs (Ladislaus') von Ungarn, die der Gottesmutter Geschenke bringt.

4. Die griechischen Streitschriften und ihre Themen

Kommen wir nun von der Begegnung der Vorstellungswelten zur Streitschriftenliteratur. Sinnvollerweise klammern wir dabei die Spezifika alltäglicher Berührung von Klerus und Liturgie beider Seiten in Süditalien aus. Es zeigt sich, daß die Streitpunkte immer auf den Gebrauch ungesäuerten Brotes bei der Kommunion der Lateiner, auf die Frage des Filioque und schließlich auf den Primat Roms bezogen sind. Diese drei Themen hatten jedoch nicht dieselbe Bedeutung, wie sie auch in den politischen, kulturellen und gesellschaftlichen Beziehungen beider Christenheiten nicht denselben Stellenwert besaßen. Sie bewirkten allerdings auf beiden Seiten eine Rückbesinnung auf die gemeinsame exegetische und patristische Tradition und nährten zugleich die Debatte über die Treue zu dieser Tradition. Das Selbstbewußtsein der griechischen Christen, wie es die diplomatischen und gelehrten Zeugnisse spiegeln, sollte im Laufe des Jahrhunderts zunehmend an Identität gewinnen und sich gegenüber der Kirche Roms behaupten. Jannis Spiteris konnte glänzend zeigen, daß die Auseinandersetzung des 12. Jh. über den römischen Primat (im Gegensatz zum 11. Jh.) alles andere in den Schatten stellte und daß diese Entwicklung zwar sicherlich an die aktuelle politische und diplomatische Situation gebunden war, aber zugleich tiefere strukturelle Gründe hatte. In der Tat, erklärt uns Spiteris, sah sich das Papsttum, wie es aus der Gregorianischen Reform hervorging, einer griechischen Kirche gegenüber, die zum einen in der kollegialen Tradition der Fünf Patriarchate, der Pentarchie, verankert war, zum anderen an die Matrix des konstantinischen Kaiserreichs gebunden blieb. Beides war in der Gegenüberstellung mit Rom und dem Kaiserreich des Westens nicht voneinander zu trennen. Zugleich gilt aber auch, daß kein klösterlicher oder patriarchaler Anspruch die konstantinische Form des griechischen Kaisertums in Frage zu stellen vermochte. Doch war der Kaiser in einer schwierigen Lage. Als Manuel I. an Papst Alexander III. schrieb, er wünsche die Union und fordere von ihm die Kaiserkrone zurück[79], hielt er sich an das konstantinische Vorbild. Doch im zeitgenössischen Kontext implizierte dieser Schritt für die griechische Kirche unannehmbare und sogar auf Dauer mit der dem Kaiser vorbehaltenen Stellung an ihrer Spitze unvereinbare Zugeständnisse. Mit anderen Worten, das universale und immerwährende Kaiserreich des Neuen Rom verhielt sich offensichtlich symmetrisch zu dem nicht weniger universalen Primat der römischen Kirche. Diese Symmetrie verurteilte beide Seiten zu einer Verwechslung, die, wie wir noch sehen werden, an ihrer antagonistischen Auslegung der *Konstantinischen Schenkung* offenbar wurde.

a) Die Ekklesiologie und der Kaisergedanke

Die Frage der Ekklesiologie und die des Kaiserreichs waren untrennbar miteinander verbunden. Zur ersten läßt sich der Brief an Papst Hadrian IV., den Georgios Tornikes im Namen des Kaisers 1156[80] schrieb, anführen. Er entwickelt den Gedanken, daß die Kirche *eine* sei in ihrer Verschiedenheit, denn sie habe einen gemeinsamen Hohepriester, dies sei Christus und nicht Petrus oder Paulus. In diesem Sinne fährt Tornikes fort mit der aus byzantinischer Perspektive so wichtigen Identifikation von Konstantinopel und Zion. Am Vorabend des Jahres 1204 stößt man in der Korrespondenz des Patriarchen Joannes X. Kamateros mit Papst Innozenz III. auf denselben Gedanken[81]. Letzterer besteht auf dem römischen Primat, ersterer auf dem Prinzip der Kollegialität und dem historischen Vorrang Jerusalems.

Die Frage des Kaiserreichs stellt sich in Form einer polemischen Lesart der *Konstantinischen Schenkung* auf griechischer Seite dar[82]. Bereits Niketas von Nikomedeia lastete gegenüber Anselm von Havelberg dem Papsttum die Spaltung des Kaiserreichs aufgrund der Krönung Karls des Großen an. Kinnamos, der offizielle Historiograph Manuels I., drehte den Sinn der Schenkung um: Ihm zufolge bewies sie, daß die Würde dem Papst vom konstantinischen Kaiserthron, also von Konstantinopel, zuwachse, und folglich hätte der Papst sich im Unrecht befunden, als er einen Barbaren zum Kaiser machte. Balsamon (gest. nach 1195), ein Günstling Isaaks I. Angelos, perfektionierte diese Verdrehung schließlich in einer griechischen Übersetzung, die nicht genau mit dem Text von 1054 übereinstimmte und die er in seinen Kommentar zum *Nomokanon* (der Synthese beider Rechte), der traditionell Photios zugeschrieben wird, einfügte. Für ihn machte die Verlegung der Hauptstadt in das Neue Rom durch Kontantin den Patriarchen von Konstantinopel zum wahren Erben der Schenkung, die der Papst dagegen verloren habe, gar nicht zu reden von seiner hä-

---

[79] Liber Pontificalis, hrsg. von L. Duchesne, Paris ²1957, Bd. 2, 415/6–11.

[80] G. et D. Tornikès, Lettres et discours (s. Anm. 46) 324–335 sowie 17.

[81] Nach der Ausgabe von Maffry Talbot (s. Anm. 60).

[82] Zu diesen Texten vgl. E. Petrucci, I rapporti tra le relazioni latine e greche del Costituto di Costantino, in: Bollettino dell'Istituto storico italiano per il Medioevo 74 (1962) 45–160, eine Studie, die der kritischen Ausgabe von H. Fuhrmann, Constitutum Constantini, MGH, Hannover 1968, voranging. Zur Debatte des 12. Jh. vgl. Spiteris, Critica bizantina, passim.

retischen Position. Eine solche Interpretation ließ darüber hinaus den Vorrang der apostolischen Gründung nichtig werden – zugunsten des ausschließlich konstantinischen Ursprungs. Übrigens unterstreicht Balsamon auf der Grundlage verschiedener klassischer Kanones die absolute Gleichrangigkeit der Fünf Patriarchen, die alle gesalbt und Vikare Christi seien, darüber hinaus die Entsprechung der Salbung des Bischofs und der des Kaisers. Spiteris bemerkt dazu, daß Balsamon als erster dem Kaiser zuschreibt, was die Gregorianische Reform der Papstwürde zugeordnet hatte. Auch wenn diese Bemerkung in ihrer Kürze geeignet ist, sogleich mehrere Einwände hervorzurufen, ist sie dennoch suggestiv.

b) Die Entwicklung antilateinischer Vorurteile

Auch weniger gelehrte Darstellungen trugen mit dazu bei, daß sich auf Dauer das Bewußtsein der eigenen Andersheit bei den Griechen herausbildete. Man stößt hier auf Reflexe der theoretischen Probleme, auf Beobachtungen, die von den im Kaiserreich lebenden Lateinern inspiriert wurden, und auf sich verfestigende Vorurteile. Jean Darrouzès legte eine Typologie dieser Literatur vor, die ihren Aufschwung im 12. Jh. nahm, aber von Anfang an traditionsgebunden war[83]. Er unterscheidet Werke, die nur einer Frage gewidmet sind, dem päpstlichen Primat beispielsweise, Werke historischen Charakters, die in bezug auf die Ursprünge des Schismas eine Apologie der griechischen Kirche betreiben, schließlich die Listen mit Vorwürfen gegen die Lateiner. Diesem dritten Typ rechnet er den Brief des Photios an die Patriarchen des Ostens, den des Michael Kerullarios an Petrus von Antiocheia und schließlich die Schrift „Gegen die Franken“ des Pseudo-Photios zu, eine drastische Zusammenstellung, aus der seit ungefähr 1112 die verschiedenen Autoren schöpften[84]. Einige Zeilen der Einleitung mögen den Inhalt der Schrift charakterisieren: All die, die auf seiten des Papstes ständen, so schreibt der anonyme Verfasser, befänden sich seit Jahren außerhalb der universalen *(katholike)* Kirche, und hätten sich von der Tradition der Evangelien, der Apostel und der Väter durch ihre ungesetzlichen und barbarischen Bräuche entfernt. So zogen griechische Gelehrte und Halbgebildete gleich, wenn es darum ging, lateinische Abweichungen zu erforschen.

Bibliographie

J. Darrouzès, Les documents byzantins du XIIe siècle sur la primauté romaine, in: REByz 23 (1965) 42–88.

L. Minio-Paluello, Opuscula. The Latin Aristotle, Amsterdam 1972.

J. Spiteris, La critica bizantina del primato romano nel secolo XII, Rom 1979.

P. P. Tekeyan, Controverses christologiques et Arméno-Cilicie dans la seconde moitié du XIIe siècle (1165–1198), Rom 1939.

[83] J. Darrouzès, Le Mémoire de Constantin Stilbès contre les Latins, in: REByz 21 (1963) 50–100.

[84] Opusculum contra Francos, hrsg. von J. Hergenröther, Regensburg 1869 (Monumenta graeca ad Photium eiusque historiam pertinentia), 62–71.

DRITTER TEIL

DER GELEBTE GLAUBE (11.–12. JAHRHUNDERT)

Erstes Kapitel

Zwischen *actio* und *contemplatio*: die Orden im 12. Jahrhundert

Von Michel Parisse

Umwälzungen innerhalb des weltlichen Machtgefüges und tiefgreifende Erneuerung des gesamten religiösen Lebens – damit sind die siebzig Jahre zwischen dem Pontifikat Leos IX. und dem Ende des Investiturstreits charakterisiert. Mit der Herauslösung der Regularkanoniker aus dem Weltklerus ging ihre Annäherung an die monastische Lebensweise einher, durch die sich die Ordenswelt insgesamt veränderte. Überall stellten Eremiten, Einsiedler und Reklusen ihre Frömmigkeit in den Dienst einer gemeinsamen Sache[1]. Die Männerorden waren aufgerufen, sich den neuen Anforderungen weiblicher Lebensführung zu öffnen; von den einen abgelehnt, von den anderen unterstützt, bildeten die Frauen Gemeinschaften oder lebten in eigenen Häusern und bereicherten so die monastische Welt – wie sie im allgemeinen Sprachgebrauch undifferenziert genannt wird.

Obwohl die Regularkanoniker keine Mönche waren, wurden ihre Häuser in vielen europäischen Ländern als Klöster bezeichnet, wie in den Annalen oder in den Anweisungen zum klösterlichen Leben nachzulesen ist. Das lag an der lateinischen Terminologie, die neben den neutralen Begriffen *coenobium* und *monasterium* auch die Begriffe *communitas* und *congregatio* kannte und mit diesen die verschiedenen religiösen Gemeinschaften bezeichnete: Abteien, Stifte, Priorate, Propsteien, Hospitäler. Die Kirchenleute indes wußten sehr wohl zu unterscheiden zwischen *clerici* und *monachi*, zwischen *monachi* und *canonici*, zwischen *sanctimoniales* und *monachae*. Sobald es aber um die eigentliche Berufung ging, waren diese Unterschiede vergessen, und es war von *fratres* und *sorores*, von *milites christi* und *famulae Dei* die Rede.

Diesem Wechselspiel von Vermengung und sorgfältiger Unterscheidung steht der Historiker gegenüber, wenn er die Welt der Mönche und Chorherren des 12. Jh. studiert, wobei er einerseits der allgemeinen Entwicklung und den Gemeinsamkeiten, andererseits den spezifischen Eigenheiten der sich häufig in geistiger Gegnerschaft bekämpfenden Orden Rechnung zu tragen hat. Drei Orden sind von herausragender Bedeutung und deshalb von besonderem Interesse: Cluny, wohlverankert in einem „Imperium“, das Petrus Venerabilis zu organisieren hatte; Cîteaux, das mit Bernhard von Clairvaux einen außerordentlichen Aufschwung nahm; schließlich Prémontré, das die Nachfolger des Gründers Norbert von Xanten in eine Ordensgemeinschaft, ebenso mächtig wie die der Zisterzienser, umwandel-

[1] Die Eremitenbewegung setzt sich im 12. Jh. fort, um dann in der Mitte des Jh. abzuflachen. Vgl. dazu H. Leyser, Hermits and the New Monasticism. A Study of Religious Communities in Western Europe 1000–1150, London 1984, 97–105. Noch gibt es Einsiedler und Reklusen. Vgl. dazu ders., La réclusion volontaire au Moyen Age: une institution religieuse spécialement féminine, in: Y.-R. Fonquerne – A. Esteban (Hrsg.), La condición de la mujer en la Edad media, Madrid 1986, 135–154.

ten. Eigens zu behandeln sind schließlich auch die neuen Orden, die sich in Ursprung und Entwicklung von ihren Vorgängern deutlich unterscheiden, wie auch die Frauengemeinschaften, die endlich ihren eigenen Status erhielten.

I. Die Ordensleute im 12. Jahrhundert – Unterschiede und Gemeinsamkeiten

Seit den Aachener Synoden von 816 und 817, also bereits in karolingischer Zeit, wurde zwischen drei *ordines* unterschieden: zwischen Laien, Klerikern und Mönchen. Benedikt von Aniane hatte alles getan, um Unklarheiten zu vermeiden. Im 12. Jh. erwies sich diese einfache Einteilung dann als ungenügend. So machte man sich etwa über den Ausdruck „Regularkanoniker" lustig – eine Tautologie, die Heiterkeit hervorrufen konnte. Gewisse Kleriker übernahmen die Strenge des klösterlichen Gemeinschaftsleben und rückten so in die Nähe der Mönche, während die Mönche wiederum ihren ursprünglichen Stand als Laien vergaßen, sich stärker dem Priestertum zuwandten und so klerikale Züge annahmen [2]. In den Jahrzehnten nach der Gründung der neuen Orden erwies es sich als notwendig, Rechte und Privilegien jedes einzelnen Ordens festzulegen. Diese kritische Phase führte zu einer Auseinandersetzung, die schließlich in eine Diskussion oder doch zumindest in eine fruchtbare Vertiefung der Problematik mündete. Der Streit zwischen Mönchen und Kanonikern dauerte beinahe fünfzig Jahre, wurde indes zwischen 1120 und 1150 besonders heftig geführt [3]. In ihrem Wunsch zu überzeugen, überspitzten die Polemiker ihre Argumente und übertrieben die Lage, wobei sie nicht davor zurückschreckten, ihre Gegner hart zu attackieren, ja zu verunglimpfen [4].

Aus dieser Zeit stammen zahlreiche polemische Schriften unterschiedlicher Herkunft und Qualität. Unter den Autoren einige berühmte Namen: Bernhard, Abt von Clairvaux, Petrus Venerabilis, Abt von Cluny, weiter Rupert von Deutz, Philipp von Harvengt, Arno und Gerhoh von Reichersberg, Abaelard und Honorius Augustodunensis sowie Kardinal Matthäus von Albano [5]. Diese gelehrten Persönlichkeiten gingen nicht immer freundlicher

---

[2] P. G. Lunardi, L'ideale monastico nelle polemiche del secolo XII sulla vita religiosa, Noci 1970 (mit einer Einleitung von J. Leclercq, 5–8).

[3] Vgl. die Chronologie von Lunardi, L'ideale monastico (s. Anm. 2) 20.

[4] Die Zisterzienser warfen den schwarzgekleideten Mönchen vor, sie seien verweichlicht, vgl. The Letters of Peter the Venerable, hrsg. von G. Constable, 2 Bde., Cambridge/Mass. 1967, Bd. I: 111. Brief, 274–299. Die Cluniazenser sprachen von einer „neuen Rasse von Pharisäern", ebd., 2. Brief, 5 f. Die Gegenseite wiederum reagierte, indem sie den Gegner als „Verderber der Regel" titulierte, vgl. The Ecclesiastical History of Orderic Vital, hrsg. von M. Chibnall, 6 Bde., Oxford 1968–80, Bd. III, 951. Vgl. auch Lunardi, L'ideale monastico (s. Anm. 2) 29.

[5] Für Bernhard von Clairvaux vgl. den Brief an Robert, PL 182, 67–79, sowie die Apologie des Abbé Guillaume, in: Sancti Bernardi opera III, hrsg. von J. Leclercq – H. Rochais, 81–108; für Petrus Venerabilis vgl. seine Briefe in Constable (s. Anm. 4); für die Briefe von Rupert von Deutz vgl. PL 170, 537–544 *(altercatio monachi et clerici quod liceat monacho praedicare)*. Philipp von Harvengt, De institutione clericorum tractatus sex, in: PL 203, 668–1206; Arno von Reichersberg, Scutum canonicorum, in: PL 194, 1493–1528; Gerhoch von Reichersberg, De aedificio Dei, in: PL 194, 1091–1136; vgl. auch P. Classen, Gerhoch von Reichersberg, Wiesbaden 1960, 407. Ein Brief von Abaelard gegen einen Regularkanoniker findet sich in: PL 178, 348–352; die Dialoge über das apostolische Leben des Honorius Augustodunensis, in: PL 170, 613–644.

miteinander um als die anonyme Schar der Mönche und Kanoniker, unter ihnen der Autor des berühmten *Dialogus duorum monachorum*[6]. Während sich Cluniazenser und Zisterzienser über die richtige Interpretation der Regel des hl. Benedikt stritten, gab es zwischen Klerikern und Mönchen noch zusätzliche Reibungsflächen: Rückzug aus der Welt, Streben nach Vollkommenheit, Priestertum, Erhebung von Zehnten, Predigt, Arbeit und Armut – Bewahrer gegen Erneuerer auf der einen, Mönche gegen Kanoniker auf der anderen Seite. In einem Leben, in dem jede Geste und jedes Wort eine präzise Bedeutung hatte, fanden Exegeten und Scholastiker, fromme Mönche und überzeugte Kleriker wahrlich unzählige Gründe dafür, daß die eigene Einstellung die richtige, die des Gegners die falsche sei. Gleichwohl ist – von außen und allgemein betrachtet – nicht zu bestreiten, daß es Gemeinsamkeiten gab, denen es Rechnung zu tragen gilt.

Unter Ordensleuten kannte man sich, schätzte sich, korrespondierte miteinander und traf sich; den Klerikern, insbesondere aber den Laien, Adligen wie Bauern, gegenüber trat man als Gruppe auf. Briefe, Streitschriften, Dialoge und Gedichte mit Angriffen auf den Gegner waren gleichermaßen in Umlauf wie Abhandlungen zu Theologie und Ethik, in denen die Gelehrten, unter dem Deckmantel der Glaubensvermittlung, festgefaßte Meinungen über die Vorzüge des eigenen Ordens vortrugen[7]. Zahlreiche bescheidenere Werke, von Jean Leclercq in mittelalterlichen Handschriften entdeckt[8], waren zweifellos dem breiten Publikum unbekannt, während Bernhards Briefe und seine Apologie, die Briefe des Petrus Venerabilis und des Wilhelm von Saint-Thierry die ihnen angemessene Verbreitung fanden und so die Öffentlichkeit über alle Aspekte der Auseinandersetzung informiert wurde[9].

Die Zisterzienser machten sich über die Cluniazenser lustig, über ihren Müßiggang, ihren Hang zu Behaglichkeit und gutem Essen, über die Freiheiten, die sie sich gegenüber der Benediktregel herausnahmen; zugleich verteidigten sie die eigene Entscheidung für strenge Askese und die heiligende Kraft der Handarbeit sowie für das Ideal der *vita apostolica.* Die Cluniazenser wiederum verteidigten ihr Eintreten für eine dem Ideal der *contemplatio* besser entsprechende Liturgie und zeigten sich darüber erstaunt, daß Mönche, die zu strenger Klausur verpflichtet waren, Kontakte zur Außenwelt pflegten, Handarbeit zuließen und dabei sogar noch vorgaben, sich der göttlichen Kontemplation hingeben zu können. Während die beiden Gruppen darüber stritten, wer von ihnen die überkommenen Maßregeln der Kirchenväter am besten befolgte, machten sie gleichzeitig gegen die Kleriker Front, die das Priestertum, die Predigt und den Kontakt zu den Gläubigen für sich allein beanspruch-

---

[6] R. B. C. Huyghens, Le moine Idung et ses deux ouvrages: *Argumentum super quatuor questionibus* et *Dialogus duorum monachorum,* Spoleto 1980. Es handelt sich um Idung von Prüfening, dessen erste und zweite Schrift nach 1143 resp. zwischen 1153 und 1156 entstanden sind; A. M. Bredero, Le „dialogus duorum monachorum". Un rebondissement de la polémique entre Cisterciens et Clunisiens, in: StMed 22 (1981) 501–585 (Ndr. in: Cluny et Cîteaux au douzième siècle, Amsterdam 1985, 185–276).

[7] Es gab auch weniger bekannte Traktate. So ist etwa der o.g. „Dialog der beiden Mönche" nur aus einigen Zisterzienser-Handschriften bekannt.

[8] Zu deren Verbreitung gründete J. Leclercq die Zeitschrift *Analecta monastica.* Hier finden sich mehrere Texte zu dieser Polemik, etwa die Schrift Un débat sur le sacerdoce des moines du XIIe siècle, hrsg. von R. Foreville, 4 (1957) 8–111.

[9] Für die Zusammenstellung der Handschriften vgl. Sancti Bernardi opera (s. Anm. 5) und The Letters of Peter the Venerable (s. Anm. 4). Für den Brief Wilhelms von Saint-Thierry an die Fratres von Mont-Dieu vgl. PL 184, 307–354, sowie M. Bur, Saint-Thierry, une abbaye du VIe au XXe siècle, Saint-Thierry 1979, 261–438.

ten und jenen, die sich als für die Welt gestorben bezeichneten, nun auch den Zugang zu eben dieser Welt untersagten[10].

Derartige Streitigkeiten riefen Verwirrung hervor. Dazu kam, daß das Gelübde der *stabilitas loci* (Seßhaftigkeit) durch die unterschiedliche Auffassung in den einzelnen Orden untergraben wurde. Die Orden gerieten in Bewegung, etwa wenn Abteien samt ihren Filialen die benediktinische Observanz aufgaben und um Anschluß an Cîteaux baten oder wenn Kanonikerstifte samt ihren abhängigen Prioraten den gleichen Schritt vollzogen. Bewegung gab es aber auch auf individueller Ebene, etwa wenn Bernhards Vetter, Robert, Clairvaux verließ, um Cluniazenser zu werden, wenn ein Kanoniker Mönch wurde oder wenn ein Mönch die angenehme Lebensführung seiner Gemeinschaft aufgab, um sich einer strengeren Observanz anzuschließen. Aus diesem Tauziehen ging Bernhard von Clairvaux oft als Sieger hervor; bereits bevor er starb, hatten nämlich mehr als dreißig Benediktinerabteien die Observanz gewechselt und sich Cîteaux angeschlossen[11]. An der Grenze zwischen der Champagne und Lothringen etwa bewirkte die Ausstrahlung der Mönche von Trois-Fontaines, daß die Regularkanoniker einige erst kürzlich gegründete Häuser verloren[12]. Insgesamt betrachtet, gab es innerhalb der westlichen Christenheit zahlreiche Kontakte zwischen den Klosterinsassen, die sich in einer ihnen allen gemeinsamen Lebensform mit gleichen Problemen konfrontiert sahen, für die sie häufig gleichartige Lösungen fanden.

1. Die neuen Klöster: Gründungen und Zusammenschlüsse

Im Verlauf des 12. Jh. verdoppelte, ja verdrei- oder vervierfachte sich in jeder Region die Zahl der religiösen Gemeinschaften. Es herrschten nicht mehr die gleichen Bedingungen wie zur Zeit der Gründung der großen Benediktinerabteien im Frühmittelalter. Die Stellung des Adels war ungebrochen; noch immer war es Aufgabe von Fürsten, Grafen und hohen Adligen, ihre Frömmigkeit und Großzügigkeit dadurch unter Beweis zu stellen, daß sie durch eine Stiftung den Grundstock an Land und Einkünften für die Gründung einer Zisterzienserabtei oder eines Kanonikerstifts bereitstellten[13]. Derartige Schenkungen waren aber bei weitem nicht so freigebig wie zur Zeit der ersten Benediktiner. Anstatt mehrerer Hektar Wald und Kulturland, ja ganzer Weiler, kamen zur ursprünglichen Schenkung nur noch einige verstreute Bauernhöfe hinzu[14]. Die Empfänger solcher Stiftungen hatten nicht unbedingt die gleichen Wünsche: Benediktiner, die ein Priorat neben einer eben als Verwaltungsmittelpunkt eingerichteten Burg übernehmen sollten, erhielten bereits kultiviertes Land samt den Bauern, die es bebauten; gleiches galt auch für Hospize und Hospitäler, de-

---

[10] Zu diesen Ausführungen vgl. Lunardi, L'ideale monastico (s. Anm. 2).

[11] Bernard de Clairvaux. Etudes sur la vie de Saint Bernard, Paris 1953, 567f; A. Dimier, Saint Bernard et le droit en matière de „transitus", in: RMab 43 (1953) 48–82.

[12] L. Milis, L'ordre des chanoines réguliers d'Arrouaise, Brügge 1969, 160–166. Die Erwerbungen Cîteaux' gingen auf Kosten von Arrouaise. Zweifellos spielte dabei der persönliche Einfluß des Abtes Guy von Trois-Fontaines eine Rolle, aber es war Bernhard von Clairvaux, der dem Bischof von Verdun riet, die dortigen Benediktiner von Saint-Paul durch Regularkanoniker des Prämonstratenserordens zu ersetzen.

[13] Ch. Brooke, Princes and Kings as Patrons of Monasteries, in: Il monachesimo e la riforma ecclesiastica (1049–1122), Mailand 1971, 125–152.

[14] Vgl. etwa P. Gresser u. a., L'abbaye Notre-Dame d'Acey, Acey 1986.

ren Insassen auf feste Einkünfte angewiesen waren; Zisterzienser und Regularkanoniker des *ordo novus* wiederum zogen ungerodetes Land vor.

Bekannt ist die klassische Beschreibung in den Schenkungsurkunden[15], wonach die neuen Mönche im Schweiße ihres Angesichts daran gingen, die von wilden Tieren bevölkerten Wälder urbar zu machen, zu bebauen und Kirche und Wirtschaftsgebäude zu errichten. Insbesondere im Osten Deutschlands war das Ziel derartiger Schenkungen häufig die Besiedlung neuer Gebiete[16]. Charakteristisch für die Stiftungen jener Epoche war indes die gleichzeitige oder spätere Beteiligung des niederen Adels, der Ritter, der Ministerialen oder der reichen Bauern, die einerseits ein Lehen oder einen Teil eines Dorfes, andererseits eine Wiese, einen Wald oder eine Mühle stifteten. Jedes neue Kloster konnte mit einer Anzahl von bescheidenen Schenkungen rechnen. Es kam häufig vor, daß der Diözesanbischof zehn Jahre nach der ersten Schenkung und der Ankunft der zur Gründung erforderlichen zwölf Mönche in einer ersten Bestätigungsurkunde detailliert alle Zuwendungen aufführte, die den Erfolg der Gründung ermöglicht hatten. In der Folge wurden dann ziemlich regelmäßig Güterverzeichnisse aufgestellt, in denen in langen Listen die großzügigen neuen Schenkungen aufgeführt wurden, die aus dem Kloster ein eigentliches Gemeinschaftsunternehmen machten. In vielen Fällen ließen sich die adligen Stifter bei der Wahl des Ordens eher von den Zielen ihrer Familie als von religiösen Erwägungen leiten – vielleicht war es die Wortgewandtheit eines Zisterzienserabtes oder eines nur kurz an ihrem Sitz weilenden Kanonikers, vielleicht ahmten sie einen nahen Verwandten nach, der sie ermutigt und beraten hatte, oder aber sie erfüllten die Bitte eines mit ihnen verwandten Bischofs[17]. So war es das Ergebnis des frommen, nachahmenswerten Beispiels, wenn eine Region mehr Zisterzienser und eine andere mehr Regularkanoniker aufwies. In den Augen der Laien waren sich die beiden Ordensgemeinschaften ähnlich, was ihren gleichzeitigen Aufschwung erklärt.

Im 12. Jh. geht die Zeit der völlig unabhängigen Gründungen, wie dies die alten Benediktinerklöster waren, zu Ende. Gorze, Saint-Bénigne in Dijon und andere hatten jeder neu reformierten Abtei völlige Freiheit gelassen, während Cluny das Beispiel für einen Zusammenschluß vieler Klöster und Priorate unter der Autorität eines einzigen Abtes gegeben hatte. Zwischen diesen beiden extremen Auffassungen gab es Mittellösungen. Es lassen sich drei Stufen von Zusammenschlüssen unterscheiden. Auf der unteren Stufe finden sich die großen Benediktinerabteien, die unterschiedlich viele Priorate gründeten oder geschenkt erhielten – Priorate mit Verwaltungsaufgaben oder mit Seelsorgeverpflichtung, mit ein bis sechs oder sogar mehr Mönchen; Gorze besaß sechs Priorate, Saint-Bénigne in Dijon vierzig, darunter vier Nonnenklöster, Molesme verfügte über bis zu achtzig Priorate, ohne daß im Zusammenhang damit je von Kongregation oder Orden die Rede gewesen wäre[18]. Auf der nächsten Stufe kommen dann die kleinen Kongregationen, in denen sich vielleicht ein Dutzend Klöster zusammenfanden, deren Gründer sich auf ein und dasselbe Mutterkloster beriefen. Dies war der Fall für die „Orden" von Savigny, von Tiron, von Ca-

[15] Solche Beschreibungen stehen in der Einleitung der Urkunden.

[16] Ch. Higounet, Die deutsche Ostsiedlung im Mittelalter, Berlin 1986, 243f.

[17] R. Locatelli, L'implantation cistercienne dans le comté de Bourgogne, in: Aspects de la vie conventuelle au XIe–XIIe siècle, Lyon 1975, 59–117.

[18] Zahlreiche weitere Beispiele finden sich in P. R. Gaussin, L'Europe des ordres et des congrégations. Des Bénédictins aux Mendiants (VIe–XVIe s.), Saint-Etienne 1984.

douin oder für einige kleinere Regularkanonikerverbände, die, wie etwa San Freddiano bei Lucca oder Marbach, ihre eigenen Konstitutionen hatten. Auf der dritten Stufe erscheinen schließlich die großen, über mehrere Provinzen oder Länder verbreiteten Gemeinschaften – die Orden von Cîteaux, Prémontré, Arrouaise oder Saint-Ruf. Den mittleren oder großen Gemeinschaften stellte sich die Frage nach dem gemeinschaftsbildenden Geist, sowohl was die Beachtung des zu lebenden Ideals als auch was die materielle Grundlage betraf.

2. Die Äbte

Den hohen Würdenträgern, also dem Bischofsamt innerhalb des Weltklerus, entsprechen auf der Ebene des Ordenswesens die Äbte sowie gewisse Pröpste und Prioren. Die Benediktregel setzte den Abt als Vater der Mönche, ‚Herrscher' des Klosters und als Verantwortlichen für diejenigen ein, die ihm durch die Wahl anvertraut waren. Die Ausübung des Abbatiats verschaffte eine herausgehobene Stellung. Viele Vorsteher religiöser Gemeinschaften nahmen diesen Titel nicht an, sondern begnügten sich mit der Bezeichnung Prior. Bei den Cluniazensern, wo der Abtstitel dem Mutterkloster vorbehalten blieb, verfügten indes viele Prioren über mehr Einfluß als manche Benediktineräbte. In vielen Kongregationen hatten auch die Regularkanoniker das Abbatiat eingeführt. Im politischen, religiösen und gesellschaftlichen Leben jeder Region und jedes Landes nahmen die Äbte eine bedeutende Stellung ein. Auch für das reibungslose Funktionieren der Bistumsverwaltung waren sie unersetzlich, standen an erster Stelle in den Zeugenlisten bischöflicher Urkunden und gehörten auf den Synoden zu den bevorzugten Ratgebern der Bischöfe. Einige Abteien führten zur Gründung von Vorstädten, wo der Abt – zuweilen auch die Äbtissin – Stadtherr wurde, von dem die Schöffen abhingen. In Metz etwa wählten fünf Benediktineräbte am Fest des hl. Benedikt den höchsten Inhaber des Schöffenamtes. Gewisse Benediktineräbte verfügten über bedeutende Besitzungen, was ihnen wirtschaftliche Macht verlieh. Man denke dabei nur an Gemeinschaften wie Farfa, Montecassino, Fulda, St. Germain, Le Bec oder St. Peter in Gent; es ließen sich weitere Beispiele anführen, war doch die Zahl der Äbte in der westlichen Christenheit beträchtlich. Die hervorragendsten unter ihnen lebten häufig in der Bischofsstadt, wo sie ein Gegengewicht zur Bischofsgewalt darstellten; durch päpstliches Privileg konnten sie in den Genuß der Exemtion kommen, die sie von der Aufsicht des zuständigen Diözesanbischofs befreite und ihnen bei der Teilnahme an der Bischofswahl breite Möglichkeiten einräumte. Außerdem stand es ihnen zu, in Abwesenheit des Ortsbischofs in der Kathedrale die Messe zu lesen; in einigen Fällen trugen sie sogar Mitra und Stab. Zudem gab es Äbte, die später zu Bischöfen erhoben wurden. Solch glänzende Laufbahnen blieben demgegenüber Kanonikern weitgehend versagt. Selbst wenn sie die Abtswürde erlangen konnten, erreichten sie kaum den Einfluß eines Abtes, der einem großen, alten Benediktinerkloster vorstand. Von der Aura des monastischen Lebens profitierend, war der Abt eine wichtige Persönlichkeit des politischen und kirchlichen Lebens und entwickelte ein entsprechendes Selbstverständnis.

Innerhalb seines Klosters war der Abt – oder Prior – ein vielbeschäftigter Amtsträger, trug er doch jederzeit die Verantwortung für den reibungslosen Ablauf des Klosterbetriebs, selbst wenn er von einem oder mehreren Prioren, einem Verwalter, dem für die Unterbringung von Gästen verantwortlichen *hospitarius* und dem für die Kranken zuständigen *infirmarius* unterstützt wurde. Jeden Tag rief er das Kapitel zusammen, nahm die Eingeständnisse von Verfehlungen entgegen, verordnete Bußleistungen, nahm die Klagen der von seiner Abtei abhängigen Pächter entgegen, setzte Verträge auf, wachte über Käufe und Verkäufe und empfing die Profeß der Novizen. Daneben vernachlässigte er weder das eigene intellektuelle und spirituelle Leben noch das der Brüder. Viele Äbte waren auch als Autoren tätig und verfaßten liturgische oder theologische Abhandlungen. Weiter mußte sich der Abt, zumindest theoretisch, jedes Jahr zum Mutterkloster des Ordens begeben, um dort Rechenschaft abzulegen; dort traf er auch mit den anderen Äbten zusammen und nahm Anweisungen entgegen. Das traf freilich nur auf einen Teil der Äbte und Prioren zu, waren doch viele Häuser selbständig. In der Regel wurde der Abt von seinen Mitbrüdern gewählt, aber auch der Bischof oder der Landesherr machten weiterhin ihren Einfluß geltend; zudem kam es relativ häufig vor, daß der auf Lebenszeit gewählte Abt seinen Nachfolger bestimmte. Bei den Zisterziensern war es üblich, daß der Abt sein Amt wieder abgab und in die Gemeinschaft zurücktrat, bei den andern Orden weniger.

Hier seien nur einige der berühmtesten Äbte erwähnt. Da von Bernhard von Clairvaux, Norbert von Xanten und Petrus Venerabilis von Cluny und anderen Ordensgründern an anderer Stelle die Rede sein wird, sei hier lediglich auf Suger, Abt von St. Denis, Wibald, Abt von Corvey und Stablo-Malmedy und Wilhelm von Saint-Thierry verwiesen. Abt Suger von Saint-Denis ist eine jener beispielhaften Persönlichkeiten aus dem Benediktinerorden, die sowohl in der Kirche als auch in der Politik eine bedeutende Rolle spielten. Erwähnenswert ist nicht nur seine Stellung am Hof Ludwigs VI. und Ludwigs VII. von Frankreich – der Herrscher ernannte ihn für die Zeit seiner Abwesenheit im Kreuzzug sogar zum Regenten –, sondern auch seine Tätigkeit als Verwalter und Mäzen. Er hat Schriften hinterlassen, die uns Einblick in seine strenge Auffassung von der Führung eines Klosters geben; man sieht, wie er listig Argenteuil zurückgewinnt und die Nonnen, unter ihnen Héloïse, verjagt, wie er die frühesten Besitzungen seines Klosters aufzählt, um ein korrektes Güterverzeichnis zu erstellen. Er bleibt in Erinnerung als Erbauer einer die neue gotische Kunst inspirierenden grandiosen Abteikirche, in der er einen zweifachen Schatz vereint: die Mönche und die Könige, die auf ewig in der von den merowingischen Königen gegründeten Abteikirche ihre letzte Ruhe finden sollten. Parallelen zu Suger sind beim etwas jüngeren Wibald zu finden: Er ist königlicher Schreiber und Kanzler, er verwaltet gleichzeitig zwei bedeutende Benediktinerabteien seines Landes und ist ein hochangesehener Mäzen. Wibald hat eine umfangreiche Korrespondenz hinterlassen, die einen guten Einblick in Alltag und Wirken, aber auch in den Einfluß dieses bedeutenden Geistlichen in der königlichen Umgebung der Staufer gibt. Wilhelm von Saint-Thierry wiederum bietet das Bild eines bedeutenden, um geistige Besinnung bemühten Gelehrten, der seine monastische Berufung und seinen christlichen Glauben intensiv gelebt hat. – Drei Namen aus einer Reihe von Persönlichkeiten, die ebenfalls einer weiteren Würdigung wert wären[19].

3. Das Generalkapitel

Bis ins 12. Jh. hinein beruhte der Zusammenhalt eines Klosterverbandes auf dem Verwaltungsgeschick eines Mannes und der Treue zur Mutterabtei, wo die auftauchenden Disziplinar- oder Verwaltungsprobleme geregelt wurden. Stephan Harding, Abt von Cîteaux,

[19] Zur Stellung des Abtes, insbesondere im benediktinischen Bereich, vgl. allg. F. J. Felten, Herrschaft des Abtes, in: Herrschaft und Kirche, hrsg. von F. Prinz, Stuttgart 1988, 147–296.

Das mittlere Westportal der Abteikirche von Saint-Denis (1122–1151) erinnert im Reichtum des ikonographischen Programms an den großen Abt Suger von Saint-Denis, der als Wegbereiter der gotischen Kunst in Frankreich gilt.

wollte die Beziehungen zwischen den Filialklöstern geregelt wissen und schlug in der ersten *Charta caritatis* (1119; Regel der Zisterzienser) ein System gegenseitiger Beistandsleistung vor. *Caritas*, die gegenseitige liebende Zuwendung, sollte die Beziehungen zwischen den Ordensgliedern innerhalb eines Verbandes und auch zwischen verschiedenen Orden regeln. Jede Abtei unterwarf ihre Tochtergründungen einer jährlichen Visitation; diese wiederum hatten das Recht, ihr Mutterkloster um Hilfe anzugehen. Ein jährlich einberufenes Generalkapitel sollte die heiklen Fälle untersuchen und in disziplinarischen Fragen entscheiden. Die vier Äbte, die den ersten Gründungen von Cîteaux vorstanden, kehrten zur Erledigung der Ordensgeschäfte in die Mutterabtei zurück[20]. Diese Initiative kam sicherlich auch einigen Benediktineräbten oder dem Bischof von Reims zu Ohren, denn bereits um 1130 gab es analog zu den Generalkapiteln Versammlungen, in denen zahlreiche

[20] J. B. Mahn, L'ordre cistercien et son gouvernement, des origines au milieu du XIIIe siècle (1095–1265), Paris 1945; J. B. van Damme, Les pouvoirs de l'abbé de Cîteaux aux XIIe et XIIIe siècles, in: ACi 24 (1968) 47–85.

Äbte dieser Provinz über disziplinarische Fragen berieten [21]. Ein Brief Bernhards an die in Soissons versammelten Äbte läßt vermuten, daß ein direkter Zusammenhang zwischen der Initiative der Zisterzienser und der Versammlung in Reims besteht [22].

Um 1135/36 stimmte Innozenz II. diesem Plan zur Abhaltung jährlicher Versammlungen zu, deren Beschlüsse er zu ratifizieren gedachte. Ungewöhnlich in diesem Fall war, daß es sich um eine Annäherung und Verständigung unabhängiger Klöster handelte, die ohne die Hilfe des Erzbischofs oder des Papstes nicht beschlußfähig waren. Es war ein Versuch ohne unmittelbare Folgen. Prémontré nahm die Idee wieder auf, und schon bald wurde es den Äbten dieses Ordens zur Gewohnheit, sich jährlich in der Mutterabtei zu versammeln. Der Anfang war gemacht. Schon bald gab es nur noch wenige Orden ohne Generalkapitel [23]. Cluny folgte schon bald, und Petrus Venerabilis versammelte 1132 erstmals 200 Äbte und Prioren und nahezu 1200 Mönche seines Ordens, um einen Reformplan zu diskutieren [24].

4. Konversen und Diener

Seit langem waren Mönche und Nonnen auf die Unterstützung einer vielköpfigen Dienerschaft angewiesen – Männer und Frauen, die im Kloster selbst oder in unmittelbarer Nähe lebten und die häuslichen Aufgaben erledigten, Brot buken und Bier brauten, Dinge transportierten und auf den Markt gingen, den Abt und die Brüder auf Reisen beschützten sowie Kleider nähten und flickten [25]. Dieses zur Abtei gehörige Personal hatte nichts zu tun mit den Bauern, die den Grundbesitz bewirtschafteten. Es ist nur schwer auszumachen, bis zu welchem Grad die Dienerschaft der Mönche ins religiöse Leben des Klosters integriert war. Daß eine neue Kategorie von Klosterinsassen – die Konversen – geschaffen wurde, zeigt, daß das Problem existierte und sich in einer Weise entwickelte, die in keinem Verhältnis zu den ursprünglich vorhandenen praktischen Problemen stand. Das Wort „Konverse" existierte bereits vor 1100; als Adjektiv verwendet, bezeichnete es bestimmte Mönche oder Familiaren, die sich erst spät dem Klosterleben zugewandt hatten; erst im 12. Jh. kam dann das Substantiv auf, das eine bestimmte Kategorie von Klosterbewohnern bezeichnete, genauer gesagt Laien, die zwar ein den Mönchen ähnliches religiöses Leben führten, indes von diesen wiederum so verschieden waren, daß sie eine eigene rechtliche Stellung einnahmen [26]. Entstehung und Verbreitung der Konversen war – gemäß J. Dubois zu Unrecht – in Zusammenhang mit den zuweilen negativen Veränderungen des benediktinischen Lebens

---

[21] St. Ceglar, Guillaume de Saint-Thierry et son rôle directeur aux premiers chapitres des abbés bénédictins, Reims 1131 et Soissons 1232, in: Bur, Saint-Thierry (s. Anm. 9) 299–350 (mit entsprechenden Texten). Ausschlaggebend war die Rolle des von Bernhard von Clairvaux beeinflußten Guillaume.

[22] Sancti Bernardi opera (s. Anm. 5), Brief 9132.

[23] Verbürgt ist ein Generalkapitel für Savigny, Grandmont und die Grande Chartreuse.

[24] M. Pacaut, L'ordre de Cluny, Paris 1986, 212.

[25] L. Moulin, La vie quotidienne des religieux au Moyen Age, X^{e}–XVe siècle, Paris 1978.

[26] Zu diesem oft abgehandelten Thema siehe inbesondere M. Laporte, „frères", in: DSp V (1964), 1193–1204, ferner die Untersuchungen von K. Hallinger, Woher kommen die Laienbrüder?, in: ASOC 12 (1956) 1–104, sowie J. Dubois, L'institution des convers au XIIe siècle, forme de vie monastique propre aux laïcs, in: I laici nella „Societas Christiana" dei secoli XI e XII, Mailand 1968, 183–261 (Ndr. Histoire monastique en France au douzième siècle, London 1982, 183–261; unterschiedl. Seitenzählung). Umfassend dargestellt wird das Thema auch in: K. Elm (Hrsg.), Beiträge zur Geschichte der Konversen im Mittelalter (Ordensstudien 1), Berlin 1980.

in Zusammenhang gebracht worden: Aufgabe der Handarbeit durch die vom Klerikerstatus angezogenen und von einer umfangreichen Liturgie höchst beanspruchten Mönche, Notwendigkeit der Verwaltung von entlegenen Gütern, stärkerer Wunsch der *familia* nach einem religiösen Lebenswandel[27]. In Wahrheit besteht ein Zusammenhang mit dem zunehmenden Ansturm von Laien, die sich berufen fühlten, und der Unmöglichkeit, jeden Kandidaten aufzunehmen und ihn zu einem dem liturgischen Dienst geweihten Mönch auszubilden. Zugleich eröffnete sich so die Möglichkeit, Nichtadlige und Unfreie aufzunehmen, ohne sie notwendigerweise in die monastische Elite zu integrieren[28].

Cîteaux fand die Lösung des Problems bzw. entwickelte die Lösungsansätze der italienischen Camaldulenser weiter. Im *Exordium parvum* stehen dazu folgende aufschlußreiche Sätze:

Nachdem die neuen Soldaten Christi – arm, wie Christus arm war – die Reichtümer dieser Welt verachtet hatten, begannen sie sich zu fragen, wie sie ihren Unterhalt aufbringen und die armen und reichen Gäste empfangen könnten, die sie gemäß der Regel wie Christus empfangen sollten. Sie beschlossen, die Einwilligung ihres Bischofs vorausgesetzt, bärtige Laienkonversen aufzunehmen, die sie zu Lebzeiten und auch im Sterben wie ihresgleichen behandeln würden, ausgenommen das Mönchtum. Sie würden auch bezahlte Kräfte einstellen. Die Mönche waren der Meinung, es wäre ihnen ohne deren Unterstützung nicht möglich, Tag und Nacht die Regel in vollem Umfang einzuhalten[29].

Mit diesen Sätzen ist beinahe alles gesagt. Die Gründer von Cîteaux kannten die Lage der isolierten, zur Verwaltung einer entlegenen Besitzung abgeordneten Mönche, die ihrem Stande gemäß unter Bedingungen leben mußten, die eben dies nicht erlaubten. Die Consuetudines des Ulrich von Zell enthielten Bestimmungen, die das Alltagsverhalten der Dekane als Aufseher der Bewirtschaftung festlegten und darüber wachten, daß sie nach bestem Vermögen die Regel und die Bräuche befolgten, die sie erst eigentlich zu Mönchen machten. Es war nicht immer möglich, in den Prioraten das monastische Leben der Abtei im kleinen zu haben. Indem Cîteaux eine weniger streng an die Regel gebundene Gruppe innerhalb des Konvents schuf, hielt der Orden an der ursprünglichen Absicht fest, den weltlichen Besitz durch Mönche verwalten zu lassen. Auf der einen Seite die zum Gottesdienst verpflichteten Brüder, die nach den Ordenssatzungen lebten, auf der anderen Seite Laienbrüder, die sich durch andere Kleidung und einen Bart unterschieden, die insbesondere in den Grangien (= landwirtschaftliche Betriebe) lebten und besondere Bräuche hatten – alle aber waren Zisterzienser. Wie in den alten Benediktinerabteien gab es als zusätzliche Arbeitskräfte bezahlte Haushaltskräfte und Taglöhner[30].

---

[27] Siehe obige Anm. Die Hypothese von der zunehmenden Bedeutung der *familia* wird von M. Laporte vertreten.

[28] Das Generalkapitel von 1188 faßte den Beschluß, ein bekehrter Ritter sei zwangsläufig Mönch und nicht Konverse, vgl. J.-M. Canivez, Statuta Capitulorum Generalium Ordinis Cisterciensis (SCGOC) 8 Bde., Löwen 1933–1944, Bd. I: 1116–1220, 18. Der bekehrte Ritter besaß eigentlich nicht die nötige intellektuelle Bildung, um Mönch zu sein.

[29] J. Dubois, L'institution monastique des convers, in: I laici (s. Anm. 26) 187. W. Teske, Laien, Laienmönche und Laienbrüder in der Abtei Cluny. Ein Beitrag zum „Konversen-Problem", in: FMSt 10 (1976) 248–322, und 11 (1977) 288–339.

[30] O. Ducourneau, De l'institution des us des convers dans l'ordre de Cîteaux (XIIe et XIIIe siècles), in: Saint Bernard et son temps, Dijon 1929; Dubois, L'institution des convers. in: I laici (s. Anm. 26); M. Toepfer, Die Konversen der Zisterzienser. Untersuchungen über ihren Beitrag zur mittelalterlichen Blüte des Ordens (Diss.), Berlin 1983.

Die Kartäuser wiederum trennten die in ihren Zellen lebenden Priestermönche von den die körperliche Arbeit verrichtenden Laien. Diese wurden als Diener nicht aus der Gemeinschaft ausgeschlossen, sondern blieben Mitglied des Konvents und des Ordens, wenn auch mit gemilderten religiösen Verpflichtungen [31]. Die Institution „Konversen" wurde also für Laien geschaffen, die im Gegensatz zu den Priestermönchen nicht fähig waren, das liturgische Leben der Brüder zu führen, die den Gottesdienst versahen. Sie erfüllten die Aufgaben, die früher Mönchen oder Dienern zugefallen waren, und zwar nicht, um die Mönche von gewissen Arbeiten fernzuhalten, sondern um den Konversen Eingang in die Religionsgemeinschaft zu verschaffen. Im Verlauf des 12. Jh. tauchten die Konversen allmählich in den Statuten und Konstitutionen auf [32]. Die Institution der Konversen war eine im Rahmen der monastischen Erneuerung von den gewandelten gesellschaftlichen und religiösen Bedingungen des 12. Jh. aufgezwungene Neuschöpfung. Eindeutige Beispiele dafür sind Cîteaux, Chalais und die Grande Chartreuse, aber auch überall sonst fand die Institution Verbreitung; die Chronik von Petershausen etwa erwähnt neben den Mönchen regelmäßig die barttragenden Brüder, was sie nicht getan hätte, hätte es sich bei ihnen um einfache Diener gehandelt.

Die Regularkanoniker konnten sich dieser Entwicklung nicht entziehen, und auch bei ihnen gab es männliche und weibliche Konversen. Im 12. Jh. werden die bei den Kanonikern von Klosterrath (Rolduc), Arrouaise oder Prémontré einfache Arbeiten verrichtenden Konversen nicht bloß erwähnt, sondern aufgezählt; man ist sich bewußt, daß es sich nicht um die *familia* handelt, sondern um Laien, die sich dem gleichen Lebensideal verschrieben haben wie die Ordensleute [33], ein Paradoxon, sobald es sich um Regularkanoniker, also um die Kleriker schlechthin, handelt, denn Laien kann man ihnen nicht gleichstellen. Doch was hier de facto zählte, war die Wahl eines Lebensideals, die Entscheidung, ein bestimmtes Gewand zu tragen, sich dem Gebot des vollkommenen Gehorsams und der Demut zu unterwerfen, zum Wohle der Gemeinschaft Handarbeit zu verrichten und sich dem Gebet hinzugeben. Die zisterziensischen Satzungen zu Status und Gewohnheiten der Konversen *(Usus conversorum)* fanden bei den Regularkanonikern weite Verbreitung [34]. Zweifellos stellt die Institution der Konversen eine bemerkenswerte Neuerung dar – ein Werk der Barmherzigkeit der dem religiösen Leben geweihten Männer und Frauen den inzwischen unentbehrlich gewordenen *illiterati* gegenüber. Es war der Versuch, sich den Laien zu öffnen, indem sie in die Gemeinschaft integriert und auch in den Nekrologen aufgeführt wurden [35].

---

31 Dubois, L'institution des convers, in: I laici (s. Anm. 26), vor allem 215–217. Ein Vergleich mit den Konversen des Prämonstratenserordens ist nicht möglich, denn diese waren Religiosen. Die Zisterzienserkonversen gehörten wie die Chormönche dem Orden an.

32 In Chalais gab es sie gemäß Dubois, L'institution des convers, in: I laici (s. Anm. 26) 205–212, bereits im Jahr 1127. Erwähnt sind sie auch im Benediktinerpriorat von Ulmoy, wo zu den Mitgliedern 30 Monialen, 6 männliche und 8 weibliche Konversen zählten (Arch. dép. Marne 73 H 1).

33 C. D. Fonseca, I conversi nella communità canonicali, in: I laici (s. Anm. 26) 262–305.

34 Ebd. 300.

35 Ein Totenbuch der Abtei von Saint-Pierremont (Diözese Metz) zählte nacheinander Kanoniker, männliche und schließlich weibliche Konversen auf (Bibl. Metz, ms 1174).

5. Eine Gemeinschaft mit Ausstrahlungskraft

Monastische und kanoniale Orden standen miteinander in Verbindung und beeinflußten sich gegenseitig. Daß sich die Institution Generalkapitel allgemein verbreitete und gleichzeitig die Institution der Konversen geschaffen wurde, läßt auf die Osmose zwischen Orden und Kongregationen schließen. Auch eine aufmerksame Analyse der Statuten zeigt, wie sich Zisterzienser und Regularkanoniker in diesem Sinne gegenseitig befruchteten[36]. So erstaunt nicht, daß Bernhard von Clairvaux bei der Ausarbeitung der Regel des Templerordens mitgewirkt hat. Handarbeit, Generalkapitel, Ornamentik und Architektur – in diesen wie in anderen Bereichen gingen von Cîteaux häufig Impulse aus, aber selbstverständlich sahen sich alle Gemeinschaften mit den gleichen Problemen konfrontiert, für die sie ähnliche Lösungen fanden. Außerhalb der Klostermauern trafen sie sich, absichtlich oder zufällig, auf den Pilgerwegen, auf dem Weg nach Rom, am Hof des Bischofs oder des Herrschers sowie bei Synoden und Konzilien. Die Äbte kannten sich, besuchten sich gegenseitig, respektierten sich, bezeugten gemeinsam mit ihrer Unterschrift die bischöflichen Urkunden, standen ihrem Bischof bei der Rechtsprechung mit Ratschlägen zur Seite oder wurden vom Papst als Schiedsrichter in strittigen Fragen eingesetzt[37]. Die *scriptoria* (Schreibstuben) tauschten Handschriften aus[38] und schöpften aus einem gemeinsamen Schriftenfundus. Mönche und Chorherren verständigten sich insbesondere darauf, füreinander zu beten. Nach den karolingischen oder ottonischen Verbrüderungsbüchern waren es die Nekrologe, die das Netzwerk gemeinsamer Reformbestrebungen deutlich machten[39]. Das von den Benediktinern geschaffene Prinzip der Gebetsgemeinschaften zwischen den Klöstern blieb über die Entstehung unterschiedlicher Orden hinaus erhalten, und diese *confraternitas* der Klöster im 12. Jh. verwischte die Auseinandersetzungen um Ideal und Lehre.

In der abendländischen Christenheit gibt es zahlreiche Beispiele für derartige Zusammenschlüsse im Geiste monastischer und kanonikaler *caritas*, für die *fraternitas* der in der Militia Christi vereinigten Ordensleute. Ein Beispiel, dasjenige von Solignac[40], möge dies veranschaulichen. Diese 632 entstandene Benediktinerabtei in der Diözese Limoges bewahrt eine Reihe von Totenbüchern auf, die Hinweise auf die Memoria für verstorbene Brüder aus zahlreichen Klöstern geben; erwähnt sind 37 Häuser in siebzehn Diözesen sowie mehrere Orden: Benediktiner, Zisterzienser, Regularkanoniker, dazu mehrere Mutter-

---

[36] Ein Beispiel dafür sind die Satzungen von Oignies.

[37] In Ausnahmefällen verfügen sie über ein Kontrollrecht über eine Nachbarabtei. Das war der Fall bei der Wahl eines Abtes in Fulda durch sächsische Äbte im Jahr 1146, vgl. F. J. Jakobi, Die Auseinandersetzungen um den Fuldaer Abbatiat in den Jahren 1147–1150, in: Die Klostergemeinschaft von Fulda im frühen Mittelalter II/2, hrsg. von K. Schmid, München 1978, 963–987. Im 12. Jh. beginnt Rom Gruppen von je zwei Äbten aus verschiedenen Orden zur Beilegung von regionalen Konflikten zu bestimmen.

[38] F. Dolbeau, Quelques aspects des relations entre bibliothèques d'établissements religieux (XIIe–XVe siècles), in: Naissance et fonctionnement des réseaux monastiques et canoniaux, Saint-Etienne 1991, 495–510.

[39] Gorze stellt auch im 12. Jh. für die Benediktiner einen wichtigen Knotenpunkt dar, werden doch die dortigen Mönche Äbte von Abteien in der Diözese Metz, vgl. M. Parisse, Le nécrologe de Gorze, Nancy 1971, 46. Der Nekrolog von Schwarzenthann im Elsaß spiegelt wie Gorze in seinen Einträgen die regionale und örtliche Beschränkung wider, vgl. M. Parisse, L'enseignement historique du nécrologe, in: Le Codex Guta-Sintram II, hrsg. von B. Weis, Luzern 1983, 145–147.

[40] J.-L. Lemaître, Les documents nécrologiques de l'abbaye Saint-Pierre de Solignac, Paris 1984, 53–81 (mit Karte).

klöster wie La Chaise-Dieu, La Sauve-Majeure, Artige oder Grandmont. Die meisten sind in der Nähe von Solignac, in den Kirchenprovinzen Bordeaux und Bourges gelegen, aber die Abtei im Limousin war auch mit Saint-Eloi in Noyon, Saint-Amand (Diözese Tournai), Saint-Remacle in Stablo (Diözese Lüttich), San Michele della Chiusa (Diözese Turin) verbunden. Inmitten dieser männlichen Gesellschaft findet sich als einzige Frauenabtei jene von Ligneux im Périgord. Derartige Übereinkünfte setzten die gegenseitige Bekanntmachung der Todesfälle voraus, wobei das solcherart „assoziierte" Kloster für einen verstorbenen Bruder die Totenmesse feierte; darauf folgte oft der Eintrag in das Totenbuch. Im Fall von Stablo, dessen Entfernung eine angemessene Nachrichtenübermittlung unmöglich machte, war man übereingekommen, jedes Jahr sieben komplette Totenoffizien für die Verstorbenen der Schwesterabtei zu feiern[41]. Derartige Abkommen fanden im Angebot gegenseitiger Gastfreundschaft ihre praktische Fortsetzung[42].

Neben dieser organisierten *fraternitas* gab es Gelegenheitszusammenschlüsse. Ein Beispiel dafür sind die Totenrollen. Beim Tod eines Abtes wurde einem Mönch eine Pergamentrolle übergeben, mit der er von Kloster zu Kloster reisen mußte. In ihr wurden dann einige Sätze und einige Namen eingetragen[43]. So waren einige Dutzend Priorate und Abteien verschiedenster Orden im Tod eines „Bruders in Christus" miteinander verbunden. Die älteste der 320 erfaßten oder erwähnten Rollen ist jene von Gauzbert, Mönch von Saint-Martial in Limoges († 968/977). Aus dem 12. Jh. stammen umfangreiche Rollen, etwa jene der Äbte Hugo von Saint-Amand († 1107), Vital von Savigny († 1122/23)[44] oder Boso von Suse. Unter Benediktinern und Regularkanonikern war dies gängige Praxis, es wurden aber nicht nur die Häuser der eigenen Observanz besucht, offenbar besaß die gemeinsame Regel der Gastfreundschaft auch über die Grenzen der organisierten Gemeinschaft hinaus ihr Gewicht. Man sieht daran, daß ein Gemeinschaftsgeist die Ordensleute auch in einer Zeit verband, da jeder Orden und jede Kongregation ihre Eigenart betonen wollte und deshalb Bräuche niederschrieb, ihre Einmaligkeit durch die Wahl einer besonderen Kleidung betonte und sich vom jährlichen Generalkapitel mehr Zusammenhalt erhoffte.

6. *Kleidung*

Das Bild, das sich die Öffentlichkeit bis zum 12. Jh. von den Mönchen machte, war dasjenige von schwarzgekleideten Männern, das Haupt mit einer Kapuze bedeckt, die wie die Kleriker an Prozessionen teilnahmen, aber nicht herumreisten. Nun aber waren Zisterzienser und Regularkanoniker, Hospitalbrüder und Mitglieder der Ritterorden, die Ordens-

[41] Ebd. 78–79 (Konvention von 1134).

[42] Ebd. 66–67. Gemäß einer Urkunde aus dem Jahr 1265, worin ein älteres Abkommen bestätigt wurde, mußte der Abt von Solignac den Monialen von Ligneux zwei neue Bronzebecken für die Händewaschung als Geschenk mitbringen; umgekehrt mußte die Äbtissin, wenn sie sich nach Solignac begab, zwei erlesene Tischdecken für die Refektoriumstische mitbringen – in beiden Fällen wurde als Grund die *societas* angegeben. Abt und Äbtissin konnten je als Schiedsrichter fungieren.

[43] L. Delisle, Rouleaux des morts du IXe au XIVe siècle, Paris 1866; J. Dufour, Les rouleaux et encycliques mortuaires de Catalogne (1008–1102), in: CCM 20 (1977) 13–48.

[44] Die Totenrolle des Vital, Abt von Savigny, umfaßt 207 Eintragungen zwischen 1122 und 1123 aus verschiedenen Kirchen in Frankreich und England. Ausgabe mit phototechnischer Wiedergabe und Einleitung, Paris 1909.

leute ganz allgemein überall präsent, bereisten Stadt und Land und fielen mit ihrem je nach Orden verschiedenfarbigen Habit auf[45]. Als erste hatten die Zisterzienser zwischen 1110 und 1120 das Schwarz aufgegeben und sich in ungebleichtes weißes Wolltuch gekleidet, lehnten sie doch den Luxus gefärbten Tuches ab. Die Naturfarbe ihres wollenen Habits führte dazu, daß sie als graue, die Benediktiner wiederum als schwarze Mönche bezeichnet wurden. Dieselbe Wahl wurde auch von den Prämonstratensern getroffen, die sich um Norbert scharten, der seinen früheren Stand als Weltkleriker vergessen wollte; auch sie übernahmen das Naturweiß der Wolle.

Zum Mönchsgewand gehörte neben der einfachen Tunika, dem wichtigsten Kleidungsstück, eine Kukulle (Kapuze), die Haupt und Schultern bedecken mußte und an Tunika oder Mantel befestigt war, sowie ein über die Schultern gelegtes Skapulier ohne Ärmel. Diese farbigen Kleidungsstücke bekamen einen bisher unbekannten Stellenwert. Nun waren die Kleriker von den Mönchen, die Benediktiner von den Zisterziensern, die Prämonstratenser von jeder anderen Regularkanonikerkongregation besser zu unterscheiden. Ein Wechsel in Habit oder Farbe konnte auf Widerstände stoßen, wie sich in Saint-Pierremont zeigte, als der neue Abt, ein Anhänger der Prämonstratenser, in seiner Abtei das Weiß durchsetzen wollte; der Papst befahl die Rückkehr zu den früheren Farben[46]. Neben dem vergleichbaren Lebensstil trug die Entscheidung von Zisterziensern und Prämonstratensern für weißgrau zweifellos dazu bei, daß sie als Einheit gesehen wurden und überaus erfolgreich waren. Sie warfen – ganz Asketen – den Cluniazensern vor, Pelze zu tragen, während Petrus Venerabilis demgegenüber vertrat, die Benediktinerregel untersage das Pelztragen nicht, und es sei nötig, kranke oder hinfällige Mönche vor der Kälte zu schützen. Schwarz gegen Weiß – jeder schrieb der von ihm getragenen Farbe einen besonderen Vorzug zu.

Der Anfang war gemacht. Nun galt es, die Kleidung zu verändern, zu unterscheiden. Der Konverse in Cîteaux wurde braun eingekleidet und trug eine Tunika, die ihm Bewegungsfreiheit ließ. Ein weiteres Unterscheidungsmerkmal war die Tonsur oder aber, im Falle der Konversen, der Bart. Die in den Hospitälern tätigen Brüder hatten einen einfacheren Habit; als Laien unterschieden sie sich von den Kapellänen. Dann gab es die Ritterorden: Auf ihrer weißen Kleidung (Tunika und Mantel) trugen Templer und Johanniter das berühmte rote oder schwarze Kreuz, das ihren Glanz ausmachte, desgleichen der Deutsche Orden. Die Mönchsorden hatten innerhalb eines halben Jahrhunderts den anderen Orden Platz machen müssen – ein beträchtlicher Wandel[47].

---

[45] Vgl. das Stichwort „abito religioso", in: Diz. Ist. Perf. I (1974) 50–61.

[46] M. Parisse, Les chanoines réguliers en Lorraine. Fondations, expansion, in: Annales de l'Est (1968) 347–388.

[47] Die Vielfalt der Mönchskleidung galt als Zeichen von Uneinigkeit und Spaltung; das läßt sich aus einer Bulle Innozenz' III. aus dem Jahr 1201 schließen, vgl. M. H. Vicaire, Vie commune et apostolat missionnaire. Innocent III et la mission de Livonie, in: Dominique et ses prêcheurs, Freiburg i.Ue. 1977, 185.

II. Monastische Gemeinschaften

1. Cluny und Petrus Venerabilis

Im April 1109 starb Abt Hugo von Cluny. Sein Tod markiert das Ende einer Epoche. Dieser fromme Mönch mit Autorität war aktiv an den wichtigsten religiösen Ereignissen seiner Zeit beteiligt gewesen. Er regierte – der Ausdruck ist nicht übertrieben – über eine beachtliche Zahl von Abteien oder Prioraten, deren Gemeinsamkeit neben dem Gehorsam seiner Person gegenüber die Unterwerfung unter den Abt oder Prior und unter die cluniazensische Observanz war[48]. Zum Zeitpunkt seines Todes war das Mönchtum im Aufbruch; die Eremiten hatten an ehrwürdigen Traditionen gerüttelt, die Regularkanoniker traten als Konkurrenten der Mönche auf, während jenseits der Saône, im Wald von Cîteaux, eine noch bescheidene Gründung ihr Heil abseits jenes Weges suchte, den die im Aufbau befindliche beeindruckende Kirche von Cluny symbolisierte. Hugos Tod hätte die Schleusen öffnen können für Gewaltausbrüche jener Laien oder Kleriker, die ihn gefürchtet hatten; zugleich bot sein Ableben die Möglichkeit zu einer neuen Verwaltung seines „Reiches".

Als Abt wählten die Mönche von Cluny nach Hugos Tod einen der Ihren, Pontius von Melgueil, einen jungen Adligen aus dem Languedoc, von dessen bisheriger Stellung innerhalb des Konvents nichts bekannt ist. Pontius war ein 35jähriger Mann, dessen Vorzüge dem Wählergremium bekannt sein mußten[49]. Vom eben verstorbenen Abt war er nicht zum Nachfolger bestimmt worden. Pontius wurde von Rom sofort anerkannt, denn der damalige Papst, Paschalis II., war sein Pate. Unter dem neuen Abt von Cluny gingen die Arbeiten an der Klosterkirche weiter und erhöhte sich noch die Zahl der ihm zwischen Burgund und England unterstellten Abteien. Er bemühte sich erfolgreich um die Erneuerung der alten und neuen Privilegien seines Ordens, sogar der direkt an die Person des Abtes von Cluny gebundenen Rechte. Im aufkommenden Streit zwischen Kaisertum und Papsttum wurde er als Schiedsrichter angerufen. Falls er mit Schwierigkeiten zu kämpfen hatte, ist davon nichts bekannt geworden; einzig 1119 mußte er einen harten Angriff seines Diözesanbischofs, des Bischofs von Mâcon, und des zuständigen Metropoliten, des Erzbischofs von Lyon, in einem Zehntstreit abwehren[50].

Dann brach eine Krise aus, als 1122 Pontius' Verwaltung von den Mönchen in Frage gestellt wurde. Aus nicht bekannten Gründen begab sich der Abt nach Rom[51], wo er seine Abtswürde verlor oder freiwillig darauf verzichtete. Sein Nachfolger wurde für einige Monate der alte Prior von Marcigny, dann wurde der Prior von Domène, Peter von Montboisier, gewählt. In Cluny nahm das Leben wieder seinen gewohnten Gang. 1125 tauchte Pontius plötzlich wieder in Cluny auf und wollte in Abwesenheit seines Nachfolgers sein

---

[48] Eine Übersicht über die Niederlassungen der Cluniazenser findet sich in: Atlas zur Kirchengeschichte, Freiburg i. Br. 1970, Karten 47 und 48. Zum Abbatiat Hugos von Cluny vgl. jetzt A. Kohnle, Abt Hugo von Cluny (1049–1109), Sigmaringen 1993.

[49] H. E. J. Cowdrey, Abbot Pontius of Cluny (1109–1122/6), in: SGSG 11 (1978) 177–277.

[50] Eine Zusammenfassung seiner Aktivitäten findet sich in: M. Pacaut, L'ordre de Cluny, Paris 1986, 188–194.

[51] Entweder riefen die Mönche den Papst an, oder Pontius selbst wollte sich mit dem nach Rom zurückgekehrten Calixt II. unterhalten, oder aber er befand sich noch auf dem Weg ins Heilige Land, wohin er sich tatsächlich begab.

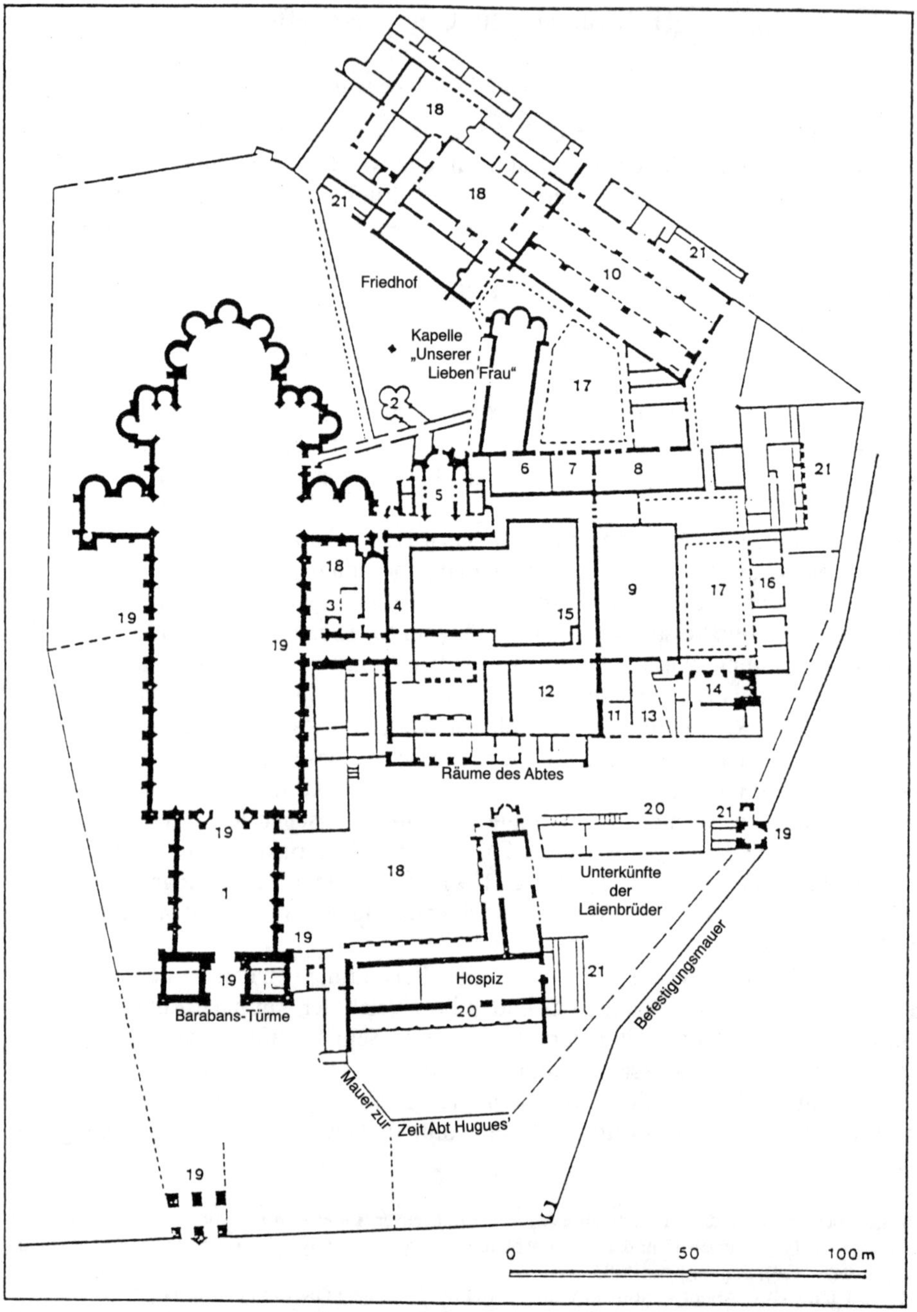

Cluny.– 1. Narthex; 2. Kapelle; 3. Sakristei; 4. Skriptorium; 5. Chor von Cluny II; 6. Kapitelsaal; 7. Sprechzimmer; 8. Schlafsaal; 9. Refektorium; 10. Krankensaal; 11. Küche; 12. Vorratskeller; 13. Wäscherei; 14. Bäckerei; 15. Waschraum; 16. Novizenhaus; 17. Kreuzgänge; 18. Höfe; 19. Tore; 20. Pferdeställe; 21. Latrinen.

früheres Amt wieder übernehmen. Seine Rückkehr rief große Unruhe hervor und machte deutlich, daß in Cluny zwei sich bekämpfende Gruppen lebten. Honorius II. rief die beiden Parteien zu sich, ließ dann Pontius ins Gefängnis werfen, wo dieser ein Jahr darauf verstarb. Derjenige, der unter dem Namen Petrus Venerabilis in die Geschichte eingegangen ist, behielt seinen Platz; er stand am Anfang eines dreißigjährigen Abbatiats, in dessen Verlauf er den durch die jüngsten Ereignisse zutiefst verunsicherten Orden zu stabilisieren vermochte.

Hier ist nicht der Ort, einmal mehr nach den Gründen dieser Verunsicherung zu suchen; derartige Analysen verliefen bisher in zwei verschiedenen Richtungen: Entweder sah man die Ursachen für Pontius' Sturz in der feindlichen Haltung der Bischöfe den exzessiven Privilegien Clunys gegenüber[52] oder aber in der Weigerung gewisser Mönche, Pontius' Reformprojekte mitzutragen[53]. Mußte Pontius sein Amt abgeben, weil die konservativen Mönche von Cluny jeden Wandel, der sie Cîteaux nähergebracht hätte, ablehnten oder weil die Bischöfe nach dem langen Investiturstreit alle ihre Diözesanrechte zurückgewinnen wollten – und sei es gegen den mit den meisten Privilegien ausgestatteten Orden? Offiziell ist von übertriebenen Ausgaben des abgesetzten Abtes die Rede[54].

Bewiesen ist, daß Clunys Einkünfte stark gesunken waren, während die Bedürfnisse gleich blieben oder stiegen[55]: kostspielige Bauten, Pflicht zur Verteilung vieler Almosen[56] sowie veränderte wirtschaftliche Faktoren. Es war zweifellos notwendig, auch gegen die Auffassung der Bischöfe, weiterhin den Zehnten und zusätzliche kirchliche Abgaben zu erheben und das Leben der Mönche im Kloster selbst zu verändern und einzuschränken. Auf jeden Fall zeigte sich mit Petrus Venerabilis, daß die von Abt Hugo übernommene Verwaltungstechnik nicht einfach weitergeführt werden konnte, denn das behagliche Leben in einem Orden, auf den sie stolz waren, führte dazu, daß die Mönche ihr ursprüngliches Ideal vergaßen. Es galt zu handeln.

Es wird noch lange darüber diskutiert werden, ob die ganz unvermittelt gegen Cluny einsetzende Polemik, zu der sich Bernhard von Clairvaux aus Wut über den Übertritt seines Vetters von Cîteaux nach Cluny[57] hatte hinreißen lassen, auslösendes oder lediglich zusätzliches Moment war. Die Krise macht deutlich, mit welchen Fragen sich die Schwarzen Mönche, nicht die Cluniazenser allein, angesichts des Aufschwungs der Grauen Mönche konfrontiert sahen. Petrus Venerabilis konnte diese Tatsache nicht ignorieren, weshalb er 1132 rund 1500 Cluniazenser zusammenrief, um gemeinsam gewisse grundsätzliche

---

[52] Diesen Standpunkt vertritt P. ZERBI, Intorno a lo scisma di Ponzio, abbate di Cluny (1122–1126), in: Tra Milano e Cluny (Italia sacra 28), Rom 1978, 309–371. Erwähnt sei auch G. TELLENBACH, der sich stärker auf die Beziehungen zwischen Pons und dem Papsttum konzentriert: La chute de l'abbé Pons et sa signification historique, in: AMidi 76 (1964) 355–363 (gekürzte Fassung von: Der Sturz des Abtes Pontius von Cluny und seine geschichtliche Bedeutung, in: QFIAB 42–43, 1964, 13–55).

[53] Das von A. H. BREDERO zusammengestellte vollständige Dossier ist zugänglich in: Cluny et Cîteaux au douzième siècle. L'histoire d'une controverse monastique, Amsterdam 1986.

[54] So lauten zumindest die Klagen der Mönche.

[55] G. DUBY, Economie dominiale et économie monétaire: le budget de l'abbaye de Cluny entre 1080 et 1155, in: Annales ESC 7 (1952) 155–171.

[56] J. WOLLASCH, Die mittelalterliche Lebensform der Verbruderung, in: K. SCHMID – J. WOLLASCH (Hrsg.), Memoria. Der geschichtliche Zeugniswert des liturgischen Gedenkens im Mittelalter (Münstersche Mittelalter-Studien 48), München 1984, 215–232.

[57] Zum Brief an Robert und zur Apologie vgl. oben Anm. 5.

Aspekte der Observanz zu überdenken[58]. Die Liturgie sollte wieder bescheidener gestaltet[59], die Aufnahme von neuen Mitgliedern überwacht werden, damit dem Orden wieder mehr Anwärter für das monastische Leben und weniger unfähige Bewerber zugeführt wurden, die einzig an einem sorgenfreien Leben interessiert waren. In allen Ordenshäusern, auch den kleinsten, sollten Schweigegebot, Fasten, Enthaltsamkeit und geistige Kultur wieder zum Niveau von Clunys Anfängen zurückfinden. Ob dies nun Rückbesinnung auf die Tradition, Restauration oder aber Reform genannt werde, war unwichtig; Cluny bewies, daß es sich auf die anderen einstimmen konnte.

Dies alles wurde in Statuten festgelegt, die Ausfluß der unermüdlichen Tätigkeit des Petrus Venerabilis sind; er war bemüht, seinen Orden zu stabilisieren, indem er ihn stärker strukturierte und alljährlich ein Generalkapitel einberief, das besser geeignet war, jenen Zusammenhalt zu sichern, den Abt Hugo um den Preis unzähliger Reisen verwirklicht hatte. Diese jährliche Versammlung bot die Möglichkeit, Konflikte zu regeln, Streitigkeiten zu schlichten und Aufruhr zu unterdrücken. Gleichzeitig konnten dank der Großzügigkeit Heinrichs von Blois, Bruder des Königs von England und früherer Bischof von Winchester, der sich nach Cluny zurückgezogen hatte, die Finanzen auch wieder in Ordnung gebracht werden[60]. Der Orden hatte die Geistesschärfe Maiolus' und Odos, die Aura und Autorität Hugos gekannt, nun konnte er auf Petrus Venerabilis' Besonnenheit zählen.

Bis und während Hugos Abbatiat ist Clunys Geschichte gut, später nur lückenhaft dokumentiert. Die einzige Ausnahme stellt Petrus Venerabilis dar[61]. Grund dafür ist seine außergewöhnliche und einnehmende Persönlichkeit. Immer wieder wird auf seine Intelligenz, seine Einfühlsamkeit, sein Wissen und seine Weisheit hingewiesen. Seine ausgezeichnete Ausbildung hatte er in Vézelay erhalten. Nachdem er seine Fähigkeiten als Administrator unter Beweis gestellt hatte, wurde er im Alter von dreißig Jahren zum Abt gewählt. Er entstammte einer Familie aus der Auvergne, aus der zahlreiche Mönche, Nonnen und Kleriker hervorgegangen waren[62]. Herausragende Eigenschaft war seine Nächstenliebe, die den Mönchen so teure *caritas*, die Großzügigkeit und Menschlichkeit zugleich, also auch Gerechtigkeit ist. Deutlich wird das bei der Aufnahme Abaelards[63], der sich in einer schwierigen Lage befand, aber auch bei der späten Annäherung an Bernhard von Clairvaux[64]. Gleichwohl besaß er Festigkeit; das zeigte sich in der Verteidigung des

---

[58] Die Neuerungen wurden 1146 eingeführt, vgl. G. Charvin, Statuts, Chapitres généraux et visites de l'ordre de Cluny I, Paris 1965, 20–40.

[59] R. Folz, Pierre le Vénérable et la liturgie, in: R. Louis u. a., Pierre Abélard – Pierre le Vénérable, Paris 1975, 143–164.

[60] Heinrich war der Bruder des Königs Stephan von Blois (1135–1154). Er war Bischof von Winchester gewesen, vgl. L. Voss, Heinrich von Blois, Bischof von Winchester (1129–1171), (Diss.) Berlin 1932.

[61] J. Leclercq, Pierre le Vénérable, Saint-Wandrille 1946; G. Constable – J. Kritzeck (Hrsg.), Petrus Venerabilis, 1156–1956. Studies and Texts Commemorating the 8th Centenary of his Death (Studia Anselmiana 40), Rom 1956: Louis, Pierre Abélard – Pierre le Vénérable (s. Anm. 59) 99–234; G. Vinay, Pietro il venerabile, in: Spiritualità cluniacense, Todi 1960, 57–81. Näheren Aufschluß über seine Persönlichkeit geben seine Briefe, vgl. The Letters of Peter the Venerable (s. Anm. 4).

[62] Zu seinen Brüdern gehörten Pons, Abt von Vézelay (1138–??), Armand, der Abt von Manglieu, Jourdan, Abt von La Chaise-Dieu (1146–1187), und Heraclius, Erzbischof von Lyon (1153–1163), seine Mutter zog sich nach Marcigny zurück.

[63] Brief von Petrus Venerabilis an Héloise, vgl. Constable, The Letters I (s. Anm. 4), Brief 115: 303–308.

[64] A. Proulx Lang, The Friendship between Peter the Venerable and Bernard of Clairvaux, in: Bernard of Clairvaux, CistC 23 (1973) 35–53.

Thomas Becket, 1155–62 Kanzler Heinrichs II. von England, wirkte als solcher an der Rekuperation aller Königsrechte mit. Als Erzbischof von Canterbury (seit 1162) jedoch verteidigte er die inzwischen gewachsene Zuständigkeit des kirchlichen Rechts gegen die Ansprüche der Krone. Eine Bemerkung des über den Widerstand des Erzbischofs wütenden Königs führte 1170 zur Ermordung Beckets in seiner Kathedrale durch vier Ritter. Schon 1173 wurde der ungewöhnlich schnell an vielen Orten als Märtyrer verehrte Erzbischof heiliggesprochen, dieser Zeit entstammt auch das Fresko „Mord im Dom“ in SS. Giovanni e Paolo in Spoleto.

Um 1195 wurde von Emailkünstlern aus Limoges der Reliquienschrein des Thomas Becket geschaffen, der lange im Besitz der Abtei Peterborough war.

Für das Augustinerchorherrenstift Klosterneuburg bei Wien schuf Nikolaus von Verdun, der bedeutendste Meister der rheinischen Goldschmiede- und Emailkunst der Stauferzeit (von ihm stammen die Längsseiten des Kölner Dreikönigenschreins), 1181 einen aus 51 Grubenschmelzemails bestehenden Altar, der einen der ersten und größten typologischen Zyklen des Mittelalters darstellt und damit ein Muster für theologische Gedankenwege der Zeit bildet. Auf unserem Bildbeispiel beziehen sich die Szenen des Alten Testaments (Typen): Kain erschlägt Abel, Opfer Abrahams, Adam und Eva (obere Reihe), auf die Szenen des Neuen Testaments (Antitypen) der mittleren Reihe: Judaskuß, Kreuzigung, Kreuzabnahme.

christlichen Glaubens gegen Juden und Muslime, gegen die Petrobrusianer wie auch gegenüber seinen Brüdern in Christus, die Cluny kritisierten und Frömmigkeit und Auswahl der Mönche seines Ordens in Zweifel zogen. Dank seiner praktischen Fähigkeiten vermochte er die große Zahl der unter seiner Kontrolle stehenden Abteien und Priorate effizient zu verwalten; dank seiner Bildung hinterließ er der Nachwelt gehaltvolle Abhandlungen und Briefe[65]. Um den Christen Argumentationshilfe zu leisten, ließ er den Koran übersetzen, damit er ihn besser kennen und bekämpfen sowie die Irrtümer des Peter von Bruis widerlegen konnte. Die Mönche wollte er mit Wundererzählungen erbauen[66], und in seinen Briefen spendete er Trost. Gleichwohl erhielt dieser Mann des Friedens nicht jene Ehre der Altäre, die zweien seiner Zeitgenossen zuteil wurde, deren Orden sich noch schneller als Cluny entwickelten: Bernhard für die Zisterzienser, Norbert für die Prämonstratenser.

2. Cîteaux

Als Stephan Harding 1119 die erste Version seiner *Charta caritatis* vorlegte, standen ihm zehn Äbte aus den Diözesen Chalon-sur-Saône, Auxerre, Langres, Châlons-sur-Marne, Besançon, Autun, Sens, Orléans und Vienne zur Seite[67]. Die Töchterklöster von Cîteaux befanden sich alle in einem Umkreis von weniger als 150 km vom Mutterhaus entfernt; jedes wurde zu einem neuen Ausgangspunkt für die unaufhaltsame Ausbreitung des Ordens, der sich bald in Périgeux, Laon, Basel, Köln und Würzburg niederließ[68]. 1127 besaßen Morimond zwölf, Pontigny sechs, Clairvaux vier Tochtergründungen und La Ferté eine. Diese Zahlen erhöhten sich rasch. Bei Bernhards Tod waren es bereits rund 340 Abteien. Dieses Datum erscheint jenen wichtig, die nicht vom Zisterzienser-, sondern vom Bernhardorden sprechen, womit sie ausdrücken wollen, daß dieser seine Ausbreitung Bernhard von Clairvaux verdankt[69]. Das ist sicher übertrieben, denn die Gründungen von Clairvaux stammen vor allem aus den Jahren 1132–1150, während jene von Morimond aus zwischen 1127 und 1140 sehr viel häufiger sind als später. Es war also sicher nicht nur die persönliche Ausstrahlung des berühmtesten aller Zisterzienseräbte, die eine Rolle spielte.

Ein Blick auf die geographische Verteilung zeigt, daß sich die Ausbreitung des Ordens von Cîteaux nur mit derjenigen von Prémontré vergleichen läßt. Beeindruckend ist vor allem die geographische Ausdehung: von Sizilien und Andalusien bis zum Golf von Oslo,

---

[65] Vgl. L. K. Little, Intellectual Training and Attitudes toward Reform, 1075–1150, und R. Thomas, Die Persönlichkeit Peter Abaelards im *Dialogus inter Philosophum, Iudaeum et Christianum* und in den *Epistulae* des Petrus Venerabilis: Widerspruch oder Übereinstimmung, beide in: Louis, Pierre Abélard (s. Anm. 59) 235–269.

[66] Siehe auch die Beiträge von J. Châtillon, Pierre le Vénérable et les Pétrobrusiens, 165–176, und J.-P. Valery Patin – J. Le Goff, A propos de la typologie des miracles dans le *Liber de miraculis* de Pierre le Vénérable, in: Louis, Pierre Abélard (s. Anm. 59) 181–187.

[67] F. van der Meer, Atlas de l'ordre cistercien, Paris – Brüssel 1971, 22–28.

[68] Von Morimond aus wurden gegründet: 1123 Kamp, Diözese Köln; 1124 Lucelle, Diözese Basel; 1127 Ebrach, Diözese Würzburg; 1135 Heiligenkreuz, Diözese Passau; von Clairvaux aus 1124 Foigny, Diözese Laon, und 1135 Eberbach, Diözese Mainz. Ein Sonderfall ist Cadouin, Diözese Périgeux; diese Abtei, die zweite Tochtergründung von Pontigny, war eine Stiftung von Giraud de Sales und zog sich bald aus dem Orden von Cîteaux zurück.

[69] A. Dimier, Le monde claravallien à la mort de saint Bernard, in: Mélanges saint Bernard, Dijon 1954, 248–253.

vom Westen Irlands bis zur Weichsel; bemerkenswert sind auch die unterschiedlichen Einflußbereiche: von Morimond aus entstanden Tochtergründungen im Deutschen Reich und im Nordosten Spaniens, von Clairvaux aus im Nordosten Frankreichs und in England sowie an der Westküste der Iberischen Halbinsel[70]. Cîteaux und seine vier Tochtergründungen waren das Zentrum des Ordens. Cluny hatte weniger gegründet, als vielmehr integriert, versammelt und aufgenommen und dabei ganz erstaunliche Erfolge erzielt. Cîteaux hingegen, von einigen wenigen Ausnahmen abgesehen, machte Neugründungen oder regte zu Neugründungen an – ein in kurzer Zeit neu geschaffener Orden, dessen Dynamik bei der Ausbreitung sich auch mit der Aufsplitterung der lehnsherrlichen Gewalt erklären läßt; Cluny hatte noch eine Epoche gekannt, in der die Lehnsherren Grafen und Fürsten waren, zwar bereits viele an der Zahl, aber doch weit weniger als im 12. Jh. die Masse der kleinen Grundherren und Ritter. Cîteaux brachte den Christen des 12. Jh. ferner eine neue monastische Form; auch das erklärt, weshalb der Orden in einer schnellebigen Zeit, wo Nachfolge stets Nachahmung bedeutete, so erstaunliche Erfolge aufweisen konnte.

Was war das eigentliche Geheimnis des Erfolgs der Zisterzienser? Neben Gebet und Liturgie, die sie wie ihre Vorgänger pflegten, wollten sie, daß man ihnen nichts gab, was Einkünfte einbrachte, nichts, was Frucht der Arbeit anderer war; sie wollten keinen Zehnten, keine Kirchen mit Leistungsentgelt, keine durch Hörige bewirtschafteten Ländereien, weder Mühlen noch Backhäuser mit hohen Zinseinkünften[71]. Sie wollten Boden, den noch niemand bebaut hatte, weil er entlegen und hart zu bearbeiten war. Den Grundherren und Rittern boten diese Mönche ihre Gebete und ihre Arbeitskraft an, sicherten das Seelenheil der Stifter und die Fruchtbarkeit ihrer Ländereien. Sie waren keine bärtigen Einsiedler, die die Pfarrer in der Umgebung mit Spott überhäuften und Aufruhr schürten, sondern dem Ortsbischof untergebene, gut organisierte Mönche, die sich nicht in die Angelegenheiten von Kirchengemeinden und Lehnsherren einmischen wollten[72]. Sie waren für Laien wie Anhänger des Ordenslebens attraktiv; die Regel des hl. Benedikt hatten sie ohne Schnörkel und ohne Übertreibung übernommen, sie öffneten sich körperlicher wie geistiger Tätigkeit, hatten eine nüchterne Liturgie, brachten ihren Gästen und den Armen große Aufmerksamkeit entgegen, ohne sich in weltlichen Dingen zu verlieren. Der Lebensstil der Cluniazenser war überholt, ja erregte zuweilen Ärgernis – die Zeit von Cîteaux war gekommen.

Dieser Sinn für das Maßvolle, der soviel Sympathien weckte, ist vor allem eine Leistung des dritten Abtes, Stephan Harding. Dieser Mann, später heiliggesprochen, wollte einen Neuanfang machen, so wie es sein Lehrer Robert von Molesme, der Gründer von Cîteaux, wünschte; er hatte zahlreiche Klöster besucht und dabei vieles gelernt, woraus er nun die

---

[70] Die geographische Ausbreitung von Cîteaux: La Ferté faßte in Italien Fuß über Tiglieto (1120) und Locedio (1124); Clairvaux in England über Rievaulx (1132) und Fountains (1135), in Italien über Mailand (1135). Von Morimont aus breitete sich der Orden im ganzen Reich von Lothringen bis an die Elbe aus. Die entsprechenden Daten und Karten finden sich in: van der Meer, Atlas (s. Anm. 67).

[71] Mahn, L'ordre cistercien (s. Anm. 20); Canivez, SCGOC (s. Anm. 28). Es gibt eine umfangreiche zisterziensische Literatur, aber auch mehrere Zeitschriften: Analecta sacri ordinis cisterciensis; Cîteaux. Commentarii cisterciensis; Collectanea ordinis Cisterciensis. Neuester Stand mit aufgearbeiteter Bibliographie in: K. Elm – P. Joerissen, Zisterzienser. Ordensleben zwischen Ideal und Wirklichkeit, Köln 1982 (Katalog einer Ausstellung von 1980 in Aachen mit Einführungsartikeln sowie einem Zusatzband). Zu erwähnen bleiben: Saint Bernard et son temps (s. Anm. 30); Bernard de Clairvaux (siehe Anm. 11); Mélanges saint Bernard (s. Anm. 69); San Bernardo, Mailand 1954; A. Schneider u. a. (Hrsg.), Die Cistercienser. Geschichte, Geist, Kunst, Köln ³1986.

[72] J. Leclercq, Les intentions des fondateurs de l'ordre cistercien, in: CCist 30 (1968) 233–241.

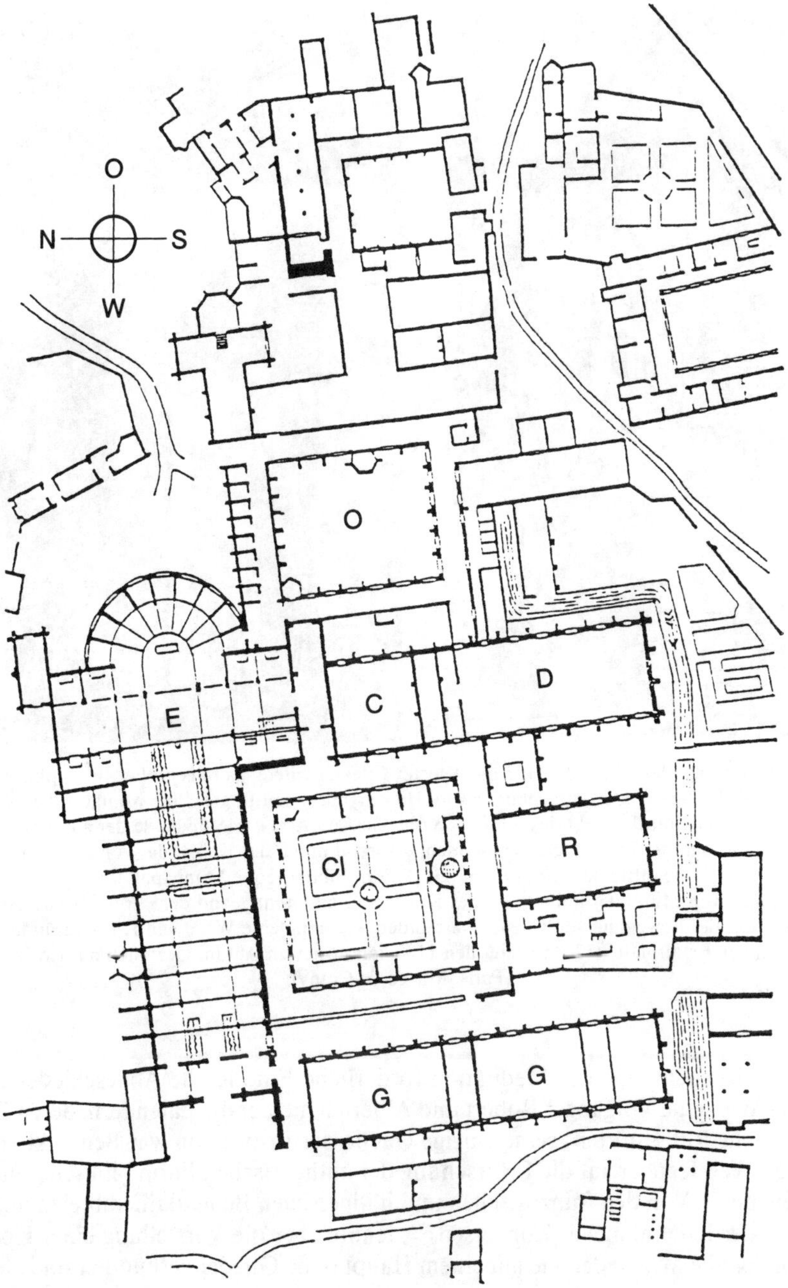

Grundriß einer Zisterzienserabtei. – E: Kirche; Cl: Großer Kreuzgang; C: Kapitelsaal; R: Refektorium; G: Scheunen und Keller. Im westlichen Teil des Klosters befinden sich das Novizenhaus, die Unterkünfte für Besucher und die Räume des Abtes. An der Seite des Refektoriums liegen die Küchen. Den Scheunen gegenüber finden sich Tischlerei, Ölmühle und weitere Werkstätten. Die Pferdeställe liegen links vorn an der Kirche.

Abt Stephan Harding, der von 1109–1133 das Kloster Cîteaux leitete, galt als großer Bibliophiler, der u. a. eine Abschrift des Jeremias-Kommentars des hl. Hieronymus beauftragte. Eine Miniatur dieses Werkes zeigt Abt Stephan mit dem Abt des Klosters Saint-Vaast in Arras, wie sie beide der auf einem Altar stehenden Gottesmutter ihre Abteien empfehlen, während unten der Kopist das von Stephan Harding beauftragte Werk präsentiert (Dijon, Bibliothèque Municipale).

Abt Stephan von Muret, Gründungsabt des Klosters Grandmont, stand dem Eremitismus nahe. Von Grandmont, das der Bewegung von Cîteaux verbunden war, ging eine Welle von Klostergründungen aus. Die abgebildete Emailplatte (12. Jh.) zeigt den 1188 kanonisierten Abt im Gespräch mit einem Schüler (Paris, Musée de Cluny).

Lehren zog. Er suchte die der Meditation förderliche Einöde, die Abgeschiedenheit und die Armut. Wie seine Vorgänger Robert und Alberich hielt er die Laien fern, deren Besuche die klösterliche Ruhe störten; seine einzige Quelle der Inspiration war Benedikt von Nursia; großen Wert legte er auf die Erforschung der authentischen Form biblischer und liturgischer Bücher[73]. Von den französischen und italienischen Benediktinerabteien übernahm er die Idee der Laienmönche (Konversen)[74], lehnte aber die Vorstellung einer Kongregation ab, in der alle Mitglieder wie mit einem Haupt ohne Glieder verbunden sind: Jede Ab-

[73] S. R. Maroszeki, Les origines du chant cistercien. Recherches sur les réformes du plain-chant cistercien au XIIe siècle, in: ACi 8 (1952) 1–179.

[74] Stephan Harding hatte Vallombrosa und Camaldoli besucht, wo er die dortigen Gewohnheiten schätzen lernte und teilweise übernahm.

tei würde unabhängig sein, ihren Abt, ihre Besitzungen und ihr Eigenleben haben und sollte lediglich durch die Bindung an die Mutterabtei mit dem Orden in Verbindung stehen[75]. Im Zusammenhang mit diesem Orden wird aufgrund der Beziehung zwischen den Abteien und ihren Filialgründungen das Wort „Abstammung" verwendet; Cîteaux war ein Baum mit dicken Ästen und feinsten Zweigen, in denen das Leben zirkulierte, ohne den Kontakt mit dem Stamm zu verlieren. Die Filialgründungen von Clairvaux und Morimond besaßen einen je eigenen Charakter[76].

3. Bernhard von Clairvaux

Dem Abt von Clairvaux kommt für den Zisterzienserorden und die Kirche, ja für das gesamte 12. Jh. überragende Bedeutung zu[77]. Bernhard war zuerst Abt von Clairvaux, wo ihm die Verwaltung einer großen und reichen Abtei mit vielen Insassen oblag. Während fünfzehn Jahren verließ er diese Region kaum, weshalb alle Tochtergründungen der damaligen Zeit in der Nähe von Cîteaux liegen: Trois-Fontaines in Fontenay, dann etwas weiter weg Foigny, Igny und Reigny. Insgesamt erwiesen sich die Filialgründungen von Clairvaux aus als besonders zahlreich, was sicherlich dem persönlichen Charisma des Abtes zuzuschreiben ist. Er hat unzählige Menschen durch sein Beispiel und seine Predigten bekehrt und nach Clairvaux gebracht; sein Kloster beherbergte ständig mehrere hundert Mönche und kaum weniger Konversen. Schon bald beschränkte er sich nicht mehr auf das Kloster, sondern nahm die Geschäfte des Ordens und des Bistums Langres, dem er unterstellt war, in die Hand. Als aufgrund wirtschaftlicher Schwierigkeiten die Krise von Morimond ausbrach und Abt Arnold ins heimatliche Köln zurückkehrte, bemühte er sich, in Abwesenheit des Abtes von Cîteaux die Angelegenheit zu regeln, versandte unzählige Briefe an die Schuldigen und stellte schließlich seinen Prior an die Spitze der vakanten Abtei. Man sagt, diese beiden am gleichen Tag gegründeten Klöster seien Konkurrenten geworden; Tatsache ist indes, daß Bernhards Einfluß in Morimonds Filialgründungen im Reich wohl ebenso groß war wie in den Gründungen, die von Clairvaux aus in England vorgenommen wurden. Bernhard von Clairvaux reiste gerne. Berechnungen haben ergeben, daß er ein Drittel seines Lebens außerhalb seines Klosters verbrachte. Diese Aussage gilt es allerdings zu modifizieren, denn gegen Ende seines Lebens war das Verhältnis sicher umgekehrt[78].

Als unter Anaklet II. das Schisma ausbrach, stellte sich Bernhard, mit einer nicht ganz lückenlosen Argumentation sowie der ihm eigenen Parteilichkeit und Heftigkeit auf die Seite Innozenz' II. (Synode von Étampes von 1130). Wegen seiner Gelehrsamkeit und Frömmigkeit war er bereits bekannt und geschätzt. Sein Eintreten für Innozenz II. sollte

---

[75] J. A. Lefevre – B. Lucet, Les codifications cisterciennes aux XIIe et XIIIe siècles, d'après les manuscrits, in: ASOC 15 (1959) 3–22; J. de la Croix-Bouton – J. B. van Damme, Les plus anciens textes de Cîteaux, in: Studia et documenta 2, Achel 1974.

[76] Das zeigt sich deutlich bei der Verbreitung der verschiedenen Versionen der Vita des heiligen Bernhard, vgl. A. H. Bredero, Études sur la Vita prima de Saint Bernard, in: ASOC 17, 1961, 3–72, 215–260; 18, 1962, 3–59.

[77] E. Vacandard, Vie de saint Bernard, abbé de Clairvaux, 2 Bde., Paris 1902; Bernhard de Clairvaux (s. Anm. 11); E. Gilson, La théologie mystique de saint Bernard, Paris 1947; Bernard théologien, Rom – Paris 1953; J. Leclercq, Saint Bernard et l'esprit cistercien, Paris 1966. 1990 gab es eine Fülle von Kolloquien und Veröffentlichungen zur Person des hl. Bernhard.

[78] Vacandard, Vie de Saint Bernard I (s. Anm. 77) 390f.

ihn in zahlreiche Länder führen[79]. Schon damals identifizierte sich Bernhard mit dem Orden, wie dieser sich mit ihm identifizieren sollte; allen war er ein Beispiel. In den letzten 25 Jahren seines Lebens predigte er unermüdlich, diktierte Abhandlungen und Briefe[80], schlichtete Konflikte, griff selbst dann ein, wenn er nicht gefragt war, lehnte die Bischofswürde ab, weil er gänzlich Mönch sein wollte. Er hatte die Regel der Templer angeregt, zeigte sich unerbittlich im Kampf gegen Abaelard[81], in der Kritik an Cluny[82]; mit vollem Eifer predigte er den Kreuzzug[83], verehrte die Jungfrau Maria[84] und unterstützte das Papsttum - 1145 wurde denn auch ein Zisterzienser zum Papst gewählt[85].

Bernhard von Clairvaux war eine Ausnahmepersönlichkeit als Christ, Mönch und Prediger. Christ war er mit allen Fasern seines Herzens; er besaß profunde Bibelkenntnisse, konnte die Heilige Schrift bei jeder Gelegenheit zitieren, kommentieren und auslegen; er verstand es, zu beten und tiefsinnige Formulierungen zu finden, um seinen Glauben auszudrücken und die Zögernden zu überzeugen. Dem Mönch Bernhard galt das monastische Leben als Stand der Vollkommenheit; er lebte die Regel des hl. Benedikt in Askese und selbst bei Krankheit; er ging indes zu weit, wenn er der Meinung war, der Zisterzienser allein sei der wahre Mönch. Als Prediger verfügte er in seinen Briefen, Abhandlungen und Predigten über eine überraschend reiche und feinsinnige Sprache; seine literarischen Qualitäten stehen außer Zweifel. Eine Ausnahmeerscheinung war er aber auch durch seine Heftigkeit, seine Intoleranz als Christ den Juden, Muslimen, Heiden und den Häretikern gegenüber, durch seine unerbittliche Härte als Zisterzienser den Mönchen der übrigen Orden und den Klerikern gegenüber (obwohl er die Tätigkeit der Regularkanoniker unterstützte), aber auch durch seinen bis an die Grenze der Ehrbarkeit gehenden Kampf gegen Abaelard. 1990 war Gelegenheit, den Zisterzienserorden und seinen berühmtesten Vertreter einer erneuten Analyse zu unterziehen, wobei zahlreiche veraltete Studien und widersprüchliche Hypothesen berichtigt werden konnten. Bernhard von Clairvaux, 1174 heiliggesprochen, ging schadlos daraus hervor.

Mit dem Tod des großen Abtes von Clairvaux endet die erste zisterziensische Epoche. Die Ausbreitung verlangsamte sich beträchtlich, was aber auch damit zu tun hatte, daß der Orden so zahlreiche Neugründungen integrieren mußte. Im Kapitel von 1147 wurden Savigny und Obazine in den Orden aufgenommen, was einen Zuwachs von fünf Häusern brachte, Sempringham hingegen wurde nicht aufgenommen, und zwar nicht etwa, weil es sich bei diesem englischen Orden um eine Gründung für Frauen handelte, sondern weil er zu sehr an kanonikalen Strukturen orientiert war[86]. Das von Stephan Harding ins Leben gerufene Generalkapitel war vollauf damit beschäftigt, die nötigen institutionellen Refor-

---

[79] Ebd. 280–294.

[80] J. Leclercq, Aspects littéraires de l'oeuvre de saint Bernard, in: CCM 1 (1958) 425–450 und 8 (1965) 299–326.

[81] R. Oursel, La Dispute et la Grâce, Paris 1959; J. Verger – J. Jolivet, Bernard – Abélard ou le cloître et l'école, Paris 1982.

[82] Siehe oben.

[83] E. Delaruelle, L'idee de croisade chez saint Bernard, in: L'idée de croisade au Moyen Age, Turin 1980, 153–170.

[84] J. Leclercq, „Dame Reine" dans les sermons de saint Bernard, in: CCist. 25 (1904) 265–275.

[85] Dieser Papst, Eugen III., war zuerst Mönch in Clairvaux, dann Abt in Tre Fontane bei Rom, vgl. DHGE 15 (1963) 1349f.

[86] Wir kommen darauf zurück.

Die Bilder des Altars des hl. Bernhard von Clairvaux im Museum Luliano von Palma de Mallorca (14. Jh.) zeigen wesentliche Szenen aus dem Leben des Gründers des Zisterzienserordens: links Marien- und Christuserscheinung, rechts Bernhard schreibend und zwei Nonnen aufnehmend.

men anzubringen, um den Anliegen von Niederlassungen und Menschen gerecht zu werden[87]. Von den ursprünglichen Vorschriften wurde schon bald abgewichen: Neue Abteien wurden zuweilen in bereits bewohnten Orten eingerichtet, frühere Bewohner verjagt[88]; dank Schenkungen und Landtausch bildeten die Abteien bald mächtige, in „Grangien“[89] unterteilte Ländereien, gaben der Gruppe der zur guten Verwaltung des Grundbesitzes bald unentbehrlich gewordenen Konversen Auftrieb, willigten ein, den Zehnten anzunehmen, weigerten sich aber, ihn zu entrichten[90]; schließlich betrieben sie neben den eigenen Mühlen auch fremde. Die Strenge der ersten Jahre machte den Bedürfnissen und Wünschen der Mönche der zweiten und dritten Generation Platz. Der Zisterzienserorden, der sich aus der cluniazensischen, ins Lehnswesen eingebundenen Gesellschaft hatte heraushalten wollen, war nun seinerseits tief in die blühende, von Zinseinkünften gespeiste Ge-

---

[87] Canivez, SCGOC (s. Anm. 28).

[88] Locatelli, L'implantation cistercienne (s. Anm. 17). Vgl. zu diesem Thema auch die harten Worte von Walter Map in: R. Manselli, Certosini e Cisterciensi, in: Il monachesimo e la riforma (s. Anm. 13) 79–104.

[89] Ch. Higounet, La grange de Vaulerent. Structure et exploitation d'un terroir cistercien de la plaine de France, XIIe–XVe siècle, Paris 1965. J. Dubois, „grangia“, in: Diz. Ist. Perf. 4 (1977) 1391–1402.

[90] Vgl. etwa B. Chauvin, La possession d'églises par les abbayes cisterciennes au duché de Bourgogne au Moyen Age: catalogue critique des documents et directions de recherche, in: Actes du 109e congrès nat. des soc. sav., Bd. 1, Dijon 1984, 559–595.

sellschaft verstrickt; seine Mönche wurden in Spanien und England die Herren der Schafzucht und belieferten den Großhandel mit Wolle; dort, wo sich eisenhaltiges Gestein fand, waren sie die geschicktesten Schmiede; überall gruben sie Kanäle, legten Schleusen an und hielten ihre „Werkstätten" in Betrieb. Auf dem Land waren sie Pioniere in Aufzucht und Urbarmachung; ihr Erfolg machte sie zu Gefangenen einer Welt und einer Praxis, die die Gründungsväter vorbehaltlos verurteilt hätten. Nichtsdestoweniger war die Ausstrahlung des Ordens beträchtlich; er schenkte der Kirche Bischöfe, der Wissenschaft Gelehrte und der Kunst Architekten.

4. Weitere Mönchsorden

Savigny und Cadouin hatten sich dem Zisterzienserorden angeschlossen, das ähnlich ausgerichtete Tiron bewahrte indes seine Unabhängigkeit[91]. Fiore wiederum löste sich unter dem Einfluß Abt Joachims von Cîteaux, um zu strengerer Askese zurückzukehren; nach diesem Modell lebten mehrere Klöster in Süditalien[92]. Die Kartause des heiligen Bruno brauchte lange, um sich organisatorisch festzulegen; 35 Jahre nach der Gründung des Ordens der Kartäuser verfaßte der fünfte Abt zwischen 1121 und 1127 die „Consuetudines"[93]. Kleriker und Konversen lebten getrennt; erstere führten ein monastisches Leben unter der Autorität des Priors und lebten als Eremiten in ihren Zellen, letzteren oblag die gesamte materielle Verantwortung. 1136 übernahm Le Mont-Dieu (Diözese Reims) diese Observanz. Damit setzte eine kontinuierliche Ausbreitung ein, und beim Generalkapitel von 1155 gab es bereits fünfzehn Priorate. 1145 baten Nonnen um Affiliation[94]. Die Originalität dieses Zönobiten- und Eremitenordens stieß auf Sympathie; im Jahr 1200 gab es 33 affiliierte Häuser[95]. Totale Einsamkeit in der Zelle, absolute Armut, Demut und Stille, Kontemplation und intensives geistliches Leben – der Kartäuserorden zeigt die rauhe Seite des Einsiedlertums, verbunden mit den spärlichen Annehmlichkeiten des Zönobitentums[96].

Grandmont entzündete eine weitere Bewegung. Aus dem Eremitentum entstanden, stand die Abtei durch die Einbeziehung der Handarbeit Cîteaux nahe[97]. Stephan von Mu-

---

[91] Zu Bernhard von Tiron vgl. C. Calenderi, in: DHGE 7 (1934) 754. Tiron, Diözese Chartes, besaß 104 Niederlassungen, darunter 16 Abteien; vgl. dazu die Karte in: P. R. Gaussin, L'Europe des ordres et des congrégations des Bénédictins aux Mendiants, St. Etienne 1984, 184–185. J. van Moolenbroek, Vitalis von Savigny († 1122). Bronnen en vroege cultus, met editie van diplomatische Texten, Amsterdam 1982.

[92] D. C. West, Joachim of Fiore in Christian Thought. Essays on the Influence of the Calabrian Prophet, 2 Bde., New York ²1975; H. Grundmann, Neue Forschungen über Joachim von Fiore (Münst. Forsch. 1), Marburg 1950; M. Reeves – B. Hirschreich, The Figurae of Joachim of Fiore, Oxford 1972.

[93] B. Bligny, L'Église et les ordres religieux dans le royaume de Bourgogne aux XIᵉ et XIIᵉ siècles, Paris 1960, 245–318.

[94] M. de Fontette, Recherches sur les origines des moniales chartreuses, in: Etudes d'histoire du droit canonique dédiées à Gabriel Le Bras II, Paris 1965, 1143–1151.

[95] Karten der Gründungen in: LThK VII (1962) 1208–1209.

[96] G. Hocquard, La solitude cartusienne, d'après les plus anciennes coutumes, in: Bull. Fac. cath. Lyon 70 (1948); ders., La vie cartusienne d'après le prieur Guigues I, in: RevSR 31 (1957) 364–382; B. Barrofio, Recente studi sulla storia della liturgia et della spiritualità nell'ordine certosino, in: RivLi 63 (1976) 399–410.

[97] Alle neueren Untersuchungen stammen von J. Becquet, Grandmont, in: DHGE 21 (1968) 1129–1140; ders., Les institutions de l'ordre de Grandmont au Moyen Age, in: RMab 42 (1952) 31–42; ders., Les premiers écrivains de l'Ordre de Grandmont, in: RMab 43 (1953) 121 ff; ders., L'"Institution", premier coutumier de l'Ordre de Grandmont, in: RMab 46 (1956) 15–32; J. Hourlier, Les religieux. L'âge classique, 1140–1378 (Histoire du droit et des institutions de l'Eglise en Occident 10), Paris 1973, 74–78.

ret († 1124) hatte sich bemüht, eine Ordnung festzulegen, in der es allein um die Einhaltung des Gehorsams, der liturgischen Meßfeier und vor allem um die Beachtung tieferer Demut ging[98]. Der vierte Prior von Grandmont, Stephan von Lissac (1139–1163), sammelte die bis dahin nur mündlich überlieferten Konstitutionen und gab dem Orden neue Impulse; dieser verbreitete sich in der Champagne und in England und umfaßte vor 1200 rund einhundert Gründungen[99]. Die Kleriker in den Zellen widmeten sich Gebet und Lektüre, die Laienkonversen, denen die administrative Verantwortung für die Zellen oblag, den alltäglichen Aufgaben. Ein Generalkapitel, in dem jedes Haus mit einem Kleriker und einem Konversen vertreten war, wählte den Ordensvorsteher, den Prior, der Befehlsgewalt über die Brüder hatte. Die Regel erlaubte keine vernünftige Verwaltung der Häuser; 1185–1188 brach die erste einer langen Reihe von Krisen aus[100]. Interventionen von außen, selbst durch das Papsttum, vermochten trotz Zentralisierungsmaßnahmen im Orden und Milderung der Regel nicht alle Probleme in den Griff zu bekommen. Gleichwohl haben Ausbreitung und Ausstrahlung von Grandmont, das Gemeinsamkeiten mit Cîteaux aufweist, den Gegenden, in denen er tätig wurde, seinen Stempel aufgedrückt.

III. Regularkanoniker, Hospitalbrüder und Ritterorden

1. Regularkanoniker

Urban II. hatte der Berufung der Kanoniker, ein Leben in Gemeinschaft in Anlehnung an die ersten Apostel in Jerusalem zu führen, offizielle Anerkennung verschafft; es war nicht mehr das von Chrodegang und Benedikt von Aniane vertretene Ideal, isolierte religiöse Gemeinschaften etwa wie die der Mönche zu bilden[101]. Als Regularkanoniker hatten sie nun ihr Ideal der *actio* unter zweifachem Aspekt zu manifestieren: Seelsorge sowie *caritas* und Nächstenliebe[102]. Der Mönch ist ganz auf das Kloster bezogen und strebt nach Selbstheiligung. Der Regularkanoniker blickt auf die Mitmenschen, will predigen, überzeugen, auf den Weg des Heils führen sowie Armen und Unglücklichen beistehen[103]. Ihm geht es nicht um die direkte Begegnung mit der gefürchteten und verehrten Gottheit, sondern um den Schulterschluß mit dem lehrenden Christus, der die Leiden lindert.

Die Regularkanoniker gehörten der christozentrischen Bewegung an. Wie wollten die Regularkanoniker diese Berufung ausüben? Sie konnten nicht einfach die Stelle bereits an-

---

[98] Zu Stephan von Muret (oder von Thiers) vgl. J. Becquet, Scriptores ordinis Grandimontensis, Turnhout 1968.

[99] E. M. Hallam, Henry II, Richard I, and the Order of Grandmont, in: Journal of Mediv. Stud. 1 (1975) 165–186.

[100] J. Becquet, La première crise de l'ordre de Grandmont, in: BSHAL 87 (1958–1960) 288–324.

[101] Im Jahr 1092 Bulle Urbans II. für Rottenbuch, vgl. J. Laudage, Ad exemplar primitivae ecclesiae. Kurie, Reich und Klerusreform von Urban II. bis Calixt II., in: Reformidee und Reformpolitik im spätsalisch-frühstaufischen Reich, hrsg. von St. Weinfurter, Mainz 1992, 47–73 (Druck: 71–73); Ch. Dereine, L'élaboration du Statut canonique des Chanoines réguliers spécialement sous Urban II, in: RHE 46 (1951) 546.

[102] St. Weinfurter, Norbert von Xanten als Reformkanoniker und Stifter des Prämonstratenserordens, in: K. Elm (Hrsg.), Norbert von Xanten, Adliger, Ordensstifter, Kirchenfürst, Köln 1984, 159–165.

[103] J. Leclercq, La spiritualité des chanoines réguliers, in: La vita commune del clero nei secoli XI e XII, Mailand 1962, 117–135. Die Theoretiker der Seelsorge *(cura animarum)* auf seiten der Regularkanoniker sind insbesondere Anselm von Havelberg und Arno von Reichersberg.

sässiger Pfarrer einnehmen. Bekanntermaßen spielten sie in einigen noch nicht lange christianisierten Gebieten, insbesondere im Osten des Reiches, im Diözesanklerus dort eine wichtige Rolle, wo sie einem Bischof unterstanden, der auf sie angewiesen war[104]. Das war anders in Gegenden, die seit langem christianisiert waren, wo Pfarrkirchen und Kapellen in den Händen von Kapiteln, Benediktinern und Laien lagen, wohlversehen mit Pfarrern und Vikaren. Die Prämonstratenser, darin Cîteaux folgend, lehnten zuerst sogar jede Kirchenschenkung ab.

Leichter konnten die Regularkanoniker Arme, Reisende und Pilger aufnehmen und ihnen irdische und geistliche Nahrung geben; sie versahen den Dienst in den Hospitälern, und die sich ausbildenden Hospitalorden übernahmen von ihnen die Augustinusregel. Als Kleriker, der das Priesteramt ausüben wollte, mußte der Regularkanoniker über eine gute Bildung verfügen, die es ihm erlaubte, in die Diözesanhierarchie einzutreten. Aus den Augustinerchorherren gingen zahlreiche Bischöfe und mehrere Päpste hervor[105].

Die Ende des 11. und zu Beginn des 12. Jh. entstandenen Ordensgemeinschaften entwickelten sich langsam, bildeten Verbände und gaben sich Statuten, reichten aber kaum über einen begrenzten Raum hinaus; Rottenbuch hatte acht Gründungen, Springiersbach elf, Saint-Pierremont fünf, Marbach und Salzburg vielleicht dreißig und Oulx (Diözese Turin) mehr als fünfzig[106]. Saint-Victor in Paris wurde 1108 von einem Domscholaster von Notre-Dame, Wilhelm von Champeaux, später Bischof von Châlons-sur-Marne, gegründet[107]. Die 1113 vom König und 1114 vom Papst anerkannte Abtei entwickelte sich rasch und erlangte als Bildungsstätte bald Berühmtheit. Man denke nur an Hugo und Richard von Saint-Victor[108]. Um 1114 unterstanden ihr bereits mehr als zehn Priorate, später schlossen sich kleinere Verbände an. Der erste Abt, Gilduin (1113–55), hatte eine strenge Regelung eingeführt, ohne jedoch den *Ordo monasterii* zu übernehmen. Die Statuten dieser nicht sehr straff organisierten Kongregation – von Frankreich (Sancerre, Orléans, Noyon, Senlis, Bourges) bis Skandinavien verbreitet – waren im *liber ordinis Sancti Victoris* festgelegt. Wie Arrouaise und zum Teil auch Prémontré folgte Saint-Victor in vielen Punkten dem Vorbild von Cîteaux.

---

104 St. Weinfurter, Neuere Forschung zu den Regularkanonikern im deutschen Reich des 11. und 12. Jahrhunderts, in: HZ 224 (1977) 393–394.

105 M. Maccarrone, I Papi del secolo XII e la vita commune e regulare del clero, in: La vita commune (s. Anm. 103) 349–398 (Honorius II., Innozenz II., Lucius II., Hadrian IV., Gregor VIII.); K. Bosl, Das Verhältnis von Augustinerchorherren (Regularkanoniker), Seelsorge und Gesellschaftsbewegungen in Europa im 12. Jahrhundert, in: Istituzioni monastiche e istituzioni canonicali in Occidente (1123–1215), Mailand 1980, 419–549.

106 Weinfurter, Neuere Forschungen (s. Anm. 104).

107 F. Bonnard, Histoire de l'abbaye royale et de l'ordre des chanoines réguliers de Saint-Victor de Paris (1130–1500), Paris 1904.

108 J. Châtillon, La culture de l'école de Saint-Victor au 12e siècle, in: M. de Gandillac – E. Jeauneau, Entretiens sur la renaissance du 12e siècle, Paris 1968, 147–160.

Verschiedene Kongregationen

Im Gegensatz zu Italien, Frankreich und dem Deutschen Reich öffnete sich Spanien Anfang des 12. Jh. den Regularkanonikern, wobei die Kongregation von Saint Ruf großen Einfluß ausübte[109]. In England faßten die Augustinerchorherren bereits in den letzten Jahren des 11. Jh. Fuß[110]. Für das Reich war Lothringen der Ausgangspunkt. Einen Sonderfall stellen die Ostgebiete des Reiches dar, die von den zuerst erfaßten rheinischen Gebieten (Marbach, Springiersbach, Klosterrath, Siegburg) und dem bayerischen Rottenbuch weit entfernt lagen. Ein erster Versuch in Passau war nicht sehr erfolgreich; zu Beginn des 12. Jh. und vor allem nach Beilegung des Investiturstreits erwies sich die Lage dann als günstiger. Mindestens vier Bischöfe spielten eine wesentliche Rolle in der Verbreitung der Regularkanonikerbewegung im Reich: Reinhard von Halberstadt (1107–1123), Konrad von Regensburg (1126–1132), Otto von Freising (1138–1158) und insbesondere Konrad von Salzburg (1106–1147)[111]. Die Bischöfe wandten sich den Eigenkirchen ihrer Diözese zu, und ohne von eremitischen Strömungen beeinflußt zu sein, leiteten sie die Reform ihrer Kathedralkapitel ein und übertrugen den von ihnen gegründeten Kanonikerzentren wichtige Aufgaben. In Bayern erhöhte sich die Zahl dieser regulierten Kapitel von fünf im Jahr 1100 auf 50 um das Jahr 1150[112]. Der Bischof versammelte die Prioren, als wäre er das einzig mögliche Haupt der Kongregation. Der Hauptakzent der Tätigkeit lag auf der *cura animarum* mit genau umschriebenen Seelsorge- und Kontrollfunktionen (zuweilen waren Regularkanoniker als Archidiakone tätig). Frauen wurden – wie bereits zuvor in den Stiftungen in Westfrankreich – wohlwollend aufgenommen. Filialgründungen des Prämonstratenserordens gab es hier keine.

Die Brüder Arno und Gerhoch von Reichersberg wurden bereits erwähnt, der bedeutendere von beiden war Gerhoch (1092/93–1169)[113]. Aus der Diözese Augsburg stammend, studierte er in Freising und Hildesheim, bevor er um 1117 als Domscholaster nach Augsburg zurückkehrte. Als Verfechter eines asketischen Lebenswandels zog er sich nach Rottenbuch, dem Zentrum einer päpstlichen Reformpartei, zurück; wie viele andere mit ähnlichen Vorstellungen versuchte er vergeblich, seine Augsburger Mitbrüder von seinen Ideen zu überzeugen; 1124 legte er in Rottenbuch die Profeß ab. Gerhochs Ziel war die Reform des gesamten Klerus zur besseren Gewährleistung der *cura animarum.* Heftig geißelte er die „besitzenden“ Kleriker, die nikolaitischen und simonistischen Pfarrer und die entlohnten Aushilfsgeistlichen; er sprach von Häresie und ging in seiner Theorie weiter als die Reformpäpste. Er wollte Priester und Prediger sein und die Sünder verurteilt sehen. Die Diözese Augsburg bot ihm den zu seiner Entfaltung nötigen Raum. Noch lange führte er seinen Kampf gegen den sündigen Weltklerus fort. Da er bei den Päpsten – früheren Regularkanonikern oder Zisterziensern – nicht den erhofften Erfolg hatte, paßte er nach und nach in pragmatischer Weise seine Theorie an, wobei er nie von der Notwendigkeit der

---

109 J. F. Rivera, Cabildos regulares en la provincia ecclesiastica de Toledo durante el siglo XII, in: La vita commune (s. Anm. 103) 220–237.

110 J. C. Dickinson, The Origins of the Austin Canons and their Introduction to England, London 1950.

111 St. Weinfurter, Salzburger Bistumsreform und Bischofspolitik im 12. Jahrhundert. Der Erzbischof Konrad I. von Salzburg (1106–1147) und die Regularkanoniker, Köln – Wien 1975.

112 P. Classen, Gerhoch von Reichersberg. Eine Biographie mit einem Anhang über die Quellen, ihre handschriftliche Überlieferung und ihre Chronologie, Wiesbaden 1960.

113 Ebd.

Rückkehr des Klerus zur *vita communis* abließ. Er vertrat die Ansicht, sein Stand sei aufgrund des seelsorgerischen Auftrags demjenigen der Mönche überlegen. Im letzten Drittel des 12. Jh. – bereits seit dem Schisma von 1159 und noch vor Gerhochs Tod – begannen die Regularkanoniker beträchtlich an Einfluß einzubüßen; der Weltklerus behielt die Oberhand.

Während die deutschen Kanonikerverbände keine überregionale Verbreitung erfuhren, erzielten Arrouaise und Prémontré beachtliche Erfolge. Am Ursprung von Arrouaise stand eine Gruppe von Eremiten, die sich um 1087 in einem Wald in der Diözese Arras niederließ, sich langsam entwickelte und 1097 erstmals in ihren Besitzungen bestätigt wurde[114]. Einer der Geistlichen, Kuno, stand der Gemeinschaft vor und legte die Organsationsform fest; der Konvent übernahm die Augustinusregel, und 1107 wurde Kuno von Paschalis II. zum Propst ernannt. Obwohl wenig später zum Kardinalbischof von Praeneste erhoben, unterstützte Kuno auch weiterhin das Kloster von Arrouaise. Sein Nachfolger wurde Abt genannt, dann wieder Prior; die Brüder nannten sich Kanoniker, legten das Gelübde der Armut und der *vita communis* ab und lebten nach der Augustinusregel und der strengeren Observanz des *ordo novus*. Abt Gervasius (1121–1147) trieb die Entwicklung des Ordens voran[115]. Der Besitz vergrößerte sich, vor allem durch die Übertragung von Pfarrkirchen und die Schenkung von Altären. Weitere Stifte schlossen sich dem Verband an: 1123 Hénin-Liétard[116], 1125 Ruisseauville, 1129 Notre-Dame von Boulogne. Dann beschleunigte sich der Aufschwung: Im französischen Raum waren sie bald überall präsent. 1133 brachen Kanoniker von Ruisseauville nach England auf; 1139 erreichten sie Schottland und Irland[117]. Vor 1145 war auch Polen ein bevorzugtes Ansiedlungsgebiet des Ordens von Arrouaise[118]. In der Folge sollte sich jedoch zeigen, daß der Orden – trotz der mit anderen Orden durchaus vergleichbaren und anscheinend stabilen Organisation (Zulassung von männlichen und weiblichen Konversen, jährliches Generalkapitel) – kein ausreichendes Fundament besaß. Die Äbte in Arrouaise selbst verfolgten keine einheitliche Linie. Die päpstliche Unterstützung, vom Orden vermutlich zu wenig intensiv gesucht, erwies sich als ungenügend. Weder der Spital- noch der Lehrbetrieb des Ordens ließen durch herausragende Leistungen aufhorchen. Bereits 1150 tauchten erste Schwierigkeiten auf. Unbestreitbar brach für alle Regularkanoniker nach der Blüte von 1080 bis 1150 eine Zeit der Stagnation oder des Niedergangs an, von der anscheinend allein Prémontré verschont blieb.

---

[114] L. Milis, L'ordre des chanoines réguliers d'Arrouaise. Son histoire et son organisation, de la fondation de l'abbaye-mère (vers 1090) à la fin des chapitres annuels (1471), Bd. 1: Text, Bd. 2: Karten, Brügge 1969.

[115] Unter seinem Abbatiat wurden zwischen 1133 und 1147 die „Konstitutiones" festgelegt; vgl. dazu L. Milis (Hrsg.), Constitutiones canonicorum regularum ordinis Aroasiensis, Turnhout 1970 (für die Datierung vgl. XLIX--LII).

[116] J. Becquet, L'abbaye d'Hénin-Liétard. Introduction historique. Chartes et documents (XIIe–XVIe s.), Paris 1965.

[117] Milis, L'ordre des chanoines réguliers d'Arrouaise (s. Anm. 114) 275–377.

[118] Ebd. 378–413.

2. Prémontré

Innerhalb der kanonikalen Orden stellt Prémontré einen Sonderfall dar, weshalb die Prämonstratenser von den übrigen Regularkanonikern unterschieden werden (wie die Zisterzienser von den übrigen Mönchen)[119]. Am Anfang der Bewegung stand die fulminante Karriere Norberts von Xanten. Norbert, Adliger, Ordensgründer und Kirchenfürst, war der Sohn des rheinischen Herrn von Gennep; schon früh wurde er für die geistliche Laufbahn bestimmt[120]. Zur Ausbildung trat er ins Stift St. Viktor in Xanten ein, wurde dann Diakon und Priester und bat nach einer „wundersamen" Bekehrung im Jahr 1115 als etwa Dreißigjähriger im Kloster Siegburg um Aufnahme. Später besuchte er dann die Schulen von Laon. Er nahm seine Tätigkeit als Wanderprediger wieder auf, was ihm Kardinalbischof Kuno von Praeneste 1118 in Fritzlar zum Vorwurf machte[121]. Da er die übrigen Kanoniker in Xanten nicht für seine Vorstellungen zu gewinnen vermochte, verließ er seine Pfründe, verteilte all seinen Besitz, ergriff erneut den Pilgerstab und begann ein äußerst karges Eremitenleben. Gelasius II. und Calixt II. unterstützten ihn bei seinem Predigtvorhaben. Norberts tiefster Wunsch war eine Neugründung. 1120 stellte ihm Barthélemy de Joux, Bischof von Laon, Prémontré zur Verfügung, wo er sich mit seinen Anhängern niederlassen konnte[122] und die Augustinusregel annahm.

Bereits 1121 erhielt Norbert von Xanten Floreffe als Schenkung, um dort Kanoniker anzusiedeln. Für die Liturgie übernahm er den *Ordo monasterii*[123], den Ordensalltag organisierte er in Anlehnung an Cîteaux: grobes Wollgewand, striktes Schweigegebot, Handarbeit, Betonung von Predigttätigkeit und Seelsorge – er war Eremit und Kanoniker zugleich. Norbert leitete die von ihm gegründeten Häuser Prémontré, Floreffe, Cappenberg, Vivières und Ilbenstadt, ergänzt durch Saint-Martin in Laon und St. Michael in Antwerpen. 1126 wurde er zum Erzbischof von Magdeburg bestellt. Nun verlegte er seine Reformbestrebungen an die Elbe, nahm Gründungen und Reformen vor und besetzte die umliegenden Bischofssitze mit seinen Anhängern[124]. 1128 überließ er die Leitung von Prémontré seinem Nachfolger Hugo von Fosses. Nach und nach bildete sich eine Organisationsform heraus: Jedes Kloster erhielt einen Abt, der *Ordo monasterii* wurde aufgegeben und Consuetudines, die denen von Springiersbach nahestanden, verfaßt sowie ein Generalkapitel eingeführt. So entstand der Orden von Prémontré. In dieser Region hatten Adlige die Initiative ergriffen und waren – wie im Falle von Cîteaux – eifrig bemüht, dem neuen Orden Klöster zu übergeben. Hier ging es nicht darum, Kanoniker für Verkündigung und christliche Unterweisung hinzuziehen, denn die Prämonstratenser suchten die Einsamkeit, machten verwahrloste Ländereien urbar und erstellten ein Netz von Grangien. Dies alles –

---

119 St. Weinfurter, Norbert von Xanten, in: Elm, Norbert von Xanten (s. Anm. 102) 159.

120 St. Weinfurter, Norbert von Xanten. Ordensstifter und „Eigenkirchenherr", in: Archiv für Kulturgeschichte 59 (1977) 68–98; A. Adler, Norbert von Xanten als rheinischer Adliger und Kanoniker an St. Viktor, in: Elm, Norbert von Xanten (s. Anm. 102) 35–68.

121 F. J. Felten, Norbert von Xanten. Vom Wanderprediger zum Kirchenfürsten, in: Elm, Norbert von Xanten (s. Anm. 102) 69–155; ders., Norbert von Xanten. Reisen und Aufenthaltsorte, in: ebd. 210–215 (mit Karte). Kardinalbischof Kuno gehörte zu den ersten Kanonikern von Arrouaise.

122 Als erstes hatte Norbert vergeblich versucht, die Kanoniker von Saint-Martin in Laon zu gewinnen; vgl. dazu Felten, ebd. 83–84.

123 Ch. Dereine, Le premier ordo de Prémontré, in: RBen 58 (1948) 84–92.

124 B. Schwineköper, Norbert von Xanten als Erzbischof von Magdeburg, in: Elm, Norbert von Xanten (s. Anm. 102) 189–209.

Christus übergibt das eucharistische Lamm dem Oberen des Prämonstratenserordens, den der Ordensgründer, Norbert von Xanten, empfiehlt. Titelholzschnitt (1507) eines Prämonstratenser-Breviers (Paris, Nationalbibliothek).

zusammen mit dem weißen Kleid, der Hochschätzung der körperlichen Arbeit und der ursprünglichen Weigerung, Kirchen und Zehnten entgegenzunehmen – erklärt, weshalb man sie oft mit dem Zisterzienserorden in Verbindung brachte. Prémontré konnte die gleichen raschen Erfolge aufweisen, bewegte sich aber in einem anderen Territorium: Die Gründungen des Ordens konzentrierten sich auf ein Gebiet, das nördlich und nordöstlich einer zwischen Seinemündung und Genfersee gezogenen Linie lag; südlich davon war ihre Verbreitung merklich geringer.

3. Hospitalorden und Ritterorden

Seit der Mitte des 11. Jh. betreuten Laien Pilger und Reisende, die den Großen St. Bernhard überqueren wollten[125]; 1145 wurden in diesem Zusammenhang erstmals Ordensleute erwähnt, die sich Chorherren nannten. Ein Charakteristikum der Hospitalorden war, daß sie nur sehr langsam Gestalt annahmen – besonders augenfällig wird dies bei den Antonitern. In La-Motte-aux-Bois existierte ein Priorat der Benediktiner von Montmajour[126].

---

[125] Vgl. Stichwort „Großer Sankt Bernhard", in: LThK IX, 135.

[126] A. Mischlewski, Grundzüge der Geschichte des Antoniterordens bis zum Anfang des 15. Jahrhunderts, Köln – Wien 1976, 17–33. Der heutige Name von La-Motte-aux-Bois ist Saint-Antoine-en-Viennois (Dep. Isère).

Dorthin waren angeblich die Gebeine des Mönchsvaters Antonius gebracht worden. Um 1085/90 bildete sich eine Laienbruderschaft, die die Pilger, insbesondere aber die Kranken betreute, die sich Genesung vom sog. Heiligen Feuer, später Antoniusfeuer genannt, erhofften – eine Krankheit, die durch den Verzehr des vom Mutterkorn vergifteten Roggenbrots ausgelöst wird. Die Kranken wurden gepflegt, verköstigt und durften den heiligen Kräuterwein trinken (an Christi Himmelfahrt wurden jeweils die Reliquien des heiligen Antonius in den Kräuterwein getaucht). Die vielen Berichte über Heilungen bewirkten ein Anschwellen des Pilgerstroms, was der Bruderschaft einen plötzlichen Auftrieb gab. Wie in solchen Fällen üblich, mangelte es nicht an Schenkungen an die Hospitalbrüder von La Motte. Es wurde ein Spital gebaut, und Calixt II. weihte die neue Kirche[127]. Die für Kranke und Arme bestimmten Almosen wurden durch öffentliche Sammlungen aufgebracht; später kam der Brauch auf, ein „Antoniusschwein" zugunsten der Hospitalbrüder aufzuziehen. Seit dem Ende des 12. Jh. strebten die Antoniter nach Selbständigkeit; sie führten die Wahl eines Oberen und die Schaffung von Präzeptorien ein.

Der Große St. Bernhard und Saint-Antoine-en-Viennois sind zwei Beispiele von Laienbruderschaften, die Pflegedienste versahen. Der Dienst am Nächsten, die Pflege der Kranken und die Unterstützung der Armen gehörte indes auch zu den üblichen Aufgaben der religiösen Gemeinschaften und ihrer Pflegeanstalten, was zur Gründung zahlreicher Hospitäler führte. Die Idee, einen Hospitalorden mit militärischer Zielsetzung zu gründen, nahm erst im Heiligen Land Gestalt an. Nach der Eroberung Jerusalems im Jahr 1099 wurde an der Grabeskirche ein Kapitel installiert. Die Kanoniker übernahmen die im Westen beliebte Form regulierten Lebens und verbanden mit ihrem Stand den Seelsorge- und Pflegedienst[128]. Dem Patriarchen oblag die Reorganisation des kirchlichen Lebens in Jerusalem, die Aufnahme der Kranken und Pilger. Zu ihrem Schutz nahm er im Hospital Santa Maria Latina Ritter in seinen Dienst. In diesem Rahmen vollzog sich die Gründung von Ritterorden, die mit der Verteidigung der Pilger auf dem Weg von Jaffa nach Jerusalem betraut wurden: Templer, Johanniter und schließlich der Deutsche Orden.

Auf der von Muslimen eroberten Iberischen Halbinsel wurde ein ähnlicher Kampf wie um das Heilige Land geführt, weshalb Paschalis II. den Spaniern verbot, ihr Heer in den Dienst des Königreichs Jerusalems zu stellen[129]. Bereits 1085 hatte der Gedanke der Reconquista mit der Einnahme von Toledo eine wichtige Etappe auf dem Weg zur Eroberung des Südens der Halbinsel erreicht; diesem Ziel hatten alle Kräfte zu gelten. Da die regulären Heere allein nicht genügten, entstanden militärische Bruderschaften, die dann zur Gründung von Orden führten[130]: Der Cofradía von Belchite (um 1118–um 1130) war kein

---

127 Die Urkunde, die das Ereignis festhält (20. März 1119), ist angeblich eine Fälschung; es ist aber durchaus möglich, daß sich der Papst auf der Durchreise hier aufhielt.

128 K. Elm, Kanoniker und Ritter vom Heiligen Grab. Ein Beitrag zur Entstehung und Frühgeschichte der palästinensischen Ritterorden, in: J. Fleckenstein – M. Hellmann (Hrsg.), Die geistlichen Ritterorden Europas (Vorträge und Forschungen 26), Sigmaringen 1980, 141–170. J. Leclercq, Un document sur les débuts des Templiers, in: RHR 52 (1957) 85, spricht im Zusammenhang mit den Chorherren vom Heiligen Grab in Jerusalem sogar von einer Art Tertiaren.

129 A. Noth, Heiliger Krieg und Heiliger Kampf in Islam und Christentum, Bonn 1965.

130 Vgl. Stichwort „Ordenes militares: Calatrava", in: Dicc. hist. ecl. España III (1973) 1813–1815; ebd.: „San Juan de Jerusalem", 1817–1820; „Santiago", 1820–1824, „San Sepulcro", 1825; „Templarios", 1825–1828; „Teutonica", 1828–1830. Übersichtliche Darstellung bei B. Schwenk, Aus der Frühzeit der geistlichen Ritterorden Spaniens, in: Fleckenstein – Hellmann, Die geistlichen Ritterorden (s. Anm. 128) 109–139. D. W. Lomax, Las Ordenes Militares en la Peninsula Iberica durante la Edad Media, Salamanca 1976.

Erfolg beschieden[131]; in San Julián del Pereiro im Königreich Léon wurde um 1156 der dann 1176 vom Papst bestätigte Orden von Alcántara gegründet; um 1170/71 ging auf Anregung König Ferdinands II. aus der Cofradía de Cáceres der Ritterorden vom heiligen Jakobus von Compostela (Orden von Santiago) hervor, der die Augustinusregel annahm und 1175 von Rom bestätigt wurde[132]; dieser Orden nahm auch verheiratete Männer in seine Reihen auf, was den leonesischen Grafen Rodrigo Alvarez zum Austritt bewog; er gründete in der Folge den strikteren, an Cîteaux orientierten Orden von Montjoie. In Portugal gründete König Alfons I. im Jahr 1151 in Coïmbra eine Miliz, die 1162 selbständig wurde und die Regel eines Zisterzienserabtes annahm – es ist dies der Ritterorden von San Benito de Avis (Evora)[133].

In Kastilien entstand 1158 auf Betreiben des Zisterzienserabtes Raimund von Fitero eine Bewegung zur Verteidigung der von den Templern gehaltenen Burg Kalaat-Rawaah, die mit dem Orden von Cîteaux verbunden war; daraus entstand der Orden von Calatrava, der bedeutendste und aktivste Ritterorden auf der Iberischen Halbinsel[134]. Im 13. Jh. existierten die Orden von Calatrava, Alcántara und Santiago nebeneinander, entwickelten sich und bauten ihre Organisation aus. Unter der Schirmherrschaft der Augustinerchorherren oder der Zisterziensermönche stellten Hospitalorden und Ritterorden eine in Einzelheiten differierende, der Intention nach indes einheitliche neue Bewegung dar, die – mehr der Nächstenliebe als dem Gebet und der Kontemplation verpflichtet – Arme, Pilger und Kranke unterstützte.

IV. Die Frauen im Kloster – Spezifische Fragestellungen

Als Hugo von Semur, Abt von Cluny, seine Absicht bekanntgab, Marcigny zu gründen und dort Frauen aufzunehmen, begründete er seinen Entschluß damit, daß es viel zu wenig Konvente zur Aufnahme von Kandidatinnen für das Ordensleben gab[135]. Bis zum 8. Jh. waren im Fränkischen Reich viele Frauenklöster gegründet worden, die dann später zerfielen oder zerstört wurden. Außer im Reich gab es nur wenige Abteien für Nonnen; das gilt insbesondere für den Süden Frankreichs. Im 11. und 12. Jh. wurde dann eine Fülle von Frauenklöstern gegründet: Doppelklöster, Abteien und unabhängige Priorate. Greifen wir einige Aspekte dieser Entwicklung heraus.

---

[131] P. Rassow, La Cofradía de Belchite, in: AHDE 3 (1926) 200–227.

[132] D. W. Lomax, Las milicias cistercienses en el reino de Léon, in: Hisp 23 (1963) 29–42; vgl. auch das Stichwort „Alcántara“, in: LexMA I (1980) 328 f.

[133] Schwenk, Aus der Frühzeit (s. Anm. 130) 130–132.

[134] H. Marin, San Raimundo de Fitero, abad y fundador de Calatrava, in: Cistercium 15 (1963) 259–274; J. F. O'Callaghan, The Spanish Military Order of Calatrava and its Affiliates, London 1975; F. Gutton, La chevalerie militaire en Espagne. L'ordre de Calatrava, Paris 1957; Lomax, Las milicias cistercienses (s. Anm. 132) und nun v.a. B. Schwenk, Calatrava. Entstehung und Frühgeschichte eines spanischen Ritterordens zisterziensischer Observanz im 12. Jahrhundert, Münster i.W. 1992.

[135] E. M. Wischermann, Marcigny-sur-Loire. Gründungs- und Frühgeschichte des ersten Cluniacenserinnenpriorates (1055–1150) (Münstersche Mittelalter-Schriften 42), München 1986, 31–57. Die Gründung erfolgte 1055.

1. Doppelklöster

Unbestreitbar handelt es sich bei den zwischen etwa 1050 und 1150 erfolgten Gründungen für weibliche Klosterinsassen mehrheitlich um mit einer Männerabtei verbundene Klöster, wenn nicht gar um Doppelklöster[136]. Die ersten Gründungen erfolgten durch die Benediktiner – in Frankreich etwa Marcigny-Cluny, in Schwaben Filialgründungen von Hirsau und St. Blasius; dann gab es Umbildungen einiger von Eremiten oder Predigern gegründeter Gemeinschaften – etwa Obazine oder Fontevrault; schließlich entstanden Doppelklöster als Folge ursprünglich nicht beabsichtigter, nachträglicher Übereinkunft zweier Gruppen.

Die Institution des Doppelklosters stammt aus dem Osten; sie regelte das Zusammenleben einer Mönchs- und einer Frauengemeinschaft unter der Autorität eines einzigen Vorstehers (häufiger Abt denn Äbtissin) an einem gemeinsamen Ort und unter gemeinsamem Patrozinium. Die Wohngebäude waren selbstverständlich getrennt, nicht aber die Kirche, in der allerdings strikte Geschlechtertrennung herrschte – mit genauen Vorschriften zum Wirken der Priester. Als Rechtfertigung des Doppelklosters wurden Komplementarität der Bedürfnisse und Aufgabenteilung angeführt: Für gottesdienstliche Funktionen und administrative Kontakte zur Außenwelt waren die Frauen auf die Männer angewiesen, während letztere die Dienste der Frauen (Wäsche und Küche) gerne in Anspruch nahmen. Daß ein derartiges Zusammenleben mit Gefahren verbunden sein kann, entging den weltlichen und kirchlichen Behörden keineswegs. Kaiser Justinian etwa hatte zweimal die Auflösung von Doppelklöstern befohlen und durchgeführt[137], was erklärt, weshalb es auf der Italienischen Halbinsel im hier behandelten Zeitraum keine derartigen Klöster gibt. In Spanien hingegen, wo sie bis zum 12. Jh. inbesondere in der Gegend von Córdoba florierten, stießen diese Institutionen auf Wohlwollen. Die Verbreitung der Benediktregel wurde ihnen dort – wie übrigens auch im Fränkischen Reich, wo es nach 800 praktisch keine Doppelklöster mehr gab – zum Verhängnis. Etwa aus der gleichen Zeit datiert auch die letzte Erwähnung von Doppelklöstern auf der Britischen Insel. In diesem Bereich fand folglich im 11. Jh. ein beachtlicher Aufschwung statt.

Die Doppelklöster des 11. und 12. Jh. unterschieden sich von ihren Vorgängern aus früheren Jahrhunderten. Was blieb, war die Unterstellung unter einen Vorsteher, nicht jedoch die Einheit des Ortes oder der Besitzungen; gleiches gilt für die Regel, kam es doch vor, daß neben Benediktinerinnen Brüder nach der Augustinusregel lebten. Was das zahlenmäßige Gewicht der beiden Gemeinschaften anbetrifft, so gab es häufig große Unterschiede, und nur selten wurde ein Gleichgewicht erreicht. Grundsätzliche Fragen warf indes die praktische Seite des Nebeneinanders der Geschlechter auf. Da die einzelnen Orden ganz unterschiedliche Lösungen trafen, sei hier kurz darauf eingegangen.

Ein erster Typus sind die vom Adel gewünschten und an eine Männerabtei angeschlossenen Benediktinerinnenpriorate. Charakteristisch ist der Fall von Marcigny, wo ständig zwei bis zwanzig Mönche aus Cluny lebten. Im übrigen geben die schriftlichen Zeugnisse genauen Aufschluß: 1088 entscheidet sich Reine, Gräfin von Mâcon, die „in den Schoß des Konventes von Cluny aufgenommen zu werden wünscht", ins Kloster von Marcigny einzu-

[136] U. Berlière, Les monastères doubles aux XIIe et XIIIe siècles, Brüssel 1923; St. Hilpisch, Die Doppelklöster, Entstehung und Organisation, Münster 1928.

[137] M. Bateson, Origin and Early History of Double Monasteries, London 1899.

treten, wo sie der „cluniazensischen Disziplin" unterworfen sein wird[138]. Der Klostereintritt der Gräfin war von einer großzügigen Stiftung begleitet, die es Cluny ermöglichte, in der Diözese Lüttich das Priorat von Aywaille zu eröffnen. Ein derartiges Priorat kam den Wünschen von ganzen Familien entgegen, die gemeinsam ins Kloster eintreten wollten, ohne auseinandergerissen zu werden. Im gleichen Jahr bekehrte sich Geoffroy III. von Semur, Neffe des Abtes Hugo, zusammen mit seiner Familie: Ermengard, seine Gemahlin, und die drei Töchter Achis, Agnes und Cäcilia traten in Marcigny ein, er selbst zusammen mit seinem Sohn Renaud in Cluny. Als Prior von Marcigny konnte der Herr von Semur später wieder in der Nähe seiner Familie leben. Als Dank erhielt Cluny Bagny als Schenkung. Die Gründung des später heiliggesprochenen Hugo entsprach in erster Linie dem Wunsch der eigenen Familie: dem Wunsch der verwitweten Mutter und der von ihrem Mann verlassenen Schwester; später zogen sich noch zwei weitere seiner Schwestern nach Marcigny zurück[139]. Dies ist kein Einzelfall. Auch die Doppelklöster der gleichen Epoche im Herzogtum Schwaben verdanken ihre Entstehung der Großzügigkeit mächtiger Adelsfamilien[140]. Nicht zu verwechseln sind diese Institutionen mit den selbständigen Frauenprioraten unter der Obhut von Männerabteien, wie etwa Saint-Bénigne in Dijon (Rupt, Ulmoy) und Affligem, oder mit jenen unter der Obhut von Frauenabteien, wie etwa Ronceray[141].

Ein zweiter Typus sind jene Gemeinschaften, die von ihrem Begründer von vornherein als Doppelklöster geplant wurden. Diese Beispiele stehen dem ursprünglichen östlichen Vorbild am nächsten. Dazu gehört etwa Obazine. In der Vita des später heiliggesprochenen Stephan von Obazine wird folgendes berichtet:

„Er hielt ihnen eine Predigt, unterwies sie anhand von Beispielen und erläuterte ihnen, welchen Lebenswandel sie nun unter allen Umständen zu befolgen hätten. Noch vor Sonnenuntergang verließ er sie, nachdem er ihnen mit der Einrichtung der ewigen Klausur Sicherheit verschafft hatte: Er erließ eine strenge Vorschrift, wonach zeitlebens keine der Schwestern das Kloster verlassen dürfe, zu welcher Gelegenheit, aus welchem Grund und auf welche Art und Weise auch immer. Vielen Menschen schien es ein Ding der Unmöglichkeit, daß eine so große Zahl von Frauen derart eingeschlossen zusammen leben konnte – es waren ihrer aber bald einhundertundfünfzig." Es wurden einige bauliche Veränderungen vorgenommen, wie etwa „in der Mauer, die die Kirche in zwei Teile trennt; hier wurde eine viereckige, mit Gittern versehene Öffnung eingelassen, die auf der Seite der Nonnen mit einem Vorhang verdeckt wurde. Am unteren Rand war ein freier Raum ausgespart, damit die Hand des Priesters die heilige Eucharistie hindurchreichen konnte. Wollten die Schwestern, alle zusammen oder nur die Kranken, die Kommunion empfangen, dann brachte der Priester, nachdem er selbst am Altar kommuniziert hatte, mit großer Achtung den Leib des Herrn an diesen Ort. Der Vorhang wurde zurückgezogen und alle dort Versammelten empfingen respektvoll und gottesfürchtig die Kommunion aus der Hand des Priesters."[142]

---

138 J. Richard, Le cartulaire de Marcigny-sur-Loire (1045–1144). Essai de reconstitution d'un manuscrit disparu, Dijon 1957, 26.

139 J. Wollasch, Parenté noble et monachisme réformateur, in: RH 264 (1980) 3–24.

140 E. Gilomen-Schenkel, Frühes Mönchtum und Benediktinische Klöster des Mittelalters in der Schweiz, in: Helvetia sacra III/1, Bern 1986, 55–82.

141 J. Avril, Les fondations, l'organisation et l'évolution des établissements de moniales dans le diocèse d'Angers (du XIe au XIIIe siècle), in: M. Parisse (Hrsg.), Les religieuses en France au XIIIe siècle, Nancy 1985, 27–68.

142 Vie de saint Etienne d'Obazine, hrsg. u. übers. von M. Aubrun, Clermont-Ferrand 1970, 99.

An Fontevrault und Sempringham wird deutlich, welche Probleme Doppelklöster aufwerfen, gelten doch diese beiden Institutionen als Beispiele echter Doppelkonvente. Die Entstehungsgeschichte von Fontevrault wurde bereits behandelt. Mit dem Tod Roberts von Arbrissel bekam Petronilla von Chemillé freie Hand, das im Entstehen begriffene Kloster auszubauen. Wenige Jahrzehnte später lag die Organisation in großen Zügen fest. Die Autorität lag allein bei der Äbtissin von Fontevrault; ihrer Befehlsgewalt waren die Brüder, die Kanoniker und die Laien unterstellt, ohne daß sie etwas zu sagen hatten, was in der Folge zu Widerstand von dieser Seite führte. Schon bald gab es sehr viel weniger Brüder als Schwestern, eine Entwicklung, die in den im 12. Jh. gegründeten zahlreichen Prioraten noch stärker zum Ausdruck kam als in der Mutterabtei. Die Männer lebten nach der Augustinusregel, die Frauen nach der Benediktregel. Bereits gegen Ende des Abbatiats Petronillas († 1149) und wenig später wurden getrennte Statuten erarbeitet. Nach und nach ging Roberts von Arbrissel Grundintention verloren, und Fontevrault wurde bald ein Orden für adlige Nonnen[143].

Gilbert von Sempringham (Lincolnshire) gründete zwei Frauenklöster, eines im Jahr 1131 in seinem Dorf, das andere 1139 in Heverholm; er stellte erst weibliche Konversen in den Dienst der Nonnen, dann auch Laienbrüder, die die geschenkten Ländereien zu bebauen hatten[144]. Die Männer nahmen in der großen Kirche der Nonnen an den Gottesdiensten teil. 1147 verweigerte das Generalkapitel von Cîteaux die Inkorporation dieser Gründungen. Daraufhin stellte Gilbert den drei Gruppen in jeder Niederlassung Kanoniker zur Seite, die administrative, liturgische und seelsorgerische Aufgaben zu erfüllen hatten. Wie in Fontevrault wurde nach zwei Regeln gelebt: die Frauen nach der Benediktregel, die Männer nach der Augustinusregel. Bereits 1165 kam es zum Konflikt zwischen Laienbrüdern und Kanonikern. Ein Appell erging an Rom, und es folgte eine Untersuchung, in deren Verlauf Gilbert den Streitfall darlegte. Nach zehnjährigem Verfahren wurde folgendes beschlossen: Schaffung zweier nebeneinander liegender Gebäudetrakte; Verbot für die Männer, die Kirche der Frauen zu betreten, ausgenommen die mit dem Gottesdienst betrauten Kanoniker. War es überhaupt möglich, zwischen Nonnen, Kanonikern, weiblichen Konversen und Laienbrüdern Gleichheit zu schaffen? Die Letztgenannten wollten nicht bloß Untergebene sein. Schließlich legte sich die Krise, und 1176 trat eine neue Verordnung in Kraft. Das war der Anfang der Doppelklöster. Beim Tod Gilberts von Sempringham zählte der Orden dreizehn Häuser, von denen jedoch nur zwei im folgenden Jahrhundert den Grundsätzen des Gründers treu blieben.

Der dritte Typus ist komplexer: Das Doppelkloster wurde hier nicht bewußt angestrebt, und am Ende stand eine eigene Gründung für Frauen. Bestes Beispiel dafür sind Klosterrath und Marienthal, beide in den Annales Rodenses erwähnt[145]. Am Anfang stand die Gründung eines Stifts für Regularkanoniker durch Ailbert von Antoing, Priester und Kanoniker in Tournai. Dann trat der Ministeriale Embrico mit Gemahlin Adelhaïde sowie

---

[143] Die Satzungen von Fontevrault sind publiziert in: PL 162, 1079–1086. P. S. Gold, The Lady and the Virgin. Image, Attitude and Experience in Twelfth Century France, Chicago 1985, 93–115.

[144] R. Foreville – G. Keir, The Book of St. Gilbert, Oxford 1987 (Einleitung); R. Foreville, Naissance d'un ordre double. L'Ordre de Sempringham, in: Actes du 1er colloque du CERCOR, Saint-Etienne 1991.

[145] M. Parisse, Les nonnes au Moyen Age, Paris 1983, 53–58. Ch. Dereine, Chanoines réguliers au diocèse de Liège, und v.a. W. Gärtner, Das Chorherrenstift Klosterrath in der Kanonikerreform des 12. Jahrhunderts, in: ZAGV 97, 1991, 33–220.

Die romanische Stiftskirche von Klosterrath, gegründet im 11. Jh. als Stift für Regularkanoniker, später zeitweilig ein Doppelkloster.

Sohn und Tochter ein – ein ähnlicher Vorgang wie in Marcigny. Nach einiger Zeit erklärte Ailbert, er fühle sich durch das Zusammenleben mit den Frauen gestört und wünsche deren Entfernung. Nach anfänglicher Zustimmung weigerte sich Adelhaïde schließlich, wegzuziehen – darin unterstüzt von ihrem als Verwalter der Gemeinschaft tätigen Gemahl. In einem Schiedsspruch sprachen sich hohe kirchliche Würdenträger gegen Ailbert aus, der daraufhin sein Wanderleben wieder aufnahm. Das geschah um das Jahr 1095. Zwanzig Jahre später, 1116, scheiterte Abt Richer mit seinem Versuch, die Gruppe aufzulösen und die Schwestern nahe der Nachbarkirche unterzubringen. Da die Zahl der Schwestern stetig zunahm, wurden auf dem Friedhof der Pfarrkirche von Klosterrath einige Gebäude errichtet; hier ließen sich die Schwestern schließlich nieder, nachdem ihnen ein Teil des gemeinsamen Besitzes zugesichert worden war. Das genügte nicht; 1140 mußten die Frauen – inzwischen waren es 37 – nochmals weichen und wurden ins Kloster von Marienthal verlegt, blieben jedoch weiterhin unter Obhut und geistlicher Führer der Kanoniker von Klosterrath. Abt Johannes schwor, niemals mehr Frauen in nächster Umgebung seines Konventes zuzulassen, aber bereits sein unmittelbarer Nachfolger, Erpo, nahm wieder acht von ihnen auf, um die Wäsche zu besorgen, denn, so seine Erklärung, die Kirche konnte auf die Dienste der Frauen nicht verzichten, hatten doch bereits den Aposteln fromme Personen des anderen Geschlechts zur Seite gestanden.

In seinen Anfängen war Klosterrath tatsächlich ein Doppelkloster; die Schwestern nahmen an der Seite der Brüder an der Messe teil, legten die Gelübde ab und waren keineswegs bloß einfache Mägde. In der zweiten Phase erhielten sie dann, was sie zu ihrem Lebensunterhalt brauchten, unterstanden aber weiterhin den Mitbrüdern und deren Abt. Aufgrund der räumlichen Entferung und der Teilung der Güter hatte das Doppelkloster zu existieren aufgehört. Aber wie der Abt und die Mönche von Saint-Bénigne im Fall von Rupt und Ulmoy mußten sich die Kanoniker von Klosterrath an der Verwaltung der Temporalien der Schwestern beteiligen.

Eine Trennung der Doppelklöster war auf Dauer beinahe unausweichlich, konnte es doch immer zu einem Skandal kommen. So wurde auch für das 1095 gegründete Doppelkloster San Benedetto in Padua aufgrund eines Skandals im Rahmen der Justinianischen Dekrete ein Trennungsentwurf ausgearbeitet, wenngleich die Gemeinschaft bis 1195 in der bekannten Form erhalten blieb. Die meisten Doppelgründungen im Herzogtum Schwaben wurden ebenfalls über kurz oder lang getrennt; allein Muri und Engelberg konnten sich als Doppelklöster halten, wie die Eintragungen in die Totenbücher beweisen[146].

2. Die Frauen und die neuen Orden

Frauen jeden Alters und aus allen Schichten folgten Norbert von Xanten, Theoger von St. Georgen im Schwarzwald wie Gaucher von Aureil. Jede neue Kongregation, jeder neue Orden hatte sich mit einer wachsenden Zahl von aufnahmesuchenden Frauen in den Jahren 1090 bis 1150 zu befassen. Meist wurde den Bitten bereitwillig stattgegeben; es kam aber auch vor, daß sich die neuen Mönche und Kanoniker von Anfang an standhaft weigerten oder allmählich davon Abstand nahmen. Die Entwicklung in Prémontré und Cîteaux war in dieser Hinsicht eher widersprüchlich. Norbert von Xanten ließ es zu, daß sich weibliche Konversen in nächster Umgebung der Ordensabteien niederließen – keine Niederlassung, die nicht ihr „Parthenon", ihr Nonnenhaus, gehabt hätte. Der Überlieferung gemäß soll das Generalkapitel 1150 die Aufhebung dieser Häuser beschlossen haben. Diese Entscheidung läßt sich durch keinen Text belegen, und falls er wirklich gefaßt wurde, so wirkte er sich nicht unmittelbar aus. Die weiblichen Konversen verschwanden jedenfalls allmählich aus den Urkunden der Prämonstratenserabteien. Gegen Ende des 12. Jh. tauchten in dieser Kongregation erneut Kanonissinnen auf, und zwar entweder in Prioraten, die in großer Entfernung von der Mutterabtei lagen (etwa Belletanche für Salival in der Diözese Metz), oder in Neugründungen. Die Regularkanoniker von Arrouaise nahmen ebenfalls Schwestern auf, trennten sich aber im Jahr 1274 von ihnen.

Für die Weigerung des Zisterzienserordens, Frauen aufzunehmen, wird im allgemeinen Bernhard von Clairvaux verantwortlich gemacht. Das kommt nicht von ungefähr[147]. Unter dem Abbatiat von Stephan Harding wurde mit seinem Einverständnis eine Frauenabtei in Le Tart gegründet, in der sich Nonnen aus Jully niederließen. In Jully waren insbesondere die Frauen von Ritterkonversen aus Molesme und Cîteaux eingetreten. Bereits vor 1120 verließen einige Jully, um in Le Tart, 12 km von Cîteaux entfernt, auf einem mit Hilfe des Abtes erworbenen Grundstück zu leben. Während Jully 1128 ein Priorat unter cluniazensi-

[146] Gilomen-Schenkel, Frühes Mönchtum (s. Anm. 140).

[147] B. Degler-Spengler, Die Zisterzienserinnen in der Schweiz, in: Helvetia sacra III/3, 2. Teil, Bern 1982, 507–574; S. Thompson, The Problem of the Cistercian Nuns in the Twelfth and Early Thirteenth Centuries, in: D. Baker (Hrsg.), Medieval Women, Oxford 1978, 227–252.

scher Obödienz wurde, stand Le Tart von Anfang an unter der Leitung einer Äbtissin. Die Frauenpriorate von Obazine und Savigny wie auch eine gewisse Zahl von Frauenabteien lebten im Geiste von Cîteaux, ohne indes wirklich in den Zisterzienserorden inkorporiert zu werden. Allein im Herzogtum Burgund entstanden an mehreren Orten Gründungen, die etwa in gleicher Entfernung von den Zisterzienserniederlassungen lagen wie Le Tart von Cîteaux[148]. Nach 1180 ergaben sich zwei Neuerungen: Le Tart stellte sich an die Spitze von achtzehn Frauenabteien zisterziensischer Prägung, und der Abt von Cîteaux erkannte diese Gruppierung an, indem er festlegte, welche Kontrollfunktionen ihm vorbehalten blieben. Las Huelgas, ein spanisches Nonnenkloster bei Burgos, bat zusammen mit einigen anderen Häusern um Affiliation an den Zisterzienserorden. Von diesem Zeitpunkt an war das Generalkapitel gehalten, Sonderverfügungen für die Nonnen zu erlassen. Im 13. Jh. nahmen die Bitten um Affiliation zu.

Die Frauen waren in allen monastischen und kanonikalen Bewegungen des 12. Jh. präsent, entweder integriert in Doppelklöstern oder aber mit der Erlaubnis, sich in der Nähe der Männer niederzulassen und an deren religiösen Aktivitäten teilzunehmen. Noch kaum untersucht ist die Verbindung der in den Hospitälern tätigen Männer und Frauen – Brüder für die Verwaltung und Kapelläne auf der einen, Schwestern im Dienste der Kranken und Sterbenden auf der anderen Seite. Es gab auch Frauengemeinschaften, die den Hospital- und Ritterorden angegliedert waren.

Bei der Gründung eines Frauenklosters, sei es eine Abtei oder ein Priorat, stellten sich immer zwei Probleme: Wie sind Gottesdienste und *cura monialium* einerseits, wie die Verwaltung des Besitzes andererseits zu gewährleisten. Im Rahmen von Doppelklöstern waren diese Probleme *ex officio* gelöst, stellten sich aber den unabhängigen Häusern um so drängender. Die häufigste Lösung sah vor, daß die nächstgelegene Männerabtei Priester oder Brüder als Prioren oder Konversen zur Bewältigung dieser Aufgaben entsandte. Gebraucht wurden – neben den im Turnus den Wochendienst versehenden Priestern – die Diakone und Subdiakone sowie Helfer des für die Verwaltung zuständigen Priors. Es waren zwischen drei und zehn Männer, zuweilen auch sehr viel mehr, die zum reibungslosen Funktionieren des Frauenklosters beitrugen. Im Priorat von Ulmoy etwa unterstanden der Priorin und dem Mönchsprior von Saint-Bénigne neben einem Dutzend Nonnen acht weibliche und sechs männliche Konversen. Die großen alten Benediktinerabteien besaßen die finanziellen Mittel, um einen umfangreichen Klerus zu unterhalten – vier bis acht Priesterkanoniker und mehrere laikale Amtswalter; die Kanoniker waren einfache Pfründner oder bildeten ein kleines Nebenkapitel[149]. In den adligen Damenstiften gab es eine Anzahl von Pfründen, die entsprechend den Statuten den Kanonikern vorbehalten waren – ferne Erinnerung an das Doppelkloster. Im 12. Jh. war die *cura monialium* im allgemeinen durchaus gesichert – im Unterschied zu späteren Zeiten.

---

[148] J. de la Croix-Bouton u. a., L'abbaye de Tart et ses filiales au Moyen Age, in: Mélanges Anselme Dimier, Arbois 1984, 19–61.

[149] So etwa das kleine Kapitel von Sainte-Croix, das mit der Verduner Benediktinerinnenabtei Saint-Maur-de-Verdun verbunden ist (Bulle Leos IX., PL 143, 626).

3. Rekrutierung und Klosteralltag

Bei der Lektüre von Schilderungen über die Erfolge der Wanderprediger gewinnt der Leser den Eindruck, nun endlich sei es den Frauen aller Schichten möglich gewesen, ins Kloster einzutreten und ihre religiöse Berufung zu verwirklichen. So war etwa in Fontevrault ein Gebäude eigens den „reuigen Frauen“ vorbehalten. Man hüte sich indes vor voreiligen Verallgemeinerungen. Soweit genaue Nachrichten aus Urkunden oder Totenbüchern zugänglich sind, zeigt sich, daß der Adel bei weitem am besten, wenn nicht gar allein vertreten war. Die Konversen der Nonnenklöster wie die Nonnen der Benediktinerpriorate und der Zisterzienserabteien waren Töchter und Frauen von Rittern und Adligen und stammten folglich aus begüterten Familien. Die Zunahme von aufnahmesuchenden Frauen lief denn auch parallel zur Ausweitung dieser Adelsschicht. Ein Jahrhundert früher als in Deutschland gelangte in Frankreich die Ritterschaft in eine dominierende Stellung, verfügte über Lehnsgüter und lebte im Gefolge der Lehnsherren; und wie letztere strebten die Ritter für ihre Töchter eine vorteilhafte Eheschließung oder einen Platz in der Behaglichkeit des Klosters an.

Der Hochadel behielt sich den Zutritt zu den reichsten und ältesten Benediktinerinnenabteien und den adligen Damenstiften vor. Wurde eine Schenkung gemacht, eine Verwandtschaft präzisiert, war eine Äbtissin aktiv – stets ist die adlige Herkunft der Nonnen und Stiftsdamen bezeugt. Gemäß alter Überlieferung bewahrten oder erhielten die Nachkommen der Gründer oder die Vasallen des Königs die Kontrolle über den monastischen Besitz, der integrierender Bestandteil ihrer Herrschaft war – hier war die Intervention der Äbtissin unvermeidlich.

Der Alltag der Nonnen unterschied sich von demjenigen der Mönche und Kanoniker. Zwar unterstanden auch sie der Pflicht zum Chorgebet, auch sie sangen die Stundengebete, nahmen an einer oder mehreren Messen teil, lasen und meditierten über die Heilige Schrift – aber der Zugang zum Priestertum war ihnen verwehrt. Für Messe, Beichte, Kommunion und Totenfeier waren sie auf die Priester angewiesen. Einige Äbtissinnen hätten gerne die Rolle einer Diakonin übernommen und ihren Schwestern zumindest die Beichte abgenommen, aber ihre Ambitionen wurden in Schranken gehalten[150]. Nichtregulierte wie regulierte Kanonissinnen mußten feststellen, daß ihnen alles vorenthalten blieb, was den Gehalt des kanonikalen Lebens ausmachte. In der Regel wandten sie sich nicht dem Studium zu; in ihren Bibliotheken gab es denn auch praktisch einzig liturgische Schriften, und ihre Bildung beschränkte sich neben Lesen und Schreiben vor allem auf praktische Kenntnisse. Die Alltagsbeschäftigungen waren eher eintönig. Außer einigen Zisterzienserinnen, die auch Feldarbeit verrichteten, mußten sie den Konvent versorgen, kochen, sticken oder hatten gar nichts zu tun.

Die Klausur war strikt einzuhalten; dies wurde immer wieder eingeschärft; die Praxis indes sah anders aus. Gegen Ende des 13. Jh. rief der Apostolische Stuhl die Notwendigkeit der Klausur feierlich in Erinnerung. Durch die Kontrolle sollte vor allem jeder Kontakt mit dem männlichen Geschlecht vermieden werden – die Aufmerksamkeit der Kirche für alles, was das Sexualleben betraf, wie auch die Dokumente und Annalen, die die lockeren Sitten

---

150 So etwa in Las Huelgas, vgl. dazu A. Rodríguez López, El real monasterio de Las Huelgas de Burgos, 2 Bde., Burgos 1907; M. Gómez-Moreno, El panteón real de Las Huelgas de Burgos, Madrid 1946.

in gewissen Gemeinschaften anprangern, machen deutlich, daß es hier um ein nicht zu vernachlässigendes Problem ging.

4. Zwei Extreme – Reklusen und Säkularkanonissen

Zwei Kategorien von Frauen, die eine wenig, die andere stark vertreten, sind von den als Einheit behandelten Formen weiblicher Religiosität – Benediktinerinnen, Zisterzienserinnen, Regularkanonissen – getrennt zu betrachten. Die Frau im Mittelalter konnte kein Eremitenleben führen; es gibt nur wenige Ausnahmen. Eine seit dem Frühmittelalter begehrte und angestrebte Ersatzform weiblichen Eremitentums war die Reklusion[151]. Für diese Institution wurden Regeln verfaßt; eine der bekanntesten verdanken wir dem englischen Zisterzienserabt Aelred von Rievaulx, die dieser für seine Schwester konzipierte. Sie vermittelt uns ein buntes Bild über das Leben der städtischen Reklusen[152]. Reklusentum und Koinobitentum profitierten ebenfalls vom Aufschwung des Mönchsideals. Zahlreiche solche Reklusen wurden in den Nekrologen vermerkt, wo ihr Name der Bezeichnung jener Kirche folgte, an deren Außenmauer ihr Häuschen stand. Die Kirche lehnte diese Form der Religiosität keineswegs ab; so sah sie denn auch ein ganz präzises Ritual für die feierliche Einmauerung vor – eine Zeremonie, die in vielen einer Grablegung glich. Fortab durfte und konnte die Rekluse ohne Zustimmung der zuständigen kirchlichen Behörde ihre Behausung nicht mehr verlassen. Sie lebte allein – oder von einer um Nahrung bettelnden Dienerin assistiert – in Symbiose mit der nahen Kirche und konnte durch ein Fenster dem Gottesdienst folgen.

Die Säkularkanonissen sind Vertreterinnen eines vor allem im Deutschen Reich und in Italien üblichen Lebensstils[153]. In gewissen Aspekten ihres Lebens standen sie den Benediktinerinnen nahe, ja waren oft selbst Benediktinerinnen gewesen, bevor sie das kanonikale Modell übernahmen, das sich an demjenigen der Kathedral- und Stiftskanoniker orientierte. Wie diese legten die Säkularkanonissen kein Gelübde ab, besaßen Eigentum und verfügten über eine Privatwohnung. Diese Bewegung ist nicht so alt, wie zuweilen behauptet wird. Die aus den Anfängen der Missionstätigkeit des 6. bis 8. Jh. hervorgegangenen, ersten Frauenklöster befolgten eine monastische Regel – diejenige des Caesarius, des Kolumban oder des Benedikt. Vom 9. Jh. an übernahmen die alten Gründungen häufig eine von den Konzilien bereits im 8. Jh. erwähnte Ordnung für Kanoniker; die neuen Abteien optierten häufig von Anfang an für diese Ordnung. So entstanden zahlreiche monastische Gründungen für die Frauen und Töchter des fränkischen Adels. Im 12. Jh. vollzog sich in gewisser Weise eine Rückkehr zur monastischen Lebensweise. Im wesentlichen tendierte der Alltag der Säkularkanonissen genau in die gegenläufige Richtung. Der Klosterbesitz wurde in Pfründen aufgeteilt, und zwar nach ganz unterschiedlichen Systemen, die indes stets die Äbtissin mehr oder weniger privilegierten und zuweilen auch die Kanoniker einschlossen.

---

[151] Leclercq, La réclusion volontaire (s. Anm. 1).

[152] Aelredus Rievallensis, Alred of Rievaulx's De institutione inclusarum, Two English Versions, hrsg. von J. Ayto – A. Barratt, London 1984; B. Griesser, Eine ungedruckte, angeblich von Cistercienseräbten verfaßte Inklusenregel, in: ASOC 5 (1949) 89–93.

[153] Vgl. Stichwort „Canonichesse secolari", in: Diz. Ist. Perf. II, 41–45; Beispiele in: V. Barbier, Le chapitre noble de Moustier-sur-Sambre, Namur 1885; J. J. Hoebanx, L'abbaye de Nivelles des origines au XIVe siècle, Brüssel 1952.

Als Dame aus dem Hochadel, ja zuweilen als den Herzögen und Markgrafen ebenbürtige Königstochter regierte die Äbtissin der größten Stifte über eine wohlhabende Institution; sie stand unter dem Schutz von König und Fürsten – Herrin einer kleinen Siedlung, in deren Zentrum die von den Kanonikerhäusern umgebene Kirche lag. Quedlinburg, Gandersheim, Essen und Remiremont waren gesuchte Pfründen; in den Satzungen strikt begrenzt, standen sie lediglich zwischen zehn und fünfzig Töchtern aus gutem Haus offen, die ihre vornehme Abstammung belegen mußten, um aufgenommen zu werden. Das ehemalige Gemeinschaftsleben war vergessen; im Refektorium versammelten sich kaum je alle Damen, während sie sich zumindest bemühten, täglich dem Gottesdienst beizuwohnen, sonst aber die meiste Zeit in ihren Häusern mit der Verwaltung ihrer Besitztümer verbrachten und mit Erlaubnis der Äbtissin tagsüber das Stift verließen, ihre Eltern besuchten, ihre Krankheiten pflegten oder sich auf Pilgerfahrt begaben. Daß die Insassen aus dem Adel stammten, unterstrich noch den weltlichen Aspekt dieser Häuser; Benediktinerinnen versuchten zuweilen, die Säkularkanonissen nachzuahmen, was ihnen aber, so lange eine Äbtissin oder eine sonstige Autorität die Befolgung der monastischen Regel überwachte, nur teilweise gelang.

Zweites Kapitel

Die Christianisierung der Gesellschaft

VON MICHEL PARISSE

Unangefochten herrschte eine enge Allianz von Kirche und Adelsmacht im politischen und gesellschaftlichen Leben des Westens. Ob in der Kirche des Imperiums oder der anderen westlichen Königreiche, der Adel hatte überall die Oberhand. Im Laufe des 11. Jh. verschoben sich die Gewichte. Teils war es eine Frage wachsender Eigenständigkeit, teils aber auch eine Frage der nicht nur äußerlichen Verchristlichung des Adels, die in Frankreich früher einsetzte als in Deutschland. Der Krieger, wenn er seinen Beruf als Christ ausüben wolle, habe sich der Schwachen anzunehmen. Umgekehrt erwarteten die Laien vom Priester die Befolgung der sog. evangelischen Räte: Gehorsam, Keuschheit und Armut. Den Gehorsam leistete man Gott, indem man sich der von Gott so gewollten gesellschaftlichen Ordnung (die Gliederung in die drei oder, wenn man neben Klerus, Kriegern und Bauern noch die Händler in Betracht zog, die vier Stände[1] unterwarf. Die Keuschheit hatte ihren Sinn im Widerstand gegenüber den sexuellen Triebimpulsen, führte aber auch zum Respekt vor der Frau, deren juristische Stellung schrittweise eine Aufwertung erfuhr. Armut in einer wirtschaftlichen Welt des Wachstums wurde als ein von Gott bestimmtes Schicksal empfunden, das den Begüterten zur Hilfe im Sinne einer heilbringenden Tugend verpflichtete. Noch war die freiwillige Armut nicht eine Reaktion auf die Erkenntnis, daß Armut, soweit selbst verschuldet, auch abstellbar sei, sondern das Verlangen, dem Beispiel Jesu und der Apostel nachzueifern.

1. Die Kirche, das Geld und die Armen

Die Kirche verdammte weder früher noch heute den Reichtum, räumte der Armut jedoch, sei es in Form monastischer Mittellosigkeit, sei es in Form der Schwachheit eines Lazarus, den höheren sittlichen Rang ein[2]. Sie verlieh ihr den Charakter einer Tugend, trug andererseits aber auch dem sozialen Status Rechnung, insofern sie den Mitgliedern des hohen Klerus untersagte, zu betteln oder in abstoßendem Äußeren aufzutreten. Die Kirche selbst besaß Reichtümer, maß sie aber nicht an denen der Kaufleute. Sie verfügte über Grundbe-

---

Bibliographische Kurzangaben verweisen auf das Literaturverzeichnis am Ende des Kapitels (siehe Seite 450).

[1] G. DUBY, Die drei Ordnungen. Das Weltbild des Feudalismus, Frankfurt a. M. 1981; O. G. OEXLE, Die funktionale Dreiteilung der „Gesellschaft" bei Adalbero von Laon. Deutungsschemata der sozialen Wirklichkeit im frühen Mittelalter, in: FMSt 12 (1978) 1–54; ADALBERO DE LAON, Poème au roi Robert, ed. C. Carozzi, Paris 1979, CXX–CXXXV.

[2] Gerhoh von Reichersberg zit. nach B. GEREMEK, Geschichte der Armut. Elend und Barmherzigkeit in Europa, München 1988, 35.

sitz, Hintersassen, Gebäude, Einkünfte und wertvolle Kunstgegenstände. Indes wäre es falsch anzunehmen, die Ansammlung von Gütern hätte vorwiegend dem besseren Leben gedient. Die Fülle an Verpflichtungen einer kirchlichen Institution war so vielfältig wie unterschiedlich; sie reichte vom Unterhalt des Konvents über seelsorgliche und karitative Aufgaben, über herrschaftliche Verpflichtungen bis zu häufigen Aufgaben am Königshof, die alle aus dem eigenen Vermögen bestritten werden mußten. Beträchtliche Teile der Immobilien waren verlehnt; sie brachten kaum Einkünfte, um so mehr aber Ärger ein. Überdies war die Höhe der Einkünfte unveränderlich, verlor also bei häufiger Inflation an Wert. Gerade dieser Aspekt brachte den Gedanken auf, zumal aus den Hintersassen einer kirchlichen Institution auch Kaufleute hervorgingen, Geld auszuleihen und durch Zins in seinem Wert zu vermehren. Gleichzeitig wuchsen die Verpflichtungen, und sei es nur, weil man für die Erlangung eines kirchlichen Amtes mit Geld nachgeholfen hatte.

Bei dem unterentwickelten Verständnis für die Gesetze der Geldwirtschaft blieb die Zinsnahme bis zur Reformationszeit verboten; mochte der Zinsfuß auch noch so maßvoll sein, er galt schlechthin als Wucher. Es genügten die Beschlüsse der Konzilien von Arles (314) und Nicaea (325) sowie die Dekretale „Nec hoc quoque" Papst Leos des Großen, um ohne große Diskussion im Hochmittelalter das Verbot der Zinsnahme als einen Verstoß gegen die Nächstenliebe und Gerechtigkeit zu erneuern[3]. Die „superbia", bislang in der Rangordnung der Laster an der Spitze, mußte der „cupiditas", der im Wucher verkörperten Habgier, weichen. Einzig die Arbeit sollte Geld einbringen, die Arbeit des Bauern, der das Feld bestellte, oder des Handwerkers, der mit seiner Hände Arbeit einen Wert erbrachte. Die Kirche gestattete unter diesem Aspekt die Vergütung auch der Mühen des Kaufmanns, so dessen Kosten des Transports, aber sie verwarf den Handel mit Geld an sich, also die Vermehrung des Geldes aus sich selbst. Wucherern verweigerte die Kirche die Sakramente und die Bestattung in geweihter Erde (Lateranense II, 1139).

Vielleicht stand es damit in Wechselwirkung, jedenfalls verlief der Widerstand gegen die Geldwirtschaft parallel zur wachsenden Aufmerksamkeit für die Armen. Eine Rolle spielte ebenfalls die im späten 10. Jh. entstehende Gottesfriedensbewegung, die alle Waffenlosen in der Bevölkerung (Kleriker, Pilger, Bauern) vor der Fehde zu schützen suchte. Die Fehde als legitime Selbsthilfe des Adels angesichts um sich greifender Anarchie sollte seit dem zweiten Viertel des 11. Jh. fortschreitend eingedämmt werden[4]. Man mußte den Kriegern einen adäquaten Ersatz anbieten. Es waren der Schutz von Witwen und Waisen, generell der Schwachen, der Kirchen, der in heidnischen Ländern unterdrückten Christen, am Ende die Befreiung des Heiligen Grabes; alle diese Ziele füllten im 11. und 12. Jh. das Ritterideal auf[5].

Die Armut also wurde im doppelten Sinne in den Mittelpunkt des religiösen Lebens gestellt – als Bedürftigkeit wie als Entsagung. Das Christentum war seit jeher eine Religion der Armen. Die Aufteilung des Zehnten räumte ihnen einen wichtigen Platz ein, denn ein Viertel bis ein Drittel davon stand ihnen zu (sofern der Zehnt bis zum 12. Jh. überhaupt noch gezahlt wurde). Persönlich der Armut verpflichtet zu sein war seit jeher ein Spezifi-

[3] J. Seipel, Die wirtschaftlichen Lehren der Kirchenväter, Wien 1907, 162ff; Mansi 19, Sp. 742: „ne quis clericus vel laicus usuras exerceret" (Synode von Reims, 1049).

[4] H. Hoffmann, Gottesfriede und Treuga Dei, Stuttgart 1964; O. Engels, Vorstufen der Staatwerdung im Hochmittelalter. Zum Kontext der Gottesfriedensbewegung, in: HJb 97/98 (1978) 80–86.

[5] PL 183, 1101.

kum des Mönches. Der Kanoniker hingegen, der feierlichen Liturgie verpflichtet, war nach der Aachener Regel von 816 besitzfähig, bis das Laterankonzil von 1059 diese Erlaubnis als „unzulässig" widerrief. Dies war schon ein Indiz dafür, daß das Armutsideal nicht nur eine Angelegenheit monastischer Kreise sein sollte, noch nicht einmal des Priesterstandes überhaupt. Im späten 11. Jh. entwickelte sich die Armutsbewegung als eine breite Volksbewegung, die das ganze 12. Jh. hindurch wesentlich auch von Laien getragen wurde und im 13. Jh. in der franziskanischen Bewegung einen abschließenden Höhepunkt erreichte. Es war eine Grauzone zwischen Reformmönchtum und völlig irregulären Gemeinschaften aus wilder Wurzel. Ihnen allen war das Ideal der „vita apostolica" gemeinsam, so zu leben wie die Jerusalemer Urgemeinde. Rigorose Armut war oberstes Gebot, oft genug gepaart mit Handarbeit als Prinzip und dauerndem Schweigen. Eremitenhafte Züge sind nicht zu übersehen, aber ebenso häufig gingen solche Eremitengemeinschaften spontan auf Wanderschaft, um die Bibel in der Volkssprache zu vernehmen und zu predigen. Den Zulauf, den sie in der Bevölkerung auslösten, kann man sich nicht breit genug vorstellen. Spontaneität war oft genug gepaart mit Abneigung gegen juristische Bindungen. Wenn sie nicht zu neuen Ordensformen führte (Augustinerchorherren, Prämonstratenser), glitt sie teilweise in Gruppierungen ab, die sich aus dem Rahmen der damaligen Kirche wegentwickelten (1182/83 Waldenser). Deswegen und wegen der eigenmächtigen Predigttätigkeit wurde die Armutsbewegung von amtskirchlicher Seite mit Mißtrauen betrachtet. Bernhard von Clairvaux, als Zisterzienser vielfach selbst den neuen Idealen verpflichtet, forderte, die Anhänger aus der Kirche zu eliminieren, wenn sie sich nicht einer klösterlichen Disziplinierung unterwerfen wollten. Erst Papst Innozenz III. erkannte das religiöse Anliegen in der Armutsbewegung und suchte sie auf eine neue Weise in die Kirche zu integrieren (Durandus von Huesca, Humiliaten, Franziskaner, Dominikaner)[6].

Der Arme vertrat Christus auf Erden. Man hatte ihn aufzunehmen, zu wärmen, zu kleiden und zu speisen. Die öffentliche Wohltätigkeit organisierte sich unter der Kontrolle der Kirche. Von Anfang an öffneten die Kathedralen, die großen Kirchen und Klöster ihre Pforten den Reisenden, vor allem den Pilgern und den Armen der Nachbarschaft. Jedes Kloster unterhielt ein Xenodochium, einen Raum für kostenlose Unterkunft Durchreisender, für Kranke und Altersschwache. Diese Gelegenheit „am Wegesrand" reichte im 12. Jh. nicht mehr.

Bevölkerungswachstum, die Anfänge der Stadt, die Herausbildung regelrechter Pilgerstraßen (Santiago de Compostela) erforderten einen höheren Organisationsgrad. Es entstanden Hospize (domus Dei), die die bisherige Betreuung in einem Kloster nicht überflüssig machten, aber entlasteten. Nach wie vor mußte ein Konvent täglich so viele Arme bewirten, wie sein Buch für das Totengedächtnis in der heiligen Messe dieses Tages an Namen aufwies. Und das Hospiz unterschied noch nicht zwischen Krankheits- und Pflegefällen, aber es bildeten sich mit der Zeit Bruderschaften oder kleine Ordensgemeinschaften, die sich die Obsorge für ein solches „Haus Gottes" zu eigen machten[7]. Den fort-

---

[6] M. Mollat, Die Armen im Mittelalter, München 1984; Etudes sur l'histoire de la pauvreté, hrsg. von M. Mollat, 2 Bde., Paris 1974; Povertà e ricchezza nella spiritualità dei secoli XI e XII. Convegni del Centro di Studi sulla spiritualità medievale, XIII, Todi 1969; H. Grundmann, Religiöse Bewegungen im Mittelalter. Darmstadt [3]1970; St. Weinfurter (Hrsg.), Reformidee und Reformpolitik im spätsalisch-frühstaufischen Reich, Mainz 1992.

[7] J. Caille, Hôpitaux et charité publique à Narbonne au Moyen Age, Toulouse 1978; C. Sachsse – F. Ten-

schreitenden Organisationsgrad zeigen Statuten der Hospize an, die ältesten gehören dem Ende des 12. Jh. an[8]. Im Zuge der weiteren Ausbildung der Stadt ergab sich eine erste Differenzierung der Krankenfälle; wegen der Ansteckungsgefahr entstanden außerhalb der Stadt Leprosenhäuser für Aussätzige verschiedener Art, die ebenfalls von Priestern und frommen Laien speziell betreut wurden[9].

Neu seit der Mitte des 12. Jh. war die ständig wachsende Beteiligung der Bürger an der Organisation sozialer Hilfsmaßnahmen. Wohin man auch blickt, die frühesten auf sie verweisenden Daten der städtischen Hospitäler stammen aus dieser Zeit. Im allgemeinen sind die Umstände der Gründung solcher Häuser nicht überliefert, lassen sich aber leicht erraten. Man sieht es an den gleichzeitigen Beispielen zweier benachbarter Städte. In Verdun unternahm Constant, ein Kaufmann wahrscheinlich vom Hof des Bischofs, den Bau einer Brücke über die Maas und eines benachbarten Hospitals[10]. In Metz legte der begüterte Liethard den Grundstein zum Hospital des hl. Nikolaus, des Schutzheiligen auch der Kaufleute[11]. Entsprechende Beispiele wären leicht auch für Köln bis Narbonne und früher schon für Flandern und Norditalien zu erbringen. Man gelangte, um eine Formulierung Stephans von Tournai aufzugreifen, von der spontanen und ungeregelten *liberalitas* zur organisierten *hospitalitas*. Alles vollzog sich jedoch weiterhin im kirchlichen Rahmen; das rein weltliche Krankenhaus gab es noch nicht.

Vor allem in den Städten gab es viele Arme, während auf dem Lande noch eher Solidarität herrschte. Außerhalb der Städte übernahm die Kirche die Verantwortung für die Reisenden, vor allem für die Pilger, diejenigen, die aus religiösen Motiven ein fernes Ziel anstrebten. Diesen, mit Pilgerstab und -beutel und gegebenenfalls mit weiteren Pilgerattributen versehen, brachte die Kirche ihre ganze Aufmerksamkeit entgegen, indem sie Routen markierte und sie mit Herbergen ausstattete[12]. Wo der Weg schwierige Passagen aufwies, Furten, Pässe und Sümpfe, wurden Maßnahmen ergriffen. Ein Hospiz am Fuß eines Gebirges wurde erbaut, kundige Führer für die Durchquerung sumpfigen Geländes wurden beauftragt, eine Fähre hatte die Überquerung eines Flusses zu sichern. Bau oder Unterhalt einer Brücke zogen zuweilen die Entstehung einer Bruderschaft nach sich. Am bekanntesten sind die des Pont d'Avignon oder des Pont-Saint-Esprit. Diese Art Sorge zeigt sich am frühesten in Italien, es folgen Frankreich und die Iberische Halbinsel, im 13. Jh. auch Deutschland[13].

Andere Schwache bedurften eines Klerikers: Einsame, Alte, Kinder und Waisen, Witwen und alleinstehende Frauen. Deren Sicherheit garantierte der Arm der weltlichen

---

NESTEDT, Geschichte der Armenfürsorge in Deutschland, 2 Bde., Stuttgart 1980–88; E. BOSHOF, Untersuchungen zur Armenfürsorge im fränkischen Reich des 9. Jahrhunderts, in: AKG 58 (1976) 265–339; O. G. OEXLE, Armut und Armenfürsorge um 1200, St. Elisabeth, Sigmaringen 1981, 78–100; U. LINDGREN in: LexMA V (1990) 133–137 (reiche Lit.).

[8] J.-M. BIENVENU, Pauvreté, misères et charité en Anjou aux XIe et XIIe siècles, in: Le Moyen Age 73 (1967) 208 f für Saint-Jean d'Angers. Das Hospital d'Aubrac besaß seit 1162 Statuten (L. LE GRAND, Statuts d'hôtels-Dieu et de léproseries, Paris 1901, XI; für Angers 21–33).

[9] F. BÉRIAC, Les lépreux et les léproseries en France au Moyen Age, Paris 1987.

[10] MGH.SS X, 513.

[11] J. SCHNEIDER, La ville de Metz aux XIIIe et XIVe siècles, Nancy 1950, 92.

[12] Sehr gut aufgearbeitet sind die Pilgerstraßen nach Santiago de Compostela von L. VÁZQUEZ DE PARGA (Hrsg.), Peregrinaciones a Santiago, 3 Bde., Madrid 1948/49; D. ÁLVAREZ GÓMEZ, Pensamiento, arte y literatura en el Camino de Santiago, Santiago 1991.

[13] G. SCHNÜRER, Kirche und Kultur im Mittelalter II, Paderborn 1926, 453–470.

Macht, aber das genügte nicht. Die Alten wurden den Kranken und Schwachen zugerechnet. Ihnen gebührte in den letzten Stunden des Lebens geistlicher Beistand. Der Orden vom Heiligen Geist, um 1160 in Montpellier gegründet, kümmerte sich um das Schicksal der Findelkinder[14]. Ihre gleichsam natürliche Bestimmung war das Kloster. Wie viele Pförtner von Prioraten und Abteien, wie viele Sakristane in den Städten fanden bei Tagesanbruch Findelkinder vor ihren Türen! Die Kirche bekämpfte den Kindesmord, der in vielen Familien toleriert wurde, und den Verkauf von Kindern in die Sklaverei. Das gefundene Kind wurde im Kloster erzogen, wo es nach dem Vorbild traditioneller Oblaten erzogen wurde und vielleicht auch die Schule besuchte. Die Frau oder das junge Mädchen, verheiratet oder Witwe, die unter dem Schutz des Familienvaters, des Ehemannes oder des Sohnes lebte, bedurfte normalerweise keiner Hilfe, wenn auch in Extremfällen dem Kloster die Rolle eines Zufluchtsortes zukam, allerdings in weniger großzügiger Weise als bei Knaben. Religiose überwachten die Höhe ihres Einkommens; sie konnten junge Mädchen als Hauspersonal aufnehmen, öffneten ihre Häuser aber lieber reichen Witwen.

2. Die Kirche, die Sexualität und die Frauen

Durch Religion und Moral sah sich die Kirche stets gehalten, das ideale sexuelle Verhalten von Mann und Frau zu definieren und dabei vor allem die Verbote kirchlicher Autoritäten zu befolgen. Das Bußbuch Burchards von Worms ist in dieser Hinsicht aufschlußreich. Die Kirche griff in dem Maße in das Privatleben ein, als sie die Heirat des Klerikers ab dem Subdiakonat untersagte, in besonderen Fällen Enthaltsamkeit gebot, generell Ehebruch und Polygamie verurteilte. Doch damit war die Ehe noch nicht unter ihrer Kontrolle, das geschah mehr und mehr vom 11. Jh. an[15].

Bestand eine Wechselbeziehung zwischen kirchlicher *libertas* und strenger Kontrolle des ehelichen Lebens? Indem sie beanspruchte, einzige Autorität über Wahlen in kirchliche Ämter und die damit verbundene soziale Aussonderung zu sein, die es vorher zumindest im ländlichen Bereich nicht gegeben hatte, schuf sie zunehmend eine laikale Gesellschaft, die nunmehr nicht mehr so mühelos die Personalstruktur des Klerus bestimmte.

Ehe und Familie waren normalerweise Angelegenheit öffentlicher Gerichte, denn alles ungesetzliche Verhalten verletzte den öffentlichen Frieden, Ehebruch genauso wie Menschenraub. Die Kirche baute das Sakrament der Ehe in einem strikt religiösen Sinne aus. So konnte sie gleichzeitig das Verhältnis der Geschlechter als von der Ehe ausgehend definieren. Im Prinzip war die einzig erlaubte Vereinigung diejenige, die zur Zeugung von Nachkommen bestimmt war. Sie fand zwischen Eheleuten statt, die sich einander durch gegenseitige Zustimmung verbunden hatten. Jede andere Verbindung war verboten und mußte, wie der Ehebruch, hingenommen werden, wenn das Verbot nicht durchsetzbar war. Die Kontrolle der Geschlechterbeziehungen gewann ab dem 11. Jh. also eine neue Bedeutung, ohne neues Recht zu setzen. Burchard von Worms handelte in seiner Sammlung kirchlicher Gesetze, dem *Decretum,* getrennt über den Inzest, über die Unzucht, Fortsetzungen früherer Bußbücher. Eine Sammlung von 231 Kapiteln in seinem Werk galt der Ehe. Bonizo von Sutri und Ivo von Chartres veröffentlichten gegen 1090–1095 zahlreiche

---

[14] Art. Ospitalieri di Santo Spirito, in: Dizionario degli Istituti di Perfezione VI (1980) 988–993.

[15] Vgl. G. Duby, Le chevalier, la femme et le prêtre, Paris 1982.

Kapitel ebenfalls zum Thema Ehe. In 129 Kapiteln von 334 handelte Ivo von inzestuösen Verbindungen[16].

Der Inzest war eine andere Weise, Versündigungen an der Ehe anzusprechen, diesmal aus Gründen der Verwandtschaft. Man weiß, welche Aufmerksamkeit die Kirche dem Inzest nicht erst jetzt entgegenbrachte. Eines der berühmten Beispiele liefert der Einwand des Abtes Siegfried von Gorze gegen die Heirat Kaiser Heinrichs III. mit Agnes von Poitou wegen unerlaubt naher Blutsverwandtschaft[17]. Dubios ist der Angriff gegen das herzogliche Paar Wilhelm und Mathilde von der Normandie, die man zu naher Verwandtschaft bezichtigte, was jedoch kaum bewiesen werden konnte. Der Papst erlegte ihnen eine schwere Buße auf, die sie verpflichtete, auf ihre Kosten ein Kloster zu gründen. Ein offenkundiger Fall war der des französischen Königs Philipp I., der Bertrade von Montfort entführte und ehelichte und so Nachforschungen und Kommentare Ivos von Chartres auslöste. Ein Jahrhundert später versetzte der Fall Philipps II. August von Frankreich und Ingeborgs von Dänemark die päpstliche Kurie in Aufregung[18]. Unter den Inzest fiel nicht nur die biologisch abstoßende Verbindung, denn der Kreis zu naher Blutsverwandtschaft war sehr weit gezogen. Bis zum frühen 13. Jh. galt die Blutsverwandtschaft bis zum 7. Grad als ein Ehehindernis, das Vierte Laterankonzil nahm die nur angeheiratete Verwandtschaft aus und begrenzte das Verbot bis zum 4. Grad. Diese Grenzen waren allgemein bekannt, aber der Eheschluß unterlag noch nicht der späteren rechtlichen Absicherung, die ein Ehehindernis rechtzeitig vor Augen geführt hätte. Überliefert sind zumeist ohnehin nur die politisch spektakulären Fälle. Die Partnerwahl orientierte sich an politischen Gesichtspunkten, ohne nach zu naher Verwandtschaft zu fragen; sie wurde erst aktuell, wenn die Ehe ein politisches Hindernis zu werden begann. Stellte sich eine zu nahe Verwandtschaft heraus, war die Ehe eo ipso ungültig. Dies stellte eine Bischofssynode fest, seit der Mitte des 11. Jh. aber nur mehr konkurrierend mit dem Papsttum, bis sich der Papst um die Mitte des 12. Jh. das Recht der Entscheidung in dieser Sache ausschließlich reservierte. Der Papst konnte vom Ehehindernis dispensieren, dann hatte die Ehe gültigen Fortbestand, im anderen Falle war sie annulliert. Es sind keine Normen moralischer Art erkennbar, die den Papst zur Dispenserteilung (zumindest zwischen dem 5. und 7. Grad) veranlaßten; es bleibt nur das politische Kalkül im Bewußtsein, daß hinter dem Scheidungsbegehren ebenfalls politische Motive standen. Das zeigt deutlich, daß hinter dem Inzestverbot bei weitem nicht immer die Abscheu vor der „Blutschande" stand, sondern die Sorge um den Schutz der Ehefrau vor dem Verstoß und seiner Schande. Merkwürdig ist, daß sich das Papsttum trotz dieses nicht immer starken Motivationsrahmens in der Regel mit seinen Entscheidungen durchsetzte.

Die Ausführungen der Theologen des 11. und 12. Jh. zur Rolle der Frau räumen ihr im ganzen einen größeren Raum ein, den sie zugleich begrenzen. Im Mittelpunkt ihrer Überlegungen standen die Genesis mit der Erschaffung von Mann und Frau und der Erzählung vom Paradies. Dieser Text wurde Wort für Wort in der Präambel der Mitgifturkunde aufgegriffen. Die Kirchenväter hatten diese Texte im Sinne eines Gesetzestextes ausgelegt, und die Theologen der Scholastik änderten dies kaum[19]. Die Diskussionen behandelten den

---

[16] W. Berschin, Bonizo von Sutri. Leben und Werk, Berlin 1972.

[17] M.-L. Bulst-Thiele, Kaiserin Agnes, Leipzig/Berlin 1933, 18.

[18] Duby, Le chevalier (s. Anm. 15) 173–177.

[19] M.-Th. d'Alverny, Comment les théologiens et les philosophes voient la femme, in: Cahiers de civilisa-

Anteil Evas und Adams an der Erbsünde und den Grad der Unterwerfung der Frau unter den Mann. Eva wurde aus der Rippe Adams geboren, war ihm also untertan. Adam wurde geboren nach dem Bild Gottes, Eva nach seiner Ähnlichkeit. Adam wurde *vor* dem Paradies geschaffen, also an höherem Ort, Eva *im* Paradies. Der Teufel versuchte Eva, die Adam überredete. Nun gehen die Deutungen auseinander: Die Frau, die niedriger steht als der Mann – ist sie seine Sklavin oder seine Gefährtin? Hugo von St. Victor vertrat eine allgemein umstrittene Gleichheit, Rupert von Deutz erkannte der Frau die gleiche Würde zu. Für einige Autoren hatte Adam gleichverantwortlichen Anteil an der Erbsünde. Er mußte sie um so mehr auf sich nehmen, als Eva aus ihm geboren war. Eva war das Symbol des Lebens, sie war die Mutter aller Menschen, aber sie symbolisierte auch das Elend der Menschheit, denn sie lebte in Furcht vor dem Mann und mußte unter Schmerzen gebären.

Im Prinzip galt die Frau als schlecht und gefährlich. Diese Behauptung war ein Topos bei der Mehrheit der Moralisten des 12. Jh., die darin ein altes Thema weiterführten. Die Töchter Evas waren die einzige Ursache des Elends der Menschheit, sie zogen den Mann zur Sünde durch die Versuchung, die sich in ihrem Körper, ihrer Koketterie und ihrer Geschwätzigkeit verkörperten. Bei Klerikern und Mönchen, man kann es sich denken, die um ihr Keuschheitsgelübde besorgt waren, war die Verurteilung am lebhaftesten. Die Ikonographie spiegelt diese Auffassung wider, indem sie die Frau zu einem Symbol der *luxuria* machte[20]. Aber es waren auch Kleriker und Mönche, die zu dieser Zeit bereits ein anderes Bild der Frau zeichneten. Eva, geboren aus dem Körper des Mannes, symbolisiere die Kirche, die aus dem Körper Christi geboren ist; die Erbsünde ist gesühnt durch seinen Tod. Christus ist der neue Adam, geboren aus Maria, der neuen Eva. Der Kult, der Maria gewidmet ist, gilt gleichermaßen der Mutter Christi, der Jungfrau wie der neuen Eva, der Erlöserin des Menschengeschlechts, dem Symbol der Reinheit dank ihrer unversehrten Jungfräulichkeit. Maria versöhnt so Mann und Frau. Die Verehrung Magdalenas, die sich gleichermaßen im 12. Jh. entfaltete, leistete ihren Beitrag zur Erlösung der Frau; die reuige Sünderin diente als Verbindung zwischen Eva und Maria – eine notwendige Verbindung, da sie die Annäherung der sündigen Eva und der unbefleckten Jungfrau ermöglichte[21].

Es erstaunt nicht, daß Abaelard der Frau gegenüber Verständnis zeigte, mit anderen Autoren jedoch teilte er die Auffassung, der Mann besäße mehr Weisheit und Verstand, die Frau mehr Sinnlichkeit. Für ihn stellte das Paradies den natürlichen Ort der Frau dar. Er war bereit, der Äbtissin in der Kirche einen Platz als Diakonin einzuräumen im Widerspruch zu den Vorschriften der Kirchenväter, die Paulus nachgeeifert hatten, den Frauen in den christlichen Versammlungen das Wort zu verbieten, und ihnen vorschrieben, den Kopf verschleiert zu tragen, damit ihre reiche Haartracht nicht die Aufmerksamkeit der Männer beeinträchtige. Abaelard gestand ohne jeden Zweifel die spirituelle Gleichheit anstelle der materiellen Gleichheit zu. Héloise oder der Autor, der in ihrem Namen schrieb, griff eben-

---

tion médiévale 20 (1977) 105–129; P. Gold, The Lady and the Virgin. Image, Attitude and Experience in Twelfth Century France, Chicago – London 1985; allg. Bibliographie von C. Erickson u. K. Casey, Women in the Middle Ages: a Working bibliography, in: Mediaeval Studies 37 (1975) 340–359; W. Affeldt (u.a.), Frauen im Frühmittelalter. Eine kommentierte Bibliographie, Frankfurt 1990.

[20] Ch. Frugoni, L'iconographie de la femme au cours des Xe–XIIe siècles, in: Cahiers de civilisation médiévale 20 (1977) 177–187.

[21] V. Saxer, Le culte de Marie-Madeleine en Occident des origines à la fin du Moyen Age, Paris 1959; ders., Marie-Madeleine dans la mystique des arts et des lettres, Paris 1989.

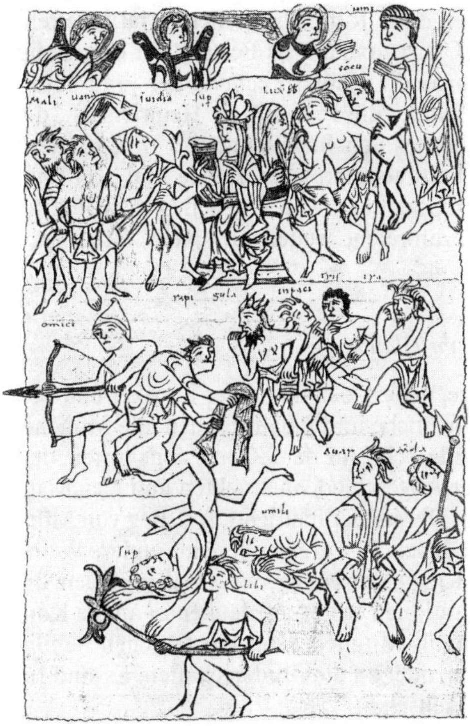

Der Kampf der Tugenden mit den Lastern war für Menschen des Mittelalters ein geläufiges Bild, das vielfältig dargestellt wurde, wie die Miniatur (11. Jh.) einer Handschrift aus Moissac zu diesem Thema anschaulich zeigt (Paris, Nationalbibliothek). – Für die Mönche und Geistlichen im Mittelalter haftete der Frau im allgemeinen etwas Schlechtes an. In allegorischen Zeichnungen einer Handschrift des 14. Jahrhunderts richtet ein Mönch den Kreuzstab gegen die phantastische Gestalt der „Frau der Welt" als Verkörperung von Wollust und *luxuria;* der von einer Schlange umringelten „Babylonischen Hure" steht die gekrönte Gestalt der Ecclesia als Verkörperung aller Tugenden gegenüber (München, Bayerische Staatsbibliothek).

falls alte Vorschriften auf, wo er von der Ehe abriet, da sie den Mann von Weisheit und Studium ablenke. Hildegard von Bingen, auch sie Äbtissin, aber mit ganz anderen Erfahrungen als Héloise, zeigte sich offener, verteidigte die Ehe und unterstrich die großartige Rolle der Frau für die Zeugung von Nachkommen: Sie schenke das Leben, und die *proles* stelle den Hauptgewinn der Ehe dar.

Die Kirche mußte den Frauen ihre gesteigerte Aufmerksamkeit schenken. Sie waren zum guten Teil Träger der Armutsbewegung. Ihr Drang in die neuen Orden wurde nicht zuletzt eine Frage des Unterhalts. Das Konzil von Reims (1148) sah sich mit der Frage konfrontiert, ob eine Frau im Kloster ebenso wie der Kanoniker mit der Außenwelt in Kontakt treten dürfe. Es machte sich eine Selbständigkeit der Frau bemerkbar, eine Eigenständigkeit auch im geistlichen Bereich. Auf der einen Seite nahm sie aus asketischen Gründen eine Klausur auf sich, die bislang diese Strenge nicht gekannt hatte. Auf der anderen Seite mündete die Entwicklung aber auch in den Status der Begine, die in lockerer Gemeinschaft mit Gleichgesinnten ohne feste Bindung an eine Ordensregel ein frommes Leben führte.

Der Frauenminne, die um diese Zeit das Leben eines Ritters bereicherte, trat eine religiöse Entsprechung an die Seite. Bernhard von Clairvaux mag als Beispiel für eine stetig wachsende Marienverehrung genügen. Auch wurde die Heiligsprechung der Frau häufiger, nicht nur die einiger Königinnen wie Kunigunde, die Frau Kaiser Heinrichs II., die Ende des 12. Jh. kanonisiert wurde, oder Margaretes von Schottland († 1093), sondern auch von Äbtissinnen oder weiblichen Laien, Ehefrauen und Müttern wie Idas von Boulogne, der Mutter Gottfrieds von Bouillon, und Godelieves von Ghistelles († 1070), die auf Befehl ihres Mannes ermordet worden war; zahlreiche weitere Beispiele wären noch anzuführen[22].

3. Die Laien und ihr Glaube

Die Gesellschaft war deutlich in zwei Gruppen gegliedert, den Stand der Kleriker und den Stand der Laien. In der Dreiteilung Kanoniker, Mönche und Laien standen alle Mönche, auch jene, die nicht die Priesterweihe besaßen und doch ganz dem Klerus angehörten, den Kanonikern gegenüber, die nicht in mönchischer Abgeschiedenheit lebten und gleichsam Bindeglied zwischen Mönchen und Laien waren. Der immer häufigere Aufstieg von Mönchen in die Hierarchie des Klerus, etwa indem sie Bischöfe wurden oder eine andere Weihe erhielten, verstärkte die Zweiteilung. Seit der Klosterbewegung des 11. Jh. wurden die Laien in weit größerer Zahl von kirchlichen Institutionen erfaßt. Zu denken ist an die Konversen (Laienbrüder), die keine Profeß ablegten, als Mitglieder der klösterlichen familia aber vom gewöhnlichen Laien abgesondert waren, oder an die Bruderschaften. Es sind Indizien für die christliche Durchdringung der Gesellschaft.

Gläubige, Christen, Pfarrkinder

Die Laien nahmen nun enger am Leben der Kirche teil. Man sieht dies bereits auf der Ebene der Pfarreien: Synodalstatuten, Urkunden und Verwaltungskonflikte bezeugen es. In nicht wenigen Fällen kümmerte die Gemeinde sich selbst um die Pfarrei, zumindest was die Verwaltung anging. Die Kirche und der Friedhof standen im Mittelpunkt des Lebens der Laien, die hier Zuflucht bei Gefahr und ihre letzte Ruhe fanden. Der Turm, der das Kirchenschiff beherrschte, war zuweilen befestigt und bot letzten Schutz im Falle eines Angriffs; seine Ausstattung mit Glocken, um die Zeit anzugeben oder Alarm zu schlagen, war Aufgabe der Gemeindemitglieder. Das Kirchenschiff bildete den religiösen Raum der Gemeinde, die dort regelmäßig zusammenkam, um ihren Gottesdienst zu feiern und ihre Gaben (Getreide, Wein) sowie die Oblationen zu den großen Festen des Kirchenjahres darzubringen. Die Abgaben (Oblationen) bestanden häufig in Wachs für die Beleuchtung. Im Laufe des 12. Jh. – man wird sie wenig später besser kennen – entstanden die Kirchenräte der Pfarreimitglieder, die mit dem Unterhalt, der Erweiterung oder dem Wiederaufbau ihrer Kirche beauftragt waren, denn oft konnte oder wollte der Patronatsherr die Kosten nicht allein tragen. Zur Finanzierung war man zweifellos auf Kollekten und Spenden angewiesen; handelte es sich um eine Wallfahrtskirche, flossen die Spenden reichlich. Die Laien trugen auch zum Unterhalt der karitativen Einrichtungen der Kirche bei; wie schon

---

[22] Histoire des saints et de la sainteté chrétienne, VI: Au temps du renouveau évangélique, 1054–1274, hrsg. von A. Vauchez, Paris 1986, 40f.

Für die Laien des Mittelalters waren Schenkungen an Kirchen und Klöster etwas Selbstverständliches. Die Miniatur einer Handschrift (12. Jh.) des Klosters Saint-Pierre in Nevers zeigt den von zwei Mönchen begleiteten Abt, der von einem gewissen Roger und dessen Familie eine Schenkungsurkunde in Empfang nimmt (Paris, Nationalbibliothek).

erwähnt, gründeten Kaufleute Hospize und Pflegestätten, dotierten sie und sicherten ihren Unterhalt[23]. Die Aussätzigen, die man auf Distanz zur Besiedlung hielt, waren Laien, deren Leben die Kirche mit Hilfe von Statuten einen religiösen Charakter zu geben suchte[24]; Gesunde, Männer wie Frauen, widmeten sich ihnen in Krankeneinrichtungen unter geistlicher Leitung.

Die Spenden der Laien an Kapellen, Altäre, Pfarrkirchen und Klöster nahmen zu. Ihre Namen fanden in weitaus größerer Zahl Aufnahme in die Nekrologien der großen Abteien. Sie wurden dort keineswegs umsonst eingetragen. In den Gedenkbüchern städtischer Benediktiner findet sich neben dem Namen häufig der gestiftete Zins eines Hauses, unter Umständen auf den neuesten Stand gebracht. Oder in den Büchern der Zisterzienser und Regularkanoniker finden sich außer den Bauern auch die gestifteten Wiesen, Weinberge, Felder oder Grundrenten. Vergleicht man die Besitzungen der Benediktiner mit den neuen Zweigen dieses Ordens (zum Beispiel die der Zisterzienser), wird der Wandel deutlich: In den Gedenkbüchern des 12. Jh. folgen nach den Bischöfen in ungeordneter Reihe große und kleine Schenkungen von Grundherren, Ministerialen, Rittern und Personen ohne einen Titel (Bauern?). Man sieht es auch an den regulierten Chorherrenstiften. Ihre Stifter gehörten nicht mehr dem Hochadel an; überall handelte es sich um neue soziale Schichten,

[23] Vgl. A. Bourgeois, Lépreux et maladreries du Pas-de-Calais (X^{e}–XVIIIe s.), Arras 1972.

[24] Vgl. A. Uytterbrouck, Hôpitaux pour lépreux ou couvents de lépreux? Réflexions sur le caractère des premières grandes léproseries à leurs origines, in: Annales de la société belge d'histoire des hôpitaux 1972, 3–29.

um Niederadlige oder Aufsteiger in Diensten eines Hochadligen. Auch darin spiegelt sich eine ungeheure Mobilisierung neuer religiöser Kräfte, die keineswegs nur auf die städtische Welt beschränkt blieb.

Es ist ein noch gar nicht so lange erkannter Irrtum anzunehmen, die monastischen Konvente seien nur von Nachkommen aus Adelshäusern besiedelt gewesen; punktuell kann man in den Gedenkbüchern auch Nichtadlige unter den Konventsmitgliedern erkennen. Ebensowenig stimmt es, in diesen Büchern, deren eingetragene Namen an der Gebetsverbrüderung teilhatten, nur Mönche zu finden; schon lange vor dem 11. Jh. finden sich dort auch die Wohltäter aus dem hochadligen Laienstand. Es änderte sich also nicht etwas prinzipiell Neues, aber die Basis verbreiterte sich entscheidend. Was viel zuwenig bekannt ist, die Gregorianische Reform wirkte sich zu einer ungeahnten Laienbewegung (vgl. das vorher Gesagte über die Armutsbewegung) aus. Freilich handelte es sich nicht um eine spezifische Laienfrömmigkeit, sondern um den Anschluß an monastische Lebensformen, ohne den angestammten Platz des Elternhauses verlassen zu müssen. So spricht Bernold von Konstanz zum Jahre 1091 von ganzen Dörfern von Konversen[25]. Männer und Frauen tradierten sich einer Kirche wie die sogenannten Frommen in Flandern und im Reich. Suchten sie Sicherheit für ihr Leben und ihren Besitz, so waren andere vom Wunsch nach Leben in Gemeinschaft und Buße geleitet, wie die Büßergemeinschaften einfacher Bauern in Norditalien gegen Ende des 12. Jh., eine Vorstufe der Tertiaren[26]. Verheiratete waren in diese Gemeinschaften integriert und richteten ihr eheliches Leben nach deren Prinzipien ein; andere verheiratete Büßer trennten sich in gegenseitigem Einverständnis und halfen durch Großzügigkeit Hospitäler zu finanzieren.

Spektakulärer noch machte sich die Begeisterung der Laien bemerkbar in der Weise, wie man Prediger von überall her empfing. Es gehörte Mut dazu, einen so berühmten Prediger wie Norbert von Xanten, den Gründer der Prämonstratenser, zu kritisieren; der Bischof Walter von Maguelone, obwohl selbst ein Freund der Chorherrenreform, warnte vor übermäßiger Strenge[27]. Erinnert sei auch an Robert von Arbrissel und seine Eremitenbrüder. Das Phänomen hinterließ vielfältige Spuren in der kollektiven Vorstellungswelt des Ersten Kreuzzugs. In den Erzählungen der Massen, die sich, ihre Tiere vor sich hertreibend und armseliges Gepäck mitführend, vom Elend ihres Dorfes losrissen, um nach Jerusalem aufzubrechen, wo sie hinter jedem Hügel wunderbare Erscheinungen erhofften, wurden solche Geschichten weitergegeben. Weniger aufsehenerregend, aber häufiger waren Pilgerfahrten zu anderen heiligen Stätten. Überliefert ist der Volksauflauf, wenn Reliquien zur Schau gestellt wurden und nur die Würdigsten sie auf ihren Schultern tragen durften, denn, so die Wunderberichte, die umhergetragenen Heiligen erkannten rasch jeden Unwürdigen. Man könnte das vielfach zitierte Beispiel von Conques anführen, wo die hl. Fides verehrt wurde.

Die freiwilligen Büßer im 12. Jh. hatte es schon einmal im 5. Jh. gegeben[28]; sie wurden mit Argwohn betrachtet. Sie unterwarfen sich einem „häuslichen Mönchtum“, wie es G. G.

---

[25] MGH.SS V, 453.

[26] G. G. Meersseman, Pénitents ruraux communautaires en Italie au XIIe siècle, in: RHE XLIX (1954) 343–390.

[27] J. Mois, Das Stift Rottenbuch in der Kirchenreform des XI.–XII. Jahrhunderts, München 1953, 258 f.

[28] G. G. Meersseman, I penitenti nei secoli XI e XII, in: Ordo fraternitatis. Confraternità e pietà dei laici nel medioevo I, Rom 1977, 265–304.

Meersseman nennt. Unverheiratete Frauen und Witwen dieser Gruppe bezeichnete man als *Deo devotae,* sie befolgten eine äußerst strenge Lebensweise, ohne jedoch einer bestimmten religiösen Regel zu folgen, darin den etwas späteren Beginen ähnlich, aber nicht mit ihnen identisch. Das Zweite Laterankonzil (1139) riet von ihrer Unterstützung ab; sie waren Kanonissen im äußeren Auftreten sehr ähnlich, nicht aber in religiöser Hinsicht. Die freiwillige öffentliche Buße besaß einen großen Stellenwert und war durch verschiedene äußere Merkmale gekennzeichnet: Tragen eines Büßerhemdes, unscheinbare Kleidung ähnlich der der neuen Orden, Tonsur, üppiger oder gepflegter Bart, wie man ihn bei manchen Eremiten in Westfrankreich sah. Die Frauen trugen schwarze Kleider, einen Schleier und gelobten Jungfräulichkeit oder Enthaltsamkeit. Aktivitäten, dem Laien durchaus geläufig, waren ihnen verboten: Zusammenkünfte zum Essen und Trinken, Vergnügungen jeglicher Art und sogar der Handel zur Vermeidung möglichen Betrugs oder Spekulation. Der hl. Homobonus von Cremona († 1197) stellte hier eine bemerkenswerte Ausnahme dar; er war Kaufmann, ließ aber seine Handelsaktivität gegenüber seinem büßenden und karitativen Verhalten nicht zurücktreten. Unerlaubte Gewinne waren zurückzuerstatten. Büßer übten keine Amtsfunktionen aus, trugen keine Waffen und übten besondere körperliche Askese: frugale Speise, Fasten, Enthaltsamkeit, körperliche Arbeit – so die Humiliaten am Ende des 12. Jh. im Umkreis von Mailand.

Adlige und Ritter

Seine religiöse Prägung bezog der Adlige aus dem engen Kontakt mit geistlichen Personen. Die Kanzlei eines jeden Monarchen war in der Regel mit Klerikern von zumeist hoher Bildung besetzt. Dieses Personal schrieb nicht nur die Urkunden, sondern formulierte auch juristische Leitsätze und prägte auch das sich wandelnde Selbstverständnis eines Herrschers. Abt Suger von St. Denis, der Berater Ludwigs VI. und Ludwigs VII., hinterließ nachhaltige, wegweisende Spuren für die Ideologie des französischen Königtums. Der Kaiser unterhielt als Erbe aus der Karolingerzeit die Hofkapelle, eine vereinzelt an verschiedenen Domkirchen im Reich stationierte Gruppe von Klerikern, die ausschließlich dem Herrscher verpflichtet war; überdies bezog der Kaiser aus ihr zum guten Teil vornehmlich bis zum Wormser Konkordat (1122) den bischöflichen Nachwuchs[29]. Wipo, ein Kapellan Heinrichs III., ist ein noch nicht so häufiges Beispiel für die Abfassung eines „Fürstenspiegels“, der in diesem Falle dem Kaiser das Vorbild seines Vaters, Konrads II., vor Augen führen sollte.

Die Territorialherren eiferten den Monarchen auf einer niedrigeren Stufe nach. In einem langgestreckten Prozeß vom 10./11. bis zum 13. Jh. wanderten sie von der Ebene in die Höhe, errichteten dort eine die königliche Repräsentation nachahmende Burg, deren Mittelpunkt die Kapelle war, später dann in nächster Nähe ein vom Territorialherrn gestiftetes Kloster, dessen geistliche Bewohner für das Seelenheil der dort beigesetzten Mitglieder der Familie des Burgherrn zu beten hatten[30]. Es lag nahe, die Mönche oder Kanoniker auch für Aufgaben kanzleiähnlicher Art heranzuziehen[31]. Einwirkungsmöglichkeiten dieser

---

[29] H. W. Klewitz, Königtum, Hofkapelle und Domkapitel im 10. und 11. Jh., in: Archiv für Urkundenforschung 16 (1939) 102–156.

[30] Vgl. K. Schmid, Gebetsgedenken und adliges Selbstverständnis im Mittelalter, Sigmaringen 1983.

[31] Einige Beispiele bei H. E. Meyer, Zur Beurteilung Adhémars von Le Puy, in: DA 16 (1960) 547–552.

Gruppen auf den Adligen waren geradezu unvermeidlich, aber nicht nur auf diesem Wege. Die Verengung der Herrschaftssukzession auf die Primogenitur machte die Versorgung der nachgeborenen Kinder zu einem vordringlichen Problem. Sie für den geistlichen Stand vorzusehen löste das Versorgungsproblem, hatte darüber hinaus aber noch einen weiteren Nutzen. Klöster waren Kristallisationspunkte auch in politischer Hinsicht; war eine Adelsfamilie dort mit einem nächsten Verwandten vertreten, ließ sich durch ihn politischer Einfluß ausüben. Regelrechte Einflußzonen basierten auf diesem System. Denkt man an die südwestdeutsche Fürstenopposition gegen Kaiser Heinrich IV., dann hat man ein Beispiel auch für eine umgekehrte Wirkung; die Mönche in den dortigen Reformklöstern brachten ihre Verwandten im Laienadel, die den subtilen Argumenten der Investiturkontroverse kaum gewachsen waren, dazu, sich der Kirchenreform und dem Gegenkönig Rudolf von Rheinfelden anzuschließen[32].

Zum Komplex Adel und Christentum gehörten auch der Ritter und sein Ideal. Vorab hat man zwischen Deutschland und dem Westen zu unterscheiden. Ursprünglich war jeder Berufskrieger ein „miles" (= Ritter), noch war es keine Standesbezeichnung; selbst Kaiser Friedrich Barbarossa und Herzog Heinrich der Löwe bezeichneten sich als Ritter. Eine Verengung trat erst im Laufe des 13. Jh. ein; aus dem Krieger im weiten Sinne wurde das Mitglied der niedrigsten Adelsstufe[33]. Die Verengung zum untersten Adelsstand erfolgte im Westen schon um 1180[34]. Unterschiedlich war auch die christliche Ethisierung des Kriegers. Regino von Prüm an der Schwelle zum 10. Jh. sah die Haupteigenschaften des Kriegers noch in seiner Ruhmsucht und Gier nach Beute. Ob ein Ritter im Kriege töten dürfe, beantwortete Burchard von Worms in seinem Decretum damit, daß es vom König abhänge, ob er ein Tyrann sei oder einen gerechten Krieg führe. Die Verchristlichung des Kriegerberufes stand im Reich unter der starken Führung des Herrschers. In Frankreich dagegen war der Krieger angesichts der schrumpfenden Königsmacht auf sich selbst gestellt. Abt Odo von Cluny zeichnete vor 942 als erster einen Krieger als Heiligen, dessen berufsspezifische Tätigkeit in das Heiligenbild integriert wurde; aber noch – man sieht die tastenden Anfänge – kämpfte Graf Gerhard von Aurillac mit dem stumpfen Ende der Lanze nach vorne gerichtet, um Blutvergießen zu vermeiden[35]. Die Gottesfriedensbewegung sowie der Erste und der Zweite Kreuzzug trugen erheblich zur Verchristlichung des Ritterideals bei. Aus dem Krieger für eigene Ziele wurde ein Kämpfer für übergreifende Ziele, die ihm die Kirche vorzeichnete. Er wurde zum „miles Christi" oder „miles sancti Petri"; mit Hilfe Bernhards von Clairvaux entstand im Templerorden sogar eine „militia", ein stehendes und völlig religiösen Aufgaben verpflichtetes Ritterheer.

Die Kirche lieferte dem Ritterideal auch angemessene Symbole. Die Schwertleite war vor allem eine feierliche Übergabe der Waffen bei Eintritt der Mündigkeit. Sie war Erbe einer alten germanischen Tradition und erinnerte mit den Insignien der Macht an das Ritual der Krönung. Der König erhielt Mantel, Schwert und Krone, der Ritter Harnisch, Schwert und Helm. Die *ordines* der Ritterweihe wurden dem Krönungsordo entnommen

---

[32] Vgl. im Forschungsüberblick von H. Jakobs, Kirchenreform und Hochmittelalter, 1046–1215, München 1984, 109f.

[33] Vgl. J. Fleckenstein, Zum Problem der Abschließung des Ritterstandes, in: Histor. Forsch. f. W. Schlesinger, Köln 1974, 252–271.

[34] J. Flori, L'essor de la chevalerie, XIe–XIIe siècles, Genf 1986.

[35] C. Erdmann, Die Entstehung des Kreuzzugsgedankens, Stuttgart ^{2}1955, 78f.

Der Ruf der Kreuzfahrer „Gott will es“ entfachte im christlichen Abendland eine Welle von Opferbereitschaft und tiefer Frömmigkeit. In einer englischen Miniatur (13. Jh.) reitet Christus selbst vor einer Gruppe von Tempelrittern zum Kreuzzug aus (London, British Museum).

und entsprechend umgebildet[36]. Sich kirchlicherseits auch der Schwertleite anzunehmen, war ein längerer Prozeß; die Ritterweihe widmete sich zuerst dem Fürsten, am Ende dem Adligen, der auch dem Ritterstand angehörte. Der Ritterschlag glich der Inthronisation zu einem Leben im Dienste Gottes und der Schwachen. Schwert, Helm und Harnisch, dann Sporen und sogar das Hemd wurden zu Symbolen für Stärke, Tapferkeit, Reinheit, Widerstand gegen den Teufel und für die Verteidigung anderer. Die liturgischen Bücher bereicherte man auch um Benediktionen der Waffen. Es war ehrenvoll, für Jerusalem zu sterben, aber im Turnier den Tod zu finden war gotteslästerlich, ersteres bedeutete Ruhm, letzteres zog die Schande nach sich, in ungeweihter Erde verscharrt zu werden.

Neben dem Vorbild der Ordensritter im Heiligen Land gab es die Ritter, die als solche zur Ehre der Altäre erhoben wurden. Von Gerhard von Aurillac war schon die Rede. Im 11. und 12. Jh. wurde diese Ehre vielen Rittern zuteil; so Simon von Valois (oder v. Crépy), Johannes von Montmirail, Theobald von Provins, Bertrand von Comminges. Drei von ihnen kamen aus der Champagne, die immer wieder Kreuzritter stellte. Letzterer, Bertrand, ergriff als Ritter die geistliche Laufbahn; er vollbrachte sein großes Werk als Bischof (1080–1123)[37]. Simon von Valois hatte das Erbe seines Vaters gegen König Philipp I. zu verteidigen; sein Vater Rudolf war ohne Absolution von der Exkommunikation gestorben, für ihn wollte er büßen. Er weigerte sich zu heiraten und floh in den Jura, wo er in Saint-Claude Mönch wurde[38]. Wie Bertrand war auch Theobald zum Ritter erzogen worden und wurde in der Nähe von Vicenza Einsiedler, wo er kurz nach seinem Tode (1066) kanonisiert

---

[36] J. Flori, Chevalerie et liturgie. Remise des armes et vocabulaire chevaleresque dans les sources liturgiques du IXe au XIVe siècle, in: Le Moyen-âge 84 (1978) 247–278.409–442.

[37] Vita sancti Bertrandi, in: AASS, Oct. VII, 2, 1140–1184.

[38] Vita beati Simonis Crispeiensis, in: AASS, Sept. VIII, 711–751.

wurde[39]. Die Beispiele ließen sich noch vermehren, vor allem um Adlige, die sich der kirchlichen militia anschlossen und am Ende ihres Lebens Ordensritter wurden[40]. Das Vorbildhafte heiliger Ritter machte sich in der Wahl männlicher Vornamen bemerkbar, zumal immer mehr Geschlechter aufhörten, am kanonartigen Namenbestand der eigenen Familie festzuhalten. Richtschnur für die Namengebung wurden jetzt aus den Litaneien bekannte Heilige: Katharina, Elisabeth, Beatrix, Maria traten an die Stelle von Swanahild, Ermessinde, Liutgard; oder aus Siegmund wurde Simon, aus Judinta Judith[41].

4. Vom Gottesfrieden zum Gerechten Krieg

Seit dem Ende des 10. Jh. und vor allem im Laufe der ersten Hälfte des 11. Jh. unterstützte die kirchliche Hierarchie die Bildung von Friedenseinungen. Ihre Mitglieder verpflichteten sich meist auf Initiative des Ortsbischofs durch gegenseitig geleisteten Eid, auf eigenmächtige Gewaltakte zu verzichten[42]. Solche Fehden nahmen im Laufe des 10. Jahrhunderts in erschreckendem Umfang zu, wo der Adlige seinen Rechtsanspruch nicht mehr vor dem ordentlichen Grafengericht einzuklagen vermochte. Zunächst waren die kirchlichen Kreise bemüht, eigenes Gut und die waffenlosen Personen (Kleriker, Bauern, Pilger und Frauen) von der wilden Zerstörungswut grundsätzlich auszunehmen. Die Friedenseinungen, „pax" genannt (die ersten 975 in Le Puy, 989 in Charroux), bildeten ein Friedensheer, das jeden Unwilligen zur eidlichen Verpflichtung zwang. Im frühen 11. Jh. verschwanden ebenfalls in Südfrankreich die Großen aus dem gerichtlichen Umstand des Grafen; der gräflichen Gewalt blieb nur noch eine Schiedsgerichtsbarkeit, deren Beschlüsse nur Empfehlungscharakter besaßen. In Reaktion darauf wurde die „Treuga Dei" (Waffenruhe Gottes) eingerichtet, das Verbot, über das Wochenende die Waffen zu gebrauchen. Die Zeiten der absoluten Waffenruhe wurden noch im Laufe des 11. Jh. ausgedehnt, auf allgemeine und örtlich wichtige Festtage sowie auf heilige Zeiten wie Advents- und Fastenzeit[43].

Das Endziel war die Abschaffung der Fehde überhaupt und die Wiederherstellung der alten staatlichen Autoritäten. Beide Ziele wurden nicht erreicht; die Fehde, wenn auch stark eingedämmt, bestand bis an die Schwelle des 16. Jh. fort, und an Stelle der alten Autoritäten, die nicht mehr wiederbelebt werden konnten, bildeten sich neue Instanzen heraus, die dem Niederadel eine politische Eigenständigkeit weitgehend nahmen. Dennoch ist die Gottesfriedensbewegung für die europäische Geschichte von höchster Bedeutung gewesen, weil sie das Gewaltmonopol des Staates begründete und die Idee der Gleichheit vor dem Recht einleitete; die Anfänge der Staatlichkeit im modernen Sinne sind hier zu suchen[44]. Die Heimat der Gottesfriedensidee ist Frankreich, ausgenommen die Normandie und

---

[39] Theobald, in: AASS, Juni V, 593; J. Clauss, Die Heiligen des Elsaß, Straßburg 1935, 38–61.

[40] Der Templer Hugo von Champagne (M. Bur, La formation du comté de Champagne, Nancy 1977, 273–277).

[41] M. Parisse, La conscience chrétienne des nobles, in: La cristianità dei secoli XI e XII in Occidente: coscienza e strutture di una società (Miscellanea del centro X), Mailand 1983, 259–280.

[42] G. Duby, Les laics et la Paix de Dieu, in: Hommes et structure du Moyen Age, Paris – La Haye, 1973, 227–243; Th. Head – R. Landes, Essays on the Peace of God and the People in Eleventh Century France, Waterloo 1987 (Historical Reflections 14/3).

[43] H. Hoffmann, Gottesfriede (wie Anm. 4).

[44] Engels, Vorstufen (wie Anm. 4) 71–86.

Flandern, da dort eine effektiv durchgreifende Zentralgewalt auf regionaler Ebene jeden Einbruch staatlicher Autorität verhindert hatte. Katalonien, von der Verfassungsstruktur her ohnehin der westfränkisch-französischen Tradition verhaftet, wurde sehr früh vom Gottesfrieden erfaßt, das übrige Spanien überhaupt nicht. Kräftige Spuren sind auch in Oberitalien zu beobachten, während Deutschland gegen Ende des 11. Jh. von der Gottesfriedensidee nur peripher berührt wurde; hier setzte gleich eine Landfriedensbewegung unter der Führung des Kaisers oder verschiedener Herzöge ein[45].

Eine andere Auswirkung der Gottesfriedensbewegung mündete in die Kreuzzugsbewegung. Die Absicht Urbans II. auf dem Konzil von Clermont im Jahre 1095, die zur „Untätigkeit" gezwungenen Krieger zur Befreiung der Christen in Kleinasien, die unter das Joch eingedrungener Turkvölker geraten waren, zu ermuntern, löste den Ruf zur Befreiung des Hl. Grabes in Jerusalem aus. Unter der ideellen Führung des Papsttums begann damit das Phänomen des heiligen Krieges, eine Entwicklung, an deren Ende die Kirche zur Beschützerin und zum Garanten der neuen sozialen Ordnung werden sollte, gemeinsam geführt von den beiden dominierenden *ordines*, dem des Klerus und dem der Ritter[46].

Das *Decretum Gratiani*, erste Synthese des mittelalterlichen kanonischen Rechts, spiegelt diese Entwicklung gut wider, setzt es doch – klarer als bisher, obwohl Burchard I. von Worms die Frage auch schon gestellt hatte – den Akzent auf die Möglichkeit, sich in der Ausübung des Waffenberufs zu heiligen. Auf die offenbar schon traditionelle Frage „Ist es eine Sünde, Krieg zu führen?" antwortet der Mönch aus Bologna nunmehr deutlich mit einer Verneinung, wobei er konzedierend das Beispiel vom „heiligen David" anführt und sogar präzisiert, daß „der Ritter, der einen Menschen getötet hat, um seinem Herrn zu gehorchen, nicht des Mordes schuldig ist"[47]. Diese kirchliche Anerkennung des Kriegerstandes steht im Kontext mit der Christianisierung des Adels. Mit der Ausbildung der päpstlichen Schutz- oder Lehenshoheit über Königreiche hat dies hingegen nichts zu tun.

Im 13. Jh. nahmen sich die Kanonisten verstärkt des Themas an und entwickelten den Begriff des Gerechten Krieges[48]. Seine Kriterien wurden 1210 erstmals von Laurentius Hispanus in seinem *Apparatus* definiert und um die Mitte des 13. Jh. von Heinrich von Segusia (Hostiensis) in seiner *Summa aurea* kodifiziert. Letzterer unterscheidet sieben Kriegstypen, von denen in seinen Augen vier erlaubt und drei nicht erlaubt waren. Zu den ersteren zählt der sogenannte „römische" Krieg, der Christen und Ungläubige bzw. Häretiker auf Initiative des Papstes hin zu Kriegsgegnern machte; man findet aber auch den sogenannten „Rechtskrieg", den Gläubige, von einem legitimen Richter autorisiert, mit Rechtsverweigerern oder Rebellen führten, wie auch jede Art von Krieg, der von einer Macht geführt wurde, welcher dieses Recht formaljuristisch zugestanden worden war. Schließlich galt es stets als erlaubt, gewalttätige Eindringlinge als Gemeinschaft oder als Individuen kraft Selbstverteidigungsrecht mit Gewalt zurückzudrängen. Dagegen wurden „mutwillige" Kriege für unzulässig erklärt, etwa jene, die vom Grundherren ohne Genehmigung des Landesherrn geführt wurden, wie auch „anmaßende" Kriege, d. h. Unterneh-

---

[45] E. Wadle, Heinrich IV. und die deutsche Friedensbewegung, in: Investiturstreit und Reichsverfassung, hrsg. v. J. Fleckenstein (VuF XVII), Sigmaringen 1973, 141–173.

[46] G. Duby, Les trois ordres ou l'imaginaire du féodalisme, Paris 1976, 168–182.

[47] Decretum Gratiani, ed. E. Friedberg, IIa p., c. XXIII, q.1–VIII; vgl. T. Ortolan, Guerre, in DTC VI, Paris 1924, 1915.

[48] F. H. Russel, The Just War in the Middle Ages, Cambridge 1975.

mungen, die sich gegen eine Autorität von unbestreitbarer juristischer Legitimität richteten[49].

Zu diesen subtilen Unterscheidungen der Juristen und später der Theologen zum Thema des Gerechten Krieges kam eine Neubewertung des Kriegerstandes in der christlichen Gesellschaft. Die Konzeption des Kreuzzugs als *opus Dei* verlieh der kriegerischen Handlung eine aktive Rolle im Leben der Kirche – vorausgesetzt, sie war angeordnet zur Verteidigung oder zur Ausbreitung des Glaubens – und bot dem Rittertum eine Möglichkeit, das Heil zu erlangen, ohne dafür auf seinen Stand zu verzichten. Das Rittertum war zweifellos für diesen Appell empfänglich, was sich auch am Zustrom der christlichen Kämpfer ablesen läßt, die seit dem späten 11. bis weit in das 13. Jh. hinein ihre Heimat verließen, um gegen die Sarazenen in den Krieg zu ziehen[50].

Bibliographie

F. Bériac, Les lépreux et les léproseries en France au Moyen Âge, Paris 1987.

C. E. Boyd, Tithes and Parishes in Medieval Italy. The Historical Roots of a Modern Problem, Ithaca/NY 1952.

J. A. Brunage, Medieval Canon Law and the Crusades, Madison-London 1969.

R. Bultot, Le mépris du monde au XIe siècle, in: Annales 22 (1967).

G. Duby, Les trois ordres ou l'imaginaire du féodalisme, Paris 1976.

G. Duby, Le chevalier, la femme et le prêtre. Le mariage dans la France féodale, Paris 1981.

C. Erdmann, Die Entstehung des Kreuzzugsgedankens, Stuttgart [2]1955.

Etudes sur l'histoire de la pauvreté, hrsg. von M. Mollat, 2 Bde., Paris 1974.

Femmes, mariages, lignages, XIIe–XIVe siècle. Mélanges offerts à Georges Duby (Bibliothèque du Moyen Âge 1), Brüssel 1992.

J. Flori, L'essor de la chevalerie, XIe–XIIe siècle, Genf 1986.

B. Geremek, Geschichte der Armut. Elend und Barmherzigkeit in Europa, München 1988.

P. Gold, The Lady and the Virgin. Image, Attitude and Esperience in Twelfth Century France, Chicago – London 1985.

H. Grundmann, Religiöse Bewegungen im Mittelalter, Darmstadt [3]1970.

Histoire des femmes en Occident II, hrsg. von G. Duby et M. Perrot, Paris 1990.

H. Hoffmann, Gottesfriede und Treuga Dei (SMGH 20), Stuttgart 1964.

H. E. Mayer, Geschichte der Kreuzzüge, Stuttgart [6]1985.

Militia Christi e Crociate ner secoli XI–XIII (La Mendola, 1989), Mailand 1992.

M. Mollat, Die Armen im Mittelalter, München 1984.

O. G. Oexle, Die funktionale Dreiteilung der „Gesellschaft" bei Adalbero von Laon. Deutungsschemata der sozialen Wirklichkeit im frühen Mittelalter, in: FMSt 12 (1978) 1–54.

F. H. Russell, The Just War in the Middle Ages, Cambridge 1975.

C. Sachsse – F. Tennestedt, Geschichte der Armenfürsorge in Deutschland, 2 Bde., Stuttgart 1980–88.

K. Schmidt, Gebetsgedenken und adliges Selbstverständnis im Mittelalter, Sigmaringen 1983.

W. Southern, Western Society and the Church in the Middle Ages, London 1970.

U. Weinmann, Mittelalterliche Frauenbewegungen. Ihre Beziehungen zur Orthodoxie und Häresie, Pfaffenweiler 1990; Women and Power in the Middle Ages, hrsg. von M. Erler – M. Kowaleski, Athen – London 1988.

---

[49] Heinrich von Segusia (Hostiensis), Summa Aurea, Basel 1573, c.286.

[50] A. Vauchez, Gottes vergessenes Volk. Laien im Mittelalter, Freiburg i. Br. 1993, Kap. 4.

Drittes Kapitel

Kirche und Bildung: Veränderungen und Spannungen

Von André Vauchez

Man kann wohl ohne Übertreibung sagen, daß die Kirche im 11. und 12. Jh. im Westen eine Monopolstellung im kulturellen Bereich einnahm, jedenfalls was den Niederschlag von Wissen und Erfahrung in schriftlicher Form betrifft, und so ist es auch sicher kein Zufall, daß im Französischen – ähnlich wie auch im Englischen – das Wort „clerc" (engl. „clerk", lat. „clericus") in gleicher Weise den Geistlichen und den des Lesens und Schreibens Kundigen bezeichnet. Diese Gleichsetzung von Bildung und Religion, seit dem Hochmittelalter eine Selbstverständlichkeit, wurde dann allmählich, besonders ab der zweiten Hälfte des 12. Jh., aufgelöst. Und zwar ging von der Institution der Kirche selbst der Anstoß zu bedeutenden Veränderungen in den Bereichen des Nachfragens und Weitergebens – der Forschung und Lehre, wie man heute sagen würde – aus, so daß die Mönche sich nun nicht nur in Konkurrenz zu den anderen Schriftkundigen sahen, sondern bald auch von ihnen zurückgedrängt wurden.

I. Klösterliche Bildung: Blüte und Niedergang

Seit dem Ende der Antike waren im Westen die Klöster Hort der Schriftkultur[1]. Das heißt aber nicht, daß die Klöster einfach das Erbe der aussterbenden antiken Bildungsinstitutionen angetreten hätten. Sicher kam dem Mönchtum zwischen dem 8. und 12. Jh. im Bildungsbereich in gewissem Maß die Rolle eines Nachfolgers zu, doch hat es sich keineswegs darauf beschränkt, der Nachwelt antikes Erbe zu übermitteln[2]. Benedikt von Nursia hatte, wie sein Biograph Gregor der Große berichtet, nach seiner Bekehrung den Stadtschulen in Rom den Rücken gekehrt und sich in die Berge und Höhlen des Apennin zurückgezogen. Das heißt aber nicht, daß er sich von seinen bisherigen Studien abgewandt oder sie gar verachtet hätte; vielmehr strebte er danach, über sie hinauszugelangen, um so das Reich Gottes zu gewinnen und eine höhere, eine geistliche und nicht nur geistige Weisheit zu erlangen[3]. Dies findet seinen Niederschlag in seiner Regel, die von jedem Mönch die Fähigkeit des Lesens und Schreibens verlangt und mehrere Stunden am Tag für die *lectio di-*

Bibliographische Kurzangaben verweisen auf die Erstnennung oder das Literaturverzeichnis am Ende des Kapitels (s. Seite 476).

[1] Sehr schön dargestellt bei P. Riché, Ecoles et enseignements dans le Haut Moyen Age, Paris ²1989.
[2] Vgl. hierzu N. Cilento, Medio Evo monastico e scolastico, Mailand 1961, und W. Lourdaux – D. Verhelst (Hrsg.), Benedictine Culture, 750–1050, in: Miscellanea Lovaniensia I, XI, Löwen 1983.
[3] „Scienter nescius et sapienter indoctus ... solus in superiori speculatoris oculo habitavit secum." Gregor der Grosse, Dialogi II, Prolog, ed. A. de Vogüé – P. Antin, Paris 1979 (Sources chrétiennes 260).

vina reserviert, das heißt, für das meditative Lesen in Gottes Wort[4]. Da es keine öffentlichen Schulen mehr gab, sahen sich die Benediktinerklöster gezwungen, selbst Schulen einzurichten, in denen ihr Nachwuchs (besonders die „Oblaten", unmündige Kinder, die von ihren Eltern für das Kloster bestimmt waren) die Grundkenntnisse der lateinischen Sprache und Literatur erwerben konnte, die in manchen Ländern, wie England oder Deutschland, völlig unbekannt waren. Die im karolingischen Zeitalter von der westlichen Kirche gefällte Entscheidung zugunsten des Lateins als einziger autorisierter liturgischer Sprache hatte die Konsequenz, daß Schulen eingerichtet werden mußten, an denen der Klerus die *grammatica* lernen konnte und so in die Lage versetzt wurde, die Heilige Schrift und die Kommentare lesen zu können. Und so befanden sich die meisten dieser Schulen in Klöstern, denn diese verfügten über ausreichende Ressourcen, nämlich Bücher und Personen, die in der Lage waren, einen solchen Unterricht zu erteilen; dieser Unterricht kann als eine Synthese beschrieben werden aus antiker Schule, insofern vor allem Grammatik und Rhetorik gelehrt wurden, und Rabbinerschule, insofern aller Unterricht auf einen Text, die Bibel und ihre Glossen, bezogen war[5].

Das Latein, das die Mönche lernten und das ihnen als Schriftsprache diente, ist ein biblisches und patristisches Latein; es hält dem Vergleich mit der klassischen, heidnischen Literatur, die in ihrem Stil und Ausdruck ein großes Ansehen genoß, nicht stand. Das Studium der klassischen Literatur betrachtete man als durchaus heilsam und auch erlaubt, aber es barg Gefahren: So erzählt der junge Mönch Guibert von Nogent zu Beginn des 12. Jh. in seiner Autobiographie, wie er von der Lektüre Vergils und Ovids verführt worden sei, so daß er schließlich ihre Werke denen der sehr viel trockeneren christlichen Schriftsteller vorgezogen habe, bis er durch eine Vision, die ihm die Gefahren dieses schlechten Umgangs vor Augen geführt habe, gerade noch rechtzeitig wieder auf den rechten Weg geführt worden sei[6]. Es läßt sich in der Tat nicht leugnen, daß sich die Bildung der Mönche aus einer zweifachen Wurzel speiste, denn Horaz und Lukan verdankten sie ebensoviel wie Augustinus, Hieronymus und Beda. Aber was die antike Bildung den Mönchen lieferte, war das Ideal der Form, nicht das Ideal des Menschen. Und so bemühten sie sich darum, das klassische Erbe zu christianisieren, ja man kann sagen, zu bekehren, indem sie es auf das ausrichteten, was in ihren Augen das wahre Ziel war: die Verehrung Gottes in der Kirche. Dank dieser Bemühungen um die antiken Autoren war es ihnen dann aber auch möglich, Ciceros *De amicitia* ebenso wie die Briefe Senecas in ihre eigene Bildung zu integrieren[7].

Natürlich hatte die Literatur, die im Umfeld der Klöster entstand, eine ganz andere Zielsetzung als die der antiken Moralphilosophen. Sie ist nicht vom Leben der Mönche zu trennen, sie war ausgerichtet auf den Aufstieg der Seele zu Gott und den himmlischen Lobpreis[8]. Die äußere Schönheit der Form wurde nicht verachtet, wie man es auch bei

---

[4] Vgl. Benedicti Regula, Kap. 48, ed. R. Hanslik, CSEL 75, Wien 1960, 114–119.

[5] R. Kottje, Klosterbibliotheken und monastische Literatur in der zweiten Hälfte des 11. Jahrhunderts, in: Il monachesimo e la riforma ecclesiastica (1049–1122) (Settimana della Mendola 6), Mailand 1971, 351–371.

[6] Guibert de Nogent, Autobiographie, hrsg. u. übers. ins Franz. von E. R. Labande, Paris 1981, 134–139; G. Duby, Ritter, Frau und Priester, Frankfurt 1985, 162ff.

[7] Zum Verhältnis des Mönchtums zur antiken Bildung vgl. P. Lehmann, The Benedictine Order and the Transmission of the Literature of Ancient Rome, in: Erforschung des Mittelalters III, Stuttgart 1960, 174–183; B. Munk-Olsen, L'étude des auteurs classiques latins aux XIIe et XIIIe siècles, Paris 1982–1989, 4 Bde.

[8] Daß diese Dimension von fundamentaler Bedeutung für die monastische Bildung war, wird sehr deutlich

Abt J. Gualbert, Gründer des Klosters Vallombrosa, gibt seinen Mönchen Unterricht. Zeichnung (13. Jh. Berlin, Staatl. Museen).

einem Bernhard von Clairvaux deutlich sehen kann, vielmehr sollte sie der Kontemplation dienen und dem Erreichen jenes Zustandes „nüchterner Trunkenheit" in Glauben und Askese, wodurch es dem Mönch möglich wurde, schon hier am himmlischen Leben teilzuhaben und ein Leben zu führen, das dem der Engel *(vita angelica)* vergleichbar war. Die Atmosphäre, in der diese Literatur gedieh, war bestimmt durch die Liturgie, die alle Erscheinungsformen der klösterlichen Bildung in sich vereinigte und in der Lesen (meist lautes Lesen), Meditation und Gebet eng miteinander verbunden waren.

Die Werke, die in dieser Epoche in den Klöstern entstanden, waren vor allem exegetischer Art. So wurden Kommentare zur Heiligen Schrift verfaßt, in denen diese sowohl aus einer wörtlichen als auch aus einer allegorischen und metaphorischen Perspektive heraus

bei J. Leclercq, L'amour des lettres et le désir de Dieu, Paris 1957 (Ndr. 1963 unter dem Titel: Initiation aux auteurs monastiques du Moyen Age).

ausgelegt wurde: Einerseits hielt man sich an jedes einzelne Wort, um dessen Verständnis man sich mit Hilfe von Glossarien und Konkordanzen bemühte; andererseits sah man den Text unter dem Vorzeichen der göttlichen Heilsgeschichte und suchte ihn von daher zu erfassen. Für die Mönche war die Bibel kein Buch, das Wissen oder Information vermittelte, sondern Heilsinstrument. Dies erklärt auch die große Sorgfalt, die man für die Arbeit des Kopierens und Illustrierens der Handschriften aufbrachte – sie enthielten ja das göttliche Wort –, und die Ehrfurcht, mit der man die Handschriften sowohl in den *scriptoria* als auch im Chorraum behandelte. Der des Lesens und Schreibens kundige Mönch war kein Gelehrter, kein belesener Gebildeter im heutigen Sinne und kein Intellektueller. Er war ein geistlicher Mensch, der wußte, daß „Belesenheit die Seele ziert“, wie es Bernhard von Clairvaux sagte, dem aber seine Belesenheit in erster Linie dazu diente, den Ruhm Gottes besser zu verkündigen und sich seinem unergründlichen Mysterium zu nähern[9].

Zwischen 1960 und 1970 gab es unter Historikern angeregte Debatten darüber, ob man für das 11. und 12. Jh. von einer monastischen Theologie sprechen könne[10]. Ein solcher Ausdruck ist durchaus angebracht, wenn damit gesagt werden soll, daß die in dieser Zeit in den Klöstern entstandene Literatur eine ganz bestimmte Botschaft hatte und vor allem das Ziel verfolgte, die Menschen für Christus, den vollkommenen Menschen und Gottessohn, der wiederkommen wird in Herrlichkeit, empfänglicher zu machen. Dieses Ziel wird aber nicht durch logische Erörtertungen und philosophische Beweisführung erreicht, auch wenn manche Verfasser ihr Vorgehen als „wahre Philosophie“ beschreiben. Die Annäherung an Gott erfolgt ausschließlich über die Lektüre und Exegese der heiligen Texte *(sacra pagina)*, ausgelegt nach dem traditionellen Schema des vierfachen Schriftsinnes: Tatsachen *(historia)*, geistlicher Sinn *(allegoria)*, moralischer Sinn *(tropologia)* und Bedeutung in bezug auf die spirituelle Geschichte der Menschheit *(anagogia)*[11]. Dies alles wurzelt offensichtlich in einer symbolisch bestimmten Geisteshaltung: Die literarisch tätigen Mönche waren überzeugt davon, daß jeglicher Realität, sei sie nun natürlich oder historisch, eine Bedeutung innewohne, die ihre einfachen, unmittelbar erfahrbaren Grenzen überschreite. Wollte man die Dinge verstehen, genügte es also nicht, ihre inneren Ursachen zu klären; vor allem galt es, ihre geheimnisvolle Dichte und ihre vielen, verborgenen Möglichkeiten zu entschlüsseln. Diese Sicht der Dinge traf in besonderem Maße für die Bibel zu, die in der Mönchsliteratur fast ausschließlich im allegorischen Sinn interpretiert wurde: Da dieses Buch Gott selbst zum Verfasser hat, gilt es, über das bloße Verstehen der biblischen Worte und berichteten Ereignisse hinaus deren geistlichen Sinn zu erfassen. Der hier beschrittene intellektuelle Weg entbehrt nicht der Größe und auch nicht der Schönheit. Aber er birgt in sich die Gefahr, daß den nur wörtlich zu verstehenden Elementen einzelner Berichte ein symbolischer Gehalt unterschoben wird und daß die berichteten Tatsachen und Ereignisse

---

[9] „Scientia litterarum quae ornat animam“: Bernhard von Clairvaux, Super Cant. 37,2; zitiert nach Leclercq, L'amour (s. Anm. 8) 240.

[10] Vgl. Leclercq, L'amour (s. Anm. 8) 179–216; und zur Gegenposition G. G. Meersseman, Teologia monastica e riforma ecclesiastica da Leone IX (1049) a Callisto II († 1124), in: Il monachesimo (s. Anm. 5) 256–270 u. 303.

[11] H. de Lubac, Exégèse médiévale. Les quatre sens de l'Ecriture, 4 Bde., Paris 1959–1964; J. Dubois, Comment les moines du Moyen Age chantaient et goûtaient les saintes Ecritures, in: P. Riché – G. Lobrichon (Hrsg.), Le Moyen Age et la Bible, Paris 1984, 261–298.

sich im Lyrizismus auflösen, wobei dem Subjektivismus des Auslegers Tür und Tor offenstehen [12].

Es wäre jedoch ungerechtfertigt und übertrieben, sähe man die Bildung der Mönche in dieser Epoche nur auf die Schriftexegese beschränkt, selbst wenn diese einen hervorragenden Platz einnahm. Diese Bildung hat vielmehr zahlreiche andere Früchte hervorgebracht, auf so verschiedenen Gebieten wie Hagiographie, Geschichte, Predigt, Liturgie und Kirchenrecht [13]. Um 1100 stellten einige große Abteien wie Fleury (Saint-Benoît-sur-Loire), Cluny, Michelsberg (Bamberg) und Montecassino die bedeutendsten Zentren des kulturellen und künstlerischen Lebens im Westen dar. Montecassino hatte eine außerordentlich reichhaltige Bibliothek und spielte eine wichtige Rolle für den Westen bei der Übermittlung von Werken aus der byzantinischen Welt und, auf Grund der engen Beziehungen, die dieses Kloster mit der medizinischen Schule von Salerno verbanden, auch aus dem Bereich des Islam. Von hier aus entfaltete sich auch die Bewunderung für die stilistischen Syntaxregeln der klassischen Literatur, den *cursus*, dessen Wiedereinführung in der römischen Kurie Johannes von Gaëta zugeschrieben wird. Auch die Verbreitung der sog. Beneventana, eines Sondertyps der lateinischen Schrift, nahm hier ihren Ausgang [14]. Noch bemerkenswerter war die Rolle, die die Abtei von Bec in der Normandie spielte. Unter der Leitung des Lombarden Lanfranc von Pavia (1045–1089) entstand hier eine der besten Schulen Frankreichs und der westlichen Welt überhaupt [15], aus der nicht wenige der großen Denker der Zeit hervorgegangen sind, unter anderen der Bischof und Kanonist Ivo von Chartres, der seine Fähigkeiten beim Aushandeln eines Kompromisses im Investiturstreit unter Beweis stellte [16], und der heilige Anselm, Nachfolger von Lanfranc in der Leitung der Abtei [17]. Über diese weit berühmten Zentren darf man aber nicht die zahllosen großen und kleinen und manchmal auch durchaus bescheidenen Klöster vergessen, in deren externen Schulen, besonders im deutschen Bereich, weltliche Scholaren und oft auch die Söhne des Adels an Hand des Psalters lesen und schreiben lernten [18].

Auch wenn man diesen Einrichtungen nicht eine im heutigen Sinn des Wortes kulturelle

---

[12] Vgl. M. D. Chenu, La théologie au XIIe siècle, Paris 1957, Kap. 3: La mentalité symbolique.

[13] J. Leclercq, L'historiographie monastique de Léon IX à Calixte II, in: Il monachesimo (s. Anm. 5) 272–302; M. Van Uytfanghe, Modeles bibliques dans l'hagiographie, in: Le Moyen Age et la Bible (s. Anm. 11) 449–487.

[14] Zu Fleury im 11. Jh. vgl. R. Louis (Hrsg.), Etudes ligériennes d'histoire et d'archéologie médiévales, Auxerre 1975; E. Vergnolle, Saint-Benoît-sur-Loire et la sculpture de XIe siècle, Paris 1985. Zu Montecassino vgl. H. E. Cowdrey, The Age of Abbot Desiderius, Oxford 1983; H. Toubert, Un art dirigé. Réforme grégorienne et iconographie, Paris 1990, 93–238. In neueren Untersuchungen ist der von K. Hallinger, Gorze und Cluny. Studien zu den monastischen Lebensformen und Gegensätzen im Hochmittelalter, 2 Bde., Rom 1951, aufgestellte Gegensatz zwischen einem bildungsorientierten Mönchtum, wie es sich in den großen deutschen Klöstern fand, und dem auf reiche Liturgie ausgerichteten Mönchtum Clunys merklich relativiert worden. Vgl. J. Leclercq, Spiritualité et culture à Cluny, in: Spiritualità cluniacense, Todi 1960, 101–151; D. Iogna-Prat, Raoul Glaber et l'historiographie clunisienne, in: Studi Medievali, 3. Ser., 26 (1985) 537–572. Vgl. B. Bischoff, Paläographie des römischen Altertums und des abendländischen Mittelalters (Grundlagen der Germanistik 24), Berlin [2]1986, 148ff.

[15] M. Gibson, Lanfranc of Bec, Oxford 1978.

[16] R. Sprandel, Ivo von Chartres und seine Stellung in der Kirchengeschichte, Stuttgart 1962.

[17] R. Foreville, L'Ecole du Bec et le studium de Cantorbery aux XIe et XIIe siècles, in: Bulletin philologique et historique (1955/56) 357–374.

[18] P. Riché, Recherches sur l'instruction des laïcs du IXe au XIIe siècle, in: Cahiers de civilisation médiévale 5 (1962) 175–182.

Zielsetzung zuschreiben darf, so läßt sich nicht bestreiten, daß sie eine ganz entscheidende Rolle gespielt haben nicht nur für die Erhaltung und Weitergabe des antiken Erbes, sondern auch für das Überleben der Schriftsprache in dieser Zeit überhaupt; war doch das beginnende Feudalzeitalter gekennzeichnet durch eine weit verbreitete Geringschätzung alles Geschriebenen, der eine große Wertschätzung von Taten und Gebärden als Formen des Ausdrucks und der gesellschaftlichen Kommunikation gegenüberstand[19].

Unter den vielen Autoren, die als Beispiele monastischer Gelehrsamkeit im 12. Jh. zu nennen sind, von Rupert von Deutz bis zu Wilhelm von Saint-Thierry und dem bedeutenden Abt von Cluny, Petrus Venerabilis[20], gebührt ein besonderer Platz Bernhard von Clairvaux. Er war in gleicher Weise Spiegel seiner Zeit, in deren geschichtliche Abläufe er eng verwickelt war, wie auch „der letzte der Kirchenväter", mit dem ein Zeitalter des Glaubens und der Bildung zu Ende ging[21]. 1090 in Fontaine-lès-Dijon in einer Familie kleiner burgundischer Grundherren geboren, erhielt Bernhard eine sehr gute Ausbildung bei den Chorherren von Saint-Vorles in Châtillon-sur-Seine. Die Polemiken, mit denen er sich später gegen Abaelard wandte, und seine Schmähungen gegen die Stadtschulen haben dazu geführt, daß man ihn für einen Feind jeglicher Bildung hielt. Aber man braucht nur eine Seite in seinen Schriften aufzuschlagen, um zu sehen, daß dies nicht der Wahrheit entspricht. Im Gegenteil, er ist auf seine Weise „ein Dichter, der oft in rhythmisierter Prosa schreibt, ein Rhetor, der sich vom Klang der Worte berauschen läßt, das heißt ein Sophist, der oft der eigentlich wissenschaftlichen Dialektik ... ein musikalisches Argument vorzieht."[22] Er ist keineswegs ungebildet und unwissend, neben einer gründlichen Kenntnis der Bibel und der Schriften Augustins verfügt er auch über eine große Vertrautheit mit Cicero, dessen Schrift *De amicitia* er seiner Reflexion über die Gottesliebe zugrunde legt, und mit den griechischen Vätern, die zu dieser Zeit im Westen noch kaum bekannt waren und die er als erster in einer theologischen Synthese integriert: Origenes, Pseudo-Dionys, Gregor von Nyssa, Maximus Confessor[23]. Er sieht das Kloster in erster Linie als „Schule der Liebe" *(schola caritatis)*, ein für ihn zentraler Begriff, auf den er – als erster in der westlichen Christenheit – das Klosterleben als solches zurückführt. In seinem *Traktat über die Gottesliebe* und in seinen *Predigten zum Hohenlied* beschreibt er die Stationen, auf denen der Christ vom „Ort der Ungleichheit" *(regio dissimilitudinis)* der diesseitigen Welt in das Paradies der Gleichheit gelangen kann: Demut und Buße, Liebe und ein Leben in Armut, Lesen der Heiligen Schrift und Meditation über die Menschheit Christi und schließlich die verwandelnde Vereinigung der Seele mit ihrem himmlischen Bräutigam. So wird hier ein Weg der Umkehr zu Gott beschrieben und genau abgesteckt, den dann viele Männer und

---

[19] J. C. Schmitt, La raison des gestes dans l'Occident médiéval, Paris 1990.

[20] Zu Rupert von Deutz vgl. J. Van Engen, Rupert of Deutz, Berkeley – Los Angeles 1983; H. Silvestre, Rupert von Deutz (um 1075–1129), in: Rhein. Lebensbilder 11 (Köln 1988) 7–35; zu Petrus Venerabilis vgl. G. Constable – J. Kritzek (Hrsg.), Petrus venerabilis, Rom 1956; dies., Pierre Abélard, Pierre le Vénérable. Courants philosophiques, littéraires et artistiques en Occident au milieu du XIIe siècle, Paris 1975.

[21] Überblick über den neuesten Forschungsstand in: Bernard de Clairvaux. Histoire, Mentalités, Spiritualité (Actes du colloque de 1990), Paris 1991; J. Leclercq, in: TRE V (1980) 644–651.

[22] E. Delaruelle – A. Latreille – J. R. Palanque, Histoire du catholicisme en France I, Paris 1957, 319; vgl. auch C. Mohrmann, Le style de Saint-Bernard, in: Etudes sur le latin des chrétiens II, Rom 1961, 347–357.

[23] E. Gilson, La théologie mystique de Saint-Bernard, Paris 1934.

Frauen nach ihm beschreiten sollten – Grundlage der fortdauernden Wertschätzung und Bewunderung seiner geistlichen Schriften in den folgenden Jahrhunderten[24].

Als „Repräsentant einer Vergangenheit, die seines Genies zu ihrem Überleben bedurfte", wie Etienne Delaruelle es treffend formuliert, war Bernhard von Clairvaux im Grunde eher ein Bewahrer des kulturellen wie sozialen Erbes. Aber mit ihm erreichte die monastische Literatur und Exegese einen letzten, leuchtenden Höhepunkt, bevor sie hinter andere Denk- und Ausdrucksformen zurücktrat, bevor die von den Söhnen des hl. Benedikt über Generationen tradierte Zusammenschau von Erkenntnis und Leben schwand[25]. Von nun an fällt das große Reich des Wissens in Teile auseinander, die Theologie trennt sich von der Spiritualität, und das kritische Fragen wird zur Regel. Bernhards Tod im Jahr 1153 markiert einen Wendepunkt in der Geistesgeschichte des Westens.

II. Wandel im 12. Jahrhundert: Aufschwung der Schulbildung und intellektuelle Erneuerung

1. Von den Klöstern zu den Stadtschulen

Im Gegensatz zur vorhergehenden Epoche ist das 12. Jh. im Westen gekennzeichnet durch eine in der Gesellschaft weit verbreitete, spürbare Zunahme des Bildungsbedürfnisses, was zu einem Ausbau des schulischen Unterrichtes, besonders auch für den Adel, führte[26]. Diese schulische Erziehung hatte sehr verschiedene Formen: Manche Adlige ließen ihre Söhne von einem Hauslehrer unterrichten, wie zum Beispiel im Fall des jungen Guibert von Nogent; andere vertrauten sie religiösen Institutionen an, wo sie die Grundlagen der Bildung erhalten sollten. Hier ergaben sich aber schon bald neue Schwierigkeiten dadurch, daß vielerorts die Mönche immer weniger bereit waren, Kinder und Jugendliche zum Zweck des Unterrichts aufzunehmen. Klosterschulen erwiesen sich nämlich, nach der einhelligen Meinung von Kloster- und Ordensreformern, als Unruheherde, die oft auch eine Lockerung des festgefügten klösterlichen Gemeinschaftslebens mit sich brachten. So beglückwünscht Petrus Damianus um die Mitte des 11. Jh. die Mönche von Montecassino, weil sie keine Schule haben, und auch Cluny scheint seine Schule vor 1100 aufgegeben zu haben. Im 12. Jh. ist bei den Klöstern eine zunehmende Abwendung von der Welt zu beobachten; dies zeigt sich besonders deutlich bei den Zisterziensern, die keine Oblaten zuließen, jegliche Art von Unterricht ablehnten, dabei allerdings Bibliotheken zur Benutzung der Mönche aufbauten, um deren religiöse Bildung zu fördern[27]. Wie rasch sich hier eine Veränderung im Denken vollzog, läßt sich an dem Skandal ablesen, den Abaelard auslöste,

---

24 Vgl. zusammengestelltes und kommentiertes Belegmaterial bei E. Gilson, Saint Bernard. Un itinéraire de retour à Dieu, Paris 1964; zum Einfluß und zur Nachfolge Bernhards vgl. J. Leclercq – F. Vandenbroucke – L. Bouyer, La spiritualité du Moyen Age, Paris 1968, 233–274.

25 Delaruelle (s. Anm. 22) 347; vgl. C. Leonardi, L'intellettuale nell'alto Medio Evo, in: Il comportamento dell'intellettuale nella societá antica, Genua 1980, 119–139.

26 Zu diesem Bildungsbedürfnis und seinen Hintergründen vgl. J. W. Thompson, The Literacy of the Laity in the Middle Ages, New York 1963; P. Classen, Die hohen Schulen und die Gesellschaft im 12. Jahrhundert, in: Archiv für Kulturgeschichte 48 (1966) 155–180.

27 Ph. Delhaye, L'organisation scolaire au XIIe siècle, in: Traditio 5 (1947) 211–268; E. Lesne, Histoire de la propriété ecclésiastique en France V: Les écoles de la fin du VIIIe à la fin du XIIe siècle, Lille 1940.

als er in Paris wieder selbst zu unterrichten begann, nachdem er in Saint-Denis das Ordensgelübde abgelegt hatte. Sein Gegner Roscelin machte ihm den schweren, zweifellos der allgemeinen Meinung entsprechenden Vorwurf: „Da du unterrichtest, bist du nicht mehr Mönch." [28] Wenige Jahrzehnte zuvor wäre ein solcher Satz unverständlich gewesen.

Während sich die Mönche genau zu der Zeit, da das Verlangen nach Bildung immer dringender wurde, zurückzogen, traten nun die Regularkanoniker und vor allem der nicht regulierte Klerus an ihre Stelle. So gründete Wilhelm von Champeaux, vormals Kanoniker und Domscholaster, d. h. Kanzler der Schule von Notre-Dame, 1108 in Paris die Schule von Saint-Victor, die zu einer weithin angesehenen Einrichtung wurde und bald an die Spitze eines regelrechten Schulverbandes trat, dem schon nach kurzer Zeit 44 über die ganze Christenheit, von Italien bis nach Skandinavien, verteilte Häuser angehörten [29]. 1148 übernahm Saint-Victor die Schule von Sainte-Geneviève und reformierte sie. Diese beiden Einrichtungen waren dann bis zum Ende des Jahrhunderts besonders renommierte Zentren der Bildung und Erziehung, mit so berühmten Namen wie Hugo und Richard von Saint-Victor [30]. Neben den internen Klosterschulen gab es aber gleichzeitig auch externe Schulen; die Magistri, die dort unterrichteten, genossen die klösterlichen Privilegien und unterstanden darum auch der Jurisdiktion des Kapitels von Notre-Dame. Viel Raum war hier dem Unterricht der *artes liberales* wie auch der Pädagogik gegeben; dies läßt sich an dem *Didascalicon* Hugos ablesen [31]. Aber natürlich stand das Studium der Theologie und der Heiligen Schrift an erster Stelle. Während einige Victoriner wie etwa Gauthier der allegorischen Auslegung nach dem alten monastischen Vorbild treu blieben, beschritten andere neue Wege und wandten die neuen Methoden der Scholastik auf die Gebiete der heiligen Wissenschaften an [32].

Im wesentlichen waren es jedoch die nichtregulierten Chorherren, die die immer wichtiger werdende Aufgabe schulischer Erziehung übernahmen [33]. Das war keineswegs neu, denn schon seit karolingischer Zeit waren die städtischen Stifte hier mit besonderen Aufgaben betraut worden. Harte Zeiten und die Nachlässigkeit der Kanoniker hatten aber im 10. und 11. Jh. ihre Aktivitäten reduziert, und nur in einigen wenigen Städten wie Reims, Chartres und Laon hatten sich Kathedralschulen mit gutem Niveau gehalten [34]. Im 12. Jh. kam es dann nach und nach zu einer Ausbreitung solcher Schulen in der ganzen westlichen Christenheit; auf dem III. Laterankonzil von 1179 ermahnte Papst Alexander III. die Bi-

---

[28] Brief Roscelins an Abaelard, in: PL 178, 370.

[29] J. Châtillon, La culture de l'école de Saint-Victor au XIIe siècle, in: M. de Gandillac – E. Jeauneau (Hrsg.), Entretiens sur la renaissance du XIIe siècle, Paris – Den Haag 1968, 147–161.

[30] R. Baron, Hugues et Richard de Saint-Victor, Tournai 1961; B. Smalley, The Study of the Bible in the Middle Ages, Oxford 1984, 112–195.

[31] Hrsg. von C. H. Buttimer, Didascalicon. De studio legendi. A Critical Text, Washington 1969; J. Châtillon, Le Didascalicon de Hugues de Saint-Victor, in: Cahiers d'Histoire mondiale 9 (1966) 539–552.

[32] M. D. Chenu, Civilisation urbaine et théologie. L'Ecole de Saint-Victor au XIIe siècle, in: Annales ESC 29 (1974) 1253–1263; J. Châtillon, Les écoles de Chartres et de Saint-Victor, in: La scuola nel Occidente latino nell'Alto Medio Evo II, Settimane di Studio del Centro italiano di Studi Sull'Alto Medioevo 19, Spoleto 1972, 795–839.

[33] Ph. Delhaye, L'organisation (s. Anm. 27) und G. Paré – A. Brunet – P. Tremblay, La renaissance du XIIe siècle, Les écoles et l'enseignement, Paris – Ottawa 1933.

[34] Siehe z. B. J. R. Williams, The Cathedral School of Reims in the Time of Master Alberic (1118–1136), in: Traditio 20 (1964) 93–114; B. Merlette, Ecole et bibliothèques à Laon du déclin de l'Antiquité au développement de l'Université, in: Actes du 95ème congrès des Sociétés Savantes, Paris 1975, 21–53.

Die Schule von Bologna entwikkelte sich im 12. Jh. zur bedeutendsten Ausbildungsstätte neben Paris. Das Relief von Pier Paolo dalle Masegne am Grabmahl des Giovanni da Legnano, Rektor der Universität Bologna, zeigt Scholaren bei einer Vorlesung (Bologna, Museo Civico).

schöfe, daß es ihre Pflicht sei, an den Hauptorten in ihrer Diözese eine Schule einzurichten und zu unterhalten, an der die Kleriker einen angemessenen Unterricht durch qualifizierte Magister erhielten[35]. Dieser Weisung kam man in den verschiedenen Ländern unterschiedlich schnell nach, aber im großen und ganzen ist unbestreitbar, daß es am Ende des 12. Jh. sehr viel leichter war, in den Genuß schulischer Erziehung zu kommen, als zu seinem Beginn; dies war weitgehend der regen Tätigkeit des nichtregulierten Klerus zu verdanken.

Man darf sich aber keine übertriebenen Vorstellungen von dem durchschnittlichen Niveau dieser Einrichtungen machen, von denen nur wenige einen nationalen oder gar internationalen Ruf genossen wie Paris, Chartres oder Bologna. Diese Kathedralschulen waren im Prinzip stark vom Ortsbischof abhängig; sie unterstanden einem Kanoniker, dem Scholaster *(scholasticus canonicus)*, der meist der Kanzler des Domkapitels war. Der Unterricht fand im Kreuzgang und angrenzenden Räumen statt. Die Schüler waren den Mitgliedern des Klerus gleichgestellt und genossen so die kirchlichen Freiheiten und Privilegien. Unter ihnen fanden sich durchaus auch zukünftige Priester, aber die Zahl derer, die nicht die Absicht hatten, sich ordinieren zu lassen, nahm ständig zu, so daß es am Ende des 12. Jh. notwendig geworden war, in der Gruppe der Kleriker die *scolares*, nämlich diejenigen, die eine Schule besuchten, gesondert zu benennen[36].

Der Scholaster unterrichtete zu der Zeit meist nicht selbst, sondern berief hierzu Magister *(magistri)*, d. h. qualifizierte und auf den Unterricht spezialisierte Kleriker[37]. Rechtlich gesehen konnte niemand Unterricht erteilen, bevor er nicht vom Scholaster dazu beauftragt worden war; dieser verfügte in den territorialen Grenzen der bischöflichen Jurisdiktion

---

35 III. Laterankonzil, can.18.

36 J. Verger, Des écoles aux universités. La mutation institutionelle, in: R. Bautier (Hrsg.), La France de Philippe Auguste. Le temps des mutations, Paris 1984, 817–846.

37 Chenu, La théologie (s. Anm. 12), bes. Kap. XV; und J. W. Baldwin, Masters at Paris from 1179 to 1215, in: R. Benson – C. Constable – D. Lanham (Hrsg.), Renaissance and Renewal in the Twelfth Century, Cambridge/Mass. 1982.

über das Unterrichtsmonopol. Da der Zustrom zu den Schulen und eine damit einhergehende, die zweite Hälfte des 12. Jh. kennzeichnende „Schulexplosion" die Zahl der Schüler stark vervielfacht hatte, und da das Unterrichten zu einer einträglichen Beschäftigung geworden war, versuchten die Magister, sich der Abhängigkeit von einem Domkapitel zu entziehen und sich auf eigene Füße zu stellen. Aber die Leiter der Schulen, auf die Erhaltung ihrer Vorrechte bedacht, erteilten nur unter Schwierigkeiten die *licentia docendi*, ohne die niemand das Recht hatte, eine Schule zu eröffnen.

2. Die Entstehung neuer Disziplinen

Diese Veränderungen und Entwicklungen im Bereich der Schulstruktur waren von bedeutenden Neuerungen in bezug auf Form und Inhalt des Unterrichts begleitet. Auf methodischer Ebene ist hier die Auflösung der bis dahin vorherrschenden sieben Freien Künste zu beobachten, dieses alten, von der Antike überkommenen Schemas mit der Aufteilung in das *trivium* (Grammatik, Rhetorik, Dialektik) und das *quadrivium* (Arithmetik, Geometrie, Astronomie, Musiktheorie)[38]. Letzteres wurde allerdings schon fast überall im Westen stark vernachlässigt; die Bemühungen einiger Kleriker – besonders der Engländer Adelard von Bath und Daniel von Morley –, neue Erkenntnisse aus der arabischen Wissenschaft, die durch hauptsächlich in Spanien hergestellte Übersetzungen bekannt waren, einzuführen, waren von nur mäßigem Erfolg gekrönt. Außer auf dem Gebiet der Medizin und der Optik gelang eine solche Übermittlung nicht; dazu fehlte es zum einen an den intellektuellen Grundlagen, zum andern mangelte es bei den meisten Klerikern der Zeit auch einfach am Interesse, da sie sich lieber mit Theorie als mit Praxis befaßten[39]. Aber auch das ganz und gar literarisch angelegte *trivium* wurde nicht mehr vollständig unterrichtet, es sei denn auf sehr niedrigem Niveau. In den Klosterschulen hatte das Studium der Grammatik Vorrang; damit sollte den zukünftigen Mönchen zu einem besseren Verständnis des Wortschatzes verholfen und die wortgetreue Wiedergabe biblischer Texte gefördert werden. In den Schulen der städtischen Zentren des 12. Jh. dagegen wurde der Rhetorik ein vorrangiger Platz eingeräumt, das heißt der Gestaltung von Texten und der Erstellung redaktioneller Vorlagen für die verschiedenen Arten von Berichten und Akten, die in wachsender Zahl von den Schreibern und in den Kanzleien anzufertigen waren *(ars dictaminis)*; in den besseren dieser Schulen kam auch noch die Dialektik dazu, die Kunst des logischen Denkens[40].

Allgemein ist eine zunehmende Spezialisierung des Studiums und eine Erweiterung der Studienprogramme zu verzeichnen, mit unterschiedlicher Verteilung der Schwerpunkte; so wurde mancherorts das Rechtsstudium besonders gepflegt (seit etwa 1130 besonders in Bologna) oder, wie in Orléans, das Studium der Dichtung und der *ars dictaminis*, anderswo lag der Schwerpunkt auf der Medizin (Salerno, Montpellier)[41]. Die angesehensten Zentren

---

[38] D. E. Luscombe, Trivium, Quadrivium and the Organization of Schools, in: L'Europa dei secoli XI e XII fra novità a tradizione: sviluppi di una cultura (Settimana della Mendola 12), Mailand 1989, 81–100.

[39] R. Southern, Medieval Humanism and Other Studies, Oxford 1970, 165–171; G. Beaujouan, L'enseignement du Quadrivium, in: La scuola nell'Occidente latino nell' Alto Medio Evo II, Settimane 19 (s. Anm. 32) 639–677.

[40] J. Murphy, Rhetoric in the Middle Ages. A History of Rhetorical Theory from St. Augustine to the Renaissance, Berkeley 1974; W. Patt, The Early „ars dictaminis" as Response to a Changing Society, in: Viator 9 (1978) 133–155.

[41] Vgl. G. Cencetti, Studium fuit Bononiae. Nota sulla storia dell' Università di Bologna nel primo mezzo

Einen Überblick über das Wissen und die Unterrichtsfächer im 12. Jh. gibt diese Darstellung im „Hortus deliciarum" der Äbtissin Herrad von Landsberg (um 1170). In der Bildmitte thront die Philosophie, die eine Krone mit drei Köpfen trägt. Sie verkörpern die Aufgliederung in Logik, Ethik und Physik. Um dieses Zentrum sind die sieben Artes Liberales angeordnet, gegliedert in das Trivium (Grammatik, Rhetorik und Dialektik) und das Quadrivium (Musik, Arithmetik, Geometrie und Astronomie). Die Poeten am unteren Bildrand folgen in der Art ihrer Darstellung dem gängigen Bild der vier Evangelisten.

des intellektuellen Lebens in dieser Epoche befanden sich jedoch in Frankreich: In Chartres bemühten sich Bernhard und Thierry im Bereich der Naturphilosophie um eine Synthese von platonischem Denken, wie es durch den *Timäus* und vor allem durch die Werke des Boëtius bekannt war, und christlicher Lehre [42]. In Paris unterrichtete Abaelard, der zwischen 1108 und 1141 einen starken Einfluß auf zahlreiche Schüler ausübte. Er förderte die Dialektik, das heißt die Anwendung des logischen Denkens und des methodischen Zweifels auf alle Fragen, einschließlich derjenigen nach Aufhellung der göttlichen Mysterien. Im Unterschied zu seinen Vorgängern ging er nicht vom Glauben, sondern von der Vernunft aus und strebte nach einer Wissenschaft von Gott, einer Theologie – einem neuen Konzept, das in seinem Umkreis entstand. Weder Agnostiker noch Rationalist ist Abaelard der eigentliche Begründer der Scholastik: Ausgehend vom Primat der Philosophie ermöglichte sie die systematische Anordnung der grundlegenden Begriffe christlicher Lehre in einem zusammenhängenden System [43].

3. Methoden und Inhalte des Unterrichts in ihrer weiteren Entwicklung

Dieser neue Ansatz hinsichtlich der Frage nach Wissen und Erkenntnis hatte unweigerlich Rückwirkungen auf das Unterrichtswesen. In der traditionellen Pädagogik stand die *lectio* im Mittelpunkt, das heißt die Lektüre der heiligen Texte und ihrer wichtigsten Kommentatoren, die als Autorität galten und deren Auslegungen Gesetz waren, was für Augustinus ebenso galt wie für Gregor den Großen. Indem sich nun die Unterrichtsfächer ausweiteten, nahm auch die Zahl der *auctoritates* zu, und jedes Wissensgebiet hatte seine eigenen: Donatus und Priscian für die Grammatik, Vergil, Cicero und Seneca für die Rhetorik, Boëtius und Plato für die Dialektik [44]. Aber eine viel entscheidendere Veränderung, die vor allem an den fortschrittlichen Schulen immer mehr um sich griff, war die Tatsache, daß die Magister sich nun nicht mehr damit begnügten, einfach vorzulesen und einen dem Text Wort für Wort folgenden Kommentar zu geben, sondern daß sie einen tieferen Sinn zu entdecken suchten und möglichst auch einen Lehrinhalt. So vollzog sich eine Entwicklung von der einfachen Erklärung hin zur umfassenden *Glosse*, die sich bald ganz vom Ausgangstext löste und zu einer selbständigen Betrachtung wurde. Die „Autoritäten" dienten bald nur noch als obligatorische Referenzen in einer kritischen Auseinandersetzung, die als solche schon selbst Originalität anstrebte. „Die Autorität hat eine Nase aus Wachs", schrieb Alain

---

secolo della sua esistenza, in: Studi medievali, 3. Serie, 7 (1966) 781–823 (Ndr. bei G. Arnaldi, Le origini dell'università, Bologna 1974, 101–151; P. O. Kristeller, The School of Salerno. Its Development and its Contributions to the History of Learning, in: Studies in Renaissance Thought and Letters, Rom 1969, 495–551.

[42] Die Literatur zur Schule von Chartres ist so umfangreich, daß eine bibliographische Aufzählung den hiesigen Rahmen sprengen würde. Darum hier nur die neuesten Untersuchungen: R. Southern, Humanism and the School of Chartres, in: Medieval Humanism (s. Anm. 39) 61–85; E. Jeauneau, Note sur l'École de Chartres, in: Studi Medievali, 3. Ser., 5 (1964) 821–868; N. Häring, Chartres and Paris revisited, in: Essays in Honour of Charles Pegis, Toronto 1974, 268–329.

[43] J. Jolivet, Abélard ou la philosophie du langage, Paris 1969; D. E. Luscombe, The School of Peter Abelard. The Influence of Abelard's Thought in the Early Scholastic Period, Cambridge 1969.

[44] Vgl. L. Holtz, Donat et la tradition de l'enseignement grammatical, Paris 1981; K. Klibansky, The Continuity of the Platonic Traditions during the Middle Ages, London 1939; T. Gregory, Platonismo medievale, Rom 1958.

de Lille († 1203) ganz ohne Scheu, womit er deutlich machte, daß man durchaus widersprüchliche Aussagen durch sie belegen konnte.

In der Pädagogik schlug sich diese veränderte Einstellung in der Entstehung der *quaestio* nieder: Hier wurden zwei oder mehr einander widersprechende Texte zur selben Frage gegenübergestellt, um dann, wenn möglich mit Hilfe der Dialektik, wie sie von Abaelard in seinem *Sic et non* 1134 eingeführt worden war, über diese Widersprüche hinauszugelangen. Neu ist hier der Schritt vom exegetischen Kommentar zu einer Erörterung der Texte sowie die sich daran anschließende Zusammenstellung der in der Schule diskutierten Fragen und entsprechenden Antworten der Magister in Form eines einheitlichen Corpus[45].

Diese intellektuelle Erneuerungsbewegung blieb aber nicht auf den Bereich der Philosophie und der Theologie beschränkt. Mindestens ebenso wie die Theologie machte im 12. Jh. auch die Jurisprudenz eine rapide Entwicklung durch, die vor allem von den Magistern der Schule von Bologna vorangetrieben wurde; die Gründung dieser Schule (1110–1120) wurde traditionell Irnerius zugeschrieben[46]. Dieser neue Aufschwung des juristischen Studiums läßt sich nur im Kontext der durch die gregorianische Reform entfachten Debatte und des Investiturstreites verstehen: Beide Lager, die sich dort gegenüberstanden, suchten in den älteren kanonischen Sammlungen und in der kaiserlichen Gesetzgebung nach Argumenten zur Rechtfertigung der eigenen Position; man fand auch unverzüglich eine große Menge von Texten mit Konzilsdekreten oder auch Fragmente aus Gesetzessammlungen, die bis auf Justinian und Theodosius zurückgingen. In der ersten Hälfte des 12. Jh. waren die Bemühungen der Bologneser Magister vor allem auf die vollständige Rekonstruktion der wichtigsten juristischen Textsammlungen der Spätantike, der Digesten und Pandekten, ausgerichtet. Aber schon bald tauchten auch Glossen auf, die regelrechte Kommentare waren, in denen die an den Pariser Schulen entwickelte dialektische Methode auf juristische Texte angewandt wurde[47]. Das beste Beispiel hierfür ist das Dekret des Mönches Gratian, das um 1140 in Bologna zusammengestellt worden ist: Fast 4000 Texte, zurückgehend auf Päpste, Konzilien und die Kirchenväter, sind hier verarbeitet, klassifiziert und nach denjenigen Gesichtspunkten der römischen Kirche geordnet, die für sie am Ende des langen Konfliktes mit dem Kaiser vorrangig waren[48]. Gratian begnügte sich aber nicht damit, in einer verwirrenden und oft widersprüchlichen Gesetzgebung Ordnung zu schaffen; er war auch der erste, der eine Rechtstheorie formulierte und so diesen Bereich deutlich von der Theologie und der Literatur abgrenzte[49]. Für ihn ebenso wie für seine Nachfolger galt, daß die Gesetzgebung dem Naturrecht entsprechen müsse, das Ausdruck des Willens Gottes sei; menschliche Gesetze, die diesem Recht entgegenste-

---

[45] Chenu, La théologie (s. Anm. 12), bes. Kap. 8: Les maîtres de la science théologique; J. De Ghellinck, Le mouvement théologique au XIIe siècle, Brüssel 1948.

[46] G. Le Bras, Bologne monarchie médiévale des droits savants, in: Studi e memorie per la storia dell'università di Bologna I, Bologna 1956, 1–18; J. Gaudemet, Eglise et société en Occident au Moyen Age, London 1984, Kap. 7.

[47] F. Calasso, Medio Evo del Diritto I: Le Fonti, Mailand 1954; P. Fournier – G. Le Bras, Histoire des collections canoniques en Occident depuis les Fausses Décrétales jusqu'au Décret de Gratien, 2 Bde., Paris 1931/32.

[48] Gratian, Decretum, in: Corpus iuris canonici, hrsg. von E. Friedberg, Leipzig 1889, I; vgl. auch A. Stickler, Historia iuris canonici latini, I, Historia Fontium, Turin 1950; vgl. auch die Reihe Studia Gratiana.

[49] J. Rambaud-Buhot, Le Décret de Gratien legs du passé, avènement de l'âge classique, in: Entretiens sur la renaissance du XIIe siècle (s. Anm. 29) 493–506; S. Kuttner, Gratian and the Schools of Law, 1140–1234, London 1983.

hen, sind abzulehnen und abzuschaffen[50]. Da ihm daran gelegen war, den Primat der kirchlichen Obrigkeit in der Jurisdiktion zu untermauern, gestand der Bologneser Magister dem Römischen Recht nur einen eingeschränkten und untergeordneten Platz zu. Allerdings könne die Kirche sich überall dort darauf berufen, meinte er, wo es mit dem kanonischen Recht konform ginge, oder überhaupt im Bedarfsfalle, wenn nämlich das kanonische Recht keine Aussage mache; auf jeden Fall aber bleibe es der Entscheidung der Kirche anheimgestellt, ob die Vorschriften des Römischen Rechtes anzuwenden seien oder nicht.

Die Tätigkeit der Kanonisten nach Gratian bestand vor allem darin, den ungeheuren Ertrag, die *summa* seines Dekrets zu bearbeiten. In diesem Zusammenhang sind vor allem Huguccio († 1210), der Lehrer Papst Innozenz' III. in Bologna, und Johannes der Deutsche, Verfasser der *glossa ordinaria*, die sich an den Schulen weithin durchsetzte, zu nennen. Kennzeichnend für die weitere Entwicklung ist in diesem Bereich aber die zunehmende Bedeutung der Dekretalen amtierender Päpste neben Gratians Dekret. Natürlich kannte auch Gratian solche Texte, die die Haltungen der Kirchenfürsten unterschiedlicher Epochen zu konkreten Einzelfragen, die ihnen in schriftlicher Form gestellt worden waren, enthielten. Ihre Bedeutung wuchs aber beträchtlich gegen Ende des 12. Jh., und zwar in dem Maße, wie die Kirche sich mit neuen Problemen – etwa der Verwaltung von Benefizien – auseinandersetzen mußte und das Papsttum immer stärker die Rolle einer maßgeblichen Rechtsinstitution für die Kirche übernahm. Beschleunigt wurde diese Entwicklung durch Innozenz III., der von den Juristen der Kurie Rechtstexte erstellen ließ, die dem Kardinalskollegium zur Zustimmung vorgelegt wurden und Gesetzeskraft erhielten, sobald sie öffentlich verkündet worden waren. Das war beispielsweise mit den berühmten Dekreten „Per venerabilem" (1202) und „Novit" (1204) der Fall, in denen es um eine genaue Regelung der zwischen dem Papsttum und dem französischen König bestehenden Beziehungen geht; Anlaß war der Konflikt zwischen dem französischen König Philipp II. August auf der einen und einem Vasallen des Papstes und dem englischen König Johann Ohneland auf der anderen Seite. Das Problem, mit dem Gratian gerungen hatte, daß nämlich oft keine Übereinstimmung zwischen den kanonischen Texten herrschte oder sie sich widersprachen, war damit überwunden; es gab nun nur noch eine Autorität, den Papst, dem es zustand, für die gesamte Kirche Gesetze zu machen[51].

4. Der Sinn der Geschichte

Die lang andauernden Konflikte, in denen sich zwischen dem Ende des 11. und dem ausgehenden 12. Jh. das Papsttum und der deutsche Kaiser gegenüberstanden, sowie die Gefahren, die die Kirche bedrohten, angefangen mit der Rückeroberung Jerusalems durch die Muslime bis hin zur Ausbreitung von Häresien im Schoß der Christenheit selbst, führten unter anderem zu einem vertieften Nachdenken über Geschichte und zur Beschäftigung mit eschatologischen Fragen[52]. Dies ist besonders beim deutschen und italienischen Klerus zu beobachten. Dort fragte man mit Sorge, was all diese Ereignisse wohl bedeuten

---

[50] Ph. Delhaye, Permanence du Droit naturel, Löwen – Montréal 1960.

[51] G. Le Bras – Ch. Lefebvre – J. Rambaud, Histoire du droit et des institutions de l'Eglise en Occident VII: l'âge classique, 1140–1378, Paris 1965; G. Fransen, Les décrétales et les collections de décrétales, Turnhout 1972.

[52] Vgl. Chenu, La théologie (s. Anm. 12) Kap. 5.

mochten und wie man die christliche Vorstellung von einer Heilsgeschichte mit dem Schauspiel, das sich den Menschen dieser Zeit bot, in Einklang bringen konnte. 1157 konnte ein so bedeutender Bischof (und gleichzeitig Zisterzienserabt) wie Otto von Freising, Verwandter und Zeitgenosse Friedrich Barbarossas, in seinen *Gesta Friderici* noch der Hoffnung Ausdruck verleihen, daß den Wirren und der Unruhe, die in der Christenheit herrschten, durch Festigung der kaiserlichen Autorität Einhalt geboten werden könne[53]. Aber schon 1167 kommen in dem Traktat des Propstes Gerhoh von Reichersberg, *Über die vierte Nachtwache*, nur noch Mutlosigkeit und Verzagen angesichts des Niedergangs der Reichskirche zum Ausdruck. Für ihn bewegt sich die Weltgeschichte direkt auf den Abgrund zu. Nur wenige „Wächter" – Apostel, Märtyrer, Klosterreformer – gewährleisteten in dieser „tiefschwarzen Nacht" noch den Erhalt der christlichen Botschaft. Aber in der „vierten Nachtwache", der seine Schrift gewidmet ist, die mit Gregor VII. angefangen hatte und bis zum Weltende dauern würde, sollte sich, ungeachtet des Widerstandes einiger „armer Christen", die sich weigern, mit den Mächten des Bösen zu paktieren, die Zerstörung der durch innere Zerrissenheit ausgehöhlten Kirche vollziehen[54]. Ähnlich wird der Konflikt, in dem sich deutscher Kaiser und Papsttum als Gegner gegenüberstehen, auch von der Äbtissin Hildegard von Bingen († 1179) als tragische Katastrophe beklagt; ihr rechtgläubiger Status ist von Bernhard von Clairvaux verbürgt. Sie prophezeite den gleichzeitigen Untergang von Kirche und Kaiserreich; die Ausbreitung der Ketzer im Rheinland sah sie als Vorzeichen des in der Apokalypse beschriebenen nahenden Endes[55].

Um die Auflösung dieses Widerspruchs zwischen den mehr und mehr negativ erscheinenden Zeichen der Zeit und der Erlösungsbotschaft des Evangeliums ging es einem der originellsten Denker seiner Zeit, dem 1202 in dem kleinen Kloster San Giovanni in Fiore im Herzen von Kalabrien gestorbenen Abt Joachim[56]. Joachim von Fiore war durchaus kein Historiker, aber seine Beschäftigung mit der Schrift und dem christlichen Dogma führten ihn dazu, eine eigenständige Geschichtsphilosophie zu entwerfen, die für die letzten Jahrhunderte des Mittelalters von bedeutendem Einfluß sein sollte. Ausgehend von einer trinitarischen Auslegung entwickelte er die Vorstellung einer fortschreitenden Evolution der Menschheit, die den einzelnen Offenbarungsetappen entsprach und von einem zunehmenden Verständnis der göttlichen Botschaft begleitet war. Im Unterschied zu vielen geistlichen Schriftstellern seiner Zeit, die die christliche Vollkommenheit am Anfang realisiert sahen und darum auch der Ansicht waren, daß die Kirche sich seither, im Lauf der Jahrhunderte, vom Ideal der Urgemeinde in Jerusalem immer weiter entfernt habe, unterschied der Abt von Fiore drei aufeinander folgende Zeitalter der Heilsgeschichte: das des Vaters, das sich ungefähr mit der alttestamentlichen Zeitspanne deckt; dann das des Sohnes, das mit der Inkarnation beginnt; und schließlich das Zeitalter des Heiligen Geistes,

---

53 Otto von Freising, Gesta Friderici I imperatoris, hrsg. von G. Waitz – B. von Simson, MGH.SRG [46], Hannover 1912; vgl. H. W. Goetz, Das Geschichtsbild Ottos von Freising, Köln – Wien 1984.

54 Gerhoch de Reichersberg, De quarta vigilia noctis, hrsg. von E. Sackur, MGH.LL 3, Hannover 1897, 503–525; vgl. P. Classen, Gerhoch von Reichersberg. Eine Biographie, Wiesbaden 1960.

55 M. Schrader, Hildegarde de Bingen (sainte), in: DSp VII, Paris 1969, 505–521; Hildegard von Bingen. Festschrift zum 800. Todestag der Heiligen, hrsg. von A. Brück, Mainz 1979.

56 Zu Joachim von Fiore vgl. H. Grundmann, Studien über Joachim von Fiore, Leipzig 1927; ders., Ausgewählte Aufsätze, I u. II, Stuttgart 1976; M. Revees – B. Hirsch-Reich, The Figurae of Joachim of Fiore, Oxford 1972; B. McGinn, The Calabrian Abbot. Joachim of Fiore in the History of Western Thought, New York – London 1985.

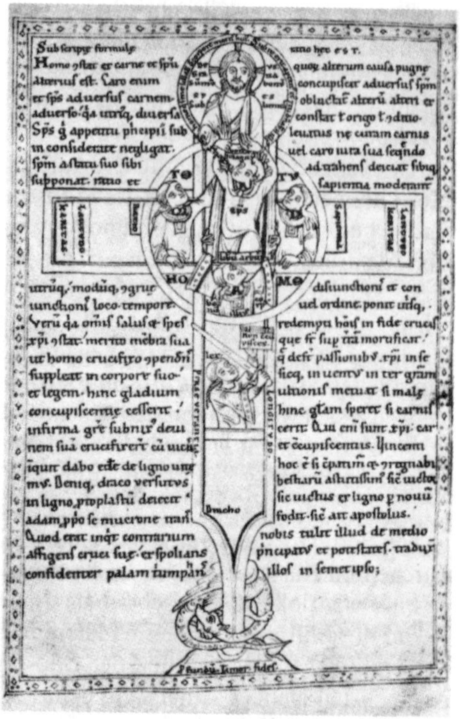

Die Stellung des Menschen zwischen Gnade und Gesetz, ein wichtiges Anliegen der systematischen Theologie, illustriert diese Zeichnung (1165) im Werk „De laudibus sanctae crucis" (Hrabanus Maurus, 9. Jh.) aus dem Kloster Prüfening in Regensburg. – Hildegard von Bingen († 1179) beschreibt in ihrem *Liber divinorum operum* ihre Vision vom Menschen als Maß des Makrokosmos und Mittelpunkt des Mikrokosmos.

das noch aussteht, aber nach seinen Berechnungen um das Jahr 1260 anbrechen sollte. Das erste, vorchristliche Zeitalter ist die Epoche, in der die Menschheit unter dem Gesetz und nach dem Fleisch lebte; die größte Bedeutung kam in dieser Epoche, in der es darum ging, die Welt zu bevölkern, den verheirateten Laien zu. Das zweite Zeitalter, nach der Ankunft Christi, ist geprägt durch eine Vertiefung der Erkenntnis Gottes; dies ist das Zeitalter der Kirche und der Geistlichen, deren Aufgabe es ist, die Botschaft des Evangeliums unter den Menschen zu verbreiten. Aber vollständig wird sich dieses Zeitalter erst in dem folgenden, dritten verstehen lassen. Nur das Christenvolk wird dann, wenn auch nicht ohne Schwierigkeiten und Widerstände – wie sie in der Apokalypse ja angekündigt sind – zu einer höheren und rein spirituellen Erkenntnis der Offenbarung vordringen. Die Kirche braucht dann keine Geistlichen und auch keine Institutionen mehr; das „ewige Evangelium" wird dann von einem neuen geistlichen Orden, dem „Orden der Gerechten", gepredigt und von allen im Geist und in der Wahrheit vollkommen aufgenommen und verstanden werden[57].

Obwohl dieses hier in groben Zügen zusammengefaßte Entwicklungsschema im Detail

[57] Vgl. H. DE LUBAC, Exégèse médiévale (s. Anm. 11) III, 437–558.

sehr komplex war, hatte es für viele eine geradezu verführerische Anziehungskraft. Denn hier wurde zum ersten Mal die Kirche in eine Entwicklung eingeordnet, in der auch gleichzeitig der Macht des Bösen, das eben diese sich hier vollziehende Entwicklung mit allen nur möglichen Mitteln zu hindern sucht, ein Platz eingeräumt war. Der Abt von Fiore sah deutlich den Anbruch des dritten Zeitalters von Leiden begleitet und prophezeite, daß die „geistlichen Menschen" all ihre Bemühungen immer wieder von seiten der „fleischlichen Menschen" durchkreuzt sehen würden. Aber nach all diesen Prüfungen und Anfechtungen würden die Kinder des Lichtes den Sieg über die Mächte der Finsternis davontragen[58]. Es war Joachim nicht beschieden, seine Prophetien in Erfüllung gehen zu sehen, und der kleine Orden von Fiore, den er nach dem Bruch mit den Zisterziensern gegründet hatte, sollte zu keiner großen Blüte gelangen. Aber das Fanal war schon einige Jahrzehnte zuvor von den Minoriten aufgenommen worden, die sich auf Franziskus beriefen als den Initiator einer neuen Kirche, die sich auf den Verzicht von Reichtum und jeglicher äußerer Macht begründete[59].

5. Zu den Anfängen westlicher Mystik

Die Vorstellung von der kulturellen Erneuerung des 12. Jh. wäre jedoch sehr ungenau und einseitig, wollte man sie als ein rein intellektuelles und konzeptionelles Phänomen verstehen. Seite an Seite mit der Theologie, die in diskursiver Methode den Inhalt des Glaubens zu erhellen suchte, und der geschichtsphilosophischen Betrachtung, mit deren Hilfe man sich mühte, einen Sinn in den Widrigkeiten der Gegenwart zu entdecken, entstand im Westen die Mystik, zu verstehen als Wissen um die Vereinigung mit Gott. Natürlich nahm sie im Klosterleben einen wichtigen Platz ein; aber vor 1100 war dort kaum je die Stufe der Askese überschritten worden, das heißt die Stufe der Reinigung, die der eigentlichen Kontemplation vorausgeht. Im 12. Jh. taucht dann jedoch eine wahrhaft spekulative Mystik auf, die, ohne frühere spirituelle Erfahrungen zu verneinen, nun ohne Scheu von der Möglichkeit spricht, daß die menschliche Seele selbst zur Erleuchtung und sogar zur Vereinigung mit der Gottheit gelangen könne. Ein Autor, von dem ein besonders starker Einfluß auf spirituelle Menschen ausging, war Pseudo-Dionysius Areopagita, ein christlicher Neuplatoniker, dessen Schriften im 9. Jh. ins Lateinische übersetzt und durch die Schule von Auxerre, von wo ihre Kenntnis dann auch nach Fleury und nach Cluny gelangte, verbreitet worden waren[60]. Den größten Anklang aber fanden seine Themen bei den Victorinern. Hugo († 1141) und ganz besonders Richard von Saint-Victor († 1173) entwickelten in ihren Schriften eine Theorie der Kontemplation, die auf der Vorstellung von der Geburt Gottes in der Seele des Menschen durch die Taufe basierte[61]. Dabei räumten sie der menschlichen Psychologie einen gewichtigen Platz ein. Besonders Richard sah die Liebe, die er keineswegs als schicksalhaft und vernichtend wie im Tristan-Roman verstand, auf den Willen

---

[58] Vgl. Y. Congar, L'Eglise de Saint-Augustin à l'époque moderne, Paris 1970, 209–214.

[59] Zur Nachwirkung Joachims von Fiore im 13. Jh., vgl. in diesem Band Teil II, Kap. 4.

[60] Vgl. R. Roques, L'univers dionysien. Structures hiérarchiques du monde selon le Pseudo-Denys, Paris 1954; J. J. Vanneste, Le mystère de Dieu. Essai sur la structure rationnelle de la doctrine mystique du Pseudo-Denys l'Aréopagitique, Paris 1959.

[61] Leclercq, La spiritualité (s. Anm. 24) 282–298; J. Châtillon, Richard de Saint-Victor, in: DSp XIII, Paris 1988, 593–654.

und die Freiheit gegründet, Begriffe, die von der hohen Würde der Seele zeugen. Hier trifft sich die Mystik wieder mit der Theologie und verbindet sich mit ihr. Die Betonung liegt in Richards Werken (besonders in seinem *Benjamin major* und *minor*) auf der innertrinitarischen Beziehung, die nicht als einfacher Dialog zwischen unterschiedenen Personen verstanden wird, sondern als vollkommene Liebe, die gegenseitig Wohlgefallen schafft, indem jede der Personen gibt und empfängt. Gott habe der Seele den brennenden Wunsch und die Sehnsucht nach dieser Liebe, die Unterschiede überwindet, ohne sie aufzuheben, eingegeben. Durch Kontemplation könne die Seele selbst am Leben der göttlichen Personen teilhaben und sich in einem *excessus mentis* in Gott verlieren, was mehr eine Erleuchtung aller Fähigkeiten als eine Ekstase im eigentlichen Sinne bedeutet[62].

Der eigentliche Begründer der Mystik im Westen ist jedoch der weniger spekulativ als praktisch orientierte Bernhard von Clairvaux. Bei ihm gründet sich die Mystik auf einen Willensakt und folgt dem affektiven Weg. Im Zentrum seiner spirituellen Erfahrung stehen Betrachtung und Nachahmung des Gott-Menschen. In seinen Schriften, besonders deutlich in *De diligendo Deo* und seinen 86 Homilien zum Hohenlied, entfaltet er in mitreißender Inbrunst sein Lieblingsthema von der Hochzeit der Seele mit Christus, dem Wort Gottes, und spricht von letzterem als einem Freund; er zeigt sich gerührt über dessen niedrige Geburt und vergießt Tränen über Christi qualvolle Leidensgeschichte[63]. Doch bleibt der Abt von Clairvaux nicht bei der Betrachtung der Menschheit Christi stehen: Sie ist nur eine Stufe bei dem Aufstieg, in dessen Verlauf das Verlangen nach Gott geläutert werden muß von jeglichem Gedanken an sich selbst, das heißt, alle Furcht muß verbannt und alle Hoffnung auf Lohn aufgegeben werden. Wenn die Seele diesen Zustand erreicht, wird sie aus sich heraus entrückt und taucht in seliges Entzücken ein. Mit Christus vereinigt versinkt sie im Sein Gottes selbst. „Von jeglichem Eigenwillen entblößt, findet sie sich in den Zustand der Unschuld und der Harmonie zurückversetzt, den sie im Paradies vor dem Fall innegehabt hatte.“[64]

Diese sogenannte bernhardinische Mystik ist aber nicht nur beim Abt von Clairvaux zu finden; auf ähnliches stößt man auch bei seinem Zeitgenossen und Freund Wilhelm von Saint-Thierry, und die Schule der Zisterzienser hat diese Gedanken durch Aelred von Rievaulx und Guerricus von Igny aufgenommen und fortgeführt[65]. An dieser Literatur, die im 13. Jh. bedeutende neue Entwicklungen durchmachen sollte, spiegelt sich sehr deutlich der sich im 12. Jh. vollziehende Wandel: Im westlichen Christentum vollzog sich eine Öffnung hin zu Erkenntnis und Liebe, und zwar so, daß zwischen diesen beiden kein Gegensatz gesehen wurde, sie sich vielmehr gegenseitig stützten und harmonisch ergänzten[66].

---

[62] G. Dumeige, Richard de Saint-Victor et l'idée chrétienne de l'amour, Paris 1952.

[63] M. M. Davy, Le thème de l'âme-épouse chez Bernard de Clairvaux et Guillaume de Saint-Thierry, in: Entretiens sur la renaissance du XIIe siècle (s. Anm. 29), 247–261.

[64] E. Gilson, La théologie mystique de Saint-Bernard, Paris 1934; J. Leclercq, Saint-Bernard mystique, Paris 1946.

[65] M. M. Davy, Théologie et mystique chez Guillaume de Saint-Thierry, Paris 1954; M. Bur (Hrsg.), Saint-Thierry. Une abbaye du VIe au XX^{e}siècle. Actes du colloque international de Reims–St-Thierry, Saint-Thierry 1979.

[66] R. Javelet, Intelligence et amour chez les auteurs spirituels du XIIème siècle, in: Revue d'Ascétique et de Mystique 37 (1961) 273–290, 429–450.

III. Neue Probleme

Eine derart rasche und umwälzende Entwicklung mußte fast zwangsläufig zur Entstehung neuer Probleme führen. Und so sah sich die Kirche in der Tat im Bereich des Denkens und Lehrens mit nicht wenigen, ernsten Fragen konfrontiert. Diese Spannungen nahmen seit den ersten Jahrzehnten des 12. Jh. immer mehr zu.

1. Die Intellektuellen, die Kirche und die weltliche Macht

Eine der ersten Fragen betraf den Status der Magister und der Studenten, die in unvermindert wachsender Zahl an die Schulen strömten. Diese „Kleriker" hatten, wie wir gesehen haben, keineswegs alle die Absicht, eine kirchliche Laufbahn einzuschlagen; außerdem zog sich ihr Studium immer mehr in die Länge und wurde immer spezialisierter. So entstand ein neuer gesellschaftlicher Typ, der Intellektuelle, der sich dadurch definierte, daß er sich mit Eifer seinen Studien widmete, und der daneben eine gewisse Unabhängigkeit gegenüber der vorhandenen Obrigkeit, sei es nun die Kirche oder auch eine weltliche Macht, pflegte [67]. Bezeichnend ist hier das erste offizielle Dokument, in dem es um Universitätsangehörige geht, das ursprüngliche *Habita*, in dem Kaiser Friedrich Barbarossa 1158 den Juristen, die das *studium* in Bologna besuchten, bestimmte Privilegien einräumt; dort ist die Rede von „Scholaren, die sich auf Reisen begeben um des Studiums willen und ihr Vaterland verlassen haben aus Liebe zur Wissenschaft" [68]. Daß diese Wanderer das besondere Interesse des Kaisers und bald auch des Papstes auf sich ziehen konnten, lag daran, daß sie durch ihr Wissen und ihre besonderen Fähigkeiten, die sie durch ihr Studium erworben hatten, sowohl den weltlichen wie auch den kirchlichen Institutionen bedeutende Dienste leisten konnten. So folgte manch einer den glänzenden Angeboten, besonders in finanzieller Hinsicht, die ihm von seiten eines weltlichen Herrschers angeboten wurden, um ihn für seine Dienste zu gewinnen. 1159 kritisierte der spätere Bischof von Chartres, Johann von Salisbury – einer der bedeutendsten Denker seiner Zeit –, in seinem *Metalogicon* das rein auf den Nutzen ausgerichtete Verständnis von Bildung, das unter einigen intellektuellen Zeitgenossen verbreitet sei, die mit dem rätselhaften Namen Cornificiani bezeichnet wurden und für eine Beschränkung der Studienzeit auf zwei bis drei Jahre eintraten mit der fadenscheinigen Begründung, daß Intelligenz sowieso angeboren sei [69]. Diese Leute betrachteten das Erlernen der Freien Künste als nutzlos, wichtig sei vor allem der Erwerb einer beruflichen Qualifikation zur Erlangung einer lukrativen Anstellung, vorzugsweise im Dienst eines Fürsten. Diesen gegenüber, die das Lehren mieden und nur auf praktische Umsetzung ihres Wissens aus waren, suchte die Kirche Mittel und Wege zugunsten derjenigen – zu der Zeit immerhin noch zahlreich –, die sich an die überkommenen Vorstellungen hielten und das Studium eng mit dem Klosterleben verbunden sahen; dies

---

[67] J. Le Goff, Les intellectuels au Moyen Age, Paris ^{2}1985; M. T. Fumagalli – B. Brocchieri, L'intellectuel, in: J. Le Goff (Hrsg.), L'homme médiéval, Paris 1989, 201–233.

[68] Der Kaiser spricht zu „omnibus scolaribus qui causa studiorum peregrinantur ..., amore scientiae facti exules"; vgl. Arnaldi, Le origini dell'Università (s. Anm. 41) 140.

[69] Zu Leben und Werk vgl. M. Wilks (Hrsg.), The World of John of Salisbury, Oxford 1984 (Studies in Church History, Subsidia 3), bes. 22–26; auch M. Kerner, Johannes von Salisbury und die logische Struktur seines Policraticus, Wiesbaden 1977, 7–119.

war um so mehr geboten, als die Kleriker sich immer mehr dem juristischen Studium zuwandten, durch das ihnen nun, nach dem Wiedererstarken der einzelnen Staaten und dem Aufbau eigener Verwaltungen an den Fürstenhöfen, glänzende Karrieren in Aussicht standen [70].

Maßnahmen wurden ergriffen, die eine solche Entwicklung eindämmen sollten. Auf einer in Reims unter dem Vorsitz von Innozenz II. gehaltenen Synode wurde 1131 den Mönchen untersagt, ihr Kloster zum Studium des Zivilrechtes oder der Medizin zu verlassen; 1163 wurde dieses Verbot durch Androhung der Exkommunikation für Zuwiderhandelnde verstärkt. Und schließlich wurde 1179 auf dem III. Laterankonzil allen Klerikern mit kirchlichen Einkünften untersagt, als Advokaten vor einem weltlichen Gericht aufzutreten, es sei denn in einem Prozeß zur Verteidigung ihrer Kirche oder der Armen. Aber schon die wiederholte Neuformulierung dieser Verbote zeigt deutlich, wie wenig Wirkung sie tatsächlich hatten; im übrigen trug das Papsttum selbst nicht unwesentlich zu dieser Entwicklung bei, da die römische Kurie eine zunehmende Anzahl von Klerikern, die aus den juristischen Schulen von Bologna hervorgegangen waren, nach Rom zog; außerdem war man sich durchaus der Notwendigkeit einer Anhebung des Bildungsniveaus beim Klerus bewußt, nicht zuletzt deswegen, um die einzelnen Kleriker instand zu setzen, die Angriffe und Irrlehren der allenthalben im Westen vermehrt auftretenden Ketzer widerlegen zu können. Daher wurde 1179 auf dem III. Laterankonzil verfügt, daß die Lehre und die Verleihung akademischer Grade unentgeltlich zu erfolgen hätten, und die von einigen Scholastern ausgeübte restriktive Praxis wurde abgelehnt mit dem Hinweis, daß niemandem, der die Lehrvoraussetzungen erfülle, das Recht zu lehren verweigert werden könne [71].

Dies war eine Entscheidung von großer Tragweite, barg sie doch in sich den Keim der kirchlichen Schulpolitik des folgenden Jahrhunderts: Die Besetzung der Lehrstühle hatte ohne Ansehen der Person zu erfolgen, und auch den Armen war der Zugang zum Wissen zu ermöglichen. Aber erst mit Innozenz III. begann dann das eigentliche kirchliche Engagement in der Unterstützung neu entstehender Universitäten, besonders der Universität von Paris mit ihrer Spezialisierung auf dem Gebiet des Theologiestudiums (wogegen ihr untersagt wurde, Zivilrecht zu lehren).

Inzwischen hatte sich aber die Welt des Klerus vielschichtig und bunt entfaltet. Nicht wenige Kleriker, besonders in England, standen gleichzeitig im Dienst des Königs und der Kirche, und diese Praxis setzte sich bis zum Ende des Mittelalters in den meisten christlichen Ländern durch [72]. Andere Kleriker gingen noch weiter und kehrten der Wiege ihrer Bildung ganz und gar den Rücken, so geschehen bei den Goliarden, Klerikern, die sich von der Kirche losgesagt hatten und lateinische Verse zum Lob von Frauen und gutem Wein schmiedeten und dabei die Unehrlichkeit und Heuchelei kirchlicher Moral und den Reich-

---

[70] Zu den Gegensätzen vgl. J. Ferruolo, The Origins of the University. The Schools and their Critics 1100–1250, Stanford 1985; zur Auseinandersetzung um die Vorstellung der geistigen Arbeit vgl. G. Post, The Medieval Heritage of a Humanistic Ideal: „scientia donum Dei est, unde vendi non potest", in: Traditio 11 (1955) 195–234.

[71] III. Laterankonzil, can. 18. Vgl. G. Post, Alexander III, the „licentia docendi" and the Rise of the Universities, in: Anniversary Essays Charles Haskins, Boston – New York 1929, 255–277.

[72] J. Baldwin, „Studium et regnum". The Participation of the University Personal into French and English Administration at the time of the Twelfth and Thirteenth Centuries, in: Revue des études islamiques 44 (1976) 199–215.

tum der Prälaten an den Pranger stellten. Dazu zählt etwa ein gewisser Nigellus, der zwischen 1170 und 1187 einen *Narrenspiegel* verfaßte, eine derbe Satire auf Mönche und Geistliche in ihrer Verderbtheit, oder auch Nivardus, ein in Gent ansässiger Deutscher, der in seinem *Ysengrim* die Mönche lächerlich machte: In der Fabelgestalt des Wolfes wurde hier ein nimmersatter und dummer Mönch dargestellt[73]. Zu Beginn des 13. Jh. war eine Neubesinnung über die Stellung der Scholaren und Magister mit genauerer Bestimmung ihres Status und ihrer *ratio studiorum* unumgänglich geworden. Andernfalls war zu befürchten, daß die Vorteile aus der kirchlicherseits so unermüdlich geförderten Erneuerung von Lehre und Bildung gerade für sie nicht zum Tragen kommen würden.

2. Antikes Erbe und christliche Lehre

Noch schwerwiegendere Probleme ergaben sich aber aufgrund der neuen Ideen, die durch die Wiederentdeckung verschiedener antiker Schriften und durch das Eindringen philosophischer Strömungen, die sich nur schwer mit dem Christentum vereinbaren ließen, aufkamen und die christliche Lehre herausforderten[74]. In den Debatten, die an den berühmten und richtungsweisenden Schulen geführt wurden, ging es vor allem um eine Neubestimmung des Verhältnisses, das Natur und Mensch mit Gott verband. Selbst wenn bei der Behandlung solcher Fragen der Aufwand oft größer war als der Ertrag, so muß man den Denkern des 12. Jh. doch zugestehen, daß sie durchaus wissenschaftlichen Ansprüchen genügten und die Natur als eine in sich zusammenhängende und vom Menschen unterschiedene Realität wiederentdeckten. Von platonischer Philosophie beeinflußt, behaupteten die Magister der Schule von Chartres, daß die Natur nicht nur ein einfaches Nebeneinander sichtbarer und dinglicher Phänomene, sondern daß sie trotz der Vielfalt der Wesen und Dinge ein harmonisches Ganzes darstellt[75]. Daher mußte die Natur in dem Maße, wie sie eine geordnete war, vom Menschen, dessen Vernunft die den Dingen innewohnenden Gesetze zu erkennen vermochte, begriffen werden können.

Diese Einsicht führte aber zu einem fundamentalen Problem: Schrieb man der Natur einen rationalen Aufbau zu, wie Bernhard und Thierry von Chartres dies in den Jahren 1115/50 taten, bedeutete das dann nicht eine Entsakralisierung der Natur? Und wurde damit nicht die allgemein gültige Vorstellung von einem jederzeit möglichen, unmittelbaren Eingreifen des göttlichen Willens in dieser Welt in Frage gestellt? Wo blieb da das Wunder, das in der Vorstellungswelt dieser Epoche so fest verwurzelt war? Und wie ließ sich überhaupt die Vorstellung von einer autonomen Naturordnung mit der Allmacht Gottes in Einklang bringen? Beleidigte man nicht Gott, den Schöpfer aller Dinge, wenn man es unternahm, der Verzauberung der Welt ein Ende zu setzen? In ihre Antworten auf diese Fragen versicherten die Lehrer von Chartres, daß man unterscheiden müsse zwischen dem Schöpfungsakt Gottes, der selbstverständlich am Anfang der Welt steht, und den Natur-

---

[73] Vgl. O. Dobiache-Rodjesvensky, La poésie des Goliards, Paris 1981; H. Wadell, The Wandering Scholars, London 1934.

[74] Überblick über den ganzen Komplex bei R. R. Bolgar, The Classical Heritage and its Beneficiaries, Cambridge 1963.

[75] T. Gregory, Anima mundi. La filosofia di Guglielmo di Conches e la scuola di Chartres, Florenz 1955; Chenu, La théologie (s. Anm. 12), bes. Kap. 1.

kräften, die sie mit dem Wort „Weltseele" bezeichneten und manchmal auch mit dem Heiligen Geist gleichsetzten und die die Welt so, wie sie jetzt war, lenkten[76].

Diese kognitiven Schritte des menschlichen Geistes endeten keineswegs in der Gotteslästerung, sondern bedeuteten, da sie die Gesetze der Natur als Ausdruck des göttlichen Willens erforschten, einen religiösen Akt. Die gleiche Beherztheit und einen ebensolchen fundamentalen Optimismus bewiesen die Lehrer von Chartres, indem sie auch dem Menschen einen Platz in der Schöpfung zuwiesen. Unter dem Einfluß neuplatonischer Vorstellungen, besonders durch die Vermittlung des Pseudo-Dionys, vertraten sie die Vorstellung einer Kontinuität zwischen Mensch und Kosmos, die auf der Identität ihrer Grundelemente (Wasser, Luft, Feuer, Erde) basiere. So kamen auch Bernhard Silvestris und Gilbert de la Porrée zu dem Schluß, daß der Mensch in seinem Bemühen, in die Geheimnisse der Natur einzudringen, zugleich auch in der Erkenntnis des Geschickes der Menschheit fortschreite: Indem er das Universum entziffert, entziffert der Mensch sich selbst[77]. Dieser Einsicht verdankte sich auch die zunehmende Beliebtheit von Werken über Astronomie und Astrologie ebenso wie von Bestiarien und Werken mit allem Wissenswertem über Steine. Sie entsprachen dem Wissensstand und der Neugier dieser Epoche sehr viel mehr als die im eigentlichen Sinne wissenschaftlich zu nennenden Werke, die über Spanien und Süditalien aus der muslimischen Welt nach Europa gelangten[78]. Selbst wenn dieses neu erwachte Interesse an der Welt und den sichtbaren Phänomenen der Natur uns oft recht seltsam erscheint, so hat sich hier doch schon ein bedeutender Bruch vollzogen mit der monastischen Tradition des *contemptus mundi*, die an den Dingen dieser Welt nur ihre Vergänglichkeit gesehen und sie im übrigen als Hindernisse betachtet hatte, die sich der spirituellen Berufung des Menschen in den Weg stellten[79].

Diese Fragen nach der Bedeutung von Natur und Mensch führten unvermeidlich zur noch fundamentaleren Frage nach dem Platz des Menschen in der Schöpfung und nach seiner Bestimmung überhaupt. Dies ist die Frage, die Anselm von Canterbury, erst Abt von Bec und später, von 1093 bis 1109, Erzbischof von Canterbury, stellte. Er war ein origineller, stark von Plato und Augustinus beeinflußter Denker und betrachtete die wesentlichen christlichen Dogmen aus einer neuen Perspektive, zwar vom Glauben und den Offenbarungstatsachen ausgehend, jedoch gleichzeitig um eine Begründung durch rationale Argumente bemüht[80]. Sein wohl bedeutendstes Werk ist der Traktat „Cur Deus homo?". Entgegen der allgemein verbreiteten Überzeugung seiner Zeit, daß Gott den Menschen nach dem Abfall Luzifers erschaffen habe als Ersatz für die an dieser Revolte beteiligten, gefallenen Engel, behauptet Anselm, daß die menschliche Natur auch dann geschaffen worden wäre, wenn es nicht zu diesem Abfall gekommen wäre, da sie es wert war, geschaffen zu werden. Die Bedeutung dieser Behauptung liegt darin, daß der Mensch, wenn er nicht nur als Ersatz für ein anderes Geschöpf geschaffen worden ist, in Ewigkeit vorherbestimmt war von Gott, der in seiner Inkarnation zeigt, wie wert und teuer ihm das menschli-

---

[76] J. M. Parent, La doctrine de la création du monde dans l'école de Chartres, Paris - Ottawa 1938.

[77] Vgl. J. Le Goff, Les intellectuels au Moyen Age, Paris 1985.

[78] B. Stock, Myth and Science in the XIIth Century. A Study of Bernard Silvestris, Princeton 1972.

[79] R. Bultot, Christianisme et valeurs humaines. La doctrine du mépris du monde en Occident de saint Anselme à Innocent III, Löwen 1963-64.

[80] R. Foreville (Hrsg.), Les mutations socio-culturelles des XI^{e}et XIIe siècles. Etudes anselmiennes, Paris 1984; M. Corbin (Hrsg.), L'oeuvre de saint Anselme I-V, Paris 1986-1990; L. Hödl, in: TRE 2 (1977) 759-778 (Lit.).

che Geschlecht ist[81]. Die Schule von Chartres ging noch einen Schritt weiter, indem sie betonte, daß der Mensch, wie Platons Demiurg, Herr der Natur sei und das Werk Gottes auf dieser Erde vollenden müsse. Diese Betonung des *homo artifex* trug auch zu einer Neubewertung der menschlichen Arbeit bei, die nun nicht mehr nur als Folge des Sündenfalls erschien, sondern vielmehr als Teilhabe am schöpferischen Handeln Gottes[82].

3. Vernunft und Glaube

Die größte Herausforderung für die Kirche von seiten der mittelalterlichen Intellektuellen lag in der Frage, wie eine theologische Wissenschaft auszusehen habe, und damit war unaufhebbar die Frage nach dem Verhältnis von Vernunft und Glauben verbunden. Das Ergebnis dieser Debatte war deswegen von so außerordentlich großer Bedeutung, da der Glaube an Gott das ideologische Fundament des Christentums im Okzident darstellte. Anselm hatte schon in seinem *Proslogion* das sogenannte ontologische Argument eingeführt, wodurch ein philosophischer Zugang zum göttlichen Mysterium geschaffen wurde. Seine Schüler Anselm von Laon († 1117), die „Leuchte Frankreichs und der Welt", wie Guibert von Nogent ihn nannte, und Wilhelm von Champeaux († 1121), Magister der Schule von Notre-Dame in Paris, gaben Sammlungen von Sentenzen heraus, das heißt systematisch angeordnete Synthesen der christlichen Lehre unter Rückgriff auf Worte und Lehr-Sätze *(sententiae)* der Kirchenväter[83]. Diesen Werken gelang es noch nicht, die Widersprüche, die an einzelnen Stellen zwischen den verschiedenen „Autoritäten" bestanden, aufzulösen. Diese historische Rolle sollten dann Abaelard (1079–1142) und, wenn auch in geringerem Maße, Gilbert de la Porrée, Bischof von Poitiers von 1142 bis 1154, übernehmen. Sie legten die Grundlagen für das, was man Theologie zu nennen begann, indem sie die dialektische Methode zur Erhellung der göttlichen Geheimnisse anwandten[84]. Abaelard bestritt nicht die Bedeutung der Offenbarung, doch er war überzeugt, daß man sich hier auf logische Argumente stützen müsse und daß man auch die grundlegenden Dogmen des Christentums erklären könne, wenn man sich der Begriffe der heidnischen Philosophie bediene. Dies war allerdings ein wahrhaft revolutionärer Weg, den er hier beschritt, und so ist es auch nicht verwunderlich, daß seine kühnen und paradoxen Behauptungen ihn bald in ernsthafte Schwierigkeiten brachten. 1121 wurde sein Traktat *De unitate et trinitate divina*, in dem das Mysterium der Trinität mit Hilfe rein rationaler Argumente einsichtig gemacht werden sollte, durch die Synode von Soissons verurteilt und verbrannt, und 1141 erklärte die Synode von Sens auf Betreiben Bernhards von Clairvaux neunzehn Sätze aus seinen Werken

---

[81] R. Roques (Hrsg. u. franz. Übers.), Anselme de Cantorbéry, Pourquoi Dieu s'est-il fait homme?, Paris 1963. Zur Bedeutung von Anselms philosophischen und theologischen Schriften vgl. E. Gilson, A History of Medieval Philosophy, London 1955 (verbessert gegenüber der franz. Ausg. von 1944); F. Coppleston, Histoire de la philosophie II: Le Moyen Age, Paris 1964; S. Vanni Rovighi, Introduzione a S. Anselmo d'Aosta, Bari 1987.

[82] Chenu, La théologie (s. Anm. 12) Kap. 1.

[83] Vgl. O. Lottin, L'école d'Anselme de Laon et Guillaume de Champeaux, in: Psychologie et morale au XIIe siècle V, Löwen 1959.

[84] Einen Überblick über den Stand der Forschung zu Abaelard bieten die Sammelbände: E. M. Buytaert, Peter Abelard, Löwen – Den Haag 1974 (Miscellanea Lovanensia, I, II), sowie Abélard et son temps, Paris 1981; R. Thomas (Hrsg.), Peter Abaelard, Person, Werk, Wirkung, Trier 1980. Zu Gilbert de la Porrée vgl. H. C. Van Elswijk, Gilbert Poreta. Sa vie, son oeuvre, sa pensée, Löwen 1966; S. Gammersbach, Gilbert von Poitiers und seine Prozesse im Urteil der Zeitgenossen, Köln – Graz 1959.

für häretisch[85]. Bernhard warf ihm vor, er erniedrige die christlichen Mysterien, indem er sie durch Analogien mit rationalen Wahrheiten auf eine Stufe stelle, und er unterminiere die Glaubwürdigkeit der Glaubenswahrheiten durch die Frage, ob sie logisch beweisbar seien.

Dieser beispielhafte Konflikt zwischen der in ehrfurchtsvoller Achtung vor dem tiefen Abgrund zwischen dem Menschen und seinem Schöpfer verharrenden monastischen Theologie und der neuen scholastischen Theologie, die Gott zu „benennen" sucht mit Worten, die dem Wortschatz der Philosophie oder gar der Erfahrung entlehnt sind, fand ein vorläufiges Ende mit der Niederlage Abaelards, der in Cluny Zuflucht fand, wo er 1142 starb. Auf lange Sicht sollte er jedoch der eigentliche Sieger bleiben, denn schon wenig später faßte die Theologie, so wie er sie verstanden hatte, in der Kirche Fuß, vor allem durch das Werk des Petrus Lombardus, der zwischen 1150 und 1152 seine *Vier Bücher der Sentenzen* herausgab, eine umfassende Zusammenstellung der christlichen Lehre, die bis zum Ende des Mittelalters das Grundhandbuch der Theologen blieb[86]. Wie schon sein Lehrer Abaelard, so behandelte auch der spätere Bischof von Paris (1159–1160) Dinge des Glaubens, ohne sich auf die Heilige Schrift zu stützen, und suchte sie auf dem Wege intellektueller Spekulation zu erklären in der Überzeugung, daß die Glaubensdogmen der Vernunft entsprächen. Trotzdem fand sein Werk als Ganzes viel Anklang, denn er war bedacht darauf, sich streng an die Vorgaben der Überlieferung zu halten und alles mit zahlreichen Verweisen auf die Kirchenväter zu belegen[87]. So setzte sich am Ende, wie so oft, ein Mittelweg durch, wobei allerdings die wichtigsten Neuerungen im wesentlichen aufgenommen wurden. Am Ende dieser, die erste Hälfte des 12. Jh. beherrschenden Suche und der damit verbundenen Konflikte hatte sich eine neue Disziplin durchgesetzt, die Scholastik, die sich eine umfassende, nicht nur teilweise, einsichtige Erklärung der Welt zur Aufgabe machte, in der sich die „notwendigen Gründe" der Philosophie und die von der Offenbarung vorgegebenen Wahrheiten harmonisch ergänzten[88]. In einem Gefüge streng logischer Folgerungen wurden die christlichen Dogmen analysiert und erklärt, gegenüber allen nur denkbaren Einwänden abgesichert und in großen, „Summen" genannten Zusammenfassungen mit bemerkenswert organischem Aufbau gesammelt.

Auch auf einem anderen Gebiet, dem des Zivilrechtes, kam es im Laufe der zweiten Hälfte des 12. Jh. zu einer Versöhnung zwischen der kirchlichen Tradition und den Neuerungen, die auf die wiederentdeckten Texte des antiken römischen Rechtes zurückgingen[89]. Die Kirche hatte diesen Werken, die die Position des Kaisers als Rechtsbasis betonten und den Gegnern der Kirche während des Investiturstreites entsprechende Argumente an die Hand gaben, zunächst ablehnend gegenübergestanden, schließlich aber doch

---

85 Zum Konflikt zwischen Bernhard und Abaelard vgl. J. Verger – J. Jolivet, Bernard – Abélard ou le cloître et l'école, Paris 1982.

86 Vgl. Ph. Delhaye, Pierre Lombard, sa vie, son oeuvre, Paris – Montréal 1961.

87 Auch wenn manche Punkte zeitweilig strittig waren: Vgl. J. Châtillon, Latran III et l'enseignement christologique de Pierre Lombard, in: J. Longère (Hrsg.), Le troisième concile de Latran (1179), sa place dans l'histoire, Paris 1982, 75–90.

88 M. Grabmann, Die Geschichte der scholastischen Methode, 2 Bde., Freiburg i. Br. 1911; A. M. Landgraf, Einführung in die Geschichte der theologischen Literatur der Frühscholastik, Regensburg 1948.

89 K. F. Savigny, Geschichte des Römischen Rechts im Mittelalter, 7 Bde., Heidelberg 1834–1851; J. Gaudemet, Eglise et société en Occident au Moyen Age, Paris 1984, Kap. 10–12; A. Gouron, La science du droit dans le Midi de la France au Moyen Age, London 1984.

erkannt, daß hier durchaus auch Vorteile lagen, und ging schon bald über die noch sehr vorsichtige Position Gratians hinaus, der den Primat des kanonischen, das heißt des kirchlichen Rechtes vor aller anderen Rechtsprechung betonte. Formell blieb dieses Prinzip durchaus bestehen, aber die Päpste beriefen sich am Ende des 12. Jh., besonders seit Alexander III. (1159–1181), immer häufiger auf das Römische Recht, so daß schließlich das entstand, was man „römisch-kanonisches" Recht nennt[90]. In Bologna werden um 1180 die ersten *doctores in utroque iure* erwähnt, also Graduierte sowohl im zivilen, römischen wie auch im kanonischen Recht; diese Praxis scheint von Bazianus und seinem Nachfolger Azon eingeführt worden zu sein; sie fand dann eine rasche Verbreitung in weiten Gebieten der Christenheit, in England etwa durch Johannes von Tynemouth und Richard de Mores, in Frankreich durch Stephan von Tournai – ein Schüler des Rufinus in Bologna – und Peter von Blois[91]. Die Ursachen dieses Gesinnungswandels innerhalb der kirchlichen Hierarchie sind komplex. Die Kanonisten hatten schon sehr bald erkannt, welche Vorzüge in der Klarheit des Römischen Rechtes lagen und welche Vorteile es im Ringen mit der, in ihren Augen unerquicklichen, Verschiedenheit lokaler Bräuche brachte. Außerdem bot das Recht des kaiserlichen Roms dem christlichen Rom das Modell eines zentralisierten Staates und hielt ansehnliche Privilegien für Gotteshäuser und Priester bereit. In einer Zeit, in der die Kirche mit Innozenz III. den Papst gleichsam zu ihrem Kaiser erhoben hatte und den Anspruch päpstlicher Machtvollkommenheit *(plenitudo potestatis)* über die gesamte Christenheit geltend machte, war es außerordentlich verlockend, das Erbe der Antike im Bereich des Rechtes für sich in Anspruch zu nehmen. So ist zwischen 1190 und 1215 ein massives Eindringen solcher römischer Passagen in das kanonische Recht zu verzeichnen, die den Anspruch des „Stellvertreters Christi" auf den Platz des obersten Gesetzgebers stützten, unter Hintanstellung der Rechte von Konzilien und einzelnen Kirchen.

Kaum hatte sich aber ein Gleichgewicht eingestellt, als dieses auch schon wieder durch eine neue Krise in Frage gestellt wurde, die für die Orthodoxie außerordentlich gefährlich werden sollte. Durch die Wiederentdeckung großer Teile aus dem Werk des griechischen Philosophen Aristoteles wurden plötzlich neue Fragen an das christliche Denken gestellt. Im Okzident waren bis 1170/80 nur einige seiner Schriften bekannt, jene zur Politik, aber auch naturwissenschaftliche und metaphysische Schriften, die in Spanien – besonders in Toledo – von einer Übersetzergruppe aus dem Arabischen ins Lateinische übertragen worden waren[92]. Dabei scheinen die Übersetzer offensichtlich nicht immer in der Lage gewesen zu sein, zwischen den eigentlichen Schriften des Stagyriten und den Hinzufügungen seiner muslimischen Kommentatoren zu unterscheiden, von denen hauptsächlich Ibn Baddscha († 1136), im Westen als Avempace, und vor allem Ibn Roschd († 1198), uns bekannt unter dem Namen Averroes, zu nennen sind. Letztere hatten die naturalistische und pantheistische Seite des Aristoteles besonders betont, die Ewigkeit der Welt behauptet und

---

[90] P. Legendre, La pénétration du droit romain dans le droit canonique de Gratien à Innocent IV (1140–1234), Paris 1964; S. Kuttner, The History of Ideas and Doctrines of Canon Law in the Middle Ages, London 1980.

[91] S. Kuttner – E. Rathbone, Anglo-Norman Canonists of the Twelfth Century, in: Traditio 7 (1949–51) 279–386. Vgl. E. B. Graves, A Bibliography of English History to 1485, Oxford 1975, No. 2929.

[92] L. Minio-Paluello, Aristotele dal mondo arabo a quello Latine, in: L'Occidente e l'Islam nell'Alto Medio Evo II, Settimane di Studio del Centro italiano di Studi sull'Alto Medioevo 12, Spoleto 1965, 603–657.

die Unsterblichkeit der Einzelseele verneint[93]. Aus diesen Gegebenheiten heraus läßt sich unschwer verstehen, daß diese neue Philosophie bei den kirchlichen Autoritäten von Anfang an auf Ablehnung stieß, wurden hier doch Grundvoraussetzungen des christlichen Dogmas berührt. Zu dieser Ablehnung gehören die 1210 vom Provinzialkonzil von Paris gegen zwei Magister der Fakultät der Freien Künste in Paris ausgesprochenen Verurteilungen, gegen Amaury de Bène und David von Dinant sowie gegen ihre Schüler, und auch das 1215 von dem päpstlichen Legaten Robert von Courçon ausgesprochene Verbot für die Pariser Schulen, die Bücher des Aristoteles zur Philosophie der Natur und zur Metaphysik öffentlich zu lesen und zu kommentieren[94]. Erst den Theologen der nachfolgenden Generationen war es möglich, sich an eine Lösung der durch dieses scharfsinnige Werk aufgeworfenen Fragen zu wagen.

Im Rückblick ergibt sich zu Beginn des 13. Jh. für die Kirche des lateinischen Westens im kulturellen Bereich eine durchaus positive Bilanz: Die schulischen Einrichtungen erlebten einen großen Aufschwung; Unterrichtsmethoden und Inhalte wurden im Hinblick auf die praktischen Erfordernisse weiterentwickelt, und die Kirche hatte sich ohne allzu dramatische Konflikte den großen Herausforderungen gewachsen gezeigt, die sich ihr durch die Entdeckung antiker Schriften im Bereich des Rechtes wie auch der Philosophie stellten. Dabei war diese kulturelle Erneuerung durchaus über die Grenzen des kirchlichen Kontextes hinausgegangen: Durch den Erfolg der profanen Literatur – höfischer Roman, Fabeldichtungen, Theater – kamen moralische Vorstellungen und Begriffe in Umlauf, die sich der Kontrolle der Kleriker weitgehend entzogen[95]. Selbst im religiösen Bereich gab es eine nicht zu unterschätzende Anzahl von Laien, die einen direkten Zugang zum Wort Gottes für sich in Anspruch nahmen und sich die Bibel oder liturgische Texte für ihren eigenen Gebrauch in die Volkssprache übersetzen ließen. Zwar erhielt sich die Kirche im wesentlichen das Monopol der Lehre und der Bildungskultur, doch verfügte sie nicht mehr allein über das Wissen, nicht einmal über das in schriftlicher Form festgehaltene Wissen – eine für die Kirche völlig neue Situation.

Bibliographie

R. L. Benson – G. Constable – C. D. Lanham (Hrsg.), Renaissance and Renewal in the Twelfth Century Europe, Cambridge/Mass. 1982.

F. Calasso, Medio Evo del Diritto, Bd. 1: le Fonti, Mailand 1954.

M.-D. Chenu, La théologie au XIIe siècle, Paris 1957.

P. Classen, Die hohen Schulen und die Gesellschaft im 12. Jahrhundert, in: AKuG 48 (1966) 155–180.

A. Esch, Die Anfänge der Universität im Mittelalter, Bern 1985.

A. Forest – F. Van Steenberghen – M. De Gandillac, Le mouvement doctrinal du XIe au XIVe siècle (Histoire de l'Eglise, Bd. XIII).

M. De Gandillac – E. Jeauneau (Hrsg.), Entretiens sur la renaissance du XIIe siècle, Paris – La Haye 1968.

---

93 M. Th. d'Alverny, Les traductions d'Aristote et ses commentateurs, in: Revue de synthèse 89 (1968) 65–162.

94 F. Van Steenberghen, Aristote en Occident. Les origines de l'aristotélisme parisien, Löwen 1946.

95 Siehe z. B. J. Frappier, Vues sur les conceptions courtoises dans les littératures d'oc et d'oil au XIIe siècle, in: Cahiers de civilisation médiévale 2 (1959) 135–156; G. Duby, Mâle Moyen Age. De l'Amour et autres essais, Paris 1988.

J. Koch, Von der Bildung der Antike zur Wissenschaft des Mittelalters, in: Ders., Kleine Schriften I, Wiesbaden 1973, 115–132.
J. Kretzmann u. a., The Cambridge History of Medieval Philosophy, Cambridge 1982.
J. Leclercq, L'amour des lettres et le désir de Dieu, Paris 1957.
J. Le Goff, Les intellectuels au Moyen Age, Paris 1985.
J. Paul, Histoire intellectuelle de l'Occident médiéval, Paris 1973.
–, L'Église et la culture en Occident, Bd. 1: La sanctification de l'ordre temporel et spirituel; Bd. 2: L'éveil évangélique et les mentalités religieuses, Paris 1986.
P. Riché – G. Lobrichon (Hrsg.), Le Moyen Age et la Bible, Paris 1984.
Schulen und Studium im sozialen Wandel des hohen und späten Mittelalters, Sigmaringen 1986 (Vorträge und Forschungen XXX).
R. Southern, Medieval Humanism and Other Studies, Oxford 1970.
A. Vauchez, La spiritualité du Moyen Age occidental (VIII–XIIe s.), Paris 1975.
H. Wieruszowski, The Medieval University. Masters, Students, Learning, New York 1966.

Viertes Kapitel

Glaubensstreit und Glaubensspaltung im Osten und im Westen

I. In der byzantinischen Kirche

VON EVELYNE PATLAGEAN

Die griechische Christenheit erlebte zwischen 1054 und 1204 das Aufkommen zweier Spaltungsbewegungen, die ältere Wurzeln haben, nämlich der Mystiker und der Bogomilen. Es handelte sich nun nicht mehr um einen Bruch der dogmatischen Einheit des Kaiserreichs wie im Fall von Armeniern und Syrern, sondern um eine Unterwanderung, die von der Macht mit spezifischen Mitteln unterdrückt wurde [1]. Das Problem brachte seit dem 11. Jh. und in aller Deutlichkeit im 12. Jh. die Beziehungen zwischen Orient und Okzident der christlichen Welt ins Spiel, insbesondere über die Verbindungswege des Balkan [2].

1. Quellenlage

An Quellenmaterial mangelt es nicht. Für die Seite der Unterdrückung findet sich das *Synodikon der Orthodoxie,* ursprünglich eine Kommemorationsliste anläßlich der Wiederherstellung der Bilder im Jahr 843, die mit Segnungen und Bannsprüchen angereichert und aktualisiert wurde. Es bietet grundlegende Informationen für die Epoche der Komnenen [3]. So bewahrt es beispielsweise in seiner Textüberlieferung den Widerruf des Mönchs Neilos

---

Namen von Personen und Orten werden gemäß der in der deutschsprachigen Byzantinistik üblichen Form wiedergegeben.

[1] J. GOUILLARD, L'hérésie dans l'Empire byzantin des origines au XIIe siècle, in: Travaux et mémoires 1 (1966) 299–324, setzt sich mit den Problemen der Benennung und der Filiation der Bewegungen auseinander. Man wird die historische Einführung von M. Loos, Dualist heresy in the Middle Ages, Prag 1974, vorziehen, der vom selben Autor Certains aspects du bogomilisme byzantin des XIe et XIIe siècles, in: Byzantinoslavica 28 (1967) 39–53, vorausging. Der griechische Text, der die Fassung der Editionen früheren Datums vermittelt, findet sich in H. CH. PUECH – A. VAILLANT, Le Traité contre les Bogomiles de Cosmas le Prêtre, Paris 1945 (Kommentar von PUECH, 129–343); D. OBOLENSKY, The Bogomils. A Study in Balkan Neo-Manicheism, Oxford 1958 (neu hrsg. 1972 und 1978), ist weniger erhellend; ein in sich geschlossenes Bild bieten die Arbeiten von H.-G. BECK, ACTUS FIDEI. Wege zum Autodafé, Sitzungsber. Bayer. Ak. d. W., Philos.-Hist. Kl., 1987/3, München 1987, sowie DERS., Vom Umgang mit Ketzern. Der Glaube der kleinen Leute und die Macht der Theologen. München 1993; s. jetzt auch P. ELEUTERI – A. RIGO, Eretici, dissidenti, Musulmani ed Ebrei a Bisanzio. Una raccolta eresiologica del XII secolo, Venedig 1993.

[2] OBOLENSKY, Bogomils; H. CH. PUECH, Catharisme médiéval et bogolisme (1957), wieder aufgenommen in seinem Buch Sur le manichéisme et autres essais, Paris 1979; siehe auch E. WERNER, Die Bogomilen in Bulgarien. Forschungen und Fortschritte, in: Studi Medievali, ser. 3,3 (1962) 249–278; BECK, Vom Umgang mit Ketzern 76–86.

[3] J. GOUILLARD, Le Synodikon de l'Orthodoxie. Édition et commentaire, in: Travaux et mémoires 2 (1967) 183–327.

von Kalabrien (1087), von dem noch die Rede sein wird. Miszellanmanuskripte aus beiden Rechten wurden im Hinblick auf Prozeßprotokolle ausgewertet und dürften noch weiteres Material bergen[4]. Sie enthalten darüber hinaus Zusammenstellungen von Widerrufsformeln, für die Scorial. gr. R-I-15 aus dem 12. Jh. ein aufschlußreiches Beispiel gibt[5]. Theodoros Balsamon nimmt in seinen Kommentaren auf heute verlorene Entscheidungen Bezug. Außerdem war das traditionelle Genre der Häresiologie, wenn man es so nennen will, wiederbelebt worden. Das nach 1030 von Romanos III. Argyros (1028–1034) gegründete Theotokos-Peribleptos-Kloster[6] hatte die Aufgabe, sich der Probleme der Hauptstadt anzunehmen und scheint im Kampf gegen die bogomilische Häresie eine besondere Rolle gespielt zu haben. Ein Mönch aus Akmonia im vorderen Kleinasien, Euthymios, verfaßte in diesem Kloster um die Mitte des 11. Jh eine Untersuchung, die auf Verhören von Häretikern und eigenen Kindheitserinnerungen in einer Gegend mit häretischer Tradition basiert[7]. Wie wir später im Fall des Mönchs Nephon sehen werden, sollte das Kloster auch als Ort der Gefangenschaft dienen. Schließlich verfaßte ein Mönch aus der Hauptstadt, Euthymios Zigabenos, auf Verlangen Alexios' I. Komnenos eine wichtige *Dogmatische Panoplie,* die offensichtlich weitgehend, wenn auch nicht in allem, eine Kompilation ist[8]. Man begegnet dieser Persönlichkeit in den Gesprächen mit Pietro Grossolano, dem Erzbischof von Mailand, im Jahre 1112 wieder. Zu dieser Art Texte könnte man auch die Anklage rechnen, die Psellos 1058 für den Prozeß des Patriarchen Michaels I. Kerullarios vorbereitet hatte, wie auch immer es um ihre Richtigkeit bestellt sein mag[9]. Von der Geschichtsschreibung hebt sich die *Alexias* ab, in der Anna Komnene unter anderem vom Kampf ihres Vaters gegen die Häresie wie auch von wichtigen Staatsgeschäften berichtet[10]. Andererseits setzte sich die Tradition der Mönchsmystik in der *Vita Symeons des Neuen Theologen* fort, die Niketas Stethatos, sein geistiger Sohn, nach 1054 verfaßte[11], in den Schriften Symeons selbst[12] und in dem, was vom Werk Konstantinos' Chrysomallos übriggeblieben

---

[4] J. Gouillard, Quatre procès de mystiques à Byzance (vers 960–1143). Inspiration et autorité, in: REByz 36 (1978) 5–81.

[5] Die klassische Studie von G. Ficker, Eine Sammlung Abschwörungsformeln, in: Zf. f. Kirchengesch. 27 (1906) 443–464.

[6] Vgl. R. Janin, Le siège de Constantinople et le patriarcat oecuménique. Les églises et les monastères, Paris 1969, 218–222.

[7] G. Ficker (Hrsg.), Die Phundagiagiten. Ein Beitrag zur Ketzergeschichte des byzantinischen Mittelalters, Leipzig 1908, 1–86; dtsch. Übers. bei Beck, Vom Umgang mit Ketzern (s. Anm. 1) 154–167.

[8] PG 130, Sp. 20–1360. Das Kapitel 27 zu den Bogomilen ist nachzulesen in der Ausgabe von G. Ficker, Die Phundagiagiten 89–111. Es dürfte sich um die persönlichste Schrift des Autors handeln, vgl. Kapitel 23 über die Armenier, nach G. Podskalsky, Euthymios Zigabenos, in: TRE X, 3/4, 1982, 557–558; dtsch. Übers. des Kapitels bei Beck (s. Anm. 1) 178–194.

[9] L. Bréhier (Hrsg.), Un discours inédit de Psellos. Accusation du patriarche Michel Cérulaire devant le synode (1059), in: REG 16 (1903) 375–416; 17 (1904) 35–76.

[10] Anna Komnene, Alexias, hrsg. B. Leib, 4 Bde., Paris 1937–1945 (Bd. 2 ²1967); Anna Komnene, The Alexiade of Anna Comnene. Transl. from the Greek by E. R. A. Sewter, Middleessex 1979.

[11] I. Hausherr – G. Horn, Vie de Syméon le Nouveau Théologien (949–1022) par Nicétas Stéthatos, Rom 1928.

[12] Syméon le Nouveau Théologien, Catéchèses, hrsg. von B. Krivochéine – J. Paramelle, 3 Bde., Paris 1963–65; ders., Traités théologiques et éthiques, hrsg. von J. Darrouzès, 2 Bde., Paris 1966–67; ders., Hymnes, hrsg. von J. Koder, J. Paramelle, L. Neyrand, 3 Bde., Paris 1969–73; ders., Hymnen, hrsg. von A. Kambylis, Berlin – New York 1976; ders., Chapitres théologiques, gnostiques et pratiques, hrsg. von J. Darrouzès – L. Neyrand, Paris 1980. Vgl. W. Völker, Praxis und Theorie bei Symeon dem Neuen Theologen. Ein Beitrag zur byzantinischen Mystik, Wiesbaden 1974.

war[13]. Die mystische Abweichung ging tatsächlich von Voraussetzungen aus, die in der griechischen monastischen Tradition akzeptiert waren, während keinerlei unmittelbares griechisches Zeugnis für das Denken der Bogomilen überliefert ist. Lateinische Quellen begegnen, nach spärlichen Anspielungen in der Geschichtsschreibung des 1. Kreuzzugs, in großer Zahl vom 12. Jh. an[14]. Im Zusammenhang mit den lebhafteren internationalen Verbindungen dieser Epoche werden die Beziehungen des westlichen Katharertums zum Osten offenkundig[15], sie finden Bestätigung im Brief des Everwin von Steinfeld an Bernhard von Clairvaux (um 1143/44)[16], im Brief des Patriarchen Kosmas (Attikos?) an den Metropoliten von Larissa[17] oder durch die Anwesenheit eines gewissen *papas* Niketas beim Konzil der Katharer in S. Félix de Caraman gegen 1176[18], schließlich, gegen Ende des 12. Jh., in der lateinischen Übersetzung der *Interrogatio Johannis,* die auf einem verlorenen griechischen oder slawischen Original beruht, das der Katharer Nazario von Concorezzo zwischen 1168 und 1185 aus Bulgarien nach Italien mitbrachte[19]. In Konstantinopel verfaßte der Pisaner Hugo Eteriano, der dort zusammen mit seinem Bruder Leo Tuscus in Diensten Manuels I. Komnenos stand, einen Traktat *Adversus Patherenos* (sic)[20].

2. *Verurteilungen*

Als erstes stellt sich die Frage, ob Bogomilen und Mystiker in einem Atemzug zu nennen sind. Folgen wir zunächst der Chronologie. Zwischen 1052 und 1082 wurde der Bannfluch ausgesprochen gegen Gerontios von Lampe, der sich auf Kreta als „gesalbt" bezeichnet hatte[21]. Der Mönch Neilos von Kalabrien, Mystiker und „Narr in Christo", schwor zwischen 1084 und 1094 seiner christologischen Lehre ab[22]. Ein anderer Inspirierter, der Priester Theodoros, Erzpriester der Blachernenkirche, wurde von der Synode von 1087

---

[13] J. Gouillard, Constantin Chrysomallos sous le masque de Syméon le Nouveau Théologien, in: Travaux et mémoires 5 (1973) 313–327.

[14] Guibert von Nogent erwähnt an den Grenzen Pelagoniens (in Makedonien) „quoddam Haereticorum castrum", was von anderen Autoren aufgegriffen wird (Gesta Dei per Francos III, 2, Rec. Hist. Croisades, Hist. occ. Bd. 4 Paris 1879, 153); zu Paulikianern *(Publicani)* in der türkischen Armee: Histoire anonyme de la première croisade, hrsg. von L. Bréhier, Paris 1924, passim.

[15] Siehe die Bibliographie in Anm. 2.

[16] PL 182, Sp. 676–680.

[17] J. Gouillard, Une source pratique du Sinodik de Boril. La lettre inédite du patriarche Cosmas, in: Travaux et mémoires 4 (1970) 361–374. Dieser Text, überliefert im bulgarischen *Synodikon* und 1211 aus dem Griechischen übersetzt, stammt entweder von Kosmas von Jerusalem (1075–1081) oder vom ökumenischen Patriarchen Kosmas Attikos (1146–1147). Der altslawische Text wurde übersetzt von A. Vaillant in Vaillant – Puech, Traité contre les Bogomiles (s. Anm. 1) 344–346.

[18] D. Obolensky, Papas Nicetas: A Byzantine Dualist in the Land of the Cathars, in: Okeanos (Festschrift I. Ševčenko), Cambridge/Mass. 1983, 489–500; ausführliche Textkritik und Datierung (zwischen 1174 und 1177) bei B. Hamilton, The Cathar Council of Saint-Félix reconsidered, in: Archiv. Fratr. Praedic. 48 (1978) 23–53.

[19] E. Bozóky, Le livre secret des Cathares. Interrogatio Iohannis. Apocryphe d'origine bogomile, Paris 1980.

[20] Vgl. A. Dondaine, Hugues Ethérien et Léon Toscan, in: Archives d'histoire doctrinale et littéraire du Moyen Age 19 (1952) 67–134.

[21] Gouillard, Synodikon de l'Orthodoxie (s. Anm. 3) 57 und 180f.

[22] Anna Komnene, Alexias, 10, 1, 1–5 (Bd. II, 187–189, hrsg. von Leib [s. Anm. 10]); Gouillard, Synodikon de l'Orthodoxie 299–303; Regestes Nr. 945.

Sarkophag eines Bogomilen in Radimlje (Herzegowina).

verurteilt[23]. Die bemerkenswerteste Episode ist die der Predigten des Bogomilenmönchs Basileios in der Hauptstadt, wo ihn zwölf Schüler, darunter auch Frauen, umgaben. Sein Erfolg sollte eine Untersuchung und einen großen Prozeß auslösen. Die Reuigen wurden wieder auf freien Fuß gesetzt, die Unnachgiebigen verblieben bis zu ihrem Tode in Haft. Basileios selbst wurde im Hippodrom verbrannt, nachdem er bis zum letzten Augenblick auf wunderbare Rettung gehofft hatte. Dies ereignete sich zwischen 1084 und 1102/1104[24]. Die Schriften Konstantinos' Chrysomallos wurden 1140 verdammt[25]. 1143 fand der Prozeß gegen zwei Mönche, Leontios und Klemens, statt, die in der Region von Tyana in Kappadokien irregulär Bischöfe geworden waren und die man der Verbreitung der Lehre der Bogomilen bezichtigte[26]. 1143/44 verurteilte man den Mönch Nephon wegen bogomilischer Propaganda vor allem in Kappadokien[27]. Seine Verurteilung zog die Absetzung des Patriarchen Kosmas II. nach sich, der sich für dessen Rechtgläubigkeit verbürgt hatte. Dies wenigstens war die offizielle Begründung[28]. Schließlich erwähnt der Kanonist Theodoros

---

[23] Anna Komnene, 10, 1, 6; Grumel – Darrouzès, Regestes Nr. 961 [946]. Der Text des Widerrufs wurde wiederentdeckt und publiziert von Gouillard, Quatre procès de mystiques 52–57.

[24] Anna Komnene, 15, 8, 3–10, 4 (Bd. III, 219–229, hrsg. von Leib [s. Anm. 10]); Grumel – Darrouzès, Regestes Nr. 987 [988]; Beck, Vom Umgang mit Ketzern (s. Anm. 1) 172–177 (dtsch. Übers. des Berichts Annas).

[25] Text bei Gouillard, Quatre procès de mystiques 68–81; Regestes Nr. 1007; vgl. auch Gouillard, Constantin Chrysomallos.

[26] Dossier veröffentlicht von Gouillard, Quatre procès de mystiques 68–81; Regestes Nr. 1011–1013.

[27] Regestes Nr. 1013 u. 1015; L. Allatius (Hrsg.), De Ecclesiae occidentalis atque orientalis perpetua consensione, Köln 1648 (wieder gedruckt 1970, mit einer Einführung von K. T. Ware) 678–680.

[28] P. Wirth, Patriarch Kosmas II. Attikos und die Bogomilen, in: Byzantinische Forschungen 6 (1979) 331–343, nimmt das ganze Dossier wieder auf.

Balsamon (gest. nach 1195) in seinem Kommentar zum *Nomokanon* die Scheiterhaufen der Bogomilen von 1143/44[29].

3. Häretische Formen

In einem charakteristischen Prozeß der Amalgamierung wurden die zeitgenössischen Häresien durch Benennung auf eine der bekannten Größen der frühen Ketzergeschichte zurückgeführt, vor allem auf den Manichäismus. Die Namensgeber waren hierbei von amtlichen Protokollen geleitet, die sich auf eifrig erstellte Sammlungen früherer Häresiologen stützen konnten, aber auch vom Vordringen einer gelehrten Kultur, die die Gegenwart nicht anders als mit Bezug auf die Vergangenheit zu identifizieren wußte, wenn sie die Bogomilen als Messalianer oder Manichäer wie die Russen als Tauroskythen einordnete. Ein solcher Bezug erwies sich darüber hinaus für das Vorgehen als notwendig, da er erst die Anwendung älterer juristischer und kanonischer Normen möglich machte. Man müßte die Verbreitung althergebrachter Etikettierungen, Manichäer, Messalianer, Euchiten („diejenigen, die beten"), und die neuen Benennungen, Paulikianer, Bogomilen und Patarener, von ihrem Bedeutungsgehalt her untersuchen. Die Diskussion tatsächlicher geschichtlicher Abhängigkeiten würde sich dabei wahrscheinlich als weniger dringlich erweisen, was von Vorteil wäre, denn die gegenwärtige Quellenlage läßt einen Großteil hypothetisch[30]. Stellen wir also nur fest, daß im 11. und 12. Jh. bei aller Verschiedenheit der Benennung und ohne jeden Zweifel auch der Orientierung eine zusammenhängende Strömung die Orthodoxie unterwanderte[31]. Andererseits gilt allerdings, das jeweils Neue in einer Häresie vom Übernommenen zu unterscheiden. In jedem Fall zeigte sich diese Unterwanderung in einer Zurückweisung der etablierten Kirche, ihrer Heiligtümer, Priester und Sakramente, und gründete sich auf eine abweichende Auslegung der Inkarnation, was eine ablehnende Haltung im Hinblick auf die Jungfräulichkeit der Gottesmutter und das Kreuz einschloß. Der vorgetäuschte Gehorsam gegenüber der orthodoxen Liturgie, die zweite spirituelle Taufe ohne Wasser, die Geheimwissenschaft von den kanonischen Schriften zusammen mit dem Rückgriff auf die Apokryphen, die leitende Funktion, die man denen zugestand, die die unmittelbare Inspiration durch den Heiligen Geist auszeichnete, schließlich die gemeinsame liturgische Handlung des Konventikels und die Ermächtigung der Frau zu Lehre und Feier der Messe – all dies, wie wir es hier in groben Zügen zusammenfassen, bedeutete die folgerichtige Verwirklichung dessen, was vorausgegangen war. Euthymios Zigabenos spricht deutlicher als vor ihm Euthymios von Akmonia von einem klar dualistischen Ursprungsmythos der Bogomilen, dem man bis zu einem gewissen Grade die Verurteilung der Ehe und die Ablehnung tierischer Nahrung zuschreibt. Die orthodoxe Polemik und die Bannsprüche des *Synodikon* schreiben den Häretikern fürchterlichste Vergehen zu, die in ihrer Stereotypie oft Jahrhunderte alt waren. Wir wissen also nicht, ob sie regelmäßig die osten-

---

[29] K. Rhalles – M. Potles, Syntagma ton theion kai hieron kanonon, Bd. I, Athen 1852, 190–191; zum *Nomokanon,* Synthese des weltlichen und des kanonischen Rechts, vgl. H.-G. Beck, Kirche und theologische Literatur im byzantinischen Reich, München 1959, 145f.

[30] Gouillard, Hérésie dans l'Empire (s. Anm. 1), ist charakteristisch für diese Perspektive; vgl. auch H.-G. Beck, Das byzantinische Jahrtausend, München 1978, 258ff.

[31] Das Textdossier wird im bewundernswürdigen Kommentar von H. Ch. Puech zu einem häresiologischen Werk aus Bulgarien, das kurz nach 972 verfaßt wurde, vorgestellt, vgl. Vaillant – Puech, Traité contre les Bogomiles (s. Anm. 1).

tative Profanation des Kreuzes betrieben, wie es in einem Prozeß gegen 1030 bezeugt wird[32].

Milan Loos hat meisterhaft gezeigt, welche Nähe sich in der Praxis zwischen den radikal häretischen Bogomilen und jenen Mystikern zeigte, welche, ausgehend von orthodoxen Prinzipien, dem Heiligen Geist einen Primat zuschrieben, kraft dessen die in der Kirche überlieferte Autorität sich auf ein Nichts reduzierte[33]. Der Gebrauch der alten Benennung verdeutlicht gut das Amalgam, das die kirchliche Autorität zwischen beiden nicht ohne guten Grund von ihrem Gesichtspunkt aus entstehen ließ. Die Mystiker waren damals ihrerseits Erben einer langen griechischen und syrischen Tradition. Die Bewegung des 11. und 12. Jh. fand ihre Gründerfigur in Symeon dem Neuen Theologen. Starb er bereits 1022, so wurde seine *Vita* jedoch erst nach 1054 von seinem Schüler und geistigen Sohn im Studiu-Kloster, Niketas Stethatos, der sich zum Herausgeber seiner Werke erklärte, verfaßt[34]. Niketas schildert die mystische Erfahrung Symeons, die Stimme, die ihm „fremde und verborgene Geheimnisse" enthüllt, die Inspiration, die ihm Hymnen, Katechesen, Exegesen und theologische Antworten eingibt. Und er berichtet von seiner eigenen Vision eines Symeon in pontifikalem Ornat. Auch Symeon war im Studiu-Kloster erzogen worden, er war Schüler und geistiger Sohn Symeons Studites, dessen charakteristische *apatheia* ihn noch im Nachhinein in den Augen des Patriarchats verdächtig machte. Und wenn auch der Neue Theologe mit dem Sacerdotium ausgestattet war, belegt die *Vita* doch klar, daß die Hierarchie, in der er seinen Platz fand, auf Inspiration beruhte. Niketas selbst erklärte sich für inspiriert. Er hinterließ einen kleinen bedeutsamen Traktat über die Stufen, auf denen man Heiligkeit erreicht[35]. So ist die Strömung der Mystiker nur teilweise subversiv, denn der asketische Begriff der „Ruhe" *(hesychia)* ist doppeldeutig. Einem Mystiker des 12. Jh. wie Petros Mansur (oder Damaskenos) beispielsweise blieb die mystische Konzeption Symeons des Neuen Theologen fremd[36].

Der Priester Theodoros der Blachernenkirche, dessen Prozeß 1087 stattfand, wurde angezeigt wegen seiner Kontakte zu den *Enthusiasten* – Quelle ist immer noch dasselbe Verzeichnis[37]. Sein Widerruf belegt die enge Verbindung der Benennungen und in gewissem Maße auch die Nähe in der Praxis der verschiedenen Häresien[38]. Die Häretiker, die das genannte Verzeichnis aufführt, behaupten, einer sinnlichen Vision des Heiligen Geistes teilhaftig zu sein, sein Wirken in sich zu empfangen mit der Empfindung ähnlich der einer schwangeren Frau. Sie bestritten die Inspiration der Apostel zugunsten eigener Offenbarungen durch göttliche Vision, die in ihrer Lehre allein den Initiierten mitgeteilt werden.

---

[32] Grumel – Darrouzès, Regestes Nr. 850; Text veröffentlicht bei Gouillard, Quatre procès de mystiques 44–53.

[33] M. Loos, Courant mystique et courant hérétique dans la société byzantine, in: JÖB 32/2 (1982) 237–246.

[34] Hausherr – Horn (Hrsg.), Vie de Syméon le Nouveau Théologien (s. Anm. 1); siehe auch J. Gouillard, Syméon le jeune, le théologien ou le Nouveau Théologien, in: Dictionnaire de Théologie Catholique XIV/2 (1941) 2941–2959; über die Richtung des Studiu-Klosters zur Zeit Niketas' siehe E. Patlagean, Les Stoudites, l'empereur et Rome: figure byzantine d'un monachisme réformateur, in: Bisanzio, Roma e l'Italia nell'Alto Medioevo. Settimane di studio … 34/I, Spoleto 1988, 429–460, hier 454–458.

[35] Hausherr – Horn (Hrsg.), Vie de Syméon, XXXIV–XXXV.

[36] J. Gouillard, Un auteur spirituel byzantin du XIIe siècle: Pierre Damascène, in: Échos d'Orient 38 (1939) 257–258; vgl. H.-G. Beck, Kirche und theol. Literatur 644f.

[37] Anna Komnene, Alexias 10, 1, 6 (Bd. II, 189 hrsg. von Leib [s. Anm. 10]).

[38] Gouillard, Quatre procès de mystiques 52–57; dtsch. Übers. Beck, Vom Umgang mit Ketzern (s. Anm. 1) 115f.

Und sie behaupteten, allein sie seien errettet von der Vergänglichkeit der Welt. Der „Beichtspiegel" des Mönchs Neilos von Kalabrien (1084/1094) läßt ihn zugeben, daß er Väterstellen nach persönlichem Gutdünken interpretiert hatte[39]. Die Verurteilung der Schriften des Chrysomallos verweist in ihrem Inhalt auf Züge der Bogomilen, Enthusiasten und vor allem der Mystiker[40]. Man wird diesen Fällen die durch den Patriarchen 1195 wiederholte Verurteilung aller Apostolischen Visionsschriften und Didaskalien, die von den Schriften des Kanons abwichen, an die Seite stellen[41]. *Der vom Himmel gefallene Brief* bietet ein volkstümlicheres Beispiel aus der Grauzone, wo die Autorität der Kirche im Schwinden begriffen war[42]. Eine volkssprachliche Übersetzung dieses alten Textes belegt „Bogomilen und Patarener" – zu welchem Zeitpunkt? – und alle, „die das Kreuz mit Füßen treten", unterschiedslos mit dem Bannfluch[43]. Dieser *Brief* selbst ist seinerseits nicht weniger von der Zensur betroffen, denn er gibt vor, eine von oben empfangene Botschaft unmittelbar wiederzugeben – aus demselben Grund fand er auch immer wieder Verbreitung.

Die Kirche konnte nur geistliche Strafen verhängen, der Kaiser war der Hüter der Rechtgläubigkeit, und die Häresie galt als Verbrechen gegen den Staat, was bedeutete, daß man den Häretiker, bevor man ihn bestrafte, zu fassen suchen mußte. Dies waren die offiziellen Prinzipien der Repression[44]. Sie erklären die gemischte Zusammensetzung des Synodalgerichts und das Verhalten Alexios' I. In der Angelegenheit Basileios' z. B. brachte er die Untersuchung in Gang, verhörte persönlich den Rädelsführer und begab sich noch selbst ins Gefängnis, um mit den gefangenen Bogomilen zu diskutieren[45]. Ebenso verfuhr er mit den „Manichäern", Armeniern und Jakobiten aus der Region Plovdiv[46]. Manuel I. engagierte sich nicht in derselben Weise. Wenn schließlich das Vergehen der Häresie durch Zeugenaussagen, schriftliche Belege und Geständnisse festgestellt war, suchten die Richter zunächst, von dem Angeklagten zu erreichen, daß er seine öffentlich vertretenen und vor Gericht eingestandenen Ansichten verurteilte. Eine einzige Erwähnung der Folter findet sich im Untersuchungsbericht über die Schüler Basileios'[47]. Es handelt sich hierbei um die Ermittlungen. Wer sich unterwarf, kam mit einer Buße und verschiedenen Restriktionen davon. Die Unbeugsamen konnten, so lange es nötig war, im Gefängnis festgehalten werden, gegebenenfalls bis an ihr Lebensende.

Der Mönch Nephon kam im Peribleptos-Kloster in Einzelhaft, sogar Schweigehaft, indem man jeden Kontakt mit der Außenwelt unterband und ihm nur die Bücher gestattete, die das Gericht zugelassen hatte[48]. Der Scheiterhaufen für Basileios und die anonymen Bo-

---

[39] Gouillard, Synodikon de l'Orthodoxie (s. Anm. 3) 299–303.

[40] Gouillard, Quatre procès de mystiques (s. Anm. 4), v. a. 60.

[41] Regestes Nr. 1184; der von Theodoros Balsamon verfaßte Text bei Rhalles – Potles, Syntagma (s. Anm. 29), Bd. 4, 1854, 447–496, als Antwort zu verschiedenen Fragen des Patriarchen von Alexandria auf Bitten der Christen unter arabischer Herrschaft (hier 449 f).

[42] H. Delehaye, Note sur la légende de la Lettre du Christ tombée du Ciel (1899), in: Mélanges d'hagiographie grecque et latine, Brüssel 1966, 150–178.

[43] M. Bittner (Hrsg.), Der vom Himmel gefallene Brief Christi in seinen morgenländischen Versionen und Rezensionen, in: Denkschrift d. k. Akademie d. Wissenschaften, Phil. Hist. Klasse 51/1, Wien 1906, 14 und 19.

[44] Vgl. E. Patlagean, Aveux et désaveux d'hérétiques à Byzance (XIe–XIIe siècles), in: L'aveu. Antiquité et Moyen Age, École française de Rome 1986, mit Quellen und Bibliographie.

[45] Anna Komnene, Alexias, 15, 8, 3–10, 3 (s. Anm. 24).

[46] Ebd. 14, 8, 7–9 (Bd. III, 181–182, hrsg. von Leib [s. Anm. 10]).

[47] Ebd. 15, 8, 3 (219–220). [48] Text siehe Anm. 27.

gomilen von 1143/46 erscheint so gleichermaßen als Ausnahme wie als Neuerung, ob unter dem Einfluß des Westens[49] oder des Eindrucks einer besonders drängenden Gefahr ist wegen lückenhafter Dokumentation nicht zu entscheiden. Balsamon verurteilte den Scheiterhaufen insgesamt als im Gegensatz zu den Prinzipien des kanonischen Rechts stehend[50]. Die Bücherverbrennung dagegen wurde seit dem 4. Jh. praktiziert.

4. Die Protagonisten

Die soziale Stellung der Ketzer aus den Quellen herauszulesen gestaltet sich schwierig; keine Gesamtübersicht, sondern nur kleine Einblicke sind möglich. Zunächst beobachtet man die herausragende Rolle der Mönche bei der Unterrichtung und Führung der Abweichler. Sie entspricht dem hohen Rang, den diese in der monastischen Gesellschaft einnahmen. „Kein Laie vermag gerettet zu werden, auch wenn er alle Tugenden ausübt, wenn er nicht Mönch wird", lehrten die zu bogomilischen Mönchen gewordenen Bischöfe Leontios und Klemens[51]. Jedoch muß man genauer hinsehen. Bannsprüche, die in einer Kopie des Manuskripts des *Synodikons* aus dem 11. Jh. überliefert sind und ihrerseits auf den Beginn des 10. Jh. zurückgehen, belegen zwei Praktiken: die Zurückweisung des Mönchshabits, der, wie es scheint, durch eine andere Einkleidung ohne dazugehörigen liturgische Segen ersetzt wurde; zum anderen das Gewand der Frauen, das ihnen der Zelebrant zunächst abnahm, bevor er sie zum Bekenntnis einlud und sie anschließend mit einer weißen Tunika einkleidete und umarmte, um sie so als Nonnen aufzunehmen. Zu Beginn des 11. Jh. soll Joannes Tzurillas, vielleicht Pope und Protagonist der Häresie in Thrakien und in der Gegend von Smyrna, seine Gemahlin, aus der er damals eine „falsche heilige Frau" *(pseudabbadia)* gemacht hatte, verstoßen haben, während er selbst aus eigenem Recht den schwarzen Habit anlegte und so ein „falscher heiliger Mann" *(pseudabbas)* wurde[52]. Dieser zurückliegende Fall erinnert an drei Häretiker, die Psellos in seinem Untersuchungsbericht schildert, den er gegen den Patriarchen Michael I. Kerullarios vorbereitete: zwei Mönche, die eine ebenfalls als Mönch gekleidete Frau begleiten, eine Prophetin, die laut Psellos alle bekannten Häresien auf sich vereinte[53]. Man weiß wohl, daß die vagabundierenden Mönche von der Kirche, wenn auch erfolglos, verurteilt wurden und von vornherein verdächtig waren[54]. Aber es ist auch richtig, daß sie nicht nur die Klosterdisziplin brachen, sondern Häretiker im Habit waren, der für sie einen anderen Sinn annahm, aber den Schein in der rechten Lehre aufrechterhielt. Man erinnert sich an jene obskuren Gestalten, die Joannes Tzetzes und seine Zeitgenossen in den Straßen der Hauptstadt sahen[55].

Die Häresie fand ihre Anhänger unter den Laien aller sozialen Schichten. Einerseits nahmen die besten Häuser der Hauptstadt die Lehre des Basileios an, und der Mönch Nephon

---

49 Zum Tod durch Verbrennen der Häretiker im Westen, der im 11. Jh. aufkommt, um im 13. Jh. zur Regel zu werden, vgl. L. Havet, L'hérésie et le bras séculier au Moyen Age jusqu'au 13e siècle, in: Bibliothèque de l'Ecole des Chartes 41 (1880) 488–517, 570–607 und 670.

50 Rhalles – Potles, Syntagma (s. Anm. 29) Bd. 1, 190f.; Beck, Actus fidei (s. Anm. 1) 52.

51 Ebd. Bd. 5, 86.

52 Gouillard, Synodikon de l'Orthodoxie (s. Anm. 3) 311–313 nach Cod. Vat. gr. 511, fol. 74–75.

53 Nach Euthymios von der Peribleptos-Kirche, vgl. G. Ficker (Hrsg.), Die Phundagiagiten (s. Anm. 7) 66.

54 Bréhier, Un discours inédit de Psellos 415 (s. Anm. 9).

55 Vgl. die längere Stelle in der Vie de Cyrille le Philéote, hrsg. von E. Sargologos, Brüssel 1964, Kap. 24, 4f, deren Autor ein Mönch aus dem Kataskepe-Kloster in der Hauptstadt war (BHG³ 468). Kyrill starb 1110.

riß bei seinem Sturz keinen Geringeren als den Patriarchen selbst mit. Andererseits steht der Fall von Klemens und Leontios für die entlegenste Provinz, Kappadokien, wohin auch der Mönch Nephon seine Botschaften gesandt hatte. Der Schauplatz der Affäre, das *kastron* von Balbissa, befand sich darüber hinaus unter der Herrschaft des benachbarten Emirs, dem Leontios eine ehebrecherische Christin überstellt hatte. Leontios und Klemens weihten Frauen zur Diakonin. Frauen tauchen überhaupt in der Häretikerbewegung auf, wie die obengenannten Bannsprüche nahelegen, was nicht neu ist. Es läßt sich beobachten, daß der Aufschwung der Bogomilenströmung in Byzanz zeitgleich verlief zu demjenigen eines Klerus und vor allem eines Mönchtums, dessen Bestrebungen zur selben Zeit von orthodoxen Stimmen getadelt wurden. Daraus allerdings läßt sich nichts schließen außer, läßt man die Benennungen beiseite, daß Bogomilen und Mystiker zugleich Kinder ihrer Zeit sind wie auch in einer Kontinuität stehen, die bis ins 4. Jh. zurückreicht.

Eine Periode städtischer Aktivität möchte man zunächst meinen, und dennoch wird die byzantinische Forschung dieser komplizierten Frage noch nachgehen müssen. Die Quellen bieten durchaus auch geographische Hinweise für die Verbreitung der Häresien. Bei der ohne Zweifel weiten Verbreitung treten einerseits besonders die Hauptstadt, andererseits die alten Provinzen Kleinasiens, seit jeher Brutstätten der Häresie, und schließlich die balkanischen Marken hervor. Kleinasien geriet im 11. Jh. unter türkischen Druck. Es stellt sich die Frage, inwieweit dies auf die Häresie Einfluß hatte. Auf dem Gebiet der byzantinischen Provinz Bulgarien hatte die bogomilische Häresie im 10. Jh. fest Fuß fassen können. Die „Manichäer" der Region Plovdiv, Nachkommen der Paulikianer, die aus Kleinasien im 10. Jh. hierher umgesiedelt worden waren, genossen offensichtlich einen besonderen Status aufgrund ihrer militärischen Tüchtigkeit. Dies könnte eine Rolle gespielt haben, als Alexios I. sich bemühte, sie durch Streitgespräche oder Haft für sich zu gewinnen. Die Lateiner – Händler, Kreuzfahrer, Kleriker – begegneten den Bogomilen in Konstantinopel, aber auch auf den Provinzstraßen Kleinasiens und vor allem des Balkans. Ihr Einfluß auf den Westen, der im 12. Jh. spürbar wurde, und die Politik, die Innozenz III. im Hinblick auf die Staaten des nördlichen Balkans ins Werk setzte, gehören, ebenso wie die Ursprungsbewegung der Häresie in den byzantinisch geprägten, aber selbständig gewordenen Gebieten, nicht mehr in dieses Kapitel.

5. *Philosophische Einflüsse*

Die häretische Bewegung könnte auch aus der Beschäftigung mit antiker Philosophie – Platon, Aristoteles, dem Neuplatonismus – hervorgegangen sein, deren Stellenwert für das Selbstverständnis der Eliten wie auch für die Auseinandersetzung mit den Lateinern bereits thematisiert wurde[56]. Die offizielle Kontrolle dieser philosophischen Strömungen war nur um so aufmerksamer: Die Bannflüche gegen Joannes Italos gegen Ende seines Prozesses 1082[57] warfen ihm eine „neue Untersuchung und neue Lehre" über die Inkarnation in „dialektischer Denkmethode" sowie die Einführung „der gottlosen Doktrinen der Helle-

---

[56] Siehe die hervorragende Studie von P. MAGDALINO, The Byzantine Holy Man in the Twelfth Century, in: The Byzantine Saint, hrsg. von S. HACKEL, London 1981, 51–66.

[57] GRUMEL – DARROUZÈS, Regestes Nr. 923–927; J. GOUILLARD (Hrsg.), Le procès officiel de Jean l'Italien. Les actes et leurs sous-entendus, in: Travaux et mémoires 9 (1985) 133–174; ANNA KOMNENE, Alexias, 5, 8, 8–9, 6 (Bd. II 37–40, hrsg. von LEIB [s. Anm. 10]).

nen" in die orthodoxe Kirche vor[58]. Der Patriarch Eustratios Garidas sollte sich in ähnlicher Weise beeinflussen lassen, 1084 mußte er abdanken[59]. Psellos gehörte mit einiger Vorsicht derselben Strömung an. 1117 wurde Eustratios von Nikaia, ein Schüler des Italos, verurteilt, der seine Position über die zwei Naturen Christi widerrief, die ursprünglich von der Suche nach Versöhnung mit den Armeniern inspiriert war. Die inkriminierten Schriften wurden verbrannt[60]. Die Angelegenheit wurde bald wieder von einem Teil der Bischöfe, die Niketas von Herakleia anführte, aufgegriffen. Diese Partei zwang Alexios I., der damals seinem Ende nahe war, die Amtsenthebung Eustratios' auf Lebenszeit als eines Befürworters der Häresie auf, nicht ohne an seine Verbindung zu Joannes Italos zu erinnern[61]. Die Position dieser Männer war vielleicht nicht frei von der Feindseligkeit gegen die Lateiner. Doch dies hätte sie nur bestärken können in ihrer wachsamen Treue zur orthodoxen Tradition, der gegenüber die Beschäftigung mit Philosophie als ein gefährliches Unterfangen erscheinen konnte. Ab dem 14. Jh. sollte der Konflikt um das Heidentum zwischen den Humanisten und der Kirche schwer auf dem Schicksal von Byzanz lasten. Das 12. Jh. war noch nicht an diesem Punkt. Eine akzeptable Philosophie wurde im Kreis des Hofes erarbeitet, vor allem um Anna Komnene, die 1153 starb. In seiner Grabrede von Ende 1154 oder Anfang 1155 verwendete Georgios Tornikes, der Metropolit von Ephesos, Schlüsselbegriffe wie „logische Schlüsse" *(logikoi methodoi),* oder „Natur" *(physis)* im Entwurf der Unterweisung, die er einst der Tochter Alexios' I. hatte zuteil werden lassen[62]. Er erinnert an den philosophischen Zirkel, dem Anna als Erwachsene präsidierte, wobei er auch den obengenannten Michael, den Metropoliten von Ephesos, erwähnt[63]. Man las dort Aristoteles und Platon, Euklid und Ptolemaios, wenigstens, so präzisiert der Autor, die Werke, die das Christentum nicht verwarf. Tornikes beeilt sich, die Vereinbarkeit der Theorien Platons und Aristoteles' über die Natur und die Seele mit der göttlichen Schöpfung im Christentum zu betonen. Ob Anna dachte, was man zum Ursprung der Welt und über die Seele zu denken hatte - man kann daran zweifeln. Die Philosophie gehörte, wie die Theologie, in die Kompetenz und unter die Aufsicht des Palastes.

Man könnte geneigt sein anzunehmen, daß der lateinische Aristotelismus der kontinuierlichen aristotelischen Tradition von Byzanz im Gegenzug eine Art Schock beigebracht haben müßte, was bedeuten würde, daß es zwischen beiden Aristotelismen unmittelbare Berührungen gegeben hätte, vielleicht vermittelt über Süditalien ebenso wie über die offiziellen Begegnungen in Konstantinopel[64]. Anders gesagt wäre die Frage eines erlaubten

---

[58] Gouillard, Synodikon de l'Orthodoxie (s. Anm. 3) 57/185-192. Über die Philosophie des Italos vgl. P. E. Stephanou, Jean Italos philosophe et humaniste, Rom 1949; P. Joannou, Christliche Metaphysik in Byzanz. I. Die Illuminationslehre des Michael Psellos und Joannes Italos, Ettal 1956.

[59] Grumel - Darrouzès, Regestes Nr. 937.

[60] Grumel - Darrouzès, Regestes Nr. 1003.

[61] Vgl. P. Joannou, Eustrate de Nicée. Trois pièces inédites de son procès (1117), in: REByz 10 (1952) 24-34; ders., Le sort des évêques hérétiques réconciliés. Un discours inédit de Nicétas de Serres contre Eustrate de Nicée, in: Byzantion 28 (1958) 1-30; J. Darrouzès, Documents inédits d'ecclésiologie byzantine, Paris 1966, 276-305.

[62] Georges et Démétrios Tornikes, Lettres et Discours, hrsg. von J. Darrouzès, Paris 1970, 220-323.

[63] Ebd., 280-293.

[64] Zu diesem zweiten Punkt vgl. L. Minio Paluello, Iacobus Veneticus Grecus canonist and translator of Aristotle, in: Traditio 8 (1952) 265-304, und, ausführlicher, vom selben Autor: Giacomo Veneto et l'aristotelismo latino, in: A. Pertusi (Hrsg.), Venezia e l'Oriente fra tardo Medioevo e Rinascimento, Florenz 1966, 53-74.

oder subversiven Aristoteles relevanter als die eines griechischen oder lateinischen, eines jüdischen oder arabischen Aristoteles. Aber wir sind weit davon entfernt, über den Fundus der byzantinischen Aristoteles-Kommentatoren zu verfügen[65]. Die Bedeutung der Beziehungen zum Westen, die bereits unter Alexios I. aufblühten, wird nach 1150 offenkundig und vielleicht ausschlaggebend, als die Synode sich unter Vorsitz des Kaisers dem philosophierenden Klerus entgegenstellte. In der damaligen Erfahrung gab es keine Trennung zwischen Häresie und Magie, insofern die Historiographen diese gewohnten Begriffe beibehielten. Die neuplatonische Tradition konnte also die gelehrte Richtung dieser Kontinuität sein.

II. Im Abendland: Von radikaler Kritik zur Häresie

von André Vauchez

Das 12. Jh. war eine Zeit, in der sich im Abendland intensiv heterodoxe religiöse Bewegungen entfalteten, die früher oder später von der Kirche als häretisch verurteilt wurden. Dieses rasche Aufblühen des Ketzertums steht in auffallendem Gegensatz zu seinem seltenen Auftreten in der zweiten Hälfte des 11. Jh. Fast möchte es scheinen, als ob die Dynamik der innerkirchlichen Reformbewegung und die Kämpfe des Papsttums gegen die kaiserliche Partei alles Protestpotential absorbiert hätten, das zwischen 990 und 1050 überall im Abendland zu gären begonnen hatte. Aber nach 1110/1120 lebte es verstärkt wieder auf und nahm rasch radikale Formen an. Und diesmal wurden nicht nur die kirchlichen Strukturen, sondern Grundsätze des christlichen Glaubens in Frage gestellt[66].

1. Die Hauptursachen für die Ausbreitung der Häresien

Zu Beginn des 12. Jh. machte die abendländische Kirche eine überaus schmerzhafte Entwicklung durch. Die Reformbewegung hatte sie in ihren Grundfesten erschüttert; die Angriffe Gregors VII. und seiner Anhänger gegen simonistische Bischöfe und nikolaitische (nicht zölibatär lebende) Priester nagten am Ansehen des Klerus, und die fortgesetzten Konflikte zwischen Papsttum und Reich mußten die Menschen verunsichern, besonders in Deutschland und Italien. Etwa ab der Wende vom 11. zum 12. Jh. wurde es offensichtlich, daß das alte kirchliche Gefüge, das zumindest bis in die Karolingerzeit zurückreichte, sich überlebt hatte. Aber die neu entstandene Ordnung traf auf vielfachen Widerstand, nicht nur in den Reihen der Kirche, sondern in der gesamten Gesellschaft. Die Folge war eine Periode der Unsicherheit, während der der uneinige Klerus und die geschwächten kirchli-

---

[65] Zu den Aristoteleskommentaren des Eustratios von Nikaia und seines Zeitgenossen Michael von Ephesos vgl. H. Hunger, Die hochsprachliche profane Literatur der Byzantiner, München 1978, Bd. 2, 34f, mit den Commentaria in Aristotelem graeca, ebd., 57f.

[66] Den besten Überblick über die Häresien des 11. und 12. Jh. gibt R. I. Moore, The Origins of European Dissent, Oxford – New York ²1985, der die älteren, ähnlich gelagerten Werke (s. Bibliographie am Schluß des Kapitels) ersetzt. Gute Quellensammlungen zu den mittelalterlichen Häresien liefern besonders W. Wakefield – A. P. Evans, Heresies of the High Middle Ages, New York 1969.

chen Institutionen den auftretenden charismatischen Führern nichts entgegenzusetzen hatten, deren radikal am Evangelium orientierte Botschaft tiefen Eindruck auf die Gläubigen machte.

Der Enthusiasmus, mit dem diese Predigten aufgenommen wurden, ist aber auch auf die Meinungsänderung des Papsttums zugunsten einer Hauptthese der Reformer des 11. Jh. zurückzuführen: der These vom tadellosen Lebenswandel des Priesters als Voraussetzung für die Gültigkeit der gespendeten Sakramente[67]. Gregor VII. hatte diese in der Mailänder Pataria und bei den toskanischen Eremiten um 1060/70 aufgekommene Auffassung übernommen. Aber in den letzten Jahren des 11. Jh. wurde sie von den reformerisch gesinnten Kirchenoberen wieder fallengelassen, weil diese sich dem zahlenmäßig starken Teil des deutschen und italienischen Klerus wieder annähern wollten, der dem kaiserlichen Lager treu geblieben war. Urban II. bestätigte ausdrücklich, daß die Gültigkeit der Sakramente in keiner Weise an die moralischen oder geistigen Qualitäten des Zelebranten gebunden sei, sondern nur an seine vorschriftsmäßige Ordination: Wenn er von seinem Bischof in kanonisch gültiger Form ordiniert worden war, gab es keinen Grund, ihm die Befähigung abzusprechen, wirklich den Leib und das Blut Christi konsekrieren zu können.

Das war ein folgenschwerer Umschwung. Er vollzog sich innerhalb weniger Jahre. Die Laien, die in vielen Regionen eine herausragende Rolle bei der Durchsetzung der Reform gespielt hatten, fühlten sich von heute auf morgen im Stich gelassen. Sofern sie ihre früheren Auffassungen nicht aufgeben wollten, gerieten sie in Konflikt mit der Amtskirche. Genau zu dieser Zeit bekam die Bezeichnung „Patarener", der bis dahin, wenigstens in Italien, nichtgeistliche Reformbewegungen bezeichnet hatte, die vom Papst anerkannt und unterstützt wurden, einen abwertenden Sinn und wurde bald mit „Ketzer" gleichgesetzt[68].

Andererseits hatte die gregorianische Reform mit ihrer Betonung des Geistlichen gegenüber dem Weltlichen zweifellos die Rolle der Kleriker in der Kirche gestärkt. Diese Entwicklung stand im Gegensatz zu den Bestrebungen vieler Laien, zum Vorbild der Urkirche zurückzukehren, wie es ihrer Ansicht nach die in der Apostelgeschichte (Apg 2,42–47) beschriebene christliche Urgemeinde in Jerusalem am vollkommensten verkörperte[69]. Das Ideal der *Vita Apostolica* war im 11. Jh. aufgekommen, und das Papsttum hatte den Priestern nahegelegt, sich daran zu halten[70]. Im 12. Jh. fand es beträchtlichen Widerhall unter den Gläubigen durch die Tätigkeit von Wanderpredigern, die in flammenden Reden die Notwendigkeit der Armut im Leben des Christen betonten und forderten, wer das ewige Leben erlangen wolle, müsse „dem nackten Christus folgen", wie Hieronymus sagt – dieser Ausdruck erfreute sich damals großer Beliebtheit. Nun war aber der größte Teil des Welt-

---

[67] Zur Bedeutung dieses Meinungsumschwungs vgl. G. Miccoli, La storia religiosa, in: R. Romano – C. Vivanti (Hrsg.), Storia d'Italia II (Dalla caduta dell'impero romano al secolo XVIII), Turin 1974, 431–1079 und J. Laudage, Priesterbild und Reformpapsttum im 11. Jahrhundert, Köln – Wien 1984.

[68] Vgl. zur Etymologie von „Pataria" und „Patarener" G. Cracco, Pataria: *opus* e *nomen* (tra verità e autorità), in: RSCI 28 (1974) 357–387. Seit etwa 1100 sprach Marbod, der Bischof von Rennes, von der „neuen Irrlehre derer, die man Patarener nennt", weil sie die Sakramente aus den Händen unwürdiger Priester ablehnten (vgl. Cracco, Pataria 386 und MGH.LL III, 693).

[69] Vgl. zu diesen Tendenzen E. W. McDonnell, The Vita apostolica. Diversity or Dissent?, in: Church History 24 (1955) 15–31, und A. Vauchez, Les laïcs au Moyen Age. Pratiques et expériences religieuses, Paris 1987, dt. Übers.: Gottes vergessenes Volk. Laien im Mittelalter, Freiburg – Basel – Wien 1993. Das Standardwerk zu dieser Frage bleibt H. Grundmann, Religiöse Bewegungen im Mittelalter, Darmstadt ²1961.

[70] Vgl. M. H. Vicaire, La vie apostolique, Paris 1974.

und auch des Regularklerus weit davon entfernt, dem Armutsideal zu genügen, vielmehr verschaffte der wirtschaftliche Aufschwung, der vor allem in der Landwirtschaft zu spüren war, den Bischöfen, Kapiteln, Stiften und Klöstern immer höhere Einkünfte. Zudem war die Kirche während des gesamten 12. Jh. darum bemüht, die in Laienbesitz befindlichen Pfarreinkünfte und Zehnten wiederzugewinnen. Schon lange hatte sie die „Usurpation" von Kircheneinkünften durch Laien scharf verurteilt. Nutznießer dieser „Restitutionspolitik" waren in erster Linie Ordensleute und Stiftsgeistliche. Den einfachen Gläubigen drohten Kirchenstrafen wie die Exkommunikation, wenn sie sich der Übertragung von Gütern und Rechten widersetzten oder sie ganz verweigerten. Natürlich waren sie daher empfänglich für die Reden von Einsiedlern oder geächteten Priestern, die die Bereicherung des Klerus und die moralische Zweifelhaftigkeit und Pflichtvergessenheit vieler Geistlicher aller Rangstufen anprangerten [71]. So kam es in vielen Regionen zu einem virulenten Antiklerikalismus, der wiederum einen günstigen Nährboden für die Entwicklung von Häresien bildete.

2. *Antiklerikalismus und spiritueller Aufbruch – Wanderprediger gegen die etablierte Kirche*

Seit dem Ende des 11. Jh. tauchten in einigen Gegenden, so in Westfrankreich, Prediger auf, die durch ihre unermüdlichen Anklagen gegen die Fehler und Ausschweifungen des Klerus sehr populär wurden. Einige von ihnen, wie Robert von Arbrissel, Bernhard von Tiron oder Vital von Savigny, waren selbst Kleriker, die sich von ihrem Stand abgewandt und zunächst als Eremiten gelebt hatten, ehe sie als Wanderprediger umherzogen. Sie wollten den Klerus und die Gläubigen wieder für die Werte des Evangeliums gewinnen, vor allem für Armut, Mildtätigkeit und Keuschheit. Vom Papsttum und von einigen Bischöfen wurden sie darin unterstützt; in der Regel wurden sie irgendwann mehr oder weniger freiwillig zu Gründern kloster- oder stiftsähnlicher Einrichtungen [72]. Aber nicht alle Wanderprediger ließen sich mit der Zeit wieder in die existierenden Strukturen einbinden; dann war der Konflikt mit der kirchlichen Amtshierarchie unvermeidlich. So scheint es beispielsweise im Fall des Klerikers Tanchelm gewesen zu sein, der in den Jahren 1111–1115 in den Niederlanden, Seeland und Flandern mit seiner zündenden Rednergabe die Menschenmassen begeisterte. Mit der dadurch gewonnenen Macht wollte er den Klerus zwingen, sich zu reformieren. Seine Tätigkeit konzentrierte sich besonders auf Antwerpen, wo er schließlich von einem Priester ermordet wurde. Tanchelm bleibt eine zwiespältige Gestalt: Für seine Gegner war er ein Schwärmer und Demagoge, aber trotz der Verurteilung durch den kaiserlich gesinnten Kölner Erzbischof ist er, soweit wir wissen, niemals vom Papst zum Ketzer erklärt worden. Einige Historiker vertreten deshalb die Meinung, er sei im Grunde nur ein Reformer gewesen, der die Inhalte der gregorianischen Reform in ihrer ganzen Strenge in einer Region umsetzen wollte, wo der Klerus besonders traditionalistisch geblieben war [73].

[71] Über diese (Wieder-)Aneignung von Gütern und die Reaktionen der Betroffenen vgl. A. Vauchez, Le christianisme roman et gothique, in: J. Le Goff – R. Rémond (Hrsg.), Histoire de la France religieuse I, Paris 1988, 330–365.

[72] Vgl. T. Manteuffel, Naissance d'une hérésie: les adeptes de la pauvreté volontaire au Moyen Age, Paris 1970; daneben immer noch wichtig: J. von Walter, Die ersten Wanderprediger Frankreichs, Leipzig 1903–1906. Vgl. auch J. Dalarun, Erotik und Enthaltsamkeit. Das Kloster des Robert von Arbrissel, Frankfurt a. M. 1987.

[73] Vgl. C. Dereine, Les prédicateurs „apostoliques" dans les diocèses de Thérouanne, Tournai et Cambrai

Kernstück aller Vorwürfe und Kritiken gegen die etablierte Kirche ist fast immer die Entfernung von den Idealen des Urchristentums. Die Langlebigkeit dieser Vorwürfe zeigen die Illustrationen in einer alttschechischen Handschrift (1450), in der Christus und Petrus mit Spruchbändern das Ideal der Armut vertreten und dem reichen Papst (rechts) die Abweichung von dieser altchristlichen Norm vorwerfen (Göttingen, Universitätsbibliothek).

Die gleiche Zwiespältigkeit findet sich, zumindest am Anfang seiner Laufbahn, auch bei Heinrich (oft zu Unrecht Heinrich von Lausanne genannt), einem Einsiedler aus Westfrankreich, der 1116 von Bischof Hildebert de Lavardin eingeladen wurde, in Le Mans zu predigen[74]. Aber in Abwesenheit des Bischofs, der sich auf einer Romreise befand, nahmen die Predigten des asketischen Einsiedlers immer polemischere Formen an. In ihrem Gefolge kam es zu Gewalttaten gegen Geistliche, denn seine heftige Kritik am Reichtum und der Macht des Klerus fiel auf fruchtbaren Boden in einer Stadt, die sich bereits seit 1070 als Kommune zu organisieren versuchte, um sich von der Bischofsherrschaft zu be-

---

dans les années 1075–1125, in: Analecta Praemonstratensia 59 (1983) 171–189; J. M. De Smet, De monnik Tanchelm en de Utrechtse bisschopszetel in 1112–1114, in: Scrinium Lovaniense, Mélanges historiques E. Van Cauvenbergh, Löwen 1961, 227–234; gute Diskussion der Quellen bei J. B. Russell, Dissent and Reform in the Early Middle Ages, Berkeley – Los Angeles 1965, 265–269.

74 A. Bredero, Henri de Lausanne: un réformateur devenu hérétique, in: Pascua medievalia. Studies voor Prof. J. M. De Smet, Löwen 1983, 108–123; die hier (entgegen der Aussage Bernhards von Clairvaux) vertretene Meinung, Heinrich sei ein ungebildeter Laie gewesen, können wir allerdings nicht teilen. Vgl. auch E. Magnou, Note critique sur les sources de l'histoire d'Henri l'hérétique depuis son départ du Mans, in: BPH 53 (1965) 539–547 und Fichtenau, Ketzer und Professoren, 60ff.

freien. Bei der Rückkehr des Bischofs wurden Heinrich und seine Anhänger aus Le Mans vertrieben; er wandte sich daraufhin als Wanderprediger nach Lausanne, Poitiers und Bordeaux, dann in die Grafschaft Toulouse und die Provence. In Arles wurde er 1135 festgenommen und vor das Konzil von Pisa gebracht. Bei seiner Verurteilung schwor er seinen Irrtümern ab und wurde nach Cîteaux geschickt, um Buße zu tun. Statt dieser Auflage zu folgen, floh er ins Languedoc. Möglicherweise war er dort eine Zeitlang mit Petrus von Bruis zusammen, einem früheren Priester, der aus den französischen Alpen stammte und um 1119 hatte untertauchen müssen. Petrus lehnte alle sichtbaren Seiten des christlichen Glaubens ab – die Riten, die Kirche, jede Art von Heiligtum und sogar die Sakramente[75]. Sein Verlangen nach einer rein spirituellen Religion ging so weit, daß er die Kruzifixe aus den Kirchen holte, um sie zu verbrennen. Das wurde ihm 1138 oder 1139 zum Verderben: In Saint-Gilles du Gard, einem Wallfahrtsort, empörten sich die Leute über sein Vorhaben und warfen ihn auf den Scheiterhaufen, den er selbst entzündet hatte[76].

Ob Heinrich nun in direkter Beziehung zu Petrus von Bruis gestanden hat oder nicht – jedenfalls setzte er dessen Werk fort und predigte in der Gegend zwischen Albi und Toulouse sehr erfolgreich gegen die Amtskirche. Sein Einfluß wurde bald so groß, daß Bernhard von Clairvaux 1145 selbst ins Languedoc kam, um ihn zu bekämpfen. Dessen energisches Wirken gewann den Südwesten wenigstens für einige Zeit der Orthodoxie zurück; Heinrich, der bei Bernhards Ankunft geflohen war, wurde bald darauf verhaftet und starb im Gefängnis[77].

Von der Kritik am Lebenswandel und Reichtum des Klerus gelangte Heinrich später, gegen Ende seiner langen Laufbahn als Prediger, zur Auffassung, die von den Priestern gespendeten Sakramente seien ungültig. Er scheint der erste mittelalterliche Häretiker gewesen sein, der seine Anhänger nochmals taufte[78]. Den größten Wert legte er auf die persönliche Verantwortlichkeit des Christen; jeder werde nach seinen Werken gerichtet werden, deshalb seien die Gebete der Kirche für die Verstorbenen völlig unnütz. Die Mittlerrolle des Klerus lehnte er rundheraus ab. Für die Beichte brauche man keinen Priester, sondern die Gläubigen könnten sich gegenseitig ihre Sünden bekennen. Insgesamt erscheint Heinrich uns heute eher als Verfechter eines wörtlichen Bibelverständnisses denn als wirklicher Häretiker, als den man mit größerem Recht Petrus von Bruis bezeichnen könnte. Es ist aber durchaus möglich, daß ihre Zuhörerschaft wenig Sinn für die Unterschiede zwischen ihren Lehren hatte und von den Predigten vor allem die Überzeugung mit nach Hause nahm, daß man sein Heil ohne weiteres außerhalb der institutionalisierten Kirche und ohne die Hilfe der Sakramente finden könne.

---

75 R. Manselli, Il secolo XII. Religione popolare ed eresia, Rom 1983, 67–100, und Moore, Origins (s. Anm. 66) 82–114.

76 Die Ideen und Aktivitäten Petrus de Bruis' sind gut bezeugt dank der um 1140 verfaßten Schmähschrift des Abtes von Cluny, Petrus Venerabilis: Tractatus contra Petrobrusianos, hrsg. von J. V. Fearns, Turnhout 1968 (Corpus Christianorum. Continuatio Medievalis 10); s. auch J. V. Fearns, Peter von Bruis und die religiöse Bewegung des 12. Jahrhunderts, in: Archiv für Kulturgeschichte 48 (1966) 311–335.

77 Siehe zur Mission Bernhards E. Vacandard, Les origines de l'hérésie albigeoise, in: RHQ 55 (1894) 50–83, R. I. Moore, St. Bernard's Mission in 1145, in: BIHR 47 (1974) 1–10, und E. Griffe, Les débuts de l'aventure cathare en Languedoc, Paris 1969, 21–52.

78 Seine Lehren sind überliefert in einer 1135 von dem Mönch Guillaume verfaßten Schrift, der ihm in Toulouse begegnet war und ihn widerlegen wollte (kommentierte Edition: R. Manselli, Il monaco Enrico e la sua eresia, in: Bollettino dell'Istituto Storico Italiano per il Medio Evo 65 [1953] 1–63).

In Italien wirkte zur gleichen Zeit als bedeutendster radikaler Kritiker Arnold von Brescia, ein Regularkanoniker, der zuerst in seiner Heimatstadt aufgefallen war, wo er ab 1138 öffentlich verkündete, daß der Klerus auf alle seine Güter verzichten und in apostolischer Armut leben solle[79]. Von Papst Innozenz II. exkommuniziert, mußte er nach Frankreich fliehen, wo er in Paris bei seinem alten Lehrmeister Abaelard Aufnahme fand. 1140 wurde er auf Veranlassung Bernhards von Clairvaux auch aus Frankreich vertrieben, wandte sich in die Schweiz und schließlich nach Böhmen. Einige Jahre später kehrte er nach Italien zurück und unterwarf sich Papst Eugen III. Dieser beging jedoch den Fehler, ihm Rom als Wohnsitz zuzuweisen, wo damals eine lebhafte Agitation zugunsten einer bürgerlichen Kommuneorganisation im Gange war. Arnold setzte sich bald an die Spitze der Revolte gegen die päpstliche Stadtherrschaft. Mit seiner Lehre, daß Geistliche kein öffentliches Amt auszuüben hätten und die Kirche auf jede politische Macht verzichten müsse, gewann er große Popularität. Erst nach mehreren Jahren söhnte sich das Papsttum mit den Adligen in der Kommune aus, die das demokratische Gedankengut des Volkstribunen zu fürchten begannen. Arnold wurde 1155 festgenommen und Friedrich Barbarossa ausgeliefert, der zur Kaiserkrönung nach Italien gekommen war. Dieser übergab ihn dem Papst. Der Präfekt von Rom ließ den großen Rebellen verbrennen und seine Asche in den Tiber streuen. Bemerkenswert ist auch hier, daß Arnold als Aufrührer gegen die öffentliche Ordnung und nicht als Ketzer verurteilt wurde.

Abgesehen von Unterschieden, die durch die verschiedenen Führungspersönlichkeiten und durch lokale Gegebenheiten bedingt sind, weisen die heterodoxen religiösen Bewegungen aus der ersten Hälfte des 12. Jh. gewisse Gemeinsamkeiten auf. Was sofort ins Auge fällt, ist ihre Aggressivität gegenüber Klerus und Kirche, deren Reform sie um jeden Preis und notfalls mit Gewalt anstrebten. Anders als die Häretiker der Jahrtausendwende, die in verborgenen, nach außen gewaltlosen kleinen Gemeinschaften lebten und ihr Heil in der Weltflucht suchten, traten die rebellischen Priester in der Zeit von 1110–1150 mit Vorliebe an die Öffentlichkeit im Bestreben, die Massen gegen unwürdige Priester zu mobilisieren und gegen die kirchliche Hierarchie, die deren Verhalten deckte oder doch duldete[80]. Es handelte sich also weniger um wirkliche Ketzerei als um radikale Kritik an den kirchlichen Strukturen und an den Personen, die sie trugen – im Grunde nur eine Fortsetzung der Reformbestrebungen des 11. Jh. Aber aus dem Ideal der *Vita Apostolica*, auf die Spitze getrieben von einigen charismatischen Führern und den in Begeisterung geratenen Massen, wurde die Forderung nach einer armen, auf jede Macht verzichtende Kirche und das Verlangen nach einem spirituelleren und auch „moralischeren" Christentum: Echter Glaube sollte an einem Verhalten erkennbar sein, das sich an den Forderungen des Evangeliums messen ließ.

---

[79] Grundlegend zu Arnold von Brescia immer noch: A. Frugoni, Arnaldo di Brescia nelle fonti del secolo XII, Rom 1954 (Studi storici 8–9); vgl. auch Moore, Origins (s. Anm. 66) 115–136 und G. G. Merlo, Eretici ed eresie medievali, Bologna 1989, 33–38.

[80] Das konnte bis zu Anschlägen auf religiöse Einrichtungen führen, so wie im Fall des Unruhestifters Eudo de la Stella (Eon de l'Etoile), der mit seinen Anhängern in den Jahren 1145–1148 einen regelrechten Kleinkrieg in der Bretagne führte, bevor er festgenommen und von einer Reimser Synode verurteilt wurde; vgl. J. Ch. Cassard, Eon de l'Etoile, ermite et hérésiarque breton du XIIe siècle, in: Mémoires de la Société d'art et d'archéologie de Bretagne 57 (1980) 171–198 und 67 (1990) 297–301.

3. Die Erschütterung durch den Katharismus

Ab etwa 1140/1150 tauchten im Abendland neue Gruppen auf, die sich in mancher Hinsicht von den gerade behandelten unterschieden[81]. Im Jahre 1143 berichtete der Prämonstratenser Everwin von Steinfeld in einem Brief an Bernhard von Clairvaux, in Köln seien die Mitglieder einer Sekte verhaftet worden, die nicht nur die Sakramente und die Ehe ablehne, sondern auch behaupte, zu einer alten Kirche zu gehören, die seit der Zeit der Märtyrer im Verborgenen gelebt habe. In Griechenland und anderen Ländern habe sie sich halten können und werde von Aposteln oder Bischöfen geleitet. Aus dieser Beschreibung geht weiter hervor, daß die Mitglieder der „Sekte" den apostolischen Armutsbewegungen darin nahestanden, daß sie jedes, auch das gemeinsame Eigentum verwarfen und, das Evangelium predigend, von Stadt zu Stadt zogen. Jedoch unterschieden sie sich von den vorigen durch ihr strenges Asketentum – beispielsweise tranken sie keine Milch – und die zentrale Rolle der Geisttaufe, der einzigen Taufe, die für sie Gültigkeit besaß und die mittels Handauflegung erteilt wurde[82]. Es fällt sofort auf, wie ähnlich die Vorstellungen dieser rheinischen Ketzer, die sich einige Jahre später auch in Lüttich, in Flandern und in der Champagne finden, denen der bulgarischen Bogomilen waren, die im 10. Jh. auftraten und gegen Ende des 11. Jh. Konstantinopel erreicht hatten. Genau um 1140 begann unter Manuel Komnenos eine neue Vertreibungswelle der Bogomilen aus der Hauptstadt und dem ganzen byzantinischen Reich[83]. Unter diesen Umständen liegt die Vermutung nahe, daß einige der Verfolgten in anderen Teilen des Balkans (ab 1140 werden Ketzer in Dalmatien erwähnt) oder auch im Westen Schutz gesucht haben, indem sie den Weg durchs Donau- und Rheintal einschlugen[84]. Ebensogut kann man aber annehmen, obwohl Beweise fehlen, daß sich die Häresie über Kontakte der Bogomilen mit „fränkischen" Pilgern und Kreuzrittern verbreitete, die auf dem Landweg ins Heilige Land reisten.

Ab 1157 (Synode von Reims) sprachen die kirchlichen Quellen, dann auch die Chroniken von „Poplicani", „Publicani" oder „Piphlen" genannten Häretikern in Frankreich, den Niederlanden und England (dort konnten sie sich allerdings nicht festsetzen)[85]. Diese Be-

---

[81] Die Literatur über den Katharismus ist so umfangreich, daß man nur einige Hinweise geben kann: Neben den beiden klassischen Darstellungen, A. Borst, Die Katharer, Stuttgart 1953, Ndr. Freiburg i. Br. 1991 (Herder TB 4025), und R. Manselli, L'eresia del Male, Neapel 1963, sind die neuesten ernstzunehmenden Beiträge diejenigen von J. Duvernoy, Le Catharisme: la religion des Cathares, Toulouse 1976, und Le Catharisme: l'histoire des Cathares, Toulouse 1979; vgl. auch Cathares en Languedoc, Toulouse 1968 (Cahiers de Fanjeaux 3), sowie Moore, Origins (s. Anm. 66) 168–240.

[82] PL 182, 676–680; vgl. R. Manselli, Il secolo XII (s. Anm. 75) 149–164. Ekbert von Schönau, damals Stiftsherr in Bonn, faßte seine Erfahrungen aus Kontakten mit Katharern im Rheinland in seinen 13 Sermones zusammen; vgl. PL 195, 11–102, und R. Manselli, Ecberto di Schönau e l'eresia catara, in: Il secolo XII (s. Anm. 75) 227–250. Ekbert war der erste, der im Abendland die Bezeichnung „Katharer" für die neuen Häretiker verwendete.

[83] Vgl. oben den Beitrag von E. Patlagean zu den Häresien in der byzantinischen Welt. Zu den Beziehungen zwischen Bogomilen, Paulikianern und westlichen Katharern vgl. M. Loos, Dualist Heresy in the Middle Ages, Prag 1974, der unsere Auffassung über diese vieldiskutierte Frage um einen neuen Ansatz bereichert hat.

[84] Vgl. H. Ch. Puech, Catharisme médiéval et Bogomilisme, in: Oriente e Occidente nel Medio Evo. Accademie dei Lincei, Convegno 12, Rom 1957, 56–84, und D. Obolensky, The Bogomils. Cambridge 1948, außerdem D. Angelov, Le Bogomilisme en Bulgarie, Toulouse 1972 (nicht immer zuverlässig), und B. Hamilton, Monastic Reform, Catharism and the Crusades (900–1300), London 1979.

[85] Zu den Anfängen des Katharismus im heutigen Belgien und in der Champagne s. M. Suttor, Le *triumphus*

zeichnungen sind neu, und man weiß nicht, ob sie sich auf die Bogomilen beziehen oder auf eine zweite Welle von häretischen Einflüssen, die auf die Paulikianer zurückzuführen sein könnte, eine in Byzanz, besonders in seinen Heeren, seit langem weitverbreitete Sekte. Letztere Hypothese hat viel für sich, denn diese „Poplicani“ waren nicht hierarchisch organisiert und unterschieden auch nicht zwischen *Perfecti* und einfachen Gläubigen *(Credentes)*, wie es charakteristisch für die eigentlichen Katharer war[86]. Andererseits suchten sie sich nicht zu verbergen und bekannten ihre Lehren ganz offen, ohne danach gefragt worden zu sein. So wurden sie schnell zur Zielscheibe der Repression und scheinen Ende des 12. Jh. verschwunden zu sein. Ab 1200 jedenfalls wurde die Terminologie genauer; die Quellen nannten die neuen Häretiker nun „Albigenser“ oder „Bulgaren“, was ebenfalls für eine Verbindung zum Balkanraum, zum Osten im allgemeinen spricht[87].

Über die genaue Art der Beziehungen zwischen den abendländischen Katharern und den byzantinischen Ketzersekten kann man weiterhin nur spekulieren; es steht fest, daß mit dem Auftauchen der Katharer Mitte des 12. Jh. die Häresie eine neue Stufe erreichte. Zwar bezeichneten die Katharer sich selbst als Christen, und ihre Sekten wirkten äußerlich nicht anders als die übrigen apostolischen Laiengemeinschaften, die im 12. Jh. geradezu zum Bild der Christenheit gehörten, aber im Gegensatz zu den früheren Bewegungen hatten sie keinerlei Verbindung mehr mit der Amtskirche und strebten auch keine Veränderung oder Weiterentwicklung der Kirche an. Aus dem Osten hatten sie eine bemerkenswert geschlossene Lehre mitgebracht, die ihrer geheimen Predigttätigkeit große Wirkung verschaffte; ihre religiösen und asketischen Bräuche waren in ein Glaubens- und Mythengebäude eingebettet, das durchaus in der Lage war, Faszination auszuüben. Nicht zuletzt war es der missionarische Eifer seiner Anhänger, der für eine rasche Ausbreitung des Katharismus in weiten Teilen des Abendlandes sorgte. Von Nordostfrankreich aus (Artois, Champagne) erreichte er das Languedoc und wahrscheinlich auch Norditalien. In beiden Regionen war der Boden durch die antiklerikalen Predigten Petrus' von Bruis und Heinrichs bzw. der Arnaldisten (der Anhänger Arnolds von Brescia) schon vorbereitet. Es läßt sich heute nicht mehr leicht nachvollziehen, wie und auf welchen Wegen der Katharismus in den Mittelmeerländern um sich greifen konnte. Verschiedene Anzeichen deuten jedenfalls darauf hin, daß er dort schon ab 1160 feste Wurzeln geschlagen hatte. 1163 rief beispielsweise der Erzbischof von Narbonne die in Tours unter Vorsitz Papst Alexanders III. tagende Synode auf, jene „neue Häresie“ zu verdammen, die in der Gegend von Toulouse aufgetreten sei, und 1165 fand in Lombers ein öffentliches Streitgespräch zwischen den Bischöfen von Albi und Lodève und einer Gruppe von *boni homines* (Selbstbezeichnung der Katharer) statt, die heftige Angriffe gegen die Kirche richteten[88]. Auch wenn die Versamm-

Sancti Lamberti et le catharisme à Liège, in: Le Moyen Age 91 (1985) 227–286, und Y. Dossat, L'hérésie en Champagne aux XIIe et XIIIe siècles, in: ders., Eglise et hérésie en France au XIIIe siècle, London 1982, Kap. XI.

[86] Diese Hypothese vertritt Moore, Origins (s. Anm. 66) 182–185, im Anschluß an S. Runciman, The Medieval Manichee, Cambridge 1947, 46. Loos, Dualist Heresy (s. Anm. 83), nimmt eher an, der Ausdruck „Poplicani“ leite sich von Plovdiv in Bulgarien ab, das im Zentrum einer stark von Ketzern bevölkerten Gegend lag.

[87] Die interessante Studie von M. Zerner, Du court moment où on appela les hérétiques des Bougres, et quelques déductions, in: Cahiers de Civilisation Médiévale 32 (1989) 305–324, führt zu fragwürdigen Ergebnissen, weil der Autor von vornherein die Echtheit der Konzilsakten von Saint-Félix de Caraman bestreitet.

[88] Vgl. R. Somerville, Pope Alexander III and the Council of Tours, Berkeley – Los Angeles 1977, 50, und Mansi 22, 158–166.

lung schließlich mit einem Glaubensbekenntnis der Ketzer endete, zeigt allein ihre Gleichstellung mit den Kirchenmännern, daß sie unter den Adligen, die der Kontroverse beiwohnten, einflußreiche Gönner besaßen. Seit dieser Zeit konnte die Kirche offenkundig in der Region zwischen Albi und Toulouse nicht mehr auf die Unterstützung des weltlichen Arms bauen, um die religiöse Heterodoxie zu bekämpfen, die sich daraufhin dort ungestraft rasch ausbreitete.

Einige Jahre später – und zwar eher um 1174/1176 als im Jahre 1167, wie meist angenommen wird – fand ein für die Geschichte des abendländischen Katharismus äußerst folgenschweres Ereignis statt: das berühmte sogenannte „Katharerkonzil" von Saint-Félix de Caraman. Wir wissen davon aus einem Dokument im Inquisitionsarchiv von Carcassonne, das nur als Transsumt des 13. Jh. überliefert ist. Es enthält eine Zusammenfassung der wichtigsten Beschlüsse, die während und nach diesem „Konzil" getroffen wurden[89]. Vertreter der verschiedenen südfranzösischen Katharergemeinschaften und die katharischen Bischöfe von Nordfrankreich und der Lombardei nahmen daran teil. Die zentrale Figur aber war ein hoher Würdenträger der katharischen Kirche von Konstantinopel, ein gewisser *papas* Niketas, der seine Zuhörer zum absoluten Dualismus bekehrte. Die westlichen Katharer waren bisher Anhänger eines gemäßigten Dualismus gewesen, in dem man die Welt zwar als Schauplatz des Kampfes zweier Prinzipien betrachtete – des guten Gottes und seines Gegenspielers, des Bösen oder des Teufels –, aber diese waren einander nicht ebenbürtig. Indem den beiden Gewalten nun die gleiche Macht und ursprüngliche, ewige Existenz zuerkannt wurden, entfernten sich die abendländischen Katharer noch mehr vom Christentum.

Weiterhin wurde auf dieser Versammlung die Diözesanorganisation der katharischen Kirche verstärkt, und Niketas weihte neue Bischöfe – eine ungeheuerliche Herausforderung an die Amtskirche, die die Entwicklung konkurrierender kirchlicher Institutionen nicht dulden konnte. Die Entscheidungen von Saint-Félix de Caraman können in ihrer Bedeutung kaum überschätzt werden, denn sie legten den Grund für den unerbittlichen Kampf der beiden Glaubensrichtungen im darauffolgenden Jahrhundert[90].

Man darf sich den Katharismus allerdings nicht als monolithisches Gebäude mit einer einheitlichen Lehre vorstellen. Jede Ortskirche behielt weitgehende Selbständigkeit, und es gab keine zentrale oder kollegiale Institution, die über die Einhaltung der „reinen Lehre" wachte. Während die Katharer im Languedoc sich in ihrer großen Mehrheit zum absoluten Dualismus bekannt zu haben scheinen, gab es in Italien wiederholt Schismata, die sowohl mit persönlichen Differenzen als auch mit abweichenden Lehrmeinungen zusammenhingen. Gegen Ende des 12. Jh. sind mindestens drei verschiedene katharische Kirchen in Ita-

---

[89] Die Authentizität dieser Quelle ist wiederholt in Frage gestellt worden, zuletzt von Dossat, Eglise et hérésie (s. Anm. 85) Kap. XII. Die Mehrheit der Fachgelehrten ist allerdings heute der Ansicht, daß es sich nicht um eine Fälschung handeln kann: vgl. B. Hamilton, The Cathar Council of Saint-Félix de Caraman Reconsidered, in: ders., Monastic Reform (s. Anm. 84) Kap. XI, mit einer neuen Edition des Textes. Zu den möglichen Hintergründen für die Überlieferung des Textes s. L. Vones, Krone und Inquisition. Das aragonesische Königtum und die Anfänge der kirchlichen Ketzerverfolgung in den Ländern der Krone Aragón, in: P. Segl (Hrsg.), Die Anfänge der Inquisition im Mittelalter, Köln – Weimar – Wien 1993, 215–217.

[90] Das zeigt überzeugend E. Griffe, Les débuts du catharisme en Languedoc (1140–1190), Paris 1969, und ders., Le Languedoc cathare de 1190 à 1210, Paris 1971. Zur Diözesanstruktur s. F. Šanjek, Le rassemblement hérétique de Saint-Félix-de-Caraman (1167) et les églises cathares au XIIIe siècle, in: RHE 67 (1972) 767–792.

Feuertod von Ketzern der Katharer-sekte, Miniatur.

lien bezeugt: die Concorezzaner, die zum gemäßigten Dualismus zurückgekehrt waren, die Kirche von Desenzano (oder *Albanenes*), die beim absoluten Dualismus geblieben war, und eine dritte Gruppe, *Bagnolenses* genannt[91]. Trotz dieser unterschiedlichen Strömungen gab es doch insgesamt sehr viel mehr Verbindendes als Trennendes unter den Katharern, insbesondere die strikte Ablehnung der Amtskirche und ihrer Lehren. Es ist nicht übertrieben, den Katharismus des ausgehenden 12. Jh. als ein europäisches Phänomen zu bezeichnen, dessen expansive Dynamik tatsächlich, zumindest in bestimmten Regionen wie Südfrankreich und Nord- und Mittelitalien, das religiöse Monopol und die beherrschende ideologische Stellung der päpstlich bestimmten Amtskirche in Frage stellte.

Was aber waren die Gründe für diesen Erfolg? Sicher war ein wichtiger Faktor die von den katharischen *Perfecti* ausgehende Faszination, deren asketische und moralische Strenge in krassem Gegensatz zum oft sehr mittelmäßigen Erscheinungsbild des alteingesessenen Klerus stand. Ansehen und Glaubwürdigkeit der Personen haben sicher eine große Rolle gespielt, entscheidend für den Erfolg der katharischen Mission aber waren wohl ihre religiösen Überzeugungen. Über diese ist leider kaum etwas Unverfälschtes zu erfahren, denn sie sind hauptsächlich in Polemiken von betroffener Seite überliefert, die stets bestrebt waren, die mittelalterlichen Häresien in Zusammenhang mit denen der Spätantike zu bringen, vor allem mit dem Manichäismus, den Augustinus zu widerlegen und zu bekämpfen gesucht hatte. Auf der Grundlage solcher Quellen hat man den Katharismus

---

91 Vgl. A. Dondaine, Les hérésies et l'Inquisition, XIIe–XIIIe siècles, London 1990, Kap. III, und Merlo, Eretici (s. Anm. 79) 39–48.

lange als dualistische Religion betrachtet, und einige italienische Katharerschriften des 13. Jh., wie der *Liber de Duobus Principiis* des Johannes von Lugio (um 1230), weisen tatsächlich in diese Richtung[92]. Aber solche Texte sind keineswegs repräsentativ für das gesamte Katharertum. Dessen zentrale Aussage ist nicht der Gedanke eines fundamentalen Gegensatzes zwischen Gut und Böse, sondern vielmehr die Gewißheit, daß der Mensch sich der Macht des Bösen entziehen kann, das die Welt und die gesamte Schöpfung beherrscht[93].

Anders als oft behauptet worden ist, war der Katharismus keine pessimistische Lehre. Er brachte im Gegenteil die befreiende Botschaft, daß der in jedem Menschen vorhandene göttliche Funke aus dem Gefängnis der Materie ausbrechen könne. Das einzige Mittel dazu sei die Nachfolge Christi, den man sich als engelähnlichen Gesandten Gottes vorstellte; er hätte den Menschen im Evangelium offenbart, wie sie mit Gebet (vor allem mit häufigen Vaterunsern) und gewissenhafter Askese die Reinheit der Seele wiederfinden könnten. Von der traditionellen Kirche dagegen sei das Evangelium verraten, seine wahre Botschaft überdeckt worden. Sie erschien als verdorbener Abkömmling einer einstmals reinen Gemeinschaft, hatte sie sich doch ins Lager des Teufels begeben, indem sie nach weltlicher Macht und Reichtümern strebte. Die wahre Kirche Gottes, die der *boni homines* oder *boni christiani*, hätte ausschließlich spirituellen Charakter und stelle keine wirtschaftlichen oder politischen Forderungen. Daher wurden lediglich Naturalien oder Geldgaben angenommen, um den *Perfecti* zu ermöglichen, sich ganz ihrer Aufgabe zu widmen, ohne auf ihrer Hände Arbeit angewiesen zu sein. Hier liegt einer der Hauptgründe für den Erfolg des Katharismus: Er verstand sich als das einzig wahre Christentum, und seine Anhänger glaubten keineswegs, mit ihrer alten Religion gebrochen zu haben, sondern im Gegenteil zu den apostolischen Anfängen der Urkirche zurückzukehren und deren Liturgie und Sakramente wieder aufzunehmen. Es gab übrigens nur ein einziges Sakrament: die Übertragung des Heiligen Geistes, *consolamentum* genannt[94].

Angesichts dieser radikalen Infragestellung tat sich die Amtskirche schwer, eine adäquate Antwort zu finden. In Nordfrankreich, Flandern und England ging sie seit etwa 1160 mit aller Härte gegen die neuen Ketzer vor, zuverlässig unterstützt vom weltlichen Arm[95]; weiter im Süden, im Languedoc und in Italien, wo die weltliche Herrschaft ihre Mithilfe verweigerte und selbst die Bischöfe machtlos waren, fand sie kein wirksames Gegenmittel. Wiederholt wurden päpstliche Legaten in die Länder des Grafen von Toulouse entsandt, ohne dauerhaften Erfolg zu erzielen. Die ersten rechtlichen Sanktionen gegen die Ketzerei, die allgemeine Bedeutung haben sollten, enthielt die 1184 veröffentlichte Dekre-

---

92 S. Runciman, Le manichéisme médiéval. L'hérésie dualiste dans le Christianisme, Paris 1949; H. Söderberg, La religion des Cathares. Etudes sur le Gnosticisme de la Basse Antiquité et du Moyen Age, Uppsala 1949; Ch. Thouzellier (Hrsg.), Le livre des deux principes, Paris 1973 (Sources chrétiennes 198).

93 E. Bozóky (Hrsg.), Le livre secret des Cathares: Interrogatio Iohannis, apocryphe d'origine bogomile, Paris 1980. Dieser Traktat gelangte um 1180/90 von Bulgarien nach Italien. Satan wird dort als abgefallener Sohn Gottes bezeichnet, steht also nicht auf einer Stufe mit ihm, und Christus erscheint auch nicht als Engel; vgl. Loos, Dualist Heresy (s. Anm. 83) 133–146.

94 Ch. Thouzellier (Hrsg.), Rituel cathare, Paris 1977 (Sources chrétiennes 236). Die Ansichten von E. Delaruelle (Le Catharisme en Languedoc vers 1200. Une enquête, in: Annales du Midi 72 [1960] 149–167) über die Gründe für den Erfolg der Katharer sind immer noch maßgebend.

95 Besonders in England, wo einige vom Kontinent herübergekommene Häretiker aufgrund eines Oxforder Synodalbeschlusses ausgestoßen wurden und an Hunger und Kälte zugrundegingen; vgl. J. B. Russell, Dissent and Reform (s. Anm. 73) 224–227 u. 309f.

tale „Ad Abolendam" (X 5.7.9). Sie verurteilte ausdrücklich alle in den vorangegangenen Jahrzehnten im Abendland aufgekommenen Häresien und verhängte strenge Strafen über die Schuldigen[96]. Zunächst änderte auch diese Maßnahme kaum etwas an der konkreten Lebenssituation der Ketzer, da der Kirche ohne die Unterstützung des weltlichen Arms – und auf diese konnte sie längst nicht überall zählen – die Machtmittel fehlten, um die beschlossenen Repressionen durchzusetzen.

4. Die evangelischen Armutsbewegungen und die Auseinandersetzungen um die Laienpredigt: Waldenser und Humiliaten

Parallel zur Verbreitung des Katharismus, aber unabhängig von ihm entwickelten sich etwa ab 1170 verschiedene religiöse Bewegungen, die ihre Berechtigung direkt aus dem Evangelium herleiteten und für alle Gläubigen das Recht forderten, frei und öffentlich das Wort Gottes zu verkünden. Am Anfang der wichtigsten und größten dieser Bewegungen stand ein Kaufmann aus Lyon, Pierre Waldes (auch Vaudès, Valdo oder Valdesius nach der Herkunft der Familie aus dem Waadtland genannt)[97], der sich um 1173 einem konsequenteren religiösen Leben verschrieb, nachdem er von einem fahrenden Sänger das Alexiuslied[98] gehört hatte. Er fragte einen Priester um Rat, der ihm die einschlägigen Bibelstellen zur Armut erklärte. Daraufhin gab er seinen Beruf auf und verteilte seinen Besitz an die Armen. Bezeichnend ist, daß er sich die Evangelien, einige Bücher des AT und Auszüge aus den Schriften der Kirchenväter in die Volkssprache übersetzen ließ. Als er sich auf diese Weise einigermaßen mit den christlichen Grundtexten vertraut gemacht hatte, trennte er sich von seiner Frau, brachte seine Töchter in einer geistlichen Einrichtung unter und begann, auf den Straßen und öffentlichen Plätzen zu predigen. Bald folgte ihm eine stattliche Anzahl Frauen und Männer, die er, nach dem Vorbild der Apostel, in die Dörfer und Städte in der Umgebung von Lyon entsandte. Es konnte nicht ausbleiben, daß die glaubenseifrigen Laien Schwierigkeiten mit dem Klerus bekamen, denn kirchenrechtlich war es den einfachen Gläubigen verboten zu predigen – so hatte es auch das *Decretum Gratiani* (um 1140) festgelegt. Im März 1179 reiste Waldes nach Rom zum III. Laterankonzil, um die Lebensweise seiner Gemeinschaft vom Papst bestätigen zu lassen. In Rom waren die Reaktionen auf sein Ansinnen geteilt. Alexander III. empfing ihn herzlich, gab ihm aber nur eine mündliche Predigterlaubnis und band sie zudem an die Zustimmung des jeweiligen Ortsgeistlichen. Die kuriale Kommission, die sich mit der Rechtgläubigkeit und dem Ersuchen

---

[96] Zu den Wandlungen in der Einstellung von Kirche und Gesellschaft gegenüber den Ketzern im 11. und 12. Jh. vgl. A. Vauchez, Diables et hérétiques, in: Santi e demoni nell'Alto medio Evo occidentale, Spoleto 1989, II, 573–601, und H. Maisonneuve, Etudes sur les origines de l'Inquisition, Paris [2]1960. Zur Dekretalen ‚Ad abolendam' und ihrer Wirkung vgl. H. G. Walther, Häresie und päpstliche Politik: Ketzerbegriff und Ketzergesetzgebung in der Übergangsphase von der Dekretistik zur Dekretalistik, in: W. Lourdaux – D. Verhelst (Hrsg.), The Concept of Heresy in the Middle Ages (11th–13th Century), Löwen 1976, 104–143.

[97] Vgl. zu den Anfängen der Waldenser W. Mohr, Waldes von seiner Berufung bis zum seinem Tod, Horn 1970, und G. Gonnet, Le cheminement des Vaudois vers le schisme et l'hérésie, in: Cahiers de Civilisation Médiévale 19 (1976) 309–345.

[98] Das Alexiuslied ist eine ursprünglich aus dem Vorderen Orient stammende Heiligenlegende. Alexius, Sohn eines römischen Grafen, verläßt gleich nach der Hochzeit Frau und Eltern und lebt 17 Jahre büßend in Edessa. Nach Rom zurückgekehrt, verbringt er dort weitere 17 Jahre bis zu seinem Tod als Bettler, unerkannt unter der Treppe im Hause seines Vaters.

der Waldenser zu beschäftigen hatte, zeigte sich äußerst reserviert. Der Vorsitzende der Kommission, der englische Geistliche Walter Map, schrieb wenig später mißmutig:

„Wir haben die Waldenser gesehen, einfache, ungebildete Leute, die ihren Namen nach ihrem Anführer tragen, einem Bürger aus Lyon an der Rhône (...) Sie baten inständig darum, ihnen die Predigterlaubnis zu geben, denn sie hielten sich für gebildet genug, obwohl sie doch vieles nur halb verstanden (...) Sollen nun Perlen vor die Säue geworfen, soll Gottes Wort nun den Einfältigen anvertraut werden, von denen wir wissen, daß sie es nicht recht aufnehmen, geschweige denn weitergeben können? Das darf nicht geschehen (...) Diese Leute haben nirgends eine feste Wohnung; sie ziehen zu zweit umher, barfuß und nur in Wolle gekleidet, sie besitzen nichts, sondern haben alles gemeinsam wie die Apostel. Sie folgen dem nackten Christus. Jetzt, am Anfang, geben sie sich demütig und bescheiden. Wenn wir sie aber gewähren lassen und sie erst einmal Fuß gefaßt haben, werden wir es sein, die das Nachsehen haben."[99]

Dieser halb besorgte, halb verächtliche Ton läßt die zunehmenden Schwierigkeiten ahnen, mit denen die Waldenser nach der Rückkehr der Ihren aus Rom zu kämpfen hatten. Zunächst mußte Waldes gegenüber dem Kardinal Heinrich von Marcy, einem Zisterzienser, ein katholisches Glaubensbekenntnis ablegen, dann versuchte der neue Erzbischof von Lyon, Jean des Belles Mains, die Bewegung unter seine Kontrolle zu bringen[100]. Als ihm das nicht gelang, zog er seine Predigterlaubnis zurück. Aber Waldes fügte sich diesmal nicht und rechtfertigte sich mit den Worten Petri vor dem Sanhedrin, die die Apostelgeschichte überliefert: „Man muß Gott mehr gehorchen als den Menschen." Daraufhin wurden die Waldenser vom Erzbischof exkommuniziert und aus Lyon vertrieben (1182), kurze Zeit später vom Papsttum zu Ketzern erklärt (1184). Das konnte sie aber nicht mehr daran hindern, sich im Languedoc auszubreiten (wo sie gegen die Katharer polemisierten, mit denen sie keinesfalls verglichen werden wollten[101]), dann in der Lombardei und schließlich in Nordostfrankreich und im Oberrheintal[102]. Sie rüttelten nicht am Bestand der Kirche und ihrer Amtshierarchie, forderten jedoch freien Zugang zum Wort Gottes und das Recht, es in ihrer Umgebung zu verkünden. Der Klerus lehnte dies strikt ab, indem er daran erinnerte, daß das Recht zu predigen allein den dazu berufenen Dienern der Kirche vorbehalten sei[103].

Allgemein kann festgestellt werden, daß religiöse Forderungen von Laien die lebendigsten und originellsten Formen im städtischen Milieu und in wirtschaftlich weit entwickelten Regionen annahmen. Ein Beispiel ist die Lombardei, die in den letzten Jahrzehnten des 12. Jh. sowohl das bevorzugte Feld für die Errichtung autonomer Stadtkommunen war als

---

[99] Walter Map, De nugis curialium, dist. 1, c. 31, hrsg. von M. R. James, Oxford 1914, 62. Diesen Text kommentiert P. Zerbi, „Humillimo nunx incipiunt modo", in: Studies voor Prof. J. M. De Smet, Löwen 1983, 124–132.

[100] A. Dondaine, Aux origines du Valdéisme. Une profession de foi de Valdès, in: ders., Les hérésies (s. Anm. 91) Kap. I, und Manselli, Il secolo XII (s. Anm. 75) 119–133.

[101] Vgl. Ch. Thouzellier, Catharisme et Valdéisme en Languedoc à la fin du XIIe siècle et au début du XIIIe siècle, Löwen – Paris ^{2}1969, und K.-V. Selge, Die ersten Waldenser, mit Edition des Liber antihaeresis des Durandus von Osca, 2 Bde., Berlin 1967.

[102] J. Gonnet – A. Molnar, Les Vaudois au Moyen Age, Turin 1974; K.-V. Selge, Caractéristiques du premier mouvement vaudois et crises au cours de son expansion, in: Vaudois languedociens et Pauvres Catholiques, Toulouse 1967, 110–142 (Cahiers de Fanjeaux 2).

[103] Siehe zur Bedeutung dieser zu Ende des 12. Jh. heftig umstrittenen Frage R. Zerfass, Der Streit um die Laienpredigt, Freiburg/Br. – Basel – Wien 1974.

In der Ikonographie ist oft der Fuchs Sinnbild für die Häretiker und Schismatiker. So verwendet ihn auch die Darstellung im „Hortus deliciarum" der Herrad von Landsberg (12. Jh.), wo Christus der Ecclesia und den Töchtern Jerusalems den Weinberg des Herrn zeigt, den eine Rotte von Füchsen zerstören will.

auch das „Gefäß für alle Häresien", wie kirchliche Autoren jener Zeit nicht müde wurden zu betonen. Hier, in Mailand und in den großen Städten der Poebene, tauchten auch um 1175 Gruppierungen von Laien auf, die sich Humiliaten nannten[104]. Das *Chronicon universale* von Laon beschreibt sie als „Stadtbürger, die, obwohl sie in ihren Häusern und bei ihren Familien blieben, eine bestimmte Form des religiösen Lebens gewählt hatten: Sie vermieden es, zu lügen und Prozesse zu führen, begnügten sich mit einfacher Kleidung und hatten sich verpflichtet, für den rechten Glauben einzutreten"[105]. Es waren vor allem Handwerker, die auf diese Weise dem Evangelium gemäß leben wollten, ohne auf Familie und Beruf zu verzichten; sie gingen davon aus, daß jede menschliche Berufung und jeder soziale Stand Wege zur Heiligung seien. Wie die Waldenser lehnten die lombardischen Humiliaten allerdings das Schwören ab und forderten das Predigtrecht[106]. In der Tat scheuten sie sich nicht, in ihren Arbeitsstätten und auf öffentlichen Plätzen das Wort Gottes zu verkünden, in der direkten und konkreten Art, die für städtische Versammlungen üblich war. Solche Kühnheit führte dazu, daß auch die Humiliaten von der 1184 von Lucius III. in Verona ausgesprochenen Verurteilung betroffen wurden, die sich auf alle religiösen Laienbewegungen erstreckte, die die kirchliche Autorität und die Vorrangstellung des Klerus in Frage stellten. Das bedeutete aber keineswegs das Ende der Bewegung – sie lebte zurückgezogen weiter, bis Innozenz III. 1201 ihre vollständige Orthodoxie anerkannte und die Humiliaten in Form eines Ordens in die Kirche wiedereingliederte. Er bestand aus Regulargemeinschaften (Klöstern oder Stiften) und einem dritten Orden für die Verheirateten. Letztere befolgten eine ganz eigene Regel, in der sich Arbeit, Armut und Gebet verbanden[107].

Die Kirche stand also Anfang des 13. Jh. vor der größten Herausforderung durch religiöse Dissidenz, die sie jemals seit der Spätantike erlebt hatte. Der raschen Ausbreitung des Katharismus sah sie lange tatenlos zu, ehe sie zu Unterdrückungsmaßnahmen griff, die

---

[104] Eine prägnante Zusammenfassung bietet A. Mens, Humiliés, in: Dictionnaire de Spiritualité VII/1, Paris 1968, 1129–1136; s. auch B. Bolton, Sources for the Early History of the Humiliati, in: Studies in Church History XI, Cambridge 1974, 125–133, und Merlo, Eretici (s. Anm. 79) 57–61.

[105] Chronicon universale Anonymi Laudunensis, in: MGH.SS XXVI, 447 ff.

[106] Vgl. L. Zanoni, Gli Umiliati nei loro rapporti con l'eresia, Rom [2]1970.

[107] B. Bolton, Innocent's III Treatment of the Humiliati, in: Studies in Church History VIII, Cambridge 1971, 73–82 und ders., The Poverty of the Humiliati, in: D. Flood (Hrsg.), Poverty in the Middle Ages (Franziskanische Forschungen 27 [1975]).

dann vielerorts nicht durchgesetzt werden konnten. Gegenüber den evangelischen Bewegungen wie Waldensern und Humiliaten gingen Amtskirche und Klerus dagegen mit übertriebener Härte vor – diese vertraten ja keine grundsätzlich abweichenden Glaubensmeinungen, sondern bestritten lediglich die alleinige Zuständigkeit der Priester für das religiöse Leben und stellten damit die Dreiteilung der Gesellschaft in Frage, die dem Lehnssystem zugrunde lag[108]. Eine differenzierte Betrachtung des Phänomens, wie sie zumindest Innozenz III. den Humiliaten gegenüber bewies, war eher die Ausnahme. In kirchlichen Kreisen herrschte die Idee vor, man habe es mit einem großangelegten Komplott des Satans zu tun, das in unzähligen Erscheinungsformen die Zerstörung der Christenheit herbeiführen solle[109]. Selbst Joachim von Fiore († 1202), einer der größten Geister seiner Zeit, beschuldigte die Häretiker, mit den Sarazenen gemeinsame Sache zu machen und die Widerstandskraft des Christentums gegen die Mächte des Bösen von innen her auszuhöhlen[110]. In diesem geistigen Klima, das von der Furcht vor einem allgemeinen Umsturz des christlichen Glaubens und der christlichen Ordnung beherrscht war, ist es nicht verwunderlich, daß die Kirche die Auseinandersetzung mit der Häresie als ein Duell auf Leben und Tod verstand, in dem es nur einen Sieger und einen Besiegten geben konnte.

Bibliographie

a) Quellen

Corpus documentorum inquisitionis hereticae pravitatis Neerlandicae I, hrsg. von P. Fredericq, Gent 1889.
Enchiridion fontium Valdensium, hrsg. von G. Gonnet, Torre Pellice 1958.
Le livre secret des cathares: Interrogatio Iohannis, apocalypse d'origine bogomile, hrsg. von E. Bozóky, Paris 1980.
Le traité contre les Bogomiles de Cosmas le prêtre, hrsg. von H. C. Puech, Paris 1945.
Petrus Venerabilis, Tractatus contra Petrobrusianos, hrsg. von J. V. Fearns, Turnhout 1968 (Corpus Christianorum. Constitutio Medievalis 10).
Rituel cathare, hrsg. von Ch. Thouzellier, Paris 1977 (Sources chrétiennes 236).

Quellensammlungen in englischer Übersetzung:

R. I. Moore, The Birth of Popular Heresy, London 1975.
E. M. Peters, Heresy and Authority in Medieval Europe, London 1980.
W. Wakefield – A. P. Evans, Heresies of the High Middle Ages, New York 1969.

b) Allgemeine Literatur mit Bibliographie

C. T. Berkhout – J. B. Russell, Medieval Heresy. A Bibliography, 1960–1979, Toronto 1981.
H. Grundmann, Ketzergeschichte des Mittelalters, Göttingen ²1967.
J. Le Goff (Hrsg.), Hérésies et sociétés dans l'Europe préindustrielle, 11ᵉ–18ᵉ siècles, Paris – Den Haag 1968 (Bibliographie von H. Grundmann, 407–467).

c) Wichtige Einzelwerke

A. Borst, Die Katharer, Stuttgart 1953. Ndr.: Freiburg i. Br. 1991 (Herder TB 4025).
H. Fichtenau, Ketzer und Professoren. Häresie und Vernunftglaube im Hochmittelalter, München 1992.
H. Grundmann, Religiöse Bewegungen im Mittelalter, Darmstadt ²1961, Ndr. ³1970.

---

108 Vgl. B. Bolton, Tradition and Temerity. Papal Attitudes to Deviants, 159–1216, in: Studies in Church History IX, Cambridge 1972, 79–91.

109 Die Kirchenmänner jener Zeit, allen voran die Päpste, waren der Überzeugung, daß alle Häresien, obwohl sie in verschiedenem Gewand auftraten, miteinander zusammenhingen; vgl. A. Borst, La transmission de l'hérésie au Moyen Age, in: J. Le Goff (Hrsg.), Hérésies et sociétés dans l'Europe préindustrielle, 11ᵉ–18ᵉ siècles, Paris – Den Haag 1968, 273–277.

110 Joachim de Fiore, Expositio in Apocalypsim (ad a. 1194/95), Venedig 1527, f. 134; vgl. Thouzellier, Catharisme et Valdéisme (s. Anm. 101) 110–126.

L. Kolmer, Ad capiendas vulpes. Die Ketzerbekämpfung in Südfrankreich in der ersten Hälfte des 13. Jahrhunderts und die Ausbildung des Inquisitionsverfahrens, Bonn 1982.

M. D. Lambert, Medieval Heresy from Bogomil to Hus, London 1977, [2]1992 dt.: Ketzerei im Mittelalter, Freiburg i. Br. 1992 (Herder TB 4047).

M. Loos, Dualist Heresy in the Middle Ages, Prag 1974.

W. Lourdaux – D. Verhelst (Hrsg.), The Concept of Heresy in the Middle Ages (11–13 c.), Löwen – Den Haag 1976.

R. Manselli, Il secolo XII. Religione popolare ed eresia, Rom 1983.

G. G. Merlo, Eretici ed eresie medievali, Bologna 1989.

R. I. Moore, The Origins of European Dissent, Oxford – New York [2]1985.

J. B. Russell, Dissent and Reform in the Early Middle Ages, Berkeley – Los Angeles 1965.

P. Segl, Ketzer in Österreich. Untersuchungen über Häresie und Inquisition im Herzogtum Österreich im 13. und beginnenden 14. Jahrhundert, Paderborn u. a. 1984.

K.-V. Selge, Die ersten Waldenser, 2 Bde., Berlin 1967.

Ch. Thouzellier, Hérésie et hérétiques: Vaudois, Cathares, Patarins, Albigeois, Rom 1969.

–, Catharisme et Valdéisme en Languedoc à la fin du XIIe et au début du XIII[e]siècle, Löwen – Paris 1962, Ndr. 1982.

Fünftes Kapitel

Der Christ vor Gott

I. In der byzantinischen Kirche

von Evelyne Patlagean

1. Diesseits und Jenseits

Worauf beruht das Christsein in der griechischen Kirche nach 1054? In erster Linie auf der Vorstellungswelt von Diesseits und Jenseits [1]. Das Jenseits wurde bereits in der um 950/959 verfaßten *Vita Basileios' des Jüngeren* [2] und später dann in der gegen Ende des 10. oder zu Beginn des 11. Jh. entstandenen *Apocalypse der Anastasia* [3] in allen Einzelheiten beschrieben. Nach ihrem Tod werden die Verdammten von Dämonen nach unten geführt, um dort die ihren Fehltritten angemessenen Qualen zu erleiden, während die Auserwählten in die himmlischen Gefilde aufsteigen und dabei die auf ihrem Weg plazierten „Zollstationen" *(telonia)* [4] durchlaufen. Schutzengel und Dämonen machen sich die Menschen gegenseitig streitig. Zwischen Diesseits und Jenseits fungiert die Gottesmutter als Vermittlerin. Ein bereits damals alter und – wie sich aus seiner schriftlichen Überlieferung schließen läßt – auch sehr beliebter Text stellt dar, wie Maria auf ihren Wunsch vom Erzengel Michael, dem Seelenführer, durch die Kreise der Hölle geführt wurde und die Leiden der Verdammten beweinte, bevor sie dann für sie intervenierte [5]. Zwei Praktiken wiederum stellten die Verbindung zwischen Diesseits und Jenseits her: das mit Almosen verbundene Totengedenken und die Beichte. Aber auch diese beiden altehrwürdigen Praktiken befanden sich im Umbruch. Das Totenritual selbst erstreckte sich nun bis auf den ersten Jahrestag des Todes [6]. Ebenfalls von Bedeutung war, daß die um 1054 verfaßte Regel des Euergetis-Klo

---

Namen von Personen und Orten werden gemäß der in der deutschsprachigen Byzantinistik üblichen Form wiedergegeben. Bibliographische Angaben verweisen auf das Literaturverzeichnis am Ende des Kapitels (siehe Seite 518).

[1] Vgl. E. Patlagean, Byzance et son autre monde. Observation sur quelques récits, in: Faire Croire. Modalités de la diffusion et de la réception des messages religieux du XIIe au XVe siècle, Rom 1981, 201–221, wie auch H.-G. Beck, Die Byzantiner und ihr Jenseits. Zur Entstehungsgeschichte einer Mentalität, Stitzungsb. Bay. Ak. d. Wiss., Philos.-Hist. Kl 1979/6, München 1979.

[2] BHG III, 263–264f. Untersuchungen zum Werk in Ch. Angelidi, Ho Bios tu Hosiu Basileiu tu Neu, Jannina 1980; Datierung in L. Rydén, The Life of St. Basil the Younger and the Life of St. Andreas Salos, in: Okeanos (Festschrift I. Ševčenko), Cambridge (Mass.), 1983, 568–586.

[3] BHG III, 1868–1870b.

[4] Vgl. G. Every, Toll-Gates on the Air Way, in: Eastern Churches Review 8/2 (1976) 139–151.

[5] BHG III, 1050–1054m. Das Schriftstück soll aus dem 9. Jh. stammen und im 11. Jh. als ältestes bekanntes Manuskript gegolten haben; vgl. dazu M. R. James, Biblical Texts and Studies II,3, Cambridge 1893, Apocryphe Anecdota, 115–126.

[6] D. Abrahamse, Rituals of Death in the Middle Byzantine Period, in: Greek Orthodox Theological Review 29 (1984) 125–134; vgl. auch G. Dagron, Troisième, neuvième et quarantième jours dans la tradition byzantine: temps chrétien et anthropologie, in: Le temps chrétien de la fin de l'antiquité au Moyen Âge. IIIe–XIIIe siècles, Paris 1984, 419–430.

Die Geschichte des hohen Mittelalters ist besonders geprägt durch den sich zunehmend verschärfenden Konflikt zwischen Kaisertum und Papsttum, zwischen geistlicher und weltlicher Macht mit den jeweiligen Ansprüchen auf Vorherrschaft.
Für Kaiser Otto III. (Miniatur, Ende 10. Jh., im Evangeliar des Kaisers, München, Bayerische Staatsbibliothek) stellt sich die Vormachtfrage noch nicht. Der thronende Herrscher ist umgeben von geistlichen und weltlichen Fürsten, die gleichwertige Sachwalter des Kaisers, der sie zu seinem Dienst berufen hat, sind.
In der Miniatur (14. Jh.) in einer Kopie der um 1140 entstandenen Sammlung kirchlicher Rechtssätze des Gratian thronen Papst und Kaiser, umgeben von ihren geistlichen und weltlichen Beratern, zwar gleichberechtigt nebeneinander, doch die Illustration zeigt einen Idealzustand, der seit Mitte des 11. Jh. nicht mehr gegeben war, weil das Recht auf die Investitur von Bischöfen und Äbten durch den deutschen König, das die Kirche bekämpfte, für die reichskirchliche Struktur eine existenzbedrohende Frage war.

Die Bedeutung Kaiser Heinrichs IV. sollte nicht nur darin gesehen werden, daß unter seiner Herrschaft der Investiturstreit eine dramatische und für ihn nicht gerade günstige Entwicklung nahm. Im Umbau des von seinem Großvater Konrad II. grundgelegten (1025) Doms von Speyer führte er die Architektur der deutschen Romanik zu Dimensionen von wahrhaft imperialer Größe. Dieser als Grablege der salischen Dynastie konzipierte Kaiserdom verkörpert imponierend das Selbstverständnis seiner Erbauer. – Idealporträt Heinrichs IV. am Karlsschrein (1215) im Aachener Dom.

Gregor VII. ist der bekannteste Papst des Investiturstreites, nach ihm ist aber auch die Kirchenreform der zweiten Hälfte des 11. Jh. benannt. Er symbolisiert die Befreiung der Kirche von weltlicher Bevormundung, aber auch die angestrebte straffere Hierarchisierung im innerkirchlichen Bereich. Die Miniatur aus der Chronik des Otto von Freising (um 1150) zeigt Gregor VII. als das Haupt gleichermaßen der Mönche und der Kleriker.

sters[7] in Konstantinopel ein auch von den Laienstiftungen übernommenes monastisches Modell des jährlichen Gedenkens anbot: fixe Tage für die liturgische Lektüre des Totenregisters, für die Zuteilung von Kerzen und geweihtem Brot sowie für die Almosenverteilung an der Klosterpforte. Die Mönche waren die Vermittler des Gedenkens und der Gebete der Laien; dies wiederum erklärt Stiftungen wie etwa die 1077 testamentarisch festgelegte Stiftung des Juristen Michael Attaleiates[8]. In dieser Hinsicht unterschieden sich die Herrscher nicht von den übrigen Laien; Beweis dafür ist die vor 1118 erfolgte Stiftung Der gnadenreichen Gottesmutter (Theotoku Kecharitomenes) von Irene Dukas, der Gattin Alexios' I.[9], deren Klosterregel zuweilen wörtlich diejenige des Euergetis-Klosters aufnimmt. Alle diese Schriftstücke geben den Gebeten der Mönche und dem Totengedenken klar den Vorzug vor der Almosenspende, und zwar trotz des deutlichen wirtschaftlichen Aufschwungs Konstantinopels im 11. Jh., der derartige Gepflogenheiten hätte neu beleben können. Die Zuteilung der Almosen war im übrigen fixiert, was ihnen einen mehr symbolischen denn praktischen Stellenwert verlieh[10].

Beichte und geistliche Vaterschaft

Auch bei der Beichte, jenem anderen Heilsinstrument, übten die Mönche unangefochten ihre Vermittlerrolle aus. Gegen Ende des 9. und im 10. Jh. hatte sich in der Tat für Mönche, Kleriker und Laien die Figur des „geistlichen Vaters" – praktisch immer ein Mönch – derart gefestigt, daß diese Eigenschaft für die Gläubigen offensichtlich wichtiger war als das vom kanonischen Standpunkt aus eigentlich unerläßliche Sazerdotium. Gewiß, viele Mönche waren damals Priester. Aus einer kurz vor oder nach 1200 verfaßten Antwort des Patriarchats an einen Reklusen aus Korinth geht indes hervor, daß das Mönchtum, im vollen Wissen um seine konkurrenzlose Machtstellung, durchaus geneigt war, sowohl die bischöfliche Erlaubnis wie auch den priesterlichen Weihecharakter zu vernachlässigen[11]: Die Beichte war in der Tat lediglich die sakramentale Form der geistlichen Vaterschaft, die, wie erwähnt, faktisch ein Monopol der Mönche war. Ein im gleichen Schriftstück dem Patriarchen Nikolaos III. (1084–1111) zugeschriebener Text unterstreicht demgegenüber, daß Sazerdotium und Erlaubnis zwingend vorgeschrieben sind; er betont auch, Beichte und Kommunion seien für die über 12jährigen beiderlei Geschlechts, die die Kirche ein und derselben Regel unterwerfen will, Pflicht, ebenso die Osterbeichte[12]. Um 1105 wurde in einem Antwortschreiben des Patriarchen unterschieden zwischen dem aufgeklärten Bußfertigen, auf den das damals gültige kanonische Recht anzuwenden sei, und der großen Masse, die nach den alten Bußbüchern, benannt nach Joannes IV. Nesteutes (Johannes

---

[7] Le typikon de la Théotokos Evergétis, hrsg. von P. Gautier, in: REByz 40 (1982) 5–101.

[8] La Diataxis de Michel Attaliate, hrsg. von P. Gautier, in: REByz 39 (1981) 5–143. Oder: W. Nissen, Die Diataxis des Michael Attaleiates von 1077, Jena 1894.

[9] Le typikon de la Théotokos Kecharitômène, hrsg. von P. Gautier, in: REByz 43 (1985) 5–165.

[10] Zu dieser Entwicklung vgl. E. Patlagean, Les donateurs, les moines et les pauvres dans quelques documents byzantins des XIe et XIIe siècles, in: H. Dubois u. a. (Hrsg.), Horizons marins, itinéraires spirituels (Ve–XVIIIe siècles) I: mentalités et sociétés, Paris 1987, 223–231, wie auch D. J. Constantelos, Poverty, Society and Philanthropy in the Late Medieval Greek World, New Rochelle (New York) 1992, 69–114.

[11] Le chartophylax Nicéphore. Oeuvre canonique et notice biographique, hrsg. von P. Gautier, in: REByz 27 (1969) 159–165 (Kap. 1 und 3).

[12] Regestes Nr. 996 [995]/10 und 3.

dem Faster), zu beurteilen sei[13]. Die monastischen Satzungen schrieben nicht nur die Beichte vor, sondern ein regelmäßiges Schuldgeständnis gegenüber dem Abt, dem geistlichen Vater der Mönchsgemeinschaft. In den Frauenklöstern spielte die Äbtissin die gleiche Rolle, Zeugnisse dafür sind die bereits erwähnte Regel des Theotoku-Kecharitomenes-Klosters und die rätselhafte weibliche Mönchsfigur der Irene, Äbtissin von Chrysobalanton[14]. In diesem Fall kam das sakramentale Amt allerdings einem von außen kommenden Priester – zuweilen ein Eunuch – zu. Die in der ersten Hälfte des 11. Jh. durch Symeon den Neuen Theologen († 1022) verkörperte mystische Strömung trieb die bereits alte Tugend des absoluten Gehorsams dem geistlichen Vater gegenüber auf die Spitze. Symeon wurde vor das Patriarchatsgericht zitiert, wegen des Kultes, den er seinem geistlichen Vater, Symeon Studites, öffentlich entgegenbrachte[15]. Letzterer hatte eine leibliche „Leidenschaftslosigkeit" *(apatheia)* an den Tag gelegt, die den Argwohn eines kirchlichen Gerichts erregen mußte[16]. Selbst ohne so weit zu gehen, konnte die Intimität zwischen geistlichem Vater und Sohn, sei letzterer nun Mönch oder Laie, den Weg für eine häretische Lehre freimachen. Aus diesem Grund führte Alexios I. in seiner Kirchenreform des Jahres 1107 Wächter über die Lehre von Beichte und Beichtvätern ein[17].

2. Kult und ikonographisches Programm

Im Innern der Kirchen stellen Liturgie und Ikonographie zwei Vollzüge dar, die es, gemäß J. M. Spieser[18], miteinander in Beziehung zu setzen gilt, ist doch das ikonographische Programm von Mosaiken oder Fresken – von Narthex bis Apsis und bis in die Spitze der Zentralkuppel hinauf – Begleitung und Ausdruck des Ritus, der seinerseits die Umsetzung des Dogmas ist. Dieses ist demnach das eigentliche Thema der Dekorationen des 11. und 12. Jh., deren Geschichte in der zweiten Hälfte des 9. Jh. mit der Wiederzulassung der Bilder im Jahr 843 beginnt, genauer mit der heute zerstörten Neuen Kirche *(Nea)* Basileios' I. (867–886)[19]. Im Verlauf des 10. Jh. fand der von einer Mittelkuppel überwölbte Zentralbau in Kreuzform mit vier Seitenkuppeln allgemein Verbreitung. Der Ort der Eucharistiefeier, das eigentliche Heiligtum *(hieron)*, blieb von den Gläubigen, die sich im Schiff aufhielten, durch eine Schranke getrennt; diese entwickelte sich gegen Ende der byzantinischen Epoche zur Ikonostase (Bilderwand), wie sie heute bekannt ist: einer mit Ikonen bedeckten hohen Trennwand mit einem Durchgang in der Mitte („Heilige Tür")[20]. Das Bildprogramm

[13] Regestes Nr. 977 [982]/22–24 und 15.

[14] The Life of St. Irene Abbess of Chrysobalanton. A Critical Edition with Introduction Translation etc., hrsg. von J. O. Rosenqvist, Uppsala 1986.

[15] Niketas Stethatos, Vita Symeons des Neuen Theologen (949–1022), hrsg. von I. Hausherr – G. horn, Rom 1928, 110; vgl. auch H. J. M. Turner, St. Symeon the New Theologian and Spiritual Fatherhood, Leiden 1990.

[16] E. Patlagean, Les Stoudites, l'empereur et Rome: figure byzantine d'un monachisme réformateur, in: Bisanzio, Roma e l'Italia nell'alto Medioevo (Settimane di studio 34/1) Spoleto 1988, 429–460, hier 456; vgl. auch H.-G. Beck, Das byzantinische Jahrtausend, München 1978, 200.

[17] L'édit d'Alexis I^{e} Comnène sur la réforme du clergé, hrsg. von P. Gautier, in: REByz 31 (1973) 193, insbesondere 234–236.

[18] J. M. Spieser, Liturgie et programmes iconographiques (Centre de recherche d'histoire et civilisation de Byzance), in: Travaux et mémoires 11 (1991) 575–590.

[19] Vgl. Ch. Diehl, Manuel d'art byzantin II, Paris 1926, 496–504.

[20] Vgl. A. Grabar, Deux notes sur l'histoire de l'iconostase d'après les monuments de Yougoslavie, in: L'art

zeichnet demnach die in der Eucharistie manifeste Erlösungsgeschichte[21] nach, während das Schiff die Domäne des Irdischen bleibt. Die Ikonostase reiht die Heiligen und – näher beim Altar gelegen – die Märtyrer auf und präsentiert zwölf Feste: Verkündigung, Geburt Jesu, Präsentation im Tempel, Taufe, Auferweckung des Lazarus, Verklärung, Einzug in Jerusalem, Kreuzigung, Abstieg in die Vorhölle, Auffahrt, Pfingsten und Tod Mariens. Marias Lebensstationen entfalten sich im Narthex, während das Jüngste Gericht auf der Westwand, überhalb des Eingangs, dargestellt wird. Jenseits der Trennwand wird die irdische Kirche dargestellt. In der Apsis personifiziert ist sie in der betenden oder das Kind in den Armen haltenden Jungfrau Maria, der die Erzengel Michael und Gabriel zur Seite stehen. Der Bogen vor der Apsis trägt den „Himmelsthron“, Zeichen der Rückkehr Christi *(parusia)* und der Dreifaltigkeit zugleich[22]. Über dem Altar wird die Eucharistie durch die Hohenpriester des Alten Testaments und vor allem durch die Kommunion der Apostel dargestellt. Die Kuppel schließlich zeigt die himmlische Kirche, wo Christ der Weltenherrscher *(Pantokrator)* majestätisch thront, umgeben von Erzengeln und Aposteln, öfter noch von Propheten, während die Evangelisten in den Pendentifs dargestellt werden.

Dieses Grundprogramm ließ auch Variationen zu. Die Ikonographie Mariens wurde, in Anlehnung an Buchmalerei zum gleichen Thema, durch Episoden aus den Apokryphen ergänzt[23]. Unübersehbar ist eine zunehmende Klerikalisierung der Darstellungen, die in der Gestalt des Pantokrator gipfelt. In der Tat nahmen die Bischöfe im Bereich der irdischen Kirche einen immer bedeutenderen Raum ein[24]; damit einher ging eine Entwicklung der Darstellungen der Eucharistie – ihrerseits ein Bild für Christus, etwa des verstorbenen Christus –, so ist ab der zweiten Hälfte des 12. Jh. das Opferlamm bezeugt[25]. Im Altarraum wurde zuerst, bereits seit 1100, allein der Architrav der Pforte geschmückt, und zwar mit der Verkündigung. Nach und nach kamen, etwa zwischen Mitte des 11. und 13. Jh., die Ikonen hinzu, insbesondere die *Deesis* (Fürbittgebet), die Christus zwischen Maria und Johannes dem Täufer darstellt. Schließlich gab es in jeder Hauptkirche Seiten- und Nebenkapellen oder separate Kapellen, die entweder einem Heiligen geweiht waren oder dem Gedenken der Toten (Mönche des Klosters oder Laienstifter) dienten[26].

Reliquien und Ikonen

Reliquien oder Ikonen? Eine vielleicht bedeutungslose Alternative, solange es um die Volksfrömmigkeit geht. Der unglaubliche Reichtum des damaligen Konstantinopel an Re-

---

de la fin de l'Antiquité et du Moyen Age I, Paris 1968, 403–411; M. Chatzidakis, L'évolution de l'icône au 11e–13e siècle et la transformation du templon, in: Actes du XVe congrès international d'études byzantines I (1976), Athen 1979, 333–366.

[21] Kommentierte Beispiele in: O. Demus, Byzantine Mosaic Decoration. Aspects of Monumental Art in Byzantium, London 1948; J. Lafontaine-Dosogne, L'évolution du programme décoratif des églises de 1071 à 1261, in: Actes du XVe congrès (s. Anm. 20) 287–329.

[22] Vgl. G. Babić, Les discussions christologiques et le décor des églises byzantines au XIIe siècle, in: FMSt 2 (1968) 368–386.

[23] Vgl. J. Lafontaine-Dosogne, Iconographie de l'enfance de la Vierge dans l'Empire byzantin et en Occident, 2 Bde., Brüssel 1964 und 1965.

[24] Vgl. Ch. Walter, Art and ritual of the Byzantine Church, London 1948.

[25] Vgl. Babić, Les Discussions christologiques (s. Anm. 22).

[26] Untersuchung von Babić, Les chapelles annexes des églises byzantines. Fonction liturgique et programmes iconographiques, Paris 1969.

Ein besonders wichtiges Thema im ikonographischen Programm der Ostkirchen ist die Fürbitte für die Menschheit bei Christus durch Maria und Johannes den Täufer. Diese als *Deesis* bezeichnete Bildform findet sich ebenso in Miniaturen wie auf Ikonen und großformatigen Fresken und Mosaiken. – Deesis und Evangelisten. Miniatur (12. Jh.) in einem griechischen Evangeliar (Istanbul, Bibliothek des Patriarchats).

liquien ist im Abendland wie in Rußland allgemein bekannt und trägt zur byzantinischen Darstellung Konstantinopels als des Neuen Jerusalem bei[27]. Lange vor 1204[28] hatte sich die abendländische Begehrlichkeit manifestiert, als 1082 die Reliquien des Nikolaus von Myra geraubt und nach Bari überführt wurden[29]. Die Stätten von legendären oder geschichtlich verbürgten Heiligen wurden während des ganzen Jahres von Gläubigen verehrt, die eines der Wunder erwarten, von denen die mit dem Ort verbundene Hagiographie spricht[30]. Das Grab selbst, sodann die „Myrrhe“, die aus ihm hervorgeht, wie etwa im Falle

[27] Zu dieser Thematik vgl. A. Pertusi, Fine di Bisanzio e fine del mondo. Significato e ruolo storico delle profezie sulla caduta di Costantinopoli in Oriente e in Occidente, Rom 1988, IX–X.

[28] Vgl. das Werk von P. E. Riant, Exuviae Constantinopolitanae, 2 Bde., Genf 1877 und 1878.

[29] Vgl. A. Pertusi, Ai confini tra religione e politica. La contesa per le reliquie di S. Nicola tra Bari, Venezia e Genova, in: Quaderni Medievali 5 (1978) 6–56.

[30] Siehe etwa die Beschreibung der Wunder des heiligen Eugenios von Trapezunt, verfaßt von dem aus der gleichen Stadt stammenden Joannes Xiphilinos, Neffe des gleichnamigen Patriarchen, vgl. dazu H.-G. Beck,

der Monialen Theodora aus Thessalonike, oder aus dem Tabernakel fließt, wie bei ihrem Landsmann Demetrios, dann die Ikone und die wundersame Fülle des Öls in der Lampe vor der Ikone – all das waren Berührungspunkte zwischen dem Gläubigen und dem Leib des Heiligen[31]. Noch heute gibt es Reliquiare aus jener Zeit zu bewundern. An der Rolle der Ikonen als Bindeglied zwischen den dargestellten Gedanken und den sie anrufenden Gläubigen hat sich indes nichts geändert; für die Öffentlichkeit, den Privatgebrauch oder den kaiserlichen Hof gedacht, waren sie auf Holz gemalt oder in Email, Mosaik oder Stein ausgeführt und teilweise kostbar geschmückt[32]; auf sie blieb die griechische Frömmigkeit bezogen.

3. Die Liturgie, ihre Feste und ihre Heiligen

Die Liturgie fungiert als Begleitung im menschlichen Leben, als Zäsur im christlichen Kalender. Gelesen wird sie vor allem im *euchologion* (Gebetsammlung), das im Prinzip dem Brauch der Hagia Sophia folgt[33]. Die Textüberlieferung bezeugt Varianten je nach Entstehungszeit und Herkunft der Manuskripte und gibt Auskunft über die Gebetspraxis[34]; bestes Beispiel dazu ist die ritualisierte Verbrüderung, obwohl diese von der Kirche formell verboten ist[35]. Der Kalender regelt die Feste Christi, seiner Mutter, der Apostel und der Heiligen[36]. Ein fundamental wichtiges Manuskript aus dem 10. Jh. gibt in diesem Punkt über die Hagia Sophia Auskunft[37]. Ein Beschluß aus dem Jahr 1107 legte die vorgeschrie-

---

Kirche und theologische Literatur im byzantinischen Reich, München 1959, 557 und 629f. Vgl. auch B. Martin-Hisard, Trébizonde et le culte de Saint Eugène (6e–11e siècle), in: REArm NS 14 (1980) 307–343; BHG III, 610.

[31] Vgl. E. Patlagean, Theodora de Thessalonique. Une sainte moniale et un culte citadin (IXe–XXe siècle), in: S. Boesch Gajano – L. Sebastiani (Hrsg.), Culto dei santi, istituzioni e classi sociali in età preindustriale, Rom 1984, 45f.

[32] Aus einer umfangreichen Bibliographie seien erwähnt als Ausgangspunkt F. de' Maffei, Icona, pittore e arte al concilio Niceno II, Rom 1974; weiter D. und T. Talbot Rice, Icons and their Dating. A Comprehensive Study of their Dating and Provenance, London 1974; R. Cormack, Writing in Gold. Byzantine Society and its Icons, London 1986; G. Dagron, Mots, images, icônes, in: Destins de l'image. Nouvelle revue de psychanalyse 44 (1991) 151–168; außerdem H. Belting, Bild und Kult. Eine Geschichte des Bildes vor dem Zeitalter der Kunst, München 1990.

[33] Verfügbar ist die Ausgabe des Dominikaners Jacques Goar, Euchologion sive Rituale Graecorum ..., Paris 1647, Venedig 1730, (Ndr.: Graz 1960); vgl. A. Strittmatter, The „Barberinum S. Marci" of Jacques Goar, in: EL 47 (1933) 329–367. Ergänzend A. Dmitrievskij, Opisanie liturgičeskich rukopisej, II, Kiew 1901 (Ndr. Hildesheim 1901), eine Sammlung der Handschriften der östlichen Bibliotheken. Zu den Liturgiebüchern der griechischen Kirche vgl. Beck, Kirche und theologische Literatur (s. Anm. 30) 246–253. Texte mit textkritischer Einführung bei F. E. Brightman, Liturgies Eastern and Western I: Eastern Liturgies, Oxford 1896 (Ndr.: 1965); vgl. auch H.-J. Schulze, Die byzantinische Liturgie. Glaubenszeugnis und Symbolgestalt, Trier 1980. Zur Interpretation R. Bornert, Les commentaires byzantins de la divine liturgie, Paris 1966; vgl. auch O. Strunk, The Byzantine Office at Hagia Sophia, in: DOP 9–10 (1956) 175–202.

[34] Zahlreiche Untersuchungen zu den *euchologia* aus Unteritalien. Vgl. etwa A. Jacob, L'evoluzione dei libri liturgici bizantini in Calabria e in Sicilia dall'VIII al XV secolo con particolare riguardo ai riti eucaristici, in: Calabria bizantina, Reggio Calabria 1974, 47–69.

[35] Vgl. E. Patlagean, Christianisation et parentés rituelles: le domaine de Byzance, in: Annales ESC 3 (1978) 625–636.

[36] Vgl. V. Grumel, La Chronologie, Paris ^{4}1958, 319f.

[37] Le typikon de la Grand Eglise. MS Ste-Croix, N° 40, Xe siècle, hrsg. von J. Mateos, I: Le cycle des douze mois; 2: Le cycle des fêtes mobiles, Rom 1962 und 1963.

benen Fastentage fest[38]. Die Liste der ganz- oder halbtägigen Gerichtsfeiertage wurde von Kaiser Manuel I. im Jahr 1166 publiziert[39], um dem Mißbrauch ein Ende zu setzen, der die der Rechtsprechung unterworfenen Personen benachteiligte und Übertretungen begünstigte.

Der offizielle Heiligenkalender ist im *Synaxarion* der Hagia Sophia festgelegt, wo für jeden Tag eine Reihe von kurzen Einträgen vorhanden ist. Die Textüberlieferung zeigt, daß weder die Liste selbst noch die in ihr eingehaltene Reihenfolge einheitlich und starr fixiert sind[40]. Die Behörde konnte einen öffentlich gewordenen Heiligenkult verbieten – wie etwa zeitweilig im Fall von Symeon Studites – oder aber anordnen – wie im Fall der Gattin Joannes' II. Komnenos, Irene, nach deren Tod im Jahr 1134[41]. Gewöhnlich aber bewahrte die kollektive Frömmigkeit ihren im lokalen Brauchtum verankerten Charakter – das zeigt sich etwa im griechischen Unteritalien[42]. Die *Menologien*, Textsammlungen zu Heiligenfesten in ihrer Reihenfolge, enthalten detaillierte *Viten*[43]. Die wenigen erhaltenen Kataloge von profanen Bibliotheken aus jener Zeit beweisen, daß Gebetsbücher und *Menologien* dort durchaus ihren Platz hatten; für die Klosterbibliotheken waren sie eine Selbstverständlichkeit[44]. Die von den Stiftern – Mönchen oder Laien – erstellten liturgischen Regeln wiederum machten die individuelle Vorliebe für bestimmte Frömmigkeitsformen deutlich, indem sie je nach Feiertag die Bedeutung der Kerzen und des geweihten Brotes anders gewichteten.

Festtage

Die Jahresfeste der traditionell bedeutenden Heiligen erfreuten sich weithin großer Beliebtheit und eines anwachsenden Zustroms, sofern es sich um städtische Kulte handelte. Da die religiöse Feier eine große Menschenmenge anzog, konnte sie nämlich Anlaß für einen Jahrmarkt sein; beides – Fest des Heiligen und Jahrmarkt – wird mit dem Wort *panegyris* bezeichnet[45]. Beispiele sind das Johannesfest von Ephesos, das Eugeniosfest in Tra-

---

[38] Regestes Nr. 980 [985].

[39] Ius Graeco-Romanum I, hrsg. von P. und I. Zepos, Bd. 1, Athen 1931, IV.LXVII (397–402).

[40] Kritische Ausgabe von H. Delehaye, Synaxarium Ecclesiae Constantinopolitanae e codice Sirmondiano nunc Berolinensi, Brüssel 1902 (ActaSS Propylaeum Novembris); vgl. ders., Le Synaxaire de Sirmond, in: AnBoll 14 (1895) 396–434.

[41] Synaxarium (s. Anm. 40) 887[27]–890. Edition des „Synaxarie de Chifflet" von F. Halkin, L'impératrice Irène, fondatrice du couvent du Pantocrator, in: AnBoll 66 (1948) 29–30; vgl. G. Moravcsik, Die Tochter Ladislaus' des Heiligen und das Pantokrator-Kloster in Konstantinopel, in: Mitteil. des Ungar. Wissenschaftl. Instituts in Konstantinopel, 7–8, Budapest – Istanbul, 1923, 41 f.

[42] Vgl. E. Follieri, Il culto dei santi nell'Italia greca, in: La Chiesa greca in Italia dall'VIII al XVI secolo II, Padua 1972, 553–577.

[43] Vgl. J. Noret, Ménologes, synaxaires, ménées: essai de clarification d'une terminologie, in: AnBoll 86 (1968) 21-24. H. Delehaye, Les Ménologes grecs, in: AnBoll 16 (1897) 311–329, unterbreitet einen Rekonstruktionsvorschlag für das wichtigste Menologion, dessen Verbreitung in der zweiten Hälfte des 11. Jh. in Konstantinopel seinen Anfang nahm. Magistrale Erschließung der Thematik: A. Ehrhard, Überlieferung und Bestand der hagiographischen und homiletischen Literatur der griechischen Kirche, I–III, Leipzig – Berlin 1937–1952 (dazu: L. Perria, I manoscritti citati da Albert Ehrhard, Rom 1979).

[44] Vgl. J. Bompaire, Les catalogues de livres-manuscrits d'époque byzantine (XIe–XVe siècle), in: Byzance et les Slaves. Etudes de civilisation (Mélanges Ivan Dujčev), Paris 1979, 58–81.

[45] Vgl. Sp. Vryonis jr., The Panegyris of the Byzantine Saint. A Study in the Nature of a Medieval Institution, its Orgin and Fate, in: S. Hackel (Hrsg.), The Byzantine Saint, London 1981, 196–226.

pezunt oder das Demetriosfest in Thessalonike. Von letzterem existiert eine klassisch gewordene Beschreibung in Form einer Parodie auf die Höllenfahrt: der im 12. Jh. verfaßte *Timarion*[46]. In der gemeinschaftlich praktizierten Frömmigkeit standen indes Christus und die Gottesmutter an oberster Stelle. Hier waren Neuerungen zu verzeichnen: Die Liturgie der Karwoche erweiterte sich und integrierte Hinweise auf die Schmerzen der Gottesmutter; diese stammten aus den Klöstern der Metropole, angefangen beim Euergetis-Kloster, das bereits im 11. Jh. die Frömmigkeit der aristokratischen Laien förderte, während die Hagia Sophia erst im 13. Jh. nachzog. Diese bereits in der Vergangenheit angelegte neue Ausrichtung wurde dermaßen präsent, daß sie eine neue Ikonographie Christi erzeugte, jene des Schmerzensmannes, der auch in den Prozessionen zu sehen war[47].

Im 12. Jh. war der Herrscher das Vorbild für diese Frömmigkeit. In der Präambel des *typikon* seiner Christus Pantokrator geweihten Stiftung wandte sich ihm Joannes II. Komnenos sozusagen von Kaiser zu Kaiser zu, vergaß indes nicht, daneben eine der Barmherzigen Mutter *(Eleusa)* geweihte Kirche zu errichten. Er entfernte aus seinem Palast die berühmte *Hodegetria*-Ikone (Wegweiserin), die ihn in den Sieg über die Petschenegen im Jahr 1122 geführt hatte, und von nun an fand die wöchentliche Prozession zwischen dem Palast und der kaiserlichen Stiftung des Pantokrator-Klosters statt[48].

Öffentlich trug Manuel I. selbst den Stein, auf dem der tote Christus niedergelegt worden war und den er aus Ephesos hatte herbeischaffen lassen, damit er in sein eigenes Grabmal eingefügt und so verehrt werden konnte[49]. Auf den Sinngehalt derartiger kaiserlicher Gesten einzugehen ist hier nicht der Ort.

Der Kalender regelte aber nicht alles. Die Behörden konnten außerordentliche Fürbitten beschließen. Als Joannes, Patriarch von Antiocheia, unter dem zweifachen Druck von Petschenegen und Türken in der Hauptstadt blockiert war, rief er zum gemeinsamen Gebet der öffentlichen Körperschaften auf, und jeder Handwerker hatte zu diesem Zweck, ungeachtet der herrschenden fiskalischen Notlage, eine Öllampe zu kaufen[50]. Einige von allen seit alters verehrte Heiligtümer erhielten nicht nur am Jahresfest, sondern jeden Tag großen Zulauf: Man betete zur Lieben Frau von den Blachernen *(Blacherniotissa)*[51], von der lebenspendenden Quelle *(Zoodochos Pege)*[52] oder zur *Hodegetria*[53], in deren Heiligtum die Blinden um Genesung flehten. Die Reihe der Marienheiligtümer in Thessalonike ist ebenso lang[54]. Ganz Konstantinopel war im übrigen ein Wallfahrtsort; Beweis dafür ist jener abendländische, vielleicht englische Pilger mit Griechischkenntnissen, der gegen Ende

---

[46] Pseudo Luciano, Timarione, hrsg. von R. Romano, Neapel 1974, 54–59.

[47] Eine Entwicklung, die H. Belting analysiert in: An Image and its Function in the Liturgy: the Man of Sorrows at Byzantium, in: DOP 34 (1980) 1–16. Zu den Vorläufern vgl. D. I. Pallas, Die Passion und Bestattung Christi in Byzanz. Der Ritus – das Bild, München 1956.

[48] R. Janin, Le siège de Constantinople et le patriarcat œcuménique Paris [2]1969, 516.

[49] Niketas Choniates, Historia, hrsg. von J. A. van Dieten, Berlin 1975, 222/71 f.

[50] P. Gautier, Diatribes de Jean l'Oxite contres Alexis I Comnène, in: REByz 28 (1970) 5–55; zur Person des Patriarchen vgl. ders., Jean V l'Oxite, patricharche d'Antioche. Notice biographique, in: REByz 22 (1964) 128–157.

[51] Janin, Siège de Constantinople (s. Anm. 48) 161–171.

[52] Ebd., 223–228.

[53] Ebd., 199–207.

[54] R. Janin, Les églises et les monastaires des grands centres byzantins (Bithynie, Hellespont, Latros, Galèsios, Trébizonde, Athènes, Thessalonique), Paris 1975, 375–385.

Die Darstellung von Christus als Lehrer und Herrscher der Welt (Pantokrator) wird in der Kunst der Ostkirchen mit Vorliebe in der Kirchenapsis oder in der Kirchenkuppel angebracht. Unser Bild zeigt den von den 12 Aposteln umgebenen Christus Pantokrator in der Kuppel der Kirche Panagia Pammakaristos in Byzanz (12. Jh.).

des 11. Jh. dort seine Gebete verrichtete[55], oder der Russe Antonios, späterer Bischof von Novgorod, der die Stadt um 1200 besuchte[56] – das Neue Rom ist insofern tatsächlich ein Neues Jerusalem. Es waren aber auch Griechen auf den Wallfahrtsrouten zu den Heiligen Stätten in Palästina anzutreffen: etwa im 11. Jh. Marina aus Scanion auf Sizilien[57] und Lazaros Galesiotes[58], deren *Viten* sowohl von einem mehr oder weniger langen der Askese gewidmeten Aufenthalt wie von einer eigentlichen Pilgerfahrt in Palästina berichten; oder

[55] K. N. Ciggaar, Une description de Constantinople traduite par un pèlerin anglais, in: REByz 34 (1976) 211–267, mit dem aktuellen Stand der Quellenlage.
[56] Kniga palomnik. Skazanie mest svjatych vo Caregrade Antonija archiepiskopa Novgorodskago v 1200 godu, hrsg. von Hr. M. Loparev, in: Pravoslavnyj Palestinskij Sbornik 51 (1899) 1–39, übers. v. M. Ehrhard, Le livre du pèlerin d'Antoine de Novgorod, in: Romania 58 (1932) 44–65.
[57] Vita di Santa Marina, hrsg. von G. Rossi Taibbi, Palermo 1959, passim.
[58] Vita des Lazaros Galesiotes, ActaSS Novembris III, 513–517 (Kap. 14–23).

jener Joannes Phokas, der nach einer militärischen Laufbahn Mönch auf Patmos wurde und 1177 von Antiocheia nach Jerusalem reiste, wie er in einem Reisebericht festhielt[59].

Gewisse Gruppen hatten ihre eigenen Feierlichkeiten. Für den Kaiser, seine Angehörigen und den Hof galt der kaiserliche Kalender für Prozessionen und Gebete in den Kirchen des Palasts und der Hauptstadt[60]. Eine im 12. Jh. gefertigte Kopie eines Schriftstücks aus dem Jahr 1048 spricht ferner von der „Bruderschaft" von St. Maria von Naupaktos in Theben, die alljährlich eine Prozession organisierte[61]. Bis heute ist anscheinend kein weiterer ähnlicher Fall für das 11. und 12. Jh. bekannt[62]. In der Rede Eustathios' von Thessalonike nach der Eroberung der Stadt durch die Normannen im Jahr 1185 könnten sich indes zwei Hinweise auf Bruderschaften verstecken. Die Existenz der einen scheint gesichert: Eine „Bruderschaft" hatte während der Belagerung der Stadt die Thessalonizenser *Hodegetria*-Ikone in einem Prozessionszug durch die Straßen geführt – und diese hatte sich anschließend geweigert, in ihre Kirche zurückzukehren[63]. Die Existenz der anderen ist ungewiß: Die Rede ist von „jungen Männern", Dienern des hl. Demetrios, die, in Anlehnung an die Stadtmilizen der Spätantike, in der gleichen Situation unbewaffnet ihren Mut unter Beweis stellten[64]. In Konstantinopel wiederum feierten Frauen – anscheinend Textilfacharbeiterinnen – das Fest der Märtyrerin Agatha, während das Fest der Schutzheiligen der Notare von den Schülern und Lehrern des Notariats in einer karnevalesken Prozession gefeiert wurde[65]. Hier liegt indes bereits ein Grenzfall vor.

Es ist bekannt, daß die griechische Christenheit nicht bloß streng christliche Feiern kannte: Die Untersuchung der Trullanischen Synode hatte bereits am Ende des 7. Jh. eine noch für unser Jahrhundert zutreffende Beschreibung diesbezüglicher Zustände geliefert: Feiern, in die sich antike Karnevalsrituale, populäre Umsetzungen von sakramentalen Praktiken und slawische Einflüsse mischten. Die daraus hervorgegangenen Kanones wurden von den Kanonisten des 12. Jh. ausführlich kommentiert; Michael Psellos seinerseits berichtete im 11. Jh. darüber[66]. Im 12. Jh. dann gab sich die Patriarchatskirche strikt: Lukas Chrysoberges (1157–1169/70) verbot die szenischen Spiele am Fest der Schutzheiligen der Notare[67]; Michael III. (1170–1178) wiederum untersagte für das Jahresfest des Joannes Vorhersagen und Feuerbräuche[68]. Ein an einen bulgarischen Bischof gerichtetes kanonisches Schreiben der Jahrhundertwende wiederum verurteilte ein mit dem slawischen Wort für „Wochen" *(nedalai)* bezeichnetes Karnevalsfest *(satanika paignia)*[69]: Stets stan-

[59] PG 133, 927–962.

[60] Zu den Einzelheiten vgl. Janin, La Géographie ecclésiastique (s. Anm. 48) passim.

[61] J. Nesbitt – J. Wiita, A Confrery of the Comnenian Era, in: Byzantinische Zeitschrift 68 (1975) 360–384.

[62] Vgl. die Ausführungen von P. Horden, The Confraternities of Byzantium, in: W. J. Sheils – D. Wood (Hrsg.), Voluntary Religion, Oxford 1986, 25–45.

[63] Eustathios von Thessalonike, La espugnazione di Tessalonica, hrsg. von S. Kyriakidis, Palermo 1961, 142 (mit ital. Übers.) = The Capture of Thessaloniki, hrsg. von J. R. Melville Jones, Canberra 1988, 142 (mit engl. Übers.).

[64] Ebd., 94/25 (vgl. aber 124/22–24).

[65] A. Laïou, The Festival of ‚Agathe': Comments on the Life of Constantinopolitan Women, in: Byzantion (Festschrift A. Stratos) I, Athen 1986, 111–122.

[66] Vgl. G. A. Megas, Ho Mihael Psellos hos laographos, in: Laographia 25 (1967) 57–66.

[67] Regestes Nr. 1093.

[68] Ebd., 1140.

[69] P. Gautier, Moeurs populaires bulgares au tournant des $12^{e}/13^{e}$ siècles, in: Byzance et les Slaves (s. Anm. 44) 181–189.

den derartige Lustbarkeiten unter dem Verdacht des Paganismus. Dieses Schriftstück wie auch die Kommentare eines Theodoros Balsamon oder die Beobachtungen eines Eustathios von Thessalonike[70] machen deutlich, daß solche noch bis ins 20. Jh. hinein lebendigen Volksbräuche damals bereits existierten und daß sie vom gebildeten Klerus im 12. Jh. gezielt verfolgt wurden. So verfügte etwa Patriarch Nikolaos IV. Muzalon (1147–1151) die Verbrennung einer *Vita der heiligen Paraskeue*, die ein Dorfbewohner verfaßt hatte, und beauftragte einen Diakon mit der Abfassung eines angemesseneren Textes[71]. Es handelt sich dabei um eine „Karfreitagsheilige", eine bei Griechen und Slawen viel zu populäre Gestalt, als daß sie nicht hätte überwacht werden müssen[72].

4. Die Wortverkündigung

Kommen wir nach den Bildern und den heiligen Zeiten nun zur Wortverkündigung. An erster Stelle ein liturgischer Text, das *Synodikon der Orthodoxie*, in dem der Wiederzulassung der Bilder im Jahr 843 gedacht wird. Am Jahrestag dieses Ereignisses wurde es in allen Kirchen des Reiches öffentlich verlesen. Dabei wurden den versammelten Gläubigen auch Gebete für die Patriarchen, die Kaiser und Kaiserinnen sowie sorgfältig aufgearbeitete und auf die aktuellen Umstände zugeschnittene Bannflüche gegen die Häretiker vorgetragen. Das *Synodikon* ist demnach ein bedeutender Baustein des religiösen Gebäudes. Die Textüberlieferung gibt Aufschluß über geschichtliche Perioden – am ausführlichsten vielleicht über das Jahrhundert der Komnenen – und über regionale Varianten. Zugang ermöglicht die exzellente Aufarbeitung von Jean Gouillard[73].

Die Predigt gibt ebenfalls Aufschluß über die Verfassung von Klerus und Gläubigen. Ein Beispiel dafür ist die alljährlich vom Erzbischof von Thessalonike zu Ehren des heiligen Demetrios gehaltene Homilie[74]. Das urbane Lebensgefühl des 12. Jh. hat sicherlich viel beigetragen zur hohen Wertschätzung der sakralen Eloquenz in Konstantinopel und in der Provinz. In der Metropole wurde eine Predigtsammlung der Patriarchen, das sogenannte Patriarchenhomiliar benützt. Seine Hauptquelle scheint ein Homiliar des Joannes Xiphilinos (11. Jh.) zu sein[75]. Zu jener Zeit verehrte Athen außerhalb der Stadt den Bischof und Märtyrer Leonidas, dessen Enkomion Michael Choniates verfaßte[76]. Neben der Lobrede auf Demetrios verfaßte Eustathios von Thessalonike[77] eine Trauerrede über die Plünderung der Stadt durch die Normannen im Jahr 1185, worin er die moralische und geistliche Lehre aus der Katastrophe zieht[78]. In Unteritalien wiederum wurde der Autor eines unter mehreren Namen figurierenden Predigtzyklus schließlich als Philagathos, ein Zeitgenosse

---

70 Das von Ph. Kukules erstellte Repertorium Thessalonikes Eustathiu ta laographika, 2 Bde., Athen 1950, erstreckt sich vor allem auf den Alltag.

71 Regestes Nr. 1032.

72 K. Onasch, Paraskeva-Studien, in: OstKSt 6 (1957) 121–141.

73 J. Gouillard, Le Synodikon de l'Orthodoxie: édition et commentaire, in: Travaux et mémoires 2 (1967) 1–316.

74 BHG^3 534 und folgende.

75 Vgl. A. Ehrhard, Überlieferung (s. Anm. 43) III, 559ff; Beck, Kirche und theologische Literatur (s. Anm. 30), 631.

76 BHG^3 984.

77 Ebd., 539.

78 Eustathios von Thessalonike, La Espugnazione di Tessalonica (s. Anm. 63).

Rogers II., identifiziert; Philagathos, in Cerami bei Troina geboren, hatte eine monastische Ausbildung durchlaufen und war ein angesehener Prediger[79]. In Zypern wurden die Predigten Neophytos' Enkleistos (Neophytos' des Reklusen) über die Mauern seiner Einsiedelei hinaus bekannt[80]. Erwähnt seien auch die Marienpredigten des aus den Apokryphen oder aus der Marienikonographie[81] schöpfenden Mönchs Joannes aus dem Kloster Kokkinobaphos[82]; die beiden – identischen – Manuskripte wurden möglicherweise vom Autor selbst illuminiert[83]. Das sind einige Beispiele. Vieles harrt noch der Edition, und zweifellos wird es noch Diskussionen geben über die Hörerschaft und das Verhältnis zwischen den erhaltenen Texten und den tatsächlich gehaltenen Reden. Gleichwohl überrascht die Vielfältigkeit des Textgenus stets von neuem.

Ein großer Teil dieser Reden feierte Heilige, darunter viele frühe Heiligengestalten. Es gab aber auch hagiographische Aufarbeitungen zeitgenössischer Heiligen, die sich in eine Geschichte der christlichen Askesemodelle einreihen lassen. Noch immer sind die traditionellen Ableger der Hagiographie lebendig. Paulos etwa, Abt im Euergetis-Kloster, war Autor einer Spruchsammlung der Kirchenväter *(paterikon)*[84].

5. Das Unsichtbare und die Grenzen der Frömmigkeit

Aus den bisherigen Ausführungen geht hervor, daß es keine eigentliche Trennung zwischen den verschiedenen gesellschaftlichen und kulturellen Ebenen der griechischen Christenheit gab – gleiche Vorstellung von der sichtbaren und der unsichtbaren Welt, gleiche religiöse Praktiken auf allen Stufen der gesellschaftlichen Hierarchie, von einigen volkstümlichen Festen einmal abgesehen. Dasselbe galt auch für den Dämonenglauben und jene Verfahren, mit deren Hilfe die unsichtbaren Kräfte gebannt oder die Geheimnisse der Zukunft enthüllt werden sollten. Für das 11. Jh. ist Michael Psellos – Beobachter wie aktiver Teilnehmer – unser bester Informant[85]. Er kannte etwa *Gyllo*, den seit der Antike und bis ins Griechenland des 20. Jh. bekannten weiblichen Dämon, der als Gefahr für alle Neugeborenen galt[86]. Psellos' andere Schriften wiederum, etwa die *Vita des heiligen Auxentios*[87], zeigen, daß er die Dämonen als gefallene Götter und Engel betrachtete, eine ebenso alte

---

79 Philagathos von Cerami, Omilie I: Omilie per le feste fisse, hrsg. von G. Rossi Taibbi, Palermo 1969.

80 Vgl. C. Galatariotou, The Making of a Saint. The Life, Times and Sanctification of Neophytos the Recluse, Cambridge 1991.

81 Lafontaine-Dosogne, Iconographie de l'enfance (s. Anm. 23).

82 PG 127, 544–700.

83 Codd. Paris. gr. 1208 et Vat. gr. 1162.

84 J. M. Sauget, Paul Evergetinos et la collection alphabétique anonyme des Apophtegmata Patrum. A Propos d'un livre récent, in: OrChrP 37 (1971) 222–235.

85 Hinweise in J. Grosdidier de Matons, Psellos et le monde de l'irrationnel, in: Travaux et mémoires 6 (1976) 325–349. Ausgezeichnete Studie von K. Svoboda, La démonologie de Michel Psellos, Brno 1927. Neue Zuschreibung durch P. Gautier einer bisher Psellos zugeschriebenen berühmten Schrift, die er auf Ende des 13. oder Anfang des 14. Jh. datiert: Le „De Daemonibus" du Pseudo-Psellos, in: REByz 38 (1980) 105–194.

86 Vgl. J. C. Lawson, Modern Greek Folklore and Ancient Greek Religion. A Study in Survivals (1910), Ndr. mit Vorwort von K. N. Oikonomides, New York 1964, 177f. Text des Psellos zur „Gyllo", hrsg. von D. J. O'Meara, Michaelis Pselli Philosophica minora, Leipzig 1989, 164; cf. I. Sorlin, Striges et géloudes, in: Travaux et mémoires 11 (1991) 411–436.

87 P. P. Joannou (Hrsg.), Démonologie populaire – démonologie critique au XIe siècle. La Vie inédite de S. Auxence par M. Psellos, Wiesbaden 1971.

wie ambivalente Auffassung. Offenkundig entspringt sein Anliegen dem Neoplatonismus, und zwar in der bereits im 4. Jh. vorhandenen Variante, die im 11. Jh. durch die Blüte des klassischen Hellenismus im Gelehrtenmilieu wieder belebt wurde. Es wäre demnach zu ergründen, wie groß der Anteil solch antikisierenden Denkens ist; man kann sich aber auch fragen, ob Psellos, ein Leser Proklos' und Platons, nicht einfach ein beredter, weil gelehrter Zeuge einer ebenso beständigen wie verbreiteten Tradition ist, deren *thëourgia* – der Versuch des Menschen, durch Ritus sich die Gottheit gefügig zu machen – im Kleid des Neuplatonismus daherkommt. Tatsache ist, daß die ganze Epoche und die gesamte Gesellschaft Verfahren praktizierten, mit deren Hilfe das Unsichtbare gebannt werden sollte. Hier eine Episode aus der *Vita der Irene von Chrysobalanton*[88]: Eine junge Kappadokierin aus gutem Haus weist einen Verehrer ab, um ins Irenen-Kloster einzutreten; der junge Mann wendet sich an einen Zauberer aus seiner Provinz, der mit Hilfe des Teufels die arme Nonne in heller Leidenschaft für den verschmähten Geliebten entbrennen läßt; mit Hilfe von Maria, Anastasia und Basileios gelingt es Irene, den Zauber zu lösen; die Geschichte schließt damit, daß Anastasia und Basileios aus den Wolken ein Paket auf die Erde hinunterwerfen, das die Instrumente der magischen Operation enthält, nämlich zwei sich umarmende Bleifigürchen, die mit Haaren und Fäden zusammengebunden sind, zusammen mit anderen „Sachen" *(sophismata)*, auf denen der Name des Teufels und der ihm beistehenden Dämonen steht; alles wird verbrannt, und aus der noch glühenden Asche steigen Klagen auf. Eine derartige Episode führt ganz deutlich die Christianisierung antiker Vorstellungen vor Augen. Ebenfalls christianisiert sind die von André Grabar erforschten Amulette[89]. Auch die Astrologie war, selbst auf höchster staatlicher Ebene, ebenso wichtig wie zur Zeit der Antike; das beweist eine Eintragung der Kinder Alexios' I. auf einer Liste in der Reihenfolge ihrer Geburt, wobei, offensichtlich zur Erstellung von Horoskopen, für jedes Kind auch Geburtstag und -stunde eingetragen wurden[90].

Kaiser Manuel I. bediente sich regelmäßig der Astrologie, etwa um die Ausfahrt der Flotte zu bestimmen[91] oder wenn die Geburt eines Kindes bevorstand[92]. Der *Logothet* Johannes Kamateros widmete ihm ein Gedicht zu diesem schon damals alten und noch immer aktuellen Thema[93]. Auf dem Sterbebett schwor Manuel auf Drängen des Patriarchen diesen Praktiken ab und unterzeichnete eine entsprechende Erklärung[94]. Die Frage war nämlich kontrovers[95], gab es doch eine gute und eine schlechte Astrologie[96] und konnten sich hinter dem „Begriff Astrologie", so schreibt Choniates[97], „dämonische Machenschaf-

---

[88] The Life of St. Irene (s. Anm. 14) Kap. 12, 52–65.

[89] A. GRABAR, Amulettes byzantines du Moyen Âge, in H. CH. PUECH (Hrsg.), Mélanges d'histoire des religions, Paris 1974, 531–541.

[90] Die Liste der Kinder Alexios' I., hrsg. von A. P. KAZDAN, in: FS F. Altheim II, Berlin 1970, 233–237; P. SCHREINER, Die byzantinischen Kleinchroniken I: Einleitung und Text, Wien 1975, 54–56 (Chronik 5).

[91] CHONIATES, Historia (s. Anm. 49) 95/23 f.

[92] Ebd., 168/79 f.

[93] Vgl. H. HUNGER, Die hochsprachliche profane Literatur der Byzantiner II, München 1978, 242.

[94] CHONIATES, Historia (s. Anm. 49) 221/44.

[95] Catalogus codicum astrologorum graecorum V, 1, hrsg. von F. CUMONT u. a., Brüssel 1904, 108–125 (Kaiser Manuel verteidigt die Astrologie gegen einen Mönch aus dem Pantokrator-Kloster) und 125–140 (Erwiderung des Mönchs).

[96] GEORGES TORNIKÈS, Eloge d'Anne Commnène, in: GEORGES et DÉMÉTRIOS TORNIKÈS, Lettres et discours, hrsg. von J. DARROUZÈS, Paris 1970, 297.

[97] CHONIATES, Historia (s. Anm. 49) 148/84–85.

ten" verbergen. Anders gesagt, die Befragung der Gestirne ist im Grenzbereich einer verbotenen, des Paganismus verdächtigten und gleichwohl präsenten Aktivität anzusiedeln: der Magie.

Im Umkreis Manuels I. brachen dann auch mehrere Magie-Skandale aus. Den Schuldigen drohte die Blendung, die seit Jahrhunderten geltende Strafe für Staatsverbrechen und Sakrileg. Ein Jude aus Korinth, Isaak Aron, kaiserlicher Lateinübersetzer, besaß, nebst einem schildkrötenförmigen Gegenstand mit einem gefesselten Figürchen im Innern, ein „Buch Salomons", das Namen und Hierarchie der Dämonen aufführte, so daß er sie anrufen und sich ihrer bedienen konnte[98]. Zwischen 1134 und 1143 fand ein Prozeß vor dem Synodalgericht statt, der den Tod von Zoe, Gemahlin des Bruders von Alexios I., untersuchen sollte; Zoe war erkrankt und wurde mit magischen Verfahren behandelt[99]. Balsamon wiederum beschäftigte sich mit derartigen Praktiken in den Reihen des Klerus[100]. Choniates schließlich berichtete über die Blendung von Seth Skleros und Michael Glykas Sikidites[101]. Ersterer hatte einer jungen Frau, die ihn abgewiesen hatte, einen Apfel geschickt, der sie in Liebe entbrennen ließ. Letzterer, Gelehrter, Historiograph und Sekretär am Hof, gab seinen Gesprächspartnern Visionen ein, die sie verwirrten. Gezwungen, in den Mönchsstand zu treten, verfaßte er ein von der Synode als gottlos eingestuftes und von ihr 1199/1200 verbotenes Werk über die Eucharistie[102]. Magie, Ketzerei und antiker Polytheismus wurden nach wie vor mit repressiven Maßnahmen verfolgt.

Die christliche Überlieferung bewahrte noch ein weiteres Erbe. Im Februar 1195 antwortete Georgios II. Xiphilinos auf eine Anfrage des Patriarchen von Alexandreia betreffend die „verschiedenen Bücher, die im Osten und Süden im Umlauf sind unter dem Titel *Lehre der Apostel* oder *Visionen des Paulus*„; in seiner Antwort verurteilte der Patriarch einmal mehr diese frühe Literatur und verwies auf die alte Liste der kanonischen Bücher[103].

Ob offiziell, toleriert oder im Grenzbereich angesiedelt – alle Bestandteile der byzantinischen Frömmigkeit und Gläubigkeit des 11. und 12. Jh. werden auch in der veränderten Welt des 13. Jh. präsent sein.

---

[98] Ebd., 146/42–51. Ein zeitgenössischer jüdischer Reisender, Benjamin bar Jona von Tudela, unterschiebt den Juden in Byzanz eine „Wissenschaft der Namen" sowie die Fähigkeit, die Dämonen zu bannen; vgl. Tour du monde ou voyage du rabbin Péthachia de Ratisbonne, dans le douzième siècle, hrsg. u. übers. von E. Charmoly, Paris 1831 (aus dem Nouveau Journal Asiatique), 108–109.

[99] Regestes Nr. 1010.

[100] G. Rhalles – M. Potles (Hrsg.), Syntagma ton theion kai hieron kanonon I, Athen 1852, 140f.

[101] Choniates, Historia (s. Anm. 49) 147–149.

[102] Regestes Nr. 1195. Zu Michael Glykas Sikidites vgl. H. Hunger, Die hochsprachliche profane Literatur I (s. Anm. 94) 422f.

[103] Regestes Nr. 1184.

Literatur

R. Bornert, Les commentaires byzantins de la divine liturgie, Paris 1966.
F. E. Brightman, Liturgies Eastern und Western I: Eastern Liturgies, Oxford 1896 (Ndr.: 1965).
O. Demus, Byzantine Mosaic Decoration. Aspects of Monumental Art in Byzantium, London 1948.
J. Lafontaine-Dosogne, Iconographie de l'enfance de la Vierge dans l'Empire byzantin et en Occident, 2 Bde., Brüssel 1964 und 1965.
D. und T. Talbot Rice, Icons and their Dating. A Comprehensive Study of their Dating and Provenance, London 1974.
Sp. Vryonis jr., The *Panegyris* of the Byzantine Saint: A Study in the Nature of a Medieval Institution, its Origin and Fate, in: S. Hackel (Hrsg.), The Byzantine Saint. London 1981, 196–226.
Ch. Walter, Art and Ritual of the Byzantine Church, London 1982.

II. In der lateinischen Kirche

Von Michel Parisse

Wie viele Christen des 12. Jh. wußten über die eigene Religion Bescheid? Wie konnten sie sich in religiösen Dingen informieren? Der durchschnittlich gebildete Kleriker, der unablässig die Heilige Schrift meditierende Mönch, vielleicht auch der Stadtbewohner, der den Gottesdienst in der Kathedrale oder in einer der Hauptkirchen besuchte – sie alle konnten über Gott und die Trinität sprechen und die einzelnen Phasen des liturgischen Geschehens verstehen. Der Ritter wiederum, der eine Schenkung machte, wußte, wie die Präambel der Urkunde zu lauten hatte, die der Schreiber bei derartigen Gelegenheiten anzufertigen pflegte. Wie aber stand es um den Bauern, den einfachen Landbewohner, der in einem abgeschiedenen Weiler lebte? Informationen, Ratschläge und Erfahrungswissen holte er sich im sonntäglichen Meßbesuch, er entnahm sie den Warnungen der Priester und der religiösen Unterweisung im Elternhaus. Sein Wissen beschränkte sich im wesentlichen auf Gott, Christus und Maria; diese Gestalten waren ihm dank Gottesdiensten, Litaneien und gläubigem Gebet vertraut; weiter kannte er seine vom Priester vorgehaltenen Christenpflichten sowie die Heiligen, deren Statuen und religiöse Wandmalereien in der näheren Umgebung. Über den Glauben von Klerus und Adel gibt es gesicherte Erkenntnisse, über den Volksglauben hingegen herrscht eher Ungewißheit. Ein Punkt scheint indes gewiß zu sein, die christliche Religion wurde im 12. Jh. anders gelebt als in den Jahrhunderten zuvor – das belegen Texte und Fakten der damaligen Reformbewegung ganz deutlich.

1. Die Religiosität

Der Wissensstand des Volkes in Glaubenssachen war bis zum 10. Jh. vergleichsweise niedrig; nach dem Jahr 1000 mehrten sich dann die Anzeichen für ein intensiveres Glaubensleben. Deutlich wird das in verschiedenen religiösen Verhaltensweisen, die in der ersten Hälfte des 11. Jh. beargwöhnt wurden; in den Diözesen Turin und Orléans, Châlons-sur-Marne und Arras etwa vertraten Kleriker, gebildete und vermutlich auch ungebildete Menschen Ansichten und Theorien, um derentwillen sie streng gemaßregelt, verurteilt, ja gelegentlich sogar dem Feuertod überantwortet wurden. Sie traten ein für Abstinenz und Enthaltsamkeit, lehnten Ehe und Sakramente ab; Ademar von Chabannes nannte sie Manichäer[1]. Etliche Eremiten machten sich stark für Überzeugungen, die mit der damaligen laxen Praxis unvereinbar waren. Entstanden war die Eremitenbewegung im Norden der italienischen Halbinsel. Ihre Verfechter, etwa Nilus von Rossano, Romuald von Ravenna oder Johannes Gualbertus, pflegten auch Beziehungen zu Gleichgesinnten in Südfrankreich. In ihrer Tätigkeit beriefen sich die Eremiten auf das Evangelium und die Apostel und führten einen asketischen Lebenswandel; ihre Grundabsichten waren von großer Überzeugungskraft, wurden übernommen und fanden im Norden rasch Verbreitung. Erst beargwöhnt, wurden ihre Auffassungen teils schon bald übernommen und eifrig verteidigt, teils als häretisch eingestuft.

Verhalten und Lebenswandel von Klerikern wie Mönchen wurden grundsätzlich in Frage gestellt. Die Forderung nach Ehelosigkeit, die später von der Katharerbewegung radikalisiert wurde, galt indes zu jenem Zeitpunkt allein den Klerikern. Es ging nicht um die Bauern, wenn von Enthaltsamkeit und Keuschheit die Rede war; die Ablehnung galt nicht den Sakramenten, sondern den Klerikern und Mönchen, die sich nicht genügend oder überhaupt nicht um Fasten und Keuschheit kümmerten. Dies war z. B. auch die Einstellung der Pataria, jener Volksbewegung in Mailand, die sich dagegen wehrte, daß das göttliche Wirken durch unwürdige Spender vermittelt wurde. Ein Wiederaufleben der apostolischen Gemeinde, so wie es von den ersten Regularkanonikern angestrebt wurde, führte zur Abschaffung des individuellen Eigentums, zu Armut, Enthaltsamkeit und körperlicher Askese. Diese spontanen Aufbrüche, die in einer vom Reformgedanken noch nicht erfaßten Umgebung weder verstanden noch richtig interpretiert wurden, waren erste Anzeichen für eine vertiefte Frömmigkeit im 11. und 12. Jh.: Spektakulärster Ausdruck dieser Entwicklung waren die Gregorianische Reform und die Gründung von neuen Mönchs- oder Kanonikergemeinschaften; es vollzogen sich ferner diffusere, wenn auch nicht weniger tiefgreifende Umwälzungen, die alle Bereiche des christlichen Lebens und alle Gesellschaftsschichten berührten – Laien wie Kleriker, Frauen wie Männer, Arme wie Reiche.

Diese Aufbrüche werden zu gegebener Zeit im einzelnen behandelt werden; zum besseren Verständnis ihrer Vielfalt indes bereits an dieser Stelle einige Bemerkungen allgemeiner Art: Die vermehrte Aufmerksamkeit für Armut und Enthaltsamkeit, für Abstinenz und Askese war in erster Linie Ausdruck eines gewandelten Verständnisses von Evangelium und Glauben. Sie war auslösendes Moment des Angriffs auf simonistische und nikolaitische Priester, deren Unwürdigkeit abgelehnt wurde, und verlieh Liturgie, Messe und Sakramenten eine neue Dimension, die man von Entehrungen zu reinigen wünschte. Dieses gewandelte Verständnis zeugt von Christen, die ein intensives Glaubensleben führten, Fragen stellten und zu reagieren wußten. Sie lehnten mehrheitlich das klerikale oder monastische Milieu ab, in dem sie bisher gelebt hatten. Zu dieser Zeit verließen immer häufiger Menschen die Annehmlichkeiten des Klosters und eines wohlgeregelten Lebens, um Eremit zu werden, sich in die Einsamkeit zurückzuziehen und den direkten Kontakt mit Gott zu suchen – ein Weg, den erst der vollständige Bruch mit den Mitmenschen eröffnete. An-

[1] R. Morghen, Aspetti ereticali dei movimenti religiosi popolari, in: I laici nella „Societas Christiana" dei secoli XI e XII. Atti della terza Settimana internazionale di studio Mendola (21–27 agosto 1965), Mailand 1968, 582–596. Zu den Quellen dieser Bewegungen vgl. I. da Milano, Le eresie popolari del secolo XI nell'Europa Occidentale, in: SGSG 2 (1947) 43–89. R. Manselli, Studi sulle eresie del secolo XII, Rom 1953.

dere waren in ihren Forderungen weniger radikal, hielten aber diese Zäsur für unumgänglich und verlangten mehr Erleuchtung und Weisheit, wie es die Schriften einiger Kleriker aus Orléans bezeugen. Solche Bekehrungen waren der Hierarchie unerträglich. Aber die in Gang gekommene Bewegung war stärker und zog besonnene und lebenserfahrene Menschen in ihren Bann. Bruno der Kartäuser, Robert de Turlande, Robert von Arbrissel, Robert von Molesme – sie alle waren um die Vierzig, als sie einen neuen Lebensabschnitt begannen und zu Ordensgründern wurden. In Scharen folgten erwachsene Menschen den Wanderpredigern, die ihnen zwar einen äußerst harten Lebenswandel abverlangten, aber in einer noch nie zuvor gehörten Weise von Gott sprachen.

Während sich die Massen für das Leben in der Abgeschiedenheit begeisterten, stellte sich zum selben Zeitpunkt, ebenfalls im Westen des Königreichs Frankreich, ein aus Italien stammender und in der Abtei von Bec in der Normandie lebender Mönch Fragen grundsätzlicher Art: Anselm von Canterbury, dessen Programm „Glaube dank Einsicht" *(fides quaerens intellectum)* lautete, fragte sich: „Weshalb ist Gott Mensch geworden?"[2] Dieser außergewöhnliche, völlig in die Betrachtung der Geheimnisse Gottes versenkte Mensch wollte seinen Verstand einsetzen, während er zugleich mit seiner ganzen Glaubenskraft zu verstehen trachtete. Er brach mit der karolingischen Überlieferung, die jede Argumentation auf die *auctoritates* – die Heilige Schrift und die Kirchenväter – stützte, und bediente sich der eigenen Vernunft. Das Vorgehen war nicht ungefährlich, und einige seiner Freunde verurteilten ihn ebensosehr, wie andere seine Kühnheit priesen. Anselms heiligmäßiges Leben, seine reformerische Tätigkeit in der Normandie und in England ließen es indes nicht zu, seinen denkerischen Versuch, die Inkarnation neu zu begründen, unter Verdacht zu stellen. Seine Fragestellungen und seine Neugier finden sich in gewisser Weise in einigen Ausformungen des Glaubens im 12. Jh. wieder: intensivierter Marienkult, gesteigertes Interesse an der Passionsgeschichte, Anbetung der auf dem Altar ausgestellten Hostie, direktes Gegenüber mit Gott in der persönlichen Beichte. Diese Dinge betrafen alle Christen. So ist es denn nur folgerichtig, daß ihre Gemeinschaft unter diesem Aspekt untersucht wird.

a) Für ein Leben im Jenseits

Die nichtchristlichen religiösen Überzeugungen und Praktiken, die das Christentum zur eigenen Durchsetzung unterwandert hatte, waren zwar noch auf vielerlei Weise präsent: Furcht vor Ungewißheit und Schicksalsschlägen sowie vor Wille und Macht der Gottheit, magischer Einsatz von Kreuzzeichen zur Abwehr des Bösen, Kniefall, Ehrfurcht vor dem Heiligtum, Verehrung der Heiligenstatuen und der konsekrierten Hostie, magische Wiederholung auswendig gelernter, unverstandener Worte, schließlich auch schmerzliche und brutale Infragestellung, falls die Anrufung unerhört blieb. Nicht zu übersehen ist indes, daß das religiöse Denken an Tiefe gewann, und zwar in Richtung auf einen vertrauens- und hoffnungsvoll gelebten Glauben. Der Behinderte, der Kranke, der von Hunger und schlechter Witterung heimgesuchte Bauer, die um ihre verstorbenen Kinder trauernde Mutter – sie alle nehmen Gottes Urteil an und tragen die Last der eigenen Sünden und Un-

---

[2] Anselm von Canterbury, Opera omnia, hrsg. von F. S. Schmitt, I, 1938, II–VI, 1946–61: Epistola de Incarnatione Verbi (Lehrbrief über die Fleischwerdung des Wortes), in: I, 277–290 (1. Red.), und II, 1–35 (2. Red.); Cur Deus homo. Warum Gott Mensch geworden ist, hrsg. von F. S. Schmitt, München 1956.

zulänglichkeiten. Der die Armen mißhandelnde Ritter, der rücksichtslose Lehnsherr, der willkürlich und eigennützig rechtsprechende Graf – sie alle wissen, daß sie ihre weltlichen Güter gegen die himmlischen Güter, das allein zählende ewige Leben, aufgeben müssen: Der Arme verschenkt seine geringe Habe, und auch der Reiche muß sich seiner Besitztümer entledigen. Die Unterwerfung unter Gott ist auch ein Mittel, das Leben im Jenseits nicht zu gefährden, denn was nach dem Tod geschieht, beschäftigt jeden. Der Teufel ist stets auf Erden und sucht nach geeigneten Opfern, um die Hölle zu bevölkern, man kennt und sieht ihn, man stellt ihn sich vor und beschreibt ihn: Er wird dargestellt als Bock oder Schlange, als Mensch oder Monstrum, mit den Höllenflammen sowie den Qualen und Hilferufen derjenigen, die er verführt hat. Als Gegensatz dazu das Paradies: Es bietet seine fruchtbaren Bäume an, die ewigen Freuden des Lebens mit Gott und den Heiligen für all jene, die die Gebote des ersteren befolgten und letzteren nachlebten. Dazwischen das Fegefeuer, verstanden als ein Ort des Wartens und der Hoffnung der losgekauften Seelen[3]. Die Angst vor dem Tod erklärt viele Verhaltensweisen: die frühe Abfassung des Testaments, die großzügige Schenkung oder Stiftung, den Brauch, sich auf dem Sterbebett ins Mönchsgewand kleiden zu lassen. Als Ideal gilt der Akt der dreifachen Selbsthingabe von Beten, Fasten und Almosengeben, also im Dialog mit Gott, in Entbehrung und Nächstenliebe das Leben derjenigen zu führen, denen der Schritt gelungen war: Heilige, Märtyrer, Apostel, Christus.

b) Gebet, Almosen und Fasten

Die Christen beteten; sie lernten Gebetsformeln auswendig, nahmen je nach Möglichkeiten und Umständen Gott zum Zeugen oder riefen die Heiligen um Hilfe an[4]. Jeder sollte seinen Glauben im *Credo*, im Nizänischen Glaubensbekenntnis, ausdrücken können und dabei die grundlegenden Sätze des christlichen Glaubens aufzählen: *Credo in unum Deum*, was nicht heißt „ich glaube an Gott", sondern „ich glaube an den einen und einzigen Gott" – eine feierliche Bekräftigung dem Heidentum gegenüber[5]. Es war Aufgabe des Priesters, das *Credo* am Sonntag seinen Gemeindemitgliedern zu erläutern und es den Sterbenden vorzusprechen. In der Heiligen Schrift waren die beiden Hauptgebete, die Grundlagen der Alltagsfrömmigkeit, überliefert: Das *Pater noster* (Vaterunser), der von den gelehrten Mönchen inbrünstig rezitierte oder aber heruntergeleierte Anruf Gottes, und das *Ave Maria*

[3] J. Le Goff, Die Geburt des Fegefeuers, Stuttgart 1984.

[4] La prière au Moyen Age (littérature et civilisation), Sénéfiance 10, Paris 1981, enthält insbesondere für diese Epoche: D. Buschinger, La prière dans le Rolandslied, 45–66; D. Colombani, La prière du coeur dans Les Miracles de Notre-Dame de Gautier de Coinci, 73–90; M. de Combarieu, La prière à la Vierge dans l'épopée, 91–120; Ch. Connoche-Bourgne, La prière à travers l'Image du Monde, 133–146; G. Gouiran, La prière comme indice des idées religieuses de Bertrand de Born, 283–298; J. Larmat, Prières en cours de tempêtes en mer, 349–360; H. Legros, Les prières d'Isembart et de Vivien, dissemblances et analogies: la fonction narrative de la prière, 361–373. Vgl. außerdem A. Wilmart, Le manuel de prières de saint Jean Gualbert, in: RBen 48 (1936) 259–299; ders., Les prières de saint Pierre Damien pour l'adoration de la croix, in: RevSR 9 (1929) 513–526; J. Leclercq, Prières attribuées à Guillaume et à Jean de Fruttuaria, in: Monasteri in alta Italia dopo le invasioni saracene e magiare (sec. X–XII), Turin 1966, 159–166. Als letztes Werk sei erwähnt: N. Bériou u. a. (Hrsg.), Prier au Moyen Age. Pratiques et expériences (V^{e}–XVe siècles), Turnhout 1991.

[5] R. Manselli, La religion populaire au Moyen Age. Problèmes de méthode et d'histoire. Conférences Albert-le-Grand 1973, Montreal 1975, 48.

Die mittelalterliche Ikonographie kennt den Teufel, der die Welt verderben will und selbst Christus verführen wollte, in vielerlei fratzenhaften Gestalten: Versuchung Christi, Kapitell (12. Jh.) in der Kathedrale Saint-Lazare in Autun.

(Engelsgruß), worin das Geheimnis der Inkarnation erwähnt wird. Der Heilige Geist wird mit Hilfe des *Credo* diskreter in Erinnerung gerufen. Die drei zentralen Gestalten des Gebets sind Gottvater, Jesus Christus und Maria; ihnen gilt in erster Linie die Anrufung der Armen und Schwachen[6].

Angerufen, gepriesen oder angefleht – Gott ist das Zentrum des Alltags, er selbst oder seine Vertreter, von denen man sich Beistand erhofft. Zu ihnen schreit das Herz, rezitiert der Mund, und Ergriffenheit erfaßt den ganzen Körper: Die Arme werden erhoben, das Knie gebeugt, man wirft sich nieder, um den Boden zu berühren, den Mund im Staub, die Arme ausgebreitet[7]. Die Geste ist schön, die Wiederholung erwünscht: Zahllos sind die Kniebeugen der Asketen, die Knie werden rauh, die Muskeln gestählt. Dem asketischen Christen ist das Privileg verliehen, den Tod Christi und die Hinfälligkeit des Menschen zu beklagen, er will mit der Jungfrau Maria weinen, das Martyrium der Heiligen beklagen und vergießt reichlich Tränen, um so seine Teilnahme an den schmerzensreichen Geheimnissen auszudrücken[8].

---

[6] In Anselm von Canterburys Gebeten sind Jesus und Maria gemeinsam erwähnt.

[7] J.-Cl. Schmitt, La raison des gestes, Paris 1990.

[8] DSp IX (1976), „larmes", 296–300. Vgl. Prier au Moyen Age (s. Anm. 4) und Einführung von G. Achten, in: Das christliche Gebetbuch im Mittelalter. Andachts- und Stundenbücher in Handschrift und Frühdruck (Ausstellungskatalog), Wiesbaden [2]1987.

Das Gebet, die Anrufung der Gottheit, hat unterschiedliche Ausdrucksformen. Eine davon ist das häufig improvisierte Stoßgebet: Das Gebet des Kranken, der sich zum Grab des Heiligen schleppt und um Genesung fleht, das Gebet des Ritters, der sich in die Schlacht stürzt, das Gebet des Matrosen, der sich auf stürmischer See befindet. In ruhigen Stunden kommen andere Gebetsformen zum Ausdruck: die unablässige Wiederholung der Litaneien, jener langen Liste der allgemein und lokal verehrten Heiligen, die Aufzählung der Tugenden der Jungfrau Maria in bildhafter Sprache: Meeresstern, Himmelspforte, himmlische Fürsprecherin. Andere haben einen noch größeren Gebetsschatz: Sie erfinden Gebete, rezitieren das Miserere, lesen die Psalmen, beten ein- oder mehrmals am Tag die sieben Bußpsalmen oder sogar den ganzen Psalter. In der Tat erfreuen sich die Psalmen großer Beliebtheit. Sie sind die verbreitetsten, bekanntesten und am häufigsten zitierten alttestamentlichen Texte; in einem Buch zusammengefaßt, stellen sie, als direkte Anrufung der Gottheit, einen unvergleichlichen Schatz von Meditationen dar. In den reichverzierten Psaltern wird jede neue Folge mit einer schon bald stereotypisierten Initiale geschmückt[9]. Eine Steigerung stellen die auf einen bestimmten Anlaß zugeschnittenen, im Rituale enthaltenen gelehrten Anrufung dar: Das Gebet für den König, der gekrönt, für die Äbtissin, die geweiht wird, die Bitte um Regen oder Sonne, um die Befreiung eines Gefangenen – die Liste ist lang, sehr lang[10]. Diese Gebete sind in den Büchern von Klerikern und Mönchen, aber auch in privaten Gebetbüchern im Besitz von Königen oder Nonnen zu finden[11].

Neben dem Gebet gehörte auch das Almosen zum religiösen Alltag. Es war milde Gabe für den Armen, Schenkung an eine Kirche oder für den Priester. Es gilt: „Gott zurückgeben, was Gott gegeben hat"; „die vergänglichen materiellen Reichtümer gegen die ewigen Güter eintauschen"; „das Almosen löscht die Sünde, wie das Wasser das Feuer löscht"; „macht euch keinen Gott aus dem Geld" – zahllos sind die in den Stiftungsurkunden wiederholten Formeln. Am besten überliefert sind die auf Pergament festgehaltenen Schenkungen an Kirchen, es sind dies Almosen im Austausch gegen Gebete; da sie den Stifter viel kosten, sind sie so wichtig, daß sie die Abfassung eines Textes vor Zeugen rechtfertigen. Aber es gibt auch alle jene Almosen, die in den von Pilgern verbreiteten Wundererzählungen erwähnt werden: Der am Stock ging, opferte seinen kostbarsten Schatz; die Mutter des Behinderten trennte sich von einem unentbehrlichen Stück Vieh; der Bauer legte Gemüse, Korn, Geflügel auf den Altar, und der Lehnsherr spendete einige Geldstücke. Der an Festtagen besonders wichtige Schenkungsritus ist mit dem Ritus des Offertoriums in der Messe verknüpft; der entsprechende Umfang ist nicht eigens festgelegt, aber von der Über-

---

[9] Der Psalter enthält 150 Psalmen. Vgl. V. Leroquais, Les Psautiers manuscrits latins des bibliothèques publiques de France, 3 Bde., Mâcon 1940–1941. A. Haseloff, Die Psalterillustration im 13. Jahrhundert, Kiel 1938. Es gibt verschiedene Formen der Buchmalerei; am häufigsten ist die geschmückte Initiale am Anfang der verschiedenen Psalmfolgen: Psalm 1, 26, 38, 52, 68, 80, 97, 109.

[10] J. Deshusses, Le Sacramentaire grégorien. Ses principales formes d'après les plus anciens manuscrits, Freiburg i.Ue. 1971–1982. C. Vogel – R. Elze, Le pontifical romano-germanique du Xe siècle, 3 Bde., Vatikanstadt 1963–1972. Zu den Segensgebeten vgl. auch A. Franz, Die kirchlichen Benediktionen im Mittelalter, 2 Bde., Graz 1960.

[11] J. A. Endres – A. Ebner, Ein Königsgebetbuch des elften Jahrhunderts, in: St. Ehses, Festschrift zum elfhundertjährigen Jubiläum des deutschen Campo Santo in Rom, Freiburg i. Br. 1897, 296. Ein Gebetbuch für Nonnen ist erhalten geblieben: München Clm 14848 (12. Jh.), vgl. F. X. Haimerl, Mittelalterliche Frömmigkeit im Spiegel der Gebetbuchliteratur Süddeutschlands, München 1952. Vgl. mit weiterer Literatur LexMA IV (1989), „Gebetbuch" (J. M. Plotzek), 1159–1161.

lieferung fixiert. An erster Stelle steht indes das Almosen für den Armen, den Schwachen und Unglücklichen. Und Hungrige gab es zu jener Zeit viele.

Verpflichtung zur Buße, aber auch zur Anteilnahme am Darben des Nächsten – sie zwingt zu Fasten und Enthaltsamkeit. Zu bestimmten Zeiten des Jahres war der Verzicht auf Nahrungsmittel zwingend: Der Verzicht auf Fleisch wirkte sich kaum aus auf eine Bevölkerung, die sich hauptsächlich von Getreide, Gemüse und Eiern ernährte; Auswirkungen hatte er nur dann, wenn er sich über eine lange Zeit, etwa die Fastenzeit[12] erstreckte. Der Karnevalsdienstag war der Auftakt zur Fastenzeit, gefolgt vom Aschermittwoch und dem ersten Fastensonntag: Bis Ostern war nun jeder Fleischverzehr verboten, und der Fleischer wurde zum Fischhändler. Wer sich zwei Mahlzeiten am Tag leisten konnte, der mußte in der Fastenzeit mit einer einzigen vorlieb nehmen. Die *Consuetudines* (Gewohnheiten, Weisungen) behandelten dieses Thema, besaßen doch Mönche und Kleriker die Mittel, sich angemessen zu ernähren; sie enthielten lange Abhandlungen über die genaue Definition von Fasten und Enthaltsamkeit, von erlaubtem und verbotenem Fleisch, von Vierbeinern und Geflügel[13]. Die Strengsten stellten keine Fragen, sondern verzichteten eisern; einige dehnten die Fastenzeit stark aus, ließen sie bereits am 1. September oder am Tag nach dem Fest Kreuzerhöhung[14] beginnen und erhöhten so die Zahl der Pflichtfasttage.

c) Eine Religion der Inkarnation

Der Christ will Christus nachahmen, der Mensch geworden war und so den Weg aufzeigte. Das Evangelium beschriebt diesen Weg, seinen Aufforderungen ist Folge zu leisten. Die Jungfrau Maria wurde mehr denn je zur bevorzugten Fürsprecherin. Maria ist, gemäß den Worten des hl. Bernhard, ein Aquädukt, der das Gebet weiterbefördert, sie ist die Leiter des Sünders, mit deren Hilfe er zum Gipfel gelangen kann – eine Vermittlerin dank ihrer jungfräulichen Mutterschaft. Das 12. Jh. war für den Marienkult zweifellos eine Zeit der Blüte. 1134 beschloß das Generalkapitel von Cîteaux, ihr alle Klöster des Ordens zu weihen; die Prämonstratenser taten es ihnen, von einigen Ausnahmen abgesehen, gleich. Maria, „Unsere Liebe Frau", wurde als thronende Gottesmutter dargestellt, triumphierend wie ihr Sohn; auch ihre Aufnahme in den Himmel wurde gefeiert. Ihre Jungfräulichkeit wurde zum obersten Ziel, hinter dem Keuschheit und Enthaltsamkeit zurücktraten. Maria wurde eine derart hohe Stellung zugewiesen, daß sogar Mittelspersonen nötig wurden. Eine dieser Gestalten ist Maria Magdalena, die reuige Sünderin, der ein eigener Kult eingerichtet wird[15].

---

12 Zur Fastenzeit vgl. P. Jounel, in: A. G. Martimort (Hrsg.), L'Eglise en prière IV., Paris ²1983, 78–90. DThC II/2 (1905), „carême", 1736–1744. Weitere deutschsprachige Literatur in: LexMA IV (1989), „Fasten, -zeiten" (W. Dürig u. a.), 304–307.

13 Die Auseinandersetzung ging um die zeitliche Begrenzung der Fastenzeit und die anderen – variablen oder fixen – Fastentage im Jahr sowie um den Zeitpunkt des Fastenbrechens: legal Abend und Vesper, in Wirklichkeit indes eher die Non.

14 Es bestehen zahlreiche Varianten; vgl. DACL VII/2 (1927) 2481–2501 (F. Cabrol); V. Staley, The Fasting Days Appointed to be Observed in the English Church, ²1899; A. J. Maclean, Fasting and Abstinence, in: W. K. L. Clarke (Hrsg.), Liturgy and Worship, London 1981, 245–256. C. Bannum, Holy Fast and Holy Fest, New York 1984.

15 V. Saxer, Le culte de Marie Madeleine en Occident des origines à la fin du Moyen Age, 2 Bde., Auxerre

Die Verehrung der Gottesmutter Maria, vor allem durch die Orden, führte im späteren Mittelalter zur Ausbildung des Bildtyps der Schutzmantelmadonna. Diese Bildform, bei der Maria wie auf dem Bild des Jan Prevost (15. Jh., Douai, Musée de la Chartreuse) Mitglieder des Zisterzienserordens mit ihrem Mantel einhüllt, verkörpert die alte Rechtsform der Oblation, die durch Bedecken des Oblaten mit dem Mantel vollzogen wurde.

Maria, dargestellt als Thronende, schenkt der Menschheit ihr Kind. Dessen Menschwerdung ist zentrales Ereignis des Christentums. Für Wilhelm von Saint-Thierry galt die Meditation des Leidens Christi soviel wie der Kommunionempfang[16]. Gegen Ende des 12. Jh.

1959. Marie Madeleine: Figure inspiratrice dans la mystique des arts et des lettres, hrsg. von E. Duperrray (Ausst.Kat.), Paris 1989. Vgl. LexMA VI (1993), Art. „Maria Magdalena" (U. Liebl), 282–284.

[16] Epistola ad fratres de monte Dei, I, 10 (PL 184, 327), zit. nach E. Cattaneo, La partecipazione dei Laici alla liturgia, in: I laici (s. Anm. 1) 407 f.

hatte ein Teil der christlichen Länder begonnen, den Jahresbeginn auf den 25. März festzulegen[17]. Die Passion Christi wurde mit neuer Inbrunst gelebt, und die Osterwoche war mehr denn je der Höhepunkt des liturgischen Jahres. Während dieser Woche verbot die *Treuga Dei* jegliche Kriegshandlung und zwang die Eheleute zur Enthaltsamkeit. Die drei Tage zwischen Abendmahl und Auferstehung wurden szenisch umgesetzt: In der Karwoche wurde das Evangelium von drei Stimmen vorgetragen; zum anonymen Chronisten kam der Tenor, der die Worte Christi sprach, und der Chor, der ihm antwortete. Maskierte Gestalten spielten das Drama. Höhepunkt war der Besuch der heiligen Frauen am Grab: „Quem quaeritis?“[18]

Hochgeschätzt war die Wallfahrt ins Heilige Land und zum Heiligen Grab. Die heiligen Stätten wurden besucht, und jeder vollzog im Geiste die Etappen der Passionsgeschichte nach. Nachdem die Muslime Jerusalem erobert hatten und den Zugang zum heiligen Tempel behinderten, wurde die Befreiung der Stadt zur Sache der Christenheit. Mit einfachen Worten gelang es Petrus von Amiens mühelos, Tausende von Männern zum Aufbruch nach Palästina zu bewegen; die Ritter folgten. Der Sieg vom 15. Juli 1099 machte den Weg frei für neue Kreuzzüge, für unablässige Reisen und für die Herstellung eines heiligen Bandes zwischen Ost und West. In der Tat war der Kreuzzug ins Heilige Land beherrschendes Ereignis des 13. Jh. Der Pilger, der das Kreuz genommen hatte, wußte bei der Abreise, daß er möglicherweise nicht zurückkehrte, daß er den Weg eines verheißungsvollen Todes ging, den Weg des Märtyrertums im Kampf um den Glauben; das galt selbst dann, wenn er sein Ziel nicht erreichte und nicht unter dem Schwerthieb eines Sarazenen umkam. Wer alles verlassen und viel gelitten hatte, der kam dem menschgewordenen Gottessohn näher.

Christus war schließlich Mittelpunkt der Schriftinterpretation. Seit langem hatten Kirchenväter und Theologen erfolgreich nach Figuren gesucht, die Christus sowie die zentralen Ereignisse und Fakten seines Lebens im Alten Testament ankündigten. So sah man in Melchisedek, dem Priesterkönig, ganz selbstverständlich Christus, so wie man in Samson, aus der Gewalt seiner Feinde aus dem Tempel von Gaza entflohen, den Vorläufer des sein Grab verlassenden Jesus sah. In der Mitte des 12. Jh. gipfelte die Versenkung in dieses Thema dann in der Darstellung dieser „Typologie“ innerhalb eines vollständigen Bildzyklus; schönstes Beispiel dafür ist der Flügelaltar (1181), den Nikolaus von Verdun auf Anregung von Propst Wernher für die Regularkanoniker von Klosterneuburg schuf. Dargestellt werden drei parallele Etappen: vor dem Gesetz, nach dem Gesetz (d. h. nach dem Empfang der Gesetzestafeln durch Mose) und schließlich im Gnadenstand. Die ersten Bilder ziehen folglich eine Parallele zwischen Isaak, Samson und Jesus bezüglich der Verkündigung ihrer Geburt, der Darbringung des Neugeborenen und dessen Beschneidung; in gleicher Weise wird die Anbetung der Weisen flankiert vom Opfer des Priesterkönigs Melchisedek und der Huldigung Salomos durch die Königin von Saba; in diesem Stil wird es bis zur Himmelfahrt Christi und dem Jüngsten Gericht fortgeführt[19]. Ähnlich konzipierte Darstellungen finden sich in Glasmalerei, Buchmalerei und Skulptur. Die Christen hatten gelernt, in den Männern, die eine riesige Weintraube an einer Stange trugen, die symbolische Darstellung des Alten und des Neuen Testaments zu sehen – Gestalten, die die Frucht des Weinstocks umgaben, deren Wein zum Symbol des Blutes des Gekreuzigten wurde.

---

[17] A. Giry, Manuel de Diplomatique, Paris 1891.

[18] K. Young, The Drama of the Medieval Church, 2 Bde., Oxford 1933.

[19] F. Röhrig, Der Verduner Altar, Klosterneuburg 1955.

Die Regularkanoniker schenkten gerade dieser Darstellung ihre besondere Aufmerksamkeit.

d) Der Heiligen- und Reliquienkult

Der Reliquienkult nimmt im Leben des Christen einen wichtigen Platz ein[20]. Ohne strikte Kontrolle des Papsttums konnte ab Mitte des 12. Jh. kaum noch jemand in die Reihen der Heiligen aufgenommen werden. Den Christen standen die Heiligen des ersten Jahrtausends, die seit karolingischer Zeit aus Rom überführten Märtyrer zur Verfügung, aber auch Bischöfe und Äbte sowie einige fromme Mönche und Nonnen, deren sterbliche Hüllen in den nahe der Städte gelegenen Grabkirchen oder in den Grüften der Abteien ruhten. Um die am meisten verehrten Gräber entwickelte sich ein Kult. Damit die christliche Menge die heilige Krypta umschreiten konnte, schufen die Architekten den Chorumgang (Deambulatorium). Fehlte der Sarkophag mit der sterblichen Hülle des Heiligen, konnte den Gläubigen ein Reliquiar präsentiert werden; dieses wurde nach dem in ihm enthaltenen Gegenstand geformt: Kopf, Arm, Fuß, Büste. Die aufwendigsten Reliquiare waren in Form eines Hauses gestaltet.

Die schönsten Beispiele sind an der Mosel und in Lothringen zu finden. In dieser Gegend im Herzen Europas wurden vom 11. bis 13. Jh. große Schreine gefertigt: 80 cm bis mehr als ein Meter lang, 50 bis 70 cm breit und hoch; dieser damals nur dort bekannte Typ fand schnell Verbreitung[21]. An der einen Kopfwand ist der Thronende Christus oder die Thronende Muttergottes, allein oder mit Heiligen, dargestellt, auf der gegenüberliegenden Seite der Heilige, auch er allein oder von weiteren Heiligen umgeben. An den Seitenwänden sind Apostel oder Propheten dargestellt, vielleicht einige Bischöfe, normalerweise auf jeder Seite sechs. An den beiden Deckelwänden befinden sich Medaillons mit Szenen aus dem Leben Jesu oder der Vita des Heiligen. Die Figuren sind aus versilbertem oder vergoldetem getriebenen Metall geformt, die Flächen mit Email und Edelsteinen geschmückt und mit Sentenzen beschriftet. Überall in Lothringen finden sich solche Schreine; die ältesten sind jene von Mauritius in Agaunum und Hadelinus in Visé; dann jene von Domitian und Manegold in Huy, Georg in Amay und Viton in Verdun, bis hin zu den Meisterwerken des Nikolaus von Verdun im Übergang vom 12. zum 13. Jh.: Marienschrein in Tournai, Dreikönigsschrein in Köln und schließlich der Gotthard- und Epiphaniusschrein in Hildesheim. Im Zentralmassiv steht ein weiteres Zeugnis einer verbreiteten Heiligenverehrung, einer vielbesuchten Wallfahrt und eines eigenständigen künstlerischen Werks: die Büste der heiligen Fides in Conques. Überall gibt es – vielleicht weniger kostbar, aber ebenso verehrt – diese Reliquiare, die über die Felder getragen werden, um die Unbill der Witterung

[20] N. Herrmann-Mascard, Les reliques des saints. Formation coutumière d'un droit, Paris 1975; P. J. Geary, Furta sacra. Thifts of Relics in the Central Middle Ages, Princeton 1978. P. Brown, The Cult of the Saints. Its Rise and Function in Latin Christianity, Chicago 1981. Die ersten Chorumgänge sind in Clermont und Thérouanne bezeugt, vgl. C. Heitz, L'architecture religieuse carolingienne. Les Formes et leurs fonctions, Paris 1980, 185. A. Angenendt, Heilige und Reliquien. Die Geschichte ihres Kultes vom frühen Christentum bis zur Gegenwart, München 1994.

[21] M.-M. Gauthier, Straßen des Glaubens. Reliquien und Reliquiare des Abendlandes, Freiburg i.Ue. 1993. In zwei Ausstellungen nahmen die Schreine von der Mosel einen wichtigen Platz ein: Rhein und Maas. Kunst und Kultur 800–1400, 2 Bde., Ausstellungskatalog, Köln 1972. Vgl. auch *Ornamenta ecclesiae.* Kunst und Künstler der Romanik, 3 Bde., Köln 1985.

Für die Menschen des Mittelalters bedeutete der Reliquienkult eine lebendige Glaubenswirklichkeit. Die heiligen und vielfach als wundertätig angesehenen Reliquien wurden in kostbaren Schreinen und Reliquiaren aufbewahrt und gezeigt, Meisterwerke der Goldschmiede- und Schmuckkunst. – Staurothek, byzantinisches Reliquiar mit Emailplatten und Edelsteinen zur Aufnahme eines Partikels vom Kreuz Christi (10. Jh.). Limburg, Domschatz. – Marienschrein (um 1238). Aachen, Domschatz. – Armreliquiar (11. Jh.) Essen, Domschatz. – Kopfreliquiar des hl. Candidus (13. Jh.). Abteikirche Saint-Maurice/Schweiz.

zu beenden, die von einer Kirche zur anderen oder in der gleichen Kirche von Stätte zu Stätte getragen werden und deren Gehäuse schließlich im Verlauf einer Übertragung der Gebeine (Translation) neu gestaltet wird – ein Vorgang, der die Menge anzieht, mehren sich doch bei solchen Gelegenheiten die Wunder[22]. Die Schreine und Reliquiare üben auf die Besucher große Faszination aus; man drängt sich, um in deren Nähe zu kommen und sie zu berühren, sogar auf die Gefahr hin, von der Menge niedergetrampelt zu werden. Die in dieser Hinsicht erschütterndsten Szenen belegen Berichte über die Verehrung der heiligen Fides.

Trotz der Restriktionen von seiten des Heiligen Stuhls und der Einführung eines Kanonisierungsprozesses mit vorhergehender Untersuchung hat die Zahl der Heiligen im Verlauf des 12. Jh. zugenommen. Von den Ordensgründern wie Bruno, Norbert oder Bernhard einmal abgesehen, gab es unter den Angehörigen des Klerus Bischöfe, oft ehemalige Mönche, die von den Gläubigen besonders verehrt wurden: Anselm von Canterbury, einst Abt von Bec, Giovanni da Sordi, Bischof von Vicenza († 1183), aber auch deren Zeitgenossen Hugo von Lincoln († 1200), Etienne de Châtillon († 1208), Guillaume de Donjeon († 1209), Bischöfe von Lincoln, Die und Bourges. Die schnellste Verbreitung indes fand der Kult um Thomas Becket, einen wahren Glaubenszeugen[23]. Zwei Kategorien von Heiligen sind separat zu behandeln, jene der Ritter und jene der Kaufleute. Zur ersten gehören einige spätere Bischöfe, etwa Bertrand de Comminges († 1123); Simon de Valois und Thibaud de Provins hatten sich in die Einsamkeit zurückgezogen; dazu gehören auch zwei Könige, Knut, König der Dänen († 1131), und Erich von Schweden († 1160). Die ersten mit Wohltätigkeit befaßten Laien gab es in Italien: Rainer von Pisa († 1160), Raimund Gaspard von Toulouse († 1118) und Homobonus von Cremona († 1197)[24]. Parallel dazu verlief der Aufschwung der Hospitaliterorden, deren Gründer teilweise auch zur Ehre der Altäre gelangten oder sich durch einen heiligmäßigen Lebenswandel auszeichneten.

Im 11. und 12. Jh. entstanden zweifellos die meisten Wundererzählungen, als der bereits bestehende Wallfahrtsbrauch sich ausbreitete[25]. Der Pilger wurde zur vertrauten Figur[26]. In den Anfängen begab er sich zu Gebet und Fürbitte zu einem Heiligen unweit seines Wohnorts, der aus seiner Region stammte und ihm helfen würde. Der kranke oder behinderte Pilger blieb mehrere Tage am Eingang des Heiligtums oder ganz nahe beim heiligen Grab und konnte für seine Genesung kaum eine Gegenleistung erbringen, ganz im Gegensatz zum Reichen, der großartige Schenkungen versprach. Der Christ hegte die Überzeugung, die Chance einer Erhörung der Fürsprache des Heiligen bei Gott hänge davon ab, wie viele Verdienste sich der Heilige im Verlauf seines Lebens erworben habe. Es galt folg-

---

22 M. Heinzelmann, Translationsberichte und andere Quellen des Reliquienkultes (Typologie des sources du moyen âge occidental 33), Turnhout 1979.

23 E. Walberg, La tradition hagiographique de saint Thomas Becket avant la fin du XIIe siècle, Paris 1929. R. Foreville, Thomas Becket dans la tradition historique et hagiographique, London 1981. F. Barlow, Thomas Becket, London 1987; H. Vollrath, Gewissensmoral und Konfliktverständnis: Thomas Becket in der Darstellung seiner Biographen, in: HJ 109 (1989) 24–55.

24 A. Vauchez (Hrsg.), Histoire des saints et de la sainteté chrétienne VI: Au temps du renouveau évangélique, 1054–1274, Paris 1986, passim.

25 P.-A. Sigal, L'homme et le miracle dans la France médiévale (XIe–XIIe siècle), Paris 1985.

26 P.-A. Sigal, Les marcheurs de Dieu, Pèlerinages et pèlerins au Moyen Age. Paris 1974; K. Herbers – R. Plötz (Hrsg.), Spiritualität des Pilgerns, Tübingen 1993. N. Ohler, Pilgerleben im Mittelalter. Zwischen Andacht und Abenteuer, Freiburg i. Br. 1994.

lich, zu den angesehensten Heiligen, zu den Märtyrern oder den Gott am nächsten Stehenden zu beten – Apostel, Maria oder Christus selbst. Das erklärt den Erfolg der bedeutendsten Wallfahrtsorte und deren Klassifizierung: Auf der untersten Stufe das Heiligtum vor Ort, dann regionale Zentren, etwa Köln und Aachen, um Saint-Michel du Mont, Sainte-Madeleine in Vézelay, die Jungfrau von Puy, Johannes in Angély, dann Jakobus in Santiago de Compostela und sehr früh schon St. Peter in Rom. Die Wallfahrt zum hl. Jakobus, dem Apostel Spaniens, war so verbreitet, daß für die Pilger sogar ein Reiseführer[27] mit Beschreibung der durchquerten Länder verfaßt wurde; gleichzeitig entstanden entlang der obligaten Durchgangsrouten nach Santiago de Compostela, auf dem „fränkischen Weg", zahlreiche große Kirchen und Hospize[28]. Der Weg nach Rom war mindestens ebenso lang, aber als unübertrefflich galt der Besuch des Heiligen Grabes, die Überfahrt zur Heiligen Stadt Jerusalem, der Vorwegnahme des Himmlischen Jerusalems.

2. Glaubensakte

a) Taufe und Firmung

In karolingischer Zeit begann sich die Auffassung durchzusetzen, das Kind müsse so früh wie möglich Christ werden. So wurde es einige Stunden nach seiner Geburt oder am Tag danach getauft[29]. Als einziges Sakrament konnte die Taufe auch von einem Laien gespendet werden, und gerade deshalb wurde sie zu einem außerordentlichen Ereignis. War das Neugeborene in Lebensgefahr, so wurde es von der Hebamme gesalbt, damit es nicht starb, ohne die rettenden Wassertropfen und die Segensworte empfangen zu haben. Die große Entfernung von den Taufbrunnen war ein Hindernis, galt es doch, sich schnell dorthin zu begeben. Aus diesem Grund konnte die Taufe in zwei Zeremonien vor sich gehen, die erste zu Hause, die zweite in der Kirche im gewünschten feierlichen Rahmen und in Gegenwart der Geladenen (Paten, Patinnen und Freunde). Jedermann, insbesondere die Großen dieser Welt, war darauf bedacht, den Eintritt ins Leben eines Kindes christlich zu feiern. Kaiser Heinrich III. etwa, der seinen Sohn in Gegenwart des Abtes von Cluny, Hugo, taufen lassen wollte, schob die Feiern zu diesem Zweck hinaus.

Lange Zeit gab es innerhalb einer Diözese nur die neben der Kathedrale errichtete und Johannes dem Täufer geweihte Taufkirche[30]. Später wurden dann in den wichtigsten Kultstätten weitere Taufbrunnen und Baptisterien errichtet. Damit stand fest, welches die Mut-

---

[27] Le Guide du pèlerin de Saint-Jacques-de-Compostelle. Texte latin du 12e siècle, hrsg. u. übers. von J. Vielliard, Paris 1938. Vgl. L. Vázquez de Parga, Las peregrinaciones a Santiago de Compostela, 3 Bde., Madrid 1948; K. Herbers, Der Jakobuskult des 12. Jahrhunderts und der „Liber Sancti Jacobi", Wiesbaden 1984; ders., Der Jakobsweg, Tübingen [4]1991; vgl. LexMA VI (1993), Art. „Pilgerführer" (K. Herbers), 2156.

[28] R. Crozet, Les églises de pèlerinage, in: Pellegrinaggi e culto dei santi in Europa fino alla Ia crociata, Convegni del Centro di studi della spiritualità medievale IV (8–11 ottobre 1961), Todi 1963.

[29] Dictionary of the Middle Ages II, New York 1983, Art. „Baptism", 83–86. J. D. C. Fisher, Christian Initiation: Baptism in the Medieval West, London 1965. A. Angenendt, Das Frühmittelalter, Stuttgart 1990, 329–331.

[30] A. Stenzel, Die Taufe. Eine genetische Erklärung der Taufliturgie, Innsbruck 1958. P. M. Gy, Du baptême pascal des petits enfants au baptême *quamprimum*, in: Haut Moyen Age. Culture, éducation et société. Etudes offertes à Pierre Riché, La Garenne-Colombes 1990, 353–365. G. Kretschmar, Die Geschichte des Taufgottesdienstes der alten Kirche, in: Liturgia, Handbuch des evangelischen Gottesdienstes 5 (1970) 1–348.

terkirche, das zentrale Gottesdienstgebäude einer Region war – in Italien das Zentrum der weitverstreuten Pfarrei, in ganz Westeuropa die wichtigste der kleinen Pfarrkirchen auf dem Land oder im Dorf. Die Quelle des himmlischen Lebens zu seiner Verfügung zu haben war ein Privileg, von dem sich der Pfarrer einer Gemeinde nicht gerne trennte. In seiner bescheidensten und auch verbreitetsten Form bestand das Becken aus einem ausgehöhlten Steinblock, grob rund oder vieleckig behauen, in Form einer Säule mit Kapitell. Die schönsten Taufbrunnen waren mit geometrischen Elementen oder mit Szenen geschmückt, in denen die Darstellung der Taufe Jesu im Jordan oder die Geschichte von Adam und Eva dominierten, d. h. Szenen, die den Sündenfall und den von der Erbsünde rettenden Erlöser am besten evozierten [31]. Auf der Insel Gotland im Baltischen Meer gibt es zahlreiche kleine Kirchen mit derartigen Taufbecken. Anderswo gab es kleine oder große bronzene Taufbekken, etwa das berühmte, von Reiner von Huy gegossene Becken in Saint-Barthélemy in Lüttich: Über den zwölf Ochsen der Bundeslade sind vier Szenen von großer Schönheit dargestellt: Taufe Christi, Predigt in der Wüste, Taufe des Philosophen Kraton und der Hauptmann Cornelius.

Vor allem in Italien waren Baptisterien in Form von neben der Kirche errichteten Türmen beliebt, welche die Katechumenen aufnahmen, die in früheren Zeiten ins Becken eintauchen mußten. Wegen der Neugeborenentaufe wurden seit dem 11. Jh. die Täuflinge nicht mehr ins Wasser getaucht, sondern mit Wasser besprengt. Der Bau dieser Baptisterien geriet häufig zum Meisterwerk: Sechs- oder achteckige Türme mit einem weiten Innenraum mit mosaikgeschmückter Kuppel, in der ebenfalls der Sündenfall des ersten Menschenpaares und ihre Erlösung oder das Leben von frommen Christen dargestellt wurde.

Die Firmung war ein dem Bischof vorbehaltenes Sakrament; er spendete es den jungen Kindern anläßlich einer seiner Reisen durch die Diözese. Aus verständlichen Gründen waren derartige Gelegenheiten im Hochmittelalter rar, weshalb nur wenige Firmungen vollzogen wurden. In den Quellen wird diese Handlung vor dem 13. Jh. kaum erwähnt [32].

b) Das Bußsakrament

Die Sünde – steter Vorwurf, tägliche Erinnerung an die menschliche Schwäche, von Beichtvätern und Predigern angeprangert, wurde auch vom untadeligsten Christen schmerzlich empfunden. Es gibt keine genaue Definition von Sünde; die Kenntnis des göttlichen Gesetzes wurde vorausgesetzt, und jede Nichtbefolgung der verschiedenen Gebote galt als Fehltritt. Es gab Dinge und Taten, die unter göttliches oder kirchliches Gebot fielen; die Bußbücher gaben dem Beichtvater detaillierte Auskunft über die endlose Vielfalt möglicher Sünden [33]. Angeprangert wurden meist jene Sünden, die den Weg ins ewige Leben

---

[31] Etwa die Taufbecken der Abtei Freckenhorst bei Münster (Westfalen). Zur Literatur vgl. LexMA IV (1989), Art. „Freckenhorst" (G. Ruppert), 803. J. G. Davies, The Architectural Setting of the Baptism, London 1962. F. Nordström, Medieval Baptismal Fonts. An iconographical Study, Stockholm 1984.

[32] DACL III/2 (1948), Art. „confirmation", 2515–2543. ODCC [2]1974, 330f. M. v. Nathusius, Handbuch des kirchlichen Unterrichts I. Die Konfirmation in ihrer geschichtlichen Entwicklung, Leipzig 1903. P. M. Gy, Histoire liturgique du sacrement de confirmation, in: MD 58 (1959) 135–145. P. de Clerck, La dissociation du Baptême et de la Confirmation au haut Moyen Age, in: MD 168 (1986) 47–75. Vgl. mit weiterer Literatur LexMA IV (1989), Art. „Firmung" (L. Hödl) 490–493.

[33] C. Vogel, Le pécheur et la pénitence dans l'Eglise ancienne, Paris 1966, Ndr. 1982. P. Anciaux, La théologie du sacrement de pénitence au XIIe siècle, Löwen 1949. R. Kottje, Überlieferung und Rezeption der iri-

auf immer versperrten, also die sogenannten Todsünden, zu deren Auflistung Gregor der Große in seinem Werk *Moralia in Hiob* beigetragen hatte: Freßlust *(gula)*, Wollust *(luxuria)*, Begehrlichkeit *(cupiditas)*, Zorn *(ira)*, Hochmut *(superbia)*, Neid *(invidia)*, Lebensüberdruß *(acedia)*[34]; und wie so oft im Mittelalter galt bereits das Verhalten desjenigen, der seine Fäuste in die Hüften pflanzte oder seine Nahrung herunterschlang, als Ausdruck einer Todsünde. Neben Sündenlisten standen auch Listen der Tugenden zur Verfügung.

Der Loskauf von der Sünde wurde als materielle Möglichkeit, als Austausch verstanden; je größer die Sünde oder der Sünder, desto größer mußten auch Buße und Almosen sein – letzteres war gedacht als Rückerstattung von Gütern an Gott, deren Besitz er erlaubt hatte. Während langer Zeit galt ein fester Sündentarif. Das Vergebungsverfahren war langwierig: Auf das Geständnis folgte die Buße, deren Härte und Dauer in den Bußbüchern festgelegt war; nach erfolgter Buße wurde schließlich die Absolution erteilt. Dazwischen konnte sehr viel Zeit vergehen. Eine erste Entwicklung setzte ein mit dem Loskauf oder der Bußumwandlung; nun konnte etwa eine lange Zeit des Fastens in Gebete, Messen oder Geißelungen umgewandelt werden, oder eine Pilgerfahrt mußte nicht unbedingt vom Schuldigen selbst durchgeführt oder konnte durch Almosen ersetzt werden; damit wurde die Erteilung der Absolution beschleunigt. Ein einschneidender Wandel wurde im 12. Jh. mit der allgemeinen Verbreitung der Privatbeichte eingeleitet: Auf das Geständnis, den wesentlichen Akt, erfolgte die Absolution, auf die dann wiederum die Buße folgte – demnach wurde das Sündenbekenntnis bereits als Sühne[35] betrachtet. Öffentliche und feierliche Buße galt auch weiterhin für die in der Öffentlichkeit bekannten Fehltritte; aber die Privatbeichte begann sich als Bußsakrament durchzusetzen.

Zuweilen stand der Mensch vor der Unmöglichkeit einer eindeutigen Entscheidung über Schuld oder Unschuld; dann zögerte er nicht, den Schuldigen einem Gottesurteil auszusetzen. Das antike Ordal, zum Gottesurteil mutiert, blieb die letztmögliche Instanz[36]. Es gibt Beispiele von Zweikämpfen, von Angeklagten, die rotglühende Pflugscharen berühren, auf glühenden Kohlen wandeln mußten oder ins Wasser gestürzt wurden: Gott sollte entscheiden und bezeugte seine Gunst demjenigen, dessen Wunden rasch heilten oder den das Wasser spontan zurückwarf[37]. Derartige Praktiken wurden endgültig im 13. Jh. verboten.

---

schen Bußbücher auf dem Kontinent, in: H. Löwe (Hrsg.), Die Iren und Europa im früheren Mittelalter, I, Stuttgart 1982, 511–524; F. Bezler, Les Pénitentiels Espagnols, Münster 1994; vgl. LexMA II (1983), Art. „Bußbücher" (R. Kottje u. a.), 1118–1123.

[34] J. Wenzel, The Seven Deadly Sins: Some Problems of Research, in: Speculum 43 (1968) 1–22. ODCC, ^{2}1974, Art. „Seven Deadly Sins", 1264ff.

[35] P. M. Gy, Le précepte de la confession annuelle et la nécessité de la confession, in: RSPhTh 69 (1979) 529–547.

[36] E. Vacandard, L'Eglise et les ordalies. Etudes de critique et d'histoire religieuse, 1ère série, Paris ^{4}1909, 191–215. Ch. Leitmaier, Die Kirche und die Gottesurteile. Eine rechtshistorische Studie, in: Wiener Rechtsgeschichtliche Arbeiten II, Wien 1951, 104–111. Eine Auswahl von Gebeten, die in derartigen Fällen gesprochen wurden, findet sich in A. Franz, Die kirchlichen Benediktionen II (s. Anm. 10) 365–390. Vgl. auch B. Bartlett, Trial by Fire and Water. The Medieval Judicial Ordeal, Oxford 1986. L'Aveu. Antiquité et Moyen Age. Actes de la table ronde organisée par l'Ecole française de Rome avec le concours du CNRS et de l'Université de Trieste (Rome 28–30 mars 1984), Rom 1986. Weitere Lit.: LexMA IV (1989), Art. „Gottesurteil", 1594f, ebd. VI (1993), Art. „Ordal", 1429 (H. J. Becker).

[37] Der Priester kam, um Ort und Gegenstand des Gottesurteils zu segnen. Beim kalten Wasser etwa sprach er: *„Si culpabilis sis de hac re, aqua, que in baptismo te recipit, nunc non te recipiat; sin autem innocens sis, aqua, que in baptismo te recipit, nunc te recipiat"* („Falls du in dieser Sache schuldig bist, so soll das Wasser, das dich in der Taufe aufgenommen hat, dich nun nicht aufnehmen; falls du aber unschuldig bist, so soll das Wasser,

Kaiserin Kunigunde forderte ein Gottesurteil: Sie erwies ihre Unschuld, indem sie unverletzt über glühende Pflugscharen ging. Miniatur (13. Jh.) einer Handschrift der Bamberger Staatsbibliothek.

Andere von Klerikern gefällte Urteilssprüche schlossen den Schuldigen aus der christlichen Gemeinschaft aus oder forderten schon vor dem Jüngsten Gericht dessen ewige Verdammnis. Die Exkommunikation fand mehr und mehr Anwendung; vom Bischof feierlich proklamiert oder vom Priester von der Kanzel herab verkündet, jagte sie Schrecken ein durch den Ausschluß von der Kommunion und das symbolische Zertreten von angezündeten Kerzen: Dem Exkommunizierten waren der Zutritt zu Kirche und Gottesdienst, aber auch die nachbarliche Hilfe und ein Grab in geweihter Erde versagt[38]. Noch schrecklicher

das dich in der Taufe aufgenommen hat, dich nun aufnehmen.“). Im Gottesurteil mit einem Stück Brot oder Käse konnte der Angeklagte angeblich einen Bissen nicht hinunterschlucken, auf dem das vermutete Diebesgut vermerkt war.

[38] F. D. Logan, Excommunication and the Secular Arm in Medieval England, Toronto 1968.

war der Kirchenbann, der über den gefallenen Christen ausgesprochen wurde, als wäre er ein Pestkranker; es war die definitive Verurteilung. Diese Drohung lag, will man den Bestimmungen (Sanctio) zahlreicher Urkunden glauben, auf jeder Person, die gegen eine Vereinbarung verstieß, eine Schenkung bestritt oder annullierte: *Anathema!* – der Schuldige wurde zusammen mit Dathan und Abiram, Judas dem Verräter, Anna, Kaiphas und Pilatus verflucht[39]. Derartigen Formeln fehlte die Durchsetzbarkeit, sobald es sich um Mächtige handelte, denen mehr an Politik und Reichtum lag als daran, die Religion zu respektieren. Die Geschichte berichtet von zahlreichen Fürsten und Baronen, denen mit der Exkommunikation gedroht worden war, weil sie sich kirchliche Güter angeeignet hatten, und die gleichwohl an ihrer Politik festhielten und über Jahre die Verurteilung ertrugen, bevor sie dann um Absolution ersuchten; dabei gaben sie Versprechen ab, die sie schon bald wieder vergaßen, um schamlos ihre Missetaten fortzusetzen. Dann blieb als Lösung nur noch das Interdikt, womit die Kirche, des Mißerfolgs ihrer Maßnahmen überdrüssig, eine ganze Region vom Gottesdienstbesuch ausschloß: Keine Kirche mehr, die dem Christen für Gottesdienst und Gebet offenstand[40]; ein Synodenbericht von Limoges aus dem Jahr 1031 handelt von einer derartigen Situation[41]. Falls der fragliche Feudalherr sein Verhalten nicht änderte, protestierte die gesamte Bevölkerung und übte Druck aus, damit der Verurteilte sich unterwerfe. Weil die Religion wichtig, der Glaube an das ewige Leben lebendig und der Wunsch nach Erlösung beständig war, besaß die Kirche solcherart die Mittel, Macht auszuüben, Gehorsam zu verlangen und den politischen Gang wie das soziale Verhalten zu beeinflussen.

c) Die Eheschließung – ein neues Sakrament

Das siebte Sakrament, die Eheschließung, nahm im 12. Jh. langsam Gestalt an. Es fand eine Annäherung der Lehrmeinungen von Theologen und Kanonisten statt, wonach bei der Definition der Eheschließung der gegenseitige Konsens und nicht die fleischliche Vereinigung Priorität besaß[42]. Letztere wurde mit der Union von Kirche und Christus, die ein Fleisch sind, gleichgesetzt und bedeutete den Vollzug der Ehe; es war eine Zusatzhandlung, die auf die Konsens-Erklärung der Eheleute und den Austausch der Ringe – hier erhielt die Handlung ihre sakramentale Dimension – folgte. Dies macht auch deutlich, welches Gewicht die Verlobung hatte, die in den meisten Fällen auf eine Vereinbarung zwischen den Eltern zurückging und auf die Zukunft ausgerichtet war; der Begriff *sponsus* meinte den Verlobten wie den Ehegatten. Bei Petrus Damiani wie bei Roland Bandinelli

---

[39] DACL I/2, Art. „anathème“, 1926–1939; DThC I (1903) 1168–1171. LexMA I (1980), Art. „Anathem“ (A. Dordett), 574.

[40] A. Haas, Das Interdikt nach geltendem Recht mit einem geschichtlichen Überblick, Bonn 1929 (Ndr. Amsterdam 1963). E. J. Coran, The Interdict, Washington 1930. Vgl. LexMA V (1991), Art. „Interdikt“ (H. Zapp), 466f (mit weiterer Literatur).

[41] Mansi, 19, 541.

[42] A. Esmein, Le mariage en droit canonique, 2 Bde., Paris 1891 (Ndr., aktualisiert von R. Genestal – J. Dauvillier, Paris 1929–1935); E. Schillebeeckx, Le mariage en Occident, Paris 1987; W. van Hoecke – A. Welkenhuysen (Hrsg.), Love and Marriage in the Twelfth Century, Löwen 1981; J. B. Molin – P. Mutembe, Le rituel du mariage en France du 12e au 16e siècle, Paris 1974; J. Gaudemet, Le mariage en Occident. Les moeurs et le droit, Paris 1987. Vgl. mit weiterer Literatur: LexMA III (1986), Art. „Ehe“ (W. Knoch u. a.), 1616–1640.

(Alexander III.) hatte die Konsens-These den Sieg davongetragen. In einer Synthese der Schulen von Paris und Bologna sowie der germanischen und römischen Traditionen verlieh Alexander III. dem gegenseitigen mündlichen Versprechen der Verlobten sein ganzes Gewicht; dieses machte die Vereinigung grundsätzlich unauflöslich, zugleich aber wurde anerkannt, daß allein der Vollzug der Ehe Stabilität verlieh und sie irreversibel machte. Die Kanonisten bemühten sich, die Wichtigkeit der verschiedenen Handlungen präzis festzulegen, um zur Regelung der stets zahlreichen Streitfälle beizutragen. Im Jahr 1181 galt die Eheschließung für Lucius III. als ein den anderen gleichgestelltes Sakrament. Mit diesem Sakrament griff die Kirche in das gesellschaftliche Leben ein und konnte es dank des Verbots bestimmter politischer, verwandtschaftlicher, religiöser und sexueller Verhaltensweisen auch beeinflussen. So stellte sie sich ganz eindeutig gegen Mischehen mit Ungläubigen oder Häretikern. Der Priester, der bisher bei der Eheschließung nur eine Nebenrolle gespielt hatte, wurde immer öfter eingeladen, der Zeremonie vorzustehen, so wie er es bisher anläßlich der Verlobung getan hatte; bei derartigen Gelegenheiten konnte er sogar Spenden entgegennehmen.

d) Tod und Totengedenken

Der Tod war gefürchtet, beängstigte indes die Lebenden nur insofern, als die Todesstunde ungewiß war; es galt, sich unablässig auf ihn vorzubereiten und zahlreiche Vorsichtsmaßnahmen zu ergreifen. Die seltsamste Form der Vorbereitung bestand darin, daß der Sterbende *ad succurrendum* in das Mönchsgewand gekleidet wurde, um im letzten Augenblick, also etwa bei einer schweren Krankheit mit wahrscheinlich tödlichem Ausgang, errettet zu werden[43]. Von einem Grafen beispielsweise ist bekannt, daß er das rettende Gewand stets mit sich führte, um nicht überrascht zu werden, sollte er im Kampf eine tödliche Verletzung davontragen. Die geläufigste Form der Vorbereitung war die fromme Stiftung. Die Nekrologien des 12. Jh. öffneten sich einem neuen Personenkreis: Zu den Mitgliedern der jeweiligen Konvente, den Wohltätern und den Großen dieser Welt gesellten sich mehr und mehr einfache Laien und Nachbarn[44]. Für das Privileg, eingetragen zu sein, hatten sie das dafür Notwendige an Geld oder Naturalien gespendet. Schon bald genügte das nicht mehr; es mußte eine Jahrzeit gestiftet werden, d. h. eine Spende, deren Zins die am Jahrestag des Todes zu lesenden Messen und Gebete bezahlen würde. Demgegenüber bürgerte sich die Formel ein: „Es starb NN, der uns auf jenem Haus den Zins für sein Seelenheil überlassen hat.“ Die gesamte Totendokumentation trägt Spuren dieses nicht ganz uneigennützigen Brauchs. Träger des Totengedenkens waren seit langem die Konvente; sie trugen die Namen ein, die erst im Kapitel zu verlesen und dann im Kanon der Messe zu erwähnen waren.

Der Sterbende sorgte sich um sein Schicksal; er empfing die Sterbesakramente und wählte, falls es ihm möglich war, seine Grabstätte aus. Für die allermeisten Christen war der Friedhof bei der Pfarrkirche, die geweihte Erde des Gottesackers, der übliche Begräb-

---

[43] La mort au Moyen Age. Colloque de l'Association des historiens médiévistes français réunis à Strasbourg en juin 1975 au Palais universitaire, Straßburg 1977. Die Entwicklung des Totengedenkens wird dargestellt in: K. Schmid – J. Wollasch (Hrsg.), Memoria. Der geschichtliche Zeugniswert des liturgischen Gedenkens im Mittelalter (Münstersche Mittelalter-Schriften 48) München 1984.

[44] P. Marchegay, Un enterrement au XIIe siècle, in: Revue de l'Anjou 21 (1852) 177–186; Le drot de sépulture, charte de l'an 1075, in: BECh 15 (1854) 528–531.

nisort. Damit die Feier in der Kirche stattfinden und der Tote einen Platz in geweihter Erde finden konnte, erhielt der Pfarrer etwas Geld. Zwei Kategorien von Personen wurden nicht im gemeinsamen Friedhof begraben: jene, die ausgeschlossen waren, und jene, die für sich etwas Besseres wollten. Erstere waren von Gott und den Menschen verflucht, Kriminelle, reulose Sünder, im Turnier verschiedene Ritter oder Exkommunizierte; waren sie unwissentlich in heiliger Erde begraben worden, dann wurden ihre Gebeine ausgegraben und jenseits der Friedhofsmauern verscharrt. Letztere fanden ganz im Gegenteil ihre letzte Ruhestätte an einem noch heiligeren Ort, nämlich in der Kirche selbst: Unter dem Steinboden der Kathedrale lagen die Ortsbischöfe[45]; das gleiche Privileg wurde auch den Würdenträgern unter den Kanonikern und zuweilen den Laienfürsten zuteil. Auch der Boden der übrigen Kirchen nahm Privilegierte auf; die Klosterkirchen waren den Vorstehern der Konvente vorbehalten, während die Mönche unter dem Gras des nahen Klosterfriedhofs oder im Kloster selbst begraben wurden. In diesen Kirchen fanden auch einige Lehnsherren und Ritter, die als Wohltäter und Beschützer gewirkt hatten, ihre letzten Ruhestätte.

e) Die Messe

Zu jeder Tages- und Nachtzeit, in allen Lebensumständen und überall wurde gebetet, privilegierte Orte dafür waren die Kirche, das Oratorium und die Kapelle, und wesentliches Element war die Messe. Jeder Christ mußte die Sonntagsmesse besuchen, das war seine erste, von Konzilien und Synoden unablässig in Erinnerung gerufene Pflicht. Im 12. Jh. gab es zahlreiche Kultorte; in den meisten Dörfern stand ein Bethaus oder eine Kapelle. Auf jeden Fall besuchten die Christen die Sonntagsmesse selbst dann, wenn sie an einem weit entfernten Ort stattfand. Bedeutete das, daß sich die Häuser jeden Sonntag mit einem Schlag leerten, schutzlos den Räubern ausgeliefert? Das ist kaum anzunehmen, blieben doch alte Menschen und Frauen mit ihren Kindern zurück, während einige Erwachsene Wache hielten oder sich vom Gottesdienstbesuch dispensieren ließen, wenn die Kirche zu weit entfernt war.

Seit mehreren Jahrhunderten stand der Ablauf der Messe fest; nach der Mitte des 11. Jh. wurden einige Änderungen vorgenommen. Für das 12. Jh. ist eine wahre Fülle von liturgischen Abhandlungen belegt. Von den zahlreichen Autoren solcher *ordo missae* seien einige hervorgehoben: Honorius Augustodunensis, Johannes von Avranches, Stephan von Baugé, Alger von Lüttich, Bernold von Konstanz, Rupert von Deutz, Bonizo von Sutri; sie alle präsentierten und interpretierten auf unterschiedlicher Ebene die liturgischen Feiern, Gegenstände und Handlungen[46]. Höhepunkte der Messe waren die Lesung des Evange-

[45] E. Cattaneo, La partecipazione dei laici alla liturgia, in: I laici (s. Anm. 1) 396–423. A. Kolping, Der aktive Anteil der Gläubigen an der Darbringung des eucharistischen Opfers. Dogmengeschichtliche Untersuchung frühmittelalterlicher Meßerklärungen, in: DT 27 (1949) 369–380; 28 (1950) 79–110, 147–170.

[46] Zur Darstellung der verschiedenen Abhandlungen, vgl. A. Franz, Die Messe im deutschen Mittelalter. Beiträge zur Geschichte der Liturgie und des religiösen Volkslebens, Darmstadt 1963, 407–458. Die meisten Abhandlungen sind in der Patrologia latina enthalten: Honorius: PL 172, 541–738; Johannes von Avranches: PL 147, 27–62; Bischof Stephan von Autun: PL 172, 1273–1308; Bernold von Konstanz; PL 151, 977–1022; Rupert von Deutz: PL 170, 9–332; Bonizo von Sutri: PL 150, 857–866. J. A. Jungmann, Missarum sollemnia. Eine genetische Erklärung der römischen Messe, 2 Bde., Freiburg i. Br. 1952. R. Delamare, Le De officiis ecclesiasticis de Jean d'Avranches, Paris 1923. Vgl. mit weiterer Literatur LexMA VI (1993), Art. „Messe" (H. B. Meyer), 555–558.

Höhepunkte des Investiturstreits zwischen Papst und Kaiser bilden die Jahre 1076–79. Kaiser Heinrich IV. hatte auf dem Reichstag zu Worms Papst Gregor VII. für abgesetzt erklärt. Im Gegenzug hatte der Papst den Kaiser mit dem Kirchenbann belegt. Von Teilen seines Anhangs verlassen, sah sich der Kaiser gezwungen, beim Papst Abbitte zu leisten, um vom Bann gelöst zu werden. Diese Begegnung, der „Gang nach Canossa", wo sich Gregor VII. aufhielt, fand im Winter 1077 statt. Nach tagelangem Warten vor der Burg, die heute eine Ruine ist, erreicht der Kaiser sein Ziel, nicht zuletzt aufgrund der Fürsprache der Burgherrin Mathilde von Tuszien und des Abtes Hugo von Cluny. Die Miniatur (um 1114 in einer Vita der Markgräfin) zeigt den bittenden Kaiser vor seinen Fürsprechern. – Rom, Vatikanische Bibliothek.

Die Auseinandersetzungen zwischen Papst und Kaiser setzten sich auch unter der Dynastie der Staufer fort. Friedrich Barbarossa betrachtete die Zuordnung von Imperium und Sacerdotium als ein grundlegendes Prinzip seiner Reichsherrschaft und suchte 1165 alle Großen des Reiches auf den Papst seiner Gunst festzulegen. Im Frieden von Venedig mußte er 1177 Alexander III. als rechtmäßigen Papst anerkennen und ihm zum Zeichen dessen die Füße küssen. Weil seitdem seitens des Kaisers kein Gegenpapst mehr erhoben wurde, galt dieses Ereignis und noch nicht der Bußgang nach Canossa (1077) bis ins 19. Jh. als der entscheidende Sieg des Papsttums. – Gemälde der Unterwerfung Barbarossas in der Sala Regia des Vatikans.

liums, die Predigt, in deren Verlauf die weniger frommen Gläubigen die Kirche kurz verlassen konnten, die Konsekration, vor allem das Hochheben der heiligen Gestalten, durch das Erklingen eines Glöckleins angekündigt (die Verehrung der Eucharistie wird großgeschrieben, das zeigt sich in den Berichten über „eucharistische Wunder“), die Gabendarbringung[47]. Die Kommunion, deren Empfang in beiderlei Gestalt im Verlauf des 12. Jh. aufgegeben wurde, wurde nur bei feierlichen Anlässen praktiziert, mindestens aber dreimal im Jahr, an Ostern, Pfingsten und Weihnachten[48]. Am striktesten eingehalten wurde die Osterkommunion, deren Empfang vom IV. Laterankonzil dann zwingend vorgeschrieben wurde. Bei dieser Feier wurden auf dem Altar der Mutterkirche Opfergaben dargebracht. Die Teilnahme war Pflicht – und für die Pfarrer eine Einnahmequelle, die sie sich nicht entgegen lassen wollten. Die Vorbehalte dem Kommunionempfang gegenüber waren vielfältig: Zwang zur vorgängigen Beichte, Enthaltsamkeitspflicht für Eheleute. Einige Gläubige vertraten die Ansicht, die Kommunion der Priester gelte für die gesamte versammelte Gemeinde.

Zuweilen konnten Bauern und Städter einem von Geistlichen oder Mönchen gefeierten Choralgottesdienst beiwohnen; dann bekam die Sonntagsmesse durch den Auftritt der Männer im Habit, die Prozessionen, den Weihrauch und die zahllosen Lieder eine Feierlichkeit, die von allen geschätzt wurde. Der Unwissende ließ sich von den Malereien und der Ausstattung belehren, er verstand die Gesten und einige Worte, konnte ab und zu auf lateinisch antworten[49] und war so für das sakrale Geschehen empfänglich. Zwischen dem ländlichen Gottesdienst eines mittellosen Vikars und dem Prunk und Aufwand der Abtei- und Kapitelkirchen oder Priorate lagen Welten. Nicht eine, sondern zwei oder drei Messen wurden von den männlichen und weiblichen Ordensleuten gesungen und besucht: stille Messen, gesungene Hochämter, Totenmessen, Messen zu Ehren der Jungfrau Maria oder des Heiligen Geistes; einfache Messen oder solche, in denen der zelebrierende Priester von Diakon und Subdiakon assistiert wurde und von weiteren Klerikern umgeben war, von denen der eine die Bücher präsentierte, ein anderer das Weihrauchfaß schwang, während zwei andere die Kerzen trugen oder Wein und Wasser anboten.

f) Der Ablauf des liturgischen Jahres

Das liturgische Jahr begann mit dem Advent, der Ankündigung des Kommens des Herrn, was in einigen Orden in einem ersten Fasten seinen Ausdruck fand. Im Reich galt bis dahin Weihnachten als Ende und Beginn des Jahres, bevor dann diese Funktion unter den späten Staufern häufig dem 25. März zukam, dem Tag von Mariä Verkündigung[50]. Weihnachten wurde besonders festlich begangen; alle Gemeindemitglieder hatten sich in der Mutterkirche der Pfarrei einzufinden, um dem Neugeborenen ihre Gaben darzubringen. Die Apokryphen haben diese Episoden aus dem Leben Christi geschildert und eine bunte Welt mit

---

[47] E. Dumoutet, Le désir de voir l'hostie et les origines de la dévotion au Saint-Sacrement, Paris 1926. Das Hochheben der Hostie wird im 12. Jh. in Mailand eingeführt, vgl. E. Cattaneo, La partecipazione dei laici alla liturgia, in: I laici (s. Anm. 1) 425 (Diskussion). Von einem eucharistischen Wunder im 12. Jh. wird berichtet in: J. van der Straeten, Les manuscrits hagiographiques de Charleville, Verdun et Saint-Mihiel, Brüssel 1974, 72f.

[48] P. Browe, Die Pflichtkommunion im Mittelalter, Münster 1940.

[49] Das wird von Johannes von Avranches bezeugt, in: De officiis (s. Anm. 46).

[50] A. Giry, Manuel de diplomatique (s. Anm. 17).

Ochs und Esel um die Krippe geschaffen. Am Dreikönigsfest erinnerte man sich der drei Könige aus dem Morgenland, deren Namen allen geläufig waren, die ihre Geschenke in einer bestimmten, von der Ikonographie respektierten Reihenfolge darbrachten: Der älteste kniete baren Hauptes vor Maria und reichte das Gold, der stehende Erwachsene dahinter trug Weihrauch, während der jüngste ganz hinten die Myrrhe brachte und zugleich mit dem Finger auf den Stern zeigte, der sie geführt hatte[51]. Erst im 14. Jh. begann man einen der drei, Kaspar, als Schwarzen darzustellen.

Die Karwoche war das Zentrum des liturgischen Lebens, und zwischen Gründonnerstag und Karfreitag mehrten sich die Feierlichkeiten. Bereits damals war es üblich, die Glocken verstummen zu lassen und sie durch Holzinstrumente zu ersetzen, jene Vorläufer der auf dem Land noch immer gebräuchlichen Rasseln[52]. Ostern war das zweite große Fest des Jahres und markierte das Ende der Fastenzeit; Pfingsten war das dritte, dann folgte eine Zeit ohne liturgische Höhepunkte bis zu den zwei Marienfesttagen: Mariä Himmelfahrt (15. August) und Mariä Geburt (8. September). Einige Heilige nahmen im liturgischen Leben wie im Alltag einen großen Platz ein. Jede Region, jedes Land hatte indes einen bereits festgelegten eigenen *ordo*, so daß Spezialisten allein anhand des in einer liturgischen Handschrift festgelegten Kalenders in den meisten Fällen ihren Entstehungsort eruieren können[53]. Diese Ortsheiligen hatten ihre Litaneien, ihre Hymnen, ihre Lektionen; ihre Verehrung spielte eine wichtige Rolle.

Schließlich gab es im Verlauf des Kirchenjahres immer wieder Zäsuren: erhebende Momente mit Feierlichkeiten, in denen Prozessionen die Hauptrolle spielten. Wichtig war der Jahrestag der Kirchweihe. Ein besonders eindrückliches Beispiel ist auch der Palmsonntag: Der Klerus, dem Kreuze und Kerzen vorangetragen wurden, schritt unter Gesang die Kirche ab und trat auf den Platz vor der Kirche, wobei er an genau bezeichneten Stellen innehielt, um Gebete zu sprechen, die das Böse bannen und Gottes Segen herabrufen sollten. Die Prozession war eine bewährte Möglichkeit, den gesamten heiligen Raum abzuschreiten, und ließ den Klerus aus dem ihm vorbehaltenen Raum hinaustreten. An den Bittagen begab sich der Klerus sogar auf die Felder und segnete sie, um das göttliche Wohlwollen für die künftigen Ernten zu erbitten; dies geschah zur Zeit der Aussaat im Frühjahr, wenn die Vorräte leer waren und die Vegetation zu erwachen begann[54].

g) Das Stundengebet

Für Mönche, Nonnen, Kleriker und Kanonissen war es üblich, den ganzen Tag zu beten; nach den Vorschriften ihrer Ordensregel rezitierten sie das kanonische Stundengebet, erhoben sich mitten in der Nacht, um die Matutin zu singen, verbrachten dann ein oder zwei Stunden im gemeinsamen Gebet, bevor sie sich nochmals kurz niederlegten, um sich dann bei Tagesanbruch zu Laudes und Prim (der ersten der zwölf Stunden, die den Tag der Römer einteilten) erneut zu erheben. Danach beschleunigte sich der Rhythmus: Gebete, Ge-

---

[51] Das ist in Buchmalereien, aber etwa auch auf dem Dreikönigsschrein von Köln zu sehen.

[52] J. Sauer, Symbolik des Kirchengebäudes und seiner Ausstattung in der Auffassung des Mittelalters, Münster ^{2}1964, 151 *(signa lignea, crepitacula, tabulae).*

[53] V. Leroquais, Les psautiers (s. Anm. 9).

[54] An den Bittagen führten die Prozessionen zuerst von einer Kirche zur andern in der Stadt, bevor sie dann eine auf dem Land befindliche Kapelle erreichten.

sänge und Messen folgten ununterbrochen aufeinander bis zu Terz und Hochamt. Nach einer ersten, Arbeit oder Studium gewidmeten Unterbrechung folgten die Gebete zur Mittagsstunde: Sext und Non (getrennt oder zusammen); am Ende des Nachmittags schlossen Vesper und Komplet den Tag ab. Nach dem letzten Wort der Komplet senkte sich Stille über die Gemeinschaft, die gewohnt war, sich früh niederzulegen, um zur Matutin wieder aufzustehen. Es gab vier, von den Ordensgemeinschaften unterschiedlich gefeierte, mehr oder weniger lange Zusammenkünfte im Gebet: verlängert oder verdoppelt bei den Cluniazensern[55], verkürzt bei den mit Feldarbeit betrauten Zisterziensern, wieder anders befolgt von den in ihren Häusern verstreut lebenden Kanonikern und Kanonissen sowie von den nahe beim Chor im Kloster lebenden Mönchen und Monialen. Während dieser Horen wurde gebetet, Texte aus der Bibel und von den Kirchenvätern wurden gelesen und Psalmen gesungen; von seinem Pult aus leitete der Kantor die Gesänge.

Das Stundengebet fand im Refektorium seine Fortsetzung; hier wurden im Verlauf der schweigend eingenommenen Mahlzeiten Lesungen abgehalten, die normalerweise weder vom versehentlichen Geklapper eines Tellers noch von der leisesten Bemerkung eines Zuhörers gestört werden durften. Von einer Lesekanzel herab nahm ein Mitglied der Gemeinschaft, entweder immer das gleiche oder eines nach dem anderen – Voraussetzung war allerdings, daß es gut vorlesen konnte –, den Text des Gottesdienstes wieder auf und las ihn zu Ende oder aber las Kommentare zum Evangelium, Werke der Kirchenväter oder Heiligenviten vor. Genauso wenig wie der Pflicht zum gemeinsamen Mahl konnte sich eine Klostergemeinschaft dieser Pflicht entziehen[56]. Die kanoniale Liturgie fand in der Kathedrale oder in den dem Publikum zugänglichen Kirchen statt, besaß also Öffentlichkeitscharakter.

Der Gesang hatte in der Liturgie seinen festen Platz, und es entstanden laufend neue Ausdrucksformen religiöser Musik. Während langer Zeit wurde die Gesangsmelodie durch Neumen markiert, die oberhalb von Wörtern und Silben plaziert waren. Guido von Arezzo definierte dann die Noten und plazierte sie auf vier Linien, was eine präzisere Bestimmung der Töne erlaubte. Tropen und Sequenzen erweiterten den Text und dessen musikalische Gestaltung, schoben Worte und Melodieteile z. B. zwischen die festgelegten Sätze des Kyrie ein oder schlossen sie an den letzten Vokal des Halleluja an. Zu jener Zeit kam ein Übergangsstil auf, dessen Hauptvertreter der Abt von Reichenau, Hermann Contractus († 1054), war, wobei die Komponisten von Saint-Victor in Paris die zu Beginn des 12. Jh. einsetzenden Veränderungen wesentlich mitbestimmten; in den Texten nahm der Reim die Stelle der Assonanz ein. Die Tropen fanden auch im Graduale Eingang[57].

Die neuen Mönchsorden maßen dem Gesang große Bedeutung bei. Stephan Harding

[55] A. G. Martimort, La prière des heures, in: L'Eglise en prière (s. Anm. 12) 197–290. R. Folz, Pierre le Vénérable et la liturgie, in: R. Louis u. a., Pierre Abélard, Pierre le Vénérable, Paris 1975, 143–161. Ph. Schmitz, La liturgie de Cluny, in: Spiritualità Cluniacense, Convegni del Centro di studi sulla Spiritualità Medioevale 2, 1960, 85–99.

[56] Zum Lesestoff der Mönche vgl. D. Nebbiai-della Guarda, La bibiothèque de l'abbaye de Saint-Denis en France, Paris 1985, 36f.

[57] G. Göller, Die Gesänge der Ordensliturgien, in: K. G. Fellerer (Hrsg.), Geschichte der katholischen Kirchenmusik I: Von den Anfängen bis zum Tridentinum, Kassel – Basel – Tours – London 1972, 265–271; J.-B. Pelt, Etudes sur la cathédrale de Metz I: La liturgie, Metz 1937, 213–234 (Tropen- und Sequenzensammlung, Handschrift des 12. Jh.); Dictionnaire de la Musique, Science de la Musique, Paris 1977, Art. „séquence", „trope" (mit Bibliographie).

entsandte zwei Mönche nach Metz, um Handschriften zu kopieren, denn Metz besaß seit dem 8. Jh. eine angesehene Gesangschule. Die vorgefundenen Bücher erwiesen sich indes als unzulänglich, und die beiden mußten ihre Suche fortsetzen. Der Gesang begleitete eine (bereinigte) Liturgie, die zahlreiche Bücher verwendete, wie aus dem dritten Kapitel des zweiten Teils der Consuetudines von Cîteaux hervorgeht: „Missale, Epistolar, Graduale, Antiphonarien, Regel, Hymnenbuch, Psalterium, Lektionarium, Kalendarium"[58]; überall mußten die gleichen Bücher verwendet werden. Später betraute Bernhard, Abt von Clairvaux, eine von ihm ins Leben gerufene Kommission mit der Ausarbeitung eines Modell-Buches; ihr Leiter war Abt Gui de Cherlieu, der in den Jahren 1135–1145 zahlreiche Neuerungen einführte[59], die aber insofern begrenzt waren, als die Zisterzienser zum alten Gregorianischen Choral zurückfinden wollten. Auch die Kartäuser legten ihre Musik in der ersten Hälfte des 12. Jh. fest, während die Prämonstratenser, weniger auf Harmonisierung bedacht, sich mit den örtlichen Traditionen des rheinischen Lothringen und des westlichen Frankreich begnügten. Der zweite Abt dieses Ordens, Hugo von Fosses, der das Brauchtum fixierte, schuf einen *liber ordinarius* mit Anweisungen zur Liturgie. Man kann sich gut vorstellen, daß außerhalb der großen Kathedral- und Abteikirchen größte Vielfalt herrschte. Zu jener Zeit kam auch die Orgel als Begleitinstrument für den Gesang auf[60].

h) Predigt und Unterweisung der Gläubigen

Während die Musik in erster Linie den am Chorgebet Beteiligten vorbehalten war, mußte die Predigt alle im Gottesdienst Anwesenden erreichen. Konzilien und Synoden gaben Anweisungen, wie der Gottesdienst eines Pfarrers auf dem Land auszusehen hatte: Wiederholung des *Credo*, Ermahnung an Christen, die die kirchliche Lehre zu wenig befolgten und einen zweifelhaften Lebenswandel führten, Aufruf zu Tugend und Nächstenliebe, feierliches Begehen der großen Feste, Lob der Verdienste der Heiligen. Im 12. Jh. war das Niveau der sonntäglichen Predigt zweifellos noch eher durchschnittlich. Die kirchlichen Autoritäten betonten die Notwendigkeit der Homilie zur Erbauung des Volkes und zur Bekämpfung von Häresien; die Mönchsorden und Kanoniker ihrerseits legten großen Wert auf die Predigt; die Gläubigen bekundeten Interesse an Unterweisung. Da letztere nur schwer zugänglich war, tauchten hier und dort im Verlauf des 11. Jh. Wanderprediger auf, die ohne Erlaubnis in der Volkssprache predigten; das gefiel dem Volk, wie sich aus Berichten über die Tätigkeit von Eremiten im Westen Frankreichs ergibt, die sich großen Zulaufs erfreuten.

Im 12. Jh. wurden auf dem Gebiet der Predigt große Anstrengungen unternommen und Predigtsammlungen zusammengestellt[61]. Die auf uns gekommenen Predigtsammlungen sind gelehrte Texte, von Theologen geschrieben oder umgeschrieben; man verfaßte Predigten für ein ganz bestimmtes Publikum, kommentierte Sätze aus der Bibel, erörterte heikle

---

[58] PL 181, 1725. (Entsprechende Handschrift in der Bibliothèque publique de Dijon, Nr. 114/82).

[59] PL 182, 1122.

[60] Dictionnaire de la Musique (s. Anm. 57) „orgue", 730. Im 11. Jh. kamen zwei Typen von Orgelpfeifen auf. Die Entstehungszeit der beweglichen Orgel und der Emporenorgel fällt vermutlich ins 12. Jh., ist aber unbekannt.

[61] J. Longère, La prédication médiévale, Paris 1983; M. Zink, La prédication en langue romane avant 1300, Paris 1976. M. Menzel, Predigt und Predigtorganisation im Mittelalter, in: HJ 111 (1991) 337–384.

theologische Streitfragen und beschrieb die Höhepunkte des liturgischen Jahres, festliche Feiern und Heiligenviten. Einige Namen ragen aus dieser bunten Reihe von Predigern heraus: Benediktiner wie in Saint-Evroul Wilhelm von Merle († 1087), Zisterzienser wie Bernhard von Clairvaux und Guerricus von Igny († 1187), Kanoniker von Saint-Victor wie Gottfried († 1130), Achard († 1170), Richard († 1173) und Walter († 1180), die beispielhaft sind für Gelehrsamkeit und Seelsorgetätigkeit der Regularkanoniker; schließlich Bischöfe wie Petrus Lombardus oder Maurice de Sully und Magister wie Abaelard, Alain de Lille oder Stephan Langton[62]. Die Schüler befaßten sich mit der Kunst der Predigt, der Komposition der Predigten und mit der Kunst des Überzeugens. Die Inhaltsanalyse ihrer Werke verschafft einen guten Einblick in die damalige Gesellschaft und in die Fehler, die die Prediger hauptsächlich korrigieren wollten: Habgier des Klerus, Hochmut der Mönche, Nachlässigkeit der Seelsorger, Ignoranz der Priester. Demgegenüber wurden Keuschheit, Nächstenliebe und Mäßigung als allgemeine Tugenden gepriesen. Der berühmteste dieser Prediger war zweifellos der Abt von Clairvaux, der, unvergleichlich in Stil und Sprache, alle Themen temperamentvoll, ironisch und leidenschaftlich behandelte – er sang das Lob der Jungfrau Maria wie das der Templer, analysierte immer wieder das Hohelied, überzeugte mehr als alle anderen und rief Gläubige wie Mönche auf, alles von Gott zu erwarten und alles von sich selbst zu verlangen[63].

3. *Die Gotteshäuser*

Die Zahl der christlichen Kultstätten nahm zwischen dem 10. und dem 12. Jh. ganz beträchtlich zu. Obwohl ganz verschieden in Ausmaß und äußerem Erscheinungsbild, weisen sie alle mehr oder weniger ausgeprägt die Merkmale der romanischen Kunst auf, deren Höhepunkt zwischen 1050 und 1200 liegt. Raumgestaltung und Ausschmückung wie auch die Vorgaben des liturgischen Geschehens gehören zu den Hauptaspekten des damaligen religiösen Alltags.

a) Gebäude und sakraler Raum

Der Ort des liturgischen Geschehens ist dort, wo sich der Altar mit seinen Reliquien befindet. Die Größe des Gebäudes ist unwichtig, ja es ist sogar möglich, daß der Gottesdienst unter freiem Himmel stattfindet; dann werden die heiligen Geräte samt Wein und Brot auf einen tragbaren Altar gestellt. Die Verwendung des Tragaltars war bekannt, obwohl weniger verbreitet als im 13. Jh., als sein Gebrauch durch die Adligen von den Päpsten sanktioniert wurde; Kelch und Meßkännchen, Meßbuch und sakrale Gewänder reisten im Gepäck des Klerus im Gefolge des Prälaten oder Fürsten mit, so daß das Meßopfer täglich

---

[62] J. Leclercq, Prédicateurs bénédictins aux XIe et XIIe siècles, in: RMab 33 (1943) 48–73. R. Cruel, Geschichte der deutschen Predigt im Mittelalter, Hildesheim 1966, 128–200 (erwähnt insbesondere die Sammlung des Honorius Augustodunensis und des Abtes Wernher von St. Blasien). J. Châtillon, Sermons et prédicateurs victorins de la seconde moitié du XIIe siècle, in: AHDL 32 (1966). L. Bourgain, La chaire française au XIIe siècle d'après les manuscrits, Paris 1879. J. Longère, Les oeuvres oratoires des maîtres parisiens au XIIe siècle. Etude historique et doctrinale, Paris 1975.

[63] Vgl. die verschiedenen Einleitungen in: J. Leclercq – H. Rochais, Sancti Bernardi opera, 8 Bde., Rom 1957–1977; J. Leclercq, Recueil d'études sur saint Bernard et ses écrits, 3 Bde., Rom 1962, 1966, 1969. TRE 5 (1980), Art. „Bernhard" (J. Leclercq), 644–651.

gefeiert werden konnte. Außerdem standen überall Oratorien, Kapellen und Kirchen; der im tiefen Wald in einem abgelegenen Tal lebende Eremit baute zusammen mit seiner Behausung eine Kapelle; beliebtes Motiv der Ritterromane waren denn auch diese durch Kreuz und Glocke kenntlich gemachten bescheidenen Kultorte, auf die der Held im Verlauf seiner Pilgerschaft zufällig stieß.

Die kleinsten Gebäude, in denen die Messe gelesen wurde und der Gläubige vor dem Kreuz betete, waren nur wenige Quadratmeter groß: Die im Turm gelegene, durch eine Schießscharte spärlich erleuchtete Schloßkapelle nahm nur wenig Raum ein, das Oratorium im Dorf kaum mehr. In vorromanischer Zeit gab es in ländlichen Gegenden in Katalanien und Italien Kirchen in Form von geduckten Hütten aus schlechtgefügten Steinen, in denen lediglich die Abendsonne durch die Türöffnung drang, während ein rechteckiger Chor, der Tradition gemäß geostet, den Ort des Altars markierte. Es waren primitiv konstruierte Bauten in kaum bevölkerten Bergregionen, in denen leicht zwanzig Personen Platz fanden, um im Schein der Kerzen dem Gottesdienst beizuwohnen[64].

Die für einen oder mehrere Weiler zuständige Kirche wies die Stilmittel der romanischen Kunst auf. Das Gotteshaus in seiner einfachsten Form hatte ein Langhaus von zehn bis 15 Metern; über dem Portal mit der Holztüre und den seitlichen Säulen mit geometrischen Motiven ein einfach gemeißelter Tympanon; in die Mauern des Langhauses, die eine hölzerne Decke oder erste Versuche eines steinernen Gewölbes trugen, waren einige Fenster eingelassen. Dem Eingang gegenüber eine runde Apsis mit dem Altar, der dank einiger verglaster Öffnungen etwas erhellt wurde. Seitlich am Gebäude ein Turm, in den sich die Dorfbewohner bei Gefahr flüchten konnten; Schutz boten seine dicken und fensterlosen Mauern, aber auch sein Standort im Sakralraum zwischen Kirche und Friedhof. War die Bevölkerung wohlhabender und der Lehnsherr großzügiger, dann war die Kirche entsprechend aufwendiger ausgestattet, besaß mehrere Türme westlich des Langhauses oder am Ende des Querhauses und verfügte über kunstvoll behauene figürliche Kapitelle. Über Jahrhunderte hinweg waren diese soliden romanischen Bauten überall in Europa in ländlichen Gegenden, aber auch in den Städten zu finden[65].

Der Unterhalt dieser kleinen Kirchen war mit nicht geringem Aufwand verbunden; die Gläubigen zählten auf den Lehnsherrn zur Begleichung der Kosten, dieser wiederum hatte es keineswegs besonders eilig, das Nötige zu veranlassen. Das ist auch der Grund, weshalb in einigen Regionen bereits im 12. Jh. Abkommen aufkamen, die vor dem Bischof geschlossen und in denen die Verantwortlichkeiten aller Partner festgelegt wurden: Die Dorfbewohner waren zuständig für den Turm, der ihnen als Zuflucht diente, der Pfarrer für den Chor und der Lehnsherr, eigentlicher Eigentümer der Kirche, dem ein zuweilen bedeutender Teil der Einkünfte zufloß, für die Mauern und das Dach des Kirchenschiffs; zudem hatte er die liturgischen Geräte zu liefern. Es gibt auch Beispiele für Kirchen, die auf Anregung der Dorfbewohner gebaut und dann von ihnen unterhalten wurden[66].

---

64 X. Barrall i Altet, L'art pre-romanic a Catalunya, segles IX e X, Barcelona 1981 (mit zahlreichen illustrierten Beispielen von solchen kleinen Landkirchen).

65 Siehe etwa H. Collin, Les églises romanes de Lorraine, Nancy 1981–1986, mit einem vollständigen und detaillierten Überblick über die kleinen Dorfkirchen in Lothringen.

66 M. Parisse, Recherches sur les paroisses du diocèse de Toul au XIIe siècle: l'église paroissiale et son desservant, in: Le istituzioni ecclesiastiche della „Societas Christiana“ dei secoli XI–XII. Atti della sesta Settimana internazionale di studio Milano (1–7 settembre 1974), Mailand 1977, 567–568.

Die mittleren und großen Kirchen, Priorate, Abteikirchen, Kathedralen, gehörten einer religiösen Institution; ihre Architektur war aufwendiger und wurde durch Wandmalereien und Bildhauereiarbeiten ergänzt. Wurde eine Dorfkirche von einer Abtei betreut, dann konnte sie das Zentrum eines Priorats werden, in dem ständig einige Mönche lebten; das setzte indes genügende finanzielle Mittel des Eigentümers voraus. In solchen Fällen war das Gebäude größer; das Langhaus wurde um die niedrigeren Seitenschiffe erweitert, in die die Seitenschiffsdächer überragende Mittelschiffwand (Obergaden) ließ man Fenster ein und errichtete ein Querhaus, das dem Klerus mehr Bewegungsfreiheit verschaffte; neben der Hauptapsis gab es zuweilen zwei oder vier Nebenapsiden für mehrere Altäre. Es kam vor, daß die Mönchsgemeinschaft und das Volk nicht am gleichen Altar feierten; das Volk hatte sich nämlich in den Seitenschiffen oder im hinteren Teil des Mittelschiffes aufzuhalten. Im besten Fall stand neben der Kirche ein Kreuzgang. Im 11. und 12. Jh. gab es immer mehr solche Kirchen, die gewissermaßen kleine weltliche Kapitel darstellten; diese Entwicklung ist vor allem darauf zurückzuführen, daß einerseits die Benediktiner auf ihren Ländereien zuweilen Priorate und andererseits die Lehnsherren zahlreiche „Stiftskirchen" errichteten. So entstanden auch die ersten Gebäude von Eremiten, deren Anhängerschaft zahlreicher geworden war.

Beeindruckend bleiben vor allem die zur Zeit der Gotik nicht verschwundenen, heute noch zu bewundernden großen romanischen Abteikirchen und Kathedralen. Annalen und Chroniken sind voll von Hinweisen auf die Bautätigkeit im 11. und 12. Jh., als die ursprünglichen Oratorien grandiosen Gebäuden weichen mußten. Diese Bauten wurden teilweise so großzügig angelegt, daß der gotische Neubau später auf den Grundmauern des Vorgängerbaus ruhen und in etwa noch dem ursprünglichen Entwurf folgen konnte. Am lebendigsten ist die Erinnerung an die Kirchen des 12. Jh. zweifellos in den mit einem Tonnen- oder Kreuzgratgewölbe versehenen dreischiffigen Zisterzienserabteien; ihr Eingangsportal ist nur selten ausgeschmückt; das Querhaus gewinnt durch seine Anlage und seine Höhe an Weite; den harmonischen Abschluß bildet der mit Nebenapsiden versehene halbrunde oder viereckige Chor.

In Zentralfrankreich – vom Poitou über die Auvergne bis nach Burgund – entstanden damals jene großartigen romanischen Kirchen mit majestätischem Etagenchor; harmonische, von einem Turm beherrschte Gebäude, in denen das Schiff beinahe als Anhängsel wirkt. In ganz Europa, von Region zu Region, von Orden zu Orden, lagen die Architekten im Wettstreit. Gab es eine cluniazensische, eine zisterziensische, eine prämonstratensische Architektur? Eine französische, eine katalanische, eine deutsche oder italienische Architektur?

Bereits im äußeren Erscheinungsbild charakteristisch für die romanische Kunst ist die massive Bauweise, in der runde Formen dominieren; Masse bedeutet hier aber nicht unbedingt Schwere, Lichtundurchlässigkeit nicht unbedingt Dunkelheit[67]. Zwar sind vor allem die kleinsten und einfachsten Kirchen dieser Zeit dunkel und benötigen viel künstliches Licht, aber es gibt auch viele hohe und lichte Bauten, wie dies der Dom von Braunschweig zeigt, wo Heinrich der Löwe seine Gebete verrichtete. Harmonie von Nebenapsiden und Hauptapsis, Säulen mit Halbkapitellen, lombardische Friese, Fragmente von glattem Mauerwerk, das langsam gegen Dach und Türme strebt, rechteckiges Schiff mit festen Wi-

[67] E. Male, L'art religieux du XIIe siècle en France. Etudes sur les origines de l'iconographie du Moyen Age. Paris ²1924. M. Durliat, L'art roman, Paris 1982. G. Duby, L'art cistercien, Paris 1977; F. Avril u. a., Le monde roman, 1060–1220. I: Le temps des croisades, II: Les royaumes d'Occident, Paris 1982–83.

Die erhaltenen Beispiele von Kultgeräten vermitteln einen Eindruck von der kostbaren Ausstattung der mittelalterlichen Kirchen: Ambo mit den Gestalten der Evangelisten aus dem Kloster Alpirsbach. Holz, bemalt (13. Jh.). Freudenstadt, Stadtkirche. – Radleuchter (12. Jh.) als Symbol des himmlischen Jerusalems. Komburg, ehem. Benediktinerkloster. – Sogenannter Wolfram-Leuchter. Bronze (13. Jh.) im Erfurter Dom. – Taufbecken, getragen von Verkörperungen der vier Paradiesflüsse und geschmückt mit Reliefszenen. Bronze (um 1220) im Dom von Hildesheim.

derlagern, die größere Fensteröffnungen möglich machten. Die romanische Kirche zieht den Besucher durch ihre mächtige nackte Fassade mit bescheidenen Portalen an. Nur wenige Kirchen besitzen, wie Notre-Dame la Grande in Poitiers, eine skulpturengeschmückte Fassade; in der Regel herrscht glattes Mauerwerk mit großen behauenen Steinquadern vor. An den Türen sind zuweilen Heiligenfiguren, Apostel und Propheten zu sehen, während der Tympanon eine Vision des Majestas Christi oder der Thronenden Madonna aufweist, wogegen der nicht immer vorhandene Mittelpfosten behauen ist und oberhalb des Türsturzes Bildfolgen angebracht sind; Moissac möge hier stellvertretend als Beispiel dienen. Diese Fülle von Figuren und friedlichen oder gewalttätigen Szenen aus dem Alten und Neuen Testament ist zu bewundern auf den Kapitellen in Schiff und Kreuzgang – von Mont-Saint-Michel bis zur Kollegiatkirche Sant'Orso von Aosta, von Saint-Julien de Bridoude bis nach Hirsau.

Wie kann man von Dunkelheit sprechen, wenn Statuen und Säulen, Wände und Gewölbe in Farbe getaucht sind! Die romanische Kirche ist mit Malereien, mit reichen Fresken ausgeschmückt; zwar bedeckt die Malerei nicht alle Oberflächen, aber sie ist überall präsent[68]. Auf die Formel gebracht: Was dem Kleriker der Buchstabe, ist dem Laien die Malerei. Die Malerei hatte einen dreifachen Zweck: die Unwissenden zu belehren, die Dinge in Erinnerung zu rufen und das Gebäude zu schmücken. Die großartigsten Kunstwerke wie das Gewölbe von Saint-Savin oder die Kapelle von Berzé sind nicht etwa Ausnahmen, sondern lediglich die wichtigsten in diesem Zustand und in dieser Qualität erhalten gebliebenen Zeugen. Überall werden durch Restaurierungen Heilige, Ritter und Christusfiguren, Darstellungen von Wundern und Lehre freigelegt, Zeugen einer seit karolingischer Zeit lebendigen Tradition – zu lebendig für die Zisterzienser, die es vorzogen, vor nacktem Mauerwerk und Steinquadern zu meditieren. Der Boden des liturgisch bedeutsamen Teils des Gebäudes ist mit Mosaiken bedeckt; dargestellt werden Szenen aus dem Alten Testament, Bilder des Kosmos oder aus der Tierwelt und hagiographische Erzählungen. Das Neue Testament und die Darstellung Christi oder der Madonna sind auf dem vielbegangenen Fußboden nicht zulässig.

Bereits verbreitet ist die bemalte, aus Holz oder Stein gehauene Statue der – meist sitzenden – Jungfrau mit dem Kind; häufig ist auch die Statue des Schutzpatrons[69] zu sehen. Zum Mobiliar der Kirche gehören die Wandbehänge mit gelehrten Darstellungen der Genesis wie in Spanien (Gerona) oder Episoden aus dem Leben des Fürsten wie in Skandinavien; es sind empfindliche Gegenstände, die nur selten überlebt haben[70].

b) Der Gläubige im sakralen Raum

Die Kirche zu betreten bedeutet, von der Außenwelt ins Geheimnis einzutreten. Rund um die Kirche liegt ein vom Bischof anläßlich der Weihe festgelegter, mehr oder weniger weiter Bereich, dessen Grenzen, von ein oder zwei Toren unterbrochen, durch einen Graben, eine Mauer oder Bäume markiert sind; es ist der Vorhof, Ort der Zuflucht, Ort der Aufnahme. Es greift zu kurz, nur von einem Friedhof zu sprechen, selbst wenn dieser Bereich

---

68 M. Hirmer, La peinture murale romane, Paris 1970.

69 G. Duby u. a., La sculpture du Moyen Age, Genf 1989.

70 P. de Palol, El tapis de la creación de la catedral de Girona, Barcelona 1986; F. Joubert, La tapisserie médiévale au Musée de Cluny, Paris 1988.

auch dazu diente, die Toten aufzunehmen. Der Vorhof war, anders als heute, nicht bloß ein mit Grabsteinen und Kreuzen übersäter Raum. Der Vorhof, so schrieb um 1160 der Bischof von Rennes, ist „Zuflucht für die Lebenden, nicht Grabstätte der Toten“; hier wurde gelebt, es wurden Wohnhäuser erbaut, für die ein Zehnt zu entrichten war; unter der Eingangspforte oder einem Baum wurde Recht gesprochen und gehandelt, hier wurde der Markt abgehalten und geplaudert, hier fand die Bevölkerung Zuflucht vor dem drohenden Feind[71]. Daneben wurde der Vorhof auch als Friedhof genutzt; die in ein Tuch gewickelten Toten wurden hier begraben, kein Grabstein wies den gleichgültig darüber hinwegschreitenden Fußgänger darauf hin; der Lebensraum im Freien war wichtiger als der den Toten vorbehaltene Untergrund. Wie viele Konflikte zwischen Mönchen und Dorfpfarrern, zwischen Pfründeninhabern und diensttuenden Vikaren um die alleinige Verfügungsgewalt über die aus dem Vorhof zu erzielenden Geldeinkünfte; wie viele Kämpfe um die Gebeine eines Toten, der auf dem Sterbebett darum gebeten hatte, in der geheiligten Erde der nahegelegenen Abtei und nicht im Vorhof der Dorfkirche begraben zu werden! Die Wahl der Grabstätte wurde wichtig, und es entstanden die ersten Grabmäler mit figürlicher Darstellung der Verstorbenen, die so allen in Erinnerung blieben[72].

Normalerweise durfte der Katechumene das Kirchenportal nicht überschreiten. Einige Gebäude verfügten über ein geräumiges Narthex, wo sie sich versammeln konnten. Daran erinnert der weite Vorbau der Abteikirche von Fleury (St-Benoît-sur-Loire)[73]. Von dort aus gelangten die zu taufenden Christen direkt zum Taufbecken, falls sich dieses nicht in einem Außenturm befand. Der Turm über dem Eingangsportal und das Westwerk der Kirchen in Deutschland waren Orte der Zuflucht und des Gebets[74]. Diese weisen zuweilen im Erdgeschoß keinerlei Öffnung auf und sind nur über das Kircheninnere zugänglich; das dicke Mauerwerk macht sie sicher, und von der Turmspitze aus läßt sich das Land überblicken; hier sind die Glocken[75] installiert und befindet sich die im Turm gelegene Kapelle, meist Michael oder Christus geweiht. Auf der Turmspitze steht ein Kreuz, das immer häufiger durch einen Hahn ersetzt wird; sichtbar ist dies auf dem Wandteppich von Bayeux, der zeigt, wie man auf der eben vollendeten Kathedrale von Westminster einen Hahn befestigt[76].

Das Kirchenschiff ist ein weiter leerer Raum, in dem der Gläubige stehen muß; allein

---

[71] „Cimiterium ad refugium tantum virorum, non ad sepulturam mortuorum“, zit. v. L. Musset, in: RMAL 4 (1948) 56–60; P. Duparc, Le cimetière, séjour des vivants (XIe–XIIe s.), in: BPH (1964) Paris 1967, 483–504; H. Guillotel, Du rôle des cimetières en Bretagne dans le renouveau du XIe et de la première moitié du XIIe siècle, in: MSHAB 52 (1972–1974) 1–26. E. Zadora-Rio, Les cimetières habités en Anjou aux XIe et XIIe siècle, 105e Congrès Soc. Sav., Archéologie, Caen 1980, Paris 1983, 319–329. Vgl. mit weiterer Literatur LexMA IV (1989), Art. „Friedhof“ (J. Engemann u. a.), 923–928.

[72] A. Erlande-Brandenburg, Le roi est mort, Paris – Genf 1975. La figuration des morts dans l'Occident médiéval jusqu'à la fin du premier quart du XIVe siècle, Abbaye royale de Fontevraud, 26–29 mai 1988, Fontevrault 1989.

[73] E. Vergnolle, Saint-Benoît-sur-Loire et la sculpture du XIe siècle, Paris 1985.

[74] C. Heitz, La France pré-romane. Archéologie et architecture du haut Moyen Age, IVe siècle – An Mille, Paris 1987.

[75] J. Sauer, Symbolik des Kirchengebäudes und seiner Ausstattung in der Auffassung des Mittelalters, Münster 1964, 140–255. Zu *clocca*: „Turrim signorum quam rustici cloccarium dicimus“, Bericht von Guillaume de Chalon über den Brand von Saint-Pierre in Chalon im Jahr 956, in: PL 134, 1017.

[76] Ebd.: „Galli in summo pomo“. M. Parisse, La Tapisserie de Bayeux. Un documentaire du XIe siècle, Paris 1983, 2 und 76.

Frühchristliche und romanische Kirchen besaßen oft einen Narthex, eine Vorhalle für die Katechumenen vor der eigentlichen Kirche, die durch ein mit einem Tympanon geschmücktes Portal betreten wird. – Narthex mit Tympanon „Geistsendung" der Ste-Madeleine-Kirche in Vezelais (um 1130).

den Wänden entlang befinden sich ein paar Bänke; hier können einige Personen ausruhen oder dem Gottesdienst sitzend beiwohnen. In der Kirche sind drei Gruppen von Personen zu unterscheiden: die Kleriker im Chor, die Frauen rechts im Schiff, d. h. auf der Nordseite, und die Männer auf der linken Seite[77]. Waren die Gläubigen müde oder wollten sie es sich bequemer machen, dann setzten sie sich auf den Boden. Das Kirchenschiff war voll vom Lärm der Anwesenden; wer zum Sonntagsgottesdienst ging, nutzte die Gelegenheit, um ein Geschäft zu erledigen oder mit Freunden zu plaudern. Mehr und mehr finden sich Privataltäre, gestiftet von Einzelpersonen, die einem Kaplan einen jährlichen Zehnten entrichten, damit er am Jahrestag ihres Todes oder ganz allgemein zu ihrem Gedenken die Messe liest. Noch gab es keine Seitenkapellen, und die Privataltäre standen im Kirchen-

---

[77] J. Hubert, La place faite aux laïcs dans les églises monastiques et dans les cathédrales aux XIe et XIIe siècles, in: I laici (s. Anm. 1) 470–487. I. Müller, Frauen rechts, Männer links. Historische Platzverteilung in der Kirche, in: SAVK 57 (1961) 65–81.

schiff an den Seitenwänden oder an den Pfeilern, weil im Querschiff und in den Apsiden bereits Altäre standen.

Die Grenze zwischen Gläubigen und Klerus war zudem durch die Chorschranken markiert, eine steinerne Barriere mit dem Ambo, der dem Priester als Rednerpult diente[78]. In einigen großen Kirchen wurde die Chorschranke zum steinernen Vorhang, der die Liturgie am Altar, das vom Priester gefeierte Geheimnis, den Blicken entzieht. Eine weitere Schranke waren die Kleriker selbst, die den zelebrierenden Priester umgaben, der dem Volk den Rücken zuwandte. Allein von der Empore aus war der Blick frei auf den Altar und die Zelebranten. Nur ein bestimmter Moment fesselte die Aufmerksamkeit: Wenn der Zelebrant die Hostie in die Höhe hielt, nachdem das Glöckchen ertönt war und die Anwesenden zur Ruhe gemahnt hatte. Zentrum des liturgischen Lebens der Kleriker war der Chor; hinzu kam bisweilen eine Krypta, jene unterirdische Kirche, in der meist der Sarkophag des Kirchenpatrons plaziert wurde, auch „Confessio" genannt[79]. Dieser zuweilen sehr große und dekorierte unterirdische Raum (man denke an Saint-Bénigne in Dijon oder Saint-Germain in Auxerre) trägt dazu bei, den Chor zu überhöhen. In Abteikirchen und Kathedralen trat nach und nach das Chorgestühl auf, das den Hauptaltar umgibt und zuweilen sogar in das Querhaus hineinragt; hier nahmen Chorherren oder Mönche, nach Anciennität geordnet, Platz. Bekannt sind die reich geschnitzten Miserikordien an den Klappsitzen des Chorgestühls[80]. Die Monialen ihrerseits hatten nicht das Recht, sich im Chor aufzuhalten; sie nahmen auf den Seitenemporen im Querhaus oder hinten in der Kirche Platz[81].

c) Die Hilfskräfte im Inneren der Kirche

Viele Menschen waren im Kirchengebäude tätig und bewachten Zugang und Schätze. Die Kirche stand nicht immer offen; abends wurden die Türen vom Türhüter sorgfältig geschlossen; dieser verriegelte auch den Zugang zur Sakristei, überwachte den Eingang und jagte ungebetene Gäste weg. Viele Kranke und Behinderten wollten am Morgen als erste die Kirche betreten, nachdem sie die Nacht vor dem Eingangsportal verbracht hatten, oder versuchten sogar, sich in der Hoffnung auf nächtliche Genesung am Grab des verehrten Heiligen einschließen zu lassen. Die Abteikirche war den Mönchen vorbehalten, aber es wäre falsch anzunehmen, die Gläubigen hätten dort keinen Zutritt gehabt; selbst die Kirchen der Monialen verfügten über einen Zugang von außen; hier konnten die Gläubigen eintreten, die Klosterfrauen indes durften diese Schwelle nicht überschreiten. Für sie wie für Mönche und Kanoniker gab es einen anderen Zugang, die Pforte zum Kreuzgang, die dank einer im Querhaus angebrachten Türe zuweilen direkt in den Schlafsaal führte. Der Bauplan von St. Gallen etwa weist vier Türen mit je anderem Verwendungszweck auf. Kleinere Kirchen besaßen nur ein Fassadenportal, was zusätzliche Sicherheit bedeutete. Das

---

[78] X. Barral i Altet (Hrsg.), Le paysage monumental de la France de l'an Mil, Paris 1987, 116–117; J. Thirion, L'ancienne cathédrale de Nice et sa clôture de choeur du XIe siècle, d'après des découvertes récentes, in: CAr 17 (1967) 12–160.

[79] L. Grodecki, L'architecture ottonienne. Au seuil de l'art roman, Paris 1958; LexMA III (1986), Art. „Confessio" (G. Binding), 128f (mit weiterer Literatur).

[80] D. und H. Kraus, Le monde caché des Miséricordes, Paris 1958.

[81] H. E. Kubach, Architettura romanica, Mailand 1972.

steinerne Gebäude war nur schwer zugänglich und wie der Turm häufig sogar zu Verteidigungszwecken eingerichtet; es verfügte über einen ausgebauten Dachboden, eine Bretesche über dem Eingangsportal und einige Schießscharten; bereits zu jener Zeit gab es zahlreiche Wehrkirchen[82].

Zuweilen war der Türhüter auch für die Glocken zuständig; diese waren im Turm oder in einem separaten Glockenturm untergebracht, und die Glockenseile hingen im Innern des Gebäudes von der Decke herab. Über die Mönche im Heiligen Land schrieb Albert von Aachen: „Sie ließen Glocken aus Bronze und anderen Metallen gießen; vernahmen die Brüder ihr Geläut, so begaben sie sich eiligst in die Kirche, während das Volk, das den Worten der Brüder folgen wollte, gemeinsam zur Kirche strömte.“[83] Die Glocken prägten den Rhythmus des Alltagslebens in Dörfern und Städten, ja in jeder Kirche. Besonders wichtig waren sie in den Klöstern, riefen sie doch regelmäßig zum Stundengebet; häufiger als mit der Bezeichnung *campana* wurde die Glocke *signum* genannt, und zwar insbesondere in den Mönchsregeln, wo es vor allem um das auszusendende Signal ging.

Der eigentliche Herr des Kirchenhauses war der für Gebäudeunterhalt und Mobiliar, Kirchenschatz und Reliquien zuständige *custos*, in der Volkssprache „Sakristan“ *(sacrista, sacristanus)* genannt. Gab es keinen Türhüter, dann hatte er die Schlüssel und läutete die Glocken. Er war für das Geschehen im Innern der Kirche verantwortlich. In seine Zuständigkeit fiel insbesondere die Vorbereitung der benötigten liturgischen Geräte. Wie bereits erwähnt, waren diese auf dem Land vom Lehnsherrn zur Verfügung zu stellen. An hohen Feiertagen und für die Sakramentenspendung konnten Kirche und Priester Gaben entgegennehmen: die ersten Früchte der Ernte, Kuchen, Korn, Wein und Wachs. Getreide und Wein dienten dem Priester für Hostien und Meßwein; zwar geriet die Kommunion unter beiderlei Gestalt allmählich außer Gebrauch, aber der Usus der Weingabe wurde beibehalten[84]. Zu den Einnahmen zählte neben Geldspenden auch der Zehnt.

Nur in großen Kirchen mit zahlreichen Klerikern war ein Sakristan tätig; sonst versah der Pfarrer dieses Amt, ungeachtet aller Schwierigkeiten, die seine fehlende Kompetenz in finanziellen Angelegenheiten und der ständige Druck des – geistlichen oder weltlichen – Kirchenherrn mit sich brachten. Der Pfarrer oder der Sakristan mußte darüber hinaus die in Kirchenbesitz befindlichen Ländereien, Weinberge und Wiesen verwalten, aus deren Ertrag der tatsächlich amtierende Kleriker seinen Lebensunterhalt zu finanzieren hatte. Auf der Ausgabenseite figurierte auch der Zehnt, den jedes Gotteshaus seinerseits aufzubringen hatte und der in Geldform in die bischöfliche Kasse floß; zahlreiche Kirchen konnten sich im Verlauf des 12. Jh. von dieser Verpflichtung befreien; aber es gab noch andere Abgaben, etwa den Rückkauf von alten Verpflichtungen wie Beherbergungs- und Synodalrecht. Der Bischof durchzog nicht mehr mit seinem ganzen Gefolge die Diözese auf Kosten der Gemeinden, die für Unterkunft und Nahrung aufzukommen hatten. Als Gegenleistung bekam er eine Entschädigung. Zuweilen hielt sich auch der Archidiakon an diese Übereinkunft. Die Dispens von der Verpflichtung, zweimal pro Jahr am Bischofssitz an der Synode teilzunehmen, mußte ebenfalls erkauft werden.

---

82 Ph. Truttmann, Les églises fortifiées en Lorraine. Le pays Lorrain, 1959, 1–46; K. Kolb, Wehrkirchen in Europa, Würzburg 1983 (Lit.).

83 PL 166, 557; DACL III, Art. „cloche“ (H. Leclercq), 1954–1977.

84 G. Constant, Concession à l'Allemagne de la communion sous les deux espèces, Etude sur les débuts de la réforme catholique en Allemagne (1548–1621), 3 Bde., Paris 1923.

d) Die Kirchenschätze

Während sich die Kapelle oder Kirche auf dem Land mit einem einzigen Buch, wenigen, sorgfältig bewachten Gerätschaften und einigen liturgischen Gewändern begnügen mußte, verfügten die Abteikirchen über einen wahren Schatz, von dessen Existenz noch immer zahlreiche Inventare zeugen und der drei Teile umfaßte: Gewänder, Gegenstände aus Metall oder Elfenbein sowie Bücher[85]. Die liturgischen Gewänder haben sich im Verlauf der Jahrhunderte kaum verändert – einige sind unerläßlich, andere nicht[86]. Um die Messe zu lesen, zieht der Priester die Albe an, die in Erinnerung an das Taufkleid gewöhnlich aus weißem Stoff gefertigt ist; dann legt er um Hals und Schultern das Amikt, zieht sich die Kasel über, die traditionelle Dalmatik trägt der Diakon; abschließend legt er sich die Stola um (das Pallium des Erzbischofs fußt auf einer gesonderten Entwicklung); schließlich legt er um den linken Unterarm den Manipel. Das kostbarste Gewand ist die Kasel; ihre Farbe variiert je nach Gottesdienst; in späterer Zeit wird sie mit einem gestickten Kreuz geschmückt, mit der Darstellung des Osterlammes in der Mitte und zuweilen auch mit frommen Szenen im Zusammenhang mit dem Ablauf der Messe und ihrer Symbolik. Eine Kloster- oder Stiftskirche besitzt diese Gewänder in mehrfacher Ausführung, kommt es doch vor, daß mehrere Priester die Messe konzelebrieren; die für einen spezifischen Altar zuständigen Kaplane wiederum verfügen über eigene Gewänder. In den Inventaren der Kirchenschätze sind noch zahlreiche weitere Stoffe erwähnt, etwa Altartücher *(palla)*, Korporale, Antependien, Teppiche und Tapisserien *(tapetia)*.

An liturgischen Geräten mochte vielleicht nur ein Kelch und zwei Kännchen für Wasser und Wein oder aber eine sehr viel reichhaltigere Ausstattung vorhanden sein. Hinzu kamen die Kerzenstöcke, die unbedingt erforderlich waren, begann doch die Messe erst, nachdem die Kerzen angezündet worden waren; weiter große Leuchter (etwa der von Friedrich Barbarossa in der Pfalzkapelle in Aachen gestiftete) oder bronzene Armleuchter (etwa der sogenannte Wolfram in Erfurt), verschieden große, mehr oder weniger kostbare Kruzifixe, Weihrauchfässer *(thuribulum)* aus Silber, Gold oder aus versilbertem oder vergoldetem Metall[87]. Bekannt ist, daß Edelmetalle in Form von Kunstgegenständen aufbewahrt wurden.

Zahlreich waren auch die liturgischen Bücher, die in ihrer Vielfalt die Entwicklung der Liturgie widerspiegeln[88]. Mit der Zeit wurden die für einen ganz bestimmten liturgischen Gebrauch verwendeten Werke im Missale zusammengefaßt, das an die Stelle der in karo-

---

[85] J. Sauer, Symbolik des Kirchengebäudes (s. Anm. 75) 171. Zahlreiche Inventare wären aufzuführen, vgl. etwa Mittelalterliche Schatzverzeichnisse I, Von der Zeit Karls des Großen bis zur Mitte des 13. Jh., hrsg. vom Zentralinstitut für Kunstgeschichte in Zusammenarbeit mit B. Bischoff, München 1967. Verwiesen sei hier auf ein weniger bekanntes Beispiel aus den Jahren 1083–1095 aus der Klosterkirche St. Marti von Pannonhalma (Martinsberg) in Ungarn: E. Laszlo (Hrsg.), A Pannonhalmi Föapatsag törtenete, 2, Budapest, 1902, 590–592. H. Appuhn, Schatzkammern in Deutschland, Österreich und der Schweiz. Führer zu kirchlichen und weltlichen Kostbarkeiten, in: Heimer Handlexikon, Düsseldorf 1984.

[86] J. Braun, Die liturgische Gewandung im Occident und Orient, nach Ursprung und Entwicklung, Verwendung und Symbolik, Freiburg i. Br. 1907; J. Sauer, Symbolik des Kirchengebäudes (s. Anm. 75) passim. Vgl. speziell O. Engels, Der Pontifikatsantritt und seine Zeichen (Settimane di Studio del centro italiano … 32/2, Spoleto 1987, 728–766. Ferner LexMA VII (1994), Art. „Pontifikalien" (O. Engels), 96f.

[87] J. Sauer, Symbolik des Kirchengebäudes (s. Anm. 75) 200–210.

[88] P. M. Gy, Typologie et ecclésiologie des livres liturgiques médiévaux, in: MD 121 (1975) 7–21; V. Fiala – W. Irtenkauf, Versuch einer liturgischen Nomenklatur. Zur Katalogisierung mittelalterlicher und neuerer Handschriften, in: ZfBB.S 1 (1963) 105–137; A. Hughes, Medieval Manuscripts for Mass and Office. A Guide to their Organization and Terminology, Toronto 1982.

lingischer Zeit in Gebrauch befindlichen Werke trat. Die entsprechende Funktion übernahm das Brevier für denjenigen, der das Stundengebet las, ferner hatten das Evangeliar des Diakons, das Sakramentar des Zelebranten, das Pontifikale des Bischofs, das Lektionar des Mönchs und das Graduale des Kantors ihren Platz. Es waren kostbare Bücher, die – falls sie täglich gebraucht wurden – am Lesepult, auf dem sie aufgeschlagen wurden, festgekettet waren. In den Ordensgemeinschaften lag das wichtigste Buch stets auf dem Altar; es war das Kapitelsbuch[89], welches das Martyrologium, Nekrologium, die Ordensregel und Homilien enthielt; so mußte etwa der Zelebrant beim Memento unbedingt die Liste der Toten des Tages zur Hand haben, deren nach genauen Regeln zu gedenken war. Das *Liber memorialis* von Remiremont etwa enthielt neben den üblichen Hinweisen auch die Stiftungen für Petrus, den Kirchenpatron, die dadurch, daß sie auf dem Altar auflagen, authentisiert waren; in dieser Absicht setzte sich das Nekrologium allmählich überall durch; im 12. Jh. wurde es zum eigentlichen Totenregister, da es immer mehr Stiftungen von Laien gab, deren Wunsch es war, am Gebet der Ordensgemeinschaft teilzuhaben. Einige dieser Bücher besaßen mit Edelsteinen geschmückte Elfenbein-Einbände und enthielten Buchmalereien – begehrte Objekte, die bei vorüberziehenden Plünderern und Gelegenheitsdieben gleich nach den kostbaren liturgischen Geräten rangierten.

---

[89] J.-L. Lemaître, Liber capituli. Le livre du chapître, des origines au XVIe siècle. L'exemple français, in: Memoria (s. Anm. 43) 625–648.

VIERTER TEIL

RÖMISCHER ZENTRALISMUS UND EINIGUNG DER CHRISTENHEIT

Erstes Kapitel

Die römische Kirche von Innozenz III. bis Gregor X.

VON AGOSTINO PARAVICINI BAGLIANI

I. Das Papsttum auf der Höhe seiner Macht

1. Die Reihe der Päpste

Von der Wahl Innozenz' III. im Jahre 1198 bis zur Wahl Gregors X. im Jahre 1271, also während 73 Jahren, folgten neun Päpste aufeinander. Zum erstenmal seit Jahrhunderten, jedenfalls seit der Gregorianischen Reform, wurde eine lange Periode in der Papstgeschichte durch keine einzige Wahl eines Gegenpapstes getrübt. Hingegen erlebte die Zeit vom Tod Gregors IX. (1241) bis zur Wahl Gregors X. (1271) eine Serie sehr langer Vakanzen des Apostolischen Stuhles; die von 1268 bis 1271 war zudem die längste der ganzen Papstgeschichte.

	Datum der Wahl	Ende des Pont.
Innozenz III. (Lothar von Segni)	8. Jan. 1198	16. Juli 1216
Honorius III. (Cencius Savelli)	18. Juli 1216	18. März 1227
Gregor IX. (Ugolino von Segni)	19. März 1227	22. Aug. 1241
Coelestin IV. (Galfredo Castiglione, Mailänder)	25. Okt. 1241	10. Nov. 1241
Innozenz IV. (Sinibaldo Fieschi, Genuese)	25. Juni 1243	7. Dez. 1254
Alexander IV. (Rainald von Jenne)	12. Dez. 1254	25. Mai 1261
Urban IV. (Jacques Pantaléon aus Troyes)	29. Aug. 1261	2. Okt. 1264
Clemens IV. (Guido Fulcodi)	5. Febr. 1265	29. Nov. 1268
Gregor X. (Tedaldo Visconti aus Piacenza)	1. Sept. 1271	10. Jan. 1276

Zwischen 1198 und 1271 betrug die Durchschnittsdauer der Pontifikate achteinhalb Jahre. Vier Päpste, die alle zwischen 1198 und 1254 regierten, haben jeweils die römische Kirche mehr als zehn Jahre lang geleitet (Innozenz III. siebzehneinhalb Jahre; Honorius III. elfeinhalb Jahre; Gregor IX. vierzehn Jahre und Innozenz IV. elfeinhalb Jahre). Diese Tatsache ist bedeutsam. Sie steht in Beziehung zum wachsenden Einfluß des Papsttums in dieser Zeit, zumal sie die Möglichkeit eröffnete, die Orientierungslinie der obersten Leitungsgewalt auf Jahre hinaus beibehalten zu können.

2. Die Papstwahl im 13. Jahrhundert: Ihre Entwicklung in der Gesetzgebung

Die im Jahre 1179 durch das III. Laterankonzil[1] veröffentlichte Konstitution „Licet de vitanda" führte in das Papstwahlverfahren ein neues Kriterium ein: Fortan war zur Wahl eines Papstes die Zweidrittelmehrheit der anwesenden Kardinäle erforderlich. Alle Kardinäle waren nun ohne Rangunterschied berechtigt, an der Papstwahl teilzunehmen. Die Konstitution des III. Laterankonzils bestätigte ferner endgültig das ausschließliche Mitwirkungsrecht der Kardinäle bei der Papstwahl. Der Grundsatz der Zweidrittelmehrheit trat an die Stelle des weniger klaren, älteren Prinzips der *maior et sanior pars*; er stammte aus dem römischen Recht[2], das diesen Grundsatz benützte, um das *Quorum* einer Versammlung zu bestimmen, eine Bedeutung, die unbeachtet blieb: Die Wahl des Papstes konnte rechtsgültig sein, auch wenn eine größere Anzahl der Kardinäle begründet abwesend war.

Die lange Zeit der Schismata, unter denen die römische Kirche im Verlauf des ganzen 12. Jh. zu leiden hatte, drängte zur Suche nach Verfahrensweisen, die eine verhältnismäßig rasche und verpflichtende Papstwahl ermöglichten. Sie fanden zunächst in can. 24 des IV. Laterankonzils, der sich mit der Regelung der kirchlichen Wahlen im allgemeinen befaßte, einen ersten konkreten Ausdruck. Drei Weisen kirchlicher Wahlen waren vorgesehen: *per scrutinium* (ein dreiköpfiges Stimmzählergremium war beauftragt, alle Stimmen geheim eine nach der anderen einzusammeln, sie schriftlich niederzulegen und dann in Gegenwart aller zu verkünden), *per compromissum* (das Wahlrecht wurde von den anwesenden Kardinälen einem im allgemeinen ebenfalls dreiköpfigen Wahlgremium übertragen) und *quasi per inspirationem* (die einstimmige mündliche Wahl aller anwesenden Kardinäle)[3].

Bibliographische Kurzangaben verweisen auf das Literaturverzeichnis am Ende des Kapitels (613).

[1] Siehe oben, dritter Teil, erstes Kapitel.

[2] J. Gaudemet – J. Dubois – A. Duval – J. Champagne, Les élections dans l'Eglise des origines au XVe siècle, Paris 1979; J. Gaudemet, L'élection épiscopale d'après les canonistes de la deuxième moitié du XIIe siècle, o.O. o.J.; ders., Eglise et société en Occident au Moyen Age, London 1984.

[3] Can. 24 (Constitutiones concilii quarti Lateranensis, hrsg. v. A. García y García, Vatikanstadt 1981, 70f.; COD 246); über die Papstwahl im 13. Jh. im allgemeinen vgl. R. Zöpffel, Die Papstwahlen und die mit ihnen im nächsten Zusammenhang stehenden Ceremonien in ihrer Entwicklung vom 11. bis zum 14. Jh., Göttingen 1871; O. Joelsen, Die Papstwahlen des 13. Jh. bis zur Einführung der Conclaveordnung Gregors X., Berlin 1928; A. Paravicini Bagliani, Versi duecenteschi su un conclave del secolo XIII, in: Miscellanea Gilles Gérard Meersseman, Padua 1970, 151–168; P. Herde, Election and Abdication of the pope: Practice and Doctrine in the Thirteenth Century, in: Proceedings of the Sixth International Congress of Medieval Canon Law, Vatikanstadt 1985, 411–436; ders., Die Entwicklung der Papstwahl im dreizehnten Jahrhundert, in: Österreichisches Archiv für katholisches Kirchenrecht 32 (1981) 11–41. Neueste Überblicke bei N. Zacour, The Cardinals' View of the Papacy, 1150–1300, in: Chr. Ryan (Hrsg.), The Religious Roles of the Papacy: Ideals and Realities, 1150–1300, Toronto 1989, 430–434 sowie bei W. Maleczek, Abstimmungsarten. Wie kommt man zu einem vernünftigen Wahlergebnis?, in: Wahlen und Wählen im Mittelalter, hrsg. von R. Schneider –

Nach dem Tod Honorius' III. (1227) wurde in einem ersten Wahlgang *per compromissum* der Kardinalbischof von Porto, Graf Konrad von Urach, gewählt; er lehnte ab. Gregor IX. (Ugolino, Kardinalbischof von Ostia) scheint dann *per inspirationem* gewählt worden zu sein. Das Verfahren bei der Wahl Innozenz' IV. (25. Juni 1243) kennen wir nicht. Wurde die Einmütigkeit, von der Nikolaus von Calvi[4], der Biograph des Papstes, berichtet, *per compromissum* oder *per scrutinium* erlangt? Auf jeden Fall erforderte die Krise der Jahre 1241–1243 eine verstärkte Gesetzgebung in diesem Bereich. Innozenz IV. ordnete durch seine Konstitution „Quia frequenter"[5] an, daß die Kardinäle alles so einrichteten, damit die Wahl ohne irgendwelche Einmischung einer weltlichen Macht am Sterbeort des Papstes selbst stattfinden könne, und zwar nach einer vernünftigen Frist, um den anderen Kardinälen die Anwesenheit zu ermöglichen. Jene Kardinäle, die den bezeichneten Ort verlassen haben sollten, würden *ipso facto* ihr Wahlrecht verlieren. Da Selbstwahl nicht erlaubt war, durfte sich die Stimme des Gewählten nicht unter der Zweidrittelmehrheit befinden. Diese Konstitution, die ein institutionelles Problem ersten Ranges, nämlich das des Wahlortes, klären wollte, erlangte indessen keine Rechtskraft[6]. Überdies wurden bis zur Konstitution „Ubi periculum" Gregors X. alle Papstwahlen *per compromissum* durchgeführt, ein deutlicher Hinweis auf die heftigen, sowohl politischen als auch persönlichen Rivalitäten innerhalb des Kardinalkollegiums.

Der Wahlvorgang sollte ein weiteres Mal, nun auf Dauer, durch das II. Konzil von Lyon mittels der Konstitution „Ubi periculum" Gregors X.[7] geregelt werden. Die Konstitution sah vor, die Wahlfrist auf zehn Tage zu beschränken. Die Kardinäle hatten sich von der Außenwelt abzuschließen *(unum conclave)*, und mit Ausnahme von zwei Vertrauten je Kardinal durfte keine dem Kardinalkollegium fremde Person anwesend sein. Falls die Wahl nach drei Tagen noch nicht abgeschlossen war, sollten die im Konklave vereinigten Kardinäle während fünf Tagen nur zwei Mahlzeiten täglich bekommen und nach dieser Frist nur noch Brot, Wasser und Wein. Während des Konklaves durfte den Kardinälen von der Apostolischen Kammer kein Gehalt ausgezahlt werden. Gregor X., der vor seiner Wahl nicht zum Kardinalkollegium gehört hatte, zeigte sich also den Mitgliedern des Kollegiums gegenüber sehr konsequent. Er hatte sich die Kritik gemerkt, die von allen Seiten gegen die endlosen Sedisvakanzen vorgebracht wurde und die übrigens auch auf den Tatbestand zielte, daß diese Vakanzen für die Kardinäle dank der Einnahmen der römischen Kirche zu einer Quelle persönlicher Bereicherung geworden waren.

Gregor X. stieß auf dem II. Konzil von Lyon auf starken Widerstand von seiten der Kardinäle und mußte sich auf die Bischöfe stützen, um seine Konstitution am 1. November 1294 veröffentlichen zu können. Anscheinend wurde „Ubi periculum" während der drei

---

H. Zimmermann, Sigmaringen 1990, 79–134 und B. Schimmelfpennig, Papst- und Bischofswahlen seit dem 12. Jahrhundert, ebd. 173–195.

[4] F. Pagnotti, Niccolò da Calvi e la sua Vita d'Innocenzo IV, con una breve introduzione sulla storiografia pontificia nei secoli XIII e XIV, in: Archivio della R. Società Romana di storia patria 21 (1898) 80.

[5] Herde, Entwicklung 16.

[6] J. P. Kessler, Untersuchungen über die Novellen-Gesetzgebung Papst Innocenz' IV., in: Zeitschrift der Savigny-Stiftung für Rechtsgeschichte, Kan. Abt. 31 (1942) 142ff; ebd. 32 (1943) 300.

[7] COD 314; vgl. E. Petrucci, Il problema della vacanza papale e la costituzione „Ubi periculum" di Gregorio X, in: Atti del Convegno di studio. VII centenario del 1° conclave (1268–1271), Viterbo 1975, 69–76; B. Roberg, Der konziliare Wortlaut des Konklave Dekrets Ubi periculum von 1274, in: Annuarium Historiae Conciliorum 2 (1970) 231–262.

Vakanzen des Jahres 1276 durchgeführt, dann jedoch von Hadrian V. (1276) und Johannes XXI. (1276–1277) ausgesetzt, vielleicht sogar aufgehoben. Hadrian V. starb am 18. August, wenige Tage nach seiner Wahl (11. Juli), und hatte nicht die Zeit, seine Entscheidung schriftlich niederzulegen; Johannes XXI. wurde am 2. September 1276 gewählt und veröffentlichte sein Suspensionsdekret am 30. desselben Monats. Coelestin V. bekräftigte am 28. September, einige Monate nach seiner Wahl (5. Juli 1294), die Konstitution Gregors X. erneut[8]. Sein Nachfolger Bonifaz VIII. wurde dann tatsächlich gemäß der Verfügung Gregors gewählt[9].

3. Die Ausbildung des Konklave

Nur zweimal haben die Kardinäle während dieser Periode des 13. Jh. den Nachfolger Petri in Rom gewählt, nämlich Gregor IX. und Coelestin IV. Alle anderen Vakanzen des Apostolischen Stuhls, mit Ausnahme derer in Neapel durch die Wahl Alexanders IV. (1254), endeten in Städten des jungen Kirchenstaates (Perugia: 1198, 1216, 1265; Anagni: 1243; Viterbo: 1261, 1271). Dies war ein Zeichen der Zeit.

Die starken Persönlichkeiten der Mitglieder des Kardinalkollegiums, ihre verhältnismäßig kleine Zahl und die festgefügten Parteiungen unter den Kardinälen hatten die längsten Vakanzen der Papstgeschichte verursacht. Im ganzen war der Apostolische Stuhl während des 13. Jh. mehr als vier Jahre lang verwaist, dreimal mehrere Monate lang: achtzehn Monate und fünfzehn Tage zwischen dem Tod Coelestins IV. (1241) und der Wahl Innozenz' IV. (1243); vier Monate und drei Tage zwischen dem Tod Urbans IV. (1264) und der Wahl Clemens' IV. (1265); sechsunddreißig Monate und zwei Tage zwischen dem Tod Clemens' IV. (1268) und der Wahl Gregors X. (1271).

Das Kardinalkollegium war beim Tod Gregors IX. (1241) aufgrund des Konflikts zwischen Papsttum und Kaisertum (Friedrich II.) gespalten. Um die Kardinäle zum Handeln zu zwingen, schloß der Senator Matteo Rosso Orsini die Kirchenmänner im römischen Palazzo *Septizonium*, einer Art Festung, ein, in welchem früher schon mehrere Papstwahlen stattgefunden hatten, so diejenigen Innozenz' III. (1198) und Gregors IX. (1227). Dieses Ereignis kann eigentlich als das erste Konklave der Geschichte betrachtet werden; anscheinend war es inspiriert von der Wahl, die beim Dogen von Venedig, den Machthabern einer gewissen Anzahl italienischer Gemeinden und einigen Generaloberen kirchlicher Ordensgemeinschaften praktiziert wurde[10]. Im Juni 1270, eineinhalb Jahre nach dem Tod Clemens' IV. (29. November 1268), schloß der *Capitano del popolo* von Viterbo, Ranièri Gatti[11], durch einen Gewaltstreich ähnlich dem vom Jahre 1241 die Kardinäle im Bischofspalast ein und ließ das Dach abdecken, um sie zu einer raschen Entscheidung zu zwingen. Die Kardinäle bauten sich kleine Holzhütten, um sich recht und schlecht gegen die Unbilden des Wetters zu schützen. Man erzählt, der durch seine streitbare Zunge berüchtigte

---

[8] M. Dykmans, Les pouvoirs des cardinaux pendant la vacance du Saint Siège d'après un nouveau manuscrit de Jacques Stefaneschi, in: Archivio della Società Romana di storia patria 104 (1981) 125ff.

[9] Jacopo Caetani schreibt in seinem Werk *Opus metricum*, hrsg. von F. X. Seppelt, in: ders., Monumenta Caelestiniana, l. II, vv. 24–32, Paderborn 1921, 89, die Wahl Bonifaz' VIII. sei geschehen *excusso bis quino lumine Phebi.*

[10] K. Hampe, Ein ungedruckter Bericht über das Conclave von 1241 im römischen Septizonium, in: Sitz.-Bericht der Heidelberger Akad. d. Wissenschaften, phil.-hist. Klasse (1913).

[11] Atti del Convegno di studio. VII Centenario del 1° conclave (s. Anm. 7).

Kardinal Johannes von Toledo [12] habe geraten, das Dach zu öffnen, um dem Heiligen Geist Einlaß zu gewähren [13]. Die Zeit, da die Kardinäle eingeschlossen blieben und während welcher der berühmte Kanonist Heinrich von Susa (Hostiensis) wegen Erkrankung herausdurfte, dauerte wahrscheinlich nicht über den Juni 1270 hinaus; aber erst im Sommer 1271 begann ein Ende dieses „längsten Konklave der Geschichte" absehbar zu werden. Schließlich wurde der Patriarch von Jerusalem, Tedaldo Visconti aus Piacenza, am 1. September 1271 zum Papst gewählt. Er gab sich den Namen Gregor X.

So ist also im 13. Jh. unter dem Druck der weltlichen Autoritäten von Rom und Viterbo – eine allzu lange Vakanz des Papstthrons stand den politischen und wirtschaftlichen Interessen ihrer Stadt entgegen – jene Papstwahlform entstanden, die heute noch besteht: das „Konklave" [14].

II. Die Päpste des 13. Jahrhunderts (1198–1271)

1. Herkunft und Ausbildung

Das Papsttum hatte die Zeit der großen kirchlichen und politischen Streitigkeiten des 12. Jh. hinter sich und wurde nun „römisch" durch die Wahl von drei Päpsten aus Rom und dem Latium: Innozenz III., Honorius III. und Gregor IX. Diese Reihe römischer Päpste wurde 1241 durch die Wahl von Italienern unterbrochen, deren Familien mit führenden Schichten bedeutender norditalienischer Handelsstädte eng verbunden waren: Galfredo Castiglione aus Mailand (der kurzlebige Papst Coelestin IV.), dann vor allem Sinibaldo Fieschi aus Genua (Innozenz IV.). Die Unterbrechung war von kurzer Dauer. Bereits 1261 wurde erneut ein Kardinal aus dem Latium Papst, nämlich Rainald (Reginaldo) von Jenne (Alexander IV.). Die Wahlen Urbans IV., des ersten französischen Papstes seit Urban II. (1088–1099), und noch mehr die Clemens' IV. spiegelten die tiefgehenden politischen Veränderungen wider, die der Tod Friedrichs II. hervorgerufen hatte, sowie das Entstehen einer neuen privilegierten politischen Verbindung zwischen Rom und dem französischen Königtum (und dem Grafen der Provence Karl von Anjou). Das „längste Konklave" der Geschichte (1268–1271) brachte den einzigen Papst dieser Epoche auf den Stuhl Petri, der nicht dem Kardinalkollegium angehört hatte, Gregor X. Er war Italiener und wie Coelestin IV. und Innozenz IV. in einer norditalienischen Stadt, nämlich in Piacenza, geboren.

Alle vier römischen Päpste dieser Epoche, aber auch alle anderen italienischen Päpste, mit Ausnahme Gregors X., hatten bei ihrer Wahl schon eine glänzende Laufbahn hinter sich. Die Kardinäle Cencio Savelli (der künftige Honorius III.) und Sinibaldo Fieschi (später Innozenz IV.) hatten vor und während ihres Kardinalats die päpstliche Kammer bzw. Kanzlei geleitet; die lombardische Legation Kardinal Ugolinos (des späteren Gregor IX.) war eine der bedeutendsten des Jahrhunderts.

---

[12] Paravicini Bagliani, Versi duecenteschi 151–169.

[13] Bernard de Gui, Vita Gregorii X, in: RIS III, 579.

[14] Die erste Bedeutung des Wortes ist „cum clavibus" („abgeschlossen"). Bezüglich der interessanten, an Informationen und Ermahnungen reichen Predigten des Odo von Châteauroux, die er während des sehr langen Konklaves 1268–1271 hielt, vgl. J. G. Bougerol, La papauté dans les sermons médiévaux français et italiens, in: The Religious Roles of the Papacy (s. Anm. 3) 258–263.

Entgegen einer gewissen, auch modernen Tendenz der Geschichtsschreibung, die gesellschaftliche Herkunft der römischen Päpste der ersten Hälfte des 13. Jh. überzubewerten, ist festzustellen, daß nur die Familie Innozenz' IV. (Fieschi) von hohem Rang war. Außerhalb der kurialen Karriere bot im allgemeinen die in den großen Studienzentren Paris und Bologna erworbene Universitätsbildung das eigentliche Sprungbrett für das höchste Amt der Christenheit. Der Fall Urbans IV. (Jacques Pantaléon), eines Schustersohns aus Troyes, ist geradezu beispielhaft für die enge Verbindung zwischen Universitätsbildung und Aufstieg in der kirchlichen Hierarchie des 13. Jh.[15] Die Werke mehrerer Päpste dieses Jahrhunderts (Innozenz III., Honorius III., Innozenz IV.) fanden weiten Anklang.

Alle Päpste dieser Epoche gehörten dem Weltklerus an. Die traditionellen Mönchsorden (Benediktiner, Cluniazenser, Zisterzienser usw.) waren nur mehr im Kardinalkollegium vertreten und auch hier bloß in bescheidenem Maß. Die in der zweiten Hälfte des 13. Jh. einsetzende Bevorzugung des Weltklerus schloß auch jene vom Zugang zum Pontifikat aus, die der Bewegung der Regularkanoniker angehörten.

Die Wahl der Kandidaten für das höchste Amt der römischen Kirche wurde im 13. Jh. also weniger durch die familiäre Herkunft oder die Zugehörigkeit zu dem einen oder anderen monastischen Orden bestimmt, als vielmehr durch die ziemlich einheitlichen individuellen biographischen Gegebenheiten (intellektuelle Bildung, Persönlichkeit, kuriale Laufbahn). So wird verständlich, warum die zwischen 1198 und 1271 aufeinanderfolgenden Päpste durchwegs starke und auch eigenwillige Persönlichkeiten waren. Sie bilden unter diesem Gesichtspunkt eine der charakteristischsten Abfolgen von Amtsinhabern der mittelalterlichen und modernen Papstgeschichte.

2. Die römischen Päpste

a) Innozenz III.

Geburt und Familie

Nach den *Gesta* soll Lothar (Lotàrio) bei seiner Promotion zum Kardinal[16] 29, bei seiner Wahl zum Papst[17] 37 Jahre alt gewesen sein. Damit läßt sich seine Geburt etwa auf das Jahr 1160 datieren. Nach einer glaubwürdigen zeitgenössischen Quelle[18] wurde der künftige Innozenz III. auf Schloß Gavignano bei Segni geboren. Sein Vater hieß Transmond *de comitibus Signiae*[19], was nicht bedeutet, er habe den Titel eines Grafen von Segni besessen; zahlreiche Familien der römischen Campagna, die in der Stadtverwaltung Ämter ausübten, wurden im 12. Jh. als *comes, dux* oder *iudex* bezeichnet, ein Titel, der dann später Familienname wurde[20]. Die zahlreichen Hypothesen hinsichtlich einer weit zurückreichenden Geschlechterfolge und einer hohen gesellschaftlichen Stellung lassen sich nicht halten[21].

---

[15] A. Murray, Reason and Society in the Middle Ages, Oxford 1978, 226.

[16] PL 214, XVIII.

[17] Ebd. XIX.

[18] Catalogue de pontifes romains dit de Viterbo, in: MGH.SS XXII, 351.

[19] PL 214, XVII. Es ist unbegründet zu meinen, er sei deutscher Abstammung gewesen oder er könne mit dem Rektor von Anagni im Jahre 1201, Transmond da Zancate, gleichgesetzt werden.

[20] P. Toubert, Les structures du Latium médiéval, Bd. II, Rom 1973, 1127f.

[21] M. Maccarrone, Innocenzo III prima del suo pontificato, in: Archivo della R. Deputazione romana di storia patria 65 (1942) 62f.

Gregor IX. (links) und Innozenz III. (rechts). Mosaikportraits aus Alt-Sankt-Peter in Rom.

Doch hatte Transmond mit Claricia Scotti, der Mutter des künftigen Papstes, eine Tochter aus einer der einflußreichsten römischen Familien seiner Zeit geheiratet[22]. Allerdings ist der wirkliche gesellschaftliche Aufstieg der Familie Conti da Segni erst für die Zeit nach Lothars Wahl zum Papst bezeugt[23].

Ausbildung

Nach den Angaben der *Gesta* studierte Innozenz III. nacheinander in Rom, Paris und Bologna[24]. Seiner römischen Studien eingedenk ernannte der Papst seinen Lehrer Pietro Ismaël 1202 zum Bischof von Sutri[25]. Im allgemeinen wird Ismaël mit dem Abt des römischen Klosters Sant' Andrea gleichgesetzt, von dem Innozenz III. in einem Brief spricht[26]. Man neigt daher zu der Ansicht, Innozenz III. sei in dem Kloster Sant' Andrea

---

[22] Bobo domne Scotte war einer der Senatoren Roms, die im Jahre 1188 einen Vertrag zwischen Clemens III. und dem Senat unterzeichneten; vgl. hierzu A. Salimel, Senatori e Statuti di Roma nel Medio Evo, Bd. I, Rom 1925, 57.

[23] Maleczek, Papst 101f; M. Dykmans, D'Innocent III à Boniface VIII. Histoire des Conti et des Annibaldi, in: Bulletin de l'Institut Historique Belge de Rome 45 (1975) 19–211. Wir wissen nicht, wie lange die Familie Transmond schon in Rom wohnte. Lothars Bruder Richard, der spätere Graf von Sora, wurde *civis Romanus* genannt; vgl. Maccarrone, Innocenzo III 69.

[24] PL 214, XVII.

[25] Eubel, I, 469.

[26] Reg. X, 145 (PL 215, 1243).

auf dem Monte Celio erzogen worden; dieses Kloster war über dem Haus erbaut worden, das dem Vater Gregors des Großen gehört hatte. Sant' Andrea besaß im 13. Jh. eine bedeutende Bibliothek. Doch findet sich Pietro Ismaël nicht in der Abtsliste dieses Klosters [27].

Nach seinen römischen Studien begab sich der junge Lothar, der zu diesem Zeitpunkt vielleicht schon eine Domherrenpfründe an Sankt Peter besaß [28], nach Paris, um dort die *artes* und Theologie zu studieren [29]. Hierin folgte er dem Beispiel vieler anderer Söhne römischer Familien aus den gehobeneren Schichten, für die ein Studienaufenthalt in Paris seit der Mitte des 12. Jh. zur Gewohnheit geworden war. Sein ganzes Leben lang fühlte sich Innozenz III. Frankreich und den französischen Schulen verbunden [30]. Die *Gesta* erwähnen ausdrücklich den Namen seines Lehrers in Paris, Pierre de Corbeil, dem der Papst durch den englischen König die Domherrenwürde in York zukommen ließ [31].

Pierre de Corbeil scheint erst um das Jahr 1190 eine gewisse Berühmtheit erlangt zu haben. Er war keine der beherrschenden Gestalten in den Pariser Universitätskreisen und folgte eher einer traditionalistischen Strömung. Pierre wurde 1199 zum Bischof von Cambrai ernannt und, auf Anregung des Papstes selbst, im Jahre 1200 zum Erzbischof von Sens, einem seinerzeit hochangesehenen Bischofssitz. Als Metropolit von Paris leitete Pierre de Corbeil 1210 die Pariser Synode, die sich mit dem Verbot der Werke des Aristoteles zu befassen hatte [32].

Innozenz III. begünstigte die Laufbahn mehrerer Prälaten, deren Bekanntschaft er in Paris gemacht hatte. Stephen Langton und Robert de Courçon, zwei berühmt gewordene Theologieprofessoren, wurden 1206 bzw. 1212 zu Kardinälen promoviert [33]. Lothar hatte in Paris auch David von Dinant kennengelernt. Dieser Naturphilosoph und Arzt wurde auf dem Konzil von Paris 1210 aufgrund seines „materialistischen Pantheismus" verurteilt [34]. David hatte unter Innozenz III. der päpstlichen Kapelle angehört; es ist aber nicht möglich, den Einfluß dieses Lehrers auf den Papst genauer zu bestimmen.

Zu der Zeit, da sich Lothar in Paris aufhielt, stand die wichtigste Theologenschule der Stadt unter der Leitung von Petrus Cantor, dem Initiator theologischer Literatur von stark praktischer Ausrichtung [35] und deutlich sozialem Einschlag [36]. Es ist nicht ausgeschlossen, daß Lothar in Paris seine Vorlesungen besucht hat. Sicher ist, daß sich die beiden Männer

---

[27] Maccarrone, Innocenzo III 127.

[28] Vgl. Die Register Innocenz' III., I, 418. Vgl. auch M. Maccarrone, Die Cathedra Sancti Petri im Hochmittelalter. Vom Symbol des päpstlichen Amtes zum Kultobjekt, in: Römische Quartalschrift 76 (1981) 157, Anm. 199.

[29] Die Register I, 700.

[30] Vgl. den Brief an den König von Frankreich, in: Die Register I, 243, und an den französischen Episkopat, in: Die Register II, 360; vgl. auch H. Tillmann, Papst Innocenz III., Bonn 1954, 5 u. 25 sowie R. Foreville, Le pape Innocent III et la France, Stuttgart 1992.

[31] Die Register I, 700–702.

[32] M. Grabmann, I divieti ecclesiastici di Aristotele sotto Innocenzo III e Gregorio IX, Rom 1941, 64f.

[33] Maleczek, Papst 175ff.

[34] M. Kurdzialek, David de Dinant als Ausleger der aristotelischen Naturphilosophie, in: Miscellanea Mediaevalia 10 (1976) 181–192; ders., L'idée de l'homme chez David de Dinant, in: Symbolae A1 (1976) 311–322.

[35] M. Grabmann, Geschichte der scholastischen Methode, Bd. II, Freiburg i. Br. 1911, 478.

[36] Vgl. J. W. Baldwin, Masters, Princes and Merchants. The social views of Peter the Chanter and his circle, Bd. II, Princeton 1970.

unter Papst Coelestin III. in Rom begegnet sind[37]. Der Einfluß Petrus' auf Innozenz III. in bezug auf die Ehelehre des IV. Laterankonzils[38] und auf das Eingreifen des Papstes in die Diskussion über die Gottesurteile[39] ist unbestreitbar. Andererseits galt die von Petrus Cantor zwischen 1192 und 1197 verfaßte *Summa de sacramentis et animae consiliis* als unmittelbare Quelle für die Abhandlung Lothars über die Geheimnisse der Messe[40]. Während seines Pariser Aufenthalts begab sich Lothar nach England und besuchte Ende 1186 oder Anfang 1187 das Kloster von Canterbury und das Grabmal Thomas Beckets, das ihn tief beeindruckte[41].

Der Zeitpunkt seiner Rückkehr nach Italien ist schwer festzulegen. Wir wissen nur, daß ihn Papst Gregor VIII. zwischen dem 18. und 20. November 1187 persönlich zum Subdiakon weihte. Das setzt voraus, daß Lothar zu dieser Zeit bereits wieder in Rom war. Auf diesen Zeitraum etwa ist auch sein Aufenthalt in Bologna anzusetzen, von dem die *Gesta* sprechen; sie berichten uns freilich nicht, zu welchen Studien sich der junge Pariser Magister nach Bologna begeben hatte; Innozenz III. selbst sprach niemals davon.

Der Jurist Innozenz III.

In der Geschichtsschreibung herrscht seit langem die Ansicht, Innozenz III. sei im wesentlichen Jurist gewesen, und der junge Lothar habe seine Ausbildung unmittelbar durch Huguccio, den größten Rechtslehrer seiner Zeit, erhalten. Diese These ist teilweise zu revidieren. Eine Bekanntschaft zwischen Huguccio und Lothar wird erst verhältnismäßig spät bezeugt[42]. Und im allgemeinen darf man die Rolle des Rechts im Denken Innozenz' III. nicht überschätzen. Innozenz III. war vor allem Theologe[43]. Sicher ist jedoch, daß Huguccio im gesetzgeberischen Werk Innozenz' III. tiefe Spuren hinterlassen hat[44]. Der Papst führte ja eine reichhaltige Korrespondenz mit dem großen Bologneser Juristen[45]. Innozenz III. folgte in seinem so persönlich gehaltenen Werk *De missarum mysteriis* treu

---

[37] Die Register I, 24; vgl. die Summa de Sacramentis von Petrus Cantor, III/1, hrsg. von J.-A. Dugauquier, Pierre le Chantre, Summa de Sacramentis et animae consiliis, Bd. I, Löwen – Lille 1954, 317.

[38] J. W. Baldwin, Critics of the Legal Profession in Peter the Chanter and his circle, in: Proceedings of the Second International Congress of Medieval Canon Law, Vatikanstadt 1965, 258.

[39] J. W. Baldwin, The Intellectual Preparation for the Canon of 1215 against Ordeals, in: Speculum 36 (1961) 613–636. Vgl. auch Foreville, Le pape Innocent III. 339f.

[40] Vgl. Dugauquier, Pierre le Chantre; Maccarrone, Innocenzo III. 360f.

[41] Tillmann, Papst Innocenz III. 290f.

[42] Johannes Andreae († 1348) spricht als erster davon in seinem Kommentar zu den Dekretalen, Ausg. Venedig 1581, Fol. 158v: „*Noluit Innocentius aperte reprobare opinionem Huguccionis magistri sui, quam tamen reprobat in effectu*"; vgl. K. Pennington, The Legal Education of Pope Innocent III, in: Bulletin of the Institute for Medieval Canon Law 4 (1974) 72. Huguccio verließ Bologna, nachdem er am 4. April 1190 zum Bischof von Ferrara bestellt worden war.

[43] Diese historiographische Revision wurde energisch gefordert von Pennington, The Legal Education (s. auch ders., Pope's Views on Church and State. A Gloss to „Per Venerabilem", in: Law, Church and Society in Honor of Stephan Kuttner, hrsg. von K. Pennington – R. Somerville, Philadelphia 1977, 50–52); diesbezügliche Zweifel bei C. R. Cheney, Pope Innocent III and England, Stuttgart 1976, 2, Anm. 3, und vor allem bei St. Kuttner, Universal Pope or Servant of God's Servants. The Canonists, Papal Titles and Innocent III, in: Revue de droit canonique 31 (1981) 122, Anm. 51 und 133–135.

[44] F. Kempf, Papsttum und Kaisertum bei Innocenz III., Rom 1954; C. Leonardi, La vita e l'opera di Uguccione da Pisa decretista, in: Studia Gratiana 4 (1957) 39.

[45] Imkamp, Kirchenbild 38–41.

seinem Lehrer Huguccio, wich freilich an einer wichtigen Stelle des Textes von ihm ab[46]. Doch ist das Zeugnis der *Gesta* und des englischen Chronisten Matthaeus Parisiensis zu beachten; beide betonen die Zuständigkeit Innozenz' III. auf dem Gebiet des Rechts[47]. Wenn man zudem weiß, wie bedeutsam die juristische Tätigkeit Kardinal Lothars[48] war, und wenn man an einer anderen Stelle in den *Gesta* liest[49], daß bedeutende Juristen die Konsistorien des Papstes besuchten, weil sie hier mehr lernten als in den Schulen, dann kann man nicht mehr daran zweifeln, daß die Zeitgenossen Innozenz III. als einen versierten Rechtsgelehrten betrachtet haben[50].

Die Werke[51]

Mit der Schrift *De miseria conditionis humanae*[52] erwarb sich Lothar von Segni seinen Ruf als Theologe und Schriftsteller. Diesen berühmten Traktat hatte der künftige Papst zwischen dem 25. Dezember 1194 und dem 13. April 1195 verfaßt[53], als er von der ermüdenden Tätigkeit an der Kurie für einige Zeit frei war[54]. Der Traktat ist in fast 700 Manuskripten erhalten und wurde bereits im 13. Jh. übersetzt und bearbeitet. Sein Einfluß sowohl auf kirchlichem (Alexander von Hales, Bernhardin von Siena) wie profan-kulturellem Gebiet (Petrarca, Chaucer, Wilhelm der Kleriker) war gewaltig. Nach der Absicht des Verfassers war *De miseria* nur der eine Flügel eines Diptychons. In der Widmung (für seinen Kollegen, Kardinal Pietro Gallocia) gab Lothar an, er wolle noch ein zweites Werk über „Die Würde der menschlichen Natur“ schreiben. Anscheinend kam er nicht mehr dazu[55].

Der Traktat umfaßt drei Teile: Ursprung und Art des menschlichen Elends; Schändlichkeiten der menschlichen Seele; Elend des Menschen im Augenblick des Todes. Gleich im ersten Abschnitt des ersten Buches wird der Ton des Werkes angeschlagen. Es handelt sich

---

[46] Die Gültigkeit des von einem häretischen oder exkommunizierten Priester zelebrierten Altarsakramentes wurde nach allgemeiner Ansicht der Kanonisten und Theologen durch Lothar verneint, durch Huguccio verteidigt; vgl. MACCARRONE, Innocenzo III 358.

[47] PL 214, XVIII: *„quantum fuerit in humano quam in divino iure peritus“*; Matthaeus Parisiensis, in: LUARD (Hrsg.) III, 460: *„in scientia erat magnus, audax simul iurisperitus“*; vgl. K. W. NÖRR, Kontroversen legistischer Glossatoren in päpstlichen Dekretalen, in: Revue de droit canonique 29 (1979) 74–80.

[48] MALECZEK, Papst 104.

[49] PL 214, LXXX–LXXXI.

[50] GARCÍA Y GARCÍA, Constitutiones 318, Z. 20f: Vincentinus Hispanus zitiert in seinem Kommentar zu den Dekreten des Vierten Laterankonzils ein Rechtsgutachten des Papstes; vgl. MALECZEK, Papst 103, Anm. 359.

[51] Nach den Gesta soll Innozenz III. vor seinem Pontifkat *„libros de miseria conditionis humanae et de missarum misteriis et de quadripartita specie nuptiarum et postillam super septem psalmos penitentiales“* geschrieben haben und während seines Pontifikates *„libros sermonum, epistolarum, regestorum et decretalium, quae manifeste declarant quantum fuerit tam in humano quam in divino iure peritus“* (PL 214, XVII–XVIII).

[52] Der nicht ursprüngliche Titel *De contemptu mundi* wurde von Albertano da Brescia in seinem *Liber consolationis et consilii* benutzt; der häufigste Titel in den Manuskripten ist der der *Gesta.* Ausgaben: M. MACCARRONE, Lotharii cardinalis (Innocentii III) De miseria humanae conditionis, Lucca 1955 (X–XX: Liste von 435 Ms.); R. E. LEWIS, Lotario di Segni (Pope Innocent III) De miseria conditionis humanae, Athens (Georgia) 1978, 236–253 (Liste von 672 Ms.).

[53] MACCARRONE, De miseria XXXVI.

[54] Was nicht bedeutet, Lothar sei bei Coelestin III. in Ungnade gefallen; vgl. MALECZEK, Papst 372.

[55] Nicht wenige Stellen in anderen Werken Innozenz' III. erlauben indes, den Plan wiederherzustellen; vgl. R. BULTOT, Mépris du monde, misère de l'homme dans la pensée d'Innocent III, in: Cahiers de civilisation médiévale 4 (1962) 442.

um eine allgemeine Klage über das menschliche Dasein. Ihm gilt das Wort Jesus Sirachs. „Große Mühsal hat Gott den Menschen zugeteilt, ein schweres Joch ihnen auferlegt" (Sir 40,1). Es wäre nach diesem Wort besser, nicht geboren zu sein: Das Menschsein ist elend, der menschliche Körper selbst entwürdigt wie auch die Umstände seiner Geburt, seiner Kindheit und aller Aktivitäten des irdischen Lebens, erdrückt von Leid und Mißgeschick aller Art. Das zweite, weniger stereotype Buch untersucht die Wirrnisse, unter denen der menschliche Geist leidet, hin- und hergetrieben von den drei Hauptübeln Reichtum, Wollust und Ehrsucht[56]. Das dritte Buch spricht über die letzten Dinge: Die Schmerzen des Todes und der Höllenstrafen werden stark dramatisiert; die Beschreibung der verwesenden Leichen und die aufs höchste gesteigerte Erwartung des Gerichts nehmen die traditionellen Topoi der Literatur der *artes moriendi* vorweg[57].

Obwohl die Lehre von der Weltverachtung nicht den wesentlichen Inhalt des Werkes darstellt, ist sie doch durchaus gegenwärtig. Denn auf den ersten Blick scheint „überhaupt keine Gestaltungsmöglichkeit der profanen Werte"[58] noch irgendeine Hochschätzung des Körpers oder der irdischen Dinge erkennbar zu sein; Irdisches kann der Mensch anscheinend nicht zum Positiven verändern. Man ist sich weitgehend darüber einig, daß die Weltsicht Lothars dem Menschen wohl jede Möglichkeit nimmt, auf die Natur und den eigenen Leib einzuwirken. Darin stand der Verfasser fest in der platonischen Tradition des 12. Jh., die den hinfälligen Leib als Last und Kerker der Seele betrachtete, deren Reinheit nur durch das entschlossene Nein zum Körper zu bewahren sei – eine Weltsicht, die jede direkte Einwirkung des Menschen auf seine Natur und seinen Körper ausschloß.

Das einzig denkbare Handeln war nach dieser Auffassung moralischer Natur: Nur unerschütterliche Demut kann die menschliche Natur retten und reinigen. In diesem Sinne gehört *De miseria* zu einer Denkströmung, die sich den neu erwachenden körperlichen und weltlichen Werten widersetzte. Diese hatten sich ja durch eine auf dem Aristotelismus der ersten Jahrzehnte des 13. Jh. gründende Naturbetrachtung entfalten können; das Dasein, so sagte man jetzt, ist weit davon entfernt, den Menschen sich selbst zu entfremden; es ist vielmehr der Weg zu seiner Entfaltung[59].

Die Themen von *De miseria* waren schon vorher in einer Reihe von Werken behandelt worden: in dem *Apologeticum saeculi* eines Bernhard von Clairvaux, in *De vanitate mundi* eines Hugo von Saint-Viktor, in *De contemptu mundi* des Cluniazensermönches Bernhard von Morlay und in *De cognitione humanae conditionis*, einem Werk, das zu Unrecht dem Abt von Clairvaux zugeschrieben wird. Jedoch weicht die Argumentation Lothars häufig von dieser Literatur ab, zeigt nur wenig Berührungspunkte. *De miseria* wurde lange Zeit von der modernen Geschichtsschreibung vernachlässigt, wird aber heute als ein Werk betrachtet, dem eine gewisse Originalität eignet. Dank einer klaren und packenden Sprache und einem scholastischer Mentalität entsprechenden Stil war es dem Autor gelungen, ein

---

[56] Es ist jedoch schwierig zu belegen, daß *De miseria* in die Reihe der traditionellen Schmähschriften gegen die römische Kurie gehöre, wie J. C. Moore, Innocent's „De miseria humane conditionis": A „Speculum Curiae"?, in: Catholic Historical Review 67 (1981) 553–564, glauben machen möchte.

[57] M. Sot, Mépris du monde et résistance des corps aux XIe et XIIe siècles, in: Médiévales 8 (1985) 6–17.

[58] Bultot, Mépris 452.

[59] M.-D. Chenu, La théologie au XIIe siècle, Paris 1957, 19–61; ders., Situation humaine. Corporalité et temporalité, in: L'homme et son destin d'après les penseurs du Moyen Age. Actes du Ier Congrès international de philosophie médiévale, Löwen 1960, 23–49.

mit monastischen Ideen getränktes traditionelles Thema zu erneuern. Hier lag der Grund für seine außerordentliche Wirkung.

De missarum mysteriis

Das wenig originelle Werk wurde zwischen 1195 und 1197 verfaßt. Lothar von Segni stand zu dieser Zeit mitten in seiner Tätigkeit an der römischen Kurie[60]. Später überarbeitete er das Werk[61], dem beachtlicher Erfolg beschieden war, sicher wegen des klaren Aufbaus, der es von den meisten liturgischen Schriften unterschied, die ihm vorausgegangen waren. Breiter Raum ist der Theologie der Eucharistie gewidmet, doch enthält dieser Traktat vor allem eine ekklesiologische Vision: Die Lehre vom *Corpus mysticum*, die hierarchische Struktur der Kirche und die Grundlagen des päpstlichen Primats sind deutlich herausgearbeitet. Die Definition der Messe selbst ist bezeichnend für die ekklesiologischen Vorstellungen: „Missa (est) illud ecclesiae repraesentans convivium“[62].

De quadripartita specie nuptiarum

Dieser Traktat war in seiner ersten Fassung schon vor der Wahl Lothars zum Papst fertiggestellt[63], wurde aber dann wie andere Werke Innozenz' III. von ihm später umgearbeitet. Sein Manuskript fand wenig Verbreitung; nur einmal findet sich der vollständige Text[64]. Dieser erste mittelalterliche Traktat über die mystische Ehe[65] wurde lange als belanglose Kompilation betrachtet[66]; heute erkennt man darin das persönlichste Werk Innozenz' III.[67] Die Ehe wird hier in ihrer vierfachen Form behandelt: als Verbindung zwischen dem Mann und seiner rechtmäßigen Frau, zwischen Christus und der Kirche, zwischen Gott und der Seele und zwischen dem *Logos* und der menschlichen Natur.

Die Predigten

Die in mehr als 60 Manuskripten erhaltenen Predigten Innozenz' III. wurden um die Jahre 1202–1204 zu einer ersten Sammlung zusammengestellt[68]. Sie fanden weite Verbreitung

---

[60] PL 217, 763–916.
[61] Imkamp, Kirchenbild 47.
[62] Ebd. 45–63; vgl. M. Maccarrone, Innocenzo III teologo della eucaristia, in: Divinitas 10 (1966) 362–412 (Liste von 144 Ms.); D. F. Wright, I manoscritti del „De missarum mysteriis“ di Innocenzo III, in: Revista di storia della Chiesa in Italia 29 (1975) 444–452 (194 Ms.); H. Joressen, Die Entfaltung der Transsubstantiationslehre bis zum Beginn der Hochscholastik, Münster 1965.
[63] Ms. Arras 750, Ausg. PL 217, 923–948; übers. von E. J. Crook, Lothario dei Segni (Pope Innocent III). On the Four Kinds of Marriage, de quadripartita specie nuptiarum, in: Spiritualität heute und gestern, Salzburg 1982, 1–95.
[64] Imkamp, Kirchenbild 54.
[65] M. Maccarrone, Innocent III, in: Dictionnaire de spiritualité, VII/2, Paris 1971, 1768.
[66] Tillmann, Papst Innozenz III., 14.
[67] C. M. Munk, A Study of Pope Innocent III's Treatise: De quadripartita specie nuptiarum, Diss. Univ. of Kansas, Lawrence 1976, 510; Imkamp, Kirchenbild 53–63.
[68] Imkamp, Kirchenbild 64–66. Ausg. PL 217, 309–688.

und dienten wie die Predigten der Kirchenväter als Brevierlektionen[69]. Innozenz III. war ein erfahrener Prediger; seine oft zuerst in italienischer Sprache[70] gehaltenen Predigten ergänzen in vielen Punkten die in seinen anderen Werken vorgetragenen theologischen und ekklesiologischen Überlegungen[71].

Innozenz III. besaß nach dem Urteil seiner Zeitgenossen ein bewundernswertes rednerisches Talent[72]. Salimbene bezeichnete ihn als „potens in opere et sermone" und wies darauf hin, daß der Papst, wenn er predigte, ein Buch vor sich hielt, um zu zeigen, daß er nicht improvisiere[73]. Die Stimme des Papstes war, wie ein Hörer aus Perugia 1216 versicherte, „klangvoll; alle hörten und verstanden ihn, auch wenn er nur leise sprach"[74]. Man erzählte, ein römischer Senator habe dem Papst nach Anhören einer seiner Predigten unverblümt erklärt: „Die Stimme ist von Gott, aber deine Werke sind vom Teufel"[75].

Der Kommentar zu den sieben Bußpsalmen

Dieses Werk gilt im allgemeinen als zweifelhaft[76], weil es nicht in der Liste der *Gesta* steht, was indes verständlich ist, da das Ms. Vat. lat. 69984 als Abfassungsdatum den 9. April 1216 angibt, die *Gesta* aber nur bis zum Jahre 1208 reichen[77]. Dieser Kommentar, das letzte Werk Innozenz' III., ist für die allegorische und scholastische Exegese beispielhaft[78]; er gründet sich auf die *Itala*-Übersetzung der Psalmen, deren sich die römische Liturgie bis in allerjüngste Zeit bedient hat[79]; die handschriftliche Überlieferung verbürgt die Echtheit des Werkes. Es verdient Aufmerksamkeit im Bereich der Dogmatik, vor allem in bezug auf die Lehre vom Bußsakrament, von der Erbsünde sowie für die Altar- und Zion(Jerusalem)symbolik.

---

[69] S. J. P. VAN DIJK – J. H. WALKER, The Origins of the Modern Roman Liturgy. The Liturgy of the Papal Court and the Franciscan Order in the Thirteenth Century, London 1960, App. 31, 489–492.

[70] PL 217, 311.

[71] Wie z. B. zum Band zwischen Bischof und Diözese (PL 217, 649–660) oder zum Primat Petri (ebd. 543–556).

[72] T. DE CELANO, Vita prima de s. François, XIII/33, Ausgabe Quaracchi 1926–1941, 26: *„Vir gloriosus, doctrina quoque affluentissimus sermone clarissimus".*

[73] SALIMBENE DE ADAM, Cronica, hrsg. von G. SCALIA, Bari 1966, 44.

[74] M. PETROCCHI, L'ultimo destino perugino di Innocenzo III, in: Bullettino della Deputazione di storia patria per l'Umbria 64 (1967) 206f.

[75] CESARIUS VON HEISTERBACH, Dialogus miraculorum, hrsg. von J. STRANGE, Köln 1851, 103.

[76] Migne veröffentlichte es unter den „dubia" (PL 217, 967–1130); IMKAMP, Kirchenbild 68f., bietet eine Liste der 8 Manuskripte.

[77] M. MACCARRONE, Studi su Innocenzo III, Padua 1972, 123, Anm. 3.

[78] C. SPICQ, Esquisse d'une histoire de l'exégèse latine au Moyen Age, Paris 1944, 139f.

[79] Kritische Ausg.: R. WEBER, Le Psautier romain et les autres anciens psautiers latins, Vatikanstadt 1953, 10.

b) Honorius III.

Cencius war Römer. Er soll der Familie der Savelli angehört haben[80]. Bei seiner Wahl zum Papst (1216) stand er schon im reifen Alter. Die Chronisten beschreiben ihn als *senior venerandus*[81] und *iam aevo grandior*[82], was vermuten läßt, daß er spätestens um 1160, also zu Beginn des Pontifikats Alexanders III. geboren wurde. Seine gesamte Laufbahn durchlief er an der römischen Kurie. Zunächst Prokurator des Kardinals Hyazinth, des späteren Coelestin III., wurde er durch Clemens III. zum Leiter der Apostolischen Kammer ernannt[83]. Seine Bedeutung in der kurialen Verwaltung wuchs, als sein erster Mentor 1191 zum Papst gewählt wurde; Cencius leitete von 1194 bis 1198 in Personalunion die beiden Hauptinstitutionen der römischen Kurie, die Kammer und die Kanzlei. Seine Arbeit in der Leitung der Apostolischen Kammer hinterließ bleibende Spuren[84]: Er ließ im Kreuzgang des Lateran großartige Bronzetüren einsetzen, die heute noch in der Taufkapelle und im Kreuzgang zu sehen sind; vor allem aber verfaßte er 1192 den *Liber Censuum* der römischen Kirche, in den alle Dokumente eingetragen wurden, die die päpstlichen Zins- und Lehnsrechte bezeugen[85]. Vermutlich aufgrund dieser Arbeit wurde Cencius zum Kardinal von Santa Lucia in Orthea ernannt[86]. Während des Pontifikats Coelestins III. nahm er in seiner Eigenschaft als *auditor* aktiv an der Justizverwaltung teil[87]. Seine Bedeutung schwand unter Innozenz III., der kein einziges seiner beiden Ämter erneuerte (übrigens wurden sie nie wieder einer einzigen Person übertragen), so daß Cencius nurmehr eine untergeordnete Rolle spielte. Zwar beförderte ihn der Papst im Jahre 1200 zum Kardinalpriester, vertraute ihm aber keine einzige Legation an. Bedenkt man den Einfluß, dessen sich Cencius unter Clemens III. und Coelestin III. erfreut hatte, so verblaßte nun sein Stern eklatant, was sich nur durch Feindseligkeit von seiten des neuen Papstes erklären läßt[88]. Cencius verfaßte zahlreiche Predigten, von denen er nach seiner Wahl zum Papst eine Neubearbeitung anfertigte[89]. Die Papstwahl selbst fand am 18. Juli 1216 in Perugia statt, drei Tage nach dem Tod Innozenz' III. Am 24. Juli wurde der neue Amtsträger durch den Kar-

---

80 Seltsamerweise erklärt Cencius in seiner Einleitung zum *Liber Censuum* (I, 2), von Kindheit an durch die römische Kirche erzogen worden zu sein, spielt aber nirgends auf seine Familie an, die daher vermutlich nicht von hohem Rang war. O. Panvinio (1557) bringt ihn als erster in Verbindung mit der römischen Familie der Savelli. Neuere biographische Nachprüfungen in: Sayers, Papal Government 1–12; Maleczek, Papst 111–113.

81 MGH. SS, XVII, 574. Nach Burchard von Ursberg, hrsg. von O. Holder-Egger – B. v. Simson, in: MGH. SS rer. Germ. (1916) 101, besaß Cencius eine sehr schwache Gesundheit. Sein hohes Alter zeigt sich auch auf den Porträts, wie z. B. auf dem Mosaik in Sankt Paul vor den Mauern; vgl. Ladner, Papstbildnisse 80–91.

82 Walter von Coventry, Memoriale, hrsg. von W. Stubbs, II, London 1873, 230f.

83 Er taucht hier zum erstenmal am 22. Januar 1188 auf.

84 V. Pfaff, Aufgaben und Probleme der päpstlichen Finanzverwaltung am Ende des 12. Jahrhunderts, in: Mitteilungen des Österreichischen Instituts für Geschichtsforschung 64 (1956) 1–24.

85 Siehe unten, IV., A. Die Apostolische Kammer.

86 Seine erste Unterschrift trägt das Datum des 4. März 1192; vgl. Maleczek, Papst 369, Anm. 93.

87 Ebd. 112, Anm. 15.

88 Sayers, Papal Government 16. So fehlte er häufig in der Liste der Kardinalsunterschriften; vgl. Maleczek, Papst 112.

89 Er ließ Abschriften seiner Predigten den Dominikanern in Bologna, den Mönchen in Cîteaux und dem Kapitel von Santa Maria Maggiore, dessen Mitglied er war, zukommen; vgl. J. M. Powell, Honorius III's „Sermo in Dedicatione Ecclesiae Lateranensis“ and the Historical-Liturgical Traditions of the Lateran, in: AHP 21 (1983) 195–209.

dinalbischof von Ostia zum Bischof geweiht. Wahrscheinlich wurde die Krönung selbst nicht in Perugia gefeiert, sondern am 31. August zu Sankt Peter in Rom; vier Tage darauf, am Sonntag, den 4. September, erfolgte die feierliche Besitzergreifung des Lateran.

c) Gregor IX.

Ugo (oder Ugolino, wie er von zahlreichen zeitgenössischen Quellen genannt wird)[90] gehörte zur Familie Conti da Segni, deren Besitztümer sich in der Gegend von Anagni befanden. Hier wurde Ugo (um das Jahr 1170)[91] geboren und erzogen. Sein Verwandtschaftsgrad mit Innozenz III. läßt sich nicht genauer festlegen[92]. Ugo wurde wie viele andere, für eine kirchliche und kuriale Laufbahn bestimmte Abkömmlinge bedeutender Familien aus dem Latium nach Paris geschickt[93]. Ein Aufenthalt in Bologna ist nicht bezeugt; aber eine zeitgenössische Quelle bezeichnet den Papst als *iuris peritus*[94], was durch die intensive Richtertätigkeit bestätigt wird, die er unter Papst Innozenz III. als *auditor* ausübte[95]. Die engen Beziehungen zu Persönlichkeiten, die im kulturellen Umfeld ihrer Zeit einen Namen hatten – der Zisterzienser Ranieri, Jakob von Vitry und Michael Scotus –, sind ein Beweis dafür, daß Gregor IX. weitreichende intellektuelle Interessen besaß, vor allem auf dem neuen Gebiet der Naturwissenschaften[96]. Innozenz III. nahm ihn gleich bei seinem Amtsantritt in seine Kapelle auf, vertraute ihm Rechtsangelegenheiten an und erhob ihn bei seiner ersten Kardinalsernennung (1198) zum Kardinal von Sant' Eustachio. Es ist erwiesen, daß Ugo bis zum Tod Innozenz' III. zu dessen engeren Mitarbeitern gehörte und sicher einer seiner wichtigsten Berater war. Der Papst beauftragte ihn mit schwierigen, politischen (Verhandlungen mit Markgraf Markward von Annweiler) wie rechtlichen Aufgaben. Seit 1206 war Ugo Kardinalbischof von Ostia. Er wurde zu einer der einflußreichsten Persönlichkeiten des Kardinalkollegiums. Im Lauf der Jahre 1207–1209 fuhr er als Legat nach Deutschland, um die beiden Thronanwärter Otto von Braunschweig und Philipp von

---

[90] Die Monographie von E. Brem, Papst Gregor IX. bis zum Beginn seines Pontifikats, Heidelberg 1911, ist auch heute noch wertvoll. Neueste biographische Informationen bis zum Pontifikat bei Maleczek, Papst 126–133. Seine Familienzugehörigkeit zu den Grafen von Segni wird bezeugt durch die *Vita Gregorii IX*, in: RIS III/1, 575 (hrsg. auch im *Liber Censuum* II 18–37), dessen Autor sehr wahrscheinlich der Kämmerer des Papstes, Johannes von Ferentino, war: vgl. dazu A. Paravicini Bagliani, La storiografia pontificia nel secolo XIII, in: Römische Historische Mitteilungen 18 (1976) 53. Seine Zugehörigkeit zur römischen Familie der Papareschi oder Paparone, nach der Ansicht von G. Marchetti-Longhi, Ricerche sulla famiglia di Gregorio IX, in: Archivo della Società romana di storia patria 65 (1944) 275–307, bleibt sehr fraglich. Die Behauptung von Matthaeus Parisiensis (*Chronica Maiora*, hrsg. von Luard, IV, 162), nach der Gregor IX. „fast hundertjährig" gestorben sei, darf nicht wörtlich genommen werden.

[91] Nach seinem eigenen Zeugnis; vgl. F. Ughelli, Italia Sacra sive de episcopis Italiae..., 2. Aufl., hrsg. von N. Coleti, Venedig 1717, Bd. 1, 312.

[92] Die *Gesta Innocenti III* erwähnt ihn nicht. Die *Vita Gregorii IX*, RIS III/1, 575, kennt ihn *„tertio gradu consanguinitatis conjunctus"*.

[93] Honorius III. selbst spielt darauf in dem Privileg an, das den Lehrern und Studenten der Universität von Paris gewährt wurde, in: Denifle – Chatelain, Chartularium universitatis Parisiensis, I, 147, Anm. 95.

[94] Brem, Papst Gregor IX. 4, Anm. 4.

[95] Maleczek, Papst 128, Anm. 21.

[96] Den Domherren von Anagni der ersten Jahrzehnte des 13. Jh. verdankt man die Fresken der Krypta der Kathedrale, die unter anderen die Gestalten Hippokrats und Galienis darstellen; vgl. z. B. F. W. N. Hugenholtz, The Anagni Frescoes – A Manifesto, in: Mededelingen van het Nederlands Instituut te Rome 6 (1979) 139–166.

Schwaben zur Annahme der päpstlichen Schiedsgerichtsbarkeit zu bewegen. 1216 war er einer der beiden Kardinäle, die im Hinblick auf die Wahl eines Nachfolgers Innozenz' III. einen Kompromiß suchen sollten. Der wichtigste Legationsauftrag seines Kardinalats führte ihn dreimal nach Norditalien[97]: 1217 bemühte er sich, in Pisa, Lucca und Volterra örtlich begrenzte politische Konflikte zu lösen; 1218 wirkte er in Florenz, Bologna und den lombardischen Städten, um hier den Machtanspruch Friedrichs II. durchzusetzen; 1221 suchte er nach dem gescheiterten fünften Kreuzzug die Unterstützung der lombardischen Städte zur Rückeroberung des Heiligen Landes und auch ihre Mitwirkung im Kampf gegen die Häresien. Überall bewies er großes diplomatisches Geschick und eine gediegene Kenntnis in Rechtsfragen, worüber Honorius III. sich nur freuen konnte[98]. Franz von Assisi[99] wählte ihn nach dem Tod des Kardinals Giovanni von San Paolo zum Protektor seiner noch jungen Gemeinschaft. Schon vom Jahre 1217 an verstand es der künftige Gregor IX., die Interessen der römischen Kurie zu wahren, indem er die Unabhängigkeit der Minderbrüder den Ortskirchen gegenüber stärkte. Vermutlich wirkte Ugo bei der Abfassung der *regula bullata* mit, die unter anderem die Einsetzung eines Kardinalprotektors vorsah, ein Amt, das er als erster übernahm. Seit 1218 kümmerte er sich auch um die Schwesterngemeinschaft der heiligen Klara, für die er zwischen 1219 und 1227 die Regel verfaßte[100]. Es ist nicht ausgeschlossen, daß Franz von Assisi dem Kardinal 1222 in Subiaco begegnete; das würde auch erklären, warum sich in der Kapelle San Gregorio ein Porträt des Kardinals befindet[101]. Ugo stand auch in bester Verbindung mit dem gerade entstehenden Orden der Predigerbrüder, ohne freilich jemals offiziell eine Protektorfunktion zu übernehmen. Mehrmals traf er ihren Gründer Dominikus, vielleicht 1215 auf dem IV. Laterankonzil, sicher aber 1217, im Winter 1219–1220 und 1221 während seiner lombardischen Legation[102]. Ugo wurde am 19. März 1227 zum Papst gewählt. Er blieb den großen Linien seiner Kardinaltstätigkeit treu. Schwerpunkte seines Pontifikats waren zweifellos sein Einsatz für den Kreuzzug und die Ausbreitung der Kirche nach Osten. Um die Kreuzzugsbewegung zu unterstützen, deren kriegerische Komponente er unter dem Einfluß der Friedensliebe des Franz von Assisi mäßigte[103], wandte er sich an den Deutschen Orden. Er öffnete der Kirche neue räumliche Horizonte, ermutigte die missionarischen Bemühungen

---

[97] Chr. Thouzellier, La légation en Lombardie du cardinal Hugolin, 1221, in: Revue d'histoire ecclésiastique 45 (1950) 508–542.

[98] Maleczek, Papst 131 f. Über die Legation von 1221 besitzen wir ein Briefregister, hrsg. von G. Levi, Documenti ad illustrazione del registro del cardinale Ugolino d'Ostia, in: Archivio della Società Romana di storia patria 12 (1889) 241–326.

[99] K. V. Selge, Franz von Assisi und die römische Kurie, in: Zeitschrift für Theologie und Kirche 67 (1970) 129–161; vgl. Maleczek, Papst 132. In allgemeinerer Sicht R. J. Armstrong, „Mira circa nos". Gregory IX's view of the Saint Francis of Assisi, in: Laurentianum 25 (1984) 385–414.

[100] M. Bartoli, Gregorio IX, Chiara d'Assisi e le prime dispute all'interno del movimento francescano, in: Atti dell'Accademia Nazionale dei Lincei. Rendiconti della Classe di scienze morali, storiche e filologiche 35 (1980) 97–108.

[101] G. B. Ladner, Das älteste Bild des hl. Franziskus von Assisi. Ein Beitrag zur mittelalterlichen Porträtikonographie, in: Festschrift P. E. Schramm, Bd. I, Wiesbaden 1964, 449–460.

[102] M.-H. Vicaire, Histoire de saint Dominique, 2 Bde., Paris 1957; R. Manselli, S. Domenico, i papi e Roma, in: Studi Romani 19 (1971) 133–143.

[103] F. Basetti-Sani, Mohammed et S. François, Ottawa 1959. Bezüglich der Bulle „Quo elongati", vgl. neuestens D. Flood, The Politics of „Quo Elongati", in: Laurentianum 29 (1988) 370–385.

der Franziskaner und Dominikaner von Finnland bis nach Rumänien und drängte die Prämonstratenser, sich auch in Lettland niederzulassen[104].

d) Das „erste Konklave" der Geschichte und die Wahl Coelestins IV. (1241)

Beim Tod Gregors IX. (22. August 1241) brach eine lange Periode der Ungewißheit für die römische Kirche an; zwei sehr lang andauernde Vakanzen des Apostolischen Stuhls wurden nur durch den äußerst kurzen Pontifikat Coelestins IV. unterbrochen.

Im erbitterten Kampf zwischen Papst und Kaiser hatte Friedrich II. am 1. Mai 1241 zwei Kardinäle gefangengenommen, Giacomo da Pecorara und Ottone da Tonengo. Die anderen Mitglieder des Kardinalkollegiums versuchten vergeblich, vom Kaiser die Befreiung ihrer Kollegen zu erlangen; Friedrich II. begnügte sich damit, die beiden gefangenen Kardinäle in die Nähe Roms zu bringen. Gegen Ende des Monats August 1241 schloß der Senator Matteo Rosso Orsini die Kardinäle im ehemaligen und jetzt zerfallenen Palast des Septimius Severus, dem sogenannten *Septizonium*, ein. Da man untereinander zu keinem Konsens gelangte, trug man sich eine Zeitlang mit dem Gedanken, eine Persönlichkeit (Humbert von Romans?) zu wählen, die nicht dem Kardinalkollegium angehörte. Gegen diese Entscheidung erzwang der Senator Orsini von den Kardinälen die Wahl eines Mannes aus ihren eigenen Reihen. Sehr beeindruckt vom Tod (26. September) Kardinal Roberts von Somercotes, der den harten Einschränkungen auf diesem „ersten Konklave der Geschichte"[105] erlegen war, wählten die Kardinäle schließlich am 25. Oktober nach etwa sechzig Tagen strenger Abgeschlossenheit den Mailänder Kardinal Galfredo Castiglione, der den Namen Coelestin IV. annahm. Die vom Druck des Senators befreiten Kardinäle flüchteten nach Anagni, wo sie in einem bedeutenden Brief die Abfolge der Ereignisse schilderten.

Galfredo entstammte einer adligen Mailänder Familie, deren Name vom Familienhauptsitz, dem Schloß Castiglione Olona (bei Seprio), abgeleitet war. Vor seiner Ernennung zum Kardinal durch Gregor IX. am 18. September 1227 war er Kanzler der Kirche von Mailand gewesen. In den beiden Jahren 1228 und 1229 führte er in den lombardischen Städten wichtige Legationsgeschäfte[106].

Der Pontifikat Coelestins IV. dauerte nur siebzehn Tage. Nach gewissen zeitgenössischen Berichten[107] soll der Papst zwei Tage nach seiner Wahl schwer erkrankt sein; man erzählte, er habe weder das Pallium empfangen noch geweiht werden können; die Apostolische Kanzlei habe während seines Pontifikats kein einziges päpstliches Schreiben herausgegeben. Nach anderen Berichten soll Coelestin IV. am 28. Oktober gekrönt worden sein und sogar an Allerheiligen den Festgottesdienst gehalten haben. Der Papst starb am 10. November 1241 und wurde in der Petersbasilika im Vatikan beigesetzt[108].

Mehr als eineinhalb Jahre vergingen, bis ein Nachfolger dieses kurzlebigen Papstes von

---

[104] R. Spence, Pope Gregory IX and the Crusade on the Baltic, in: Catholic Historical Review 69 (1983) 1–19.

[105] Siehe oben unter I., 3.: „Die Ausbildung des Konklave".

[106] Paravicini Bagliani, Cardinali di Curia I 32–40.

[107] Potthast, Regesta I 940ff.

[108] A. Paravicini Bagliani, Celestino IV, in: DBI XXIII, 401; Borgolte, Petrusnachfolge 197f.

einem Kardinalkollegium gewählt wurde, das gespalten war. Am 25. Juni 1243 wurde Sinibaldo Fieschi zum Papst gewählt. Er nannte sich Innozenz IV.

e) Innozenz IV.

Die Familie des Sinibaldo Fieschi war väterlicherseits eine der mächtigsten im östlichen Ligurien[109]. Sein Vater Ugo, Graf von Lavagna, trug als erster diesen Namen *(Fiscus)*, war er doch kaiserlicher Steuereinnehmer; von 1166 an verlegte er seinen Wohnsitz nach Genua. Der zwischen 1180 und 1190 geborene junge Sinibaldo machte seine ersten Studien in Parma unter der Aufsicht seines Onkels Obizzo, seit 1195 Bischof der Stadt. Er studierte in Bologna, vielleicht der familiären Tradition entsprechend; jedenfalls ist sein dortiger Aufenthalt für das Jahr 1213 bezeugt. Es wird aber nirgends dokumentarisch bewiesen, daß er hier auch lehrte. 1223 stand der junge Fieschi in Verbindung mit dem Kardinallegaten Ugolino, dem späteren Gregor IX. Sein erstes Amt an der Kurie als *auditor litterarum contradictarum*, sicher vom 14. November 1226 an[110], rechfertigte seinen Ruf als hervorragender Jurist[111]. Sinibaldo stieg rasch an der römischen Kurie auf[112]: Gregor IX. berief ihn am 31. Mai 1227, kurz nach seiner Wahl, an die Spitze der päpstlichen Kanzlei[113], der wichtigsten Verwaltungsinstitution der Kurie, und ernannte ihn am 18. September zum Kardinalpriester von San Lorenzo in Lucina[114]. Sinibaldo verließ fast unmittelbar danach[115] die Kanzlei, die nach ihm und das ganze 13. Jh. hindurch nicht mehr von einem Mitglied des Kardinalkollegiums geleitet wurde. Als Rektor der Mark Ancona in den Jahren 1234–1239[116] residierte er weiterhin an der Kurie; das bezeugen seine Unterschriften unter den Privilegien Papst Gregors IX.[117] Er hatte zweifellos starken Anteil am Konzilsplan, den Gregor IX. im Jahre 1241 faßte; das Konzil kam aber nicht zustande, weil zahlreiche Prälaten am 3. Mai 1241 vor der Insel Giglio auf kaiserliche Veranlassung gefangengenommen wurden und Gregor IX. starb. Auf jeden Fall sah der Biograph Innozenz' IV. einen Zusammenhang zwischen diesem Projekt und dem ersten Konzil von Lyon[118]. Sinibaldo wurde nach einer sehr langen Sedisvakanz, während der er schwer erkrankt war[119], am 25. Juni 1243 zum Papst gewählt. Friedrich II. begrüßte die Nachricht *gaudio magno*[120].

---

109 Beste biographische Studien: V. Piergiovanni, Sinibaldo dei Fieschi decretalista. Ricerche sulla vita, in: Collectanea Stephan Kuttner, IV. Studia Gratiana 14 (1967) 126–154; A. Melloni, Innocenzo IV. La concezione e l'esperienza della cristianità come *regimen unius personae*, Genua 1990.

110 Potthast, Regesta 7610; vgl. Paravicini Bagliani, Cardinali di Curia I 65.

111 P. Herde, Audientia litterarum contradictarum. Untersuchungen über die päpstlichen Justizbriefe und die päpstliche Delegationsgerichtsbarkeit vom 13. bis zum Beginn des 16. Jahrhunderts, Bd. I, Tübingen 1970, 75.

112 Ehemalige Hypothesen, nach denen Sinibaldo von der Anwesenheit Manfreds, eines Vetters seines Vaters und Kardinal zwischen 1163 und 1177, an der Kurie profitiert habe, lassen sich nicht nachweisen; vgl. Piergiovanni, Sinibaldo 133.

113 Erstes Zeugnis: 8. Juni 1227 (Registres de Grégoire IX, Nr. 100).

114 Paravicini Bagliani, Cardinali di Curia I 66.

115 Seine letzte Unterschrift trägt das Datum des 23. September 1227; vgl. Potthast, Regesta 8039.

116 Waley, The Papal State 314, Anm. 5.

117 Paravicini Bagliani, Cardinali di Curia II 407 ff.

118 Vgl. Pagnotti, Niccolò da Calvi (s. Anm. 4) 94.

119 Ebd. 79.

120 J.-L. A. Huillard-Bréholles, Historia diplomatica Friderici secundi, Bd. VI, Paris 1861, 98–104.

Die Wahl war das Ergebnis eines Kompromisses unter den Kardinälen, ein Vorspiel für das Aushandeln im beginnenden 14. Jh.[121] Der Kompromiß hatte zwei Ziele vor Augen: die Reform der Kirche und den Frieden mit dem Kaiser. Friedrich II. nahm die Friedensvorschläge des Neugewählten zunächst an; sie forderten die Befreiung der Gefangenen auf der Insel Giglio und den freien Zugang des Papstes zur Stadt Rom. Aber der Kaiser berief unvermittelt und aus schwer durchschaubaren Gründen seine Botschafter ab. Am 20. Oktober 1243 zog der Papst in Rom ein. Am 28. Mai des folgenden Jahres ernannte er zehn neue Kardinäle. Eine Begegnung zwischen dem Kaiser und dem Papst hätte am 7. Juni 1244 in Narni stattfinden sollen; diesmal beschloß der Papst, sich dem durch Flucht aus dem Kirchenstaat zu entziehen. Ein genuesisches Schiff brachte ihn in seine Heimatstadt, wo er krank wurde (Juli–Oktober). Im Herbst überquerte er die Alpen und begab sich nach Lyon, einer kaiserlichen Stadt nahe dem französischen Königreich, fern von den italienischen Konflikten und für Anreisende leicht erreichbar, zudem ein sicherer Ort mit einer befestigten Kathedrale. Zur Zeit seiner Wahl hatte Sinibaldo gerade an seinem Hauptwerk gearbeitet, dem Kommentar zu den Dekretalen Gregors IX., dem sogenannten *Apparatus*, einem selbst für die Zeitgenossen schwierigen Werk[122]. Seine Gesetzgebung als Papst umfaßte drei Dekretalensammlungen. Die beiden ersten hätten dem *Liber Extra* hinzugefügt werden sollen; der Papst zog es aber vor, dem *Studium* von Bologna eine endgültige und von seinen offiziellen Dekretalen getrennte Liste zuzusenden; diese wurden *Novellae* genannt und eigens verbreitet[123]. Die meisten von ihnen fanden später Aufnahme in den *Liber Sextus* (1298).

Der Genuese Sinibaldo Fieschi gehörte zur intellektuellen Elite seiner Zeit. Er war ein hervorragender Jurist und in seinem Denken und Handeln an weite geo-politische Räume gewöhnt. Den universalen päpstlichen Machtanspruch führte er in einem gnadenlosen Kampf mit dem Kaiser zu einem Höhepunkt, sowohl auf der Ebene theoretischer Auseinandersetzung wie der politischen Aktion – in der Überzeugung, die *christianitas* habe dem Papsttum zu dienen. Die Rechtsvollmacht des Papstes war für ihn Dreh- und Angelpunkt der Gesellschaftsordnung der gesamten Christenheit. Derart extreme Standpunkte mußten über kurz oder lang Reaktionen von seiten spirituell gesinnter Ordensleute und überzeugter Anhänger der Armutsbewegungen hervorrufen.

Innozenz IV. starb am 7. Dezember 1254 in Neapel. Er wurde in der alten (1294 zerstörten) Kathedrale der Stadt beigesetzt. Am Anfang des 14. Jh. ließ Erzbischof Humbert von Ormont (1308–1320) das Grab in die neue Kathedrale verlegen[124]. Das heutige Grabmal wie auch die Grabfigur selbst sind ein Werk aus dem 16. Jh.

---

[121] M. Souchon, Die Papstwahlen von Bonifaz VIII. bis Urban VI. und die Entstehung des Schismas 1378, Braunschweig 1888.

[122] Ch. Lefebvre, Sinibalde dei Fieschi, in: DDC VII, Paris 1965 (mit Bibliogr.); G. Le Bras, Innocent IV romaniste. Examen de l'Apparatus, in: SG 11 (1967) 305–326.

[123] P. J. Kessler, Untersuchungen über die Novellengesetzgebung Papst Innocenz' IV., I, in: Zeitschrift der Savigny Stiftung für Rechtsgeschichte, kan. Abt., 31 (1942) 142–320; II, ebd.: 32 (1943) 300–383; III, ebd.: 33 (1944) 56–128.

[124] Vgl. Borgolte, Petrusnachfolge 201.

f) Alexander IV.

Im Gegensatz zu einer sehr alten These der Geschichtsschreibung stammte der um das Jahr 1185 geborene [125] Rainald, der spätere Alexander IV., nicht von der Familie Conti da Segni ab, der die Päpste Innozenz III. und Gregor IX. für gewöhnlich zugewiesen werden. Nach den zeitgenössischen Zeugnissen [126] war Rainald zweifellos ein Sohn Philipps, des Herrn von Jenne, der im Gebiet von Subiaco und in der Diözese Anagni Güter besaß. Nach dem in römischen Angelegenheiten oft sehr gut informierten Matthaeus Parisiensis [127] soll er ein Neffe Gregors IX. gewesen sein. Rainald war lange Zeit, vielleicht schon seit 1208 [128], Kanoniker an der Kathedrale zu Anagni. Bereits unter Papst Honorius III. stand er in engem Kontakt mit dem päpstlichen Hof. Sehr früh führte er den Titel eines *magister*[129], was auf Universitätsstudien hinweisen könnte; doch wissen wir darüber nichts Näheres [130]. Rainald war seit 1221 päpstlicher Kapellan und einer der engsten Mitarbeiter Kardinal Ugolinos, des späteren Gregors IX., den er auf seiner wichtigen Legation nach Norditalien begleitete. Ohne Zweifel besaß er dessen Vertrauen. Der Papst übertrug ihm dieselben Kardinalstitel, die er früher selbst innegehabt hatte [131]; gleich nach seiner Wahl ernannte er ihn zum Leiter der Apostolischen Kammer. Der Pontifikat Gregors IX. war für den jungen Kardinal eine Zeit intensiver diplomatischer Tätigkeit; er stieg rasch zu einer der Schlüsselgestalten am päpstlichen Hof auf. In den Jahren 1231 und 1232 griff er im Namen des Papstes in die lokalen Probleme der Städte Anagni, Perugia und Viterbo ein, um eine Lösung herbeizuführen. Damals trat er vermutlich mit Kaiser Friedrich II. in Kontakt, zu dem er ausgezeichnete Beziehungen knüpfte. Sicher spielte Rainald unter Innozenz IV. nicht mehr die gleiche Rolle; doch ist es bemerkenswert, daß der Papst ihn bat, während des Aufenthalts der römischen Kurie in Lyon als Apostolischer Vikar in Italien zu bleiben [132].

Rainald wurde am 12. Dezember 1254 zum Nachfolger Innozenz' IV. gewählt. Er gab sich den Namen Alexander IV. und residierte wie sein Vorgänger fast während seines ganzen Pontifikates außerhalb Roms [133], das unter der Herrschaft des Senators Brancaleone stand. Alexander IV. folgte in vielem seinem Vorgänger, besonders was den lateinischen Osten und das Kaiserreich von Nikaia-Konstantinopel anging. Im Blick auf eine Union mit den Griechen trat er, freilich vergeblich, in Verhandlungen mit Kaiser Theodoros II. Laskaris; auch versuchte er, die Beziehungen zwischen Lateinern und Griechen auf der Insel Zypern zu regeln; dem Führer der Maroniten, der gerade seine päpstliche Oberhoheit aner-

---

[125] S. Andreotta, La famiglia di Alessandro IV e l'abbazia di Subiaco, in: Atti e memorie della Società tiburtina di storia e d'arte 35 (1962) 122f.

[126] Ebd. 117–120; vgl. auch Paravicini Bagliani, Cardinali di Curia I 41–45.

[127] *Chronica Maiora*, hrsg. von Luard, Bd. V 472. Zum Wert dieses Zeugnisses vgl. G. Marchetti-Longhi, Ricerche sulla famiglia di papa Gregorio IX, in: Archivio della Società romana di storia patria 67 (1944) 282, Anm. 1.

[128] Paravicini Bagliani, Cardinali di Curia I 43.

[129] Seit 1219; vgl. Marchetti-Longhi, Ricerche 282.

[130] Salimbene bezeichnete ihn als *„litteratus (...) et studium theologiae diligens"*, in: Scalia, Salimbene de Adam (s. Anm. 73) 658.

[131] Die Titelkirche Sankt Eustachius (18. September 1227) und das Bistum Ostia (1231); vgl. Paravicini Bagliani, Cardinali di Curia I 51.

[132] Ebd. 52.

[133] A. Paravicini Bagliani, La mobilità della Curia romana nel secolo XIII. Riflessi locali, in: Società e istituzioni dell'Italia comunale: l'esempio di Perugia (secolo XII–XIV), Perugia 1988, 250.

kannt hatte, verlieh er den Titel eines Patriarchen von Antiochien für das maronitische Volk. Alexander IV. war der erste Papst, der auch die „offensichtlich“ mit Häresie einhergehenden *(sapere heresim manifeste)* magischen Praktiken in das Inquisitionsverfahren einbezogen wissen wollte, worunter vor allem die noch vage definierte Wahrsagerei und die Zauberei fielen. Die Inquisitoren bestärkte er, „alle ihre Kräfte gegen die Häresie einzusetzen“[134]. In seinem päpstlichen Wirken blieb Alexander IV. den Verpflichtungen treu, die er zur Zeit seiner Laufbahn als Kardinal eingegangen war. So begünstigte er zum Beispiel die Franziskaner (er widmete ihnen etwa vierzig Privilegien): Er kanonisierte die heilige Klara und stellte dabei den Rechtsstand wieder her, der durch seinen Vorgänger aufgehoben worden war; insbesondere übernahm er die Verteidigung der Bettelorden in ihrem Konflikt mit dem Weltklerus[135].

Bei seinem Tod in Viterbo am 25. Mai 1261 ging das Papsttum für ein knappes Jahrzehnt in die Hände zweier Würdenträger über, die Untertanen des französischen Königs waren.

3. Die französischen Päpste

a) Urban IV.

Jacques wurde in den letzten Jahrzehnten des 13. Jh. in Troyes[136] geboren. Er stammte aus bescheidenen Verhältnissen – sein Vater Pantaléon war Schuhflicker oder Schuhmacher. Da er schon mit jungen Jahren an der Pariser Universität studieren konnte, eröffnete sich ihm eine schnelle und glänzende Laufbahn. Vielleicht hatten ihn die Kanoniker von Troyes nach Paris geschickt[137]. Um das Jahr 1225 war er selbst Kanoniker der Kathedrale von Laon. Anselm, der Bischof dieser Stadt, nahm sich seiner an. Später erinnerte sich Urban IV., daß „seine Studien in Laon ihre ersten Früchte“ trugen[138]. In seiner Eigenschaft als Kanoniker verfaßte Jacques das *chartularium* des Domkapitels; das in sehr schöner Schrift geschriebene Original ist heute noch erhalten.

Inzwischen war Jacques zum Archidiakon von Campine (Lüttich) ernannt worden. 1247 sandte ihn Papst Innozenz IV. nach Polen, Preußen und Pommern. Als Papst sollte er die Beschlüsse einer Synode bestätigen, die er 1248 in diesen Gegenden zusammen mit den Bischöfen von Gnesen, Breslau, Krakau und Kujawien abgehalten hatte.

Nach seiner Rückkehr nach Frankreich wurde er, jedenfalls noch vor dem 22. Oktober 1249, zum Archidiakon von Laon ernannt. Ein neuer päpstlicher Auftrag führte ihn nach Deutschland, wo er die Reichsfürsten für Wilhelm von Holland, den vom Papst protegier-

---

[134] M. D'Alatri, L'inquisizione francescana nell'Italia centrale del secolo XIII, Rom 1954; S. Brufani, Eresia di un ribelle al tempo di Giovanni XXII: il caso di Muzio di Francesco d'Assisi con l'edizione del processo inquisitoriale, Perugia – Florenz 1989, 97ff.

[135] Siehe unten, fünfter Teil, zweites Kapitel: Die Bettelorden und ihr Wirken in der städtischen Gesellschaft.

[136] Urbain IV, pape troyen, in: Sondernummer der Revue Vie en Champagne, 12, Troyes 1964; vgl. auch den Ausstellungskatalog der Siebenhundertjahrfeier des Todes Urbans IV., Troyes, Musée des Beaux-Arts, 23. Mai – 30. August 1964, Mémoires de la Société Académique d'Agriculture du Département de l'Aube 104 (1964–1966) 57–71.

[137] W. Sievert, Das Vorleben des Papstes Urban IV., in: Römische Quartalschrift 10 (1986) 450ff. Über die Lebensbeschreibung Urbans IV. und vor allem über den Verfasser der *Vita* in Prosa vgl. A. Paravicini Bagliani, Gregorio da Napoli, biografo di Urbano IV, in: Römische Historische Mitteilungen 11 (1969) 59–78.

[138] J. Foviaux, Sermons donnés à Laon en 1242 par le chanoine Jacques de Troyes, futur Urbain IV, in: Recherches Augustiniennes 20 (1985) 203–256.

ten deutschen König, gewinnen sollte. Am 18. Dezember erhob ihn Innozenz IV. gegen den Willen des Domkapitels zum Bischof von Verdun. Bereits zwei Jahre später, am 9. April 1255, also nur wenige Monate nach seiner Wahl, ernannte ihn Papst Alexander IV. zum Patriarchen von Jerusalem. Auch diesmal war es dem Papst gelungen, seinen Kandidaten gegen den Willen eines Teils der Kathedralkanoniker durchzusetzen. Am 7. Dezember übertrug ihm der Papst das Amt des päpstlichen Legaten für die Provinz Jerusalem und das Kreuzfahrerheer. Der Patriarch zog am 3. Juni 1256, dem Vortag von Pfingsten, in Akkon ein. Die Bilanz seiner langen Jahre im lateinischen Königreich Jerusalem ist ausgesprochen positiv. Zu Beginn des Jahres 1261 wollte er sich zum Papst begeben, um mit ihm persönlich über die Lösung einiger Rechtsprobleme zu verhandeln, die mit seinem Legationsauftrag zusammenhingen (der Dominikanerbischof Thomas von Bethlehem war zum Legaten von Palästina ernannt worden, was zu Zuständigkeitskonflikten geführt hatte). Der Patriarch befand sich in Viterbo, wo die römische Kurie residierte, als Papst Alexander IV., mit dem er seine Probleme zu besprechen begonnen hatte, am 25. Mai 1261 starb. Die Vakanz des Apostolischen Stuhls dauerte drei Monate. Die Kardinäle konnten sich nicht auf einen aus ihrer Mitte einigen und wählten schließlich am 29. August nach langwierigen Verhandlungen den Patriarchen von Jerusalem, der sich, wie gesagt, gerade in Viterbo aufhielt. Freilich war Jacques von Troyes für die meisten Kardinäle kein Unbekannter mehr; er stand ja seit langem schon mit Kreisen der römischen Kurie in Verbindung. Anscheinend hat er den Namen Urban gewählt, weil sein Vorgänger am Fest des heiligen Urban I. gestorben war. Wahr ist zudem, daß Urban IV. seit Urban II. (1088–1099) der erste Franzose war, der zum Papst gewählt wurde. Konsekration und Krönung fanden am 4. September in Viterbo in der Dominikanerkirche Santa Maria in Gradi statt.

Urban IV. war eine starke Persönlichkeit und hochgebildet, vor allem in den Naturwissenschaften. Er hatte als Papst ein schwieriges Erbe übernommen. Mehrere große Problemkreise beherrschten seinen Pontifikat: die Nachfolgefrage in Sizilien[139] und im Reich[140]; das Verhältnis zu den Griechen[141]; die Palästinafrage; die Beziehungen zwischen Papsttum und Mongolen[142]; auch die schwierige und gespannte Lage etwa in den verschiedenen Königreichen der iberischen Halbinsel[143] usw. Bei allen diesen politischen Fragen ließ er sich weithin von den maßgeblichen Entscheidungen seiner Vorgänger leiten. In mehreren Fällen (Nachfolgestreit in Sizilien) fanden die Probleme nach seinem Pontifikat eine endgültige Lösung. Der Inquisition verlieh Urban IV. neuen Auftrieb; auch begün-

---

[139] P. Di Franco, Urbano IV e la genesi della conquista angioina del Regno di Sicilia (1261–1264), in: Rivista storica siciliana 2 (1977) 28–39; E. Pasztor, Lettere di Urbano IV super negotio Regni Siciliae, in: Aus Kirche und Reich. Studien zu Theologie, Politik und Recht im Mittelalter. Festschrift für Friedrich Kempf, Sigmaringen 1983, 383–395.

[140] K. Hampe, Urban IV. und Manfred, Heidelberg 1905.

[141] A. Franchi, La svolta politico-ecclesiastica tra Roma e Bisanzio (1249–1254). La legazione di Giovanni da Parma. Il ruolo di Federico II, Rom 1981.

[142] J. Richard, Une ambassade mongole à Paris en 1262, in: Journal des Savants (1979) 295–303 (Ndr. in: ders., Croisés, missionnaires et voyageurs. Les perspectives orientales du monde latin médiéval, London 1983).

[143] P. Linehan, The „Gravamina“ of the Castilian Church in 1262–1263, und ders., Spanish Church and Society 1150–1300, London 1983. Zur Quellenlage vgl. auch I. Rodríguez de Lama, La documentación pontificia de Urbano IV (1261–1264), Rom 1981.

stigte er die neuen religiösen Orden (Karmeliter, Augustinereremiten, Marienritter in Bologna, Ritter vom Heiligen Grab)[144]. Den Klarissinnen gab er eine Regel[145].

Zu einem Höhepunkt am Ende seiner Amtszeit wurde die Einführung des Fronleichnamsfestes. Am 11. August 1264 veröffentlichte er die Bulle „Transiturus de hoc mundo", die das Fronleichnamsfest auf die ganze Kirche ausdehnte[146]. Die Initiative dazu war teilweise von belgischen Beginen ausgegangen, insbesondere von der heiligen Juliana, der ersten Äbtissin der Augustinerinnen vom Mont-Cornillon, die sogar ein erstes Festoffizium zusammengestellt hatte. Jacques von Troyes hatte Juliana kennengelernt, als er noch Archidiakon von Campine (Lüttich) war. Am folgenden 8. September informierte der Papst die später heiliggesprochene Rekluse Eva von Saint-Martin in Lüttich über dieses neue Fest, da sie ebenfalls die Feier eines jährlichen Festes zu Ehren des *Corpus Christi* einst erbeten hatte[147].

Urban IV. war der erste Papst des 13. Jh., der Rom nicht ein einziges Mal betrat. Die beiden anderen französischen Päpste dieser Epoche (Clemens IV. und Martin IV.) sollten seinem Beispiel folgen. Fast seine ganze Amtszeit verbrachte er in Viterbo (1261–1262) und Orvieto (1262–1264). Als er am 9. September 1264 Viterbo verließ und sich nach Todi und Perugia begab, war er bereits todkrank. Am 2. Oktober starb er, vielleicht noch auf dem Weg. Einige späte Quellen geben als Sterbeort die kleine Stadt Deruta an[148]. Er wurde in der Kathedrale San Lorenzo in Perugia beigesetzt.

b) Clemens IV.

Guido Fulcodi[149] wurde wahrscheinlich kurz vor 1200 in Saint-Gilles (Gard) geboren. Sein Vater war von 1185 bis ungefähr 1204 Richter und Kanzler im Dienst des Grafen Raimund V. von Toulouse und zog sich dann in die Grande-Chartreuse zurück, wo er vermutlich um das Jahr 1210 starb. Guido schlug dieselbe Laufbahn ein wie sein Vater. Nach einem Studium des Rechts in Paris kehrte er in seine Heimat zurück, wo er, sicher seit 1234, den Beruf eines Rechtsberaters ausübte. Von 1241 an wirkte er, wie bezeugt ist, am Hof des Grafen Raimund VII. von Toulouse. In Saint-Gilles heiratete er: Der Name seiner Gemahlin ist nicht überliefert, doch schenkte sie ihm zwei Töchter. Guido war Mitglied eines Un-

---

[144] G. Bresc-Bautier, Bulles d'Urbain IV en faveur de l'Ordre du Saint-Sépulcre (1261–1264), in: Mélanges de l'Ecole Française de Rome 85 (1973) 283–310.

[145] J. M. Segarra, Elementos de vida fraterna en las primeras constituciones de la clarissas capuchinas de Barcelona, in: Estudios Franciscanos 84 (1983) 1–84; R. Mattick, Eine Nürnberger Übertragung der Urbanregel für den Orden der hl. Klara und der ersten Regel der hl. Klara für die Armen Schwestern, in: Franziskanische Studien 69 (1987) 173–232.

[146] VII. Centenario della Bolla „Transiturus" 1264–1964. Studi eucaristici, Orvieto 1966; T. Bertamini, La bolla „Transiturus" di papa Urbano IV e l'Ufficio del „Corpus Domini" secondo il codice di S. Lorenzo di Bognanco, in: Aevum 42 (1968) 29–58; E. Franceschini, Origine e stilo della bolla „Transiturus", in: ders., Scritti di filologia latina medievale, Bd. I, Padua 1976, 322–365.

[147] C. Lambot, Un précieux manuscrit de la Vie de sainte Julienne du Mont-Cornillon, in: Revue Bénédictine 79 (1969) 223–231; ders., La bulle d'Urbain IV à Eve de Saint-Martin sur l'institution de la Fête-Dieu, in: ebd. 261–270. Ausführliche Darstellung der Entwicklung des eucharistischen Kults im 13. Jh. in: Dictionnaire de spiritualité, 4/2, Paris 1961, 1625 ff.

[148] Paravicini Bagliani, La mobilità 237.

[149] Sein Name wird sehr unterschiedlich geschrieben: Fulcodii, Fulcadi, Fulcaudi, Folcadio usw.; der Beiname „der Dicke" wurde ihm von O. Panvinio und A. Chacon, Gelehrten des 16. Jh., fälschlich beigelegt.

Der Palast der Erzbischöfe von Viterbo diente Urban IV. 1261–1262 als päpstliche Residenz. Sein Nachfolger, Clemens IV., residierte gleichfalls hier und ließ 1267 die offene Loggia an den Palast anbauen.

tersuchungsausschusses, der die Gültigkeit des Testaments Raimunds VII. zu prüfen hatte; seine Schlußfolgerungen erlaubten es Alfons von Poitiers, sich der drückendsten Vorbehalte zu entledigen. 1252 nahm er als einziger Jurist an einer wichtigen Kommission teil, die für Alfons von Poitiers Pläne für eine politische Reform ausarbeiten sollte. Obwohl Laie, hatte Guido sich auch mit der Inquisition zu befassen, die die letzten Herde häretischer Umtriebe beseitigen sollte, eine Arbeit, die er den Dominikanern anvertraute. Später fixierte er seine juristischen Kenntnisse über die Beziehungen zwischen weltlichem Recht und Inquisition in einer Schrift, den *Quaestiones quindecim ad inquisitores* – ein Werk, das noch im 17. Jh. aufgelegt wurde[150]. Ludwig IX. gab Guido in den Jahren 1254/56 den Auftrag, in Südfrankreich die Verwaltungsstrukturen der königlichen Macht aufzubauen. Im Mai 1255 veröffentlichte Guido in Béziers in Zusammenarbeit mit dem Erzbischof Philipp von Aix und zwei Dominikanern neue königliche Statuten. Wir wissen nicht, wann er seine Frau verlor; sicher ist, daß er in den Dokumenten vom Februar und März 1255 schon als Kleriker bezeichnet wird. Als Mitglied der königlichen Kapelle erlangte er unverzüglich ein Kanonikat an der Kathedrale von Le Puy. Am 11. Juni 1257, vier Wochen nach dem Tod des Bischofs Armand, wählte ihn das Domkapitel von Le Puy zum Bischof. Die päpstliche Bestätigung ließ bis zum Oktober 1259 auf sich warten, man weiß nicht warum.

---

[150] Lyon 1669; vgl. C. Douais, Documents pour servir à l'histoire de l'Inquisition dans le Languedoc, Paris 1910.

Am 10. Oktober 1259 wählte ihn das Kapitel von Narbonne zum Nachfolger des Erzbischofs Jacques. Guido nahm von der Kathedrale erst Anfang 1261 Besitz. Als Mitglied des Pariser Parlements übte er wie früher sein Amt als Rechtsberater und politischer Ratgeber des Königs aus und schlichtete bedeutende Rechtskonflikte. Urban IV. bot ihm gleich bei der ersten Kardinalspromotion seines Pontifikats (1261)[151] den Bischofsstuhl von Sabina an. Guido scheint lange gezögert zu haben, das Angebot anzunehmen. Vielleicht hielt ihn der König zurück. Schließlich begab er sich im Herbst 1262 an die römische Kurie, die zu dieser Zeit in Orvieto residierte. In Anbetracht seiner Vergangenheit scheint er unter Urban IV. keine große Rolle gespielt zu haben. Allerdings übertrug ihm der Papst 1263 die Leitung der Apostolischen Pönitentiarie. Der einzige bedeutende Auftrag während seines Kardinalats war eine Legation nach England, Irland und Wales[152]. Er sollte zwischen den Baronen und Heinrich III. Frieden stiften. Guido war am 22. November 1263 zum Legaten ernannt worden, verschob aber seine Abreise um ein halbes Jahr, nachdem das von den Baronen und den Anhängern des Königs verlangte Schlichtungsbemühen Ludwigs IX. gescheitert war. Das „Dit" von Amiens (24. Januar 1264) hatte die Oxforder Provisionen für ungültig erklärt und Heinrich III. die meisten seiner politischen Rechte, vor allem das Recht, seine eigenen Ratgeber zu wählen, bestätigt. Da die aufsässigen Barone sich weigerten, das Schiedsgericht des Königs von Frankreich anzunehmen, mußte sich der Legat am 9. April 1264 nun doch auf den Weg machen. Simon von Monfort hatte leichtes Spiel, den Legaten am Betreten englischen Bodens zu hindern. Der apostolische Gesandte weilte den ganzen Sommer über in Amiens. Durch geschicktes Hinhalten verärgert, verriet er schließlich seine wahre Ansicht, indem er die Provisionen von Oxford als „verabscheuungswürdig und ungerecht" erklärte. Die Legation endete mit einem vollständigen Mißerfolg. Alle Versuche, die englischen Angelegenheiten vom Festland aus zu regeln, erwiesen sich als vergeblich. Nachdem der Legat erfahren hatte, daß Urban IV. gestorben war, kehrte er an die römische Kurie zurück. Noch vor seiner Ankunft hatten ihn die Kardinäle am 5. Februar 1265 *per compromissum* gewählt. Die Papstkrönung fand am 22. Februar in Perugia statt. Clemens IV. hat Rom nie betreten. Er verbrachte die ganze Zeit seines Pontifikats in Perugia und in Viterbo, wo er starb. Doch erwies er sich als kundiger Vermittler. Das zeigte sich auch in dem Umstand, daß er keine neuen Kardinäle erhob; seine Absicht war, das äußert zerbrechliche Gleichgewicht der Kardinäle untereinander so gut wie möglich zu bewahren, da sie, in Parteien gespalten, unter der starken Führung zweier mächtiger Kardinäle, des Kardinals Riccardo Annibaldi und des Kardinals Giovanni Gaëtano Orsini, des späteren Nikolaus III., standen.

[151] E. Jordan, Les promotions de cardinaux sous Urbain IV, in: Revue d'histoire et de littérature religieuse 5 (1900) 322–334.

[152] J. Heidemann, Papst Clemens IV. Das Vorleben des Papstes und sein Legationsregister, Münster 1903, 194–248 (enthält das Register der Legation von England).

4. Zum Wirken Urbans IV. und Clemens IV.

Eine Bilanz

Das Auftreten zweier französischer Päpste (Urban IV. und Clemens IV.) wirkte sich nachhaltig auf die Verwaltung der römischen Kirche des 13. Jh. aus. Das gilt besonders für den Pontifikat Clemens' IV.[153] Wichtige Schlüsselstellungen übertrug er treuen Freunden, maßgebenden Persönlichkeiten aus dem Toulousianischen Herrschaftsgebiet[154]. So hatte Michel von Toulouse das Amt des Vizekanzlers inne; Pierre von Montbrun war Leiter der Apostolischen Kammer, Bernard von Languissel war einer der einflußreichsten Männer im Kollegium der Apostolischen Notare; Raimond Marc, der in der Provence eine ähnliche Laufbahn wie Guido Fulcodi hinter sich hatte, wurde an der römischen Kurie Generalauditor in Rechtsangelegenheiten des päpstlichen Palasts. Die römische Zentralisierung verstärkte sich unter Clemens IV. Der Papst bemühte sich, der römischen Kirche regelmäßigere und gesicherte Einnahmen zu garantieren, um die großen politischen Unternehmungen seiner Zeit finanzieren zu können. Da er Rückendeckung durch Ludwig IX. besaß, konnte er den Finanzdruck auf den französischen Klerus noch verstärken, obwohl dieser schon für den Kreuzzug hohe Abgaben entrichten mußte; doch er brauchte das Geld für seine italienische Politik (Niederschlagung der Ghibellinen, sizilianischer Feldzug). Die Reaktion war heftig: Die antikuriale Bewegung mit ihrem gallikanischen Einschlag, der in den folgenden Jahrzehnten noch zunehmen sollte, brachte sich deutlich zu Gehör gegen „die Habgier der römischen Kurie", „ihre Gefräßigkeit, die erst an dem Tag aufhören wird, an dem der Klerus den ergebenen Gehorsam aufkündigt"[155]. Die Beschlüsse Clemens' IV. auf dem Gebiet der Pfründenpolitik zählen zu den markantesten und auf lange Sicht schwerwiegendsten Hypotheken seines Pontifikats. Aus seiner provenzalischen Erfahrung heraus schuf er ferner wichtige Satzungen für die Inquisition, deren Verbreitung sich Bernard Gui in seinem Manuale[156] zur Aufgabe machen sollte. Das bemerkenswerteste Faktum betraf die Folter, die der Papst am 3. November 1265 freigab[157].

Clemens IV., der schon seit langer Zeit mit Karl I. von Anjou in Verbindung stand, führte entschlossen die italienische Politik seines Vorgängers fort. Er beschleunigte sie sogar noch in der Befürchtung, Manfred könnte Rom einnehmen, das der Papst nur noch mit Unterstützung einer provenzalischen Garnison zu halten vermochte. Die Einsetzung Karls von Anjou als neuer König von Sizilien fand am 28. Juni 1265, dem vom Papst bestimmten Datum, statt[158]. Der Sieg des Anjou über Manfred (Benevent, 26. Februar 1266) entlastete das Papsttum von schweren finanziellen Problemen, die ihm der Kampf gegen die Staufer,

---

[153] S. Menache, Réflexions sur quelques papes français du bas Moyen Age. Un problème d'origine, in: Revue d'histoire ecclésiastique 81 (1986) 117–130.

[154] A. Paravicini Bagliani, Il testamento di Isembardo da Pecorara (gest. 1279). Note di prosopographia curiale duecentesca, in: Palaeographica, Diplomatica et Archivistica. Studi in onore di Giulio Battelli Rom 1979, 234ff.

[155] Majus chronicon Lemovicense, Recueil des historiens de la France, XXI, 770.

[156] Ausg. Lyon 1669 (das Handbuch von B. Gui wurde hrsg. von C. Douais, Paris 1884). Das gesamte, die Inquisition betreffende gesetzgeberische Werk Clemens' IV. erschien in: Th. Ripoll, Bullarium ordinis Fratrum Praedicatorum, Band 1, Rom 1729.

[157] P. Fiorelli, La tortura giudiziaria nel diritto comune, 2 Bde., 1953–1954.

[158] Über das Wandfresko des Turms Ferrande zu Pernes vgl. Ladner, Papstbildnisse II, Vatikanstadt 1970, u. Bildtafel XXXIII.

den es unterstützte, eingebracht hatte. Clemens IV. stand bei den italienischen Bankiers in Schulden. Er war sogar soweit gegangen, seinen Gläubigern Güter der Kirchen und Klöster Roms sowie Gold- und Silbergeschirr und Juwelen der Kapelle und des Kirchenschatzes zu verpfänden. Es konnte nicht ausbleiben, daß ihm bald das Gewissen schlug, wie er selbst am 2. August 1265 in einem Schreiben an Karl von Anjou bekannte: „Der Papst ganz allein wird mit den Schwierigkeiten der Aktion konfrontiert, er allein belastet sein Gewissen und setzt sich der ständigen Schmähung aus, als Verschleuderer der Kirchengüter zu gelten“ [159]. Nachdem Karl von Anjou König von Sizilien geworden war, gestaltete sich sein Verhältnis zum Papst alles andere als friedfertig. Vergeblich versuchte Clemens IV., den neuen König zum Verzicht auf die römische Senatorenwürde zu bewegen, um neue Konflikte in der Stadt zu verhindern. Seine Klagen häuften sich: Karl verletze in Benevent die Rechte des Apostolischen Stuhls, erhebe übermäßige Abgaben, mache sich zahlreicher Gewalttaten gegen den Klerus schuldig und sei nachlässig im Entrichten des Zinses. Durch Entsendung einer Legation versuchte Clemens, unmittelbar in die sizilische Kirchenpolitik einzugreifen. Ein Drittel der Bistümer des Königreichs war mit Männern besetzt, die ihm ergeben waren. Den führenden Schichten Siziliens predigte er eine Politik der Mäßigung, die er auch Karl selbst anriet.

III. Das Konzilswerk (1215, 1245)

1. Das Vierte Laterankonzil (1215)

a) Einberufung und Ziele

Während seiner gesamten Amtszeit trug sich Innozenz III. mit dem Gedanken eines allgemeinen Konzils der Christenheit; aber erst nach siebzehn Jahren kam der Plan zur Ausführung. Anscheinend hatte sich die Idee an der orientalischen Frage entzündet. Auf den Vorschlag des Kaisers von Byzanz, Alexios Komnenos, und des Patriarchen von Konstantinopel hin, ein Konzil abzuhalten, um über die von Rom trennenden unterschiedlichen Lehrmeinungen zu diskutieren, antwortete der Papst am 12. November 1199, er mache sich diese Idee eines für die Reform der Kirche nützlichen Konzils gewiß zu eigen, doch unter der Voraussetzung, daß sich ihm die Ostkirchen unterwürfen [160]. Was aber Innozenz III. letztlich bewog, das IV. Laterankonzil einzuberufen, waren nicht die aus dem Bruch mit den Ostkirchen entstandenen und durch die Eroberung Konstantinopels durch die Lateiner im Jahre 1204 [161] noch verschärften ekklesiologischen Probleme. Der ständig vertagte Konzilsplan, der dann 1213 neu belebt wurde, gehörte in den Rahmen einer Gesamtstrategie: Man beabsichtigte, nach außen hin der Kreuzzugsbewegung neues Leben einzuhauchen, um wiederzugewinnen, was die Kreuzfahrer 1212 verloren hatten, und innerhalb der

---

[159] Potthast, Regesta 19296.

[160] *„ut membrum ad caput et ad matrem filia revertatur“*: Potthast, Regesta 862f.

[161] Siehe Brief des Patriarchen Johannes X. Kamateros (1206–1207), hrsg. von A. Heisenberg, Neue Quellen zur Geschichte des lateinischen Kaisertums und der Kirchenunion, in: Sitzungsberichte der Bayerischen Akademie der Wissenschaften, phil.-philol. u. hist. Abt. 5 (1922) 63–66.

Christenheit selbst unter der Führung einer gefestigten römischen Kirche eine weitausgreifende Reformdebatte zu ermöglichen.

Der Beschluß, ein Konzil einzuberufen, wurde vom Papst am 19. April 1213 in einer Reihe von Briefen angekündigt, die er an die maßgebenden kirchlichen und weltlichen Autoritäten sandte[162]. Die Ziele waren darin deutlich abgesteckt: Ausrotten der Laster und Einpflanzen der Tugenden, Abstellen der Mißbräuche und Reform der Sitten, Unterdrükkung der Häresien und Stärkung des Glaubens, Bereinigung der Zwistigkeiten und Festigung des Friedens, Abschaffung der Unterdrückung und Förderung der Freiheit, schließlich die Aufforderung an die Fürsten und christlichen Völker, dem Heiligen Land zu Hilfe zu eilen[163]. Mit anderen Worten: Innozenz III. war der Ansicht, daß die Reform der Kirche und ein Erfolg des anspruchsvollen Kreuzzugsplans erst möglich würden nach Lösung der schweren, die Christenheit zerreißenden politischen Konflikte. Das Konzil sollte sich also mit allen großen Fragen der Zeit befassen, sowohl mit den politischen als auch mit den spirituellen und pastoralen: Im Reich mit der Einsetzung Friedrichs II. an Stelle Ottos IV.; in England mit der Exkommunikation der Barone und der Unterstützung Johanns Ohneland durch die Bischöfe; in Frankreich mit der Exkommunikation Raimunds VI. von Toulouse; auf der iberischen Halbinsel mit der Primatialgewalt Toledos; im christlichen Osten mit der Trennung von den Griechen usw.

Der Papst hatte den Beschluß allein gefaßt, offenbar ohne sich vorher beraten zu lassen. In der Erwartung, daß die Vorbereitung des für den 1. November 1215 nach Rom einberufenen Konzils zwei Jahre dauern würde, befahl er „eine Umfrage in jeder Provinz über die Mißbräuche, welche apostolische Strafen erforderten; die Umfrage soll von klugen Personen durchgeführt werden“[164]. In Frankreich versuchte Kardinal Robert von Courçon, mehrere Provinzialkonzilien (Paris, Rouen, Bordeaux) in diesem Sinne zu beeinflussen[165]. Noch nie zuvor war ein Konzil so sorgsam vorbereitet worden. Ohne Zweifel war dieses Konzil für den Papst Sache der ganzen Kirche, weshalb es die Hauptprobleme der christlichen Gesellschaft in ihrer Gesamtheit anzugehen habe.

b) Teilnehmer

Innozenz III. hatte in seinem Schreiben auf eine möglichst breite Beteiligung am Konzil gedrungen. Den Bischöfen trug er auf, „allen Kapiteln der Kirchen, der Kathedralen und auch der anderen zu befehlen, ihre Pröpste und Dekane und andere fähige Persönlichkeiten als Vertreter zum Konzil zu schicken“[166]. Auch die Generaloberen der großen religiösen Orden mit zentralisierter Organisation (Zisterzienser, Prämonstratenser) und der Ritterorden (Johanniter, Templer), die Herrscher – von den irischen Königen bis zum Kaiser von Konstantinopel – sowie die zivilen Obrigkeiten bedeutender italienischer Städte wurden eingeladen, Vertreter zu entsenden[167].

---

162 *Vineam Domini Sabaoth*, in: POTTHAST, Regesta II 4706 (PL 216, 823–825).

163 R. FOREVILLE, Latran IV, Paris 1967, 329.

164 POTTHAST, Regesta 4725: 19.–23. April 1213.

165 BALDWIN, Masters I 317.

166 FOREVILLE, Latran IV 328. Vgl. DIES., Le pape Innocent III et la France, Stuttgart 1992, 313ff.

167 Der englische König wurde aufgrund seiner Exkommunikation (April 1213) nicht eingeladen; vgl. CHENEY, Pope 44.

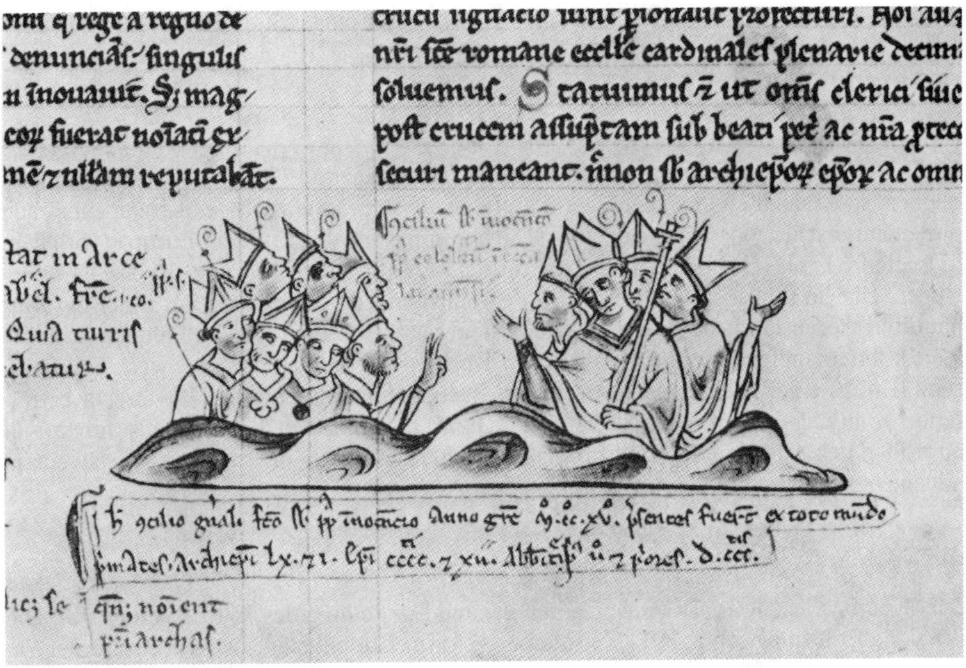

Das Vierte Laterankonzil von 1215 bildet einen Höhepunkt im Pontifikat Innozenz III. und seiner Reformbestrebungen. Die „Chronica maiora" (um 1255) zeigt die Konzilsväter, deren Namen und Zahl aufgeführt werden.

Unter den Laterankonzilien war das vierte das einzige, das die Kirchenrechtler des 13. Jh. als *generale concilium* bezeichneten[168]; es sollte sich in den Augen Innozenz' III. nach dem Vorbild der großen Konzilien der frühen Kirche richten[169]. Die amtliche Liste der Konzilsteilnehmer[170] führt 402 Kardinäle, Patriarchen, Erzbischöfe und Bischöfe auf; sie vertraten 80 Kirchenprovinzen (gegenüber 62 auf dem III. Laterankonzil); mehr als die Hälfte der Teilnehmer war italienischer Abstammung; hinzu kamen über 800 weitere Würdenträger (Äbte, Prioren, Pröpste und Dekane). Das sind gewaltige Zahlen; sie bedeuten im Verhältnis zu den vorhergehenden Laterankonzilien einen deutlichen Fortschritt[171]. Der Aufruf des Papstes zu einer möglichst breiten Beteiligung der verantwortli-

[168] A. Hauck, Die Rezeption und Umbildung der allgemeinen Synode im Mittelalter, in: Historische Vierteljahrschrift 10 (1967) 469; F.-J. Schmale, Systematisches zu den Konzilien des Reformpapsttums im 12. Jahrhundert, in: Archivum Historiae Conciliorum 6 (1974) 23–27, 36–39.

[169] Nach Foreville, Latran IV 158, war das Vierte Laterankonzil „das einzige der mittelalterlichen Konzilien, das mit dem Konzil von Nikaia und zugleich dem von Trient verglichen werden kann"; das erste der 70 Konzilsdekrete war ein Glaubensbekenntnis; vgl. hierzu Cheney, Pope 44.

[170] J. Werner, Die Teilnehmer des Laterankonzils vom Jahre 1215, in: Neues Archiv der Gesellschaft für ältere Geschichtskunde 31 (1906) 584–592; die Liste wurde neu hrsg. von Foreville, Latran IV 391–395.

[171] Foreville, Latran IV 35; Cheney, Pope 44.

chen Männer der Kirche, die „niederen" Würdenträger eingeschlossen[172], wurde also erhört[173].

c) Repräsentation der Kirche

Obwohl der Sinn der Bezeichnung „niedere" Würdenträger und deren Rechte im Dunkeln bleiben, so ist doch eines sicher: Diese umfassende Repräsentation der Kirche entsprach parlamentarischen Vorstellungen, wie sie sich gegen Ende des 12. Jh. in Europa (vor allem in England) herausgebildet hatten[174]. Natürlich waren es andere Gründe, die den Papst bewogen, eine so zahlreiche Vertretung des christlichen Volkes anzustreben. Einer der Verhandlungsgegenstände des Konzils – die Besteuerung der kirchlichen Einnahmen (can. 71) – erforderte nämlich einen größtmöglichen Konsens. Gerade zu diesem Zweck zog Innozenz III. aus einer ehemaligen kaiserlichen Rechtssammlung eine das Privatrecht betreffende römische Vorgehensregel hervor: „Quod omnes tangit ab omnibus tractari et approbari debet", eine Regel, die für den Bereich der Besteuerung galt, bevor sie zu einem allgemeinen Regierungsprinzip wurde[175].

d) Der Konzilsverlauf

Die Synodalakten erlauben eine ziemlich genaue Darstellung des Konzilsverlaufs[176]. Die offizielle Eröffnung fand am 11. November 1215 im Lateran statt. Der Papst und der Patriarch von Jerusalem erwähnten in ihrer jeweiligen Ansprache den Kreuzzug[177]. Am folgenden Tag beriet das Konzil über das Nachfolgeproblem für den seit dem Tod des Tomaso Morosini (1211) vakanten Patriarchenstuhl von Konstantinopel und am übernächsten Tag über die dornige Frage der Primatialrechte des Erzbischofs von Toledo[178]. Mehrere, oft dramatische[179] Sitzungen befaßten sich mit dem Konflikt zwischen Raimund von

---

[172] Vgl. Foreville, Latran IV 383–386.

[173] Über die englischen Fälle vgl. Cheney, Pope 44. Mehrere zeitgenössische Zeichnungen illustrieren die Anwesenheit der einen oder anderen Persönlichkeit auf dem Vierten Laterankonzil; vgl. R. Foreville, L'iconographie du XIIe concile oecuménique, Latran IV (1215), in: Mélanges offerts à René Crozet, II, Poitiers 1966, 1121–1130.

[174] Cheney, Pope 44.

[175] Y. M.-J. Congar, „Quod omnes tangit", in: Revue d'histoire du droit français et étranger 35 (1958) 210–259.

[176] Zeitgenössische Konzilsberichte: S. Kuttner – A. García y García, A new eyewitness account of the Fourth Lateran Council, in: Traditio 20 (1964) 115–178 (nach einem Manuskript in Gießen und dem Ms. Vat. lat. 3555); Bericht Richards von S. Germano, hrsg. von A. Gaudenzi, Chronica priora, Neapel 1888, 90–94; kurze amtliche oder halbamtliche *notitia* der Teilnehmer, hrsg. von Kuttner – García y García, A new eyewitness 118, Anm. 15 (Mansi, XXII, 1079); eine in einem einzigen Ms. (Zürich, Car. C. 148) erhaltene ausführliche Liste der auf dem Konzil anwesenden Personen, hrsg. von A. Luchaire, Un document retrouvé, in: Journal des Savants (1905) 584–591 (vgl. Foreville, Latran IV 391–395).

[177] Vgl. Foreville, Latran IV 333–339.

[178] Über die „spanische Frage" vgl. die in einem Ms. in Madrid enthaltene Notiz mit noch unveröffentlichten Einzelheiten, in: Mansi, XXII, 1071–1075; neue Transkription des Textes und Wiedergabe der Illustration in Foreville, Latran IV 304. Siehe auch P. Feige, Die Anfänge des portugiesischen Königtums und seiner Landeskirche, in: Span. Forsch. d. Görresgesellschaft. I. Reihe, Bd. 29 (1978) bes. 345 ff.

[179] Kuttner – García y García, A new eyewitness 124.

Saint-Gilles und Simon von Montfort. Letzterer erlangte vom Papst die Bestätigung seiner provenzalischen Besitzungen[180].

Die zweite Plenarsitzung (20. November) befaßte sich in einer kontroversen Debatte ausschließlich mit dem Thronstreit und der Legitimität Ottos IV. Der Erzbischof von Palermo, Berardo, verlangte, daß die deutsche Krone dem jugendlichen Staufer Friedrich zugebilligt werde. Friedrich genoß durchaus die Gunst des Konzils; so erhob sich wildes Geschrei, als der Vertreter der Mailänder der Versammlung einen Brief Ottos IV. vorlesen lassen wollte.

Am 30. November wurde die dritte und letzte Plenarsitzung des Konzils abgehalten. Innozenz III. ließ das Glaubensbekenntnis (can. 1) verlesen und bestätigen; anschließend hielt er eine Predigt[181]. Daraufhin schritt das Konzil zur feierlichen Verurteilung der häretischen Thesen des Joachim von Fiore sowie des Amalrich von Bene (can. 2) und forderte die Bekämpfung der Häresie durch die weltliche Gewalt (can. 3). Der Papst verteidigte den König von England, Johann Ohneland, der sich kurz zuvor zum Lehnsmann des Apostolischen Stuhls erklärt hatte, und exkommunizierte die mit ihrem weltlichen Oberhaupt in Konflikt stehenden englischen Barone. Zugleich nutzte er die Gelegenheit, um öffentlich den erst kürzlich gefaßten Beschluß der deutschen Fürsten zu bestätigen, den jungen König von Sizilien zum römischen König zu wählen und zu krönen (25. Juli 1215).

Erst am Schluß der langen öffentlichen Sitzung, während der man erneut über einen weiteren Kreuzzug sprach, wurden den Konzilsvätern die Dekrete des Konzils oder „des Papstes“[182], wie sie ein Augenzeuge nannte, vorgelesen.

e) Konzil und Kollegialität

Mindestens ein wichtiges Zeugnis beweist, daß auf dem Konzil Redefreiheit herrschte: Der Abt von Saint Albans erlangte auf der Vollversammlung Genugtuung in einer liturgischen Frage[183]. Die Konzilsdekrete spielen mehrmals ausdrücklich auf Klagen von Seiten der Ortskirchen an[184]. Andererseits weist der Verfasser des Kreuzzugslieds darauf hin, daß 300 Bischöfe Simon von Montfort günstig gesinnt gewesen seien. Dies spricht dafür, daß die Konzilsversammlung ihre Entscheidungen mit Dreiviertelmehrheit faßte (es waren ungefähr 400 Teilnehmer an der Zahl). Dabei handelte es sich um ein Rechtsverfahren, das durch Alexander III. für die Papstwahl verpflichtend gemacht worden und vielleicht schon auf dem III. Laterankonzil zur Anwendung gekommen war[185].

Aufs Ganze gesehen war das IV. Laterankonzil freilich ein Werk des Papstes[186]. Wenn

---

180 La Chanson de la croisade albigéoise, hrsg. von E. Martin-Chabot, II, Paris 1931–1961, 40–89, Abt. 143–151; Ausg. Paris 1989, 214–239.

181 Der Text befand sich ehemals in dem heute verlorengegangenen Register des 18. Jahres seines Pontifikats; vgl. M. Maccarrone, Il IV Concilio Lateranense, in: Divinitas 2 (1961) 288, Anm. 25.

182 *„Deinde leguntur constitutiones domini pape“* – so die Formulierung des anonymen Chronisten aus Gießen; vgl. Kuttner – García y García, A new eyewitness 128.

183 Einschluß des Namens des Heiligen in die Meßliturgie für eine Kirche, die den Leib des Heiligen besaß: Gesta abbatum, I 261–262; vgl. Cheney, Pope 47.

184 Can. 56 u. 60; vgl. auch can. 63, 65, 66, 70; zu diesem Punkt vgl. García y García, Constitutiones 10f.

185 Zu bemerken ist, daß die ehemalige kanonische Vorschrift von der *maior et sanior pars* durch can. 16 des dritten Laterankonzils bestätigt worden war; das Konzil legte kein *quorum* fest, erlaubte aber der höheren Autorität, im strittigen Fall zu entscheiden; vgl. hierzu Foreville, Latran IV 37.

186 Über die schwer zu bestimmende Rolle der Mitarbeiter des Papstes vgl. García y García, Constitutiones 6, 11.

die zeitgenössischen Chronisten oder Kanonisten vom Konzil sprachen, bezogen sie sich immer auf seine Person[187]. Die sich wie Mandate gebenden Dekrete waren in der Wir-Form abgefaßt. Der ständige Gebrauch der Formel *sacro approbante concilio,* der autoritäre und persönliche Ton der Dekrete lassen keinen Zweifel daran aufkommen, daß die Plenarsitzungen (11. und 30. November 1215) kaum einen Einfluß auf die Gestaltung der Dekrete hatten. Die Zeitgenossen machten es sich zur Gewohnheit, sie *constitutiones*[188] zu nennen, ein Begriff, der den aufgrund päpstlicher Autorität gefaßten Beschlüssen vorbehalten war. Das Studium des minutiösen Rechenschaftsberichts läßt vermuten, daß die Dekrete in der Konzilsaula nicht debattiert wurden, ausgenommen die dogmatischen Erklärungen (can. 1-3) und jene über den Kreuzzug (can. 71)[189].

Die Dekrete des IV. Laterankonzils enthalten etwa vierzig Stellen, die sich fast wörtlich in den vorhergehenden Schriften Innozenz' III. finden[190]. In can. 8 bezieht sich der Papst ausdrücklich auf frühere Rechtsbeschlüsse. Andere Inspirationsquellen waren die großen Konzilien der frühen Kirche (Konstantinopel I und IV, Chalkedon, Nikaia I und II), die Laterankonzilien I-III, die im 12. Jh. ausgestalteten Rechtsinstrumente: das *Decretium Gratiani* und die drei ersten *compilationes antiquae*[191], sowie die Meinungen der großen Pariser Schulen auf dem Gebiet der Glaubenslehre[192].

Die das Konzil überragende Autorität des Papstes war allgemein anerkannt. Petrus Cantor behauptet in seinem *Verbum abbreviatum:* „Es ist klar, daß die Dekrete modifiziert werden können, denn sie entspringen in solchem Maße den päpstlichen Gedanken, daß dieser sie nach Gutdünken interpretieren kann ... Es ist seine Sache, die Canones aufzustellen, auszulegen und abzuschaffen." [193] Auch Thomas von Aquin wird später nicht zögern, die konziliare Gesetzgebung als Werk des Papstes zu betrachten[194].

f) Die Konzilsdekrete

Hinsichtlich der Zahl der Dekrete herrschte lange Zeit Unschlüssigkeit. Der Chronist Alberich von Trois-Fontaines nennt zwei verschiedene Zahlen: 70 und 72[195]. Tatsächlich taucht die Zahl 70 in der handschriftlichen Überlieferung ständig auf. Der can. 71, der sich auf den Kreuzzug bezieht und in allen modernen Ausgaben der Konzilsdekrete steht[196], ist von den bedeutenden Auslegern (Johannes Teutonicus und Vincentius Hispanus) kommentiert, von anderen hingegen vernachlässigt worden (Damasus Hungarus)[197].

---

[187] Ebd. 7, Anm. 14; vgl. Kuttner – García y García, A new eyewitness 128.

[188] Kuttner – García y García, A new eyewitness 164; R. Foreville, Procédure et débats dans les conciles médiévaux du Latran (1123–1215), in: Rivista di storia della Chiesa in Italia 19 (1965) 32; García y García, Constitutiones 6.

[189] García y García, Constitutiones 6.

[190] Ebd. 8, Anm. 17.

[191] Ebd. 12–15.

[192] Vor allem in bezug auf das Verbot der Gottesurteile, mit dem das Papsttum lange gezögert hatte; vgl. Baldwin, Masters I 313, 317f., 341–343, und ders., The intellectual preparation for the Canon of 1215 against ordeals, in: Speculum 36 (1961) 613–636.

[193] PL 205, 164.

[194] Opusculum XIX, Ausg. Parma 1856, Bd. XVI, 300.

[195] MGH. SS XXIII, 903.

[196] Seit der „Editio princeps" von P. Crabbe. In COD 267 steht der can. 71 in Klammern.

[197] Ausgabe der Dekrete des Vierten Laterankonzils: García y García, Constitutiones (kritische Ausgabe un-

Die ersten Dekrete des IV. Laterankonzils (Glaubensbekenntnis, can. 1; Verurteilung der Irrtümer des Joachim von Fiore und Amalrich von Bene[198], can. 2; allgemeine Verurteilung der Häresien, can. 3; Verurteilung der feindseligen Haltung des ostkirchlichen Klerus gegenüber den lateinischen Riten, can. 4) verliehen der Gesamtheit der Dekrete im Vergleich mit den vorhergehenden Laterankonzilien einen stärker lehrhaften Charakter.

Mehrere Dekrete betrafen die Beziehungen zwischen Bischof und Domkapitel (can. 7), das kanonische Vorgehen bei Gerichtsverfahren gegen Kleriker (can. 8), die Achtung vor der Verschiedenheit der Riten in den Diözesen mit gemischter Bevölkerung (can. 9), die Ausbildung der für die Predigttätigkeit bestimmten Kleriker (can. 10), die Errichtung von Grammatik- und Theologieschulen (can. 11), die Verpflichtung für die Klöster, sich zu Provinzen zusammenzuschließen und alle drei Jahre ein Generalkapitel abzuhalten (can. 12), das Verbot, neue religiöse Orden zu gründen (can. 13). Alle diese Canones waren in den Augen des Papstes dazu bestimmt, die Grundlagen für eine bessere und wirksamere Organisation des kirchlichen Lebens zu schaffen.

Die Dekrete 14–22, von denen die meisten inhaltlich mit der vorhergehenden synodalen Gesetzgebung zusammenfielen, zielten auf die Erneuerung der traditionellen Vorschriften für den Lebenswandel des Klerus. Einige von ihnen, z. B. die Verpflichtung zur jährlichen Beichte[199], bedeuteten allerdings Neuerungen in dem Sinne, daß sie jene pastoralen und religiösen Praktiken auf das ganze Abendland auszudehnen beabsichtigten, die im ausgehenden 12. Jh. üblich geworden waren. In diesem Bereich spielte das IV. Laterankonzil für das religiöse Leben des christlichen Abendlandes im Spätmittelalter eine wesentliche Rolle[200].

Einen großen Raum nahmen die Probleme des Wahlverfahrens und der Zuteilung von kirchlichen Benefizien in der konziliaren Gesetzgebung ein (can. 23–32), die Innozenz III. durch genaue und strenge Rechtsvorschriften erneuerte, wobei er sich den offensichtlichen Mißbräuchen entgegenstellte. Dasselbe Ziel hatten die can. 35–49. Sie legten Regeln für kirchenrechtliche Verfahren fest, einen Bereich, der sich seit dem dritten Laterankonzil aufgrund der wachsenden Zentralisierungsbestrebungen der römischen Kurie sicher am weitesten entwickelt hatte. Die Einschränkung der Ehehindernisse auf den vierten Grad der Blutsverwandtschaft und die Verschwägerung (can. 50), die Strafen für klandestine Ehen (can. 51), die immer komplexeren Abgabenverpflichtungen (can. 53–61) und die den Juden geltende Gesetzgebung (can. 67–70, wobei diese sich fortan durch eine besondere Kleidung von den Christen unterscheiden mußten) stellten einschneidende Eingriffe in den Bereich der wirtschaftlichen (can. 67: gegen den durch Juden praktizierten Wucher) und der gesellschaftlichen Verhältnisse dar, an denen die künftige konziliare und synodale

---

ter Benutzung der 64 bekannten Ms. mit Einschluß der wichtigsten zeitgenössischen Kommentare von Johannes Teutonicus, Vincentius Hispanus u. a.); COD 163–247 (durchgesehener Text; franz. Übers. Foreville, Latran IV 342–386).

198 Siehe unten, fünfter Teil, drittes Kapitel: Der Aufstieg der Universitäten und die Blüte der scholastischen Theologie.

199 Can. 21 (COD 245); vgl. N. Beriou, Autour de Latran IV (1215): la naissance de la confession moderne et sa diffusion, in: Pratiques de la confession, Paris 1983, 73–92.

200 Bezüglich can. 22 (die Berufstätigkeit der Ärzte) siehe unten, fünfter Teil, drittes Kapitel: Der Aufstieg der Universitäten und die Blüte der scholastischen Theologie.

Gesetzgebung wie auch die kirchenrechtliche Meinungsbildung nicht mehr vorbeigehen konnten[201].

g) Die Rezeption der Konzilsdekrete

Das Register des 18. Pontifikatsjahres Innozenz' III. ist verlorengegangen. Es ist daher nicht mehr möglich, allen Beschlüssen nachzugehen, die der Papst fassen ließ, um eine schnelle und wirksame Ausführung der Konzilsdekrete ins Werk zu setzen; sein vorzeitiger Tod (16. Juni 1216) unterbrach zudem nur wenige Monate nach dem Konzilsabschluß dieses persönliche Bemühen.

Der Kreuzzug war die Hauptsorge des Papstes geblieben. Am 14. Dezember 1215 veröffentlichte er diesbezüglich ein Dekret[202]. Auch hatte er die politischen Entscheidungen des Konzils nicht vergessen: Am 14. Dezember entzog er dem Grafen von Toulouse, Raimund VI., seine Rechte zugunsten Simons von Montfort[203]. Zwei Tage später ließ er in England die Exkommunikation der rebellischen einheimischen Barone verkünden[204]. Er kümmerte sich auch persönlich um die Verbreitung der Rechtsentscheidungen über die Ehe. So sandte er am 5. April 1216 dem Erzbischof von Uppsala, Valerius, und seinen Suffraganen, die nicht am IV. Laterankonzil hatten teilnehmen können, einen Brief, worin er ihnen erklärte, welche Verwandtschaftsgrade eine eheliche Gemeinschaft verhinderten[205].

Noch nie zuvor hatte die Kirche eine gesetzgeberische Arbeit von solchem Ausmaß vollbracht. Die Dekrete des IV. Laterankonzils sind die einzigen der vier ersten im Lateran abgehaltenen Konzilien, die Aufnahme in die großen offiziellen Kirchenrechtssammlungen fanden. Auch hatten sie einen außerordentlich weitreichenden Einfluß auf die allgemeine Entwicklung der mittelalterlichen Gesellschaft. Alle Konzilsdekrete, mit Ausnahme des 42. und 71., wurden in die *Compilatio IV* und in die Dekretalen Gregors IX. aufgenommen, gelangten folglich auch in das *Corpus Iuris Canonici*[206]. Gewiß war der Einfluß dieses Konzils von Land zu Land sehr verschieden[207]. Neuerliche Forschungen[208] zeigen, daß die englischen Canones-Handschriften von den auf dem Konzil anwesenden Bischöfen und Äbten selbst auf die Insel gebracht wurden; für die anderen europäischen Länder, namentlich das Deutsche Reich, erlaubt die Quellenlage keinen Rückschluß auf eine ähnlich ra-

[201] C. R. Cheney, A Letter of Innocent III and the Lateran Decree on Cistercian Tithe-Paying, in: Cîteaux 13 (1962) 146–151; M. Maccarrone, Lateranense IV, in: DIP, V, Rom 1978, 474–495 (über die religiösen Orden); R. Foreville, Monachisme et vie commune du clergé dans les conciles oecuméniques et généraux (1123–1215), in: Istituzioni monastiche e istituzioni canonicali in Occidente (1123–1215). Atti della settima Settimana internazionale di studio. La Mendola, Mailand 1980, 29–49; P. M. Quay, Angels and Demons: The Teaching of IV Lateran, in: Theological Studies 42 (1981) 20–45; Beriou, Autour de Latran IV 73–93.

[202] Vgl. E. Kennan, Innocent III and the First Political Crusade, in: Traditio 27 (1971) 231–249; E. Siberry, Criticism of Crusading 1095–1274, Oxford 1985.

[203] Potthast, Regesta 5009.

[204] Ebd. 5013.

[205] Ebd. 5098.

[206] García y García, Constitutiones 4. Das Vierte Laterankonzil wird in can. 228 des Kirchenrechts von 1918 zitiert.

[207] E. Diebold, L'application en France du can. 51 du IVe concile du Latran d'après les anciens statuts synodaux, in: Année Canonique 2 (1953) 187–195; P. Linehan, The Spanish Church and the Papacy in the XIIIth Century, Cambridge 1971.

[208] M. Gibbs – J. Lang, Bishops and Reform 1215–1272, Oxford 1934, 113.

sche Verbreitung der Konzilsdekrete[209]. In einem besonderen Fall, dem Verbot von Gottesurteilen, griff das IV. Laterankonzil dauerhaft in die Gerichtspraxis der weltlichen Fürstenhöfe ein. Die konziliaren Bestimmungen fanden auch in jene Rechtsverfügungen Eingang, die sich vom 13. Jh. an die bedeutendsten Königreiche des christlichen Abendlandes gaben[210].

h) Fehlschläge

Das IV. Laterankonzil war zwar das erste mittelalterliche Konzil, das von einer so großen Anzahl von Würdenträgern besucht worden war; dennoch hatte sich der Traum Innozenz' III. von einer umfassenden Repräsentation der Kirche nur teilweise erfüllt. Mehr als die Hälfte der Bischöfe waren Italiener; und viele der Otto IV. treu ergebenen italienischen Bischöfe waren nicht oder kaum vertreten. Andererseits konnte das Konzil, wie es ja die große Tradition der frühkirchlichen und mittelalterlichen Synoden wollte, unter der unbestrittenen Autorität des Papstes die Lösung der augenblicklich brennendsten politischen und jurisdiktionellen Konflikte in Angriff nehmen (die Albigenserfrage, die Probleme um Kaisermacht und Primatialgewalt). Allerdings geriet Innozenz III. in Widerspruch zu den religösen und pastoralen Zielen, die er selbst in seinem Einberufungsschreiben festgelegt hatte, da er bewußt das Risiko einer Politisierung des Konzils in Kauf nahm. Das Kreuzzugsobjekt scheiterte vollständig. Die Haltung Innozenz' III. in der Kaiserfrage sollte schon einige Jahre nach dem Konzil zu Schwierigkeiten am päpstlichen Hof führen.

2. Das erste Konzil von Lyon (1245)

Gregor IX. hatte in seiner Exkommunikationsbulle gegen Friedrich II. von 1239 erkennen lassen, daß nur ein Konzil den Streit mit dem Kaiser beenden könnte. Die Lösung dieses Konflikts wurde als vordringlichstes Problem[211] angesehen. Da das für 1241 geplante Konzilsprojekt scheitern sollte[212], schien es ganz natürlich, daß Innozenz IV. erneut die Initiative ergriff. Schwere Probleme forderten eine Entscheidung. Im Sommer 1244 hatten die Chorasmier Jerusalem erobert; im Herbst war die christliche Armee bei Gaza geschlagen worden; die Enthüllungen des ruthenischen Erzbischofs Peter bezüglich einer mongolischen Invasion seines Landes hatten die Aktualität der Tatarenfrage wachgerufen. Am 27. Dezember 1244, drei Wochen nach seiner Ankunft in Lyon, berief Innozenz IV. auf das

---

209 P. B. Pixton, Watchmen on the Tower: The German episcopacy and the implementation of the decrees of the fourth Lateran Council, 1216–1274, in: Proceedings of the Sixth International Congress of Medieval Canon Law, Vatikanstadt 1987, 579–593.

210 Die *Partidas* Alfons' X. fassen mittels der Dekretalen Gregors IX. das Wesentliche des Vierten Laterankonzils zusammen. Vgl. J. Giménez y Martínez de Carvajal, San Raimundo de Peñafort y las Siete Partidas de Alfonso X el Sabio, in: Anthologica Annua 3 (1955) 201–238; die Haltung der römischen Kirche dem Gottesurteil gegenüber wurde erneut untersucht von R. Bartlett, Trial by Fire and Water. The Medieval Judicial Ordeal, Oxford 1986. Die Abkehr von den „irrationalen" Beweisen wie etwa den Gottesurteilen gehört in das allgemeinere Umfeld der entstehenden Inquisitionsprozesse; vgl. W. Trusen, Der Inquisitionsprozeß. Seine historischen Grundlagen und frühen Formen, in: Zeitschrift der Savigny-Stiftung für Rechtsgeschichte, kan. Abt., 74 (1988) 168–230.

211 H. Wolter – H. Holstein, Lyon I et Lyon II, Paris 1966, 26f.

212 Siehe oben, I, 5.: Innozenz IV.

Innozenz IV. berief 1245 ein Allgemeines Konzil nach Lyon, um die Exkommunikation Kaiser Friedrichs II. durchzusetzen. Die Miniatur (13. Jh.) zeigt den Papst mit den Konzilsvätern, deren Versammlung Friedrichs Vertreter, Thaddäus von Suessa, unter Protest gegen das Urteil verläßt.

Johannesfest des nächsten Jahres ein Konzil ein[213]. An den Kaiser erging eine Einladung. Zum erstenmal wurden auch die Generalmeister der Bettelorden zu einem allgemeinen Konzil geladen. Die Angelegenheiten Roms und des Patrimoniums sollten während der Konzilszeit durch vier in Italien zurückbleibende Kardinäle geregelt werden (Rainald von Jenne, Stefano Conti, Riccardo Annibaldi und Ranieri Capocci).

Drei Monate vor Eröffnung des Konzils, am 13. April 1245, erneuerte der Papst die Exkommunikation gegen Friedrich II. und seinen Sohn, König Heinrich (VII.). Ein letzter Versuch (Mai 1245) des Patriarchen Albert von Antiochien, eines in hohem Ansehen an der römischen Kurie stehenden Freundes des Kaisers, Papst und Kaiser einander näherzubringen, scheiterte angesichts der zögernden Haltung Innozenz' IV.

Das Konzil von Lyon begann am 26. Juni 1245 mit einer vorbereitenden Versammlung im Refektorium des Stifts Saint-Just. Bei der feierlichen Eröffnung in der Kathedrale von Lyon hielt Innozenz IV. eine Ansprache über die „fünf Schmerzen des Papstes", die fünf Gründe, mit denen er die Einberufung des Konzils zu rechtfertigen suchte: die Sittenverderbnis bei Klerus und Laien, die verzweifelte Notlage des Heiligen Landes wegen der „Unverschämtheit" der Sarrazenen, das Schisma mit der griechischen Kirche, wie es sich in

---

213 Wolter – Holstein, Lyon I; gegenwärtig die beste Arbeit über das Lugdunense Primum (Quellen und Bibl.).

den Problemen des lateinischen Kaiserreiches widerspiegelte, die Bedrohung von seiten der Tataren und natürlich die Verfolgung der Kirche durch Friedrich II., gegen den die üblichen Anklagen des Eidbruchs, des Häresieverdachts und des Verdachts auf Gotteslästerung erneuert wurden. Es war das erste Mal seit den großen Laterankonzilien, daß hauptsächlich politische Fragen und nicht Fragen der Kirchenzucht und der Pastoralfürsorge (Reform der Kirche, Kampf gegen die Häresie) im Vordergrund des Konzilsgeschehens standen.

Um die Rechtmäßigkeit seines Vorgehens zu beweisen, ließ der Papst zwischen der ersten und zweiten Sitzung (5. Juli) alle Privilegien und andere, für die römische Kirche günstige Schreiben, die in der Vergangenheit von den Herrschern (Kaiser, Könige) promulgiert worden waren, kopieren. So wurden 91 Dokumente erneut abgeschrieben *(transsumpta)*, vom Privileg Ottos I. bis zu jenen Friedrichs II. (immerhin 35!)[214].

Die Reaktion auf diese mit den Siegeln von vierzig Prälaten versehene und auf der dritten Sitzung (17. Juli) verlesene Dokumentensammlung blieb nicht aus. Die englischen Bischöfe protestierten dagegen, daß man die Urkunde Johanns von England, durch die er sein Königreich unter die päpstliche Oberhoheit gestellt hatte, in die *transsumpta* einfügte[215]. Der Vertreter des Kaisers, Thaddäus von Suessa, Großhofrichter am kaiserlichen Hof, behauptete, die Einladung vom 27. Dezember 1244 sei ungültig gewesen; er erhob Einspruch gegen die Echtheit gewisser Privilegien und erklärte, er werde auf dem nächsten Konzil gegen eine Verurteilung Friedrichs II. Berufung einlegen. Der Papst weigerte sich, darauf einzugehen, ließ im Gegenteil die Absetzung Friedrichs II. in der Konzilsversammlung verkünden und stimmte nach der Bestätigung durch die Versammlung das Te Deum an, das diese dritte und letzte Konzilssitzung abschloß.

Im Gegensatz zum Zeugnis des Chronisten Matthaeus Parisiensis[216] bleibt festzustellen, daß das erste Konzil von Lyon keine neue Exkommunikation des Kaisers aussprach, sicher deshalb, weil nach der Meinung des Papstes die Bulle vom 13. April 1245 keiner konziliaren Bestätigung bedurfte[217]: Der Papst war ganz allein berechtigt, den Kaiser abzusetzen, da er ihn ja auch zum Kaiser gemacht hatte. Das sollte Innozenz IV. in seinem *Apparatus* eingehender erklären[218]: „Es ist wichtig zu bemerken, kraft welchen Rechts der Papst den Kaiser absetzt: Christus, der Sohn Gottes, war zeit seines Erdenlebens und *schon von Ewigkeit her* dem Wesen nach oberster Herr; er hätte also kraft natürlichen Rechts ein Absetzungs- und Verdammungsurteil wie auch alle anderen Urteile gegen die Kaiser und alle anderen aussprechen können, da es sich ja um Menschen handelte, die er geschaffen, mit natürlichen Gaben und mit der Gnade ausgestattet und im Sein erhalten hat. Aus dem gleichen Grund kann es auch sein Stellvertreter."

An sich hatte das erste Konzil von Lyon Friedrich II. nicht ausgeschaltet; der Kaiser war

---

[214] G. Battelli, I Transunti di Lione del 1245, in: Mitteilungen des Österreichischen Instituts für Geschichtsforschung 62 (1954) 336–364. Auffallenderweise wird hier die Konstantinische Schenkung nicht erwähnt.

[215] Das Dokument hatte nicht das Einverständnis des englischen Adels.

[216] Matthaeus Parisiensis, Chronica Maiora, hrsg. von Luard, IV 445.

[217] Es ist bezeichnend, daß Niccolo da Calvi (vgl. Pagnotti, Niccolo da Calvi 109) in der offiziellen Biographie Innozenz' IV. eine Liste der in der Vergangenheit ausgesprochenen Exkommunikationen von Kaisern aufstellt; vgl. Paravicini Bagliani, La storiografica pontificia 47. Zum Absetzungsverfahren gegen Friedrich II. s. jetzt auch G. Baaken, Ius imperii ad regnum, Köln – Weimar – Wien 1993, 295ff.

[218] II 27, c. 27; übers. von Wolter – Holstein, Lyon 115f.

damals noch mächtig genug, auf dem Konzil zu erscheinen. Für diesen drohenden Fall hatte der König von Frankreich dem Papst eine Armee zur Verfügung gestellt. Um seine persönliche Sicherheit und die der Kurie zu verstärken, ersetzte der Papst im Juli 1245, also nach Abschluß des Konzils, den Erzbischof von Lyon, Aymerich, durch Philipp von Savoyen, einen jungen, in Verwaltung und Heerführung erfahrenen Prälaten[219]. Auf Betreiben der Eltern des Fieschi-Papstes revoltierte die Stadt Parma am 16. Mai 1247 und zwang dadurch den Kaiser, seine Reise zur Konzilsstadt zu unterbrechen. Am 18. März 1248 wurde die vom Kaiser zur Belagerung von Parma errichtete Stadt Vittoria von den Belagerten erobert. Diese Niederlage führte in der Regierung Friedrichs II. eine entscheidende Wende herbei. Nach dem Scheitern einer Vermittlungsaktion des französischen Königs erneuerte der Papst die Exkommunikation des Kaisers[220]. Am 1. November 1248 wurde Wilhelm von Holland in Aachen zum König ausgerufen.

Das Konzil bedeutete das „Ende einer von Papst und Kaiser beherrschten Epoche"[221]. Die Einheit der Christenheit gestaltete sich nun – auf den ersten Blick – allein unter der Autorität des Papstes als *verus imperator.* Auf den zweiten Blick jedoch war der Weg frei für das Aufblühen neuer Kräfte, die sich zu nationalen Königreichen mit eigenständiger Gesetzgebung entwickelten[222]. Für die römische Kirche bestand die Gefahr einer zunehmenden Politisierung ihrer Tätigkeit, vor allem im Königreich Sizilien. Robert Grosseteste unterließ es als scharfer und hellsichtiger Beobachter nicht, bei seiner großen Reise 1250 in Lyon, kurz nach dem Tod des Kaisers, den Papst diesbezüglich zu warnen[223].

Das erste Konzil von Lyon trug zur Lösung der großen Probleme, unter denen die abendländische Kirche litt, nur teilweise bei. Der Grund hierfür lag in der römischen Zentralisierung. Sie hatte unter dem Antrieb Innozenz' IV. eine Steigerung erfahren. Die durch das Papsttum eingerichtete Besteuerung, die örtlichen Auswirkungen der Benefizialpolitik der römischen Kurie, die Eingriffe in die Wahlfreiheit der Domkapitel bei der Bischofswahl und die Verstrickung der römischen Kirche in politische Konflikte lagen ganz auf der Linie dieser zentralisierenden Tendenz.

Auch verschwand die zum Beispiel in den Dekreten des IV. Laterankonzils noch so häufige Formel „mit der Zustimmung des heiligen Konzils" fast ganz aus den Dekreten des ersten Konzils von Lyon[224]. Der Papst beschloß sogar, die Veröffentlichung der Konzilscanones hinauszuzögern, um noch Verbesserungen einzubringen. Zusätzlich kommentierte er die Canones in seinem *Apparatus* selbst. Ihre Verbreitung[225] wurde durch die bereits feste

---

[219] E. Berger, Saint Louis et Innocent IV. Etude sur les rapports de la France et du Saint-Siège, Paris 1893, 326–332; E. Cox, The Eagles of Savoy. The House of Savoy in Thirteenth-Century Europe, Princeton 1974, 144.

[220] Die Vorbereitungsarbeiten für den Kreuzzug (28. Juli 1248) hatten sie erschwert. Vgl. Melloni, Innocenzo IV (s. Anm. 109).

[221] Ebd. 128.

[222] S. Gagner, Studien zur Ideengeschichte der Gesetzgebung, Stockholm 1960, 312–341; P. Landau, Neuere Forschungen zu Quellen und Institutionen des klassischen kanonischen Rechts bis zum Liber Sextus. Ergebnisse und Zukunftsperspektiven, in: Proceedings of the Seventh International Congress of Medieval Canon Law, Vatikanstadt 1988, 27–47.

[223] M. Powicke, Robert Grosseteste, Bishop of Lincoln, in: Bulletin of the John Rylands Society 35 (1952/53) 482–507; Text der Rede: S. H. Thompson, The Writings of Robert Grosseteste, Cambridge 1940, 141–147.

[224] Sie ist bewahrt in can. 18; vgl. Wolter – Holstein, Lyon I 79.

[225] Über einen Vergleich mit dem IV. Laterankonzil vgl. H. J. Sieben, Die Konzilsidee im lateinischen Mittelalter (847–1478), Paderborn 1984, 246–252.

Die Illustration des Sachsenspiegels (um 1225), in der Christus an Papst und Kaiser je ein Schwert aushändigt, das die geistliche bzw. weltliche Macht verkörpert, versinnbildlicht sehr klar die sich durch das ganze 11. und 12. Jahrhundert hinziehenden Konflikte zwischen Papst und Kaiser (Wolfenbüttel, Herzog-August-Bibliothek).

Einrichtung der Kirchenrechtssammlungen begünstigt. 23 Dekrete ergänzten den *Liber Extra* Gregors IX. Sie wurden später durch den *Liber Sextus* Bonifaz' VIII. (mit Ausnahme des zweiten Dekrets) zusammen mit Auszügen der Absetzungsbulle „Ad Apostolicae dignitatis" wieder aufgenommen[226].

a) Die Fresken der Kapelle San Silvestro in Quattro-Coronati

Bald nach dem Abschluß des Konzils, zwei Wochen vor Ostern 1246, konsekrierte Rainald, der künftige Papst Alexander IV., in Rom in der Kirche Quattro-Coronati eine dem heiligen Papst Silvester geweihte Kapelle, die der Kardinal Stefano Conti hatte erbauen und

[226] Wolter – Holstein, Lyon I 79.

mit Fresken schmücken lassen. Die Fresken illustrieren das Leben dieses Papstes, der nach der Legende die Konstantinische Schenkung empfangen hatte. In einer zentralen Szene der Bilderfolge von stark politischem Einschlag hebt Papst Silvester, hoch zu Pferd, mit Dalmatik und purpurrotem Mantel, Pallium und Tiara, seine rechte Hand, um Konstantin, der das Pferd des Papstes am Zügel führt, zu segnen. Es handelt sich um ein Bildelement, das in der überlieferten Heiligenlegende nicht vorkommt, das aber mit offensichtlich politischen Absichten durch die „Konstantinische Schenkung" inspiriert war[227].

Die „Schenkung" hatte mit Innozenz III. Eingang in das politische Vokabular des Papsttums gefunden. Allerdings griff dieser Papst nur ein einziges Mal auf sie zurück[228], um die Königswürde des Nachfolgers Petri zu unterstreichen und die Ausübung seiner unanfechtbaren Macht über Rom und das Patrimonium Petri zu rechtfertigen[229]. Gregor IX. hatte nicht gezögert, dieses Dokument mit Bestimmtheit dem Kaisertum als rechtsgültig entgegenzuhalten[230]. Innozenz IV. widmete ihm in seinem *Apparatus* einen Kommentar[231].

b) Der Aufenthalt Innozenz' IV. in Lyon

Erst in Lyon konnte Innozenz IV. darangehen, sein *apostolatus officium*[232] auszuüben. Der Papst fällte im Verlauf seines Lyoneser Aufenthalts mehrere wichtige Entscheidungen: Er versah die römische Kurie mit einem *Studium generale*, was zahlreichen, *apud Sedem Apostolicam* eingerichteten Schulen, vor allem solchen, die sich mit Zivilrecht befaßten, universitäre Privilegien verschaffte. Während des Konzils verlieh er den Kardinälen das Recht, einen roten Hut zu tragen, zweifellos, um dadurch symbolisch ihre Bindung an die Person des Papstes zu verstärken (eines der traditionellen Insignien des Papstes war ja der rote Mantel, die *cappa rubea*). Die Kardinäle trugen den Hut zum erstenmal beim Besuch Innozenz' IV. in Cluny (November 1245)[233].

Aufgrund seiner gesellschaftlichen und geographischen Herkunft stand Innozenz IV. der Welt offen gegenüber. Aufgeschlossen für alle Neuigkeiten, insbesondere über die Tataren[234] und den fernen Orient, entwickelte er weitausgreifende diplomatische Aktivitäten. In Lyon, am Hof Innozenz' IV., konnte das Abendland zum erstenmal Nachrichten aus erster Quelle über die Tataren sammeln. Man verdankte das einem gewissen „Erzbischof Pe-

---

[227] E. H. Kantorowicz, Constantinus strator. Marginalien zum Constitutum Constantini, in: Mullus, Festschrift f. Th. Klauser, Jahrbuch f. Antike und Christentum, Ergbd. 1, Münster 1964, 182ff; C. Walter, Papal Political Imagery in the Medieval Lateran Palace, in: Cahiers Archéologiques 21 (1971) 109–136; F. W. N. Hugenholtz, The Anagni Frescoes. A Manifesto, in: Mededelingen van het Nederlands Instituut te Rome 6 (1979) 139–166.

[228] Sermo de sancto Silvestro, in: PL 217, 481f.

[229] D. Maffei, La Donazione di Costantino nei giuristi medievali, Mailand 1964, 46.

[230] Brief vom 23. Oktober 1236, in: Epistolae saeculi XIII e regestis pontificum Romanorum selectae, I, 604, Anm. 703; vgl. Maffei, La Donazione 74ff.

[231] Maffei, ebd. 80ff.

[232] Pagnotti, Niccolo da Calvi 91.

[233] Ebd. 97: „*ubi* (nach dem Bericht über den Besuch Innozenz' IV. in Cluny) *domini cardinales primo capellos rubeos receperunt. In ipso concilio fuerat ordinatum*". Vgl. S. Kuttner, Die Konstitutionen des ersten allgemeinen Konzils von Lyon, in: Studia et documenta historiae et iuris 6 (1940) 70–123.

[234] J. Fried, Auf der Suche nach der Wirklichkeit. Die Mongolen und die europäische Erfahrungswissenschaft, in: Historische Zeitschrift 243 (1986) 287–332.

ter", einem sicher aus Rußland stammenden Würdenträger[235], und auch dem Kapellan des Kardinals von Toledo, Roger von Torrecuso, dem Verfasser des *Carmen miserabile super destructione regni Hungariae*, einer der vertrauenswürdigsten Quellen über die Invasion der Tataren in Ungarn. Roger war in den Jahren 1241/1242 selbst in mongolischer Gefangenschaft gewesen[236]. Die Tatarenfrage wurde auf die Tagesordnung eines künftigen Konzils gesetzt. Überdies dachte der Papst an die Entsendung zweier Legationen, mit denen er schließlich Laurentius von Portugal (den wir nur durch das Sendschreiben des Papstes kennen)[237] und den Franziskaner Giovanni di Pian di Carpine beauftragte. Letzterer wurde nach Zentralasien gesandt. Er verließ Lyon am 16. April 1245 und kehrte zwei Jahre später, 1247, wieder dorthin zurück[238].

Den Bettelorden übertrug Innozenz IV. noch andere Missionen. Der Generalminister der Franziskaner, Joannes von Parma, wurde 1249 an den Hof des byzantinischen Kaisers von Nikaia, Johannes III. Ducas Vatatzes, geschickt, um ihn zu bewegen, Friedrich II. seine Unterstützung zu versagen, und um nach Möglichkeiten für Friedens- und Unionsverhandlungen zu suchen. So versammelten sich 1250 auf einer Synode in Nymphaia der Kaiser, der Patriarch von Nikaia, byzantinische Prälaten und die persönlichen Gesandten des Papstes[239].

Es war dem Aufenthalt in Lyon zu verdanken, wenn sich die römische Kurie fern den in Rom und in Italien immer andrängenden Schwierigkeiten ihrer selbst sicherer fühlte, freier für die Verwaltung der Christenheit und entschlossen, die Auseinandersetzung um den Dualismus Kirche–Kaiserreich ein für allemal zu beenden.

IV. Die Zentralregierung der römischen Kirche (1198–1276)

1. Das Kardinalkollegium (1198–1276)

Zwischen 1198 und 1276 wurden 81 Kardinäle ernannt. Nur drei von ihnen waren „Auswärtige" (nicht an der Kurie Residierende)[240]. 80% der Kardinäle stammten aus zwei Ländern: aus Italien (46) und aus Frankreich (18). Aus den Gebieten des Deutschen Reichs fand sich nach dem Pontifikat Honorius' III. das ganze 13. Jh. hindurch kein einziger Vertreter im Kardinalkollegium. Die Ernennung des ersten ungarischen Kardinals – Stephan, früher Kanzler des Königreiches – durch Innozenz IV. im Jahr 1244 hing vielleicht mit dem

---

235 M. Pelliot, Les Mongols et la Papauté, in: Revue de l'Orient chrétien 23 (1922/23) 3–30; 24 (1924) 225–335; 28 (1931/32) 3–84; B. Roberg, Die Tartaren auf dem 2. Konzil von Lyon 1274, in: Annuarium Historiae Conciliorum 5 (1973) 251 ff; Fried, Auf der Suche 287 ff.

236 F. Babinger, Maestro Ruggiero delle Puglie, relatore pre-poliano sui Tartari, in: Nel VII centenario della nascita di Marco Polo, Venedig 1955, 51–61; vgl. Paravicini Bagliani, Cardinali 251 ff.

237 Bezüglich der Quellen vgl. Roberg, Tartaren 255.

238 Giovanni di Pian di Carpine, Storia dei Mongoli, hrsg. von E. Menesto – M. C. Lungarotti, Spoleto 1989; Jean de Plan Carpin, Histoire des Mongols, übers. u. mit Anm. versehen von J. Becquet – L. Hambis, Paris 1965.

239 L. Pisanu, L'attività politica di Innocenzo IV e i Francescani (1243–1254), Rom 1969; A. Franchi, La svolta (s. Anm. 141).

240 Damit bezeichnete man die in ihrer betreffenden Diözese auch nach der Ernennung residierenden Kardinäle. Der Brauch wird mit dem Pontifikat Honorius' III. unterbrochen; vgl. hierzu K. Ganzer, Die Entwicklung des auswärtigen Kardinalats im hohen Mittelalter, Tübingen 1963.

Tatarenproblem zusammen. Die iberische Halbinsel, vor allem das Königreich Aragón, war immer zumindest durch einen Kardinal vertreten, noch konstanter als das Königreich England.

Die auffallend hohe Zahl von Kardinälen aus Rom und dem Latium, die Innozenz III. berief (13), hat zum Teil mit seiner Politik zu tun, den Kirchenstaat (erneut) zu gründen. Nach 1216 wurden nur vier römische Kardinäle ernannt. Zwei von ihnen gehörten zur Familie Orsini. Colonna, die andere große römische Familie, Rivalin der Orsini, besaß nach dem Tod Giovannis (um das Jahr 1245) überhaupt keinen Kardinal mehr. Der Römer Honorius III. ernannte keinen einzigen Kardinal aus Rom oder Mittelitalien.

2. Herkunft der zwischen 1198 und 1276 promovierten Kardinäle

	It	Fr	Engl	Ib.Halb.		Deutschl.	Ung.	Rest
Innozenz III.	3	19	4			1		5
Honorius III.	2			1	2			
Gregor IX.	7	2		1				
Innozenz IV.	9	3	1		1		1	
Urban IV.	7	7						
Gregor X.	2	2			1			

Alle Päpste dieses Zeitraums ernannten Kardinäle, ausgenommen Alexander IV.[241] und Clemens IV. Im großen ganzen war die Zahl der Promotionen moderat[242]. Nach dem Tod der Päpste, die jeweils zwischen 1198 und 1276 aufeinander folgten, schwankte die Zahl der Mitglieder des Kardinalkollegiums zwischen 13 (beim Tod Gregors IX. und Innozenz' IV.) und 27 (beim Tod Innozenz' III.). Die Verringerung der Zahl der Kardinäle verstärkte deren politisches Gewicht, erhöhte das Ansehen ihres Amtes und begünstigte die Ausbildung interner Parteiungen, einer Quelle ständiger und erschöpfender Konflikte mit einer Reihe von ungewöhnlich langen Sedisvakanzen als schwerwiegendster Folge.

Oft war eine glänzende kuriale Laufbahn – Zugehörigkeit zur päpstlichen Kapelle noch unter Innozenz III., dann besonders die Ämter des Vizekanzlers, des päpstlichen Notars und des *auditor litterarum contradictarum* – Sprungbrett für das Kardinalat. Mehr noch als die kuriale Laufbahn bedeutete im 13. Jh. die in Paris und Bologna erworbene Universitätsbildung eine sichere Grundlage. Nur für zwei von den zehn durch Gregor IX. promovierten Kardinälen, für den Zisterzienser Giacomo Pecorara und den Römer Riccardo Annibaldi, ist der Magistertitel nicht bezeugt. Eine gewisse Anzahl Kardinäle jener Epoche hatte sogar einen Lehrstuhl inne (in Paris, Bologna und Neapel: Stephen Langton, Godefroy von Trani, Uberto da Pirovano, Hugo von Saint-Cher, Jean d'Abbeville, Pierre de Bar,

[241] Nach den Zeugnissen von Salimbene und den Annalen von Santa Guistina in Padua (vgl. Paravicini Bagliani, Cardinali I 547). Die Ernennung des Abtes von Monte Cassino, Richard, durch Alexander IV. bleibt fragwürdig; seine Zugehörigkeit zum Kardinalkollegium wird nur in den Dokumenten von Monte Cassino bezeugt; vgl. jedoch H. Bloch, The Date of Abbot Richard of Monte Cassino and the Problem of His Promotion to the College of Cardinals, in: Mediaeval Studies 38 (1976) 483–491; ders., Monte Cassino in the Middle Ages, I–III, Rom 1986, passim.

[242] Hinsichtlich der Kardinalsernennungen unter Gregor IX. und Innozenz IV. vgl. Paravicini Bagliani, Cardinali.

Robert von Courçon, Sinibaldo Fieschi u. a.) oder verwaltete kirchliche Ämter, welche die Verantwortung für ein *Studium* übertrugen, so in Paris der Kanzler Odo von Châteauroux und in Bologna der Archidiakon Ottaviano Ubaldini. Die Tatsache, daß hervorragende Juristen – Godefroy von Trani[243] und vor allem Heinrich von Susa (Hostiensis)[244] – Kardinäle wurden, bestätigt die außergewöhnliche Rolle, die das Recht fortan in der institutionellen, doktrinalen und pastoralen Entwicklung der römischen Kirche spielen sollte.

Auch mehrere Bischöfe fanden sich unter den Kardinälen[245]. Es ist durchaus bezeichnend, daß Gregor X., der als Patriarch von Jerusalem Papst geworden war, keinen einzigen Mann der Kurie zum Kardinal ernannte, dagegen vier Mitglieder des Episkopats. Die Zugehörigkeit zum Bekanntenkreis (oder zur *familia*[246]) eines mächtigen Kardinals oder auch eventuell zu seiner Verwandtschaft konnte den Zutritt zum Kardinalkollegium erleichtern. Dieses Phänomen betraf nicht nur die Päpste römischer Herkunft (insbesondere Innozenz III.)[247] oder die römischen Familien (Colonna, Orsini[248]); die Genueser Familie der Fieschi, zweifellos die bedeutendste unter den nichtrömischen Familien der Kurie des 13. Jh., war von 1227 an sozusagen ununterbrochen am päpstlichen Hof anwesend dank ihrer fünf Kardinäle, von denen zwei Päpste wurden (Innozenz IV. und Hadrian V.).

Die Quellenlage erlaubt es nicht, eine systematische Untersuchung über das Alter der Kardinäle anzustellen. Jedoch sei bemerkt, daß ein Viertel der zwischen 1198 und 1276 promovierten Kardinäle länger als zwanzig Jahre im Amt waren und die Hälfte mehr als zehn Jahre. Praktisch stammten alle Kardinäle mit mehr als dreißig Jahren Amtszeit aus Rom oder aus dem Latium. Das erklärt sich aus dem schnelleren Verlauf der Karriere, vielleicht aber auch aus der größeren Widerstandskraft gegen das im Sommer so gesundheitsschädliche Klima Roms (Malaria).

Die Mehrzahl der Kardinäle des 13. Jh. gehörte dem Weltklerus an. Das beweisen die zahlreichen Nekrologeinträge in den Obituarien der Kathedralen. Cluniazensermönche (mit der einzigen Ausnahme des Abtes von Talliante, Guglielmo) fehlten im Kreis der Kardinäle zwischen 1198 und 1276. Den Zisterziensern (Johannes von Toledo) gelang es besser, die Präsenz ihres Ordens im Kardinalkollegium einigermaßen sicherzustellen. Die Dominikaner zogen unter Innozenz IV. mit Hugo von Saint-Cher in das Kollegium ein. Dann mußten die Franziskaner bis zum Pontifikat Gregors X. (Bonaventura) warten, obwohl sie doch von Anfang an durch einflußreiche Kardinäle, von denen zwei sogar auf den päpstlichen Stuhl kamen, kräftig unterstützt wurden. Die Regularkanoniker schickten zwei markante Persönlichkeiten (Guala Bicchieri und Jakob von Vitry) ins Kollegium. Bemerkt sei noch, daß kein einziger Kardinal römischer Herkunft vor seiner Promotion einem Orden angehört hatte.

---

243 Paravicini Bagliani, Cardinali 273 ff.

244 Als Kardinal verfaßte er sein vielleicht wichtigstes Werk, die *Lectura in Quinque libros Decretalium*; er vollendete es gegen Ende seines Lebens während des sehr langen Konklave nach dem Tod Clemens' IV.; vgl. DDC, V 1221.

245 Von den durch Honorius III., Gregor IX., Innozenz IV., Urban IV. und Gregor X. ernannten Kardinälen waren mindestens je zwei zuvor Bischöfe oder Erzbischöfe gewesen.

246 Hinsichtlich der *familia* der Kardinäle des 13. Jh. vgl. Paravicini Bagliani, Cardinali II 405–516.

247 Honorius III. ernannte keinen einzigen Römer zum Kardinal!

248 Dante geißelte den Nepotismus Nikolaus' III., der 1244 durch Innozenz IV. zum Kardinal ernannt worden war; vgl. Dante, Inferno 19, 31 ff.

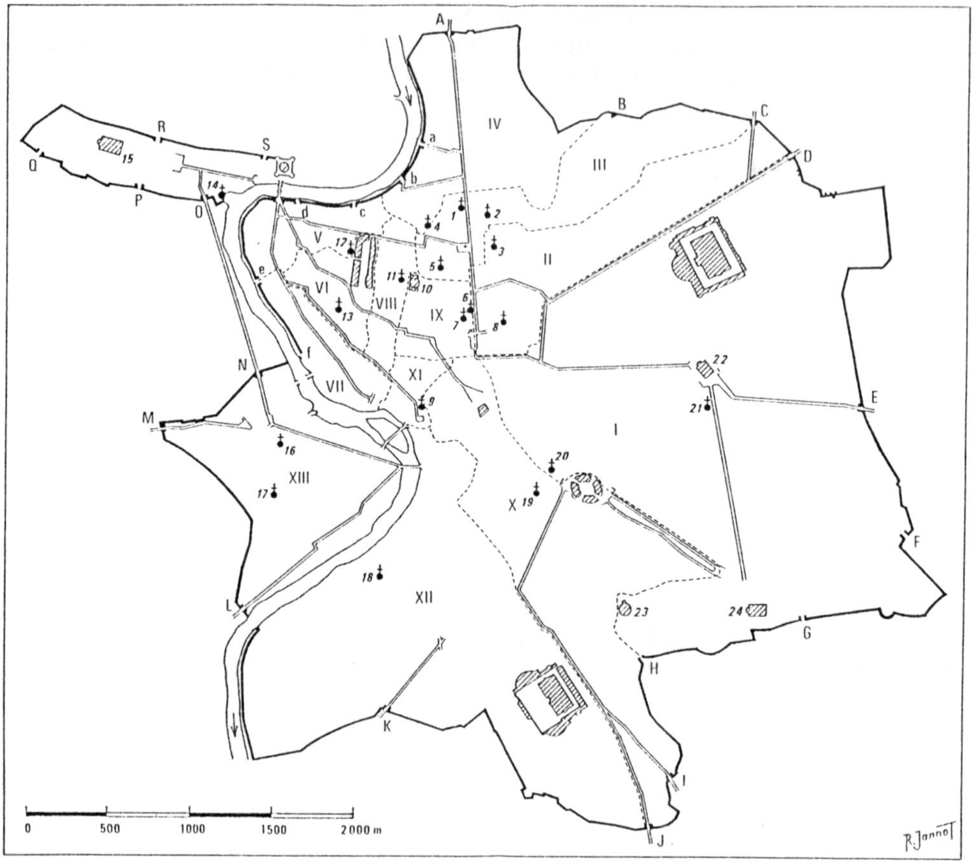

Stadttore:
A: Porta Flaminia / S. Valentini
B: Porta Pinciana
C: Porta Salaria
D: Porta Nomentana
E: Porta Tiburtina / S. Laurentii
F: Porta Maior
G: Porta Asinaria / S. Iohannis
H: Porta Metronia
I: Porta Latina
J: Porta Appia
K: Porta Ostiensis
L: Porta Portuensis
M: Porta Aurelia / S. Pancratii
N: Porta Septimiana
O: Porta Saxonum
P: Porta ad terrionem
Q: Porta Pertusi
R: Porta S. Petri / S. Peregrini
S: Porta Castelli S. Angeli

Ausfalltore:
a: Post. S. Agatha / antica / S. Martini / de Guglielmo
b: Post. a Pigna / a Pila
c: Post. S. Luciae / S. Mariae
d: Post. Dimitiae
e: Post. de Episcopo
f: Post. iuxta pontem Antonini

Kirchen und Klöster:
1: S. Lorenzo in Lucina
2: S. Silvestro in Capite
3: S. Maria in Via
4: S. Maria in Campo Marzio
5: S. Maria in Aquiro
6: S. Maria in Via Lata
7: S. Ciriaco in Via Lata
8: SS. Apostoli
9: S. Angelo in Pescheria
10: S. Maria della Rotonda
11: S. Eustachio
12: S. Andrea de Aquariciariis
13: S. Lorenzo in Damaso
14: S. Maria in Sassia
15: S. Pietro
16: S. Maria in Trastevere
17: SS. Cosma e Damiano in Mica Aurea (S. Cosimato)
18: S. Alessio all'Aventino
19: S. Maria in Pallara (S. Sebastiano al Palatino)
20: S. Maria Nova (S. Francesca Romana)
21: S. Prassede
22: S. Maria Maggiore
23: S. Stefano Rotondo
24: S. Giovanni in Laterano

Stadtviertel:
I Monti
II Trevi
III Colonna
IV Campo Marzio
V Ponte
VI Parione
VII Regola
VIII Sant'Eustachio
IX Pigna
X Campitelli
XI Sant'Angelo
XII Ripa
XIII Trastevere

Rom im 13. Jahrhundert

3. Die Mobilität der römischen Kurie im 13. Jahrhundert

Die römische Kurie hielt sich zwischen 1198 und 1304 während ungefähr zwei Dritteln aller Pontifikate außerhalb Roms auf[249]. Rechnet man noch die sehr langen Sedisvakanzen hinzu, so stellt man fest, daß der päpstliche Hof nur etwa vierzig Jahre in der Ewigen Stadt weilte. Sieben Päpste dieser Zeit, unter denen sich alle drei französischen befinden (Urban IV., Clemens IV. und Martin IV.), kamen nie nach Rom.

Päpste	Dauer	Abwesend von Rom		Resid. im K.staat	
		Monate	%	Monate	%
Innozenz III.	222,3	62	27,89	62	27,89
Honorius III.	128	40,3	31,48	40,3	31,48
Gregor IX.	173	109,5	63,29	102	58,95
Innozenz IV.	137	122,3	89,27	33,08	24,14
Alexander IV.	77	59,4	77,14	54	70,12
Urban IV.	37	37	100	37	100
Clemens IV.	46	46	100	46	100
Gregor X.	52	48,6	93,46	17,77	34,17
Innozenz V.	5	1	20	0,5	10
Hadrian V.	1	1	100	1	100
Johannes XXI.	8,3	8,3	100	8,3	100
Nikolaus III.	33	12	36,36	12	36,36
Martin IV.	49	49	100	49	100
Honorius IV.	24	8	33,33	12	33,33
Nikolaus IV.	49	27,2	55,51	27,2	55,51
Coelestin V.	5,27	5,27	100	1,4	26,56
Bonifaz VIII.	105,5	46,3	43,88	46,3	43,88
Benedikt XI.	8,3	2,8	33,73	2,8	33,73
Total	1160,67	685,97	59,10	548,65	47,27

Obwohl der päpstliche Hof fast ständig unterwegs war (mehr als 200 Ortsveränderungen in einem Jahrhundert), kannte er doch auch sehr lange Perioden fester Aufenthalte, sei es in Lyon (1245–1251 und 1273–1275), sei es in den Städten des Kirchenstaates. Zwischen 1198 und 1304 residierte die römische Kurie während etwa vierzig Jahren in Viterbo, Anagni, Orvieto, Perugia, Tivoli und Ferentino. Im gleichen Zeitraum haben die Päpste mehr als fünfzigmal Rom verlassen, um sich an einen Ort des Kirchenstaates zu begeben. Wenn es die Umstände erlaubten, paßten sich diese Ortsveränderungen relativ regelmäßig dem Rhythmus der Jahreszeiten an. Die Abreise vollzog sich im allgemeinen in den Monaten April bis Juni; die Rückkehr im Oktober oder November. In den ersten Jahren des 13. Jh. beobachtet man unter Papst Innozenz III., der auch in diesem Bereich eine Neuerung einführte, regelmäßig abwechselnde Aufenthalte der römischen Kurie im Winter in Rom (La-

[249] Das Phänomen wurde in seiner Gesamtheit untersucht von Paravicini Bagliani, La mobilità (s. Anm. 133), und M. Dykmans, Les transferts de la curie romaine du XIIIe au XVe siècle, in: Archivio della Società Romana di Storia Patria 103 (1980) 93–116.

teran) und im Sommer in einer Stadt des Kirchenstaates. Dieser Ortswechsel wurde unter den Päpsten Honorius III. und Gregor IX. zur Gewohnheit[250]. Die Itinerare der römischen Kurie des 13. Jh. zeigen, daß nach 1226 kein einziger Papst einen vollen Sommer in Rom verbrachte.

Was waren die Gründe dieser Mobilität? Zunächst einmal war es den Päpsten, besonders in der ersten Hälfte des 13. Jh., nicht möglich, die Stadt Rom politisch zu beherrschen. Sodann nötigte der Konflikt mit Friedrich II. mehrere Päpste (Gregor IX. und Innozenz IV. z. B.) zur Flucht aus der Ewigen Stadt. Sicher erforderte auch die Machtausübung in den Provinzen des Kirchenstaates häufig die Anwesenheit des Oberhauptes. Es ist kein Zufall, daß dies besonders deutlich unter Innozenz III., dem eigentlichen Gründer des Kirchenstaates im 13. Jh., der Fall war. Neben diesen politischen Gründen, die bis jetzt in der Geschichtsschreibung angeführt wurden, spielte aber sicher auch die Gesundheitsfrage eine Rolle. Der Terminplan für die regelmäßigen Ortsveränderungen und die dokumentarischen Quellen selbst bezeugen, daß neue, aus der *cura corporis* herrührende Bedürfnisse entstanden waren, und dies von den ersten Jahren des 13. Jh. an – wieder einmal mit dem Pontifikat Innozenz' III.[251]

4. *„Ubi est papa, ibi est Roma"*

Die Mobilität der römischen Kurie hatte bedeutende ekklesiologische Konsequenzen. Die traditionelle Identität von Rom und Papstsitz erlebte eine tiefgreifende Entwicklung. Das wurde schon Anfang des 13. Jh. deutlich erkennbar. Als der Abt von Andres 1207 zu einem Papstbesuch nach Viterbo kam, rief er aus: „Ich kam in Viterbo an, und siehe da, ich befand mich in Rom!"[252] Später nannte der Biograph Innozenz' IV. die Stadt Lyon, die der Papst zur vorübergehenden Residenz der römischen Kurie gewählt hatte, eine *altera Roma*[253]. Unter Alexander III. waren die Ad-limina-Besuche ausschließlich am Apostolischen Stuhl (Rom) vorgesehen gewesen. Gegen Ende des 12. Jh. war Huguccio (1188–1191) der Ansicht, daß unter *limina* der jeweilige Aufenthaltsort der römischen Kurie zu verstehen sei. Ein halbes Jahrhundert später führte Innozenz IV. in seinem Dekretalenkommentar (1246–1251) ein neues Verständnis des Begriffs *ad limina* ein: Er verband den Besuch *ad limina* noch enger mit der Person des Papstes, denn, so führte er aus, der Ad-limina-Besuch vollzöge sich dort, „ubi papa est". Heinrich von Susa (gest. 1270) präzisierte: „ubi papa, ibi Roma" und half damit die endgültige kanonische Formulierung zu schmieden, die sich unter dem Einfluß des Baldus herausbildete: „Ubi est papa, ibi est Roma". Eine überaus bedeutsame Entwicklung: Sie war vom römischen Recht beeinflußt, für das galt: „Rom ist dort, wo der Kaiser ist." Friedrich II. selbst griff auf diesen Ausspruch zurück, um seine Abwesenheit vom Deutschen Reich zu rechtfertigen. Schließlich sollte es nicht mehr die

[250] Diese Sachlage ermöglicht die Datierung des Werkes *De mirabilibus Urbis Romae* des „Magister Gregorius" (hrsg. von R. B. Huygens, Leiden 1970, und von J. Osborne, Toronto 1987); er spricht vom Lateran als dem *palatium hiemale* des Papstes (vgl. I. Herklotz, „Sepulcra" e „Monumenta" del Medioevo, Rom 1985, 139, Anm. 195, und Paravicini Bagliani, La mobilità 170).

[251] Paravicini Bagliani, La mobilità 222ff.

[252] MGH. SS XXIV 737: *„Viterbium tandem deveni et ibidem Romam inveni"*.

[253] Pagnotti, Niccolo da Calvi 91.

Stadt Rom sein, die die Bischöfe symbolisch mit dem Papst vereinigte, sondern die Person des Papstes selbst war der Mittelpunkt der Christenheit[254].

5. Die Verwaltungsorganisation der römischen Kurie (1198–1274)[255]

a) Die Apostolische Kammer

Der *Liber Censuum*

Die Abfassung des *Liber Censuum Ecclesiae Romanae* markiert ein wichtiges Datum in der Geschichte der Verwaltung und Politik der römischen Kirche. Den eigentlichen Kern dieser uneinheitlichen Sammlung, die die vorhergehenden Zusammenstellungen eines Benedikt, eines Boso und eines Albinus vervollständigte und aktualisierte, bildet ein Zinsbuch der römischen Kirche, das der päpstliche *camerarius* Cencius, der spätere Papst Honorius III., im Jahre 1192 in Weiterführung einer in die Zeit der Päpste Clemens III. und Coelestin III. zurückreichenden Initiative vollendete. Die systematische Erfassung aller zinspflichtigen geistlichen Institute und weltlichen Herrschaften sollte eine verschärfte und wirksame verwaltungstechnische Kontrolle der Einnahmen der römischen Kurie ermöglichen. Der *Liber Censuum* erhielt dank seiner bemerkenswerten inhaltlichen Ordnung unverzüglich offiziellen Charakter[256]. Sein Verfasser wollte das Finanz- und Steuerwesen des Papsttums mit einem neuen, funktionellen Arbeitsinstrument ausstatten, in voller Übereinstimmung mit dem frischen Wind einer „Rationalisierung" alter administrativer Praktiken und Strukturen, der damals eine gewisse Anzahl großer Verwaltungszentren des christlichen Abendlandes (im Reich, in England, in Frankreich) erfaßte. Der *Liber Censuum* war Ausdruck einer neuen politischen Dimension der römischen Kirche. Sie war sich bewußt geworden, nicht mehr nur ein mächtiger Grundherr zu sein, sondern an der Spitze eines Staates zu stehen. So blieb der *Liber Censuum* lange Zeit eines der Symbole der weltlichen Herrschaft des Papstes. Noch 1419 bekundeten die Gesandten des Königs von Aragón dem Legaten Martins V. ihre Ergebenheit, indem sie eine Tiara und eine Abschrift des *Liber Censuum* überreichten[257].

---

[254] Daher erklärte Heinrich von Susa: „*Non locus sanctificat hominem, sed homo locum*". Das Problem wurde schon gesehen von E. H. Kantorowicz, The King's Two Bodies, Princeton 1957, 204f. Auf dem neusten Stand der Forschung: M. Maccarrone, „*Ubi est papa, ibi est Roma*", in: Aus Kirche und Reich. Studien zu Theologie, Politik und Recht im Mittelalter. FS Friedrich Kempf, Sigmaringen 1983, 370–382.

[255] Die Organisation der römischen Kurie im 13. Jh. war Gegenstand einer noch immer nicht überholten Untersuchung von B. Rusch, Die Behörden und Hofbeamten der päpstlichen Kurie des 13. Jahrhunderts, Königsberg 1936.

[256] T. Schmidt, Die älteste Überlieferung von Cencius' Ordo Romanus, in: Quellen und Forschungen aus italienischen Archiven und Bibliotheken 60 (1980) 511–522; Th. Montecchi Palazzi, Cencius Camerarius et la formation du „Liber Censuum" de 1192, in: Mélanges de l'Ecole Française de Rome. Moyen Age – Temps Modernes 96 (1984) 49–93.

[257] P. Fabre, Etude sur le „Liber censuum" de l'Eglise romaine, Paris 1892, 22.

b) Die päpstliche Kanzlei

Zu dem Zeitpunkt, da Innozenz III. Papst wurde (1198), unterstanden Kanzlei und Kammer – seit 1194 schon – einem einzigen Kardinal, Cencius, dem späteren Papst Honorius III.[258] Dies sollte jedoch nur von begrenzter Dauer sein. Innozenz III. kehrte zur früheren Trennung beider Institutionen zurück; und auch Honorius III. machte keinen Versuch mehr, die beiden traditionsgemäß unterschiedenen Funktionen wieder zu vereinigen.

Das Personal der Kanzlei war wie an den weltlichen Fürstenhöfen eng mit der Kapelle des Papstes verbunden. Aus ihr kamen die drei Kardinalkanzler Innozenz' III. und auch dessen fünf Vizekanzler, ebenso die *scriptores*[259]. Zu Beginn des 13. Jh. wurden letztere, zweifellos unter dem Druck der großen Anforderungen, die man an sie stellte und die eine zunehmende Fachkenntnis verlangten[260], ihrer liturgischen Verpflichtungen enthoben, so daß sie sich in besonderer Weise der Ausfertigung von Urkunden widmen konnten. Man darf die *scriptores* nicht als Beamte im eigentlichen Sinne betrachten; sie bildeten eine Körperschaft oder ein Kollegium, dessen Anfänge auf den Pontifikat Innozenz' III. zurückgehen[261]. Mehrere Reformen Innozenz' III. zielten bewußt darauf[262], die Arbeit der päpstlichen Kanzlei einer systematischen Kontrolle zu unterziehen und Mißbräuchen bei der Steuererhebung vorzubeugen. Erst von der Zeit Innozenz' III. an setzten die *scriptores* ihre Unterschrift (in Form einer Sigle) auf die *plica* der Urkunden, was ihre Entlohnung begründete.

Im allgemeinen spielten die mit der päpstlichen Kanzlei des 13. Jh. verbundenen Kreise eine wichtige Rolle für die Entwicklung der *ars dictaminis* durch die Zusammenstellung von Formel- und Briefsammlungen oder von Traktaten, die in Verbindung mit der Bedeutung und der Ausstrahlung des *stilus curiae* im Laufe des 13. Jh. zunehmend an Ansehen gewannen[263].

---

[258] Im allgemeinen: Ch. R. Cheney, The Study of the Medieval Papal Chancery, Glasgow 1966; unter Innozenz III.: Cheney, The Letters of Pope Innocent III; unter Honorius III.: Sayers, Papal Government 15–129; unter Innozenz IV.: P. Herde, Beiträge zum päpstlichen Kanzlei- und Urkundenwesen im dreizehnten Jahrhundert, Kallmünz ²1967; detaillierte prosopographische Wiedergabe des Kanzleipersonals ab dem Pontifikat Innozenz' IV. in: G. F. Nüske, Untersuchungen über das Personal der päpstlichen Kanzlei 1254–1304, in: Archiv für Diplomatik 20 (1974) 39–240; 21 (1975) 249–431.

[259] R. Elze, Die päpstliche Kapelle im 12. und 13. Jahrhundert, in: Zeitschrift der Savigny-Stiftung für Rechtsgeschichte, kan. Abt., 36 (1950) 157, 171–175.

[260] A. Paravicini Bagliani, Il „Registrum causarum“ di Ottaviano Ubaldini e l'amministrazione della giustizia alla Curia romana nel secolo XIII, in: Römische Kurie. Kirchliche Finanzen. Vatikanisches Archiv. Studien zu Ehren von Hermann Hoberg, Bd. II, Rom 1979, 635 ff.

[261] B. Schwarz, Die Organisation kurialer Schreiberkollegien von ihrer Entstehung bis zur Mitte des 15. Jahrhunderts, Tübingen 1972.

[262] *Gesta* (PL 214, 41, LXXX).

[263] Siehe z. B. E. Heller, Die Summa dictaminis des Thomas von Capua. Sitzungsbericht der Heidelberger Akademie, phil.-hist. Klasse (1928/29) Nr. 4; H. M. Schaller, Studien zur Briefsammlung des Kardinals Thomas von Capua, in: Deutsches Archiv für Erforschung des Mittelalters 21 (1965) 371–518; F. Schillmann, Die Formularsammlung des Marinus von Eboli, Rom 1929; über Peter von Capua vgl. N. Kamp, DBI, XIX, 258–268.

Die Register Innozenz' III.

Mit dem Pontifikat Innozenz' III. beginnen die bis heute fortgeführten Register der durch die päpstliche Kanzlei ausgestellten Schreiben. Die Register werden in den Vatikanischen Archiven aufbewahrt[264]. Hinsichtlich Organisation und Zweck dieser Sammlungen gehören die unter Papst Innozenz' III. erstellten zu jenen, die der Forschung ernsthafte Probleme verursacht haben.

Die erhaltenen Register Innozenz' III.[265] umfassen die Korrespondenz der Pontifikatsjahre I, II, V, VII–XII; für die Jahre III und IV besitzen wir nur Fragmente; die Register der Pontifikatsjahre XIII–XVI sind verlorengegangen; sie waren 1635 durch Bosquet auf der Grundlage der Handschrift herausgegeben worden, die sich damals im Collège de Foix in Toulouse befand; die Register für die Pontifikatsjahre XVII–XIX fehlen.

Die Register Innozenz' III. sind hinsichtlich ihrer Entstehung und ihrer Funktion eingehend untersucht worden; die neue kritische Ausgabe der Register durch das Österreichische Institut in Rom hat diese Forschungsarbeit wieder belebt. Heute ist man sich weitgehend einig, daß diesen Registern und ihren Einträgen der Stellenwert von Originalen zuzuschreiben ist[266].

Die Register, vor allem das älteste unter ihnen (Reg. Vat. 4), sind auf den Blatträndern reich verziert. Es handelt sich in der Hauptsache um Satyr-Szenen in der Tradition mittelalterlicher Tierdarstellungen von allegorischem Inhalt; nur ein kleiner Teil von ihnen läßt sich mit dem Schreiben auf der jeweiligen Seite in Verbindung bringen[267].

Im Reg. Vat. 5 stellt die Initiale I des Schreibens Innozenz' III. für die Abtei von Subiaco[268] den Papst mit einem stark ovalen Gesicht dar, die rechte Hand zum Segen erhoben, in der linken das Dokument vorweisend. Es handelt sich um die älteste bildliche Darstellung eines Papstes mit der Tiara[269]; der Text dieses päpstlichen Privilegs wurde vollständig an die Wand der Unterkirche des Sacro Speco in Subiaco gemalt. Über ihm befand sich einst ein zeitgenössisches Porträt des Papstes, das gegen Ende des 13. Jh. (vom *magister Conxolus*?) durch ein monumentales Brustbild und ein neues, den heiligen Benedikt darstellendes Gemälde ersetzt wurde[270].

Reg. Vat. 6 ist von besonderer Art. Es enthält den wichtigsten Teil der politischen Korrespondenz (194 Dokumente), welche die Kanzlei Innozenz' III. in Reichsangelegenheiten

---

264 Über die (verlorengegangenen) Register der Papstbriefe des 12. Jh. vgl. jetzt U.-R. Blumenthal, Papal Registers in the Twelfth Century, in: Proceedings of the Seventh International Congress of Medieval Canon Law, Vatikanstadt 1988, 135–151.

265 Die Register, I, XIV–XXXII (mit Bibl.). Ausgaben: PL 214–216; Reg. Vat. 6: Regestum Innocentii III papae super negotio Romani imperii, hrsg. von F. Kempf; kritische Ausgabe in Vorbereitung: Die Register, I–II; Teilausgaben: für die Ostkirche: Acta Innocentii PP III, hrsg. von Th. Haluscynskyi, Vatikanstadt 1944; für Bulgarien: J. Duijcev, Innocentii papae III epistolae ad Bulgariae historiam spectantes, Sofia 1942; für Spanien: D. Mansilla, La documentación pontificia hasta Innocencio III, Rom 1955; für England: C. R. Cheney – M. G. Cheney, The Letters of Pope Innocent III concerning England and Wales, Oxford 1967; für Irland: M. P. Sheehy, Pontificia Hibernica, Bd. I, Dublin 1962, 93–181.

266 Die Register, I, XXXIV.

267 V. Pace, Cultura dell'Europa medievale nella Roma di Innocenzo III: illustrazioni marginali del Registro Vaticano 4, in: Römisches Jahrbuch für Kunstgeschichte 22 (1985) 45–62.

268 24. Februar 1203; vgl. Potthast, Regesta 1835.

269 Ladner, Papstbildnisse II 53, Taf. IXa.

270 Ebd. 68–72, Fig. 26f.

geführt hatte. Es handelt sich um eine Art „Weißbuch“, das Innozenz III. vorbereiten ließ, um die territorialen Ansprüche des Papsttums zu rechtfertigen angesichts eines eventuellen Konflikts mit den deutschen Fürsten; der Papst ließ an dieser Sammlung sogar noch nach dem Bruch mit Otto IV. im Jahre 1210 weiterarbeiten. Der Angriff auf Sizilien und den Kirchenstaat bedeutete für Innozenz III. einen Angriff auf Rechte, die er vorgab, rechtmäßig erworben zu haben[271].

c) Die Verwaltung der Gerichtsbarkeit: Die *audientia litterarum contradictarum*

Noch eine andere wichtige Neuerung charakterisierte die Verwaltungsreform der Kanzlei unter Innozenz III. In der *audientia publica,* bei deren Verhandlungen die von der Kanzlei ausgegebenen Briefe verlesen wurden, konnte jedermann gegen den Inhalt eines päpstlichen Schreibens Einspruch erheben. Die Argumente mußten von den Betroffenen oder den Prokuratoren auf einer Sondersitzung dargelegt werden, und zwar vor dem *auditor litterarum contradictarum,* der die Vollmacht besaß, mögliche Änderungen anzuordnen für eine erneute Vorlage. Die Einrichtung dieser *audientiae* ist für die Jahre 1205–1206 zum erstenmal bezeugt[272]; sie war zweifellos ein Fortschritt im Bereich der Verwaltung und der Rechtspflege. Jede betroffene Person hatte wenigstens theoretisch die Möglichkeit, ihre Rechte anzumelden, sehr viel leichter als im Rahmen des früheren Prozeßverfahrens. Innozenz III. hatte eingesehen, daß die Verwaltungsorgane der Zentralregierung der römischen Kirche dem Anwachsen der kurialen Geschäfte angepaßt werden mußten. Dies galt vor allem für die Kanzlei, deren Prozeduren wirklich überholt waren. Die Zahl der päpstlichen Eingriffe (Reskripte) hatte seit Eugen III. und Alexander III. mehr und mehr zugenommen, besonders die immer zahlreicheren Bittgesuche an den Papst um dessen Schiedsspruch.

Die Bedeutung, die diese neue Institution der Kurie sehr schnell auf dem Gebiet der Rechtsprechung und der Gerichtsbarkeit erwarb, zeigte sich darin, daß die Stelle des *auditor litterarum contradictarum* im Verlauf des 13. Jh. im allgemeinen von einem angesehenen Juristen (Sinibaldo Fieschi, dem späteren Papst Innozenz IV., Goffrédo da Trani, Guido da Baisio u. a.) eingenommen wurde: Der *auditor* sollte zu einem der wichtigsten ordentlichen Richter der Kurie aufsteigen.

Diese neue Institution verlieh der römischen Kirche die Möglichkeit, effektiv in die Verwaltung und Rechtsprechung der Ortskirchen einzugreifen. Das ungeheure Anwachsen der Bittschriften, die von überallher in Rom einliefen, verstärkte indirekt die Entscheidungsgewalt der römischen Kirche im Rechts- und Verwaltungsbereich. Jetzt konnten die ehemals theoretischen Ansprüche, die das Reformpapsttum des 11. Jh. energisch angemeldet hatte, dank einer wirksamen richterlichen und administrativen Praxis, die die gesamte Christenheit erfaßte, in die Tat umgesetzt werden.

---

[271] M. Laufs, Politik und Recht bei Innocenz III. Kaiserprivilegien, Thronstreitregister und Egerer Goldbulle in der Reichs- und Rekuperationspolitik Papst Innocenz' III., Köln – Wien 1980, 117–205.

[272] Sayers, Papal Government 18.

Die Prokuratoren

Die wachsende Komplexität der Gerichts- und Verwaltungsverfahren der Kurie ließ die Anwesenheit von Anwälten *(Prokuratoren)*, in der Hauptsache italienische Juristen, in Rom unverzichtbar werden. Die von ihnen geforderte theoretische und praktische Kompetenz sowie ihre komplexen persönlichen Beziehungen innerhalb der kurialen Behörden konnten nur durch eine lange Tätigkeit *apud Sedem apostolicam* erworben werden[273]. Die Arbeit der Anwälte wurde durch die *audientia litterarum contradictarum* überwacht, deren Hauptfunktion daher wohl die eines Gerichtshofs für die Prokuratoren war.

Die delegierten Richter

Die Prozesse, mit denen sich die römische Kurie befassen sollte, hatten sich seit dem 12. Jh. derart gehäuft, daß es unmöglich geworden war, sie alle unmittelbar in Rom zu verhandeln, um so mehr, als man nicht in allen Fällen eine lange und kostspielige Reise in die Ewige Stadt zumuten konnte. Daher entstand seit dem beginnenden 12. Jh. in verschiedenen Diözesen der Christenheit ein neues kirchliches Richteramt mit der Aufgabe, kraft „päpstlicher Delegation" einen Prozeß zu leiten. Die von diesen delegierten Richtern gepflegte Rechtsprechung war der Hauptweg, auf dem das römische Kirchenrecht in die Praxis der Diözesangerichtsbarkeit der lateinischen Christenheit Einzug halten konnte. Die in den Dekretalen festgehaltenen Grundsätze waren an Tausende individueller und partikularer Situationen angepaßt.

Die ersten Beispiele von Delegationen gehen auf die Päpste Paschalis II. (1099–1118)[274] und Honorius II. (1124–1130) zurück. Unter Innozenz II. (1130–1143) nahm ihre Zahl rasch zu. Aber erst Alexander III. und Innozenz III. bedienten sich regelmäßig dieses neuen römischen Rechtsinstruments. Von den 43 Kapiteln des Titels XXIX in Buch I des kirchenrechtlichen *Corpus* rühren 18 aus der kirchlichen Gesetzgebung unter Alexander III. her, hingegen nur 15 aus der Praxis unter Innozenz III.[275] Das zeugt von der Bedeutung, die Alexander III. der päpstlichen Delegationsgewalt zuschrieb. Sie stand in seinen Augen über der Delegationsgewalt des Ordinarius und des Metropoliten[276]. Im übrigen hatte der delegierte Richter das lokale Recht zu respektieren, sofern nicht der Papst eine entgegengesetzte Anordnung erlassen hatte[277].

Gregor IX. trug zur weiteren Verbesserung dieser Delegationsgewalt bei, wovon die Kapitel *De officio et potestate iudicis delegati* und *De rescriptis* des *Liber Extra* Zeugnis ablegen.

---

[273] Immer noch grundlegend: R. von Heckel, Das Aufkommen der ständigen Prokuratoren an der päpstlichen Kurie im 13. Jahrhundert, in: Miscellanea Francesco Ehrle, Bd. II, Vatikanstadt 1924, 290–321; wichtig ist jetzt J. Sayers, Canterbury Proctors at the Court of „Audientia litterarum contradictarum", in: Traditio 22 (1966) 311–345; W. Stelzer, Die Anfänge der Petentenvertretung an der päpstlichen Kurie unter Innocenz III., in: Annali della Scuola speciale per archivisti e bibliotecari dell'Università di Roma 12 (1972) 130–139 (Bibl.).

[274] Sayers, Papal Judges Delegate in the Province of Canterbury 1198–1254, Oxford 1971.

[275] M. Pacaut, Alexandre III, Paris 1956, 265.

[276] II X, 29, 11.

[277] I X, 29, 3 (Zit. Pacaut, Alexandre III, 265). Zur Frage im allg. vgl. Sayers, Papal Judges Delegate.

Reorganisation der Rechtsprechungsverfahren: Die *auditores*

Das ständige Anwachsen der dem päpstlichen Schiedsgericht unterbreiteten Rechtsfälle in erster oder folgender Instanz sollte auch Konsequenzen für die Neuorganisation des richterlichen und administrativen Verfahrens haben. Während der ersten Hälfte des 13. Jh. entstand eine neue Art von juristischem Personal. Es setzte sich in den meisten Fällen aus päpstlichen Kapellänen zusammen und war berufen, die Kardinäle abzulösen, die bisher die einzigen Mitarbeiter des Papstes im Bereich der Rechtsverwaltung waren. Auch diese Neuerung geht auf Innozenz' III. zurück, der nach wirksamen Lösungen innerhalb der bestehenden kurialen Einrichtungen suchte[278]. Für die Rekrutierung der *auditores*[279] griff er viel konsequenter als früher auf Mitglieder der päpstlichen Kapelle zurück, die ja sein Vertrauen besaßen, und gestaltete deren Amt von 1202 an innerhalb dieses Bereichs dem der Kardinäle völlig analog.

Innerhalb der ziemlich breiten Gruppe der päpstlichen Kapelläne bildete sich die kleinere Zahl der *auditores (generales) sacri palatii* heraus. Die Ausbildung dieser spezialisierten richterlichen Körperschaft verdrängte nach und nach die anderen, an der römischen Kurie residierenden päpstlichen Kapelläne aus der Rechtsverwaltung. Gleichzeitig wandelte sich die Rolle, die die Kardinäle in diesem Bereich spielten. Nicht nur minderte sich ihre Tätigkeit quantitativ, vor allem seit dem Pontifikat Gregors X., es wurden ihnen jetzt auch, besonders vom Pontifikat Clemens' IV. an, nur die wichtigsten Prozesse reserviert, die sich auf die Bischofssitze, die Abteien, die hohen kirchlichen Würdenträger und die Fragen der kirchlichen Gerichtsbarkeit bezogen, während die päpstlichen Kapelläne jene Prozesse leiteten, in denen Berufung an den Apostolischen Stuhl eingelegt worden war, sowie in erster Instanz die Prozesse in Pfründenangelegenheiten[280].

d) Die Zentralisierung des Bußwesens

In den letzten Jahrzehnten des 12. Jh. gab es erste Anzeichen einer Zentralisierung im Bereich des Bußwesens[281]. Ursache war ein ständiger Zustrom von Bitten um Dispens und Absolution an die römische Kirche. Dies führte zu einer fortschreitenden Konzentration dieser Rechte in den Händen des Papstes nach dem Prinzip, gemäß dem die „Dispensgewalt" Sache des Gesetzgebers, hier also des Papstes[282], ist.

Ein wichtiger Schritt in diese Richtung vollzog sich im 11. Jh. mit der erstmaligen Erteilung persönlicher Dispense. Dies war eine entscheidende Neuerung. Gemäß den überkommenen kirchenrechtlichen Vorstellungen besaß nämlich eine Dispens immer generellen Wert. Die neue Auffassung wurde durch die Entwicklung der Dekretalen wirksam unterstützt und bewirkte, daß das zuvor den Bischöfen zustehende Dispensrecht gründlich beschnitten wurde.

---

278 Elze, Die päpstliche Kapelle.

279 Der Begriff findet sich zum erstenmal in einem Dokument Coelestins III. aus dem Jahre 1192.

280 Paravicini Bagliani, Il „Registrum causarum" 635ff.

281 P. M. Quantin, Sommes de casuistique et manuels de confessions au Moyen Age, in: Analecta Medievalia Namurcensia 13 (1962) 7f.

282 G. Crisci, Evolutio historica delegationis a iure, in: Apollinaris 9 (1936) 270–299.

Die dem Papst reservierten Fälle

Die Zahl der Sünden, für die ausschließlich der Papst die Absolution erteilen konnte, vermehrte sich seit Ende des 12. Jh. Eine der Hauptursachen hierfür ist sicher in der Unfähigkeit der Ortskirchen zu suchen, an Ort und Stelle eine durch die rasche Entwicklung des Rechtsdenkens komplexer gewordene Kasuistik zu praktizieren.

Die alte Gewohnheit, nach Rom zu pilgern, um eine vom Bischof auferlegte Buße abzuleisten, verwandelte sich unter Innozenz II. in eine Pflicht und wurde in Konzilstexten festgeschrieben[283]. Nach der Ansicht Clemens' III. war die Lossprechung von Verbrechen, wie etwa der Brandstiftung von Kirchen, dem Papst vorbehalten. Coelestin III. fügte den Einbruchsdiebstahl in Kirchen und den Umgang von Klerikern mit durch den Papst gebannten Personen hinzu. Innozenz III. behielt sich sogar das Urteil über jene vor, die gefälschte päpstliche Schreiben länger als zwanzig Tage zurückbehalten hatten.

Die Bedeutung der päpstlichen Reservation wurde durch die Konzilien bestätigt. Das IV. Laterankonzil bestimmte in can. 30, die Synodalurteile über Würdenträger, die kirchliche Benefizien ungeeigneten Personen zugeteilt hätten, könnten nur „durch den römischen Papst oder den Patriarchen, dem der Straffällige untersteht, vorläufig aufgehoben werden"[284]. Doch mehrte sich die Zahl der dem Papst reservierten Fälle in Maßen; Raimund von Peñafort und Goffredo da Trani kannten nur sechs Beispiele.

Die Pönitentiarie

Die Institution der Pönitentiarie wurde zu Beginn des 13. Jh. errichtet. Sie war die einzige Behörde der Kurie mit ausschließlich geistlichen Aufgaben und unterstand allein einem Kardinal[285]. Ein Kardinal mit der Sonderaufgabe, die Bußangelegenheiten zu behandeln, ist zum erstenmal unter dem Pontifikat Innozenz' III. bezeugt. Der römische Kardinal Giovanni di San Paolo wird von dem Chronisten Giraldus Cambrensis bezeichnet als „Kardinal, der damals im Namen des Papstes die Beichten entgegennahm"[286]. Der Kardinalpönitentiar trug von 1246 an den Titel *paenitentiarius summus*; ihm standen die niederen Pönitentiare zur Seite, auch sie seit dem Pontifikat Innozenz' III. im Amt.

Die Pönitentiare kamen fast ausschließlich aus den beiden größten Bettelorden (Dominikaner und Franziskaner) und waren bevollmächtigt, Absolution zu erteilen und den Ortsbischöfen die Vollmacht für Dispense zu übermitteln. Die ständigen Ortswechsel des päpstlichen Hofes machten die Anwesenheit von Pönitentiaren in den römischen Haupt-

---

[283] Can. 14 des Konzils von Reims (1131) wurde im can. 15 des II. Laterankonzils (1139) wieder aufgenommen (COD 200); vgl. Decretum Gratiani, C. XVII q. 4.

[284] Vgl. Foreville, Latran IV 362.

[285] Hervorragender Überblick über Entstehen und Entwicklung der päpstlichen Pönitentiarie im Spätmittelalter von M. Meyer, Die Pönitentiarie-Formularsammlung des Walter Murner von Straßburg. Beitrag zur Geschichte und Diplomatik der päpstlichen Pönitentiarie im 14. Jahrhundert, Fribourg (Schweiz) 1979, 1 ff; immer noch lesenswert E. Göller, Die päpstliche Pönitentiarie, Bd. I/1–2, Rom 1907, und Ch. H. Lea, A Formulary of the Papal Penitentiary in the thirteenth century, Philadelphia 1892.

[286] Giraldus Cambrensis, *Liber de invectivibus*, MGH. SS: *„cardinalis qui confessiones pro papa tunc recipiebat"*; der im Jahre 1200 von diesem Kardinal an einen walisischen Adligen gesandte Brief als Antwort auf Gewissensprobleme ist der erste erhaltene Brief dieser Art; vgl. Cheney, Pope 70 f. Vielleicht war das auch jener Kardinal, der den vom Prior von Osney 1203 nach Rom geschickten Büßer aufnahm (Cheney, The Letters of Pope Innocent III, Anm. 466; PL 215, 10).

kirchen (Sankt Peter im Vatikan, San Giovanni im Lateran, Santa Maria Maggiore) notwendig. Auf diese Weise bildeten sich zwei unterschiedliche Gruppen von niederen Pönitentiaren heraus: jene, die den päpstlichen Hof begleiteten, und jene anderen, die in Rom verblieben[287].

Der Tätigkeitsbereich der Pönitentiarie war von Anfang an auf das *forum internum* (Gewissensurteil) beschränkt, obwohl eine diesbezügliche kirchenrechtliche Definition erst im folgenden Jahrhundert unter Benedikt XII. zustandekam[288]. Die Pönitentiare waren im Namen des Papstes und auf Sonderdelegation seiner Autorität hin beauftragt, die geistlichen Probleme der Gläubigen mit Hilfe von Absolutionen, Dispensen, Bußumwandlungen und anderen „Gnadenakten" zu lösen. Treibende Kraft ging dabei von den Fragen aus, die die Ehedisziplin (Unregelmäßigkeit, Ehehindernisse) betrafen.

e) Die Legaten

Bei der Durchführung der päpstlichen Politik spielten die päpstlichen Legaten eine entscheidende Rolle[289]. Die Entwicklung dieses wirksamen Instruments, den Kontakt zwischen der Regierung der Kirche und den verschiedenen Teilen der Christenheit herzustellen, war ein Ergebnis der Zentralisierung der römischen Kirche sowie der entschlossenen Absicht, die kirchliche Zucht zu vereinheitlichen, und zwar in Übereinstimmung mit den Beschlüssen der großen Laterankonzilien.

Das Dekret Gratians hatte für die Legaten, deren bereits im 11. Jh. bedeutsame Wirksamkeit sich vor allem unter Alexander III. entfalten konnte, noch keine eigene Sektion vorgesehen. Alexander III. verlieh ihnen als unmittelbaren Vertretern des Papstes neues Ansehen; sie waren nun Bevollmächtigte *(domini papae vicem gerens)*, gesandt *a latere papae* (von seiten des Papstes), eine Bezeichnung, die im 13. Jh. mehr und mehr für die Legationen römischer Kardinäle[290] oder hoher Würdenträger der römischen Kurie reserviert wurde. Die Vorrechte der *nuncii ordinarii*, später auch *legati missi* genannt, wurden notgedrungen stärker eingeschränkt.

Schon im 12. Jh. sahen sich die Legaten mit weitreichenden Vollmachten ausgestattet,

---

[287] Die Archive der Apostolischen Pönitentiarie im Vatikan sind dank ihrer Verlegung in die Vatikanischen Archive seit einigen Jahren zugänglich geworden; archivistische Informationen in E. Göller, Das alte Archiv der päpstlichen Pönitentiarie, in: Römische Quartalschrift, Suppl. 20 (1913) 1–19; F. Tamburini, Il primo registro di suppliche della Penitenzieria, in: Rivista di storia della Chiesa in Italia 2 (1969) 384–429.

[288] Bezügl. der Quellen s. Meyer, Pönitentiarie-Formularsammlung 8.

[289] H. Zimmermann, Die päpstliche Legation in der ersten Hälfte des 13. Jahrhunderts, Paderborn 1913; G. Le Bras, Institutions ecclésiastiques de la chrétienté médiévale (Histoire de l'Eglise 12), Paris 1964, 556 ff; ders. u. a., L'âge classique, 1140–1378, Paris 1965, 191–193; D. Queller, The Office of Ambassador in the Middle Ages, Princeton 1967, 5–10; C. I. Kyer, Legatus and Nuntius as Used to denote Papal Envoys: 1245–1378, in: Medieval Studies 40 (1975) 473–477; K. Pennington, Johannes Teutonicus and Papal Legates, in: Archivum Historiae Pontificiae 21 (1983) 183–194; R. C. Figueira, The Classification of Medieval Papal Legates in the „Liber Extra", in: Archivum Historiae Pontificiae 21 (1983) 211–228; ders., „Legatus Apostolice sedis": the Pope's „alter ego" According to Thirteenth-Century Canon Law, in: Studi Medievali, 3. S., 27 (1986) 528–584.

[290] Sinibaldo Fieschi hatte in seinem Kommentar zu den Dekretalen (ad X 1.30.9) die Ansicht vertreten, die Kardinäle allein seien berechtigt, mit dem Amt eines *legatus a latere* beauftragt zu werden, doch wurde diese extreme Auffassung nicht von allen Dekretalisten des 13. Jh. geteilt; vgl. Figueira, The Classification 216.

wenn es um die Provision mit Kirchen und mit Pfründen für die Kleriker ging. Mehrere Dekretalen Innozenz' III. beweisen, daß die Legaten auch das (klerikale oder laikale) *ius patronatus* nicht beachten mußten. In der Dekretale *Dilectus filius*[291] erklärte Innozenz III., der Legat beeinträchtige keineswegs den bischöflichen Machtbereich, falls er für eine vakante Pfarrkirche einen Kleriker vorschlage, selbst wenn er dabei den Bischof vorher nicht konsultiere; der Legat könne auch, so der Papst, das Recht des *patronus* ignorieren. Die Aussagen trugen zur Entstehung der Lehre bei, nach welcher der Legat – ein wahrer *alter ego* des Papstes – über dem Bischof stehe[292]. Jedenfalls spielten die Legaten in der ersten Hälfte des 13. Jh. eine entscheidende Rolle für die Durchsetzung der päpstlichen Politik[293]. Nur wenige Kirchenrechtler des 13. Jh. versuchten, die wachsende Macht der päpstlichen Legaten zu beschneiden[294]. Tatsächlich wurden deren Rechtsvollmachten erst auf dem Konzil von Trient in Frage gestellt, als es unter dem Einfluß starker Nationalkirchen zu einer Beschränkung dieser Machtausübung kam.

In den nichtoffiziellen Quellen[295] ist die Unterscheidung zwischen *legatus* (Bevollmächtigter) und *nuntius* (einfacher Gesandter) nicht immer klar. Immerhin scheint dieser Unterschied in den Schreiben der päpstlichen Kanzlei respektiert worden zu sein, zumindest von der Mitte des 13. Jh. an[296]. Eine besondere Kategorie bildeten die *legati nati*, eine im 13. Jh. bereits traditionelle Bezeichnung[297] für jene Würdenträger, die innerhalb einer Diözese ständig das Amt eines Legaten ausübten. Vor dem Konzil von Trient spielten diese Vertreter der päpstlichen Macht jedoch nur eine untergeordnete Rolle.

V. Der päpstliche Hof im 13. Jahrhundert – ein kultureller Mittelpunkt

Das Studium Curiae

1245 rief Innozenz IV. in Lyon ein *Studium generale* ins Leben. Es sollte die römische Kurie auf allen ihren Reisen begleiten. Der Papst wollte hier zweifellos Friedrich II. nachahmen, den Gründer des *Studium* von Neapel. Mit dieser Entscheidung verlieh der Papst den

---

291 POTTHAST, Regesta 2133.

292 PENNINGTON, Johannes Teutonicus 194.

293 Am eingehendsten wurden die englischen Gesandtschaften des 13. Jh. untersucht; vgl. H. TILLMANN, Die päpstlichen Legaten in England bis zur Beendigung der Legation Gualas, 1218, Bonn 1926; C. CHENEY, Cardinal John of Ferentino, papal legate in England in 1206, in: English Historical Review 76 (1961) 650–660; A. MERCATI, La prima relazione del cardinale Nicolo de Romanis sulla sua legazione in Inghilterra, in: Essays in history presented to Reginald Lane Poole, Oxford 1927, 274–289; D. M. WILLIAMSON, Some aspects of the legation of cardinal Otto in England, 1237–1241, in: English Historical Review 64 (1949) 145–173; F. M. POWICKE – C. R. CHENEY, Councils and Synods with other documents relating to the English Church, II, Oxford 1964, 725–792.815.1182 (Ottobono Fieschi).

294 Johannes Teutonicus bildet eine bemerkenswerte Ausnahme: Der Legat könne auf dem Gebiet der Gerichtsbarkeit ohne eine besondere Vollmacht nicht handeln, er könne auch jene Fälle nicht gerichtlich belangen, die schon in erster Instanz durch das bischöfliche Gericht gehört worden waren; vgl. PENNINGTON, Johannes Teutonicus 183–194.

295 Erzählende Quellen sowie Dokumente, die nicht der päpstlichen Kanzlei entstammen.

296 KYER, Legatus and Nuntius 473–477.

297 Heinrich von Susa, *Summa*, 318: *„Alii eliguntur sive creantur, et sic quasi nascuntur"*, zit. v. FIGUEIRA, The Classification 221.

zahlreichen zivilen[298] wie auch kanonischen Rechtsschulen an der römischen Kurie die Privilegien der *Studia*[299]. Nur der Lektor für Theologie, der künftige „Lehrer des Apostolischen Palastes“[300], war ein kurialer Amtsträger und Mitglied der *familia* des Papstes. Einige Theologielehrer von hohem Niveau (John Peckham) spielten im intellektuellen Leben der römischen Kurie des 13. Jh. eine wichtige Rolle. Im allgemeinen diente das *Studium Curiae*, genauer gesagt: die verschiedenen (privaten) Schulen des zivilen und kanonischen Rechts am päpstlichen Hof, der Verlautbarung der *opinio Curiae* zur kanonischen Gesetzgebung. Das *Studium* war für die Prokuratoren, Anwälte, Notare, *iurisperiti Curiam sequentes* und jene Kurialen bestimmt, die von Berufs wegen gehalten waren, der Entwicklung der päpstlichen Rechtsprechung zu folgen.

Die *familiae* des Papstes und der Kardinäle: das geistige Leben

Nicht nur die Schulen trugen das 13. Jh. hindurch dazu bei, aus dem päpstlichen Hof eines der großen Kulturzentren des christlichen Abendlandes zu machen; auch Gelehrte von europäischem Ruf gehörten zum Personal der römischen Kurie und lieferten ihren Beitrag. Unter Gregor IX. trugen fast 40 Prozent der Familiaren[301] der Kardinäle den Titel *magister*. Der gleiche Prozentsatz Graduierter findet sich unter den 300 Familiaren der Kardinäle Innozenz' IV., die nachgewiesen werden konnten[302]. Einige unter ihnen waren hervorragende Juristen, so etwa Raimund von Peñafort (Kapellan des Kardinals Jean d'Abbeville aus der Picardie); Jean de Monchy (Kapellan des Kardinals Johannes von Toledo), der zuvor in Montpellier römisches Recht gelehrt hatte; Pierre de Salins (Kapellan des Kardinals Hugo von Saint-Cher), der uns eine bedeutende *Lecture du Décret*[303] hinterließ. Den *familiae* des Papstes und der Kardinäle gehörte ferner eine große Anzahl bekannter Denker an: der Philosoph David von Dinant, Kapellan Innozenz' III. und später verurteilt[304]; Gregor von Monte Sacro, ein Freund Kardinal Ruggieros von Santa Anastasia (1206–1213), Verfasser einer dem Kardinal Thomas von Capua gewidmeten Enzyklopädie in Versen: *Peri ton anthropon theopoieseos*[305]; der Bücherfreund und Dichter Richard

---

[298] Zum *Studium Curiae* zählten im 13. Jh. mehrere Rechtsschulen; sie waren von dem Verbot Honorius' III., das den Unterricht in Zivilrecht betraf, dispensiert; vgl. A. Paravicini Bagliani, La fondazione dello „Studium Curiae“: una rilettura critica, in: Luoghi e metodi di insegnamento nell' Italia medioevale (secoli XII–XIV), 1989, 59–81 (Ndr. in: ders., Medicina e scienze della natura alla corte dei papi del Duecento, Spoleto 1991).

[299] Ebd.; bezügl. der Rechtsschule des Roffredus von Benevent, vgl. M. Bellomo, Intorno a Roffredo Beneventano: professore a Roma?, in: Scuole, diritto e società nel mezzogiorno medievale d'Italia, hrsg. von M. Bellomo, Bd. I, Catania 1985, 137–181.

[300] R. Creytens, Le „Studium Romanae Curiae“ et le maître du Sacré Palais, in: AFP 12 (1942) 1–82.

[301] Die *familiae* der Kardinäle umfaßten eine ganze Schar von Leuten, vom Arzt bis zum Stallburschen, von den Kleriker-Juristen bis zu den Köchen; alle waren dem Papst und den Kardinälen durch Treueid verpflichtet, dienten ihnen und berieten sie. Über die *familia* des Papstes im 13. Jh. vgl. A. M. Frutaz, La famiglia pontificia in un documento dell'inizio del sec. XIV, in: Palaeographica, Diplomatica et Archivistica, II, Rom 1979, 273–323; über die *familiae* der Kardinäle des 13. Jh. vgl. Paravicini Bagliani, Cardinali II 445–516. Vgl. auch ders., Il personale della Curia romana preavignonense: Bilancio e prospettive di ricerca, in: Proceedings of the Fifth International Congress of Canon Law, Vatikanstadt 1980, 391–410.

[302] Paravicini Bagliani, Cardinali I.

[303] Ebd., 246f, 268f.

[304] Siehe oben, II., 1. Innozenz III.

[305] E. C. Ronquist, The Early-Thirteenth-Century Monastic Encyclopedia in Verse of Gregorius de Monte Sacro, in: Studi Medievali 3. S., 29 (1988) 841–871 (der Prolog 863ff). Es handelt sich um ein wichtiges Werk

de Fournival, Kapellan des englischen Kardinals Robert von Somercotes[306]; der Übersetzer des *Secret des Secrets,* Filippo Tripolitania, Neffe des Vizekanzlers der römischen Kirche unter Honorius III. und später Kapellan des ersten Dominikanerkardinals Hugo von Saint-Cher[307]; der Chronist Ruggiero da Torrecuso, der Verfasser des *Miserabile carmen super destructione regni Hungariae,* Kapellan des Kardinals Johannes von Toledo[308]; der Biograph Innozenz' IV., Niccolò da Calvi, Kapellan des Kardinals Sinibaldo Fieschi[309]; der Biograph Urbans IV., Gregor von Neapel, Kapellan des Kardinals Guglielmo Fieschi[310] und später Bischof von Bayeux.

Die intellektuelle Bildung der Kleriker, die zu den Familiaren des Papstes und der Kardinäle des 13. Jh. zählten, war im allgemeinen hoch, wenn man berücksichtigt, daß viele von ihnen nach einigen Jahren treuer Dienste an der Kurie zur Leitung einer Diözese aufstiegen; allein während der Pontifikate Gregors IX. und Innozenz' IV. (1227–1254) wurden mehr als fünfzig Familiaren von Kardinälen Bischöfe[311]. Diese Zahl offenbart den Willen Roms, in einer Zeit wachsender Zentralisierung der römischen Institutionen intensive Verbindungen mit den Diözesen der Christenheit zu flechten. Eine unbestreitbar kulturelle Leistung bestand auch darin, daß sich das Papsttum für die Beachtung der anspruchsvollen Kriterien einsetzte, die künftige Bischöfe auf intellektuellem Gebiet zu erfüllen hatten.

Medizin und Naturwissenschaften am päpstlichen Hof

Ein *medicus papae,* ein Leibarzt des Papstes, ist mit Sicherheit seit dem Pontifikat Innozenz' III. bezeugt. Als Wohnung erwarb ihm der Papst eine *domus* innerhalb der Palastumfriedung. Je weiter das Jahrhundert fortschritt, desto mehr Ärzte standen im Dienst des Papstes und der Kardinäle (25 Ärzte allein unter Papst Bonifaz VIII.). In der ersten Hälfte des Jahrhunderts waren die meisten der am päpstlichen Hof anwesenden oder mit ihm in direkter Verbindung stehenden Ärzte mit der Schule von Salerno verbunden (Romuald, Jean de Saint-Paul, Giovanni Castellomata). Einige Ärzte hatten auf dem Gebiet der medizinisch-literarischen Produktion des 13. Jh. einen Namen (David von Dinant, Filippo Tripolitania, Richard de Fournival, Johannes von Toledo, Arnald von Villanova, Galvano von Levanti). Auch im Grenzbereich von Medizin und Naturwissenschaften[312] wurde am päpstlichen Hof des 13. Jh. Hervorragendes geleistet. Roger Bacon schrieb auf Anweisung Clemens' IV. zwischen 1266 und 1268 seine Hauptwerke *Opus Maius, Opus Minus* und *Opus Tertium*[313].

für das Verständnis der geistigen Verhältnisse an der römischen Kurie in den ersten Jahrzehnten des 13. Jh. dank der klaren Zeugnisse des Autors (s. vor allem das Widmungsschreiben, hrsg. von H. M. Schaller, in: Deutsches Archiv für Erforschung des Mittelalters 21 [1965] 499–502).

306 Paravicini Bagliani, Cardinali I 138–140.

307 Ders., La scienza araba nella Roma del Duecento, in: La diffusione delle scienze islamiche nel Medio Evo europeo, Rom 1987, 130ff.

308 F. Babinger, Maestro Ruggiero (s. Anm. 236) 53–61.

309 Pagnotti, Niccolò da Calvi 7–120.

310 Paravicini Bagliani, La storiographia pontificia 45–54; vgl. ders., Dictionnaire d'histoire et géographie ecclésiastique, XXII 12–14.

311 Paravicini Bagliani, Cardinali II 513 (zusammenfassender Überblick).

312 Vgl. z. B. ders., Medicina e scienze della natura alla corte di Bonifacio VIII: uomini e libri, in: Roma anno 1300, Rom 1983, 773–789.

313 Roger Bacon behandelte in allen Papst Clemens IV. zugesandten Werken die Frage der „Lebensverlänge-

Campanus von Novara, einer der besten Mathematiker und Astronomen des 13. Jh., lebte dreißig Jahre am päpstlichen Hof, wo er auch die meisten seiner Werke verfaßte. Die sehr schwierige *Theorica Planetarum* wurde eigens im Auftrag Urbans IV. geschrieben[314]. Bevor Campanus zu Anfang der sechziger Jahre an den päpstlichen Hof kam, hatte er sich durch Übersetzung und Kommentar der *Elementa* des Euklid bereits einen Namen gemacht[315]. Campanus kam an die römische Kurie in seiner Eigenschaft als Kapellan des Kardinals Ottobono Fieschi; bis zu seinem Tod gehörte er zum engeren Kreis der großen Prälaten dieser Familie[316].

In Viterbo vollendete der aus Schlesien stammende große Mathematiker Witelo seine *Perspectiva,* das wichtigste mittelalterliche Werk über die Wissenschaft der Optik. Seine Anwesenheit in Viterbo, zeitweise Aufenthaltsort der römischen Kurie, ist für 1277 glaubwürdig bezeugt; es war die Zeit, da John Peckham, der Autor der *Perspectiva communis*, am *Studium Curiae* Theologie lehrte. Einige Jahre zuvor hatte Roger Bacon Traktate über die Optik an Papst Clemens IV. übersandt. Damals lebten noch drei andere Gelehrte von europäischem Ruf am päpstlichen Hof, die sich mit den Problemen des Lichts und des Sehvermögens befaßten. Papst Johannes XXI. (Petrus Hispanus), berühmt als Philosoph und Arzt, beschäftigte sich selbst mit dieser Wissenschaft und schrieb einen Traktat über Ophthalmologie: *De oculo.* Zu erwähnen ist auch der flämische Dominikaner und päpstliche Pönitentiar Wilhelm von Moerbeke als Verfasser von Untersuchungen über das Licht und das Sehvermögen; Witelo zitiert ihn in der Widmung seiner *Perspectiva.* Ferner interessierte sich Campanus von Novara für die Probleme der Ophthalmologie. Der päpstliche Hof zu Viterbo erwies sich somit geradezu als Drehscheibe für die drei größten Werke über Optik, die im 13. Jh. entstanden[317].

In einem der drei Werke, die John Peckham während seines Aufenthalts am *Studium* niederschrieb, in den *Quaestiones de beatitudine corporis et anime*[318], steht der verherrlichte Leib im Zentrum der Thematik. Das war aber in Wirklichkeit nur ein Vorwand für die Untersuchung wissenschaftlicher Probleme wie Schwerkraft, Raum, Luftverdünnung im Vakuum oder Einfluß der Planeten auf die Bildung und Zusammensetzung von Edelmetallen. Peckham zitiert hier Autoren und Werke, die sonst in den theologischen Trakta-

---

rung". Die in den *Opuscula hactenus inedita* Roger Bacons (Oxford 1928) veröffentlichte *Epistola de retardatione accidentium senectutis* ist das Werk eines gewissen *dominus Castri G(r)et,* ein aus arabischen medizinischen Quellen gespeistes Werk, das er unter anderem auf Anraten des ehemaligen Leibarztes Innozenz' III., Giovanni Castellomata, hin verfaßt hatte. Eine Version (das gegenwärtige Ms. lat. 6978 der Pariser Nationalbibliothek) wurde Papst Innozenz IV. zugesandt. Die Geschichte dieser *Epistola,* des ersten, gänzlich dem Altersproblem gewidmeten mittelalterlichen Textes, ist zweifellos auf den päpstlichen Hof gemünzt. Vgl. A. Paravicini Bagliani, Ruggiero Bacone autore del „De retardatione accidentium senectutis, in: Studi Medievali 3a. Serie, 28/2 (1987) 707–728.

314 Hrsg. von F. S. Benjamin – G. J. Toomer, Campanus of Novara and Medieval Planetary Theory. Theorica planetarum, Madison 1971.

315 Es ist sogar sehr wahrscheinlich, daß Urban IV., der ihn zu seinem Kapellan ernannte, das älteste Manuskript besaß, das seinen Kommentar zu Euklid enthält und das heute noch erhalten ist, nämlich das Ms. Plimpton 156 der Columbia University Library.

316 Paravicini Bagliani, Campano da Novara 99–111.

317 D. C. Lindberg, Lines of influence in thirteenth-century Optics: Bacon, Witelo and Pecham, in: Speculum 46 (1971) 66–83; A. Paravicini Bagliani, Witelo et la science optique à la cour pontificale de Viterbe (1277), in: Mélanges de l'Ecole Française de Rome. Moyen Age – Temps Modernes 87 (1975) 425–453.

318 Joannes de Pecham, *Quodlibet Romanum,* hrsg. von F. M. Delorme, Rom 1938.

ten über die Auferstehung des Leibes nicht auftauchen (Alhazen; den *Liber de visu* Euklids u. a.).

Campanus von Novara war eng mit Simon von Genua befreundet, dem Verfasser des ersten und bedeutendsten medizinischen Wörterbuchs des 13. Jh., einem langatmigen Werk. Der Genuese trieb während seiner Tätigkeit als Leibarzt Nikolaus' IV. Primärforschungen in den Werken lateinischer, griechischer und arabischer Autoren. In den kurialen Kreisen des 13. Jh. verstanden mehrere Leute, darunter mindestens zwei Kardinäle (Pelagius Galvani und Johannes von Toledo), Arabisch[319].

1280 ließ Gonzalo Gudiel in Viterbo ein Inventar seiner Bibliothek aufstellen. Kurz zuvor auf den Erzstuhl von Toledo erhoben, weilte er nun zur Erledigung einiger damit verbundenen Fragen in dieser Stadt. In der Bibliothek dieses gebildeten Erzbischofs, später Kardinal unter Bonifaz VIII., muß sich eine sehr große Anzahl von Werken jener Gelehrten befunden haben, die er in Viterbo am päpstlichen Hof kennengelernt hatte, unter anderem Campanus von Novara (dessen *Theorica planetarum*) und Witelo (dessen *Perspectiva*) sowie die Übersetzungen Wilhelms von Moerbeke[320].

Der Anziehungskraft des päpstlichen Hofes auf kulturellem und wissenschaftlichem Gebiet entsprach jene im Bereich der Kunst. Beweis dafür ist das Mäzenatentum zugunsten von Künstlern wie Cavallini, Pietro Oderisi, Arnolfo da Cambio, Cimabue und später Giotto. Rom sollte gemäß dem Wunsch zahlreicher Päpste und Kardinäle römischer Herkunft (Nikolaus III., Bonifaz VIII.) in der zweiten Hälfte des 13. Jh. zu einem der großen Kunstzentren der Christenheit werden[321].

Bibliographie

I. Quellen

Apparatus Innocentii IV PP. in V libros Decretalium, hrsg. von S. Fieschi, Frankfurt a. M. 1570 (Ndr. 1968).
Conciliorum oecumenicorum decreta, hrsg. von J. Alberigo - Cl. Leonardi u. a., Bologna 1973, 173-247.
Constitutiones concilii quarti Lateranensis, hrsg. von Antonio García y García, Vatikanstadt 1981.
Corpus Iuris Canonici, 2 Bde., hrsg. von A. Friedberg, Leipzig 1879; Graz ^{2}1965.
Die Register Innocenz' III., hrsg. von O. Hageneder - A. Haidacher u. a., Graz - Köln 1964ff.
Epistolae saeculi XIII e regestis pontificum Romanorum selectae, hrsg. von C. Rodenberg, 3 Bde., Berolini 1883-1894.
Les Registres de Grégoire IX (1227-1241), hrsg. von L. Auvray, Paris 1890-1955.
Les Registres d'Innocent IV (1243-1254), hrsg. von E. Berger, Paris 1884-1921.
Les Registres d'Alexandre IV (1254-1261), hrsg. von C. Bourel de la Roncière u. a., Paris 1895-1959.
Les Registres d'Urbain IV (1261-1264), hrsg. von J. Guiraud u. a., Paris 1892-1958.
Les Registres de Clément IV (1265-1268), hrsg. von E. Jordan u. a., Paris 1893-1945.

---

319 Paravicini Bagliani, Medicina 773-789.

320 Die Herausgeber des *Aristoteles Latinus* haben seit langem schon die Hypothese aufgestellt, daß die Manuskripte von Toledo, die die Übersetzungen der Werke des Aristoteles durch Wilhelm von Moerbeke enthalten, mit jenen gleichzusetzen sind, die wir in diesem Inventarisierungsverzeichnis angegeben finden. Diese Hypothese wird durch die Tatsache erhärtet, daß der einzige bekannte Kopist - Pierre Bafuinhe, ein Kleriker von Narbonne - gerade Ende 1279 das päpstliche Notariat übertragen bekam, also in Viterbo residieren mußte. Vgl. A. Paravicini Bagliani, Guillaume de Moerbeke et la cour pontificale, in: Guillaume de Moerbeke. Recueil d'études à l'occasion du 700e anniversaire de sa mort (1286), hrsg. von J. Brams - W. Vanhamel, Löwen 1989, 23-53.

321 R. Krautheimer, Rome. Profile of a City, 312-1308, Princeton 1980, 227; J. Gardner, Patterns of Papal Patronage circa 1260-circa 1300, in: The Religious Roles of the Papacy, 439-456.

Matthaeus Parisiensis, Chronica Maiora, 6 Bde., hrsg. von H.-R. Luard, 7 Bde., London 1872–1882.
Regesta pontificum Romanorum, 2 Bde., hrsg. von A. Potthast, Berlin 1874–1875.
Regesta Honorii Papae III, hrsg. von P. Pressutti, 2 Bde., Rom 1888–1895.
Regestum Innocentii III papae super negotio Romani imperii, hrsg. von F. Kempf, Rom 1947.
Honorii III opera, hrsg. von C. A. Horoy, 5 Bde., Paris 1879–1883.
Registro del Cardinale Ugolino d'Ostia, hrsg. von G. Levi, Rom 1890.
D. Mansilla, La documentación pontificia hasta Inocencio III (965–1216), Rom 1955.
–, La documentación pontificia de Honorio III (1216–1227), Rom 1965.
I. Rodríguez de Lama, La documentación pontificia de Alejandro IV (1254–1261), Rom 1976.
–, La documentación pontificia de Urbano IV (1261–1264), Rom 1981.
A. Quintana Prieto, La documentación pontificia de Inocencio IV (1243–1254), 2 Bde., Rom 1987.

II. Untersuchungen

G. Baaken, Ius imperii ad regnum. Königreich Sizilien, Imperium Romanum und Römisches Papsttum vom Tode Kaiser Heinrichs VI. bis zu den Verzichtserklärungen Rudolfs von Habsburg, Köln – Weimar – Wien 1993.
M. Borgolte, Petrusnachfolge und Kaiserimitation. Die Grablegen der Päpste, ihre Genese und Traditionsbildung, Göttingen 1989.
L. Buisson, Potestas und Caritas. Die päpstliche Gewalt im Spätmittelalter, Köln – Wien ²1982.
C. R. Cheney, Pope Innocent III and England, Stuttgart 1976.
O. Engels, Von den Staufern zu den Anjou, von Honorius III. bis Nikolaus IV., in: M. Greschat (Hrsg.), Das Papsttum I. Von den Anfängen bis zu den Päpsten in Avignon, Stuttgart u. a. 1985, 208–228.
R. Foreville, Le pape Innocent III et la France, Stuttgart 1992.
K. Ganzer, Papsttum und Bistumsbesetzungen in der Zeit von Gregor IX. bis Bonifaz VIII., Köln – Graz 1968.
W. Imkamp, Das Kirchenbild Innocenz' III. (1198–1216), Stuttgart 1983.
F. Kempf, Innocenz III., in: M. Greschat (Hrsg.), Das Papsttum I. Von den Anfängen bis zu den Päpsten in Avignon, Stuttgart u. a. 1985, 196–207.
G. B. Ladner, Die Papstbildnisse des Altertums und des Mittelalters II, Vatikanstadt 1970.
M. Laufs, Politik und Recht bei Innozenz III. Kaiserprivilegien, Thronfolgeregister und Egerer Goldbulle in der Reichs- und Rekuperationspolitik Papst Innozenz' III., Köln – Wien 1980.
P. Linehan, The Spanish Church and the Papacy in the Thirteenth Century, Cambridge 1971.
M. Maccarrone, Studi su Innocenzo III, Padua 1972.
W. Maleczek, Papst und Kardinalskolleg von 1191 bis 1216, Wien 1984.
C. Morris, The Papal Monarchy. The Western Church from 1050 to 1250, Oxford 1989.
A. Paravicini Bagliani, Cardinali di Curia e ‚familiae' cardinalizie dal 1227 al 1254, Padua 1972.
–, I testamenti dei cardinali del Duecento, Rom 1980.
K. Pennington, Popes and Bishops. The Papal Monarchy in the Twelfth and Thirteenth Centuries, Philadelphia 1984.
Chr. Ryan (Hrsg.), The Religious Roles of the Papacy: Ideals and Realities, 1150–1300, Toronto 1989.
J. Sayers, Papal Judges Delegate in the Province of Canterbury 1198–1254, Oxford 1971.
–, Papal Government and England during the pontificate of Honorius III (1216–1227), Cambridge 1984.
–, Innocent III: Leader of Europe, 1198–1216, London 1993.
B. Schimmelpfennig, Die Zeremonienbücher der römischen Kurie im Mittelalter, Tübingen 1973.
H. Tillmann, Papst Innocenz III., Bonn 1954.
D. Waley, The Papal State in the Thirteenth Century, London 1961.
H. Wolter – H. Holstein, Lyon I et Lyon II, Paris 1966.

Zweites Kapitel

Die päpstliche Vormachtstellung (1198–1274)

Von Agostino Paravicini Bagliani

I. Das Papsttum und der Begriff der „christianitas"

Seit dem 11. Jh. setzte sich im Abendland die Vorstellung von der lateinischen Christenheit als einer einheitlichen, übernationalen Gemeinschaft [1] aus allen westlichen Völkern durch. Zu diesem neuen Bewußtsein trugen mehrere Ereignisse bei, vor allem das Schisma mit Byzanz und die Christianisierung weiter Teile Nord- und Osteuropas. Allerdings war der Begriff der *christianitas* Anfang des 13. Jh. in den päpstlichen Äußerungen noch nicht fest umrissen.

1. Innozenz III.

Für Innozenz III. bedeutete *christianitas* entweder *ecclesia* in ihrer umfassendsten Bedeutung, also die Gemeinschaft aller Gläubigen (im Unterschied zur *ecclesia* als hierarchischer Institution [2]), oder *orbis christianus* (IV. Laterankonzil, can. 71), mit dem alle „christlichen Völker" und Königreiche gemeint waren [3]. Die Gleichsetzung von *ecclesia* und *christianitas* trat bei ihm jedenfalls stärker hervor als früher. So ging die Konvokationsbulle zum vierten Laterankonzil auf eine zugleich kirchliche und eminent politische Bedeutung des Begriffs der *christianitas* zurück. Zum ersten Mal seit den Konzilien der Spätantike lud im Mittelalter wieder ein Papst nicht nur den Episkopat zum Konzil ein, sondern auch die Äbte und Prioren der Klöster und Stifte, die Ritterorden sowie die weltlichen Fürsten, also alle Vertreter der *christianitas*, die hier ganz umfassend als „christliche Gesellschaft", als Gemeinschaft aller Christen verstanden wurde.

Dieser Begriff war Bestandteil einer Ekklesiologie, die den Papst an die Spitze der kirchlichen und gesellschaftlichen Hierarchie stellte. Seine Wurzeln reichen weit zurück.

Bibliographische Kurzangaben verweisen auf das Literaturverzeichnis am Ende des Kapitels (siehe Seite 654).

[1] J. A. Watt, The Theory of Papal Monarchy in the Thirteenth Century. The Contribution of the Canonists, London 1965, 103. Vgl. allgemein W. Kölmel, Regimen Christianum, Berlin 1973, und ders., Chiesa, cristianità, genere umano: riflessioni sull' autocomprensione della società medievale, in: Cristianesimo e Storia 5 (1984) 507–522, sowie D. Menozzi, Intorno alle origini del mito della cristianità, in: Cristianesimo e Storia 5 (1984) 363–400.

[2] J. Rupp, L'idée de chrétienté dans la pensée pontificale des origines à Innocent III, Paris 1939, 99–123; F. Kempf, Das Problem der Christianitas im 12. und 13. Jahrhundert, in: HJ 79 (1960) 104–123.

[3] M. Maccarrone, La papauté et Philippe Auguste. La décrétale „Novit ille", in: R.-H. Bautier (Hrsg.), La France de Philippe Auguste: Le temps des mutations, Paris 1982, 400ff.

Schon unter Gregor VII. und seinen unmittelbaren Nachfolgern[4] wurde *christianitas* mit dem Leib Christi gleichgesetzt, wobei der Papst ausdrücklich das Haupt dieses Leibes bildete und die Verantwortung für alle Gläubigen trug. Damit hatte er sowohl eine geistliche als auch eine weltliche Aufgabe. Als geistliches Oberhaupt der Christenheit besaß er die höchste Schlüsselgewalt und konnte jeden aus dem „Leib Christi" ausschließen oder wiedereingliedern[5]. Innozenz III. zufolge waren die Christen *aufgrund* ihrer Zugehörigkeit zur Kirche – im ekklesiologischen Sinne – der Autorität des Papstes unterworfen, des *caput et fundamentum totius christianitati*[6], der *necessitas et utilitas totius populi Christiani*[7]. Kraft seines Amtes war der Papst nicht nur für die Teilkirchen, sondern für alle Gläubigen verantwortlich und stand in seiner Eigenschaft als Haupt der *christianitas* an der Spitze der christlichen Welt.

Trotzdem bildete für Innozenz III. die Christenheit noch nicht „jene Einheit von Ländern, deren Fürsten offiziell unter der religiösen Oberhoheit des römischen Papstes stehen, der seine geistliche Macht unmittelbar auf alle ihre Untertanen ausüben kann"[8]. Erst gegen Ende des 13. Jh. setzte sich der Gedanke durch, daß Rom der Ort sei, „wo die römische Kurie ihren Sitz hat, die allen Nationen der Christenheit gemeinsam ist"[9].

2. Innozenz IV.

Ein entscheidender Schritt in diese Richtung vollzog sich unter Innozenz IV.[10], der die Idee der *christianitas* in den Dienst der universalen päpstlichen Ansprüche stellte. Gründe dafür waren starke politisch-gesellschaftliche Spannungen (das Aufkommen neuer Formen von politischer Autonomie, vor allem in den italienischen Städten) und der Konflikt mit Friedrich II. Daraus sollte ein nachhaltiger Substanzverlust der kaiserlichen Befugnisse herrühren, den Innozenz IV. benutzte, die einigende Rolle des Papsttums herauszustellen. Für ihn war die weltliche Gewalt nur durch ihre Zugehörigkeit zur Christenheit legitimiert und nur, wenn sie die universelle Gewalt des Papstes als alleinigen Garanten des Rechts anerkannte. Die päpstliche Jurisdiktion wurde so zum Dreh- und Angelpunkt der Gesellschaftsordnung der gesamten Christenheit. Auch die Idee der *christianitas* erhielt ihren Sinn erst im Zusammenhang mit der umfassenden Jurisdiktionsgewalt des Papstes, kraft deren dieser zum Schiedsrichter über das gesellschaftliche Gleichgewicht wurde. Wie

---

[4] J. van Laarhoven, „Christianitas" et Réforme Grégorienne, in: Studi Gregoriani 6 (1959–1960) 1–98; vgl. G. Ladner, The concepts of „Ecclesia" and „Christianitas" and their relation to the idea of papal „Plenitudo potestatis" from Gregory VII to Boniface VIII, in: ders., Images and Ideals in the Middle Ages: Selected studies in history and art, Bd. II, Rom 1983, 487–515.

[5] Huguccio nahm eine ausgesprochen politische Haltung ein, wenn er sagte: „Omnes christiani subsunt Apostolico", denn „omnes Latini ... saltem ratione subsunt Romano imperio", in: Summa super decreto, zit. bei Maccarrone, La papauté (s. Anm. 3) 401, Nr. 50.

[6] Regestum Innocentii III Papae super negotio Romani imperii, hrsg. von F. Kempf, Rom 1947, 125, Nr. 44.

[7] PL 214, 386.470.979; PL 215, 957; PL 216, 36; zit. bei Watt, The Theory (s. Anm. 1) 102, Anm. 94 u. 95.

[8] G. Le Bras, Institutions ecclésiastiques de la chrétienté médiévale (Histoire de l'Eglise 12) Paris 1964, 24.

[9] Extravag. Comm. 2.3.1.: „in quo Romana communis omnium Christiani Populi nationum residebit curia".

[10] J. A. Kemp, A New Concept of Christian Commonwealth in Innocent IV, in: Proceedings of the Second International Congress of Medieval Canon Law, hrsg. von S. Kuttner – J. J. Ryan, Vatikanstadt 1965, 155–159; A. Melloni, Innocenzo IV. La concezione e l'esperienza della cristianità come *regimen unius personae*, Genua 1990.

Die Kuppeln der Sophienkathedrale (1045–50) im Kreml von Novgorod zeigen die für die russische Kunst so typische Zwiebelform als Bedachung der Kuppeln.

Die russisch-orthodoxe Kirchenkunst wandelte den Typ der byzantinischen Kreuzkuppelkirche in vielfältiger Weise ab. Die 13 Kuppeln der Sophienkathedrale (1037–57) in Kiev sollen Christus und die zwölf Apostel symbolisieren.

Die Innenausstattung der Kiever Sophienkathedrale ist bestimmt vom Goldmosaik der Gottesmutter Maria in der altchristlichen Haltung der Orantin in der Apsis und der goldschimmernden Ikonenwand (Ikonostase), mit der die orthodoxe Kirche den Altarraum vom Raum der Gläubigen trennt. In der Kuppel thront, byzantinischem Vorbild entsprechend, Christus als Pantokrator.

auch bei Innozenz III. war die weltliche Gewalt zwar nicht ausgeschaltet, aber eine solche Auffassung von „Christenheit“ rechtfertigte ihre untergeordnete Rolle.

II. Die „plenitudo potestatis“

Seit Innozenz III. wurde die *plenitudo potestatis* zum einschlägigen Begriff für die päpstliche Souveränität. Aufgekommen war er schon unter Leo I.[11], aber das Papsttum bediente sich seiner verstärkt erst seit den letzten Jahrzehnten des 12. Jh.[12] Im Jahre 1198 tauchte der Ausdruck zum ersten Mal im Sprachgebrauch der päpstlichen Kanzlei auf[13] und wurde sogleich von den Kanonisten übernommen[14].

1. Die Kanonisten des 12. Jahrhunderts

Gratian nahm die leoninische Formulierung der *plenitudo potestatis* in sein *Decretum*[15] auf und verwendete sie in einem *dictum*[16]. So trug er maßgeblich zu ihrer Verbreitung bei, zumal er in sein Werk noch zwei ähnlich geartete Texte einfügte, einen unechten Brief Papst Gregors IV.[17] und eine Stelle aus Pseudo-Isidor[18]. Im 12. Jh. zögerten die Dekretisten aber noch, den Begriff allein auf den Papst anzuwenden, denn bisher konnte er sich ebensogut auf die Vollmachten eines Gesandten oder eines Bischofs beziehen. Außerdem verfügte man traditionell über eine Fülle von Ausdrücken für die päpstliche Autorität: *plena potestas, plena auctoritas, plenaria potestas, plena et libera administratio*[19].

Der Siegeszug der Formel *plenitudo potestatis* begann damit, daß Bernhard von Clairvaux sie begeistert aufnahm[20] und Huguccio sie für Rechtsprechung und Lehre spezifizierte und vertiefte. Er stellte die klassisch gewordene Definition auf: „Zur vollen Autorität gehören die Anordnung *(preceptum)*, die allgemeine Gültigkeit und die Notwendigkeit .... Diese drei treffen auf den Papst zu, während der Bischof nur über das erste und das dritte verfügt.“[21]

Die von Gratian aufgenommenen Texte aus Pseudo-Gregor und Pseudo-Isidor verän-

---

[11] Ep. 14, PL 54, 671: „Vices enim nostras ita tuae credidimus charitati, ut in partem sis vocatus sollicitudinis, non in plenitudinem potestatis“; vgl. J. Rivière, „In partem sollicitudinis“. Evolution d'une formule pontificale, in: RevSR 5 (1925) 210–231; W. Ullmann, Leo I and the Theme of Papal Primacy, in: JThS 11 (1960) 25–51.

[12] Beiläufig taucht der Ausdruck in einem Brief Lucius' III. auf (PL 201, 1288); vgl. P. Zerbi, Papato, impero e „respublica christiana“ dal 1187 al 1198, Mailand ²1980, 170–173.

[13] Alle Belege in den Dekretalen Innozenz' III. hat J. A. Watt zusammengestellt (The Term „Plenitudo potestatis“ by Hostiensis, in: Proceedings of the Second International Congress of Medieval Canon Law, hrsg. von S. Kuttner – J. J. Ryan, Vatikanstadt 1965, 175ff).

[14] Der Begriff wird in allen Dekretalensammlungen aus dieser Zeit benutzt, den „Quinque compilationes antiquae“ (Watt, The Term [s. Anm. 13] 165).

[15] C. 3 q. 6 c. 8.

[16] Dict. pr. C. 9 q. 3.

[17] C. 2 q. 6 c. 11.

[18] C. 2 q. 6 c. 12.

[19] B. Tierney, Foundations of the Conciliar Theory. The Contributions of the Medieval Canonists from Gratian to the Great Schism, Cambridge 1955, 143.

[20] De consideratione II, 8, 16; III, 4, 14; ep. 131 u. 132.

[21] Glossa Palatina ad Dist. 11 c. 2, zit. bei Tierney, Foundations 146.

derten den ursprünglichen Sinn des von Leo I. verwendeten Begriffs, indem sie die *potestas* des Papstes von der der Bischöfe trennten: Ersterem sollte vor allem die *plenitudo potestatis* zukommen, letzteren die *pars sollicitudinis.* Diese Unterscheidung diente schließlich zur Untermauerung der These, daß die Macht der Bischöfe aus der Jurisdiktionsgewalt des Papstes hervorgehe, da jene von diesem *in partem sollicitudinis* berufen seien [22]. Im Verlauf des 12. Jh. wurde der Ausdruck *plenitudo potestatis* zunehmend losgelöst von der *sollicitudo* verstanden und bezeichnete nun ausschließlich die päpstliche Gewalt in ihrer höchsten Ausprägung, der Ausübung der höchsten Funktion in Gesetzgebung und Rechtsprechung.

Gleichzeitig mit dieser Entwicklung kamen zwei neue Wendungen auf: Auf dem Gebiet der Gesetzgebung „bewahrt der Papst alles Recht im Schrein seiner Brust" [23], und in der Rechtsprechung ist „der Papst der ordentliche Richter aller" [24]. Von da an war der Begriff *plenitudo potestatis* für den Papst reserviert, während man in bezug auf die Bischöfe eher von *plena potestas* sprach [25].

2. Innozenz III.

Die Formulierungen, die Innozenz III. in seinen Predigten und Briefen gebrauchte, wurden bald als definitiv betrachtet. In einem Brief an den Erzbischof von Monreale, gleich zu Beginn seines Pontifikats, schlägt er einen neuen Ton an: „Obgleich unser Herr Jesus Christus bei der Gründung seiner Kirche jedem seiner Jünger die gleiche Binde- und Lösegewalt über die Gläubigen übertragen hat, war es sein Wille, daß einer unter ihnen, der heilige Petrus, in dieser Kirche den Vorrang haben sollte, denn er hat gesagt: ‚Du bist Petrus, und auf diesen Felsen will ich meine Kirche bauen.' Damit wollte er allen Gläubigen zu verstehen geben, daß es in seiner Kirche ein allen Gliedern gemeinsames Haupt gibt, das seine Macht von ihm erhalten hat und sie an seiner Statt ausübt, so wie es auch zwischen Gott und den Menschen nur einen Mittler gibt, den menschgewordenen Jesus Christus, der, indem er den neuen Bund zwischen Himmel und Erde schloß, auch die hartnäckige Zwietracht unter den Menschen beendete und ihre Eintracht wiederherstellte .... Und so wurde aufgrund der dem heiligen Petrus vom Herrn selbst verliehenen Gewalt die heilige römische Kirche, die unser Herr Jesus Christus durch ebenjenen Apostel selbst eingesetzt und begründet hat, zur Oberhoheit über alle anderen Kirchen berufen, auf daß ihre weisen Entscheidungen überall als verbindlich gelten." [26]

Im Laufe seines Pontifikats nahmen die Äußerungen Innozenz' III. zur *plenitudo potestatis* noch an Deutlichkeit zu: „Den anderen Aposteln wurde beschieden, sich die Macht zu teilen, Petrus aber, die ganze Macht *(plenitudo)* auszuüben. Von ihm erhielt ich die Mitra meines Priesteramtes und die Krone meiner Königswürde; er machte mich zum Stellvertreter Dessen, auf dessen Gewand geschrieben steht: ‚König der Könige, Herr der Heerscha-

---

[22] Watt, The Term (s. Anm. 13) 164. Zur Auffassung der bischöflichen Funktionen bei Innozenz III. siehe v.a. W. Imkamp, *Pastor et sponsus.* Elemente einer Theologie des bischöflichen Amtes bei Innocenz III., in: Aus Kirche und Reich. Studien zu Theologie, Politik und Recht im Mittelalter. FS Friedrich Kempf, Sigmaringen 1983, 285–294.

[23] F. Gillmann, „Romanus pontifex iura omnia in scrinio pectoris sui censetur habere", in: AKathKR 92 (1912) 3ff.

[24] „papa est iudex ordinarius omnium" (zit. bei Watt, The Term [s. Anm. 13] 165).

[25] Tierney, Foundations (s. Anm. 19) 146.

[26] Reg. I 316, in: Die Register Innocenz' III., hrsg. von O. Hageneder u. a., Graz – Köln 1964ff, I 448.

ren, Priester auf ewig nach der Ordnung Melchisedeks’[27]; „der Papst ist Stellvertreter Dessen, dessen Königreich ohne Ende ist“[28]; „Petrus steht in seiner Vollmacht und Handlungsfreiheit über allem, denn er ist der Stellvertreter Dessen, dem die Erde gehört, mit allem, was es auf ihr gibt und was auf ihr lebt“[29]; „der Papst ist Bevollmächtigter Dessen, der über die Könige herrscht, den Fürsten gebietet und die Reiche nach seinem Gutdünken vergibt“; „wie beim menschlichen Körper nur der Kopf im Vollbesitz der Sinne ist und die anderen Glieder an seiner *plenitudo* teilhaben, so sind im Körper der Kirche die übrigen Bischöfe zur *pars sollicitudinis* berufen, während der Heilige Vater die Macht und die Verantwortung in ihrer Gänze trägt“[30].

3. Innozenz IV. und die Dekretalisten des 13. Jahrhunderts

Mit Innozenz IV. und den Dekretalisten des 13. Jh. erreichte der Begriff der *plenitudo potestatis* seine größte Ausweitung. Der vormalige Sinibaldo Fieschi vertrat die Meinung, dank der *plenitudo potestatis* könne der Papst seine weltliche Gewalt nicht nur über alle Christen, sondern auch über die Ungläubigen ausüben[31], und der äußerst einflußreiche Dekretalist Hostiensis erklärte, die päpstliche Macht beruhe auf einer *plenitudo potestatis plenissima*[32]. Hier führte er allerdings eine wichtige Unterscheidung zwischen zwei Arten von Macht ein: der *potestas ordinaria* oder *ordinata*, die der Papst kraft der *plenitudo officii* in Übereinstimmung mit den bestehenden Gesetzen ausübt, und der *potestas absoluta*, die sich von der *plenitudo potestatis* ableitet und aufgrund deren der Papst über bestehendes Recht hinausgehen kann[33]. Die *plenitudo potestatis* war nicht dem Papst allein vorbehalten, sondern dieser bildete zusammen mit den Kardinälen ein Kollegium, das die von Gott der römischen Kirche anvertraute Macht ausübte[34].

4. Die „plenitudo potestatis“ und die Bischofswahl

Diese Doktrin hatte großen Einfluß auf die päpstliche Politik bei Bischofswahlen. Das Wormser Konkordat erkannte das Recht der Bischöfe auf kanonische Wahl an, sagte aber nichts über den Kreis der Wahlberechtigten. Im 12. und 13. Jh. schloß die päpstliche Gesetzgebung endgültig die Laien (Fürsten und Volk) und den niederen Klerus von der Beteiligung an der Bischofswahl aus; von da an war dieses Recht ausschließlich dem Domkapitel vorbehalten[35]. Wieder spielte Innozenz III. eine wichtige Rolle bei dieser Ent-

---

27 PL 216, 721.

28 PL 216, 1044.

29 Regestum (s. Anm. 6) 48, Nr. 18.

30 PL 217, 517 (Predigt Innozenz’ III. zum Fest Gregors des Großen); siehe auch PL 217, 522. 778–779.

31 Commentaria ad X, II, 10; III; XXIV, 8.

32 Watt, The Term (s. Anm. 13) Anh. B.

33 Ebd. Nr. 5 u. 55 (S. 179 u. 185), vgl. 167.

34 Hostiensis, Lectura ad IV. XVII. 3, zit. bei Tierney, Foundations (s. Anm. 19) 151.

35 Vgl. IV. Laterankonzil, can. 24 (in: Conciliorum Oecumenicorum Decreta, hrsg. von G. Alberigo u. a., Basel – Barcelona 1962 [im folgenden: COD] 246); siehe auch K. Ganzer, Papsttum und Bistumsbesetzungen in der Zeit von Gregor IX. bis Bonifaz VIII. Ein Beitrag zur Geschichte der päpstlichen Reservationen, Köln – Graz 1968, 10, und ders., Zur Beschränkung der Bischofswahl auf die Domkapitel in Theorie und Praxis des 12. und 13. Jahrhunderts, in: ZRG. KA 57 (1971) 22–82, 58 (1972) 166–197.

wicklung. Mehrfach machte er entschieden deutlich – z. B., als er die Wahl Stephen Langtons zum Erzbischof von Canterbury durchsetzte –, daß kirchliche Wahlen frei von jeder Kontrolle durch Laien sein müßten und folglich die römische Kurie die einzige Instanz wäre, die über diesbezügliche Streitfälle zu entscheiden hätte. Das vierte Laterankonzil[36] bestätigte diese Auffassung und gab so der Durchsetzung eines kanonischen Prinzips seinen Segen, das weitreichende ekklesiologische und politische Implikationen besaß[37].

In England beispielsweise schien Innozenz III. in allen Fällen, in denen er um Schlichtung angerufen wurde, entschlossen, die mit der Lehre von der *plenitudo potestatis* verbundenen Vorrechte anzuwenden. Damit mußte er zwangsläufig in die Rechte der lokalen Wahlgremien eingreifen. Direkte Ernennungen scheint der Papst niemals vorgenommen zu haben. Nur in wenigen wohlbegründeten Ausnahmefällen verweigerte er seine Zustimmung zu den königlichen Kandidaten – anders gesagt, hatte der englische König zwar nicht mehr die Freiheit, selbst Bischofswahlen abzuhalten, behielt aber in der Praxis trotz seiner Eigenschaft als Lehnsmann des Papstes die Macht, seinen Einfluß geltend zu machen; nur in zwei Fällen[38] entschied sich der Papst anders als der König. Die Ausübung der *plenitudo potestatis* hatte also durchaus ihre Grenzen. Die Kandidaten für einen Bischofssitz mußten sowohl *personae gratae* in Rom als auch „loyal gegenüber dem König und dem Staat nützlich“[39] sein. Innozenz III. selbst führte diese Voraussetzungen den Wählern des Bischofs von Amalfi vor Augen[40].

In der Folgezeit legte der *Liber Extra* Gregors IX.[41] die jeweiligen Rechte der römischen Kirche und der Ortskirchen bei Wahlvorgängen fest, aber schon Innozenz IV. umging häufig die Vorrechte des Domkapitels und des Metropoliten und begründete sein Vorgehen mit seiner (extremen) Auslegung der *plenitudo potestatis.* Schon lange vor Bonifaz VIII., dem man im allgemeinen die Verantwortung für diese Entwicklung zuschreibt[42], hatte sich also eine direkte Interventionspolitik der Päpste bei der Bischofsernennung etabliert. Dieser Wandel, der sich als quasi unumkehrbar erwies, hatte nicht nur ekklesiologische Gründe. Schon seit Gregor IX.[43] scheint es Brauch geworden zu sein, daß man der Apostolischen Kammer anläßlich seiner Ernennung zum Abt oder Bischof eine gewisse Summe zukommen ließ. Diese *servitium*[44] genannte Taxe wurde unter Alexander IV. und Gregor X. zur Regel[45]. Allerdings gab es gegen solche Praktiken auch zum Teil heftige und po-

---

36 IV. Laterankonzil, can. 25, in: COD (s. Anm. 35) 247.

37 C. R. Cheney, Pope Innocent III and England, Stuttgart 1976, 176.

38 Es handelt sich um die Ernennung Stephen Langtons zum Erzbischof von Canterbury und Peter des Roches' auf den Stuhl von York; vgl. Cheney, Innocent III (s. Anm. 37) 177.

39 Brief vom 31. Oktober 1213 (A. Potthast, Regesta pontificum Romanorum, 1875, Ndr. Graz 1957, Nr. 4836); vgl. The Letters of Pope Innocent III (1198–1216) concerning England and Wales. A Calendar with an appendix of texts, hrsg. von C. R. u. M. G. Cheney, Oxford 1967, 265, Nr. 939.

40 PL 214, 1104; vgl. Cheney, Innocent III (s. Anm. 37) 177.

41 Ausführliche Analyse bei Ganzer, Papsttum (s. Anm. 35) 10–27.

42 S. Gagnér, Studien zur Ideengeschichte der Gesetzgebung, Stockholm 1960, 212ff.

43 Ganzer, Papsttum (s. Anm. 35) 80.

44 A. Gottlob, Die Servitientaxe im 13. Jahrhundert, Stuttgart 1903.

45 Aufschlußreich sind in diesem Zusammenhang die Register der Apostolischen Kammer unter Urban IV. und Clemens IV.; vgl. E. Pasztor, I registri camerali di lettere pontificie del secolo XIII, in: AHP 11 (1973) 7–83; ders., Il registro Vaticano 42, in: Annali della Scuola Speciale per archivisti e bibliotecari dell'Università di Roma 10 (1970) 25–193.

lemische Reaktionen von seiten weltlicher Herrscher, von Konzilien und auch von einzelnen Geistlichen mit außergewöhnlicher moralischer Autorität[46].

5. *Die „plenitudo potestatis" und die Bischofstranslation*

Seit der gregorianischen Reform und mehr noch im 12. Jh. hatte sich die Metapher des mit seiner Kirche verheirateten Bischofs eingebürgert. Innozenz III. erließ keine Dekrete in der heiklen Frage der Bischofstranslation, sondern handelte je nach Einzelfall mit Entschiedenheit und Umsicht, wobei er sich auf einschlägige alte Rechte der römischen Kirche berief, deren Ursprung als göttlich galt[47]. Das Problem sollte „eher praktisch als nach Rechtsgrundsätzen"[48] gelöst werden. Die Zahl der Bischofstranslationen nahm während des gesamten 12. Jh. zu und erreichte unter Innozenz III. einen vorläufigen Höhepunkt: 30 Bischöfe wechselten ihre Diözese[49].

In Huguccios Auslegung[50] diente das Bild von der Ehe des Bischofs mit seiner Kirche dazu, die *plenitudo potestatis* des Papstes weiter zu festigen. Wenn man, wie Innozenz III., das Band zwischen dem Bischof und seiner Kirche als gleichbedeutend mit der Unauflöslichkeit der Ehe erklärte, konnte man in der Tat zu dem Schluß gelangen, nur der Papst könne Bischofstranslationen verfügen[51].

Die Aufnahme der Entscheidungen Innozenz' III. zur Translation in die großen Dekretalensammlungen seiner Zeit[52] trug entscheidend zur Begründung einer kanonischen Tradition in der Frage der päpstlichen Reservationen bei. Obwohl die Translation eines Bischofs von einer zutiefst hierarchischen Auffassung der Kirche zeugte, wurde sie doch nach und nach unerläßlicher Bestandteil des bischöflichen *cursus honorum*, denn die Christenheit organisierte sich zunehmend auf nationaler und selbst internationaler Ebene.

III. Der päpstliche Primat

Innozenz III. entwickelte eine ganze „Theologie des Primats Petri"[53]. Dabei vertiefte und erweiterte er Gedanken der Theologen des 11. und 12. Jh.[54], die unter anderem Wesen und

---

46 Quellen und Bibliographie bei GANZER, Papsttum (s. Anm. 35) 83–88.

47 POTTHAST (s. Anm. 39) 942, 26. Januar 1200; vgl. CHENEY, Innocent III (s. Anm. 37) 73.

48 CHENEY, ebd. 72.

49 K. PENNINGTON, Pope and Bishops. The Papal Monarchy in the Twelfth and Thirteenth Centuries, Philadelphia 1984, 95.

50 R. BENSON, The Bishop-Elect: A Study in Medieval Ecclesiastical Office, Princeton 1968, 121–128 u. 144–149; vgl. K. SCHATZ, Papsttum und partikularkirchliche Gewalt bei Innocenz III., 1198–1216, in: AHP 8 (1970) 108f.

51 X 1.7.4 und 1.7.2 u. 3; vgl. BENSON, The Bishop-Elect (s. Anm. 50) 121–124 u. 126ff; s. auch Reg. I 326 in: Register I (s. Anm. 26) 472ff, zit. bei PENNINGTON, Pope and Bishops (s. Anm. 49) 16.

52 Vor allem diejenigen von Rainer von Pomposa und Bernhard von Compostela; vgl. CHENEY, Innocent III (s. Anm. 37) 73.

53 M. MACCARRONE, Chiesa e Stato nella dottrina di papa Innocenzo III, Rom 1940, 3–6.

54 DERS., La teologia del primato romano del secolo XI, in: Le istituzioni ecclesiastiche della 'societas christiana' dei secoli XI-XII. Papato, cardinalato ed episcopato. Atti della quinta settimana di studi, Mendola 26–31 agosto 1971, Mailand 1974, 21–122; DERS., „Fundamentum apostolicarum sedium". Persistenze e sviluppi dell'ecclesiologia di Pelagio I nell' Occidente latino tra i secoli XI e XII, in: La Chiesa greca in Italia

Machtbefugnisse des Papsttums, seine Beziehungen zu den Bischöfen und seine Universalität betrafen.

1. Vicarius Christi

In seinen Briefen, Predigten und Schriften verwendete Innozenz III. oft den Ausdruck *Vicarius Christi*[55] zur Definition des päpstlichen Amtes. Bernhard von Clairvaux, bei dem Innozenz III. gern Anregungen suchte, hatte diesem Titel, der früher Bischöfe, jeden Geistlichen und sogar bestimmte weltliche Fürsten bezeichnen konnte, große Bedeutung beigelegt. Innozenz III. war nicht nur der erste, der sich derart häufig selbst so nannte[56], die von ihm in Gang gesetzte diesbezügliche Entwicklung der Lehrmeinung betrat auch theologisches Neuland, indem sie den Titel *Vicarius Christi* ausschließlich dem Papst vorbehielt[57]. Als Nachfolger Petri und der Apostel war der Papst nicht Stellvertreter Petri, sondern Jesu Christi selbst[58].

Der Gedanke, daß die päpstliche Macht sich von Christus ableite, war an sich nicht neu[59]. Die Neuerung Innozenz' III. bestand darin, daß für ihn einige Rechte bei der Ausübung der Macht (auch der weltlichen) nur Christus und seinem Stellvertreter zustanden, wobei letzterer seine Autorität unmittelbar auf Gott selbst zurückführte[60]. Der Begriff *Vicarius Christi* vervollständigte also die alte Definition des Papstes als Nachfolger Petri und führte über sie hinaus.

2. Die päpstliche Macht und das Königtum Christi

Christus als König steht im Zentrum des künstlerischen Programms der Wandmalereien von S. Silvestro in Tivoli, das wahrscheinlich von Innozenz III. selbst angeregt wurde[61]. In

dall' VIII al XVI secolo, Padua 1973, 591–622; DERS., Primato romano e monasteri dal principio del secolo XII ad Innocenzo III, in: Istituzioni monastiche e istituzioni canonicali in Occidente 1123–1215. Atti della settima Settimana di studio, La Mendola 28 agosto – 3 settembre 1977, Mailand 1983, 49–132. Vgl. allg. K. SCHATZ, Der päpstliche Primat. Seine Geschichte von den Ursprüngen bis zur Gegenwart, Würzburg 1990, bes. 102ff.

[55] Oder *Vicarius Dei* – dieser Unterschied ist aber ohne besondere Bedeutung; schon im 12. Jh. waren die beiden Begriffe austauschbar. Innozenz III. benutzt den Titel *Vicarius Dei* seltener und nur, wenn der Kontext es erfordert; vgl. M. MACCARRONE, Vicarius Christi. Storia del titolo papale, Rom 1952, 111.

[56] Schon vor seinem Pontifikat (in „De sacri Altaris mysterio", 1. Buch, Kap. VIII, „De primatu Romani pontificis", in: PL 217, 778f); vgl. dazu M. MACCARRONE, Innocenzo III teologo dell' Eucaristia, in: Divinitas 10 (1966) 362–412 (Ndr. in: DERS., Studi su Innocenzo III, Padua 1972, 341–432).

[57] Einige Kanonisten, unter ihnen Huguccio, der in vielen Punkten das ekklesiologische Denken Innozenz' III. beeinflußte, protestierten gegen die Neuerung, den Titel ausschließlich dem Papst zu reservieren; vgl. MACCARRONE, Vicarius Christi (s. Anm. 55) 100–107.

[58] PL 214, 292: „Nos, quamvis simus Apostolorum principis successores, non tamen eius aut alicuis Apostoli vel hominis, sed ipsius vicarii Jesu Christi."

[59] J. LECLERCQ, L'idée de la royauté du Christ au Moyen Age, Paris 1959, 48.

[60] PL 214, 292: „Cum non humana sed divina fiat auctoritate quod ... per summum pontificem adimpletur, qui non puri hominis, sed veri Dei vere vicarius appellatur."

[61] Die Fresken sind auf etwa 1210–1225 datierbar und sollen von einem Künstler aus dem Umkreis des aus der Krypta der Kathedrale von Anagni bekannten „Meisters der Translationen" stammen (vgl. H. LANZ, Die romanischen Wandmalereien von San Silvestro in Tivoli. Ein römisches Apsisprogramm der Zeit Innocenz III., Bern 1983).

der Apsis dieser Kapelle ist Christus als „rex regum et dominus dominantium“ dargestellt, symbolisiert durch den Priesterkönig Melchisedek. Innozenz III. sieht das Königtum Christi als Fundament der *concordia* zwischen Kirche und Reich[62]. Grundsätzlich diente das von lehnrechtlichen Vorstellungen beeinflußte Bild des Christkönigs den Päpsten des 13. Jh. als Legitimation für ihre weltliche Herrschaft über den Kirchenstaat. In dieser Hinsicht war die Rede vom Königtum Christi also keineswegs eine „leere Formel“[63]. Innozenz IV. erweiterte noch ihre Anwendung, um die Abfolge der Herrschaften zu begründen, die Gott über die Menschen errichtet hat: „Bis zu Noah herrschte Gott selbst; seit dieser Zeit bediente er sich eines *minister* (Gehilfen). Noah war selbst kein Priester, übte aber priesterliche Funktionen aus. So war es auch mit allen anderen Führern des jüdischen Volkes, und so blieb es bis zur Ankunft Christi, der von Geburt her König und Herr war. Christus aber herrscht nun durch seinen Stellvertreter, den Papst.“[64]

3. Die Basilika St. Peter in Rom

In Alt-St. Peter, wo er zum Papst erhoben worden war, ließ Innozenz III. das Apsismosaik restaurieren und den zentralen Bereich – die *Confessio* des Petrusgrabes – zum Schutz mit einem großen, vergoldeten Bronzegitter umgeben, das mit Emaillen aus Limoges geschmückt war[65]. Diese Arbeiten boten Innozenz III. die Gelegenheit, die wichtigsten Elemente seiner Theologie des päpstlichen Primats festhalten zu lassen. In der Palliennische wurde auf seine Veranlassung hin eine theologisch inhaltsreiche Inschrift angebracht und zu beiden Seiten des restaurierten Thrones der Apokalypse seine mystische Hochzeit als Bischof mit der Ecclesia Romana dargestellt[66].

In seiner Ekklesiologie bediente sich Innozenz III. gern des Ausdrucks *mater*[67] als Synonym für *ecclesia romana* oder *ecclesia universalis*. Die beiden Kirchen, auf die sich der Primat gründete – die Lateranbasilika und St. Peter – wurden bei ihm zu „Müttern aller Kirchen“, die Christus selbst seiner Kirche als „festen Sitz“ gegeben hat[68]. Um die alte Rivalität zwischen den beiden Basiliken zu beenden, wurde St. Peter mit Titel und Funktion einer „Kathedralkirche des Papstes“ ausgestattet[69]. Der Gedanke, daß St. Peter die erste

---

[62] Regestum Innocentii III papae super negotio Romani imperii, hrsg. von F. Kempf, Rom 1947, Nr. 2: „Quanta debeat esse concordia inter regnum et sacerdotium in seipso Christus ostendit, qui est rex regum et dominus dominantium, sacerdos in eternum secundum ordinem Melchisedec, qui et secundum naturam carnis assumpte de sacerdotali pariter et regali stirpe descendit“ …

[63] Leclercq, L'idée de la royauté (s. Anm. 59) 62f.

[64] Zit. ebd. 59.

[65] M.-M. Gauthier, La clôture émaillée de la confession de Saint Pierre au Vatican lors du concile du Latran IV, 1215, in: Synthron. Bibliothèque des Cahiers archéologiques II, Paris 1968, 237–248.

[66] Eine Kopie des Mosaiks ist wiedergegeben in J. Ruysschaert, Le tableau Mariotti de la mosaïque absidale de l'ancien S. Pierre, in: Rendiconti della Pontificia Accademia di Archeologia 40 (1967/68) 295–317; vgl. M. Maccarrone, La „cathedra Sancti Petri“: da simbolo a reliquia, in: RSCI 39 (1985) 349–447.

[67] Vgl. zum Begriff der *mater* in der ekklesiologischen Theologie Innozenz' III. W. Imkamp, Das Kirchenbild Innocenz' III., 1198–1216, Stuttgart 1983, 289–300.

[68] „Christus ex tunc fecit Petrum stabilem sedem habere, sive in Laterano sive in Vaticano“ (Brief von 1205 an den Klerus von Konstantinopel, Reg. VII, 203; PL 215, 513).

[69] Maccarrone, La „cathedra“ (s. Anm. 66) 431.

Die Basilika Alt-Sankt-Peter, die Konstantin über dem Grab des hl. Petrus als fünfschiffige Kirche errichten ließ, erhielt unter Innozenz III. Titel und Funktion einer päpstlichen Kathedralkirche. Der programmatische Mosaikschmuck der Fassade unterstrich die Bedeutung von Sankt Peter als erster Kirche der Christenheit.

und vornehmste Kirche der Christenheit sei, verbreitete sich im Laufe des 13. Jh. immer mehr[70].

In der Nähe von St. Peter entwickelte Innozenz III. eine umfangreiche Bautätigkeit. Zunächst ließ er den südlich der Basilika gelegenen Palast Eugens III. restaurieren und vergrößern. Vor allem die Repräsentationsräume (Aula und Loggia) wurden wiederhergestellt und eine neue Kapelle gebaut. Außerdem wurde der gesamte Palast mit einer Mauer umgeben und jedes Eingangstor mit einem Turm versehen. In der Umfriedung des Palastes kaufte der Papst ein Haus dazu, das die Wohnung des Arztes wurde. Die Errichtung von Verwaltungsgebäuden an den Hängen des Mons Scaccorum, nördlich von St. Peter, sollte von noch größerer Bedeutung sein. Vier Abteilungen der Kurie wurden dort untergebracht: die Hofbäckerei, der Weinkeller, die Küche und der Marstall. Es war das erste Mal, daß Institutionen der Kurie so zahlreich um die Basilika herum angesiedelt wurden[71]. Die Schwerpunktverlagerung nach Norden dauerte während des gesamten 13. Jh. an. In der Zeit des „avignonesischen Exils" verwandelte sich der alte Papstpalast im Süden nach und nach in ein Pilgerheim. Im 15. Jh. hatte er seine frühere Funktion endgültig verloren; 1446 ließ Eugen IV. ihn zu einem Frauenhospital umbauen.

Innozenz III. hatte im Norden von St. Peter nur Verwaltungsgebäude errichten lassen. Einer seiner unmittelbaren Nachfolger, Innozenz IV. (1243–1254), verfolgte den Grundgedanken weiter, den Vatikanischen Hügel zur päpstlichen Residenz zu machen, und baute neben St. Peter einen Palast, einen „schönen Turm mit Kammern", ferner erwarb er dort Weinberge. Bei diesem Gebäude, dem ersten Papstpalast nördlich von St. Peter, handelte es sich um einen Wohnturm, der sowohl als Residenz als auch als Festung dienen konnte[72].

Wahrscheinlich hat der schlechte Zustand des alten Palastes im Süden Innozenz IV. zu

---

[70] H. Fuhrmann (Hrsg.), 84. Vielleicht liegt sogar der Ursprung der Konstantinischen Schenkung in dieser Überhöhung der Lateranbasilika als Mutter aller Kirchen; vgl. N. Huyghebaert, Une légende de fondation: le „Constitutum Constantini", in: Le Moyen Age 85 (1979) 177–209.

[71] K. B. Steinke, Die mittelalterlichen Vatikanpaläste und ihre Kapelle. Baugeschichtliche Untersuchung anhand der schriftlichen Quellen, Vatikanstadt 1984, 39–47.

[72] Ebd. 49ff.

diesem Bau veranlaßt; auch das ungünstige Klima des alten Geländes mag seine Überlegungen beeeinflußt haben. Der Bauherr scheint den neuen Palast selbst nicht bewohnt zu haben[73]. Jedenfalls bedeutet die Entscheidung Innozenz' IV., zu der es seinem Biographen zufolge 1253 bei seiner Rückkehr von dem wichtigen allgemeinen Konzil in Lyon kam, unzweifelhaft einen Wendepunkt. Der neue Bau entsprang einer veränderten, an höfische Formen angelehnten Vorstellung von der päpstlichen Residenz. In der Rückschau kann der Entschluß Innozenz' IV. historisch genannt werden, begründete er doch die definitive Verlagerung der Apostolischen Residenz bei der Peterskirche von Süden nach Norden, wo sie sich noch heute befindet. Die Auswahl der Gegend um St. Peter folgte indes auch ekklesiologischen Erwägungen. Die Kirche des heiligen Petrus wurde zur *mater ecclesiarum*; dieser Titel war lange der Lateranbasilika vorbehalten gewesen. Bei den Päpsten des 13. Jh. zeigt sich zunehmend die Tendenz, den Vatikanischen Hügel als zweite Residenz neben dem Lateran zu betrachten.

Nachdem sie längere Zeit im nördlichen Latium, vor allem in Viterbo residiert hatten, kehrten die Päpste um 1280 nach Rom zurück. Papst Nikolaus III. aus der römischen Familie Orsini, die St. Peter seit Jahrzehnten verbunden war[74] und außerdem seit Mitte des 13. Jh. die Engelsburg besaß, baute den Wohnturm Innozenz' IV. zu einer „luxuriösen päpstlichen Residenz"[75] um. Von Chronisten wissen wir, daß er sogar „in einem Garten von großen Ausmaßen Bäume aller Art" anpflanzen ließ; der Karte Fra Paolinos da Venezia (1323) zufolge lag in diesen Gärten auf dem Gelände der heutigen Cortili della Pigna und des Belvedere sogar ein Zoo mit exotischen Tieren[76]. Bezeichnend ist auch, daß zwei Nachfolger Nikolaus' III. ihre Residenz lange außerhalb des Laterans nahmen: Honorius IV. (1285–1287) hielt sich 1286–1287 in dem Palast auf, den er für sich und seine Familie (Savelli) hatte bauen lassen, und der erste Franziskaner auf dem Papstthron, Nikolaus IV. (1288–1292), bewohnte bevorzugt (1288, 1289, 1290, 1292) den von ihm restaurierten Palast nahe S. Maria Maggiore, wo er auch am 4. April 1292 starb.

4. Die „Cathedra Sancti Petri"

Es ist sicherlich kein Zufall, daß gerade unter Innozenz III. eine Entwicklung ihren Abschluß fand[77], die langsam zur Identifikation des Thrones Karls des Kahlen mit der *Cathedra Petri* geführt hatte, dem in St. Peter aufbewahrten angeblichen Bischofsstuhl des Apostels. Auch der Biograph Innozenz' III. erkennt die Bedeutsamkeit des Vorgangs, wenn er berichtet, wie der Papst am 22. Februar 1198, dem Festtag „Petri Stuhlfeier" (Pe-

[73] Sein Itinerar weist lediglich einen kurzen Aufenthalt in St. Peter im Vatikan auf, von Ende Mai bis Anfang Juni 1254; vgl. A. PARAVICINI BAGLIANI, La mobilità della Curia Romana nel Duecento: riflessi locali, in: Società e istituzioni nell'Italia comunale: l'esempio di Perugia (secoli XII–XIV), Perugia 1986, 235.

[74] A. HUYSKENS, Das Kapitel von St. Peter in Rom unter dem Einflusse der Orsini, 1276–1342, in: HJ 27 (1906) 266–290.

[75] R. KRAUTHEIMER, Rome. Profile of a City, Princeton 1980, 207; vgl. STEINKE, Vatikanpaläste (s. Anm. 71) 51–66.

[76] KRAUTHEIMER, Rome 208, Fig. 165 (Bibl. Vatic., Vat. lat. 1960, f° 270v, Paulinus von Venedig); vgl. auch die Fresken von Benozzo Gozzoli in S. Gimignano (Wiedergabe in F. EHRLE – H. EGGER, Der Vaticanische Palast in seiner Entwicklung bis zur Mitte des XV. Jahrhunderts, Vatikanstadt 1935, Tafel V).

[77] M. MACCARRONE, La storia della cattedra, in: La cattedra lignea di S. Pietro in Vaticano, in: APARA.M 10 (1971) 20f.

terstag ad cathedram), „auf dem Thron ebenjenes Apostels Platz nahm, als deutliches Zeichen und zur Bewunderung aller“ [78].

IV. Die Frage der Unfehlbarkeit des Papstes im 13. Jahrhundert [79]

In einem Brief an den Patriarchen von Konstantinopel vom 12. November 1199 gab Innozenz III. folgenden Kommentar zu Lk 22,32 (Jesus spricht zu Petrus: Ich aber habe für dich gebetet, daß dein Glaube nicht erlischt. Und wenn du dich wieder bekehrt hast, dann stärke deine Brüder): „Das bedeutet unzweifelhaft, daß seine Nachfolger niemals vom Glauben abgewichen sind“ [80]. Mit dieser Auslegung vollzog der Papst einen wichtigen Schritt auf dem Weg zu einer ausdrücklichen Lehre von der päpstlichen Unfehlbarkeit.

Innozenz III. interpretierte die Bibelstelle hier viel wörtlicher, als es vorher üblich gewesen war. Seine Verbindung der Glaubensüberzeugung, daß Christus durch sein Gebet die Unfehlbarkeit des Glaubens der universalen Kirche garantiere, mit der Behauptung, daß Petrus und seine Nachfolger den rechten, katholischen Glauben niemals verlassen hätten und niemals verlassen würden, stellt eine entscheidende Etappe in der Entstehung der Unfehlbarkeitslehre dar, die um 1280 von Petrus Johannes Olivi formuliert wurde: „Es kann nicht sein, daß Gott die Vollmacht, alle Zweifelsfragen zu entscheiden, die den Glauben und das göttliche Gesetz betreffen, jemandem gegeben hat, der irren kann. Das Wort desjenigen aber, der nicht irren kann, muß wie eine unfehlbare Regel befolgt werden. Und diese Macht hat Gott dem römischen Bischof verliehen.“ [81]

B. Tierney zufolge [82] haben die Kanonisten des 12. Jh. vor der Zeit Innozenz' III. die Passage bei LK 22,32 nicht dazu herangezogen, Petrus oder seinen Nachfolgern Unfehlbarkeit zuzusprechen. *Opinio communis* der Kirchenrechtler war vielmehr, daß Christus mit seinem Gebet Petrus die Gnade verheißen hat, *letztlich* im Glauben beständig zu sein, und nicht, bei der Leitung der Kirche niemals zu irren. Hatte sich Petrus nicht in seinem Verhalten gegenüber den Juden getäuscht (daran erinnert Paulus in Gal 2,11)? Huguccio [83] vertritt jedoch die Meinung, die Dekretisten des 12. Jh. hätten die bewußte Bibelstelle

---

[78] „et in eiusdem apostoli cathedra constitutus, non sine manifesto signo et omnibus admirando“ (Gesta Innocentii papae III; PL 214, XX).

[79] Tieferliegende Wurzeln der Lehre von der Unfehlbarkeit des Papstes sind sicher bei Gregor VII. zu suchen (c. 22 des „Dictatus Papae“, in: Das Register Gregors VII., hrsg. von E. Caspar, I, Berlin 1920, 207). L. Meulenberg (Une question toujours ouverte: Grégoire VII et l'infaillibilité du pape, in: Aus Kirche und Reich. Studien zu Theologie, Politik und Recht im Mittelalter. FS F. Kempf, Sigmaringen 1983, 159–172), der sich vor allem mit den jüngsten Thesen H. Küngs auseinandersetzt, bemerkt dazu, daß „Gregor VII. seine Behauptung, die Nachfolger Petri blieben in der Wahrheit, nirgends genauer ausführt“; außerdem sei es damals undenkbar gewesen, „daß ein päpstliches Gesetzgebungsrecht vollkommen unabhängig [sei]“. Gregor VII. habe vor allem das Ziel der „Erneuerung und Wiederherstellung“ gehabt, aber im Rahmen der Tradition.

[80] Th. Haluscynski, Acta Innocentii pp. III, 1198–1216, Vatikanstadt 1944, 189, zit. bei D. L. D'Avray, A Letter of Innocent III and the Idea of Infallibility, in: CHR 66 (1980) 419 Anm. 13.

[81] „Item, si impossibile est Deum dare alicui plenam auctoritatem diffiniendi de dubiis fidei et divine legis cum hoc, quod permitteret eum errare; de quocumque autem constat quod nullo modo permitteretur errare; ipse sequendus est tamquam regula inerrabilis; sed Romano pontifici dedit Deus hanc auctoritatem“; M. Maccarrone, Una questione inedita dell' Olivi sull' infallibilità del papa, in: RSCI 3 (1949) 328; vgl. B. Tierney, Origins of Papal Infallibility 1150–1350, Leiden 1972, 93 ff.

[82] Tierney, ebd. 34.

[83] Summa ad Dist. 21 ante c. 1, zit. bei Tierney, ebd., Anm. 1.

Dem Machtstreben Innozenz' III. entsprach es, daß der in Rom aufbewahrte Thron Karls des Kahlen sich zum Bischofsstuhl des Apostels Petrus wandelte, auf dem der Papst am Festtag Petri Stuhlfeier (22.2.1198) demonstrativ Platz nahm. Auch die barocke Umgestaltung und Umkleidung der Kathedra Petri in der Apsis von Sankt Peter durch Bernini unterstreicht die Bedeutung dieses Symbols päpstlicher Autorität.

schon weiter ausgelegt. Indem sie die Person Petri mit der Gesamtkirche gleichsetzten, hätten sie auch die feste Überzeugung gehegt, daß der Glaube dieser Kirche (und nicht derjenige des Petrus oder seiner Nachfolger) zur Unfehlbarkeit bestimmt war: „'Daß dein Glaube nicht erlischt' bedeutet letztlich und unwiderruflich, daß er [d.i. Petrus] eine Zeitlang fehlte, dann aber noch gläubiger gemacht wurde. Mit Petrus aber ist die Kirche gemeint und mit Petri Glauben der Glaube der universalen Kirche, die als Ganze niemals geirrt hat und bis zum Tag des Jüngsten Gerichts niemals irren kann." [84]

Die Unfehlbarkeitslehre in der Gestalt, wie sie sich im 13. Jh. in direkter Linie von Innozenz III. zu Petrus Johannes Olivi entwickelte, vertrat genau entgegengesetzte Positionen zu den Theologen und Kanonisten des 12. Jh., für die die Aufrechterhaltung des rechten Glaubens Sache der gesamten Kirche war und nicht eines einzelnen, und sei es des Papstes, der immerhin das Recht und die Aufgabe hatte, höchster Richter und Schiedsrichter zu sein. Im 12. Jh. durfte man noch behaupten, „daß es gefährlich wäre, unseren Glauben einem einzigen Menschen anzuvertrauen" [85]. Damals unterschieden die Kanonisten und Theologen zwischen dem Papst, der sich irren konnte, obwohl er oberster Richter in Glaubensdingen war, und der nicht fehlbaren universalen Kirche, die sich also niemals irren konnte. Die Sorge für die Beibehaltung des rechten Glaubens war Aufgabe der Kirche in ihrer Gesamtheit. Ausgehend von den Auslegungen Innozenz' III. aber, die im Kontext der ekklesiologischen Auseinandersetzungen der römischen mit der byzantinischen Kirche gesehen werden müssen, ging die Entwicklung von der wörtlichen Interpretation der Lukasstelle hin zu einer immer umfassenderen Doktrin von der Unfehlbarkeit des Papstes. Die Person des Papstes als Nachfolger Petri wurde mit der Zeit zum einzig verläßlichen Garanten dafür, daß die Gesamtkirche am rechten Glauben festhielt.

Das Werk B. Tierneys ist in der Forschung kontrovers diskutiert worden [86]. Seine These, daß die Ekklesiologie im ersten Jahrtausend n. Chr. keine Lehre von der päpstlichen Unfehlbarkeit gekannt habe, daß diese vielmehr „beinahe zufällig bei einer ungewöhnlichen Verkettung historischer Umstände erfunden worden" sei [87], hat A. M. Stickler angezweifelt. Ihm zufolge läßt diese Auffassung zwei fundamentale Tatsachen außer acht: die große Bedeutung der Funktion des obersten Glaubensrichters, die dem Papst allgemein zuerkannt wurde [88], und den Umstand, daß man zwischen der Person des Papstes, die fehlbar sei, und

---

[84] „... intelligitur finaliter et irrecuperabiliter, licet enim ad tempora defecerit tamen factus est postea fidelior, vel tunc in persona Petri intelligebatur ecclesia, in fide Petri fides universalis ecclesie que numquam in totum deficit vel deficiet usque in diem iudicii" (Oxford, Pembroke Coll., ms. 72 f. 129 vb, zit. bei TIERNEY, Origins [s. Anm. 81] 34, Anm. 4).

[85] Glossa Palatina ad Dist. 19 c. 9: „periculosum erat fidem nostram committere arbitrio unius hominis", zit. bei TIERNEY, ebd. 32.

[86] A. M. STICKLER, Infallibility – A Thirteenth-Century Invention? Reflections on a Recent book, in: CHR 60 (1974) 427–441; B. TIERNEY, Infallibility and the Medieval Canonists: A Discussion with Alfons Stickler, in: CHR 61 (1975) 265–273; A. M. STICKLER, A Rejoinder to Professor Tierney, ebd. 274–279; B. TIERNEY – A. M. STICKLER, L'infallibilità e i canonistici medievali, in: RSCI 21 (1975) 221–234. Siehe außerdem B. TIERNEY, Peter John Olivi and Papal Inerrancy: on a Recent Interpretation of Olivi's ecclesiology, in: Theological Studies 46 (1985) 315–328.

[87] TIERNEY, Origins (s. Anm. 81) 281: „There is no convincing evidence that papal infallibility formed any part of the theological or canonical tradition of the church before the thirteenth century; the doctrine was invented in the first place by a few dissident Franciscans because it suited their convenience to invent it ... It was accepted by the papacy because it suited the convenience of the popes to accept it."

[88] Viele Theologen und Kanonisten begrenzten allerdings dieses Recht; bei neuen Lehrsätzen mußte der

seiner Unfehlbarkeit im Amt unterscheiden müsse. Tatsache ist, daß man in den bisher bekannten Texten nur eine allmähliche Herausbildung dieser Unterscheidung erkennen kann. Ausdrücklich wurde sie sogar erst in der Zeit Innozenz' III. formuliert, wie sein Brief an den Patriarchen von Konstantinopel zeigt.

V. Papst und Konzil

Ein Brief Gregors des Großen[89], der ins *Decretum Gratiani* aufgenommen worden war[90], genoß unbestrittene Anerkennung: Darin erklärte der Papst die Entscheidungen der ersten vier ökumenischen Konzilien (Nikaia, Konstantinopel, Ephesus und Chalkedon) für allgemeingültig, da sie unter „allgemeiner Zustimmung" zustandegekommen seien. Andererseits hielt Gratian eindeutig fest, daß einzig der Papst Glaubensartikel definieren könne, seine Gesetzgebung von allen anerkannt werden müsse und er sich sogar über Entscheidungen früherer allgemeiner Konzilien hinwegsetzen könne[91]. Von da an konnte die höhere Autorität des Papstes über das Konzil nicht mehr in Frage gestellt werden: „Die hochheilige römische Kirche steht mit ihrem Recht und ihrer Vollmacht über den heiligen Kanones"[92].

Trotzdem herrschte unter den Kanonisten keineswegs Einigkeit über die Frage der Beziehungen zwischen der päpstlichen und der konziliaren Autorität. Selbst unter den Dekretalisten gab es tiefgreifende Meinungsverschiedenheiten.

1. Die Dekretisten

Die Dekretisten wie Huguccio und Rufinus betonten vor allem die Ausnahmen von dieser allgemeinen Regel. Sie waren wenig geneigt, dem Papst weitreichende Vollmachten über das Konzil zuzugestehen. Zwei allgemeine Richtlinien legten die Dekretisten ihren Überlegungen zugrunde: zum einen die Maxime „Quod omnes tangit ab omnibus tractari et approbari debet" („Was alle angeht, muß von allen gebilligt werden"), die die Bologneser Kanonisten ausgehend von einem justinianischen Gesetz[93] aufgestellt hatten und die Innozenz III. übernahm[94]. Sie bewies, daß Laien das Recht hatten, auf dem Konzil vertreten zu

---

Papst dem Konzil die letzte Entscheidung überlassen (J. A. Watt, The Early Medieval Canonists and the Formation of Conciliar Theory, in: IThQ 24 [1957] 29f).

[89] Reg I, 24: „quia dum universali sunt consensu constituta, se et non illa destruit quisquis praesumit aut absolvere quos religant, aut ligare quos absolvunt."

[90] Dist. 15 c. 2, in: Corpus Iuris Canonici, hrsg. von A. Friedberg, Leipzig 1879 (im folgenden: CIC) I, c. 35–36.

[91] Dist. 12, 19, 22; C. 2 q. 6, C. 9 q. 3, C. 24 q. 1, C. 25 q. 1. In Dist. 19 c. 9 erklärte Gratian, Papst Anastasius II. sei von seinem Klerus und von Gott verlassen worden, weil er in Verbindung mit der Häresie getreten sei „sine concilio episcoporum vel presbyterorum et clericorum cunctae ecclesiae catholicae"; CIC, I, c. 63.

[92] „Sacrosancta Romana ecclesia ius et auctoritatem sacris canonibus impertit, sed non eis alligatur"; C. 25 q. 1 post. c. 16; CIC, I, c. 1011.

[93] C. 5, LIX, 5.

[94] X, C. 7, I, 23, CIC, II, c. 252; Potthast, Regesta (s. Anm. 39) Nr. 5031.

sein[95]. Zum anderen mußte auch die im *Decretum Gratiani* vertretene Auffassung von Kirche, die den Glauben zur Sache aller erklärte[96], diesen Schluß nahelegen.

Die Lehre der *plenitudo potestatis* war also einigen Einschränkungen unterworfen. Der Papst konnte beispielsweise keine Dispens erteilen, die einem Konzilsbeschluß zuwiderlief. Althergebrachte Statuten konnten weder vom Heiligen Stuhl noch aufgrund der „Weiterentwicklung der Sitten und Gebräuche“[97] – heute würde man „Wertewandel“ sagen – abgeändert werden. Für viele andere Dekretisten (*Glossa Ordinaria*[98]) besaß der Papst kein Recht, eine Entscheidung in Glaubensdingen für ungültig zu erklären, wenn sie ein allgemeines Konzil getroffen hatte[99]. Für andere stand wiederum das Konzil in Glaubensfragen über dem Papst[100]. Wenn auf dem Konzil ein Streit entstünde, müßte seine Autorität höher als die des Papstes bewertet werden[101].

Indem die Dekretisten des 13. Jh. die Überordnung des Konzils über den Papst betonten, wollten sie keineswegs die päpstliche Autorität an sich in Frage stellen. Diese fand sich im Gegenteil gestärkt, wenn sie sich auf Konzilsentscheidungen stützen konnte, weil sie dann auf einem allgemeinen Konsens beruhte. Nicht die Handlungsfreiheit des Papstes wollten die Kanonisten einschränken, sondern Verfahrensregeln für den Extremfall aufstellen[102]. Der Papst war gerade aufgrund seiner Aufgabe, für die Erhaltung des „Gesamtzustandes der Kirche“ Sorge zu tragen, an Konzilsentscheidungen gebunden. Das Konzil war ja nichts anderes als der Ausdruck des Willens der Kirche in ihrer Gesamtheit. Diese wiederum bestand ihrem Wesen nach aus der Vereinigung aller Kirchen unter der Autorität des Papstes. Einige Dekretisten vertraten Ansichten, die der päpstlichen Autorität sehr viel gewogener waren. Für Huguccio beispielsweise verdiente ein Konzil, das sich dem Papst widersetzte, keinen Gehosam[103]. Bei ihm stammte die oberste Legitimierung der römischen Kirche von Gott; die Handlungsvollmacht der Konzilien war dagegen nachgeordnet. Die Einrichtung des Papsttums war bedeutender als die der gesamten Kirche[104]. Sogar Johannes Teutonicus, der ganz entschieden die Überlegenheit des Konzils über den Papst festgestellt hatte, schrieb, daß bei einem Konflikt zwischen einer Ortskirche und Rom über die Auslegung eines Konzilsdekrets die Meinung der römischen Kirche entscheidend sein sollte, „außer, sie verfiele in Irrtum, was Gott aber nicht zuläßt“[105].

---

95 „Ubi de causa fidei agitur, tam clerici quam laici debent interesse“; RICHARD ANGELICUS um 1200, zit. bei Y.-M. CONGAR, „Quod omnes tangit ab omnibus tractari et approbari debet“, in: Revue d'histoire du droit français et étranger 36 (1958) 256, Anm. 164.

96 Dist. 96, c. 4, CIC, I, c. 338 (Nikolaus I.); vgl. TIERNEY, Foundations (s. Anm. 19) 49.

97 RUFINUS, Summa, ad Dist. 4, 13, zit. bei TIERNEY, Foundations (s. Anm. 19) 52.

98 „Videtur ergo quod papa non possit destruere statuta concilii quia orbis maior est urbe“, zit. ebd. 49, Anm. 4.

99 Summa Parisiensis, ad C. 25 q. 1, 230, zit. ebd. 49.

100 Glossa Palatina: „Arguitur hic quod in causa fidei maior est synodus quam papa“; JOHANNES TEUTONICUS, Summa, ad Dist. 19, c. 9: „Videtur ergo quod papa teneatur requirere concilium episcoporum quod verum est ubi de fide agitur et tunc synodus maior est papa“, zit. ebd. 50 u. Anm. 3.

101 Summa Et est sciendum, zit. bei B. TIERNEY, Pope and Council: some New Decretist Texts, in: Mediaeval Studies 19 (1987) 204 u. 215.

102 TIERNEY, Foundations (s. Anm. 19) 54.

103 HUGUCCIO, Summa, ad Dist. 19 c. 9; vgl. WATT, Early Medieval Canonists (s. Anm. 88) 29f.

104 „Et nota quod constitutio solius pape potior est quam totius ecclesie“, ad C. 25 q. 1 c. 1, zit. bei TIERNEY, Pope and Council (s. Anm. 101) 206.

105 Ad C. 24 q. 1 c. 6.

2. *Die Dekretalisten*

Mit mehr Entschlossenheit verteidigten die Dekretalisten die päpstlichen Vollmachten. Keiner von ihnen stellte die Gesetzgebungskraft eines Konzils über die des Papstes. Im Gegenteil, nur diejenigen Konzilsdekrete sollten gültig sein, die sich auf die Autorität der römischen Kirche berufen konnten[106]. Vor allem beharrten die Dekretalisten auf dem göttlichen Ursprung der päpstlichen Autorität und ließen nichts von der dekretistischen Auffassung gelten, daß ein Teil der päpstlichen Autorität sich auf die Zustimmung des Konzils gründet. Im Papst verkörperte sich die gesamte Autorität der Kirche; Petrus *war* die Kirche. Dieses Recht hatte ihm Christus selbst verliehen[107].

Die Grundlage für diese Anschauung bildete ein Satz Paschalis' II., der zwar nicht im *Decretum Gratiani* stand, aber in die *Compilatio Prima* und dann in die *Gregoriana* aufgenommen worden war: „Alle Konzilien fanden durch die Autorität der römischen Kirche statt ... Ihre Statuten sind Ausdruck der päpstlichen Autorität."[108]

3. *Absetzung des Papstes durch das Konzil?*

Konnte der Papst durch ein Konzil gerichtet werden? Gratian hatte diese Frage kategorisch verneint[109]. Die (fünf) Päpste, die in der Vergangenheit dem Urteil eines Konzils unterworfen worden waren, hatten dies freiwillig auf sich genommen. Gratian zufolge besaß niemand das Recht, einen Papst zu verurteilen, auch wenn er geirrt hatte.

Einige Dekretisten (Rufinus, Stephan von Tournai) neigten hingegen der Auffassung zu, daß ein Papst abgesetzt werden könne, nicht nur wegen Häresie, sondern auch wegen Vergehen wie Kirchenspaltung oder Verschwendung von Kirchengütern sowie wegen aller Verbrechen, für die auch ein Bischof im allgemeinen abgesetzt wurde (Unzucht, Diebstahl, Frevel). Sie folgten dabei einem in ihren Augen klaren rechtlichen Prinzip: Der Papst konnte abgesetzt werden, denn „wenn er der Ketzerei verfällt, ist er nicht mehr der vornehmste, sondern der niedrigste aller Katholiken"[110]. Unter diesen Umständen durfte „ein Konzil über den Papst richten und ihn verurteilen"[111].

Den größten Einfluß auf die Kanonisten übte aber wiederum Huguccio aus. Der berühmte Dekretist lehrte, ein Vorgehen gegen den Papst komme nur unter drei Bedingungen in Betracht: wenn die betreffende Häresie bereits verurteilt worden war (der Papst konnte nicht für eine neue Häresie belangt werden, weil er ja selbst oberster Richter in Glaubensfragen war); wenn er öffentlich erklärte, ein Anhänger der verurteilten Häresie gewesen zu sein (so daß keine weitere Untersuchung erforderlich war); und wenn er hartnäckig am Irrtum festhielt. Der Papst konnte also nicht eines „okkulten"[112] Verbrechens angeklagt werden.

---

106 Tierney, Foundations (s. Anm. 19).

107 „Hoc enim privilegium Christus Petro in persona ecclesiae concesserit"; Sinibaldus Fieschi, Commentaria ad V.XXXIX. 49, zit. bei Tierney, Foundations (s. Anm. 19) 92, Anm. 2.

108 „(...) et in eorum statutis Romani pontificis patenter excipiatur auctoritas" (Comp. I, I. IV. 18; X. I. VI. 4).

109 „Neque enim ab Augusto neque ab omni clero neque a regibus neque a populo iudex iudicabitur", C. 9 q. 1 c. 13; CIC, I, c. 610.

110 Huguccio, Summa, ad Dist. 21, c. 4, zit. bei Tierney, Foundations (s. Anm. 19) 63.

111 Alanus Anglicus ad Dist. 19, zit. ebd. 67, Anm. 2.

112 Tierney, Pope and Council (s. Anm. 101) 206.

VI. Das Kardinalkollegium: Ekklesiologische Aspekte

Die Kardinäle und die plenitudo potestatis

Zu Beginn des 13. Jh. war die Stellung der Kardinäle in der Verfassung der Kirche noch nicht klar definiert. Es gab noch bedeutende Reibungspunkte zwischen Ansprüchen, die sich aus dem Kollegialitätsprinzip ergaben, und solchen, die die Lehre der *plenitudo potestatis* stellte. Die Dekretale Innozenz' III. „Per venerabilem"[113] sollte in dieser Hinsicht maßgeblich werden: „Die levitischen Priester sind unsere Brüder und handeln nach dem levitischen Gesetz als Unsere Koadjutoren in der Ausübung des Priesteramtes". Indem er die Kardinäle mit den „levitischen Priestern" gleichsetzte, unterstrich der Papst die große Bedeutung der Kardinäle bei der Beteiligung an den päpstlichen Aufgaben und beließ sie gleichzeitig unter der jurisdiktionellen und priesterlichen Gewalt des Papstes[114]. Die Macht der Kardinäle konnte nur aus der Autorität Petri und seiner Nachfolger hervorgehen.

Mitte des 13. Jh. bediente sich Hostiensis, einer der bedeutendsten Dekretalisten seiner Zeit, der gleichen Dekretale, um eine auf den ersten Blick günstigere Beschreibung der rechtlichen Stellung der Kardinäle vorzuschlagen: „Die Kardinäle haben teil an der *plenitudo potestatis.*"[115] Diese Definition unterstrich zwar das Recht der Kardinäle auf Beteiligung an der Regierung der Kirche, stellte aber die Grundlagen der *plenitudo potestatis*-Lehre selbst nicht in Frage.

1. Die Kardinäle und die „korporative" Auffassung von Kirche

Innozenz III. bezeichnete die Kardinäle auch als *membra capitis*, als *membra magna ecclesiae Romanae*[116]. Damit wandte er erstmals ein paulinisches Bild (Eph 5,30) auf die Kardinäle an und bediente sich gleichzeitig der körperbezogenen Metaphorik seiner Zeit, etwa ab Mitte des 13. Jh. wurde die organologische Metaphorik zum Bestandteil der kirchlichen Tradition[117]. Nach Hostiensis, der hier für die *opinio communis* der Dekretalisten steht, war die universale Kirche ein Leib, dessen „allgemeines" *(generalis)* Haupt der Papst war, die Kardinäle jedoch die partikularen Glieder[118]; sie sind die *pars corporis domini pape*[119];

---

113 PL 214, 1132 ff (= CIC, II, 716).

114 Im Fortgang des Textes heißt es ausdrücklich: „Is vero super eos sacerdos sive iudex existit, cui Dominus inquit in Petro 'Quocumque ligaveris …'"; vgl. W. Maleczek, Papst und Kardinalskollegium von 1191 bis 1216. Die Kardinäle unter Cölestin III. und Innozenz III., Wien 1984, 285.

115 Apparatus 4.17.13 s.v. Iudicabitis, zit. bei J. A. Watt, The Constitutional Law of the College of Cardinals from Hostiensis to Johannes Andreae, in: Medieval Studies 33 (1971) 153. Siehe auch Ch. Lefebvre, Les origines et le rôle du cardinalat au Moyen Age, in: Apollinaris 41 (1968) 59–70.

116 Vgl. Brief Nr. 345 aus dem ersten Jahr seines Pontifikats, in: Register (s. Anm. 26) I, 515 ff.

117 Apparatus 5.33.23 s.v. „sibi fidelitatis et obedientie iuramento", zit. bei Watt, Constitutional Law (s. Anm. 115) 155. Zur Entwicklung der organologischen Vorstellungen vgl. T. Struve, Die Entwicklung der organologischen Staatsauffassung im Mittelalter, Stuttgart 1978.

118 2.24.4 s.v. Romane, zit. ebd. 152.

119 Ebd. – Diese Formulierung ist wesentlich älter als die von Johannes Andreae, zit. bei E. H. Kantorowicz, Die zwei Körper des Königs. Eine Studie zur politischen Theologie des Mittelalters, München 1990, 218, Anm. 42. Im Codex Justinianus (9, 8, 5) wurden die Senatoren als „Nam et ipsi pars corporis nostri" [d. h. des

„der Papst und die Kardinäle bilden die römische Kirche“ [120]. Deshalb bestand eine fast vollständige Einheit zwischen dem Papst und den Kardinälen, analog zu der von Bischof und Domkapitel [121].

Diese Sicht der Dinge wurde weithin geteilt. Auch für Urban IV. war die Kirche wie ein einziger Leib, dessen Glieder, die Kardinäle, in der Person des Papstes ihren Zusammenhalt fanden [122]. Clemens IV. verwandte in einem Brief an den Infanten Heinrich von Kastilien als Senator der Stadt Rom das gleiche Bild: Der Papst und seine Brüder, die Kardinäle, waren ein Leib in Christus [123]. Diese „korporative“ Metapher implizierte einerseits die Anerkennung des Rechts der Kardinäle auf Teilhabe an der päpstlichen Jurisdiktionsgewalt, andererseits aber ihre Unterordnung unter die Autorität des Papstes. Weder bei Innozenz III. noch bei anderen Päpsten des 13. Jh. findet sich eine Tendenz, mit Hilfe der organologischen Metapher eine Kardinalsoligarchie zu legitimieren, obschon eine solche im 13. Jh. sehr wohl existierte. Offensichtlich stimmten in diesem Punkt Lehre und tatsächliche Verhältnisse nicht überein.

2. *Verbale Höhenflüge*

Das steigende Ansehen der Kardinäle im 13. Jh. schlug sich in verbalen Auswüchsen nieder, in denen sich ekklesiologische Symbole und Gedankengänge in geradezu abenteuerlicher Weise vermischten. Unter anderem bezeichnete eine Definition die Kardinäle als das Fundament, auf dem die Kirche ruht [124]. Auf dem Höhepunkt seines Konflikts mit dem Papsttum schreckte Friedrich II. nicht vor Schmeicheleien für die Kardinäle zurück, um sie für seine Sache zu gewinnen. In einem Manifest vom 10. März 1239 [125] nannte er sie, wider jede ekklesiologische Tradition, „Nachfolger der Apostel mit dem gleichen Recht wie die Bischöfe“ [126]. Da die Kardinäle an der Autorität des Heiligen Stuhls teilhätten, sollten sie in kirchlichen Angelegenheiten auf der Grundlage einer *aequa participatio* [127] handlungsberechtigt sein. In seinem Pamphlet „Levate“ (20. April 1239) forderte Friedrich II. die Kardinäle auf, ein Konzil einzuberufen – ein solches Recht hatte ihnen die kanonische Tradition niemals eingeräumt; das *Decretum Gratiani* und in seiner Folge Johannes Teutonicus und Huguccio sowie die *Glossa Palatina* bestätigten nur die althergebrachte Regel, daß allein der Papst ein Konzil einzuberufen habe. Ein Satz von Huguccio konnte aller-

---

Kaisers] bezeichnet. Weitere Texte bei J. Leclercq, „Pars corporis papae“. Le sacré collège dans l'ecclésiologie médiévale, in: L'homme devant Dieu. Mélanges offerts au Père H. de Lubac, II, Paris 1964, 183–198.

[120] 4.17.13 s.v. fratres nostri, zit. bei Watt, Constitutional Law (s. Anm. 115) 153.

[121] Potthast, Regesta (s. Anm. 39) Nr. 18224.

[122] Ebd. Nr. 20201.

[123] „Collegium cardinalium, in quibus velut in montibus sanctis ecclesiae fundamenta sunt posita“, Saba Malaspina, in: RIS VIII, 803; vgl. Matthäus von Paris (Chronica Majora, hrsg. von H. R. Luard, IV, London 1877, 596): „ecclesiam Dei fulcientes“.

[124] „vobis, qui positi tanquam luminaria super montem lucetis in gentibus et velut fidei fregitis domum Dei“ (J. F. Böhmer – J. Ficker [Hrsg.], Regesta Imperii V/1, Innsbruck 1881–1882, Nr. 2428); vgl. Nr. 2455: „Vos qui estis ecclesiae fundamenta, columnae rectitudinis, assessores Petri, Urbis senatores et orbis cardinales“.

[125] Manifest vom 10. März 1239 (Matthäus von Paris, Chronica Majora [s. Anm. 123] III, London 1876, 548 u. J. F. Böhmer – J. Ficker – E. Winkelmann [Hrsg.], Regesta Imperii V/2–5, Innsbruck 1881–1901, Nr. 2427).

[126] J.-L.-A. Huillard-Bréholles, Historia diplomatica Friderici Secundi, V/1, Paris 1861, 282.

[127] MGH.Const. II, 289.

dings diesbezüglich gewisse Anrechte der Kardinäle begründen: „Hoc non fit ratione pape sed propter auctoritatem sedis ...“ [128].

3. Die Kardinäle und die Gesetzgebung der römischen Kirche: das Konsistorium

In den *Gesta Innocentii III* berichtet der offizielle Biograph Innozenz' III.: „Dreimal wöchentlich berief er öffentlich das Konsistorium ein, das ganz aus der Gewohnheit gekommen war. Er nahm sich dort der Klagen einzelner Personen an. Fälle geringerer Bedeutung wurden von anderen untersucht. Die wichtigsten aber verhandelte der Papst selbst mit solchem Geschick und solcher Umsicht, daß es alle erstaunte. Zahlreiche Gelehrte und Juristen kamen zur römischen Kirche, um den Anhörungen beizuwohnen, denn dort konnten sie mehr lernen als in ihren Schulen, vor allem bei der Urteilsverkündung.“ [129] Aus dieser Passage ist das Wesen des Konsistoriums gut ersichtlich: Es war eine feierliche öffentliche Gerichtsversammlung, wie es auch dem Sinn des Wortes im Latein der Spätantike entspricht. Die Öffentlichkeit und der feierliche Charakter unterscheiden dieses Konsistorium von den Zusammenkünften in der *camera* des Papstes [130], an denen nur der Papst und die Kardinäle teilnahmen. Bis zur Zeit Innozenz' III. bezeichnete man übrigens den Tagungssaal der kurialen Gerichtsversammlung als *consistorium Lateranense* [131].

In Papstschreiben wird die Beteiligung der Kardinäle an der Entscheidungsfindung im Konsistorium mit *de communi fratrum nostrum consilio, de fratrum nostrorum consilio et voluntate commune* oder ähnlichen Formulierungen umschrieben. Sie begegnen schon im 12. Jh. häufig und gehören im folgenden Jahrhundert zur festen Tradition [132].

Es erhebt sich die Frage, ob der Papst zur Konsultation der Kardinäle verpflichtet war. Sie wird von den Kanonisten unterschiedlich beantwortet. Laurentius Hispanus lehrte, daß der Papst ein für die Gesamtkirche gültiges Gesetz nicht ohne die Kardinäle verkünden könne [133]; Alanus Anglicus hielt er zwar für angebracht, die Kardinäle hinzuzuziehen *(oportet)*, doch für ihn bestand keine Verpflichtung dazu [134]. Das gleiche Problem beschäftigte die Gelehrten noch im 14. Jh. Guido da Baisio beispielsweise schloß sich Alanus' Meinung an [135], während Wilhem Durandus d.Ä. betonte, die Ernennung eines Kardinallegaten könne nur *de consilio collegii cardinalium et non aliter* erfolgen [136].

---

[128] Zit. bei Tierney, Foundations (s. Anm. 19) 79.

[129] Gesta Innocentii papae III, c. 41, PL 214; vgl. K. Pennington, The Legal Education of Pope Innocent III, in: BMCL 4 (1974) 75, Anm. 19 (Revision des Textes anhand des ms. Vat. lat. 12111, f° 12v). Zur korrekten Interpretation des Konsistoriums und der Formulierungen, die sich auf die Beteiligung der Kardinäle an der päpstlichen Gesetzgebung beziehen vgl. Maleczek, Papst und Kardinalskolleg (s. Anm. 114) 298ff.

[130] Zit. bei Tierney, Foundations (s. Anm. 19) 81.

[131] So berichtet jedenfalls Giraldus Cambrensis, De iure et stato, zit. bei Maleczek, Papst und Kardinalskolleg (s. Anm. 114) 300, Anm. 15.

[132] Tierney, Foundations (s. Anm. 19) 81.

[133] Zit. bei J. A. Watt, Hostiensis on „Per venerabilem“: The role of the College of Cardinals, in: Authority and Power. Studies on Medieval Law and Government presented to Walter Ullmann on his seventieth birthday, hrsg. von B. Tierney – P. Linehan, Cambridge 1980, 107, Anm. 23.

[134] Ebd. 110, Anm. 28.

[135] Ebd.

[136] L. I, p. I, tit. de legato, s.v. qualiter constituatur legatus; vgl. J. B. Sägmüller, Die Thätigkeit der Cardinäle bis Papst Bonifaz VIII. historisch-canonistisch untersucht und dargestellt, Freiburg i. Br. 1896, 223.

Stephan von Tournai unterschied allgemein zwischen *canones* (Konzilsdekreten), *decreta* (Entscheidungen des Papstes, die im Beisein der Kardinäle getroffen wurden) und *decretales* (Antworten des Papstes auf rechtliche Fragen)[137]. Andere Dekretisten wie der Autor der *Glossa Palatina* gingen viel weiter und meinten, der Papst dürfe kein allgemeines Gesetz für die Kirche ohne Zustimmung der Kardinäle aufstellen. Der *Glossa Palatina* zufolge, die hier aber wahrscheinlich eine extreme Position vertrat, hatten die Kardinäle eine Art Aufsichtsrecht über die Vollmachten des Papstes, da sie die Gesamtheit der Kirche repräsentierten.

4. *Befugnisse der Kardinäle während einer Sedisvakanz*

Die herausragende Rolle der Kardinäle während der Vakanz des Heiligen Stuhls ergab sich gerade aus der Lehre von der *plenitudo potestatis*, da nach einem Wort von Hostiensis „die Kirche niemals stirbt“[138]. Viele Kanonisten, unter ihnen Huguccio, Johannes Teutonicus und Bartholomäus von Brescia, gestanden den Kardinälen ausgedehnte Befugnisse für die Zeit der Sedisvakanz zu. Da der Papst seine Autorität in Abstimmung mit den Kardinälen ausübte, konnte sie während einer Vakanz nur auf die Kardinäle übergehen, so daß diese beispielsweise das Recht zur Bischofsabsetzung hatten. Diese Meinung vertrat der besonders kardinalfreundliche Autor der Glosse „Ecce vicit Leo“[139]. Solche weiten Auslegungen fanden aber auch Widerspruch. Zum Sprachrohr dieser Strömungen machte sich Matthaeus Parisiensis, der einen *sede vacante*[140] verfaßten Brief der Kardinäle in die Diskussion einführte, in dem es hieß, die Kardinäle besäßen die Macht des Heiligen Stuhls[141].

Obwohl er sonst auch eher zu den Befürwortern einer starken Stellung der Kardinäle zählte, verhielt sich Hostiensis in der Frage der Sedisvakanz reserviert. Nach ihm konnten die Kardinäle in diesem Fall Entscheidungen nur „bei wirklicher Dringlichkeit und unmittelbarer Gefahr“[142] treffen. Hier wirkte die „korporative“ Metapher einschränkend auf die Vollmachten der Kardinäle: Der Tod des Papstes, so Hostiensis, beraubte die Kirche ihres Hauptes; die Kardinäle aber, die anstelle des *caput* zu handeln hätten, seien keineswegs das Haupt selbst[143]. So blieb die Situation unklar; das wird auch daran deutlich, wie zurückhaltend sich die Betroffenen selbst oft äußerten[144].

---

[137] J. F. von Schulte, Die Geschichte der Quellen und Literatur des kanonischen Rechts, Bd. I: Von Gratian bis auf Papst Gregor IX., Stuttgart 1875 (Ndr. Graz 1965) 252.

[138] Zit. bei Watt, Constitutional Law (s. Anm. 115) 156. Hostiensis nimmt hier die traditionelle Maxime *universitas non moritur* auf; vgl. Kantorowicz, Die zwei Körper (s. Anm. 119) 317ff; siehe auch M. Dykmans, Les pouvoirs des cardinaux pendant la vacance du Saint Siège d'après un nouveau manuscrit de Jacques Stefaneschi, in: ASRSP 104 (1981) 119–145.

[139] Zit. bei Tierney, Foundations (s. Anm. 19) 74.

[140] Chronica Majora (s. Anm. 123) IV, 250.

[141] „penes quos potestas residet apostolica sede vacante“, Potthast, Regesta (s. Anm. 39) Nr. 11075.

[142] Apparatus 5.38.14 s.v. plenitudinem obtinet potestatis, zit. bei Watt, Constitutional Law (s. Anm. 115) 155.

[143] Zit. bei Tierney, Foundations (s. Anm. 19) 73. Johannes Teutonicus gebraucht später die gleiche Formel (Glossa ad Dist. 79 c. 7; zit. ebd.).

[144] Potthast, Regesta (s. Anm. 39) Nr. 20504, 20506.

VII. Die weltliche Gewaltausübung in der kirchlichen Lehrmeinung

1. Die Zweigewaltenlehre

a) Innozenz III.

Im weltlichen Bereich, besonders in seinem Verhältnis zum Kaisertum, hielt sich Innozenz III. an die gelasianische Zweigewaltenlehre. So schrieb er am 16. Januar 1209 an Kaiser Otto IV.: „Die Regierung dieser Welt ist uns *principaliter* anvertraut.“ [145] Can. 42 des IV. Laterankonzils erklärt dazu unmißverständlich: „Wir verlangen, daß Laien sich nicht die Rechte von Klerikern aneignen, und setzen uns ebenso dafür ein, daß Kleriker sich nicht die Rechte von Laien anmaßen. Deshalb verbieten wir jedem Geistlichen, in Zukunft unter dem Vorwand der Kirchenfreiheit seine Gerichtsbarkeit auf Kosten der weltlichen Rechtsprechung auszudehnen. Jeder soll mit den geschriebenen Rechten und den bis dahin für gut befundenen Gewohnheiten zufrieden sein; dann wird 'dem Kaiser gegeben, was des Kaisers ist, und Gott, was Gott gehört', so wie es die Teilung der Gerichtsbarkeit vorsieht.“

Die Dekretale „Novit ille“ [146] verfaßte Innozenz III., um vor dem französischen Episkopat sein Eingreifen in den politischen Konflikt zwischen Philipp August und dem englischen König zu rechtfertigen. In dieser Dekretale erkannte der Papst zwar an, daß das Lehnswesen zum Einflußbereich des Königs gehörte, betonte aber gleichzeitig, daß eine päpstliche Intervention *ratione peccati* möglich und notwendig sei. Diese Anpassung eines alten Konzepts an neue politische Realitäten lieferte Innozenz III. eine rein ekklesiologische Rechtfertigung für Eingriffe in weltliche Angelegenheiten.

Das Eingriffsrecht des Papstes in weltliche Belange war nach Innozenz III. damit möglich und gerechtfertigt, sollte aber die Ausnahme bleiben. Die von ihm geforderte *plenitudo potestatis* war vor allem eine *plenitudo ecclesiasticae potestatis* [147]. Als Ideal wurde ein einheitlicher und einträchtiger Synergismus der beiden Gewalten angesehen.

Beim Kampf gegen die Häresie wurde diese Zusammenarbeit sogar zur Pflicht. So legitimierte das Dekret „Excommunicavimus“ [148] auf dem IV. Laterankonzil die Einschaltung des weltlichen Arms [149] und forderte die Unterordnung der weltlichen unter die geistliche Gewalt.

---

[145] „Nobis enim duobus regimen huius seculi principaliter est commissum“, in: Regestum (s. Anm. 6) 386, Nr. 179.

[146] Maccarrone, La papauté (s. Anm. 3) 385–408.

[147] Reg. VI, 67; VII, 1; IX, 82; weitere Belege bei H. Tillmann, Papst Innocenz III., Bonn 1954, 17, Anm. 12.

[148] Dort heißt es: „Alle verurteilten Ketzer müssen dem weltlichen Arm übergeben werden, um die verdiente Strafe zu empfangen .... Wenn aber ein von der Kirche aufgeforderter und gemahnter Grundherr es vernachlässigt, seine Länder von der Pest der Häresie zu reinigen, so werden ihn der Metropolit und die Suffragane exkommunizieren. Wenn er nicht vor Ablauf eines Jahres Genugtuung leistet, wird der Fall dem Papst angezeigt, damit dieser die Untertanen von ihrem Treueid entbinden und das Land der Invasion durch Rechtgläubige überliefern kann.“

[149] J. A. Watt, The Theory of Papal Monarchy in the Thirteenth Century: the Contribution of the Canonists, in: Traditio 2 (1964) 42, bespricht die diesbezüglichen kanonistischen Texte; vgl. auch J. Muldoon, „Extra ecclesiam non est imperium“: The Canonists and the Legitimacy of Secular Power, in: Studia Gratiana 9 (1966) 551–580.

b) Innozenz IV.

Schon lange vor seiner Wahl zum Papst hatte Sinibaldo Fieschi in seinem „Apparatus" eine zusammenhängende und präzise Sicht seiner politischen Theorien vorgestellt[150]. Vordergründig war die Perspektive getreu der Tradition streng dualistisch, aber in Wahrheit setzte sie die Überordnung des Geistlichen unter das Weltliche voraus. Die beiden Bereiche waren getrennt und wurden auf der einen Seite vom Papst, auf der anderen vom Kaiser wahrgenommen, ohne daß der eine sich im Normalfall in die Angelegenheiten des anderen einzuschalten hatte. Im Lehnswesen erkannte die Kirche die alleinige Gerichtsbarkeit des *dominus feudi* an, auch wenn einer der Beteiligten ein Kleriker war. Der Kaiser besaß als einziger die oberste Verfügungsgewalt im weltlichen Bereich, der sich Kleriker und Laien unterzuordnen hatten. Die Kirche half ihm sogar, sich Gehorsam zu verschaffen[151], indem sie bei Mißachtung der kaiserlichen Macht die Exkommunikation verhängen konnte. Sie sollte aber nicht versuchen, sich der weltlichen Herrschaft zu bemächtigen[152]. Ihre Interventionen sollten allein dem ordnungsgemäßen Funktionieren der kirchlichen Institution dienen.

Im Hinblick auf das Reich formulierte Sinibaldo Fieschi verschiedene politische Ansprüche: das Recht, zwischen mehreren Gewählten zu entscheiden[153], den Kaiser abzusetzen[154], die Temporalien während der Vakanz des Kaiserthrones zu verwalten[155], ja sogar die weltliche Gerichtsbarkeit auszuüben, wenn es aus moralischen Gründen erforderlich war (wenn z. B. ein weltlicher Richter das Recht der Witwen vernachlässigte oder auf andere Weise „suspekt" war). Der künftige Innozenz IV. schlug hier also eine beträchtliche Erweiterung der geistlichen Vollmachten in der Rechtsprechung vor.

Die päpstliche Autorität erschien ihrem Wesen nach allem übergeordnet; der Papst übte sie nur vollständig aus, wenn er auch im weltlichen Bereich als *Vicarius Christi* und „dominus naturalis ... et de iure naturali in imperatorem" handelte[156]. Jeder, der Macht in der Welt besaß, ob Kaiser oder Fürst, stand gemäß dem Naturrecht und dem ewigwährenden Gesetz unter dem Stellvertreter Christi[157].

Wenn diese Sätze Innozenz' IV. in ihrer Mehrzahl auch in althergebrachten Vorstellungen wurzelten, betonten sie doch den Vorrang des Papsttums schärfer als früher und erweiterten den Bereich kirchlicher Eingriffsmöglichkeiten. Das Papsttum schien von einer Haltung der Verteidigung des Geistlichen, Sakralen, eben der *libertas ecclesiae*, wie sie noch Alexander III. vertrat[158], zu einer anderen Auffassung von päpstlicher Macht übergangen zu sein, die es ihm erlaubte, sich in den weltlichen Bereich einzuschalten – man könnte auch von Einmischung sprechen.

---

[150] Apparatus super quinque libros decretalium, Mailand 1505, L. I, tit. VI, VII, IX u. XXXIX. Siehe allgemein W. Ullmann, Frederick's opponent Innocent IV as Melchisedech, in: Atti del Convegno internazionale di Studi Federiciani, Palermo 1952, 53–81.

[151] „In temporali autem generaliter solus imperator", L. I, tit. XXXIX, c. 49.

[152] L. I, tit. XXXIX, c. 1.

[153] L. I, tit. XVI, c. 34.

[154] L. II, tit. XXVII, c. 27.

[155] L. II, tit. II, c. 10.

[156] L. II, tit. XXVII, c. 27.

[157] Ebd.

[158] M. Pacaut, L'autorité pontificale selon Innocent III, in: Le Moyen Age 66 (1960) 194ff.

c) Eger cui lenia

„Eger cui lenia" (oder nach manchen Handschriften „Eger cui levia")[159] ist „einer der grundlegendsten Texte zur päpstlichen Theokratie"[160] mit demselben historischen Wert wie die großen einschlägigen Schriften Innozenz' III. Es ist eine systematische Zurückweisung aller von der kaiserlichen Propaganda (Petrus de Vinea) im Anschluß an das erste Lyoner Konzil vorgebrachten Argumente. Die Abhandlung gipfelt in dem Satz, daß „derjenige den Sohn Gottes, den Erben des Weltalls, nicht als seinen Herrn und Gott anerkennt, der behauptet, seinem Stellvertreter nicht unterworfen zu sein". Der Papst als *Vicarius Christi* besitzt, so heißt es da, einen „allgemeinen Sendbefehl" des Königs der Könige, der ihm die *plenitudo potestatis* gegeben habe, „alles und alle auf Erden zu binden und zu lösen, so daß kein Ding und keine Angelegenheit ausgenommen ist, denn diese Macht umfaßt das gesamte Universum"[161]. Die päpstliche Herrschaft ist hier total und unbegrenzt, zumal „der Heilige Stuhl nicht erst von Konstantin den Prinzipat im Reich erhalten hat", weil er ihn „schon vorher besaß ..., von Natur her und als Möglichkeit"; Christus habe nämlich „für den Heiligen Stuhl eine nicht nur päpstliche, sondern königliche Herrschaft aufgerichtet"[162]. Christus gebe „dem Papst die Zügel des irdischen und des himmlischen Reiches, so wie es seine beiden Schlüssel ausdrücken: Mit dem einen hat er die Macht über die Erde erhalten, um dort in irdischen Dingen zu richten, mit dem anderen über den Himmel für alle geistlichen Dinge."[163]

Seit J.-L.-A. Huillard-Bréholles[164] diese Streitschrift Innozenz IV. zuschrieb, wurde dessen Verfasserschaft für lange Zeit nicht ernsthaft in Frage gestellt; die Aussage Tolomeos von Lucca galt als absolut zuverlässig. Erst spät tauchten Zweifel an der Authentizität auf[165]. Sie beruhten vor allem auf auffälligen Parallelen zwischen sechs Passagen des „Eger cui lenia" und des „Iuxta vaticinium Ysaie", einer anonymen Streitschrift, die zur eschatologischen Literatur der ersten Hälfte des 13. Jh. gehört und im allgemeinen Kardinal Raniero Capocci von Viterbo oder einem Kleriker aus seiner Umgebung zugeschrieben wird[166]. Deshalb taucht die Vermutung auf, daß auch der Autor des „Eger cui lenia" unter den Kapellänen des Kardinals Raniero zu suchen sein müsse. Andererseits gab schon G. de Lagarde[167] zu bedenken, daß Wilhelm von Ockham diese gewichtige Streitschrift Innozenz IV. zurechnete[168] – die Frage der Verfasserschaft ist wohl nicht mit letzter Sicher-

---

[159] Der Text ist überliefert in der Sammlung von Papstschreiben, die Albert Behaim, Kaplan des Kardinals Raniero Capocci, zusammengestellt hat. Er findet sich hinter zwei Briefen Friedrichs II., in denen dieser gegen die Verurteilung auf dem zweiten Konzil von Lyon protestierte; erstmals herausgegeben wurde er von C. Höfler, Albert von Beham und Regesten Papst Innocenz IV., Stuttgart 1847, 86–91, Nr. 8.

[160] Pacaut, L'autorité pontificale (s. Anm. 158) 92.

[161] Ebd. 103.

[162] Ebd.

[163] Ebd. 104.

[164] Er identifizierte den Text mit dem *Liber de iurisdictione imperii*, den Tolomeo von Lucca Innozenz IV. zuschreibt (Vie et correspondance de Pierre de la Vigne, Paris 1865, 145).

[165] P. Herde, Ein Pamphlet der päpstlichen Kurie gegen Kaiser Friedrich II. von 1245/46 („Eger cui lenia"), in: DA 23 (1967) 511–538.

[166] Ebd. 499 ff.

[167] G. de Lagarde, La naissance de l'esprit laïque au declin du Moyen Age, IV, Löwen – Paris 1962, 201.

[168] C. Dolcini, „Eger cui lenia" (1245/46): Innocenzo IV, Tolomeo da Lucca, Guglielmo d'Ockham, in: RSCI 29 (1975) 147 ff (auch in ders., Crisi di poteri e politologia in crisi. Da Sinibaldo Fieschi a Guglielmo d'Ockham, Bologna 1988, 119–146).

heit zu entscheiden. Sicher ist, daß das Pamphlet vor allem dazu bestimmt war, aufzuzeigen, daß der Kaiser sich durch seine Verfehlungen und seine Maßlosigkeit „des Reiches und aller Ehren und Ämter unwürdig erwiesen", so daß Gott ihm „die Kaiser- und Königswürde" entzogen hatte. Der Text des „Eger cui lenia" widersprach nicht den Feststellungen Sinibaldo Fieschis im „Apparatus" über die zwei Gewalten. Wenn der Thron des Reiches vakant war, so wie nach der Absetzung Friedrichs II. durch das erste Konzil von Lyon, dann hatte der Papast das Recht, seine Stelle zu vertreten[169].

2. Die weltliche Gewalt des Papstes

a) Die päpstliche Rekuperationspolitik im Kirchenstaat

Seit Beginn seines Pontifikats[170] machte Innozenz III. deutlich, daß er die seiner Meinung nach zum Heiligen Stuhl gehörigen Territorien zurückzufordern gedachte. Diese Gebiete waren seit langem für die Kirche verloren, und es war die Pflicht des Papstes, auch auf der weltlichen Ebene seine Machtposition wieder zu stärken. Eine solche Politik der „Rekuperation"[171] hatte schon unter Coelestin III., nach dem Tod Heinrichs VI., eingesetzt. Aber erst Innozenz III. brachte es zu einer kohärenten politischen Position, die klar auf die Wiedergewinnung der Herrschaft in Rom und im Kirchenstaat abzielte, auf die Wiederherstellung der Lehnshoheit über Sizilien und sogar auf die (Wieder-)Vereinigung aller politischen Kräfte in Italien unter päpstlicher Führung. Mit einer Entschlossenheit und Weitsicht wie vor ihm kein anderer Papst ging Innozenz III. ans Werk; er wurde zum wahren Begründer des Kirchenstaates[172] und setzte damit alte Bestrebungen der römischen Kirche fort, denen es immer schon um die Bildung einer päpstlichen Herrschaft in Mittelitalien gegangen war[173].

Diese Politik barg natürlich auch Gefahren – zunächst moralischer Art, denn die römische Kirche konnte sich wie jeder andere Grundherr in konfliktgeladenen weltlichen Angelegenheiten kompromittieren, dann aber auch politischer und militärischer Art, da das Papsttum sich effiziente Instrumente für die Ausführung seiner Pläne verschaffen mußte, deren Gelingen keineswegs garantiert war. Der Verfasser der *Gesta Innocentii III*[174] berichtet, daß der Papst sich dieser Probleme durchaus bewußt war, sich dennoch nicht beirren ließ und sein Vorhaben in einer für das Reformpapsttum des 11. Jh. charakteristischen

---

169 Ebd. 148 ff.

170 M. Maccarrone, Studi su Innocenzo III, Padua 1972, 12.

171 So werden diese politischen Bestrebungen von der neueren Geschichtsschreibung bezeichnet, zuerst von J. Ficker, Forschungen zur Reichs- und Rechtsgeschichte Italiens, Innsbruck 1868–1874, Ndr. Aalen 1961. Vgl. auch H. Tillmann, Rekuperationen: Das Schicksal der päpstlichen Rekuperationen nach dem Friedensabkommen zwischen Philipp von Schwaben und der römischen Kirche, in: HJ 51 (1931) 341–365.

172 Genauere Schilderung der Ereignisse bei Maccarrone, Studi (s. Anm. 170) 9–22. Vgl. auch zu den Grundlagen der Rekuperationspolitik und der Organisation des Territoriums nur M. Laufs, Politik und Recht bei Innocenz III. Kaiserprivilegien, Thronstreitregister und Egerer Goldbulle in der Reichs- und Rekuperationspolitik Papst Innocenz' III., Köln – Wien 1980, sowie Ch. Lackner, Studien zur Verwaltung des Kirchenstaates unter Papst Innocenz III., in: Römische Historische Mitteilungen 29 (1987) 127–214.

173 F. Kempf, Papsttum und Kaisertum bei Innocenz III., Rom 1954, 3; vgl. P. Toubert, Les structures du Latium médiéval, Bd. II, Rom 1973, 1080 ff.

174 PL 214, 29–30.

Weise rechtfertigte: Die Rekuperation des Patrimonium Petri sei ein reformerisches Werk, das eine besondere *sollicitudo* verdiene.

b) Ekklesiologische Argumente

Trotz der damit verbundenen Unwägbarkeiten betrachtete Innozenz III. die Rekuperationspolitik also von Anfang an als unerläßliche Voraussetzung für die Erfüllung seiner Aufgabe in der universalen Kirche[175]. Um die Schaffung eines neuen, kohärenten und gut organisierten politischen Gebildes zu rechtfertigen, ähnlich den Staaten, die damals vielerorts in Europa entstanden, griff der Papst auf die Konstantinische Schenkung zurück[176]. In einer Predigt vom 22. Februar 1199 sprach er von der Symbolik der Ehe von Bischof und Kirche und führte weiter aus: „Sie [d.i. die römische Kirche] hat mir eine unschätzbare Mitgift gegeben: die *plenitudo spiritualium* und die *latitudo temporalium*. ... Als Zeichen der geistlichen Gewalt verlieh sie mir die Mitra, als Zeichen der weltlichen Gewalt die Krone (oder Tiara); die Mitra also für das Priesteramt, die Krone für das Königtum; so machte sie mich zum Stellvertreter dessen, auf dessen Gewand geschrieben steht: König der Könige, Herr der Heerscharen, ewiger Priester nach der Ordnung Melchisedeks."[177] Die „weltliche Mitgift" der römischen Kirche, die der Papst mit seiner Bischofsweihe erhalten hatte, entsprach dem Territorialbesitz *(latitudo temporalium)*, den Konstantin angeblich Papst Silvester geschenkt hatte.

Die Konstantinische Schenkung war indes nicht die einzige Stütze der päpstlichen Ansprüche. In Übereinstimmung mit der Tradition führte Innozenz III. die Existenz eines „Kirchenstaates" auf den ausdrücklichen und direkten Willen Christi zurück. Von Christus selbst hatte die römische Kirche ihr *dominium*[178]. Natürlich konnte auch der Titel *Vicarius Christi* die Handlungen des Papstes im weltlichen Bereich rechtfertigen, denn in dieser Eigenschaft genoß er die Vorrechte der besonderen Herrschaft Jesu Christi; die weltliche Herrschaft des Papsttums war unmittelbar göttlichen Ursprungs. Diese ekklesiologische Sicht wurde von einer terminologischen Verschiebung unterstützt: An die Stelle der traditionellen Bezeichnung „Patrimonium Beati Petri" traten „Apostolisches Patrimonium" oder „Kirchliches Patrimonium"[179].

Angesichts der schwierigen Lage, in die er durch die Doppelwahl von 1198 (Otto IV. gegen Philipp von Schwaben) geraten war, stellte Innozenz III. in der Dekretalen „Per Venerabilem" eine Analogie zwischen Kaiserwahl und Bischofswahl dar: Als *iudex superior* verfügt der Papast über ein unbestreitbares Recht zur Prüfung der Wahlen; dazu besitzt er die *plenitudo potestatis in temporalibus*, vor allem im Kirchenstaat; in den übrigen Ländern

---

[175] MACCARRONE, Studi (s. Anm. 170) 12; Brief vom 31. Mai 1198 an Richard I. von England, in: Register (s. Anm. 26) I, 329.

[176] G. MARTINI ist der Ansicht, die „Schenkung" habe nicht dazu gedient, die weltlichen Ansprüche Innozenz' III. zu rechtfertigen (Traslazione dell'Impero e Donazione di Costantino nel pensiero e nella politica di Innocenzo III, in: ASRSP 56–57 [1933–34] 353ff); vgl. dazu H. TILLMANN, Zur Frage des Verhältnisses von Kirche und Staat in Lehre und Praxis Papst Innocenz' III., in: DA 9 (1952) 150.

[177] PL 217, 665.

[178] Brief an den Bischof von Fermi vom 13. Januar 1206 (PL 215, 767); vgl. MACCARRONE, Chiesa e Stato (s. Anm. 53) 48ff, DERS., Vicarius Christi (s. Anm. 55) 114f, und DERS., Studi (s. Anm. 170) 13.

[179] Briefe an die Rektoren der Toskana vom 16. April 1198, in: Register (s. Anm. 26) I, 126, Nr. 88, und an den König von England vom 31. Mai 1198, ebd. 325, Nr. 230.

übt der Papst die weltliche Gerichtsbarkeit nur *certis causis inspectis* aus. So konnte Innozenz III. sich gleichzeitig als Oberhaupt der *christianitas* darstellen und rechtfertigen, daß das Papsttum über einen Staat verfügt. Implizit erschütterte eine solche Sichtweise eines der Fundamente mittelalterlicher Weltanschauung, die Zweigewaltenlehre, setzte die neue Sichtweise doch die Superiorität des Papsttums voraus. In bestimmten Fällen besaß das Papsttum sogar die Legitimation, gegenüber der weltlichen Gewalt als Schiedsrichter aufzutreten.

c) Politische Rechtfertigungsversuche

Die Existenz eines Kirchenstaates sollte den Papst gegenüber dem Reich nicht zuletzt mit einer soliden Machtbasis ausstatten. Um dies zu erreichen, nutzte Innozenz III. die Ressentiments der Bevölkerung gegen die Fremdherrschaft [180], indem er ihr zu verstehen gab, daß sie unter seiner Hoheit vom „harten Joch" befreit würde [181]. Sehr geschickt rückte der Papst das zu dieser Zeit bereits stark entwickelte Selbstwertgefühl in den Vordergrund, um den führenden Schichten der italienischen Städte, die zunächst wenig geneigt waren, die Entstehung einer neuen, strategisch so wichtigen Macht zu dulden, eine politische Rechtfertigung für die Existenz des Kirchenstaates geben zu können.

Es bedurfte spitzfindiger Argumentation, um die Stellung, die in der mittelalterlichen Tradition bisher der Stadt Rom vorbehalten gewesen war – nämlich Sitz des *principatus* von Kirche und Reich zu sein –, auf ganz Italien zu übertragen. Demnach sollte Italien auf der Basis der gelasianischen Zweigewaltenlehre und nach dem Willen der göttlichen Vorsehung zum „Fundament der christlichen Religion", zum Sitz des „*principatus* von Priestertum und Königreich" und einer gerechten und milden Regierung werden [182]. Eindeutig benutzte Innozenz III. das „italienische Argument" in einem Brief vom 16. April 1198 an die Rektoren aller tuszischen Städte [183], in dem er seine Untergebenen als *filii speciales* der römischen Kirche [184] bezeichnete, die unter „apostolischem Schutz" stünden.

In vielen Punkten versuchte Innozenz III., sich mit seiner weltlichen Politik an die Stelle des Reichs zu setzen. So zielte sein Angebot an den Erzbischof von Ravenna, diesem die *protectio beati Petri* zu gewähren, auf die Ausweitung seines Einflusses im Exarchat, einer Region, die seit den Zeiten Friedrich Barbarossas und Heinrichs VI. unter kaiserlichem Schutz gestanden hatte.

d) Ergebnisse

Die Rekuperationspolitik Innozenz' III. gelang nur unvollständig. Im Herzogtum Spoleto wurde die päpstliche Autorität schnell und dauerhaft wiederhergestellt, aber die Mark Ancona war seit dem Frühjahr 1199 verloren. In der *Romania* (Exarchat Ravenna) hatte der

---

180 In den *Gesta* ist von der *importabile Alemannorum tyrannis* die Rede (PL 214, 26).

181 Register (s. Anm. 26) I, 127, Nr. 88.

182 Ebd. I, 600, Nr. 401.

183 Ebd. I, 127, Nr. 88; vgl. MACCARRONE, Chiesa e Stato (s. Anm. 53) 148–153, und DERS., Studie (s. Anm. 170) 16f.

184 Brief an das Volk von Perugia vom 2. Oktober 1198, in: Register (s. Anm. 26) I, 568f, Nr. 375; vgl. G. DI MATTIA, La „Protectio beati Petri" e la „libertas romana" nella decretali e in Benedetto XIV. A proposito di due bolle di Gregorio IX sulla basilica di s. Francesco in Assisi, in: Studia Gratiana 13 (1967) 491–533.

Papst nur sehr mäßigen Erfolg, im Gebiet der Markgräfin Mathilde so gut wie keinen. Trotz enormer Anstrengungen entzog sich diese Region dem päpstlichen Einfluß; eine Vereinigung des zersplitterten Territoriums unter der Ägide des Papstes blieb Utopie, denn die lombardischen und toskanischen Ligen dachten nicht daran, ihre politische Unabhängigkeit aufzugeben.

Ein besonderes Schwergewicht der Rekuperationspolitik lag im Norden Roms, dem Gebiet des alten Patrimonium Petri. Die offiziellen Quellen sprachen vom „Patrimonium Petri in Tuscia", um anzudeuten, daß der Papst seine Herrschaft auf ein Gebiet ausdehnen wollte, das wirtschaftlich seit langem eng mit der Toskana verbunden war. Eines der Ziele Innozenz' III. war es, dieser wirtschaftlichen Verbindung Einhalt zu gebieten[185].

Die tuszischen Städte, besonders Orvieto und Viterbo, hatten im 12. Jh. eine Phase außergewöhnlicher Prosperität und politischer Expansion erlebt, begünstigt durch die kürzlich erworbene kommunale Autonomie. Ihre wirtschaftlichen Interessen standen oft in scharfem Gegensatz zur Politik Innozenz' III. Die strategische Bedeutung Orvietos hatte schon Hadrian IV. Mitte des 12. Jh. erkannt, als er diesen Ort für die Zusammenkunft mit Friedrich Barbarossa wählte, der sich damals (1155) auf dem Weg nach Rom zu seiner Kaiserkrönung befand. Zwei Jahre später erhielt der Papst in einem Vertrag mit dem Kaiser das *dominium* über die Stadt; am 3. April 1189 wurde es von Heinrich VI. bestätigt[186]. So wurde Orvieto die wichtigste Stadt in den von der Kirche kontrollierten Gebieten nördlich von Rom.

3. *Die Institutionen des Kirchenstaates*

a) Die Provinzen

Innozenz III. teilte den Kirchenstaat in Provinzen ein. Zu den alten Besitzungen der römischen Kirche in der Sabina[187] und der Campagna, die seit Innozenz III. „Campagna e Marittima" genannt wurde[188], gesellten sich die zum Patrimonium Petri gehörigen Gebiete in Tuszien, Spoleto und der Mark Ancona. Als fünfte Provinz erwarb Nikolaus III. 1278 die Romagna hinzu.

b) Die Rektoren

Um seine Politik vor Ort wirksam werden zu lassen, ernannte der Papst Personen seines Vertrauens wie den römischen Präfekten Pietro de Vico[189] zu Rektoren des Patrimoniums. Dieses Amt sollte eine Schüsselinstitution des Kirchenstaates werden. Außerdem setzte er Kastellane ein, die er unter seinen Hofgeistlichen oder unter den Laien seiner familiären

---

185 Siehe zur Politik der Gründung des Kirchenstaates durch Innozenz III. Ficker, Forschungen (s. Anm. 171); vgl. D. Waley, The Papal State in the Thirteenth Century, London 1961, 30–67, und Maccarrone, Studi (s. Anm. 170) 9–22.

186 D. Waley, Medieval Orvieto. The Political History of an Italian City-State, 1157–1334, Cambridge 1952.

187 Die Sabina wurde später (im 14. Jh.) in das Patrimonium Petri eingegliedert.

188 Waley, The Papal State (s. Anm. 185) 90ff.

189 C. Calisse, I Prefetti di Vico, in: ASRSP 10 (1886) 1–136 u. 353–394; G. Ermini, I rettori provinciali dello Stato della Chiesa da Innocenzo III all' Albornoz, in: RSDI 6 (1931) 29–104, Waley, The Papal State (s. Anm. 185) 167ff, und Lackner, Studien (s. Anm. 172) 191ff.

und kurialen Umgebung aussuchte. Rektoren gab es seit Beginn des Pontifikats Innozenz' III. im Herzogtum Spoleto, in der Campagna und im Patrimonium, ab der Zeit Honorius' III. dann in allen Provinzen.

Die Rektoren[190] hatten eine zweifache Aufgabe: Sie sollten die päpstliche Herrschaft in den Städten sichern und gleichzeitig eine geistliche Kontrolle zur Bekämpfung der Häresie ausüben. Der Papst wollte hier ein Modell schaffen, dem die Städte Italiens und der gesamten Christenheit folgen sollten. In seiner Dekretalen „Vergentis in senium"[191] wurden beide Aspekte verknüpft: Wer die Häresie unterstützt hatte, dessen Vermögen wurde „in den Ländern, die Unserer weltlichen Gerichtsbarkeit unterstehen", unverzüglich konfisziert, also ohne die ansonsten notwendige Bestätigung der weltlichen Behörden.

Diese strenge und sofortige Anwendung der Vermögenseinziehung konnte der Bevölkerung nicht gefallen. So war es kein Wunder, daß der in Orvieto tätige Rektor, der Römer Pietro Parenzo, sich nicht gegen die stolze, autonome Kommune durchsetzen konnte und schließlich einer Verschwörung zum Opfer fiel. Die folgenden harten Vergeltungsmaßnahmen von päpstlicher Seite nahmen bald auch politischen Charakter an; außerdem drohte ein regelrechter „Märtyrerkult" zu entstehen[192], den Innozenz III. aber sofort zu unterbinden suchte. Er hatte gute Gründe dazu, Parenzo den Heiligenschein zu verweigern, denn er war sicherlich über die Aktivitäten des ermordeten Rektors unterrichtet, der sich an den konfiszierten Gütern bereichert hatte. Außerdem hätte er seinen eigenen, soeben aufgestellten Grundsätzen für die Kanonisation zuwidergehandelt. So blieb der Kult um Pietro Parenzo lokal eng begrenzt.

Alle von Innozenz III. zu Rektoren ernannten Kleriker gehörten dem Kardinalkollegium an; später wurde das Amt auch Geistlichen niedrigeren Ranges anvertraut, insbesondere Bischöfen oder Hofkapellänen. Innozenz IV. ist der einzige Papst dieser Epoche, der vor seinem Pontifikat Rektor einer Provinz (der Mark) war. Manche Rektoren erhielten gleichzeitig die Vollmachten von Legaten, vor allem, wenn sie bereits Kardinäle waren (Raniero von Viterbo, Pietro Capocci, Riccardo Annibaldi, später Napoleone Orsini). Anders als unter Innozenz III., der fünf Kleriker und fünf Laien zu Rektoren bestimmte, wurde das Amt des Rektors im Verlauf des 13. Jh. mehr und mehr zu einer geistlichen Domäne: Von den 150 bekannten Amtsinhabern[193] gehörten 90 dem geistlichen Stand an. Zwischen 1216 und 1268 wurden sogar nur sieben Laien gegenüber 56 Klerikern berufen. Ab dem Pontifikat Gregors X. nahm die Zahl der Laien wieder zu, da sich die Päpste insgesamt in der Verwaltung des Staates stärker als früher auf ihre Verwandtschaft stützten, nicht zuletzt, um den Einfluß der Anjou zurückzudrängen[194]. So ernannte Gregor X. vier Verwandte zu Rektoren.

Spätestens seit der Zeit Gregors X. standen dem Rektor Richter zur Seite, zunächst nur

---

190 Die vollständigste Liste für das 13. Jh. bietet Waley, The Papal State (s. Anm. 185) 307–318; vgl. A. Paravicini Bagliani, Eine Briefsammlung für Rektoren des Kirchenstaates, 1250–1320, in: DA 35 (1979) 138–208 (Edition der einzigen erhaltenen Sammlung von Briefen eines Rektors des Kirchenstaates aus dem 13. Jh.).

191 Register (s. Anm. 26) I, 743 f. Vgl. dazu O. Hageneder, Studien zur Dekretale „Vergentis" (X, V, 7, 10), in: ZRG.KA 80 (1963) 138–173.

192 Es fand eine regelrechte *elevatio corporis* statt (Maccarrone, Studi [s. Anm. 170] 34 ff).

193 Waley, The Papal State (s. Anm. 185) 102.

194 Vgl. besonders A. Paravicini Bagliani, Il testamento del notaio papale Isembardo da Pecorara († 1279). Note di prosopografia curiale duecentesca, in: Paleographica, Diplomatica et Archivistica. Studi in onore di Giulio Battelli, Rom 1979, 219–241.

einer pro Provinz. War der Rektor ein Laie, wurde er in geistlichen Angelegenheiten von einem *rector in spiritualibus* unterstützt, der in seiner kirchlichen Rechtsprechung völlig unabhängig war. Er hielt sein eigenes Gericht ab, konnte im Provinzialparlament Erlasse zum Waffengebrauch gegen Ketzer verkünden und dem Klerus befehlen, Steuern und Prokurationen zu zahlen[195].

c) Die Parlamente

Ein allgemeines Parlament des Kirchenstaates trat im 13. Jh. nur ein einziges Mal zusammen. Es fand unter dem Vorsitz Innozenz' III. vom 21.–23. September 1207 in Viterbo statt. Anwesend waren die Prälaten, Lehnsleute und Vertreter der Städte aus der Mark Ancona, dem Herzogtum Spoleto und dem Patrimonium. Ihr Gefolgschaftseid bedeutete eine wichtige öffentliche Anerkennung des neuen Kirchenstaates. Nach der Angliederung der Romagna an den Kirchenstaat (1278) fanden mit einer gewissen Regelmäßigkeit Provinzialparlamente statt; siebzehn waren es in der Romagna zwischen 1278 und 1304[196].

d) Die Kardinäle und die Leitung des Kirchenstaates

Die finanzielle Verantwortlichkeit für den Kirchenstaat hatte der päpstliche *camerarius.* Im Verlauf des 13. Jh. spielten die Kardinäle jedoch eine immer wichtigere Rolle bei der Leitung. Gregor IX. verlieh ihnen 1234 das Konsultationsrecht und ein Drittel der Einkünfte. Nikolaus IV. erweiterte diese Rechte noch: Die Bulle „Celestis altitudo" (1289) sprach den Kardinälen die Hälfte der Einkünfte und Beteiligung an der Ernennung der Rektoren und Kollektoren zu[197]. Diese Entwicklung spiegelte jedoch eher das wachsende Ansehen der Kardinäle als eine wirkliche Teilung der Verantwortung in der römischen Kirche wider.

VIII. Die Rechtswissenschaft im Dienste der römischen Kirche: Die Dekretalen

1. Definition und Typologie

Im Verlauf des 12. Jh. wurde es üblich, daß die Kanonisten Sammlungen von Schreiben aus einem oder mehreren Pontifikaten anlegten, denen sie einen besonderen juridischen Wert beimaßen. Von anderen Papstschreiben unterschieden sich diese „Dekretalen" dadurch, daß sie fast nur offizielle Antworten von höchster kirchlicher Autorität auf rechtliche oder auch außerrechtliche Fragen enthielten; diese Fragen konnten von Bischöfen, anderen kirchlichen Würdenträgern oder hochgestellten Laien stammen. Sehr bald wurden solche Schreiben, die ursprünglich von und für Kanonisten abgeschrieben und aufbewahrt

[195] Waley, The Papal State (s. Anm. 185) 105, Liste 319–324.
[196] Liste der Parlamente: ebd. 304ff.
[197] Ebd. 123.

worden waren, zur eigentlichen Grundlage des kanonischen Rechts und zum wichtigsten Mittel der römischen Kirche, neues Recht zu schaffen.

Das unaufhörliche Anwachsen der päpstlichen Entscheidungen und ihre schnelle Aufnahme in die Dekretalensammlungen[198] veränderten einschneidend einen alten, auf Dionysius Exiguus zurückgehenden kanonischen Grundsatz[199], den auch Gratian gebilligt hatte[200], daß nämlich Dekretalen die gleiche Rechtsgültigkeit haben wie Konzilsdekrete. Vom 6. bis 12. Jh. hatte sich die Frage nie ernsthaft gestellt, welche der beiden hauptsächlichen Quellen des kanonischen Rechts den Vorrang hatte[201]. Ende des 12. Jh. nun spitzte sich die Entwickung dahingehend zu, daß – nach Huguccio – eine Dekretale, selbst wenn sie aus neuester Zeit stammte, mehr als das alte konziliare Recht gelten sollte[202].

Der Text der Dekretalen galt keineswegs als unantastbar; die Kanonisten mußten ihn für die Bedürfnisse der Rechtsschulen und der Gerichte oft umarbeiten und anpassen; wenn eine Dekretale in eine Sammlung eingefügt wurde, kam es notwendigerweise zu Kürzungen, Zusätzen, Zusammenfassungen oder Interpolationen, die den ursprünglichen Text der päpstlichen Entscheidung bedeutend verändern konnten; dazu kamen Textveränderungen durch die Interpretation jedes einzelnen Kanonisten[203].

2. Die Dekretalensammlungen des 13. Jahrhunderts

Anfangs wurde das *ius novum*, das durch die päpstlichen Entscheidungen entstand, von den Kanonisten in einer Art Addenda, *palae* genannt[204], gesammelt und registriert (1150–1175). Seit der zweiten Hälfte des Pontifikats Alexanders III. aber, etwa ab 1170, machte das rapide Anwachsen des *ius novum* die Anlage eigener, unabhängiger Dekretalensammlungen nötig. Vor allem in England schritt diese Entwicklung rasch voran; dort widmete man dem *ius novum* und der Notwendigkeit, unabhängige, systematische Glossen zu schaffen, besondere Aufmerksamkeit. In Italien (vor allem Bologna) und Frankreich bevorzugte man noch lange – bis etwa 1190 – gemischte Sammlungen aus *ius antiquum* und *ius novum*[205]. Die ersten Sammlungen von Dekretalen hatten die Kanonisten noch haupt-

---

198 Mehr als 1000 allein in der Zeit vom *Decretum Gratiani* bis zum Beginn des Pontifikats Innozenz' III.

199 „Et quamquam statuta Sedis apostolica vel canonum venerabilia definita nulli sacerdotum Domini ignorare sit liberum" (Dekretalen des Papstes Siricius, c. 15, kurz vor 500 [PL 67, 238]); vgl. DDC IV, Paris 1944, c. 1145.

200 Dist. 20, Prolog: „Decretales itaque epistolae canonibus conciliorum pari iure exequantur"; vgl. Ch. Munier, L'autorité de l'église dans le système des sources du droit médiéval, in: Ius Canonicum 6 (1976) 53 ff.

201 P. Landau, Die Entstehung der systematischen Dekretalensammlungen und die europäische Kanonistik des 12. Jh., in: ZSRG.K 96 (1979) 120–148, hier 120.

202 G. le Bras – Ch. Lefèbvre – J. Rambaud, L'Age classique 1140–1378 (Histoire du droit et des institutions de l'église en Occident, Bd. VII), Paris 1965, 233.

203 Mehrere Beispiele dafür gibt K. Pennington, The Making of a Decretal Collection. The Genesis of „compilatio tertia", in: Proceedings of the Fifth International Congress of Medieval Canon Law, Vatikanstadt 1980, 68–92, hier 84 ff.

204 S. Kuttner, Repertorium der Kanonistik (1140–1234). Prodomus corporis glossarum I (Studi e testi 71), Vatikanstadt 1937, 273–276. Kurzer Überblick über das Verhältnis des Papsttums zum Recht: G. Silano, On Sleep and Sleeplessness: The Papacy and Law, in: The Religious Roles of the Papacy: Ideals and Realities 1150–1300, Toronto 1989, 343–361.

205 Landau, Entstehung (s. Anm. 201) 147 f.

sächlich für ihre privaten Zwecke (Unterricht, Gerichtsverfahren) zusammengestellt. Einige von ihnen erlangten recht bald offiziellen Charakter und wurden in den Schulen zur Grundlage des Unterrichts in kanonischem Recht. Ab dem dritten Viertel des 12. Jh. galten die meisten Sammlungen als authentisch und zuverlässig. Schon sehr früh, seit etwa 1177/1179[206], entstanden auch die ersten Kommentare zu den Dekretalensammlungen[207].

a) Die *Compilatio Prima*

Einen ersten Höhepunkt der neuen Entwicklung stellt wohl das *Breviarium Extravagantium* dar, eine Zusammenstellung von Dekretalen „qui vagant extra Decretum" des Bernhard von Pavia (etwa 1189–1193). Sie wurde später unter dem Namen *Compilatio Prima* bekannt und diente anderen Sammlungen des gleichen Typs als Vorbild. Den Kern bildeten die Dekretalen Alexanders III. und seiner unmittelbaren Nachfolger (Lucius III., Urban III., Gregor VIII. und Clemens III.)[208].

b) Die *Compilatio Secunda*

Neuere Forschungen haben ergeben, daß einige kanonische Sammlungen[209] entstanden, um die Lücke zwischen den Pontifikaten Alexanders III. und Innozenz' III. zu schließen[210]. Die wichtigste dieser Sammlungen, von Johannes von Wales nach den gleichen Prinzipien wie die *Compilatio Prima* angelegt, ist die 1210 veröffentlichte *Compilatio Secunda*. Sie entstand noch unter Innozenz III. und betraf vor allem die Pontifikate Clemens' III. und Coelestins III., für die noch keine systematische Sammlung existierte[211].

c) Dekretalensammlungen und Register der Papstschreiben

Seit Innozenz III. sind die aus der päpstlichen Kanzel stammenden Register der Papstschreiben die wichtigste Quelle der Dekretalensammlungen[212]. Ein Beleg dafür ist die älteste Sammlung, die sich ausschließlich den Dekretalen Innozenz' III. widmet, diejenige des Rainer von Pomposa[213]. Von den weiteren Sammlungen dieser Art verdienen die

---

[206] T. P. McLaughlin, The „Extravagants" in the „Summa" of Simon de Bisignano, in: Medieval Studies 20 (1958) 167–176.

[207] Die Dekretalensammlungen des 12. Jh. sind in etwa 60 Handschriften erhalten; siehe Decretales indeditae saeculi XII. From the Papers of the Late W. Holtzmann, hrsg. von S. Chodorow – Ch. Duggan, Vatikanstadt 1982; Studies in the collections of Twelfth-Century Decretals. From the Papers of the Late W. Holtzmann, hrsg. von C. R. u. M. G. Cheney, Vatikanstadt 1979; P. Landau, Dekretalensammlungen des 12. und beginnenden 13. Jahrhunderts, in: ZSRG.K 99 (1982) 453–461. Allgemein J. Gaudemet, Collections canoniques et codification, in: RDC 33 (1983) 81–109.

[208] G. Fransen, La tradition manuscrite de la „Compilatio prima", in: Proceedings of the Second International Congress of Medieval Canon Law, hrsg. von S. Kuttner – J. J. Ryan, Vatikanstadt 1965, 55–62.

[209] *Lucensis, Halensis, Rotomagensis prima, Francofurtana* etc.

[210] Studies in the collections (s. Anm. 207) 208–319.

[211] R. v. Heckel, Die Dekretalensammlung des Gilbertus und Alanus nach den Weingartener Handschriften, in: ZRG.KA 29 (1940) 116–357.

[212] W. Holtzmann, Die Register Papst Alexanders III. in den Händen der Kanonisten, in: QFIAB 30 (1940) 14.

[213] PL 216, 1173–1272; vgl. Kuttner, Repertorium (s. Anm. 204) 310.

von Gilbert (etwa 1202 fertiggestellt)[214], Alanus Anglicus (um 1206)[215] und Bernhard von Compostela d.Ä.[216] besondere Erwähnung.

d) Die *Compilatio Tertia*

Die *Compilatio Tertia* des Petrus von Benevent entstand kurz vor 1212 an der römischen Kurie und enthält die Dekretalen aus den ersten zwölf Jahren der Amtszeit Innozenz' III. (1198–1209). Sie ist die erste Dekretalensammlung, der ein Papst offizielle, schriftliche Approbation erteilte. Petrus von Benevent war Professor der Rechte in Bologna[217], bevor er unter Innozenz III. in den Dienst der Kirche trat (vielleicht schon 1205[218]. Dort übte er lange das Amt eines Notars aus[219]; 1212 wurde er von Innozenz III. zum Kardinaldiakon ernannt; er starb 1219 oder 1220. Ganz gegen die Tradition begleitete Innozenz III. diese Sammlung mit einem persönlichen Grußwort an die Lehrer und Schüler des *Studium* zu Bologna; in diesem Begleitschreiben (21. Februar 1210) wies er nochmals darauf hin, daß alle Dekretalen aus den päpstlichen Kanzleiregistern stammten. Dies ist für die ersten zehn Jahre seines Pontifikats allerdings nicht nachprüfbar und auch für die 45 Dekretalen des elften und zwölften Jahres nicht endgültig bewiesen[220]. Für die Echtheit spricht, daß Petrus von Benevent die *Minuta* (Konzepte) benutzen konnte, die im allgemeinen von den Notaren selbst angefertigt wurden. Eine Garantie für die Authentizität wurde allmählich auch notwendig, weil Innozenz III. eine Fülle von Dekretalen herausgab[221]. Unwahrscheinlich ist es, daß der Papst selbst den Anstoß für die Zusammenstellung der *Compilatio Tertia* gegeben hat, trotz der späteren (1234) Behauptung des Johannes Teutonicus. Der Papst wollte lediglich nach Beendigung des Werks, das in seiner Form der bolognesischen Tradition folgte[222], dessen Echtheit bestätigen.

e) Die *Compilatio Quarta*

Gegen Ende von Innozenz' Pontifikat, im Jahre 1216, kompilierte und glossierte ein berühmter Bologneser Rechtsprofessor, Johannes Teutonicus, eine neue, systematische Sammlung von Dekretalen Innozenz' III. und begab sich nach Rom, um sie vom Papst autorisieren zu lassen. Aber er wurde enttäuscht[223]: Innozenz III. verweigerte die Zustim-

---

214 Kuttner, Repertorium (s. Anm. 204) 310f.

215 Ebd. 316f.

216 Ebd. 317ff.

217 Es ist aus keiner Quelle nachweisbar, daß Innozenz III. ihn bei seinem Aufenthalt in Bologna kennenlernte.

218 Pennington, The Making (s. Anm. 203) 68.

219 S. Kuttner, Bernardus Compostellanus Antiquus: A Study in the Glossators of Canon Law, in: Traditio 1 (1943) 301, Anm. 54.

220 Pennington, The Making (s. Anm. 203) 80 u. 89.

221 Bernhard von Compostela d.Ä. warnte z. B. die Leser seiner Sammlung, daß fünf nicht authentische Dekretalen von Innozenz III. in Umlauf seien (C. R. Cheney, Three Decretal Collections before Comp. IV, Pragensis, Palatina I, and Abrecensis, in: Traditio 15 [1959] 480–492).

222 K. Pennington, The French recension of „Compilatio tertia", in: Bulletin of Medieval Canon Law 5 (1975) 35–71; ders., The Making (s. Anm. 203) passim.

223 S. Kuttner, Johannes Teutonicus, das vierte Laterankonzil und die „Compilatio quarta", in: Miscellanea Giovanni Mercati, V, Vatikanstadt 1946, 626.

mung, vermutlich wegen der allzu großen Ähnlichkeit mit der *Compilatio Tertia*. Die erst nach dem Tod des Papstes endgültig fertiggestellte Sammlung [224] fand trotzdem Eingang in die *Studia*, da sie die letzten Regierungsjahre Innozenz' III. abdeckte; bekannt wurde sie unter dem Namen *Compilatio Quarta* [225]. In ihr sind auch die Dekrete des IV. Laterankonzils enthalten.

f) Die *Compilatio Quinta*

Mit Honorius III. und Gregor IX. begann eine neue Phase in der Geschichte der kanonistischen Sammlungen. Während Innozenz III. die Anlage von Sammlungen seiner Dekretalen niemals selbst initiiert zu haben scheint, kümmerte sich sein Nachfolger Honorius III. sehr viel direkter darum. In der Tat ist die *Compilatio Quinta*, 1225/26, also nach zehnjährigem Pontifikat, von Tankred von Bologna begonnen und wenig später abgeschlossen (Februar–Mai 1226 [226], die einzige offizielle kanonische Sammlung aus der Zeit Honorius' III. Ihr Aufbau ist in verschiedener Hinsicht neuartig. Alle Dekretalen der *Compilatio Quinta* (bis auf vier) stehen auch in den offiziellen Kanzleiregistern, wo 570 Schreiben – sicher von Tankred selbst – bei der Auswahl mit einem Kreuzchen markiert worden sind [227]. Der Kompilator hat sich also praktisch ausschließlich an die Dekretalen aus den Registern gehalten und keine weiteren Sammlungen verwendet, wenn es solche für den Pontifikat Honorius' III. überhaupt gegeben hat [228].

g) Der *Liber Extra*

In dem Bestreben, das gesamte kanonistische Material, das sich von Gratian bis Innozenz III. angesammelt hatte, den Universitäten und praktizierenden Juristen besser zugänglich zu machen, beauftragte Gregor IX. 1234 den Dominikaner Raimund von Peñafort damit, die früheren Sammlungen zu einem organischen Ganzen zusammenzufassen. Dieses Werk, das bald unter dem Namen *Liber Extra* bekannt wurde, verschickte man an die Universitäten von Bologna und Paris. Raimund von Peñafort nahm den Aufbau des *Breviarium Extravagantium* Bernhards von Pavia zur Grundlage [229]; getreu den erhaltenen Instruktionen kürzte er die einzelnen Dekretalen um die genaue Schilderung des Falles und beschränkte sich auf die juridisch wichtigsten Abschnitte (Argumentation, Entscheidung).

Unter Innozenz III. und Honorius III., in den Kompilationen von Johannes Teutonicus und Tankred, war noch keine Rede davon, daß sie ihre Sammlungen als allein gültig be-

---

[224] KUTTNER, Repertorium (s. Anm. 204) 372f.

[225] Zwischen der *Compilatio Tertia* und der *Compilatio Quarta* waren weitere Sammlungen von Dekretalen Innozenz' III. entstanden; vgl. CHENEY, Three Decretal Collections (s. Anm. 221) 464–484, und S. KUTTNER, A Collection of Decretal Letters of Innocent III in Bamberg (B. II), in: Mediaevalia et Humanistica N. S. 1 (1970) 41–56.

[226] Vgl. zum Datum L. BOYLE, The „Compilatio quinta" and the Registers of Honorius, in: DERS., Pastoral Care, Clerical Education and Canon Law, 1200–1400, London 1977, 16f.

[227] Ebd. 11ff.

[228] J. SAYERS, Papal Government and England during the pontificate of Honorius III, 1216–1227, Cambridge 1984, 159.

[229] 1771 der 1971 Kapitel des *Liber Extra* stammen daher, 191 aus den Registern der ersten sechs Regierungsjahre Gregors IX. und nur neun aus anderen Quellen; vgl. J. J. H. M. HANENBURG, Decretals and Decretal Collections, in: TRG – Revue d'histoire du droit 34 (1966) 588.

Das russisch-orthodoxe Christentum hat in den Ikonen, formal festgelegten Bildern von Christus, Maria und Heiligen, die nicht die Individualität des Dargestellten, sondern die Vergegenwärtigung des Heiligen ausdrücken, ihre von Byzanz beeinflußte Bildform gefunden. – Christus „nicht von Menschenhand geschaffen", Novgoroder Schule, 12. Jh.; Madonna der großen Panagia, 12. Jh., aus dem Kloster Spaski in Jaroslavl. Beide Moskau, Tretjakov-Galerie.

Politisch stand die Kirche Rußlands in Gefahren fest an der Seite der Herrscher. – Die Polovzer Tataren erobern 1169 Kiev (oben). Alexander Nevskij besiegt 1240 das Heer der Schweden und des Deutschen Ordens. – Miniaturen einer Bilderchronik (16. Jh.). Moskau, Historisches Museum.

Die Fürstensöhne Boris und Gleb gelten als erste Märtyrer (1015 vom älteren Bruder umgebracht) der russischen Kirche. Auf vielen Ikonen sind sie mit Szenen aus ihrem Leben dargestellt. Diese Ikone (14. Jh.) stammt aus der Boris-und-Gleb-Kirche in Kolomna bei Susdal, der ältesten Steinkirche des Fürstentums. – Moskau, Tretjakov-Galerie.

Die Mariä-Geburt-Kathedrale in Susdal (11./13. Jh.) – neben Kiev zusammen mit Vladimir das zweite Zentrum weltlicher und kirchlicher Macht im Gebiet der Ruś – besitzt in der Goldenen Tür ein Meisterwerk mittelalterlicher Bronzegießkunst, an dem wohl auch Meister aus dem Westen beteiligt waren. Auch der reiche figürliche Schmuck der Demetrius-Kathedrale (1194/97) in Vladimir, einer typischen Kreuzkuppelkirche, läßt die Beteiligung von Steinmetzen aus dem Westen vermuten.

trachteten. Nun bestimmte die Bulle „Rex pacificus" Gregors IX.[230] ausdrücklich, daß in Zukunft der *Liber Extra* die einzige gültige Quelle kanonischen Rechts sein sollte. Es versteht sich, daß dieser Schritt die Entwicklung der Rechtsprechung in der römischen Kirche nachhaltig beeinflußte. Hinter dem *Liber Extra* stand die Autorität des Papstes, die nun offiziell bestimmte, welches alte Recht noch seine Gültigkeit hatte.

h) Dekretalen, Konstitutionen und „Enzykliken"

Die Dekretalen waren zwar das bevorzugte, aber keineswegs das einzige Mittel der Päpste, neues Recht zu schaffen. Eine Dekretale gab eine gesetzgeberische Antwort auf eine bestimmte Frage. Das *decretum* (oder eine Konstitution) dagegen enthielt eine päpstliche Entscheidung, die nicht an einen bestimmten Kontext gebunden war.

Der Anteil der Konstitutionen an der päpstlichen Gesetzgebung nahm im Laufe der Zeit beträchtlich zu. So verkündete Innozenz III. schon in seiner ersten Regierungszeit einige Generalkonstitutionen, die sich vor allem mit der Reorganisation der Kanzlei[231] und mit den Strafen für Fälscher von Papstbriefen[232] befaßten. Honorius III. veröffentlichte im November 1219 die berühmte Konstitution „Super speculam", die das Studium des Zivilrechts verbot und die Schließung der Pariser Rechtsschulen anordnete[233]. Die Konstitutionen behielten die Form von Schreiben bei – darin den modernen Enzykliken vergleichbar – und wandten sich an die höchsten kirchlichen Autoritäten der westlichen Christenheit (Patriarchen, Metropoliten) sowie an die Universitäten selbst. Formal war das nicht neu: Gesetzgeberische Entscheidungen von einer gewissen Tragweite waren erstmals während des kurzen Pontifikats Gregors VIII. (1187) in Form von Generalkonstitutionen verkündet worden[234].

Obwohl der *Liber Extra* äußerlich eine Dekretalensammlung ist, besteht er zu einem Drittel aus Konstitutionen[235] – die päpstlichen Gesetzesentscheidungen waren also immer abstrakter geworden. Diese Sammlung Gregors IX. war ein wichtiger Schritt zur Entwicklung dessen, was wir heute „Codex" nennen[236].

---

[230] Potthast, Regesta (s. Anm. 39) Nr. 9693 (5. September 1234).

[231] R. von Heckel, Studien über die Kanzleiordnungen Innocenz' III., in: HJ 57 (1937) 258ff.

[232] P. Herde, Römisches und kanonisches Recht bei der Verfolgung des Fälschungsdelikts im Mittelalter, in: Traditio 21 (1965) 291ff.

[233] Chartularium universitatis Parisiensis, hrsg. von H. Denifle – E. Châtelain, I, Paris 1899, Ndr. Brüssel 1964, 90–93, Nr. 32 (16. November 1219); vgl. S. Kuttner, Papst Honorius III. und das Studium des Zivilrechts, in: FS M. Wolf, Tübingen 1952, 79–101.

[234] W. Holtzmann, Die Dekretalen Gregors VIII., in: MÖIG 58 (1950) 113–121.

[235] S. Kuttner, Raymond of Penafort as Editor: The „Decretales" and „Constitutiones" of Gregory IX, in: Bulletin of the Institute for Medieval Canon Law 12 (1981) 68.

[236] Ebd. 72; s. auch Hanenburg, Decretals and Decretal Collections (s. Anm. 229) 588f: „The Gregorian compilation is not just a collection of laws like the older collections were, but a code of law."

IX. Die Benefizialpolitik der Päpste

Seit dem Ende des 12. Jh. war das Papsttum auf der Suche nach Finanzquellen, die neben den eigentlichen Einkünften des Heiligen Stuhls zum Unterhalt der kräftig expandierenden kurialen Institutionen beitragen konnten. Aus einem Brief Honorius' III. von 1222[237] geht hervor, daß Innozenz III. zur Zeit des IV. Laterankonzils vergeblich versuchte, das Problem zu lösen, indem er die Erhebung eines Zehnten auf die Einkünfte der Kathedralkirchen vorschlug. Honorius III. (Cencio Savelli), der eine glänzende Laufbahn als Verwalter der beiden wichtigsten Organe der Kurie (Apostolische Kammer und Kanzlei) hinter sich hatte, unternahm nun den Versuch, den kurialen Amtsträgern in jeder Kathedralkirche eine Präbende zu reservieren. Die Klöster und Stiftskirchen sollten dazu je nach Einkommenslage mit Geldzahlungen beitragen. Als Gegenleistung versprach der Papst, die Taxen für Bullen aus der päpstlichen Kanzlei abzuschaffen. Aber dieser Vorschlag, den Innozenz IV. 1244 erneuerte, fand kein Gehör. Das Papsttum konnte nur im Einzelfall dafür sorgen, daß die Kirchen den Klerikern, die ein Amt an der Kurie ausübten, Pfründen bewilligten.

1. Die Benefizialpolitik Clemens' IV.

Die Entscheidungen Clemens' IV. brachten bedeutende Neuerungen in der Benefizialpolitik. Seine Konstitution „Licet ecclesiarum" vom 27. August 1265 begründete einen in diesem Ausmaß noch nie dagewesenen Zentralismus. Dem Heiligen Stuhl wurde die „uneingeschränkte Disposition über die Kirchen, Personate, Dignitäten und anderen Benefizien" vorbehalten, denn Clemens IV. erklärte sie als „dem römischen Papst gehörig, der sie nicht nur rechtsgültig verleihen kann, wenn sie vakant sind, sondern auch Anrechte auf künftig freiwerdende Benefizien vergeben kann"[238]. Die Feststellung, daß der Heilige Stuhl nicht nur über alle vakanten niederen Benefizien, sondern auch über alle in Zukunft vakant werdenden verfügen sollte, machte den Weg frei für die systematische Vergabe von Expektanzen, die das dritte Laterankonzil von 1179 noch streng verurteilt hatte[239]. Die in der Konstitution Clemens' IV. verkündeten Grundsätze bedeuteten also eine schwerwiegende Infragestellung eines der Grundpfeiler, auf denen bisher das Leben der Ortskirchen und die Rechte der Benefizienverleiher ruhte[240].

In der Praxis konnten Clemens IV. und seine unmittelbaren Nachfolger das Prinzip der päpstlichen Reservation nur dort anwenden, wo das Papsttum stark genug war, sich durchzusetzen, also vor allem bei Benefizien, deren Inhaber an der Kurie *(apud Sedem apostolicam)* verstarben, und in den Regionen, die sich unter engerer päpstlicher Kontrolle befanden (Königreich Sizilien, Norditalien und England).

---

[237] Regesta Honorii Papae III, hrsg. von P. Pressutti, Rom 1888–1895, Nr. 5825; vollst. Text in: Register of S. Osmund I, hrsg. von W. H. Rich Jones, London 1883, 366; vgl. W. E. Lunt, Financial Relations of the Papacy with England to 1327, Cambridge/Mass. 1939, 178 u. 213. Der Papst schließt sich hier den Beschwerden über die Amtsmißbräuche gewisser Kurienbeamter und päpstlicher Prokuratoren an.

[238] Liber Sextus, 1. III, tit. VII, c. 2.

[239] C. 8 (COD [s. Anm. 35] 215).

[240] M. Mollat, La collation des bénéfices ecclésiastiques sous les papes d'Avignon (1305–1378), Paris 1921, 24, 27, 38 u. 70. Clemens IV. hatte – absichtlich oder nicht – etwas ungenau den Begriff „ecclesiae" benutzt. Das rief zahlreiche Proteste hervor, so daß der Papst 1266 klarstellen mußte, daß Bistümer und Klöster auf jeden Fall unberührt blieben.

2. *Ekklesiologische Grundlagen*

Um sein Vorgehen rechtlich abzusichern, sah sich das Papsttum genötigt, eine neue Lehrmeinung zur Frage der Benefizienverleihung auszuarbeiten[241]. Im *Decretum Gratiani* gab es noch keine Hinweise auf diese Problematik. Mitte des 13. Jh. wiesen französische Geistliche darauf hin, daß Innozenz III. sich als erster Papst ein solches Verleihungsrecht angemaßt hatte, als er die *collatio* mehrerer Benefizien an französischen Kathedralkirchen übernahm[242]. Faktisch etablierte sich das päpstliche Recht, Pfründen an jeder beliebigen Kirche der Christenheit zu verleihen, in der Tat seit Innozenz III.[243], obwohl er nicht häufiger als seine Vorgänger darauf zurückgegriffen zu haben scheint[244]. Erst Innozenz IV. und Alexander IV.[245] verstärkten die päpstlichen Aktivitäten in der Benefizialpolitik; sie diente in erster Linie als Mittel im Kampf gegen Friedrich II. Gegen Ende des 13. Jh. fand die Lehre „omnes ecclesiae et res ecclesiarum sunt in potestate pape“[246]keinen grundsätzlichen Widerstand mehr.

Trotz allem wurde das Recht der Ortskirchen, über ihre Präbenden zu verfügen, nicht ausdrücklich zurückgenommen. Bei den Provisionen von Benefizien hat sich das Papsttum niemals auf die *plenitudo-potestatis*-Lehre berufen[247]; zumindest war davon in der Konstitution „Licet ecclesiarum“ Clemens' IV. nicht die Rede, die doch zum ersten Mal offiziell ein päpstliches Reservationsrecht für kirchliche Benefizien forderte – in diesem Fall noch auf solche Benefizien beschränkt, deren Inhaber *apud Sedem apostolicam* starben[248]. Der Papst verwies dabei darauf, dies sei alter Brauch[249], obwohl ein solcher in keinem früheren Text belegt ist.

Die Kanonisten des 12. und 13. Jh. haben häufig die päpstlichen Rechte bei der Benefizienverleihung erörtert. Ihre Position scheint eindeutig gewesen zu sein: Der Papst hatte das unbestrittene Recht, in allen christlichen Kirchen einen Bischof abzusetzen, über ein Benefizium zu verfügen oder eine Dispens zu erteilen; die Rechte der Ortskirchen blieben aber davon in der Theorie wie in der Praxis unberührt[250].

---

241 Mollat (ebd. 189) argumentiert theologisch und nicht historisch, wenn er meint, daß die Kirche dieses Recht von jeher besessen habe: „Si, pendant de longs siècles, la papauté n'exerça pas effectivement le droit de collation, il ne s'ensuivit pas qu'elle acquit celui-ci en vertu d'empiètements progressifs ... Elle le possédait originairement.“

242 Cheney, Innocent III (s. Anm. 37) 80.

243 M. Mollat, Les grâces expectatives du XIIe au XIVe siècle, in: RHE 42 (1947) 91–102; Cheney, Innocent III (s. Anm. 37) 81; Pennington, Pope and Bishops (s. Anm. 49) 131.

244 Mollat, Les grâces (s. Anm. 243) 89ff.

245 G. Barraclough, The Constitution „Execrabilis“ of Alexander IV, in: EHR 49 (1934) 193–218.

246 Gilles de Fuscarariis, Quaestiones Bononienses, f° 86v, zit. bei G. Barraclough, Papal Provisions, Oxford 1935 (Ndr. Westport/Conn. 1971) 167.

247 Hostiensis beruft sich auf die *plenitudo-potestatis*-Lehre, aber nur für den Fall, daß der Papst auf die Verteilung von Benefizien Einlaß nimmt, die zum Bistum eines suspendierten Bischofs gehören.

248 C. 2 in VI° 3, 4; vgl. Barraclough, Papal Provisions (s. Anm. 246) 153–159, und Pennington, Pope and Bishops (s. Anm. 49) 123.

249 „Collationem tamen ecclesiarum personatum dignitatum et beneficiorum apud Sedem apostolicam vacantium specialius ceteris antiqua consuetudo Romanis pontificibus reservavit.“

250 Pennington, Pope and Bishops (s. Anm. 49) 121–153, geht ausführlich auf die Ansichten der Kanonisten ein.

3. *Widerstände*

Aus den erhaltenen Zeugnissen[251] geht hervor, daß die Ortskirchen jede Möglichkeit ausnutzten (weite Entfernung von Rom, überzogene Prozeßkosten, politische Konstellationen, persönliche Verbindungen usw.), dem zum Teil erheblichen päpstlichen Druck Widerstand zu leisten. Gregor IX. protestierte 1232 energisch dagegen, daß manche Bischöfe ihren Klerikern vor der Weihe einen Eid abverlangten, sich keiner päpstlichen Schreiben zu bedienen, um die ihnen zugeteilten Präbenden in Frage zu stellen[252]. Einige Kapitel versuchten sich zu wehren, indem sie Statuten für die Zulassung neuer Kanoniker erließen, die unter anderem die vom Papst vorgeschlagenen *pauperes clerici* ausschlossen. Der Aufnahme begüterter oder sozial hochstehender Kandidaten stand dagegen in der Regel nichts im Wege.

4. *Allgemeine Auswirkungen*

Seit ihrer Einrichtung hat die Benefizialpolitik der Päpste bis zum Ende des Mittelalters Polemik und Protest hervorgerufen[253], die die großen Unzulänglichkeiten dieses Systems aufs Korn nahmen: die Einmischung Roms, die Abwesenheit der Pfründner auf Dauer ... Dabei wurde im 13. Jh. mit der Benefizienverleihung noch längst nicht der Mißbrauch getrieben, der in der avignonesischen Zeit zur Regel werden sollte, immer unter dem Deckmantel der von Clemens IV. nur rudimentär erarbeiteten Grundsätze.

Das System barg theoretisch und anfangs auch praktisch nicht nur Nachteile für die Ortskirchen. Ein kurialer Amtsträger als Angehöriger einer Kathedrale oder einer Abtei konnte der Anfang persönlicher Beziehungen sein, die für die Verbindung von der Peripherie zum Zentrum der Christenheit enorm wichtig waren. So haben sich beispielsweise die englischen Könige Mitte des 13. Jh. gern dieses neuen Instruments bedient, um enge Verbindungen zur römischen Kurie zu knüpfen. Das recht reibungslose Verhältnis der englischen Krone zum Papsttum in jener Zeit dürfte in großem Maße auf die persönliche Interessengemeinschaft zwischen den hohen Verwaltungseliten in England und an der Kurie zurückzuführen sein[254].

Da das päpstliche Benefizialsystem sich ferner über die örtlichen Gegebenheiten hinwegsetzte, ermöglichte es sehr vielen Geistlichen, ein Benefizium zu erlangen, denen dies sonst wegen ihrer zu niedrigen sozialen Herkunft verwehrt geblieben wäre[255]. Die Kurialen waren nicht die einzigen Nutznießer des neuen Systems. Es ist sogar wahrscheinlich, daß die zunehmende Häufigkeit der Anfragen gerade von Klerikern, die nicht unterkommen

---

[251] Die Register der Papstbriefe aus dem 13. Jh. (hrsg. von der École Française de Rome) enthalten eine Fülle von Benefizialbriefen, vor allem zugunsten von Kurialen; vgl. H. Baier, Päpstliche Provisionen für niedere Pfründen bis zum Jahre 1304, Münster 1911, Kap. 10.

[252] Les Registres de Grégoire IX (1227–1241), hrsg. von L. Auvray, Paris 1890–1955, Nr. 939, zit. bei Barraclough, Papal Provisions (s. Anm. 246) 146.

[253] Neuere Bibliographie bei P. Linehan, The Gravamina of the Castilian Church in 1262–1263; in: EHR 85 (1970) 730–754.

[254] J. Sayers, Centre and Locality: Aspects of Papal Administration in England in the Later Thirteenth Century, in: Authority and Power: Studies on Medieval Law and Government, presented to Walter Ullmann, Cambridge 1980, 126.

[255] Ch. McCurry, Utilia Metensia, in: Law, Church and Society. In Honor of Stephen Kuttner, hrsg. von K. Pennington – R. Sommerville, Philadelphia 1977, 317.

konnten und vor allem von solchen, die in die Nähe eines *Studium* gelangen wollten[256], den Ausgangspunkt für die Entstehung der päpstlichen Gewohnheit bildete, den Ortskirchen Kandidaten zur Aufnahme „vorzuschlagen". Jedenfalls fällt im 12. und 13. Jh. das immer häufigere Eingreifen in die Verleihung von Benefizien mit dem Aufblühen der ältesten *Studia* zusammen[257].

Auf einer allgemeineren Ebene war die Tendenz zur Zentralisierung der Pfründenverleihung auch eine Reaktion auf die veränderten Lebensgewohnheiten vieler Kleriker, die ihre Laufbahn immer weniger ortsfest getalteten (lateinischer Osten, römische Kurie, Universitätskarriere). Diese Entwicklung wurde durch die päpstliche Benefizialpolitik im 13. Jh. zweifellos bewußt gefördert.

5. Auswirkungen auf die Kurie

Die Pfründenvergabe durch die Päpste führte im 12. und 13. Jh. freilich auch dazu, daß sich in vielen Diözesen für lange Zeit mächtige Familien mit weitverzweigten Verbindungen zur Kurie festsetzten. Seit dem Ende des 12. Jh. kam es vor, daß mehrere Mitglieder einer Familie, die enge Beziehungen zur Kurie unterhielt, in den Besitz von Präbenden gelangten, die zu ein und derselben kirchlichen Institution gehörten. Oft blieben die Präbenden innerhalb einer einzigen kurialen *familia*[258]. Die Genueser Familie Fieschi war die einflußreichste nichtrömische Familie an der Kurie, da sie zwischen 1227 und 1276 in ununterbrochener Reihe Kardinäle und Päpste (Innozenz IV., Hadrian V.) stellte; ihre Verwandten, Freunde und Schützlinge und die geistlichen Mitglieder ihrer *familiae* brachten es auf eine beeindruckende Zahl von Präbenden an Kirchen in der gesamten Christenheit (u. a. Genua, Parma, Reims, Toledo)[259]. Die römischen Familien Colonna, Orsini, Savelli und Capocci beherrschten einige Kirchen (u. a. Tournai, Cambrai, Teile von Paris) über mehrere Generationen: Ein großer Teil der vorhandenen Präbenden ging an Kleriker aus ihrem Umfeld.

---

256 Barraclough, Papal Provisions (s. Anm. 246) 150.

257 Ebd. 159.

258 A. Paravicini Bagliani, Cardinali di Curia e ‚familiae' cardinalizie dal 1226 al 1254, Padua 1972, I, 45.

259 A. Paravicini Bagliani, Campano da Novara e il mondo scientifico romano duecentesco, in: Novarien. 14 (1984) 99–111.

Bibliographie

Quellen:

G. ALBERIGO u. a. (Hrsg.), Conciliorum oecumenicorum decreta, Basel – Barcelona 1973.

Corpus Iuris Canonici, hrsg. von A. FRIEDBERG, 2 Bde., Leipzig 1879.

Decretales ineditae saeculi XII. From the Papers of the Late W. Holtzmann, hrsg. von S. CHODOROW – W. DUGGAN, Vatikanstadt 1982 (Bibliographie S. XI–XVIII).

S. FIESCHI, Apparatus Innocentii IV PP. in V libros Decretalium, Francoforti ad Moenum 1570 (Ndr. Frankfurt a. M. 1968).

The Letters of Pope Innocent III (1198–1216) concerning England and Wales. A Calendar with an appendix of texts, hrsg. von C. R. u. M. G. CHENEY, Oxford 1967.

Liber Pontificalis, hrsg. von L. DUCHESNE – C. VOGEL, 3 Bde., Paris 1955–1957.

Regestum Innocentii III Papae super negotio Romani imperii, hrsg. von F. KEMPF, Rom 1947.

Die Register Innocenz' III., hrsg. von O. HAGENEDER u. a., Graz – Köln 1964 ff.

Untersuchungen:

A. ALBERIGO, Cardinalato e collegialità. Studi sull' ecclesiologia tra l'XI e il XIV secolo, Florenz 1969.

G. BARRACLOUGH, Papal Provisions, Oxford 1935 (Ndr. Westport/Conn. 1971).

L. BUISSON, Potestas und Caritas. Die päpstliche Gewalt im Spätmittelalter, Köln – Graz 1958, ²1982.

C. R. CHENEY, Pope Innocent III and England, Stuttgart 1976.

I. FETSCHER – H. MÜNKLER (Hrsg.), Pipers Handbuch der politischen Ideen, Bd. 2: Mittelalter: Von den Anfängen des Islams bis zur Reformation. München – Zürich 1993.

R. FOREVILLE, Le pape Innocent III et la France, Stuttgart 1992.

C. G. FÜRST, Cardinalis. Prolegomena zu einer Rechtsgeschichte des römischen Kardinalskollegiums, München 1967.

W. IMKAMP, Das Kirchenbild Innocenz' III., 1198–1216, Stuttgart 1983.

F. KEMPF, Papsttum und Kaisertum bei Innocenz III., Rom 1954.

W. KÖLMEL, Regimen Christianum, Berlin 1973.

G. DE LAGARDE, La naissance de l'esprit laïque au déclin du Moyen Age, IV, Löwen – Paris 1962.

J. LECLERCQ, L'idée de la royauté du Christ au Moyen Age, Paris 1959.

M. MACCARRONE, Chiesa e Stato nella dottrina di papa Innocenzo III, Rom 1940.

–, Vicarius Christi. Storia del titolo papale, Rom 1952.

–, Studi su Innocenzo III, Padua 1972.

W. MALECZEK, Papst und Kardinalskollegium von 1191 bis 1216. Die Kardinäle unter Cölestin III. und Innocenz III., Wien 1984.

A. MELLONI, Innocenzo IV. La concezione e l'esperienza della cristianità come *regimen unius personae,* Genua 1990.

J. MIETHKE, Geschichtsprozeß und zeitgenössisches Bewußtsein – Die Theorie des monarchischen Papats im hohen und späteren Mittelalter, in: HZ 226 (1978) 564–599.

K. PENNINGTON, Pope and Bishops. The papal Monarchy in the Twelfth and Thirteenth Centuries, Philadelphia 1984.

J. SAYERS, Papal Government and England during the pontificate of Honorius III, 1216–1227, Cambridge 1984.

Studies in the collections of Twelfth-Century Decretals. From the Papers of the Late W. Holtzmann, hrsg. von C. R. und M. G. CHENEY, Vatikanstadt 1979 (Bibliographie S. XV–XIX).

B. TIERNEY, Foundations of the Conciliar Theory. The Contributions of the Medieval Canonists from Gratian to the Great Schism, Cambridge 1955.

–, Origins of Papal Infallibility 1150–1350, Leiden 1972.

H. TILLMANN, Papst Innocenz III., Bonn 1954.

D. WALEY, The Papal State in the Thirteenth Century, London 1961.

J. A. WATT, The Theory of Papal Monarchy in the Thirteenth Century. The Contribution of the Canonists, London 1965.

Drittes Kapitel

Kirche, weltliche Gewalt und Gesellschaft

von André Vauchez und Agostino Paravicini Bagliani

Die uns Menschen im 20. Jh. völlig geläufige Unterscheidung zwischen Kirche und Staat war dem Mittelalter keineswegs so selbstverständlich. Dies zeigt sich schon am damaligen Wortschatz: Während die Bedeutung des Wortes *Ecclesia* und seiner Entsprechungen in den einzelnen Volkssprachen jedermann bekannt war, gab es vor dem 13. Jh. zur Bezeichnung der weltlichen Herrschaft keinen bestimmten, allgemein bekannten und ausschließlich dafür verwendeten Terminus. Status wurde nicht nur in diesem Sinn benutzt, und res publica bezeichnete auch die Christenheit im allgemeinen, die ‚respublica christiana'[1]. Dieses Ungleichgewicht veranschaulicht deutlich, wie wenig scharf die staatliche Sphäre im mittelalterlichen Denken umrissen war. Dennoch darf nicht übersehen werden, daß die Ausformung einer Vorstellung vom Staat als einer autonomen, sowohl von der Kirche getrennten als auch über der Person des Monarchen stehenden, abstrakten Größe seit 1150 in einer West-Ost-Wanderung bis weit in das Spätmittelalter hinein stattfand. Einschränkend sollte hinzugefügt werden, daß es vorher schon vereinzelt Ansätze einer Transpersonalisierung von Herrschaft gab; erinnert sei nur an das Kaiserverständnis Ludwigs des Frommen oder an Wipos Sicht der nicht unterbrochenen Kaiserherrschaft während der Thronvakanz[2]. Die Entfaltung ideeller Vorstellungen bewegte sich eben nicht immer in einer geradlinig aufsteigenden Richtung.

---

[1] Y. Congar, Status Ecclesiae, in: Essays in Medieval Law in Honor of Gaines Post, hrsg. von J. R. Strayer – D. E. Queller, Studia Gratiana 15 (1972) 3–31; A. Harding, Aquinas and the legislators, in: Théologie et droit dans la science politique de l'Etat moderne, Rom 1991, 51–54; W. Mager, Res publica chez les juristes, théologiens et philosophes à la fin du Moyen Age. Sur l'élaboration d'une notion-clé de la théorie politique moderne, in: ebd. 229–239.

[2] Th. Schieffer, Die Krise des karolingischen Imperiums, in: Aus Mittelalter und Neuzeit (FS G. Kallen), Bonn 1957, 6–10; H. Beumann, Wissenschaft vom Mittelalter, Köln – Wien 1972, 135–174; ders., Der deutsche König als „Romanorum rex", in: Sb. der Wiss. Gesellschaft der Univ. Frankfurt 18,2 (1981) 58 und 60.

Heinrich V. erhält 1111 von Paschalis II. die kaiserlichen Insignien. Miniatur (1113/14) in einer Abschrift von Ekkehards Weltchronik (Cambridge, Corpus Christi College).

1. Das Erbe des 12. Jahrhunderts

a) Dem Ende der Einheit entgegen, „Imperium" und „Sacerdotium"

Jegliche Reflexion über das Verhältnis von Kirche und Staat im Mittelalter hat auszugehen zum einen von der gelasianischen Lehre (so benannt nach Papst Gelasius I., 492–496)[3], zum anderen von einem Bündel von Entwicklungen, zurückgehend auf kirchliche Autoren des frühen Mittelalters, die, wenn auch im einzelnen oft recht verschieden, zusammenge-

3 CIC, c. 10, D. 96: „Duo sunt quippe ... quibus principaliter hic mundus regitur, auctoritas sacra pontificum et regalis potestas." Der Zusatz, daß die Priester als Seelenhirten auch für die Taten der weltlichen Gewalt Rechenschaft geben müßten, sprengt die Gleichrangigkeit der beiden Gewalten, zumindest in der Weise, daß der Kaiser nicht über oder neben der Kirche steht, sondern in ihr, mithin auch ihrer Ordnung unterworfen ist. Vgl. W. Ensslin, Auctoritas und Potestas. Zur Zweigewaltenlehre des Papstes Gelasius I., in: HJb 74 (1955) 661–668.

faßt worden sind unter der eher mißverständlichen Bezeichnung eines politischen Augustinismus[4]. Diesen Texten zufolge, die im karolingischen Herrschaftsbegriff ihren Niederschlag fanden, liege die oberste Herrschaft über die Welt bei der kirchlichen Autorität und der kaiserlichen Gewalt. Beide Obrigkeiten seien voneinander unabhängig, und diejenigen, die die jeweilige Macht ausübten, hätten ihre Autorität unmittelbar von Gott. Die Herrscher seien im geistlichen Bereich Söhne der Kirche und ihr darum unterworfen, während die Päpste in weltlichen Angelegenheiten den Fürsten untergeordnet seien[5]. Doch müßten die einen mit den anderen am Werk Gottes zusammenarbeiten, denn sie seien beide eingesetzt zum Heil des Menschen[6].

Im ostfränkischen Nachfolgereich der Karolinger, dem Imperium Kaiser Ottos des Großen seit 962, herrschte sicher eine Zuordnung des Reichsepiskopates zum Kaiser; doch geht es zu weit, darin sowohl der Form wie der Idee nach ein geschlossenes System zu sehen[7]. Es ist sachlich nicht falsch und geschieht in der Literatur auch durchgängig, dieser Zeit die Zuordnung von „Imperium" und „Sacerdotium" als oberstes Leitprinzip zuzusprechen, aber in den Quellen belegt findet sich die Formel auffallend selten[8]. Man braucht sich über dieses geringe Maß an Reflexion nicht zu wundern, denn erst im Investiturstreit, als die Zuordnung in Frage gestellt wurde, besann sich die kaiserliche Seite auf sie als Basis des eigenen Anspruches[9]. Auf die Bannsentenz Gregors VII. gegen Heinrich IV. (1076) hin, womit der Papst von seinem Anspruch, den „Kaiser absetzen" zu können, Gebrauch machte, brachte der Notar Gottschalk von Aachen aus der Reichskanzlei als erster das Gleichnis von den zwei Schwertern (Lk 22,38) mit der Lehre von den beiden Gewalten in Verbindung[10]. So wie Gelasius I. seinerzeit aus einer Defensive heraus gehandelt hatte, ar-

---

[4] H. X. Arquillière, L'Augustinisme politique. Essai sur la formation des théories politiques au Moyen Age, Paris ²1955.

[5] Die Tendenz der unterschiedlichen Standpunkte zeigt sich bereits kurz vor der Kaiserkrönung Karls des Großen. Karl antwortete 796 auf die Wahlanzeige Papst Leos III., der Papst habe zu beten, damit ihm der apostolische Segen zuteil werde; seine Aufgabe sei die Verteidigung der Kirche nach außen und im Innern die Sorge für den rechten Glauben und die Aufrechterhaltung der Disziplin (Codex Carolinus, ep. 93, MGH Epp. IV 137). – Im Triklinium des Laterans, wo die „missi" Karls 799/800 die Untersuchung des Aufstandes der Römer gegen Leo III. vornahmen, befand sich ein höchstwahrscheinlich von Leo angebrachtes Wandmosaik: in der Apsis Christus, der die Apostel aussendet; links der thronende Christus, der dem hl. Petrus das Pallium und Kaiser Konstantin I. das Labarum übergibt; rechts der thronende Apostel Petrus, der Papst Leo das Pallium und Karl eine Fahne übergibt. Konstantin d.Gr. zeigt sich noch direkt auf Christus bezogen, Karl dagegen auf Petrus, den Amtsvorgänger des Papstes. Vgl. P. Classen, Karl der Große, das Papsttum und Byzanz. Die Begründung des karolingischen Kaisertums, Sigmaringen 1985, 55.

[6] M. Pacaut, La théocratie. L'Eglise et le pouvoir au Moyen Age, Paris ²1989.

[7] R. Folz, L'Idée d'Empire en Occident du Ve au XVe siècle, Paris 1953; vgl. noch systematischer entwickelt bei: L. Santifaller, Zur Geschichte des ottonisch-salischen Reichskirchensystems (Sb. der Österr. Akad. der Wiss., phil.-hist. Kl. 229/1), Wien 1964. Massive Kritik an diesem Bild übte T. Reuter, The „Imperial Church System" of the Ottonian and Salian Rulers, a reconsideration, in: Journal of Ecclesiastical History 33 (1982) 347–374. Über die weitere Kontroverse mit eigenen Aspekten O. Engels, Das Reich der Salier – Entwicklungslinien, in: Die Salier und das Reich III, hrsg. von St. Weinfurter, Sigmaringen 1991, 514–533.

[8] Unter den vielen Belegen bei L. Knabe, Die gelasianische Zweigewaltentheorie bis zum Ende des Investiturstreits (Hist. Studien 292), Berlin 1936, findet sich der gegenseitige Bezug von Imperium und Sacerdotium nur in einem Diplom Heinrichs II. (ebd. 111f).

[9] Vgl. G. Koch, Auf dem Wege zum Sacrum Imperium. Studien zur ideologischen Herrschaftsbegründung der deutschen Zentralgewalt im 11. und 12. Jahrhundert, Wien – Köln 1972, der die Vielfalt der von Heinrich IV. zu Friedrich Barbarossa führenden Argumentationslinien aufzeigt.

[10] Vgl. W. Levison, Die mittelalterliche Lehre von den beiden Schwertern, in: Deutsches Archiv 9 (1952)

gumentierte jetzt der kaiserliche Hof aus der Defensive. Eine Bibelstelle zur Grundlage des Gewaltenverständnisses zu machen sollte die Gottunmittelbarkeit der kaiserlichen Gewalt betonen; und das Schwert als Symbol zu benutzen diente der Hervorhebung der weltlichen Gewalt, denn das geistliche Schwert sollte den Gläubigen zum Gehorsam gegenüber dem Herrscher nötigen. Hier war im Grunde das wiederholt, was Karl der Große mit anderen Worten schon umschrieben hatte.

Es ging noch nicht um eine uneingeschränkte Gleichrangigkeit der beiden Gewalten, sondern um ein Suchen nach einer Legitimation der weltlichen Gewalt unabhängig von jeder kirchlichen Instanz. Wegen seiner Grundsätzlichkeit tauchte das Problem auch in anderen Reichen zu dieser Zeit auf, beim normannischen Anonymus ebenfalls mit einer etwas veränderten Deutung von Lk 22,38, die dem Übergewicht des Königs dienen sollte. Doch die Lehre von den zwei Schwertern war nicht die einzige Leitformel. Man könnte meinen, die im 12. Jh. so häufig gebrauchte Formel „Imperium" und „Sacerdotium" sei nichts anderes als eine bessere Wortwahl gewesen – zumal auch sie von kaiserlicher Seite nicht strikte Gleichrangigkeit ausdrückte –, wenn in ihr nicht auch noch ein anderer Akzent zum Vorschein kommen würde. Sieht man vom Hof Ottos III. ab, der stark von seiner Mutter Theophanu beeinflußt gewesen sein muß, dann fand erst unter Heinrich IV. ein Rückgriff auf das antike römische Imperium statt. Erinnert sei nur an den Geschichtsschreiber Adam von Bremen († ca. 1081), der in seiner Hamburger Kirchengeschichte Heinrich III. als den 90. der römischen Imperatoren bezeichnete [11]. Sah sich das mittelalterliche Imperium in einer Kontinuität mit dem antiken Imperium, dann war der Weg nicht mehr weit, sich hinsichtlich aktueller Anlässe, wie der Wahl des Gegenkönigs Rudolf von Rheinfelden, auf die antike „lex regia" zu berufen [12].

Am Ende des Investiturstreites blieb das Problem ungelöst. Das Wormser Konkordat (1122) bestätigte zwar die alleinige Zuständigkeit der Kirche für die sakrale Seite ihrer Ämter und gestand dem Kaiser originäre Rechte an herrschaftlichen Hoheitsrechten zu, aber der Anspruch des Papsttums auf eine kaisergleiche Autorität, abgeleitet aus der dem hl. Petrus übertragenen Binde- und Lösegewalt sowie aus dem „Constitutum Constantini", blieb bestehen. Honorius Augustodunensis und Bernhard von Clairvaux haben ihn sogar im Sinne einer hierokratischen Überhöhung noch gesteigert [13]. Sie kommt in der fortdauernden Praxis seit dem Reformpapsttum zum Ausdruck, einen Herrscher und sein Reich in den päpstlichen Schutz zu nehmen oder ihm die Herrschaft zu Lehen zu geben, womit der

---

30–42; H. Hoffmann, Die beiden Schwerter im hohen Mittelalter, in: ebd. 20 (1964) 82–114; Koch, Auf dem Wege (s. Anm. 9) 64f; H. G. Walther, Imperiales Königtum. Konziliarismus und Volkssouveränität. Studien zu den Grenzen des mittelalterlichen Souveränitätsgedankens, München 1976, 37f.

[11] R. Buchner, Die politische Vorstellungswelt Adams von Bremen, in: Archiv für Kulturgeschichte 45 (1963) 26–29, 31–34.

[12] Vgl. W. Affeldt, Die weltliche Gewalt in der Paulus-Exegese. Röm. 13,1–7 in den Römerbriefkommentaren der lateinischen Kirche bis zum Ende des 13. Jahrhunderts, Göttingen 1969; W. Kölmel, Regimen christianum. Weg und Ergebnisse des Gewaltenverhältnisses und des Gewaltenverständnisses (8. bis 14. Jahrhundert), Berlin 1970, Kap. VI b; T. Struve, Die Stellung des Königtums in der politischen Theorie der Salierzeit, in: Die Salier und das Reich III, hrsg. von. St. Weinfurter, Sigmaringen 1991, 217–244, bes. 234–237. Vgl. auch den Forschungsüberblick von H. Jakobs, Kirchenreform und Hochmittelalter, 1046–1215 (Grundriß der Geschichte 7), München – Wien 1984, s. v. Kaiser.

[13] Vgl. Koch, Auf dem Wege (s. Anm. 9) 67ff.

Papst dessen autonome Herrschaft legitimierte und die politische Eigenständigkeit zumindest moralisch garantierte[14]. Innozenz III. war der letzte Papst, der von diesem Instrument, das ihn als Ordnungsvormacht bis nach Osteuropa hinaus auswies, in größerem Stil Gebrauch machte. Der zweite Weg, die höchste schiedsrichterliche Funktion des Papstes zur Geltung zu bringen und das andere wirkungslos gewordene Mittel zu ersetzen, begann schon um die Mitte des 12. Jh. und wurde bis weit in das 13. Jh. hinein benutzt: das Reservat des Papstes, vom Ehehindernis wegen zu naher Verwandtschaft der Partner zu dispensieren. Ob von diesem Hindernis dispensiert wurde oder nicht, konnte z. B. im Falle einer allein überlebenden Erbin des Herrscherhauses von hochpolitischer Brisanz sein. Die päpstliche Entscheidung, die in der Regel widerspruchslos hingenommen wurde, richtete sich nicht nach irgendwelchen rechtlichen Normen, sondern war eine bewußt politische Weichenstellung[15].

Die Argumentation bewegte sich auf mehreren Ebenen. Papst Eugen III. gebrauchte am 27. Januar 1152, noch zu Lebzeiten Konrads III., in einem Schreiben an die deutschen „principes" die Formel von der Zusammenarbeit zwischen „Imperium" und „Sacerdotium" in einem neutralen Sinne[16], aber schon im Konstanzer Vertrag von 1153 kann von einer Gleichrangigkeit beider Gewalten, die Friedrich Barbarossa erzwungen haben soll, keine Rede sein[17]. In ihm versprach Barbarossa, als spezieller Vogt der römischen Kirche den „honor papatus et regalia beati Petri" verteidigen oder wiederherstellen zu wollen[18]. Regalien aber galten, erst recht seit dem Reichstag in Roncaglia von 1158, als Bestandteile des Reiches, die zwar verlehnbar, aber nicht definitiv veräußerlich waren[19]. Auf die Tagespolitik bezogen, hieß das, nach den Normen des römischen Rechts mußte die Schenkung Konstantins des Großen an Papst Silvester I. ungültig sein. Es betraf das päpstliche Herrschaftsgebiet in Mittelitalien, insbesondere die Stadt Rom. Der Kaiser beanspruchte ihre ungeteilte Stadtherrschaft, schon weil sie die Wurzel der kaiserlichen Würde sei, während Hadrian IV. und sein Nachfolger Alexander III. in der päpstlichen Stadtherrschaft Roms die Garantie der kirchlichen „Libertas" schlechthin sahen[20]. Vor diesem Hintergrund war die Formel der Zusammenarbeit von „Imperium" und „Sacerdotium" für das Papsttum nicht mehr akzeptabel.

---

[14] O. Engels, Schutzgedanke und Landesherrschaft im östlichen Pyrenäenraum (9.–13. Jahrhundert), Münster 1970, 234–241, 271–277; J. Fried, Der päpstliche Schutz für Laienfürsten. Die politische Geschichte des päpstlichen Schutzprivilegs für Laien (11.–13. Jh.), Heidelberg 1980.

[15] Vgl. O. Engels, Reconquista und Landesherrschaft. Studien zur Rechts- und Verfassungsgeschichte Spaniens im Mittelalter, Paderborn 1989, 238–242. Die päpstliche Schutzverleihung für den Herzog von Polen schon im 10. Jh. hat sich inzwischen als eine Fälschung herausgestellt.

[16] JL 9541.

[17] Vgl. O. Engels, Zum Konstanzer Vertrag von 1153, in: Deus qui mutat tempora (FS A. Becker), hrsg. von E. D. Hehl – H. Seibert – F. Staab, Sigmaringen 1987, 235–258.

[18] MGH Dipl. Friderici I Nr. 51 und 52.

[19] Vgl. J. Fried, Der Regalienbegriff im 11. und 12. Jahrhundert, in: Deutsches Archiv 29 (1973) 450–528, bes. 511 ff.

[20] O. Engels, Kardinal Boso als Geschichtsschreiber, in: Konzil und Papst (FS H. Tüchle), hrsg. von G. Schwaiger, München 1975, 147–168; unter Benutzung der noch ungedruckten Habilitationsschrift von J. Laudage, Alexander III. und Friedrich Barbarossa. Ein Beitrag zur Erforschung der Verhältnisse von Papsttum und Kaisertum im hohen Mittelalter, Köln 1989; O. Engels, Federico I Barbarossa e l'Italia nella storiografia più recente, in: Bollettino dell'Istituto storico italiano per il medio evo e Archivio Muratoriano 96 (1990) 50–55.

In Verbindung damit ist eine dritte, heilsgeschichtlich orientierte Ebene zu sehen. Ihr Gedankengang ist im wesentlichen repräsentiert durch den Geschichtssymbolisten Otto von Freising, der das staufisch geprägte Weltverständnis wiedergibt, das keineswegs überall in Deutschland und schon gar nicht in den anderen Ländern vertreten war[21]. Die Vorstellung von der Kontinuität des Imperiums gestattete einen Rückgriff auf die spätantike Überzeugung, das Römische Reich sei das letzte Weltreich der Geschichte. Es habe Bestand, solange die „civitas Dei" und die „civitas mundi" in der „civitas permixta" miteinander verwoben seien. Seit dem Investiturstreit jedoch seien die beiden „civitates" im Begriff auseinanderzudriften, und das führe das Ende der Geschichte herbei. Diese in seiner Weltchronik begründete – im 12. Jh. ohnehin verbreitete – Endzeiterwartung revidierte Otto in seiner zweiten Schrift „Gesta Frederici imperatoris". Barbarossa führe „Imperium" und „Sacerdotium" bzw. „civitas Dei" und „civitas mundi" wieder zusammen und halte dadurch gewissermaßen das Ende der Welt auf[22]. Der Friede von Venedig (1177), der den Kaiser nötigte, Alexander III. als Papst anzuerkennen, zwang zu einer Uminterpretation des heilsgeschichtlich bestimmten Bildes. Statt des Imperiums stand jetzt das von den Tagen Trojas an existierende kaiserliche Haus im Mittelpunkt, das als letztes Glied einer Kette bis zum Ende dieser Welt von den Staufern repräsentiert werde[23]. Die Kaiserwürde war nunmehr in der Theorie nicht mehr an ein Territorium oder eine bestimmte Stadt gebunden, auch wenn in der Praxis die Gefährdung der päpstlichen Herrschaft über Rom nur reduziert, aber nicht beseitigt war, wurde dafür aber zu einem theologischen Problem.

b) Die Nachwirkungen der Gregorianischen Reform

Die häufigen Legationen der Reformpäpste in viele Länder der lateinischen Christenheit, die jährlich stattfindenden päpstlichen Generalkonzilien, der Ausbau des Kirchenrechts und die um sich greifende Vorstellung, die römische Kirchenordnung sei einziger Maßstab des Katholischen, waren die Faktoren, die dem päpstlichen Primat ein deutlicheres Profil gaben und die Kirche als eigenständige Körperschaft stärker als bisher in Erscheinung treten ließen[24].

Die Geschichtsschreibung spiegelt den Fortgang der Entwicklung anschaulich wider. Bischof Bonizo von Sutri setzte 1084/85 in seinem Liber ad amicum die Kirche als eine auf das Papsttum zentrierte Körperschaft voraus und präzisierte 1089/94 dieses Bild durch eine Gleichschaltung von kirchlichem und weltlichem Recht; beide Rechte setzen das Mosaische Gesetz fort, der Papst sei ebenso Gesetzgeber wie der Kaiser und beanspruche im Hinblick darauf Gehorsam. Auch Brunos Bellum Saxonicum entwickelte

---

[21] Vgl. H. W. Goetz, Das Geschichtsbild Ottos von Freising, Köln – Wien 1984.

[22] Vgl. F. J. Schmale in: Ottonis episcopi Frisingensis et Rahewini gesta Frederici seu rectius cronica (Ausgewählte Quellen zur deutschen Geschichte des Mittelalters XVII), Darmstadt 1965, Einleitung 7–10.

[23] Zum staufischen Selbstverständnis O. Engels, Beiträge zur Geschichte der Staufer im 12. Jahrhundert (I), in: Deutsches Archiv 27 (1971) 432–456; ders., Gottfried von Viterbo und seine Sicht des staufischen Kaiserhauses, in: Aus Archiven und Bibliotheken (FS R. Kottje), hrsg. von H. Mordek, Frankfurt a. M. 1992, 327–345.

[24] F. Kempf, Die Eingliederung der überdiözesanen Hierarchie in das Papalsystem des kanonischen Rechts von der Gregorianischen Reform bis zu Innocenz III., in: Archivum Historiae Pontificiae 18 (1980) 57–96.

1078/79 das Bild des Papstes aus der Königslehre: der Papst als „vicarius beati Petri" verwalte die Schlüssel des Himmelreiches, und sein Verhältnis zu den „beati Petri fideles et sui" konnte im wesentlichen mit den Worten des kaiserlichen Krönungsordo von 961 ausgedrückt werden. Daraus entwickelte vorerst nur der Westen einen Faden, der zu einem Geschichtsbild der Gesamtkirche führte. Hugo von Fleury betitelte sein Werk zwar mit „Historia ecclesiastica" und versprach im Prolog der zweiten, 1100 abgeschlossenen Redaktion, den Leser zu den in der Geschichte verborgenen Geheimnissen der Kirche zu führen, schuf in Wirklichkeit aber nicht mehr als eine Kompilation der Welt- und Heilsgeschichte. Ordericus Vitalis von St-Evroul in der Normandie indessen gelang der Übergang 1120–1141; aus der Geschichte seines Klosters – das war die ursprüngliche Konzeption – entwickelte sich unter der Hand eine Normannengeschichte, am Ende eine Geschichte der Kirche, die den universalen Rahmen bildete für alle Plätze, wo sich die Geschichte der Normannen vollzog. Etwas später deutete Suger von St-Denis Rom als den Mittelpunkt der Welt; nur in Verbindung mit dem Apostel Petrus könne das Ansehen des französischen Königtums wachsen. Das Vorbildliche an König Ludwig VI. bestand darin, sich durch Sohnschaft der Familie der Apostel eingegliedert zu haben. Die ehrerbietige Haltung dem hl. Petrus gegenüber ermögliche das friedliche Zusammenleben der Völker in gleichberechtigter Nachbarschaft. Johannes von Salisbury äußerte 1159 im Polycraticus über das Zusammenleben der Völker Ähnliches. Ob er auch der Verfasser der um 1165 entstandenen Historia pontificalis war, ist fraglich; jedenfalls verkörpert hier das Papsttum die Gesamtkirche und bildet den Leitfaden für eine Geschichte der gesamten Kirche, die es vorher allenfalls nur in Verbindung mit einer Geschichte des Imperiums oder der Menschheit insgesamt gab[25].

Der Ausbruch des Papstschismas von 1159 und der Anspruch Friedrich Barbarossas, als Kaiser eine Entscheidung über die Doppelwahl herbeiführen zu müssen, werfen ein Schlaglicht auf den Stand der Entwicklung. Alexander III. schrieb an den Bischof Arnulf von Lisieux sowie die Erzbischöfe Eberhard von Salzburg und Johannes von Toledo gleichlautend, der Kaiser habe mit tyrannischer Gewalt die Bischöfe in Pavia zur Anerkennung Viktors IV. gezwungen, der lediglich sein Geschöpf sei. Friedrich wolle beide Schwerter in einer Hand vereinen, um sich die Könige und Fürsten anderer Länder zu unterjochen[26]. Er appellierte an den Willen der westlichen Reiche nach politischer Unabhängigkeit. Arnulf von Lisieux gab die Warnung des Papstes sogleich an den englischen Episkopat weiter, und Johannes von Salisbury dachte sie konsequent zu Ende, da er ausrief: „Wer hat denn die Deutschen zu Richtern über die Nationen gemacht?"[27] In der Tat argumentierte der Kölner Erzbischof Rainald von Dassel 1162 – und er war in dieser Hinsicht nur ein Sprachrohr des Kaisers –, die Papstwahl sei eine interne Angelegenheit des Imperiums, in die sich andere Könige nicht einzumischen hätten; schließlich

[25] H. Zimmermann, Ecclesia als Objekt der Historiographie (Sb. der Österr. Akademie der Wiss., phil.-hist. Kl. 235/4), Wien 1960, 51–56; O. Engels in: TRE XII (1984) 617f; G. Miczka, Das Bild der Kirche bei Johannes von Salisbury, Bonn 1970.

[26] JL 10627, 10628 und 10629.

[27] The Letters of Arnulf of Lisieux, hrsg. von F. Barlow, London 1939, ep. 28; The Letters of John of Salisbury I, hrsg. von W. J. Millor – H. E. Butler – C. N. L. Brooke, London 1955, ep. 124, S. 206f; vgl. W. Georgi, Friedrich Barbarossa und die auswärtigen Mächte. Studien zur Außenpolitik, Frankfurt a. M. 1990, 42–54.

würde sich der Kaiser auch nicht in eine Bischofswahl der benachbarten Reiche einmischen[28].

Man sieht an diesem Beispiel, daß es nur vordergründig um die Frage ging, inwieweit die Herrscher der westlichen Reiche überhaupt noch irgendeine Oberhoheit des Kaisers anerkennen mußten. Denn die Argumentation lief darauf hinaus, nur eine vom Kaiser unbeeinflußte Anerkennung des Papstes durch jeden Herrscher verbürgt Unabhängigkeit. Mit anderen Worten: das Papsttum als uneingeschränkt einzige universale Vormacht garantiert politische Eigenständigkeit. Wirksam konnte dieses Argument aber nur sein, solange der Handlungsspielraum durch Ansprüche von kaiserlicher Seite bedroht schien; denn es konnte nicht verborgen bleiben, daß auch ein weltweit agierendes Papsttum mit einer weiten Auslegung seiner Binde- und Lösegewalt den Handlungsspielraum eines jeden Monarchen einzuengen geeignet war[29]. Es entsprach einer inneren Folgerichtigkeit, daß nach einer Herrschaftsbegründung der weltlichen Gewalt gesucht wurde, die man wirkungsvoll dem Übergewicht der päpstlichen Gewalt entgegenstellen konnte.

Der lange Weg dorthin fand erst gegen Ende des 13. Jh. seine Erfüllung; er war komplex und dornig. Eine hilfreiche Rolle spielte schon im 12. Jh. die intensivere Bekanntschaft mit dem römischen Recht, überhaupt das Erfordernis, einen speziell ausgebildeten Berufsjuristen zu besitzen[30]. Es ist gleichzeitig ein Indiz für die Fortentwicklung von Verwaltungsstrukturen. Überall formierte sich die „curia" als das neue Zentrum der Herrschaftsausübung; sie war ein Sozialkörper, ein Verfassungselement, Trägerin politischer Entscheidungen und Instrument der Verwaltung und Justiz. Die Verwaltung im normannisch beherrschten England und Sizilien hat als besonders fortschrittlich zu gelten, nachdem der in Rom herrschende Standard überrundet worden war[31]. Das 12. Jh. ist gleichzeitig von einer aufstrebenden Stadtkultur bestimmt. Obwohl die Stadt nördlich der Alpen noch in ihrer Entstehungsphase begriffen war, machte sie sich vereinzelt bereits als politischer Faktor bemerkbar, bei weitem allerdings nicht wie beispielsweise die Kommunen in Italien, von denen sich die lombardischen Städte zu einer Liga verbündeten, und das nicht nur zu militärischen, gegen den Kaiser gerichteten Zwecken[32].

Auch auf konzeptioneller Ebene wurde dieser neuen Situation Rechnung getragen, wobei die Kanonisten eine wichtige Rolle spielten[33]. In den sechziger Jahren des 12. Jh. for-

[28] MGH Script. XXIX 114; vgl. H. J. Kirfel, Weltherrschaftsidee und Bündnispolitik. Untersuchungen zur auswärtigen Politik der Staufer, Bonn 1959, 120–129.

[29] Y. Congar, L'Eglise de saint Augustin à l'époque moderne, Paris 1970, 176ff.

[30] Jakobs, Kirchenreform (s. Anm. 12) 121, 162f; J. Fried, Die Entstehung des Juristenstandes im 12. Jahrhundert. Zur sozialen Stellung und politischen Bedeutung gelehrter Juristen in Bologna und Modena, Köln 1974.

[31] Jakobs, Kirchenreform (s. Anm. 12) 9 und 36ff.

[32] E. Ennen, Die europäische Stadt des Mittelalters, Göttingen [4]1987; F. Opll, Stadt und Reich im 12. Jahrhundert, Köln 1987; Popolo e stato in Italia nell'età di Federico Barbarossa: XXXIII Congresso storico subalpino per la celebrazione dell' VIII centenario della fondazione di Alessandria, Turin 1970; Studi sulla Pace di Costanza, hrsg. von Disputazione di Storia Patria per le province Parmensi, sezione di Piacenza, Mailand 1984; A. Haverkamp – R. Bordone in: Kommunale Bündnisse Oberitaliens und Oberdeutschlands im Vergleich, hrsg. von H. Maurer (Vorträge und Forschungen 33), Sigmaringen 1987; F. Opll, La politica cittadina di Federico I Barbarossa nel „Regnum Italicum", in: Bollettino dell'Istituto storico italiano per il medio evo e Archivio Muratoriano 96 (1990) 85–114.

[33] S. Mocchi-Onory, Fonti canonistiche dell'idea moderna dello Stato, Mailand 1951; W. Ullmann, Medieval Papalism. The Political Thought of Medieval Canonists, London 1949; F. Calasso, I glossatori e la teoria della sovranità. Studi di diritto comune pubblico, Florenz 1945.

mulierte der Ludwig VII. nahestehende Franzose Stephan von Tournai den Gedanken, daß die Könige dem Kaiser gleichgestellte Herrscher und in gleicher Weise wie er in ihrem Herrschaftsbereich zur Gesetzgebung befugt seien (ius constituendi et edicendi)[34]. Diese These griff Laurentius Hispanus um die Wende zum 13. Jh. auf und führte sie dahingehend weiter aus, daß man wohl sagen könne, Kaiser sei überhaupt der zu nennen, dem Menschen unterstellt seien, denen er befehle[35]. Die Bereitwilligkeit, mit der die Kanonisten Vorrechte, die für die regna ebenso wie für die civitates gelten sollten, zugestanden, erklärt sich zumeist aus dem Wunsch, den Hegemonieansprüchen des Imperiums innerhalb der Christenheit die Grundlagen zu nehmen.

Aus der Sicht der westlichen Reiche war die Argumentation sogar konsequent, die tatsächliche Funktion anstelle des Besitzanspruches zum Gradmesser einer rechtlichen Einstufung von Herrschaft zu machen. In Deutschland, wenn auch etwas verzögert, war diese Entwicklung ebenfalls in Gang. Das Papsttum verhielt sich diesem Prozeß gegenüber nicht ganz konsequent. Auf der einen Seite gestand Innozenz III. in der Dekretale „Per venerabilem" von 1202 dem französischen König zu, daß im weltlichen Bereich niemand über ihm stehe[36]. Auf der anderen Seite suchten seine Nachfolger im Spätmittelalter, aus dem Vorrang der Kaiserwürde eigene Rechte hinsichtlich der deutschen Königswahl abzuleiten. Die Systematik war eben keineswegs überall in sich stimmig.

2. Auf dem Wege zur Abgrenzung des weltlichen und geistlichen Bereichs

Noch um 1200 hegte niemand im Abendland, angefangen bei den Herrschern selbst, den geringsten Zweifel daran, daß die Könige ihre Gewalt im Schoß der Christenheit (intra ecclesiam) und zu ihrem Nutzen ausübten. Diese Ausgangslage macht die Schwierigkeiten der Monarchen, zu einer eigenständigen Herrschaftsbegründung zu kommen, verständlich. Als wichtige Legitimationsgrundlage erscheint im Gesamtbild des 12. Jh. die Salbung des Herrschers im Krönungsakt. Sie stellte den König in ein besonderes Verhältnis zu Gott und machte ihn unantastbar. Welche Schwierigkeiten dadurch entstanden, den Monarchen beispielsweise vom Bischof zu unterscheiden, wird an einigen Deutungsversuchen deutlich. Der Kaiser wurde zum „vicarius Dei", weil die vorher gebräuchliche Bezeichnung „vicarius Christi" mittlerweile dem Papst zustand. Für Hugo von Fleury war der französische König das Abbild Gottvaters, der Bischof nur das des Sohnes. Und der normannische Anonymus behauptete, der König stehe stellvertretend für die Gottnatur Christi, der Priester hingegen für dessen Menschennatur. Daraus entwickelte sich in Frankreich fast eine „Königstheologie", für die Suger von St-Denis in der Hauptsache verantwortlich ist. Zeit-

---

[34] Vgl. A. RIGAUDIÈRE, Regnum et civitas chez les décretistes et les premiers décretalistes (1150 env.–1250), in: Théologie et droit dans la science politique de l'Etat moderne, Rom 1991, 116–153, bes. 133ff.

[35] F. GILLMANN, Der Laurentius-Hispanus-Apparat zur Compilatio III, Mainz 1935, 128; A. M. STICKLER, Il decretista Laurentius Hispanus, in: Studia Gratiana 9 (1966) 461–549.

[36] FRIEDBERG (Hrsg.), Corpus iuris canonici II, 715. – Zur weiteren Entwicklung dieser Idee vgl. M. BOULET-SAUTEL, Jean de Blanot et la conception du pouvoir royal au temps de Louis IX, in: Septième centenaire de la mort de saint Louis. Actes des colloques de Royaumont et Paris, Paris 1976, 57–68; R. FEENSTRA, Jean de Blanot et la formule „Rex Franciae in regno suo princeps est", in: Etudes d'histoire canonique dédiées à G. Le Bras II, Paris 1965, 885–895.

gleich für ihn wurde in der Reimser Kirche die Legende vom Himmelsöl wiederbelebt. Chlodwig, der Begründer der Merowinger-Dynastie, sei mit Chrisam gesalbt worden, das eigens eine Taube vom Himmel gebracht habe; dieses Öl befinde sich immer noch in der Reimser Kirche und sei 1131 auch zur Krönung Ludwigs VII. benutzt worden. Auch in England war man der Meinung, der König überrage „per eminentiam deificationis et vim sacramenti" alle Menschen. Hier übernahm man die in Frankreich schon ältere Anschauung von den „rois thaumaturges", der Wundertäter kraft königlicher Salbung[37].

Wie vertrug sich dies mit dem Bemühen des Papsttums, jeden Herrscher als Laien einzustufen? Es war nicht neu von seiten des Papsttums, die Herrschersalbung in ihrer Bedeutung zu mindern, indem die Könige nur mit Katechumenenöl gesalbt werden sollten und nicht wie der Bischof mit Chrisam (deshalb die Legende in Reims). Die Begrenzung der Zahl der Sakramente auf sieben im 12. Jh., die davon die Herrschersalbung ausschloß, kam der Tendenz zu Hilfe. Zugleich war sich die römische Kurie der Bindungskraft der Salbung bewußt, die ein Herrscherhaus an das Papsttum band. Überdies sollte nicht vergessen werden, daß ein Herrscherhaus aus ganz anderen Gründen eine Salbung dringend brauchen konnte. Am dänischen König Waldemar I. ist es beispielhaft zu sehen; er hatte 1165 seinen Sohn Knut VI. von einem Gremium zum Mitkönig erheben lassen, das an der Königswahl der Thingversammlung nicht beteiligt war, und ließ ihn zur Absicherung der Erbfolge 1170 durch den Erzbischof Eskil von Lund krönen und salben, der als kirchlicher Reformanhänger bis dahin jede Sakralisierung des Königtums strikt abgelehnt hatte. Umgekehrt ließen die kastilischen Könige in der zweiten Hälfte des 12. Jh. nicht den Krönungsakt, wohl aber darin die Salbung in Fortfall geraten, weil hier speziell eine Mittlerfunktion des Bischofs zum Ausdruck kam. Dem Kaiser mußte daran gelegen sein, die Salbung innerhalb der Kaiserkrönung als rechtlich bedeutungslos erscheinen zu lassen und dafür die Gottunmittelbarkeit seiner Herrschaft, die sich in der Königswahl durch die deutschen Fürsten kundtue, in den Vordergrund zu schieben. Weil König Roger II. von Sizilien die Krone von Anaklet II. erhalten hatte, der 1140 als Gegenpapst noch nachträglich abgelehnt wurde, suchte er seine Würde rechtsphilosophisch abzustützen; Justinian hatte die Juristen als Priester bezeichnet, deshalb sprach er sich in den Assisen von Ariano als Gesetzgeber eine Sakralität zu[38]. Sosehr also ein gemeinsamer Nenner zu erkennen ist, unverkennbar ist aber auch ein strukturell bedingter Unterschied von Land zu Land; er hängt nicht zuletzt mit dem jeweiligen Stand des Verstaatungsprozesses zusammen.

a) Theokratie

Seine volle Entfaltung erfuhr das theokratische Weltbild von der päpstlichen Machtfülle um die Mitte des 13. Jh. Dieses Ziel bestimmt hier die Auswahl von Lehrmeinungen, die den Weg dorthin markieren. Eine generelle Voraussetzung war der Umstand, daß man die weltliche Herrschaft als solche kaum wahrnahm, mit Ausnahme Johannes' von Salisbury auch der nichtchristliche Staat nicht in das Blickfeld trat. Die weltliche Gewalt galt ebenso

[37] M. Bloch, Les rois thaumaturges, Paris ²1984, 258ff; C. Beaune, Naissance de la Nation France, Paris 1985. Vgl. allgemein J. C. Schmitt, Problèmes religieux de la genèse de l'Etat moderne, in: J. Ph. Genet – B. Vincent (Hrsg.), Église et État dans la genèse de l'Etat moderne, Madrid 1986, 59ff.

[38] Vgl. Koch, Auf dem Wege (s. Anm. 9) 70–95, 243.

wie die geistliche als ein Teil der universalen Heilswirklichkeit. Aus dieser Prämisse verstehen sich auch die beiden wichtigsten Argumentationsstränge.

Hugo von St-Victor und Honorius Augustodunensis erweisen sich als die wichtigen Wegbereiter einer ekklesiologisch-soteriologisch bestimmten Konzeption. Der Heilsauftrag der Kirche beziehe sich wesentlich auf die Welt und konstituiere dadurch eine in die Welt hineinreichende Hierarchie der Ordnung. Mit der Heilsvermittlung sei das „Sacerdotium" beauftragt, die „dignitas sacerdotalis" rangiere deshalb vor jeder anderen Ordnungsstufe. Zur „universitas fidelium" gehöre auch der „ordo" der Laien, der selbst auf dem Gebiet der weltlichen Herrschaft nicht autark sein könne, sondern sich nach dem höheren Lebensprinzip richten müsse. Nicht zufällig seien überall an der Königserhebung Bischöfe konstitutiv beteiligt.

Der andere Strang, die juridisch-hierarchische Argumentation, war derselben Prämisse verpflichtet. Aber es waren in der Hauptsache Kanonisten der Zeit des Investiturstreites, die dem Papst eine richterliche Befugnis über den Herrscher als Gläubigen zusprachen, ohne darin das Recht der Absetzung schon einzuschließen. Die Binde- und Lösegewalt als ein eng damit verwobener Ausgangspunkt wurde schon erwähnt, ebenfalls das Recht des Papstes, allein die Kaiserkrone zu vergeben. Daraus resultierte der Ausruf des Kardinallegaten Roland Bandinelli, des späteren Alexander III., 1157 auf dem Reichstag zu Besançon: „Von wem hat er (gemeint war Barbarossa) denn das Kaisertum, wenn nicht vom Herrn Papst?" [39] In diesen Rahmen gehört auch die Theorie von der „Translatio imperii", der Übertragung der Kaiserwürde von den Griechen auf die Franken durch das Papsttum, als das Kaisertum in Konstantinopel vakant war; sie schälte sich in ihrer vollen Breite aber erst an der Wende zum 13. Jh. heraus [40].

Es muß auffallen, daß vom Herrschaftskörper nirgends die Rede war, so als ob immer noch der Herrscher allein das „regnum" verkörpere. Des weiteren steht der Kaiser in den theoretischen Erörterungen überproportional oft im Vordergrund. Er sei durch den Papst absetzbar; von der umgekehrten Möglichkeit ist keine Rede. Daß Alanus Anglicus die Möglichkeit der Deposition auf den König ausdehnt, gehört schon zu den Ausnahmen. Der Kaiser war der Vogt der römischen Kirche, die Stadt Rom ein neuralgischer Punkt im kaiserlich-päpstlichen Verhältnis, und auf die nach wie vor seitens des Kaisertums vertretene Zuordnung von „Imperium" und „Sacerdotium" reagierte die päpstliche Seite indirekt und dennoch deutlich genug auf diese Weise. Unter Innozenz III. wurde dieses Verhältnis als eine „specialis coniunctio" bezeichnet [41].

Innozenz III. verschärfte die These von der Abhängigkeit der Herrscher vom Papst, die nun auch von weiteren Theologen übernommen wurde [42]. Bilder tauchen auf, die den Papst

---

[39] Rahewini Gesta Frederici imperatoris III c. 12 (hrsg. von F. J. Schmale, Ottonis episcopi Frisingensis et Rahewini Gesta Frederici seu rectius Cronica, Darmstadt 1965, 416).

[40] Vgl. A. van den Baar, Die kirchliche Lehre der Translatio Imperii Romani, Rom 1956; W. Goez, Translatio imperii. Ein Beitrag zur Geschichte des Geschichtsdenkens und der politischen Theorien im Mittelalter und in der frühen Neuzeit, Tübingen 1958.

[41] Vgl. Pacaut, La théocratie (s. Anm. 6); vgl. J. Quillet, Les clés du pouvoir au Moyen Age, Paris 1972, 44ff und 61–67.

[42] Pacaut, La théocratie (s. Anm. 6) 92–124; F. Kempf, Papsttum und Kaisertum bei Innocenz III., Rom 1954; G. Catalano, Impero, Regno e Sacerdozio nel pensiero di Uguccio di Pisa, Mailand 1959; J. A. Watt, The Theory of Papal Monarchy in the Thirteenth Century, in: J. H. Burns, The Cambridge History of Medieval Thought, Cambridge 1988, 397–410.

wie die Sonne dem Herrscher als dem Abbild des Mondes gegenüberstellen – unter den Zeitgenossen ohnehin beliebte Bildmetaphern –, aber an der Substanz der Begründung änderte sich grundsätzlich nichts. Der Papst sei der „iudex ordinarius“; schon „ratione peccati“ könne er jederzeit eingreifen. So fand sich der französische König Philipp II. August durch Innozenz III. in der Dekretale „Novit“ von 1204 getadelt, weil er die von der französischen Krone ausgehenden Lehen seines Vasallen König Johann Ohneland eingezogen und den einige Jahre zuvor mit ihm geschlossenen Friedensvertrag gebrochen habe. Der Papst rechtfertigt seine Einmischung mit dem Satz: „Niemand, der seiner Sinne mächtig ist, wird bestreiten, daß Wir durch Unser Amt verpflichtet sind, jeden Christen für eine Todsünde zu rügen und, wenn er diesen Tadel mißachtet, ihn mit einer schweren kirchlichen Strafe zu züchtigen.“ [43] Was erst jetzt so deutlich gesagt wurde, führte zu einer „Politik der geistlichen Gewalt“ (J. Quillet), eine Erscheinung, die zu dieser Zeit auch im deutschen Episkopat zu beobachten ist; um politischer Vorteile willen, die der weltlichen Herrschaft der Ortskirche zugute kommen sollten, wurden Strafen wie Exkommunikation und Interdikt verhängt [44].

Unter Innozenz IV. erfuhr diese Entwicklung einen Höhepunkt. Schon Innozenz III. hatte die „plenitudo potestatis in temporalibus“ an Bedingungen geknüpft und sie der „plenitudo potestatis in spiritualibus“ nicht ebenbürtig an die Seite gestellt. Das wurde um die Mitte des 13. Jh. präzisiert. In erster Linie sei die „potestas in temporalibus“ eine Angelegenheit der weltlichen Herrschaft; aber wenn die weltlichen Kräfte die ihnen eigene Ordnung nicht mehr bewältigen könnten, trete die „potestas in spiritualibus“ mit ihrer höheren Entscheidungsbefugnis ein. Der weltlichen Gewalt blieb also eine spezifische Eigenständigkeit vorbehalten, allerdings im Rahmen einer subsidiär gedachten Gesamtordnung. Sowohl die Heilswirklichkeit wie die natural-temporale Welt gehen auf Christus zurück; dessen Vikar sei der Papst [45], somit obliege ihm die letzte Entscheidung [46]. Auf dem ersten Konzil von Lyon (1245) ist diese theoretische Unterscheidung auch in die Praxis umgesetzt worden. Kaiser Friedrich II. wurde förmlich für abgesetzt erklärt, weil er sich durch notorisch unsittliches Verhalten außerhalb der Kirche gestellt habe; einen Nachfolger bestimmte der Papst nicht, sondern forderte die Großen Deutschlands auf, unverzüglich zur Königswahl zu schreiten. Gleichzeitig wurde Sancho II. von Portugal wegen evidenter Regierungsunfähigkeit und Unfähigkeit seiner Großen, diesem Mangel abzuhelfen, von seinen königlichen Funktionen suspendiert; ein Regent vertrete ihn, bis nach seinem Tod ein neuer König erhoben werde [47]. Auch in nicht so wichtigen Angelegenheiten beanspruchten die Päpste des 13. Jh. gehört zu werden und politische, außerkirchliche Instanzen verpflichten zu können, dem kirchlichen Recht entsprechende Anordnungen in ihre Gesetzestexte aufzunehmen oder dem Kirchenrecht Widersprechendes zu streichen [48].

---

43 „Novit ille“, in: PL 215, 325–328 und CIC II 1, 13 (hrsg. von Friedberg II, 242–244); zur Reichweite dieser Dekretale vgl. M. Maccarrone, Innocenzo III e la feudalità: non ratione feudi, sed occasione peccati, in: Structures féodales et féodalisme dans l'occident méditerranien (X–XIIIe siècle), Paris 1980, 457–514.

44 Vgl. H. Stehkämper in: Der Bischof in seiner Zeit (FS J. Kardinal Höffner), hrsg. von P. Berglar – O. Engels, Köln 1986, 95f, 145–150, 154f, 158–160.

45 M. Maccarrone, Vicarius Christi. Storia del titolo pontificale, Rom 1952.

46 Vgl. ausführlich Kölmel, Regimen christianum (s. Anm. 12) 206–259.

47 MGH Const. II Nr. 400; CIC VI 8, 2 (hrsg. von Friedberg II, 971–974).

48 Zahlreiche Beispiele hinsichtlich der italienischen Kommunen bei A. Vauchez, Une campagne de pacification en Lombardie autour de 1233, in: Mélanges de l'Ecole française de Rome 78 (1968) 503–549.

Es wäre unbillig, angesichts der unaufhaltsam scheinenden Entfaltung der päpstlichen „plenitudo potestatis“ eine gegenläufige, ebenfalls von Kanonisten getragene Strömung zu verschweigen. Schon unter Alexander III. wandten Kanonisten ihre Aufmerksamkeit den Grenzen der päpstlichen Gewaltenfülle zu. Und unter Innozenz III. wurde gefragt, ob diese Gewaltenfülle nicht an den Sinn ihrer Handlungen gebunden sei. Dieser Papst selbst hatte schon Überlegungen angestellt, ob nicht vor jeder Dispensgewährung geprüft werden müsse, inwieweit diese erlaubt oder geziemend oder der Liebe dienlich sei, damit sie der „utilitas“ entspreche. „Caritas“ und „utilitas“ entwickelten sich in den folgenden Kanonistengenerationen zu Schlüsselbegriffen; eine päpstliche Entscheidung konnte nützlich sein, zugleich aber gegen die Liebe verstoßen und damit zu einem „scandalum“ werden. Innozenz IV. brachte eine weitere Klärung ein, indem er göttliches Recht, Naturrecht und positives Recht scharf voneinander trennte. Ein beliebtes Lehrbeispiel war die Frage, dürfe der Papst einen Mönch vom Gelübde der Armut und Keuschheit entbinden. Innozenz IV. urteilte, er könne nicht dispensieren, wenn die dem Mönch gemäße Enthaltsamkeit ein höchstes Gut der Seele darstelle; da aber Armut und Keuschheit einen Bestandteil der Ordensregel (und nicht des Mönches allein) bildeten, die wiederum ein positives, vom Papst gesetztes Recht sei, könne er dispensieren. Sein zweites Argument war seine Unterscheidung zwischen der „utilitas communis“ und „utilitas privata“. Überlebe beispielsweise von einem Königshaus nur noch ein einziger Sproß, der gleichzeitig Mönch sei, dann könne der Papst ihn für eine Ehe freigeben, damit das Königshaus und mit ihm das Königreich nicht zugrunde gehe. Das Bedürfnis der Allgemeinheit hatte also Vorrang vor einem individuellen Bedürfnis. Ihm, wenn es sich um ein bloßes „statutum“ (also weniger als etwa ein Gelübde) handle, könne der Papst, ohne es begründen zu müssen, stattgeben. Das weitere Bemühen der Kanonisten, der „utilitas“ den Gesichtspunkt der Liebe (die Liebe darf nicht so sehr verletzt werden, daß es einem Skandal gleichkomme) überzuordnen, bedeutete vor dem Hintergrund dieser Diskussion eine Eingrenzung der päpstlichen „potestas“ im Interesse einer Objektivierung dieser Gewaltausübung, die am Ende des Mittelalters auch den Sieg davontrug[49].

Es waren nicht nur Kanonisten, die einer Übersteigerung der päpstlichen Machtfülle entgegenarbeiteten, sondern nicht zuletzt auch das Kardinalskollegium. Obwohl ihre Residenzpflicht in Rom fortdauerte, gerieten die liturgischen Pflichten der Kardinäle in Vergessenheit; statt dessen stiegen sie zu den wichtigsten Beratern des Papstes auf mit exzellenten Kenntnissen über den wirklichen Stand der Gesamtkirche aufgrund der häufigen Legationen. An den Einkünften der Kurie waren sie beteiligt. Es konnte nicht ausbleiben, daß strittige Fragen über den Status der Kardinäle immer wieder auftauchten. Ihre Ernennung war alleiniges Recht des Papstes, und dennoch: War der Kardinalat eine Einrichtung des göttlichen oder menschlichen Rechts? Welche Rechte besaßen die Kardinäle, die nicht der Bestätigung durch den Papst bedurften? War ihre Zustimmung für Entscheidungen des Papstes erforderlich? Um die Mitte des 13. Jh. nahmen einige Päpste keinerlei Kardinalsernennungen vor, um von diesem Gremium ausgehenden Hemmnissen aus dem Wege zu gehen[50].

---

[49] Vgl. eingehend L. Buisson, Potestas und Caritas. Die päpstliche Gewalt im Spätmittelalter, Köln – Graz 1958.

[50] Vgl. V. Pfaff, Die Kardinäle unter Coelestin III., in: Zeitschr. für Rechtsgesch. KA 41 (1955) 58–94; 52 (1966) 332–369; W. Maleczek, Papst und Kardinalskolleg von 1191 bis 1216, Wien 1984; K. Ganzer, Die

Mit dieser Situation – auf der einen Seite der scheinbar ungebremste Ausbau einer monarchistischen Spitze, auf der anderen Seite der wachsende Wille eines beratenden Gremiums nach effektiver Mitsprache – stand die römische Kurie keineswegs allein da. Sie ist allenthalben in Europa zu beobachten.

b) Monarchische Gewalt und Staatwerdung

Das bekannteste Beispiel für den Willen der Monarchie nach Unabhängigkeit von päpstlicher Bevormundung ist Kaiser Friedrich I. Barbarossa. Von seiner Reaktion auf die Behauptung Hadrians IV., die Kaiserkrone sei ein päpstliches Lehen, war schon die Rede. Um ihr zu begegnen, wurde die Königswahl durch die deutschen Fürsten ins Spiel gebracht; die Wähler fungierten dabei als Werkzeuge des göttlichen Willens. Nur wenig früher bezeichnete Barbarossa die deutschen Fürsten als Rechtsnachfolger des römischen Stadtvolkes[51], womit eine Analogie zur päpstlichen Theorie von der „Translatio imperii" geschaffen war. 1157 taucht erstmals in der Reichskanzlei die Formel „sacrum imperium" auf, eine Art säkularisierte Sakralisierung nach spätantikem Vorbild[52]. Sie ist ein wesentlich besseres Indiz für das Bemühen des Staufers, die Gottunmittelbarkeit des Kaisertums zu demonstrieren als die Heiligsprechung Karls des Großen im Jahre 1165. Die Kanonisation erfolgte im Auftrag des kaiserlichen Papstes Paschalis III. und entsprach formal den damaligen Anforderungen. Gewiß, der Begründer des abendländischen Kaisertums konnte nun als ein Reichsheiliger gelten, aber herausgestellt wurde er 1165 als der Prototyp der Kreuzritter. Gerade weil Heinrich II. von England die Kanonisation Karls dringend empfohlen hatte und mit Barbarossa zusammen einen Kreuzzug plante, sieht es eher danach aus, die Kanonisation dient der Vorbereitung eines kaiserlich geprägten Kreuzzugs, auch wenn sie langfristig die Autorität des Kaisertums stützte[53].

Eine wirksamere Geste war Barbarossas Maßnahme, die von ihm erlassenen Gesetze in den Codex Justinians einzutragen, wodurch er seinem Willen, sich in die Kontinuität der römischen Kaiser, der Schöpfer des klassischen Rechts, einzureihen, unmißverständlichen Ausdruck gab. Dem entsprach es auch, daß die Gelehrten des Zivilrechts in Bologna den Maximen der Digesten, in denen der Kaiser als Urheber des Rechts erscheint, wieder Geltung verschafften: Princeps legibus solutus (DiG 1.3.31) und besonders Quod principi placuit, legis habeat vigorem (DiG 1.4.1 und Institutes 1.2.6). Selbst wenn diese Belege bis zu einem gewissen Grade nur als Demonstrationen zu werten sind, sie bezeugen doch den Willen des Kaisers, seiner Souveränität und Unabhängigkeit Ausdruck zu geben[54].

Entwicklung des auswärtigen Kardinalats im hohen Mittelalter, Tübingen 1963; J. A. Watt, The constitutional law of the College of Cardinals, Hostiensis to Johannes Andreae, in: Medieval Studies 33 (1971) 127–157; A. A. Strnad, Kurienkardinäle und ihre Familie im 13. Jahrhundert, in: Römische Histor. Mitteilungen 14 (1972) 201 ff; W. Ullmann, Kurze Geschichte des Papsttums im Mittelalter, Berlin 1978, 218 f.

[51] Otto von Freising, Gesta II c. 31 f (s. Anm. 39), 342–352.

[52] Vgl. R. M. Herkenrath, Reinald von Dassel als Verfasser und Schreiber von Kaiserurkunden, in: Mitteilungen des Inst. für Österr. Geschichtsforschung 72 (1964) 34 ff; Koch, Auf dem Wege (s. Anm. 9) 260 ff.

[53] R. Folz, Essai sur le culte liturgique de Charlemagne dans les églises de l'Empire, Paris 1951; ders., La chancellerie de Frédéric Ier et la canonisation de Charlemagne, in: Le Moyen Age 70 (1964) 13–31; O. Engels in: Karl der Große und sein Schrein in Aachen, hrsg. von H. Müllejans, Aachen 1988, 37–46.

[54] Vgl. J. Gaudemet, La contribution des romanistes et des canonistes médiévaux à la théorie moderne de l'Etat, in: Diritto e Potere. Atti in onore di Bruno Paradiso I, Florenz 1982, 1–36; J. P. Canning, Ideas of the State in Thirteenth and Fourteenth Centuries Commentators of Roman Law, in: Transactions of the Royal

Man sollte solche Zeugnisse nicht nur unter dem Gesichtspunkt des kaiserlich-päpstlichen Gegensatzes sehen. Denn daß der Kaiser einen Kern seines Herrschertums in der Gesetzgebung sieht, was unter seinem Enkel Friedrich II. das Vorbildliche eines Herrschers schlechthin ausmachte, weist gleichzeitig in eine andere Richtung. Sie wird verdeutlicht durch einen Blick auf die Lehre von der Rechtfertigung fürstlicher Machtausübung durch den Sündenfall des ersten Menschen. Laut Gregor dem Großen (Moralia XXI 22–24) komme die weltliche Obrigkeit ihrer von Gott auferlegten Verpflichtung zum Kampf gegen die Sünde nach, um so die Menschen ihrer ursprünglichen Natur wieder näher zu bringen; vor dem Sündenfall nämlich herrschte eine Gleichheit unter den Menschen, die jede Form von Herrschaft noch nicht erforderlich machte. Isidor von Sevilla präzisierte die These noch dahingehend (Sententiae III 51,4–6), daß die weltliche Herrschaft als eine göttliche Strafe und gleichzeitig als ein Beweis der Güte Gottes zu sehen ist, weil sie dem Menschen helfe, sich aus seiner selbstverschuldeten Verstrickung in das Böse zu lösen, und ihn in die gottgewollte Ordnung zurückführe. Papst Gregor VII. wehrte sich gegen diese präzisierte Deutung und schloß sich der Überzeugung Tertullians und des Augustinus an, daß die fürstliche Herrschaft das Ergebnis der menschlichen Auflehnung gegen den Schöpfer sei, welche die Gleichheit der Menschen zerstört habe und in allen ihren Erscheinungsformen die Gottesferne und Sündhaftigkeit ihrer Träger dokumentiere. Hier war für eine heilsgeschichtliche Funktion der weltlichen Gewalt kein Platz.

Die eine wie die andere Deutung wurde in der Folgezeit rezipiert. Interessant ist dabei zu sehen, daß Innozenz IV. beide Versionen verwarf. Die auf Besitz und Herrschaft begründete weltliche Ordnung sei eine Einrichtung, die Gott allen Menschen geschenkt habe. Zu sehen sei es an den Führern, die Gott dem Volk Israel bestellt habe, bis Christus selbst, der „naturalis dominus et rex" aller, in die Welt kam und die Führungsbefugnis an Petrus und dessen Nachfolger weitergab. Es war gewissermaßen eine Radikallösung, um der päpstlichen Vollgewalt zum Durchbruch zu verhelfen[55]. Wichtiger für unseren Zusammenhang ist das Einfließen eines organologischen Staatsdenkens im 12. Jh., so eher torsohaft bei Hugo von Fleury, beim vorwiegend in Regensburg tätigen Honorius Augustodunensis, bei Hugo von St-Victor, bei Bernhard von Clairvaux, im Urteil dann sehr eigenständig und ausführlich im Policraticus des Johannes von Salisbury[56].

Dieser Sekretär des Erzbischofs von Canterbury und spätere Bischof von Chartres schrieb sein Werk 1159 als eine christlich-humanistische Belehrung der Gesellschaft seiner Zeit über Politik und Ethik[57]. Auch er sieht die „iniquitas" der menschlichen Natur als eine Folge der Ursünde; sie wiederum verursachte die herrschaftlich geprägte Ordnung. Aber nicht sie steht im Mittelpunkt, sondern das Gemeinwesen als Ganzes. Sein Herz ist die gottgewollte Ordnung, die „iustitia Dei" oder „aequitas", deren Normen und Regeln Gott in

Historical Society, 5th s., 33 (1983) 23f. Zur Umsetzung dieser Prinzipien vgl. A. Gouron – A. Rigaudière (Hrsg.), Renaissance du pouvoir législatif et genèse de l'Etat, Montpellier 1988.

[55] Vgl. W. Stürner, Peccatum und Potestas. Der Sündenfall und die Entstehung der herrscherlichen Gewalt im mittelalterlichen Staatsdenken, Sigmaringen 1987, 90, 100, 126–185.

[56] Vgl. T. Struve, Die Entwicklung der organologischen Staatsauffassung im Mittelalter, Stuttgart 1978, Kap. IV und V.

[57] Ioannis Salesberiensis episcopi Carnotensis Policratice sive de nugis curialium et vestigiis philosophorum libri VIII, hrsg. von C. C. I. Webb, 2 Bde., Oxford 1909. – Zum Gesamtinhalt vgl. M. Kerner, Johannes von Salisbury und die logische Struktur seines Policraticus, Wiesbaden 1977, hier 208; M. Wilks (Hrsg.), The World of John of Salisbury, Oxford 1984.

seinem Gesetz bekanntgemacht hat. Ihr sich einzuordnen sei auch dem sündig gewordenen Menschen möglich. Folge die Gesellschaft dieser „iustitia" nicht, gehe sie unter. Gedacht ist das Gemeinwesen mit all seinen Ständen wie ein Abbild des menschlichen Körpers, in welchem jedes Organ seine bestimmte Funktion hat, die wiederum alle aufeinander angewiesen sind. Der Herrscher nimmt den Platz des Hauptes ein, um den göttlichen Willen durchzusetzen, was aber göttlicher Wille sei, verkündet ihm die Priesterschaft, welche die Seele darstellt[58].

Der Respekt des Johannes vor der Bedeutung des Herrschers ist nicht gering, aber die Belehrung zielt über dessen Person hinaus. Es kommt auf den funktionalen Zusammenhang des gesamten Herrschaftskörpers und sein inneres Lebensprinzip an. Hier zeigt sich eine Tendenz zur Objektivierung und Institutionalisierung des Staatlichen, die in gewisser Weise - wenn auch keineswegs so ausgeprägt - zum gesamtkirchlichen Bereich in Parallele steht.

Die weltliche Herrschaft als eine überpersonale Größe zu begreifen, die nicht mehr vom Herrscher allein verkörpert wird, bahnte sich seit dem frühen 12. Jh. an. Eine Seite spiegelt der Begriff „corona" im Sinne eines abstrakten Symbols für die Königsherrschaft wider. In England und Frankreich bezog sich „corona" zunächst auf das Königsgut als unerläßliche Grundlage der Machtausübung, in England dabei stärker auf den Rechtsstatus und die königliche Gerichtsbarkeit gerichtet. Auch in Deutschland erscheint sein Inhalt umfassender, jedenfalls steht er in unmittelbarer Nähe zum „honor imperii", der Summe aller Gerechtsame des Reiches. In einer nächsten Stufe benutzte der Adel den Begriff „corona", um das Königsgut vor dem willkürlichen Zugriff des Herrschers zu schützen. Er fühlte sich für den Fortbestand einer funktionsfähigen Königsherrschaft oder gar der „patria" verantwortlich. In Ungarn, wo im späten Mittelalter landesfremde Dynastien die Königsgewalt ausübten, verkörperte sogar der Adel die Krone, gedacht als ein geschlossenes Gegenstück zum Herrscher. Dem entsprach sehr spät auch in Deutschland die Formel von „Kaiser und Reich"[59].

Diese Entwicklungslinie findet sich auch in der politischen Geschichte wieder. Die von Johannes von Salisbury so sehr in den Vordergrund geschobene „iustitia" im Sinne eines Lebensprinzips entsprach zeitlich dem Rückgriff unter anderem des Kaisers auf altes Recht, dem erklärten Willen, Rechtsprinzipien zur konsequent befolgten Richtschnur seines herrscherlichen Handelns zu machen[60]. Man kann nicht sagen, Friedrich Barbarossa habe die Einhaltung des Rechts überwacht und bei Verstoß dem Recht seinen freien Lauf bis zur Verurteilung des Delinquenten gelassen. Das Recht wurde vielmehr zur wichtigen Waffe im Umgang mit dem politischen Gegner. Zur wirksamen Waffe konnte es trotz In-

---

58 Stürner, Peccatum und Potestas (s. Anm. 55) 144–150; vgl. auch C. J. Nederman - G. Campbell, Priests, Kings and Tyrants. Spiritual and Temporal Power in John of Salisbury's Policraticus, in: Speculum 66 (1991) 572–590.

59 Vgl. Corona Regni. Studien über die Krone als Symbol des Staates im späteren Mittelalter, hrsg. von M. Hellmann (Wege der Forschung 3), Darmstadt 1961 (Beiträge über die Metapher in England, Frankreich, Böhmen, Polen, Ungarn und Serbien); P. Classen, Corona Imperii. Die Krone als Inbegriff des römisch-deutschen Reiches im 12. Jahrhundert, in: FS P. E. Schramm, hrsg. von P. Classen, I, Wiesbaden 1964, 90–101; Koch, Auf dem Wege (s. Anm. 9) 8–11 und 254–259. Aus der Sicht der englischen Geschichte vor allem vgl. E. Kantorowicz, The King's Two Bodies. A Study in Mediaeval Political Theology, Princeton 1957 (dt: Die zwei Körper des Königs, München 1990).

60 Vgl. A. Haverkamp, Herrschaftsformen der Frühstaufer in Reichsitalien, 2 Bde., Stuttgart 1970–71; H. Appelt, Friedrich Barbarossa und das römische Recht, in: Römische Hist. Mitteilungen 5 (1961/62) 18–34.

strumentalisierung werden, weil das Recht zunehmend an Autorität gewann. Der Welfenherzog Heinrich der Löwe vermochte noch nicht mit gleichen Mitteln zu reagieren, sondern schlug auf herkömmliche Weise mit Waffengewalt zurück. Der nach seinem Sturz mächtigste Reichsfürst hingegen, der Kölner Erzbischof Philipp von Heinsberg (1167–91), rang mit dem Kaiser auf gleicher Ebene, bis er sich eine Blöße gab, indem er Barbarossa die Absicht eines Landfriedensbruches unterstellte, so daß dieser ihn vor Gericht in die Knie zwingen konnte[61]. Ein Meister auf diesem Feld war Innozenz III.; um zu einer besseren rechtlichen Absicherung des Kirchenstaates zu kommen, entwickelte er in Verhandlungen mit Otto IV. neue Rechtsformen, auf die dieser auch bereitwillig einging, und erst als sich herausstellte, daß er hintergangen wurde, bestrafte ihn der Papst mit der schärfsten Form des Bannes[62]. Die neue Art des politischen Umgangs war keineswegs rücksichtsvoller als früher; Erzbischof Engelbert I. von Köln (1216–25) beweist es, der nicht als einziger seine Rechte restlos auszuschöpfen wußte[63]. Aber sie zeigte das Bedürfnis, sich an Normen zu binden, die überprüfbar und reklamationsfähig waren und dem wachsenden Blick für die Gesamtheit des Gemeinwesens Rechnung zu tragen suchten. Es ist kein Zufall, daß in einer nächsten Generation Kaiser Friedrich II., Jakob I. von Aragón und Alfons X. von Kastilien, aber auch Papst Gregor IX. als die großen Gesetzgeber auftraten[64].

Vor diesem Hintergrund fällt einiges Licht auf das Verhältnis zwischen Herrscher und Adel. Ob der deutsche Adel sich anfangs weigerte, Friedrich II. zum Mitkönig und Nachfolger seines Vaters Heinrich VI. zu wählen, oder der Kölner Erzbischof Adolf von Altena (1193–1205, 1212–14) während des Thronstreites hartnäckig darauf bestand, daß der Sohn nicht unmittelbar dem Vater auf dem Thron folgen dürfe[65], das war nicht nur egoistischer Partikularismus, sondern auch eine Abwehr des staufischen Erbanspruches auf das Imperium. Innozenz III. wußte sehr wohl, daß es anläßlich des Verzichtes auf den Kirchenstaat 1213 auf die Zustimmung der Reichsfürsten ankam, sonst hätte er nicht von Friedrich II. eine dritte Fassung der Egerer Goldbulle erwirkt und von den Fürsten Willebriefe verlangt[66].

Besonders in den westlichen Ländern ist zu beobachten, wie die Könige parallel zur päpstlichen Gewaltenfülle einen Monarchismus zu steigern suchten und der Adel, vor allem in Schwächemomenten der Königsgewalt, diese Machtentfaltung in ebenfalls gesteigertem Maße wieder einzuschränken suchte. Bekannt ist das englische Beispiel der „Magna Charta“ von 1215 nach der vernichtenden Niederlage König Johanns Ohneland in der Schlacht von Bouvines (1214). Es handelt sich trotz der äußeren Urkundenform um

---

[61] Vgl. K. Jordan, Heinrich der Löwe, München ²1980, Kap. 9 und 10; O. Engels in: Rheinische Geschichte I, hrsg. von F. Petri – G. Droege, Düsseldorf ³1983, 225–236.

[62] Vgl. M. Laufs, Politik und Recht bei Innozenz III. Kaiserprivilegien, Thronstreitregister und Egerer Goldbulle in der Reichs- und Rekuperationspolitik Papst Innozenz' III., Köln – Wien 1980, bes. Kap. II 1 und 2.

[63] Vgl. J. Lothmann, Erzbischof Engelbert I. von Köln, 1216–1225, (Veröff. d. Kölnischen Geschichtsvereins 38) Köln 1993.

[64] Vgl. Die Konstitutionen Friedrichs II. von Hohenstaufen für sein Königreich Sizilien, Edition und deutsche Übers. von H. Conrad – Th. v. d. Lieck-Buyken – W. Wagner, Köln – Wien 1973; dazu H. Dilcher, Die sizilische Gesetzgebung Kaiser Friedrichs II. Quellen der Constitutionen von Melfi und ihrer Novellen, Köln – Wien 1975. – Zur Gesetzgebung in Spanien die Beiträge von G. Gudian und A. Wolf in: Handbuch der Quellen und Literatur der neueren europäischen Privatrechtsgeschichte I, hrsg. von H. Coing, München 1973. – Vgl. auch L. Buisson, König Ludwig IX., der Heilige, und das Recht, Freiburg i. Br. 1954.

[65] Vgl. Stehkämper, Der Bischof (s. Anm. 44) 125f.

[66] Vgl. Laufs, Politik und Recht (s. Anm. 62) 289–307.

einen zwischen dem König und der Mehrheit der englischen Barone ausgehandelten Kompromiß mit der Absicht, die Handlungen des Herrschers der Kontrolle durch einen gewählten Ausschuß der Barone zu unterstellen und das Einsammeln von Sonderabgaben nur „per commune consilium regni nostri" zuzulassen[67]. Was aus der Rückschau wie eine Grundsatzentscheidung aussieht, war in Wirklichkeit eine Vereinbarung, aktuelle Gravamina zu berücksichtigen. Von Bedeutung ist allerdings die Tatsache, daß hier Adlige als eine „communitas regni" dem König mit dem Anspruch gegenübertraten, korporativ Freiheiten besitzen zu können, und Gedanken, den Herrscher dem Gemeinwohl (freilich erst nur auf die Kirche und Großen bezogen) verpflichtet zu sehen, einen ersten Niederschlag fanden[68].

Etwas später, 1238, wurde in Navarra der „Fuero Antiguo" (Vorläufer des „Fuero General") aufgezeichnet, um König Theobald I. aus dem Haus Champagne an die Verpflichtungen zu erinnern, die er 1234 anläßlich seiner Königserhebung beschworen habe. Dort heißt es, jeder König habe vor seiner Erhebung die Fueros zu beeiden, da sich die Einwohner ursprünglich durch Wahl selbst einen Monarchen gegeben hätten. Weder die Gerichtsbarkeit dürfe dieser ohne die Mitwirkung von „ricos hombres" des Landes ausüben noch über Krieg oder Frieden ohne deren Rat entscheiden. Diese „ricos hombres" verpflichteten sich durch Treueid dem König erst nach dessen Erhebung. Theobald II. wurde 1253 auf dieser Grundlage mit noch weiter gehenden Zugeständnissen verpflichtet. Man kann verstehen, daß Papst Innozenz IV. 1254 diesen Herrscher in seinen Schutz nahm und den Bischof von Pamplona ermächtigte, den König von Eiden zu entbinden, durch die seine Amtsausübung beeinträchtigt werde. Da die Königsherrschaft, obwohl es sich strenggenommen um ein Erbkönigtum handelte, nur noch als ein vom Volk kommender Auftrag in Erscheinung zu treten im Begriff war, mußte dieser Papst einen Einbruch in sein Ideengebäude befürchten, das die weltliche Herrschaft ja wesentlich einbezog[69]. Zur selben Zeit repräsentierte das Selbstverständnis des kastilischen Königtums einen nahezu extremen Monarchismus. Die politische Mitwirkung des Adels wurde nicht in Abrede gestellt, aber sie konnte nur in bedingungslosem Gehorsam geschehen. Dem Adel sei der Herrscher zu keinerlei Rechenschaft verpflichtet; er sei ein Beauftragter Gottes und habe sich um Nachahmung der göttlichen Vollkommenheit zu bemühen. Selbst die Königserhebung sei ein von Gott gestifteter Akt. Es verwundert nicht, daß Alfons X. „der Weise" (1251–84) einen Zentralismus verfolgte, der die Krone zum Schaden des Hochadels stärken sollte. Weil er nach dem Tod seines Sohnes und Nachfolgers Ferdinand „de la Cerda" (1275) die von ihm selbst festgelegte Thronfolgeordnung umstieß, löste er einen Aufruhr des Hochadels aus, der 1282 sogar zu seiner Absetzung führte, die das ideologische Gebäude als eine Illusion erwies[70].

---

[67] Vgl. K. Schnith in: Handbuch der europäischen Geschichte II, hrsg. von Th. Schieder, Stuttgart 1987, 801 f mit Anm. 12 (reiche Bibliographie).

[68] Vgl. G. Post, Studies in Medieval Legal Thought, Princeton 1964; B. Tierney, Foundations of the Conciliar Theory. The Contribution of the Canonists from Gratian to the Great Schism, Cambridge 1955. – Es ist ein Irrtum, zu glauben, die Magna Charta sei das älteste Dokument ihrer Art in der Geschichte. Die „Usatges" (usatici) von Barcelona, in mehreren Teilredaktionen des 11. und 12. Jh. entstanden, sind ebenfalls aus Vereinbarungen der Grafen von Barcelona mit ihrem Lehnshof hervorgegangen und legten die Pflichten des Landesherren fest, wenn auch keineswegs so weitgehend wie Johann Ohneland gegenüber. Vgl. F. Soldevila, Història de Catelunya I, Barcelona ^{2}1962, 104f.

[69] Vgl. Engels, Reconquista (s. Anm. 15) 438–440.

[70] Ebd. 425–427.

Die Krone Aragón war in der Steigerung der königlichen Autorität noch nicht so weit wie in Kastilien fortgeschritten, als der Adel des Königreiches Aragón 1283 die Absetzung Peters III. durch Papst Martin IV. wegen des Sizilienunternehmens nutzte, indem er sich zu einer „unión" zusammenschloß und deren Bestätigung mit dem Ziel erzwang, den alten Rechtsstand zu wahren. Die Katalanen wollten nicht nachstehen und nötigten 1283 Peter III., die Institutionalisierung der Cortes im Sinne einer Beteiligung des Adels und der Städte an der Gesetzgebung zuzusichern und den Kommunen eine politische Selbstverwaltung zuzugestehen[71].

Gegen Ende des 13. Jh. war das Ziel erreicht; die weltliche Herrschaft konnte ihre Autonomie mit innerweltlichen Argumenten begründen. Seit um 1260 die „Politik" des Aristoteles in der vollständigen lateinischen Übersetzung durch Wilhelm von Moerbeke vorlag, ließ sich der Mensch als ein „animal sociale" begreifen, das von seiner Natur her zum Leben in einem Gemeinwesen bestimmt sei, das alle für sein Funktionieren nötigen Berufsstände zu einer organischen Einheit zusammenfasse. Die Bildung eines solchen Gemeinwesens erstrebe er aus einem natürlichen Antrieb, und von ihm erwarte er die Befriedigung aller seiner Lebensbedürfnisse[72]. Nicht als ob erst jetzt eine solche Sicht überhaupt möglich gewesen wäre, da ja vielfältige Ansätze schon länger vorlagen. Aber die energische Ablehnung durch Innozenz IV., den Sündenfall als Ursache schlechthin von Herrschaft zu bewerten, und die politische Praxis, die der bloßen Sicht von Über- und Unterordnung zunehmend widersprach, haben – außer der verstärkten Aristoteles-Rezeption natürlich – die letzten Hemmnisse beiseite geräumt. Die Argumentation nun bis zur Theorie von der Volkssouveränität weiterzutreiben, dauerte nicht mehr lange. Sie brachte sogar die oberste Führungsgewalt des Papsttums allein durch göttlichen Auftrag innerhalb der Kirche in Gefahr.

3. Das Papsttum und Friedrich II., Konflikt der Universalgewalten in der konkreten Politik

Am 28. September 1197 starb überraschend Kaiser Heinrich VI., der Vater Friedrichs II., im Alter von 31 Jahren in Messina. Wenige Monate später, am 8. Januar 1198, wurde Lothar von Segni unter dem Namen Innozenz III. zum Papst gewählt. Am 28. November folgte Konstanze ihrem Gemahl Heinrich ins Grab. Sie hatte kraft „paterna successio" unabhängig vom Rechtstitel ihres Gatten, der das Normannenreich als „antiquum ius imperii" beansprucht hatte, einen Anspruch auf die sizilische Krone gehabt. Und ohne dem Testament Heinrichs – von dem man nicht weiß, inwieweit es den wirklichen Willen des Kaisers wiedergibt – zu widersprechen, hatte sie ihren Sohn am 17. Mai 1198 in Palermo zum Mitkönig (sie selbst war nicht etwa stellvertretend die Trägerin der Krone gewesen) krönen lassen. Das im Vertrag von Benevent (1156) unbeschadet der päpstlichen Lehnshoheit zugestandene Erbkönigtum blieb dadurch unangetastet, denn die Fortsetzung des Lehnsverhältnisses war erst anschließend erbeten worden. Konsequenterweise hatte Konstanze sich auch gegen Versuche Innozenz' III. zur Wehr gesetzt, sich über die in Sizilien eingeschränkte päpstliche Legation hinwegzusetzen; während Innozenz III. sich an das

---

[71] Ebd. 411–413.

[72] W. Stürner, Natur und Gesellschaft im Denken des Hoch- und Spätmittelalters, Stuttgart 1975; ders., Peccatum (s. Anm. 55) 186ff; H. Bielefeldt, Von der päpstlichen Universalherrschaft zur autonomen Bürgerrepublik, in: Zeitschr. für Rechtsgeschichte KA 73 (1987) 70–130.

zwischen seinem Vorgänger Cölestin III. und König Tankred von Lecce ausgehandelte Konkordat von Gravina (1192) hielt, waren für Konstanze alle Abmachungen dieses „Usurpators" illegitim und nach wie vor der Beneventer Vertrag maßgebend. Da Philipp von Schwaben bereits am 8. März 1198 an Stelle Friedrichs II. zum deutschen König gewählt worden war, entfiel für Konstanze jede Veranlassung, an der Vereinigung Siziliens mit dem Imperium festzuhalten, zumal von Innozenz in diesem Punkt nur ein kompromißloser Widerstand zu erwarten war[73]. In ihrem Testament übertrug Konstanze dem Papst die Regentschaft über das Königreich Sizilien und die Vormundschaft über ihren kleinen Sohn Friedrich, der erst vier Jahre alt und damit noch unmündig war. Die Regierungsgeschäfte sollten nach dem Willen der Königin vom Familiarenkolleg des Normannenhofes wahrgenommen werden, das mit wenigen Unterbrechungen vom Kanzler Walter von Palearia, dem Bischof von Troia, beherrscht wurde. Dieses Gremium war nicht gewillt, dem päpstlichen Lehnsherrn als bloßes Vollzugsorgan zu dienen. Zeitweilig arbeitete der Kanzler mit dem Reichsministerialen Markward von Annweiler zusammen, dem vorübergehend eine Verfügungsgewalt über das unmündige königliche Kind glückte, während der Reichsministeriale Diepold von Schweinspeunt in der Terra di Lavoro, dem schon unter Tankred von Lecce stauferfreundlichen Gebiet, deutsche Positionen behauptete[74].

Die Regentschaft Innozenz' III. endete am 26. Dezember 1208, als sein Mündel mit vollendetem 14. Lebensjahr mündig wurde. Anknüpfend an einen noch von Konstanze unternommenen Vorstoß[75] und zugleich um Sizilien an ein Reich, das auch in einem Schutz- bzw. Lehnsverhältnis zum Papsttum stand, zu binden, hatte Innozenz III. für den jungen Friedrich die Heirat mit Konstanze, einer Schwester König Peters II. von der Krone Aragón und Witwe König Emerichs von Ungarn, arrangiert. Die Hochzeit wurde am 15. August 1209 in Palermo gefeiert.

Kaum hatte der junge König die Regierungsgeschäfte selbst in die Hand genommen, drohte wegen der Besetzung des Erzstuhles in Palermo ein Konflikt mit Innozenz III. Ihm ging es um eigenen Handlungsspielraum, denn im Zuge eines Revirements seiner Kanzlei entließ er im Februar 1210 auch Walter von Palearia, der weder Innozenz noch Philipp von Schwaben zugetan war, sondern die Politik Heinrichs VI. den Umständen entsprechend fortgeführt hatte. Die zuverlässigsten Stützen des Staufers waren die 5000 katalanischen Ritter, die seine Gattin mit in die Ehe gebracht hatte – aber auch die unerwartet neue Großwetterlage der Politik.

Der deutsche Thronstreit hatte inzwischen ein Stadium erreicht, das es Innozenz III. geraten erscheinen lassen mußte, auf Friedrich II. als künftigen Kaiser zurückzugreifen. Ausgebrochen war der Thronstreit 1197/98, weil sich ein Teil der deutschen Königswähler weigerte, den schon gewählten, aber noch unmündigen Friedrich als König anzuerkennen. Die Doppelwahl im Jahre 1198 – zuerst der Staufer Philipp von Schwaben als Ersatz gewissermaßen für den im fernen Süden weilenden Kaisersohn, im Gegenzug die Wahl Ot-

---

[73] Vgl. J. Deér, Papsttum und Normannen. Untersuchungen zu ihren lehnsrechtlichen und kirchenpolitischen Beziehungen, Köln – Wien 1972, 262f; Th. Kölzer, Sizilien und das Reich im ausgehenden 12. Jahrhundert, in: HJb 110 (1990) 3–22. – Zum Testament Heinrichs VI. vgl.: Die Regesten des Kaiserreichs unter Heinrich VI. (1165 [1190] – 1197), bearb. von G. Baaken, Köln – Wien 1972–79, Nr. 614.

[74] Vgl. F. Baethgen, Die Regentschaft Papst Innozenz' III. im Königreich Sizilien, Heidelberg 1914; R. Neumann, Parteibildungen im Königreich Sizilien während der Unmündigkeit Friedrichs II. (1198–1208), Frankfurt a. M. 1986.

[75] MGH DKonstanze, hrsg. von Th. Kölzer, Nr. 70.

tos IV., eines Sohnes Heinrichs des Löwen – spielte dem Papst eine Schiedsrichterrolle zu, schon weil er den Gewählten approbieren mußte. Es ging Innozenz III. nicht so sehr darum, bei dieser Gelegenheit den Anteil des Papstes an der deutschen Königswahl kräftig auszubauen, sondern seine Hoheitsrechte in einem unabhängigen Kirchenstaat auf eine sichere Rechtsgrundlage zu stellen. Er werde für die Anerkennung Ottos IV. als König sorgen, dafür hatte Otto als Gegenleistung durch Privileg den Verzicht auf jeglichen kaiserlichen Anteil am Kirchenstaat sicherzustellen. Die Gunst der Fürsten neigte sich mehr und mehr dem Staufer zu, selbst Innozenz war schon bereit, den Welfen fallenzulassen, da wurde Philipp am 21. Juni 1208 in Bamberg durch den Pfalzgrafen Otto von Wittelsbach ermordet. Innozenz sah darin ein Gottesurteil; die Wähler Philipps erkannten in Form einer Nachwahl nun Otto als rechtmäßigen König an, zumal dieser eine Tochter Philipps heiratete. Mit der Kaiserkrönung Ottos IV. am 4. Oktober 1209 sah der Papst seine Leistung erfüllt, doch der Kaiser weigerte sich, die in den „Neusser Eiden" versprochene Gegenleistung urkundlich zu sanktionieren, und – womit Innozenz sicherlich nicht gerechnet hatte – marschierte südwärts, um das Königreich Sizilien zu erobern. Einen Erbanspruch konnte Otto auf Sizilien nicht erheben, folglich machte er alte Rechte des Imperiums geltend und nahm damit den harten Kurs Heinrichs VI. ein. Die Politik des Papstes schien völlig gescheitert. Innozenz erklärte sich von langer Hand hintergangen und verhängte am 18. November 1210 über Otto die schärfste Form des Bannes, die bis zum Sterbebett eine Absolution ausschloß und jegliche Autorität eines Herrschers absprach[76].

Otto IV. war als Graf von Poitiers (und damit auch Herzog von Aquitanien) ein wichtiger Lehnsmann des englischen Königs gewesen. Den englisch-französischen Gegensatz konnte diese Entwicklung folglich nicht gleichgültig lassen. Philipp II. August von Frankreich drängte den Papst, Otto durch den Staufer Friedrich zu ersetzen. Nur zögernd folgte Innozenz dem Rat, weil ein solches Vorhaben die Gefahr der Anbindung Siziliens an das Imperium in sich trug, aber es war kein anderer Kandidat in Sicht. Im September 1211 wurde Friedrich von mehreren Reichsfürsten in Nürnberg zum römischen König ausgerufen. Und um die Beziehungen zum Papst nicht gleich zu belasten, übertrug Friedrich II. seine Herrschaft über Sizilien an seine Gemahlin Konstanze und ließ seinen erst einjährigen Sohn Heinrich (VII.) zum König von Sizilien krönen; der frühere Kanzler Walter von Palearia wurde wieder eingesetzt. Friedrich selbst brach im März 1212 nach Deutschland auf; unterwegs in Rom leistete er wie seine normannischen Vorgänger dem Papst für Sizilien den Lehnseid und verpflichtete sich für das Reich zu denselben Zugeständnissen wie früher Philipp von Schwaben und Otto IV.

Der Konflikt mit Otto IV. wurde praktisch durch die Niederlage des englischen und des welfisch-kaiserlichen Heeres am 27. Juni 1214 bei Bouvines beendet. Der Sieger, Philipp II. August, schickte den Reichsadler an Friedrich II., der sich nochmals in Aachen zum König krönen ließ und sich zur allgemeinen Überraschung bei dieser Gelegenheit öffentlich verpflichtete, das Kreuz zu nehmen. Die Anwesenheit eines päpstlichen Legaten in Aachen, der den Auftrag zur Kreuzzugswerbung hatte, läßt vermuten, daß der künftige Kaiser vor der Absicht Innozenz' III., jedes Kreuzzugsunternehmen der direkten Leitung des Papstes zu unterstellen, nicht zu kapitulieren gedachte. Einen Monat später bat er das General-

---

[76] Vgl. H. Stehkämper, Der Kölner Erzbischof Adolf von Altena und die deutsche Königswahl (1195–1205), in: Hist. Zeitschr. Beiheft 2 (1973) 5–83; Laufs, Politik und Recht (s. Anm. 62); B. U. Hucker, Kaiser Otto IV. (MGH Schriften 34), Hannover 1990.

kapitel der Zisterzienser um Aufnahme in ihre Gebetsgemeinschaft, mit dieser Geste knüpfte er an schon lange bestehende Beziehungen zwischen Staufern und Zisterziensern an, die zugleich die offiziellen Kreuzzugsprediger waren.

Die Königserhebung Friedrichs II. wurde auf dem Vierten Laterankonzil (November 1215) bestätigt. Am 1. Juli 1216 ließ Innozenz III. jedoch Friedrich II. versprechen, daß er unmittelbar nach seiner Kaiserkrönung auf die Herrschaft über Sizilien zugunsten seines Sohnes Heinrich verzichten werde. Der Tod des Papstes (16. Juli 1216) enthob Friedrich dieses Versprechens. Er ließ den kleinen Heinrich (der inzwischen fünf Jahre alt war) nach Deutschland bringen und im April 1220 zum deutschen König wählen. Die Beziehungen zu Honorius III., dem Nachfolger Innozenz' III., wurden nicht getrübt. Anläßlich der Kaiserkrönung am 22. November 1220 empfing Friedrich II. das Kreuz aus der Hand des Kardinalbischofs Hugo von Segni, des späteren Gregor IX., und erkannte die staatsrechtliche Trennung zwischen Sizilien und dem Reich an, während die Kirche die Personalunion beider Kronen akzeptierte. Es herrschte weitgehende Harmonie: Die am Krönungstag erlassenen Reichsgesetze mit Geltungsanspruch für die ganze Christenheit wurden als „Authentica" in das Rechtsbuch Justinians eingetragen. Alle Beschlüsse italienischer Städte, die dem Kirchenrecht nicht entsprachen, wurden aufgehoben; der Kaiser verpflichtete sich zur wirkungsvollen Unterstützung der Kirche in ihrem Kampf gegen die Ketzer[77].

Das gute Einvernehmen mit Honorius III. wandelte sich jedoch zumindest auf zwei Ebenen. Friedrich II. mußte sich zur Festigung seiner Autorität im Königreich Sizilien auch auf den Episkopat stützen, aber der Einfluß, den der König von Sizilien auf die Ernennung der Bischöfe im Königreich hatte, war seit dem Konkordat Cölestins III. mit der Kaiserin Konstanze (1198) stark zurückgegangen. So mußte der vom Domkapitel gewählte Bischof vom König und vom Papst bestätigt werden. Damit sich die zustimmungspflichtigen Instanzen nicht gegenseitig blockierten, konnte der Papst von seinem Devolutionsrecht Gebrauch machen, wenn der Bischofssitz länger als drei Monate vakant geblieben war, d. h., er konnte einen Kandidaten seiner Wahl ohne Beteiligung des Kapitels oder des Königs benennen. Legte die römische Kurie es darauf an, war ihr mit Leichtigkeit eine Politik eigener Ernennungen möglich, ohne das Recht der anderen Beteiligten formal zu verletzen. Diese Situation führte zu schweren Konflikten zwischen Rom und Palermo. Auch die gegen Mailand und die norditalienischen Städte gerichtete Politik Friedrichs II. intensivierte die Spannungen mit dem Papsttum, um so mehr als der Kaiser die Mark Ancona und das Herzogtum von Spoleto nicht mehr als vom Reich unabhängige Gebiete anerkannte[78] und dort ohne Absprache mit dem Papst Truppen aufstellen ließ. Zu einem ersten Briefwechsel von einiger Heftigkeit kam es im Februar 1226; der Papst, dem es immer noch um den Kreuzzugsplan ging, setzte alle Hebel in Bewegung, um einen Kompromiß zwischen Kaiser und Lombardenbund herbeizuführen.

Das in Aachen 1215 abgelegte Gelübde war im Begriff, für Friedrich zu einer schweren Last zu werden, da er sich um andere und viel wichtigere politische Aufgaben kümmern mußte. Seine Gemahlin Konstanze von Aragón starb 1222; nicht nur dem Wunsch des Papstes entsprechend heiratete Friedrich im November 1225 die vierzehnjährige Isabella,

[77] Vgl. G. de Vergottini, Studi sulla legislazione imperiale di Federico II. in Italia (Le leggi del 1220), Mailand 1952.

[78] Im Mai 1199 von Innozenz III. ausdrücklich zum Kirchenstaat gezählt, MGH Const. II Nr. 16; die Egerer Goldbulle nimmt darauf Bezug, vgl. Laufs, Politik und Recht (s. Anm. 62) 8 und 20f.

Tochter des Johannes von Brienne und Erbin des Königreiches Jerusalem[79]. Er verpflichtete sich, sein Kreuzzugsgelübde spätestens bis zum August 1227 einzulösen.

Honorius III. starb am 18. März 1227; sein Nachfolger Hugo von Segni nannte sich Gregor IX. Während seiner Zeit als Kardinal, besonders als Legat in Norditalien, hatte er gute Beziehungen zum Kaiser unterhalten. Als Papst wurde er einer seiner erbittertsten Feinde, wahrscheinlich nicht nur aus politischen Gründen, denn es setzte auch die Phase ein, in der Friedrich sein Kaiserverständnis ins Extreme steigerte[80].

Im August 1227 breitete sich unter den Kreuzfahrern, die in Brindisi zur Abreise ins Heilige Land zusammengekommen waren, eine Epidemie aus. Auch der Kaiser erkrankte und reiste nach Pozzuoli in der Nähe von Neapel, um sich dort auszukurieren. Er ließ dem Papst mitteilen, unter solchen Umständen sei es ihm unmöglich, zu einem Kreuzzug aufzubrechen. Gregor IX. hielt die Krankheit des Kaisers für vorgetäuscht und verhängte über ihn am 29. September 1227 den Bann, wie es Friedrich mit Honorius III. vereinbart hatte. Dessenungeachtet schiffte sich der Kaiser im Juni des folgenden Jahres mit einem kleinen Heer nach Akkon ein, wo er am 7. September eintraf. Als Gebanntem stellten sich ihm der Patriarch von Jerusalem sowie die Templer und Johanniter entgegen, nur auf den Deutschen Orden sowie auf die Sizilianer und die Kreuzfahrer aus Genua und Pisa konnte er sich verlassen. Am 18. Februar 1229 konnte er die schon vor Antritt der Kreuzfahrt begonnenen Verhandlungen mit dem Sultan Al-Kamil von Ägypten abschließen, die ihm einen kampflosen Einzug in die Stadt Jerusalem ermöglichten. Im Anschluß an den dortigen Gottesdienst betrat Friedrich am 18. März die Grabeskirche und ging auf dem Weg vom Altar zum Thronsitz „unter der Krone". Ob es die Kaiserkrone oder die Krone Jerusalems war (die rechtlich nicht ihm, sondern dem unmündigen Sohn Konrad als Erben der Mutter Isabella zustand), muß offenbleiben, eine Krönung war es offensichtlich nicht. An die versammelten Großen in der Kirche richtete der Kaiser eine Proklamation, die den ganzen Hergang des Kreuzzugsvorhabens seit dem ersten Gelübde rekapitulierte. Davon zu unterscheiden ist das kaiserliche Manifest, das der Hochmeister des Deutschen Ordens, Hermann von Salza, im Namen Friedrichs an die ganze Christenheit richtete, worin das Lob Gottes angesichts der Befreiung der Grabeskirche, die Gott durch ihn (den Kaiser) bewirkt habe, in den Lobpreis des Priesters Zacharias anläßlich der Beschneidung Johannes' des Täufers (Lk 1,69) ausmündet: „Seht, jetzt ist da jener Tag des Heiles ... Denn da der allmächtige Herr vom Thron seiner Majestät sie uns zukommend voraussah, hat er aus der besonderen Huld seiner Milde unter den anderen Erdenfürsten uns wunderbar erhöht, damit es so, während wir uns dem Siegesjubel über diese große Würde hingeben, die nach dem Recht des Königreiches uns gebührt, mehr und mehr offenkundig aller Welt aufgehe: die Hand des Herrn habe dies alles getan ... daß jener, der benedeit ist für alle Zeiten, uns heimgesucht und Erlösung geschaffen hat seinem Volke und uns errichtet hat ein Horn im Hause Davids, seines Knaben."[81] Hier nur einen Ausdruck der Gottesunmittelbarkeit des Kaisertums zu sehen ist zu wenig; denn alle Umstände deuten darauf hin, daß Friedrich II.

---

[79] Über die Bedeutung Jerusalems für die Kaiseridee Friedrichs II. vgl. Teil IV Kapitel 6 „Die Christen und die Nichtchristen".

[80] Vgl. H. M. Schaller, Die Kaiseridee Friedrichs II., in: Probleme um Friedrich II., hrsg. von J. Fleckenstein (Vorträge und Forschungen 16), Sigmaringen 1974, 109–134, bes. 117ff.

[81] MGH Const. II Nr. 122, die Übersetzung nach Kantorowicz, Kaiser Friedrich der Zweite I, Berlin 1927, 184f.

Das von Magister Nikolaus 1229 geschaffene Relief am Aufgang zur Kanzel der Kathedrale von Bitonto zeigt nach dem Vorbild der Wurzel Jesse die Stauferdynastie von Friedrich Barbarossa bis Konrad IV.

die Kaiserprophetie im Auge hatte und sie als erfüllt sah. Noch deutlicher nämlich ist der eschatologische Bezug in der Predigt, mit der Nikolaus von Bari den heimkehrenden Kaiser in der Kathedrale von Bitonto begrüßte. Friedrich II. erscheint dort als der Vater des letzten Kaisers vor dem Weltuntergang.

Das Verhältnis zum Papsttum hatte sich um so mehr verschlechtert, als sizilianische Truppen in die Mark Ancona und päpstliche Truppen in das sizilische Reich einmarschiert waren. Friedrich unterdrückte die Adelsaufstände auf dem sizilianischen Festland und steuerte auf eine Verständigung mit Gregor zu. Auf Drängen des Kardinals Thomas von Capua und des Hochmeisters Hermann von Salza und mit Beteiligung der deutschen Fürsten kam 1230 in Ceprano und in San Germano (hier beschworen) an der Grenze zwischen Sizilien und dem Kirchenstaat ein Abkommen zwischen Papst und Kaiser zustande. Um vom Bann gelöst zu werden, verzichtete Friedrich auf alle Ansprüche im Kirchenstaat und auf sein Approbationsrecht bei den Bischofsernennungen im sizilischen Reich und gewährte dem sizilianischen Klerus Freiheit von königlicher Steuer und Gericht. Nun erst recht kam es dem Kaiser darauf an zu zeigen, wer den ersten Platz in der Christenheit einnehme. Gregor IX. ließ durch Raimund v. Peñafort eine Dekretalensammlung (Liber extra) vornehmen. Ihm wollte Friedrich zuvorkommen, damit er nach dem Vorbild Justinians als erster wegweisender Gesetzgeber in die Geschichte eingehe, und veranlaßte in unangemessener Eile die Abfassung der Konstitutionen von Melfi (1231), den für das Königreich Sizilien geltenden Liber Augustalis. Sich um das Recht zu bemühen machte in seinen Augen den Herrscher aus[82]. Zugleich rundete das Gesetzbuch die vom Kaiser betriebene Staatswirtschaft ab.

Die Kooperation mit dem Papsttum kam nach dem Frieden von San Germano nicht völlig zum Erliegen. So hatte Friedrich II. die bei seiner Kaiserkrönung erlassenen Reichsgesetze gegen die Ketzer noch verstärkt (März 1232) und ihre Gültigkeit auf das ganze Reich ausgedehnt. Im Juni 1234 bat er den Papst um Hilfe gegen seinen eigenen Sohn. Gregor IX. sprach am 5. Juli 1234 den Bann über Heinrich (VII.) aus und forderte die deutschen Fürsten zur Unterstützung des Kaisers auf. Doch waren die eigentlichen Ursachen des Konflikts nicht bereinigt. Zündstoff in Fülle bot die Politik gegenüber den oberitalienischen Kommunen. Schon die von Mailand betriebene Erneuerung des Lombardenbundes (1226), den Friedrich II. hatte zerschlagen wollen, sich aber dem Schiedsspruch Honorius' III. von 1227 beugte, um seinem Kreuzzugsversprechen nachzukommen, hatte die Bannung des Kaisers beeinflußt. Die Situation schien sich 1232 zu wiederholen. Der Papst war an einer Bekämpfung der Ketzer gerade in den Städten Oberitaliens durch Friedrich II. interessiert, favorisierte zugleich aber die Mendikanten und deren religiös-politische Friedensbewegung, die auch dem Autonomiestreben der Kommunen zugute kam. Dafür wiederum hatte der Kaiser, wie seine Politik rigoroser Zentralisierung im Süden zeigt, kein Verständnis. Die Spannungen eskalierten, seit Friedrich 1235 in Mainz eine Heerfahrt gegen die oberitalienischen Reichsfeinde hatte beschließen lassen. Der Kaiser hintertrieb jede Schlichtungsbemühung des Papstes, dem schon wegen der geographischen Lage an einer zumindest halbautonomen Stellung des Lombardenbundes gelegen sein mußte, und trug 1237 bei Cortenuova den Sieg über das Bundesheer davon. Er betrachtete sich als ein monarchisches Bollwerk gegen den Ungeist des Aufruhrs. Papst und Kaiser wurden zu unverhüllten Gegnern, besonders seit Friedrich einen von Gregor betriebenen Kreuzzug zur Entlastung Konstantinopels verhindert hatte. Als Gregor IX. im August 1238 den politisch und militärisch fähigen Gregor von Montelongo als Legaten in die Lombardei schickte, ließ Friedrich jede Rücksicht fallen. Er verheiratete seinen illegitimen Sohn Enzio mit der Erbin Sardiniens und gestattete ihm den Königstitel der Insel, die der Papst zu seinen Hoheitsgebieten zählte; seine guten Beziehungen zum Adel in Rom trieb er auf die Spitze, indem er der „Hauptstadt des Imperiums" die Wiederkehr ihrer alten Größe verhieß. Gregor IX. war zum Bruch entschlossen: Am 20. März 1239 verhängte er zum zweitenmal den Bann über den Kaiser und entband alle seine Gefolgsleute von ihrem Treueid. In der Sentenz wird die italienische Politik mit keinem Wort erwähnt, statt dessen der Vorwand, der Kaiser habe in Rom eine Verschwörung angezettelt, um den Papst von seinem Stuhl zu vertreiben. Es wirkt wie ein Symbol, daß Hermann von Salza, der sich über viele Jahre um eine Versöhnung zwischen Papst und Kaiser bemüht hatte, am selben Tag starb. Friedrich II. reagierte auf diese erneute Exkommunikation nicht nur verbal mit Streitschriften aus seiner Kanzlei,

---

[82] Vgl. oben Anm. 64.

er revidierte auch seine Kirchenpolitik im Königreich Sizilien: Die Bettelorden, die er für die kurienfreundliche Propaganda verantwortlich machte, mußten das Königreich verlassen; die Geistlichen, die sich unter Hinweis auf das Interdikt geweigert hatten, die Messe zu feiern, verloren ihren Besitz und ihre Einkünfte; die Ernennung der Bischöfe wurde allein dem König reserviert; kaiserliche Truppen besetzten Anfang 1240 das Herzogtum Spoleto, die Mark Ancona und den in der Toskana gelegenen Teil des Kirchenstaates; die Stadt Benevent, eine päpstliche Enklave im Königreich, wurde von der Außenwelt abgeschnitten und schließlich ihrer Mauern und Türme beraubt (1241). Vor allem die staatsrechtliche Trennung zwischen Reichsitalien und dem Königreich Sizilien, die Friedrich anläßlich seiner Kaiserkrönung zugesichert hatte, wurde aufgehoben; in die Wege geleitet hatte er die Gleichschaltung schon vor der Bannung.

Die gegenseitigen Beschuldigungen nahmen extreme Ausmaße an. Von Endzeit- und Antichrist-Erwartungen erregt war die Zeit ohnehin; auch Gregor IX. und Friedrich II. blieben von den eschatologischen Spekulationen Joachims von Fiore und ihrer Entstellung in der Vulgarisation nicht unberührt. Der Papst fühlte sich als der Vorkämpfer gegen den apokalyptischen Drachen, den er schon bald im Kaiser verkörpert sah. Kardinal Rainer von Viterbo setzte die mit eschatologischen Vorstellungen arbeitende Propaganda unter Innozenz IV. fort; Friedrich sei der Hammer der Welt, der Fürst der Finsternis, der Vorläufer des Antichrist oder gar der Antichrist selbst. Auch gab es Stimmen des Pseudojoachimitismus, die erwartungsvoll dem Kaiser unterstellten, eine rigorose Reform der Kirche vornehmen zu wollen und dabei keinen kirchlichen Stand zu schonen. Friedrich betonte demgegenüber seine Rechtgläubigkeit, seine Friedensbereitschaft und alles, was einen Herrscher nicht erst jetzt als priester- oder christusähnlich in Erscheinung treten ließ, allerdings das in Einkleidung biblischer Wendungen mit solcher Penetranz, daß es den Gegnern wie eine unerträgliche Anmaßung vorkommen mußte. Überdies wurden darin zunehmend Elemente der heidnisch-antiken Vorstellungswelt eingestreut.

Zu Ostern 1241 hatte Papst Gregor IX. ein Konzil einberufen, das „wichtige Fragen der Kirche“ behandeln sollte. Tatsächlicher Anlaß und beabsichtigtes Ziel dieses Konzils war die Absetzung des Kaisers. Vergeblich versuchte dieser, das Zusammentreten des Konzils zu verhindern. Da er auf diplomatischer Ebene keinen Erfolg hatte, griff er zur Gewalt. Die englischen, französischen und spanischen Prälaten hatten aus Sicherheitsgründen den Seeweg gewählt; aber die Genueser Flotte, die die Prälaten nach Civitavecchia bringen sollte, wurde vor der Insel Montecristo südlich von Elba von sizilianischen und Pisaner Schiffen gestellt: Zwei Kardinäle, drei Erzbischöfe und weitere 100 Prälaten wurden gefangen nach Apulien verschleppt. Diese Aktion war ein Pyrrhussieg, da sich Friedrich damit vor der gesamten Christenheit ins Unrecht gesetzt hatte.

Gregor IX. starb am 22. August 1241; der Pontifikat seines Nachfolgers Cölestin IV. (das erste Konklave der Papstgeschichte) dauerte nur zwei Wochen (Okt./Nov. 1241). Nach einer nun langen Vakanz, während der die Ewige Stadt ständigen Pressionen durch den Kaiser ausgesetzt war, der zweimal sogar bedrohlich nahe rückte (im Juli 1242 und im Mai 1243), wurde der Genueser Kardinal Sinibaldo Fieschi als Innozenz IV. zum Papst gewählt (25. Juni 1243). Der Kaiser nahm sogleich mit dem neuen Papst Verhandlungen auf, aber die Einnahme der Stadt Viterbo durch den Kardinal Rainer (8. September) stellte alles in Frage. Durch die Vermittlung Ludwigs IX. von Frankreich und der deutschen Fürsten nahm der Papst von neuem Kontakte zu Friedrich II. auf.

Die zeitgenössische Miniatur
zeigt den Kaiser 1241 beim Überfall auf ein Schiff der Konzilsteilnehmer mit päpstlicher Flagge.

Nach langen Verhandlungen einigte man sich am Gründonnerstag (31. März 1244); der Kaiser erkannte die Strafgewalt der Kirche und seine Bußpflicht an, um vom Bann befreit zu werden. Er nahm in Bekundungen das Ziel schon vorweg, obwohl territoriale Fragen noch ungeklärt waren; die Lombardenfrage insgesamt war immer noch offen, andere Gebiete hoffte Friedrich als Vogt der Kirche oder als zinsbares Papstlehen behalten zu können. Innozenz IV. dagegen - geschmeidiger, aber ebenso unnachgiebig wie Gregor IX. - wollte die Absolution erst nach der Räumung des Kirchenstaates erteilen. Während kaiserliche Truppen Rom umzingelten, floh der Papst mit einem kleinen Gefolge verkleidet von Sutri nach Civitavecchia, von wo aus er per Schiff nach Genua gelangte und mit Begeisterung empfangen wurde. Im Oktober brach er nach Lyon auf, das zwar zum Imperium gehörte, aber in nächster Nähe zu Frankreich lag. Dort berief er zum 24. Juni 1245 ein Konzil ein in der Hauptsache mit dem Ziel der Absetzung des Kaisers. Ungeachtet der Bemühungen des kaiserlichen Vertreters Thaddäus von Suessa sowie französischer und englischer Hilfe, bestätigte das Konzil die Vorlage des Papstes; Friedrich II. wurde am 17. Juli in allen Punkten für schuldig befunden, erneut exkommuniziert und all seiner Rechte und Würden für verlustig erklärt. Die deutschen Fürsten wurden aufgefordert, unverzüglich zur Wahl eines neuen Königs zu schreiten. Friedrich hatte geglaubt, der Fortbestand seines Kaisertums hänge allein von der Auseinandersetzung mit dem Papsttum ab, und übersah dabei, obgleich er die deutschen Verhältnisse bei weitem nicht beiläufig behandelt hatte, daß es letztlich auf das Verhalten der deutschen Königswähler ankam. Und hier waren es in erster Linie die drei rheinischen Erzbischöfe, die – wenn auch keineswegs selbstlos – eine antistaufische Politik verfolgten.

Mit Waffengewalt war der Kaiser nicht zu bezwingen, obwohl sich seine Position in Italien laufend verschlechterte. Im Frühjahr 1246 wurde ein Anschlag auf sein Leben rechtzeitig entdeckt; vor Parma erlitt er trotz der Waffenhilfe byzantinischer Heeresteile im Februar 1247 eine Niederlage[83]; sein Leibarzt unternahm 1249 einen vergeblichen Versuch, ihn zu vergiften, womit der Selbstmord seines Kanzlers und engsten Vertrauten Petrus de Vinea in Verbindung gebracht wurde, der in Wirklichkeit seiner maßlosen Geldgier zum Opfer gefallen war; 1250 folgte ein Aufstand in Neapel. Dennoch gewann das Papsttum erst nach dem Tod des Kaisers am 13. Dezember 1250 im apulischen Castel Fiorentino die Oberhand. Innozenz IV. verbarg nicht, wie erleichtert er war, sondern gab seiner Genugtuung in einem Brief Ausdruck: „Die Himmel sollen jauchzen und die Erde voll Freude sein, denn durch das Verschwinden des Tyrannen sind Blitz und Donner, die Gott der Allmächtige über euern Häuptern hielt, in frischen Zephyr und fruchtbaren Tau verwandelt!“[84]

Doch die „Schlangenbrut“ Friedrichs II. – ein von der päpstlichen Kanzlei gern benutzter Ausdruck – war nicht ausgelöscht. Ohne in Deutschland zum König gekrönt zu sein und ohne die dortige staufische Hausmacht gegen König Wilhelm von Holland gehalten zu haben, eilte Friedrichs einziger legitimer Sohn Konrad IV., der die Vereinigung Siziliens mit dem Reich fortführen sollte, 1252 nach Italien. Er hatte sich der Ambitionen seines Stiefbruders Manfred zu erwehren, den der Vater zum Fürsten von Tarent und Vertreter Konrads im Königreich Sizilien eingesetzt hatte, aber auch der Aufstände im italienischen Süden, die der Papst unterstützte. Die von Innozenz IV. betriebene Thronkandidatur des Prinzen Edmund von England konnte er nicht verhindern. Beide, Konrad im Mai und Innozenz im Dezember, starben 1254. Nachfolger nach staufischem Erbrecht wäre der erst zweijährige Konradin, Konrads Sohn, gewesen, der sich in wittelsbachischer Obhut befand. Während sich der Papst um eine Thronkandidatur des englischen Königsbruders Richard von Cornwall bemühte und ghibellinische Kreise die Kaiserwürde dem kastilischen König Alfons X. als Staufererben (über seine Mutter ein Enkel Philipps von Schwaben) antrugen, ließ sich Manfred 1258 in Palermo zum König von Sizilien krönen. Dieser fähige Kaisersohn wußte die Papstgegner auch in Reichsitalien hinter sich zu scharen und durch Zusammenarbeit mit dem Adel die kommunalen Kräfte in den Hintergrund zu drängen; die ghibellinische Partei war im Begriff, die Oberhand zu gewinnen. Dagegen suchte der aus Frankreich stammende und im August 1261 gewählte Papst Urban IV. alle Gegner Manfreds zu einen und in Karl von Anjou, dem Bruder des französischen Königs Ludwig IX., einen Anführer zu gewinnen. Die Verhandlungen zogen sich nicht zuletzt wegen der Bedenken des französischen Königs hin; sie kamen erst im April 1265 unter dem kurz zuvor gewählten Clemens IV. zum Abschluß. Als Lehnsmann des Papstes verpflichtete sich Karl von Anjou zu einem hohen Jahreszins, zur Respektierung der kirchlichen Rechte im Königreich Sizilien und vor allem zur staatsrechtlichen Trennung dieses Reiches vom Im-

---

[83] Vgl. Kaiser Friedrich II. in Briefen und Berichten seiner Zeit, hrsg. und übers. von K. J. Heinisch, Darmstadt 1968; Schaller, Die Kaiseridee (s. Anm. 80) 123 ff. – Über die enger werdenden Beziehungen zum byzantinischen Kaiser M. B. Wellas, Griechisches aus dem Umkreis Kaiser Friedrichs II., München 1983.

[84] Zitat bei E.-G. Léonard, Les Angevins de Naples, Paris 1954, 37; hier auch die weiteren Ereignisse bis zur Übernahme Siziliens durch Karl von Anjou, vgl. ebenfalls P. Herde, Karl von Anjou, Stuttgart 1979, 9–67.

perium. Einen Monat nach seiner Krönung in Rom besiegte der neue Herrscher im Februar 1266 den Staufer Manfred in der Schlacht von Benevent. Der einzige staufische Erbe, Konradin, kaum mündig geworden, folgte 1267 dem Ruf der Ghibellinen, zog mit einem zusammengewürfelten Heer in Rom ein, unterlag aber seinem Rivalen in der Schlacht von Tagliacozzo (23. August 1268). Seiner Gefangennahme durch Karl von Anjou folgte die Enthauptung in Neapel.

Damit waren die Staufer als Adelsgeschlecht ausgelöscht, die Vorherrschaft des Imperiums in Italien bis auf die nominelle Zugehörigkeit Reichsitaliens zum Imperium beseitigt, das Kaisertum dem Papsttum gegenüber in die Defensive gedrängt. Es begann die Phase, in der das Papsttum in Italien eine allein führende Rolle zu spielen gedachte, was aber auch ihm nicht gelang.

4. Frankreich und England: Kirche, Königsgewalt und öffentliche Meinung

In den Königreichen Frankreich und England, den beiden bedeutenden politischen Mächten der Epoche, war das Verhältnis zwischen Kirche und weltlichem Herrscher nicht von ähnlicher Heftigkeit wie in Italien. Aber auch dort ist besonders unter dem weltlichen Adel eine wachsende Aversion gegenüber dem Klerus zu verzeichnen, dessen Rechte, vor allem in Fragen der Rechtszuständigkeit und der Besteuerung, ernsthaft in Frage gestellt zu werden begannen. So hatte das Papsttum in beiden Ländern in den ersten Jahrzehnten des 13. Jh. die Dekretale „Etsi clerici" in Kraft gesetzt mit der Absicht, eines Vergehens angeklagte Kleriker nur vor ein kirchliches Gericht zitieren zu können, überhaupt alle Angelegenheiten, in die Geistliche verwickelt waren, der alleinigen Zuständigkeit des Ortsbischofs zuzusprechen, auch wenn der Prozeßgegner ein Laie war. Die große Zahl der Kleriker im weiten Sinne und der häufige Mißbrauch bei Anwendung dieser Vorschrift führten dazu, daß sich der französische Adel 1246 zu einem Bund mit dem ausdrücklichen Ziel zusammenschloß, Laien – außer in Fällen von Häresie, in Ehe- und Sakramentsfragen – das Erscheinen vor kirchlichen Gerichten zu untersagen[85]. Diese Reaktion steht in ihrer Heftigkeit zweifellos mit der Forderung nach Gültigkeit eines vom kirchlichen Recht unabhängigen weltlichen Rechts auf allen Ebenen bis hinunter zur politischen Gemeinde im Zusammenhang; ein treffendes Beispiel sind die Coutumes de Beauvaisis des Philipp von Beaumanoire von 1283[86].

Der englische Adel weigerte sich, die neue kanonische Regelung anzuerkennen, wonach uneheliche Kinder durch nachgeholte Eheschließung legitimiert wurden, während umgekehrt Bischof Robert Grosseteste von Lincoln um 1240 gegen ein Verbot des Königs protestierte, das dessen Hintersassen untersagte, den Bischöfen anläßlich einer Pastoralvisite in den Pfarreien einen Eid zu leisten[87]. In England und Frankreich klagten die Geistlichen darüber, Zielscheibe von Anfeindungen der Laien zu sein, weil sie sich weder militärisch

[85] Y. Congar, L'Eglise et l'Etat sous le règne de saint Louis, in: Septième centenaire de la mort de saint Louis. Actes des colloques de Royaumont et Paris, Paris 1976, 266–277.

[86] Philippe de Beaumanoire, Coutumes de Beauvaisis, hrsg. von E. Viollet, Paris 1842; vgl. H. Mitteis, Beaumanoir und die geistliche Gerichtsbarkeit, in: Zeitschr. für Rechtsgeschichte KA 4 (1914) 263–357.

[87] G. Morris, The Papal Monarchy. The western Church from 1050 to 1250, Oxford 1989, 557; J. R. Strayer, Laicization of French and English Society, in: Speculum 15 (1940) 76–86.

noch finanziell an der Verteidigung des Landes beteiligten[88]. Seit der Mitte des 13. Jh. etwa setzte sich zunehmend die Vorstellung von der utilitas oder necessitas regni durch. Das Königreich wurde mit einem Körper verglichen, zu dessen Wohlergehen und Schutz alle seine Glieder ihren Beitrag zu leisten hätten. Diese in den politischen Bereich übertragene theologische Metapher hob den Gedanken eines allen gemeinsamen Vaterlandes hervor, eines wahrhaft mystischen Leibes mit dem König als dem Haupt, dem die Bewohner des Landes zur Leistung einer Reihe von Aufgaben verpflichtet seien[89]. Das in jener Epoche ungelöste Kernproblem bestand in der Unklarheit über die Prioritäten: Resultierten die Forderungen aus dem Prinzip der territorialen Souveränität, oder war der Rechtsstatus des geistlichen Standes so hochrangig, daß er dies Prinzip durchbrechen konnte?

In Deutschland spielte die Praxis eine Rolle; nicht die Territorialherren und städtischen Obrigkeiten, aber der Rechtssuchende des gemeinen Volkes bevorzugte wegen der größeren Sicherheit im Verfahren das kirchliche Gericht und trug so ungewollt zur Aufnahme des kanonischen Prozeßwesens in das weltliche Recht bei. Die beiden ersten „Stände" der dreigegliederten Gesellschaft aber wehrten sich gegen die exzessive Auslegung des Papsttums, als Quelle des Rechts in weltliche Ordnungen einbrechen zu dürfen, und protestierten einmütig gegen die drückenden Lasten, die z. B. in Frankreich vom Heiligen Stuhl auferlegt waren, besonders die verschiedenen Abgaben, die unter Androhung der Exkommunikation Geistlichen und Laien in gleicher Weise abgezwungen wurden. In einem zweiten, in sehr heftigen Worten zu diesem Thema abgefaßten Protestschreiben an Innozenz IV. formulierte Ludwig IX. 1247, daß „fast alle zu Schismatikern geworden sind, zumindest in ihrem Herzen", und daß man wohl bald über eine Beschneidung seiner potestas nachdenken müsse, wenn sich der Papst in seinen Forderungen nicht mäßige ...[90] Ebensolche Töne schallten auch von der anderen Seite des Kanals herüber, um so mehr als England seit Johann Ohneland Lehen des Heiligen Stuhles war und hierfür bis zum Ende der Regierungszeit Heinrichs III. mit einem jährlichen Zins von tausend Silbermark belegt war. Man braucht nur die Chronik des Matthaeus Parisiensis oder die Invektiven des Bischofs Robert Grosseteste gegen das Vorgehen Innozenz' IV. zu lesen, um zu ermessen, wie sehr die römische Kurie sich in diesen Ländern durch ihre finanziellen Forderungen verhaßt machte[91]. Den gleichen, wenn nicht gar größeren Eifer als die Monarchen bewiesen oft ihre Beauftragten und Vertreter vor Ort, um Übergriffe der Kirche auf die königlichen Prärogativen zu unterbinden und die Sonderstellung der Geistlichen einzuschränken. In einer Verordnung legte Philipp der Kühne 1274 die Grenzen kirchlicher Rechtsprechung

---

[88] Vgl. G. de Lagarde, Naissance de l'esprit Laïc au Moyen Age, I: Bilan du XIIIe siècle, Paris ³1956. Zu den Klagen des Klerus über Forderungen durch Laien und Beauftragte des Königs vgl. J. Gaudemet, Aspects de la législation conciliaire française au XIIIe siècle, in: Revue de Droit Canonique 9 (1959) 319–340; J. Boisset, Un Concile provincial au XIIIe siècle, Vienne 1289. Eglise locale et société, Paris 1973, bes. 171–177.

[89] E. Kantorowicz, Die zwei Körper des Königs (s. Anm. 59) 206ff. Zur Vorstellung eines Vaterlandes in Frankreich seit Mitte 13. Jh. vgl. C. Beaune, Naissance de la Nation France, Paris 1985, 324–335.

[90] Congar, L'Eglise et l'Etat (s. Anm. 85) 266f; G. C. Campbell, The Protest of Saint Louis, in: Traditio 15 (1959) 405–418.

[91] Matthaeus Parisiensis, Chronica majora, 7 Bde., hrsg. von H. R. Luard, London 1872–84; zu diesem Autor vgl. R. Vaughan, Matthew Paris, Cambridge 1958; K. Schnith, England in einer sich wandelnden Welt (1189–1259). Studien zu Roger Wendover und Matthäus Paris, Stuttgart 1974; zu Robert Grosseteste und seinem Antikurialismus vgl. B. Tierney, Robert Grosseteste and the Theory of Papal Sovereignty, in: Journal of Ecclesiastical History 6 (1955) 1–17; R. Southern, The Growth of an English Mind in Medieval Europe, Oxford 1986.

fest: Das privilegium fori wurde zwar aufrechterhalten, aber es galt nicht mehr für verheiratete Kleriker, Kaufleute und Waffenträger; für Fälle der handhaften Tat (auf frischer Tat ertappt), hochgerichtswürdiger Delikte oder lehnsrechtlicher Konflikte wurde die Zuständigkeit der weltlichen Gerichtsbarkeit für die Geistlichen mit Nachdruck bestätigt. Der Angriff auf die kirchliche Gerichtsbarkeit entfaltete sich unter Philipp dem Schönen, der systematisch seinen Baillis und Seneschallen den Rücken stärkte und nicht davor zurückschreckte, die Einkünfte mißbräuchlich handelnder Richter der Kirche zu konfiszieren[92]. Es wäre übertrieben, wollte man dies als eine Politik der Laisierung des Staates bezeichnen. Der König nämlich mußte sich um gute Beziehungen zur Kirche in Frankreich bemühen, deren Unterstützung ihm in seinem Konflikt mit Papst Bonifaz VIII. nicht gleichgültig sein konnte. Die Sorge um eine Beilegung dieser Streitigkeiten überließ er dem „parlement“ (Hofgericht) in Paris, in dem zahlreiche Kleriker saßen und das für seine Unparteilichkeit bekannt war. Aber es läßt sich nicht bestreiten, daß in Frankreich wie übrigens auch in England das Königtum mit Erfolg darum kämpfte, als alleinige Quelle des weltlichen Rechts anerkannt zu werden und die ausschließliche Zuständigkeit seiner Gerichte auch für Berufungen in weltlichen Streitsachen zu besitzen.

Im großen und ganzen ist in dieser Zeit eine spürbare Zunahme des Antiklerikalismus auf allen Ebenen der Gesellschaft zu beobachten. In manchen Regionen, so im Languedoc oder in der Provence, verschaffte sich diese Stimmung in einer reichen volkssprachlichen Literatur, besonders in den Dichtungen der Troubadours, Ausdruck[93]. Diese, die im allgemeinen mit dem kaiserlichen Reich sympathisierten, kritisierten die päpstliche Politik in Italien und die Vorgehensweise des Erzbischofs von Arles, Johannes Bausans, der die Stadt 1250 kurzerhand mit dem Interdikt belegte, um seine bischöfliche Stadtherrschaft gegen die dortige kommunale Bewegung zu verteidigen, die ihn vertrieben hatte. Verschiedentlich wurde unterstellt, einige dieser Dichter, besonders Guilhem Figuira und Peire Cardenal, die bösartigsten unter ihnen, hätten den Ketzern nahegestanden, und die kirchlichen Autoren der Zeit trugen zu der allgemeinen Verwirrung bei, indem sie ihre Gegner als Patarer und Waldenser bezeichneten. Richtiger ist jedoch wohl die Annahme, daß in den Satiren, etwa über „falsche“ Geistliche und das betrügerische Rom, eine Stimmung zum Ausdruck kam, die J. Chiffoleau treffend als Ghibellinengeist charakterisiert[94], d. h. als Ablehnung der weltlichen Herrschaft des Klerus. Im übrigen übertrugen seit dem Bündnis Karls von Anjou mit dem Papsttum und nach seinen Siegen über die Nachfahren Kaiser Friedrichs II. die engagiertesten unter den Troubadouren ihre Hoffnung auf Peter III. von Aragón, einen Schwiegersohn Manfreds, der nach der Sizilianischen Vesper im April 1282 König von Sizilien geworden war[95]. Diese Entwicklung illustriert mit großer Deutlichkeit,

---

[92] Vgl. V. Martin, Les origines du Gallicanisme I, Paris 1939; J. R. Strayer, Die mittelalterlichen Grundlagen des modernen Staates, Köln – Wien 1975, 45ff.

[93] M. Aurell, La vielle et l'épée. Troubadours et politique en Provence au XIIIe siècle, Paris 1989; P. Ourliac, Troubadours et juristes, in: Etudes d'Histoire et de Droit médiéval I, Toulouse 1979, 273–301.

[94] J. Chiffoleau, Vie et mort de l'hérésie en Provence et dans la Vallée du Rhône du début du XIIIe au début du XIVe siècle, in: Effacement du catharisme? (XIIIe–XIVe siècle) (Cahiers de Fanjeaux 20), Toulouse 1985, 73–99, spricht von dieser Region als einer „Alchimistenküche“ der Theokratie und beleuchtet die wirtschaftlich-politischen Hintergründe des dortigen Antiklerikalismus.

[95] 1296 krönten die Sizilianer Friedrich III. (1296–1337) in Palermo zum König, den Enkel Manfreds, der die Seitenlinie des Hauses Barcelona auf der Insel begründete. Seine Ordnungszahl war nach sizilianischer Rechnung um eine Ziffer zu hoch; man wollte bewußt an Kaiser Friedrich II. anknüpfen, dessen Wiederkehr in

daß der Antiklerikalismus dieser Wanderdichter ein von Grund auf politischer war – geteilt von all den vielen, die ihre Chansons nachsangen oder wenigstens hinter vorgehaltener Hand weitergaben.

So kam es gerade zu der Zeit, als sich die päpstliche Theokratie mit Erfolg über ganz Italien auszubreiten schien und das Imperium in eine Krisenphase geriet, die sich noch lange hinziehen sollte, zu nicht gerade spektakulären, doch bedeutungsvollen Veränderungen im Verhältnis von Kirche und Staat, sowohl in der Spitze wie auch an der Basis. Ihre spezifischen Funktionen waren schon seit langem deutlich abgegrenzt, nicht jedoch ihre Zuständigkeitsbereiche, dieser Zustand der Unklarheit führte unaufhörlich zu Konflikten. Mit Ausnahme Friedrichs II. arteten diese jedoch selten zu regelrechten Kraftproben aus, denn keine der beiden Seiten zog die Möglichkeit einer Trennung von der anderen in Betracht. Allerdings stand am Ende des 13. Jh. die weltliche Gewalt, die sich zu Anfang in der Defensive befunden hatte, merklich gestärkt da und schien bereit, unter Wahrung des rechten Verhältnisses zur geistlichen Gewalt den gesamten Bereich, den sie nun als den ihren betrachtete, auch einzunehmen.

Bibliographie

1. Allgemein

J. H. Burns (Hrsg.), The Cambridge History of Medieval Political Thought c. 1350 – c. 1450, Cambridge 1988.
Y. Congar, L'Eglise de saint Augustin à l'époque moderne, Paris 1970.
R. Folz, L'idée d'Empire en Occident du Ve au XVe siècle, Paris 1953.
J. Ph. Genet – B. Vincent (Hrsg.), Eglise et Etat dans la genèse de l'Etat moderne (Bibliothèque de la Casa de Velázquez 1), Madrid 1986.
A. Gouron – A. Rigaudière (Hrsg.), Renaissance du pouvoir législatif et genèse de l'Etat, Montpellier 1988.
E. Kantorowicz, Die zwei Körper des Königs. Eine Studie zur politischen Theologie des Mittelalters, München 1990.
G. Koch, Auf dem Wege zum Sacrum Imperium, Wien – Köln 1972.
W. Kölmel, Regimen christianum. Weg und Ergebnisse des Gewaltenverhältnisses und Gewaltenverständnisses (8.–14. Jahrhundert), Berlin 1970.
M. Pacaut, La théocratie. L'Eglise et le pouvoir au Moyen Age, Paris ²1989.
K. Pennington (Hrsg.), Pope and bishops. The papal Monarchy in the twelfth and thirteenth centuries, Univ. of Pennsylvania 1984.
G. Post, Studies in Medieval Legal Thought. Public Law and State, Princeton 1964.
J. Quillet, Les clés du pouvoir au Moyen Age, Paris 1972.
W. Stürner, Peccatum und potestas. Der Sündenfall und die Entstehung der herrscherlichen Gewalt im mittelalterlichen Staatsdenken, Sigmaringen 1987.
Théologie et Droit dans la science politique de l'Etat moderne (Collection de l'Ecole française de Rome 147), Rom 1991.
W. Ullmann, Medieval Papalism. The Political Theories of Medieval Canonists, London 1940.
J. A. Watt, The Theory of Papal Monarchy in the Thirteenth Century. The Contribution of the Canonists, in: Traditio 20 (1964) 179–317.

2. Friedrich II. und seine Nachfolger

D. Abulafia, Herrscher zwischen den Kulturen, Friedrich II. von Hohenstaufen, Berlin 1991.
Atti del Convegno Internazionale di Studi Federiciani, Palermo 1952.
D. Berg, Staufische Herrschaftsideologie und Mendikantenspiritualität. Studien zum Verhältnis Kaiser Friedrichs II. zu den Bettelorden, in: Wissenschaft und Weisheit 51 (1988) 26–51, 185–209.

Gestalt des neuen gleichnamigen Nachfahren die Ghibellinen erhofften. Es war eine Absage an die bisherige Sizilienpolitik des Papsttums. Vgl. O. Engels, Die Staufer, Stuttgart ⁴1989, 161.

–, L'impero degli Svevi e il gioachimismo francescano, in: L'attesa della fine dei tempi nel Medioevo. Atti della settimana di studio 5–9 settembre 1988, hrsg. von O. Capitani – J. Miethke, Bologna 1990, 133–167.
Th. C. van Cleve, The emperor Frederick II of Hohenstaufen, Immutator Mundi, Oxford 1972.
Die Zeit der Staufer. Ausstellungskatalog, 4 Bde., Württembergisches Landesmuseum, Stuttgart 1977.
O. Engels, Die Staufer, Stuttgart [4]1989.
Federico II e il mondo mediterraneo, hrsg. von A. Paravicini Bagliani – J.-Cl. Maire-Vigueur – P. Toubert, 3 Bde., Palermo 000
Federico II e l'arte del Duecento italiano, hrsg. von A. M. Romanini, Galatina 1980.
J. Fleckenstein (Hrsg.), Probleme um Friedrich II. (Vorträge u. Forschungen 16), Sigmaringen 1974.
A. Haverkamp, Aufbruch und Gestaltung. Deutschland 1056–1273, München 1984.
P. Herde, Karl I. von Anjou, Stuttgart 1979.
H. Jakobs, Kirchenreform und Hochmittelalter, 1046–1215 (Grundriß der Geschichte 7), München – Wien 1984 (mit reichen Forschungsübersichten).
E. Kantorowicz, Kaiser Friedrich der Zweite, Berlin 1927, Erg.-Bd., Berlin 1931.
W. Lammers, Friedrich II. (1212–1250), in: Kaisergestalten des Mittelalters, hrsg. von H. Beumann, München 1984, 199–239.
E.-G. Léonard, Les Angevins de Naples, Paris 1954.
Politica e cultura nell'Italia di Federico II, hrsg. von S. Gensini, Pisa 1986.
H. M. Schaller, Kaiser Friedrich II. Verwandler der Welt, Göttingen [2]1971.
Stupor mundi. Zur Geschichte Friedrichs II. von Hohenstaufen, hrsg. von G. Wolf, Darmstadt 1966, mit zum Teil anderen Beiträgen, Darmstadt [2]1982.
W. Stürner, Friedrich II., Darmstadt 1992 (nur bis 1220).
B. Tierney, Frederick II and the Papacy, in: ders., The Crisis of Church and State, 1050–1300, with Selected Documents, Toronto 1988, 139–149.
C. A. Willemsen, Bibliographie zur Geschichte Friedrichs II. und der letzten Staufer, München 1986.

3. England und Frankreich

M. Aurell, La vielle et l'épée. Troubadours et politique en Provence au XIIIe siècle, Paris 1989.
J. Ph. Genet (Hrsg.), L'Etat moderne, Genèse, Paris 1990.
G. de Lagarde, Naissance de l'anticléricalisme, I: Bilan du XIIIe siècle, Paris [3]1956.
Septième centenaire de la mort de saint Louis. Actes des colloques de Royaumont et Paris (21–27 mai 1970), Paris 1976.
J. R. Strayer, Die mittelalterlichen Grundlagen des modernen Staates, Köln – Wien 1975.
B. Tierney, The Crisis of Church and State, 1050–1300, with Selected Documents, Toronto 1988.

Viertes Kapitel

Die Konsolidierung der „Neuen Christenheit" im 13. Jahrhundert

VON JERZY KŁOCZOWSKI

1. Die Lage der Kirche im Einflußbereich des Westens zur Zeit Innozenz' III.

Am Ende des 12. Jh war die Kirche in den Ländern der Neuen Christenheit eine bedeutende und anerkannte Kraft, die einen festen Platz in den sich entwickelnden Gesellschaften und Reichen hatte. Die Erwartungen der Magnaten und der Adelsschicht, die Veränderungen in den Städten und auf dem Land, die weit vorangeschrittene Ausrichtung am Westen sollten im 13. Jh tiefgreifende Wandlungen der gesellschaftlichen und politischen Strukturen bewirken [1]. Die Kirche war in ihrem Kampf um Unabhängigkeit in gewissem Sinn Vorbild für die anderen Kräfte, da sie mit den aufsteigenden Mächten, besonders den Fürsten und Königen, Kompromisse suchen mußte.

Zur Zeit Innozenz' III. traten dabei besonders die Bindungen zwischen dem Papsttum und den lokalen kirchlichen Hierarchien in den Vordergrund, die nun enger waren als zuvor. Nicht zufällig finden wir erstmals beim IV. Laterankonzil von 1215 die Bischöfe der Länder Ostmitteleuropas und Nordeuropas zahlreich in Rom vereint. Die Bemühungen des Papstes, sie alle dort zu versammeln, sind in dieser Hinsicht aufschlußreich [2]. Wo die Beziehungen der Ortskirche zum jeweiligen Herrscher gut waren, zögerte der Papst nicht, diesen zu stützen. Dies war der Fall in Dänemark, wo König Waldemar II. (1202–1241) und der Erzbischof von Lund, Anders Suneson (1201–1223), ein Beispiel weitreichender Zusammenarbeit gaben. Wo es aber darum ging, ihre jeweiligen Rechte zu verteidigen, konnten die Ortskirchen auf die Hilfe des Papsttums rechnen. In Norwegen sollte König Sverre Sigurdson (1186–1202) eine Leitfigur des Kampfes gegen eine in seinen Augen zu weit gehende Vorherrschaft der Kirche über sein Land werden [3]. Sverre, ein ehemaliger Priester,

---

[1] Vgl. The Cambridge Medieval History, Bd. 7, Cambridge 1957; F. DVORNIK, Les Slaves. Byzance et Rome au IXe siècle. Paris [2]1970; O. HALECKI, Grenzraum des Abendlandes. Eine Geschichte Ostmitteleuropas, Salzburg 1956; P. F. SUGAR – D. W. TREADGOLD (Hrsg.), A History of East Central Europe, Seattle – London 1974 ff; L. MUSSET, Les peuples scandinaves au Moyen Age, Paris 1951; Kulturhistorisk leksikon for nordisk middelalder. Fre vikingedit til reformationsdit, Bde. 1–22, Kopenhagen 1956–1978; T. K. DERRY, A History of Scandinavia, Minneapolis 1979; Słownik Starożytności Słowiańskich (Wörterbuch der altslawischen Geschichte), Bde. 1–7, Breslau 1967–1982 (bis zum Ende des 12. Jh.); A. JANIN, Bulgarie, in: DHGE 11 (1938) 1120 f; Handbuch der Geschichte der böhmischen Länder, hrsg. von K. BOSL, Bd. 1, München 1967; Deutsche Geschichte im Osten Europas. Bd. 1: Ostpreußen und Westpreußen, von H. BOOCKMANN, Berlin 1992; Bd. 2: Böhmen und Mähren, hrsg. von F. PRINZ, Berlin 1993; W. CONZE, Ostmitteleuropa, München 1992; CH. HIGOUNET, Die deutsche Ostsiedlung im Mittelalter, Berlin 1986.

[2] R. FOREVILLE, Latran I, II, III et Latran IV, Paris 1965, 391.

[3] Zur Epoche Waldemars II. siehe E. EYDOUX, Les grandes heures du Danemark, Paris 1975; L. KRABBE, Histoire du Danemark, Paris – Kopenhagen 1950; A. RAULIN, Danemark, in: Dictionnaire d'Histoire et de Géo-

formulierte eine eigene Theorie, derzufolge die Kirche durch den König, der unmittelbar von Gott und ohne Vermittlung der Geistlichkeit in sein Amt berufen sei, kontrolliert werden müsse. Im Verlauf erbitterter Auseinandersetzungen gelang es dem König, alle Bischöfe, die sich ihm widersetzten, fast ausnahmslos aus Norwegen zu vertreiben. Erzbischof Erik, der zehn Jahre im dänischen Exil verbrachte, fand rasch Unterstützung von seiten Innozenz' III., der 1199 Norwegen mit dem Interdikt belegte und die Könige von Dänemark und Schweden zu einem Kreuzzug gegen Sverre aufrief. Doch erst nach dem Tod Sverres (1203) konnte der Konflikt durch einen ausgewogenen Kompromiß beigelegt werden. Erzbischof Erik trat 1205 von seinem Amt zurück; sein Nachfolger Thore, ein Kanoniker aus Oslo, der vom Kapitel gewählt und anschließend in Rom vom Papst selbst geweiht worden war, suchte den Ausgleich und stiftete vielfach Frieden bei politischen Streitigkeiten im Land. Nach dem Tod Thores (1214) wurde der neugewählte Erzbischof Guttonn 1215 ebenfalls vom Papst in Rom geweiht.

Im damals herrschaftlich zergliederten Polen lehnte sich der energische Erzbischof von Gnesen (Gniezno), Henryk Kietlicz (1150–1219), gegen die als zu hart empfundene Politik des Fürsten Großpolens auf[4]. Als er 1206 vertrieben wurde, fand er rasch Hilfe bei anderen Fürsten; vor allem begab er sich nach Rom, wo er von Innozenz III. empfangen wurde. Auf Bitten des Erzbischofs stellte der Papst zwischen dem 2. und 13. Januar 1207 an die dreißig Schreiben aus, die die großen Linien eines Reformprogramms zeichneten, und forderte von den Fürsten und der Kirche Polens Unterstützung für den Erzbischof, „qui pro eorum et Ecclesiae libertate laborat“. Nach seiner Rückkehr trat der Erzbischof einen langwierigen Kampf an, der durch Uneinigkeit innerhalb der Kirche und Feindseligkeiten mancher Bischöfe ihm gegenüber erschwert wurde. Es war der erste politisch-kirchliche Konflikt größeren Ausmaßes in diesem Land. Seit 1207 fand in Krakau die Wahl des Bischofs durch ein keineswegs einiges Kapitel statt. Im Juli 1210 gewährten die Fürsten, die dem Erzbischof freundlich gesonnen waren, der Kirche weitreichende Immuniätsprivilegien, wie diese sie gefordert hatte. Sogar der Hauptgegner Kietliczs, Fürst Władisław Laskonogi („Dünnbein“), war schließlich gezwungen, die Grundlagen der freien Bischofswahl anzuerkennen. Aber noch 1211 wurde in Posen (Poznań) der Kandidat des Fürsten gewählt und trotz des erzbischöflichen Einspruchs vom Papst bestätigt. Henryk Kietlicz setzte das Reformwerk unermüdlich und gegen alle Widerstände der Fürsten und des Klerus fort, organisierte 1212, 1214 und 1215 Provinzialsynoden[5] und begab sich mit sechs weiteren polnischen Bischöfen 1215 zum IV. Laterankonzil nach Rom. Seine Stellung scheint zwar gegen Ende seines Lebens – er starb 1219 – vermutlich im Zusammenhang mit dem Tod Innozenz' III., seines wichtigsten Beschützers, geschwächt gewesen zu sein, doch ging die polnische Kirche aus diesen Prüfungen gestärkt und unabhängiger hervor.

---

graphie Ecclésiastique, Bd. 14, Paris 1960, 57–67; M. S. Lausten, Danmarks Kirkehistorie, Kopenhagen 1983; E. Sunner, Kongens aere, Oslo 1971; T. B. Willson, History of the Church and State in Norway from the 10th to the 16th Century, Westminster 1903, 156–184; K. Larsen, History of Norway, New York 1950, 139f.

[4] A. Gieysztor, La Pologne médiévale, in: A. Gieysztor – S. Kieniewicz (Hrsg.), Histoire de la Pologne, Warschau 1971; P. David, The Church in Poland to 1250, in: W. Reddaway (Hrsg.), The Cambridge History of Poland, Bd. 1, Cambridge 1941, 60–84; A. Witkowska, Les mutations du XIIIe siècle, in: J. Kłoczowski (Hrsg.), Histoire religieuse de la Pologne, Paris 1987, 84f; Bullarium Poloniae, Bd. 1, hrsg. von I. Sułkowska-Kuraś und St. Kuraś, Rom 1982.

[5] A. Vetulani, Statuty synodalne Henryka Kietlicza, Krakau 1938.

Vergleichbar dem Königreich Dänemark zur Zeit Innozenz' III. ist Ungarn, wo man eine verhältnismäßig starke Monarchie antrifft, die von ihrer ganzen Tradition her Rom nahestand[6]. Doch die beiden Söhne Bélas III., die über ihre Mutter Enkel des Königs von Frankreich, Ludwigs VII., waren, Emmerich (ungar. Imre), König von 1196 bis 1204, und Andreas II., der von 1205 bis 1235 regierte, erlangten nicht die Bedeutung ihres Großvaters. 1198 lehnte sich Andreas gegen seinen Bruder auf und schuf im Süden des Landes ein unabhängiges Fürstentum. Emmerich sah sich daraufhin gezwungen, diesen Aufstand gewaltsam niederzuschlagen, wobei ihm die Unterstützung des Papstes zugute kam, denn viele kirchlichen Würdenträger hatten für Andreas Partei ergriffen. Unmittelbar nach dem Eingreifen des Papstes nahm der König den Kampf gegen die Häresie der Bogomilen in Bosnien auf, die in diesem Zusammenhang erstmals in den Quellen in Erscheinung treten. Genau im selben Jahr 1202 eroberten die Kreuzfahrer unter Führung Venedigs gegen den Willen des Papstes die ungarische Stadt Zara (Zadar) an der adriatischen Küste. Zwar verließen sie die Stadt wieder auf päpstliche Weisung hin, doch stationierte Venedig dort bis 1204 Truppen. Mittlerweile waren die Kämpfe zwischen Emmerich und Andreas wieder aufgeflammt. Doch erst nach dem Tod Emmerichs gelangte Andreas an die Macht (1205). Seine Herrschaft verlief nach innen wie nach außen glücklos und war bei kirchlichen Ernennungen von Willkür geprägt. Die vorherige Zustimmung des Königs *(consensus)* war in Ungarn seit dem 13. Jh. im Grundsatz bei jedweder kirchlichen Wahl erforderlich. Die Herrscher beanspruchten für sich ein Recht des „obersten Patronats“, das aus ihrer Sicht auf das 11. Jh., die Zeit der großen heiligen Könige Stephan und Ladislaus, zurückging[7]. Das Papsttum bestritt dieses besondere Privileg, in der Praxis aber suchte man Kompromißlösungen, die den Rechten des Königs, des Papstes und des Erzbischofs von Gran (Esztergom) Rechnung trugen; letzterer war trotz dem Anspruch des Erzbischofs von Kalocsa unangefochten die höchste Autorität in der Kirche Ungarns. Andreas II. wußte von Fall zu Fall seinen Kandidaten durchzusetzen, wie die Wahl eines jungen, nicht würdigen Bruders der Königin, Bertolds, an die Spitze des Erzbistums von Kalocsa 1206 ungeachtet des Protests Innozenz' III. zeigt. Auf anhaltendes Drängen des Papstes hin unternahm Andreas II. 1217 einen Kreuzzug, bei dem er eher an die eigenen Forderungen gegenüber Konstantinopel als an das Heilige Land gedacht haben dürfte.

Die Situation Böhmens war in den Augen Innozenz' III. ernster. Zwei Probleme erforderten von den ersten Wochen seines Pontifikats an sein Eingreifen: die Absetzung Bischof Daniels II. von Prag, der dem jungen und tatkräftigen König Ottokar Přemysl (1197–1230) nahestand, und die Ehescheidung des Königs[8]. Ottokar hatte bei Bischof Daniel unter Berufung auf den Verwandtschaftsgrad die Annulierung seiner Ehe mit Adleta aus der großen Familie der Wettiner in Meißen erwirkt und mit Konstanze, einer Schwester König Emme-

---

[6] E. Pamlényi (Hrsg.), Histoire de la Hongrie des origines à nos jours, Budapest 1974; B. Homan, Geschichte des ungarischen Mittelalters, Bd. 2, Berlin 1943; E. Horn, Le christianisme en Hongrie, Paris 1906, 17f; ders., Hongrie, in: Dictionnaire de Théologie Catholique, Bd. 7, Paris 1927, 42f; P. F. Sugar (Hrsg.), A History of Hungary, Bloomington/Ind. 1990.

[7] Ch. d'Eszlary, Histoire des institutions publiques hongroises, Paris 1959, 137ff.

[8] J. Maček, Histoire de la Bohème des origines à 1918, Paris 1984; P. David, Bohème, in: Dict. d'Hist. et de Géogr. Eccl., Bd. 9, Paris 1937, 436f; F. Prinz, Böhmen im mittelalterlichen Europa, München 1984; P. Hilsch, Der Kampf um die Libertas Ecclesiae im Bistum Prag, in: F. Seibt (Hrsg.), Das Christentum in Böhmen 973–1973, Düsseldorf 1974, 295–306; grundlegend ist das Werk von Vaclav Nowotný, České Dejiny (Geschichte Böhmens), Bd. I/3, Prag 1928.

richs von Ungarn, eine neue Ehe geschlossen. Adleta legte bei der römischen Kurie gegen diese Entscheidung Widerspruch ein, die diesen Fall ähnlich dem Ingeborgs von Frankreich eingestuft zu haben scheint – mit dem einen Unterschied allerdings, daß sie aus ihrer Ehe mit dem Přemysliden von 1187 bis 1198 vier Kinder hatte. Darüber hinaus wurde Bischof Daniel von einem Teil des Prager Klerus bezichtigt, nicht kanonischem Recht entsprechend gewählt worden zu sein.

Die Haltung des Papstes war von Anfang an klar. Seit dem 8. April 1198 verlangte er vom Prager Kapitel, eine Wahl durchzuführen, und vom Erzbischof von Magdeburg, Daniel von seinem Bischofssitz zu entfernen. Was die Eheangelegenheit betrifft, äußerte sich der Papst in einem Brief von 1199 an den französischen Klerus gleichlautend[9]. Böhmen nahm jedoch in der Zeit des erbitterten Thronstreits zwischen Philipp von Schwaben, der 1198 in Mainz gekrönt worden war, und Otto von Braunschweig eine hervorragende Stellung im Reich ein. Ottokar Přemysl versprach zunächst, Philipp als Gegenleistung für den Titel eines Königs von Böhmen und das Recht zur Investitur der Bischöfe von Prag und Olmütz zu unterstützen. Dieses Recht war für die Fürsten von Prag von besonderer Bedeutung, denn noch kurz zuvor hatte der Kaiser die Karte des Bischofs von Prag als eines „Reichsfürsten“ gegen sie ausspielen wollen. Um dieses Manöver zu durchkreuzen, hatten die Přemysliden 1197 Daniel II. als Bischof von Prag ohne Erlaubnis – weder des Erzbischofs von Mainz (Prag gehörte zu seiner Kirchenprovinz) noch des deutschen Königs – eingesetzt. Die Bestätigung dieses Aktes durch Philipp stellte also einen großen Erfolg dar, und der neue König von Böhmen zeigte sich absolut nicht bereit, in diesem Punkt nachzugeben. Die Kommissionen, die der Papst einberief, um den Fall des Bischofs und Adletas zu untersuchen, waren vorsichtig und zögerlich, und der König von Böhmen trug schließlich den Sieg davon. Auf Verlangen des Papstes verband er sich von da an, allerdings mit Zurückhaltung, mit Otto IV., woraufhin ihn der Gesandte des Papstes am 24. August 1203 noch am Ort der Schlacht gegen Philipp von Schwaben bei Merseburg krönte; der Papst bestätigte dann 1204 feierlich die Existenz eines Königreichs Böhmen. Bereits zuvor, 1202, hatte sich Innozenz III. an Daniel gewandt und dem Bischof gestattet, sein Amt bis zu seinem Tod 1214 auszuüben, ohne jedoch der Einrichtung einer eigenständigen Kirchenprovinz zuzustimmen. 1204 verkündete er die Kanonisation eines tschechischen Heiligen, Prokops von Sázava[10]. Der Prozeß Adletas sollte sich ergebnislos bis zu ihrem Tod 1211 hinziehen. Ottokar, der seine politische Linie beibehielt, sollte schließlich 1212 durch den jungen Friedrich II. eine ‚Goldene Bulle‘ mit der endgültigen Bestätigung der innerhalb des Reichs *de facto* weit fortgeschrittenen Unabhängigkeit Böhmens erhalten.

Vielleicht gegen 1207 gestand Ottokar den Kapiteln von Prag und Olmütz das Recht der Bischofswahl zu mit dem Ziel, äußere Einflüsse von seiten des Erzbischofs und des Kaisers auszuschalten. Wir wissen nicht, ob der Nachfolger Bischof Daniels II., Andreas, 1214 gewählt oder lediglich vom König ernannt wurde; in jedem Fall war er ein Parteigänger des Königs, da er vor seiner Ernennung königlicher Kanzler gewesen war. Er begab sich zum IV. Laterankonzil nach Rom und wurde dort am 22. November 1214 vom Papst geweiht. Als Bischof widmete sich Andreas der Kirchenreform. Ab 1216 kam der bis dahin latente Konflikt zum Ausbruch, 1217 war der einst treue Anhänger des Königs gezwungen, aus Loyalität zu Rom Böhmen zu verlassen und über das Land das Interdikt zu verhängen;

---

[9] Nowotný, ebd. 241.
[10] Dvornik, Les Slaves 317f.

Siegel König Ottokars Přzemysl von Böhmen.

vor 1221 sollte sich kein Kompromiß finden. Die Entwicklung der religiösen und kirchlichen Situation und die wichtigen Veränderungen am Ende des 12. Jh. dürften die Reformbewegungen der tschechischen Kirche vorbereitet haben, die ihre Kraft nach dem Tod Innozenz' III. entfalten sollte.

2. Die Stärkung der Stellung der Kirche im Laufe des 13. Jahrhunderts

Die Stärkung der Stellung der Kirche sollte in allen Ländern der Neuen Christenheit im Westen, wie an den Ereignissen der Zeit Innozenz' III. deutlich wird, ein langwieriger Prozeß werden. Die Erfordernisse des Kirchenrechts und die Idealvorstellungen der Gregorianischen Reform stießen vielfach auf heftigen und dauerhaften Widerstand sowohl bei den Fürsten als auch bei bestimmten gesellschaftlichen Schichten wie der Ritterschaft, dem zukünftigen, zahlenmäßig starken Adel Polens, Ungarns und Böhmens oder der freien Bauernschaft Skandinaviens[11]. Unter Umständen forderten die politischen Ambitionen der Bischöfe, die unabhängige geistliche Fürstentümer zu gründen beabsichtigten, um so mehr die Fürsten heraus, als diese nicht weniger ehrgeizig oder besorgt um den Zusammenhalt und die Macht ihrer Herrschaften waren. Die häufigen Konflikte, die während des 13. Jh. nahezu überall in den genannten Ländern um die Rechte der kirchlichen Institutionen und des Klerus ausbrachen, waren vielschichtig, insofern die divergierenden Interessen von Staat und Gesellschaft im Umbruch eine Rolle spielten. Die Päpste und ihre zahlreichen Gesandtschaften – allein fünfzehn im 13. Jh nur nach Polen! – wiederholten ihre Forderungen und unter-

[11] Siehe oben Anm. 3 und 8; K. Kadlec, Introduction à l'étude comparative de l'histoire du droit publique des peuples slaves, Paris 1933; A. Vetulani, La pénétration du droit des Décrétales dans l'Eglise polonaise au XIIIe siècle, in: Acta Congressus Iuridici Internationalis, Bd. 3, Rom 1934, 385–405; W. Wójcik, Ecclesiastical Local Legislation in Poland before the Partitioning in the Light of the Legislation of the Universal Church, in: M. Rechowicz (Hrsg.), Le Millénaire du Catholicisme en Pologne, Lublin 1969, 245–278; N. Skyum-Nielsen, Kirkekampen i Danmark 1241–1290, Munksgaard – Kopenhagen 1963 (es handelt sich um einen langen und verwickelten Kampf); in Norwegen berührte Ende des 13. Jh. die Reaktion der Aristokratie gegen den Staat auch die Kirche, siehe K. Helle, Norway in the High Middle Ages, in: Scandinavian Journal of History 6 (1981) 178f; zum Erstarken der Kirche Islands siehe R. Boyer, La vie religieuse en Islande, Paris 1975; C. G. Andrae, Kyrka och frälse. Sverige under äldre medeltid, Uppsala 1960 (dt. Zsfg. S. 246–262), T. Nyberg, Universalkyrka, in: Kulturhistorisk leksikon XIX, 305–310.

stützten die Strömungen und Gruppen, die der Reform günstig gesonnen waren; aber vielfach zögerten der Klerus und selbst die geistlichen Orden, und die Fürsten fanden jederzeit Kleriker, die die weltliche Seite zu verteidigen bereit waren und ihnen Argumente sogar aus dem kanonischen Recht gegen ihre Widersacher zur Verfügung stellten[12].

Die Wurzel solcher Konflikte fand sich immer beim Problem der wirtschaftlichen und rechtlichen Immunität des Klerus sowie bei der Zehntsteuer, die anscheinend überall einen erheblichen Anteil der kirchlichen Einkünfte für die Bischöfe und den Weltklerus ausmachte[13]. Die Einsetzung kirchlicher Offizialen und Richter in den Diözesen seit dem 13. Jh. vereinfachte die Wahrnehmung des *privilegium fori*, d. h. der Zuständigkeit ausschließlich kirchlicher Gerichte für den Klerus[14]. Deren Befugnisse konnten, wenn sie Laien berührten, Spannungen auslösen. So wehrten sich die Fürsten und adligen Ritter Ostmitteleuropas dagegen, daß die kirchliche Gerichtsbarkeit auch für Fragen des Grundeigentums, die sie natürlich besonders betrafen, zuständig sein sollte. Das Prinzip der Bischofswahl durch die Kathedralkapitel setzte sich schließlich überall durch, auch wenn die Kapitel bei der Wahl ihres Kandidaten durchaus von außen beeinflußt sein konnten[15]. Eigenkirchen stellten ein Problem für die Verbindung des Bischofs zu seinem weiträumig über die Diözesen verteilten Klerus dar. Programm der Kirche war es, durch allmählichen Wandel ein Patronatssystem aufzubauen, bei dem der frühere Eigentümer als Schutzherr der Pfarrkirche manche seiner Privilegien behielt. Er sollte das Recht haben, dem Bischof für das Pfarramt einen eigenen Kandidaten vorzuschlagen[16]. So lautete der Kompromiß im Grundsatz, doch konkrete Situationen stellten sich wesentlich schillernder dar. In Skandinavien wurde die Autonomie der bäuerlichen Gemeinden, die oft, besonders in Schweden, ihre eigenen Pfarreien unterhielten, nicht wirklich berührt. Zwei Laien hatten hier gemeinsam mit dem Priester die finanzielle Verantwortung inne, oft in einem größeren Umfang, als vom Kirchenrecht vorgesehen[17].

Fast überall war die Kirche gezwungen, sich an die jeweilige Situation anzupassen. Die

---

[12] Art. Legat og nuntius, in: Kulturhist. leks. X; H. ZIMMERMANN, Die päpstliche Legation in der ersten Hälfte des 13. Jahrhunderts. Vom Regierungsantritt Innozenz' III. bis zum Tode Gregors IX. (1198–1241), Paderborn 1913; als Beispiel einer erfolgreichen Gesandtschaft im Baltikum im 2. Viertel des 13. Jh. siehe G. A. DONNER, Kardinal Wilhelm von Sabina, Helsingfors 1929; eine weitere Gesandtschaft behandelt K. GOLAS, De Philippo Firmano eiusque statutis legativis a. 1272, in: Revista Española de Derecho Canónico 16 (1961) 187–200.

[13] Z. WOJCIECHOWSKI, L'état polonais au Moyen Age. Histoire des institutions, Paris 1949; T. RIIS, Les institutions politiques centrales du Danemark 1100–1332, Odense 1977; I. NYLANDER, Das kirchliche Benefizialwesen Schwedens während des Mittelalters, Stockholm 1953; Art. Kyrkans finanser, in: Kulturhist. leks. IX, 645–669.

[14] A. VETULANI, Die Einführung der Offiziale in Polen, in: Collectanea theologica 5 (1935) 277–322; A. BOOCKMANN, Geistliche und weltliche Gerichtsbarkeit im mittelalterlichen Bistum Schleswig, Neumünster 1967.

[15] Art. Domkapitel, in: Kulturhist. leks. III, 185–201; J. SZYMAŃSKI, Kanonikat, in: Słonik Bd. 2, 365–369; DERS., Biskupstwa polskie w wiekach średnich (Die Bischöfe im mittelalterlichen Polen), in: J. KŁOCZWOSKI (Hrsg.), Kościół w Polsce, Krakau 1966, 127 ff.

[16] H. F. SCHMID, Die rechtlichen Grundlagen der Pfarrorganisation auf westslawischem Boden und ihre Entwicklung während des Mittelalters, in: ZRG.KA 15–20 (1926–31) sowie im Reprint, Weimar 1938; E. MÁLYUSZ, Die Eigenkirche in Ungarn. Studien zur Geschichte Osteuropas, Bd. 3, 1966, 76–95; M. L. LARUSSON, Privatkirke, in: Kulturhist. leks. XIII, 462–467; Art. Patronatzrätt, ebd., 136–144.

[17] D. KURZE, Pfarrerwahlen im Mittelalter, Köln – Graz 1966; G. SMEDBERG, Nordens första kyrkor. En kyrkorättslig studie, Lund 1973 (dt. Zsfg. S. 208–217).

Die Kirchenprovinzen in Nord- und Mitteleuropa am Ende des 13. Jahrhunderts.

Reform wurde jedoch zugleich beharrlich fortgeführt. Synoden versammelten den Klerus einer Kirchenprovinz oder Diözese. Man formulierte dort die Vorschriften, die für ein fest umrissenes Gebiet für wichtig erachtet wurden [18]. Wir wissen nicht, in welchem Umfang die Verpflichtung zur Abhaltung jährlicher Synoden befolgt wurde, zumindest wurden sie im Laufe des 13. Jh. häufiger einberufen. Noch im 11. und 12. Jh. gab es oft gemischte Versammlungen, d. h. Priester und Laien erörterten gemeinsam Angelegenheiten, die beide Bereiche betrafen. Von nun an sollten diese Versammlungen rein kirchlich und vom Reformgeist des IV. Laterankonzils und der beiden Lyoner Konzilien geprägt sein. Die Visita-

[18] J. T. Sawicki, Bibliografia synodorum particularium, Vatikanstadt 1963; S. Kroon, Les synodes diocésains en Suède au Moyen Age, Lund 1948 (in schwedischer Sprache mit frz. Zsfg. S. 169–189), Art. Provinsialkonsil, in: Kulturhist. leks. XIII, 527–533; Art. Synode, in: Kulturhist. leks. XVIII, 630–643; Art. Statuter, in: Kulturhist. leks. XVII, 54–71.

tion oblag in den großen Diözesen den als Archidiakonen fungierenden Pröpsten sowie den Dekanen oder Archipresbytern, die anstelle des fernen Bischofs, der mit kirchenpolitischen Aufgaben landesherrlicher Prägung befaßt war, die Kontrollen durchführten[19]. Die Zahl der Pfarreien nahm im 13. Jh. überall dort zu, wo das Netz des 12. Jh. nicht ausreichte. So schätzt man in Polen etwa tausend Pfarreien für die Zeit um 1200, dreitausend für die Zeit um 1300. Allmählich gewann die einzelne Pfarrei im Sinne des kanonischen Rechts mehr Zusammenhalt und präzisere Grenzen, und eine ganze Reihe von strengeren Verpflichtungen wurde den Gläubigen auferlegt[20]. Das Prinzip des priesterlichen Amtszölibats wurde überall, in Schweden 1248 durch den päpstlichen Gesandten Wilhelm von Modena, gefordert, wenn auch gerade dort die Verwirklichung zweifelhaft sein dürfte. Die normativen Texte bestehen auf der besonderen Würde der priesterlichen Lebensführung; der Priester war gehalten, sich in Sitte und Lebensweise von den Laien zu unterscheiden[21].

Der Aufschwung der Klöster und Konvente trug wesentlich zur gestärkten Stellung der Kirche bei. Die Zisterzienser und die Regularkanoniker, die seit dem 12. Jh. Niederlassungen gründeten, vermehrten die Zahl ihrer Einrichtungen im Laufe des 13. Jh. beträchtlich. Grob geschätzt gab es in Ungarn, Böhmen und Polen gegen 1200 an die hundert bedeutende Mönchsklöster und Regularkanonikerstifte. Hundert Jahre später sollten es fast dreihundert sein[22]. War es den Zisterziensern in Polen während des 12. Jh. gelungen, neun Klöster – davon sieben erst gegen Ende des Jahrhunderts, zu gründen, so waren es im 13. Jh. dann sechzehn. Für alle Klöster und Konvente, darunter die der Ritterorden, der Frauen und vor allem der Mendikanten, gilt, daß sich ihre Zahl um 1200 – etwa 150 große Einrichtungen – beträchtlich von der um 1300 – mindestens 750 Klöster und Konvente – unterschied. Dies geschah trotz der Verwüstungen, die die Wirren des 13. Jh. vor allem in Ungarn anrichteten, das mehr noch als Polen und Böhmen durch die Invasion der Tataren von 1241 in Mitleidenschaft gezogen war.

Beispiellos war der Erfolg der Bettelorden in den genannten Ländern seit den zwanziger Jahren des 13. Jh. Zunächst breitete sich der Dominikanerorden aus, indem in kurzer Zeit die drei Provinzen Ungarn, Polen und Dacia organisiert wurden[23]. Bald kamen hier auch Kroatien, Dalmatien, Polen und Böhmen hinzu, ganz Skandinavien sowie Finnland und Estland. An der Ostsee, vor allem in Lettland und Livland, gab es auch Niederlassungen

19 G. Inger, Das kirchliche Visitationsinstitut im mittelalterlichen Schweden, Uppsala 1961.

20 E. Wiśniowski, Die Entwicklung des Pfarrnetzes in Polen bis zum Ende des 18. Jahrhunderts, in: Miscellanea Historiae Ecclesiasticae, Bd. 5, Löwen 1974, 103–113.

21 Ders., Parish Clergy in Medieval Poland, in: J. Kłoczowski (Hrsg.), The Christian Community in Medieval Poland, Breslau 1981, 119ff; J. Gallen, Klerus, in: Kulturhist. leks. VIII, 474–480; ders., Celibat, in: Kulturhist. leks. II, 545–548.

22 J. Kłoczowski, Europa słowiańska w XIV–XV wieku, Warschau 1984, 157–160; siehe die Art. zu den Orden mit Bibliographie in Słownik, Bde. 1–7, 1967–1982, und Kulturhist. leks. I–XXII; J. Kłoczowski, Les cisterciens en Pologne du XIIe au XIIIe siècles, in: Cîteaux – Commentarii Cistercienses 21 (1971) 111–134; F. L. Hervay, Repertorium Historicum Ordinis Cisterciensis in Hungaria, Rom 1984; B. P. McGuire, The Cistercians in Danmark. Their Attitudes, Roles and Functions in Medieval Society, Kalamazoo/Mich. 1982.

23 J. Kłoczowski, The Mendicant Order between the Baltic and Adriatic Seas in the Middle Ages, in: La Pologne au XVe Congrès International des Sciences Historiques, Breslau 1980, 95–110; ders., Dominicans in the Polish Province in the Middle Ages, in: ders. (Hrsg.), The Christian Community of Medieval Poland, Breslau 1981, 73ff; ders., Les ordres mendiants en Europe du Centre Est et du Nord, in: L'Eglise et le peuple chrétien dans les pays de l'Europe de Centre Est et du Nord, Rom 1990, 187–200; J. Gallen, La province de Dacie de l'Ordre des Frères Prêcheurs, Bd. 1, Helsingfors 1946.

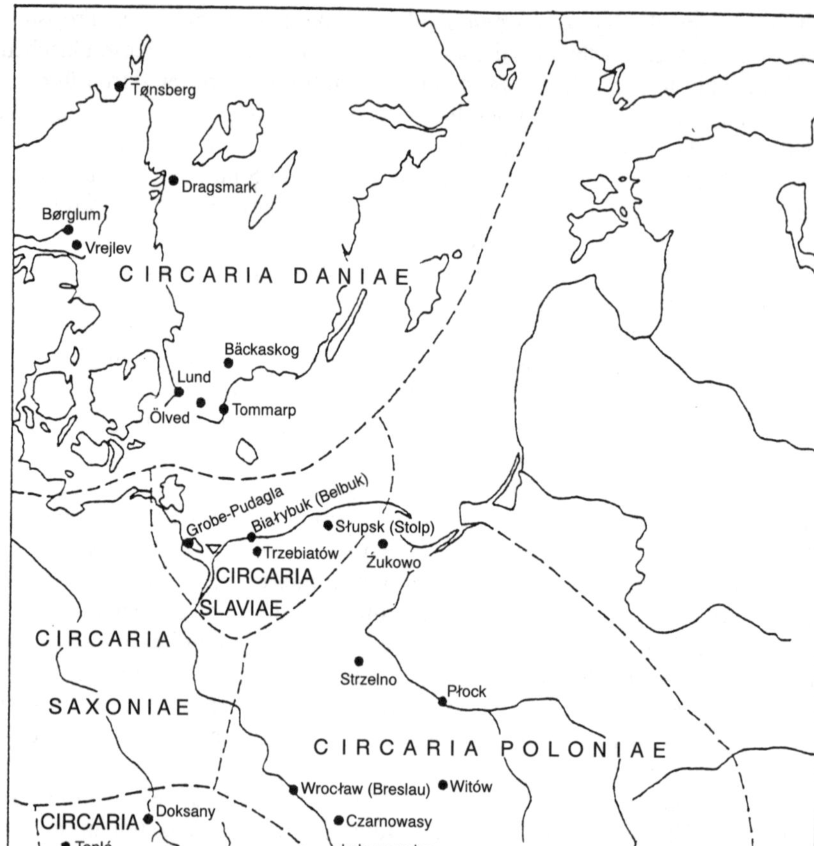

Die Zisterzienser in Nord- und Mitteleuropa am Ende des 13. Jahrhunderts.

Die Prämonstratenser in Nord- und Mitteleuropa am Ende des 13. Jahrhunderts.

der deutschen Provinz des Ordens. Die Dominikaner wurden von Anfang an bei der Verwirklichung kirchlicher Reformen im Sinne des IV. Laterankonzils von Reformbischöfen unterstützt. Ausgangsbasis des Ordens in Ungarn war Gran (Esztergom), der Sitz des Erzbischofs, in Skandinavien das Erzbistum Lund und in Polen Krakau, die Hauptstadt des Landes und Sitz Bischof Iwos, der damals unbestritten der Kopf des Reformflügels der polnischen Kirche war.

Die Schriftstücke, die der Bischof von Włocławek 1227 an den Konvent von Danzig schickte, sind charakteristisch für die Haltung des damaligen Episkopats gegenüber den Predigerbrüdern. Der Bischof stellt fest, daß er allein nicht imstande sei, die schwierige Aufgabe der Predigt und Seelsorge wahrzunehmen. Folglich gewährte er dem Konvent weitgehende Befugnisse und betrachtete die Bettelmönche als seine unmittelbaren Helfer bei der Seelsorge [24]. Die Leiter der im Aufbau befindlichen Provinzen des Ordens waren in der Mehrzahl Einheimische, die im Ausland, in Bologna oder Paris, studiert hatten, eine Elite, die, wie überall in der Christenheit, damals von den neuen Formen religiösen Lebens, die zutiefst dem Apostolat verpflichtet waren, angezogen wurde.

Die Verbreitung der Franziskaner folgte einige Jahre später als die der Dominikaner, etwa seit 1250 [25]. Während bei den Predigerbrüdern die ersten aus Italien beziehungsweise Frankreich in den Ländern Ostmitteleuropas eintrafen, kamen die Franziskaner über Deutschland, wo 1230 die beiden Provinzen Rheinland und Sachsen geschaffen worden waren; letztere sollte schließlich eine Reihe von Missionaren nach Osten und Norden senden, die rasch vier oder fünf weitere Ordensprovinzen aufbauten: Dacia, Böhmen(-Polen), Österreich, Ungarn und später Dalmatien (wahrscheinlich ein Werk der ungarischen Provinz). Die Minderbrüder breiteten sich schnell aus und übertrafen die Dominikaner an Zahl ihrer Konvente.

Das 13. Jh. war auf allen Ebenen eine Epoche des Aufschwungs und reger Aktivität der Prediger- und Minderbrüder. Überall waren sie in der Seelsorge tätig, aber auch in der Heidenmission; zudem ist ihre Anwesenheit unter den östlichen orthodoxen Christen dokumentiert [26]. Neben Dominikanern und Franziskanern schufen die Augustinereremiten in den hier behandelten Ländern mit Ungarn eine Provinz, die am Ende des 13. Jh. bereits dreißig Konvente zählte [27]. In den drei genannten dominikanischen Provinzen Ungarn, Po-

---

[24] J. Kłoczowski, Dominikanie polscy na Slasku w XIII–XIV wieku, Lublin 1956, 335 (mit frz. Zsfg. S. 321–337).

[25] Ders. (Hrsg.), Franciszkanie w Polsce średniowiecznej, Bd. 1, Lublin 1983; Bd. 2 im Erscheinen (mit Zsfg. in frz. und engl. Sprache); dieser Sammelband betrifft ganz Mittelosteuropa. Zu den Franziskanern in Skandinavien vgl. Kulturhist. leks. IV, 560–573.

[26] B. Altaner, Die Dominikanermissionen des 13. Jahrhunderts, Habelschwerdt 1924; L. Lemmens, Geschichte der Franziskanermissionen, Münster 1929; V. Giaziunas, De fratribus minoribus in Lithuania usque ad definitivum introductionem observantiae (1245–1517), Rom 1950; K. Elm, Christi Cultores et novelle Ecclesie plantatores. Der Anteil der Mönche, Kanoniker und Mendikanten an der Christianisierung der Liven und dem Aufbau der Kirche in Livland, in: Gli inizi del Cristianesimo in Livonia – Lettonia, Vatikanstadt 1989, 127–170; J. Richard, Les missions chez les Mongoles aux XIIIe et XIVe siècles, in: S. Delacroix (Hrsg.), Histoire universelle des missions catholiques, Paris 1956, 173 ff; zu den unversöhnlichen Angriffen der Epoche gegen die Bettelorden wegen ihrer allzu großen Aufgeschlossenheit gegenüber Nichtkatholiken siehe J. Kłoczowski, L'Europe centrale et orientale à l'époque de Lyon II, in: 1274 année charnière. Mutations et continuités, Paris 1977, 509 f.

[27] F. Fallenbüchl – G. Ring, Die Augustiner in Ungarn vor der Niederlage von Mohacs 1526, in: Augustiniana 15 (1965) 131–174.

len und Dacia treffen wir gegen Ende des 13. Jh. etwa 120 Konvente an. In den sechs franziskanischen Provinzen – Sachsen einbezogen – gab es 226 Konvente um 1282 und 260 um 1316. Insgesamt dürften die Mendikanten eine entscheidende Rolle bei der intensiven Christianisierung der Gesamtbevölkerung dieser Länder gespielt haben.

3. Mission und Kreuzzüge im Baltikum

Das zusammenhängende Geflecht heidnischer Völker an der Ostsee von der Weichsel bis nach Nordfinnland – das letzte dieser Art in Europa, umgeben von Katholiken und orthodoxen Christen – zog gegen Ende des 12. Jh. mehr und mehr das Interesse aller christlichen Nachbarn auf sich. Das Papsttum (seit Innozenz III. und seinen Nachfolgern) unterstützte Missionsinitiativen und Kreuzzüge dorthin. Für die Skandinavier, Dänen und Schweden, stellten die Expeditionen nach Osten gegen Finnen, Esten und Russen – im 12. Jh. auch gegen noch heidnische Slawen, die an den südlichen Ufern der Ostsee siedelten – eine lange Tradition dar, die sich im 13. Jh. im Zeichen des Christentums fortsetzte[28]. In Dänemark festigten in der Epoche der Waldemare Unternehmungen dieser Art die enge Allianz zwischen Kirche und Staat. Mehrere Bullen Innozenz' III. ermutigten zum Kampf gegen die Heiden und priesen die christlichen Könige Dänemarks und Schwedens für ihre diesbezüglichen Aktionen. Erzbischof Anders Suneson wurde, in seiner Eigenschaft als päpstlicher Gesandter, mit der Koordinierung der Kreuzzugsinitiativen beauftragt und erhielt die notwendigen Vollmachten, um die Kirche in den von den Kreuzrittern unterworfenen Territorien zu organisieren. Von 1200 an leitete ein Missionsbischof die Mission in Finnland. Er errichtete schließlich seinen Bischofssitz in Åbo (Turku)[29]. In Estland verblieb das Bistum Reval, das um 1219–1221 von den Dänen eingerichtet worden war, trotz des Drucks des Deutschen Ordens in der Kirchenprovinz Lund[30].

In Lettland, damals Livland, wurde gegen Ende des 12. Jh. an der Mündung der Düna eine deutsche Kolonie gegründet: die Stadt Riga[31]. An der Spitze dieser Kolonie stand seit 1199 eine so bedeutende Persönlichkeit wie Bischof Albert von Buxhövden, der 1229 in Riga starb. Er verfolgte offenbar das Ziel, eine unabhängige Herrschaft Livland im Rahmen des *Imperiums* zu gründen, Riga zur Metropole einer Kirchenprovinz zu machen, den Bischof damit zum Erzbischof und diesen als einen Reichsfürsten an die Spitze zu stellen. Mit großer Energie organisierte er die Unterstützung des Deutschen Reiches im Kampf gegen die Einheimischen und versuchte auf allen Ebenen, die Stellung der Neuankömmlinge zu stärken. König Philipp von Schwaben verlieh schließlich 1207 Livland als Reichslehen

---

[28] E. Eydoux (1975); L. Krabbe (1950), A. Raulin (1960), M. S. Lausten (1983) (alle wie Anm. 3); N. Skyum-Nielsen, Das dänische Erzbistum vor 1250, in: Acta Visbyensa, Bd. 3, Visby 1969, 113–138; Gli inizi del Cristianesimo in Livonia – Lettonia, Vatikanstadt 1989.

[29] A. Sauvageot, Histoire de la Finlande, Bd. 1, Paris 1968; J. Gallen, Finlande, in: Dict. d'Hist. et de Géogr. Eccl., Bd. 17, Paris 1971, 217–231; E. Justikkala – K. Pirinen, A History of Finland, New York – Washington 1974.

[30] R. Aubert, Estonie, in: Dict. d'Hist. et de Géogr. Eccl., Bd. 15, Paris 1970, 1069–70; P. Rebane, Denmark, the Papacy and the Christianisation of Estonia, in: Gli inizi del Cristianesimo (s. Anm. 28), 171–201.

[31] A. Schwabe, Histoire du peuple letton, Stockholm 1953; E. Christensen, The Northern Crusades. The Baltic and the Catholic Frontier 1100–1525, Minneapolis 1980; W. Urban, The Baltic Crusade, De Kalb/Illin. 1975; G. Gnegel-Waitschies, Bischof Albert von Riga. Ein Bremer Domherr als Kirchenfürst im Osten, Hamburg 1958; M. Hellmann (Hrsg.), Studien über die Anfänge der Mission in Livland, Sigmaringen 1989.

an Albert und seinen Orden der Schwertbrüder *(Fratres militiae Christi)*. Papst Innozenz III. löste Riga 1214 aus der Kirchenprovinz Hamburg-Bremen; seitdem war Albert direkt dem Papst unterstellt und erhob bald seine Forderung nach der Gründung eines Erzbistums in Riga. Mehrfach veröffentlichte Papst Innozenz III. nach 1199 Hilfsappelle für Albert und die Christen Livlands. 1203 empfing er einen bekehrten „König" der einheimischen Liven; vielleicht erhofften diese, da sie sich in einem erbitterten Kampf gegen die von ihnen als Eindringlinge betrachteten Kreuzritter befanden, Hilfe von seiten Roms gegen Gewalttaten jeglicher Art[32].

Es ist gut möglich, daß sich Innozenz III. in Livland vor allem auf die Zisterzienser stützte, die hier besonders zahlreich vertreten waren. Der Abt von Dünamünde, Theoderich (Dietrich) von Treyden, unterhielt anscheinend besonders enge Beziehungen zum Papst, denn er bgab sich mindestens sechsmal nach Rom. Offenbar spielte er bei der Schaffung des Schwertbrüderordens gegen 1202 eine entscheidende Rolle, auch wenn er ab 1213 eine Reihe von Vorwürfen gegen den Orden vorbrachte, der vor allem an seine eigene Herrschaft dachte. Innozenz III. wollte auf jeden Fall echte Missionarsgemeinschaften schaffen, die in der Lage waren, die Neugetauften nicht durch Zwang, sondern durch die Überzeugungskraft des Wortes zur Ausübung des Glaubens zu bringen. Der Papst hatte sich in diesem Sinne bemüht, den unerschöpflichen Vorrat an menschlicher Tatkraft und christlicher *generositas*, der den Orden der Zisterzienser kennzeichnete, in den Dienst der Mission zu stellen (siehe M. H. Vicaire)[33]. Doch war diese Aufgabe aus verschiedenen Gründen nur schwer zu verwirklichen, und man kann keineswegs von einem Erfolg des päpstlichen Vorgehens in Livland sprechen. Langfristig waren die großen Sieger vor allem Bischof Albert und der Ritterorden, die das Land mit Gewalt und Unterdrückung beherrschten[34].

In Polen wurde die alte Tradition der Preußenmission an den Ufern der Ostsee von Erzbischof Henryk Kietlicz und den Zisterziensern mit Unterstützung und unter dem Schutz des Papstes wiederaufgegriffen. Die Zisterzienser von Lekno in Großpolen und von Oliva bei Danzig verzeichneten bei ihren Versuchen nur einige kleinere Erfolge[35]. Einer der Missionare, Christian, wurde zu Beginn des Jahres 1216 in Rom vom Papst zum ersten Bischof von Preußen geweiht. Erzbischof Henryk brachte einige Bekehrte aus Preußen 1214 mit zum Konzil, doch das Bild des Missionserfolges in Livland, das während des IV. Laterankonzils präsentiert wurde, verdeckte das Scheitern in Preußen. Erst nach 1230 begann der

---

[32] B. Abers, Zur päpstlichen Missionspolitik in Lettland und Estland zur Zeit Innozenz' III., in: Commentationes Balticae 4/5 (1956/57) 1–18; M. Maccarrone, Studi su Innocenzo III, Padua 1972; M. Maccarrone, I Papi e gli inizi della cristianizzazione della Livonia, in: Gli inizi del Cristianesimo (s. Anm. 28) 31–80.

[33] M. H. Vicaire, Vie commune et apostolat missionaire d'Innocent III et la mission de Livonie, in: Dominique et ses prêcheurs, Fribourg/CH – Paris 1977, 196; F. Benninghoven, Der Orden der Schwertbrüder. Fratres militiae Christi de Livonia, Köln 1965.

[34] S. Ekdahl, Die Rolle der Ritterorden bei der Christianisierung der Liven und Letten, in: Gli inizi del Cristianesimo (s. Anm. 28) 203–243.

[35] J. Umiński, Henryk arcybiskup zwany Kietliczem 1199–1219, Lublin 1926; siehe auch die Auseinandersetzung in der Zeitschrift Kwartalnik Historyczny 44 (1930) 21–43; Zweifel über die Rolle der Zisterzienser als Missionare finden sich bei J. Kłoczowski, Die Zisterzienser in Klein-Polen und das Problem ihrer Tätigkeit als Missionare und Seelsorger, in: K. Elm – P. Joerissen (Hrsg.); Die Zisterzienser, Köln 1982, 71–78; T. Dunin-Wasowicz, Projets missionaires cisterciens dans la Rus du Sud-Ouest aux XIIe–XIIIe siècles, in: Harvard Ukrainian Studies 12/13 (1988/89) 531–550.

Deutsche Orden, von einem polnischen Fürsten gerufen, die planmäßige Eroberung Preußens und die gewaltsame Bekehrung des Landes.

Der Deutsche Orden, der deutsch dominierte Orden der Ritter vom Hospital Sankt Mariens zu Jerusalem, entstand Ende des 12. Jh. im Heiligen Land im Verlauf der Kämpfe der Kreuzfahrer gegen die Muslime[36]. Doch erst mit dem Hochmeister Hermann von Salza (1209–1239), der ein Vertrauter sowohl Kaiser Friedrichs II. als auch der Päpste war, gewann er größere Bedeutung. Der König von Ungarn, Andreas II., rief 1211 den jungen Orden gegen die nomadisierenden Kumanen nach Siebenbürgen, vertrieb ihn jedoch 1225 wieder, als er sich bewußt wurde, daß die Deutschordensleute eine zu große Autonomie erstrebten und damit seinem Königreich hätten gefährlich werden können[37].

Zum selben Zeitpunkt, im Winter 1225/26, rief der polnische Herzog Konrad von Masowien den Orden gegen die heidnische Bevölkerung Preußens, die Pruzzen, zu Hilfe. Da jedoch das Eingreifen des Deutschen Ordens wegen seines Engagements in Palästina und wahrscheinlich wegen der Rücksichtnahme des Papstes auf die Interessen des Bischofs Christian von Preußen auf sich warten ließ, rief Herzog Konrad von Masowien 1228 gemeinsam mit dem Bischof von Płoch zum Schutz seines Landes einen eigenen Ritterorden, die ‚Ritter Christi‘ oder nach der ihnen übertragenen, an der Weichsel gelegenen Burg auch ‚Brüder von Dobrin‘ genannt, ins Leben. Dieser Orden von Dobrin sollte bereits wenige Jahre nach seiner Gründung im Deutschen Orden aufgehen[38]. Die Deutschordensleute trafen erst 1230 an den Grenzen Preußens ein und begannen mit der planvollen Eroberung des Landes, unterstützt von Kreuzrittern aus verschiedensten Ländern. 1237 verschmolz der Orden der Schwertbrüder Livlands mit dem Deutschen Orden und bildete von da an dessen livländischen Zweig. Gegen die Intentionen Herzog Konrads von Masowien hatte der Orden bereits im März 1226 durch die ‚Goldene Bulle‘ von Rimini von Kaiser Friedrich II. Preußen und weitere Gebiete zum exemten Lehen erhalten. Dessen Politik zielte auf die Schaffung eines landesherrlich organisierten, weitgehend unabhängigen Ordensstaates am Rande der Ostsee, der Preußen und Livland umfassen sollte[39]. Dazu bedurfte es des Sieges über den erbitterten Widerstand der Pruzzen, die mindestens fünfzig Jahre dem Druck standhielten; erst gegen 1283 gewannen die Deutschordensritter nach einem langen und blutigen Krieg endgültig die Oberhand[40].

---

[36] K. Górski, L'Ordine Teutonico. Alle origini dello Stato prussiano, Turin 1971; H. Boockmann, Der Deutsche Orden, München ³1989; Z. H. Nowak (Hrsg.), Die Rolle der Ritterorden in der Christianisierung und Kolonisierung des Ostseegebietes, Thorn 1983; U. Arnold, Forschungsprobleme der Frühzeit des Deutschen Ordens 1190–1309, in: Z. H. Nowak (Hrsg.), Werkstatt des Historikers der mittelalterlichen Ritterorden. Quellenkundliche Probleme und Forschungsmethoden, Thorn 1987, 19–32. Zu Hermann von Salza s. jetzt v.a. H. Kluger, Hochmeister Hermann von Salza und Kaiser Friedrich II., Marburg 1987.

[37] H. Zimmermann, Der Deutsche Ritterorden in Siebenbürgen, in: J. Fleckenstein – M. Hellmann (Hrsg.), Die geistlichen Ritterorden Europas, Sigmaringen 1980, 267–298.

[38] W. Polkowska-Markowska, Dzieje zakonou dobrzyńskiego, in: Roczniki Historyczne 2, Posen 1926, 145–210; und v.a. Z. H. Nowak, Milites Christi der Prussia. Der Orden zu Dobrin und seine Stellung in der preußischen Mission, in: Fleckenstein – Hellmann, Die geistlichen Ritterorden (s. Anm. 37) 339–352; der Orden wurde 1235 dem Deutschen Orden inkorporiert.

[39] Vgl. v.a. J. Matison, Die Lehnsexemtion des Deutschen Ordens und dessen staatsrechtliche Stellung in Preußen, in: DA 21 (1965) 194–248.

[40] M. Biskup, Die Erforschung des Deutschordensstaates Preußen. Forschungsstand – Aufgaben – Ziele, in: U. Arnold – M. Biskup (Hrsg.), Der Deutschordensstaat Preußen in der polnischen Geschichtsschreibung der Gegenwart, Marburg 1982, 1–35; Christiansen (1980).

Siegel des Herzogs Konrad von Masovien.

Der Zustrom deutscher Bauern, die an die Stelle der schwindenden einheimischen Bevölkerung traten, stärkte den neuen Ordensstaat, der sich zunehmend besser organisierte und auf ein Netz von Kommenden in den Ländern des Reiches stützte. Doch die Beziehungen der Deutschordensritter zu ihren Nachbarn verschlechterten sich bald. Die griechisch-orthodoxen Fürstentümer im Osten, vor allem Novgorod, empfanden die Eroberung der baltischen Länder als eigene Bedrohung, und seit den dreißiger Jahren des 13. Jh. kam es zu einer Reihe bewaffneter Konflikte[41]. Sogar die polnischen Fürstentümer begannen im Verlauf des 13. Jh. immer mißtrauischer zu werden, und ein schwerer langwieriger Konflikt zwischen Polen und dem Orden brach 1308 nach der Einnahme Danzigs durch die Ordensritter aus[42]. Als einziges unabhängiges Land unter den baltischen Völkern verweigerte Litauen schließlich, nach der kurzen Episode der Konversion Herzogs Mindaugas 1250–60 und seiner Krönung mit Zustimmung des Papstes zum König von Litauen 1253, das Christentum. Nach 1283 kämpften der Deutsche Orden und das immer ausgedehntere und mächtigere Litauen ein Jahrhundert lang einen nicht endenden Krieg gegeneinander[43].

Im Inneren seines Staates bewahrte der Orden eine privilegierte Stellung, vor allem in Preußen, wo ihm zwei Drittel des Territoriums gehörten. Die Suffragane des Erzbistums Riga, das 1255 für das ganze Ordensland gegründet worden war, blieben mit ihren Institu-

---

[41] Dvornik (1970) 542; P. Kovalevsky, Manuel d'Histoire Russe, Paris 1948, 73–75.

[42] Gieysztor (1971) 120ff.

[43] C. Jurgela, A History of the Lithuanian Nation, New York 1948; Z. Ivinskis, Mindaugas und seine Krone, in: Zf. für Ostforschung 3 (1954) 360–386; M. Giedroyć, The Arrival of Christianity in Lithuania: Between Rome and Byzantium (1281–1341), in: Oxford Slavonic Papers 20 (1987) 1–33; U. Kajackas, History and Recent Archeological Investigations at Vilnius Cathedral, in: La cristianizzazione della Lituania, Vatikanstadt 1989, 263–288.

Die Marienburg am Ufer der Nogat war ab 1274 Sitz des Hochmeisters des Deutschen Ritterordens.

tionen und ihrem Klerus weitgehend von den Ordensrittern abhängig. Der Erzbischof von Riga bewahrte jedoch eine gewisse Unabhängigkeit, was Spannungen und eine lange Reihe von Auseinandersetzungen mit den Landesherrn provozierte[44].

4. Teilung und Unterwerfung der Rus – der Einfall der Tataren

Im Laufe des 12. und zu Beginn des 13. Jh. wurde die Zerstückelung der Kiever Rus in mehrere Fürstentümer immer greifbarer[45]. Dazu gehörte der Aufstieg von Gebieten, die bis dahin an der Peripherie lagen, im Nordosten vor allem Rostov und Susdal-Vladimir, im Südwesten Wolhynien und Galizien. Neue Diözesen wurden geschaffen, besonders für diese Regionen[46]. So gab es am Vorabend der mongolischen Invasion in der Rus für eine Bevölkerung von fünf bis sieben Millionen Menschen sechzehn oder siebzehn Bischofssitze. Die Invasion hatte tiefgreifende Auswirkungen auf ganz Ost- und Ostmitteleuropa. 1237 bis 1240 wurde die Rus großenteils verwüstet und 1241 erobert, die Invasion der Tataren – so wurden die Mongolen in diesem Teil Europas genannt – berührte Polen und Ungarn. Die polnische Ritterschaft, verstärkt durch Deutsche und andere, wurde auf dem Schlachtfeld von Liegnitz in Schlesien geschlagen, wo Fürst Heinrich der Fromme, der

---

[44] R. Wittram, Baltische Geschichte 1180–1918. Die Ostseelande Livland, Estland, Kurland, München 1954; J. Kostrzak, Narodziny ogólnoinflanckich zgromadzeń stanowych od XIII do polowy XV wieku (Die Entstehung der Ständeversammlungen in Livland von der Mitte des 13. bis zur Mitte des 15. Jh.), Warschau 1985.

[45] Eine allgemeine Einführung findet sich in Słownik (1967–82); H. Paszkiewicz, The Making of the Russian Nation, London 1963 (zu den drei Ursprungsnationen der Rus von Kiev); M. Hellmann (Hrsg.), Handbuch der Geschichte Rußlands, Bd. 1, Stuttgart 1981, N. L. F. Chirovsky, An Introduction to Ukrainian History, Bd. 1, New York 1981; N. P. Vakar, Belorussia. The Making of a Nation, Cambridge/Mass. 1956; G. Vernadsky, Essai sur les origines russes, 2 Bde., Paris 1959; N. V. Riasanovsky, Histoire de la Russie des origines à 1984, Paris 1987. F. von Lilienfeld, Der Himmel im Herzen. Altrussische Heiligenlegenden, Freiburg i. Br. 1990, 9–23.

[46] V. Vodoff, Naissance de la chrétienté russe, Paris 1988, 128ff; A. Poppe, L'organisation diocésaine de la Russie aux XIe–XIIe siècles, in: Byzantion 40 (1970) 165–217.

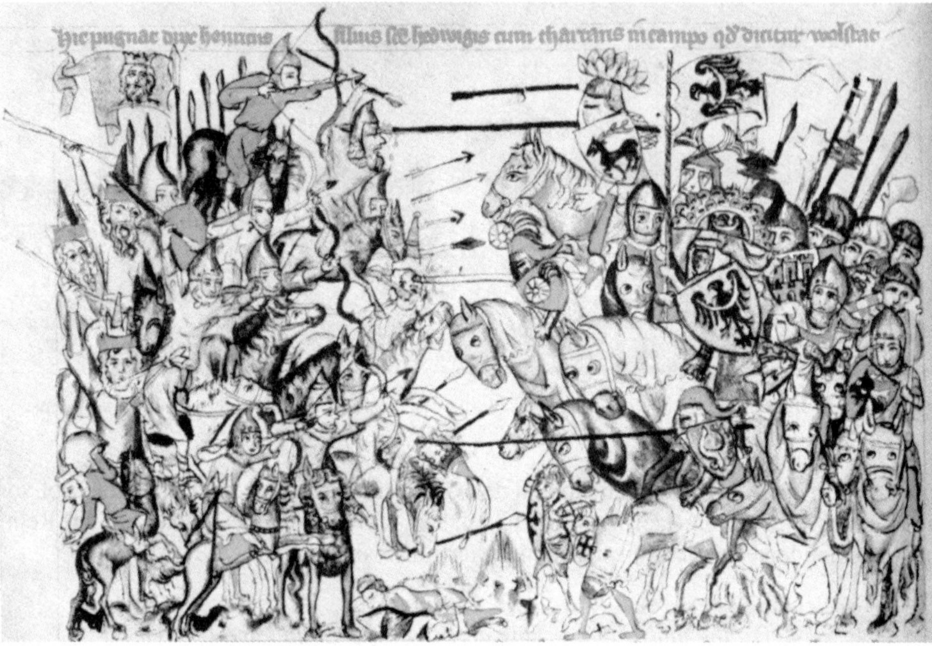

Kampf christlicher Ritter unter Herzog Heinrich von Schlesien gegen die heidnischen Tataren am 9. 4. 1241 in der Schlacht bei Liegnitz. Miniatur im Hedwigs-Codex (1353).

Sohn der späteren hl. Hedwig, an der Spitze einer christlichen Armee getötet wurde. Die Verheerungen der Invasion waren in Ungarn besonders schwer[47].

Alle Fürstentümer der Rus wurden für lange Zeit der Gewalt der Tataren unterworfen, die durch das Chanat repräsentiert waren und von den russischen Quellen „Goldene Horde“ genannt wurden; ihre Hauptstadt befand sich in den Sarai an der unteren Wolga[48]. Trotz der Anstrengungen Papst Innozenz IV. (1243–1254) und der Erklärungen des I. Konzils von Lyon wurden die Christen Ost- und Mitteleuropas von der westlichen Christenheit in ihrem Kampf gegen die Tataren sich selbst überlassen[49]. Am schwierigsten war die Lage der Fürsten der Rus. Jeder Kontakt mit dem Westen wurde von den Tataren als feindlicher Akt betrachtet. Der Fall des Fürsten Daniel in der südwestlichen Rus, die sich im 13. Jh.

---

[47] J. Fenell, The Crisis of Medieval Russia 1200–1304, London – New York 1983; S. Krakowski, Polska w walce z najazdami tatarskimi w XIII wieku (Polens Kampf gegen die Tatareninvasionen im 13. Jh.), Warschau 1956 (frz. Zsfg. S. 287–303), Pamlényi (1974).

[48] B. Grekov-Jakoubovsky, La Horde d'Or, Paris 1939; B. Spuler, Geschichte der Mongolen, Zürich – Stuttgart 1968; M. Weiers, Die Goldene Horde oder das Khanat Qyptschaq, in: M. Weiers (Hrsg.), Die Mongolen, Darmstadt 1986, 345 ff.

[49] Vgl. den Brief des Königs von Ungarn an den Papst von 1248: „De quibus omnibus nihil consolationis vel subsidii recepimus nisi verba“, in: A. Theiner, Vetera Monumenta Historica Hungariam Sacram Illustrantia, I, Nr. 440. Vgl. allg. G. Soranto, Il papato, l'Europa cristiana e i Tartari, Mailand 1930, sowie J. Muldoon, Popes, Lawyers, and Infidels. The Church and the Non-Christian World, 1250–1550, Philadelphia 1979.

trotz der Invasionen weiterentwickeln konnte, ist in dieser Hinsicht bezeichnend[50]: Der Fürst – er starb 1264 – hielt seine engen Verbindungen zu Polen und Ungarn aufrecht. Wie es scheint, war er wohl seit 1246 der römischen Kirche verbunden. Wenn er auch den griechischen Ritus beibehielt, so entschied Daniel 1253 doch, sich mit Unterstützung des Papstes zum *rex Rusciae* krönen zu lassen. Er hatte diese Kühnheit teuer zu bezahlen, denn er wurde von den Tataren zu weitaus strengerem Gehorsam verpflichtet. Eine weitere Initiative Innozenz' IV. und des Deutschen Ordens, die Krönung und nachfolgende Taufe des litauischen Fürsten Mindaugas, zeitigte kein bleibendes Resultat – unter anderem, weil die Rus Daniels den Rivalen Litauen weiterhin bekämpfte. Litauen seinerseits blieb bis ans Ende des 14. Jh. ein heidnisches Land.

Im Norden wurden Novgorod und andere russische Fürstentümer aus dem Osten von den Tataren, aus dem Westen von Christen, Deutschordensrittern und Schweden gleichzeitig angegriffen[51]. Fürst Alexander Nevskij, der im Krieg gegen letztere Ruhm erworben hatte, und andere Fürsten zögerten nicht, sich zu besseren Bedingungen dem Schutz der Tataren zu unterstellen.

Auf lange Sicht war die Stellung der Kirche für die genannten Länder entscheidend. Die Tataren sicherten der russischen-orthodoxen Kirche eine eindeutig privilegierte Position, indem sie sie unter anderem von Tributzahlungen befreiten und ihre Domänen und Einkünfte sowie ihre innere Selbstbestimmung in vollem Umfang respektierten[52]. Die politische Allianz zwischen Byzanz, das mit den Lateinern in Streit lag, und der Goldenen Horde stärkte die Stellung der Kirche im Inneren ihres Staates, der in religiösen Fragen weitgehend indifferent war. Das Bistum von Sarai, das 1261 im Rahmen der Kirchenprovinz von Kiev gegründet worden war, bedeutete – mit seinem griechischen Bischof an der Spitze, der zugleich Repräsentant des Kaisers und des Patriarchen war – eine gewisse Sicherheit in der neuen Lage[53]. Der Metropolit, der vom Patriarchen ernannt und von der Goldenen Horde immerhin stillschweigend akzeptiert wurde, stärkte darüber hinaus ihre Rolle auf russischem Gebiet. Besonders der fromme Metropolit Kyrill II. (1250–1281) machte sich um die Festigung seiner Provinz nach der Katastrophe der Invasionen verdient. 1273 versammelte er ein Bischofskonzil in Vladimir auf der Kljasma, die einzige Synode der Rus von Kiev in dieser Zeit, deren Akten in etwa bekannt sind[54]. In vielen Gebieten kam es zu einer wesentlichen Entwicklung der grundlegenden kirchlichen Strukturen, vor allem der Pfarreien, und zu einer Vertiefung der allgemeinen Christianisierung, doch gleichzeitig begann die russische Kirche, sich zunehmend mit sich selbst zu beschäftigen, und löste sich mehr als je zuvor von der westlichen Christenheit.

---

[50] G. Rochcan, Innocent IV devant le péril tatar. Ses lettres à Daniel de Galicie et à Alexandre Nevsky, in: Istina 6 (1959) 167–186.

[51] J. P. Arrignon, Alexandre Nevski, in: Histoire des saints et de la sainteté chrétienne, Bd. 4, Paris 1986, 58–61.

[52] A. M. Ammann, Abriß der ostslawischen Kirchengeschichte, Würzburg 1950; G. P. Fedotow, The Russian Religious Mind, Bd. 2, Cambridge/Mass. 1966, 4ff; A. M. Ammann, Die ostslawische Kirche im jurisdiktionellen Verband der byzantinischen Großkirche (988–1459), Würzburg 1955; J. Meyendorff, Byzantium and the Rise of Russia, Cambridge 1981.

[53] M. Klimenko, Ausbreitung des Christentums in Rußland seit Vladimir dem Heiligen bis zum 17. Jahrhundert. Versuch einer Übersicht nach russischen Quellen, Berlin – Hamburg 1969, 154; Meyendorff (1981) 43ff.

[54] Ammann (1950).

Wir haben bereits darauf verwiesen, daß der byzantinische Einfluß auf die Kiever Rus zunächst begrenzt war. So blieb beispielsweise die höchste politische Macht, die in Byzanz als von Gott verliehen galt, in Rußland an die Geburt gebunden: Überall in Rußland hatten allein Abkömmlinge Vladimirs und Jaroslavs das Recht, Herrschaft auszuüben[55]. Die Kirche spielte auch keine Rolle bei der Investitur der Fürsten, die ohne Salbung und Krönung vollzogen wurde, und Bischöfe hatten keine institutionelle Funktion bei der Regierung. Vladimir wurde erst spät als Heiliger anerkannt, obwohl sich die Kirche Mitte des 11. Jh., als das russische Reich noch eine Einheit bildete, sichtlich darum bemüht hatte[56]. Der offiziellen Heiligsprechung der heiligen Märtyrerfürsten Boris und Gleb 1072 verdankte die Rus das Vorbild des heiligen Fürsten, der sich nicht autokratisch verhält. Gemäß diesem Beispiel wurde der Respekt, den man einem älteren Bruder schuldete, auf die Reichsgewalt übertragen und das vielköpfige politische System, das sich im 13. Jh. im ganzen Land durchsetzte, sanktioniert[57].

Die Christianisierung der russischen Bevölkerung verlief ähnlich wie in den anderen Ländern der neuen slawisch-skandinavischen Christenheit. Auch hier gab es deutlich in der Religion des Volkes verwurzelte Widerstände (z. B. die *volkkvy*, Zauberer, vielleicht finno-ugrische Schamanen) und einen ausgeprägten Sinn für alles Rituelle[58]. Texte des 12. und 13. Jh. belegen den Ernst, mit dem man Probleme des Ritus in allen Bereichen der Liturgie behandelte: Die geringsten Details waren zu beachten, wollte man nicht als Ketzer gelten. Es gab genaueste Vorschriften über die Enthaltsamkeit, die Beziehungen der Geschlechter, das Fasten usw. Häufig verdrängte formale Strenge den evangelischen Geist, als ginge es darum, einen Brauch mit einem anderen oder einen Ritus mit einem anderen zu bekämpfen. Hier zeigen sich die Grenzen einer tiefergehenden Christianisierung, und dies erklärt vielleicht die Langsamkeit der Veränderungen. In der Umgebung der Kirchen lernten die Jungen schreiben, doch nur 1% der erhaltenen Inschriften auf Birkenrinde ist religiösen Inhalts. Der Anteil der christlichen Namen, die an die Stelle slawischer Namen traten, steigt von 29% in den Quellen des 11. Jh. und 38% im 12. Jh. bis auf 53% im 13. Jh. Parallel zu dieser Entwicklung ersetzte offenbar seit dem 11. und 12. Jh. das Begräbnis die alte Praxis der Einäscherung[59].

Die Byzantinisierung war ebenfalls ein äußerst langwieriger Prozeß, doch prägte die Anpassung an östliche Muster und Werte die russische religiöse Kultur auf lange Sicht und damit den Unterschied zu der des lateinischen Westens. Die Monumentalkunst war zunächst eindeutig griechisch; erst im Verlauf des 11. Jh. wird in einer Reduzierung der Grundrisse, der Ersetzung der Mosaiken durch Fresken und Ikonen auf Holz sowie der Verwendung von Ziegelstein ihre Eigenart sichtbar[60]. Trotz unleugbarer Spuren lateini-

---

[55] Vodoff (1988) 260ff.

[56] Ders., Pourquoi le prince Volodimer Svjatoslavich n'a-t-il pas été canonisé?, in: Acts of the International Congress commemorating the Millenium of Christianity in Rus Ukraine, Ravenna, April 1988, abgedr. in: Harvard Ukrainian Studies 12/13 (1988/89) 446–466; A. Poppe, Vladimir, in: Histoire des saints et de la sainteté chrétienne, Bd. 5, Paris 1986, 256–259.

[57] A. Poppe, Boris et Gleb, in: Histoire des saints, Bd. 5, 92–96.

[58] G. P. Fedotov, The Russian Religious Mind, Bd. 1, New York 1946; Klimenko (1969); Vodoff (1988), besonders 199ff.

[59] Siehe v.a. die Überlegungen von Vodoff (1988) 223ff.

[60] A. Grabar, L'Art du Moyen Age en Europe orientale, Paris 1968; Companion to Russian Studies, Bd. 3: An Introduction to Russian Art and Architecture, Cambridge 1980; Vodoff (1988) 329ff.

schen Einflusses in der Rus des 12. und 13. Jh. ist festzustellen, daß unter den erhaltenen Manuskripten (kaum 170 und damit sicher nur ein Bruchteil des ursprünglichen Bestandes) Übersetzungen aus dem Griechischen mit eindeutig religiösem Charakter bei weitem überwiegen. Dabei handelt es sich um die klassische christliche Literatur, d. h. Patristik, nicht ein einziges zeitgenössisches literarisches Werk ist vertreten[61].

Die Auswahl der Texte entspricht sichtlich den praktischen Bedürfnissen der Kirchen. Offen bleibt jedoch, in welchem Umfang diese Übersetzungen und Übertragungen griechischer Texte ein Ergebnis der im 10. Jh. in Bulgarien in Altslawisch oder Altkirchenslawisch geleisteten Arbeit waren oder ob sie vor Ort, in der Rus zur Zeit Kievs, entstanden[62]. Wir werden noch auf die Frage der Geschichtsschreibung eingehen, die die ureigenste Domäne intellektueller Aktivität der russischen Eliten bleiben sollte.

Feindliche Äußerungen gegen die lateinische Welt tauchen in den russischen Quellen seit dem 11. Jh. auf, vor allem aus der Feder griechischer Kirchenmänner, wie der Metropoliten Georgios und Nikephoros[63]. Es sind Klagen byzantinischen Ursprungs, die sich auf den Gebrauch ungesäuerten Brotes, das *filioque,* den Priesterzölibat und verschiedene, auch nebensächliche Bräuche beziehen. Die Wirkung dieser Propaganda dürfte zunächst gering gewesen sein; wir finden ansonsten gemäßigte und tolerante Urteile über die Lateiner, zu denen alltäglicher Kontakt bestand. Beziehungen gab es auch zwischen der Rus, Polen und Ungarn. Sicher wechselten Streit und Freundschaft einander ab, doch spielte jedenfalls vor dem 13. Jh. die Konfession bei den Konflikten keine Rolle[64]. Für die Fremden gab es in den wichtigsten Städten Kirchen des lateinischen Ritus, und Kulte lateinischer Herkunft, wie der des hl. Wenzel und das Fest der *Translatio* des hl. Nikolaus von Bari (Myra), tauchen auch im Leben der russischen Christen auf. Doch langfristig förderten der Ritualismus der russischen Kirche und ihr geringes theologisches Niveau die Bereitschaft, auch die extremsten byzantinischen Thesen zu übernehmen, wie V. Vodoff festhält[65].

Die Feindseligkeit gegenüber den Rom zugewandten lateinischen Völkern entwickelte sich erst zur Zeit der Invasionen und der Tatarenherrschaft, um so mehr, als sich nun eine ethnische und religiöse Identität der Russen herausbildete. Der Gedanke einer russischen Christenheit, die sich von der lateinischen und der griechischen unterschied, entwickelte sich in einer Atmosphäre, die durch die allgemeine Niederlage gekennzeichnet war, doch setzte er sich endgültig erst im moskovitischen Rußland des 14. bis 16. Jh. durch[66]. Grundlage dieser besonderen Identität war seit dem 11. Jh. die Wahl der slawischen Sprache in der Tradition Kyrills und Methodios' und die biblische Theologie des Hilarion; im 12. Jh.

---

[61] G. Podalsky, Christentum und theologische Literatur in der Kiever Rus (988–1237), München 1982; Vodoff (1988) 341 ff; Fedotov (1946).

[62] Die Bilanz der langen Diskussion gibt F. I. Thomson, The Bulgarian Contribution to the Reception of Byzantine Culture, in: Kievan Rus – the Myths and the Enigma, in: Harvard Ukrainian Studies 12/13 (1988/89) 214–261.

[63] Fedotov (1946); Podskalsky (1982); Vodoff (1988).

[64] Vodoff (1988), 317, zitiert die Meinung der Polen und Ungarn um 1150, wie sie in einem Brief an einen russischen Fürsten in der *Chronik des Hypatios* zum Ausdruck kommt: „Wir alle sind Christen in Gott“; N. Polońska-Wasylenko, Ukraine-Rus and Western Europe in the 10th–13th Centuries, London 1964.

[65] Vodoff (1988) 309.

[66] V. Vodoff, Génèse de la notion de la chrétienté russe, in: Akten eines Kolloquiums, das im Mai 1988 in Rom stattfand zum Thema „Le origini e lo sviluppo della Cristianità slavo-bizantina: Il battesimo del 988 nella lunga durata“ (im Erscheinen beim Istituto Storico Italiano per il Medio Evo, Rom).

dann betonte man ihren apostolischen Ursprung durch die Apostel Paulus und Andreas. Die Anlehnung an Paulus ist eine Tradition, die aus Pannonien und von Methodios her kam, während die Legende des Andreas diesen vor seinem Tod in Rom durch alle Länder bis an die Ostsee reisen läßt[67]. Die Ikonen – jedes Fürstentum wollte seine eigenen besitzen – sicherten den Schutz des Landes[68]. Nach allen Seiten hin, mit Ausnahme Polens und Ungarns, war Rußland von heidnischen Völkern umgeben, den „Unreinen“, wie z. B. den muslimischen Bulgaren an der Wolga. Endlose Kämpfe, vor allem gegen die Kumanen, hatten die Einheit der russischen Erde, der *Semlja russkaja*, des Vorpostens der Christenheit, gefördert. Das Drama der Tatareninvasion verstärkte zusätzlich die Identifikation des „rechten christlichen Glaubens“ mit der *Semlja russkaja.*

5. Bulgarien und Serbien

Auf dem Balkan erlaubte am Ende des 12. Jh. die sichtliche Schwächung von Byzanz den Bulgaren und Serben, ihre – zunächst allerdings brüchige – Unabhängigkeit wiederzugewinnen[69]. Daher suchten die bulgarischen und russischen Fürsten das politische Bündnis mit den Lateinern, Kaisern und Päpsten, besonders gegen Konstantinopel. Während des Kreuzzugs Kaiser Friedrichs I. 1190 suchten die slawischen Staaten sich den Kreuzfahrern anzuschließen, um die Hauptstadt des byzantinischen Kaiserreichs direkt anzugreifen. Nach der Einnahme Konstantinopels durch die Lateiner 1204 strebte Bulgarien, vor allem die Fürsten Kalojan (Joannes der Gerechte, 1197–1207) und Joannes oder Ivan (Asen II., 1218–1241), – allerdings ergebnislos – danach, Konstantinopel zu erobern; das lateinische Kaiserreich von Konstantinopel widerstand und erhob dieselben Ansprüche wie sein Vorgänger gegenüber Bulgarien. Früher, aber auch nach 1204, appellierten Serbien und Bulgarien oft an das Papsttum und suchten von dieser Seite Garantien sowohl der nationalen als auch der kirchlichen Unabhängigkeit zu erlangen. 1204 gewährte Papst Innozenz III. Kalojan die Königskrone und dem Erzbischof von Tărnovo, der Hauptstadt des Landes, den Titel eines Primas von Bulgarien[70]. 1218 wurde Fürst Stephan Nemanja von Serbien

---

[67] Methodios war Titularerzbischof von Sirmion (Sirmium), einem Bischofssitz, den der Tradition nach der hl. Andronikos, einer der siebzig Apostel und Schüler des Apostels Paulus (siehe Römer 16,7), innegehabt haben soll. In der *Chronik vergangener Zeiten* wird behauptet, daß sich dort die erste Siedlung der Slawen befunden hätte: „So war Paulus der Lehrer auch des slawischen Volkes, und wir Russen stammen von diesem Volk ab, so daß Paulus ebenso unser Apostel ist, denn er war der Lehrer des slawischen Volkes“ (vgl. das Zitat bei Vodoff [1988] 291).

[68] Als der Fürst Andréj Bogoljúbskij in den Jahren 1155 bis 1175 die Stadt Vladímir im Nordosten von Kiev zu seiner Residenz ausbaute, veranlaßte er zuallererst die Überführung der Ikone der Gottesmutter aus der Gegend von Kiev dorthin (wahrscheinlich die heute unter dem Namen „Gottesmutter von Vladímir“ bekannte Ikone der Tretjakov-Galerie, Moskau, vgl. H. Belting, Bild und Kult. Eine Geschichte des Bildes vor dem Zeitalter der Kunst, München 1990, 321–324), siehe auch J. Pelenski, The Contest for the „Kievan Succession“ (1155–1175): The religious-ecclesiastical Dimension, in: Harvard Ukrainian Studies 12/13 (1988/89) 761–780.

[69] Dvornik (1970) 396 ff; U. Dujčev u. a., Histoire de la Bulgarie des origines à nos jours, Paris 1977; M. Spinka, A History of Christianity in the Balkans, Chicago ²1968; J. V. A. Fine jr., The Early Medieval Balkans. A Critical Survey from the Sixth to the Late Twelfth Century, Ann Arbor/Mich. 1983; ders., The Late Medieval Balkan. A Critical Survey from the Late Twelfth Century to the Ottoman Conquest, Ann Arbor, Mich., 1987.

[70] R. Janin, Bulgarie, in: DHGE 11 (1938) 1136–1142; D. Hintner, Die Ungarn und das byzantinische Chri-

(1196–gegen 1228) von einem vom Papst gesandten Kardinal gekrönt *(regium diadema)* und trug von dieser Zeit an den Namen des „Erstgekrönten" *(Provocenčani)*. Wahrscheinlich wurde die Kirchenspaltung sogar nach dem Schock von 1204 weder in Serbien noch in Bulgarien als definitiv angesehen, und mit F. Dvornik kann man annehmen, daß „die Menschen die Unterschiede zwischen den beiden Kirchen kaum kannten und sich noch weniger darüber Gedanken machten, erfüllt von der hehren Überzeugung, daß man mit den beiden großen Zentren der Christenheit im Einvernehmen leben müsse"[71]. Allein in dieser Atmosphäre kann man die auf den ersten Blick widersprüchliche Haltung der Serben und Bulgaren in dieser Zeit verstehen.

Der slawische Ritus und die Tradition der Ostkirche waren seit dem Ende des 12. Jh., d. h. nach wenigstens drei Jahrhunderten, in Serbien und Bulgarien fest verwurzelt. Die Fürsten suchten nach Lösungen im Einklang mit dieser Tradition. Hauptziel ihrer Kirchenpolitik war die Autonomie der örtlichen Kirche, d. h. die Unabhängigkeit vom Erzbistum Ochrid, dessen Jurisdiktion die bulgarischen und serbischen Gebiete im 11. und 12. Jh. unterstanden[72]. Wahrscheinlich bereits im Jahre 1187 wurde der Bischof von Tărnovo von den Bulgaren zum autokephalen Erzbischof erhoben – jedoch ohne Anerkennung durch die anderen Kirchen[73]. Der Titel des Primas, den der Papst dem Erzbischof zuerkannt hatte, genügte den Bulgaren nicht, da sie die Wiedererrichtung ihres Patriarchats anstrebten. Erst nach der Stärkung der Position Bulgariens auf dem Balkan durch Joannes' Asen II. Sieg von 1230 in Klotnica über Kaiser Theodoros von Epiros wurde eine Allianz zwischen Bulgarien und dem Kaiserreich von Nikaia, Exilhauptstadt des Reichs und des Patriarchats, geschlossen. 1235 errichtete der in Nikaia residierende Patriarch in Übereinstimmung mit dem Kaiser und den drei anderen Patriarchen das Patriarchat von Tărnovo, und verschiedene Bistümer wurden in Erzbistümer umgewandelt[74]. Rom betrachtete dieses Vorgehen als Kirchenspaltung, proklamierte sogar einen Kreuzzug gegen die Schismatiker und beauftragte Ungarn, ihn zu organisieren. Die mongolische Invasion von 1241/42 berührte auch Bulgarien, das in der Folge bis 1300 verpflichtet wurde, den Tataren Tribut zu zahlen. Mit dem politischen Niedergang Bulgariens konzentrierte sich die kulturelle Erneuerung des 13. und vor allem des 14. Jh. bis zur Katastrophe am Ende des Jahrhunderts um das Patriarchat und eine Reihe von Klöstern.

Serbien umfaßte am Ende des 12. Jh. zugleich die orthodoxen Gebiete um das Erzbistum von Ras und das katholische Gebiet an der Adria; das Erzbistum von Bar (Antivari) beanspruchte den Status einer serbischen Kirchenprovinz und bekämpfte die Ansprüche des Erzbistums des mächtigen Stadtstaates Ragusa (Dubrovnik). Aufschlußreich sind die persönlichen Bindungen, die die regierende serbische Dynastie der Nemanjiden zur Orthodoxie unterhielt. Von besonderem Interesse ist in diesem Zusammenhang das Beispiel Savas (1175–1235), des späteren Schutzpatrons Serbiens[75]. Der Sohn Stephan Nemanjas war

---

stentum der Bulgaren im Spiegel der Register Papst Innozenz' III., Leipzig 1976; I. Dujčev, Innocentii III epistolae ad Bulgariam historiam spectantes, Sofia 1942.

71 Dvornik (1970) 410.

72 Zu Ochrid vgl. W. Swoboda, Ohrid, in: Słownik, Bd. 3, 1967, 452–456.

73 Zu Tărnovo siehe W. Swoboda, Tirnovo, in: Słownik, Bd. 6, 1977, 241–244; K. Kadlec, Introduction à l'étude comparative de l'histoire du droit publique des peuples slaves, Paris 1933, 51 ff.

74 Spinka (1969) 111.

75 Dvornik (1970) 403; T. Wasilewski, in: Słownik, Bd. 5, 1975, 80 f; L. Sverl, Sava, primo arcivescovo serbo di rito bizantino-slavo (1174–1235), Triest 1946.

vom monastischen Ideal derart beeindruckt, daß er 1192 heimlich sein Land verließ, um Mönch auf dem Berg Athos zu werden; einige Jahre später sollte ihm sein Vater folgen, gegen Ende des Jahrhunderts gründeten sie gemeinsam auf dem Athos das serbische Chilandari-Kloster. 1208 kehrte Sava nach Serbien zurück, um das Land besonders auf kirchlichem Gebiet gemeinsam mit seinem Bruder Stephan (1196–1228) zu regieren. Als 1219 der in Nikaia residierende Patriarch Serbien trotz der Proteste Ochrids die Schaffung eines unabhängigen Erzbistums gestattete, wurde Sava sein erster Amtsträger[76]. Wahrscheinlich handelte es sich von Anfang an um ein autokephales Erzbistum, dessen Erzbischof vom Nationalkonzil der Bischöfe und Hegumenen, dem der regierende Fürst präsidierte, gewählt wurde[77]. Die Verbindung von Kirche und Staat war im mittelalterlichen Serbien außergewöhnlich eng. Sava selbst schritt 1209 zur Heiligsprechung seines Vaters, auch nach seinem Tod sicherte die Dynastie seinen Kult. In der Folgezeit wurden fast alle serbischen Fürsten kanonisiert, was die äußerste Sakralisierung der Macht verdeutlicht. Die Kirche mit ihren zahlreichen, reich dotierten Klöstern bildete die wichtigste Grundlage der staatlichen Ordnung Serbiens. Die literarische Aktivität Savas versah diese Ordnung mit einer christlichen Weltanschauung. So entwirft die *Vita* seines Vaters Stephan Nemanja das Ideal des christlichen Fürsten, während Klosterregeln die Integration der Mönche ermöglichten und ein *Nomokanon* die zugleich von Staat und Kirche verbreiteten juristischen Regeln festschrieb. Eine auf dem Berg Athos gegründete Schule sicherte die Übersetzungen aus dem Griechischen und Serbischen.

Zwar bewahrte Serbien vor allem im 13. Jh. enge Bindungen an die westliche Welt, doch mit seiner Expansion seit Ende des Jahrhunderts in Richtung der byzantinischen Gebiete wurde die kulturelle Byzantinisierung des Landes vorangetrieben.

6. Versuch einer Bilanz

Überall in der Neuen Christenheit, von Island bis zum Balkan, sind im 12. und 13. Jh. deutliche Fortschritte der Christianisierung, eine Festigung der kirchlichen Strukturen und der Stellung der Kirchen zu beobachten. Mangels vergleichender Studien können zwar noch keine genauen Schlüsse gezogen werden, doch dürfte die allgemeine Tendenz unbestreitbar sein. Gleichzeitig und je nach Land findet entweder eine Entwicklung der Okzidentalisierung oder der Byzantinisierung statt, es bildet sich entweder eine lateinisch-slawische, byzantinisch-slawische oder skandinavisch-slawische Kultur heraus[78]. Die Unterschiede zwischen westlicher und östlicher Welt wurden in der Neuen Christenheit akzentuiert. In

---

76 A. Rádović, I Serbi e la loro Chiesna nel corso dei secoli, in: L. Vaccaro (Hrsg.), Storia religiosa dei popoli balcanici, Mailand 1983; W. Kowalenko, in: Słownik, Bd. 3, 1967, 519–524; V. Pospischil, Der Patriarch in der serbisch-orthodoxen Kirche, Wien 1966, 23ff; Kadlec, Introduction (s. Anm. 11) 101.

77 Zur gleichen Zeit schrieb der serbische König 1219 dem Papst: „... auch wir möchten als treue Söhne Eurer Römischen Kirche gelten ...“, vgl. Zitat bei Dvornik (1970) 410; in der serbischen Kunst sind Einflüsse des Westens wie Byzanz' deutlich sichbar, vgl. S. Radojčić, Geschichte der serbischen Kunst. Von den Anfängen bis zum Ende des Mittelalters, Berlin 1969; A. Grabar, L'art du Moyen Age en Europe orientale, Paris 1968, 29ff; zur serbischen Kirche des 13. Jh. siehe L. Mavromatis, La fondation de l'Empire serbe. Le Kralj Milutin, Saloniki 1978.

78 L. Musset, Influences réciproques du monde scandinave et de l'Occident dans le domaine de la civilisation au Moyen Age, in: Cahiers d'histoire mondiale, I/1 (1953) 72–90; J. Kłoczowski, Europa Slowiańska w XIV–XV wieku, Warschau 1984, bezieht häufig das 13. Jh. ein.

dieser Hinsicht dürfte das 13. Jh. entscheidend gewesen sein, auch wenn der Bruch noch nicht vollständig vollzogen war. Die Aufnahme der fremden Kultur war ein vielschichtiges Phänomen, das eine schöpferische Aktivität der Aneignung, Auswahl und tiefgreifender Umformung einschloß. Zu beobachten ist dies an den Wandlungen der künstlerischen Muster im Laufe der Epoche, die in der Ausstattung von Tausenden damals errichteten Kirchen realisiert wurden.

Holzbauten spielten dort, wo es keinen baufähigen Stoff gab, vor allem auf den weiten Hochflächen und in den bewaldeten Bergen Skandinaviens, eine wichtige Rolle und waren für viele Länder der Neuen Christenheit charakteristisch. Leider haben sich mit Ausnahme der berühmten norwegischen Stabkirchen (der *Stavkirke*) nur wenige dieser Bauten erhalten. In der Kiever Rus gab man rasch die Monumentalarchitektur byzantinischen Typs auf, indem man die Dimensionierung der Gebäude reduzierte und die Mosaiken durch Fresken und vor allem Ikonen auf Holz ersetzte[79].

Die Schriftkultur war Ergebnis der Christianisierung – im Westen in lateinischer Sprache, im byzantinischen Bereich in griechischer und slawischer Sprache. Die skandinavische Literatur erfuhr, besonders in Island, im 12. und 13. Jh. eine außergewöhnliche Entwicklung, so daß man vom „isländischen Wunder" spricht[80]. Das Lateinische ermöglichte den Eliten den Zugang zur europäischen Hochkultur. Die Kirchensprache trug dazu bei, die einheimischen Sprachen, sogar das so fremdartige Ungarisch, zu formen[81]. Die slawische Kirchensprache erleichterte in gewissem Sinne der Bevölkerung die Teilnahme am religiösen Leben, hemmte aber zugleich weitere Kontakte, auch zur griechischen Welt[82]. Auf lateinischem Gebiet fand seit dieser Zeit die Volkssprache Eingang in die Kirche, so in der Predigt und im liturgischen Gesang[83].

Die Bildung der intellektuellen und religiösen Eliten war ein Ergebnis von besonderer Tragweite, denn diese Gruppen erarbeiteten in enger Verbindung mit den gesellschaftlichen und politischen Eliten die Grundlagen der jeweiligen eigenständigen christlichen Kultur. In der Umgebung der Kirchen wurden die für eine auf die Schrift gegründete Religion unverzichtbaren Schulen gegründet. Ihr Niveau war unterschiedlich, offensichtlich höher in den großen Städten und den entwickelten kirchlichen Zentren[84]. In den ersten Generationen waren studierte Ausländer besonders geschätzt, doch mit der Zeit stieg die Zahl der gut ausgebildeten Einheimischen; es waren vor allem Leute, die lange Zeit im Ausland in einem

79 A. Merhautova, Romanische Kunst in Polen, der Tschechoslowakei, Ungarn, Rumänien, Jugoslawien, Wien 1974; Z. Świechowski, L'art roman en Pologne, Warschau 1982; P. Anker – A. Anderson, L'Art scandinave, 2 Bde., Paris 1969; C. Ahrens, Frühe Holzkirchen im nördlichen Europa, Hamburg 1982; D. Buxton, The Wooden Churches of Eastern Europe. An introductory Survey, Cambridge/Mass. 1981–82; Art. Stavkirke, in: Kulturhist. leks. XVII (1972) 95–106.

80 R. Boyer, Les sagas islandais, Paris ²1986 und C. J. Clover, The Medieval Saga, Ithaca u. London 1982, betonen die Verbindungen der Sagas zur christlichen Literatur Europas; eine gegenteilige Ansicht vertritt u. a. E. O. Sveinsson, Les Sagas Islandaises, in: Archives des lettres modernes 36 (1961) 3–64; vgl. auch ders., The Age of the Sturlungs Icelandic Civilization in the 13th Century, Ithaca – New York 1953.

81 A. Sauvageot, L'édification de la langue hongroise, Paris 1971.

82 Siehe die Bemerkungen bei Vodoff (1988) 362 ff.

83 Siehe z. B. die Bemerkungen zur polnischen Sprache bei Sauvageot (1971) oder bei J. Dowiat, Kultura polski średniowiecznejw X–XIII wieku, Warschau 1985, 193–212.

84 Art. Szoly (die Schulen), in: Słownik, Bd. 5, 1975, 534–545 (zu Böhmen, Polen, der Rus und den Südslawen); Art. Skole, in: Kulturhist. leks. XV, 631–641.

Norwegische Stabkirche in Fylke Sogn. – Die um 1150 entstandenen Schnitzereien am Westportal der Stabkirche in Ål sind noch deutlich geprägt vom Flechtband- und Tierstil der Wikingerzeit (Oslo, Museum).

Kloster oder an einer angesehenen Schule verbracht hatten. Im Westen besuchte seit dem 12. Jh. eine steigende Zahl von Studenten die neugegründeten Universitäten, besonders Paris und Bologna[85]. Die großen religiösen Orden erleichterten mit ihrem weitgespannten Netz von Einrichtungen die Kontakte, während im Osten der Berg Athos und Konstantinopel Mönche aus allen slawischen und balkanischen Ländern aufnahmen. Der Bedarf war so groß, daß im Laufe des 12. und 13. Jh. die Mönche der Kiever Rus und schließlich die Serben und Bulgaren auf dem Berg Athos ihre eigenen „nationalen" Klöster gründeten[86]. Auf westlicher Seite lenkten mehrere große Klöster, vor allem in Frankreich und Italien, die Aufmerksamkeit der Menschen auf sich. Ein Beispiel unter vielen ist das berühmte Kloster von Saint-Victor in Paris, wo sich um die Mitte des 12. Jh. vor allem Norweger so zahlreich und

---

[85] J. Verger, Les étudiants slaves et hongrois dans les universités occidentales (XIIIe–XVe s.), in: L'Église et le peuple chrétien dans les pays de l'Europe du Centre-Est et du Nord (XIVe–XVe s.). Colloque à Rome 1986, Rom 1990, 83–106; P. David, Étudiants polonais dans les Universités françaises du Moyen Age (XIIIe–XVe s.), Grenoble 1929; L. Maury, Les Étudiants scandinaves à Paris (XIe–XVe s.), in: Annales de l'Université de Paris 9 (1934) 222–246; S. Bagge, Nordic Students at Foreign Universities until 1660, in: Scandinavian Journal of History 9 (1984) 1 ff; Art. student und studieres or, in : Kirkehist. leks. XVII, 327–342; universitet, in: Kirkehist. leks. XIX, 312–319; L. Mezey, Entre Byzance et Paris. Les lettrés hongrois au XIIe siècle, in: Acta Litteraria Academiae Scientiarum Hungaricae, Bd. 13, Budapest 1971, 425–431.

[86] I. Dujčev, Le mont Athos et les Slaves au Moyen Age, in: Le Millénaire du Mont Athos (963–1963). Études et Mélanges, Bd. 2, Venedig – Chèvetogne 1964, 121–144.

häufig aufhielten, daß gegen 1160 ein System der Auswahl und Aufnahme organisiert werden mußte[87]. In den Jahren 1161 bis 1214 unterhielten drei aufeinanderfolgende Erzbischöfe Norwegens enge Kontakte zu Saint-Victor, das ihnen unter anderem als Mittler in ihren Beziehungen zu Rom diente. Die Bettelmönche errichteten für ihre Orden in kurzer Zeit ein umfassendes, zentralisiertes Studiensystem, die *studia generalia*, deren bedeutendstes in Paris entwickelt wurde, für die Eliten ihrer Ordensprovinzen[88].

Seit dem 11. und vor allem dem 12. Jh. zeichnet sich eine breite intellektuelle Strömung ab, die in den genannten Ländern immer mehr Menschen erfaßte. Zwei kirchliche Eliten differenzierten sich, die klösterliche und die des Weltklerus, letztere verstärkt in den Kapiteln der Kathedral- und Kollegiatskirchen. Im byzantinisch-slawischen Raum dominierte – im allgemeinen sogar bei den Bischöfen – die klösterliche Elite, während im Westen das Zusammenwirken der beiden Eliten charakteristisch ist. Im 12. Jh. wird man in der Neuen Christenheit Zeuge des Aufstiegs der Kapitel. Die Bischöfe, vielfach gut ausgebildete Leute, wurden häufig aus ihrer Mitte gewählt[89]. Die zunehmend reicheren Bibliotheken und auch die Schriften belegen die Kultur dieser Kreise, in denen bei den Mönchen theologische Interessen, bei den Kanonikern juristische Interessen vorherrschten. Die juristische Bildung wurde immer wichtiger für die kirchliche Laufbahn, zugleich war sie bei den Fürsten geschätzt, die sich oft auf die Hilfe ihrer Kanoniker stützten[90]. Überall gab es enge Verbindungen zwischen den kirchlichen Gemeinschaften und den gesellschaftlich-politischen Eliten der Fürsten und Aristokraten und ihrer Höfe, was eine Annäherung beider Kulturen, der laikalen und der kirchlichen, und ihre wechselseitige Beeinflussung begünstigte. Des Lesens und Schreibens kundige Kleriker übten als Kapelläne an den Höfen vielfältige Funktionen aus, priesterliche vor allem, aber auch politische, diplomatische und ökonomische. Sichtbares Ergebnis dieser Annäherung dürfte einerseits die intensivere Christianisierung der Fürsten und Magnaten und ihrer Höfe, andererseits das Engagement von Kanonikern und Mönchen in öffentlichen Angelegenheiten gewesen sein. Das direkte oder indirekte Zusammenwirken von Laien und Klerikern bezeugt die Herausbildung einer christlich geprägten und zugleich eigenständigen Kultur. Man könnte in dieser Hinsicht das gesamte erhaltene künstlerische und literarische Erbe dieser Epoche analysieren, um ihre Bedeutung für die geschichtliche Entwicklung auf lange Sicht zu belegen. Ein Beispiel mag genügen: Die berühmte Bronzetür (um 1170) der Kathedrale zu Gnesen (Gniezno) in Polen war Ergebnis der Zusammenarbeit eines ehrgeizigen Fürsten, Mieszkos des Alten (gest. 1202), und der Kanoniker von Gnesen[91]. Adalbert (poln. Wojciech), der große heilige Märtyrer (gest. 997/98 in Preußen), wird hier – in der Sicht des polnischen Nationalbewußtseins – als der

87 A. O. Johnsen, Les relations intellectuelles entre la France et la Norvège (1150–1214), in: Le Moyen Age 57 (1951) 247–268.

88 J. Kłoczowski, Europa centro-orientale. Panorama geografico, cronologico e statistico sulla distribuzione degli Studia degli Ordini Mendicanti, in: Atti del XVII Convegno di Studi sul tema: Le Scuole degli Ordini Mendicanti (secoli XIII–XIV), Todi 1978.

89 K. Pirinen, Biskop, in: Kulturhist. leks. I (1956) 610–625.

90 Art. Bibliotek, in: Kulturhist. leks. I (1956) 522–530; E. Jørgensen, Les bibliothèques danoises au Moyen Age, in: Nordisk Tidskrift för Bok- och Bibliotekwäsen 2 (1915) 332–350; die Bibliographie zu den kirchlichen Bibliotheken im mittelalterlichen Polen in: Encyklopedia Katolicka, Bd. 2, Lublin 1976, 505–507; Art. Ksiażki, skryptoria i biblioteki, in: Słownik, Bd. 2, 1964, 541 f (zu Böhmen, Polen, der Rus und den Südslawen); A. Vetulani, La bibliothèque de l'Église cathédrale de Cracovie, in: Mélanges J. de Ghellinck, Gembloux 1951, 489–507.

91 A. Gieysztor, La porte de bronze à Gniezno. Document de l'histoire de Pologne au XIIe siècle, Rom 1961.

heilige Schutzpatron Polens dargestellt. Man scheint dabei jedoch zu vergessen, daß der Heilige nur die letzten Monate seines Lebens in diesem Land verbrachte.

Der überraschende und originellste Beitrag der genannten Eliten ist wahrscheinlich auf dem Gebiet der Historiographie zu finden, wo die gesamte Vergangenheit aufgewertet, auch die heidnische Epoche bisweilen extrem verherrlicht und die Geschichte aus christlichem Blickwinkel entworfen wird. Fast überall im Laufe des 12. und besonders des 13. Jh. wurde das kollektive Gedächtnis kodifiziert, vor allem in Chroniken, die eine *Summa* der Kenntnisse und Ausdruck des historischen Bewußtseins ihrer Verfasser sind. In der Kiever Rus hieß diese *Summa* „Chronik vergangener Zeiten“ – Povest vremennych let –, besser bekannt als Nestor-Chronik[92]. Es handelt sich um eine Kompilation, die zu Beginn des 12. Jh. im Höhlenkloster, dem damals wichtigsten intellektuellen und religiösen Zentrum Rußlands, angefertigt wurde. Die Mönche, oft adliger Herkunft, bildeten eine gesellschaftliche Gruppe, in der sich ein Christentum entfaltete, das sich auf die ihnen gut bekannte byzantinische Tradition stützte und doch an der Idee einer christlichen Rus, die dem Fürsten von Kiev verbunden war, festhielt; entsprechend stehen die Geschichte der Herrschaft von Kiev und ihres Christentums im Mittelpunkt des Interesses des Chronisten. In Polen, Ungarn und Böhmen entstehen die ersten partikularen Chroniken ebenfalls im 12. Jh.[93] In Polen etwa stellte ein Anonymus, in späterer Tradition Gallus (gest. 1118), wahrscheinlich ein Benediktinermönch aus Frankreich, zu Beginn des 12. Jh. erstmals die Geschichte Polens, und zwar aus der Perspektive des Hofes des Fürsten Bołesław Krzyvousty („des Schiefmäuligen“, 1085–1138) dar. Am Ende des Jahrhunderts schrieb der Pole Wincenty Kadłubek, wahrscheinlich Universitätsgelehrter in Paris, der unter dem Namen „Magister Vinzenz“ (gest. 1223) bekannt ist, die Geschichte seines Landes von der Antike bis in die Zeit seines Helden, Kasimirs des Gerechten.

In Skandinavien, vor allem in Dänemark, Norwegen und Island, wird man seit dem Ende des 12. Jh. Zeuge der Blüte geschichtsbetrachtender Werke. Die *Gesta Danorum* des Saxo Grammaticus, eine Geschichte Dänemarks von den Anfängen bis 1185 in sechzehn Büchern, stellen ein monumentales Meisterwerk dar[94]. Ihr Verfasser, ein Kanoniker aus der Umgebung des Erzbischofs Absalon (1179–1202), stellte mit großer literarischer Begabung reiches Material zusammen. Seine Darstellung der Epoche der Waldemare, in der die Verbindung von Monarchie und Kirche besonders eng war, kann für ganz Nordeuropa stehen. In dem von der übrigen Christenheit so weit entfernten Island war Snorri Sturluson, ermordet 1241, der wichtigste Vertreter einer außergewöhnlichen Strömung der Geschichtsschreibung[95]. Seine *Sagas* der norwegischen Könige von den mythischen Anfängen bis zu Magnus Erlingsson (1177), darunter die *Saga* des hl. Olaf, sind ein Werk christlicher Kultur, das tief in der alten heidnischen Kultur Skandinaviens verwurzelt ist. So „herrscht über allen Dingen das allmächtige Schicksal, das die Gestalt des Gottes der Christen, aber auch unschwer die heidnische Färbung des alten Skandinavien annehmen kann“ (R. Boyer)[96].

---

[92] Siehe den Index bei Vodoff (1988); zu allen Ausgaben der Historiographen des Mittelalters siehe Repertorium Fontium Historiae Medii Aevi, Iff, Rom 1962ff.

[93] P. David, Les sources de l'histoire de la Pologne à l'époque des Piast, Paris 1934.

[94] I. Skovgaard-Petersen, Saxo, historian of the Patria, in: Medieval Scandinavia, Bd. 2, 1969, 54–77.

[95] R. Boyer, L'historiographie médiévale islandaise, in: La Chronique et l'histoire au Moyen Age. Colloque Paris-Sorbonne 1982, Paris 1982, 123–136.

[96] Ebd. 132.

Das Grab des hl. Wenzel, Schutzpatron von Böhmen und Mähren, in der Krypta der Cosmas- und Damiankirche in Altbunzlau war bis ins 19. Jh. ein vielbesuchter Wallfahrtsort.

Grundlegendes Element jedes nationalen Selbstbewußtseins und jeder der entstehenden Nationalkulturen waren die Schutzpatrone, Mittler zwischen Gott und den Menschen; daher die besondere Bedeutung der genannten Kulte, der Heiligenviten und der offiziellen Heiligsprechungen. Im allgemeinen waren Fürsten und Könige die Nutznießer, die in der Folge von ihren Untertanen eine bedeutende Rolle zugewiesen bekamen, so Wenzel in Böhmen, Stephan und Ladislaus in Ungarn, Boris und Gleb bei der Kiever Rus und Olaf in Norwegen und dem übrigen Skandinavien. Nur Polen stellt mit zwei heiligen Märtyrerbischöfen, Adalbert (Wojciech) und Stanisław (letzterer gestorben 1097 und erst 1253 kanonisiert), eine Ausnahme dar[97].

So wurden mit der Festigung der Neuen Christenheit im Verlauf des 12. und noch mehr des 13. Jh. dauerhafte Grundlagen für die Annahme des Christentums, seine Verwurzelung in der einheimischen Kultur und damit die Voraussetzungen aller späteren Entwicklung geschaffen.

Bibliographie

Vgl. die Bibliographie von Teil 2, 4. Kapitel „Die ‚Neue Christenheit‘ im 12. Jahrhundert: von Skandinavien bis zum Balkan“.

[97] Vgl. zu Adalbert-Wojciech, Boris von Bulgarien, Stephan von Ungarn, Olaf von Norwegen, Wenzel und Ludmilla und Vladimir: Histoire des saints et de la sainteté chrétienne, Bd. 5, Paris 1986, sowie zu Sava von Serbien und Stanislaus von Krakau: ebd., Bd. 6, Paris 1986.

Fünftes Kapitel

Die griechische Christenheit: Zerfall des Kaiserreichs und Herrschaft der Lateiner (1204–1274)

von Evelyne Patlagean

I. Die politischen Machtverhältnisse nach 1204: Lateiner und Griechen

Die griechische Christenheit hatte sich als identisch mit dem immerwährenden und virtuell universalen römischen Kaiserreich definiert. Dieses Selbstverständnis hatte allen geopolitischen Veränderungen widerstanden. Mit der Einnahme Konstantinopels 1204 durch die Lateiner zerfiel das Reich in drei Teile, Nikaia, Trapezunt und Epeiros, von denen jedes von da an gegenüber den anderen die so begriffene Identität beanspruchte, während ein Großteil der griechischen Christenheit unter die politische Herrschaft der Lateiner geriet. Der große Entwurf von einst überlebte jedoch diese unerhörte Probe so gut, daß er die Restauration durch Michael VIII. Palaiologos 1261 zu inspirieren und zu rechtfertigen vermochte. Aus der Sicht Konstantinopels stellt sich die Geschichte der Jahre 1204 bis 1261 zugleich als Vielfalt und Einheit dar[1].

1. Das griechische Kaisertum im Exil und die „partitio Romaniae"

Mit der Person Theodoros' Laskaris, des Schwiegersohns Kaiser Alexios' III. Angelos und Bruders Konstantins Laskaris, der in den letzten Wirren des Kaiserreichs für einen Augenblick der Weltgeschichte Kaiser war, übersiedelte die Herrschaftsgewalt nach Nikaia. Von zwei Enkeln Andronikos' I. Komnenos, Alexios und David, die sich auf Georgien stützten, wurde das Kaiserreich von Trapezunt ausgerufen. Michael Komnenos Angelos Dukas seinerseits faßte durch seinen Einmarsch in Arta in Epeiros Fuß. Er war illegitimer Sohn Joannes' Dukas, dieser selbst war Sohn Konstantins Angelos und einer Tochter Alexios' I.

Namen von Personen und Orten werden gemäß der in der deutschsprachigen Byzantinistik üblichen Form wiedergegeben. Bibliographische Kurzangaben verweisen auf das Literaturverzeichnis am Ende des Kapitels (siehe Seite 753).

[1] Über die allgemeine Bibliographie hinaus siehe H.-G. Beck, Geschichte der orthodoxen Kirche im byzantinischen Reich, Göttingen 1980, 183–202, wie auch: M. Angold, A Byzantine government in exile. Government and society under the Lascarids of Nicaea (1204–1261), Oxford 1974, sowie unten Anm. 7; D. M. Nicol, The Despotate of Epiros 1267–1479. A contribution to the history of Greece in the Middle Ages, Cambridge ²1984 (Bespr. der 1. Aufl. Oxford 1957 von P. Lemerle, in: Byzantinische Zeitschrift 51 (1958) 401–403); W. Miller, Trebizond, the last Greek Empire, London 1926; A. Bryer, The empire of Trebizond and the Pontos (Collected Studies), London 1980; S. P. Karpov, Trapezundskaja imperija i zapadnoevropejskie gosudarstva v XIII–XV vv., Moskau 1981; A. Carile, Per una storia dell'Imperio latino di Constantinopoli (1204–1261), Bologna ²1978; Sp. Vryonis jr.; The decline of medieval Hellenism in Asia Minor and the process of Islamization from the eleventh through the fifteenth century, Berkeley 1971.

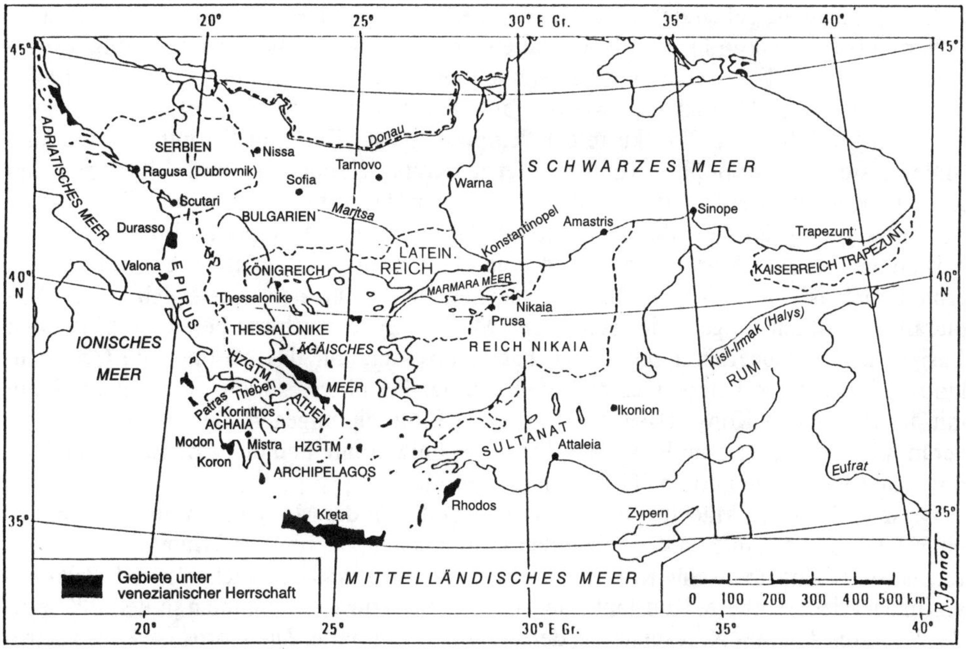

Kleinasien und der Balkan nach 1204.

Komnenos, Theodoras. Der genealogische Zusammenhang dieser drei Reichsgründungen ist offensichtlich. Darüber hinaus ließ die Konstellation selbständige griechische Herrschaftsbereiche in Kleinasien, in Philadelphia, Samsun Kalesi (Priene) bei Milet und im Tal des Mäander entstehen; Rhodos blieb in der Hand eines gewissen Leon Gabalas, der sich halten sollte, weil er den venezianischen Interessen entgegenkam. Auf lateinischer Seite wählte ein Rat aus zwölf Mitgliedern (sechs Franken und sechs Venezianern) nach der Einnahme Konstantinopels einen lateinischen Kaiser und einen lateinischen Patriarchen. Der eine war Balduin, Graf von Flandern und dem Hennegau, der andere mußte, so sah es der Vertrag vor, ein Venezianer sein. Die Wahl fiel auf Tommaso Morosini aus der Familie des gleichnamigen Dogen[2]. Eine Teilung (die *partitio Romaniae*) bezeichnete die Gebiete, die dem neuen Kaiserreich, den Kreuzfahrern und den Venezianern zugesprochen wurden, ohne jedoch bereits eroberte von noch einzunehmenden Territorien zu unterscheiden[3]. Die Hauptstadt ging zu fünf Achteln an den Kaiser, zu drei Achteln an den Dogen. An Bonifaz von Montferrat, den abgelehnten Kandidaten für den kaiserlichen Thron, der gerade Margarete, die Schwester des Königs von Ungarn und Witwe

---

[2] Vgl. R. L. Wolff, Politics in the Latine Patriarchate of Constantinople, 1204–1261, in: Dumbarton Oaks Papers 8 (1954) 225–303; J. Richard, The Establishment of the Latin Church in the Empire of Constantinople, in: B. Arbel u. a. (Hrsg.), Latins and Greeks in the Eastern Mediterranean after 1204, London 1989, 45–62.

[3] A. Carile, Partitio terrarum imperii Romanie, in: Studi Veneziani 7 (1965) 125–305; vgl. auch D. M. Nicol, Byzantium and Venice, Cambridge u. a. 1988, 145–165.

Isaaks II. Angelos, geheiratet hatte, fiel das „Königreich Thessalonike". Die Venezianer sicherten sich offenkundig die Meeresrouten, entlang derer sie bereits im voraufgegangenen Jahrhundert Fuß gefaßt hatten. Sie schlugen sich das Gebiet zwischen Durazzo (Dyrrhachion) und Naupaktos sowie die ionischen Inseln, darunter Korfu, zu; sie festigten ihren Einfluß an der Westküste der Peloponnes vom Golf von Korinth bis zum Kap Maleas; sie kauften Bonifaz von Montferrat Kreta (Kandia) ab und teilten mit den Kreuzfahrern eine Zeitlang die Insel Euböa mit der Hauptstadt Negroponte, die ihnen in der Folge ganz gehören sollte. Außerdem fielen ihnen der Archipel und der Raum von Adrianopel bis zum Marmarameer und dem Hellespont zu. Das lateinische Kaiserreich erhielt Kleinasien mit den ihm nächstgelegenen Inseln und dem Küstengebiet am Marmarameer und am Eingang des Schwarzen Meeres. Zypern gehörte bereits seit 1192 den Lusignan. Die Kreuzfahrer schließlich hatten ihr Auge auf das kontinentale Griechenland und die übrige Peloponnes geworfen. An der Peripherie sah das Sultanat von Rum mit der Hauptstadt Konya (Ikonion) 1205 einer Blütezeit entgegen. Der bulgarische Souverän Kalojan leistete dem Papst, der ihn zum König krönte und den Erzbischof von Tarnovo zum Patriarchen erhob (1204), den Lehenseid.

Diese und weitere Mächte, nach 1240 unter anderem die Mongolen, waren Akteure in einer Situation, die auch in den folgenden Jahren, jedenfalls bis zum Triumph des Kaiserreichs von Nikaia über seine Kontrahenten und bis zur Rückkehr Michaels VIII. Palaiologos in das wiedereroberte Konstantinopel (1261), nicht zur Ruhe kommen sollte. 1206 starb der Patriarch Joannes X. Kamateros, der sich geweigert hatte, Theodoros Laskaris zu krönen. Theodoros, der faktische Souverän, versammelte in Nikaia eine Synode, die Michael Autoreianos wählte, der seinerseits die Krönung vollzog (1208)[4]. Aus der Konkurrenzsituation entstand kurz darauf das Kaiserreich von Trapezunt: 1214 wurde das Gebiet im Westen von Sinope durch Nikaia annektiert und die Stadt selbst von den Seldschuken eingenommen, deren Vasall der Souverän von Trapezunt in gewissem Sinne wurde. Der Schwiegersohn Theodoros' Laskaris, Joannes III. Vatatzes, trat 1222 seine Nachfolge an und strebte gegenüber den Lateinern nach der Rückeroberung, die sowohl in Kleinasien als auch auf den Inseln rasche Erfolge verzeichnen konnte. Die Verwirklichung der kaiserlichen Herrschaftsmodelle in Epeiros sollte mehr Zeit in Anspruch nehmen. Theodoros, Halbbruder und Nachfolger Michaels Komnenos Angelos Dukas, konnte seinerseits gegenüber den Lateinern Boden gewinnen. Er eroberte Thessalonike zurück, wo er 1224 von Demetrios Chomatianos, dem Inhaber des autokephalen Metropolitensitzes (d. h., über ihm stand nur der Patriarch selbst) von Ochrid, gekrönt wurde. Doch der Vormarsch Theodoros' auf Adrianopel brachte ihn in Gegensatz zu den Truppen Nikaias, und sein Ehrgeiz fand ein Ende mit der Schlacht von Klokotnica (1230), die ihn zum Gefangenen des Zaren Ivans Asen II. von Bulgarien werden ließ. Das Ereignis zog die Spaltung zwischen Epeiros und Thessalien nach sich. Vatatzes starb 1254 als Herr über den größten Teil Kleinasiens und die balkanische Mark, besonders Thessalonike. Das Kaiserreich von Trapezunt zahlte seitdem Tribut an die Mongolen. Epeiros erkannte die Herrschaft Nikaias an: Theodoros Angelos und sein Sohn Nikephoros erhielten zum Ausgleich den Titel eines Despoten.

---

[4] Regestes Nr. 1207, vgl. N. OIKONOMIDES, Cinq actes inédits du patriarche Michel Autoreianos, in: REByz 25 (1967), Mél. V. Grumel, Bd. 2, 113–145. Wir folgen in diesem Kapitel V. LAURENT, La chronologie des patriarches de Constantinople au XIIIe siècle (1208–1309), in: REByz 27 (1969) 129–150; vgl. auch G. FEDALTO, Hierarchia Ecclesiastica Orientalis I. Patriarchatus Constantinopolitanus, Padua 1988, 8.

An das griechische Kaiserreich von Trapezunt erinnern die Bauten der Hagia Sophia, deren Architektur Einflüsse der armenischen und georgischen Kunst erkennen lassen.

Rhodos wurde 1249 unterworfen. Der Sohn Joannes III. Vatatzes, Theodoros II. Laskaris, folgte ihm; er starb bereits 1258 und hinterließ ein Kind als Erben, Joannes IV., und als Regenten Georgios Muzalon aus derselben Familie, aus der im voraufgegangenen Jahrhundert der Patriarch Nikolaos IV. stammte. Nun war die Stunde Michael Palaiologos' gekommen.

2. Michael Palaiologos und die Restauration

Michael Palaiologos kam aus einer Familie, die seit dem voraufgegangenen Jahrhundert auch mit den Komnenen, den Dukai und den Angeloi verbunden war; mit einer Enkelin Joannes' III. Vatatzes verheiratet, hatte er bereits eine glänzende Laufbahn vorzuweisen, die von seinem Ehrgeiz zeugt. Die sofortige Ermordung des Regenten, dann die Blendung des jungen Mitkaisers zu Weihnachten 1261 (nach ihrer gemeinsamen Krönung Weihnachten 1258) sicherten ihm die ungeteilte kaiserliche Gewalt. Er führte das Unternehmen der Rückeroberung gegenüber den Lateinern und der Erringung der Vormachtstellung unter den Griechen, von seinen Vorgängern in Angriff genommen, zum Erfolg und hielt seinen Einzug in Konstantinopel am 15. August 1261, dem traditionellen Tag des Kaisers und der Sonne. Ihm vorangetragen wurde die Ikone der Muttergottes *Hodegetria*[5]. Der Aufschwung Kleinasiens unter den Laskariden führte zu einer Restauration, die sich der großen Idee des Kaisertums, die auf Konstantinopel augerichtet war, verschrieb – durchaus zugunsten der Palaiologen, jedoch auf Kosten der Zukunft (so zumindest lautet die These,

---

[5] JANIN, Le siège de Constantinople et le patriacat œcuménique, Paris[2]1969, 201.

die Speros Vryonis[6] und vor allem Hélène Ahrweiler[7] vertreten, die jedoch die ideologische Dynamik der Restauration unterschätzen dürfte). Wie dem auch sei, Byzanz sah sich von da an den drei Fronten des Jahrhunderts gegenüber. Bezüglich der Türken in Kleinasien glich Michael den Druck des Sultanats von Rum durch seine guten Beziehungen zu Khan Hūlāgū, dem Sieger über das abbasidische Kalifat, dem der Sultan tributpflichtig war, aus. Was Donau und Balkan betrifft, ging er mit Heiratsallianzen vor: So verheiratete er seinen Sohn Andronikos mit der Tochter des Königs von Ungarn, Stephans V. Gegen die Bulgaren, die 1272 angriffen, schloß er mit dem Khan Nogaj und der Goldenen Horde, die zwischen Don und Wolga siedelte, einen Pakt. Im Westen sah er in der Person des Bruders König Ludwigs IX. von Frankreich, Karls von Anjou, der durch seinen Sieg über Manfred von Hohenstaufen und unterstützt vom Papsttum König von Neapel und Sizilien geworden war, seinen Hauptgegner[8]. Karl sollte aus der Sache des lateinischen Kaiserreichs ein Motiv seiner eigenen Politik machen. Nachdem er Epeiros angegriffen hatte, da die Witwe Manfreds eine Tochter des Despoten war, schloß er 1267 in Anwesenheit Papst Clemens' IV. mit dem lateinischen Kaiser Balduin II. einen Pakt, der durch die Verlobung ihrer Kinder und dadurch, daß das fränkische Fürstentum Achaia (Peloponnes) unter angevinische Oberhoheit kam, besiegelt wurde. Eine weitere Übereinkunft wurde mit dem Fürsten Wilhelm von Villehardouin getroffen. Karl von Anjou wurde so gegenüber dem Kaiserreich der Palaiologen zum Hauptvertreter der vom Westen auf politischem, kirchlichem und dogmatischem Gebiet beanspruchten Vorrangstellung und brachte von da an die feindlichen Mächte in Konstantinopel zum Zusammenschluß (1271). Es ist hier nicht der Ort, auf die Einzelheiten der Offensive und Gegenschläge Michaels VIII. einzugehen. In unserem Zusammenhang sind jedoch die Beziehungen des letzteren zu Rom von Interesse, die ganz offensichtlich im Zentrum der politischen Konstellation standen. Wie schon 1204 zielte das Papsttum im Orient zugleich auf die Wiedereingliederung der griechischen Kirche und den Kreuzzug[9]. Michael VIII. bezog dieses Motiv von Anfang an in sein Kalkül ein. Gregor X., der 1271 nach einer Sedisvakanz von fast drei Jahren zum Papst gewählt wurde, kündigte im März 1272 die Einberufung eines Konzils nach Lyon für den 1. Mai 1274 mit wenigstens drei Zielen an: Union, Kreuzzug und Reform. Michael VIII. akzeptierte die Union, um Karl von Anjou zu schwächen. Dies war zumindest einer der Gründe für seine Entscheidung. Doch endet mit dem Konzil von Lyon unsere Darstellung.

3. Die neuen griechischen Staaten und das Vorbild des Kaiserreichs

Die Jahre 1204 bis 1261 waren die einer zwischen den griechischen Mächten politisch zerrissenen griechischen Christenheit, die den konkurrierenden kaiserlichen Ansprüchen, den lateinischen Eroberern römischer Obödienz und schließlch dem expandierenden türkischen Islam ausgesetzt war. Wenn wir letzteres vorläufig beiseite lassen, beobachten wir,

---

[6] Vryonis, Decline of medieval Hellenism (s. Anm. 1).

[7] H. Ahrweiler, L'histoire et la géographie de la région de Smyrne entre les deux occupations turques (1081–1317), particulièrement au XIIIe siècle, in: Travaux et mémoires 1 (1966) 1–204; dies., L'expérience nicéenne, in: Dumbarton Oaks Papers 29 (1975) 21–40.

[8] D. G. Geanakoplos, Emperor Michael Palaeologus and the West, 1258–1282, Hamden ²1973; darüber hinaus ist es ausreichend, K. M. Setton, The Papacy and the Levant (1204–1571), Bd. 1: The thirteenth and fourteenth centuries, Philadelphia 1976, anzuführen.

[9] Siehe oben die in Fußnote 1 angegebene Literatur.

daß sich überall zunächst die Frage der Beziehungen zwischen politischem und religiösem Bereich stellt. Die Teilreiche des griechischen Kaisertums blieben dem Modell treu, das in der Zweiheit von Kaiser und Patriarch begründet war. Doch diese Zweiheit erfuhr durch die Zeitumstände eine besondere Prägung; bis 1261 bemühte man sich, auf der Basis dieses Modells Gebilde, die in Wirklichkeit nicht mehr als Kleinstaaten waren, einerseits im Namen des genealogischen Prinzips, andererseits in der Hoffnung auf Restauration, zu stützen. Die Kirche war die unverzichtbare treibende Kraft dieser Restauration, sei es durch die Krönung des Souveräns, sei es durch ihren Beitrag über den Klerus und über Belehrungen zur Lenkung eines nationalen griechischen Bewußtseins, das sich bereits im 12. Jh. gegenüber dem lateinischen Gegner ausgebildet hatte. Da das Kaiserreich von Trapezunt seit 1214 aus der Konkurrenz ausgeschieden war, sollten sich die Rivalen Epeiros und Nikaia auf die traditionelle Zweiheit berufen. Nicht anders handelte im selben Kontext das lateinische Kaiserreich, wie das Verhalten des Papsttums und Venedigs in dieser Situation belegt. Die Restauration von 1261, die dem ersten kaiserlichen Modell folgt, bezeugt zwar dessen ideologische Vitalität, zugleich jedoch die mangelnde Anpassung an die politische Entwicklung. Die lateinische Eroberung hatte im Zeichen des Kreuzzugs begonnen, wandte sich dann aber von den Ungläubigen ab, um sich gegen die Schismatiker zu richten. Viele Fragen stellten sich für die Beziehungen zwischen den beiden Kirchen in all ihren Zuständigkeiten, denen der Obödienz, der Ordinationen, der Sakramente, des weltlichen Besitzes, wobei die entscheidende Aufgabe dem Papst zufiel. Schließlich hatte das Ereignis von 1204 die Frage der Union der Kirchen, die seitdem aktuell war, keineswegs gelöst, sondern bewirkte ihre erneute Aktualität sowohl auf seiten des Papsttums wie der griechischen Staaten, die nach Wegen für die Restauration des Kaiserreichs suchten, und vor allem bei den Mitspielern an der Peripherie, von den Bulgaren bis zu den Armeniern. Dies alles bildete den Rahmen, in dem die Geschichte der griechischen Christen im 13. Jh. verlief. Hieraus erklärt sich auch die plötzliche Vermehrung der Quellen, die übrigens fruchtbare Einblicke in die Gesellschaft der Provinzen ermöglicht. Jeder der Konkurrenten sah sich veranlaßt, sein eigenes Kaisertum zu proklamieren, wobei die Stimme der Kirche wesentlich war; dies gilt auch für die Gebiete unter lateinischer Herrschaft. Darüber hinaus erlebte die griechische Kirche das 13. Jh. bis 1261 als eine Periode der Spannungen zwischen ökumenischem Modell und regionalen Interessen.

II. Reiche und Kirchen

1. Die Geistlichkeit

Die Geistlichkeit der Hauptstadt aus dem 12. Jh. fand sich im Dienste Nikaias wieder. Die Generation von 1204 verlagerte ihre Aktivitäten aus der seitdem besetzten Kapitale, zu der die geistigen Bindungen jedoch nicht abrissen, dorthin. So kompilierte etwa der Geschichtsschreiber Niketas Choniates, der gegen 1215/16 starb, in Nikaia eine neue Version der *Dogmatischen Panoplie* des Euthymios Zigabenos [10]. Nikolaos Mesarites, der vor 1204

[10] Nur Teilabdruck in PG 139–140 passim; vgl. J. L. Van Dieten, Zur Überlieferung und Veröffentlichung der Panoplia Dogmatike des Niketas Choniates, Amsterdam 1970.

dem Klerus der Hagia Sophia und dem Personal des Palastes angehört und später in Diensten des Exilpatriarchen gestanden hatte, wurde 1212 Metropolit von Ephesos; bis zu seinem Tod nach 1220 war er eine herausragende Persönlichkeit des griechischen kirchlichen Denkens[11]. Sein Bruder Joannes, gestorben 1207, verließ dagegen Konstantinopel, wo er Exegese gelehrt hatte, nicht und führte vom Georgskloster der Manganen aus die Opposition gegen die Lateiner[12]. Der Patriarch Germanos II. (nach 1150–1240) war Diakon der Großkirche, bevor er 1222 Nachfolger Manuels I. Sarantenos wurde, der ebenfalls in Konstantinopel in Philosophie und Theologie ausgebildet worden war. Germanos II. sollte mit seiner ökumenischen Würde den kaiserlichen Anspruch der Laskariden flankieren, doch wandte sich sein pastorales Werk, Predigten und Hirtenbriefe, an das Kirchenvolk der besetzten Hauptstadt[13]. Dieselbe Situation findet sich, wenn auch in kleinerem Maßstab, in Epeiros. Drei Kirchenleute unterstützten hier bis 1233 den Souverän bei seinen Plänen einer Restauration: Joannes Apokaukos, Demetrios Chomatianos und Georgios Bardanes[14]. Apokaukos, geboren zwischen 1150 und 1160, war Neffe Konstantins Manasses, des Historiographen und Metropoliten von Naupaktos (gest. 1187). Als Mitschüler des späteren Patriarchen Manuels I., dann Schreiber des Patriarchats errang er seinerseits 1202 den Sitz von Naupaktos, auf dem er blieb. Seine kanonischen Entscheidungen und seine politische Korrespondenz stellen, wie wir sehen werden, eine wesentliche Quelle der Geschichte dar, nach deren Abfassung er sich 1232 in einen Konvent nach Arta zurückzog, wo er zwischen 1232 und 1235 starb[15]. Demetrios Chomatianos, der seine Ausbildung ebenfalls in der Hauptstadt erhalten hatte, übte das Amt des *Chartophylax* (d. h. des Konservators der Archive) der Kirche von Ochrid aus, bevor er 1217 dort Erzbischof wurde. Über seine politische Aktivität hinaus blieb er der große Kanonist seiner Zeit[16]. Georgios Bardanes schließlich, der in der zweiten Hälfte des 12. Jh. in Athen als Sohn eines späteren Suffraganbischofs dieses Sitzes geboren wurde, war dort zunächst Schüler, später Mitarbeiter Michael Choniates', dessen Schützling er blieb. 1219 wurde er Bischof von Korfu (Kerkyra) und ist als Verfasser von Streitschriften bekannt; er starb 1237[17]. Anderenorts in der grie-

---

[11] Bezugnahmen bei H.-G. Beck, Kirche und theologische Literatur im byzantinischen Reich, München 1959, 666–667.

[12] Ebd. 665–666; auch Janin, Siège de Constantinople (s. Anm. 5), 201.

[13] Beck, Kirche und theologische Literatur 668. Der Zyklus von Homelien des Cod. Paris. Coislin 278, der mindestens teilweise von ihm stammt, bedarf der Erforschung.

[14] Zu diesen drei Männern und ihrem Werk vgl. Beck, Kirche und theologische Literatur 708–710; A. D. Karpozilos, The ecclesiastical controversy between the kingdom of Niceae and the principality of Epirus (1217–1233), Thessalonike 1973. Zum Stand der Ausgaben und Bibliographie zu Apokaukos und Chomatianos siehe A. E. Laiou, Contribution à l'étude de l'institution familiale en Epire au XIIIe siècle, in: Fontes Minores 6 (1984) 276–277, Anm. 4.

[15] Wir zitieren hier V. G. Vasilevksij, Epirotica saeculi XIII. Iz perepiski Ioanna Navpaktskago, in: Vizantijskij Vremennik 3 (1896) 233–299; N. A. Bees, Unedierte Schriftstücke aus der Kanzlei des Johannes Apokaukos des Metropoliten von Naupaktos (in Ätolien), in: Byzantinisch-neugriechische Jahrbücher 21 (1976) 55–243; vgl. M. Wellnhofer, Johannes Apokaukos, Metropolit von Naupaktos in Ätolien (ca. 1155–1233). Sein Leben und seine Stellung im Despotat von Epiros unter Michael Dukas und Theodoros Komnenos, Freising 1913.

[16] Immer noch zu Rate zu ziehen in der Ausgabe von J. B. Pitra, Analecta Spicilegio Solesmensi parata, Bd. 6, Paris 1891.

[17] Vgl. P. Roncaglia, Georges Bardanès, métropolite de Corfu et Barthélemy de l'Ordre Franciscain, Rom 1953; J. M. Hoeck – R. J. Loenertz, Nikolaos-Nektarios von Otranto, Abt von Casole. Beiträge zur Geschichte der ostwestlichen Beziehungen unter Innozenz III. und Friedrich II., Ettal 1965.

chischen Christenheit sind weitere Stimmen zu vernehmen, so Neophytos der Rekluse (1134–nach 1214), Mönch auf Zypern und führende Autorität der griechischen Kirche der Insel[18], oder Nikolaos-Nektarios von Otranto (gegen 1160–1235), Abt des griechischen Klosters S. Nicola di Casole, ein kluger Dolmetscher in Diensten der römischen Kurie und der päpstlichen Gesandtschaften nach Konstantinopel und Nikaia sowie bedeutender Freund Georgios' Bardanes[19].

a) Die zweite Generation

In der folgenden Generation hatte das Kaiserreich von Nikaia selbst die Bildung seiner Verwaltungselite zu sichern. Unter Joannes III. Vatatzes und Theodoros II. Laskaris übernahm die Stadt Aufgaben der Ausbildung, die einst von der Hauptstadt wahrgenommen worden waren, allerdings unter veränderten kulturellen und sozialen Bedingungen[20]. Schöpfer dieses Unternehmens war Nikephoros Blemmydes (1197–1272)[21]. In Konstantinopel geboren, erhielt er seine Ausbildung in Prusa (Bursa) und Nikaia, wo er auch lehren sollte. Er gehörte dem Klerus des Patriarchats an und schlug schließlich eine klösterliche Laufbahn ein (1235); später sollte er Metropolit von Ephesos werden, wobei er das Ziel des Patriarchenthrons nur knapp verfehlte. In seinem beachtlichen Werk erfährt man von der Vielfalt der Disziplinen, mit denen er sich beschäftigte, wie auch von den Bedingungen, unter denen er lebte. Seine philosophische Schule brachte Männer wie Georgios Akropolites, einen Staatsmann und Historiographen seiner Epoche (1217–1282), hervor[22]. Dieser, ebenfalls in Konstantinopel geboren, wurde von seinen Eltern im Alter von sechzehn Jahren zur Ausbildung nach Nikaia geschickt; unter Vatatzes sollte er in die höchsten öffentlichen Ämter aufsteigen. Michael VIII. vertraute diesem Laien die Lehre der Theologie im zurückeroberten Konstantinopel an und sandte ihn später zum Konzil von Lyon. Theodoros Laskaris selbst sollte bei Blemmydes in die Schule gehen, wo er einen Kreis um sich scharte. Die kaiserliche Hauptstadt und der Kaiser fanden in Nikaia zu dem kulturellen Vorrang zurück, der sie traditionell auszeichnete. Vatatzes beauftragte Blemmydes, die Länder unter griechischer Herrschaft zu bereisen, um Manuskripte zu sammeln oder wenigstens Aufzeichnungen dazu anzufertigen. Theodoros II. selbst folgte dem Ideal der kaiserlichen Gelehrsamkeit und schuf ein bedeutendes persönliches Werk in den Bereichen der Rhetorik, Philosophie und Theologie[23].

---

[18] Siehe inzwischen C. Galatariotou, The making of a saint. The lifetimes and sanctification of Neophytos the Recluse, Cambridge 1991.

[19] Hoeck – Loenertz, Nikolaos-Nektarios von Otranto (s. Anm. 17).

[20] Vgl. J. B. Pappadopulos, Théodore II Lascaris, empereur de Nicée, Paris 1908; G. Richter, Theodoros Dukas Laskaris: Der natürliche Zusammenhang, Amsterdam 1989, 1–8. S. auch H. Hunger, Die hochsprachliche profane Literatur der Byzantiner, 2 Bde., München 1978, II, 244.

[21] Beck, Kirche und theologische Literatur 671–674; Hunger, Hochsprachliche profane Literatur passim, bes. Bd. II, 67; G. Podskalsky, Theologie und Philosophie in Byzanz, München 1977, 58–59. Der Historiker ist besonders interessant wegen seiner Autobiographie, hrsg. von J. A. Munitiz, Nicephori Blemmydae Autobiographia sive Curriculum vitae necnon Epistula Universalior, Turnhout 1984 (Corpus Christianorum, series graeca 13); engl. Übersetzung von J. A. Munitiz, Nikephoros Blemmydes. A partial account, Löwen 1988; siehe auch die Studie dazu bei G. Misch, Geschichte der Autobiographie, Bd. III, 2, Frankfurt/Main 1962, 831–875.

[22] A. Heisenberg (Hrsg.), Georgi Acropolitae Opera, 2 Bde., Leipzig 1903.

[23] S. Anm. 20.

In den Darstellungen byzantinischer Kaiser drückt sich sehr deutlich die Vorstellung vom Herrscher als Stellvertreter Gottes auf Erden aus. Verbreitet ist der Bildtyp der Herrscherkrönung durch Christus, wie ihn die Miniatur (12. Jh.) einer griechischen Handschrift zeigt: Christus, dem Barmherzigkeit und Gerechtigkeit zusprechen, krönt Johannes II. Komnenos und seinen Sohn und Mitkaiser Alexios (Rom, Vatikan. Bibliothek). – Auch das Bild des thronenden Kaisers Nikephoros Botaneiates mit Würdenträgern betont besonders durch die allegorischen Figuren hinter dem Thron die gottgegebene Macht des Herrschers. Miniatur (um 1080) in einer Homilie des Johannes Chrysostomos (Paris, Nationalbibliothek).

b) Das wiedergewonnene Konstantinopel

Die Beziehungen zwischen gelehrter Kultur und Macht im wiedererstandenen Konstantinopel erinnern, was die Rolle der patriarchalen Kreise und ihrer Lehre betrifft, an das 12. Jh. zur Zeit Manuels I. Komnenos: Man kann darin den Willen zur Wiederherstellung der Tradition erkennen, die Nikaia zu sichern gewußt hatte. Die Gelehrten sollten sich über die wesentliche Frage der Union mit Rom überwerfen; sie stellten keine einheitliche Gruppe mehr dar, weder aufgrund ihrer Studien noch aufgrund ihrer Lebenswege. Gregorios Kyprios, der zukünftige Patriarch, wurde 1241 als Georgios auf Zypern geboren. In seiner Autobiographie erzählt er, wie er seine Insel im Bestreben nach höherer griechischer Bildung verließ, diese zunächst bei Blemmydes in Nikaia suchte und sie schließlich in Konstantinopel bei Akropolites fand[24]. Er war dort Mitschüler des 1242 in Nikaia geborenen Georgios Pachymeres, eines späteren Mitglieds des patriarchalen Klerus und Geschichtsschreibers seiner Epoche (er starb gegen 1310)[25]. Sein späterer Schüler sollte der Politiker und Philosoph Nikephoros Chumnos sein[26]. Gregorios Kyprios gehörte dem Klerus des Palastes an. Im Dienst des Patriarchats begegneten sich der spätere Patriarch Joannes Bekkos, *Chartophylax* der Großkirche (1263; dann Sakristan), und der Geschichtsschreiber Theodoros Skutariotes, ein Mann noch aus Nikaia, der in die Position des *Sakelliu*[27] gelangen sollte, bevor er 1277 den Sitz des Metropoliten von Kyzikos erhielt[28]. Zur Schule des Patriarchats gehörten Manuel (mit Mönchsnamen Maximos) Holobolos, ihr Leiter[29], der bereits genannte Georgios Pachymeres, der 1277 „Lehrer des Apostels" werden sollte, und Georgios Moschampar, Lehrer der Exegese[30]. Pachymeres und Skutariotes zeichnen sich durch ihr historiographisches Werk aus, die anderen auf verschiedensten Gebieten, von philosophischer Literatur bis zu Streitschriften bezüglich der Union.

2. Herrscher und Patriarchen

Nach 1204 hatten sich die rivalisierenden unabhängigen Mächte zunächst besonders um die patriarchale Anbindung bemüht, ohne die jeder Anspruch auf die Kaiserwürde leer geblieben wäre. Doch aufgrund der Umstände blieb die so hergestellte Allianz mehr denn je von der politischen Seite dominiert, deren Kontrolle sich vor allem auf die Wahl der Bischöfe und die Besetzung der Bischofssitze konzentrierte. In Nikaia wurde 1208 der Patriarch Michael IV. Autoreianos von einer von Theodoros I. Laskaris einberufenen Synode gewählt, die auch den Klerus der Hagia Sophia und die Äbte der Hauptstadt einschloß – so wurde Kontinuität bekundet. Der epirotische Herrscher mußte von da an eine andere Lösung finden. Das erste Problem, das sich stellte, war nach 1213 in der Tat das der Bischofswahlen. Die Umstände entschuldigten oder erlaubten die Wahl der Bischöfe durch ihre eigenen Amtsbrüder. Obwohl man vom Patriarchen von Nikaia die Bestätigung erbat, entsprach ein solches Vorgehen offensichtlich nicht den Regeln. In Trapezunt entschied sich die Kirche für eine Übereinkunft mit dem Patriarchen und setzte so ihrerseits den imperialen Plänen von Trapezunt enge Grenzen – die im übrigen durch die Anwesenheit der Türken zum Stillstand kamen. Ein Akt des Patriarchats und der Synode vom 1. Januar 1261 regelte in diesem Sinne einige Monate vor der Restauration des Kaiserreichs die Wahl der Metropoliten von Trapezunt, die in Gegenwart eines Abgesandten des Patriarchen vollzo-

[24] W. Lameere (Hrsg.), La tradition manuscrite de la correspondance de Grégoire de Chypre patriarche de Constantinople (1283–1289), Brüssel/Rom 1937, 173–191.

[25] Hunger, Hochsprachliche profane Literatur (s. Anm. 20) Bd. I, 447–453 und II, 245f; I. Bekker (Hrsg.), Georgii Pachymeris De Michaele et Andronico Palaeologis libri tredecim, 2 Bde., Bonn 1835; neue Ausgabe von V. Laurent – A. Failler, Relations historiques. Livres I–VI, (bisher) 2 Bde., Paris 1984.

[26] J. Verpeaux, Nicéphore Choumnos, homme d'Etat et humaniste byzantin (ca. 1250–1255–1327), Paris 1959.

[27] Siehe oben , erster Teil, erstes Kapitel, III., 2.

[28] Hunger, Hochsprachliche profane Literatur (s. Anm. 20) Bd. 1, 447–478; K. Sathas (Hrsg.), Mesaionike Bibliotheke, Bd. 7, Venedig / Paris 1894, 1–556; die Zusätze zu Georgios Akropolites hrsg. von A. Heisenberg (s. Anm. 22) Bd. 1, 275f.

[29] M. Treu, Manuel Holobolos, in: Byzantinische Zeitschrift 5 (1896) 538–559.

[30] V. Laurent, Un polémiste grec de la fin du XIIIe siècle. La vie et les œuvres de Georges Moschabar, in: Echos d'Orient 28 (1929) 129–158.

gen werden sollte; der Metropolit selbst sollte nur die Bischöfe seines Sitzes ordinieren können[31]. Die Kirche von Epeiros dagegen, an deren Spitze damals Apokaukos stand, übernahm mit der Unterstützung seines Souveräns einen Part, der die Autorität des letzteren nur stärken konnte, wie auch das Patriarchat von Nikaia mit seiner ökumenischen Würde den kaiserlichen Anspruch der Laskariden verteidigte. Patriarch Manuel I. erteilte 1220/21, dann auch 1222 seine Bestätigung der Bischofswahlen, gefolgt von einer Warnung für die Zukunft[32]. Sein Abgesandter jedoch sah sich mit einer veränderten Situation konfrontiert.

Theodoros Angelos wurde 1217 Nachfolger Michaels[33]. Er verfolgte eine Politik der Rückeroberung gegenüber den Lateinern, die er mit einer Wiedererrichtung der orthodoxen Bistümer verband. 1217/18 besetzte er den autokephalen Sitz von Ochrid mit Demetrios Chomatianos. Mangels einer gesicherten Nachfolge, die in Nikaia mittlerweile schon restauriert worden war, stellte auch er auf diese Weise die unverzichtbare Zweiheit an der Spitze des Staates wieder her. Seine militärischen Erfolge berechtigten zu diesem Zeitpunkt zu Erwartungen, die die Synode von Epeiros nur teilen konnte. In dieser Situation wiesen Apokaukos und Theodoros selbst, sein „geistiger Sohn", die Einladung zu einem Vereinigungskonzil, das der Souverän von Nikaia 1220 einberief, zurück. Diese Einladung, die zugleich an die Patriarchen von Antiochien, Alexandreia und Jerusalem erging, hatte, wie außerdem jede Beziehung zu Rom, sichtlich Bedeutung für die imperial gefärbten Ambitionen. Tatsächlich hatten Apokaukos und Theodoros bereits ihrerseits Verhandlungen geführt und Epeiros unter den Schutz des Papstes gestellt (1218). Die Entgegnung des Patriarchen, hinter der die des Souveräns stand, lautete, das Bistum von Peć in den Rang eines gegenüber Ochrid autonomen Erzbistums zu erheben und dort darüber hinaus Sava, den Bruder Stephans II., des Zupans von Serbien, einzusetzen[34]. Apokaukos antwortete auf einen 1222 vom Patriarchen gesandten Brief[35]: Das Prinzip eines einzigen *Basileus* und eines einzigen Patriarchen müsse bestehen bleiben, aber die Umstände machten eine Teilung notwendig. Die Synode von Epeiros erkannte Manuel I. Sarantenos als Patriarchen an, nicht jedoch Laskaris als Kaiser; außerdem hielt sie dessen Autorität für rein geistlich, insofern der Patriarch sich im Exil befand. Der Weg war also frei, als Theodoros Angelos Ende 1224 Thessalonike einnahm. Die Synode von Epeiros erklärte ihn des Kaisertums für würdig, einmal aufgrund seiner Abstammung, zum anderen aufgrund seiner Verteidigung der Orthodoxie. Der Metropolit von Thessalonike lehnte es allerdings ab, ihn zu krönen, und begab sich ins Exil. Chomatianos vollzog daraufhin die Krönung Theodoros' zum Kaiser, und die Synode von Epeiros wandte sich an den Patriarchen (nach März 1225) und beanspruchte für sich das Recht der Bischofseinsetzung. In Nikaia verurteilte eine Synode den Kaisertitel Theodoros' Angelos, und der Patriarch Germanos II. verwarf den Akt des Chomatianos, da er die Kompetenz des Erzbischofs von Ochrid überschreite. Chomatianos bestritt letzteres und protestierte darüber hinaus gegen das gegen seinen Sitz verhängte Präjudiz der Erklärung von Peć und somit der serbischen Kirche für autokephal[36]. Die Nie-

---

[31] Regestes Nr. 1351.
[32] Regestes Nr. 1227–1228 und 1230.
[33] Dies folgt aus Karpozilos, Ecclesiastical controversy (s. Anm. 14).
[34] Regestes Nr. 1225–1226.
[35] Epirotica saeculi XIII (s. Anm. 15) Nr. 17 (S. 270–278).
[36] Regestes Nr. 1239 und 1244; G. Prinzing, Die Antigraphe des Patriarchen Germanos II. an Erzbischof

derlage Theodoros' Angelos in Klokotnica gebot dem Konflikt Einhalt (1230). Die in Thessalonike im Sommer 1232 abgehaltene Synode verlas und bestätigte einen Brief des Patriarchen, sein Vertreter (Exarch) schloß die Angelegenheit ab[37].

a) Germanos II.

Germanos II., der dem Kaiserreich von Nikaia am längsten als Patriarch diente (1222–1240), steht sicher für eine entscheidende Etappe bei der Wiedererlangung der alten Rechte, insofern sie die Restauration vorbereitete. Wir sahen gerade seine Rolle im Konflikt mit Epeiros. Ein Beispiel in kleinerem Maßstab, aber trotzdem vergleichbar, findet sich auf Zypern. Die Insel bildete ein autokephales Erzbistum. Gegen 1209 wählten der Klerus und die Bevölkerung, die sich unter der Schirmherrschaft des lateinischen Klerus versammelt hatten, für den seit 1204 vakanten Sitz den Erzbischof von Lydda (Palästina), der auf die Insel geflohen war. Es handelte sich also um eine Versetzung, die die Synode bestätigte[38]. Die Kirche von Zypern sah sich jedoch bald zwischen den Lateinern[39] und dem Patriarchat hin- und hergerissen[40]. 1223 legte eine zypriotische Delegation Germanos II. und der Synode die Schwierigkeiten dar, die sich aus den Forderungen der Lateiner ergaben und aufgrund derer Erzbischof Neophytos den Weg ins Exil gewählt hatte[41]. Die bereits sehr bestimmte Antwort sollte in einem zweiten Brief 1229 noch entschiedener ausfallen[42]. Doch Neophytos, der sich dem Statut des Sitzes von Zypern folgend ummittelbar vom Kaiser hatte anerkennen lassen, appellierte mehrfach an diesen[43]. Mit anderen Worten, eine Kirche unter lateinischer Herrschaft und folglich politisch isoliert, manifestierte auf ihre Weise das gleiche Bestreben nach Unabhängigkeit gegenüber einem Patriarchat, das dagegen durch seine Abgesandten die Zentralisierung wiederherzustellen bestrebt war, aber darin von den regionalen Episkopaten kaum unterstützt wurde. Außerdem konnten im Gebiet des Patriarchats von Nikaia selbst der Patriarch und die Synode 1224/25 lediglich im nachhinein die durch verschiedene Metropoliten vollzogenen Ordinationen bestätigen[44]: Hier zeigt sich dieselbe Tendenz. Die pastoralen Beziehungen des ökumenischen Patriarchen zu seiner Hauptstadt wurden von Germanos II.[45] wie von seinem Vorgänger Theodoros II. Eirenikos[46] aufrechterhalten. Cod. Paris. Coisl. 278 enthält beispielsweise Stellungnahmen und Predigten Germanos' II. zum Problem der Bogomilen, Juden und schlechten Kleriker wie zu verschiedenen Festen, die zum Teil ausdrücklich an die christli-

---

Demetrios Chomatenos von Ochrid und die Korrespondenz zum nikäisch-epirotischen Konflikt 1212–1233, in: Rivista di studi bizantini e slavi 3 (1983) 21–64.

[37] Regestes Nr. 1263 mit der Jahresangabe 1233.

[38] Regestes Nr. 1210 (17. Juni 1209).

[39] P. I. Kirmitses, He orthodoxos ekklesia tes Kypru epi Phrangokratias, in: Kypriakai Spudai 47 (1983) 1–108.

[40] K. Chatzepsaltes, He Ekklesia Kypru kai to en Nikaia Oikumenikon Patriarcheion archomenu tu 13u aionos, in: Kypriakai Spudai 28 (1964) 141–168.

[41] Regestes Nr. 1234.

[42] Regestes Nr. 1250.

[43] Brief veröffentlicht von K. Chatzepsaltes, Scheseis tes Kypru pros to en Nikaia byzantinon kratos, in: Kypriakai Spudai 15 (1951) 65–82 (Text S. 75–77).

[44] Regestes Nr. 1236.

[45] Regestes Nr. 1233 (Januar 1223).

[46] Regestes Nr. 1219 (Oktober 1214–November 1215).

che Bevölkerung Konstantinopels gerichtet sind. Andererseits gewährte Joannes III. Vatatzes den griechischen Heiligtümern und Klöstern, unter welcher politischer Oberhoheit sie auch immer standen, Schutz und Spenden: Das Katharinenkloster auf dem Sinai, Jerusalem, Alexandreia, Antiochien, Konstantinopel, der Berg Athos und Thessalonike finden sich unter anderem in der Aufzählung Skutariotes' in seiner Lobrede auf den Herrscher[47].

b) Arsenios Autoreianos

Arsenios Autoreianos übte das Amt des Patriarchen von 1254 bis 1260 und von 1261 bis 1264 aus. Er gab Anlaß zu einem ernsten Schisma, das bis 1310 dauerte[48] und, unter der auf den ersten Blick geläufigen und klassischen Form der Konfrontation zwischen einem Kaiser und einem Patriarchen monastischer Prägung, zeitbezogene Implikationen aufweist. Das Studium dieses so tiefgreifenden Konflikts sollte wieder aufgenommen werden[49]. Der Charakter seines Protagonisten ist einmal durch sein Testament, dessen Authentizität allerdings nicht gegen jeden Verdacht erhaben sein dürfte[50], durch einen bedeutenden Hirtenbrief, dessen Zuschreibung nur als wahrscheinlich gelten kann[51], und durch die zeitgenössische Geschichtsschreibung, die zugleich Richter und Partei ist, schließlich durch eine *Vita*, die in einem Manuskript von Patmos (14./15. Jh.) gefunden wurde, bezeugt[52]. Der – im übrigen seltene – Familienname legt seine Verwandtschaft mit Michael IV. Autoreianos, dem ersten Patriarchen von Nikaia, nahe.

Wie Skutariotes, einer seiner Anhänger, der zunächst auf der Seite Michaels VIII. gestanden hatte, schrieb, hatte der Vater vor 1204 das hohe Amt eines Velumrichters inne, seine Mutter stammte aus der Familie der Kamateroi; wegen seines baldigen Eintritts ins Kloster erhielt er, laut Skutariotes, zunächst lediglich die elementare Grundbildung[53]. Auch die *Vita* überlieferte, ohne jedoch seinen Namen zu nennen, das Amt des Vaters und die Herkunft der Mutter. Sie fügt hinzu, daß der Vater im Peribleptos-Kloster Mönch wurde und der Sohn nach dessen Tod nach Nikaia ging. Dort soll er bei Verwandten, einem Zweig der Familie der Chumnoi, gelebt haben, der Patriarch Germanos II. soll persönlich darüber gewacht haben, daß er die klassische Bildung der *enkyklios paideia* erhielt. Es ist nicht zu übersehen, daß die beiden Fassungen der Jugendgeschichte Arsenios' mit Blick

---

[47] Skutariotes, in: Akropolites (s. Anm. 22) 287/10f.

[48] Vgl. Bd. 6 der vorliegenden Studien: M. Mollat – A. Vauchez (Hrsg.), Die Zeit der Zerreißproben (1274–1449), Freiburg 1991, 305–311 (M.-H. Congourdeau).

[49] Traditionellerweise sind zu nennen: I. E. Troickij, Arsenij, patriarch Nikejskij i Konstantinopol'skij i Arsenity (12 Studien, 1867–1872, St. Petersburg 1873), Ndr.London 1973 mit einer Einführung von J. Meyendorff; I. Sykutres, Peri to schisma ton Arseniaton, in: Hellenika 2 (1929) 267–332; 3 (1930) 15–44; 5 (1932) 107–126; V. Laurent, Les grandes crises religieuses à Byzance. La fin du schisme arsénite, in: Académie roumaine. Bulletin de la section historique 26 (1945) 225–313.

[50] PG 140, 947–958; vgl. V. Laurent, L'excommunication du patriarche Joseph I^{e} par son prédécesseur Arsène, in: Byzantinische Zeitschrift 30 (1929–30) 489–496; Regestes Nr. **1365.

[51] Regestes Nr. **1374.

[52] P. G. Nikolopulos, Anekdotos logos eis Arsenion Autoreianon patriarchen Konstantinupoleos, in: Epeteris Hetaireias Byzantinon Spudon 45 (1981–82) 406–461. Auf der Grundlage dieses Textes, dessen Verfasser sich wahrscheinlich am Ende des 13. oder am Beginn des 14. Jh. in der Hauptstadt aufhielt, schließt der Herausgeber auf Familie, Bildung und Lebensweg Arsenios'.

[53] Skutariotes 35, in: Akropolites (s. Anm. 22) 290/291 und 56, 299.

auf den Konflikt voneinander abweichen. Gesichert ist, daß Arsenios Mönch im Kloster von Oxeia, einer der Prinzeninseln im Marmara-Meer, war. Die *Vita* berichtet Einzelheiten aus seinem Klosterleben. 1254 stand eine Patriarchenwahl an. Arsenios war zu diesem Zeitpunkt Abt des genannten Konvents von Oxeia, und Theodoros II. Laskaris stellte ihn gegen Blemmydes, den Kandidaten der Synode, auf.

Im Konflikt mit Epeiros, der 1257 ausbrach, wirkte Arsenios auf seiten des Kaisers von Nikaia mit: Auf dessen Forderung hin führte er die Exkommunikation des gegnerischen Souveräns wie seines Territoriums durch die Synode herbei, was übrigens durch Blemmydes festgehalten wurde [54]. Später sollte Theodoros Arsenios zusammen mit Georgios Muzalon als Lehrer seines Sohnes berufen. Nach dem Tod Theodoros' im August 1258 und nach der Ermordung Muzalons zum Vorteil Michaels Palaiologos wenige Tage später stand Arsenios diesem allein gegenüber. Vom dramatischen Gang der Ereignisse, die den jungen Joannes Laskaris ausschalteten, war bereits die Rede. Arsenios, der die Doppelkrönung zu Beginn des Jahres 1259 akzeptiert hatte, sollte Michael nun exkommunizieren. Daraufhin mußte er abdanken und wurde März 1260 durch Nikephoros, den Metropoliten von Ephesos und Gegner der Familie der Laskaris, ersetzt [55].

Der neue Patriarch wurde von der Bevölkerung und vom niederen Klerus nicht akzeptiert: In Nikaia kam es nach seiner Investitur zu einem Ausbruch der Gewalt, und er war gezwungen, bei Michael Zuflucht zu suchen. Zwei Bischöfe, Andronikos von Sardeis und Manuel von Thessalonike, wurden wegen ihres Widerstands abgesetzt [56]. Hinter dem kanonischen Einwand, daß Nikephoros auf einen anderen Sitz versetzt wurde, obwohl sein Amtsvorgänger noch lebte, verbargen sich, wie wir sehen werden, in Wirklichkeit tiefere Gründe. Doch Nikephoros starb im Februar 1261, und Michael hatte keine andere Wahl, als Arsenios anzurufen, der die Ordinationen Nikephoros' verwarf und im übrigen dem feierlichen Einzug in das wiedereroberte Konstantinopel am 15. August 1261 fernblieb [57]. Nach seinem verspäteten Eintreffen krönte er Michael zum zweiten Mal, zusammen mit seiner Frau, während der junge Joannes IV. Laskaris von den Restaurationsfeierlichkeiten ferngehalten wurde. Nach dessen Blendung Weihnachten 1261 exkommunizierte Arsenios Michael, ohne ihn jedoch von den Fürbitten der Gläubigen auszuschließen. Vor dem Hintergrund einer fortdauernden Agitation gegen den Palaiologenkaiser wurde der Patriarch in eine Anklage wegen Verschwörung verwickelt, was erlaubte, ihn 1264 abzusetzen. Er belegte daraufhin Michael VIII. mit dem Bann und disqualifizierte ihn seinerseits so wenigstens dem Anspruch nach. Der neue Patriarch Joseph war Mönch, Archimandrit des Bergs Galesion und Beichtvater des Kaisers. Er hob 1267 die Exkommunikation Michaels auf, genauer, er sprach ihn frei von seinem Vergehen, dem Anschlag auf den legitimen Thronerben [58]. In der Frage der Union mit Rom jedoch sollte er später (1275) schwankend werden, der er sich, so nah er auch dem Kaiser stehen mochte, entschieden widersetzte. Das Schisma verlor also durch die Absetzung Arsenios' 1264 an Brisanz, sollte sich aber noch über seinen Tod 1273 hinaus bis zur Übereinkunft von 1310 hinziehen. Bereits 1284 ließ

[54] Regestes Nr. 1335.
[55] Siehe Regestes Nr. 1338–1345 einschließlich der chronologischen Diskussion.
[56] Regestes Nr. 1349.
[57] Bezugnahmen bei Geanakoplos, Emperor Michael Palaeologus (s. Anm. 8), 119f.
[58] Regestes Nr. 1386.

Andronikos II. Palaiologos, Sohn Michaels VIII., seine sterbliche Hülle in die Hagia Sophia überführen[59].

Das arsenitische Schisma erinnert auf den ersten Blick an die Autoritätskonflikte, in denen sich Kaiser und Patriarchen im 9. und zu Beginn des 10. Jh. gegenübergestanden hatten, als der Patriarch Wortführer eines vom Mönchtum beanspruchten Primats gewesen war; in deren Verlauf wurde der widerspenstige Patriarch jeweils abgesetzt und verwarf daraufhin seinerseits die Ordinationen, die sein Nachfolger durchgeführt hatte. Die formale Ähnlichkeit ist frappierend, doch waren die Bedingungen im einzelnen verschieden. Wohl bot Arsenios das traditionelle Bild des Mönchs in der Konfrontation mit der kaiserlichen Gewalt. Der Kaiser war jedoch mehr noch als durch die Vergangenheit durch die zugleich kulturelle und politische Option eines bereits frühneuzeitlichen Humanismus charakterisiert. Andererseits stand die dynastische Frage im Vordergrund: Arsenios war der unbeugsame Unterstützer der Laskariden, und in diesem Sinne setzte er all seine Mittel ein. Seine Treue zu den Laskariden und umgekehrt seine Feindschaft gegenüber den Palaiologen machten sich vor allem in dem Kleinasien bemerkbar, wo das Reich von Nikaia in Erwartung der großen Rückkehr die wirtschaftliche Lage verbessert und die Türken aufgehalten hatte. Das Ereignis von 1261, so sehr man es auch herbeigesehnt hatte, machte der dortigen Konjunktur ein Ende. Ferner ist die Verflechtung des Religiösen mit dem Sozialen erkennbar. Die Arseniten gewannen ihre Anhänger aus einem geschlossenen gesellschaftlichen Zusammenhang, dem niederen Klerus, den Mönchen und dem einfachen Volk[60]. Deren Haltung gegenüber dem rechtmäßigen Patriachen war eine Treue, die zur Verehrung wurde: Die Quellen beider Seiten überliefern, daß der Volksglaube ihm seit seiner ersten Absetzung Wundertaten zuschrieb.

c) Zugeschriebene Eigenschaften beider Mächte

Herrscher und Patriarchen zeigten im 13. Jh. wie auch zuvor gültige christliche Eigenschaften, von denen die einen traditionell, die anderen zeitgenössisch waren. Traditionell war die theologische Kompetenz Theodoros' II. Laskaris, der auf diesem Gebiet ein sehr umfangreiches Werk hinterließ. Traditionell war auch das übersteigerte Bild, das Skutariotes in seiner Eloge auf Joannes III. Vatatzes zeichnete, des Vertrauten der Mönche und vorausblickenden Ernährers seines Volkes, der sich um Bibliotheken, Stadtbefestigungen und, wie wir sahen, um Heiligtümer und Klöster der griechischen Frömmigkeit, wo auch immer sie sich befänden, kümmerte[61]. Traditionell waren schließlich die Autorität, mit der Michael VIII. Palaiologos an der Wiedervereinigung der Kirchen mitwirkte, und die Rolle des Neuen Konstantin, die er in der Restauration annahm[62]. Er hatte sie schon zuvor suggeriert, als man ihn das Reittier des Patriarchen Arsenios zu Fuß am Zügel, wie Lenker und

---

[59] Vgl. R. Macrides, Saints and sainthood in the Early Palaiologan period, in: S. Hackel (Hrsg.), The Byzantine saint, London 1981, 67–87, hier 74.

[60] Quellen in den in Anm. 49 genannten Arbeiten, wobei der Anteil der Streitschriften zu präzisieren und nach den Entwicklungen diachronisch zu differenzieren wäre.

[61] Skutariotes, in: Akropolites (s. Anm. 22) 287; vgl. auch I. S. Langdon, Byzantium's Last Imperial Offensive in Asia Minor, New Rochelle (New York) 1992 mit einer späteren volkstümlichen Vita Vatatzes' im Appendix (87–117).

[62] Geanakoplos, Emperor Michael Palaeologus (s. Anm. 8) 119f.

Beschützer zugleich, hatte führen sehen[63]. Die Bezugnahme auf Konstantin gegenüber Rom war im übrigen ambivalent, wie die Debatte des voraufgegangenen Jahrhunderts bezeugt. Auf der anderen Seite war Heiligkeit als Legitimation ebenfalls keineswegs neu, auch nicht ihre Manifestation durch Wunder[64]. Im Fall des abgesetzten Arsenios zog der *Sebastokrator* Tornikes daraus Argumente und riet Michael VIII., ihn auf den Patriarchenthron zurückzurufen[65]. Ging es jedoch um den Souverän und nicht um den Patriarchen, so ließ die Heiligkeit nicht so sehr an die Vergangenheit von Byzanz, wo sie kaum üblich war, denken, als vielmehr an zeitgenössische Staaten wie beispielsweise Ungarn[66]. Theodora, die Gemahlin Michaels II. von Epeiros, die kurz nach 1267 starb, inspirierte eine Akoluthie (Offizium mit Kurzvita), die gegen Ende des Jahrhunderts der Mönch Job Jasites verfaßte, ein Gegner der Union, der der Familie, aus der sie stammte, verbunden war: Sie wird hier als „wunderwirkende Kaiserin" apostrophiert[67]. Joannes III. Dukas Vatatzes starb 1254. Man muß bis 1302 warten, um ein Wunder bekannten Typs erwähnt zu finden: Er erschien nämlich den Verteidigern von Magnesia, der Stadt, in deren Nähe er begraben lag und wo seine Reliquien in der zweiten Hälfte des 14. Jh. allgemein verehrt wurden, um ihnen Mut zuzusprechen[68]. Schließlich soll hier der Name des Patriarchen Joseph I. Galesiotes genannt werden, der 1275 aufgrund seiner Opposition gegen die Union abdankte, eine Haltung, die ihm später das Attribut des Bekenners einbrachte. Der Ruhm der Heiligkeit, die man diesen Persönlichkeiten zuschrieb, verbreitete sich allein außerhalb der Partei der Palaiologen oder wenigstens der Partei der Unionsbefürworter. Sicher handelte es sich hierbei um eine Entwicklung, die erst nach 1274 Früchte trug. Sie verrät jedoch nicht weniger Tendenzen, die bereits in unserer Periode auftraten und deren Tiefe und Fortdauer ausgeprägt genug waren, daß wir uns in diesem Punkt von einer strikt chronologischen Betrachtung lösen konnten.

III. Griechische Kirchen unter lateinischer Herrschaft

1. Das Papsttum und die lateinischen Herrscher

Die Religionsgeschichte des griechischen 13. Jh. unter lateinischer Herrschaft begann am Vorabend des Jahres 1204. Sie wurde von einer der größten Plünderungen der Geschichte eingeleitet, die den Reliquienschatz des Neuen Rom über den gesamten Westen verstreute[69]: Die Beweggründe und Folgen dieser Aktion verdienten eingehendere Studien. Danach blieb dem lateinischen Kaiserreich in Konstantinopel, wie wir sahen, keine andere

---

[63] Georgios Pachymeres, 1,26 (= Relations historiques, I [s. Anm. 25] S. 103).

[64] Siehe die hervorragende Studie von R. Macrides (s. Anm. 59).

[65] Skutariotes, in: Akropolites, Bd. 1. (s. Anm. 22) 180/5–11.

[66] Zu den weiblichen Gestalten zeitgenössischer königlicher Heiligkeit vgl. G. Klaniczay, Legends as life-strategies for aspirant saints in the Later Middle Ages, in: The uses of supernatural power. The transformation of popular religion in Medieval and Early Modern Europe, Cambridge 1990, vor allem 97–107.

[67] PG 127, 904–908 (BHG^3 1736). Vgl. E. Trapp, Prosopographisches Lexikon der Palaiologenzeit, Fasz. 3, Wien 1978, Nr. 5664 (Dukaina Theodora); Fasz. 4, Wien 1980, Nr. 7959 (Iasites Iob Melias).

[68] Macrides, Saints and sainthood (s. Anm. 59) 70.

[69] P. E. Riant, Exuviae sacrae Constantinopolitanae, 2 Bde., Genf 1877–1878, bleibt unverzichtbar und unersetzbar.

Wahl, als sich dem Vorbild anzupassen und also ebenfalls dem Kaiser einen Patriarchen an die Seite zu stellen[70]. Die Beziehungen, die sich zwischen der Kirche der Eroberer und der der Besiegten herstellten, bildeten sichtlich einen, aber nicht den vorrangigen Aspekt der Lage. Denn das Kaiserreich, das zugleich lateinisch war und sich der Umleitung eines Kreuzzugs verdankte, sah sich von vornherein einem Papst, Innozenz III., gegenüber[71]. Dieser nun reagierte im Dienste zweier Ziele, die er im Osten verfolgte. Er verurteilte die Umleitung des Kreuzzugs seit der Einnahme von Zara (Zadar). Doch wenn er auch die Plünderung Konstantinopels und seines christlichen Erbes verurteilte, so schienen ihm gleichwohl die Ereignisse von 1204 den so sehr gesuchten Weg zur Union der Kirchen zu eröffnen, insofern diese die Rückkehr der griechischen Kirche in den Wirkungskreis Roms, wohin das Neue Kaiserreich seiner Definition nach gehörte, begünstigten. Der Kreuzzug wurde dennoch nicht aus den Augen verloren, denn die spekulative Union verlieh ihm nur um so größeres Gewicht. Aus einer solchen Perspektive jedenfalls hatte der Papst seine oberste Autorität zu wahren, was den weltlichen Besitz der Griechen, den die Sieger bereits untereinander aufteilten, betraf, und gegenüber den Venezianern, in deren Belieben die politische Übereinkunft das Patriarchat gelegt hatte. Die Haltung, die Innozenz III. einnahm, ist von daher zu verstehen[72]. Er erklärte mit vollem Recht die Einrichtung eines venezianischen Kapitels der Hagia Sophia und folglich auch die Wahl Tommaso Morosinis für nicht kanonisch, dies jedoch nur, um letzteren schließlich persönlich zu ernennen. Es gelang ihm so, den venezianischen Ausschließlichkeitsanspruch über das Kapitel und über das Patriarchat, für den sich Morosini zunächst in Venedig stark gemacht hatte, zu brechen. Der päpstliche Gesandte brachte den durch Morosini erhobenen Anspruch auf die zuvor den Franken, die gleich viele Wahlberechtigte stellten, zugesprochenen Klöster zum Scheitern. Wenn die beiden folgenden Patriarchen auch Venezianer waren, so wurden sie doch vom Papst designiert. Simon von Tyros (1227–1230) wie auch sein Nachfolger Nicolò di Castro Arquato (1234–1251) waren zugleich Patriarchen und päpstliche Gesandte. Wenn schließlich der letzte lateinische Patriarch, Pantaleon Giustiniani (1253–1261), ein Venezianer (wenn auch aus den besetzten griechischen Gebieten) war, so war er doch auch der persönliche Kaplan Innozenz' IV., der ihn ernannte.

Die weltlichen Besitzungen der griechischen Kirche waren in die Teilung zwischen Venezianern und Franken unter besonderen Bedingungen, d. h. nach Abzug des Unterhalts des Klerus und der Kirchen, eingeschlossen. Der Papst protestierte bereits 1205 beim Dogen dagegen, während Morosini, was ihn betraf, den Anteil des Patriarchats als unzureichend beurteilte. Schließlich wurde 1219 ein Vertrag abgeschlossen, der im lateinischen Kaiserreich und im Königreich von Thessalonike anzuwenden war, und den der Kaiser 1221 und der Papst 1222 ratifizierten. Die Verfügungen gegenüber den Griechen umfaßten die Beibehaltung ihrer Kirchengüter bis zu einem bestimmten Punkt sowie die Zahlung lediglich des Dreißigsten anstelle des von den Lateinern geforderten Zehnten. Die lateinische Kirche erhielt ihrerseits Immunitäten und Entschädigungen für entgangene Güter. Die Gesamtzahl der Priester pro Dorf wurde im Verhältnis zur Zahl der Haushalte festgesetzt.

---

[70] Wolff, Politics in the Latine Patriarchate (s. Anm. 2).

[71] Vgl. im allg. H. Tillmann, Papst Innozenz III., Bonn 1954; W. De Vries, Innocenz III. und der christliche Osten, in: Archivum Historiae Pontificiae 3 (1965) 87–126.

[72] R. L. Wolff, The organization of the Latin patriarchate of Constantinople, 1204–1261. Social and administrative consequences of the Latin conquest, in: Traditio 6 (1948) 33–60.

Innozenz III. setzte sich die römische Obödienz zum obersten Ziel. In der Folge schrieb er Tommaso Morosini vor, den gemischten Bevölkerungen lateinische Bischöfe zu geben, jedoch die griechischen Bischöfe der griechischen Bevölkerungen unter Vorbehalt ihrer Unterordnung unter Rom im Amt zu belassen (1206); er setzte sich sogar über die Ablehnung einer neuerlichen Weihe, die manche von ihnen äußerten, hinweg. Offensichtlich scheiterten jedoch allzu strenge Verordnungen über Obödienz und Besitztümer an der Praxis. Schon 1206 beklagte sich Tommaso Morosini beim Papst, daß säumige oder widerspenstige Bischöfe fortführen, die Einkünfte ihrer Diözesen selbst einzutreiben: Der Papst befahl, für solche Prälaten Exkommunikation und Absetzung nur als äußerstes Mittel vorzusehen. Man sollte sogar griechische Bischöfe den Zehnten in Diözesen anderer erheben sehen – in bemerkenswerter Anhänglichkeit an eine Institution, die nicht die ihre war. Bereits zur Zeit Morosinis beobachtete man übrigens den Erbgang von Bischofssitzen an einen anderen Sitz, dessen Einkünfte um so mehr stiegen, wie die Zahl der Suffragane sich verminderte. Es geschah auch, daß man die Wiederherstellung des alten Zustands forderte. Die Erfolge der griechischen Rückeroberung verkleinerten schließlich zunehmend das lateinische Patriarchat.

2. *Wechselbeziehungen*

Die Gehorsamsbezeugungen waren nicht frei von Mehrdeutigkeit. Michael Choniates, Metropolit von Athen, der sich ins Exil auf Kea zurückgezogen hatte, zählte gleichwohl zwei griechische Bischöfe, die sich Rom unterstellt hatten, zu seinen Briefpartnern. Der eine war Bischof Joannes von Rhaidestos. Der andere, Theodoros von Negroponte, Suffraganbischof von Athen, dessen lateinischer Erzbischof ihn zu verdrängen suchte, genoß die besondere Protektion Innozenz' III. und versammelte trotzdem geflohene griechische Kleriker um sich[73]. Auf Zante (Zakynthos) ist für 1207 ein griechischer Bischof bezeugt. Im Königreich Thessalonike kehrte die ungarische Witwe Isaaks II. Angelos anläßlich ihrer Heirat mit Bonifaz von Montferrat zur lateinischen Kirche zurück; erneut verwitwet, begünstigte sie die Griechen gegen ihren Schwiegersohn mit Unterstützung des lateinischen Kaisers, förderte die griechischen Suffraganbischöfe des lateinischen Erzbischofs von Larissa und verhinderte die Zahlung des Zehnten. Der niedere Klerus der ländlichen Pfarreien blieb griechisch, während die Lateiner ihre eigenen Kirchen und ihren eigenen Klerus besaßen. In Wirklichkeit gab es eine zweifache Kirchenhierarchie, die mit Überschneidungen der Riten fortbestand: 1253 bestätigte z. B. ein Entscheid Innozenz' IV., daß auf der Insel Melos (Milo) die Sakramente wegen einer lateinischen Vakanz, die schon fünf Jahre währte, griechisch waren[74]. Man kann auch das Zeugnis Joannes' von Kitros, des Suffraganbischofs der Metropolie von Thessalonike, anführen, der zwischen 1225 und 1230 auf Fragen Konstantins Kabasilas, des Metropoliten von Dyrrhachion (Durazzo), antwortete[75]. Er bezeugt, daß in dieser Stadt griechische Bischöfe lateinische Priester ordi-

---

[73] Vgl. G. Stadtmüller, Michael Choniates, Metropolit von Athen, Rom 1934, 193 und 196.

[74] E. Berger (Hrsg.), Les registres d'Innocent IV, Paris 1884, Nr. 6431.

[75] J. Darrouzès, Les réponses canoniques de Jean de Kitros, in: REByz 31 (1973) 319–334; vgl. D. Simon, Fragen an Johannes von Kitros, in: Aphieroma ston N. Sborono (Festschrift für N. Sboronos), Rethymo 1986, 258–279.

nierten und daß lateinische Beisetzungen in griechischen Kirchen und umgekehrt stattfanden.

Zypern und Süditalien weisen dieselben Tendenzen auf.

a) Zypern

Zypern hatte 1196 eine lateinische Hierarchie erhalten, ohne daß das griechische Episkopat verlegt oder abgesetzt worden wäre[76]: den Sitz von Leukosia, der zum Erzbistum erklärt wurde, und drei Suffraganbistümer. Die Fortschritte der fränkischen Herrschaft verschoben jedoch bald die Gleichgewichte. Eine Synode lateinischer Kleriker und Barone erkannte 1220 dem griechischen Klerus die Immunität zu, forderte von ihm jedoch Gehorsam gegenüber den lateinischen Bischöfen und unterwarf die klerikale oder klösterliche Tonsur eines Griechen der Erlaubnis eines lokalen Barons. Die Synode von Ammochostos, der 1222 der Kardinallegat Pelagius vorstand, bestätigte diese Bestimmungen, gab der Entscheidung des lateinischen Erzbischofs die Zahl der Mönche anheim, die jedem griechischen Kloster gestattet wurden, und reduzierte vor allem die Zahl der griechischen Bischöfe von vierzehn auf vier sowie auf dieselben Bischofssitze wie die Lateiner. Die griechischen Bischöfe mußten jedoch außerhalb dieser Orte residieren. Erzbischof Neophytos entschied sich daraufhin, zusammen mit einem Teil seines Klerus, für das Exil. 1223 befragten die Griechen der Insel die kirchliche Autorität von Nikaia, welche Haltung sie einnehmen sollten[77]. Patriarch und Synode neigten zunächst zu einem Kompromiß, der vermeiden sollte, daß die Herde ohne Hirten bliebe. Aber dann hielten Flüchtlinge aus Konstantinopel Einzug in die Synode und erläuterten das Wesen des geforderten Aktes, einen Schwur in Form einer Huldigung. Patriarch und Synode verhärteten sich in ihrer Position und untersagten dies. 1229[78] befahl Germanos II. folglich den Griechen der Insel, die Priester, die dem Folge leisteten, für gebannt zu erachten. Die Spannung stieg bis zu dem Punkt, daß 1231 dreizehn griechische Mönche bei lebendigem Leibe verbrannt wurden. Neophytos, der kurz vor 1229 zurückkehrte, scheint sich formal unterworfen zu haben, was ihm Patriarch und Synode um 1231 verziehen[79]. Neophytos suchte jedoch zu betonen, daß Zypern als autokephales Erzbistum unmittelbar dem griechischen Kaiser unterstände. 1240 forderte der Papst in einem Brief an den lateinischen Erzbischof den Treueeid. Innozenz IV. suchte jedoch zu beruhigen und gestattete 1251 nach einer langen Vakanz die Wahl eines griechischen Erzbischofs, der, wie sich versteht, Rom unterstand; es handelte sich um den Mönch Germanos Pesimandros. So wurde eine griechische Kirche römischer Obödienz eingerichtet – zum Mißfallen der lateinischen Hierarchie von Zypern. Innozenz IV. veröffentlichte eine neue Richtlinie, die denselben Grundsatz beibehielt: die Respektierung der Bräuche und Riten der Griechen, soweit die lateinische Kirche dies zulassen konnte, als Gegenleistung für die römische Obödienz. Alexander IV. kehrte 1260 zu einer strengeren Position zurück: Der Rang eines griechischen Erzbischofs sollte mit Germanos erlöschen; in bestimmten lateinisch-griechischen Streitfällen lag die letzte Entschei-

---

[76] Kirmitses, He Orthodoxos ekklesia tes Kuprou (s. Anm. 39); zur politischen Geschichte s. auch P. W. Edburg, The Kingdom of Cyprus and the Crusades, 1191–1374, Cambridge 1991.

[77] Regestes Nr. 1234.

[78] Regestes Nr. 1250.

[79] Regestes Nr. 1253.

dung beim lateinischen Episkopat und dem Papst; jedes lateinische Bistum war gehalten, eine jährliche Synode einzuberufen, an der griechische Bischöfe und Äbte teilnehmen sollten; die griechischen Bischöfe hatten schließlich einen Treueeid zu leisten, dessen Text eine Bulle vorschrieb. Dies war die Situation am Vorabend des 2. Konzils von Lyon[80].

b) Süditalien

In Süditalien verdankte sich eine vergleichbare Situation früheren Ereignissen, die jedoch zugleich durch die Politik Innozenz' III. geprägt werden sollte[81]. Das 4. Laterankonzil nannte 1215 die Region als Beispiel und Vorläufer des hier bereits erläuterten Prinzips: „mores ac ritus eorum in quantum cum Domino possumus sustinendo" (c. 4). So akzeptierte man beispielsweise die griechische Position, die das ungesäuerte Brot verwarf. Andererseits sollte es in Zukunft nur noch einen einzigen Bischof für jede Diözese geben, der offenbar Rom unterstellt wurde, mit je nach Bedarf einem oder zwei klerikalen Kollegien. Tatsächlich scheint das südliche Italien damals ganz auf das lateinische Patriarchat von Konstantinopel ausgerichtet gewesen zu sein, wo nur Bistümer mit ausschließlich griechischer Bevölkerung auch griechische Bischöfe erhielten. Doch tendierte die Praxis in Süditalien immer noch zu Überschneidungen. So blieb beispielsweise die Heirat griechischer Kleriker anerkannt, was lateinische Priesteramtskandidaten dazu veranlaßte, in den griechischen Ritus einzutreten, um verheiratet bleiben zu können. Dagegen scheint sich der lateinische Kanon der Konsekration von Beginn an durchgesetzt zu haben: In den griechischen Diözesen konnten nur griechische Kleriker darum ersuchen, ihrem Ritus zu folgen. Kurz, die griechische Kirche Süditaliens geriet im 13. Jh. in eine Minderheits- und Randposition, die sich von der Koexistenz des 12. Jh. erheblich unterschied. Das Ereignis von 1204 und die Entwicklung des Papsttums hatten ihren Anteil an dieser Veränderung, die eigene kulturelle Perspektiven eröffnen sollte. Das venezianische Kreta (Kandia), Theben oder Patras lassen vergleichbare Schlüsse zu[82].

3. Lateinische Orden betreten die Bühne

Im lateinischen Kaiserreich wechselten in der Folge des Sieges Kirchen und Konvente den Besitzer, doch waren dabei die Entscheidungen des Papstes, vor allem Innozenz' III., zu beachten. In der Hauptstadt[83] stand die Blachernenkirche unter dem besonderen Schutz des Kaisers, der an der traditionellen Prozession teilnahm; von 1208 an war sie dem Patriarchen entzogen und unmittelbar der Autorität des Papstes unterstellt. Das Theotokos Peribleptos-Kloster, das 1206 noch griechisch war, ging damals offenbar an Benediktiner aus Venedig. Das Theotokos Euergetis-Kloster wurde 1206 vom päpstlichen Legaten den

---

80 Zur griechischen Überlieferung der Bulle Alexanders IV. und zur Aktivität der Synoden der griechischen Kirche Zyperns unter lateinischer Herrschaft vgl. J. Darrouzès, Textes synodaux chypriotes, in: REByz 37 (1979) 5–122.

81 Dies folgt aus P. Herde, Il Papato e la Chiesa greca nell'Italia meridionale dal XI al XIII secolo, in: La Chiesa greca in Italia dal VIII al XVI secolo, Bd. 1, Padua 1972, 213–255. Siehe auch J. A. Brundage, The decretalists and the Greek Church of South Italy, in: ebd. Bd. 3, Padua 1973, 1075–1081.

82 G. Fedalto, La Chiesa latina in Oriente, Bd. 1, Verona 1973, 312–352, 232–246 beziehungsweise 247–311.

83 R. Janin, Siège de Constantinople (s. Anm. 5); ders., Les sanctuaires de Byzance sous la domination latine (1204–1261), in: Études Byzantines 2 (1944) 134–184.

Benediktinern von Monte Cassino übergeben, ohne daß die griechischen Mönche vertrieben worden wären. Das Pantokrator-Kloster schließlich scheint das Hauptquartier der Venezianer gewesen zu sein. Diese brachten die Ikone der *Theotokos Hodegetria* aus der Hagia Sophia, wo der lateinische Patriarch sie seit der Kaiserkrönung aufbewahrt hatte, dorthin. Morosini belegte daraufhin die Ikonenräuber mit dem Bann, den Innozenz III. 1207 bestätigte, obwohl der Papst den Kult dieses Bildes bei den Griechen für einen Exzess hielt[84]. Die Zisterzienser spielten im lateinischen Kaiserreich eine bedeutende Rolle[85], wo sie von Modon bis Konstantinopel Niederlassungen eröffneten. Bonifaz von Montferrat schenkte ihnen das kaiserliche Chortaitu-Kloster in der Nähe Thessalonikes, Otton de la Roche machte Daphni bei Athen einer Abtei zum Geschenk, zu der seine Familie Verbindungen hatte. Die Zisterzienser ließen sich im alten Kloster von Rufinianai vor den Toren der Hauptstadt nieder, das die griechischen Mönche, die gegenüber Rom zu Gehorsam verpflichtet werden sollten, schließlich verließen. Die Zisterzienser handelten zwischen 1217 und 1240 im Dienste des Papstes. Doch der Rückfluß ließ nicht lange auf sich warten. Nach 1225 verließen sie Rufinianai wieder; 1233 waren sie auch in Chortaitu nicht mehr. In der Hauptstadt flohen die Zisterzienserinnen von Sankt Marien von Percheio 1261; in Modon wurden sie aus dem Kloster der Jungfrau Maria 1267 von den Griechen vertrieben und flüchteten nach Italien. Die Bettelmönche zeugen von einem anderen Aspekt der Geschichte. Wenn die Franziskaner schon 1220 in der Hauptstadt eintrafen[86] und die Dominikaner ihnen 1233 folgten und 1238 ihre Provinz Griechenland schufen[87], so kam ihnen aufgrund ihrer Rolle in den Verhandlungen über die Union und in den Orientmissionen eine ungleich größere Bedeutung zu.

IV. Eine einige griechische Christenheit

So gesehen bewahrte die griechische Christenheit unter den Bedingungen einer politischen Geschichte, die sie auseinanderriß und in ihr Spuren hinterließ, im Grunde ihre Einheit. Die Menschen und die Kultur des lateinischen Westens, die Türken, und die slawischen Nachbarn führten Neuerungen ein, die jedoch den fortdauernden Leitbildern äußerlich blieben: der Kirche der Bischöfe und der der Mönche; der Frömmigkeit der Laien und der des Kaisers; der politischen Orthodoxie und denjenigen, die sie ausschloß.

1. Die Bischöfe

Patriarchale und synodale Entscheidungen entwerfen ein Bild des griechischen Bischofs des 13. Jh. Ein Hirtenbrief aus Konstantinopel, der mit gutem Grund Patriarch Arsenios

---

84 R. L. Wolff, Footnote to an incident of the Latin occupation of Constantinople: the Church and the icon of the Hodegetria, in: Traditio 6 (1948) 319–328.

85 E. A. R. Brown, The Cistercians in the Latin Empire of Constantinople and Greece, 1204–1276, in: Traditio 14 (1958) 63–120.

86 R. L. Wolff, The Latin Empire of Constantinople and the Franciscans, in: Traditio 2 (1944) 213–237.

87 B. Altaner, Die Dominikanermissionen des 13. Jahrhunderts. Forschungen zur Geschichte der kirchlichen Unionen und der Mohammedaner- und Heidenmission des Mittelalters, Habelschwerdt 1924. In der Hauptstadt ist 1233 ein Konvent bezeugt, vgl. R. Janin, Siège de Constantinople (s. Anm. 5) 577; die Konventa von Pera entstanden nach unserem Berichtszeitraum.

zugeschrieben wird[88], erläutert den neu ordinierten Metropoliten und Erzbischöfen die Pflichten ihres Amtes. Die Textüberlieferung deutet auf das Jahr 1261/62; es würde sich also um Sitze handeln, die die griechische Kirche durch die Rückeroberung zurückerhielt. *Ex negativo* bezeugt das Dokument, wie zu dieser Zeit bischöfliche Pflichtverletzung aussehen konnte: Überlassung der Verwaltung des Besitzes an einen Unterverwalter; Erhebung unbegründeter „Abgaben" *(synetheiai);* Mißbrauch der richterlichen Kompetenz, um Geldstrafen zu kassieren; Ämterhandel: Verkauf von Ämtern in der Klosterverwaltung und Ordinationen, d. h. Einbehaltung der Abgabe, die ein neuer Bischof für seine Einsetzung zu zahlen hatte; Unterschlagung von Teilen des Kirchenbesitzes; Erschleichung der Güter eines verstorbenen Suffragans. Unter den geistlichen Pflichten, an die die Adressaten erinnert werden, ist die der Belehrung des christlichen Volkes hervorzuheben. Die Entscheidungen des Patriarchats von Nikaia zeigen, daß die Klöster und ihre weltlichen Güter der Begehrlichkeit der Bischöfe ausgeliefert waren. So wurden 1250 die Eigentumsrechte des Eleusa-Klosters von Strumitsa dem Iberon-Kloster auf dem Athos, das diese beanspruchte, bestätigt: Der Bischof von Strumitsa behielt nur die geistliche Oberhoheit und das übliche *Kanonikon*[89]. Das patriarchale Kreuz, das ein Kloster der Zuständigkeit des örtlichen Bischofs entzog, war daher sehr begehrt. Der Bischof von Demetrias suchte so sehr, das Makrinitissa-Kloster, von dem noch die Rede sein wird, in seinen Besitz zu bringen, daß das Dokument von 1256, das es als unmittelbar dem Patriarchat unterstehend erklärt, unterstreicht, daß er in dieser Hinsicht bereits der Dritte sei[90]. Zu den Beziehungen des Bischofs zu seiner Gemeinde sollen zwei Fälle genannt werden. 1226 brachte ein schwerwiegender Konflikt den Metropoliten von Melitene in Opposition zu seinem Klerus und den Gläubigen, die den Sitz für vakant erklärten und sich weigerten, ihn anzuerkennen. Obwohl die in diesem Dokument nicht präzisierten Vorwürfe nicht ganz bewiesen werden konnten, entschied die Synode, ihn zu versetzen[91]. In einem anderen Fall verfügte Arsenios auf dringende Bitte der Diözese die Wiedereinsetzung des Bischofs von Bonditza, der seinen Sitz verlassen hatte, um im Kloster zu leben, und zu diesem Zeitpunkt sogar Abt eines wichtigen Klosters am Bosporus, des Michaelsklosters von Anaplus[92], war. Auf die Pastoral werden wir später noch zu sprechen kommen. Auf diesem Gebiet kam es immer schon zu Konflikten zwischen der Kirche der Bischöfe und der der Mönche.

2. Die Mönche

a) Alte und neue Klöster

Die Topographie der griechischen Klöster des 13. Jh. verzeichnet zunächst einmal alle bedeutenden Orte der Zeit vor 1204. In der politischen Konstellation, die durch das Auseinanderfallen des Kaiserreichs und die Errichtung der Staaten Serbien und Bulgarien entstanden war, gewann der Berg Athos im Zentrum der orthodoxen Christen bis dahin unbekannte religiöse und kulturelle Bedeutung. Innozenz III. beanspruchte von Anfang an

---

[88] Regestes Nr. *1374.
[89] Regestes Nr. 1312.
[90] Regestes Nr. 1333 (und bereits die Nr. 1293 und 1328).
[91] Regestes Nr. 1240–1242.
[92] Regestes Nr. 1369.

den Heiligen Berg als päpstlichen Besitz und stellte das Gebiet unter die Oberhoheit des Bischofs von Sebaste, der wegen seiner ungesetzlichen Forderungen nach 1209 abgesetzt werden mußte. Die Mönche kamen ab 1213 unmittelbar in den Genuß des Schutzes Roms – vor allem gegen lateinische Piraten, ohne jedoch vor den Übergriffen des päpstlichen Repräsentanten sicher zu sein[93]. Gegen 1235 erklärte die Synode von Nikaia ihrerseits den Berg Athos für exemt von jeder bischöflichen Oberhoheit[94]. Man darf nicht vergessen, daß bis 1204 der griechische Kaiser die Aufgabe des Schutzherrn über den Berg Athos wahrgenommen hatte, und dies blieb auch in der Folge ein Element der kaiserlichen Legitimität. Michael Palaiologos sollte 1259 diese Schutzfunktion wieder übernehmen, und in der Zwischenzeit verblieb dieses Recht implizit bei Innozenz III. wie bei Patriarch Germanos II. sowie allen Herrschern zwischen 1204 und 1261[95]. Das Joannes-Kloster auf Patmos entging der Teilung von 1204 und verblieb direkt Nikaia unterstellt. Von dort wurden ihm weltliche und monastische Besitzungen *(metochia)* erst nahe der Exilhauptstadt, im Zuge der Erfolge der Rückeroberung der Insel auch andernorts zugewiesen. Die Schiffe des Klosters befuhren weiterhin venezianische Gewässer bis zu den Häfen Nikaias, und die Herrschaft Michaels VIII. brachte eine Periode wirtschaftlichen Aufschwungs. Jedoch störten Piraten erheblich den Seehandel, zunächst den von Patmos[96], dann auch den des Berges Athos. Die Klöster Kleinasiens wie die ganze Region profitierten schließlich von der Verlagerung der politischen Macht. Der Berg Latmos (Latros) bei Milet blieb trotz des türkischen Drucks lebendig; die Unabhängigkeit des dortigen Hagios Paulos-Klosters wurde von den Patriarchen von Nikaia anerkannt (vor Mai 1225)[97]. Der Berg Galesios bei Ephesos erlebte nach dem Niedergang des voraufgegangenen Jahrhunderts sogar einen neuen Aufschwung[98]. Aus ihm gingen unter den Palaiologen mehrfach Patriarchen hervor, so Joseph I., der „geistliche Vater" Michaels VIII., der sein erstes Patriarchat 1267[99] antrat, sowie später Athanasios I.[100]

Wiederherstellungen und Neugründungen von Klöstern stehen in Beziehung zur politischen Geschichte; hier sind das Kleinasien Nikaias, Trapezunt, Griechenland und schließlich Süditalien und Zypern unter lateinischer Herrschaft zu unterscheiden. Joannes III. Vatatzes und seine Gemahlin Irene waren aktive Gründer. Vatatzes vor allem restaurierte 1228 das Theotokos-Kloster von Lembos, die sog. Lembiotissa, bei Smyrna. Unabhängig,

---

[93] Brief Innozenz' III. vom 17. Januar, PL 216, 956–958, revidiert auf der Grundlage des Originals von G. Hofmann, Athos e Roma, Rom 1925, Dokument 1.

[94] Regestes Nr. 1279; Dölger, Regesten 1747.

[95] Vgl. die Studie von D. Nastase, Le patronage du Mont Athos au XIIIe siècle, in: Cyrillomethodianum 7 (1983) 71–87.

[96] Dies bezeugt das undatierte Testament des Hegumenen Germanos, in: Acta et diplomata graeca Medii Aevi, hrsg. von F. Miklosisch – I. Müller, Bd. 6, Wien 1890, 230; vgl. Engrapha Patmu, Bd. 1: Autokratorika, hrsg. von E. Branouse, Athen 1980, Einleitung S. *82, Anm. 1 sowie *94f; vgl. auch G. Makris, Studien zur spätbyzantinischen Schiffahrt, Genua 1988, 261–270.

[97] R. Janin, Les églises et les monastères des grands centres byzantins (Bithynie, Hellespont, Latros, Galèsios, Trébizonde, Athènes, Thessalonique), Paris 1974, 451; vgl. auch Miklosisch – Müller (s. Anm. 96) Bd. 4, Wien 1871, 298–300.

[98] Ebd., 247f.

[99] Joseph bringt nach dem Tod von Blemmydes 1273 das von diesem gegründete und geleitete Kloster mit dem Berg Galesios in Verbindung, ohne sein Testament zu beachten (Regestes Nr. 1405).

[100] J. Declerck, Un colophon métrique d'Athanase le Galésiote (13e siècle), in: REByz 43 (1985) 197–208, legt eine solche Identifikation nahe.

unverletzlich und immun, trug diese Einrichtung beträchtlichen weltlichen Besitz, auch in Smyrna selbst, zusammen, und sein Archiv stellt eine Quelle ersten Ranges für die Geschichte der Provinzen dieser Epoche dar [101]. Der Mönch Maximos gründete, wie ein Testament von 1247 bezeugt, die Theotokos *tes Skoteines* in der Diözese von Philadelphia (Alasehir) [102]. Nikephoros Blemmydes errichtete vor den Toren von Ephesos das Kloster von Emathia [103]. Irene, die erste Gemahlin Joannes' III. Vatatzes, gründete das Prodromos-Kloster von Prusa (Bursa) [104]. Auf der Seite Trapezunts sind zwei Klöster zu verzeichnen, die, wenn nicht ihre Existenz, so wenigstens ihren Aufschwung dem pontischen Kaiserreich verdankten [105]: Bazelon [106] und Sumelas [107]. Für Griechenland ist das Beispiel der Maliasenoi zu nennen, lokaler Grundherren in der Umgebung von Demetrias am Golf von Volos, die auf kaiserliche Verwandtschaft bauen konnten. Kurz vor 1215 kehrte Konstantin Komnenos Maliasenos Bryennios in der Folge der epirotischen Wiedereroberung in seine Heimat zurück, wo er aus Dankbarkeit das Kloster der Makrinitissa gründete [108]. Sein Sohn, Nikolaos Komnenos Maliasenos Angelos, setzte dieses Werk fort und gründete 1271 andernorts gemeinsam mit seiner Gemahlin, Anna Komnena Dukaina Palaiologina [109], einer Tochter Michaels VIII. [110], ein Frauenkloster, die Nea Petra. Dieses Kloster, das von vornherein direkt dem Patriarchat unterstellt war, wurde nach Oktober 1274 in ein Männerkloster umgewandelt. Zu diesem Zeitpunkt entschieden sich beide Eheleute für ein Leben im Kloster [111]. Ihr Sohn, Joannes Komnenos Angelos Maliasenos Palaiologos, erbte von ihnen Titel und Eigenschaft des Gründers beider Konvente [112]. Die erhaltenen Dokumente zeichnen die Geschichte ihres Besitzes in Form von Eigentumsbestätigungen und Exemtionen nach. Sie beleuchten vor allem den langen Kampf der Gründer gegen den ständigen Machtmißbrauch des Metropoliten von Demetrias [113].

---

[101] Diese Archivalien sind in der Ausgabe von Miklosisch – Müller, Bd. 4 (wie Anm. 96) 1–28, zugänglich. Vgl. D. Fontrier, Le monastère de Lembos près de Smyrne et ses possessions au XIIIe siècle, in: Bulletins de correspondance hellénique 16 (1892) 379–410; H. Ahrweiler, L'histoire et la géographie de la région de Smyrne (s. Anm. 7).

[102] S. Eustratiades, in: Hellenika 3 (1930) 325–339.

[103] N. A. Bees, Die Klosterregeln des Nikephoros Blemmydes in bezug auf Pachomios Rhousanos sowie eine Inschrift aus Jenischehir, in: Byzantinisch-Neugriechische Jahrbücher 10 (1932/34) 115–123; J. Munitiz, A missing chapter from the typikon of Nikephoros Blemmydes, in: REByz 44 (1986) 199–207.

[104] R. Janin, Églises et monastères des grands centres (s. Anm. 97) 174.

[105] Zum geographischen und archäologischen Kontext und der letzten Entwicklung vgl. Chrysanthos, He Ekklesia Trapezuntos (1936), Nachdruck Athen 1973, und die Bibliographie Anm. 1.

[106] R. Janin, Églises et monastères des grands centres (s. Anm. 97) 283–286; F. Uspenskij – V. V. Beneševič, Vazelonskie akty, Leningrad 1927; vgl. die Besprechung von F. Dölger, in: Byzantinische Zeitschrift 29 (1929/30) 329–344.

[107] R. Janin, Églises et monastères des grands centres (s. Anm. 97) 274–276.

[108] Vgl. Regestes Nr. 1333 mit den dazugehörigen Bemerkungen daselbst, S. 141.

[109] Regestes Nr. 1392 (Miklosisch – Müller [s. Anm. 96], Bd. 4, 362).

[110] Regestes Nr. 1393.

[111] Regestes Nr. 1411.

[112] Regestes Nr. 1412, Oktober 1274: eine Bestätigung, die einer Chrysobull Michaels VIII. folgte (Dölger, Regesten Nr. 2011).

[113] Zu den angeführten Klöstern vgl. auch H.-G. Beck, Kirche und theologische Literatur (s. Anm. 11) 207–229, passim.

b) Süditalien und Sizilien

In Süditalien und Sizilien bestimmen im 13. Jh. drei Faktoren die Geschichte des griechischen Mönchtums: das Papsttum und die lateinische Hierarchie; die politischen Mächte; das griechische Bevölkerungselement. Letzteres blieb insgesamt, vor allem in Gegenden wie der Terra d'Otranto, gegenwärtig[114]. Belege hierfür finden sich in der Produktion griechischer Texte und Manuskripte; in der Kanzlei Friedrichs II., aus der Dokumente in griechischer Sprache stammen und die Griechen zu ihren Mitgliedern zählte; und eben im Fortbestand bestimmter Klöster[115]. Kaiser Friedrich II., Schwiegervater Joannes' III. Vatatzes und Gegenspieler des Papstes, verfolgte aus mehr als einem Grund eine prohellenische Politik. Auf der Seite Roms verfocht Innozenz III. die Prinzipien, von denen bereits die Rede war. Die Haltung des Papsttums verhärtete sich unter den nachfolgenden Pontifikaten. Die Lage kann hier nicht im einzelnen Kloster für Kloster nachgezeichnet werden, was allerdings auf der Basis lokalisierter und datierter Manuskripte[116] und der Nachrichten über Ereignisse, die sie manchmal enthalten, sowie anderer Dokumente, über die wir verfügen, durchaus möglich wäre[117]. Die drei wichtigsten Beispiele sollen jedoch genannt werden: das Salvator-Kloster von Messina auf Sizilien, das Patir-Kloster von Rossano in Kalabrien und S. Nicola di Casole in der Terra d'Otranto. Das Salvator-Kloster[118] genoß zu Beginn des 13. Jh. fortgesetzte Prosperität und konnte der Krone zwischen 1200 und 1202 sogar eine bedeutende Summe leihen. Friedrich II. bestätigte seine Privilegien im Jahre 1200, und Innozenz III. bestätigte seinerseits die Immunitäten der Einrichtung, die er von 1210 bis 1216 unter seinen Schutz nahm, ebenso wie dessen Autorität über seine Suffragane. Erzbischof Berardo von Messina beanspruchte damals die Autorität über die griechischen Klöster seines Bereichs, die ihm 1196 zuerkannt worden war und die das Salvator-Kloster fortgesetzt ignorierte. Mit der Angelegenheit wurden drei Untersuchungsrichter betraut, darunter zwei lateinische Äbte. Das Urteil fiel zu Ungunsten des Salvator-Klosters aus, das jedoch sein Verhalten, unterstützt von Friedrich II., trotz päpstlicher Rüge und Exkommunikation nicht änderte. Erst mit der Periode der Anjou kam der Niedergang.

Die Nea Hodegetria von Rossano war damals ebenfalls ein Archimandritat, wie eine Dekretale Honorius' III. 1216 bezeugt, die das Kloster seinem und dem Schutz Petri unterstellt[119]. Letzteres fiel im Laufe dieser Periode auch durch seine kulturelle Aktivität auf[120]. S. Nicola di Casole schließlich blieb ein regionaler Brennpunkt griechischer Kultur und

---

[114] Vgl. P. Corsi, Communità greche di Puglia in epoca federiciana, in: Archivio storico pugliese 32 (1979) 103–122.

[115] M. B. Wellas, Griechisches aus dem Umkreis Kaiser Friedrichs II., München 1983.

[116] Vgl. z. B. A. Turyn, Codices graeci Vaticani saeculis XIII et XIV scripti annorumque notis instructi, Vatikanstadt 1964; allgemein P. Canart, Le livre grec en Italie méridionale sous les règnes Normand et Souabe: aspects matériels et sociaux, in: Scrittura e civiltà 2 (1978) 103–162.

[117] Eine Auswertung von A. Guillou zeigt, daß die griechischen Dokumente nach 1196 deutlich weniger werden: Le fonti diplomatiche greche nel periodo bizantino e normanno in Italia, in: Atti del 4° congresso storico calabrese (Cosenza 1966), Neapel 1969, 87–103.

[118] M. Scaduto, Il monachesimo basiliano nella Sicilia medievale. Rinascita e decadenza dei secoli XI–XIV, Rom ^{2}1982, 231 f; vgl. auch D. P. Hester, Monasticism and Spirituality of the Italo-Greeks, Thessalonike 1992.

[119] Analyse von P. Battifol, L'abbaye de Rossano. Contribution à l'histoire de la Vaticane, Paris 1891, 20.

[120] Ebd.

Lehre[121]. Die große Persönlichkeit der Epoche Friedrichs II. war Nikolaos von Otranto (gegen 1160–1235), als Mönch (1205) Nektarios seit 1219 Abt[122]. Seine Beherrschung des Lateinischen ließ diesen Griechen, der den Positionen seiner Kirche treu blieb, zum Dolmetscher römischer Gesandtschaften zunächst nach Konstantinopel (1205–1206), dann nach Nikaia (1214–1215), wo er auch Friedrich II. vertrat, werden. 1232 wurde er vom Klerus mit der Vertretung bei der Kurie beauftragt. Man hörte in dieser Zeit, daß er die basilianische Liturgie ins Lateinische übersetzte oder in Konstantinopel für Kardinal Benedikt von S. Susanna eine Kopie von Balsamons Teilübersetzung des *Constitutum Constantini* angefertigt und daß er selbst über Fragen, die die beiden Kirchen trennten, gehandelt haben soll. Wie uns sein Freund Georgios Bardanes überliefert, war er auch des Hebräischen mächtig; er hinterließ ein *Streitgespräch mit den Juden,* auf das wir zurückkommen werden[123].

c) Zypern

Auf Zypern wurden zu Beginn des 13. Jh. zwei *Typika* verfaßt, 1210 das der Panhagia von Machairas von Neilos, dem Bischof von Tamasia, und vor allem das der *Enkleistra (reclusorium)* von Neophytos dem Reklusen, dem geistlichen Haupt der griechischen Christenheit der Insel[124]. In Konstantinopel schließlich nahm das griechische Mönchtum seit 1261 seine hohen Stätten wieder ein, die ihm zuvor genommen worden waren, an erster Stelle das Hodegon-Kloster: Die Ikone der *Hodegetria* („Wegweiserin") wurde 1261 in der Prozession anläßlich der Rückkehr Michaels VIII. mitgeführt[125]. Die Maßnahmen der Restauration, die er gemeinsam mit seiner Gemahlin in der Hauptstadt und ihrer Umgebung sowie auf dem Latros verfolgte, gehen über das Jahr 1274 hinaus.

d) Die klösterliche Disziplin

Die klösterliche Disziplin der *Typika* dieses Zeitraums folgte der Tradition, zwei Beobachtungen sind jedoch zu machen. Die erste berührt die Praxis der Reklusen, die durch ihren wesentlichen Vertreter, Neophytos von Zypern, zum Eckstein seiner Gemeinschaft gemacht wurde; man betrachtete sie nicht mehr so sehr wie im Jahrhundert zuvor mit Mißtrauen. Doch bringt die *Vision* des Priesters und Reklusen Isaias, die das Bruchstück einer verlorenen *Vita* mit bedeutender Textüberlieferung darstellt[126], erneut die traditionelle Verbindung von Reklusion und Schau der jenseitigen Welt ins Spiel[127]. Die zweite Beob-

---

[121] A. und O. Parlangeli, Il monastero di S. Nicola di Casole, centro di cultura bizantina in Terra d'Otranto, in: Bollettino della Badia greca di Grottaferrata 5 (1951) 30–45; sowie die klassische Studie von Ch. Diehl, Le monastère de S. Nicolas de Casole près d'Otrante d'après un manuscrit inédit, in: Mélanges de l'École française de Rome 6 (1886) 173–188.

[122] J. M. Hoeck – R. J. Loenertz, Nikolaos-Nektarios von Otranto, Abt von Casole. Beiträge zur Geschichte der ost-westlichen Beziehungen unter Innozenz III. und Friedrich II., Ettal 1965.

[123] Miklosisch-Müller, (s. Anm. 96) Bd. 5, Wien 1887, 392–432.

[124] I. P. Tsiknopullos, Kypriaka Typika, Nicosia 1969, 71–104.

[125] R. Janin, Siège de Constantinople (s. Anm. 5) 203 f.

[126] BHG³ 2208; Novum auctarium, ebd.

[127] E. Patlagean, Byzance et son autre monde. Observations sur quelques récits, in: Faire croire. Modalités de la diffusion et de la réception des messages religieux du XIIe au XVe siècle, Rom 1981, 206.

achtung bezieht sich auf ein Klosterwesen der Frauen mit bereits hesychastischer Tendenz, die ein *meterikon*, eine Sammlung von Apopthegmen frommer Fräuen, beleuchtet, das ein Mönch Isaias für seine geistliche Tochter Theodora, vermutlich eine Tochter Isaaks II. Angelos, schrieb [128]. Das Klosterwesen und die Welt der Laien stellen sich dar, wie wir sie bereits kennen. Die Großzügigkeit gegenüber den Mönchen ist uns aus der kaiserlichen Eloge bekannt, die Theodoros Skutariotes Joannes III. Vatatzes gewidmet hatte [129]. Die Persönlichkeit des Patriarchen Arsenios fügt sich in diese Tradition. Die Ausübung der Funktion des Beichtvaters, die das Recht miteinbegriff, einem Sterbenden Habit und Tonsur zu verleihen, blieb offiziell von einer Erlaubnis, die Beichte abzunehmen, die der Patriarch erteilte, abhängig [130]. Es gab weiterhin fromme Schenkungen und mit ihnen den Status des Gründers, der auf die Nachkommen übertragbar war. Die Einrichtung des Charistikats *(charistike)* wird nicht mehr ausdrücklich erwähnt [131].

3. Die Laienfrömmigkeit

Die Laienfrömmigkeit im engeren Sinne und ihr Rahmen sind durch Quellen des Klerus und der Pastoral bezeugt. Der *Thesauros* des Priestermönchs Theognostos, verfaßt zwischen 1204 und 1252, stellt das Rüstzeug eines Christen mittlerer Bildung dieser Epoche dar [132]. Als Katechismus in Form eines Florilegiums, wie sein Herausgeber es nannte, läuft er auf eine Kurzfassung der Heiligen Schrift, der Dogmen und Sakramente hinaus; in Form von Frage und Antwort sind eigene Abschnitte z. B. dem Tod oder der täglichen Disziplin vor allem im Sexualleben gewidmet, eingestreut finden sich Sentenzen der Wüstenväter und Zitate der Patristik, erbauliche Erzählungen gelten dem Heil der Seele. Der Verfasser klärt über sexuelles Begehren, häufige Kommunion, einen christlichen Tod, die Einkleidung Sterbender, über Dämonen, Schutzengel, die Hölle, Ikonen, Heiligenreliquien oder auch den Tierkreis und das Himmelsgewölbe auf. Auf solche und ähnliche Themen stößt man auch in Synodalentscheidungen und kanonischen Responsen. So war die Ölung von Verstorbenen mit Berufung auf die Regel der letzten Ölung in Nikaia verboten (1260/61) [133]. Die Responsen und Entscheidungen von Apokaukos und Chomatianos dokumentieren die alltägliche Situation der Ehen: Haß der Ehefrau, den das kirchliche Gericht als Scheidungsgrund anerkennen konnte, Heirat vor der Pubertät, Verbindungen ohne Heirat, die einer dritten Eheschließung im Wege standen [134]. Die Frömmigkeit der Bürger gegenüber dem Schutzheiligen ihrer Stadt wird durch homiletische Texte illustriert. Der Kleriker Joannes Staurakios, Diakon und Archivar der Metropolie von Thessalonike, verfaßte zwei

---

128 I. Hausherr, Le meterikon de l'abbé Isaie, in: Orientalia Christiana Periodica 12 (1946) 286–301; unabhängig von Isaias Meterikon sind die Texte bei P. B. Paschos (Hrsg.), Neon meterikon, Athen 1990.

129 Skutariotes, in: Akropolites (s. Anm. 22) 287, 10.

130 Siehe z. B. Regestes Nr. 1204, gegen 1208.

131 Vgl. Angold, A Byzantine government in exile (s. Anm. 1) 53–56.

132 Theognosti Thesaurus, hrsg. von J. A. Munitiz, Turnhout/Löwen 1979 (Corpus Christianorum. Ser. graeca 5).

133 Regestes Nr. 1348 sowie 1370bis.

134 A. D'Emilia, I responsi del canonista bizantino Demetrio Comaziano in materia d'impedimento matrimoniale d'affinità, in: Studi in onore di P. De Francisci, Bd. 4, Mailand 1955, 133–158; A. E. Laiou, Contribution à l'étude de l'institution familiale (s. Anm. 14), und dies., Mariage, amour et parenté à Byzance aux XIe–XIIIe siècles, Paris 1992.

Werke zum Ruhm der „Ölspendenden Heiligen" der Stadt, ihres Patrons Demetrios[135] und der Nonne Theodora[136]. Theognostos erinnert an weitere Reliquien, die dasselbe Wunder aufweisen, so Andronikos in Attalia und Athimos in Nikomedeia. In Trapezunt dankte man dem hl. Eugenios, den Angriff der Türken von 1223 abgewehrt zu haben[137]. Die Homiletik an die griechischen Gläubigen der Hauptstadt ist durch einen Zyklus vertreten, dessen Zuschreibung an Germanos II. wenigstens teilweise authentisch sein dürfte[138].

4. Randgebiete und Abweichungen

Was geschah an den Grenzen der griechischen Frömmigkeit? Das Studium lateinischer Einflüsse bliebe zu verfolgen, die durch die Regionalisierung der *euchologia* (Gebetbücher) Süditaliens[139] oder die Einführung von Bruderschaften auf Kythera durch die venezianische Herrschaft[140] belegt sind. Die ländlichen Gebiete stellten eine andere Art von Randzone dar. Chomatianos wurde über Gewalttätigkeiten informiert, zu denen es beim Fest der *Rusalia* unter jungen Leuten gekommen war: Ein Hirte, der sich geweigert hatte, seinen Schafskäse herzugeben, hatte auf die Stockschläge eines Angreifers mit einem tödlichen Messerstich reagiert. Der Erzbischof verbot dieses und ähnliche ländliche Feste wie die *Vota* und *Brumalia* in einem Brief, der den Gläubigen öffentlich verlesen werden sollte[141]. Schließlich wird das kleine Werk über die Dämonen, das traditionell Psellos zugeschrieben wurde, von Jean Gautier in den Zeitraum zwischen dem Ende des 12. und dem Beginn des 14. Jh. datiert[142]. Der Dialog, dessen weitreichende Textüberlieferung seine Wirkung bezeugt, handelt von Dämonen und ihren fleischlichen Begierden mit deutlichem Bezug auf antike Überlieferungen. Der Kontext ist jedoch der der zeitgenössischen Häresie, gegen die sich das Werk in erster Linie wendet. Gleichwohl erweist sich der Verfasser schlicht und einfach alten Gemeinplätzen verpflichtet, wenn er das Initiationsritual, das der Erscheinung und dem Wirken der Dämonen vorausgeht, beschreibt: ritueller Verzehr verbotener Speisen, sexuelle Ausschweifungen in der Dunkelheit am Vorabend des Osterfestes und rituelle Tötungen, neun Monate später, der dabei empfangenen Leibesfrucht. Diese Häresie wird in einem Teil der Texttradition ausdrücklich benannt: Eine Reihe von Manuskripten

---

[135] S. Lampros (Hrsg.), in: Neos Hellenomnemon 15 (1921) 189–216.

[136] E. Kurtz (Hrsg.), Des Klerikers Gregorios Bericht über Leben, Wundertaten und Translation der Hl. Theodora von Thessalonich nebst der Metaphrase des Joannes Stauriakos, in: Zapiski Imp. Akademij Nauk, 8. Ser., hist.-philol. Kl. V/1, Sankt Petersburg 1902.

[137] Vgl. den in der 2. Hälfte des 14. Jh. von dem Metropoliten der Stadt, Joseph Lazaropulos, verfaßten Bericht: A. Papadopulos-Kerameus (Hrsg.), Fontes historiae imperii Trapezuntini, Sankt Petersburg 1897, 116–132.

[138] Vgl. Beck, Kirche und theologische Literatur (wie Anm. 11) 667f; wie auch unten, Anm. 143.

[139] Vgl. A. Jacob, L'evoluzione dei libri liturgici bizantini in Calabria e in Sicilia dalla'VIII al XVI secolo, con particolare riguardo ai riti eucaristici, in: Calabria bizantina. Vita religiosa e struttura amministrativa, Reggio (Calabria) 1974, 47–69; A. Pertusi, Sopravvivenze pagane e pietà religiosa nella società bizantina. Tradizione di pietà e tradizione scrittoria nella Calabria greca medievale, Reggio (Calabria)/Rom 1983, 17–46, vor allem 25f.

[140] G. Leontsinis, The rises and fall of the confraternity churches of Kythera, in: JÖB 32/6 (1982) 59–68.

[141] Demetrios Chomatianos, in: J. Pitra (Hrsg.), Analecta Spicilegio Solesmensi parata VI, Paris 1891, Kap. CXX (Sp. 509–512).

[142] P. Gautier, Le De Daemonibus du Pseudo-Psellos, in: REByz 38 (1980) 105–194; einer der möglichen Autoren ist seiner Meinung nach Nikolaos von Modon, was das Werk ins 12. Jh. verwiese. Das Klima der Erwartung des 13. Jh. wäre für das Werk jedoch nicht unpassend.

fügt dem Titel „und gegen Manes" hinzu; ein durch zwei Zeugnisse des 14. Jh. bestätigter Titel nennt „Euchiten, Messalianer und Bogomilen". Von da an tauchen die „Euchiten" auch im Text selbst auf. Die Beziehung zwischen Häresiologie und Dämonologie ist nicht überraschend. Eine lokale Textsammlung des *Synodikon der Orthodoxie*, die im 13. Jh. abgefaßt wurde, belegt als einzige namentlich die Bogomilen und ihren Begründer mit dem Bannfluch[143]. Das pastorale Werk Germanos' II. zeugt seinerseits von dem Einfluß der zeitgenössischen Bogomilenbewegung: Er behandelt sie in seinen Predigten, vor allem in einem Brief an die Bewohner Konstantinopels, in dem die Punkte einer eventuellen Abschwörung präzisiert werden[144]. Langfristig ist zu beobachten, daß die Häresie nun aus der Perspektive ihres erwarteten Endes eingestuft wird. Germanos II. bringt sie in seinem Brief mit der bevorstehenden Ankunft des Antichrist in Verbindung, der sie vorausginge. Entsprechend habe ihm der Großvater des Pseudo-Psellos verkündet, daß die Parusie nahe sei und daß ihre Nähe von einem Wuchern merkwürdiger Lehren und unerlaubter Praktiken angekündigt werde, die sich nicht nur unter den Unwissenden verbreiteten, sondern ebenso unter Gelehrten. Das *Streitgespräch mit den Juden*, das um 1220/23 Nikolaos-Nektarios von Otranto verfaßte, entstand, wie wir sehen werden, im selben Klima.

5. Armenier, Juden, Moslems

Konstantin Kabasilas, der bereits erwähnte Metropolit von Dyrrhachion (Durazzo), hatte an Chomatianos die Frage gerichtet, ob man nicht die Armenier, die sich in vielen Städten niedergelassen hatten, nach ihren Bedürfnissen eigene Kirchen bauen lassen sollte. In der Antwort Chomatianos' finden sich die verschiedenen Minderheiten, die damals den äußersten Rand der griechischen Christenheit bildeten, „Juden, Armenier, Ismaeliten, Agarenen" (d. h. wahrscheinlich Araber und Türken) und andere, zusammengefaßt[145]. Alle hätten, so schreibt er, das Recht, in orthodoxen Gebieten zu leben, allerdings unter der Bedingung, daß sie sich in den ihnen zugewiesenen Quartieren aufhielten, außerhalb derer sie keine Erlaubnis hätten zu bauen, und daß jedes unerlaubt erstellte Gebäude abgerissen würde. Diese Verfügung, erklärt Chomatianos, erlaube zugleich, ihre Häresien einzudämmen, wenigstens einige von ihnen zum rechten Glauben zu führen und von ihrem Fleiß zu profitieren. In der Realität dürfte die Lage der drei Konfessionen jedoch nicht identisch gewesen sein.

Die jüdische Bevölkerung ist durch christliche und jüdische Quellen dokumentiert. Auf christlicher Seite haben wir bereits auf das Zeugnis Nikolaos-Nektarios', des Abtes von S. Nicola di Casole, hingewiesen. Sein *Streitgespräch mit den Juden* (um 1220/23) wird von ihm in Otranto angesiedelt[146], doch berichtet es von Reisen durch das ganze Imperium und

[143] J. GOUILLARD, Le Synodikon de l'Orthodoxie, in: Travaux et mémoires 2 (1967) Zeilen 277–387.

[144] G. FICKER (Hrsg.), Die Phundagiagiten. Ein Beitrag zur Ketzergeschichte des byzantinischen Mittelalters, Leipzig 1908, 115–125, nach Cod. Paris. Coisl. 278, zit. oben Anm. 13.

[145] CHOMATIANOS (s. Anm. 142), 661–664, vgl. S. BOWMAN, The Jews of Byzantium. 1204–1453, University of Alabama 1985, 221 f (Dokument 18).

[146] Dieser Text ist nicht herausgegeben und mit dem Cod. Paris. gr. 1255, der wahrscheinlich in Otranto im 14. Jh. verfaßt wurde (persönliche Mitteilung von G. Cavallo), nur ein einziges Mal bezeugt. Analyse und Bibliographie bei E. PATLAGEAN, La 'Dispute avec les Juifs' de Nicolas d'Otrante (vers 1220) et la question du Messie, in: M. G. MUZZARELLI – G. TODESCHINI (Hrsg.), La storia degli Ebrei nell'Italia medievale: tra filologia e metodologia, Bologna 1990, 19–27.

Das Mosaik des Kaisers Joannes II. Komnenos (1118–43) und der Kaiserin Irene, die als Gabenbringer (Gründer des Pantokrator-Klosters) eine thronende Madonna flankieren, gehört zu einer Reihe ähnlicher Mosaiken in der Hagia Sophia von Konstantinopel, in denen sich die enge Verbindung der Herrscher mit der göttlichen Macht dokumentiert. Dieser Grundhaltung der oströmischen Kaiser entspricht es, daß sich Byzanz im 13. Jh. als eine Stadt der Kirchen und Klöster präsentierte. Zu ihnen zählt der wuchtige Bau der (Theotokos-)Pammakaristos-Kirche (12. Jh.), die nach der türkischen Eroberung in die Moschee Fethiye Camii umgewandelt wurde.

Wie stark die Kaiser in die kirchliche Liturgie eingebunden waren, zeigt die Miniatur einer Prozession des Kaisers Joannes I. Tzimiskes (10. Jh.), bei der eine wundertätige Ikone mitgeführt wurde. – Madrid, Nationalbibliothek.

Die Mosaikikone (11. Jh.) der Madonna aus dem Kloster Pammakaristos (heute Istanbul, St.-Georgs-Kirche) galt als besonders wirkmächtige Ikone, in deren Schutz sich Byzanz auch vor Angriffen von außen sicher glaubte.

Als die Kreuzfahrer 1204 Konstantinopel erstürmten und plünderten, wurde die Kreuzzugsidee pervertiert; dahinter standen die Rachegelüste Venedigs und das Interesse des Staufers Philipp von Schwaben, seinen gestürzten Schwiegervater auf den byzantinischen Kaiserthron zurückzuführen. Das Gemälde Tintorettos (16. Jh.) im Dogenpalast in Venedig verherrlichte noch dieses Geschehen, das allen künftigen Unionsbemühungen des Westens und Ostens im Wege stand.

von der Präsenz der Juden, Karaiten und Rabbaniten, überall im Reich: Es ist nicht überraschend, daß er Theben, Thessalonike und Konstantinopel erwähnt. Die Predigt Germanos' II. läßt in ihrer Akzentuierung auf die Gegenwart einer bedeutenden jüdischen Bevölkerung in der besetzten Hauptstadt schließen[147]. Auf jüdischer Seite müßte die Darstellung noch um eine Untersuchung der Manuskriptproduktion auf griechischem Territorium und um die Funde der Genisa erweitert werden. Beim gegenwärtigen Stand der Dokumentation stellt das Corpus der Responsen R. Isaias von Trani, die Dyrrhachion (Durazzo) und die Peloponnes zu Beginn des 13. Jh. beleuchten, deren Hauptstück dar[148]. Sowohl R. Isaia als auch Nikolaos von Otranto waren Zeitgenossen einer Situation, in der die Juden Apuliens noch dem griechischen Judentum verpflichtet waren und der die Religionspolitik Friedrichs II. ein Ende gesetzt haben dürfte[149]. R. Isaia hebt aus seiner Sicht Besonderheiten des byzantinischen Judentums hervor, vor allem griechische Einflüsse im Bereich der Ehe. Sodann erwähnt der polemische Brief Jakob b. Elias aus Lattes an seinen konvertierten Vetter Pablo Christiani, den er um 1270 schrieb[150], zwei von den christlichen Quellen ignorierte Übergriffe: die von Theodoros Angelos von Epeiros am Vorabend seines Bulgarienkrieges veranlaßten Plünderungen und einen Erlaß Joannes' III. Vatatzes zur zwangsweisen Konversion aus dem Jahre 1254[151]. Messianische Erwartung kam auf, die man mit zeitgenössischen christlichen Endzeiterwartungen vergleichen müßte. Auch Nikolaos-Nektarios von Otranto ist im Zeichen solcher Endzeiterwartungen zu verstehen, insofern die Bekehrung der Juden, an die er erinnert, der letzten Ankunft Christi vorausgehen sollte; er verleiht seinem Gesprächspartner Züge entsprechender Ungeduld. Zu einem späteren Zeitpunkt des Jahrhunderts, wahrscheinlich im Jahre 1257, dokumentiert ein Fragment der Genisa eine Stadt, die Bowman als Andravida im Nordwesten der Peloponnes identifiziert[152]. Man habe dort Nachricht erhalten, daß der „verborgene König" Botschaften an die Juden gesandt hätte, die sie ermahnten, ihre Güter zu verkaufen, den Ertrag zu verteilen und sich aufzumachen gen Jerusalem, desgleichen Botschaften an die Könige Spaniens, Deutschlands, Ungarns und Frankreichs mit der Bitte, diesen Aufbruch ohne Hindernisse vonstatten gehen zu lassen. Der Brief fügt hinzu, daß der Aufbruch in Spanien bereits begonnen hätte.

Armenier und Muslime konnten sich auf solche Gebiete stützen, wo ihre Konfession auch die der politischen Herrschaft war[153]. Die Situation des Islam war keineswegs einfach. Er war damals in Kleinasien bereits fest verwurzelt, doch die türkische Eroberung wurde durch den Druck turkmenischer Nomaden und in der Folge durch das Vordringen

---

147 Vgl. D. Jacoby, Les quartiers juifs de Constantinople à l'époque byzantine, in: Byzantion 37 (1967) 167–227; ders., Les Juifs vénitiens de Constantinople et leur communauté du XIIIe au milieu du XVe siècle, in: Revue des études juives 131 (1972) 397–410.

148 Herangezogen von Bowman, Jews of Byzantium (s. Anm. 145) passim.

149 These von G. Sermoneta, Federico II e il pensiero ebraico nell'Italia del suo tempo, in: Atti della settimana di studi su Federico II e l'arte del Duecento italiano, Rom 1978, 393–407.

150 J. Mann, Une source de l'histoire juive au XIIIe siècle. La lettre polémique de Jacob b. Elie à Pablo Christiani, in: Revue des études juives 82 (1926) 363–377; vgl. Bowman, Jews of Byzantium (s. Anm. 145) 228–231 (Dok. 24).

151 Dölger, Regesten Nr. 1817; Bestätigung durch eine volkstümliche Vita Joannes' Vatatzes, vgl. H. Ahrweiler, Région de Smyrne (s. Anm. 7) 27, Nr. 143.

152 Bowman, Jews of Byzantium (s. Anm. 145) 224–227 (Dok. 21).

153 Vgl. A. G. C. Savvides, Byzantium in the Near East: Its relation with the Seldjuk sultanate of Rum in Asia Minor, the Armenians of Cilicia and the Mongols A. D. c. 1192–1237, Thessalonike 1981.

der Mongolen erschwert. Die vorübergehende Ruhe von Nikaia wie der zeitgleiche Aufschwung der Seldschuken erschienen wie ein momentanes Gleichgewicht in der Region. Es gab individuelle Übertritte zum Islam, wie aus einem Brief Patriarch Germanos' II. an einen gewissen Nikolaos hervorgeht, der zum christlichen Glauben zurückgekehrt war[154]; ebenso sollte es Neumärtyrer geben. Im Anatolien des 13. Jh. lag der Anfang einer komplexen Osmose von Christentum und Islam von einiger Dauer, des Bektaschismus. Hadji Bektasch, der im Zusammenhang der Derwisch-Bewegung aus Khorasan gekommen war, stand am Ursprung einer mystischen, stark missionarischen und synkretistischen Sekte, die unter den Christen Westanatoliens und später des Balkans eine gewisse Verbreitung finden sollte[155]. Die Armenier im Kaiserreich galten weiterhin als häretisch, während die Verhandlungen über die Union beider Kirchen zwischen dem Patriarchen, der vom Kaiser beauftragt war, und dem Katholikos Armeniens und seinem König 1239/40[156] und 1247/48[157] fortgesetzt wurden. Der Patriarch von Antiocheia und die Metropoliten von Melitene und Philadelphia waren in diesen Begegnungen engagiert, die einen wichtigen Aspekt der byzantinisch-armenischen Beziehungen und im weiteren Sinne der regionalen Stellung des Christentums darstellten. Hinzu kam die Präsenz der lateinischen Staaten, die unter Einflußnahme des Papsttums aus dem Kreuzzug hervorgegangen waren. Lateiner und Armenier stellten zueinander ein Gegengewicht und gemeinsam einen Faktor des Gleichgewichts gegenüber Byzanz dar[158]. Zwischen ihnen zeichnete sich also eine Annäherung ab, obwohl die Armenier keineswegs bereit waren, den päpstlichen Primat anzuerkennen. 1273 sprach das ökumenische Patriarchat gegen beide dieselbe Verdammung aus – angesichts eines Kaisers, der mittlerweile zur Union mit Rom tendierte[159].

V. Konstantinopel und Rom (1204–1274)

Die vorhergehenden Seiten beschäftigten sich mit den Beziehungen zwischen den beiden Kirchen im Verlauf der Verhältnisse und Spannungen, die durch die lateinische Eroberung entstanden waren. Diese ließ das Problem der Kirchenunion ungelöst, insofern ein griechischer Staat oder, genauer, mehr als einer ungebrochen den Fortbestand des Kaiserreiches behaupteten[160]. Von seiten Roms wurde die Union weiterhin, unter wechselnder Akzentuierung, als Rückkehr der griechischen Kirche begriffen, unvermeidliche Folge der erfolgreichen Anstrengung eines Kreuzzugs und des Krieges gegen die Ungläubigen. Auf griechischer Seite erschienen die Fürsprecher Roms als Vertreter der kaiserlichen Legitimität auf kirchlichem Gebiet, welche Sicherheiten auch immer unter den jeweiligen Um-

---

[154] Regestes Nr. 1300.
[155] Sp. Vryonis, Decline of medieval Hellenism (s. Anm. 1) 369–381.
[156] Regestes Nr. 1290.
[157] Regestes Nr. 1309.
[158] Vgl. B. Hamilton, The Armenian Church and the Papacy at the time of the Crusades, in: Eastern Churches Review 10 (1978) 61–87.
[159] Regestes Nr. 1400.
[160] Vgl. W. Norden, Das Papsttum und Byzanz. Die Trennung der beiden Mächte und das Problem ihrer Wiedervereinigung bis zum Untergang des byzantinischen Reichs (1453), Berlin 1903; K. M. Setton, The Papacy and the Levant (1204–1571), 1. The thirteenth and fourteenth centuries, Philadelphia 1976; J. Gill, Byzantium and the Papacy 1198–1400, New Brunswick, 1979.

ständen auf dem Spiel standen[161]. Das Geschehen ereignete sich vor einem Hintergrund, der schon in der voraufgegangenen Epoche deutlich erkennbar war und dessen Grundmuster dasselbe blieb: ein Bewußtsein, das man bereits als national bezeichnen kann und das in der Orthodoxie und der orthodoxen Feindseligkeit gegenüber den Lateinern seinen Ausdruck fand; eine gelehrte Kultur, die im Unternehmen von Nikaia das historische Erbe des Hellenismus einsetzte, andererseits auch zwischen griechischen und lateinischen Gesprächspartnern aufgrund des Interesses, das letztere dem Werk des Aristoteles und der griechischen Patristik entgegenbrachten, Brücken bauen konnte. Auf griechischer Seite wird man die bereits genannten Persönlichkeiten aus dem Umfeld des Hofes antreffen, und auf lateinischer Seite wird einmal mehr die Rolle der Männer Süditaliens wie Nikolaos-Nektarios von Otranto oder Nikolaos von Crotone ins Blickfeld geraten. Hinzu kam jedoch als entscheidend Neues die vielfältige und kulturell folgenreiche Beteiligung der Bettelorden. Die Beziehungen zwischen römischer und griechischer Kirche durchliefen zwischen 1204 und 1274 drei Perioden: Die erste endete mit dem Tod Innozenz' III. 1216, die zweite offensichtlich mit der Restauration von 1261.

1. 1204–1216

Am Vorabend des Jahres 1204 konnte Innozenz III. trotz seiner Vorbehalte gegen die Umleitung des Kreuzzugs davon ausgehen, daß die Union insgesamt eine beschlossene Sache wäre und nur noch übrigbliebe, sie auszubauen[162]. In den Gebieten, die unter lateinische Herrschaft gekommen waren, behielt die römische Obödienz absolute Priorität und bestimmte, wie wir sahen, die Haltung des Papstes gegenüber dem Klerus, die Liturgie und die griechischen Sakramente. Der römische Primat stand ebenso an erster Stelle – gleichrangig mit der Frage des Heiligen Geistes – in der Debatte über die Dogmen, die zwischen Rom und der politisch unabhängigen griechischen Christenheit wieder aufgenommen wurde. Aus dieser ersten Epoche datiert die Denkschrift gegen die Lateiner des Metropoliten Konstantin Stilbes, insofern der Autor die 1204 in Konstantinopel verübten Gewalttaten nennt[163]; der Inhalt des Textes ist jedoch zu diesem Zeitpunkt traditionell. Der Kardinallegat Benedikt von S. Susanna nahm 1205 seine Tätigkeit auf und traf mit Michael Choniates in Thessalonike zusammen[164]. 1206 setzte er in Thessalonike, Athen und Konstantinopel seine Gespräche fort, die wir durch Berichte seines Dolmetschers Nikolaos von Otranto[165] und der Brüder Mesarites[166] kennen. Auf Anregung des Legaten fertigte Nikolaos-Nektarios bei dieser Gelegenheit eine Kopie der griechischen Version des *Constitutum Constantini* an, das Theodoros Balsamon in seinen kanonischen Kommentar zur Verfügung des Palastes, wo die Begegnung stattfand, eingefügt hatte. Noch 1206 standen sich in

---

[161] Vgl. D. Dagron, Byzance et l'Union, in: 1274. Année charnière. Mutations et continuités, Paris 1977, 191–202.

[162] Vgl. W. de Vries, Innozenz III. und der christliche Osten, in: Archivum Historiae Pontificiae 3 (1965) 87–126.

[163] Vgl. J. Darrouzès, Le mémoire de Constantin Stilbès contre les Latins, in: REByz 21 (1963) 50–100.

[164] Was aus J. Gill, Byzantium and the Papacy (s. Anm. 160) folgt.

[165] Vgl. die Analysen von J. M. Hoeck – R. J. Loenertz, Nikolaos-Nektarios von Otranto (s. Anm. 122) passim.

[166] A. Heisenberg (Hrsg.), Neue Quellen zur Geschichte des lateinischen Kaisertums und der Kirchenunion, in: Sitzungsberichte der Bayrischen Akademie der Wissenschaften 1922/5 und 1923/2–3.

einer Debatte der lateinische Patriarch Tommaso Morosini und der griechische Klerus gegenüber, der ihm die liturgische Nennung in der Hagia Sophia verweigerte und das Recht des Papstes bestritt, einen Patriarchen für Konstantinopel zu ordinieren. Nikolaos Mesarites war Wortführer der Griechen. Eine zweite Begegnung zur Frage der Rechtmäßigkeit Morosinis mit griechischen Mönchen aus Konstantinopel, von der Propontis (dem Marmara-Meer) und dem Auxentios-Berg fand 1209 statt: Wortführer der Griechen war diesmal Joannes Mesarites, der Bruder Nikolaos'.

Mit der Errichtung des Kaiserreichs von Nikaia intensivierten sich die Kontakte. Vor 1208 schrieb Theodoros I. Laskaris an den Papst[167]: Er tadelte den Feldzug gegen Christen und forderte Frieden zwischen Rom und Nikaia. Der Papst wandte dasselbe Argument gegen die Griechen selbst und warf ihnen vor, sie trügen die Verantwortung für das Schisma und beteiligten sich nicht am Kreuzzug[168]. Erst 1214 wurden die Unterredungen in Nikaia und Konstantinopel wieder aufgenommen. Auf griechischer Seite verhandelte Nikolaos Mesarites, damals Metropolit von Ephesos und Exarch[169] Asiens, auf lateinischer Seite Kardinal Pelagio Galvani, begleitet von Nikolaos von Otranto. Am 11. November 1215 wurde das 4. Laterankonzil eröffnet. Der Sinn, den Innozenz III. der Kirchenunion beimaß, wurde offenkundig[170]. Tatsächlich waren die östlichen Patriarchate auf dem Konzil repräsentiert, jedoch lediglich in Person ihrer lateinischen Titulare. Ein einziger griechischer Bischof, der der Union anhing, Theodoros von Negroponte, findet sich auf der Teilnehmerliste. Kanon 9, „Über den Unterschied der Riten", brachte die Einheit unter der Oberhoheit Roms vor. Kanon 5, „Über den Rang der Patriarchen", stellte Rom über die übrigen Sitze und konnte daher die traditionelle Ordnung beibehalten, d. h. Konstantinopel den ersten Rang unter ihnen zuerkennen, zugleich jedoch erklären, daß alle ihr Pallium vom Papst erhielten. Das IV. Laterankonzil schloß in dieser Hinsicht die durch den 4. Kreuzzug eingeleitete Periode ab, während Innozenz III. 1216 starb.

2. 1216–1261

Der folgende Zeitabschnitt hebt sich durch zwei neue Züge ab, den entscheidenden Aufschwung des Kaiserreichs von Nikaia und die vielfältige Wirkung der Bettelorden. Die Franziskaner scheinen 1220 in Konstantinopel Fuß gefaßt zu haben[171], und seit 1228 existierte die dominikanische Provinz Griechenland[172]. Doch bedeutender als diese Niederlassungen sind für unseren Zusammenhang die Rolle der Mendikanten bei den Gesandtschaften aus Rom und, mehr noch, die kulturellen Kontakte, für die die politischen Gesandtschaften Anlässe waren. Mit anderen Worten, die offiziellen Dokumente, Briefwechsel und Verhandlungsprotokolle, sind nicht von der Informations- und Traktatli-

---

[167] DÖLGER, Regesten Nr. 1677.

[168] J. GILL, Byzantium and the Papacy (s. Anm. 160) 35f.

[169] Der Exarch war zu dieser Zeit der Bevollmächtigte des Patriarchen vor allem für Rechtsangelegenheiten, vgl. J. DARROUZÈS, Recherches sur les offikia de l'Eglise byzantine, Paris 1970, 308–309.

[170] Vgl. R. FORÉVILLE, Le problème de l'union des Eglises dans la perspective des conciles du Latran, in: L'Année Canonique 12 (1968) 11–29.

[171] R. L. WOLFF, The Latine Empire and the Franciscans, in: Traditio 2 (1944) 213–237; allg. M. RONCAGLIA, Les frères mineurs et l'Eglise grecque orthodoxe au XIIIe siécle (1231–1274), Kairo 1954.

[172] B. ALTANER, Die Dominikanermissionen des 13. Jahrhunderts. Forschungen zur Geschichte der kirchlichen Unionen und der Mohammedaner- und Heidenmission des Mittelalters, Habelschwerdt 1924, 9.

teratur zu trennen, die sich damals entfaltete, und auch nicht von Kenntnissen der bedeutenden griechischen Texte im Westen: Die Forschung zum ersten Punkt und mehr noch zum zweiten ist trotz einiger guter Untersuchungen noch stark im Fluß[173].

a) Begegnungen

Im Jahre 1220 versammelte Theodoros I. Laskaris eine Synode, die die Entsendung einer Mission nach Rom vorbereiten sollte[174]. Die imperiale Bedeutung dieser Geste ist klar. Eingeladen wurden die östlichen Patriarchen; Apokaukos und Theodoros Dukas, der Patriarch und der Herrscher von Epeiros, lehnten ab. Tatsächlich hatte die Macht von Epeiros bereits eigene Verhandlungen mit dem Papst geführt und ihr Territorium unter dessen Schutz gestellt (1218). Es blieb, die 30er Jahre des 13. Jh. abzuwarten[175]. In unserer Dokumentation werden sie durch ein singuläres und dennoch bezeichnendes Zeugnis eingeleitet. Im Oktober und November 1231 wurde Georgios Bardanes, der Metropolit von Korfu, von einem Franziskaner, Bruder Bartholomäus, im Kloster von Casole oder in Otranto über die Lehre vom Fegefeuer unterrichtet. Vor 1236 verfaßte er einen Bericht über diese Unterredungen für die Griechen, und zwar, wie er schreibt, um sie zu warnen[176]. Ein Mendikant also brachte diese Lehre, die im Westen seit der Jahrhundertwende belegt war, auf griechisches Territorium; sie sollte auf dem Konzil von Lyon zu einem weiteren Stein des Anstoßes bei den Verhandlungen über die Union werden[177]. 1232 bereiteten ein Schreiben des Patriarchen Germanos II. an Papst Gregor IX. nach dem Besuch von fünf Minderbrüdern[178] und ein weiterer an die Kardinäle[179] die wichtige Begegnung vor, die in Nikaia und Nymphaion, der kaiserlichen Residenz, vom 3. Januar bis zum 4. Mai 1234 stattfinden sollte[180]. Die Synode und die Gesandten des Papstes, Franziskaner, deren Bericht erhalten ist, debattierten hauptsächlich über das ungesäuerte Brot und den Ausgang des Heiligen Geistes[181]. Der lateinischen Delegation gehörte auch der spätere Verfasser des *Tractatus*

---

[173] Siehe einerseits A. Dondaine, ‚Contra Graecos'. Premiers écrits polémiques des Dominicains d'Orient, in: Archivum Fratrum Praedicatorum 21 (1951) 320–446; andererseits z. B. B. L. Minio Paluello, Opuscula. The Latin Aristotle, Amsterdam 1972; M. Th. d'Alverny, Les traductions d'Aristote et de ses commentateurs, in: Revue des synthèses, Sonderausgabe (1968) 125–144; ders., Translations and translators, in: R. L. Benson – G. Constable (Hrsg.), Renaissance and renewal in the twelfth century, Oxford 1982, 421–462; schließlich die glänzende Studie von A. C. Dionisotti, On the Greek studies of Robert Grosseteste, in: A. C. Dionisotti – A. Grafton – J. Kraye (Hrsg.), The uses of Greek and Latin. Historical essays, London 1988, 19–39.

[174] Vgl. A. D. Karpozilos, The ecclesiastical controversy between the kingdom of Nicaea and the principality of Epirus (1217–1233), Thessalonike 1973.

[175] Vgl. D. Stiernon, Le problème de l'Union gréco-latine vu de Byzance: de Germain II à Joseph I^e (1232–1273), in: 1274. Année charnière. Mutations et continuités, Paris 1977, 139–166.

[176] M. Roncaglia, Georges Bardanès, métropolite de Corfu, et Barthélémy de l'Ordre Franciscain, Rom 1953.

[177] Vgl. J. Le Goff, La naissance du Purgatoire, Paris 1981, besonders 376–386 (dt. Übersetzung: Die Geburt des Fegefeuers, Stuttgart 1984, 340–343).

[178] Regestes Nr. 1256.

[179] Regestes Nr. 1257.

[180] Regestes Nr. 1267.

[181] H. Golubovich (Hrsg.), Disputatio Latinorum et Graecorum seu Relatio apocrisiariorum Gregorii IX de gestis Nicaeae in Bithynia et Nymphaeae in Lydia (1234), in: Archivum Franciscanum Historicum 12 (1919) 418–470.

contra Graecos (1252) an, den Antoine Dondaine als einen französischen Dominikaner identifizierte. In den folgenden Jahren kam es nicht mehr zu vergleichbaren Begegnungen. Die Kontakte dauerten jedoch vor dem Hintergrund wachsender Unsicherheit des lateinischen Kaiserreichs an. Innozenz IV. erhielt 1253 ein Schreiben Patriarch Manuels II.[182] Diesem war ein Brief Joannes' III. Vatatzes vorausgegangen, in dem sich der Kaiser sehr weit in Richtung auf eine Unterwerfung unter Rom vorwagte unter der Bedingung, daß Konstantinopel den Griechen zurückgegeben würde. Innozenz IV. antwortete mit der Ernennung eines Legaten, der 1256 aufbrach[183].

b) Schriften

Die theologischen und philosophischen Studien, die in der Folge entstanden, verdienen insofern größere Aufmerksamkeit als die offiziellen Begegnungen, da sie tiefergehende Auswirkungen hatten. Einmal mehr begegnet man Nikolaos-Nektarios von Otranto (gest. 1235), der seine dogmatische und liturgische Bindung an die griechische Kirche in den Dienst Roms stellte. In seinen *Drei Summen (Tria syntagmata)* vertrat er die Position der griechischen Kirche in den Punkten, die zwischen Griechen und Lateinern strittig waren[184]. Ein weiterer Autor, Nikolaos von Dyrrhachion (Durazzo), um 1254 präkonisierter Bischof von Crotone in Kalabrien, der ebenfalls zweisprachig war und in Diensten der römischen Kurie stand, verfaßte zwischen 1254 und 1256 – wahrscheinlich in griechischer Sprache – einen *Libellus de processione Spiritus Sancti et fide Trinitatis*[185], den Thomas von Aquin für seine Streitschrift gegen die Griechen *(Contra Graecos)* als Quelle benutzen sollte[186]. Das wichtigste Werk dieses Zeitraums jedoch war der bereits zitierte *Tractatus contra Graecos,* dem Antoine Dondaine eine grundlegende Studie gewidmet hat[187]. Das Werk erschien 1252 in einer zweisprachigen Ausgabe, deren griechische Version nur noch in einem Fragment erhalten ist. Ihr Autor war ein französischer Dominikaner, der in einem Kloster in Konstantinopel lebte und anonym blieb. Er nahm an der Begegnung von 1234 teil, seine Anwesenheit ist in den Bibliotheken der griechischen Klöster der Hauptstadt belegt; er war in der Lage, unter den griechischen Kopien Fälschungen zu entdecken, und war mit den lateinischen Streitschriften seines und des voraufgegangenen Jahrhunderts vertraut: Der umfangreiche Anhang enthält unter anderem Werke des Hugo Eteriano und des Leone Toscano sowie Texte der Dominikaner des Ostens. Der *Tractatus* war von solcher Bedeutung, daß sein Verfasser selbst eine zweite Ausgabe besorgte und er als wesentliche Quelle noch beim Konzil von Florenz verwendet wurde. Er formuliert für seine Epoche das Ziel der Lateiner: zu zeigen, daß die wahre griechische Tradition mit dem römischen Credo völlig konform sei, doch die Griechen selbst sich irgendwann davon entfernt hätten. Die besondere Aufmerksamkeit des

---

182 Regestes Nr. 1319.
183 Dölger, Regesten Nr. 1812.
184 Analyse bei Hoeck – Loenertz, Nikolaos-Nektarios (s. Anm. 122) 88–109.
185 P. A. Uccelli (Hrsg.), St. Thomas Aquinatis ... in Isaiam prophetam ... accedit Anonymi Liber de Fide S. Trinitatis, Rom 1880, 359–442; vgl. H.-G. Beck, Kirche und theologische Literatur (s. Anm. 13) 675f, der die Identifizierung für wahrscheinlich hält.
186 A. Dondaine, Nicolas de Crotone et les sources du Contra errores Graecorum de saint Thomas, in: Divus Thomas, 3. Ser., Bd. 28, H. 3, 1950, 313–340.
187 Dondaine, ‚Contra Graecos' (s. Anm. 175).

Anonymus gilt den Konzilien, wohl wissend, daß allein sie für die Griechen Autorität besaßen. Die Dominikaner der Provinz Griechenland machten sich damals in gleicher Absicht die Untersuchung der griechischen Patristik zur Aufgabe. Allerdings läßt sich keine klare Trennungslinie zwischen den Erfordernissen der Polemik und den gelehrten Kuriositäten ziehen. Aufschlußreich sind in diesem Zusammenhang die Kenntnisse griechischer Literatur bei Robert Grosseteste, dem Kanzler der Universität Oxford (gest. 1253). A. C. Dionisotti konnte zeigen, daß er sich, abgesehen von der spärlichen, aber soliden Überlieferung griechischer Texte in lateinischer Tradition, unmittelbar auf die Originalwerke bezog, die ihn interessierten[188]. Die Autorin ermittelte die griechischen Manuskripte, die er besaß bzw. benutzte oder die wenigstens derselben Überlieferung angehören dürften. Die Aufstellung spricht für sich. Zu nennen sind hier die vollständigen Werke des Pseudo-Dionysios Areopagita mit den Scholien Maximos' des Bekenners, die byzantinischen Aristoteles-Kommentare, darunter der Eustratios' von Nikaia, die Werke des Aristoteles selbst wie die *Nikomachische Ethik* und schließlich Joannes' Damaskenos Abhandlung über den orthodoxen Glauben *(Pege Gnoseos)*. Über das Netz franziskanischer Niederlassungen, das sich bereits von Italien aus bis zum Orient und nach England erstreckte, konnten griechische Bücher bis zu ihm gelangen. Bekannt ist, daß Aristoteles damals den Westen in der Originalsprache erreichte, in der man ihn las und aus der man ihn übersetzte. Es genügt, an die Übersetzungstätigkeit zu erinnern, die der Dominikaner Wilhelm von Moerbeke (1215–1286) aus dem Umfeld Thomas' von Aquin anregte[189]. Die Lage nach 1204 begünstigte offensichtlich die Begegnung von Menschen und den Austausch von Manuskripten.

3. Vorspiel zum 2. Konzil von Lyon: 1261–1274

Die Restauration durch Michael VIII. Palaiologos komplizierte noch das Problem. Der angevinische Anspruch auf lateinischer Seite und die andauernde türkische Gefahr auf griechischer Seite überschnitten sich mit dem Kreuzzug wie mit dem Jahrhundertkonflikt der beiden Kirchen. Was den letzten Punkt betrifft, sollten sich in Konstantinopel die Parteien neu formieren, ohne daß die Entfernung Joannes' IV. Laskaris und die Verdrängung des Patriarchen Arsenios einer Lösung des Konflikts vorgegriffen hätten. Urban IV., der am 29. August 1261 gewählt wurde, war den Anjou günstig gesonnen. Michael VIII. entschied sich von vornherein für eine Öffnung gegenüber den Lateinern: Jedenfalls suchte er so das notwendige Gegengewicht zu den Anjou wie den Türken herzustellen. Dabei riskierte er jedoch, auch innenpolitisch eine Front zu eröffnen. Die Feindseligkeit gegenüber den Lateinern hatte seit dem 12. Jh. in der griechischen Bevölkerung Formen angenommen, die man bereits als Nationalgefühl bezeichnen kann. Diese erlaubte der Hierarchie des Klerus wie manchen Laien, die Modernität abzulehnen, der gegenüber sich der Souverän selbst wie auch bestimmte Mitglieder seines Hofes aufgeschlossen zeigten – sei dies aus politi-

---

[188] Dionissotti, Greek studies of Robert Grosseteste (s. Anm. 173).

[189] T. Kaeppeli, Per la biografia di Guglielmo di Moerbeke, in: Archivum Fratrum Praedicatorum 17 (1947) 293 f; dort Hinweis auf M. Grabmann, Gugliemo di Moerbeke il traduttore delle opere di Aristotele, in: Miscellanea Historiae Pontificiae IX, Nr. 20 (1946); vgl. G. Dagron, Byzance et l'Union, in: 1274. Année charnière (s. Anm. 161) 191–202.

schen oder eher kulturellen Gründen. Erstaunlicherweise fehlt eine fundierte Studie zu Michael VIII., die uns erlauben würde, mehr dazu zu sagen[190].

Griechische und römische Gesandtschaften überkreuzten sich zwischen 1261 und 1264: Die Franziskaner und der Bischof von Crotone, Nikolaos, spielten die wichtigste Rolle bei diesen Begegnungen, in denen Michael VIII. seinerseits die traditionelle dogmatische Funktion des griechischen Herrschers übernahm. 1263 legte er in einem Brief dem Papst den griechisch-lateinischen Streit zur Entscheidung vor[191]. Im selben Jahr überbrachte eine Gesandtschaft unter Führung von Nikolaos von Crotone in Rom einen zweiten kaiserlichen Brief[192]. Michael unterrichtete darin den Papst, daß Nikolaos, den er Weihnachten 1262 nach Konstantinopel gerufen hatte, dort die lateinischen Positionen dargelegt und er selbst sie in Übereinstimmung mit den griechischen Kirchenvätern befunden habe. Patriarch Joseph I. tat 1267 seinerseits den Wunsch nach einer Union kund[193]. Doch der Papst nannte unmißverständlich seine Bedingungen: Die Griechen müßten die römische Lehre des Glaubensbekenntnisses, die sieben Sakramente und vor allem das der Ehe, das Fegefeuer und schließlich den Primat Roms anerkennen[194]. Doch bald verstarb der Papst. Die Sedisvakanz des Pontifikats zwischen 1268 und 1271 wurde von griechischer Seite durch Gesandtschaften zu König Ludwig IX. von Frankreich (1269 und 1270) zugunsten der Union genutzt[195]. An der zweiten Mission, während der der König selbst in Tunis starb, nahmen Joannes Bekkos und Konstantinos Meliteniotes teil.

Im März 1272 wurde Papst Gregor X. geweiht; zum 1. Mai 1274 berief er ein Konzil ein, dem er drei Ziele vorgab: die Kirchenreform, den Kreuzzug und die Union mit der griechischen Kirche. Die Einladung, die die Bedingungen von 1267 wiederholte, traf im Januar 1273 in Konstantinopel ein, wohin sie eine Gesandtschaft unter Leitung des Franziskaners Johannes Parastron, der in Konstantinopel geboren und zweisprachig war, brachte[196]. Dies löste in Byzanz einen inneren Konflikt aus. Im Frühjahr 1273 legte der Kaiser einen Tomos zugunsten der Union vor, worin er die Annäherung an die lateinische Christenheit mit der moslemischen Bedrohung durch die Türken rechtfertigte[197]: Hier zeigte sich das Dilemma, das Byzanz bis 1453 beherrschen und entzweien sollte. Patriarch Joseph I. erteilte eine abschlägige Antwort[198], der im selben Jahr ein Eid (Juni), der geplanten Union nicht beizutreten[199], und ein Glaubensbekenntnis gegen das Filioque (September)[200] folgten. Daraufhin konnte er nur den Ort des Geschehens verlassen; er zog sich in das Peribleptos-Kloster zu-

---

190 Zu konsultieren ist hier D. G. Geanakoplos, Emperor Michael Palaeologus and the West. 1258–1282, Cambridge/Mass. 1959.

191 Dölger, Regesten Nr. 1920. 192 Dölger, Regesten Nr. 1923 (Anfang 1264).

193 Regestes Nr. 1384–1385.

194 Analyse bei J. Gill, Byzantium and the Papacy (s. Anm. 160) 113–115; A. L. Tautu (Hrsg.), Acta Urbani IV, Clementis IV, Gregorii X (1261–1276), Vatikanstadt 1953 (Pontif. Comm. ad redigendum cod. iuris canonici orientalis, Fontes, Ser. 3, Bd. III, 1).

195 M. Dabrowska, L'attitude pro-byzantine de Saint Louis. Les opinions des sources françaises concernant cette question, in: Byzantinoslavica 50 (1989) 11–23.

196 Regestes Nr. 1399.

197 Dölger, Regesten Nr. 1400; V. Laurant – J. Darrouzès (Hrsg.), Dossier grec de l'Union de Lyon (1273–1277), Paris 1976, 1f und 136f.

198 Siehe Anm. 197.

199 Regestes Nr. 1401; Text bei Laurent – Darrouzès, Dossier grec, 302–305.

200 Regestes Nr. 1404; Text bei Laurent – Darrouzès, Dossier grec, 326–331, die bis in das Jahr 1275 datieren.

rück, um den Ausgang der Verhandlungen über die Union abzuwarten. Doch erlaubte er den Bischöfen, mit dem Kaiser zusammenzuarbeiten, um die Verhandlungen zu verfolgen. Es handelte sich also um eine Kompromißhaltung, durch die der galesiotische Mönch sich allerdings von dem Kaiser distanzierte, dessen Beichtvater er bis dahin gewesen war und der ihn durch den Legitimisten Arsenios ersetzt hatte. Repräsentierte er eine unter den Griechen verbreitete Meinung? Tatsächlich war auch das Umfeld des kaiserlichen Hofes gespalten. Unter den Gegnern des Unionsplans befanden sich Irene-Eulogia, die Schwester Michaels VIII., und der Mönch Job Jasites (auch Melas oder Melias genannt), die den Patriarchen beeinflußt haben dürften, und andere, von denen schon die Rede war, wie Georgios Moschambar, Georgios Pachymeres und Manuel Holobolos, schließlich ein weiterer Mönch vom Berg Galesios, Meletios. Die Politik Michaels VIII. fand andererseits Unterstützung bei Klerikern des Palasts wie Georgios (Gregorios) Kyprios, einem Schüler Akropolites' in Konstantinopel, und Klerikern der Hagia Sophia wie Konstantinos Meliteniotes. Im Oktober 1273 erwiderte der Kaiser die Weigerung der Synode mit der öffentlichen Bestrafung Holobolos' und Jasites'[201]. Der *Chartophylax* Joannes Bekkos, der zur Opposition gehörte, wurde eingekerkert, bis er widerrief. Im Mai 1275 sollte er an die Stelle Josephs I. treten, während die Union von Lyon verkündet wurde.

Bibliographie

1. Interne Geschichte des byzantinischen Kaiserreichs

H. Ahrweiler, L'histoire et la géographie de la région de Smyrne entre les deux occupations turques (1081–1317), paticulièrement au XIIIe siècle, in: Travaux et mémoires 1 (1966) 1–204.

M. Angold, A Byzantine government in exile. Government and society under the Lascarids of Nicaea (1204–1261), Oxford 1974.

S. B. Bowman, The Jews of Byzantium, 1204–1453, University of Alabama 1985.

G. Fedalto, La Chiesa latina in Oriente, 3 Bde., Verona 1973–1978.

D. G. Geanakoplos, Emperor Michael Palaeologus and the West. 1258–1282, Cambridge/Mass., 1959 (Hamden ²1973).

J. M. Hoeck – R. J. Loenertz, Nikolaos-Nektarios von Otrantro, Abt von Casole. Beiträge zur Geschichte der ost-westlichen Beziehungen unter Innozenz III. und Friedrich II., Ettal 1965.

S. P. Karpov, Trapezundskaja imperija i zapadnoevropejskie gosudarstva v XIII–XV vv., Moskau 1981 (ital. Übersetzung: Rom 1986).

A. D. Karpozilos, The ecclesiastical controversy between the kingdom of Nicaea and the principality of Epiros (1217–1233), Thessalonike 1973.

P. E. Riant, Exuviae sacrae Constantinopolitanae, 2 Bde., Genf 1877–78.

M. Roncaglia, Les frères mineurs et l'église grecque orthodoxe au XIIIe siècle (1231–1274), Kairo 1954.

1274. Année charnière, mutations et continuités, Paris 1977.

2. Die griechisch-lateinischen Beziehungen im 13. Jahrhundert

W. De Vries, Innozenz III. und der christliche Osten, in: Archivum Historiae Pontificiae 3 (1965) 87–126.

A. Dondaine, ‚Contra Graecos'. Premiers écrits polémiques des Dominicains d'Orient, in: Archivum Fratrum Praedicatorum 21 (1951) 320–446.

K. M. Setton, The Papacy and the Levant (1204–1571), Bd. 1: The thirteenth and fourteenth centuries, Philadelphia 1976.

J. L. van Dieten, Das lateinische Kaiserreich von Konstantinopel und die Verhandlungen über kirchliche Wiedervereinigung, in: V. D. van Aalst – K. N. Cigaar (Hrsg.), The Latin Empire. Some contributions, Hernen 1990, 93–125.

---

[201] Georgios Pachymeres, V 20 (Relations historiques, hrsg. von V. Laurent – A. Failler, Bd. 2, Paris 1984, 503).

Sechstes Kapitel

Christen und Nichtchristen

VON ANDRÉ VAUCHEZ

In dem Maße, in dem die abendländische Christenheit sich ihrer auf der Zugehörigkeit zur lateinischen Kirche und Kultur beruhenden Einheit bewußt wurde, sah sie auch diejenigen in einem neuen Licht, die ihre Glaubensüberzeugungen nicht teilten und Gott in unverständlichen Sprachen verehrten. Dabei muß man zwischen religiösen Minderheiten, die sich inmitten einer christlich bestimmten öffentlichen Ordnung befanden, und Völkern, die außerhalb dieser lebten, unterscheiden. Erstere bestanden aus den Juden und den Muslimen in den Gebieten, die sich unter christlicher Herrschaft befanden. Sie erfreuten sich einer besonderen Stellung, sei es aufgrund einer langen Tradition des Zusammenlebens, sei es infolge wirtschaftlich bedingter oder anderweitiger Zwänge, die für ihre unvermeidliche und neue Integration in die Christenheit kennzeichnend waren. Aber die außerhalb der Christenheit lebenden Völker, besonders die Muslime in den islamischen Ländern, stellten andere Probleme, insofern sie eine Bedrohung für das Abendland und nach 1100 auch für die Kreuzfahrerstaaten im Vorderen Orient bildeten. Ein Heiliger Krieg oder ein Kreuzzug erschien lange als einzig mögliche Haltung diesen Feinden des christlichen Glaubens gegenüber. Im 13. Jh. indessen brachten das Erwachen der evangelischen Armut die Wiederentdeckung des Naturrechts und infolgedessen rudimentäre Anfänge völkerrechtlicher Normen, ferner die wiederholten Mißerfolge der Kreuzzüge sowie die Invasion der Mongolen bis nach Mitteleuropa und in den Orient die Christen des Abendlandes dazu, ihre Beziehungen zur Außenwelt zu revidieren und neue Normen für das Verhalten gegenüber den Nichtchristen zu erarbeiten.

I. Die christliche Gesellschaft und die Juden

Die Juden bildeten die einzige nichtchristliche Gemeinschaft mit einer gewissen Bedeutung im ganzen Abendland[1]. Zwar gab es in den christlichen Königreichen der Iberischen Halbinsel und in Sizilien muslimische Minderheiten, deren Zahl vor allem in Kastilien, Katalonien und Valencia im 13. Jh. nicht unbeträchtlich war[2]. Aber hier handelte es sich um

---

Bibliographische Kurzangaben verweisen auf das Literaturverzeichnis am Ende des Kapitels (Seite 794).

[1] Zur Geschichte der jüdischen Gemeinschaften im Westen vgl. das grundlegende Werk von S. W. BARON, A Social and Religious History of the Jews, 17 Bde., New York ²1952–80.

[2] Vgl. R. HIGHFIELD, Christians, Jews and Muslims in the Same Society: the Fall of *convivencia* in Medieval Spain, in: D. BAKER (Hrsg.), Religious Motivations. Biographical and Sociological Problems for the Church Historians, Oxford 1978, 121–146.

Sondersituationen spezieller Königreiche, nicht um ein allgemeines Problem wie jenes, das die Anwesenheit von Juden im Schoße der Christenheit darstellte. Die jüdischen Gemeinschaften im Abendland waren verstreut und ungleich verteilt. Im allgemeinen waren sie in den Städten ungleich zahlreicher als in den ländlichen Orten und hatten auch eine jeweils unterschiedliche Geschichte. Nach England kamen sie im Gefolge der normannischen Eroberung von 1066, wobei sie sich ausschließlich in den großen Zentren niederließen. In Südfrankreich oder in Italien dagegen waren sie seit der Antike eingewurzelt und ihre Anwesenheit im ländlichen Raum keineswegs außergewöhnlich. In den Augen der Kirche und der weltlichen Mächte waren die Juden aber vor allem durch ihren Sonderstatus gekennzeichnet, der sich im hohen und an der Schwelle zum späteren Mittelalter spürbar weiterentwickelte.

1. Die Situation der Juden im Abendland: von der Integration zur Ablehnung

Die geregelte Koexistenz (fast möchte man sagen, Toleranz), deren sich die Juden inmitten der Christenheit erfreuten, kann nur im Licht der kirchlichen Lehre verstanden werden, die an dieser Stelle ins Gedächtnis gerufen werden soll[3]. Sie war in bestimmten, immer wieder zitierten Texten formuliert worden, die von Augustinus, Gregor dem Großen und anderen Päpsten stammen, vor allem von Alexander II. im 11. Jh.[4] Nach Auffassung dieser Autoritäten sollten sich die Juden im Schoß der Christenheit einer Sonderstellung erfreuen, die ihnen ihre persönliche und materielle Sicherheit wie auch völlige Kultfreiheit garantierte. Aber die Basis hierfür war theologischer, nicht humanitärer oder juristischer Art. Alle mittelalterlichen kirchlichen Autoren, die davon sprechen, stimmen darin überein, den Juden die dreifache Rolle als historische Zeugen der Passion Christi, als Bewahrer des alten Gesetzes und als das beim Anbruch der Endzeit zur Bekehrung berufene Volk (Röm 9, 927 ff) zuzuerkennen. Wesentlich waren die beiden ersten Punkte. Petrus Damiani schreibt: „Die übriggebliebenen Juden wurden verstreut, damit das Haus des Gesetzes erhalten bleibt ... Durch die hebräische Sprache, die in der ganzen Welt verbreitet ist, wird der christlichen Religion eine Garantie der Authentizität gegeben.“[5] Mit anderen Worten, ihre Treue zum alten Gesetz, dessen überholter Charakter im Sinne des Kontrastes die Wahrheit des Christentums unterstreichen soll, rechtfertigt die den Juden durch die Kirche zuerkannte Kultfreiheit. Überdies hatten die Kirchenväter Gott die Sorge überlassen, den gesegneten Tag zu bestimmen, an dem das alte Israel im neuen Israel aufgehen sollte, da der Glaube nicht durch Zwang auferlegt werden könne. Aber seit dem 12. Jh. wurde diese Erwartung merklich ungeduldiger, und die wachsende eschatologische Spannung verstärkte bei einigen Klerikern und bei den Gläubigen die Versuchung, sein Kommen zu beschleunigen, indem sie durch direkten oder indirekten Druck so viele Juden wie möglich für den Glauben an Christus zu gewinnen suchten.

Das Wesentliche dieser Lehre ging im 12. und 13. Jh. in das kanonische Recht ein: So-

---

[3] Exzellente Darstellung dieses Aspektes bei G. Dahan, Les intellectuels chrétiens et les Juifs. Polémiques et relations culturelles entre Juifs et Chrétiens en Occident du XIIIe au XIVe siècle, Paris 1990, 63–94.

[4] Vgl. S. Boesch Gaiano, Per la storia degli Ebrei in Occidente tra Antichità e Medio Evo, in: Quaderni Medievali 8 (1979) 12–43; B. Blumenkranz, Les auteurs chrétiens et les Juifs au Moyen Age, Paris – Den Haag 1963.

[5] Petrus Damiani, Epist. II, 13, zit. n. G. Dahan, L'Eglise et les Juifs au Moyen Age, in: Atti del VI° convegno internazionale dell'AISG, Rom 1988, 19–43.

wohl das *Decretum Gratiani* als auch die Dekretalen bestätigten die grundlegenden Prinzipien, die regelmäßig von den Päpsten in den Diplomen „Sicut iudaeis" verkündet wurden und die Gläubigen an ihre Pflicht, die Juden zu beschützen, und an das Verbot, sich an ihren Gütern zu vergreifen oder ihre Gräber zu schänden, erinnerten[6]. Aber alle diese Texte sind durch eine grundlegende Ambivalenz gekennzeichnet: Obgleich sie erklären, daß die Juden nicht belästigt werden dürfen und das Recht haben, ihren Kult frei auszuüben, betonen sie auch, daß diese Ausübung nicht „ohne Rücksicht auf die Kirche" geschehen dürfe (waren doch die Juden gemäß einer Äußerung des Petrus Cantor „die Leibeigenen der Kirche") und die Ebene der „Söhne Kains" nicht gleichgesetzt werden könne mit der Stellung der Söhne Abels[7]. Für die anderen christlichen Autoren oder Kommentatoren dieser Zeit war das jüdische Volk in der Tat nur am Leben gelassen worden, „um gedemütigt die Strafe, zu der sein Verbrechen es verurteilt hat, in ihrer ganzen Dauer zu verbüßen"[8].

Die Kirche widersetzte sich auch nicht der Entwicklung, die zwischen dem 11. und dem 13. Jh. einen Teil der abendländischen Juden von der Freiheit in die Sklaverei führte. Im Römischen Reich hatten die Juden tatsächlich eine Sonderstellung innegehabt, die sich durch Freiheit, römisches Bürgerrecht und eine anerkannte religiöse Eigenheit auszeichnete. Dagegen waren sie von einigen öffentlichen Ämtern ausgeschlossen. Die germanischen Herrscher bestätigten diese Stellung insgesamt und praktizierten mit Ausnahme der Westgoten ihnen gegenüber eine wohlwollende Politik. Karl der Große und Ludwig der Fromme gestanden ihnen verschiedene Steuerbefreiungen zu, um ihre Handelsaktivitäten zu erleichtern[9]. Bis zum 12. Jh. schienen die Juden sich eher gut in die christliche Gesellschaft integriert zu haben, bis sich inmitten des Judentums eine Reaktion entwickelte, die sich dieser Entwicklung entgegenstellte[10]. Auf dem Land besaßen und bewirtschafteten auch Juden Ländereien; in der Stadt begegnete man ihnen in fast allen Berufen, und sie nahmen an den öffentlichen Feierlichkeiten teil, manchmal sogar, wie in Süditalien oder Toulouse, an der Verwaltung der Stadt. Sie sprachen dieselbe Sprache wie die anderen – in Spanien beispielsweise das Altkastilische –, während sie Hebräisch in ihren Schulen lernten, und einige christliche Autoren des 12. Jh. lobten die Sorgfalt, die sie für den Unterricht ihrer Kinder aufwandten.

Diese günstige Situation verschlechterte sich fortschreitend im 12. und 13. Jh.[11] Schon 1095 verbot Kaiser Heinrich IV. ihnen das Tragen von Waffen, das damals als ein Kennzeichen der Freiheit galt. Andererseits machte die Kirche, da sie den Christen die Praxis des Zinsdarlehens verbot, daraus ein Betätigungsfeld der Juden, die nicht den durch das Dritte

---

[6] S. Grayzel, The Papal Bull „Sicut iudaeis", in: Studies and Essays in honor of A. A. Neuman, Leiden 1962, 243–280.

[7] Zitiert und kommentiert von G. Dahan, L'article *Iudei* de la *Summa Abel* de Pierre de Chantre, in: Revue des études augustiniennes 27 (1981) 105–126; vgl. auch ders., L'exégèse de l'histoire de Caïn et d'Abel du XIIe au XIVe siècle, in: RTAM 49 (1982) 21–89 sowie 50 (1983) 5–68.

[8] Dahan, L'Eglise et les Juifs (s. Anm. 5) 31.

[9] Vgl. B. Blumenkranz, Juifs et Chrétiens dans le monde occidental, 430–1096, Paris 1960; über die Verklärung Karls des Großen im hochmittelalterlichen Judentum A. Graboïs, Le souvenir et la légende de Charlemagne dans les textes hébraïques médiévaux, in: Le Moyen Age 72 (1966) 5–41.

[10] Die Anhänger des Rabbi Juda hab-Hassid (1146–1217) betonten für die Juden die Notwendigkeit, sich von den Christen abzusondern und jeden Kontakt mit ihnen zu meiden. Ihre Reaktion bildete so das Gegenstück zu jener der Kirche.

[11] Vgl. R. Chazan, European Jewry and the First Crusade, Berkeley 1986; A. Funkenstein, Basic Types of Christian Anti-Jewish Polemic in the Later Middle Ages, in: Viator 2 (1971) 373–382.

und Vierte Laterankonzil promulgierten Verurteilungen unterworfen waren [12]. Ihr Netz von Beziehungen mit Glaubensbrüdern, das sich in die muslimische Welt und in den Orient hinein erstreckte, wie auch ihre gegenseitige Solidarität verschafften den Juden schließlich den Ruf besonderer Tüchtigkeit auf dem Gebiet des Kreditwesens, so daß sich die Herrscher, angefangen bei Heinrich II. von England, meist an sie wandten. Aber diese enge Zusammenarbeit mit weltlichen und kirchlichen Autoritäten war für die Juden nicht ohne Gefahr. Es genügten finanzielle Schwierigkeiten, und die Fürsten oder Prälaten drohten ihnen mit Vertreibung und Konfiskation ihres Besitzes, wie es in Frankreich unter Philipp II. August geschah, der sie, nachdem er ihnen 1179 ein Lösegeld auferlegt hatte, 1181 aus seinem Herrschaftsbereich vertrieb, bevor er sie 1198 gegen Bezahlung zurückrief [13]. Überdies trug ihre Fertigkeit im Kreditwesen dazu bei, sie bei denjenigen verhaßt zu machen, die auf ihre Dienste angewiesen waren und nur auf eine Gelegenheit warteten, sich an ihnen zu vergreifen. Jedenfalls wurden die Juden in Frankreich und in England zumindest seit dem Ende des 12. Jh. deutlich als Leibeigene des Königs betrachtet; Kaiser Friedrich II. bezeichnete sie nach dem Vorbild Friedrichs I. (1179 und 1182) seit 1236 in seinen offiziellen Schriftstücken als „*servi camere nostre*" [14]. Aus fiskalischen Gründen waren die Juden dieser Länder also direkt an den Herrscher oder gemäß der sich damals durchsetzenden Transpersonalisierung der Königsherrschaft an die Krone gebunden (das sog. Judenregal). So richtete die englische Monarchie 1194 ein Schatzamt für die Juden ein, das damit beauftragt war, die ihnen auferlegten Steuern einzuziehen; und Bracton schrieb um die Mitte des 13. Jh., daß „der Jude nichts zu eigen besitzen kann, denn alles, was er erwirbt, erwirbt er durch den König. Denn die Juden leben nicht für sich selbst, sondern für die anderen, und deshalb erwerben sie nicht für sich, sondern für die anderen." [15] Gestützt auf diese Lehre, schritten die öffentlichen Autoritäten mehrmals zur Beschlagnahme von Gütern der Juden, bevor sie diese 1290 aus England und 1306 aus Frankreich vertrieben [16]. Doch darf man diese Fälle nicht verallgemeinern, denn in einigen deutschen Städten, in denen die Juden Zugang zum Bürgertum erhielten, und vor allem in den Mittelmeerländern (die iberischen Reiche, Provence, Italien), wo sie weiterhin als juristische Personen betrachtet wurden, vor Gericht gehen durften und relativ gut behandelt wurden, herrschte eine andere Situation [17].

[12] Zu diesem Aspekt siehe G. Caro, Sozial- und Wirtschaftsgeschichte der Juden in Mittelalter und Neuzeit, 2 Bde., Leipzig 1908–20; S. W. Baron, Economic History of the Jews, New York 1966; L. K. Little, Religious Poverty and The Profit Economy in medieval Europe, Ithaca/NY 1978, 42–57.

[13] Vgl. G. Langmuir, *Tamquam servi.* The Change of Jewish Status in French Law about 1200, in: M. Yardeni (Hrsg.), Les Juifs dans l'histoire de France, Leiden 1980, 24–54.

[14] Vgl. J. Scherer, Die Rechtsverhältnisse der Juden in den deutsch-österreichischen Ländern. Beiträge zur Geschichte des Judenrechts im Mittelalter, Leipzig 1905; S. W. Baron, Medieval Nationalism and Jewish Serfdom, in: Studies and Essays in honor of A. A. Neuman, Leiden 1962, 17–48; Monumenta Judaica (s. Anm. 41) 66f.

[15] Zit. n. A. F. Pollock – F. W. Maitland, The History of English Law I, Cambridge 1895, 468. Vgl. G. Langmuir, The Jews and the Archives of Angevin England. Reflections on Medieval Antisemitism, in: Traditio 19 (1963) 183–244.

[16] P. Elman, The Economic Causes of the Expulsion of the Jews in 1290, in: Economic History Review 7 (1936/7) 145–154; S. Schwartzfuchs, The Expulsion of the Jewish from France (1306), in: Seventy-fifth Anniversary volume of the Jewish Quarterly Review, hrsg. von A. A. Neuman und S. Zeltin, Philadelphia 1967, 482–489.

[17] A. Milano, Storia degli Ebrei in Italia, Turin 1962; M. G. Muzzarelli – G. Todeschini (Hrsg.), La storia degli Ebrei nell'Italia medievale tra filologia e metodologia, Bologna 1990; Juifs et judaïsme en Languedoc, Toulouse 1977 („Cahiers de Fanjeaux" 12).

Die Kirche nahm zu diesen juristischen Fragen nicht Stellung, aber die Maßnahmen, die sie ihrerseits vornahm, trugen dazu bei, daß sich die Lebensbedingungen der jüdischen Gemeinschaften im Abendland verschlechterten[18].

Je mehr die Christenheit sich ihrer Identität bewußt wurde und sie auf aggressive Weise gegen die Feinde von außen geltend machte, besonders infolge der Kreuzzüge, um so mehr erschienen die Juden schließlich als Fremdkörper und bald als eine „fünfte Kolonne" unter dem Argwohn, sich mit dem äußeren – den Muslimen – oder dem inneren Feind – den Häretikern – einzulassen[19]. Aus dieser Sicht stellte das Judentum eine Last und auch eine mögliche Gefahr dar, vor der man sich schützen mußte; wenn man sich ihrer schon nicht entledigen konnte, so mußte man wenigstens den Schaden begrenzen. Zu allen Zeiten hatte man Christen der „Judaisierung" beschuldigt, und es sind tatsächlich einige Fälle der Konversion vom Christentum zum Judentum zwischen dem 9. und 12. Jh. bekannt[20]. Aber die Angst vor jüdischem Einfluß wurde nach 1150 größer, wie die durch das Dritte und Vierte Laterankonzil ergriffenen Maßnahmen zur Verschärfung ihrer Isolierung bestätigen. So wurde jede Form des Zusammenwohnens von Christen und Juden ausdrücklich verboten, angefangen von der Eheschließung bis zum Leben unter demselben Dach. Auch wurde den Juden verboten, christliche Ammen oder Diener zu beschäftigen[21]. Sie mußten sie kennzeichnende Abzeichen (die Scheibe in Frankreich, die Gesetzestafeln in England) tragen[22]. Die kanonische Gesetzgebung ging noch weiter und versuchte, jede Form der Gastfreundschaft zu verhindern: Das gemeinsame Einnehmen von Mahlzeiten wurde untersagt, und die Synode von Montpellier verbot den Christen 1246, jüdische Ärzte zu konsultieren. Wenn diese Maßnahmen auch wahrscheinlich wenig angewandt wurden – was die Wiederholung der Verbote bis zum Ende des Mittelalters andeutet –, so war das 13. Jh. doch dadurch gekennzeichnet, daß die Haltung der Kirche in der Tat immer restriktiver wurde und aus übertriebener Furcht vor denkbaren Einflüssen von einem Willen zur Demütigung und Erniedrigung geprägt war, der seinen Ausdruck in der parallelen, zugleich stark kontrastierenden Darstellung von *Ecclesia* und *Synagoge* an den Portalen der gotischen Kathedralen findet, obgleich die Kirche nicht auf die traditionelle Lehre verzichtete, kraft deren die Juden ihren Kult frei ausüben durften[23]. So verbot man ihnen mit der Begründung, dem jüdischen Bekehrungseifer entgegenzuarbeiten, neue Synagogen zu bauen und während der Karwoche ihre Wohnungen zu verlassen[24]. Obwohl noch keine Ghettos im eigentlichen Sinne existierten, wurden die Juden zumindest praktisch gezwungen, sich in den großen

---

[18] S. Greyzel, The Church and the Jews in the Thirteenth Century, New York ²1966.

[19] Vgl. R. Manselli, La polémique contre les Juifs dans la polémique antihérétique, in: Juifs et judaïsme en Languedoc (s. Anm. 17) 251–268.

[20] W. Giese, *In iudaismum lapsus est.* Jüdische Proselytenmacherei im frühen und hohen Mittelalter (600–1300), in: Historisches Jahrbuch 88 (1968) 407–418.

[21] E. A. Synan, The Popes and the Jews in the Middle Ages, New York – London 1965, 65–70.

[22] A. Cutler, Innocent III and the Destinctive Cloth of the Jews and Muslims, in: J. Sommerfeldt (Hrsg.), Studies in Medieval Culture, Kalamazoo 1970, 92–116.

[23] Analyse des ikonographischen Materials bei B. Blumenkranz, Le juif médiéval au miroir de l'art chrétien, Paris 1960. Zur Verschlechterung der jüdisch-christlichen Beziehungen vgl. K. H. Rengstorf – J. W. Ekkert (Hrsg.), Judentum im Mittelalter. Beiträge zum christlich-jüdischen Gespräch (Miscellanea Medievalia 4), Berlin 1966.

[24] Lateran IV, Canones 67–70; MANSI, Sacrorum conciliorum nova et amplissima collectio XXII, Paris – Leipzig 1903, 1054–1058, übers. von R. Foreville in: Latran I, II et III et Latran IV, Paris 1965, 380–382; Decretales, L. V, tit. 6 c. 4, hrsg. von Friedberg, c. 772.

Für die Haltung der Kirche zum Judentum fand die Kunst die Symbolfiguren von Ecclesia und Synagoge. Die Miniatur (um 1200, Gent, Universitätsbibliothek) zeigt Christus, der die Ecclesia neben dem Taufbecken krönt, während er die Synagoge, neben der ein Höllenrachen aufklafft, von sich weist.

Städten zu besonderen Vierteln umzugruppieren. Im Falle einer erzwungenen Taufe, wie sie von Zeit zu Zeit bei Gewaltausbrüchen vorkam, wurde die kirchliche Disziplin strenger und tendierte dazu, die Taufe unter allen Umständen als gültig anzusehen. Die Rückkehr dieser Getauften zur jüdischen Religionsausübung war mit Apostasie vergleichbar, wie Papst Clemens IV. 1267 in der Urkunde „Turbato corde" betonte, und verdiente strenge Bestrafung[25]. Im übrigen wurden von der Kirche und von einigen Herrschern finanzielle Maßnahmen ergriffen, um Bekehrungen zum Christentum zu begünstigen. 1233 wurde in London ein *domus conversorum* gegründet, das Juden beherbergen sollte, die mit ihrer Glaubensgemeinschaft gebrochen hatten, und in Frankreich gestand ihnen Ludwig IX. Steuervorteile sowie königlichen Schutz zu.

2. *Intellektueller Austausch und theologische Kontroverse*

Auf intellektuellem und kulturellem Gebiet waren die jüdisch-christlichen Beziehungen von einer Ambivalenz gekennzeichnet[26]. Tatsächlich hatte die seit der Antike andauernde Polemik zwischen jüdischen und christlichen Gelehrten über religiöse Fragen einen gewissen Austausch, vor allem auf dem Gebiet der Exegese, nicht verhindert. In Cîteaux fand Abt Stephan Harding schon zu Beginn des 12. Jh. widersprüchliche Übersetzungen einiger Bibelpassagen in den Manuskripten, die er für die Abteibibliothek abschreiben ließ, und begab sich zu einem berühmten jüdischen Gelehrten – zweifellos in Troyes –, um mit seiner Hilfe den besten Text zu erhalten. Später bemühten sich andere Mönche, vor allem in Mon-

---

25 Vgl. P. Browe, Die Judenmissionen im Mittelalter und die Päpste, Rom ^{2}1973, 258; S. Grayzel, Popes, Jews and Inquisition from *Sicut* to *Turbato*, in: Essays on the Occasion of the 70th Anniversary of the Dropsie College, hrsg. von A. I. Katsch – L. Nemoy, Philadelphia 1979, 151–188.

26 Zu diesem Thema vgl. G. Dahan, Les intellectuels chrétiens et les Juifs au Moyen Age, Paris 1990, mit erschöpfender Bibliographie.

tecassino und im katalanischen Poblet, Hebräisch zu lernen, um auf den authentischen Text des Alten Testaments zurückgreifen zu können, der häufig durch die Vulgata entstellt war. Diese Kontakte scheinen in Paris besonders intensiv gewesen zu sein, wo Andreas von St-Victor und seine exegetische Schule großen Wert auf die *hebraica veritas* legten, ein technischer Ausdruck, der zunächst eine direkte Übersetzung der Bibel auf der Grundlage des hebräischen Textes bezeichnete, aber ausdrücklich auch der jüdischen Exegese bei der Lektüre des Alten Testaments Autorität zuerkannte[27]. Dieser Schritt machte Schule und übte besonders auf Petrus Comestor, den Verfasser der *Historia scholastica*, Einfluß aus. Im 13. Jh. wurden die direkten Kontakte zwischen jüdischen und christlichen Exegeten ohne Zweifel seltener infolge der hohen Anzahl konvertierter Juden, die in den Klerus und vor allem in die Bettelorden eintraten, so wie Theobald von Sézanne, der um 1240 alle Passagen des Talmuds, die von den Christen als gotteslästerlich beurteilt wurden, ins Lateinische übersetzte. Auch wenn seine Absicht antijüdisch war, handelte es sich um eine wissenschaftliche und sehr gewissenhafte Arbeit. Mehrere Exegeten und Theologen, wie der Franziskaner Nikolaus von Lyra oder die Dominikaner Raimund Martini und Nikolaus Trivet, benutzten in ihren Werken hebräische Texte, sei es, um den Text der christlichen Bibel zu verbessern, sei es zu polemischen Zwecken[28].

In diesem Kontext ist der sog. Talmudstreit zu sehen, der im 13. Jh. die jüdisch-christlichen Beziehungen auf religiösem und intellektuellem Gebiet ernsthaft störte. Die große Bedeutung dieses Streits wird durch die Tatsache belegt, daß zwei Päpste sich genötigt sahen, in die Kontroverse einzugreifen, die in den Pariser Universitätskreisen ausbrach[29]. 1238/39 legte der konvertierte Jude Nikolaus Donin Gregor IX. ein Register von 35 Anklagen gegen den Talmud vor. Der Papst übernahm 31 davon, einige wörtlich[30]. In seinen Augen machte den wichtigsten Klagegrund die Tatsache aus, daß bei den Juden der Talmud im Begriff stand, das Alte Gesetz zu verdrängen. Das Judentum wurde aber gemäß der antiken und mittelalterlichen christlichen Tradition gerade wegen seiner Treue zum Alten Testament toleriert; jede Veränderung von seiten der Juden in ihrer Beziehung zur Bibel konnte von der Kirche nur als ein Verrat und somit als eine Art Häresie ausgelegt werden. Aus diesem Grunde beauftragte der Papst die Pariser Minoriten und Dominikaner damit, eine Untersuchung durchzuführen. 1240 fand eine öffentliche Disputation zwischen jüdischen und christlichen Gelehrten in Paris unter dem Vorsitz der Königin Blanche von Kastilien statt, aber die jüdischen Gelehrten erschienen dort als Angeklagte und protestierten gegen die wenig befriedigenden Bedingungen, unter denen sich die Diskussion abspielte[31]. Der Streit wurde unter dem Pontifikat Innozenz' IV. erneut aktuell, der sich seiner auf Bitten des Kanzlers und der Inhaber von Lehrkanzeln der Pariser Universität annahm. Anläß-

---

[27] A. Graboïs, The „Hebraica veritas" and the Jewish-Christian Intellectual Relations in the Twelfth Century, in: Speculum 50 (1975) 613–634; R. Berndt, André de Saint-Victor († 1185) exégète et théologien, Paris – Turnhout 1991; M. Grabmann, Geschichte der scholastischen Methode II, Freiburg i. Br. 1911, Darmstadt ²1956, 476f (über Petrus Comestor).

[28] Dahan, Les intellectuels chrétiens 426f und 452–468.

[29] Keiner von ihnen ergriff in dieser Angelegenheit die Initiative; der Streit schien jedenfalls keinen Grund für größere Unruhe in der römischen Kirche darzustellen gemäß J. E. Rembaum, The Talmud and the Popes. Reflections on the Talmud Trials of the 1240th, in: Viator 13 (1982) 215. 78 Briefe von Gregor IX. und Innozenz IV. betrafen die Juden, aber nur 6 bezogen sich auf die Talmudaffäre.

[30] Rembaum, The Talmud 205f.

[31] Der beste Abriß findet sich bei S. Loeb, La controverse de 1240 sur le Talmud, in: REJ 1 (1880) 247–261; 2 (1881) 248–270; 3 (1882) 39–57.

lich seines Aufenthaltes in Lyon hatte der Papst die Möglichkeit, sich mit französischen Rabbinern, für die der Talmud nicht dazu bestimmt war, die Bibel zu verdrängen, sondern dazu diente, sie besser verstehen zu helfen, über das Problem zu unterhalten. Sie sollten ihn nicht überzeugen, da er zu den Thesen seines Vorgängers hinzufügte, daß der Talmud „verworrene und offensichtliche Phantasiegebilde" bezüglich der Jungfrau Maria enthalte, wie auch Irrtümer und Dummheiten, die ihn „blasphemisch gegenüber Gott und Christus" und daher verdammungswürdig machten[32]. Der Papst teilte dann dem Kardinallegaten Odo von Châteauroux mit, daß der Talmud seiner Ansicht nach in den Teilen toleriert werden könne, die keine Beleidigung des christlichen Glaubens enthielten[33]. Odo von Châteauroux kehrte indessen die Position des Papstes um, vielleicht auf Anregung Ludwigs IX., der den Juden sehr feindlich gegenüberstand, und behauptete, diese Bücher seien „so voll von strittigen Behauptungen, daß sie nicht ohne Schaden für den christlichen Glauben geduldet werden könnten"; er entschied, den Rabbinern diese „unerträglichen" Bücher nicht zurückzugeben, sie wurden 1242 verbrannt[34].

In anderen Gegenden indessen spielten sich die Disputationen zwischen Juden und Christen über religiöse Fragen in einer weniger gespannten Atmosphäre ab. Eine der berühmtesten dieser Zeit war die Disputation, die 1263 in Barcelona abgehalten wurde, wo ein konvertierter Jude – Paulus Christiani – gegen seine ehemaligen Glaubensbrüder polemisierte, deren Glaubensüberzeugungen vom spirituellen Oberhaupt der Juden Aragóns, Moses ben Nahman (oder Nahmanides), verteidigt wurden. Die Diskussion wurde in Anwesenheit König Jakobs I. und des Hofes in aller Freiheit und mit gleichen Waffen abgehalten. Der Vertreter der Christen zeigte sich gegenüber den Juden sehr kritisch, aber sein Eintreten zeugte von einer guten Kenntnis der rabbinischen Literatur und der Fähigkeit, die von der gegnerischen Partei zu ihrer Verteidigung vorgebrachten Argumente anzuhören[35]. Schließlich und vor allem folgten auf das Streitgespräch keine feindlichen Maßnahmen gegen die Juden, deren Situation sich in den iberischen Ländern erst vom 14. Jh. an verschlechtern sollte.

3. Religiöse und volkstümliche Judenfeindlichkeit

Allgemein ist auf allen Ebenen der christlichen Gesellschaft eine zunehmende Feindschaft gegenüber den Juden festzustellen. Auch große Geister ließen sich zu heftiger Kritik gegen sie hinreißen, wie der Abt von Cluny, Petrus Venerabilis, der den französischen König Ludwig VII. vor ihren Machenschaften warnte und sie beschuldigte, sie raubten den Christen sakrale Gefäße, um sie mit ihren Exkrementen zu füllen[36]. Dieselbe Tonart findet sich bei Papst Innozenz III. Nicht nur in seinen Augen konnte der Friede auf der Welt nur vom Glauben an Jesus Christus herrühren. Diejenigen, die diesen Glauben ablehnten, beson-

---

[32] Vgl. S. Grayzel, The Talmud and the Medieval Papacy, in: Essays in Honor of S. B. Freehof, Pittsburgh 1964, 280.

[33] „... Et inspiciens eos diligenter, eosdem toleret in his in quibus secundum deum sine fidei Christiane injuria viderit tolerandos, et magistris restituat supradictis"; zitierter Text ebd. 280.

[34] Rembaum, The Talmud 280.

[35] R. Chazan, The Barcelone Disputation of 1263: Christian Missionizing and Jewish Response, in: Speculum 52 (1977) 824–842; J. Shatzmiller, Paulus Christiani: un aspect de son activité anti-juive, in: Hommage à G. Vajda, Löwen 1980, 203–217.

[36] G. Constable, The Letters of Peter the Venerable I, Cambridge/Mass. 1967, 327–330.

ders die Juden, die für die Kreuzigung und die Ablehnung des Messias verantwortlich waren, hätten dadurch schwere Schuld auf sich geladen. Außerdem war er der Auffassung, das mosaische Gesetz, das den Gerechten zeitliche und irdische Freuden verspreche und Betonung auf das Vergnügen lege, welches das eheliche Leben und eine reiche Nachkommenschaft verschafften, mache aus ihnen rein fleischliche Geschöpfe, die in jedem Falle unfähig wären, mehr als nur den Literalsinn der Schrift zu erfassen[37]. Er ließ sich 1205 sogar zu der irrigen Behauptung hinreißen, daß „die Juden heimlich ihre christlichen Feinde töteten, wenn sich ihnen Gelegenheit dazu böte; so habe man ihm gerade berichtet, daß man in ihren Latrinen den Leichnam eines armen Scholaren gefunden hätte“[38]. Zwar war dies ein Einzelfall, und Innozenz III. war der einzige mittelalterliche Papst, der dem Vorwurf des rituellen Mordes an christlichen Kindern durch Juden Glauben schenkte, eine Anschuldigung, die von mehreren seiner Nachfolger hingegen als absurd bezeichnet wurde[39]. Dennoch läßt sich nicht bestreiten, daß damals unter den eifrigsten Vertretern des Klerus eine deutliche Verhärtung gegenüber den Juden entstand. Besonders die Bettelorden lenkten in ihren Predigten und ihrer Spiritualität über die von Christus in seiner Passion erduldeten Leiden die Aufmerksamkeit ihrer Zuhörer und ihrer Leser auf die Schuld der „gottesmörderischen“ Juden. Als blinde Zeugen einer Wahrheit, die sie zurückgewiesen hätten, aber der sie durch ihre Existenz die Ehre gäben, seien die Juden zugleich unbelehrbare Ungläubige und die von nun an unnützen Erben derer, die den Erlöser tausend Qualen hätten erdulden lassen, bevor sie ihm einen schimpflichen Tod am Kreuz bereiteten[40].

Diese Überlegungen religiöser Art fanden bei vielen Gläubigen ein Echo, an das die Prediger wahrscheinlich nicht gedacht hatten. Seit dem Ende des 11. Jh. erlebte man im Abendland in der Tat einen Anstieg allgemeiner Gewaltbereitschaft und manchmal auch -ausbrüche gegenüber den Juden. Anläßlich des ersten Kreuzzuges wurden die Juden in einigen Städten am Rhein wie auch in Rouen gezwungen, die Taufe zu empfangen, und diejenigen, die sie ablehnten, vom entfesselten Pöbel niedergemacht[41]. Besonders in Worms lösten die Banden des Grafen Emicho von Leiningen den gewaltsamen Tod von mindestens 800 Personen aus. Dieselben Schreckensszenen wiederholten sich 1146 im Rheinland beim Aufbruch des zweiten Kreuzzuges, und Bernhard von Clairvaux mußte auf Bitten der überforderten Bischöfe persönlich eingreifen, um dem ein Ende zu setzen und die Gemüter zu beruhigen[42]. Doch die Länder mit den heftigsten Exzessen gegen die Juden waren England und Nordfrankreich; 1189, während der Krönung und des Auf-

---

[37] Zur Feindschaft Innozenz' III. gegenüber den Juden vgl. Synan, The Popes and the Jews (s. Anm. 21) [83–102.

[38] Zit. n. Grayzel, The Church and the Jews (s. Anm. 18) 108.

[39] Synan, The Popes and the Jews (s. Anm. 21), 114f; Grayzel, The Church and the Jews (s. Anm. 18).

[40] J. Cohen, The Friars and the Jews: The Evolution of Medieval Antijudaism, Ithaca/NY 1982; ders., The Jews as Killers of Christ in the Latin Tradition from Augustine to the Friars, in: Traditio 39 (1983) 1–27.

[41] Über das Blutbad von Rouen vgl. Guibert de Nogent, De vita sua, hrsg. von E. R. Labande, Paris 1981, 247; über die Judengemeinden in Köln, Trier, Mainz, Worms und Speyer sowie über ihren Rechtsstand, der trotz der Pogrome von 1096 unverändert blieb: E. Roth – G. Ristow – W. P. Eckert, in: Monumenta Judaica. 2000 Jahre Geschichte und Kultur der Juden am Rhein. Handbuch, Köln 1963, 61–65; R. Schieffer in: Rheinische Geschichte I/3, hrsg. von F. Petri – G. Droege, Düsseldorf 1983, 168f.

[42] Bernhard von Clairvaux, Epist. 363 und 365, in: Sancti Bernardi opera, VIII: epistolae, I, hrsg. von J. Leclercq – H. Rochais, Rom 1977, 311–317. 320f; zur Dankbarkeit der Juden ihm gegenüber für sein Eingreifen zu ihren Gunsten vgl. Rabbi Joseph Ben Maïr, zit. n. J. Ha Cohen, La vallée des larmes, hrsg. von J. Sée, Paris 1881, 33; vgl. auch Monumenta Judaica (s. Anm. 41) 65f.

Das 4. Laterankonzil hatte festgelegt, daß die Juden an ihrer Kleidung erkennbar sein sollten. Das geschah meist durch den spitzen Judenhut, wie ihn der Minnesänger Süßkind von Trimberg in der Miniatur (14. Jh.) der Manessischen Handschrift trägt (Heidelberg, Universitätsbibliothek). – Seit dem 12. Jh. wurden Juden des Ritualmordes an christlichen Knaben beschuldigt. Zwei Holzschnitte in der „Historie von Simon" 1457 zeigen einen Ritualmord und die Hinrichtung der Mörder (München, Bayerische Staatsbibliothek).

bruchs zum Kreuzzug von Richard Löwenherz kam es in London, King's Lynn, Norwich, Stanford, Bury Saint Edmund's und Lincoln zu Massenmorden an Juden, wobei die jüdische Gemeinschaft von York 1190 dem erzwungenen Glaubensabfall den kollektiven Selbstmord vorzog[43]. Übrigens erhoben 1144 in Norwich zum ersten Mal Kleriker Anklage

[43] R. Chazan, Medieval Jewry in Northern France. A Political and Social Study, Baltimore 1973; C. Roth, A History of the Jews in England, Oxford 1942; H. G. Richardson, English Jewry under the Angevin Kings, London 1960.

gegen die Juden wegen Ritualmordes, nach dem Mord am Knaben William von Norwich, der dann bis zum Ende des Mittelalters wie ein Heiliger verehrt wurde. Diese Anschuldigung wurde danach sowohl in England als auch auf dem Kontinent mehrmals wiederholt und gab dem Volk sowie den Autoritäten einen Vorwand, ganze jüdische Gemeinschaften auszurotten, wie 1171 in Blois[44]. Gleichzeitig begann man damit, die Juden der Schändung geweihter Hostien anzuklagen, ein Thema, das während der folgenden Jahrhunderte glänzende Karriere machen sollte[45].

Diese Äußerungen kollektiver Hysterie, die sich im 13. Jh. vervielfachten, wurzelten im Grunde in der Vorstellung, daß die Juden als Gegner Christi gemeinsame Interessen mit dem Satan hätten, wovon der Ausdruck „Synagoge Satans" zeugt, der zu jener Zeit häufig gebraucht wurde, um ihre Gemeinschaften oder ihre Gotteshäuser zu bezeichnen[46]. Auch diejenigen, die Juden ermordeten, wie Philipp II. August, der ohne ernsthaftes Motiv 80 Juden in Bray-sur-Seine umbringen ließ, waren sich keines schlechten Handelns bewußt, sondern im Gegenteil davon überzeugt, ein nützliches Werk zu vollbringen und die Kräfte des Bösen zu verunsichern, indem sie die Christenheit von diesen Handlangern des Teufels befreiten[47]. Am Ende dieser Diabolisierung, die je nach Land und Milieu mehr oder weniger schnell und intensiv war, stand eine Situation, die G. Dahan mit Recht als schizophren bezeichnet: Auf den konkreten Juden, den man täglich traf und zu dem man normale, ja sogar herzliche Beziehungen unterhalten konnte, wurde der Schatten des „theologischen Juden" projiziert, ein irreales Wesen, das, den Äußerungen der Kleriker entsprungen, über die Bilder und *exempla* unters Volk gebracht und zugleich mit den absurdesten Phantasien des kollektiven Unbewußten verbunden worden war[48]. Wie R. I. Moore mit Recht bemerkt, „stahlen die Christen den Juden ihr Eigentum, schändeten ihre heiligen Orte und forderten mit Gewalt ihre Bekehrung. Danach erfanden sie einen Mythos, der seine Wahrscheinlichkeit dem Alptraum verdankte, den sie bei dem Gedanken haben mußten, daß die Juden sie so behandeln könnten, wie sie gewöhnlich von den Christen behandelt wurden."[49] Aber genügt eine solche Psychose zur Erklärung jenes Bedürfnisses, Juden

---

[44] Vgl. G. Langmuir, Thomas of Monmouth, Detector of Ritual Murder, in: Speculum 59 (1984) 820–846; A. Vauchez, Les laïcs au Moyen Age, Paris 1987, 157–168. Zu den Ereignissen von Blois siehe R. Chazan in: Proceedings of the American Academy of Jewish Research 36 (1968) 13–31; B. Blumenkranz, Les Juifs à Blois au Moyen Age, in: Etudes et Civilisation médiévale. Mélanges offerts à E. R. Labande, Poitiers 1974, 33–38. Ein deutsches Beispiel ist Werner von Oberwesel im späten 13. Jh., vgl. E. Iserloh, Werner von Oberwesel. Zur Tilgung seines Festes im Trierer Kalendar, in: Trierer Theol. Zeitschr. 72 (1963) 270–285; F. Pauly, Zur Vita des Werner von Oberwesel, in: Archiv für mittelrhein. Kirchengeschichte 16 (1964) 94–109.

[45] P. Browe, Die Hostienschändungen der Juden im Mittelalter, in: Römische Quartalschrift 34 (1926) 167–197.

[46] J. Trachtenberg, The Devil and the Jews: The Medieval Conception of the Jew in its Relation to Modern Antisemitism, New Haven 1943; G. Dahan, Saints, démons et juifs, in: Santi e demoni nell'Alto Medio Evo I (Settimane di studio XXXVI), Spoleto 1989, 609–646.

[47] Zur Haltung Philipp II. Augusts gegenüber den Juden vgl. J. Baldwin, Philippe Auguste et son gouvernement, Paris 1991, bes. 299–301, und P. Hidiroglou, Les Juifs dans la littérature historique latine de Philippe Auguste à Philippe le Bel, in: REJ 133 (1974) 373–456.

[48] Dahan, Les intellectuels chrétiens (s. Anm. 3) 511–587; siehe auch J. Le Goff, Le juif dans les *exempla* médiévaux, in: Mélanges L. Poliakov, Brüssel 1981; H. Platelle, L'image du Juif chez Thomas de Cantimpré, in: Mélanges M. H. Prévost, Paris 1982, 283–306.

[49] R. I. Moore, The Formation of a Prosecuting Society. Power and Deviance in Western Europe 950–1250,

zu verleumden und sie manchmal sogar physisch zu beseitigen, das die Christen dieser Zeit zeigten und das die düstere Kehrseite des Jahrhunderts der Kathedralen bildete? Die Historiker diskutieren darüber seit beinahe einem Jahrhundert[50]. Für R. I. Moore fügt sich diese Feindschaft in ein weiter reichendes Phänomen ein, und zwar die Bildung einer „Gesellschaft von Verfolgern" im Abendland des 13. Jh., die mit gleicher Härte gegen Häretiker, Ausgestoßene – besonders Leprakranke – und sexuelle Abweichler vorging[51]. Andere räumen ökonomischen Faktoren großen Raum ein und weisen auf die Rolle der Juden im Kredit- und Wucherwesen hin[52]. Man hat vereinzelt auch die persönliche Verantwortung Innozenz' III. und im weiteren Sinne die Verbindung zwischen dem Anwachsen der Judenfeindlichkeit und der Entwicklung eines theokratischen Programms hervorgehoben, das hier auf Erden eine vollkommene christliche Gesellschaft realisieren sollte und wie der mystische Leib Christi konzipiert war, was die Nichtchristen ausschloß[53]. Schließlich betont man in jüngerer Zeit die Parallele zwischen der Heftigkeit und Frühzeitigkeit der Judenfeindlichkeit auf der einen und dem Fortschritt der Verstaatung in England und in Frankreich seit dem Ende des 12. Jh. auf der anderen Seite. Die Herrscher, von Heinrich II. Plantagenet bis zu Philipp II. August und Philipp IV. dem Schönen, hätten bei ihrem Volk einmütige Unterstützung gesucht und den bis dahin ausschließlich von der Kirche für sich in Anspruch genommenen religiösen Eifer auf die monarchische Institution überzuleiten versucht[54]. In dieser Sicht, die offensichtlich die anderen nicht ausschließt, aber ihre Bedeutung relativiert, stellt die Judenfeindlichkeit, die die letzten Jahrhunderte des Mittelalters kennzeichnet, ein Nebenprodukt der Entstehung des modernen Staates dar. Doch ob die religiöse Interpretation oder die politische Hypothese bevorzugt wird, man kommt immer wieder auf den dominierenden Gedanken der Einheit zurück – *reductio ad unum* –, der seit dem 13. Jh. sowohl Kirchenführer als auch weltliche Herrscher beherrscht zu haben scheint, und wird mit der unverkennbaren und dauerhaften Verschlechterung konfrontiert, die das Bild der damaligen Beziehungen zwischen Juden und Christen verdunkelt[55]. Inwieweit ein gemeinsames Motiv für alle zeitlich und örtlich unterschiedlichen Pogrome gereicht hat und nicht überwiegend spezielle Probleme vor Ort in Rechnung zu stellen sind, ist eine noch offene Frage.

New York 1987, 152. Zu den Ursprüngen dieser Psychose A. Voureau, L'inceste de Judas. Essai sur la genèse de la haine antisémite au XIIe siècle, in: Nouvelle Revue de Psychanalyse 33 (1986) 25–41.

[50] Eine gute Zusammenfassung dieses Themas bei J. Cohen, Recent Historiography on the Medieval Church and the Decline of European Jewry, in: J. R. Sweeney – S. Chodorow (Hrsg.), Popes, Teachers and Canon Law in the Middle Ages, Ithaca/NY – London 1989, 251–262.

[51] Moore, The Formation (s. Anm. 49).

[52] Vgl. die in Anm. 12 zitierten Werke.

[53] S. W. Baron, Plenitude of Power and Medieval Jewish Serfdom, in: ders., Ancient and Medieval history. Essays, New Brunswick 1972, 284–307 und 523–525.

[54] M. Kriegel, Mobilisation politique et modernisation organique: les expulsions des juifs au Bas Moyen age, in: Archives de Sciences Sociales des Religions 46 (1978) 5–20; ders., Les juifs à la fin du Moyen Age dans l'Europe méditerranéenne, Paris 1979.

[55] J. Katz, Exclusion et Tolérance. Chrétiens et Juifs du Moyen Age aux Lumières, Paris 1987; G. Langmuir, Towards a Definition of Antisemitism, Berkeley 1910.

II. Die Kirche gegenüber den Muslimen und den Mongolen: Kreuzzug und Mission

1. Die Kreuzzüge des 13. Jahrhunderts und das Ende der Kreuzfahrerstaaten

Seit der Schlacht von Hattin im Jahre 1187 und der Einnahme Jerusalems durch Saladin kamen die Christen nicht über die Niederlage hinweg, die ihnen den Zugang zu den Heiligen Stätten zwar nicht verbot, aber riskanter machte, und die Päpste forderten unaufhörlich, „die dem Kreuz zugefügte Beleidigung" auszulöschen und die Ehre Gottes (der mit einem Herrn verglichen wurde, der seines Herrschaftsbereiches auf ungerechte Weise beraubt worden sei) zu rächen[56]. Diese Sprache fand starken Widerhall, aber der dritte Kreuzzug von 1189–92 führte durch den unerwarteten Tod Friedrich Barbarossas und die Streitigkeiten unter den christlichen Fürsten zu einer Niederlage. Der Pontifikat Cölestins III. (1191–98) war nicht so erfolglos, wie man lange glaubte, aber diesem hochbetagten Papst und Kaiser Heinrich VI. waren wegen der ungeklärten Thronfolge im sizilischen Normannenreich die Hände gebunden. Der Kreuzzug Heinrichs VI. vermochte 1197 die Verbindung zwischen dem Königreich von Jerusalem und dem Fürstentum Antiochien sowie der Grafschaft Tripolis wiederherzustellen, die aber durch den vorzeitigen Tod des Kaisers wieder unterbrochen wurde[57].

a) Papsttum und Kreuzzug: ekklesiologische, finanzielle und juristische Implikationen

Nicht nur das üble Nachspiel des dritten Kreuzzuges von 1189–92 veranlaßte Innozenz III., den Kreuzzug nunmehr als ein päpstliches Unternehmen selbst in die Hand zu nehmen und nicht mehr dem Ehrgeiz oder der Begeisterungsfähigkeit abendländischer Herrscher zu überlassen. Innozenz griff den Plan eines neuen Kreuzzuges erst einige Monate nach seiner Besteigung der päpstlichen Kathedra auf[58]. Der neue Papst teilte in der Tat die ebenso mystischen wie moralisierenden Kreuzzugsideen des Bernhard von Clairvaux. Der Kreuzzug war in seinen Augen Bestandteil des weitreichenden Programms zur Erneuerung der Christenheit, das er in Angriff nehmen wollte. Das Scheitern des deutschen Unternehmens stachelte seine Motivation für eine neue Initiative an[59]. Der Plan, den er im August 1198 in einem Brief vorstellte, enthielt einen Aufruf an die gesamte Christenheit[60] und wies eine deutliche Ähnlichkeit mit dem seines Vorgängers Clemens III. auf:

---

[56] Cölestin III., Urkunde „Cum ad propulsandam" (JL Nr. 16944 von 1193), übers. in: J. Richard, L'esprit de la croisade, Paris 1969, 75–81 (= PL 206, 1107–1110). Vgl. auch P. Herde, Die Kämpfe bei den Hörnern von Hittin und der Untergang des Kreuzritterheeres, in: Römische Quartalschrift 61 (1966) 1–50; über die Situation im Hl. Land nach der Schlacht: B. Z. Kedar, Ein Hilferuf aus Jerusalem vom September 1187, in: Deutsches Archiv 38 (1982) 112–122.

[57] Zum Tod Barbarossas: E. Eickhoff, Friedrich Barbarossa im Orient. Kreuzzug und Tod Friedrichs I., Tübingen 1977, 158ff; zu beiden Kreuzzügen: H. E. Mayer, Geschichte der Kreuzzüge, Stuttgart [6]1985, 127–129.137f.

[58] Vgl. H. Roscher, Papst Innocenz III. und die Kreuzzüge, Göttingen 1968, 27.33.37.44–58; E. Kennan, Innocent III and the First Political Crusade, in: Traditio 27 (1971) 231–249.

[59] Reg. I, 345; hrsg. von O. Hageneder – A. Haidacher u. a., Die Register Innozenz' III., I, Graz – Köln 1964, 515.

[60] Zu den Empfängern siehe Potthast, Nr. 347.915.922.934 etc. Es fehlte nur Spanien mit Rücksicht auf die Reconquista.

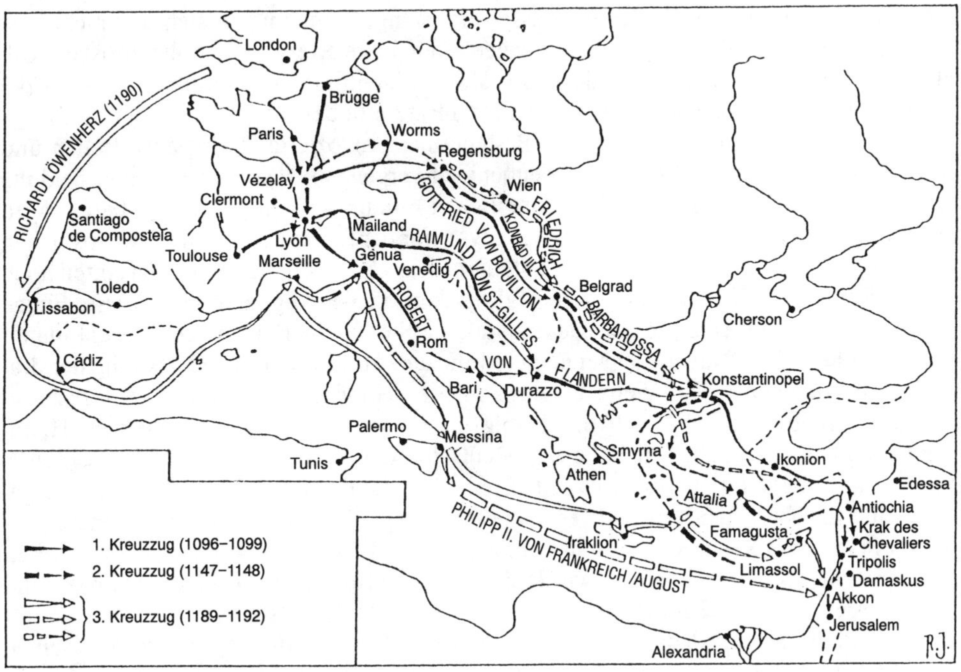

Die ersten drei Kreuzzüge.

Alle Städte und Territorialherren sollten im März 1199 eine Anzahl von Kriegern je nach ihren Mitteln ausrüsten und in das Heilige Land schicken sowie während wenigstens zwei Jahren auf ihre Kosten unterhalten. Innozenz III. sah den Kreuzzug als Angelegenheit der ganzen Christenheit an, dessen Erfolg von rückhaltlosem Engagement der Gesamtheit der Getauften abhing. In jeder Diözese wurde eine Kommission damit beauftragt, sich mit der Organisation und Predigt des Kreuzzuges zu befassen[61]. Niemals war ein Papst in der Mobilisierung der Energien so weit gegangen. Offensichtlich stützte sich Innozenz III. dazu auf die Konzeption der *plenitudo potestatis*, die indessen nicht ausdrücklich erwähnt wird.

Bei der Vorbereitung der Kreuzzüge war die Finanzierung bis dahin vernachlässigt worden. Am 31. Dezember 1199 erließ Innozenz III. eine neue, strengere und für den Klerus verbindliche Regelung (die Urkunde „Graves orientalis")[62]: Die römische Kirche verpflichtete sich, sich mit einem Zehntel ihrer Einkünfte zu beteiligen. Die Beteiligung der Bischöfe und des niederen Klerus sollte vierzig Prozent des jährlichen Einkommens entsprechen. Nur die Zisterzienser, die Prämonstratenser, die Kartäuser und die Eremiten von Grandmont waren davon befreit. In jeder Kirche sollte ein Opferstock mit drei Schlössern aufgestellt werden, einen seiner Schlüssel sollte der Bischof aufbewahren. Dies war ein wichtiger Schritt zur regelrechten Einführung einer wirklichen Steuer, deren Erhebung in-

[61] Eine solche Kommission ist für das Erzbistum Narbonne bekannt: Reg. I, 404, in: Reg. (s. Anm. 59) I, 609.

[62] Die Register II, Nr. 258.490–497.

dessen noch dem lokalen Klerus überlassen war. Die Maßnahme an sich war nicht neu. 1188 hatte Clemens III. die Entscheidung getroffen, beim Klerus eine obligatorische Kollekte einzuführen, aber dies war das erste Mal im lateinischen Abendland, daß auf die Geistlichen eine Steuer mit festgelegtem Prozentsatz erhoben wurde[63].

Das Neue in der Gesetzgebung und Besteuerung provozierte in England, Italien und Frankreich heftigen Widerstand, der demjenigen vergleichbar ist, den die Entscheidung Ludwigs VII. hervorgerufen hatte, die kirchlichen Einkünfte während der Vorbereitungen zum zweiten Kreuzzug zu besteuern[64]. Wie zuvor war der finanzielle Ertrag der päpstlichen Entscheidung sehr mäßig. Im Juli 1201 hatten die französischen Prälaten ihren Anteil noch nicht beisammen; 1202 waren die Kreuzfahrer dann in Venedig knapp bei Kasse. Einige Jahre später hatten mehrere englische und italienische Kirchen die vierzig Prozent immer noch nicht bezahlt[65]. Nach 1199 verzichtete Innozenz III. auf eine Wiederholung der drakonischen Maßnahme. Das Vierte Laterankonzil beschloß, nur zwanzig Prozent der Einkünfte zu erheben (c. 71). Auch der Erfolg dieser Maßnahme war bescheiden. Honorius III. hatte diesbezüglich in Italien, in Deutschland und in Ungarn Schwierigkeiten[66]. Nur England, dessen Regierung sich seit 1216 in den Händen der beiden päpstlichen Legaten befand, erhob keinen Einwand gegen diese Steuer[67]. Zunächst im Blick auf einen großartigen Plan – den Kreuzzug – geschaffen, veränderte sich die Steuererhebung von seiten des Papsttums schnell. Schließlich wurde sie auf zehn Prozent der Einkünfte reduziert und rasch verbreitet[68]. Der „Zehnt" wurde bald eines der wichtigsten steuerlichen Mittel der römischen Kirche. So versah der Kreuzzug letztlich das Papsttum mit der Möglichkeit, seinen steuerlichen Einfluß auf die wichtigsten Diözesen der Christenheit zu verstärken.

In den letzten Jahrzehnten des 13. Jh. wurde der Zehnt häufiger von den Päpsten für politische Zwecke mißbraucht („Kreuzzug" gegen Sizilien und die Krone Aragón). Andererseits waren die mitspielenden finanziellen Interessen Quellen für Konflikte; Herrscher wie Philipp der Schöne versuchten mit Hilfe französischer Synoden, diese Kirchensteuer an sich zu reißen, die indessen als ein ausschließliches Vorrecht der römischen Kirche betrachtet wurde.

Die Kollekte des Zehnten war im allgemeinen mit der Leistung der Gelübde und der Verleihung der Indulgenzen gekoppelt – eine Praxis, an der das Papsttum zumindest seit den letzten Jahrzehnten des 12. Jh. interessiert war.

1187 dehnte Gregor VIII. die Zusicherung der Indulgenzen auf all jene aus, die entweder durch Stellung von Kreuzrittern oder durch Geldabgaben zur Finanzierung des Kreuzzuges beitrugen[69]. Innozenz III. verkündete den vollkommenen Ablaß für jede Mitwirkung

---

[63] G. Martini, Innocenzo III e il finanziamento delle crociate, in: Archivio della R. Società romana di storia patria 67 (1944) 314f.

[64] V. Berry, The Second Crusade, in: A History of Crusades I, hrsg. von K. M. Setton, Philadelphia 1969, 471.

[65] Roscher, Papst Innocenz III. (s. Anm. 58) 80f; E. Siberry, Criticism of Crusading 1095–1274, Oxford 1985, 127f.

[66] Siberry, Criticism 30.

[67] C. H. Cheney, Pope Innocent III and England, Stuttgart 1976, 267f.

[68] Dort liegt wohl einer der Gründe für die Abwandlung der Kreuzzugsidee im 13. Jh. Siehe dazu P. Toubert, Les déviations de la croisade au milieu du XIIIe siècle, in: Le Moyen Age 69 (1963) 391–399; N. J. Housley, The Italian Crusades. The Papal-Angevin Alliance and the Crusades against Christian Lay Powers 1254–1343, Oxford 1982; Großer Bildatlas der Kreuzzüge, hrsg. von J. Riley-Smith, Freiburg i. Br. 1992.

[69] N. Paulus, Geschichte des Ablasses im Mittelalter, Paderborn 1922, 204ff.

am Kreuzzug, welcher Art auch immer. Diese Ausweitung war eine direkte Konsequenz aus der Bußlehre, die im 12. Jh. ausgearbeitet worden war und die Innozenz III. von Huguccio übernommen hatte. Da die Annahme des Kreuzes zur Bekämpfung der Ungläubigen und der Feinde Christi sehr große Gefahren mit sich brachte, konnte die Kreuzfahrt mit einem Werk der Buße verglichen werden. Diese Schlußfolgerung erschien Innozenz III. um so mehr gerechtfertigt, als die Ausübung dieses Rechts sich aus der *plenitudo potestatis* ableitete[70]. Das Vierte Laterankonzil sanktionierte offiziell den vollkommenen Ablaß für die Beteiligung am Kreuzzug und dadurch die enge Verbindung von Almosen und Ablaß bei der Kreuzzugsfinanzierung, wenn auch nicht ohne die Befürchtung, daß der übermäßige Rückgriff auf die Ablässe eine Gefahr für die Bußpraxis bedeuten könnte: „Fügen Wir hinzu: übermäßige Ablässe wurden ohne Unterscheidung von Prälaten bewilligt; sie rufen eine Geringschätzung der Schlüsselgewalt hervor und berauben die Buße ihres Ansehens."[71] Die Mißbräuche häuften sich. Im Plan einer Kirchenreform, den der Dominikanergeneral Humbert von Romans zur Vorbereitung auf das Zweite Konzil von Lyon vorstellte, erscheint dieser Punkt an vorderer Stelle[72]. Mit der Zeit wurde die Ablaßpraxis auch auf neue Gruppen von Gläubigen angewandt. Innozenz IV. gestand den Witwen und den Prokuratoren der Kreuzritter den vollkommenen Ablaß zu[73]. Urban IV. versuchte, diese Ausweitung zu bremsen. Die Prediger sollten nur unter der Bedingung in den Genuß des Ablasses kommen, daß ihr Dienst wenigstens ein Jahr dauere[74].

Seit 1095, aber vor allem nach dem Kreuzzug unkriegerischer Volksmassen unter der Leitung Peters des Eremiten[75] stellte sich die Frage der Einlösung von Kreuzzugsgelübden. Ziemlich schnell war die Kirche mit der Problematik von Kreuzrittern konfrontiert worden, die unentschlossen oder wegen Unerfahrenheit untauglich zur Annahme des Kreuzes waren. Ziemlich früh setzte sich deshalb die Idee durch, nach der die Befreiung von den Gelübden einen Preis hatte. Alexander III. räumte als erster ein, daß der kirchliche Obere vom *votum peregrinationis*[76] entbinden oder es umwandeln könne, wenn die Gründe gerechtfertigt seien (z. B. Krankheit). Für den Fall einer vorübergehenden Verhinderung empfahl der Papst eine finanzielle Ablösung. Für den Fall dauernder Verhinderung konnte der Kreuzritter sich durch eine andere Person für die Dauer von mindestens einem Jahr ersetzen lassen. Innozenz III. ging noch einen Schritt weiter, indem er die Befreiung von den Gelübden dem Apostolischen Stuhl bzw. den von ihm autorisierten Prälaten vorbehielt. Damit war die Idee geboren, die Einlösung der Gelübde zu organisieren und zu kontrollie-

---

70 Reg. I, 336: Die Register (s. Anm. 59) I, 503.

71 Can. 71 (Conciliorum oecumenicorum decreta, Bologna ³1973, 267).

72 Opus Tripartitum, hrsg. von E. Brown, Appendix ad Fasciculum rerum expetendarum et fudiendarum, London 1690, Teil III, Kap. VIII und X. Vgl. E. T. Brett, Humbert of Romans. His Life and Views of the Thirteenth Century Society, Toronto 1984; vor allem B. Roberg, Das zweite Konzil von Lyon (1274), Paderborn 1990, 106–126, bes. 111.120–126.

73 Les registres d'Innocent IV (1243–1254), hrsg. von E. Berger, Paris 1884ff, Nr. 5980 und 6440.

74 Les registres d'Urbain IV (1261–1264), hrsg. von J. Guiaud – S. Clemencet, Paris 1892ff, Nr. 469.2973; diese Zeitspanne wurde durch Clemens IV. auf sechs Monate verkürzt: Les registres de Clément IV (1265–1268), hrsg. von E. Jordan, Paris 1893ff, Nr. 1627 und 1683, und unter Gregor X., dem besten Kenner dieser Praxis, auf drei Jahre ausgedehnt: vgl. M. Purcell, Papal crusading policy. The chief instruments of papal crusading policy and crusade to the Holy Land from the final loss of Jerusalem to the fall of Acre, 1244–1291, Leiden 1965, 61.

75 Brief Paschalis' II. an den französischen Klerus, 29. Dezember 1099; JL Nr. 5812.

76 X 3, 34, 1–2, hrsg. von A. Friedberg, II, Leipzig 1881, 598.

ren. Bezüglich der Gründe, die die Befreiung von einem Kreuzzugsgelübde rechtfertigen konnten, legte Innozenz III. jedoch strenge Maßstäbe an.

Der Erzbischof von Canterbury, Hubert Walter, war der päpstliche Bevollmächtigte in England für die den Kreuzzug betreffenden Fragen[77]. Die an ihn ergangenen Anweisungen im *Liber Extra*[78]bildeten die Grundlage des kanonischen Rechts auf diesem Gebiet und wurden als solche von den Kanonisten anerkannt[79]. Der Papst versuchte, zwei Ziele zu erreichen: die Beachtung des spirituellen Wertes der Gelübde, dies aber derart, daß die Kreuzzugsheere nur aus gesunden und kampferfahrenen Männern zusammengesetzt waren. Gebrechlichkeit, körperliche Schwäche und fortgeschrittenes Alter wie auch Armut waren allgemeingültige Gründe für die Entbindung von einem Gelübde. Gregor X., der auf alles bedacht war, was die Kreuzzugspläne begünstigen konnte, sprach einer Frau dieses Privileg aufgrund ihrer „fragilitas sexus" zu[80].

Doch der Weg für den Mißbrauch stand offen. So war z. B. die Versuchung während der Predigtkampagnen groß, eine größtmögliche Zahl von Gläubigen zu gewinnen, um dann die finanzielle Ablösung ihrer Gelübde zu organisieren. Es erhob sich schnell sehr lebhafte Kritik, sowohl von seiten der Kleriker wie auch der Laien, gegenüber dem Papsttum und seinen Hauptbeauftragten für die Kreuzzugspredigt, den Franziskanern und Dominikanern. Für Matthaeus Parisiensis lag die Schuld vor allem beim Papst, der beschuldigt wird, die Ablösung von Gelübden als Einkommensquelle zu benutzen[81]. Die Franziskaner, die dieser Chronist „Geldfischer, nicht Menschenfischer" nennt[82], wurden beschuldigt, die Häuser von Sterbenden zu besuchen, um diese dazu zu bringen, das Kreuz zu nehmen und dann ihr Gelübde durch ein Vermächtnis einlösen zu lassen[83]; sie galten als die wichtigsten Urheber eines Skandals, den die ganze antiklerikale Kritik von Rutebeuf[84] bis Gilbert von Tournai energisch anprangerte[85]. Der Geldgewinn, der die Befreiung von Gelübden einbringen konnte, wurde zuweilen als Hauptursache für die Niederlagen der Kreuzritter angesehen, nicht nur von Matthaeus Parisiensis[86], sondern auch von den Troubadours[87].

Das Papsttum mußte häufig eingreifen, um den skandalösen Handel mit der finanziellen Ablösung von Kreuzzugsgelübden zu beenden, indem es schwerste Sanktionen verhängte.

---

[77] Potthast, Nr. 1137.

[78] X 3, 34,8 und 3, 34,9, hrsg. von Friedberg, II, 593–595.

[79] Siehe allgemein M. Ville, La croisade. Essai sur la formation d'une théorie juridique, Paris 1942; H. E. J. Cowdrey, Popes, Monks and Crusaders, London 1984; J. A. Brundage, Medieval Canon Law and the Crusader, Madison/Wisc. 1969.

[80] Les registres de Grégoire X et de Jean XXI (1272–1277), hrsg. von J. Guiraud – L. Cadier, Paris 1892ff, Nr. 497; vgl. Purcell, Papal crusading policy (s. Anm. 74) 121.

[81] Chronica Majora IV, hrsg. von H. R. Luard, London 1877, 9; V, London 1878, 188–189.400f.; siehe auch IV, 133f. u. 635; Siberry, Criticism (s. Anm. 65) 150, zeigt, daß diese letzte Passage zwischen 1256 und 1259 vom Chronisten vermutlich gegen Ende seines Lebens aus einer ganz und gar positiven Sicht der Tätigkeit der Ordensbrüder umgeschrieben wurde.

[82] Chronica Majora IV, 279f.; V, 194f.

[83] Ebd. IV, 280.

[84] Onze poèmes concernant la croisade, hrsg. von J. Bastin – E. Faral, Paris 1946, 31f. u. 39.

[85] Collectio de scandalis ecclesiae, hrsg. von A. Stroick, in: Archivum Franciscanum Historicum 24 (1931) 40; vgl. Roberg, Das zweite Konzil von Lyon (s. Anm. 72) 101–106.

[86] Chronica Majora V, 24f.

[87] A. Jeanroy, Le troubadour Austourc d'Aurillac et son sirventès sur la septième Croisade, in: Romanische Forschungen 23 (1907), Mélanges Chabaneau, 81–87; vgl. auch Siberry, Criticism (s. Anm. 65) 153; Purcell, Papal Crusading policy (s. Anm. 74) 126.

Als Gregor IX. 1237 erfuhr, daß fränkische Kreuzritter sich aus Angst, zum Loskauf von ihren Gelübden gezwungen zu werden, in den Orient geflüchtet hatten, befahl er seinen Vertretern sofort, dem Skandal ein Ende zu machen[88]. Die Mißbräuche scheinen während der Vorbereitungen zum Kreuzzug Ludwigs IX. besonders schwer gewesen zu sein, mißt man dies an dem Nachdruck, mit dem Innozenz IV. dagegen anzugehen versuchte[89].

Das Kreuz zu nehmen war verführerisch, bedeutete es doch, sich gewisser Vorteile zu erfreuen, die die römische Kirche dafür gewährte. Schon Urban II. hatte in Clermont damit gedroht, all jene zu exkommunizieren, die die Kreuzritter oder ihre Güter angreifen sollten. Paschalis II. erinnerte die französischen Prälaten an die Pflicht, den Kreuzfahrern den Friedensschutz zu garantieren[90]. Alexander III. begünstigte die Bewegung und setzte eine Anzahl genauer Regeln fest[91], die die anderen Päpste des 12. Jh., die in die Kreuzzugspläne involviert waren - Gregor VIII. und Innozenz III. –, aufgriffen und erweiterten. So konnten die Exkommunizierten, deren Absolution dem Papst vorbehalten war, durch die Kreuzzugsprediger von ihrer Strafe befreit werden[92]. 1200 wurde das Interdikt in Frankreich nur für die Kreuzritter aufgehoben, unter der üblichen Bedingung, daß die Gottesdienste ohne Feierlichkeit und ohne Glockengeläut gefeiert würden[93]. Die Personen und Güter der Kreuzfahrer unterstanden bis zur Rückkehr oder zum Tod des Kreuzritters dem besonderen Schutz der römischen Kirche. Die Zinszahlungen für ihre Schulden wurden vorläufig ausgesetzt. Jede Person, die die Zahlung von Zinsen eintrieb, sollte mit Hilfe schwerer kirchlicher Sanktionen zur Rückzahlung gezwungen werden[94].

b) Vom Normenverstoß des vierten Kreuzzuges zum Vierten Laterankonzil

Der an die Christenheit ergangene Aufruf Innozenz' III. wurde von den wichtigsten Herrschern nicht befolgt; sie fanden echte Gründe, wie im Deutschen Reich, oder Vorwände, sich zu entziehen. Von den Fürsten und Territorialherren nicht so hohen Ranges, wie den Grafen Theobald von der Champagne oder Balduin von Flandern (und Hennegau), die mit Philipp II. August auf gespanntem Fuß standen, wurde er jedoch günstig aufgenommen. Die Kreuzfahrer wurden aufgefordert, sich im Sommer 1201 in Venedig zu treffen, das von Theobald und seinen Mitgrafen in eigener Vollmacht zum Sammelplatz bestimmt worden war, und Innozenz III. teilte in einem neuen Aufruf, der am 5. Mai bekannt wurde, offiziell das Datum der Abreise mit[95]. Für die Kreuzzugspredigt wählte er persönlich die Personen aus: den Kardinallegaten Peter Capuano, den Seelsorger und Anhänger

---

[88] Les registres de Grégoire IX, hrsg. von L. Auvray, Paris 1907, II, Nr. 3945.4222.

[89] Les registres d'Innocent IV (s. Anm. 73) Nr. 2963.3054.3708.3966.4663; vgl. Purcell, Papal crusading policy (s. Anm. 74) 122f.

[90] H. Hagenmeyer, Die Kreuzzugsbriefe aus den Jahren 1088–1100, Innsbruck 1901, 175, Nr. 19; vgl. H. Hofmann, Gottesfriede und Treuga Dei (Schriften der Monumenta Germaniae historica 20), Stuttgart 1964, 221–224.

[91] JL, Nr. 11637.14630.

[92] Reg. I, 344; Die Register (s. Anm. 59) I, 514.

[93] Potthast, Nr. 1045.

[94] Reg. I, 336, in: Die Register (s. Anm. 59) I, 503; zu anderen Quellen siehe Roscher, Papst Innozenz III. (s. Anm. 58) 74.

[95] Potthast, Nr. 1346. – Über die Bedeutung Venedigs für die Seeverbindungen zum Vorderen Orient M. L. Favreau-Lille, Die Italiener im Heiligen Land vom ersten Kreuzzug bis zum Tode Heinrichs von Champagne (1098–1197), Amsterdam 1989, bes. Kap. VIII und IX.

der Armutsbewegung Fulko von Neuilly für Frankreich[96], den Abt von Sambucina für Süditalien[97] und den berühmten Geschichtstheologen Joachim von Fiore, der im Laufe des Winters 1190/91 an den Diskussionen zwischen Richard Löwenherz und Philipp II. August im Hinblick auf die Vorbereitung des dritten Kreuzzugs teilgenommen hatte. Ein italienischer Reichsfürst, der Markgraf Bonifaz von Montferrat, wurde an die Spitze des Heeres gestellt, das sich in den ersten Monaten des Jahres 1202 in Venedig versammelte[98]. Aber die Venezianer, deren Mitwirkung unerläßlich war, damit die Expedition das Mittelmeer überqueren konnte, hatten keinerlei Interesse daran, eine Expedition in den Orient zu begünstigen, dessen Häfen zum Teil noch von ihren genuesischen und pisanischen Konkurrenten gehalten wurden. In einem geheimen Zusatzabkommen mit den Venezianern war Ägypten als erstes Ziel des Kreuzzuges bestimmt worden, wohin die venezianischen Handelsverbindungen schon länger liefen, aber auch das islamische Zentrum lag, das über Jerusalem verfügte; freilich durfte den Kreuzfahrern dieses Ziel nicht mitgeteilt werden, um ihnen die Begeisterung nicht zu nehmen. Die Abfahrt verzögerte sich, weil die Höhe der vereinbarten Kosten für die Überfahrt mit der geschätzten Teilnehmerzahl nicht mehr übereinstimmte; die Burgunder und Provenzalen hatten sich für Marseille als den Verschiffungshafen entschieden. So blieb den Anführern des Kreuzzuges keine Alternative, als dem Verlangen der Venezianer, die Stadt Zara (Zadar) anzugreifen, die dem venezianischen Einfluß entglitten war, und am 15. November 1202 auch tatsächlich eingenommen wurde. Der Zeitpunkt war günstig, da der Raum von Dalmatien bis Bulgarien ohnehin in einer Westorientierung begriffen war, nachdem die byzantinische Komnenendynastie, um ihre politische Oberhoheit zu restaurieren, die altslawische Liturgie zugunsten der griechischen unterdrückt hatte.

Der Papst fühlte sich hintergangen; die Kreuzfahrer konnte er nicht exkommunizieren, wohl aber die Venezianer, mit denen weiterhin zu verkehren er jedoch den Kreuzrittern nicht verbieten wollte, um den Kreuzzug zu retten. Nachdem Kaiser Heinrich VI. 1193 den Schutz, unter dem ein heimkehrender Kreuzritter wie Richard Löwenherz stand, bedenkenlos verletzt hatte, ohne persönliche Folgen befürchten zu müssen, war die Kreuzzugsbewegung zunehmend der Gefahr des politischen Mißbrauchs ausgesetzt. Das zeigte sich wieder in Zara, wo das Kreuzfahrerheer überwinterte. Gesandte des staufischen Königs Philipp von Schwaben und dessen Schwagers Alexios IV. Angelos, dem der Onkel Alexios III. in Byzanz mit Erfolg den Kaiserthron streitig machte, schlugen den Kreuzfahrern in Zara vor, in Konstantinopel für die Einsetzung des rechtmäßigen Basileus Alexios IV. zu sorgen; dafür versprachen sie die Kirchenunion, die Begleichung der Schulden des Kreuzfahrerheeres und die Verstärkung des Kreuzfahrerheeres durch eigene Truppen. Trotz erheblicher Proteste in den eigenen Reihen ging das Kreuzfahrerheer auf diesen Vorschlag ein und erstürmte im Juli 1203 die Mauern Konstantinopels. Doch Alexios IV. konnte seine finanziellen Versprechungen nicht einhalten, war überdies bei der lateinerfeindlichen Bevölkerung verhaßt und fiel im Januar 1204 einem Aufstand zum Opfer. Nunmehr suchten sich die Venezianer für das Pogrom gegen die Lateiner von 1182 zu rächen und erober-

---

[96] Reg. I, 398, in: Die Register (s. Anm. 59) 597; vgl. A. Forni, La „nouvelle prédication" des disciples de Foulque de Neuilly: intention, techniques et réactions, in: Faire croire, Rom 1981, 19–37.

[97] Reg. I, 302, in: Die Register (s. Anm. 59) I, 432.

[98] Vgl. zum Bericht über die Höhepunkte des Kreuzzuges die in der Bibliographie am Ende des Kapitels zitierten Werke, vor allem H. E. Mayer, Geschichte der Kreuzzüge (s. Anm. 57) Kap. 9.

Im Jahre 1204 eroberten christliche Kreuzfahrer Konstantinopel und plünderten die Stadt. Ein Fresko (16. Jh.) im Dogenpalast von Venedig schildert dieses Ereignis, durch das der Graben zwischen Ost- und Westkirche vertieft wurde.

ten im April 1204 die Stadt erneut, jetzt um das alte Oströmische Reich durch eine neue, lateinisch bestimmte Herrschaft zu ersetzen[99].

Es ist müßig und ohne Erfolg auch oft genug geschehen, zu fragen, wem die hauptsächliche Schuld an diesem Unternehmen zuzuschreiben ist. Tatsache ist jedenfalls, daß die Kreuzzugsbewegung - ohnehin eine nicht sich gleichbleibende Größe - eine Wendung vollzog, die sie vom ursprünglichen Ziel wegführte. Der Heidenkampf wurde aufgeweicht oder, so kann man es auch ausdrücken, die christlichen Gegner wurden in die Nähe von bekämpfenswerten Heiden gerückt. Das und nicht eigentlich der Kunst- und Reliquien-

[99] Über das Verhältnis Venedigs zu Byzanz vgl. R. J. Lilie, Handel und Politik zwischen dem byzantinischen Reich und den italienischen Kommunen Venedig, Pisa und Genua in der Epoche der Komnenen und der Angeloi (1081–1204), Amsterdam 1984.

raub im Byzanz von 1204 hat den weiteren Bemühungen um eine Kirchenunion zwischen Ost und West so viele Hindernisse in den Weg gelegt.

Innozenz III., der über diese Wendung des Unternehmens zunächst empört war, billigte im nachhinein die Aktion der Kreuzfahrer in der – illusorischen – Hoffnung, so dem Schisma zwischen Lateinern und Griechen ein Ende zu setzen, indem er die griechische Kirche unter den Schutz der römischen stellte. Doch die griechische Bevölkerung stand hinter ihrem Klerus, vor allem hinter den Mönchen, die diese erzwungene Vereinigung mit der lateinischen Kirche strikt ablehnten. Das lateinische Kaiserreich von Konstantinopel war in den Augen der Einheimischen ein Besatzungsregime, während der legitime griechische Kaiser auf der anderen Seite des Bosporus, in Nicaea, residierte.

Die Aufmerksamkeit Innozenz' III. richtete sich anschließend auf das Languedoc. Das dortige Umsichgreifen der Katharerbewegung und der Mord an seinem Legaten Peter von Castelnau brachten ihn 1208 dazu, einen Kreuzzug gegen die Albigenser (Teil der Katharerbewegung im Languedoc) in die Wege zu leiten, der unter der kirchlichen Leitung des Legaten Arnaldus Amalrici und der militärischen Leitung des Heerführers Simon von Montfort zu einem schnellen äußeren Erfolg führte, aber auch Gelegenheit zu Massakern gab. Béziers ist das bekannteste Beispiel, das im Juni 1209 geplündert wurde, wobei zahlreiche Einwohner – sowohl Katharer wie Rechtgläubige – niedergemacht wurden[100].

Die Katharer traten um die Mitte des 12. Jh. in Westeuropa in Erscheinung, ursprünglich ein Zweig der radikalen Armutsbewegung, weswegen sie sich auch *Christiani* oder *boni homines* nannten. Spätestens seit dem Katharerkonzil in St-Félix de Caraman bei Toulouse jedoch unter der Leitung des Bogomilen Niketas verband sich die Bewegung mit der Zwei-Götter-Lehre des Bogomilismus und sagte sich mit dem Ausbau einer eigenen Diözesanorganisation auch organisatorisch von der Kirche los. Zu größerer Geschlossenheit gelangte nur die südfranzösische Gruppe, die sog. Albigenser, mit den Bistümern Albi, Toulouse, Carcassonne und Val d'Aran, die auch politisch eine eigenständige Kraft zu werden drohte, nicht zuletzt weil die Territorialherren sie nur unwillig und lasch bekämpften und die Predigt der Zisterzienser ziemlich erfolglos war. Man kann den Kreuzzug gegen die Albigenser als eine weitere Denaturierung der Kreuzzugsidee beklagen, zumal die hinter Simon von Montfort stehende französische Königsgewalt das Unternehmen zu nutzen suchte, um den faktisch unabhängigen Süden Frankreichs wieder unter ihre Botmäßigkeit zu bringen. König Peter II. der Krone Aragón z. B. bezeichnete sich als „der Katholische", um sich von den Albigensern zu distanzieren, obwohl er im Bunde mit dem Grafen von Toulouse 1213 in der Schlacht von Muret gegen Simon von Montfort fiel. Aber es verzerrt die Maßstäbe, anklagend darauf hinzuweisen, hier seien Waffen gegen Christen im Namen des Kreuzes gerichtet worden, denn die Bandbreite dessen, was man auch aus späterer Sicht noch als christlich bezeichnen kann, war mit dem Katharertum überschritten. Freilich war der Kreuzzug im Grunde erfolglos und wohl auch für die damalige Zeit eine unangemessene Reaktion; der Predigt des hl. Dominikus und seines jungen Ordens kommt hier ein weit größeres Gewicht zu[101].

---

[100] A. Borst, Die Katharer (Schriften der Monumenta Germaniae historica 12), Stuttgart 1953, bes. 95–119 (Tb.-Ausgabe [Herder/Spektrum 4025], Freiburg i. Br. 1991); W. L. Wakefield, Heresy, Crusade and Inquisition in Southern France, Berkeley 1974.

[101] Mayer, Geschichte der Kreuzzüge (s. Anm. 57) 188f mit Anm. 108; vgl. Roscher, Papst Innocenz III. (s. Anm. 58) 58–122.

Die emotional aufgeladene Armutsbewegung drohte nun häufiger in Exzesse auszuarten. Der Kinderkreuzzug von 1212 ist ein Beispiel dafür. Unter der Führung eines Kölner Knaben Nikolaus sammelten sich am Rhein spontan Scharen von Jugendlichen vornehmlich aus sozial niederen Schichten, die ohne nennenswerte Mittel und Bewaffnung, selbst ohne päpstliche Privilegierung das Heilige Grab zurückerobern wollten. Eine ähnliche große französische Gruppe kam nicht weit; ob und wie weit die rheinische Gruppe über Genua hinausgelangte, entzieht sich genauer Kenntnis[102]. Die Bewegung scheiterte kläglich, aber der Papst war von dem religiösen Eifer, den dieses Ereignis offenkundig gemacht hatte, gerührt und versuchte, einen neuen Kreuzzug zu organisieren, der sich direkt auf das gesamte christliche Volk stützte und dessen Leitung in den Händen des Papstes liegen sollte. Der Zeitpunkt war günstig, insofern die Könige von England und Frankreich einen existenzbedrohenden Krieg miteinander führten und in Deutschland der Staufer Friedrich II. mit dem Welfen Otto IV. um die Krone rang. Er erließ 1213 einen neuen Aufruf zugunsten des Hl. Landes und berief zugleich das Vierte Laterankonzil ein, dessen Hauptanliegen die Kirchenreform und der Kreuzzug sein sollten. Es wurden große Prediger ernannt, um den Kreuzzug in den verschiedenen Ländern der Christenheit zu propagieren: Oliver von Köln (bzw. Paderborn) in Deutschland, Kardinal Nikolaus in England und Robert von Courçon in Frankreich. Letzterer, ein früherer Mitschüler des Papstes und von Petrus Cantor erzogen, forderte alle Gläubigen ohne Unterschied des Standes auf, sich unter das Banner des als Bußmaßnahme verstandenen Kreuzzuges einzureihen und auf Wucher und Sittenlosigkeit zu verzichten[103].

Bei der Eröffnung des Vierten Laterankonzils im November 1215 betonte Innozenz III. die Dringlichkeit des *Passagium generale* und ließ von der Versammlung das Dekret „Ad liberandam" billigen, das die Erfahrungen eines Jahrhunderts der Kreuzzüge zusammenfaßte und in eine juristische Form brachte: eine allgemeine dreijährige Kreuzzugssteuer, den Auftrag an die Bischöfe, den Kreuzzug zu predigen und die Fürsten zu einem vierjährigen Waffenstillstand untereinander zu bewegen, das Verbot jeglichen Handels mit der Levante, um über Schiffsraum verfügen zu können, und der Verzicht auf jegliche sonstige Kriegshandlungen, um nicht das Kreuzzugsunternehmen zu schwächen[104]. Aber die Pläne des Papstes konnten wegen der Schwierigkeiten Philipps II. August, der sich trotz seines Sieges von Bouvines (1214) weigerte, Frankreich zu verlassen, und des jungen Staufers Friedrich II. nicht verwirklicht werden, der 1215 anläßlich seiner Krönung in Aachen zwar das Kreuz nahm (der Papst fühlte sich unangenehm überrascht, weil er darin eine Rückkehr zum „kaiserlichen" Kreuzzug befürchten mußte), aber politische Unsicherheiten in Deutschland und Italien als Entschuldigungsgrund vorschützte, um die Einlösung seines Gelübdes von Mal zu Mal zu verschieben. Als Innozenz III. im Juli 1216 starb, war außer der Planung noch nichts unternommen worden, um dem Hl. Land zu Hilfe zu kommen.

---

[102] Mayer, Geschichte der Kreuzzüge (s. Anm. 57) 189–191 u. Anm. 109.

[103] P. B. Pixton, Die Anwerbung des Heeres Christi. Prediger des Fünften Kreuzzuges in Deutschland, in: Deutsches Archiv 34 (1978) 166–191.

[104] J. Alberigo u. a., Conciliorum oecumenicorum decreta, Bologna ^{3}1973, 267–271, Const. 71.

c) Der fünfte Kreuzzug und die Niederlage von Damiette

Während dieser Zeit stand das Königreich von Jerusalem, dessen Zentrum sich in Akkon befand, unter der Leitung eines Adligen aus der Champagne, König Johanns von Brienne. Er war es, der nolens volens die militärische Leitung des neuen Kreuzzuges übernehmen mußte, nachdem er zunächst zwecks Zeitgewinns Verhandlungen mit dem Sultan Al-Adil in die Länge gezogen hatte und Heerführer von Rang, wie der Ungarnkönig Andreas I. und Herzog Leopold VI. von Österreich, die 1217 eingetroffen waren, aus Verärgerung wieder die Heimkehr angetreten hatten. An größere Kampfhandlungen war erst zu denken, als im Frühjahr 1218 unter der Führung des Kölner Domscholasters Oliver[105] Rheinländer und Friesen ankamen, was zugleich den Ausschlag gab, auf einen älteren Plan zurückzugreifen und sich Ägypten, dem auch für Jerusalem wichtigen Machtzentrum, zuzuwenden. Erfolge in der Belagerung von Damiette im Nildelta waren im Herbst 1218 bereits zu verzeichnen, als Verstärkungen aus Italien, Frankreich, England und Spanien eintrafen. Darunter befanden sich auch die beiden Kardinallegaten Robert von Courçon und Pelagius von Albano. Kraft päpstlicher Vollmacht besaßen sie die Oberleitung des Kreuzzuges, doch nicht die militärische Sachkenntnis und noch weniger, was Pelagius betrifft, der durch den Tod Roberts allein befahl, allgemeine Führungsqualitäten. Pelagius polarisierte; die zuletzt Angekommenen standen gegen Johann von Brienne mit dem übrigen Kreuzfahrerheer. Um sein ägyptisches Machtzentrum zu retten, bot der Sultan den Kreuzfahrern mehrfach die freiwillige Übergabe von Jerusalem an, doch der Legat weigerte sich. Die Stadt Damiette wurde in der Tat am 5. November 1219 erobert, aber man verspielte den Sieg, weil man sich bis 1221 nicht darüber einigen konnte, wer die Herrschaft über Damiette ausüben dürfe. Als der Bayernherzog Ludwig I. im Sommer 1221 mit einem Kontingent hinzustieß, entschied der Legat sich für den Weitermarsch nilaufwärts nach Al-Mansurah, wo sich der Sultan verschanzt hatte, rechnete aber nicht damit, daß der Gegner das Kreuzfahrerheer buchstäblich unter Wasser setzen konnte. Es blieb am 30. August nur die Kapitulation und die ausgehandelte Rückfahrt nach Europa[106].

Der sogenannte Kreuzzug von Damiette endete nicht nur in einem Desaster, sondern tat auch der von Innozenz III. durchgesetzten Idee eines allein vom Papst durch seine Legaten geleiteten Kreuzzuges einen gewaltigen Abbruch. Papst Honorius III. beschuldigte zwar den Kaiser, die alleinige Schuld am Mißerfolg des Kreuzzuges zu tragen, weil er trotz seines Gelübdes untätig geblieben sei[107], heute hingegen sieht man die Ursache in der Unfähigkeit des Legaten Pelagius, ein solches Unternehmen zu leiten. Darüber hinaus lehrte der Mißerfolg – und das galt, je weiter sich die Ereignisse dem Ende des Mittelalters näherten –, daß ohne Einbindung weltlicher Kräfte in führender Position ein derart weitgespanntes

---

[105] Vgl. A. D. v. d. Brincken, Oliverus scholasticus et cardinalis († 1227), in: Rheinische Lebensbilder 12, hrsg. von F. J. Heyen, Köln 1991, 47–67; dessen *Historia Damiatina*, eine erstrangige Quelle über diesen Kreuzzug, bei H. Hoogeweg, Die Schriften des Kölner Domscholasters, späteren Bischofs von Paderborn und Kardinalbischofs von S. Sabina Oliverius, Tübingen 1894, 161–282.

[106] Zum Kreuzzug vgl. St. Runciman, Geschichte der Kreuzzüge III, München ²1960, 137–175; Th. C. van Cleve, The Fifth Crusade, in: A History of the Crusades II, hrsg. von K. M. Setton, Philadelphia 1962, 377–428; Mayer, Geschichte der Kreuzzüge (s. Anm. 57) 194–201. Zum Kardinallegaten J. P. Donovan, Pelagius and the Fifth Crusade, Philadelphia 1950.

[107] MGH Epist. pont. saec. XIII /1, Berlin 1863, Nr. 183.

Im Spannungsfeld zwischen lateinischer und griechischer Kirche stand auch die Kirche von Serbien, die von den Herrschern der Nemanjidendynastie durch Gründung zahlreicher Klöster gefördert wurde. Der Begründer der Dynastie, Großžupan Stephan Nemanja (1168–96), lebte zuletzt als Mönch Simeon im serbischen Athoskloster. Als Mönch ist er im Königskloster Studenica (1234) dargestellt. Hier findet sich auch das Bild seines Sohnes Sava, der 1219 erster Erzbischof der autokephalen serbischen Kirche wurde und als Nationalheiliger verehrt wird (rechts oben). König Vladislav (1234–43) ließ sich mit dem Modell des von ihm gegründeten Klosters Mileševa – ein in der Kunst des Westens wie des Ostens gebräuchlicher Stifterbildtyp – in seinem Kloster verewigen.

Das Christentum in Spanien stand während des ganzen Mittelalters wesentlich im Zeichen des Kampfes gegen die Mauren im Süden des Landes. Im Dienste der Reconquista, der Rückeroberung, stand auch der kastilische Ritterorden, der nach der Festung Calatrava (oben) benannt wurde, welche die Zisterzienser von Fitero (Navarra) 1158 übernommen hatten.

Daß die Energie der Herrscher und ihrer Völker sich nicht im Kampf gegen die Heiden erschöpfte, beweisen die Bauten von Kirchen und Klöstern, deren Schmuck mit Fresken und Steinmetzarbeiten zum Besten der europäischen Romanik gehört. Ein solches Meisterwerk ausdrucksstarker Freskenmalerei präsentiert sich im Christus Pantokrator im Gewölbe des Panteón de los Reyes (Grablege der Könige von León) in der Kirche San Isidoro in León (1167–88).

Unternehmen mit unvermeidlichen politischen Implikationen nicht mit einem halbwegs befriedigenden Erfolg zu Ende zu bringen war.

d) Friedrich II. als Kaiser in Jerusalem

Seit Jahrzehnten schon besteht die Gefahr, die Biographie Kaiser Friedrichs II. mit einem Mythos zu umgeben, so wie es die unvergleichliche Darstellung von Ernst Kantorowicz tat[108]; aber auch wer sich ernsthaft an den nüchternen Fakten zu orientieren bemüht, kommt nicht umhin, irrationale Erwartungen als wirkmächtige Faktoren in Rechnung zu stellen. Waren für den Kardinallegaten Pelagius von Albano kursierende Prophezeiungen, die er auf sich beziehen konnte, möglicherweise ein Leitgedanke seiner Entscheidungen, Friedrich II. hatte sicherlich mit solchen Erwartungen zu tun. Bereits die Geburt des Kaisersohnes hatte der Dichter Peter von Eboli als den Anbruch eines neuen Zeitalters des Friedens und der Eintracht gepriesen. Die Kaiserin Konstanze nannte ihren Sohn Konstantin, bevor der reichlich spät Getaufte den Leitnamen seiner staufischen Vorfahren, Friedrich, übernahm. Konstantin sei laut Prophezeiung der Tiburtinischen Sibylle der Vorgänger des Endkaisers, der wie der Sohn des großen Konstantin aus dem 4. Jh. Constans heißen werde. Die spätantike Kaiserprophetie hatte im Zuge der Kreuzzüge die Phantasie auch des Westens erreicht. In Anlehnung an die in der Geheimen Offenbarung 20,1–10 angekündigten tausend Jahre der Ruhe vor den Umtrieben Satans werde die Friedenszeit dann anbrechen, wenn der Kaiser die Krone und sein Zepter auf dem Berg Golgota niederlege; dieser Friedenskaiser werde den Osten und Westen vereinigen, die Ungläubigen besiegen und die Juden bekehren[109]. Joachim von Fiore folgte in seinem Entwurf der dreistufig gegliederten Menschheitsgeschichte der älteren Ansicht, insofern er (offenbar in Übereinstimmung mit einer allgemeinen Ansicht) die tausendjährige Friedenszeit um 1260 anbrechen läßt. In diesem Sinne konnte der junge Friedrich noch nicht mit Constans gleichgesetzt werden. Es gab eine Abweichung von dieser Konzeption, die mit dem Besuch Jerusalems durch den Kaiser das Ende der Friedensperiode und damit den Beginn des Weltunterganges gekommen sah; Friedrich II. sollte auch in den Augen seiner Gegner davon nicht unberührt bleiben.

Wenig spricht dafür, daß Friedrich II. 1215 bei seiner Kreuznahme anläßlich seiner Königskrönung in Aachen diese Dimension im Auge hatte. Allerdings fällt auf, wie unbekümmert um Sorgen des Papsttums und um das Schicksal des Hl. Landes sowie des Kreuzritterheeres in Ägypten der Staufer seine eingegangene Verpflichtung vor sich her schob. Gewiß, der normannische Adel in Süditalien war unzuverlässig, weswegen der Kaiser, der sich über seine Mutter auch als Nachkomme der Normannenherrscher fühlte, mit brutaler Härte den Verstaatungsprozeß vorantrieb und den territorialen Spielraum des Papsttums wieder einzuengen trachtete, also einleuchtende Gründe hatte, das Kreuzzugsvorhaben aufzuschieben. Aber er ging 1223 bereitwillig im Vertrag von Ferentino auf den Plan Honorius' III. ein, Isabella, die Tochter des Königs Johann von Brienne, zu heiraten.

---

[108] E. Kantorowicz, Kaiser Friedrich der Zweite I, Berlin 1927, II, 1931. Vgl. auch Th. C. van Cleve, The Emperor Frederick II of Hohenstaufen, Oxford 1972, bes. 158–220; D. Abulafia, Herrscher zwischen den Kulturen, Friedrich II. von Hohenstaufen, Berlin 1991, bes. 172–202.

[109] F. Kampers, Kaiserprophetien und Kaisersagen im Mittelalter, München 1895; dazu H. M. Schaller, Kaiser Friedrich II., Verwandler der Welt, Göttingen 1964.

Isabella war über ihre Mutter die eigentliche Trägerin der Krone von Jerusalem, ihr Vater führte den Titel lediglich als Gatte. Deshalb konnte Friedrich von seiner Hochzeit im November 1225 in Brindisi an den Titel eines Königs von Jerusalem übernehmen und seinem Schwiegervater einen Verbleib im Hl. Land untersagen. Angesichts dieses Begehrens hatte Honorius III. kurz vorher im Vertrag von San Germano den Kaiser verpflichtet, 1227 die Überfahrt in den Vorderen Orient anzutreten, andernfalls verfalle er automatisch dem Bann. Verhandlungen mit dem ägyptischen Sultan Al-Kamil liefen schon zu Anfang 1227; dieser stellte territoriale Konzessionen in Aussicht, so daß allenfalls Kämpfe mit dessen Bruder Al-Muazzam, dem Sultan von Damaskus, zu erwarten waren. Eine verheerende Seuche jedoch verhinderte die Ausfahrt des Kreuzritterheeres im September; Friedrich befand sich im Bann. Auf diese Weise wurde Konrad, der einzige Erbe der Krone von Jerusalem, im April 1228 in Italien geboren, seine Mutter starb wohl an Kindbettfieber.

Von der Anzahl der teilnehmenden Kreuzritter her handelte es sich nicht um ein kriegerisches Unternehmen, nicht etwa weil der Kaiser als Gebannter gar keinen Kreuzzug hätte unternehmen dürfen; denn diese Fiktion hielt er aufrecht. Es ging ihm vielmehr um seinen Besuch in der Grabeskirche und nicht um den Triumph einer Rückeroberung des Heiligen Grabes. Noch vor dem Besuch Jerusalems konnte ein Vertrag mit Al-Kamil beeidet werden, der Jerusalem (mit Ausnahme des Tempelbezirkes), Betlehem und Nazaret den Christen überließ sowie einen zehnjährigen Waffenstillstand gewährte; es war mit Sicherheit nicht das, worum sich Innozenz III. und sein Nachfolger so sehr bemüht hatten. Zwei Tage hielt sich Friedrich in Jerusalem auf, über das der Patriarch das Interdikt verhängt hatte. Laut Selbstaussage betrat er die Grabeskirche als „katholischer Kaiser und Führer des Kreuzzuges“, aber nicht als König von Jerusalem, obwohl er den Titel weiterführte, der seinem Sohn Konrad zukam, für den die Barone des Königreiches den Kaiser zum „bailli“ bestellt hatten. Wenn Friedrich in der Grabeskirche vom Altar bis zu seinem Thronsitz unter der Krone ging, „wie es Brauch ist“, dann war das folglich keine Selbstkrönung, sondern das Tragen der Krone wie an einem Festtag; und die Krone bezog sich auch nicht einmal sicher auf Jerusalem, sondern möglicherweise ebensogut auf die Kaiserwürde. Hermann von Salza verlas eine Proklamation des Kaisers für die in der Kirche Anwesenden, die Rückschau hielt auf den Weg Friedrichs von 1215 bis zur gegenwärtigen Stunde, während das gleichzeitig an die ganze Welt gerichtete Manifest den Erfolg verkündete. „... jener, der gebenedeit ist für alle Zeiten, hat uns heimgesucht und seinem Volk Erlösung geschaffen und uns ein Horn im Hause Davids, seines Knaben, errichtet“ [110].

Der Gedanke an eine Fortsetzung des Davidkönigtums war nicht neu, aber nirgends war er von einem Herrscher so sehr auf sich selbst bezogen wie bei dieser Gelegenheit. Das Thema ließ sich ausgestalten in der Weise, daß Friedrich II. als Mitglied nun auch des Hauses David (die Krone von Jerusalem als verbindende Klammer) in eine besondere Nähe zu Jesus von Nazaret rückte und damit im Sinne der Kaiserprophetie das erwartete messianische Endkaisertum konkrete Konturen erhielt. Das geschah anläßlich der Rückkehr des Kaisers vom Kreuzzug in der Kathedrale von Bitonto unweit von Bari, wo er mit einer Festpredigt begrüßt wurde, die ohne sein Vorwissen nicht vorgetragen sein kann. Wie Gott einst Aaron und seine Familie vor den anderen Stämmen Israels zum obersten Priester erwählt habe, so verlieh er auch Friedrich I. vor den anderen Herzögen Deutschlands

[110] Über die vielen Einzeldaten vgl. H. Kluger, Hochmeister Hermann von Salza und Kaiser Friedrich II., Marburg 1987, 36–38.46–48.69–122.

das Kaisertum, damit es (wie in Jerusalem geschehen) in das Haus Davids einmünde und dort für immer bleibe. Auf Friedrich I., die Wurzel Isai des staufischen Hauses, seien nacheinander gefolgt Heinrich VI. und Friedrich II., und über ihn hinaus weise der Stammbaum mit den Worten des Lukasevangeliums „gebenedeit ist die Frucht deines Leibes" (und jetzt nicht auf Jesus, sondern) auf Konrad, den minderjährigen Inhaber der Krone Jerusalems, und nicht etwa auf den älteren Sohn Heinrich, den natürlichen Anwärter der Kaiserkrone. Um noch zu unterstreichen, daß die Menschheit unter staufischer Führung ihrer Vollendung entgegengehe, wurde zeitgleich zur Predigt ein Relief für den Kanzelaufgang in Bitonto geschaffen, der dieses Bild vom staufischen Isaibaum festhält[111].

Der Kreuzzug Kaiser Friedrichs II. fällt gewissermaßen aus dem Rahmen der Kreuzzugsgeschichte. Zugleich gibt er aber auch einen Einblick in die Vielfalt geistiger Einflüsse, der diese Bewegung ausgesetzt war. Zu behaupten, die absichtlich kampflose Jerusalemfahrt kennzeichnet die unkonventionelle Denkweise einer seiner Zeit weit vorauseilenden Herrscherpersönlichkeit, läßt zu sehr außer acht, daß Friedrich II. vieles mit Monarchen seiner Zeit gemeinsam hatte, wenn auch stärker ausgeprägt als bei ihnen. Das Verhalten des ägyptischen Sultans deutet eine gewisse Kampfesmüdigkeit im religiösen Bereich auf beiden Seiten schon an, obwohl die über den Kompromiß entrüsteten Stimmen in beiden Lagern nicht gering waren.

Im Hl. Land wurde der Status quo nur fünfzehn Jahre lang respektiert. 1244 begingen die Barone der Kreuzfahrerstaaten auf Anregung der Templer die Torheit, sich mit den Muslimen von Damaskus gegen den Sultan von Ägypten, Ayyub, zu verbünden. Dieser übte Vergeltung, indem er Jerusalem mit seinen hwarizmischen Söldnern nahezu kampflos besetzte (24. August 1244) und die christliche Armee einige Monate später in der Schlacht von Gaza vernichtend schlug. Nur Jaffa, Akkon und Antiochia mit einem kleinen Küstenstreifen blieben in den Händen der Franken[112].

Die Nachricht vom Fall Jerusalems wurde im Abendland um so härter empfunden, als sie mit dem Einfall der Mongolen zusammentraf, die aus der Tiefe des Ostens bis Polen und Ungarn vordrangen. Das Erste Konzil von Lyon rief 1245 die Christen auf, dem Hl. Land zu Hilfe zu kommen, und beschloß die Erhebung eines Kreuzzugszehnts für drei Jahre zur Finanzierung der Expedition. Doch die Mongolengefahr, die schwierige Situation des lateinischen Kaiserreiches von Konstantinopel, das durch die byzantinischen Streitkräfte von Nicaea bedroht wurde, und vor allem der erbitterte Kampf, den Papst Innozenz IV. dem abgesetzten, aber noch unbesiegten Kaiser Friedrich II. lieferte, verhinderten eine Realisierung des Vorhabens. Zu fragen ist nur am Rande, inwieweit der um sich greifende Pseudo-Joachimitismus die Bereitschaft, das Kreuz zu nehmen, überhaupt schon gedämpft hatte[113].

---

[111] Edition der Predigt bei R. M. Kloos, Nikolaus von Bari, eine neue Quelle zur Entwicklung der Kaiseridee unter Friedrich II., in: Deutsches Archiv 11 (1954) 166–190; zur Kanzel H. M. Schaller, Das Relief an der Kanzel der Kathedrale von Bitonto, ein Denkmal der Kaiseridee Friedrichs II., in: Archiv für Kulturgeschichte 45 (1963) 295–312.

[112] Runciman, Geschichte der Kreuzzüge III, (s. Anm. 106) 220–225.

[113] Mayer, Geschichte der Kreuzzüge (s. Anm. 57) 227f; zum Joachimitismus M. Reeves, The Influence of Prophecy in the Later Middle Ages, Oxford 1969; H. M. Schaller, Endzeit-Erwartung und Antichrist-Vorstellung in der Politik des 13. Jahrhunderts, in: FS H. Heimpel II, Göttingen 1972, 924–947.

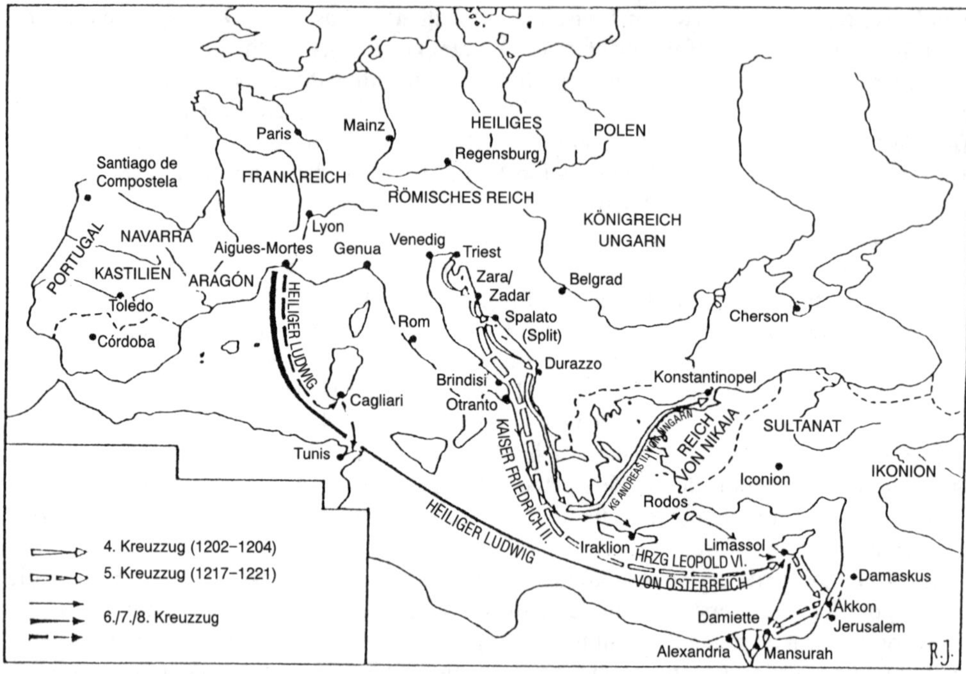

Die fünf letzten Kreuzzüge.

e) Die Kreuzzüge König Ludwigs IX. von Frankreich und das Ende der Kreuzfahrerherrschaft im Heiligen Land

Schon im Dezember 1244, bevor das Erste Konzil von Lyon zusammengetreten war, hatte König Ludwig IX. das Kreuz genommen. Er war einer der letzten Herrscher, die das Kreuzzugsideal ohne politische Hintergedanken ernst nahmen. Von 1245 bis zu seinem Tod im Jahre 1270 beherrschte der Kreuzzug die französische Politik. Ludwigs Stärke lag in seiner von den Zeitgenossen und der Nachwelt gerühmten Persönlichkeit. Nicht unbedingt irenisch, aber auf gerechten Ausgleich bedacht und stets vor Augen, daß auch ein Herrscher ein nicht von Schwächen freier Mensch ist, führte er wie ein strenger Asket ein Leben in Bescheidenheit. In religiösen Fragen konnte er sogar seiner Mutter Blanche von Kastilien widerstehen, die auf ihn sonst einen übermächtigen Einfluß ausübte[114].

Im August 1248 brach er von Aigues-Mortes auf und erreichte über Zypern Ägypten, wo er im Juni 1249 Damiette kampflos einnahm. Doch auch sein Heer blieb im Nildelta stecken und wurde in der Schlacht von Al-Mansurah trotz siegreicher Einnahme der Stadt

[114] Wichtigste Quelle von Jean de Joinville, Histoire de Saint Louis, hrsg. von E. Jarry, Angers 1942; obwohl Augenzeuge des ersten Kreuzzuges, erst um 1309 in bereits hagiographischer Verklärung verfaßt. Vgl. J. Richard, Saint Louis, roi d'une France féodale, soutien de la Terre Sainte, Paris 1983; K. Schnith, England in einer sich wandelnden Welt (1189–1259), Stuttgart 1974, 205f (Charakterisierung Ludwigs bei Matthaeus Parisiensis).

gefangengenommen (8. Februar 1250). Gegen hohes Lösegeld kaufte er alle seine Vasallen und Soldaten frei, die mit ihm in die Hände der Mameluken gefallen waren. Diese hatten gerade die Macht in Ägypten an sich gerissen. Wieder frei, segelte der König nach Akkon, wo er noch vier Jahre lang blieb, die Regierungsgeschäfte des Hl. Landes versah ungeachtet der Tatsache, daß eigentlich der König von Zypern der Bailli des Restbestandes der Kreuzfahrerstaaten war. Nicht zuletzt weil seine Mutter, die Regentin Frankreichs für die Zeit seiner Abwesenheit, schon 1252 gestorben war, kehrte Ludwig im Frühjahr 1254 heim.

Noch vor seiner Rückkehr hatte der König zwei Franziskaner, Wilhelm von Rubruck und Bartholomäus von Cremona, zu den Mongolen geschickt. Das Großreich der Mongolen im Fernen Osten war nicht islamisch und zählte noch nennenswerte christliche Bevölkerungsreste, die von der Spätantike her die syrische Liturgie und nestorianische Glaubensrichtung beibehalten hatten. Sie zu missionieren und darüber in Kontakt mit der mongolischen Führung zu kommen, war das Ziel der beiden Abgesandten[115].

Der Mißerfolg dieses siebten Kreuzzuges[116] stürzte die Gemüter im Abendland in Verwirrung, denn er stellte die Vorstellung von der immanenten Gerechtigkeit Gottes und seinem Eingreifen in die Geschichte in Frage, die bis dahin erlaubt hatte, den Mißerfolg der vorausgegangenen Kreuzzüge zu erklären. Der Mißerfolg konnte bislang, vor allem in den päpstlichen Verlautbarungen, der moralischen Unwürdigkeit oder den politischen Ambitionen derer zugeschrieben werden, die die gescheiterten Kreuzzüge angeführt hatten. Die Tatsache nun, daß der König von Frankreich, dessen Frömmigkeit und Uneigennützigkeit evident waren, keine besseren Ergebnisse erzielt hatte als seine Vorgänger, begünstigte das Anwachsen einer gewissen Skepsis gegenüber dem Kreuzzugsunternehmen überhaupt. Man findet einen Widerhall davon in der Literatur und bei den Chronisten jener Zeit. Zugleich äußerte sich eine Verbitterung mit Blick auf den Klerus, der beschuldigt wurde, nicht durch Zahlung aus eigenen Gütern ein gutes Beispiel gegeben zu haben. Davon zeugt der vorübergehende, aber aufschlußreiche Erfolg der Volksbewegung der Pastorellen, die sich 1250/51 in Frankreich auf die Nachricht von der Gefangennahme des Königs hin zu seiner Rettung ohne Mitwirkung von Rittern und Mönchen berufen fühlten[117].

In ihrer unglaublich schnellen Expansion hatten die Mongolen 1230/33 den Iran erobert, 1237/39 Südrußland überrannt und waren 1241 vor dem schlesischen Liegnitz erschienen. Als Hülagü, der Bruder des Chāns Mönge, 1258 Bagdad sowie 1259/60 Aleppo und Damaskus eroberte, schien sich die Grundstruktur des Vorderen Orients völlig zu verändern. Die Sunniten hatten ihr Oberhaupt verloren, und Hülagü schickte unter dem Oberbefehl des Nestorianers Ketboga ein Heer zur Unterwerfung Ägyptens. Doch die Christen an der Küste hatten sich noch nicht recht umorientieren können, da besiegte Baibars im Auftrag des Mamelukensultans im September 1260 die Mongolen in Ain Dschalut. Ihr Ausgriff an den Nil war verhindert, die Expansion überhaupt gestoppt, Hülagü zog sich in den Iran zurück, Kairo stieg zum Zentrum des Islams auf. Und zum Schaden der christlichen Herrschaften, deren öffentliche Ordnung sich in gefährlicher Auflösung befand, vergaßen die Mameluken ihnen nicht, mit den Mongolen bereits geliebäugelt zu haben, und

---

115 A. D. v. d. Brincken, Die „Nationes christianorum orientalium" im Verständnis der lateinischen Historiographie, Köln – Wien 1973, Register s. v. Wilhelm v. Rubruck.

116 Sofern eine Zählung der verschiedenen Unternehmen überhaupt gerechtfertigt ist.

117 J. Delalande, Les extraordinaires croisades d'enfantes et de pastoureaux au moyen âge, Paris 1962.

trachteten, sie zu vernichten. Baibars eroberte 1265 Arsuf und Caesarea, 1266 Safed sowie 1268 Jaffa und Antiochia. Auch die Aktion des Prinzen Eduard von England 1271/72 besserte die Situation der Barone und Ritterorden im Heiligen Land nicht.

Angesichts der Not des Hl. Landes und des inzwischen untergegangenen lateinischen Kaiserreichs von Konstantinopel hatte sich Papst Clemens IV. an Ludwig IX. gewandt, 1267 ein zweites Mal das Kreuz zu nehmen ohne Rücksicht auf die Auswirkungen in dessen Königreich. Dieser achte Kreuzzug, der Aigues-Mortes (weil Marseille immer noch nominell zum kaiserlichen Imperium gehörte) am 1. Juli 1270 verlassen hatte, nahm Kurs auf Tunis. Ob Ludwigs Bruder Karl von Anjou dieses Ziel veranlaßt hat, ist unbekannt, jedenfalls kam es seinen auf Byzanz und den Vorderen Orient gerichteten Expansionsplänen zugute, während Ludwig glaubte, der Hafside Al-Mustansir in Tunis wolle mit seinem Volk zum Christentum übertreten[118]. Aber kurz nach der Ankunft wurde das Heer durch Pest und Ruhr dezimiert. Auch der König selbst starb am 25. August mit dem Wort „Jerusalem" auf den Lippen. Der einzige Nutznießer des Unternehmens war Karl von Anjou, der vom Emir eine bedeutende Kriegsentschädigung und die Verdoppelung des Tributes, den Tunesien jährlich an den König von Sizilien zahlte, erzielte. Das Hl. Land oder das, was von ihm überhaupt noch übrigblieb, hatte von diesem Kreuzzug keinerlei Nutzen.

Bereits 1267 hatte König Jakob I. von Aragón Kontakte mit den Mongolen aufgenommen, um mit ihnen zusammen einen Kreuzzug gegen den Sultan Baibars zu unternehmen. Ganz selbstlos war das Vorhaben nicht, denn der Chān Abaka war mit einer Tochter des Basileus Michael VIII. Palaiologos verheiratet, der einen Angriff Karls von Anjou zu befürchten hatte, während Jakob den Anjou als Konkurrenten nicht nur wegen seiner Handelsinteressen in der Levante fürchtete, sondern auch wegen der Ansprüche seines Sohnes Peter auf das staufische Erbe in Sizilien. Entsprechend reserviert zeigte sich 1274 das Zweite Konzil von Lyon dem Kreuzzugsplan Jakobs gegenüber; der Monarch sei für ein solches Unternehmen schon zu alt[119].

Nachdem Baibars schon 1265 das Königreich Armenien, ein Verbündeter der Mongolen, eliminiert hatte, verblieb den Christen im Vorderen Orient außer Zypern seit 1270 nur noch Akkon, Tyrus und Tripolis sowie einige von den Ritterorden gehaltene Orte. Der Tod Baibars' 1277 verhinderte den Untergang nicht. Trotz der Aufrufe des Zweiten Konzils von Lyon und Papst Gregors X. zwischen 1274 und 1277 kam aus dem Abendland keine Hilfe mehr[120]. Nichts konnte die Mameluken mehr daran hindern, Tripolis 1289 und schließlich Akkon 1291 einzunehmen. Dieses Datum kennzeichnet nicht, wie man gerne annimmt, das Ende der Kreuzzüge, da sich diese bis zum Ende des Mittelalters und sogar darüber hinaus fortsetzen sollten. Aber es stellt einen Wendepunkt in der Geschichte der abendländischen Christenheit dar, hatte sie doch mit Ausnahme der Insel Zypern jeden herrschaftlichen Stützpunkt im Vorderen Orient verloren.

---

[118] L. Boehm, De Karolingis imperator Karolus, princeps et monarcha totius Europae. Zur Orientpolitik Karls I. von Anjou, in: Histor. Jahrbuch 88 (1968) 1–35; P. Herde, Karl I. von Anjou, Stuttgart 1979, 83–87.

[119] O. Engels, Reconquista und Landesherrschaft. Studien zur Rechts- und Verfassungsgeschichte Spaniens im Mittelalter, Paderborn 1989, 257f.

[120] Vgl. B. Roberg in: Annuarium historiae conciliorum 5 (1973) 241–302; 15 (1983) 96–158.

2. *Missionarische Aussichten und Unternehmungen*

Im Gegensatz zu dem, was bisweilen behauptet wird, war ausdrückliches Ziel der Kreuzzüge in den Augen der Kirche nicht die Bekehrung der Nichtchristen, sondern die Befreiung und Verteidigung der Heiligen Stätten der Christenheit, deren sich die Muslime bemächtigt hatten. Ohne das Apostolat ganz auszuschließen, hatte das Papsttum im 12. Jh. faktisch den orientalischen Kirchen die Aufgabe überlassen, religiöse Kontakte mit dem Islam zu entwickeln. Der päpstlichen Politik ging es in erster Linie um die Anerkennung des römischen Primates durch diese Gemeinschaften (Maroniten und Armenier, aber auch Jakobiten und Nestorianer) wie auch um ihre Zustimmung zu einem vom katholischen Standpunkt aus orthodoxen Glaubensbekenntnis [121]. Aber bei markanten Christen entwickelte sich seit der Wende zum 13. Jh. der Wunsch, ihren Glauben mit den Nichtchristen zu teilen. So hatte der hl. Dominikus den Plan gefaßt, die Balten oder Heiden in Skandinavien zu evangelisieren, von denen er während seiner Reise in Begleitung des Bischofs von Osma nach Norden gehört haben konnte [122]; und selbst als er sich dem Kampf gegen die Häretiker im Languedoc verpflichtet hatte, wünschte er weiterhin, „sein Leben und seine Seele für die Bekehrung der Sarazenen hinzugeben“ [123]. Auch Ludwig IX. äußerte während seines langen Aufenthaltes im Hl. Land und nach seiner Niederlage und Gefangennahme in Ägypten (1250/54) wiederholt seinen Wunsch, eine möglichst große Anzahl von Muslimen zum christlichen Glauben zu führen; so ließ er vor allem Sklaven freikaufen und taufen. Zugleich eröffneten sich vor allem im Baltikum durch Kreuzzugsunternehmen der Dänen, durch deutsche Handelsniederlassungen und den Heidenkampf der Ritterorden, allen voran des Deutschen Ordens, neue Missionsfelder. Nach der Theorie des Mittelalters waren die Ritterorden für die dauerhafte Unterbindung des heidnischen Kultes und den Schutz der Bekehrten zuständig, die Mission hingegen wurde von den Zisterziensern und insbesondere den Dominikanern getragen [124]. Angesichts dieser verschiedenen Erfahrungen wollten die Päpste des 13. Jh. die Missionslehre der Kirche präzisieren [125].

a) Das Problem der erzwungenen Bekehrung

Nach der Lehre der Alten Kirche war nur der freiwillige Glaubenswechsel zulässig. Sie kollidierte aber mit dem Erfordernis, die eigene Reichsgrenze gegenüber dem heidnischen Nachbarn zu sichern, seit an der Schwelle zum Frühmittelalter die Anschauung

---

[121] Siehe J. Richard, La papauté et les missions d'Orient au Moyen Age (XIIIe–XVe siècle) („Collection de l'Ecole française de Rome“ 33), Rom – Paris 1977, 7–12.

[122] Jordanus von Sachsen verbesserte „Sarazenen“ in „Kumanen“, er scheint keine genaue Kenntnis gehabt zu haben. Zur Reise des Dominikus und diesem Problem M.-H. Vicaire, Geschichte des hl. Dominikus I, Freiburg i. Br. 1962, 76–80.

[123] Gemäß der Aussage eines Zeugen in seinem Heiligsprechungsprozeß (Bologna, 1234). Vgl. A. Vauchez, La sainteté en Occident aux derniers siècles du Moyen Age, Rom 1981, 394.

[124] Die verschiedenen Aspekte dieser „Evangelisierung“, die von einer wirklichen Kolonisierung begleitet wurde, werden gut dargestellt von H. Beumann (Hrsg.), Heidenmission und Kreuzzugsgedanke in der deutschen Ostpolitik des Mittelalters, Darmstadt 1963, was aber das klassische Werk von L. Lemmenns, Die Heidenmissionen des Spätmittelalters, Münster 1919, nicht unbrauchbar macht.

[125] Vgl. dazu J. Richard – M.-H. Vicaire – S. Sugranyes, Les missions médiévales, in: S. Delacroix (Hrsg.), Histoire universelle des missions catholiques, Paris 1956, 173–200; A. Mulders, Missionsgeschichte, Regensburg 1960, 151–191; J. Muldoon, Popes, Lawyers and Infidels, Liverpool 1979.

vom Naturrecht abhanden ging. Da der Heide den Christengott nicht kannte und folglich anderen Normen als der christlichen Ethik folgte, schien er zu einer friedlichen Nachbarschaft nicht fähig. Wollte man einen dauerhaften Frieden, mußte man den Nachbarn aus sicherheitspolitischen Gründen zum Christentum zwingen; und weil die öffentliche Ordnung auch des heidnischen Volkes zutiefst religiös fundiert war, hieß das konsequenterweise, den vormals heidnischen Nachbarn auch politisch in das eigene Reich einzugliedern. Erst mit der Wiederentdeckung des Naturrechts im Zuge der Aristoteles-Rezeption kurz nach der Mitte des 12. Jh. zeigte sich die Gewaltmission als eine Instrumentalisierung, als ein Ersatz für ein fehlendes Völkerrecht. Der Weg für die Individualmission war damit wieder offen[126]; freilich waren in diesem Moment noch lange nicht alle Probleme gelöst.

In Verbindung mit der Kreuzzugsidee konkretisierte im 13. Jh. eine wichtige Reflexion über die missionarische Tätigkeit den vorausgegangenen Durchbruch[127]. Die Lehre von der *plenitudo potestatis* hatte beträchtliche Wirkungen auf die Beziehungen zwischen Mission und Kreuzzug. In seinem Kommentar zur Dekretale „Quod super his" Innozenz' III. hatte sich Sinibaldo Fieschi (der spätere Innozenz IV.) gefragt, ob es „erlaubt sei, die im Besitz der Ungläubigen befindlichen Länder zu besetzen, und wenn dies erlaubt sei, warum es so sei". Die Argumentation lief auf zwei Ebenen. Den Nichtchristen (vor allem den Muslimen) wurde das Recht auf das *dominium* und auf eigene Gesetze zuerkannt. Sie mußten sich nicht zum Christentum bekehren, um ihre Länder behalten zu können, die sie mit vollem Recht besaßen. Innozenz IV. erkannte ihr Recht an, keinerlei erzwungenen Bekehrung unterworfen zu werden[128]. Andererseits müssen, da Christus aufgrund seiner göttlichen Würde Herrschaft über alle Menschen zukommt, auch seine Stellvertreter auf Erden, Petrus und seine Nachfolger, diese Verantwortung übernehmen. Christen wie Nichtchristen sind „Schafe Christi durch die Schöpfung, auch wenn sie nicht alle im *ovile ecclesiae* sind"[129]. Diese Verantwortung übe der Papst *de iure* aus, nicht *de facto*.

Der Papst sei demnach bevollmächtigt, nicht nur die Christen, die das Gesetz des Evangeliums übertreten hätten, zu bestrafen, sondern auch die Nichtchristen, die das Naturrecht mißachteten, so beispielsweise jene Juden, die vom Gesetz des Mose abweichen würden. Deshalb erinnerte Innozenz IV. daran, daß er selbst und sein Vorgänger Gregor IX. die Verbrennung des Talmuds angeordnet hätten[130]. In keinem Fall indessen dürften die Heere, die der Papst entsenden werde, um die Sünden der Nichtchristen zu bestrafen, den Ungläubigen auch die Taufe aufzwingen: „Die Ungläubigen dürfen nicht zur Bekehrung gezwungen werden, da ja alle ein Recht auf den freien Willen haben."[131] In diesem Punkt blieb Innozenz IV. der Erkenntnis treu, wonach die Annahme des christlichen Glaubens das Ergebnis einer freien Entscheidung sein müsse.

---

[126] Vgl. O. ENGELS, Mission und Friede an der Reichsgrenze im Hochmittelalter, in: Aus Kirche und Reich, FS F. Kempf, hrsg. von H. MORDEK, Sigmaringen 1983, 201–224.

[127] J. MULDOON, „Extra ecclesiam non est imperium": The Canonists and the Legitimacy of Secular Power, in: Studia Gratiana 9 (1966) 551–580.

[128] X 3.34.8, hrsg. von FRIEDBERG, II, 593f.

[129] X 3.34.8 (wie FIESCHI in Anm. 130) fol. 176v.

[130] SINIBALDO FIESCHI (Innozentius IV), Apparatus super quinque libros Decretalium, Venedig 1578, Nachdruck 1968, zu X 3.34.8, § 4–6; vgl. B. KEDAR, Canon Law and the Burning of the Talmud, in: Bulletin of the Institute for Medieval Canon Law, NS 9 (1979) 79–82.

[131] FIESCHI, Apparatus super quinque libros Decretalium, fol. 177r. (s. Anm. 130).

Indem sie zwar diese oder jene päpstliche Intervention rechtfertigten (wie im Fall des Talmuds), respektierten die Konklusionen Innozenz' IV. faktisch die Existenz verschiedener Religionen. Die Kanonistik des 13. Jh. jedenfalls hat – und Innozenz IV. war als Kardinal maßgeblich an ihr beteiligt – keine Lehre entwickelt, die eine erzwungene Bekehrung legitimieren würde.

Wohl bekräftigte der Papst das unveräußerliche Recht der römischen Kirche, Prediger in die Missionsländer zu schicken. Für den Fall, daß die Ungläubigen dies nicht zuließen, wurde die Zuflucht zur Gewalt und die Inanspruchnahme des weltlichen Armes als ganz und gar legitim betrachtet, sofern vom Papst angeordnet. Dieser konnte also eine Kriegshandlung veranlassen, nicht um eine Gewaltmission in die Wege zu leiten, sondern um die Länder der christlichen Predigt zu öffnen und die Missionare oder jeden anderen Christen vor eventuellen Verfolgungen zu schützen. Umgekehrt mußte indessen auf christlichem Boden keine islamische Mission geduldet werden. Da sie sich im Irrtum befänden, hätten die muslimischen Missionare keinerlei Recht, nach denselben Maßstäben wie die christlichen Missionare behandelt zu werden[132].

Die Argumente Innozenz' IV. waren ausschlaggebend für die Kanonisten. In seinem Dekretalenkommentar verschärfte Heinrich von Segusia (der Kardinal Hostiensis) noch die Argumentation: Unter der Voraussetzung, daß Christus den „ewigen Prinzipat" in allen geistlichen und irdischen Angelegenheiten besitzt, haben Petrus und seine Nachfolger als Stellvertreter Christi die Macht, direkt in die Angelegenheiten der ungläubigen Gesellschaften einzugreifen, da deren Herrscher die Länder und die Macht gewaltsam usurpiert hätten, die legitimerweise, *de iure*, den Christen zustehe. Die Ungläubigen müßten den Christen unterworfen werden, nicht umgekehrt[133]. Doch selbst in einer so kategorischen Argumentation läßt Hostiensis die Frage der Bekehrung unangetastet: Die Beziehungen zwischen Nichtchristen und Christen sollten friedlich bleiben; der erste Schritt solle durch Entsendung friedlicher Missionare getan werden und nicht durch bewaffnete Kreuzritter, die Bekehrung solle durch Predigt und nicht durch Gewalt erfolgen; eine Kriegshandlung könne allein der Papst veranlassen.

Thomas von Aquin gestand den Ungläubigen das Recht auf freie Wahl ihrer Religion zu, hielt aber den Rückgriff auf den Krieg gegyen Ungläubige gerechtfertigt, sofern sie „den Glauben durch Gotteslästerung, widernatürliche Überzeugungen und sogar Verfolgungen behindern"[134]. Humbert von Romans ging noch weiter: Die Ungläubigen verdienen den Tod nicht nur dafür, die Predigt der Christen verhindert zu haben, sondern auch für ihre Gotteslästerung gegen die Trinität; in Frieden mit solchen Gesetzesbrechern zu leben, könne schon eine Sünde sein[135]. Erst recht an dieser Formulierung erkennt man, daß die Autoren den Islam im Blick hatten. Bereits christianisiertes Gebiet usurpiert zu haben usw. verweist auf den schon in der Spätantike vertretenen Grundsatz, daß ein Missionskrieg geführt werden dürfe, wenn der Satan ein christliches Volk oder dessen Boden, auf das alles

---

[132] FIESCHI, Apparatus super quinque libros Decretalium, fol. 177r (s. Anm. 130): „Non enim ad paria debemus eos nobiscum iudicare, cum ipsi sint in errore et nos in via veritatis, et hoc pro constanti tenemus".
[133] Siehe MULDOON, Popes, Lawyers and Infidels (s. Anm. 125) 17.
[134] Summa Theologica II-IIae, qu. 10, art. 8; vgl. B. I. KEDAR, Crusade and Mission: European approaches toward the Muslims, Princeton 1984, 218.
[135] HUMBERT DE ROMANS, Opus tripartitum I, 4–6, 14 etc., hrsg. von BROWN (s. Anm. 72), appendix, 186–195; vgl. A. MICHEL, Das Opus Tripartitum des Humbertus de Romanis, O. P., ein Beitrag zur Geschichte der Kreuzzugsidee und der kirchlichen Unionsbewegung, Graz 1926, 41–48.

ein Rechtsanspruch der Kirche bestehe, geraubt habe; es müsse der Kirche restituiert werden (compelle intrare)[136]. Andere radikale Thesen wurden von den Dominikanern Ulrich von Straßburg, Provinzial der deutschen Ordensprovinz (1272–77)[137], und Moneta von Cremona, Magister am *Studium* von Bologna[138], vertreten.

b) Die missionarischen Bemühungen der Mendikanten: ekklesiologische Aspekte und kulturelle Zusammenhänge

Der Auftritt der Bettelorden, deren Berufung das Apostolat innerhalb und außerhalb der christlichen Welt war, gab den missionarischen Bemühungen einen starken Auftrieb. Schon 1212 oder 1213 hatte Franz von Assisi vergeblich versucht, nach Syrien zu gelangen, dann nach Marokko, wo fünf seiner Gefährten 1216 das Martyrium erlitten[139]. Im Jahre 1219 traf er in Damiette in Ägypten auf den Kreuzzug. Ohne sich um die militärischen Unternehmungen der Christen zu kümmern, denen er mit Skepsis begegnete, ging er in das Lager des Sultans Malik Al-Kamil, dem er vorgeschlagen haben soll, sich einem Ordal zu unterziehen, um ihm die Überlegenheit des Christentums über den Islam zu beweisen. Aber der Herrscher soll sich dem widersetzt und ihn ohne Gewaltanwendung in das christliche Lager zurückgeschickt haben[140]. Der Gründer der Minderbrüder, der darauf brannte, seinen Glauben den Heiden mitzuteilen, um sie zu retten, wurde in seiner Erwartung enttäuscht, zog aber eine Lehre aus seinem Mißerfolg. In der ersten Regel *(regula non bullata)*, die er 1221 schrieb und die sein Denken am besten wiedergibt, wird weder davon geredet, das Martyrium anzustreben, wie er selbst es 1219 getan hatte, noch von Streitgesprächen, die nur feindliche Reaktionen auf seiten der Muslime hervorrufen und sie zur Verfolgung anspornen könnten. In Kapitel XXI, das denen gewidmet ist, „die zu den Sarazenen und anderen Ungläubigen gehen", empfiehlt er vielmehr folgende Haltung:

„Die Brüder, die weggehen, können ihre geistliche Aufgabe auf zwei Arten planen: Sie sollen weder Prozesse noch Disputationen führen, jeder menschlichen Kreatur um Gottes willen unterworfen sein und einfach bekennen, daß sie Christen sind; oder aber, wenn sie sehen, daß dies der Wille Gottes ist, sollen sie das Wort Gottes verkünden, damit die Heiden an den allmächtigen Gott, den Vater, den Sohn und den Heiligen Geist, und an seinen Sohn, den Erlöser und Retter glauben, sich taufen lassen und Christen werden."[141]

Doch diese Bestimmung wurde nicht in die Regelversion der Minderbrüder aufgenommen, die 1223 Papst Honorius III. bestätigte; die Brüder scheinen sie auch nicht lange beachtet zu haben. Jakob von Vitry, der Bischof von Akkon, berichtet indirekt von Schwierigkeiten, denen die Minderbrüder in ihrem Apostolat begegneten, da er um 1230

---

136 Vgl. H. D. Kahl, Compellere intrare, in: Zeitschrift für Ostforschung 4 (1955) 178–193.360–386.

137 VI, 3, 6; hrsg. von B. Kedar, Crusade (s. Anm. 134) 223 f; vgl. F. A. von der Heydte, Die Geburtsstunde des modernen Staates. Ein Beitrag zur Geschichte des Völkerrechts, der allgemeinen Staatslehre und des politischen Denkens, Regensburg 1952, 237 f.

138 Siberry, Criticism (s. Anm. 65) 214.

139 Jordanus de Giano, Chronica 8, in: Analecta franciscana I, Quaracchi 1885, und II, Celano, 57, hrsg. von Th. Desbonnets – D. Vorreux, Saint François d'Assise. Documents, Paris 1968, 264 f.

140 Bonaventura, Legenda maior IX, 7–8, und Dante, Paradiso XI, 100–105. Zu dieser Episode, deren Historizität heute anerkannt wird, vgl. F. de Beer, Saint François et l'Islam, in: Concilium 169 (1981) 23–36.

141 Regula non bullata (1. erhaltene Regel) 16, 1–6.

beiläufig notierte, daß „die Sarazenen den Brüdern gerne zuhörten, solange sie den Glauben an Christus und die evangelische Lehre predigten, bis sie darangingen, Mohammed offen in ihrer Predigt zu widersprechen ... Dann schlugen sie sie und verjagten sie aus ihren Städten.“ [142] Diese Mißerfolge regten zum Nachdenken an. In der Folge sah man das Papsttum und die großen Mendikantenorden sich mehr um die intellektuelle Bildung und die sprachliche Vorbereitung derer sorgen, die die Heiden evangelisieren sollten.

Im Jahre 1249 entschied Papst Innozenz IV., zehn junge Studenten nach Paris zu schikken, damit sie Arabisch und andere orientalische Sprachen lernten [143]. Das Interesse der römischen Kurie für die orientalischen Sprachen stand in einem größeren Kontext [144]. Schon Petrus Venerabilis (1094–1156), der Abt von Cluny, regte nach seiner Visitationsreise in spanische Benediktinerklöster (1141) eine Übersetzung des Korans an. Alle weiteren Bemühungen um die Kenntnis des Islams und der arabischen Philosophie hatten vorerst wissenschaftlich-theologische Gründe, bis ab 1237 von den Dominikanern im Hl. Land Schulen zur Unterweisung in der arabischen Sprache errichtet wurden, die der Vorbereitung auf eine Missionstätigkeit dienten. Raimund von Peñafort veranlaßte 1250 die Gründung eines „Studium arabicum“ in Tunis, das nach dem gescheiterten Kreuzzug von 1270 nach Murcia verlegt wurde; Schüler war dort Raymundus Martinus, der bedeutendste christliche Orientalist des 13. Jh. Gegenüber den Franziskanern hatten die Dominikaner in dieser Hinsicht noch einen deutlichen Vorsprung.

In *De officiis ordinis* und seinem Rundbrief von 1255 setzte der Generalobere der Dominikaner Humbert von Romans die wesentlichen Regeln fest, die von den Missionaren befolgt werden mußten. Um die „barbarischen Völker, die Heiden, die Sarazenen, die Juden, die Häretiker, die Schismatiker und die anderen, die außerhalb der Kirche stehen“, zu bekehren, sollten die Dominikaner zum einen über Lehrbücher verfügen, die auf eine Widerlegung ihrer Irrtümer spezialisiert waren, die Predigt im Missionsgebiet erforderte zum anderen die Kenntnis der Sprachen der Einheimischen, deshalb sollten die Brüder, die für die Missionen bestimmt waren, an geeignete Orte geschickt werden, um die arabische, die hebräische, die griechische und andere Sprachen zu erlernen [145]. Gemäß den *Regulae generales* oder auch dem *Tractatus de modo convertendi infideles* des Raimundus Lullus [146], ein wirkliches Vademecum für die Missionare am Ende des 13. Jh., wurde vom Gebrauch eines Dolmetschers abgeraten, da die Predigt des Missionars Gefahr laufe, schlecht verstanden zu werden. Einer Tradition der Bettelorden getreu, die den fremden Sprachen als Unterstützung einer wirkungsvollen Predigt im Missionsgebiet schon länger Aufmerksamkeit ge-

---

[142] Jacobus de Vitry, Historia Orientalis XXXII, hrsg. von G. Golubovich, Biblioteca bio-bibliografica della Terra Santa I, Quaracchi 1906, 10.

[143] Chartularium Universitatis Parisiensis, Auctarium Chartularii, hrsg. von H. Dénifle – E. Châtelain, Paris 1885, 212.

[144] B. Altaner, Die fremdsprachliche Ausbildung der Dominikanermissionare während des 13. und 14. Jahrhunderts, in: Zeitschr. für Missionswissenschaft und Religionswissenschaft 23 (1933) 233–241; J. M. Coll, Escuelas de Lenguas Orientales en los siglos XIII y XIV, in: Analecta Sacra Tarraconensia 17 (1944) 115ff; 18 (1945) 59ff; 19 (1947) 59ff.217ff; Mulders, Missionsgeschichte (s. Anm. 125) 186–189.

[145] Instructiones magistri Humberti de officiis ordinis. B. Humberti de Romans opera de vita regulari, hrsg. von J. J. Berthier, II, Rom 1889, 187–189 (Kapitel *Circa Gentiles*), 293 (Rundbrief von 1255 über den Sprachunterricht).

[146] 1292 geschrieben; vgl. R. Sugranyes de Franch, Raymond Lulle, docteur des missions, avec un choix de textes traduits et annotes, Schönbeck-Beckenried 1954, 29–34.

schenkt hatten[147], bestätigte Roger Bacon in seinem *Opus Majus*[148], verfaßt um 1267/68 für Clemens IV.[149], daß die Kenntnis der hebräischen Sprache notwendig sei, um den Juden die Schrift zu predigen und auszulegen; ebenso sei die Kenntnis des Griechischen, des Ruthenischen, der Sprache der Sarazenen, der Heiden, der Tataren und der anderen Ungläubigen in den zu missionierenden Ländern erforderlich. Das hinderte ihn jedoch nicht, im berühmten Brief an Clemens IV.[150] einen Aufruf an den Papst zu richten, er möge sich „zur Bekehrung der Ungläubigen und mehr noch zur Verdammung derjenigen, die nicht bekehrt werden können", der Wissenschaft bedienen[151].

Im Vertrauen auf seine missionarische Erfahrung in der muslimischen Welt konnte der Dominikaner Wilhelm von Tripolis in seinem Werk *De statu saracenorum et de Mahomete pseudopropheta et eorum lege et fide*[152] von 1273, das dem Lütticher Archidiakon Tedaldo Visconti (dem künftigen Papst Gregor X.) gewidmet war, im Entwurf des idealen Missionars noch weiter gehen. Um den Sarazenen zu predigen, genüge es nicht, auf Gewalt zu verzichten und ihre Sprache zu lernen; man müsse auch noch die islamische Kultur und Lehre durch ein vertieftes Studium des Korans in sich aufnehmen[153]. Man begegnet entsprechenden Anordnungen, die auf eine relative Toleranz hindeuten, in den Handbüchern für die Missionare, die Ende des 13. Jh. verfaßt wurden. Am Hof Alfons' X. von Kastilien wurde um 1264 das *Buch vom Aufstieg Mohammeds* ins Kastilische und Lateinische übersetzt, ein arabischer apokalyptischer Bericht, der von überlieferten Rechtsbeispielen des Propheten *(ḥadīt)* inspiriert war und einen gewissen Einfluß auf Dante ausübte[154].

Manche Abhandlungen des Thomas von Aquin, besonders seine Schriften *Contra errores Graecorum* und *De rationibus fidei contra Saracenos, Graecos et Armenos,* scheinen geschrieben worden zu sein, um den von Humbert von Romans formulierten Forderungen gerecht zu werden[155]. Es war in der Tat wichtig, daß der Klerus der lateinischen Kirche im Orient die Möglichkeit hatte, die notwendigen Argumente für die Auseinandersetzungen

---

[147] B. Altaner, Sprachkenntnisse und Dolmetscherwesen im missionarischen und diplomatischen Verkehr zwischen Abendland und Orient im 13. und 14. Jahrhundert, in: Zeitschr. für Kirchengeschichte 55 (1936) 83–126.

[148] Hrsg. von J. H. Bridges, III, Oxford 1900, 120–122; vgl. E. R. Daniel, Roger Bacon and the „De seminibus scripturarum", in: Medieval Studies 34 (1972) 462–467.

[149] E. Massa, Ruggero Bacone. Etica e poetica nelle storia dell „Opus Majus", Rom 1955.

[150] F. A. Gasquet, An Unpublished Fragment of Roger Bacon, in: EHR 12 (1897) 502; italienische Übersetzung von E. Bettoni, Ruggero Bacone. Lettera a Clemente IV, Mailand 1964, 96.

[151] Vgl. Kedar, Crusade (s. Anm. 134) 178 f.

[152] Ediert von H. Prutz, Kulturgeschichte der Kreuzzüge, Berlin 1883, 575–598; vgl. Th. Kaeppeli, Scriptores ordinis Praedicatorum medii aevi II, Rom 1975, 170 f.

[153] M. Voerzio, Fra Guglielmo da Tripoli, orientalista domenicano nel sec. XIII, in: Memorie Domenicane 71 (1954) 73–113.141–170.209–250; 72 (1955) 127–148.

[154] Eine gute Darstellung dieses Werkes findet sich in seiner französischen Übersetzung, Le Livre de l'échelle de Mahomet, Paris 1991. Zum Einfluß, den es auf die abendländische Kultur ausübte, vgl. E. Cerulli, Nuove ricerche sul „Libro della Scala" e la conoscenza dell'Islam in Occidente, Vatikanstadt 1972; E. J. Burns (Hrsg.), Emperor of Culture. Alphonse X the Learned of Castille and his XIIIth Century Renaissance, Philadelphia 1990.

[155] M. Grabmann, Die Schrift „De rationibus fidei", in: Scholastik 17 (1942) 187–216; J. Henninger, Sur la contribution des missionnaires à la connaissance de l'Islam, surtout pendant le moyen âge, in: Neue Zeitschr. für Missionswissenschaft 9 (1953) 161–184. Die Schrift *De rationibus fidei* war an einen Dichter aus Antiochia gerichtet, der anonym geblieben ist, und nicht an einen Dominikaner, wie Grabmann noch annahm; vgl. Richard, La papauté (s. Anm. 121) 12 Anm. 37.

zu vertiefen, die in den Ländern, in denen lateinische Christen, orientalische Christen und Muslime nebeneinander lebten, unvermeidlich entstehen mußten[156].

c) Konkrete Aspekte der Koexistenz von Christen und Nichtchristen

Man kann in dieser Hinsicht zwei Situationen unterscheiden: die der katholischen Minderheiten, die im Missionsgebiet lebten, und die der Nichtchristen, die kürzlich zum christlichen Glauben bekehrt worden waren.

Im ersten Fall bemühte sich der Papst, besonders von den muslimischen Herrschern Kultfreiheit für die Christen zu erreichen. Honorius III. schrieb in diesem Sinne 1219 an den fatimidischen Kalifen Al-Mustansir mit der Bitte, den gläubigen Christen die Rechte zuzugestehen, deren sich die Muslime unter christlicher Herrschaft erfreuten[157]. Diese Initiative zeigt, daß die Kreise der päpstlichen Kurie damals nur geringe Kenntnisse über die radikale Mentalität der Almohaden hatten; sie trug keinerlei Früchte[158]. Die Regierungsübernahme des Kalifen Al-Mamun, der den Christen Kultfreiheit zugestand und die almohadische Richtung verurteilte, rief etwas Hoffnung wach. Aber als Ar-Raschid 1232 Kalif wurde, kam es erneut zu unnachgiebiger Unduldsamkeit. Gregor IX. wartete die Ereignisse einige Monate lang ab. Offenbar vom Bischof von Fes, dem Franziskaner Agnellus, beraten, hielt er sich im Mai 1233 für stark genug, von Ar-Raschid wie von allen Emiren zu verlangen, die islamische Religion aufzugeben und den christlichen Glauben anzunehmen, und zwar unter der Androhung, im Falle der Weigerung die christlichen Söldner, die unter ihrem Befehl dienten, zurückzuziehen[159]. Sein Brief blieb unbeantwortet. Innozenz IV. verfolgte das gleiche Anliegen im Rahmen einer diplomatischen und missionarischen Aktion von großem Ausmaß und schickte einen seiner wichtigsten Ratgeber in den Maghreb, den spanischen Franziskaner Lope Fernández de Ayn. Mit Streitkräften ausgerüstet, sollte er versuchen, beim Kalifen As-Said das Zugeständnis der Religionsfreiheit und für die Christen die Zuweisung einer bestimmten Anzahl fester Plätze auszuhandeln, was im Konfliktfall oder bei Gefahr ihre Sammlung und Rückkehr in ihre Ursprungsländer erleichtern konnte[160]. Lope kehrte im März 1251 an die Kurie nach Lyon zurück, ohne ein Ergebnis vorweisen zu können. Innozenz IV. drohte erneut, was Al-Murtada wohl einige Schwierigkeiten bereitete[161]. Im ganzen wurde für die Christen in den muslimischen Ländern jedoch keine spürbare Verbesserung erreicht.

Die Konversionen der Muslime zum Christentum bildeten im 13. Jh. sicher keine zentrale Rolle, doch kam ihnen im Hl. Land eine gewisse Bedeutung zu, wo sich bekehrte Mus-

---

[156] Die *Summa contra Gentiles* des Thomas von Aquin ist dagegen zu gelehrt und hätte eher dazu gedient, den christlichen Averroismus zu bekämpfen, wie Richard, La papauté (s. Anm. 121) 117 meint.

[157] Vgl. K. E. Luprian, Die Beziehungen der Päpste zu islamischen und mongolischen Herrschern im 13. Jahrhundert anhand ihres Briefwechsels, Vatikanstadt 1981, Nr. 5; ausführlicher vgl. E. A. Synan, The Pope's Other Sheep, in: The Religious of the Papacy, hrsg. von Ch. Ryan, Toronto 1989, 389–412.

[158] N. Daniel, Islam and the West. The Making of an Image, Edinburgh 1960.

[159] Luprian, Die Beziehungen (s. Anm. 157) Nr. 12 und Nr. 13 (Briefe vom 26. und 27. Mai 1233).

[160] Ebd. Nr. 28–30; Potthast, Nr. 2339; vgl. E. Tisserant – G. Wiet, Une lettre de l'almohade Murtada au pape Innocent IV, in: Hesperis 6 (1926) 113–117; Neudruck in: Recueil cardinal Eugène Tisserant I, Löwen 1955, 113–137.

[161] Les Registres d'Innocent IV (s. Anm. 73) Nr. 5173 f.

lime in den Kreuzfahrerheeren befanden[162]. Die daraus resultierenden Probleme konnte die kirchliche Hierarchie nur mit Schwierigkeiten lösen. So antwortete Papst Cölestin III. in einem Brief an Bischof Theobald von Akkon auf drei Fragen, die konvertierte Muslime betrafen: Ein sarazenischer Sklave, der im Kampf einen Christen getötet hatte und sich danach bekehrt hatte, konnte dessen Witwe heiraten; ein Christ hatte das Recht, die Witwe eines Sarazenen zu heiraten, den er getötet hatte; diese Ehen blieben vom Hindernis des Verwandtschaftsverbotes unberührt[163]. Im Jahre 1201 bestimmte Innozenz III. in einer Dekretale, daß die Ehe zwischen blutsverwandten Sarazenen als legitim betrachtet werden könne[164], aber er verwarf die Polygamie, nur die erste Ehe könne als gültig betrachtet werden[165].

Auf der untersten Stufe der sozialen Leiter ließen sich einige Sklaven taufen, und fromme Christen, wie König Ludwig IX., kauften sie frei. Die Kreuzritter hatten ursprünglich gebilligt, daß zum Christentum bekehrte sarazenische Sklaven die Freiheit erhalten sollten[166]. Aber als ihre Zahl wuchs, stellte sich das Problem der Gleichheit bekehrter Sklaven und Freier erneut. In seiner *Summa de casibus poenitentiae* räumt der katalanische Dominikaner Raimund von Peñafort ein, daß die Taufe allein nicht die Freilassung rechtfertige, zumindest nicht dort, wo die Sklaverei legal war. Er empfahl deshalb, den Brauch dort beizubehalten, wo er existierte[167]. In einer Dekretale vom 28. Juli 1237 berücksichtigt Gregor IX. die Furcht weltlicher und geistlicher Herren, ihre Sklaven zu verlieren, wie auch den Verdacht, daß die Bekehrung zum Christentum dem Sklaven nur dienen könne, die Freiheit zu erlangen, und die Herren entsprechend mit einer generellen Behinderung von Konversionen zu reagieren drohen, und entschied sich für eine Kompromißlösung: Der bekehrte Sklave solle zur Kirche und zu den Sakramenten zugelassen werden, aber die Taufe ändere nichts an seiner sozialen und rechtlichen Stellung[168]. Diese päpstlichen Entscheidungen hatten allerdings keine nennenswerten Auswirkungen; 1238 mußte Gregor IX. erneut beim Patriarchen von Jerusalem intervenieren, um das Recht der konvertierten Sklaven auf Zugang zu den Sakramenten zu verteidigen, und 1253 drohte der Kardinallegat Odo de Châteauroux für diesen Rechtsverstoß sogar mit der Exkommunikation, wenn er auch nicht vergaß, daran zu erinnern, daß die Taufe nichts am Stand des bekehrten Sklaven ändere. Die Anordnung, sein Dekret jährlich zweimal in allen Kirchen der Kreuzfahrerstaaten durch Verlesen in Erinnerung zu rufen, läßt etwas vom Umfang lokaler Widerstände erahnen. In der Praxis, wie die Quellen zeigen, führte die Konversion des sarazenischen Sklaven zur christlichen Religion häufig zur persönlichen Freiheit[169].

---

[162] KEDAR, Crusade (s. Anm. 134) 76 und 82.

[163] Décrétales X, 3,33.1, hrsg. von FRIEDBERG, II, 587f.

[164] Décrétales X, 4,19,8, hrsg. von FRIEDBERG, II, 723f; vgl. B. KEDAR, Muslim Conversion in Canon Law, Vatikanstadt 1985, 321–332.

[165] A. ESMEIN, Le mariage en droit canonique, Paris 1929, 254f.

[166] Assises de la cour des Bourgeois, Kap. XVI, zit. n. KEDAR, Crusade (s. Anm. 134) 76.

[167] Summa de casibus poenitentiae 1,4,7, Rom 1603, 37. Zum Zeitpunkt der Abfassung (1222–35) siehe S. KUTTNER, Zur Entstehungsgeschichte der *Summa de casibus poenitentiae* des hl. Raymund von Peñafort, in: Zeitschr. für Rechtsgeschichte KA 39 (1953) 419–434.

[168] POTTHAST, Nr. 10421: vgl. KEDAR, Crusade (s. Anm. 134) 212 Anm. 2a.

[169] KEDAR, Crusade (s. Anm. 134) 152.

d) Die Christenheit und die Mongolen: vom Schrecken zur Hoffnung auf Bekehrung

Seit 1240 wurde die abendländische Christenheit viel härter als bisher mit einem nichtchristlichen Volk konfrontiert: nämlich durch die Invasion der mongolischen Horden des Ögädai, des Nachfolgers Tschingiz Chāns [170]. Nachdem die Tataren, wie man sie im Abendland nannte [171], Kiev eingenommen hatten, drangen sie unter der Führung Batu Chāns 1241 in Polen, Ungarn und Böhmen ein und schlugen die christlichen Abwehrkräfte in der Schlacht von Liegnitz. Deutschland entging der Invasion nur durch den Tod Ögädais, der für einige Zeit die Angriffslust der Mongolen infolge interner Uneinigkeit bremste; ihren Druck auf Osteuropa aber hielten sie wirkungsvoll aufrecht. Der Einfall dieses fremden Volkes mit wilden Sitten und sein blitzartiges Vordrängen, begleitet von Zerstörungen und Zwangsverschleppung, riefen im Abendland lebhafte Reaktionen hervor [172]. Zeitgenössischen Nachrichten zufolge interpretierten zahlreiche Kleriker dieses Ereignis als himmlische Strafe und als Zeichen der anbrechenden Endzeit. In diesem eschatologischen Sinne verglich man die Tataren mit den verfluchten Völkern des Alten Testaments, besonders mit den Völkern von Gog und Magog, die als Vorläufer des Antichrist galten [173]. Angesichts dieser Woge bedrohender Mächte wurde die Christenheit zum Zusammenhalt aufgerufen, und Innozenz IV. ließ mehrere Kreuzzüge predigen, um Ungarn und Polen Hilfe zu bringen. Aber die wachsende Skepsis gegenüber den Kreuzzügen, die sich mehr und mehr auf die Kompensation einer finanziellen Leistung reduzierte, ebenso der hartnäckige Konflikt des Papstes mit Kaiser Friedrich II., aber auch die nachlassende Stoßkraft der Mongolen infolge eigener Thronfolgekämpfe machten die Aufrufe ziemlich wirkungslos, die der Papst und das Erste Konzil von Lyon 1245 im Hinblick auf die Bildung einer großen Allianz deutscher Fürsten gegen die Tataren erließen. Parallel dazu suchte das Papsttum mit den Mongolen Kontakt aufzunehmen, und Innozenz IV. schickte ihnen im Franziskaner Johannes von Piano di Carpine einen Botschafter, der 1245/47 bis zur jungen Hauptstadt des Großchāns Kujuk, nach Karakorum, gelangte [174]. Zur selben Zeit erreichten die Dominikaner Ascelinus (in Begleitung von Simon von St-Quentin) [175] und Andreas von Longju-

---

[170] Hierzu Richard, La papauté (s. Anm. 121); Mayer, Geschichte der Kreuzzüge (s. Anm. 57) 234–237. 241 f (beide mit ausführlicher Bibliographie).

[171] „Tataren“ bezeichnete ursprünglich einen mongolischen Teilstamm. Die in Rußland einfallenden Mongolen bildeten in Wirklichkeit bereits eine überwiegend turkvölkische Gefolgschaft mongolischer Herrschaftsträger. Die im Westen ebenfalls vorkommende Namensform „Tartaren“ entstand anscheinend durch Assoziation mit der antiken Hölle des Tartarus. Vgl. G. Stökl in: Handbuch der europäischen Geschichte, hrsg. von Th. Schieder, II, Stuttgart 1987, 1026 Anm. 8. 1030 Anm. 1.

[172] Vgl. D. Sinor, Le Mongol vu par l'Occident, in: 1274. Année charnière. Mutations et continuité, Paris 1977, 55–72 („Colloques internationaux du CNRS“, Nr. 598).

[173] Vgl. D. Bigalli, I Tartari e l'Apocalisse. Ricerche sull'eschatologia in Adamo Marsh e Ruggero Bacone, Florenz 1971, 7–33.

[174] Begleitet wurde er von C. de Bridia und Benedictus Polonus. Sein Reisebericht, die „Ystoria Mongalorum“ (hrsg. von E. Menestò, Spoleto 1989), veränderte das damalige Weltbild, vor allem über den zentralasiatischen Raum, wesentlich. C. de Bridia verfaßte eine „Hystoria Tartarorum“, hrsg. von A. Önnerfors, Lietzmanns Kleine Texte 186, Berlin 1967. Vgl. A. D. v. d. Brincken, Die „Nationes Christianorum orientalium“ (s. Anm. 115) Index.

[175] Simon verfaßte eine „Histoire des Tartares“, hrsg. von J. Richard, Documents relatifs à l'Histoire des Croisades, publ. par l'Acad. des Inscriptions et Belles-Lettres 8, Paris 1965. Vgl. auch G. G. Guzman, Simon of St. Quentin and the Dominican Mission of the Mongol Baiju. A Reappraisal, in: Speculum 46 (1971) 232–249.

meau[176] Persien, das kurze Zeit zuvor unter die Herrschaft der Mongolen gekommen war. Sie alle überbrachten Briefe, in denen der Papst die friedlichen Absichten des Abendlandes beteuerte und die Anführer der Tataren aufforderte, sich zum christlichen Glauben zu bekehren. Das Ergebnis dieser wie auch der Schritte Ludwigs IX., der Andreas von Longjumeau (1249–52) und Wilhelm von Rubruck nach Karakorum geschickt hatte, war enttäuscht, da der Großchān als Antwort lediglich die christlichen Herrscher aufforderte, sich seiner Herrschaft zu unterwerfen. Tatsächlich überfielen Batus Horden erneut Polen und Ungarn, während Hülagüs Scharen Mesopotamien und Syrien angriffen.

Die Reaktion auf das, was man über die Tataren hörte, war unterschiedlich. Im Westen dauerte das Entsetzen vor der mongolischen Grausamkeit bis zum Ende des Jahrhunderts an. Wo man sich jedoch mit der von den Mongolen geschaffenen neuen Situation abfinden mußte, kam es zu einer Koexistenz wie in Rußland, wo man einer langfristigen Oberherrschaft der Tataren nicht zu entgehen vermochte. Im Vorderen Orient war die Hoffnung, die Mongolen gegen die Mameluken ausspielen zu können, nur sehr kurz. Christliche Bevölkerungsreste, von denen die Gesandten berichteten, weckten falsche Vorstellungen und Hoffnungen. Vage Nachrichten antiker und biblischer Herkunft wurden als Erklärungshilfen aufgegriffen; die Legenden um die Heiligen Drei Könige und um den geheimnisvollen Priesterkönig Johannes, vor allem seine Lokalisierung, erfuhren neue Variationen[177]. Robert von Grosseteste, der Bischof von Lincoln, und sein Berater Adam von Marsh wie auch Roger Bacon sahen die Mongolengefahr in einer größeren Dimension stehen; sie sei geeignet, zur Erneuerung der Kirche durch Reformen anzuspornen und eine Missionstätigkeit in großem Stil in die Wege zu leiten, damit das Reich Gottes nicht mehr so lange auf sich warten lasse[178].

Von bleibendem Erfolg erweist sich heute die genauere Kenntnis der Europäer von der unvorstellbaren Größe Asiens und der Vielzahl seiner Völker, wovon sie vorher durch die Literatur nur mehr höchst unzulänglich unterrichtet waren; der Orienthandel mit China und Indien war ja nie völlig abgerissen. Es ist keineswegs zufällig, daß venezianische Kaufleute, die Polos, ebenfalls 1261 von Konstantinopel aufbrachen und bis Chanbalyq, der Hauptstadt des Großchāns Khubilai, dem heutigen Peking, gelangten. Obwohl der Reisebericht Marco Polos, „Il Milione"[179], weit mehr auf ethnographische und handelspolitische Interessen als auf religionswissenschaftliche und damit auf entsprechend eingeschränkte missionarische Wunschvorstellungen schließen läßt, überbrachten die Polos 1275 auf ihrer zweiten Reise dem Großchān einen Brief Papst Gregors X.

Allen Reisenden dieser Jahre fiel auf, wie unbehelligt die Christen im Innern Asiens unter der mongolischen Herrschaft ihrer Religion nachgehen konnten. Man traf auch auf Christen in gehobener Stellung am Hofe. Den Mongolen wurde deshalb im Westen eine Sympathie für das Christentum unterstellt, verbunden mit der Erwartung, daß eine Missionsarbeit unter ihnen sehr schnell reiche Früchte einbringe. In Wirklichkeit dürfte die

---

[176] B. Altaner, Die Dominikanermissionen des 13. Jahrhunderts, Habelschwerdt 1924, 52ff; P. Pelliot, Les Mongols et la Papauté, in: Revue de l'Orient chrétien 24 (1924/25) 225–262; 28 (1931/32) 3–84.141–222.

[177] Jean de Plancarpin, Histoire des Mongols, hrsg. von L. Hambis – J. Becquet, Paris 1965; vor allem v. d. Brincken, Die „Nationes Christianorum orientalium" (s. Anm. 115).

[178] Bigalli, I Tartari (s. Anm. 173) 34–103.

[179] Ausgabe L. F. Benedetto, Florenz 1928; englische Übersetzung durch A. C. Moule – P. Pelliot, The Description of the World, 2 Bde., London 1938; franz. Übersetzung durch L. Hambis, Paris 1955; deutsche Ausgabe von H. Lemke (Bibliothek wertvoller Memoiren 1), Hamburg 1908.

Die venezianischen Kaufleute Nicolo und Marco Polo übergeben 1271 in Peking dem Kaiser Kublai Chān Briefe des Papstes. Miniatur (14. Jh.).

Haltung der Mongolen Indifferenz gewesen sein; sie waren Schamanen unter buddhistischem Einfluß. Auf einer anderen Ebene bewegte sich die Frage, ob die Christen, die man antraf, alle im Sinne des Westens rechtgläubig waren. Von der Existenz nestorianischer Christen (syrischer Liturgie) und monophysitischer Jakobiten wußte man natürlich und rechnete mit einer Kirchenunion, seit der Dominikanerprovinzial Philipp 1237 von einer Bereitschaft sogar des Katholikos der Nestorianer berichtet hatte. Wie dürftig die Kenntnis jedoch war, lassen Alberich von Troisfontaines und Vincenz von Beauvais erkennen. Andreas von Longjumeau lernte einen nestorianischen Mönch, Simeon Rabbān-Ata, kennen, der als Vikar des Orients um 1247 die römische Kurie angeschrieben hatte, der Papst möge um Jerusalems willen mit Kaiser Friedrich II. milde verfahren. Er soll zeitweise Berater am Hof Tschingiz Chāns und der Beichtvater der Gattin des Chāns gewesen sein. Andere Dominikaner, die ihn später im Auftrage des Papstes im damals großarmenischen Täbris aufsuchten, äußerten sich wesentlich ungünstiger; er sei ein Händler und Wucherer, sogar ein Zauberer und ein Häretiker, der sich gleichermaßen gegen Katholiken und Orthodoxe stelle, wenn er es auch selbst bestreite[180]. Die Folge war eine zunehmende Unsicherheit und ein wachsendes Mißtrauen. Auch wenn sich die Sprachenbarriere überwinden ließ, um in eine theologische Diskussion zu kommen, undurchschaubar blieb, wie weit die Glaubensauffassung der innerasiatischen Nestorianer mit der ihrer Glaubensbrüder im Vorderen Orient noch übereinstimmte und nicht infolge seiner langen Isolierung synkretistische Züge angenommen hatte.

Die Invasion der Tataren unter dem Chān Hülagü kurz vor 1260 in den mesopotamisch-syrischen Raum stellte die Beziehung der lateinischen Christen zu den Mongolen auf eine

[180] Vgl. A. von den Brincken, Le Nestorianisme vu par l'Occident, in: 1274. Année charnière. Mutations et continuité, Paris 1977, 73–84; dies., Die „Nationes Christianorum orientalium“ (s. Anm. 115) 297–299.

neue Basis, nicht nur weil die Christen des Hl. Landes von ihnen eine tatkräftige Hilfe gegen die Mameluken erhofften, sondern die Mongolen ihrerseits auch noch mit den Christen rechneten, nachdem sie sich in den persischen Raum hatten zurückziehen müssen[181]. Obwohl das Papsttum die Absicht eines erneuten Kreuzzuges nicht aufgegeben hatte, schien ihm die Bekehrung der Mongolen zum Christentum vordringlicher; die Mendikanten wurden besonders in dieser Hinsicht unterstützt. Der mit einer byzantinischen Prinzessin verheiratete Chān Abaka schickte 1274 eine Delegation zum Zweiten Konzil von Lyon, wo einer der mongolischen Gesandten und zwei Mitglieder seines Gefolges die Taufe empfingen[182]. Diese Geste weckte große Hoffnungen im Abendland, blieb aber ohne Konsequenzen. Obwohl es erneut zu entsprechenden Aktivitäten unter der Herrschaft des Chāns Argūn (1284–91) kam, der den Christen ebenfalls sehr wohlgesonnen war, schlossen sich die Mongolen Persiens 1295 dem Islam an, dem die Mehrheit ihrer einheimischen Untertanen schon angehörte. Doch diese Enttäuschung setzte dem missionarischen Eifer kein Ende, der sich während der ersten Hälfte des 14. Jh. auf die von der Goldenen Horde kontrollierten Gebiete vom Schwarzen Meer bis nach China konzentrierte[183].

Bibliographie

Quellen

I. Christen und Juden im Abendland des 13. Jahrhunderts

D. Berg – H. Steur (Hrsg.), Judaismus im Mittelalter, Göttingen 1976 (Anthologie lateinischer Texte).

G. Dahan, La polémique chrétienne contre le Judaïsme, Paris 1991.

–, The Jews of Angevin England, New York 1977.

S. Simonssohn, The Apostolic See and the Jews. Documents 492–1464, 2 Bde., Toronto 1988–89.

G. Stemberger, Der Talmud. Einführung, Texte, Erläuterungen, München 1872.

II. Christen, Muslime und Mongolen

F. Gabrielli, Chroniques arabes des croisades, Paris 1977.

G. Golubovich, Biblioteca bio-bibliografica della Terra Santa e dell'Oriente francescano, 5 Bde., Quaracchi 1906–27.

R. B. Huyghens (Hrsg.), Lettres de Jacques de Vitry (1160/70–1240), évêque de Saint-Jean d'Acre, Leiden 1960.

A. Lüders, Die Kreuzzüge im Urteil syrischer und armenischer Quellen, Berlin 1964.

K. E. Luprian, Die Beziehungen der Päpste zu islamischen und mongolischen Herrschern im 13. Jahrhundert anhand ihres Briefwechsels, Vatikanstadt 1981.

Recueil des historiens des croisades: Historiens occidentaux, 5 Bde.; Historiens grecs, 2 Bde.; Historiens orientaux, 5 Bde.; Documents arméniens, 2 Bde., Paris (Académie des Inscriptions et Belles-Lettres) 1841–1906.

A. van den Wyngaert (Hrsg.), Sinica Franciscana, I: Itinera et relationes fratrum minorum saec. XIII et XIV, Quaracchi 1929.

Literatur

I. Christen und Juden

B. Blumenkranz, Juifs et chrétiens dans le monde occidental, 430–1096, Paris 1960.

–, Histoire des Juifs en France, Toulouse 1982.

---

[181] J. Richard, Chrétiens et Mongols au concile. Les Mongols de Perse dans la seconde moitié du XIIIe siècle, in: 1274 (s. Anm. 180) 31–44; B. Spuler, Le Christianisme chez les Mongols aux XIIIe et XIVe siècles, in: ebd. 45–54.

[182] B. Roberg, Das zweite Konzil von Lyon (s. Anm. 72) Kap. IX.

[183] J. Richard, Les Mongols et l'Occident. Deux siècles de contacts, in: 1274 (s. Anm. 180) 85–96.

P. Browe, Die Judenmission im Mittelalter, Rom 1942.
G. Dahan, Les intellectuels chrétiens et les Juifs. Polémiques et relations culturelles entre Juifs et Chrétiens en Occident du XIIIe au XIVe siècle, Paris 1990.
G. Kisch, Forschungen zur Rechts- und Sozialgeschichte der Juden in Deutschland während des Mittelalters, 3 Bde., Sigmaringen 1980.
M. Kriegel, Les Juifs à la fin du Moyen Age dans l'Europe méditerranéenne, Paris 1979.
J. Maier, Das Judentum, Stuttgart [3]1988.
P. Wilpert – W. Eckert (Hrsg.), Judentum im Mittelalter, Berlin 1966 („Miscellanea medievalia" 4).

II. Christen, Muslime und Mongolen

P. Alphandéry – A. Dupront, La chrétienté et l'idée de croisade, 2 Bde., Paris 1954–59.
B. Altaner, Die Dominikanermissionen des 13. Jahrhunderts, Forschungen zur Geschichte der kirchlichen Unionen und der Mohammedaner- und Heidenmissionen des Mittelalters (Breslauer Studium zur histor. Theologie 3), Habelschwerdt 1924.
F. Cardini, Le crociate tra il mito e la storia, Rom 1971.
N. Daniel, Islam and the West, Edinburgh 1966.
E. Delaruelle, L'idée de croisade au Moyen Age, Turin 1980.
Islam et Chrétiens du Midi (XIIe–XIVe siècles), Toulouse 1983 (Cahiers de Fanjeaux 18).
B. Kedar, Crusade and Mission: European Approach toward the Muslims, Princeton 1984.
L. Lemmens, Geschichte der Franziskanermissionen, Münster 1929.
H. E. Mayer, Geschichte der Kreuzzüge, Stuttgart [6]1985.
A. Mulders, Missionsgeschichte, Regensburg 1960.
J. Richard, La papauté et les missions d'Orient au Moyen Age (XIIIe–XVe siècles), Rom – Paris 1977.
J. Riley-Smith (Hrsg.), Großer Bildatlas der Kreuzzüge, Freiburg i. Br. 1992.
K. M. Setton, A History of the Crusades, 5 Bde., Madison 1955–85.
Ch. Thouzellier, Catharisme et Valdéisme en Languedoc à la fin du XIIe et au début de XIIIe siècle, Löwen – Paris 1969.

FÜNFTER TEIL

„CURA ANIMARUM“
EINE GESTEIGERTE AUFMERKSAMKEIT FÜR DIE LAIEN

Erstes Kapitel

Die pastorale Erneuerung in der lateinischen Kirche

Von André Vauchez

Die Christianisierung des Abendlandes konnte am Ende des 12. Jh., mit Ausnahme einiger Randgebiete wie Finnland und den baltischen Ländern, als vollendet gelten, vorausgesetzt, man verstand darunter die Tatsache, daß alle Bewohner dieses Erdteils getauft waren, die jüdische Minderheit ausgenommen [1]. Aber gerade zu diesem Zeitpunkt, da die Christenheit ihre volle geographische Ausbreitung im Abendland gefunden hatte, konnten sich die Kleriker nicht mehr der Erkenntnis verschließen, daß die Bekehrung oft recht oberflächlich geblieben war. Die Kirche war bisher davon ausgegangen, es genüge, die führenden Schichten der Gesellschaft zu gewinnen, die Massen würden sich dann schon anschließen. Aufs ganze gesehen hatte die Kirche seit dem Ende des römischen Kaiserreiches mit dieser Strategie, in ihrem pastoralen Wirken auf die Eliten zu setzen, durchaus Erfolg. Die Lage änderte sich aber im Laufe des 12. Jh. Der Investiturstreit brachte die Laienaristokratie zahlreicher Länder mit der kirchlichen Hierarchie in Konflikt. Man ließ sich zuweilen von häretischen Bewegungen mitreißen, so in den siebziger Jahren des 12. Jh. im französischen Languedoc und in Italien; auch dort, wo die Aristokratie rechtgläubig geblieben war, widersetzte sie sich oft dem Klerus, ob es sich um den Zins oder um Fragen der Moral handelte. Der Klerus konnte auch nicht mehr mit der bedingungslosen Ergebenheit der Massen rechnen. Diese begannen in allen Bereichen aus ihrer Passivität herauszutreten; sie strebten nun danach, ihr Schicksal selbst in die Hand zu nehmen. Das galt besonders für die Städte. Der mächtig einsetzende Aufschwung städtischer Gemeinden, der sich nicht selten gegen den Widerstand der kirchlichen Autoritäten durchsetzen mußte und auch durchsetzte, gibt dafür ein klares Zeugnis [2]. Vor allem aber öffnete von 1160/80 an der Erfolg der Häresien in allen Volksschichten den Wachsamsten unter den Klerikern endgültig die Augen; sie erkannten immer schärfer, wie mangelhaft die Christianisierung war. Offensichtlich war der Glaube nicht sehr tief eingewurzelt, wenn die Bevölkerung ganzer Regionen im Verlauf einiger Jahrzehnte zu kirchenfremden Lehren überging. So bildete sich gerade zu dem Zeitpunkt, da die Kreuzzüge die ausgreifende Dynamik der lateinischen Christenheit nach außen hin eindrucksvoll bezeugten, im Inneren der Christenheit selbst eine andere, neue Front mit dem Ziel, das Abendland wieder zu verchristlichen. In den von der Häresie angesteckten Zonen zeitigte dies eine Unterdrückungspolitik. Auch anderswo

---

Bibliographische Kurzangaben verweisen auf das Literaturverzeichnis am Ende des Kapitels (siehe S. 832).

[1] Vgl. P. Riché, La pastorale populaire en Occident (VIe–XIe s.), in: J. Delumeau (Hrsg.), Histoire vécue du peuple chrétien, I, Toulouse 1979, 195–224.

[2] Vgl. E. Delaruelle, La piété populaire au Moyen Age, Turin 1975, bes. 104–112; A. Vauchez, La spiritualité de l'Occident médiéval (VIIIe–XIIe siècle), Paris 1975, bes. 105–145.

sah man sich gezwungen, das Steuer wieder fester in die Hand zu nehmen, um ein weiteres Umsichgreifen des Protests zu verhindern. Daher der kraftvolle und umfassende Entschluß zur Tat, der mit dem III. Laterankonzil (1179) einsetzte und auf dem IV. Laterankonzil (1215) seine volle Wirkung zeigte. Die Glaubensüberzeugungen und die religiöse Praxis der Christen sollten vertieft und mit den Forderungen der Kirche in Einklang gebracht werden. Diese pastorale Offensive verlieh den Klerikern aber auch ein feineres Gespür für die Probleme und Erwartungen der Gläubigen selbst, insbesondere auf moralischem und wirtschaftlichem Gebiet.

I. Festigung der Leitungsstrukturen

Diese im Lauf des 12. Jh. einsetzende Entwicklung lag übrigens ganz in der Linie der Geschichte der abendländischen Kirche. Von der Gregorianischen Reform an kämpfte sie ja darum, sich von dem beherrschenden Einfluß der weltlichen Mächte zu befreien und das durch den Primat des kontemplativen Lebens lange Zeit verdeckte Apostolat erneut zu aktivieren. In diesen weitgespannten Rahmen gehört die Erneuerung der Strukturen einer in der Welt stehenden Kirche, die mit dem Pontifikat Urbans II. begann. Natürlich genügte es zur Lösung aller Probleme nicht, die Mönche einfach in ihre Klöster zurückzuschicken, zumal der Weltklerus noch ganz und gar nicht überall bereit war, ihre Stelle einzunehmen. Immerhin wurde schon von diesem Zeitpunkt an die Reform des Episkopates fest in die Hand genommen; war sie doch unerläßlich für einen Aufschwung des religiösen, kulturellen und sittlichen Lebens der Pfarrer und durch sie der einfachen Gläubigen. Ein so ehrgeiziges Programm war freilich nicht auf einen Schlag zu verwirklichen. Es ist bezeichnend, daß vom beginnenden 13. Jh. an die Päpste auf dem Weg über das neue Kanonisationsverfahren keine asketischen Einsiedler oder frommen Mönche mehr heiligsprachen, sondern Bischöfe, weltoffene Ordensleute und Laien, kurz Christen, die sich zu Lebzeiten dadurch ausgezeichnet hatten, die Seelen für Gott zu gewinnen oder zurückzugewinnen[3]. Diese neue Orientierung auf den Mitmenschen und auf die Welt, die man zu ihrem Heil zu bekehren suchte, bildete den Grundstock für das, was die Historiker einmütig die pastorale Wende des 13. Jh. nennen.

1. Das goldene Zeitalter des Reformepiskopats – Visitationen und Synodalbeschlüsse

Ganz gewiß waren nicht alle Prälaten dieser Epoche Heilige, keineswegs; aber es ist eine Tatsache, daß der Episkopat bei diesem religiösen Aufschwung eine wichtige Rolle gespielt hat. Vor allem in Frankreich und in England zeichneten sich die Bischöfe in ihrer Gesamtheit durch ein intellektuelles und geistliches Niveau aus, das höher lag als das ihrer Vorgänger; viele dieser Bischöfe legten bei der Ausübung ihrer pastoralen Aufgaben großen Eifer an den Tag; man denke an Foulque von Toulouse (1206–1231), Wilhelm von Auvergne, von 1228 bis 1249 Bischof von Paris (er vollendete den Bau der Kathedrale Notre-Dame), an Erzbischöfe wie Philipp von Bourges († 1261), über den unmittelbar nach seinem Tod ein Heiligsprechungsverfahren eingeleitet wurde[4], Edmond Rich von Canter-

---

[3] A. VAUCHEZ, La sainteté en Occident aux derniers siècles du Moyen Age, Rom – Paris 1988, bes. 289–372.
[4] Über das zu einem großen Teil vom *Liber Pastoralis* Gregors des Großen inspirierte Bischofsideal am Aus-

bury († 1240), dessen Heiligkeit Innozenz IV. im Jahre 1247 feierlich anerkannte, oder auch an Eudes Rigaud (um 1200–1276) in Rouen[5].

Eudes war eine der beherrschenden Gestalten im französischen Episkopat zur Zeit Ludwigs IX. Sein für die Jahre 1248–1268 erhaltenes *Registre des visites* (Visitationsregister) gestattet uns einen Einblick in seine Laufbahn und seine Tätigkeit. Der Text spiegelt die Geisteshaltung und die Handlungsweise jener Prälaten wider, die sich in Treue zum reformatorischen Geist des IV. Laterankonzils bemühten, die Konzilsbeschlüsse in die Tat umzusetzen. Eudes entstammte einer Familie des niederen Adels aus der Pariser Umgebung. Zwischen 1220 und 1230 trat er bei den Minoriten von Paris ein und studierte Theologie. 1246 wurde er in diesem Fach Magister-Ordinarius. Er schien als geschätzter Prediger für eine Lehrer- und Predigerlaufbahn bestimmt zu sein. Da wurde er zum Guardian, das heißt Hausoberen der Franziskaner von Rouen gewählt, und 1247 schließlich zum Erzbischof dieser Stadt, eine Wahl, die er auf gemeinsames Drängen Ludwigs IX. und Innozenz' IV. hin annehmen mußte. Zum erstenmal übernahm ein Ordensmann aus dem Hochschulmilieu die Leitung einer der bedeutendsten französischen Diözesen und einer normannischen Kirchenprovinz mit sieben Bistümern. Eudes begann, seine Kirchenprovinz kreuz und quer zu durcheilen und seine Suffraganbistümer zu visitieren. Als Metropolit sah er an Ort und Stelle bei den Prälaten und Domkapiteln nach dem Rechten; als Ortsbischof visitierte er gründlich das Bistum Rouen, wobei er sich sowohl um die Disziplin des Klerus als auch um das materielle und spirituelle Wohl der Pfarreien und Ordensgemeinschaften kümmerte. Überall erkundigte er sich nach der Art und Weise, wie Gottesdienst gefeiert wird, nach den Sitten der Pfarrer und ob die Domherren auch wirklich am Ort residierten. Und überall predigte er das Wort Gottes, so zum Beispiel im Lepraheim von Bellecombe, wo er die Dahinsiechenden, so gut es ging, tröstete. Entdeckte er einen konkubinatsverdächtigen Priester, so ließ er ihn ein Resignationsschreiben unterzeichnen; und wenn er selbst oder sein Archidiakon ein Jahr später in die Pfarrei zurückkam und sich die Lage nicht geändert hatte, zwang er den Pfarrer, sein Amt niederzulegen.

Die Intensivierung der vom IV. Laterankonzil empfohlenen Pastoralvisitationen war jedoch kein Allheilmittel[6]. Auch eifrige Prälaten wie Eudes Rigaud konnten bei ihren oft weitausgedehnten Diözesen ihre Pfarreien insgesamt nur alle drei bis vier Jahre visitieren.

---

gang des 12. und im 13. Jh. vgl. J. Gaudemet, Patristique et pastorale: la contribution de Grégoire le Grand au Miroir de l'évêque dans le Décret de Gratien, in: Etudes d'histoire du droit dédiées à G. Le Bras, I, Paris 1965, 129–139. Es fehlen Gesamtstudien über den französischen Espiskopat im 13. Jh.; vgl. jedoch J. Avril, Le gouvernement des évêques et la vie religieuse dans le diocèse d'Angers (1148–1240), I–II, Paris 1985; C. Bouchard, Spirituality and Administration. The Role of the Bishop in Twelfth Century Auxerre, Cambridge/Mass. 1979; Les évêques, les clercs et le roi (1250–1300), Toulouse 1972 („Cahiers de Fanjeaux" 7). Zum deutschen Episkopat jedoch vgl. H. Stehkämper, Der Reichsbischof und Territorialfürst, in: Der Bischof in seiner Zeit, FS. J. Kard. Höffner, hrsg. von P. Berglar – O. Engels, Köln 1986, 95–184.

[5] Über die Laufbahn und die Tätigkeit Edmund Richs vgl. C. H. Lawrence, St. Edmund of Abingdon. A Study in Hagiography and History, Oxford 1960; über Eudes Rigaud vgl. P. Andrieu-Guitrancourt, L'archevêque Eudes Rigaud et la vie de l'Eglise au XIIIe siècle d'après le Regestrum visitationum, Paris 1938.

[6] IV. Laterankonzil, can. 6 („Von den Provinzkonzilien"), can. 7 („Von der Bestrafung der Ausschweifungen"), can. 8 („Von den Umfragen"), hrsg. u. übers. von R. Foreville, Latran I, II, III et Latran IV, Paris 1965, 348–363. Eine gute Übersicht über die mittelalterlichen Pastoralvisitationen in N. Coulet, Les visites pastorales, Turnhout 1977 (S. 23: „Typologie des sources du Moyen Age occidental"). Wir besitzen in diesem Bereich für Frankreich ein ausgezeichnetes Arbeitsinstrument: D. Julia – M. Venard (Hrsg.), Repertoire des visites pastorales de l'ancienne France. Ière série: anciens diocèses jusqu'en 1791, I–IV, Paris 1977/85.

Hinzu kamen viele andere Verpflichtungen, die die Zeit der Bischöfe in Anspruch nahmen, von der Verwaltung ihrer herrschaftlichen Domäne bis zur Teilnahme an den zahlreichen Synoden auf regionaler oder nationaler Ebene. Vom ausgehenden 12. Jh. an wurde nämlich eine alte, im Hochmittelalter aber in vielen Gegenden außer Übung geratene Institution wiederbelebt, die Diözesansynode; sie sollte die Ausbildung der Kleriker verbessern und die Verbindung mit der Hierarchie enger knüpfen helfen [7]. In der Folge wurde die Diözesansynode zu einem wichtigen Reforminstrument in den Händen der Bischöfe. Mindestens einmal im Jahr wurde der gesamte Diözesanklerus, sowohl die Welt- als auch die dem Bischof unterstehenden Ordenspriester, zu einer offiziellen und obligatorischen Zusammenkunft in einem Saal des bischöflichen Palais einberufen. Die Versammlung dauerte drei Tage. Man begann mit der Identitätskontrolle der Teilnehmer und der Überprüfung ihrer Vollmachten, falls sie eine Ordensgemeinschaft vertraten. Nach einer Reihe religiöser Zeremonien in der Kathedrale schritt der Bischof zur Verlesung der Synodalbeschlüsse, von denen jeder Priester ein Exemplar besitzen mußte. Wenn nötig, wurden neue Artikel verkündigt. Es handelte sich um eine regelrechte diözesane Gesetzgebung; sie ermöglichte die Anpassung der durch die Päpste und die ökumenischen Konzilien erlassenen allgemeinen Regeln an die konkreten örtlichen, oft spezifischen Situationen [8]. In gewissen Fällen folgten jedoch die Diözesanbeschlüsse der Gesetzgebung der Kirche nicht nur, sondern gingen ihr voraus. Das geschah etwa mit den Beschlüssen des Bischofs von Paris, Eudes de Sully; sie schrieben bereits im Jahre 1203 die Erhebung der Hostie und des Kelches während der Messe vor und wurden dann durch das IV. Laterankonzil auf die ganze Christenheit ausgedehnt [9]. Hatte der Bischof die Texte der Synode promulgiert, mußten sie von den Pfarrern auf den Kanzeln verlesen und erklärt werden, damit die Gläubigen informiert waren und keine Unkenntnis vortäuschen konnten. Wenn der Priester bei der Pastoralvisitation das Buch mit den Vorschriften nicht in gutem Zustand vorweisen konnte, mußte er eine schwere Strafe zahlen. Das zeigt, welch hohe Bedeutung die Hierarchie diesem Mittel zumaß, mit dem sie ihre Weisungen bis in die entlegensten Pfarreien tragen konnte. Tatsächlich waren die Diözesansynoden und die Synodaldekrete für den Episkopat ein Mittel zur Unterweisung und Erziehung eines Klerus, der insgesamt doch recht unwissend blieb. Der Klerus aber sollte seinerseits das Volk der Gläubigen heranbilden [10]. Auf einer höheren Ebene gab es die Provinzialsynoden; sie vereinigten die Bischöfe und eine bestimmte An-

---

[7] Vgl. O. Pontal, Les statuts synodaux, Turnhout 1977 („TSMA" 11); A. Artonne – L. Guizard – O. Pontal, Répertoire des statuts synodaux de l'ancienne France, Paris 1964; J. Avril, Les precepta synodalia de Roger de Cambrai, in: Bulletin of Medieval Canon Law, Neue Folge 2 (1972) 8–15; F. M. Powicke – C. R. Cheney, Councils and Synods Relating to the English Church, Bd. 2: 1205–1313. English Synodalia of the Thirteenth Century, Oxford 1968.

[8] J. Avril, Naissance et évolution des législations synodales dans les diocèses du Nord et de l'Ouest de la France, in: ZSRG.K 72 (1986) 152–240.

[9] Vgl. O. Pontal (Hrsg.), Les statuts synodaux français du XIIIe siècle, I: Les statuts de Paris et le synodal de l'Ouest (XIIIe s.), Paris 1971, u. II: Les statuts de Paris de 1230 à 1260, Paris 1983; für die iberische Halbinsel vgl. A. García y García (Hrsg.), Synodium Hispanum, I–IV, Salamanca 1980/85.

[10] Vgl. z. B. das Vorwort von Guillaume Le Maire zu den Synodalbeschlüssen des Bischofs von Angers, Nikolaus Gellent (1260–1281), in welchem er Strafen bei Übertretung dieser Vorschrift vorsieht, in: J. Avril (Hrsg.), Les statuts synodaux français du XIIIe siècle, Paris 1988, 69–71. Über die Stelle der Synodalbeschlüsse in der Reformaktion des Episkopats vgl. P. Foreville, Les statuts synodaux et le renouveau pastoral du XIIIe siècle, in: Le Credo, la morale et l'inquisition („Cahiers de Fanjeaux" 6), Toulouse 1971.

zahl Kleriker mehrerer Diözesen einer selben Metropole und boten Gelegenheit zu nützlichem Gedankenaustausch und gegebenenfalls zu Ordnungsrufen[11].

2. *Die Entwicklung der Priesterrolle und das Aufblühen der Pfarreien*

Die Kirche bemühte sich um einen besseren Ruf der einfachen Priester, unterschieden sich diese doch besonders auf dem Land in ihrer Lebensweise und sogar in ihren religiösen Kenntnissen kaum von den Gläubigen. Eine diesbezügliche Änderung war für die Kirche unbedingt notwendig, zumal die Häretiker behaupteten, die priesterlichen Ämter könnten von all jenen Christen übernommen werden, die ohne Sünde lebten; sie stachelten die Gläubigen auf, aus den Händen von sittlich unwürdigen Priestern keine Sakramente mehr zu empfangen. Auch hier setzte das IV. Laterankonzil einen Markstein in der Geschichte des katholischen Priestertums. Es bestimmte das Amt des Priesters durch die Konsekration der heiligen Spezies in der Eucharistie; und nur, wer ritengemäß geweiht und vom Bischof der Diözese oder Ordinarius kanonisch eingesetzt war, konnte gültig Eucharistie feiern.

Außerdem verpflichtete can. 21 desselben Konzils alle Gläubigen beiderlei Geschlechts, die das Vernunftalter erreicht hatten (ungefähr mit sieben Jahren also), von nun an bei ihrem eigenen Priester *(sacerdos proprius)* zu beichten und wenigstens einmal im Jahr in ihrer Pfarrei zu kommunizieren. Dieser Beschluß stärkte die Rolle des Priesters. Die Gläubigen hatten fortan tatsächlich keine Wahl mehr; sie mußten zu ihrem Pfarrer gehen und zu keinem anderen, wollten sie von ihren Sünden losgesprochen werden, was für den Empfang der Kommunion und zur Erfüllung der Osterpflicht unabdingbar war[12]. So ist es nicht verwunderlich, daß gerade im 13. Jh. der Titel *curatus* oder *rector* zur Bezeichnung des in der Pfarrei angestellten Priesters üblich wurde, denn sein Image war ein anderes geworden: Der Priester war nun nicht mehr nur der Mann, der Versöhnungsriten vollzog und die Formeln sakraler Texte rezitierte; von jetzt an war es seine Pflicht, sich der Seelsorge *(cura animarum)* zu widmen und sowohl über die sakramentale Praxis seiner Pfarrkinder wie über ihr sittliches Leben zu wachen[13]. Er besaß zwar nicht die Vollmacht, jemanden zu exkommunizieren; aber immerhin war er der Mann, der der bischöflichen Autorität die dem Gottesdienst Fernbleibenden, die Häretiker und die öffentlichen Sünder (notorische Ehebrecher, unverbesserliche Wucherer usw.) meldete; auch verkündete er die gegen solche Leute vom Ordinarius gefällten Urteile.

In dem Maße, wie die Pfarrei stärker als in der Vergangenheit der verpflichtende Rahmen des religiösen Lebens wurde, wuchs auch die Macht des Priesters: Er sorgte für Ordnung, führte die Liste der Exkommunizierten, veröffentlichte die Heiratsaufgebote und nahm auch die Testamente entgegen, die jene Gläubigen spätestens beim Herannahen des Todes machen mußten, die über einiges Kapital verfügten[14]. Wenn auch nicht alle Priester

---

[11] Vgl. J. Avril (Hrsg.), Les conciles de la province de Tours, XIIIe–XVe s., Paris 1987; L. Boisset, Un concil provincial au XIIIe siècle: Vienne 1289, Eglise locale et société, Paris 1973.

[12] Vgl. J. Avril, A propos du „proprius sacerdos". Quelques réflexions sur les pouvoirs des prêtres de paroisse, in: Proceedings of the Fifth International Congress of Canon Law (Salamanca 1978), Vatikanstadt 1980, 471–486.

[13] M. Maccarrone, Cura animarum e parrochialis sacerdos nelle costituzioni del IV concilio lateranense (1215). Applicazioni en Italia nel secolo XIII, in: Pievi e parrocchie in Italia nel Basso Medio Evo (sec. XIII–XV) (Firenze 1981), Rom 1984, 81–195.

[14] Vgl. M. Aubrun, La paroisse en France des origines au XVe siècle, Paris 1986; J. Godfrey, The English

diesen neuen Verantwortungen voll entsprachen, was ja in der bissigen Kritik deutlich anklingt, die die Verfasser der *Fabliaux* den Priestern entgegenhielten, so erfreuten sie sich anscheinend doch einer wachsenden Hochachtung von seiten ihrer Pfarrkinder. Beweis dafür ist die Tatsache, daß der Pfarrer gerade auf dem Land oft zum Vertreter der Dorfgemeinschaft aufstieg und übergeordneten Behörden, sei es dem Bischof, sei es den Beamten der königlichen Macht, gegenüber die Gemeinde vertrat[15].

Die Pfarrei, vor allem die Landpfarrei, war bisher ein bloßes Anhängsel der örtlichen Grundherrschaft gewesen; jetzt war sie auf dem Weg, ein unverzichtbares Glied der pastoralen Arbeit des Episkopats und ein festgefügter religiöser Lebensraum der Gläubigen zu werden. Diese selbst beschränkten sich nicht auf ihre bisherige passive Rolle; sie machten sich in der Pfarrverwaltung geltend, vor allem durch ihren Sitz im Kirchenstiftungsrat, der etwa im Lauf des 13. Jh. überall eingerichtet wurde[16]. Diese Institution lag in den Händen einer Laienelite der Pfarrei; vielleicht waren sie die Nachfolger jener „Synodalzeugen" der karolingischen Epoche, die damals anläßlich einer Pastoralvisitation zusammengerufen wurden, um als Zeugen im Ehegericht und bei Hexerei- oder Häresieaffären im Dorf oder im Stadtbezirk aufzutreten. Die jetzt eingesetzten verantwortlichen Laien hatten sich um die Instandhaltung der Pfarrkirche und des Friedhofs zu kümmern; der Kirchenstiftungsrat hatte im allgemeinen die Verantwortung für das Kirchenschiff, während der Altarraum Sache des Klerus, genauer des Pfründeninhabers – Stifter der Kirche oder Patron – war. Doch war diese Aufgabenteilung eher theoretisch; in der Praxis kam es zu einem wahren Kondominat, was eine Mitwirkung des Priesters (oder der Priester) im Kirchenstiftungsrat zum Zweck der Instandhaltung und eventuell Verschönerung der Pfarrkirche und ihrer Nebengebäude zur Folge hatte. Natürlich bedeutete das keineswegs, daß die Beziehungen zwischen Priestern und Laien problemlos waren. Sie mußten aber zusammenarbeiten, da das Kirchenstiftungsvermögen in einem Geldkasten *(arca)* lag, zu dem der Kassenführer (ein Laie), der Pfarrer und der Bischof je einen Schlüssel besaßen. Überdies förderte das Bestehen dieses Kirchenstiftungsrates in bestimmten Gebieten wie etwa der Normandie den Zusammenhalt der Pfarrei, denn die Kirchenvorsteher mußten dreimal im Jahr vor der Pfarrversammlung oder den Vertretern der Dorfgemeinde über ihre Verwaltung Rechenschaft ablegen[17].

Außerdem unternahmen die kirchlichen Obrigkeiten ab der Mitte des 12. Jh. eine Anpassung der städtischen Pfarrorganisation an die Entwicklung der Stadt. Die städtische Ein-

---

Parish, 600–1300, London 1969; die italienische Situation war gekennzeichnet durch das Bestehen der *pieve*, der ehemaligen Pfarrkirche inmitten des *pagus* (des Dorfes), die in bestimmten Gegenden bis in das 13. Jh. hinein die Rolle der Taufkirche gespielt und sich der Entwicklung voll ausgebauter Pfarreien entgegengestellt hatte; vgl. hierzu A. VAUCHEZ, Pievi e parrocchie in Italia nel Basso Medio Evo, in: RSCI 40 (1986) 552–560. Zur Lage vor 1200 vgl. Le istituzioni ecclesiastiche dei secolo XI e XII: diocesi, pievi e parrochie (Mendola 1974), Mailand 1977.

15 Für Mittelitalien vgl. die Schlußfolgerungen von CH. DE LA RONCIÈRE, Dans la campagne florentine au XIVe siècle. Les communautés chrétiennes et leurs curés, in: DELUMEAU (Hrsg.), Histoire 281–314; VAUCHEZ, La sainteté (s. Anm. 3) 358–363.

16 Vgl. J. GAUDEMET, La paroisse au Moyen Age, in: RHEF 162 (1973) 5–32; G. LE BRAS, L'Eglise et le village, Paris 1976; M. CLÉMENT, Recherches sur les paroisses et les fabriques au commencement du XIIIe siècle, in: MEFRM 15 (1895) 387–418.

17 B. JACQUELINE, Les paroisses rurales en Normandie au Moyen Age, in: Parlers et traditions populaires de Normandie 13 (1980) 25–30; A. DESPRARIES, „Les assemblées du général" de la paroisse dans le Cotentin, in: BSAN 14 (1886) 69–100.

wohnerzahl erhöhte sich nämlich sehr schnell und ließ neue Stadtbezirke oder Vororte entstehen, die nicht immer ein Gotteshaus in der Nähe besaßen. Zudem hatte der Bau neuer gotischer Kathedralen von gewaltigen Ausmaßen in gewissen Fällen einen tiefgreifenden Wandel im gesellschaftlichen Geflecht der Städte zur Folge, was ebenfalls eine Neuorganisation der Pfarrstrukturen unumgänglich machte[18].

An Paris wird dies deutlich: 1183 schuf Bischof Maurice de Sully zwölf neue Pfarreien auf der Ile de la Cité, der zentralen Stadtinsel. Sie wurden dem Pfarrer von Notre-Dame unterstellt, der in diesem Stadtteil fortan das Amt eines Erzpriesters oder Dekans ausübte. Um mit der ansteigenden Einwohnerzahl der damals mächtig wachsenden Stadt Schritt halten zu können, gründete man in Saint Severin auf dem linken Seineufer ein zweites Dekanat. Außer einigen alten Kirchen aus der merowingischen Zeit wie Saint-Julien-le-Pauvre gehörten auch jene Kirchensprengel zu diesem Dekanat, die inmitten der kirchlichen Gutsherrschaften, besonders der klösterlichen Vororte auf dem linken Seineufer, entstanden waren und deren Grenzen sie sich anpaßten. Unter dem Druck der Bischöfe, aber auch der Geländeaufteilung aufgrund der von Philipp August im letzten Jahrzehnt des 12. Jh. rings um Paris angelegten Mauer mußten die Mönche von Saint-Germain-des-Prés und die Regularkanoniker von Sainte-Geneviève und Saint-Victor der Halbierung ihrer Pfarrdomänen zustimmen. Schließlich schritt der Bischof auch noch zur Teilung der bereits bestehenden Distrikte und zur Erhebung einiger Kapellen zu voll ausgebauten Nebenpfarreien. Das Ergebnis dieser Maßnahmen, zu denen in der ersten Hälfte des 13. Jh. noch andere hinzukamen, war, daß Paris um das Jahr 1274 37 Pfarreien zählte. Diese Zahl blieb mehr als dreihundert Jahre unverändert und entsprach ziemlich gut den Bedürfnissen der Stadtbevölkerung[19].

Dies bedeutet nun aber nicht, daß sich diese neue pfarrliche Organisation überall ohne Schwierigkeiten durchgesetzt hätte und völlig zufriedenstellend gewesen wäre. In dieser Hinsicht trifft man von einer Stadt zur anderen auf oft recht unterschiedliche Situationen. Während zum Beispiel Paris, Rouen und Orléans zahlreiche Pfarreien zählten, besaß Arras, eine nicht gerade wenig bevölkerte Stadt, nur eine einzige (aber doch neun in den Vororten), und um das Jahr 1200 gab es im Stadtbereich von Reims und Amiens lediglich vier Pfarreien[20]. Meist stellten sich die Ordensleute der Entwicklung der Pfarreien in den Weg. Das geschah zum Beispiel in Saint-Quentin. Der päpstliche Legat Robert de Courçon mußte hier im Jahre 1210 die Mönche zwingen, in der Stadt neun Pfarreien auf einmal zu gründen. Und auch die Größenordnung der Pfarreien war keineswegs einheitlich, auch dort nicht, wo ein dichtes Netz von Pfarreien bestand: In Paris hatte der Pfarrer von Saint-Julien-le-Pauvre im 13. Jh. nur einige Dutzend Pfarrkinder, während sich der von Saint-Germain-l'Auxerroi auf dem rechten Seineufer nach einem zeitgenössischen Bericht um mehr als 40000 Pfarrangehörige kümmern mußte. Selbst wenn diese Zahl zu hoch sein

---

[18] Vgl. z. B. E. Delaruelle – J. Povill, Les paroisses de Toulouse des origines à 1160, in: BPH II (1967) 659–672; P. Strait, Cologne in the Twelfth Century, Gainesville 1974.

[19] Vgl. dazu die Ausführungen von J. Longère, in: B. Plongeron (Hrsg.), Paris I, Paris 1987, 105–131 („Histoire des diocèses de France“ 20); A. Friedmann, Paris, ses rues, ses paroisses, des origines à la Révolution, Paris 1959.

[20] Untersuchte Beispiele: P. Desportes, Villes et paroisses en France du nord au Moyen Age, in: Histoire, économie et société (1985) 163–178, und in: La paroisse en Languedoc (XIIIe–XIVe s.) („Cahiers de Fanjeaux“ 25) Toulouse 1990.

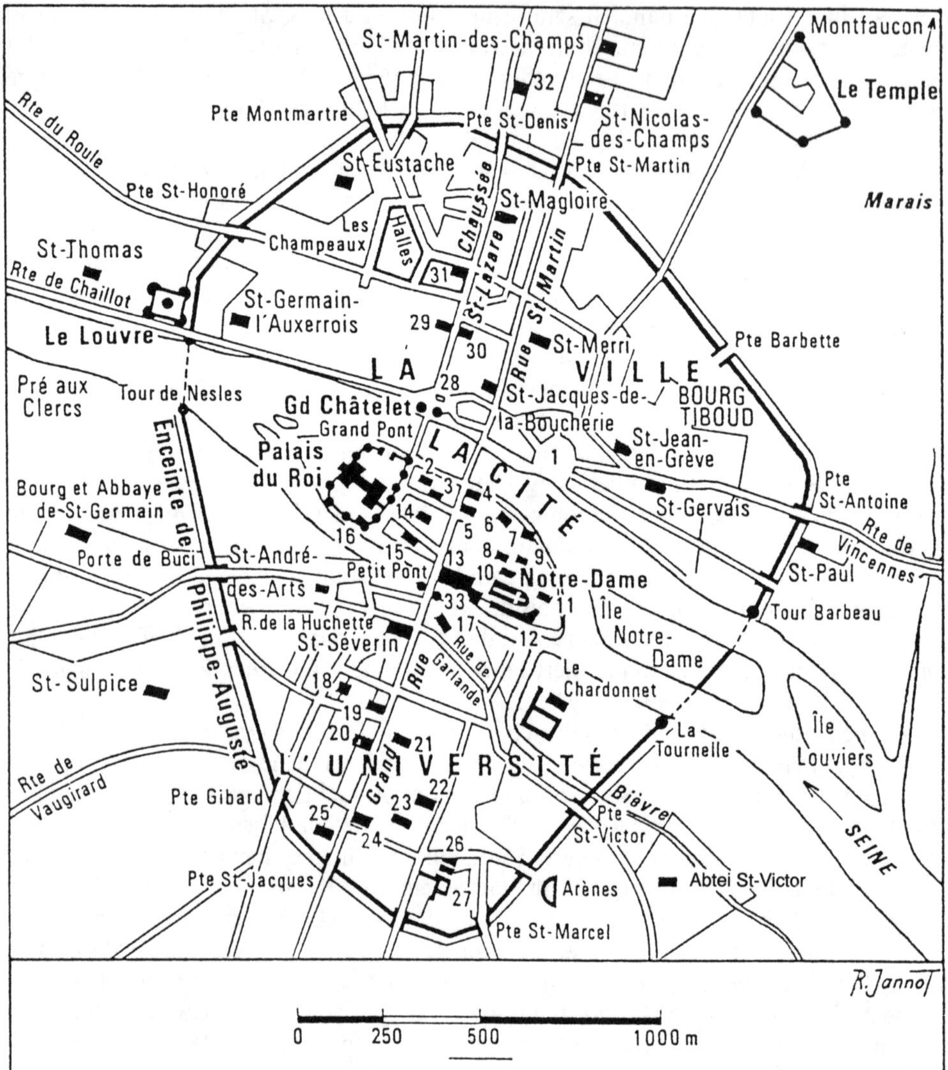

1 Place de Grève
2 St-Barthélemy
3 St-Pierre-des-Arcis
4 St-Denis-de-la-Chartre
5 St-Symphorien
6 St-Landry
7 St-Agnan
8 St-Pierre-aux-Bœufs
9 Ste-Marine
10 St-Jean-le-Rond
11 St-Denis-du-Pas
12 Bischofspalais
13 Krankenhaus
14 St-Éloi
15 St-Germain-le-Vieux
16 Kapelle St-Michel
17 St-Julien-le-Pauvre
18 Thermen
19 St-Mathurin
20 St-Benoît
21 St-Jean-de-Latran
22 St-Hilaire
23 St-Symphorien-des-Vignes
24 St-Étienne-des-Grès
25 St-Jacques
26 St-Étienne-du-Mont
27 Ste-Geneviève
28 St-Leufroy
29 Ste-Opportune
30 Ste-Catherine
31 Saints-Innocents
32 Hôpital de la Trinité
33 Petit Châtelet

Die kirchlichen Einrichtungen in Paris im 13. Jahrhundert.

sollte, bestand in jedem Fall eine Ungleichheit in der Größenordnung der kirchlichen Distrikte[21].

Fügt man noch die Klosterpfarreien und die Personalpfarreien hinzu, das heißt jene, die dem Umkreis einer Klostergemeinschaft oder des königlichen Palastes reserviert waren, sowie die Krankenhauskapellen, die den Bewohnern des betreffenden Stadtviertels nicht die Tür verschlossen, dann hat man vielleicht wenig rationell ausgebaute, ja manchmal nach logischen Gesichtspunkten unzusammenhängende pfarrliche Rahmenstrukturen vor sich, die aber dennoch alles in allem der Kirche eine stark vervielfältigte Präsenz inmitten der Gesellschaft sicherten[22].

II. Die Aufwertung der sakramentalen Praxis

Parallel zum Bemühen der Hierarchie, die kirchlichen Strukturen zu beleben und mit den neuen Gegebenheiten der bürgerlichen Gesellschaft in Einklang zu bringen, setzte sich auch eine neue Auffassung christlichen Lebens durch. Sie betraf die Festlegung dessen, was als typisches Verhalten eines guten Christen zu gelten hatte. Der Christ war von jetzt an nicht mehr einfach der Getaufte, der den Sonntagsgottesdienst zu besuchen und den Zehnten zu zahlen hatte. Man erwartete nach dem IV. Laterankonzil von ihm eindeutige Zeichen seiner Zugehörigkeit zur Kirche, nämlich wenigstens einmal im Jahr zu beichten und zu kommunizieren[23]. Natürlich war dies nichts Neues. Neu war indes, daß fortan die Nichtbeachtung dieser Vorschrift den Christen vom Betreten des Gotteshauses und vom kirchlichen Begräbnis ausschloß. Der Verdacht liegt nahe, daß es sich hier um eine Maßnahme handelt, die dem Klerus die Entdeckung von Häretikern und Nonkonformisten erleichtern sollte. Jedenfalls machten sich jene Leute, die nicht zur Beichte und zur Kommunion gingen, *ipso facto* dem Pfarrer kenntlich; wenn sie nach ordnungsgemäßer Ermahnung keine Reue zeugten, mußte er sie dem Bischof melden. Man kann sich nur schwer vorstellen, daß Papst und Konzilsväter nicht auch das Ziel der Enttarnung vor Augen hatten[24].

---

[21] Es handelt sich um den Pariser Prediger Ranulphe de la Houblonnière. In einer Predigt in der Pariser Kirche Saint-Germain-l'Auxerrois (Mitte des 13. Jh.) rief er aus: „Wie sollen denn während der Karwoche fünftausend Personen in dieser Kirche oder in einer anderen alle beichten können? Meiner Meinung nach ist das unmöglich, hier und auch anderswo. Es sind ja hier nur vier oder fünf Priester tätig.“ Vgl. N. Bériou, L'art de convaincre dans la prédication de Ranulphe d'Homblières, in: Faire croire. Modalités de la diffusion et de la réception des messages religieux du XIIe au XVe siècle, hrsg. von A. Vauchez, Rom 1981, 45.

[22] Vgl. die lesenswerte Bilanz über die Stadtpfarreien von J. Coste, L'institution paroissiale à la fin du Moyen Age. Approche bibliographique, in: MEFRM 96 (1984) 295–326; vgl. auch P. Desportes, Réflexions sur la paroisse urbaine en France du Nord au Bas Moyen Age, in: Histoire de la paroisse, Angers 1982, 45–58; A. Rigon, Clero e città: Fratalea capellanorum parroci, cura d'anime in Padova dal XII al XV secolo, Padua 1988.

[23] N. Bériou, Autour de Latran IV (1215). Naissance de la confession moderne, in: Groupe de la Bussière (Hrsg.), Pratiques de la confession, des Pères du désert à Vatican II. Quinze siècles d'histoire, Paris 1983, 74–93.

[24] P. M. Gy, Le précepte de la confession annuelle et la détection des hérétiques, in: RSPhTh 58 (1974) 444–450; L. K. Little, Les techniques de la confession et la confession comme technique, in: Faire croire (s. Anm. 21) 87–99.

Die Aufwertung der sakramentalen Praxis
seit dem 12. Jh. spiegelt sich deutlich in den Reliefs
des Andrea Pisano (1290–1348) am Campanile
des Doms von Florenz, die u. a. „Eucharistie“,
„Beichte“ und „Firmung“ darstellen.

Doch der can. 21 des IV. Laterankonzils bedeutete vor allem den Abschluß einer allmählichen Verinnerlichung, die seit dem 12. Jh. nachdrücklich auf die grundlegende Rolle des Bußsakraments im christlichen Leben hinarbeitete. Gewiß war dieses Sakrament nur eines unter den sieben, deren Liste in den vierziger Jahren des 12. Jh. von den Theologen definitiv aufgestellt worden war. Aber es galt als weitaus wichtiger als alle anderen Sakramente, sieht man einmal von der Eucharistie ab. Die Kirche setzte im 13. Jh. alles ein, um den Empfang dieses Sakraments bei den Laien zu verbreiten und zu regeln. Die Kleriker waren hellhörig geworden für die Kritik an der Kirche von seiten evangelischer Bewegungen und gewisser Häretiker, die die Notwendigkeit einer Übereinstimmung von Sagen und Tun, von Wort und Tat betonten. Der Glaube konnte sich nicht mehr mit einer bloß formalen oder impliziten Zugehörigkeit begnügen. Er mußte, wenigstens in großen Linien, die Kenntnis einer bestimmten Anzahl von grundlegenden Wahrheiten einschließen, wie sie im Credo definiert waren; zugleich mußte ein Minimum an Zusammenhang zwischen den im Bekenntnis angenommenen Glaubensartikeln und dem konkreten Verhalten des Menschen im privaten und öffentlichen Leben sichtbar werden.

1. Von der Buße zur Beichte

Den verantwortlichen Männern der Kirche wurde es in den letzten Jahrzehnten des 12. Jh. klar, daß es für diese Verchristlichung des religiösen und sittlichen Verhaltens der Gläubigen kein besseres Mittel gab als das sich in dieser Epoche machtvoll entwickelnde Bußsakrament. Die Notwendigkeit einer Bekehrung des Sünders war natürlich kein neuer Gedanke, auch wenn man sich dessen nunmehr ganz besonders bewußt wurde [25]. Aber bisher hatte man in der traditionellen Bußpraxis den Nachdruck eher auf die Wiedergutmachungsleistung gelegt; sie war unerläßlich, wollte der Sünder von Gott Vergebung erlangen und mit ihm wieder versöhnt werden; die Sünde, so dachte man, sei erst dann wirklich ausgelöscht, wenn der Sünder die vom Priester auferlegte Buße abgeleistet habe; und diese Buße bestand in den meisten Fällen in der geradezu automatischen Festsetzung einer ein für allemal in einem Bußkatalog verzeichneten Wiedergutmachungsleistung [26]. Im allgemeinen war diese monate- oder jahrelanges Fasten sehr hart und nur schwer mit den Ansprüchen eines Lebens inmitten der Welt zu vereinbaren. Daher hatte sich vom 10. Jh. an eine Art Umwandlungsverfahren entwickelt; man konnte jetzt diese asketischen Auflagen in Wallfahrten oder Almosen umwandeln [27].

Das im Lauf des 12. Jh. neu erwachende Selbstbewußtsein der Menschen und die Fortschritte in der Moraltheologie stellten diese Auffassungen und Praktiken in Frage [28]. Abaelard entfaltete in seinen Werken eine regelrechte Gesinnungsmoral; er behauptete, der Wert unserer Handlungen und das Urteil, das sie in den Augen Gottes und der Menschen fänden, richteten sich nicht nach den an sich guten oder schlechten Zielobjekten, auf die sich unser Tun bezog – ein Diebstahl, ein Mord, ein Unzuchtsvergehen –, sondern nach der

---

[25] J. Ch. Payen, La pénitence dans le contexte culturel des XIIe et XIIIe siècles, in: RSPhTh 61 (1977) 399–428.

[26] C. Vogel, Le pécheur et la pénitence au Moyen Age, Paris 1969.

[27] C. Vogel, Le pèlerinage pénitentiel, in: RSR 38 (1964) 113–119.

[28] Über diesen Vorgang vgl. die grundlegende Arbeit von M. D. Chenu, L'éveil de la conscience dans la civilisation médiévale, Montreal – Paris 1969.

inneren Zustimmung, die dieses unser Tun trug und antrieb[29]. Die Schuld war in dieser Sicht in das Innere verlegt, aber keineswegs abgeschwächt. Im Gegenteil! Jetzt lag der Akzent auf der persönlichen Verantwortung. Sie wog um so schwerer, als sie keine Entschuldigung mehr im Wesen der Tat finden und sich auch nicht mehr hinter der Solidarität der Gruppe verschanzen konnte[30]. Selbst wenn diese Gedanken nicht ohne Widerstand übernommen wurden und nur allmählich den Weg in den Geist der Menschen fanden, so setzte sich doch sowohl im profanen als auch im religiösen Schrifttum die Wichtigkeit der Reue durch, ohne welche auch die anspruchsvollsten Wiedergutmachungsleistungen nicht den geringsten Nutzen für den Sünder besaßen[31].

In diesem neuen geistlichen Klima verlagerte sich der Akzent innerhalb des Bußgeschehens. Schon in den ersten Jahren des 13. Jh. waren sich Theologen und Kanonisten darüber einig geworden, daß das Wesentliche des Sakramentes im mündlichen Sündenbekenntnis, in der Ohrenbeichte liege und von seiten des Beichtenden Reue und persönlichen Einsatz voraussetze, nicht bloß die Ableistung einer sühnenden Buße. Die Dankgebete an Gott und die Heiligen, die Bußwallfahrten und die Almosen für die Armen blieben weiterhin empfohlen, hatten jedoch nur noch unterstützende Funktion. Tatsächlich galt jetzt das Sündenbekenntnis selbst als derart unangenehm, daß die vom Beichtenden empfundene Scham bereits eine Strafe darstellte[32].

Diese neue Praxis gehört in den weiteren Rahmen einer Aufwertung des gesprochenen Wortes im positiven wie im negativen Sinn: Fortan war jeder selbst dafür verantwortlich, was er gegen Gott und den Nächsten sagte, und die Könige bestraften seit Ludwig IX. jede Lästerung mit großer Strenge[33]. Doch genügte andererseits auch nur ein Wort, um die Sünde zu tilgen. Dieser Nachdruck der Kirche auf die Beichte stärkte die Rolle des Priesters. Man beichtete seine Sünden nun nicht mehr unmittelbar Gott, auch nicht einem Laien und noch weniger seinem eigenen Schwert wie Roland in Roncevaux im Augenblick seines Todes (nach dem berühmten *Rolandslied*). Man beichtete jetzt dem Pfarrer. Versöhnung mit Gott war nunmehr an das Sündenbekenntnis bei einem Priester und den sakramentalen Ritus der Kirche gebunden[34].

Die Entwicklung des Bußsakraments nach 1200 führte zu unterschiedlichen Beurteilungen von seiten der Historiker. Einige erklärten, die Kirche habe damals versucht, mittels der Beichte ein Regulationssystem der individuellen Verhaltensweisen aufzustellen und durchzusetzen; dabei habe man besonders nachdrücklich die Sünden gegen die Nächstenliebe gebrandmarkt und die Notwendigkeit einer Wiedergutmachung und Wiederversöhnung herausgestellt[35]. Das war wahrscheinlich in dem Maße wirklich so, wie die Kleriker sich seit dem ausgehenden 10. Jh. als Garanten der Gesellschaftsordnung und als Förderer

---

29 Ebd. 18.

30 P. Anciaux, La théologie du sacrement de pénitence au XIIe siècle, Löwen – Gembloux 1969.

31 J. Ch. Payen, Le motif du repentir dans la littérature française, des origines à 1230, Genf 1967.

32 Vgl. P. M. Gy, La définition de la confession après le 4ème concile de Latran, in: J. C. Maire-Vigueur (Hrsg.), L'aveu. Antiquité et Moyen Age, Rom 1986, 283–296.

33 Vgl. C. Casagrande – S. Vecchio, Les péchés de la langue. Discipline et éthique de la parole dans la culture mediévale, Paris 1991.

34 N. Bériou, La confession dans les écrits théologiques et pastoraux du XIIIe siècle: médication de l'âme ou démarche judiciaire?, in: Maire-Vigneur, L'aveu (s. Anm. 32) 265.

35 J. Bossy in: Past and Present 75 (1977) 127f. Vgl. auch R. Rusconi, De la prédication à la confession: transmission et contrôle des modèles de comportement au XIIIe siècle, in: Faire croire (s. Anm. 21) 67–85.

des Friedens und der Eintracht in der Christenheit verstanden und einsetzten. M. Foucault wiederum wies ausdrücklich darauf hin, wie sehr die zu Beginn des 13. Jh. erlassene Vorschrift, alle Christen müßten sich wenigstens einmal im Jahr hinknien und sämtliche Sünden bekennen, ohne auch nur eine einzige bewußt auszulassen, damals als übertrieben erscheinen mußte[36]. Diese pointierte Feststellung setzt, um zutreffend sein zu können, aber voraus, daß das IV. Laterankonzil rücksichtslos eine neue kirchliche Vorschrift aufgezwungen hat. Das jedoch war keineswegs der Fall. Das Konzilsdekret über das Bußsakrament war nur Abschluß eines durch das III. Laterankonzil (1179) bereits eingeleiteten Entwicklungsprozesses. Übrigens bestand in nicht wenigen Diözesen seit langem schon die Verpflichtung, an den drei Hochfesten Weihnachten, Ostern und Pfingsten zu beichten und zu kommunizieren. Freilich hatte die Beichte Züge eines Gerichtsverfahrens angenommen. Man sprach regelrecht vom Bußgericht. Schließlich war der Priester gehalten, den Beichtenden einer Art Verhör zu unterziehen; er sollte ihn katalogartig nach den Hauptsünden abfragen und mußte sich die Umstände der Sünde möglichst genau beschreiben lassen[37]. Man darf aber dabei nicht vergessen, daß das Sündenbekenntnis die Seele durchaus befreien und erleichtern konnte, und daß zu jener Zeit der Richter *par excellence*, nämlich der König, als höchstes Privileg das Begnadigungsrecht besaß. In den Traktaten für die Beichtväter konnte man lesen, daß diese wie Ärzte den Seelen das (manchmal mit einem Gebärvorgang verglichene) Bekennen der Sünden erleichtern und dem „Kranken" das seinem Zustand entsprechende Heilmittel diagnostizieren sollten. Der Priester war angewiesen, sich weniger als unbeugsamer Ankläger denn als barmherziger Richter und aufmerksamer Ratgeber zu verhalten. So entwickelte sich in dieser Epoche auch eine regelrechte Seelenführung frommer Laien durch Beichtväter, man denke an das berühmte, oft stürmische geistliche Verhältnis zwischen der heiligen Elisabeth von Thüringen und Konrad von Marburg.

Kann man noch weiter gehen und mit T. N. Tentler erklären, die Beichte sei ein Instrument sozialer Kontrolle gewesen, das auf dem Vorrang des Priesters basierte und darauf aus war, den Laien besonders auf dem Gebiet der Sexualität Verhaltensmodelle aufzunötigen, wodurch das Abendland in einen mehrere Jahrhunderte andauernden Prozeß der Vergesellschaftung der Askese gedrängt worden sei (P. Chaunu)?[38] Dazu hätte es aber eines vollständig ausgebildeten, festgefügten und seiner Pflichten restlos bewußten Klerus bedurft, was im 13. Jh. sicher nicht der Fall war. Immerhin trifft es zu, daß die neue Beicht-

---

[36] M. Foucault, La volonté de savoir (Histoire de la sexualité 1), Paris 1976, 80. Vgl. im selben Sinn A. Cazenave, Aveu et contrition. Manuels de confesseur et interrogatoires d'Inquisition en Languedoc et Catalogne (XIIIe–XIVe siècles), in: La piété populaire au Moyen Age. Actes du 99e congrès des Sociétés Savantes (Besançon 1974), Paris 1977, 333–352.

[37] N. Bériou, La confession, in: Maire-Vigueur, L'aveu 274–278; R. Rusconi, *Ordinate confiteri*. La confessione dei peccati nelle *summae de casibus* e nei manuali per i confessori (meta XII–inizio XIV secolo), in: ebd. 297–313. Vgl. auch P. Michaud-Quantin, Sommes et manuels de casuistique au Moyen Age (XIIe–XVIe s.), Löwen 1962; J. Longère, Quelques *Summae de penitentia* à la fin du XIIe et au début du XIIIe siècle, in: La piété populaire 45–58.

[38] T. N. Tentler, The Summa for Confessors as an Instrument of Social Control, in: C. Trinkhaus E. Oberman (Hrsg.), The Pursuit of Holiness in Late Medieval and Renaissance Religion, Leiden 1974, 103–126, 131–137. Diese These wurde kritisiert von L. E. Boyle, The „Summa" for Confessoors as a Genre and its Religious Intent, ebd. 127–130; vgl. J. Bossy, The Social History of Confession in the Age of Reformation, in: THS, 5. Folge, 25 (1975) 21–38.

praxis von dieser Zeit an die Gläubigen bewog, Gewissensreinheit eher mit treuer Befolgung der Gebote und kirchlichen Vorschriften zu identifizieren als mit einer Vertiefung ihrer Beziehung zu Gott und dem Nächsten, auch wenn man die kurzfristige Wirksamkeit dieser Praxis nicht überschätzen darf[39].

2. Das Aufblühen der eucharistischen Frömmigkeit

Das IV. Laterankonzil von 1215 war das erste mittelalterliche Konzil mit einem ausführlichen Glaubensbekenntnis (can. 1: *De fide catholica*). In den Glaubensartikeln über Christus wird deutlich ausgesagt, daß sein Fleisch und Blut im Altarssakrament unter den Gestalten von Brot und Wein enthalten, Brot und Wein mithin durch göttliche Kraft in sein Fleisch und Blut wesenhaft verwandelt (transsubstantiiert) sind[40]. Dieser unmißverständliche Nachdruck auf der Realpräsenz, der wirklichen Gegenwart von Fleisch und Blut Christi unter diesen beiden Gestalten war offensichtlich ein klares Nein an die Adresse der Häretiker, vor allem der Katharer, die sogar die Möglichkeit dieser Wirklichkeit verneinten. Doch gehörte dieser Nachdruck auch in den Rahmen einer allgemeinen pastoralen Erneuerung, im Zuge derer die immer stärker zunehmende eucharistische Frömmigkeit jene anderen Frömmigkeitsformen abzulösen begann, welche auf die Reliquien der Heiligen gerichtet waren und stets ambivalent und von einem Abgleiten in den Aberglauben bedroht blieben. Von 1203 an verordnete die Synode von Paris, die Hostie nach der Konsekration zu erheben, damit alle sie sehen und anbeten könnten. Sehr bald schon verbreitete sich auch die Gewohnheit, sich hinzuknien, wenn das Altarsakrament auf dem Weg zu einem Kranken oder bei einer Prozession vorübergetragen wurde. Schließlich schrieb Papst Gregor X. (1271–1276) den Gläubigen vor, während der Messe von der Erhebung der Hostie bis zur Kommunion knienzubleiben[41]. Die heiligen Spezies wurden, wie auch die Reliquien, in eine Pyxis eingeschlossen; die Synodalverordnungen enthalten zahlreiche Empfehlungen, man solle die Spezies an einem sicheren Ort in geweihten Gefäßen und hinter Gittern aufbewahren. Die ersten Tabernakel kamen dann im folgenden Jahrhundert in Gebrauch[42]. Alle diese Maßnahmen hatten zum Ziel, die Ehrfurcht vor diesem Sakrament zu vermehren und zu vertiefen. Sie trugen aber auch zur Entwicklung eines regelrechten eucharistischen Wunderkults bei wie sich das bei einem Caesarius von Heisterbach oder in den *Exempla*-Sammlungen widerspiegelt. Das ganze 13. Jh. hindurch war die Rede von konsekrierten Hostien, die wunderbarerweise zu bluten anfingen (man denke an das Wunder von Bolsena im Jahre 1260 mit dem in der Kathedrale zu Orvieto aufbewahrten Korporale oder das Wunder vom Kloster der *Billettes* in Paris, wo ein Jude eine Hostie, die er sich

---

[39] Vgl. J. Berlioz, Quand dire, c'est faire dire. Exempla et confession chez Etienne de Bourbon, in: Faire croire (s. Anm. 21) 299–335.

[40] Über die Lehre von der Eucharistie und ihre Entwicklung im Mittelalter vgl. H. de Lubac, *Corpus mysticum.* L'eucharistie et l'Eglise au Moyen Age, Paris 1949.

[41] Über die Entwicklung der eucharistischen Frömmigkeit im 13. Jh. vgl. P. Browe, Die Verehrung der Eucharistie im Mittelalter, München 1932; E. Dumoutet, Le Christ selon la chair et la vie liturgique au Moyen Age, Paris 1932; M. Rubin, *Corpus Christi.* The Eucharist in Late Medieval Culture, Cambridge 1991.

[42] M. Andrieu, Aux origines du culte du Saint-Sacrement. Reliquaires et monstrances eucharistiques, in: AnBoll 68 (1950) 397–418; J. Corblet, Histoire dogmatique, liturgique et archéologique du sacrement de l'eucharistie, I–II, Paris 1885/86.

heimlich besorgt hatte, „erdolcht" haben soll, woraufhin daraus Blut geflossen sei)[43]. Die Woge eucharistischer Frömmigkeit führte zur Einsetzung des Fronleichnamsfestes. Es wurde zuerst im Bistum Lüttich auf Betreiben der Julienne von Montcornillon eingeführt und dann durch Papst Urban IV., den früheren Archidiakon von Lüttich, im Jahre 1264 auf die ganze Kirche ausgedehnt. Hinzu kamen fast überall von den Corpus-Christi-Bruderschaften organisierte Prozessionen[44].

Dieser Aufschwung der eucharistischen Frömmigkeit war nicht von einem entsprechenden Anwachsen des Kommunionempfangs begleitet. Außerhalb der Klöster blieb die häufige Kommunion ein Ausnahmefall; auch die frömmsten Gläubigen nahten sich dem Tisch des Herrn fast nur an den Hochfesten Weihnachten, Ostern und Pfingsten[45]. Doch legte man großen Wert auf die den heiligen Gestalten geschuldete Ehrfurcht und wies auf die Gefahr eines Sakrilegs im Falle einer unwürdigen Kommunion hin. Nichts zeigt deutlicher das eigentliche Ziel der kirchlichen Hierarchie: Sie wollte weniger zur häufigen Kommunion anhalten, als vielmehr den bei den meisten Gläubigen zwar entwickelten, aber zu undifferenzierten Sinn für das Heilige in einem christlicheren Verständnis weiterentfalten.

III. Erneuerung der Predigt und Einschränkung der Redefreiheit in der Kirche

In einer Zivilisation, in welcher der Zugang zum Geschriebenen das Privileg einer Minderheit blieb, mußte natürlich das gesprochene Wort, genauer gesagt die Predigt, eines der wichtigsten Mittel der Pastoralreform werden. Die Predigt erlebte vom ausgehenden 12. Jh. an einen glänzenden Aufschwung[46]. Freilich muß man den Sinn dieser Erneuerung richtig verstehen. Sie kam ja nicht aus dem Nichts. Man stößt schon in der karolingischen Zeit auf Synodalvorschriften, die den Priestern eindringlich ans Herz legen, den Gläubigen an Sonn- und Festtagen während der Messe eine Homilie zu halten[47]. Wir wissen nicht, ob diese Vorschriften damals eingehalten wurden; jedenfalls scheinen sie später weithin in Vergessenheit geraten zu sein. Wohl finden sich in einigen Handschriften aus dem 11. und der ersten Hälfte des 12. Jh. Hinweise auf Predigten und sogar Predigttexte; doch handelt es sich hier in den meisten Fällen um Predigten an Mönche oder Klosterfrauen[48]. Einsiedler und Wanderprediger jener Epoche erwarben sich großen Anklang beim Volk, weil sie die Laster und die Pflichtvergessenheit der Kleriker anprangerten, was voraussetzt, daß sie sich in aller Öffentlichkeit an die Laien wandten. Aufs ganze gesehen blieb das Predigen jedoch eine Ausnahmetätigkeit. Es war gebunden an besondere Umstände, etwa den

---

43 P. Browe, Die eucharistischen Wunder des Mittelalters, Breslau 1938; Ch. Cordonnier, Le culte du Saint-Sacrement, Etude historique, Paris 1928.

44 C. Lambot, L'office de la Fête-Dieu. Aperçu nouveau sur ses origines, in: Revue bénédictine 54 (1952) 61–94; Rubin, Corpus Christi (s. Anm. 41).

45 P. Browe, Die häufige Kommunion im Mittelalter, Rom 1938; L. Breackmans, Confession et communion au Moyen Age et au concile de Trente, Gembloux 1971.

46 Gesamtübersicht in J. Longère, La prédication medievale, Paris 1983. Vgl. auch die Dokumentensammlung von R. Rusconi, Predicazione e vita religiosa nella società italiana da Carlo Magno alla Controriforma, Turin 1981.

47 Vgl. die von Rusconi, Predicazione (s. Anm. 46) 28–46, zitierten Texte.

48 Longère, La prédication (s. Anm. 46) 39f, 44–68.

Die wunderbare Erscheinung des leidenden Christus, die Papst Gregor der Große während der Meßfeier erfahren hatte, wurde mit dem Aufblühen eucharistischer Frömmigkeit zu einem bis ins 15. Jh. beliebten Thema der Kunst. Gregorsmesse, Tafelbild des Meisters von Flémalle (15. Jh.).
Berlin, Kaiser-Friedrich-Museum.

Kampf gegen die Häresie: Man denke nur an die Volksmengen, denen der hl. Bernhard im Jahre 1145 in der Gegend von Toulouse und Albi predigte, um sie wenn möglich dem Einfluß Heinrichs von Lausanne zu entziehen; oder man denke an die Kreuzzüge, denen von den Päpsten organisierte systematische Predigtfeldzüge vorausgingen[49].

[49] Die Reformpredigt der Mönche von Vallombrosa bei Florenz und von Hirsau in Süddeutschland ist für das 11. Jh. gut bezeugt. Über die Beziehung zwischen Predigt, Häresien und Kreuzzügen vgl. Longère, La prédication 78–82; A. Lecoy de la Marche, La chaire française du Moyen Age, spécialement au XIIIe siècle, d'après les manuscrits contemporains, Paris 1886 (Ndr. Genf 1974), über die Kreuzzugspredigten vgl. P. Cole, The Preaching of the Crusades to the Holy Land (1095–1270), Cambridge/Mass. 1991.

Ab der Mitte des 12. Jh. mehrten sich die Anzeichen eines Wandels in diesem Seelsorgebereich. Der Erzbischof von Bordeaux, Geoffroy Babion (1136–1158), verfaßte für die auf einer Synode versammelten Priester seiner Diözese Predigten und hielt sie bei dieser Gelegenheit auch an, während der Messe selbst zu predigen, um die Sünder zum Heil zu bekehren[50]. Auch der Bischof von Paris, Maurice de Sully (1160–1196), war ein großer Prediger; er verfaßte für seinen Klerus ein Predigerhandbuch mit Beispielhomilien, das weite Verbreitung fand[51]. Die eigentliche Wende vollzog sich jedoch während der beiden letzten Jahrzehnte des 12. Jh., als es im Umkreis des Theologen Petrus Cantor († 1197) zu einer fruchtbaren Begegnung von Predigt und universitärer Wissenschaft kam. Le Chantre war ein einflußreicher Denker, zu seinen Schülern zählten die ruhmvollsten Gestalten der damaligen Christenheit, von einem Robert de Courçon bis zu einem Lothar von Segni, dem späteren Innozenz III. Man kann Le Chantre als den Gründer der Pastoraltheologie betrachten. Er selbst hinterließ keine Predigten, aber sein Bemühen, die theologische Reflexion auf dem Weg über die Untersuchung konkreter Situationen (verzinstes Darlehen, Kredit, Prostitution, Krieg) mit der Praxis zu verbinden, beeinflußte seine Schüler nachhaltig. Unter diesen fanden sich hervorragende Redner, engagiert im Bestreben, die Laien zu einer Änderung ihres Verhaltens im Sinne der Forderungen des Evangeliums zu bewegen[52]. Hier ist besonders Pfarrer Foulque von Neuilly zu nennen, ein feuriger und volkstümlicher Prediger des beginnenden 13. Jh., der nicht zögerte, die Fehler einer nur noch dem Namen nach christlichen Gesellschaft zu geißeln. Zu erwähnen sind auch jene Intellektuellen, die zu hohen kirchlichen Würden aufstiegen, ein Stephan Langton, der spätere Erzbischof von Canterbury, oder ein Jacques de Vitry (1170–1240), Bischof von Acre, dann Kardinal[53]. Auch andere Professoren aus Paris, wie Thomas von Chobham, spielten eine aktive Rolle bei diesem Erwachen und Erwecken einer neuen Sensibilität; sie erinnerten die Kleriker an die moralische Pflicht, zu predigen und ihre Hörer dort aufzusuchen, wo sie sich befanden, in den Kirchen, auf den öffentlichen Plätzen, am Arbeitsplatz; hier könnten sie das Wort Gottes so übermitteln, daß es wirklich die besonderen Probleme der Laien und deren Mentalitäten treffe[54].

Diese gegenseitige Annäherung von Kanzel und Schule erfolgte nicht bloß gelegentlich;

---

[50] J. H. Foulon, Les sermons synodaux de Geoffroy Babion, évêque d'Angers, in: Le clergé séculier au Moyen Age. Actes du congrès d'Amiens (Juni 1991), in Vorbereitung; N. Bériou, La prédication synodale à Cambrai au XIIIe siècle, in: ebd.

[51] C. A. Robson, Maurice of Sully and the Medieval Vernacular Homily, Oxford 1952; J. Longère, Les sermons latins de Maurice de Sully, évêque de Paris. Contribution à l'étude de la tradition manuscrite, Steenbrugge 1988.

[52] Über Pierre le Chantre und seinen Schüler- und Anhängerkreis vgl. J. Baldwin, Masters, Princes and Merchants. The Social Views of Peter the Chanter and his Circle, I–II, Princeton 1970; J. Longère, L'influence de Latran III sur quelques ouvrages de théologie morale, in: ders. (Hrsg.), Le troisième concile de Latran (1179). Sa place dans l'histoire, Paris 1982, 91–110.

[53] Über diese bedeutenden Gestalten und jene anderen Prediger, die zur gleichen Zeit die Pariser Schulen besuchten, vgl. J. Longère, Oeuvres oratoires de maîtres parisiens au XIIe siècle. Etude historique et doctrinale, I–II, Paris 1975; vgl. auch A. Forni, La „nouvelle prédication“ des disciples de Foulque de Neuilly. Intentions, techniques et réactions, in: Faire croire (s. Anm. 21) 19–37; A. Vauchez, Kerygma e adattamento. Aspetti della predicazione cattolica nei secolo XII–XIV, in: BISI 89 (1980/81) 261–348.

[54] F. Morenzoni (Hrsg.), Thomas de Chobham. Summa de arte praedicandi, Turnhout 1988 (Corpus christianorum. Continuatio medievalis 82); A. Solignac, Thomas de Chobham, in: DSp XV, Paris 1991, 794–796.

sie stand vielmehr an der Wiege der in den Städten Frankreichs und Englands machtvoll einsetzenden Predigterneuerung, bei der auch Männer mit Hochschulbildung, die *Magistri*, nicht zögerten, vor die Gläubigen hinzutreten, um sie zu lehren und nötigenfalls zu ermahnen [55]. In Paris wurde dies sogar zu einer festen Einrichtung, als Robert de Sorbon 1257 ein Studienhaus für aus bescheidenen Familienverhältnissen stammende Theologiestudenten einrichtete, die verpflichtet waren, in den Pariser Kirchen zu predigen. Die Bewegung beschränkte sich jedoch nicht auf die Universitätsstädte, sondern wurde durch Leute mit akademischen Graden, die hohe Kirchenämter innehatten, in andere Städte hinausgetragen, so etwa durch Theologen wie Robert Grosseteste, den Bischof von Lincoln (1235–1253), und Guiard, der von 1238 bis 1248 Bischof von Cambrai war und sich sowohl durch seine Predigttätigkeit als auch durch seine Abfassung von Synodaldekreten auszeichnete [56]. Ihr Wirken wurde noch verstärkt durch Sammlungen von Musterpredigten, die für die Priester verfaßt und ihnen zur Verfügung gestellt wurden. Die meisten dieser Predigtsammlungen, etwa die des Bischofs von Paris, Maurice de Sully, betrafen vor allem die Sonntage und kirchlichen Feiertage. Doch kam es im Lauf des 13. Jh. zugleich zu einer Entwicklung der Predigt über die Heiligen, der Kasualpredigten (bei Heirat, Geburt, Tod, Priesterweihe usw.) sowie der Standespredigten an jeweils verschiedene Schichten der Bevölkerung [57]. Auf diese Weise begann sich das bisher sehr enge Band zwischen Predigt und Liturgie zu lockern. Die Predigt verwandelte sich in ein hervorragendes Instrument der Pastoralbewegung, so daß man sogar von einem achten Sakrament sprechen konnte [58]. Es ist nicht übertrieben, wenn man behauptet, das 13. Jh. habe einen wahren Aufschwung der Predigt erlebt, und zwar sowohl in der Muttersprache für die einfachen Gläubigen als auch in Latein für die gebildeten Kleriker; hinzu kam ein systematisches Bemühen, die christliche Botschaft an möglichst viele Menschen heranzutragen, indem man die Lehre deren Aufnahmefähigkeit anpaßte [59].

Freilich blieb die Kirche bei alledem darauf bedacht, die Verkündigung des göttlichen Wortes unter Kontrolle zu halten, und ergriff alle notwendigen Maßnahmen, ihr Monopol in diesem Bereich zu schützen. Tatsächlich bestand ein Zusammenhang zwischen der Beto-

---

55 Longère, Œuvres; ders., La prédication 87–92; G. R. Owst, Literature and Pulpit in Medieval England, Oxford 1991; P. Delcorno, La predicazione in eta comunale, Florenz 1974; R. Rusconi, Predicatori e predicazione (secolo IX–XVIII), in: Storia d'Italia, Annali 4: Intellettuali e potere, Turin 1981, 951–985. Immerhin ist zu unterscheiden – was nicht immer leicht fällt – zwischen den wirklich gehaltenen Predigten und den theoretischen Predigttraktaten und anderen Modellsammlungen; vgl. hierzu die Bemerkungen von M. Zink, Les destinataires des recueils de sermons en langue vulgaire au XIIe et au XIIIe siècle: prédication effective et prédication dans un fauteuil, in: La piété populaire (s. Anm. 36) 59–74.

56 P. Glorieux, Aux origines de la Sorbonne. Bd. I: Robert de Sorbon, l'homme, le collège, les documents, Paris 1966; N. Bériou, Robert de Sorbon, in: DSp XIII, Paris 1988, 816–824. Über Robert Grosseteste vgl. H. Thomson, The Writings of Robert Grosseteste, Bishopf of Lincoln (1235–1253), Cambridge 1940; R. G. Southern, Robert Grosseteste. The Growth of an English Mind in Medieval Europe, Oxford 1986.

57 Sehr gute Darstellung dieser Aspekte bei J. Le Goff – J. C. Schmitt, Au XIIIe siècle: une parole nouvelle, in: Delumeau Histoire I (s. Anm. 1), 257–279; vgl. auch M. Zink, La prédication en langue romane avant 1300, Paris 1976, bes. 389–428.

58 P. Michaud-Quantin, Les méthodes de la pastorale du XIIIe au XVe siècle, in: A. Zimmermann (Hrsg.), Methoden in Wissenschaft und Kunst des Mittelalters, Berlin 1971, 76–91 („Miscellanea Medievalia" 7).

59 Gut gezeigt hat dies J. Le Goff, Métiers et professions dans les manuels de confesseurs, in: Pour un autre Moyen Age, Paris 1977, 162–180. Ein ausgezeichnetes, sowohl inhaltsreiches als auch unterschiedlichen Hörern angepaßtes Predigtbeispiel findet sich in dem wichtigen Werk von N. Bériou, La prédication de Ranulphe de la Houblonnière. Sermons aux clercs et aux simples gens à Paris au XIIIe siècle, I–II, Paris 1987.

Honorius III. lauscht einer Predigt des Franz von Assisi. Fresko (um 1296) von Giotto in der Oberkirche von S. Francesco in Assisi.

nung der Rolle des Priesters als Diener des Wortes und der Einschränkung der Predigterlaubnis[60]: Noch im 12. Jh. war es gestattet, daß Laien und sogar Frauen öffentlich über religiöse oder das Leben der Kirche betreffende Fragen sprechen konnten. In Pisa, um ein Beispiel zu nennen, predigte zwischen 1153 und 1161 der Laieneremit Reginaldo. Nach seiner Rückkehr aus dem Heiligen Land setzte auch er sich im Reformkampf ein und rief die Kleriker und Ordensleute seiner Stadt zu einer besseren Lebensführung auf. Und bekanntlich verließ die Äbtissin Hildegard von Bingen zwischen 1160 und 1167 mehrmals ihr Kloster, um das Evangelium zu verkünden; in Köln etwa warnte sie öffentlich die Gläubigen vor den Verführungen der katharischen Lehre, die sich damals im Rheinland kräftig ausbreitete[61].

Von den siebziger Jahren des 12. Jh. an kam es dann zu einer Verhärtung der kirchlichen Reaktion auf diesem Gebiet. Davon zeugt die schlechte Aufnahme, die die römische Kurie im Jahre 1179 Waldes und seinen ersten Schülern bereitete, wie auch die Verurteilung der

---

[60] M. Peuchmaurd, Le prêtre ministre de la parole dans la théologie du XIIIe siècle, in: RThAM 29 (1962) 52–76; ders., Mission canonique et prédication, ebd. 122–144, 251–276.

[61] Vgl. A. Vauchez, Une nouveauté du XIIe siècle: les saints laïcs dans l'Italie communale, in: L'Europa dei secolo XI e XII fra novità e tradizione. Nascità di una cultura (Atti della Mendola 1986), Mailand 1989, bes. 70–72. Über die Predigttätigkeit der hl. Hildegard vgl. R. Manselli, Studi sulle eresie del secolo XII, Rom 1975, 211–220.

Waldenser und der Humiliaten der Lombardei durch das Papsttum im Jahre 1184 wegen unrechtmäßiger Aneignung des Predigeramtes[62]. Immerhin gab es im Klerus selbst auch namhafte Theologen, etwa Petrus Cantor in Paris und den Kanonisten Huguccio in Bologna, die weiterhin gewisse Formen von Laienpredigt für berechtigt hielten, und zwar im Namen der göttlichen Inspiration und des königlichen und prophetischen Priestertums aller Getauften[63]. Einige Jahre später bewies ihr ehemaliger Schüler Papst Innozenz III. in diesem Bereich eine gewisse Offenheit: Er gewährte evangelischen Bewegungen wie den Minderbrüdern des Franziskus von Assisi, den Humiliaten und den katholischen Armen, in deren Kreisen die Laien in der Mehrzahl waren, ohne Zögern das Recht, in aller Öffentlichkeit das Evangelium zu verkünden. Der Papst unterschied dabei zwischen Ermahnung oder Tadel im Rahmen eines Aufrufs zur Bekehrung und zur Besserung der Sitten einerseits und der eigentlichen feierlichen Predigt andererseits: Er hatte nichts dagegen, daß einfache Gläubige die erste Art der Predigt praktizierten, solange sie sich nur mit Fragen der Moral und des Verhaltens (den *aperta*) befaßten; die zweite Art Predigt wollte er jedoch unbedingt den Klerikern vorbehalten wissen, Predigten also, die sich auf die christliche Lehre (die *profunda*) bezogen[64]. Diese Aufspaltung in *aperta* und *profunda* war in der Praxis schwer einzuhalten. Sie wurde übrigens sehr bald gegenstandslos. Denn zum einen dachte der Weltklerus aus seiner feindseligen Haltung gegenüber jeder Konkurrenz heraus nicht daran, auf seine Vorrechte zu verzichten; und zum anderen verwandelte der kirchen-interne Klerikalisierungsprozeß in kurzer Zeit diese ursprünglich laikalen Bewegungen in religiöse Ordensgemeinschaften, innerhalb derer sich jene durchsetzten, die das Weihepriestertum und damit das entsprechende Recht zur Unterweisung empfangen hatten. Nach 1230 war es undenkbar, daß andere Leute als die Kleriker in den christlichen Kirchen predigten; diese hatten von der Hierarchie den Auftrag dazu bekommen; Beginen, Wanderprediger und andere Einsiedler oder Klausner aber, die sich auf eine mystische Erfahrung oder eine Privatoffenbarung beriefen, wurden mit Mißtrauen betrachtet, wenn sie versuchten, öffentlich ihre Stimme zu erheben[65]. Die Verbote hatten besonders die Frauen im Auge; sie wurden stets verdächtigt, sich an ihrem Geschwätz zu berauschen oder sich von ihren Visionen blenden zu lassen. Das Wort der schlichten Gläubigen war aufgrund ihres mangelhaften Wissens bei den Klerikern von vornherein diskreditiert, wie die höhnischen Bemerkungen des Franziskaners Salimbene über die extremen Vertreter der Vita apostolica bezeugen, ein Widerhall der Sarkasmen des Oxforder Archidiakons Walter Map ein Jahrhundert zuvor hinsichtlich der ersten Waldenser[66].

Die „pastorale Revolution“ verdankte ihren Aufschwung in erster Linie Innozenz III.

---

[62] Hierzu vgl. R. Zerfass, Der Streit über die Laienpredigt: eine pastoralhistorische Untersuchung zum Verständnis des Predigtamts und zu seiner Entwicklung im 12. und 13. Jahrhundert, Freiburg 1974; für Italien vgl. Rusconi, Predicatori (s. Anm. 55) 960–977.

[63] Vgl. Ph. Buc, Vox clamantis in deserto. Pierre le Chantre et la prédication laïque, in: Revue Mabillon (Artikel in Vorbereitung).

[64] Vgl. Delaruelle, La piété populaire (s. Anm. 2) 141–144.

[65] Das Verbot der Laienpredigt wurde 1277 durch Gregor IX. verordnet und 1234 in das Kirchenrecht aufgenommen; vgl. Zerfass, Der Streit (s. Anm. 62).

[66] C. Casagrande, Prediche alle donne del secolo XIII, Mailand 1978; Salimbene de Adam, Cronica, hrsg. von G. Scaglia, I, Bari 1966, 369–373. Über das Milieu der Beginen vgl. Forni, La „nouvelle prédication“ 298–316; N. Bériou, La prédication au beguinage de Paris pendant l'année liturgique 1272/73, in: Recherches Augustiniennes 13 (1978) 105–229.

Seiner Ansicht nach gehörte die Pastoral in die Hand des Weltklerus und hier ganz besonders jener Priester, die eine Pfarrei zu versorgen hatten. Das IV. Laterankonzil unterstrich nachdrücklich ihr Amt und lenkte ihren Blick auf das Ideal des Guten Hirten, der sich restlos für das Seelenheil seiner Pfarrkinder einsetzt[67]. Gewiß waren Papst und Konzilsväter nicht in Unkenntnis über die mangelnde religiöse Bildung der meisten Priester. Sie dachten aber, dadurch Abhilfe schaffen zu können, daß sie in jeder Diözese Prediger bestimmten, die das Wort Gottes in den Pfarreien verkünden sollten (can. 10); außerdem schufen sie Schulen, in denen die (künftigen) Priester Grammatik und Latein lernen mußten (can. 11). Vorgesehen war auch die durch den Erzbischof besorgte Anstellung eines Fachtheologen in jeder Kirchenprovinz, „um die Priester und Kleriker in der Heiligen Schrift zu unterweisen und sie besonders in allem auszubilden, was den pastoralen Dienst betrifft“[68]. In Wirklichkeit blieben diese Maßnahmen jedoch weithin toter Buchstabe, einige bevorzugte Gebiete wie Nordfrankreich und England ausgenommen. Noch in der Mitte des 13. Jh. kümmerten sich die Bischöfe im Reich und in Norditalien herzlich wenig um die Ausbildung ihres Klerus. Wie der franziskanische Chronist Salimbene sich ausdrückte, waren die meisten italienischen Prälaten seiner Zeit wie Hunde, die nicht bellen können, das heißt, unfähig oder gleichgültig, was das Predigen anging[69]. Selbst wenn man diese Art von kategorischen Behauptungen nicht unbedingt wörtlich nehmen muß – kann man ihnen doch die große Zahl und das hohe Niveau jener Predigten entgegenhalten, die der Erzbischof von Pisa, Federico Visconti (1254–1277) in den Kirchen seiner Diözese gehalten hat –, so muß man doch zugeben, daß recht viele Prälaten keineswegs eifrige Hirten waren und sich vielmehr fast ausschließlich mit der Verwaltung ihrer weltlichen Macht oder mit politischen Affären abgaben. Aber auch dort, wo der Bischof seine Pflichten ernst nahm, stieß er sich am Widerstand oder an der Trägheit der Kleriker, von denen ziemlich wenige ihr Amt aus Berufung gewählt hatten.

Tatsächlich bildete das Pfründensystem das größte Hindernis für die Pastoralreform[70]. Mit jedem kirchlichen Amt *(officium)* war eine Dotation an Grundstücken und Einkommen *in natura* verbunden *(beneficium)*; sie sollte dem Inhaber einen geziemenden Lebensunterhalt ermöglichen, ohne dafür andere Berufstätigkeiten übernehmen zu müssen. Dieses Prinzip war in der Feudalzeit im Rahmen eines Systems pervertiert worden, das private Kirchengebäude kannte, deren Stifter Laien waren und sich und ihren Nachkommen die kirchlichen Einnahmen reserviert hatten, auch die des Altars, das heißt die mit dem Kult verbundenen Gebühren, die Stolgebühren; die Diener des Altars waren hier zu Angestellten der Herrschaft herabgesunken. Die Kirche reagierte mit der Gregorianischen Reform. Sie wandte sich scharf gegen diesen Zustand und versuchte, ihn durch das Verbot der Laieninvestitur für die Hauptpfründen (Investitur der Bischöfe und Äbte) abzustellen, aber auch durch das Verbot des laikalen Anspruchs auf Einnahmen der Kirchen (das heißt ihres

---

[67] Dieser Diskurs war vom *Liber pastoralis* Gregors des Großen, insbesondere vom Buch III, inspiriert, das Regeln für die Predigt gemäß dem sozialen Stand und dem moralischen Niveau der Hörer enthält. Vgl. oben Anm. 4.

[68] Ausgabe und Übersetzung in R. Foreville, Latran I, II, III et Latran IV, Paris 1965, 352f.

[69] Mariano d'Alatri, Il vescovo nella cronica di Salimbene, in: Collectanea Franciscana 42 (1972) 5–38. Die Unterschiede zwischen der Situation in England und der in Italien wurden gut aufgezeigt von R. Brentano, Two Churches: England and Italy in the Thirteenth Century, Princeton 1968.

[70] Über die das Pfründenwesen leitenden Prinzipien vgl. G. Le Bras, Institutions ecclésiastiques de la chrétienté medievale, I: Prolégomènes et Ière partie („Histoire de l'Eglise“ XII), Paris 1959, 282–294.

Grundeigentums) und des Altars. Mit Hilfe von Verurteilungen und Strafen – am meisten gefürchtet waren Exkommunikation und Interdikt – erlangte die kirchliche Hierarchie im Verlauf des 12. und im Anfang des 13. Jh. von den Laien die Rückgabe eines Großteils dieser Rechte; doch überließen die meisten ihrer Inhaber diese Rechte nicht dem Ortsbischof, sondern Klöstern und religiösen Anstalten, die manchmal außerhalb des Bistums lagen, oder auch dem Domkapitel. Überdies ließen sich diese Laien als Gegenleistung das Patronatsrecht bestätigen, das heißt die Vollmacht, dem Bischof jenen Priester vorzuschlagen, der die Pfarrei übernehmen sollte samt damit verbundener Pfründe (oder genauer desjenigen Anteils, den ihm der Pfarrherr bei der Eingliederung der Kirche in den Eigenbesitz einer kirchlichen Anstalt überlassen hatte). Gewiß war der Ortsordinarius allein bevollmächtigt, den vorgeschlagenen Kleriker zum Pfarrer zu ernennen, und einige Bischöfe führten im 13. Jh. eine Eignungsprüfung ein, um sich so selbst davon zu überzeugen, ob die Pfarrkandidaten das für ihren künftigen Dienst erforderliche Mindestmaß an Lateinkenntnissen und Wissen in der christlichen Lehre besaßen. Im allgemeinen stellten die Prälaten jedoch keine hohen Ansprüche; sie fürchteten, mit den Wohltätern oder Patronatsherren, die ja Laien waren, Schwierigkeiten zu bekommen, wenn sie einem Postulanten die kanonische Einsetzung verweigerten[71]. In der Praxis besaß der Bischof daher nur ein sehr beschränktes Aufsichts- und Eingriffsrecht hinsichtlich der Rekrutierung seines Klerus, außer in jenen Pfarreien, die ihm selbst direkt unterstanden, was in Frankreich auf kaum mehr als 15 Prozent der Pfarreien einer Diözese zutraf. Der Bischof konnte kaum hoffen, auf seinen Klerus einen wirklich durchschlagenden Einfluß ausüben zu können, höchstens durch eigenes Beispiel und die Überzeugungskraft seines Wortes[72]. An diesem unumgehbaren Hindernis stieß das vom Papst und dem Konzil ausgearbeitete hochzielende Reformprogramm auf Widerstand. Es war klar, daß sich die Dinge auf seiten des Weltklerus nur sehr langsam entwickeln konnten; man mußte ihn zuerst einmal unterweisen und besser ausbilden, bevor man hoffen konnte, daß sich die Reformbewegung auf die Gläubigen auswirkte[73]. So kann man verstehen, warum die Päpste, ohne auf diese langfristige Aufgabe zu verzichten, letzten Endes beschlossen, sich auf jene neuen Kräfte zu stützen, die sich ihr *tempore opportuno* anboten; die Zeitgenossen sprachen von einem providentiellen Gottesgeschenk an die Kirche[74].

---

[71] Vgl. z. B. Avril, Le gouvernement I (s. Anm. 4) 401–407.

[72] Für Frankreich vgl. J. F. Lemarignier – J. Gaudemet – G. Mollat, Institutions ecclésiastiques („Histoire des institutions françaises au Moyen Age", III), Paris 1962, 205–219; für Italien vgl. Pievi e parrochie in Italia nel basso Medio Evo (sec. XIII-XV), I-II, Rom 1984.

[73] Über die Ursachen des Scheiterns der Maßnahmen zur Reform des Weltklerus im 13. Jh. vgl. L. E. Boyle, The Constitution „Cum ex eo" of Boniface VIII. Education of Parrochial Clergy, in: Medieval Studies 25 (1962) 263-302, wiederaufgenommen in: ders., Pastoral Care, Clerical Education and Canon Law, London 1981.

[74] Was natürlich nicht heißt, die Rolle des Weltklerus in der Predigttätigkeit sei, vor allem in den Städten, unbedeutend geworden. Indem sich die Päpste und gewisse Bischöfe auf die Bettelorden stützten, wollten sie zunächst einmal die pastorale Versorgung der Gläubigen verbessern; sie gaben daher den Pfarrern gut ausgebildete und tugendstarke Ordensleute zur Seite, die ihnen als Vorbild dienen sollten, wie das Beispiel von Pisa zeigt, das eingehend untersucht wurde von A. Murray, Archbishop and the Mendicants, in: K. Elm (Hrsg.), Stellung und Wirksamkeit der Bettelorden in der städtischen Gesellschaft, Berlin 1981, 19–75.

IV. Die schwierige Anpassung der Kirche an die neuen wirtschaftlichen Gegebenheiten

Das Bemühen der Kirche, sich einer in rascher Wandlung begriffenen Welt und Gesellschaft zu öffnen, vollzog sich nicht in allen Bereichen gleich frühzeitig und gleich entschlossen. Es gab sicherlich ideologisch motivierte Hemmungen, gleichzeitig ein Wissen um den Ernst des Problems, was zu Reserven gegenüber dem Aufschwung der Geldwirtschaft und seinen Folgeproblemen durch den Klerus veranlaßte und zumindest zu einer verzögerten Akzeptanz beitrug.

1. Im 12. Jahrhundert: Händler und Wucherer als Zielscheibe der Mißbilligung

In ihren Arbeiten über die Händler im Mittelalter betonen die Geschichtsforscher die immer härtere Haltung der abendländischen Kirche zwischen dem ausgehenden 11. und dem 13. Jh. gegenüber diesem Berufsstand und denen, die ihn ausübten[75]. Zur Stütze dieser These werden oft zwei Texte zitiert, die deswegen berühmt geworden sind: Die *vita* des hl. Guido von Anderlecht, eines flämischen Bauern aus dem 11. Jh., der vor seiner Bekehrung Handel getrieben hatte, und eine Stelle aus dem *Decretum Gratiani*, wo der bekannte Satz steht: „Der Händler kann nur schwer oder sogar nie Gott gefallen"[76]. Die Stelle läßt sich ohne Schwierigkeit in die vierziger Jahre des 12. Jh. zurückdatieren. Das gilt nicht für den erstgenannten Text; nach neueren Arbeiten soll die *Vita Guidonis* um die Jahre 1175/80 und nicht im Jahre 1112 gelegentlich der Überführung der sterblichen Reste des Heiligen durch Bischof Gerhard II. von Cambrai verfaßt worden sein[77]. Wie dem auch sei, jedenfalls schlug der Verfasser des hagiographischen Textes denselben Ton an wie die kirchenrechtliche Sammlung: „Es gibt gewisse Tätigkeiten, die man nur schwierig oder überhaupt nicht ausüben kann, ohne eine schwere Sünde zu begehen ... Der Berufsstand des Händlers ist solcher Art, daß man ihn nur selten oder gar nicht eine längere Zeit praktizieren kann, ohne in schwere Sünde zu fallen"[78]. Es handelt sich hier also um zwei übereinstimmende Texte, die in die gleiche Kerbe schlagen wie gewisse Canones des II. und des III. Laterankonzils mit ihrer Verurteilung neuer Formen wirtschaftlicher Aktivität, Formen und Weisen, deren Grundlage die Wechselgeschäfte und der immer rascher fließende Geldverkehr waren[79].

---

[75] J. Pirenne, Les périodes de l'histoire sociale du capitalisme, in: Bulletin de l'Académie royale de Belgique, Classe des Lettres (1914); J. Le Goff, Marchands et banquiers au Moyen Age, Paris 1956, 70f.

[76] Decretum, Ia pars, dist. 88, c. 11, hrsg. von Friedberg, Corpus iuris canonici I, Leipzig 1879, 308f.

[77] *Vita Guidonis* (BHL. 8870), in: ActaSS. Sept. IV, 41–48. Über den hl. Guido, der vermutlich Ende 10./Anfang 11. Jh. gelebt hat (er soll 1012 gestorben sein), vgl. K. Van den Bergh, Guido, in: Bibliotheca Sanctorum VIII, Rom 1966, 496–501. Die Spätdatierung der *Vita* wurde vorgeschlagen von M. de Waha auf dem 25. Kongreß der Fédération des Cercles d'Archéologie et d'Histoire de la Belgique, Comines 1980, Akten III, Brüssel 1982, 45–50, mit guter Argumentation.

[78] *Vita Guidonis*, 43. Der Text ist in Wirklichkeit viel nuancierter, als es nach diesem Satz den Anschein hat, denn vorher sagt der Verfasser, daß der ehrbar ausgeübte Handel an sich keine verdammenswerte Tätigkeit bildet.

[79] Insbesondere can. 25 des III. Laterankonzils (Foreville, Latran 221f): „Überall oder fast überall hat sich der Frevel des Wuchers eingeschlichen, so sehr, daß viele die anderen Geschäfte vernachlässigen, um sich ganz den Wuchergeschäften zu widmen, als wären sie erlaubt, und ohne im geringsten die Verurteilungen zu beachten, die ihnen vom Alten und Neuen Testament entgegengeschleudert werden. Folglich bestimmen wir,

Wir wollen diese schematische Darstellung nicht in Frage stellen. Sie bleibt in ihren großen Linien gültig. Allerdings bedarf sie einiger Nuancierungen. Die Frage ist: Treffen die klassischen Vorwürfe und die feindselige Haltung der Kirchenmänner gegenüber den Händlern nicht in Wirklichkeit ein Amalgam von Begriffen, die sich gar nicht decken? Überdies stößt man in jeder Epoche auf unterschiedliche kirchliche Diskurse über die kaufmännische Tätigkeit und den Handel, die alle beachtet und aufeinander bezogen werden müssen[80]. So kann man etwa einem noch so interessanten Heiligenleben nicht die gleiche Bedeutung beimessen wie den Canones eines Konzils. Man hat auch nicht genügend beachtet, daß eine bestimmte Anzahl von Texten aus dem 12. Jh., aus denen Feindseligkeit gegenüber dem Handel und der Kreditwirtschaft spricht, vor allem auf die Kleriker gemünzt waren; die Kirche wollte ihnen gewisse Praktiken verbieten, die sich für einen Priester ihrer Meinung nach nicht ziemten[81]. Auch wenn man sich an die Gesetzestexte hält, darf man nicht vergessen, daß das Kirchenrecht von Gratian bis zu den Dekretalen Gregors IX. in diesem Bereich eine rasche Entwicklung durchgemacht hat. Auch sind zu einem gerechten Urteil die Glossatoren der Dekrete und Dekretalen sowie die Theologen, insbesondere die Moraltheologen, zu hören[82].

Es ist aber trotz aller dieser Vorbehalte unbestreitbar, daß sich im Lauf des 12. Jh. das Verhalten der Kirche den Händlern und Handelsaktivitäten gegenüber verhärtete. Nach der heftigen Reaktion Gregors VII. zugunsten jener italienischen Kaufleute, die von den Söldnern des französischen Königs Philipp I. angegriffen und ihrer Habe beraubt waren, läßt sich kaum mehr ein wohlwollender päpstlicher Text ausfindig machen. Eine Ausnahme bildet can. 22 des III. Laterankonzils (1179): In der Liste jener Personen, die sich des Friedens Gottes wieder erfreuen sollten, nennt er unmittelbar nach den Klerikern und den Pilgern die Händler und die Bauern[83]. Demgegenüber liest man in den kirchlichen Schriften jener Zeit sehr oft Unfreundliches über den Stand der Kaufleute und Händler, von der Kritik bis zur scharfen Verurteilung[84]. Die Gründe für diesen hartnäckigen Groll

---

daß die notorischen Wucherer nicht zum Altarsakrament zugelassen werden können, und wenn sie in dieser Sünde sterben, wird ihnen das christliche Begräbnis verweigert".

[80] Vgl. diesbezüglich die interessante Studie von S. Lebecq, Aelfric et Alpert. Existe-t-il un discours clérical sur les marchands dans l'Europe du Nord à l'aube du XIe siècle?, in: L'Eglise et le siècle de l'an mil au début du XIIe siècle. Actes du XIVe congrès de la Société des Médiévistes de l'Enseignement Supérieur, Poitiers 1983 (Cahiers de Civilisation médiévale 27 [1984] 85–93).

[81] Zu diesem Punkt liefert das *Decretum Gratiani* sehr genaue Unterscheidungen; vgl. IIa pars, De penitentia, dist. 5, c. 7, Ausgabe Friedberg, I, 1241.

[82] Darauf hat mit Recht hingewiesen O. Capitani, L'etica economica medievale, Bologna 1974.

[83] Gregor VII, Registrum, II/5 (Tivoli, 10. Sept. 1074), hrsg. von E. Caspar, Das Register Gregors VII, Berlin 1920, 129–133; Canon 22 des III. Laterankonzils (1179): „Wir erneuern die Verordnung, daß den Priestern, Mönchen, Laienbrüdern, Pilgern, Kaufleuten und Bauern bei ihrem Kommen und Gehen die ihnen geziemende Sicherheit garantiert werde. Niemand darf neue Zollgebühren einführen ohne Erlaubnis des Königs oder des Fürsten, und niemand darf auch die früheren wieder erneuern oder vermehren. Wenn jemand dagegen handelt und nach Ermahnung dabei bleibt, soll er von der christlichen Gemeinschaft ausgeschlossen sein, bis er Genugtuung geleistet hat".

[84] Man kennt diesbezüglich die Angriffe des Rupert von Deutz gegen die Händler, z. B. jene in PL 168, 568: *„Mercimonia profecto instrumenta avaritiae sunt"*. Dem kann man die scharfe Rede des Marbode von Rennes hinzufügen: *Dissuasio navigationis ob lucrum*, PL 171, 1723, und vor allem Nicolas von Clairvaux, der sich den *Sermo de sancto Nicolao episcopo* des hl. Petrus Damiani zu eigen macht, PL 184, 1055–1060, eine Attacke gegen die Familienmoral des Händlers: *„Fugis patriam, ignoras filios, divelleris ab uxore et omnium necessitudinem oblitus, quaeris ut acquiras, acquiris ut perdas, perdis ut doleas"*.

sind zahlreich. Sie müssen einzeln und genau untersucht werden. Der erste ist politischer Art. In vielen Gegenden des Abendlandes, von der Lombardei bis Nordfrankreich, standen die Kaufleute an der Spitze der gegen die bischöfliche Grundherrschaft gerichteten und diese schwächenden Gemeinbewegung. Darüber hinaus entstanden in vielen Städten Spannungen zwischen den *negociatores* und den Prälaten wegen der Platzsteuer und anderer Marktrechte, ganz zu schweigen von den Problemen, die sich aus dem verstärkten Auftreten von Gilden und anderen Kaufmannsverbänden ergaben, Verbände, die ihrerseits auf Eid gegründete horizontale Solidaritätsbünde schufen. Das entfachte eine virulente Feindseligkeit der Kleriker gegen diese ihrer Ansicht nach subversiven *conjurationes* und deren Mitglieder[85].

Die Heftigkeit, mit welcher die Kirche diese neuen Formen wirtschaftlicher Aktivität verurteilte, erklärt sich ferner durch die Schwierigkeit der Hierarchie, die beiden Aspekte der nach 1110 vorherrschenden gemäßigten Reformlinie miteinander zu versöhnen: Es ging ja darum, eine Reform des Klerus im Sinne persönlicher Armut und Keuschheit und eines Lebens in Gemeinschaft zu fördern, ohne dabei die politische und wirtschaftliche Macht der Kirche, die Garantie ihres gesellschaftlichen Einflusses, in Frage zu stellen. Dies führte zu Widersprüchen, die sogleich von verschiedenen häretischen Bewegungen aufgegriffen wurden: Während man einerseits die Herrschaft des Geldes beklagte und ankreidete und den Klerikern verbot, die *secularia negotia* (Medizin, Zivilrecht und Handelsberufe) auszuüben, häufte man andererseits unbekümmert den Reichtum der Abteien und Bischofspaläste weiter an dank der Abgaben der Laien und vor allem dank der Grundstückspfandleihe, die man mittels einer dem Kaufbrief beigefügten *chartula promissionis* verschleierte[86]. Zudem erklärt die Tatsache, daß im Schoß der Kirche selbst eine aus der gregorianischen Reform hervorgegangene reformwillige und asketische Strömung weiterdauerte, zum Teil die Heftigkeit der Verurteilungen des Geldes und derer, die mit ihm umgehen. Man begegnet diesem zornigen Widerstand gegen die Geldwirtschaft sowohl bei gewissen geistlichen Autoren jener Zeit als auch in den Regeln der neuen Ordensgemeinschaften, von Stephan von Muret bis Franz von Assisi[87]. In all diesen Texten, die – das sei nicht vergessen – allein denen galten, die nach der evangelischen Vollkommenheit strebten, trifft man auf eine wahrhaft obsessionelle Furcht vor dem Geld, diesem schrecklichen Geld, das alles verdirbt, was mit ihm in Berührung kommt, und das einen mit Ekel und Ab-

[85] Vgl. P. MICHAUD-QUANTIN, Universitas. Expressions du mouvement communautaire dans le Moyen Age latin, Paris 1970, 129ff.

[86] Für Italien hat das gut gezeigt C. VIOLANTE, Les prês sur gages fonciers dans la vie économique et sociale de Milan au XIe siècle, in: Cahiers de civilisation médiévale 5 (1962) 147–168, 437–459; für Frankreich vgl. auch R. GENESTAL, Le rôle des monastères comme établissements de crédit étudié en Normandie du XIe à la fin du XIIIe siècle, Paris 1901; A. VAN WERVEKE, Le mort-gage et son rôle, in: Revue belge de Philologie et d'Histoire VIII (1929) 61–75; C. VIOLANTE, Monasteri e canoniche nella sviluppo dell'economia monetaria, in: Istituzioni monastiche e canonicali in Occidente (Atti della VIIa settimana internazionale di studio Mendola 1977), Mailand 1980, 390–408.

[87] Vgl. C. PELLISTRANDI, La pauvreté dans la règle de Grandmont, in: Etudes sur l'histoire de la pauvreté (Moyen Age – XVIe siècle), hrsg. von M. MOLLAT, Paris 1974, I 229–246. In der ersten Regel der Minderbrüder, Kapitel VIII („die Brüder sollen kein Geld annehmen"), drückte sich Franziskus so aus: „Und wenn es zufällig geschehen würde – ich hoffe nicht! –, daß ein Bruder Geld oder Lebensmittel anhäuft oder bei sich behält, dann muß er uns allen als ein falscher Bruder, ein Abgefallener, ein Dieb und Räuber gelten", in: François d'Assise, Ecrits, hrsg. von TH. DESBONNETS u. a., Paris 1981, 138–141.

scheu erfüllt, wenn man damit umgehen muß – wie bei fleischlichen Gelüsten und sexuellen Handlungen[88].

Die neue Theologie, auch die fortschrittlichste der damaligen Zeit, etwa die der Schule von Chartres, dachte genauso. Sie pries den *homo artifex*, der nach dem Bild Gottes geschaffen sei und dessen mühevolle Tätigkeit die des Schöpfers weiterführe[89]. Solche Aufwertung der menschlichen Arbeit öffnete gewiß den Sinn für die *artes mechanicae*, kam aber nicht dem Händler zugute. Denn im Unterschied zum Handwerker, der Gegenstände herstellt, die er dann verkauft, schafft der Kaufmann nichts[90]. Darum ging die Höherschätzung des *negotium*, die sich damals in einigen Domschulen schüchtern zu Worte meldete, nicht bis zur Rehabilitierung des Handels, denn in den Augen der Theologen verdiente den Namen Arbeit nur jene Tätigkeit, die ein *emendamentum* oder *melioramentum* hervorbringt. Der Händler jedoch spekuliert nur mit dem Gut des Mitmenschen; er verkauft, was ihm nicht gehört (die Zeit), und zieht Nutzen aus Wirklichkeiten, die an sich unfruchtbar sind („nummus non parit nummos"). Geld und Münze sind ja bloß Wertmaßstäbe; werden sie ihrerseits zu fruchtbringenden Wirklichkeiten hochgezüchtet, verfälscht man die wirklichen Gaben Gottes[91]. Besonders scharf traf dieser Tadel das verzinste Darlehen. Es galt als Wucher und wie dieser als Diebstahl[92]. Das Darlehen, so erklärte man, stehe im Widerspruch zum Naturrecht, denn im allgemeinen nütze der Verleiher die schlimme Situation aus, in der sich der Ausleihende befinde. Es widerspreche aber auch dem Gesetz des Evangeliums (vgl. Lk 6,35: „mutuum date, nihil inde sperantes"). Zudem stand die Praxis des Wuchers unter Getauften dem Ideal einer Christenheit entgegen, die als eine brüderliche Gemeinschaft verstanden oder erträumt wurde, in der jene, die Überfluß haben, denen unentgeltlich leihen, die sich in Not befinden. Daher auch das Bestreben der Kleriker, diese eines Christen unwürdigen, an sich bereits Quellen der Sünde bildenden finanziellen Aktivitäten auf die Juden abzuschieben[93].

---

88 A. Vauchez, La spiritualité du Moyen Age occidental, VIIIe–XIIe siècles, Paris 1975, 123–137.

89 Vgl. hierzu M. D. Chenu, La théologie au XIIe siècle, Paris 1957, 240ff; J. Le Goff, Les intellectuels au Moyen Age, Paris 1957.

90 Über die erneute Hochschätzung der *artes mechanicae* im 12. Jh. vgl. P. Sternagel, Die Artes Mechanicae im Mittelalter. Begriffs- und Bedeutungsgeschichte bis zum Ende des 13. Jahrhunderts, München 1966; G. Ovitt, The Status of Mechanical Arts in Medieval Classification of Learning, in: Viator 14 (1983) 89–105; F. Alessio, La riflessione sulle „artes mechanicae" (XII–XIV sec.), in: Lavorare nel Medio Evo, Todi 1983, 259–293.

91 Vgl. J. Le Goff, Pour un autre Moyen Age, Paris 1977, bes. 96f. Gemäß der durch Gratian im 12. Jh. wieder aufgenommenen Definition von Ambrosius: „Alles, was ich dem geliehenen Geld hinzufüge, ist Wucher".

92 Das bezeugt das *Decretum Gratiani* Ia pars, d. 88, c. 11 (Friedberg I 308): „Der am meisten Verfluchte unter allen Händlern ist der Wucherer, denn er verkauft etwas, was von Gott gegeben und nicht von Menschen erlangt wurde; und nachdem er gewuchert hat, nimmt er die Sache wieder an sich, was der Händler nicht kann"; vgl. G. Le Bras, Usure, in: DThC XV, Paris 1946, 2336–2372.

93 Vgl. Le Goff, Marchands (s. Anm. 75) 70–74; J. Noonan, The Scholastic Analysis of Usury, Cambridge/Mass. 1957; O. Capitani, L'etica (s. Anm. 82) 23–45.

2. *Juristen und Theologen angesichts der Geldwirtschaft (etwa 1160 bis 1220)*

Gerade zu der Zeit jedoch, da die Päpste und das III. Laterankonzil (1179) die Verurteilungen und Unterdrückungsmaßnahmen gegenüber den Wucherern mehrten, zeigte sich eine allmähliche Tendenzwende in bestimmten kirchlichen Milieus. Diese Wende führte schrittweise zu einem abgewogeneren Urteil über die neuen Formen wirtschaftlicher Tätigkeit. Vor allem in Italien wurden sich von den Jahren 1150/60 an Juristen, die aus dem kommunalen Milieu stammten und in Bologna studiert hatten, der Notwendigkeit bewußt, die Komplexität der konkreten Situation in Rechnung zu stellen. Einige Pariser Theologen traten zwischen 1180 und 1215 in ihre Spuren[94]. Die einen wie die anderen bemühten sich, die bisherige Lehre zu mäßigen, ohne freilich die großen Prinzipien in Frage zu stellen; sie erwogen in jedem einzelnen Fall die Erfordernisse der neuen Wirtschaftsorganisation, den sozialen Nutzen der Geschäftsvorgänge und besonders die eigentliche Absicht der betreffenden Personen[95].

Dieses realistische und zugleich pastorale Verständnis der wirtschaftlichen Aktivität setzte sich, wie gesagt, nur allmählich durch. Ein erster Schritt auf diesem Weg war die Anerkennung der Legitimität der meisten Formen organisierter Verzahnung von Kapital und Arbeit; sie waren in einer gewissen Anzahl wirtschaftlich begünstigter Gegenden wie insbesondere in den Mittelmeerhäfen bereits üblich geworden. Sehr rasch nämlich hatte der Aufschwung des Seehandels in diesen Regionen über die einfachen *commenda* hinaus und zur Entwicklung immer komplexerer Geschäftsformen geführt, die ganz neue Probleme stellten. Das galt in erster Linie für die Frage, wie Gewinn und Risiko innerhalb der Unternehmen zu verteilen waren. In den Augen der italienischen Kanonisten wie auch der Pariser Theologen schufen die neuartigen Zusammenschlüsse keine größeren Schwierigkeiten, unter der Bedingung freilich, daß der Kapitalverleiher ein wirkliches Risiko eingeht[96]. Übrigens sahen die Italiener sehr schnell ein, daß die Kaufleute, ja selbst der Kirchenstaat und das Papsttum, gezwungen waren, auf Kreditgeschäfte zurückzugreifen. In dieser Sicht wurde die Aktivität der Banken – Kapitaltransfer, Geldwechsel und sogar Kauf auf Kredit – als erlaubt angesehen, falls man nur an einigen Regeln festhielt. Die Lombarden und andere Spezialisten im Geschäftsverkehr erfreuten sich vom ausgehenden 12. Jh. an einer weitgehenden Toleranz von seiten der kirchlichen Autoritäten. Die einzige unveränderliche und unantastbare Verurteilung betraf immer noch das *mutuum*, das verzinste Darlehen. Das übrige wurde erlaubt. Das war schon viel, hatten die Geldgeschäfte ja nicht allein mit der Wucherfrage zu tun.

Im allgemeinen versuchten die Dekretisten der zweiten Hälfte des 12. Jh., die Härte der sehr strengen Verurteilungen des Händlers im *Decretum Gratiani* zu mildern. Zu diesem Zweck erarbeiteten sie eine Kaufs- und Verkaufstheorie. Sie stützte sich auf eine Unterscheidung zwischen dem *emolumentum* – Gewinn, Profit – aus dem Wucher *(ex mutuo)*, das

---

[94] Über diese Gruppe vgl. die meisterhafte Untersuchung von J. W. Baldwin, Masters, Princes and Merchants. The Social Views of Peter the Chanter and his Circle, I–II, Princeton 1970.

[95] Über die Stellungnahmen der Kanonisten in diesem Bereich vgl. T. MacLaughlin, The Teaching of the Canonists on Usury, in: Mediaeval Studies I (1939) u. II (1940) 1–21; J. Gilchrist, The Church and Economic Activity in the Middle Ages, New York 1969.

[96] Robert de Courçon verurteilt in seinem Traktat *De usura* (hrsg. u. übers. von G. Lefèvre, Lille 1902, 71 ff) Robert Cade de Saint-Omer, den Finanzminister Heinrichs II. Plantagenet, denn er war Gesellschaftsteilhaber ohne Kapitalrisiko.

verboten blieb, und dem *emolumentum* aus einem Verkauf *(ex empto)*, das als rechtmäßig anerkannt wurde. In seiner *Summa* (zwischen 1157 und 1159) erklärte Rufin, es sei keine Sünde, teurer zu verkaufen, als man gekauft habe, wenn einen dazu die Notwendigkeit oder der soziale Nutzen bewegen würde. Es sei den Handwerkern nicht untersagt, Gewinn zu machen, denn man müsse an ihre Arbeit und ihre Ausgaben denken. Selbst der Händler, falls nicht ein reiner Spekulant, habe das Recht, sich für seine Mühe wie auch zum Unterhalt seiner Familie bezahlen zu lassen und teurer zu verkaufen, als er gekauft habe[97]. Uns erscheinen diese Analysen geradezu primitiv; sie bedeuteten aber doch einen großen Schritt nach vorn in dem Maße, wie sie, entgegen der allgemeinen kirchlichen Denkart, die *mercatura* und *avaritia* automatisch miteinander verband, die Regeln für eine *negociatio honesta* festlegten. Manche Kanonisten, so Rufin und vor allem Huguccio, gingen sogar noch weiter. Sie behaupteten, es sei den Klerikern gestattet, mit Gewinn zu verkaufen, sofern ihr Einkommen nicht ausreiche und es bei diesem Verkauf ehrbar zugehe. Das führte dann zu einer genaueren Definition der *inhonesta mercimonia*, die die Kleriker den Laien überlassen sollten[98]. Jedenfalls gab es noch bis ins ausgehende 13. Jh. handeltreibende Kleriker. Das zeigt sich deutlich am Beispiel von Arras, auch wenn die Päpste sich Mühe gaben, die Zahl und Vorrechte dieser Händler zu verringern (die bekanntlich die Tonsur im wesentlichen nur in der Absicht erbaten und auch bekamen, um der Steuer und den Zivilgerichten zu entgehen)[99]. Wie es mit diesem Sonderfall auch stehen mag, das wesentliche Ergebnis der Denkarbeit der Dekretisten lag in ihrer klaren Aussage, daß der rein kommerzielle Dienst des Händlers eine legitime Rechtfertigung seines Gewinns darstellt.

Die römisch-rechtlichen Historiker ihrerseits haben den im Codex Justinianus stehenden Begriff der *laesio enormis* untersucht. Sie kamen zu dem überaus wichtigen Schluß, daß dieser Vorbehalt vom Verkäufer zur Nichtigerklärung der Transaktion nur dann angeführt werden konnte, wenn der Verkaufspreis um mehr als die Hälfte unter dem wahren Preis (im Sinne von Marktpreis) lag und nicht, wie W. Sombart geglaubt hatte, gemessen am Selbstkostenpreis[100]. Das bedeutete die Anerkenntnis der Wirtschaftsgesetze und das Zugeständnis, daß der Preis eines Objekts jener ist, der von beiden Parteien übereinstimmend festgelegt worden war. Nur die Tatsache eines Betrugs konnte den so abgeschlossenen Verkauf in Frage stellen, das heißt, wenn die gelieferte Ware nicht dem entsprach, worin man übereingekommen war. Alexander III. übernahm später diese sehr liberalen Bestimmungen in das Kirchenrecht.

Etwa von den achtziger Jahren des 12. Jh. an begannen auch die Theologen, sich für diese Fragen zu interessieren, Fragen, die bisher ausschließlich die Juristen beschäftigten. Insbesondere die Moraltheologen machten vermehrte Anstrengungen, eine soziale Rechtfertigung für die Rolle zu finden, die die Händler in der damaligen Gesellschaft tatsächlich

---

97 Baldwin, Masters (s. Anm. 94) I 263ff.

98 Zu dieser Frage vgl. J. Lestocquoy, Inhonesta mercimonia, in: Mélanges L. Halphen, Paris 1951, 414–416; vor allem aber vgl. J. Le Goff, Métiers licites et métiers illicites dans l'Occident médiéval, in: Pour un autre Moyen Age, Paris 1977, 91–107.

99 Vgl. J. Lestocquoy, Les villes de Flandre et d'Italie sous le gouvernement des patriciens (XIe–XVe siècle), Paris 1952, 202f.

100 Das hat gut gezeigt J. W. Baldwin, The Mediaeval Theories of the Just Price, in: Transactions of the American Philosophical Society IL/4 (1959). Vgl. auch A. Spicciani, La mercatura e la formazione del prezzo nella riflessione teologice medievale, Roma, Academia Nazionale de Lincei, Classe di Scienza morali, VIII, XX, 3 (1977).

spielten, und die allgemeinen Regeln an die besonderen Situationen anzupassen. So erklärte der englische Kleriker Thomas von Chobham – seiner Bildung nach Pariser – ihre Tätigkeit für rechtmäßig; er versicherte, „der Handel (bestehe) darin, etwas billig zu kaufen in der Hoffnung, es teurer wiederverkaufen zu können. Das ist dem Laien erlaubt, auch wenn er an den Dingen, die er gekauft hat, um sie dann weiterzuverkaufen, nichts verbessert, also zu keinem *emendamentum* beigetragen hat“ [101]. Diese Theologen interessierten sich natürlich in erster Linie für die Buße; deshalb bemühten sie sich zunächst um eine Unterscheidung zwischen dem Menschen und seinem Beruf. Gewiß, so dachten sie, kann ein Händler absichtlich betrügen wollen. Aber man kann deswegen nicht jeden Händler von vornherein als einen Dieb betrachten, auch wenn ihn sein Beruf zweifellos schweren Versuchungen aussetzt. Die kühnsten Denker unter ihnen waren Petrus Cantor und seine berühmten Schüler Thomas von Chobham, Robert von Flamborough, Stephan Langton, Robert de Courçon, Jacques de Vitry und andere. Ihre Hauptsorge war es, jeder Kategorie von Gläubigen den Weg zum Heil inmitten ihres *ordo* oder *status* aufzuzeigen, mochte dieser auch noch so gering sein. Aus diesem Grund hielten sie die Ausarbeitung einer entsprechenden Berufsethik für vordringlich [102]. Es handelte sich dabei nicht um eine ethisch großzügige Gruppe, sondern im Gegenteil um sittenstrenge Theologen aus dem reformerischen Flügel des Klerus; Beweis dafür ist ihre energische Stellungnahme gegen die handeltreibenden Kleriker und die Wucherer [103]. Ihr Bemühen, so dicht wie möglich an die wirtschaftlichen und sozialen Wirklichkeiten ihrer Zeit heranzukommen, verlangte von ihnen eine gewisse Offenheit des Geistes. So gab Petrus Cantor, der sonst sehr scharf gegen die Wucherer loszog, offen zu, man dürfe einen Zins verlangen, wenn es darum gehe, den Wert einer Aussteuer, die von einem verantwortungslosen oder unredlichen Ehemann verschleudert zu werden drohte, zu erhalten [104]. Und Robert von Courçon unterschied in seinem Werk *De usura* als erster klar zwischen Zins und Wucher. Seiner Ansicht nach könne zwischen der geschuldeten Summe und jener, die dann schließlich gezahlt werde, tatsächlich ein Unterschied erlaubt sein, unter der Bedingung freilich, daß dieser Unterschied klein bleibe; erlaubt sei er dann, wenn der Geldgewinn einen erlittenen Schaden kompensiere, zum Beispiel wenn der Ausleiher wegen verzögerter Rückzahlung gezwungen war, selbst ein verzinstes Darlehen aufzunehmen [105]. Robert wies darauf hin, daß in anderen Fällen der Schuldner ein Strafgeld zu zahlen habe, wenn er die geschuldete Summe nicht

---

[101] Thomas de Chobham, Summa confessorum, hrsg. von F. Brommfield, Löwen – Paris 1968, 301. Die *Summa* wurde zwischen 1200 und 1216 abgefaßt.

[102] Hervorragende Untersuchung der Stellungnahmen dieser Klerikergruppe in Baldwin, Masters (s. Anm. 94) I 3–46; wir brauchen also keine Einzelheiten anzuführen.

[103] Petrus Cantor zögerte nicht, die französischen Bischöfe allzu großer Nachlässigkeit im Kampf gegen den Wucher anzuklagen; vgl. *Verbum abbreviatum*, Kap. 59 (PL 205, 235): „Obwohl Alexander III. auf dem Laterankonzil ein Verdammungsdekret zur radikalen Ausrottung dieser Pest erlassen hat, fahren die Prälaten ruhig fort, dieser Pest von Leuten ihre Freundlichkeit zu beweisen und sie in ihren Lastern zu ermutigen. Da einige von den Konzilsteilnehmern wissen wollten, auf welche Leute dieses Verdammungsurteil zutreffe, antwortete einer von diesen Prälaten: ‚Das trifft nur die öffentlich bekannten Wucherer‘. Man fragte also weiter: ‚Und wer sind diese öffentlich bekannten Wucherer?‘ Darauf kam die Antwort: ‚Jene Leute, die öffentlich zugeben, daß sie Wucherer sind, oder die es durch irgendein Zeichen kundmachen, zum Beispiel, indem sie das Wuchergeld an einer Stange spazierentragen‘. So hat man das betreffende Dekret zunichte gemacht.“

[104] Baldwin, Masters (s. Anm. 94) I 280.

[105] Robert de Courçon, De usura, hrsg. u. übers. von G. Lefèvre, Lille 1902, 17–19; Baldwin, Masters (s. Anm. 94) I 271–273.

rechtzeitig einlöst, auch hier unter der Bedingung, daß diese Geldstrafe nicht dazu dient, ein Wuchergeschäft zu decken[106]. Wie man sieht, entstand hier auf dem Gebiet der Wirtschaft und der Finanzen eine regelrechte Kasuistik. Sie sollte der kommenden Generation als Grundlage dienen für ein gründlicheres Bedenken des Begriffs Kredit und des Wesens von Handelsverträgen.

Im ganzen standen die Theologen jedoch mindestens bis zur Mitte des 13. Jh. allen Formen verzinsten Darlehens ablehnend gegenüber; sie betrachteten all jene Leute als Wucherer, die einen Zins forderten, um den Verlust wettzumachen, der ihnen aus dem Verzicht auf die freie Verfügung über das Geld erwuchs. Diese scharfe Mißbilligung, ja Verdammung fußte, wie schon erwähnt, lange auf der Vorstellung, daß sich ein Geschöpf die Zeit nicht aneignen und noch weniger sie verkaufen könne, da sie ja Gott gehöre. Im 13. Jh. wurden zuweilen noch andere Beweggründe ins Feld geführt. Das Dekretale *Naviganti* Gregors IX. war ein klares Nein zu der Auffassung, ein reisender Händler dürfe für geliehenes Geld Zins verlangen unter dem Vorwand der eingegangenen Risiken; die Kommentatoren sprachen im gleichen Sinn; sie erklärten, daß einer, der sich in dieser Lage befindet, die gleichen Gefahren auf sich zu nehmen habe, wie jener, der eine Schiffsreise unternehme[107]. Etwas später rechtfertigte Innozenz IV. das Verbot des Wuchers mit der sozialen Ungleichheit, die sonst entstünde. Würde man, so der Papst, die Rechtmäßigkeit des verzinsten Darlehens im Handelsverkehr und im Kreditwesen zugeben, so würden die Bauern über kurz oder lang ihre weniger einträgliche Arbeit aufgeben. Das würde unvermeidlich die Nahrungsmittel verteuern und zu einer Verarmung der Massen führen[108]. Thomas von Aquin dachte später in seiner *Summa theologica* ähnlich: Für geliehenes Geld Zins einzuziehen war auch für ihn an sich ungerecht, da man ja das verkaufe, was keine Existenz besitzt, wodurch dann eine offenkundige, der Gerechtigkeit widersprechende Ungleichheit entstehe[109]. Tatsächlich konnte das Geld nach streng aristotelischer Begrifflichkeit nur Wertmaß einer Sache sein, nicht aber Wert an sich.

3. Die Bettelorden und die Lockerung der traditionellen Lehre

Indessen kam es auf diesem Gebiet zu einer Lockerung der strengen traditionellen Lehre durch die Bettelorden[110]. Dies mag paradox erscheinen, zumal sowohl die Minderbrüder als auch die Predigerbrüder die evangelische Armut gewählt hatten. Beide weigerten sich, etwas als eigen zu besitzen. Aber diese Männer, die ein lebhaftes religiöses Empfinden mit einer ernsthaften intellektuellen Bildung verbanden, waren vor allem Bußprediger und wollten Seelen für Gott gewinnen oder zurückgewinnen, mußten sich also mit ihren Büßern auf eine Art Handel einlassen. Sie waren oft Städter, fühlten sich in den Städten zu Hause und teilten mit ihren Mitbürgern den gleichen kommerziellen Sinn, was ihre Fegfeuer- und Ablaßpredigten zu erkennen gaben; der Ablaß läßt sich unter gewissen Rücksichten ja mit einem Kredit auf die angehäuften Schulden vergleichen, wobei diese

[106] Baldwin, ebd. 284–296.
[107] Friedberg, Corpus iuris canonici II can. 816.
[108] Innozenz IV., Apparatus in V libros decretalium, V, 19, Venedig 1570, 615f.
[109] Thomas von Aquin, Summa theologiae, IIa IIae q. 78 n. 1.
[110] Über die Entwicklung vgl. R. De Roover, La pensée économique des scolastiques, Montreal – Paris 1971; J. Ibanès, La doctrine de l'Eglise et la réalité économique au XIIIe siècle, Paris 1967.

Schulden hinieden durch Geld ausgeglichen oder wenigstens teilweise abbezahlt werden konnten. Da die Mitglieder der Bettelorden keinen Grundbesitz hatten, waren sie für ihren Lebensunterhalt zu sehr von der Geldwirtschaft abhängig, um sie nicht ernst zu nehmen. Die Laiengruppen schließlich, die sich um diese Männer bildeten, vor allem aber die im Umkreis ihrer Konvente immer zahlreicher entstehenden Büßer- und Tertiarengemeinschaften, setzten sich in der Mehrzahl aus Händlern und Handwerkern zusammen, über deren Gewissensfragen die Ordensleute nachdenken und für die sie zufriedenstellende Antworten finden mußten[111]. Ihr besonderer Beitrag auf diesem Gebiet bestand vor allem darin, daß sie eine christliche Antwort fanden auf die neuen Formen wirtschaftlicher Aktivität, und zwar einerseits durch das Abwägen von deren gesellschaftlicher Nützlichkeit – ganz im Sinne des Aristoteles – und andererseits durch das tiefere Bedenken von Begriffen und Sachverhalten, die bisher von den Theologen vernachlässigt worden waren, so wie die Zeit als realer Wert und die zu beachtende Mühewaltung der Händler in der Ausübung ihres Berufs. Schon von 1230 an hielt der katalonische Dominikaner Raimund von Peñafort die Zinsforderung für erlaubt, nicht aufgrund des übernommenen Risikos, sondern wegen des Gewinnverlustes in Anbetracht dessen, was die Investierung der geliehenen Summe eingebracht hätte[112]. Später übernahmen andere Männer aus den Bettelorden die Beweisführung gewisser zeitgenössischer Juristen wie Azzon. Dieser hatte auf die Notwendigkeit hingewiesen, den Schaden einzurechnen, der einem Gläubiger entstehe, wenn der Schuldner seinen Verpflichtungen nicht nachkäme; der Gläubiger habe ein Recht auf einen Ausgleich oder eine Entschädigung, falls der Schuldner etwa am Ende der Leihfrist nicht zahlen könne. Somit wurde nun wenigstens indirekt Zins und Wucher klar unterschieden und für gewisse Fälle der Zins als berechtigt anerkannt[113].

Der fortschrittlichste Beitrag zur Wirtschaftslehre kam jedoch zweifellos von Pierre de Jean Olieu oder Olivi, einem Franziskaner aus dem Languedoc (1248–1298). Ihm verdankt man als erstem eine Definition des Begriffs Kapital[114]. Mit diesem Namen bezeichnete er jede für eine produktive wirtschaftliche Tätigkeit (zum Beispiel Handel) bestimmte Geldsumme oder Ware, die in dieser Eigenschaft einen möglichen Gewinn und einen erhofften finanziellen Vorteil einschließt. Der Wert des Kapitals übersteigt insofern den der Geldsumme, in der es zum Ausdruck kommt und mit der es gemessen wird; der angemessene Preis muß daher bei Abschätzung des wahren Wertes der Geldsumme dieses Mehr mit einrechnen. Wenn jemand, von Nächstenliebe und der Not des Bedürftigen veranlaßt, diese Geldsumme leiht, darf er also gerechterweise einen Zins verlangen. Gewiß hat das Geld keine Frucht zu tragen, da es ja, wie schon Aristoteles sagte, an sich unfruchtbar ist. Aber eine Geldsumme wird zum Kapital, wenn ihr Eigentümer beschließt, es zu investieren. Für Olivi besteht der Unterschied also in der Intention, das heißt im Willen des Verleihers, diese Summe zu nützen, um mittels eines konkreten Projektes mehr herauszuziehen. Das Geld wechselt gewissermaßen sein Wesen, indem es in einen Produktionsvorgang eingeht;

111 Das haben gut gezeigt L. K. Little, Religious Poverty and the Profit Economy, London 1978, und J. Le Goff, La bourse et la vie, Paris 1986.

112 Raymond de Peñafort, Summa poenitentiae, Verona 1744, 210.

113 Vgl. A. Spicciani, Capitale e interesse tra mercatura e povertà nei teologi e canonisti dei secoli XIII–XIV, Rom 1990, 27–29.

114 Vgl. G. Todeschini, Un trattato d'economia politica francescani: il „*De Emptionibus, de usuris, de restitutionibus*“ di Pietro di Giovanni Olivi (Studi storici dell'ISIPIME), Rom 1980, 125f.

Die kirchliche Haltung gegenüber Händlern und Handwerkern erfährt seit dem 13. Jh. eine Aufwertung, die sich auch in den um 1210 entstandenen Darstellungen (Weberei, Wirkerei, Gerberei, Schusterei, Fischerei und Jagd) im Musterbuch des Klosters Rein bei Graz spiegelt (Wien, Österreichische Nationalbibliothek).

und jener, der darauf verzichten müßte, würde wirklich Schaden leiden[115]. Es ist nur logisch, wenn Olivi es für richtig hält, daß ein Ausleiher eine Senkung des Zinsfußes erlangt, wenn er seine Schuld vor Fristablauf zurückbezahlt, denn kraft des Leihvertrags mit seinem Gläubiger ist die Zeit zu einem persönlichen Recht des Schuldners geworden. Da der Dominikaner Gilles de Lessines in seinem Traktat *De usuris* (1278) ähnlich dachte, kann man mit Recht sagen, das traditionelle Argument – der Händler oder Verleiher verkauft eine Zeit, die nur Gott gehört – sei im ausgehenden 13. Jh. veraltet gewesen[116].

Die Rehabilitierung der neuen Formen wirtschaftlicher Tätigkeit, die am Ende des 12. Jh. durch Kirchenrechtler und Moraltheologen in die Wege geleitet worden war, wurde durch die Bettelorden sicher noch beschleunigt. Hagiographische Texte und Predigten liefern hierzu kontrapunktisch ein hervorragendes Zeugnis für die sich entwickelnden kirchlichen Mentalitäten auf diesem Gebiet: Im Jahre 1199 wurde Homobonus von Cremona († 1197), ein frommer Laie und Tuchhändler von Beruf, durch Papst Innozenz III. heiliggesprochen[117]. Es war an sich außergewöhnlich, daß der Papst nicht zögerte, einen Händler zur Ehre der Altäre zu erheben; immerhin muß man bemerken, daß die Heiligsprechungsbulle seinen Beruf nicht erwähnt; und auch die zweifellos 1198 von Bischof Sicard von Cremona verfaßte Lebensbeschreibung des Heiligen begnügt sich mit dem Hinweis, daß Homobonus „den Handel mit den zeitlichen Dingen aufgegeben hat und Händler des Himmelreiches geworden ist“. Erst am Ende des 13. Jh. erschien eine andere Lebensbeschreibung des Heiligen, in der nun sein Beruf in günstigerem Licht gesehen wurde, mit dem Hinweis freilich, Homobonus habe sich in der Ausübung dieses Berufes durch einen besonderen Geist der Gerechtigkeit und Nächstenliebe ausgezeichnet[118]. Doch schon 1261 zögerte der Erzbischof von Pisa, Frederico Visconti, nicht mehr, der Tuchhändlerbruderschaft von Pisa den hl. Franz von Assisi als Schutzpatron vorzuschlagen; dieser könne ihnen als Vorbild dienen, da er in seiner Jugend den gleichen Beruf ausgeübt habe wie sie[119]. Solche Beispiele zeigen, daß die Kirche von der zweiten Hälfte des 13. Jh. an den Händler nicht seiner fast sicheren Verdammnis überließ, sondern ihn zu Bekehrung und christlichem Verhalten bei seiner Berufstätigkeit aufrief.

---

115 Spicciani, Capitale (s. Anm. 113) 85–94. Über den Einfluß des Werkes Olivis auf das Wirtschaftsdenken im ausgehenden Mittelalter vgl. R. De Roover, San Bernardino and Sant'Antonio of Florence, the Two Great Economic Thinkers of the Middle Ages, Cambridge/Mass. 1967.

116 Gilles de Lessines, De usuris in Sancti Thomae Aquinatis opera omnia, 25 Bde., Parma 1852–1872, XVIII, 413–436; vgl. auch A. M. Hamelin (Hrsg.), Un traité de morale économique au XIVe siècle: le Tractatus de usuris d'Alexandre d'Alexandrie (1307), Löwen 1962.

117 Über die geschichtliche Gestalt dieser Persönlichkeit vgl. A. Vauchez, Les laïcs au Moyen Age, Paris 1987, 77–82.

118 Vgl. hierzu A. Vauchez, Le trafiquant céleste: saint Homebon de Crémone († 1197), marchand et père des pauvres, in: H. Dubois – J. C. Hocquet – A. Vauchez (Hrsg.), Horizons marins, itinéraires spirituels (Ve–XVIIIe siècles), I (Mélanges M. Mollat), Paris 1987, 115–122.

119 Text in: A. Vauchez, Religion et société dans l'Occident medieval, Turin 1980, 157. Über die Florentiner Predigten am Beginn des 14. Jh. vgl. D. R. Lesnick, Dominician Preaching and the Creation of Capitalist Ideology in Late Medieval Florence, in: Memorie Domenicane, Neue Folge, 8–9 (1977/78) 199–247.

Bibliographie

Quellen:

A. Artonne – I. Guizard – O. Pontal, Répertoire des statuts synodaux de l'ancienne France, Paris 1964.
J. Avril (Hrsg.), Les concils de la province de Tours, XIIIe--XVe siècle, Paris 1987.
N. Bériou, La prédication de Ranulphe de la Houblonnière. Sermons aux clercs et aux simples gens à Paris au XIIIe siècle, I–II, Paris 1987.
A. García y García (Hrsg.), Synodicum Hispanicum, I–IV, Salamanca 1980/85.
D. Julia – M. Venard, Répertoire des visites pastorales de l'ancienne France, Ière série, I–IV, Paris 1977–1985.
M. Powicke – C. R. Cheney, Councils and synods relating to the English Church, II: 1205–1313, English Synodalia of the Thirteenth Century, Oxford 1968.
Thomas de Chobham, Summa de arte praedicandi, hrsg. von T. Morenzoni (CCM 82), Turnhout 1988.
G. Todeschini, Un trattato d'economia politica francescana: il De emptionibus, de usuris, de restitutionibus, di Pietro di Giovanni Olivi (Studi Storici dell'Instituto storico italiano per il Medio Evo), Rom 1980, 125f.

Untersuchungen:

O. Capitani, Una economia politica nel Medio Evo, Bologna 1987.
J. Le Goff, La bourse et la vie, Paris 1986.
Istituzioni ecclesiastiche dei secolo XI e XII: diocesi, pievi e parrochie, Mailand ²1977.
A. Haverkamp, Aufbruch und Gestaltung, Deutschland 1056–1273, München ²1993.
L. K. Little, Religious Poverty and the Profit Economy, London 1978.
P. Longère, La prédication mediévale, Paris 1983.
H. de Lubac, Corpus mysticum. L'eucharistie et l'Eglise au Moyen Age, Paris 1949.
R. Manselli, Il pensiero economico del Medievo, in: L. Firpo (Hrsg.), Storia delle idee politiche, economiche e sociali, II/2, Turin 1983, 817–865.
Pievi e parrocchie in Italia nel basso Medio Evo (sec. XIII–XV), I–II, Rom 1984.
Pratiques de la confession des Pères du désert à Vatican II, quinze siècles d'histoire, Paris 1983.
A. Spicciani, Capitale e interesse tra mercatura e povertà nei teologi e canonisti dei secoli XIII–XIV, Rom 1990.
Faire croire. Modalités de la diffusion et de la réception des messages religieux du XIIe au XVe siècle, hrsg. von A. Vauchez (Collection de l'Ecole française de Rome, 51), Rom 1981.
M. Zink, La prédication en langue romane avant 1300, Paris 1974.

Zweites Kapitel

Die Bettelorden und ihr Wirken in der städtischen Gesellschaft

VON ANDRÉ VAUCHEZ

Jakob von Vitry, Bischof von Akkon und wichtiger Vertreter der innerkirchlichen Reformbewegung, äußerte sich um 1230 zum Wandel, der in den Jahrzehnten zuvor in der Christenheit stattgefunden hatte: „Bisher hatte es drei Formen religiösen Lebens gegeben: Eremiten, Mönche und Regularkanoniker. Der Herr wollte dieses Gebäude mit einem vierten Pfeiler sichern. So fügte er in dieser Zeit, die ihrem Ende entgegengeht, eine vierte Institution, die Schönheit eines neuen Ordens, die Heiligkeit einer neuen Regel, hinzu.“ [1]

Noch eindeutiger hatte sich einige Jahre zuvor der Prämonstratenser Burchard von Ursberg († um 1230) zum gleichen Thema geäußert: „In dieser Zeit, als die Welt alt geworden war, brachte die Kirche zwei Orden hervor; und diese gaben ihr, Adlern gleich, ihre Jugend zurück.“ [2]

Die beiden zeitgenössischen Texte beziehen sich selbstverständlich auf die Entstehung der Bettelorden um 1215/20, vor allem aber auf die beiden wichtigsten Gründungen: den durch Franz von Assisi initiierten Orden der Minderbrüder (Minoriten) und den von Dominikus gegründeten Orden der Predigerbrüder. Obwohl die Unterschiede zwischen den beiden Bewegungen bereits in den Anfängen beträchtlich waren, fiel den Zeitgenossen ihre gleiche Ausrichtung wie auch ihr im Vergleich zu den bestehenden Orden radikal neuer Ansatz auf.

1. Franz von Assisi, Dominikus und die Originalität der Bettelorden

Zumindest in den Anfängen gab es vieles, was die beiden Ordensstifter voneinander trennte. Obwohl sich beide 1215 vermutlich in Rom begegnet waren, bedachte und realisierte jeder sein Vorhaben in völliger Unabhängigkeit [3].

Bibliographische Kurzangaben verweisen auf das Literaturverzeichnis am Ende des Kapitels (siehe Seite 860).

[1] JAKOB VON VITRY, Historia Orientalis, hrsg. von G. GOLUBOVICH, Biblioteca bio-bibliografica della Terra Santa e del Oriente francescano I, Quaracchi 1906, 8.

[2] BURCHARD VON URSBERG, Die Chronik des Propstes Burchard von Ursberg, hrsg. von O. HOLDER-EGGER – B. VON SIMSON, Hannover – Leipzig 1916: Zitat über das Jahr 1213: *Eo tempore mundo iam senescente exorte sunt due religiones in ecclesia, cuius ut aquila renovatur iuventus.*

[3] Vgl. K. ELM, Franziskus und Dominikus. Wirkung und Antriebskräfte zweier Ordensstifter, in: Saec 23 (1972) 127–147.

a) Franz von Assisi und die Anfänge der Minderbrüder

Franz von Assisi, Ende 1181 oder Anfang 1182 geboren, war der Sohn eines reichen Tuchhändlers in der umbrischen Kleinstadt Assisi und hätte eigentlich in die Fußstapfen seines Vaters treten sollen[4]. Aber bereits als Jugendlicher war er mehr an der lebensfrohen Geselligkeit im Kreise der reichen jungen Leute seiner Vaterstadt als an kaufmännischer Tätigkeit interessiert. Sein Reichtum erlaubte es ihm, mit den Söhnen des Adels zu verkehren; von ihnen übernahm er jene Ideale höfischer Kultur, die seinen Charakter und seinen Lebensstil nachhaltig prägen sollten. Vom Kriegshandwerk und Ritterleben fasziniert, schloß er sich 1205 einem militärischen Feldzug an, der nach dem Willen Innozenz' III. die Kaiserlichen in Apulien bekämpfen sollte. In Spoleto indes erkrankte er, und in einer Vision wurde ihm befohlen, nach Assisi zurückzukehren. Damit setzte ein langjähriger Bekehrungsprozeß ein, der ihn in Abgeschiedenheit und Gebet den eigenen Weg suchen ließ. Nachdem ihm sein Vater seine Freigebigkeit den Armen und den Kirchen gegenüber zum Vorwurf gemacht hatte, kam es zum Bruch: Franz verzichtete auf sein Erbe und stellte sich als Büßender unter den Schutz des Bischofs von Assisi. Im Februar 1208 hörte er während einer Predigt die Matthäus-Stelle (Mt 10,5–16), in der von der Aussendung der Jünger ohne Geld und ohne Schuhe die Rede ist, und wurde sich seiner eigentlichen Berufung bewußt: ein Leben in evangelische Armut. Der Bruch sollte radikal sein. Er verzichtete auf aufwendige Bekleidung, behielt nur eine einzige Tunika, ersetzte den Gürtel durch einen Strick und begann, seine Mitbürger zur Bekehrung aufzurufen. Schon bald schlossen sich ihm einige Einwohner – Laien wie Kleriker – aus Assisi und Umgebung an. Die erste kleine Wandergemeinschaft war entstanden. 1209 verfaßte Franz eine Art programmatisches „Manifest" – eine Zusammenstellung von Bibelzitaten, die er in Rom Papst Innozenz III. unterbreitete. Dieser stimmte mündlich dem Gemeinschaftsprojekt zu, wollte jedoch die künftige Entwicklung des in vielen Punkten mit den Bestrebungen der Waldenser durchaus vergleichbaren Experiments abwarten, bevor er sich stärker verpflichtete.

Die Beteiligten waren von dieser eher positiven Aufnahme ermutigt, gaben sich den Namen „Minderbrüder" (Minoriten) – d. h. geringe und bescheidene Brüder – und weiteten ihre Predigttätigkeit in Mittelitalien aus, wo sie schon bald zahlreiche, von der persönlichen Ausstrahlung des Franz von Assisi faszinierte Anhänger fanden, darunter auch Frauen. Als erste Frau stieß 1212 Clara, eine junge Adlige aus Assisi, zu ihnen; mit ihr sollte der *Ordo pauperum dominarum inclusarum*, auch Damianistinnen, seinen Anfang nehmen – der weibliche Zweig des Franziskanerordens, später „Klarissen" genannt[5]. 1217

---

[4] Zu den zuverlässigsten Franziskus-Biographen gehören R. Manselli, Franziskus: der solidarische Mensch, Zürich 1984, und F. Cardini, Francesco d'Assisi, Mailand 1989. Vgl. auch San Francesco d'Assisi nella ricerca storica degli ultimi ottant' anni (Atti del IX Convegno del Centro di studi sulla spiritualità medievale [= Convegno 9]), Todi 1971, und R. B. Brooke, Recent Work on St. Francis of Assisi, in: AnBoll 100 (1982) 653–676. Zur Quellenlage vgl. St. da Campagnola, Francesco d'Assisi nei suoi scritti e nelle sue biographie dei secoli XIII–XIV, Assisi 1977, und R. Manselli, „Nos qui cum eo fuimus". Contributo alla questione francescana, Rom 1980. In deutscher Sprache zugänglich sind die meisten Schriften in der Reihe: Franziskanische Quellenschriften, 1951 ff.

[5] Zu Clara von Assisi und den schwierigen Anfängen der Klarissen vgl. R. B. und C. N. L. Brooke, St. Clare, in: D. Baker (Hrsg.), Medieval Women, Oxford 1978, 275–287, und M. Bartoli, Chiara d'Assisi, Rom 1989. Auf Deutsch zugänglich sind die Quellen in: E. Grau, Die Schriften der hl. Klara und die Werke ihrer Biographen, in: Movimento religioso femminile e Francescanesimo nel s. XIII (Atti del VII Convegno della Società Internazionale di Studi Francescani, Assisi 11–13 ott. 1979 = Convegno 7), Assisi 1980, 195–238.

Der Bruch des Franziskus mit seinem reichen Vater, dem er seine Kleider hinwirft, ist die Entscheidung für ein Leben in Armut. Indem der Bischof von Assisi den nackten Jüngling mit seinem Mantel umhüllt, nimmt er nach mittelalterlicher Rechtsauffasssung Franziskus als Sohn an. Fresko (15. Jh.) von Benozzo Gozzoli in S. Francesco in Montefalco.

beschloß das Generalkapitel, zu dem sich alljährlich sämtliche Mitbrüder in der kleinen Kirche von Portiuncula, der Wiege der Gemeinschaft, versammelten, Ordensleute auf Mission nördlich der Alpen zu entsenden. Franz von Assisi selbst wollte sich nach Frankreich begeben, wurde aber in Florenz von Kardinal Hugolin davon abgehalten; dieser konnte ihn zum Verbleib in Italien bewegen, mußte er doch als Oberhaupt über die aufblühende, aber noch nicht gefestigte Gemeinschaft wachen. Gleichwohl brach der Poverello 1219 ins

Heilige Land auf und stieß in Damiette, Ägypten, zum fünften Kreuzzug, der soeben die Stadt erobert hatte. Während eines Waffenstillstandes verließ er, nur von einem einzigen Gefährten begleitet, das christliche Lager und wurde zum Sultan geführt, den er vergeblich von der Überlegenheit des christlichen Glaubens zu überzeugen suchte. Nach seinem Mißerfolg brach er zu einer Pilgerfahrt zu den Heiligen Stätten auf, mußte aber 1220 nach Italien zurückkehren. In seiner Abwesenheit hatten seine Stellvertreter nämlich Maßnahmen eingeleitet, die den ursprünglichen Geist seiner Gründung gefährdeten. Franz sorgte für Ordnung, zog es aber vor, die Leitung des Ordens abzugeben, dessen rasches Wachstum – bereits mehr als 3000 Minderbrüder im Jahr 1221 – Probleme institutioneller und disziplinarischer Art aufgab, denen er sich nicht gewachsen fühlte. Dabei ging es insbesondere darum, die evangelische Bruderschaft der Anfänge in einen eigentlichen, einer Regel unterstellten kirchlichen Orden umzuwandeln, was Kardinal Hugolin, der offizielle Schirmherr des Ordens, nachdrücklich verlangte[6]. Nach einigen fruchtlosen Bemühungen approbierte Papst Honorius III. im November 1223 einen Text, der unter dem Namen Zweite Regel – oder besser *regula bullata* – bekannt ist[7].

Franziskus, dessen Gesundheitszustand sich zusehends verschlechterte – er hatte aus dem Orient die Ägyptische Augenkrankheit mitgebracht und krankte zudem an Magen und Milz – und der mit der Entwicklung des immer mehr seiner Kontrolle entgleitenden Ordens nicht einverstanden war, verbrachte lange Zeit in verschiedenen Einsiedeleien, insbesondere in La Verna, wo er im September 1224 nach einer Vision die Stigmata empfing[8]. Obwohl beinahe erblindet, verfaßte er 1225 den *Sonnengesang* oder *Laudes creaturarum* (Lobpreisung der Geschöpfe), den Gründungstext religiöser Literatur in italienischer Sprache[9]. Als er sein Ende nahen fühlte, stellte er 1226 sein *Testament* auf, worin er einfühlsam die Anfänge seines religiösen Weges beschreibt und sich bemüht, seinen Mitbrüdern das seinem ursprünglichen Entwurf entsprechende Ideal des evangelischen Lebens nahezulegen[10]. Im September nach Assisi zurückgebracht, verstarb er am 3. Oktober 1226 im Kloster Portiuncula und wurde bereits 1228 von Hugolin, 1227 unter dem Namen Gregor IX. Papst geworden, kanonisiert. Kurze Zeit danach begann unter dem Einfluß von Papst und Bruder Elias da Cortona in Assisi der Bau einer mächtigen und imposanten Basilika, wohin seine Gebeine 1230 übertragen wurden[11].

Dieser kurze Überblick über die wichtigsten Stationen im Leben des heiligen Franziskus

---

[6] Über die Geschichte der Anfänge des Minoritenordens vor Franz' Tod informiert am zuverlässigsten K. Esser, Anfänge und ursprüngliche Zielsetzungen des Ordens der Minderbrüder, Leiden 1966.

[7] Franz von Assisi und seine Gefährten hatten mehrere Texte verfaßt. Einer davon, ungenau „Erste Regel" genannt, wurde 1221 dem Papst unterbreitet und von diesem abgelehnt. Dort findet sich das Programm des evangelischen Lebens der Minoriten am authentischsten wiedergegeben. Vgl. dazu: Die Opuscula des hl. Franziskus von Assisi, hrsg. von K. Esser, Rom 1976, 373–404; K.-V. Selge, Franz von Assisi und die römische Kurie, in: ZThK 67 (1970) 129–161, und J. M. Powell, The Papacy and the Early Franciscans, in: FrSA 36 (1976) 248–262.

[8] Vgl. A. Vauchez, La stigmatizzazione di San Francesco. Significazione e portata storica, in: ders., Ordini Mendicanti e società italiana, XIII–XV secoli, Mailand 1990, 54–64.

[9] Deutsche Version in: Franciscus von Assisi, Sonnengesang des hl. Franz von Assisi, hrsg. und übers. von O. Karrer, Zürich 1940.

[10] K. Esser, Das Testament des heiligen Franziskus von Assisi, Münster 1949; R. Manselli, Dal Testamento ai testamenti di s. Francesco, in: Collectanea Franciscana 46 (1976) 121–129.

[11] Zur Basilika und ihrer Baugeschichte vgl. J. Poeschke, Die Kirche San Francisco in Assisi und ihre Wandmalereien, München 1985.

vermag auch nicht annähernd zu vermitteln, welcher außerordentliche Erfolg ihm bereits zu Lebzeiten beschieden war. Als charismatische Persönlichkeit von großer Ausstrahlung beeindruckte der Poverello von Assisi seine Zeitgenossen vor allem durch die absolute Kohärenz zwischen seinen Worten und Taten, zwischen der verbreiteten Botschaft und ihrer faktischen Umsetzung [12]. Kern dieser Botschaft war die Armut. Letztere war in Franziskus' Augen nicht bloß eine soziale Voraussetzung oder eine Tugend, vielmehr das Wesen des evangelischen Lebens überhaupt [13]. Mit ihm verwandelte sich das im Europa des 12. Jh. so verbreitete alte asketische Motto „dem nackten Christus nackt folgen" auf individueller und kollektiver Ebene in einen konkreten Lebensstil. Eine derartige Forderung war bisher allein von dissidenten oder häretischen Gruppierungen erhoben worden. Das Mönchtum wiederum hatte selbst in seiner asketischen Form – Zisterzienser oder Kartäuser – von seinen Anhängern stets nur die persönliche Armut gefordert, was keineswegs als Widerspruch zum umfangreichen Landbesitz und den hohen Einkünften der Gemeinschaft insgesamt aufgefaßt wurde, ermöglichte doch erst dieser Reichtum das praktische Einhalten des Zönobitentums. Mit Franziskus verstärkte sich die Anforderung an das Armutsideal, verlangte er doch von allen, die ihm nachfolgen wollten, nicht bloß den Verzicht auf die eigenen Güter, die es unter die Armen zu verteilen galt, sondern den Verzicht auf jeglichen Gemeinschaftsbesitz; für ihre täglichen Bedürfnisse hatten seine Anhänger durch körperliche Arbeit und Bettel aufzukommen und sich so der Vorsehung anheimzustellen. Dem Evangelium gemäß leben hieß für Franziskus, die wirtschaftliche Unsicherheit zu akzeptieren und sich auf gleiche Stufe mit den Ärmsten – Randgruppen, Leprakranken, Landstreichern – zu stellen, die wie Christus weder feste Unterkunft noch Geld hatten [14]. Aus dem gleichen Grund legte er auch großes Gewicht auf die Demut, also auf die strikte Ablehnung von Macht in all ihren Formen (Autorität des Grundherrn, aber auch kulturelle Überlegenheit), die den Menschen dazu verführen konnte, mit dem zu prahlen, was ihm eigentlich nicht gehörte, und seine Mitmenschen zu unterdrücken [15].

b) Dominikus und der Orden der Predigerbrüder

Zur gleichen Zeit begab sich ein kastilischer Kleriker, Domingo de Guzmán, auf einen Weg, der sich teils mit demjenigen des Poverello überschnitt und teils ganz anders verlief [16]. Dominikus, um 1175 in Caleruega geboren, entstammte einer Adelsfamilie und wurde schon in jungen Jahren für die kirchliche Laufbahn bestimmt. Er studierte in Palencia, bevor er 1196 Kanoniker am Kathedralkapitel von Osma wurde. 1203 begleitete er seinen von

---

[12] Vgl. dazu die zeitgenössischen Zeugnisse in: TH. DESBONNETS – D. VORREUX (Hrsg.), Saint François d'Assise. Documents, Paris 1968, 1435–1454.

[13] Vorzügliche Gesamtdarstellung des franziskanischen Armutsbegriffs bei M. D. LAMBERT, Franciscan Poverty. The Doctrine of the Absolute Poverty of Christ and the Apostles in the Franciscan Order, 1210–1323, London 1961. Zum selben Thema vgl. auch La povertà nel secolo XII e Francesco d'Assisi (Convegno 1; vgl. Anm. 5), Assisi 1975.

[14] Vgl. G. MICCOLI, La proposta cristiana di Francesco d'Assisi, in: NSMed 3. Ser. 24 (1983) 17–26.

[15] Eine bemerkenswerte Darstellung dieses oft vernachlässigten Aspekts des Franziskanertums findet sich in: M. CUSATO, La renonciation au pouvoir chez les Frères Mineurs au 13e siècle (Diss.), Paris 1991.

[16] Die beste historische Biographie über Dominikus ist jene von M.-H. VICAIRE, Geschichte des heiligen Dominikus, 2 Bde., Freiburg i. Br. 1962–63. Eine Gesamtinterpretation von Persönlichkeit und Werk liefert auch G. BEDOUELLE, Dominique ou la grâce de la Parole, Paris 1982.

großem Missionseifer beseelten Bischof, Diego de Acebes, auf einer diplomatischen Mission im Auftrag des Königs von Kastilien in den Norden Deutschlands. An ihrem Reiseziel konnten sie sehen, welche Verwüstungen die Kumanen – heidnische Stämme aus Mitteleuropa, die von den dortigen Fürsten als Söldner eingesetzt wurden – in diesen Regionen angerichtet hatten. Nach ihrer Rückkehr nach Spanien machten sie es sich zur Aufgabe, die Kumanen zu missionieren; zu diesem Zweck begaben sie sich nach Rom zu Papst Innozenz III., der ihr Vorhaben billigen sollte. Auf dem Rückweg durch die Grafschaft Toulouse wurde ihnen während eines Aufenthalts in der Stadt Toulouse selbst schmerzlich bewußt, wie erfolgreich die Lehre der Katharer dort war. Im August 1206 trafen die beiden Männer in Montpellier auf die päpstliche Mission der Zisterzienser gegen die Häretiker, die, von der negativen Aufnahme durch die einheimische Bevölkerung entmutigt, ihren Auftrag aufgeben wollte. Über den Luxus der Kleidung und den Umfang des Gefolges der päpstlichen Vertreter schockiert, die in heftigem Kontrast zum asketischen und bescheidenen Lebensstil der *perfecti* (Vollkommenen) standen, beschlossen sie, im Languedoc zu bleiben und zu versuchen, die dortigen Gläubigen durch „apostolische" Wanderpredigttätigkeit, d. h. durch Verkündigung des Wortes Gottes in Demut und Armut, zum orthodoxen Glauben zurückzuführen[17]. Ohne jeglichen Autoritätsanspruch, der im übrigen in einer Region, in der die Anhänger der römischen Kirche langsam zur Minderheit zu werden drohten, auch gar nicht angemessen gewesen wäre, ließen sie sich auf öffentliche Disputationen mit Katharern und Waldensern ein. In einigen Fällen, etwa im Jahr 1207 in Montréal, vermochten sie sich dank ihrer Bibelkenntnisse und ihres evangelischen Zeugnisses ihren Kontrahenten gegenüber durchzusetzen. Im gleichen Jahr gründete Dominikus in Prouille ein Kloster für Frauen, die sich vom Katharertum losgesagt hatten, während es Diego in Pamiers gelang, eine bedeutende Gruppe von Waldensern um Durandus von Huesca in den Schoß der Kirche zurückzuführen; diese verwandelten sich schließlich unter dem Namen *pauperes catholici* (Katholische Arme) in eine von Innozenz III. 1208 bestätigte Kongregation[18].

Kurz darauf starb Diego de Acebes, und Dominikus führte zusammen mit einigen Gefährten, die sich ihm angeschlossen hatten, sein Werk fort. Nach dem Sieg Simons von Montfort ließ er sich in Toulouse nieder, wo er eine Klerikergemeinschaft gründete, die sich in Zusammenarbeit mit dem Ortsbischof um die Seelsorge kümmerte und dem Ungenügen des Pfarrklerus entgegenzuwirken suchte. Diese bescheidene Kongregation von Diözesanpredigern wurde von Honorius III. im Anschluß an das Vierte Laterankonzil, an dem Dominikus teilgenommen hatte, unter dem vom Ordensstifter gewünschten Namen *Ordo Praedicatorum* (Predigerorden) bestätigt. Aber da das Konzil Ordensneugründungen untersagt hatte, bestand der Papst auf der Regularklerikern angemessenen Augustinusregel. Ihre definitive Gestalt erhielt die Neugründung indes erst nach ihrer endgültigen Bestätigung in den Jahren 1217 und vor allem 1220/21, nachdem Dominikus die Ordenssatzungen ausgearbeitet hatte. Diese Verfassung machte die Beson-

---

[17] Vgl. dazu Ch. Thouzellier, Catharisme et Valdéisme en Languedoc à la fin du XIIe et au début du XIIIe siècle, Löwen – Paris [2]1969 (Ndr. Marseille 1982) 194–204, und dies., Saint Dominique en Languedoc, Toulouse 1966.

[18] Vgl. J. B. Pierron, Die Katholischen Armen, Freiburg i. Br. 1911, und H. Grundmann, Religiöse Bewegungen im Mittelalter, Berlin 1935, 100–126 (Ndr.: Darmstadt 1961).

Dominikus überreicht Honorius III. seine Ordensregel zur Bestätigung. Relief (um 1265) von Nicolò Pisano am Grabmal des Dominikus in S. Domenico in Bologna.

derheit des Ordens deutlich, indem sie speziell die Armut der Predigerbrüder und deren Absage an individuellen und kollektiven Besitz (außer der unerläßlichen Behausung) hervorhob[19].

Möglicherweise hätte der Orden nicht den ihm beschiedenen Erfolg gehabt, hätte sein Stifter angesichts der gewalttätigen Ereignisse im Languedoc nicht die Initiative ergriffen, um den Orden über die Grenzen seiner angestammten Region hinaus auszubreiten. Dominikus' genialer Einfall war es, seine noch wenig zahlreichen Gefährten in einige der großen urbanen Zentren, die zugleich Universitätsstädte waren - Orléans, Paris, Segovia und Bologna -, zu entsenden, wo sie sich im Hinblick auf die künftige Predigttätigkeit dem Studium widmen konnten. Großen Eindruck hinterließen ihr asketischer Lebenswandel und ihr apostolischer Eifer im Gelehrtenmilieu, aus welchem dem Orden viele bedeutende Anhänger erwuchsen. Mit Roms Unterstützung gewann der Orden schließlich universale Bedeutung, und bereits 1221, dem Todesjahr des Stifters, zählte er mehrere hundert Brüder und nannte 25 Konvente in fünf Provinzen sein eigen. Daneben gab es in Rom wie in Bologna bereits Frauengemeinschaften, und etwas später sollten die Dominikanerinnen im deutschen Raum äußerst erfolgreich sein. Den Predigerbrüdern, die das volle Vertrauen

[19] A. H. Thomas, De Oudste Constituties van de Dominicanen, Löwen 1965.

des Papsttums besaßen, wurde zwischen 1231 und 1233 die Tätigkeit als Inquisitoren übertragen, was ihre – wenngleich nicht ausschließliche – Ausrichtung auf Verfolgung und Unterdrückung von Häresien zur Folge hatte[20].

c) Unterschiede und Gemeinsamkeiten der wichtigsten Bettelorden

Während die Minderbrüder auf gleicher Stufe Kleriker und Laien, die einer ganz neuen Regel nachlebten, vereinigten, mag der Orden der Predigerbrüder auf den ersten Blick den Eindruck einer weniger eigenständigen Gemeinschaft erwecken, versammelte er doch Ordensleute, die wie die Regularkanoniker die Augustinusregel befolgten. Durch seine Satzungen und seine Strukturen indes stand er in direkter Auseinandersetzung mit der Gesellschaft seiner Zeit. Wie Franz von Assisi hatte auch Dominikus begriffen, wie wichtig das Wort in der Glaubensvermittlung war[21]. Daß die große Mehrheit der Predigerbrüder Priester war, erlaubte ihnen, über die rein ermahnende Verkündigung hinauszugehen, wie sie Rom Franziskus und seinen Anhängern zugestanden hatte, die zumindest in den Anfängen mehrheitlich Laien waren. Aber während der Poverello Schulen und Universitäten mit einem gewissen Mißtrauen begegnete, da er befürchtete, die Wissensaneignung könnte einen neuen Keil in die Bruderschaft treiben, versuchten sich die Dominikaner ganz im Gegenteil auf derartige Institutionen zu stützen, um ihre Wirksamkeit zu steigern[22]. Daß die Dominikaner auf Gelehrtheit setzten, sollte sich für sie bezahlt machen: In einer Welt, in der das theoretische Wissen von neuem in hohem Ansehen stand und die Universitäten schon bald jenes Milieu sein sollten, aus dem sich die führenden Eliten der Christenheit rekrutierten, gab es sehr wohl Raum für einen Orden von Gelehrten, deren Verkündigung im Studium von Theologie und Philosophie wurzelte[23].

Dominikus indes war lange genug mit Katharern und Waldensern in Berührung gewesen, um zu wissen, daß die Kunst der Predigt nicht genügte, um die Zustimmung der Hörer zu gewinnen. Er selbst war vermutlich mehr ein Mann des Gebets als ein Mann des Wissens, selbst wenn in seinen Augen diese beiden Aspekte des Geisteslebens nicht voneinander zu trennen waren. So machte er sich schließlich Franziskus' Grundsatzentscheid zu eigen, wonach der Grundbesitz und die damit verbundene Macht abzulehnen seien, verlieh aber der Armut einen anderen Stellenwert. Für Dominikus war letztere nämlich in erster Linie eine Waffe gegen die Häresie – die notwendige wenn auch unzureichende Voraussetzung dafür, daß das Apostolat der Predigerbrüder den Hörern glaubhaft wurde[24]. Für Dominikus war die Armut kein absolutes Gebot, ganz im Gegensatz zu Franziskus, für den sie mit dem evangelischen Leben geradezu identisch war. So zeigten sich denn die Dominikaner in dieser Frage anpassungsfähiger als die Franziskaner, nahmen mit gutem Gewissen

---

[20] Vgl. W. A. Hinnebusch, The History of the Dominican Order I, London 1965.

[21] Vgl. dazu J. Le Goff – J. C. Schmitt, Au XIIIe siècle, une parole nouvelle, in: J. Delumeau (Hrsg.), Histoire vécu du peuple chrétien I, Toulouse 1979, 257–279.

[22] Zu Franziskus und seiner Position gegenüber der Theologie vgl. Francescanesimo e cultura universitaria, Assisi 1990, sowie D. Berg, Armut und Wissenschaft. Beiträge zur Geschichte des Studienwesens der Bettelorden im 13. Jahrhundert, Düsseldorf 1977.

[23] Vgl. J. P. Renard, La formation et la désignation des prédicateurs au début de l'ordre des Prêcheurs, Freiburg i.Ü. 1977.

[24] Ch. Thouzellier, La pauvreté, arme contre l'albigéisme en 1206, in: RHR 151 (1957) 79–92.

Franz von Assisi (1182–1226) gab der Kirche durch das Gelöbnis der absoluten Armut, auf das er seinen Orden verpflichtete, neue Impulse. Neben seinem eigentlichen Orden und dem Orden der Klarissen gründete er auch den „Orden der Büßenden", den sogenannten Dritten Orden für Laien jeglichen Standes und Geschlechts. – Szene aus dem Franziskus-Tafelbild von Bonaventura Berlinghieri (um 1235–74) in S. Francesco in Pescia.

Franz von Assisi wollte seine Christusbotschaft auch zu den Heiden tragen. 1212 versuchte er vergeblich, eine Missionsreise nach Syrien und nach Marokko zu unternehmen, 1219 predigte er im Verlauf des fünften Kreuzzugs vor dem Sultan von Ägypten. Die – freilich vergebliche – Missionspredigt vor dem Sultan schildert ein Tafelbild (um 1250) des Margaritone von Arezzo in der Bardikapelle in S. Croce, Florenz.

Franziskus, der sich immer bemüht hatte, ein christusähnliches Leben zu führen, erfuhr 1224 auf dem Berg Alverna die Gnade der Stigmatisation. Schon um 1230 entstand diese Emaildarstellung aus Limoges, die wohl früheste Darstellung dieses wunderbaren Geschehens. – Paris, Musée de Cluny.

Schenkungen von Kirchen, aber auch von Ländereien entgegen, auf denen sie dann ihre Konvente errichteten[25].

Neben diesen gewiß nicht unbedeutenden, sich im Verlauf des 13. Jh. indes eher abschwächenden Unterschieden gab es zwischen den neuen Orden grundlegende Gemeinsamkeiten. So täuschten sich denn die Zeitgenossen keineswegs, wenn sie in ihnen zwei Aspekte ein und desselben Phänomens sahen[26]. Stärker noch als durch den Bettel, dem sie ihren Namen verdanken, definieren sich die Bettelorden durch ihre Ausrichtung auf das Apostolat, d. h. ihre Entschiedenheit, sich völlig dem Heil der gefährdeten Seelen zu widmen, gehe es dabei um einfache Gläubige, um Häretiker oder um Heiden[27]. So zeigten die Mendikanten im Unterschied zu den alten Orden viel Offenheit der Welt gegenüber, die sie missionieren wollten. Obwohl sie ein Gemeinschaftsleben in Konventen führten, blieben sie nicht hinter den Klostermauern, sondern begaben sich, wann immer es angezeigt war, in die Welt, um sich um die Menschen zu kümmern. Anders als die Mönche verzichteten die Gefolgsleute Franziskus' und Dominikus' auf das weltliche Leben nur, um sich ihren Mitmenschen stärker zuwenden und sie intensiver auf Gott hin ansprechen zu können. Die Mendikanten fühlten sich nicht in erster Linie dazu berufen, für die eigenen Fehltritte oder Verstöße gegen die Regel zu büßen, sondern die Gläubigen zur Buße und die Ungläubigen zum wahren Glauben zu führen[28].

Aus diesem Grund waren die Bettelbrüder nicht zur Seßhaftigkeit verpflichtet, sondern zeichneten sich ganz im Gegenteil durch große Mobilität aus. Es war ein ständiges Hin und Her zwischen den Konventen, und häufig waren die Brüder, die stets zu zweit reisten, auf den Straßen anzutreffen. Die Ausbildung, die in beiden Orden schon bald einen wichtigen Stellenwert einnahm, machte Reisen nötig, und sei es nur, um sich auf Befehl der Oberen zu Studienzwecken oder zur Lehrtätigkeit zum *Studium* zu begeben[29]. Provinz- oder Generalkapitel, Gesandtschaften an die römische Kurie und schon bald Legationen inner- und außerhalb der Christenheit – vielfältig waren die Gelegenheiten zu stimulierenden Kontakten und zum Austausch von neuen Ansichten und Gedanken. Noch wichtiger waren die Beziehungen zu den Laien: Bereits der Bettel bot den Brüdern die Möglichkeit, jenen zu begegnen, auf die sie für ihren Lebensunterhalt angewiesen waren[30]. Wichtigste Gelegenheit, den Gläubigen das Wort Gottes zu vermitteln, war indes die Predigt. Sie konnte im Rahmen einer Pfarrkirche stattfinden, deren Vorsteher die Ordensleute eingeladen oder zu sich gerufen hatte; sie konnte aber auch unter freiem Him-

[25] W. A. Hinnebusch, Poverty in the Order of the Preachers, in: CHR 14 (1959/60) 436–453. Zum Armutsverständnis der Minderbrüder vgl. Lambert, Franciscan Poverty (siehe Anm. 13).

[26] Vgl. dazu die Studie von Elm, Franziskus und Dominikus (siehe Anm. 3).

[27] Ein Zeuge im Heiligsprechungsprozeß von Dominikus (Bologna 1233) sagte über ihn: „Er schien mehr Eifer auf das Heil des Menschengeschlechts zu verwenden als jeder andere". Ein weiterer Zeuge präzisierte: „Seine Nächstenliebe und sein Mitleid galten nicht nur den Gläubigen, sondern auch den Ungläubigen, angefangen bei den Heiden bis zu den zu ewiger Verdammnis Verurteilten". Vgl. M.-H. Vicaire, Saint Dominique. La vie apostolique, Paris 1965, 75–91.

[28] Zur Bedeutung der Mission im Programm der Mendikanten des 13. Jh. vgl. B. Altaner, Die Dominikanermission des 13. Jahrhunderts, Breslau 1924, sowie Espansione del Francescanesimo tra Occidente e Oriente nel secolo XIII (Convegno 6; vgl. Anm. 5), Assisi 1979. Vgl. auch E. R. Daniel, L'Islam e Francesco d'Assisi, Florenz 1975.

[29] Vgl. Le scuole degli Ordini Mendicanti (Convegno 17; vgl. Anm. 4), Todi 1978; C. Douais, Essai sur l'organisation des études dans l'ordre des Frères Prêcheurs au XIIIe et XIVe siècle, Toulouse 1884.

[30] Vgl. dazu Art. questua, DIP VII, Rom 1983, 1155f.

mel auf öffentlichen Plätzen gehalten werden, wenn es das Klima und die Umstände erlaubten, oder aber im Rahmen von Versammlungen von Bruderschaften oder anderen Gruppen von glaubenseifrigen Männern und Frauen, die Mendikanten als Seelsorger ausgewählt hatten oder sonst unter deren Einfluß standen[31]. Auf ganz verschiedenen Wegen versuchten die Mendikanten demnach die Welt der Laien von innen her zu verändern: In ihrer Mitte schufen sie Zellen und Beziehungsnetze und sicherten so die Verbreitung der Bußbotschaft und der von ihnen vertretenen Spiritualität[32]. So ist es denn nur zu verständlich, daß die Kurie, die bestens informiert war über die Schwächen des Weltklerus und die Schwierigkeiten, diesen sklerotischen Apparat in Bewegung zu setzen, es als Werk der Vorsehung betrachten mußte, als Franziskus und Dominikus mit ihren geistlichen Söhnen auftraten; es lag durchaus in ihrer Logik, wenn sie dann versuchte, diese höchst effiziente und fromme Miliz in den Dienst der Kirche zu stellen, um die als vordringlich eingeschätzten Bedürfnisse abzudecken, selbst wenn damit die Absichten der Ordensstifter in einigen Punkten verfälscht wurden.

2. Ausbreitung und Entwicklung der Bettelorden im 13. Jahrhundert

In wenigen Jahrzehnten machten die beiden wichtigsten Bettelorden – Franziskaner und Dominikaner – eine rasante Entwicklung durch, breiteten sich innerhalb der gesamten Christenheit und selbst darüber hinaus rasch aus und nannten schon bald Niederlassungen im Orient, in Missionsländern wie Persien oder in einigen Gebieten des Mongolenreiches ihr eigen. Um 1300 zählte allein der Franziskanerorden rund 30000 Mitglieder in 1100 Konventen, was 40% aller Mendikantenhäuser entsprach. Dieser beachtliche Erfolg blieb indes für die neuen Orden nicht ohne Folgen, und insbesondere bei den Minderbrüdern setzte ein tiefgreifender Wandel ein.

a) Die Normalisierung des Franziskanerordens

Beim Tode ihres Stifters sahen sich die Minderbrüder, die großen Zulauf hatten, mit ernsthaften Problemen konfrontiert, die an den Kern ihrer Berufung rührten: Sollten sie, so wie es Franziskus in seinem *Testament* pathetisch gefordert hatte, um jeden Preis am ursprünglichen Modell evangelischer Brüderlichkeit festhalten? Sollte sich der Orden nicht vielmehr den zeitgenössischen Strömungen und den Anforderungen eines Apostolats anpassen, das sich in enger Zusammenarbeit mit den kirchlichen Institutionen, insbesondere der Hierarchie, entfaltete? Papst Gregor IX. setzte dieser Verunsicherung schnell ein Ende; er und seine Nachfolger ließen nichts unversucht, um den Franziskanerorden auf die Linie des Dominikanerordens zu bringen, selbst wenn dabei die eigenständigsten – in den Augen der Juristen zugleich die „schockierendsten“ – Aspekte des Lebensstils und der

---

[31] Vgl. M.-H. Vicaire, La prédication nouvelle des Prêcheurs méridionaux au XIIIe siècle, in: Le Credo, la Morale et l'Inquisition, Toulouse 1971, 21–84, und R. Rusconi, Predicatori e predicazione in Italia, in: Storia d'Italia, Annali 4, Intelletuali e potere, Turin 1989, 951–1039.

[32] Zur Spezifizität der Mendikanten vgl. Art. Mendicanti, Ordini, DIP V, Rom 1978, 1163–1189; I. de Candido, I Mendicanti, novità dello Spirito, Rom 1983, und M.-H. Vicaire, Saint Dominique et ses Prêcheurs, Freiburg i.Ü. 1977.

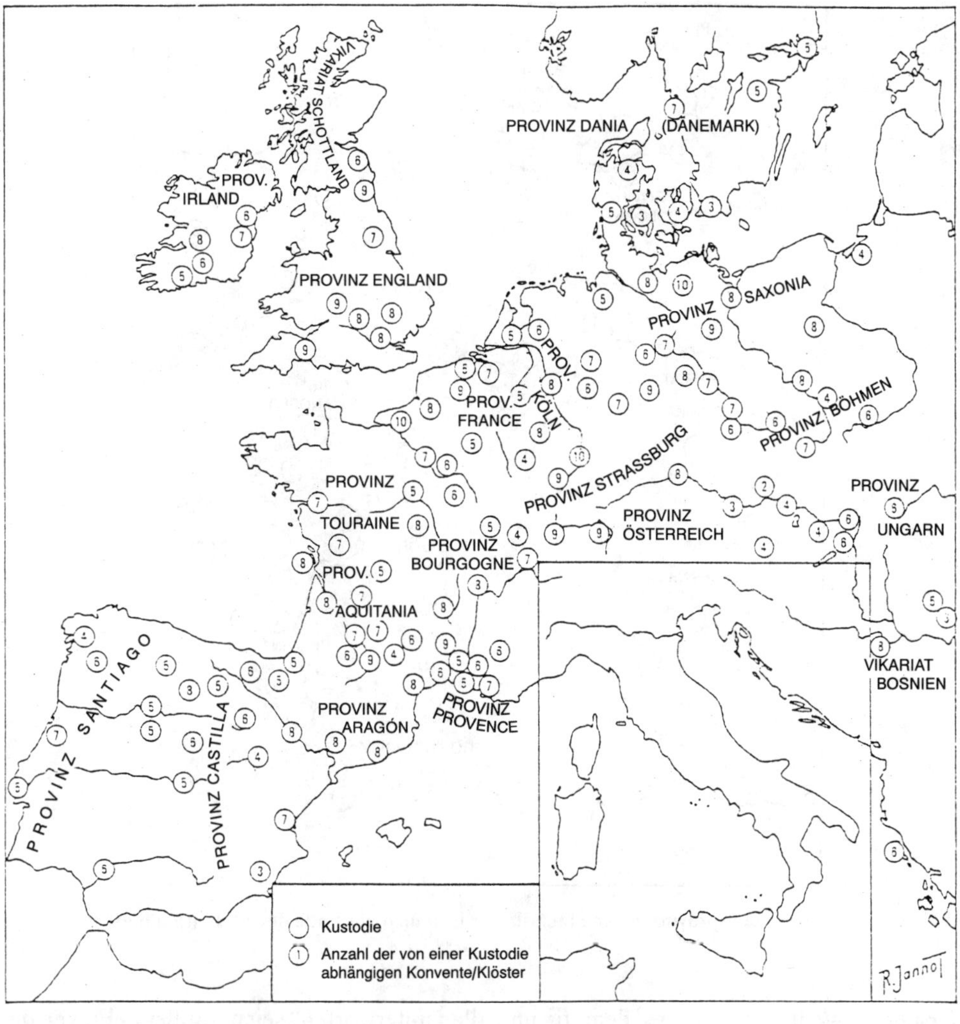

Die Ordensprovinzen der Franziskaner am Ende des 13. Jahrhunderts.

Spiritualität der Minderbrüder eliminiert wurden. In der Bulle „Quo elongati“ von 1230 erteilte der Papst der Bruderschaft die Dispens vom *Testament* des Franziskus und betonte, um ein guter Ordensmann zu sein, genüge es, die Regel einzuhalten[33]. So war denn nicht mehr die Rede davon, zur Sicherung des Lebensunterhalts körperliche Arbeit zu verrichten, sondern dazu sollte, ganz im Gegensatz zu Franziskus' ausdrücklichem Wunsch, allein der Bettel dienen. Ein Jahr später erlangten die Minoriten durch die Bulle „Nimis iniqua“ das Privileg der Exemtion, das sie – auch diesmal im Widerspruch zu den Worten des Stif-

[33] Die Bedeutung dieses Textes wurde herausgearbeitet von H. Grundmann, Die Bulle Quo elongati Gregors IX., in: AFH 54 (1961) 3–25.

Die Ordensprovinzen der Franziskaner in Italien am Ende des 13. Jahrhunderts.

ters, der gewollt hatte, daß sie „demütig und allen unterworfen" seien – außer in Fragen der Verkündigung und bei Neugründungen der bischöflichen Jurisdiktion entzog. So gerieten sie in völlige Abhängigkeit vom Heiligen Stuhl, der daraufhin vielfach zu ihrer Verteidigung intervenierte und sie Prälaten und Fürsten anempfahl[34]. Diese Maßnahmen entsprangen indes keineswegs der Absicht, dem Andenken des Poverello zu schaden, zu dessen Ehren vielmehr in eben diesen Jahren mit großen finanziellen Aufwendungen die mächtige Basilika in Assisi erbaut wurde und dessen Kult sich überall in der Christenheit ausbreitete. Aber Gregor IX. wollte in erster Linie, daß das Kapital an Heiligkeit und religiöser Begeisterung, welches Franziskus' Erbe darstellte, dem Wohle der Kirche, wie er es verstand, diente.

[34] Zu dieser raschen Entwicklung vgl. Th. Desbonnets, De l'intuition à l'institution: les Franciscains, Paris 1983, und R. Lambertini – A. Tabarroni, Dopo Francesco: l'eredità difficile, Turin 1989.

Letzte Etappe und zugleich Höhepunkt dieses Normalisierungsprozesses war die Absetzung des Generalministers der Franziskaner im Jahre 1239. Elias da Cortona, der dieses Amt seit 1231 innehatte, lag mit einer Anzahl von Brüdern im Streit; diese appellierten an den Heiligen Stuhl und erzwangen mit Unterstützung Gregors IX. im Jahr 1239 die Abhaltung eines Generalkapitels, welches dann den Generalminister absetzte[35]. Eine in mehrerlei Hinsicht komplexe Angelegenheit: Elias hatte den Orden in autoritärem Stil regiert und, um an Einfluß zu gewinnen, die Zahl der Provinzen unbedacht vervielfacht. Hinzu kam, daß er den Bau der Basilika in Assisi so schnell wie möglich beenden wollte, weshalb er zu einer wenig erfreulichen und mit dem Armutsideal kaum zu vereinbarenden Finanzpolitik gegriffen hatte; schließlich waren da noch seine Sympathien für Kaiser Friedrich II., dem er sich letzten Endes anschließen sollte, was ihm die Feindseligkeit der römischen Kurie einbrachte. Das Grundproblem war indes zweifellos, daß Elias ein Laienbruder war und alles getan hatte, um die Stellung der Laien innerhalb des Ordens zu festigen, und zwar zu einem Zeitpunkt, da diese durch die wachsende Zahl der gelehrten Kleriker sowie deren zunehmende Einflußnahme auf die Ordensstrukturen ernsthaft gefährdet war. Die Koalition, die Elias 1239 zum Rücktritt zwang, wurde denn auch von Mitbrüdern angeführt, die dem Milieu der Universitätstheologen angehörten, und sein Nachfolger, der Engländer Haymo von Faversham, förderte die gelehrten Kleriker und die Studien innerhalb des Ordens. Um 1250, am Ende dieses Klerikalisierungsprozesses, unterschied sich der Franziskanerorden in dieser Hinsicht kaum noch von den Dominikanern; Laien wurden nur noch in geringer Zahl aufgenommen und auf subalterne Positionen abgeschoben[36]. Im übrigen hatten an der Pariser Universität bereits um 1240 Minderbrüder, etwa Alexander von Hales oder Jean de la Rochelle, Lehrstühle für Theologie inne, wie zur gleichen Zeit die Dominikaner Albertus Magnus oder etwas später Thomas von Aquin. Außer bei Franziskus' ersten Gefährten, die in entlegenen Einsiedeleien in Umbrien und den Marche lebten, verblaßte im Orden die Erinnerung an das wahre Gesicht und die authentische Botschaft des Poverello erstaunlich rasch[37].

Zum Abschluß kam diese Entwicklung zwischen 1257 und 1274, als Bonaventura Generalminister war. Er bemühte sich, die unter den Minderbrüdern aufgebrochene Kontroverse um Franz von Assisi zu schlichten. Im Generalkapitel von Narbonne im Jahr 1260 wurde beschlossen, fortab sei die von Bonaventura verfaßte *Legenda major* die einzige im Orden zugelassene offizielle Biographie des Ordensstifters und die noch vorhandenen Exemplare früherer Viten seien zu vernichten. Außerdem hob Bonaventura die eschatologische Bedeutung der Stigmatisation hervor, die Franziskus als den Engel des 6. Siegels der Apokalypse identifizierte und aus ihm einen „zweiten Christus" *(Alter Christus)* machte. Hatte nicht Gott selbst durch dieses unerhörte Wunder die Echtheit seiner Botschaft be-

---

[35] R. Brooke, Early Franciscan Government: Elias to Bonaventure, Cambridge 1959, sowie G. Barone, Frate Elia, in: BISI 85 (1974–1975) 89–144.

[36] Siehe L. C. Landini, The Causes of Clericalization of the Order of the Friars Minors (1209–1260), Chicago 1968, sowie R. Manselli, La clericalizzazione dei Minori e San Bonaventura, in: San Bonaventura (Convegno 14; vgl. Anm. 4), Todi 1974, 181–208.

[37] Franziskus von Assisi findet weder in den *Predigten* des Antonius von Padua noch in den Schriften der Theologen der Pariser Universität, etwa von Jean de la Rochelle, Erwähnung. Zu diesem Tatbestand vgl. A. Rigon, S. Antonio e la cultura universitaria, in: Francescanesimo e cultura universitaria (siehe Anm. 22) 69–92.

zeugt und schon im voraus die Schicksalhaftigkeit des Auftrags seiner geistlichen Söhne anerkannt?[38]

Schließlich verstärkte Bonaventura, der gegen Ende seines Lebens die Kardinalswürde empfing, die Hauptausrichtung des Ordens auf Apostolat und Seelsorge. In seinen Augen bestand die wahre Berufung der Minderbrüder darin, als Prediger und Beichtväter zu wirken, sich am Kampf gegen die Häresie zu beteiligen und das Amt des Bischofs oder Inquisitors zu übernehmen – kurz, den dringlichsten Bedürfnissen der Kirche nachzukommen. Alles andere war diesen grundlegenden Anforderungen unterzuordnen[39]. So überrascht es denn nicht, daß die Minderbrüder unter seinem Einfluß den Stand der evangelischen Vollkommenheit – Zentrum der Franziskanischen Botschaft – als Ablehnung von individuellem oder kollektivem Besitz definierten. Aber indem sie die Armut schlicht auf die Ablehnung jeglicher rechtlichen Form von Eigentum reduzierten – eine Definition, die das Papsttum 1279 mit der Bulle „Exiit qui seminat" ratifizierte –, lösten sich die Brüder engültig von ihren Ursprüngen, was im Orden zu neuen Spannungen und schließlich wiederum zu schwerwiegenden Krisen führte[40].

b) Das Aufkommen weiterer Bettelorden

Das rasche Wachstum von Franziskaner- und Dominikanerorden verhinderte keineswegs die Entstehung weiterer neuer Orden, die für die Lebensform der Mendikanten optierten oder denen sie auferlegt wurde. 1244 etwa vereinigte Papst Innozenz IV. alle toskanischen Eremitengruppen – mit Ausnahme der Wilhelmiten – in einer einzigen Kongregation und beauftragte Kardinal Riccardo Annibaldi, den Zusammenschluß dieser Ordensleute, die sich die Augustinusregel gaben, zu vollziehen[41]. In den Jahren 1255/56 schlossen sich weitere italienische und ultramontane Eremitengruppen dieser Kongregation an; damit war unter dem Namen Augustinereremitenorden eine in sich geschlossene Gemeinschaft entstanden, die im März 1256 in Rom ihr erstes Generalkapitel abhielt und einen Generalprior, Lanfranc da Septala aus Mailand, wählte[42]. Schon vor 1280 gab es im christlichen Raum 300 Augustinereremitenkonvente. Zwar handelte es sich in einigen Fällen, insbesondere in Italien, nicht um Neugründungen, sondern um die Umwandlung früherer Eremitenhäuser in Konvente. In Frankreich, England und Spanien hingegen wurden zahlreiche Niederlassungen *ex nihilo* gegründet. Gegen Ende des 13. Jh. gewann der Orden an Bedeutung, was sich auch darin zeigte, daß ein Ordensmitglied, der Theologe Aegidius Romanus, 1295 zum Erzbischof von Bourges gewählt wurde[43].

---

[38] Siehe G. Miccoli, San Bonaventura e Francesco, in: San Bonaventura (siehe Anm. 36) 47–73; sowie St. da Campagnola, L'angelo del sesto sigillo e l'"Alter Christus", Rom 1971. Zu den mystischen Vorstellungen Bonaventuras, s. K. Ruh, Geschichte der abendländischen Mystik, Bd. II, München 1993, 406ff.

[39] Vgl. dazu die beiden Standardwerke zur Geschichte des Franziskanerordens: G. de Paris, Histoire de la fondation et de l'évolution des Frères Mineurs au XIII^{e}siècle, Paris 1928 (Ndr.: 1982), und J. Moorman, A History of the Franciscan Order, Oxford 1968. Zu den ersten Franziskanerbischöfen siehe W. R. Thompson, The Friars in the Cathedral. The First Franciscan Bishops, 1226–1261, Toronto 1974.

[40] Vgl. dazu Lambert, Franciscan Poverty (siehe Anm. 13).

[41] Vgl. B. van Luijk, Gli eremiti neri nel dugento, con particolare riguardo al territorio pisano e toscano, Pisa 1968.

[42] D. Gutiérrez, Die Augustiner im Mittelalter. 1256–1356, I/1, Würzburg 1975.

[43] Art. Agostiniani, in: DIP I, Rom 1974, 278–381.

Ein weiterer Orden, der *Ordo Fratrum Beatae Mariae Virginis de Monte Carmelo,* besser bekannt unter dem Namen Karmeliter, erweiterte in der Mitte des 13. Jh. die Reihen der Bettelorden[44]. Es handelte sich ursprünglich um eine im 12. Jh. an den Abhängen des Gebirgszugs Karmel im Heiligen Land entstandene Eremitengemeinschaft, die dem Beispiel des Propheten Elias folgen wollte, der dort in der Einsamkeit an einer Quelle gelebt hatte. Zwischen 1206 und 1214 erkannte der lateinische Patriarch von Jerusalem, Albert von Vercelli, ihre Satzungen an, die dann 1226 von Honorius III. bestätigt wurden. Die Lage im Heiligen Land und das Vordringen der Muslime nach 1230 zwangen die Brüder, nach Europa auszuweichen. Gregor IX. und später Innozenz IV. formten ihre Regel nach dem Vorbild der Mendikanten um. Die Anpassung der Karmeliter an die neue Lebensform war schwierig, wie die Abhandlung *Ignea sagitta* (Der brennende Pfeil) bezeugt, die der Generalprior der Karmeliter, Nicolaus Gallicus, 1270/71 verfaßte und worin eine tiefe Sehnsucht nach dem früheren kontemplativen Leben in der Einsamkeit zum Ausdruck kommt[45]. 1274 wurde die Existenz des Ordens im Zweiten Lyoner Konzil in Frage gestellt; dieser konnte aber dank päpstlicher Unterstützung überleben. Am Ende des 13. Jh. zählte der Karmeliterorden 150 Konvente in zwölf Provinzen und unterschied sich von den übrigen Mendikanten nur durch den stärker ausgeprägten Marienkult.

Neben den vier „großen" gilt es einige „kleine" Bettelorden zu erwähnen, die sich von den anderen dadurch unterscheiden, daß es ihnen nie gelang, im gesamten christlichen Raum Fuß zu fassen. Das schloß aber keineswegs aus, daß sie in gewissen Ländern oder christlichen Kreisen über bedeutenden Einfluß verfügten. Solches trifft etwa auf die *Fratres de Poenitentia Jesu Christi* zu, die wegen ihrer Kleidung aus billigem und rauhem Tuch allgemein „Sackbrüder" genannt wurden[46]. 1248 in der Provence von laikalen Anhängern des joachimitischen Franziskaners Hugo von Digne gegründet, breitete sich der Orden in Frankreich und England vor allem in den unteren Volksschichten rasch aus. So zählte der Orden in Flandern gegen Ende des 13. Jh. nicht weniger als fünf Konvente – nur einen weniger als die Dominikaner –, denn das Apostolat der Sackbrüder zeigte große Wirkung, insbesondere unter den Textilarbeitern der bedeutenden Handwerkerzentren, welche die Tuchmacherstädte jener Region ja waren.

In Italien kommt dem *Ordo Servorum B. Mariae Virginis,* Serviten genannt, ein besonderer Platz zu. Der Orden wurde um 1240 von sieben Florentiner Kaufleuten gegründet, nachdem sie den Beschluß gefaßt hatten, ihren Beruf aufzugeben und hinfort ein Ordensleben zu führen[47]. Zuerst unter der Obhut der Dominikaner stehend, wurde die kleine Gemeinschaft bald autonom und verbreitete sich rasch in Mittel- und Norditalien, wo die Serviten, auch sie dem Marienkult verbunden, solide Wurzeln schlugen. 1259 wurden sie von Rom als Bettelorden anerkannt und konnten der im Jahr 1274 drohenden Aufhebung entgehen.

---

[44] Die Geschichte der Ordensanfänge ist noch nicht geschrieben, das macht der Artikel von L. Saggi, Carmelitani, in: DIP II, Rom 1975, 460–476, deutlich.

[45] Vgl. Art. Carmes, in: DSp II, Paris 1953, 156–171, sowie A. Staring, Medieval Carmelite Heritage. Early Reflections on the Nature of the Order, Rom 1989.

[46] Informative Darstellung in: DIP VI, Art. Penitenza di Gesù Cristo, Rom 1980, 1398–1403. Vgl. auch K. Elm, Ausbreitung, Wirksamkeit und Ende der provençalischen Sackbrüder, in: Francia 1 (1973) 257–324.

[47] F. A. Dal Pino, I frati Servi di S. Maria, dalle origini all'approvazione (ca. 1233–1304), 3 Bde., Löwen 1972. Dieses Werk enthält mehr, als der Titel verspricht, nämlich eine gute Übersicht über die religiösen Bewegungen im Italien des 13. Jh.

Honorius III. bestätigt den Orden der Karmeliter. Gemälde von Pietro Lorenzetti (14. Jh.).

Nach 1260 verbreitete sich von Parma aus der im Umkreis von Gerardo Segarelli entstandene *Ordo Apostolorum* (Apostoliker oder Apostelbrüder). Segarelli warf den großen Bettelorden Verrat am Armutsideal vor[48]. Vom Weltklerus unterstützt, wurden die Apostoliker vom Franziskanerchronisten Salimbene de Adam hart kritisiert und als „Wüstlinge" bezeichnet. Er entrüstete sich über sie und beklagte, Unwürdige maßten sich an, die großen Orden nachzuahmen und mit ihnen zu konkurrieren[49]. Ein polemischer Satz, gewiß, der

[48] Zu den Apostolikern siehe G. G. Merlo, Eretici ed eresie medievali, Bologna 1989, 99–105.

[49] Salimbene, Cronica, hrsg. von O. Holder-Egger, in: MGH.SS XXXII (1913) 255. Vgl. auch G. G. Merlo, Salimbene e gli Apostolici, in: Società e Storia 39 (1988) 3–21.

aber auf ein reales Problem hinwies, nämlich die Entstehung zahlreicher Bettelorden um 1250, was in Kirche und Gesellschaft zusehends Beunruhigung hervorrief.

c) Die Konflikte zwischen Bettelorden und Weltklerus

Im Verlauf der zweiten Hälfte des 13. Jh. verschlechterten sich die Beziehungen zwischen Mendikanten und Weltklerus in der Tat drastisch, in einigen Ländern, etwa in Frankreich und Deutschland, kam es sogar zu gewalttätigen Auseinandersetzungen. Zwar hatten die meisten Bischöfe die Neuankömmlinge anfänglich wohlwollend aufgenommen und ihnen teilweise sogar geholfen, sich in ihrer Diözese niederzulassen – etwa Gautier von Tournai in Flandern oder Filippo Visconti in Pisa, der sie in seinen *Predigten* unablässig lobte und dem eigenen Diözesanklerus als nachahmenswertes Vorbild hinstellte[50]. Aber mit dem Wohlwollen des höheren und selbst des niederen Klerus war es bald vorbei, als die Mendikanten nicht mehr bloß bescheiden in den Pfarreien mithalfen, sondern Rechte und Privilegien geltend zu machen begannen.

Die erste Konfliktphase begann in Paris auf universitärer Ebene[51]. Insbesondere einige dort als Theologieprofessoren tätige Brüder stießen sich an der Feindseligkeit ihrer Kollegen aus dem Weltklerus, die ihnen mangelnde Solidarität mit der Universitätskorporation und illoyale Konkurrenz vorwarfen, da sie sich nicht an Ausständen beteiligten und Gratislektionen erteilten. Zudem hatten die Mendikanten verschiedene Privilegien erhalten. So konnten sie etwa aufgrund ihrer vorherigen Ausbildung in den ordenseigenen Konventen ohne den Grad des *magister artium* an der Theologischen Fakultät tätig sein. Angesichts dieser Situation beschloß die Pariser Universität im Jahr 1252, zukünftig dürfe kein Ordensmitglied mehr Inhaber eines Lehrstuhls sein. Im folgenden Jahr, als die Mendikanten ihre Lehrtätigkeit fortsetzten, obwohl die Universität aus Protest gegen die Mißhandlung eines Studenten durch die königliche Polizei den Lehrbetrieb unterbrochen hatte, wurden sie aus der Universität ausgeschlossen und exkommuniziert! Papst Innozenz IV. indes unterstützte sie und erzwang ihre Rückkehr an die Universität. Als sich dann im Verlauf der Krise herausstellte, daß ein großer Teil des Klerus über das Privileg der Mendikanten, ohne Erlaubnis der Pfarrgeistlichkeit in den Gemeinden Seelsorge auszuüben, erbost war, hob Innozenz dieses Privileg 1254 mit der Bulle „Etsi animarum" auf. Sein Nachfolger Alexander IV. hingegen machte den Beschluß bereits 1255 wieder rückgängig, was den Streit von neuem entfachte.

Die zweite Konfliktphase spielte sich auf dogmatischer Ebene ab. Nachdem der von joachimitischem Gedankengut beeinflußte Franziskaner Gerardo da Borgo San Donnino in seinem *Liber introductorius in Evangelium aeternum* (Einführung in das Ewige Evangelium) behauptet hatte, die Mendikanten seien dazu berufen, in der künftigen geistlichen Kirche an die Stelle des unwürdigen Weltklerus zu treten, nahm ein Magister der Pariser Universität, Wilhelm von Saint-Amour, dieses Werk zum Anlaß, um in seiner 1255 verfaßten Abhandlung *De periculis novissimorum temporum* (Von den Gefahren der jüngsten Zeit) die

---

[50] Vgl. A. Murray, Archbishop and the Mendicants in Thirteenth Century Pisa, in: K. Elm (Hrsg.), Stellung und Wirksamkeit der Bettelorden in der städtischen Gesellschaft, Berlin 1981, 19–76.

[51] Eine anschauliche Zusammenfassung des Pariser Mendikantenstreits in: Paris, Histoire de la fondation (siehe Anm. 39) 200–220, sowie bei D. L. Douie, The Conflict between the Seculars and the Mendicants at the University of Paris in the Thirteenth Century, London 1954.

neuen Orden anzugreifen[52]. Er warf ihnen vor, häretisches Gedankengut zu unterstützen, Heuchler zu sein, begierig, unter dem Mantel der Armut Testamente zu ihren Gunsten ausstellen zu lassen und die Ämter des Klerus zu usurpieren. Auf Drängen des Papstes ergriff König Ludwig IX. schließlich Sanktionen gegen Wilhelm und verbannte ihn aus dem Königreich, obwohl sich viele seiner Kollegen mit ihm solidarisierten. 1256 antworteten der Dominikaner Thomas von Aquin und der Franziskaner Bonaventura auf die Vorwürfe, indem sie den Lebensstil der Mendikanten rühmten und ihn als demjenigen der Kleriker überlegen darstellten[53]. Die Kontroverse verschärfte sich in den Jahren 1278/80, als Gérard d'Abbeville, Nikolaus von Lisieux und Heinrich von Gent plötzlich den Standpunkt vertraten, die Macht der Pfarrer – mit denen die Mendikanten in den Gemeinden in Konflikt lagen – sei göttlicher Herkunft, sei sie doch Ausfluß der Macht der 72 Jünger Christi, so wie diejenige der Bischöfe sich von der Macht der zwölf Apostel herleite. Thomas von Aquin griff erneut zur Feder, um diese These zu bekämpfen, und vertrat die Meinung, die Mendikanten befänden sich aufgrund ihres Keuschheits- und Gehorsamsgelübdes auf einem Stand der Vollkommenheit, der höher sei als jedwelcher Status, der sich aus irgendeiner Funktion oder irgendeinem Amt in der Kirche herleiten lasse[54].

Nach 1270 wurden diese akademischen Streitigkeiten auch in einer größeren Öffentlichkeit bekannt, und zumindest in Frankreich, Deutschland und England machte der Episkopat mit seinem Klerus gemeinsame Sache gegen die Mendikanten. Seit 1255 konnten diese nämlich, allein mit der Erlaubnis des Diözesanbischofs versehen, frei in allen Kirchen tätig sein. Mit der Bulle „Ad fructus uberes“ verstärkte Martin IV. 1281 ihre Privilegien noch; nun durften die Mendikanten, ohne auf eine vorherige Erlaubnis angewiesen zu sein, ihre Seelsorgetätigkeit ausüben: predigen und Beichte hören in den Gemeinden sowie die Toten in den eigenen Konventskirchen begraben, was eine wichtige Einnahmequelle darstellte. Diesen päpstlichen Beschluß wollte der französische Klerus, der in seinem Widerstand vom Erzbischof von Reims und dem Bischof von Amiens aktiv unterstützt wurde, nicht einfach hinnehmen. Was folgte, war eine juristische Schlacht auf höchster Ebene und ein harter Kampf zwischen Mendikanten und Pfarrgeistlichkeit an der Basis, der zu zahlreichen, teils gewalttätigen Zwischenfällen führte[55].

Von diesen Auswüchsen einmal abgesehen, gilt es, sich mit dem zu befassen, was in diesem Konflikt tatsächlich auf dem Spiel stand. Der Ausbruch des Streits nach 1250 ist darauf zurückzuführen, daß sich das Bildungsniveau des Weltklerus, zumindest in den Städten, im Vergleich zum Anfang des Jahrhunderts beträchtlich verbessert hatte. Um 1270 fühlten sich die Pfarrer von Paris, Köln oder London den Mendikanten durchaus ebenbür-

---

[52] Zu dieser Phase des Konflikts vgl. M.-M. Dufeil, Guillaume de Saint-Amour et la polémique universitaire parisienne, 1250–1259, Paris 1972, sowie A. Paravicini Bagliani, Die Polemik der Bettelorden um den Tod des Kardinals Peter von Collemezzo (1253), in: H. Mordek (Hrsg.), Aus Kirche und Reich. Studien zu Theologie, Politik und Recht im Mittelalter, FS für F. Kempf, Sigmaringen 1983, 357–362.

[53] M. Bierbaum, Bettelorden und Weltgeistlichkeit an der Universität Paris, Münster 1920, und A. Zimmermann (Hrsg.), Die Auseinandersetzungen an der Pariser Universität im XIII. Jahrhundert, Berlin – New York 1976.

[54] Y. Congar, L'Eglise de saint Augustin à l'époque moderne, Paris 1970, 246–252.

[55] Zu den rechtlichen Aspekten des Konflikts vgl. H. Lippens, Le droit nouveau des Mendiants en conflit avec le droit coutumier du clergé séculier, in: AFH 47 (1954) 241–292; zu den Aktivitäten des Episkopats vgl. P. Glorieux, Prélats français contre religieux Mendiants. Autour de la bulle *Ad fructus uberes*, in: RHEF 11 (1925) 309–331, sowie K. Schleyer, Anfänge des Gallikanismus im 13. Jahrhundert. Der Widerstand des französischen Klerus gegen die Privilegierung der Bettelorden, Berlin 1937.

tig – einige von ihnen hatten sogar ein akademisches Studium hinter sich –, mußten aber mit einiger Bitterkeit zur Kenntnis nehmen, daß die Laien lieber die Kirchen der Mendikanten besuchten und letzteren einen Großteil ihrer Spenden zukommen ließen[56]. Es gab aber nicht nur diese zeitbedingten und teilweise ganz handfesten Gründe, sondern auch grundsätzlichere Motive ekklesiologischer Natur. In den Augen des Weltklerus existierte nämlich eine kirchliche Ordnung göttlichen Ursprungs, die folglich ein für allemal festgelegt war und auf einer zweistufigen Hierarchie beruhte: den Bischöfen und der Pfarrgeistlichkeit. Die Kirchenstruktur gründete auf einer Reihe von immer umfassenderen Gemeinschaften (Gemeinde, Diözese, Kirchenprovinz, Universalkirche). Jeder von ihnen stand ein Diener göttlichen Rechts vor, dem aufgrund seines Amtes die ordentliche Jurisdiktion zufiel. Diese konnte ihm, außer wenn er sich als unwürdig erweisen sollte, niemand streitig machen, nicht einmal der Papst, dessen höchste Autorität niemand in Frage stellte. Aber selbst diese höchste Autorität berechtigte nicht dazu, die Verfassung der Kirche zu verändern und Eindringlinge zuzulassen, und seien es hervorragende Ordensleute[57].

Diesen Argumenten setzten die Mendikanten die vom Papst aus seiner universellen Machtfülle heraus übertragene apostolische Mission entgegen. Während Thomas von Aquin anerkannte, daß die Bischöfe in ihrer Diözese die Herren waren, vertraten Bonaventura und einige Polemiker unter den Augustinereremiten die These, die Kirche sei gewissermaßen eine einzige Diözese, deren einziger Prälat der Papst sei, während die Bischöfe in der eigenen Diözese lediglich seine „Stellvertreter" seien. Diese Ekklesiologie, die die Eingriffsrechte der römischen Kirche auf Kosten der Ortskirchen erhöhte, sollte zwar erst zu Beginn des 14. Jh. systematisiert werden, wurde aber in den letzten Jahrzehnten des 13. Jh. grundgelegt[58].

Wie heftig die Auseinandersetzung zwischen den beiden Ständen des Klerus war, die sich gegenseitig zerfleischten, statt gemeinsam an der Kirchenreform zu arbeiten, zeigte sich klar anläßlich des Zweiten Konzils von Lyon im Jahr 1274. Dort trat die Verärgerung der Bischöfe über die Zunahme der Bettelorden und über deren Übergriffe auf die eigenen Vorrechte offen zutage. Folgerichtig strebten sie die Aufhebung dieser Orden an[59]. Ihre Offensive scheiterte indes am hartnäckigen Widerstand von Bonaventura, Generalminister der Minderbrüder und Kardinal, und Jean de Verceil, Generalmagister der Predigerbrüder, vor allem aber an der Weigerung Papst Gregors X., der sich sehr wohl bewußt war, wieviel die Kirche den Mendikanten zu verdanken hatte und wie fundamental wichtig ihre Rolle war. Zur Besänftigung des Episkopats – und mit Zustimmung der großen Bettelorden, de-

---

[56] Selbst ein so friedfertiger Pariser Kleriker wie Ranulphe de la Houblonnière, von 1280 bis 1288 Bischof von Paris, beklagte sich darüber, daß sich die Gläubigen den Mendikanten gegenüber großzügiger erwiesen als der eigenen Pfarrei gegenüber. Vgl. dazu N. Bériou, La prédication de Ranulphe de la Houblonnière. Sermons aux clercs et aux simples gens de Paris au XIIIe siècle II, Paris 1987, 82f und 230.

[57] Gut herausgearbeitet worden sind diese Aspekte von Y. Congar, Aspects ecclésiologiques de la querelle entre Mendiants et Séculiers dans la seconde moitié du XIIIe et le début du XIVe siècle, in: AHDL 28 (1961) 35–151. Zur früheren Periode vgl. M. Gy, Le Statut ecclésiologique de l'apostolat des Prêcheurs et des Mineurs avant la Querelle des Mendiants, in: RSPhTh 59 (1975) 79–88.

[58] Vgl. B. Tierney, The Origins of Papal Infallibility, 1150–1350, Leiden 1972, sowie M. Mollat du Jourdin – A. Vauchez (Hrsg.), Geschichte des Christentums VI: Die Zeit der Zerreißproben (1274–1449), Freiburg i. Br. 1991, 269–279.

[59] J. Le Goff, Le dossier des Mendiants, in: 1274. Année charnière, mutations et continuités, Paris 1977, 211–222. Zu den Verhandlungen des II. Konzils von Lyon s. jetzt B. Roberg, Das Zweite Konzil von Lyon (1274), Paderborn, u. a. 1990.

nen die Konkurrenz der kleineren mißfiel – beschloß das Konzil mit der Konstitution „Religionum diversitatem", eine gewisse Zahl von kleineren Bettelorden aufzuheben, wobei die Auswahl dem Heiligen Stuhl überlassen wurde[60]. Dieser dekretierte in der Folge die Auflösung der Sackbrüder und der *Fratres B. Mariae Matris Christi,* die sich fügten, sowie der Apostoliker, die abfielen und sich zur häretischen Sekte entwickelten[61]. Mit dieser Teilmaßnahme war indes das Grundproblem keineswegs gelöst, und bis ans Ende des Mittelalters brach der Konflikt zwischen Weltklerus und Mendikanten immer wieder von neuem aus.

3. Die Bettelorden und die Städte

Im 13. Jh. blieb der religiöse Einfluß der Bettelorden fast ausschließlich auf die Städte beschränkt; selbst in Regionen, in denen sie, wie etwa in der Toskana, gut vertreten waren, war dieser Einfluß in ländlichen Gegenden vor dem 14. Jh. kaum existent[62]. Es gibt verschiedene Gründe dafür, daß die Mendikanten ihr Apostolat vorrangig im städtischen Milieu ausübten. Der erste Grund ist selbstverständlich der bis Mitte des 13. Jh. anhaltende Bevölkerungszuwachs in Europa sowie die zunehmende Bedeutung der Städte auf politischer, wirtschaftlicher und kultureller Ebene. Hier befanden sich nun, anders als in der Vergangenheit, die Lebenszentren der Christenheit. Die Kirche hatte sich nur langsam der Entwicklung angepaßt und blieb insgesamt den Strukturen und Werten der Agrargesellschaft verhaftet, in der sich die meisten religiösen Bewegungen, angefangen beim Eremitentum bis hin zu Cîteaux, entfaltet hatten. War die Stadt, wo die Versuchungen besonders vielfältig waren, nicht der Ort des Verderbens? Dort wurde man im allgemeinen schneller reich als auf dem Land, das Geld zirkulierte rascher und verschaffte Darlehensgebern und Pfandleihern beträchtliche Gewinne. So gab es denn zahlreiche rigoristische oder auch nur moralisch anspruchsvolle Kirchenmänner, die schon bald gewisse neue Formen des Wirtschaftslebens und der städtischen Gesellschaft verurteilten. Im 11. Jh. der Eremit und spätere Kardinal Petrus Damiani in Italien, im 12. Jh. Benediktinermönche wie Guibert de Nogent in Frankreich oder Rupert von Deutz in Deutschland – sie alle hatten in harten Worten die Unmoral des Stadtlebens angeprangert, wo Brigantentum und widerrechtliche Bereicherung auf allen Gesellschaftsebenen die Regel waren[63]. Nicht nur zeigten die Reichen ihre Korruption, auch die Armen – häufig von der Aussicht auf Profit und Freiheit angezogene landflüchtige Bauern – erhoben ihre Forderungen und zögerten nicht, mit den Bürgern unerlaubte Verschwörungen anzuzetteln und sich zuweilen gar gegen die Autorität

---

[60] J. de Fontette, „Religionum diversitatem" et la suppression des Ordres Mendiants, in: 1274. Année charnière (siehe Anm. 59) 223–229.

[61] Vgl. J. de Fontette, Les Ordres Mendiants supprimés au 2ème concile de Lyon, 1274, in: Les Mendiants en pays d'Oc, Toulouse 1973, 193–216; R. W. Emery, The Friars of the Blessed Mary and the Pied Friars, in: Spec 24 (1949) 228–238, und Art. Beata Maria Madre di Cristo (Ordine della), in: DIP I, Rom 1974, 1143–1146.

[62] Vgl. Ch. de la Roncière, L'influence des Franciscains dans la campagne de Florence au XIVe siècle (1280–1350), in: MEFRM 87 (1975) 27–103.

[63] Zum geistlichen Umfeld dieser Streitigkeiten vgl. A. Vauchez, La spiritualité de l'Occident médiéval, Paris 1975, 124–128, sowie B. Rosenwein – L. K. Little, Social Meaning in the Monastic and Mendicant Spiritualities, in: PaP 63 (1974) 4–32.

des Bischofs aufzulehnen, der Herr über die Stadt oder einen Teil von ihr war[64]. Später verurteilten die Bestimmungen des Zweiten und Dritten Laterankonzils (1123 resp. 1179) unterschiedslos die Rolle der Wucherer im Wirtschaftsleben und ihre Missetaten, die Skandale, die die von der hohen Bevölkerungsdichte angezogenen Prostituierten verursachten, sowie das Aufkommen von Häresien in den südfranzösischen Städten, während Bernhard von Clairvaux den immer zahlreicher in die Städte strömenden Studenten vorwarf, sie würden lieber müßige Diskussionen über philosophische Themen führen, als beschaulich und respektvoll das Wort Gottes zu meditieren[65]. Der sterilen Agitation der städtischen Schulen stellte Bernhard die kargen Freuden der Kontemplation in der „Wüste", d. h. in den im Wald oder in wilden und entlegenen Tälern gelegenen Zisterzienserklöstern entgegen[66].

Das war die Situation zu Beginn des 13. Jh., als die ersten Bettelorden entstanden. Ihren Stiftern wurde schon bald bewußt, daß die Stadt ein Territorium war, das, religiös gesehen, zurückzugewinnen war. In Umbrien galt es, die Bürger der Faszination von Reichtum und Macht zu entreißen, der sie als Herren der kommunalen Institutionen erlegen waren, die nur allzuoft als Instrumente zur Unterdrückung von Armen und Bauern dienten; in den Städten des Languedoc war das Hauptproblem die Häresie, der ein großer Teil der Bevölkerung unter dem Einfluß der evangelischen Verkündigung der Katharer und Waldenser aus Haß gegen die Kirche und den Klerus erlegen war. Es waren demnach die Seelsorge und das Bestreben, die Städter zum Heil zu führen, die Franziskus und Dominikus samt ihren Gefährten bewogen, ihr Apostolat vorrangig auf die Städte auszurichten, wo ihrer Meinung nach Tausende moralisch und religiös gefährdet waren[67].

Die neuen Orden fühlten sich aber noch aus anderen Gründen zu den Städten hingezogen. Da waren ihr schnell wachsender Mitgliederbestand und ihre Ablehnung jeglichen Grundbesitzes, die sie zwangen, sich in die städtische Gesellschaft einzufügen; denn hier, wo das Geld reichlich floß, konnten sie die zur Versorgung der Gemeinschaften benötigten Einkünfte erzielen – Almosen, schon bald aber auch testamentarische Schenkungen und fromme Stiftungen[68]. Daß sie nicht in die Bindungen des Lehnswesens und des daraus entstandenen Herrschaftssystems integriert waren, verhalf ihnen in der Bevölkerung, insbesondere im Bürgertum, zu Popularität. Die Bürger hatten mit Zinsdarlehen und anderen in den Augen der Kirche unerlaubten Praktiken viel Geld verdient; ihr schlechtes Gewissen plagte sie, so daß sie durchaus bereit waren, einen Teil ihrer Gewinne an jene Ordensleute zu verteilen, die ein Leben in Armut und Demut gewählt hatten[69]. Es kam hinzu, daß die Dominikaner, die seit Beginn ein Klerikerorden waren, sich in der Nähe von Schulen in

---

[64] Vgl. L. K. Little, Religious Poverty and the Profit Economy in Medieval Europe, London 1978.

[65] J. Longère (Hrsg.), Le troisième concile de Latran (1179), sa place dans l'histoire, Paris 1982.

[66] Bernhard von Clairvaux, Ad clericos de conversione, in: Bernhard von Clairvaux. Sämtliche Werke, hg. v. G. B. Winkler, Bd. IV, Innsbruck 1993, 196–199 (Kap. 21).

[67] Im Jahr 1216 lebten die Minderbrüder noch außerhalb der Städte, wie dies Jakob von Vitry bezeugte, der Franz von Assisi und seine Gefährten 1216 während seines Aufenthaltes in Perugia traf. Vgl. Jacques de Vitry, Lettres, hrsg. von R. B. C. Huygens, Leiden 1961, 75: „Diese leben in Einsiedeleien, wohin sie des Abends zurückkehren; am Tag sind sie in den Städten, um zu predigen und die Seelen zum Heil zu führen."

[68] Anschauliche Darstellung dieser Problematik in Lambert, Franciscan Poverty (siehe Anm. 13).

[69] Zu den schon bald engen Beziehungen zwischen Mendikanten und Wucherern vgl. Little, Religious Poverty (siehe Anm. 64) 178–217.

den großen Städten niederließen, worin sie von den Franziskanern bald nachgeahmt wurden.

So waren denn um das Jahr 1230 die beiden ersten Bettelorden ganz eindeutig auf die Stadt ausgerichtet, eine Entwicklung, die nicht mehr rückgängig gemacht und von den späteren Bettelorden imitiert werden sollte [70]. In der ersten Zeit, etwa bis zum Jahr 1250, ließen sie sich indes vorab in den meist außerhalb der Stadtmauern gelegenen Außenquartieren nieder. Diese Wahl war durch verschiedene Überlegungen motiviert: Einmal waren die Neuankömmlinge anfänglich praktisch unbekannt, und die Bischöfe und Domkapitel, denen sie vom Papst empfohlen worden waren, überließen ihnen häufig bescheidene Kirchen oder Land in den Randzonen der expandierenden Städte [71]. Im übrigen entsprachen diese Standorte durchaus den Wünschen der Brüder, die in diesen Vororten mit den erst kürzlich vom Land in die Stadt gezogenen und noch kaum in die traditionellen Pfarreistrukturen integrierten Bewohnern in Berührung kamen. Nach 1250 hingegen wechselten viele Mendikanten den Standort und errichteten – im allgemeinen auf Kosten der Kommune oder eines reichen Grundherrn oder Bürgers – Konvente und großartige Kirchen innerhalb der Stadtmauern [72]. Damit entsprachen die Ordensleute sicherlich dem Wunsch weiterer Teile der Bevölkerung, insbesondere der herrschenden Klassen – Adel und städtische Aristokratie –, die den Lebensstil der Mendikanten zusehends schätzen lernten und diese unterstützten. Die endgültige und völlige Ausrichtung auf die Stadt wurde indes nicht von allen akzeptiert, und zwar vor allem bei den Franziskanern, denn damit verbunden war die Flucht vor wirtschaftlicher Instabilität und Ungewißheit – beides grundlegende Aspekte ihrer Berufung. Einige, insbesondere Franziskus' noch lebende erste Weggefährten, zogen sich in Einsiedeleien zurück, wobei sie aus ihrer Ablehnung der gegenwärtigen Entwicklungen kein Hehl machten. Man nannte sie die „Spiritualen" [73].

Die Proteste der Spiritualen wirkten sich allerdings nicht unmittelbar aus, und die Spitzen der Bettelorden wie auch das Papsttum legten immer mehr Gewicht auf die Seelsorgetätigkeit der Brüder und deren Rolle bei der religiösen Betreuung der Gläubigen. Die von der Hierarchie auferlegte Hauptaufgabe war die Predigttätigkeit, die die Laien zu Buße und sakramenteller Beichte bewegen sollte. Gab es einen besseren Ort als die städtischen Zentren, um die Menge in Kirchen oder auf öffentlichen Plätzen zu versammeln, zu ihr von Gott zu sprechen und sie zur Bekehrung aufzurufen? [74] Darüber hinaus war das Ketzertum,

---

[70] Dieser Fragenkomplex ist Gegenstand zahlreicher Untersuchungen. Siehe insbesondere J. Le Goff, France du Nord et France du Midi dans l'implantation des Ordres Mendiants, in: Les Mendiants en pays d'Oc (siehe Anm. 61) 133–142; M. de Fontette, Villes médiévales et Ordres Mendiants, in: RHDF 94 (1970) 390–407; A. Vauchez (Hrsg.), Les Ordres mendiants et la ville en Italie centrale (v. 1220–v. 1350) = MEFRM 89 (1977) 559–573; E. Fügedi, La formation des villes et les Ordres Mendiants en Hongrie, in: Annales ESC 25 (1970) 966–981; B. Neidiger, Mendikanten zwischen Ordensideal und städtischer Qualität. Untersuchungen zum wirtschaftlichen Verhalten der Bettelorden in Basel, Berlin 1981; D. Berg (Hrsg.), Bettelorden und Stadt, Werl 1992.

[71] Vgl. J. Le Goff, L'apogée de la France urbaine médiévale 1150–1330, in: K. Duby (Hrsg.), Histoire de la France urbaine II, Paris 1980, 230–240.

[72] Vgl. J. Freed, The Friars and German Society in the Thirteenth Century, Cambridge/Mass. 1977, 21–51; E. Guidoni, Città e Ordini Mendicanti. Il ruolo dei conventi nella nascità e nella progettazione urbana dei secoli XIII e XIV, in: Quaderni Medievali 4 (1977) 69–106.

[73] Vgl. zu diesem Thema: Chi erano gli Spirituali? (Convegno 3; vgl. Anm. 5), Assisi 1976.

[74] Vgl. D. d'Avray, The Preaching of the Friars. Sermons diffused from Paris before 1300, Oxford 1985;

vor allem in Italien, in erster Linie ein städtisches Phänomen. Im Jahr 1233 wurden die Dominikaner, kurz darauf auch die Franziskaner offiziell mit der Inquisition betraut. In den vom Ketzertum betroffenen Gegenden verwandelten sich ihre Konvente folglich in Gerichtshöfe, wo die der Häresie Verdächtigten verhört wurden, ja zuweilen sogar in Gefängnisse. Obwohl ihre Berufung die Ausübung behördlicher Funktionen auszuschließen schien, sahen sich die Mendikanten mit der Tatsache konfrontiert, daß sie zu Instrumenten des kirchlichen Apparates, ja zu Agenten der politischen Propaganda des Heiligen Stuhls gemacht wurden, wie dies in Italien im Zusammenhang mit der schweren Auseinandersetzung zwischen Kaiser Friedrich II. und den Päpsten Gregor IX. und Innozenz IV. deutlich wurde. Dabei ist nicht zu vergessen, daß in Europa in der Mitte des 13. Jh. die Städte die eigentlichen Machtzentren waren, die zu beherrschen für die Kirche wesentlich war[75].

Der Versuch der Bettelorden, Einfluß auf die Städte zu gewinnen, ging sukzessive vor sich und spielte sich von Region zu Region nach anderen Modalitäten ab. In Norditalien hatten einige Mendikanten schon 1233 versucht, ihre Beliebtheit zu nutzen und der Gesellschaft ihr Gesetz aufzuzwingen. So übertrugen Städte wie Bologna oder Vicenza dem Dominikaner Giovanni da Vicenza politische Vollmachten, die es ihm erlaubten, Maßnahmen zur Versöhnung der widerstreitenden Gruppen und zur Bekämpfung der Häresie zu ergreifen[76]. Es war ihm jedoch kein nachhaltiger Erfolg beschieden, denn nachdem sich die erste Begeisterung über den Prediger gelegt hatte, flammten interne Streitigkeiten und territoriale Konflikte wieder auf. Aus Erfahrung klug geworden, zogen es die Mendikanten in der Folge vor, sich auf die von ihnen geistlich betreuten Laien zu stützen und sie in Bewegungen zu organisieren, deren Zielsetzungen im wesentlichen religiöser Natur waren; es gab aber auch andere Gruppierungen, etwa die vom Dominikanerheiligen Petrus Martyr in Florenz und Mailand gegründete *Societas Fidei* oder die *Milizia di Gesù Cristo*, eigentlich ein Ritterorden in städtischem Milieu, der sich der militanten Unterstützung der rechtmäßigen Lehre in ihrem Kampf gegen die Häretiker und deren Beschützer verschrieben hatte[77]. Gerade in Italien verstanden es die Bettelorden, ihr Ansehen bei den Laien und ihren Einfluß innerhalb zahlreicher Bußbruderschaften (*Laudesi*, die in der Volkssprache Hymnen zu Ehren Mariens und der Heiligen sangen, *Disciplinati* oder Geißler, die nach 1260 aufkamen, sowie, nach 1280, strukturierte Drittorden) zu nutzen, um die Kommunalgesellschaft, die der Kirche um das Jahr 1200 zu entgleiten drohte, für eben diese Institution zurückzugewinnen[78].

Es ist eine Tatsache, daß die Bettelorden im Verlauf dieser Entwicklung in den letzten Jahrzehnten des 13. Jh. in den Städten ihren festen Platz fanden und ihnen ihren Stempel

---

DERS., Sermons to the Upper Bourgeoisie by a Thirteenth Century Franciscan, in: D. BAKER (Hrsg.), The Church in Town and Country, Oxford 1979, 187–205.

[75] Vgl. G. BARONE, Federico II e gli Ordini Mendicanti, in: MEFRM 90 (1978) 607–626.

[76] A. VAUCHEZ, Une campagne de pacification en Lombardie autour de 1233, in: DERS., Religion et société dans l'Occident médiéval, Turin 1980, 71–117, sowie G. DE SANDRE GASPARINI, La pace in Antonio e nella „devotio" dei Mendicanti nel 1233, in: P. GIURIATI – P. MARANGON, S. Antonio di Padova tra storia e profezia, Padua 1981, 505f.

[77] N. J. HOUSLEY, Politics and Heresy in Italy. Antiheretical Crusades, Orders and Confraternities, 1200–1500, in: JEH 33 (1982) 201–208.

[78] Vgl. H. HEFELE, Die Bettelorden und das religiöse Volksleben Ober- und Mittelitaliens im 13. Jahrhundert, Leipzig 1910, sowie insbesondere G. G. MEERSSEMAN, Ordo Fraternitatis. Confraternite e pietà dei laici nel Medioevo, 3 Bde., Rom 1977.

aufdrückten. Die auf Integration ausgerichtete Seelsorgetätigkeit hatte ihre Früchte getragen; es gab enge Verbindungen zu den kommunalen Machtträgern, die diesen Brüdern, von denen sie auf politischer Ebene nichts zu befürchten hatten, durchaus wohlgesonnen waren. In Marseille wie in Brügge und Rom dienten die Konventskirchen der Minderbrüder als Versammlungsort der leitenden Gremien der städtischen Kommune, und an diesen Orten suchten die Notablen der Stadt nach einer würdigen Begräbnisstätte und versicherten sich der Gebete und des Beistandes für das Leben im Jenseits.

Diese Solidarität zwischen den Bettelorden und der Stadt beruhte auf einem ausgewogenen Austausch gegenseitiger Leistungen: Das Gemeinwesen vergab regelmäßige Subsidien in Form von Geld und Wachskerzen, aber auch Holz und Kleidung. Im Gegenzug griff die Kommune häufig auf die Dienste der Bettelmönche als Boten, Mittler oder Diplomaten zurück. In einigen italienischen Städten war diese Zusammenarbeit besonders eng: Die Dominikaner etwa verwahrten in ihren Konventen die Kommunalarchive, während die Rolle der Franziskaner und der übrigen Mendikanten darin bestand, die ihnen von einigen Reuigen unter dem Siegel des Beichtgeheimnisses anvertrauten unterschlagenen öffentlichen Gelder der Kommune zurückzugeben[79].

Bemerkenswertestes – und heute sichtbarstes – Zeugnis des Erfolgs der Bettelorden sind ihre Kirchen. Obwohl die Ordensstifter gewünscht hatten, die Brüder möchten sich mit bescheidenen Gebäuden begnügen, stürzten sich diese schon bald in den Bau von Konventskirchen, die uns – soweit sie noch existieren – selbst heute durch ihre Größe beeindrucken[80]. Bei den Dominikanern setzte diese Entwicklung schon sehr bald ein, ließen sie sich doch von Anfang an lieber in den großen Städten nieder, um dort ansehnliche Konvente zu errichten, während die Minderbrüder kleinere Orte bevorzugten. Aber auch letztere willigten schließlich in die Errichtung von prunkvollen Gebäuden ein, insbesondere unter dem Druck adliger Laien – etwa der Gräfin Johanna von Hennegau in Valenciennes oder Ludwigs IX. in Paris –, die die Brüder zwangen, für den Bau im besten Stil der Zeit professionelle Architekten heranzuziehen, so beispielsweise beim Bau der Klosterkirche der Cordeliers (wie die Franziskaner in Frankreich genannt wurden) in Paris, die mit ihrem 83 Meter langen Schiff die größte Kirche der Stadt war[81]. Auch hier konnte die Abweichung von der Regel mit Nützlichkeits- und Effizienzgründen gerechtfertigt werden: Auslöser für den Bau dieser mächtigen Kirchen war der Wunsch, möglichst viele Stadtbewohner zu versammeln, damit diese den Erbauungspredigten folgen und so religiös und moralisch gestärkt werden konnten.

Untersuchungen der letzten Jahrzehnte über den Zusammenhang zwischen der Zahl der Mendikantenkonvente und der Größe der Städte, wo sie standen, machen deutlich, daß die Gründungen der Bettelmönche nicht dem Zufall überlassen wurden, sondern anhand von präzisen demographischen und wirtschaftlichen Kriterien erfolgt waren[82]. Um 1300 galt

---

[79] Vgl. St. da Campagnola, Gli Ordini religiosi e la civiltà communale in Umbria, in: Atti del VI convegno di Studi umbri, Perugia 1971, 469–542, sowie A. Vauchez, Ordini Mendicanti e società italiana, XIII–XV secolo, Mailand 1990.

[80] Vgl. L. Gillet, Histoire artistique des Ordres Mendiants. Essai sur l'art religieux du XIIIe au XVIIe siècle, Paris 1939; W. Kroenig, Caratteri dell'architettura degli Ordini Mendicanti in Umbria, in: Atti del VI Convegno (siehe Anm. 79) 165–198.

[81] L. Beaumont-Maillet, Le grand couvent des Cordeliers de Paris. Etude historique et archéologique du XIIIe siècle à nos jours, Paris 1975.

[82] J. Le Goff kommt das Verdienst zu, diese auf allgemeines Interesse stoßende Problematik thematisiert zu

Blick in den Kreuzgang der Dominikanerkirche in Toulouse (1310) und auf den achteckigen Glockenturm (1299).

ein Gemeinwesen mit vier oder fünf Mendikantenkonventen als bedeutende Stadt, während eine Stadt mit nur einem Konvent nicht viele Bewohner zählen konnte. Ebenfalls zu erwähnen ist, daß der Anstieg der Bautätigkeit des 13. Jh. in den großen Städten (in der Folge Städte mit vier oder fünf Mendikantenkonventen) seinen Anfang nahm, um später auf kleinere Städte überzugreifen, in denen dann nur zwei oder drei Konvente errichtet wurden. Gesichert ist zudem, daß die am dichtesten besiedelten Gebiete Europas - Mittel- und Norditalien, Seinebecken, Flandern, Rheintal - als erste vom Aufstieg der Bettelorden erfaßt wurden, während in den übrigen Gebieten der Christenheit, wo - wie etwa in der Bretagne oder in Polen - der städtebauliche Aufschwung später und nur begrenzt erfolgte, diese Entwicklung erst ganz am Ende des 13. Jh. und dann vor allem im 14. Jh. einsetzte[83]. Gestützt auf diese Beobachtungen, könnte man nicht ganz zu Unrecht annehmen, die

---

haben. Vgl. J. Le Goff, Apostolat mendiant et fait urbain dans la France médiévale, in: Annales ESC 23 (1968) 335–352, und ders., Ordres Mendiants et urbanisation dans la France médiévale. Etat de l'enquête, in: Annales ESC 25 (1970) 924–946. Vgl. auch J. C. Schmitt, Où en est l'enquête „Ordres Mendiants et urbanisation de la France médiévale?", in: Elm, Stellung und Wirksamkeit (siehe Anm. 50) 13–18.

[83] H. Martin, Les Ordres Mendiants en Bretagne (v. 1230–v. 1530). Pauvreté volontaire et prédication à la fin du Moyen Age, Paris 1975; J. Kloczowski, Les Ordres Mendiants en Pologne, in: APH 15 (1967) 5–38.

Karte der Niederlassungen der Mendikantenkonvente spiegele die geographische Streuung der Städte im Europa des Mittelalters und ihre Hierarchie im Verband der Städte wider[84]. Es gilt indes, diese Aussage zu nuancieren, gibt es doch eine Anzahl von Ausnahmen zur eben erwähnten Regel. So scheiterte in einigen nicht unbedeutenden Städten die Niederlassung der Mendikanten lange am heftigen Widerstand der Mönche oder der Kanoniker des Domkapitels; es kam aber auch vor, daß diese nur einen Konvent zuließen, obwohl die Stadt logischerweise mehrere hätte beherbergen sollen. Ein weiterer Faktor war die rege Reisetätigkeit der Bettelmönche. Entlang der wichtigsten Verbindungswege mußte ihnen folglich alle 30 bis 40 km eine gesicherte Unterkunft zur Verfügung stehen – etwa an der *Via Francigena* zwischen Italien und Frankreich oder an der Straße zwischen der Lombardei und Deutschland über den Brenner. So waren einige Orden gezwungen, Konvente in unbedeutenden, aber verkehrstechnisch günstig gelegenen Ortschaften zu gründen[85]. Nach 1300 schließlich untersagte Rom die Schaffung neuer Konvente ohne päpstliche Erlaubnis. Damit sollte in einer Zeit, als sich die wirtschaftliche Lage verschlechterte und der Weltklerus der Verbreitung der Mendikanten mit immer stärkerem Mißtrauen begegnete, eine allzu heftige Konkurrenz zwischen den Orden unterbunden werden.

Ein in dieser Hinsicht aufschlußreiches und zudem hinreichend untersuchtes Beispiel ist Flandern, das uns einen ziemlich genauen Überblick über die Niederlassungen der Mendikanten in einer stark urbanisierten Region vermittelt[86]. Gegen Ende des 13. Jh. besaßen die Brüder dort nicht weniger als 26 Konvente, die sich auf die Orden wie folgt verteilten: 7 Franziskaner-, 6 Dominikaner-, 6 Sackbrüder, 4 Augustinereremiten, 3 Karmeliterkonvente sowie ein Konvent eines anderen „kleinen“ Bettelordens. Im Vergleich zu anderen Regionen fällt die hohe Zahl von Dominikanerkonventen auf, die sich teilweise durch die besondere Gunst der Gräfinnen von Flandern, Johanna und Margarete, für diesen Orden erklärt, sowie die relativ geringe Zahl von Franziskanerkonventen, was zweifellos damit zusammenhängt, daß in dieser Region die von diesem Orden bevorzugten mittelgroßen und kleinen Städte rar sind. Insgesamt erfolgte die Gründung dieser Konvente früh, bestanden praktisch alle doch bereits im Jahr 1274. Was die Verteilung nach Städten betrifft, so entspricht sie in etwa der Einwohnerzahl; Ausnahme ist Brügge mit sechs Mendikantenkonventen, während das stärker bevölkerte Gent nur fünf besaß, was zeigt, daß für die Brüder der Reichtum einer Stadt wichtiger war als die Einwohnerzahl. Ypern folgt mit vier Konventen, Douai und Tournai mit je drei, Lille mit 2 und drei kleinere Städte mit je einem Konvent. Nicht genau bekannt ist leider die Gesamtzahl der Ordensleute, sie muß aber, vor allem in den großen Städten, beachtlich gewesen sein. Um 1300 zählte das Dominikanerkloster in Brügge nicht weniger als 90 Ordensleute, jenes der Karmeliter 70 und jenes der Franziskaner 50. Die weiblichen Zweige hingegen waren in Flandern weniger gut vertreten: 4 Klarissen- und 2 Dominikanerinnenkonvente, darunter jener von Lille mit vornehmlich adligen Insassinnen – ähnlich wie in Frankreich die Dominikanerinnen in Poissy oder

[84] Vgl. A. Guerreau, Observations statistiques sur les créations de couvents franciscains en France, XIIIe–XVe siècle, in: A. Vauchez (Hrsg.), Mouvements franciscains et société française, XIIIe–XXe siècle, Paris 1983, 27–60.

[85] L. Pellegrini, Insediamenti francescani nell'Italia del Duecento, Rom 1984.

[86] W. Simons, Stad en apostolaat. De vestiging van de bedelorden in het graafschap Vlaanderen (ca. 1225–ca. 1350), Brüssel 1987.

die Klarissen in Longchamp[87]. Zumindest Ende des 13. Jh. scheinen die Ordensmänner eher dem mittleren Bürgertum oder dem flämischen Stadtpatriziat zu entstammen. Wie an anderen Orten auch wirkten sie in erster Linie als Beichtväter und Prediger. Sie waren zudem bei den Beginen und in einigen Hospitälern als Gutsverwalter und geistliche Führer tätig, und ihre Beziehungen zu den Kaufmanns- und Handwerkergilden scheinen besonders eng gewesen zu sein[88]. Aber erst im 14. Jh. sollten diese Kreise, angefangen bei den italienischen Kaufleuten, Bruderschaften bilden, die in den Kirchen der Mendikanten Kapellen errichten ließen.

Insgesamt kann also durchaus von einer massiven Verbreitung der Bettelorden im städtischen Milieu am Ende des 13. Jh. gesprochen werden; ihr Erfolg ist darauf zurückzuführen, daß sie den Gläubigen vorlebten, was ihnen der Weltklerus lange Zeit nicht hatte bieten können: einen untadeligen Lebenswandel und eine genügende Gelehrsamkeit im Dienste der besseren Darstellung und Vermittlung der biblischen Botschaft in der Predigt. Dank enger Beziehungen konnten die Mendikanten die Probleme der Laien, insbesondere der im Wirtschaftsleben tätigen Kaufleute oder Bankiers, verstehen[89]. So ist es denn kein Zufall, daß sie in diesem Bereich Vordenker in theologischen Fragen und kanonistischem Recht waren[90]. Nicht auszuschließen ist indes, daß die Brüder in ihrem Bemühen, sich den Realitäten des städtischen Lebens anzupassen, zuweilen etwas weit gingen. Bereits in der Mitte des 13. Jh. begann der Pariser Dichter Rutebeuf, der anfänglich die Franziskaner gelobt hatte, ihre übertriebene Nachsicht für die Reichen, insbesondere die Wucherer, sowie ihre allzu enge Verbindung mit den Mächtigen zu kritisieren[91]. Andere beschuldigten sie der Heuchelei, spotteten über ihre eifrige Dienstbeflissenheit gegenüber Frauen[92] und Sterbenden oder warfen ihnen vor, sie würden mit der Annahme von Einkünften ihre Regel und ihr Armutsgelübde übertreten, was nach 1260 tatsächlich häufig der Fall war. Ob dieser Schwächen und Mängel soll indes nicht vergessen werden, daß die Bettelorden aufs Ganze gesehen die ihnen von der Kirche übertragene Aufgabe – die innere Missionierung der städtischen Gesellschaft in Europa – erfüllten.

---

[87] Ganz anders stellte sich die Lage im Deutschen Reich dar, wo es zahlreiche Frauenklöster gab; vgl. dazu GRUNDMANN, Religiöse Bewegungen (siehe Anm. 18) 208–317.

[88] Vgl. G. G. MEERSSEMAN, Les Frères Prêcheurs et le mouvement dévot en Flandre au XIIIe siècle, in: AFP 18 (1948) 69–130.

[89] Zu den engen Beziehungen zwischen Bettelorden und Laien vgl. A. VAUCHEZ, Les laïcs au Moyen Age. Pratiques et expériences religieuses, Paris 1987 (dt.: Gottes vergessenes Volk. Laien im Mittelalter, Freiburg u. a. 1993), und Art. Pénitents au Moyen Age, in: DSp XII, Paris 1984, 1010–1023.

[90] Siehe auch J. LE GOFF, Wucherzins und Höllenqualen. Ökonomie und Religion im Mittelalter, Stuttgart 1988, sowie A. SPICCIANI, Capitale e interesse tra mercatura e povertà nei teologi e canonistici dei secoli XIII–XV, Rom 1990.

[91] RUTEBEUF, Oeuvres complètes, hrsg. von A. FARAL – J. BASTIN, Paris 1959, insb. 331f, 398 und 405. Zur Thematik allgemein vgl. J. BATANY, L'image des Frères dans les „revues d'états" du XIIIe siècle, in: VAUCHEZ (Hrsg.), Mouvements franciscains (siehe Anm. 84) 61–74.

[92] Zur Wirkung der Botschaft der Mendikanten in der weiblichen Bevölkerung vgl. Movimento religioso femminile e Francescanesimo nel secolo XIII (Convegno 7; siehe Anm. 5), Assisi 1980.

Bibliographie

Quellen

Acta capitulorum generalium ordinis Praedicatorum (1220–1498), hrsg. von B. M. Reichert, 3 Bde., Rom 1898–1900 (MOPH, 3, 4 und 7).

Bullarium Franciscanum, hrsg. von J. Sbaraglia und C. Eubel, 7 Bde., Rom 1759–1904.

Bullarium ordinis FF. Praedicatorum, hrsg. von Th. Ripoll, 8 Bde., Rom 1729–1740.

K. Esser, Die Opuscula des hl. Franziskus von Assisi. Neue textkritische Edition, Grottaferrata (Rom) 1976.

François d'Assise, Écrits, hrsg. von Th. Desbonnets u. a., Paris 1981 (SC 285).

Iacobi a Voragine Legenda aurea, hrsg. von Th. Graesse, Breslau ³1890 (Ndr. Osnabrück 1965).

Legendae sancti Francisci Assisiensis s. XIII et XIV conscriptae, in: Analecta Franciscana, X, Quaracchi 1926–1941.

Monumenta historica S. P. N. Dominici, hrsg. von M. H. Laurent, Paris – Rom 1933–1935 (MOPH, 15 und 16).

Annales Minorum, hrsg. von L. Wadding u. a., 3. Serie, Quaracchi – Rom 1931–1964.

A. H. Thomas, De oudste constituties van de Dominicanen. Voorgeschiedenis, tekst, bronnen, ontstaan en ontwikkeling (1215–1237), Löwen 1965.

W. R. Thompson, Check List of Papal Letters relating to the Orders of St. Francis. Innocent III.–Alexander IV., in: AFH 64 (1971) 367–580.

Literatur

F. Dal Pino, I Servi di Maria dalle origini all'approvazione (1233–ca. 1304), 3 Bde., Löwen 1972.

D. D'Avray, The Preaching of the Friars. Sermons diffused from Paris before 1300, Oxford 1985.

D. Berg, Armut und Wissenschaft. Bettelorden im 13. Jahrhundert, Düsseldorf 1977.

K. Elm, Franziskus und Dominikus. Wirkungen und Antriebskräfte zweier Ordensstifter, in: Saeculum 23 (1972) 127–147.

– (Hrsg.), Stellung und Wirksamkeit der Bettelorden in der städtischen Gesellschaft, Berlin 1981.

K. Esser, Die Anfänge und ursprünglichen Zielsetzungen des Ordens der Minderbrüder, Leiden 1966.

–, Textkritische Untersuchungen zur Regula non bullata der Minderbrüder, Grottaferrata (Rom) 1974.

Francescanesimo e vita religiosa dei laici nel 200, Assisi 1988 (Convegni della Società Internazionale di Studi Francescani, XIV).

Francescanesimo e vita universitaria, Assisi 1990 (Convegni SISF, XVI).

H. Grundmann, Religiöse Bewegungen im Mittelalter, Darmstadt ³1970.

D. Guttierez, Die Augustiner im Mittelalter 1256–1356, Würzburg 1985.

W. A. Hinnebusch, A History of the Dominican Order, 2 Bde., Staten Island 1965–1973.

M. D. Lambert, Franciscan Poverty. The Doctrine of the Absolute Poverty of Christ and the Apostles in the Franciscan Order, London 1961.

R. Manselli, San Francesco d'Assisi, Rom ²1981.

J. Moormann, A History of the Franciscan Order, from its Origins to the Year 1517, Oxford 1968.

Movimento religioso femminile e francescanesimo nel secolo XIII, Assisi 1980 (Convegni SISF, VII).

P. Szittya, The Antifraternal Tradition in Medieval Literature, Princeton 1986.

A. Vauchez, Ordini mendicanti e societa italiana, XII–XV secolo, Mailand 1990.

M. H. Vicaire, Histoire de saint Dominique, 2 Bde., Paris ²1982 (dt.: Geschichte des Heiligen Dominikus, Freiburg 1962–1963).

G. Wendelborn, Franziskus von Assisi, Wien 1977.

Drittes Kapitel

Der Aufstieg der Universitäten und die Blüte der scholastischen Theologie

Von André Vauchez und Agostino Paravicini Bagliani

In den letzten Jahrzehnten des 12. Jh. entstand unter den Lehrern an den Schulen und ihren immer zahlreicheren Schülern das Bedürfnis, sich als „Universität" *(universitas)* zu vereinigen – im Latein jener Zeit bezeichnete der Begriff jede Vereinigung, die Mitglieder des gleichen Berufs zusammenfaßte [1]. Die *universitas magistrorum et scholarium*, wie sie später in Paris heißen würde, war ihrem Selbstverständnis nach tatsächlich eine Korporation, die zur Verteidigung der eigenen Interessen nach Anerkennung ihrer besonderen Stellung durch die politische Macht – Kommune in Bologna oder Bürgermeister in Paris – trachtete. Daß die meisten ihrer Mitglieder nicht aus der Stadt oder dem Königreich stammten, wo sie studierten oder lehrten, machte ihre Lage besonders prekär, und so versuchten sie denn auch unverzüglich, von den höchsten Autoritäten – Kaiser oder König – Privilegien zum Schutz vor der Willkür und sogar vor der Kontrolle durch die lokalen Behörden zu erhalten. Ihr Hauptproblem war indes ihr Verhältnis zur Kirche. Da sie für sich die Privilegien der Geistlichkeit forderten, standen die Magister und ihre Studenten unter der Jurisdiktion des Ortsbischofs oder seines Vertreteres, des Kanzlers. Gegen Ende des 12. Jh. wurde dann klar, daß die Akademiker nicht wie die anderen Diözesangeistlichen behandelt werden konnten, gehörten sie doch der Diözese nur vorläufig und wegen ihres Wohnortes an. Überdies planten viele von ihnen keine kirchliche Laufbahn, und die Lehrtätigkeit spezialisierte sich mehr und mehr. Aus diesem Grund forderten die Magister das Recht, ohne Einflußnahme von außen die zur Eröffnung einer Schule oder zur Lehrtätigkeit unerläßliche *licentia docendi* (Lehrbefugnis) selbst erteilen zu können. Ein zentrales Problem, das im Verlauf der ersten Jahrzehnte des 13. Jh. seine Lösung finden sollte. Es ist also durchaus zutreffend, mit H. Grundmann zu sagen, daß die meisten mittelalterlichen Universitäten, mit Ausnahme derjenigen von Neapel, die 1224 von Kaiser Friedrich II. gegründet wurde, spontane Weiterentwicklungen von bereits bestehenden Schulen sind [2]. Aber auch das Papsttum wirkte entscheidend an ihrer Entstehung mit, überhäufte es doch einige hervorragende Ausbildungsstätten, insbesondere Paris und Bologna, mit Privilegien und unterstützte deren Autonomieforderungen gegenüber den Lokalbehörden [3]. Seit jener Zeit

---

Bibliographische Kurzangaben verweisen auf das Literaturverzeichnis am Ende des Kapitels (siehe Seite 885).

[1] P. Michaud-Quantin, Universitas. Expressions du mouvement communautaire dans le Moyen âge latin, Paris 1970; G. Post, Parisian Masters as a Corporation. 1200–1246, in: ders., Studies in Medieval Legal Thought. Public Law and the State 1100–1322, Princeton 1964, 27–60.

[2] H. Grundmann, La genesi dell'Università, in: BISI 70 (1958) 1–18, (Ndr. in: G. Arnaldi, [Hrsg.], Le origini dell'università, Bologna 1974, 85–99).

[3] P. Classen, La curia romana e le scuole di Francia nel secolo XII, in: Le istituzioni ecclesiastiche della ‚So-

finden in den Dokumenten die nicht in den Rang von Universitäten erhobenen Stifts- oder Kathedralschulen keine Erwähnung mehr, obwohl sie nach 1200 natürlich nicht plötzlich von der Bildfläche verschwanden. Es scheint aber, daß sie gewissermaßen verdrängt wurden von den angesehenen und in ihrer Stellung gestärkten Universitäten, deren anerkannte Aufgabe es war, eine höhere intellektuelle Ausbildung zu vermitteln.

I. Das Papsttum und die Universitäten

1. Die Universität Paris

Die ersten Anzeichen für eine direkte päpstliche Einflußnahme auf den Verlauf des *Studium parisiense* gehen auf das beginnende 13. Jh. zurück. Am 30. März 1219, im Verlauf einer Auseinandersetzung mit den Pariser Magistern, spielten der Bischof von Paris, Pierre de Nemours, und der Kanzler Philipp auf ein im Jahr 1200 von Kardinal Ottaviano erlassenes Verbot gegen jede *conspiratio coniuratio constitutio seu aliqua obligatio* (Verschwörung, Vereinigung, Satzung oder jegliche andere Verpflichtung) der Studenten ohne Zustimmung von Bischof, Kapitel und Kanzler an[4]. Der Beschluß, der im Wortlaut nicht auf uns gekommen ist[5], fällt zeitlich mit dem berühmten, im gleichen Jahr erlassenen Privileg von König Philipp II. August zusammen[6], welches die Studenten aus der königlichen Gerichtsbarkeit entläßt, um sie der Jurisdiktion des Bischofs zu unterstellen[7].

Im Jahr 1208 hatte eine Kommission, bestehend aus acht Professoren der Theologie, des kanonischen Rechts und der *artes liberales* (freien Künste), ein Statut verfaßt, worin die Kleidung der Lehrer, der Stundenplan der Vorlesungen, die Ferienzeit sowie die Begräbnisfeierlichkeiten für die verstorbenen Magister festgelegt wurden. Das Statut ist im Wortlaut nicht mehr vorhanden, bekannt ist allerdings, daß eine Wiedereingliederung in die Korporation nur mit Zustimmung des Apostolischen Stuhles möglich war. Innozenz III. nahm einen Konflikt zwischen den Magistern und dem Kanzler zum Anlaß, die Gültigkeit dieses Vorgehens zu bestätigen. Sein Schreiben[8] war in den Augen der Kanonisten rechtsgültig, wurde es doch einige Monate nach seiner Abfassung in die *Compilatio Tertia* aufgenommen[9].

Ein wichtiges Datum in der Geschichte des Pariser *Studium* ist das Jahr 1215. Papst In-

---

cietas Christiana' dei secoli XI–XII (Atti della quinta Settimana internazionale di Studio Mendola, 26–31 agosto 1971), Mailand 1974, 432–436; DERS., Rom und Paris: Kirche und Universität im 12. und 13. Jahrhundert, in: DERS., Studium und Gesellschaft im Mittelalter, Stuttgart 1983, 127–169.

[4] *Cartularium universitatis Parisiensis* I, hrsg. von H. DENIFLE – G. CHÂTELAIN, Paris 1889/91, 97, Nr. 30.

[5] Gemäß J. VERGER, Des Ecoles à l'Université. La mutation institutionelle, in: R.-H. BAUTIER (Hrsg.), La France de Philippe Auguste: le temps des mutations, Paris 1982, 817–846, könnte es sich um eine Fälschung handeln.

[6] *Cartularium universitatis Parisiensis* I (s. Anm. 4) 59, Nr. 1.

[7] Vgl. zu diesem Sachverhalt W. MALECZEK, Das Papsttum und die Anfänge der Universität im Mittelalter, in: RöHM 27 (1985) 97. Es ist nicht ausgeschlossen, daß dieses königliche Privileg auch dazu diente, die Verhandlungen mit dem römischen Legaten Ottaviano über die Beilegung des Konflikts im Zusammenhang mit der Scheidung des Königs und über die Aufhebung des Bannes zu erleichtern.

[8] *Cartularium universitatis Parisiensis* I (s. Anm. 4) 67, Nr. 8.

[9] *Johannis Teutonici Apparatus Glossarum in Compilationem Tertiam* I, hrsg. von K. PENNINGTON, Vatikanstadt 1980, 287 ff.

nozenz III. hatte Kardinallegat Robert von Curçon [10] mit der Reform der Pariser Schulen betraut; in diesem Zusammenhang erließ er ein Statut, welches unter anderem Lehrenden und Studenten erlaubte, sich Konstitutionen [11] zu geben, die insbesondere Punkte wie Vergehen gegen Studenten, Unterkunft, Kleidung, Begräbnisstätten, Vorlesungen und „Disputationen" enthielten.

Das Statut von 1215 war nicht ausschließlich ein Produkt der römischen Kurie, obwohl einige Punkte vermutlich ihre Sichtweise widerspiegeln: das Verbot, die Naturphilosophie des Aristoteles vorzutragen, weiterhin gewisse Restriktionen bezüglich Kleidung und Zeremonien, Alter der Studenten, Lehrbüchern, theologischer Laufbahn sowie die Verpflichtung jedes Studenten, einen Magister auszuwählen, dem jurisdiktionelle Gewalt über seinen Schüler zukam [12].

Das von Kardinal Robert Curson den Lehrenden und Studenten verliehene Recht, sich Statuten zu geben, wurde vom Papsttum immer wieder gegen die Übergriffe des Bischofs und des Kanzlers von Paris verteidigt, insbesondere von Gregor IX. in der Bulle „Parens scientiarum" [13].

a) Unabhängigkeit der Korporation und Zulassung neuer Mitglieder

Rom stand den Pariser Professoren in einem weiteren wichtigen Punkt bei, nämlich in der Frage der Verleihung der *licentia docendi.* Gemäß einem im 12. Jh. eingeführten Brauch mußte jeder Magister, der in Paris lehren wollte, über eine vom Kanzler, der zugleich Würdenträger des Kathedralkapitels von Paris war, ausgestellte *licentia docendi* verfügen. Vor ihrer Verlagerung an das linke Seineufer in den Jahren 1215/20, wo sie dann rechtlich dem Abt von Sainte-Geneviève unterstanden, befanden sich die Schulen unter der Jurisdiktion des Bischofs (Ile de la Cité, Petit-Pont). Die Verleihung der *licentia docendi* war inzwischen zu einer lukrativen Angelegenheit geworden. Alexander III., der die Entwicklung der Pariser Schulen fördern wollte, hatte angeordnet, die Verleihung der *licentia docendi* habe kostenlos zu erfolgen [14]. Der Kanzler durfte indes weiterhin die Fähigkeiten der Lehrstuhlkandidaten prüfen, wodurch er faktisch die Kontrolle über die Zulassung der Lehrkräfte behielt. Dieses System scheint bis 1210 relativ reibungslos funktioniert zu haben; es war aber unvereinbar mit dem Wunsch nach Eigenständigkeit und der korporativen Bewegung der ersten Jahre des 13. Jh. Einmal mehr intervenierte Rom mit Beschlüssen zu Gunsten der Lehrenden.

Im Jahr 1209 verlangte der neue Kanzler von Paris, Jean de Candelis, für die Verleihung der *licentia docendi* Geld, forderte einen Treueschwur und ließ sogar Studenten ins Gefängnis werfen. Daraufhin appellierten die Magister an den Papst. Innozenz III. setzte einen Kompromiß durch [15]. Der Kanzler ließ von seinem Vorhaben ab und versprach, die

---

[10] Jüngster Versuch einer biographischen Aufarbeitung in W. Maleczek, Papst und Kardinalskolleg von 1191 bis 1216. Die Kardinäle unter Coelestin III. und Innocenz III., Wien 1984, 175–179; der Autor schlägt für den Namen die Schreibweise *Corson* vor.

[11] *Cartularium universitatis Parisiensis* I (s. Anm. 4) 78, Nr. 20.

[12] Maleczek, Das Papsttum (s. Anm. 7) 99.

[13] Vgl. unten, c) Die Bulle „Parens scientiarum".

[14] G. Post, Alexandre III, The ‚licentia docendi' and the Rise of Universities, in: Anniversary Essays in Medieval History by Students of C. H. Haskins, Boston – New York 1929, 255–278.

[15] *Cartularium universitatis Parisiensis* I (s. Anm. 4) 85, Nr. 27.

licentia docendi nicht zu verweigern, falls das Gutachten der Lehrenden für den Kandidaten positiv ausfiel[16]. Mit der Einsetzung einer aus drei Theologen bestehenden Kommission zur Verleihung der *licentia* nach erfolgter Prüfung der Kandidaten schwächte Papst Honorius III.[17] einige Jahre später auf Bitten von Professoren und Studenten die Stellung des Kanzlers noch mehr. Als Professoren und Studenten den Beschluß faßten, sich auf dem linken Seineufer niederzulassen, beschied Honorius III. dem Kanzler von Notre-Dame, seine Zweifel an der Rechtmäßigkeit dieser Übersiedlung seien unberechtigt[18]. Im Jahr 1231 legte Gregor IX. in der Bulle „Parens scientiarum“[19] fest, der Kanzler sei nicht befugt, die *licentia* gegen den Willen der Professoren zu erteilen, was bedeutete, daß diese bei der Verleihung der *licentia docendi* nun völlig autonom waren. Von diesem Zeitpunkt an übte der Kanzler von Notre-Dame nur noch die formalen Privilegien eines Vorstehers der Universität aus, konnte aber bei der Aufnahme von neuen Mitgliedern in den Lehrkörper nicht mehr in das Verfahren eingreifen.

b) Die Bulle „Super speculam“

Hauptziel des Papsttums war es, das Theologiestudium effizient zu unterstützen. In dieser Hinsicht spielte die Bulle „Super speculam“ Honorius' III. aus dem Jahr 1219 eine entscheidende Rolle[20], erlaubte sie doch den Theologiestudenten, trotz ihrer studienbedingten Abwesenheit während fünf Jahren in vollem Umfang in den Genuß der Einkünfte aus ihren Benefizien zu kommen. Aus diesem Grund verschärfte der Papst Konstitution 11 des IV. Laterankonzils, welche forderte, daß „in jedem Fall die Metropolitankirche einen Theologen unterhalten soll, der Priester und andere Kleriker in der Heiligen Schrift unterweisen und besonders in den Gegenständen belehren soll, die mit der Seelsorge zusammenhängen“[21]. Ein gewichtiger Eingriff des Papstes: Nun lag die materielle Versorgung der studierenden Kleriker nicht mehr bei Bischöfen und Kapiteln, wie im IV. Lateranum festgelegt, sondern bei den Kirchen selbst, also den Eigentümern der Benefizien.

In der gleichen Bulle bestätigte Honorius III. auch das Dekret der Synode zu Tours aus dem Jahr 1163, das den Regularkanonikern das Studium von Römischem Recht und Medizin untersagt hatte; dieses Verbot erstreckte sich nun auf Archidiakone, Dekane, Pröpste, Kantoren und alle Priester. Nicht nur den Ordensleuten, sondern den Geistlichen ganz allgemein war fortab der Zugang zu den „lukrativen Wissenschaften“ untersagt. Insbesondere konnte in Paris nicht mehr Römisches Recht gelehrt werden.

Wie St. Kuttner treffend darlegt[22], hatte dieser auf den ersten Blick überraschende Beschluß seine logische Entsprechung in den übrigen Beschlüssen von „Super speculam“ und ist als Bemühen des Papstes zu verstehen, das Theologiestudium in Paris zu stärken und

---

[16] Ebd. 75, Nr. 16.

[17] Ebd. 85, Nr. 27; vgl. auch Nr. 29, 30, 32 und 45.

[18] Ebd. 109, Nr. 45: 31. Mai 1222; Gregor IX. bestätigte diesen Beschluß kurz nach Beginn seines Pontifikats, ebd. 111, Nr. 55: 22. November 1227.

[19] Ebd. 136, Nr. 79.

[20] Ebd. 90, Nr. 32.

[21] Hrsg. von A. García y García, Constitutiones Concilii quarti Lateranensis una cum Commentariis glossatorum, Vatikanstadt 1981, 59; COD, 240; dt. in: R. Foreville (Hrsg.), Lateran I–IV, Mainz 1970, 412.

[22] St. Kuttner, Papst Honorius III. und das Studium des Zivilrechts. Festschrift für Martin Wolff, Tübingen, 1952, 79–101.

alle Kräfte auf diese Disziplin zu konzentrieren. Von seelsorgerischen und disziplinarischen Motiven (Kampf gegen die Häresie) diktiert, war diese Maßnahme keineswegs Ausfluß einer intellektuellen Abneigung gegen das Römische Recht von seiten des Papsttums. Einige Jahre später würde in den Lehrgängen der Kurien-Hochschule, dem *Studium Curiae*, Zivilrecht gelehrt werden; dieses Fach sah Innozenz IV. in der Stiftungsbulle dieser „päpstlichen Universität" (ca. 1245) vor.

Das Verbot für die Kleriker, Medizin zu studieren, stand durchaus in Einklang mit der generellen Entwicklung von Gesellschaft und Kirche, wonach die Figur des Arztes von derjenigen des Geistlichen zu trennen sei. Zum einen hatte die Ausweitung des medizinischen Wissens und die Entstehung neuer Studienzentren (Montpellier, Paris) die gesellschaftliche und berufliche Aufwertung von Medizin und Arzt verstärkt; zum andern suchte die Kirche, gerade wegen der Häresiegefahr, in diesen ersten Jahrzehnten des 13. Jh. die Figur des Klerikers neu zu definieren, indem sie sie noch stärker von den Laien abgrenzte [23]. Der Arzt war auch weiterhin den Vorschriften der Kirche unterworfen, inzwischen aber als privilegierter Mitarbeiter. In diesem Sinne sprach sich auch Konstitution 22 des IV. Laterankonzils aus: „Deswegen bestimmen wir durch das vorliegende Dekret und schreiben den Ärzten vor: Sie sollen, wenn sie zu Kranken gerufen werden, sie vor allem ermahnen und dazu anhalten, den Seelenarzt zu rufen. Wenn dann für das geistliche Heil der Kranken gesorgt ist, wird man mit größerer Aussicht auf Heilung die Medizin für den Körper anwenden; denn mit der Beseitigung der Ursache fällt auch die Wirkung weg ... Da im übrigen die Seele sehr viel mehr wert ist als der Leib, verbieten wir unter Strafe des Kirchenbanns, daß ein Arzt für die Gesundung des Leibes ein Heilmittel anrät, das sich zum Schaden der Seele auswirken könnte." [24]

Mehrere damals in Viterbo, dem vorläufigen Sitz der römischen Kurie, anwesende Persönlichkeiten beeinflußten vermutlich die Abfassung der Bulle „Super speculam": der Kanzler Philipp, der zur Beilegung eines Konflikts zwischen Lehrenden und Studenten an die römische Kurie gerufen worden war; Kardinal Peter von Capua [25], der sich als päpstlicher Legat lange mit dem Pariser *Studium* befaßt hatte; vielleicht sogar Dominicus selbst, dessen Anwesenheit in Viterbo von November bis Mitte Dezember 1219 bezeugt ist. Tatsache ist jedenfalls, daß die Hauptziele der Bulle „Super speculam" mit den universitären Interessen der Predigerbrüder übereinstimmten, deren Pariser Gemeinschaft um einige angesehene Lehrer erweitert worden war [26]. Die Bulle spiegelt aber auch direkt die Intentionen des Papstes und der mit ihrer Ausarbeitung und Verbreitung betrauten römischen Kurie wider. Die These, wonach die Bulle von König Philipp II. August erbeten worden sei, um die Lehre des Römischen, d. h. Kaiserlichen Rechts in seiner Hauptstadt zu unterbinden – was er als Angriff auf die königliche Würde wertete –, entbehrt jeder Grundlage [27].

---

[23] J. Agrimi – C. Crisciani, Medicana del corpo e medicina dell'annima. Note sul sapere del medico fino all'inizio del secolo XIII, Mailand 1978.

[24] Hrsg. von García y García, Constitutiones (s. Anm. 21) 69; COD, 245; dt. in: Lateran IV (s. Anm. 21) 418.

[25] Maleczek, Das Papsttum (s. Anm. 7) 113.

[26] E. Pitz, Papstreskript und Kaiserreskript im Mittelalter, Tübingen 1971, 171–191, schreibt Dominikus entscheidenden Einfluß zu; vgl. dazu die berechtigten Zweifel von Maleczek, Das Papsttum (s. Anm. 7) 112, Anm. 97, sowie von P. O. Lewry, Papal Ideals and the University of Paris. 1170–1303, in: Chr. Ryan (Hrsg.), The Religious Roles of the Papacy: Ideals and Realities. 1150–1300, Toronto 1989, 368.

[27] J. Verger, A propos de la naissance de l'Université de Paris: contexte social, enjeu politique, portée intellectuelle, in: J. Fried (Hrsg.), Schulen und Studium im sozialen Wandel des hohen und späten Mittelalters,

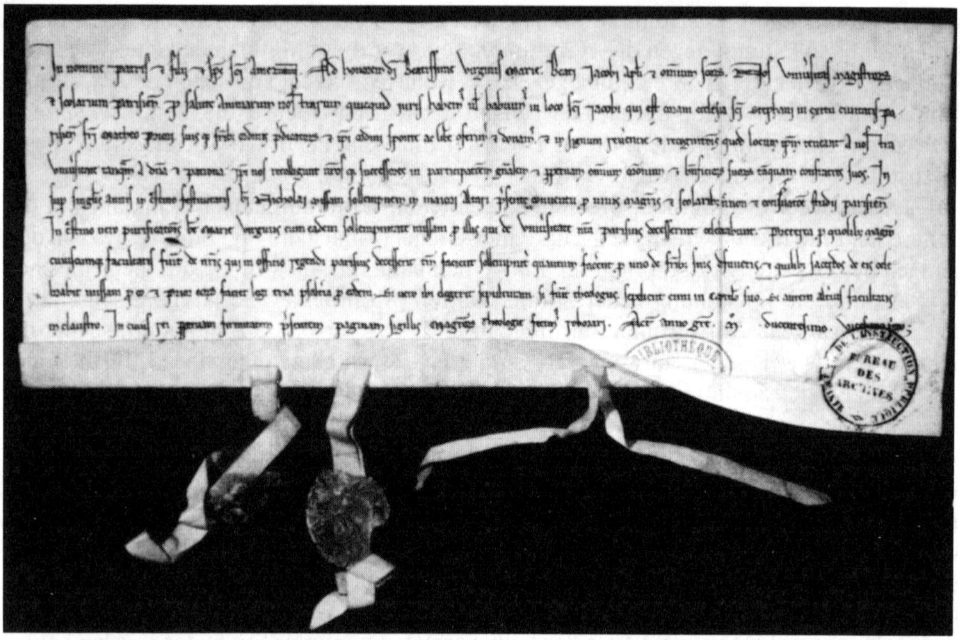

Urkunde über den Einzug der Dominikaner in die Rue Saint-Jacques in Paris im Jahre 1221.
Paris, Bibliothek der Sorbonne.

Für das Pariser *Studium* erlassen, wurde „Super speculam" von den Bologneser Kanonisten bereits um 1220 kommentiert. Die Bulle ist Teil der *Compilatio Quinta*, die Papst Honorius III. am 2. Mai 1226 an die *Studia* von Paris und Bologna sandte. Seine Aufnahme in den *Liber Extra*, in einer den Bedürfnissen der Schulen angepaßten Form, bekräftigte noch ihren Charakter als „Universitätscharta" schlechthin [28].

c) Die Bulle „Parens scientiarum"

Durch eine Reihe von im April und Mai 1231 veröffentlichten Schreiben gelang es Gregor IX., dem Nachfolger Honorius' III., das Überleben des noch jungen Pariser *Studium* rechtlich zu sichern, obwohl interne Krisen und Unruhen die meisten Magister und Studenten bewogen hatten, die bedeutendste Stadt des Königreichs zu verlassen und sich in nahegelegene Universitätsstädte – Angers, Orléans – zu flüchten. Vor allem die Bulle „Parens scientiarum" vom 13. April 1231 [29] galt von nun an als „Magna Charta der Universi-

Sigmaringen 1986, 94, Anm. 97. P. Ourliac, Glose juridique sur le troubadour Peire Cardenal, in: ders., Études d'histoire du droit médiéval, Paris 1979, 259–272, vertritt die wenig glaubhafte Auffassung, der König von Frankreich habe der Stimmung im Volk nachgeben wollen, welches sich gegen das römische Recht und die wachsende Rolle der Legisten gewandt habe.

[28] Vgl. vor allem St. Kuttner, Papst Honorius III. (s. Anm. 22) 80f.

[29] *Cartularium universitatis Parisiensis* I (s. Anm. 4) 79, Nr. 136; vgl. P. R. McKeon, The Status of the University of Paris as ‚Parens Scientiarum'. An Episode in the Development of its Autonomy, in: Spec 39 (1964) 6.

tät"[30]. An ihrer Ausarbeitung scheinen zwei Pariser Magister – Wilhelm von Auxerre und Geoffroy de Poitiers –, die sich im Frühjahr 1231 im Lateran aufhielten, entscheidend mitgewirkt zu haben[31].

Die wichtigste Änderung auf Universitätsebene betraf das Amt des Kanzlers, der fortan zu schwören hatte, daß er in der Artistenfakultät und in der medizinischen Fakultät die *licentia* nur den von den Professoren für würdig befundenen Kandidaten verleihen werde. Für die juristische und die theologische Fakultät, die dem *magisterium* noch stärker verbunden waren, schrieb die Bulle ein komplexeres Verfahren vor, das eine Prüfung von Moral, Wissen, Beredsamkeit und Karrieremöglichkeit der Kandidaten beinhaltete. Auch in diesem Fall wurden die Interventionsmöglichkeiten des Kanzlers beträchtlich eingeschränkt. Nach 1231 hatte der Kanzler seinen noch um 1200 vorhandenen Ermessensspielraum praktisch eingebüßt. Dank der vorbehaltlosen Unterstützung durch das Papsttum, das in diesem Fall seine Rechte als Berufungsinstanz in Fragen der höheren Ausbildung geltend gemacht hatte, waren die Pariser Magister siegreich aus ihrem Kampf um Autonomie gegenüber dem Kanzler hervorgegangen.

Die Dekretalen Innozenz' III., Honorius' III. und Gregors IX. zu Gunsten des Pariser *Studium* haben die Kanonisten nachhaltig beeinflußt. In Übereinstimmung mit dem Römischen Recht fixierten diese Texte den Grundsatz, eine *universitas* sei dann erlaubt, wenn sie von den Machtträgern (Fürst oder Kirche) legitimiert werde[32]. Daß die Kirche die rechtliche Anerkennung der Universitätskorporation förderte, war gerade deshalb so wichtig, weil kirchliche Autoritäten und Synoden im 12. und im beginnenden 13. Jh. in dieser Sache äußerste Zurückhaltung geübt hatten. Tatsache ist auch, daß das Konzept *universitas* selbst von den Kanonisten in Übereinstimmung mit der europäischen Entwicklung von Korporationen und Gilden einerseits und den ekklesiologischen Einsichten andererseits vorangetrieben wurde[33], und zwar ungeachtet der relativen Unzulänglichkeit des *Decretum Gratiani* in dieser Angelegenheit[34].

2. Die Universität Toulouse

Zu den Universitätsgründungen aus dem Anfang des 13. Jh. zählt auch Toulouse. Mit dem Beschluß, in Toulouse eine Universität zu gründen, änderte das Papsttum keineswegs seine Politik zu Gunsten des Pariser *Studium*, vielmehr galt die Schaffung eines neuen Zentrums der orthodoxen Lehre primär der Auseinandersetzung – durch Lehre und Ausbildung – mit den Häretikern im Süden Frankreichs[35].

---

30 H. Denifle, Die Entstehung der Universitäten des Mittelalters bis 1400, Berlin 1885 (Ndr. Graz 1956) 72.

31 Maleczek, Das Papsttum (s. Anm. 7), 112.

32 Die Kirche hat die universitäre Korporation zu legitimieren; vgl. dazu die Glossen des Johannes Teutonicus, *Cartularium universitatis Parisiensis* I (s. Anm. 4) 82, Nr. 24, zit. nach Maleczek, Das Papsttum (s. Anm. 7) 92, Anm. 21.

33 Für die Texte des *Corpus iuris canonici* und des *Decretum Gratiani* vgl. Maleczek, Das Papsttum (s. Anm. 7) 91.

34 A. E. Bernstein, Magisterium and Licence: Corporate Autonomy against Papal Authority in the Medieval University of Paris, in: Traditio 9 (1978) 291–307.

35 C. E. Smith, The University of Toulouse in the Middle Ages. Its origins and Growth to 1500, Milwaukee 1958; Y. Dossat, L'Université de Toulouse, Raymond VII, les capitouls et le roi, in: Les universités du Languedoc au XIIIe siècle, Toulouse 1970, 58–91; P. Bonnassie – G. Pradalié, La capitulation de Raymond VII et la fondation de l'Université de Toulouse, 1229–1979. Un anniversaire en question, Toulouse 1979.

Der Vertrag von Paris vom 12. April 1229, der die Unterwerfung Graf Raimunds VII. von Toulouse unter das Königreich Frankreich besiegelte, verpflichtete diesen unter anderem dazu, für den Lebensunterhalt der als Magister nach Toulouse gekommenen Theologen, Juristen und *artistae* zu sorgen. Die dafür vorgesehene Summe war beträchtlich: 4000 Mark. Die Konstellation wäre eigentlich günstig gewesen, denn das Pariser *Studium* befand sich seit einigen Monaten in einer schweren Krise. Gleichwohl scheiterte die vom Papsttum in die Wege geleitete Propaganda, die bezwecken sollte, eine Höchstzahl von Professoren und Studenten zur Übersiedlung nach Toulouse zu bewegen. Die drei Pariser Magister, die der Versetzung nach Toulouse zugestimmt hatten – John of Garland, Hélinand de Froidmont und Roland von Cremona – wurden wegen ihres verbissenen Kampfes gegen die Häresien von der Bevölkerung verfolgt.

Obwohl Gregor IX. die Universität von Toulouse mit großzügigen Privilegien ausstattete – in etwa die gleichen wie die Pariser Universität: *licentia ubique docendi*, Bildung einer Kommission für die Unterkunft, Dispens von der Residenzpflicht, Unterstellung unter die kirchliche Jurisdiktion –, bleibt diese erste und einzige vom Papsttum gewollte universitäre Gründung im Mittelalter solange erfolglos, wie sie ihrer Bestimmung nach auf die Bekämpfung der Häresien ausgerichtet ist[36]. Innozenz IV. versuchte vergeblich, das *Studium* von Toulouse zu beleben, indem er ihm am 22. September 1245 die gleichen Statuten wie dem Pariser *Studium* verlieh („Parens scientiarum"). Der Erfolg stellte sich erst ein, als es dem *Studium* gelang, sich auf die lokalen Gegebenheiten einzustellen, d. h. sich von den allzu sehr mit dem Kampf gegen die Häresien verbundenen ursprünglichen Zielsetzungen zu lösen.

3. Die Universität Montpellier

Auch die Eingriffe des Papsttums in die Strukturen des *Studium* von Montpellier machen deutlich, daß der römischen Kirche daran gelegen war, einen institutionellen Rahmen zur wirksamen Verteidigung der Orthodoxie zu schaffen und jedes Übergreifen von häretischem Gedankengut zu verhindern. Dank des Zusammentreffens von arabischer, jüdischer und lateinischer Kultur und der Unterstützung durch eine wirtschaftlich und sozial florierende Stadt standen die Medizinschulen[37] von Montpellier seit der Mitte des 12. Jh. in gutem Ruf. Die juristischen Schulen wiederum hatten davon profitiert, daß Placentinus, ein Mann von europäischem Ruf, bis zu seinem Tod im Jahre 1192 dort gelehrt hatte[38].

Ein erster wichtiger Eingriff des Papsttums in das Leben des *Studium* von Montpellier erfolgte im Jahr 1220, als Legat Konrad von Urach, einer der einflußreichsten Kardinäle Honorius' III., den Schulen ein Statut[39] verlieh, das sich mit denjenigen der Universitäten von Oxford und Paris aus dem Jahre 1214 resp. 1215 durchaus vergleichen ließ[40], indes

---

[36] *Cartularium universitatis Parisiensis* I (s. Anm. 4) 151, Nr. 99; vgl. M. Fournier, Les statuts et privilèges des Universités françaises, Paris 1890, 441 f.

[37] M. Bories, Les origines de l'Université de Montpellier, in: Les Universités du Languedoc (s. Anm. 35) 92–107, 308 f; E. Delaruelle, Theologie et médecine à Montpellier, in: Les Universités du Languedoc 230–241.

[38] A. Gouron, Les juristes de l'Ecole de Montpellier, in: Ius romanum Medii Aevi IV/39 (1970) 3 f; ders., Autour du Placentin à Montpellier: Maître Gui et Pierre de Cardona, in: Studia Gratiana 19 (1976) 337–354.

[39] A. C. Germain, Cartulaire de l'Université de Montpellier I, Montpellier 1890, 180–183, Nr. 2.

[40] Vgl. unten, 4. „Die Universität Oxford".

vom damals brennendsten Problem im Süden Frankreichs geprägt war: dem Kampf gegen die Häresien.

Um zu vermeiden, daß die Ärzte den Häretikern helfen konnten, indem sie ihnen z. B. auf dem Sterbebett das *consolamentum* verabreichten, unterstellte der Kardinallegat die Schulen der Aufsicht des Bischofs und seines juristischen Stellvertreters, des Kanzlers, des nunmehr für die *licentia docendi* einzig Verantwortlichen. Eine Entwicklung, die derjenigen in Paris zuwiderlief, denn dort hatten die Professoren gerade in dieser für die intellektuelle und korporative Autonomie so wichtigen Frage den Sieg davongetragen[41]. Der von Konrad von Urach festgelegte institutionelle Rahmen scheint sich während des ganzen 13. Jh. bewährt zu haben. Abgesehen von einer Verordnung des päpstlichen Legaten Guido da Sora aus dem Jahr 1239, die nur einige unwichtigere Punkte betraf (Qualifizierung der Kandidaten für die Lizenz und Prüfungsmodalitäten)[42], griff das Papsttum bis zum 1289 von Papst Nikolaus IV. bestätigten Zusammenschluß der Fakultäten der Artes Liberales, des Rechts und der Medizin zur Universität nicht mehr in das Leben der Schulen von Montpellier ein.

4. Die Universität Oxford

Die Universität von Oxford wird im Jahr 1208 erstmals erwähnt. Das Papsttum intervenierte durch den Kardinallegaten Guala Bicchieri, dessen Einflußnahme auch in diesem Bereich entscheidend war. Zur Lösung der durch die Erweiterung des *Studium* aufgeworfenen Probleme fand Guala im November 1213 und im Mai 1214 Zeit für eine Visitation in Oxford, worauf er dann im Juni 1214 seine Beschlüsse erließ. Der Legat wollte die kirchliche Jurisdiktion stärken und so die weltlichen Ansprüche zügeln; dabei bediente er sich des einzigen ihm zur Verfügung stehenden Instruments, der Autorität des Bischofs von Lincoln, dem Oxford unterstand. Ein weiser Ratschluß, wie sich später herausstellen sollte, und ein Sieg für die Professoren (der Bischof residierte nicht in der Stadt) und den Bischof zugleich, denn die Eingriffsmöglichkeiten des letzteren waren nun eindeutig und endgültig festgelegt. Kein Zweifel, daß das Ansehen eines Robert Grosseteste, dessen Lehrtätigkeit in Oxford bereits für 1225 bezeugt ist und der zwischen 1235 und 1253 Bischof von Lincoln war, ganz wesentlich zum Erfolg des Oxford vom päpstlichen Legaten auferlegten institutionellen Rahmens beitrug[43].

5. Die Universität Bologna

Bereits Alexander III. hatte einige zur Förderung des *Studium* von Bologna wichtige Beschlüsse gefaßt, indem er – in Umgehung der kanonischen Normen, die die Residenzpflicht vorschrieben – einem zu Studienzwecken in Bologna weilenden englischen Lehrer während seines Aufenthalts die Einkünfte aus zwei englischen Pfründen gewährte. Der

---

[41] C. Thouzellier, La papauté et les universités provinciales en France dans la première moitié du XIIIe siècle, in: Etudes médiévales offertes à A. Fliche, Paris 1953, 187–211; J. Verger, Des Ecoles (s. Anm. 5) 832f; Maleczek, Das Papsttum (s. Anm. 7) 124.

[42] *Cartularium universitatis Parisiensis* I (s. Anm. 4) 185, Nr. 4.

[43] R. W. Southern, From Schools to University, in: The History of the University of Oxford I, Oxford 1984, 26ff; ders., Robert Grosseteste. The Growth of an English Mind in Medieval Europe, Oxford 1986.

Papst wandte sich in dieser Sache sogar an Heinrich II., König von England, damit dieser die Durchsetzung garantiere. Dem Beispiel der Stauferkaiser folgend, sandte Innozenz III. 1210 seine Dekretalensammlung – die *Compilatio Tertia* – an die Bologneser Professoren und Studenten und setzte damit eine Verfahrensweise in Gang, der sich alle als Gesetzgeber wirkenden Päpste anschließen sollten. So schickte Honorius III. im Jahr 1226 seine *Compilatio Quinta* nach Bologna, Innozenz IV. 1253 seine *Novellae*, Bonifatius VIII. 1298 seinen *Liber Sextus* und Johannes XXII. 1317 seine *Clementinae*. Es war indes Honorius III. (1216–1227), der entscheidend in das institutionelle Leben des *Studium* von Bologna eingriff, indem er dieses unter seinen Schutz stellte und so der Einmischung der Kommune entzog. Letztlich war das *Studium* eng mit dem Papsttum verbunden. 1219 beschloß der Papst, die Abschlußurkunden hätten nur dann Gültigkeit, wenn sie vom Archidiakon der Kathedrale verliehen worden seien[44].

II. Die Universität – eine kirchliche Institution

Was mag die Päpste des 13. Jh., angefangen bei Innozenz III., bewogen haben, Professoren und Schüler der aktivsten Schulzentren in ihren Bemühungen zu unterstützen, sich als Korporation zu etablieren und sich aus der Vormundschaft der – kirchlichen und politischen – Autoritäten am Ort zu lösen? Bereits erwähnt wurden die päpstlichen Bestrebungen, die Kirche mit Studienzentren zu versehen, wo gründliche theologische Forschungen möglich waren und den Geistlichen eine kulturelle Grundlage und eine Ausbildung in der Glaubenslehre vermittelt werden konnte, die sie für die Auseinandersetzung mit den Häretikern wappnete[45]. Möglicherweise war ihr Handeln aber noch durch andere Überlegungen motiviert, etwa den Willen zur Zentralisierung, der zur gleichen Zeit auch in anderen Bereichen festzustellen ist, oder den Wunsch, Ordnung in den Lehrbetrieb zu bringen.

1. Normalisierung von Gelehrtenwelt und Lehrbetrieb

Mit der Anerkennung der Universitäten durch den Heiligen Stuhl ging praktisch überall das Bemühen einher, die bisher allein aus den überlieferten Gewohnheiten abgeleiteten Institutionen und Praktiken zu ordnen und zu reglementieren. So wurden die Privilegien der Magister anerkannt, im Gegenzug dazu mußten diese aber eine für alle gültige Organisation und Disziplin akzeptieren – angefangen von der Kleidung bis hin zu Studiengängen und Lehrplänen[46].

---

[44] G. DE VERGOTTINI, Lo Studio di Bologna, l'impero, il papato, in: Studi e memorie per la storia dell'Università di Bologna I, 1956, 19–95 (Ndr.: in: DERS., Scritti di storia del diritto italiano II, Mailand 1977, 778–792); zum Archidiakon vgl. insbesondere L. PAOLINI, L'evoluzione di una funzione ecclesiastica: l'archidiacono e lo Studio a Bologna nel XIII secolo, in: NSMed 3. Ser. 19 (1988) 129ff. Zu dem aus einer Abspaltung von Bologneser Magistern und Studenten entstandenen *Studium* von Padua vgl. G. ARNALDI, Le origini dello Studio di Padova. Della migrazione del 1222 alla fine del periodo ezzeliniano, in: La Cultura 4 (1977) 388–431.

[45] Über den Stellenwert, den das Papsttum der intellektuellen Ausbildung der Geistlichen im Kampf gegen die Häresien beimaß, vgl. unten, viertes Kapitel: „Der Kampf gegen Häresie und Abweichungen von der Norm im Westen".

[46] Vgl. J. MIETHKE, Der Zugriff der kirchlichen Hierarchie auf die mittelalterliche Universität (am Beispiel von Paris), in: The Church in a Changing Society, Uppsala 1978, 197–202, sowie M. M. MACLAUGHLIN, Intel-

Die Studiengänge wurden in Fakultäten zusammengefaßt, obwohl nicht in jeder Universität alle vertreten waren. Die *Artes* (Grammatik, Rhetorik und Philosophie) bildeten eine Art Propädeutikum, das erst den Zugang zu den übrigen Fakultäten ermöglichte, die hierarchisch wie folgt gegliedert waren: an oberster Stelle Theologie, dann kanonisches Recht oder *Dekretistik*, Zivilrecht und schließlich Medizin[47]. Die Stufen der universitären Laufbahn wurden ebenfalls genauer festgelegt und in eine Reihe von Graden eingeteilt: Als erstes erhielt der Student nach sechs oder sieben Studienjahren das Bakkalaureat. Das Lizentiat konnte er erst nach weiterem sieben- bis achtjährigem, im Falle der Theologie sogar erst nach fünfzehnjährigem Studium erlangen, wobei er in diesen Jahren bereits eine Lehrtätigkeit innehatte. Nur wenigen Lizentiaten war dann das *magisterium* vorbehalten *(magister regens* oder *doctor)*. Auf jeder Stufe waren Prüfungen abzulegen, und der Kandidat mußte insbesondere beweisen, daß er eine *quaestio* beherrschte und in einer *disputatio* seinen Standpunkt vor den übrigen Mitgliedern der Universität zu verteidigen vermochte[48]. Wie in jeder anderen mittelalterlichen Korporation gab es eine Vielzahl von Zeremonien, die den Zusammenhalt festigten. So mußten alle Professoren an den Begräbnisfeierlichkeiten für ihre Kollegen teilnehmen und einige unter ihnen auch an denjenigen für Studenten. Die von ihren Kollegen gewählten Rektoren verfügten ehrenhalber über zahlreiche Privilegien. In Paris war der Rektor der Artistenfakultät, der mit Abstand größten Fakultät, das eigentliche Oberhaupt der Universität[49]. Die Universität, eine Institution der Gesamtchristenheit, war nach Nationen eingeteilt - ethnolinguistische Gruppen, die nicht Staaten im modernen Wortsinn zuzuordnen sind, vielmehr Magister und Studenten aus ein und derselben geographischen Region umfaßten, die sich von den übrigen Gruppierungen absetzten und als Einheit verstanden wurden[50]. So wurde etwa in Oxford zwischen *Boreales* (Nordengländern und Schotten) und *Australes* (Südländern) unterschieden; in Paris wiederum gab es vier Nationen: Franzosen, Pikarden, Normannen und Engländer/Deutsche. Zu letzteren gehörten Studenten aus England, dem Reich, Ungarn, Böhmen, Polen und den skandinavischen Ländern. Immer wieder entstanden Streitigkeiten zwischen diesen im Verlauf der Zeit unterschiedlich zusammengesetzten Gruppierungen; aber daß sie existierten und die Vorherrschaft der Vertreter des Gastlandes verhinderten, kann als Beweis für die übergreifende Gemeinschaftsbildung der Universität jener Zeit gelten.

2. Der Beitrag der Universitäten zur Reform des Klerus

Erfüllte die Universität die Erwartungen, die das Papsttum in sie gesetzt hatte? Es steht fest, daß das im 13. Jh. in den *Studia* gelehrte neue theologische und juristische Wissen *(lit-*

---

lectual Freedom and its Limitations in the University of Paris in the Thirteenth and Fourteenth Centuries, New York 1977.

47 Vgl. J. Verger, Les universités au Moyen Age, Paris 1973, 47–78, sowie P. Glorieux, La Faculté des Arts et ses maîtres au XIIIe siècle, Paris 1971.

48 Vgl. den Ausstellungskatalog: La vie universitaire à Paris au XIIIe siècle, Paris 1974; P. Glorieux, L'enseignement au Moyen Age. Techniques et méthodes en usage à la Faculté de théologie de Paris au XIIIe siècle, in: AHDL 35 (1968) 65–186, und L. J. Bataillon, Les conditions de travail des maîtres de l'Université de Paris au XIIIe siècle, in: RSPhTh 67 (1983) 353–370.

49 P. Kibre, Scholarly Privileges in the Middle Ages. The Rights, Privileges, and Immunities of Scholars and Universities at Bologna, Padua, Paris, and Oxford, London 1961.

50 P. Kibre, The Nations in the Medieval Universities, Cambridge/Mass. 1948.

teratura) zur unerläßlichen Voraussetzung für eine kirchliche Karriere wurde und daß Kleriker mit akademischer Ausbildung häufig die höchsten Stufen der Hierarchie erklommen. Immer mehr Theologen und Juristen mit Universitätsabschluß besetzten in der Kurie Schlüsselstellungen, und die meisten Päpste jener Zeit durchliefen höhere Bildungsanstalten. Belegt ist dies für Innozenz III., Gregor IX., Innozenz IV., Clemens IV. und Gregor X. Der Einzug ins Kardinalkollegium war häufig Folge eines soliden akademischen Rufs. Zwar ist der Titel *magister* für diejenigen Kardinäle, die einem Orden angehörten oder einer der großen italienischen Familien (Fischie, Orsini usw.) entstammten, nicht bezeugt und mag auch unwichtig gewesen sein, wurde ihr Aufstieg doch durch institutionelle (Cluny, Cîteaux) oder durch familiäre Bindungen erleichtert. Nichtsdestoweniger signalisierte der Hinweis auf höhere Studien oder den Titel *magister* – der selbst im kurialen Milieu nicht einfach als Ehrentitel verstanden werden kann –, welches Gewicht die universitäre Ausbildung in den kirchlichen Führungskreisen gewonnen hatte[51].

Weniger eindeutig war der Stellenwert der Studien auf der Ebene des Episkopats; hier stellte sich die Lage von Region zu Region verschieden dar. Am schnellsten und ausgeprägtesten ging diese Entwicklung zweifellos in England vor sich. Zahlreiche englische Bischöfe jener Zeit zeichnen sich in der Tat durch ihr hohes Bildungsniveau und, zumindest einige von ihnen, durch ihr lebhaftes Interesse an Studium und Forschung aus. Stellvertretend für andere sei hier an Robert Grosseteste erinnert, der Bischof von Lincoln wurde, nachdem er Kanzler der Universität Oxford gewesen war, oder an den Dominikaner Robert Kilwardby, Erzbischof von Canterbury zwischen 1272 und 1279[52]. Es handelt sich dabei nicht um Einzelfiguren: Thomas de Cantilupe etwa, Bischof von Hereford seit 1275, hatte in Paris *artes liberales*, kanonisches Recht und Theologie sowie in Orléans Zivilrecht studiert; in Oxford, wo er zweimal als Kanzler amtierte, lehrte er erst Rechtswissenschaft und später Theologie[53]. In Frankreich war das intellektuelle Niveau des Episkopats etwas weniger brillant, stieg aber nach 1240, und unter der Regierungszeit Ludwigs IX. gelangten einige Magister der Universität, etwa Eudes Rigaud und Guiard de Laon, an die Spitze von so bedeutenden Diözesen wie Rouen und Cambrai, während Philippe Berruyer, ein einstiger Pariser Student, den Primatialstuhl von Bourges innehatte[54]. Anders sieht die Lage auf der Iberischen Halbinsel aus, in Italien oder im Reich (wo erst seit Mitte des 14. Jh. Universitäten gegründet wurden, so 1348 Prag, 1385 Heidelberg, 1388 Köln). Hier waren Prälaten mit akademischer Ausbildung weiterhin eine Minderheit, ganz zu schweigen von den slawischen oder skandinavischen Ländern, wo der Fall eines Brynolf Algotsson († 1317) einmalig bleibt. Brynolf hatte als Schüler des Aquinaten in Paris studiert und dort das Skara-Kolleg für skandinavische Schüler gegründet; im Jahr 1278 wurde er dann Bischof von Skara in Schweden[55].

---

[51] Vgl. J. Miethke, Die Kirche und die Universitäten im 13. Jahrhundert, in: Fried, Schulen und Studium (s. Anm. 27) 285–320.

[52] Vgl. R. Brentano, Two Churches: England and Italy in the Thirteenth Century, Princeton 1968.

[53] A. Vauchez, Culture et sainteté d'après les procès de canonisation des XIIIe et XIVe siècles, in: Le scuole degli Ordini Mendicanti (sec. XIII–XIV) (Convegni del Centro di studi sulla spiritualità medievale 17), Todi 1987, 157f.

[54] A. Vauchez, La sainteté en Occident aux derniers siècles du Moyen Age d'après les procès de canonisation et les documents hagiographiques, Rom 1981, 464.

[55] A. Gabriel, Skara House at the Medieval University of Paris. History, Topography and Chartulary, Notre Dame/Indiana 1960.

Von Dominikus, dem zweiten großen Ordensgründer der Epoche, berichtet die Legende, ähnlich wie von Franziskus, daß Papst Innozenz III. im Traum den Dominikus sah, wie er eine stürzende Kirche auffängt. Tafelbild (1344) von Francesco Traini aus einem Dominikus-Triptychon. – Pisa, Museo S. Matteo.

Dominikus hatte seinem Orden der Predigerbrüder klare Verhaltensweisen vorgeschrieben. So sollten die Brüder, die sich wie die Franziskaner zur Armut verpflichtet hatten, auf Reisen stets zu zweit wandern und nicht reiten. Das Tafelbild (13. Jh.) zeigt Dominikus mit einem Bruder auf einer Predigtreise. – Neapel, Museo Capodimonte.

1216 überreichte Dominikus Papst Honorius III. die Augustinusregel mit Ergänzungen aus den Konstitutionen der Prämonstratenser, um sie als seine Ordensregel bestätigen zu lassen. – Marmorrelief (1265/66) von Niccolò Pisano am Grabmal des Dominikus in S. Domenico in Bologna.

Kaiser Friedrich II., dessen Porträtbüste etwas von der Ausstrahlung dieses Mannes erahnen läßt, die ihm schon zu Lebzeiten die Bezeichnung „stupor mundi" eintrug, war wie alle Staufer tief in den Streit Papst – Kaiser verstrickt. Das eigentliche Machtzentrum dieses Kaisers lag in Apulien, wo seine Jagdburg Castell del Monte (1240/50) durch die schlichte Vornehmheit ihres Äußeren beeindruckt. Von Gregor IX. mit dem Bann belegt, unternahm Friedrich in Begleitung seiner sarazenischen Leibwache 1228/29 seinen schon 1215 versprochenen Kreuzzug und erreichte durch geschickte Verhandlungen mit Sultan Al-Kamil einen zeitlich befristeten Zugang nach Jerusalem (oben rechts: Friedrich und Sultan, Miniatur der Villani-Chronik. – Vatikanische Bibliothek). Nach seiner abermaligen Bannung (1239) erklärte ihn Innozenz IV. 1245 auf dem ersten Konzil von Lyon (unten: Miniatur, 14. Jh.) für abgesetzt. Mit der Hinrichtung Konradins in Neapel (1268) starb das Staufergeschlecht im Mannesstamm aus.

Noch seltener sind im 13. Jh. Pfarrer oder einfache Priester mit akademischer Ausbildung. Es sind jedoch einige Fälle aus Universitätsstädten bekannt, ein Beispiel ist die Karriere des Predigers Ranulphe de la Houblonnière, der in Paris Student und später Magister der Theologie war, bevor der dann, vor 1267, Pfarrer von Saint-Gervais, Kanoniker an Notre-Dame und schließlich, im Jahr 1280, Bischof von Paris wurde[56]. Daß es sich dabei um Einzelfälle handelt, bezeugt der Ruf der Heiligkeit, der zwei „Graduierte" aus Paris umgab, die in ihre Heimatdiözese zurückgekehrt waren, um dort als Gemeindepfarrer zu wirken. Die Rede ist von Thomas Hélye († 1257), Priester in der Normandie, der als Pfarrer von Biville, Cotentin, starb, und von Yves Hélory de Kermartin, 1347 heiliggesprochen, der nach dem Studium der Rechte in Paris und Orléans (1261–1279) Offizial der Diözese Tréguier und Rektor von Louannec wurde[57]. Aber die Bewunderung, die diesen in ein bäuerliches Milieu zurückgekehrten Intellektuellen zuteil wurde, zeigt, wie außergewöhnlich derartige Fälle waren.

Ingesamt - vom Sonderfall der Mendikanten einmal abgesehen, die vielfach in den *Studia* Theologie studierten oder lehrten - kann ohne Übertreibung gesagt werden, daß die universitären Studien fast ausnahmslos der kirchlichen Hierarchie zugute kamen, wurden doch die Graduierten wie selbstverständlich in verantwortungsvolle Stellungen und hohe Ämter befördert. Erst im 14. und vor allem dann im 15. Jh. ist eine vergleichbare Entwicklung auch im niederen Klerus auszumachen.

3. Die Universität Paris – Autorität in Glaubensfragen

Unter den im 13. Jh. entstandenen abendländischen Universitäten nahm Paris, auf das Theologiestudium spezialisiert und aus diesem Grund vom Papsttum unterstützt, eine Sonderstellung ein. Das Ansehen ihrer Magister verlieh dieser Universität eine Stellung innerhalb der Kirche, die *de facto*, nicht aber *de iure*, einer Schiedsrichter- und Überwachungsrolle in Fragen der Glaubenslehre gleichkam[58]. Das setzte selbstverständlich voraus, daß die Lehrenden sich nicht der Häresie verdächtig machten. Aus diesem Grund wachten Innozenz III. und seine Nachfolger sehr genau über die von den Professoren in ihren Vorlesungen und Abhandlungen geäußerten Meinungen, so etwa 1204, als einer von ihnen, Amalrich von Bene, theologischer Irrtümer beschuldigt und aufgrund eines negativen Gutachtens seiner Kollegen auch verurteilt wurde. Amalrich appellierte an Papst Innozenz III., der das Urteil der Pariser Professoren bestätigte. Amalrich wurde entlassen und starb kurz darauf, wahrscheinlich im Jahr 1206. Da sich seine Lehre verbreitete, begann die Kirche die „Amalrikaner" zu verfolgen. Dabei arbeiteten die Magister mit dem Bischof von Paris zusammen, der die Anhänger Amalrichs entweder verurteilen oder sogar verbrennen ließ. Auf dem Provinzialkonzil von Paris ergriff der Erzbischof von Sens, Peter von Corbeil - Innozenz III. war in Paris sein Schüler gewesen -, möglicherweise unter dem Druck von

[56] Vgl. N. Bériou, La prédication de Ranulphe de la Houblonnière. Sermons aux clercs et aux simples gens à Paris au XIIIe siècle I, Paris 1987, 19–25.

[57] Vauchez, La sainteté en Occident (s. Anm. 54) 359–364.

[58] Vgl. G. Leff, Paris and Oxford. Universities in the Thirteenth and Fourteenth Centuries. An Institutional and Intellectual History, New York 1968; H. Grundmann, Sacerdotium, Regnum, Studium. Zur Wertung der Wissenschaft im 13. Jahrhundert, in: Archiv für Kulturgeschichte 34 (1951) 5–21; S. Menache, La naissance d'une nouvelle source d'autorité: l'Université de Paris, in: RH 268 (1982) 305–327.

Theologen, noch restriktivere Maßnahmen[59]. Die Synode von Paris des Jahres 1210 faßte im Bereich der Lehre noch zwei weitere Beschlüsse: Sie verurteilte die „pantheistischen" Schriften des David von Dinant, eines Pariser Magisters, der 1206 den Titel eines päpstlichen Kapellans getragen hatte, und verhängte ein Lehrverbot über die Aristotelische Naturphilosophie. 1215 intervenierte auch die römische Kurie in Form des von Robert von Curçon in Kraft gesetzten Statuts, worin die Verurteilungen von Amalrich, David von Dinant[60] und eines geheimnisvollen Mauritius Hispanus[61] wie auch der metaphysischen und naturphilosophischen Schriften des Aristoteles[62] bestätigt wurden. Mit der erneuten Verurteilung des Amalrich von Bene durch das IV. Laterankonzil im gleichen Jahr (Kap. 2) wurden faktisch jene Pariser Theologen unterstützt, die die Artistenfakultät häretischer Tendenzen verdächtigten. Diese Wachsamkeit bestätigt die Annahme, daß das Pariser *Studium* in den Augen der kirchlichen Hierarchie den Interessen der Christenheit zu dienen hatte. Es wurden denn auch keine Anstrengungen gescheut, eine möglichst große Anzahl von Geistlichen dort studieren zu lassen. So ermunterte Innozenz IV. 1245 die Mönche von Clairvaux, Studenten nach Paris zu entsenden[63], 1246 stellte er Robert Grosseteste Paris als Vorbild für die Organisation der Prüfungen hin[64], und drei Jahre später entschloß er sich, zehn junge Kleriker zum Studium der arabischen und weiterer orientalischer Sprachen nach Paris zu schicken[65]. Diese päpstliche Gunst, die im 13. Jh. trotz einiger Meinungsverschiedenheiten zum Zeitpunkt des Mendikantenstreits nie nachließ, macht die Doppelfunktion der Pariser Universität deutlich: der Ort, wo Wissen auf höchster Ebene erarbeitet und verbreitet wird, zugleich aber höchste Instanz der lateinischen Christenheit, wenn es um Überwachung und Zensur der Lehre geht.

III. Die aristotelische Herausforderung und die Antworten der christlichen Intellektuellen

Die „Aristotelische Herausforderung" prägte die abendländische Wissenschaft des 13. Jh. Diese Formulierung gibt freilich nur ungenau wieder, daß sich die Herausforderung nicht allein an der Philosophie des Stagiriten entzündete, sondern an einer komplexen Sammlung von Werken, die unter dem Titel „arabische Wissenschaft" liefen und, obwohl in der islamischen Welt entstanden, vielfach aus antiken Quellen und dem jüdischen Denken schöpften[66]. Der Einbruch dieses Wissens ins abendländische Denken am Ende des 12. Jh.

---

[59] G. C. Capelle, Autour du décret de 1210. III: Amaury de Bène. Etude sur son panthéisme formel, Paris 1932; M. Th. d'Alverny, Un fragment du procès des Amauriciens, in: AHDL 25/26 (1950/51) 325–336.

[60] PL 215, 901 f.

[61] Vielleicht handelt es sich um einen arabischen Autor des 11. Jh.; vgl. dazu G. G. Hana, Der Mauritius Hispanus in der Studienordnung der Pariser Universität aus dem Jahre 1215, in: Archiv für Kulturgeschichte 55 (1973) 352–365.

[62] *Cartularium universitatis Parisiensis* I (s. Anm. 4) 106, Nr. 87, und M. Grabmann, I divieti ecclesiastici di Aristotele sotto Innocenzo III e Gregorio IX, Rom 1941, 101 f.

[63] *Cartularium universitatis Parisiensis* I (s. Anm. 4) 175 f, Nr. 133.

[64] Ebd. 189, Nr. 154.

[65] Ebd. 212, Nr. 180.

[66] J. Vernet, Ce que la culture doit aux Arabes d'Espagne, Paris 1986; ders., Die spanisch-arabische Kultur in Orient und Okzident, München – Zürich 1984, sowie L'Occidente e l'Islam nell'Alto Medioevo (Settimane di studio del Centro italiano di studi sull'Alto Medioevo 12), Spoleto 1965.

und während des gesamten 13. Jh. führte zu einer regelrechten Akkulturationskrise, die die christlichen Gelehrten zwang, sich in Frage zu stellen.

1. Die unterschiedlichen Strömungen innerhalb des Aristotelismus und ihre Auswirkungen

Bis in die letzten Jahrzehnte des 12. Jh. waren in Europa nur wenige Werke des Aristoteles bekannt: ein Teil der Logik (nach 1200 *Logica vetus* genannt), zwei Schriften zu Beginn des *Organon (De interpretatione* und *Kategorienschrift),* eine kurze Abhandlung über die Universalien (in Wahrheit eine von Porphyrius verfaßte Zusammenfassung mit dem Titel *Isagoge*) sowie einige von Boethius übersetzte und kommentierte Texte. Nach 1150 wurden dann weitere Schriften des Stagiriten über Physik, Metaphysik, Psychologie, Ethik und Politik aus dem Arabischen ins Lateinische übersetzt, und zwar hauptsächlich in Spanien (in Toledo, aber auch in den Städten des Ebrotales) von arabischsprachigen Juden, die mit kastilischen Klerikern, etwa Dominicus Gundisalvi, Archidiakon von Segovia, und einigen wissenschaftlich und philosophisch ausgewiesenen Gelehrten aus dem Norden Europas zusammenarbeiteten[67]. Diese ersten Übersetzungen waren keineswegs perfekt, und unter die Originaltexte des griechischen Philosophen mischten sich auch Glossen der arabischen Kommentatoren, insbesondere jene des andalusischen Philosophen Averroes (Ibn Rušd aus Córdoba, † 1198), der einige der Aristotelischen Thesen streng rationalistisch interpretiert hatte. Aber bereits bevor diese aristotelischen Schriften nach Paris gelangten, zirkulierten dort andere Werke, etwa des islamischen Denkers al-Gazzālī (Alghazel, † 1111)[68], des arabischen Aristoteleskommentators al-Fārābī († 950)[69] und insbesondere des Arztes und Philosophen Avicenna (Ibn Sīnā, † 1037)[70], Autor einer berühmten medizinischen Abhandlung, *Kanon der Medizin*, und einer philosophischen Enzyklopädie, *Buch der Heilung.* In dieses Buch nahm er aristotelisches, aber auch neuplatonisches Gedankengut auf, darüber hinaus spezifisch islamische Denkansätze, wie den Sufismus.

Avicenna versetzte dem abendländischen Denken einen ersten Schock, indem er eine Metaphysik entwarf, die sich sowohl um die Frage eines transzendenten und nicht in Worte zu fassenden Gottes und des Seins als Seiendes drehte, woraus sich zum Teil die nun einsetzende ontologische Ausrichtung der Theologie erklärt[71]. Avicennas Neuplatonismus war dem – selbst neuplatonisch geprägten – christlichen Denken leicht zugänglich. Das aristotelische Gedankengut, das um 1200 nach Frankreich gelangte, wurde hingegen sehr viel zurückhaltender aufgenommen. Für ihn ist Gott nämlich nicht der Schöpfer des Universums – seiner Auffassung nach gab es die Materie schon immer –, sondern lediglich sein erster Beweger *(primus agens),* d. h. der in sich selbst unbewegte Beweger[72]. Angesichts dieser Herausforderung konnten die abendländischen Denker die aristotelischen Thesen entwe-

[67] Vgl. R. Lemay, Dans l'Espagne du XIIe siècle: les traductions de l'arabe au latin, in: Annales ESC 18 (1963) 639–665 und M. Th. d'Alverny, Les traductions d'Aristote et de ses commentateurs, in: RSyn 89 (1968) 125–144.

[68] Vgl. D. H. Salman, Algizel et les Latins, in: AHDL 10 (1935–36) 103–128.

[69] Vgl. M. Fakhry, Al Farabi and the Reconciliation of Plato and Aristotle, in: JHI 25 (1965) 469–478.

[70] Vgl. Avicenna nella storia della cultura medievale (Convegni dell'Accademia dei Licei), Rom 1957; A. M. Goichon, La philosophie d'Avicenne et son influence en Europe médiévale, Paris ²1951.

[71] Vgl. P. M. de Contenson, Avicennisme latin et vision de Dieu au début du XIIIe siècle, in: AHDL 26 (1959) 3–31, sowie M. Th. d'Alverny, in: AHDL 20 (1953), 28 (1961), 30 (1963) und 31 (1964).

[72] Anschauliche Darstellung in A. de Libéra, Penser au Moyen Age, Paris 1991, insbesondere 101–104.

der annehmen und dabei den möglichen Widerspruch zur christlichen Lehre in Kauf nehmen oder aber darauf reagieren, indem sie die Erkenntnisse des arabischen Denkens in eine philosophische Theologie integrierten, deren Standpunkte jedoch zurückwiesen, sobald sie mit den Gegebenheiten der Offenbarung unvereinbar waren. Man würde indes die Natur dieser schwierigen und für viele schmerzlichen Auseinandersetzung verkennen, wollte man sie auf den Konflikt zwischen Vernunft und Glaube reduzieren. Das intellektuelle Drama des 13. Jh. ist nicht, wie A. de Libéra treffend darlegt, „aus der Begegnung des christlichen Glaubens mit der griechisch-arabischen Vernunft entstanden, sondern aus der Verinnerlichung von Widersprüchen des arabischen religiösen Rationalismus“[73]. Die islamischen Denker, über die das aristotelische Denken zu den Lateinern gelangte, waren weder Atheisten noch Freidenker, vielmehr ging es ihnen um Lösungen für das nur unter Schwierigkeiten harmonisch zu gestaltende Verhältnis von hellenistischer Philosophie und islamischer Religion. Was man im Abendland als Averroismus bezeichnet, war denn auch ein analoger Versuch zu dem, was in der islamischen Welt bereits früher zur Lösung eines der Rationalität selbst innewohnenden Konflikts entwickelt worden war. Averroes warf den Theologen vor, sie stifteten Verwirrung, da sie mit der Vernunft kaum zu vereinbarende Meinungen verbreiten und unbeweisbare Behauptungen als Gewißheiten ausgeben würden. „Averroes unterwirft die Philosophie nicht dem Offenbarungsglauben, um eine Theologie zu entwerfen, sondern wird beiden gerecht, indem er sie in ihrer je eigenen Sphäre beläßt; diese Trennung ist die Voraussetzung ihres Gleichklangs ... und läßt den Philosophen die Freiheit zu selbständigem Denken.“[74] Es ist unmittelbar einsichtig, wie attraktiv dieses intellektuelle Vorgehen für die Professoren und Studenten der Artistenfakultät sein mußte, strebten diese doch danach, wahre, mit ihren antiken Vorgängern vergleichbare Philosophen zu werden und aus ihrer Disziplin nicht einfach die „Magd der Theologie“, sondern einen autonomen Zugang zur Wahrheit zu machen[75]. Bezeichnend ist in diesem Zusammenhang, daß sich die Pariser Gelehrten des 13. Jh. kaum für Aristoteles' naturwissenschaftliches Werk interessierten. Indem sie sich vornehmlich seiner Philosophie und seiner Metaphysik zuwandten, drängten sie das ‚arabische Denken‘ an den Rand, das, obwohl mit Auswüchsen und Wissen recht unterschiedlichen Werts behaftet, dennoch wertvolle Erkenntnisse vermittelte[76]. Dieses Wissen sollte im wesentlichen weiterhin brachliegen und allmählich Okkultismus und Magie zugeordnet werden. Wer sich indes damit beschäftigte, der setzte sich alsbald der Kritik der Theologen aus, die dies als Einbruch in die eigene Domäne werteten.

Die ersten Reaktionen der Kirche auf den aufkommenden Aristotelismus waren, wie bereits erwähnt, negativ: 1210 Verurteilung der „pantheistischen“ Tendenzen einiger Magister in Paris, 1215 Verbot, die wissenschaftlichen und metaphysischen Werke des Aristoteles zu lehren[77]. Die meisten damaligen Pariser Theologen waren konservativ, so Praepositinus von Cremona, Kanzler der Universität von 1201 bis 1210. Sie verurteilten die

---

[73] Ebd. 114f.

[74] A. Jolivet, Averroès, in: Encyclopedia Universalis III, Paris 1985, 92–95; A. de Libéra, Averroès et l'Averroïsme au Moyen Age, Paris 1991.

[75] F. van Steenberghen, Aristotle in the West. The Origins of Latin Aristotelism, Löwen 1970.

[76] F. van Steenberghen, Qu'apportait la métaphysique d'Aristote aux penseurs du XIIIe siècle?, in: Académie Royale de Belgique, Bulletin de la classe des Lettres et Sciences Morales, 1964, 331–343; A. C. Crombie, Von Augustinus bis Galilei. Die Emanzipation der Naturwissenschaft, München 1977.

[77] Vgl. unten, viertes Kapitel: „Der Kampf gegen Häresie und Abweichungen von der Norm im Westen“.

„eitle Weisheit“, in der sich ihre Kollegen von der Artistenfakultät gefielen, und betrachteten die Schriften der Philosophen lediglich als „unnütze Spitzfindigkeiten“. Erst in den Jahren 1220/30 traten flexiblere Denker auf, die die aristotelische Herausforderung annahmen, indem sie Methoden und Forderungen des philosophischen Denkens auf das Theologiestudium anwandten. Für Wilhelm von Auxerre, dessen *Summa aurea* aus dem Jahre 1220 stammt, den Kanzler Philipp und vor allem Wilhelm von Auvergne, der von 1220 bis ca. 1240 lehrte, war Aristoteles nicht mehr einfach ein Autor, dessen Logik und Ethik akzeptiert und dessen Metaphysik abgelehnt werden kann[78]. Sein Werk, das man als Einheit zu verstehen begann, mußte zwar von sinnentstellenden Zusätzen gereinigt werden, konnte dann aber zum möglichen Fundament einer christlichen Philosophie – Scholastik genannt – werden, die die Welt, den Menschen wie auch Gott in rationalen, den Glaubenssätzen nicht widersprechenden Begriffen erfaßte. Das Denken des Stagiriten bot sich förmlich an für die Bildung eines weiten, das gesamte Wissen umfassenden Systems, ist doch bei ihm die moderne Unterscheidung zwischen exakter Wissenschaft und Philosophie noch nicht vorhanden, gibt es doch in seinen Augen nur ein einziges Wissen, das er bald Wissenschaft, bald Philosophie nannte.

2. Die Entstehung des christlichen Aristotelismus: Albertus Magnus und Thomas von Aquin

Alexander von Hales, der 1236 bei den Minderbrüdern eingetretene bedeutende Professor der Pariser Universität, war der erste Theologe, der die gesamte aristotelische Philosophie zur Untermauerung der theologischen Lehre heranzog. Sein Hauptwerk ist, neben den Glossen zu den Sentenzen des Petrus Lombardus, eine unvollendet gebliebene *Theologische Summe* in vier Teilen, ein stark vom Denken der Victoriner und des Augustinus geprägtes Werk, das zugleich der dialektischen Methode viel Raum läßt[79]. Ein ganz eigenständiger und profunder Denker war dann der in Köln und Paris Theologie lehrende Albertus Magnus (ca. 1205–1280). Dieser Dominikaner war wahrlich ein Universalgelehrter, verfaßte er doch sowohl Bibelkommentare als auch naturwissenschaftliche Abhandlungen, letztere in so unterschiedlichen Bereichen wie Zoologie, Geologie oder Botanik[80]. Er war mit Sicherheit der Denker seiner Zeit, der die griechischen Kirchenväter am besten kannte, ließ sich vom Pseudo-Dionysios und vom Neuplatonismus inspirieren. Seine Hauptquellen waren indes Aristoteles sowie die philosophischen und wissenschaftlichen Autoren der islamisch-arabischen Welt; das gilt insbesondere für seine *Summe der Schöpfung* und seine unvollendet gebliebene *Theologische Summe*. Grundabsicht des Albertus Magnus war es, Aristoteles den Lateinern dadurch verständlich zu machen, daß er das breite, von der islamischen Welt bewahrte und erweiterte wissenschaftliche Wissen in die abendländische Kultur integrierte. Seiner Überzeugung nach konnte im Verlauf der Zeit das Wissen nur wachsen und die Menschheit in Erkenntnis und Weisheit nur voranschrei-

---

[78] Zu diesen und späteren Versuchen, aus der Theologie eine strenge Wissenschaft zu machen, vgl. M.-D. Chenu, La théologie comme science au XIIIe siècle, Paris 1969, und S. P. Marrone, William of Auvergne and Robert Grosseteste. New Ideas of Truth in the Early Thirteenth Century, Princeton 1983.

[79] Alexander von Hales, Summa theologica, 4 Bde., Quaracchi 1924–1928, und F. van Steenberghen, Aristotle in the West (s. Anm. 75) 114–125.

[80] In Ermangelung einer befriedigenden Gesamtdarstellung über Albertus Magnus vgl. A. Zimmermann (Hrsg.), Albert der Große. Seine Zeit, sein Werk, seine Wirkung (Miscellanea mediaevalia 14), Berlin 1981, und G. Meyer – A. Zimmermann (Hrsg.), Albertus Magnus doctor universalis. 1280–1980, Mainz 1980.

Albertus Magnus, der bedeutende Dominikaner-Theologe, als Lehrer der Universität von Paris. Links im Bild sitzt sein Schüler und Assistent Thomas von Aquin. Fresko (um 1450) der Schule des Fra Angelico im Kapitelsaal des Klosters S. Marco in Florenz.

ten, was implizierte, daß sie sich auf die Suche nach der Wahrheit begab, wo immer sich diese auch finden ließ, um sie zum eigenen Gewinn zu nutzen[81]. Ohne die Mystik auszuschließen – immer vorausgesetzt, sie sei spekulativ, d. h. Erleuchtung des Intellekts –, vertrat der hochangesehene Dominikaner, dessen Schüler und Assistent später Thomas von Aquin sein sollte, den Standpunkt, die Vernunft habe das Recht und die Pflicht, alles zu beweisen, was der Glaube nicht beweisen könne – genau das sei Fundament und Legitimierung der Philosophie. Da er das Argument bestehender höherer Autoritäten nicht gelten ließ, war er sicher einer der freimütigsten Denker seiner Zeit.

Es ist nicht abwegig, in diesem Zusammenhang seinen Zeitgenossen, den Philosophen Robert Grosseteste, zu erwähnen, der an der Universität Oxford lehrte und zwischen 1235 und 1253 Bischof von Lincoln war. In seinen zahlreichen philosophischen Schriften bekundete er, wie viele englische Gelehrte seiner Zeit, eine ausgeprägte Neigung zum Empirismus. Als einer der ersten versuchte er, die Naturphilosophie auf Mathematik und Erfahrung zu gründen. Er übersetzte und kommentierte die *Zweite Analytik* des Aristoteles, wurde beeinflußt von der mystischen Theologie des Pseudo-Dionysius und konnte durch seine eigenen Arbeiten über das Licht entscheidende Fortschritte auf dem Gebiet der wissenschaftlichen Optik im Abendland erzielen[82].

---

[81] A. de Libéra, Penser au Moyen Age (s. Anm. 72) 140–142, sowie A. Jolivet, Emergences de la philosophie au Moyen Age, in: RSyn 108 (1987) 414f.

[82] Eine umfassende und gut aufgearbeitete Darstellung zu Robert Grosseteste bietet R. W. Southern, Ro-

So konnten sich die lateinischen Gelehrten im Verlauf eines halben Jahrhunderts allmählich mit dem Aristotelischen Denken vertraut machen, dessen Verbreitung anfänglich soviel Verunsicherung und Ablehnung hervorgerufen hatte. Bereits ab etwa 1230 wurde das Denken des Stagiriten an der Universität Oxford gelehrt, wo, anders als in Paris, insbesondere dank Robert Grosseteste eine Verurteilung vermieden werden konnte; gleiches trifft auf Neapel zu, wo der junge Thomas von Aquin sich während seines Studiums in den Jahren 1239 bis 1243 gänzlich ungehindert mit der Aristotelischen Naturphilosophie und Metaphyisk beschäftigen konnte. Auf Bitten Papst Gregors IX. machten sich in Paris Wilhelm von Auxerre und weitere Magister daran, die *libri naturales* im orthodoxen Sinn zu überarbeiten [83], und zwischen 1252 und 1255 wurde an der Artistenfakultät ihr Studium schließlich erlaubt. Albertus Magnus, Robert Grosseteste und vor allem der flämische Dominikaner Wilhelm von Moerbeke [84] erarbeiteten, auf der Basis griechischer Handschriften, zwischen 1260 und 1268 eine neue lateinische Übersetzung verschiedener Abhandlungen des Aristoteles. Das Resultat war ein aristotelisches Corpus – *Aristoteles latinus* –, in dem streng zwischen Texten des Stagiriten und denjenigen seiner Kommentatoren unterschieden wurde [85]. So war denn um die Mitte des 13. Jh. das Projekt, mit dem die kühnsten lateinischen Gelehrten liebäugelten, nämlich das Fundament für einen als Synthese zwischen antiker Philosophie und christlichem Dogma verstandenen christlichen Aristotelismus zu legen, kein unerreichbarer Traum mehr. Es war das Verdienst Thomas von Aquins, dieses große und gefahrvolle Unternehmen zu wagen und damit großenteils Erfolg zu haben.

Thomas, 1224/5 auf Schloß Roccasecca in der zwischen Rom und Neapel gelegenen Grafschaft Aquino auf die Welt gekommen, entstammte einem hochadligen Geschlecht. Nach dem Willen seiner Eltern sollte er in der nahen Abtei von Monte Cassino eine glänzende kirchliche Karriere machen [86]. 1239 zum Studium nach Neapel geschickt, entschloß er sich 1243 zum Eintritt in den dortigen Dominikanerkonvent und floh aus der Heimat, um dem Druck seiner Familie zu entgehen. Auch die zweijährige Gefangenschaft im heimatlichen Schloß nach mißlungener Flucht konnte ihn nicht von seiner Berufung abbringen; schließlich bekam er seine Freiheit zurück. Er studierte in Paris (1245–1248) und Köln, war Schüler und Mitarbeiter des Albertus Magnus. Als *baccalarius sententiarius* hielt er 1252 in Paris seine ersten Vorlesungen, Kommentare zur Heiligen Schrift, bevor er dann 1256 – vor dem vorgeschriebenen Alter mit Hilfe einer Dispens – Magister der Theologie wurde. Nach der Beilegung des ersten Streits zwischen Mendikanten und Weltklerus, dessen Wortführer Wilhelm von Saint-Amour gewesen war [87], konnte er 1257 seine reguläre

---

bert Grosseteste. The Growth of an English Mind (s. Anm. 43); vgl. auch D. A. Callus, Introduction of Aristotelian Learning to Oxford, in: PBA 29 (1943) 229–281.

[83] *Cartularium universitatis Parisiensis* I (s. Anm. 4) 143, Nr. 87.

[84] Vgl. G. Verbeke, Guillaume de Moerbecke et sa méthode de traduction, in: Medioevo e Rinascimento. Studi in onore di Bruno Nardi II, Florenz 1955, 779–800.

[85] Die Veröffentlichung der im 13. Jh. auf der Basis der griechischen Manuskripte erfolgten lateinischen Aristotelesübersetzungen begann 1939 unter dem Titel *Aristoteles latinus* im Rahmen des *Corpus philosophorum Medii Aevi.* Zu dieser noch nicht vollendeten Aufgabe vgl. L. Minio-Paluello, L'Aristoteles latinus, in: NSMed 3. Ser. 1 (1960) 304–327.

[86] Vorzügliche Darstellung in: DSp XV, Art. Thomas d'Aquin von J. P. Torrell, Paris 1991, 719–773. Zu Persönlichkeit und Laufbahn des *doctor communis, doctor angelicus* und *doctor universalis* vgl. auch J. A. Weisheipl, Thomas von Aquin. Sein Leben und seine Theologie, Graz 1980.

[87] Zu diesem Streit und der Rolle des Aquinaten vgl. M. M. Dufeil, Guillaume de Saint-Amour et la polémique universitaire parisienne. 1250–1259, (Diss.) Paris 1972.

Lehrtätigkeit aufnehmen. Von da an widmete er seine Zeit der *lectio*, der *disputatio* (in Form von öffentlichen Veranstaltungen *[Quodlibeta]* und Diskussionen mit Studenten im kleinen Kreis) und der Predigttätigkeit. 1259 verließ er die Universität Paris, um sich nach Italien zu begeben, wo er die *Summa contra Gentiles* (Summe gegen die Heiden) verfaßte, eine Verteidigung des christlichen Glaubens auf der Grundlage von Vernunftargumenten an die Adresse der Ungläubigen, d. h. vor allem der Muslime [88]. 1261 schrieb er im Auftrag des Papstes das liturgische Officium für die eben eingeführte Feier des Altarsakramentes und Evangeliumkommentare – bekannt unter dem Namen *Catena aurea* –, in denen er die griechischen Kirchenväter häufiger zitiert als die lateinischen. 1266 wurde ihm die Leitung des für ihn geschaffenen *Studium* in Rom anvertraut; hier begann er mit der Abfassung seines Hauptwerkes, der *Summa theologica* (1266–1273), wobei er sich auch auf Wilhelm von Moerbekes noch nicht ganz beendete Aristotelesübersetzung ins Lateinische stützte. Im Jahr 1268 von seinem Orden erneut nach Paris entsandt, um die Mendikanten in ihrer Verteidigung gegen die erneuten Attacken des Weltklerus zu unterstützen, sah er sich mit Angriffen von mehreren Seiten bedroht, sowohl von den traditionalistischen Theologen aus den Reihen der Minderbrüder, besonders der Artistenfakultät, die ihm vorwarfen, er räume der Philosophie des Aristoteles in seinen Werken einen zu großen Platz ein, als auch von gewissen Magistern der Artistenfakultät, die sich die Vorstellungen des Averroes über die Eigenständigkeit des philosophischen Denkens zu eigen gemacht hatten. 1272 zur Gründung eines ordenseigenen *Studium generale* nach Neapel zurückbeordert, das die Rolle der bisher noch nicht vorhandenen theologischen Fakultät in der 1224 von Friedrich II. gegründeten Universität übernehmen sollte, starb er 1274 im Zisterzienserkloster zu Fossanova auf dem Weg zum Zweiten Konzil von Lyon, an dem er auf Bitten des Generalmagisters der Dominikaner als Experte hätte teilnehmen sollen.

Thomas von Aquin hat das Werk seines Meisters Albertus Magnus weitergeführt. Diesem unterlegen, was die Breite seines Wissens und die schöpferische Kühnheit seiner Vorstellungen angeht, übertrifft er ihn durch die Klarheit und Präzision der theologischen Spekulation und die Geschlossenheit seines philosophischen Systems. Er war der überzeugendste Mittler zwischen Aristoteles und Augustinus – in seinem Werk finden sich 2000 Zitate des ersteren und 1000 des letzteren –, und ganz zu Recht hat ihn seine Zeit als *doctor communis* und die Moderne als „Fürsten der Scholastik“ bezeichnet [89]. Für Thomas von Aquin ist „die Theologie das höchste Wissen: Sie ist die Weisheit unter den Wissenschaften“. Aber während für Augustinus die von Gott geoffenbarte Weisheit die menschlichen Wissenschaften – von bloß zeitlichem Nutzen und zur Zerbrechlichkeit verurteilt – entwertete, sprach ihnen Thomas einen eigenen Anwendungsbereich und eine eigenständige Methode zu: Sie besitzen, auf ihrer Ebene, „ihre Weisheit“. Die theologische Weisheit wird dadurch nicht herabgesetzt, ihre Vorrangstellung in der Wissensordnung bezieht sie schlicht aus der Tatsache, daß sie Gott zum Gegenstand hat. Die Transzendenz ihres Objektes wiederum ist Grund für ihre erkenntnistheoretische Schwäche, denn „angesichts der unbegreifbaren Gottheit ist sie der glaubenden Zustimmung unterworfen, die sich ihrerseits auf die Autorität des Wortes Gottes stützt“ [90]. Man ginge jedoch fehl in der Annahme,

---

[88] A. Gauthier, Introduction au „Contra gentiles“ (texte et traduction), Paris 1961, 7–123.

[89] Zu den beiden Figuren und ihren Beziehungen vgl. M.-D. Chenu, Introduction à l'étude de saint Thomas d'Aquin, Paris 1950.

[90] M.-D. Chenu, Saint Thomas d'Aquin et la théologie, Paris 1959, 48.

das Werk des Thomas von Aquin habe sich in der Christenheit des zu Ende gehenden 12. Jh. unverzüglich und mühelos durchgesetzt. Die geistige Unruhe, die in den Jahren vor und nach seinem Tod (zwischen 1268 und 1277) herrschte, beweist das Gegenteil; damals war der Thomismus noch nicht, was er später werden sollte: die offizielle Philosophie der katholischen Welt[91].

3. Der lateinische Averroismus und der Augustinismus des Bonaventura

In gewisser Hinsicht läßt sich Thomas von Aquins intellektuelles Vorhaben als Suche nach einem Mittelweg zwischen den beiden abendländischen Denkströmungen auffassen, die sich zu jener Zeit auf philosophischer und theologischer Ebene herauszubilden begannen. Die erste dieser beiden Bewegungen wird allgemein als lateinischer Averroismus bezeichnet. Er umfaßte die – besonders in den Artistenfakultäten von Paris und Oxford zahlreichen – Gelehrten, die die Ansicht vertraten, die beste Erklärung des Aristotelischen Denkens habe Averroes gegeben[92]. Im Anschluß an den andalusischen Philosophen betrachteten sie die Philosophie als totales, das weltliche Denken umfassendes Wissen. Ausgangspunkt des Konflikts mit den Theologen waren einige Aussagen des Averroes, etwa über die Ewigkeit der Welt und die Einheit des Intellekts, die logischerweise die Negation der persönlichen Unsterblichkeit und die Ablehnung des Begriffs der göttlichen Vorsehung zur Folge hatten. Die Professoren, die diese Thesen verteidigten, wollten keineswegs die grundlegenden Dogmen des Christentums angreifen – genauso wenig wie Averroes den Islam angegriffen hatte –, sondern vertraten die Auffassung, „die Schlußfolgerungen der Philosophen beträfen das, was von Natur aus möglich ist, während die Glaubenslehre oft auf Wundern und nicht auf rationalen Gründen beruht“[93]. Da sich philosophisch weder die Ewigkeit der Welt noch die Erschaffung der Welt beweisen ließe, beschränkten sie sich darauf zu betonen, daß Vernunftargumente eher für die erste als für die zweite Lösung sprächen. Zwischen Philosophie und Theologie gäbe es keinen echten Widerspruch, vorausgesetzt, jeder beschränke sich auf seinen eigenen Bereich und versuche nicht, auf den des anderen überzugreifen (Lehre von der doppelten Wahrheit).

Derartige Standpunkte standen offensichtlich mit dem thomistischen Entwurf eines auf Aristoteles gründenden, rationalen philosophisch-theologischen Systems im Widerstreit. Einmal abgesehen von häufig scharfen und technischen Streitgesprächen ging es im Grundsatz um die Frage, ob die Philosophie einen Zugang zum Glaubensverständnis eröffnen könne. Die Averroisten – als Hauptvertreter in Paris gilt Siger von Brabant, dem Dante einige Jahrzehnte später einen Platz im *Paradies*[94] zuweisen sollte – waren keineswegs ver-

---

[91] Zu den wichtigsten Denkströmungen jener Zeit vgl. 1274. Année charnière. Mutations et continuités (Colloques internationaux du CNRS 558), Paris 1977, sowie G. Verbeke – D. Verhelst (Hrsg.), Aquinas and the Problems of his Time, Löwen 1976.

[92] Encyclopedia universalis III, Art. Averroïsme von A. Jolivet, Paris 1985, 95.

[93] Boetius de Dacia, De aeternitate mundi, zit. n. A. de Libéra, Penser au Moyen Age (s. Anm. 72) 123. Vgl. J. Pinborg, Zur Philosophie des Boetius de Dacia, in: Studia Mediewistyczne 15 (1974) 165–185.

[94] Dante Alighieri, Die Göttliche Komödie, übers. von W. G. Hertz, Frankfurt a. M., Paradies X, 136–138:
„Sigerius' ewiges Licht ist, das so loht
Der einstmals in der Streugass Lehrbetriebe
Schloß Wahrheiten, die ihn mit Neid bedroht.“

Zu den Anfängen des lateinischen Averroismus vgl. R. A. Gauthier, Notes sur les débuts du permier Aver-

kappte Heiden, sondern lehnten lediglich jenes Verständnis von Philosophie ab, das aus ihr die „Magd der Theologie“ machte. Einige von ihnen vertraten den Standpunkt, auch der Philosoph sei zu Kontemplationen fähig, zur vollkommenen Glückseligkeit, die, wie Boethius von Dacien in seiner Abhandlung *De summo bono* behauptete, eine irdische Vorwegnahme der beseligenden Schau Gottes im Jenseits sei. In diese Auseinandersetzung griff Thomas von Aquin im Jahr 1270 mit seiner bedeutenden Abhandlung *De unitate intellectus contra Averroistas parisienses* (Von der Einheit der Einsicht und gegen die Pariser Averroisten) ein; hier attackierte er heftig die von Siger im Gefolge des Averroes aufgestellte These, wonach eine einzige, allen Menschen gemeinsame Einsichtsfähigkeit (Monopsychismus) existiere. Diese konnte in der Tat zu einer völligen Loslösung von jeglichem Moralgesetz führen, und zwar aufgrund der Überlegung, daß, wenn die Seele der Heiligen errettet werde, auch die Seelen aller übrigen Menschen errettet würden; da ja alle über dieselbe Einsichtsfähigkeit verfügten, müßte sie deshalb auch alle im Jenseits dasselbe Schicksal ereilen ... Der *doctor communis* setzte dem entgegen, in jedem Mensch gäbe es als Voraussetzung der Persönlichkeit eine eigene, von anderen unterschiedene Einsichtsfähigkeit; ferner argumentierte er für eine philosophische Beweisbarkeit des Geschaffenseins der Welt, lediglich den zeitlichen Anfang der Welt hielt er für philosophisch nicht aufweisbar. So schuf er das Fundament einer mit der biblischen und christlichen Überlieferung völlig übereinstimmenden pluralistischen Metaphysik und personalistischen Moral[95]. Im selben Jahr verurteilte Etienne Tempier, Bischof von Paris, dreizehn averroistische Thesen[96]; 1277 griff er erneut ein und belegte 219 dem Glauben zuwiderlaufende Sätze mit dem Anathem oder der Exkommunikation[97]. Hier beschuldigte er die Averroisten, Anhänger der sogenannten Lehre von der „doppelten Wahrheit“ zu sein: „Sie sagen, daß einige Dinge, die nach der katholischen Glaubenslehre nicht wahr sind, im philosophischen Sinne wahr wären, so als gäbe es zwei einander widersprechende Wahrheiten, so als könnte der Wahrheit der Heiligen Schrift durch die Wahrheit der Texte der von Gott verdammten Heiden widersprochen werden.“[98] Dieser Vorwurf, der nicht von der reinen Gesinnung des Richters zeugt, unterstellte den Pariser Professoren einen von ihnen gar nicht vertretenen Standpunkt. Der Angriff sollte schwerwiegende Folgen zeitigen. Mit seiner Behauptung, die beiden Wege zur Wahrheit könnten nicht parallel verlaufen, verdammte der Bischof von Paris nicht nur die Philosophen zum Fideismus, sondern verurteilte auch bestimmte Aussagen des Thomas von Aquin, der – diesmal in Übereinstimmung mit Averroes – der

---

roïsme (1225–1240), in: RSPhTh 66 (1982) 322–330. Zu Siger von Brabant vgl. F. van Steenberghen, Siger de Brabant d'après ses oeuvres inédites, 2 Bde., Löwen 1931 und 1942; sowie ders., Maître Siger de Brabant, Löwen 1977. Vgl. auch R. A. Gauthier, Notes sur Siger de Brabant, in: RSPhTh 68 (1984) 3–49. Es gibt kritische Stimmen, die erst im 14. Jh. von einem lat. Averroismus sprechen und demzufolge auch Siger nicht in dessen Nähe gerückt sehen möchten. Vgl. dazu LThK², I, 1144–1146.

[95] Vgl. A. Amargier, Thomas d'Aquin, in: A. Vauchez (Hrsg.), Dictionnaire des saints et de la sainteté chrétienne VI, Paris 1986, 253.

[96] E. H. Wéber, La controverse de 1270 à l'Université de Paris et son retentissement sur la pensée de saint Thomas d'Aquin, Paris 1970; ders., L'homme en discussion à l'Université de Paris en 1270, Paris 1970.

[97] R. Hissette, Enquête sur les 219 articles condamnés à Paris le 7 mars 1277, Löwen – Paris 1977; ders., Etienne Tempier et ses condamnations, in: RThAM 47 (1980) 231–270; K. Flasch, Aufklärung im Mittelalter? Die Verurteilungen von 1277, Mainz 1989; L. Bianchi, Il vescovo e i filosofi. La condanna parigina del 1277 e l'evoluzione dell'aristotelismo scolastico, Bergamo 1990.

[98] Zur Frage der doppelten Wahrheit vgl. E. Gilson, Boèce de Dacie et la double vérité, in: AHDL 22 (1956) 84f, und A. de Libéra, Averroès (s. Anm. 74) 254f.

Meinung war, daß „das Wahre dem Wahren nicht widersprechen kann". So ist es denn keineswegs erstaunlich, daß auch einige eindeutig thomistische Sätze unter den im Jahr 1277 in Paris verurteilten Artikeln zu finden sind. Vieles spricht dafür, daß die Vermengung mit den averroistischen Thesen gewollt war, in der Absicht, den dominikanischen Theologen zu diskreditieren.

In seinen letzten Lebensjahren sah sich Thomas von Aquin Feindseligkeiten von seiten der Vertreter des traditionellen Augustinismus ausgesetzt, die, nachdem sie in den ersten Jahrzehnten des 13. Jh. an Boden verloren hatten, zu jener Zeit machtvoll zurückkehrten. Unter ihnen finden sich selbstverständlich Mitglieder der an Augustinus orientierten Franziskanerschule wie John Peckham, aber auch Weltkleriker wie Heinrich von Gent, der in Paris die „Neuerungen" des Aquinaten bekämpfte, und selbst einige Dominikaner, etwa Robert Kilwardby, Erzbischof von Canterbury, der die averroistischen Thesen zur gleichen Zeit wie Etienne Tempier verurteilte. Allen diesen Theologen war gemeinsam, daß sie der Rolle des Willens, d. h. des *affectus*, gegenüber dem *intellectus* den Vorzug gaben. Charakteristischster und zugleich bedeutendster Vertreter dieser Denkströmung war mit Sicherheit Bonaventura von Bagnoreggio (um 1217–1274)[99]. Nach Studien in Paris, die er mit dem *magister artium* abschloß, trat er 1243 in den Franziskanerorden ein. 1253 zum *magister regens* ernannt, zusammen mit Thomas von Aquin, war er wie dieser mit der Feindseligkeit des Weltklerus konfrontiert, der es nur ungern sah, daß Mendikanten Theologielehrstühle besetzten. Er spielte eine wichtige Rolle in den universitären Auseinandersetzungen im Paris der Jahre 1256 bis 1260. 1255 wurde er zum Generalminister des Franziskanerordens gewählt, ein Amt, das er bis zu seinem Tod während des Zweiten Konzils von Lyon 1274 innehatte. Im Jahr zuvor war er von Gregor X. zum Kardinal ernannt worden – eine Anerkennung für sein im Dienste der Kirche geleistetes Werk[100].

Bonaventura war neben Thomas die führende Gestalt der Hochscholastik. Sein Werk läßt sich als eine Theologie der Frömmigkeit definieren[101]. Dem Aristotelismus mißtrauend – er prangerte dessen Gefährlichkeit in seinen *Collationes in Hexaemeron* an –, wandte er sich eher Platon und Augustinus zu, vom Einfluß des Franz von Assisi einmal abgesehen[102]. Letzteren verherrlichte er in seiner *Vita major*, die 1260 vom Generalkapitel zu Narbonne zur einzigen im Orden autorisierten Biographie des Poverello erklärt wurde. Seiner Auffassung nach liefert das wissenschaftliche Denken keine endgültigen Wahrheiten; Gott und die Welt sind mit der Vernunfterkenntnis allein nicht zu begreifen; alle Wissenschaft, auch die Philosophie, steht daher im Dienst der Theologie. Für diese schlug er ein spekulatives, stark mystisch geprägtes Vorgehen vor: die Suche nach der Vereinigung mit Gott in der Ekstase von Erkenntnis und Wille. Diese wird aus dieser zweifachen Sicht in zweien seiner Hauptwerke beschrieben: im *Breviloquium* und im *Itinerarium mentis ad Deum*. Ausgehend vom obersten Prinzip, welches Gott ist, liefert er im ersten Werk eine Er-

---

[99] Zu Leben und Laufbahn vgl. J. G. Bougerol, Saint Bonaventure, un maître, une sagesse, Paris 1966.

[100] Bonaventura wurde erst gegen Ende des 15. Jh. heiliggesprochen, im Gegensatz zu Thomas von Aquin, der bereits 1323 kanonisiert wurde. Vgl. dazu A. Vauchez, Les canonisations de S. Thomas et de S. Bonaventure. Pourquoi deux siècles d'écart?, in: 1274. Année charnière (s. Anm. 91) 753–758.

[101] Zu seinem Denken vgl. E. Gilson, Die Philosophie des heiligen Bonaventura, Köln 1960, J. G. Bougerol, Introduction à l'étude de saint Bonaventure, Paris 1961, und K. Ruh, Geschichte der abendländischen Mystik, Bd. II, München 1993, 406ff.

[102] Vgl. S. Vanni-Rovighi, La vision du monde chez S. Thomas et chez S. Bonaventure, in: 1274. Année charnière (s. Anm. 91) 667–678.

Der Franziskaner Bonaventura, Verfasser der wichtigsten Vita des hl. Franz von Assisi, war ein führender Theologe der Hochscholastik. Fresko von Fra Angelico in der Nikolauskapelle im Vatikan (15. Jh.).

klärung des christlichen Dogmas, die letztlich darin mündet, daß die Wahrheit der Schrift von Gott kommt, von ihm handelt und den Menschen zu ihm führt; im zweiten Werk beschreibt er aus einer entgegengesetzten Perspektive den Aufstieg der Kreatur zu Gott, der den Menschen in Jesus Christus sein Geheimnis geoffenbart hat. Der *doctor seraphicus*, wie er schon bald genannt werden sollte, betonte die Identität von Abbild – der Mensch – und Urbild *(exemplar)* – Jesus Christus. Gott und Mensch sind füreinander geschaffen und einander zugeordnet. So ist denn jedes Geschöpf fähig, Gott zu begreifen, d. h. gemäß Augustinus von einem grundlegenden Streben nach dem Urbild bewegt, von dem es sein ganzes Bildsein empfängt. In der Meditation von Christi Leben und Leiden wird sich diese dynamische Bewegung auf Gott hin in einer „Neuschöpfung" des Menschen entfalten; diese wiederum kann bereits in dieser Welt zu einer lebendigen Teilnahme an der göttlichen Natur in mystischer Ekstase der Liebe führen[103]. Im Zentrum von Bonaventuras Theologie steht die Frage nach der Vergöttlichung des Menschen. In diesem Bereich war er keines-

---

[103] E. Longpré, in: DHGE, Art. Bonaventure, Paris 1937, 741–758, sowie S. Bonaventura, 1274–1974, 5 Bde., Grotaferrata 1975–78.

wegs rückständig, sondern ganz im Gegenteil im Einklang mit dem Streben nach einer direkten und verwandelnden Erfahrung des Göttlichen, das viele Kleriker und Laien – Männer wie Frauen – außerhalb des universitären Milieus prägte. Der Einfluß seiner aszetisch-mystischen Schriften (z. B. auf Seuse, Gerson, Franz v. Sales, die Devotio moderna) ist nicht zu überschätzen.

Bibliographie

Quellen:

A. B. Emden, A Biographical Register of the University of Oxford to A. D. 1500, 3 Bde., Oxford 1957–1959.

P. Glorieux, Répertoire des maîtres en théologie de Paris au XIIIe siècle, 2 Bde., Paris 1933/34.

S. Guenée, Bibliographie des universités françaises des origines à la Révolution, bisher 3 Bde., Paris 1978 ff.

C. Vasoli, Il pensiero medievale. Orientamenti bibliografici, Bari 1971.

Untersuchungen:

T. H. Aston (Hrsg.), The History of the University of Oxford. Bd. I: J. I. Catto (Hrsg.), The Early Oxford Schools, Oxford 1984; Bd. II: J. I. Catto – R. Evans (Hrsg.), Late Medieval Oxford, Oxford 1992.

J. Baldwin, The Scholastic Culture of the Middle Ages. 1000–1300, Lexington/Mass. 1971.

M.-D. Chenu, La théologie comme science au XIIIe siècle, Paris 1969.

A. B. Cobban, The Medieval English Universities: Oxford and Cambridge to c. 1500, Cambridge 1988.

A. C. Crombie, Von Augustinus bis Galilei. Die Emanzipation der Naturwissenschaft. München 1977.

A. Forest u. a., Le mouvement doctrinal du XIe au XIVe siècle (Histoire de l'Eglise 13), Paris 1956.

J. Fried (Hrsg.), Schulen und Studium im sozialen Wandel des hohen und späten Mittelalters, Sigmaringen 1986.

R. A. Gauthier, Magnanimité. L'idéal de la grandeur dans la philosophie païenne et la théologie chrétienne, Paris 1951.

G. Hansenohr – J. Longère (Hrsg.), Culture et travail intellectuel dans l'Occident médiéval, Paris 1981.

S. d'Irsay, Histoire des universités françaises et étrangères des origines à nos jours, 2 Bde., Paris 1933–35.

E. Jeauneau, La philosophie au Moyen Age, Paris 1976.

N. Kretzmann u. a. (Hrsg.), The Cambridge History of Late Medieval Philosophy: from the Rediscovery of Aristotle to the Desintegration of Scholasticism 1100–1600, Cambridge 1982.

J. Le Goff, Die Intellektuellen im Mittelalter, Stuttgart 1986.

–, Für ein anderes Mittelalter. Zeit, Arbeit und Kultur im Europa des 5.–15. Jahrhunderts, Weingarten 1987.

A. de Libéra, Penser au Moyen Age, Paris 1991.

A. Murray, Reason and Society in the Middle Ages, Oxford 1978.

J. Paul, Histoire intellectuelle de l'Occident médiéval, Paris 1973.

A. Piltz, Die gelehrte Welt des Mittelalters, Köln – Wien 1982.

W. Rüegg (Hrsg.), Geschichte der Universität in Europa. Bd. I: Mittelalter, München 1993 (zuerst: Cambridge 1992).

Le scuole degli Ordini Mendicanti (secoli XIII–XIV) (Convegni del Centro di studi sulla spiritualità medievale 17), Todi 1978.

F. Van Steenberghen, La philosophie au XIIIe siècle, Löwen – Paris ^2 1991.

J. Verger, Les universités au Moyen Age (XIIIe–XVe siècle), Paris 1973.

A. Zimmermann (Hrsg.), Die Auseinandersetzungen an der Pariser Universität im 13. Jahrhundert (Miscellanea Mediaevalia 10), Berlin – New York 1976.

Viertes Kapitel

Der Kampf gegen Häresie und Abweichungen von der Norm im Westen

Von André Vauchez

Im ausgehenden 12. und mehr noch im 13. Jh. erlebte das westliche Europa eine deutliche Verschärfung der Einstellung von Kirche und Gesellschaft gegenüber Häretikern, gegenüber den Juden und jeder Art von Abweichlern. Ihre institutionelle Verwirklichung fand diese neue Haltung in der Inquisition, die Papst Gregor IX. zwischen 1231 und 1233 einrichtete. Der englische Historiker R. I. Moore spricht in diesem Zusammenhang von der Bildung einer Gesellschaft von Verfolgern, deren Kennzeichen die gesteigerte Intoleranz gegenüber Minderheiten und Randgruppen war, seien es Leprakranke, Prostituierte oder Homosexuelle[1]. Bevor die kirchlichen Maßnahmen zur Bewältigung der anwachsenden Protestbewegung und zur Erhaltung ihrer Hegemonie über die Christenheit untersucht werden sollen, erscheint es angebracht, diese Interpretation etwas näher zu betrachten.

1. Entstehung einer Gesellschaft von Verfolgern?

Die Fakten sind in jedem Fall unbestreitbar: Nach langem Zögern entschied sich das Papsttum seit Ende des 12. Jh. und besonders im 13. Jh. für ein hartes Durchgreifen bei jeder Art von Glaubensabweichung, ob es sich dabei um den Albigenserkreuzzug, zu dem Innozenz III. 1209 aufrief, handelte oder die äußerst drastischen Strafmaßnahmen gegen die Häretiker in den Jahren 1215–1230[2]. Auch die Beziehungen zwischen Christen und Juden waren von dieser allgemeinen Verhärtung betroffen. Die Kirche vervielfachte ihre Maßnahmen, um die Kontakte zwischen den beiden Glaubensgemeinschaften auf ein Minimum zu reduzieren und den Juden ihre Unterlegenheit in Erinnerung zu rufen. In der Tat stieg zu dieser Zeit die Zahl der gegen Juden gerichteten Anklagen wegen Ritualmord oder Hostienschändung – in den Besitz solcher Hostien sollen sie mit Hilfe von Bestechungsgeldern oder unter Ausnutzung der Gutgläubigkeit vieler Christen gelangt sein; es kam ver-

---

Bibliographische Kurzangaben verweisen auf das Literaturverzeichnis am Ende des Kapitels (siehe Seite 911).

[1] R. I. Moore, The formation of a Persecuting Society. Power and Deviance in Western Europe 950–1250, Oxford – New York 1987.

[2] Der Kreuzzug gegen die Albigenser war der erste, den die Kirche gegen Häretiker in den Reihen der Christenheit führte. Zum politischen und religiösen Zusammenhang, in dem diese sehr schwerwiegende Entscheidung getroffen wurde, vgl. Paix de Dieu et guerre sainte en Languedoc au XIIIe siècle, Toulouse 1969 (CF 4). Von der umfangreichen Literatur zu diesem Kreuzzug sei auf M. Roquebert, L'épopée cathare 1198–1212, Paris 1970, W. L. Wakefield, Heresy, Crusade and Inquisition in Southern France, Oxford 1974, und J. Sumption, The Albigensian Crusade, London 1978, verwiesen.

mehrt zu Judenpogromen in zahlreichen Königreichen wie England, dem Deutschen Reich und Frankreich, wo die Juden unter allen Königen, von Philipp August bis Philipp dem Schönen, Schikanen und schweren Verfolgungen ausgesetzt waren[3]. Schließlich wurde auch der Umgang mit den Leprakranken, mit denen die Häretiker oft verglichen wurden, welche die Christenheit mit ihren Lehren „verpesteten", immer härter, und man verbannte sie in sogenannte Aussätzigenheime, die sie nicht verlassen durften[4]. Für die einen ist die sich verschlechternde Lage der Minderheiten auf den Autoritätsgewinn einer „von Natur aus intoleranten" römischen Kirche zurückzuführen[5]; nach der Ansicht anderer war das Volk der Auslöser von Gewalt und Intoleranz, und die Kirche hat – später als die öffentliche Meinung und zögernd angesichts der Welle von Gewalttätigkeiten – auf diese Bewegung lediglich reagiert[6]. Tatsächlich aber lag das Moment des Neuen, wie R. I. Moore richtig feststellt, nicht in der Gewalt als solcher, man hatte sie ja auch im 11. und 12. Jh. oft gegen Glaubensabtrünnige angewandt, sondern vielmehr in deren kalkuliertem und systematischem Gebrauch gegen ganz bestimmte Personengruppen mit Duldung der Gesellschaft und mit Hilfe der lokalen politischen und sozialen Institutionen[7]. Auf die Phase gelegentlicher, ungeplanter Gewaltausbrüche folgt etwa von 1180 an die der systematischen Verfolgung der Ketzerei, bei deren Durchführung die Institutionen der Kirche und die der aufstrebenden Königreiche zusammenarbeiteten, sofern sie ihre oft unvermeidliche Rivalität nicht daran hinderte. Diese Entwicklung kann nicht unabhängig von den Veränderungen gesehen werden, die die Kirche zwischen dem 11. und 13. Jh. erfuhr: Während sie noch um 1050 eine weitgehend dezentralisierte Struktur besaß, die jeden Bischof zum Herrn seiner Diözese machte und den meisten Abteien eine unabhängige Stellung einräumte, hatte sich die Situation eineinhalb Jahrhunderte später bereits verändert. Das Papsttum baute seine Autorität gegenüber den Ortskirchen aus und schaffte sich mit Hilfe von Legaten und Orden, so dem der Zisterzienser und – nach 1220 – vor allem den Mendikantenorden, ein Instrumentarium, das es ihm erlaubte, seine Instruktionen und Verhaltensmaßregeln in allen Ländern der Christenheit geltend zu machen. Zudem ermöglichte die Stärkung der Pfarreien, die nach dem IV. Laternakonzil zum vorgeschriebenen Ort für die Glaubensausübung und den Sakramentenempfang wurden, gewissermaßen den allmählichen Aufbau eines Rasters, der das Auffinden und die Bestrafung von Ketzern beschleunigte und erleichterte. Dieser neue institutionelle Rahmen machte zum ersten Mal im Mittelalter eine systematische Aufdeckung und Bekämpfung der Häresie möglich.

Parallel zu dieser innerkirchlichen Entwicklung beobachten wir im Westen das Erstarken der Autorität der Herrscher, so besonders bei den aufsteigenden Monarchien, und hier

---

[3] MOORE, The formation (s. Anm. 1) 27–44; vgl. auch das Kapitel „Christen und Nichtchristen" in diesem Band.

[4] MOORE, The formation (s. Anm. 1) 46–59.

[5] H. CH. LEA, A History of the Inquisition of the Middle Ages, 3 Bde., London 1888 (dt.: Geschichte der Inquisition im Mittelalter, 3 Bde., Bonn 1905–1913); die Schriften der Päpste wurde untersucht von A. C. SHANNON, The Popes and Heresy in the 13th Century, Villanova 1949. Zum neueren Forschungsstand vgl. P. SEGL (Hrsg.), Die Anfänge der Inquisition im Mittelalter, Köln – Weimar – Wien 1993.

[6] W. SOUTHERN, Western Society and the Church, Harmondsworth 1970, 19, und B. HAMILTON, The Medieval Inquisition, London 1981, 57, zitiert nach MOORE, The formation (s. Anm. 1) 3. Vgl. DERS., Popular Violence and Popular Heresy in Western Europe c. 1000–1179, in: W. J. SHEILS (Hrsg.), Persecution and Toleration, Oxford 1984, 43–50 (SCH 21).

[7] MOORE, The formation (s. Anm. 1) 5.

vor allem in England und Frankreich. Die staatliche Zentralgewalt bildete sich auf Kosten der Lokal- und der traditionellen Jurisdiktionsgewalten (Lehnsherrschaften, Städte, verschiedene Körperschaften) heraus, die nur Vergehen gegen Personen und Personengruppen kannten und allein für die Menschen ihrer Gerichtsbarkeit zuständig waren. Die Renaissance der Staatsgewalt war einerseits gekennzeichnet durch die Entwicklung eines repressiven Apparates, der effektiver arbeitete als die lokalen Jurisdiktionsbereiche, und zeitigte zudem eine neue Art von Verbrechen: die Delikte ohne Opfer, die gegen so abstrakte Größen wie die königliche Majestät, die Gesellschaft oder die Moral begangen wurden.

Zahlreiche Herrscher, von Heinrich II. Plantagenet bis Philipp August und Friedrich II., wollten hinter der Kirche nicht zurückstehen, besonders wegen der häufigen Konflikte, die sie selbst mit dem Papsttum in politischen und moralischen Fragen auszutragen hatten, weshalb sie ihrerseits die Häresiebekämpfung mit glühendem Eifer betrieben. 1198 führten die Könige von Aragón die Todesstrafe für Häretiker ein, während man im Reich Ketzerei juristisch als Majestätsverbrechen behandelte, wie es schon die kaiserliche Rechtssprechung der Spätantike getan hatte[8]. So begünstigte ohne Zweifel der Triumph der Vernunft, der Rechtslehre und der monarchischen Struktur in der Kirche wie in vielen Staaten auch die systematische und gewaltsame Verfolgung von Abtrünnigen und Häretikern.

Dennoch war die Haltung gegenüber gesellschaftlichen Randgruppen nicht notwendigerweise rigide. Sicherlich wurden seit Ende des 12. Jh. von kirchlichen wie weltlichen Autoritäten Maßnahmen zur Isolierung von Leprakranken getroffen, denen man verbot, frei umherzuziehen, wie viele von ihnen es bislang praktizierten. Aber daneben müssen die Anstrengungen der Städte und ländlicher Gemeinden hervorgehoben werden, die sich in jener Zeit bemühten, Einrichtungen zur medizinischen und seelsorgerischen Betreuung von Kranken zu schaffen[9]. In ähnlicher Weise ergriffen Einzelpersonen wie geistliche Einrichtungen häufig die Initiative, um Prostituierte ihrem Milieu zu entreißen und sie mit Hilfe von Arbeitsbeschaffung und Heirat zu rehabilitieren[10]. Was schließlich die Verfolgung von Homosexualität anbelangt, so ist festzustellen, daß diese nicht vor dem 14., vielleicht sogar erst im 15. Jh. in Westeuropa eine wichtige Rolle gespielt hat[11]. Unbestreitbar trug die Bedeutung, die die Theologen des 13. Jh. der Existenz eines Naturgesetzes beimaßen, das die Norm für das moralische Handeln des Menschen vorschrieb, zur verstärkten Verfolgung auch der Homosexuellen bei. Indem man definierte, was normal war, rechtfertigte man die Verfolgung all jener, die von dieser Norm offenkundig abwichen und deren Verhalten als anormal, ja ungeheuerlich betrachtet wurde. Aus eben dieser Sicht heraus knüpften die

---

[8] Die Tatsache, daß die Häresie nun zum juristischen Begriff geworden war, wird besonders hervorgehoben von O. Hageneder, Der Häresiebegriff bei den Juristen des 12. und 13. Jahrhunderts, in: W. Lourdaux – D. Verhelst (Hrsg.), The concept of Heresy in the Middle Ages (11–13 c.), Löwen – La Haye 1976, 42–103. Zur Entstehung der Inquisition in Aragón s. jetzt L. Vones, Krone und Inquisition. Das aragonesische Königtum und die Anfänge der kirchlichen Ketzerverfolgung in den Ländern der Krone Aragón, in: Segl, Die Anfänge der Inquisition (s. Anm. 5) 195–233.

[9] Vgl. z. B. A. Bourgeois, Psychologie collective et institutions charitables: lépreux et maladreries du Pas-de-Calais, Arras 1972, und J. Avril, Le IIIe concile de Latran et les lépreux, in: Revue Mabillon 60 (1981) 21–76.

[10] Kurz nach Antritt seines Pontifikats veröffentlichte Innozenz III. eine Bulle (29. April 1199), in der er alle Gläubigen aufforderte, an der Erlösung der Prostituierten mitzuwirken, und der Volksprediger Foulque de Neuilly wurde durch die Stiftung berühmt, die er für sie um dieselbe Zeit in Paris machte. Vgl. den Art. *Maddalene* von A. Martínez Cuesta, in: DIP, V, Rom 1978, 801–812.

[11] J. Boswell, Christianity, Social Tolerance and Homosexuality, Chicago 1980.

Prediger der Zeit eine enge Beziehung zwischen moralischem Fehlverhalten und falschem Glauben. Antonius von Padua ging soweit, in einer seiner Predigten zu behaupten, wer Unzucht betreibe, verliere seinen Glauben[12]. Hartnäckige Sünder, besonders im Bereich der Sexualität, wurden oft als Häretiker angezeigt; umgekehrt klagte man Häretiker an, sich in geheimen Zusammenkünften schändlichen Lastern hinzugeben. Unmoral, Ehebruch, Unzucht und Sodomie sollten bis an das Ende des Mittelalters die Grundlage für Anklagen gegen Abtrünnige jedweder Richtung bleiben. In diesem Zusammenhang ist es bezeichnend, daß Dante in seiner *Göttlichen Komödie* als einzige Häretiker die Epikuräer in die Hölle verbannte, also Männer wie Farinata degli Uberti († 1264), den Führer der Ghibellinen von Florenz, Friedrich II. oder Manfred, deren amoralisches Verhalten die Zeitgenossen glauben machte, daß für diese ein Jenseits nicht existiere[13].

Ohne die Rolle der institutionellen und geistigen Entwicklung außer acht zu lassen, sieht die neueste Forschung die Hauptursache für die verschärfte Haltung der abendländischen Kirche und Gesellschaft gegenüber Abweichlern und Minderheiten vor allem in einer neuen Vorstellung von der christlichen Einheit, die fast einem Uniformismus gleichkam. Seit Ende des 11. Jh. kennzeichnete diese Vorstellung das Handeln des Papsttums gegenüber den mozarabischen oder slawischen Liturgien, die zunächst zugunsten des lateinischen, und dann immer mehr des römischen Ritus unterdrückt wurden[14]. Auch die wachsende Feindseligkeit gegenüber den Griechen ist auf sie zurückzuführen: Einnahme und Plünderung Konstantinopels durch die Kreuzfahrer 1204 waren deutlichster Ausdruck der Überheblichkeit und des guten Gewissens der Lateiner, die davon überzeugt waren, die einzig wahren Christen zu sein und die Union von West- und Ostkirche nur dadurch erlangen zu können, daß die verirrten schismatischen Schafe in den Schoß der einzigen Kirche, der des Bischofs von Rom, zurückkehrten (wie es dann auf dem Zweiten Konzil von Lyon 1274 geschehen sollte). Im 13. Jh. war die abendländische Christenheit regelrecht besessen von der Vorstellung einer notwendigen *reductio ad unum* in allen Bereichen und auf allen Ebenen. Auch in der Theologie spiegelt sich dies, war es doch das Hauptanliegen der meisten Kleriker, alles auf die Einheit zurückzuführen, in dem sie die Vielfalt in die Nähe des Bösen und bald der Häresie rückten[15]. Mag uns diese Absicht auch unmenschlich erscheinen, so zeugte sie doch von einer gewissen Größe: Der Versuch, auf Erden eine vollkommene christliche Gesellschaft unter der Führung nur eines Oberhauptes, des Papstes, zu schaffen, war ein utopisches, aber nichtsdestoweniger faszinierendes Vorhaben. Die Kehrseite der Medaille war nicht etwa eine vermehrte Intoleranz – die mittelalterlichen Gesell-

---

[12] Propter fornicationem amittitur fides: S. Antonii sermones dominicales, hrsg. von F. Locatelli, Bd. III, Padua 1895–1903, 174, zitiert von A. Murray, Piety and Impiety in 13th Century Italy, in: G. C. Cuming – D. Baker (Hrsg.), Popular Belief and Practice, Cambridge 1984, 100. Zu demselben Thema s. a. M. Goodich, Sexual Deviation and Heresy in the XII–XIVth Centuries, in: M. Yardeni (Hrsg.), Modernité et non-conformisme en France, Leiden 1983, 138–163.

[13] A. Murray, The Epicureans, in: P. Boitani – A. Torti (Hrsg.), Intellectuals and Writers in Fourteenth Century Europe, Tübingen – Cambridge 1986, 138–163.

[14] Vgl. A. García y García, Reforma gregoriana e idea de la militia Sancti Petri en los reinos ibéricos, in: SGSG 13 (1990) 241–262.

[15] A. Vauchez, Une normalisation sévère, in: R. Fossier, Le Moyen Age, II, Paris 1982, 375–422, und H. G. Walther, Haeretica pravitas und Ekklesiologie. Zum Verhältnis von kirchlichem Ketzerbegriff und päpstlicher Ketzerpolitik von der zweiten Hälfte des 12. bis zum ersten Drittel des 13. Jahrhunderts, in: A. Zimmermann (Hrsg.), Die Mächte des Guten und Bösen (Miscellanea Medievalia 11), Berlin 1971, 286–314.

schaften haben zu keiner Zeit aus der Toleranz einen moralischen Wert gemacht, wenn sie sie auch manchmal gelebt haben –, sondern die rigorose Ablehnung dessen, was wir heute das Recht auf Andersartigkeit nennen.

2. Kreuzzug, Inquisition und die Vernichtung der Katharer

Zu Beginn des 13. Jh. sah sich die Kirche im Westen einer zunehmenden Welle religiöser Abweichungen vom Glauben gegenüber, die sie bewog, immer schärfere Sanktionen gegen die Häretiker auszuarbeiten, galten diese doch als Bedrohung der Einheit der Christenheit. Bis dahin schwankte die Kirche von Fall zu Fall zwischen einer gemäßigten Verfolgung, die auf der überlieferten Meinung basierte, daß der Glaube Sache des Einzelnen sei und nicht vorgeschrieben werden dürfe, und einer zunehmenden Härte, die sich in der Exkommunikation von Häretikern oder der Inanspruchnahme weltlicher Gewalt bei der Vollstrekkung von Strafmaßnahmen zeigte[16]. Mit dem Pontifikat Innozenz' III. setzte sich letztere Haltung endgültig durch, und das IV. Laterankonzil von 1215 beschloß eine ganze Reihe von Maßnahmen, die die Exkommunikation der Häretiker, die Konfiskation ihrer Güter und ihren Ausschluß aus dem öffentlichen Leben betrafen[17]. Der päpstliche Aufruf zum Kreuzzug gegen die Albigenser von 1209 wurde erneuert und der Graf von Toulouse wegen seiner Sympathien für die Katharer abgesetzt. Die Synodalbeschlüsse liefen Gefahr, bedeutungslos zu bleiben, sollte sich der weltliche Arm nicht bereit erklären, die Maßnahmen der Kirche zu unterstützen. Dies wurde nach dem Tod des Simon von Montfort 1218 deutlich, der als Führer der Kreuzfahrer schon große Teile des Languedoc unterworfen hatte. In diesen Regionen erstarkte aber nach seinem Tod das Katharertum erneut. Nur das Eingreifen des französischen Königs Ludwig VIII. schenkte dem Papsttum 1226 den endgültigen Sieg[18].

Wesentlich schwieriger gestalteten sich die Dinge in Italien, wo die Gemeinden hartnäkkig jede Art kirchlicher Einmischung in ihre Zuständigkeiten und ihre Rechtsprechung abwehrten. Honorius III. versuchte diese Schwierigkeit zu umgehen, indem er 1220 seinen Schützling, den jungen Friedrich II., während dessen Krönungsfeier die Kanones des IV. Laterankonzils gegen die Häretiker als kaiserliche Gesetze verkünden ließ[19]. Friedrich verschärfte diese Vorschriften noch durch die 1224 und 1232 verkündeten Gesetzestexte, die den Grad des Verbrechens der Häresie präzisierten, indem sie sie juristisch auf eine Stufe mit der Majestätsbeleidigung setzten und mit dem Tod auf dem Scheiterhaufen bestraften[20]. Zur gleichen Zeit unternahm Kardinal Hugolin, der spätere Papst Gregor IX., 1221 gemeinsam mit Dominikus eine Legationsreise in die Lombardei, um hier den Kreuzzug zu predigen und die Aufnahme der Gesetze Friedrichs II. in die Kommunalstatuten zu errei-

---

[16] Vgl. J. Havet, L'hérésie et le bras séculier au Moyen Age jusqu'au 13e siècle, in: BECh 41 (1880) 488–517 und 570–607.

[17] Lat. IV, Const. 3, De haereticis (Excommunicamus ...), hrsg. von A. García y García, Constitutiones Concilii guarti Lateranensis una cum Commentariis glossatorum, Vatikanstadt 1981, 47–51; COD, 231–233.

[18] Eine gute Darstellung der Fakten gibt B. Hamilton, Monastic Reform, Catharism and the Crusades (900–1300), London 1979, Kap. 8 (The Albigensian Crusade). Vgl. außerdem die in Anm. 2 zitierten Arbeiten.

[19] G. De Vergottini, Studi sulla legislazione imperiale di Frederico II in Italia. Le leggi del 1220, Mailand 1952.

[20] Vgl. U. Schmink, Crimen laesae majestatis. Das politische Strafrecht Siziliens (1140–1231) (= Untersuchungen zur deutschen Staats- und Rechtsgeschichte, N. F. 14), Aalen 1970.

Graf Simon IV. von Montfort war die führende Gestalt im Kampf gegen die Katharer. Grabplatte in der Kathedrale von Carcassonne.

chen. Die beiden Männer waren nur in Maßen erfolgreich, doch wurden ihre Bemühungen 1233, zur Zeit der religiösen Halleluja-Bewegung, von dem Dominikaner Giovanni da Vicenza und einer Reihe von Mendikanten wieder mit dem Ergebnis aufgegriffen, daß man in einigen Städten, darunter Verona und Mailand, gesetzliche Maßnahmen gegen die Häretiker ergriff, von denen einige auf der Stelle verhaftet, verurteilt und verbrannt wurden[21].

1229 legte die Synode von Toulouse die endgültige Vorgehensweise bei der Verfolgung und Bestrafung von Häretikern fest: Wer entdeckt und der Häresie überführt wurde, mußte dem weltlichen Arm überstellt werden, damit dieser die verdiente Strafe *(animadversio debita)* für das Vergehen auferlege. Wer wissentlich Häretikern Zuflucht gewährte, sollte sein Hab und Gut verlieren und zu einer körperlichen Züchtigung verurteilt werden. Sein Haus sollte zerstört und das Grundstück konfisziert werden. Reumütigen Häretikern sollte zwar das Leben geschenkt werden, doch erlegte man ihnen schwere Kerkerstrafen auf. Wer nur aus Angst vor der Todesstrafe widerrief, wurde zu lebenslänglichem Freiheitsentzug verurteilt (die sogenannte Mauerstrafe), während die bereits gültigen Gesetze für rückfällige

[21] A. Vauchez, Une campagne de pacification en Lombardie autour de 1233, in: ders., Religion et société dans l'Occident médiéval, Turin 1980, 71–117, und H. G. Walther, Ziele und Mittel päpstlicher Kulturpolitik in der Lombardei und im Kirchenstaat, in: Segl, Die Anfänge der Inquisition (s. Anm. 5) 103–130.

Ketzer den Feuertod als Strafe vorsahen. Waren einfache Gläubige Sympathisanten einer Bewegung, so drohten ihnen infame Strafen, vor allem das lebenslängliche Tragen von mit einem Kreuz gekennzeichneten Kleidern, so daß sie auch außerhalb ihres Wohnortes leicht zu erkennen waren[22]. 1252 schließlich veranlaßte Papst Innozenz IV. die dem römischen Recht entliehene Anwendung der Folter bei der Häresiebekämpfung, obgleich Papst Nikolaus I. 866 ein solches Vorgehen als Verstoß gegen göttliches und menschliches Recht verurteilt hatte[23]. Die berühmtesten Theologen der Zeit rechtfertigten diese Strafen: Thomas von Aquin erinnerte zwar, indem er sich auf den hl. Bernhard berief, an die Freiheit der Glaubensausübung und verurteilte die Anwendung von Gewalt gegenüber Juden und Heiden, unterstrich jedoch den Unterschied zwischen jenen und den Häretikern: Gegen letztere sei Gewalt ein legitimes Mittel, denn es handele sich bei ihnen um Getaufte, die bewußt ihre Religion leugneten; wenn man aber, wie alle Menschen dieser Zeit, den Glauben als das höchste Gut betrachtete, beging der, der ihn nicht anerkannte, das schlimmste aller Verbrechen und verdiente dafür den Tod[24].

Diese Palette von Strafmaßnahmen wartete nunmehr darauf, angewandt zu werden. Hierbei rechnete das Papsttum anfänglich mit der Hilfe der Bischöfe und Herrscher. So verpflichtete sich Raimund VI. von Toulouse 1229 im Vertrag von Paris, der den Kreuzzug gegen die Albigenser beendete, bei der Verfolgung und Bestrafung von Häretikern mit der Kirche zusammenzuarbeiten; und wie bereits erwähnt, verabschiedete Friedrich II. im Reich besonders harte Ketzergesetze. Die geistlichen Würdenträger hingegen standen oft in zu enger Beziehung zu den bedeutenden Familien ihrer Diözese, als daß sie wirksam durchgreifen konnten, und der Kaiser, der sich seit den 30er Jahren des Jahrhunderts in offenem Konflikt mit dem Papsttum befand, hütete sich, in der Verfolgung jener häretischen Glaubensbewegungen zu weit zu gehen, die für ihn – zumindest in Italien – zu willkommenen Verbündeten werden sollten, auch wenn er ihnen offenbar keine besondere Sympathie entgegenbrachte[25]. Dasselbe galt auch für die wichtigsten Anhänger des Kaisers in Oberitalien, Ezellino da Romana in der Gegend zwischen Verona und Padua und Oberto Pallavicino in Cremona, in Regionen also, die wie Vicenza und Cuneo Zufluchtstätten für die katharischen *Perfecti* aus dem Languedoc wurden[26]. Um diese Widerstände zu brechen, schuf Papst Gregor IX. zwischen 1231 und 1233 die Inquisition, ein Gericht, dessen alleinige Aufgabe der Kampf gegen Häresie war und für das man die Verantwortung Mitglie-

---

22 H. MAISONNEUVE, Études sur les origines de l'Inquisition, Paris 1961; vgl. Le Credo, la morale et l'Inquisition (CF 6), Toulouse 1978, sowie L. KOLMER, Ad capiendas vulpes. Ketzerbekämpfung in Südfrankreich in der ersten Hälfte des 13. Jahrhunderts und die Ausbildung des Inquisitionsverfahrens, Bonn 1982; DERS., ... *ad terrorum multorum.* Die Anfänge der Inquisition in Frankreich, in: SEGL, Die Anfänge der Inquisition (s. Anm. 5) 77–102.

23 H. MAISONNEUVE, Le droit romain et la doctrine inquisitoriale, in: Mélanges G. Le Bras, Bd. II, Paris 1965, 931–942, und E. PETERS, Torture, Oxford 1985.

24 THOMAS VON AQUIN, Summa theologica, II, 2 qu. 10 art. 8 und II, ad. 3.

25 Vgl. G. VOLPE, Movimenti religiosi e sette ereticali nella società medievale italiana. Secoli XI–XIV, Florenz 1922; K. V. SELGE, Die Ketzerpolitik Friedrichs II., in: G. WOLF (Hrsg.), Stupor mundi, Darmstadt 1982, 449–493.

26 G. G. MERLO, Eretici ed eresie medievali, Bologna 1989, 85–98. Glaubt man den Zahlen, die der dominikanische Inquisitor Rainer Sacconi nennt, so gab es um 1250 ungefähr 4000 *Perfecti* in Westeuropa, davon 2500 in Italien. Vgl. F. ŠANJEK, Raynerius Sacconi, Summa de catharis, in: AFP 44 (1974) 31–60, und G. ZANELLA, Itinerari ereticali: Patari e Catari tra Rimini e Verona, Rom 1986.

dern der Predigerbrüder oder Dominikaner und später auch, wie in Umbrien und der Provence geschehen, den Minderbrüdern oder Franziskanern übertrug[27].

Allerdings darf man diese richterliche Tätigkeit nicht isoliert betrachten, denn sie war nur ein Teil der pastoralen Fürsorge der Mendikantenorden zu dieser Zeit *(negotium fidei contra hereticos)*. Die Orden wurden in zwei Bereichen aktiv: Sie nutzten einerseits ihre wachsende Popularität in den Städten, vor allem in Italien, um die Aufnahme der kaiserlichen Häresiegesetze in die kommunale Gesetzgebung einer jeden Stadt durchzusetzen, und schufen zum anderen, um sich der Unterstützung durch den weltlichen Arm zu vergewissern, Vereinigungen von frommen Gläubigen, sogenannte Bruderschaften, die ihnen im Kampf gegen jede Art des Abfalls vom Glauben beistanden; ferner brachten sie, notfalls auch durch Zwang, das öffentliche Leben und die kommunalen Institutionen unter ihre Kontrolle, um z. B. die Anhänger der Patarener aus den Städten zu verjagen. Das war ein langwieriges Unterfangen, in dessen Verlauf vor allem der Dominikaner Petrus von Verona zu Berühmtheit gelangte (den seine Gegner 1252 auf dem Weg von Como nach Mailand ermordeten), das aber schließlich Früchte trug, vor allem als nach dem Tod Friedrichs II. († 1250) die endgültige Niederlage der Ghibellinen (1266–1268) in den meisten Städten Italiens die Guelfen an die Macht brachte, die Anhänger der Kirche und Karls von Anjou, des neuen Königs von Sizilien, waren[28].

Andernorts ging man schneller und brutaler vor; hier ist besonders das gewalttätige und willkürliche Handeln zweier Männer hervorzuheben, das selbst innerhalb der Kirche Proteste hervorrief. In Westfrankreich war es der Dominikaner Robert Le Bougre, ein konvertierter Katharer, der zwischen 1232 und 1239 nach einer Massenverurteilung mehrere hundert Häretiker verbrennen ließ, was ihm den Tadel seiner Vorgesetzten eintrug, weil er sich bei der Erfüllung seiner Aufgabe so grausam zeigte[29]; im Deutschen Reich brachte der Weltgeistliche Konrad von Marburg im Namen einer päpstlichen Kommission vor allem von 1231 und bis zum 30. Juli 1233, dem Tag, an dem er ermordet wurde, sehr viele Menschen auf den Scheiterhaufen[30]. Da zur gleichen Zeit auch der Dominikaner Giovanni da Vicenza zahlreiche Häretiker in den Städten der Mark Treviso hinrichten ließ, muß man diese Phase der Häresieverfolgung als Hysterie und wahnwitzige Übersteigerung kennzeichnen, die die Gemüter tief bewegte. Diese Episode zeitigte auf jeden Fall bleibende Folgen, denn danach spielten die Katharer, wenigstens in den Regionen nördlich der Alpen, über die dieser Vernichtungssturm hergezogen war, keine Rolle mehr.

Seit dieser Periode, in deren Verlauf die Anklagen Gregors IX. gegen die Häretiker einen

---

[27] Um einen Überblick zu gewinnen, siehe G. Testas, L'inquisition, Paris ^{5}1990; wertvolle bibliographische Hinweise zu diesem gut erforschten Thema finden sich bei E. van der Vekene, Bibliographie der Inquisition. Ein Versuch, Hildesheim 1963, und ders., Bibliotheca bibliographica Historiae Sanctae Inquisitionis, 2 Bde., Vaduz 1982–1983; auch bei G. Gonnet, Bibliographical Appendix. Recent European Historiography on the Medieval Inquisition, in: A. Todeschi – G. Henningsen (Hrsg.), The Inquisition in early Modern Europe, Dekalb 1986, 199–223.

[28] Vgl. M. d'Alatri, Eretici e inquisitori in Italia, Bd. I: Il Duecento, Rom 1986, und G. Volpe, Movimenti religiosi e sette ereticiali nella società medievale italiana. Secoli XI–XIV, Florenz 1922.

[29] Das grundlegende Werk zu Person und Handeln dieses Mannes bleibt die Arbeit von Ch. Haskins, Robert le Bougre and the Beginnings of the Inquisition in Northern France, in: ders., Studies in Medieval Culture, Oxford 1929, 193–244.

[30] R. Kieckhefer, Repression of Heresy in Medieval Germany, Philadelphia 1979; A. Patschovsky, Zur Ketzerverfolgung Konrads von Marburg, in: DA 37 (1981) 641–693, D. Kurze, Anfänge der Inquisition in Deutschland, in: Segl, Die Anfänge der Inquisition (s. Anm. 5) 131–193.

Grabmal des Petrus von Verona, der 1252 von Häretikern erschlagen wurde. Das mit Statuen und Reliefs reichgeschmückte Denkmal des schon 1253 von Innozenz IV. kanonisierten Dominikaner-Märtyrers wurde um 1336 von dem Pisaner Giovanni di Balduccio in der Kirche der Dominikaner in Mailand errichtet.

geradezu maßlosen Charakter annahmen, den die berühmte Bulle „Vox in Rama" vom 11. Juni 1233 bezeugt[31], wurde die Inquisition zu einer dauerhaften Einrichtung, deren Vorgehensweise gemäßigtere Formen annahm, ohne deswegen an Effektivität zu verlieren[32]. Der Erfolg der Inquisition beruhte auf mehreren Faktoren. Als erstes sind hier die weite Verbreitung der Mendikantenorden und ihre unmittelbare Unterordnung unter den

[31] Der von Patschovsky (ebd. 653–657) zitierte und übersetzte Text ist hrsg. in: MGH Epist. saec. XIII, I, 433.

[32] Das heißt nicht, daß die Inquisition nun reibungslos gearbeitet hätte, was gut dargelegt wird in den Arbeiten von Y. Dossat, Les crises de l'Inquisition toulousaine 1233–1273, Bordeaux 1959, und ders., Église et hérésie en France, London 1982, Kap. 20–28.

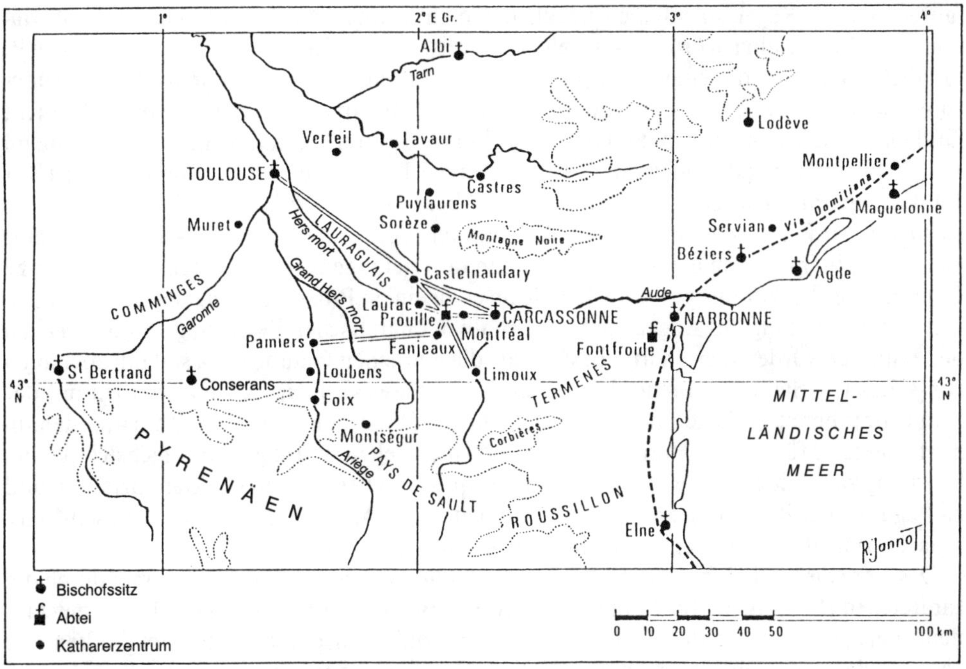

Die Katharer im Languedoc zu Beginn des 13. Jahrhunderts.

Heiligen Stuhl zu nennen. Die meisten Inquisitoren wurden nämlich direkt von den Päpsten ernannt, deren Unterstützung es ihnen ermöglichte, über die Köpfe der Bischöfe hinweg und unabhängig von den Zuständigkeitsbereichen der traditionellen Gerichtsbarkeit tätig zu werden. Sie errichteten ihre Ketzertribunale mitten in den Regionen, die – wie Toulouse und Carcassonne im Languedoc – am stärksten von der Häresie betroffen waren, und bemühten sich, von dort aus ihren Wirkungskreis zunächst mit Hilfe ihrer Bevollmächtigten, später dann durch den Aufbau eines Netzes von abhängigen Gerichten zu erweitern[33]. Da das Ketzertribunal, das meist in einem Dominikanerkonvent untergebracht war, über sehr gute Archive verfügte und die Delikte nicht verjährten, gelang es ihm im Laufe mehrerer Jahre oder gar Jahrzehnte, Verbindungen herzustellen zwischen Prozessen oder Personen, deren Beziehung zur Häresie bei einer früheren Untersuchung nicht offenkundig geworden waren, die man nun Jahre später entlarven und posthum bestrafen konnte, indem man ihre sterblichen Überreste exhumierte und öffentlich verbrannte.

Aber der Hauptgrund für die Wirksamkeit der Inquisition liegt zweifelsohne in der Verfahrensweise, der sie ihren Namen verdankt und die man als amtliche Strafverfolgung bezeichnen kann, welche auf Veranlassung des Inquisitors hin gegen Verdächtige durchgeführt wurde, ohne daß diese das Anrecht auf einen Verteidiger, das einem Angeklagten üblicherweise zustand, gehabt hätten. Die Geheimhaltung aller Phasen des Inquisitionsver-

---

33 Vgl. J. Guiraud, Histoire de l'Inquisition au Moyen Age, 2 Bde., Paris 1935–1938, und als Ergänzung R. W. Emery, Heresy and Inquisition in Narbonne, New York 1941, und L. Kolmer, Ad capiendas vulpes. Ketzerbekämpfung in Südfrankreich (s. Anm. 22).

fahrens war die Regel, so daß die Angeklagten nicht wußten, auf Grund welcher Denunziationen sie beschuldigt wurden und welche Beweise ihren Anklägern gegen sie vorlagen[34]. Folglich versuchten diejenigen, die aufgefordert wurden, vor dem Tribunal des Inquisitors zu erscheinen und kein reines Gewissen hatten, in Regionen zu fliehen, wo sie Zuflucht fanden, wie in Montségur, in der Grafschaft Foix (vor ihrer Einnahme und Verwüstung im Jahr 1244), in Nordkatalonien oder den Städten der Lombardei, wo sich um 1250 ungefähr 150 Katharer aus dem Languedoc aufhielten. Aber indem sie flohen, wurden sie ipso facto zu *faydits*, zu Falschrednern, die sich dem starken Verdacht aussetzten, schuldig zu sein; kehrten sie in ihre Heimat zurück und wurden dort gefangengesetzt, hatten sie nur geringe Chancen, der Verurteilung zu entgehen. Kam es zu einem Prozeß, so hing das Strafmaß einmal von der Stellung des Angeklagten innerhalb der häretischen Bewegung ab – die *Perfecti* der Katharer wurden meist härter bestraft als die einfachen Gläubigen –, sodann aber auch von seinem Verhalten während des Prozesses: Wenn er sich zur Zusammenarbeit mit der Inquisition bereit erklärte und Mitglieder der Sekte, zu denen er Kontakt hatte, denunzierte, bestand für ihn die Hoffnung, dem Tod zu entgehen und sogar eine nachsichtige Behandlung zu erfahren. Denn das System der Inquisition beruhte auf der Denunziation, und zu Beginn einer Befragung erinnerte der Inquisitor den Angeklagten als erstes an seine moralische Pflicht, die Namen seiner Komplizen preiszugeben[35].

Das Vorgehen bei einer solchen Befragung kennen wir ziemlich genau, einmal durch die zahlreichen Handbücher für Inquisitoren, die seit Beginn der 40er Jahre des 13. Jh. entstanden, zum anderen durch die Niederschriften der Inquisitionsprozesse, die zum größten Teil aber aus der Zeit nach 1250 stammen[36]. Diese Quellen belegen deutlich das zweifache Ziel der inquisitorischen Befragung, nämlich den Kampf gegen die der Häresie innewohnende soziale Bedrohung, indem man die Existenz mehr oder weniger geheimer Verbindungen hervorhob, und die Sorge um das persönliche Seelenheil des Häretikers, das er durch Widerruf und Umkehr wiederherstellen konnte[37]. Die manchmal vorgenommene Gleichset-

---

[34] L. Tanon, Histoire des tribunaux de l'Inquisition, Paris 1893, und A. C. Shannon, The Secrecy of Witnesses in Inquisitorial Tribunals, in: Essays in honor of A. P. Evans, New York 1955, 59–69; ders., The Medieval Inquisition, Washington 1983; und v.a. W. Trusen, Der Inquisitionsprozeß. Seine historischen Grundlagen und frühen Formen, ZRG.KA 74 (1988) 168–230, sowie ders., Von den Anfängen des Inquisitionsprozesses zum Verfahren bei der *inquisitio haereticae pravitatis*, in: Segl, Die Anfänge der Inquisition (s. Anm. 5) 39–76.

[35] Vgl. H. Schlosser, Inquisitionsprozeß, in: Handwörterbuch zur Deutschen Rechtsgeschichte II, 1972–1978, 378–382, und W. L. Wakefield, Inquisition, in: Dictionary of the Middle Ages, VI, 1985, 483–489.

[36] Die beste Arbeit zu diesem Thema bleibt die von A. Dondaine, Le manuel de l'inquisiteur (1230–1330), in: APF 17 (1947) 85–194, überarbeitet in ders., Les hérésies et l'Inquisition XIIe–XIIIe s., London 1990, Kap. 2. Ergänzend hierzu ist zu nennen A. Patschovsky, Der Passauer Anonymus. Ein Sammelwerk über Ketzer, Juden, Antichrist aus der Mitte des 13. Jahrhunderts, Stuttgart 1968. Patschovsky gibt eine gute Einführung in diese deutsche Quelle, deren Edition er vorbereitet. Vgl. dazu v.a. P. Segl, Ketzer in Österreich. Untersuchungen über Häresie und Inquisition im Herzogtum Österreich im 13. und beginnenden 14. Jahrhundert, Paderborn u. a. 1984, und A. Fössel, Die Ortlieber. Eine spiritualistische Ketzergruppe im 13. Jahrhundert, Hannover 1993. Die wichtigsten uns überlieferten Prozesse des 13. Jh. sind die der Inquisition von Toulouse und der von Bologna für Italien. Zu ersteren vgl. C. Douais, Documents pour servir à l'histoire de l'Inquisition dans le Languedoc, 2 Bde., Toulouse 1900; zu letzteren s. L. Paolini – R. Orioli (Hrsg.), Acta S. Officii Bononie ab anno 1291 ad annum 1310, 3 Bde., Rom 1982–1984.

[37] Eine treffende Interpretation des Inquisitionsverfahrens gibt W. L. Wakefield, Heretics and Inquisition. The case of Le Mas-Saintes-Puelles, in: The Catholic historical review 69 (1983) 209–226.

zung der spanischen Inquisition des 16. Jh. mit der mittelalterlichen hat diesen zweiten Aspekt oft in Vergessenheit geraten lassen: Bis auf einzelne Fälle, wie z. B. die genannten in den Jahren 1231–1239, waren die Inquisitoren keine blutrünstigen Bestien, die den Häretikern nur nach dem Leben trachteten. Der weitaus größte Teil von ihnen waren gelehrte und gewissenhafte Ordensleute, die in erster Linie den Widerspenstigen zur Einsicht seiner Schuld bringen wollten, um ihn dann zum Büßer wandeln zu können. Obgleich der Inquisitionsprozeß der menschlichen und nicht der göttlichen Gerechtigkeit unterlag, zielte doch die inquisitorische Befragung, wie in der Beichte, allein auf das vom Häretiker abzulegende Geständnis[38]. Aus diesem Grunde bestrafte das Inquisitionstribunal die Sünder besonders hart, die sich selbst dann noch weigerten, ihre Schuld oder ihre Komplizenschaft mit Häretikern zu gestehen, wenn gegen sie Indizien oder Beweise vorlagen. Das Geständnis hingegen, vor allem wenn es nicht erst unter der Folter gemacht wurde, eröffnete dem Angeklagten die Möglichkeit, wieder in die kirchliche Gemeinschaft und die Gesellschaft aufgenommen zu werden. Aber auch dann noch mußte der Angeklagte die Aufrichtigkeit seiner Reue unter Beweis stellen, indem er an der Zerstörung der Sekte mitwirkte, der er angehört hatte.

Folgerichtig stand am Ende einer Befragung bzw. eines Inquisitionsprozesses nicht die Hinrichtung des Angeklagten, die nur dann vorgenommen wurde, wenn er sich weigerte, zu widerrufen oder auszusagen, sondern seine Umkehr, die es ihm nach Meinung seiner Richter erlaubte, sein Leben und seine Seele zu retten. So verkündete die Inquisitionsgerichtsbarkeit im 13. Jh. (mit Ausnahme der schrecklichen Jahre 1231–1239) nur relativ wenige Todesurteile, während sie zahlreiche Kerkerstrafen von sehr unterschiedlicher Dauer verhängte und viele kleinere Sanktionen, so z. B. Sühnewallfahrten oder infame Strafen, wie das Tragen eines Kreuzes auf der Kleidung[39]. Der beste Beweis für den – zumindest kurzfristigen – Erfolg dieser Politik ist vermutlich die große Zahl der Inquisitoren, die sich von Häretikern zu erbitterten Verfolgern ihrer ehemaligen Gefährten wandelten. Von den bekanntesten Namen seien hier für Italien Moneta di Cremona, Rainer Sacconi und Petrus von Verona (der 1253 als Petrus Martyr heiliggesprochen wurde) genannt und für Frankreich Robert le Bougre, Sicard Lunel und Armand Pradier, alle drei hohe Würdenträger der Katharerkirche, bevor sie zur Rechtgläubigkeit zurückkehrten. So löste sich eine häretische Gesellschaft allmählich auf, von Denunziationen untergraben, durch die Umkehr einiger ihrer Führer demoralisiert und von Abtrünnigen verraten, die sich als Handlanger der Inquisition in ihre Reihen einschlichen[40]. Die spektakulärsten Erfolge konnten die Inquisitoren bei der Bekämpfung des Katharertums verzeichnen, dessen strenge hierarchische

---

[38] Vgl. den Sammelband L'Aveu. Antiquité et Moyen Age, Rom 1981 und hier besonders J. Chiffoleau, Sur la pratique et la conjoncture de l'aveu judiciaire en France du XIIIe au XVe siècle, 341–380.

[39] Eine gute Darstellung hierzu findet sich bei J. Henriet, Du nouveau sur l'Inquisition languedocienne, in: Effacement du Catharisme? (XIIIe–XIVe siècle), Toulouse 1985, 159–173. Zur Strafe der Infamie vgl. P. Landau, Die Entstehung des kanonischen Infamiebegriffes von Gratian bis zur Glossa ordinaria (= Forschungen zur kirchlichen Rechtsgeschichte und zum Kirchenrecht 5), Köln – Wien 1966, 10ff, und V. Robert, Les signes d'infamie au Moyen âge, in: Mémoires de la société nationale des antiquaires de France 49 (1888) 6 122.

[40] Vor diesem Hintergrund ist die Kanonisation des Petrus Martyr durch Innozenz IV., wie es G. G. Merlo, Eretici 90 (s. Anm. 26) richtig gesehen hat, weniger eine Glorifizierung der Inquisition als die Verherrlichung eines Beispiels von Erlösung: Ein Anhänger der Häresie wandelt sich zu einem reuigen Kämpfer gegen dieselbe.

Struktur seinen Untergang begünstigte, weil sie der Inquisition ermöglichte, ihre Befragung bei den einfachen Gläubigen anzusetzen und sich systematisch bis zu den *Perfecti* vorzuarbeiten, die wichtige Positionen innerhalb dieser Ketzerkirche innehatten. Die Waldenser, deren Gemeinschaften mehr auf dem Grundsatz der Gleichheit basierten, konnten der Verfolgung besser standhalten, mußten sich aber auf bestimmte Fluchtorte in den Hochtälern des Piemont, in der Dauphiné und bestimmten Gegenden Österreichs zurückziehen[41].

Dennoch wäre es nicht richtig, die Ausrottung des Katharertums, das im übrigen in den italienischen Städten erst Ende des 13. Jh. völlig verschwand und sich in den Hochtälern der Pyrenäen sogar fast bis 1330 hielt, allein der Inquisition zuzuschreiben, wie groß auch die Wirkung ihrer psychologischen Methoden auf das Bewußtsein der Häretiker gewesen sein mag. Die Einstellung der politischen Kräfte eines Landes spielte ebenfalls eine sehr wichtige Rolle im Prozeß der Verdrängung und Eindämmung der Häresie, wie man es im französischen Languedoc sehen kann, wo die Dynastie der Kapetinger – Ludwig der Heilige in seinen königlichen Sénéchaussées von Beaucaire und Carcassonne und seine Brüder Alfons von Poitiers, Graf von Toulouse, und Karl von Anjou in der Provence – die Amtskirche und die Inquisition ohne Einschränkung unterstützte. Aber neben diesen, aus einer Zwangslage resultierenden politischen Faktoren muß hier auch das Wirken der Mendikantenorden im pastoralen Bereich genannt werden[42]. Sicherlich ist der Erfolg der Orden schwer zu ermessen, und man muß unterscheiden zwischen den oft wegen der Hartnäckigkeit, mit der sie Häretiker und deren Familien verfolgten, verhaßten und teils sogar in ihren Konventen angegriffenen Dominikanern und den beliebteren Franziskanern, die es in manchen Regionen, wie dem Languedoc, verstanden, die Sympathie städtischer Kreise zu gewinnen, die zuvor den Waldensern und selbst den Katharern wohlwollend gesonnen waren[43]. Viele Laien schlossen sich nur einer häretischen Bewegung an, weil sie die Amtskirche mit einem habgierigen und korrupten Klerus gleichsetzten. Ab dem Moment, wo die Kirche in der Lage war, den *Perfecti* der Katharer und den Predigern der Waldenser in den Mendikanten eine glaubhafte Alternative gegenüberzustellen, gab es für viele Häretiker keinen Grund mehr, in ihrer ablehnenden Haltung zu verharren, mit der sie außerdem Leib und Gut gefährdeten.

Zudem straften die allgemeinen gesellschaftlichen Entwicklungstendenzen im 13. Jh. die Lehren der Katharer Lügen: Es wurde immer schwieriger, in einer im Wachstum begriffenen Gesellschaft, in der Hungersnöte sehr selten geworden waren, zu vermitteln, daß das Diesseits das Reich des Satans und das Fleisch wie die Schöpfung von Natur aus verdor-

---

[41] Zur Ausrottung des Katharertums s. E. Griffe, Le Languedoc cathare et l'Inquisition (1229–1329); J. H. Mundy, The Repression of Catharism at Toulouse. The Royal Diploma of 1279, Toronto 1985, und den schon zitierten Sammelband: Effacement du catharisme? (s. Anm. 39). Zum Schicksal der Waldenser vgl. M. Schneider, Europäisches Waldensertum im 13. und 14. Jahrhundert. Gemeinschaftsform, Frömmigkeit, sozialer Hintergrund, Berlin 1981, und J. Chiffoleau, Vie et mort de l'hérésie en Provence et dans la vallée du Rhône du début du XIIIe au début du XIVe siècle, in: Effacement? (s. Anm. 39) 73–93.

[42] Vgl. unten, Teil 5, das erste Kapitel über die pastorale Erneuerung im 13. Jh. und das Apostolat der Mendikantenorden.

[43] Für das Languedoc zeigt dies sehr schön J. L. Biget, Antoine de Bernard Délicieux. Franciscanisme et société en Languedoc entre 1295 et 1330, in: A. Vauchez (Hrsg.), Mouvements franciscains et société française, XIIIe–XXe siècle, Paris 1983, 75–105, und ders., L'extinction du catharisme: les points chauds de la répression, in: Effacement du Catharisme? (s. Anm. 39) 305–340. Für Italien vgl. R. Manselli, L'eresia del Male, Neapel 1963, 271–333.

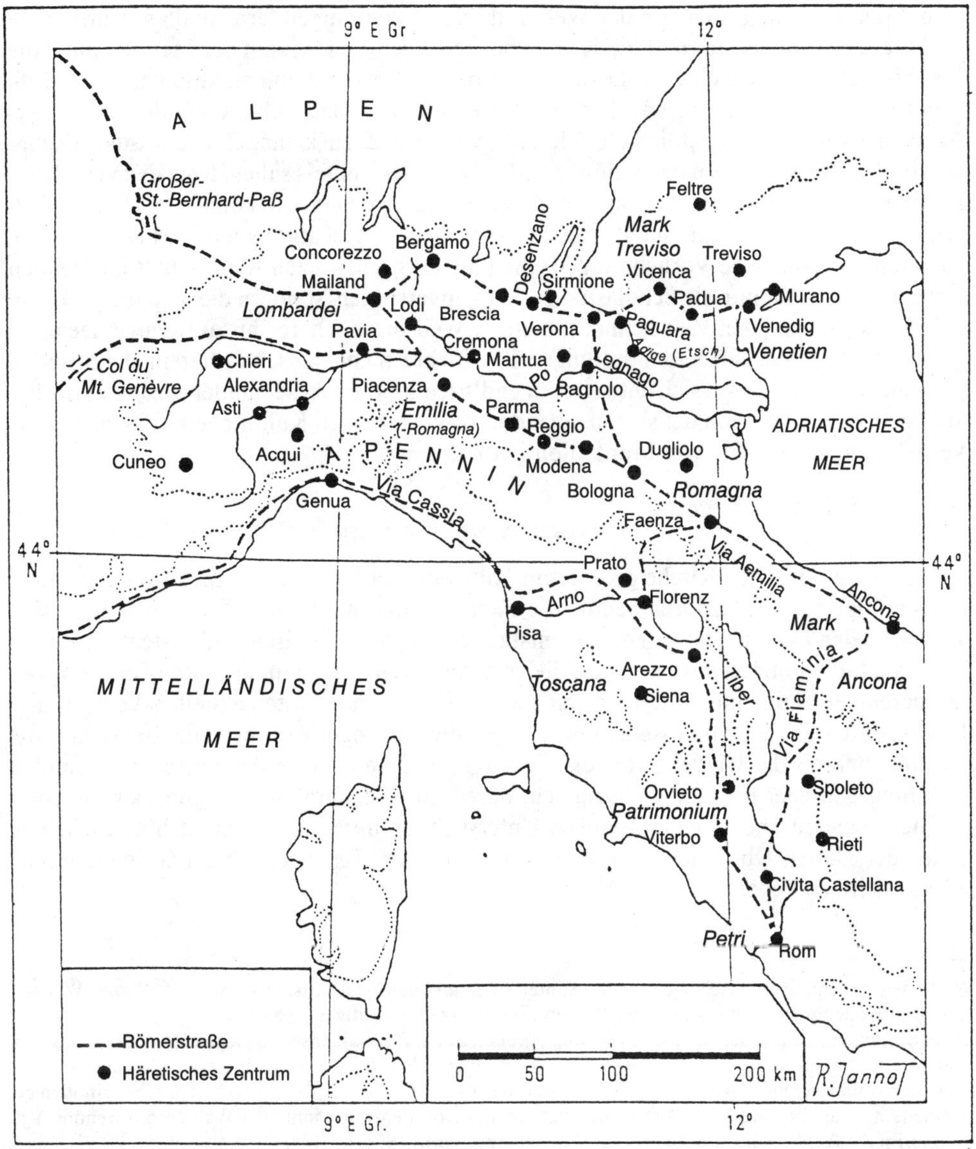

Häretische Hauptzentren im Italien des 13. Jahrhunderts.

ben und Verderben bringend seien. Darüber hinaus gilt, mit G. Merlo formuliert: „Was dem Katharertum in seinen Anfängen zum Vorteil gereichte, nämlich daß es sich jeder historischen und sozialen Entwicklung verschloß, sollte sich auf die Dauer als Nachteil erweisen.“ [44]

[44] Merlo, Eretici (s. Anm. 26) 92.

In ihrem Bemühen, sich von der Welt und ihren Spannungen fernzuhalten, wurden die Katharer durch die Pastoralarbeit der Kirche, besonders das Wirken der Mendikanten, die den Menschen jener Zeit eine Lösung für ihre konkreten Probleme anboten, zu gesellschaftlichen Außenseitern gemacht[45]. Es ist bezeichnend, daß sich die Waldenser, die weder dem Evangelium verpflichtete Christen waren und zu keiner Zeit ein dualistisches Weltbild vertraten noch in der Schöpfung das Werk des Teufels sahen, trotz der Verfolgungen, denen auch sie ausgesetzt waren, sich besser haben behaupten können[46]. Und schließlich standen der geringe intellektuelle Anspruch des Katharismus – besonders im Languedoc – und seine Vorliebe für Mythen allem Streben nach Rationalität im Denken entgegen, das nicht nur die Scholastik an den Universitäten, sondern die allgemeine kulturelle Entwicklung jener Zeit kennzeichnete[47]. Weil die Katharer bis auf einige, ziemlich spät verfaßte italienische Abhandlungen ihre Lehre nicht logisch kohärent darzustellen verstanden, zerrieben sie sich entweder in endlosen inneren Auseinandersetzungen (in Italien) oder ließen sich von der sie umgebenden volkstümlichen Kultur beeinflussen, was die Vernehmungsprotokolle von Montaillou gut belegen[48].

3. Neue Protestbewegungen

Als es der katholischen Kirche gelang, mit Hilfe einer Politik harter Repression, aber auch eines erfolgreichen „Aggiornamento“ die Herausforderung der im 12. Jh. im Westen sich ausbreitenden Häresien anzunehmen, entstanden im abendländischen Christentum bereits neue, subtilere Formen des Protestes, die zu bekämpfen andere und größere Schwierigkeiten bereitete. Einige davon fanden nur unter Klerikern und Intellektuellen Verbreitung: Dazu zählten der Joachimitismus und einige Abweichungen von der Glaubenslehre, die sich im Umkreis der Universitäten entwickelten. Andere Formen der Abweichung fanden sich hingegen eher bei den Volksmassen, deren Glaubenspraktiken, wenn man sie einer aufmerksameren und weniger arglosen Untersuchung unterzog, als bis dahin geschehen, unter der glatten Oberfläche des Konformismus zum Teil beunruhigende ideologische Risse erkennen ließen.

---

[45] Zu den Beziehungen zwischen den Mendikantenorden und den Geschäftskreisen vgl. J. Le Goff, Wucherzins und Höllenqualen. Ökonomie und Religion im Mittelalter, Stuttgart 1988.

[46] In Südfrankreich von der Inquisition verfolgt, breiteten sich die Waldenser im Gegenzug in den deutschen Ländern weiter aus, wo man sie zu Beginn des 14. Jh. in großer Zahl findet. Es muß aber auch auf die Spaltung der Waldenser im Jahr 1210 hingewiesen werden, als der radikalere, der römischen Kirche feindlich gesonnene italienische Zweig der Armen Lombarden sich von den ultramontanen Waldensern trennte. Vgl. G. Gonnez – A. Molnár, Les Vaudois au Moyen Age, Turni 1974, 62–103.

[47] Diese beiden, sich widersprechenden Arten des Diskurses traten schon am Ende des 12. Jh. auf: vgl. A. Cazenave, Langage catholique et discours cathare: les écoles de Montpellier, in: Mélanges M. de Gandillac, Paris 1983, 137–152. Wie R. Manselli, Evangélisme et mythe dans la foi cathare, in: Heresia 5 (1985) 5–17, zeigt, verschärfte sich dieser Gegensatz in den folgenden Jahren noch.

[48] Manselli hält im Blick auf den 'Livre des deux principes', der um 1230 von den Schülern des Jean de Lugio verfaßt wurde, fest, daß er „das einzige wirkliche Werk (des Katharertums sei), das die Absicht erkennen läßt, eine engagierte und klärende Diskussion mit dem Ziel zu beginnen, einen sich seiner selbst und seiner Probleme bewußten Glauben zu stärken“ (ebd. 13). Zu den internen Auseinandersetzungen im italienischen Katharertum vgl. Merlo, Eretici (s. Anm. 26) 93–98, und A. Dondaine, Les hérésies et l'Inquisition (s. Anm. 36) Kap. 3 und 4. Zu den Anschauungen der Bewohner von Montaillou siehe zuletzt M. Benad, Domus und Religion in Montaillou. Katholische Kirche und Katharismus des 14. Jahrhunderts, Tübingen 1990.

a) Joachim von Fiore und der Joachimitismus

Es muß paradox erscheinen, Joachim von Fiore den Devianten des 13. Jh. zuordnen zu wollen, da ihn seine Lebensdaten (um 1135–1202) deutlich in das 12. Jh. verweisen und er von den Päpsten seiner Zeit sehr geschätzt und unterstützt wurde. Denn dieser Abt aus Kalabrien, der 1188 im rauhen Silagebirge die Abtei San Giovanni in Fiore gründete, war schon zu seinen Lebzeiten und noch mehr nach seinem Tod eine umstrittene Gestalt[49]. 1192 brach er mit dem Zisterzienserorden, der ihn einen „entflohenen Mönch" schimpfte, um einen eigenen Orden zu gründen, den Fiore-Orden, den er zu einem Vorbild der monastischen Observanz machen wollte. Aber die eigentliche Originalität Joachims beruhte auf seinem exegetischen Werk, wodurch er nach seinem Tod theologisch sehr einflußreich wurde[50]. Joachim verstand sich selbst nicht als Prophet, aber er glaubte, daß Gott ihm in einer Vision am Berg Tabor im Heiligen Land die Gabe der Schriftauslegung verliehen habe. Seine Eingebung ließ ihn die Bedeutung der Apokalypse für das Verständnis der Kirchen- und Menschheitsgeschichte erahnen; zahlreiche Anzeichen, wie die Eroberung Jerusalems durch die Sarazenen 1187, das Scheitern der Kreuzzüge und die Verbreitung der Häresien, ließen ihn glauben, daß das Ende der Menschheitsgeschichte unmittelbar bevorstehe. In seinem letzten Werk, der *Expositio in Apocalypsim,* das er um 1200 verfaßte, prophezeite er für die nahe Zukunft eine größere, eschatologische Krise, die von einer Periode der kirchlichen Erneuerung abgelöst werde, einer Art goldenem Zeitalter von unbestimmter, aber in seinen Augen nicht sehr langer Dauer, denn ihm sollte die endgültige Wiederkehr des glorreichen Christus und das Ende der Welt folgen[51]. Dieser historischen Deutung der Apokalypse entspricht Joachims besonderes Verständnis von der Dreifaltigkeit. In einem uns nicht überlieferten Werk tadelte Joachim den Theologen Petrus Lombardus und warf ihm vor, die göttliche „Vierfaltigkeit" gelehrt zu haben, d. h. die Trinität im eigentlichen Sinne als eine, von den drei sie ausmachenden Komponenten - Vater, Sohn und Heiliger Geist - unterschiedene, vierte Person verstanden zu haben. Demgegenüber betonte Joachim seinerseits die Verschiedenheit der drei göttlichen Personen, weshalb die Trinitätslehre Joachims auf dem IV. Laterankonzil von 1215 als Tritheismus verurteilt wurde. Für Joachim war jede der drei göttlichen Personen mit einem bestimmten Zeitalter verbunden, und er unterstrich, daß die Offenbarung unter dem Einfluß des Heiligen Geistes schneller fortschreiten werde. Für ihn bedeutete die Entwicklung der Menschheit soviel wie eine verstärkte Auslegung der Frohen Botschaft, deren Bedeutung so ihren Empfängern verständlicher werden sollte. In diesem Sinne unterschied er ein Zeitalter des Vaters, das von der Erschaffung Adams bis zum ersten bekannten Vorfahren Christi dau-

---

[49] Zur Biographie und Lehre des Joachim von Fiore vgl. folgende Artikel: C. Baraut, Joachim de Flore, in: DSp, Bd. 8, 1974, 1179–1201, und R. Lerner, Joachim von Fiore, in: TRE, Bd. 17, Berlin 1987, 84–88, die beide gute Bibliographien umfassen. Eine interessante Auswahl von Texten des Joachim von Fiore in französischer Übersetzung findet sich bei C. Carozzi - H. Taviani Carozzi, La fin des temps. Terreurs et prophéties au Moyen Age, Paris 1982, 93–148.

[50] Die grundlegende Arbeit zu diesem Thema bleibt M. Reeves, The Influence of Prophecy in the Later Middle Ages. A Study in Joachimism, London 1969. Vgl. auch D. C. West, Joachim of Fiore in Christian Thought. Essay on the Influence of the Calabrian Prophet, 2 Bde., New York 1975, und H. Lubac, La postérité spirituelle de Joachim de Flore, Paris 1979.

[51] Vgl. B. McGinn, Visions of the End. Apocalyptic Traditions in the Middle Ages, New York 1979, und W. Lourdaux - D. Verhelst (Hrsg.), Eschatologie in de Middeleeuwen, Löwen 1987.

erte; darauf folgte das Zeitalter des Sohnes, d. h. der Menschwerdung und des Evangeliums; letzteres sollte sich nach den komplizierten, auf dem Buch Daniel beruhenden Berechnungen des Joachim seinem Ende zuneigen: Nach einer gewaltigen Krise, die durch die Ankunft des Antichrist hervorgerufen werde, breche um 1260 das Zeitalter des Heiligen Geistes an, das den Höhepunkt der Menschheitsgeschichte darstelle. Die Kirche des Petrus mit ihrem Klerus, ihren hierarchischen Strukturen und ihren Gesetzen werde dann der Kirche des Johannes weichen; diese betrachtete Joachim als eine von auserwählten *viri spirituales* geführte Kirche, in der die Christen das göttliche Geheimnis in seiner ganzen Fülle erkennen würden. Dieses dritte und letzte Zeitalter wäre das des „Ewigen Evangeliums", denn in ihm würde das Evangelium im Denken und Handeln gelebt werden[52].

Die Lehre Joachims ist alles andere als eine revolutionäre Geschichtsphilosophie. Der kalabresische Eremit erscheint vielmehr in mancherlei Hinsicht als ein Traditionalist, so in seinen heftigen Angriffen gegen die Waldenser seiner Zeit und gegen jene Bewegungen, die versuchten, den Laien im religiösen Bereich mehr Gewicht zu verschaffen[53]. Er widersetzte sich auch den Richtungen der scholastischen Theologie, die die Vernunft betonten, und versuchte nie, sein Gedankengut zu systematisieren oder streng zu definieren. Aber sein ganzes Werk wird durchzogen von einem neuen ekklesiologischen Bewußtsein, das die kirchlichen Institutionen und die Hierarchie in der Kirche in Frage stellt. Indem er die Fülle des christlichen Lebens in die Zukunft, in das dritte Reich, das Zeitalter des Geistes, verlegte und die Notwendigkeit gottgewollter Veränderungen für eine Neugestaltung der Kirche betonte, untergrub Joachim die Absicht des zeitgenössischen Papsttums, *hic et nunc* eine vollkommene Christenheit zu schaffen. Am Ende dieser Veränderungen, die sich unter Schmerzen und Konflikten vollziehen sollten, weil die Kirche des „Fleisches" sich dem Kommen der Geistkirche widersetzte, würden seiner Ansicht nach die alten Institutionen zwar nicht verschwunden, aber doch vom Geist frommer Barmherzigkeit erneuert und verwandelt sein, angefangen beim Heiligen Stuhl, dessen Geschicke ein Engelpapst lenken würde[54].

Nach seinem Tod 1202 scheinen Joachims Ideen sehr schnell in der ganzen Christenheit Verbreitung gefunden zu haben, denn sie fanden schon während des Prozesses gegen die Amalrikaner 1210 in Paris ein Echo. Seit den 40er Jahren des 13. Jh. konnte man das Erscheinen einer richtigen sogenannten pseudo-joachimitischen Literatur beobachten. Es handelte sich um Schriften, die unter dem Namen des Joachim von Fiore verbreitet, von denen aber ein kleinerer Teil von Zisterziensern und der größere von Franziskanern abge-

---

[52] Diese Idee vom Dritten Reich, die von Joachim nicht chiliastisch gemeint ist, hat die Historiker besonders interessiert, weil sie verschiedene religiöse Bewegungen des ausgehenden Mittelalters beeinflußte. Vgl. B. Töpfer, Das kommende Reich des Friedens. Zur Entwicklung von Zukunftshoffnungen im Hochmittelalter, Berlin 1964, 43–103; H. Grundmann, Studien über Joachim von Fiore, Darmstadt 1966, und die jüngere Publikation L'età dello Spirito e la fine dei tempi in Gioacchino da Fiore e nel Gioachimismo medievale, San Giovanni in Fiore 1986.

[53] Vgl. Ch. Thouzellier, Catharisme et Valdéisme en Languedoc, Löwen – Paris ^{2}1969 (Ndr. Marseille 1982).

[54] Diese Themen behandeln E. Benz, Ecclesia spiritualis. Kirchenidee und Geschichtstheologie der franziskanischen Reformation, Stuttgart ^{2}1984, und F. Baethgen, Der Engelpapst. Idee und Wirklichkeit, Leipzig 1943.

faßt wurde. In ihnen wurde die hierarchische Kirche heftig kritisiert und der hl. Franz von Assisi wie der hl. Dominikus mit Blick auf die baldige Ankunft des Richters Christus als Heilsbringer gerühmt[55]. Die Katastrophen, die die Christenheit damals bedrohten (Einfall der Mongolen oder Tataren 1240, der endlose Konflikt zwischen Friedrich II. und dem Papsttum, die Kreuzzugsniederlage Ludwigs des Heiligen etc.) erscheinen hier als Strafen, die Gott der Kirche für ihre Sünden auferlegte; betont wird die Notwendigkeit, die *renovatio* der Christenheit im kirchlichen wie im sozialen Bereich auf Veranlassung der Mendikantenorden, besonders der Minderbrüder hin in Angriff zu nehmen. Die Minoriten hielt man aufgrund ihres Festhaltens am Armutsideal für die *viri spirituales*, deren Kommen Joachim für das dritte Reich vorausgesagt hatte. Andere gingen noch weiter, wie der Franziskaner Gerhard von Borgo San Donnino, der in seinem *Liber introductorius in evangelium aeternum* von 1254 nicht zögerte zu behaupten, das Werk Joachims sei das Ewige Evangelium, von dem in der Apokalypse die Rede ist (Offb 14,6), und der Franziskanerorden habe von Gott den Auftrag erhalten, die Kirche zu erneuern[56]. Diese provozierende Schrift löste einen Streit aus, besonders in Paris, wo sie den zum Säkularismus gehörigen Magistern Argumente lieferte, um die Mendikanten ihrer theologischen Lehrstühle zu entheben. Das Papsttum intervenierte zu ihrem Schutz und zwang die Universität, sie wieder aufzunehmen. Aber eine päpstliche Kommission, die von Innozenz IV. eingesetzt wurde, verurteilte 1254 die joachimitischen Thesen des Gerhard von Borgo San Donnino, der einige Jahre später im Gefängnis starb[57].

Dennoch begannen sich die Ideen, die dieser Bruder mit grober Ungeschicktheit dargelegt hatte, in den Reihen des Franziskanerordens und der ihm angeschlossenen Laien zu verbreiten. Sie bestärkten viele in der Überzeugung, daß das Ende der Zeit unmittelbar bevorstehe. Das wurde im Jahre 1260 deutlich, in dem sich nach Joachim der Übergang vom zweiten in das dritte Reich vollziehen sollte. Flagellantenzüge tauchten damals in Italien auf: Ihr Ziel war es, den Zorn Gottes zu besänftigen, indem sie sich freiwillig Schmerzen auferlegten, um so durch die Identifikation mit dem leidenden Christus ihr Seelenheil zu erwerben. Binnen weniger Monate verbreitete sich diese Bewegung über das deutsche Reich und bis nach Polen, wo die Büßer der Häresie angeklagt wurden, weil sie sich gegenseitig Sünden vergaben, nachdem sie sich untereinander die Beichte abgenommen hatten. Nach einigen Monaten ebbte diese Welle der religiösen Begeisterung wieder ab, doch das Feuer, das sie genährt hatte, schwelte weiter[58]. In Italien selbst entstand 1260 eine neue Bewegung, die der Apostoliker, die in Parma von Gerardo Segarelli gegründet wurde. Dieser

---

[55] Die ältesten Texte sind der Kommentar Super Hieremiam (um 1243–1248) und der Kommentar Super Isaiam (um 1260–1265). Vgl. Z. Moynihan, The Development of the Pseudo Joachim Commentary „Super Hieremiam". New Manuscript Evidence, in: MEFRM 98 (1986) 109–142. Zur Verbreitung des Joachimitismus im Westen im 13. Jh. vgl. M. W. Bloomfield – M. Reeves, The Penetration of Joachimism into Western Europe, in: Speculum 29 (1954) 772–793. Ergänzend hierzu N. Bériou, Pierre de Limoges et la fin des temps, in: MEFRM 98 (1986) 65–107.

[56] Zu diesem Werk und seiner Wirkung vgl. Bloomfield – Reeves, The Penetration (s. Anm. 55) 59–70 und 187–190.

[57] Das Dossier, das die Kommission zusammenstellte, ist herausgegeben worden von H. Denifle (Hrsg.), Das Evangelium aeternum und die Commission zu Anagni, in: ALKGMA 1 (1885) 49–142.

[58] Vgl. L'attesa dell'età nuova nella spiritualità della fine del Medio Evo, Todi 1962, und A. Frugoni, Sui flagellanti del 1260, in: BISI 75 (1963) 211–237, sowie Il movimento dei Disciplinati nel settimo centenario dal suo inizio, Perugia 1962.

beschuldigte die Mendikantenorden, ihr Armutsideal verraten zu haben, und betonte die messianische Rolle der Laien im Ordensbereich[59].

In Frankreich stiftete einige Jahre zuvor die Bewegung der Pastorellen, die nach dem sogenannten Kinderkreuzzug von 1212 entstanden war, in der etablierten Gesellschaft lebhafte Unruhe[60]. Ursprünglich handelte es sich bei den Pastorellen um Banden von Jugendlichen ländlicher Herkunft, die 1251 unter der Führung eines charismatischen Mannes, den sie den Meister von Ungarn nannten, das ganze Land durchstreiften und behaupteten, sie wollten in das Heilige Land ziehen, um dort König Ludwig IX. beizustehen. Anfänglich waren sie gern gesehen, besonders bei der Königinmutter und der Regentin Blanche von Kastilien, aber bald machten sie sich bei den Regierenden verdächtig, weil sie Prälaten angriffen und ihnen ihren Reichtum und ihr Nichtstun vorwarfen und wegen ihrer Gewalttätigkeit gegenüber Geistlichen wie Juden. Den Verrat des Klerus und des Adels aufzeigend, glaubten sie aufgrund ihrer Armut und ihrer bescheidenen Herkunft von Gott mit einem Heilsauftrag betraut worden zu sein. Das traurige Ende dieser Bewegung – sie wurde von königlichen Truppen zerschlagen – bestätigt das pessimistische Urteil der Chronisten über sie. Aber dieser plötzliche Ausbruch der Volksfrömmigkeit, der sich in ähnlicher Form 1320 wiederholen sollte, ließ die starken religiösen und sozialen Spannungen innerhalb der christlichen Gesellschaft sichtbar werden.

b) Das geistige Aufbegehren der Universitätsgelehrten und seine Verurteilung durch die Kirche

Mit dem Aufstieg der Schulen und der intellektuellen Renaissance, die das ausgehende 11. und vor allem das 12. Jh. kennzeichneten, lebten auch theologische Diskussionen wieder auf, so daß sich die kirchliche Autorität veranlaßt sah, bestimmte Gelehrte zu zügeln, denen sie vorwarf, zu kühne und mit der Tradition nicht zu vereinbarende Lehren zu unterrichten. So verlangte Gregor VII. 1079 vom Scholaster Berengar von Tours, daß er seine Auslegung, die die Realpräsenz des Leibes Christi bei der Eucharistie als symbolisch verstand und die seit 1050 schon von mehreren Partikularsynoden verurteilt worden war, widerrufe[61]. 1121 wurde Abaelard, wie er selbst bezeugt, auf einer von einem päpstlichen Legaten geleiteten Synode in Soissons verhört. Es war vor allem sein Versuch, die Grundlagen für eine rationale, den Rückgriff auf Autoritätsargumente ausschließende Lehre über Gott zu schaffen, die Bernhard von Clairvaux schließlich so beunruhigte, daß er sie auf der Synode von Sens 1140 verurteilte[62]. Genauso erging es 1148 Gilbert de la Porrée, dem Bi-

---

[59] Vgl. R. Orioli, Venit perfidus heresiarcha. Il movimento apostolico-dolciniano dal 1260 al 1307, Rom 1988, und Merlo, Eretici (s. Anm. 26) 99–105.

[60] Zu diesen Bewegungen vgl. das weiterhin grundlegende Werk von P. Alphandéry – A. Dupont, La chrétienté et l'idée de croisade, Bd. 2, Paris 1959, 135–148 und 258–264, sowie N. Cohn, Les fanatiques de l'Apocalypse, Paris 1983, 90–100. Zum Kinderkreuzzug vgl. P. Raedts, The Children's crusade of 1212, in: JMH 8 (1977) 279–323 (gute Bestandsaufnahme der Quellen, aber fragwürdige Interpretation). Zu den Pastorellen vgl. G. Dickson, The Advent of the Pastores, in: RBPH 71 (1988) 249–267, und M. Barber, The Pastoreaux of 1320, in: JEH 32 (1981) 143–166.

[61] O. Capitani, Studi su Berengario di Tours, Lecce 1966, und J. de Montclos, Lanfranc et Béranger. La controverse eucharistique au XIe siècle, Löwen 1971.

[62] J. Miethke, Theologenprozesse in der ersten Phase ihrer institutionellen Ausbildung. Das Verfahren gegen Peter Abaelard und Gilbert von Poitiers, in: Viator 6 (1975) 53–116. Miethke untersucht sehr genau diese ersten Prozesse gegen häretische oder der Häresie verdächtige Intellektuelle.

schof von Poitiers, dem der Abt von Cîteaux Irrtümer bei der Darstellung der Trinität und ganz allgemein einen zu sehr von der Philosophie der Dialektik geprägten Zugang zum göttlichen Mysterium vorwarf[63]. Man muß allerdings festhalten, daß diese Kontroversen um die Lehre, selbst wenn sie zu einer Verurteilung führten, keine schwerwiegenden Konsequenzen für die Betroffenen hatten: So wurde Abaelard z. B. nach der Synode von Sens von Petrus Venerabilis in Cluny aufgenommen und verbrachte seine letzten Monate in Frieden, während Gilbert, nachdem er auf der Synode in Reims widerrufen hatte, sogar seine Diözese ohne Einschränkungen weiterführen konnte. Tatsächlich beschäftigten diese Fragen nur eine dünne Schicht der Gesellschaft, denn sie waren zu subtil, um in der öffentlichen Meinung Widerhall zu finden, obwohl Bernhard in Sens behauptete, der verderbliche Einfluß Abaelards führe dazu, daß man jetzt an allen Ecken über die Trinität diskutiere.

In diesem Punkt änderte sich die Lage im 13. Jh., einmal aufgrund der Ausbreitung der Universitäten, die nun die theologischen und philosophischen Dispute einem größeren und besser unterrichteten Publikum zugänglich machten, und seit ungefähr 1200 auch durch die Verbreitung der lateinischen Übersetzung einiger Aristoteleswerke im Westen, vor allem der *Metaphysik* sowie der hierzu verfaßten Kommentare des arabischen Philosophen Ibn Rušd, bekannt als Averroes (1126–1198)[64]. In diesen Schriften finden sich mit der christlichen Lehre unvereinbare Gedanken, wie die Behauptung der Unvergänglichkeit der Welt, die dem christlichen Schöpfungsbegriff widerspricht. Folglich wurde die Lektüre dieser Bücher 1210 an der Universität von Paris verboten.

Im selben Jahr wurden in Paris zehn Kleriker durch die königliche Justiz verbrannt, nachdem sie von der Kirche verurteilt und degradiert worden waren, während vier weitere mit lebenslänglichem Kerker bestraft wurden. Man bezeichnete sie als Amalrikaner, weil sie Schüler des Amalrich von Bena waren. Aber diesen, 1206 verstorbenen Magister der Artistenfakultät darf man nicht mit seinen Schülern verwechseln, auch wenn deren Verurteilung auf ihn zurückfiel und die Exhumierung seiner sterblichen Überreste nach sich zog, die man zum Abfall warf[65]. Sicherlich war er schon zu Lebzeiten mit den kirchlichen Autoritäten aneinandergeraten, weil er lehrte, daß Gott die Form aller Dinge sei, „jeder Christ sich als ein Glied Christi betrachten müsse" und „dieser Glaube für die Erlösung ebenso wichtig sei wie der an die Geburt und die Auferstehung Christi"[66]. Diese Art eines christozentrischen Pantheismus war offensichtlich dem rein rationalen, von aristotelischer Philosophie inspirierten Pantheismus seines Zeitgenossen David von Dinant sehr verwandt[67]. In

[63] Vgl. H. C. VAN ELSWIJK, Gilbert Porreta, sa vie, son oeuvre, sa pensée, Löwen 1966, und MIETHKE, Theologenprozesse 102–110.

[64] Zu der Erschütterung, die der Aristotelismus im abendländischen Denken hervorrief, vgl. N. KRETZMANN (Hrsg.), The Cambridge History of Later Medieval Philosophy. From the Rediscovery of Aristoteles to the Desintegration of Scholasticism 1100–1600, Cambridge 1982.

[65] M. TH. ALVERNY, Autour du procès des Amouriciens, in: AHDL 25–26 (1950–1951) 325–336; G. DICKSON, The Burning of the Amalricians, in: JEH 40 (1989) 347–369.

[66] G. C. CAPELLE, Autour du décret de 1210. Amaury de Bène et son panthéisme formel, Paris 1932; von den Autoren des 13. Jh. wurde Amalrich als Schüler des neuplatonischen Philosophen aus dem 9. Jh., Johannes Scotus Eriugena, hingestellt, dessen Schrift *De Divisione naturae* 1226 von Honorius III. verurteilt wurde. Dies scheint indes Folge einer Verwechslung zu sein, denn Amalrich wurde wegen seines ungewohnten Aristotelismus verurteilt. Vgl. P. LUCENTINI, L'eresia di Amalrico, in: W. BEIERWALTES (Hrsg.), Eriugena redivivus, Heidelberg 1987, 174–191.

[67] Zu David von Dinant vgl. G. THÉRY, Autour du Décret de 1210, Bd. 1: David de Dinant, Paris 1925.

beiden Fällen bestand das eigentliche Problem darin, daß man die Gottwerdung des Menschen als Möglichkeit annahm, ohne dabei das Wirken der Gnade Gottes und die Erbsünde in Betracht zu ziehen. Die Amalrikaner gingen ihrerseits weiter als ihr Lehrer, indem sie Thesen joachimitischen Ursprungs unterstützten und typisch gnostische Haltungen einnahmen, wie die Vorstellung, daß man auch sehr gut ohne die Sakramente Erlösung erlangen könne und daß der Mensch, dem es gelinge, durch (Selbst-)Erkenntnis seine geistliche Unschuld wiederzufinden, vom Sittengesetz befreit sei[68]. Die Tatsache, daß zahlreiche zeitgenössische kirchliche Autoren diese Häresie, der auch eine beträchtliche Zahl weiblicher Laien folgte, in ihren Schriften ausführlich behandelten, ist als Bestätigung für die ernstzunehmende Faszination anzusehen, die die Vorstellung von der Immanenz Gottes in der menschlichen Seele auf die Gemüter ausübte, um so mehr, da die Kirche in dieser Zeit betonte, ohne Buße gebe es keine Erlösung. Zweifelsohne liegt hier der Grund für die Härte, mit der gegen die Amalrikaner vorgegangen wurde.

Die anderen Lehrstreitigkeiten des 13. Jh. waren zwar geistig bedeutender, hatten aber für die Betroffenen weniger schwerwiegende Auswirkungen. Es handelte sich um die 1270 und 1277 von dem Erzbischof von Paris, Etienne Tempier, und von Robert Kilwardby in Oxford ebenfalls 1277 ausgesprochenen Verurteilungen verschiedener Lehrsätze (13 im Jahre 1270, 219 im Jahr 1277), die als Irrtümer betrachtet wurden[69]. Diese Verurteilungen richteten sich alle gegen Mitglieder der Aristenfakultät, besonders gegen Siger von Brabant und Boethius von Dacien, denen man Averroismus vorwarf, d. h. eine auf den *Libri Naturales* des Aristoteles beruhende Lehre[70]. Trotz Verbot (1210) wurden die *Libri* spätestens seit 1240 von den *magistri artium* der Pariser Universität kommentiert; sie entnahmen ihnen Argumente zur Stützung ihrer Lehre, daß die Philosophie – im Namen der Einzigkeit des Intellekts – von der Theologie unabhängig und der menschliche Geist fähig ist, aus eigener Kraft heraus an der Gottheit teilzuhaben. Obwohl Thomas von Aquin diese Tendenzen nicht guthieß, waren auch einige Sätze seines Werks von den Verurteilungen betroffen, die eine Reinigung der universitären Lehre mit sich brachten[71]. Der *doctor angelicus* mußte nicht lange auf seine vollständige Rehabilitierung warten, aber Siger von Brabant verlor seinen Lehrstuhl und mußte sich an die Kurie flüchten, wo man ihm bis zu seinem Tod 1284 einen Wohnsitz anwies.

c) „Volksfrömmigkeit" und „eigenwillige Köpfe"

Im Rahmen ihrer alltäglichen Pastoralarbeit und ihres Kampfes gegen die Häresien sahen sich die Kleriker des 13. Jh., besonders in ländlichen Gegenden, mit Glaubensauffassungen und Riten konfrontiert, die bei den meisten von ihnen negative Reaktionen hervorrie-

---

[68] Das besagen jedenfalls die Quellen, die dem Ereignis zeitlich am nächsten sind. Vgl. E. Delaborde, Oeuvres de Rigord et de Guillaume le Breton, Paris 1882, 230–233. Die Verurteilung der Amalrikaner wurde 1215 vom IV. Lateranum wiederholt, in demselben Kanon wie die Verurteilung des „Irrtums des Abts Joachim". Vgl. A. García y García (Hrsg.), Constitutiones Concilii quarti Lateranensis una cum Commentariis glossatorum, Vatikanstadt 1981, 47 (COD, 233).

[69] J. Wippel, The Condemnations of 1270 and 1277 at Paris, in: JMRS 7 (1977) 169–201.

[70] F. Van Steenberghen, Maître Siger de Brabant, Löwen 1977. Interessant ist, daß Dante in seiner *Divina Commedia* Siger einen Platz im Paradies anweist.

[71] R. Hissette, Enquête sur les 219 articles condamnés à Paris le 7 mars 1277, Paris 1977 und F. Van Steenberghen, Thomas Aquinas and Radical Aristotelism, Löwen 1980.

fen. Dennoch handelte es sich bei diesen religiösen Praktiken nicht um neue, sondern um sehr alte Erscheinungen. Aber im Laufe des 13. Jh. änderte sich die Haltung kirchlicher Kreise ihnen gegenüber spürbar: Während man sie bis dahin geduldet oder als Ausdruck bäuerlicher Einfalt betrachtet hatte, begann man nun, sie als Aberglauben [72] zu bezeichnen und *a priori* für verdächtig zu halten. Seit rund dreißig Jahren interessieren sich die Historiker verstärkt für diese Fragen, doch ist es ihnen trotz zahlreicher Diskussionen bisher nicht gelungen, Einstimmigkeit über den Begriff zu erzielen, der diese Verhaltensweisen kennzeichnen könnte [73]. Das Wort „Aberglaube" ist das bequemste, weil es sich schon in den zeitgenössischen Quellen findet, aber es impliziert von vornherein ein negatives Werturteil und vor allem auch die Vorstellung, daß diese religiösen Praktiken Überreste des antiken oder germanischen Paganismus seien. Nun haben sich aber die Dinge, wie M. Lauwers richtig zeigt, seit dem Zeitalter der Merowinger oder Karolinger deutlich verändert: Im Laufe der Jahrhunderte fand im Abendland eine Entwicklung statt „von einer durch die Volkstradition geprägten Kultur, die aus zahllosen heidnischen, mehr oder weniger christianisierten Elementen bestand, hin zu einer zwar an folkloristische Strukturen angelehnten, aber von der christlichen Tradition bestimmten Kultur" [74]. In den meisten Ländern der alten Christenheit gab es keine Verehrung von Bäumen oder Quellen mehr, und selbst Fruchtbarkeitsriten praktizierte man stets unter dem Deckmantel des rechtmäßigen Glaubens. So zündete man anläßlich des Johannisfestes Feuer an und verstreute vor allem auf den Feldern ein Puder aus gemahlenen Knochen, um Schädlinge von ihnen fernzuhalten. Ähnliches läßt sich über das Verhältnis zwischen Lebenden und Verstorbenen sagen, besonders was den Geisterglauben und die Tänze auf Friedhöfen und in Kirchen anbelangt. Letztere sollten dazu dienen, ruhelose Geister zurückzudrängen in das Reich der Toten, das im allgemeinen Bewußtsein nicht deutlich von der Welt der Lebenden getrennt war. Diese Subkultur leugnete das Christentum nicht, sie hatte sich im Gegenteil ziemlich gut integriert [75]. Daher sollte man im Blick auf diese Kultur eher von „Volksglauben" als von „Aberglauben" sprechen, geschweige denn von Volks"kultur", denn ein solcher Begriff scheint die Existenz zweier antagonistischer Welten nahezulegen, die der gebildeten Kleriker und die der *illiterati* (d. h. derjenigen, die das Lateinische nicht beherrschten und deshalb keinen Zugang zur Kultur der Gelehrten hatten, wozu fast alle Laien gehörten). Aber obwohl ungebildet und von der Schriftwelt ausgeschlossen, waren die Laien doch stark re-

---

[72] Zur Geschichte dieses Begriffes und seiner Entwicklung von Augustinus bis in das Mittelalter vgl. D. Harmening, Superstitio. Überlieferungs- und theoriegeschichtliche Untersuchungen zur kirchlich-theologischen Aberglaubensliteratur des Mittelalters, Berlin 1979, und K. Baumann, Aberglaube für Laien. Zur Programmatik und Überlieferung mittelalterlicher Superstitionenkritik, Würzburg 1989.

[73] Die wichtigsten Stellungnahmen hierzu: E. Delaruelle, La piété populaire au Moyen Age, Turin 1975; J. C. Schmitt, Religion populaire et culture folklorique, in: Annales ESC 31 (1976) 941–953, A. J. Gurjewitsch, Mittelalterliche Volkskultur, München 1987, und A. Vauchez, La religion populaire dans la France méridionale, in: ders., Religion et société dans l'occident médiéval, Turin 1980, 345–378. Die historiographische Diskussion wurde gut zusammengefaßt und ihre Gegenstände klar interpretiert von M. Lauwers, Religion populaire, culture folklorique, mentalités. Notes pour une anthropologie culturelle du Moyen Age, in: RHE 82 (1987) 228–258. Vgl. auch P. Dinzelbacher – H.-D. Mück (Hrsg.), Volkskultur des europäischen Spätmittelalters, Stuttgart 1987.

[74] Lauwers, Religion populaire 236.

[75] Eine gute Studie zu diesen Glaubenspraktiken findet sich bei J. C. Schmitt, Du paganisme aux superstitions, in: J. Le Goff – R. Rémond (Hrsg.), Histoire de la France religieuse, Paris 1988, I: Des dieux de la Gaule aux papes d'Avignon, 441–551, und bei Gurjewitsch, Mittelalterliche Volkskultur.

ligiös geprägt, allerdings auf indirektem Weg durch Bilder in den Kirchen, liturgieähnliche Veranstaltungen, besonders Prozessionen und mannigfaltige Segnungen, durch Heiligenlegenden in der Volkssprache, Erzählungen von Erscheinungen und Wundern; ihr ganzes geistiges Universum war vom Christentum bestimmt. Im 13. Jh. begünstigte die Kirche durch die Überbetonung der Sakramente das Aufkommen neuer Formen dieses Volksglaubens, wie z. B. den Gebrauch von „Taufhäubchen" als besonderen Schutz des Täuflings oder aber das Verständnis von Eucharistie zum Zweck der Unheilabwehr, das gleichzeitig mit der Verehrung des Allerheiligsten aufkam.

Mit der zunehmenden Bildung der Kleriker, die Schulen und Universitäten besuchten, und der immer engeren Definition des rechten christlichen Verhaltens, wie sie das IV. Lateranum vornahm, wuchs das Mißtrauen der Kirche gegenüber traditionellen Praktiken wie neuen Formen der Magie. Seit Ende des 12. Jh. bewerteten die Kleriker bestimmte Vorstellungen der Laien als Einbildung und verwarfen zahlreiche Ausprägungen des Volksglaubens als Ergebnis des Wirkens des Teufels in der Welt. Die Zwitter- und Mischwesen, die die volkstümliche Fabelwelt bevölkerten (Werwölfe, Schlangenfrauen wie Melusine, wilde Männer etc.)[76], wurden von dem Moment an nicht mehr als unschuldige Erfindungen betrachtet, als die Überlegungen der Gelehrten des 12. Jh. den Unterschied zwischen Mensch und Tierwelt klar herausgearbeitet hatten, indem sie den Menschen deutlicher noch als in der Vergangenheit zum Mittelpunkt der Schöpfung und zum einzigen Lebewesen erklärten, das von Gott zum Heil berufen ist. Im Kampf gegen Doppeldeutigkeiten und -wertigkeiten machten die scholastischen Theologen des 13. Jh. ebenso Front gegen volkstümliche Fabelwesen, die sie in das Reich der Hexen verwiesen, wie gegen Häretiker, die engelgleich werden wollten, indem sie Sexualbeziehungen ablehnten[77].

In der Praxis zeitigte diese ideologische Entwicklung keine systematische Verfolgung des Volksglaubens. Nur in Grenzfällen, wie dem des Guinefort, der nur dank der Arbeit, die J. C. Schmitt ihm gewidmet hat, berühmt wurde, griff die Kirche – in diesem Falle vertreten durch den Dominikaner Etienne de Bourbon – zu gewaltsamen und radikalen Methoden, um suspekte Verehrungsformen auszulöschen (wie im Dorf Dombes die Verehrung der Überreste eines Hundes, der von seinem Herrn in Folge eines tragischen Mißverständnisses getötet worden war, im Glauben, daß sie kranke Kinder heilen könne[78]; doch selbst die Grabzerstörung dieses „heiligen Windhundes", verehrt unter dem Namen Guinefort, konnte den Volkskult nicht beenden, der sich noch bis in das 19. Jh. hielt, wodurch die Grenzen der Strafverfolgung im Bereich des Volksglaubens deutlich werden). Dennoch ließen die theologischen und juristischen Überlegungen zu diesen Fragen eine gewisse Entwicklung erkennen, die bei den gebildeten Klerikern neue Sorgen hervorrief. So zeigte sich Thomas von Aquin deutlich strenger als Augustinus gegenüber abergläubischen Vorstellungen, besonders wenn diese Prophetien und Weissagungen betrafen. Hierin sah er nämlich einen Teufelsakt, der als eine schwere Sünde galt, wenn die Beziehung zum Satan deutlich war, da in diesem Fall der Mensch nicht vorgeben konnte, verführt worden zu

---

[76] Vgl. dazu C. Kappler, Monstres, démons et merveilles à la fin du Moyen Age, Paris ^{2}1988.

[77] Vgl. J. C. Schmitt, Les traditions folkloriques dans la culture médiévale. Quelques réflections de méthode, in: ASSR 52 (1981) 5–20.

[78] J.-C. Schmitt, Le saint lévrier. Guinefort guérisseur d'enfants depuis le XIIIe siècle, Paris 1979 (dt.: Der heilige Windhund. Die Geschichte eines unheiligen Kults, Stuttgart 1982).

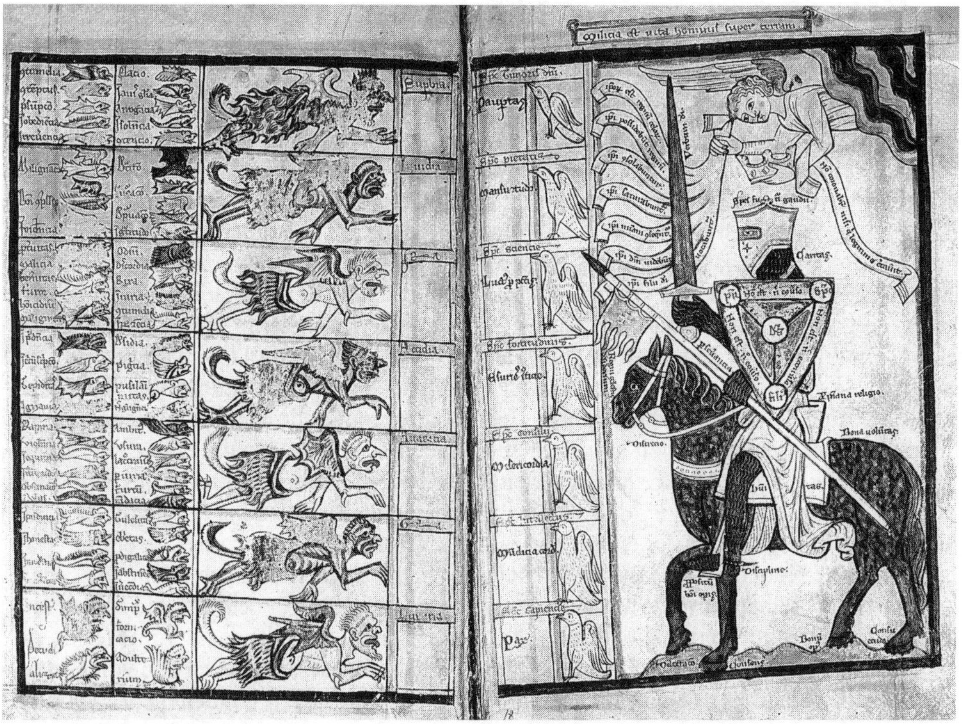

In der Ikonographie des Mittelalters war die Darstellung von Lastern und Häretikern als fratzenhafte Mischwesen – im 13. Jh. von der Theologie als Fehlentwicklungen des Volksglaubens bekämpft – durchaus üblich. So zeigt die englische Miniatur (13. Jh., London, British Museum) einen Ritter beim Kampf gegen herankriechende Laster in Teufelsgestalt.

sein, weil er selbst die ersten Schritte unternommen hatte[79]. In diesem Sinne verurteilten auch die Dekretalen, die Gregor IX. 1234 veröffentlichte, Wahrsagungen, wenn sie die Anrufung von Dämonen implizierten, wohingegen Alexander IV. 1258 die Inquisitoren anwies, Wahrsager nur zu verfolgen, wenn ihr Handeln eindeutig häretische Züge trug[80]. Der letztgenannte Text macht deutlich, daß es ein Anachronismus wäre, schon für diese Zeit von Hexenverfolgungen zu sprechen, aber der Gedanke einer möglichen Verbindung zwischen Wahrsagerei und Häresie bezeugt eine neue diesbezügliche Geisteshaltung der kirchlichen Hierarchie. Beunruhigender für die Kirche war zu dieser Zeit die von Klerikern im Rahmen ihrer Untersuchungen und Inquisitionsprozesse gemachte Entdeckung, daß bei einer Reihe von Laien – in den Städten wie auf dem Lande – eine skeptische und materialistische Grundhaltung anzutreffen war, die der amerikanische Historiker W. L. Wakefield verallgemeinernd als „popular unorthodoxy" und sein italienischer Kollege E. Dupré

---

[79] E. Hopkins, The Share of Thomas Aquinas in the Growth of the Witchcraft Delusion, Philadelphia 1940.

[80] Vgl. Liber Extra V, 21 *(sortilegium)*, vom Dominikaner Raimund von Peñafort im Auftrag Gregors IX. verfaßt, und Alexander IV. 'Quod super nonnullis', später von Bonifatius VIII. in den Liber Sextus 5, 2, 8 aufgenommen. Diese Texte zitiert und kommentiert E. Peters, The Magician, the Witch and the Law, Philadelphia 1978, 91–98.

Theseider mit dem Begriff „Meinungshäresie“ bezeichneten[81]. Es handelte sich hierbei weniger um ein geschlossenes ideologisches Lehrgebäude als um vereinzelte Bemerkungen, die aber bestimmte Grundüberzeugungen des christlichen Glaubens leugneten, indem sie vorgaben, sich auf den gesunden Menschenverstand und ein gewisses Maß an Rationalität zu stützen. So wurden im Languedoc ebenso wie in Italien mehfach Menschen angeklagt, die – ohne unbedingt einer bestimmten Häretikergruppe anzugehören – behaupteten, daß der Leib Christi, selbst wenn er so groß und hoch wie ein Gebirge gewesen sei, längst von den Gläubigen verspeist worden sein müsse, oder daß das Wachstum der Vegetation nicht auf das Wirken Gottes, sondern auf Zersetzungsprozesse im Boden zurückzuführen sei, was beweise, daß die Macht Gottes nicht so groß sei, wie es die Prediger behaupteten. Diese Äußerungen wurden von denen, die sie verbreiteten, meist in einem Atemzug mit heftigen antiklerikalen Redensarten gemacht, wie „die Kirchen sind keine heiligeren Orte als Wohnhäuser“ oder „das Totengebet ist gegenstandslos, aber es erlaubt den Klerikern, sich auf Kosten der Laien zu bereichern“. Es ist schwierig, in diesem Zusammenhang von einem wirklichen Atheismus zu sprechen: Es handelt sich vielmehr um starke und unabhängige Köpfe, die zum Synkretismus verleitet wurden, wie jener Kaufmann aus Toulouse, der vor seinen Richtern sagte, daß er an die Existenz eines Paradieses auf dieser Erde glaube, das der Vorstellung des Islams von einem solchen sehr ähnlich sei[82]. In einigen Fällen konnte der Nonkonformismus aber auch bis zur Infragestellung des Glaubens gehen, wie bei dem Schreiber *(scriptor)* aus Bologna, der Ende des 13. Jh. nicht zögerte zu behaupten, daß Glaube und Meinung ein und dasselbe und daß man ebensogut von Merlin wie von Christus behaupten könne, er sei der Sohn Gottes gewesen[83]. Diese Fälle von Gottlosigkeit blieben sicherlich selten, wenigstens in den uns verfügbaren Quellen, aber es sind genug, um die häufig vorgenommene Charakterisierung des 13. Jh. als eines Jahrhunderts des Glaubens als unangebracht erscheinen zu lassen[84]. Zudem gewann der Kampf gegen die Gotteslästerung zu dieser Zeit ein beachtliches Gewicht. Die Theologen maßen ihr außergewöhnliche Bedeutung bei, und Thomas von Aquin kennzeichnete sie deutlich als eine schreckliche Häresie, ja in einzelnen Fällen sogar als eine Spielart der *infidelitas*, insofern derjenige, der Gott lästerte, das moralische Wesen Gottes zu leugnen schien, der von Grund auf gut ist[85]. In den Augen der Moralisten war Gotteslästerung jedenfalls ein schwerwiegenderes Vergehen als Häresie, denn, so schreibt es der Dominikaner Guillaume Peyraut: „Mit dieser Sünde verhöhnt man Gott selber“, und man weiß von Ludwig IX., daß er in Frankreich harte Strafen gegen Gotteslästerer erließ[86].

---

[81] W. L. Wakefield, Some Unorthodox Popular Ideas, in: MeH, n.Ser. 4 (1973) 25–35 (Die Studie beruht auf den Protokollen zweier Inquisitoren, die zwischen 1270 und 1275 in Quercy und Rouergue tätig waren.); daß in den Inquisitionsprozessen Ende des 13. Jh. in Bologna ähnliche Geisteshaltungen Gegenstand waren, arbeitete E. Dupré Theseider, L'eresia a Bologna nei tempi di Dante, in: Il mondo cittadino e movimenti ereticali nel Medio Evo, Bologna 1978, 261–315, heraus. Sie finden sich auch in den Predigten des Dominikaners Humbert de Romans: vgl. A. Murray, Religion among the Poor in the Thirteenth Century France, in: Traditio 30 (1974) 285–324.

[82] Wakefield, Some Unorthodox Popular Ideas 30.

[83] Dupré Theseider, L'eresia (s. Anm. 81) 299 u. 302. Vgl. auch L. Pasolini, L'eresia a Bologna fra XIII e XIV secolo, Bd. 1: L'eresia catara alla fine del Duecento, Rom 1975.

[84] Vgl. Murray, Piety and Impiety in 13th Century Italy (s. Anm. 12).

[85] Vgl. E. Craun, Inordinata locutio. Blaspemy in Pastoral Literature (1200–1500), in: Traditio 39 (1983) 135–182. Thomas von Aquin, Summa theologica, XXXII, II, II, 13,1.

[86] Guillaume Peyraut, Summa de viciis et virtutibus, Köln 1479, fo 3v.

Um 1274 stellte sich das Problem der Abweichungen vom Glauben anders dar als zu Beginn des Jahrhunderts. Der Kirche war es gelungen, die für sie größte Bedrohung, das Katharertum, zu beseitigen. Und wenn auch die Waldenser in großem Umfang in den Alpentälern und den deutschen Ländern die Verfolgungen überlebten, so stellten sie doch als kleine Randgruppen keine ernsthafte Bedrohung mehr dar. Dafür entstanden neue Probleme, wie das der Wahrsagerei; vor allem zeigten sich bestimmte Ausprägungen des Verhaltens gegenüber der Glaubenslehre sowie spezifische Manifestationen des Unglaubens, die für die Zukunft eine Bedrohung darstellten.

Bibliographie

Quellen:

C. Carozzi – H. Carozzi-Taviani (Hrsg.), La fin des temps. Terreurs et prophéties au Moyen Age, Paris 1982.

C. Douais, Documents pour servir à l'Histoire de l'Inquisition dans Languedoc, 2 Bde., Paris 1900.

A. Dondaine, Les Hérésies et l'Inquisition, XIIe–XIIIe siècle, London 1990.

J. Fearns (Hrsg.), Ketzer und Ketzerbekämpfung im Hochmittelalter, Göttingen 1968.

Ilarino da Milano, Eresie Medievali. Scritti minori, Rimini 1983.

A. Patschovsky – K. V. Selge (Hrsg.), Quellen zur Geschichte der Waldenser, Gütersloh 1974.

K. V. Selge (Hrsg.), Texte zur Inquisition, Gütersloh 1967.

Ch. Thouzellier (Hrsg.), Livre de deux principes (SC 198), Paris 1973.

F. Lomastro Tognato, L'eresia a Vicenza nel Duecento. Dati, problemi e fonti (Edition der Constitutiones sacrae Inquisitionis), S. 157–244.

Untersuchungen:

Y. Dossat, Église et hérésie en France au XIIIe siècle, London 1982.

E. Dupré Theseider, Medioevo cittadino e movimenti ereticali nel Medio Evo, Bologna 1978.

Effacement du Catharisme? XIIIe–XIVe siècle (CF 20), Toulouse 1985.

B. Hamilton, Monastic Reform, Catharism and the Crusades (900–1300), London 1979.

L. Kolmer, Ad capiendas vulpes. Die Ketzerbekämpfung in Südfrankreich in der ersten Hälfte des 13. Jahrhunderts und die Ausbildung des Inquisitionsverfahrens, Bonn 1982.

H. Maisonneuve, Études sur les origines de l'Inquisition, Paris ^{2}1960.

G. G. Merlo, Valdesi e Valdismi medievali, Turin 1984.

–, Eretici ed eresie medievali, Bologna 1989.

R. I. Moore, The Formation of a Persecuting Society. Power and Deviance in Western Europe 950–1250, Oxford – New York 1987.

Paix de Dieu et guerre sainte en Laguedoc au XIIIe siècle (CF 4), Toulouse 1969.

M. Reeves, The influence of Prophecy in the Later Middle Ages. A Study in Joachimism, London 1969.

G. Rottenwöhrer, Der Katharismus, 3 Bde., Bad Honnef 1982–1990.

–, Unde malum? Herkunft und Gestalt des Bösen nach heterodoxer Lehre von Markion bis zu den Katharern, Bad Honnef 1986.

J. C. Schmitt, Du paganisme aux superstitions, in: J. LeGoff – R. Rémond (Hrsg.), Histoire de la France religieuse, Bd. I: Des Dieux de la Gaule aux papes d'Avignon, Paris 1988, S. 441–451.

P. Segl (Hrsg.), Die Anfänge der Inquisition im Mittelalter, Köln – Weimar – Wien 1993.

–, Ketzer in Österreich. Untersuchungen über Häresie und Inquisition im Herzogtum Österreich im 13. und beginnenden 14. Jahrhundert, Paderborn u. a. 1984.

B. Töpfer, Das kommende Reich des Friedens. Zur Entwicklung von Zukunftshoffnungen im Hochmittelalter, Berlin 1964.

F. Van Steenberghen, Thomas Aquinas and Radical Aristotelianism, Löwen 1980.

E. Werner – M. Erbstösser, Kleriker, Mönche, Ketzer. Das religiöse Leben im Hochmittelalter, 2 Bde., Leipzig 1992 (Herder-Taschenbuch 4284, Freiburg i. Br. 1994).

Fünftes Kapitel

Der Einstieg der Laien in das religiöse Leben

Von André Vauchez

1. Die Stellung der Laien in der Kirche des 11. und 12. Jahrhunderts

Das religiöse Leben war im Laufe des 11. und 12. Jh. im wesentlichen zur Sache einer Minderheit von Männern geworden – der *oratores* nach dem von Adalbero von Laon entwickelten dreiteiligen Schema. Sie waren für den Gottesdienst und das Gebet ausersehen, beides Tätigkeiten, die zu dieser Zeit als grundlegende gesellschaftliche Funktionen galten. Kleriker waren unverzichtbare Vermittler, um die Kluft zwischen dem Diesseits und dem Jenseits zu überbrücken, sowie Hüter des Heiligen – eine Monopolstellung, über die sie eifersüchtig wachten. Unter den oratores spielten die Mönche eine maßgebende und durchaus führende Rolle. Hatten sie nicht aus Liebe zu Gott auf die Welt und ihre Freuden – Reichtum, Sexualität und Macht – verzichtet? Daher war man überzeugt, daß ihre auf Verzicht gegründete Existenz und die Verdienste, die sie sich durch das Bußleben erwarben, ihren Gebeten in den Augen Gottes eine ganz besondere Wirksamkeit verliehen. Sie selbst zögerten übrigens oft nicht, in der Kirche und in der Gesellschaft die ersten Plätze zu beanspruchen, überzeugt, daß im Blick auf das ewige Heil ihre Lebensweise selbstverständlich jener der einfachen Gläubigen überlegen war, aber auch jener des nicht regulierten Klerus, dessen weltliche Gesinnung und sittliche Schwäche sie beklagten.

Die Laien ihrerseits lebten in dem schmerzlichen Bewußtsein, in einer zutiefst verdorbenen Welt ein Sünderdasein zu führen. Der einzige Ausweg, auf den sie hoffen konnten, war, sich den Klöstern durch die Bande einer *confraternitas* anzugliedern, auf daß ihnen selber und ihren Verstorbenen die Fürbitten der Ordensleute zugute kämen. Die Adligen verzichteten zuweilen beim Herannahen des Todes mit Einverständnis ihrer Gattinnen auf das Eheleben, um sich so das ewige Heil zu sichern, und nahmen das Ordensgewand, um „im Habit zu sterben“ [1]. Neben dieser „conversio ad succurrendum“ ist auch die Praxis der „oblatio“ zu erwähnen: Ein Laie überließ das eine oder andere seiner Kinder einem Kloster und vermachte zu dessen Absicherung dem Kloster entsprechende Schenkungen. Freiwillig übernommene Abhängigkeit von einer Abtei oder einem Priorat war hingegen bei den in bescheidenen Verhältnissen lebenden Familien üblich. So stellten etwa Bauern entweder ihre Arbeitskraft (die Konversen) oder sich selbst (die Oblaten oder Donaten) einer Ordensgemeinschaft zur Verfügung und empfahlen sich so deren heiligem Patron. In letzterem Fall konnten sie sich manchmal durch einen Rekognitionszins die Nutznießung ihrer

---

Bibliographische Kurzangaben verweisen auf das Literaturverzeichnis am Ende des Kapitels (siehe Seite 939).

[1] A. Vauchez, La spiritualité du Moyen Age occidental (VIIIe–XIIe siècle), Paris 1975, 34–74.

Güter auf Lebenszeit sichern. Nicht wenige Ordensleute des 11. und 12. Jh., von Petrus Damiani bis zu den großen Äbten von Cluny, haben auf diese Weise die gehobenen Schichten der Laien in ihr Klosterleben integriert – geleitet von dem Traum, die Welt in ein riesiges Kloster zu verwandeln, ein Traum, dem die auf lehnrechtliche Normen gegründete Gesellschaft ihre Unterstützung nicht versagte. Zu einer Zeit, in der Religion vor allem mit Gottesdienst gleichgesetzt wurde, konnten die vermögenden Laien zur „Vermehrung des Gottesdienstes" – wie es in den Ablaßbullen hieß – das Ihre tun, sei es durch Gründung von geistlichen Einrichtungen, sei es durch Beiträge zur Ausschmückung der bestehenden Heiligtümer und der Liturgie, von der man das Heil erhoffte. Daher auch die zahllosen Weihegaben, die Stiftung sakraler Gegenstände an die Kirchen und geistlichen Gemeinschaften durch die Herrschenden und Großen der Welt mit dem Ziel, im Totengedenken als Wohltäter angeführt zu werden. Hierin sah man eine Art irdischer Vorwegnahme jenes „Buchs des Lebens", von dem die Offenbarung spricht und worin die Namen der Auserwählten stehen. Diese Stellvertreterfunktion bei der Heiligung führte dazu, die Sorge um das Heil des christlichen Volkes einer kleinen Anzahl auf spirituellem Gebiet erfahrener Geistlicher zu übertragen, Fachleuten des Gebetes und Kennern der Liturgie, unterstützt durch die Freigebigkeit der Adelsgesellschaft. Diese Haltung wurde durch die sogenannte Gregorianische Reform verstärkt, da diese den Laien den profanen Bereich zuwies und so den Graben zwischen Klerikern und Laien wesentlich vertiefte. Doch wirkte sich diese Reform für die Laien auch positiv aus, denn sie führte gleichzeitig zu einer Aufwertung des aktiven Lebens, wodurch die bisher allgemein geltende Vorherrschaft der Kontemplation aufgebrochen wurde[2]. Die Kleriker der Gregorianischen Reform unterschieden scharf zwischen dem Geistlichen und dem Weltlichen. Das erlaubte paradoxerweise der der Welt zugewandten Gesellschaft, sich ihrer Selbständigkeit deutlicher bewußt zu werden; und indem der Reformklerus *alle* Christen aufrief, bei der Erneuerung der Kirche und der Ausbreitung des Christentums energisch mitzuwirken, versetzte er die Laien in die Lage, ihrem fortan weniger negativ eingeschätzten Dasein einen religiösen Sinn zu verleihen. So erklärte Gratian in seinem *Decretum*, es gebe zwei Arten von Christen: die Kleriker und die Laien. Diese würden sich von jenen dadurch unterscheiden, daß sie weder Mönche noch Priester seien und folglich zu Recht Eigentum und eine Frau haben könnten[3]. Sie seien vom Heil nicht ausgeschlossen, wenn sie es verständen, von den weltlichen Dingen rechten Gebrauch zu machen: von der Ehe, indem sie Kinder zeugten, von Arbeit und Reichtum, indem sie sich gegenüber den Kirchen und den Armen erkenntlich zeigten. Tatsächlich sprachen seit dem 12. Jh. manche Kleriker von den Laien in einem anderen Ton, wie z. B. Honorius Augustodunensis, als er die Bauern lobte, „die im Schweiße ihres Angesichts das Volk Gottes ernähren"; er rühmte die „boni conjugati", die guten Eheleute, die im Ehebund christlich leben[4] – erste Ansätze zu einer bewußten Übernahme der gesellschaftlichen *ordines* durch die Kirche. Die Bewegung verstärkte sich in der Folge. Eine neue

---

[2] Ebd. 105–145; DERS., Les laïcs au Moyen Age. Pratiques et expériences religieuses, Paris 1987, 37–60 (dt. Ausgabe: Gottes vergessenes Volk. Laien im Mittelalter, Freiburg 1993).

[3] Decretum Gratiani, hrsg. von FRIEDBERG I, c 12, q 1, c 7. Über diesen Text und seine Tragweite vgl. L. PROSDOCIMI, Lo stato di vita laicale nel diritto canonico, in: I laici nella „societas christiana" dei secoli XI e XII (La Mendola 1967), Mailand 1968, 56–77.

[4] HONORIUS AUGUSTODUNENSIS, Speculum ecclesiae, PL 172, 807–1108. Vgl. G. G. MEERSSEMAN, Ordo fraternitatis I, Rom 1977, 228–232.

Haltung gegenüber den weltlichen Aktivitäten breitete sich aus; die Kirche begann, diese positiver zu sehen und in ihren Heiligungsauftrag miteinzubeziehen.

Man muß aber unterscheiden zwischen der bloßen Möglichkeit, zum Heil zu gelangen, die ja jenen Laien zugestanden wurde, wenn sie die kirchlichen Gesetze beobachteten und sich den „Armen Christi" gegenüber, den Ordensleuten also, freigebig erwiesen, und der christlichen Vollkommenheit im eigentlichen Sinne, die nur denen vorbehalten war, die die Welt verachtet und geflohen hatten, um sich in der Abgeschiedenheit des Klosters dem beschaulichen Leben zu widmen. Daher waren fast alle Heilige jener Zeit Menschen, die ihr Leben in einem Kloster oder in einer Einsiedelei verbracht oder bischöfliche Ämter ausgeübt hatten, einige fromme Könige oder Magnaten ausgenommen, wobei man aber nicht vergessen darf, daß die Herrscher nicht als gewöhnliche Laien betrachtet wurden, sondern als Glieder der engeren kirchlichen Gemeinschaft[5].

Diese Situation, die für die Laien unter dem Gesichtspunkt der eigenen Heiligung eher ungünstig war, verschärfte sich noch im 12. Jh. durch eine ‚Renaissance' der wissenschaftlichen Bildung in den Domschulen, von denen sich manche zu aktiven geistigen Zentren entwickelten. Denn diese Bildung, deren Grundlagen die Bibel, die Kirchenväter und einige Autoren der heidnischen Antike wie Cicero, Vergil und Seneca darstellten, beruhte auf der Kenntnis des Lateins und drückte sich auch in dieser Sprache aus. Alle, die sie nicht verstanden – die *illitterati*, also die Mehrzahl der Laien –, fanden sich eben damit von der Welt des geschriebenen Wortes und der Wissenschaften ausgeschlossen[6]. Ihre kulturelle Unterlegenheit trug dazu bei, ihren Stand noch mehr in Mißkredit zu bringen; einige Kleriker scheuten sich nicht, den Laienstand mit der Unwissenheit, dieser Quelle aller Dummheit und allen Irrtums, in eins zu setzen. Eine im 13. Jh. gut bezeugte, aber sicher ältere phantasievolle Etymologie leitete das Wort *laicus* vom lateinischen *lapis* (= Stein) ab; der Laie sei ja für die Gelehrsamkeit so hart und undurchlässig wie ein Stein[7].

Die meisten kirchlichen Autoren jener Zeit wurden daher nicht müde zu betonen, daß zwar grundsätzlich alle Getauften zum Heil berufen seien, daß aber unter ihnen je nach der gewählten Lebensweise große Unterschiede herrschten und nur Mönche und in geringerem Maße Kleriker als Stände der Vollkommenheit gelten könnten. Schon Augustinus hatte dem Christenvolk drei mit symbolischen Orten verbundene biblische Gestalten vor Augen geführt, die die verschiedenen Weisen verkörpern, wie christliche Berufung gelebt werden kann: Noach auf seinem Feld (der Weltklerus), Daniel auf seinem Lager (die Kontemplativen) und Ijob am Mühlstein (die Laien). Gregor der Große übernahm diese Unterscheidungen. Er verband sie mit dem Gleichnis des Evangeliums vom je geringeren Ernteertrag (Mt 13,18–23) und stellte folgende Hierarchie auf: die Kontemplativen *(continentes* und *virgines)* mit einem sicheren hundertfältigen himmlischen Lohn, die hohen Geistlichen und für die Seelsorge zuständigen Kleriker *(predicatores* und *doctores)* mit einem verdienten sechzigfältigen Lohn, schließlich die verheirateten Laien *(conjugati)*, die

---

[5] Vgl. A. Vauchez, La sainteté des laïcs dans l'Occident médiéval. Naissance et évolution d'un modèle hagiographique (XIIe–début XIIIe siècle), in: J. Marx (Hrsg.), Sainteté et martyre dans les religions du Livre, Brüssel 1989, 57–66; R. Folz, Les saints rois du Moyen Age en Occident (VIe–XIIIe siècle), Brüssel 1984; ders., Les saintes reines du Moyen Age en Occident (VIe–XIIIe siècle), Brüssel 1992.

[6] H. Grundmann, Litteratus, illiteratus. Der Wandel einer Bildungsnorm vom Altertum zum Mittelalter, in: Archiv für Kulturgeschichte 40 (1958) 1–65.

[7] Zitiert nach Y. Congar, Clercs et laïcs au point de vue de la culture, in: Studia medievalia et mariologica (FS C. Balic), Rom 1971, 309–322.

Die Laien nahmen in der Kirche gegenüber den Mönchen und den Klerikern einen geringeren Rang ein. Das illustriert eindeutig die Miniatur aus dem „Hortus deliciarum" (1170/90) der Herrad von Landsberg, bei der die Laien – einschließlich der Adligen und Könige – im Erdgeschoß des Gebäudes der „Kirche" stehen, während Maria mit den Vertretern der Geistlichkeit im Obergeschoß residiert.

sich mit einem mageren dreißigfältigen Lohn zufrieden geben müssen[8]. Diese in der karolingischen Epoche von Alkuin übernommene Taxinomie erfuhr weite Verbreitung; man findet sie bei den meisten Autoren des 11. und 12. Jh., von Petrus Lombardus bis zu Alanus ab Insulis und Innozenz III. sowie in der Ikonographie. Die Laien steckten nach dieser Auffassung tief in den fleischlichen Gelüsten und den weltlichen Geschäften und standen auf der Stufenleiter an unterster Stelle. Nach einem anderen, von den spirituellen Autoren jener Zeit ebenfalls auf die Kirche bezogenen Bild standen die Laien an der Basis einer Pyramide, deren in den Himmel reichende Spitze die Ordensleute bildeten[9]. Ihre Lebensbedingungen selbst hielten die Laien den Klerikern gegenüber in einer untergeordneten Stellung fest; von diesen empfingen sie ja das Wort des Lebens und die Sakramente. Noch im ausgehenden 13. Jh. schrieb der Dominikaner Humbert von Romans: „Die Laien dürfen sich nicht ermessen, die Glaubensgeheimnisse, die sich im Gewahrsam der Kleriker befinden, durchforschen zu wollen; sie müssen diesen Geheimnissen lediglich zustimmen nach dem biblischen Text Ijob 1,14: ‚Die Rinder waren beim Pflügen, und die Esel weideten daneben.' Die Esel, das sind die einfachen Leute, die sich mit der Unterweisung durch die *majores* zu begnügen haben."[10] Besser kann man nicht zeigen, daß das Heil der Laien nur in den vom Klerus gezogenen Furchen und mit Hilfe von dessen Unterweisung erreichbar war.

2. Die Aufnahme der Botschaft der Kleriker durch die Laien: Gegensätzliche Auswirkungen

Die Kirche unternahm im 13. Jh. zweifellos gewaltige Anstrengungen, um den Glauben in den Herzen der Gläubigen zu entfalten und zu vertiefen. Es wird allgemein angenommen, daß das gläubige Volk um das Jahr 1270 eine bessere Kenntnis der grundlegenden Wahrheiten des Christentums besaß als ein Jahrhundert zuvor. Doch ist diese Bilanz nur schwer abzusichern; die Wirksamkeit der pastoralen Bemühungen des Klerus war sicher nicht so durchschlagend, wie man gewöhnlich annimmt. Der Rückgang der gegen 1200 recht bedrohlichen Häresien läßt sich heute – um dieses Beispiel zu erwähnen – nicht mehr allein mit einer erfolgreichen Glaubensverkündigung erklären. In seinem Bemühen, die Bevölkerung des Languedoc zur römischen Kirche zurückzuführen, war Dominikus trotz seines flammenden Eifers und seiner Beredsamkeit kaum erfolgreicher als fünfzig Jahre zuvor Bernhard von Clairvaux, auch wenn ihm auf seiten der Waldenser und bei einigen, dem Katharertum ergebenen Frauen ein gewisser Erfolg beschieden war. Der Glaubensspaltung konnte man in dieser Gegend wie auch in Italien in großem Ausmaß erst durch jenen Zwang Herr werden, der von den politischen Machthabern und zugleich von der Inquisition ausgeübt wurde. In anderen Teilen der Christenheit war das Scheitern allerdings weitaus weniger offenkundig. Aber die durch die Synodalbeschlüsse zwischen dem 13. und dem 15. Jh. unermüdlich wiederholten gleichen Vorschriften – ob es sich nun um die Ver-

---

[8] Vgl. die grundlegende Untersuchung von Y. Congar, Les laïcs et l'ecclésiologie des „ordines" chez les théologiens des XIe et XIIe siècles, in: I laici nella „societas christiana" (s. Anm. 3) bes. 85–89; A. Quacquarelli, Il triplice frutto della vita cristiana: 100, 60 e 30, Rom 1954.

[9] Gilbert von Limerick (um 1100–1139), De statu ecclesiae, PL 159,997c, zitiert nach Y. Congar, Laicat, in: Dictionnaire de Spiritualité IX, Paris 1976, 79–93.

[10] Humbert de Romans, De eruditione praedicatorum L. 2, 1, c. 71, in: Maxima bibliotheca veterum Patrum XXV, Lyon 1677, 491.

pflichtung handelte, die Friedhöfe mit einer Mauer zu umgeben, oder um das Verbot der wilden Ehen – zeigen zur Genüge, daß zahlreiche kirchliche Verordnungen auf seiten der Laien mißachtet wurden [11]. Selbst dann, wenn die Laien auf den Vorschriften der Kleriker, die sich nun stärker um die Unterweisung des Volkes mühten, Genüge leisteten, war das Ergebnis begrenzt und oft zweifelhaft. So konnten im ausgehenden 13. Jh. zwar viele Laien das Vaterunser, das Ave Maria und sogar das Credo hersagen, aber der Gebrauch, den sie zuweilen davon machten, ist verwunderlich. Das Credo zum Beispiel, von dem es hieß, jeder seiner Glaubensartikel sei von je einem der zwölf Apostel abgefaßt worden, wurde häufig gesprochen, um die bösen Geister zu verjagen; dem Prolog des Johannesevangeliums schrieb man die Kraft zu, die drohenden Gewitterwolken am Himmel auseinanderzutreiben und die Frauen von der rituellen Unreinheit nach einer Geburt zu reinigen, was den Brauch erklärt, daß der Priester während der liturgischen Zeremonien für die Wöchnerinnen den Prolog rezitierte [12]. Auch die von den Synoden empfohlenen neuen Frömmigkeitsübungen wurden oft durch die allüberall herrschenden magischen Vorstellungen ihres eigentlichen Sinns entkleidet. So verbreitete sich im Volk zugleich sehr rasch die Überzeugung, das Anschauen der geweihten Hostie während der Messe oder außerhalb ihrer schütze vor dem plötzlichen Tod [13]. Zahllos sind die Berichte über heilige Spezereien oder heiliges Chrisam, die durch Bauern entwendet wurden, um sie dann als Talismann zu benützen oder im Acker zu vergraben, damit sie dessen Fruchtbarkeit förderten und reiche Ernten bewirkten [14].

Auf Umwegen also, die sich manchmal zu Abwegen auswuchsen, wurden auf diese Weise religiöse Frömmigkeitsformen in eine Volkskultur eingebettet, die sie um so leichter integrieren und assimilieren konnte, als die Kleriker selbst zuweilen dieses Instrument spielten, um die christliche Botschaft leichter begreifbar zu machen. Sie scheuten nicht davor zurück, dogmatische Aussagen oder liturgische Formeln als vorbeugende oder apotropäische Mittel (Abwehrzauber) anzupreisen [15]. Sogar ein so gebildeter und pastoral engagierter Mann wie Jakob von Vitry schrieb zur Gebetsunterweisung der Kinder: „Auch wenn sie die Sinnkraft der Worte nicht gut verstehen, sind sie ihnen doch nützlich; wie nämlich die Schlange die Worte des Gesangs und der Beschwörung, die ihr doch schaden, nicht versteht, so wirkt die Kraft (der Gebetsworte) bei den Kindern, obwohl sie sie nicht

---

[11] Vgl. G. Maillet, La vie religieuse au temps de Saint Louis, Paris 1954; P. Adam, La vie paroissiale en France au XIVe siècle, Paris 1964.

[12] Vgl. J. C. Schmitt, Du bon usage du Credo, in: Faire croire 343–353; E. Caillier, Les relevailles en Occident dans la liturgie et les textes ecclésiastiques du XIIIe au XVe siècle (maschinenschr. Mémoire de Maîtrise), Universität Paris X–Nanterre 1991. Vgl. auch N. Bériou – J. Berlioz – J. Longère (Hrsg.), Prier au Moyen Age. Pratiques et expériences (Ve–XVe siècles), Turnhout 1991.

[13] Über diese Glaubensformen vgl. A. Franz, Die Messe im deutschen Mittelalter. Beiträge zur Geschichte der Liturgie und das religiöse Volksleben, Freiburg i. Br. 1902; E. Dumoutet, Le désir de voir l'hostie et les origines de la dévotion au Saint-Sacrement, Paris 1926; D. Rigaux, A la Table du Seigneur. L'eucharistie chez les Primitifs italiens, 1250–1497, Paris 1989, 277–281.

[14] Noch im beginnenden 14. Jh. schreibt der Inquisitor Bernhard Gui (in: Manuel de l'inquisiteur, hrsg. von G. Mollat, Bd. 2, Paris 1964, 23) bezüglich der Zauberei: „Item wird man sich informieren über die Praxis, die darin besteht, die Eucharistie bei sich zu behalten und das Chrisma oder das heilige Öl aus den Kirchen zu rauben."

[15] Zu diesen Fragen vgl. La religion populaire en Languedoc du XIIIe à la moitié du XIVe siècle, Toulouse 1975 (Cahiers de Fanjeaux 10); J. C. Schmitt, Religion populaire et culture folklorique, in: Annales ESC (1976) 941–953; M. Zink, La prédication en langue romane, 341–357.

begreifen."[16] Man darf sich also über den Tiefgang der Glaubensunterweisung, den man dem 13. Jh. gerne zubilligt, keine allzu großen Illusionen machen. Er betraf unter den einfachen Priestern und den Laien kaum mehr als eine kleine Elite, deren Vordringen gewiß Beachtung verdient, aber ihren schwachen repräsentativen Charakter nicht vergessen lassen darf.

Manche Mönche, besonders unter den Zisterziensern und innerhalb der Bettelorden, schmückten in der Absicht, die Aufmerksamkeit ihrer Zuhörerschaft zu gewinnen, ihre Predigten mit Anekdoten oder malerischen Erzählungen aus, die sie aus der mündlichen Tradition oder aus der profanen und sakralen Literatur schöpften[17]. Diese *exempla,* wie man sie nannte, erlebten während des 13. Jh. einen ungeheuren Erfolg und wurden schließlich von so vielen Predigern benutzt, daß eine eigene literarische Gattung zum Gebrauch des Klerus entstand: systematisch aufgebaute Sammlungen solcher *exempla*[18]. Doch handelte es sich bei dieser Praxis mehr um eine ideologisch begründete Volkstümlichkeit denn um ein echtes Bemühen um Akkulturation des christlichen Glaubens, fußte sie doch letztlich in einer abschlägigen Bewertung des profanen Bereichs. Es ist daher nicht übertrieben, wenn man in diesem „Augenzwinkern" in Richtung Publikum eine bloße Predigttaktik sieht[19]. Und selbst, wenn die Kleriker in der Volkssprache predigten und sich Mühe gaben, auf das Niveau ihrer Zuhörer hinabzusteigen, war die von ihnen übermittelte Botschaft einseitig vorgeformt, da die Laien völlig auf diese Vermittlung angewiesen waren. Mit Ausnahme einiger Herrscher und hoher weltlicher Würdenträger, die sich Übersetzungen wenigstens in Form von Florilegien besorgen konnten, hatten allein die Männer der Kirche Zugang zur Heiligen Schrift und zu sakralen Texten. So blieb es den Laien versagt, die Behauptungen der Kleriker an der Bibel zu messen[20].

Einige in der Seelsorge besonders Eifrige, wie etwa Honorius Augustodunensis im 12. Jh. und vor allem Jakob von Vitry Anfang des 13. Jh., bemühten sich, die Predigt auf den unterschiedlichen *status vitae*, das heißt auf die soziale und berufliche Situation ihres Publikums und die verschiedenen Abschnitte seiner Existenz abzustellen[21]. Aber dieses

---

[16] Jakob von Vitry, Sermones ad viduas et continentes, zitiert nach Schmitt, Du bon usage (s. Anm. 12) 353.

[17] Eine der am häufigsten benützten Sammlungen war der am Beginn des 13. Jh. zusammengestellte *Dialogus miraculorum* des Zisterziensers Caesarius von Heisterbach (hrsg. von J. Strange I–II, Köln 1851); er enthält zwölf in logischer Abfolge geordnete Bücher.

[18] Aus der Fülle der in den letzten Jahren über die Exempla erschienenen Literatur seien besonders erwähnt C. Brémond – J. Le Goff – J. C. Schmitt, L'exemplum, Turnhout 1982 (TSMA 40); Rhétorique et histoire. L'exemplum et le modèle de comportement dans le discours antique et médiéval, in: MEFRM 92 (1980); C. Delcorno, Exemplum e letteratura tra Medioevo e Rinascimento, Bologna 1989; J. Berlioz, Les recherches en France sur les *exempla* médiévaux, 1968–1988, in: W. Haug – B. Wachinger (Hrsg.), Exempel und Exempelsammlungen, Tübingen 1991, 288–317.

[19] Nach einem treffenden Ausdruck von J. Berlioz hinsichtlich des Beichtvaters in seinem Beitrag: Quand dire, c'est faire dire. Exempla et confession chez Etienne de Bourbon, in: Faire croire 299–335, bes. 300–304.

[20] Das hat M. Zink gut gezeigt, vgl. La prédication 304–334; vgl. auch die ersten Kapitel des Buches von V. Coletti, L'éloquence de la chaire. Victoires et défaites du latin entre Moyen Age et Renaissance, Paris 1987; P. Riché – G. Lobrichon, Le moyen Age et la Bible, Paris 1984 (Bible de tous les temps 4).

[21] Über Honorius Augustodunensis vgl. Y. Lefèvre, in: DSp VII, Paris 1969, 730–737; ders., L'Elucidarium et les lucidaires, Rom – Paris 1954. W. Beinert, Die Kirche – Gottes Heil in der Welt, Münster i.W. 1973, 38 ff und passim (zu seinen ekklesiologischen Vorstellungen). Die Predigten *ad status* von Jakob von Vitry wurden – leider nur zum Teil – hrsg. von J. B. Pitra, Analecta novissima, spicilegii Solesmensis altera continuatio II, Paris 1888. Bezüglich der Anpassungsbemühungen der Predigt an die Mentalität des Publikums vgl.

von solchen Autoren oder Predigern entfaltete Bemühen, die Gläubigen auf dem Weg ihrer besonderen gesellschaftlichen Stellung zu erreichen, gehörte, so interessant es auch war, eher in den Bereich der Strategie als in den Rahmen einer positiven Einschätzung der gegebenen Realitäten. Wenn also Erzbischof Federico Visconti den Händlern von Pisa das Beispiel des heiligen Franz von Assisi vor Augen hielt, sie einlud, zu dessen Ehre eine Bruderschaft zu gründen, und bei dieser Gelegenheit im Jahre 1261 in einer Predigt ausrief: „Wie erfreulich muß es doch für die Kaufleute sein zu wissen, daß ihr Mitbruder – der heilige Franziskus nämlich – auch Kaufmann war und in unserer Zeit heilig wurde!", so war das geradezu grotesk angesichts der Tatsache, daß der Arme von Assisi sehr frühzeitig schon für seinen Beruf, den er unmittelbar nach seiner Bekehrung aufgab, nur Verachtung übrig hatte[22]. Zwar gewann die klerikale Bildung, wenn auch nur sehr verhalten, eine andere Einstufung gegenüber der Arbeit der Handwerker; aber lange Zeit noch sah man in der ländlichen Lebensform den wahren Wert. Selbst ein so bedeutender Prediger wie der Dominikaner Humbert von Romans stellte noch um 1260 einen Gegensatz her zwischen den Bauern einerseits, die aufgrund ihrer ländlichen Existenz fern einer Welt der Gewalt und des Geldes lebten und sich durch harte Arbeit von ihren Sünden loskauften, und den Händlern und Bürgern der Städte andererseits mit ihrem Hang zum sündhaften Tun, da sie ja nicht von einer natürlichen Arbeit lebten, sondern vom Tausch der Güter und einem mühelos unter oft zweifelhaften Bedingungen zusammengerafften Reichtum[23].

Letzten Endes blieb dem pastoralen Wirken unter den Laien im 13. Jh. nur ein mäßiger Erfolg beschieden. Den Grund dafür kann man im folgenden sehen: im Mißtrauen des Klerus seinen „Schäfchen" gegenüber und in seiner Unfähigkeit, Evangelisierung anders aufzufassen denn als Verbreitung solcher religiösen Praktiken und Verhaltensformen unter den Gläubigen, wie sie der Bildung und Lebensweise von Klerikern entsprachen. Es kommt hinzu, daß die hellsichtigen Seelenhirten zwar aufrichtig wünschten, die Gläubigen ihrem, wie sie sagten, „abergläubischen Tun" zu entreißen, aber kein besonderes Interesse an der Bildung der Laien zeigten aus Furcht, diese könnten dann in die Häresie abgleiten und den Anspruch erheben, „plus sapere quam sapere oportet"[24]. Da das Bildungsniveau des einfachen Pfarrklerus im allgemeinen ziemlich niedrig lag, schien es nicht sinnvoll, die Ungebildeten so zu unterweisen, daß sie dem Pfarrer überlegen waren und womöglich damit begannen, ohne Anleitung über die Dinge der Religion zu diskutieren. Damit hatte man ja zur Zeit Abaelards begonnen, falls dem heiligen Bernhard zu glauben ist, der sich darüber beklagte, daß „öffentlich ... über die Geheimnisse der Gottheit und der Menschwerdung des göttlichen Wortes debattiert wird ... Die ungeteilte Dreieinigkeit wird zerrupft und an den Straßenecken in Stücke gehauen ... Soviel öffentliche Plätze, soviel Gotteslästerungen!"[25] Will man, daß die *minores* im Schoß der Kirche sich ehrfürchtig und folgsam verhalten, wie es sich den *majores* gegenüber geziemt, dann muß man ihnen zwar die grundlegenden Glaubenswahrheiten verkünden, es wäre aber unnütz und gefährlich,

---

A. Forni, Kerygma e adattamento. Aspetti della predicazione cattolica nei secoli XII e XIII, in: BISI 89 (1980/81) 261–348.

[22] Federico Visconti, Sermones, Cod. Laurent. Plut. XXXIII, 1, f° 83r.

[23] Humbert de Romans, Opera II, hrsg. von J. Berthier, Rom o.J., 360–369, zitiert nach C. Carozzi, Le ministère de la prédication chez les Prêcheurs de la province de Provence, in: Les Mendiants en pays d'Oc au XIIIe siècle, Toulouse 1973, 344–348 (Cahiers de Fanjeaux 8).

[24] Schmitt, Du bon usage 341.

[25] Vgl. Le Goff – Schmitt, Une parole nouvelle 260f.

sie in die „Feinheiten" einzuführen; das würde ihren schlichten Glauben bloß auf Abwege bringen. Die mittelalterliche Kirche begrenzte daher das religiöse Wissen der Gläubigen auf das unerläßlich Notwendige und legte statt dessen Wert auf eine Vertiefung der Frömmigkeit. Ansonsten mußte es den Laien genügen, sich an das Wort des Priesters zu halten anstatt an das Gerede der Hellseher, Magier und anderer „vetulae" (alter Weiber), welches sie nur zum Teufelskult verführte[26]. Dieses Verständnis von Katechese setzte einen Laienstand voraus, dessen Bildungsniveau recht mäßig blieb. Schon bald sollte es sich angesichts der vor allem im städtischen Milieu aufbrechenden intellektuellen Entwicklung als unangepaßt erweisen.

3. Die Sorge um die Verstorbenen und die Verchristlichung der Jenseitsvorstellungen

Im Kampf gegen abergläubische Ideen und Praktiken war der Kirche nur ein begrenzter Erfolg beschieden. Auch hatte sie es wenig verstanden, den Laien Frömmigkeitsformen zu vermitteln, die ihren Bedürfnissen und der Eigenart ihres Standes entsprachen. Hingegen wirkte sie erfolgreicher auf einem anderen Gebiet des religiösen Lebens: dem der Jenseitsvorstellungen samt der Sorge um die Verstorbenen. In dieser Hinsicht bedeutet das 13. Jh. die Krönung eines in der karolingischen Zeit einsetzenden langen Prozesses, bei dem schließlich das Gebet für die Verstorbenen zum Herzstück der Beziehungen zwischen Laien und Klerikern wurde, insbesondere zwischen Laien und Mönchen, da diese die entsprechenden Erwartungen der Gläubigen besser zu befriedigen vermochten. Im 11. und 12. Jh., als die lehnsrechtlichen Strukturen sich festigten, gewann der Adel ein immer stärkeres Geschlechterbewußtsein. Dabei kam es zu einer Osmose zwischen der profanen Auffassung, nach welcher die Lebenden das Gedächtnis der Ahnen, das heißt der Toten, mit denen sie Bande leiblicher Verwandtschaft einten, zu pflegen haben, und der im Christentum seit der Frühzeit traditionellen Praxis des Gebets der Kirche für alle Verstorbenen[27]. Dank der zunehmend engen Beziehungen zu den weltlichen Herrschaften entwickelten sich die großen Abteien und bald auch die Burgkapellen vielfach zu dynastischen Grablegen, wo die Mönche nicht nur ihrem himmlischen Patron oder dem Heiligen, dessen Reliquien sie hüteten, Verehrung erwiesen, sondern zugleich auch für ihre laikalen Stifter und Wohltäter beteten[28]. Die Kirche duldete dies aufgrund der engen Beziehungen zum Adel und der ihr daraus erwachsenden offensichtlichen Vorteile. Tatsächlich häuften sich die Vermächtnisse in Form von Seelgerätstiftungen von seiten des Adels und bald auch der einfachen Ritter zugunsten der Klöster. Bei diesen Schenkungen, sei es zu Lebzeiten oder nach dem Tod des Stifters, handelte es sich um unwiderrufliche Abtretungen an Boden, Rechten oder Renten, verbunden mit der Auflage für die davon begünstigten Kleriker, Jahrmessen abzuhalten und auf Lebenszeit für die Seelen jener Verstorbenen zu beten, die

---

[26] Schmitt, Du bon usage 343; R. Kieckhefer, Magic in the Middle Ages, Cambridge 1990 (dt.: Magie im Mittelalter, München 1993).

[27] Die Mehrzahl der Werke, die über den Tod im Mittelalter handeln, betreffen eher das 14. und 15. Jh. Immerhin liegen für das Hochmittelalter die wertvollen Untersuchungen von K. Schmid und J. Wollasch vor, insbesondere: Memoria. Der geschichtliche Zeugniswert des liturgischen Gedankens im Mittelalter, München 1984, und für die folgende Epoche die Dissertation von M. Lauwers, La mémoire des ancêtres et usages du culte des morts dans l'Occident médiéval (Diocèse de Liège, XIe–XIIIe siècles), (maschinenschr.) Paris 1992.

[28] Vgl. D. Iogna-Prat, Les morts dans la comptabilité céleste des Clunisiens de l'an mil, in: Religion et culture autour de l'an Mil, Paris 1990, 55–69; J. Wollasch, Les moines et la mémoire des morts, ebd. 47–54.

sich ihrer Fürbitte empfohlen hatten und deren Namen in den Nekrologen der Klöster standen[29].

In dem Maße, wie sich diese Gewohnheit verfestigte, gelang es der Kirche, dem ursprünglichen Ahnenkult ein christliches Gepräge zu verleihen: Gebet, Almosen und Meßopfer galten nun als unverzichtbare Mittel der Fürbitte für die Verstorbenen. Auf dem Weg über diese Praxis, die sich allmählich von der obersten bis zur untersten Gesellschaftsschicht ausbreitete, konnte die Kirche auch den Tod vereinnahmen und sakralisieren, ob es sich nun um Totenwache, Grablegung oder Friedhof handelte, die noch lange Zeit Ort und Gelegenheit blieben für allerlei Zusammenkünfte und Feste[30].

Zug um Zug vermittelten die Kleriker ferner unter den Laien den Glauben an ein Jenseits und malten dieses als die Gesamtheit jener Orte aus, an denen ein jeder nach seinen Taten belohnt wird, wobei sie zugleich die Gläubigen einluden, ihr Leben im Blick auf den Tod zu führen. Auch auf diese Weise trugen sie wirksam dazu bei, eine christliche Frömmigkeit und Sittlichkeit unter den Laien zu verbreiten.

Diese engen Bande zwischen dem Mönchtum und der laikalen Gesellschaft begannen sich im 13. Jh. zu lockern; obwohl die Mönche nicht völlig aus dem Gesichtskreis der Gläubigen verschwanden, gewannen sie doch nie mehr den Einfluß, den sie vor allem durch die Reformklöster in der vergangenen Epoche besessen hatten. Das heißt jedoch nicht, daß das Totengedächtnis und die damit verbundenen Formen der Frömmigkeit und Andacht schwächer wurden, im Gegenteil. Ursprünglich im Adel beheimatet, wurde es immer volkstümlicher und verbreitete sich insbesondere in den neu entstandenen Schichten der städtischen Bevölkerung. Zu einer Zeit, in der die Individuen eine gewisse Selbständigkeit beanspruchten, ohne sich jedoch aus ihrer Familiengruppe zu lösen, entdeckte man, auch aufgrund sorgfältigerer Rechtspflege, erneut den Wert des Testaments als eines persönlichen und widerruflichen Aktes im Unterschied zur Schenkung oder zum Vermächtnis. Die Verbreitung dieser Rechtsinstrumente war nicht nur auf kulturellem Gebiet ein wichtiges Phänomen. Sie bedeutete darüber hinaus einen entscheidenden Schritt in der Entwicklung des religiösen Verhaltens, denn sie ermöglichte jedem Erwachsenen, über seine Güter zu verfügen, im voraus seine Bestattung zu organisieren und sein ewiges Heil vorzubereiten, indem er ein dem Nächsten zugefügtes Unrecht wieder gutmachte und die Verteilung eines Teils seines Vermögens an die Armen und die kirchlichen Einrichtungen für dic Zcit nach seinem Ableben vorsah. Die Kirche bestand im 13. Jh. mit Erfolg darauf, daß die Testamente der Zuständigkeit ihrer Gerichte – also der Offizialen – überlassen wurden; sie verpflichtete zudem alle Christen, ihr Testament in Gegenwart eines Priesters abzufassen. Auf

---

[29] Zur Praxis der Seelgerätstiftungen vgl. St. White, Customs, Kinship and Gifts to the Saints. The „Laudatio parentum" in Western France (1050–1150), Chapel Hill – London 1988. Zu den Banden, die sich zwischen Mönchen und Laien durch den Totenkult knüpften, vgl. außer den grundlegenden Forschungen von Karl Schmid und Joachim Wollasch noch J. L. Lemaître (Hrsg.), L'Église et la mémoire des morts dans la France médiévale, Paris 1986; ders., Mourir à Saint-Martial. La commémoration des morts et les obituaires de Saint-Martial de Limoges du XIe au XIIIe siècle, Paris 1989.

[30] Zu diesen Praktiken vgl. die archäologischen Untersuchungen von M. Colardelle, Sépulture et traditions funéraires du Ve au XIIIe s. dans les campagnes des Alpes françaises du Nord, Grenoble 1983; E. Zadora-Rio – M. Fixot (Hrsg.), L'Église, la campagne et le terroir, Paris 1990; hinsichtlich der Friedhöfe vgl. P. Duparc, Le cimetière, séjour des vivants (XIe–XIIe siècles), in: Bulletin Philologique et Historique (1967) 482–504; L. Musset, Le cimetière dans la vie paroissiale en Basse-Normandie, in: Cahiers Léopold Delisle 12 (1963) 7–27.

Die Vorstellung von Jüngstem Gericht und Hölle, wie sie den Christen in den Weltgerichtstympana der Romanik so eindringlich vor Augen stand, wandelte sich seit dem 12. Jh. durch ein neues Bußverständnis und eine neue Heilshoffnung. – „Der Teufel als Herr der Hölle“, Detail vom Tympanon des Westportals der Abteikirche Conques (12. Jh.).

diese Weise erwies sich die Kirche nicht nur als Garant für die Freiheit der Individuen gegenüber dem Druck der Gewohnheiten und der Gruppe; sie verfügte auch über ein Instrumentarium, mit dem sie die Laien dazu bringen konnte, sich während des Lebens auf den Tod vorzubereiten, um bei der Begegnung mit dem ewigen Richter möglichst unbescholten dastehen und auf eine große Zahl von Fürsprechern zählen zu können[31]. Die zunehmende Hochschätzung der Messe als Fürbitte für die Verstorbenen führte zugleich zu einem stärkeren Einsatz von Klerikern bei den Bestattungsriten; fortan feierten Pfarrseelsorger und Priester Tag für Tag das Meßopfer für die Verstorbenen und schöpften aus Sepultur und den daraus fließenden Einnahmen die Mittel für ihren Lebensunterhalt.

Diese Entwicklung läßt sich nur verstehen im Licht der Wandlungen, die damals das Bußwesen erfaßten und im Zusammenhang damit die Vorstellungen vom Jenseits. Das

[31] Vgl. A. Paravicini Bagliani, I testamenti dei cardinali nel Duecento, Rom 1980; Ph. Godding, La pratique du testament en Flandre au XIIIe siècle, in: Revue d'Histoire du Droit 58 (1990) 281–300; Nolens intestatus decedere. Il testamento come fonte della storia religiosa e sociale, Perugia 1985.

überlieferte System gründete bekanntlich auf zwei zentralen Aussagen: Die ewige Vergeltung ist auf die „Zeit" nach dem letzten Gericht verschoben und das Jenseits zweigeteilt in das Paradies zur Freude der Erwählten und die Hölle zur Qual der Verworfenen. Das Bußsakrament wurde nur einmal empfangen, im allgemeinen beim Herannahen des Todes, damit der Sterbende ohne Sünde vor seinem Richter erscheinen konnte. Unter dem Einfluß der von den irischen Mönchen verfaßten und verbreiteten Bußbücher kam es dann im Hochmittelalter zu einem neuen Bußverständnis: Die Buße war jetzt wiederholbar und genau bemessen. Demnach konnten die Sünden nach dem Bekenntnis vor einem Priester und abgeleisteter Genugtuung – einer Anzahl äußerst schwer asketischer Übungen von längerem Fasten bis zu Bußwallfahrten – jederzeit nachgelassen werden. Aber die strengen Bußauflagen garantierten Heilshoffnung nur denjenigen Laien, die dafür sozusagen den Preis zahlen konnten: Eine Art Umwandlungsvorgang ermöglichte es den Reichen und Mächtigen, die ihnen auferlegten Bußleistungen durch andere erfüllen zu lassen beziehungsweise durch hochherzige Almosen zugunsten der Kleriker und der Gotteshäuser zu ersetzen[32].

Diese Bußpraxis erwies sich vom 12. Jh. an der mentalitäts- und sozialgeschichtlichen Entwicklung im Abendland gegenüber als unangepaßt: Das nun höhere Lebensniveau und das Anwachsen der Bevölkerung führten zu neuen Regierungs- und Organisationsformen; die durch die Restitution von Gotteshäusern und vor allem durch den von den Grundherren gewährten Zehnten reich gewordene Kirche hing nicht mehr einzig vom guten Willen der Herrscher und der großen Adelsfamilien ab; die einfachen Volksschichten traten, vor allem in den Städten, aus ihrer Passivität heraus und erhielten zunehmend wirtschaftliches Gewicht; in den Schulen schließlich erarbeiteten die Kleriker eine neue Ethik, die auf dem „Erkenne dich selbst!" und auf dem Begriff der persönlichen Verantwortung basierte. Das alte Bußsystem mit seinen unausführbaren Forderungen und Sanktionen – ausführbar nur für jene, die dem engen Kreis der Großen angehörten oder die der Welt entsagten, um ins Kloster zu gehen – konnte nicht mehr aufrechterhalten werden und erfuhr zwischen dem beginnenden 12. und der Mitte des 13. Jh. eine ebenso rasche wie tiefgehende Umwandlung.

Mit dem Schwinden der Endzeiterwartung rückte das Letzte Gericht in weite Ferne, auch wenn es seine Schrecken nicht verlor. Der schon von Gregor dem Großen ausgesprochene Gedanke, daß die Seelen der Verstorbenen unmittelbar nach ihrem Tod vor ein besonderes Gericht kämen, gewann daher immer mehr an Boden, auch wenn sich noch im 12. Jh. die Theologen in diesem Punkt nicht einig waren. So behauptete etwa Richard von Sankt Viktor, daß alle Menschen sofort nach ihrem Tode gerichtet werden; die Bösen treten ihre Höllenstrafe sofort an, die Gerechten jedoch müssen bis zum Letzten Gericht warten, um in die himmlische Herrlichkeit einzugehen, während jene, die nur läßliche Sünden begangen haben, diese vor ihrem Eintritt ins Paradies durch entsprechende Leiden abbüßen müssen[33]. Auf jeden Fall setzte dies nicht nur die Existenz der Hölle voraus, welche einige damals sehr volkstümliche apokryphe Visionen ins Erdzentrum verlegten und mit einer Fülle von Einzelheiten beschrieben, wovon die davon inspirierten bildhaften Darstel-

---

[32] C. VOGEL, La pécheur et la pénitence au Moyen Age, Paris 1982.

[33] Zu allen diesen Fragen vgl. J. LE GOFF, La Naissance du Purgatoire, Paris 1981 (dt. Die Geburt des Fegefeuers, Stuttgart 1984), zu lesen im Licht der Bemerkungen von R. W. SOUTHERN, Between Heaven and Hell, in: TLS (18.6.1982) 651/2, und DERS., La bourse et la vie, Paris 1986 (dt. Wucherzins und Höllenqualen, Stuttgart 1988).

lungen jener Epoche beredtes Zeugnis ablegen. Es implizierte auch das Vorhandensein eines anderen Ortes, an dem sich die Verstorbenen mit nur leichten Sünden von ihrem seelischen Schmutz reinwaschen können, indem sie unter dem Gebetsbeistand der noch auf Erden Weilenden verschiedene Qualen durchleiden[34]. Diese Glaubensüberzeugung von der Existenz des Fegefeuers festigte sich allmählich im Verlauf des 12. Jh., auch wenn sich der Begriff selbst und seine Verwendung durch die Theologen erst etwas später durchsetzte; sie wurde ein wichtiger Bestandteil der religiösen Erziehung: Man konnte das gläubige Volk, das sehr wohl wußte, daß niemand vollkommen ist, nur dann zu einem eifrigen Leben der Buße, der Frömmigkeit und der Nächstenliebe bewegen, wenn dieses Tun auf irgendeine Weise ins Jenseits hinüberwirkte und die Verdienste, die durch ein gutes Leben erworben werden konnten, auch den verstorbenen Verwandten zugute kamen. Wenn es eine Lehre gab, die die Gläubigen spontan bejahten, dann war es die Lehre von der Gemeinschaft der Heiligen; sie entsprach ihrer tiefsten Überzeugung und ihrer persönlichen Hoffnung[35]. Die Kirche sah das ein. Mittels der neuen Auffassung von Buße und Fegefeuer öffnete sie den Gläubigen eine optimistischere Sicht vom Jenseits und zugleich jedem einzelnen die Möglichkeit, zum Heil seiner Verwandten und anderer Freunde beizutragen.

4. Die Laienfrömmigkeit

Bis in die letzten Jahrzehnte des 12. Jh. hinein stand jenen Laien, die nach einem intensiveren religiösen Leben strebten, keine andere Möglichkeit zu Gebot, als entweder in einen Orden einzutreten oder sich einem Kloster anzugliedern, um an dem geistlichen Reichtum und den Verdiensten teilzuhaben, die von den Dienern Gottes im Schaffen des Konvents angesammelt wurden. Die Formen der Verbindung zwischen Mönchen und Laien waren vielfältig: Die in der Welt verbleibenden Laien begnügten sich meistens damit, einen Bruderschaftsvertrag *(fraternitas)* mit einer Abtei oder einem Stift abzuschließen; sie wurden dadurch „consortes orationum" der Mönche oder der Regularkanoniker[36]. Manchmal unterstellten sich ganze Familien oder Landgemeinden freiwillig dem Schutz eines Klosters, ohne daß ihre Mitglieder dabei aufhörten, den weltlichen Geschäften nachzukommen[37].

Manche Gläubige gingen noch weiter. Sie stellten sich als Laienbrüder *(fratres conversi)* in den Dienst einer Abtei oder eines Priorats, um die niederen Arbeiten zu verrichten, und nahmen in einem bestimmten Maße am Leben der Mönche teil, besaßen aber ihre eigenen Schlafräume und ein besonderes Refektorium; vom Chorgebet waren sie ausgeschlossen[38]. So bat am Beginn des 13. Jh. Jean de Montmirail († 1217), ein frommer, etwa vierzigjähriger Ritter aus dem Gefolge des französischen Königs Philipp II. August, bei den Zister-

---

[34] Das hat J. Baschet gut gezeigt in seiner maschinenschr. Dissertation (Paris 1989), „Les justices de l'au-delà. Les représentations de l'Enfer en France et en Italie (XIIe–XIVe siècles)"; vgl. auch C. Carozzi, Structure et fonction de la vision de Tnugdal, in: Faire croire 223–234.

[35] Vgl. K. Schmid – J. Wollasch, Die Gemeinschaft der Lebenden und Verstorbenen in Zeugnissen des Mittelalters, in: Frühmittelalterliche Studien 1 (1967) 365–405.

[36] Vgl. K. Schmid – J. Wollasch, Societas et Fraternitas, in: Frühmittelalterliche Studien 9 (1975) 1–45.

[37] Vgl. Bernold von Konstanz, Chronicon, hrsg. von G. H. Pertz, MGH.SS V, Hannover 1844, 450; Vauchez, La spiritualité 138f.

[38] M. Toepfer, Die Konversen der Zisterzienser. Untersuchung über ihren Beitrag zur mittelalterlichen Blüte des Ordens, Berlin 1983; vgl. auch I laici nella „societas christiana" 152–305; W. Teske, Laien, Laienmönche und Laienbrüder in der Abtei Cluny, in: Frühmittelalterliche Studien 10 (1976) 248–322; 11 (1977) 288–329.

ziensern von Longpont um Aufnahme als Laienbruder, was als ein Akt tiefer Demut angesehen wurde, da die Konversen für gewöhnlich aus den untersten Schichten der Landbevölkerung kamen. Doch war das kein Einzelfall. Kurz danach trat etwa der Adlige Gobert d'Aspremont nach seiner Teilnahme am Kreuzzug gegen die Albigenser (1226) der „familia" der Zisterzienserabtei Villers in Brabant bei und starb hier im Ruf der Heiligkeit[39].

Eines der originellsten Phänomene des 13. Jh. unter dem Gesichtspunkt der Geschichte der Spiritualität war jedoch die Tatsache, daß sich unabhängig von jeder institutionellen Verbindung mit dem Mönchtum eine Laienelite von Männern und Frauen auf die Suche nach einem wahren religiösen Leben begab. Dies galt in erster Linie für die Ritter, die sich von den zwanziger Jahren des 12. Jh. an auf den Appell Bernhards von Clairvaux hin im Rahmen der Ritterorden einen Weg zur Heiligkeit erschlossen. Zu den Ritterorden zählten die Templer und Johanniter, bald gefolgt von den Deutschordensrittern und den Schwertbrüdern wie auch von jenen zahlreichen Orden gleichen Typs, die sich auf der Iberischen Halbinsel im Zuge der Reconquista entwickelten[40]. Doch handelte es sich hier immer noch um Rittermönche, in der Regel mit Zölibatsverpflichtung; ihre Lebensweise war dem Großteil der Laienwelt verschlossen. Verheiratete Fürsten wie Landgraf Ludwig IV. von Thüringen, der Gemahl der hl. Elisabeth von Ungarn, der 1229 auf dem Weg ins Heilige Land starb, oder der heiliggesprochene König Ludwig IX. von Frankreich gehörten niemals irgendeinem Orden an. Das hinderte sie aber nicht, im Rahmen der Kreuzfahrerspiritualität ein intensives religiöses Leben zu führen[41]. Man möchte ja in den Kreuzzügen allzu oft nur militärische Unternehmen sehen, eine Art heilige Kriege im Stil des islamischen Gihad. Sicher fehlte diese Dimension nicht; man darf aber nicht übersehen, daß die Kreuznahme etwas anderes war als eine bloße Geste: Der Mann, der dieses Kreuz auf sein Gewand nähte, sprach damit ein mutiges Ja zu manchmal mehreren Jahren asketischer und oft wahrhaft gottgefälliger Lebensweise und nahm, noch bevor es eventuell zu einem militärischen Einsatz für den Glauben kam, verschärfte Forderungen auf dem Gebiet der Moral und der Religion auf sich. Ein gutes Beispiel war in dieser Hinsicht das private und öffentliche Leben König Ludwigs IX. zwischen 1248 und seinen Tod vor Tunis im Jahre 1270[42].

Eine andere Möglichkeit des geistlichen Lebens für Laien bestand im Eremitentum[43]. Freilich waren nicht alle Einsiedler oder Klausner Laien, eine gewisse Anzahl entstammte dem Weltklerus. Die kirchliche Hierarchie bemühte sich, die Eremiten in Gemeinschaften zusammenzuschließen, und übte Druck auf diese aus, ein Leben monastischer oder regulierten Form zu führen. Aber noch im 13. Jh. stieß man, vor allem in den Mittelmeerländern und in Berg- oder Waldgegenden, auf viele wahrhaftige Einsiedler; sie besaßen aufgrund

---

[39] M. Parisse, La conscience religieuse des nobles, in: La Cristianità dei secoli XI e XII in Occidente (La Mendola 1980), Mailand 1983, 265–267.

[40] Ebd. 268–272; A. Demurger, Vie et mort de l'ordre du Temple, Paris 1989.

[41] Vgl. E. Delaruelle, L'idée de croisade au Moyen Age, Turin 1980; A. Richard, L'esprit de la croisade, Paris 1969.

[42] Vauchez, Les Laïcs (s. Anm. 2) 55–76; ders., Charité et pauvreté chez sainte Elisabeth de Thuringe d'après les actes du procès de canonisation, in: Religion et société dans l'Occident médiéval, Turin 1980, 27–38.

[43] Vgl. L'eremitismo in Occidente nei secoli XI e XII (La Mendola 1962), Mailand 1967; O. Redon, Les ermites des forêts siennoises, in: Revue Mabillon, Neue Reihe 1 (1990) 213–240.

ihrer harten Askese und manchmal auch ihrer wundertätigen Kräfte großes Ansehen unter der Bevölkerung, in deren Mitte sie lebten[44].

Das spontan erwachende Streben gewisser Laienkreise nach einem über den Rahmen der kirchlichen Vorschriften hinausdrängenden religiösen Leben zeigte sich am eindrücklichsten in der Laienbrüderbewegung[45]. Nach dem Modell der damals stark aufkommenden Priesterbruderschaften gruppierten sich Laien auf territorialer – Dorf oder Stadtviertel – oder gesellschaftlich-beruflicher Basis mit dem Ziel, sich gegenseitig beizustehen, das Bestattungswesen zu organisieren und für die Bestimmung ihrer Toten im Jenseits zu sorgen. Die Gemeinschaftsdimension war ein wesentliches Element dieser Zusammenschlüsse, die sich in der Provence zum Beispiel bezeichnenderweise unter den Schutz des Heiligen Geistes stellten[46]. Zwar gab es von einer Gegend zur anderen bedeutende Unterschiede in der Form ihrer Verfassung und ihrer Ziele: Manche Bruderschaften blieben einem Kloster oder einem Konvent verbunden; andere lebten selbständiger und wandten sich nur für die Messe oder eine Gelegenheitspredigt an Priester oder Mönche. Allen gemeinsam aber war die Selbstverwaltung und die mehrheitliche, wenn nicht gar ausschließliche Mitgliedschaft von Laien beiderlei Geschlechts, die alle freiwillig der Bruderschaft beigetreten waren[47].

Im 13. Jh. sah die kirchliche Hierarchie außerhalb Italiens diese Vereinigungen nicht besonders gern, hatte sie doch kaum Einfluß auf sie. Auch verdächtigte sie diese antiklerikaler oder subversiver Umtriebe, vor allem in Städten, in denen die weltliche Herrschaft von einem Bischof oder einem Abt ausgeübt wurde. Die Kleriker vor Ort empfanden diese Vereinigungen, die sich außerhalb der Pfarrstrukturen entfalteten und ihnen durch die Übernahme des Leichenbegängnisses der verstorbenen Verbandsmitglieder Konkurrenz machten, zuweilen als lästige Nachbarn. Es wundert daher nicht, etwa in den Synodalbeschlüssen von Bordeaux vom Jahre 1255 eine scharfe Warnung zu lesen mit dem Hinweis darauf, daß „sich der Brauch der Bruderschaften in Bezug auf die frommen Werke in Mißbrauch verwandelt hat wegen der Arglist einiger Laien, die unerlaubte Beschlüsse fassen, durch die sie die Freiheit der Kirche zu schwächen und die guten und frommen Gewohnheiten der Alten abzuschaffen suchen“[48]. Zugestanden wurde lediglich, daß Laien in der Verwaltung der Ortspfarrei Aufgaben übernahmen, desgleichen die Instandhaltung der Kultstätten und des Friedhofs, und zwar als Gotteshausmeister, die mit der Verwaltung des Kirchenvermögens und seiner Verwendung in der Kirchenfabrik betraut waren, eine Einrichtung, die sich, von den Päpsten ermutigt, zu dieser Zeit ausbreitete[49].

---

44 A. Vauchez, La sainteté en Occident aux derniers siècles du Moyen Age, Rom ²1988, 380–387; ders., Frati Minori, eremitismo e santità laica, in: Studi Medievali, 3. Reihe, 27 (1986) 353–381.

45 Grundlegend zur Frage: G. G. Meersseman, Ordo fraternitatis. Confraternite e pietà dei laici nel Medio Evo, I–III, Rom 1977; vgl. auch Le mouvement confraternel au Moyen Age: France, Suisse, Italie, Rom – Lausanne 1987; Vauchez, Les laïcs 95–124.

46 P. Amargier, Mouvements populaires et confréries du Saint-Esprit à Marseille au seuil du XIIIe siècle, in: La Religion populaire en Languedoc, Toulouse 1976, 305–319 (Cahiers de Fanjeaux 11).

47 Vgl. C. Vincent, Des charités bien ordonnées. Les confréries normandes de la fin du XIIIe au début du XVIe siècle, Paris 1983; L. K. Little, Libertà, carità, fraternità. Confraternite laiche a Bergamo nell'età del comune, Bergamo 1988.

48 Der Text wurde hrsg. und übers. von O. Pontal, Les statuts synodaux français du XIIIe siècle II, Paris 1983, 474–477.

49 Über die zunehmende Bedeutung der Gotteshausmeister im 13. Jh. vgl. M. Clément, Recherches sur la paroisse et les fabriques au commencement du XIIIe siècle d'après les registres pontificaux, in: MEFRM 15

Aber vor allem in den stark urbanisierten Gebieten wie den Niederlanden und den Mittelmeerregionen lehnten es zahlreiche Gläubige ab, daß man ihnen lediglich Verwaltungsaufgaben zugestand; sie suchten fromme Vereinigungen zu gründen, in deren Rahmen sie ohne Verzicht auf ihren weltlichen Stand ein religiöses Leben pflegen konnten[50]. Haupthindernis für den Zugang der Laien zu einem wahrhaftigen religiösen Leben war allerdings die Ehe. In den Augen des Klerus galt der Geschlechtsakt, selbst unter legitimen Eheleuten, als Befleckung; die Jungfräulichkeit wurde als Zustand der Vollkommenheit *par excellence* betrachtet. Vom ausgehenden 13. Jh. an setzte in dieser Hinsicht jedoch ein Wandel ein. Papst Alexander III. stellte 1175 ein bedeutsames Privileg für den Ritterorden von Santiago aus, der in León zur Reconquista Spaniens gerade gegründet worden war, und erklärte darin, daß für den Mönchsstand nicht die Jungfräulichkeit, sondern die Beobachtung einer Regel wesentlich sei. Die Ritter, die in jenen Ritterorden eintraten, konnten also mit gutem Recht als Ordensleute gelten, ob sie nun verheiratet waren oder nicht, und zwar in dem Maße, wie sie Gelübde abgelegt hatten und ihr Leben für die Verteidigung des christlichen Glaubens einsetzten[51]. Der Text dieses Privilegs wurde von Innozenz III. erneut bestätigt. Seine Bedeutung ist gewaltig. Hier kam eine verinnerlichte Auffassung von „Weltflucht" zur Sprache: Diese wurde nicht mehr zwangsläufig mit einer Absage an das Geschlechtliche gleichgesetzt, sondern galt nunmehr als Kampf gegen das Böse mit allen seinen Formen. Und in diesem Kampf war kein Christ allein aufgrund seiner Lebensführung *a priori* disqualifiziert[52]. Einige Jahrzehnte später zogen die Kanonisten die Folgerungen aus dieser Wende. Hostiensis (Heinrich von Susa) etwa schrieb in seiner *Summa aurea* (1253): „Im weiteren Sinne nennt man ‚religiosi' jene, die religiös und heilig leben, nicht weil sie sich einer genauen Regel unterwerfen, sondern aufgrund ihres Lebens selbst, das schlichter und härter ist als das der anderen Laien, die ein rein weltliches Dasein führen."[53]

Tatsächlich kam es vom Beginn des 12. bis in die Mitte des 13. Jh. zu einer Blüte unterschiedlicher Formen religiösen Lebens von Laien beiderlei Geschlechts. So entstanden zum Beispiel die ländlichen Büßergemeinschaften Norditaliens. Sie gruppierten sich um eine Kirche oder ein Hospiz, verrichteten Feldarbeit und lebten in Arbeits- und Gütergemeinschaft, nachdem sie in die Hände eines Bischofs oder eines Abtes ein Bußgelübde abgelegt hatten[54]. Origineller war der Dritte Orden der Humiliaten von der Lombardei, deren Regel 1201 durch Innozenz III. bestätigt wurde. Seine Mitglieder, verheiratete oder auch unverheiratete Laien, lebten in der Stadt in ihrem eigenen Haus nach einem „Lebensentwurf" *(propositum)*, der es ihnen erlaubte, Arbeit und Familienleben mit der Praxis des evangelischen Ideals zu verbinden[55]. Ganz ähnliche Konstitutionen wurden in den Jahren

---

(1895) 387–418; B. Jacqueline, Les paroisses rurales de Normandie au Moyen Age, in: Parlers et traditions populaires de Normandie 13 (1980) 25–30.

50 Vgl. Vauchez, La spiritualité 141–145.

51 JL 12504; Ed.: J. L. Martín, Orígenes de la Orden Militar de Santiago (1170–1195), Barcelona 1974, 248–254, Nr. 73 zu 1175 Juli 5; E. Gallego Blanco, The Rule of the Spanish Military Order of St. James (1170–1493), Leiden 1971.

52 Eine gute Darstellung und Analyse der Bedeutung dieser Strömung findet sich bei M. D. Chenu, Moines, clercs et laïcs au carrefour de la vie évangélique, in: RHE 49 (1954) 59–89; vgl. H. Grundmann, Religiöse Bewegungen im Mittelalter, Darmstadt ²1961.

53 Hostiensis, Summa aurea, L. III, Venedig 1570, 193.

54 Vgl. G. G. Meersseman, I penitenti nei secoli XI e XII, in: Ordo fraternitatis I, 265–304.

55 Text in H. Tiraboschi, Vetera Humiliatorum Monumenta II, Mailand 1766, 128ff; R. Manselli, Humiliés, in: DSp VII, Paris 1969, 1129–1136.

1208/1210 vom gleichen Papst den von Durandus von Huesca gegründeten „Katholischen Armen“ – ehemaligen, zur Rechtgläubigkeit zurückgekehrten Waldensern – sowie den „Armen Lombarden“ Bernard Prims gewährt.

Um diese Zeit konstituierte sich unter den Laien in den Gebieten, die sich von Flandern über die Diözese Lüttich und das Elsaß bis nach Bayern hinein erstreckten, auch eine Frauenbewegung: die Beginen. Sie lebten allein oder in Gemeinschaft unter der Leitung einer der ihren, legten keine ewigen Gelübde ab, führten jedoch ein Leben der Handarbeit, der Armenhilfe und des Gebets[56]. Bei einigen von ihnen mündete die hingebende Betrachtung des Leidens Christi in die freiwillige Suche nach Leiden und in ein Verlangen nach vollkommener Entsagung, wie etwa bei Maria von Oignies († 1213). Durch die 1215 verfaßte Lebensbeschreibung ihres Seelenführers, des künftigen Bischofs von Akkon und Kardinals Jakob von Vitry, wurde diese Begine weithin bekannt. Jakob erlangte von Honorius III. die mündliche – aber niemals durch ein feierliches Dokument bekräftigte – Bestätigung der Lebensweise der Beginen[57].

Die wichtigsten Vereinigungen von *laici religiosi* in Italien waren die in einem *Ordo de poenitentia* zusammengefaßten Bußbruderschaften[58]. Sie erscheinen zum erstenmal 1221 in einer Urkunde Honorius' III., der darin die Büßer von Faenza in der Romagna unter seinen Schutz nimmt; doch lag ihr erstes Auftreten sicher noch vor 1215. Das *propositum* der Büßer – es glich unter gewissen Gesichtspunkten dem des Dritten Ordens der Humiliaten – bestand in einem öffentlichen Versprechen, sich Gott zu weihen. Die Büßer und Büßerinnen verpflichteten sich freiwillig, schlichte Kleidung zu tragen: einen einfachen Habit aus grauer, ungefärbter Wolle. Das Anlegen dieses charakteristischen Gewandes allein schon galt als Ablegung eines Gelübdes. Wer diese Kleidung trug, mußte auf die Teilnahme an Festmählern, Schauspielen und Tanz verzichten und strengeres und häufigeres Fasten einhalten als die anderen Laien. Während bestimmter Zeiträume des liturgischen Jahres waren die verheirateten Mitglieder verpflichtet, sich des Geschlechtsverkehrs zu enthalten; daher der Name „Enthaltsame“ *(continentes)*, den man ihnen zuweilen zulegte; doch handelte es sich um eine periodische Enthaltsamkeit und nicht um ein völliges Verbot des ehelichen Verkehrs. Was das religiöse Leben selbst betrifft, so verpflichteten sich die Büßer, täglich das Stundengebet zu beten; die des Lesens Unkundigen konnten jede einzelne Hore durch sieben Vaterunser und zwölf Ave Maria am Mittag ersetzen, zusätzlich Credo und Miserere zu Prim und Komplet. Wenigstens dreimal im Jahr (an Weihnachten, Ostern und Pfingsten) mußte man beichten und kommunizieren und sich einmal im Monat in einer Kirche versammeln; die betreffende Kirche wurde ihnen von ihren „ministri“, das heißt den verantwortlichen Laien der Bruderschaft, angewiesen; sie wohnten bei dieser Gelegenheit gemeinsam der Messe bei und hörten sich eine Mahnpredigt an, die ihnen ein in der Auslegung des Wortes Gottes unterrichteter Ordensmann hielt. In ihren Beziehungen zur

---

[56] Grundlegend über die Beginen: E. W. McDonnell, Beguines and Beghards in Medieval Culture, with Special Emphasis on the Belgian Scene, New Brunswick 1954; neuere Bibliographie bei A. Mens, Beghine, in: DIP, Bd. 1, Rom 1974, 1165–1180.

[57] Zu Maria von Oignies und ihrer Vita vgl. M. Lauwers, Expérience béguinale et récit hagiographique. A propos de la Vita Mariae Oigniacensis de Jacques de Vitry (vers 1215), in: Journal des Savants (1989) 61–103; A. Vauchez, Prosélytisme et action antihérétique en milieu féminin au XIIIe siècle: la Vie de Marie d'Oignies († 1213) par Jacques de Vitry, in: J. Marx (Hrsg.), Propagande et contre-propagande religieuses, Brüssel 1987, 95–110; K. Ruh, Geschichte der abendländischen Mystik II, München 1993, 85–90.

[58] G. G. Meersseman, Dossier de l'ordre de la Pénitence au XIIIe siècle, Fribourg/Schweiz 1982.

gesellschaftlichen Umwelt zeigte sich die Eigenart ihrer Lebensweise ganz besonders deutlich. Die Brüder und Schwestern wurden nämlich in die Gemeinschaft erst aufgenommen, nachdem sie unrechtmäßig erworbenes Gut zurückerstattet und ehrlose Tätigkeiten aufgegeben hatten. Außerdem lehnten sie aus genauer Beachtung der Vorschriften des Evangeliums den Dienst mit der Waffe und die Eidesleistung ab, was in Italien zu ernsten Schwierigkeiten mit der jeweiligen Obrigkeit führte. Zwischenfälle solcher Art machten ein häufiges Eingreifen der Bischöfe und Päpste zugunsten der Büßer notwendig. Schließlich gelang es, auf der Grundlage einer Art „Zivildienst" einen Vergleich zu finden: Die Büßer übernahmen kostenlos gewisse öffentliche Aufgaben in ihren jeweiligen Gemeinden, vom Gefangenenbesuch bis zur Aufsicht über die Gemeindefinanzen.

Alle diese Laienvereinigungen neuen Typs waren von einer Spiritualität belebt, die man als Bußgeist bezeichnen kann, vorausgesetzt, daß man den Inhalt dieses Begriffes richtig versteht[59]. Für die frommen Christen jener Zeit hieß „Buße tun" nicht nur, seine Sünden zu bereuen und, nach den Vorschriften des IV. Laterankonzils, einmal im Jahr beim eigenen Pfarrer zu beichten. „Buße tun" hieß vielmehr im weiteren und tieferen Sinn, das Wort Christi bei Matthäus 4,17 buchstäblich zu nehmen: „Kehrt um! Denn das Himmelreich ist nahe." Es bedeutete eine schon auf Erden gelebte und erfahrene Bekehrung, die sich in einer Lebensänderung und einer Absage an die Sünde bezeugt. Bis zum Beginn des 13. Jh. war das Mönchtum die am weitesten verbreitete Form des Bußlebens. Aber das sich in der Welt der Laien entwickelnde religiöse Streben hatte ebenfalls diesen Bußbegriff modifiziert. „Buße" verstand sich fortan als frommes und verhältnismäßig asketisches, aber eben auch von den in der Welt und im Ehebund lebenden Laien praktizierbares Leben.

Zu einer Zeit, da die Mönche oft der Versuchung erlagen, den ihrer Gemeinschaft gehörigen Reichtum eigensüchtig zu nutzen, oder sich von den Aufgaben der Güterverwaltung in Anspruch nehmen ließen, wurden zahlreiche Laien, denen die Priester eindringlich die Armut Christi vor Augen führten, hellhörig für die Not der Mittellosen und die im städtischen Milieu entstehenden neuen sozialen Randgruppen[60]. Es kam daher zu einer wahren Blüte von karitativen Initiativen im ganzen Abendland. Manche dieser Initiativen wuchsen sich zu religiösen Orden aus. So entstanden die Antoniter, auch Hospitalorden des heiligen Antonius genannt; sie wurden von einem Edelmann der Dauphiné und dessen Sohn gegründet mit der Aufgabe, die verheerende Krankheit des „Mal des ardents" (Ergotismus oder Mutterkornvergiftung) zu bekämpfen. So entstanden auch der im beginnenden 13. Jh. von Guy von Montpellier gegründete Orden vom Heiligen Geist und der Hospitalorden vom heiligen Lazarus zur Pflege der Leprakranken. Andere Initiativen behielten die Form von Bruderschaften oder Laienvereinigungen bei wie jene im Rhônetal, in der Lombardei und in der Toskana tätigen Gemeinschaften zum Bau von Brücken, um den Reisenden und Pilgern den Weg zu erleichtern[61]. Neben diesen strukturierten Organisationen gab es noch unzählige andere, von Dorf- oder Stadtgemeinden oder auch einzelnen wohlhabenden

---

[59] A. Vauchez, Pénitents au Moyen Age, in: DSp XII/1, Paris 1984, 1010–1023.

[60] Vgl. La conversione alla povertà nell'Italia dei sec. XII–XIV (Todi 1990), Todi 1991; G. G. Merlo, Religiosità e cultura religiosa dei laici nel secolo XII, in: L'Europa dei secoli XI e XII fra novità e tradizione (La Mendola 1986), Mailand 1989, 197–224.

[61] A. Vauchez, Une nouveauté du XIIe siècle: les saints laïcs de l'Italie communale, in: L'Europa dei secoli XI e XII 57–80. Grundlegend für die Geschichte des Antoniusordens ist jetzt A. Mischlewski, Grundzüge der Geschichte des Antoniterordens bis zum Ausgang des 15. Jahrhunderts, Köln – Wien 1976.

Bürgern gestiftete religiöse Einrichtungen – Krankenhäuser, Hospize, Lepraheime usw., in denen Arme und Kranke aufgenommen, versorgt und gepflegt wurden von Laienschwestern oder -brüdern, die sich freiwillig zum Dienst an den von allen Verlassenen entschlossen hatten[62].

Im Kontext der religiösen Vereinigungen von Laien mit dem Ziel, das ewige Heil zu erwerben, gab es unter dem Einfluß der eschatologischen, von den radikalen Franziskanern (Spiritualen) in den Mittelmeerländern übernommenen und verbreiteten Vorstellungen Joachims von Fiore eine Sonderentwicklung: die Flagellanten. Sie traten 1260 zum erstenmal in Perugia auf, wo ein ortsansässiger Büßer namens Rainer Fasani den Einwohnern der Stadt einen Brief vorgelesen hatte, den er von der Madonna empfangen haben wollte und der ihm gebot, sich öffentlich zu geißeln und seine Mitbürger zum selben Tun aufzufordern, um so den Zorn Gottes zu besänftigen. In ihrer Angst vor dem unmittelbar bevorstehenden göttlichen Strafgericht folgten die Bürger der Stadt in Scharen dem Ruf Rainers und begannen, sich auf Sühneprozessionen gegenseitig zu geißeln. Wer diese Geißelung auf sich nahm, fühlte sich Christus nahe, denn er trug dessen Leiden an seinem eigenen Leib[63]. Dieser Bußritus, den die Mönche nur in ihrer klösterlichen Abgeschlossenheit vollzogen, wurde so zum Heilsweg für die Laien, die ihm Öffentlichkeit und Gemeinschaftscharakter verliehen. Die Flagellanten zeigten ihr Verlangen nach Bekehrung auch dadurch, daß sie sich mit ihren Feinden versöhnten und zudem das durch die Praxis der Zinsleihe zu Unrecht erworbene Gut zurückerstatteten. Man darf also die Flagellantenbewegung nicht einzig und allein an ihrem übersteigerten und blutigen Ritual der Geißelung messen. Wenn die „Battuti“ oder „Disciplinati“, wie man sie in Italien nannte, sich versammelten und in Prozession von Stadt zu Stadt zogen, sangen sie auf ihrem Weg, auf dem sie sich gegenseitig geißelten, Loblieder zu Ehren Gottes, der Jungfrau Maria und der Heiligen. Als die Bewegung dann kirchlich geordnet und institutionalisiert war, entfaltete sich inmitten ihrer Bruderschaften eine wahre, bisher noch nicht gekannte religiöse Poesie in der Landessprache[64].

5. *Das Auftreten der Frauen und die Ursprünge der Mystik im Abendland*

Eine der auffallendsten Entwicklungen zwischen dem ausgehenden 12. und dem Ende des 13. Jh. betraf die Stellung der Frauen. Im Bereich des religiösen Lebens gewannen sie großes Ansehen[65]. Bisher war das Religiöse fast ausschließlich Domäne der Männer gewesen. Aus ihrer Mitte kamen die Bischöfe und die Priester, die Mönche und die Einsiedler, mit einem Wort alle jene, die auf diesem Gebiet Einfluß ausübten. Gewiß bestanden seit dem Hochmittelalter Frauenabteien; aber sie waren weitaus weniger zahlreich und angesehen als die Männerklöster und besaßen mit Ausnahme einiger Gründungen durch Herrscher

---

[62] Vgl. Esperienze religiose e opere assistenziali nei secoli XII e XIII, Turin 1987; G. G. Merlo, La storia dei „senza nomi“ nel secolo XII, in: Nuova Rivista Storica 75 (1991) 119–133.

[63] Zu den Geißlern vgl. Il movimento dei disciplinati nel settimo centenario dal suo inizio (Perugia 1260), Perugia 1962; Risultati e prospettive della ricerca sui disciplinati (Perugia 1969), Perugia 1972.

[64] Vgl. A. Vauchez, La Bible des confréries et des mouvements de pénitence, in: P. Riché – G. Lobrichon (Hrsg.), Le Moyen Age et la Bible, Paris 1984, 581–595.

[65] Zu diesem Phänomen vgl. die Beiträge von J. Dalarun, P. L'Hermite-Leclercq und Ch. Frugoni, in: G. Duby – M. Perrot (Hrsg.), Histoire des femmes en Occident II: Le Moyen Age, Paris 1991 (dt. Geschichte der Frauen 2: Mittelalter, Frankfurt – New York 1993).

im allgemeinen nur eine schwache Eigenständigkeit[66]. Nach der Statistik, deren Gültigkeit man im einzelnen sicher anzweifeln kann, die aber im großen und ganzen Vertrauen zu verdienen scheint, waren weniger als zehn Prozent aller zwischen dem 5. und dem 12. Jh. im Abendland verehrten Heiligen weiblichen Geschlechts. Am niedrigsten lag dieser Prozentsatz zwischen den Jahren 800 und 1150; danach wuchs der Anteil der Frauen und trat dann um 1250 deutlich hervor[67]. Sicher besitzen diese Zahlen nur relativen Wert, doch gibt es andere damit übereinstimmende Tatsachen. So fehlt etwa in der mittelalterlichen Hagiographie bis zum beginnenden 13. Jh. ein eigentlich weibliches Heiligenmodell. De facto konnte eine Frau vor dieser Epoche zur Ehre der Altäre nur dann erhoben werden, wenn ihr Verhalten männliche Tugenden bewies, denn die allgemein verbreitete Auffassung sah im Weiblichen nur Schwäche und Triebhaftes. Eine Frau konnte daher dem Verdacht, der *a priori* auf ihr lastete, nur in dem Maße entgehen, wie sie sich fähig zeigte, ihre Natur zu überwinden und sich wie ein Mann zu verhalten. In dieser Hinsicht traf sich das vom hl. Hieronymus beeinflußte pessimistische Urteil der Kleriker über die Frauen mit dem der von lehnrechtlichen Normen geprägten Gesellschaft, die der Frau im allgemeinen nur einen eng begrenzten Platz einräumte und von ihr ein Verhalten gemäß ihrer Vorstellungswelt erwartete. Die Frauen waren einfach schutzbedürftig; sie wurden aus der Herrschaft ihres Vaters in die ihres Ehemanns übergeben. Nur manche Töchter, die aufgrund ihrer erbrechtlichen Stellung Herrschaftsträgerinnen waren, oder mit ihren Kindern lebende Witwen aus dem hohen Adel waren vereinzelt in der Lage zu persönlichen Initiativen[68].

Diesem vorwiegend düsteren Bild hält man oft entgegen, daß die mittelalterliche Frömmigkeit vom 12. Jh. an zunehmend durch den Aufschwung der Marienverehrung gekennzeichnet war. Diese Tatsache ist unbestreitbar, und es ist sicher kein Zufall, daß die meisten der zwischen 1140 und 1260 erbauten gothischen Kathedralen Unserer Lieben Frau gewidmet wurden. Und doch gilt es, die Bedeutung dieses Phänomens und seine Grenzen richtig einzuschätzen. Denn seltsamerweise wirkte diese Erhöhung der Jungfrau Maria nur schwach auf die weibliche Heiligungsfähigkeit zurück. Die mittelalterliche Mariologie, die sich von Anselm von Canterbury bis zu Bernhard von Clairvaux und der Zisterzienserspiritualität außerordentlich stark entwickelte, war in Wirklichkeit hauptsächlich für die Männer bestimmt, für jene Kleriker und Ordensmänner, die von der Kirche energisch zur Enthaltsamkeit angehalten wurden. Maria, die Jungfrau und Mutter, war für die Frauen kein glaubhaftes und nachahmbares Modell, ob sie nun Gattinnen waren oder Nonnen. Sie wurde übrigens von den kirchlichen Autoren, die ihre Verdienste und Wundermacht priesen, selten als ein solches hingestellt: Maria als Tochter und Mutter Gottes erstrahlte wie eine Gestalt, die der natürlichen Ordnung enthoben war, und konnte als solche nicht nachgeahmt werden[69].

---

[66] Vgl. M. Parisse, Les nonnes au Moyen Age, Paris 1983; P. L'Hermite-Leclercq, Le monachisme féminin dans la société de son temps. Le monastère de la Celle, XIe–début du XVIe siècle, Paris 1989.

[67] J. Tibetts-Schulenburg, Sexism and the Celestial Gynaeceum, in: JMH 4 (1978) 117–133; Vauchez, La sainteté 315–318.

[68] Das hat G. Duby gut gezeigt in Le chevalier, la femme et le prêtre. Le mariage dans la France féodale, Paris 1981 (dt.: Ritter, Frau und Priester. Die Ehe im feudalen Frankreich, Frankfurt a. M. 1985). Vgl. auch R. Metz, La femme et l'enfant dans le droit canonique médiéval, London 1985; ein klares und sprechendes Beispiel gibt P. Amargier, Eloge d'une reine: Marie de Montpellier, in: Les femmes dans la vie religieuse du Languedoc (XIIIe–XIVe s.), Toulouse 1988, 21–36 (Cahiers de Fanjeaux 23).

[69] Es liegt gegenwärtig keine umfassende und befriedigende Untersuchung zur Marienverehrung im Mittel-

Ein wachsender Marienkult führte zur Darstellung von wichtigen Ereignissen des Marienlebens in den Tympana der Kirchen. Beispiele sind die Anbetung der Könige im Tympanon der „Goldenen Pforte“ der Marienkirche in Freiberg/Sachsen (um 1230) und die „Marienkrönung“ (um 1230) über dem Portal des südlichen Querhauses des Straßburger Münsters.

Die Marienverehrung führt aber auch zu rührend individuellen Frömmigkeitserweisen, wie sie die Schnitzerei eines betenden Ritters an einem Chorgestühl zeigt (13. Jh. Köln, Schnütgenmuseum).

Hingegen hat der Marienkult zweifellos dazu beigetragen, die Stellung der Frau in der mittelalterlichen Vorstellungswelt zu wandeln. Die Macht Marias wurde kräftig unterstrichen: Sie kann den Dämon besiegen und den Sündern bis in die letzten Augenblicke ihres Lebens hinein beistehen kraft der Autorität, die sie über ihren Sohn ausübt; der Gedanke verbreitete sich, der Sohn könne der Mutter nichts verweigern. Seit Bernhard von Clairvaux fand bei den geistlichen Schriftstellern das Thema von der doppelten Fürsprache Christi und Marias immer größeren Anklang. Von nun an thronte die Gottesmutter, durch die Gnade erlöste Verkörperung der Weiblichkeit, aber auch Symbolgestalt der lehrenden und triumphierenden Kirche, im Tympanon der Kathedralen. Sie wurde schließlich in den Krönungsszenen sogar an der Seite Christi dargestellt, als wäre sie ihm an Macht und Hoheit ebenbürtig[70]. Wenn auch die Theologen zögerten, die Überzeugung des gläubigen Volkes von der Rolle Marias als Miterlöserin der Menschheit aufzunehmen und gleichsam die Frau zur hypostatischen Gestalt des Göttlichen zu

---

alter vor. Zahlreiche nützliche Informationen finden sich jedoch außer in dem älteren Standardwerk von St. Beissel, Geschichte der Verehrung Marias in Deutschland während des Mittelalters, Freiburg i. Br. 1909, bei H. du Manoir, Maria. Etudes sur la Sainte Vierge II, Paris 1952; vgl. auch J. Leclercq, Saint Bernard et la dévotion médiévale envers Marie, in: RAM 30 (1954) 361–375, und S. Barnay, Les apparitions mariales, Paris 1992. Vgl. auch W. Beinert – H. Petri (Hrsg.), Handbuch der Mariakunde, Regensburg 1984.

70 Vgl. Ph. Verdier, Le couronnement de la Vierge dans l'art gothique, Rom 1979; K. E. Börresen, Anthropologie médiévale et théologie mariale, Oslo 1971; J. Dalarun, Eve, Marie ou Madeleine? La dignité du corps féminin dans l'hagiographie médiévale, in: Médiévales 8 (1985) 18–32.

erheben, so kam diese Überzeugung in der Kunst des 13. Jh. doch schon zum Ausdruck. In diesem neuen Kontext muß man die zaghafte Entwicklung der kirchlichen Haltung gegenüber der Frau und ihrer Stellung im religiösen Leben sehen. Schon 1173 erinnerte Papst Alexander III. – uns scheint es eine Binsenwahrheit, war es aber damals nicht –: „Wenn unser Herr von einer Frau hat geboren werden wollen, so nicht nur für die Männer, sondern auch für die Frauen"; einige Jahrzehnte danach ging der später heiliggesprochene Bischof Hugo von Lincoln († 1200), ein ehemaliger Kartäuser, noch weiter, indem er erklärte: „Es war keinem Mann gestattet, Vater Gottes zu heißen, eine Frau hingegen konnte Mutter Gottes werden."[71] Die Rehabilitierung der Frau von seiten der Kirchenmänner ließ allerdings die Frage nach ihrer Heiligung unbeantwortet. Gewiß, man erklärte, sie habe eine Seele und könne gerettet werden; etwas anderes war es freilich zu sagen, ein solches nach allgemeiner Auffassung der Sünde, besonders der fleischlichen Sünde zugeneigtes Wesen könne zur christlichen Vollkommenheit und gegebenenfalls zur Ehre der Altäre gelangen.

Doch dieses Hindernis wurde von den Frauen selbst überwunden, und zwar auf dem Weg über die Spiritualität der Buße. Sie verlieh ihnen die Kraft, zur Sühne ihrer Sünden und zur Vereinigung mit Gott jenes entsagende und asketische Leben freiwillig auf sich zu nehmen, das die Kirche in den ersten Jahrhunderten den wiederversöhnten öffentlichen Sündern als Buße auferlegt hatte. Die berühmteste und zweifellos einflußreichste Verkörperung dieses Ideals war in der Hagiographie und der Ikonographie die heilige Maria Magdalena mit ihrem Gefolge zahlreicher anderer Gestalten reuiger Sünderinnen orientalischer Herkunft wie der Heiligen Pelagia, Thais und Maria der Ägypterin, um nur die bekanntesten zu erwähnen[72]. In allen diesen Fällen handelte es sich um Frauen, die sich zuvor unter dem Einfluß des Bösen der Unzucht, zuweilen gar der Prostitution hingegeben, dann aber sich bekehrt und durch Liebe und Tränen vom Bösen befreit hatten, um sich dem kontemplativen Leben oder auch dem Apostolat zu widmen. Dies gilt für Magdalena, von der die Legende erzählt, sie habe den Bewohnern von Marseille den christlichen Glauben verkündigt und sich dann in die Grotte von Sainte-Baume zurückgezogen, wo sie starb[73]. Diese frühchristlichen Vorbilder wurden jetzt aktuell. Ihre Verbreitung unter dem christlichen Volk förderte ein anderes Verständnis von Heiligkeit. Heiligkeit war nicht mehr ein Produkt privater oder gesellschaftlicher Tugenden, sondern siegreicher Abschluß einer Umkehr, die auf Reue und Abtötung basierte und darin gipfelte, inmitten der Welt wie Mönche oder Eremiten zu leben. In dieser Hinsicht befanden sich die Frauen in einer besonders günstigen Lage, mußten sie doch von ganz unten – die Definition der Demut selbst – ausgehen. Und da sie in dieser Zeit im allgemeinen weder Macht noch Wissen besaßen, stand ihnen nur ihre Liebesfähigkeit zu Gebote.

Dieses von der Wiederentdeckung der evangelischen Werte geprägte geistliche Klima erleichterte den Frauen den vor allem nach 1200 häufig wahrgenommenen Zutritt zu religiö-

---

[71] Zu diesem Wandel in der Haltung des Klerus gegenüber den Frauen vgl. M. Th. d'Alverny, Comment les théologiens et les philosophes voient les femmes, in: La femme dans la civilisation des Xe–XIIIe siècles (CCM 20), Poitiers 1977, 105–129; Vauchez, La sainteté 428–439.

[72] Vgl. E. Dorn, Der sündige Heilige in den Legenden des Mittelalters. München 1967, bes. 52–70; P. Petitmengin (Hrsg.), Pélagie la pénitente I–II, Paris 1981/85.

[73] V. Saxer, Le culte de Marie-Madeleine des origines à la fin du Moyen Age, Auxerre – Paris 1959; E. Duperray (Hrsg.), Marie Madeleine dans la mystique, les arts et les lettres, Paris 1989.

sen Lebensformen. Neben jenen, die zusammen mit ihren Ehemännern Buß- oder anderen Bruderschaften angehörten, nahmen im Verlauf des 13. Jh. die *mulieres religiosae* ständig an Zahl zu. Sie lebten einzeln oder in Gruppen außerhalb der Klostermauern und entwikkelten vielfältige Erfahrungen religiösen Lebens. Alle jedoch inspirierte, wenn auch auf unterschiedliche Weise, das Ideal der Bußfertigkeit[74]. Das konnte von völliger Zurückgezogenheit in einer an den Kirchhof grenzenden oder in die Stadtmauer eingelassenen Zelle bis zu einer Art städtischen Einsiedlertums gehen, das den Ehelosen oder Witwen erlaubte, unter Aufsicht ihres Beichtvaters ein Gebetsleben im Rahmen der Familie mit karitativen Tätigkeiten außerhalb des Hauses zu verbinden[75]. Dieses „Semireligiosentum", wie es gewisse Historiker nennen, hatte manchmal auch die Form eines Einsatzes im Dienst an den Armen und Kranken in Hospitälern oder Leprosenheimen oder nahm die Form eines Gemeinschaftslebens ohne ewige Gelübde an, wie das bei den Beginen, den „Töchtern Gottes" und dem Maria-Magdalenenorden (Reuerinnen) der Fall war[76]. Die beiden letztgenannten vereinigten sicher ehemalige Prostituierte; sie hatten spontan auf ihr Tun verzichtet oder waren durch glühende Prediger wie Fulco von Neuilly oder durch glaubenseifrige Bischöfe wie Wilhelm von Auvergne in Paris aus ihrem bisherigen Leben herausgerissen worden[77]. So interessant die Unterschiede zwischen diesen verschiedenen Gemeinschaften auch sein mögen, sie besaßen doch nur eine relative Bedeutung, solange sie das ganze 13. Jh. hindurch institutionell völlig ungefestigt blieben. In Nordfrankreich und in den Niederlanden registriert man einen häufigen Übertritt weiblicher Gemeinschaften nach Art des Beginentums zum Mönchtum zisterziensischer Prägung. In den Mittelmeerländern bemühten sich die Päpste mit relativem Erfolg, die „incluse" oder „incarcerate" zu regulieren; sie schrieben ihnen feste Regeln vor und unterstellten sie der Kontrolle der Bettelorden[78]. Die Kleriker fürchteten insbesondere, diese oft leidenschaftlichen Frauen könnten ein Vagantendasein führen, herumstreichen und nach Art der Häretiker ein freies Apostolat ausüben. Die beherrschende Rolle der Priester und Ordensmänner durfte auf keinen Fall in Frage gestellt werden, auch wenn man einen gewissen geistlichen Aufstieg der Frau begrüßte. Der Klerus hatte der eigentliche Träger von Autorität in der Kirche zu bleiben. Als man daher einigen (Laien-)Frauen modellhaften Heiligkeitscharakter zusprach, wie etwa Maria von Oignies († 1213) und vor allem der von Gregor IX. 1235 heiliggesprochenen Elisabeth von Thüringen († 1231), betonte man nicht nur ihre Näch-

---

[74] B. Bolton, Mulieres sanctae, in: Sanctity and Secularity. The Church and the World, Oxford 1973, 76–95 (Studies in Church History 10); ders., Vitae matrum. A Further Aspect of the Frauenfrage, in: Medieval Women, Oxford 1978, 253–274 (Studies in Church History, Subsidies I).

[75] P. L'Hermite-Leclercq, La réclusion volontaire au Moyen Age: une institution spécifiquement féminine, in: La condición de la mujer en la Edad Media, Madrid 1986, 135–154; A. Benvenuti-Papi, In castro poenitentiae. Santità e società femminile nell'Italia medievale, Rom 1990, bes. 59–100 u. 263–416.

[76] H. Grundmann, Religiöse Bewegungen im Mittelalter, Darmstadt ^{2}1961; vgl. auch K. Elm, Die Stellung der Frau in Ordenswesen, Semireligiosentum und Haeresie zur Zeit der heiligen Elisabeth, in: Sankt Elisabeth, Fürstin, Dienerin, Heilige, Sigmaringen 1981, 7–28, und B. Delmaire, Les béguines dans le Nord de la France au premier siècle de leur histoire (vers 1230–vers 1350), in: M. Parisse (Hrsg.), Les religieuses en France au XIII siècle, Nancy 1985, 132–176.

[77] Zu den „Töchtern Gottes" vgl. F. Chaube, Les Filles-Dieu de Rouen aux XIIIe–XVe siècles, in: Revue Mabillon, Neue Reihe 1 (1990) 179–211; A. Simon, L'ordre des Pénitentes de Sainte-Marie-Madeleine an Allemagne au XIIIe siècle, Fribourg/Schweiz 1918.

[78] Vgl. R. Rusconi (Hrsg.), Il movimento femminile in Umbria nei secoli XIII–XIV, Florenz – Perugia 1984; ders., Movimento religioso femminile e Francescanesimo, Assisi 1980.

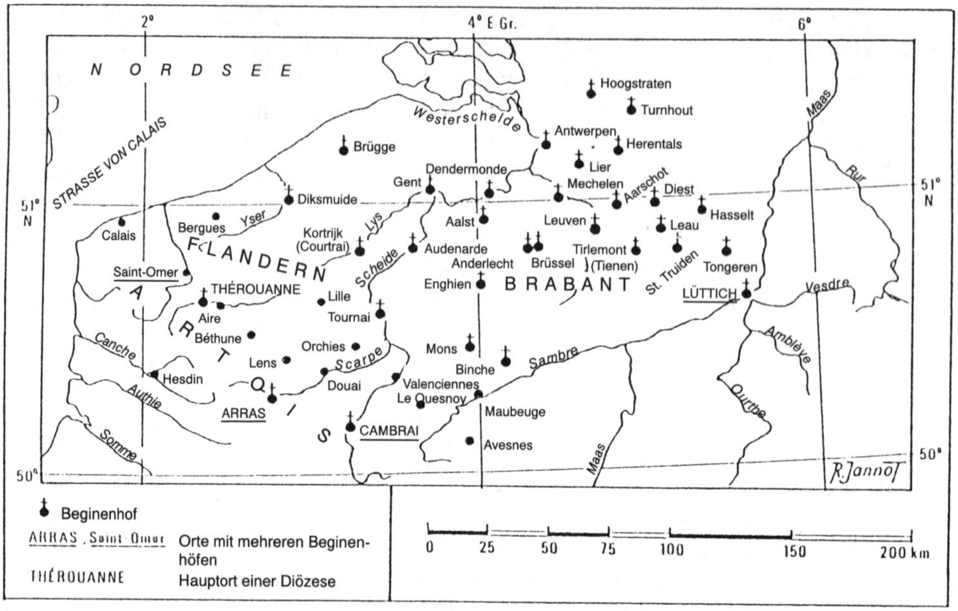

Die Beginen in Holland, Belgien und Nordfrankreich am Ende des 12. Jahrhunderts.

stenliebe und Frömmigkeit, sondern auch ihre Untergebenheit den Seelenführern gegenüber, ob es sich dabei nun um Jakob von Vitry oder um den furchteinflößenden Konrad von Marburg handelte[79].

Die Frauen, Laien oder Nonnen, die sich für eine christliche Lebensführung entschieden hatten, begannen indessen sehr bald, neue Wege zu suchen, auf denen sie den Männern vorangingen. Bereits im 12. Jh. hatte die benediktinische Äbtissin Hildegard von Bingen († 1179) als erste der Strömung eines visionären Prophetentums den Anstoß gegeben, die sich dann in den letzten Jahrhunderten des Mittelalters mächtig entfalten sollte. Bernhard von Clairvaux wie auch sein Zeitgenosse und Freund Papst Eugen III. hatten die Inspiration und Aktion der „rheinischen Sibylle", deren Botschaften um das Jahr 1200 durch den Mönch Gottfried zusammengefaßt und verbreitet wurden, gutgeheißen[80]. Andere Ordensfrauen wie die Nonnen des Klosters Helfta in Sachsen (13. Jh.) bevorzugten den Weg der mystischen Erfahrung. Zu nennen sind hier Gertrud von Hackeborn und Gertrud die Große. Sie folgten darin den Spuren Mechtilds von Magdeburg, die um 1250 ein Buch mit dem Titel „Das fließende Licht der Gottheit" verfaßte. Diese oft dem Adel entstammenden, von den gesellschaftlichen Zwängen der verheirateten Frauen freien deutschen Nonnen legten bei ihrer Suche nach Gott erstaunliche Kühnheit an den Tag und bedienten sich

---

[79] Vgl. M. Werner, Die heilige Elisabeth und Konrad von Marburg, in: Sankt Elisabeth 45–69.
[80] Zu Hildegard von Bingen vgl. B. Newman, Sister of Wisdom. St. Hildegard's Theology of the Feminine, Berkeley 1987; S. Gouguenheim, La place de la femme dans la création et dans la société chez Hildegarde de Bingen, in: Revue Mabillon 2 (1991) 99–118; A. Ph. Brück (Hrsg.), Hildegard von Bingen. Festschrift zum 800. Todestag der Heiligen, Mainz 1979.

Daß auch heilige Frauen männlichen Seelenführern unterstellt waren, zeigt die Szene der Züchtigung der hl. Elisabeth durch Konrad von Marburg in einem Psalter (13. Jh., Bibliothek Sainte-Geneviève, Paris). – Auch die heilige Mystikerin Hildegard von Bingen bediente sich bei der Niederschrift ihrer Visionen der Hilfe des Mönchs Gebenon (Miniatur aus ihrem Werk „Scivias", 13. Jh., Landesbibliothek, Wiesbaden).

einer bemerkenswerten Ausdrucksfreiheit. Zwar galt die von ihnen in ihren Schriften benützte Volkssprache in den Augen der Kleriker als ungeeignet, um die ganze Komplexität und alle Nuancen der geistlichen Erfahrung wiederzugeben. Doch sie behoben diesen Mangel durch einen kühnen Griff in den Wortschatz der höfischen Liebeslyrik; das erklärt auch, warum man diese geistliche Strömung manchmal mit dem Namen „Minnemystik" bezeichnet[81].

Das gleiche Streben und der gleiche Wortschatz finden sich auch in den Niederlanden sowohl bei Beginen wie Maria von Oignies und Hadewijch von Antwerpen als auch in den „Sieben Stufen der Liebe" („Van seven Manieren van heiligher Minnen") wieder, einer in Flämisch geschriebenen Autobiographie der Zisterziensernonne Beatrijs von Nazareth († 1268), die in dieser Schrift die Macht des sie belebenden Gottverlangens preist[82]. Ausgangspunkt ihres mystischen Weges war die Suche nach der Vereinigung mit

---

[81] Eine gute Gesamtdarstellung dieser Bewegung (zusammen mit französischen Übersetzungen der Texte) gibt G. Epinay-Burgard – E. Zum Brunn, Femmes troubadours de Dieu, Turnhout 1988, 67–98. Vgl. auch allg. P. Dinzelbacher (Hrsg.), Wörterbuch der Mystik, Stuttgart 1989.

[82] Beatrijs von Nazareth, Van seven manieren van heileger minnen, hrsg. von H. W. J. Vekeman – J. J.

den Leiden Christi. Dieses geistliche Thema hatte allerdings nichts spezifisch Weibliches an sich. Der erste, bei dem sich das Verlangen nach aktiver Teilnahme an der Passion des Herrn bis zur physischen Vereinigung mit dem Gekreuzigten gesteigert hat, war Franz von Assisi gewesen. Dies hatte der franziskanischen Überlieferung nach im September 1224 bis zur Stigmatisierung in der Einsiedelei von La Verna geführt[83]. Seine Erfahrung - die einzige dieser Art, die damals von der Kirche anerkannt und bestätigt wurde - fand Widerhall vor allem bei den *mulieres religiosae* mit ihrer tiefen Verehrung der fünf Wunden Christi. Die blutenden Wunden des Herrn waren für sie Zugangswege zum Herzen Jesu selbst. Bei der heiligen Luitgard von Tongeren (1182–1246) erscheint dann das Thema vom Austausch der Herzen, das später in der abendländischen Mystik außerordentlichen Widerhall finden sollte[84]. Die von der Welt der Gelehrsamkeit und der Machtsphäre ausgeschlossenen Frauen nahmen fortan das Vorrecht für sich in Anspruch, Christus vor allem in seiner Menschheit zu sehen und sich dem fleischgewordenen Logos in der Eucharistie anzunähern, bis hin zur ekstatischen Liebesvereinigung beider Willen[85]. Dieses innige Verhältnis zum inkarnierten Gott verlieh diesen Frauen eine Würde und Autorität, die es ihnen ermöglichte, jene Schranken zu überschreiten, hinter denen die Gesellschaft und die Kirche sie zu halten suchten. Das bezeugt etwa die spirituelle Ausstrahlungskraft einer heiligen Klara von Assisi, der Gründerin des ersten selbständigen Frauenordens, oder die der heiligen Margareta von Cortona († 1297), einer bekehrten Sünderin, die die Minderbrüder später zur Patronin und führenden Gestalt ihres Dritten Ordens erwählten[86].

Aber im Letzten ging es um etwas sehr viel Wichtigeres: Die *mulieres religiosae* entdeckten, ohne es zu wissen, auf dem Weg über das mystische Empfinden die Erfahrungen der griechischen Kirchenväter wieder, und zwar mittels der Schriften des heiligen Bernhard und Wilhelms von Saint Thierry. Diese Frauen haben vor allem die Vergöttlichung gesucht, das heißt, sie wollten „sich verlieren und auslöschen", um sich „Gott mit Gott" oder sogar „Gott in Gott" wiederzufinden[87]. Begreiflicherweise hat dieses hohe Streben, „durch

---

Th. M. Tersteeg, Zutphen 1971; Hadewijch (van Antwerpen), Het Visionenboek van Hadewijch, hrsg. von H. W. J. Vekeman, Brügge 1980. Zu diesen beiden Mystikerinnen vgl. Epinay-Burgard – Zum Brunn, Femmes 99–173; H. W. J. Vekeman, Beatrijs von Nazareth, Die Mystik einer Zisterzienserin, in: Dinzelbacher – Bauer, Frauenmystik (s. Anm. 87) 78–98; P. Mommaers, Hadewijch, Averbock 1989; Dinzelbacher, Wörterbuch der Mystik 47f, 213f; K. Ruh, Geschichte der abendländischen Mystik 2, München 1993, 137–232.

[83] A. Vauchez, Les stigmates de saint François et leurs détracteurs aux derniers siècles du Moyen Age, in: ders., Religion et société dans l'Occident médiéval, Turin 1980, 139–170.

[84] Vgl. A. Mens, L'Ombrie italienne et l'Ombrie brabançonne. Deux courants religieux parallèles d'inspiration commune, in: Études franciscaines, Supplément 17 (1967) 1–78; C. Bynum, Jesus as a Mother, Studies in the Spirituality of the High Middle Ages, Berkeley – London 1982.

[85] C. Bynum, Holy Fast and Holy Feast. The Religious Significance of Food to Medieval Women, Berkeley 1987.

[86] Zu Klara von Assisi vgl. A. Vauchez, Santa Chiara d'Assisi: una vita per la povertà, in: ders., Ordini Mendicanti e società italiana, XIII–XV secolo, Mailand 1990; M. Bartoli, Chiara d'Assisi, Rom 1989; zu Margareta von Cortona vgl. Benvenuti Papi, In castro poenitentiae 141–168. Die charakteristischsten Texte der italienischen mystischen Strömung im 13. Jh. wurden hrsg. von G. Pozzi – C. Leonardi, Scrittici mistiche italiane, Genua 1988, 61–134. Zum Phänomen der weiblichen mystischen Schriftstellerei vgl. D. Régnier-Bohler, in: Ch. Klapisch-Zuber (Hrsg.), Histoire des femmes II, Paris 1991, 443–500.

[87] P. Dinzelbacher – D. R. Bauer (Hrsg.), Frauenmystik im Mittelalter, Ostfildern 1985; dies. (Hrsg.), Religiöse Frauenbewegung und mystische Frömmigkeit im Mittelalter, Köln 1988.

Gnade zu werden, was Gott von Natur ist" – Hadewijch nannte das „die Kunst der rechten Liebe" –, manchen Kleriker beunruhigt, wie man sehr schön am Franziskanerprediger Lamprecht von Regensburg studieren kann[88].

Tatsächlich haben sich die Frauen im Verlauf des 13. Jh. auf dem Gebiet des religiösen Lebens nicht nur einen Zugang erkämpft und eine Stellung erworben, die ihr die vorhergehenden Jahrhunderte verweigert hatten. Die klassischen Stände der Vollkommenheit stellten sie ohne unnötige Polemik durch ihr bloßes Zeugnis in Frage. Sie führten die abendländische Spiritualität auf einen neuen Weg: den der persönlich erfahrenen Begegnung mit Gott.

Bibliographie

Arbeitsmaterial und Quellen:

G. Epinay-Burgard – E. Zum Brunn, Les femmes, troubadours de Dieu, Turnhout 1988.

J. L. Lemaître, Répertoire des documents nécrologiques français, 2 Bde., Paris 1980.

G. Pozzi – C. Leonardi, Scrittici mistiche italiane, Genua 1988.

A. Vauchez, Histoire des mentalités religieuses, in: M. Balard (Hrsg.), Bibliographie de l'Histoire médiévale en France (1965–1990), Paris 1992, 137–149.

Untersuchungen:

P. Alphandéry – A. Dupront, La chrétienté et l'idée de croisade, 2 Bde., Paris 1954/59.

A. Benvenuti-Papi, In castro poenitentiae. Santità e società femminile nell'Italia medievale, Rom 1991.

N. Bériou – J. Berlioz – J. Longère (Hrsg.), Prier au Moyen Age. Pratiques et expériences, Turnhout 1991.

C. Bynum, Holy Fast and Holy Feast. The Religious Significance of Food to Medieval Women, Berkeley 1987.

E. Delaruelle, La piété populaire au Moyen Age, Turin 1975.

P. Dinzelbacher – D. R. Bauer (Hrsg.), Religiöse Frauenbewegung und mystische Frömmigkeit im Mittelalter, Köln – Wien 1988.

G. Duby, Le temps des cathédrales, Paris 1976 (dt. Die Zeit der Kathedralen: Kunst und Gesellschaft 980–1420, Frankfurt a. M. 1985).

Faire croire. Modalités de la diffusion et de la réception des messages religieux du XIIe au XVe siècle, Rom 1981.

H. Grundmann, Religiöse Bewegungen im Mittelalter, Darmstadt ^{2}1961.

La religion populaire en Languedoc du XIIIe à la moitié du XIVe siècle, Toulouse 1975 (Cahiers de Fanjeaux 11).

J. L. Lemaître (Hrsg.), L'Eglise et la mémoire des morts dans la France médiévale, Paris 1986.

Le mouvement confraternel au Moyen Age: France, Suisse, Italie, Rom – Lausanne 1987.

J. Le Goff, La naissance du Purgatoire, Paris 1981 (dt. Die Geburt des Fegefeuers, Stuttgart 1984).

G. G. Meersseman, Ordo confraternitatis. Confraternite e pietà dei laici nel Medio Evo, 3 Bde., Rom 1977.

R. Manselli, La religion populaire. Problème de méthode et d'histoire, Montréal – Paris 1975.

E. Panofsky, Architecture gothique et pensée scolastique, Paris 1967.

P. Riché – G. Lobrichon (Hrsg.), La Bible au Moyen Age, Paris 1984.

B. N. Sargent-Baur (Hrsg.), Journeys towards God. Pilgrimage and Crusades, Kalamazoo 1992.

J. C. Schmitt, Les superstitions, in: J. Le Goff (Hrsg.), Histoire de la France religieuse I, Paris 1988, 417–551.

–, Heidenspaß und Höllenangst: Aberglaube im Mittelalter, Frankfurt a. M. – New York – Paris 1993.

P. Sigal, Les marcheurs de Dieu, Paris 1974.

---

88 Lamprecht von Regensburg, Tochter von Syon, Paderborn 1880, Vers 2838 ff.

A. VAUCHEZ, La spiritualité du Moyen Age occidental (VIIIe–XIIe s.), Paris 1975.
–, Les laïcs au Moyen Age. Pratiques et expériences religieuses, Paris 1987 (dt. Ausgabe: Gottes vergessenes Volk. Laien im Mittelalter, Freiburg 1993).
–, La sainteté en Occident aux derniers siècles du Moyen Age d'après les procès de canonisation et les documents hagiographiques. Rom – Paris ^{2}1988.
C. VOGEL, Le pécheur et la pénitence au Moyen Age, Paris ^{2}1982.

SCHLUSSWORT

Es wäre vermessen, eine Bilanz von zwei Jahrhunderten Geschichte der christlichen Kirchen in einem kurzen Schlußwort zu ziehen. Das Augenmerk liegt ja nicht nur bei der römischen „Zentrale", sondern richtet sich auch auf die Gliedkirchen mit ihren Eigenheiten von Irland bis tief nach Asien und von Island bis nach Äthiopien. Es muß bei dem Versuch bleiben, einige charakteristische Züge, die im Detail der vorausgegangenen Darlegungen nicht ausreichend zur Geltung gekommen sein können, hier hervorzuheben.

Als erstes ist die Ausweitung des Blickfeldes in geographischer Hinsicht anzumerken. Die Bedrängnis der Ostkirchen durch Turkvölker, die dem Islam bereits verpflichtet waren, löste das Zeitalter der Kreuzzüge aus. Sie wiederum machten abendländische Christen in ungleich größerer Breite als bisher und intensiverem Kontakt mit dem Orient bekannt. Gleichzeitig wurden immer größere Teile der Iberischen Halbinsel durch die Reconquista der christlichen Herrschaft zurückgewonnen. Schon glaubte man die letzten Reste heidnischer Gebiete – zunächst die Slawen zwischen Elbe und Oder, dann die baltischen und finnischen Siedlungsgebiete an der nördlichen Ostsee – für das Christentum gewonnen zu haben bzw. gewinnen zu können, da öffnete sich durch den Ansturm der aus der asiatischen Tiefe kommenden Mongolen eine neue Welt; das Papsttum schickte Missionare in den Fernen Osten, um zu erkunden, was für ein Christentum es sei, von dem man Kunde erhalten hatte, und ob es als rechtgläubig akzeptiert werden könne.

Es handelte sich aber auch um jene Epoche, die erkennen mußte, daß der Islam trotz gemeinsamer Anstrengungen nicht nur militärisch auf die Dauer nicht in die Knie zu zwingen war, sondern auch der friedlichen Mission standhielt. Der Kreuzzugsgeist starb nicht etwa ab, da noch über das 13. Jh. hinaus Anläufe zu einem Kreuzzug unternommen wurden, aber er erlahmte sichtlich. Selbst an der Grenze Litauens und in Südspanien stagnierten seit der Mitte des 13. Jh. etwa die Fronten, obwohl sich die Kampfbereitschaft der Christen immer noch in der Offensive befand und man sogar an eine Eroberung des Maghreb dachte. Währenddessen befanden sich die christlichen Kräfte in der Levante seit dem Fall Jerusalems (1187) in der Defensive; und seit dem Fall Akkons (1291), der letzten christlichen Bastion, mußte man sich mit dem Überleben christlicher Gemeinden abfinden, die froh sein konnten, von der islamischen Herrschaft geduldet zu werden. Hauptsächlich betroffen von dieser Situation waren christliche Konfessionen östlicher Provenienz, zumal Rußland kurz nach der Mitte des 13. Jh. von Invasionen der Tataren überzogen wurde. Infolgedessen fällt der abendländisch-lateinische Zweig der Christenheit, dem ein ganz anderer Handlungsspielraum vergönnt war, im heutigen Geschichtsbild stärker ins Gewicht.

Damit kommt auch das Verhältnis von Ost und West in den Blick. Gestört war es schon immer, seit dem letzten Ökumenischen Konzil von 869/70 in Konstantinopel kaum durch

Differenzen in der Lehre oder in Fragen der Jurisdiktion, sondern durch mangelnde Kontakte. Kurze Phasen fehlender Anerkennung zwischen der griechischen und lateinischen Kirche gab es auch nicht lange vor 1054; insofern war den Zeitgenossen anläßlich der Exkommunikation des Patriarchen Kerullarios durch die Legaten Papst Leos IX. die Tiefe der Zäsur gar nicht bewußt. Mangelnden Kontakt kann man für die nunmehr, besonders seit dem frühen 12. Jh., eintretende Verhärtung nicht verantwortlich machen. Im Gegenteil, die byzantinische Dynastie der Komnenen verfolgte bis 1180 den Plan, unter Berufung auf das Vorbild Justinians ihren Fuß wieder auf italienischen Boden zu setzen, und ihr Todfeind, das Normannenreich der Hauteville in Süditalien, verfolgte Expansionsabsichten bis zum Bosporus, ohne die Hauptstadt selbst auszunehmen. Ganz Europa war seit dem Zweiten Kreuzzug in ein Netz von Bündnissen, das von beiden ausgelegt wurde, eingebunden. Zu einer Zeit, da die Reiche ohnehin näher aneinanderrückten, konnten auch häufigere Kontakte zwischen dem östlichen und westlichen Kaiser nicht ausbleiben. Man kann nicht sagen, daß der Anspruch auf das exklusive Recht der Kaiserwürde etwa keine Rolle spielte, zumal sich beide Reiche auch als die legitime Fortsetzung des antiken römischen Imperiums betrachteten, aber die Frage wurde in der Praxis um anderer Ziele willen umgangen, so daß das Zweikaiserproblem kein bedrohliches Gewicht annahm und die Drohung des Papstes dem westlichen Kaiser gegenüber, er werde gegebenenfalls den Basileus als einzigen Kaiser anerkennen, wenig fruchtete. Seit 1204 gab es neben dem Kaiser im Westen einen lateinischen Kaiser in Konstantinopel, der den geflohenen griechischen Kaiser ersetzen sollte, und niemand im Westen protestierte; das Faktum war zur Norm geworden. Ernstzunehmender waren die theologischen Differenzen, das „filioque" im Glaubensbekenntnis und der Gebrauch der Azyme (ungesäuertes Brot) in der Eucharistie bei den Lateinern, die in den mehrfachen Disputationen zur Sprache kamen; ob sie geeignet waren, die Unionsbemühungen im 12. Jh. zu unterstützen oder als Alibi beider Seiten für eine doch nicht realisierbare Union dienten, ist schwer zu sagen. Ein wichtiger Stein des Anstoßes jedenfalls war die Errichtung einer lateinischen Hierarchie im Vorderen Orient. Dahinter stand die Frage, wo ein Patriarchat missionieren dürfe. Daß die Küste im östlichen Mittelmeer nicht dem römischen, sondern dem byzantinischen Patriarchat, das eine Art Oberhoheit über die Patriarchen von Antiochien und Jerusalem ausübte, zugeordnet war, lag außerhalb jeder Diskussion. Wollte man von westlicher Seite dazu argumentieren, die im Zuge des Ersten Kreuzzuges dort niedergelassenen Kreuzfahrer brauchten eine eigene Seelsorgeorganisation, dann war das Territorialprinzip der kirchlichen Jurisdiktion in Frage gestellt. Eine Koexistenz zwei verschiedener Kirchenordnungen in dieser Situation neigte auf der griechischen Seite allzu leicht dazu, sich als häretisch eingestuft zu sehen; und die Frage folgt auf dem Fuß, zu welchem Zweck in einem ehemals byzantinisch beherrschten Raum lateinisch orientierte Staaten errichtet werden mußten. Mit jedem neuen Kreuzzug wuchs das Mißtrauen; und der 1204 ohne Wissen des Papstes nach Konstantinopel gelenkte Kreuzzug mit seinen üblen Begleiterscheinungen an Schändung und Zerstörung war dazu angetan, sich in diesem Mißtrauen bestätigt zu sehen. Die Unionsbemühungen rissen indessen nicht ab. Sie erreichten 1274 einen gewissen Höhepunkt im II. Konzil von Lyon; Papst Gregor X. und Kaiser Michael VIII. von Byzanz, die treibenden Kräfte, scheiterten am Ende an der tiefen Abneigung des griechischen Volkes und seiner Mönche gegen die westliche Kirche.

Die Häresie des 12. Jh. war in der Kirchengeschichte wahrlich nichts Neues, und doch sah man sich vor eine neue Situation gestellt, nicht zuletzt, weil man in der Analyse des Abweichenden ziemlich hilflos war. Eine seine Zeit beherrschende Persönlichkeit wie Bernhard von Clairvaux bekämpfte vorwiegend intuitiv die Vertreter neuer Thesen, ohne zu ahnen, daß deren Schüler gegen Ende des Jahrhunderts einmal die römische Kurie beherrschen würden. Er verlangte, die Armutsbewegung zu unterdrücken, wenn sich ihre Vertreter nicht in der Klosterwelt verwurzeln ließen, angesichts der vom Armutsideal erfaßten breiten Volksmassen übrigens ein undurchführbares Postulat. Erst Papst Innozenz III. erfaßte den positiven Kern und wußte ihr in der franziskanischen Bewegung eine angemessene rechtliche Verfassung zu geben. Auf diese Weise stellt sich die Armutsbewegung seit dem Ende des 11. bis ins 13. Jh. als eine Einheit dar, als ein nicht versiegender religiöser Aufbruch, der die Kirchenreform ergänzte und auf seine Weise an untere Ebenen weiterleitete. In dieser Spanne hat man auch den Rhythmus der Häresie zu sehen. Das Bedürfnis nach eigener religiöser Betätigung ohne Einbindung in ein vorgefertigtes, rechtlich abgesichertes Gefüge führte die vom Armutsideal Begeisterten unvermeidlich in eine Grauzone, wo der Übergang zur Heterodoxie fließend wurde. Man hat es im Kontext einer Zeit zu sehen, die Mühe hatte, in der Übertreibung eines Ideals die Wurzel zu erkennen und davon die beim besten Willen mit dem christlichen Offenbarungsgut nicht mehr deckungsfähigen heidnischen Elemente zu unterscheiden. Erst reichlich spät entdeckte man die aus dem Bogumilentum stammende Zweigötterlehre der Katharer, die sich Christen nannten und wie die anderen eine radikale Armut befolgten, strengste Askese als vom Evangelium geforderte Norm lehrten und eine apostelgleiche Wanderpredigt vorlebten. Die ersten Katherer wurden 1143 in Köln bekannt und breiteten sich rasch, wegen ihrer vorbildlichen Lebensführung beliebt, bis England und Spanien, vornehmlich in Südfrankreich und Oberitalien aus. Nach 1167 begann auch die Errichtung eigener Diözesen, also Aufrichtung einer Gegenkirche, die eine größere Geschlossenheit allerdings nur in der katharischen Gruppe der Albigenser in Südfrankreich erreichte. Nicht zuletzt diese Ausprägung der Häresie ließ die Abweichung, was ohnehin dem Selbstverständnis der mittelalterlichen Gesellschaft entsprach, als eine Störung auch der öffentlichen Ordnung erscheinen; und damit waren die Träger der weltlichen Herrschaft gefordert. Kaiser Friedrich I. und sein Enkel Friedrich II. betrachteten es als ihre Pflicht, an der Verfolgung der Häretiker tatkräftig mitzuwirken. Die Inquisition, eine Neuerscheinung im frühen 13. Jh., sah es als ihre ursprüngliche Aufgabe an, geheime Katharerzirkel aufzuspüren und zu eliminieren.

Das Ideal der „vita apostolica", so zu leben wie die Apostel nach dem Pfingstereignis, veranlaßte Otto von Freising zu dem Schluß, die in uferlose Breite wachsende Bewegung sei ein Vorzeichen der bald anbrechenden ewigen Seligkeit. Er war bei weitem nicht der einzige Vertreter, der das kurz bevorstehende Ende der Weltgeschichte erwartete. Joachim von Fiore lieferte nur eine Variante, wenn er im ausgehenden 12. Jh. für 1260 den Anbruch eines neuen Zeitalters voraussagte, das weder Kaiser und Fürsten noch Papst und Bischöfe kennen werde, sondern nur noch Mönche und Nonnen. Es kennzeichnet das weite Echo, daß Friedrich II. und seine Anhänger glaubten, in Konrad IV. besitze das staufische Kaiserhaus eine entscheidende heilsgeschichtliche Funktion; dieser werde der Messiaskaiser sein, der das in der Apokalypse (20, 1-3) angedeutete „goldene Zeitalter" einleite. Der populäre Joachimismus wiederum deutete diese Prophetie um; der Kaiser werde mit harter Hand die Kirche reinigen, das Ergebnis der Reform werde die reine Armut sein. Hier ist eine der Quellen für die Beliebtheit der franziskanischen Bewegung zu suchen. Und man versteht, warum die joachimitischen Gedanken in verzerrter Vielfalt bis an das Ende des Mittelalters durch die Literatur geisterten.

Parallel dazu ist die neue Erkenntnisfindung zu sehen. Man benutzt dazu gewöhnlich das Stichwort „Scholastik", das von Haus aus nicht mehr besagt als Lehre einer Schule. Nicht den Dom- oder Klosterschulen gehörte die Zukunft, sondern privaten Gelehrten, zunächst in Frankreich und Italien, die Schüler um sich sammelten. Besonders im 12. Jh. erhielten sie Zulauf, weil ihre Ausbildung gute Berufsaussichten eröffnete. Man denke nur an die Entstehung des Standes der Berufsjuristen in Italien während des 12. Jh., weil eine Verwaltung mit traditionellen Kräften nicht mehr funktionierte. Erst im 13. Jh. entstand aus den Schulen am Ort die Universität, legitimiert durch päpstliches Privileg. Scholastik hieß nicht nur Theologie und Philosophie, sondern erfaßte von Anfang an auch die Beschäftigung mit dem Recht und die Medizin. Insofern war die wissenschaftstheoretische Abgrenzung der Philosophie von der Theorie ein zentraler, aber nicht der einzig wichtige Vorgang. Neben der „ratio" als neuem Erkenntnisprinzip hatte die „auctoritas" zurückzutreten. Es begann seit der Mitte des 11. Jh. damit, den grammatischen Sinn (sensus) eines Textes von der Meinung (sententia) des Autors zu unterscheiden. Man entdeckte, daß es eine objektive Wahrheit geben müsse, die sich nicht unmittelbar erschließe, sondern nur über unterschiedliche Meinungen von Autoren einen Zugang gewähre. Folglich müsse man den vollständigen Sinn aller Meinungen herausarbeiten, einander gegenüberstellen und durch rationales Abwägen zu einer übergeordneten Schlußfolgerung gelangen. Vergleicht man damit die ältere Arbeitsweise – aneinandergereihte Äußerungen von Autoritäten, nicht wahllos, sondern entsprechend der eigenen Konzeption ausgesucht, diese aber nicht zur jederzeitigen Überprüfung transparent gemacht – dann darf man den entscheidenden Fortschritt in einer Befreiung von der Textvorlage durch radikale Reflexion sehen. Die Schattenseite der Scholastik war die Überbetonung der „ratio" und die zum Teil exzessive Formalisierung der Reflexion. Sie drohte der „ratio" nur schwer zugängliche Bereiche zu verdrängen, so daß sich Theologie und Spiritualität auseinanderlebten. Obwohl die scholastische Theologie im wesentlichen Bibelexegese sein wollte, vermochte sie den wegen seiner persönlichen Frömmigkeiten interessierten Bibelleser kaum noch zu erreichen.

Mit dem neuen Erkenntnisgefüge hängt auch vieles zusammen, was mit dem Stichwort „Gregorianische Reform" aufscheint. Es dürfte kein Zufall sein, daß in der Streitschriftenliteratur des Investiturstreites die Parteigänger des Kaisers vorwiegend mit historisch verbürgten Titeln (also mit Autoritäten) argumentierten und die Parteigänger des Reformpapsttums systematisierend und in einem gewissen Sinne unhistorisch. Es ist gefährlich, alles auf eine einzige Wurzel zurückführen zu wollen, deshalb seien hier nur zwei grundlegende Motive genannt, ohne damit andere auszuschließen. Das eine war der Glaube, zur Verfassung der alten Kirche zurückzuführen. Beim Rückgriff auf die pseudoisidorische Sammlung konnte man noch nicht wissen, daß sie nach zeitbedingten Intentionen der Mitte des 9. Jh. zusammengestellt und ein guter Teil ihrer ohnehin wesentlich älteren Stücke noch vordatiert worden war, um ihnen eine höhere Autorität zu verleihen. Dadurch war – weil man lernte, den Sinn eines Textes vollständig zu erfassen – der dort dem Papsttum zugesprochenen zentralen Stellung zum Nachteil der Bischöfe der Weg gewiesen. Das zweite bestand in einem sich neu formierenden Sakramentenverständnis, das auch dem Priester, dem die Sakramentenvermittlung anvertraut ist, besondere Aufmerksamkeit schenkt. Hier ist eine Triebfeder für die forcierte Scheidung zwischen Priester und Laien zu suchen, ebenfalls die Befreiung alles Kirchlichen von der Bevormundung durch den weltlichen Herrscher bis hin zur kompromißlosen Forderung nach Enthaltsamkeit des Priesters.

Mit diesem Problem eng verwoben war das Verhältnis von Imperium und Sacerdotium.

Es geht wohl zu weit, von einem Plan zu sprechen, der den Aufbau des Gottesreiches bereits in dieser Welt, mit anderen Worten die christliche Gesellschaft mit dem Papst als ihrer einzigen Spitze, ins Auge faßte. Man sollte nicht vergessen, daß sich das Königtum und Kaisertum im früheren Mittelalter theologisch begründete und daraus auch seine Kirchenherrschaft rechtfertigte. Wenn man seine Stellung entsakralisierte, hätte man der weltlichen Gewalt eine neue theoretische Begründung seiner Existenz anbieten müssen, die man aber noch nicht besaß. Folglich behielt man das theologische Fundament bei, jetzt aber auf den Papst als obersten Schiedsrichter der Welt konzentriert, damit ein Rückfall in die Kirchenhoheit des Laien ausgeschlossen blieb. Ansprüche der Kaiser Friedrich I. und Friedrich II. auf die Stadt Rom als Quelle kaiserlicher Würde waren Reaktionen auf das, was die römische Kurie als „libertas" ihrer Kirche bezeichnete; es waren Entlehnungen aus dem römischen Recht, die das Imperium mit historischer Argumentation vom päpstlichen Anspruch weg in die Antike zu transponieren suchten. Gelöst hat es das Problem nicht und den Investiturstreit, faßt man ihn im allerweitesten Sinne, bis zur Absetzung Friedrichs II. nur verlängert. Erst die Rezeption des aristotelischen Satzes, daß sich jede menschliche Gemeinschaft von der Natur des Menschen her eine eigene Ordnung zu schaffen suche, machte am Ende des 13. Jh. den Weg für eine innerweltliche Legitimation des Staates frei. Zur Steigerung der päpstlichen „plenitudo protestatis" im 12. und 13. Jh., die unaufhaltsam schien, ist noch ein weiterer Wesenszug anzumerken. Im Umkreis des Papstes wuchs in den Kardinälen ein Machtfaktor heran, der sich mehr und mehr als ein Gegengewicht herausschälte und im Spätmittelalter dem Papsttum sogar als Institution gefährlich zu werden drohte. Die Machtstellung eines einzelnen mit monarchistischen Tendenzen, die in der Natur seines Amtes lagen, in eine Korporation einzubinden, die wie ein Korrektiv relativierend wirkte, beobachten wir auch in der wachsenden Macht eines Domkapitels. Geradezu ein Grundzug der europäischen Verfassungsgeschichte im 13. und 14. Jh. ist der wachsende Machtanspruch des Adels als Gegengewicht gegen einen Herrscher, der seiner Herrschaftspraxis früh absolutistische Züge zu geben verstand. Man denke nur an Alfons X. von Kastilien, der behauptete, allein Gott Rechenschaft für sein Handeln zu schulden, kurz bevor ihn der Adel entthronte. Das Problem der päpstlichen „plenitudo protestatis" ist also, gesellschaftsgeschichtlich gesehen, kein Einzelphänomen im Hochmittelalter.

Es wäre merkwürdig, wenn sich die Kirche aus der gesellschaftlichen Entwicklung irgendwo ausgeschlossen hätte. Man kann auch nicht sagen, daß sie sich der gesellschaftlichen Entwicklung stets angeschlossen habe, denn sie war praktisch die Gesellschaft selbst. Infolgedessen spiegelt sich für uns in der Kirchengeschichte die Gesellschaft mit ihren Veränderungen. Der neue Blick für das Individuelle fand einen Niederschlag in der Vitenliteratur ebenso wie in der Frömmigkeit, die sich auf den Weg zu neuen Leistungen der Mystik machte. Damit in Zusammenhang stehen Phänomene der Emanzipation. Die anonyme Masse der Illiteraten drängte nach aktiver religiöser Selbstgestaltung. Der Niederadel bzw. der werdende Ritterstand förderte die Gründung der neuen Orden. Und vor allem die Frau trat in den Vordergrund. Ob man an Robert von Arbrissel denkt, der seine Männer einer Äbtissin unterstellte, oder an Hildegard von Bingen, die Domherren eine Strafpredigt hielt, oder an die Beginen seit dem 13. Jh. im Nordwesten des Reiches, die in frommer Gemeinschaft ohne Ordensregel und Gelübde meist in städtischer Umgebung lebten, und daneben ebenfalls im 13. Jh. auf eigenen Wunsch die strenge Klausurierung der Dominikanerinnen und der Clarissen sieht, dann hat man nicht nur eine Entwicklung, sondern zugleich auch eine extreme Spannweite vor sich. Selbst die Marienverehrung bekam in der Frömmigkeit einen neuen Stellenwert; daß alle Zisterzienserklöster (mit wenigen Ausnahmen) und Prämonstratenserstifte das Marienpatrozinium wählten, war sicherlich kein gedankenloser Topos, und daß Marienwallfahrtsorte erst im 13. Jh., im Zeitalter des Minnesanges, ins Leben traten, ist nicht nur am Rande beachtenswert. Ähnlich fand die neue Intellektualität, die mutig Thesen und Begriffe des heidnischen Aristoteles aufgriff und als Einsichten der „ratio" in die Diskussion einbrachte, beispielsweise in der Baukunst ihren Ausdruck. Solange am unteren Rhein der Geschichtssymbolismus seine Verteidigungsstellungen gegen die vordrängende Scholastik hielt, nahmen die Kirchenbauten zwar gotische Elemente zunehmend auf, bewahrten als Ganzes aber noch ihren romanischen Charakter. In der französischen Gotik hingegen triumphierte der Geist der Scholastik. E. Panofsky zeigte die Übereinstimmung zwischen scholastischem Denken und Vorgehen der Baumeister gotischer Kathedralen; es war die Forderung nach Transparenz, die auch in den bewußt einfachen Kirchen der Zisterzienser zur Norm erhoben wurde.

Man kann in allem einen Aufbruch zur Vielfalt sehen, eine Erscheinung, wie sie in dieser Dichte in der Ostkirche nicht zu beobachten ist. Wie wenig selbstverständlich er war, wird an den Mühen des Chorherrenwesens offenkundig, als dem Mönchtum ebenbürtig anerkannt zu werden, was wohl nicht gelungen wäre, wenn es sich nicht der monastischen Lebensweise angepaßt hätte. In Beliebigkeit uferte indessen die Vielfalt nicht aus. Das Bedürfnis nach Übersicht und Kontrolle wurde im 13. Jh. so stark, daß Dominikus für seine Predigerbrüder die Augustinusregel annehmen mußte, ebenso die aus dem Hl. Land nach Italien geflohenen Eremiten, deren Kongregationen 1256 gezwungen wurden, sich zum „Orden der Eremiten des hl. Augustinus" zusammenzuschließen und ihren eremitischen Charakter aufzugeben. Dahinter stand der Wille des Papsttums, dessen zentrale Steuerungsfunktion man gewöhnlich in negativem Sinne als überzogen bewertet. Ohne dies in Frage stellen zu wollen, sollte man aber auch berücksichtigen, worin die große Gefahr bestand, nachdem eine Vorherrschaft des Kaisers nicht mehr unbestritten war. Das Papstschisma von 1130 wurde zugunsten Innozenz II. durch die politischen Mächte entschieden; das Große Abendländische Schisma später konnte ebenfalls nur durch die politischen Kräfte des Abendlandes überwunden werden und das erst nach vielen Anläufen. Das heißt, es herrschte eine starke Abhängigkeit der Landeskirche von der einheimischen weltlichen Gewalt. Daß es erst im 12. Jh. möglich wurde, die Kirche als „übernationale" Einrichtung zum Gegenstand der Geschichtsschreibung zu machen, unterstreicht diesen Aspekt noch. Die Machtsteigerung des Papsttums hatte die Funktion eines Gegengewichts zur Vielfalt. Gegengewichte zumindest bereits im Ansatz erkennen zu können, ist weiterhin ein Kennzeichen des 12. und 13. Jh.; man denke nur an das spätere Übergewicht des Konzils, dessen keimhafte Anfänge die Historiker des Kirchenrechts schon im späten 12. Jh. suchen. Leider wird diese schon dem Hochmittelalter innewohnende Tendenz zum Ausgleich durch den Druck gegenläufiger Kräfte allzu leicht übersehen.

GLOSSAR BYZANTINISCHER FACHTERMINI

(in Anlehnung an G. Beck, Geschichte der orthodoxen Kirche im byzantinischen Reich, Göttingen 1980)

Apokrisiarios	Gesandter eines Papstes oder eines Patriarchen bei einem anderen Patriarchen oder am Kaiserhof;
Azymen	ungesäuerte liturgische Brote;
Chartophylax	ursprünglich Archivbeamter (Diakon) eines Bischofs; stieg allmählich zum Rechtsberater und in Konstantinopel zum Archivar, Bibliothekar und Generalvikar des Patriarchats auf;
Chrysobull	Goldsiegelbulle;
Didaskalos	priesterlicher Beamter eines Bischofs, zuständig für den Bereich der Glaubensverkündigung;
Dikaios	Vikar (Vertreter des Patriarchen);
Diptychen	Tafeln mit dem Verzeichnis der Namen, deren in der Liturgie öffentlich gedacht wurde (Kommemoration);
Domestikos	Bezeichnung für die verschiedensten Arten kirchlicher und staatlicher Ämter. Wichtig vor allem der Domestikos als Kommandeur von Garden. Großdomestikos = Oberkommandierender;
Endemusa Synodos	die regelmäßigen Zusammenkünfte der in Konstantinopel weilenden Erzbischöfe und Metropoliten beim Patriarchen;
Epidosis	Vergabe armer Diözesen an besser gestellte Bischöfe oder umgekehrt;
Epistemonarch	kaiserlicher Titel zur Charakterisierung seiner Rechts- und Verwaltungsbefugnisse über die byzantinische Kirche;
Euergetes	Wohltäter, Heiland (fem. Euergetis);
Exarch	Vertreter des Patriarchen in der Provinz oder auch als Visitator in der Hauptstadt. Kaiserliche Exarchen sind Vizekaiser in bestimmten Reichsgebieten; z. B. Exarchat von Ravenna für Italien, von Karthago für Afrika;
Exokatakoiloi	die sog. „Großen Diakone“ der Hagia Sophia, in deren Händen die Verwaltung der Hagia Sophia und teilweise des ganzen Patriarchats lag. Es sind: der Oikonomos für die Wirtschaftsführung, der Sakkelarios, ursprünglich wohl der Kassenwart, in der Spätzeit mit der Aufsicht der Kirchen betraut, der Skeuophylax für die liturgischen Geräte und Kostbarkeiten, der Chartophylax für die Rechtsfragen und der Sakkeliu für die Klöster. Die Kompetenzen sind jedoch kaum eindeutig. Später kam als sechster Diakon der Protekdikos

hinzu, der mit dem Chartophylax in der Justiz des Patriarchats konkurrierte;

Filioque — der berühmte Zusatz zum Glaubensbekenntnis, das nun lautete: Credo ... et in Spiritum Sanctum ... qui ex patre – filioque – procedit. Kontrovers zwischen Rom und Konstantinopel aufgrund des unterschiedlichen Trinitätsverständnisses;

Hesychia — „Ruhe“: die kontemplative Ruhe des byzantinischen Mönches, die zur Voraussetzung für die Gottesschau wird;

Hodegos — Wegweiser, Führer (fem. Hodegetria);

Homiliar — Sammlung von auf das Osterfest ausgerichteten Sonntagspredigten;

Idiorrhythmie — ursprünglich eigenwilliger Verzicht eines Mönches auf geistliche Führung; später Auflösungserscheinungen des Gemeinschaftsklosters (Koinobion), das nun keinen oder doch nur einen in seinen Befugnissen stark eingeschränkten Abt anerkennt;

Katholikos — Oberbischof der Nestorianer und der monophysitischen Armenier;

Koinobion — Gemeinschaftskloster mit einem Abt an der Spitze;

Laura — lockere Siedlung von für sich lebenden Mönchen, die sich nur gelegentlich zum Gottesdienst zusammenfanden. Später werden auch Koinobien manchmal Lauren genannt;

Logothet — in mittelbyzantinischer Zeit Bezeichnung für die Chefs verschiedener kaiserlicher Verwaltungszweige. Besonders wichtig der L. des Dromos, eine Art Außenminister. In der spätbyzantinischen Zeit ist der Groß-Logothet nicht selten Chef der kaiserlichen Gesamtverwaltung;

Menologion — Sammlung von Heiligenviten nach dem Festkalendarium;

Nomokanon — Synthese des staatsrechtlichen und kanonistischen Materials für kirchliche Zwecke;

Oikonomia — Anpassung an besondere Erfordernisse der zeitlichen Situation unter teilweiser und zeitgebundener Außerkraftsetzung eines Kanons des kirchlichen Rechts;

Oikonomos — siehe: Exokatakoiloi;

Panegyrikon — Sammlung von Festtagspredigten, vorwiegend zu Herren- und Marienfesten;

Papas — Bezeichnung für einfache Kleriker;

Pentarchie — die Theorie von einer einzigen Kirche bestehend aus fünf selbständigen Patriarchaten (Rom, Alexandreia, Konstantinopel, Antiocheia und Jerusalem);

Protekdikos — siehe: Exokatakoiloi;

Sakkelarios — siehe: Exokatakoiloi;

Sakkeliu — Aufseher über die Verwaltung der Kirchengemeinden von Konstantinopel;

Skeuophylax — siehe: Exokatakoiloi;

Synkellos — „Zellengenosse“ des Bischofs bzw. Patriarchen; in mittelbyzantinischer Zeit nicht selten präsumptiver Nachfolger des Patriarchen; später Ehrentitel für Bischöfe: Protosynkellos usw.;

Syntagma	Buchtitel, besonders für kanonistische Werke, aber auch für mehrteilige andere Traktate;
Thema	militärischer Verwaltungsbezirk, Provinz;
Theotokos	die Gottesmutter;
Tomos	feierlich verabschiedete Synodalentscheidung;
Trisagion	das „Dreimal-Heilig“, das in der Liturgie im Lesegottesdienst gesungen wurde;

KARTENVERZEICHNIS

AUTORENVERZEICHNIS

Prof. Dr. Jerzy Kłoczowski, Katholische Universität Lublin.
Dr. Jean-Marie Martin, C. N. R. S., Paris.
Prof. Dr. Agostino Paravicini Bagliani, Universität Lausanne.
Prof. Dr. Evelyne Patlagean, Universität Paris X Nanterre.
Prof. Dr. Michel Parisse, Universität Paris I Panthéon-Sorbonne.
Prof. Dr. André Vauchez, Universität Paris X Nanterre.

PERSONENREGISTER